編集代表
下山晴彦

幹事編集委員
大塚雄作・遠藤利彦・齋木 潤・中村知靖

誠信 心理学辞典 新版

領域別編集委員
安藤寿康・上淵 寿・内田一成・越智啓太・
唐澤真弓・北村英哉・サトウタツヤ・島津明人・
菅原健介・竹村和久・筒井健一郎・友永雅己・
中島定彦・羽生和紀・藤岡淳子・村井俊哉・
山口裕幸

人名篇編集委員
サトウタツヤ

編集協力者
髙橋美保*

誠信書房

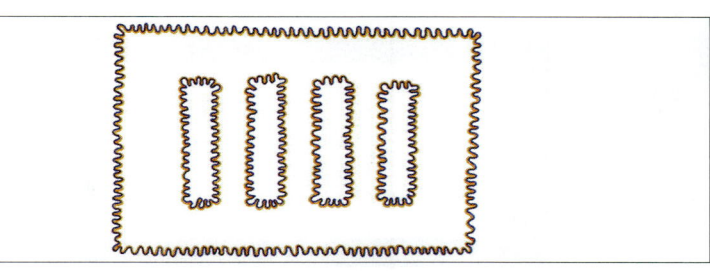

[05-02 図5 147頁]
水彩錯視（Watercolor illusion） [Pinna, Brelstaff, and Spillmann, 2001 許可を得て転載]
上の図はピンナによるもので，回廊部分が水彩絵の具で描かれたように淡いオレンジに色づいて見える。2001年にこの現象を発表したピンナは水彩効果あるいは水彩錯視と命名した。たとえば背景が白の時，ある領域の内側を明るい色，外側を暗い色の二重の波打った輪郭で囲むと，明るい方の色がその領域に進入して見える（フィリング・イン）。このフィリング・インは着色されるべき領域がかなり広くても，色むらなく起こる。また，その色づいた領域は図としてまとまり，残りの領域の手前に見える（水彩錯視の図地分離効果）。

[05-02 図8 148頁]
蛇の回転（Rotating snakes）
明るさのグラデーション（輝度勾配）の繰り返しパターンは動いて見えるという錯視が1979年に発表され，フレーザー・ウィルコックス錯視と呼ばれている。その後の研究において，この錯視は黒から白への勾配の方向に動いて見えるとされていたが，これを黒から濃い灰色と白から薄い灰色の勾配に分割すると錯視量が増すことが2003年に発見され，それを北岡明佳がわかりやすいデモにした錯視図が「蛇の回転」（2003年制作）である。黒→青→白→黄→黒の方向に円盤が回転して見える。

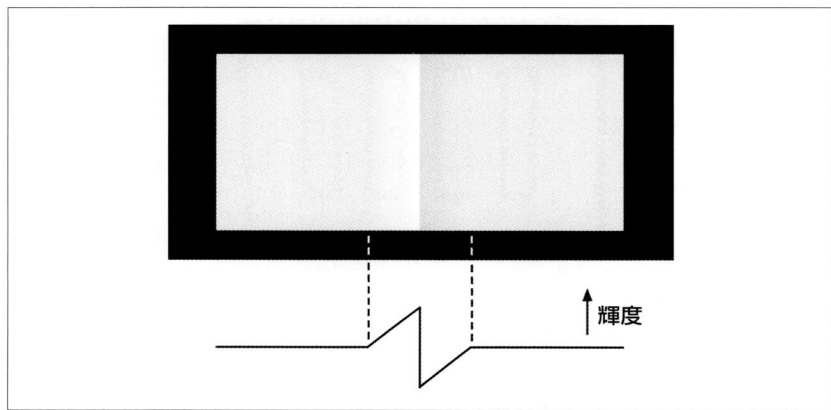

[05-03　図 14　150 頁]
クレイク・オブライエン・コーンスウィート錯視
中央の境界線付近にのみ輝度勾配がついており，それ以外の領域の輝度は左右で等しいが，輝度勾配の極性に応じた明るさが領域内に充填され，左側の四角は明るく，右側は暗く見える。

[05-03　図 16　152 頁]
マッハ・バンド
画像の輝度は直線的に変化するが，輝度勾配の始まり部分に周りよりも暗い帯が，勾配の終わり部分に周りよりも明るい帯が見える。

はじめに

　皆さまのお手元にある本書は，全く新しいかたちの心理学辞典です。これまでの辞典は，字句を定義し，その説明をするものでした。しかし，本書は，字句が使用される文脈を重視しています。

　近年，心理学は，さまざまな領域に発展してきております。そのため，どのような領域で用いられているのかによって，その語句の意味も異なってきます。そこで本書では，用語を独立して定義せずに，常にそれが用いられる文脈との関係で説明をすることにしました。具体的には，心理学の各領域の内容との関連で字句の解説をしています。その結果，本書は，これまでになかった，新しいかたちの「読む心理学辞典」となりました。本書を"読む"ことで，心理学を学びながら心理学用語の生きた意味を理解することができます。その点で本書は，単なる辞典を超えて心理学全体を理解するための恰好のテキストともなっています。

　学問としての心理学は，社会の近代化とともに成立し，発展してきました。そして，今は，ポストモダンと呼ばれる時代となっています。それに応じて心理学も進化しています。日本でも，学問としての心理学だけでなく，臨床活動を含めた実践としての心理学が発展しています。学術的（academic）心理学に加えて専門職（professional）心理学が社会の中で展開し，心理学の有用性を広げています。また，脳科学も心理学に新たな地平をもたらしています。

　読者の皆様は，本書の至る所で心理学の最前線に触れ，ワクワクする感覚を経験できるでしょう。本書の面白さは，体験してみて初めてわかるものです。ですので，能書きはこれくらいにします。
　まずは，ご覧あれ！

編者を代表して　　下山晴彦

執筆者一覧
(50音順)

同姓同名の執筆者は＊の数で別人であることを示した。

粟生修司	岩見広一	金井篤子	坂口菊恵
青山謙二郎	上淵　寿	金子寛彦	サトウタツヤ
秋山　学	宇賀貴紀	唐沢かおり	佐藤暢哉
朝比奈牧子	牛谷智一	唐澤真弓	佐藤淑子
蘆田　宏	内田一成	川口　潤	澤　幸祐
綾部早穂	内田由紀子	川㟢克哲	澤田匡人
荒川　歩	梅田　聡	川西　諭	敷島千鶴
有光興記	梅永雄二	川端美樹	重野　純
安藤寿康	漆原宏次	喜岡恵子	繁桝江里
家島明彦	榎本眞理子	北岡明佳	篠原郁子
井垣竹晴	遠藤貴広	北川智利	芝田征司
池内裕美	遠藤利彦	北川　恵	島津美由紀
池田　浩	大上　渉	北村英哉	島田貴仁
伊佐　正	大倉得史	木下孝司	嶋田洋徳
伊澤栄一	大塚泰正	木村英司	島津明人
井澤修平	大塚雄作	行場次朗	下山晴彦
石合純夫	大沼　進	楠見　孝	神　信人
石井敬子	大橋智樹	工藤恵理子	菅沼　崇
石井　拓	大平英樹	久保ゆかり	菅原健介
石井秀宗	大森美香	倉元直樹	菅原ますみ
石井佑可子	大山泰宏	黒木俊秀	杉浦義典
石丸径一郎	小塩真司	慶野遥香	杉澤武俊
礒村宜和	小田　亮	小出　剛	杉谷陽子
伊藤貴昭	越智啓太	小林千浩	杉村伸一郎
伊藤忠弘	小野田亮介	小林優子	鈴木晶子
伊藤正人	小俣謙二	齋木　潤	鈴木綾子
乾　敏郎	垣花真一郎	齊藤　智	鈴木聡志
井上彰臣	角山　剛	齊藤貴浩	鈴木公啓
井上俊哉	梶井芳明	佐伯大輔	鈴木祐子
今井芳昭	数井裕光	坂井信之	相馬敏彦
入來篤史	加藤健太郎	坂上貴之	十河宏行
岩壁　茂	加藤容子	榊美知子	園田美保

孫　　　媛	中島定彦	平　伸二	森　郁恵
高木浩人	永田雅子	平田　聡	森口佑介
高塩純一	中坪太久郎	平田乃美	森阪匡通
高砂美樹	永野光朗	深谷優子	森田慎一郎
髙橋　潔	仲真紀子	藤井　勉	森信　繁
高橋　直	中村貴志	藤江康彦	森本志磨子
高橋英彦	中村知靖	藤岡淳子	柳澤さおり
高橋雅延	中村菜々子	藤島喜嗣	柳瀬亮太
高橋正也	西田眞也	藤田哲也	山浦一保
高橋美保**	西館有沙	藤田政博	山形伸二
高橋雄介	西村多久磨	藤村宣之	山岸侯彦
滝沢　龍	沼崎　誠	麓　信義	山口春子
竹澤正哲	能智正博	星　英司	山口裕幸
竹村和久	野坂祐子	星野崇宏	山口真美
田中志帆	野畑友恵	堀毛一也	山崎由美子
田中真樹	野村晴夫	増田尚史	山田剛史*
種市康太郎	橋本貴充	松井智子	山田剛史**
田村智英子	橋本照男	松井三枝	山中克夫
田村了以	波多野和夫	松澤広和	山元大輔
丹藤克也	服部　環	松下佳代	山本洋紀
月浦　崇	羽鳥剛史	松永しのぶ	山本隆一郎
津崎　実	羽生和紀	三沢　良	矢守克也
辻　竜平	林潤一郎	溝口　元	八幡ゆかり
土屋隆裕	林　　創	光藤崇子	吉田寿夫
筒井健一郎	林　美里	宮岡　徹	吉村麻奈美
都築誉史	原田杏子	宮本百合	渡邉和美
寺村堅志	針生悦子	向田久美子	渡邊芳之
東原和成	坂東　希	虫明　元	
土江伸誉	日髙聡太	村井潤一郎	
友永雅己	平石　界	村井俊哉	
豊田弘司	平井美佳	村山　航	
中川正宣	平井洋子	毛利真弓	

本書の特長と使い方

特　長

　　本辞典は，1971年刊行の『心理学辞典』，これを改訂した1981年刊行の『誠信心理学辞典』に続く新版として位置づけられる。事項篇と人名篇の二部構成という点では旧版と同様であるが，事項篇は構成を変え，更にすべての項目において新たに執筆された完全な新版である。

　　事項篇では，心理学を27領域に分け，心理学の全体像を見渡せる体系的な構成を取った。27領域とは，「01原理・歴史，02研究法，03学習，04認知，05知覚，06発達，07教育，08社会，09感情，10性格，11臨床，12障害，13神経，14生理，15統計，16測定・評価，17産業，18組織，19健康，20福祉，21犯罪・司法，22非行，23進化，24遺伝，25環境，26文化，27行動経済」である。

　　各領域は，総説，大項目，小項目の順で構成され，総説は27，大項目は319のテーマ，小項目は2,512の語句を扱っている。

　　「総説」では，その研究領域についての意義，独自性あるいは歴史や研究動向をまとめ，その領域の全体像を示しつつ，大項目で扱われるテーマを概観する。「大項目」は，各領域を構成する複数の研究テーマである。その領域を学ぶ上で必須となる主要な研究テーマが選定されている。「小項目」は，各「大項目」の解説の中に出てくる重要な語句（概念，理論）等を更に詳しく説明している。

　　なお，人名篇では，旧版の人名篇を元に，現代の心理学に関連の深い人名を新たに加筆し，全440名の人物について解説をしている。

　　また，利用者の利便性を高めるため，索引を充実させるとともに，図版を可能な限り多く取り入れ，内容のより適切な理解を促すよう工夫をした。

本書の特長と使い方　v

使い方

　本辞典は心理学に関心を持つ一般の方から専門家まで，そして心理学検定や心理専門職の資格試験，大学院入試や公務員試験等を目指す方々に応える内容になっている。

　代表的な使い方として，①教科書として最初から通しで読む，②純粋に辞典として，索引を利用して語句を調べる，また，③試験対策として知識固めに利用する，などが挙げられる。特に試験対策として使用する場合，一般に辞典といえば語句を断片的に調べるためだけの用途に位置づけられがちである。本辞典はこれに留まらない。各領域の「総説」で全体像を踏まえた上で各「大項目」を読み込むことよって，各領域の全体像や研究動向を把握することができる。「小項目」の語句を調べるとともに「大項目」を参照することよって，その領域の体系的知識に支えられた確かな理解が得られるため，学習をより効果的に進めることにつながる。

小項目の重複について

　本辞典のいくつかの小項目は，複数の領域において重複して扱われている。辞典においては重複項目はできるだけ避けられるべきである。しかし，心理学の各領域は完全に独立してはおらず，研究内容は相互に関連することも多い。一つの概念が複数の領域に現れるのは避けられないことである。そして領域が異なれば，同じ概念であっても異なった角度から説明されうることがあり，読者においては，それらを領域横断的に確認することが学習に役立つ場合がある。本辞典において若干の重複する小項目を残したのは以上のような理由による。

凡　例

1. 本辞典の構成は，事項篇及び人名篇の二部構成となっている。事項篇は更に27領域に分け，人名篇は心理学に関連の深い人物を取り上げた。
2. 各領域内の構成は，最初に総説，次に大項目，その次に小項目と続く。
3. 大項目についている番号 (ex. 01 - 02 ▶) は，領域番号と大項目番号を示している。
4. 小項目についている番号 (ex. ❶｜▶) は，各大項目内の小項目の五十音順通し番号を示している。
5. 大項目内のゴシック体の語句は，小項目として取り上げられていることを示す。
6. 大項目内の太明朝体の語句は，重要語を示している。
7. 小項目の末尾にある「見よ項目」(ex. 観察：→ 02 - 04「観察法」) は，別の領域にある関連事項を示している。
8. 本文に出てくる欧文人名はカタカナ表記のみとする。欧文表記は巻末「人名索引」にて示す。ただし，文献として挙げられている人名の場合はこの限りではない。
9. 本文中の書名・雑誌名は『　』(欧文書名はイタリック体)，論文名は「　」(欧文論文はローマン体) にて示す。
10. 事項篇内の図表の出典等，本文内の文献は，巻末の「文献一覧」にて示す。
11. 人名篇内の著書は主として原著の刊行年を示し，1950^2 のような添字は第2版を意味している。
12. 「文献一覧」に示される文献には，人名の後ろに（　）付きで文献刊行年がある。
13. 欧文略称のある語句は，巻末の「欧文略称一覧」に正式名を示し，本文中は略称のみを載せる。
14. 事項索引・人名索引は五十音順に，数字項目一覧は番号順に，欧文項目一覧，ギリシャ文字一覧はアルファベット順に配列した。
15. 各項目末には執筆者名を記した。
16. DSMに関わる病名や用語は，本書最終校正段階である2014年5月末現在で確定されておらず，日本精神神経学会精神科病名検討連絡会による「ガイドライン（初版）」を参考に，「DSM-5で新たに示された病名／旧病名」のように，スラッシュで併記する形とした。ただし，「12障害」領域はDSM関連の用語が多く，併記することによる煩雑さを回避するため，この領域に限り，例えば「自閉スペクトラム症／障害」のように簡略した形にて掲載した。

目 次

はじめに i
執筆者一覧 ii
本書の特長と使い方 iv
凡 例 vi
事項篇……………………………………………………………………… 1

01　原理・歴史

- **00** 総説……………………………… 3
- **01** 19世紀前半までの哲学と生理学の影響……………………………… 5
- **02** 19世紀までの進化論の影響……… 7
- **03** 19世紀後半における近代心理学の成立……………………………… 9
- **04** 19世紀後半～20世紀初頭における社会と心理学の接点…………… 12
- **05** 19世紀後半～20世紀初頭における主要国の心理学………………… 15
- **06** 20世紀初頭における心理学の拡大‥17
- **07** 20世紀前半における応用・実践領域への展開……………………… 20
- **08** 20世紀中頃における心理学の多様化………………………………… 23
- **09** 20世紀前半までの日本の心理学史‥25
- **10** 心理学史の方法論………………… 27

02　研究法

- **00** 総説……………………………… 30
- **01** 変数……………………………… 32
- **02** 実験法…………………………… 34
- **03** 調査法…………………………… 37
- **04** 観察法…………………………… 39
- **05** 面接法…………………………… 42
- **06** 量的研究………………………… 43
- **07** 質的研究………………………… 46
- **08** 研究倫理………………………… 49
- **09** シミュレーション研究………… 51
- **10** 動物実験法……………………… 53
- **11** 行動指標・生理指標…………… 56
- **12** 神経画像法……………………… 58

03　学習

- **00** 総説……………………………… 61
- **01** 学習心理学の歴史と方法……… 63
- **02** 単一刺激の学習と初期経験…… 65
- **03** 古典的条件づけの基礎………… 68
- **04** オペラント条件づけの基礎…… 70
- **05** 刺激性制御……………………… 73
- **06** 強化と罰………………………… 75
- **07** 選択行動………………………… 79

08	消去……………………………81	12	概念学習・関係学習……………91
09	逃避・回避学習と異常行動の学習…83	13	観察学習………………………93
10	古典的条件づけのモデル…………85	14	運動学習………………………96
11	時空間学習………………………88	15	学習の生物的基盤………………99

04 認知

00	総説……………………………102	08	長期記憶………………………122
01	認知心理学の歴史………………104	09	潜在記憶………………………124
02	物体・顔の認知…………………106	10	記憶の諸相……………………127
03	文字・単語の認知………………108	11	思考・推論と問題解決…………129
04	心理言語学……………………112	12	意思決定………………………131
05	眼球運動・運動制御……………114	13	認知のモデル研究………………134
06	注意と認知的制御………………117	14	認知神経科学…………………137
07	短期記憶………………………119		

05 知覚

00	総説……………………………141	08	物体とシーンの知覚……………164
01	知覚研究法……………………143	09	聴覚……………………………167
02	錯視……………………………145	10	音声知覚………………………170
03	明るさとコントラストの知覚……149	11	触覚・自己受容感覚……………173
04	色の知覚………………………152	12	嗅覚・味覚……………………175
05	奥行きの知覚…………………155	13	知覚モダリティの相互作用………178
06	運動の知覚……………………158	14	知覚の学習と発達………………180
07	形態の知覚……………………161		

06 発達

00	総説……………………………183	06	身体運動の初期発達……………196
01	発達心理学の方法・研究デザイン…185	07	アタッチメント………………199
02	胎児期における発達……………187	08	養育と発達……………………201
03	乳児の知覚・認知………………189	09	認知能力の発達………………204
04	初期コミュニケーションと言語発達	10	心の理解の発達………………206
	……………………………191	11	知能の発達……………………208
05	原始反射と運動発達……………194	12	社会性の発達…………………210

13	自己とアイデンティティの発達……213	15	中高年期における発達・変化………218
14	親としての発達………………………215	16	加齢と生涯発達………………………220

07 教育

00	総説……………………………………224	05	学習への社会文化的アプローチ……236
01	動機づけ………………………………226	06	学校心理学……………………………238
02	学習指導………………………………228	07	教師と学習者の信念や知識，適性・240
03	学習方法………………………………230	08	カリキュラム…………………………243
04	授業研究………………………………233		

08 社会

00	総説……………………………………246	08	集団間関係……………………………266
01	社会心理学の歴史……………………248	09	社会的相互作用………………………269
02	非意識過程と潜在測定………………250	10	配偶者選択と進化心理学……………272
03	対人認知………………………………253	11	コミュニケーション…………………274
04	自己過程………………………………255	12	ネットワーク理論……………………277
05	社会的推論……………………………258	13	社会問題の社会心理学………………278
06	社会的影響……………………………261	14	社会心理学の方法……………………280
07	親密な対人関係………………………264	15	社会心理学の質的アプローチ………283

09 感情

00	総説……………………………………286	09	感情と表情……………………………305
01	感情の定義と性質……………………288	10	基本情動………………………………308
02	感情心理学の方法……………………290	11	自己意識的感情………………………311
03	感情の機能……………………………291	12	社会的感情……………………………313
04	感情と進化……………………………293	13	感情と社会的行動……………………316
05	感情と文化……………………………296	14	感情とストレス………………………318
06	感情と身体・生理……………………298	15	情動知能（感情的知性）……………321
07	感情と評価……………………………301	16	感情の発達……………………………324
08	感情と認知……………………………303		

10 性格

00	総説……………………………………327	01	性格研究の歴史………………………329

02	性格の理論 …………………… 331	**07**	対人行動と性格 ………………… 341
03	性格の測定 …………………… 333	**08**	社会的適応と性格 ……………… 344
04	状況と性格 …………………… 335	**09**	自己と性格 ……………………… 346
05	5因子モデル ………………… 337	**10**	性格の発達と成熟 ……………… 348
06	ストレスと性格 ……………… 339		

11 臨床

00	総説 …………………………… 351	**09**	分析心理学 ……………………… 373
01	臨床心理学の歴史 …………… 353	**10**	行動療法 ………………………… 375
02	臨床心理学研究法 …………… 355	**11**	認知療法 ………………………… 378
03	臨床心理学の倫理 …………… 358	**12**	認知行動療法 …………………… 380
04	アセスメント ………………… 360	**13**	家族療法 ………………………… 383
05	心理療法の歴史・発展・統合 … 362	**14**	コミュニティ心理学 …………… 385
06	カウンセリング ……………… 365	**15**	その他の心理療法 ……………… 387
07	クライエント中心療法 ……… 368	**16**	日本の心理療法 ………………… 390
08	精神分析療法 ………………… 370	**17**	薬物療法 ………………………… 392

12 障害

00	総説 …………………………… 395	**09**	摂食障害と性障害 ……………… 418
01	異常心理学 …………………… 397	**10**	気分障害 ………………………… 420
02	異常心理学の原因論 ………… 399	**11**	統合失調症 ……………………… 423
03	精神医学 ……………………… 401	**12**	パーソナリティ障害 …………… 426
04	DSM-5(成人関連) ………… 404	**13**	発達障害 ………………………… 428
05	DSM-5における神経発達症群 … 407	**14**	子どもの心理的障害 …………… 430
06	不安障害(1) ………………… 410	**15**	知的能力障害(知的発達症/障害) … 433
07	不安障害(2) ………………… 413	**16**	認知障害 ………………………… 435
08	解離性障害と身体症状障害 … 415	**17**	不登校とひきこもり …………… 438

13 神経

00	総説 …………………………… 442	**03**	失語症 …………………………… 449
01	神経心理学 …………………… 444	**04**	記憶障害 ………………………… 453
02	臨床神経心理学的検査法 …… 446	**05**	病態 ……………………………… 455

14 生理

- 00 総説 ………………………… 458
- 01 神経系の構造と機能（1）……… 460
- 02 神経系の構造と機能（2）……… 462
- 03 神経伝達物質 ………………… 468
- 04 視覚系 ………………………… 470
- 05 聴覚・前庭系 ………………… 473
- 06 体性感覚系 …………………… 476
- 07 嗅覚系・味覚系 ……………… 478
- 08 脊髄による運動制御 ………… 480
- 09 脳による運動制御 …………… 483
- 10 本能行動・情動行動 ………… 486
- 11 学習 …………………………… 488
- 12 記憶 …………………………… 490
- 13 社会認知，意思決定，意識 … 493
- 14 神経科学的研究法（1）：一般 … 495
- 15 神経科学的研究法（2）：神経画像法 …………………………… 498

15 統計

- 00 総説 ………………………… 501
- 01 度数分布 ……………………… 503
- 02 1変量の記述統計 …………… 506
- 03 2変量の記述統計 …………… 508
- 04 確率と確率分布 ……………… 512
- 05 標本分布 ……………………… 515
- 06 推定 …………………………… 518
- 07 仮説検定 ……………………… 521
- 08 分散分析 ……………………… 523
- 09 回帰分析 ……………………… 526
- 10 因子分析 ……………………… 529
- 11 構造方程式モデリング ……… 531
- 12 多変量解析 …………………… 534
- 13 ノンパラメトリック検定 …… 536
- 14 先端的統計手法 ……………… 539

16 測定・評価

- 00 総説 ………………………… 542
- 01 測定・評価の歴史 …………… 544
- 02 評価の目的と機能 …………… 545
- 03 評価に関わる人的要素 ……… 547
- 04 量的評価の方法 ……………… 549
- 05 質的評価の方法 ……………… 552
- 06 標準心理検査の種類 ………… 554
- 07 組織等を対象とする評価 …… 557
- 08 メタ評価 ……………………… 559
- 09 評価の影響 …………………… 561
- 10 尺度 …………………………… 563
- 11 信頼性 ………………………… 566
- 12 妥当性 ………………………… 569
- 13 項目反応理論 ………………… 571
- 14 質問紙調査による尺度開発 … 574

17 産業

- 00 総説 …… 578
- 01 産業心理学の歴史 …… 580
- 02 仕事の能率 …… 582
- 03 安全マネジメント …… 584
- 04 職場のメンタルヘルス …… 586
- 05 クオリティ・オブ・ワークライフ（QWL） …… 589
- 06 仕事の品質管理 …… 591
- 07 キャリアデザイン（キャリア設計） …… 594
- 08 消費者心理 …… 596
- 09 宣伝・広告 …… 600
- 10 マーケティング心理学 …… 602

18 組織

- 00 総説 …… 606
- 01 組織観の変遷 …… 608
- 02 組織の生産性と効率性 …… 610
- 03 職務動機づけ …… 612
- 04 人事評価・測定 …… 615
- 05 戦略的人的資源管理 …… 618
- 06 リーダーシップ …… 621
- 07 組織コミュニケーション …… 623
- 08 職場の人間関係 …… 626
- 09 組織の規範と文化 …… 628

19 健康

- 00 総説 …… 632
- 01 健康心理学とは …… 634
- 02 ストレスと健康 …… 636
- 03 対人関係と健康 …… 638
- 04 パーソナリティ，感情と健康 …… 641
- 05 生活習慣と健康 …… 643
- 06 健康行動理論と健康教育 …… 646
- 07 社会疫学と健康 …… 648
- 08 ライフサイクルとストレス …… 650
- 09 職業性ストレスと健康 …… 653
- 10 ポジティブ心理学と健康 …… 657

20 福祉

- 00 総説 …… 660
- 01 日本の社会福祉法制度 …… 663
- 02 社会福祉の基本理念 …… 665
- 03 生活と福祉 …… 667
- 04 子どもの健全育成と児童福祉 …… 670
- 05 児童福祉施設 …… 672
- 06 障害者福祉 …… 675
- 07 障害者の生活と雇用 …… 677
- 08 高齢者の福祉（1）：介護保険 …… 680
- 09 高齢者の福祉（2）：施設福祉 …… 682
- 10 社会福祉援助技術 …… 685

目次　xiii

21　犯罪・司法

00	総説	688
01	犯罪心理学の研究領域	690
02	目撃証言	692
03	子どもの証言	694
04	ポリグラフ検査	697
05	プロファイリング	699
06	殺人	702
07	テロリズム	706
08	性犯罪	708
09	ストーキングとDV	711
10	取調べと交渉	714
11	裁判過程	716

22　非行

00	総説	720
01	非行・犯罪の定義と研究法	722
02	非行・犯罪研究の基礎理論	724
03	犯罪者（成人の被疑者・被告人）及び非行少年（触法・犯罪・虞犯少年）の処遇の流れ	726
04	非行と発達	728
05	非行と家族	730
06	非行・犯罪と学校・職場・地域社会	733
07	非行少年・犯罪者のアセスメント	735
08	非行・犯罪行動変化のための治療教育の歴史的展開	738
09	犯罪被害者	740
10	各種犯罪の特徴	742

23　進化

00	総説	746
01	進化生物学	748
02	動物行動学	750
03	比較認知科学	752
04	進化心理学	756
05	比較発達	758
06	人類の進化	760
07	脳の進化	762
08	社会的知性	764
09	物理的知性・技術的知性	767
10	自己の認識	769

24　遺伝

00	総説	772
01	遺伝の仕組み	774
02	分子遺伝学	776
03	人間の行動遺伝学	780
04	遺伝と環境の相互作用	782
05	認知能力とパーソナリティの遺伝	785
06	精神疾患と発達障害の遺伝	787
07	線虫の行動遺伝学	790
08	ショウジョウバエの行動遺伝学	792
09	マウスの行動遺伝学	795

xiv 目次

| 10 | その他の動物の行動遺伝学……798 | 11 | 遺伝研究の倫理……800 |

25 環境

00	総説……803	06	教育環境……817
01	環境心理学の歴史と特徴……805	07	労働・産業環境 ……820
02	環境の知覚と認知……807	08	自然環境……822
03	環境の評価と査定……810	09	環境行動……825
04	対人・社会環境(空間行動) ……812	10	環境と犯罪……828
05	住環境・コミュニティ環境……815		

26 文化

00	総説……831	04	多様な文化への適応……841
01	文化心理学の成り立ち……833	05	文化と自己……843
02	文化心理学の方法とその展開……835	06	文化と認知……845
03	文化の獲得……838		

27 行動経済

00	総説……848		グ)……859
01	行動経済学の歴史……850	06	時間選好……861
02	行動経済学の方法論……852	07	選択現象……863
03	意思決定理論……854	08	相互作用……866
04	意思決定のバイアス……856	09	経済現象……869
05	心的会計（メンタル・アカウンティン	10	神経経済学……871

人名篇……875

欧文略称一覧 983
文献一覧 995
索引凡例 1016
事項索引 1017
人名索引 1069
人名篇クレジット 1085

事項篇

原理・歴史

〔総説〕

01-00

【心理学史の意義】

　心理学史とは心理学の歴史である。歴史は過去の事実の集まり，ではない。あえて定式化すれば，歴史＝事実×物語，である。事実がない物語は存在するがそれは創作である。一方，事実があっても時間的な筋道が通っていない出来事のランダムな羅列では歴史たり得ない。時間的な展開を前提とする事実に関する物語が歴史である。

　そもそも，事実，と簡単にいうが，ある主題についての歴史（自分の個人史，自動車の歴史，日本の歴史等，何でも）を考えてみると，事実が多すぎることに気づくだろう。また，本当に事実だったのかを確かめることが難しいことにも気づくだろう。したがって何が事実であるかを検討する必要があるし，それらの事実のうち何を取り上げるのか，ということについて検討をする必要が認められる。心理学史は単なる昔話ではなく，方法論に基づいた心理学の歴史である。本領域の01-10において，主要な方法論について説明を行うのは，方法論無しの心理学史があり得ないことを理解してもらうためである。

　現在，心理学史においては，アメリカのボーリングが描き出した心理学史が標準的な歴史として支持を受けている。1879年にドイツ・ライプツィヒ大学のウィルヘルム・ヴントが心理学実験室を設立したことが，近代心理学の成立だ，というものである。この1879年に実際に何が起こったのか，ということは心理学史の専門家の間では議論がある。とはいえ，心理学者たちが，1879年に――心理学がそれまでの哲学的な姿を変えて――実験を中心にした近代心理学になったということを歴史として共有していることは事実である。

　心理学史は高校までの歴史と違って年号を暗記する必要などないが，心理学が19世紀の末に発展し始めたこと，それは日本でいえば明治12年だということを，知っておくことは無駄ではない。また，この歴史の語り方が，物語の一つにすぎないということを謙虚に受け止め，様々な歴史の語り方の可能性を感じることも重要である。こうした前提のもと，本領域では標準的な歴史としての心理学史を，おおむね時間順に展開していく。

【本領域（原理・歴史）の構成】

　01-01においては，19世紀前半の時期までの哲学と生理学の様子を描いた。この時期，哲学においては人間の精神機能の探究が行われており，生理学においては実験という手法によって感覚の研究を行う機運が高まっていた。01-02においては，進化論の影響に焦点を当てた。ダーウィンが発表した『種の起源』は，人と動物との類縁性を提起した。それまでのキリスト教的な考え方では，神と人は近く，動物その他の生物とは一線を画す存在であるとされた。この考えに疑問を呈し，動物の機能を研究することが人間の研究につながるということを提案したのである。比較心理学，動物心理学の端緒を切り開くことになったばかりではなく，人間を客体化して研究することを推進する力となった。

　01-03では，近代心理学の成立について焦点を当てる。重要な出来事としては精神物理学の成立がある。ドイツのフェヒナーによる精神物理学は，身体と精神の関係を

考えるためのものであったが、フェヒナーが様々な実験方法を開発したことこそが重要である。そして、ヴントが心理学実験室を整備して、心理を実験的に理解しようとしたのである。彼の基本的考え方は、感覚等を基本的要素に分解した上でその統合過程を検討しようとするものであった。ヴントはその統合する過程（統覚という）を重視したが、彼の弟子のティチナーが統覚よりも感覚の要素を重視したため、ヴントの心理学は要素主義だという印象が強くもたれるようになった。

なお、ヴントが心理学史上の重要人物であるのは、彼のもとに多くの学生たちが集まって、心理学的な実験手法やものの考え方を身につけて、世界各国で心理学を広めていったということがあるからである。学問にとって重要なのは新しい研究をするということであり、ヴントの実験室は好奇心をもった若者たちにそうした機会を与えてくれる場所だったのである。

もちろん、ヴントの実験心理学だけが心理学だったわけではない。01-04においては、同時期における社会と心理学の接点について概説した。フランスではル・ボンが群衆の研究等を、アメリカではジェームズが自己の研究を行った。社会問題を扱う心理学は応用心理学と呼ばれ、初期の応用心理学としては、教育心理学、産業心理学、法心理学等があった。01-05では、ドイツ以外の国における初期心理学の様相を描いた。アメリカでは機能主義が生まれ、行動主義につながっていく。イギリスでは連合心理学や相関心理学が生まれた。相関係数という統計手法からは因子分析法等が展開することになった。フランスでは、病理学と心理学との関連が強く、神経学者・シャルコーのヒステリー研究や催眠研究はフロイトの手によって精神分析という考え方にまで発展していくことになった。

20世紀初頭以降、心理学は様々な広がりを見せる。01-06では、ゲシュタルト心理学、行動主義、精神分析という大きな三つの流れを説明する。01-07では、児童心理学、臨床心理学及び知能検査開発等、20世紀前半における応用・実践領域への展開を扱う。知能検査の開発によって児童心理学や臨床心理学において専門性を確立した心理学者たちは、その存在意義を社会にアピールした。ただし、人間を測り分類することを通して、優生劣廃学のような活動に与した心理学者がいたことも事実であり、その過ちを繰り返さないことが何よりも重要なことである。

01-08では、第二次世界大戦後までを含む20世紀中頃以降を扱う。行動主義は新行動主義として展開し、スキナーの徹底的行動主義を生んだ。児童心理学はピアジェの認知研究等を生みつつ、発達心理学へと変貌を遂げた。第二次世界大戦後の戦争遺児の増加は、愛着（アタッチメント）研究へとつながった。臨床心理学では人生の意味を重視する潮流が現れ、行動主義、精神分析に続く第三の勢力と呼ばれた。マズローやロジャーズが中心人物である。社会心理学では、実験を取り入れて社会問題を扱う動向が花開き、特にナチスドイツの残虐性をモチーフにした研究群はどのような人でも権威に従ってしまうことを示し、人間の「悪」に対する新しい理解をもたらした。臨床心理学の訓練・資格制度が整ったのも第二次世界大戦後であり、科学者-実践者モデル（ボルダーモデル）が提案された。

01-09では以上のような世界の心理学を受容・展開していった日本の様子について描写した。最初の心理学教授・元良勇次郎の活動や大学における研究の活発化、学会の組織化等に焦点を当てた。01-10は心理学史の方法論を扱う。

〔サトウタツヤ〕

01-01 ▶ 19世紀前半までの哲学と生理学の影響

心理学の歴史は人間についての考え方の歴史と重複しているが，19世紀まではその領域は大部分が哲学と重なっていた。既に古代ギリシア哲学において，のちに魂あるいは心と訳されるプシュケに関する議論があり，例えば紀元前4世紀のアリストテレスは「魂について」という小論を残している。しかしながら，ローマ時代後期にキリスト教が広まるにつれ，人間の独自性に関わる議論は制限されるようになり，ルネサンス期を迎えるまでは人間に関する学問の進展はほとんど見られなかった。

17世紀になると西欧哲学に大きな二つの流れが生まれた。一つはフランスのデカルトに代表される**理性主義**であり，もう一つはイギリスのロックを中心とした**経験主義**である。理性主義では，人間の理性にはある種の観念や概念が備わっているとして，例えば3切れのパンと3個のリンゴから3という観念を抽出することができるのは，数の観念が人間の理性に備わっているためであると考えた。これに対して，経験主義のロックの説では，人間の心には生まれつき何も書き込まれておらず（**タブラ・ラサ**），経験を通じて様々なものが書き込まれていくとする。心理学における学習理論の展開には経験主義の色濃い影響が見て取れるが，一方で認知心理学の情報処理モデルは理性主義の立場に近いものがあり，理性主義も経験主義も心理学の礎石の役割を果たしているといえる。

理性主義と経験主義の対立は，**生得説**と**経験説**にも通じるところがある。理性主義は，人間の心には生得的に数や神の観念が備わっているという生得説の立場であるが，経験主義はその名のとおり，観念は経験を通じて習得されるという経験説でもある。観念の連合を論じたロックは蓋然性という考え方も論じたが，18世紀にかけて確率についての研究が進み，事象や真理の捉え方も絶対的なものではなく，蓋然的（確率的）なものとして理解されるようになった。こうした経験主義の考え方は，新しい時代に適していた。特にイギリスでは産業革命の影響下で18世紀に人々の生活を取り巻く環境が変化し，大都市が誕生したり，職を求めて移住したり，新しい社会的階層が生まれたりしていたため，心理学の土壌となる個人差や集団の差に関する視点が養われたといえる。

18世紀後半になると，ドイツの哲学者カントが異なる立場からそれまでの哲学を批判した。カントは個人の理性が世界をどのように認識するのかという問題について考え，人間の認識の仕方には幾つかのカテゴリーがあって，それは経験とは無関係に元々もっているもので，空間や時間が分かるのもそれによるとした。物理学等の自然科学は実験によってこの認識を確認することができるが，心理学は数学が適用できないので実験が応用できず，せいぜい心の自然な状態を記述することができる程度で，その意味で自然科学となり得ないというのがカントの結論であった。19世紀後半に登場するフェヒナーやヴントら，精神物理学や生理学的心理学の初期の研究者の多くは，このカントの考え方に対抗することによって心理学を進めることとなった。

生理学は19世紀に大きな発展を遂げた学問分野であるが，心理学はこの生理学の影響を強く受けている。身体の機能を説明する生理学は実験手法の進展によって可能になったものであるが，カントが否定した実験を心理学に導入することとなったのはまさに生理学の影響であった。実験生理学

の盛んだったベルリン大学には，**三原色説**として知られる色覚の理論を説いた**ヘルムホルツ**をはじめとする生理学者が集まっていたが，神経伝導速度の研究や聴覚の研究等，感覚や知覚に関する実験的研究を数多く行っていた。ヘルムホルツらの立場は**機械論**といわれ，生命現象に関わる過程を物理化学的過程に還元できるとするものであった。当時の研究者の中にはそれと対立する**生気論**の立場もあったが，概して，生理学的現象の多くが機械論で語られるのが主流であった。しかし，色覚の研究や**錯視**の研究のように，物理学者がどんなに光の原理を研究しても，生理学者がどんなに網膜の研究をしても，人間がどのようにその刺激を知覚するかについては刺激の物理的性質だけでは説明がつかないことも多い。生理学は感覚・知覚のメカニズムを研究する分野であったが，どのように個々の人間が知覚するのかについて，人間特有の法則を見出そうとする分野は生理学の中には根づかず，そこに心理学が登場する余地があったといえる。

■ ■ ■

❶ ▶ 観念の連合 (association of ideas)

ロックが『人間悟性論(第4版)』(1700)で初めて用いた用語である。理性主義では不自然な観念の連合を説明できないが，ロックは観念同士の結合については自然なもののほかに，偶発的なものや習慣的なものがあり，人間が異なれば教育や習性等の違いから異なった結合が起こりうると論じた。観念の連合はヒュームによっても論じられ，のちにミルやベインを通じて心理学の基礎として浸透する理論となった。

❷ ▶ 経験主義 (empiricism)

イギリスのロックやヒュームに代表される哲学の一派であり，イギリス経験論とも称される。理性主義と対照的に，人間の心に生得的な原理が存在するということをほとんど認めず，観念のほとんどは経験を通じて得られるものであると考えた。一般に理性主義では感覚は理性をあざむくといって，これを軽視する傾向があったのに対し，経験主義では絶対的な真理というものを認めず，経験主義の哲学者が感覚を重視していた。

❸ ▶ 三原色説 (trichromatic theory)

特定の3種類の波長の光が網膜上に刺激を与えることで色覚が生まれるという説で，もともとは19世紀初めにイギリスのヤングが唱えた説を，19世紀半ばにヘルムホルツが再発見したことで知られるようになった。そのためヤング＝ヘルムホルツの法則とも呼ばれる。三原色は赤から橙の波長にかけて最もよく反応する細胞，緑に最もよく反応する細胞，青から紫の波長にかけて最もよく反応する細胞からなる。

❹ ▶ 生気論 (vitalism)

生気論は，動植物等の生命の過程が物理法則や化学法則では解明できない他の原理を含むとする立場である。医学や生物学等で19世紀前半に流行のピークを迎え，現代の自然科学においてはその反対に立つ機械論が一般的である。

❺ ▶ タブラ・ラサ (tabula rasa)

ロックが『人間悟性論(初版)』(1690)で用いた用語。オリジナルでは white paper すなわち「白紙」という用語が用いられたが，ラテン語版の翻訳の時に使われた tabula rasa (削られた石板，の意)が広く知られるようになった。

❻ ▶ プシュケ (psyche)

心理学の英語 psychology は古代ギリシア語の psyche と logos の組み合わされたものとされているが，古代ギリシア時代のプシュケには，現代の心や魂にあたる概念よりも広い意味があったと考えられてい

る。呼吸が語源にあるとされることから、身体を出入りする原理一般を指すもので、古くは風の動きなどもプシュケによると考えられていた。アリストテレスの時代にもまだ「植物のプシュケ」という表現があり、心のルーツと考えるには注意を要する。

❼▶ヘルムホルツ（Helmholtz, Hermann 1821～1894）

エネルギー保存の法則の発見や神経伝導研究等で知られる19世紀のドイツの生理学者・物理学者。ハイデルベルク大学の生理学の教授だった時にヴントがその助手をしていたことでも知られる。心理学における貢献としては、色覚における三原色説（ヤング＝ヘルムホルツの法則）、聴覚におけるハープ説等があり、主著『生理光学ハンドブック』（1856～1866）では感覚が経験を通じて知覚となる過程を「無意識的推論」という用語で説明している。

❽▶理性主義（rationalism）

合理主義あるいは大陸合理論とも称される、フランスのデカルトやドイツのライプニッツらに代表される哲学の一派である。人間は生得的にある種の観念を所有しており、ある観念が正しいかどうかは理性によってすぐに判断されると考えていた。理性によってこの世の中を形作っている様々な価値や意味の秩序を理解できるとして、理性に絶対的な力を認めていた点で、イギリスの経験主義と対立する考え方であった。

〔高砂美樹〕

01-02 ▶ 19世紀までの進化論の影響

人間は神によって特別に創造されたものであるとする伝統的な宗教観のもとでは、人間の優位性や独自性は暗黙の前提であったが、自然科学の進展によって人間も他の動物と類似していることが様々な点において示されるようになった。19世紀前半に発表された細胞説では、人間の身体も他の動物と非常によく似た細胞から構成されていることが明らかとなり、また比較解剖学の進展では、霊長類の脳と人間の脳の構造の類似性が指摘された。

こうした背景の中で19世紀に**進化論**が展開されたのである。進化論といえばイギリスの**ダーウィン**が1859年に発表した『種の起源』が有名であるが、ダーウィン以前にもフランスのラマルクやイギリスの**スペンサー**が進化に関する説を発表している。なかでもスペンサーは、ダーウィンの説よりも少し早い1855年に『**心理学原理**』を発表しており、生物が単純なものから複雑なものへと進化するように、社会も分化しながら発展していくのだという説を唱えている。スペンサーの進化論において適者は優れたものというニュアンスが強いのに対して、ダーウィンの進化論は**変異**と**自然選択**を基本として、環境に適応したものが残っていく（適者生存）が、その変化の方向性は無目的的であることを特徴とする。

心理学がそれまでの哲学の流れから離れて独立するためには、生理学における実験技法のように、哲学にはない何か新しいものが必要であったが、19世紀の心理学は進化論を取り込んで発展した。その代表的な分野は比較心理学である。行動や能力等において人間と他の動物とを比較するという観点は、ダーウィンの1872年の著書『ヒトと動物の表情について』に既に認められる。比較心理学は現在では**動物心理学**とほぼ同義に用いられているが、もともとは人間とそれ以外の種の動物を比較することで、人間の独自性を研究しようとしたものである。この方向でダーウィンの研究を継いだのは、ダーウィンの友人でもあったイ

01-02 19世紀までの進化論の影響

ギリスのロマーニズである。1882年にロマーニズが『動物の知能』という著書を出版したとき、彼は書名に意図的に知能（intelligence）という用語を使っている。このことは、何かを判断したり推理したりするような知的能力を動物に認めるとしても、それを人間のように理性という言葉を使って表現することには抵抗があったことを示している。ロマーニズの著書が出た19世紀後半の頃、動物の逸話に関する記事は新聞をはじめとしてあちこちに掲載されていたが、ロマーニズが『動物の知能』で様々な動物の隠れた能力に関する報告を集めて分析した背景には、非科学的な擬人化を避けてできるだけ科学的に動物たちの能力を比較したいという思いがあった。

しかし、こうした報告にのみ頼る**逸話法**は不十分であるとして、その後の比較心理学者はより実験的方法を用いるようになった。これはイギリスの**モーガン**の批判によるところが大きい。彼は後に**モーガンの公準**と呼ばれる原理を提唱し、より低次の心的能力の結果として解釈できるものを、高次の心的能力の結果として解釈すべきではないとして、動物の心的能力の解釈に慎重さを求めた。

進化論の影響は動物を扱った研究にとどまらない。アメリカの心理学において19～20世紀にかけて典型的な学派を形成した**機能主義**は、習慣、注意、記憶といった様々な心的機能を環境に対する適応という観点から捉えようとするものであり、その基盤に進化論がある。動物を用いた機能主義は、条件を統制した実験的方法を用いた**ソーンダイク**に始まる。ソーンダイクは空腹のネコやイヌを**問題箱**の中に入れ、箱の外に餌を置いて誘惑しながら、動物が箱を開けて出てくるまでの時間（反応潜時）を測定した。被験体は最初のうちは箱の中で暴れているだけであったが、そのうち偶然に肢が引っかかって箱が開くという**試行錯誤学習**によって、やがて問題箱という課題をより速く解決することができるようになった。学習実験の嚆矢と見なされるこの研究において、ソーンダイクは複数の種の動物を用いることで、学習の速さと進化の関係を探ろうともしていたのである。

■　■　■

❶▶逸話法（anecdotal method）
　実験のように体系的な方法で収集されたデータに基づくものではなく、非体系的な個別の観察から得たデータに基づいて分析を行う研究方法。逸話法を用いたロマーニズの比較心理学の研究は、ヴントやモーガンによって批判された。

❷▶進化論（evolutionary theory）
　進化とは生物の母集団が世代を経るうちに徐々に変化することを意味する。進化を大別すると、属や科の発生をもたらすような比較的緩やかな変化に関する大進化（macroevolution）と、種や亜種の発生をもたらすような比較的急速な変化に関する小進化（microevolution）とに分けられる。19世紀初めのフランスの学者ラマルクは、その世代に得られた新しい形質が次世代に伝わると考えたが、この獲得形質の遺伝に対してダーウィンは反対し、主として自然選択により進化が起こると論じた。

❸▶スペンサー（Spencer, Herbert 1820~1903）
　イギリスの哲学者。『心理学原理』『社会学原理』『生物学原理』等を含む全10巻の著作によって、総合哲学を体系づけようとした。進化論の立場から、物質においても社会においても、適者生存のメカニズムによって、未分化の状態からより構造のとれた秩序へと向かうと考えた。実社会においては、むやみに権力が介入することなくそのメカニズムに任せるべきであるという主

張を行ったので，イギリス社会よりはアメリカ社会で広く受け入れられることとなった。

❹▶ソーンダイク (Thorndike, Edward Lee 1874~1949)

アメリカの心理学者。機能主義心理学者ジェームズの教えを受けた。ロマーニズやモーガンの研究に影響を受けて，動物を被験体として用い，問題箱を利用した実験的研究を行った。ソーンダイクは自分の研究をまとめた学位論文（1898）及び著書（1911）に「動物の知能」という表題を付けたが，これはロマーニズの同書を意識したものだといえる。コロンビア大学に就職後は教育心理学者として知られる。

❺▶適者生存 (survival of the fittest)

最適者生存ともいう。環境に適したものが生き残っていくという自然選択の原理を別の形で表現したもの。この用語はもともとスペンサーの『生物学原理』（1864）で使われ，後にダーウィン自身が『種の起源』の第5版（1869）で採用した。

❻▶比較心理学 (comparative psychology)

厳密にいえば，比較心理学と動物心理学には違いもある。比較心理学は他動物種と人間とを比較する学問という立場が基本となるのに対して，動物心理学は必ずしも人間との比較を必要としない。また動物心理学はその動物種固有の行動の学問という意味では，生物学におけるエソロジー（動物行動学〈ethology〉）と領域が大幅に重なっている。ただし，学会名や雑誌名等を見ても，比較心理学と動物心理学はほぼ同義に使われていると考えてよい。

❼▶モーガンの公準 (Morgan's canon)

ロイド・モーガンの公準ともいう。モーガンは『比較心理学入門』（1894）の中で，試行錯誤学習等，低次の心的能力の結果として解釈できるものを，推論のように高次の心的能力の結果として解釈すべきではないと論じた。モーガンがこの公準を立てたのは単に節約という見地からではなく，動物の能力を進化の観点から比較するためであったが，一般には比較心理学の基本原則と受け取られ，節約の原理等と呼ばれることもある。

❽▶問題箱 (problem box)

本項については，03-01-❼「問題箱」を参照のこと。

❾▶ロマーニズ (Romanes, George John 1848~1894)

イギリスの解剖生理学者・比較心理学者。高齢になってからのダーウィンと交流があった。種々の動物の組織を比較する比較解剖学の研究者だったが，主著『動物の知能』（1882）及び『動物の心の進化』（1884）によって比較心理学を開拓した。

〔高砂美樹〕

01-03 ▶19世紀後半における近代心理学の成立

哲学者である**カント**は，「心理学は科学になれない」という不可能宣言をした。しかし，19世紀後半に，心理学は感覚・知覚を扱う学問として体系化され，科学的な性質を帯びた近代心理学として成立することになった。

【精神物理学】

そのきっかけとなったのが，精神物理学の誕生である。感覚生理学者であったウェーバーは皮膚感覚や重さの感覚に関して，2種類の刺激の差異がどのように知覚されるのかを検討した。そして，異なった知覚が生じる刺激量が，刺激間の絶対的な差ではなく，相対的な差で定義されることを見出した。この法則を，**ウェーバーの法則**として定式化したのがフェヒナーである。フェヒナーは物理学や哲学を学び，人の精神

と物質的世界との間の関係性に関心をもつようになった。そして，自身が定式化したウェーバーの法則と，感覚それ自体あるいは感覚の変化が生じるための最小の単位（**絶対閾・弁別閾**）の概念を足がかりに，感覚量と物理量を数学的な関数関係として定義したフェヒナーの法則を提唱した。また，刺激を体系的に操作し，そこで生じる感覚や反応を計測する，平均誤差法，丁度可知差異法，当否法といった計測法を開発した。これらは，今日それぞれ**調整法**，**極限法**，**恒常法**として知られている。フェヒナーは自身の考えを『精神物理学要綱』（1860）としてまとめ，感覚・知覚と物理量との間の関係性を検証する学問を，精神物理学として体系化した。

【ヴントの心理学】

既存の心理学に新たな学問体系として提唱された**精神物理学**を取り入れ，また生理学との融合を行ったのがヴントである。医学，生理学を学んだヴントは『生理学的心理学綱要』（1874）を出版し，その中で心理学に実験生理学の手法を取り入れた**生理学的心理学**を提唱した。そこでは，知覚や感覚あるいは**統覚**を**内観法**によって測定するという心理学的な要素に，刺激の体系的な操作や精神物理学的手法，更に反応時間の指標を組み込むことで，実験的に人の直接経験を測ることを可能にした。このような研究活動を通じて，心理学の実験を専門に行う**心理学実験室**をライプツィヒ大学に設立することになった。心理学と他の学問体系との融合を試み，研究方法の中心に実験を据えたヴントの心理学によって，実験心理学という学問が成立したのである。

【心理学の広がり】

実験心理学の成立と時を同じくして，ヴントの研究室，心理学実験室には様々な国から多くの人々が集まり，研究コミュニティ及び研究テーマの両方の側面から**心理学の広がり**は急速に進むことになる。まず，感覚や知覚よりも高次の心理プロセスが研究対象となっていった。例えば，**エビングハウスの記憶研究**によって，記憶過程における忘却と時間との間の関係性が数学的に表現された。また，**キュルペのヴュルツブルグ学派**では**質問紙法**が開発され，思考・判断といった心理過程が研究対象として扱われるようになった。更にアメリカに渡ったティチナーは，**ヴントの心理学**がもっていた**要素主義**の特色を引き継ぎ，それを発展させるとともに，内観法と実験の方法を洗練させ，**実験実習**の制度を確立した。

このように，19世紀後半には，心理学は実験心理学という新たな学問体系としてその意義と方法論が確立され，人の心の働きを数学的に記述することを可能にした。これにより，カントの不可能宣言を克服し，自然科学の色合いを帯びた，科学として定義されうる近代心理学が成立したのである。

■　■　■

❶ ▶ **ウェーバーの法則**（Weber's law）

10 g の物体に対しては15 g の物体，100 g の物体に対しては150 g の物体を持つ時に重さの違いを知覚できるというように，異なった感覚が生じる刺激量が，刺激間の相対的な差で定義されること。フェヒナーによって，$\triangle R = k(\triangle S/S)$（$\triangle R$ は感覚量の差，$\triangle S$ は刺激量の差，S は基準となる刺激強度，k は定数）のように定式化された。k の値は，光の強度では2%，味覚強度では20%等，感覚によって異なる。

❷ ▶ **エビングハウスの記憶研究**（Ebbinghaus's research on memory）

エビングハウスは高次心理過程である記憶のプロセスを実験心理学的に検証した。彼は一連の文字リストを学習した後，一定

19世紀後半における近代心理学の成立 01-03

の時間をおいて再学習させ，学習時間がどの程度短縮されるかを調べた。再学習における節約率（Q）を，$Q=(t_1-t_2)/t_1\times100$（t_1は最初の学習時，t_2は再学習時に要した時間）として算出した。意味をなさない文字の綴り（無意味綴り）を刺激として用いることで，先行経験の影響を除外し，記憶が減衰する様子を直接的に検証した。その結果，時間の経過とともに学習時間の節約率が低くなることを表す，忘却曲線と呼ばれる有名な実験結果を示した。

❸▶キュルペのヴュルツブルグ学派（Külpe's Würzburg school）

ヴントに学んだキュルペは，ヴュルツブルグ大学にて心理学研究室を開設した。そこでは質問紙の開発を行い，思考や選好等の無意識的な決定傾向を反映した高次心理過程に焦点を当て研究を行った。また，質問紙法をあらゆる研究分野に適用・普及可能としていたが，ヴントは純粋に自己の経験によるのではなく，誘導尋問的に内観させ直接経験を導出することを危惧し，これに強く反対していた。そのため，両者の間では論争・対立が生じることとなった。

❹▶心理学実験室（Laboratory for Experimental Psychology）

ヴントによって最初の心理学実験室が開設されたのは1879年であるとされる。しかし，その年はライプツィヒ大学において「心理学演習」のような講義が私的なセミナーから公的なカリキュラムとして認められ，それまで個人的に使用していた実験室の役割が，学生が使用できる研究施設に変化したにすぎないとされる。公的に心理学実験室が設立されたのは1883年であると考えられている。ヴントの心理学実験室には，ヨーロッパ，アメリカ，また日本から多くの研究者が訪れた。

❺▶生理学的心理学（physiological psychology）

ヴントは心理学に実験生理学と精神物理学を取り入れ，刺激を体系的に変化させ，そこで知覚された内容を行動的あるいは言語的に報告させるといった具合に，実験的に人の心理状態を測定することを試みた。これらの内容を生理学的心理学としてまとめたが，今日では実験心理学という名で広く知られている。

❻▶ティチナーと要素主義・実験実習（Titchener's elementalism and experimental practice）

ヴントに学んだ後，ティチナーはアメリカのコーネル大学で教鞭をとり，意識の内容を各感覚と単純感情（快-不快，興奮-鎮静，緊張-弛緩）によって構成されるとする要素主義（あるいは構成主義）の立場から，実験心理学を普及させた。また，教える側，学生側の両方の視点から，心理実験のマニュアルを出版した。これは，今日世界の多くの大学で行われている「心理学基礎実験」の起源となっている。

❼▶統覚（apperception）

ヴント以前から提唱されていた概念で，多様な知覚・感性情報が意識の作用によって一つの対象として統合・認知される，意識の統合過程を指す。ヴントは視覚中枢や聴覚中枢と神経連絡のある統覚中枢を仮定するなど，要素（感覚，感性，イメージ等）が統合された直接経験を統覚として捉え，重視した。

❽▶内観法（introspection/self-observation）

自己が体験，経験していることを意識あるいは自己観察し，その内容を言語的あるいは非言語的方法を用いて表現・報告すること。心理学で用いられていた主観的な検証手法である内観法は，ヴントによって実験的な意味合いを帯びることになった。

❾▶フェヒナーの法則（Fechner's law）

ウェーバーの法則では，異なる感覚が生じるための刺激量の差異，つまり感覚上における刺激間の関係性しか定式化できていなかった。フェヒナーはこれを発展させ，感覚そのものが生じるために必要な刺激量，すなわち感覚量と刺激量との間の関係

性を記述する式，$R = k \log S$（Rは心理量，Sは刺激強度，kは感覚ごとに異なる定数）を考案した。また，微分・積分の概念の導入により，実験で計測した範囲以外の刺激と心理量との関係性をも記述できるようになった。

極限法：→ 05-01-❶「極限法」

恒常法：→ 05-01-❷「恒常法」
質問紙法：→ 02-03「調査法」
絶対閾：→ 05-01「知覚研究法」
調整法：→ 05-01-❺「調整法」
弁別閾：→ 05-01-❻「丁度可知差異」

〔日髙聡太〕

01-04 ▶ 19世紀後半～20世紀初頭における社会と心理学の接点

【民族・集団の心理学】

民族心理学（Völkerpsychologie）の語は1851年にドイツのラツァラスによって作られ，後に彼とスタインタールは『**民族心理学・言語学雑誌**』を創刊した。ヴントは個人心理学と民族心理学からなる心理学の全体像を構想し，1900～20年にかけて全10巻の『民族心理学』を著した。彼によると個人心理学は個人の意識を対象とし，その研究方法は実験と内観であるのに対し，民族心理学は言語，神話，慣習といった歴史的に形成された精神的生産物，すなわち民族精神を対象とし，その研究方法は観察であるというが，両者の関係は明確ではない。19世紀後半に民族心理学は盛んだったが，現在民族心理学というと主としてヴントのそれをいう場合が多い。

一方，フランスのル・ボンは**群衆**を研究し，『群衆心理』（1895）を著した。彼によると，暗示の作用によって理性を失った群衆は以前の進化の段階へ後退し，個人のアイデンティティは消えて原始的な集団心理が出現する。社会主義と共産主義を嫌う愛国者としての彼のイデオロギーがこの著作に満ちているが，当時は科学的であると理解された。『群衆心理』は後に心理学者（例えばフロイト）に影響を与えただけでなく，ヒトラー，スターリン，ムッソリーニが熱心に読んだように，政治的にも大きな影響を与えた。

【自己】

他者との関係で自己を捉える発想は心理学の初期からあった。「私」や「自分」には思考や行為の主体としての自分（私が……する）と，注意や内省の対象としての自分（私とは……である）の二つの要素があるが，この自己の二重性を指摘したのがジェームズで，彼は『**心理学原理**』（1890）でそれぞれをI（主我）及びme（客我）と呼び，meの構成要素を物質的客我，社会的客我，精神的客我の三つに分けた。このうちの社会的客我とは，人が仲間から受ける認識（人からどう思われているか）である。Iとme（**主我と客我**）の区別はG. H. ミードに受け継がれ，彼はジェームズよりも自己が他者との関係で生まれることを強調した。また，社会学者クーリー（1902）は自己を社会的なものとし，自己とは他者という鏡に映った自分の姿であると考えた（**鏡映的自己**）。このような自己の捉え方は，1世紀後のナラティブ・アプローチにおける対人関係的に分散された自己の先駆けといえる。

【社会心理学】

社会心理学の起源を，前述の民族心理学やル・ボンの『群衆心理』に求めることができるとはいえ，この語を冠した著作が現れるのは20世紀に入ってからで，1908年にロスの『社会心理学』と，**マクドゥーガル**の『社会心理学入門』の2冊が刊行された。ただし後者は社会心理学の下地作りを

意図していたため，表題にもかかわらず人間の本能について考察されていた。マクドゥーガルは後に『集団心』(1920)を著すが，これはフランス社会心理学の流れをくむもので，個人を越えた集団心を仮定していた。オルポートはこの仮定を否定し，社会心理学は個人心理学に属するとした。これを契機に社会心理学は，集団や社会に関する現象を主として個人単位で研究することになった。

【応用心理学】

人間生活において生じる様々な問題について心理学的研究によってそれを解決し，更には生活を向上させようとする試みは，新心理学の誕生直後から現れた。こうした研究や実践はアカデミックな心理学に対して**応用心理学**（applied psychology）と呼ばれた。19世紀末にアメリカでホールが始めた**児童研究運動**はヨーロッパにも伝わり，その流れの中でフランスのビネが知能検査を開発した（1905）。また教育と心理学の結びつきは**教育心理学**をもたらし，ソーンダイクは大著『教育心理学』(1913〜1914)を著した。ウィットマーは教員から子どもの事例について相談されたことをきっかけに，1896年にペンシルベニア州立大学に心理学的クリニックを作り，**臨床心理学**の草分けとなった。産業界との関わりでは，スコットが広告の研究をし，ミュンスターバーグが産業場面の諸問題に心理学を応用した。二人はそれぞれ**広告心理学**及び**産業心理学**の創始者と呼ばれている。また裁判との関係では，1895年にキャッテルが記憶に基づく証言が誤っている可能性が高いことを実験で示したことを皮切りに，シュテルンの上演実験，ミュンスターバーグの虚偽検出の試みと続いた。最後の試みは後にポリグラフシステム（いわゆるウソ発見器）につながっていった。

■　■　■

❶▶ I と me（**主我と客我**）(I and me)

ミードはジェームズのIとmeの区別を受け継ぎ，自己の形成過程を論じた。彼によると，ごっこ遊びをする子どもは他者の役割を取得することにより，他者の視点で自分を見ることを学ぶ。またゲームにおいて，子どもはこれに参加する全ての他者の態度を考慮しなければならず，この経験を通して子どもは「一般化された他者」の視点を獲得し，この視点に立って自分に語りかける。このような過程を経て，人はより広い社会過程に自分を位置づけ，自己を獲得する。

❷▶ 鏡映的自己 (looking-glass self)

クーリーによると，自己は社会と表裏一体のものであり，他者とのコミュニケーションによって形成される。人は他者という鏡を通してしか，自分を知ることができない。つまり自己とは，他者が自分をどのように認識しているのかの想像，他者が自分をどのように評価しているのかの想像，それらに対して自分が感じる自己感情のことである。

❸▶ 群衆 (crowd)

一時的に特定の場所に多数の人が集合したもので，一緒に行動し，情動的な一体感はあるが，組織化はされていない集合のこと。ル・ボンの説く群衆心理には群衆による暴動が相次いだ時代背景のほかに，催眠現象への関心が当時のフランス心理学界に広くあったこと，彼が国のリーダーたちに群衆心理を理解させたかったことが影響している。

❹▶ 産業心理学 (industrial psychology)

産業における人間行動を研究し，生産性や労働環境の改善を目指す学問。歴史的に重要なものに，経済の問題に心理学を応用する領域として，①最適な人，②最良の仕

事，③最高の効果の三つの要素を論じたミュンスターバーグ (1912; 1913)，テイラーによるテイラー・システム，ギルブレス夫妻による動作研究，ホーソン研究がある。日本では1910年代から産業心理学への関心が高まり，ミュンスターバーグやテイラーの著作がいち早く翻訳・出版された。心理学者の上野陽一は小林商店（現ライオン株式会社）等の工場で作業改善・能率改善に努め，後に産業能率研究所が設立された際（1922年）所長となった。また同時期に設立（1921年）された倉敷労働科学研究所は，ヒューマニズムに基づく「労働科学」を目指した。現在では産業心理学は産業・組織心理学（industrial/organizational psychology）と呼ばれることが多い。

❺ ▶ ジェームズ (James, William 1842~1910)

アメリカ合衆国の心理学者・哲学者。アメリカ合衆国の心理学の創設期における重要人物で，機能主義の発展に貢献した。ニューヨーク生まれ，ハーバード大学医学部卒業後，ドイツへ遊学。帰国後の1872年からハーバード大学の生理学講師，准教授を務め，1880年に哲学の准教授，1885年に教授。1889年に心理学の教授となるが，1897年に再び哲学の教授となる。アメリカで最初の心理学実験室を作ったが，運営はミュンスターバーグに担当させた。1890年の『心理学原理』は，当時の心理学界に大きな影響を与えた。この中で彼は習慣，思考の流れ，自我，注意，意志といったトピックを取り上げ，また意識状態における身体過程の重要性を主張した。この著作完成後，関心が哲学に移り，プラグマティズムを発展させた。

❻ ▶ 法と心理学 (law and psychology)

例えば，裁判においてある目撃証言がどの程度信頼できるのかを判断するために心理学的知識が有用なように，法律家が心理学研究を必要とする場面がある。また，心理学者にとって裁判は古くから心理学研究が応用される場であった。このように法律上の諸問題に心理学が関わる領域は多くあり，既に犯罪心理学，矯正心理学，証言心理学を生んでいるが，日本では2000年に「法と心理学会」が設立され，法学と心理学の新しい関係が作られつつある。なお，法制度が国によって異なるように，法学と心理学の関係も国によって異なり，例えばアメリカでは法心理学（forensic psychology）が確立され，法廷等の場で法心理学者が活躍している。

❼ ▶ マクドゥーガル (McDougall, William 1871~1938)

イギリス生まれで，アメリカ合衆国で活躍した心理学者。『社会心理学入門』の著者。ケンブリッジ大学，オックスフォード大学等で学び，1920年に渡米し，ハーバード大学，デューク大学で教える。シェリントンと神経生理学を研究し，リヴァーズとニューギニアの人類学調査をし，ミュラーと実験心理学を研究し，またゴールトンのメンタルテストの開発に携わるといったように多彩な背景をもち，研究分野は社会心理学，臨床心理学，実験心理学，超心理学，精神分析等と多岐にわたる。彼は当時の機械論的行動主義と相容れず，論争好きで，いつも孤立していた。

❽ ▶ ミュンスターバーグ (Münsterberg, Hugo 1863~1916)

ドイツ生まれで，アメリカ合衆国で活躍した心理学者。産業心理学の創始者。ヴントに学び，1892年にジェームズの招きでハーバード大学に赴任し，心理学教授として実験を担当する。ハーバード大学で多くの心理学者を育成する一方，裁判での法廷証言にかかわったり，工場労働者の特性を調べるなど，心理学の実生活への応用に大きな関心を抱き，応用心理学の基礎づけと発展に貢献した。

❾▶『民族心理学・言語学雑誌』(Zeitschrift für Völkerpsychologie und Sprachwissenschaft)

1860年にドイツでラツァラスとスタインタールが創刊した雑誌で、民族心理学の研究の発表の場となった。彼らに代表される民族心理学者は、一方では人種差別主義者の生物学的決定論に反対でありながら、他方では民族の優劣を信じていた。このため、民族精神の発展段階により諸民族をランキングすることになり、西欧の民族・社会・文化を頂点に位置づけるという点では、彼らの主張は人種差別主義者のそれと変わりはなかった。

〔鈴木聡志〕

01-05 ▶ 19世紀後半～20世紀初頭における主要国の心理学

1879年のライプツィヒ大学心理学実験室設立に代表されるように、19世紀後半から20世紀初頭にかけての心理学史では、ドイツの心理学が注目されることが多い。しかし、ドイツ以外の国にも、心を捉える文化・歴史・社会的土壌があり、それに基づいた、心についての理解の枠組みは存在していた。そして、それはドイツの実験心理学を受けて変容した。ここでは三つの国を例に、その変遷を述べる。

アメリカには、ドイツの心理学導入以前から**精神哲学**と呼ばれる学問領域があった。精神哲学と新しい心理学をつないだのが、ドイツの心理学の文献を学び、1887年に『生理学的心理学要綱』を書いたラッドである。他方ジェームズは、医学部を出た後ドイツで心理学を学び、1890年に『心理学原理』(*The Principles of Psychology*)を発表した。この中で、ジェームズは、ドイツの心理学から影響を受けつつも、アメリカの風土に沿うよう、自己等、人の能動的な側面を強調しており、彼の著作はその短縮版とともに多くの人に読まれた。これらの成果から、ジェームズは、アメリカにおける心理学の祖とされているが、自ら実験を行うことはあまりなかった。実際に、研究目的の実験室を整備し、独自の研究プログラムを実施したのは、ホールである。ヴントに学んだホールは帰国後、アメリカ心理学雑誌の発刊（1887年）、アメリカ心理学会の設立（1892年）に関わった。このようにアメリカでは、有力な精神哲学者の理解を背景に、ヴントの弟子たちが、精神哲学者の後任として大学に多く就職していた。しかし、徐々にヴントの心理学の範囲には収まらないアメリカ的な心理学理解が成熟していった。その代表が、ヴントや弟子のティチナーのように心の構造に焦点を当てるのではなく、その機能に焦点を当てる**機能主義**であった。その後、アメリカの心理学では、行動主義等、自然科学化が進行し、また産業等への応用が進められた。

イギリスやフランスには、人文科学としての心理学の長い伝統があった。そのため、ドイツ的な実験心理学の受容は遅れ、アメリカとは異なる形で導入された。19世紀のイギリスでは、**連合主義**の心理学の影響が色濃く、道徳哲学・精神哲学の牧師によって教育機関のポストが占められていた。イギリスには、多数の市民科学者がいた。ダーウィンの『種の起源』(1859)が発表されると、人間の個人差とその原因としての遺伝について関心を示す研究者が現れた。それがダーウィンのいとこにあたる**ゴールトン**である。裕福な市民科学者であったゴールトンは、国際健康博覧会で個人差のデータ収集を行い、二つの変数の関連の強さを表す指標として、**相関係数**を考案した。これら個人差に着目した研究が、イギリス心理学の特徴となった。ゴールトンは1898年、サリーがユニバーシティ・カ

レッジ・ロンドンに最初の心理学実験室を作る際にも援助している。また，相関係数は，弟子のピアソンの諸研究や，アメリカ人のサーストンによる**因子分析**の開発のいしずえとなった。

フランスには，ドイツ流の実験心理学が入る以前に，精神病理学が大きな影響力をもっていた。サルペトリエールの高名な神経学者のシャルコーは，当時ヒステリーと呼ばれた疾患群を研究し，アカデミズムからは認められていなかった催眠術を，学問として確立して注目を集めていた。そのため，当時フランスでは，心理学を学ぶには哲学とともに精神病理学を学ぶという風土が形成されていた。ドイツの実験心理学をフランスに紹介し，1889年，ソルボンヌ大学にフランスで最初の心理学実験室を設立したリボーも，病理的状態と通常の状態を連続的なものとして捉えるベルナールの学説に基づき，精神病院での精神疾患患者の研究を病理法として教育カリキュラムに組み込んだ。また，リボーの後任のジャネも，哲学と医学の両方を学んだ。

学問的背景の違いだけではなく，政治体制の変遷が心理学に影響した国もある。モスクワ大学にロシアで最初の心理学実験室を創設したのは，ヴントやシュトゥンプに学んだ経験をもつ，チェルパノフであったが，1917年のロシア革命以降，チェルパノフらの立場は，「唯物論」的ではなく，「観念論」的であり，マルクス主義にそぐわないとして批判を浴びることになった。チェルパノフは，1923年，第1回ロシア心理生理学会議の後に辞職に追い込まれ，彼らが担っていたヴント的な心理学は衰退し，ロシアの心理学はより生理学的な心理学が強くなっていった。

■　■　■

❶▶ 機能主義 (functionalism)

機能主義において重要な役割を果たしたデューイは，『心理学における反射弓の概念』を著し，刺激と反応は相互に規定し合うものであり要素として分離不能であると主張し，個別の要素に分解するよりも環境への適応過程として心を捉える必要があると主張した。ヴントの流れをくむティチナーの構成主義が心の構造を明らかにするのに対して，機能主義は心の機能を明らかにするものであるとされた。また，機能主義では，心理学の知見の社会問題への適用が重視された。

❷▶ ゴールトン (Galton, Francis 1822~1911)

市民科学者で，ダーウィンの祖母違いの孫にあたるゴールトンはダーウィンの進化論に影響を受け，「人種改良」，すなわち，優れた男女の結婚によって，優れた子孫を増やすことに関心をもった。これを実証するために，ゴールトンは，タイムズ誌の死亡欄に掲載されている有名人の血縁関係を調べ，そこから法則を見つけるための統計技法を開発し，『遺伝的天才』(1869)として発表した。また国際健康博覧会で，多くの人の測定を行った。さらに晩年には，人種改良についての一連の研究を優生学 (eugenics) と名付け，探求を続けた。生物統計学と差異心理学，そして行動遺伝学の祖である。

❸▶ ジャネ (Janet, Pierre 1839~1947)

ジャネは，哲学を学んだ後，高校で哲学を教えながら，地元の医院で自主研修をし，そこで紹介されたケースを元に『心理学的自動症』を執筆して，解離を意識の一部（あるいはその痕跡）の独走として位置づけ，この研究で文学博士号を取得した。更にその後，サルペトリエールのシャルコーのもとでの臨床研修を経て，医学博士を取得し，後には，リボーからコレージュ・ドゥ・フランスにおける教授を引き継い

だ。ジャネの業績は，多岐にわたるが，その一つとして「心理分析」が挙げられる。ジャネは，シャルコーの考えを発展させ，病理の背後には，心的外傷等のために意識的には呼び起こせない潜在記憶があると考え，催眠に限らず，自動書字，自動談話等の方法で呼び起こし，そこにある固定観念を解体することで治療しようとした。

❹▶ シャルコー (Charcot, Jean-Martin 1825~1893)

シャルコーは，パリ大学卒業後，当時無名であったサルペトリエール病院に勤め，その後病棟の医長になってから，神経学者として多くの業績を挙げた。その一つに筋萎縮性側索硬化症（ALS：シャルコー氏病）の研究がある。その後，催眠術とヒステリー研究を開始して，催眠に至る3段階を記述した。また，その成果を科学アカデミーに発表し，それまで催眠術に否定的だったアカデミーに催眠術を認めさせた。シャルコーの精神医学上の業績として，無意識的な「自己催眠」が，ある種の神経症のもとになると指摘したことが挙げられる。当時シャルコーを中心としたサルペトリエール学派の人々は，催眠をヒステリー患者特有の現象と考えていた。ヒステリーは暗示の結果であるので催眠を使って非ヒステリー患者に対しても起こせると考えた，リエボーやベルネームら，ナンシー学派と対立した。

❺▶ 精神哲学 (mental philosophy)

精神哲学は神学の一部であり，牧師資格をもった哲学者や学長によって担当されることが多かった。アメリカの精神哲学は，スコットランドの連合心理学の流れをくむものであり，人間の精神現象を，幾つかの能力（faculty）に分類することで心を理解しようとした。その目的は，信仰を守ることに役立てることにあった。代表的なテキストとして，ヒコックの『経験的心理学（*Empirical Psychology*）』がある。

❻▶ ヒステリー (hysteria)

19世紀後半から1990年代にかけて用いられた用語。DSMでは，身体表現性障害や解離性障害に該当する。

❼▶ 連合主義 (associationism)

学習や発達のメカニズムを観念の連合で説明する考え方。全ての複雑な観念はより単純な観念が時間的に接近した反復によって連合し，形成されると考えられた。連合心理学では，最も単純な観念をなすものとして感覚を想定していた。この考え方に基づき，ヴントやティチナーは，感覚や感情を感覚的要素に分けることで人の心の構成を理解しようとした。観念間の結合というのは古くからある考え方であるが，人の心は，何も書き込まれていない白紙，すなわち何の知識もない状態で生まれてくると考えたロックによって大きく取り上げられ，イギリス経験論で中心的に論じられた。

〔荒川　歩〕

01-06 ▶ 20世紀初頭における心理学の拡大

20世紀初頭になると，実験心理学を作った世代ではなく，実験心理学者から心理学を学んだ世代の発言力が強くなりはじめた。彼/彼女らは，心理学の有り様を吟味して新たな領域を受け入れ，時に従来の理論を批判して「新しい」心理学の立場を提案した。ここでは，その中から生まれた，**ゲシュタルト心理学**，**行動主義**，**精神分析**について取り上げる。

従来，ヴントらの心理学の手法では，連合主義に基づく要素主義であり，意識のような複雑観念も単純観念（感覚）に分解されうること，そして個々の刺激とそれに対

する感覚は一対一であることを前提としていた。しかし，知覚やその他の心的体験は要素の集合体ではなく，全体としての複雑観念は，それを構成する単純観念の総和に還元できないのではないかという考え方は古くからあった。その中でも特に，1890年にグラーツ学派のエーレンフェルスが発表した「ゲシュタルト質について」は，ゲシュタルトという名前を冠したことでもよく知られる。

このように経験的には知られていた性質を，**仮現運動**に注目して実験心理学の枠組みに合う形式で提示したのが，後のベルリン学派の一人ウェルトハイマーの「運動視に関する実験的研究」（1912）であった。要素主義的な考えに対する批判は，同じ学派として呼ばれるケーラーやコフカ，レヴィンといったドイツの心理学者を中心に広まり，ゲシュタルト心理学と呼ばれた。

他方，ダーウィンの『種の起源』（1859）を受け，1880年代のロマーニズやモーガン（1894）以来，動物を対象にその「行動」を研究対象とする研究が洗練されるにつれ，意識を主たる研究対象とする当時の心理学に対する批判も起こった。その一つが，1913年に**ワトソン**によって発表された「行動主義者の見た心理学」である。**行動主義宣言**と呼ばれるこのマニフェストの中で，ワトソンは，心理学は客観的な科学であるべきだと主張し，意識ではなく行動を研究の対象とすべきだと説いた。この主張は，その後，パヴロフによってなされた，**条件づけ**や**実験神経症**の理論を取り込み，その後，アメリカを中心に心理学の主流になっていった。ワトソンが行った有名な実験として，感情でさえも条件づけによって形成されることを実証するために，**11カ月のアルバートを対象に行った恐怖条件づけの実験**がある。

他方，20世紀初頭，心理学者は基礎研究だけでなく，臨床的な問題への対応が求められたにもかかわらず，この問題を扱うための理論が不足していた。このような臨床的な知識の需要を背景に，1890年代にジェームズによって紹介され，その後，心理学の中の特に心理臨床に関わる領域に強い影響を与えたのが，精神分析である。

オーストリアの医師であったフロイトは，友人のブロイアーがその患者アンナ・Oに行った催眠浄化法や，シャルコーのもとで受けた**催眠**の講義に感銘を受け，催眠を用いた治療を行った。しかし常に成功するわけではなく，**自由連想**や**夢分析**を用いた方法を開発した。その後，幼年期の体験や性的欲望（リビドー）が生涯に与える影響を強調したオイディプス・コンプレックスの理論について初めて記述した『夢判断』（1900）をはじめ，多くの著作を発表した。1902年からは，週に一度精神分析について議論するための集まりがもたれ，この集まりには**ユング**や**アドラー**といった，その後，それぞれの学派を形成することになる研究者が集まった。精神分析は，臨床現場や非研究者の世界においては広く受け入れられたが，行動主義が全盛になるに伴い，フロイトらの研究の実証性についての批判が高まった。

■　■　■

❶▶ アドラー (Adler, Alfred 1870~1937)

アドラーは，無意識より意識を重視し，過去の体験だけではなく未来の計画や予期を踏まえた自己の創造性を重視した。また，人の行動の動因になるのは，生物学的要因ではなく，社会的関心や劣等感といった社会的力であると考え，個人心理学を展開した。

20世紀初頭における心理学の拡大 |01-06|

❷▶アルバート（坊や）の実験 (little Albert experiment)

　生後11カ月のアルバートは、何週間も白ネズミと遊んでいた一方で、大きな音には恐怖反応を引き起こした。そこで、ワトソンは、アルバートに白ネズミを見せ、アルバートが手を伸ばして触ると同時に、頭の上で、鋼鉄の棒を金槌でたたいて大きな音を出した。その時のアルバートは飛び上がって倒れただけだったが、またネズミに触った時に再び大きな音を出すと、飛び上がった後、泣き出した。1週間後、アルバートにネズミを見せると、最初手を伸ばさず、逆に触れさせると手を引っ込めた。また、その5日後、積み木では遊んだが、実験以前遊んでいたウサギ等、動物や毛皮に対しては恐怖反応を示した。

❸▶仮現運動 (apparent moment)

　実際に動きがない刺激であるにもかかわらず、特定の条件で連続的に提示されると動きが知覚される現象。1910年、休暇でウィーンからラインラントへ列車で移動中であったウェルトハイマーが、車窓の光景を見て、静止している刺激が、提示の仕方で動いて見えたり、静止して見えたりすることに気づいたことが、この現象の発見のきっかけとなったといわれる。これは、それぞれの刺激は、その知覚と一対一で対応するという要素主義の基本的な前提が成り立たなくなることを示すと解釈された。

❹▶ゲシュタルト質 (Gestaltqualitäten)

　エーレンフェルスは、あるメロディを移調する際に、音素が全く変わるにもかかわらず、「同じ」メロディが体験されることを指摘し、知覚を要素の集合とする考え方を批判した。ただし、エーレンフェルスは、ベルリン学派と呼ばれるウェルトハイマーらと異なり、ゲシュタルト質は感覚とは別に意識によって付与されると考えた。

❺▶言語連想 (word association)

　ユングによって臨床的に用いられるようになった方法。ユングは、簡単な言語連想でも反応速度が遅くなる現象に気づき、その原因を、無意識の情動的問題にあると考えた。ユングの方法では、施術者によって順に読み上げられる100の刺激語（2巡繰り返される）の一つ一つに対して、患者は何か一つ思いつく単語を言うように求められる。施術者はストップウォッチで毎回の反応までの時間を計って記録し、反応の遅れや反応の不能、刺激語に対するオウム返し、刺激語の誤解、再検査時の忘却、同じ反応の反復、観念の固執等から患者のコンプレックスを探ろうとした。

❻▶コンプレックス (complex)

　フロイトのオイディプス・コンプレックスは、男児の母親に対する無意識の性愛の願望と、父親をライバルとして恐れることに起因する力動に注目した。他方、ユングは、意識の制御を超えて反応する共通の感情を伴った、様々な心的内容の複合体としてコンプレックスを考えた。

❼▶催眠 (hypnosis)

　物事を吟味する能力が低下し、暗示にかかりやすくなる状態。

❽▶実験神経症 (experimental neurosis)

　行動実験によって誘発された、不適応行動のこと。人間の神経症の症状との類似性があるので、神経症を説明するものと考えられ、この名で呼ばれた。1924年、パヴロフの実験室が近くの川で洪水の被害に遭い、犬も檻の中で逃れられずおぼれた。九死に一生を得た犬たちに条件づけの実験を続けようとしたが、条件づけを行うことはできなかった出来事をもとに、パヴロフの共同研究者たちが実験的に検討を行った。

❾▶自由連想 (free association)

　フロイトの原語としては「自由侵入」。フロイトが精神分析に用いた自由連想法では、患者はソファに横になり、与えられた言葉から連想する言葉を、どんなにばかげたことや重要でないこと、恥ずかしいこと

でも全てを話すことが求められた。フロイトは，抑圧され，症状を引き起こしている記憶や思考を，この方法によって表面化しようとした。

❿ ▶ 条件づけ (conditioning)

もともと関係のなかった刺激と反応に結びつきを形成すること。レスポンデント条件づけ（古典的条件づけ）と，オペラント条件づけがよく知られている。

⓫ ▶ 精神分析 (psychoanalysis)

フロイトによって提唱された神経症の治療法，及びその背景にある心や行動に対する理論体系。精神分析の重要な概念の一つである「無意識」は，当時，ドイツで流行していたものであった。シャルコーやジャネによる催眠の研究では，普段，意識に上らない無意識の存在を明らかにしていた。なお，無意識を流氷の水面下で表現することがあるが，精神物理学者フェヒナーも，閾値の説明の際に，流氷の水面上の部分と水面下の部分で表現していた。フロイトが当時の様々な知識をもとに精神分析を構築したことが分かる。

⓬ ▶ 夢 (dream)

睡眠中に体験されるイメージのこと。フロイトは，その日あった出来事が，願望を刺激して，それと類似した子ども時代の満たされなかった欲求と結びつくことで睡眠中に表出されるものとした。だが，それにもかかわらず，道徳的その他の理由で表出が抑制される時，圧縮，置き換え，視覚化といった夢作業や，象徴化等を経て，問題のない物語に翻訳されて夢として現れると考えた。この前提に基づき，フロイトは，「夢は無意識の王道」と考え，夢を解釈することで，個人の無意識を分析できると考えた。

⓭ ▶ ユング (Jung, Carl Gustav 1875~1961)

ユングは，患者の無意識の世界を知るために言語連想を利用し，また，個人的無意識と人類が共通してもつ集合的無意識を分け，外向型・内向型のタイプ論を論じ，分析心理学を展開した。

⓮ ▶ ワトソン (Watson, John Broadus 1878~1958)

シカゴ大学で，機能主義者のエンジェルのもと，ネズミの迷路学習を研究していたワトソンは，それまで意識として考えられていた現象を内的反応として捉えた。例えば，思考は，咽喉の震えであると考えた。人の感情や能力，パーソナリティは，条件づけの結果，学習されたものであると考え，行動主義を主導した。

〔荒川　歩〕

01-07 ▶ 20世紀前半における応用・実践領域への展開

アメリカのホールはハーバード大学のジェームズから学位を得，ダーウィンの影響を強く受けて1880年から児童研究を開始し，それは**児童研究運動**として広がった。また彼は，1904年に『青年期』，1922年に『老年期』を出版した。また，1909年に彼が学長を務めたクラーク大学において，**同大学創設20周年記念の大きな会議**を開催し，フロイトら，多くの学者を招聘した。

フランスの児童研究運動の一員にビネがいた。フランスでは知能遅滞児を検査によって選んで特別な学校に入れるべきだとされ，そのための検査を考案したのがビネである。1905年に発表された**ビネ式知能検査**は瞬く間に各国に広まった。結果の表示の仕方である**IQ（知能指数）**を提案したのはシュテルンであり，それを1916年に実際の知能検査に組み込んだのはターマンである。1917年，アメリカ陸軍では新兵の知的能力を選別するための**陸軍式知能検査**が開発された。陸軍で知能検査の仕事に

従事した後に、新しい知能検査を開発したのがウェクスラーである。この新しい検査には言語性検査と動作性パフォーマンス検査という二つの領域があり、言語IQと動作IQを算出することが可能である。なお、検査の結果は平均からの偏差で示されるため、**知能偏差値**と呼ぶべきだが、今では知能検査の結果表記は一般にIQと呼ばれる。

知能検査は臨床心理学者にとって重要な道具になったが、心理学において臨床心理学という領域を切り開いたのはヴントのもとで博士号を得たアメリカのウィットマーである。ペンシルバニア州立大学に心理学的クリニックを作り（1896年）、また、そのクリニックでの活動を単位として認める制度を作り、研究と実践とをバランスよく遂行する大学院を整備した。更に『**心理学的クリニック**（*The Psychological Clinic*）』と題する学術誌を創刊した（1907年）。臨床心理学はアメリカを中心に広がっていくことになった。1909年にはシカゴ少年審判所に付属した研究所において、ヒーリーが犯罪少年の処遇や更生指導に関する研究や実践を開始した。

アメリカではジェームズが『**教師のための心理学**』を刊行するなど、教育場面に心理学を適用しようとする流れが強まった。代表人物はソーンダイクである。彼は、ネコを対象にした問題箱の研究を行い、試行錯誤に基づく**効果の法則**を提唱した。これは、行動の結果がその行動の生起に影響するということであるから、**オペラント条件づけ**の先駆となる考え方である。『**動物の知能**』（1898）を、次いで『**教育心理学**』（1903）を刊行した。

産業社会と心理学の結びつきを深めたのが、ヴントに学びハーバード大学に着任したミュンスターバーグである。『**心理学と産業効率**』（1913）を出版。スコットは『**広告の心理学**』（1908）を出版。テイラーの『**科学的管理の原理**』（1911）は、職場の配置や時間管理を合理化することで作業効率を高めることを提案した。なおミュンスターバーグは、法心理学に関する『**証言台にて**』（1908）、臨床心理学に関する『**心理療法**』（1909a）、教育心理学に関する『**心理学と学校の先生**』（1909b）等も出版。

1920年代になると、知能以外の側面の個人差にも関心が向けられ、性格等の**個人差**を類型的に捉える**類型論**が発展した。1930年代には、G. W. オルポートによる**特性論**が唱えられた。性格検査としては、アメリカ陸軍において、神経症傾向のある徴募兵をスクリーニングする検査が開発された（1918）。また、スイスのロールシャッハが、インクのシミを用いた**投影法検査**を提案した（1921）。ヴント以後の心理学はこのように、応用領域を拡大していったのである。

■　　■　　■

❶▶ IQ（知能指数）(Intelligence Quotient)

実際の年齢（生活年齢あるいは実年齢）と検査の結果の年齢（精神年齢）を用いて知能の水準を表記する方法で、「精神年齢÷生活年齢」×100で算出される。標準的な発達水準ではIQ＝100となる。

❷▶ クラーク大学創設20周年記念の大きな会議(the conference to celebrate Clark University's 20th anniversary)

1909年に行われた会議。フロイト、ユング、シュテルンらをアメリカに招聘。国内からはティチナーらが参加した。日本人としては折から留学していた蛎瀬彦蔵らが参加。フロイトは五夜にわたって講義を行い、それが後に論文や著書として刊行さ

れ、アメリカにおける力動論の普及のきっかけとなった。ユングは言語連想実験に関する研究を、シュテルンは法心理学に関する研究を、それぞれ講演した。

❸ ▶児童研究運動 (child study movement)

心理学者や教師や親等が、その立場や観察場所に応じて子どもの様子を報告することで子どもの知識内容を知り、学校教育に役立てようとするものであった。1893年、アメリカに全国児童研究協会を発足させ、それがイギリスの児童研究協会結成を促した（1894年）。1897年にはポーランド、1899年にはドイツ、1901年にはフランスに同様の組織ができた。1906年にはベルリンで国際児童研究学会が開催された。多くの大人が子どもに関心をもち、その様子を観察して記述するようになったことは、大きな意義があったといえる。

❹ ▶『心理学的クリニック』(The Psychological Clinic)

ウィットマーによって1907年に発刊された学術誌。その創刊号には臨床心理学の名称の由来が書かれている。「clinical」は、単に場所を示す言葉ではなく、教室や学習場面に寄り添いながらその場における実践を重視することを含意する語なのである。

❺ ▶知能偏差値 (intelligence standard score)

ビネ式知能検査では精神年齢を実年齢で割るという作業があったため、青年や中年に使いにくいという欠点があったので、ウェクスラーは、年齢ごとの得点を標準化しておいて、そこからの偏差で対象者の知能を把握しようとした。平均が100で標準偏差が15になるように数学的に調整された知能検査の結果表記法である。

❻ ▶特性論 (trait theory)

個人を様々な特性の集まりとして考える性格の理論。G.W. オルポートは、個人に特有な個別特性だけでなく、多くの人に共有される共通特性という概念を導入して性格を理解することが重要だとした。

❼ ▶ビネ式知能検査 (Binet's mental test)

子どもの単純な反応ではなく、注意、判断、推論、記憶等の高次の機能を見ることができるような項目を集めた。彼の考えの独創的な点は、「年齢による知的水準の違い」に着目した点である。ある子どもが実際の年齢より2歳遅れた精神発達にある場合に、発達遅滞だとした。

❽ ▶陸軍式知能検査 (U. S. Army test)

アメリカの心理学者ヤーキスを中心に開発された知能検査。個別に面談を行う形式ではなく、アンケートを配り回答させる集団式知能検査である。紙と鉛筆による検査、とも呼ばれる。陸軍に入隊する約175万人が検査を受けた。

❾ ▶類型論 (typology)

人間の性格を幾つかのグループとして理解する性格の理論。古くはヒポクラテスやガレノスの体液による4分類に遡ることができる。1920年代に、クレッチマーは、精神病と体型の関係に着目し、躁うつ気質、分裂気質、粘着気質の3類型からなる類型論を提案した。ユングは、環境（人や物事）に対して心的エネルギー（リビドー）を向けやすいのが外向的、その反対に自分の主観的働きに心的エネルギーを向けやすいのが内向的、という類型論を提案した。

オペラント条件づけ：→ 03-04「オペラント条件づけの基礎」
効果の法則：→ 03-01-❼「問題箱」
投影法検査：→ 11-04-❼「投影法」

〔サトウタツヤ〕

01-08 ▶ 20世紀中頃における心理学の多様化

20世紀中頃になると，行動主義や精神分析を継承するのみならず批判的に捉える流れも現れるようになった。第二次世界大戦は心理学の発展に大きな機会を与えた。

【新行動主義】

行動を心理学の対象にするという考え方は行動主義と総称される。アメリカのハル，トールマン，スキナーがそれぞれの立場から行動主義を進めていき，**新行動主義**と総称された。ハルは仮説演繹的な理論体系を作り，トールマンは認知的要因の重要性を説き，スキナーは自発行動に着目し，オペラント条件づけの体系を構築した。ほぼ同時に，操作主義の考え方が心理学にも取り入れられた。測定とは測定の手続と同義であるという考え方は，科学的な心理学の構築に役立った。また，行動の記述・説明・予測が心理学の目的であるとする価値観が，心理学者の中で共有されるようになった。

【発達研究の多様化】

スイスのピアジェは我が子の観察をもとに，子どもの認識様式の変容・発達を捉え，認識の発達段階を提案した。彼によれば，子どもは内的な認識を発達させて環境に適応することになるが，それと逆の考え方を示したのがロシアのヴィゴツキーである。「内言と外言」「発達の最近接領域」等の概念を用いて，外界が子どもの発達の先導的役割を果たすとした。第二次世界大戦が起こると，多くの戦争遺児が生み出され，子どもの精神衛生に注目が集まった。WHOの依頼に基づき調査を行ったボウルビィは，子どもには**母性的養育**が必要であるとし，子どもと養育者の間には**アタッチメント（愛着）**という特殊な結合の関係の成立が必要だとした。

【第三の勢力】

第二次世界大戦でユダヤ人収容所生活を余儀なくされたフランクルは戦後『夜と霧』（1947）を著し，意味や意志の重要性を訴えた。ロジャーズは1942年に『カウンセリングと心理療法』を刊行し，問題の解決ではなく個人の成長を目指すのが新しい心理療法だとした。マズローは人間を，**自己実現**に向かい成長する存在として捉えることを主張した。彼は1943年に「人間の動機づけ」という論文でその**欲求階層説**を展開した。ロジャーズやマズローらは1962年にヒューマニスティック心理学会を設立し，精神分析，行動主義に対する**第三勢力**として認知されるようになった。

【実験社会心理学】

欧州で発祥した社会心理学に実験が導入されたのはアメリカであり，トリプレットにより競争事態が人の行動に及ぼす影響についての研究（1897～1898）が行われた。その後，F.H.オルポートが，行動主義的立場に基づいて集団心を否定する主張を行い，集団の研究よりも対人関係の研究が盛んになる素地を作った。彼自身は**社会的促進**に関する研究を行った。ドイツ生まれのユダヤ人・レヴィンがアメリカに亡命すると，彼を中心にレヴィン・グループが形成され，**実験的リアリズム**を追究した実験を多数行い，実験社会心理学の黄金期が築かれたが，ただし一方では，**研究倫理への関心が発生**し，実験社会心理学の在り方への反省が生まれた。

【臨床心理学の制度化】

アメリカでは，第二次世界大戦の間に非常に多くの兵士が精神症状を呈したため，退役軍人管理局が臨床心理学の専門職育成を求めるようになった。臨床心理学に対する期待が高まった結果として，臨床心理学

の訓練モデルについて検討するためにボルダー会議が開催され（1949年），**科学者-実践者モデル**が提唱された。心理療法の効果に対する関心が高まり，心理療法の効果測定への関心が高まった。また，行動療法がより洗練された形で提唱されると，費用対効果の観点から精神分析に取って代わるようになった。

■　■　■

❶▶ アメリカ社会心理学の黄金期（golden age of American social psychology）

フェスティンガーによる認知的不協和理論の提唱（1957）が最も大きな影響をもった。他に，アッシュの集団圧力と同調性の研究（1956），シャクターとシンガーによる情動の認知的規定因に関する研究（1962），ミルグラムの服従の研究（1963），ニューカムの準拠集団についての研究（1967），ジンバルドーの監獄実験（1971），等が行われた。

❷▶ 科学者-実践者モデル（scientist-practitioner model）

臨床心理学者はまず「心理学者」であるべきだとする。臨床心理学者になりたい者は，心理学の博士課程を修了して研究者としての実力証明である博士号を取得した上で，臨床心理学実践を行うことを推奨するモデルである。

❸▶ 研究倫理への関心が発生（the emergence of interest in the ethics of psychological research）

例えばミルグラムの実験の参加者は，「課題を間違えた人物に対して電気ショックを与える」ように求められていた。電気ショックを与えられる人物は実験遂行協力者（サクラ）であり，電気を流されるふりをしているだけであった。しかし参加者に見える目盛りには「致死」のような表示がなされており，大きな苦痛を感じながら実験に参加していたことが明らかになり，実験的リアリズムのもつ負の側面が意識されるようになった。

❹▶ 実験的リアリズム（experimental realism）

社会心理学実験において，参加者に実験意図を知らせてしまうと，実験にならないということから，実験状況を工夫して参加者にとってリアリティのある状況を構成しようとする考え方。具体的には，カバーストーリーや実験遂行協力者（サクラ）の使用，ステージ化された状況に被験者（実験参加者）を取り込むこと，によって実験状況が自然な状況のシミュレーションになるという考え方のこと。

❺▶ 母性的養育とアタッチメント（maternal care and attachment theory）

母性的養育を行うものは母親でなくてもよい。ボウルビィは精力的な調査によって，子どもの周囲に母性的養育を行う人物がいて，特定の感情的結合（アタッチメント）をその人物との間に成立させることが子どもの発達にとって重要だと主張した。その人物が生物学的母である必要はない。

❻▶ ボルダー会議（Boulder conference）

1949年にコロラド州ボルダーで開催されたため，こう呼ばれる。アメリカで心理学者たちは社会の要請を受ける形で訓練や資格についての議論を行い，この会議（1949年）で科学者-実践者モデルを提案した。中心人物はシャコウである。

❼▶ レヴィン・グループ（Kurt Lewin's research group）

レヴィンが設立したMIT（マサチューセッツ工科大学）のグループダイナミクス研究センターを拠点として活躍した，社会心理学者たちのこと。カートライト，フェスティンガー，シャクターやチボーら。

〔サトウタツヤ〕

01-09 ▶ 20世紀前半までの日本の心理学史

　日本初の心理学という名の本は，明治8〜9年文部省から発行された**西周訳『心理学』**で，原著者は**ヘヴン**である。明治初期から20年代初頭，心理学を教える教育機関は既に幾つかあった。しかしながら，当時の日本の心理学の範囲はヘヴンのほか，ウェーランド，カーペンター，スペンサー，ベイン，サリーらの紹介が中心であり，いわば欧米知識の**翻訳**期にあたる。

　古典文学や儒学者による諸文献，仏教の中にも心への関心は見出せるが，これを研究対象に据えて考察する試みが起こったのは明治以降のことであり，本格的な研究の出現は**元良勇次郎**まで待たねばならない。彼はアメリカ留学から帰国後まもなく，帝国大学（後の東京帝国大学。現在の東京大学）で講義を行い，**精神物理学の導入**に寄与した。明治26年，同大学の心理学・倫理学・論理学講座の第一講座主任教授に着任。**松本亦太郎**や**福来友吉**は元良の教え子である。明治36年東京帝国大学内に，明治41年京都帝国大学（現在の京都大学）内に**心理学実験室誕生**。どちらの実験室設置においても，設計や機器類の選定，調達に松本亦太郎が深く関与した。

　東京帝大で**催眠**研究を行っていた福来友吉は，次第に**透視・念写**現象の研究に携わっていった。能力者への一連の実験は一般の人々からも大きな関心を集めたが，実験過程に不備が生じたため，透視念写事件として学術界全体に大きな波紋が残った。福来が東京帝大を離れた後，日本の心理学の傾向として，客観性や公共性をより重んじるようになり，心全体の力動的な働きや現象を研究対象とするよりもむしろ，意識あるいは生理的変化の測定や，意識が顕在化した身体的運動の領域に限定された研究テーマへの志向が強まった。松本亦太郎の**精神動作学**はその一例である。

　元良に次いで東京帝大教授となったのは松本亦太郎である。大正期には実生活への**応用**が盛んになり，**知能検査**，児童相談，適性検査，能率研究，労働環境や作業効率に関する研究等が目立つ。実験心理学解説書の出版も相次いだ。雑誌**『心理研究』**や**『変態心理』**に続き，大正15年に専門誌**『心理学研究』**が創刊された。全国的な学会組織化の動きが起こり，**日本心理学会**の第1回大会は昭和2年に開催された。東西にあった応用心理学会が合同で応用心理学会大会を開いたのは昭和9年である。**基礎**研究では，黒田亮による動物心理学の他，第一次大戦直後のドイツへの留学者が多かったため，**ゲシュタルト心理学**の影響を強く受けた。

　東京帝大航空研究所の一部門として航空心理部が設置され，大正9年から心理学者が研究を嘱託されるようになった。海軍技術研究所内には実験心理研究室が設けられ，常勤の研究員が置かれた。陸軍でも諸研究が行われた。厚生面では傷兵へのリハビリテーション研究が生まれた。教育心理学領域では，教育科学研究会において教育の生活主義，科学主義を標榜する研究活動が実践された一方で，皇国観に即した研究も生まれた。心理学関係の諸学会は大政翼賛体制のもと，昭和16年，心理学会として統合された。

　昭和20年の終戦後，連合国軍最高司令官総司令部（GHQ/SCAP）の占領下に置かれ，非軍国主義化と民主主義化が図られた。民間教育情報局（CIE）実施の教育指導者講習会（IFEL）を通し，**アメリカの影響**が強まった。**教育心理学の4本柱**はこの時導入された。昭和22〜29年の間，大

学入試の際に実施された進学適性検査の作成には多くの心理学者が参画した。昭和38年に日本犯罪心理学会が創設され八学会の成立をみると，国際心理学会の開催に向け，学界全体の再編を目指す動きが起こった。

■ ■ ■

❶ ▶ アメリカの影響 (influence of American psychology on Japanese psychology)

終戦後，連合国軍最高司令官総司令部（GHQ/SCAP）の占領下に置かれた日本の教育は，民間教育情報局（CIE）のもと，大幅に刷新された。CIE は昭和 23 年に教育指導者講習会（IFEL）を設置し，昭和27 年まで 8 期にわたり講習会を設けた。グループ・ダイナミックスや「教育心理学の 4 本柱」はこの時紹介された。ロジャーズのカウンセリングもこの頃入ってきたものである。実験心理学分野では，昭和 27年に京都アメリカ研究セミナーが開催された。

❷ ▶ 教育心理学の 4 本柱 (four pillars of educational psychology)

ブレアがアメリカの教科書内容を分析して区分した「発達，学習，人格（適応），評価」の 4 領域をいう。IFEL においてクロウらがこの枠組みを紹介するや，たちまち受け入れられ，長きにわたって日本の教育心理学に定着している。

❸ ▶ 国際心理学会の開催 (20th International of Educational Psychology)

1972 年 8 月第 20 回国際心理学会が開催された（於：東京プリンスホテル）。参加国数 52 カ国（日本含め）。参加者数 2,563名（国内 1,168 名，国外 1,395 名）。

❹ ▶『心理研究』/『変態心理』(Shinri Kenkyu/ Hentai Shinri)

『心理研究』は上野陽一を中心に明治 45年に創刊された。『変態心理』は中村古峡（文学者，医師）を中心とした日本精神医学会によって大正 6 年に創刊され，小熊虎之助，福来友吉，上野陽一，寺田精一，久保良英といった心理学研究者も寄稿した。どちらも研究論文を掲載する専門誌としての機能を果たす一方，一般の人々への知識啓蒙普及の役割ももっていた。心理学研究者向けの全国規模の心理学専門誌は大正15 年創刊の『心理学研究』が最初である。

❺ ▶ 精神物理学の導入 (introduction of psychophysics)

元良勇次郎は明治 21 年の帰国直後，帝国大学（現在の東京大学）の随意課で精神物理学を担当した。第 1 回の講義はウェーバー・フェヒナーの法則。明治 22〜24 年には『哲学雑誌』誌上に「精神物理学」を連載した。

❻ ▶ 西周訳『心理学』

西周は江戸末期〜明治期の学者。特に哲学的・心理学的な著作が多く，また日本語の訳語作成に果たした役割は大きい。ただし，彼は psychology という語に対し「性理学」という語を積極的に用い，mental philosophy に対し「心理学」を充てた。

❼ ▶ 日本心理学会 (The Japanese Psychological Association)

昭和 2 年 4 月に第 1 回全日本心理学大会が開催された。この大会時に，日本心理学会設立と組織に関して協議され，日本心理学会会則が決定された。大会を隔年で開催すること，全日本心理学大会が日本心理学会大会となること，機関誌は大正 15 年から既刊の『心理学研究』であることが規定された。

❽ ▶ 八学会の成立 (major eight associations related to psychology)

1963 年日本犯罪心理学会設立後，八つの心理学関連学会（日本心理学会，日本応用心理学会，日本動物心理学会，日本グループ・ダイナミックス心理学会，日本教育

心理学会，日本社会心理学会，日本臨床心理学会，日本犯罪心理学会）によって，情報の交換や国際心理学会開催期間，開催地の協定等を目的とする心理学諸学会間連絡会が作られた。なお，この時日本の心理学を合理的に再編成しようという「日本心理学会連合」設立の構想もあったが，実現しなかった。

❾ ▶ 福来友吉 (ふくらいともきち 1869~1952)

東京帝国大学助教授。変態心理学の講義担当。明治39年，論文「催眠の心理学的研究」で博士号取得。同年著書『催眠心理学』刊行。『ゼームス氏心理学』（明治33），『心理学精義』（明治35），『教育心理学講義』（明治41）等で，積極的にジェームズを紹介。透視念写事件の後，能力者・御船千鶴子や長尾郁子に対する実験をまとめた問題作『透視と念写』を出版（大正2），同年東京帝大を休職処分（同4年退職）となったが，亡くなるまで一貫して研究を続けた。

❿ ▶ ヘヴン (Haven, Joseph 1816~1874)

西周が『心理学』として訳した *Mental Philosophy, Including Intellect, Sensibilities, and Will* の原著者。アメリカのアマースト大学の精神哲学・道徳哲学教授，シカゴ神学校組織神学教授。スコットランド哲学の系譜を継ぐ。ヘヴンに限らず，スコットランド哲学思想は幕末から明治初期に輸入された様々な分野の知識の基盤であり，特にその知情意の分類は明治期の心理学や教育学の基本的な枠組みとなった。

⓫ ▶ 松本亦太郎 (まつもとまたたろう 1865~1943)

同志社英学校（現在の同志社大学）を経て帝国大学（現在の東京大学）に学ぶ。ラッドを頼って，アメリカ・イェール大学に留学。論文 Researches on acoustic space で1899年 Ph.D 取得。京都帝大心理学講座初代教授，のち，東京帝大教授。著作に『精神の動作』（大正3），『実験心理学十講』（大正3），『心理学講話』（大正12），『智能心理学』（大正14），『絵画鑑賞の心理』（大正15），『心理学史』（昭和12）等。

⓬ ▶ 元良勇次郎 (もとらゆうじろう 1858~1912)

同志社英学校第1期生。旧姓・杉田。ジョンズ・ホプキンス大学に留学中の1887年，*American Journal of Psychology* 誌上にホールとの共著 Dermal Sensitiveness to Gradual Pressure Changes を発表。翌年論文 Exchange: Considered as the Principles of Social Life で Ph.D 取得。（東京）帝国大学教授。著作に『心理学』（明治23），『倫理学』（明治26），『心理学十回講義』（明治30），『心理学綱要』（明治40），『論文集』（明治42），『心理学概論』（大正4）等。教育，社会学，倫理学，宗教等の分野でも多くの業績を残した。

カウンセリング：→ 11-06「カウンセリング」

ゲシュタルト心理学：→ 01-06「20世紀初頭における心理学の拡大」

心理学実験室：→ 01-03-❹「心理学実験室」

精神物理学：→ 01-03「19世紀後半における近代心理学の成立」

知能検査：→ 11-04-❺「知能検査」

〔鈴木祐子〕

01-10 ▶ 心理学史の方法論

一般に，心理学史とは，「心理学」という学問領域を想定して，その歩みをストーリー展開に注意しながら時系列的に述べていくものである。そして，どのような立場から心理学と向き合ってその歩みを記述していくか，その態度・仕方が「**ヒストリオグラフィー**」（historiography：歴史叙述）

01-10 心理学史の方法論

である。

ヒストリオグラフィーは歴史をどのように捉えるのかということと密接に関係する。現在流布している知見の正当性を示すのか，現状の基盤を明らかにするのか，将来展望につなげるのか，立場によって見える姿が異なるからである。そのため，「ヒストリオグラフィーの重要性」がしばしば指摘される。

心理学史を含む学問史・学術史では，学説史を中心とした**内部主義**と社会や時代精神等との関連を考慮した**外部主義**に分けることができる。

心理学史の叙述で一つの手本になっているのがハーバード大学心理学教授を務めたボーリングが著した『実験心理学の歴史 (*A History of Experimental Psychology*)』(1929) である。「婦人と老婆」と題される有名な「隠し絵」を呈示した実験心理学者で，上掲書の出版後にはアメリカ初の心理学史家と呼ばれた。

『実験心理学の歴史』は，現時点から過去を遡及的に見ていく方法を採っている。

心理学史を含めた学問史・学術史の叙述態度は幾つかある。まず，**英雄史観**（ホイッグ史観，勝利者史観）である。

英雄史観が卓越した能力を備えた研究者によって研究がブレークスルーしていくと捉えるのに対して**制度史観**は，学問を取り巻く制度が，研究内容に影響を与えるという考え方である。

心理学史の研究にも一般の歴史研究同様，資料が重要な役割を果たすため，「資料保存の重要性」は極めて高いものである。資料を便宜上，**一次資料**と**二次資料**に区分することがある。一次資料とは，一般に公刊されていない資料のことであり，公刊されたものは二次資料という。一次資料を復刻した場合の資料は，断った上で一次資料として扱うことがある。

こうした歴史的資料は**アーカイブ**が精力的に収集，収納，管理している。アメリカオハイオ州に所在するアクロン (Akron) 大学には全米から寄せられた心理学関連資料を保存している。その他，ハーバード大学やロックフェラー財団，ドイツ・バイエルン州のパッサウ (Passau) 大学等にも充実したアーカイブがある。

極めて優れた心理学的研究を残した場合，その研究者をどのように賞賛するのか，すべきか。「○○賞」の授与以外の事例の一つが「**冠名現象**」である。「業績の人名化」という言い方もしばしばなされる。理論や学説の提唱者名をゆかりのものにとどめるのである。

■　■　■

❶▶アーカイブ (archive)

資料館，文書館のこと。各大学や研究機関の年史等もアーカイブの資料をもとに編まれることが多い。日本初の心理学者，元良勇次郎の博士論文の現物は，アメリカのボルチモアに所在するジョンズ・ホプキンス大学アイゼンハワー図書館のアーカイブに所蔵されている。カーネギー研究所アーカイブには，アメリカで研究助成制度が始まった最初期の心理学関係の応募書類が良好な保存状態で残されている。

❷▶一次資料 (first document)

公刊されていないプロトコールや研究ノート，論文の草稿・原稿，著作への書き込み，手紙・通信文，日記，写真等を指す。

❸▶英雄史観／制度史観 (heroism historiography/institution based history)

英雄史観（ホイッグ史観，勝利者史観）は，学問の進歩に貢献したものと抵抗したものに分け，両者の戦いで勝利を遂げていく前者を「英雄」としてその過程を叙述する。現在の姿や知見の正当性を根拠づける

ものでもある。また，時間が経てば経つほど優れたものが登場するという見方もある。「過去の愚かさ」を脱し，「現在の素晴らしさ」に到達する過程を叙述するもので発展史観とも呼ばれる。制度史観は，大学やアカデミー，学会，専門誌等の制度的変遷をたどっていくものである。大学における学則や学位授与規程，学会の会則，論文の投稿規程等が学問内容をも規定していると捉えるのである。

❹▶冠名現象 (eponymy)

心理学では，自然科学の基礎研究と同様に画期的な発見や発明を行っても，経済的な見返りが得られることはまれである。むしろ，それを期待せず純粋に知的好奇心で研究が遂行される。その努力に報いる手段がノーベル賞を頂点にした「賞」である。冠名現象は，永続性からいえば賞以上である。研究者を称える報償システムの一つとされる。スキナー箱，エビングハウスの記憶曲線，鈴木ビネー式知能検査，内田クレペリン精神作業検査，森田療法等が，心理学における冠名現象の事例である。

❺▶内部主義／外部主義 (internalism/externalism)

内部主義は，心理学の理論・学説の展開を論文や著作で示された内容や論理の因果関係から捉えていく。後続研究を産む母体としてのパラダイムの展開を追うことと関係する。それに対して，外部主義は，その学説が登場した社会的文化的背景や両者の相互作用を明らかにしようとするものである。研究者に自覚がなくても，発想や論理展開，表記法等にその時代の制約を受けているものなのである。

❻▶二次資料 (second document)

図書や雑誌記事，報告書，公文書，回想録など公刊されたものを指す。

❼▶歴史主義／現在主義 (historicism/present based history)

現在主義は，現状を肯定し，そこにどのような経緯で至ったのかを叙述していく。それに対して，ある時代の状況証拠を網羅的に収集し，実証的にその光景の再構成・復元を試みるのが歴史主義である。そこには，歴史のストーリー性や現代との連続・非連続性への関心よりも，当時はどのようであったかを復元すること，それ自体に意義を見出すこともしばしばである。

〔溝口　元〕

02-00 研究法 〔総説〕

　心理学は，改めていうまでもなく，長年にわたる研究の積み重ねによって，その理論体系が整えられてきたものであり，本書に集積された用語や知見はその成果の一端を示すものに他ならない。その多岐にわたる範囲を見れば，「研究法」にも多様なアプローチが含まれることは容易に想像がつくであろう。しかし，心理学の一つの特徴は，動物を対象とした動物心理学の流れ (02-10) や，様々な行動指標や生理指標 (02-11) が用いられてきていることでわかるように，先行していた自然科学領域の研究手法をベースとして発展してきた点にあり，日本では心理学関係の学科等は文系の学部に属することが通常であるが，国によっては理学部に属することもある。だが，人間の心理過程を対象とする研究は，必ずしも自然科学的アプローチだけで十分ではなく，心理学特有の研究法も広がりを見せてきている。

　文化人類学者である川喜田二郎は，『発想法』という著書の中で，W型研究法と呼ぶ研究の流れを提案している。そこでは，思考レベルと経験レベルの二段階に分け，研究は，その両レベルを行ったり来たりしつつ進んでいくところから，W型と名付けられている。この考え方は，文化人類学のみならず，心理学等，多くの領域の研究にもそのまま当てはまるものであり，また，研究にも幾つかのタイプがあることを確認するのに有用であるので，その流れを簡単に紹介しておきたい。

　まず，思考レベルにおいて，研究すべき問題が提起されるところから始まる。次に，その提起された問題に関して，経験レベルに下りて，実際にどのようになっているかという情報を得る。その情報に基づいて，思考レベルに立ち返って，どのような理論や仮説が成り立ちうるかを探索するというところが「W」の前半の「V」に相当するプロセスとなる。この段階の研究を，探索的研究と呼ぶことがある。

　更に，その理論や仮説が正しいといえるかどうか，また，どの範囲で成り立つといえるのかなど，それを確認するプロセスが必要とされる。その仮説等を検証するための実験や調査が計画され，再び経験レベルに下りて，現実世界においてその実験や調査が実行される。そこで得られたデータを分析して，再び思考レベルに立ち返って，理論や仮説の検証が行われることになる。これが「W」の後半の「V」に相当する部分であり，この段階の研究を，確認的研究と呼ぶことがある。

　また，川喜田は，思考レベルにおいてのみ，仮説や理論を組み立てていく研究もあり，それを書斎科学と称している。一方で，経験レベルにおいて，事前の仮説等にとらわれずにできる限りありのままを記述することに重きを置く研究を野外科学，一定の仮説の検証のために計画される実験に基づく研究を実験科学等と分類している。

　このように，一つの学問的知見を得るためには，研究のプロセスとしても，また，研究のスタイルとしても，いろいろなアプローチの仕方があるということを認識しておく必要がある。それによって，例えば，確認的段階で得られるデータは，母集団が想定され，そこからの無作為抽出によるサンプルに基づく推論が求められることか

ら，統計的検定や推測等の確認的データ解析と呼ばれる手法が利用される。それに対して，探索的段階では，無作為抽出等の手続きは必ずしも経ることができない場合もあり，得られたデータの特徴を浮き彫りにするための記述統計や探索的データ解析と呼ばれる手法が馴染みやすいといったことがある。その意味でも，多様な研究法のそれぞれの特徴や留意点について，本領域に取り上げた項目等を通して整理しておくとよいだろう。

まず，研究を進めるためには，その対象となる枠組みの中で，幾つかの心理学的特性や何らかの構成概念を反映する変数を定めていく必要がある。その変数にどのような種類のものがあるか，例えば，独立変数と従属変数，また，その関係に影響を及ぼす調整変数や媒介変数等の考え方を知ることで，研究の組み立て方について示唆が与えられるであろう（02-01）。

続いて，心理学の四大研究法とでもいうべき，実験法，調査法，観察法，面接法について，その概要を紹介する。実験法は，基本的には確認的研究の手法として位置づけられ，それによってある仮説の検証が企図されて実施されることになる。なお，動物を対象とする実験は，心理学の原点にも位置づけられるものであり，一つの大項目として取り上げている（02-02）。

調査法は，ある集団における心理学変数の統計的関連性から，個の中で起きている心理的メカニズムを推測する形で利用されることが多く，どちらかというと探索的な段階での研究手法として利用されることが多いといってよいだろう。もちろん，仮説の検証のためにある変数を統制して，実験的に調査を行うことも可能であり，確認的な利用もありうるが，変数間の相関に基づく分析からは，容易に因果関係を確認的に導き出すことはできないということには留意しておくべきであろう（02-03）。

観察法や面接法は，どちらかというと，探索的段階で多く利用される手法といえるが，実験的な計画に基づいて観察や面接を行うことも可能であり，確認的段階にも利用可能であろう（02-04, 05）。

実験や調査は，主として，幾つかの量的指標を導出して，それに関する統計的な分析等を通じて，結果を解釈していく量的研究と呼ばれる研究手法に分類される（02-06）。一方，面接や観察は，いきなり量的指標が収集されるというよりは，言葉であったり行動の映像の情報であったり，量でない形の質的情報の収集と分析が基本となる。そのような情報に基づく研究は，質的研究と呼ばれる。質的研究においても，そこで問題となる質をいかに量的に表現するかということは，心理学の一つの研究となるが，一方で，質的データをそれに適合した手続きで分析・総合し，心理学的理論や知見として蓄積していこうという質的研究法は，心理学におけるもう一つの大きな潮流になりつつある（02-07）。

心理学の研究は，科学技術の進歩に相まって，その技法を進化させているということもあり，コンピュータを駆使したシミュレーション研究の流れや（02-09），最新の生理医学的な機器を利用した神経画像法による心理学の発達にも目を向けておきたい（02-12）。

更に，心理学は人間を対象とする研究だけに，倫理的な問題には常に留意する必要がある。個人情報やプライバシーの保護，また，実験による被験者への負の影響のケア等，研究倫理の問題は，それを疎んじていると心理学の発展そのものを阻害しかねない重要な課題でもあり，その点にも目を向けておきたい（02-08）。

〔大塚雄作〕

02-01 ▶ 変数

変数とは，文字どおり，どのような状態であるかが変化するものであり，心理学においては，通常，個々人の心の有り様に関わる何らかの特性についての人や状況間での変化や違いが検討の対象になる。数という言葉が使われているためか，数値によって表されるもののみが想像されることがあるが，知能指数やある事柄の経験頻度のように，何らかの量的特性に関する状態（程度）の違いが数値によって表される場合だけでなく，性別や支持政党等のように，特定の量的特性に注目したものではない違いが検討の対象になっている場合も変数という。そして，前者のように何らかの量的特性に関する程度の違いが問題にされる変数を，そのまま**量的変数**といい，後者のように各対象（人や状況等）が「男性か，女性か」「A党か，B党か，支持政党なしか」「他者が存在する事態か，しない事態か」といった複数のカテゴリーのいずれに該当するかが問題にされる変数を**質的変数**という。ただし，後者のような場合でも，「優，良，可，不可」の成績のように，各カテゴリーの配列順序が何らかの量的特性に関する程度の違いに即して一義的に定められるような場合には，基本的には量の違いが問題にされていることになるので，量的変数だと見なした方がよいと考えられる（このような場合も質的変数だと見なす考え方もある）。なお，いずれにせよ，各対象を複数のカテゴリーのいずれかに分類していることになる変数は，そのまま**カテゴリー変数**とも呼ばれる。

また，カテゴリー変数ではない量的変数は，更に**離散変数**と**連続変数**に分類されることもある。それから，質的変数に関して，各対象に便宜的に何らかの数値を割り当てることによって量的変数の場合と同様の分析が適用可能な変数を構成することがあり，このような変数を**ダミー変数**という。具体的には，カテゴリー数が2である場合には，一方のカテゴリーに属する対象には1という数値を割り当て，他方のカテゴリーに属する対象には0という数値を割り当てる（ただし，本来は，割り当てる二つの数値は，異なる値であれば，1と0である必要はない）。そして，カテゴリー数が3以上の場合にも，1と0のいずれかの値をとるダミー変数を「カテゴリー数－1」個，構成することによって，各対象が属するカテゴリーを表現する（例えば，カテゴリー数が3である場合にはD1，D2の二つのダミー変数を設けて，第1カテゴリーに属する対象は「D1＝1，D2＝0」，第2カテゴリーに属する対象は「D1＝0，D2＝1」，第3カテゴリーに属する対象は「D1＝0，D2＝0」とする）。

次に，「XがYに及ぼす影響」などというように複数の変数間の因果関係ないし影響過程について考える場合，（Xに対応する）原因だと見なしている変数を**独立変数**といい，（Yに対応する）結果だと見なしている変数を**従属変数**という。独立変数は，実験的研究においては，その効果について検討するために研究者が操作する変数であり，このような文脈では，**要因**と呼ばれることも多い。一方，相関的研究においては，従属変数の値がどうであるかを予測ないし説明するものであるという意味で，そのまま**予測変数**とか**説明変数**等とも呼ばれ，このような場合には，従属変数は，**基準変数**とか**目的変数**等と呼ばれることもある。以上のほか，独立変数と従属変数の関係に関わるものとして，**剰余変数**，**媒介変数**，**調整変数**と呼ばれるものがある。ま

た，変数間の影響過程に関して何らかの統計的モデルを想定した場合，**観測変数と潜在変数**，及び，**外生変数と内生変数**，という言葉がセットになって用いられることもある。

なお，ある変数の値を一定の規則に従って異なる値に変えることを**変数の変換**又は**データの変換**という。変数の変換は，特定の関数式を用いて行われることもあるし，そうではない場合もある。後者は，量的変数の値を（各値が全体の中で何番目に大きい値かといった）順位に変えたり，量的変数を「高群か，中群か，低群か」といったカテゴリー変数に変えたりするような場合である。

■　■　■

❶▶ 外生変数／内生変数（exogenous variable/endogenous variable）

パス解析や（それを包括するものである）構造方程式モデル等の，複数の変数間の影響過程に関する統計的モデルの中で，モデル内の他の変数から影響を受けることが全く想定されていない変数を外生変数という。これに対して，モデル内の他の変数から影響を受けることが一つでも想定されている変数は，全て内生変数という。すなわち，変数間の影響を「X → Y」というように表した時に，外生変数とはモデル内のどのような変数との関係においても矢印の向かう先の変数になっていない変数であり，一度でも矢印の向かう先の変数になっている変数は内生変数であることになる。

❷▶ 観測変数（observed/ observable variable）

複数の変数間の影響過程に関する統計的モデルの中で，観測されたデータと直接的に対応した（言い換えれば，仮説的に想定されたものではない）変数を観測変数という。潜在変数との対比で顕在変数と呼ばれることもある。

❸▶ 剰余変数（extraneous variable）

ある研究において，それが従属変数に対してどのような効果をもつかについて検討する対象になっている変数を独立変数というが，通常（特に，心理学的研究においては），従属変数に影響を及ぼす（ないし，及ぼす可能性がある）変数は他にもたくさん存在し，このような諸々の（独立変数と従属変数を除いた，残りの）変数を剰余変数という。ただし，研究領域や研究方法等による呼称の多様性が顕著な概念であり，交絡変数，干渉変数，外的変数，共変数，共変量，第3の変数等とも呼ばれる。

❹▶ 潜在変数（latent variable）

統計的モデルの中に組み込まれる，直接観測されるものではない変数を潜在変数という。潜在変数は，（心理学においては）心のメカニズムないし心が関連していると考えられる行動を説明するために理論的に構成されたものである構成概念と同一視されがちであるが，「あくまで統計的モデルの中に組み込まれて数理的に扱われるもののみを指す概念である」という指摘や，「構成概念というものは，通常，完全に1次元的なものではなく，元来，ある程度の幅ないし曖昧さを有するものであるから，複数の観測変数に共通する単一の成分だと想定されている潜在変数と単純に同一視することはできない」という指摘もなされている。

❺▶ 調整変数（moderator variable）

媒介変数は，独立変数が従属変数に及ぼす影響過程に介在するものであるが，両者の関係の有り様を左右するものではない。これに対して，「Zが～である場合にはXはYに…な影響を及ぼすが，～でない場合には逆の影響を及ぼす（あるいは，影響を及ぼさない）」などというように，Zの状態によって独立変数と従属変数の関係の

有り様が異なることが想定されることがあり，このようなモデルにおける Z を調整変数（ないし，調節変数）という。媒介変数は独立変数の変化に伴って変化することが想定されているものであるが，調整変数に関しては，通常，このようなことは想定されていない。

❻▶ 媒介変数 (mediator/mediating variable)

X→Z→Y（すなわち，X の変化によって Z に変化が生じ，更に，それによって Y に変化が生じる）というように，独立変数 X が従属変数 Y に及ぼす影響過程に介在している（と想定される）変数を，媒介変数ないし仲介変数という。このような媒介変数の存在及びその介在の有り様を検討することが，「心理過程ないし心のメカニズムについて探求する」ということの主要な部分となる。

❼▶ 離散変数／連続変数 (discrete variable/continuous variable)

頻度や人数等のように，元来，0, 1, 2, 3…というような飛び飛びの値しか取り得ない量的変数を離散変数という。これに対して，得られたデータにおいては（すなわち，表面上は）飛び飛びの値になるが，元来は連続線上のあらゆる値を取りうると考えられる量的変数を連続変数という。ただし，実際のデータ分析においては，通常，このような区別は考慮されていない。

〔吉田寿夫〕

02-02 ▶ 実験法

実験とは，一般的には，統制された一定の条件下で，どのような現象が生じるかを観察ないし測定する一連の手続きを指す。このこと自体は心理学的研究においても同様に該当するが，心理学的研究において実験という場合には，通常，単一の条件下での観察ないし測定は想定されておらず，独立変数の操作という手続きが組み込まれている場合のみが想定されている。すなわち，独立「変数」を操作するということは，その状態が異なる，少なくとも二つ以上の条件（水準ともいう）を人為的に設定することになる（条件が一つしかなければ，変数であることにはならない）。そして，これらの条件下で従属変数の測定をし，その測定値を条件間で比較するための統計的分析を行うことによって，当該の独立変数の効果に関する判断を下す。また，狭義ないし厳密には，実験の対象（通常は，実験参加者）を各条件に割り当てる際に，それが偶然のみによって決定されるようにする手続きである**無作為割り当て**が行われている場合のみを実験という。そして，このような狭義の実験に対して，現実の制約により無作為割り当ては行われないが，独立変数の効果を可能な限り適切に評価できるように種々の工夫をして実施される実験を**準実験**という。

実験を実施する際には，独立変数以外の変数で，従属変数に影響を及ぼす可能性が高い変数である剰余変数の効果が，実験の結果を歪めないように統制することが重要になるが，これには以下のような二つの意味がある。

まず一つ目は「独立変数と剰余変数の交絡の防止」ということであり，この文脈における**交絡**とは，独立変数に関する条件間で，その独立変数の値だけでなく，何らかの剰余変数の値も異なっていて，両者の効果が（絡まっていて）分離できなくなっている状態を意味する。そして，そのために，本当は独立変数には効果がないにもかかわらず，それと交絡している剰余変数の効果によって条件間に差が示されたり，逆に，本当は独立変数に効果があるにもかか

わらず，剰余変数の効果が独立変数の効果を相殺する方向で働いていて，条件間に差が示されなかったりすることがある。

二つ目は「剰余変数によって説明できる変動の誤差変動からの除去」ということである。剰余変数の値が独立変数の条件間で全体としては異なっておらず，独立変数と剰余変数が交絡していなくても，ある剰余変数の値が各条件内の対象によって異なっており，かつ，その剰余変数が実際に従属変数に特定の影響を及ぼしているならば，それによって各条件内で従属変数の値が変動することになる。そして，それに対して何らの対処もしなければ，その剰余変数の効果による変動が誤差の中に混入して誤差が（不当に）大きくなり，本当は当該の独立変数に効果があっても，誤差にまぎれて，それを検出できない可能性が高くなってしまう。なお剰余変数の主な統制方法には，**恒常化**，**無作為化**，**ブロック化**，**バランス化**，**独立変数化**といったものがある。

実験は，何らかの働きかけの効果を検証するために行われることもある。その際，検討の対象になっている働きかけをする前と後の二時点において従属変数について測定をし，その結果を時点間で比較すればよいように思われがちであるが，このような計画では，時点間で差が示されても，「実験期間中に参加者が当該の働きかけとは独立に（自然に）経験する他の出来事によって生じたものではないか」「**実験者効果**等のように，働きかけを行うことに随伴して生じる他の要因の効果ではないか」「事前に従属変数の測定を行うことが事後の測定に影響を及ぼしたのではないか」などといった解釈も十分に成立するため，働きかけの効果を主張する際の証拠としては大きな問題があることになる。そこで通常は，当該の働きかけを行う**実験群**と，行わない（が，上記のような攪乱的要因に関しては等質だと考えられる）**統制群**を設け，これらの群間で従属変数の値を比較する，**統制群法実験**等と呼ばれる方法が採られている。

■　■　■

❶▶ 恒常化 (holding conditions constant)

注目した剰余変数の値を，全ての条件のどの対象に対する実験においても常に一定に保つ方法。このようなことが適切になされれば，その剰余変数が独立変数と交絡する可能性は完全に排除できるし，その剰余変数による変動が誤差変動に混入することもない。しかし，恒常化を行った場合には，実験の結果はあくまでその恒常化された水準に当てはまるものでしかなく，それ以外の水準にも妥当するという保証はない。すなわち，恒常化には，結果の一般化可能性という点で重大な問題があることになる。

❷▶ 参加者間要因 (between-participants factor)

独立変数の各条件に異なる参加者を割り当てる場合，すなわち，各参加者が当該の独立変数の一つの条件においてのみ実験に参加する場合，その独立変数を参加者間要因（ないし，被験者間要因）であるという。

❸▶ 参加者内要因 (within-participant factor)

各参加者が独立変数の全ての条件において実験に参加する場合，言い換えれば，各参加者から当該の独立変数の全ての条件におけるデータが得られる場合，その独立変数を参加者内要因（ないし，被験者内要因）であるという。

❹▶ 実験者効果 (experimenter effect)

実験者の行動や種々の特性（例えば，性別）が実験の結果に影響を及ぼすこと。実験者が実験の結果に対して抱く期待や仮説が参加者の行動やそれに対する実験者の解釈に影響を及ぼす現象である実験者期待効果が代表的なものである。

❺ ▶ 独立変数化 (treating as an independent variable)

恒常化，無作為化，ブロック化，バランス化のいずれも，独立変数と剰余変数の間に従属変数に対して交互作用効果が存在する（すなわち，剰余変数の水準によって独立変数の効果が異なる）場合には有用ではない。そこで，このような場合には，注目した剰余変数を独立変数と同等の変数として扱い（すなわち，独立変数化し），交互作用効果についても検討できるようにすることが一つの有用な方法となる。

❻ ▶ バランス化 (balancing)

「被験者の性別という剰余変数に注目して各条件の男女比を等しくする」などというように，注目した剰余変数の値が独立変数の条件間で全体としては異なっていないようにする，ブロック化に準じた方法。

❼ ▶ プリポスト・デザイン (pretest-posttest design)

独立変数の操作をする（ないし，統制群法実験において，効果検証の対象になっている働きかけをする）前後で従属変数の測定をし，その測定値の時点間の変化に関する条件間の差について統計的分析を行うことによって，独立変数の効果に関する判断を下す研究計画。心理学的研究においては対象の特性によって従属変数の値が大きく変動することが多いため，各対象の事前の状態（ベースライン）を踏まえた上で独立変数の効果について検討することは重要である。

❽ ▶ ブロック化 (blocking)

対象の特性や環境条件等の中で従属変数に対して強い影響を及ぼすと考えられる剰余変数に注目して，その値が（ほぼ）等しい（又は，等しくなるように操作された）グループ（ブロック）を複数構成し，各ブロック内で独立変数の各条件に実験の対象を無作為に割り当てる方法。適切にブロック化が実施され，そのような計画に即した適切な方法で統計的分析が行われれば，恒常化と同様に，剰余変数の影響が実験の結果を歪めるのを防ぐことにとって非常に有用な方法となる。また，当該の剰余変数に関して様々な水準でデータを収集するのであるから，結果の一般化可能性が問題になる可能性も低い。ただし，他の方法に比べて適用する際のコストが高く，現実には重要だと考えられるごく少数の（通常一つの）剰余変数のみに注目して行われる。

❾ ▶ ポスト・オンリー・デザイン (posttest-only design)

心理学的研究においては，独立変数の操作をする前に従属変数の測定を行うことが，操作後の測定に顕著なバイアスを生じさせたり，コスト上，困難であったりすることが多い。そこで，操作後においてのみ従属変数の測定をし，その測定値に関する条件間の差について統計的分析を行うことによって，独立変数の効果に関する判断を下す方法が採られることもある。このような方法を，ポスト・オンリー・デザイン等という。

❿ ▶ 無作為化 (randomization)

あえて積極的な統制をせずに，独立変数の各条件における（対象の特性や環境条件等の）剰余変数の値を全くの偶然に任せて決定する方法。基本的な方法であるが，積極的に統制をしないために，強い交絡が偶然生じてしまう可能性がデータ数の少なさに応じて存在する。また，「剰余変数によって説明できる変動の誤差変動からの除去」という点では，何らの配慮も行っていない方法であることになる。

〔吉田寿夫〕

02-03 ▶ 調査法

調査法（survey method）とは，社会科学・行動科学の分野において，性別・年齢・性格・知能・生活環境等，実験的にもしくは直接的に統制することが不可能な要因が人間の行動に影響を及ぼしていると考えられる場合，研究の目的に適合する個人又は集団を選んで，必要とされるデータ・資料の収集を行い，研究の対象となる事象や現象の記述・解明に資する情報を提供するための方法である。調査の過程としては，まず，調査の目的や問題意識の設定と確認を行って，それを把握するために適した調査方法を選択する。そして，調査項目の作成と標本の抽出を経て，**予備調査**を実施し，調査票の確定を行って，本調査を実施するという流れが一般的である。

調査の方法としては，質問紙を使用することが多い。質問紙を用いたデータの収集方法は，**郵送調査法**，面接法，留置法，電話調査法，集団調査法等，様々である。また，**オンライン調査**の利用も増加傾向にある。**質問紙**とは，研究の目的に合わせて，一つもしくは互いに関係する複数のテーマについて，様々な側面から質問項目を用意した尺度や項目群から構成され，個人の内面について幅広く尋ねるものである。被調査者はそれぞれの質問項目に対して，当該の項目が自分自身や自分自身の考え・態度に当てはまるかどうか，「全く当てはまらない」から「とても当てはまる」などの何段階かの**評定尺度法**で簡便に回答することが多い。

質問紙を用いた調査法は，実験法や面接法と比較すると，特別な実験器材やトレーニングを受けた面接者等を用意する必要がなく，質問紙と筆記用具だけを用いて，多数の回答者を対象として，比較的短時間のうちにデータを収集することが可能であるという利点をもつ。また，これらの調査データを用いて量的に統計分析を行うことによって，人間の一般的な行動傾向を記述することができるという利点も併せもつ。一方で，質問紙に対する回答は，基本的には自己記入式であることが多く，被調査者の主観的な判断や内省報告に頼らざるを得ないため，自己防衛的な反応や社会的望ましさによるバイアス等の**回答バイアス**を統制することが難しいという欠点もある。また，得られた回答が個人の心理・行動・経験を十分に反映したものなのか，それとも表面的・機械的に回答しただけのものなのか適切に判別する手立てもない。

質問紙の使用と実施に際しては，前記の長所と短所を考慮に入れた上で，質問項目の内容や形式に十分な工夫を施す必要がある。質問紙は，そこに記載された文章のみを頼りにして，作成者側の意図を正確に回答者側に伝えなければならないので，質問項目の**ワーディング（言い回し）**には十分に配慮する必要がある。同じ質問内容を同じように理解して回答してもらうために，質問紙の作成者は，測定したい構成概念に照らして，それを網羅的に評価するためには，回答者が何をどのような視点で考え，どのように回答を行うべきなのかという評定項目に対する判断の枠組みを明確に提示する必要がある。そのためには，質問文は，対象となる被調査者全員に対して質問の意図が明確に伝わるように，できる限り簡便で明瞭な文章で記すことが求められ，質問項目の文章の中に専門用語を用いたり，必要以上に否定語を織り交ぜたりすることは望ましくない。また，**キャリーオーバー効果**や**ダブル・バーレル**，特定の回答者に対して感情的な構えや困惑を喚起する

ような項目，一方的な回答や特定の回答を誘導するような項目も避けるべきである。

また，評定尺度法，すなわちリッカート形式等による多値型の選択回答方法を用いるだけでは，被調査者の回答から研究目的を十分に達成できない場合には，自由回答形式の質問項目によって補填を行う。自由回答形式の回答を用意することによって，被調査者はリッカート形式の回答方法に束縛されることなく，自由に回答を記述することができ，研究対象についてより具体的かつ詳細に調査を行うことが可能となる。しかし，回答の方法・内容・分量が多様化するため，結果を整理する際に統計的に取り扱うことは難しくなる。

■　■　■

❶▶オンライン調査 (online survey)

近年インターネットの利用が全国的に普及したことにより，ウェブを介した調査法も増加傾向にある。被調査者は，パソコンやスマートフォン等のデジタル端末機器に表示された質問項目を読んで，クリックやタッチによって回答を入力する。この方法は，比較的安価とされる郵送調査法よりも更に安価に，更に即時的に大量のデータを収集することが可能である。しかし一方で，オンライン調査の回答者は比較的高学歴・高収入で，意識傾向にも偏りが見られることが指摘される場合があるので注意が必要である。また，オンライン調査において無作為抽出を行うことはほとんどなく，標本の代表性に問題が生じるため，社会調査には不向きである。ただし，心理学は人間の心理や行動の説明に重きを置くため，サンプリングの偏りはそこまで大きな問題とはならない場合もあるので，今後オンライン調査の利用頻度が高まっていく可能性はある。

❷▶回答バイアス (response bias)

全ての回答者が全ての質問項目に対して注意深く丁寧かつ正直に事実に基づいた回答を行っているとは限らない。質問項目を受けて自己防衛的な反応を示し，実際とは異なる虚偽の報告を行ったり，回答を行わない場合もある。また，援助行動や犯罪行動等に関する質問項目においては，被調査者自身が実際にどうであるかよりも，社会的に受け入れられやすく一般的に望ましいとされる方向で回答を行って印象操作を行う，社会的望ましさによるバイアスを生じさせる可能性がある。

❸▶キャリーオーバー効果 (carry-over effect)

ある質問項目への回答が別の質問項目への回答に影響を及ぼすことを，キャリーオーバー効果（繰り延べ効果）という。項目の配列順序によって，後の項目が前の項目の影響を受けて回答が歪むことは回避すべきである。このキャリーオーバー効果を避けるためには，質問項目は互いに重複や欠落がないように作成し，他の項目とはできる限り独立となるようにする必要がある。

❹▶ダブル・バーレル (double-barreled question)

一つの質問項目の中に複数の論点が並列されていたり，一方の論点が他方の論点の従属節になっていたりすることを，ダブル・バーレルという。一つの質問項目では原則として一つの論点のみについて言及し，同時に複数の論点について言及することは避けるべきである。

❺▶評定尺度法 (rating scale method)

評定尺度法とは，数量的に表現することが難しい態度・気分・価値観・パーソナリティ特性等の心理学的構成概念を測定する項目に対して，自分自身がそれにどの程度当てはまるか，どの程度そう思うかなどについて段階的に評定を行うことで，尺度を構成する方法である。例えば，4件法（「当

てはまらない・あまり当てはまらない・やや当てはまる・当てはまる」等）や，5件法（「そう思わない・あまりそう思わない・どちらでもない・ややそう思う・そう思う」等）などのリッカート形式が用いられる。

❻▶郵送調査法 (mail survey method)

郵送調査法とは，質問紙を用いて実施する調査法の中でも，最も一般的に利用される方法の一つである。実施する調査の趣旨及び質問項目群を，何らかのサンプリング方法によって選択された個人や集団に郵送して回答を求める。郵送調査法は，面接法や電話調査法等と比較すると，データ収集にかかる人的なコストを抑えることができ，広範囲にわたるデータを比較的短期間で収集することが可能である。しかし一方で，日本国内における郵送調査の回収率は一般的に20～30%と低く，仮にランダム・サンプリングを行ったとしても回答者に偏りが生じている可能性が否定できないという欠点がある。複数時点にわたる縦断研究を計画している場合には，これらのデータの偏り・欠損・脱落が分析結果に影響を及ぼす可能性があるので，更に注意が必要である。

❼▶予備調査 (preliminary survey)

本調査の際に，より効果的な情報を効率的に集めるためには，事前に予備調査を実施しておくべきである。予備調査とは，本調査で使用する予定の質問紙や調査票を一通り作成し終わった段階で，比較的少数の標本を対象に行う事前調査のことで，研究の目的に適ったデータを収集できているかどうかという点について，実際に第三者の目を通じて事前に確認を行うために実施する。予備調査の結果を受けて，質問項目のワーディングに若干の修正を加えたり，本調査の標本数を最終的に決定したりして，本調査の実施に備える。

〔髙橋雄介〕

02-04 ▶観察法

観察とは「みて，さっする」と書く。もともと「みる」には，目で視る，脈を診る，味を見るといったように五感で何かを捉えること，更には病人を看る，痛い目を見るといったように物事に対して身体全体で関わることが含まれている。また，「さっする」とは，その場の状況や相手の気持ちを感じ取ることである。心理学における観察法とは，日常生活では非意識的に行われているこれら諸活動（の一部）を自覚的に用い，現象をある側面から捉えようとするものである。その観察の仕方で現象のどんな側面が取り出せるかを反省しながら観察結果を吟味していく点が，学術的な観察の特徴だといえる。

いろいろな観察法があり，問題関心や研究枠組みも実に多様であるが，ここでは，①現象のどんな側面を取り出そうとするか，②「客観性」をどのように担保しようとするのか，③どのような「一般性」を目指しているか，といった観点から，特徴的な三つのグループを紹介する。ほとんどの観察法は次の(1)(2)(3)のどれか，あるいは(1)と(2)や，(2)と(3)の中間に位置づけられると考えられる。

(1) **客観主義的なアプローチ**：第一のグループは，主観を排した外部者の視点から，誰が見ても疑い得ない現象の「可視的な側面」（行動等）についての一般的な傾向・相関・法則を検証しようとするアプローチである。愛着研究における**ストレンジ・シチュエーション法**等，ほとんどの**実験的観察法**はこれに該当する。また**自然的観察法**でも，**時間見本法**や**評定尺度法**等によって行動や態度を数量的に捉える場合な

どは，あらかじめ観察者側に明確な仮説があり，統計処理によりそれを検証しようとしていることが多く，このグループに属するアプローチといえる。厳密な観察マニュアルの作成や，信頼性の指標（例えば**観察者間一致率**等）の算出により，観察の「客観性」を担保しつつ，対象者や観察者の個性，細かな文脈の違いに左右されない「ユニバーサルな共通性」を目指すのが特徴である。

(2)解釈学的なアプローチ：(1)の客観主義的なアプローチでは，人々の生活にとって重要な「意味」の世界を十分に捉えることができないという反省から，近年，人々の振る舞いの「意味」を解釈学的に読み解いていく第二グループの観察法が見直されつつある。ここでしばしば用いられるのは**参加観察法**であり，調査対象となっている集団（場合によっては個人）の内部の視点から，集団内の人々（その個人）がある物事に対してどのように「意味」を付与しているかを探っていく。**エスノグラフィ**や**エスノメソドロジー**における観察は，このグループの代表例である。観察者にとって未知の「意味」の生成過程を発見していこうとする点で，このアプローチではあらかじめ明確な仮説を立てることが難しい場合も多い。この場合には，**日誌**や**フィールド・ノート**等の形で気づいたことを記録していくことによって，徐々に観察すべき事柄（問題や仮説）が定まっていき，より焦点化された観察（**場面見本法**や**事象見本法**等）へと移行したり，その結果を受けて問題や仮説の修正を行ったり，といった循環的なプロセスで研究が進められていく。知見が観察者の参加の仕方，解釈の仕方に大きく依存するため，詳細な生データ（行動や発言の逐語的記録）とともに，観察者が知見を導いてくるまでのプロセスを明示することによって，その「客観性」を担保しようとする。また，ここで第一に目指されている「一般性」は，あくまである特定の集団（個人）や文脈において成り立つ「ローカルな共通性」だといえる。

(3)更に関与的なアプローチ：第二グループの延長線上に，人々の生活の場では観察者も不可避的にその場の人間関係に巻き込まれてしまい，必ずしも明確な行動や発言の形をとらない人々の「気持ち」をも間主観的に感じ取ったり，何らかの実践的関与をしたりせざるを得なくなるということを強調する，第三のグループがある。前者の側面を強調するものに**エピソード記述法**，後者の側面を強調するものに**アクション・リサーチ**等がある。また，臨床家や実践家の**「関与しながらの観察」**は両者の側面を兼ね備えている。(2)のアプローチ以上の徹底的な「観察者自身についての観察」によって「客観性」を担保しつつ，安易な一般化を目指すよりはむしろ深く分析された少数事例のもつ「インパクト」によって，既成の枠組みに揺さぶりをかけようとするのが特徴である。

■　■　■

❶▶エピソード記述法（episode description approach）

発達心理学者の鯨岡峻が提唱した方法。人々の生活の場に，観察者自身も生活者的な感性をもった「生きた身体」を携えて参入し，間主観的に人々の「気持ち」を把握しながら，人々の体験世界を読み手にも追体験可能な形で描き出していこうとする。(2)のアプローチ以上に観察者の「感じたこと」を徹底的に開示するとともに，観察者が有していた暗黙の枠組みが，人々や出来事との出会いによっていかに揺さぶられたかを議論していくのが特徴である（この作業を「メタ観察」という）。

❷ ▶ 観察者間一致率 (inter-rater reliability)

同一の観察対象について，複数の観察者の分類や評定がどれほど一致するかを示す指標。信頼性の一つの判断材料となる。例えば二人の観察者がいる場合，「実際の一致率」から「偶然の一致確率」を差し引いたコーエンのカッパ係数が求められることが多い。

❸ ▶ 関与しながらの観察 (participant observation)

アメリカの精神科医サリヴァンが提唱した概念。「いつも，既に」クライエントとの関係の中に巻き込まれているセラピストが，その関係性の有り様を手がかりにクライエントの理解を深め，次の関わりを紡ぎ出していくという，関与と観察の不可分性を指したものである。

❹ ▶ 参加観察法 (participant observation)

観察者が，対象となる人々の生活の場に何らかの形で継続的に参加しながら観察を行う方法のこと。観察者がなるべく人々に対して関わらないようにする「消極的参加」から，観察者自身がその場で何らかの役割を担いつつ，人々と積極的に交流していく「積極的参加」まで，様々な参加形態があり，それに応じて見えてくるものが変わってくる（後者の側面が強まると，前記(3)のアプローチに近づいてくる）。

❺ ▶ 時間見本法 (time sampling)

一定の観察時間（例えば5分）と，一定の記録時間（例えば10分）を，何度か繰り返し（4回繰り返せば60分かかる），ターゲットとなる行動が出る頻度や条件を探る方法。ターゲットとなる行動についてきちんとした定義を行い，出現率の高い適切な場面を選べば（したがって，場面見本法と併用されることも多い），効率良く観察ができ，数量化もしやすい点が長所である。

❻ ▶ 事象見本法 (event sampling)

特定の種類の出来事に着目して観察を行う方法。例えば保育園での自然的観察において，一日の中で子どもたちがけんかをした時に焦点化して観察を行う場合などがある。どのような状況でけんかが起こり，どのように収束していったかなど，前後の文脈と切り離さずに当該の出来事を捉えることができるという長所がある。大項目では(2)のアプローチとの関連で言及したが，(1)のアプローチでも用いられることがある。

❼ ▶ 自然的観察法 (naturalistic observation)

人々が生活する場での自然な振る舞いを観察する方法。実験的観察法に比べ，対象者を特殊な状況下に置くことによるバイアス（不自然な行動）が生じにくくなる（ただし，厳密には，観察者が生活の場に参入することによる影響は，ゼロにはできない）。

❽ ▶ 実験的観察法 (laboratory observation)

現象に人為的な操作を加え，条件を統制しながら，被験者の行動を観察する方法。自然科学がモノ的対象に操作を加え，その変化を観察するのと同様のやり方で，行動法則を明らかにしようとする。

❾ ▶ 場面見本法 (situation sampling)

見たい行動が頻繁に起こる代表的場面を選んで観察する方法。例えば子どもたちの食事マナーについて調べるために，保育園での給食の場面を観察する場合などがある。生活の自然な流れの中で，ターゲットとなる行動を効率良く観察ができる点が長所である。大項目では(2)のアプローチとの関連で言及したが，(1)のアプローチでも用いられることがある。

❿ ▶ 評定尺度法 (rating scale method)

本項の詳細は，02-03-❺「評定尺度法」を参照のこと。

アクション・リサーチ：→ 02-07-❶「アクション・リサーチ」

エスノグラフィ：→ 07-04-❷「教育エスノグラフィ」

エスノメソドロジー：→ 02-07-❷「エスノメソドロジー」
ストレンジ・シチュエーション法：→ 06-07-❸「ストレンジ・シチュエーション法」

〔大倉得史〕

02-05 ▶ 面接法

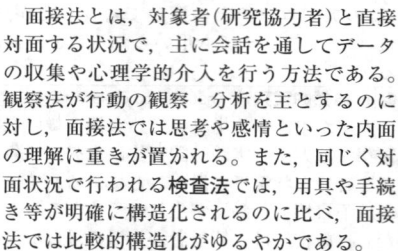

　面接法とは，対象者(研究協力者)と直接対面する状況で，主に会話を通してデータの収集や心理学的介入を行う方法である。観察法が行動の観察・分析を主とするのに対し，面接法では思考や感情といった内面の理解に重きが置かれる。また，同じく対面状況で行われる**検査法**では，用具や手続き等が明確に構造化されるのに比べ，面接法では比較的構造化がゆるやかである。

　面接法には多様な種類があるが，まず目的により，調査的面接と臨床的面接とに分けられる。調査的面接とは，仮説の検証あるいは生成のために，対象者に質問を行い，その回答を通してデータを得る方法である。質問紙調査よりも非言語的情報も含めたより多層的で豊かな情報を得ることができ，また，面接進行中に対象者の反応に応じて，質問の意図を正確に伝えたり回答の意図を確認したりすることもできるメリットがある。

　臨床的面接とは，心理療法，カウンセリング，ケースワーク等において，主に言語的やりとりを用いて，問題や症状の解決に向けて面接者が対象者を支援するものである。複数回ないしは長期にわたって行われることも多い。その場合，初回の情報収集に重点を置いた面接は**初回面接（インテーク面接）**と呼ばれる。臨床的面接は，心理療法やカウンセリングの流派によってその技法に違いがあるが，いずれも対象者の思考や感情，行動に焦点を当てフィードバックする点で共通している。臨床的面接は問題解決を主とするが，そこで得られた情報は**事例研究法**におけるデータとなることもある。

　面接法を構造化の度合いによって区別すると，**構造化面接，非構造化面接，半構造化面接**に分けられる。構造化面接とは，研究仮説に従って質問すべき項目やその順番，教示等が決められている方法である。仮説検証型の研究に適しており，質問項目の信頼性と妥当性も重要となってくる。また複数の調査者で面接を行う場合に適している。非構造化面接とは，面接実施の手続きや項目の設定がゆるやかで，面接の過程で対象者の反応に応じ，面接者が柔軟に自由に質問を生成し展開させるものである。多面的で多層的なデータの収集を目的とし，仮説検証よりも仮説生成型の研究に適しているといえる。半構造化面接とは，あらかじめ仮説や調査観点を設定し，それに応じた質問項目も用意しているが，会話の流れに応じて質問の順番の変更や場合によっては質問の追加を行う方法であり，心理学的調査においてよく用いられる方法である。対象者の回答の過程が自然な流れとなり，かつ，最終的には尋ねたい質問が網羅されるように工夫される。

　いずれの面接法においても，対象者とラポール（ラポート）をつけることが重要である。ラポールが適切に形成されていない場合，対象者の回答は自発性や自由度に乏しく，隠蔽や歪曲といった防衛が働き，バイアスがかかったものとなりがちである。また，たとえ対象者が真実を語ったとしても，信頼の薄い相手に語ってしまったことで，面接後に後悔し心的負荷を感じるという倫理面でのリスクも高くなる。このように面接法には人間関係が大きく影響してい

るが，中でも**面接者バイアス**は考慮しておくべきものである。

面接者バイアスには，2種類が考えうる。第一は，面接者のパーソナリティ，態度，性，年齢等の要因によって，対象者の態度や感情，思考が影響を受け，対象者の回答に影響を与える場合である。第二は，面接者の興味関心や認知枠が回答やその解釈に影響を与え歪める場合である。構造化が低い面接ほど，面接者バイアスは大きくなる可能性がある。面接者バイアスは原理的には回避し得ないが，面接者自身がバイアスについて自覚しておく必要がある。

■　■　■

❶ ▶ 検査法（test）

心理学研究法の一つで，一定の用具と手続き，教示を用いる構造化された場面での反応をもとにして，対象者に関するデータを得る技法。発達を見るための発達検査，知能を見るための知能検査，パーソナリティの構造や特徴について知るための人格検査がある。人格検査は，作業検査法，質問紙法，投影法に分けられる。

❷ ▶ 初回面接／インテーク面接（intake interview）

臨床的面接が継続する場合，その初回において対象者に関する包括的な情報収集を行うための面接。パーソナリティや対象者が置かれる人間関係の力動を把握するために，生育歴，症状歴，家族関係等が，主訴とともに聴取され，臨床面接のための方針や見立てが行われる。

❸ ▶ 事例研究法（case study）

個別の事例（ケース）をもとに研究を行う手法であり，臨床的面接をもとにした研究で広く用いられる。事例の心的力動や事象生起プロセスをナラティヴ的に理解する方法，一事例に対する介入の効果を量的に査定する方法がある。前者は，コンテクストを重視する精神力動的心理療法の事例理解に用いられることが多く，後者は，行動療法で理論的枠組みに依拠した介入の効果を評価するために用いられることが多い。単一の方法だけでなく，量的・質的にかかわらず複数の方法を用いて対象を統合的に理解する場合もある。

❹ ▶ ラポール（rapport）

「関係・交流」を意味するフランス語であり，もともとは催眠の創始者メスメルによって，動物磁気に感応した被術者と施術者との間に生じる状態として使用されていた。転じて，心理療法やカウンセリングにおいて，セラピスト（面接者）とクライエント（来談者）との間に調和的な信頼関係が構築され，自由で安心して感情的交流が行える状態のことを示す。英語ではラポートという。

〔大山泰宏〕

02-06 ▶ 量的研究

量的研究（quantitative research）とは，数量化されたデータを用いて行われる研究のことである。数量化されたデータのことを**量的データ**と呼ぶ。ある課題に対する反応時間や一セッション中の標的行動の出現回数等はもちろん，学力テストの得点や心理尺度を用いて測定された**尺度得点**等も量的データである。これに対して数量化されないデータを**質的データ**と呼ぶ。自由記述アンケートの回答やカウンセラーとクライエントの対話記録等は質的データである。

質的データを用いて行われる研究は，**質的研究**と呼ばれる。量的研究は質的研究と

対比されることが多い。その際，量的研究は**仮説検証的なアプローチ**に向いていて，質的研究は**仮説生成的なアプローチ**に向いているといわれることがある。仮説検証的なアプローチとは，研究の焦点が絞られ，具体的な**仮説**が既にある場合に，データをもとに仮説の正否や信憑性を判断し，検討するような場合を指す。一方，仮説生成的なアプローチとは，そこまで研究の焦点が絞り込まれておらず，検証すべき具体的な仮説がまだ存在しない場合に，データの構造を検討し，データから仮説を作り出すような場合を指す。

量的研究では，集められたデータは統計的に処理される。このため，量的研究は**統計的方法**と密接な関係がある。統計的方法には，大まかに分類すると**記述統計**と**推測統計**がある。記述統計は，得られたデータを，図表を用いて分かりやすく表現したり，数値を用いて整理・要約したりするために行われる。後に紹介する**探索的データ解析**でも，記述統計の手法を用いて行われる分析が多い。推測統計は，**区間推定**等に代表される統計的推定と，**統計的検定**（統計的仮説検定，あるいは**仮説検定**とも呼ばれる）に大別される。ある研究においてその関心下にある対象全体のことを**母集団**という。母集団について全て調べ尽くすことができるのであれば，記述統計で十分であり，推測統計を行う必要はない。しかし，現実には関心のある研究対象全てを調べ尽くすことは難しい。そこで，母集団の一部を取り出して，その一部のデータを利用して，そのデータの結果から母集団全体の様相を明らかにすることを考える。これが推測統計の考え方である。母集団の一部のことを**標本**と呼び，母集団から標本を取り出すことを**標本抽出**と呼ぶ。記述統計は，自分が手に入れたデータそれ自体を対象にする閉じた分析と捉えることができる。一方，推測統計は，自分が手に入れたデータは，その背後にあるもっと大きな集合（母集団）の一部であり，その一部から全体の様子を明らかにしようとする広がりのある分析と捉えることができる。

データにより仮説の正否や信憑性を検討する仮説検証的アプローチと相性が良いのは，**仮説検定**である。仮説検定の基本的な考え方は以下のとおりである。①本来主張したいこととは逆の仮説である**帰無仮説**を設定する。例えば，本来主張したい仮説が「学校適応感尺度得点について，男女でその平均値が異なる」というものである場合，帰無仮説は「学校適応感尺度得点の平均値（母平均）は男女で等しい」というものになる。②帰無仮説は正しいという仮定のもとで，手元にあるデータ（標本）がどの程度の低い確率で得られるものかを計算する。③その確率が，事前に定めた基準（これを**有意水準**と呼ぶ）よりも小さければ，帰無仮説のもとではめったに起こらない珍しいものであり，そうした珍しいデータが得られたのは，帰無仮説が間違っているためと判断する。そして，帰無仮説を**棄却**する。このように確率を判断基準として，仮説の吟味を行うのが仮説検定である。仮説検定は心理学研究では非常によく用いられるものであるが，その手続きや結果の解釈における問題点や限界について十分に理解を深めることが必要である。

量的研究は仮説検証的なアプローチに向いていると述べたが，仮説生成的なアプローチにはふさわしくないということではない。量的研究においても，データから仮説を作り出すような手続きは十分に可能である。**探索的データ解析**は，こうした量的研究における仮説生成的なアプローチを具体的に実践するための方法論といえる。

心理学研究では，対象となる変数が一つだけということはまれで，複数の変数を取り上げ，それらの関係について検討することが一般的である。扱う変数が一つしかな

い場合，**1変数データ**又は**1変量データ**と呼ばれる。一方，二つ以上の変数を扱う場合，**多変数データ**，又は**多変量データ**と呼ばれる。二つの変数（例えば，親子関係の認知尺度得点と学校適応感尺度得点）の関係を見る場合，**相関分析**が行われる。三つ以上の変数（例えば，親子関係の認知尺度得点，学校適応感尺度得点，スポーツへの積極性尺度得点）の関係を検討したい場合は，相関分析に加えて，**多変量解析**と呼ばれる，数学的により高度な統計手法が用いられる。多変量解析の手法は多岐にわたるが，更にこうした様々な手法を総括的に扱うことのできる**構造方程式モデリング**も近年，心理学研究において注目され幅広く利用されている。

■　■　■

❶▶ 仮説検定 (hypothetical testing)

仮説検定は，心理学研究で多用される推測統計の手法である。手元のデータで見られる平均値の差異や相関係数の大きさが，偶然によって生じる程度のものなのか，あるいは，偶然ではめったに起こらないほどのものなのかを，確率を判断基準として検討することができる。

❷▶ 記述統計 (descriptive statistics)

標本をもとに母集団の様子を推測する推測統計に対して，自分が手に入れた手元のデータ自体を対象として行われる分析が記述統計である。データを図示したり，一つの変数について平均や分散といった要約統計量を用いてデータの整理を行ったり，二つの変数について相関係数を求めて関連の強さを検討したりすることが記述統計の主な目的となる。

❸▶ 相関分析 (correlation analysis)

二つの変数の関連を調べて分析することを相関分析と呼ぶ。相関分析には，散布図をもとに視覚的に分析する方法と，相関係数や共分散等の統計量をもとに数値的に分析する方法とがある。相関係数については，ピアソンの積率相関係数が最も一般的であるが，順序尺度データからも計算可能な順位相関係数や，二値変数同士の相関係数である ϕ 係数，四分相関係数等もある。

❹▶ 多変量解析 (multivariate analysis)

同一の対象について二つ以上の変数が測定されたデータを多変量データと呼ぶ。例えば，中学生一人一人について5教科のテスト得点があり，それが100人分集まったデータは多変量データである。多変量解析とは，多変量データを対象に行われる一連の分析手法のことを意味する。目的に応じて様々な手法があるが，代表的なものとして，因子分析，主成分分析，重回帰分析，判別分析，クラスター分析，多次元尺度構成法等がある。

❺▶ 探索的データ解析 (exploratory data analysis)

仮説を検証するためにデータ解析を行うのではなく，データから探索的に仮説を探ることを目的としたデータ解析の一連の手法のこと。探索的データ解析では，以下の四つのことが重視される。①抵抗性の高い指標に基づいた分析を行う，②残差についての注意深い吟味を重視する，③データを再表現することでそのデータの特徴を把握しやすくする，④データをできるだけ分かりやすく図示する。

❻▶ 標本 (sample)

母集団から抽出された一部の対象のことを標本という。標本は，具体的には調査・実験・観察等により得られるデータのことを指す。

❼▶ 標本抽出 (sampling)

母集団の一部を標本として取り出すことを標本抽出と呼ぶ。推測統計では，母集団からの標本抽出が無作為に行われていること，すなわち，**無作為抽出**（simple random sampling）が前提とされている。よって，無作為抽出が行われていなければ，前提が満たされず本来は推測統計を適用できないことになる。しかし，心理学研究では無作為抽出が行われることはまれであり，身近な対象についてデータを得ることが多い。

❽ ▶ 母集団 (population)

ある研究で検討しようとしている対象全体のことを母集団という。推測統計の目的は，標本の情報から母集団の真の姿を推測することである。より具体的には，標本から計算される統計量（これを標本統計量と呼ぶ）から，母集団における真の値である母数（母平均，母比率，母相関係数等，様々なものがある）を推測することを指す。

質的研究：→ 02-07「質的研究」
質的データ：→ 02-07「質的研究」
心理尺度：→ 16-14「質問紙調査による尺度開発」

〔山田剛史*〕

02-07 ▶ 質的研究

質的研究（qualitative research）とは，質的データを中心に収集し，ただちに数値等のより抽象的な形式に変換することを自制しながら，意味の読み取りを軸にして分析を進めていく研究の総称である。用語としては，数量化と統計的な推論を重視する従来の量的研究と対比的に用いられることが多い。

質的データは言語を中心とした概念的なレベルの記述から成り立っている。現場における観察記録（フィールド・ノーツ），インタビューの逐語録（トランスクリプト）等がその典型だが，研究対象に関わる画像や物品等をそこに含めることもある。また，質的な分析の方法には唯一の決まった手続きがあるわけではなく，データとの対話の中で研究ごとの工夫が必要とされる。ただし近年では，データを小部分に分けて比較しながらそこからパターンを取り出していく，**KJ法**やグラウンデッド・セオリー法の手続きに則って行われることも少なくない。また，データの文脈やつながりを尊重しながら分析を行う，**会話分析**やディスコース分析等の手続きも注目されている。

質的研究はまた，研究対象である〈現実〉をどのようなものと考えるか，研究活動をどう捉えるかといった存在論的・認識論的なレベルにおいても従来の実証研究とは異なる特徴をもっている。大まかにいえば，主流の心理学研究は，客観的な観察と実験を通じて得られた事実をもとに，実在する世界の経験に関する普遍的な知識を作り上げていこうとする**論理実証主義**の考え方に基づくことが多い。一方質的研究では，そうした考え方に対して少なくとも部分的に疑問を呈したり批判的であったりする傾向がある。以下では，そうした質的研究の属性を4点に分けて解説する。個々の研究がそれらを全て兼ね備えているわけではないが，「質的研究」と自称する限りその幾つかは具備しているはずである。

第一に，質的研究は，従来の実証研究が重視する観察可能な行動もさることながら，その背後に仮定される**意味**のレベルに関心を向ける。意味は個人の生きる文化・社会の中で独特の形で構築されるものである。社会の成員は，現実を理解したり自分の行動を方向づけたりする際に，当該社会で共有された意味の枠組みを参照する。社会学から生まれた**エスノメソドロジー**もそうした意味構築のやり方に関心をもつ学派であり，心理学における質的研究にも刺激

第二に、個人は文化や社会の中で共有された意味の世界に生きているだけではなく、その意味を参照しながら独自の意味生成を行うという面ももっている。意味生成の中心に位置づけられるのが**語り（ナラティブ）**である。これは、語られた内容と語るという行為の両者を包含し、更には個人の語りのみならず社会の中での集合的な語りも指示する用語である。語りの意味生成的な側面に注目して探求を進める研究を総称して、**ナラティブ研究**と呼ぶ。

第三に、社会や個人に特徴的な意味が現れやすいのがフィールド、つまり、人々が相互作用しつつ日常の営みを行っている**現場**である。従来の心理学の研究は、条件統制された実験室での仮説検証を理想としていたが、実験室的研究はしばしば現実との乖離も指摘されてきた。それに対して質的研究では、多様な変数が複雑に絡み合う生の現場にあえて踏みとどまり、現場に特有の意味をボトムアップで仮説的に取り出そうとする、**フィールド研究**を重視する。

第四に、質的研究ではしばしば、対象に影響を与えず客観的に観察できるという自然科学の前提に懐疑の目を向け、あらゆる研究は対象への働きかけであると考える。そして働きかけの過程を内省的に記述するほか、この側面を積極的に利用して現状をより良い方向に変化させようとすることがある。後者は特に、**アクション・リサーチ**の伝統につながる属性として、現場に関わる研究者に注目されている。

こうした属性をゆるやかに共有しながら多様な方向に発展しつつある質的研究だが、その評価方法や質を高めていく工夫についての議論も進んでいる。一般的な評価のポイントとしては、**リサーチ・クエスチョン**の意義、その問いに対するデータ収集の適切さ、問いに対応する答えの有無、質的データを証拠とする論証の説得力等が挙げられる。また、複数の視点で同じ対象を検討する**トライアンギュレーション**や**メンバー・チェック**等、研究の質を高める手段も提案されている。ただ、いずれも唯一絶対のものではなく、複数の手段を駆使しながら、いっそうの質の高さを目指していくべきである。

■　■　■

❶▶ アクション・リサーチ（action research）

ゲシュタルト心理学者のレヴィンが1940年代に提唱した社会工学的な研究方法。単に現象を外から記述するだけではなく、研究を通じて現場における問題を発見し、その解決や解消を試みる点に特徴がある。質的方法だけではなく量的方法もしばしば折衷的に用いられる。

❷▶ エスノメソドロジー（ethnomethodology）

社会学者ガーフィンケルによって提唱された社会学の一潮流。人々の日常的な活動や会話の事例のミクロな分析を通じて、ある集団に属する人々（エスノ）が、日々の社会的な相互作用の中で現実を構築する方法（メソッド）を探求する。

❸▶ 会話分析（conversation analysis）

エスノメソドロジーの考え方を背景に社会学者のサックスが考案した相互作用のルールを探究するためのアプローチのこと。やりとりを通じて社会的な秩序が作り上げられることを、日常会話場面のミクロな分析によって示そうとする。対等な話者間における発話の順番とりシステムの理論化がよく知られているが、近年では関係が非対称の制度的な場面や、言語以外のやりとりにも探究の範囲が広がっている。

❹▶ グラウンデッド・セオリー（grounded theory）

社会学者グレイザーとストラウスが1960年代に提唱した、質的データ分析の

指針。先行する理論的な枠組みを外から現象に当てはめるのではなく、データから出発して地に足のついた（グラウンデッドな）現象理解のモデルないし理論（セオリー）を立ち上げていく点に特徴がある。現在では、実証主義的傾向をいっそう強めたグレイザー版、ある程度の解釈を許容するストラウス/コービン版、理論の発見よりも構築を強調するシャーマズ版等、考え方や手続きにおいて異なる複数の立場がある。

❺▶KJ法 (KJ method)

文化人類学者の川喜田二郎によって1960年代に考案された、雑多で多様なデータを整理して新たなアイデアを発想するための技法。KJは考案者の頭文字である。情報のカード化、グループ編成、図解化、叙述化のプロセスをたどる標準的な手続きが規定されている。

❻▶ディスコース分析 (discourse analysis)

ディスコース（「談話」ないし「言説」）とは、特定の対象・テーマに関して時代的・文化的背景の中で表出された言葉や意味のまとまりのことである。ディスコース分析では、話されたものや書かれたものなどを素材にして、どのようなディスコースがどんな〈現実〉や〈主体〉の構成を達成しているかを検討する。〈現実〉や〈主体〉はもともと実体ではなく、ディスコースによって作り上げられているという社会構成主義的な考え方が背景にある。

❼▶トライアンギュレーション (triangulation)

もともとは「三角測量法」という意味。複数の視点で研究対象を見直してみることにより、研究結果の確からしさをより高めようとする技法のこと。複数の視点としては、異なる理論的背景や方法、異なる対象やデータ、異なる研究者等がある。質的研究では、全く同一の結果が期待されるよりもむしろ、その間の食い違いを説明する視点の探索等、新たな問いと考察を発展させる契機となることも多い。

❽▶ナラティブ研究 (narrative research)

心理学者のブルーナーらを理論的な背景として、語り（ナラティブ）による意味生成に注目した研究アプローチの総称。「はじめ-中間-終わり」等の語りの形式で言葉が結びつけられることによって自己や世界の現れがどのように変化するのか、それがどのような文化と相互作用の文脈で生じ、どのような帰結をもたらすのか、などといった意味生成の諸相が分析の目標となる。

❾▶フィールド研究 (field research)

実験室ではなく日常的で自然な活動の現場に参加しながらデータ収集・分析を進めていく研究の総称。心理学では、学校、病院等がフィールドとされることが多いが、人が相互作用している場であれば研究者の構えによって全てフィールドになりうる。フィールドへの参加の程度は、完全な参加から消極的な参加まで様々。また、その研究活動の全体を「フィールドワーク」、その成果としてのレポートを「エスノグラフィ」と呼ぶことがある。

❿▶メンバー・チェック (member check)

研究対象者や関係者等に研究の途中経過や結果を示して、その妥当性や説得力等についてチェックを受ける手続きのこと。「メンバー」の視点が結果の質を確かめる最終審級になるというよりも、彼らのフィードバックをデータに組み込みながら分析結果の質を高める手段とされることも多い。

⓫▶リサーチ・クエスチョン (research question)

研究設問とも呼ばれ、質的・量的にかかわらず研究には必須の構成要素として、データ収集や分析を方向づける機能をもつ。質的研究では研究初期から固定されているとは限らず、研究の過程の中で発展し、修正・精緻化されるのが一般的である。

〔能智正博〕

02-08 ▶ 研究倫理

心理学の究極の目的は、人類の幸福への寄与である。心理学の研究遂行や結果によって、いかなる個人、集団、組織の幸福や権利も侵害されてはならない。心理学研究に携わる者は人権と福祉に配慮し、研究に関わるあらゆる事態に対して適切な判断をしなければならない。そのために留意すべき態度や行動の具体的な規範となるのが、心理学の研究倫理である。心理学研究は、人間（ヒト）や時には動物を対象にしたものであり、医学研究の倫理の指針である**ヘルシンキ宣言**に準じたものとなる。研究倫理は、研究の計画、実施、データの解析、論文執筆、結果や論文の公表の全ての段階に関わってくる。

(1) 研究の計画段階：心理学の調査や実験は、**研究協力者**に相応の負荷がかかるものである。したがって、研究の学問的・社会的意義が十分に検討されるべきであり、いたずらに興味のみで研究が行われてはならない。また、その研究が差別に加担したり**基本的人権**を侵害したりするおそれがないか、十分にチェックされるべきである。更に、研究協力者に与えうるリスクが十分に評価され、身体的・心理的安全が保証され、かつ過度の負担を与えない計画がなされるべきである。その意味でも、収集されるデータは必要最小限にとどめるべきである。

(2) 研究の実施段階：研究協力者の研究への参加は任意で自発的なものであり、多額の報酬で操作されたり、利害関係に基づく参加であったりしてはならない。協力者には、研究の目的と趣旨、具体的に行うこと、データの取り扱い、リスク等について十分に説明し、**インフォームド・コンセント**を得ることが必要である。協力者が乳幼児であったり発達や精神の障害等で本人の判断が難しい場合には、本人への説明の手段を工夫し、できる限り説明を行うが、それでも困難な場合には**代諾者**の同意を得ることとなる。未成年者が協力者の場合には、保護者等の同意も必要である。また協力者の**同意撤回**の権利も保証されなければならない。もし目的等を事前に知らせることが研究に支障をきたすと予想される場合は、終了後に十分に説明し直し改めて承諾を得る必要がある。また、いったん同意を得ている場合でも、調査や実験の遂行途中で疑念や不安が生じることも多く、終了後にそれを解消するために、経過を振り返り意図を説明し直し話し合う**ディブリーフィング**を行うべきである。なお、実験や調査の遂行中に、万一研究協力者に過度の精神的・身体的負担があると判断された場合は、即座に中止すべきである。

(3) データ解析の段階：得られたデータの保管等に関しては、個人情報が流出することのないよう、物理的にも電子的にも厳重に管理されるべきである。更に、研究を通じて知り得た研究協力者に関する**個人情報**は、他人に知らせたり転用したりしてはならない。データ処理作業でも、個人が特定できないよう、協力者に新たに付された符号と個人名の対応表を残さない、連結不可能匿名化を行った上で扱われるべきである。データの改ざん等があってはならないことは言うまでもないが、仮説の証明や説明の一貫性を意識的・無意識的に重視するあまり、データの一部のみを用いたり、都合のよい解釈に終始せぬよう留意しなければならない。なおデータに関しては、論文の執筆や発表等が終了した一定期間経過後は、厳重に破棄するのが一般的である。

(4) 論文の執筆段階：他人の著作、アイ

デア，図表等を利用する時には，必ずその出典と掲載箇所についての情報を記載しなければ，**剽窃・盗用**と見なされ**著作権**の侵害となる。また，パラフレーズを行う時にも，オリジナルの箇所と自分なりの解釈の箇所等を明確に区別して記載しなければ，著作権の侵害となりうる。更には，その意図はなくとも，先行研究の吟味が不十分で，同様・類似の研究結果や見解が先に発表されていることを知らずに公表した場合も，剽窃として見なされることもあり，十分に注意が必要である。

(5)論文の公表段階：論文の公表時には，個人が特定されたり人権を侵害したりすることがないよう，公表する情報や表現には十分に留意すべきである。また，研究協力者に対しては，研究結果に何らかの形でアクセスできるようにフィードバックを工夫すべきである。なお，発表が**二重投稿**とならぬよう留意すべきである。

以上のような一連の倫理に関する事項は，各研究機関や心理学関連学会が研究倫理規程・要綱・ガイドライン等で詳細に定めている。また，各学会のジャーナルに投稿された論文も，当該研究が研究者の所属機関等での倫理審査を受けて承認を得ていることが前提とされる場合が多い。また，論文の審査の段階でも，倫理事項に関して判断される。

■ ■ ■

❶ ▶ インフォームド・コンセント (informed consent)

研究協力者が，研究の目的や意義，具体的に行うこと，考えうるリスクとその対応等について正しく説明を受け，十分に理解した上で，自由意思に基づいて同意・拒否・選択を行うこと。同意の場合は，同意書への署名をもって，その同意を確認するのが一般である。

❷ ▶ 基本的人権 (fundamental human rights)

人間が人間として生活する上で，最低限保証され決して侵されてはならない基本的権利。日本国憲法の三大原則の一つであるが，特に心理学研究の場合，身体的自由，精神的自由が留意されるべきものである。

❸ ▶ 研究協力者 (participant)

心理学の研究に参加しデータを提供する立場の者を指す。かつては被験者 (subject) と呼ばれていたが，心理学研究への参加が自発的で任意であるということ，研究者と対等な関係であるということが意識され，研究協力者 (participant) と呼ばれることが一般的となっている。

❹ ▶ 個人情報 (personal information)

個人を特定できたり，個人の属性を判断したりすることのできる情報を広く指す言葉であるが，心理学では個人の知的能力，パーソナリティ，疾患等に関する情報を得ることも多く，とりわけ細心なる扱いが必要となる。

❺ ▶ 代諾者 (legal representative/guardian)

研究協力者本人に十分な同意の能力がない場合，本人と共に，あるいは本人に代わって同意をすることが正当であると認められる者。研究協力者の配偶者，親権者，後見人その他これらに準じる者で，本人との生活の実質や精神的共同関係から見て，本人の最善の利益を図りうる者でなければならない。

❻ ▶ 著作権 (copyright)

知的財産権の一つで，著作物に関して著作者がもつ権利のこと。著作物が著作者固有の財産として他者から侵害されず，著作者の自由意思で加工・譲渡等を行うことのできる権利（財産権）と，著作者が著作物を用いた行為において精神的に傷つけられないよう定める著作者人格権からなる。

❼ ▶ 同意撤回 (withdrawal of consent)

インフォームド・コンセントにて得た同意を、研究協力者本人が研究の開始前、実施中、研究結果の公表直前までに撤回すること。撤回の意志が確認でき次第、当該研究協力者の研究参加は中止され、また、取得されたデータは破棄されねばならない。

❽ ▶ 二重投稿 (duplicate publication)

既に学会誌や書籍により投稿し公表した著作物と同じもの、もしくは過度に重複するものを、別の媒体にて公表すること。学会等に帰属する著作権の侵害となるばかりか、学術上の倫理規範として厳しく禁止されている。

❾ ▶ 剽窃／盗用 (plagiarism)

他人の研究や見解等を自分のものと偽って提出・発表したり、他人の著作物をその出典等を明記せずに用いて自分のものであるかのように扱うこと。

❿ ▶ ヘルシンキ宣言 (Helsinki Declaration)

第二次世界大戦時のナチスの人体実験への反省から、医学研究における基本的人権の保護に関して1964年にヘルシンキの世界医師会総会において採択された。その後、医学研究法の変化に伴い何度か改訂されているが、患者・被験者福利の優先、本人の自発的・自由意思による参加、インフォームド・コンセント取得の必要性、倫理審査委員会による事前審査と継続的監視、科学的原則と手続きに従った研究の必要性が述べられている。

〔大山泰宏〕

02-09 ▶ シミュレーション研究

実験や観察結果から帰納的に理論的仮説を導き、その仮説から予想される結果を実験的に検証する。この時、その予想が十分に検証できなければ、実験結果により良く適合するよう仮説を修正し、更に実験検証を続ける。この過程を繰り返していくことが通常の科学研究の一般的方法である。自然科学や生命科学の分野では、この実験検証の過程を経ることにより、物質や生体を対象とした、量的測定に基づく客観的で厳密な実験が可能である。しかし社会科学や心理学、認知科学の分野は、人間、特にその心の働きを対象としており、多くの場合、厳密な量的測定に基づく実験を実施することは困難である。単純な錯視図形の知覚においても、場合によっては極めて大きな個人差が生じる。例えば、知覚心理学の分野で、立体的に回転して見える同じ図形を、ある個人は右回りに知覚し、別の個人は左回りに知覚するという実験結果が知られている。このような場合、その個人差を単なる誤差と見なすことはできない。むしろ脳内の知覚メカニズムに関する個人間の相違を想定するべきであろう。

しかし、このようなヒトの脳内メカニズムを直接、脳に対する何らかの処理を通じて実験的に確認することは、現在、技術的にも倫理的にも非常に困難である。知覚メカニズムの場合であれば、そのメカニズムが比較的人間に近いと想定されるサル等の動物を用いた、脳内メカニズムの直接的実験測定は可能である。しかし、言語処理、洞察の問題解決、論理的推論、意思決定等の、人間のより高次の認知過程については、このような動物実験を用いることは原理的に不可能なことが多い。

このような脳内の直接実験測定が困難な、人間の高次認知過程の研究に現在多く用いられている方法が、コンピュータ上に構築された認知過程の計算モデルと、その計算モデルに基づくコンピュータ・シミュレーションである。この方法では、実験や観察から導かれる理論仮説をコンピュータ

上の計算プログラムとして実現し、そのプログラムをコンピュータ上で実行し、得られた結果を実際の実験や観察結果と比較して元の理論仮説の妥当性を実証する。この場合、どのような形式で計算プログラムを構築するかによって、計算プログラムそのものの性質が大きく異なってくる。例えば、古典的な例として、対数関数で表されるフェヒナーの法則は、数学的関数に基づく数値計算という形式で構成された計算モデルである。また人間の能力の多因子仮説の具体的表現として考案された**因子分析**も、やはり数値計算という形式に基づく計算モデルである。

このように、もともと、心理学の計算モデルは数値計算に基づく方法が主流であった。しかし、現在、認知科学の興隆とともに幾つかの特定のコンピュータ言語を用い、人間の高次認知過程の様々な記号処理モデルが開発されている。記号処理モデルの初期ではリスプというコンピュータ言語を用いて多くの記号処理計算モデルが構成された。現在でも種々の言語を用いて様々な記号処理モデルが構成されている。一方、数値計算に基づくモデルとしては、近年、脳内の神経ネットワークの数学モデルとして開発されたニューラル・ネットワークを用いた、人間の認知過程の、いわゆる**コネクショニスト・モデル**が多く提案されている。

どちらにせよ、このような人間の認知過程のモデルの場合、どのような形式を用いてモデルを構築するかという一見技術的な問題が、実はそのモデルがそもそもどのような理論仮説に基づいているかという、より本質的な問題をはらんでいる点は重要である。ニューラル・ネットワークを基本としてモデルを構成する場合、そのモデルは、人間の認知過程は脳内の神経細胞のネットワーク間の数値計算過程であるという本質的な仮説に依拠していることになる。一方、記号処理モデルを採用する場合、我々の認知過程は単なる数値計算ではなく、記号列のマッチング等の記号処理に基づく過程が、より本質的部分であると仮定していることになる。ニューラル・ネットワークを用いた記号処理モデルも考案されているが、階層的意味構造や記号列のマッチング等、ニューラル・ネットワークでは実現困難な課題も残されている。

現在、心理学や認知科学の計算モデルを用いる研究者間でも、どちらが人間の認知過程のより本質的メカニズムであるかについては、いまだに論争が残っている。

■　　■　　■

❶▶ 因子分析 (factor analysis)

複数の測定方法（例えば複数の能力テスト）を複数のサンプル（例えば複数の学生）に実施した結果から、測定方法の数より少ない潜在因子（例えば能力因子）を抽出する多変量解析の方法。この方法では、各サンプル（各学生）の各測定値（各能力テストの得点）は、そのサンプルの各潜在因子での値（その学生の各能力因子での得点）の線型和で表現される。潜在因子が原因であり、測定値はその合成結果であると考える一種の因果関係の計算モデルでもある。

❷▶ 記号処理モデル (symbolic process model)

数値計算ではなく主にコンピュータ内での、記号表現されたパターン間のマッチングや比較処理を主体にした計算モデルである。記号処理の初期の代表的モデルは1971年にMIT（マサチューセッツ工科大学）のウィノグラッドが開発した言語処理モデル（SHRDLU）であろう。SHRDLUはコンピュータ・ディスプレイ上に表示された、幾つかの積み木の状態を認識し、コンピュータに入力された自然言語（英語）の意味を理解して、積み木の状態に関する

質問に答えたり，言語での指示に従って積み木の状態を変化させたりすることができる。ただし，SHRDLUの理解はこのような積み木の世界に限定されていた。より広い一般的な世界での言語理解を含む記号処理モデルの最近の代表例としては，アンダーソンのACT-Rがある (Anderson et al. 2004)。特にACT-Rでは初期のモデルであるACTの機能（言語の理解，産出，獲得，推論，記憶）を知覚や行為にまで拡張し，機能的磁気共鳴画像法 (fMRI) に基づく脳活動測定の結果との対応も考慮されている (Qin et al. 2007)。

❸▶コネクショニスト・モデル (connectionist model)

ニューラル・ネットワークを応用した心理学や認知科学の理論モデルは，コネクショニスト・モデルと呼ばれることが多い。コネクショニスト・モデルは記号処理モデルに比べて，学習や相互作用のシミュレーションに適している。コネクショニスト・モデルとしては，ラメルハートらのPDP研究で提案されたスキーマタと呼ばれる連想記憶モデル，エルマンのSRN（文法学習モデル），テイバーらのVSG（文理解モデル），シャーストリの述語論理に基づく推論モデル，ハムルとホリヨークが開発した知識表象，記憶検索，類推，推論等を含む人間の思考の統合的モデルであるLISA等がよく知られている。

❹▶ニューラル・ネットワーク (neural networks)

脳内の神経網の電気信号の伝達処理を数式で表現しコンピュータ上での数値計算に基づきシミュレーションを行うモデルである。脳の神経網の数理モデルとしてのニューラル・ネットワークの始まりはピッツの神経方程式と，そのウェイトパラメータの学習理論を含むローゼンブラットのパーセプトロンである。ミニスキー-ペイパーによりその限界が示された後に，ラメルハートらのPDP研究等でバック・プロパゲーションという新しい学習法が考案され，その限界が克服された。現在では音声や文字等のパターン認識や，相互作用型ニューラル・ネットワークを用いた最適組み合わせ問題の近似解法等，様々な分野に広く応用されている。

❺▶フェヒナーの法則 (Fechner's law)

本項については，05-01「知覚研究法」，01-03-❾「フェヒナーの法則」を参照のこと。

〔中川正宣〕

02-10 ▶動物実験法

従来から心理学には，動物心理学 (animal psychology) という領域があり，動物の行動についての心理学的研究が行われてきた。伝統的に，ラットやハト等の動物種が多く用いられてきたが，そのほかにも，チンパンジー，サル，マウス，サカナ，昆虫等，用いられる動物種は広範囲にわたっている。動物心理学は，動物学，遺伝学，生態学，神経科学，分子生物学等，生命科学の諸分野と関係しながら，従来の枠組みを超えて発展しつつある。

一般に，自然環境の中での個体及び集団の行動や環境との相互作用を研究するためには，主に自然環境や実験室環境での自然観察のアプローチが用いられる。一方，動物の知能や動機づけについて，種間の違いを超えた共通原理を研究するためには，実験室環境において動物の行動に積極的に介入するアプローチが用いられる。この場合，用いる動物種特有の行動様式ではなく，動物に共通の行動原理が興味の主な対

象となっていることから，用いる動物は「モデル動物」として解釈される。

スキナーが考案した**スキナー箱**は，ラットやハトの報酬獲得行動（あるいは罰回避行動）を計測し，学習や動機づけ行動を研究する上で標準的な実験装置となっている。スキナー箱を使った実験では，試行単位で行動を測定するのではなく，一定時間内の行動を連続的に測定する**自由オペラント手続き**が取られることが多い。レバー押し行動に対してどのような頻度・時間間隔で報酬を与えるかを規定したものが**強化スケジュール**（reinforcement schedule）である。基本的なものとしては，**定比率**（FR），**変比率**（VR），**定間隔**（FI），**変間隔**（VI）等の強化スケジュールがあり，動物はそれぞれのスケジュールによって異なる特徴的な行動パターンを示すことが知られている。また，強化スケジュールの異なる複数のレバーを設置することで，**自由選択行動**（free choice behavior）を調べることができる。

スキナー箱以外の標準的な実験装置として，ラットやマウス等の齧歯類を対象としたものでは，空間的な認知・学習能力を研究する方法として，**T字迷路**，**放射状迷路**，**モリス水迷路**等が，不安・恐怖反応や回避学習を研究する方法として，**明暗箱**，**高架式十字迷路**等が広く用いられている。サルを用いた研究では，ウィスコンシン一般検査装置が従来から用いられていたが，最近では，コンピュータ制御のタッチスクリーンが装置として用いられることが多くなった。空間的ワーキングメモリを評価するために，**遅延反応課題**や，**遅延交替反応課題**が，非空間的ワーキングメモリを評価するために，**遅延見本合わせ課題**等が用いられる。長期記憶の評価には，**遅延非見本合わせ課題**や，**対連合学習課題**等が用いられる。また，運動の抑制性の制御の評価には，**go/no-go 課題**等が用いられる。

現在，動物心理学の手法は，心理学の枠を超えて生命科学の様々な分野で広く用いられるようになってきている。神経科学では，脳神経系の機能と行動との関係を調べるために，行動課題を遂行中のサルやラットから神経活動を記録する研究が行われている。また，分子生物学・遺伝学では，遺伝子と行動発現との関係を調べるため，特定の遺伝子が突然変異した動物や，遺伝子操作技術によって特定の遺伝子を欠損あるいは導入した動物の行動を，行動課題を行わせて評価する研究が行われている。

■　　■　　■

❶▶高架式十字迷路（elevated plus-maze）
床から50 cmほどの高さに設置した十字型の走路のうち，向かい合う二つの走路には透明な壁があり（closed arm），残りの二つにはない（open arm）。動物の不安が高ければ，壁のある走路に滞在する時間が長くなる。動物の不安や恐怖を評価するための課題。

❷▶go/no-go 課題（go/no-go task）
ある刺激が呈示された時はすぐにレバーを押さなければならないが，別の刺激が呈示された時は押してはいけない，というように，手がかり刺激によって反応を実行したり抑制したりすることを要求する課題。運動の実行及び抑制機能を評価する課題。

❸▶スキナー箱（Skinner box）
典型的なラット用のスキナー箱の大きさは，幅30 cm×奥行き25 cm×高さ25 cmほどで，操作対象としてのレバー，光刺激呈示用のランプ，音刺激呈示用のスピーカー，固形飼料を与えるための給餌装置等によって構成される。ラットのレバー押し行動の記録，給餌装置の制御等は，コンピュータ制御で行われ，設定された強化スケジ

ュールに従って固形飼料が与えられる。

❹ ▶ 遅延交替反応課題 (delayed alternation task)

例えば，右・左・右・左……というように，直前の試行に反応した方向と逆の方向に反応し続ける課題。空間的な作業記憶を評価するもの。

❺ ▶ 遅延反応課題 (delayed response task)

試行の始めに呈示される手がかり刺激の位置を記憶しておき，遅延期間の後に，手がかり刺激が呈示されていた位置に反応する課題。空間的ワーキングメモリを評価するもの。

❻ ▶ 遅延非見本合わせ課題 (delayed non-match-to-sample task)

試行の始めに手がかり刺激が呈示され，遅延期間ののちに，手がかり刺激と同じものと，新奇な刺激が同時に呈示される。新奇な刺激を選ぶと正反応と見なす。新奇な刺激を見分ける能力が試されることから，長期記憶を評価する課題であると解釈されている。

❼ ▶ 遅延見本合わせ課題 (delayed match-to-sample task)

試行の始めに呈示される手がかり刺激が何かを記憶しておき，遅延期間の後に，同時に複数呈示される刺激のうちから手がかり刺激と同じものを選択する課題。非空間的な作業記憶を評価するもの。

❽ ▶ 対連合学習課題 (paired associate learning task)

試行の始めに一つの刺激が呈示され，遅延期間の後に，それと異なる二つの刺激が呈示される。その時，始めに呈示された刺激と対になっているほうの刺激を選ぶと正反応と見なす。このような手続きを繰り返して，対になる刺激の組を学習していく課題。長期記憶を評価するもの。

❾ ▶ T字迷路 (T-maze)

T字迷路は，3本の走路から構成され，スタート地点から長い走路を走った突き当たりに分岐点があり，右か左のどちらかの走路に行くように選択しなければならない。常に左あるいは右のアームの先端に餌を配置する左右弁別課題，及び，直前の試行と反対のアームに餌を配置する遅延交替反応課題は，それぞれ，参照記憶とワーキングメモリを評価するための課題である。

❿ ▶ 放射状迷路 (radial maze)

中心の出発点から複数の走路が出ている迷路で，走路の数として8本を用いることが多い。8本のうち4本の走路の先端だけに餌を配置するようにすると，餌を配置していない走路に入る回数の少なさ，及び，自分が一度入った走路に入る回数の少なさが，それぞれ参照記憶とワーキングメモリの評価基準となる。

⓫ ▶ 明暗箱 (light-dark box)

ラットやマウスは通常夜行性で暗い場所（暗室）を好む傾向があると同時に，新規の環境（明室）を好むという性質ももっている。暗室に滞在している時間が長い場合，不安様行動が亢進していると考えられる。また，この装置は，次のような受動的回避 (passive avoidance) の学習課題にも使用される。動物を明室に入れ，暗室に移動した後に電撃を与える。この経験をさせた後，明室に入れられてから暗室に移動するまでの潜時の長さによって，恐怖条件づけの強さを評価する。

⓬ ▶ モリス水迷路 (Morris water maze)

本項については，03-11-❻「モリス水迷路」を参照のこと。

〔筒井健一郎〕

02-11 ▶ 行動指標・生理指標

心理学では，知覚，認知，感情等の過程を検討しようとするが，それらの諸過程は内的なものであり，直接観察することはできない。そこで，それらの過程を反映すると考えられる行動や反応を観察し，それを指標（measure）と呼ぶ。心理学で用いられる指標は，行動指標（behavioral measure）と生理指標（physiological measure）に大別される。

代表的な行動指標として，**反応時間**（reaction time），**正答率**（hit rate），**閾**（threshold）が挙げられる。反応時間は感覚刺激の提示から行動による反応が生じるまでの時間を意味する。反応にはキー押しがよく用いられるが，眼球運動や発声等が用いられることもある。オランダの生理学者ドンデルスは，二つの刺激の選択に要する選択反応時間と単一の刺激への反応に要する単純反応時間の差が，選択という内的過程に要する時間を反映すると推測する減算法を提案し，実験的に操作された条件間における反応時間の差により情報処理過程を分離する方法の礎を築いた。

正答率は複数回試行のうち，正しく反応や回答した試行の割合を意味する。例えば，あらかじめ学習した刺激の**再認**（recognitron）を求め，その正答率により記憶の成績が評価される。**速さ-正確さ背反**のように，回答に許される時間を段階的に操作して正答率の変化を調べることにより，情報処理過程の時間的推移を推定しようとする方法もある。閾とは，刺激の存在が知覚できる最少の刺激値（**刺激閾**〈stimulus threshold〉），あるいは刺激の違いを知覚できる最小限の刺激値の差異（**弁別閾**〈difference threshold〉）を指す。通常，刺激閾は感覚系の感度を，弁別閾はその精度を反映すると考えられる。

生理指標では脳波が古くから用いられてきた。シータ，アルファ，ベータ等と呼ばれる周波数帯域のパワーを数量化して脳の活動度を推測する用途が主流であったが，近年解析技術の進歩により，脳内の電源推定や異なる脳部位間の活動同期現象等も調べられるようになり，指標としての有用性が増している。一方，刺激提示や運動等，特定の事象を引き金として，多数回の試行における脳波を平均加算することで得られる波形を**事象関連電位**（ERP）と呼ぶ。事象関連電位は電気的に陽性と陰性の幾つかの成分から構成され，個々の成分が脳内で進行する知覚，注意，認知の諸過程をミリ秒単位の時間分解能で反映しうると考えられている。事象関連電位は，視覚刺激を単に見るなどの行動や運動を課さない場合でも，あるいは乳幼児や障害者等，行動指標を測定することが困難な対象からでも測定できるので，指標としての有用性が高い。

また，**心拍**，**血圧**，**皮膚電気活動**等の自律神経系の指標もよく用いられ，これらは感情やストレスに伴う身体の興奮状態である覚醒（arousal）を反映すると解されることが多い。交感神経系と副交感神経系の活動の度合いを分離して推定するために，心拍のデータから心拍変動性が計算されることもある。内分泌系の指標としては，ストレスに反応して増加する**コルチゾール**（cortisol），怒り感情や雄性行動に関連する**テストステロン**（testosterone），愛着を反映しストレス反応を緩衝する機能に関係すると考えられる**オキシトシン**（oxytocin）等のホルモンがよく測定される。

行動指標・生理指標

❶ ▶ 血圧 (blood pressure)

一般には動脈の血液が有する圧力を意味し、心臓の活動と、末梢血管の収縮・拡張による抵抗によって決定される。交感神経と副交感神経の活動、血圧をモニターする圧受容体によるフィードバック制御により一定範囲に保たれる。

❷ ▶ 事象関連電位 (ERP：Event Related Potential)

刺激の提示や反応に同期して観測される脳波の変動。電気的に陽性と陰性の波形頂点が複数複合した形を示し、それらのピークを成分と呼ぶ。聴覚情報の変化の検出を反映するミスマッチ陰性電位、顔情報の視覚的処理に関連するN170、行動の誤りの検出を反映するエラー関連電位、注意の配分やワーキングメモリの亢進を反映するP300、言語の意味的処理に関連するN400等の成分が知られ、心理学の研究に利用されている。

❸ ▶ 心拍 (heart rate)

一般には1分間に心臓が拍動する回数を意味する。心拍は、興奮をもたらす交感神経系と鎮静をもたらす副交感神経の二重支配を受けており、感情、ストレス、認知的努力等により増加する。

❹ ▶ 心拍変動性 (heart rate variability)

心臓鼓動の1拍ごとの時間感覚は安静時でも周期的に変動している。その特性を心拍変動性と呼び、主として、血圧変動の影響を受ける低周波成分と、呼吸の影響を受ける高周波成分からなる。低周波成分は交感神経と副交感神経の活動の相対的バランスを、高周波成分は副交感神経の活動を反映すると考えられている。特に安静時の高周波成分は、脳による身体の制御能力を反映する指標として注目されている。

❺ ▶ 内分泌系 (endocrine system)

自律神経系と並んで体内の恒常性を維持する重要な生物学的システム。血液等、体液によって体内を循環し、特定の器官や細胞で効果を発揮する分子であるホルモンの、合成、分泌、調整を行っている。

❻ ▶ 脳波 (EEG：Electroencephalogram)

脳の神経細胞集団が同期して活動する際に生じる電気活動を頭皮上に置いた電極により観測するもので、ドイツのベルガーにより1929年に発見された。律動の周波数帯により、デルタ波 (1-3 Hz)、シータ波 (4-7 Hz)、アルファ波 (8-13 hz)、ベータ波 (14 Hz以上) 等に分類される。特にアルファ波は、精神的に活動していない時に優位になり、注意や精神的努力によって抑制、減衰することから、心理学において指標としてよく用いられる。

❼ ▶ 速さ-正確さ背反 (speed accuracy tradeoff)

刺激の検出や弁別等の課題を課し、反応に許す制限時間を、50 ms, 100 ms, 200 ms, 400 ms, 800 ms, 1,600 ms 等のように小刻みに操作し、その制限を試行ごとにランダムに提示する実験方法。課題への正答率は制限時間が長くなるほど対数関数的に向上するが、その様子から、刺激への処理が開始されるタイミングや処理が進行していく時間的特性を推測することを目的とする。

❽ ▶ 皮膚電気活動 (electro-dermal activity)

緊張や覚醒が高まると、交感神経系の働きにより手掌部等に精神性発汗を生じる。この時の汗腺の活動を電気的に測定する指標を皮膚電気活動と呼ぶ。心理学では感情、ストレス、認知的努力等の指標として利用される。

〔大平英樹〕

02-12 ▶ 神経画像法

ヒトの認知機能は脳の働きによって多くの部分が担われており、脳の活動を測定することによって、ヒトの認知機能のメカニズムの生物学的基盤を類推することができる。近年、**機能的磁気共鳴画像法（fMRI）**をはじめとする神経画像法（neuroimaging method）の発達によって、**侵襲性の少ない**脳機能の測定と可視化が容易にできるようになり、神経画像法は実験心理学の重要なツールの一つとして、大きな位置を占めるようになってきている。

ヒトの脳は、領域ごとにある程度異なった役割分担（**機能局在**）をもっていることが知られている。神経画像法が発達する以前は、ヒト認知機能の局在の研究は、主に脳損傷患者を対象とした**神経心理学**的な検証から行われていた。神経心理学的研究では、特定の脳領域に損傷をもった患者が示す症状の詳細な検討から、脳の損傷部位は障害されている認知機能に必要な領域であることを推測することができ、ヒト認知機能と脳領域との関係について、新しい重要な仮説を提唱することができる。しかしながら、局所的な損傷領域を同定できない場合も多く、それぞれの患者での損傷領域は個人差も大きいため、複数例を対象とした仮説検証・実験的な研究を行うことは難しい場合も多い。また、脳損傷の結果としての認知機能の障害は、「**出力**」を通してのみ観察可能であるため、「**入力**」側に問題があるのかを直接的に明らかにすることは困難である。

一方、fMRI 研究等の健常者を対象とした神経画像法では、認知課題遂行中の脳活動を測定することによって、認知課題の遂行に関与している脳領域を同定することができる。しかし、通常は複数の脳領域が有意な賦活を示すため、どの領域がターゲットである認知機能に必須の領域で、どの領域が認知課題の遂行に参加している領域であるのかを、決定することは困難であることも多い。しかし、**実験課題と統制課題**の組み方や**解析方法**を工夫することで、想定される認知機能に関連した脳領域をかなり限定することも可能であり、また仮説検証的な研究を行うことも可能である。したがって、従来的な神経心理学的研究と fMRI 等の神経画像法を用いた研究は、利点と欠点を補い合う相補的な関係にあり、これらの異なった方法からある程度一致した結果を得た場合には、その結果の信頼性も高まり、結果の解釈もより正しい方向へ向かうこととなる。

神経画像法には、大きく分けて認知機能と関連する神経活動及び脳血流の変化を捉えるものと、神経系の解剖学的側面を可視化する方法の二つがある。前者には、fMRI 法や**近赤外分光法（NIRS）**等の神経活動に伴って変化する脳血流量の変化を測定するものと、神経活動に伴って変化する電気活動を頭皮上に置いた電極から捉える**脳波（EEG）**や、神経活動に伴って変化する脳表の磁界の変化を捉える**脳磁図（MEG）**がある。これらは、**時間分解能**と**空間分解能**の観点と測定の簡便性の観点から特徴づけられる。後者には、**MRI の拡散テンソル・トラクトグラフィ**を用いて**白質線維連絡**を可視化する方法や、MRI の構造画像から、局所的な脳領域（特に灰白質）の体積を測定して、その体積と認知機能との関連性を探る **VBM 法**等がある。また近年では、**ポジトロン断層撮像（PET）**装置等を用いることで、生体分子の動態を観察できる**分子イメージング**（molecular neuroimaging）法も行われるようになっ

てきている。

■ ■ ■

❶ ▶ 解析方法 (analysis method)

fMRIのデータ解析は，大きく分けて統計処理を行うための前処理，個人データの統計解析，グループデータの統計解析のステップに分けられる。前処理には，頭部の動きの補正，個人ごとに異なった脳形態の画像を標準脳に空間的に合わせる，画像の空間的平滑化等の過程が含まれる。その後，実験参加者の個人のデータを，実験デザインに従って統計的に解析し，そこで得られた個人の差分画像を用いて全実験参加者での平均の脳活動データを作成する。更に，領域間の関係性を検証する機能的結合性解析も必要に応じて使用される。

❷ ▶ 近赤外分光法 (NIRS：Near-Infrared Spectroscopy)

近赤外線光を脳外から投射すると，頭蓋骨を透過する。透過した光は，酸化ヘモグロビンと還元ヘモグロビンとで近赤外領域の吸光度が異なるため，その原理を利用して神経活動に伴う脳血流量の変化を捉えることができる。装置は小さく実験時の身体的拘束も少ないため，乳幼児や高齢者，患者等，長時間身体的拘束が不可能な対象に対しても実験が可能なメリットがある。

❸ ▶ 時間分解能／空間分解能 (temporal resolution/spatial resolution)

時間分解能とは，どれだけ詳細な時間的変化を捉えることができるかの能力であり，脳波や脳磁図は比較的高い時間分解能をもつ（ミリ秒単位での測定が可能）。空間分解能とは，どれだけ空間的に詳細なデータの取得が可能かの能力のことであり，fMRI等は高い空間分解能をもっている（1 mm程度の測定が可能）。

❹ ▶ 実験課題／統制課題 (experimental task/control task)

fMRI等の神経画像法では，実験課題に関連する脳活動と統制課題に関連する脳活動を統計的に比較することで，実験課題に特異的に関連する脳活動のパターンを抽出する方法が用いられることが多い。これらを適切に組み合わせることで，ターゲットとする特定の認知機能を反映する脳活動を限定することができるようになるため，実験の際にはこれらの課題の組み合わせに十分注意をする必要がある。

❺ ▶ 神経心理学 (neuropsychology)

脳梗塞や脳出血，変性疾患等によって脳に局所的な損傷をもった患者における認知機能の障害パターンから，脳の損傷領域と障害された認知機能との関連を類推し，脳の機能局在を研究する方法。例えば，ブローカ野やウェルニッケ野と呼ばれる領域の損傷によって，言語の表出や理解の障害（失語症）が起こることから，これらの領域が言語に関連する機能局在に関連することを類推することができる。

❻ ▶ 脳波 (EEG：Electroencephalography)

本項については，02-11-❻「脳波」を参照のこと。

❼ ▶ VBM (Voxel-Based Morphometry)

全脳もしくは局所の脳領域の体積と，認知機能等との関連性を検証する研究方法。例えば，加齢に伴って灰白質の体積が低下したり，空間認知機能と海馬の体積との間に正の相関があるなどの研究が報告されている。

拡散テンソル・トラクトグラフィ：→ 14-15-❶「拡散テンソル・トラクトグラフィ」

機能的結合性解析：→ 14-15「神経科学的研究法(2)：神経画像法」

実験デザイン：→ 14-15-❹「サブトラクション法」，14-15-❻「事象関連デザイン」，14-15-❾「ブロック・デザイン」

脳磁図：→ 14-15-❽「脳磁図」
分子イメージング：→ 14-15-❿「分子イメージング」
ポジトロン断層撮像：→ 04-14-❽「ポジトロン断層撮像法」

fMRI：→ 14-15-❸「機能的磁気共鳴画像法」
MRI：→ 14-15-❺「磁気共鳴画像」

〔月浦　崇〕

学習

〔総説〕

一般に「学習（learning）」という言葉は教室や自宅での「勉強」の意味で使われることが多いが，心理学では「学習」を，経験によって生じる比較的永続的な行動変化の背後にある心的過程，と定義する。したがって，学校教育における教科内容の理解だけでなく，運動技能の向上や，礼儀作法の体得，特定の人物や事物への好悪感情の形成等，経験によって何かを学ぶことは全て「学習」と呼ばれる。

なお，上述の学習の定義には三つの重要な要素が含まれている。「経験」「比較的永続的」「心的過程」である。このいずれかが欠けると，学習とはいえない。例えば，比較的永続的な行動変化をもたらすものであっても成熟や老化のように特定の経験に基づかないものは学習ではない（ただし，通常「成熟」や「老化」と呼ばれる事例の多くには経験による学習成分も含まれている）。また，経験によって行動が変わっても，一時的なもの（例えば，お酒を飲んで陽気になる）は学習とは呼ばない。更に，経験によって比較的永続的に生じたものが，例えば肉体改造による筋力アップのような非心理的なものであれば，それによって行動に変化が見られても学習ではない。

行動変化の背後に想定される心的過程としての学習は，遂行成績（パフォーマンス：performance）と区別する必要がある。例えば，再試験において前回と同じ点数で不合格になった（行動変化が見られなかった）学生は，科目内容をきちんと学習していなかったのかもしれないが，学習していたにもかかわらず眠気や緊張，腹痛のため実力を発揮できなかったのかもしれない。一方，全く学習しなかったにもかかわらず，たまたまマルを付けた選択肢が偶然正解で合格点に達した学生もいるかもしれない。つまり行動の遂行成績は，学習の程度を純粋に表すものではなく，学習者の動機づけ・感情状態や体調，運等にも左右される。逆にいえば，遂行成績に変化が生じたことだけをもって学習ということはできないのである。

さて，学習するのはヒトだけでない。ヒト以外の動物も経験によって行動を変化させる。犬が飼い主に対して尻尾を振るのは，飼い主の姿やにおいが，餌や遊びやスキンシップと結びついて経験されているからである。イルカが高くジャンプしてボールにタッチするのは，そうすることで餌を得るという経験をしたからである。学習心理学の基礎研究者の多くは，種を超えて普遍的だとされる学習の諸現象を研究している。このためヒトだけでなく，ラットやハトのように入手しやすく，過去経験を統制しやすい実験動物が使用されることが多い。

かつて学習心理学は，心理学の諸領域の中で花形であった。行動主義心理学を提唱したワトソンは，行動の基礎原理として学習（特に条件づけ）を重視した。ハル，トールマン，スキナーといった新行動主義の心理学者たちは，学習原理を体系化した大理論を打ち立てて，思考心理学，言語心理学，パーソナリティ心理学，臨床心理学，社会心理学等，他領域にも大きな影響を及ぼした。学習心理学者はラットを用いて実験室で見出した学習原理で，戦争の動機や自由とは何かといった問題まで考察した。大学院生としてラットの迷路学習研究を行

っていた若者が，博士号を得た後，様々な心理学領域に進出して学習理論を武器に活躍した。そうした「学習心理学＝心理学」の時代があった。

現在の学習心理学者の多くは，そうした大理論を振りかざすことはない。しかし，学習心理学の知見は，今も心理学の多くの領域で活かされている。特に，臨床心理学領域では，学習理論に基づく心理療法として行動療法が不安障害等，幾つかの心理的問題に有効であることが示され，広く用いられている。また，スキナーが学習心理学実験をもとに創始し，その弟子たちを中心に発展した行動分析学は，行動主義の諸学派の中では最も成功したものであり，実験室での研究（実験的行動分析）と日常生活や現場での活用（応用行動分析）が密接に結びついて発展を続けており，特に，障害児発達臨床や企業等での行動マネジメントに活かされている。また，家庭犬のしつけや水族館・動物園等で行われる動物ショーでは，行動分析学をもとにした効果的な訓練法が採用されている。

【本領域（学習）の構成】

03-01 ではまず，学習心理学の歴史と研究方法が解説される。前述のように学習心理学の主流思想は行動主義である。行動主義については本書の 01（歴史）領域でも紹介されているが，本領域では学習研究との関連に重点を置いて論じられる。なお，学習心理学の研究方法は主として実験である。これは，要因を操作してその結果を観察記録するという実験的研究法が，経験による行動変化をテーマとする学習研究にマッチしていることが大きな理由であろう。

次に，多くの動物種に共通する学習の仕組みとして，単一の刺激に関する学習と刻印づけを含む初期経験の効果（03-02），古典的条件づけ（03-03），オペラント条件づけ（03-04）の基礎的概念が解説される。

続く 3 項目は主としてオペラント条件づけ研究において盛んに取り上げられてきたテーマについて紹介したもので，刺激による行動制御（03-05），強化と罰（03-06），選択行動（03-07）である。

条件づけられた行動は手続きの変更により元の水準に戻ることが多い。03-08 ではそうした行動の原状回帰について，最もよく用いられる手続きである消去と，それにまつわる諸現象を紹介する。

続く 03-09 では，嫌悪刺激によって新たな行動が形成される学習事態として，現前の嫌悪刺激からの逃避と，これから到来する嫌悪刺激の回避に関する問題を取り上げ，更に嫌悪刺激によって学習される異常行動の例として，実験神経症にも触れる。

さて，行動主義の牙城である学習心理学の領域においても 1960 年代以降は，行動主義の勢力は徐々に衰微し，認知主義的傾向が強まった。これは特に，刺激間の関係だけで学習される古典的条件づけの研究において著しく，刺激がもたらす情報という概念を連合学習の説明に取り込んだレスコーラ＝ワグナー・モデル以降，多くの認知的理論が提出されてきた（03-10）。

ヒトを含む動物は時空間の中で，複雑な刺激と刺激関係に適切に対処して生きている。03-11 は時間と空間の学習，03-12 は複雑な刺激（概念）による行動制御を取り上げる。また，我々は自分自身の直接経験だけではなく，他者の行動からも学ぶことがあるし（03-13），複雑な運動技能も習得できる（03-14）。こうした学習は，条件づけの枠組みだけで理解することが困難なことが多く，これらの分野では認知主義的アプローチがむしろ主流である。

最後に，学習を可能にする生物的基礎と学習を妨げる生物的制約について紹介する（03-15）。

〔中島定彦〕

03-01 ▶ 学習心理学の歴史と方法

学習心理学（psychology of learning）の思想的源流は、心は経験により形作られるとする17～18世紀のイギリス経験論哲学にあり、更に遡れば、経験論哲学が採用した**観念連合**（連想）の考えを最初に唱えた古代ギリシャのアリストテレスにまでたどることができる。しかし、実証科学としての学習心理学は、今田寛が『学習の心理学』で述べているように、19世紀末に行われた四つの実験研究をもって始まりとすべきであろう。それは、エビングハウスの**無意味綴り**の学習、ブライアンとハーターの電信作業の学習、パヴロフの**条件反射**、ソーンダイクの**問題箱**での**試行錯誤学習**である。このうちエビングハウスやブライアンとハーターの研究はヒトを対象としたもので、それぞれ記憶研究と運動学習研究の嚆矢となった。

一方、パヴロフやソーンダイクの研究は、言語をもたない動物を対象としたものであり、意識ではなく行動こそ心理学の研究対象であるとしたワトソンの**行動主義**に賛同する心理学者たちの範例となった。その後の**新行動主義**の心理学者たちは、この二つの研究で用いられた方法に加え、**走路**や**迷路**、**スキナー箱**等の実験装置を開発して実験動物の行動データを収集し、学習に関する現象を次々に発見していった。それらはヒトを含むあらゆる動物に当てはまる普遍的学習原理として位置づけられ、行動の全てを説明する大理論の構築が目標とされた。

しかし、1960年代以降、学習心理学は三つの要因により大きく変貌する。一つは、学習原理の例外が続々と報告されたことであり、そうした例外の多くは用いた動物種に特有な行動傾向を反映したものであった。これにより、学習原理の普遍性に疑義がもたれるようになったが、その後の研究によって、現在では、生物的な制約はあるものの学習原理には一定の普遍性があるとされている。

二つ目の要因は、認知主義の影響である。情報科学の発展やコンピュータの普及が、多くの心理学者をそれまでの動物を用いた比較的単純な学習実験から、ヒトの高次認知機能の研究へと向かわせた。動物の学習研究においても、刺激の情報的価値や表象のような認知的概念が積極的に導入された。例えば、新行動主義の全盛時代には、学習とは刺激（S：stimulus）と反応（R：response）の習慣形成（**S-R連合**）であるとするハルの見解が多数派で、シンボル刺激とそれが示す対象刺激の関係把握（**S-S連合**）であるとするトールマンの立場は少数派であったが、現在では後者の考えが主流となっており、こうした流れを認知学習心理学と呼ぶことがある。

最後の要因として、行動法則を確かめる**仮説検証型実験**ではなく、行動の諸現象の生起条件を**系統的反復実験**で探るスキナーの**行動分析学**が台頭し、実験室での研究だけでなく、発達障害児臨床等の実践的場面においても大きな影響力をもつようになったことが挙げられる。

■　■　■

❶ ▶ 行動分析学 (the behavior analysis)

スキナーによって創始された行動の原因を科学的に研究する学問体系で、行動を遺伝的特性、過去経験、現在置かれた状況等により説明する。行動に影響を与える原因（制御変数）を明らかにするため、制御変

数だと思われる環境条件を変化させて、それによって行動が変化するかどうか確かめる関数分析（機能分析）を行う。個体データを重視し、群間実験よりも、単一事例法（単一被験者法）が用いられることが多い。

❷▶条件反射 (conditioned reflex)

生得的な反射である無条件反射に対して、経験的に獲得した習得的な反射をいう。例えば、空腹のイヌに餌を与えることによって生じる唾液分泌は無条件反射であるが、かつて餌とともに与えられたメトロノームの音に対して唾液分泌が見られた場合、これを条件反射と呼ぶ。現在では、古典的条件づけとして理論化されている。

❸▶新行動主義 (neo-behaviorism)

心理学の目的は行動の予測と制御であるとする点ではワトソンの行動主義と同じであるが、行動をより巨視的（総体的）・力動的に捉え、還元論の立場をとらずに心理学独自のレベルで心と行動について理論構築しようとした心理学者たちの思想を包括的にこのように呼ぶ。主要なものに、心は行動主体（生活体）の内部に想定される仮説構成体であるとするハルやトールマンらの論理的行動主義と、心そのものも行動であると考えるスキナーの徹底的行動主義がある。

❹▶スキナー箱 (Skinner box)

操作体と強化子呈示装置を備えた小空間を指す。一般的な装置において操作体は、ラット用（図1）では反応レバーと呼ばれる突起物、ハト用（図2）では反応キーと呼ばれる小さな丸窓ボタンで、強化子呈示装置からは餌が一定量あるいは一定時間与えられる。この箱を用いて、スキナーは自由に反応できる（フリー・オペラント）状態での動物の行動を研究した。開発者の名をとってスキナー箱と呼ばれるが、現在ではオペラント箱と称されることも多い。

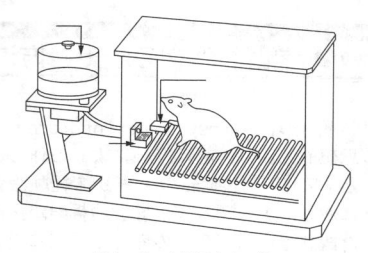

図1　ラット用スキナー箱

図2　ハト用スキナー箱

❺▶走路 (runway)

出発地点と目標地点の間に選択地点をもたない装置。通常は目標地点に餌等の報酬が置かれる。実験者が試行を開始してから動物が移動し始めるまでの潜時と、目標地点に達するまでに要した時間（あるいはその逆数としての走行速度）が反応指標となる。十分な長さの走路を用いて訓練を繰り返した場合、目標地点が近づくにつれ走行速度が速くなるという目標勾配が見られるようになる。

❻▶迷路 (maze)

出発地点と目標地点の間に複数の経路がある装置。目標地点までの所要時間に加え、選択の正誤を反応指標に用いることが多い。最も単純なものは、選択地点が一つで二つの選択肢をもつT字迷路やY字迷路である。近年は、中央の出発地点から放射状に選択肢が伸びるオルトン放射状迷路や、プールの端から浅瀬の目標地点まで最

図3 累積記録

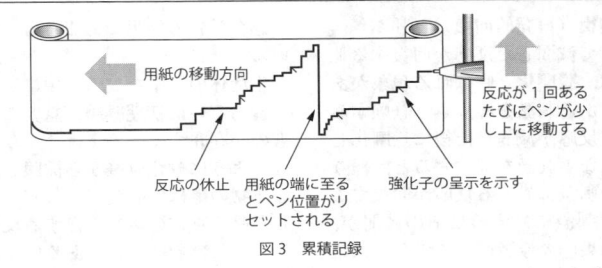

短距離で泳ぐことを訓練するモリス水迷路等がしばしば用いられるが,後者は選択地点が無限にある(自由なルートを選択できる)迷路と見なすことができる。

❼ ▶ 問題箱 (puzzle box)

箱の扉を開くことが問題解決となる課題。ソーンダイクは空腹のネコやイヌを狭い箱の中に閉じ込め,扉の前に餌を置き,動物が内部のひもやレバー等を操作することによって扉を開けて脱出するまでの時間を測定した。この課題を繰り返すことで,次第にむだな行動が減り,有効な行動が増えるという試行錯誤学習が確認された。この観察から,反応によってもたらされる結果が快である時,刺激状況と反応との結合が強まり,不快である時は刺激状況と反応との結合が弱まるとする効果の法則が導出された。

❽ ▶ 累積記録 (cumulative record)

個体の刻一刻の行動変化を観察するため,横軸に経過時間を,縦軸にその時点までの累積反応数をとったグラフ(図3)。グラフ線の傾きが反応率(急勾配であれば高反応率,平坦であれば無反応)を示す。

❾ ▶ ワトソンの行動主義 (Watson's behaviorism)

ワトソンは行動を微視的(分子的)・機械論的に捉え,生理学に還元しようとする傾向があった。例えば,思考は言語習慣が内潜化したものであるから,舌や声帯の動きを詳細に調べることで思考を研究することも可能だと論じた。

〔中島定彦〕

03-02 ▶ 単一刺激の学習と初期経験

生活体は,環境内に存在する複数の刺激間の関係や自らの反応と環境の関係性等を学習するが,単一の刺激のみに対する反応傾向についても,刺激経験の数や経験のタイミングによって行動変容が生じる。例えば,大きな物音を聞くと驚愕反応が喚起されるが,同じ物音を繰り返し経験することによって驚愕反応は弱くなる。このように,ある刺激への反応強度が,その刺激を繰り返し経験することによって減弱する現象を**馴化**,あるいは単に馴れと呼ぶ。馴化は様々な特徴を備えており,その一つに刺激特異性が挙げられる。例えば,ある特定の周波数の音刺激を繰り返し経験すると,その刺激に対する反応は徐々に減弱していくが,それとは異なる周波数の音刺激に対してはある程度の反応が維持される。一方で,繰り返し経験した刺激と知覚的に類似した刺激に対しては,その類似性に対応して**刺激般化**に基づいた反応の減弱が見られることもある。また,馴化によって減弱した反応は,しばらくの間刺激を経験しない時間が挿入されると回復することがあり,

これを**自然回復（自発的回復）**と呼ぶ。

馴化によって減弱した反応が回復する他の例としては，**脱馴化**と呼ばれる現象がある。これは，ある刺激を繰り返し経験することによって反応が減弱した後に，馴化した刺激とは異なる刺激を経験すると，繰り返し経験した刺激に対する反応が回復することを指す。刺激に対する反応の減弱が，感覚器官や効果器の疲労による場合にはこうした現象が生じることはなく，脱馴化が生じることは馴化が中枢神経系の処理による何らかの学習の結果であることを示す。なお，呈示される刺激の強度によっては，馴化とは逆に反応が増大する**鋭敏化**と呼ばれる現象が生じることがある。

こうした馴化や鋭敏化の現象は，言語教示や報告が困難な乳幼児の知覚や記憶を検討する際に利用可能である。乳幼児は，新奇な刺激に対しては積極的な注視を行うが，この注視時間は刺激の繰り返し呈示によって減少し，馴化する。このような馴化が見られた後に新奇刺激を呈示したとき，注視時間が長くなった場合には，馴化した刺激と新奇刺激を乳幼児は視覚的に弁別可能であること，あるいは繰り返し呈示された刺激を記憶していた可能性を示すことができる。

馴化や鋭敏化は，単一刺激の経験によって生じるために，複数の刺激の間の関係についての学習である**古典的条件づけ**や，反応と結果の関係についての学習である**オペラント条件づけ**とは異なり，非連合性の学習であると捉えることができるが，その一方で，繰り返し呈示される刺激が環境刺激（文脈刺激）と連合することによって生じる連合学習の結果であると考える研究者もいる。

生活体の正常な成熟の中には，特に**初期学習**あるいは**初期経験**が重要な意味をもつものが存在する。例えば，ニワトリやカモ等のように孵化直後から開眼し，移動可能な生物の雛は，孵化後の特定の時期に目にした動く物体の後を追従する反応を獲得する。これは**刻印づけ**，あるいは**刷り込み**と呼ばれ，**臨界期（敏感期）**と呼ばれる感受性の高い時期にのみ生じ，条件が整っていれば極めて短期間に成立して不可逆であるなどの特徴を備えており，条件づけ等の学習とは区別することができる。また，性成熟してからの求愛の対象は刻印づけされた対象に生じることが知られており，**性的刻印づけ**と呼ばれる。

臨界期が存在する他の学習の例としては，鳴禽類をはじめとする鳥類における**歌学習**を挙げることができる。こうした初期経験の効果は知覚過程にも影響することが知られており，成熟してから正常な知覚機能を獲得するためには，発達初期に十分な知覚経験をしていなければならないことが，発達初期の感覚制限等から示されている。このように，刺激経験や訓練の結果として知覚過程に対して変容が生じることを**知覚学習**と呼ぶ。成熟した生活体が示す様々な行動の多くは，遺伝的な影響に加えて，こうした初期経験に影響されて形成されている。適切な実験的操作によって，特定の行動特性の獲得にとって特別な経験が不要であることが示されない限りにおいて，初期経験による後天的な影響を無視することはできない。

■　■　■

❶ ▶ 歌学習 (song learning)

動物の発声の中でも，持続時間が長く構造が複雑で，求愛行動に利用されるものを歌と呼び，持続時間が短くて構造が単純なものや，一年を通じて雌雄どちらからも表出される地鳴きとは区別される。同種他個体の雄の歌を発達初期に経験することによって歌の鋳型を形成する感覚学習期，自ら

発声して練習を行う感覚運動学習期を経て，サブソング，プラスティックソング，結晶化したフルソングと進んでいく。鳴禽類では，こうした歌学習に特化した脳部位が確認されている。

❷▶鋭敏化（sensitization）

強い刺激の繰り返し呈示によって反応が増大する現象。大きな地震を経験することによって喚起される恐怖反応が，当初の地震よりも小さな余震によって更に強く喚起されてしまうことは鋭敏化の例である。鋭敏化は馴化と異なって刺激特異性がなく，全般的な反応水準の亢進が生じる。強い地震によって恐怖反応が喚起された後には，余震のみならず不意の停電のような異なる刺激に対して強い恐怖反応が喚起されることはこの例である。

❸▶感覚制限（sensory deprivation）

成人において視覚や聴覚，触覚等の感覚刺激を長時間にわたって制限すると，幻覚やパニック等の症状が現れることが知られている。一方で発達初期において視覚刺激を制限するような処置が行われると，大脳皮質視覚野の正常な組織化が行われず，視覚機能に大きな障害が生じることが，縦縞のみが存在する環境において育てられたネコの大脳皮質においては横縞に反応する神経活動が確認されないという電気生理学的研究等から明らかになっている。

❹▶初期学習／初期経験（early learning/early experience）

受精から離乳期前（哺乳類の場合）までの個体の発生・発達の初期に個体が受ける経験によって，成熟後に対して不可逆的な効果を及ぼすものがある。こうしたものを初期学習（初期経験）と呼ぶ。実験的に検討するためには動物を被験体として用いる必要があるが，個体の生活環境を豊かにする方法や逆に貧弱にする方法等に加え，離乳前のラットに実験者が短時間手を触れるハンドリング操作，母子分離等の方法によって検討することが可能である。

❺▶知覚学習（perceptual learning）

刺激についての知覚経験や訓練によって，後の知覚過程が変容することを知覚学習と呼び，弁別学習等の事態で検討することができる。類似した2種類の刺激AとBを準備し，それぞれの刺激を単独で複数回呈示した後に，これらの刺激についての弁別学習を行うと，先行経験のない場合と比較して弁別成績が向上する。こうした知覚学習のメカニズムとしては，それぞれの刺激がもつ特徴要素の間に制止性の連合が双方向的に形成されることなどが主張されている。

❻▶臨界期／敏感期（critical period/sensitive period）

刻印づけ等の学習や適切な情動性，知覚特性の獲得等，正常な成熟のために必要な刺激に対して強い感度をもつ期間を指す。種や刺激によって異なるが，発達初期に存在することが一般的である。臨界期という用語は行動変容が生じるための限定的な期間を指すことが多いが，厳密に定められた期間というよりも，特定の期間に学習のための感受性が特に高くなるという観点から「敏感期」という概念に拡張された。

オペラント条件づけ：→ 03-04「オペラント条件づけの基礎」
古典的条件づけ：→ 03-03「古典的条件づけの基礎」
刺激般化：→ 03-05「刺激性制御」
自然回復（自発的回復）：→ 03-08「消去」
大脳皮質視覚野：→ 14-04「視覚系」

〔澤　幸祐〕

03-03 ▶ 古典的条件づけの基礎

古典的条件づけは，学習の中でも最も単純な現象の一つであり，19世紀終わりにロシアの生理学者パヴロフによって発見された。発見者の名からパヴロフ型条件づけ，あるいは行動分析学においてはレスポンデント条件づけとも呼ばれる。パヴロフは，イヌを被験体として，メトロノームの音に後続して餌を与えるという実験を行った（図4）。イヌは，メトロノームの音を聞くとどこから音が呈示されたのかを探すような**定位反応**を示すものの，強い反応を示すことはない。一方，餌を呈示するとイヌは唾液を流す。これに対し，メトロノームの音と餌の対呈示を繰り返すと，イヌは餌がなくともメトロノームの音を聞いただけで唾液を流すようになる。すなわち，イヌはメトロノームの音に対して唾液を流すという新しい反応を学習したことになる。ここで，生得的には特段の反応を喚起しないメトロノームの音のような元来は中性的な刺激を**条件刺激（CS）**，生得的に強い反応を喚起する餌のような刺激を**無条件刺激（US）**と呼ぶ。無条件刺激呈示に対して喚起される反応を**無条件反応（UR）**，条件刺激に対してそれまでは確認されなかったような新たな反応を**条件反応（CR）**と呼び，条件刺激と無条件刺激の対呈示によって条件刺激に対して条件反応が確認されるようになる手続き及び現象を，古典的条件づけと呼ぶ。こうした古典的条件づけは極めて広い範囲の生活体において報告されており，ヒトやイヌのような哺乳類はもとより，鳥類，魚類といった脊椎動物から扁形動物，環形動物に至るまで確認することができる。

条件刺激と無条件刺激の対呈示方法によっては，獲得される条件反応の強度に大き

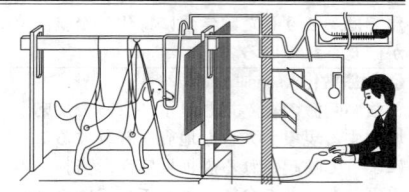

図4　パヴロフの実験（Pavlov 1928 の p. 271. Fig.7 を改変）

な違いが確認される。実験事態や用いる刺激，動物種によっても程度の差はあるが，一般に条件刺激と無条件刺激の時間間隔が接近しているほど条件反応獲得が良好であり，この原則は**接近の法則**と呼ばれる。条件刺激と無条件刺激の対呈示を行う際の時間関係については，条件刺激の呈示開始が無条件刺激の呈示開始に先行する**順行条件づけ**，無条件刺激呈示開始が条件刺激呈示開始に先行する**逆行条件づけ**，また条件刺激と無条件刺激が同時に呈示開始される**同時条件づけ**に分類することができる。順行条件づけにおいて最も条件反応獲得が良好であり，次いで同時条件づけでも条件反応獲得が確認できる。逆行条件づけでは，対呈示試行数が少ない場合に条件反応が確認される場合があるが，一般には条件反応獲得が困難である。なお順行条件づけと逆行条件づけは更に，**延滞条件づけと痕跡条件づけ**に分類することができる。このように直接的に条件刺激と無条件刺激を対呈示する手続きを総称して**一次条件づけ**と呼ぶ。

一方，直接的に無条件刺激と対呈示されていないが，無条件刺激と対呈示されたことのある条件刺激と対呈示されることによって条件反応が獲得される現象が報告されている。こうした現象の例としては**二次条件づけ（高次条件づけ）**や**感性予備条件づけ**がある。これら以外にも，無条件刺激との対呈示が行われていない刺激に対して，

特段の実験的手続きを行っていないにもかかわらず条件反応が確認される場合があるが，これは物理的類似性等に依存した刺激般化の影響であることが多い。こうした反応は**分化条件づけ**手続きによって減少させることができる。

餌のように生活体にとって望ましい刺激のみならず，電撃や内臓不快感を喚起するような毒物のように，嫌悪的な刺激を無条件刺激として用いることもできる。餌や水といった生活体にとって望ましい無条件刺激を用いた場合を**食餌条件づけ**と呼ぶのに対して，嫌悪的な無条件刺激を用いた場合を**嫌悪条件づけ**と呼ぶ。嫌悪条件づけでも特に，電撃等を無条件刺激として用いた場合に確認される**条件性情動反応**は，学習の基礎研究のみならず，ヒトの恐怖症等の臨床的問題のモデルとして用いられており，条件反応獲得の後に条件刺激を単独で呈示することによって条件反応を減弱させる**消去手続き**や**拮抗条件づけ**等による介入法が研究されている。ヒトに対して嫌悪刺激を用いた実験を行うことは倫理的に困難であるが，**評価条件づけ**と呼ばれる方法によってヒトの感情評価に対する学習効果が検討されている。

古典的条件づけは，一般に環境内の刺激同士の関係に関する学習と考えられており，生活体の反応が条件刺激と無条件刺激の関係性を変化させることはない。この点において古典的条件づけとオペラント条件づけは手続き的に区別することが可能であるが，生活体が示す複雑な行動には，これら二つの学習が分かちがたく作用し合っていることが多いので注意が必要である。

■　■　■

❶▶ 延滞条件づけ (delay conditioning)

条件刺激の呈示時間と無条件刺激の呈示時間が部分的に重複している場合，あるいは一方の呈示終了に同期してもう一方の刺激が呈示されるような手続きを指す。順行条件づけ手続きにおける延滞条件づけが，最も条件反応獲得が良好である。

❷▶ 感性予備条件づけ (sensory preconditioning)

中性刺激AとBの対呈示後に，刺激Aを無条件刺激と対呈示することによってBに対しても条件反応が確認される現象。二次条件づけとは訓練の順序が逆であるが，条件反応を喚起しない中性刺激同士の対呈示によっても何らかの学習が生じる点が重要である。

❸▶ 拮抗条件づけ (counter conditioning)

条件刺激と無条件刺激の対呈示によって安定的な条件反応が獲得された後に，既に獲得されている条件反応と拮抗するような反応が喚起される別の無条件刺激を条件刺激と対呈示する手続きのこと。例えば，無条件刺激として電撃を用いて音刺激に恐怖反応を条件づけた後に，餌を無条件刺激として音刺激と対呈示するような手続きを指す。恐怖症をはじめとする獲得性の不適応行動への介入技法として行動療法等において用いられる。

❹▶ 痕跡条件づけ (trace conditioning)

順行条件づけにおいて条件刺激呈示終了から無条件刺激呈示開始までの間や，逆行条件づけにおいて無条件刺激呈示終了から条件刺激呈示開始までの間に時間的ギャップが存在する手続きを指す。呈示間隔が長くなると条件反応の獲得が困難となる。痕跡条件づけの獲得に関しては海馬が重要な役割を果たしていることが，破壊実験等から知られている。

❺▶ 条件性情動反応 (conditioned emotional response)

恐怖や不安のような情動反応は，古典的条件づけによって獲得可能であることが知られており，電撃等のような嫌悪的無条件

刺激と条件刺激との対呈示によって獲得される条件反応としての恐怖反応をはじめとする情動反応を条件性情動反応と呼ぶ。ラットにおいては，電撃と対呈示された条件刺激に対して凍結反応が確認されるが，これはレバー押しや水なめ等の反応がどの程度抑制されるかという条件性抑制事態によって測定され，抑制の程度を条件性情動反応の強さと見なす。

❻ ▶ 二次条件づけ／高次条件づけ (second-order conditioning/higher-order conditioning)

刺激Aと無条件刺激の対呈示後に，刺激Aと刺激Bの対呈示によりBに対しても条件反応が確認される現象。刺激Aを一次条件刺激，刺激Bを二次条件刺激等と呼ぶ。二次条件刺激に対して更に別の刺激を対呈示することによって，三次条件刺激からの条件反応を確認することが可能な場合もあり，三次条件づけと呼ばれる。一次条件づけのように無条件刺激と対呈示されないために，条件反応に依存して獲得される二次条件づけ以上のものをまとめて高次条件づけと呼ぶこともある。

❼ ▶ 評価条件づけ (evaluative conditioning)

中性的な視覚刺激や音刺激，味覚刺激等を条件刺激，美しい映像や音楽，あるいは不快な映像等を無条件刺激として対呈示することによって，条件刺激に対する被験者の感情評価が変化する現象手続き。手続き上は他の古典的条件づけと類似しているが，消去抵抗の高さや階層的制御が効かないことなど，特殊な特徴が確認されている。商品を条件刺激，快感情を引き起こす刺激を無条件刺激とした広告等に応用されている。

❽ ▶ 分化条件づけ (differential conditioning)

刺激Aは無条件刺激と対呈示するが，刺激Bは対呈示せずに単独で呈示することによって，刺激Aに対して限定的に条件反応が確認されるようになる現象。刺激AとBを被験体が弁別することができない場合には，無条件刺激と対呈示されていない刺激Bに対しても条件反応が確認されることになるため，分化条件づけの成否によって刺激弁別の能力を言語教示なしに検討することができる。

海馬：→ 14-12-❸「海馬」
恐怖症：→ 12-06-❹「特定の恐怖症」
行動療法：→ 11-10「行動療法」
刺激般化：→ 03-05「刺激性制御」
消去：→ 03-08「消去」

〔澤　幸祐〕

03-04 ▶ オペラント条件づけの基礎

個体の**行動**は，それに先立つ**環境条件**（先行条件）と，行動の直後に起こる環境変化（後続結果）から影響を受ける可能性がある。**行動分析学**の創始者であるスキナーは，先行条件だけに影響される行動をレスポンデント行動と呼ぶ一方で，後続結果に影響される行動をオペラント行動と呼んだ。このオペラント行動が後続結果から影響される過程や，後続結果を操作して積極的にオペラント行動に影響を与えようとする手続きが，**オペラント条件づけ**である。

例えば，スキナー箱に入れたラットにレバー押し行動を学習させようとして，ラットがレバーを押したら餌を呈示するのは典型的なオペラント条件づけである。

オペラント条件づけにおける後続結果の働きは二つある。一つは，特定の行動の起こりやすさ（生起頻度）を変える働きである。行動に対してある後続結果が起こることで，それと同様の行動が将来に生起する頻度が以前（**オペラント水準**）よりも増える場合（**強化**）と減る場合（**罰**）がある。もう一つの働きは，先行条件と行動との関

係を変えるものである。行動が強化されたり罰せられたりした時に存在していた先行条件は**弁別刺激**となって、後に同様の弁別刺激が現れるとそれが同様の行動の生起頻度を増加させたり減少させたりする。例えば、スキナー箱の中で特定の高さのブザー音が鳴っている時にラットがレバー押し行動をしたら餌が呈示され、それによってレバー押し行動が強化されると、後に同じブザー音が鳴っている時にレバー押し行動が起こりやすくなる。このように特定の弁別刺激下で特定の行動が起きた時に、特定の後続結果が起こるという関係を**三項随伴性**と呼び、これが行動を予測したり制御したりする時の基本的な分析単位となっている。

行動の先行条件には弁別刺激として働くもののほかに、**動因操作（確立操作）**として働くものもある。動因操作の働き方には二通りある。それらは、特定の後続結果が行動を強化したり罰したりする時の有効性を変化させる働きと、以前強化されたり罰せられたりした行動の生起頻度を変化させる働きである。典型的な動因操作に、**遮断化**がある。遮断化の一例を挙げれば、スキナー箱に入れる前のラットを一定時間は餌の食べられない環境に置いておく操作がそれである。こうすると、行動の後に餌を呈示することでその行動が強化されやすくなったり、かつて餌の呈示によって強化されたレバー押し行動が一時的に起こりやすくなったりする。動因操作にはこのほかに**飽和化**や**低価値化**等がある。

オペラント条件づけには古典的条件づけにはない重要な役割がある。それは**反応形成（シェイピング）**を通じて個体に新しい行動を身につけさせることである。ある個体にとってできる行動の全てをその個体の**行動レパートリー**というが、反応形成を通じてそれに新たな行動が付け加わる。形成されるのは体の動かし方（反応の物理的性質、**トポグラフィ**）が新しい行動や、トポグラフィは同じでも行動の速さ、持続時間の長さ、力強さなど、様々な**行動次元**について新しい行動である。

更に、複数の行動を連続させて複雑な**行動連鎖**を形成することもできる。例えば、スキナー箱の中でラットがレバーを押してランプを点灯させ、その後すぐに鎖を引いて餌を出現させるような行動連鎖を形成できる。このような行動連鎖を形成させる手続きを**連鎖化（チェイニング）**という。つまり個体に複雑な行動を学習させたい場合には、その行動を幾つかの構成要素に分解する**課題分析**を行った上で、構成要素となる行動を形成して連鎖化を行えばよい。

実験や臨床の場面で反応形成や連鎖化を行う場合、行動に対して特定の後続結果が起こるように意図的に準備することが多い。しかし日常場面では、スイカを割ると果肉が出てくる場合のように、行動に対して特定の後続結果が自然に用意されていることが多い。更に、ある結果が偶然に特定の行動の後に起こって**迷信行動**が形成される場合もある。オペラント条件づけを意識しなくても、我々の行動の多くはそれらの後続結果から影響を受けている。

■　　■　　■

❶▶オペラント水準 (operant level)

特定のオペラント条件づけによって行動の頻度が変化する以前の頻度をオペラント水準と呼ぶ。例えば、ラットがスキナー箱に入れられているだけで（レバー押しの直後に餌が呈示されるという経験をする前に）、レバー押しをする頻度がオペラント水準である。特定の後続結果が行動を強化したり罰したりするかどうかは、このオペラント水準よりも行動の頻度が増えたり減ったりするかによって判定する。

❷ ▶ 環境 (environment)

個体の行動を取り巻く全てが環境である。体の外側の世界が環境であるのはもちろんのこと，個体内の状況（例えば，酩酊状態等の身体的状況）も環境と見なすことがある。また，個体が自分の体に対して行う行動（例えば，体を掻く行動）にとっては，その対象となる部分（掻かれる部位）も環境といえる。環境が個体に働きかける刺激は厳密にいうと毎回異なるため，行動に同じ効果を及ぼす刺激の集合を刺激クラスという。一方，環境に同じ効果を及ぼす反応（行動の事例）の集合は反応クラスという。

❸ ▶ 行動 (behavior)

環境と相互作用する個体の活動の全てが行動である。そのため，運動することや食事することなどのように，日常的に行動と見なされるもののほかに，考えることや感じること，空想することなども行動だといえる。その一方で，横たわっているなどの不動状態や，強風に吹き飛ばされる場合のような強制的な身体状態の変化は，行動ではない。行動であるかどうかの簡単な判別方法として，死人にはできないことを行動と見なす方法がある。

❹ ▶ 低価値化 (devaluation)

行動を強化する後続結果を別の場面で嫌悪刺激と対呈示すると，それまでその後続結果によって強化されていた行動が起こりにくくなる。例えば，スキナー箱でラットのレバー押し行動に餌の呈示を後続させて強化しておいた上で，スキナー箱外の場所でその餌と毒物の対呈示による味覚嫌悪条件づけを行うと，レバー押し行動が起こりにくくなる。

❺ ▶ 動因操作／確立操作 (drive operation/establishing operation)

①特定の後続結果の強化力を変化させたり，②かつてその後続結果に強化された行動の生起頻度を変える操作をいう。

❻ ▶ 反応形成（シェイピング）(shaping)

新しい行動を形成したい場合，まずは既に行動レパートリーにある行動のうちから目指す行動に近いものを選び，その選択基準に合致する行動だけを強化（分化強化）する。そうすると，強化されたものと同様の行動が増えるが，それらの行動にはある程度の変動があるため，その中から更に目指す行動に近いものだけを分化強化する。このように，分化強化の基準を徐々に目指す行動に近づけるという逐次的接近法を使って，新しい行動を形成できる。

❼ ▶ 弁別刺激 (discriminative stimulus)

ある刺激が存在する下で行動が強化されるなどの後続結果による影響を受けてはじめて，その刺激は弁別刺激となる。これが弁別刺激を，古典的条件づけにおける無条件刺激や条件刺激から区別するポイントである。

❽ ▶ 飽和化 (satiation)

個体を特定の刺激に対してふんだんに接触させる操作。例えばラットに飲み水を十分に摂取させると，その後の一定期間は飲み水の出現が行動を強化しにくくなると同時に，かつて飲み水の出現で強化された行動が起こりにくくなる。

❾ ▶ 迷信行動 (superstitious behavior)

偶発的なオペラント条件づけによって起こりやすくなった行動は，迷信行動と呼ばれる。例えば，一定の時間が経過するごとに行動とは無関係に飲み水を呈示する時間スケジュールを用いた時，特定の行動の後に偶然に飲み水が呈示されて迷信行動が形成される可能性がある。ただし，時間スケジュールはスケジュール誘導行動という定型的な行動を誘発する効果ももつので，偶然に強化された行動との判別が難しいことがある。

❿ ▶ 連鎖化（チェイニング）(chaining)

行動連鎖の最初の行動から順番に訓練する手続きを順向連鎖化といい，逆に最終的

な強化子に最も近い行動から順番に訓練する手続きを逆向連鎖化という。言語教示やモデリングが可能なヒトの場合には，行動連鎖の全体を同時に訓練する全課題連鎖法も可能である。行動連鎖では，要素となる行動が生み出す環境変化がその行動を強化するとともに，次の行動の弁別刺激となっている。

強化と罰：→ 03-06「強化と罰」
嫌悪条件づけ：→ 03-03「古典的条件づけの基礎」
行動分析学：→ 03-01-❶「行動分析学」
スキナー箱：→ 03-01-❹「スキナー箱」

〔石井 拓〕

03-05 ▶ 刺激性制御

日常の多くの行動は，特定の環境条件や刺激の下で自発されている。例えば，子どもがイヌを目の前にして「イヌ」と言って褒められ，ネコがいた時に「イヌ」と言っても褒められなかった場合，その子どもはイヌがいたり，見えたりした時にのみ「イヌ」という発声をすることが増え，ネコがいる時に「イヌ」と発声する頻度は少なくなっていく。このような**分化強化**の過程を経て，特定の条件の下でより多く自発されるようになった行動を**弁別行動**と呼び，この時の特定の条件を**弁別刺激**という。この例では，子どもの発声「イヌ」という弁別行動にとって，イヌの姿が弁別刺激であり，これらの**刺激性制御**の下にある，と呼ばれる。また，子どもの「イヌ」という発声は，はじめは柴犬にのみ向けられていたとしても，ビーグル，チワワ等の他の犬種を見た時にも自発されるかもしれない。このように，弁別行動が元の弁別刺激に類似した刺激の下でも自発されることを**刺激般化**（あるいは単に**般化**）と呼ぶ。

刺激般化は通常，元の弁別刺激と同じ刺激次元軸上の類似した刺激に対して生じる。色光を刺激次元とした場合，例えば，ハトを用いて 550 nm の色光刺激の下での反応は強化され，555 nm の下では消去となる継時弁別訓練を行った後，テストとして 510～590 nm までの様々な色光を呈示すると，訓練刺激付近を頂点とし，訓練刺激から遠ざかるにつれて減少する反応率の勾配，**般化勾配**が得られる。ところが，この勾配の頂点は訓練刺激となった 550 nm にはなく，これよりも消去刺激からやや遠ざかる方向（540 nm 付近）で得られることが知られている。このような現象を**頂点移動**という。

刺激般化に関連し，頂点移動と似た現象として**移調**がある。移調とは，同時弁別獲得後の新奇刺激対を用いたテストにおいて，訓練刺激の絶対的特徴ではなく，刺激間の相対的関係に基づいた選択が示されることを指す。例えば，直径 3 cm と 5 cm の円が同時に呈示され，後者を選ぶと強化される弁別訓練の後，テストとして 5 cm と 7 cm の円が呈示された時，5 cm の円を選択するのは訓練履歴によるものと解釈できるが，7 cm の円を選択することは，より大きな円を選ぶという刺激対の相対的関係が学習されていたと考えられる。移調実験には，大きさ，色の明るさ，餌の数等が刺激次元として用いられ，ヒトの幼児，チンパンジー，ニワトリ，ラット等の動物で移調が確認されている。

スペンスは，刺激弁別訓練において動物は刺激の絶対的特性のみ学習するという立場から，刺激性制御に関連した現象を説明するための理論を提案した。この理論では，ある刺激の下で自発される反応強度を示す概念である**連合強度**を縦軸に，弁別刺激の物理量を横軸にとると，刺激弁別訓練

により正刺激付近には興奮性（＋）の勾配，負刺激には制止性（－）の勾配が得られることを想定する。これらを差し引きすると，正刺激付近ではなく，負刺激から遠ざかる方向に頂点をもつ勾配が得られる。この勾配は，頂点移動と移調という二つの現象をうまく説明している（図5）。しかし，スペンスの理論は，**中間サイズ問題**と呼ばれる課題から得られる結果を説明することは困難であった。

頂点移動や移調の現象は，動物が刺激弁別事態で学習するのは用いられた刺激の絶対的特性だけでなく，両者の相対的関係も学習されることを示している。また，複数の弁別行動の**強化随伴性**は，互いに影響を及ぼし合うことも知られている。例えば，**行動対比**とは，継時弁別訓練において一方の刺激下の反応の強化率を変化させた時，もう一方の刺激下の反応の強化率は変化しないにもかかわらず，反応率の増加や減少が見られることを指す。一方の刺激下の反応の強化率を下げることにより他方の刺激下の反応が増大することを正の行動対比，その逆を負の行動対比という。日常的な例では，学校で勉強しても教師からあまり褒められなくなると，塾で一生懸命勉強するようになる，といったことが挙げられる。

実験室ではなく，我々が生きる実際の環境には，様々な刺激様相からなる刺激が同時に存在し，同じ種類の刺激がある程度の変動性をもち，そのそれぞれに異なるスケジュールの強化随伴性が設定されている。このことから，刺激般化，頂点移動，移調，行動対比といった刺激性制御が包含する特性は，実際の環境に即した行動を可能にする適応的メカニズムであるといえる。

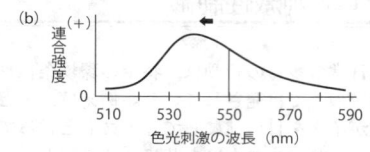

550 nm の刺激の下での反応は強化（S⁺），555 nm の刺激の下での反応を消去（S⁻）として訓練すると，これらの訓練刺激を頂点として，それぞれ興奮性と制止性の連合強度が生じる(a)。この二つの曲線を足し合わせると，消去刺激から遠ざかる方向の 540 nm 付近に頂点をもつ曲線が描かれる(b)。

図5　スペンスによる頂点移動の説明（Spence 1937）

■　■　■

❶▶ 条件性弁別（conditional discrimination）

特定の条件に応じて，弁別する刺激の強化随伴性が変化するような事態を指す。例えば，初めに見本刺激として赤円か青円が呈示された後，比較刺激として三角形と四角形が呈示される場合，赤円が見本刺激の時には三角形を選ぶと正解，青円が見本刺激の時には四角形が正解となるような手続きである。見本刺激と同じ刺激を比較刺激の中から選ぶ課題は特に，同一見本合わせ課題と呼ばれる。見本刺激と比較刺激との間に遅延時間を挿入することにより，動物の見本刺激についての短期記憶を調べる場合や，漢字を見本刺激，ひらがなを比較刺激として，読みを教えるような場面にも条件性弁別手続きが用いられる。

❷▶ 中間サイズ問題（middle size problem）

中間サイズ問題では，例えば九つの大きさの異なる正方形から三つを選び，中間の大きさのものを選んだ時に強化する。訓練

で1・5・9の大きさの正方形が用いられた後，テストで4・7・9の大きさの正方形が呈示されたとする。この時，スペンスの理論が仮定する連合強度の勾配は5の付近に頂点をもつために，この理論は5から最も近い4を選択することを予測するが，このような実験でチンパンジーは7を選択し，呈示された三つの刺激の相対的関係に基づいた反応を示した。

❸ ▶ 同時弁別／継時弁別 (simultaneous discrimination/successive discrimination)

弁別行動を形成する際の実験手続きでは，複数の刺激に独立の強化スケジュールが設定されているが，それらの刺激が同時に呈示されて選択が可能な場合を同時弁別，一度に一つの刺激が呈示される場合を継時弁別と呼ぶ。例えば，一試行中に赤と青の円が同時に呈示され，赤円の選択反応は強化，青円の選択反応は消去される場合は同時弁別，赤円だけが呈示された時，それに対する反応は強化され，別の試行で青円だけが呈示された時の反応が消去される場合は継時弁別と呼ばれる。

❹ ▶ 無誤学習 (errorless learning)

弁別訓練を始める際に，弁別目標の正刺激は加工せずに呈示し，負刺激のみ訓練の初期段階は弱い強度（明るさ，大きさなど）で短時間だけの呈示にして導入すると，反応は正刺激に対してのみ生じ，負刺激に対しては生じない。このようにしてから，次第に負刺激を最終目標の刺激強度に近づけていくと（フェイディング手続き），誤反応をほとんど生じさせずに弁別を完成することができる。これを無誤（弁別）学習と呼ぶ。この方法は従来の弁別課題よりも短時間で弁別を獲得させることができ，誤反応のために学習事態を嫌悪するなどの情動的影響も少なくできるため，教育場面においてもしばしば活用されている。

強化スケジュール：→ 03-06-❸「強化スケジュール」
分化強化：→ 03-04-❻「反応形成（シェイピング）」
見本合わせ課題：→ 03-12-❹「見本合わせ課題」
連合強度：→ 03-10-❼「レスコーラ＝ワグナー・モデル」

〔山崎由美子〕

03-06 ▶ 強化と罰

オペラント条件づけでは，ある結果が行動に後続することによって将来に同様の行動が起きる頻度が変化する。頻度が増える場合が**強化**で，減る場合が**罰**である。これらのうち，行動の直前から直後にかけて刺激が出現したり強まったりしたことによって強化や罰が起きた場合，それらは正の強化や正の罰と呼ばれる。そして，この時の刺激は**正の強化子**や**正の罰子**である。一方，行動の直前から直後にかけて刺激が消失したり弱まったりしたことによって強化や罰が起きた場合，それらは負の強化や負の罰と呼ばれる。そして，この時の刺激は**負の強化子**や**負の罰子**である。

正・負の強化子や罰子は，刺激がその効果をもつに至った経緯に応じて一次，二次，般性等に分類される。ここでは特に強化子について述べる。まず，個体に特別な学習経験がなくても個体の行動を強化する刺激は**一次強化子**であり，それによって起こる強化は**一次強化**である。一次強化子は生物進化の過程で特定の動物種に属する個体の行動を強化するようになった刺激だと考えられている。次に，もともとは強化子としての効果をもたなかった刺激が他の強

化子と対呈示されることによって強化子としての効果をもつようになったものを**二次強化子**といい，それによる強化を二次強化と呼ぶ。二次強化子は，個体の生後の学習経験によって行動を強化するようになった刺激だといえる。

なお，他の数多くの強化子と対呈示されることで強化子としての効果をもつようになった二次強化子を**般性強化子**といい，それによる強化は般性強化である。

特定の刺激が強化子であるか罰子であるか，またはいずれでもないかは，その刺激を行動の直後に呈示又は除去して行動頻度の変化を調べなければ究極的には分からない。しかし，どのような環境変化が強化子や罰子になるかを予測しようとする理論も，これまでに提案されている。古くは，飢餓等によって生じる動因を弱めるような刺激が強化子となるという**動因低減仮説**があった。しかし現在では，例えば感覚性強化子のように，必ずしも動因を弱めているとは見なせない刺激も強化効果をもつことが知られている。ほかには**プレマックの原理**や，それを発展させた**反応制限仮説**がある。これらの仮説ではまず，行動に随伴して起こる環境変化を刺激と捉えずに別の行動機会の出現と考える。そして，先行する行動と後続する行動の相対的な関係から何が強化子や罰子となるかを予測する。どちらの仮説も典型的に刺激と見なされるような環境変化だけでなく，行動の機会も強化子（**活動性強化子**）となることを見出した点で，オペラント条件づけの臨床場面への応用に大きな影響を及ぼした。

何が強化子となるかを完全には予測できなくても，ある環境変化がある条件の下で強化子となることが分かれば，それを使って行動を形成したり維持したりできる。新しい行動が獲得・形成される時には，その行動が起こるたびに強化（**連続強化**）される方が獲得されやすい。しかし，一度獲得された行動は時々強化（**間歇強化**）されるだけで，ある程度以上の生起頻度で維持される。間歇強化の場合に，標的とする行動のどれを選んで強化するかには無数の可能性が考えられるが，その選び方の条件を**強化スケジュール**という。連続強化や行動を全く強化しない消去手続きは，強化スケジュールの特殊事例だといえる。更に特殊なものとして，特定の行動を減らすために用いる省略訓練もある。このような強化スケジュールは次のような点で重要である。まず，強化スケジュールを工夫することで，例えば選択場面等のように，日常場面のある側面を切り取った実験状況を作り出せる。また，強化スケジュールによって行動の生起頻度に様々な変化パターンが生じることが分かっており，それらを調べることで日常場面における行動パターンの理解が進む。更に，様々な強化スケジュールの経験を含む**強化履歴**は，行動の個体差や個人差を理解するために重要な要因の一つだと考えられている。

以上では強化について述べてきたが，正や負の罰による学習も個体が適応的に生きていく上で重要である。ただし，**罰の副作用**や倫理的問題もあるため，実験や臨床場面で罰の使用を検討する上では，**罰の効果的な使用法や罰使用の原則**を十分に心得ていなくてはならない。

■　■　■

❶▶一次強化／二次強化／般性強化（primary reinforcement/secondary reinforcement/generalized reinforcement）

食物，水，性的刺激の出現や，痛みの消失等は，一次強化子となりやすい後続結果の典型例である。ヒトの行動もこれらに制御されるが，無数にある二次強化子にも制御される。ごく数例を挙げると，特定の他

者の姿や声の出現，サッカーで相手ゴールにボールが入ることなどがあるだろう。更に，金銭や，他者からの承認や賞賛は多くの他の強化子と対呈示されて，特定の動因操作の影響を受けにくい強力な般性強化子となっている。

❷▶感覚性強化子 (sensory reinforcement)

光や音等の感覚刺激が行動に後続すると，それらの刺激が二次強化子ではないのに行動を強化することがある。例えば，ベビーベッドに寝かされた乳児が足蹴り行動をした時に，上から吊るされたモビールが動くと，それによって足蹴り行動が強化される。

❸▶強化スケジュール (schedules of reinforcement)

基本的なものとしては，一定回数ごとの行動を強化する定比率スケジュール，前の強化から一定時間が経過した後の最初の行動を強化する定時隔スケジュール，それらの回数や時間が強化ごとに変化する変比率スケジュールや変時隔スケジュールがある（図6）。更に，その時ごとに変化する弁別刺激に対応して強化スケジュールが変化する多元スケジュールや，複数の強化スケジュールが同時かつ独立に働いて別々の行動を強化する並立スケジュール等の複合スケジュールもある。

❹▶省略訓練 (omission training)

何もしなければ一定の時間間隔で強化子が呈示されるが，特定の行動が起きた後の一定時間は強化子が呈示されなくなるという，負の罰の手続きである。これを特定の行動以外を強化する手続きと見なして，他行動分化強化スケジュールと呼ぶこともある。

❺▶動因低減仮説 (drive-reduction hypothesis)

ハルやミラーは，空腹や渇き等によって個体内に生じる強い刺激を弱める環境変化が行動を強化すると考えた。しかし，感覚性強化子のように刺激を強める環境変化も行動を強化する。

❻▶罰使用の原則 (principles of use of punishment)

臨床場面等で行動上の問題を解決するための罰の使用は，その問題が当事者に深刻な結果をもたらすもので，強化による解決方法に効果がなく，問題行動の強化子を除去してその行動を消去できない場合にのみ認められると考えられている。なお，罰は行動に対して与えられるものであって，ヒトや動物そのものに対して与えるものでないことを十分に理解しておく必要がある。

❼▶罰の効果的な使用法 (effective use of punishment)

以下の点に注意して罰の手続きを用いると効果的である。①適切に選んだ罰子を最初から十分な強度で用いる。②標的とする行動が起こるたびに，その行動の直後に罰子を呈示する。③行動連鎖の場合は連鎖の最初の方で罰子を呈示する。④逃避や回避が不可能な事態で用いる。⑤罰の随伴性の弁別刺激を与えないようにする。⑥ある行動を罰すると同時に，他の適切な行動を強化する。

❽▶罰の副作用 (side effects of punishment)

罰の使用には以下の副作用がある。①適切な他の行動まで抑制される可能性がある。②好ましくない情動行動や攻撃行動が起こりやすくなる。③罰の随伴性が存在する事態からの逃避やその事態の回避が起こりやすくなる。④罰された行動が他の事態では起こりやすくなる可能性がある。⑤罰により他者の嫌な行動がやむと，それが負の強化子となって罰を使う行動が過剰に増えてしまいやすい。⑥罰する行動が模倣される。

❾▶反応制限仮説 (response deprivation hypothesis)

例えば，ラットが飲水と走行の両方を自由に行える場面を用意して，それぞれへの時間配分を測っておく。反応制限仮説で

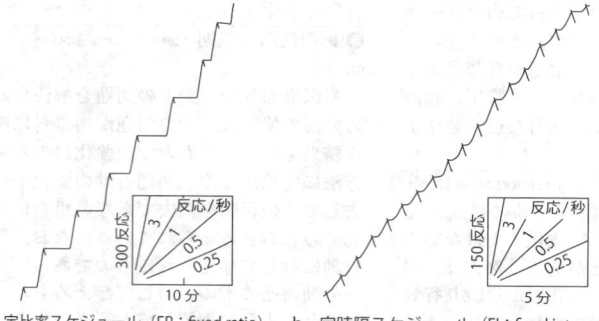

a. 定比率スケジュール (FR: fixed ratio)　　b. 定時隔スケジュール (FI: fixed interval)

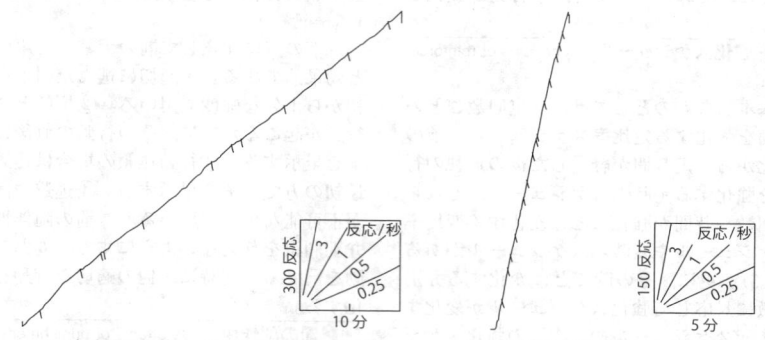

c. 変時隔スケジュール (VI: viriable interval)　　d. 変比率スケジュール (VR: viriable ratio)

図6　各種の強化スケジュールを用いた場合に見られる反応の累積記録
(Ferster & Skinner 1957 の p. 52. Fig. 24B, p. 143. Fig. 126C, p. 330. Fig. 391, p. 392. Fig. 471B をそれぞれ改変)

は，この自由接近事態における時間配分に比べて，他の特定の場面で飲水と走行のどちらがより制限されているかを考える。そして，より制限されている行動が他方への強化子となると予測する。この説はプレマックの原理よりも正しい予測をもたらすが，複数の行動間の代替性や補完性を考慮していないため完全ではない。

⑩ ▶ プレマックの原理 (Premack's principle)

プレマックは，より生起しにくい行動の後に，より生起しやすい行動の機会が与えられると，前者の行動が強化されるとした。例えば，ラットの飲水と回転輪内での走行のうち，走行がより起こりやすい場合は，飲水の後に回転輪走行の機会を与えると飲水の頻度が増える。また，逆に飲水がより起こりやすい場合は，走行の後に飲水の機会を与えると走行の頻度が増える。

オペラント条件づけの基礎：→ 03-04「オペラント条件づけの基礎」

消去：→ 03-08「消去」

逃避と回避：→ 03-09「逃避・回避学習と異常行動の学習」

〔石井　拓〕

03-07 ▶ 選択行動

ヒトや動物が，複数の行動の中から一つを取ることを**選択行動**という。オペラント条件づけの手法を用いた選択行動研究では，まず，実験参加者や被験体に押しボタンや反応キー等の選択肢（通常は2種類）が与えられ，選択がなされて，得点や食物等の強化子が呈示される。このような事象を繰り返し経験することで，選択肢の内容が学習される。選択行動を測定するための**強化スケジュール**として，**並立スケジュール**や**並立連鎖スケジュール**が用いられる。並立スケジュールでは，単一の強化スケジュールが各選択肢に割り当てられており，これを満たす反応が強化されることで1サイクル（試行）が終了する。一方，並立連鎖スケジュールでは，各選択肢に対して割り当てられた強化スケジュールを満たす反応が生じると，刺激が変化して別の強化スケジュールへと移行し，他方の選択肢はそのサイクルが終了するまで無効となる。この場合，最初の強化スケジュールが作動している期間を選択期（第一リンク，初環），その次の強化スケジュールが作動している期間を結果受容期（第二リンク，終環）といい，選択期での行動配分に基づいて選択率が算出される。

選択行動研究では，選好を定量的に記述・予測するための数理モデルが開発されてきた。その代表の一つに**マッチング法則**（対応法則）がある。これは，各選択肢への反応の割合や比が，各選択肢における強化頻度のそれと一致することを予測する。その後マッチング法則から，単一の反応の生起頻度を予測する効果の**量的法則**が導出された。しかし，マッチング法則では予測値からの系統的な逸脱が生じることから，後に**一般マッチング法則**が提案された。これは，強化頻度比に対する感度と一方の選択肢への偏向という二つの経験定数を含んでいる。また，並立連鎖スケジュールを用いて選択率を測定した場合，選択期と結果受容期の時間間隔の相対的関係が選好に影響するといったマッチング法則では記述できない逸脱も生じる。このような逸脱を記述するために**遅延低減仮説**が提案された。

強化頻度，強化量，強化遅延時間等の選択肢の構成要素の組み合わせによって，様々な選択場面を構築することができる。その中でもよく研究されているのは，強化量と強化遅延時間が拮抗する選択場面における**セルフ・コントロールと衝動性の選択**である。セルフ・コントロール選択研究では，ヒトや動物がいかに目先の誘惑に負けずに長期的にみて利得の多い選択肢を選べるかといった問題を扱っており，様々な衝動的行動への応用が試みられている。

選択行動研究は，生物学や経済学における選択行動を扱う研究領域との交流により発展を遂げてきた。生物学との交流では，**行動生態学**の採餌行動研究から提案された**最適採餌理論**が，実際の動物の採餌行動をどの程度予測可能であるかについて，オペラント条件づけに基づく実験室シミュレーションによる検討がなされている。そこでは，最適採餌理論と遅延低減仮説の予測に合致する結果が得られている一方で，セルフ・コントロール選択研究に見られるように，動物は必ずしも採餌効率を最大化するように選択するわけではないことが示されている。

経済学との交流としては，ミクロ経済学の概念を用いて選択行動を分析する，**行動経済学**という研究領域が形成された。そこでは，強化子を得るために必要とされる反応の回数を**行動価格**と定義し，強化子間の

選択場面において，各強化子の行動価格の変化に伴い，その消費量がどう変化するかが測定される。行動価格の上昇に伴う消費量の変化は，需要の**価格弾力性**の概念により定量化される。行動価格の上昇に伴い消費量が低下しやすい場合（多数回の反応を求められるとあまり反応しなくなる場合）には弾力的，低下しにくい場合には非弾力的とされる。需要の価格弾力性は，一般に，**封鎖経済環境**下よりも**開放経済環境**下の方が弾力的である。

質的に異なる強化子間の選択場面では，強化子間の関係が明らかにされる。すなわち，一方の強化子の消費量が減少すると他方の消費量も減少する場合には**補完性**，一方の消費量が減少すると他方の消費量が増加する場合には**代替性**，強化子間で消費量に一定の関係が見られない場合には独立の関係にあるといえる。マッチング法則は，強化子間に代替性がないと成立しないことがわかっている。

■　■　■

❶ ▶ 一般マッチング法則 (generalized matching law)

完全マッチングからの系統的逸脱を記述するために，バウムが1974年に提案したベキ関数に基づく法則であり $\dfrac{R_1}{R_2} = b\left(\dfrac{r_1}{r_2}\right)^a$ より示される。

ただし，a は強化頻度比に対する感度を表す経験定数，b は一方の選択肢への偏向を表す経験定数である。それ以外の記号の意味はマッチング法則を参照。完全マッチングの場合，$a=1.0$ となる。$0<a<1.0$ の場合を過小マッチング，$a>1.0$ の場合を過大マッチングという。また，$b>1.0$ の場合には選択肢1への偏向を，$0<b<1.0$ の場合には選択肢2への偏向があることを示す。上式は強化頻度次元における一般マッチング法則であるが，強化量や強化遅延次元にも適用可能である。

❷ ▶ 効果の量的法則 (quantitative law of effect)

ハーンシュタインは，1970年にマッチング法則の変形から，単一反応の生起頻度を予測する双曲線関数 $R=\dfrac{kr}{r+r_0}$ を導き出した。

ただし，R はある反応数，r はこの反応に対する強化頻度であり，r_0 はこの反応以外の反応から得られる強化頻度を表す経験定数，k は総反応数 ($R+R_0$) を表す経験定数である。この法則は，ある反応の生起頻度が，この反応から得られる強化とそれ以外の反応から得られる強化の相対的関係によって量的に決定されることから，効果の量的法則と呼ばれている。

❸ ▶ 行動生態学／最適採餌理論 (behavioral ecology/optimal foraging theory)

行動生態学は，動物行動が自然選択の結果として存続しており，適応的であるという仮定の下，様々な動物行動の法則やメカニズムについて探求する生物学の一分野である。採餌行動研究では，動物が採餌効率を最大化するためには，種々の条件下でどのように採餌選択がなされるべきかを示す最適採餌理論が提案されている。例えば，最適食餌モデル (optimal diet model) は，様々な栄養価をもつ餌が出現した時にそれを採るべきか否かを決定し，最適餌場利用モデル (optimal patch use model) は，各餌場での最適な滞在時間を決定する。

❹ ▶ セルフ・コントロール／衝動性 (self-control/impulsiveness)

長遅延後に得られる多量の強化子と短遅延後に得られる少量の強化子間の選択場面において，前者の選択をセルフ・コントロール（自己制御），後者の選択を衝動性という。一般に動物の方がヒトよりも衝動的

であるが，食物等の一次性強化子が用いられる場合にはヒトにおいても衝動的選択が生じる。ダイエットの失敗や禁煙の失敗はその好例である。セルフ・コントロール選択は，強化量と強化遅延次元に拡張された一般マッチング法則や，遅延割引の双曲線関数によって記述できることが示されている。

❺▶遅延低減仮説 (delay reduction hypothesis)

ファンティノは1969年に，並立連鎖スケジュールを用いて測定された選好が，選択期と結果受容期の時間割合によって影響されることを見出し，次式を提案した。

$$\frac{R_1}{R_1+R_2}=\frac{T-t_1}{(T-t_1)(T-t_2)}$$

ただし，Rは反応数，Tは選択期開始から強化子呈示までの平均時間，tは結果受容期開始から強化子呈示までの平均時間，数字は選択肢を示す。なお上式は，$T>t_1$及び$T>t_2$の場合の選択率の予測式であり，$T>t_1$かつ$T<t_2$の場合の予測値は1.0，$T<t_1$かつ$T>t_2$の場合の予測値は0となる。遅延低減仮説は，結果受容期への移行に伴う刺激変化が，強化までの遅延時間をどの程度低減したかによって選好が決定されることを予測する。

❻▶封鎖経済環境／開放経済環境 (closed economy/open economy)

被験体が，摂取する餌や水の全てを実験セッション内での反応によって得る状況を封鎖経済環境といい，これに加え，実験セッション以外の場所（飼育室）において，反応を要さずに餌や水を得る状況を開放経済環境という。

❼▶マッチング法則 (matching law)

ハーンシュタインが1961年に提案した選択行動に関する法則。R_1とR_2を各選択肢への反応数，r_1とr_2を各選択肢における強化頻度とすると，$\frac{R_1}{R_1+R_2}=\frac{r_1}{r_1+r_2}$のように，反応数の割合が強化頻度の割合と一致することを予測する。従属変数として，反応数の代わりに各選択肢への滞在時間が用いられることもある。また，割合ではなく比の形式（$R_1/R_2=r_1/r_2$）で表現することもでき，強化量や強化遅延時間についても拡張が試みられている。マッチング法則に従った選択を，完全マッチングという。

〔佐伯大輔〕

03-08 ▶消去

古典的条件づけにおいて，条件刺激（例：音）と無条件刺激（例：電撃）の随伴関係によって生じた条件反応（例：恐怖）は，随伴関係の変更（例：音だけの呈示）によって減弱する。オペラント条件づけにおいても，反応（例：レバー押し）と強化子（例：餌）の随伴関係によって形成・維持された反応は，随伴関係の変更（例：レバー押しに餌を与えない）によって減弱する。このように，条件づけられた反応を減弱させる手続き，あるいはそれによって実際に生じる反応の減弱現象を**消去**という。

消去現象の最も単純な説明は条件づけによって獲得されていた学習の消失，すなわち**学習解除**である。しかし，反応が完全に見られなくなっていても，時間経過によって反応は幾らか自然回復する（**自発的回復**）。このことから，条件づけによって獲得された学習は消去後もある程度は保持されており，観察された反応減弱には抑制作用が関与していると考えることができる（図7）。パヴロフはこれを**内制止**と呼び，条件づけによって形成された**興奮学習**と拮抗する新たな学習であるとした。彼は，**制止学習**は脆弱で時間経過等の影響を受けや

すく，これが自然回復を生むと主張した。また，条件づけとは無関係な外部刺激を実験的に与えることで反応が再出現することを示し，制止学習からの一時的離脱を示す証拠（**脱制止**）とした。なお，制止学習の存在を示唆する行動的現象としては，自然回復と脱制止のほかに，**更新効果，復位効果，復活効果**等がその後に発見された。

パヴロフによれば，制止学習のメカニズムは，情報的価値をもたない条件刺激を無視する学習であり，これは今日，**潜在制止**と呼ばれる現象のメカニズムと同じである。一方ハルは，反応することで生じる疲労に見合う結果（無条件刺激や強化子）が消去時には与えられないために，反応を抑制する作用（**反応制止**）が学習されると考えた。また，コノルスキーやガスリーは，かつて条件づけられた反応と競合する別の反応が消去期に獲得されると主張した。例えばラットの走路学習では，目標地点に達しても餌がないという事実によって生じるフラストレーション反応が，走行反応と競合するようになる。アムゼルはこの考えを発展させて消去に関する諸現象を説明する理論を構築した。このほかにも，消去期には結果が与えられないために，結果に関する記憶が劣化して反応が見られなくなるとするレスコーラの説等もあり，消去現象にはこれら多くのメカニズムと興奮学習の解除が複合的に作用していると推測される。

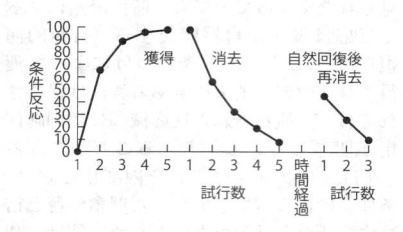

図7 条件づけの獲得と消去，自然回復

消去のしやすさは，反応の種類によって異なることが知られている。情動的な反応（例：恐怖反応）や，運動負荷の小さな反応（例：軽いレバー押し），生得的行動に類似した反応（例：逃避反応）は，容易に消去しない（**消去抵抗**が高い）。また，一般に獲得期が長いほど消去にも時間を要するが，走路学習等では過剰訓練を行うと消去が促進することもある。

獲得期の強化率も消去抵抗に大きな影響を及ぼす。獲得期に結果（無条件刺激や強化子）が毎回与えられる連続強化訓練を受けていた場合より，時々しか与えられない部分強化（間歇強化）で訓練されていた場合に，消去抵抗は大きくなる（**部分強化消去効果**）。強化の割合だけでなく，その量や質，即時性についても，獲得期には悪条件である場合（例：少なく，まずく，長い遅延後に与えられる餌）に，その後の消去訓練が困難なことが多い。

過去経験も重要な要因である。消去後に再び獲得訓練を行うと，以前の訓練よりも容易に反応が形成されることが多い。これは，最初の学習が潜在的に残っていたことを示す現象だとされている。更に，獲得と消去を繰り返すと，獲得も消去も次第に速くなっていく。

ところで，条件づけは二つの事象AとBの随伴関係によって生じる学習である。古典的条件づけの場合はAが音のような条件刺激でBが電撃のような無条件刺激であり，オペラント条件づけの場合はAがレバー押しのような自発反応でBが餌のような強化子である。通常の消去手続きは，事象Aの単独呈示操作であるが，事象Aと事象Bの非随伴呈示（事象Aと事象Bの関係をランダムにしたり，事象Aがある時には事象Bが生じないような負の随伴関係を設定したりする）によっても，反応が減弱することが多く，広義の消去手続きにはこうした操作も含まれる。

❶ ▶ 更新効果 (renewal effect)

復元効果ともいう。消去された反応が,場面(背景文脈)の変化により再出現すること。獲得→消去→テストの背景文脈が全て異なる ABC 更新効果,獲得とテストの背景文脈が同じである ABA 更新効果,テストの背景文脈だけ異なる AAB 更新効果の三つがあり,いずれも古典的条件づけでもオペラント条件づけでも報告されている。自然回復は,時間が背景文脈となった更新効果の一種だと見なすこともできる。

❷ ▶ 潜在制止 (latent inhibition)

まず条件刺激だけを経験させてから,条件刺激と無条件刺激の随伴呈示を行うことによって,条件づけの獲得が遅滞する現象。古典的条件づけにおける獲得期の手続きと消去期の手続きの順序を逆にしたものである。なお,レスコーラ゠ワグナー・モデル等,現代の連合学習理論では,制止学習をマイナスの学習であると捉えるため,刺激を単に無視する学習は制止学習に含めない。したがって,刺激の無視学習である潜在制止現象は,実験操作に基づいて,「条件刺激事前呈示効果」と言い換えられることもある。

❸ ▶ 復位効果 (restatement effect)

古典的条件づけの消去後に,無条件刺激のみ受けることによって条件反応が再び生じるようになること。例えば,音と電撃の随伴呈示により形成された音への恐怖反応は,音だけを繰り返し経験することで消去するが,その後に電撃が単独で与えられると,音は再び恐怖反応を喚起するようになる。オペラント条件づけでも復位効果は見られる。例えば,餌の随伴呈示を停止することで消失していたレバー押し反応は,突然餌を与えられることで再出現する。

❹ ▶ 復活効果 (resurgence effect)

オペラント条件づけにおいて,反応 A を消去してから(あるいは反応消去と同時に)反応 B を強化訓練した後,反応 B を消去すると,反応 A が再出現すること。行動的な退行現象である。

走路:→ 03-01「学習心理学の歴史と方法」
部分強化(間歇強化):→ 03-06「強化と罰」
レスコーラ゠ワグナー・モデル:→ 03-10-❼「レスコーラ゠ワグナー・モデル」
連続強化:→ 03-06「強化と罰」

〔中島定彦〕

03-09 ▶ 逃避・回避学習と異常行動の学習

全ての生物は,安寧な状態を脅かす危険な刺激や場面からは遠ざかるように動機づけられている。今まさに直面している危険から遠ざかり,不快な状態を解消しようとする行動を**逃避**(escape),未来の危険を察知して避け,平和な状態を維持しようとする行動を**回避**(avoidance)と呼ぶ。逃避・回避学習は,逃避あるいは回避を達成するための道具的反応の学習であり,**負の強化**の原理に従う**オペラント条件づけ**の類型である。特に,回避学習は,1940〜1960年代を最盛期として長らく学習心理学の重要なテーマであり,様々な理論の構築と検証に寄与してきた。

回避学習は,**能動的回避学習**と**受動的回避学習**に大別される。能動的回避学習は,動物を対象に,しばしばシャトル箱という実験装置を用いて検討される。典型的には,同型の 2 室が連結され両室間の移動が可能なシャトル箱内に被験体を入れ,信号刺激(音や光)を呈示してから電撃を与え

る。被験体は電撃が与えられると驚いて暴れ回るが、やがて隣室へ移動し、逃避が完了する。この逃避反応は、初めは無条件性の強い反応を伴う混乱したものであるが、徐々に洗練されていく。この過程が**逃避学習**に相当する。更に訓練が進行すれば、被験体は信号が呈示されると速やかに両室間を移動し、電撃を回避するようになる。このような例は、弁別型の回避学習と呼ばれ、**マウラーの2要因理論**等で説明される。電撃を逃避ないし回避するための道具的反応は、シャトル箱を用いた回避学習の実験では両室間の移動反応（シャトル反応）であるが、実験装置内の特定の区画への移動、レバー押し、輪回し等が用いられる場合もある。また、電撃の到来が中性刺激によって信号されない、**シドマン型回避**のような非弁別型の回避学習もある。

一方、受動的回避学習に関しては、ステップ・スルー式やステップ・ダウン式といった実験手続きが考案されている。いずれも、被験体が実験装置内の定められた区画にとどまることを電撃回避のための道具的反応としている。一般的に、受動的回避学習では、少数回の条件づけ試行で明確な回避反応が獲得される。条件づけ試行、その効果を判定する保持テスト試行、及びこれら両試行間の遅延期間が、記憶における記銘、検索、及び保持の過程に対応するため、記憶の動物モデルとして利用されることも多い。

パヴロフが、イヌを対象とした古典的条件づけの実験で**実験神経症**を見出したように、回避学習の実験事態でも、異常行動や不適応行動のモデルとなる現象が幾つか確認されている。一般的に、いったん形成された回避反応は長期にわたり頑健に持続する。例えば、前述した弁別型のシャトル回避学習の場面においては、被験体を十分に訓練した後、一切電撃を呈示しないという消去訓練を行っても、シャトル反応はなかなか消失しない。電撃が呈示されないにもかかわらず延々と続くシャトル反応は、意味もなく定型的な行動が繰り返されるという点で**強迫性障害**の症状に似ている。

回避学習の高い消去抵抗については、様々な説明が試みられているが、マウラーの2要因理論を含む学習心理学の枠組みでは解釈が困難な面もある。電撃呈示時に外傷性の極端に強い痛みや恐怖を経験すると、電撃を信号する刺激に対する恐怖・不安が永続的に高まったまま続くと考える立場もある。このほかにも、セリグマンらが、**学習性無力感**という現象を回避学習の実験事態で示している。彼らは、イヌを被験体に用い、逃避不可能な電撃を与えると、その後の回避学習場面において積極的な対処行動の自発が抑制され、学習成績が著しく低下することを明らかにした。同様の現象は、幾つかの異なる動物種においても確認されており、**うつ状態**の動物モデルとして認知されている。

現在、逃避・回避学習の実験課題は、被験体をラットとマウスにほぼ限定し、心理学のみならず脳・神経科学諸領域で、一般的な学習・記憶機能を評価するためのツールとして用いられることが多い。特定脳部位の破壊、薬物投与、遺伝子改変等の操作が学習・記憶機能へ及ぼす影響についての研究が活発に進められている。

■　■　■

❶▶ 学習性無力感 (learned helplessness)

対処不可能な電撃を与えられた動物は、後に電撃の逃避・回避が可能な学習場面に置かれても、逃避・回避反応の獲得が著しく困難であるという現象。対処不可能な電撃の経験により、自身の反応と逃避・回避の成否とが無関係であること、つまり「何をやっても無駄だ」という無力感が学習さ

れ，新しい学習場面にも影響するためだと解釈される。

❷▶実験神経症 (experimental neurosis)

実験的に誘発される神経症様の異常行動。パヴロフは，イヌに対し，スクリーンに呈示される真円には餌が伴うが楕円には伴わないという分化条件づけを行った。差異の明らかな真円と楕円の弁別から開始し，楕円の長径と短径の長さを徐々に近づけて真円との弁別を困難にしながら訓練を継続した。その結果，困難な弁別を課され続けたイヌは，強い情動反応と混乱を示すようになり，いったんはこなしていた容易な弁別までもができなくなった。パヴロフは，脳内で興奮と制止のバランスが崩れ，接近-回避葛藤の状態に陥ったために表れた症状であると考えた。

❸▶シドマン型回避 (Sidman avoidance)

シドマンによって考案された能動的回避学習の類型の一つ。被験体が何も反応しない限り電撃が定期的に到来するが，被験体が所定の反応を起こせばその都度一定の時間だけ電撃の到来が延期されるという条件下での回避学習。例えば，被験体の反応がない限り10秒ごとに電撃を呈示するが，被験体が定められた反応を起こせば，その都度電撃の呈示を20秒先送りするといった条件で訓練すると，20秒よりもやや短い時間間隔で安定した回避反応が生起するようになる。電撃-電撃間の時間間隔と所定の反応によって電撃の到来が延期される時間が一致している場合に，反応生起率が最も高くなる。

❹▶逃避学習 (escape learning)

持続的に呈示され続けている電撃のような嫌悪刺激を中断させ，不快な状態を解消するための反応の学習。一般的な実験手続きとしては，被験体への嫌悪刺激の呈示によって試行を開始し，逃避のための所定の反応が生じた時点で試行を終了する。逃避成功率の上昇や逃避に要した時間（逃避潜時）の短縮が学習の指標となる。

❺▶能動的回避学習／受動的回避学習 (active avoidance learning/passive avoidance learning)

電撃のような嫌悪刺激を予測してその到来を中止あるいは延期させる反応の学習を回避学習という。特に，嫌悪刺激を回避するための反応が，特定の場所への移動やレバー押しといった積極的な反応である場合を能動的回避，これに対し，特定の反応の抑制やじっとして動かないといった受け身の対処である場合を受動的回避という。

❻▶マウラーの2要因理論 (Mowrer's two-factor theory)

マウラーは，電撃の到来を信号が予告する弁別型の回避学習場面において生じる行動変化を古典的条件づけとオペラント条件づけの二つの過程に分けて考えた。訓練の初期段階では，電撃の回避に失敗して条件刺激である信号と無条件刺激である電撃が対呈示され，恐怖・不安の古典的条件づけが生じる。その後，信号が喚起するようになった条件性の恐怖・不安が動因となり，それを低減すべく信号を停止するための反応がオペラント条件づけによって形成されると考える。この理論に従えば，回避反応は，恐怖・不安を喚起する条件刺激からの逃避反応として再定義される。

〔土江伸誉〕

03-10 ▶古典的条件づけのモデル

古典的条件づけは，条件刺激（CS）と無条件刺激（US）の対呈示回数や接近の程度だけではなく，他の様々な要因の影響を受けるが，この事実は，頻度や接近等，単純な法則のみでこの現象の全体像は捉え

られないことを意味している。古典的条件づけに関する多彩な現象を説明するための理論モデルが，特に1960年代以降発展してきた。

条件刺激-無条件刺激対呈示に先立ち，条件刺激，もしくは無条件刺激の単独呈示を十分行うと，いずれの場合でも条件づけの獲得は遅滞することが知られており，前者を**条件刺激事前呈示効果**又は**潜在制止**，後者を**無条件刺激事前呈示効果**と呼ぶ。また，条件刺激-無条件刺激試行に混在させる形で，条件刺激，もしくは無条件刺激の単独呈示を行っても同様に条件づけは減弱し，前者を**部分強化効果**，後者を**随伴性低下効果**と呼ぶ。条件刺激-無条件刺激対呈示後の条件刺激単独呈示による条件づけの減弱である消去と合わせ，これらの事実は，条件刺激-無条件刺激対呈示，すなわち二つの刺激の生起の一致だけではなく，一方の刺激が単独で生起しないこと，すなわち，二つの刺激の非生起の一致も条件づけの成立に重要であることを示している。レスコーラは，条件刺激と無条件刺激の生起・非生起の相関，**随伴性**が，古典的条件づけの成立に重要であるとする**随伴性理論**を提唱した。彼は随伴性を，条件刺激呈示中の無条件刺激呈示確率（$P_{(US|CS)}$）と，条件刺激非呈示時の無条件刺激呈示確率（$P_{(US|no\ CS)}$）という，互いに独立な二つの客観的確率の関係により定義し，前者が後者を上回る正の随伴性下では興奮条件づけが，後者が前者を上回る負の随伴性では制止条件づけが生じるとした。また，二つの確率が等しい随伴性ゼロの条件を設定すれば，いかなる条件づけも生じないため古典的条件づけの成否を判断する最適な統制条件となると主張し，これを**真にランダムな統制**と呼んだ。これらの随伴性は**随伴性空間**によってより詳細に表現でき，正負の随伴性の程度は，$P_{(US|CS)}$から$P_{(US|no\ CS)}$を引いて求められる値，**ΔP（デルタP）**によ
り量的に表現可能である。

複数の条件刺激からなる複合刺激に対し条件づけを行うと，各条件刺激に対し生じる条件反応（CR）は，その条件刺激単独に対し条件づけを行った場合と比較し，概して減弱する。複合条件づけ場面で生じるこのような条件づけの減弱は**刺激競合**と呼ばれ，代表的なものに，隠蔽と阻止が挙げられる。この刺激競合を説明可能なモデルが1970年代以降数多く考案され，なかでも代表的なものがレスコーラ=ワグナー・モデルである。このモデルは隠蔽，阻止等，既に知られていた現象を説明するにとどまらず，制止性条件刺激と同時に呈示され条件づけされた条件刺激に対し，通常より強い条件反応が生じる**超条件づけ**や，**過剰予期効果**等，全く新しい現象を予測した点で優れている。また，マッキントッシュのモデルや，ピアスとホールによって提唱されたピアス=ホール・モデルは，無条件刺激の有効性ではなく条件刺激の有効性，すなわち条件刺激への注意の変化に基づき予測・説明を行うことから，**注意モデル**と呼ばれ，幾つかの刺激競合に加え，レスコーラ=ワグナー・モデルが説明できない**潜在制止**をも説明可能な点で注目された。ほかにも，ミラーにより提唱された**コンパレータ仮説**，ピアスの**刺激形態化モデル**等が，それぞれ特色あるメカニズムで刺激競合等，様々な現象を説明する。なお，これらのモデルの多くは，前述した条件刺激-無条件刺激間の随伴性の影響や，訓練時の試行間隔が短いと条件づけが減弱する**試行集中・分散効果**等，一つの条件刺激のみを用いた場面で生じる現象の幾つかを，学習時に背景に存在する刺激である文脈（context）と条件刺激の間で生じる特殊な刺激競合と見なすことで予測・説明することができる。

逆行条件づけ・延滞条件づけ・痕跡条件づけの違いに見られるように，条件刺激と

無条件刺激の呈示順序や時間間隔も条件づけに影響を及ぼすが，これらの現象に対しても，幾つかの異なる観点から説明が試みられている。ワグナーが提唱した**プライミング理論**，その発展形である **SOP 理論**は，刺激呈示により短期記憶内で刺激表象が活性化し時間経過に伴い減衰する過程をリアルタイムで仮定し，刺激表象の活性状態の変化に伴い形成される連合が変化するとして，刺激間の時間関係の効果を説明する。一方，ミラーが提唱した**時間的符号化仮説**は，条件づけの結果，時間関係についての情報が符号化され条件反応生成に影響を及ぼすという，従来の連合理論の枠を超えた独自の立場から説明を行う。

■ ■ ■

❶▶隠蔽／阻止（ブロッキング）(overshadowing/blocking)

隠蔽とは，複数の条件刺激により構成される複合刺激に対し条件づけを行うと，各条件刺激に対し形成される条件反応が，その条件刺激単独に対し条件づけを行った場合と比較し減弱する現象を指す。また，この時，複合条件づけに先立ち，一方の条件刺激のみに十分条件づけを行うと，他方の条件刺激に対して生じる条件反応は更に弱くなる。ケイミンにより発見されたこの現象は，阻止又はブロッキングと呼ばれる。

❷▶過剰予期効果 (overexpectation effect)

二つの条件刺激をそれぞれ単独で無条件刺激と対呈示し，十分な条件反応を形成した後，二つの条件刺激の複合刺激に対し同じ無条件刺激を用いて条件づけを行うと，それぞれの条件刺激に対する条件反応が，複合条件づけ前と比較し減弱する現象。第二段階で複合刺激が無条件刺激と対呈示されるにもかかわらず，各条件刺激に対する条件反応が減じるという点で直感に反する現象である。

❸▶コンパレータ仮説 (comparator hypothesis)

刺激競合等の現象を，連合形成の失敗ではなく，反応表出の失敗として説明する特徴をもつ。訓練時に，存在する全ての刺激間の連合が刺激強度と接近の程度に従い独立に形成され，ある条件刺激に対する条件反応は，その条件刺激と無条件刺激の連合強度の正の関数であるだけでなく，その条件刺激と訓練時に存在した他の刺激（比較刺激）の間の連合と，比較刺激と無条件刺激の間の連合の合成強度の負の関数となるとする。例えば隠蔽は，無条件刺激と連合したある条件刺激に対し，同様に無条件刺激と連合した別の条件刺激が比較刺激として働くことで，条件反応の表出が妨害された結果生じる。つまり，連合形成時に条件刺激間に競合が生じるのではなく，形成された連合間で反応表出を巡る競合が生じると考えるのが，コンパレータ仮説である。

❹▶時間的符号化仮説 (temporal coding hypothesis)

条件刺激−無条件刺激対呈示の結果，刺激間の連合形成に加え，順序や間隔等，刺激の時間関係についての情報が連合の一部として符号化され，条件刺激呈示時に刺激間の連合強度に加え時間関係についての情報が条件反応表出に影響を及ぼすとする仮説。例えば，逆行条件づけを行うと，対呈示によって刺激間に連合は形成されるが，条件刺激が無条件刺激に時間的に先行するような条件反応表出に適した時間関係が学習されないため，条件刺激に対する条件反応は生じないとする。

❺▶刺激形態化モデル (stimulus configuration model)

複合条件づけにおいて，複合刺激に含まれる各条件刺激が連合強度を獲得するのではなく，複合刺激が一つの刺激として連合

強度を獲得するという前提に立つ。複合刺激が連合強度を獲得すると、その複合刺激と共通する要素をもつ別の刺激に対しても、それぞれの刺激の中で共通要素が占める割合により決定される類似度に応じて刺激般化が起こり、条件反応が生じるとする。例えば隠蔽は、訓練時の複合刺激とテスト時の単独条件刺激の相違により生じる刺激般化減衰として説明される。

❻ ▶ 随伴性空間 (contingency space)

$P_{(US|CS)}$ を縦軸、$P_{(US|no\ CS)}$ を横軸にとる正方形であり、条件刺激-無条件刺激間のあらゆる随伴性をこの中の1点として表すことができる。空間内では、右上がりの対角線上の点は随伴性ゼロの真にランダムな統制に相当し、対角線の左上の空間にある点は正の随伴性、右下にある点は負の随伴性となる。また、対角線と直交し交点をゼロとする数直線を仮定すると、この数直線上へ各点を射影し得られる座標が、その随伴性における ΔP となる（図8）。

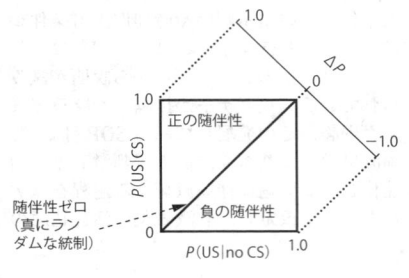

図8 随伴性空間

❼ ▶ レスコーラ=ワグナー・モデル (Rescorla-Wagner model)

レスコーラとワグナーによって提唱された、刺激競合等、様々な現象を、試行ごとの無条件刺激の有効性の変化に注目し説明するモデルである。条件刺激Xが呈示される試行ごとに、条件刺激Xと無条件刺激との連合強度が、$\Delta V_X = \alpha_X \beta (\lambda - \Sigma V)$ に従い増減する。ここで、α_X は条件刺激Xの明瞭度、β は無条件刺激によって決定されるパラメータであり、同じ刺激を用いる限り一定である。すなわち、条件刺激Xの連合強度の増分（ΔV_X）は、その試行に存在した全ての条件刺激がもつ無条件刺激との連合強度の総和（ΣV）が、その無条件刺激との間で形成可能な連合強度の最大値（λ）と等しくなる方向に変化する。例えば隠蔽は、二つの刺激の連合強度の合計値が λ となる、すなわち、条件づけの最大値 λ が二つの刺激間で分割される形で学習が進行した結果生じる。

〔漆原宏次〕

03-11 ▶ 時空間学習

我々を取り巻く現実世界に実際に存在する対象は、時間的・空間的に点ではあり得ず、一定の広がりをもつ。我々は常に環境内の一定の空間を占有し、そして現在地とは違う別の空間位置へと移動し、そこで生起する出来事（エピソード）を体験している。そして、そのエピソードを記憶し、その結果として行動を変容させることが学習である。つまり、生体が環境に適応して生きていくこと自体が時空間的な学習だといえる。このように、現実世界で生じるあらゆる学習を時間的・空間的な事柄の学習に含むことができるが、**時間学習**、**空間学習**といった場合には、それぞれ時間経過に関わる学習、自己をも含んだ複数対象の空間的関係に関わる学習を指す。空間学習についてはいうまでもないが、関係性という意味では時間学習も空間学習と同様であり、時間学習が対象とするのは時点間の距離、

つまりそれらの関係である。

一般的な感覚・知覚はある特定の受容器によって外界の刺激が受容されることに起因するが、時空間的な事柄は特定の感覚モダリティに依存しない情報から構成される表象である。つまり、時空間学習が対象とするのは、知覚された情報というよりも認知された情報である。このことは、時空間的な事柄の処理にはその情報を一時的に保持する、つまり記憶が必要になる場合がほとんどであることにも表れている。例えば、生体がある目的地へ移動すること、つまり**ナビゲーション**を行う際には、現在地から直接見渡すことのできない場所へと移動がなされる場合が多い（大規模空間）。そのような場合に間違えずに目的地に到達するためには、現在地と目的地を含んだ自身を取り巻く環境の空間情報を**認知地図**として内的に保持、つまり記憶しておかなければならない。このことは時間の経過を認知する場合も同様で、その場合は、計時開始時点を何らかの形で内的に保持しておく必要がある。

空間学習を考える上で、対象となる空間の規模は重要である。現在地から見えない目的地へ向かう自己の移動を伴う大規模空間なのか、移動は伴うが、それは現在地から見える場所に対して行われる中規模空間なのか、移動を伴わない小規模空間なのか。中規模空間では直接見渡せる場所が対象となり、小規模空間では視野内の位置が対象となるので、場合によっては記憶を必要としない。また、場所同定のための外的手がかりにも留意するべきである。当該環境内のどの場所からでも利用できる**遠位手がかり**と、限定された場所でしか利用できない**近位手がかり**の利用可能性である。大規模空間においても、遠位手がかりが利用できる場合は記憶を必要としないことがある。

これらの手がかりが複数利用でき、それらが競合する場面が注目されることもある。例えば、**隠蔽**や**阻止**といった、光、音、あるいは食物のような明確に規定できる刺激を対象とした学習で認められる現象が、空間学習でも認められるのかなどについて議論されている。

大脳辺縁系に含まれる**海馬**は、空間学習に密接に関わることが知られている。しかし、海馬は空間的な情報だけでなく、一般的な記憶（宣言的記憶）の固定と関連するともいわれている。更には、より抽象的に対象間の関係性の表象形成に関わるという仮説も提唱されている。また、ヒト被験者を対象とした**脳機能イメージング研究**では、時空間的に規定される出来事の記憶である**エピソード記憶**を必要とする課題遂行時に、海馬やその関連領域が活性化することが報告されている。

空間認知については、**頭頂皮質**も深く関与する。頭頂皮質は自己中心的な空間認知、つまり自身の位置を基準として対象の位置を認知することに関わり、海馬系は他者中心的な空間認知、つまり地図上での対象位置の認知のように自身の位置には依存しない認知に関わるという考え方もある。

時間学習についても海馬の関与が示唆されており、海馬損傷が時間の認知や刺激系列の学習を阻害するといわれている。経過時間の認知には、**前頭前皮質**や**大脳基底核**の関連も示唆されている。

■　■　■

❶▶ 空間学習／海馬 (spatial learning/hippocampus)

空間学習と海馬が密接に関わることは多くの研究によって示されている。実験的に海馬を損傷されたラットは、放射状迷路やモリス型水迷路等の空間学習課題の遂行が

障害される。海馬には，生体が環境内の特定の場所にいる時に活動するニューロン（場所細胞）が存在する。また，解剖学的に海馬と密接に関連するパペッツ回路に含まれる脳領域では，生体が特定の方位に頭を向けている時に活動するニューロン（頭部方向細胞）が存在する。更に，近年になって海馬に隣接する嗅内皮質に，一定間隔を空けた三角形状のグリッド状の領域で活動するニューロン（グリッド細胞）や，オープンフィールド等の環境の境界周辺で活動するニューロン（境界細胞）が報告され注目されている。

❷ ▶ 動物のエピソード的記憶 (episodic-like memory)

エピソード記憶は元来ヒトに固有のものと考えられてきたが，クレイトンとディキンソンによる貯食の習性のあるカケスによる研究を発端に，動物のエピソード記憶を示唆する報告がなされるようになってきた。ただし，エピソード記憶は，いつ，どこ，なに，という時空間的な記憶の内容の側面に加えて，その記憶を，意識的に過去を振り返って思い出すというプロセスが重要であるとされる。このため，いつ，どこ，なに，という記憶内容についてのみに焦点を当てた動物の記憶能力は，エピソード的記憶と呼ばれることが多い。動物の過去を振り返る能力に着目する場合もあり，その際はエピソードの記銘時に，後にそれを思い出す必要があることを顕在化させないという偶発記憶の手続きが課される。

❸ ▶ 認知地図 (cognitive map)

大規模空間の内的表象。目的地までの要所でどのように進むかという系列からなるルート・マップと，現在地と目的地の位置関係が幾何学的に表象された鳥瞰図的なサーベイ・マップがある。狭義にはサーベイ・マップを指す。新たな環境下で認知地図が形成される際には，まず2地点間を結ぶルート・マップが形成され，複数のルート・マップが統合されることでサーベイ・マップが形成されると考えられている。

❹ ▶ 反応学習／場所学習 (response learning/place learning)

目的地へのナビゲーションを学習する際に，どのように行けばよいのかを学習する場合を反応学習，どこに行けばよいのかを学習する場合を場所学習と呼ぶ。例えば，ある実験室内で北向きに置かれたT字迷路で東側のアームに行くことを学習させ，その迷路を南向きになるよう逆方向に置きテストした場合に予測される反応は，反応学習がなされていたとすると，西側のアームに行くことであり，場所学習がなされていたとすると，東側のアームに行くことである。

❺ ▶ 放射状迷路 (radial-arm maze)

オルトンとサミュエルソンによって考案された迷路で，中央のプラットホームから，通常8方向のアームが放射状に延びる構造になっている。各アームの先端に報酬を置き，中央プラットホームをスタート地点として，各アーム先端に行き報酬を得ることを課題とする。最も効率よく報酬を得るには，一度訪れたアームを覚えておき，そこには行かないことである。同じアームを訪れる反応はエラーとして扱い，それをもとに課題成績を評価する。

❻ ▶ モリス水迷路 (Morris water maze)

モリスによって考案された迷路。円形のプールに水面下が見えないように濁らせた水を張り，プール内の任意の場所に，水面にちょうど隠れるプラットホームを設置する。水に浸かっている状態を嫌う動物は，水から逃れようと泳いでいるうちにプラットホームを見つける。プール内のプラットホームに行きつくまでに要する時間を行動指標とする。場所の学習が進むにつれて，その時間は短縮していく。

隠蔽：→ 03-10-❶「隠蔽/阻止」

宣言的記憶：→ 04-08「長期記憶」, 14-12「記憶」

阻止：→ 03-10-❶「隠蔽/阻止」

〔佐藤暢哉〕

03-12 ▶ 概念学習・関係学習

動物は**弁別学習**を通じて，ある特定の刺激をその他のものから区別できるようになるが，実験事態以外の実際の環境では，その刺激を同じ条件で繰り返し観察することはできず，ある程度変動することを容認しなくてはならない。この変動は，色や大きさなど，少数の物理的属性に限られる場合は，刺激般化による対応が可能だが，変動が複数の属性にまたがっていたり，抽象化された次元にあったりすることもある。**概念**に基づく行動とは，後者のように，**刺激クラス**を定義する特徴が複雑で抽象性が高い場合に示される行動であるといえよう。訓練によりこのような行動が見られた場合を**概念学習**と呼ぶが，その概念が既得であった可能性もあるため，**概念弁別**と呼ぶこともある。

概念弁別ができるということは，概念の構成メンバー間には**般化**が見られ，他の概念に属するメンバーからは弁別できることを意味する。例えば，「ヒト」を概念として理解するには，肌色，骨格，服装にかかわらず，ヒトという刺激クラスの中で個別事例が般化している一方，ゴリラやチンパンジーといった他の刺激クラスからは弁別できる，という両方の条件を満たす必要がある。多くの動物は，様々な外界の事物を刺激クラスとして弁別しているに違いないが，刺激クラスの内容がどのようなものであるかは，個別の刺激に対する反応を見るよりほかないため，概念の内容が個別事例の分類にすぎないのか，あるいは刺激クラスの本質的な特性を抽象し，その内容を表象（概念）として有しているのかを見極めるのは難しい。

概念はその境界が本来不明瞭なものであることから，どのように学習されるかについても様々な考え方がある。事例を経験することで刺激クラスを形成し，そこからの般化を含めたものが概念となる，という見方もできる。刺激クラスの中心的傾向をもつ例や典型事例を**プロトタイプ**として抽出し，これと対象を比較することによって概念が学習されるとする説もある。あるいは，概念を幾つかの特徴へと分析し，それらの特徴群のうち幾つか以上をもった場合に，その概念を構成するメンバーと見なす，というルールを想定する考え方もあり，**多型概念**と呼ばれる。これには，ヴィトゲンシュタインが指摘したような**家族的類似性**，つまり構成メンバーが互いに部分的に特徴を共有することによって，全メンバーに共通する特徴はなくても，全体として一つのまとまりを有するように見えるという特性も含まれる。

概念はそれを定義する特徴の抽象性により，自然概念，関係概念，抽象概念等に分類できる。木や鳥等の人工物でないものに関する概念，**自然概念**（natural concept）は，ヒトとそれ以外の動物で共通する部分があることが知られている。ハーンシュタインは樹木，魚，水，特定の人物等の様々な自然概念を，ハトが弁別することを示した。実験では，ハトに（ヒトが定義する）自然概念メンバーをどこかに含む写真と含まない写真の二つの刺激クラスを作り，継時弁別訓練を行ったところ，訓練後のテストにおいて新奇写真への般化が示された。つまり，ハトは我々とよく似た自然概念の

分類を行っていると考えられた。

線画，文字のような人工刺激であっても，ヒト以外の動物がそのような**人工概念**を弁別し，般化することが知られている。このような弁別場面では，それらの動物がヒトと共通する何らかのパターン認識を行っていると考えられる。

関係概念に基づく行動は，刺激間の関係を抽出し，それが般化された場合に示されるといえる。例えば，**推論的推移律**とは，2対の刺激間の関係から，対にされていない刺激間の関係を類推することを指す。五つの同じ形の図形AからEがあり，大きさの次元でA＞B，B＞C，C＞D，D＞Eという関係にあるとすると，BとDの大きさの関係は必然的に推論可能になる。この推論的推移律に基づく反応は，ハト，リスザル，チンパンジー，ヒトの幼児等の種で認められている。また，**異同概念**をもつということは，呈示された二つ以上の刺激の間の関係が，異同のいずれであるか反応できることを意味する。**見本合わせ課題**を用いた場合は，まず見本刺激が呈示され，その後呈示された複数の比較刺激のうち，見本刺激と同一（同）かそうでない（異）ものを選ぶ訓練がなされる。訓練が成立した後，新奇な刺激を用いたテストを行う。理論上，異同概念は刺激の属性からは独立した認識のため，ひとたび獲得されたならば，どのような刺激を用いても異同を見分けられるはずである。

抽象概念としては**数概念**が挙げられるが，これを有するというためには，数の基数性（対象によらず数に対応する同じラベルを使える）と，序数性（数を示すラベルには順序がある）を理解できている必要がある。数を数える**計数**は数概念をもつ証拠の一つとされるが，数が少ない時に行う**サビタイジング**と区別しなくてはならない。サビタイジングは，対象を一つ一つ数え上げているのではなく，対象の配置や全体の見えを数のラベルに対応づけるような，パターン認識の一種と考えられている。

刺激等価性，あるいは等価関係の成立と呼ばれる現象も抽象概念の一例といえる。刺激等価性とは任意の刺激間に成立した，機能的に交換可能な関係を指す。代表的には語彙学習がある。例えば，「みかん」と言われたら文字の［みかん］を選び，文字の［みかん］を見て実物の〈みかん〉を選ぶ**条件性弁別訓練**を受けると，残りの四つの関係，すなわち①文字［みかん］に対し音声「みかん」と言い，②実物〈みかん〉を見て文字［みかん］を選び，③音声「みかん」と言われたら実物〈みかん〉を指し示し，④実物〈みかん〉に対し音声「みかん」と言う，という4種の行動が訓練なしに成立する。①②の関係は**対称性**，③は**推移性**，④は**等価性**と呼ばれ，シドマンによる定式化において刺激等価性成立の要件となっている。音声「みかん」，文字［みかん］，実物〈みかん〉の三者は物理的に類似しないので，等価性の成立は刺激般化で説明することができない。かつて，刺激等価性の成立には言語能力が必要と考えられたことがあったが，アシカやチンパンジーで成立例が報告されたため，刺激等価性は逆に，言語・表象機能の発現にとって前提となる重要な機能と考えられる。

■　■　■

❶▶学習セット (learning set)

ハーロウによって実験的に示された「学習することの学習（learning to learn）」と呼ばれる現象。構成が同じか類似した課題を繰り返す時，課題ごとに異なる刺激を用いる場合でも，後の学習が促進されることを指す。例えば，一対の刺激を用いた同時弁別課題を基準獲得まで訓練した後，別の

刺激対に置き換えて訓練することを繰り返した結果，正答率の上昇が迅速になっていった場合，学習セットが形成されたといわれる。学習セットの形成は，弁別学習場面において獲得されるものが，呈示された刺激の特徴だけではないことを示している。

❷ ▶ 系列学習 (serial learning)

複数の刺激に対し特定の順序で反応を行ったり，ある特定の時間順序をもって出現する刺激系列を弁別したりするような学習を指す。系列学習のメカニズムの代表的なものとして，系列内の前の反応が後の反応の弁別刺激になり，それらが順に連なったものとして系列が成立するという連鎖化，系列順序の表象が獲得され，それに従って個々の反応を産出するというプランニング (planning) が考えられている。

❸ ▶ 随伴性形成行動／ルール支配行動 (contingency-shaped behavior/rule-governed behavior)

強化スケジュール下では，動物は反応と強化の間の関係性，すなわち随伴性を学習し，スケジュール独自の反応パターンを発達させていく。これを随伴性形成行動と呼ぶ。一方で，強化スケジュールから予測される反応パターンから逸脱した反応も見られる。これは随伴性に関する何らかのルールを自ら作り出すか，他者から与えられるかして，それに従った結果と考えられ，ルール支配行動と呼ばれる。ルールは必ずしも言語化されたものではないが，ヒトでは乳児や幼児よりも成人にしばしば見られるため，言語使用の程度との関係が深いと考えられる。

❹ ▶ 見本合わせ課題 (matching-to-sample task)

条件性弁別のうち，見本として示された刺激（見本刺激）と対応した刺激を，比較刺激の中から選択することにより強化される課題を指す。同一の刺激を選ぶことが求められる場合，同一見本合わせと呼ばれる。見本と異なる刺激を選ぶと正解となる課題は，非見本合わせ課題と呼ばれる。見本に対して選ぶべき刺激が任意に決められており，同一性のような選択基準がない課題は，象徴的（あるいは恣意的）見本合わせ課題と呼ばれる。

強化スケジュール：→ 03-06-❸「強化スケジュール」
条件性弁別：→ 03-05-❶「条件性弁別」
般化：→ 03-05「刺激性制御」
プロトタイプ：→ 04-02-⓭「プロトタイプ」
弁別学習：→ 03-02-❺「知覚学習」，03-05「刺激性制御」
連鎖化：→ 03-04-❿「連鎖化（チェイニング）」

〔山崎由美子〕

03-13 ▶ 観察学習

他者（モデル）が何らかの行動をしている場面や，他者が行った行動に対して生じた結果（例えば，他者が行動をして強化を受けたかどうか）を観察することを通して成立する，比較的永続的な行動や思考の変化のことを**観察学習**と呼ぶ。観察により生じる行動の変化には，その行動をまねることだけでなく，反対にその行動をしなくなったり，更には異なる行動をしたりするようになることなども含まれる。モデルとなる他者の観察は，人物を直接その場で観察する場合だけではなく，テレビやビデオ等のメディアを通して観察される場合もある。更に実在しない人物（アニメのキャラクター等）もモデルとなりうる。観察学習と類似する概念として模倣学習，代理学習，モデリング，社会的学習等があるが，これらの概念の用いられ方は多義的であり，その相違は必ずしも明確ではない。

観察学習の初期の重要な理論は，1940年代になされたミラーとダラードによる模倣学習に関する分析であった。モデルの行動と観察した側の行動が同一であるか類似している場合が模倣である。観察という経験によって行動が変化するのであるから，模倣は学習の一種であり，**模倣学習**と呼ばれている。模倣学習が生じる仕組みはミラーとダラードによれば，通常のオペラント条件づけと同様に説明することができる。例えば，野球の初心者がバッティングのうまい他者のスイングを模倣すると，バッティングが上達しヒットが打てるという強化が伴うだろう。すなわち，他者の行動を模倣することで模倣する主体がうまく行動することができ，それにより強化が与えられる。この場合，模倣行動は他者の行動を弁別刺激としたオペラント行動であり，自らの行動に対する強化により維持されている。このような学習を繰り返し経験したことに基づき，特定の行動ではなく「模倣する」という一般化された行動が獲得されたものを**般化模倣**と呼ぶ。一方で，模倣を行う主体が直接は強化されない場合に生じる模倣を**生得的模倣**と呼ぶ。

ミラーとダラードによる初期の理論は，模倣行動を，学習者が直接行動を実行し，直接強化されるという伝統的な学習の枠組みによって説明したものであった。バンデューラによるより新しい理論は，モデルの行動を単に観察するだけで，直接行動を実行せず，直接強化もされない場合でも観察学習が生じることに焦点を当てたもので，認知的プロセスを重視している点に特色がある。バンデューラの観察学習に関する理論は**社会的学習理論**と呼ばれる。またバンデューラは，反応の実行や直接の強化によるのではなく，観察を通して学習が成立する過程一般をモデリングと呼んだ。1960年代にバンデューラとその研究グループは，攻撃行動の観察学習に関する有名な一連の研究を実施したが，そのうちの一つの実験では，空気でふくらませた人形に対して大人が攻撃行動をしている場面を幼児に観察させた。その後，魅力的なおもちゃを幼児から取り上げることによりフラストレーションを与えた上で，幼児を人形のある別の部屋に連れて行くと，幼児は観察した攻撃行動と同様の攻撃行動を示した。この場合，観察者である幼児は学習の際に直接は行動を実行しておらず，また直接は強化も受けていない点がミラーとダラードの古典的な模倣学習の場面と異なる。

他者の行動そのものの観察だけでなく，他者の行動に対する結果の観察も，観察学習において重要である。他者が行動の結果として強化を受けることの観察により，観察者の行動が促進される効果を**代理強化**と呼ぶ。反対に他者が行動の結果として罰を受けることの観察により，観察者の行動が抑制される効果を**代理罰**と呼ぶ。例えば，バンデューラらの攻撃行動の別の実験では，人形を攻撃していたモデルが他の大人から叱られている（罰を受けている）場面を観察させると，子どもが攻撃行動を示すことが抑制されたが，これは代理罰の例である。

観察学習は，先の例に挙げた攻撃行動等の自発的行動だけでなく，思考や態度，感情等，幅広く生じる。例えば，親がある対象に対して恐怖や嫌悪等の感情を表出している場面を観察すると，子どもはその対象に対して同種の反応を示すようになるが，これも**代理的条件づけ**と呼ばれる種類の観察学習である。

❶ ▶ 社会的学習理論 (social learning theory)

社会的学習のプロセスが研究される概念的な枠組みのこと。なかでも, バンデューラの理論のことを指すことが多い。バンデューラは, 古典的条件づけやオペラント条件づけの原理だけでは人間の学習の限られた部分しか説明できず, 他者の行動を観察することで生じる観察学習の原理により, 多くの学習が説明できるとした。バンデューラの社会的学習理論は, 認知的プロセスを重視している点に特色がある。

❷ ▶ 生得的模倣 (innate imitation)

模倣をする主体の学習経験に基づくことなしに生得的に生じる模倣のこと。他者の行動を模倣した行動に対して強化が与えられた経験に基づいて模倣が生じる場合, それは学習に基づいたもので生得的模倣ではない。そのような経験がないにもかかわらず模倣が生じた場合に, 生得的模倣と考えられることになる。例えば, 生後間もない乳児が, 大人が唇を突き出すジェスチャーや口を開けるジェスチャーを模倣することが知られている。この例は, 生後間もない乳児がそれ以前に模倣を強化された経験があるとは考えにくいため, 生得的模倣であると考えられている。

❸ ▶ 代理的条件づけ (vicarious conditioning)

刺激に対する他者の反応を観察することにより生じる, 態度や感情等に関する学習。例えば, 虫という刺激に対して母親が恐怖反応を示すのを観察した子どもが, その後から虫を見ると恐怖反応を示すようになること。今までヘビを見たことがないリスザルが, 他のリスザルがヘビを見て強い恐怖を示す場面を観察することでヘビに対して強い恐怖を示すようになる。一方, 他のリスザルが花を見て強い恐怖を示す場面を観察した場合には花に恐怖を示すようにならないなど, 学習される反応との関係で刺激の適切性が重要であることが知られている。

❹ ▶ 般化模倣 (generalized imitation)

ミラーとダラードの模倣に関する分析では, 模倣学習は他者の行動を弁別刺激として, その行動と類似した行動を実施した場合に, 模倣した主体が直接強化を受けることにより生じる。したがって, 観察した直後に反応を実施し, しかも直接強化を受けるという場面にしか適用できない。ただし, この説明に般化の原理を導入すれば, より広い範囲の模倣学習が説明できるようになる。すなわち, 他者と同じ行動をすることで強化される経験を繰り返すと, 般化により, 他者の新しい行動を観察した時に強化が直接与えられない場合にも, それを模倣するようになる。例えば, 子どもが親や大人の行動(例えば, 単語を話したり, スプーンを持ったりする行動)を模倣した場合, 両親から微笑みや賞賛を通して繰り返し強化されている。このような経験のため, 特定の行動ではなく「模倣する」という一般化された行動が獲得されると考えられるが, これを般化模倣という。

❺ ▶ モデリング (modeling)

学習者が行動を実行することや, 学習者に対する直接の強化によるのではなく, 他者の行動を観察することを通して学習が成立する過程一般を指すものとしてバンデューラが提唱した用語。モデリングが生じる過程として, バンデューラは, ①モデルの行動に注意を向ける過程(注意過程), ②観察したことを記憶として保持する過程(保持過程), ③記憶している行動体系を再生する過程(運動再生過程), ④それら三つの過程を動機づける過程(動機づけ過程)の四つの過程があるとした。行動療法においてモデリングは, セラピストをはじめとする他者が望ましい行動を行うのを観察させることを通してクライエントの変化を生じさせる技法として用いられる。

オペラント行動：→ 03-04「オペラント条件づけの基礎」
学習：→ 03-00「学習」
強化：→ 03-06「強化と罰」

古典的条件づけ：→ 03-03「古典的条件づけの基礎」
般化：→ 03-05「刺激性制御」
弁別刺激：→ 03-04-❼「弁別刺激」

〔青山謙二郎〕

03-14 ▶ 運動学習

　運動というとスポーツがイメージされるが，運動の学習を「**スポーツの学習**」としてしまうと，**技術学習**と**戦術学習**の両方が必要になる。しかし，古来，心理学では，これら2要素のうちの技術学習を念頭に置いて**運動学習**が定義されている。**感覚運動学習**又は**知覚運動学習**と呼ばれていたものである。そこで，運動学習を「繰り返し動作する（練習する）ことによって生じる比較的永続的な運動能力（技能）の変容であり，パフォーマンスやフォームの変化として確認される」と定義しておく。例えば，しばらく練習しないとバスケットボールのシュート成功率は低下するので，「比較的永続的」と表現するわけである。

　初期の運動学習研究では，運動課題のパフォーマンスを測定する方法が使われていた。時系列に沿ってパフォーマンスを表示すると**学習曲線**が得られる。この変化度合いによって，**全習法**と**分習法**の優劣や，**集中練習**と**分散練習**の優劣が研究されてきた。学習曲線は単調増加するとは限らず，途中で停滞する場合があり，これを**プラトー**という。

　しかし，このパフォーマンス測定だけだと，練習条件による学習効果の差は研究できるが，運動そのものがどのように学習されるかについての理論化は難しい。それは，通常の実験心理学における「観察」が，行動そのものの観察ではなく行動結果の観察であるためである。例えば，ラットの**オペラント条件づけ**研究においては，レバーが押されたかどうかが記録されればよく，ラットの行動であるレバー押し動作自体はあまり研究対象にならなかった。

　そこで，運動学習の原理を行動観察をもとに研究しようとすると，**動作そのもの**を観察する必要がある。その観察のためには，「動きの測定」の基礎である力学と，「動きを発現する機構」の基礎である解剖学と生理学の知識が必要となる。

　このような方法で，**初心者**と**熟練者**の動作を観察した**横断的研究**によると，初心者には**動作の再現性**がなく，無駄な筋活動が多いという結果が得られている。このことから，上達すると筋肉への命令セットが良くなると考えられるようになった。このような**動作分析**的研究は，**バイオメカニクス**と呼ばれる学問分野でデータが蓄積されてきたが，心理学の立場からは，この「筋肉への命令セット」を運動プログラムと捉えて理論化が試みられてきた。シュミットが1975年に発表した**スキーマ理論**がその集大成である。スキーマ理論では，練習によって蓄えられた記憶は運動プログラムそのものではなく，「この技はこうやるのだ」というような**抽象的記憶**として蓄えられるとされ，**運動スキーマ**と名付けられた。これは，**一般化された運動プログラム**とも呼ばれている。運動スキーマを仮定することで，**学習の転移**の理論も変わってくると考えられる。

　運動学習の成否には動作実行後の**結果の知識**（KR）や遂行の知識（KP）の与え方が重要な影響を及ぼす。そこで，運動学

運動学習 |03-14| 97

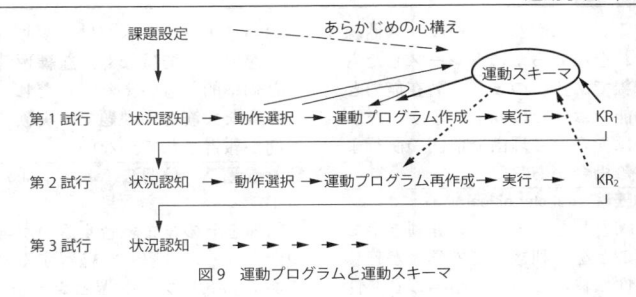

```
                課題設定      - - - - あらかじめの心構え
                                              ↓
                                          ┌─────────┐
                                          │ 運動スキーマ │
                                          └─────────┘
                                          ↗    ↑    ↖
第1試行  状況認知 → 動作選択 → 運動プログラム作成 → 実行 → KR₁
                                          ↓         ↓
第2試行  状況認知 → 動作選択 → 運動プログラム再作成 → 実行 → KR₂

第3試行  状況認知 →
```

図9 運動プログラムと運動スキーマ

の過程を理解するためのモデルを考えることにする。図9には，結果の知識と遂行の知識を区分せずに，学習者のとる行動（情報処理）の流れが示されている。2試行目以降は状況認知と動作選択はほぼ同じなので「運動プログラム再作成」という過程の良否が，学習効率を規定することになる。

ところで，前述のようなモデルで運動学習を研究しようとすると，必然的に「人間はどのように動作をしているのか」という視点からの考察も必要となる。これが**運動制御**の研究であるが，この分野は運動学習以上に学際的であり，前記の**バイオメカニクス**のみならず，**神経生理学**の研究者の貢献が大きい。この分野では，運動スキーマは，脳内に蓄積された記憶痕跡（エングラム）として捉えられる。また，ベルンシュタインは，効率のよい巧みな運動をシナジー（協応構造）として理論化した。なお，これらの研究の流れから，運動プログラムという概念を用いずに運動学習を理解しようとする**ダイナミカル・システム・アプローチ**も台頭している。

■　■　■

❶▶運動制御 (motor control)

上手なバッターは予期しないコースの球も打てることから，熟練動作の実際（運動制御）については運動プログラムの作成だけで十分に説明ができず，動作中のフィードバックの在り方が議論されている。シュミットは動作中の感覚連鎖を予想する再認スキーマという考え方を導入してフィードバックを説明しているが，別の理論で説明しようとする試みも盛んである。更に最近では，脳生理学の分野で脳神経レベルでの研究も蓄積されてきている。

❷▶運動プログラム／運動スキーマ (motor program/motor schema)

スムーズな動作では，多くの筋肉が，適切な時系列に沿って適切な力で収縮している。動作が開始されると個々の筋収縮への意識的介入は無理なので，筋肉への収縮命令はセットとして動作開始前に作られているはずである。これを運動プログラムと呼ぶ。熟練動作に再現性があるのは，毎回同じ運動プログラムが作動しているからである。しかし，練習時に使っていた運動プログラムがそのまま記憶されると考えると，少し条件が違っても簡単に適応できるという運動行動の実態が説明できない。そこで，練習によって「この技のやり方」というような運動スキーマが記憶・洗練されると考えられている（図9）。

❸▶学習曲線 (learning curve)

運動学習の場合，各試行のパフォーマンスを時系列で表示すると右上がりの折れ線

グラフとなる。これがパフォーマンス曲線であり、それをなめらかにトレースしたものが学習曲線である。つまり、潜在能力としての運動能力は徐々に向上するが、パフォーマンスは何らかの理由で前回の試行よりも低下する場合がある。

❹ ▶ 学習の転移 (transfer of learning)

例えば、練習したことのない非利き手で字が書けることを、利き手での学習が転移した（両側性転移）という。指導の必要性からスポーツ技術に関する転移研究は散見されるが、運動学習における転移研究の理論的枠組みは明確ではない。

❺ ▶ 結果の知識／遂行の知識 (KR：Knowledge of Results/KP：Knowledge of Performance)

練習とは、「状況認知→動作選択→運動プログラム作成→実行」の過程を繰り返すことだが、実行後に適切な結果の知識（KR）が与えられないと学習が進まない。例えば、ボウリング練習時に中央までボールが転がった時にカーテンでピンを隠してしまえば上達できない。倒れたピンの情報は通常必ず与えられるので、内在的KRと呼ばれる。一方、選手の気づかないフォームの欠点をコーチが指摘するのは付加的KRと呼ばれる。また、近年は、情報機器の発達により、結果の成否の情報だけではなく、身体がどう動いたかという遂行に関する情報も簡単にフィードバックすることができる。これを遂行の知識（KP）と呼んで結果の知識と区別している。

❻ ▶ 集中練習／分散練習 (massed practice/distributed practice)

練習課題を行う時、長い休憩をとって繰り返すのが分散練習、短いのが集中練習である。回転盤追跡課題のような連続動作の学習実験では疲労等が重なり、集中練習の方が学習中に低いパフォーマンスを示す例が多いが、休憩を入れたテスト、再テスト時のパフォーマンスでは必ずしも集中練習群が悪いわけではなく、総練習時間を考えると効率的ともいえる。ただし、スポーツのような大筋運動課題での実験では一定の傾向が報告されていない。

❼ ▶ 全習法／分習法 (whole method/part method)

課題をそのまま練習するのが全習法、幾つかの部分に分解して練習するのが分習法である。ドリブル練習とシュート練習は、ドリブルシュートのための分習法と考えられるが、試合を全習課題とすると、ドリブルシュートの練習自体が分習法となり入れ子構造になる。分習の仕方によって幾つかのタイプ分けが可能である。

❽ ▶ ダイナミカル・システム・アプローチ (dynamical systems approach)

スキーマ理論のようなトップダウン制御では、状況が変化するたびに全ての筋肉に収縮命令を出し直す必要があり、熟練動作における状況変化への急速な対応を十分に説明できないという批判がある。そこで、状況に応じて筋収縮の自律的組織化が行われると仮定して、動作を人間と環境との相互作用として説明する理論が登場した。それが、ダイナミカル・システム・アプローチであり、ギブソンによる生態学的アプローチも同様の視点を提供している。

❾ ▶ プラトー (plateau)

学習が順調に進まずにある時期で停滞する現象をプラトーという。「一段上のレベルの動作を身につけるための準備期間」「初期の急速な上達による動機づけの低下」等の仮説が考えられるが、プラトー現象が常に観察されるわけではなく、理論解明的な研究はあまりなされていない。プラトーとスランプは違うという見解もある。

〔麓　信義〕

03-15 ▶ 学習の生物的基盤

ヒトを含む動物の行動は、主として遺伝によって規定される生得的行動と、経験によって獲得された習得的行動に大別することができる。「学習」とは後者のプロセスを指すが、習得的行動も無から生じるわけではなく、生得的行動を基盤として形成・変容したものである。例えば、条件反射は無条件反射をもとにして形作られるし、スキナー箱でのレバー押し反応もラットの探索行動がそもそも皆無であれば強化できない。また、学習能力そのものが生得的に動物に備わった心理機能であり、様々な遺伝的制約を受ける。したがって、学習心理学において生得的要因は無視できない。

学習に及ぼす生得的要因の影響を顕著に示す例が、**刻印づけ（刷り込み）**である。アヒルやニワトリ等、孵化後すぐに歩くことができる**離巣性（早成性）**の鳥のヒナは、孵化後の限られた短時間（**臨界期**）に見た物体に愛着行動を示すようになる。特定の物体との経験に基づいて形成されるため、この愛着行動は習得的行動だといえるが、この学習は特定の発達段階においてのみ生じることや、物体によって刻印づけの強さに差がある（例えば、音の出る動く物体のほうが刻印づけされやすい）は、この学習に遺伝的影響が大きく関わっていることを示している。同様のことは、鳥の歌学習についてもいえる。

逆に、生得的行動にも学習の影響が見られる。ネコがネズミを捕まえることは、いわゆる本能として日常的にもよく取り上げられる例だが、ネズミと一緒に育てられる経験をしたネコはそうした捕獲行動の遂行に困難をきたす。

学習の基本原理である古典的条件づけやオペラント条件づけ、観察学習等において

も、学習しやすい刺激や反応は生得的にある程度決まっており、これを学習の**生物的制約**という。例えば、古典的条件づけでは、味覚刺激に対して嫌悪反応を条件づける場合、気分不快感との随伴呈示は非常に有効（**味覚嫌悪学習**）だが、電撃との随伴呈示で味覚嫌悪を形成するのは困難である。逆に、視聴覚刺激に嫌悪反応を条件づける場合は、気分不快感よりも電撃を用いる方が簡単である。オペラント条件づけでは、餌強化子でレバー押し反応を形成するのは容易だが、毛づくろいのような反応を餌で強化することは難しい。ブレランド夫妻によって報告された**本能的逸脱**の諸事例やボウルズによる**種特異的防衛反応**の概念も、オペラント条件づけにおける生物的制約を示すものである。観察学習における生物的制約としては、アカゲザルの恐怖反応に関するミネカらの研究が有名である。この研究では、アカゲザルは他の個体がヘビを恐れる様子を観察するだけで自分もヘビを恐れるようになったが、他個体が花を恐れる様子を見てもその観察学習は困難であった。

以上のように様々な学習で生物的制約が見出されており、セリグマンはこれらを**準備性**の概念で説明しようとした。生得的に準備されている行動の学習は容易であり、そうでない行動は学習困難だと論じたのである。しかし、この概念が同語反復でその場しのぎの説明に堕しないためには、生得的に準備された行動のリストが事前に必要となる。ティンバーレイクの**行動システム・アプローチ**はそうした研究を目指すものであり、餌を予告する信号刺激に対して接近反応を示す**信号追跡**現象等もこの枠組みで考えると理解しやすい。

条件づけ等の学習は本来、適応的であ

る。例えば、パヴロフの実験において、唾液分泌反応は無条件刺激（口中の餌）だけでなく、それを予告する条件刺激（メトロノームの音）によっても引き起こされるが、そのように事前に唾液を分泌することは、来るべき餌の消化を促進するであろう。このように、条件刺激が無条件刺激と同様の役割を果たすようになることを**刺激置換**と呼ぶ。しかし、条件刺激が誘発する条件反応は、無条件刺激が誘発する無条件反応と常に同じとは限らない。例えば、いつも同じ酒場（条件刺激）でアルコール（無条件刺激）を摂取していても、その酒場に入るだけで酩酊状態が引き起こされることはない。むしろ、その酒場では酔いにくくなる。身体の**恒常性維持（ホメオスタシス）**機能は、アルコールによって生じる身体不調に抗する補償作用を引き起こす。酒場に条件づけられるのは、酩酊反応ではなくこの補償的反応であり、こうした現象を**補償反応の条件づけ**と呼ぶ。

　学習の生物的基盤のもう一つの側面は神経メカニズムである。パヴロフは条件反射を大脳全体の波動的活動として捉え、ラシュレーはラットの脳の破壊実験で学習成績は単に破壊の多少によるという**量作用説**を唱えた。こうした立場は学習の脳機能の**局在論**を否定するものだが、その後の研究は、学習の種類によって関与する脳部位が異なることを明らかにしてきた。例えば、古典的条件づけの場合、恐怖反応については**扁桃体**が、瞬目反射では**小脳**が、味覚嫌悪では**脳幹の結合腕傍核**が重要な働きをする。正の強化子を用いたオペラント条件づけでは**中脳辺縁系**等の**脳内報酬系**が、空間学習では**海馬**が主要な機能を果たす。こうした部位を中心に、それぞれの学習を制御する神経回路が近年、徐々に明らかにされつつある。なお、条件づけ等の基本的な学習現象は、ナメクジのような無脊椎動物からヒトのように複雑な神経系を有している動物まで生じることから、行動的には同一の学習現象であっても、種によって異なる神経メカニズムが関与している可能性がある。

■　■　■

❶▶ 種特異的防衛反応 (species-specific defense reactions)

　ラットは、天敵が遠くにいれば逃げ（逃走反応）、近づくと身をすくめ（凍結反応）、目の前に現れると戦う（闘争反応）という本能的な行動傾向を示す。実験室で電撃から避けることを訓練する際にも、こうした反応はレバー押し等の不自然な反応より強化しやすい。

❷▶ 信号追跡 (sign-tracking)

　予告刺激を条件刺激、餌を無条件刺激とした古典的条件づけの一種であり、予告刺激（すなわち信号）への接近行動が出現するようになる。オペラント条件づけでは反応しないと餌は与えられないが、この場合は反応の形成にそうした随伴関係は必要ない（必須なのは予告刺激と餌の随伴関係だけである）ため、自動反応形成とも呼ばれる。例えば、小さな丸窓ボタン（反応キー）を点灯した後に餌を与えるという操作を繰り返すと、そのうちハトは点灯した反応キーをつつくようになる（つつかなくても餌は与えられる）。自然界では、餌とそれを予告する刺激は近くにあることが多いため、予告刺激に接近することに生存的価値がある（餌をすぐ確実に入手しやすい）。信号追跡現象は餌以外の快刺激（例えば、異性他個体）の場合でも見られる。

❸▶ 本能的逸脱 (instinctive drift)

　一度形成された行動が訓練を継続することによって、本能的な行動へと逸脱・漂流していくこと。例えば、鼻先でコインを貯

金箱に入れて餌を得る訓練をしたブタは，次第に，コインを貯金箱に入れずに地面に擦りつけたり，空中に投げ上げたりするようになる。これは，キノコ等の餌を土中から掘り出す本能的行動が，訓練された行動に悪影響を及ぼすためだと考えられる。

❹▶味覚嫌悪学習 (taste aversion learning)

味覚刺激と毒物によって引き起こされる気分不快感等の随伴経験によって，その味覚を嫌悪し忌避するようになること。少数回の訓練試行（通常は1回）で獲得され，消去しにくく，味覚刺激の摂取と毒物投与までに数時間の遅延があっても味覚嫌悪が形成されることから，通常の条件づけとは質的に異なる学習であるという主張がガルシアらによってなされた。現在ではこれらの特徴は量的な問題に過ぎない（例えば，毒物の投与量が少なければ多くの試行数を要し，消去しやすく，長遅延では形成されない）として，古典的条件づけの一種とされることが多い。つまり，味覚刺激が条件刺激，毒物が無条件刺激として作用していることになる。味覚刺激を強制的に与えても味覚嫌悪学習が生じることから，オペラント条件づけにおける罰学習（反応しないという受動的回避の学習）の要素は小さいとされる。なお，毒物以外にも，放射線投射，高速強制回転（乗り物酔いを引き起こす），腫瘍移植，高室温，強制水泳等の処理のほか，気分不快状態にある他個体の呈示によっても，味覚嫌悪学習が生じることが知られている。

〔中島定彦〕

認知

〔総説〕

認知という言葉は，心理学ではかなり多義的に用いられる。狭義には，単語，顔，複雑な物体等を認識する過程，すなわち過去の経験を通じて学習した事物を再認する過程として定義できる。一方，認知心理学という場合には，記憶，注意，言語，運動制御，思考，問題解決，意思決定等，幅広い心的過程を含む。本領域では，後者の広義の用法に従い，1960年代に創成された認知心理学を構成する様々な分野を包括的に解説する。

認知を議論する上で，いわゆる認知革命による認知科学，認知心理学の成立を抜きにすることはできない。言語学，計算機科学等，周辺諸科学の進歩と協調して，それまでの心理学で支配的であった行動主義，すなわち，観測可能性，操作可能性を最重要視し，心的過程について言及することを極力抑制するアプローチに対するアンチテーゼとして，心的過程に積極的にコミットする認知心理学が成立した。認知心理学においては，刺激と反応の間をブラックボックスと見なすのではなく，心的過程に関する仮説的な構成概念を積極的に導入する。具体的には様々な心的表象とそれに対する処理機構が仮定され説明がなされる。心的表象とそれに対する処理モデルによる心的過程の説明が，認知心理学を構成する諸分野に共通する特徴である。

心的表象や処理モデルの具体的性質に関しては，それぞれの分野で様々な議論や論争があり，また分野によって主要なモデルは異なり，認知心理学に共通する一般的な理論枠組みがあるわけではない。一方，心的表象や情報処理の特性に関する議論には幾つかの共通する重要な論点がある。一つは，情報処理の並列性/系列性である。この点については，初期の認知心理学においては，人工知能研究等で用いられた記号処理モデルのような系列モデルが主であったが，その後並列分散処理を基盤とするコネクショニスト・モデルが登場した。また注意の研究でも視覚情報処理の並列性/系列性が議論されてきた。二つ目は，心的表象のアナログ性である。最も顕著な例は，心的イメージがイメージ対象と同型性をもつ絵のような表象なのか，命題表象かというイメージ論争である。三つ目は，心的表象が過去経験の個々の事例に基づいているのか，事例を平均化した情報であるのかという点である。例えば，記憶研究や物体のカテゴリー認知研究では，スキーマのような平均化した表象を考えるモデルと，事例モデルと呼ばれる事例に基づくものがある。これらの議論や論争においては，あたかもこれらが二者択一であるかのように扱われてきたが，ヒトの認知においては，異なる特性をもつ心的表象や処理様式が併存している可能性もあり，近年では，領域一般的な基本原理ではなく，各問題領域に固有の心的表象や処理様式を追究するアプローチが一般的になりつつある。

領域固有性を強調したアプローチの背後には，ヒトの認知過程の柔軟性と文脈依存性が少数の一般原理による説明になじまないという問題がある。認知心理学の諸分野は柔軟性や文脈依存性を説明できるような理論やモデルを追究してきたともいえるが，現時点ではまだ限界も多く，今後の研究の発展が待たれている。

【本領域(認知)の構成】

本領域では,まず,認知心理学の創成を含めたその歴史を概観し(04-01),認知心理学という分野を構成する諸分野を解説する。最後に,近年盛んになってきたアプローチとして認知のモデル研究(04-13)と,認知神経科学(04-14)を取り上げる。認知心理学の諸分野としては,物体・顔の認知(04-02),文字・単語の認知(04-03),心理言語学(04-04),眼球運動・運動制御(04-05),注意と認知的制御(04-06),記憶(04-07~10),思考・推論・問題解決(04-11),意思決定(04-12)を取り上げた。これらの諸分野はおおよそ以下の四つに大別できる。

第一は,いわゆる狭義の認知に相当する,物体・顔,文字・単語の認知,それに心理言語学である。これらの分野は知覚の研究と重なる部分もあるが,知覚研究よりもより複雑な対象を扱っている。物体・顔の認知においては,物体のカテゴリー的認知に関わる諸特性と顔認知の特殊性が議論される。文字・単語認知では,心理学的な諸特性とともにモデル研究も紹介される。心理言語学では,文理解を統語構造の理解,意味理解の観点から解説する。いずれの項目でも,これらの過程に関わる脳領域や失認等の障害についても触れられる。

第二は,制御に関する分野で,本領域では,眼球運動・運動制御と,注意と認知的制御の2項目にまとめている。制御の分野は,ヒトの知覚や反応は多くの可能な入力や出力から適切なものの選択が不可欠であるという事実に対し,ヒトの選択過程の理解を目指している。運動制御については,制御の基本原理が示された上で,眼球運動を例にとり,運動制御と認知が一体不可分であることが強調される。注意に関しては,知覚や反応選択に関する制御機構は,三つの下位システムとして理解できることが示される。

第三は,記憶研究である。記憶は心理学の中で古くから研究されてきた主要な分野の一つであり,認知心理学の創成期にも重要な役割を果たしてきた。本領域では,記憶研究を短期記憶,長期記憶,潜在記憶,記憶の諸相の4項目で解説する。短期記憶,長期記憶の2項目の区分は,ジェームズの一次記憶/二次記憶の区分からアトキンソンとシフリンの記憶モデルにわたって連綿と受け継がれてきた記憶構造に関する考え方を反映している。潜在記憶は,プライミング効果を含む,明示的な想起意識を伴わない記憶過程を扱うが,これは認知心理学の成立とともに研究が盛んになった領域である。「記憶の諸相」の項目では,記憶の基礎研究だけではなく,日常記憶も含む様々な話題をエピソード記憶という概念を軸に解説する。

第四は,思考,意思決定といった高次認知過程である。思考・推論と問題解決の項目では,思考や問題解決を問題の心的表象の構築とその操作と捉える枠組みが紹介される。意思決定については,「規範的(どうすべきか)」「記述的(ヒトはどう振る舞うか)」「処方箋的(どうすればより良い決定ができるか)」という,三つのアプローチによる研究の展開が示される。

本領域の最後の2項目(04-13,14)は,認知のモデル研究と認知神経科学である。心的過程に積極的にコミットする認知心理学において,モデル研究は重要な分野である。モデル研究は記号処理モデルとコネクショニスト・モデルに大別でき,これらを比較しながら解説する。認知神経科学は1990年代から急速に発展した分野であるが,認知過程の神経相関をデータとして得ることを可能にした点で,認知心理学に大きなインパクトを与えている。この項目ではその歴史と研究手法が解説される。

〔齋木 潤〕

04-01 ▶ 認知心理学の歴史

　刺激と測定可能な行動との関係のみに注目し，その関係を明らかにしようとする行動主義に対し，認知心理学は既に明らかにされてきた諸機能の働きを明確に仮定し，刺激から反応に至る情報処理過程を実験的に明らかにしようとする立場である。行動主義心理学と立場を大きく異にしたのは，意識を含む心的過程の問題等を研究対象とした点であり，この点では**ゲシュタルト心理学**の流れを汲む心理学の立場であるといえる。更に言語機能にアプローチする上では，**生成文法理論**もまた認知心理学に大きな影響を与えた。

　1960年代は認知心理学の創成期で，この頃に巧みな実験的手法が次々と考案され，人間の記憶システムのモデル化が急速に進んだ。例えば，視覚情報貯蔵（visual information storage 又は iconic memory）や，短期記憶，長期記憶等の詳細な特性が明らかになった。また意味記憶の構造モデルである意味ネットワークが提案されたのも，この頃である。このように，単に正答率や感度，反応時間だけではなく，様々な情報処理過程を構成する部分機能の時間的，空間的な特性が詳細に調べられるようになった。

　70年代には60年代の成果に基づいて，より能動的でダイナミックな側面の研究が進められた。例えば，記憶を保持するためのリハーサルにも，情報を維持するだけの維持リハーサルと，情報を記憶に残すための精緻化リハーサルがあることや，ワーキングメモリの概念的モデル等が提案された。このほかに，先行する単語の処理が後続の単語処理を促進したり抑制したりする**プライミング効果**と，それを説明する**活性化拡散理論**も提案された。また70年代初頭になされた心的回転の研究に端を発し，イメージが絵か命題かという，いわゆる**イメージ論争**を巻き起こした。70年代後半には，新たな研究分野として**認知科学**が勃興した。認知心理学も認知科学の影響を受け，より高次の認知機能，例えば言語理解，問題解決や概念形成，思考や感情といった問題に関して，実験的研究が進められるようになった。

　80年代に入ると，70年代までに明らかになった諸特性を説明するために，**並列分散処理**という考え方が導入され，多くの重要な理論が打ち立てられた。初期には，単語認知を中心とする文脈依存処理過程において，ボトムアップ処理とトップダウン処理がどのように相互作用して処理を進めるのかが詳しく調べられた。また単語優位効果を含む文脈効果も，この枠組みの中でうまく説明できるようになった。また60年代以降，何かに注意を向ける前の過程である前注意過程（無意識過程）と，注意を向けた後の過程である集中的注意過程の存在が認められ，それぞれの特性が調べられた。80年代になってトリースマンが**特徴統合理論**を発表し，一つの対象を構成する異なる属性は，**並列分散処理**がなされた後，能動的な注意機能により統合されることを示した。この理論はその後の認知心理学の研究に大きな影響を与え，注意機能そのものの詳細な特性や，特徴統合の機構に関する研究が行われるきっかけとなった。更に，もう一つの重要な考え方が提案された。マーによって提案された情報処理装置を理解する枠組みである。これは，その後の諸科学に大きな影響を与えることになった。特に，システムの「目的」とその達成のために利用されている「制約」を明らかにする，**計算論的アプローチ**の重要性が認

認知心理学の歴史 |04-01| 105

められた。
　90年代には，脳活動を可視化する計測技術（脳機能計測技術）が認知実験に利用できるようになり，認知神経科学の分野とも大きな交流が生まれた。

■■■

❶▶ イメージ論争 (imagery debate)

　1970年代に起こった，心的イメージは「絵」か「命題」かという議論。シェパードのグループになされた心的回転の研究によって，心的イメージのアナログ的側面が強調され，ペイヴィオは心的イメージが言語とは異なる知覚的処理システムによるものであると論じた。それに対して，ピリシンは心的イメージとは言語と共通するような命題的な知識や推論に基づくものであり，絵画的特性は付帯現象であるとした。

❷▶ 計算論的アプローチ (computational approach)

　1970年代後半，マーは脳を含めた情報処理システムの理解には，三つのレベルがあることを指摘した。一つ目はハードウェアのレベルであり，脳の場合，神経回路のレベルに対応する。次に情報表現とアルゴリズムのレベルである。例えば色彩処理の場合，情報表現とは三原色表現や反対色表現等に対応する。そして最も上位のレベルが計算理論のレベルである。これはシステムの計算のゴールとその理由を明確にし，そこでどのような計算をしているのか，その計算に用いられている制約条件は何かなどを理解するレベルである。

❸▶ ゲシュタルト心理学 (gestalt psychology)

　心理現象を要素の総和であると捉える要素主義を否定し，まとまりのある全体的特性を重視する心理学の立場。例えば，近接する2点の刺激を継時的に提示すると，2点の刺激を個別に提示した時の知覚とは異なる視覚的な運動が知覚される。個々の要素がまとまって知覚される現象を整理したゲシュタルトの法則は，現在でも貴重な知見であり，その機構について多くの研究がなされている。20世紀前半に勃興したゲシュタルト心理学はその後，社会心理学や臨床心理学，認知心理学に大きな影響を及ぼした。

❹▶ 人工知能 (AI：Artificial Intelligence)

　人間の知的活動を実現するコンピュータ・プログラムを作る科学。1956年のダートマス会議で，この分野の研究領域が人工知能と呼ばれるようになった。音声認識，画像認識，自然言語処理，機械学習，人間とゲームをするプログラム，推論等の研究分野がある。

❺▶ 認知科学 (cognitive science)

　知の解明を目指し，言語学，文化人類学，社会学，工学にわたる学際的な研究分野である。人工知能の研究を基礎としてその考え方を積極的に取り入れ，人間の言語処理や問題解決，知識の構造等について様々な研究が進められている。

❻▶ 脳機能計測技術 (brain functional imaging technologies)

　脳の活動を計測し，脳部位の機能を推定する手法。脳の神経細胞による電磁気現象を直接計測する脳機能計測技術に，脳波（EEG）と脳磁図（MEG）がある。脳波は神経細胞が出す電気信号を頭皮上から記録する手法であり，脳磁図はこの電気信号によって生じた磁場を計測する手法である。いずれも時間分解能は高いが，空間分解能は低い（脳磁図は脳波に比べて空間分解能が良い）。一方，神経細胞が活動すると近傍の血流量が増加することから血流量の変化を計測する手法もある。これにはPETや機能的磁気共鳴画像法（fMRI），NIRS（近赤外分光法，ニールスと読む）がある。ポジトロン断層撮像法（PET）やfMRI

はいずれも空間分解能が高い。一方，NIRSは非侵襲性や計測時における被験者の姿勢の自由度といった点で優れている。

❼▶並列分散処理（parallel distributed procesing）

複数の処理ユニットが相互作用しながら情報処理を行う処理方式。脳ではニューロンと呼ばれる処理ユニットが莫大な数存在し，それらが強い相互作用をしながら処理を進めているが，それをモデルにしている。英語の頭文字をとってPDPともいう。人間の機能を並列分散処理によってモデル化する研究の歴史は古いが，特に80年代後半より高次の認知機能に焦点を当てて，様々なモデル研究が展開されている。

〔乾　敏郎〕

04-02 ▶ 物体・顔の認知

文字や単語の認知とは異なり，物体や顔の認知は，進化的に見てもより起源が古く，他の霊長類と共通する部分が大きい。そのため，物体や顔の認知の研究は，ヒトだけでなく，動物を用いた研究も広く行われている。文字や単語の認知を含む広義の物体認知の重要な特性は，**カテゴリ的認知**である。カテゴリ的認知とは物体を個別の事例としてではなく，あるカテゴリの成員として認知することであり，その背後には個別事例の差異を抽象する認識の本質的な機能が含まれている。人間の心的カテゴリは，論理的な必要十分条件で定義された古典的なカテゴリではなく，**家族的類似性**によって構造化されている。この証拠として，カテゴリの典型的な事例ほど認識成績が向上する**典型性効果**がある。

人間のカテゴリ表象の構造に関しては，カテゴリの典型事例を**プロトタイプ**として表象し，各事例はそれとの類似性で判断されるとする**プロトタイプモデル**と，カテゴリの各事例が個別に表象されているとする**事例モデル**が提唱されている。また，カテゴリ認識の特徴の一つに，その階層性がある。ある特定の物体に対し我々は「動物」「犬」「コリー」等，様々な抽象レベルのカテゴリを用いるが，その中に**基本レベル**と呼ばれる心理学的に特別な機能をもつレベルがある。

カテゴリを構成する個々の物体の心的表象に関しては**テンプレート**，**特徴リスト**，**構造記述**等のモデルが提案されている。物体認知に関する様々な知見を説明する上でそれぞれのモデルには一長一短があり，ヒトはこれらの異なる表象を組み合わせて物体認知を行っていると考えられる。

日常的な三次元物体は，視点により見え方が大きく変化する。にもかかわらず，我々は物体を容易に認知できる。しかし，実験的に視点を変化させた状況で物体認知課題を実施すると，認知成績が**視点依存性**を示すことも知られている。視点依存性の問題は，物体の心的表象の性質を理解する上でも重要であるが，現時点で様々な知見を統一的に説明する理論は提案されていない。

一般の物体認知と比べて顔の認知は際立った特徴をもっている。顔認知においては，構成要素を分割しない**全体的処理**を行う傾向が強く，正立顔に比べて倒立顔の認知の効率が著しく低下する**倒立効果**が知られている。倒立効果を劇的に示す錯視に**サッチャー錯視**がある。また，顔は極めて社会性の高い刺激であり，視線の向きに注意が強く捕捉される**視線手がかり効果**等が報告されている。

物体認知の脳内機構に関しては，物体の同定は，下側頭葉等の**腹側経路**といわれる脳領域，物体に対する行為は後部頭頂葉を含む**背側経路**と呼ばれる脳領域が主として

関与していることが，霊長類を用いた破壊実験，物体失認を示す脳損傷患者の研究等によって示されている。例えば，側頭葉損傷患者は，物体の名前が言えないが物体に対する行為は適切にできるのに対し，頭頂葉損傷患者は，物体の名前は分かるが適切に使えないという症状を呈することがある。また，通常の物体認知は問題ないが，顔から人物が同定できない相貌失認という症状が知られており，顔認知の特殊性を示している。また，顔認知は，下側頭葉でも特に紡錘状回が選択的に関与しているといわれている。しかしながら神経科学的な意味でも，顔認知が特別かどうかはまだ論争が続いている。

■ ■ ■

❶▶ 家族的類似性 (family resemblance)

語の意味はその外延を特徴づける共通の内包をもたず，部分的に共通する特徴によって，ゆるくつながっているとする。例えば，ゲームの概念がそれにあたる。カテゴリ知識は論理的な必要十分条件で定義されるとする古典的カテゴリ観と対立する。ヴィトゲンシュタインによって提唱された概念。ロッシュらは心理学実験により日常的なカテゴリが家族的類似性に基づくことを実証した。

❷▶ 基本レベル (basic level)

ある物体に対する多様な抽象レベルのカテゴリのうち，中間レベルのカテゴリが最も早く同定できる，発達初期に最初に獲得される，カテゴリ全体のイメージを生成できる，最も頻繁に言語化されるなどの特別な機能をもつ。ロッシュらはこれを基本レベルと呼び，それよりも抽象的なカテゴリを上位レベル，具体的なものを下位レベルと呼んだ。例えば，犬は基本レベル，動物は上位レベル，コリーは下位レベルである。基本レベルは環境の相関構造を最もよく反映するとされるが，その詳細な構造に関しては議論がある。

❸▶ 構造記述 (structural description)

物体の心的表象のモデルの一つ。物体の構成要素である部分と部分間の空間関係を，明示的にグラフとして表現する。顔や部分-全体構造をもつ複雑な物体を表現するのに適している。三次元物体を表現する一般化円筒モデルやジオン理論は構造記述表象の例であるが，部分の記述を特徴リストとして表現する場合もある。三次元物体認知における様々な知見をよく説明できるが，画像から構造記述を生成するメカニズムについては不明な点も多い。

❹▶ サッチャー錯視 (Thatcher illusion)

後述の倒立効果を劇的に示す錯視。イギリスのサッチャー元首相の顔写真の目と口の部分だけを反転すると極めて不自然に見えるが，この画像全体を倒立させると違和感がなく，微笑んで見える。上下反転顔では，全体情報がうまく使えないために部分情報の方位の違和感が知覚しにくいと考えられる。

❺▶ 視線手がかり効果 (gaze cueing effect)

顔画像の視線の向きが，注意の手がかりとして有効であることを示す効果。空間手がかり課題で，手がかりとして視線の向きを用いると，予測性がなくても視線の向きにある標的に対する反応時間の促進が起こることから，視線の向きが外因的な注意の手がかりとして機能していることが分かる。顔写真でなく，図式化した顔の絵でも効果が生じる。

❻▶ 事例モデル (exemplar model)

カテゴリ的認知の説明モデルの一つ。プロトタイプ表象を仮定せず，カテゴリは過去に経験した多くの事例の表象の集合として表現されるとする。入力された物体のカテゴリ判断は，保持された事例集合との類

似性計算による。ノソフスキーの一般文脈モデルが一例。事例表象に選択的注意の効果等を組み込むことにより，ヒトのカテゴリ認知の多くの知見を柔軟に説明できる。

❼ ▶ 全体的処理 (holistic processing)

複雑な物体を部分に分割して処理するのではなく，全体を分割せずに情報処理する様式。タナカとファラーは顔と顔の部分全体構造と類似した物体（家）の認知課題を実施し，顔認知がより全体的処理が優勢であることを示した。

❽ ▶ 相貌失認 (prosopagnosia)

視覚失認の一種。通常の物体の認知には問題はないが，人の顔を見て人物を同定することが困難になる症例。人の声やその人に関する言語的な記述から人物を同定することには問題がない場合も多く，顔の視覚的な認知に特異的な障害と考えられる。

❾ ▶ 典型性効果 (typicality effect)

日常カテゴリの成員には，典型的な事例と非典型的な事例がある。例えば，スズメやハトは典型的な鳥だが，ペンギンは非典型的である。典型的な事例をカテゴリの成員であると判断する場合の方が，非典型的な事例に対する判断よりも判断時間が短縮することが知られており，これを典型性効果という。

❿ ▶ テンプレート (template)

物体の心的表象のモデルの一つ。カテゴリ的認知は，記憶内の物体のテンプレートと知覚情報のパターン・マッチングによると考える。単純なテンプレートは，知覚情報の大きさ変化，位置変化等によりマッチング精度が低下し，カテゴリ認知の大きさ，位置不変性を説明できないが，こうした問題を克服したより柔軟なテンプレート表象も提案されている。

⓫ ▶ 倒立効果 (inversion effect)

顔認知においては，顔画像を倒立させると，その効率が通常の物体の場合と比較して著しく低下する。この現象を（顔）倒立効果と呼ぶ。倒立効果は，倒立顔に対しては全体的処理が困難になるために生じると考えられている。

⓬ ▶ 特徴リスト (feature list)

物体の心的表象のモデルの一つ。個々の物体はその特徴のリストとして心的に表象されるとする。部分全体構造をもつ物体をコンパクトに表現することが難しい。他方，制約を設けなければ，長大な特徴リストにより複雑な物体も表現できる。テンプレートとは異なり，要素的な知覚処理を対象にしないため高次なカテゴリの記述も可能だが，知覚入力から特徴を抽出する過程は多くの場合，不明確である。

⓭ ▶ プロトタイプ (prototype)

カテゴリの典型事例やその中心的傾向を表現したカテゴリの心的表象。カテゴリの事例に対する過去の経験から生成されるが，必ずしも過去に経験した特定の事例とは限らず，過去経験を平均化した未経験の事例がプロトタイプとなりうる。例えばポズナーは，ランダムドットを用いたパターンの学習実験により，学習時に呈示されなかった平均パターンが既知パターンとして判断されやすいことを示した。

視点依存性：→ 05-08-❺「視点依存性」
腹側経路・背側経路：→ 14-04「視覚系」

〔齋木 潤〕

04-03 ▶ 文字・単語の認知

単語は形態・音韻・統語・意味等の情報を有する最小単位であり，更に単語間には必ずしもこれらの情報に依拠しない連想関係も認められる。このことから，無意味綴り（非単語）を用いた実験に起源をもつ記

憶研究においても，実験材料の中心は次第に単語へと移った。そして単語のような言語材料と物体のような非言語材料とに対する記憶活動の対比から，**二重符号化理論**等が提案された。その一方で，単に記銘材料としてではなく，単語が有する様々な情報の処理そのものにも関心が向けられるようになった。現在では，単語に関して記憶されている情報（語彙情報）の総体は語彙記憶あるいは心的辞書と呼ばれ，そこにおいて単語や文字がどのように表象されており，どのように処理されているのかに関する検討は，認知研究の中心的課題の一つとなっている。

単語の認知（word recognition）に関する典型的な実験では，呈示された刺激パターンが単語か否かを判断する**語彙判断課題**や，呈示語を読み上げる**音読課題**等が用いられる。これらを用いた実験を通じて，頻度効果（**出現頻度**や**単語親密度**の高い単語が相対的に迅速かつ正確に認知される現象）や，**プライミング効果**，**ストループ効果**等の現象が確認されている。また，文字の認知実験からは**単語優位効果**のような重要な知見が得られている。

これら種々の現象を統一的に説明すべく多くの処理モデルが提案されてきたことは，文字・単語の認知（letter and word recognition）研究領域の特筆すべき点であり，それらのモデルは，仮定している処理の特化の程度によって特徴づけられうる。例えば，文字認知（letter recognition）に関する**鋳型照合モデル**は，あらゆる文字パターンの鋳型をあらかじめ知識としてもち，刺激をこれらと順次照合するという，極めて特化した処理を仮定している。同様に，単語認知に関する**捜査（探索）モデル**は，呈示語とアクセス・ファイル内のコードとの照合と，その結果に基づくマスター・ファイル内の意味情報等の検索という特化した処理過程を想定し，それらの逐次処理を仮定している。このように特化した処理を仮定するモデルでは，それらをつなぐための逐次処理機構を備える傾向が強い。

このような逐次処理の考えは単語の読み処理にも適用され，例えば表音文字からなる英単語の音韻情報は，語彙情報にアクセスする前に抽出されるのに対して，表語文字あるいは**形態素文字**である漢字の音韻情報は，語彙情報にアクセスした後に抽出されるという考えが生まれた。しかしながら脳損傷に伴う**表層性失読症**では，同じ英単語であっても文字列と音韻との対応関係が規則的な語は読めるが，語彙情報にアクセスする必要のある不規則語を読めないことが知られている。更に，単語であれば規則語も不規則語も読めるが非単語を読めない**音韻性失読症**も認められる。これらの神経心理学的知見をもとに，単語を構成している文字列から抽出した音韻情報を合成する処理と，単語全体から音韻情報を抽出する処理との併存を仮定する**二重経路モデル**が提案されている。

以上のようなモデルに対して，例えば文字認知に関する**パンデモニアム・モデル**では，単一機能の処理単位が刺激の特徴を並列的に分析し，その結果を統合して最終的に文字を認知すると仮定されている（図1）。このように，入力された活性化量をもとに出力値を計算する機能のみを備えた処理単位を仮定するモデルでは，それらを結びつける並列処理的・カスケード型機構を備える傾向が強い。パンデモニアム・モデルは，同一階層内では並列処理を，階層間ではカスケード型のボトムアップ処理のみを仮定していたのに対して，これにトップダウン処理をも加えて全てに相互作用的な並列処理を仮定した単語認知モデルが**相互活性化モデル**である（図2）。その後，特定の文字や単語を一つの処理単位によって局所表現する相互活性化モデルを発展さ

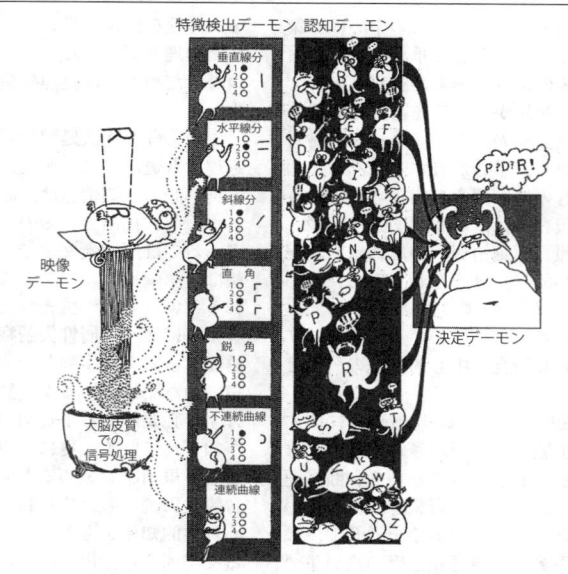

図1 パンデモニアム・モデル (Lindsay & Norman 1977, 邦訳 p. 11)

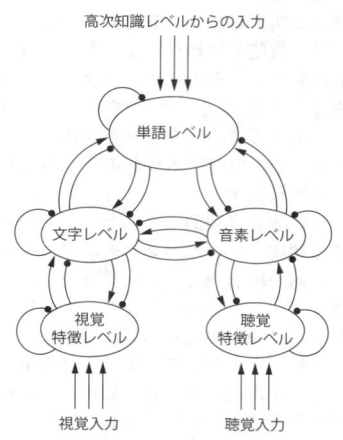

図2 相互活性化モデル
(McClelland & Rumelhart 1981, p. 378)

せ，多数の処理単位によって分散表現する**並列分散処理**モデルが提案されている。しかし，**脳機能計測**による研究からは，ビジュアル・ワード・フォーム・エリアのように単語が局所表現されている可能性を示す知見も得られている。

以上のような様々なモデルの妥当性に関する実験的検討は現在まで続いており，その中で新たな現象が発見され，既存のモデルの修正や新たなモデルの提案がなされている。

❶ ▶ 形態素 (morpheme)

本項の詳細は，04-04-❸「形態素」を参照のこと。

❷ ▶ 語彙判断課題 (lexical decision task)

単語と非単語とを無作為な順序で1語ずつ呈示し，それらの弁別を求める課題。本来的には単語としての実在性の判断を求める課題であるが，実際的には呈示語に関する実験参加者の知識の有無を求める課題である。

❸ ▶ 出現頻度 (occurrence frequency)

特定の単語が日常生活において使用されている度数あるいは頻度。従来の新聞や雑誌の記事に加え，広告やインターネット上のページ等における使用頻度を計数し，データベース化する試みがなされている。

❹ ▶ ストループ効果 (Stroop effect)

色名語が意味している色とその語の表示色とが異なる際に（例えば，青インクで書かれた"赤"），表示色の命名が相対的に遅延する現象。色名語の音読では遅延が生じにくいことから，語の意味情報が自動的に活性化し，表示色の命名に干渉すると考えられている。

❺ ▶ 相互活性化モデル (interactive activation model)

マクレランドとラメルハートが提案した単語処理モデルで，特定の視覚的あるいは聴覚的特徴，文字，音素，単語等に対応する処理単位（ノード）と，それらを結ぶリンクとによって階層化された構造を有する。最下層の特徴レベルから上層の文字レベル，単語レベル，意味レベル等への活性化の伝播（フィード・フォワード）に加え，上層から下層への活性化の伝播（フィードバック）も仮定されている。更に同一階層内のノード間には相互に活性化を抑制するリンクが仮定されている。相互活性化モデル（図2）は単なる仮説構成概念によるモデルではなく，計算機シミュレーションを可能にした初めての単語認知モデルであり，これ以後，計算機シミュレーションによるモデルの妥当性の検討が，単語認知研究の一潮流となった。

❻ ▶ 単語親密度 (word familiarity)

特定の単語に対する親しみの程度を表す心理量。語彙判断課題等における反応時間との負の相関の程度は，出現頻度よりも強い。日本語では，同一の単語であっても表記（例えば"漫画""まんが""マンガ"）によって親密度が異なる。

❼ ▶ 単語優位効果 (word superiority effect)

実在する単語を構成している文字が，単独の文字や非単語中の文字よりも正確に認知される現象。ライチャーは，単語を瞬間呈示した際に実験参加者が断片的な視覚情報から呈示語を推測し，それを構成しているはずの文字を報告するバイアスを除く工夫をした上で，この効果を確認した。このことは，文字処理の完了後に単語の処理が始まるという素朴な逐次処理の考えに疑問を呈することとなった。

❽ ▶ 二重符号化理論 (dual-coding theory)

ペイヴィオによって提案された仮説で，記憶の符号化時の形式に言語コードとイメージコードとを仮定し，いずれか一方の形式のみで符号化されるよりも，両コードによって符号化されることによって記憶成績が良くなることを予測する。具象語の記憶成績は抽象語よりも良いことから，前者は両コードによって符号化されるのに対して，後者は言語コードのみによって符号化されると説明される。

❾ ▶ パンデモニアム・モデル (pandemonium model)

セルフリッジが提案した，階層化された単機能の4種類のデーモン（悪魔）の働きによって文字パターンの認知過程を説明す

るモデル（図1）。すなわち，イメージ・デーモンは外界の刺激（例えば，"A"）を内的イメージとして記録し，特徴デーモンはそのイメージ中に，担当する特徴（例えば，"水平線"）が含まれているか否かを探索する。認知デーモンは特徴を検出した特徴デーモンたちの"叫び声"を聞くことにより，特定の文字である証拠を探索する。最後に決定デーモンは，最も大きな叫び声を上げている認知デーモンを探索し，最終的な文字を決定する。

❿ ▶ビジュアル・ワード・フォーム・エリア (visual word form area)

左下側頭葉の紡錘状回の一部は，視覚的に単語が呈示されると，大文字と小文字の区別なく，またフォントやサイズの違いにかかわらず賦活するが，非単語や聴覚呈示された単語に対しては応答しない。このことから，この領野には個別の視覚的特徴に左右されない抽象的な単語表象が保持されていると考えられ，この名称で呼ばれている。

脳機能計測：→ 14-15「神経科学的研究法(2)：神経画像法」
プライミング効果：→ 04-04「心理言語学」，04-09「潜在記憶」
並列分散処理：→ 04-01-❼「並列分散処理」

〔増田尚史〕

04-04 ▶心理言語学

心理言語学（psycholinguistics）は，言語表現の認知，理解及び産出，言語を媒介としたコミュニケーションのメカニズム，更に**言語獲得**等を認知科学的な手法で明らかにしていく学際的な学問領域である。言語障害やコミュニケーション障害の認知的な研究も含まれる。1960年代にチョムスキーが理論言語学を人間の言語能力の研究として位置づけてから，言語現象における心理的なリアリティが重要視されるようになった。理論言語学には，言語の多様な側面に対応して統語論，形態論，音韻論，意味論，語用論等の研究部門がある。統語論では文構造，形態論では語彙の内部構造（**形態素**），音韻論では言語音声構造，意味論では言語の意味構造，語用論では発話における言語表現の解釈が研究対象となる。心理言語学的研究においても対象となる言語現象を同様に分けて扱っている。以下では語彙，文，発話の理解を対象とした研究を取り上げながら心理言語学的なアプローチを紹介する。

語彙理解を対象とした研究でよく知られているのが語彙プライミング効果である。一つの語彙の意味的あるいは音韻的特徴が，他の語彙理解に与える影響のことを指す。音韻的類似性をもつ語彙同士が連続して提示されると，後から提示された語彙の認知が促進されることを，**音韻的プライミング効果**と呼んでいる。一方，意味的に関連をもつ語彙同士の間で起こる促進的な効果は，**意味的プライミング**と呼ばれている。同音異義語や多義語に生じる語彙意味の曖昧性がどのように処理されているかを測定するのにも，意味的プライミングが用いられることが多い。多義語や比喩の理解に言語要素以外の認知機構が関わっているという考え方もある。例えば認知言語学のアプローチでは，前言語的な心理的図式構造である**イメージ・スキーマ**が用いられていると仮定している。

一方，文の理解には，意味の理解に加えて文構造についての知識が不可欠である。これは統語的な知識と呼ばれており，文の解釈の際に各語彙に主語，動詞，目的語等

といった統語的な役割を付与するのに不可欠である。文構造は個別言語に特有なものである。日本語のように, 動詞句において主要部である動詞が目的語より後にくるような言語は, 主要部後置の言語と呼ばれている。逆に英語のように, 句の主要部が先に出てくる言語は主要部前置の言語である。チョムスキーの生成文法の考え方によれば, 主要部前置か後置かの区別は, **普遍文法**のパラメータの違いであり, 母語を獲得する過程でパラメータ選択が行われると考えられている。

文の構造的理解の研究で中心的に取り上げられてきた現象が, **ガーデンパス文**と呼ばれる構造的にあいまいな文である。解釈の途中でそれまでの構造的な解釈が誤っていたことに気づき, あらためて解釈をし直す必要が生じる文である。解釈をし直すことによって余計な処理労力がかかることはガーデンパス効果と呼ばれている。ガーデンパス効果は, 後述の(1)にあるとおり英語のような文構造をもつ言語において強く現れる傾向があるが, 日本語でも(2)のような文が起こりうる。ガーデンパス効果が生じる理由の一つとして, 聞き手が解釈過程において最も単純な句構造を構築する傾向があることが考えられる。

(1) While Anna dressed the baby spit on the bed.
(2) ウサギがカメを追い抜いた犬を蹴飛ばした。

文理解では構造理解とは別に, 意味の理解が必要である。文の意味理解に関して重要なことは, 純粋な言語要素の組み合わせとしての文の意味と, 文が伝達の目的で使用される, つまり発話として用いられる時の意味を切り離して考える必要があるということである。**意味論**の対象となる文の意味は, 文脈から切り離した純粋に言語のみの意味を構成要素とするのに対して, **語用論**の対象となる発話の意味は, 文の意味に加えて文脈及び話し手の意図や態度等も構成要素となる。後者に含まれる文脈や話し手の意図等は言語化されていないため, 推論的に構築されるという点も重要である。文の意味が不完全性や曖昧性を含むものであるのに対して, 発話の意味は推論によって曖昧性等が除去された結果, 最終的に真偽の判断が可能な**命題**を構成する。発話行為及び発話者の意図や態度といった心的状態を推測するのには, 「心の理論」のような社会的認知能力が関与していると考えられており, それらを含めた発話の意味は高次の命題的表象（メタ表象）を構成すると考えられる。

言語障害に関する研究も, 言語の多面性を反映している。大きくは音声機能の障害と, 言語表現の障害とに分けられる。音声機能の障害には, 構音障害, 吃音障害等が含まれる。言語表現の障害には, 失語症（**ウェルニッケ失語・ブローカ失語**）及び特異的言語発達遅滞や語用障害等の言語発達障害が含まれる。

■　■　■

❶ ▶ イメージ・スキーマ (image schema)

イメージ・スキーマとは, 知覚や経験に基づく全概念的なイメージの図式であり, 人間の思考に関与する認知構造である。主に物体の位置関係や運動の経路等のイメージを含む。乳児は言語獲得以前に, イメージ・スキーマを通して環境を理解すると考えられている。認知言語学では, 成人においても, 現象を言語化・概念化する, あるいは言語化・概念化された現象を理解する際に, イメージ・スキーマが用いられると仮定される。比喩の生成や理解のように, 表面的には異なる現象を共通のイメージ・スキーマで関連づけることが可能になると

❷ ▶ ウェルニッケ失語／ブローカ失語 (Wernicke's aphasia/Broca's aphasia)

ウェルニッケ野とブローカ野を中心とした病巣で生じる失語症。感覚性失語とも呼ばれるウェルニッケ失語の場合，発話の産出にためらいはないが，単語の発音の間違いが頻繁に見られる。意図していた単語とは別の単語を言うことも多く，一般的に適切な単語を選択することに困難がある。運動性失語とも呼ばれるブローカ失語の場合は構音が困難で，会話が断片的になる。単語の発音を間違えることも多く，プロソディ（韻律）にも障害がある。

❸ ▶ 形態素 (morpheme)

形態素は語彙の構成要素であり，意味をもつ最小の単位である。日本語の名詞のように，単独で語彙になりうるものは自由形態素と呼ばれ，単独では語彙にならず，日本語の動詞のように，常に他の形態素とともに用いられるものは束縛形態素と呼ばれる。語彙の概念的な要素を担う形態素を語根（基礎語幹）と呼び，時制や人称等の機能的な役割をもつ形態素を文法的形態素と呼んでいる。

❹ ▶ 言語獲得 (language acquisition)

乳児はほぼ個人差なく一定のスピードで言語を獲得する。1歳くらいから初語を使い始めるが，それ以前に親などが使う言葉の音声の認知が始まっている。生後3〜15カ月くらいまでにほぼ全ての母音と子音を聞き分けることができるようになる。1歳半〜2歳の間に2語発話が始まり，語彙の「爆発的増加」が起こる。文法を中心とした言語獲得に関する理論的仮説として，以下の二つが広く支持されている。チョムスキーが提唱する生成文法理論の枠組みでは，言語能力を人間の生物学的な特徴と捉え，言語獲得のメカニズムが生得的に備わっていると仮定する。一方，認知言語学の枠組みにおいては，トマセロのアプローチに代表されるように，他の認知能力の発達と生後の言語経験の般化との相互作用として言語が獲得されるという仮説が出されている。

❺ ▶ 普遍文法 (universal grammar)

言語能力は人間が獲得した生物学的な特徴の一つであるというチョムスキーの仮説の一部である。人間が外界からの刺激が極めて貧弱であるのにもかかわらず，短期間の間に母語を獲得することができるのは，全ての言語に共通する文法の初期状態である普遍文法が，生得的に備わっているからだと考えられている。環境から受け取る言語刺激に応じて，普遍文法のパラメータが取捨選択されることにより，初期状態から個別言語の獲得への推移が可能になると仮定される。

〔松井智子〕

04-05 ▶ 眼球運動・運動制御

脊椎動物の運動には，特定の刺激に対して生じる**反射運動**から，状況の認識や記憶に基づいた随意運動まで，様々な複雑さの水準がある。自らの意志によらずに生じる運動を**不随意運動**と呼び，意志に基づいて生じる運動を**随意運動**と呼ぶが，不随意的な要素と随意的な要素をともに含む運動もあり，全ての運動をどちらか一方に明瞭に分類することは困難である。

運動を適切に制御するためには，運動によって生じた外界の変化を評価する必要がある。したがって，運動制御（motor control）を理解するためには，運動系から外界の物理現象，感覚系を全て含んだ系を考える必要がある。中枢神経系から運動器へ

の信号を**遠心性信号**，感覚器から中枢神経系への信号を**求心性信号**と呼ぶ。求心性信号から目標とする状態と現在の状態の誤差を求め，誤差が小さくなるように遠心性信号を調節する制御方法を**フィードバック制御**と呼ぶ。フィードバック制御には遠心性信号を送ってから求心性信号が戻ってくるまでの時間遅れがあるため，**到達把持運動**のように速く滑らかな運動の制御には，制御対象の内部モデルに基づいた**フィードフォワード制御**が必要である。すなわち，どのような遠心性信号を送るとどのような結果が生じるかを予測するモデルを脳内に準備しておいて，予測に基づいて遠心性信号を調節することによって速く滑らかな運動を実現しているのである。予測のために内部モデルに送られる遠心性信号を**遠心性コピー**と呼ぶ。予測と実際の運動によって生じた求心性信号との誤差は内部モデルの調整に用いられるほか，知覚にも影響を及ぼすことが知られている。また，**指さし（ポインティング）**や視線によって注意する対象を他者と共有する**共同注意**が生後9カ月頃から急速に発達することは，これらの運動と注意，コミュニケーション能力といった認知機能が脳内に一体のシステムとして備わっていることを示唆している。自らの運動の遂行と他者の行動の理解の双方に関与していると考えられる**ミラーニューロン・システム**の存在も，認知機能に運動系が深く関与していることを示している。

運動制御と感覚，認知との関連の理解が進んでいる系の一つに眼球運動制御-視覚系がある。人間の視野は頭部前方に限られており，高い視力を有する範囲はさらに視野中心に限られる。そのため人間は眼球運動（eye movement）を行って視覚情報を得て，その情報に基づいて次にどの方向から視覚情報を得るかを決定し，眼球運動を行うというサイクルを頻繁に繰り返す。人間の眼球運動には**前庭動眼反射**，**視機性眼球運動**，**追従眼球運動**，**サッカード**，**固視**等，様々な種類があるが，なかでもサッカードと固視は様々な視覚課題を遂行中に1秒間に3回前後という高頻度で交互に行われるため，人間の視覚認知の研究において重要な研究対象である。

運動と認知の不可分性という観点からの重要な問題の一つに，視野安定の問題が挙げられる。サッカードと固視を繰り返している時には，わずか数百ミリ秒の間に次々と視線方向が切り替わり，視覚刺激の網膜上の位置が変化するが，その変化が運動として知覚されることはない。また，固視と固視の合間には高速なサッカード運動のために視覚刺激が不鮮明になるが，この不鮮明な像が知覚されることもない。このように眼球運動によって生じる視覚入力の変化に対する知覚を抑制して知覚される視野が安定化することを視野安定と呼ぶ。空間の恒常性と呼ぶこともある。視野安定の実現には**サッカード抑制**及び**サッカード間記憶**が重要な役割を果たしていると考えられる。遂行中の認知課題と注視位置の決定過程もまた，運動制御と認知の両分野にまたがる重要問題の一つである。顕著な形状や色をもつ視覚刺激や大きな音量の聴覚刺激等に人間は注視を誘発するが，現在の刺激の顕著性に基づいた注視位置決定過程のモデルは十分に人間の注視パターンを再現できない。課題達成のための方略や学習等の要因がどのように注視位置の決定に関与しているかをモデル化していく必要がある。

■　■　■

❶▶ 固視 (fixation)

一点に視線を維持する運動。固視中にも眼球は固視微動と呼ばれる小さな運動を続けており，通常は視覚刺激が網膜上で完全

04-05 眼球運動・運動制御

に静止することはない。コンタクトレンズを用いるなどの方法で静止網膜像を実現すると、像は数秒で消失し、その後消失と出現を繰り返すように知覚される。

❷▶ サッカード (saccade)

視線方向を変更する高速な眼球運動。随意的にも反射的にも起こる。読書や筆記といった多くの日常的な作業を行う際に生じる運動である。視線移動量（振幅と呼ばれる）と運動の持続時間及び速度の関係は主系列特性と呼ばれており、随意的に変更することはできない。

❸▶ サッカード間記憶 (transsaccadic memory)

サッカード終了後にも保持されている、サッカード開始前の視覚情報。視野全体が写真のように詳細に保持されているのではなく、遂行中の作業に必要な情報のみが選択的に保持されている。サッカード実行に同期して物体を消去したりしても気づくことが難しいという実験結果等から、サッカード間記憶の容量は数個程度の物体の属性を保持できる程度だと推定されている。

❹▶ サッカード抑制 (saccadic suppression)

サッカード実行に伴う視覚刺激に対する感度の低下のこと。感度の低下はサッカード開始数十ミリ秒前から生じ、終了後も数十ミリ秒間続く。知覚が完全に抑制されるわけではなく、刺激が十分に強ければ知覚することが可能である。サッカード実行前後の固視時に得られる安定した視野によるマスキングや、遠心性コピーによる知覚の抑制等によって実現されていると考えられている。

❺▶ 視機性眼球運動 (optokinetic eye movement)

視野の一様な流れを打ち消して視野を安定させるために生じる不随意な眼球運動。視運動性反応等とも呼ばれる。前庭動眼反射と異なり視覚刺激によって生じるため、頭部は空間内で静止していても周囲の風景が一様に流れ続ければ視機性眼球運動が生じる。視野の一様な流れに晒され続けると、自分が空間内で静止しているにもかかわらず運動しているという知覚が生じる。この知覚をベクションと呼ぶ。

❻▶ 前庭動眼反射 (vestibulo-ocular reflex)

頭部の回転によって生じる視野の一様な流れ（オプティカル・フロー）を打ち消すために不随意に生じる眼球運動の一種。内耳の前庭器の刺激によって生じる。同様の働きをもつ眼球運動として、一様な視野の流れを刺激として生じる視運動性反射等がある。眼球が回転する範囲には限りがあるので、頭部の回転と反対方向にある程度滑らかに回転すると、頭部回転と同方向に急速に回転して、再び頭部回転と反対方向に滑らかに回転するというサイクルを繰り返す。このような運動を眼振と呼ぶ。

❼▶ 追従眼球運動 (smoth pursuit)

滑らかに運動する対象を視線で追う時に行われる滑らかな眼球運動。随意運動だが追従する視覚刺激なしには実行できない。一般に眼球運動速度は視覚刺激の刺激より遅い。追従眼球運動中には運動刺激の速度が遅く知覚されることを、アウベルト・フライシルの逆理と呼ぶ。追従眼球運動中に背景が逆方向に運動して知覚されることを、フィレーネ錯視と呼ぶ。

❽▶ 到達把持運動 (reach-to-grasp movement)

物体に腕を伸ばして手でつかむ運動。人間の腕は自由度が高いため、腕を伸ばす軌道を決定する問題は解を一意に決定できない難問である。また、視覚情報に基づいて物体の重心や硬さなどを認識し、目標の物体を握るために手をどのような形に構え、どのような軌道で腕を伸ばすかを決定する必要があるため、物体認知、空間認知の問題とも関連している。

❾▶ ミラーニューロン・システム (mirror neuron system)

サルの前頭葉及び頭頂葉には、自分自身がある動作を実行する時に活動するとともに、同じ動作をする他者を観察する時にも

活動するニューロンが存在する。これらのニューロンをミラーニューロンと呼ぶ。人間の脳にも同様の働きをするシステムが存在すると考えられており、ミラーニューロン・システム、ミラー・システム等と呼ばれている。ミラーニューロンは他者の行動やその意図の認識に重要な役割を果たしていると考えられているのみならず、言語能力の関連も指摘されている。

〔十河宏行〕

04-06 ▶ 注意と認知的制御

我々は感覚器官から受け取る膨大な情報の全てを処理することはできない。また、身体的制約からある瞬間に表出できる行為には強い限定がある。こうした制約下で効率よく情報を取り入れ、行為を生成する機構が注意や認知的制御である。注意と認知的制御の間には明確な区分が設けられてはいないが、一般に知覚レベルでの制御には注意、行為に関する制御には認知的制御の語を充てる傾向がある。

歴史的には、ヘルムホルツが視覚的注意と注視は別であることを示す実験を行っているが、1980年代にポズナーによってより洗練された形で復活し、現在の視覚的注意の中心的な実験パラダイムの一つとなっている。それ以前は、注意の研究は聴覚的注意に関する研究が主流で、両耳分離聴等の方法を用いて注意機能の研究が進められた。ブロードベントの注意の**フィルター・モデル**は、聴覚的注意に関する成果に主に依拠している。**カクテル・パーティ効果**も聴覚的注意研究の成果の一つである。

注意の働きは、**覚醒度**、**選択的注意**、**認知的制御**に分けて議論されることが多い。これらの機能は行動データから比較的独立性が高く、関与する脳領域も異なっている。具体的には、覚醒度は脳幹部、選択的注意は後部頭頂葉、認知的制御は前頭前野と前部帯状回が強く関与している。

選択的注意の機能を検討する中心的な実験パラダイムは、ポズナーの**空間手がかり課題**である。空間手がかり課題では、注視点を見ている状態で、その左右いずれかの位置に一瞬光点がフラッシュする。これが標的刺激の手がかりとなっており、その後に呈示される標的に対する反応時間は、標的が手がかりと同じ位置の場合、手がかりの反対側の場合よりも短縮する。この効果は、手がかりと標的の時間差が眼球運動の潜時よりも短い 100 ms 程度でも生じるため、注視の効果とは区別できる。選択的注意の効果は幾つかの下位機能からなる。例えば、手がかりが標的刺激の位置を確率的に予測する場合とそうでない場合には注意の効果に様々な違いがあり、前者を**内因的注意**、後者を**外因的注意**と呼ぶ。注意によって選択される対象は、空間上の位置だけでなく、物体や物体がもつ色や運動方向等の特徴も含まれる。選択的注意の機能は、スポットライトのメタファーで記述されることが多いが、注意のスポットライトを分割できるかという**注意の分割**の問題に関して多くの実験研究がある。

より複雑な状況における注意の役割を検討するパラダイムとして**視覚探索**がある。単一の刺激を用いた手がかり課題とは異なり、多数の妨害刺激の中から標的刺激を探索する視覚探索はより日常場面に近く、幾何学図形以外にも、風景写真等も多く用いられ、注意機能の複雑なメカニズムが検討されている。

認知的制御に関しては、ストループ課題、フランカー課題、サイモン課題のような**認知的干渉**の課題が用いられる。認知的干渉課題では、呈示刺激とそれに対する反

応が適合する条件と不適合な条件を比較することにより干渉が測定される。その他，**課題切り替え**のパラダイムを用いて，同じ刺激に対して異なる課題を行う条件を設定し，課題を切り替えることによる負荷が検討されている。また，二重課題を用いた心的不応期に関する研究では，刺激に対する情報処理と行動反応の間にボトルネックがあり，その処理段階では二つの課題を同時に実行できないとされている。

注意の心理学的モデルとしては，ブロードベントのフィルター・モデルやカーネマンの**処理資源モデル**が知られている。近年では，ナイサーの2段階モデルを発展させ，情報処理機構の詳細を定式化したトリースマンの**特徴統合理論**や，神経科学の知見に基盤を置く**バイアス競合モデル**等も提唱されている。

■　■　■

❶ ▶ 覚醒度 (vigilance)

環境内でランダムに起こる微小な変化を検出し反応するための準備状態。一般に同じ作業を続けていると覚醒度が低下し信号の検出率が低下するが，これは単純な作業時間の関数ではなく，課題の難易度に依存する。より困難な課題では信号検出率の低下が早まる。したがって，心理学的な覚醒度 (vigilance) は生理学的覚醒 (arousal) と密接に関連するが，それのみでは説明できない。

❷ ▶ カクテル・パーティ効果 (cocktail party effect)

パーティの雑音の中でも興味ある会話が聞き取れるような，音声の選択的聴取の現象。選択的注意の効果の典型例の一つ。チェリーによって提唱された。両耳分離聴と追唱課題によって実証的研究が進められた。

❸ ▶ 課題切り替え (task switching)

通常は，同一の刺激に対して，異なる課題を課す条件を設定し，同じ課題を続ける場合に対して，課題を切り替えることによるコストを評価する。切り替えの指示から刺激呈示時間の間隔が短いほどコストが大きいが，長い間隔でもコストが残存することが知られる。

❹ ▶ 視覚探索 (visual search)

視覚呈示された複数の妨害項目の中から標的刺激を探索し報告する課題。標的はあらかじめ同定されている場合と，一つだけ異なるものとして定義される場合がある。探索時間は通常探索項目数の線形関数となるが，ある特徴の有無の探索では，項目数に依存しないこともある。標的と妨害刺激を入れ替えると探索効率が大きく変化する探索非対称性も知られている。視覚情報処理の並列性に関する多くの研究で用いられる。

❺ ▶ 処理資源モデル (resource model)

カーネマンが提唱した，分割的注意の機能を有限な処理資源の配分として定式化したモデル。注意の機構は課題に対する心的努力の大きさを評価し，それに応じて有限な処理資源を配分する。

❻ ▶ 心的不応期 (psychological refractory period)

二重課題において，課題を並列処理できず，片方の課題の遂行に遅延が生じる期間のこと。課題遂行を刺激の符号化，反応選択，反応実行の成分に分割すると，反応選択は並列処理できないため，この成分が2課題で時間的に重複すると遅延が生じる。ニューロン活動の不応期のアナロジー。

❼ ▶ 選択的注意 (selective attention)

ジェームズは注意の本質的機能を選択であると述べたが，通常は，複数の刺激から一つの標的刺激を選択する過程を指す。視覚的注意研究では定位機能とも呼ばれる。注意の分割と対比的に使うことも多い。

❽ ▶ 注意の分割 (divided attention)

注意を複数の物体に分割できるかという

問題に関する多くの実験研究がある。2カ所の物体に注意を分割した場合，注意のスポットライトが分離しているのか，両者を含む領域に広がっているかの検証は困難で多くの議論がある。多物体の追跡を用いた方法では，注意を3，4個の物体に分割できることが示唆されている。

❾ ▶ 特徴統合理論（feature integration theory）

トリースマンによって提案された視覚的注意を含む視覚認知のモデル。視覚情報処理は並列処理と系列処理の2段階からなり，並列処理では，要素的な視覚特徴を前注意的に処理し，特徴の組み合わせを用いた物体の認知は，選択的注意を用いた系列的処理が必要とされる。注意欠如時に特徴の誤った組み合わせが知覚される結合錯誤という現象や，視覚探索課題の様々な実験結果をうまく説明することができる。

❿ ▶ 内因的注意／外因的注意（endogenous attention/exogenous attention）

内因的注意は，自発的な意図によって選択的に注意を向ける作用で，ある位置に出現する刺激を待ち受ける場合にあたる。一方，外因的注意は外界の刺激によって選択機能が駆動される作用で，突然の大きな音や光に注意がひきつけられる場合にあたる。空間手がかり課題を用いた実験から，内因的注意には手がかりから標的位置の予測可能性が必要だが，外因的注意では不要なこと，内因的注意効果は手がかりと標的の時間間隔にあまり依存しないが，外因的注意は時間間隔が短い時のみ促進効果が見られ，長くなると逆に遅延する復帰抑制が起こることが知られている。

⓫ ▶ 二重課題（dual task）

二つの行動課題を同時に課す実験手法。注意に関する様々な研究で用いられる。注意資源の分配を要する課題では，二重課題で単独課題時よりも成績が低下することから，ある課題の注意資源の必要度を評価することができる。また，2課題のタイミングを操作することにより，心的不応期の特性を検討することができる。

⓬ ▶ 認知的制御（cognitive control）

運動制御と区別して，複数の反応の選択肢の中からの選択，不適切な反応の抑制，エラー反応の検出，課題遂行のモニタリング，課題の切り替えなど，直接の行動反応は伴わない認知活動の制御全般を指す。

⓭ ▶ バイアス競合モデル（biased competition model）

ダンカンとデジモンが提案した注意の神経生理学的モデル。脳内では，知覚特徴や物体を表象するニューロン群が常に競合状態にあるという前提を置き，注意とは，ある特定の特徴や物体が競合に勝ちやすいようにバイアス信号を送る機構であると捉える。注意に関する行動データのみならず，単一ニューロン活動記録や機能的磁気共鳴画像法データなど，幅広い知見をうまく説明できる。

⓮ ▶ フィルター・モデル（filter model）

聴覚的注意研究の知見に基づきブロードベントが提唱した注意のモデル。注意の機能を，物理刺激から必要な情報のみを抽出するフィルターとして定式化した。刺激の意味情報の処理以前に選択を仮定する初期選択モデルの一種である。

〔齋木　潤〕

04-07 ▶ 短期記憶

ジェームズは，記憶を二つの要素に分けて捉えることを提案した。**一次記憶**（primary memory）は，現在の意識にある情報を保持する働きを，**二次記憶**（secondary memory）は，今意識上にはないが，

必要に応じて意識化できる情報を長期的に貯蔵する働きを担うとされた。短期記憶（STM）は，一次記憶に近い概念であり，その特徴として，一度に保持できる容量に厳しい限界があること，ごく短時間しか情報を保持しておくことができないことを挙げることができる。ただし，ここで想定される短期の貯蔵機能は，**感覚貯蔵**とは区別される。

短期記憶の容量の限界は，**記憶範囲**（memory span：**記憶スパン**とも呼ばれる）課題によって見積もられることが多い。この課題では，通常，数字か単語を記銘材料とし，呈示した材料の直後系列再生を求める。最大で何個の項目を正確に再生することができるのかが指標となり，この値が記憶範囲と呼ばれる。こうした限界は，エビングハウスによって1880年代に報告されている。最大で何個の項目を正確に再生することができるのかが指標となり，この値が記憶範囲と呼ばれる。個人差が存在するが，7±2の間に収まるということが知られており，この数字をミラーは**マジカルナンバー7±2**と呼んだ。ただし，この値は，呈示された材料を能動的にリハーサルするなどの方略や様々な要因から影響を受けたものである。何らかの方法で，そうした方略が妨害されたり他要因からの影響が取り除かれた場合には，4程度の値となり，これを真の短期記憶容量であるとする立場もある。

短期記憶は，機能的概念としての短期貯蔵（short-term storage）と，構成概念としての短期貯蔵庫（short-term store）の意味を一般には含むが，元来は機能的な概念であり，短期貯蔵庫とは明確に区別する研究者もいる。一方で，短期記憶という用語を短期貯蔵庫と類似した意味合いで用いている研究者も存在する。

短期記憶と近い概念である**ワーキングメモリ**（working memory：**作動記憶**とも訳す）とは，計算や推論，読解，様々な学習活動等の何らかの認知課題遂行中に，一時的に必要となる記憶の働きを指す。現在では，そうした機能を実現するための記憶システムとして捉えられることも多い。ワーキングメモリのモデルの中で，広く知られているのがバドリーのモデルである。このモデルの特徴は，音韻的な情報と視空間的な情報が異なるメカニズムによって保持されると仮定しているところにあり，前者の保持は**音韻ループ**というシステムが，後者の保持は**視空間スケッチパッド**というシステムが担うとされている。また，2000年に改訂されたモデルには，**エピソード・バッファ**という保持システムが追加され，現在は，ワーキングメモリ・システムの中に三つの保持システムの存在が仮定されている。バッデリーのモデルのもう一つの特徴は，情報の保持システムに加え，情報の制御を担う**中央実行系**というシステムを想定し，それをワーキングメモリ・システムの基軸に据えているという点にある。ワーキングメモリは，先に述べたように，種々の認知課題遂行中に必要となる記憶機能であるため，複雑な情報制御を必要とする。それゆえに，中央実行系によって営まれるワーキングメモリの**実行機能**の役割解明は，ワーキングメモリ研究の中心の問題となっている。

なお，ワーキングメモリは，長期的知識の**符号化**と**検索**にも寄与していると考えられている。例えば，符号化方略としての**精緻化**や**チャンキング**といった過程には，必要情報の一時的な保持が不可欠である。

ワーキングメモリによる情報の短期的保持は，目標となっている認知処理課題の遂行中に求められるため，この記憶機能の実現に必要な過程が，当該の認知処理活動との間で競合や干渉を起こす可能性がある。リーディング・スパン・テストに代表される**ワーキングメモリ・スパン**（working memory span）課題とは，こうしたワーキングメモリの概念的特徴を捉えたもので，何らかの処理課題を遂行しつつ情報の保持を求めるという点で，二重課題であるといえよう。

❶▶エピソード・バッファ（episodic buffer）

ワーキングメモリ・モデルのサブシステムの一つで，複数の情報の統合表象を一時的に保持するシステム。この統合情報が一つのまとまったエピソードであると考えられていることから，このように命名されている。

❷▶音韻ループ（phonological loop）

ワーキングメモリ・モデルのサブシステムの一つ。1990年以前は構音ループ（articulatory loop）と呼ばれていた。言語の音韻情報を一時的に保持すると想定されている。このシステムは，音韻ストア（phonological store）と構音コントロール過程（articulatory control process）という二つの成分から構成され，様々な認知課題の遂行中に音韻情報を一時的に保持しておくという働きを担うとともに，新しい音韻系列の長期的学習を支えている。

❸▶感覚貯蔵（sensory storage）

感覚貯蔵は，カテゴリ化される前の感覚的情報を保持しておく働きである。各感覚モダリティに対応した別々の感覚貯蔵システムがあると考えられている。視覚情報の保持には数百ミリ秒しか持続しないアイコニック・メモリ（iconic memory）が，聴覚情報の保持には数秒間持続するエコイック・メモリ（echoic memory）がそれぞれ対応している。保持時間は短いが，一度に保持されている情報は膨大であると考えられている。

❹▶視空間スケッチパッド（visuospatial sketchpad）

ワーキングメモリ・モデルのサブシステムの一つ。以前は，視空間スクラッチパッド（visuospatial scratchpad）と呼ばれていた。オブジェクトの視覚的形態の保持を担う成分と，動的な場面の空間表象を保持する成分から構成されていると考えられている。

❺▶実行機能（executive function）

内的な課題目標に適合するように外界の情報を受け取り，認知的な処理を行い，行為を選択生成する，そうした制御を可能にする内的駆動型の心的機能である。単一の機能を指すのではなく，独立はしているが相互に関連のある複数の機能の包括的な名称であり，制御機能と呼ばれることがある。状況に合わせて，例えば，必要情報を更新する（updating），課題に臨む際の構えを変更する（shifting），不必要な反応を抑制する（inhibition）といった制御機能によって，我々は，思考や行動を柔軟に調整・変化させることができる。

❻▶精緻化（elaboration）

記銘すべき情報を既有知識と結びつけ，記銘項目に情報を付加する符号化の過程。付加された情報は検索時に利用できるため，一般に，精緻化は検索の効率を高め，記憶成績を向上させる。ただし，どのような符号化情報が有効であるかは検索の様態に依存するため，精緻化の効果は，テストの方法や条件に左右される。

❼▶チャンキング（chunking）

長期的知識によって結びつけられたまとまりをチャンク（chunk）という。チャンクの中の要素同士は，通常は繰り返し経験されてきたことによって相互に強く連合している。情報をチャンクにまとめる過程のことをチャンキングと呼ぶ。

❽▶中央実行系（central executive）

ワーキングメモリ・モデルのサブシステ

ムの一つで，かつては情報の処理と保持の両方にリソースを供給するリソース・プールであると想定されていた。こうした当初の捉え方は，後の理論的/実証的検討によって修正された。特に，このシステムから保持機能が取り除かれたことは理論的に重要で，このことが後にエピソード・バッファの提案へとつながった。ワーキングメモリを制御するための実行機能を担う。

❾▶符合化と検索（encoding and retrieval）

記憶は，情報を保管しておく働きである貯蔵（storage）という概念と同一視されることがあるが，記憶の機能を実現するためには，外界の情報を貯蔵できるように変換して取り込む，符号化という過程が必要である。また，蓄えられている貯蔵情報が利用されるためには，これを取り出す必要があり，この過程を検索という。すなわち，記憶は，符号化，貯蔵，検索という三つの過程からなる。

❿▶リーディング・スパン・テスト（reading span test）

複数の文を一つずつ提示し，それらを音読しながらそれぞれの文の最後の単語（あるいはアンダーラインで指定された単語）を覚えておくことを求める課題である。通常は，2～5文が呈示される。実験参加者は，音読という処理をしながら単語を覚えておくという二重課題に従事することになる。この課題の成績は，記銘単語の再生成績から算出され，この得点が読み理解テスト等の成績と比較的高い相関を示すことが知られている。

⓫▶リハーサル（rehearsal）

記銘材料を内的あるいは外的な方法で反復すること。一定期間，単に情報を維持するためだけの維持リハーサル（maintenance rehearsal）と，長期的な学習を目的として，何らかの精緻化を行いながら反復する精緻化リハーサル（elaborative rehearsal）がある。更に，維持リハーサルには少なくとも二つの形式があり，言語情報を構音メカニズムを用いて反復する構音リハーサル（articulatory rehearsal）と，情報に繰り返し注意を向け再活性化することで情報を維持する，注意性再鮮化（attentional refreshing）があると仮定されている。

〔齊藤　智〕

04-08 ▶ 長期記憶

人間の記憶は，情報を保持できる時間によって感覚記憶，短期記憶もしくは作動記憶，そして長期記憶（long term memory）に区分することができる。一般的には，長期記憶は半永久的な記憶であり，記憶できる容量にも制限がないと考えられている。

長期記憶は，言語的な記述のしやすさによって，更に**手続き記憶**と**宣言的記憶**とに大別される。例えば「自転車の乗り方」は，言語的に説明することが困難な手続記憶である。仮に自転車に乗れるようになった過程を言語的に説明できたとしても，自転車に乗れない人がそれを聞いて乗れるようになるわけではない（言語的に伝達できない）。手続記憶には身体を用いる運動技能に関わるものだけでなく，計算課題の演算や司会進行の段取りのような認知技能も含まれる。手続記憶は，一般的には獲得までにかなりの反復訓練が必要となる一方で，いったん獲得されてしまえば忘却されにくい。そして，手続記憶は，記憶を利用しているという意識を伴う必要がなく，無意識的に利用可能である。

一方，長期記憶のうち，言語的に記述することが容易な宣言的記憶は，更に**意味記**

憶とエピソード記憶とに分類される。意味記憶とは，一般的知識や事実に関する記憶であり，たとえるなら心の百科事典のようなものである。エピソード記憶は，個人的な出来事や思い出に関する記憶であり，いうなれば心の日記帳のようなものである。

長期記憶を獲得する際には，記銘しようとしている項目（単語や数字等）を何度も繰り返し唱えるという**リハーサル**が重要な役割をもつ。外界から入ってきた情報は，まず短期記憶（作動記憶）に入り，リハーサルをすることによって短期記憶に保持される。例えば15個の単語（ミカン，タンス等）を3秒間隔で一つずつ提示していって，15個提示し終わった直後に，それら全ての単語を，提示された順番にかかわらず，できるだけたくさん思い出すという自由**再生**を行ったとしよう。そして，15個の単語リストにおける系列位置（何番目に提示された単語か）ごとに再生率を求めてそれを折れ線グラフにすると，**系列位置曲線**になる。通常は，リストの初頭部（最初に提示された数個）及び新近部（最後の2，3個）の再生成績が，リスト中間部より良いという系列位置効果が見られる。リストの初頭部で提示された項目は，まだ他の項目が提示されていないために多くの回数リハーサルされ，長期記憶に転送されやすくなるというのが，**初頭効果**の説明である。リストの新近部の項目は，リハーサルによってまだ短期記憶にその情報が残っているので，長期記憶を経由せず直接報告されるために成績が良くなるというのが**新近効果**の説明である。また，単語リスト学習直後に再生するのではなく，計算課題等を挿入して30秒間の遅延を置くと，新近効果が消失する。これは計算課題によってリハーサルを妨げることで短期記憶内に単語を保持することができなくなり，再生時の新近部の優位がなくなったと解釈できる。一方，3秒間隔で単語を提示するより9秒間

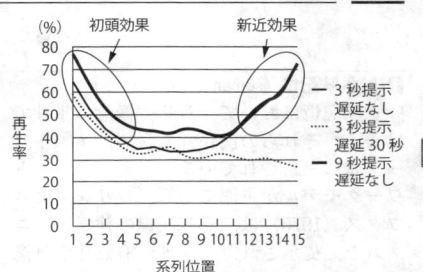

図3　典型的な系列位置曲線の例

隔で提示する方が，リストの初頭部及び中間部の再生成績が良くなるが，新近部にはほとんど影響がない。これは9秒間隔で単語提示する方がリハーサル回数が多くなるため，短期記憶から長期記憶への情報の転送可能性が高まるためと解釈される（図3）。このように，リストの新近部と初頭部とに異なる影響を及ぼす実験操作の存在は，短期記憶と長期記憶が質的に異なると仮定することでうまく説明ができるとされてきた。

これに対し，クレイクとロックハート（1972）は，これらのデータは，二つの記憶の貯蔵庫を仮定しなくても**処理水準**（levels of processing）という概念によって説明可能だとしている。文字表記形態や音韻のような浅い処理よりも，意味的・概念的な深い処理を行うことで記憶痕跡が強固になり，再生や**再認**がされやすくなるという考え方である。

同様に，クレイクとワトキンス（1973）は，単に単語を機械的に反復するなどの浅い水準のリハーサル（**一次リハーサル，維持リハーサル**）は回数が多くなされても記憶痕跡を強めず，記憶成績にとって重要なのは，単語の意味を考えたりイメージ化をするなどの深い水準のリハーサル（**二次リハーサル，精緻化リハーサル**）であることを示した。

❶ ▶ 意味記憶 (semantic memory)

意味記憶において，意味や概念は単独ではなく，それらの関係性も含め，ネットワーク状に表象されていると考える，ネットワークモデルが主流である。コリンズとロフタス（1975）は，意味記憶の検索メカニズムを，提示された文字列が有意味か無意味かを判断する語彙決定課題における間接プライミング（indirect priming）効果を根拠とし，活性化拡散理論で説明した。

❷ ▶ エピソード記憶 (episodic memory)

「いつ・どこで」という特定の文脈情報を伴って想起される記憶である。記憶研究でよく用いられる再生課題や再認課題は，実験刺激が実験中に提示されたというエピソードの想起が求められるエピソード記憶課題である。エピソード記憶の利用の際には符号化時のエピソードの意識的な想起を伴うので，顕在記憶（explicit memory）である。

❸ ▶ 再生 (recall)

検索手がかりが提示されずに，学習時の項目の提示順を問わず順不同で報告するのが自由再生（free recall），提示順どおりに報告するのが系列再生（serial recall）である。何らかの検索手がかりが提示される場合には手がかり再生（cued recall）と呼ばれる。

❹ ▶ 再認 (recognition)

記銘項目を学習した後，学習項目（旧項目ともいう）と未学習項目（新項目ともいう）とを弁別するのが再認課題である。再認の幾つかの実施法のうち，テスト時に1項目ずつ提示され，そのつど判断を行う諾否型においては，学習したか否かの判断に加えて，学習時のエピソードの詳細を一つでも思い出せる（remember）のか，学習したということが分かるだけ（know）なのかを区別するRemember/Know手続きを用いることもある。

〔藤田哲也〕

04-09 ▶ 潜在記憶

潜在記憶とは，想起意識を伴わない記憶の想起，あるいはそれを支える記憶システムを指し，想起意識を伴う顕在記憶と対比されるものである。意識されない自動的な記憶の側面を調べる代表的な現象として関心が集まり，心理学分野のみならず，神経心理学，神経科学等でも用いられる一般的概念となっている。

潜在記憶研究の端緒となった実験（Tulving et al. 1982）では，実験参加者は一連の単語（例えば「しんりがく」）を学習した後，1時間後及び1週間後に，2種類の記憶テスト（顕在記憶テスト，潜在記憶テスト）を受けた。顕在記憶テストは，先ほど見た単語を思い出してください（意識する），という課題であり（再認課題），一方，潜在記憶テストは学習時に提示された刺激を思い出す（意識する）必要はない課題であり，断片的な文字列（例えば「し_り_く」）の空欄を埋めて単語を作るという単語完成課題が用いられた。実験の結果，再認課題では保持時間が1時間後から1週間後と長くなると成績が低下したが，単語完成課題の成績は，学習単語の方がテスト時に初めて提示された単語よりも成績が良いというプライミング効果が見られ，その効果は1時間後と1週間後で変化がなかった。このことから，学習時に提示された情報が潜在的に記憶されていると考

えられた。

保持時間以外にも，潜在記憶と顕在記憶を反映するとされる課題に対して異なった効果を与える要因が知られている。例えば，学習時とテスト時の知覚属性（例えばフォント）の変化や視覚・聴覚のモダリティ操作は潜在記憶課題に影響を与えるが，一方，処理水準の操作は顕在記憶に影響を与える。また，健忘症患者は顕在記憶課題の成績は健常者より劣るが，潜在記憶課題の成績はあまり変わらないことや，潜在記憶課題では加齢の影響は小さいことが知られている。これらのことから，顕在記憶課題が反映している記憶と潜在記憶課題が反映している記憶とは異なっていると考えられるようになった。

このような潜在記憶の性質について大きく二つの考え方がある。一つは，異なったシステムが関与しているとする**記憶システム理論**である。そこでは，潜在記憶の基礎として，意味記憶，エピソード記憶とは異なった記憶システムである知覚表象システムが考えられている。もう一つの考え方は，符号化と検索時の処理が類似していると検索が容易になるという**転移適切性処理**に基づくものである。例えば，形態を符号化した場合の方が意味を符号化した場合より単語完成課題の成績が良いが，これは単語完成課題が知覚情報に基づく処理を要求するためであると考えるものである。

一般に，先行情報が後続情報の処理を促進することをプライミングと呼ぶ。特に先行情報と後続情報の関係性が同じ場合は**直接プライミング**（例えば前記の単語完成課題），関連刺激の場合は**間接プライミング**と呼ぶ。更に，その促進の基礎にある情報が知覚情報の場合には知覚プライミング，概念情報の場合には概念プライミングという呼び方もする。意味の連想に基づいた情報処理の促進は**意味プライミング**や連想プライミングと呼び，主に意味記憶研究で用いられている。逆に，先行情報によって後続情報の処理が抑制される現象は**負のプライミング**と呼ばれている。

潜在記憶研究で問題となるのは，潜在記憶課題の反応が完全に無意識的潜在的な過程のみによっているのかという指摘である。つまり，実験参加者が学習時の記憶を想起しようとすることによる顕在記憶が混在しているのではないかという問題である。そこで意識的な想起方略をとりにくくする教示の工夫等がなされたが，ジャコビー（1991）は**過程分離手続き**と呼ばれる全く違ったアプローチを提案した。

潜在記憶研究は，何らかの判断をする際に，気づいていない無意識的な記憶が影響していることを示したものとして，その後の認知研究に対して自動的無意識的過程の研究を強く促した。例えば，刺激の好みに関する**選好判断**は，判断者が意識している原因というより，それまでその刺激に接していたことによる熟知性（親近性：familiarity）の向上が原因となっていることが多い。記憶の想起過程は，自動的な熟知性に基づく過程と，意識的な回想に基づく過程とからなっており，熟知性を特に尋ねる課題（**親近性判断**）も，記憶の測定課題としてしばしば用いられている。

■　■　■

❶▶意味プライミング (semantic priming)

ある情報を処理する場合，先行刺激が意味的関係にあると処理が促進されることを意味プライミングと呼ぶ。課題は，文字列が単語かどうかを判断する語彙決定課題や，絵刺激が何かを答える命名課題等が用いられる。意味プライミング研究では，二つの継時刺激の時間間隔は1秒以内が多く，短時間の影響を扱っていると考えられる。閾下プライミングや感情プライミング

04-09 潜在記憶

研究でもしばしば用いられる手法となっている。

❷▶ 過程分離手続き (process dissociation procedure)

ジャコビーによって提案された，自動的過程と意識的過程の影響を推定する方法。もともと潜在記憶課題が純粋な自動的過程を反映していないという問題意識から考案された。例えば，二つのリストからなる単語を学習し，その後の再認テストで，リストにかかわらず呈示されていたら「はい」と答える包含条件，第2リストの単語についてのみ「はい」と答える除外条件（第1リストを除外）を行う。第1リストの単語の再認における自動的過程をF（familiarity），意識過程をR（recollection）とすると，包含条件で「はい」と再認する確率はR+F（1−R），除外条件で間違って「はい」と再認する確率はF（1−R）と表される。この連立方程式を解くことによってRとFの値を推定する。自動的過程と意識的過程の影響の大きさを算出でき，潜在認知に関わる様々な分野で利用されている。

❸▶ 間接プライミング (indirect priming)

先行刺激と後続刺激が同一以外の関連がある場合，間接プライミングと呼ばれる。例えば，両者が連想関係にある場合（連想プライミング）や意味的関連がある場合（意味プライミング）などがある。これらはもともと意味記憶研究で用いられたものであるが，潜在記憶研究でもプライミングという用語が用いられるようになり，両者を区別するために先行刺激と後続刺激が同一のものを直接プライミング，同一以外のものを間接プライミングと呼び，区別することが多い。

❹▶ 記憶システム (memory system)

記憶は幾つかの下位システムからなっているとする考え方である。潜在記憶課題を支える知覚表象システム（PRS），意味記憶，エピソード記憶の三つの記憶システムが提唱されている。これらは，記憶の想起意識の区分と関連しており，それぞれ無意識（anoetic），認識的意識（noetic），自己認識的意識（autonoetic）と対応している。三つの記憶システムは，この順序で進化を反映しているとする考え方がある。

❺▶ 親近性判断／熟知性判断 (familiarity judgment)

ある刺激を知っている感じがするかどうかという判断を親近性判断（熟知性判断）と呼ぶ。記憶の想起には，何かあった感じがするという親近性に基づく自動的過程と，それを確かに経験したかどうかを判断する回想的過程がある。経験しているかの記憶は定かではないが何となくそういう気がするという，デジャヴュや選好判断の基礎過程と関わっていると考えられる。

❻▶ 選好判断 (preference judgment)

ある対象に対する好みの判断を選好判断と呼ぶ。何度も呈示された刺激はより好ましく感じるという単純接触効果は，選好判断に過去の記憶（親近性）が影響することを示す現象である。何度も呈示された刺激は親近性が高まり，その結果，処理が流暢になることにより，より好ましいと判断されると考えられる。

❼▶ 直接プライミング (direct priming)

潜在記憶で用いられる課題は，学習段階で呈示された刺激と同じ刺激が呈示されるため，直接プライミングと呼ばれる。課題としては文字の断片から単語を作る単語完成課題，瞬間呈示された単語が何かを答える単語同定課題等が用いられる。

❽▶ 転移適切性処理 (transfer appropriate processing)

符号化時の処理と検索時の処理が一致している場合に，記憶成績が最も良くなることを指す。一般に，符号化時に意味処理をした場合に記憶成績は最も良くなるが（処理水準効果），想起時に音韻情報を必要とする課題を行った場合には，符号化時に音

9 ▶ 負のプライミング (negative priming)

先行刺激の処理が後続刺激の処理を促進することをプライミングと呼ぶが、逆に後続刺激の処理を低下させることを負のプライミングと呼ぶ。例えば、ターゲット刺激が先行刺激で無視すべき妨害刺激である場合、反応が遅れる。その理由として、妨害刺激を抑制するためであるという選択的抑制説、妨害刺激に対して無視した刺激であるというエピソード情報が記録されるためとする説などがある。

〔川口 潤〕

04-10 ▶ 記憶の諸相

記憶 (memory) に関する大項目としては長期記憶 (04-08)、短期記憶 (04-07)、潜在記憶 (04-09) があるが、ここではエピソード記憶に焦点を当て、その特徴、発達、及び日常生活における記憶の側面 (**日常記憶**) について述べる。タルヴィングは、いわゆる長期記憶を手続き的知識 (行うことによって示される記憶)、意味記憶 (世界に関する表象的な知識)、エピソード記憶 (時間・空間的文脈に埋め込まれた出来事の記憶) に区分した。エピソード記憶には海馬を含む側頭葉内側部、前頭前野が関わっているとされ、ここに損傷を受けると**健忘**が生じたり、健忘は生じないまでも**ソース・モニタリング**の失敗、虚再認、病的な**作話**等が生じる。タルヴィングはエピソード記憶を他の記憶と区別する特徴として、オートノエティックな (自己への気づきのある) 意識、すなわち、過去、そして未来へと時間を旅することのできる「自己参照的な気づき」を挙げた。このような意識が、過去をありありと思い出したり、未来を明確にイメージし、予測や計画を立てたりすること (**展望記憶**) を可能にする。

発達的には、エピソード記憶と関わるとされる脳部位は、手続き的知識と関わる線条体や小脳よりもゆっくりと発達し、このことは幼児期健忘を説明する一つの要因だとされている。また、エピソード記憶では成熟に時間を要し、高齢期においては機能低下が早く生じることが知られている。

発達に長い期間を要するということは、それだけ環境要因の影響を受けやすいということでもある。特に、過去の出来事を巡る会話において、養育者が子どもからいかに記憶を引き出すか (レミニシング・スタイル) は、子どものエピソード記憶の発達と関わるとされる。養育者が過去の出来事の記憶を精緻化したり、WH (5W1H) 質問を用いて子どもの発話を拡張したりする母親の子どもは、そうでない母親の子どもよりも、出来事についてより詳細な報告を行うようになる。また、体験した出来事について話し合うことは、その記憶の質 (正確さ) や量に影響を及ぼすことも確認されている。

こういった過去の出来事のうち、特に自己に関わる記憶を**自伝的記憶**という。自伝的記憶は視聴覚、嗅覚、体性感覚等の感覚情報、時間・空間的文脈、情動等の豊かな情報を含み、典型的にはナラティブ (語り) として想起される。ただし、純粋なエピソード記憶だけでなく、自己に関する知識やスキーマ (意味記憶に区分される) も、自伝的記憶の形成や維持に関わっていると考えられている。コンウェイは、自伝的記憶を、より抽象的な時間軸に沿った人生のテーマのもとに個別の出来事が連なる、階層構造を成すものとして捉えている。また、自伝的記憶は、客観的な事実に照らした場合、必ずしも正確ではないことが知られて

いる。例えば，社会的に重大な出来事（大震災やテロ攻撃）をメディアで見た時の衝撃や場面は，あたかもフラッシュを焚いて撮影したかのように鮮明に記憶されていることがあるが（これを**フラッシュ・バルブ記憶**という），そのように鮮やかな記憶にも変容や再構成が見られる。

しかし，日常生活においては一般に正確な記憶が要請されることが多く，様々な記憶方略が編み出され，用いられている。正確な記憶が求められる特殊な事態としては事件や事故の**目撃証言**が挙げられる。目撃証言は質問に含まれる誤情報により容易に汚染されること（事後情報効果），誘導的な面接により**偽りの記憶**さえも生じることなどから，近年では正確な事情聴取を目指す面接法（司法面接，**認知面接法**等）が開発され，用いられるようになった。

■　■　■

❶ ▶ 偽りの記憶 (false memory)

実際にはなかったのに「あった」とされる記憶。虚記憶，擬似記憶ともいう。アメリカでは 1990 年代頃より，全く思い出せなかった外傷的な記憶（抑圧された記憶）を心理療法により思い出した（記憶の回復）とする事例が相次ぎ，社会問題となった。ロフタスをはじめとする，この現象に懐疑的な認知心理学者は，誘導的な面接を繰り返したり，イメージを膨らませたりすることで，実際にはない出来事の記憶を植え付けることができることを示した。

❷ ▶ 記憶方略 (mnemonics/memory strategy)

記銘を助ける方法。場所法（見知っている場所，例えば自宅の玄関，台所，居間等に記憶すべき項目を一つずつ順に置いていくイメージを作り，項目とその順序を記憶する），意味化（語呂合わせのように，意味を作る），チャンク化（幾つかの固まりにまとめる）などがある。記憶方略は，いわば記憶に関する記憶（知識）であり，メタ記憶の一種である。

❸ ▶ 健忘症 (amnesia)

事故や疾患により，過去の記憶を想起できなかったり（逆向性健忘），新しい記憶を作れなくなったりする（順向性健忘）症状をいう。側頭葉内側部や間脳に異変が見られる。一般に，顕在的な記憶が障害されることが多く，潜在的な記憶や一次記憶は保たれることが多い。

❹ ▶ 作話 (confabulation)

客観的な事実とは異なる，しばしば荒唐無稽な内容を，事実であるとの確信をもって報告することを作話という。幼児において見られることもある。

❺ ▶ 事後情報効果 (postevent information effect)

目撃者への質問に含まれる誤情報が，目撃者の記憶を不正確にする効果をいう。例えば，緑色の車が起こした事故の目撃者に「青い車が交差点に入った時，信号はどうなっていましたか」と尋ねることで，目撃者の記憶（緑色）が青へと変わってしまうことなどをいう。事後情報効果が生じる原因の一つは，目撃したのか質問に含まれていたのかの区別がつかなくなる，ソース・モニタリングの失敗である。

❻ ▶ ソース・モニタリング (source monitoring)

ソースは情報源，モニタリングは監視するの意である。エピソード記憶には，内容（項目記憶）とその情報をどこで得たか（情報源）に関する情報が含まれるが，後者を把握し認識することをソース・モニタリングという。前頭葉の働きと関わっているとされ，幼児や高齢者は，青年に比べ，ソース・モニタリング能力が低い。

❼ ▶ 展望記憶 (prospective memory)

将来行おうとする活動（予定）の記憶であり，例えば，帰り道で郵便物を出す，家に帰ったら電話をかけるなどが含まれる。意図的な検索により思い起こされることも

❽ ▶ 日常記憶 (everyday memory)

ナイサーは，人は環境に適応する形で進化し，自然な文脈でこそ最も効果的に行動できるとして，日常文脈における記憶研究の必要性を説いた。このような主張を受けて多くの日常記憶研究が行われるようになった。出来事や体験の記憶，目撃証言，フラッシュ・バルブ記憶，展望記憶等のエピソード記憶に関する研究もあれば，見慣れた事物（コイン等）の記憶，歌や歌詞の記憶等，意味記憶に関する研究もある。

❾ ▶ 認知面接法 (cognitive interview)

アメリカのフィッシャーとガイゼルマンが考案した面接法。出来事の想起を求める際，全てを報告するよう求める，文脈を再現する，逆順に想起する，他者の視点で思い出すなどの検索手がかりを教示する。認知面接法は，通常の面接法に比べ，正確な情報をより多く引き出すことが確認されている。広く司法面接と呼ぶこともある。

❿ ▶ 目撃証言 (eyewitness testimony)

事件や事故に関する目撃者の供述。厳密には，法廷で提示される目撃供述を目撃証言という。目撃証言の正確さに関わる変数には，目撃時の明るさ，目撃した距離，目撃者の視力等，事件や事故が起きた後では統制できない変数（推定変数）と，面接法や人物同定識別の方法等，捜査機関が統制できる変数（システム変数）とがある。

〔仲　真紀子〕

04-11 ▶ 思考・推論と問題解決

思考とは，生得的な反応による反射や習得的反応等では対処できない認知活動，特に推論や問題解決を指す。思考には，頭の中で行う心的な情報の操作が必要である。情報の心的操作は，**心的表象**が支えている。人は，外部の環境（世界）を，感覚・知覚系を通して入力して，頭の中で操作できるように心的表象に変換する。心的表象には三つのタイプ，①実際の感覚・知覚に基づくイメージ的表象，②外界の対象や問題の構成要素の関係・構造に基づく**メンタル・モデル**，③言語的シンボル列に基づく命題的表象がある。

推論とは，利用可能な情報（前提や事実）から，規則，過去経験やメンタル・モデルに基づいて，結論や新しい情報を導く思考過程である。推論は，論理学や心理学の研究史の中で，**演繹的推論**と**帰納的推論**に区別されてきた。演繹的推論は，複数の前提を正しいと仮定した時に，必ず論理的に正しい結論を導く推論である。一方，帰納的推論は，既知の前提や事実から不確かさを伴う結論を導く推論である。両推論の区分は，定義の上でもプロセスの上でも必ずしも有効ではない。日常の推論では，両推論は相互作用しながら行われることがある。

問題解決とは，①初期状態（問題に直面した現在の事態）から，②目標状態（問題が解決された事態）に，③操作子（オペレータ）によって状態を変換するための認知的処理を指す。これは単なる想起や計算ではない。ここで，④解決に至る道筋を制限する条件を，制約という。問題におけるこれら4要素の心的表象を問題表象という。4要素が明確に定義された問題を**良定義問題**（well-defined problem），定義されていない問題を**不良定義問題**（ill-defined problem）という。例えば，不況（初期状態）を打開するという問題は，利用可能な操作子，目標状態，制約が明確でない。日常生活では，こうした不良定義問題が多

く，解決には背景知識を用いたり，**アナロジー**を用いたりすることがある。

問題解決プロセスは，①問題理解による問題表象（メンタル・モデル）の形成，②プランニング，③実行，④実行や解が適切かどうかをモニターすることである。具体的には，①は初期状態から目標状態までの変換可能な全ての状態を心的に表象した**問題空間**を構築し，②はその最短経路を探索するプロセスとして捉えることができる。ここで，状態数が少なければ，全てを探索する悉皆方略がある。しかし，状態数が多い場合は，問題空間を構成して操作するのが難しくなる。そこで有効な**ヒューリスティックス**が必要となるが，その一つが**手段-目標分析**である。また，問題解決においては，問題表象の再体制化に基づく**洞察**によって解が導かれることがある。これは連続的な問題解決においては，**構え**（set）と呼ぶこれまで成功した方略を変更すること，道具を使う問題解決においては，道具の本来の機能に基づく**固着**（機能的固着）から解放することなどによって起こる。

問題解決プロセスの④は，**メタ認知**によって①から③の実行をモニターし，問題や状況に応じて，利用する情報・知識や規則，ヒューリスティックスの選択をコントロールすることである。人は，問題解決や推論において，自分がもっている信念や仮説を支持するような証拠ばかりを集め重視し，仮説に反する証拠を無視しようとする傾向である**確証バイアス**がある。こうしたバイアスに気づいて修正をしたり，バイアスが生じないようにするのは，**批判的思考**を支えるメタ認知の働きである。批判的思考とは，客観的情報を多角的に収集し，推論の土台となる情報を検討した上で，推論や問題解決にバイアスがないかをモニターしながら行う**内省的思考**（reflective thinking）である。

■　■　■

❶▶アナロジー／類推 (analogy)

未知の状況の問題解決において，既知の類似した経験を利用する認知活動である。そのプロセスは，①問題状況（ターゲット）を解決するために，過去の類似経験（ベース）を記憶から想起する。②ベースからターゲットへの知識の対応づけ（写像）によって，両者の特徴や構造を結びつける。③対応づけた結果を評価する。④ベースとターゲットに共通する関係，パタンやルール等の帰納を通して抽象的知識（スキーマ）やメンタル・モデルを獲得・学習する。

❷▶演繹的推論 (deductive reasoning)

論理学によって形式化されており，二つの前提から一つの結論を導く定言的三段論法は，以下の形式をもつ。大前提「全ての人間は死ぬ」，小前提「ソクラテスは人間である」，結論「ゆえにソクラテスは死ぬ」。ほかには，仮言的三段論法（もしAならばBである。Aである。ゆえにBである），線形三段論法（PはQよりも大。QはRよりも大。ゆえにPはRよりも大）などがある。

❸▶帰納的推論 (inductive reasoning)

演繹的推論とは異なり，必ずしも正しい結論を導かない。前提や事実が正しいことは結論の正しい可能性を高めるが，それは確実ではない。狭義には，事実から一般化を行う推論を指す。広義には，演繹的ではない，不確かさを伴う推論を指す。例えば，カテゴリーに基づく事例の特性の推論，概念形成や規則学習，アナロジー，仮説の生成と検証，確率推論，因果推論，科学的発見，診断等がある。

❹▶手段-目標分析 (means-ends analysis)

問題解決のためのヒューリスティックスの一つである。そのプロセスは，①目標に到達するための手段を調べる，②手段を使

うための状態を調べる，③②の状態を下位目標とする，④①に戻る，である。これは人工知能ではあらゆる問題を解くことができる一般的問題解決プログラム（GPS）において用いられている。

❺ ▶ 洞察 (insight)

問題解決において，問題の性質の深い理解やヒントによって，誤った前提（制約条件）を棄却したり，新たな手段を発見したりして，問題の新たな解釈，再体制化を行い，解決を導くことである。難問が突然，明快に解決されると，感情的反応であるアハー体験を伴う。

❻ ▶ ヒューリスティックス (heuristics)

問題解決，判断，意思決定を行う際に，情報処理能力や知識・時間の制約のもとで，効率的な手段によって素早く近似的な答えを発見する解決法である。規範的でシステマティックな計算手順（アルゴリズム）とは異なり，必ず正答を導く保証はなく，系統的バイアスを導くことがある。

❼ ▶ メンタル・モデル (mental model)

外界の対象や状況（例：物の配置，人工物，組織），物理学や数学等の問題（例：電気回路），三段論法，談話等の構成要素の関係・構造に基づく心的表象であり，知覚的性質と抽象的性質をもちうる。心的操作や心的シミュレーションによる推論や予測，問題解決を可能にする。

〔楠見 孝〕

04-12 ▶ 意思決定

意思決定行動のシステマティックな分析は，「規範的（normative）」「記述的（descriptive）」「処方箋的（prescriptive）」な研究に分類できる。それぞれの立場が目指す目的は，順に科学的，理学的，工学的理解と見なせる。記述的研究は，ある決定が「なぜ」そのように起こるのか，その原理解明を目的とする。規範的研究においては，どういう決定をする「べき」かを探求する。処方箋的研究は，人間の決定と規範的選択からの乖離を縮める具体的方策を提供する。

意思決定研究の萌芽期は，ベルヌイが**期待効用**の概念を提唱した18世紀に求められる。彼は，選択肢としての財が意思決定者にとってもつ意味として「効用」概念を提唱し，財の客観価値（価格等）と峻別する必要を示した。確率 p で客観価値 x を得られる見込みは，期待値 p・x をもつ。一方，人間の感覚は効用関数 u(x) であり，この見込みの期待効用は p・u(x) となる。ベルヌイは意思決定者が従うべき指針として，複数ある選択肢の期待効用を選択肢ごとに評価し，期待効用値最大となる選択肢を選ぶべしと提案した。20世紀になり，フォン・ノイマンとモルゲンシュテルンは公理化により期待効用理論を定式化し，常に期待効用最大化を選択ルールとする意思決定者は無矛盾であり合理的であることを証明した。

1950年代以降，アレ，エルズバーグらが，人間の決定が期待効用最大化の原則に従わない状況を報告した。こうした知見から，意思決定の規範と記述には別の理論が必要であるという認識が定着し，規範的研究と記述的研究の分派につながった。

アレの選択課題を例に取る。次の仮想ギャンブル K と L の二者択一を求めると，多数派は L を選ぶことが知られる（表1）。

一方，仮想ギャンブル P と Q の二者択一では，多数派は P を選ぶことが知られる（表2）。

しかし，ギャンブル PQ は表3のように書き換えられる。

表1

ギャンブルK	89%	11%
	0円	100万円
ギャンブルL	90%	10%
	0円	500万円

表2

ギャンブルP	100%	
	100万円	
ギャンブルQ	89%	1%	10%
	100万円	0円	500万円

表3

ギャンブルP	89%	1%	10%
	100万円	100万円	100万円
ギャンブルQ	89%	1%	10%
	100万円	0円	500万円

表3から明らかなように、ギャンブルPQ双方の「確率89%で100万円を得る」帰結の利得額を0円に値下げすることで、PはKに変化し、QはLに変化する。期待効用理論の定式化が含む「独立性公理」は、KLでLを選択する意思決定者はPQではQを選ぶべしと要求する。しかし、人間の選択はKLではL、PQではPへの選好を示す。こうした選好は期待効用理論への反例であり、「**アレの逆説**」として知られる。

1979年に、カーネマンとトヴァスキーは意思決定の記述的理論として「**プロスペクト理論**」を提唱した。プロスペクト理論は、期待効用理論に心理学の知見を反映させた亜流と見なすことができる。その影響が多岐にわたることから、カーネマンは2002年のノーベル経済学賞を受賞した（トヴァスキーは1996年に物故）。プロスペクト理論により前記アレの逆説が説明可能である点は、意思決定理論の発展への大きな貢献である。

プロスペクト理論独自の、期待効用理論に見られない特徴は次の4点、「**利得・損失の非対称**」「**参照点**」「**確率荷重**」「**順位依存性**」である。参照点とは、意思決定者が選択肢を評価する時の観点である。これが決定者の内的状態や決定場面によって柔軟に変化することが、決定という心理現象を理論に反映させている。例えば、円・ユーロ相場が「1ユーロ90円」から「1ユーロ92円」に変化した場面は、参照点の如何により「円安方向」とも「ユーロ高方向」とも見られる。確率荷重は客観確率pの心理評価関数であり、$p=0$の時0、$p=1$の時1となるが、$0<p<1$の範囲では確率値が小さい時に加重値はpより高く、中程度～高い時にpより低い値となる。順位依存性とは、帰結が二通りのギャンブル（確率pでx円を得て、確率$[1-p]$でy円を得る）の確率の評価が、利得額xとyの順位を反映して変化する性質である。

処方箋的研究においては、代表的理論として君臨するものを挙げることは困難である。しかし応用事例の豊富さで知られるのが「**階層分析法**」である。階層分析法では、決定場面を達成されるべき「総合目標」として最上位、選択肢を「代替案」として最下位、中間に、個々の代替案がもつ総合目標への貢献として「評価基準」を置く。主成分分析に類似の方法により、個々の評価基準の重要度、個々の代替案が評価基準を満たす程度を算出し、最も望ましい代替案を選出する。

■　　■　　■

❶ ▶ ギャンブリング課題 (gambling gask)

脳機能と意思決定の関連，特にヒトの眼窩前頭皮質と選択の制御を研究する実験課題として，アイオワ・ギャンブリング課題が著名である。今日，この課題に様々な変化を加えた実験場面をギャンブリング課題と総称する。実験参加者は四つのカードデッキ（束）から1枚ずつカードを選び，裏に書かれた利得（金額）を得る，又は失う。参加者の目的は最終利得を最大化させることである。「良いデッキ」は，総合利得額がプラスであり，1枚ごとの儲けも損失も少ない。「悪いデッキ」は，儲け額が大きいと同時に，損失額は更に大きく総合利得額がマイナスである。双方を二つずつ，計4デッキからカードを選び続けることが参加者の課題である。脳損傷のない参加者は，50試行前後から「良いデッキ」を選び続ける。一方，眼窩前頭皮質に障害がある参加者は，「悪いデッキ」からの選択を続ける。選択と同時に電気皮膚反応を計測すると，健常者は悪いデッキを選択する際にストレス反応を示すが，眼窩前頭皮質に障害のある患者は，大損をする見込みに対する生理的な反応を示さない。一般に，この結果はソマティック・マーカー仮説によって説明される。すなわち，危険を予期しての身体（ソマティック）反応が，選択を導く信号として機能すると考える。

❷ ▶ 不確実性下の判断 (judgment under uncertainty)

上記の不確実性で，ある事象の確からしさを判断する際，認知的な思考簡便方略「ヒューリスティックス（heurisitics）」を使うことが知られる。「典型との類似性」「利用可能性」「係留と調整」がよく知られるヒューリスティックスである。典型との類似性ヒューリスティックによる判断では，特定のカテゴリーや典型例と，目下の判断事象の類似性から可能性を評価する。2007年，アメリカのブッシュ大統領が，米軍がイラク紛争から撤収する困難さを「ベトナムのようだ」と評した例がある。利用可能性ヒューリスティックによって判断すると，想起しやすい事例が決定を導く。9・11同時多発テロに続くおよそ1年，アメリカのビジネスマンは旅客機に代わって自動車による出張を選ぶ数が増加し，その結果増加した交通事故死亡者は1,595人と推定される。係留と調整ヒューリスティックは，数値判断一般に適用できる判断方略で，最初に意識に上った数値に「係留」し，調整を加えることで最終判断に至る。判断値は，係留値の近傍から離れない傾向を示す。

❸ ▶ リスク (risk)

意思決定研究の文脈では，「リスク」は主に二通りに使われる。第一は「リスクの知覚」における，生活に支障をきたす可能性をもつ出来事や事物を指す。リスク知覚研究では，統計上の危険性と人々が感じる危険性の強度が食い違う例が多々知られる。著名な例では，多くの人は旅客機による旅行が自家用車による旅行より危ないという感覚をもつ。死亡統計を見れば，自家用車旅行の危険性が高いことは明らかである。2011年，アメリカ合衆国内で起きた自動車事故による死者は3万人以上と推定される一方，商用旅客飛行中に失われた人命はゼロであった。また，理論的文脈では，「リスク」と「不確実性（uncertainty）」を使い分けることがある。この区別において，リスクは確率計算ができる可能性である一方，不確実性は確率値が不明な可能性を指す。

❹ ▶ 利得／損失 (gain/loss)

利得と損失は「非対称（asymmetric）」であるとは，記述的決定理論の定説である。非対称とは，具体的には「1万円を得た時の喜びより，1万円を失った痛みの方が心理的な変化量が大きい」というように記述できる。この傾向を「損失忌避(loss aversion)」と呼ぶことが多い。一般に，人は利益の領域で「リスク回避（risk averse）」である反面，損失の領域で「リスク志向（risk seeking）」である。この非対称性は，確実な報酬と，期待値が報酬にほぼ等しい不確実なギャンブルの選択で，一般に確実な報酬が好まれる反面，確実な罰金と，期待値が罰金額にほぼ等しい不確実なギャンブル選択では，一般にギャンブルが好まれることを指す。

〔山岸侯彦〕

04-13 ▶ 認知のモデル研究

認知モデル研究を，①宣言的知識と手続き的知識，②記号処理モデルとコネクショニスト・モデルといった区分に焦点を当てて説明する。まず，宣言的知識は事実に関わる知識であり，手続き的知識は行為に関する知識である。人間の長期記憶も，宣言的記憶と手続き記憶に大別できる。

1960年代末に，人間の意味記憶（宣言的記憶）に関する**意味ネットワーク・モデル**（図4）が提案され，命題に対する真偽判断課題を用いて，その実験的検証が行われた。その後，このモデルと矛盾する実験的知見をふまえて，1970年代半ばに，発展的な**活性化拡散理論**が発表されている。

人間の高次認知過程を扱うためには，活性化拡散モデル（図5）よりも，更に構造化された知識表現が必要となる。外界から情報を収集し処理する際に，人間は構造化された**スキーマ**を用いていると考えられる。スキーマと類似した知識表現モデルとして，1970年代後半に，**スクリプト**と**フレーム**が提案された。

一方，手続き的知識に関するモデルである**プロダクション・システム**は，1970年代前半にニューエルとサイモンによって，問題解決に関する人工知能研究の中で提案された。このように，1970年代半ばまで，認知心理学者は宣言的知識に関する様々なモデルを検討し，人工知能研究者は手続き的知識のモデルを精緻化させていった。

1970年代末には，人間の認知に関する

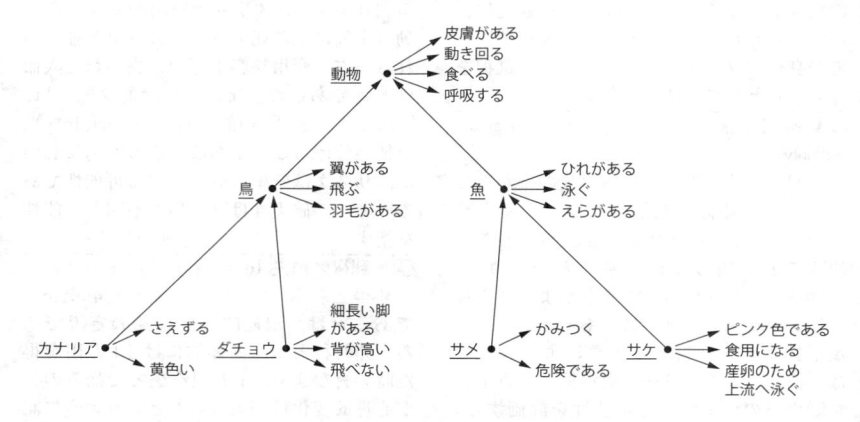

図4 意味ネットワークモデル（Collins & Quillian 1969）

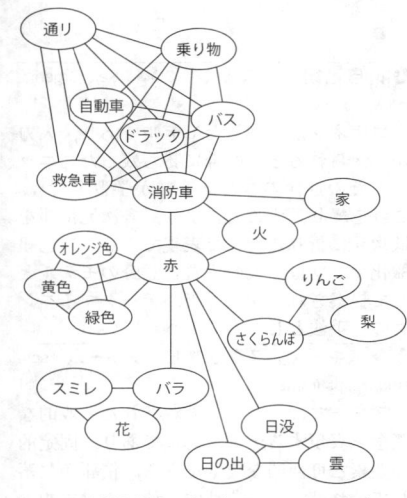

図5 活性化拡散モデル (Collins & Loftus 1975)

統合的なモデルが、幾つか提案されるようになった。その代表例として、アンダーソンによる ACT がよく知られている。ACT モデルは記憶にとどまらず、言語の理解・産出、推論、知識獲得といった、広範囲にわたる知的活動を扱うことを目的とした。その後、このモデルは、2000 年代の ACT-R に至るまで改良が進められた。

アンダーソンの研究は、基本的には記号処理によって、人間の認知に関する一般モデルを構築しようとする試みであった。ACT-R のような包括的なモデルは、人間の複雑な知識・認識システムに関する基本的な機構（設計仕様）という意味で、「認知のアーキテクチャ」と呼ばれる。次に説明するコネクショニスト・モデルも、こうした認知アーキテクチャの一つである。

1980 年代半ばから研究が盛んになった**コネクショニスト・モデル**は、脳の神経細胞に対応した単純な処理ユニットのネットワークを用いて、人間の認知の仕組みを理解しようとするアプローチであり、並列分散処理モデルや、**ニューラル・ネットワーク・モデル**とほぼ同義である。各ユニットは活性値をもち、学習によって強度値（結合荷重）が変化する結合を通して活性化を伝播し、並列的に相互作用する。知識は結合荷重のパターンとして表現され、新たな知識の獲得は、学習規則に基づいた結合荷重の調節によってなされる。近年、このモデルは、記憶、学習、言語、思考、認知発達、脳の障害、社会的相互作用等、広範な領域に適用されている。

コネクショニスト・モデルは、ネットワークの形態によって分類でき、①ユニット間に双方向性の結合を有する、相互結合型ネットワークと、②入力ユニットから出力ユニットまで順方向に結合されている、階層型ネットワークが基本である。1970 年代前半には、前者①を用いた**連想記憶モデル**が複数発表されており、関連したモデルとして、**自己組織化マップ (SOM)** がある。後者②に関しては、1980 年代半ばに、ラメルハートらによって誤差逆伝播法という有効な学習規則が提案され、集中的に研究が行われた。また、③階層型ネットワークにフィードバック結合（ループ）を加えた**リカレント・ネットワーク**もしばしば用いられる。例えば、エルマンが言語獲得研究で提案した単純再帰ネットワークは、数多くの後続研究で用いられた。

記号処理モデルの方が、コネクショニスト・モデルよりも認知過程を簡潔に記述できる場合が多い。しかし、非常に複雑な脳細胞レベルの研究と、人間の柔軟な認知機能研究をつなぐ橋渡しとして、コネクショニスト・モデルは重要な意義をもつ。最近では、記号処理モデルとコネクショニスト・モデルを組み合わせた研究も珍しくない。また近年、認知研究において、確率論をふまえた数理モデルが発展している点にも留意すべきである。

❶ ▶ ACT／ACT-R (Adaptive Control of Thought/Adaptive Control of Thought Rational)

ACTでは，宣言的知識に関しては意味ネットワークが，手続き的知識についてはプロダクション・システムが用いられた。その後の改良で，宣言的知識に関して活性化拡散が採用され，宣言的知識を高速の実装形式（手続き的知識）に変換する仕組みが取り入れられた。ACT-Rは，意図モジュール，視覚・運動モジュール，2種類の記憶モジュールから構成され，fMRIによって得られる脳内の活性化パターンと，モデルとの対応づけが試みられた。

❷ ▶ 意味ネットワーク・モデル (semantic network model)

階層的なネットワークを仮定しており，個々の概念に対応するノード（節点）と，それらを連結するリンクから構成される。各々のリンクは方向性をもち，結合関係を示すラベルが付けられている。ノード（個々の概念）は，上位・下位概念と，幾つかの特性をもつ。特定の概念の意味は，ノードと連結したリンクと，他のノードによって構成される。上位概念の特性は，リンクを介して下位概念に継承される。

❸ ▶ 活性化拡散理論 (spreading activation theory)

特定の概念を処理すると，当該のノードからリンクに沿った連続的なエネルギーの流れが引き起こされ，各々のリンクの意味的関連度（リンク強度）に応じて，近接した概念も活性化されるとし，ネットワークにおける情報の走査を，並列的な活性化の拡散としてモデル化した。意味記憶から検索を行う際に，活性化の拡散が生じている証拠の一つとして，意味的プライミング効果を挙げることができる。

❹ ▶ 自己組織化マップ (SOM : Self-Organizing Map)

コホネンが提案したモデルであり，入力が与えられると，競合に勝ち残ったユニットとその近傍のユニット群が学習を行う。これを繰り返すことにより，多次元情報を低次元に折りたたんで表現できる。自己組織化マップは，大脳皮質視覚野のモデルとして提案されたが，近年，データマイニングの一手法としても活用されている。

❺ ▶ スキーマ／スクリプト／フレーム (schema/script/frame)

スキーマは，記憶に貯蔵された一般的な概念を表現するデータ構造であり，固定的な要素と可変的な要素をもち，情報が欠落していれば，最も典型的な値（デフォルト値）が割り当てられる。スキーマは，他のスキーマを内包するような埋め込み構造をもつ。スクリプトは，特定の状況における適切な事象の連鎖を記述した構造をもち，入力情報を事象の全体構造に関連づけることによって，意味理解や予測に必要な背景となる知識を提供する。フレームは，スキーマを更に精緻化した，人工知能研究における知識表現方法である。

❻ ▶ プロダクション・システム (production system)

「入力情報が条件部Cを満たすならば，行為部Aを実行せよ」といったルール集合に基づいて，系列的に制御された推論を実行する。このモデルは，情報のリストを一時的に保持するワーキングメモリ，長期記憶に対応するプロダクション記憶，ルールの実行を制御するインタープリタから構成され，「条件照合-競合解消-実行」サイクルを繰り返す。

❼ ▶ 連想記憶モデル (associative memory model)

1970年代前半，複数の研究者により，相互結合型ネットワークを用いて連想記憶

をモデル化できることが示された。その約10年後,ホップフィールドは,ニューラル・ネットワークの状態を示す値としてエネルギーを導入し,ニューラル・ネットワーク研究と物理学との関連性を示した。また,巡回セールスマン問題を解いてみせたことは有名である。

〔都築誉史〕

04-14 ▶ 認知神経科学

認知神経科学は,1990年代から急速に発展した新しい研究領域であり,現在まで著しい進歩を遂げている学問分野の一つである。認知科学と同様,認知神経科学も多くの分野から構成される複合領域であり,主に,心理学,神経科学,脳科学,計算機科学等から成り立っている。認知神経科学の研究目的は,これまでの心理学と神経科学の知見を統合的にふまえ,更に脳機能画像技術やニューラル・ネットワーク等を用いて,人や動物の様々な認知メカニズムをより深く理解することにある。

歴史的に見ると,1990年代にまず「**認知神経心理学**」という分野が確立され,新しい学際領域として急速に発展し始めた。この母体となったのは「**神経心理学**」という学問分野である。この分野では,脳損傷や精神神経疾患の患者を対象とした臨床的知見から,脳の特定部位がどのような認知処理を担っているのかを調べることが目的とされる。当初の神経心理学の研究では,主に症例の症状から脳内の特定部位及びネットワークの担う機能が推察されたが,研究が徐々に発展し,それらの解釈に認知心理学の概念や知見が導入されるようになり,「認知神経心理学」という分野が一つの学問領域として認識されるに至った。

一方,「認知神経科学」という領域が確立されたのは,認知神経心理学の定着よりも少し後のことであり,認知科学と神経科学の統合分野としてその存在が意識されるようになった。認知神経科学の最大の特徴は,これまでの認知神経心理学の研究のように脳の形状を検討するだけでなく,脳の働き(機能)を撮し出すことを可能とする脳機能画像という手法が導入されたことにある。更に,ニューラル・ネットワーク研究に代表される計算機科学やロボット工学,遺伝子の働きから認知を解明しようと分子生物学,人や動物の認知を進化論的な立場から理解する進化心理学,等の視点が導入されたこともその特徴といえる。近年は,神経心理学における損傷研究と脳機能画像研究を統合的に行うことで,認知に関する理解をより深めようとする研究が多く発表されるようになり,「認知神経科学」と「認知神経心理学」という用語は,ほぼ同義で使われることが多くなった。

近年になって認知神経科学の研究は細分化が進んでおり,発達や可塑性に関する理解を掘り下げることを目的とした「**発達認知神経科学**(developmental cognitive neuroscience)」や,コミュニケーションや社会性のメカニズムをより深く理解することを目的とした「**社会認知神経科学**(social cognitive neuroscience)」といった新たな切り口による学問が誕生している。

認知神経科学で広く用いられる認知機能の神経基盤を調べる方法としては,大別して三つの手法が挙げられる。第一の手法は,脳損傷の症例を対象とする方法である。第二の手法は,神経生理研究や電気生理研究と呼ばれる方法であり,単一の神経細胞の電気活動を直接調べる方法(single-neuron recording)である。第三の手法は,脳機能画像技術を用いるものであり,近年では最も主要な方法論となってい

る。具体的に用いられる脳機能画像技術としては、**機能的磁気共鳴画像法（fMRI）、ポジトロン断層撮像法（PET）、脳磁図（MEG）、脳波（EEG）、近赤外分光法（NIRS）、経頭蓋磁気刺激（TMS）**等が挙げられる。それぞれの技術には、長所と短所があるため、研究目的に応じて、空間分解能、時間分解能、侵襲性、視覚や聴覚による刺激提示の容易さなどの観点から用いる手法が選ばれている。

脳機能画像技術を用いた研究は、損傷研究や神経生理研究とともに、今後の認知神経科学の発展にも必要不可欠である。近年、認知神経科学の研究で明らかにされた数々の事実から、これまでの認知心理学等の分野で提案されていた仮説やモデルが、神経レベルで再度検証されている。このような展開は、認知のメカニズムを構造と機能の両面から慎重に検討し、洗練された仮説やモデルを構築する上での大きな貢献になるものと考えられる。

■ ■ ■

❶▶機能的結合性 (functional connectivity)

従来の脳機能画像解析では、ある課題遂行中の脳の活動部位を、より詳細に特定しようとする研究が多かった。しかし、近年は脳部位の活動の有無を調べるだけでなく、それらの部位間の相互結合性を明らかにするための解析手法が広く用いられている。機能的磁気共鳴画像法の解析を例にとると、関連性の有無のみを調べる手法や、その方向性（因果関係）を調べる手法等、様々な統計解析法が利用されている。また、脳部位の活動だけでなく、身体生理反応をも対象とした結合性を調べるための解析手法も用いられている。

❷▶機能的磁気共鳴画像法／BOLD信号 (fMRI：functional Magnetic Resonance Imaging／Blood Oxygen Level Dependent)

機能的磁気共鳴画像法（fMRI）は、非侵襲性の核磁気共鳴を利用する装置であるMRIをもとに開発された脳機能画像技術である。fMRIは、特殊な高速撮像法を用いて、BOLD信号の変化を計測する技術に基づいている。ある部位における活動が見られる場合には、血中の酸化ヘモグロビンが多く検出されるが、反磁性体である酸化ヘモグロビンと、磁性体である脱酸化ヘモグロビンでは、血中のMRI信号（BOLD信号）強度が異なるため、この原理を利用すれば、いずれの脳部位が盛んに活動しているかを推測することができる。他の脳機能画像技術と比べると、MRIは空間分解能が高く、大脳皮質から脳幹に至るまでの幅広い領域を鮮明に撮し出せることが最大の特徴である。一方で、MRIは時間分解能が低く、数秒程度の脳活動を追うことしかできないことが短所とされる。しかしながら、この程度の時間分解能でも、脳全体の活動を詳しく調べることができれば、様々な認知機能や神経活動を推測するには十分である場合が多く、数ある脳機能画像法の中で、最も数多く用いられているのが現状である。

❸▶経頭蓋磁気刺激 (TMS：Transcranial Magnetic Stimulation)

経頭蓋磁気刺激は、電磁石の組み合わせにより磁場の変化を引き起こし、脳内の特定部位に刺激を与える方法である。単発経頭蓋磁気刺激法や2連発経頭蓋磁気刺激法と呼ばれる手法では、磁気刺激を行っている期間中のみ神経活動に影響を与えるが、反復経頭蓋磁気刺激法と呼ばれる手法では、刺激後もしばらくの間は神経活動への影響が持続する。近年、TMSは様々な神経疾患や精神疾患の治療方法としても注目されている。

❹ ▶ 多重ボクセルパターン分析 (multivoxel pattern analysis)

多重ボクセルパターン分析は，fMRIの新しい解析技法の一つである。従来の解析技法よりも高い精度で，MRIの解析単位であるボクセルの活動を多変量的なパターンとして捉えることを目的とする手法である。この技法を用いることで，例えばトレーニングで「右に曲がる」という運動を意図した場合の脳活動パターンを抽出しておけば，運動の意図をするだけで，それを機械に検知させたり，視覚イメージをより鮮明に再現させたりする（デコーディング）ことが可能になる。運動機能に障害がある症例等のリハビリテーションのサポートにもなるため，この技術の発展が広い分野から注目を集めている。

❺ ▶ デフォルト・モード・ネットワーク (default mode network)

ある心理活動に従事している状態では，通常，脳内の関連部位に賦活が起こり，BOLD信号（小項目❷参照）の増加が観察される場合が多い。しかし，逆に，目をつぶってじっとしていたり，単に注視点を見ていたり，いわば休息状態（resting state）の方が，BOLD信号の増加，すなわち活発な脳活動が観察され，ある課題に従事させると，むしろ活動量が減少する部位があることが知られている。それらの部位は，脳の内側面，特に正中線構造（midline structure）に位置する部位に集中しており，これをデフォルト・モード・ネットワーク（DMN），あるいはレスティング・ブレイン・エリアと呼ばれる。近年，DMNの活動は，一部の認知症や発達障害の診断基準にもなりうると考えられている。

❻ ▶ 脳磁図／信号源推定 (MEG：Magnetoencephalogram/signal source estimation)

脳磁図は，非侵襲性の装置であり，脳内活動に伴って発生する微弱な磁場を，超伝導量子干渉素子（SQUID）によって計測する画像技術である。空間分解能は，機能的磁気共鳴画像法やポジトロン断層撮像法よりも低く，主に大脳皮質部分の計測に限られる一方で，時間分解能が高く，ミリ秒単位での計測が可能であることが最大の特徴である。装置は高額であるが，類似した方法論である脳波計よりも計測器具の装着は容易であり，視知覚処理等の研究には有効な手段である。得られた信号パターンを時間的な推移データをもとに解析することにより，信号源を特定することができる点も大きな特徴といえる。

❼ ▶ 脳波／事象関連電位 (EEG：Electroencephalogram/ERP：Event Related Potentials)

脳波は，脳における電気的活動を計測する手法であり，古くから医療場面等において診断指標の一つとして用いられてきた。スペクトル解析と呼ばれる手法では，脳波の基礎律動におけるパターンを解析し，周波数帯域ごとにアルファ波，ベータ波，デルタ波，シータ波等の成分に分離する。一方，事象関連電位と呼ばれる手法では，ある事象に伴う脳活動を計測する。そのため，知覚的処理・注意・運動・記憶等，ある特異的な認知活動に伴う脳の電気的活動を捉えることができる。脳波データには一般にノイズが多く含まれるため，同質の試行を数多く実施し，それらのデータを加算平均することにより，事象に関連する脳波パターンを見出す。ERPの成分には，陽性電位（P）か陰性電位（N）か，及び刺激提示から信号パターンが見られるまでの潜時（ミリ秒）によって，N170, P300, N400等の名前が付けられている。脳磁図と同様，方法論的には信号源推定を行うことも可能である。

❽ ▶ ポジトロン断層撮像法 (PET：Positron Emission Tomography)

ポジトロン断層撮像法は，侵襲性の脳画像装置であり，放射性同位体を体内に注入し，それに伴う脳内活動の変化をスキャン

する。空間分解能は機能的磁気共鳴画像法よりは劣るものの,脳全体を比較的鮮明に撮し出すことができる。一方,時間的分解能は低く,30秒程度を単位とした画像解析しかできないため,知覚や短期記憶のような短い時間内の活動を調べる研究には,一般に不適当である。逆に,問題解決,推論,思考等の高次機能を調べる際には,十分に有効な手法となりうる。PETの最大の特徴は,リガンドを用いることにより,ドーパミンやセロトニンといった神経伝達物質のレセプターやトランスポーターの親和性をモニターすることができる点にある。これにより,神経伝達物質と様々な認知活動との関連性を調べることができる。

〔梅田　聡〕

知覚

〔総説〕

　知覚とは，身体の受容器が環境中の信号を受け入れ，神経信号に変換される過程で生じる心的経験の総称である。知覚とよく似た単語として感覚がある。感覚と知覚の区別に関して，知覚は常に外界の事物に言及するのに対し，感覚は外界の事物とは結びつかない内的経験そのものを指す，あるいは，感覚は要素的であり，それらが統合されたものが知覚である，といわれることがある。しかし，このような形での厳密な感覚と知覚の区別は実際には難しく，常に曖昧な例を想定しうる。また，日常生活で外界の事物と結びつかない純粋な内的経験としての感覚がどれほどの意味をもつのかという問題がある。したがって本領域では，知覚と感覚の厳密な区別にはこだわらず，これらを広く知覚として取り扱う。

　知覚は，物理的な過程から心的な過程への変換がその本質であり，歴史的にはこの変換過程を関数関係として記述する試みとして心理物理学が誕生した。これと並行して，受容器の働きを生物学的過程として研究する生理学，神経科学研究は，外界の物理刺激が神経信号に変換される過程を詳細に明らかにすることを目指した。本領域では，心理物理学をはじめとする心理学的研究を中心に扱う。神経科学研究については他の領域を参照されたい。

　知覚を考える上で重要な事実は，我々は決して，外界の事物や事象を直接把握することはできず，常に受容器を通して間接的に信号を取り入れていることである。つまり，知覚が直接物理的に扱っているものは事物そのものではなく，事物の性質を反映する光や空気振動（音），力，化学物質等である。知覚とは，これらを媒体（メディア）とし，その信号処理によって事物の性質を推定する過程ということができる。

　光や音等の事物の性質を伝達するメディアは不完全であり，このことから知覚の不良設定性が生じる。例えば，事物の情報が光によって網膜に伝えられる際に世界の三次元性は二次元に縮退する。知覚研究の重要な問題の一つは不十分な情報から外界の情報を復元する過程の理解である。知覚のモダリティや用いる情報により具体的なアルゴリズムは様々であるが，共通する点は，能動的な再構築である。このことは，本領域の各項目の中で繰り返し示される。

　知覚の不良設定性は，多くの場合，我々の知覚にランダムな誤差ではなく，規則的な偏差をもたらす。このことは，錯視をはじめとする多くの錯覚現象に端的に現れている。錯覚は単に現象としての興味深さだけでなく，知覚システムの動作原理を理解するための手がかりとして重要である。

　知覚が用いる異なるメディアからの情報の一貫性は保証されていない。このため，異なる知覚モダリティからの情報に乖離がある場合に生じる知覚の理解は重要な課題である。また，近年では，知覚能力は，学習や発達を通じて可塑的に変化しうることが示されており，知覚の学習・発達の理解も重要である。

【本領域（知覚）の構成】

　本領域は，まず，歴史的経緯も含めて知覚研究法を概観し（05-01），知覚研究の中心テーマの一つである錯視（05-02）に触れる。その後，ヒトの五感を構成する，視

覚,聴覚,触覚,嗅覚,味覚について解説していく。心理学研究の量や過去の知見を踏まえ,視覚については,更に明るさ・コントラスト(05-03),色(05-04),奥行(05-05),運動(05-06),形態(05-07),物体・シーン(05-08)に分けて大項目を立て,視知覚研究の成果をできるだけ広く紹介することを目指した。聴覚については,聴覚(05-09)と音声知覚(05-10)の2項目を立て,前者は聴覚の基本特性,後者はより複雑な音声の知覚に絞った解説を行った。触覚の項(05-11)では,触覚に加えて,自己受容感覚も併せて解説し,嗅覚・味覚は二つをまとめて一つの項目とした(05-12)。このことは,研究の相対的な量だけではなく,触覚と自己受容感覚,嗅覚と味覚がそれぞれ極めて密接に関連したモダリティであることも考慮している。こうした知覚モダリティごとの解説に加えて,近年研究が盛んになっている知覚モダリティの相互作用の解説を含めた(05-13)。同じく,近年研究が増え,その重要性が認識されている知覚の学習と発達の問題を扱った(05-14)。

視覚と聴覚に関する複数の大項目については,対応する物理事象の構造が明確な,明るさ・コントラスト,色,運動,聴覚と,物理事象自体が複雑で多くの要素の知覚特徴の組み合わせが必要な,奥行,形態,物体・シーン,音声知覚に大別できる。それぞれの分野が焦点を当てているレベルに着目し,前者を低次知覚,後者を高次知覚と呼ぶ。これは色や運動知覚の研究が低次の処理に焦点を当てていることを反映しており,色知覚,運動知覚が低次の処理だけで完了することを意味するのではないことに注意されたい。低次知覚研究では,明るさにおける照明と反射率の不確定性や,運動における窓問題のように知覚の不良設定性を明確に定義できるので,知覚を生成するアルゴリズム,ヒューリスティックスの厳密な解明が目指されている。また,知覚条件の変化によらず同じ物体を同じと知覚できる能力である恒常性とそれを支える機構が重要なテーマである。一方,高次知覚研究では,知覚に用いられる要素の特徴の同定,及びそれらの間の相互作用に焦点が当てられてきた。このため,要素の特徴に焦点を当てた場合,奥行知覚や物体知覚における大きさの恒常性のように,低次知覚研究と共通する問題が議論され,特徴の相互作用に焦点を当てた場合,奥行手がかりの統合のように,知覚モダリティの相互作用研究と類似のアプローチがとられている。

低次知覚と分類した分野の中でも高次処理においては,物理事象と知覚の対応が未解明のものもある。例えば,色は光の波長に対する主観的な印象であるが,その対応関係は初期の色情報処理機構は解明されているものの,より認知的なレベルには不明な点が多い。音色についても類似のことがいえる。認知的な色知覚や,音色,更には運動知覚におけるバイオロジカルモーション等は形態知覚や物体知覚と類似した側面をもつ。すなわち,要素的特徴が複雑に組み合わされることにより知覚が成立するが,その機序は今のところ不明である。知覚については,形態のようなパターン認識的な側面をもつものと,大きさ,明るさ,コントラスト,運動方向,ラウドネスのような物理刺激の特性との対応をとりやすいものに大別することもできる。

紙幅の関係で本領域が取り扱えなかった問題として,知覚の生態学的なアプローチ,視覚失認等の知覚の神経心理学研究,共感覚等がある。生態学的アプローチはギブソンに始まるアフォーダンスの概念等,知覚研究にとどまらないインパクトを心理学にもたらしている。共感覚については,知覚や意識の機構を考える上で興味深い。神経心理学研究については他の領域を参照されたい。

〔齋木 潤〕

05-01 ▶ 知覚研究法

感覚・知覚（perception）の研究における最も基本的な方法は、物理的な刺激量（例えば明るさや音圧等）と心理量としての知覚の関係を調べることであり、**心理物理学**と称する（サイコフィジックス，精神物理学ともいう）。最も重要な測定対象は**閾**、つまり知覚を決定する最小の物理量であり、**感度**はその逆数である。知覚できる最小刺激量を**刺激閾**あるいは**絶対閾**、刺激間の違いが分かる最小値を**弁別閾**と呼び、**増分閾**、**減分閾**に分けることもある。弁別閾を、刺激の**丁度可知差異（JND）**と定義することもある。逆に、感覚を生じうる最大の刺激強度を**刺激頂**という。また、刺激間で刺激強度が等しいと感じられる**主観的等価点（PSE）**も重要な測定対象となる。これらは悉無的に決まるわけではなく、確率的に変動する（**心理測定関数**）。測定には、**恒常法、極限法、調整法**及びそれらの変形版等の、**心理物理学的測定法**が用いられる。

ウェーバーは、弁別閾が標準刺激の強度に比例する、すなわち標準刺激 R と弁別閾 ΔR について $\Delta R/R = C$（C は定数）が広範囲において成立することを示した（**ウェーバーの法則**）。$\Delta R/R$ は**ウェーバー比**と呼ばれる。心理物理学の創始者とされるフェヒナーは、これを感覚量 E に拡張し、微小感覚量について $dE = k(dR/R)$ が成り立つと考え、積分によって $E = k\log R + c$（c は定数）という関係を導いた。ここで $E=0$ となる刺激 r を仮定すると $E = k\log R/r$ という対数比例関係が示される（**フェヒナーの法則**）。弁別閾において感覚量は 0 であると考えることができるので（$r=\Delta R$）、弁別閾は広範な感覚量の基準となり、知覚研究における極めて重要な測定量であることが分かる。

閾レベルを大きく上回る刺激への知覚量を調べるには、基準刺激に対する知覚量を主観的に数値化して報告させる**マグニチュード推定法**が用いられる。スティーヴンス（1957）はこの方法を用いて様々な感覚を測定し、感覚量は物理量のべき関数で表されることを示した（**スティーヴンスの法則**）。実際にはフェヒナーの対数法則との違いは小さく、ともに近似則として使い分けられる。

刺激間の比較と順位づけのためには**一対比較法**が用いられる。評価報告の仕方によってサーストンの方法、シェッフェの方法等があり、基本的な知覚から広範な感性評価にまで用いられる。

感覚・知覚を行動から捉え、内的処理について推定する方法として、**反応時間測定**が用いられる。ボタン押し等の行動反応が遂行されるまでの時間には知覚、運動計画、運動実行等多くの要素が含まれるが、課題間の減算により各要素を推定することができ、**ドンダースの減算法**と呼ばれる。

感覚・知覚を理解するためには意識的な知覚だけでなく、行動や生理的な表出が重要な手がかりとなる。そのため、眼球運動、筋電、皮膚電気活動等、様々な行動、生理指標が用いられる。

感覚・知覚の理解にはその中枢といえる脳の機能を知ることが不可欠であろう。脳損傷患者の知覚機能を調べる**神経心理学**や、動物の脳神経活動を直接調べる神経生理学からは多くの知見が得られてきた。それらの方法は必ずしも全ての心理学者が容易に用いることができるわけではないが、近年、被侵襲的に脳活動を調べる機能的脳イメージングが発展してきた。特に脳波（EEG）、MEG、MRI/fMRI、NIRS は知覚

心理学者が盛んに利用するようになった。逆に脳を刺激して一時的に活動を抑制あるいは促進する TMS, tDCS の利用も増えており, 今後他の方法が急速に広まる可能性もあるだろう。

ギブソンがアフォーダンスの概念を提唱したように, 知覚を理解するには環境中に存在する情報を理解することが不可欠である。マーは複雑なシステムの理解には多元的な探求が不可欠とし, 特に取得可能な情報に関する**計算論**を研究することの重要性を指摘した。感覚・知覚に関しては数々の精緻な数理モデルが提案され, 計算機シミュレーションとともに重要な研究手法となっている。

心理物理学的方法は乳児や動物の知覚研究に用いることもある。言語による教示, 報告が使えないため, オペラント学習や選好反応, 馴化等と組み合わせる必要があるが, 刺激の違いに応じた反応から閾や主観的等価点を求めるという考え方は共通している。

■　■　■

❶▶ 極限法 (method of limits)

実験者が刺激強度を順次変化させ, 知覚応答が変化する刺激強度を求める。履歴効果 (hysteresis) を避けるため, 通常は上昇系列, 下降系列の両方を行う。発展形として, 変化点近辺で刺激強度を連続的に上昇下降させて収束点を求める階段法 (staircase method；上下法 up-and-down method とも呼ばれる) が多用されている。階段法では, 予測を困難にするため, 複数系列の刺激をランダムに織り交ぜることがある。変化幅を統計的推定に基づいて制御し, 更に効率化を図る PEST, QUEST 等の適応的手法 (adaptive method) も数々提案されている。

❷▶ 恒常法 (method of constant stimuli)

刺激の強度をランダムに変化させながら繰り返し呈示・応答を求め, 知覚確率を刺激強度の関数として表す心理測定関数を求め, そこから閾, JND 等を算出する。通常, 知覚できた-できない, 大きい-小さい, などの二肢強制選択反応を用いる。実験参加者の予測が困難で客観性が高く, 履歴効果等のバイアスも少ない。刺激強度の範囲と測定点は予備的観察で適切に決定する必要がある。確率を得るため各測定点に多数の繰り返しが必要となる。そのため多大な時間と実験参加者の労力を要するが, 得られる情報量は多い。

❸▶ 主観的等価点 (PSE：Point of Subjective Equality)

錯覚が生じる場合, また, 異なる周波数の音の大きさのように感度の違いが比較に影響する場合など, 主観的等価点すなわち等しいと感じる物理量を求める必要が生じる場合が多々ある。

❹▶ 心理測定関数 (psychometric function)

知覚確率, 正答率等を刺激強度の関数として表したもの。緩やかなS字を描くことが多い (図1)。知覚の有無のように結果が0〜100%の間で推移する場合と, チャンスレベルを下限とする場合がある。測定値に最尤推定によって累積正規分布関数を当てはめるプロビット分析がよく用いら

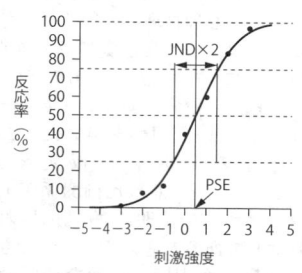

図1　恒常法による主観的等価点推定における心理測定関数の例

れるほか, シグモイド関数 $s(x) = 1/(1+\exp(-ax))$, 累積ワイブル分布関数 $w(x) = 1 - \exp(-(x/\lambda)^k)$ 等を当てはめる場合もある。

❺ ▶ 調整法 (method of adjustment)

実験参加者が自ら刺激強度を操作して閾値や主観的等価点に合わせる。熟練により精度が高められるが, 客観性には劣る。迅速に結果が出るため, 予備的実験に適している。

❻ ▶ 丁度可知差異 (JND: Just Noticeable Difference)

その名のとおりちょうど違いが分かる刺激量の差のこと。弁別閾測定実験では心理測定関数における 50% 点を弁別閾=JNDと考えることができる。一方, PSE を求める実験においては, 心理測定関数の急峻さが弁別閾の大きさに対応する。その場合, 25% 点と 75% 点の差の半分, あるいは当てはめた累積正規分布関数の標準偏差値等を用いて JND を操作的に定義することがある。

オペラント学習: → 03-04「オペラント条件づけの基礎」
眼球運動: → 04-05「眼球運動・運動制御」
機能的脳イメージング: → 02-12「神経画像法」, 14-15「神経科学的研究法 (2): 神経画像法」
馴化: → 03-02「単一刺激の学習と初期経験」
神経心理学: → 02-12-❺「神経心理学」, 04-14「認知神経科学」
皮膚電気活動: → 02-11-❽「皮膚電気活動」, 08-14-⓫「皮膚電気活動」
ワイブル分布: → 15-05「標本分布」
fMRI: → 04-14-❷「機能的磁気共鳴画像法」, 14-15-❸「機能的磁気共鳴画像法」
MEG: → 04-14-❻「脳磁図/信号源推定」, 14-15-❽「脳磁図」
MRI: → 14-15-❶「拡散テンソル・トラクトグラフィ」
NIRS: → 02-12-❷「近赤外分光法」
TMS: → 04-14-❸「経頭蓋磁気刺激」

〔藤田 宏〕

05-02 ▶ 錯視

錯視 (visual illusion/optical illusion) とは, 対象の真の性質 (と認識されたもの) から予測されるものとは異なる知覚のことである。「錯視」は心理学の専門用語であり, 日常生活で使われる用語は「目の錯覚」である。20 世紀後半までは幾何学的錯視 (geometric illusion) (形の次元の錯視のこと) を意味することが多かったが, 近年は色, 明るさ, 運動視等の次元に新しい錯視や効果の強い錯視が次々と発見されるようになり, 錯視の範囲が拡大した。

代表的な幾何学的錯視には, ミュラー=リヤー錯視, ポンゾ錯視, ツェルナー錯視, フレーザー錯視がある。「奥行き方向に傾いた線分は網膜像が過大視される」ことを分かりやすく示してくれるシェパード錯視も仲間である。入ると人間が大きく見えたり小さく見えたりするエイムズの部屋は, 一見すると幾何学的錯視のようであるが, これは形の恒常性 (長方形として網膜に投影された壁面は前額平行面にあるように見えること) によって, 部屋にいる人間までの距離知覚に錯覚が生じ, 大きさの恒常性 (視距離を考慮することで, 人間の網膜像の大きさが変わってもその身長が伸縮したとは認識しないこと) が, 正しく働かなくなる現象と考えることができる。

その他, 明るさの錯視にはヘルマン格子錯視やエイデルソンの錯視群が知られており, 色が拡散して見える錯視としてはピンナの水彩錯視が有名である。運動視の錯視

としては，北岡明佳が最適化型フレーザー・ウィルコックス錯視と呼んでいる錯視を応用した作品「蛇の回転」がある。

「まちがい」ということで錯視と似た概念に，幻覚 (hallucination) がある。錯視は実際に存在するものが奇妙に見えるというだけの正常な知覚であるが，幻覚は実際に存在しないものが病的に知覚されるものである。妄想 (delusion) との違いは，妄想は病的で訂正不可能な誤った信念であり，認知レベルのものである（錯視は知覚レベル）。ただし，訂正不可能性については共通している。

錯視は鵺のようなものである。その範囲がどうしてもあいまいである。なぜなら，錯視は純粋に知覚だけでは定義できないからである。あらかじめ対象についての知識や信念があり，それと知覚の照合を行ったところ何かが不一致であった場合に，その知覚を錯視と呼ぶのである。この点において，錯視は認知レベルの心的過程を含んでいる。純粋に知覚レベルで記述する場合は「現象 (phenomenon)」という言葉を使う。例えば「蛇の回転」は，「何もしなくても円盤が動いて見える現象」である。「静止画なのに（＝知識）動いて見える（＝知覚）」と考えた時に錯視なのである。

■　■　■

❶▶エイデルソンの錯視群 (Adelson's brightness/lightness illusions)

エイデルソンは，1990年代以降，強烈な明るさの錯視図形を数多く世に出した。図2はその一例，チェッカーシャドー錯視 (checkershadow illusion)（1995年制作）である。AとBは同じ輝度（物理的明るさ）であるが，BはAよりも明るく見える。このように表現すると明るさの錯視の図ということになるが，明るさの恒常性（照明の強弱によらず，白いものは白く，黒いものは黒く見える傾向）のデモ図であるともいえる。

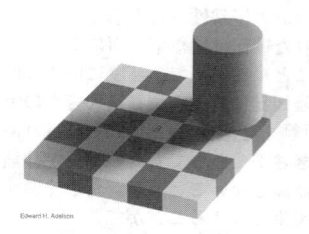

図2　エイデルソンの錯視群

❷▶エイムズの部屋 (Ames room)

狭いのぞき穴から部屋をのぞくと一見普通の部屋に見えるが，正面の壁の前に立つ人は左端にいると小さく見え，右端にいると大きく見えるトリック部屋。物理的には部屋は直方体ではなくいびつな形をしており，左端の人は観察者からは遠くに，右端の人は近くにいる（図3）。

図3　エイムズの部屋

❸▶シェパード錯視 (Shepard illusion)

テーブルトップ錯視 (tabletop illusion) ともいう。心的回転で有名なシェパードが1981年に考案した分かりやすい錯視デモで，左のテーブルトップは縦に細長く，右のテーブルトップはずんぐりした四辺形に見えるが，物理的には合同である（図4）。なお，テーブルトップ錯視のアイデアは牧野達郎が1975年に先に示している（脚付きと脚なしの図の比較であった）。

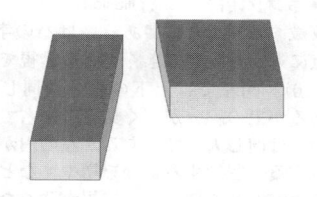

図4　シェパード錯視

❹ ▶ 水彩錯視 (Watercolor illusion)

図5では，回廊部分が水彩絵の具で描かれたように淡いオレンジに色づいて見える。2001年にこの現象を発表したピンナは，水彩効果あるいは水彩錯視と命名した。例えば背景が白の時，ある領域の内側を明るい色，外側を暗い色の二重の波打った輪郭で囲むと，明るい方の色がその領域に進入して見える（フィリング・イン）。このフィリング・インは着色されるべき領域がかなり広くても，色むらなく起こる。また，その色づいた領域は図としてまとまり，残りの領域の手前に見える（水彩錯視の図地分離効果）。

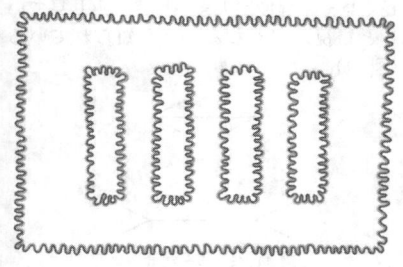

図5　水彩錯視

❺ ▶ ツェルナー錯視 (Zöllner illusion)

二つの線分が交差すると，その交差角のうち，鋭角側が過大視される（鈍角側が過小視される）方向に線分が傾いて見える錯視である。図6では，4本の横線は平行に描かれているが，斜線の影響で，上からそれぞれ右・左・右・左に傾いて見える。10～30度程度の交差角の時に最大の錯視を得る。フレーザー錯視とは錯視の方向が反対である。

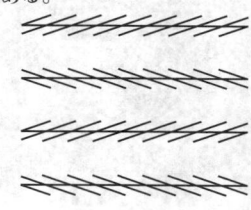

図6　ツェルナー錯視

❻ ▶ フレーザー錯視 (Fraser illusion)

線分の傾き方向に線分全体の並びが傾いて見える錯視である。図7では線分の並びを同心円とし，その同心円が渦巻きに見える渦巻き錯視 (spiral illusion) の形態でフレーザー錯視を示した。渦巻き錯視そのものをフレーザー錯視と呼ぶ場合もある。

図7　フレーザー錯視

❼ ▶ 「蛇の回転」 (Rotating snakes)

明るさのグラデーション（輝度勾配）の繰り返しパターンは動いて見えるという錯視が1979年に発表され，フレーザー・ウィルコックス錯視と呼ばれている。その後の研究において，この錯視は黒から白への勾配の方向に動いて見えるとされていたが，これを黒から濃い灰色と白から薄い灰色の勾配に分割すると錯視量が増すことが2003年に発見され，それを北岡明佳が分かりやすいデモにした錯視図が，「蛇の回転」(2003年制作) である（図8）。黒→青

図8 蛇の回転

→白→黄→黒の方向に円盤が，回転して見える。

⑧ ▶ ヘルマン格子錯視 (Hermann grid illusion)

白い背景上に黒い正方形を図9のように隙間をあけて碁盤の目状に並べると，交差点部分に暗い「しみ」のようなものが見える。注視をしているところでは（網膜の中心窩で交差点を見ると），その効果が弱いことが特徴である。この錯視においては，網膜神経節や外側膝状体等の同心円受容野をもつ細胞の性質で説明するバウムガートナーのモデルが有名であるが，近年の研究では大脳視覚皮質の関与を含めて検討されている。

図9 ヘルマン格子錯視

⑨ ▶ ポンゾ錯視 (Ponzo illusion)

収斂する線分（V字あるいはハの字）の頂点に近い対象が大きく見える錯視である（図10）。図左では上下の線分は同じ長さであるが上の線分が長く見え，図右では左右の円は同じ大きさであるが左の円が大きく見える。収斂する線分を増やすなど，奥行き手がかりを増やすと錯視が強くなる。

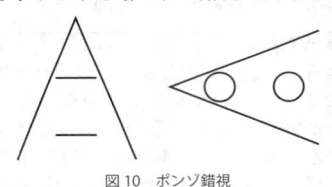

図10 ポンゾ錯視

⑩ ▶ ミュラー゠リヤー錯視 (Müller-Lyer illusion)

線分の両端に内向きの矢羽を付けると線分が短く見え（内向図形），外向けの矢羽を付けると長く見える錯視である（外向図形）。多くの観察者にとって，錯視量の多い大きさの錯視である。平均すると，内向図形が短く見える程度よりも，外向図形が長く見える程度が大きい。繰り返し見ていると錯視が弱くなることも知られている（図11）。

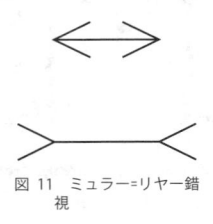

図11 ミュラー゠リヤー錯視

〔北岡明佳〕

05-03 ▶ 明るさとコントラストの知覚

明るさとは、刺激強度に対応する知覚量を指し、文字どおり、光が明るいか暗いかを表す。一般に、刺激の物理強度が高ければ明るく感じられるが、波長（分光強度分布）が異なる光同士を比較する場合には、物理強度と明るさの対応関係は必ずしも成立しない。これは、光の波長によって視覚系の感度が異なるためである。明るさに関係する分光感度は、**明所視**と**暗所視**のいずれに関しても、既に標準的なものが定められており、これを**標準比視感度（標準分光視感効率）**と呼ぶ（図12）。標準比視感度に応じて光の強度を重みづけて表す量を**測光量**といい、物理エネルギーとしての光の強度を表す量を**放射量**という。測光量の代表例が**輝度**である。一般に輝度が高い光は明るく感じられるが、輝度と明るさも厳密には対応せず、等輝度でも波長の異なる光の明るさは異なり、また、明るさに関しては加法則が成立しない。

明度は知覚される反射率を表す。明るさと明度は明確に区別することが可能であり、白い紙に影が落ちている場合に、影の領域は暗いと感じるが、その時でも紙自体は白いと知覚することができる。この場合のように、物体の反射率の高低（見えとしては白いか黒いか）を捉えるのが明度の知覚である。また、照明強度の変化にかかわらず、物体の明度が比較的恒常を保つ現象を**明度の恒常性**と呼ぶ。明度の恒常性は、この影の例のように、視野内の異なる場所で照明強度が異なることにより同時的・局所的に成立する場合もあれば、昼と夕方のように継時的・大域的に成立する場合もある。明度の継時的恒常性に関しては、順応（明順応や暗順応）が重要な役割を果たす。順応による感度変化で照明強度の変化を相殺できれば、物体の明度は一定に保たれる。ただし、順応は完了までに分単位の時間を要するため、順応のみで明度の恒常性を説明することには無理がある。

物体から反射されて眼に届く光は、物体表面の反射率と照明強度の積によって決まるので、明度の恒常性や、そもそも明度の知覚が成立するためには、空間的な文脈が十分に豊かで、視野内に反射率の異なる領域が複数存在することが重要となる。それら複数の領域から反射される光の輝度比（コントラスト）を計算すると、その値は反射率の比に一致し、照明強度が変化したとしても変わらない。そのため、輝度比を用いれば、照明強度によらずに明度を把握できる。ただし、輝度比から分かるのは明度の相対関係のみであるため、特定の輝度を特定の明度に対応づけ、絶対値（白、明灰、中灰等）へと変換する必要がある。この過程を**アンカリング**といい、対応づけのルールを**アンカリング・ヒューリスティックス**という。代表的なヒューリスティックスとしては、最大輝度を白とする、あるいは平均輝度を中灰とするなどが挙げられる。更に、明度の知覚のためには、アンカリングに加えて、輝度の範囲を明度の範囲

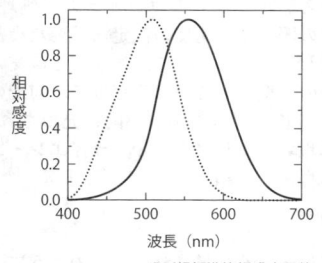

図12 標準比視感度関数

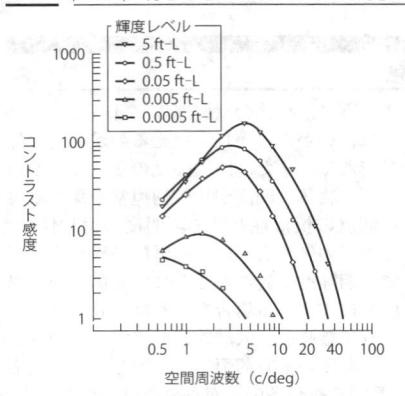

図13 異なる輝度レベルで測定されたコントラスト感度関数 (De Valois et al. 1974 を改変)

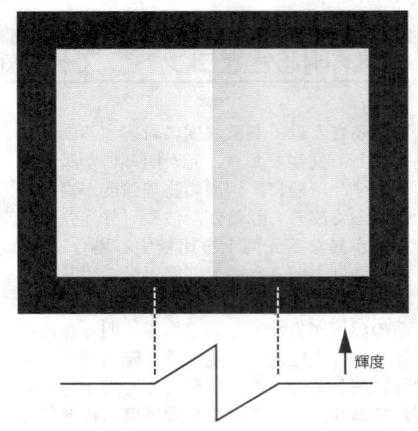

中央の境界線付近にのみ輝度勾配がついており，それ以外の領域の輝度は左右で等しいが，輝度勾配の極性に応じた明るさが領域内に充填され，左側は明るく，右側は暗く見える。

図14 クレイク・オブライエン・コーンスウィート錯視 (Cornsweet 1970)

へと対応づける必要がある。これを**スケーリング問題**という。

明るさや明度の知覚には，コントラストの処理が重要である。輝度コントラストとは，一般に，空間パターンの明暗の違いがどれだけはっきりしているかを表す。**コントラストの指標**としては，輝度比だけでなく様々な測度が用いられる。コントラストに対する感度は**コントラスト閾**の逆数で表され，それを空間周波数の関数としてプロットしたのが**コントラスト感度関数**である。その形状は，明所視では数 c/deg をピークとする逆U字型となるが，輝度レベルをはじめとする刺激パラメータに応じて変化する (図13)。コントラスト感度関数の形状から，視覚系の感度は，空間的に細かいパターンだけでなく，空間的に粗いパターンに対しても悪いことが分かる。低空間周波数に対する感度低下は，**側抑制**の働きを反映している。例えば，網膜神経節細胞は中心-周辺拮抗型の受容野をもち，受容野全体をおおう空間的に一様な（あるいは低空間周波数の）パターンで刺激されると，中心野と周辺野の拮抗関係によりほとんど応答しない。側抑制に基づく拮抗型の受容野は，エッジのような輝度変化の検出に重要な役割を果たし，輝度変化を増幅する働きをもつ。このことは，マッハ・バンドの錯視や明るさの対比現象に端的に見られる。エッジでのコントラスト処理は，領域の明るさや明度の決定に重要な役割を果たし，エッジ近傍に，エッジと直交する方向の輝度勾配をつけるだけで，勾配の極性に応じた明るさが領域内に充填される。この現象を**クレイク・オブライエン・コーンスウィート錯視** (図14) と呼ぶ。

■　■　■

❶▶ 明るさの対比 (brightness contrast)

同一の灰色の領域を，白と黒の背景の上に配置すると，白背景上では暗く，黒背景上では明るく知覚される。このように，周囲との差を強調するように見かけの明るさが変化する現象を，明るさの対比という

(図15)。この逆に，周囲との差を縮める方向に見かけの明るさが変化する現象もあり，明るさの同化という。

左右に置かれた灰色の正方形の輝度は物理的に同一であるが，周囲との差を強調する方向に明るさが変化し，左側は暗く，右側は明るく見える。
図15　明るさの対比

❷ ▶ 輝度 (luminance)

ある面をある方向から見た場合の単位面積あたりの光の強度に対応する測光量で，単位は cd/m^2（カンデラ毎平方メートル）である。輝度計で測定される輝度は標準比視感度を利用しているが，厳密な設定が必要な場合には，各観察者について個別に等輝度設定を行うこともある。

❸ ▶ コントラスト閾／コントラスト感度 (contrast threshold/contrast sensitivity)

コントラスト感度関数の測定のためには，正弦波縞刺激を用い，マイケルソン・コントラストを調整して，明暗のパターンがちょうど検出できる最小のコントラストであるコントラスト閾を求める。閾と感度は反比例の関係にあるので，コントラスト閾の逆数をとってコントラスト感度とする。

❹ ▶ コントラストの指標 (contrast measures)

輝度比以外にコントラストの指標としてよく使われるのは，次の三つである。①ウェーバー・コントラスト（C_W）はウェーバー比の形をとる。背景野に検査光を重ねて提示した場合には，背景野の輝度を L，検査光の輝度を ΔL とすると，$c_W = \Delta L/L$ で表される。

②マイケルソン・コントラスト（C_M）は，縞刺激等でよく用いられ，刺激の最大輝度を L_{max}，最小輝度を L_{min} とした時に，$c_M = \dfrac{L_{max} - L_{min}}{L_{max} + L_{min}}$ で表される。

③RMSコントラスト（RMS）は，自然画像等，複雑な空間パターンに関してよく使用され，刺激の全輝度値の標準偏差を平均輝度で割った値で表される。

❺ ▶ 側抑制 (lateral inhibition)

ある神経細胞が刺激された時，介在ニューロンを介して近傍の細胞に抑制が及ぶことを側抑制という。側抑制は感覚神経系等で広く認められる。こうした抑制性の相互作用を含む神経ネットワークにより，網膜の神経節細胞においては，同心円形の中心-周辺拮抗型の受容野が構成されており，強度変化が効率的に中枢へと伝えられる。

❻ ▶ 標準比視感度（標準分光視感効率） (standard relative luminous efficiency)

光の強度に関する標準的な分光感度である標準比視感度（ピークに対する比率で表すので，比視感度あるいは視感効率という）は，国際照明委員会（CIE）によって，多人数の平均データに基づいて定められている。波長の関数としてプロットすると逆U字型を示し，ピーク波長は，明所視の場合には 555 nm，暗所視の場合には 507 nm である（図12）。波長による視感度の違いのため，放射量が等しくても測光量は異なり，短・長波長光よりも中波長光で大きくなる。

❼ ▶ マッハ・バンド (Mach band)

低輝度の領域から高輝度の領域へと，ある勾配で輝度が変化する時，勾配の変化点近傍で，帯状に見かけの明るさが変化して見える現象。この場合，勾配の開始点近傍では暗い帯が，終了点近傍では明るい帯が観察される（図16）。

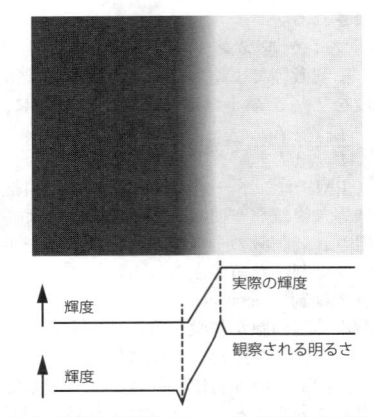

画像の輝度は直線的に変化するが，輝度勾配の始まり部分に周りよりも暗い帯が，勾配の終わり部分に周りよりも明るい帯が見える。
図16 マッハ・バンド

❽▶明順応／暗順応 (light adaptation/dark adaptation)

明るい照明に対して眼の感度を下げる働きを明順応，暗い照明に対して眼の感度を上げる働きを暗順応と呼ぶ。明順応による感度調節は数分以内で完了するが，暗順応には長い時間がかかり，桿体の感度が完全に回復するまでには30〜40分を要する。

❾▶明所視／薄明視／暗所視 (photopic vision/mesopic vision/scotopic vision)

人は非常に広い照明強度の下で物を見ることができるが，この働きは，錐体と桿体という2種類の視細胞が異なる照明強度を受けもつことにより成立している。錐体は明るい照明の下で，桿体は暗い照明の下で働き，それぞれが働いている時の視覚を明所視，暗所視という。錐体と桿体の両方が働く中間の照明強度での視覚を薄明視という。明所視では色覚が成立し，時空間分解能が良い。これに対して，暗所視では色覚は得られず，時空間分解能が悪い。

〔木村英司〕

05-04 ▶ 色の知覚

色は光の物理的な性質ではなく，人の知覚系で生じる感覚の一つである。それゆえに，色には，**色恒常性**や**マッカロー効果**等，興味深い心理特性が数多くある。なかでも，色の基本要素に関する二つの性質は色覚研究の中心的課題として多くの研究が行われ，その成果は現代の色覚理解の基盤となっている。その第一の性質は**三色性**である。人は数百万もの色を区別して感じることができる。ところが，どのような色でも，赤と緑と青のわずか3種類の色光を適切な割合で**混色**すれば再現できる。この三色性に着目して，ヤングは赤・緑・青を色覚の基本要素と考えて三原色と呼び，色覚には三原色を検出する赤機構，緑機構，青機構があり，この三つの機構の応答の違いが色の違いになるという**三色説**を唱えた。

第二の性質は**反対色性**である。三色説に基づくと，赤と青が混ざった紫色があるように，赤と緑が混ざった赤緑色があってしかるべきだが，そのような色はない。むしろ，赤と緑は互いに拮抗的で，プラスとマイナスのような関係にある。**色残効**では，赤の残像として緑が，緑の残像として赤が現れる。赤と緑を混色すると互いに色みが打ち消されて無彩色に近づく。同様のことが黄色と青色の関係についてもいえる。反対色性とは赤と緑，青と黄だけがもつこの拮抗的な性質を指す。反対色性に注目して，ヘリングは赤と緑及び黄と青の両ペアを色覚の基本要素と考えて反対色と呼び，色覚には，赤-緑反対色機構と黄-青反対色機構があり，この両者の応答の比で色が決

まるという**反対色説**を唱えた。重要なことに，反対色の4色には純粋で混じり気のない**ユニーク色**（ユニーク赤・緑・黄・青）と呼ばれる色が存在する。反対色説では，ユニーク色は他方の反対色機構の応答がゼロになる色と想定されている。

三色性と反対色性に着目した心理物理学と神経科学の研究によって，色覚は少なくとも3段階の処理を経て達成されることが分かってきた。図17に一般的な3段階モデルを示した。第一段階は**錐体過程**である。光が視細胞にある視物質に吸収されて視覚信号となる段階である。視細胞には，暗い所で働く**桿体**と，明るい所で働く3種類の**錐体**（S錐体，M錐体，L錐体）がある。この3種の錐体の存在が色覚を可能にしており，暗所で色が見えないのは，錐体が応答しないためである。図17に示すとおり，3種の錐体はそれぞれ異なる波長吸収（分光感度）特性をもち，最大感度はS，

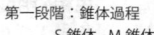

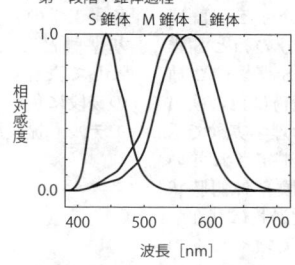

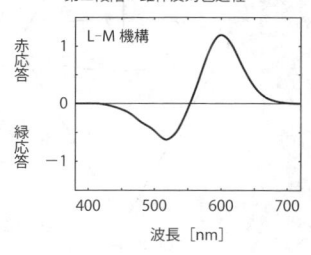

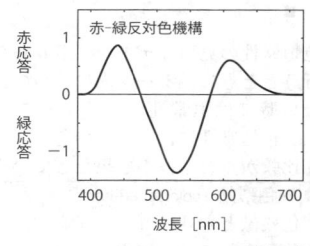

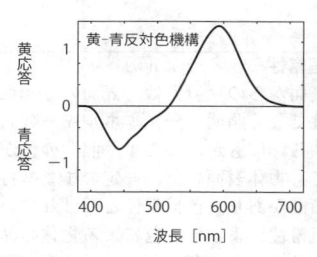

図17 色覚の三段階モデル

M，L錐体の順に420 nm，530 nm，560 nm付近にある。錐体の応答は吸収された光量子数だけで決まるため，単一種の錐体信号だけでは光の波長は区別できない。したがって，色覚には少なくとも2種の錐体信号の比較が必須である。大多数の人は3種の錐体を保持しているので，二つの光は波長分布が違っても3種の錐体信号が同じであれば，全く同じ色に見える。つまり，三色性はこの錐体過程によるものである。

第二段階は**錐体反対色過程**で（図17），L錐体とM錐体の信号の差分をとるL-M機構と，L錐体とM錐体信号の和とS錐体信号の差分をとるL+M-S機構の2種類の色覚機構からなる。両機構は色の検出や弁別時に働くことが心理物理学実験で示され，その分光感度特性が測定されている。両機構の神経基盤が網膜や外側膝状体，一次視覚野等の初期視覚過程に存在することが，サルの電気生理実験やヒトのfMRI実験によって分かっている。ともに錐体信号の差分に基づく反対色性をもつことから，ヘリングの反対色説の証拠と見なされる場合があるが，両者の分光感度特性は大きく異なっており（図17中段と下段，特に，ゼロ点の比較），この考えには無理がある。このため，ヘリングの反対色と区別するために，近年では，錐体反対色過程と呼ばれる場合が多い。

第三段階は**知覚反対色過程**でヘリングの反対色説に相当する段階で，赤-緑反対色機構と黄-青反対色機構からなる。色の見え（アピアランス）に直接関わっているのはこの過程だと考えられている。その分光感度特性はユニーク色の測定や反対色判断等，色の見えに関する心理物理実験で求められている。しかし，この過程の神経科学的証拠はまだ見つかっておらず，錐体反対色から知覚反対色への変換過程についても不明である。更に，色の見えには知覚反対色過程だけでは捉えきれない側面がある。**色相・明度・彩度**の三つの知覚次元である。色彩工学の分野ではこの三次元を色表現の基準軸として様々な色を**色立体**（図18）として表現するのが普通である。第三段階の後段に色相・明度・彩度過程を置く色覚モデルも提案されている。

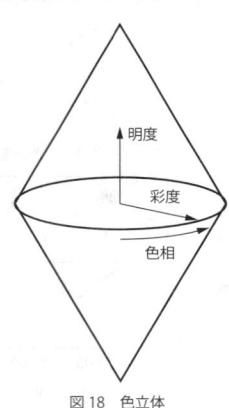

図18 色立体

■　■　■

❶ ▶ 色恒常性 (color constancy)

物体表面からの反射光は，表面の分光反射率だけでなく照明の分光エネルギー分布に依存する。にもかかわらず，照明の色が変化しても物体表面の色は一定のまま維持される傾向があり，色恒常性と呼ばれている。色恒常性によって，色による物体の識別が安定に行える利点がある。ランドは色恒常性の見事なデモンストレーションを行うとともに，シーン内に一つの色票しかない時には恒常性が破綻することを示した。色恒常性には，錐体の色順応と色の空間比較が重要な役割を果たしている。

❷ ▶ 色残効 (color aftereffects)

色残像とも呼ばれ，色光を数十秒見つめた後，白紙に目を移すと，見つめていた色

の反対色の残像が見える現象。錐体の色順応に伴う感度低下に起因して，反対色機構の応答が変わるために生じる。例えば，赤色に順応する場合，長波長光に感度が良いL錐体の感度が最も下がる。この影響で，赤-緑反対色系の赤応答が低下してバランスがくずれ，白色光に対しても，緑応答を示すようになる。

❸ ▶ 色立体 (color solid)

様々な色を色相・彩度・明度の軸で立体的に表現したもの。図18のように，色相の違いを円周上で，彩度の違いを直径方向で，明度を上下方向で表現する。

❹ ▶ 混色 (color mixing)

混色には加法混色と減法混色の2種類がある。加法混色とはプロジェクターで投光した色光を重ねる場合のように，光そのものを加えていく場合を指し，この場合の三原色は赤，緑，青である。一方，減法混色では絵具やインクを混ぜる場合のように，光自体ではなく，光を吸収する物質（色素）を混ぜる場合を指す。そのため，減法混色では，赤光を吸収するシアン，緑光を吸収するマゼンタ，青光を吸収する黄色の絵具が三原色となる。反射光に注目すると，赤，緑，青の加法混色の三原色を調整していることに等しい。

❺ ▶ 色相／明度／彩度 (hue/brightness/saturation)

色を区別する尺度の一つで，色の三属性とも呼ばれる。色相は紫，青，シアン，緑，黄緑，橙，赤色等，色みの種類の違いを指す。明度は色の明るさを指す。彩度は色の鮮やかさのことで，白みが多いほど彩度は小さくなる。例えばピンクは，色相は赤，明度は高く，彩度は低い色である。

❻ ▶ マッカロー効果 (MaCollough effect)

方位に連動して生じる色残効で，ある方位の色つきの縞に順応した後に，その方位の白黒の縞を見ると，うっすらと補色が感じられる現象。例えば，赤の横縞と緑の縦縞を交互にしばらく見た後では，白黒の横縞は緑色に，縦縞は赤色を帯びて見える。この効果は，通常の色残効に比べて弱いが，とても長く，数日間も続くことがある。色知覚と形態知覚の密接なつながりを示唆する現象の一つで，網膜ではなく大脳の初期視覚経路の可塑性が原因とされている。

〔山本洋紀〕

05-05 ▶ 奥行きの知覚

奥行きの知覚においては，まず個別の手掛かりからの情報が処理され，次にそれらの出力が統合されて，最終的な知覚が得られると考えられている。ここでは，手掛かりを**絵画的手がかり，両眼視差，運動視差，眼球運動手がかり**に分類してそれぞれについて述べ，最後に手がかり統合過程について触れる。

絵画的手がかりとは，文字どおり二次元的な絵画や写真の中で表現される奥行き知覚手がかりであり，**陰影，投射影，画像遠近法，遮蔽手がかり，大気遠近法**等がある。いずれも二次元画像中の要素であるため，理論上多義的であり，奥行き知覚の手がかりとして活用されるためには，対象の空間形状に関する何らかの仮定が必要である。

両眼視差とは，視覚対象を観察する際に，左右眼に投影される対象の網膜像の差異（両眼網膜像差）を指す場合と，左右眼それぞれの位置からの視方向の違いを指す場合とがある。立体画像を呈示する立場では，両眼視差を唯一の変量と考えればいいが，視覚情報処理機構を考える立場では，両眼網膜像差と左右眼からの視方向の違いを区別する必要がある。両眼視差に起因す

る奥行き知覚は**両眼立体視**として古くから認識されている。両眼視差を与える左右像の刺激ペアは**ステレオグラム**，特に両眼視差以外の奥行き手がかりを排除したものは**ランダム・ドット・ステレオグラム**と呼ばれ，基礎研究においてよく用いられる。

両眼立体視の主要因である水平方向の両眼網膜像差（**水平網膜像差**）は，外界の対象が左右の網膜に投影する像の水平方向の位置の差として定義される。水平網膜像差には，網膜の中心を基準とした座標上の絶対的な位置の差として定義される絶対網膜像差と，二つ以上の対象の左右網膜像の相対的な位置の差として定義される相対網膜像差があるが，奥行き知覚に直接関係するのは主に後者である。相対水平網膜像差量が増加すると，奥行き知覚量もそれに比例して増加するが，ある量を超えるとそれ以上奥行き知覚量は増加せず，左右像は融合されずに二重像として知覚される。両眼像が融合される範囲は**パヌームの融合域**と呼ばれる。また，視空間中において，固視点からの変位角が左右眼で幾何学的に同一となる点，もしくは左右眼像が知覚的に単一となる点の集合は**ホロプター**と呼ばれる。水平網膜像差以外にも，**垂直網膜像差，両眼非対応，両眼間速度差**も広義の両眼網膜像差と考えられ，それぞれ奥行き知覚に寄与することが示されている。

運動視差は，**観察者運動視差**と**対象運動視差**に区別できる。観察者運動視差とは，観察者が頭部運動をしながら対象を観察する場合に網膜上に生じる相対的運動の分布であり，奥行き知覚への寄与が大きい。対象運動視差とは，観察者が静止したまま対象が運動するのを観察する時に網膜上に生じる相対的運動の分布であり，速度分布が不連続の場合は，奥行き知覚が不安定だが，速度分布が連続的な場合には安定する。いずれにしても，運動視差が奥行き情報となるためには，対象が剛体であるという仮定が必要である。

眼球運動手がかりとは，眼筋の活動に起因する奥行き知覚手がかりであり，**水平輻輳**と**調節**が知られている。水平輻輳とは，注視対象の距離の変化に従って，左右の眼球が互いに異なった方向に動く眼球運動である。調節とは，注視対象の距離に応じて眼の水晶体の厚さが変わり，網膜に鮮明な像が映るように眼球光学系の焦点距離が変化する機能，すなわち眼のピント合わせ機能である。

前述した様々な手がかりからの情報が統合されて，最終的な奥行き知覚が得られると考えられるが，その統合の形態には加算的統合，平均的統合，協調的統合等がある。特に同質の情報をもつ手がかりの統合においては，それぞれの手がかりからの出力を単純な重みづけ加算したものを，最終的な知覚とする単純なモデル（平均的統合）で，概ね説明できるとされる。また，奥行き知覚が大きさ知覚，明るさ知覚等の他の知覚に影響を及ぼす例も多い。例えば，網膜像の大きさが同じであっても，遠くに知覚される対象は大きく知覚されることが知られている。これは，ある対象の知覚的な大きさを，その対象の視距離の変化に伴った網膜像の大きさの変化にかかわらず，一定に保とうとする視覚系の働き（**大きさの恒常性**）によるものだと解釈される。

■　■　■

❶▶ 陰影 (shading)

光源の方向，物体表面の反射特性，そして物体形状によって決まる，物体表面からの反射光強度の分布。この反射光強度の分布から一意に対象の物体形状を推定することは原理的にはできないが，二次元上に描かれる光強度分布から明確な奥行き知覚が得られる場合がある。これは，視覚系が，

光源が視野の上方に存在するという仮定（光源上方仮定）等とともに，光の強度分布を陰影と解釈しているためと考えられる。

❷ ▶ 画像遠近法 (pictorial perspective)

三次元空間を透視投影した二次元画像（網膜像）に含まれる画像要素による知覚奥行き効果。その画像要素には，線遠近法的成分，相対的大きさ，テクスチャ勾配等がある。これらの画像要素を対象の奥行き形状に対応づけるには，対象の形状や性質に関する仮定，例えば，空間中の線分は平行であるという仮定，あるいは面上のテクスチャの等方性や均一性等が必要である。

❸ ▶ 垂直網膜像差 (vertical disparity)

垂直方向の像の差異（相対垂直網膜像差）は，外界の異なる位置にある2点が，左右眼それぞれに張る垂直方向の角度の差分として定義される。視対象が正中面以外にある場合，その対象から左右それぞれの眼までの距離は異なる。そのため対象の左右網膜像の大きさは異なり，垂直網膜像差が生じる。垂直網膜像差は，特定の分布をもつ時に空間知覚に影響することが知られている。

❹ ▶ 水平輻輳 (horizontal vergence)

左右の眼球が互いに水平逆方向に動く両眼性の眼球運動のこと。注視対象の距離の変化に従って，ある対象を両眼で注視した際の，左右眼の視線の成す角（輻輳角）は，対象の視距離と幾何学的に一対一に対応するため，輻輳角に対応した眼筋の信号が得られれば，それは視対象の絶対距離の手がかりになりうる。ただし，知覚への効果は強いとは言いがたく，近距離（1m以下程度）において見られる限られたものにとどまり，個人差も大きい。

❺ ▶ 大気遠近法 (aerial perspective)

大気を通る光は，塵や霧等によって吸収・散乱される。そのため，大気越しに見る対象の像は，その距離に従ってコントラストが減少するとともに，やや青みがかかる。この効果は，大気の層が厚いほど，すなわち対象が遠いほど大きいため，距離の情報になりうる。画像におけるこのような成分の変化によって，対象の距離知覚も変化する。この効果が大気遠近法と呼ばれ，古くから多くの画家たちによって絵画表現の際に用いられている。

❻ ▶ 調節 (accommodation)

注視対象の距離に応じて眼の水晶体の厚さが変わり，網膜に鮮明な像が映るように眼球光学系の焦点距離が変化する機能。調節のための眼屈折は対象の距離に対応するため，水晶体の厚さを調整する毛様筋の活動に伴う信号が得られれば，これも絶対距離の手がかりになりうるが，輻輳と同様に，近距離における距離知覚にある程度の効果が見られるが，強力な手がかりとはいえない。

❼ ▶ ホロプター (horopter)

視空間中において，固視点からの変位角が左右眼で幾何学的に同一となる点，すなわち左右眼の網膜上の同じ位置に像を結ぶ点の集合は，幾何学的ホロプターと呼ばれる。また，ある一点を両眼で固視した状態で外界の様々な位置にある対象を観察した場合，対象の左右眼像が知覚的に単一となる点の集合は，経験的（心理物理的）ホロプターと呼ばれる。幾何学的ホロプターは，両眼の節点と固視点の三点を通る水平面上の円（ヴィース・ミューラー・〈Vieth-Müller〉サークル）及び固視点を通る垂直線分となる。経験的ホロプターはヴィース・ミューラー・サークルの外側の曲線，及び固視点を通って上方が遠方に傾いた線分となることが示されている。経験的ホロプターが幾何学的ホロプターと一致しないのは，視覚系が我々を取り巻く空間的な環境に適応した結果であると考えられる（図19）。

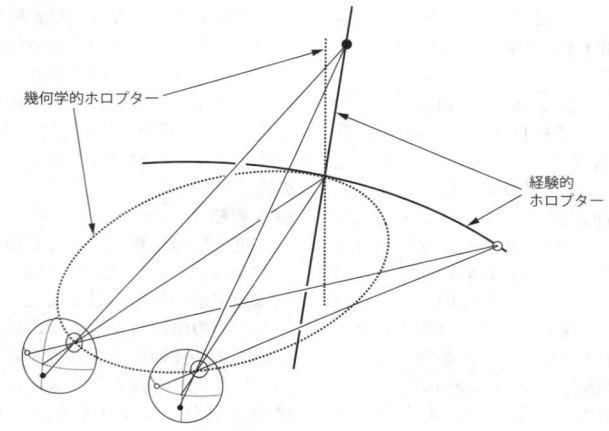

図19 幾何学的ホロプターと経験的ホロプター

❽▶ランダム・ドット・ステレオグラム
(random dot stereogram)

ランダムに配置されたドットから構成されるステレオグラム。通常のステレオグラムにおいては，絵画的手がかり等，両眼視差以外の奥行き手がかりも含むが，ランダム・ドット・ステレオグラムは両眼視差以外の奥行き手がかりを全く含まないことが特徴である。これを用いることにより，純粋に両眼視差のみによる奥行き知覚を調べることができるため，特に基礎研究分野で広く用いられている。

❾▶両眼非対応領域 (interocularly unpaired zone)

観察者から見て，ある不透明な物体が後方の物体を覆い隠す時，前方の物体の左右に一方の眼にしか観察されない後方物体の領域が生じる。これを両眼非対応領域あるいは半遮蔽領域と呼ぶ。遮蔽物に対する両眼非対応領域の左右位置と，それが入力される眼の左右は，生態光学的に決まった関係しかあり得ない。そのような生態光学的に妥当な位置関係にある両眼非対応領域の存在が，奥行き知覚に寄与することが示されている。

〔金子寛彦〕

05-06 ▶ 運動の知覚

運動は位置の時間的変化である。人間の視覚系には，各瞬間の対象の位置から間接的に運動を推定するのではなく，直接的に運動を捉える仕組みが備わっている。その証拠として古くから知られているのが，**仮現運動，運動残効，誘導運動**といった運動の錯視である。また，特定の方向の運動に選択的に反応するニューロンが大脳皮質に存在することも，運動情報処理の実在の証拠となる。

運動視処理の第一段階は運動検出である。一つの運動検出器は特定の方位と位置の運動信号を取り出す。幾つかの**運動検出**

のモデルが提案されている。これらのモデルは原理が異なるものの，輝度分布の流れから運動信号を抽出するという点では一致している。輝度運動（**一次運動**〈first-order motion〉）だけではなく，テクスチャ等の高次の特徴の運動（**二次運動**〈second-order motion〉）を知覚する仕組みも備わって，頑強な運動検出が行われる。

窓問題により，一つの運動検出器の出力だけでは運動ベクトル（運動方向と速度）を一意に決定することはできない。視覚系は窓問題を解決するための一つの手段として，異なる方位や位置の運動信号を統合している。この運動統合の仕組みの研究には，方位の異なる二つの一次元格子運動を重ねた**プラッド運動**（plaid motion）がしばしば用いられる。また，線分の端点等で運動ベクトルが正しく推定できると，つながっている輪郭全体にそのベクトルが伝播する。長方形に切り取られた斜め縞が長辺に沿って運動して見える**バーバーポール錯視**（barber pole illusion）が，そのことを示す好例である。

窓問題の解決のみならず広い領域の全体的な運動の推定のためにも，各点の運動信号は空間統合される。その結果，多数のドットがばらばらに運動する**ランダム・ドット・キネマトグラム**（random-dot kinematogram）において，ほんの数％のドットが共通の方向に動くだけで**全体運動**（global motion）が知覚される。等輝度色刺激等の，知覚される位置が不安定なパターンが周辺の運動と一緒に動いて見える**運動捕捉**（motion capture）という現象も生じる。一方，運動信号は統合されるだけではなく，異なる対象の運動に属すると思われる隣接した運動信号は分離される。例えば，運動方向が切り替わる境界部分には，明瞭な輪郭が知覚される。誘導運動も運動信号の分離と関わる錯視である。

位置の変化である運動は，位置の知覚とも密接に関連しており，**フラッシュラグ効果**等，運動が知覚位置に影響する錯視が幾つか知られている。また，運動処理は形態や色彩の処理とは並行して行われるが，それらの処理の間には密接な相互作用もあり，連携して運動対象の知覚を生み出している。

運動視の目的は対象の運動を知覚することだけではない。観察者の動きによって生じる視野全体にわたる並進・拡大・回転といった**光学的流動**（optical flow）は，観察者自身の運動に変換されて知覚される（**視覚誘導性自己運動感覚**〈vection〉）。観察者の横方向の頭の動きから，対象の奥行き手がかり（**運動視差**〈motion parallax〉）が得られるし，回転運動する対象のシルエットやドット運動で与えられる運動ベクトル場から三次元奥行きを知覚することができる（**運動性奥行き効果**〈kinetic depth effect〉，又は**運動からの構造復元**〈structure from motion〉）。また，対象の運動の時空間パターンから因果関係等のイベントを知覚することができるし，**生物学的運動**のように，対象に対する複雑な情報を読み取ることもできる。

以上は，視覚に関する運動の知覚についての説明であるが，聴覚や触覚でも運動は知覚され，その仕組みは視覚と共通する点が多いといわれている。また，ある感覚モダリティの運動が，他のモダリティの運動感覚に影響するという相互作用も生じる。

■　■　■

❶▶運動検出のモデル（motion detection models）

ライヒャルト検出器に代表される相関型検出器（図20-a）は，時間遅れを考慮に入れた異なる観測点の入力信号の相関から運動を検出する。フィルタ型検出器（図

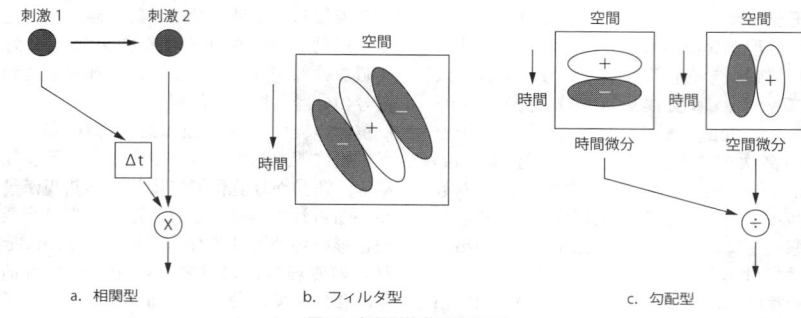

図20 相関型検出器の概念図

20-b) は，運動を時空間の傾きとして捉え，時空間方位フィルタで運動を取り出す。運動エネルギー・モデルはこのタイプに含まれる。勾配型検出器（図20-c）は，局所的な時間微分と空間微分の比から直接速度を推定する。

❷ ▶ 運動残効 (motion aftereffect)

同じ方向の運動（順応刺激）を見続けた後に静止対象（テスト刺激）を見ると，反対方向の運動が知覚される錯視。「滝の錯視」としても知られている。テスト刺激に対する順応方向の運動検出器の出力が弱まり，反対方向の出力が相対的に大きくなったため生じると考えられている。静止刺激ではなく，運動方向があいまいなテスト刺激を用いても，順応と反対方向の運動知覚が誘導される。また，順応運動方向のコントラスト検出感度が選択的に低下し，順応運動方向から角度的に離れるようにテスト刺激の運動方向が変位する。運動処理の複数の段階で生じる順応効果が，これらの運動順応現象を生んでいる。

❸ ▶ 仮現運動 (apparent motion)

複数の静止映像を順々に提示した時に画像特徴の移動に対して感じる運動感覚。動画表示技術の一般原理。仮現運動は連続的な実際運動を離散的にサンプリングしたものであり，実際運動と同様，低次の運動検出器で運動信号を抽出することができる。ただし，離れた2光点間に生じる古典的仮現運動のように，時空間のサンプリング間隔が大きな仮現運動の知覚には，高次の運動処理の役割が大きいと考えられている。

❹ ▶ 生物学的運動 (biological motion)

人間の身体に付けた少数の光点の動きだけから，その動きが人間であることや，動作内容，性別や特性等が読み取れる。運動のパターンだけでなく，形の変化も重要な手がかりになっているといわれている。

❺ ▶ フラッシュラグ効果 (flash lag effect)

運動刺激とフラッシュ刺激の位置を比べると，フラッシュした瞬間の物理的位置がそろっていても，運動刺激が先行して見える錯視。運動による空間位置の変位と，フラッシュ・タイミングの見かけの遅れが原因として指摘されている。関連する現象として，運動している刺激領域の位置や運動刺激の近傍で呈示されたフラッシュが運動方向に変位して見える錯視や，運動残効による位置ずれ効果が知られている。

❻ ▶ 窓問題 (aperture problem)

直線や縞等の一次元パターンが運動している時，刺激に垂直方向の運動速度成分は分かるが，刺激に平行方向の運動速度成分は分からない。曲がった輪郭の運動でも小さな窓からのぞくと直線の運動になり，同様の運動信号の曖昧性が生じる。これが窓問題である。窓の中に角や端点等の二次元

パターンが含まれると物理的にはあいまい性はないが、特定の方位成分の運動だけを取り出している運動検出器にとってはそういう場合でも窓問題が生じる。

❼ ▶ 誘導運動 (induced motion)

雲の動きの反対方向に月が動いて見えるように、静止した刺激が周辺の運動の反対方向に動いて見える対比錯視。対象間の相対的な運動を符号化しようとする視覚系の仕組みが反映したものと考えられる。

〔西田眞也〕

05-07 ▶ 形態の知覚

我々が星空を眺めている時に見えるのは、個々ばらばらの星ではなく、まとまりや形をもった星座である場合が多い。このように要素を構造化してまとまった全体（ゲシュタルトと称されることが多い）として捉える働きは、**知覚的体制化**と呼ばれ、形態知覚 (pattern perception) の基礎過程とされている。

形態に対応する英語には、form, shape, figure, pattern, configuration 等、幾つかの用語があり、それぞれ微妙なニュアンスの違いがある。例えば、狭い意味での form や shape は閉曲線に囲まれた図形を指す場合が多く、pattern や configuration は要素が配置されて構成されたものを指す場合が多い。また figure は形を指す最も広い言葉ではあるが、心理学では図地分化における地に対する用語として使われることも多い。一方、工学的研究では**パターン認識**という分野が確立されているように、形態化されたもの一般を指す場合に pattern を用いているので、本項でも最も広い意味で形態を表す用語としてパターンを用いることにする。

心理学の中で、形態、特に線図形等は比較的簡単に描くことができ、刺激として利用することが容易であったためか、古くから盛んに研究が進められてきた。しかし、形態に対応する物理的特徴は客観的に定義しにくく、しかも多変量的であり、形に対する我々の心理的応答も多様であるので、見かけの容易さとは異なって予想外の悪戦苦闘を強いられてきた研究分野といえよう。そのため、研究者独自の仮定のもとに形態を定義する変量が創出され、形の良さ・複雑さ・美しさなどの心理評定値との関数関係が研究されてきた。このようなアプローチは、**パターン心理物理学**と呼ばれる。

更に形態の知覚は、雲から突き出た富士山のように一部が遮蔽されている場合でも、つまり対応する物理刺激が部分的に存在しない場合にもその部分を補って生じうる。このような働きは**知覚的補完**と呼ばれ、近年は脳内でどのように形態表象が復元されるかなどに関するニューロイメージング研究が盛んである。また、形態の部分は詳細に模写できてもその全体像が歪んでしまう症例や、その逆の場合の症例等、**形態失認**の神経心理学的研究等も活発に行われている。形態の知覚は、いまだ未解明な点が多く、古くて新しいテーマの一つといえる。

■　■　■

❶ ▶ ゲシュタルト要因 (gestalt factors)

要素に還元できない全体性をもつ形態（ゲシュタルト）を作り出す知覚体制化の働きとして、ウェルトハイマーは以下のような要因を呈示した（図21）。

① **近接の要因**：空間的、時間的に近いも

のがまとまる。
② **類同の要因**：色や形等の類似性が高いものがまとまる。
③ **閉合の要因**：閉じた領域を形成するものが知覚されやすい。
④ **よい連続の要因**：なめらかに特性が変化するものがまとまる。
⑤ **よい形の要因**：より規則的な形をしたものがまとまる。
⑥ **共通運命の法則**：同期して運動や変化するものはまとまる。

これらの法則は，形態が知覚される時には，全体が最も簡潔なよい形になる傾向があるとするプレグナンツの法則に包括できるとされるが，定性的な定義であり，近年ではこれらの要因を定量的に捉える試みがなされている。

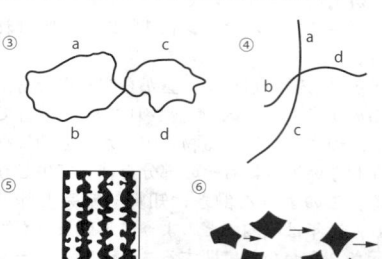

図21 ゲシュタルトの諸要因

❷▶ 図と地 (figure and ground)

図22 Rubinの図地反転図形（Rubin 1915を改変）

形態を背景から分離する働きは，図地分化と呼ばれる。図となる領域は輪郭線を伴い，はっきりとした形をもって前面に浮び出て見えるのに対し，地の領域は形をもたずに図の背後に広がって見える。図と地はしばしば反転して知覚される（図22）。より明るい領域，より面積の小さい領域，閉じた領域，より規則的な形をした領域，垂直あるいは水平の方位をもつ領域等は，そうでない場合に比べて図になりやすいことが分かっている。近年の研究では，図と地の領域では異なる時空間解像度で処理が進行しているので，別個の視覚システムが関与する可能性や，神経符号化の差異等，脳内処理に関して，現在でも活発な議論が続いている。

❸▶ 知覚的補完 (perceptual completion)

形は単独で存在するケースは少なく，複数の形が重なり合っている場合がほとんどである。また，地が図の背後まで広がって知覚されるように，見えている領域から，実際には見えない部分を補って面や対象を知覚する働きは，一般に知覚的補完と呼ばれている。更に，補完された領域が実際には見えないのに連続した存在を知覚するケースは，非感覚的（アモーダル）補完と呼ばれる。覆い隠された面の表現が形成されるまでには，200〜400 msec程度の時間を要し，この所要時間は補完する空間範囲に比例して変動する。ただし，非感覚的補完は時間がかかっても，前注意処理で自動的に生起することが分かっている。一方，補完現象のうち，カニッツァの主観的輪郭（図23）のように補完された領域や輪郭が実際に知覚されるケースは，感覚的（モーダル）補完と呼ばれる。感覚的補完がなされるスピードは非感覚的補完のケースよりもかなり迅速であり，100 msec以下の提示時間でも主観的輪郭は十分知覚されることが知られている。

図 23 カニッツァの主観的輪郭図形の一つ (Kanizsa 1955)

❹ ▶ テクスチャの分離 (texture segregation)

刺激表面のもつ肌理のような属性はテクスチャと呼ばれ、実際の視環境では輪郭線ではなく、テクスチャの違いによって形態が定義されているケースがほとんどである（図 24-a, b）。ユレシュによると、刺激の第一次及び第二次統計量の違いに応じて領域分離を行うとする見解が優勢であった。第一次統計量の違いは、テクスチャを構成する刺激要素の密度の違いに対応し、第二次以上の統計量の違いは、刺激要素の隣接の仕方の違いに関係する。ところが、その後、この説に合わない例が続々と報告され、ユレシュはテクストンと呼ぶ基本的特徴の第一次統計量的違いに応じてテクスチャの分離はなされるとして、初期の主張を大幅に変更している。テクストンには、ある色、長さ、幅、方向、運動速度、視差、ちらつきをもつ線分や小塊、及びそれらの端点や交点等の特徴が挙げられている。一方、トリーズマンは視覚刺激の色か形の単一特徴に基づく領域分離は容易になされるが、それらの結合（AND）に基づく分離は前注意的処理ではなされない（つまり一目では分からない）ことを示している（図 24-c）。

❺ ▶ パターン認識 (pattern recognition)

近年、文字や顔等をコンピュータで識別することが可能になってきた。パターン認識の最も基本的な考え方は、典型的パターンに対応する鋳型のようなものを記憶していて、入力された情報と鋳型照合を行うとするものである。しかし、認識可能なパターンの数やその変形の多様性を考えると、それら全てについて鋳型を用意することはとても不可能に思える。そこで、あるパターンを他から区別する示差的特徴のテーブルを用意し、その有無をチェックする特徴分析という方式が考えられた。特徴分析から解釈に至る処理様式は、ボトムアップ処理、あるいはデータ駆動型処理といわれる。ところが、特徴分析だけでは、同一特徴をもつが、その結合の仕方が違うパターンを区別できないという深刻な問題が生じる。そこで、特徴の存在ばかりでなく、それら結合関係や階層関係を命題や有向グラフによるネットワークで表現したのが構造記述である。対象に関する記述をこのような形式で表現したものは、スキーマと呼ばれることが多い。例えば、顔のスキーマが活性化されると、この位置には目が存在するはずだから探し出せといった仮説演繹的な特徴分析が可能になる（図 25）。スキーマを利用して立てた仮説や予期から出発して特徴分析へ向かう処理様式をトップダウン処理、あるいは概念駆動型処理という。トップダウン処理が有効なのは、刺激がノイズを含んでいても認識可能となる場合や、期待や文脈効果等により、図 25 のよ

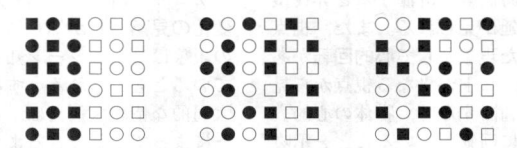

a. 色（明るさ）の違い　　b. 形の違い　　c. 色と形の違い

図 24　単一特徴やそれらの結合関係によって定義されるテクスチャ

図 25 多義図形の一つ。ネズミ男
(Bugelski & Alampay 1961)

うに同一のパターンが異なった見え方をするケース（多義図形と呼ばれる）であろう。日常の知覚では，ボトムアップとトップダウン処理のどちらも重要であり，刺激情報は豊富だが知識情報が不足している時は前者が，その逆の場合には後者がより強く働くといった相補的関係や循環的関係があることを押さえておく必要がある。

〔行場次朗〕

05-08 ▶ 物体とシーンの知覚

日常場面における視知覚の目的は多くの場合，眼前の物体やシーンを知覚することである。物体やシーンの知覚は通常特に努力の必要もなく自動的に行われているように感じるが，網膜に入力される視覚情報と知覚すべき物体やシーンの対応関係を考えれば，これが極めて複雑な過程であることが分かる。特に，三次元物体は，視点によって与えられる網膜像は大きく変化するにもかかわらず，我々は効率的な知覚が可能である。また，シーンはそれを構成する物体やその配置関係に大きな自由度があるにもかかわらず，極めて短時間でも正確にシーンを把握できることが知られており，**超高速カテゴリ判断**と呼ばれている。

三次元物体の知覚を巡っては，**視点依存性**の問題が議論されてきた。心理物理実験から，三次元物体の知覚は視点に依存することが知られている。日常的には，視点に関係なく瞬時に知覚できるように思えるが，知覚の反応時間等を計測すると非典型的な視点では遅延が見られる。また，視点依存性と関連した現象として**心的回転**がある。心的回転は，ヒトが異なる視点から見た物体の異同を判断する時，物体の心的表象をアナログ的に回転していることを示唆するが，この妥当性を巡っては議論がある。

視点依存的な三次元物体知覚の背後にある**心的表象**の性質に関しては，多くの議論がある。大別すると，三次元構造の心的表象を仮定するモデルと，二次元的な表象のみを仮定するモデルとなる。三次元構造の心的表象としては，**一般化円筒**（図 26）やジオンがある。これらは，物理世界に存在する物体の三次元構造を反映した表象をもつと仮定する点で直観には合うが，表象の性質に制約を課すことにより知覚の視点依存性を説明する必要がある。二次元的な物体表象としては**見えベースの表象**，その断片である**フラグメント**等がある。二次元表象だけで三次元物体が知覚できるという考えは直観に反するが，ある条件下で二次元画像の集合から三次元物体を正確に知覚できることは証明されている。これらのモデルの実験データの説明力に関して多くの議論があるが，ヒトは二次元的表象，三次元的表象の両方を使い分けているという見方に収束しつつある。

シーンの知覚については，前述の超高速カテゴリ判断と一見相容れない現象として**変化の見落とし**が知られている。この二つの現象はヒトのシーン知覚の特性を反映していると考えられる。すなわち，シーンの大局的な情報，例えば，**レイアウト**やジストによって知覚できるようなシーンの特性は極めて速く正確に処理できる一方で，重要な情報であってもシーンの局所的な情報

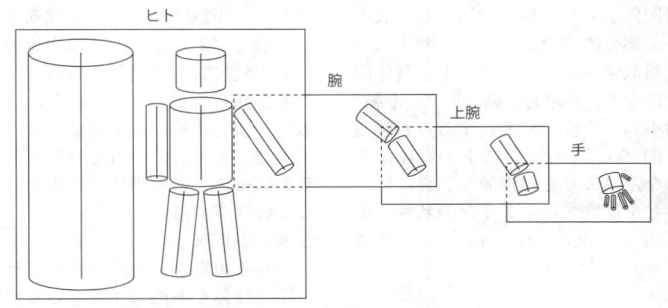

図 26　一般化円筒を用いたヒトの形態の構造記述（Marr 1982）

処理は時間と多くの処理資源を要するということである。このことは，シーンの知覚は，それを構成する物体の知覚を統合することで成立するのではなく，個々の物体の知覚とは別に成立する可能性を示唆する。レイアウトやジストがシーン画像のどのような情報から抽出されているのかに関しては，画像がもつ何らかの統計的情報と考えられているがその詳細は不明である。レイアウトのようなシーンの大局的情報は，超高速カテゴリ判断にのみ用いられるのではなく，シーンの中にある物体を認識する場合も重要な役割を果たすことが分かっている。例えば，シーンのレイアウトを撹拌したり，レイアウトと不適合な位置に物体を配置すると，物体知覚の効率が低下する。

瞬間呈示されたシーンの認識ではなく，シーン中の物体の認識や探索においては，眼球運動が重要である。シーン画像の中で注視位置を決める機構については，**顕著性マップ**を用いるモデル，ベイズ統計モデルを用いた，より洗練されたモデル等が提案されている。

脳機能研究も物体知覚とシーン知覚に関与する領域が異なることを示唆している。三次元物体知覚は主として**側頭後頭領域**（LO）が関与するのに対し，シーン知覚では海馬傍回の関与が知られている。

■　■　■

❶▶ 一般化円筒（generalized cylinder）

マーが提案した三次元物体の心的表象のモデル（図 26）。一般化円錐ともいう。柱体の幾何学的定義を拡張して，基本的三次元物体をパラメトリックに表現する。底面の形状や大きさ，軸の曲率等の自由度が大きいので，錐体，球，角柱等も表現できる。複雑な物体は，これらの組み合わせとして階層的に表現される。物体中心座標系によって表現されると仮定されており，視点依存性を説明することが難しい。

❷▶ 顕著性マップ（saliency map）

コッホとウルマンによって視覚探索のモデルとして提案された視覚的シーンの表象形式。シーン画像の要素特徴を抽出し，正規化して位置ごとに加算し，画像としての顕著性の度合いを表現したマップ表現。顕著性マップに対して勝者総取りアルゴリズムで最も顕著性の高い位置を検出し，その位置を注視する。ヒトの注視データをかなり説明できるが，意味論的情報の効果を組み込んだベイズ統計モデル等の拡張が行われている。

❸▶ ジオン（geon）

ビーダーマンが提案した三次元物体認識のモデルでは，複雑な三次元物体は部分と

その空間関係からなる構造記述として表現されるが，部分の表象をジオンと呼ぶ。一般円筒と類似するが，パラメータを具体的な数値ではなく，直線的な軸，曲がった軸，拡大，縮小等，定性的に表現する点が特徴である（図27）。これは，ヒトの物体認識が定量的な差異よりも定性的な差異に敏感であることを反映する。ジオンの名称は幾何学的イオン（geometric ion）から来ている。

ジオン	S	++ + −	++ − −−	+ −
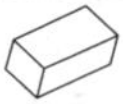	S	++	++	+
	C	++	++	+
	S	+	−	+
	S	++	+	−
	C	++	+	+
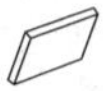	S	+	+	+

図27 非偶発的特性の組み合わせで定義された geon の例 (Biederman 1987)

❹▶ ジスト (gist)

リビング，ビーチといった，シーン全体を要約的に表現する情報のこと。超高速カテゴリ判断の現象から，ヒトは局所的な物体情報が知覚できなくても，ジストを抽出していることが示唆されるが，具体的に何の情報をどのように抽出しているかは不明である。また，変化の見落とし現象から，ジスト表象は局所的な重要な物体の認知には不十分であると考えられる。

❺▶ 視点依存性 (viewpoint dependence)

三次元物体の知覚が，物体を見る視点に影響すること。既知物体，新規物体にかかわらず，視点変化による知覚効率の低下が知られている。知覚効率は物体の大きさや位置変化に対してはおおむね不変性を示すことが知られており，これとは対照的である。三次元物体の心的表象は視点依存的な形式で表現されていると考えられ，物体知覚の諸モデルの妥当性を評価するための重要な特性である。

❻▶ 心的回転 (mental rotation)

異なる視点から見た物体の異同判断をする際，物体を心的に回転させて判断する心的機構。シェパードとメッツラーは，立方体を組み合わせた複雑な三次元物体の異同判断時間が，二つの物体の回転角度に比例することを報告し，アナログ的な心的表象の存在を示唆した。傾いた日常物体の知覚時間は遅延することから，形状の知覚でも心的回転を行っている可能性が指摘される。これら行動データのアナログ表象と，その連続変換の証拠としての妥当性には議論がある。

❼▶ 超高速カテゴリ判断 (ultra-rapid categorization)

シーン画像のカテゴリ判断が，極めて短時間呈示の場合にも速く，正確である現象。ソープらのグループによって画像内の動物の検出課題で報告され，脳波測定から150 ms 程度でシーン中の動物の有無の弁別が行われていると考えられる。動物検出以外に自然/人工等，多くのシーンカテゴリ課題で頑健に生じる。上位カテゴリの認識でのみ生起し，シーン中の物体ではなく，シーン全体の大局的な統計的情報を用いていると考えられる。

❽▶ フラグメント (fragment)

ウルマンが提案した三次元物体認知のモデルにおいては，見えベースの完全な表象は不要で，物体の特徴を示す断片的な表象で十分であるとする。物体の特徴をよく表現するフラグメントの集合を用いて物体認知をしていると仮定する（図28）。

図28　物体認識のためのフラグメントの例(Ullman 2007)

⑨ ▶ 変化の見落とし (change blindness)

シーン画像をその重要な部分（例えば，飛行機のエンジン）を消去した画像と短時間のブランクをはさんで交互に呈示しても，その変化に気づくのが極めて難しいことをレンシンクが発見した。この変化の見落としは，実験場面のみならず日常場面を含む広範な状況で生起する。変化の見落としの特徴として，我々が変化を見落としやすいことに気づいていないことがあり，「変化の見落としの見落とし」と呼ばれている。

⑩ ▶ 見えベースの表象 (view-based representation)

三次元物体認知を二次元的表象で説明するモデルが仮定する物体の表象形式。物体は，特定の見えからの二次元表象の集合体として表現されると仮定する。既知の見えに対しては，特定の記憶表象のマッチングで知覚し，未知の見えに対しては，既知の表象を組み合わせて知覚する。ある条件のもとでは，少数の見えベースの表象で新奇な異なる見えを再構築できることが証明されており，視点依存性を含む三次元物体知覚の説明力は高い。

⑪ ▶ レイアウト (layout)

シーン画像における物体の配置関係等を表現する大局的情報のこと。レイアウトは短時間で効率的に抽出され，シーン中の物体知覚を促進する。画像のレイアウト情報を攪乱したり，レイアウトと不適合な物体を呈示すると認識成績が低下する。レイアウト情報は海馬傍回で処理されているが，海馬傍回は物体を含まない空っぽの部屋の画像にも反応するため，レイアウト表象は抽象的な三次元構造表象と考えられる。

側頭後頭領域：→ 13-01「神経心理学」

〔齋木　潤〕

05-09 ▶ 聴覚

聴覚とは音を聞くための感覚様相である。音という一般語には，聴覚によって知覚された知覚内容の意味もあるので，ここでいう音とはその物理的な入力としての音波の意味で使っている。音波とは大気を伝搬する疎密波，すなわち振動現象である。我々の周囲にある物体のほとんどは弾性と慣性をもつので，物体に生じた変形は弾性の範囲内で振動を生じる。物と物が当たればそこに振動が生じ，それは大気に伝わり，音波として聴覚器に到達する。

複数の音源から到来する音波は，鼓膜という一つの膜を振動させる。その振動がどの音源によって生じているかを知るために，周波数を利用するのは有効な方略であ

る。感覚器に共通した神経符号化方略は強度-発火率符号化である。聴覚系はこれに加えて、神経発火の位相固定という方略を使って、興奮の強さに加えて興奮のもととなった振動の周波数についての情報を伝えている。純音に対する聴神経の活動を電気生理学的記録の時間ヒストグラムを取ると、神経発火は純音刺激の特定の位相にのみ集中し、それ以外では発火の抑制が起こっている。この位相固定した神経活動による符号化は周波数の**時間的符号化**と呼ばれる。音刺激には基本周波数が同じで波形の異なるものがあるが、位相固定した神経活動のみではこの違いが分かりにくくなってしまう。そこで、人間の聴覚系は進化の過程で基底膜を発達させ、その膜の物理的特性を場所によって変化させることで、機械的なフィルタ・バンクを形成させた。このような基底膜の振る舞いは、周波数の**場所的な符号化（トノトピー）**と呼ばれ、時間的符号化とは区別される。場所的な符号化は**マスキング**の規定要因となり、時間的符号化はピッチ知覚の規定要因となる。

哺乳類の聴覚系は大気の振動を効率よく神経活動へ変換するために適応進化した。ここでは振動から神経信号への変換の中核を担っている蝸牛に焦点を当てる。蝸牛は外見は螺旋状の形状をした骨によって形成された閉空間であり、その中はリンパ液で満たされている。断面を見ると前庭階、中央階、鼓室階と呼ばれる三つの部屋に分かれている。前庭階と鼓室階は蝸牛の先端（蝸牛頂）でつながっていて外リンパ液で満ちており、一方中央階は内リンパ液で満ちている。鼓室階と中央階を仕切る膜である基底膜の中央階側には、幾つかの種類の細胞が存在している。そのうちの内有毛細胞は、それに絡絡する聴神経とともに周波数に対応した時間的な符号化をする。内有毛細胞の先端には不動毛があり、基底膜が振動すると周囲の内リンパ液との間の粘性抵抗によって不動毛先端部の連結が開閉し、電位変化が起こる。この受容電位の変化が引き金となって、振動の特定の位相で聴神経に活動電位が生じる。更に内有毛細胞が載っている基底膜はアブミ骨側では幅が狭く、蝸牛頂に行くにしたがって幅が広くなる。この物理特性の違いによりアブミ骨側では高周波数に共振し、蝸牛頂側では低周波数へ共振する。これが周波数の場所的符号化となる。更に内有毛細胞と対峙するように存在している外有毛細胞には、能動性が備わっている。この能動性とは、基底膜のそれぞれの位置に生じた振動を増幅するような機能を担っている。

■　■　■

❶ ▶ 音の群化 (auditory grouping)

マスキング実験等の聴覚末梢系の特性を調べる研究と並行して、より高次な聴覚の機能としての音の群化に対する研究も進められた。知覚上は一つの音としてしか聞こえない音でも、フーリエ分析の結果は正弦成分から構成されているということになる。これらが複数の純音として聞こえず一つの音に聞こえるには、開始や終了の同期性、調波構造の存在等の条件を満たす必要がある。また、知覚上は明らかに複数の音として区別することはできても、単独の音源か複数の音源かの判断が分かれることがある。例えば、二つの周波数をもつ純音が交替して続く場合、周波数の差が小さいとその二つの音は一つの音脈として知覚され、高い音の後に低い音、その低い音の後に高い音が到来するという順序関係が分かる。これに対して周波数の差が大きくなると、高い音と低い音の二つの音脈に分かれて聞こえる（音脈分凝が起こる）。

❷ ▶ 音源定位 (sound localization)

空間内のどの位置で事象の生起の原因, すなわち音源があるかを推定することを音源定位と呼ぶ。そのためには, 方向（方位角）と垂直面での方向（仰角）, 並びに距離を推定する必要がある。方位角の手がかりの両耳間差である。音源が正中面上からずれるにつれ, 音源から左右の耳に到達する音信号には差が生じる。この差は両耳間強度差 (IID), 両耳間時間差 (ITD) に大別できる。前者は頭部が音の伝播に対する障害物となって,「影」になった方の耳に弱い強度となって到達することによるものである。IID は周波数の高い成分ほど大きく生じる。ITD は音源から左右両耳に到達するまでの経路差があることによって生じる。ITD は低域で優位となる傾向がある。仰角の判断の手がかりとしては, 耳介の形状が要因となって生じる周波数伝達特性のパターンが, 音波の到来方向に依存して変化することが利用される。音源までの距離の判断に有効なのは, 直接音と間接音の強度差である。音源まで比較的離れている場合と近い場合を比べると, 前者の方が直接音と間接音の経路差は小さく, 強度差は少なくなる傾向となる。

❸ ▶ 音色 (timbre)

ISO の定義では,「聴覚上の音の性質の一つで, 2音の大きさ及び高さがともに等しくても, その2音が異なった感じを与える時, その相違に対応する性質」とされる。音波として基本周波数や強度が等しくても異なる振動の様子を示すものは, ほぼ無限に存在するといってよい。その場合に異なっているのは, 1周期中の波形となる。波形の違いは, 含まれる周波数成分の構成比と相互の時間関係によって生まれる。これはスペクトル解析（フーリエ分析）をすることによって, 振幅スペクトルと位相スペクトルという形で定量的に記述可能であり, 音色の違いはスペクトルの違いに基づく。聴覚系は位相スペクトルの違いに対する感受性が低いので, スペクトルといえば振幅スペクトルを指すことが一般的である。一方で, 位相スペクトルの違いも音色の違いをもたらす場合がある。ただし, スペクトルの中には時間的な変化が表現されない。実際には音には, その開始部, 継続部, 減衰部が存在し, その時の時間的な変化の仕方も音色の重要な手がかりとなる。

❹ ▶ ピッチ (pitch)

ピッチとは周期性のある音に対して感じる知覚属性であり, 周期の長短に応じて音を低いものから高いものへと順番に並べる際に手がかりとするものである。ピッチ知覚研究は, 周波数の聴覚的符号化の問題に大きく関与していたので進展した。音声の母音や旋律楽器の音は調波複合である。この時に知覚されるピッチは, 基本周波数に対応したものとなる。ところが, この基本周波数を取り除いたとしても存在しないはずの基本周波数（ミッシング・ファンダメンタル）に対応したピッチが知覚されるという現象がある。位相固定した神経発火に備わる共通の周期性が, この時にピッチの手がかりとなっている。

❺ ▶ マスキング (masking)

聴覚におけるマスキングにはエネルギー・マスキングと情報マスキングの2種があるが, ここでは聴覚末梢系の振る舞いを反映したエネルギー・マスキングを説明する。エネルギー・マスキングの研究をリードしたのは, 基底膜をフィルタ・バンクとしてモデル化し, 信号音の検出に影響するマスク音（雑音）の周波数帯域の限界を調べることによって, 各フィルタのバンド幅を推定できるはずとする臨界帯域の考え方である。実証研究が進むにつれ, この臨界帯域が前提とする矩形フィルタの仮定の非現実性が問題化し, 近年はノッチ・ノイズを用いたマスキング法によって, 基底膜フィルタの周波数応答特性を推定するように

❻ ▶ ラウドネス (loudness)

ラウドネスとは知覚される音の強さ,又は大きさである。音響強度がラウドネスの物理的規定量となる。ところが,主観量であるラウドネスは,単純に音響強度を測定したものとは一致しない。その不一致の主要因は,聴覚系の周波数応答特性,聴覚系の反応に非線形性である。聴覚系には,外耳や中耳の影響による周波数応答特性がある。ラウドネスの推定のためには,この周波数特性を考慮した重みづけをする必要がある。更に聴覚系には非線形圧縮特性が備わる。この非線形性もラウドネスの推定の際には考慮する必要がある。このような知覚特性を推定するためには,ラウドネス・マッチングによるアプローチが取られている。様々な周波数と音圧レベルの純音に1,000 Hz の純音を対比させ,両者のラウドネスが等しくなる 1,000 Hz 純音の音圧レベルを求める。これはラウドネス・レベルと呼ばれ,phon という単位を用いる。縦軸に実際の呈示音圧レベル,横軸に純音の周波数をとり,ラウドネス・レベルが等価となる点を結んだものを,等ラウドネス曲線(鈴木・竹島の曲線)と呼ぶ(図29)。ラウドネス・レベルは等価になる 1,000 Hz 純音の音圧レベルの数値を用いているので,感覚量とはいえない。つまり,60 phon の音が 40 phon の音の 100 倍(20 dB の差は比で表すと 100 倍)のラウドネスをもつことを意味しない。感覚量としてのラウドネス N は, $N=(10^{(L_n-40)/10})^{0.3}$ で近似できる(ただし,L_n はラウドネス・レベル)。

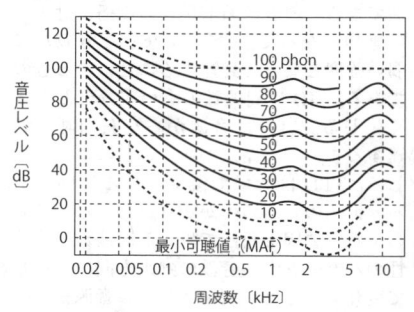

図29 等ラウドネス・レベル曲線(鈴木・竹島の曲線)と最小可聴値(森・香田 2011)

〔津崎 実〕

05-10 ▶ 音声知覚

音声 (speech sound) は,人間がコミュニケーションのために音声器官を用いて発する音である。言語音や語音と呼ばれることもある。音声器官は肺,気管,声帯,喉頭,咽頭,鼻,舌,口唇からなり,母音・子音・半母音等が生成される。音韻は,音声の中核にあると解釈される抽象的な音を指す場合に用いられる。音韻は / /,音声は [ ] で囲んで表記される。音声知覚 (speech perception) を音韻情報処理の側面を指して用いる場合には,音韻知覚という用語が用いられることもある。最小の音韻的単位は音素である。音素が結合されて音節が形成され,1個又は数個の音節から語 (word) が形成される。日本語ではモーラが音声知覚の基本単位となる。音声には意味内容についての意味情報,話者がどのような人物であるかを表す個人性情報(年齢,性別等),話者の感情を表す情緒性情報等,種々の情報が含まれる。一般に音声によって話し手が誰であるかを知ることを話者認識という。

音声波を,時間を横軸に,周波数(振動数)を縦軸に,エネルギーの強さ(振幅)を濃淡で表すと,音声波が時間とともにど

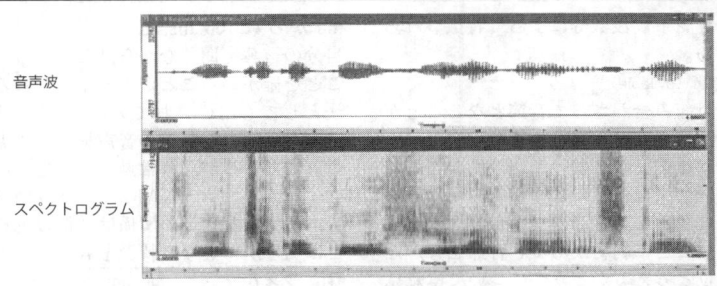

図30 「紅茶かコーヒーはいかがですか」の音声波とスペクトログラム

のように変化するかを見ることができる。このように表された図を**スペクトログラム**（spectrogram）という（図30）。濃く描き出される一定の周波数のところが、**フォルマント**（共鳴）周波数である。周波数の低い方から順に、第一フォルマント（F1）、第二フォルマント（F2）、第三フォルマント（F3）……と呼ぶ。

音声知覚は、音声の生成と密接な関係がある。生成と知覚の間には、言葉の鎖と呼ばれるループがあり、話し手は自分の発声を聴取できないと、どもったり絶句したりして話し続けることが困難になる。このことは聴覚遅延フィードバックを用いた実験により確認できる。また、言葉を連続して話す時、構音運動によって音声波の音響的な特徴は滑らかになり、前後の音素の音響的特徴は重なり合う。これは**構音結合**（coarticulation）が生じているためであり、人が話をする時、ある言葉を話しながら次に話す言葉を考え、既に**構音（調音）**（articulation）の準備を始めていることを示している。この準備は構音器官の各部分でそれぞれ生じる。構音結合の結果、あいまいな音になっても、**文脈**（context）を手がかりにして聞き取ることができる。

子音には有声・無声の区別があるが、その区別には**発声開始時間**（VOT）が重要なパラメータとなる。VOTは口唇が破裂して空気が流れ出してから、声帯が振動し始めるまでの時間をいう。VOTは有声子音の時には短く、無声子音の時には長くなる。また、音声波はその一部が欠落していても、**音素修復**（phoneme restoration）によって前後の文脈から正しく聞き取ることができる。更に、乳幼児の音声知覚の研究から、人間は誕生時にはあらゆる言語の音素を身につけているが、その後の言語環境の中で次第に**母語**（native language）にない音素は減じると考えられている。

■　■　■

❶▶ 音韻知覚（phonological perception）

音声の音韻的側面についての情報処理を指す。音韻は一つ一つの言語体系を形作る記号としての音であり、音韻論的分析の主な対象である。一回一回の具体的な音を音声と呼ぶのに対して、音声に解釈を加えて得られる概念を区別して音韻という。例えば、二人の人が「犬がいる」と言った場合、音声は異なるが、その中核にある「イヌガイル」は同一であり、音韻としては等しい。

❷▶ 音声波（speech sound wave）

声帯が開閉して喉頭原音が作られ、それが音声器官の動きにより特定の周波数が共振され、作り出される音波のこと。音声波には意味情報、個人性情報、情動性情報等が含まれている。音声波は、基本周波数や

05-10 音声知覚

フォルマント周波数等によって特徴づけられている。

❸ ▶ 音節 (syllable)

音素は組み合わさって音節となることができる。英語では音節は多くの場合，一つの母音に1個又は2個の子音が結合してできる。一つ又は複数の音節が組み合わさると語ができるが，音節のつながり方については言語ごとに制約がある。音節を音声知覚の単位と考えるかどうかについては意見が分かれている。日本語の場合には，音声知覚はモーラを単位とする。モーラは英語の音節とは少し異なる。例えば，「夜勤」は日本語では［ja-ki-N］で3モーラであるが，英語では［ja-kin］となり2音節である。

❹ ▶ 音素 (phoneme)

ある一つの言語において，語と語を区別する音の最小単位のこと。音素自体が意味をもつことはないが，音素が異なると語が区別される。例えば，「ここ/koko/」と「そこ/soko/」は，冒頭の音素が/k/から/s/に変わったことにより異なる語となる。したがって，/k/や/s/は音素である。音素の種類や数は言語によって異なる。［r］と［l］は日本語では音素的な違いにすぎないが，英語では異なる音素であり，よってrockとlockは異なる語となる。

❺ ▶ 子音 (consonant)

波形が非周期的で複雑な雑音成分が中心の音声。発音時に声帯の振動を伴う有声子音と伴わない無声子音に区別される。また，構音場所と構音方法によって破裂子音，摩擦子音，流音等に分類される。例えば，破裂子音は口腔内の特定の場所で空気がせき止められ，その後空気を突然開放することによって生成される。

❻ ▶ 聴覚遅延フィードバック (DAF：Delayed Auditory Feedback)

話し手に，自分が話した言葉をわずかに遅らせて聞かせる提示方法。通常は数10 msから数100 ms遅らせる。聞き手は，自分の言葉を聞きながら話しているということを確かめることができる。吃音の治療法としても用いられている。DAFは実験室で意図的に話し手の音声を歪めて提示する方法であるが，日常無意識に自然な聴覚フィードバック (NAF) も行われており，音声の生成と知覚の関係は，他の聴覚行動とは明らかに異なる特徴をもつ。

❼ ▶ フォルマント (formant)

声帯が素早い開閉運動を行うことにより，空気のかたまりができる（喉頭原音）。喉頭原音自体には音声の特徴はないが，声帯から口唇までの空洞（声道）の形が様々に変化することにより，言語音としての特徴が与えられる。このような声道の形を調整することを構音（調音）といい，声道の個々の動きを構音運動と呼ぶ。声道はその音響特性により特定の周波数（固有周波数）を響かせる共鳴体として働き，共鳴する周波数の振幅を増大させ，スペクトルは山形を示す。声道の共鳴をフォルマント，共鳴して増幅された周波数をフォルマント周波数と呼ぶ。母音はF1，F2，F3の違いによりほぼ区別することができる。

❽ ▶ 母音 (vowel)

母音は喉頭原音が声道を通る間に，遮断や摩擦等が生じることなく，声道の形が変化することによって特定の周波数が共振されて生成される。日本語では母音の数は5個（アイウエオ）であるが，言語によってその数は異なる。

❾ ▶ モーラ (mora)

音声の基礎となる時間的な単位であり，日本語のリズムを作る音韻論上の最小単位。拍ともいう。モーラは仮名1文字を発音する長さに相当する音韻論的時間であり，短歌や俳句の文字数を数える場合の単位となる。話す速さにかかわらずどのモーラもほぼ同じ時間長に知覚される。モーラには，一般モーラと特殊モーラがある。一

般モーラには母音,半母音＋母音,子音＋母音,拗音(/きゃ/のように,子音＋半母音＋母音からなる)があり,特殊モーラには長母音(/うー/のような例で,2モーラの長さ),促音(「きっと」の「っ」のように語中にある),撥音(「ん」のように語中または語尾の鼻音)がある。

⓾▶話者認識 (speaker recognition)

複数の候補の中から,ある人の声を聴いてその人の声であるかを判定する話者同定(speaker identification)と,ある人と別の人の音声を聴き比べて,同一人物であるかどうかを確認する話者照合(speaker verification)がある。話者認識の手がかりとしては,主にスペクトル包絡(声の特徴)と,ピッチ(声の高さ,高さアクセント,イントネーション)が用いられる。

〔重野 純〕

05-11 ▶ 触覚・自己受容感覚

視覚,聴覚,味覚,嗅覚,平衡感覚以外の感覚は,**体性感覚**と内臓感覚に分類される。このうち体性感覚は,更に,体の表面で感じる**皮膚感覚**と,体の深部にある骨格筋中の**筋紡錘**や腱,関節で感じる**自己受容感覚**に分けられる。

体性感覚の受容器は,受容する刺激の種類に応じて4種類に分類される。皮膚の触や圧,筋肉の伸長や緊張等,体に加えられた機械的刺激に応答する受容器は,**機械受容器**(mechanoreceptor)である。体の内や外の温度刺激に応答する受容器は温度受容器(thermoreceptor)であり,皮膚への温度刺激は**温度感覚**として意識的に感じられる。また,pH変化等,化学的刺激に応答する受容器は化学受容器(chemoreceptor)である。更に,強い機械的刺激,熱刺激,酸等,**痛覚**や傷害を引き起こす刺激に応答する受容器は侵害受容器(nociceptor)である。

皮膚は無毛部と有毛部に分けられる。無毛部は手指,手掌等の部分で,指紋,掌紋等があり,触覚(tactile sensation)による情報取得に際し重要な役割を果たす。有毛部は,毛穴の存在する部分である。無毛部,有毛部ともに,皮膚は外側から内側に向かって表皮,真皮,皮下組織の3層に分けられる(図31)。皮膚感覚受容器は,表皮と真皮の境から皮下組織にかけて存在する。皮膚感覚受容器をその構造から見ると,特殊構造をもつ受容器と,そうした構造をもたない自由神経終末に分類される。特殊構造をもつ受容器はすべて触覚受容器である。自由神経終末には,機械受容器,温度受容器,侵害受容器等,様々なタイプがある。触覚受容器からの信号は,脊髄背側にある後索を上行し,視床を経て大脳**体性感覚野**に送られる。

触覚は,皮膚に加えられた適度の大きさの機械的刺激に応答する感覚である。皮膚無毛部には,通常の触覚をつかさどる機械受容器が4種類存在し,それぞれマイスナー小体(Meissner corpuscle),パチニ小体(Pacinian corpuscle),メルケル触盤

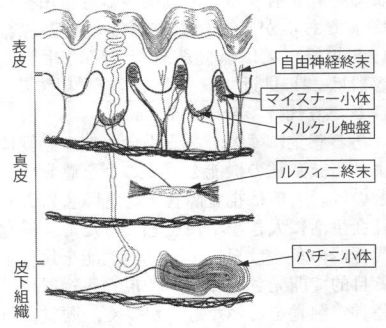

図31 ヒトの無毛部皮膚断面(Johnson 2002を改変)

(Merkel disk), ルフィニ終末 (Ruffini ending) と命名されている。皮膚有毛部にはマイスナー小体が存在しないが, 毛包受容器が存在する。機械受容器とそれに接続する神経線維を併せて, 機械受容単位 (mechanoreceptive unit) と呼ぶ。刺激に対する神経発射の順応特性から, 機械受容単位は速順応型と遅順応型に分けられる。マイスナー小体とパチニ小体を受容器とする機械受容単位は速順応型で, それぞれを速順応Ⅰ型単位 (FA I), 速順応Ⅱ型単位 (FA II) と呼ぶ。メルケル触盤とルフィニ終末を受容器とする機械受容単位は遅順応型で, それぞれを遅順応Ⅰ型単位 (SA I), 遅順応Ⅱ型単位 (SA II) と呼ぶ。

触覚系の基本的能力は, 例えば**触2点閾** (two-point threshold) により調べられる。触2点閾は, 皮膚上の2点を同時刺激し, それが2点に感じられる最小距離のことである。触2点閾は, 指先や口唇, 舌等で小さく (2～3 mm), 上腕, 背, 腹, 大腿等で大きい (15～30 mm)。触2点閾の小さな部分からの情報を受容する大脳皮質体性感覚野の面積は相対的に広く, 触2点閾の大きな部分からの情報を受容する体性感覚野面積は狭くなっている。

触覚は全身で感じられるので, それが失われることはまれである。そこで, 視覚障害者, 聴覚障害者等に触覚により情報を提示するシステムとして, **点字**や**感覚代行**のための機器が開発されている。

自分の手足の位置や姿勢, 四肢に加わる力等を検出する働きは自己受容感覚が受けもつが, 自分の姿勢や体に加わる加速度を検出する場合は**前庭器官**からの情報も重要となる。手を用いた対象認識は, 手を動かしながら情報を得る**能動触**と, 手を動かさずに情報を得る**受動触**に分けられるが, 能動触による認識には自己受容感覚も関与する。

■　■　■

❶ ▶ 温度感覚 (thermoreception)

温度感覚は, 皮膚温よりやや高い温度刺激に反応する温覚と, やや低い温度刺激に反応する冷覚に分けられる。温覚受容器は自由神経終末で, 神経線維は無髄線維 (C線維) である。温覚受容器は40～45℃でよく神経発射する。冷覚受容器も自由神経終末であるが, 神経線維は細い有髄線維 (Aδ線維) 又は無髄線維である。冷覚受容器は30℃付近で最もよく神経発射する。

❷ ▶ 感覚代行 (sensory substitution)

ある感覚に障害がある場合, 他の感覚により当該感覚の機能を補うことを感覚代行という。人間は視覚障害・聴覚障害により社会生活に大きな不便を感じるため, 感覚代行器の多くは視覚・聴覚の機能を代行する目的で開発されている。視覚代行器には聴覚, 触覚を用いたものが多く, 聴覚代行器には視覚, 触覚を用いたものが多い。

❸ ▶ 筋紡錘 (muscle spindle)

筋紡錘は, 全長6～8 mmの紡錘状の構造をしており, 錘内筋線維, 感覚神経, 運動神経の3要素から成り立っている。筋紡錘は, その両端が筋紡錘と並行して走る筋線維 (錘外筋線維) に付着した構造をしている。筋紡錘は, 錘内筋の長さを調節することにより, 錘外筋の収縮, 伸長に合わせて自己の長さを変え, 筋肉の収縮・伸長の程度や動き情報を取得して中枢に送る。

❹ ▶ 自己受容感覚 (proprioception)

自己受容感覚は, 四肢相互の位置関係や動き, 四肢に伝わる力等を検出する感覚である。自己受容感覚の受容器は自己受容器と呼ばれており, 筋紡錘, ゴルジ腱器官, 関節受容器がこれに属する。自己受容感覚は, 位置覚, 運動覚, 力覚に分けられる。位置覚は, 自分の四肢の相対的位置を知る感覚である。運動覚は, 自分の体を動かす

時，その動きの速さや方向を知る感覚である。力覚は，抵抗に逆らって関節位置を保持するための筋力を推定する感覚である。

❺ ▶ 前庭器官 (vestibular organ)

前庭器官は，頭部の位置と動きを知るための器官である。前庭器官は左右の内耳に1組ずつ存在し，それぞれが三つの半規管と卵形嚢，球形嚢からなる。三つの半規管は互いに直交しており，体の動きに伴う半規管内部のリンパ液の移動に有毛細胞が反応することにより，回転加速度を検出する。卵形嚢と球形嚢は内部に平衡斑をもつ。体が直立している時，卵形嚢平衡斑は水平方向，球形嚢平衡斑は垂直方向にあり，直線加速度（例えば重力）を検出する。

❻ ▶ 体性感覚野 (somatosensory area)

体性感覚野は，大脳中心後回にある第1体性感覚野（SⅠ）と，大脳外側溝上壁にある第2体性感覚野（SⅡ）に分けられる。SⅠは，前方から後方にかけて3野，1野，2野の順に並び，後ろの部分ほど統合的な情報処理がなされる。SⅠには，体の各部がデフォルメされた形で投射されており，手と口から入力される情報を処理する部分の面積が広く，体幹，腕，下肢からの情報を処理する部分の面積が狭くなっている。

❼ ▶ 痛覚 (pain)

痛覚を引き起こす刺激の受容は，侵害受容器（nociceptor）によってなされる。侵害受容器は自由神経終末で，神経線維は細い有髄線維（Aδ線維）又は無髄線維（C線維）である。体性痛覚は，表在性痛覚（皮膚の痛み）と深部痛覚（骨格筋等の痛み）に分けられる。表在性痛覚は，更に速い痛み（第1の痛み）と遅い痛み（第2の痛み）に分けられる。速い痛みは，針を皮膚に突き刺した時などに感じられる痛みで，有髄線維によって伝えられ，痛みの場所がはっきりと分かる。速い痛みが消失した後に残る痛みが遅い痛みで，無髄線維によって伝えられ，痛みはにぶく空間的な広がりをもって感じられる。

❽ ▶ 点字 (braille)

点字は，1825年にブライユによって考案された。点字は，アルファベット1文字を，3行2列のドット配列で表す。このドット配列のことをセル（cell）という。配列中の特定位置のドットの有無により，64通りの記号が表現できる。日本語の場合，五十音は1セルで表現できるが，濁音等は仮名記号の前に1セルの濁音符を付け，2セルで1音を表すように工夫している。

❾ ▶ 能動触／受動触 (active touch/passive touch)

能動触は自発的な動きを伴う接触を指し，受動触は自発的な動きのない接触を指す。それゆえ，能動触では，触覚受容器からの情報のほか，自己受容器からの情報も対象の認識に重要な役割を果たす。触覚受容器のみが関与する作業では，能動触と受動触の能力の間に差は見られないが，指の動きを伴った三次元形状知覚等では，能動触の方が受動触より優れている。

〔宮岡 徹〕

05-12 ▶ 嗅覚・味覚

【嗅覚】

日常生活で「コーヒーの香り」を感じる機会があるが，この感覚は800種類以上のにおい物質が焙煎コーヒーから揮発して，我々の鼻腔内に入ることから生じる。ヒトの嗅覚系では，鼻腔内の嗅上皮に約1,000万個の**嗅細胞**が存在し，各々が1種類の嗅覚受容体を発現している。様々なにおい物質が嗅細胞に受容され，その情報が第一次嗅覚中枢と呼ばれる嗅球に送られ，その後，梨状皮質，前頭葉眼窩回に送られるこ

とで，我々はにおいを意識することができ，嗅感覚が生じる。

視覚における三原色のように，嗅覚における原臭が長年探究され，そのプロセスで**においの分類**も試みられてきた歴史がある。身の回りにある様々なにおいの質的類似の程度や区別（弁別）のできる程度から，においの分類がなされているが，文化や背景，つまり環境や体験によってにおいの質の捉え方は多様であるために，定着し，かつ汎用性のある分類基準はいまだない。

嗅覚閾値に関しては他の感覚モダリティよりも**ウェーバー比**が高いことがいわれてきたが，このような弁別閾の高さは，嗅覚刺激の提示方法が統一されていないことによる，濃度統制の不十分さに起因することが指摘されている。評価者の鼻腔内での提示濃度を厳密に統制した測定によると，嗅覚のウェーバー比も4％程度になることが報告されている。

においの主観的強度（強さ）もにおい物質の物理量（濃度）に基本的には依存するが，強度とそのにおいに対して感じる親近感の間に正の相関も認められ，自分のよく知っているにおいは強く明確に感じ，知らない（分からない）においの場合には弱く感じる傾向がある。また，においの強度は時間経過とともに低下し，順応現象が確認できる。嗅覚の**順応**は，においの提示持続時間や濃度等の刺激に依存するだけではなく，評価者のにおいに対する注意レベルにも大きく起因する。更に片方の鼻腔側で生じた順応は反対側の鼻腔でも生じ，順応は末梢だけではなく中枢も強く関与している。

においの嗜好は個人差が大きい。におい物質の物理化学的特徴から，生来的・普遍的に好まれるにおいと回避されるにおいがあることは否定できないが，一般的ににはにおいの嗜好はそのにおいへの経験によって形成されると考えられている。特に日常的に接するにおいは，そのにおいの質の捉え方も多様であり，そのにおいをどのように知覚したか（同定）によっても，嗜好は左右される。また，におい自体に対する嗜好だけでなく，そのにおいを呈している事象（物）に対する好嫌によって，そのにおいの嗜好が決定することも多い。

【味覚】

味覚とは，舌や口腔内に存在する**味蕾**にある**味細胞**が，味物質を受容した時に生じる感覚を指す。すなわち，唐辛子の辛さやワサビの刺激感，ミントの冷感等は味覚ではない。

食物を構成する分子のうち，水溶性分子の一部（すなわち味物質）は，舌に存在する味蕾という感覚器官で検知される。味蕾の表面には味細胞の繊毛が存在し，その繊毛には**レセプター**と呼ばれる化学受容器が存在する。水溶性分子のうち，レセプターに吸着する物質のみが，味細胞を活性化し，味覚を生じさせる。

舌の前方にある味細胞の活性化の情報は顔面神経，舌の後方は舌咽神経，咽頭・喉頭部は迷走神経及び顔面神経によって，延髄にある孤束核へと伝達される。その後，ヒトでは視床後腹内側核を経て，島皮質／前頭弁蓋部に存在する第一次味覚野へと伝達される。なお，古くは舌の部分によって味覚感受性が異なる（味覚地図）と考えられたこともあったが，現在では否定されている。

ヒトの感じる味質は，甘味，うま味，塩味，酸味，苦味の五つの**基本味**に分類される。古くは，うま味は基本味とは考えられていなかったが，1980年代以降うま味も基本味の一つであるという証拠が得られてきた。

味覚には相互作用が見られる。例えば，うま味物質のグルタミン酸ナトリウム（MSG）とイノシン酸ナトリウム（IMP）を同時に味わうと，それぞれ単独で味見をした時の和より強いうま味を感じる（**相乗**

効果)。また，甘味と苦味を同時に味わうと，それぞれ単独で味見をした時の甘さや苦さより弱い感覚が生じる（**相殺効果**）。

例えば，風邪をひいて鼻が詰まっている時や，花粉症で鼻がおかしい時には，食物の味が変わったように感じられる。これらの例から分かるように，我々が日常生活で食物を摂取した時に感じる**味**（flavor）は，物質は嗅粘液にとりこまれる必要がある。なかでも味覚と嗅覚の相互作用は顕著で，それぞれの要因を弁別できないほど一体化している。この一体化は，日常の食経験を通じて獲得され，非常に堅固であるため，**学習性の共感覚**（learned synesthesia）とも呼ばれている。

〔綾部早穂・坂井信之〕

■　■　■

【嗅覚】

❶▶嗅球 (olfactory bulb)

嗅球は，嗅覚一次中枢として機能する，終脳の先端部分が突出して形成された脳部位で，左右に一つずつある。同じ種類の受容体を発現している嗅細胞の軸索は，互いに収斂しながら嗅球へと伸び，嗅覚受容体の種類に対応した特定の糸球体へと投射している。嗅球の出力は外側嗅索となり，主に梨状皮質に到達する。梨状皮質からの出力は多岐にわたるが，直接又は視床を介して，最終的には前頭葉眼窩回に達する。

❷▶においの弁別・分類 (odor discrimination classification)

機能しているヒトの嗅覚受容体遺伝子は約350〜400種類であると推定されており，このように種類の多い受容体と，そこに受容されるにおい物質の多様な働きとの複雑な関係を鑑みると，においの分類をにおい物質の物理化学的特性に求めることは困難を極める。化学的特性からにおいの質を大まかには予測可能ではあるが，化学構造が類似（例えば，鏡像異性体）でも質が全く異なる場合もある。

❸▶におい物質 (odor substance)

におい物質は，空中に揮発して鼻腔内の嗅感覚器を刺激するものであるため，ある程度以上の蒸気圧を有する，すなわち揮発性であることが第一条件である。また嗅細胞は嗅上皮の嗅粘膜の中にあり，嗅細胞ににおい物質が受容されるためには，におい物質は基本的には水溶性である必要がある。200万種を超える既知の物質の中で，有香成分を有するものは40万種に及ぶといわれている。

〔綾部早穂〕

【味覚】

❹▶味物質 (tastant)

食物を構成する分子のうち，水溶性のもので，味覚を生じさせるものの総称。ヒトにおいては，ブドウ糖やショ糖を代表とする単糖類・二糖類やOH基をもつ酸，ナトリウムイオンやカルシウムイオン等のミネラル，アミノ酸等が味物質の例である。肉食動物においては糖質の味は感じにくいこと，草食動物においては複数の単糖類からなる多糖類（ポリコースやセルロース等）の味も感じることができること，などが知られている。

❺▶基本味 (basic taste)

5基本味は，エネルギー源の信号である甘味，体の材料となるアミノ酸のうま味，ミネラルの塩味，腐敗・未熟の信号となる酸味，毒物の信号となる苦味から構成される。過去にはうま味以外の味を基本味とする考えもあった（4基本味）が，うま味は他の4基本味の混合では作り出せないこと，味細胞にアミノ酸のレセプターが発見されたことなどから，現在は基本味の一つとして認定されている。

❻▶味覚地図 (taste map)

例えば，舌の前方は甘味を感じ，後方は

苦味を感じるなどといった，いわゆる舌の味覚地図というものを目にすることがあるが，現在は舌上で感じられる味質に部位差があるという考えは否定されている。すなわち，舌のどの部分で何味を感じるかということは決定しておらず，舌の前方でも苦味を感じることはできるし，後方で甘味を感じることもできる。ただし，味蕾の存在がまばらな部分（舌の中心部）では味を感じにくい。

❼▶ 味覚と嗅覚の相互作用 (interaction between gustation and olfaction)

例えば，酸っぱいクエン酸溶液にレモンの香りを添加すると酸味はより強く感じられるが，バニラの香りを添加すると酸味は抑制される。このような味覚と嗅覚の相互作用は生まれつきのものではなく，生後の経験によって形成されると考えられている。

❽▶ 味蕾 (taste bud)

舌の乳頭（茸状乳頭，葉状乳頭，有郭乳頭）及び咽頭・喉頭部の粘膜上に存在する，味覚を感受する感覚器官。味蕾の開口部には味細胞の繊毛が分布している。味細胞の繊毛には化学受容器（レセプター）が存在し，唾液中の味物質の吸着を受ける。個々の味蕾には複数個の味細胞が存在するが，個々の味細胞にはそれぞれ1種類ずつの化学受容器しか発現しないことが知られている。

〔坂井信之〕

05-13 ▶ 知覚モダリティの相互作用

人間には複数の感覚が備わっていて，それぞれの感覚とその経験を**知覚（感覚）モダリティ**という。それぞれの感覚モダリティは異なる経験であるが，互いに完全に独立しているわけではない。外界は感覚モダリティごとに分離して知覚されるのではなく，全ての感覚からの情報が統合された（**感覚モダリティ間統合**）単一の外界としても経験される。

感覚モダリティが独立ではないことの特殊な例が，ある感覚モダリティへの刺激が他の感覚モダリティでの経験を生じさせる共感覚である。**共感覚**ほど直接的なつながりではないが，異なる感覚モダリティでの経験には，音の高低と空間的な高低の関連等，様々な対応関係（**感覚モダリティ間対応**）が報告されており，一方の感覚モダリティの知覚に他の感覚刺激が影響を与えることが知られている。

異なる感覚モダリティ間で共通する物理的な手がかりについては，感覚モダリティ間相互作用も強く生じる。特に空間的要因と時間的要因については，よく研究されてきた。同一事象から生じた物理的なエネルギーは，空間的にも時間的に近接して感覚受容器に到達するため，異なる感覚モダリティ間で時空間的に一致している信号は統合されやすい。そのことをよく示す錯覚として，**腹話術効果**や視覚運動による聴覚残効が挙げられる。また音声という視覚と聴覚に共通した知覚においては，**マガーク効果**という現象も有名である。これらの現象は視覚的な手がかりが聴覚に影響を与える現象だが，反対に視覚情報があいまいな時には，**反発誘導効果**に見られるように音が視覚に影響を与えることもある。

人間が環境中で適切に行動するためには，自身の身体の状態を知覚し，その身体を基準にして外界を把握する必要がある。そのような過程には，視覚や聴覚と体性感覚との相互作用・統合が必要になる。**ラバー・ハンド錯覚**に代表されるように，身体の知覚が視覚と体性感覚の相互作用を通して行われることを示す現象は，数多く報告されている。また視環境と身体表象，そし

て身体運動の制御との関係は，視野を反転させるようなプリズム順応の手法を利用して研究されてきた。

異なる感覚モダリティからの情報を統合する利点の一つは，一方の感覚モダリティからの情報が弱かったり，ノイズが多く含まれている時に，もう一方の感覚モダリティの情報を利用できる点である。例えば，薄暗い環境でも，視覚だけでなく聴覚や体性感覚を利用することで，行動が可能である。これに関連して，それぞれの感覚モダリティでは，弱く知覚される刺激を組み合わせた時に，感覚モダリティ間の統合がより強く生じることが知られており，**逆効力（inverse effectiveness）の法則**と呼ばれている。また，感覚モダリティ間の統合によって，刺激の検出が促進されたり，反応時間が速くなったり，知覚的な曖昧さが解消されるなどの，知覚・行動上の利点が知られている。

空間的な知覚では，感覚モダリティ間の相互作用において，視覚的な手がかりが他の感覚を変化させることがよく知られている（**視覚優位**）。一方で，時間的な課題に関しては，一つのフラッシュを二つの音と組み合わせると二つのフラッシュに見える**ダブル・フラッシュ錯覚**のように，音が視覚を変化させることが知られている。このように，課題ごとに適切な感覚モダリティが優位になると考えるのが**モダリティ適切性仮説**である。最近では，それを更に発展させ，信頼性の高い情報により強い重みづけをして，感覚モダリティ間の情報が統合されるというモデル（**最尤推定仮説**）が提案されており，実際の現象をよく説明できている。

■　■　■

❶▶ 感覚モダリティ間対応（crossmodal correspondence）

異なる感覚モダリティの物理特徴について，照合が可能な場合がある。例えば，視覚的な明るさと音の大きさ，音の高さと色等は，視覚と聴覚の間で対応関係のある組み合わせである。

❷▶ 共感覚（synesthesia）

ある感覚モダリティへの刺激によって，他の感覚モダリティでの知覚経験が自動的に生じる現象。一部の人だけが経験する特殊な現象。文字に色がついて見えたり，音を聴くことで色を経験したり，手で触る物体に応じて味を感じたりする。

❸▶ 視覚運動による聴覚残効（auditory aftereffect after visual adaption）

近づいてくる（遠ざかる）視覚刺激をしばらく見る（順応する）と，その後に音の小さく（大きく）なるように聴こえる残効が生じる。同様の残効は，強く（弱く）なる音を聴いた後にも生じる。したがって，奥行き方向に動く視覚刺激を見る時には，奥行き方向に動く音を聴くのと部分的に同じ処理が，聴覚系で行われていることが示唆される。視覚と触覚の間でも，感覚モダリティを越えた運動残効が生じることが報告されている。

❹▶ 反発誘導効果（bounce-inducing effect）

二つの円が左右の離れた位置から中心に向かって動いてきて，中心で重なり，また左右に離れていく映像を見ると，二つの円は中心ですれ違うよう（交差）にも見えるし，中心でぶつかって跳ね返るよう（反発）にも見える。中心で重なった時に音（や触覚刺激）を提示すると，反発に見えることが多くなる。視覚的に解釈があいまいな時に，音との統合によってあいまいさが解消され，見え方が決まることを示唆している。音によって注意が剥奪されるために生じる現象との説もある。

❺▶ 腹話術効果（ventriloquism effect）

視覚事象と聴覚事象が同時に異なる位置

で発生した時に，その事象が視覚事象の位置で発生したように知覚される現象。腹話術師が口を動かさずに発した声が，人形の位置から聴こえることに例えて腹話術効果と呼ばれる。しかし，空間的な知覚では常に視覚が優位になるわけではなく，視覚の空間的精度が低い状況では，反対に聴覚的な空間手がかりが優位になる。

❻▶プリズム順応 (prism adaptation)

プリズムによって視野を空間的にずらして，その状況に順応することを指す。左右や上下反転視への順応が代表的である。左右を反転させた視野であっても数日から数十日間順応すると，だんだんと普通に行動できるようになる。身体の表象にも変化が現れる。身体と視空間の対応関係の可塑性，対応関係がどのように学習・獲得されるかを示す現象である。

❼▶マガーク効果 (McGurk effect)

音声の知覚に，聴覚情報だけでなく視覚的な手がかりも関わっていることを示す錯覚。典型的なマガーク効果では，「バ」という音声に「ガ」と発話している映像を組み合わせて提示すると「ダ」と知覚される。唇で発話する「b」と，舌の奥で発話する「g」を組み合わせると，その中間の位置（舌を歯の裏側に当てて）で発話する「d」が聴こえるため，視覚情報と聴覚情報が融合する現象といわれる。

❽▶ラバー・ハンド錯覚 (rubber hand illusion)

手のゴム模型を本当の自分の手のように感じる錯覚。見えないように隠された自分の手が撫でられるのと同期して，横に置かれた模型の手が撫でられるのを見ていると，撫でられている感触を模型の手に感じ，更に模型の手が自分の手になったように感じる錯覚が生じる。このとき，模型の手に危害が加えられると強い生理反応が生じる。見えない自分の手の位置は模型の手の方向にずれて知覚される。机のような物体に対しても同様の錯覚が生じることがある。この現象は，身体表象が視覚と体性感覚の相互作用と統合を通して，常に更新されていることを示している。聴覚も身体表象の形成・維持に貢献しているという報告もある。

〔北川智利〕

05-14 ▶ 知覚の学習と発達

【知覚学習】

我々の目の前にあるこの知覚世界は，どのようにして構成されるに至ったのだろうか。成人と同じように世界を知覚するのは生まれてすぐにできることなのか，あるいは経験による学習が必要なのか。生得的な縛りと経験による影響の，いずれの効果が大きいのか。

知覚の成立という根本的な問題を解決するため，これまで様々な実験装置や実験手法が開発された。ヒトを対象として訓練の効果を調べる古典的な装置としては，逆さ眼鏡等の変換眼鏡も挙げられよう。特殊な眼鏡をかけ続けることによって視覚から得られる通常とは異なる情報に，知覚的な順応はどのように生じるのか，実際に体験することができる（**プリズム順応**等）。一方で，生まれつき視覚をもたない**先天盲**が手術によって視覚を獲得した時，世界はどのように知覚されるのか。色の名前は分かるのか，空間が見えるのか，といった疑問は哲学的な問題ともされてきた。先天性の白内障患者の術後に知覚した世界の見えや，その後の変化に関する現象学的な研究を起点に，視覚剥奪を模した視覚剥奪の動物実験が行われ，剥奪の期間によってどのように脳に不可逆的な影響が生じるのか，臨界

期と脳の可塑性について具体的に明らかにする神経生理学的な研究へと展開していくこととなった。

近年の知覚学習の研究では，臨界期を越えた知覚訓練の可能性について検討されている。特定の知覚刺激に曝露されることによる訓練効果は，成人においても長期間維持され，こうした学習は刺激の特性や視野の特定な位置に依存する網膜位置特異的知覚学習であることから，その学習過程では低次の視覚野が関与するといわれている。更に注意を向けていない知覚刺激においても視覚可塑性が観察され，それには中心課題で呈示される刺激との時間的関連が重要であるとともに，閾値下にある方が学習するという，潜在的知覚学習が示されている。中心課題と比して閾上であれば外側前頭前野（LPFC）で抑制され，閾下ならば抑制されずに視覚野まで情報が伝達されるというのである。

【知覚の発達】

生まれてすぐに立ち上がることのできる生物もいることから，空間に関わる視覚については生得性が高いと考えられ，ギブソンは視覚的断崖の装置を使った実験を行った。生まれたばかりの動物を透明なガラスをかぶせた見せかけの断崖の上に乗せると，見た目で断崖を知覚することが示された（図32）。ヒトを対象とした実験では，今ではその解釈は限定されるものの，バウアーによって，新生児が近づく物体に防御反応を示し，空間に関わる知覚は生態学的な重要性から生得的であることが示されている（図33）。一方で形態視に関わる視力の発達は，乳幼児期を通じて徐々に発達することが知られる。生後6カ月までの発達が比較的急峻であるとされるが，その視力（縞視力）はほぼ「0.2」に該当する。縞視力とともに視覚機能を測るのがコントラスト感度（CSF）で，細かい縞をどれくらい低いコントラストで見ることが可能かを示

図32 視覚的断崖の実験（動物）

図33 バウアーの実験

し，抑制系の発達を間接的に示すことができ，生後6カ月で成人と似たような視覚機能をもつことが示されている。

知覚の学習の中で重要な現象として，**知覚的矮小化**（perceptual narrowing）がある。乳児の音韻知覚や顔認知が，母語や自種の顔に特化していく過程を示すものである。ワーカーは，生後10カ月までの乳児は母語でも外国語でも区別なく同じように正確に音韻弁別できるものの，生後10カ月を過ぎると母語の弁別はできても外国語の弁別はできなくなることを示している。パスカリスは，同様の現象が顔認知にも当てはまり，生後9カ月を過ぎると他種であるサルの顔の弁別能力が低下することを示している。

知覚発達の実験では，**選好注視法**と**馴化・脱馴化法**等の手法が開発されている。乳児の縞視力やコントラスト感度も，強制選択選好注視法で測定されている。一方の馴化法（habituation method）は，新奇な刺激を好んで見る乳児の「新奇選好」の性質を利用している。人工的に「馴れ」の状態を作り出し，注視時間の低下から「馴化」が確認された後，刺激を変えたことによって新奇な刺激への注視時間の復帰を示す「脱馴化」から，二つの刺激の弁別を調べ

るものである。おのおのの乳児のペースで馴化時期を決定する「乳児制御（infant control）」と，あらかじめ馴化までの試行数を固定しておき，馴化前後で注視時間を比較することにより馴化の成立を確認する方法がある。いずれも馴化を経て，新たな刺激を呈示して注視の復活を確認したところで，注視の復活（脱馴化）が観察された場合，馴化した刺激との区別が成立していると見なす。馴化とテストで全く同じ刺激を用いるのではなく，似た刺激を使用する場合は，「慣化（familiarize）」と呼ぶ。

■ ■ ■

❶ ▶ 視覚的断崖 (visual cliff)

ギブソンによって開発された，見かけで奥行きが知覚できるかを調べる実験装置。断崖の上に頑丈なガラスをかぶせた，見せかけの断崖である。断崖の手前に被験体を乗せ，断崖のある方向に移動するか否かを調べる。

❷ ▶ 馴化・脱馴化法 (habituation/dishabituation method)

新奇な刺激を好んで見る，乳児の「新奇選好」の性質を利用している。人工的に「馴れ」の状態を作り出し，注視時間の低下から「馴化」が確認された後，刺激を変えたことによって新奇な刺激への注視時間の復帰を示す「脱馴化」から，二つの刺激の弁別を調べる。

❸ ▶ 選好注視法 (preferential looking method)

特定の図形パターンを好むという乳児の性質を利用したもので，ファンツにより定式化されている。注視時間から選好を計測する手法で，より単純化したのが，強制選択選好注視法（forced-choice preferential looking method）である。

❹ ▶ 先天盲 (congenital blindness)

視知覚の発達の可塑性を調べるため，先天盲患者の視覚獲得後の研究が行われている。手術によって視覚を獲得することができる先天性の白内障患者を対象として，術後の様々な知覚機能の変遷を調べる研究が行われてきた。

❺ ▶ 脳の可塑性 (brain plasticity)

生体の機能が完成する臨界期の期間を過ぎても，再調整できることを可塑性と呼ぶ。新たな発達経路を作り直す余裕を示すもので，大脳皮質では可塑性が大きい。極端な環境下では，臨界期が延びることも可能であることから，生物のダイナミックな成長を示唆するものである。

〔山口真美〕

06-00 発達

〔総説〕

　発達心理学とは，ヒトあるいは他生物種における，受精から死に至るまでの生涯全般にわたる発達の連続性と変化のプロセスを記述するとともに，その背後に潜むメカニズムを広く遺伝と環境に関わる様々な要因に着目して解明しようとする，心理学の一分野を指していう。その射程は，発達の標準的要素，すなわち，ある生物種に一般・普遍的な発達的変化プロセスの究明のみならず，個別的要素，すなわち，発達過程において現出する，ある心理学的特質における広汎な個体差と，それを引き起こす要因の究明にも及ぶ。

　心理学の中における発達心理学の実質的な興りは，19世紀末にアメリカの心理学者ホールが，ヘッケルの「個体発生は系統発生を繰り返す」という反復発生説に依拠して，青年期くらいまでの発達の様相を精細に記述しようとする児童心理学を立ち上げたところにある。その影響もあって，長く，発達心理学と児童心理学はほぼ同義のものとして扱われ，発達心理学は暗黙裡に成人を完成体と見なし，そこに至り着くまでの獲得・上昇カーブの解明に，主たる関心を注いできたのだといえる。しかし，1970年代くらいから，こうした完成体，獲得，上昇等を暗黙のキーワードとして含む発達観が大幅に見直され，今では発達を，生涯にわたって獲得と喪失が表裏一体となって可塑的に進行するプロセスと把捉する生涯発達心理学の考え方が，より一般的となっている。

　そこでは，特に長らく研究の空白帯としてあった成人期以降の問題が盛んに取り上げられ，また，発達早期から成人期以降に至るまでの長期縦断研究の進行等もあり，かなり妥当かつリアリティの高い人の生涯発達モデルが幾つか呈示されつつある。それとともに，「いかに生きるべきか」という実践的関心も高まり，主体の主観的意識の連続性と変化，あるいは人生に対する意味づけなどを問う，個人志向的あるいは主体志向的アプローチが積極的に採られるようになってきている。

【本領域（発達）の構成】

　本領域は，基本的に，人間の生涯発達を俯瞰しうるよう構成されている。もっとも，本領域は全体にわたって整然と，発達期ごとに，それぞれの心身発達上の特質を記述・解説するという体を成してはいない。構成を考えるにあたっては欧米圏の主要なテキストやハンドブック等に倣い，読者にとっての理解しやすさを最重視し，テーマ・領域別の大項目と各発達期の大項目の構成体という形を採ることとした。

　06-01では，発達研究の基本的方法と研究デザインについて概説を行う。従来，人の種々の発達曲線は，横断的デザインによるデータに基づき仮構されることが多かったが，近年，それが発達の実態からかなりかけ離れたものであることが指摘されるに至り，縦断的デザインによる研究の重要性が再確認されてきている。また，人の発達が歴史的文脈と切り離せないという認識が浸透するとともに，どの時代を生きた人間なのかを厳密に問う必要性，すなわちコホートへの刮目が声高に叫ばれ始めている。

　06-02〜06では，主に胎児期から乳児期にかけての初期発達を扱う。06-02では，胎児期の発生・発達の概要を示し，近年と

みに、栄養あるいは生化学物質をはじめ、胎内環境の在り方が枢要な初期プログラミングとして、個体の生涯にわたる発達を長期的に方向づける可能性があることを示す。06-03～06 では、時に赤ちゃん学革命とも形容される、ここ30年ほどの急速な乳児研究の進展に目を向け、それを、知覚・認知 (06-03)、言語・コミュニケーション (06-04)、原始反射 (06-05) 身体運動 (06-06) に分けて基本事項の整理を行い、その上で、ドラスティックに変貌を遂げた赤ちゃん観の全容を示し、有能かつ能動的で、更に一人一人豊かな個性を備えた乳児の本質を描出する。

06-07, 08 では、特に、人の生涯にわたるパーソナリティ発達や心理社会的適応に深く関与する、関係性と養育を取り上げる。06-07 では、特にアタッチメント理論に焦点化し、発達早期段階の養育者との関係性の特質が、いかにその後、長期的に個人の発達を左右するに至るのかを記す。06-08 では、よりミクロに養育者の心性や、単に養育者にとどまらない、個人を取り巻く養育環境全体の特質がいかに発達に関係しうるかについて説明を行う。

06-09～13 で取り上げるのは、様々な心理的側面の発達の概要である。06-09 では、ことに幼児期以降、人の認知的側面の発達がいかにどのような機序によって進行するかを、古典的なピアジェ、ヴィゴツキー理論及びその後の理論的展開に基づきながら解説する。06-10 では、いわゆる「心の理論」概念が嚆矢となり、ここ四半世紀の間に飛躍的に解明が進んだ人の社会的世界あるいは心なるものに関する認知がいかに萌芽し、またどのような特徴を備えるに至るかを示す。06-11 では、教育をはじめ、人の社会生活との関わりが深く様々に測定が試みられてきた知能について、それがいかなる構造を有しているか、またその標準的及び個別的な発達の様相と、そこに関与しうる種々の規定因がどのようなものであるかを説明する。06-12 では、共感性や道徳性及び向社会的行動といった、広く人の社会性全般に焦点を当て、その起源と発達の要点をまとめることにする。06-13 では、人の自己あるいは自己意識や自己概念が、発達過程の中でいかに芽生え発達しうるか、そしてその延長線上で、特に青年以降、どのようにアイデンティティが形成あるいは再編されることになるかについて、恋愛・結婚及び職業・ライフコース選択等の問題も絡め、重要事項を示す。

06-14～16 では、発達心理学が旧来の児童心理学から生涯発達心理学へと変貌を遂げるなかで、とみに、分厚く研究が展開されるに至っている成人期以降の発達について考察を行う。06-14 では、いわゆる養育期 (parenthood) に焦点化し、人がいかにして親になりうるのかについて、その準備過程からその発達的変化の概要を示した上で、夫婦関係等の社会文脈的要因が養育行動の質にいかに関わり、時に虐待やネグレクト等の問題がなぜ生じてしまうことがあるかに関して概説を行うことにする。06-15 では、中高年期における種々の問題や課題について取り上げ、例えば子育てからの解放や退職等が、正負、どのような発達的意味をもちうるのか、また、介護や被介護の問題等、ことに中高年期以降に集中して発生しうる事態に対していかに対処しうるかなどについて、研究知見の概要を呈示する。06-16 では、加齢の機序とそれに伴う心身変化の概略を示すとともに、生涯発達心理学の代表的理論たるエリクソンのライフサイクル論等にも言及し、人の生涯がいかに終焉を迎えうるかに関して解説する。

なお、人間の発達を語る上で、本来、その進化的基盤や遺伝的要因への着目は欠かせないものといえるが、それらについては 23「進化」24「遺伝」の領域を参照されたい。

〔遠藤利彦〕

06-01 ▶ 発達心理学の方法・研究デザイン

発達とは，人及び他の生物個体における心身の様々な諸特質及び機能が，時間・年齢の経過とともに漸次的にあるいは段階的に変化していくプロセスを指していう。かつて，それは，若年成人期くらいにピークに達すると暗黙裡に把捉され，誕生からそこに至るまでの相対的に未成熟な期間における心身の上昇的・獲得的変化を意味していたが，1970年代以降の生涯発達心理学の進展とともに，衰退や喪失をも含む，幅広く受精から死に至るまでの多様な時間的変化を含意するように変じてきている。そして現在，発達心理学は，生涯にどのような個人内の変化と安定性・連続性が存在するのか，そしてまたそこにいかなる個人間の異質性と類同性があるのかを記述・説明し，時にはその最適化を図ることを目的に掲げ，様々な方法や研究デザインを駆使しながら発展してきている。

発達上の変化や連続性を明らかにする上で，一般的に多くとられてきた研究デザインは**横断的デザイン**であり，それは同時期に異なる年齢集団からある特性に関するデータを収集し，それぞれの集団の平均値を結ぶことで，人の発達のパターンを描き出そうとするものである。しかし，このデザインでは，それぞれの**コホート**の特殊事情（それぞれの集団が特異的に経験してきた社会的状況や，受けてきた教育内容・水準等）が混在することになり，結果的に導出される発達曲線が，現実の人の発達とは大きく乖離してしまう可能性が否めない。そこで，徐々に用いられるようになってきているのが**縦断的デザイン**であり，それは特定のコホートを時間軸に沿って追跡し，複数の年齢時点のデータを収集するというものである。このデザインでは，各年齢時の集団平均値を結ぶことによる標準的な発達曲線を描き出すことのほか，相関係数の割り出しなどによって，集団の中での個人差が複数年齢時点間でどれだけ安定して保持されるのかなどについても，結果を得ることが可能となる。横断的デザインと縦断的デザインを比較すると，例えば知能指数に関しては，前者が得た結果では，成人期前期以降，かなり急激な下降線をたどることになるが，後者が得た結果では，成人期前期にピークに達した後，相対的に長くプラトーが続き，老年期においてもその衰退がゆるやかであることなどが明らかになっており，現在では，時間やコストがかかるものの，原理的には後者を採用することが望ましいといわれてきている。もっとも，縦断的デザインも，基本的には特定コホートを追跡するものであるため，そこにそのコホートならではの特殊性が介在することは不可避であり，現在では，**シャイエの最も効率的なデザイン**等，そうした問題を払拭するための新たなデザインの提案もなされ始めている。

発達心理学の研究で用いられる方法のレパートリーは，心理学一般で用いられるそれと変わりはないが，各発達期によって，用いられやすいポピュラーな手法には比較的大きな違いがある。乳幼児期においては，言語を介しての近接が原理的に無理か極めて困難であるため，自ずと，**実験や観察及び養育者等への聴取**が主たる方法となる。言語理解が進む児童期くらいからは，実験や観察に加えて徐々に**質問紙**や**面接**の適用が多くなり，特に青年期については，簡便で大量データの取得が可能な質問紙法の適用が大勢を占めるに至る。しかし，生涯発達の後半に関しては，個人の人生に対する意味づけや主観的意識等に研究上の関

心が多く集まることもあり，面接あるいはそれと観察を組み合わせた**フィールドワーク**による質的な近接が，相対的に多くなされるようである。

このように，発達に関しては多様な方法の駆使が可能であるが，一つ課題になるのは，同一の発達現象に関して得られた異種の方法あるいは異なるインフォーマント（例えば当事者か第三者か）による知見を，いかに整合的につなぎうるかということであろう。例えば，言語を介して行われた実験では，4歳前後に大きな転換点があるとされた「**心の理論**」が，比較的最近の非言語的な実験では1歳過ぎから既に成立している可能性が示唆されているが，その間をつなぐような説明の枠組みはいまだ十分には成立していない。今後は同一の発達現象を問題にするにしても，**方法論的複眼**の姿勢がより求められることになろう。

もう一つ発達の研究において心しておくべきことは，発達現象を解明するとはいっても，知能やパーソナリティ等の特定の変数に関心を寄せる**変数志向的アプローチ**と，全人的な発達変化に関心を寄せる**個人志向的アプローチ**では，自ずとデータの収集や方法の適用が異なるということである。更に，最近は，研究という枠組みで捉えられる個人ではなく，発達の当事者が自身の発達をどう捉え，いかに語るかということに関心を寄せる**主体志向的アプローチ**の必要性も声高に叫ばれてきており，発達研究の裾野が，生涯という時間の延長のみならず方法論的にも，ますます拡がる気配を見せている。

■ ■ ■

❶ ▶ コホート (cohort)

同時代出生集団のことを指していう。ことに，バルテスらによって生涯発達心理学の基本的方向づけが行われて以来，人の発達の歴史・文化的文脈に注目が集まるようになり，その中で，それぞれのコホートが特異的に経験してきた様々なイベント（戦争や経済不況等）や，生活事情・教育水準等における様々な差異が，発達の過程や軌跡にいかに影響を及ぼすかが真摯に問われるようになってきている。

❷ ▶ シャイエの最も効率的なデザイン (the most effective developmental research design proposed by Schaie)

縦断的デザインは，同一個人・同一集団の発達過程を現実的に追うという意味で，確かに横断的デザインにはない大きなメリットを有しているが，そこで明らかになるのはある特定コホートの発達軌跡でしかない。そこでシャイエは，調査開始時期の異なる複数のコホートから，同一の時間間隔でデータを得る（例えば，0歳からの調査を2010年から5年間隔で行い続けるコホートと，2015年から5年間隔で行い続けるコホートらから同一種のデータを得ていく）ことで，コホートごとの発達の特異性と，コホートの違いによらない発達の普遍性を分離して取り出せると考えた。また，このデザインでは，自ずと，同一年に複数の異年齢集団のデータを比較検討することも可能になるわけであり（先の例でいえば，2015年時には5歳になったコホートと0歳のコホートを比較することができる），その意味からすれば，それは，縦断的デザインと横断的デザインを組み合わせたものともいえる。更に，このデザインでは，データの収集の進行とともに，既に参加しているコホートと同年齢の個人を，新たなデータ提供者として補うことも考慮されている（例えば2015年段階において，2010年に0歳から調査し，その時点で5歳になったコホートとは別に，新たに5歳の子どもを募る）。縦断研究では時間の進行とともにサンプルの欠落が大きな問題と

胎児期における発達 |06-02| 187

なるが，これによって，単に数の上の補充ができるということのみならず，長期間にわたっての調査参加が可能な個人ゆえの特殊性があるのか否かが，補充された新たなサンプルとの比較において検討することが可能となる。

❸ ▶ フィールドワーク (field work)

関心を寄せる対象の現実における生活等の現場に赴き，参加観察や面接等を密に行いながら，対象を取り巻く種々の文脈的情報を含めて，対象を分厚く記述し，その本質を見極めようとする研究手法・研究態度を指していう。

❹ ▶ 方法論的複眼 (methodological triangulation)

現象の本質を見極めるために，一つだけの理論的立場及び研究手法等によらず，複数のアプローチによって異種のデータを収集し，それに基づいて複眼的に考察を行うことを指していう。それは，主立った方法による知見の信頼性や妥当性を確認する手続きにもなる。

心の理論：→ 06-10「心の理解の発達」
知能指数：→ 06-11-❹「知能指数」

〔遠藤利彦〕

06-02 ▶ 胎児期における発達

妊娠は，排卵され，卵管に取り込まれた卵子が，膣内に射精された精液中の精子と融合し**受精**し，受精卵（胚）が子宮に**着床**することで成立する。正常妊娠の場合，受精後2週間程度（妊娠4週頃）で妊娠反応が陽性となり，妊娠4〜5週には超音波で胎嚢が確認できる。妊娠5週には心臓の拍動が開始し，6週には心音が確認できるようになる。受精から8週間前後（妊娠10週頃）になると，ほとんどの臓器が完全に形成される。日本産婦人科学会では，妊娠8週より前を胎芽（embryo），8週以降を胎児（fetus）と定義しており，この時期に妊娠が確立されるとしている。なお赤ちゃんの（妊娠）週数の数え方には胎齢と在胎週数があり，胎齢は受精第1日目を胎齢0週0日とし，在胎週数は最終月経の第1日目から起算したもので，在胎2週が胎齢0週に相当する。

胎内環境の影響を受けながら，胎児は発達していき，在胎10週を過ぎてくると胎動が始まり，14週頃には性別が判別できるようになる。妊娠22週以降は胎児が子宮の外でも生存できる可能性が高まり，この妊娠22週が現在では生育限界とされている。満期産は在胎37〜41週までを指し，在胎37週未満の分娩は**早産**，42週以降の出産は過期産，2,500g未満で出生した赤ちゃんは**低出生体重**とされる。

胎児の発達は，在胎9週頃には，身体を曲げたりしゃっくりをしたりし，在胎10週頃になると手を動かし，口を開けるようになるなど，**自発運動**が見られるようになる。また在胎17週になると，自分の指をしゃぶるようになる姿が観察されるようになっていく。更に，在胎20週頃になると，その動きは**胎動**として明らかに母体にも感じられるようになり，胎動は在胎32〜33週頃にピークになっていく。

また，生理／自律神経系の発達は，体温調節機能が胎齢26〜30週，心機能・呼吸機能・免疫機能ともに胎齢28週頃から安定してくるといわれている。また胎児はほとんどの時間を眠って過ごしており，胎齢28週頃までは不定睡眠が多くを示しているが，胎齢32週以降は深い睡眠（静睡眠；non REM睡眠）が一定時間認められるようになり，胎齢35〜36週にかけて睡眠状態が安定してくる。

胎児の知覚の発達は，触覚は人の感覚の中で最も早く，在胎12週頃から発達し，

味覚は，在胎13〜15週頃に甘みや苦みを感じるようになり，**嗅覚**は，在胎24〜28週頃に発達するといわれている。**視覚**は，在胎22〜23週頃に目が開き，在胎25〜26週頃には瞬きが始まり，光を感じるようになる。在胎30週を過ぎて次第に網膜に血管が伸びてきて視力が備わってくるが，新生児期には既に0.01〜0.02程度の視力を有しており，30〜40cm（ちょうどおっぱいを飲んでいる時のお母さんの顔と赤ちゃんの顔の距離ぐらい）の離れた距離に焦点を合わせ，動きを追うことができる。**聴覚**は，在胎25週には耳の主な構造が所定の位置に形成され，音が聞こえるようになるとされている。胎児期の聴覚閾値はかなり高く，在胎35週頃になって成人と同じレベルになる。外界の環境音は，かなり減衰して届くが，母親の声は母体の振動を通して直接伝わるものもあるため，母親の声が最もよく聞こえることが分かっている。

最近の研究では，胎児は母親の声の強さや弱さ，抑揚，身体の緊張の強さや弱さなどを感知し，心拍数が増加したり動きが多くなったりするなど，出産前から周りの環境との相互作用が生じてくることが明らかにされてきている。親もまた，お腹の中の赤ちゃんの状態を，胎動等を通じて意図あるものとして読み取り，声をかけ，やりとりを行っており，出産前から既に**親と子の相互交流**が始まっている。

■　■　■

❶ ▶ 親と子の相互交流 (parent-infant interaction)

在胎38週頃の胎児は，母体の動きに反応した行動をとることが分かっており，例えば，母親が笑うと，まるでトランポリンで飛び跳ねているように胎児が動き，その超音波映像を見て母親の笑いが激しくなるとより動きが速くなるという現象も観察されている。

❷ ▶ 成人病胎児期発症（起源）説 (FOAD: Fetal Origins of Adult Disease)

妊娠中の母親が低栄養だった場合，生まれてくる子どもが大人になった時に肥満になりやすいことが知られている。胎児が低栄養状態になることで，それに防衛反応として，胎児のエネルギー節約遺伝子のスイッチが入り，それが続くことで，栄養が十分ある時にも必要以上にエネルギーを節約することになり，余分なエネルギーが脂肪として蓄えられるというものである。この場合，直接働いているのはエネルギー節約遺伝子であるが，その遺伝子が働くようになったのは，低栄養という環境要因である。つまり，遺伝子情報の読み取りのスイッチの変化が関与している。この考え方は，健康及び成人病の素因は，受精時，胎芽期，胎児期，又は出生後の発達期の環境に影響を受けて形成されて，成長後の健康及び疾病発症リスクにつながるというDOHaD説に発展してきている。

❸ ▶ 胎内環境 (womb environment)

胎児は，胎盤で母体側の血液から酸素・栄養を取り込み，不要代謝産物を母体側へ送り出している。妊娠期の喫煙は，不妊率や子宮外妊娠発生率，自然流産の発生率を増加させ，早産や低出生体重児，SGA（在胎不当過小）のリスクを高める。また飲酒は，催奇性が高く，妊娠前から妊娠3週末までを除いて，特に妊娠4〜7週目までは器官形成に関係し，妊娠16週以降では生育発達に影響を及ぼすとされる。また胎生期の胎内環境（例えば母胎のホルモン状態や，化学物質にさらされたり，アルコール摂取を受けるということ）によって，遺伝子情報発現の過程（エピジェネティック）における制御機構が変化し，その後に影響を及ぼすということが分かってきている。

❹ ▶ 低出生体重児 (Low Birth Weight〈LBW〉infant)

出生体重が2,500g未満の児を低出生体重児と呼ぶ。その中で，1,500g未満を極低出生体重（VLBW）児，1,000g未満を超低出生体重（ELBW）児とされる。かつて，早産及び低出生体重児を未熟児と呼称していたが，定義が曖昧であることから，現在では未熟児という表現は使われなくなっている。不妊治療や高齢出産の増加に伴い，低出生体重で生まれる子どもたちの割合は増えてきており，現在では出生数の10%近くに上っている。現在では，在胎22週，400g台で生まれた子どもたちも，多くが救命されるようになってきている一方で，低出生体重児の中には，重篤な後障害を残さなくても，発達のアンバランスさを呈する子どもたちが多いことが報告されるようになってきている。

❺ ▶ 流産／早産 (miscarriage/preterm birth)

流産とは，妊娠22週未満の妊娠中絶をいう。臨床的妊娠の約15%が流産となり，その頻度は母体年齢の上昇とともに増加する。流産のほとんどが，妊娠12週未満の早期流産である。早期流産の50〜70%は，胎芽（胎児）の染色体異常が原因とされている。また早産は，妊娠22週以降から妊娠37週未満の分娩をいう。早産の原因は，切迫早産と前期破水が大部分を示し，2009年では分娩数の約5.7%である。

〔永田雅子〕

06-03 ▶ 乳児の知覚・認知

乳児にはどの程度の知覚・認知能力が備わっているだろうか。20世紀初頭まで，乳児は知的能力をほとんど有しない，無能な存在だと考えられていた。ロックは乳児の心は白紙だと見なし，ジェームズは乳児の世界は混沌としていると評した。そのような考えを一変させる原動力になったのが，方法論の進展である。**選好注視法，馴化・脱馴化法，期待違反法**等の手法は，現在の乳児研究でも使用されており，乳児の知覚・認知能力の解明に重要な役割を果たした。

乳児は，養育者や環境からの刺激を待つだけの受動的な存在ではなく，自らの**知覚能力**を駆使して他者や環境に働きかける，能動的な存在である。乳児の視力は悪いが，生後直後から動く物体を定位しようと試みるし，顔のような配置の図形を好んで見つめる。半年を過ぎるまでには，モノのサイズや奥行，色等も認識できるようになる。聴覚は在胎中から機能しているが，新生児は音を知覚すると音源に対して顔を向ける。また，大人と同様に，乳児は不協和音を忌避し，協和音を好む傾向がある。加えて，新生児は苦い味よりも甘い味を好み，他人の母親よりも自分の母親の母乳の匂いのするパッドを選択し，口や手を使って物体を探索するなど，味覚や嗅覚，触覚も乳児期から機能していることが明らかになっている。また，どの感覚器官においても，高い学習能力を示す。

更に，認知能力についての研究は，1歳にも満たない乳児が成人と類似した知識や概念を有していることを示し，乳児の有能さを強調するに至った。特に興味がもたれたのが，乳児のもつ素朴理論である。素朴理論とは，学校教育によって得られる科学的理論とは異なり，経験的にもしくは自然発生的に得られる説明体系である。素朴理論には，モノに関する理論の**素朴物理学**や，生物に関する理論の**素朴生物学**等が含まれるが，言語を十分に話すことのできない乳児がこれらの理論をもっているという

のである。例えば，生後半年程度の乳児が重力の法則を理解し，生物と無生物の違いに気づいていることが示されている。また，乳児は数の概念や足し算も理解しており，「1+1=1」となる事象を見ると，驚く様子を見せる。この結果は，乳児が「1+1=2」を理解していることを示唆している。

それでは，ヒトに関する認識はどうであろう。近年，自閉症等の他者とのやりとりに問題を抱える子どもたちがクローズアップされる中で，**社会的認知の初期発達**の研究は注目を集めている。例えば，生後数カ月以内に，乳児は他者の表情を識別し，視線方向についての感受性を示し，他者の行為の目標を理解することができる。また，自分の行動と他者の行動との間に**随伴性**があることを認識している。このような能力は，養育者はもちろんのこと，様々な他者とのやりとりを円滑に行う上で重要な役割を果たす。このような社会的認知の発達は，**乳児の自己理解**の発達とも密接に関連している。乳児は自分を知ることで他者を知り，また，他者を知ることで自分を知ることになるのである。

このように，乳児はヒトやモノ等についての様々な理論をもつが，それらを混同しているわけではない。因果性認識の研究では，乳児は，モノは別のモノと接触しないと動かないが，ヒトは別のヒトと接触しなくても動くというように，ヒトとモノとで異なった予測をしていることが明らかになっている。乳児は，ヒトに関する知識，モノに関する知識，数に関する知識，のように，それぞれの領域の知識を区別して貯蔵しているのである。

近年は，脳機能イメージング法等を含めた神経科学的手法により，乳児の知覚・認知能力についての新しい知見が次々と報告されている。このように，乳児が以前考えられていた以上に有能であるのは間違いないが，乳児の有能さを強調しすぎる風潮があることも指摘しておかねばならない。今後は，乳児がどのような能力を有し，どのような能力を有していないかを見極める態度が重要である。

■　■　■

❶ ▶ 期待違反法 (violation of expectation)

乳児が知っていることや実世界で起こることとは異なる出来事を提示し，乳児の興味や驚きを誘発する方法である。例えば，物理的に不可能な事象を乳児に提示した際に，その事象に対する乳児の注視時間や心拍数等が上昇する。これは，乳児が既にもっている知識と事象とが一致しないために，乳児が驚いて反応したためだと考えられる。実際の研究においては，馴化・脱馴化法等と組み合わせて使うことも多い。

❷ ▶ 社会的認知 (social cognition)

発達心理学では，広くはヒトに関する認識のことを指し，具体的にはヒトの行為を思考や意図，感情等の視点から理解する試みのことを指す。後者は，素朴心理学と呼ばれることもある。心の理論や自閉症の子どもが注目されるなかで著しく研究が進展し，発達心理学において最も注目される研究領域の一つである。近年の研究により，生後1年以内の乳児が，他者の目標や意図に対する感受性を備えていることが明らかになっている。

❸ ▶ 馴化・脱馴化法 (habituation-dishabituation)

乳児の飽きやすい性質を利用した実験方法である。一つの刺激を繰り返し提示し，乳児が飽きた頃に別の刺激を提示して，反応の回復を調べる方法である。例えば，Lの音を繰り返し乳児に提示すると，乳児はその音に対して反応するが，次第に飽きてくる。次に，Lの代わりにRの音を聞か

せると，乳児は再び反応が回復する。これは，乳児がLとRの音を区別していることを示している。

❹▶随伴性 (contingency)

自分の働きかけに他者が反応することを，特に社会的随伴性という。例えば，スティルフェイス実験では，養育者と乳児がやりとりしている間に養育者が突然動きを止めると，乳児はその異変を検出する。これは，乳児が自分の働きかけに養育者が随伴して反応することを予測していることを意味する。

❺▶選好注視法 (preferential looking)

乳児の注視行動を利用した実験方法のこと。二つの刺激を対提示し，乳児がどちらか一方を選択的に注視するかどうかを調べる方法である。例えば，乳児に顔のような配置の図形と，ランダムな配置の図形を提示すると，後者よりも前者を長い時間注視する。これは，乳児は両者を区別し，後者よりも前者を好むことを示している。

❻▶素朴生物学 (naive biology/folk biology)

厳密には，生物の身体の生命を維持する活動についての直感的理解のことを指すが，ここでは生物の特徴についての直感的理解も含める。例えば，前者は生命を維持する原理等の知識，後者は自己推進性等の生物に特徴的な性質のことである。乳児は生後早期から，ある対象が生物であるか無生物であるかを区別できるようになる。このような知識は，乳児の生存上有利に働くかもしれない。

❼▶素朴物理学 (naive physics/folk physics)

物理的世界に存在する対象についての直感的理解のことを指す。例えば，ボールから手を離すと落ちる，固体は別の固体を通過させない，などの知識等のことである。素朴物理学と学校教育で習う科学的物理学とは，矛盾することも多い。乳児は，生後間もない時期から，重力や遮蔽等の素朴物理学的な知識をもっていることが示されている。

❽▶乳児の自己理解 (infant's self understanding)

乳児の自己理解は，鏡像自己認知実験（ルージュテスト）等で検討される。この実験では，乳児のおでこや頬のあたりに気づかれないように口紅をつけ，鏡を見せた場合に，その口紅に触れようとするかを検討する。この課題に通過するのは生後2年目だが，ロシャは，鏡に対する反応から自己認識の発達を五つの段階に分類し，より早期の乳児でも低次の自己理解をしていると主張している。

〔森口佑介〕

06-04 ▶初期コミュニケーションと言語発達

多くの子どもが単語らしきものを発するのは，1歳近くになってからである。しかし，生まれた直後から子どもは，言葉を介さない形で周囲の人々と"コミュニケーション"している。すなわち，子どもは，目の前の顔がこちらに視線を向けているかどうかに敏感で，こちらに視線を向けている顔を見つめる傾向がある。見つめられた大人は，小さな子どもに話しかける時ならではの，独特の高い声とおおげさな抑揚，表情で話しかける（対乳児発話）。話しかけられた子どもは，大人の話しかける言葉に合わせて体を動かしたり（相互同期性），顔の表情を模倣したりして応える。このような子どもの反応は，大人に"相手とやりとりできている"という感覚を与え，いっそうの働きかけを引き出す。このように，生まれてすぐの子どもでも，周囲の人間から働きかけを引き出し，その相手の働きかけに合わせた反応を返し，他者との間に，"互いを相手に合わせて調整し合えている

状態（**第一次相互主観性**）"を作り出すことができる。

しかし、実際の人間のコミュニケーションの中で、互いに挨拶し合ったり、笑い合ったりする場合のように、人対人の二者間で完結するものはむしろ少数派である。多くは、何かについて意見を交換するなど、相手と何かテーマを共有した上でやりとりがなされる。子どもの周囲の世界とのやりとりも、0歳前半の頃は、一度に、モノとだけ（そのモノの探索）、あるいは人とだけやりとりするというように、二者関係の中で行われる。それが、生後9～10カ月になると、これら"モノへの働きかけ"と"人とのやりとり"が結びつき、モノや事象等のテーマを共有した他者とのやりとり（**第二次相互主観性**）が可能になる。具体的にいえば、子どもは、周囲の人との間でモノのやりもらいができるようになり、他者が喜ぶ仕草を覚えて繰り返すようになり、他者が注意を向けるモノに自身も注意を向け（**共同注意**）、更には、他者のその対象に対する評価を（その表情等から）読み取り、自身がその対象にどのように関わるべきかを決める手がかりとする（**社会的参照**）ようになる。

一方、言語が使えるようになるために、子どもは、周囲の人々の発話から決まった音のかたまり（単語）を聴き取り、その意味を推測して自分でも話せるようにならなければならない。単語の聴き取りについていえば、子どもは1歳までに、自分の母語で区別すべきはどの音素とどの音素かを学び（**音素カテゴリーの確立**）、いつも決まったつながりで出てくる音のかたまり（単語）を発話から切り出せるようになる。また、発声の方でも、言語を話すために必要な「子音＋母音」の繰り返し音声（**規準喃語**）が、8カ月頃までには出せるようになる（**音声発達**）。このように聴き取り、発声に関して準備が整い、他者とテーマを共有したやりとりができるようになったところで、多くの子どもは1歳頃、最初の言葉（周囲の大人がある程度その"意味"を読み取ることのできる、決まった音韻形式をもつ音声）を発するのである。ところで、話し始めの頃の子どもの発話は、一度に一つの単語だけ言う、といったものである。単語の使い方も、犬を「ワンワン」と覚えると、全ての動物が「ワンワン」となり、最初の犬と（毛並や色等）どこかしら似たところがある対象も「ワンワン」と呼ぶ、といった具合で、何が同じなら同じ単語を使ってよいか（般用基準）について手探りしているように見える。語彙獲得のスピードも、月に3～5といったペースである。

それが、産出語彙が50～100語になると、子どもの語彙獲得のスピードは月に30～50語といったハイペースに転じる（**語彙爆発**）。これは子どもがそれまでに周囲の人の単語の使い方を観察し、「名前のよく分からないモノを指さして新しい単語が言われたら、その単語の意味はこのようなものだと考えればよい」といった、単語の意味を推論するためのコツ（**語意学習バイアス**）を身につけるためと考えられている。

語彙が増えてくると、子どもは単語を幾つかつなげて発話をするようになり、いったん単語がつながり始めると、子どもの発話はいくらでも長くなっていく。このように多くの単語をつなげて複雑な意味を正確に伝えられるようにするためには、単語のつなげ方がルール（文法）に則ったものでなければならない。しかし、このルールは抽象的な構造レベルのものである。発話の表面に現れる具体的な単語の並びを観察していただけでは、このように抽象的なルールは学習できないのではないか、とチョムスキーが指摘して以来、子どもがどのように**文法獲得**するかについては、生得説寄りの立場と学習説寄りの立場の間で議論が続いている。

❶ ▶ 音声発達 (vocal development)

　生後すぐの時期は，のどの奥の空間が狭いため，子どもに出すことができるのは，全身に力を入れて絞り出すような叫喚音声だけである。それが生後2～3カ月になると，リラックスした状態での発声（クーイング）が可能になり，4～6カ月になると，様々な音声を出せるようになり（声遊びの時期），「アーアーアー」のような母音の繰り返し発声（過渡期の喃語）の時期を経て，子どもは8カ月頃には規準喃語を発することができるようになる。

❷ ▶ 音素カテゴリー (phonological categories)

　0歳前半の子どもは，母語で区別しないが他の言語では区別する音素（例えば，日本語圏で育つ子どもにとってのLとR）の違いにも敏感だが，このような敏感さは1歳頃までに失われていく。その一方で，音声言語を使用するには，同じ単語を誰が発しても同じと認識できなければならない。すなわち，個人の声や発音の仕方の違いは捨象して，その言語で同じと見なすべき音は同じと認識できなければならない。このようなことも，1歳頃までには確実にできるようになっていく。

❸ ▶ 共同注意 (joint attention)

　他者との間で，共通の対象に注意を向けること。新生児段階から，子どもは目を合わせた相手の視線方向を追う傾向を備えているが，相手が注意を向けた対象を確実に検出したり，指さし等で積極的に相手の注意を方向づけたりといったことは，生後9カ月以降にできるようになっていく。話者が何に注意を向けて発話したかは，その発話を理解する重要な手がかりとなるので，共同注意は言語獲得の重要な基礎も成す。

❹ ▶ 語意学習バイアス (word learning biases)

　これまでに語意学習バイアスとして，子どもは，それぞれのモノはただ一つの名前をもつという前提（相互排他性バイアス）のもと，新しい単語が聞こえてきたら，それは自分がまだ名前を知らないモノを指すと予測し，その単語は指示対象であるモノの部分や属性ではなく全体を指すと考え（事物全体バイアス），また，名付けられたそのモノと形の似た他のモノにも適用できると見なす（形バイアス，事物カテゴリー・バイアス），ということが指摘されている。

❺ ▶ 社会的参照 (social referencing)

　なじみのない，（多くの場合は少し脅威的な）モノや状況に出合い，どのように振る舞ってよいか分からない時に，他者の表情や態度を参考にすること。1歳頃から見られる。

❻ ▶ 相互同期性 (interactional synchrony)

　互いの動きを相手に合わせて同期させる性質のこと。例えば，大人が会話をする時は，話し手だけでなく聞き手も，話し手の発話に合わせて体を動かしている。同じようなことは，大人が話しかけている時の乳児にも見られる。

❼ ▶ 対乳児発話 (IDS: Infant-Directed Speech)

　乳児に向かって話しかける時に見られる，特徴的な発話のこと。声のピッチが上がる，発音や抑揚がおおげさになる，短くシンプルな文が使われる，言葉の繰り返しが多い，独特の語彙（幼児語；例えば，自動車のことを「ブーブー」と呼ぶ）が用いられる，などの特徴が指摘されている。

❽ ▶ 文法獲得 (syntactic development)

　子どもの文法獲得について，生得説寄りの立場は，子どもはあらゆる言語に共通する文法カテゴリーや文構造等に関する知識を備えて生まれてきており，子どもが生後すべきことは，周囲で話されている言語と生得の文法知識とを対応づけることだけだと主張する。それに対して，学習説寄りの

06-05 ▶ 原始反射と運動発達

【歴史的背景】

原始反射（primitive reflexes）に関する最初の著書は，*Reflex Testing Methods for Evaluating C.N.S. Development*（Fiorentino 1963）であった。当時，脳性まひによる運動障害に対して神経生理学的アプローチが脚光を浴び始め，その基礎的理論に基づいた検査方法の中で，原始反射が幅広く用いられていた。

著書の中で，原始（的）反射（primitive reflex）は，正常な発育にとって欠くことのできない重要なものである。原始反射は脳幹から直接指示された自動的でステレオタイプな運動であり，皮質の影響を必要としない。その出現時期は胎児期から始まり，大部分は生後1年までに統合される。これらの原始反射は，出生時に存在している必要があり，それらは中枢神経系の状況を提示している。この無意識な運動は胎児を守り，出産を助け，生後1年間の発達をガイドする。子どもはこの原始的な反射に対する反応（response）によって，寝返り，座る，立つなどの漸進的発育（progressive development）への準備がなされるのである。正常な発育の場合には，これら原始的な脊髄性及び脳幹性の反射は次第に統合（抑制）され，立ちなおり反応（righting reaction）や平衡反応（equilibrium reaction）のような高次のパターンが発現してくるようになる。高次の中枢の抑制的コントロール（inhibitory control）が破壊されるか，又は遅延する場合には原始的パターン（primitive pattern）が支配し，より高次の統率された知覚運動的活動（sensorimotor activities）が排除されることになる。ある種の神経学的機能障害（neurologic dysfunction）は，中枢神経系の特殊な病変に基づくものと考えられている。この種の病変は，正常においては高次の中枢によって営まれている抑制作用から解放して，原始的な異常反射（primitive abnormal reflexes）を発現することとなる。これらのより原始的な反射は，例えば脳性麻痺児において見られるように，系統発生学的に古い世代の姿勢と運動及び異常な筋緊張のような異常な状態を招来するのである。

前述の概念に基づいて，脳性麻痺児は反射的成熟（reflex maturation）の発育順序に従って分類され，かつ反射学（reflexology）における特殊な状態及び異常な筋緊張度の立場から評価されてきた。これらは，**反射的発育**（reflexive development）と呼ばれ，次の3段階に分類された。

(1) **無足獣的**（apedal）：原始的な脊髄性反射及び脳幹反射が優位にあり，腹臥位又は仰臥位の動物の運動発育である。脊髄レベルの反射として屈筋収引・伸筋突張・交叉性伸展，脳幹レベルの反射として非対称性緊張性頸反射・対称性緊張性頸反射・緊張性迷路反射・連合反応・陽性支持反応・陰性支持反応が挙げられる。

(2) **四足獣的**（quadrupedal）：中脳発育が優位にあり，立ちなおり反射を伴い，立ちなおり，寝返り，這う姿勢及び坐る姿勢をとることが一人でできる。中脳レベルの反射として，頸の立ちなおり，身体に対す

る身体の立ちなおり，反射頭部に対する迷路性立ちなおり，反射・視覚的立ちなおり，反射・両棲動物的反応，自動運動反応としてモロー反射・ランドウ反射・パラシュート反応が挙げられる。

(3)二足獣的（bipedal）：脳皮質のレベルの発育をとり，平衡反応（equilibrium reactions）を示し，歩くことができる子どもの運動発育である。仰臥位傾斜反応，腹臥位傾斜反応，四つ這い反応，坐位反応，膝立ち反応，ホップ反応，背屈反応，シーソー反応，猿の体位反応が挙げられる。

上記に示すように原始反射は，反射的成熟と反射的発育及び脳の階層性がその背景にある。

■ ■ ■

❶▶原始反射の再考（reconsideration of primitive/infant/newborn reflex）

これまでヒトは幾つかの原始反射をもって生まれ，それが統合され消失していくことで運動発達が起こると考えられてきた。そして，この原始反射の消失は，神経発達の階層理論によって説明されている。つまり新生児の時期は大脳皮質がまだ未成熟なため，それより下位の中脳や脳幹，脊髄等が元となっている運動反応が優位になって表れるというわけである。しかし，最近の脳イメージング技術の進歩により，大人と同じように新生児でも大脳皮質の同一部位が活動することが分かってきた。つまり，新生児でも大脳皮質は未熟ながら機能しているといえる。そして，新生児や乳児の有能性が明らかになるにつれて，原始反射によって新生児の行動が支配されているという考え方は薄れつつある。

❷▶原始歩行（walking/stepping reflex）

原始歩行は生後2～3カ月までの乳児に見られる反射である。乳児の腋窩を支えた状態で足底を床に接地させ，前方に傾けることで歩行のようなステップを誘発するものである。これも，テレンらによって原始歩行が消失した後でもお湯の中では再度出現したり，トレッドミル上に載せると出現したり，新生児期から練習を続けていると消失しないなどの研究結果が報告されている。また，新生児のステッピングがオプティカル・フロー（視覚流動）という周辺視野の流動的な動きに対して出現することも判明した。バルブルースらの研究では，従来の方法での原始歩行のステッピングと，2種類の視覚刺激を提示して，ステッピング反応を調べた。一つはチェッカー模様が回るもので，もう一つはチェッカー模様が前から後ろ方向へ動く，つまり自分が進んでいるときに見える視覚刺激を提示した。実験の状況は図1のとおりで，床面にチェッカー模様が映し出され，それが映写機によって動くように映された。その結果，床面の模様が回るような条件では，ステッピング反応は起こらなかったが，前から後ろ方向に動く場合には，通常の方法での原始歩行時と同程度のステッピング反応を誘発することができた。また，順方向と逆方向では，下肢の関節角度やタイミングが異なることも分かった。

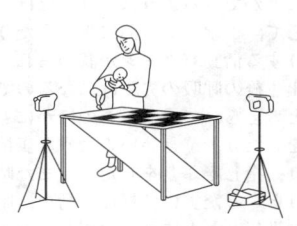

図1 バルブルースらの原始歩行の実験（Barbu-Roth et al. 2009）

❸▶口唇探索反射（rooting reflex）

口唇探索反射は口周囲に触れるとそれを口で吸啜しようとする反応についても調べ

られており，出生直後では生起率が30％程度と反応は低く，授乳を経験することにより生起率が上がっていくことが明らかになった。これも原始反射の概念とは相容れない。

❹ ▶ 姿勢反射 (postural reflex)

新生児の頭部の向きに対して四肢が特定の肢位をとる緊張性頸反射があり，なかでも非対称性緊張性頸反射（ATNR）と呼ばれる姿勢が，大脳皮質の未熟な時期や脳に損傷を負った子どもに，優位に見られるとされている。最近の統制された研究によれば，クロプトンらは，新生児の頭部を他動的に左右どちらかにしっかりと回旋させたときでも，四肢の完全な非対称性緊張性頸反射姿勢はたった4.9％程度しか見られないことを明らかにした。これらの知見から，原始反射と呼ばれる行動はあっても，新生児は周りの環境から得られる情報によって柔軟に行動を変化させることができる存在である。

❺ ▶ 手掌把握反射 (palmar grasp)

新生児の手掌面に触れるとそれを強く握ろうとする反射である。しかし，ロシャルによって新生児が握るものの固さや肌理等によって，握る力のパターンを変化させることが分かっている。また，空腹が把握反射と関連しているのではないかという記述も見られる。

〔高塩純一〕

06-06 ▶ 身体運動の初期発達

人間の運動発達の起源は胎児期にある。胎児の最初の顕著な活動は，胎齢3週目における心臓の鼓動であり，胎児はこの頃から実質的に，自律的な生命の営みを開始するのだといえる。胎齢6〜7週になると心臓や血管の脈動と結びついた微妙な動き（**蠕動**）を，8〜9週になると手足や身体の屈伸運動を始める。胎齢10週くらいになると，自発的に子宮内での自分の位置を変えることができるようになり，ほぼこれと同期して，羊水を規則的に吸入したり吐出したりする活動パターンが認められ，これが，出生後の呼吸の先駆けになるのではないかと考えられている。このほかにも，あくびをしたり，泣き笑いのような表情を見せたり，指しゃぶりをしたり，また時に驚いたりといった実に多様な運動を，胎児は胎齢の進行とともに示し始めることが知られている。このように，出生後に子どもが見せるようになるほぼすべての運動パターンの原型が，胎児の動きの中に既にあるといっても過言ではない。胎児は，複数の部位を一定の規則性をもって相互協調的に動かしており，それが，人間の生涯にわたる基本運動の一種の練習のようなものになっているという見方がある。ちなみに，こうした胎児の動きの中で近年，特に注目度が高いのは，ジェネラル・ムーブメントと呼ばれる独特の全身を使った自発運動である。これは，脳神経系の成熟や組織化と連動したものらしく，そこに何らかの異常が認められる場合には，かなりの確率で様々な発達上の障害が予測されるという研究知見が得られている。

次に出生後の運動発達に関して概観しよう。これを考える前提としてまず留意しておくべきことは，いくつかの**反射行動**を除き，それが単に筋肉や骨格，あるいはそれら全体に関わる生体力学的な仕組みのみの問題にとどまらない，ということである。身体を動かすことにはほぼ確実に知覚や認知等の心的活動が伴い，それゆえに，様々な運動の可能性が新たに拓けてくるということは，乳幼児の心の発達にも極めて大きな変化が生じることを含意している。例え

ばギブソン（1997）は，発達早期における運動面での発達が，特に，乳幼児の自己主体性，予測的行為，行動の柔軟的調整，手段目的的問題解決といった重要な心理的発達に，密接に関係していることを仮定していた。

出生後の子どもの運動発達は，目と頭部の回転等も含め極めて多岐にわたるが，そのうち最も顕著なのは**リーチング**（手伸ばし）や把握といった手腕の動きと，**匍匐**（はいはい）や**歩行**といった身体移動ということになろう。子どもは出生直後からかなり活発に手腕を動かすことができるが，仰臥状態が中心の発達早期には，まだ特に対象や目的をもたない自生的運動が中心で，明確な意図をもった目標志向的な手の動きは希少である。もっとも，その潜在能力は生後2カ月時点でも既に備わっているようであり，例えば乳児は，手にくくりつけられたひもを通して同期的にディスプレイに何か映像が呈示されるということが分かると，手を積極的に動かしてそれを見ようとするということが確認されている。ただし，こうした潜在能力が日常生活の中で明確な形となって現れるためには，**姿勢の制御**が極めて重要な意味をもつようである。胴体が固定されないと視界が広がらず，また，手はもっぱら胴体を支えるために用いられることになり，何かに触ろうとしたり，つかもうとしたりすることには，ほとんど使われ得ないからである。一般的には，生後半年を超える頃になって**座位**（お座り）が可能になった時点で，ようやく安定して，目と頭部でしっかりとものを視覚的に捉えた上で，それに合わせて積極的にリーチングする行動が見られるようになる。そして，生後1年くらいまでには徐々に巧緻化し，いろいろな速度で動くものでも，**予測的行為**（軌道を予測した上での手腕の調整）によって，それをうまくつかむことができるようになるようである。

さらに，生後1年目の後半になると，姿勢を保持し，**能動的な探索**のために手が使えるようになり，ものの表面がどのような状態であるかによって，手指の動きを微妙に変えることも可能になるといわれている。例えば固い表面の場合はこするような，スポンジ状のものであればつつくような，網状のものだと押すような，液状の場合はぴしゃりと打つような手指の動きができるようになるのである。

生後半年を超えたあたりから，単身での自律的な座位が可能になり，身体をねじって，周囲のものに手を伸ばすことができるようになると，その延長で乳幼児はより遠くのものにも近接したいという欲求を強くもつようになると想定される。そして，それがいわゆるはいはい，すなわち匍匐運動につながっていくわけであるが，この匍匐運動の発達には特に一貫した規則性のようなものはないようである。ごろごろと身体を回転させて移動しようとする子どももいれば，前にではなく後ずさるように移動する子どももいるし，座ったままで臀部をもぞもぞと動かして進むような子どもも存在する。また，伏臥位（腹ばい状態）での一般的なはいはいでも，両腕を同時に動かして進もうとする子どももいれば，泳ぐように四肢を動かして進もうとする子どももおり，なかにはまったく匍匐運動を見せることなく，いきなり立ち上がり，歩行し始めるような子どももいることが観察されている。こうした千差万別の状況からして，子どもの移動能力の発達は，月齢や身体の大きさなどにはあまり関係せず，むしろそれまでの身体運動の経験の質に応じて，まさに一人一人異なる道筋を見せるといっても過言ではない。

歩行もまた，匍匐と同様，かなり個人差が大きいようであり，1歳前に一人歩きができるようになる子どももいれば，それが生後2年目の後半にずれ込んでしまうよう

な子どももいる。もっとも，歩行はまず立つことができなければ，当然成り立ち得ないわけであり，一般的には座位が可能になった頃から，周囲の大人に支えられて，また，壁や柱につかまるなどして，自らの足で立つという経験をすることが，その第一歩ということになる。こうした**つかまり立ち**がしっかりできるようになった乳幼児は，今度は壁や家具等で身体を支えながら**つたい歩き**するようになり，そして，それからほどなく**一人立ち**できるようになり，しばしば転倒しながらもこの一人立ちを頻繁に行うなかで，やがて安定した自立的歩行が可能になるのである。

当然のことながら，匍匐や歩行は子どもの生活を一変させる。こうした身体移動能力を獲得した乳幼児は，まさにマーラー(1975)が，世界との「情事」にふけるがごとくと形容したように，全生活時間の約半分近くを移動に関わる何らかの活動に充てるようになるといわれている。それまでの子どもの身体的自由の乏しい状態からすれば，それこそ環境世界は果てしないように経験され，そこを旺盛な好奇心に駆られてあちこちと動き回り，様々な探索活動をすることは，大きな快感情につながるものと考えられる。そして，そうした中で子どもの自発的な学習が飛躍的に進むのである。

リーチングにしても匍匐にしても歩行にしても，かつて，こうした一連の運動発達は脳の中枢神経系の成熟に伴い，それこそ，それぞれのプログラムの展開にトップダウン的に規定される形で生起し漸次的に発達するものと捉えられていた。しかし，近年，**ダイナミック・システムズ・アプローチ**が心理学の中に浸透してきたこともあり，種々の運動発達は，一人一人の子どもに固有なものとして在る環境との相互作用過程において，手足の筋組織や脂肪比率の微妙な変化等も含めた，多様な末梢系の要素が複雑に絡み合う中で，むしろボトムアップ的に創発されてくるのだという認識が一般化しつつあるようである。

■　■　■

❶▶**ジェネラル・ムーブメント**(general movement)

主に胎児期から乳児期にかけて認められる，流暢で複雑であり，かつ変化に富んだ全身運動（一見無目的に見えるランダムな手足の運動）を指していう。それは，発達早期段階における脳の統合機能の発達過程と密接に関係しているとされ，一部には，そこに定型から外れた特異なパターンが見出される場合，将来的に種々の発達上の障害等を呈するリスクが相対的に高くなるという見方もあるようである。

❷▶**ダイナミック・システムズ・アプローチ**(dynamic systems approach)

元来は領域を限定しない様々な現象をシステムとして把握し，そこに包含されて在る個々独立の要素（コントロール・パラメーター）が力動的に相互作用する中で自己組織化が進行し，新たな現象や大きな変化が創発されてくることを仮定する，総合的な理論的立場のことを指していう。発達研究の中では，種々の発達が中枢神経（脳）や遺伝的プログラムに一意的に規定されて在ることを主張する還元主義的・決定論的立場に対置される形で発展してきたという経緯があり，これまでは，主にリーチングや歩行等の運動発達の分野で大きな成果を収めてきたといういう。もっとも，現在ではそれのみならず，親子関係や子どもの感情・社会性の発達から，青年期におけるアイデンティティ獲得の過程に至るまで，徐々にその適用範囲を拡張しつつある。

反射行動：→ 06-05「原始反射と運動発達」

〔遠藤利彦〕

06-07 ▶ アタッチメント

　アタッチメント（attachment：愛着）とは，その提唱者であるボウルビィによれば，生物個体がある危機的状況に接し，あるいはまた，そうした危機を予知し，不安や恐れの感情が強く喚起された時に，特定の他個体にしっかりとくっつく，あるいはくっついてもらうことを通して，主観的な安全の感覚を回復・維持しようとする心理行動的な傾向及び，それを支える神経生理学的な制御機序を指していう。ボウルビィは，施設児や戦争孤児等の研究を通じて**母性的養育の剥奪**という概念を提唱し，早くから子どもの発達における親子関係の重要性を認識していたが，これのみならず，他生物種の親子関係の成り立ちに関する比較行動学的知見にも依拠して，アタッチメントが心身発達の絶対的基盤となることを強調した。

　子どもにとって，主要なアタッチメント対象は，危機が生じた際に逃げ込み保護を求める**確実な避難所**であると同時に，ひとたびその感情状態が落ち着きを取り戻した際には，今度は，そこを拠点に外の世界へと積極的に出て行き探索活動を起こすための**安全基地**として機能し，子どもの**自律性**の発達を高度に支えるものといいう。アタッチメントは，発達の進行とともに，養育者等への物理的な近接から徐々に特定他者への信頼の感覚や近接可能性に対する見通し，すなわち**内的作業モデル**を核とする表象的な近接へと変じていき，まさに生涯全般にわたって人の心身の安寧や適応を高度に保障すると仮定されている。

　アタッチメントには，養育者の**敏感性**の差異等によって広汎な個人差が生じることも知られている。一般的に乳幼児期におけるアタッチメントの個人差は，エインズワースが開発した**ストレンジ・シチュエーション法**によって測定され，そこにおける種々の行動上の差異から，アタッチメント・シグナルの表出が全般的に少なく，養育者との間に距離を置きがちな**回避型**，養育者との分離に際しては泣きなどのアタッチメント・シグナルを積極的に示すが，それ以外の場面では感情的に安定している**安定型**，全般的にアタッチメント・シグナルの表出が多く不安傾向が強いために，概して養育者にしがみつきがちになる**アンビヴァレント型**のいずれかに振り分けられる。近年ではこれらに，近接と回避の行動傾向が同時に活性化され，不自然な行動停止やすくみなどが頻繁に生じる不可解なアタッチメント，すなわち**無秩序・無方向型**を加えて，計4類型でアタッチメントの個人差を表現することが一般的になってきている。これまでの研究では，子ども個人の気質の関与も一部想定されているが，概してその規定因としては養育環境の差異が注目され，回避型は相対的に拒絶的な養育者，安定型は敏感性の高い養育者，アンビヴァレント型は相対的に一貫性を欠いた養育者，更に無秩序・無方向型は虐待傾向や感情障害等を有する養育者の下で成育している場合が多いことなどが明らかにされてきている。

　現在，長期縦断研究が進み，乳幼児期のアタッチメントの質が，その後，成人期に至っても，一定程度，連続するということが，特に**アダルト・アタッチメント・インタビュー**等を用いた研究によって明らかにされてきている。また，養育者自身のアタッチメントの質が，その子どもとの関係性及び子ども自身のアタッチメントの質にかなり強い影響を及ぼすという，アタッチメントの世代間伝達も実証されてきている。

更に，発達早期に様々な劣悪なる養育条件にさらされて育った子どもの，特異なアタッチメント障害が注目を集め，それがその後の不適応事態や問題行動あるいは精神病理にいかに関わるかについて，臨床的研究も飛躍的に蓄積されており，理論的にも実践的にも，今後のアタッチメント研究の動向にますます目が離せないところとなってきている。

❶ ▶ アタッチメント障害 (attachment disorder)

子どものアタッチメント行動に認められる特異な傾向及び様々な障害を総称していう。DSM-5 等の国際的な診断基準では，特に，人一般からの極端な情緒的撤退や行動抑制によって特徴づけられる反応性アタッチメント障害（RAD）と，人を選ばない無差別的社交性によって特徴づけられる脱抑制型対人交流障害（DSED）の２種類に大別される。もっとも近年，こうした枠組みが，施設児等，特殊環境下で成育する子どもにのみ限定的に当てはまり，通常の家庭環境下における子どものアタッチメント上の問題をあまり説明しないということから，抜本的な見直しの必要性を訴える向きもある。

❷ ▶ アダルト・アタッチメント・インタビュー (adult attachment interview)

メインを中心に開発された，成人のアタッチメントの特質を測定・分類する半構造化された面接手法である。それは，規定の質問項目に対して，子ども時代の主要な養育者との関係性について語ってもらう中で，被面接者自身も通常，意識化し得ないアタッチメントに関する表象及び情報処理の個人的特性を抽出するものと仮定されている。語り方の差異に従って自律型（autonomous），アタッチメント軽視型（dismissing），とらわれ型（preoccupied），未解決型（unresolved）のいずれかに類型化される。なお，これらは順に，乳幼児期における安定型，回避型，アンビヴァレント型，無秩序・無方向型に理論的に対応するものと仮定されている。

❸ ▶ ストレンジ・シチュエーション法 (strange situation procedure)

主に 12〜18 カ月の子どもを対象として実施される，アタッチメントの個人差を測定するための実験的手法を指していう。アタッチメント研究者のエインズワースによって，子どものアタッチメントの質を見るためには，アタッチメント行動をまずは活性化させる必要があるという考えから，子どもを新奇な場面に置き，子どもに恐れや不安といったマイルドなストレスを経験させるこの手法が開発された。それは計八つの場面からなり，その中で子どもは養育者との分離や再会を経験することになり，そこでの行動的差異からアタッチメントの分類が行われる（表1）。

表1 ストレンジ・シチュエーションの八つの場面
（Ainsworth et al. 1978 をもとに作成）

	場　面	
1	実験者が母子を部屋に案内し，実験者は退室する（30秒）	
2	母子が室内で過ごす（3分）	
3	見知らぬ人が入室する（3分）	
4	母親は退室し，見知らぬ人と子が室内で過ごす（3分）	分離
5	母親が入室し，見知らぬ人は退室（3分）	再会
6	母親も退室し，子だけが室内で過ごす（3分）	分離
7	見知らぬ人が入室，子と過ごす（3分）	
8	母親が入室し，見知らぬ人は退室。母子が室内で過ごす（3分）	再会

❹ ▶ 内的作業モデル (internal working model)

元来は，ある問題状況に対して適切な解決策を導くために，一時的に心内空間に構

成するシミュレーション用の表象モデルを指していう。ボウルビィは，この発想を，アタッチメントをはじめとする対人関係場面における社会的情報処理に応用した。彼によれば，人は幼い頃の被養育経験に基づいて，自他がアタッチメントに関連してどのような存在であるかについて主観的確信を固め，更にそれを中核として（他者の表情や言動の知覚・解釈・予測及び自己の行動の計画等に関わる）内的作業モデルを構成し，その後，それを，様々な他者との対人関係を営む上でのテンプレートとして用いるようになるという。

❺▶敏感性 (maternal sensitivity)

本項については，06-08-❼「敏感性」を参照のこと。

❻▶母性的養育の剥奪 (maternal deprivation)

養育者の喪失あるいは養育者との分離等によって，施設児等のように，子どもが十分に特定他者との関係性を享受できなくなり，適切な養育行動を施されることが極端に制限されてしまう状態，及びそれによって生じる子どもの心身発達の遅滞・歪曲・障害等を指していう。イギリスの児童精神科医であるボウルビィによって提唱された。類似の概念にホスピタリズムがあるが，この概念が，施設環境の劣悪さに起因して生じる子どもの発達上の問題を強調するのに対し，母性的養育の剥奪は，あくまでも特定他者との社会情緒的関係性の分断や希薄さに由来する問題に力点を置くところに違いがある。

気質：→ 09-01-❶「気質」
縦断研究：→ 06-01「発達心理学の方法・研究デザイン」

〔遠藤利彦〕

06-08 ▶養育と発達

乳児の発達には，養育を行う者との関係が必須である。誕生時のヒト乳児の身体能力は未熟であり，乳児に栄養を与え，危険から守る存在無くして，乳児の生存はあり得ない。そして，養育者との関係は，乳児が自己や他者について学ぶ**社会化**の出発点でもある。同時に，自ら相手に積極的に働きかけてやりとりを主体的に展開し，自己を表現する**個性化**も進むこととなる。

成長に伴い，子どもが関係を築く相手は拡がっていくが，発達初期の乳児-養育者関係は幾つかの点で独特である。まず，乳児は**幼児図式**と呼ばれる身体的特徴をもつ。「かわいらしさ」を感じさせる乳児の身体は，やりとり開始を誘発すると考えられる。また，乳児は誕生時から泣きや笑いを表出する。養育者は，乳児の表出に素早く反応して，乳児の声や表情のまね，誇張，繰り返しなどによって随伴的応答を行う。こうした対乳児行動は非常に迅速に生起し，様々な年齢や文化で観察されることから**直観的養育**と呼ばれ，生物学的に用意された行動ではないかと考えられている。

更に，養育者には乳児の覚醒度や情動状態に同調する行動も見られる。例えば，乳児が興奮気味の高い声を発すると，養育者はぐっと背伸びをして応じる。何気ない行為だが，**情動調律**という情動の共有や調整の機能がある。なお，早期の乳児の発声や行動は，必ずしも情動の伝達や具体的要求という意図を伴ってはいない。しかし，養育者は乳児の行為を解釈して「うれしいの？」「この玩具が欲しいの？」など，意味を帰属する傾向（**マインド・マインデッドネス**）をもつ。発達早期から乳児をやりとりの意図的な行為者として扱う傾向は，乳児に多くの社会的刺激を与え，実際の社会化を促進すると考えられる。

以上，乳児-養育者関係の全般的様相を

示したが，個々の親子ペアにはそれぞれの特徴がある。親子関係は親，子の双方から規定され，子ども側の特徴には性別や気質等がある。親側の特徴には，子どもという存在に対するイメージや価値観を指す**子ども観**や，**養育信念**等が挙げられる。また，実際の子どもへの行動も親によって異なり，養育者の特徴と子どもの発達との関連が検討されている。例えば，養育者の**敏感性**の高さは，子どものアタッチメント安定性を予測するという。ただし，養育者のある傾向や，行動の単純な量的多さのみが重要なのではない。養育者の**情動的利用可能性**についての議論では，子どもが必要とした時に十分に応じる，といった親子間の状態の調和が重視されている。

さて，ここまで用いてきた養育者という用語は，特定の一人，特に母親のみを指すものではない。例えば家庭内で，子どもは母親とも父親とも関係を築く。母子，父子関係は相補的に，あるいはそれぞれが子どもの発達の異なる側面へ独自の影響力をもっている。また，子どもの発達には，家庭の全体的な**情動的風土**が関連しており，家族成員間の良好な関係も重要である。

更に，子どもの養育は家庭外でも行われ，保育者，子育て支援にあたる者や地域の大人等も含めた，共同的・集団的な子育てへの取り組みがある。養育は，母子関係等の単一の関係によって完結するものではない。**社会的ネットワーク理論**が示すように，子どもの周囲で同時並行的に展開される，複数の社会的関係が，多層的に子どもの育ちを支えている。なお，本項では主に養育の文脈として，子どもと大人の関係に主眼を置いてきたが，成長に伴い，子ども同士の関係も充実してくる。**集団的社会化理論**は，発達には子ども同士の関係こそが中核的役割をもつことを主張し，大人との関係，特に親子関係の偏重に警笛を鳴らしている。

このように，子どもが育つ社会的環境には，大人から子どもまで幅広い年代の多くの人々が含まれる。広範かつ複雑な環境について，ブロンフェンブレンナーの**生態学的システム論**は，入れ子状に重なった多層モデルを示している。子どもを中心とすると，まず，子どもが直接に関わる家庭や保育場面，学校といったマイクロシステムがある。その一段外側に，家庭と保育機関の関係等，マイクロシステム間の相互関係であるメゾシステムがある。その外側には，子ども自身は直接に参加しないが，養育者の友人や，職場，地域の活動等のエクソシステムがある。更に，上記のシステムは信念体系，イデオロギーや文化，価値観等のより大きなマクロシステムに囲まれている。子どもは，これら全てのレベルにおける環境から，直接，間接に影響を受けながら発達する。ただし，発達は静的，受動的なものではない。子どもは環境に作用する主体であり，子どもの育ちが周囲の関係に新たな展開をもたらす。発達は単に個人の変化でなく，子どもがつながっている環境の変化をも生み出しながら，幼少期以降も生涯にわたって続いていく。

■　■　■

❶▶ 社会的ネットワーク理論 (social network theory)

個人 (node) と，個人間のつながり (tie) を複数結び合わせ，網の目のように拡がる社会的関係を描き出す理論。特定の個人や関係ではなく，多数の個人がつながったネットワーク全体や構造に着目し，個人や集団の変化，生起する現象を説明する枠組みである。子どもの発達に関して，養育を担う社会的ネットワークの構築や，ネットワークの特徴の理解等が検討されている。

❷ ▶ 集団的社会化理論 (group socialization theory)

仲間や友達関係の内容や質による，子どもの発達への影響を主張した理論。ハリス (1995) は，親からの影響は幼少期，そして家庭内では強いものの，幼児期以降の人格発達や社会化は，子ども同士の集団内で進行すると論じる。学校における同年齢集団や，同じ性別同士の集まり，仲間関係等における，集団内での文化形成や子ども同士の比較といった経験が重視されている。

❸ ▶ 情動調律 (affect attunement)

スターン (1985) が用いた，二者間における情動状態の交流を表す用語。親子間では，子どもの発声や行為に含まれる情動的意味とマッチした行為を養育者が示すことで，情動の共有が行われる (養育者による単純な行為模倣ではない)。養育者自身の情動状態を発声や動作の強さで示すことで，子どもの情動状態を調整することもある。情動調律の多くは，意識されることなく自動的に生起するとされる。

❹ ▶ 情動的風土 (emotional climate)

集団の成員間で日常的に，どのような種類の情動が，どのように表出され，受け止められているかという全体的な特徴を指す。家庭の情動的風土は主に，養育者が子どもを含めた家族に対して，肯定的情動と否定的情動を表出する程度によって評価される。その他，学校教育場面における教室の情動的風土も研究されている。

❺ ▶ 情動的利用可能性 (emotional availability)

エムデとイースターブルックス (1985) は，乳児にとって養育者は物理的のみならず，情動的に利用可能であることが必要とし，親子間の情動表出と応答の程度を指す情動的利用可能性の高さを重視した。その後，ビリンゲンらは，養育者側 (情動的な敏感性，子の主体的活動に侵入しないことなど) と，子ども側 (親への応答性，親をやりとりに巻き込む姿勢) の双方について，本概念の評定を行っている。

❻ ▶ 生態学的システム論 (ecological system theory)

ブロンフェンブレンナー (1979) は，発達は子どもが生きる生態学的環境の中に埋め込まれているとし，複数のレベルが入れ子になった多層的な環境システムのモデルを示した。発達をシステム全体の中で捉える包括的視点とともに，子どもは環境へと作用し，ダイナミックな相互作用の中で発達が進むという視点を提示している。

❼ ▶ 敏感性 (sensitivity)

子どもの安定型アタッチメントの形成を予測する，養育者側の代表的な特徴の一つ。エインズワースら (1978) によるバルチモアでの母子観察研究から提唱された。要点は，子どもの視点から物事を見るという姿勢であり，子どもから発せられたシグナルを感知し，正しく解釈した上で，適切かつタイミングよく子どもに反応することである。

❽ ▶ マインド・マインデッドネス (mind-mindedness)

幼い乳児を，大人と同様に心をもった一人の人間と見なし，意図や感情等，心的状態を絡めて子どもに関わる養育者の傾向のこと。マインズ (1997) により提唱され，母親が示すこの傾向の高さは，後の子どものアタッチメント安定性や，心の理論の獲得を予測することが見出されている。

❾ ▶ 養育信念 (parental belief)

子育てや，親であることに対する個人の考え方や捉え方，意識，理解等を指す。子どもの養育に関連して，性役割についての意識が含まれることもある。質問紙やインタビューによって，養育信念の内容や強度が測定される。

❿ ▶ 幼児図式 (kindchenschema/baby schema/babyishness)

ローレンツ (1943) による，複数の種に認められる幼体の身体的特徴の総称をい

う。頭部の大きさ，短い四肢，丸みをおびた体つき，特に丸く高い頬や額，顔の下方寄りに配置された大きな眼等が顕著な点である。幼児図式は成体を惹きつけ，肯定的情動を喚起させ，養育行動を引き出す効果をもつと考えられている。

〔篠原郁子〕

06-09 ▶ 認知能力の発達

我々は，個体の生存や種族の維持のために，外的世界や内的世界に関する知識を獲得し利用する。そのために行われる，知覚，記憶，学習，思考等の知的活動を，心理学では認知と呼んでいる。「認知能力の発達（cognitive development）」をどのように考えるかには，経験を重視したロックや，自然に成長していく力を強調したルソー，そして，進化論を提唱したダーウィンら，様々な思想が影響を与えてきた。それらの問題点を整理し，認知発達の包括的な理論を提示したのがピアジェである。

ピアジェ理論では，認識は，客体から生ずるのでも主体から生ずるのでもなく，主体と客体の相互作用から生ずると考える。つまり，客体を認識するためには，主体が客体に働きかけ，移動や結合といった変換を行い，行為の協応と客体間相互の関係づけを行う必要がある。そして，行為の協応により行為の構造が構築され，その性質の違いにより，幾つかの**発達段階**に区分される。この構築過程を説明するために導入されたのが，**シェマ**，**同化と調節**，**均衡化**といった用語である。

認知能力の発達をピアジェの4段階区分に沿って概観する。最初の段階は**感覚運動期**と呼ばれ，誕生から1歳半〜2歳頃まで続く。その後，6〜7歳頃までが**象徴的機能**等が発達する前操作期であり，11〜12歳頃までが**具体的操作期**である。ここで操作というのは，内化され可逆的で全体構造を成している行為を意味する。最後は**形式的操作期**であり，この段階では，仮説演繹的思考等，可能性の世界から現実を考えることができるようになる。

以上のようなピアジェ理論は，認知発達を理解するための重要な概念的枠組みである。しかし，1970年代以降，ピアジェの理論は乳幼児の能力を過小評価し，青年期の能力を過大評価しているという批判を浴びるようになった。ピアジェは構造という観点からコンピテンスの発達を説明しようとしたので，パフォーマンスや過程の説明が十分ではなかった。その部分を具体化したのが，人間の知覚や記憶，思考の仕組みをコンピュータの仕組みになぞらえて研究する，**情報処理アプローチ**である。

情報処理アプローチでは，認知の発達を，**ワーキングメモリ**が関連する記憶容量や処理スピード，リハーサルや体制化等の記憶方略，メタ認知と呼ばれる認知に影響する要因についての知識，並びに記憶過程の監視や制御，そして最近では**実行機能**等の変化によって説明する。また，発達の要因として知識の増大や再構造化も重視されるようになり，**領域固有性**や**熟達化**，制約といった考えが主張されるようになった。

また，ピアジェは社会的文脈を軽視しているという批判も受けた。情報処理アプローチも，認知を個人の頭の中での情報の操作と見なし，他者や環境の役割をほとんど考慮してこなかった。この部分を補完したのが，**ヴィゴツキー理論**とそれを発展させた社会・文化的アプローチや状況論的アプローチであり，そこでは，認知や知識は個々人により構成されるのではなく社会的に構成されると考える。

ヴィゴツキーは，人間に固有の認知機能である高次精神機能の起源は，社会的な活動の中にあり，それが次第に個人的なものへと内面化されていく，つまり，精神間機能から精神内機能へ移行する，と考えた。また，高次精神機能は，人間の活動が道具や記号に媒介されることによって成立すると考えた。そして，**発達の最近接領域や内言**といった概念を提唱した。更に，近年の研究者は，教育や学習の伝統的な方法である徒弟制に着目し，それを認知的な学習にも取り入れたりしている。

■ ■ ■

❶ ▶ 感覚運動期 (sensorimotor period)

新生児から既に吸啜反射等の反射や，同化と調節の過程が存在する。例えば，乳を吸うというシェマに親指を同化する時には，シェマの調節を伴っている。9カ月頃になると，覆いを取り除いて隠された物を手に入れるといった，手段と目的の協応が可能になる。そして，18カ月頃から移動群という構造が構築され，出発点に戻ることや回り道ができるようになり，シェマの内化と表象的思考が始まる。つまり，直接の知覚や行為から解放され，行為とその結果を心の中で組み合わせることができるようになる。

❷ ▶ 均衡化 (equilibration)

ピアジェは発達の要因として，成熟，物理的経験，社会的学習に加えて，自己調整や行為の一般的協応の過程を意味する均衡化を重視している。

❸ ▶ 具体的操作期 (concrete operational period)

数や量の保存課題等において，知覚的な見えの変化にもかかわらず同じと判断できれば，具体的操作が獲得されていると見なされる。前操作期には，実在を変換する操作性の側面だけでなく，模倣や心像といった実在を再現する形象性の側面や，象徴的機能も発達する。したがって具体的操作期には，内化された行為の構造を表象的水準で再構築しなければならない。

❹ ▶ 形式的操作期 (formal operational period)

この段階では，順列操作，組み合わせ操作等を含む一般的組み合わせ法と，INRC群（I:同一性，N:否定，R:相反，C:相関）という二つの構造が構築される。そして，命題操作システムが完成し，連言，選言否定といった，命題の結合や変換に関わる操作を行えるようになる。形式的操作は，操作に対する操作であり，二次的操作とも呼ばれる。例えば，4本の棒を長い順に並べることは，系列化という具体的操作であり，4本の棒の可能な並べ方を考える順列操作は，系列化の系列化という二次的操作である。

❺ ▶ シェマ (schema)

一般的には認識の枠組みを意味し，図式と訳される。ピアジェ理論では，シェマは単純化されたイメージを指し，行為において繰り返され一般化されうる構造は，シェムと呼ばれているが，本項ではシェマで統一した。

❻ ▶ 実行機能 (executive function)

本項については，04-07-❺「実行機能」を参照のこと。

❼ ▶ 熟達化 (expertise)

幼児や児童でも，恐竜やチェスといった特定の領域においては，大人よりも知識が多くて構造化されていたり，記憶の成績が良かったりする。このような，特定の領域における長期の学習や練習による知識や技能の獲得を，熟達という。

❽ ▶ 象徴的機能 (symbolic function)

現前しない対象や事象を，所記（意味されるもの）から分化した能記（意味するもの）によって表示する能力のことで，ピアジェは記号的機能と呼んだ。この機能により，直接的で具体的な現実に束縛されずに

思考することが可能になる。幼児は土の固まり（能記）をだんご（所記）に見立てて遊んだりするが，これを象徴遊びと呼んでいる。

❾ ▶ 同化と調節 (assimilation and accommodation)

同化は，構造に新しい要素を統合することで，調節は，構造が修正されること。ピアジェは，認知的適応は生物学的適応と同様に，同化と調節の均衡から成り立っていると考えた。しかし，均衡状態に達するのは容易なことではなく，各発達段階において，事物や事象を自分の行為や観点に同化する状態（中心化）から，脱中心化へという過程が見られる。

❿ ▶ 内言 (inner speech)

本項については，07-05-❸「内言」を参照のこと。

⓫ ▶ 発達の最近接領域 (ZPO : Zone of Proximal Development)

本項については，07-05-❺「発達の最近接領域」を参照のこと。

⓬ ▶ 領域固有性 (domain specificity)

形式的には同型に見える二つの課題でも，課題の内容や文脈の違いにより難易度が大きく異なる場合がある。こうした事実から，認知は，論理的な推論規則のような一般的・抽象的な知識に基づいて行われるのではなく，領域固有の具体的な知識に依存しているという解釈が生まれた。

⓭ ▶ ワーキングメモリ (working memory)

主として情報の貯蔵機能に焦点を当てた短期記憶の概念を発展させたもので，情報の操作や変換といった処理機能を重視し，作動記憶とも呼ばれる。言語的情報を処理する音声ループ，視覚的・空間的情報を処理する視空間スケッチパッド，そして，この二つの活動を制御する中央実行系からなると考えられてきたが，近年，第4の要素として情報を統合するエピソード・バッファが追加された。

〔杉村伸一郎〕

06-10 ▶ 心の理解の発達

相互に心的状態を理解することは，安定した対人関係を築き，円滑に社会生活を営む上で不可欠である。「心の理解」というテーマを正面から扱ったのが，チンパンジーを対象としたプレマックらによる「**心の理論** (theory of mind)」研究である。心は自己の心的状態も含めて直接観察できるものではなく，心の働きを仮説的に想定して理解でき，そうした推論の枠組みをもつことではじめて自他の行動を予測できる。こうした前提に立って，「理論」という用語が用いられている。ただし，心の理解を「理論」と呼ぶことには異論があるため，広く「心の理解」と総称したり，メンタライジング (mentalizing) や，マインドリーディング (mindreading) という用語が用いられることも多くなっている。

「心の理解の発達 (development of understanding mind)」を測定するためにしばしば用いられるのが誤信念課題である。この課題では，ある人物の思っている内容が現実とは異なっている状況下において，その人物の思っていること（信念）を推測することが求められる。4歳未満だと，子ども自身が知っている現実の内容を他者の信念として回答してしまうが，4歳以降，他者の思っていることを正しく推測できるようになる。同一の事実に対して，自己と他者は異なった内容を心に思い描く（表象する）ことがある。そのように，現実世界を多様に表象する心の働きを理解するための**メタ表象能力**が，心の理解には不可欠だとされている。誤信念課題は多くの研究で

障害のある子どもにも実施され，自閉症児の場合，言語発達年齢が4歳以上であっても誤信念課題の成績が悪く，「**心の理論**」障害仮説が提唱された。

心の理解は4歳以降で始まるものではなく，乳児期から養育者とのコミュニケーションを通して，他者の心の状態に気づいていく。そこで，心の理解との関連が注目されているのが，生後9カ月頃より成立する**共同注意**である。心の理解の開始時期については議論の分かれるところであるが，共同注意が成立するには，注意を向けるという心的状態の理解が必要だとして，共同注意を心の理論の前駆体として考える立場がある。

他者が何をしようとしているのかという意図を理解することも，心の理解の重要な基盤となる。生後18カ月頃になると，自己と他者の意図を区別して，他者の行為からその意図を推測することが次第に可能になってくる。それとほぼ同時期に，**ふり遊び**を他者と共に行えるようになっていくが，ふりをする意図を相互に理解することは，この遊びの共有には必要である。このように，1歳代までに子どもは自己や他者をそれぞれ独自の「意図をもった主体」（トマセロ）として認識するようになって，2，3歳頃より，内的状態を表現する**心的発話**を発するようになっていく。

4，5歳以降，メタ表象能力の獲得に伴い，誤信念の理解だけではなく，見た目と現実の区別課題や，他者を意図的にあざむくことなどが可能になる。そして，相手のことを考えて自分の感情表現を制御するようにもなっていく。児童期に入ると，更に複雑な心の理解が進んで，9，10歳頃からは**二次的誤信念課題**に通過するようになり，自分の心の状態を他者がどのように認識しているのかということにまで認識が及ぶようになっていく。

心の理解の発達をどのように説明するのか（心の理解の発達に関する理論）に関して，心的状態の観察可能性や，基盤となる発達メカニズムを巡って対立点があり，この研究領域の論争課題の一つとなっている。この間，心の理解の発達において，年齢差とともに**心の理解の個人差**が見出されており，その生起要因を探る試みもなされ，養育環境をはじめ社会-文化的環境の影響に目が向けられている。一方，機能的磁気共鳴画像法（fMRI）等，脳機能イメージング研究が進展してきたことで，対人的な情報処理や社会的問題解決を担う脳部位が明らかにされてきており，「心の理論」に関わる課題の遂行時に，前頭葉内側部や側頭-頭頂接合部等が重要な役割を果たしていることも報告されている。心の理解の発達に関して，脳機能における生物学的基盤と，個人差をもたらしている社会-文化的環境要因の相互作用を考慮した発達モデルが求められている。

■　■　■

❶▶ 心の理解の個人差 (individual differences in understanding mind)

心の理解の個人差をもたらす要因として，①社会-文化的環境要因と，②言語やその他の認知発達の要因がある。前者については，心的状態に関する養育者の発話頻度やスタイル，きょうだいの人数等が，誤信念課題と相関していることが明らかにされている。また後者については，実行機能が，「心の理論」に関する課題と関連していることが分かっている。

❷▶ 心の理解の発達に関する理論 (theories of development of understanding mind)

心の理解の発達を説明する考え方として代表的なものに，以下のものがある。①理論説：社会的経験に基づいて，心的状態を

理解するための理論を子どもが構成しながら心の理解は発達する。②モジュール説：進化の中で洗練されてきた「心の理論」モジュールを子どもは生得的に備えており、それが成熟ないしは外的刺激によって作動することで心の理解は進展する。③シミュレーション説：観察可能な自己経験から他者の心的状態をシミュレーションすることで、他者の心の理解が発達する。④文化化説：他者との相互交渉を通して、文化に潜在する、心を理解するための枠組みを習得していくことが心の理解の発達となる。

❸ ▶「心の理論」障害仮説（"theory of mind" impairment hypothesis）

自閉症の一次障害として、他者の視点、意図、感情や考えを読み取る能力である「心の理論」に、発達の遅れないしは欠損があるとする仮説のこと。自閉症児には共同注意の獲得に制約があり、そのことで誤信念理解等、「心の理論」の発達に障害がもたらされると考えられている。この仮説によって、自閉症におけるコミュニケーションや社会性の障害を説明することができる。ただし、こだわり行動や興味の狭さといった障害特性をうまく説明できないことや、高機能自閉症者において誤信念を理解する事例があることから、他の認知能力の障害に基づく仮説も併存させた複合的な説明がなされることが多い。

❹ ▶ 誤信念課題／二次的誤信念課題（false belief task/second-order false belief task）

誤信念課題の一つ、「サリーとアンの課題」では、「人物Aが対象Oを場所Xに片づけてその場を離れた間に、人物Bが対象Oを場所Yに移動する」という物語を提示して、その場に戻ってきたAはOがどこにあると思っているのかを尋ねる。他方、二次的誤信念課題では「Aは〈Bが〜と思っている〉と思っている」ことを推測することが求められ、入れ子構造の複雑な心的状態の理解が必要である。

❺ ▶ 心的発話（mental utterance）

心の状態や過程を表す言葉である。2歳過ぎから産出されるが、最初は欲求を表す言葉（「〜したい」「欲しい」）が使われ始め、その後に思考や信念等の認知を表す言葉（「考える」「思う」）が発話されるようになる。ただし、当初は「知らない」や「分からない」のように慣用的な使用に限られており、「知っている」「思う」「考える」「覚えている」などの意味を区別して使用、理解が可能になるのは4歳以降である。

❻ ▶ 見た目と現実の区別課題（appearance-reality distinction task）

スポンジでできているが、岩のように見えるおもちゃのように、見た目と現実が異なる対象を提示して、実際の特性を確認させた後で、「これは何に見えるか」と「本当は何か」という質問を行う課題である。4歳以降では両者を区別して理解しているが、3歳児だと「（見た目も）スポンジに見える」といった誤答が多い。

〔木下孝司〕

06-11 ▶ 知能の発達

知能の発達は、知能検査を用いて知能をどのように測定するかという研究、面接法や実験法を用いて論理的思考としての知能の質的変化を明らかにする研究、従来の知能検査が測ってきた内容にとらわれず、幅広く社会との関わりで知能を捉える研究、生涯発達の過程で異なる種類の知能が青年期から老年期にかけてどのように発達するかを検討する研究等に分かれて解明がなされてきた。

知能の発達をどのように捉えるかという

研究は，ビネが開発し，実施した知能検査に遡る。ビネは，フランスの学校教育において，特別な配慮を必要とする発達遅滞児の知能の遅滞の程度を明らかにするという要請に応えるために，シモンと共に多くの知能検査課題を開発した。それらの課題を幅広い年齢の多くの対象に実施することで，各年齢段階で平均的に解決できる知能検査の課題群を明らかにし，それらに対する解決状況によってそれぞれの子どもの精神年齢を測定しようとしたのである。また，実際の年齢との対比で**知能指数**も算出されるようになった。

その後，知能検査は，アメリカにおいて，軍隊で兵士の能力を判断するための尺度の必要性等を契機として，集団調査形式のものに発展した。また，その発展の過程で，人間の知能はどのような要素から構成されているかに関して，集団に対して知能検査を実施し，その下位検査間の相関関係をもとに因子分析という手法を用いて構成要素を明らかにしようとする研究が，20世紀の前半に見られるようになった。そこでは，知能検査全般に関わる**一般知能因子**と各検査固有の因子が知能を構成すると考える**二因子説**や，相互に独立した多くの因子が知能を構成すると考える**多因子説**が提起されてきた。

知能の発達に連続的な変化を想定する前記の立場に対して，面接法や実験法を用いた研究から知能の非連続的な変化（質的変化）を主張したのがピアジェである。ピアジェは，主体の行う構成的な活動を知能の重要な側面と考え，誕生以降，質的に異なる以下の四つの発達段階を示した。まず感覚・運動期（0〜2歳）では，対象への働きかけとその感覚そのものが知能を構成する（感覚・運動的知能）。次の前操作期（2〜7歳）になると，イメージや言葉による思考が可能になる。具体的操作期（7〜11歳）になると，具体的な事象を対象とした思考に論理性が伴うようになる（概念的知能）。そして形式的操作期（11歳以降）では，現実を可能性の一つとして考える論理的思考ができるようになる。

また，先述の多因子説の流れを引きながら，より多面的な観点から知能を捉える研究や，社会との関わりで知能を考える研究も生まれてくる。その中には，ガードナーによる**多重知能**の理論や，スタンバーグによる知能の**鼎立理論**，その他，社会的知能に関する諸研究が含まれる。また人間が育つ文化との関わりという観点から，**結晶性知能**と**流動性知能**という二つの知能因子を区別したのがキャッテルである。

知能の生涯を通じた発達について，キャッテルとホーンは，結晶性知能と流動性知能が年齢の上昇とともにどのように変化するかを，ある時点で異なる年齢段階にある人たちの知能検査の成績を比較するという横断的研究によって明らかにした。結晶性知能，流動性知能ともに，誕生から青年期にかけて遂行レベルが上昇するが，それ以後の変化の傾向は異なる。つまり，流動性知能は25歳頃を境に徐々に遂行レベルが下降していくのに対して，結晶性知能は成人期・老年期を通じて緩やかな上昇傾向を持続する。

バルテスは発達の多次元性と多方向性という視点から，流動性知能と結晶性知能を，それぞれ知能の機械論（mechanics）と実用論（pragmatics）という，異なる二つのプロセスとして位置づけた。そして，成人期から老年期にかけての流動性知能の低下は，結晶性知能の向上によって補われると考えた。なお，対象年齢の幅の広い横断的研究では，各年齢の対象が経験している教育の内容が異なることから，同じ対象を継続的に追跡する縦断的研究や，コホートによる差を考慮した分析が行われた結果，流動性知能の低下の始まりは，キャッテルやホーンが示したよりもかなり遅いこ

❶▶ 一般知能 (general intelligence)

知能検査を構成する下位検査間の得点の相関を説明するために，スピアマンによって導入された概念のこと。その実体としては，当初，心的エネルギーが想定されていたが，その後の研究では，抽象的推論能力や情報処理速度のような領域一般性をもつ能力として解釈されるようになった。

❷▶ 結晶性知能 (crystallized intelligence)

経験や教育といった文化の影響によって形成される知能のこと。これまでの経験によって蓄積された知識を反映するもので，言語についての高度な理解が必要な語彙や読みのテスト，経験に基づく評価を必要とするような社会的関係に関する問題解決等によって測られる。

❸▶ 多重知能 (multiple intelligence)

ガードナーによって提唱された，知能は相互に独立な多くの知能によって構成されるという考え方のこと。従来の知能検査によって測定されてきた言語，数，空間に関する知能のほか，自己や他者の理解に関わる人格的知能や，芸術に関する知能等も含まれる。

❹▶ 知能指数 (IQ：Intelligence Quotient)

知能検査によって測定される知能の相対的な高さを示すために，知能検査によって測られる精神年齢と，実際の年齢である生活年齢の比によって表現される指数。精神年齢/生活年齢×100 によって算出され，100 が当該年齢における平均となる。

❺▶ 鼎立理論 (triarchic theory of intelligence)

スタンバーグによって提唱された知能理論のこと。認知の下位プロセスとしてのコンポーネントに関する下位理論，それらのコンポーネントに関するメカニズムを用いて環境に適応するための文脈に関する下位理論，内的世界と外的世界をつなぐ経験に関する下位理論から構成される。

❻▶ 流動性知能 (fluid intelligence)

経験や教育といった文化的要因とは相対的に独立に，神経生理学的な要因に影響を受けて形成される知能のこと。新しい場面への適応が必要な問題解決や，情報処理の速度や能力に関連し，図形の関係や文字の系列についての推理，記憶容量等に関するテストによって測られる。

〔藤村宣之〕

06-12 ▶ 社会性の発達

子どもは，社会の中に生まれ，社会の中で育つ。養育者をはじめとする家族との結びつきを作り，より広い範囲の他者との間に関係を広げていく。それを通して，子どもは社会的なものの見方や行動の仕方を身につけ，社会の中で自ら生きる力を育てていく。社会性の発達とは，そのような力の成長を総称するものである。

人間の乳児は，**人への敏感性**をもって生まれる。その生物学的な基盤と周囲の人々からの働きかけにより，子どもは乳児期から既に，養育者やきょうだい等といった家族のみとではなく，他の子どもとの間にも関係をもち始める。そのような対人関係を通して，子どもは，次第に**自己意識**を発達させるとともに**罪悪感**や**感謝**といった**社会的な感情**も発達させるようになり，集団で暮らす上で必要な**互恵性**も育まれていく。

幼児期に入ると，仲間との**社会的な遊び**を通じて，自他の要求の違いやそれらの折り合いをつけること・つけられないことを

経験していく。児童期に入ると仲間は、遊び相手としてというよりもむしろ、養育者に依存していた幼児性から脱却する契機として、重要な役割を果たすようになる。児童期から思春期にかけて、自分の拠り所として、養育者よりもむしろ仲間が重要になるということが生じる。それは、児童期から思春期にかけての**友達概念**の変化においても見てとることができる。

そのような対人関係における発達を通して、子どもの中には、社会的なものの見方についての理解が構成されていく。社会的なものの見方として代表的なものに、**道徳性**の発達がある。**精神分析理論**では道徳性は、養育者から注入された規範を内化する、**超自我**の問題であるとされてきた。一方、**社会的学習理論**では、援助行動や他者に利益をもたらす行動等の**向社会的行動**が学習されていく側面を重視してきた。それらに対して、コールバーグは、子どもは自ら理解を構成していく存在であるとするピアジェの認知発達理論を下敷きにして、行動よりも認識の内容すなわち**道徳判断**について注目した。彼は、安楽死等といった道徳的なジレンマに対して、子どもがどのような理由づけのもとに判断を下すのかに注目し、5段階3水準（6段階とする修正版もある）の道徳判断の**発達段階**を提唱し、最も高い発達段階は、正義等に基づいて判断する水準であるとした。しかしその後、正義ではなく、「**配慮と責任**」を重視した別の発達の方向性もあるとの指摘がギリガンによってなされ、道徳性の発達の多元性について議論が続いている。

道徳性の発達においては、判断が実際の向社会的行動とどのように関連するのかについても検討課題である。それについては、感情の側面からの検討が必要ではないかと考えられ、**共感性の発達**として検討が進んでいる。ただし、**共感の喚起**と向社会的行動との関連は単純ではなく、**感情制御**が重要であるとの指摘もあり、近年、社会性の発達における感情の側面の重要性がクローズアップされてきている。

社会性の発達における認知の側面については、それを広く捉える枠組みとして、セルマンの提唱する社会的視点調整能力の発達が、示唆に富んでいる。それは、**コールバーグの道徳判断**の理論や、友達概念の発達とも関連づけることが可能であり、それらの発達の基底をなすものと考えることができる。そこでは、最も高い水準として、ネットワークや体系をなす社会的な視点が据えられているが、それは実生活に当てはめてみると、社会制度の理解の基礎をなすものでもある。

社会制度の理解は「**社会認識（societal understanding）**」と呼ばれ、**経済観念の発達**や政治・司法等についての理解の発達が検討されている。社会性の発達とは、単に社会の規範や慣習に沿った行動がとれるようになることを指すのではなく、社会を構成する積極的で主体的なメンバーになることへ向けてのプロセスを指すものである。その意味からも社会認識の発達は、重要な領域である。

■　■　■

❶▶ 共感性の発達 (development of empathy)

ホフマンによると共感性の発達は、情動伝染のような、ほとんど認知的な過程を必要としない原初的なものから始まり、その上に、既有の類似経験や知識が喚起されて他者の情動と類似の情動になることが加わり、更には他者の視点を想像することにより他者の情動を理解しようとする視点取得が含まれていく過程であるとされている。

❷▶ 共感の喚起 (empathic arousal)

共感性は、思いやりの情動的基盤であるとされている。ただし、共感が過剰に喚起

されてしまうと自身に強い苦痛を感じること（personal distress）が生じ，それが他者への関心をそぎ，自身に焦点を絞った行動をとらせてしまうことになり，向社会的行動にとっては逆効果となる危険性が指摘されている。アイゼンバーグによると，この問題を解く鍵は，感情制御（emotion regulation）にあるとされる。彼女は，感情制御に長けた子どもたちは，そうではない子どもたちに比べ，自身に強い苦痛を感じることが生じにくく，他者に焦点を絞った同情を感じやすかったことを見出している。

❸ ▶ 経済観念の発達 (development of economic understanding)

売買のメカニズムについては，価格に関わる需要，供給，経費等は10歳頃から理解され始め，12歳以降に利潤の概念の理解が加わり，売買に関する全般的経済活動が理解されていく。一方で金融制度については，大学生でも不正確な思い込みがあることも見出されている。ただし，香港の子どもたちは，日米の子どもたちよりも理解が進んでいることなども報告されていて，経済活動への参加の機会の質や量が関係しているのではないかと論じられている。

❹ ▶ 互恵性 (reciprocity)

相互に何かをもらったりそのお返しをしたり，また助けられたり助けたりするということであり，集団内における協力体制を確立・維持するために必要不可欠なものである。

❺ ▶ コールバーグの道徳判断の発達段階 (Kohlberg's developmental stages of moral judgment)

自己中心的な快・不快に基づいて判断する第1段階，罰を避け褒美を得ようとするといった損得に基づいて判断する第2段階という「慣習以前の水準」，他者からの期待に沿っている（良い子である）かどうかに基づいて判断する第3段階，社会秩序の維持に基づいて判断する第4段階という「慣習的な水準」，正義・良心・人間の尊厳等に基づいて判断する第5段階という「慣習を超えた水準」のことをいう。最後の「慣習を超えた水準」は，既存の社会的慣習を対象化し主体的に検討できることを指している。

❻ ▶ 社会的な遊び (social play)

幼児（2～5歳）の遊びを社会的な見地から観察したパーテンによると，他児と同じような遊びをそばでするが相互交渉がない並行遊びは，幼児期初期によく見られたが，年齢が上がるにつれて，他児と相互交渉をして同じように遊ぶ連合遊びが増え，更に他児と互いに役割や行動を補完し合いながら共通の目標をもって遊ぶ，協同遊びが増えていくことが見られた。幼児期後半には，状況設定や役のあるごっこ遊び，高オニ，ドロケイ等のルールのある遊びが展開されるようになることと対応している。

❼ ▶ セルマンの社会的視点調整能力の発達 (Selman's developmental levels of social perspective coordination)

他者をはじめとする社会的な視点を調整する力の発達について，セルマンは次の5水準を設定している。①自他の視点を分化できない自己中心的水準，②自他の視点を分化できる主観的水準，③自他の視点を一方向からなら関連づけられる自己内省的水準，④自他の視点を相互的にも関連づけられる第三者的水準，⑤多様な他者の視点をネットワークや体系をなす社会的な視点として捉えることのできる社会的水準。

❽ ▶ 友達概念の発達 (development of friendship concept)

子どもに「友達というのはどういう人のこと？」と尋ねたユーニスの研究によると，6, 7歳児では，一緒に遊んだり，おしゃべりをしたり，物をくれたりする人が友達であると答えることが多かったが，9歳を過ぎる頃から，困った時に互いに助け合ったり，苦しい時に励まし合ったりする

人が友達であると答えることが増えた。相互援助をする持続的な関係を、友達関係であると捉えるようになったのである。更に、13, 4歳になると、互いのパーソナリティを理解する人や、共通したものの見方をする人といった、相互理解を挙げるようになった。

感情制御：→ 09-16-❸「自己志向的感情制御」、09-16-❼「他者志向的感情制御」
道徳判断：→ 09-12-❼「道徳的感情」

〔久保ゆかり〕

06-13 ▶ 自己とアイデンティティの発達

　自己と自己に関連する概念は心理学のあらゆる領域で用いられ、扱われる現象も広範囲にわたる。同じ用語を用いていても、研究者によって意図する内容が異なる場合がある。

　かつてジェームズは、自己を行為者あるいは知者である主体としての自己と、個人の知識の対象である客体としての自己を、それぞれ**主我**(I)と**客我**(me)として区別した。現在においてもこの区別は有効であり、自己とは認知、感情、行動の主体としての側面と、その主体が構成する客体化された表象の束としての側面の両者が、相互に関わりながら機能するシステムであると定義することができる。自己の発達には、差異化や統合等の認知的要因と、他者との相互作用や集団内における役割等の社会的要因の両者が関わる。

　ナイサーの5種の自己知識では、自己についての知識の五つの側面が区別された。このうち、生態学的自己と対人的自己は、その瞬間に即時的に周囲との物や人との関わりの中で直接的に知覚される性質のもので、発達のかなり初期から知覚している。一方、拡張的／想起的自己、私的自己、及び概念的自己は、記憶や言語等の認知発達に伴い出現していく性質のものであり、想起、内省、また組織化された内容を指す。特に、概念的自己（＝自己概念）は、様々な自己の情報が整理され構造化されたシステムであると考えられ、認知能力の発達によ
り高次の概念化が可能となる。

　自己の起源をどこに置くかは、前記の自己のどの側面に注目するかによって異なるが、客体としての自己の萌芽としては鏡映像の認知が挙げられる。子どもは2歳頃までに、鏡に映る姿を自分だと理解するようになる。この頃から恥や誇りなど、**自己意識感情**（＝第二次感情）と呼ばれる感情が生起する。

　自己は他者との関わりの中で構成され、とりわけ重要な他者との関係の影響を強く受けて相乗的に発達していく。例えば、クーリーは重要な他者が社会的な鏡としての役割を果たし、どのように自分を見るかを想像することによって自己が認識されることを指して、**鏡映的自己**（looking glass self）と呼んだ。また、アタッチメント理論では、初期の養育者との関わりによって形成される自己と他者の関係の表象である内的作業モデルを仮定し、これが生涯にわたって影響を及ぼすと考える。幼児期以降は言語を介して足場作りなどの他者との共同的な語り（ナラティブス）の中で自伝的記憶が引き出され、装飾され、自己が内容的及び評価的に構成されていく。更に、この他者との相互作用を通して他者と意味を共有し、そこに埋め込まれた社会や文化の価値や期待を自己に取り入れていく。

　青年期は一般に、**思春期**（第二次性徴）の身体的な変化や認知発達に伴って、自己が再構成される時期である。エリクソンは、青年期の心理社会的な発達課題を、**アイデ**

ンティティ（**自我同一性**）の獲得（又は，達成）とした。アイデンティティとは自己の連続性と斉一性についての感覚であり，「自分とは何か」「どう生きていくか」についての答えである。アイデンティティは包括的かつ多面的な概念であるといえる。職業，ジェンダー，イデオロギー等もアイデンティティの一側面に含まれる。アイデンティティを模索している期間は"**モラトリアム**"，また，獲得に失敗し「自分は何者でもない」状態を"**アイデンティティ拡散**"というアイデンティティ・ステイタスに分類される。近年ではアイデンティティの発達プロセスは，ダイナミック・システムとしても捉えられる。日常の親子間相互作用といったミクロなレベルにおける自律性と関係性のバランスや，親子葛藤に際して生じる感情が関わり，力動的かつ非線形的に形成されていくと考えられる。

一般的には青年期に模索及び獲得されたアイデンティティに基づいて，その後の職業意識とライフコース選択，及び，恋愛と結婚についての選択がなされていく。ただし，アイデンティティは青年期のみの問題ではなく，ライフイベントや状況の変化，成人期以降の発達に伴い，生涯にわたり再構成が繰り返されていく。成人期以降のアイデンティティの発達は，単なる再構成の繰り返しではなく，より深く豊かな広く包括的な特質を帯びると考えられる。

■　■　■

❶ ▶ アイデンティティ／自我同一性（identity）

エリクソンによればアイデンティティとは，①時空を超えた自己の斉一性と連続性の感覚のことであり，かつ，②他者によっても認められ，個人と文脈との相互相乗的な性質をもつとされる。すなわち，過去から現在，そして未来への連続した多様性を含みながらも同じ自分であるという感覚であり，「自分とは何か」「どのように生きていきたいのか」という問いに対する答えであるといえる。また，他者との相互作用の中で育まれ，他者からも認められる必要がある。

❷ ▶ アイデンティティ拡散（identity diffusion）

アイデンティティを模索した結果として失敗する，又は探索がなされずにアイデンティティが獲得されない状態をいう。自己を喪失し，拡散している状態を指し，アイデンティティ達成の対としての危機的状態をいう。モラトリアムにおいても，一時的に同様の状態が生じる。結果として，対人不安，否定的同一性の選択（非行），無気力（アパシー）へとつながる可能性がある。

❸ ▶ アイデンティティ・ステイタス（マーシャの理論）（identity status）

マーシャは，エリクソンの理論に基づいて，過去の同一視の否定や再吟味及び将来の選択肢の探求である「危機/探索」と，採用した選択肢に対する関与や投入を指す「コミットメント」の二つの状態の有無に応じて，アイデンティティ・ステイタス（地位）を分類した。アイデンティティを探求した上でコミットメントしている状態を「アイデンティティ達成」，探求の最中でコミットメントをしようとしている状態を「モラトリアム」，探求せずにコミットメントしている状態を「早期完了」，探求の有無は人によって異なるがコミットメントしていない状態を「アイデンティティ拡散」とし，四つのステイタスに分けられている。

❹ ▶ 自己概念（self-concept）

自分についての概念あるいは理論のこと。客体としての自己についての領域特殊的かつ包括的な内容の総体を指す。過去の経験やその意味づけ，更に他者との関わりから，自分がどのような人物であると認識

しているかという知識であり，それらが組織化されたものである。自己概念は情報を取捨選択し，将来の行動を方向づけるという機能をもつ。

❺▶思春期（第二次性徴）(puberty)

身体的発育のスパートに始まり，性ホルモンの影響により身体の性差が大きくなる。生まれもった性的差異（第一次性徴）が生物学的な成熟を迎えて機能し始め，生殖が可能な状態へと変化する。男女とも性毛が発現して性器が発達し，女子では初潮，男子では精通が起こる。この急激な身体的変化に伴い，心理的変化も生じる。

❻▶主我と客我（I と me）(I and me)

ジェームズが区別した，自己の二つの側面のこと。主我とは「知る」ものとして積極的な主体であり，自己への気づき，自己の主体性，自己の連続性，自己の一貫性の感覚を含むとされる。客我とは，主我によって「知られる」ものの集合であり，物質的自己，社会的自己，精神的自己の3要素が区別される。客我には自尊感情や自己評価等の評価的な側面も含まれる。主我の発達に伴って客我の内容も変化していく。

❼▶ナイサーの5種の自己知識（Neisser's five kinds of self-knowledge）

ナイサーは次の五つの自己知識を区別した。すなわち，①物理的環境との間で即時的に知覚される「生態学的自己」，②対人的環境との間で同様に即時的に知覚される「対人的自己」，③記憶に基づき想起あるいは予期される「拡張的/想起的自己」，④他の誰でもない自分だけの意識経験に基づく「私的自己」，そして，⑤自分についての理論，あるいは，「メタ自己」とも呼ぶべき「概念的自己」の五つである。これらの自己知識は，実際には区別されることなく経験されうる。

❽▶モラトリアム（moratorium）

債務の支払いを猶予する経済学の用語から，エリクソンにより心理社会的モラトリアムとして転用された用語のこと。アイデンティティの模索を行っている最中で，その達成を猶予され，いわゆる「一人前」としての社会的責任や義務が猶予されている青年期の期間を指す。現代では高学歴化や晩婚化によりモラトリアムの期間が延長されているとの指摘もあり，この時期を成人形成期（emerging adulthood）とも呼ぶ。

〔平井美佳〕

06-14 ▶親としての発達

「人間は発生から死に至るまで生涯発達し続ける」という生涯発達の視点に立つと，親になった人間は，新たな役割や経験を積み重ねて発達していくといえる。

ひと頃，子どもを育てることは女性の役割であり，女性において母性は本能であると捉える母性神話が広まっていたことがあるが，今では，養育は学習されるものであること，赤ちゃんへの関心や応答性は性差よりも赤ちゃんとの接触経験が影響することなどが明らかになり，母性ではなく親性や育児性といった表現も誕生してきた。

親になるということは，養育を受ける者から養育を与える者へという役割の変化に適応することである。人は，子ども時代に受けてきた養育経験やアタッチメント表象の影響を受けながら，思春期に，幼い子どもに保護を与える養育者としての自分の表象を構築し始める。親になるための準備過程は，育てられた経験も含めて，妊娠期や育てる経験を通して進行する。特に，妊娠期は，身体・生物学的にも心理学的にも急激な変革期であり，特に胎動が始まる頃か

06-14 親としての発達

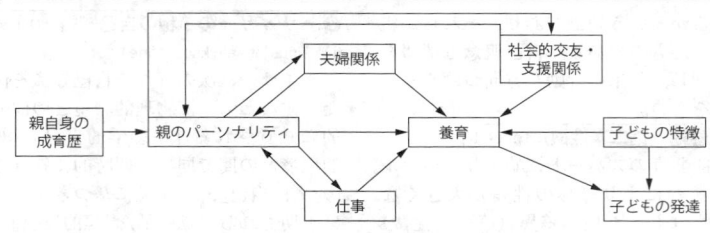

図2 養育行動の規定因 (Belsky 1984)

らお腹の子どもについての表象を急速に発達させていく。レボヴィシは，母親の心的表象の投影が現実の母子相互作用に影響している様を，**幻想上・想像上・現実の赤ちゃん**という表現で説明した。

一方，親子関係には親だけでなく，子どもの特徴や，親子を取り巻く環境も影響する。ベルスキーは養育行動の規定因を図2のように示した。ヒトの乳児は生理的早産という未熟な状態で産まれてくることに加え，自律までに長い期間を要するといった理由により，他の生物種よりも親の養育負担が際立って大きい。そのため，ヒトの子育てには，母親と父親に加えて他者からの**ソーシャルサポート**が本来的に必要といえる。一方，乳児の方も，能動的に養育を引き出そうとする存在であり，例えば，赤ちゃんらしい容貌である幼児図式や，人らしい刺激への感受性は，大人からの養育し保護したいという動機を引き出す。子どもが扱いにくい気質や病気，障害等によって，養育を引き出したり養育者に手ごたえを返したりしにくい場合は，親子関係への一つのリスク要因となる。**夫婦間葛藤**も育児へのリスク因である。

周産期は，妊娠・出産という生物学的心理社会的状況の変化を経験する時期であり，**マタニティ・ブルーズ**，産後うつ病，産後精神病を発症しやすい。母親の病理は母子相互作用や子どもの発達へのリスク要因であるため，予防的介入や早期介入が必要である。望まない妊娠の減少や，出産後の職場復帰等の社会経済的な対策の必要性に加え，情緒的・社会的サポートが必要である。例えばアメリカやカナダでは，**ドゥーラ**が周産期の母親を支えることにより，出産時のリスクを軽減し，母親の心理状態や夫婦関係にプラスの効果があると報告されている。

現代は，自分が親になるまで赤ちゃんと接触する経験がない者が多く，養育経験が希薄なまま核家族で育児を担う専業の母親や，働きながら多忙な多重役割を担う有職の母親の育児不安・育児ストレスは深刻な問題である。養育行動の規定因（図2）それぞれが良い条件であると保護要因になるが，悪い条件であるとリスク要因がふくらみ，**不適切な養育**，更には**虐待やネグレクト**に至ることがある。誰もが新米から親を始めるのであり，リスク要因が適切に支援され，保護要因が増強されることで，親としての発達が支えられることが望ましい。

■ ■ ■

❶▶ 育児不安／育児ストレス (parenting stress/parenting anxiety)

子どもと接する機会がほとんどないままに親になり，乳児への絶え間ない配慮と養育の責任を背負うという育児の特徴そのものがストレスフルである。心配症等の性格

要因，少子化，核家族化，父親の不在といった社会的要因，職場の理解の低さといった就労状況，出生順位や年齢や健康状態といった子ども側の要因が関連すると，親は育児不安を抱きやすい。一方，育児を巡る不安の内容や深刻さは多様であり，育児上の現実的な心配事から育児意欲の低下といった母親の情緒状態までを広く指している。

❷▶ 親になるための準備過程 (preparatory process to become a parent)

人は，自身が育てられてきた経験を基盤にしながら，養育表象が構築され始める思春期以降における赤ちゃんとの接触経験を通して，時代や文化に適切な養育を学習する。更に，子どもの個別的な特徴に調和した内省的で敏感な養育を身につけるためには，一定の試行錯誤のプロセスが必要であり，こうした過程を経て人は親になっていくといえる。

❸▶ 幻想上／想像上／現実の赤ちゃん (fantasmatic infant/imaginary infant/actual infant)

現実の赤ちゃんと向き合う母親の心には，幻想上の赤ちゃんと想像上の赤ちゃんが存在しているとレボヴィシは考えた。幻想上の赤ちゃんは，乳幼児期から無意識的に生じる母親の精神内界の葛藤に特徴づけられている。想像上の赤ちゃんは，赤ちゃんに対する母親の願望や想像として思い描かれたものである。幻想上・想像上の赤ちゃんが現実の赤ちゃんに投影されることが世代間伝達を引き起こすのであり，現実の赤ちゃんと母親の相互作用の認識を介して現実検討することが，親-乳幼児精神療法の治療機序である。

❹▶ ソーシャルサポート (social support)

パートナーや拡大家族，近隣や知人等からの最適なサポートがあると，養育行動，親子関係，子どもの発達にプラスの影響を及ぼす。サポートには，道具的サポート（子どもの面倒をみるなど）と，情緒的サポート（育児の負担感を分かってくれるなど）がある。また，子育てを家庭だけの責任にするのではなく，社会で支援していくための政策として，働き方（育児休業等），保育，経済的負担軽減措置等の充実も近年の課題である。

❺▶ ドゥーラ (doula)

出産経験のある女性が分娩中の女性を手助けすることは古くから行われていることであるが，出産が家庭から病院に移行するにつれて，そうした支援が失われてきた。これを職業として行うのがドゥーラであり，専門的な訓練を受けたドゥーラが，出産前・出産中・出産後の母親と家族に対し，身体的・情緒的な支援と情報を提供することにより，短く楽で自然なお産に効果があるだけでなく，母親の心理状態や，子どもやパートナーとの関係にも効果があると報告されている。

❻▶ 夫婦間葛藤と育児 (marital conflict and parenting)

家族ライフサイクルの視点に立つと，親になるということは，二者関係の夫婦から三者関係の親子への移行といえる。多くの場合，妻に育児の責任が過剰にかかったり，それに伴って妻の関心が夫より子どもに向くようになったりすることが互いへの不満となり，夫婦間葛藤を引き起こしやすい。良好な夫婦関係は，養育行動や子どもの精神的発達にプラスの影響を及ぼすことからも，親になるという変化を夫婦で支え合い，家事や育児の分担についても，互いの意思決定や夫婦間のコンセンサスがあることが重要である。

❼▶ 不適切な養育／虐待／ネグレクト (maltreatment/child abuse/neglect)

親から子どもへの虐待は，身体的虐待（暴力や暴行），心理的虐待（心理的外傷を与える言動），性的虐待（わいせつな行為），ネグレクト（物理的，医療的，情緒的，教育的な養育の放棄・怠慢）に分類されるが，重複して現れることが多い。また，これら

の定義で示される内容以外の問題や、虐待やネグレクトに移行する危険のあるグレーゾーンを不適切な養育と捉え、早期に対応することが問題の深刻化防止に必要である。

❽ ▶ マタニティ・ブルーズ（maternity blues）

出産直後から1週間頃までに見られる一過性の気分（涙もろさ、抑うつ、気分易変性等）と、体調（不眠、疲労等）の障害である。発症頻度は欧米では50～80%、日本では25%程度と報告されている。出産によるホルモンの変化や生活の変化が影響しているといわれているが、原因は明確でない。マタニティ・ブルーズは数時間から数日で自然軽快するが、長期化しやすい産後うつ病に移行する場合もある。産後うつ病の発症には、サポートの欠如等の心理社会的要因が関連していることが多い。

〔北川　恵〕

06-15 ▶ 中高年期における発達・変化

概ね40～60歳代前半を指す中年期には、顔の皺や皮膚の弛み、白髪、肥満のような容姿の変化や、体力、生殖能力の低下のような身体機能の変化が体験される。女性は閉経を迎え、ホルモン・レベルの変化も体験する。職業生活においては熟達して責任ある立場に立つようになり、家庭生活においては成長した子どもが親の手を離れるようになり、夫婦関係や自分自身に目を向けられるようになる。中年期の意義に早くから注目したユング（1933）によれば、人は40歳頃の「人生の正午」を境に、内面を志向するようになり、個々の内的資質に気づき、それを十分に発揮させようとする過程をたどる。**個性化**と呼ばれるこの過程を乗り越えることで、将来はより目的志向的になると考えられた。また、キャリア発達の点に着目したスーパー（1957）の提起したモデルでは、中年期はそれまでに確立した職業的地位を保ちつつ、自らの能力の有限性を自覚するキャリアの維持期にあたると考えられた。

ライフコース上は折り返し点である中年期には、前半生に成し遂げた現実を振り返り、成し遂げたいと願ってきた理想に照らし、後半生の立て直しが生じる。そして、現実と理想との落差に思い悩み、過去の人生の有意味感や将来への肯定的な展望が得られないと、いわゆる「**中年期の危機（mid-life crisis）**」と呼ばれる混乱状態に陥る。レヴィンソン（1978）によれば、男性の約80%が、こうした危機を経験していた。この時期、子どもが親元を離れることによって、親にもたらされる空虚感をはじめとした症候は、**空の巣症候群**と呼ばれる。とりわけ子育てに注力してきた親は、改めて夫婦二人を中核に据え直す家族関係の再編や、将来の生活設計の見直しを迫られ、虚脱感や抑うつ感情が生じうる。ただし、パーソナリティ発達の点では、中年期は安定して推移しており（例えば、Costa & McCrae 1988）、変化していた者もその方向性は危機的というような否定的方向ではなく、むしろ肯定的方向だった（Srivastava 2003）との結果も見られ、中年期の危機は典型的な現象とまでは言いがたい。また、子の巣立ちも、空の巣症候群のような否定的な情動反応よりも、むしろ達成感を得て、将来の個人的生活や夫婦生活への肯定的な期待が抱かれる場合も指摘されている（Adelmann et al. 1989）。

続いて、概ね60歳代後半以降を指す高齢期においては、その幸福感への寄与に活動性の高さを重視する活動理論と、活動性からの撤退を重視する**離脱理論**が提起され

てきた。だが，高齢期以前にあっても，活動性の個人差は大きい。そのため，高齢期の活動性の程度よりも，高齢期以前のその人の活動性が維持されていることを重視する**持続理論**が唱えられた。**ソーシャルサポート**の側面に着目すると，自身を取り巻いて幸福感を護持してくれる集団である**社会的コンボイ**が提起されてきた。サポートの中には，仕事や地域生活上の役割に基づくものもあれば，家族や個人間の親密さに基づくものもある。コンボイ・モデルとは，こうした親密さと役割によって規定される重要性が様々に異なるサポートが，その人を中心に取り巻いている様を護送船団にたとえた呼称である。高齢社会が到来し，成人期以降の人生が長期化した先進諸国では，サポートの中でも家庭や社会における**介護**が，特に高齢期の後期の幸福感を左右している。

高齢期には，様々な**喪失**が複合的に生じる。身体的機能の衰退，**退職**や子の巣立ちによる従来の役割の喪失，配偶者等肉親との死別は避けがたい。これらに起因する**悲嘆反応**は，中長期的な高齢者の幸福感に大きく影響し，なかでも配偶者との死別に際しては，妻を亡くした夫は，夫を亡くした妻に比べて，深く長い悲嘆が続き，健康を損ないやすい。そして，離死別や衰退といった喪失から適応状態を取り戻すために，高齢者は自身が保有する有限な資源を，適応的に配分しようとする。喪失した領域の中から一部を選択し，それを補い，最適化を図るこの方略は，バルテス（1984）によって，**補償を伴う選択的最適化**と呼ばれる。

■　■　■

❶▶ 介護 (caring for older adults)

日本では，平均余命だけではなく，健康上の理由で生活に支障をきたすことがない無障害平均余命も延びたが，75歳を過ぎると，介護を要する人の割合が20％を超えるようになる。介護者の半数以上が同居家族であるように，家庭介護の割合は高く，また，介護者自身が高齢者である，いわゆる老老介護の事態もそのうちの半数以上に上っている。

❷▶ 空の巣症候群 (empty nest syndrome)

子どもが親元を離れると，親は家庭内での主な関心の対象を，子育てから夫婦関係や自分自身に向け直すよう迫られる。こうした家族関係や自身の生活設計の再編に適応できず，抑うつ感や虚脱感をはじめとした諸々の心身の症状が発症することを，空の巣症候群と呼ぶ。ただし，子どもの巣立ちによって，これまでの子育てが報いられ，達成感を得る親も少なくない。

❸▶ 持続理論 (continuity theory)

高齢期の幸福感を担う要因として，高齢期以前からの各人の持続性を重視する理論である。持続性の内的側面は，自身が過去から現在へと連なる同一性の主観的感覚を保持することである。外的側面は，物理的環境や行動，対人関係等が引き続いているという客観的事実を保持することである。高齢期には，それ以前の段階からの持続性が過小では急激な変化に対応しきれず，過大では停滞感から退屈するため，程よい最適な持続性が求められる。

❹▶ 社会的コンボイ (social convoy)

ライフコースにおいて，その人を取り巻きながらサポートを授受する社会関係の総体を，護送船団になぞらえてコンボイと呼ぶ。親密さと役割によって規定される重要性に応じて，同心円状の三層構造が想定されている。内側から順に，配偶者や親友のような長期的に安定した人々，職場の友人や親族等，変化しうる人々，職場の同僚や近隣住人等，変化しやすい人々である。このモデルは，ある時点での社会関係の重要性に加え，時間の経過に伴うそれらの安定

❺ ▶ 喪失／悲嘆 (loss/grief)

高齢期に体験される様々な喪失の中でも，関係性の喪失としての死別体験は，悲嘆や孤独感等の深刻な感情をもたらす。配偶者をはじめとした家族や親しい友人との死別が引き起こす悲嘆のプロセスは，死別による当惑，死別という事実の認識，悲嘆感情の表出と対処，新たな生活への適応といった段階をたどる。だが，このプロセスには，夫婦間の性差，故人や周囲との関係性を含む個人差や，予測可能性等の体験の状況による差，宗教を含む文化差があり，また，悲嘆の持続期間も様々である。

❻ ▶ 退職 (retirement)

退職のもたらす心理的影響は多様であり，退職前の生活史（職業の位置づけ，家族関係，友人関係，職業以外の諸活動），退職後の人生設計（余暇活動，家計維持，社会貢献，生涯学習），退職という事態の自己決定（定年退職，早期退職，リストラ，病気），職業生活以外での社会関係等が関与している。現代の先進諸国では，寿命の伸長と社会保障の整備によって，退職後の人生が長期化している。

❼ ▶ 中年期の危機 (midlife crisis)

人生経路を折り返す中年期に至って，過去に達成した実績や将来に達成する可能性を，かつて抱いていた人生設計上の目標に照らし合わせた結果，自身の限界に直面し虚無感や抑うつ感が生じることを，中年期の危機と呼ぶ。ただし，こうした中年期の危機の典型性には疑問も呈されている。

❽ ▶ 補償を伴う選択的最適化 (SOC : Selective Optimization with Compensation)

高齢期に避けがたい能力低下のような喪失への対処として，その能力の発揮を要する領域を選択し，その領域に限定して，従来とは異なる代替的な方略を用い，能力低下を補償することを指す。例えば，速弾き等の卓越した技巧で著名なピアニストが，高齢期に至って演奏速度等の能力の低下に際して，演奏する曲目を絞り込み（選択），繰り返して練習し（最適化），緩急のメリハリをつけることで聴衆に速弾きの印象を与える（補償）ことなどが挙げられる。

❾ ▶ 離脱理論 (disengagement theory)

高齢期の幸福感を担う要因として，高齢期以前の活動性や社会的関係からの撤退を重視する理論である。高齢期の離脱は，高齢者自身にとっては，能力や役割の喪失による不可避的事態であると同時に，社会にとっては，より若い後進を中心とした高い生産性を維持するための要請であると考えられた。活動性や社会的関係を高く維持することを重視する活動理論との間で論争が続いた。

〔野村晴夫〕

06-16 ▶ 加齢と生涯発達

草創期には主に，乳幼児から青年までを対象としてきた発達心理学は，現在は，中年期や高齢期を含む生涯発達を視野に収めるようになってきている。同時にまた，能力の獲得や特性の向上だけではなく，それらの喪失や衰退も含めた人の発達の総体を捉えようとする機運がもたらされている。乳幼児期から高齢期までの生涯発達を捉えた心理社会的理論としては，エリクソンのライフサイクル論が代表的である。ライフサイクルとは，生を受けてから死に至るまで，個人の一生における現世代の段階的プロセスとともに，次世代へと生を受け継ぐ循環的性質を指す語である。エリクソンは，人の一生を8段階に分け，各段階に固有の発達課題があり，それを乗り越えることで，次の段階に進むと想定する漸成的な

ライフサイクル論を提起した。ライフサイクルの類語にライフコースがある。ライフサイクルが人の一生の規則的な普遍性に着目し、なおかつ生命の循環性を強調するのに比べると、ライフコースは、より個別性に着目し、社会において個々人が歩む人生の道のりの多様性を強調している。

生涯発達の中でも、特に中年期以降の変化をその肯定的・否定的な側面を含めて指す際に、加齢（aging）という語が用いられる。**加齢に伴う身体的変化**は、容姿、体力、生殖能力等に及ぶ。また、いわゆる成人病や生活習慣病のように、体質に加えて、生活歴に由来する疾患の罹患率も高まる。女性は、エストロゲン・レベルの低減をはじめとしたホルモン・レベルの変化を伴う閉経を経験する。一方、**心的機能の変化**は、認知的側面では、知覚、知能、記憶等に及ぶ。例えば知能の点では、新奇な情報を学習して操作する**流動性知能**は低下するものの、過去の経験や獲得した知識を活用する**結晶性知能**は低下しにくい。ただし、こうした低下は高齢期に至ってから徐々に生じるのではなく、死の2、3年前に生じる終末期低下と呼ばれる性質をもつ。その他、情動的・人格的側面では、中年期以降の人格特性の安定性は、平均値の安定性（mean-level stability）から見ると特性によって異なるものの、集団内での相対的な位置を表す順序の安定性（rank-order stability）から見ると、総じて高い。特定の人格特性（例えば、外向性や神経症傾向）と死亡率との関連が注目されている。こうした諸側面の変化の根底にある**加齢のメカニズム**は、かねてより「老化」のメカニズムとして主に高齢期を対象に、心理学のみならず医学、生物学等で関心が寄せられてきた。心理社会的な加齢のメカニズムには、高齢期については離脱理論や活動理論、持続理論等がある。一方、生物学的な加齢のメカニズムには、加齢をあらかじめ生物に組み込まれている仕組みと見なす説や、損傷や障害が蓄積された結果と見なす説が中心であるが、近年は進化論からのアプローチも試みられている。

中年期に人生を折り返した後、高齢期を迎えると、人生の時間の有限性に否応なしに気づかされる。人は過去を振り返り、未来に思いを馳せ、それらに照らして現在の自己を思う。あるいは、現在の自己を思う中で、自ずから過去や未来に思いを馳せることもある。レヴィンが提起した**時間的展望**とは、こうしたある時点における過去・現在・未来に関するその人の見解の総体を指す。とりわけ高齢者は、過去への関心や、過去の出来事を想起する傾向が高まり、人生を再吟味する**ライフレビュー**と呼ばれる内的過程をたどると考えられた。この過程を経て、過去の人生を肯定的・否定的内容を含めて受け入れることを、エリクソンは自我の統合として、高齢期の発達課題に据えた。そして、人生の終期に迫り来る死に関しては、キューブラー＝ロスが死にゆく過程に着目し、終末期にある患者からの聞き取りに基づいてその段階をモデル化している。その最終段階では、避けがたい死の到来を穏やかに見つめる**死の受容**が生じるとされる。

■　■　■

❶▶エリクソンのライフサイクル論（Erikson's life cycle theory）

エリクソンのライフサイクル論では、生物としてのヒトがある規則性をもって漸成的に発達する一方、社会に生きる人間が様々な心理・社会的危機に遭遇し、それを解決しながら発達すると見なされる。すなわち、各発達期に固有の課題が、対極的な概念すなわち高齢期においては「統合性」対「絶望」のように提起され、前者の概念

が後者の概念を上回ることで、その課題を乗り越えることが心理社会的発達に通じると考えられている。

❷▶ 加齢に伴う身体的変化 (physical changes with age)

20代をピークに骨密度は低下し、早い人は50代で骨粗しょう症を発症し、骨折の危険性が高まる。中年期を過ぎると、顔の皺や皮膚の弛み、白髪、肥満のような容姿の変化や、体力、生殖能力の変化が身体に現れる。その他、がん、心臓疾患、脳血管疾患等の成人病や、糖尿病、高脂血症等、いわゆる生活習慣病の罹患率も高まる。

❸▶ 加齢に伴う心的機能の変化 (psychological changes with age)

加齢に伴う心的機能の変化の中でも、知能については古典的には高齢期に低下すると考えられてきた。しかし、そうした結論の多くは横断的方法に基づいた結果であり、後に行われた世代差を補正する方法に基づいた研究からは、高齢期の低下はあったとしてもその程度は小さく、また、終末期の低下によるものが大きいことが判明した。一方、人生での様々な問題に処する熟練した能力は英知 (wisdom) と呼ばれ、高齢期にも向上すると考えられている。

❹▶ 加齢のメカニズム (mechanism of aging)

生物学的な加齢のメカニズムに関する代表的な説明としては、加齢が遺伝子レベルでプログラムされていると考えるプログラム説や、DNAの転写に際してのエラーの蓄積に由来すると考えるエラー説、体内での代謝の過程で生じる活性酸素による損傷に由来すると考える説などがある。

❺▶ 時間的展望 (temporal perspective)

物理的な時間に対して、ある時点から過去や未来を見渡すといった心理的な時間の捉え方がある。なかでも時間的展望とは、過去・現在・未来に関するその人の見解の総体を指す。例えば、過去の経験が現在の有り様を規定するだけではなく、現在の有り様が過去の経験を意味づけるように、過去・現在・未来は心理的には相互に作用しうる。高齢期の発達課題として提起された人生の統合性を得るための回想は、過去を現在の視点から意味づけるという意味で、時間的展望が関与している。

❻▶ 死の受容 (acceptance of death)

中年期以降、肉親や知人等との死別体験を重ねた後に、やがて高齢期には死を我が事として考えるようになる。死への不安は、総じて高齢期の前期には高いものの、後期には低くなり、死への受容的態度が高まる。キューブラー=ロスは、死に至るまでの5段階を提起した。すなわち、否認、怒り、取り引き、抑うつ、受容の段階である。しかし、キューブラー=ロス本人も指摘するとおり、この段階は必ずしも普遍的とはいえず、個人差が大きく、また、この段階が継起的に生じるとは限らない。死の受容は、個人や文化、時代に内在する死生観の影響下にあると考えられる。

❼▶ ライフコース (life course)

ライフコースは、個人が歩む人生行路の道のりを表している。そこには、具体的かつ社会的・時代的なライフイベントの発生が時系列上に位置づけられる。ライフコースは、ライフサイクル同様、ある集団に共通する典型性や普遍性を問う際に用いられることもあるが、ライフサイクルに比べると、ある社会や時代における固有性や、集団内における個別性を問う際に用いられることが多い。

❽▶ ライフサイクル (life cycle)

ライフサイクルは、元来、生物が誕生から生殖を経て次世代に生命を受け継ぐ過程や、製品が製造されてから廃棄に至るまでの過程を指して用いられていた。心理学領域では、生涯発達において、人が一定の段階をたどって誕生から死に至る過程を指して用いられる。その際、次世代に生命を受け継ぐ循環的性質が含意される。心理学に

おける代表的なライフサイクル論としては，エリクソンやレヴィンソンによるものがある。

9 ▶ ライフレビュー (life review)

人生の回顧や吟味を意味するライフレビューは，主に高齢期を対象に幾つかの側面から関心が寄せられてきた。すなわち，人生を物語化し，時にはそれを他者に語るという物語生成の側面，過去の出来事を意図的あるいは無意図的に想起するという自伝的記憶想起の側面，回想法やライフレビュー法として意図的に回想を促す臨床的援助法としての側面である。ただし，高齢期におけるライフレビューの日常的な頻度やその機能については，実証的な検討の余地を残している。

〔野村晴夫〕

教育

〔総説〕

教育心理学は、主として学校教育に関わる教師が、学習者（児童・生徒等）の心理的特徴を理解するために必要とされるものである。

【教育心理学の定義】

教育心理学は上記のように、教師が学校教育をする上で基礎的な知識とされてきた。だが、その定義は、研究者によって様々である。例えば、教育現象に心理学の手法や理論を適用する、「応用心理学」と見なす考え方もよく見られる。しかし、教育心理学は心理学の手法や理論の単なる応用ではない。むしろ、教育現象や教育問題がまずあり、次に主に個人の心理現象として理解し、そして問題解決を行う科学としておくことが妥当だろう。

【教育心理学の歴史】

18世紀から19世紀前半にかけて、啓蒙主義等の影響を受けて、教育を教師による規律の押しつけではなく、学習者を中心とし、学習者の発達を促すものとして教育を推し進める運動がヨーロッパに生じた。その中の重要な研究者に、ペスタロッチ、フレーベル、ヘルバルトらがいる。特に、ヘルバルトやその追従者たちが教育の段階を具体的に示したことにより、ヘルバルトは教育心理学の父と目されることがある。その段階とは、準備（学習への生徒の心の準備）、提示（学習する内容の提示）、比較（既習の内容と新しい学習内容を関係づける）、一般化、適用（他の領域に学習した内容を適用する）である。

しかし、教育心理学がより実証的なものとして推し進められたのは、後代になってからである。一般には、1899年にジェームズの教師向けの心理学の本が刊行され、さらに1900年にモイマンの『実験教育学』や1903年にソーンダイクの『教育心理学』が刊行されたことをもって、実証的な教育心理学が始まったと考えられる。

その後、行動主義、認知心理学等の影響を受けつつ、教育心理学は発展していった。

【教育心理学の領域】

教育心理学は一般に、四つの領域からなるとされることが多い。学習、発達、評価、適応である。学習領域は、学習の原理と学習場面への適用（条件づけ、洞察学習、ヒューリスティックス、スキーマ、メタ認知、問題解決、転移等）などから構成される。発達領域の主な内容は、各精神機能に関する発達の原理（ピアジェの理論に基づいた認知発達の4段階説等、同様にピアジェの影響を受けたコールバーグの道徳性の発達、自己認知の発達等）や、発達原理に基づく精神発達の測定・理解である。評価は、教育や学習のプロセスや成果を検討することである（相対評価、目標準拠評価等）。適応は、学校等での精神的健康に関わるものである（不登校、いじめ等）。

更に、これらの領域をまたがって学校教育の問題を検討し改善していくのが、学校心理学（school psychology）（07-06）である。学校心理学は、教育心理学と似ているがより実践的な性格を有し、学校教育を支援し、問題を解決する支援サービスのための実践的心理学である。学校心理学は、主にアセスメント、カウンセリング、コンサルテーションの三つから、学校教育の問題の解決を図る。

現在では，教育心理学の研究領域は前記の4領域だけではない。例えば，動機づけ（07-01），カリキュラム（教育課程）（07-08），学習指導（07-02），授業研究（07-04），教師の特徴（パーソナリティ，授業観，適応等）の把握，学校運営，学級運営等，学校教育全般にその研究領域は広がりつつある。

また，教育心理学に類似する科学として，学習者にいかに適切に知識を伝えるかを目的とする，教授心理学（instructional psychology）がある。更に，学校教育に限らず，現在の多様な社会状況や日常場面での学習を支援することを目的とした学際領域として，学習科学（learning sciences）も現在では盛んに研究が行われている。このような隣接科学と教育心理学は深く関係しながら，発展しつつある。

アセスメント：→ 11-04「アセスメント」
カウンセリング：→ 11-06「カウンセリング」
教育心理学の領域：→ 01-09-❷「教育心理学の4本柱」
行動主義：→ 03-01-❸「新行動主義」
コンサルテーション：→ 11-14-❹「コンサルテーション」
スキーマ：→ 04-13「認知のモデル研究」，04-13-❺「スキーマ／スクリプト／フレーム」
ヒューリスティックス：→ 04-11-❻「ヒューリスティックス」

〔上淵　寿〕

07-01 ▶ 動機づけ

動機づけ (motivation) とは，一定の方向に向けて行動を生起させ，持続させる一連のプロセスを指す。一般に，「やる気」や「意欲」と呼ばれている概念を，心理学では動機づけという用語を用いて研究対象としている。本項では，特に優れた物事を成し遂げようとする動機づけ，すなわち**達成動機づけ**について詳しく述べる。

まず，本項で取り上げる**達成目標理論**は，人を「**有能さ**」を求める存在と仮定し，その有能さを求めて人は行動すると見なす。個人が特性として有している，課題やテスト等に取り組む際の**目標志向性**によって，課題に対して困難を感じた際，あるいは失敗した際に生起する感情や，その後の課題選択（リスク・テイキング）行動が異なると考えられている。この理論が提唱されたのは比較的近年の1980年代であるが，今日でも動機づけ研究者たちの関心を集め，発展を続けている理論である。

我々は，試験や困難な出来事に取り組み，成功あるいは失敗した際に，その理由を見出したり考えたりすることが多い。例えば，試験当日の問題が難しかった，予習等の普段の努力が足りなかった，などである。この現象は，結果の原因を求める行為であり，**原因帰属**と呼ばれる。**原因帰属理論**に関わる概念に locus of control（統制の位置）が挙げられる。すなわち，自身がとった行動の結果は，自身の力によって引き起こされたのか，もしくは何らかの外的な力によってもたらされたのか，というコントロール（統制）の位置に関する考え方である。

原因帰属理論の発展と並行して，**学習性無力感**という現象が発見され，1960〜70年代にかけて盛んに研究が行われた。学習性無力感とは，端的にいえば，何度も特定の課題やテスト等に失敗することを繰り返しているうちに，その課題やテストへの努力を諦めてしまい，回避的になる現象である。初期の研究では動物（代表的な実験例はイヌ）を対象に実験が行われていたが，教育場面でも同様の現象が見出され，人にも当てはまる理論として研究された。提唱された当時の学習性無力感理論には後に改訂が加えられ，臨床領域への適用も視野に含めた**絶望感理論**として発展した。

先述の達成目標理論は，原因帰属理論や学習性無力感研究の知見を統合している理論と考えることができる。達成目標は大別して，マスタリー目標と遂行目標の二つが仮定されている。マスタリー目標をもつ者は，失敗や困難を経験しても，その原因を自身の努力不足に帰属することが多く，無力感を経験しにくい。一方，遂行目標をもつ者は，課題に対する**自己効力**（自信）の高低によって，失敗や困難を経験した後の行動に相違が見られる。自己効力が高い者は，マスタリー目標をもつ者と同様に無力感に陥りにくいのに対し，低い自己効力を有する者は，その後の課題選択において容易な課題を選択したり，後続の課題への取り組みをやめてしまったりする，いわば無力感型の行動パターンに陥りやすい。マスタリー目標に関する種々の研究結果は概ね一致しているが，遂行目標の研究結果は一致を見ないことが多い。この不一致をうまく説明するために，**接近-回避**という次元を取り入れ，マスタリー目標，遂行接近目標，遂行回避目標という3目標を仮定する理論が提唱されている。この遂行接近目標と遂行回避目標の分類は，前述の自己効力の高低による遂行目標の影響と近似しているところがある。

また我々は，課題や作業を行う際に，何らかの「ご褒美」を設定して取り組むことがある。いわゆる「ご褒美」としての報酬（勉強が終わったら好物を食べる，好きなテレビ番組を見る）は，**外発的動機づけ**をもたらすとされる。一方，その報酬ではなく行為そのものを目標としている場合は，**内発的動機づけ**がもたらされる。いわゆる「ご褒美」による外発的動機づけの導入は，内発的動機づけを低下させるものとして教育現場で敵視される傾向があるが，実際はそのような単純な図式ではない。物質的な報酬は，内発的動機づけを減少させるアンダーマイニング効果をもたらすとされるが，言語的な報酬（褒め）は，そのような効果をもたらさないという研究知見もある。

本項では，上記のように主に達成動機づけに関わる諸理論や概念についてまとめる。

■　■　■

❶▶学習性無力感／絶望感理論（learned helplessness/hopelessness theory）

いくら努力しても成績が振るわないなど，自身の行動と結果の随伴性を感じられない場合，人は無力感に陥る。これを学習性無力感という。学習性無力感を抑うつの理論として捉え，臨床へ適用した理論は複数あるが，ここでは絶望感理論について述べる。不可避な否定的出来事（ストレス）に直面した後，否定的な出来事が連続すると推論しやすい傾向や，否定的な出来事の原因を関連づける認知スタイルが影響し，ストレスが確実なものとなる。更に，そのストレスの原因や自身に対する否定的帰属，推論等が加わり，絶望感が生起するとされる。

❷▶自己効力（self-efficacy）

行動の先行要因となる期待は，環境における出来事に対する期待（結果期待）と，自身の行動に関する期待（効力期待）の二つに分かれる（図1）。

結果期待とは，「特定の行動」が「特定の結果」をもたらすだろうという，随伴性に関する期待のことをいう。効力期待とは，その人自身が実際に「特定の行動」を起こせるだろうという信念のことをいう。一般に，「自分がその行動を起こせるか」という，自分に対する認知と密接に関係している効力期待が，自己効力として知られている。

❸▶達成動機づけの原因帰属理論（attribution theory of achievement motivation）

ハイダーの原因帰属理論や，locus of control から着想が得られた理論である。人が成功や失敗を説明するために用いる原因に，運や能力，努力，課題の困難さが挙げられる。これらの帰属因は，内的-外的，統制可能-統制不可能，安定的-不安定的，という三つの次元で分類され，帰属因の種類によってその後の期待や感情が影響を受ける。例えば，失敗の理由を自身の努力に帰属すれば後悔が生まれるが，能力に帰属した場合は諦めや無能感が生まれる。

❹▶達成動機づけのリスクテイキング・モデル（risk taking model of achievement motivation）

リスクテイキングとは，どの程度まで失敗する危険，すなわちリスクを冒しながら達成や成功を求めるか，という個人の傾向を示す。達成動機づけ研究において，課題の遂行成績や行動の持続性等の典型的な指

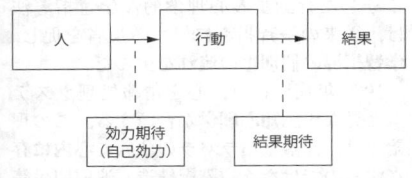

図1　結果期待と効力期待の違い
（Bandura 1977a の p. 193. Fig. 1 を改変）

標のほかに，リスクテイキングと関連する指標として，課題選択が採用されることが多い。課題選択研究では，中程度の困難さへの選好がしばしば見出される。

❺▶達成目標理論（achievement goal theory）

人は有能さを求めて達成目標を設定し，行動すると捉える理論である。以下の二つの目標に区別される。まず，マスタリー目標は，自己の能力向上を目指す目標である。失敗を成功の情報源と見なし，困難な課題にも積極的に取り組む傾向がある。次に遂行目標は，自分の高い能力を示す，もしくは自分の低い能力が露呈しないようにする目標である。課題に対する自己効力の高低によって，失敗の経験後の行動パターンが異なる。近年は遂行目標を，接近-回避の軸で二分する3目標説がある。加えて，マスタリー目標も二分する4目標説も提唱されている。

❻▶内発的動機づけ／外発的動機づけ（intrinsic motivation/extrinsic motivation）

内発的動機づけとは，何らかの行動に対する報酬に対してではなく，その行動自体が目的となっている際の動機づけを指す。外発的動機づけとは，何らかの行動に対する報酬が目的となっている際の動機づけを指す。物質的な報酬を与えた場合，内発的動機づけが低下することがある（アンダーマイニング効果）。一方，言語的報酬を与えた場合は，内発的動機づけは低下しにくいとされる。

❼▶locus of control

統制の位置，所在等と訳される。自分が行った行動に対する結果が，自分の力でもたらされたのか，それ以外の外的な力によるものなのかに関する認知を指す。前者は内的統制性，後者は外的統制性と呼ばれる。内的要因の例には自身の能力や努力等，外的要因の例には課題の困難度，運等がある。性格特性の一つであり，統制の位置が内的か外的かによって，達成動機の強さや達成行動が異なる。原因帰属理論の成立に影響している概念である。

〔藤井　勉〕

07-02 ▶学習指導

学習指導とは，教授者が学習者の学習を直接・間接的に促進する行為のことである。「教授法」とは異なり，学習と教授を一体として捉える概念であり，「教授-学習過程」と同義である。当然ながら，「学習」をどう捉えるかによって，望ましい学習指導の在り方は異なりうる。これまで，学習に関する心理学理論の変遷とともに，種々の学習指導法が提唱されてきた。

学習指導に最も早く影響を与えた心理学理論は，行動主義心理学である。行動主義心理学は，学習は刺激と反応の連合であるとし，連合は反応に対する報酬・罰により生じるとした。1950年代にはこの理論は，オペラント条件づけを応用したプログラム学習に結実する。この指導法は，**一斉指導**の欠点である「ドロップアウト」の救済を企図しており，コンピュータを用いた完全な**個別指導**の形態をとる。一方で，従来の一斉指導にこの理念を取り入れたのが，ブルームの**完全習得学習**である。これは一斉指導を基軸としながら，一定期間ごとに個人の弱点を補う個別・小集団指導を行う。こうした行動主義心理学的な学習指導法は，従来の一斉指導に対する反省を促し，**学習指導の個別化**の流れを生んだ。

1960年代頃には，心を情報処理システムと見なす**認知心理学**が台頭する。この理論では，知識はバラバラの状態で心内に存在するのではなく，階層構造，連関関係等をもつ構造体を形成すると仮定する。オ

ズベルはこの観点から，従来の一斉指導においても，事前に情報の関連づけを促す情報を与えれば，後続の情報は意味のあるものとして受容される，とした**有意味受容学習**を提唱した。認知心理学な知識観は，近年では課外の**学習相談**にも活かされている。

一方，ほぼ同時期に興隆したピアジェの構成主義理論も心内の認知構造を仮定するが，その構造の改定は子どもの主体的な活動によって生じるとする。この理論のもとでは，学習指導は教師によって一方的に与えられるのではなく，学習者自らが構成していくものとなる。ブルーナーによる**発見学習**は，この主張に最も合致したものといえる。この指導法は，科学者の理論実証過程を範として，学習者自らに仮説立案，実証を行わせ，科学的知識の理解・定着を促そうとするものである。2000年代に日本の学校に導入された**総合的な学習の時間**は，この理論を背景にしているという見方もある。

1990年代には，北米で，ヴィゴツキーの再評価を背景として，構成主義的な認知観に社会的相互作用の観点を加えた**社会的構成主義**が興隆する。この理論の最初期の成果としては，社会的相互作用を読解活動に適用した，ブラウンらの**相互教授法**が挙げられる。ただし，日本ではそれ以前から，グループ学習等の名前でこの種の取り組みは盛んであった。小集団での討議，その後のクラス全体での共有等を骨子とした**バズ学習**は，1950年代に塩田芳久が普及させたものである。また，1960年代に板倉聖宣が考案した**仮説実験授業**は，ブルーナーの発見学習とその主眼を共有するが，学習者同士の討論を中核に据えている点で，社会的構成主義の学習指導法のさきがけともいえる。

近年，社会的構成主義の学習指導法は，初期の言語的相互作用を基軸としたものから，協同での問題解決，コンピュータ・ネットワークを介した討議を含むものまで広がりを見せ，**協働学習**と総称されている。特に，コンピュータを使った取り組みは，**コンピュータ支援による協働学習**（CSCL）と呼ばれている。

■　■　■

❶▶ 一斉指導 (whole-class teaching)

教授者が，一定規模の集団に向けて教授を行う形態の学習指導。いわゆる講義形式の授業が典型である。歴史的には教育の大衆化に主導的な役割を果たしたが，ドロップアウトの産出，受動的な学習態度の形成等，否定的側面も指摘されている。

❷▶ 学習相談 (learning counseling)

児童・生徒の学習上のつまずき，学習方法の悩みなどに対して助言・援助を行うこと。「学習相談室」等の名称で，専用の窓口を常設する学校も見られる。認知心理学の理論を学習相談に応用しようとする試みが，「認知カウンセリング」という名称で市川伸一らによって行われている。

❸▶ 仮説実験授業 (hypothesis-experiment-instruction)

科学教育に関する学習指導法の一つである。発見学習と同様に学習者自身による仮説の生成，検証を主眼とするが，生徒同士の社会的相互作用を中核に置く。この指導法では，まず，実験を教師が導入する際に，予想選択肢を提示する。生徒は，その中から自身が正しいと思う予想選択肢を選び，群に分かれる。その後，群の間で，自群の説の正しさについて討論を行うのである。開発者の板倉聖宣は，この過程で「予想」が「仮説」に高められるとする。討論が一通り終わった後に，実際にその正否を確かめるために実験を行う。

❹▶ 完全習得学習 (mastery learning)

一斉指導と個別指導を組み合わせ、ほぼ全ての子どもに目標を達成させようとする学習指導法である。指導内容は1～2週間ほどで、教授可能な単元に分割され、一斉指導によって教授される。単元が終わるごとに子どもの弱点を特定するテスト（形成的評価と呼ぶ）を行い、評価結果をもとに個別指導や小集団指導を行う。最後に行うテスト（総括的評価と呼ぶ）では、絶対評価を行い、ほぼ全員が最高位の評価を得られることを目指す。

❺▶ 個別指導 (individualized instruction)

学習者ごとに指導を行う学習指導の形態である。印刷教材やコンピュータ等の普及によって低廉に実現可能になった。学習者の能力や興味に応じて学習が進められるため、個性の伸長に寄与するとされる。

❻▶ 総合的な学習の時間 (the period of integrated study)

2002年から日本の小、中、高等学校に導入された時間。道徳や特別活動と同様に、教科外に位置づけられている。児童・生徒が主体になって、教科横断的な学習、探求活動を行うことを主旨としている。

❼▶ 相互教授法 (reciprocal teaching)

小集団による言語的相互作用を通じて、生徒の読解技能を向上させようとする学習指導法である。教師1人と2、3人の生徒で小集団を作り、共通の教材を黙読する。最初の1節が終わると、教師がその内容に対する質問、要約、事後の予測等を行う。次の節は生徒の一人がその役を行い、教師は言い換えや質問等でそれを援助する。このように教師役、生徒役を次々に交代しながら読解を進める。

❽▶ バズ学習 (buzz learning)

バズ・セッションを学習指導に応用したものである。バズ・セッションとは、北米で開発された討議法の一種で、全体を6名程度の班に分け、共通のテーマについて討議させた上で、最後に班ごとの結果を全体に発表し、共有するものである。バズ学習は、これを児童・生徒の学習態度の形成も視野に入れ、学校の学習活動に適用したものである。

❾▶ 発見学習 (discovery learning)

教授や読解等を通じて知識を獲得させる方式に対して、学習者自身に知識を構成させる方式をいう。教授者は、学習者の探索活動や検証活動を、問題提起や質問等を通じて支援する。教授者の支援の程度が強いものを、「導かれた発見学習」と呼ぶ。学習者の側に高い能力が必要とされる、非効率である、などの批判的見解がある一方、問題解決の技能の育成、内発的動機づけの促進等の肯定的な側面もあるとされる。

❿▶ 有意味受容学習 (meaningful reception learning)

知識は心内で構造を成すという考えに基づく学習指導法である。一斉指導においても、前もって知識の構造と結びつけるような情報を提示すれば、後続の情報は意味のあるものとして受容されるという考えに基づく。この前もって与えられる情報を、先行オーガナイザーと呼ぶ。そのうち、後続の情報に対して包摂関係のあるものを説明オーガナイザー、対比関係のあるものを比較オーガナイザーと呼ぶ。

〔垣花真一郎〕

07-03 ▶ 学習方法

学習方法とは、学習の仕方や学び方のことである。学校教育場面においては、学習指導が教科内容を効果的に学習できるよう指導する方法を提案しているのに対し、学習方法は教科内容を学習者自身が効果的に

学習するための仕方や学び方そのものが対象となる。

もともと学習方法といえば、いかに記憶するかという記憶術が中心であった。しかし、1950年代以降の認知心理学の進展に伴い、学習者の主体的な役割と内的な認知過程が重視されるようになると、学習方法に代わり**学習方略**という用語が用いられるようになった。この用語には、学習者が主体的に情報を操作し、学習を効果的に進めるために用いる意図的な活動という意味が含まれている。

学習方略には様々な種類が存在し、活動内容と対象となる認知過程によって、学習者の内的な側面に重点を置いた学習方略と、より広範な概念を含めた**自己制御学習**に分類される。

前者の学習方略は二つに大別される。一つが**認知的方略**である。認知的方略とは、学習内容を効果的に記憶したり、情報に何らかの操作を加えることで理解を深めたりすることが目的の学習方略である。認知心理学によって記憶の仕組みが解明され、学習方略においても学習すべき情報をいかに記憶するかという点に対して、認知的な側面からアプローチが可能となった。

まず、入力された情報は繰り返されることで短期記憶に保持される。これを**リハーサル方略**と呼ぶ。しかし、リハーサル方略によって入力された情報は短期記憶には保持されるが、機械的なリハーサルだけでは長期記憶には転送されにくい。そこで情報に何らかの処理を施し、長期記憶への転送を促すのが、**精緻化方略**と**体制化方略**である。精緻化方略は、イメージ等を利用した方略であり、体制化方略は実際の意味に基づいて体系化することで、効果的な記憶を促すことを目的とした方略である。認知的方略に該当する方略は、その目的が記憶の保持や想起の促進に重点を置いている点が特徴であり、リハーサル方略、精緻化方略、体制化方略の順で、情報の処理水準が深くなっていく。

もう一つが**メタ認知的方略**である。1970年代にメタ認知の概念が導入されて以降、学習方略においてもメタ認知の重要性が認められ、学習者の主体的な認知活動を更に強調した学習方略が提案されている。メタ認知的方略には、学習活動を効果的に行うための計画を設定する**プランニング**や、学習中や学習後の振り返りに利用する**セルフ・モニタリング**がある。学習方略にメタ認知の概念が導入されることで、学習における人の情報処理モデルがより精緻なものとなり、学習者に対する支援においても具体的な指針を提供できるようになった。なお、プランニングやセルフ・モニタリングは、学習の進度に合わせて相互に影響を及ぼし合う関係にある。つまりプランニングによって計画された学習活動をセルフ・モニタリングで確認する、その結果によって当初の計画を修正する、といった循環的な関係が存在しているのも特徴である。

認知的・メタ認知的方略が、いずれも学習者自身の内的な認知過程を対象とした学習方略であるのに対し、1980年代になると、それらに加え学習環境等、学習者を取り巻く外的資源や、学習者の動機づけ要因を総合的に組み入れた**自己制御学習**が注目を集めるようになっている。

自己制御学習とは、学習者の自主的・自律的な学習を重視するため、次のようなプロセスで進行する。学習者は、学習目標を設定し、目標を達成するためのプランニングを行い、実際に認知的方略等を用いて学習活動を進める。その際、セルフ・モニタリングを利用し、学習過程や学習状況を確認しながら、プランニングの内容を修正していく。また、必要に応じて**環境整備方略**や**援助要請**等も利用しながら、学習活動を取り巻く環境や資源を積極的に活用して効果的な学習を行う。このように、自己制御

学習では学習活動の全ての段階において，興味や課題の価値づけなど，学習者自身の動機づけの影響も考慮している点が特徴である。

以上のように，学習方法については様々な種類が提案されているが，個に応じた教育の必要性から，学習者の個性に適した学習方法を選択するという**学習の個性化**を考慮することも重要である。学習面で問題を抱える学習者がいた場合には，学習者の個性を考慮に入れつつ，学習者が用いる学習方略のどこに問題があるかを特定し，適切な支援をしていくことが求められる。

■　■　■

❶▶ 援助要請 (help seeking)

学習を進める中で，個人では解決できない問題が生じた時，教師や友人等の他者に対して援助を求めること。自己制御学習では，有効な援助を期待できる他者は，外的な学習資源の一種と考えられており，援助要請によって効率的に学習を進めることも有効な方略とされている。

❷▶ 学習の個性化 (individualization of learning)

学習者の個性はそれぞれ異なっているという認識から，学習活動によってそれぞれの個性を更に伸ばすことを目的としたアプローチのこと。学習者の興味・関心が中心となって学習活動が展開されるため，学習方法や活動内容は多様性を伴う。指導の個別化が収束的なアプローチであるのに対し，学習の個性化は拡散的なアプローチであるのが特徴である。

❸▶ 学習方略 (learning strategies)

学習効果を高めるために，学習者が意図的に行う何らかの活動のこと。テスト等で用いられる方法だけでなく，日常的な学習全般に用いられる方法も含まれる。学習方法や学習スキルとほぼ同義で用いられる場合もある。学習方略には，リハーサル方略，精緻化方略，体制化方略のような認知的方略と，プランニング，セルフ・モニタリング等のメタ認知的方略に大別されるのが一般的である。それらに加え，現在では動機づけ概念も考慮した自己制御学習が注目を集めており，広義にはこれも学習方略の一種として位置づけられる。

❹▶ 環境整備方略 (environmental structuring strategies)

学習の効率性を向上させるために，学習環境を整える方略のこと。あらかじめ学習に必要な材料を準備したり，逆に不必要なものを撤去したりするなど，学習に関わりのある物理的環境を整えることを指す。

❺▶ 自己制御学習 (self-regulated learning)

学習者が，自らの学習過程を制御・調整しながら能動的に学習を進めること。自己制御という概念については様々な立場があるが，一般的には目標設定やモニタリング等の認知的な側面と，課題の価値判断や興味等の動機づけ・感情的な側面，及び学習環境等の文脈を調整することを指している。自己調整学習とも呼ばれる。

❻▶ 精緻化方略 (elaboration strategies)

学習内容にイメージや既に知っている知識等の関連情報を加えることで，学習内容の記憶を促進すること。学習者にとって覚えやすい形に変換することで，記憶の保持や想起を促進することができる。認知的方略の一種である。

❼▶ セルフ・モニタリング (self-monitoring)

自らの現在の学習の進度や思考過程等について，観察あるいは評価すること。観察や評価の結果によって，学習方法を自発的に調整することを狙ったメタ認知的方略の一種である。学習場面のほか，カウンセリング場面においても用いられることがある。

⑧ ▶ 体制化方略（organization strategies）

学習内容をまとめたり，分類したり，整理しながら体系的に記憶すること。同種のものをグループにまとめることや，規則に基づいて整理することで，記憶の保持や想起を促進することができる。認知的方略の一種である。

⑨ ▶ プランニング（planning）

学習者が設定した学習目標に対して，その目標を達成するように学習の順序や活動について計画を立てること。計画を立てるためには，学習内容の難易度の把握や，学習者自身の知識状態を把握する必要があり，メタ認知的方略の一種に含まれる。

⑩ ▶ メタ認知（metacognition）

自分の認知状態や認知過程についての認知のこと。一般的には，人間の認知の特性や認知過程についての知識であるメタ認知的知識と，認知過程を観察・評価し調整を図るメタ認知的活動に分けられる。メタ認知を働かせることで効果的な学習活動を促すことができる。

⑪ ▶ リハーサル方略（rehearsal strategies）

学習内容を記憶するために，繰り返し暗唱したり，書き取ったりすること。リハーサルには，情報を機械的に繰り返す維持リハーサルと，情報の意味を深く処理しながら繰り返す精緻化リハーサルとがある。前者は，短期記憶において情報を保持するために用いられる方略だが，後者は長期記憶への転送を促進するための方略である。認知的方略の一種である。

〔伊藤貴昭〕

07-04 ▶ 授業研究

授業研究は，狭義には教授-学習過程を対象とするが，広義には教室という環境における学習者や教師の認知的過程や環境そのものの構成を対象とした研究である。また，授業の過程や教師の教授行動の分析を指す場合もあれば，教材や教授法の開発，**カリキュラム評価**，教師の専門性開発までを含意する場合もある。授業研究の在り方は，研究の目的や主体，着目する授業の側面，研究上のアプローチ，によって多様である。手法としては，授業を中心とした教室場面の観察に基づいて採取した映像，音声，文字記録等に基づく**トランスクリプト**の質の量的分析や，エスノグラフィを基盤とする。

授業研究の在り方は，以下の3点にまとめられる。一つは，授業過程における諸現象の解明である。第一に，授業を学習の現場と捉え，実験室ではなく教室場面における学習者の学習行動や認知過程が明らかにされている。更に，ヴィゴツキーやバフチンの理論に基づく**社会文化的アプローチ**では，異質な授業参加者間の相互作用や制度，社会，文化のもとでの学習の様態が明らかにされている。この立場では，参加者の学習経験や生活経験の個別性に基づく発話行為や聴く行為の多様性を前提として，授業のコミュニケーションを異質で多様な意志や認知の交流や葛藤から認識が社会的に構成される場と見なす。第二に，授業を制度的に特殊な環境と捉え，**会話分析**やエスノメソドロジー等の手法を用いて，授業のコミュニケーション過程には権力構造やI-R-Eのような規範が顕在的潜在的に存在することが明らかにされている。授業に成功裡に参加するには，教師も生徒もこれらの構造や規範を理解し，敏感であらねばならない。更に，教師と生徒の社会的関係を前提としながら対話的に知が生成される**第三の空間**として授業を捉える立場もある。第三に，教室コミュニケーションの成立機

制そのものが明らかにされている。教室を一人の話し手とそれ以外の潜在的な聞き手からなる対話的空間と捉え，人類学的，言語学的，認知科学的関心から**教育エスノグラフィ**や**教室談話研究**が進められている。教師のリヴォイシングや言語コードの切り替えといった言語現象への意味づけがなされ，授業参加者間で対話的になされる教室談話の成立がいかに知的営為であるかが示されている。第四に，授業を**発問**-応答の連鎖と捉え，その構造から授業の類型化がなされている。教授理論の構築や，熟練教師の教授行動の系列を析出して，エキスパート・モデルを構築することが志向されている。

二つには，授業やカリキュラムの改善である。子どもや教師が学習し発達を遂げる環境のデザインにあたり，その効果を**授業分析**を通して確認するのである。カリキュラムや授業の開発や改善の手法としては，厳密に計画された教育活動の成果を目標に照らして厳しく精査する**工学的アプローチ**と，教師の専門性のもとで行われる創造的な指導が重視される**羅生門的アプローチ**が知られている。羅生門的アプローチでは，授業の事実に基づく質的量的評価が重視されており，授業研究はこの点に資するものである。また，改善の主体という点では，我が国では，学習指導要領の定着を志向する教育行政機関を主体とするものと，学習指導要領へのオルタナティブ，学問や生活における**真正性**，学習者の生活課題の追究等を志向する民間教育団体によるものなどが見られる。

三つには，教師の職能発達の支援である。教師を**反省的実践家**と捉え，教師の省察に基づく「事例を通した学習」の場として授業研究を位置づけるのである。第一に，授業の逐語記録を通した教師の学習が想定されている。逐語記録や映像記録に示された学習者の様子や自らの学習者への働きかけ，教材提示の在り方等，授業の当事者としては知覚できない情報を得て，自らの実践を省察するのである。第二に，授業を他の教師に公開し，授業者と参観者が協働的に省察することを通した教師の学習が想定されている。授業の事実に基づいて語られる他の教師の子どもの学習や教材についての見取りから，授業者自身の専門性開発に加え，授業実践の知識，指導のレパートリー，行為様式，使用できる諸資源の在りか，学習者観や授業観，それらを捉える枠組みなどを相互に学び合うのである。学校を「**学びの共同体**」として位置づけ，授業の事実を捉え，カリキュラムや授業を改善し，子どもの学習や発達を保障することと教師の職能発達とが，有機的統合的に志向されているのである。

■　■　■

❶▶ I-R-E

メハンは，談話分析から，教室には「I (Initiation)：働きかけ」-「R (Reply)：応答」-「E (Evaluation)：評価」という発話連鎖のパターンが存在し，整然とした相互作用はこのような「発話の順番配置」(turn-allocation) を経て達成されていることを示した。この事実からは更に，①「教師＝働きかけ，評価」「生徒＝返答」という役割の固定，②生徒の発話はその内容や教師への応答としての適切性等，常に評価の対象となること，③教師は「知っている」ことを「知らない」生徒に聞いていること，といった教室談話の特徴も明らかになる。

❷▶ 教育エスノグラフィ（educational ethnography）

学習や教育の場を対象としたエスノグラフィのこと。エスノグラフィとは，フィールドワークの方法を用いた調査研究や，そ

の成果物のテキストをいう。長期にわたり学校等，教育の現場に身を置き，そこで活動する人々に密着して，観察やインタビューを行い，記述し，その場で共有されている暗黙の規範や価値観，状況に埋め込まれた知の有り様を明らかにしたり，その特殊性が，子どもや教師，社会に対してもつ意味について検討する，仮説生成的な方法である。

❸ ▶ 教室談話 (classroom discourse)

「教室」という教育実践の場において現実に使用されている，文脈化された話し言葉による相互作用である。発話が生成された授業進行や課題解決過程の文脈，活動の形態，学習者集団としての学級の文化や関係性までを視野に入れて，「今-ここ」で生成される言語的相互作用によって成立する授業の有り様を明らかにする。教室における社会的関係や政治性，学習の社会文化性，学校教育制度の下での学習と発達等が明らかにされた。

❹ ▶ 工学的アプローチ／羅生門的アプローチ (technological approach/Rashomon approach)

カリキュラム開発のアプローチ。工学的アプローチは，合理性，効率性，計画性を重視する立場である。授業やカリキュラムの一般的目標が，特殊目標，行動目標まで細分化され，行動目標に基づく教材開発，教授・学習活動，評価が行われる。黒澤明監督の映画から命名された羅生門的アプローチは，授業は，多様な角度から多義的に解釈されるものとする立場である。一般的目標の設定後，創造的教授・学習活動がなされ，その事実の多様な解釈に基づく記述によって，一般目標に照らした評価が行われる。

❺ ▶ 授業分析 (class analysis)

ある観点を設定して，授業の事実を質的・量的に捉え，他者が理解可能な形で記述，図式化して表現する営みである。観点は，分析者の研究目的や研究課題に応じて多様であるが，授業観察に基づく音声記録や映像記録を文字化して，詳細な逐語記録を作成して分析対象とすること，授業の事実に基づく理論構築を志向していること，が共通点として挙げられる。

❻ ▶ 第三の空間 (third space)

社会的に異種混交的空間である教室において，支配的存在である教師と対抗的存在である生徒との間で，双方の意見やものの見方の交流や葛藤によって，相互作用的に生成される新たな対話的意味空間。対話を通して，言葉や知識がよりメタ的，拡張的に捉え直されるなど，新たな意味が協働的に創出される可能性が示唆されるが，教師を支配的な存在，生徒を教師に対抗する存在と見なす権力関係や社会的役割の固定化を前提としている。

❼ ▶ 発問 (asking questions)

授業中になされる教師の問いかけのこと。教科内容に即して子どもの思考を促し，問いをもたせて主体的に教材と向き合う学習活動を組織することを意図して行われる。

❽ ▶ 学びの共同体 (learning community)

教育学者の佐藤学によって提起された学校の在り方。全ての子どもの学習する権利を保障し，その質を高めること，教師が専門性を高めることを目的とする。「公共性」「民主主義」「卓越性」を根本とし，実践的方略として，教室における活動的，協働的，反省的な学習活動の組織，全ての教師が教室を公開し，校内研修によって授業の専門家として育ち合うことを可能とする「同僚性」の構築，保護者や市民が授業づくりに参加する「学習参加」の3点を提唱する。子どもたち，教師たち，保護者や市民が共に学び育ち合う学校を志向している。

❾ ▶ リヴォイシング (revoicing)

発話の「復唱」のこと。教室談話研究においては，教師による子どもの発話の復唱が，子どもが他者の知識を取り入れつつ自

らの知識を形成することや，授業参加者間の思考や経験の多様性に基づく豊かな談話空間の構成に寄与しているとともに，教師にとっては明示的な評価行為の回避や授業の主導権の掌握，授業のテンポの調整等の役割を担っていることが明らかにされた。

〔藤江康彦〕

07-05 ▶学習への社会文化的アプローチ

社会文化的アプローチでは，学習を個人内に閉じたものではなく，他者と織りなす社会的関係性の中で構成されるものと考える。その理論的基盤となるのは，ソビエトの心理学者ヴィゴツキーの理論である。

ヴィゴツキーによれば，人間の精神機能は自然に備わった能力だけでなく，社会的・文化的・歴史的に生み出されてきた様々な構成物によって支えられている。したがって，思考や学習といった高次精神機能も，これらの構成物を媒介した社会的つながりの中で現れる。そして，学習において特に重要になる社会・文化的構成物が，言語に代表される**記号システム**である。子どもは，はじめ，他者とコミュニケーションをとるために記号システムを利用する。そして，それは次第に内化され，**内言**として自分の思考や行動を制御するために利用されていく。この記号の利用過程について，ヴィゴツキーは**「精神間（個人間）から精神内（個人内）へ」**という方向性を示し，**発達の最近接領域**の概念を提案した。この概念では，子どもの学習を他者との相互的なやりとりが内化する過程と見なし，大人や自分よりも有能な他者との共同行為によって，「子どもが次にできるようになる領域（＝発達の最近接領域）」が開かれると考える。したがって，教育者の役割は発達の最近接領域を的確に捉え，適切に働きかけることになる。ブルーナーらはこれらの考え方を基盤として，**スキャフォールディング**という概念を提唱し，適切なスキャフォールディングによって，学習者が独力ではできない高次の課題に取り組めることを示している。

学習を社会的関係性の中で捉えると，個人の能力とされてきたものが，他者，道具，環境等に支えられて成立していることが理解される。ハッチンスは，軍艦操舵チームの**参与観察**を通し，チーム内の情報交換を通して認知が共有され，相互的な支援と学習が可能になっていることを明らかにした。このことから，ハッチンスは認知が個人内ではなく共同体内に分散的に存在しており，成員間の相互行為によって認知プロセスが構成されていることを指摘し，これを**分散的認知**と呼んだ。

現実社会において，知識・技能は特定の共同体内で実践されることを前提に獲得される。このことから，学習と実践共同体との関係を重視する見方も提案されている。ブラウンとコリンズらは，学校教育における「学習」が現実世界での活動や実践と分離しているために，獲得された知識・技能が現実場面で使用できない可能性を指摘し，現実の問題解決場面と結びついた学習の必要性を主張した。その方法として着目されたのが，工房の徒弟が共同体内の実践に関わりながら技能・知識を獲得する過程である。ブラウンらは，学校教育における学習者も工房の徒弟と同様に，文脈に埋め込まれた真正な活動を通して学習することが必要だとし，**認知的徒弟制**という概念によって学習活動の構造化を目指した。

更に，レイヴとウェンガーは，共同体への参加とアイデンティティの形成過程を学習として見なし，**正統的周辺参加論**を提唱

した。この立場では，学習者を「実践共同体の一端を担うメンバー」として捉え，新参者が実践共同体へ参加する過程を学習と見なす。ここで「参加」とは，共同体の言葉を利用し，共同体の目的に沿って活動し，共同体を構成していくことを指す。新参者の参加は，まず誰でもできる周辺的な（peripheral）参加から始まり，次第に責任の重い十全的な（full）参加になっていく。この過程で，新参者は共同体から一方向的に影響を受けるのではなく，共同体に影響を与えながら参加を深めていく。レイヴとウェンガーはこの点を明らかにすることで，現実社会では共同体と学習者の相互的な影響関係の中で学習が行われることを指摘した。これらの指摘は，教師から学習者への一方向的な影響関係を前提とする学校教育に対し，再考と改善の契機を提供すると考えられる。

社会文化的アプローチは，学習を社会的関係性の中に見出すことで，共同体内の実践や相互行為過程を分析する視点を提供する。したがって，教育心理学では，教室談話研究，**協働学習**研究，**CSCL** 研究等，多くの研究領域でこのアプローチがとられており，教育心理学の中心的アプローチの一つとなっている。

■　■　■

❶▶ スキャフォールディング (scaffolding)

スキャフォールドの語源は建設現場の「足場」である。したがって，スキャフォールディングとは，子どもの活動に対し，足場をかけるように支援することを示す。スキャフォールディングが効率的に行われるためには，足場をかけるだけではなく，適切に足場を外していくフェーディング（fading）も重要になる。そうすることで，子どもがより独力に近い形で問題に取り組めるように支援できると考えられる。また足場かけは，教師や大人だけが提供するものではない。例えば，教室空間ではクラスメイトやコンピュータ等も，子どもに対する足場かけの機能をもつと考えられる。

❷▶ 正統的周辺参加論 (LPP : Legitimate Peripheral Participation)

学習を共同体への参加過程と見なす理論。新参者が周辺的参加者から十全的参加者へと参加を深めていく過程を，「共同体内における基礎的な知識・技能の獲得」「共同体内の言葉や行動パターンに対する理解の変化」「他者との関係性の変化」「アイデンティティの変化」の4側面から捉える。この過程を通して，新参者は共同体の一員としてのアイデンティティを確立し，共同体も新参者の参加によって変化していく。

❸▶ 内言 (inner speech)

内面化され，音声を伴わずに頭の中で展開される言葉。大人が使用する言語を子どもが外言（話し言葉）として利用し始め，次第に内面化していくことで，自律的な思考を媒介する内言になるとされる。言語的思考は内言を媒介することで可能になり，自己の行動制御も内言によって行われる。このことから，ヴィゴツキーは高次精神機能の源泉が他者との社会的な関係性の中に見出されることを指摘した。

❹▶ 認知的徒弟制 (cognitive apprenticeship)

学校教育において，状況に埋め込まれた学習（＝真正な活動）を実現するための方略を構造化した概念。ここで，状況に埋め込まれた学習とは，実際の問題解決場面や，現実の実践共同体で扱われる問題解決と近しい形で行われる学習を指す。具体的な教授方略としては，①モデリング（modeling），②コーチング（coaching），③スキャフォールディング（scaffolding），④明確化（articulation），⑤リフレクション（reflection），⑥探求（exploration）の6

点が示されている。また、熟達者と同じ視点や考え方をもって問題解決に取り組むことも、認知的徒弟制で目指される重要な目標となる。

❺▶発達の最近接領域 (ZPD：Zone of Proximal Development)

子ども一人でできる水準（現下の発達水準）と、大人など自分より有能な他者の支援を受けながらできる水準（潜在的な発達水準）の差分を指し、今はできないが次に子どもが一人でできるようになる発達領域のことを意味する。この概念では、子どもの能力が、誰と、どのように相互行為を行うかによって変化する動態として見なされる。ヴィゴツキーは子どもの能力が「現下の発達水準」のみによって固定的に評価されていることを批判し、発達の最近接領域を捉えることで、子どもの能力を動的なものとして評価する必要性を主張した。

❻▶分散的認知 (distributed cognition)

認知を個人内に閉じたものとしてではなく、共同体の成員間、あるいは道具や環境の間で分散して存在しているものと見なす概念。例えば、ハッチンスの事例では、軍艦操舵を実現する認知システムがメンバー間の相互的な情報交換によって構成されていること、及び、相互的な情報交換がメンバーの学習に貢献していることが示された。このように、分散的認知の視点から共同体の活動過程を捉えることで、局所的に存在する認知が一つの課題遂行のために集合し、機能していく過程について検討することができる。

〔小野田亮介〕

07-06 ▶学校心理学

我が国において、学校心理学（school psychology）の必要性を唱え、その発展に寄与してきた石隈利紀によると、学校心理学は次のように定義されている。すなわち、学校心理学とは、「学校教育において一人一人の子どもが学習面、心理・社会面、進路面、健康面における課題への取り組みの過程で出会う問題状況の解決を援助し、子どもが成長することを促進する**心理教育的援助サービスの理論と実践を支える学問体系**」のことである。心理教育的援助サービスとは、学校心理学固有の用語であり、一人一人の子どもの問題状況の解決を援助し、子どもの成長を促進することを目指した教育活動のことを指す。

学校心理学が必要とされてきた背景には、1994年に**ユネスコ**（UNESCO：国際連合教育科学文化機関）の特別なニーズ教育に関する世界会議において提唱された、**サラマンカ宣言**がある。この宣言では、障害の有無によらず、全ての子どもを対象として一人一人の特別な援助ニーズに応じた教育への展望が述べられた。そして、子ども一人一人をユニークな存在として認め、全ての子どもに対して、個々のニーズに応じた援助を行うことを目指す教育が、社会から求められるようになったのである。このような社会的ニーズに応えるべく生まれた学問体系が学校心理学なのである。

学校心理学の特徴の一つとして、複数の学術的領域を基盤としている点が挙げられる。これは、学校教育において子どもが抱える諸問題は、様々な要因によって起こっており、幅広い専門的知識が求められるからである。そのため、学校心理学は、教育心理学、発達心理学、臨床心理学、生徒指導・進路指導、教育評価・心理検査、学校カウンセリング等から構成され、まさしく学校領域に関わる専門的知識の集積であるといえる。

学校心理学を基盤とし、子どもの様々な

問題の解決を援助するのが**学校心理士**である。今日の学校教育においては，多くの子どもが学校生活において様々な問題を抱えており，その援助が求められている。例えば，個人を対象とした援助ニーズの高い問題としていじめや**不登校**が挙げられる。また，学校心理士は LD（学習障害），AD/HD（注意欠如・多動症／注意欠如・多動性障害），自閉スペクトラム症／自閉症スペクトラム障害等の特別な援助ニーズを要する子どもに対し，専門的知識を活かし，**特別支援教育**を充実させるための援助も行う。更に，近年では**学級崩壊**といった集団への対応も求められており，**学級風土**の向上や**ピアサポート**の促進等を通して，問題の予防にも努める必要がある。また，学級を立て直す計画の立案や**学級編制**においても，専門性を活かしたアドバイスが期待される。学校心理士には，心理学の知見と実践性を子どもが抱える諸問題の解決に結びつける能力が求められるのである。

学校心理士の主要な役割には，子どもへのカウンセリングや問題状況に関する**アセスメント**，教師や保護者，学校組織への**コンサルテーション**がある。特に，子どもが抱える諸問題については，複数の専門家による介入が必要な場合があり，学校心理士には，専門家による意見の調整や協力体制の構築等のコーディネーターとしての役割も求められる。

学校心理学では，臨床心理学やカウンセリング心理学等で主に扱われてきた心理的適応の問題だけでなく，学習に関する問題にも焦点を当てており，この意味で，学校心理学はより広い領域での心理学的な援助を志向している。そして，学術的な知見と教育実践との統合に重きを置き，子どもが抱える可能性のある全ての問題について直接的な解決を目指している。これらの点をもって，学校心理学は他の心理学とは一線を画している。

■　■　■

❶▶アセスメント（assessment）

心理学的な見解や評価に基づき，子どもを支援するための情報を統合する作業のことである。そのなかでも，学校心理学におけるアセスメントとは，子どもの学習面，心理・社会面，進路面，健康面等における問題状況について情報を収集し，個に応じた援助を促進させるための資料を作成するプロセスのことである。アセスメントは，面接や行動観察，心理検査等の様々な方法によって行われる。

❷▶いじめ（bullying）

特定の他者に対して危害や不快感を与えうる，意図的かつ反復的な攻撃行動の形態のことである。身体的攻撃や言語的攻撃，無視，拒絶等の直接的に苦痛を与えるものから，人間関係を操作し間接的に苦痛を与える巧妙なものまで，様々な形態がある。

❸▶学級風土（classroom climate）

学級環境や教師，生徒集団から規定される学級の性格のことである。学級の子どもたちが感じている教室を支配する雰囲気のことを指す。

❹▶学級編制（class formation）

学校教育における学級の定員等の設置形態のことである。小学校と中学校では，1学級あたりの定員は40人（小学1年生は35人）が上限とされているが，30人もしくは35人に見直すべきとの意見があり，適正人数については今後も議論されるべき課題となっている。

❺▶学級崩壊（class disruption／classroom collapse）

学級の機能が停止した状態のことである。具体的には，子どもたちが教室内で勝手な行動をして教師の指示に従わず，授業

❻ ▶ 学校心理士 (school psychologist)

学校生活における様々な問題に対して，アセスメントやコンサルテーション，カウンセリング等を通して，子ども自身や子どもを取り巻く保護者や教師，学校組織を，学校教育に関わる心理学の知見や技能を基盤に援助する専門家のことである。学校心理士認定運営機構によって資格の認定が行われる。

❼ ▶ コンサルテーション (consultation)

学校心理学におけるコンサルテーションとは，教師や保護者，スクールカウンセラー等の子どもを直接的に援助する者（コンサルティ）に対する働きかけのことである。複数の専門性を有する援助者が個別援助を充実させるために作戦会議を行うことも，コンサルテーションの一部にあたる。

が成立しないなど，集団教育という学校の機能が成立しない学級の状態が一定期間継続し，担任教師による通常の手法では問題解決ができない状態に立ち至っている状態を指す。

❽ ▶ 特別支援教育 (special support education)

従来の特殊教育で対象とされていた知的障害，肢体不自由等の障害に加え，LD，AD/HD，自閉スペクトラム症/自閉症スペクトラム障害等の障害を抱える幼児児童生徒が，地域社会において重要な一員であると自覚できるように，個人がもっている能力を最大限に活かし自立できるような支援を提供する教育のことである。

❾ ▶ ピアサポート (peer support)

仲間や同僚等による相互的な社会的支援のことである。学校教育の文脈で用いられる場合は，子ども同士で教え合い，助け合うような関係をもつようになることを指す。

❿ ▶ 不登校 (school non-attendance)

広義には，学校に登校しない全ての状態を指す。狭義には，経済的な理由や病気の有無等により通学できない場合を除き，正当な理由が存在しないにもかかわらず，登校ができない状態を指す。

〔西村多久磨〕

07-07 ▶ 教師と学習者の信念や知識，適性

教師のもっている**信念** (beliefs) には，授業とはどのようなものであるのか，どういった授業が望ましいと考えるかなどの授業についての信念である**授業観**や，児童・生徒，学生等，学習者をどのように捉えているのかという**学習者観**，教師役割や教科の学習目標についての信念等があるとされる。これらの複数の信念は，社会や文化の影響のもと，個人によって異なる信念体系を形作っており，授業における教師の行動を方向づけていると考えられる。例えば，歴史の学習目標を「史実を正確に記憶する」あるいは「歴史とは，証拠（エビデンス）に基づいて構成された知識であることを理解する」かによって，学習指導の方法や形態も，あるいは学習の成果の評価の方法も異なってくる。

教師のもっている知識 (knowledge) には，まず授業を想定した上での教材内容の知識があり，これは授業実践を自己内省的に吟味することで蓄えられるとされる。また，学習者の**既有知識（インフォーマルな知識を含む）**，誤概念や信念といった，学習や認知・思考の発達についての心理学の原理に関する知識や，学習目標を達成するためにはどのような順番でどの課題を与えるのがよいか，あるいは学習の進捗状況をどのように評価するか，などの教育方法や評価に関する知識によって構成されており，授業中に発生しうる事態に教師がどう働きかけるのかといった対応のレパートリ

ーが支えられていると考えられる。

学習者がもっている**学習観・知能観**（**認識論的信念**）は，学習の結果に対する原因帰属，学習への動機づけ，学習行動，学習方略等，学習過程の様々な段階に影響を及ぼしうる。学習観とは，学習とはどのようなものか，どのように学習するのがよいのかといった，学習について学習者がもつ考え方や態度であり，学習の意味や意義について，あるいは評価や動機，感情等が内面化されたものと考えられる。知能観とは，人の賢さはどのようなものか，それは変化しうるのかといった知能についての考え方である。知能を可変的で増大しうると考えるか，固定的であると考えるかによって，学習における目標志向性等，動機づけや学習行動を方向づけるものとされる。

学習者は，新しい情報を理解したり学ぶ時に，白紙の状態で臨むわけではない。学校の内外で身につけたスタイルや既有知識，なかでも日常の個別事例を発展させた**素朴理論**や，科学的に適切でない誤概念や，誤ったルール体系を保持している場合も多い。そういった，学習者が得意であったり好んだりする学習活動の方法や様式である**学習スタイル**や知識，理論や概念等は，個人差があることに加え，新しい情報の理解や学習への制約となりうる。また素朴理論や誤概念が強固であり，それと矛盾する事例や科学的に適切な理論を提示するだけでは，変容しにくいことが報告されている。概念の変容には，類推的な状況を媒介として正しい概念（**アンカー概念**）と学習者のもつ概念との橋渡しをして知識統合を促す**橋渡し法**や，**演示実験**等の前後に予測や説明・評価を行って学習者に矛盾を解消させる教授方略等が有効とされている。

ほかに，学習者の**適性**により処遇（学習指導の方法や教材形式等）の効果が異なる場合が**適性処遇交互作用**であり，適性により処遇を変えて教育効果の最適化を図ろうとする時に重要な概念といえる。また，教師の期待が学習者への働きかけや成績に関与するという**教師期待効果**（ローゼンタール効果，**ピグマリオン効果**とも呼ばれる）とは，教師が「この子は成績が伸びる」と期待している学習者に対しては，他の学習者に対するよりもヒントや考える時間を与えるなど，その学習者に有利になるような働きかけをするようになり，結果として期待が成就される方向に機能するというものである。このような働きかけは，直接的に学業成績に影響を与えるというよりも，学習者の意欲（動機）を高めることで，結果的に成績向上に関与したと考えられる。ただし，こういった働きかけの違いについて，教師自身は気づかないことも多い。

■　■　■

❶▶ 学習スタイル (learning style)

「スタイル」は個人内で比較的安定しており，場面や状況に応じて変更することは難しい場合が多い。認知スタイルの例として，ケイガンによる，反応の速さによって熟慮型（遅い反応・誤り少）-衝動型（速い反応・誤り多）に分けるものや，ウィトキンらによる，視覚的な場に依存しやすい場依存型とそうでない場独立型とに分けるものなどがある。学習スタイルの例としては，ダンによる，知識獲得の際に好む様式に関するVAKモデルがあり，視覚（見て学ぶ）・聴覚（聞いて学ぶ）・運動感覚（して学ぶ）に対応する。これに読み書き(reading/writing)を加えてVARKモデルとすることもある。

❷▶ 既有知識 (prior knowledge)

学習者は，学校で学んだ知識（フォーマルな知識）以外にも，個人の経験によって獲得された特定の知識（例えば，旅行の経

験や親の職業に伴う知識等）や，発達に伴い増加する知識（いわゆる常識的な知識），更に社会・文化的な影響のもとに獲得された知識等をもっているため，授業を行うにあたって配慮する必要がある。

❸▶誤概念 (misconception)

特定の概念の理解が，その学問の現在の基準に照らした時に誤っていたり適切でない場合，誤概念を保持しているという。特に物理学や生物学等における科学的な認識について，多くの事例の報告がある。また，対象は概念に限らず，説明理論やルールに関する理解が不十分である場合も含めることがある。

❹▶素朴理論 (naive theory)

日常生活の論理。科学の世界の論理である科学理論は個々の仮説で構成され，一貫性をもつ。それに対し素朴理論は経験的で特殊な個別事例を発達させたものであり，あまり一貫性はない。したがって，理論全体の枠組みが変化することはまれである。

❺▶適性 (aptitude)

個人の特性や能力等のことである。適性として，既有知識や学力のような能力的なものと，テスト不安や性格特性のように特性的なものに加え，学習スタイルや認知スタイル，学習意欲や学習態度のように状況により変化しうるものなどまで含まれる場合もある。

❻▶適性処遇交互作用 (ATI：Aptitude Treatment Interaction)

例えば，対人態度が外向的な学習者は演習形式（処遇A：参加者の積極的な発言が期待されている）の授業から多く学び，内向的な学習者は映像学習形式（処遇B：対人的なやりとりが少ない）の方が効果的な場合などがある。この時，演習形式の処遇Aは対人態度の適性を「活用 (capitalize)」し，映像学習形式の処遇Bは適性を「保障 (compensate)」するものとされる（図2）。

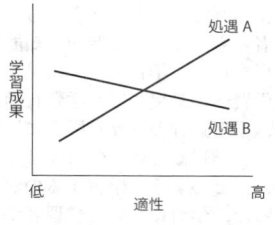

図2 適性処遇交互作用の例

❼▶認識論的信念 (epistemological belief)

人が何かを認識することや学ぶことについて，また知識や人の賢さなどについてどう考えるかなど，人の認識活動全般についての信念。例えば，「知識は断片的で単純なもの」と，「知識はダイナミックで複雑なもの」とでは，前者がより素朴な信念で，後者が高度な信念だとされる。一般的に，素朴な信念をもっていると，学習は限定的なものとなりやすい。この認識論的信念は，教育経験に伴い，素朴な信念からより高度な信念へと発達すると考えられる。

❽▶フォーマルな知識／インフォーマルな知識 (formal knowledge/informal knowledge)

学校で学ぶ知識がフォーマルな知識，日常の生活体験を通して非公式的あるいは非形式的に獲得した知識がインフォーマルな知識。後者は，断片的ないし非体系的であることも多く，また特定の状況や文脈を伴うものであり，前者の知識と結びつけられにくい場合も多い。

演示実験：→ 07-02-❸「仮説実験授業」
学習：→ 03-00「学習：総説」, 03-12「概念学習・関係学習」, 03-13「観察学習」
学習方略：→ 07-03「学習方法」
原因帰属，動機づけ：→ 07-01「動機づけ」
自己内省：→ 07-04「授業研究」
認知・思考の発達：→ 06-09「認知能力の発達」, 06-10「心の理解の発達」
白紙の状態：→ 01-01-❺「タブラ・ラサ」
類推：→ 04-11-❶「アナロジー／類推」

〔深谷優子〕

07-08 ▶ カリキュラム

　カリキュラム（curriculum）とは、ラテン語で競走路を意味する currere を語源としており、**教育課程**と訳すのが一般的である。しかし、厳密にいえば、カリキュラムと教育課程の示す内容は、多少異なる。カリキュラムという言葉が公義的かつ一般的に使われ、**潜在的カリキュラム**を含むものであるのに対し、教育課程は公的で行政的用語であり、**顕在的カリキュラム**に対応する。顕在的カリキュラムとは、学校教育目標に沿って、意図的かつ計画的に編成されるものである。一方、潜在的カリキュラムは、教師が教えようと意図していない内容、具体的には、子どもたちが授業の雰囲気や教師の言動、更には**学校文化**等を通じて行う学習の総体を示し、明文化されることなく伝達される知識や思考・行動様式、価値観等を意味する。

　例えば、アメリカにおける**経験主義**的教育論において、カリキュラムとは、教育目標を達成するために学校に用意される経験の総体と定義され、経験や活動の教育的組織と計画が強調される。すなわち、経験主義とは、子どもの生活経験の広がりや認識の発達を第一条件として、**単元**やカリキュラムを編成する立場を示す。経験主義に沿ったカリキュラムとして、**経験カリキュラム**が存在する。これは、問題解決的な思考と活動によって、文化や社会生活に関わる理解や能力を獲得させるために、教科の存在を前提とせず、子どもたちの内在的な要求に基づき、目的志向的な経験を組織するものである。

　しかし、このような生活経験による学びは、子どもらの学習にばらつきが生じ、系列的な学びがおろそかになるという可能性を孕んでおり、批判が生じた。そのような批判から生まれたのが、**系統主義**の立場である。系統主義とは、科学技術等の原理・原則や知識を第一条件とし、それをもとに、子どもの発達段階を考慮してカリキュラムを編成する立場を示す。このような、知識を体系的に学習することを重視する考え方から誕生したのが、**スパイラル・カリキュラム**である。これは、できるだけ早い年齢から学問の構造に触れ、その後、複数の学年にわたって学習を繰り返し、次第に高度な形で習得することを目的とする。

　また、各教科を関連させて捉える考え方もある。**クロス・カリキュラム**は、それぞれの教科の枠組みを保持したまま、関連する内容や主題を結びつけるアプローチを示す。このカリキュラムの導入によって、学習内容をスリム化することが可能になり、**教科横断**的な学習を組織化することや、知を総合化することも可能になる。近年、学校教育に導入された**総合的な学習の時間**は、このカリキュラムに基づく学習活動の一つである。更に、**広域カリキュラム**には、個々の教科の枠をはずし、複数教科を総合して教育内容を編成する**教科型**と、学習経験の範囲を広くまとめて単元とする**経験型**があり、教科型はクロス・カリキュラムと同義である。

　複数ではなく、一つの教科を核とする**コア・カリキュラム**は、コア（中核）となる中心課程と、それに関連づけられる周辺課程から構成される。我が国の戦後初期のコア・カリキュラムのモデルとされた**ヴァージニア・プラン**では、横軸に基本的な社会機能に基づく生活経験領域を**スコープ**として並べ、縦軸に子どもの興味の発達段階を**シークエンス**として配列し、それらが交差するところに学習課題が設定された。

　更に、カリキュラムに関わるものとし

て，**カリキュラム評価**がある。これは，授業評価，特に授業の成果となる子どもの学力の評価を基盤に据えつつ，教育課程全体における目標の内実と配置を問う評価活動を示す。

今日では，学力の低下や学級崩壊等，様々な学校教育問題が生じ，学校教育への信頼が揺らぎ始めている。カリキュラムの編成にあたっては，従来のトップ・ダウン式ではなく，学校を基礎としたボトム・アップ式の自主的な編成形態が求められる。今後は，カリキュラムの編成能力が，教師の重要な資質の一つとなると共に，日々の授業作りの重要な役割を担うこととなる。

■　■　■

❶▶ カリキュラム評価 (curriculum evaluation)

カリキュラム評価は，カリキュラムをシステムと捉えることから発展してきた概念である。一般に，評価と聞くと測定やテストを連想するが，カリキュラム評価は，システムの働きを点検することが目的となる。つまり，カリキュラムに示した目標を，子どもたちがどれだけ達成することができたかが主たる関心事となる。なお，カリキュラムを改善する営みは，カリキュラム・マネジメントとも呼ばれる。カリキュラム・マネジメントとは，教育目標を実現するために，カリキュラムを編成，実施，評価，改善という一連のマネジメントサイクルに乗せて，一定の成果を生み出す営みのことである。どのようなカリキュラムが目標を達成させる上で効果的であるのかをよく吟味し，組み合わせていくなどの工夫が，ひいては子どもたちの学力向上につながる。

❷▶ クロス・カリキュラム (cross curriculum)

クロス・カリキュラムとは，子どもたちに特定のテーマについて，複数の教科・科目の内容を相互に関連づけて学習させるカリキュラムである。例えば，環境問題について，社会と理科で学ぶ内容を関連づけて学習させる。そうすることによって，子どもたちには，広い視野から学習対象を理解し，分析する力が備わると考えられる。そのほかにも，国際化や情報化等，現代社会の諸問題について，横断的かつ総合的な学習ができるようになるのが特徴である。

❸▶ 経験カリキュラム (experience curriculum)

経験カリキュラムとは，子どもたちの「なぜだろう？」といった知的欲求に基づき，目的志向的な学習活動を組織したカリキュラムである。主として，問題解決学習の活動形態をとり，自然や社会現象に対する理解を深めることを目的とする。生活科や総合的な学習の時間は，このカリキュラムの理念に基づく学習活動であり，従来の画一的な教育や詰め込み教育への反省から生まれたものである。

❹▶ 経験主義 (experience principle)

経験主義は，子どもたちの興味・関心を重視して，生活や経験に表れるものをカリキュラムに位置づけ，組織しようとする考え方を示す。この考え方は，教育や学習における，子どもたちの主体性を重視する立場の包括的な概念となっている。

❺▶ 系統主義 (systematic principle)

系統主義は，主として基礎的な知識や技能の伝達を中心とした指導形態を示す。子どもたちを効率的に学習に取り組ませることができる一方で，教え込みや詰め込み教育に陥りやすいという欠点も指摘されている。指導にあたる際には，学問や知識が元来もつ系統性や関連性について，十分に配慮する必要がある。

❻▶ コア・カリキュラム (core curriculum)

コア・カリキュラムとは，中心課題と，それに関連づけられた周辺課題とによって構造化されたカリキュラムのことであり，中核カリキュラムとも呼ばれる。生活現実

の中で子ども自らが抱いた問題や，興味・関心のある事柄を中心課題として設定し，その課題を解決するために必要な各教科の知識や技能を，周辺課題として統合的に位置づける。こうすることにより，現実生活や社会での問題解決能力を効果的に育むことができる。

❼▶広域カリキュラム（broad curriculum）

広域カリキュラムとは，従来の教科・領域の枠を超えて，より広い枠組みから教育内容を再編成し，総合的に学習活動を組織するカリキュラムのことであり，総合カリキュラムとも呼ばれる。学問的な体系よりも，日常生活において，子どもたちが直面する諸課題の関連性を考慮したカリキュラムである。

❽▶スコープ／シークエンス（scope/sequence）

スコープとは，カリキュラムに関する用語で，学習の領域又は範囲を意味し，何が教えられるべきかを示す。一方，シークエンスは，系列ないし配列を意味し，いつ教えられるべきかを示している。いかなるカリキュラムも，スコープによって構成され，シークエンスによって展開される。

❾▶スパイラル・カリキュラム（spiral curriculum）

スパイラル・カリキュラムとは，子どもたちに各教科の系統的な内容を，発達段階に合わせて拡大させながら，何学年にもわたって繰り返し学習させるカリキュラムのことであり，螺旋型カリキュラムとも呼ばれる。このカリキュラムは，一般に，知識や技能を効果的に定着させることが知られている。しかし，根本的なねらいは，子どもたちが繰り返し学習する機会をもつことで，学習活動の中に，自らが秩序的な内容や構造を見つけ出し，それを他の学習や更に高度な学習に応用できるようになることである。

❿▶潜在的カリキュラム／顕在的カリキュラム（hidden curriculum/manifest curriculum）

顕在的カリキュラムとは，授業を計画的に進めるために期待された，明示化されたカリキュラムのことであり，単にカリキュラムとも呼ばれる。一方，潜在的カリキュラムとは，教師が意図していないのにもかかわらず，暗黙裡に授業秩序や子どもらの人格形成に影響を及ぼすことを概念化したもので，ヒドゥン・カリキュラムとも呼ばれる。潜在的カリキュラムを研究することは，授業が教師の意図どおりに進行しない場合の，顕在的カリキュラムの問題点を検討する上で重要となる。

〔梶井芳明〕

08-00 社会〔総説〕

社会心理学は，英語表記では social psychology であるが，social の意味として日本語では大別して二つがある。一つは人々の集まり，社交の意であり，もう一つは社会である。社会心理学は両者を領域として含むが，前者を強調したい場合に，対人心理学や対人行動学という語を用いる場合もある。前者においては，他者の存在が何らかの役割を果たす場合や，人が人に対して行うこと全てが研究領域に含まれることになる。この対人領域においては，社会的行動を主として個人の行動あるいは，個人の行動の集積に還元して捉えようとするミクロ領域，ミクロ社会心理学と呼ばれる領域がある。集団の心理学，集団過程もしばしばミクロ領域と見なされるが，ミクロ-マクロ融合の試みも活発化している。これに対して，社会領域は，社会現象として集合的に見られる流行，流言，災害行動，消費者行動，政治行動等を中心領域とし，近年はメディア関連行動の一領域としてのインターネット行動，インターネット・コミュニケーション等の発展が著しい。これらの領域はマクロ領域，マクロ社会心理学とも呼ばれる。

ミクロ領域は，かつての心理学的社会心理学，マクロ領域はかつての社会学的社会心理学に対応するものとも見なされる。だが，研究手法としては，心理学的手法が強くなっており，特定の現象を扱う理論的背景や手法も多様化しているために，単純なミクロ，マクロの分類は困難なものとなっている。また，領域の研究者はそのような分類を意味あるものと見なさない傾向が浸透してきている。そのため，手法的なクロスオーバーと相俟って一体化が進んでいるといえる (08-01)。

伝統的に社会心理学分野の分類は，研究対象の人々の数の多寡によって配列されることが多く，自己 (08-04)，社会的認知，帰属過程，態度と態度変化，対人行動，対人相互作用，集団過程，集合過程といった分類が見られる。かつて盛んであったバランス理論や認知的不協和は態度変化の項に含まれるが，現在の研究は極めて少ない。近年では，説得による態度変化，同調，服従，勢力，規範等，個人並びに集団から影響を受ける過程を一括して社会的影響とくくることも多い (08-06)。

対人行動は典型的には一対一の関係で，行為者と行為対象者が存する場面を扱い，伝統的に攻撃行動と援助行動の研究が蓄積されてきた。近年では自己呈示や印象管理を含めることもある。対人相互作用には，対人魅力研究やソーシャルサポート，コミュニケーション，非言語的コミュニケーション，ネットワーク，会話分析等の領域が含まれるが (08-11, 12)，対人魅力研究は，近年，親密な関係の研究分野へと発展し (08-07)，更に進化的アプローチを取り入れた配偶者選択行動の研究が興隆しつつある (08-10)。この人間関係分野はソーシャルスキル研究等の発展をもたらし，近年は人々のウェルビーイングの向上を研究するポジティブ心理学と深い関係をもつように展開してきている。一方で，囚人のジレンマをはじめとするゲーム分析の手法に基づき対人相互作用を分析する研究が発展し，更には社会的ジレンマの研究へと展開がなされた (08-09)。その中で，人々の間での

信頼や互恵性，利他行動の分析等に焦点が当てられ，一つの研究領域を形成するに至った。ゲーム分析の手法は行動経済学と深く関係している。

集合行動はメディア・コミュニケーション研究のほか，避難行動や環境配慮行動，ボランティア行動等，社会的問題に関わる研究も盛んとなり（08-13），手法としても従来多く見られた量的調査法だけではなく，アクション・リサーチ等の質的研究法による研究が見られるようになってきた（08-15）。

量的調査においては，統計手法，とりわけ多変量解析法の進展により，構造方程式モデル等，一度に多くの変数を取り上げてその影響関係や因果関係を分析する手法が発展したことが，研究の高度化に寄与していると考えられる。その一方で，社会的事象の当事者へのインタビュー等，質的研究法の発展も仮説生成やモデル生成，あるいは事象の深い理解を主眼に置いた研究への認知を高め，存在感を増している。

個人領域である社会的認知，帰属過程の領域に立ち戻ると（08-03），近年，認知的アプローチの影響のため，精緻な手法が発展し，個人内のプロセスをより詳細に扱う研究が展開した。その中で，非意識過程や自動性の研究が立ち上がり，手法的にも潜在連合テスト等，潜在的態度を測定する潜在測定が急速に発展した（08-02, 14）。また，テーマとしてステレオタイプや偏見，集団間関係が多く取り上げられるようになり，社会的アイデンティティ理論やシステム正当化理論の提示とともに，集団間葛藤の研究領域が著しく発展した（08-08）。更に，社会的感情を中心とした感情研究も社会心理学の領域内で多く見られるようになってきた。近年では感情制御を含む自己制御の問題も多く取り上げられるようになった。また，社会的推論も認知的観点からだけでなく，動機的観点も多く取り入れられるようになった（08-05）。

このように，新たな展開が盛んに見られるようになってきた社会心理学領域であるが，本領域（社会）では以下の大項目において，近年の変化に対応できるように，伝統的な項目立てではなく，新たに興隆してきている領域の新知識に対して利用者が十分アクセスしやすいように配慮し，設定した。そのため，伝統的，歴史的に社会心理学の成果としてあったバランス理論や認知的不協和，監獄実験，同調実験，服従実験等は，既に歴史的役割を終えたものとして割愛した。今後の社会心理学研究がどのように展望されるかという観点から利用いただくことを想定した。また，文化の領域に代表されるように，社会心理学が多く担ってきた近年の領域もあり，本辞典における関連領域として，「文化」「環境」「行動経済」「産業」「組織」「健康」「犯罪」「感情」「性格」等にも，社会心理学のテキストに含まれているような事項が多く見られるので参照されたい。

〔北村英哉〕

08-01 ▶ 社会心理学の歴史

心理学の中で個人間過程，集合過程に関心が向けられたのは新しいことではない。実験心理学の祖として知られるヴント（1900〜1920）による『民族心理学』は，現在の言葉でいうと文化心理学にあたり，集団としての人間が蓄積した言語や習俗を非実験的な方法で収集・分析した。しかし，1920年代中盤より前の「社会心理学」は，二つの点で現在の心理学と断絶がある。

第一に，1920年代より前の「社会心理学」は，ル=ボンの**群衆**やデュルケムの社会実在論に代表されるように，集団そのものがもつ特異な心性の研究が主であり，タルドのように，集合行動の起源を模倣のような個人に求めるものは少数であった。社会心理学を冠したテキストとして有名なマクドゥーガルの『社会心理学入門』（1908），ロスの『社会心理学』（1908）も前者の流れの中にあった。また，当時この群衆の行動は，異常心理学と同じ類型の問題として考えられており，そのためアメリカで最初に「社会心理学」と冠されたジャーナルは，1921〜1964年にかけて刊行された『異常心理学・社会心理学雑誌』であった。

第二に，それゆえ集合過程は，個人内過程の研究とは異なり，実験室での研究ができないものと考えられ，個人とは切り離されて検討されていた。その方法とは，ヴントの民族心理学に代表されるように，歴史・風習・制度・信仰等の文化やエピソードを記述，考察するという形で行われた。

しかしその後，個人との関係で集合過程を捉える考え方も少しずつ現れ始めた。その一つに群衆心理学のモエデのように，集団そのものを研究対象にするのではなく，集団の中の個人に焦点を当てるものがある。特にオールポートが『社会心理学』において，個人の行動を「社会的な刺激として働く反応，あるいは社会的刺激に対する反応として行動」（Allport 1924）と定義したこと（方法論的個人主義）で，社会心理学の多くの領域が従来の心理学の手続きの拡張によって扱えるようになった。

しかし，1920年代の社会心理学で扱われている内容は，他者存在が作業に与える影響等，限られたテーマであった。これを拡大させたのは，サーストン（1928）による態度を測定可能にするための理論の整備や，**ゲシュタルト心理学の影響**による実験社会心理学研究の展開や認知的概念の社会心理学への導入であった。特にゲシュタルト心理学に影響された，フェスティンガーの認知的不協和理論とハイダーの認知的バランス理論は**認知的斉合性理論**と呼ばれ，**自己過程への注目**が進む契機となった。

また，社会心理学の発展には，このような学問内部の展開だけではなく，時代背景の影響も大きかった。特にアメリカの社会心理学の展開において，**第二次世界大戦の影響**を無視することはできない。第二次世界大戦は，ゲシュタルト心理学者の渡米・亡命をもたらし，アドルノの「権威主義的パーソナリティ」研究を誘発し，ミルグラム（1963）の**服従実験**のモチーフとなるとともに，資金的にも社会心理学をうるおし，活性化した。

このように興隆した社会心理学に変化が起こったのは1970年代である。70年代前半には，前述の服従実験や，ジンバルドーにより1971年に行われた**スタンフォード囚人実験**等で心理学実験の倫理や，実験状況と現実場面との乖離が問題になり，社会心理学の社会的意義や，社会心理学の知見の文化依存性や不変性等が議論された。こ

社会心理学の歴史

れは社会心理学の危機と呼ばれ、結果的に、社会構成主義等、新たな考え方を生み出した。他方で、70年代は、**認知革命の影響**によって、認知心理学の手法が社会心理学に取り込まれた。また、人の行動の先天的基盤に否定的な行動主義の影響が弱まったことで、**進化心理学**等、新しい研究領域も拡大した。

■ ■ ■

❶▶ゲシュタルト心理学の影響 (influence of gestalt psychology)

レヴィンらゲシュタルト心理学者は、社会的問題を実験室で実験的に検証しようとした。また、更にレヴィンによってマサチューセッツ工科大学に1944年に開設されたグループダイナミックス研究所は、多くの社会心理学者を育てた。社会心理学におけるゲシュタルト心理学の影響は、ウェルトハイマーの影響を受けたアッシュの有名な印象形成の論文に見ることができる。この実験では、印象が部分の総和ではなく、「あたたかい」「つめたい」のような中心特性が、全体の印象を統合する機能をもつことを示している。このように、ゲシュタルト心理学者に直接影響を受けた認知社会心理学の研究者には、アッシュのほか、ケーラーに影響を受けたシェリフ、レヴィンの弟子のフェスティンガーらがいる。

❷▶自己過程への注目 (attention to self processes)

認知的不協和理論において、フェスティンガー自身は考慮していないにもかかわらず、認知や行動が一貫していなくても不協和が起こらない場合があった。クーパーとジョーンズは、実験参加者に選択の余地があることが必要条件だと考え、グリーンワルドとロニス (1978) は、認知的不協和が起こる状況は自我防衛の理論で解釈可能だと主張した。このように、社会的な認知において自己概念が重要だと認識されたことにより、1980年以降、自己についての研究が増加した。

❸▶進化心理学の影響 (influence of evolutionary psychology)

アメリカの初期の心理学者ボールドウィンやマクドゥーガルは、進化論の影響を強く受け、行動は遺伝する本能によって引き起こされると考えていた。しかし、その後の行動主義の影響を受けた心理学では、人は白紙の状態で生まれてくると考えられており、遺伝子を媒介とする進化が入り込む余地はなかった。そのような状況が変化するには、ローレンツら生態学者による動物の本能に埋め込まれたコミュニケーション・メカニズムの解明、及びハミルトンによって拡張された包括適応度の概念とウィルソン (1975) による社会生物学の確立、行動遺伝学の発達、及び認知革命による行動主義の相対的弱まりが必要であった。進化心理学は、配偶者選択行動や、魅力、性差の研究に説明を与えるとともに、向社会的行動、攻撃性、社会的影響等の分野において新たな仮説を構築するための刺激を与えたが、他方で、進化心理学的な考えの利用方法には議論が続いている。

❹▶第二次世界大戦の影響 (influence of World War Ⅱ)

いわゆるホーソン研究で、社会に貢献しうる学問であることが認められた社会心理学には、第二次世界大戦前後に多くの研究資金が流れ、これが多くのポスト・ドクターをひきつけ、結果的に社会心理学者の増加をもたらした。更に第二次大戦では、イェール・コミュニケーション・プロジェクトで、戦時モラルや士気、態度変容の研究を行ったホヴランドら、多くの心理学者が社会学者と共同で戦争に関わる社会心理学

⑤▶認知革命の影響 (influence of cognitive revolution)

ゲシュタルト心理学では，物理的な場と心理的な場を区別するが，このようなゲシュタルト心理学は，行動主義的影響が強かった社会心理学に，認知的な考え方（例えば，認知的不協和理論から推測される「一貫性追求」）を導入することになった。認知革命は，このような認知的変数を，独立変数や媒介変数として用いる可能性を拡大し，同時に，意思決定や判断についての研究を刺激し，カーネマンとトヴァスキーのヒューリスティック理論 (1972; 1973) やプロスペクト理論 (1979) へとつながった。また，認知心理学と社会心理学の両方を学んだ学生の中から，認知心理学の手法（例えば反応時間）を取り入れて社会心理学の対象を扱う研究者が，70年代後半から現れた。それによって新たに現れた分野として，社会的認知の領域がある。

⑥▶服従実験／スタンフォード囚人実験 (experiment on obedience/Stanford prison experiment)

服従実験とは，1963年にミルグラムによって発表された実験。参加者は，謝金の代わりに学習における罰の効果を検証する実験に参加するように求められ，参加者のうちの多くが，実験者に言われるままに，誤答する偽りの学習者（実験協力者である役者。別室にいる）に対して，電気ショックを与えるスイッチを押し続けた。スタンフォード囚人実験とは，1971年にジンバルドーによって行われた模擬監獄実験。前科のない市民24名が，囚人役と看守役に割り当てられ，それぞれの役割を遂行するように求められた。両者の反応はエスカレートし，6日間で実験を中止することになった。これらの実験は，人が状況の影響を強く受けることを明快に示し，多くの知見をもたらしたが，実験参加者にも大きな苦痛を与えていたことが分かり，その後社会心理学における研究倫理が問題になった。

〔荒川 歩〕

08-02 ▶非意識過程と潜在測定

社会心理学において，人の内的心的プロセスを重視した認知的アプローチが，1970年代後半頃から発展してきた。例として印象形成では，他者についての情報（対人情報）入力から，その情報の解釈や記憶等の処理過程を経て，評価・判断等の出力に至る流れを想定した研究がなされるようになった。その中で，対人情報の解釈を方向づける一つのプロセスとして，プライミング効果を応用した社会的プライミング効果が発見され，盛んに検討されるようになった。事前に「敵意性」という特性概念（特性とは，能力と性格を合わせたものである）を活性化させることによって，後の人物印象の評価の段階で，より敵意性の高い評定が得られるといった現象であった。社会的プライミング効果が閾下における活性化によっても生じる閾下効果が見出されるに至って，潜在過程にも関心がもたれるようになってきた。自動的行動研究においても，非意識的に行為者の自覚のないままに事前の活性化の影響が行動に及ぶことが示された。例えば，親和概念を活性化された群と達成概念を活性化された群を比較すると，前者の方が直後に行った他者との共同課題への取り組みにおいて，より他者配慮的な振る舞いをとることが示された。

自動性と呼ばれるプロセスは，四つの要素からなり，本人の意図がないという無意図性，本人が気づいていないという無自覚性，本人にとっての統制不可能性，少な

認知資源でプロセスが実行されるという効率性が挙げられる。しかし，自動的プロセスと通常呼ばれるものが常にこの4要素を備えているとは限らず，いずれかを欠いた条件においても自動的プロセスと呼ばれる。非意識過程と呼ばれるものは，通常このうち無意図であること，無自覚であることをもって特徴づけられる。ただ，無自覚という概念も，刺激情報そのものが閾下呈示等により自覚できないというレベル，刺激は意識的に認知できるが，刺激と出力の関係に無自覚であったり，その効果に無自覚であったりするレベル等，様々であり，更には意識的な認知や理解があるにもかかわらず，それが幻想であって間違っており，真のプロセスには無自覚といった特定が難しい複雑なレベルも存在する。社会心理学実験で扱われる状況の影響は，しばしば効果に無自覚であったり，真のプロセスに無自覚であったりする点では，無自覚的プロセスに基づく効果といえるが，通常これは非意識的プロセスの研究には含めない。

測定においても自身の行っている作業は十分意識・自覚できるが，何を測定されているかが分からないといった性質をもつものを**間接測定**と呼び，なかでも知識構造の非意識的認知プロセスを利用した測定を近年，**潜在測定**と呼んでいる。間接測定には，ネームレター効果，署名効果等があり，潜在測定の代表は，**IAT**（潜在連合テスト）である。その他の態度の潜在測定法として逐次プライミング法，**AMP**，**EAST**がある。IATは態度測定だけでなく，自尊心の測定にも利用され**潜在自尊心**を測ることができる。1990年代末頃からこのような潜在測定は盛んになり，その信頼性，妥当性が議論されている。また，態度の潜在測定の基盤として，態度の二過程モデル等も提唱されている。本人にとって無自覚であるという点では，**潜在的自己中心性**という現象も知られており，自分に近いものに親しみを感じ，接近しがちであるが，そのことに自身では気づいていないことがしばしばあるという。

■　■　■

❶▶ IAT (IAT: Implicit Association Test)

潜在連合テスト。理論的には，グリーンワルドとバナージによって1995年に発表されたが，実験的研究の成果は彼らの1998年の論文から始まる。4種類のカテゴリーの語ないし画像を2種類ずつ二つに類別する際に，2種類の関係の強弱によって類別行動の円滑さが異なることを反応時間によって測定し，比較することによって，翻って，被測定者内の概念の関係性の強弱を判断する態度の個人差の測定技法である。例えば，女性，男性，科学，人文の4カテゴリーがあった場合，女性と科学，男性と人文を結びつけた2分割を行うのに時間がかかるほど，女性＝人文，男性＝科学というジェンダー・ステレオタイプの強い人であることが知れる。ステレオタイプ的に関連する知識においてこれを実行すれば，ステレオタイプの測定になるが，一般的な好ましい対象と好ましくない対象を用いて測定すると，より感情的な要素が強まり偏見の測定となる。また，自己への態度を測定すれば，潜在自尊心を測定することができる。

❷▶ 閾下効果 (subliminal effect)

バージは1982年に，社会的プライミング効果が，事前の特性概念呈示のフェーズが閾下で行われても成立することを示した。知覚課題と称した事前呈示において，実験参加者に対する視覚呈示を閾下レベルで行い，敵意性概念を活性化したことによって，やはりその後の印象課題において，

活性化方向への評定の極化効果を見出した。その後, バージらは, このような閾下効果が行動のプライミングにおいても生じることを見出し, 更にザイアンスらは, 事前に見た対象について好意が上昇するという単純接触効果が閾下呈示においても成立することを示した。

❸ ▶ **EAST** (EAST : Extrinsic Affective Simon Task)

外発的感情サイモン課題。画面呈示される刺激への反応として, 左右のキー押し反応の不適合性を利用した, 態度の潜在測定技法の一つ。元来のサイモン課題では, 画面における刺激の左右呈示と, キー押し反応の左右とが適合/不適合かによって反応時間が異なることを示していたが, EASTでは外発的な学習の結果として, 左右のいずれかをポジティブ/ネガティブな反応と結びつけることを行い, その中で, 呈示される語の左右振り分け(通常画面呈示される語の色に基づく)での反応時間を検討し, 不適合の場合に反応が遅くなることを利用して, 呈示された概念, 対象に対する肯定的/否定的態度を潜在測定する。

❹ ▶ **AMP** (AMP : Affect Misattribution Procedure)

態度の潜在測定技法の一つ。感情プライミング効果を利用している。態度対象をディスプレイに呈示した後, ニュートラルな刺激を呈示し, 被測定者は2番目のニュートラル刺激に対するポジティブ(好ましい), ネガティブ(好ましくない)を回答する。第1呈示の影響を無視するように教示されていても, 被測定者は第1呈示の感情価を第2呈示の評価判断に乗せる。これは感情の誤帰属現象であるため, これを感情誤帰属手続き(AMP)と呼ぶ。被測定者の刺激呈示に対するポジティブ反応率を通して, 第1呈示される態度対象へのポジティブな態度の程度が潜在測定できる。

❺ ▶ **社会的プライミング効果** (social priming effect)

1977年にヒギンズらによって直接プライミングにあたる社会的プライミング効果, 1979年にスラルとワイヤーによって間接プライミング効果の応用になる評価への効果が見出された。ヒギンズは, 知覚課題と称して事前に冒険的等の特性語を実験参加者に呈示しておき, その後, これとは無関連と説明された印象形成課題において, 先に呈示した当該の語そのものが印象の記述の中に出現する割合が事前呈示によって高まることを示した。スラルとワイヤーは, 乱文構成課題から敵意性概念を活性化しておくことで, これと無関連と説明された後続の印象形成課題において, 敵意性にまつわる人物評定の値が, 事前呈示によってより敵意性の高い方向へ極化することを示した。いずれも, 当該の特性概念のアクセス可能性が上昇することによる効果と説明され, アクセス可能性効果とも呼ばれる。

❻ ▶ **潜在自尊心** (implicit self-esteem)

IAT等によって潜在測定する際に, 自分-他者, 好ましい-好ましくないという4カテゴリーの結びつきで, 自分-好ましい, 他者-好ましくないという結びつきの方が反応時間が速くなる程度をもって, 自分への好ましい態度, すなわち潜在自尊心が測定できるという考えに基づく。「他者」の代わりに友人, 親族等, 特定人物を当てはめることも可能である。自分, 他者に関わる刺激語として, 英語では, I, me, they等を用いることがあるので, 日本語でも「私は」「他者の」「自分」「他人」等の語を用いて測定する場合, ほかに, 出生地や誕生日, 現住所, 所属等あらかじめ自分に関わりの深いものをデータとして得ておき, 関わりの薄い他者の情報と組み合わせることによって刺激語を準備して測定を行う場合がある。

❼ ▶ **潜在的自己中心性** (implicit egotism)

自分のイニシャルであるアルファベットを好むというネームレター効果のほか, 自

分の名前の幾つかの文字（例えば冒頭の三つなど）と共通である地名を好み，そこに住んだり，自分の誕生日の数字と共通の番号をもつ他者を好んだり，同じ数字を含む地名を好んだりするが，そうでない他者やそうでない対象と比較して，そのような選択の好みが現れていることを本人自身は気づいていないという現象を指す。

プライミング効果：→ 04-09「潜在記憶」

〔北村英哉〕

08-03 ▶ 対人認知

アッシュは 1946 年に**印象形成**についての実験を行い，特性リストの中で影響の大きい中心特性と影響の小さい周辺特性を示し，全体として統合的な一つの印象が形成されるとするゲシュタルト的観点を提示した。また，特性リストの提示順の効果から初頭効果，新近効果の概念も示した。アンダーソンは印象を一つの好ましさに集約し，各特性語の好意度の代数的結合として全体印象を予測することができるとする代数モデルを提示し，印象を数理的な線型モデルで記述する先駆けとなった。その後，多変量解析の技法の進展とともに対人認知次元の抽出，近年ではビッグファイブと呼ばれる特性次元の指摘がなされた。また，認知次元や特性概念の用い方の個人差から認知的複雑性の概念を G. A. ケリーが指摘し，他に統合的複雑性等の概念が生まれ，権威主義的パーソナリティ等，個人差特性との関連性が探究された。

人の行動を観察して属性を推論するプロセスについては，正しく属性が推論できるか，あるいは，その行動の原因は性格等の内的原因ではなく，状況等の外的原因に基づく場合もあるなどの問題意識から，ジョーンズとデービスは**対応推定理論**を提示し，行動からそれに対応する属性が推論されやすい条件等が指摘されるようになった。この行動の原因の帰属の流れから帰属研究が盛んになり，H. H. ケリーはその**立方体モデル**（**ANOVA モデル**）で，帰属過程を構成する要素として人，実体，時/様態それぞれの合意性，弁別性，一貫性が原因帰属を導くという規範的なモデルを示すとともに，**割増原理**，**割引原理**等も提示した。しかし，人が必ずしもそのような規範的モデルに基づいて合理的推論を行わないことが指摘されるようになり，**対応バイアス**や**自己中心バイアス**等の歪みが指摘されるようになった。1970 年代末頃に認知革命の影響を受けた社会的認知研究が起こると，情報処理的アプローチが取り入れられ，スキーマや先入観によるバイアスが着目されて，先行経験に基づく自動的な**同化効果**や，後には**対比効果**等も指摘されるようになった。更に，印象形成の統合的モデルとして，**二重過程モデル**や**連続体モデル**が提示され，カテゴリーに基づく印象と個別印象が対置される 2 過程モデルが盛んに示されるようになった。この頃からステレオタイプや偏見への応用研究が一段と盛んになり，自動的過程と統制的過程の 2 過程に着目したステレオタイプの**分離モデル**や，ステレオタイプの形成，維持メカニズムを検討する研究，**抑制，リバウンド**についての研究等がなされるようになった。帰属理論の情報モデル的発展として，**自動的特性推論や帰属の 3 段階モデル，多重推論モデル**等が提唱され，近年では**意図の推論**や**マインド・リーディング**へと展開し，発達心理学の心の理論との乗り入れ的研究も現れるようになっている。

❶ ▶ 意図の推論／マインド・リーディング
(intention inference/mindreading)

特性推論が，より持続的な他者の属性に関わる安定的な予測を導こうと試みるのに対して，意図の推論やマインド・リーディングは，相互交渉している他者のリアルタイムの思考・感情を読み取ろうとする試みである。他者の行動や表出の情報から，それに至る経緯の推論，実行を可能にした原因等，意図に関わる様々な推論を我々は行う。他者の心の推論に際しては，同様な状態における自己の心的状態の想像を材料に推論を組み立てることがあり，それが推論において体系的なバイアスを生み出すことが指摘されている。

❷ ▶ 厭世効果 (misanthropic effect)

我々は，基本的にデフォルトとしては，他者を好意的に評価しがちである一方，属性帰属では厭世的（他者を善人として捉えない）傾向も示している。望ましい行動をとる原因は社会規範に従うことによるものと考えがちであり，望ましくない行動は規範に反するので，その個人本人の属性が現れているものと見なす。したがって，規範の働かない場面では，人はより悪い行いをするだろうという予測を高めてしまう。

❸ ▶ 自動的特性推論／帰属の3段階モデル
(spontaneous trait inference/3-stage model of attribution)

他者の行動を観察した際，特に意識しないでも自発的にその行動から特性が推測される現象を，自動的特性推論という。ギルバートは，他者の行動に接した時に，①行動の同定を行い，②自動的な属性の推論がまず生じ，③状況の勘案に基づく帰属の調整，修正過程が働くとした。③は，認知資源に余裕がある時にしか行うことができない。以上の二つの理論は，内的帰属と外的帰属が対等ではなく，人がデフォルトとして自動的に内的帰属，属性帰属を優先しやすい傾向にあることを指摘する共通性をもつ。

❹ ▶ ステレオタイプの形成と維持 (development and retention of stereotype)

ステレオタイプの形成では，錯誤相関研究によって，人は少数の目立つ行動に着目するために，少数集団に特徴的な性質を付与する（場合によってネガティブな）傾向がある。また，外集団との差異を際立たせ，内集団の一体性を強調するために，ステレオタイプ的な特徴を互いに付し，分け合うことによって，ステレオタイプ的見方を形成，維持する。ステレオタイプ的期待をもつと，確証バイアスや注意の偏り，サブタイプ化による切り離し等によって，ステレオタイプ的特徴と集団との関係は維持されがちとなる。

❺ ▶ 対応バイアス (correspondence bias)

対応とは，観察された行動が内的属性にどれだけ対応するかという意味で用いられている。観察者は，他者の行動が内的属性に基づいて生じていると過大評価しがちであり，これを対応バイアスと呼ぶ。観点を変えると，状況要因を過小評価しているということになる。基本的帰属錯誤 (fundamental attribution error) とも呼ぶ。

❻ ▶ 多重推論モデル (multiple inference model)

ケリーらの規範的モデルに比べ，日常的認知の複雑さに対応して，属性推論においては，動機の推測を通じ，関連する属性が推論されると考えるリーダーが提案したモデル。外的状況の影響が働く場合でも，利己的動機や従属動機等，様々な動機が考えられ，対応する様々な属性が推測されやすくなる。

❼ ▶ 同化効果／対比効果 (assimilation effect/contrast effect)

先行経験として呈示された刺激の方向に

後の判断が歪む場合を，同化効果という。敵意性に関する単語を示された群が統制群に比べ，後に呈示された刺激人物をより敵意的と評定する場合がそれにあたる。対比効果は，呈示された刺激を比較基準としてしまい，アインシュタインよりも知的でないと感じることによって，自己の知性を低く評定するように，事前の呈示刺激と逆方向に評定が歪む。通常デフォルトが同化効果で自動的に生じ，対比効果はその調整過程で生じるという議論があるが，自動的に対比効果が生じる例も指摘されている。

❽ ▶ 二重過程モデル／連続体モデル (dual-process model/continuum model)

印象形成のプロセスモデル。2過程を強調するところに共通点がある。ブリューワーが示した二重過程モデルでは，親しい友人等をカテゴリーに当てはめない場合に，初めから個人化処理に向かうプロセスが想定されている。そのためカテゴリーを適用する場合に，もっぱらカテゴリーに基づく処理が強い場合と，カテゴリーに当てはまらない点について個別化していく個別化処理を示しているので，全体で3タイプのプロセスが存在することになる。それに対してフィスクらが提案した連続体モデルでは，カテゴリー処理が優先であり，うまく当てはまらない時に限って，個別情報（ピースミール情報）を用いて印象形成していくが，その個別情報を用いる程度には連続的な程度の違いを想定する。

❾ ▶ 分離モデル (separation model of stereotype)

ドゥバインが示したステレオタイプの分離モデルでは，ステレオタイプの知識自体は誰でも関連情報によって自動的に活性化が生じ，偏見の弱い人はそこから統制プロセスを働かせて，ステレオタイプを用いないようにするという2過程モデル。ステレオタイプ知識の自動的活性化は不可避としたことによって議論を呼んだ。

❿ ▶ 抑制／リバウンド (suppression/rebound)

意識的にステレオタイプ的な思考を行わないように抑制を行うと，ウェグナーの逆説的効果の理論で指摘されているとおり，後にリバウンド効果が生じて，よりステレオタイプ的な記述，判断，行動が生じるという現象が見られる。ステレオタイプ的思考への対処として，単純抑制を行うよりも，代替思考を形成する対策を行った方がよいという。

⓫ ▶ 割増原理／割引原理 (discounting principle/augumentating principle)

行動を促進するような状況が存在する際には，行動からの内的な原因帰属は割り引きされ，行動を妨げる原因が他に存在する時には，それでも効果が生じる点から原因の効果は割り増しされるという原理。例えば，ボートを漕ぐ力は，下流に向かって川の流れがある場合に，割り引きして見られ，川上に向かって流れに逆らって漕いでいる時には割り増しされて見られる。

〔北村英哉〕

08-04 ▶ 自己過程

自己には多様な側面や働きがあるが，ここではそれらを構造的側面，評価的側面，及び実行・制御的側面に分けて整理する。

我々は自己に関する膨大な知識（記憶，信念，感情等）を有しているが，あらゆる側面に関して均質に知識があるわけではなく，自分にとって重要な事柄については多くの知識が統合されており，**自己スキーマ**が形成されている。また，自分に関する膨大な知識は常に全てが一様に参照可能なのではなく，そのときどきに活性化して参照

されやすい知識群である**作動的自己概念**は変動する。作動的自己概念にはその内容に沿った行動を導くため，その内容に応じて，ある範囲で人の行動は変動することになる。作動的自己概念は，その時に自分が置かれた社会的文脈や従事していることなどに応じて変動するが，他者にどう自分を見せたか，すなわちどう**自己呈示**したかによっても変動する。我々の自己概念は，他者に呈示した内容の方向に（短期的に）変容する。例えば，他者の前で社交的に振る舞うと自己概念は社交的な方向へ変容し，その後の行動もこの自己概念に沿って社交的になる。この現象を**自己呈示の内在化**と呼ぶ。

自己は内省可能な対象であり，評価の対象である。内省するためには自分自身に注意を向ける必要があるが，注意が向けられた状態を**自己覚知**と呼び，その傾向の個人差を**自己意識**と呼ぶ。人には自分自身に対する評価を（高く）維持する心理メカニズムが備わっており，自己評価が様々な方略によって維持される。これらは，自己に対する評価の重要な特徴であり，多様な方略に関する研究がある。これに対して，多様な方略により自尊心が維持されるメカニズムが人に備わっているのはなぜか，という問題に正面から取り組んでいるのが，**存在脅威管理理論**と**所属欲求理論**である。

多くの自己評価維持は情報の歪曲や，バイアスのかかった解釈を通じて行われる。例えばテストで悪い成績をとった時に，問題が悪かった，たまたま勉強しなかったところが出題されたなどと外的な要因に原因を帰属することで，自分の学力に対する評価は維持されることになる。更には，自ら妨害要因を作り出す**セルフ・ハンディキャッピング**がなされることもある。

自己に対する評価のうち最もよく取り上げられるものが**自尊心**である。自尊感情とも呼ばれ，自分に対する全体的な評価を意味し，全体的な自己評価が高い，低いという傾向を，自尊心が高い，低いと言い表す。**自己価値随伴性モデル**によれば，自尊心は全体的な自己に対する評価ではあるが，自分が価値を随伴させている領域における評価に伴って上下する。つまり，自分にとって重要で意味のある領域における自己評価が，全体の評価を変動させるのである。

自己評価は自身の達成や失敗だけでなく，他者との比較である**社会的比較**によってももたらされる。例えば，優れた他者との比較（上方比較）は自分の評価を下げやすく，劣った他者との比較（下方比較）は自己評価を上げやすい。この社会的比較の過程を中心に据えて自己評価維持のメカニズムをモデル化したものが，テッサーらによる**自己評価維持モデル（SEM）**である。一方，過去や将来の自分との比較を**継時的比較**と呼ぶが，この比較に基づく自己評価維持のメカニズムがロスとウィルソンの**継時的自己評価理論**によって示されている。

自己評価を維持するための防衛的反応には，自己評価を下げる情報を避ける，情報の価値を低く評価するなど，脅威となる情報のもつインパクトを低減する方略が考えられる。しかしスティールの**自己確認理論**によれば，自分の価値を確認する機会があれば，人は防衛的反応を抑えて脅威となる情報を受け入れることができる。例えば，喫煙者にとっては喫煙の害を示す科学的証拠は脅威となるが，自分が重要だと思うことを再確認し，自己価値を確認した場合は，喫煙者であっても，喫煙の害に関する情報を客観的に見ることができるようになる。つまり，脅威となる事柄とは別の側面において，脅威に対抗する資源を確保するという方略も選択可能なのである。

ただし，自己評価を下げるような情報が逆に求められる場合もある。自分に関してどのような情報を求めるかという動機には，正確な評価の情報を求める**自己査定動**

機, 好ましい評価の情報を求める**自己高揚動機**に加え, 自分の評価に一致した評価の情報を求める**自己確証動機**, 自分を改善する情報を求める**自己改善動機**がある。自己評価が否定的で自尊心が低い人は, 自己確証動機が働く場合は自己評価を下げる情報を求めることになり, 否定的自己評価が維持されやすい。

自己の実行機能である目標の追求においては, 成功を目指すのか失敗を避けるのかという二つの方略がある。この方略を整理したヒギンズらの**制御焦点理論**では, 成功に焦点を当てることを促進焦点, 失敗の回避に焦点を当てることを防衛焦点と呼び, 前者ではリスキーな選択が好まれるが, 後者では逆であることなどが明らかにされている。また, 効率よく目標を追求するためには, 当面の目標に無関係あるいは拮抗する目標の追求は抑制されなくてはならないが, このような自己制御には**制御資源**が必要となる。バウマイスターらは, 制御資源は有限であり, 様々な形の自己制御に共通して使用され, 一度に消費すると枯渇すること, そして制御資源が不足した**自己枯渇**の状態では通常は制御されている様々な行動が制御できなくなることを示した。

■　■　■

❶▶継時的自己評価理論（temporal self-appraisal theory）

過去（及び将来）の自己評価を利用して現在の自己評価を維持するメカニズムがあるとする。例えば, 過去の自分を実際のそれよりも劣ったものとして想起することで現在の自己評価を相対的に高めたり, 過ちをした過去までの主観的時間的距離を長く見積もることで現在の自己評価への影響を希釈する, といったような過去の自分に対する評価の歪曲と, 過去までの主観的時間的距離の変容によって, 現在の自己評価が維持されるとする。

❷▶作動的自己概念（working self-concept）

マーカスによって提唱された自己概念の捉え方で, 人の多面的な自己概念は全てが常時同じように活性化し, 参照されやすい状態にあるのではなく, その時の文脈に応じた部分が活性化していると考える。このように考えることで同じ人の行動や態度, ひいては自己の捉え方がその時によって異なることをうまく説明できる。

❸▶自己覚知／自己意識（self-awareness/self-consciousness）

自分自身に注意を向けている状態を自己覚知と呼ぶ。他者から観察可能な公的な自己に注意を向けることを公的自己覚知と呼び, 他者から観察できない内面である私的な自己に注意を向けることを私的自己覚知と呼ぶ。状況要因によって自己覚知は変動するが, 個人差も存在する。自分に注意を向けやすい個人の傾向のことを自己意識と呼び, 自己覚知と同様に公的自己意識と私的自己意識は区別される。測定には自己意識尺度が用いられる。

❹▶自己スキーマ（self-schema）

自己スキーマがある領域においては関連する判断が素早く行われ, 記憶が優れると同時に, 自己スキーマは他者を見る枠組みとしても働く。

❺▶自己評価維持モデル（SEM：〈Self-Evaluation Maintenance〉model）

他者との比較において, 比較対象となる事柄の自己関連性, 他者との近接性, 他者と自分の遂行レベルの認知のうち変容可能な要素を歪曲し, 自己評価を維持する形の比較, あるいは反映過程が生じるメカニズムがあるとする。

❻▶セルフ・ハンディキャッピング（self-handicapping）

例えば, テストの前に長時間のアルバイトをして勉強する時間を少なくするといっ

❼ ▶ 存在脅威管理理論／所属欲求 (terror management theory/need to belong theory)

前者では，不可避な死への不安を低減する緩衝材として自尊心が維持されるとされ，死の概念が活性化すると，人は自尊心維持の方略をとるとされる。後者では，人は孤立しては生存できないことを前提とし，人には他者に受け入れられていたいという所属欲求があるとされる。また自尊心は周囲に受け入れられている程度の指標とされ，ソシオメーター (sociometer) と呼ばれる。ソシオメーターの値の低下は他者に受け入れられない状態を示すアラートとして働き，その状態を回避しようとして自尊心維持が動機づけられるとする。死に関わる不安と他者からの拒絶の不安という異なった不安に焦点を当てているもの，両者とも自尊心維持について進化適応的観点に立った説明という点は共通している。

〔工藤恵理子〕

08-05 ▶ 社会的推論

社会的推論 (social inference) とは，自己や他者の内的状況や特徴，集団の特徴，社会的状況に関して，既知の前提から新しい結論を導き出す心的過程を指す。この過程において，人は入手可能な情報全てに注意を向け，詳細に吟味するわけではない。社会的推論研究は，意思決定研究の影響を受け，バイアスの存在とヒューリスティクスの利用とを指摘してきた。

まず，社会的推論でも**確証バイアス**が生じる。例えば，対象人物がある人格特性を有するか検証する際，その特性がもたらすと期待される行動をとるかどうか確認しようとする。つまり，「この人物は××だ」という事前期待を確認する行動に注目し，反証行動に注目しない。**社会的比較**においても，自他が類似するという期待のもとでは，その類似を確証する知識の接近可能性が高まって同化が生じ，自他が相違するという期待のもとでは，その相違を確証する知識の接近可能性が高まって対比が生じる。更に，**動機づけられた推論**も，動機それ自体の影響ではなく，確証バイアスによって生じうる。動機や目標を確証する証拠を集め，目標に合った結論を導く。

利用可能性ヒューリスティックは，特に自己に関する推論に用いられ，推論結果を歪める。例えば，自分の積極性を示す事例を6事例もしくは12事例想起させた場合，後者よりも前者で自分の積極性を高く見積もる。この知見は，利用可能性ヒューリスティックの本質が，証拠の数ではなく**検索容易性**にあることを示している。

利用可能性もしくは検索容易性は，社会的推論における自他の非対称性を生む。例えば，二者関係において，いずれの側も自分の貢献を相手の貢献より高く見積もる。これは，相手の貢献事例よりも自分の貢献事例の方が，想起もしくは検索しやすいからである。更には，**内観錯覚**の現象を引き起こす。この現象の根底には，行動意図等の内観情報が，自分に関しては利用可能もしくは検索が容易であるが，他者に関してはそうでないという非対称性がある。

次に，**係留と調整ヒューリスティック**によって，幾つかの現象が自己中心性バイアスとして説明できる。非現実的楽観主義の

一部や，**平均以上効果**は，自分と他者を直接比較しているのではなく，自己に対する絶対評価を係留点として不十分な調整を行い，一般的な他者の評価を行った結果である。また，**スポットライト効果**や，自分の思考や感情等の内的状態が実際よりも他者に知覚されていると感じる**透明性の錯覚**(illusion of transparency)も，自分の内的状態を係留点として不十分な調整を行い，他者推測を行った結果である。

多くのバイアスやヒューリスティックスがそうであるように，社会的推論もその多くが非意識過程である。その結果，**素朴実在論**のような信念が形成され，対人関係に否定的な影響を及ぼす可能性がある。更に，素朴実在論の存在は，表象されていない情報の無視を示唆する。**フォーカリズム**(focalism)とは，推論対象にのみ焦点化し，他の情報を考慮できなくなることを指す。フォーカリズムによって，感情予測における**インパクト・バイアス**や，他者から受ける否定的評価の過大推測が生じる。

ヒューリスティックスとバイアスとしての社会的推論には，留意すべき点が2点ある。1点目は，適応的価値に関する問題である。これまでヒューリスティックスは判断の誤りをもたらすと考えられてきたが，実際には適応的価値がある。特定状況下では，ヒューリスティックスは，複雑で規範的な推論方略と同等もしくはそれを上回る正確さを示す。例えば，**再認ヒューリスティック**は，事象に関する知識に乏しく，判断事象の半数程度しか再認できない状況下で，他方略よりも正確な予測をもたらす。

2点目は，推論対象となる事象がどのように表象されるかの問題である。事象の表象のされ方によって，推論に利用される既有知識が異なる。そして，この表象のされ方は社会的状況の影響を受ける。例えば，**解釈レベル理論**(construal level theory)によれば，事象との心的距離が遠くなるほど，その事象は目標等の抽象的知識を用いて抽象的に表象，解釈される一方，心的距離が近くなるほど，手段等の具体的知識を用いて具体的に表象，解釈される。このことは，同一事象でも心的距離の違いによって表象のされ方が異なり，それ故に同一の推論過程を経たとしても，推論結果が異なりうることを示唆する。

■ ■ ■

❶▶インパクト・バイアス(impact bias)

将来の社会的事象によって生じる感情反応の強度や持続の程度を，実際よりも大きく推測すること。社会的事象が肯定的であっても否定的であっても生じる。生起要因として，フォーカリズムによる他の文脈要因の無視や，非意識的な心理免疫システムの存在が指摘されている。

❷▶検索容易性(ease of retrieval)

メタ認知的な特徴の一つで，記憶検索の際，特定事例の検索が容易であるとする主観的経験のこと。利用可能性ヒューリスティックでは，この検索容易性の経験に基づき，事象の生起頻度・確率を推定する。そのため，検索が容易と感じた場合にはその事象の生起頻度・確率を高く見積もり，困難を感じた場合には生起頻度・確率を小さく見積もる。

❸▶再認ヒューリスティック(recognition heuristic)

情報処理が速く，認知容量を必要としない高速・倹約ヒューリスティック(fast and frugal heuristic)の一つ。二つの選択肢のうち一方のみを再認できる場合，再認できた方が特定基準を満たす選択肢であると推論する。特定状況下で他方略より正確な予測をもたらす。

❹ ▶ 自己中心性バイアス (egocentric bias)

他者評価や他者の内的状態の推測をする時に，自己や自分の内的状態と類似していると偏った結論を導く認知バイアスのこと。他者よりも自己について参照できる知識が多く，また注目しやすいことから，自己評価や自分の内的状態を係留点とすることで生じる。

❺ ▶ スポットライト効果 (spotlight effect)

自分の外見上の特徴や行動が，実際よりも周囲の注目を集めていると推論すること。推論対象が肯定的であっても否定的であっても生じることが指摘されており，自己高揚や社会的望ましさが原因ではないと考えられている。自己の心的状態を係留点とした自己中心性バイアスとして解釈されている。

❻ ▶ 素朴実在論 (naive realism)

知覚，認知に対して人がもつ暗黙の前提で，自分は事象を客観的現実のままに見ているという信念のこと。この信念の影響を受け，人は，他者の推論結果を自分と同様であると考える。自他に見解の相違があった場合，他者が異なる情報に接触したり，推論を歪めたりした結果と見なす。対人関係における葛藤の生起要因となる。

❼ ▶ 動機づけられた推論 (motivated reasoning)

動機や目標の影響を受けた推論のこと。影響する動機として，所属，理解，コントロール，自己高揚，内集団信頼等が挙げられる。その生起過程には，動機が直接的に推論結果を歪める場合と，動機や目標への確証バイアスの場合とがある。正確さに動機づけられると，冷静で熟慮的な情報処理を志向することになる。しかし，多くの場合，正確さに動機づけられても，ヒューリスティックスやバイアスの影響を排除するのは困難である。

❽ ▶ 内観錯覚 (introspection illusion)

二者関係において，自己に関して推論する場合には意図等の内観情報を重視する一方で，他者に関してはこれを軽視することを指す。同時に，自己に関する推論では実際の行動結果を軽視し，他者に関する推論では重視する。例えば，からかい行為に関して，行為者は自らの悪気のなさを考慮する一方，観察者は考慮しないといった非対称性が生じうる。この結果，観察者よりも行為者の方が，からかいを肯定的に評価しやすくなる。

❾ ▶ 非現実的楽観主義 (unrealistic optimism)

自分自身の将来を，実際の結果もしくは平均的な他者よりも楽観的に予測をする傾向のこと。自尊心や自己高揚動機の直接的影響によって生じると考えられていたが，推論過程の影響も指摘されている。例えば，平均的他者との比較による楽観予測は，自己中心性バイアスで説明できる。実際の結果と比較して楽観的であった場合は，理想的シナリオに焦点化し，他の阻害要因を考慮できないことで生じる。

❿ ▶ 平均以上効果 (above-average effect)

平均的な人と比べて自分の方が優れていると見なす傾向のこと。半数以上の実験参加者が，自分は平均以上と回答することが多くの研究で見出されている。全ての人が平均以上であることは論理的に不可能なので，非現実的な認知の歪みと解釈されている。自己高揚動機や自己中心性バイアスによって生じる。

確証バイアス：→ 04-11「思考：推論と問題解決」

係留と調整ヒューリスティック：→ 04-12-❷「不確実性下の判断」

自己高揚：→ 08-04「自己過程」，26-05-❸「自己高揚的傾向／自己批判的傾向」

社会的比較：→ 08-04「自己過程」

ヒューリスティックス：→ 04-11-❻「ヒューリスティックス」

利用可能性ヒューリスティック：→ 27-04-❿「利用可能性」

〔藤島喜嗣〕

08-06 ▶ 社会的影響

社会的影響 (social influence) とは，ある個人や集団が，他者の態度，行動，感情を変容させることである。狭義のプロセスは，次のように捉えられる。まず，他者に何らかの影響を与えるという目標（支援や賛同の獲得，行動変容等）をもった与え手が，その目標を達成するのに最適な受け手と影響手段を選択する。その際，与え手が受け手に対してもっている**社会的影響力**（社会的勢力）や，受け手との対人関係の質も勘案して，影響手段を決める。更に，言葉遣い，非言語的コミュニケーション（顔面表情，対人距離，声の調子等），メディア（対面，メール，テレビ電話等）についても検討する。受け手は，与え手からの働きかけに対して（条件付きで）応諾するか，拒否するかなどを判断し，与え手と同じように与え手との関係性，場合によっては，応諾した場合や応諾しない場合のコスト，利益等を勘案して反応する。受け手の応諾を得られなかった場合，与え手は，同じ受け手に別の影響手段で働きかけたり，別の受け手を探したり，当初の影響の目標を変更したりする。

狭義の社会的影響は，受け手に対する与え手の働きかけが明示的に行われ，受け手がそれに反応するというように，プロセスが比較的顕現化している。他方，広義の社会的影響には，**社会的促進**や**社会的手抜き**のように，受け手が他者から影響を受けているという認識なしに影響を受けている現象も含まれる。

広義の社会的影響を，社会心理学の研究領域のレベル（個人，**集団**，社会）に対応させると，次のように分類できよう。個人レベルの社会的影響は，特に**対人的影響** (interpersonal influence) と呼ばれる。具体的には，他者や共行動者の存在によって，個人の作業成績が影響を受ける社会的促進や社会的手抜き，個人の態度変容を促す**説得的コミュニケーション**（代表的な説得理論として，ELM や HSM がある），個人の行動変容のために用いられる**応諾獲得手段**，与え手の影響力の源泉に注目した社会的影響力等である。次に，集団レベルでは，リーダーシップ，同調行動（その規定因の一つは**集団凝集性**である），**集団分極化現象**，集団的浅慮（集団思考）等がある。そして，多数の受け手に影響を与える社会レベルの社会的影響として，例えば，宣伝，広告を挙げることができる。

社会的影響を理解する別の枠組みとして，与え手の意図の有無，与え手の目標の明示性（もしくは隠蔽性）を挙げることができる。与え手が意図的に受け手に影響を与える社会的影響は，いわゆる狭義の社会的影響であり，依頼・要請，説得，指示・命令等がその代表である。ただし，与え手自身が影響の目標を認識している場合であっても，それを受け手に認知されないように工夫する場合がある。それが，隠蔽的な社会的影響である。これは，**連続的影響手段**（要請技法）と環境操作の手段に分けることができる。前者には，フット・イン・ザ・ドア法，ドア・イン・ザ・フェイス法，ロー・ボール法，ザッツ・ノット・オール法，不安安堵法等がある。後者の具体例としては，店内の色彩や背景音楽 (BGM)，香り，調度品のレイアウト等を購買量が増えるように操作するという場合である。更に，**閾下刺激**を用いて受け手の想起しやすい言葉を操作するという方法も，この部類に入る。

他方，与え手が意図せずに，与え手自身の存在や行動が受け手に影響を与える場合

もある。例えば、社会的手抜き、援助行動における傍観者効果、社会的促進、**漏れ聞き効果**、**モデリング**、行動感染、情動感染等である。

最後に、受け手の態度や行動が変容するかどうかは、受け手の認知や判断に依存している。それらに影響を与える要因としては、与え手のもつ社会的影響力、説得的メッセージの内容、他者の単なる存在、他者からの評価の懸念、多数の他者の行動（**社会的証明、記述規範**）等を挙げることができる。

■　■　■

❶ ▶ ELM／HSM (Elaboration Likelihood Model/Heuristic Systematic Model)

説得における受け手の認知プロセスを記述したモデルである。ペティとカシオッポ(1986)のELM(精緻化見込みモデル、精査可能性モデル)によれば、説得テーマに対する受け手の自我関与度が高く、説得的コミュニケーションを処理する動機づけが高く、また、そうする能力が高い場合は、提示された説得的コミュニケーションの内容をよく精査(吟味)し、受け手自身がもっている関連情報も想起しながら、賛同するか反対するかを判断する(中心ルート的処理)。そうでない場合は、説得的コミュニケーションに付随する周辺の手掛かり(与え手の専門性や好感度、論拠数等)に基づいて判断する(周辺ルート的処理)。チェイキン(1980)のHSM(ヒューリスティック・システマティック・モデル)もほぼ同じような捉え方をする。システマティック処理がELMの中心的ルートに相当する。

❷ ▶ 応諾獲得手段 (compliance-gaining tactics)

対人的影響の受け手に対して何らかの依頼、要請を行う際に、与え手が用いる影響手段の総称である。例えば、単に依頼事項を伝える、理由を付けて依頼する、報酬を約束したり罰の付与で脅したりして依頼するなどがある。

❸ ▶ 社会的影響力 (social power)

社会的勢力とも呼ばれる。対人的影響において与え手が受け手に対して影響を与えることのできる能力のことであり、受け手の認知に依存している。フレンチとレイヴン(1959)は、賞(報酬)、罰(強制)、専門、正当、参照という5種類の社会的影響力を挙げ、レイヴン(1965)がそれに情報影響力を付加した。その他、魅力影響力、対人関係影響力、役割期待影響力、共感喚起影響力等が指摘されている(今井2010)。

❹ ▶ 社会的証明／記述規範 (social proof/descriptive norm)

社会的証明とは、多くの他者が実際に行っていることが、物事の正しさを示す証明であると認知されることである。例えば、建物への落書きや駅前の駐輪が拡大していく原因の一つである。社会的証明に関連する概念として記述規範がある。それは、他者が実際にとっている行動に関する個人的認知に基づく規範である。それに対して、他者に承認される行動(〜すべき行動)や、承認されない行動(〜すべきでない行動)とは何かに関する個人的認知に基づく規範を命令規範(injunctive norm)と呼ぶ。

❺ ▶ 社会的促進 (social facilitation)

社会的促進とは、他者や共行動者の存在、もしくは他者からの評価等により、行為者の生理的覚醒水準(arousal level)が高まり、習熟課題の場合に作業成績が向上し、未習熟課題の場合にそれが低下する現象である。

❻ ▶ 社会的手抜き (social loafing)

リンゲルマン効果とも呼ばれる。社会的手抜きは、加算的課題の遂行において、他者の人数が多くなるほど(実験場面では5〜6人で上限となる)、一人あたりの作業

成績（つまり平均作業量）が低下する現象である。

❼ ▶ 集団 (group)

集団目標を達成するために相互作用し，規範が形成され，役割が分担されている複数の個人の集まりである。集団力学研究においては，5～6人程度の小集団を対象にして，集団凝集性や集団的浅慮のような現象が明らかにされている。

❽ ▶ 集団凝集性 (group cohesiveness)

集団のまとまりの程度を示す概念である。集団内の多くの成員が外集団よりも内集団（所属集団）を高く評価し，今後も所属し続けたいと思うほど，集団凝集性が高いと判断される。

❾ ▶ 集団的浅慮／集団思考 (groupthink)

専制的なリーダーシップのもと，集団凝集性の高い集団において，全員一致の結論を求めるあまり，誤った判断を下してしまうことである (Janis 1982)。

❿ ▶ 説得的コミュニケーション (persuasive communication)

単に説得とも呼ばれる。受け手の抵抗や反対が予測される問題（テーマ）について，主として言語的な説得メッセージを受け手に対して意図的に効果的に呈示し，受け手の自由意思を尊重しながら，その問題に対する受け手の態度や行動を，与え手の望む方向に変えようとする社会的影響の一種である（今井 2006）。

⓫ ▶ ドア・イン・ザ・フェイス法 (door-in-the-face technique)

応諾コストの大きい依頼を故意に行って，受け手にそれを拒否させた後，当初の依頼事項であった応諾コストの小さい依頼を行う方法である (Cialdini et al. 1975)。その説明原理としては，譲歩の返報性，罪悪感の低減等が挙げられる。

⓬ ▶ フット・イン・ザ・ドア法 (foot-in-the-door technique)

応諾コストの小さい依頼を行って受け手の応諾を引き出した後に，当初の依頼事項であった，応諾コストの大きい依頼を行う方法である (Freedman & Fraser 1966)。その説明原理としては，コミットメントや自己知覚等がある。

⓭ ▶ 漏れ聞き効果 (overheard effect)

他者の会話内容をたまたま漏れ聞く状況において，個人（受け手）がその会話内容の影響を受けることである。受け手に対して影響を与えようという会話者の意図を，受け手が認知しないことにより生じると考えられている (Walster & Festinger 1966)。

⓮ ▶ 連続的影響手段 (sequential influence strategies)

要請技法，承諾技法とも呼ばれる。受け手に複数回働きかけることにより，受け手の応諾を引き出しやすくするための影響手段であり，⓫，⓬，⓯のような方法が明らかにされている。

⓯ ▶ ロー・ボール法 (low-ball technique)

受け手にとって特典となるものを多く提示して受け手に応諾させた後，何らかの理由を挙げてその特典の幾つかを取り去ってしまう方法である。受け手は一度，応諾しているので（コミットメント），状況が変わっても拒否しづらくなってしまうと考えられる (Cialdini et al. 1978)。

閾下刺激：→ 08-02-❸「閾下効果」
集団分極化現象：→ 18-07-❺「集団極性化」
宣伝，広告：→ 17-09「宣伝・広告」
モデリング：→ 03-13-❺「モデリング」
リーダーシップ：→ 18-06「リーダーシップ」

〔今井芳昭〕

08-07 ▶ 親密な対人関係

家族や友人，恋人といった親密な他者との関わりは，当事者に大きな影響をもつ。また更に，そういった関係の中で当事者たちの示す行動は，一般的な社会的交換の原理ではうまく説明できない。クラークとミルズが指摘したように，親密でない対人関係では**交換的関係**の規範が優勢となるのに対して，親密な対人関係（close relationships）では**共同的関係**としての規範が優勢となるからである。このように親密な関係独特の特徴も踏まえ，そもそも関係はどのように形成され維持・進展するのか，そして関係をもつことが当事者にいったいどのような影響をもつのかが，これまで検討されてきた。

関係を形成する上で強く影響する要因として，自他の**類似性**や**近接性**がある。第一の類似性は，関係形成を促進する上で一定の役割を果たすものの，例えば統率的なタイプと従順なタイプというように，互いに自分にはない特徴を相手が有するという**相補性**も関係形成を促進する。また，**自己拡張理論**によると，他者との非類似こそが関係初期の魅力の源泉となる。第二の近接性は，対象と接触する機会が多いほどその対象への好意度が高まるという**単純接触効果**，並びに関係を築く上で必要となる時間や労力等のコストが低いことによって，物理的・社会的に近接した他者が好まれることである。他に関係形成に影響する要因として，個人のもつ**外見的魅力**，状況的な**生理的覚醒**，**好意の返報性**や**自己開示**がある。これら関係形成に関する研究は，近年，**配偶者選択**といった進化心理学の視点からのアプローチが展開される一方，オンラインを通じた出会いやデート場面への適用が試みられつつある。

関係がどのように維持，進展するのかは，当事者の相互依存の程度，すなわち関係へのコミットメント変化の過程として理解できる。具体的には当事者のもつ社会的動機によって更に，関係の継続に前向きな**接近的コミットメント**と，関係解消を避けるためのいわば後ろ向きな継続を意味する**回避的コミットメント**に大別される。そして，ラズバルトの**投資モデル**によると，それらのタイプにかかわらずコミットメント全般を高める条件として，現在の関係への満足度が高く，それまでに関係に費やした投資量が大きく，代わりとなりうる関係の魅力（代替関係の質）が低いことがある。ただし，最後の要因については逆の因果関係，つまり関係に強いコミットメントを報告する者ほど，代替関係の質を低く見積もりやすいことも確認されている。また，当事者から見た関係への評価である上記の3要因に加えて，周囲の他者が自分たちの関係の継続を期待していると思う程度である主観的規範も，独立して当事者のコミットメントを高める。このことは関係の継続性を考える上で，**ロミオとジュリエット効果**があまり当てはまらないことを示唆する。

他者と親密になる過程は，相手から受容される可能性が高まる反面，相手から拒絶され傷つくリスクの高まる過程でもある。このため，当事者は相互作用の様子等の手掛かりに基づき，相手と最適な距離を探ろうとする。もちろんそれはかなうこともあれば，かなわないこともある。良かれ悪しかれ親密な関係の進展は，当事者に強い影響を及ぼすのである。そしてその影響は受容や拒絶にとどまらない。肯定的な影響として，見知らぬ他者同士で見られるような**向社会的行動**が生じやすくなること，ひいては互いに**ソーシャルサポート**の源になり

やすくなることがある。一方，否定的影響として，相手との親しさゆえに意見の対立や**攻撃行動**の激化が生じたり，相手との関わりそのものが負担となったりして，対人ストレスの源になることがある。

また，親密な関係をもつことは，他の関係の有り様とも相互に関連する。例えば，関係的自己の枠組みは，重要な他者との関わりの中で培われたイメージが，類似した別の他者との関わりに投影され，その相手や相手とのコミュニケーションの理解，期待，解釈に影響するという**転移**を説明する。同様に，愛着理論を成人に適用した枠組みも，多くの場合，養育者との関わりの中で形成される内的作業モデルによって，親密な関係の展開やそこに生じる個人差を説明する。

■　■　■

❶▶ 外見的魅力 (physical attractiveness)

一般に魅力が高く評価されるほど，他者から好かれやすい。だが，現実に交際中のカップルでそれぞれの魅力が高いとは限らず，むしろ二人の魅力が釣り合っていることの方が多い。後者の知見を総称して，魅力の釣り合い仮説という。

❷▶ 好意の返報性 (reciprocity of liking)

特定の相手からの好意を知覚することで，その相手への好意が強まることを指す。逆の現象として，相手からの嫌悪を知覚することで相手への嫌悪が強まる，嫌悪の返報性が生じることもある。

❸▶ 交換的関係／共同的関係 (exchange relationships/communal relationships)

交換の関係では，当事者は過去に相手から受けた利益への見返りとして，あるいは今後の見返りの期待のもと，相手に利益を提供しようとする。これに対して，共同的関係の当事者は，同じ場面でも自分への見返りではなく相手の欲求や関心に応えようとして，相手に利益を提供しようとする。すなわち，関係のタイプによって当事者たちの従うべき対人規範が異なることを，これらの枠組みは示すものである。

❹▶ 攻撃行動 (aggressive behavior)

受け手が望まないにもかかわらず，行為者によって受け手を傷つけるよう意図された行動を指す。受け手の身体を対象とする身体的攻撃，言葉による言語的攻撃，排斥といった受け手のもつ（他者からの）受容感を傷つける社会的攻撃が含まれる。なぜ人が攻撃的な行動をとるのかについては幾つかのアプローチがあり，大渕憲一は個体内の心理的エネルギーによるという内的衝動説，不快な感情を表出するためだという情動発散説，社会的の目的を達成するための手段であるという社会的機能説の三つに整理している。

❺▶ 向社会的行動 (prosocial behavior)

面識のない相手への援助等，自己の利益を犠牲にしても他者に利益をもたらす行動を指す。なぜ人が他者を援助するのかに関して，純粋に援助者から被援助者への共感に基づくとする利他的動機を重視する立場と，その状況下で援助者にもたらされた苦痛を回避するといった援助者の利己的動機を重視する立場がある。

❻▶ 自己拡張理論 (self-expansion model)

アロンとアロンによると，他者と親密になることは相手のもっていた資源（例えばものの見方や考え方）を自身に包含する過程であり，結果的に自他の区別が不明瞭になる過程として理解できる。そして，関係初期では自己拡張の感覚が関係満足をもたらすため，いったん親密化が達成され自己拡張の余地がなくなると，満足度が低下するという。新婚夫婦の関係に対する魅力が徐々に低下するのはこのためだと説明される。

❼ ▶ 生理的覚醒 (physiological arousal)

高い吊り橋を渡った直後のように，評価時の生理的覚醒の強さは他者の魅力を極端なものにする。概して，判断する状況で覚醒しているほど，事前に魅力的だったものがより魅力的に感じられる一方，事前に魅力的でなかったものは，いっそう魅力的でないように感じられるようになる。

❽ ▶ 接近的コミットメント／回避的コミットメント (approach relationship commitment/avoidance relationship commitment)

接近的コミットメントとは，楽しみや喜びといった関係を続けたり相互作用したりする中で得られる快適さを得るため，関係を続けようとする心的状態を意味する。これに対して回避的コミットメントとは，別れようとした場合の煩わしさなど，関係解消やそれに向けた相互作用の中でもたらされる不快を避けるために，関係を続けようとする状態を指す。

❾ ▶ ソーシャルサポート (social support)

社会的ネットワークの中でやり取りされる資源の一つである。具体的には情緒的なものと道具的なものに大別でき，それぞれが効果をもつ。励ましや理解といった情緒的サポートを得られることで，受け手は自尊心や自己効力感を維持しやすくなる一方，情報等の道具的サポートによって，日常生活で生じた問題を解決しやすくなるのである。特に，前者の情緒的サポートによる効果は親密な関係に特徴的である。

❿ ▶ 類似性 (similarity)

相手と似ていることで魅力が高まる現象は，バーンをはじめとして，当初は主に態度の類似性に焦点を当ててきた。だがその後，パーソナリティや人口統計学的変数における類似性も，態度と同様に魅力を高めることが示されている。

⓫ ▶ ロミオとジュリエット効果 (Romeo and Juliet effect)

親等，周囲のネットワーク他者が自分たちの交際に反対していると思うカップルほど，二人の熱愛感情が高まることを指す。この原因として，心理的リアクタンスが強まるためだと考えられてきた。

自己開示：→ 10-09-❸「自己開示特性」
主観的規範：→ 25-09-❻「社会的規範」
内的作業モデル：→ 06-07-❹「内的作業モデル」
配偶者選択：→ 08-10「配偶者選択と進化心理学」

〔相馬敏彦〕

08-08 ▶ 集団間関係

集団間関係とは，複数の集団間や集団成員間の関係を指す。国際紛争といった現代社会の重要課題の解決のためには，集団間葛藤や偏見といった現象の理解が不可欠である。

自分を指して，「私 (I)」ではなく「我々 (we)」と呼ぶことがある。自己を集団成員として「我々」と規定する時には，他者も集団 (成員) として「彼ら (they)」と規定される。集団間関係においては内集団と外集団の区別が重要であり，集団間関係の心理学は，なぜ/いつ/どのような集団成員として自己を「我々」と**社会的アイデンティティ**で規定するのか，その時の内外集団に対する認知や感情や行動は，独自の「私」として**個人的アイデンティティ**で規定する時とは，どう異なるかを明らかにしようとしている。

タジフェルやターナーによる**社会的アイデンティティ理論と自己カテゴリー化理論**によると，社会的カテゴリーを利用した社会的アイデンティティの機能には，不確実性低減と自尊心高揚がある。男性や中国人

といった社会的カテゴリーを利用し，多様な個人を少数のクラスターに分けることによって，複雑な社会での行動を予測し理解できるようになり，不確実性を低減することができる。そして社会的アイデンティティをもつことにより，個人間の社会的比較ばかりでなく，集団間の社会的比較によっても自尊心を高めることが可能となる。社会的アイデンティティの機能は，所属欲求と独自性欲求の両方を同時に満たすことにある，という**最適弁別性理論**の指摘もある。

特定の状況で，どの集団が社会的アイデンティティの基盤として選択されるかを決定する要因は，集団カテゴリーの接近可能性と適合度である。接近可能性とは，その人がある社会的カテゴリーをどの程度利用しているのかを指す。例えば，ジェンダーというカテゴリーを普段から用いている人は，男女カテゴリーが社会的アイデンティティの基盤になりやすい。適合度とは，ある特定の状況を理解し対処するのにカテゴリーが適合している程度を指し，社会的アイデンティティの機能を果たすカテゴリーほど適合度が高い。不確実性を低減するために，特定の属性において内集団と外集団の差異が最も大きくなるよう，**メタ・コントラスト比**（カテゴリー間差異の平均÷カテゴリー内差異の平均）を最大化する集団カテゴリーが選ばれやすい。自尊心を高揚するために，外集団に比べて内集団が優れている集団が選ばれやすい。

社会的アイデンティティが優勢になると，内外集団に対する認知や感情，行動がどのように変化するのであろうか。不確実性低減機能のため，内外集団の差異が強調されるよう，同一集団内では類似性を強調し，集団間では相違性を強調するバイアスのかかった認知が生じやすい。集団成員の均一性が社会的に共有されている場合には**ステレオタイプ**と呼ばれ，集団間状況ではステレオタイプが使用されやすくなる。自尊心高揚機能のため，外集団に比べて内集団成員は高い能力や望ましい特性をもっていると評価する，**内集団ひいき**と呼ばれる認知が生じやすくなる。そして，内集団に対してはポジティブな感情を，外集団に対してはネガティブな感情を向けやすい。このような外集団に対してネガティブな感情や評価を向けることが偏見である。内集団ひいきが行動面に現れると，報酬分配場面では，外集団成員に比べて内集団成員に対しより多くの報酬を与えるといった差別行動が生じる。誰が集団成員か分からず，過去と将来において相互作用がなく，恣意的な基準で内外集団に分けるといった状況でも（**最小集団パラダイム**），このような内集団ひいきが生じることが明らかになっている。この内集団ひいきは，限られた現実的資源（財や勢力）や象徴的資源（価値観や信念体系）を巡って競争関係にある集団間の場合に顕著に現れ，共通の上位目標をもった協同関係にある時に低減する。

集団が競争関係にあるか協同関係にあるかとともに，社会構造の中で集団が占める地位も，どのような偏見やステレオタイプがもたれやすくなるかを規定する。集団間関係で生じる偏見やステレオタイプには，これまで指摘されていたネガティブな要素ばかりでなくポジティブな要素もあり，両面価値的になりやすいことが注目されている。対人判断の基礎次元（温かさ次元と有能さ次元）と，社会的地位と社会的関係によって規定されるステレオタイプや偏見とを結びつけたのが，フィスクやグリックによる**ステレオタイプ内容モデル**（表1）である。ジョストによる**システム正当化理論**は，ポジティブな要素とネガティブな要素をもった両面価値的なステレオタイプが，階層化された社会構造の正当化に寄与すると主張している。

ステレオタイプといった集団間関係の認知の側面と同様に，集団間関係の感情の側

表1 ステレオタイプ内容モデル（Fiske et al. 2002をもとに作成）

温かさ	有能さ	
	低	高
高	1. 家父長的 2. 低地位・非競争関係 3. 憐れみ・共感 4. 老人・障害者・主婦	1. 賞賛的 2. 高地位・非競争関係 3. プライド・賞賛 4. 内集団
低	1. 侮蔑的 2. 低地位・競争関係 3. 軽蔑・嫌悪・敵意 4. ホームレス・貧民	1. 嫉妬的 2. 高地位・競争関係 3. 嫉妬・妬み 4. 金持ち・キャリア女性

注 1. ステレオタイプや偏見のタイプ, 2. 社会的地位・関係, 3. 感情, 4. 代表的な対象。網掛け部分が両面価値的。

面もまた, 偏見といった単純なネガティブな感情ばかりではなく多様であることが, **集団間情動理論**により主張されている。

集団間葛藤を生み出す偏見や敵意は, どのようにしたら低減することができるのであろうか。集団成員間で接する機会を増やすことが低減につながるとする接触仮説が最も研究されている。接触は偏見や敵意を増加させることもあるが, 法律等の制度的な支持のもと, 対等な地位で協力的な関係で接触すれば低減することが明らかとなっている。社会的カテゴリー理論の立場からは, **脱カテゴリー化**と**再カテゴリー化**, **交差カテゴリー化**による偏見や敵意の低減の試みが提唱されている。

■　■　■

❶▶ 最適弁別性理論 (optimal distinctiveness theory)

ブリューワーによって提唱された, 人がなぜ集団に所属するのか, そしてどのような社会的アイデンティティが選択されるのかを説明する理論。この理論によれば, 人は対立する二つの欲求, すなわち孤独を嫌う所属欲求と他の人とは異なった独自のものでありたいという独自性欲求をもつ。集団に所属することは, 内集団への帰属により所属欲求を満足させ, 外集団と内集団の明確な相違によって独自性欲求も達成できる。この対立する二つの欲求のバランスを達成できるような最適な弁別性をもった集団が, 社会的アイデンティティの基盤として選択されやすい。

❷▶ システム正当化理論 (system justification theory)

人は現状を維持しようとする目標をもち, あるシステムが確固たるものとなっていると, 人はそのシステムの存在と安定を維持しようと動機づけられる（システム正当化動機）。この目標をもつ理由として, 一貫性や確実性を求める認識論的欲求と, 脅威や苦悩に対処し人生に意味を見出す存在論的欲求が想定されている。このような目標を達成する手段として, 三つの手段がある。第一は現状の経済的/政治的システムのイデオロギーの表明（保守主義）という手段, 第二は社会的高地位集団成員による内集団ひいきと, 低地位集団成員による外集団ひいきという手段, 第三は異なった社会集団に対して異なったステレオタイプ

を適用するという手段である。このような目標や手段があるため，現状の不平等な階層的集団構造が維持される。

❸▶集団間情動理論 (intergroup emotions theory)

社会的アイデンティティが優勢になると，個人として経験するのとは異なった，集団成員として典型的な情動が生じやすくなる。また，自分が当事者として経験していない出来事に対しても，情動経験が生じるようになる。外集団成員から内集団成員に加えられた攻撃に怒りを感じて，攻撃とは無関係な外集団成員に対して報復をして，報復の連鎖が生じることがある。このようなネガティブな現象ばかりではなく，過去において内集団成員が犯した行為（例えば植民地支配）について罪悪感を抱き，積極的に援助を与えるといったポジティブな現象も生じる。

❹▶脱カテゴリー化／再カテゴリー化／交差カテゴリー化 (decategorization/re-categorization/cross-categorization)

社会的カテゴリー化理論を基礎とした，偏見低減のための方略。脱カテゴリー化とは，集団関係ではなく個人として外集団成員と接触し，対人関係を築くことにより，内外集団カテゴリーを解消し，集団葛藤や偏見を低減しようとする試みである。再カテゴリー化とは，日本人と中国人というカテゴリーの上にアジア人といったカテゴリーを設けるといった，対立集団カテゴリーの上位に包含するカテゴリーを作ることにより，対立していた外集団成員を上位の内集団成員としてカテゴリー化させて，集団葛藤や偏見を低減しようとする試みである。この方略には，下位カテゴリーの解消を目指す同化主義の立場と，下位カテゴリーの維持を目指す多文化主義の立場とがある。交差カテゴリー化とは，男-女と高齢者-若者，日本人-中国人といった複数のカテゴリーを交差させることにより，集団間の葛藤や偏見を低減させようとする試みである。

〔沼崎 誠〕

08-09 ▶社会的相互作用

社会的相互作用 (social interaction) とは，個人と個人，個人と集団や社会，集団と集団等が，互いに働きかけ合う過程のことをいう。働きかけるとは，一方の行動や対応によって，他方の物理的，社会的，心理的状態が変化することを意味する。この働きかけが互いにある場合，一方の行動によって他方の行動まで左右されることが起こる。人間の社会的行動を理解するには，この社会的相互作用に注目する必要がある。例えば**攻撃行動**は，その相手の過去の不当行為への報復として解釈される場合がある。このように，ある行動は過去の他者の行動の結果として解釈可能になるのである。また，ある行動の目的や意味を，その行動が直接的に引き起こす結果ではなく，その行動に対する他者の反応を介した間接的な結果により解釈できることもある。例えば，他者を助ける**援助行動**が，被援助者あるいは第三者からの肯定的反応を引き出すための行動として解釈される場合などである。

個人間の社会的相互作用において，どのような行動が自己利益にとって有効なのかについては，**囚人のジレンマ**研究の貢献が大きい。人間は社会において他者と協力して生活しているが，それゆえ他者に騙されたり裏切られたりする恐れもある。この状況は，非協力の誘因が互いにある囚人のジ

レンマ的状況として捉えられる。政治学者のアクセルロッドによる囚人のジレンマの研究からは，継続的な二者関係では相手の行動を統制できる**応報戦略**が有効になること，その結果，短期的な自己利益を損なっても，相手の利益を配慮する協力行動が互いに選ばれるようになることなどが示されている。これらの知見は，我々が**互恵的規範**に従う理由，とりわけ将来も関係の継続する相手とその傾向が強い理由を示してくれる。他方，互いに不利益を与え合う負の社会的相互作用に関しては，**最後通牒ゲーム**を用いて，自己利益を損なってまで報復する心理等の実験が行われている。

社会的相互作用での行動には，協力や攻撃といった相手への行動だけでなく，相手の選択，関係の解消，新たな関係の形成等もある。どの行動が選択可能なのかに応じて，自己利益にとって有効な行動も変化する。囚人のジレンマのような非協力への誘因が互いにある状況で，つきあう相手を選べるならば，特定の相手と継続的関係を形成することが有効となる。継続的関係では応報戦略の採用等により，非協力への誘因が低い状態を作り出せるからである。その一方で，継続的関係を解消するという選択肢の存在は，関係内での行動にまで影響を与える。関係解消の可能性があることで，その関係に依存している相手から協力を引き出しやすくなるのである。ただし，実際に関係を解消できるかは，解消した後で別の相手と新たな関係が形成できるかなどに左右される。関係外部に新たな関係の形成を求めている他者がいないならば，現在の関係を安易に解消できない。このように，二者間の社会的相互作用もその関係内で完結するのではなく，外部からの影響を受ける上，その影響も外部まで広がり，場合によっては社会全体にまで波及する。山岸俊男はこうした過程について，継続的関係から飛び出すための**一般的信頼**や**裏切り者検知**の役割から考察している。

個人と集団，個人と社会の社会的相互作用の一端については，**社会的ジレンマ**の研究から明らかにされている。個人利益と集団や社会の集合的利益が葛藤する社会的ジレンマでは，人々から集合的利益にかなう協力行動を引き出すため，しばしばサンクショニング・システムが用いられる。**サンクショニング・システム**とは，非協力者に罰を与えたり，協力者に報酬を与えたりすることで，非協力の優越する社会的ジレンマ構造を協力の優越する構造に変えて，人々に協力行動を促すというものである。この非協力には罰を，協力には報酬をというのは，個人の行動に対して他者や集団からの反応が随伴する社会的相互作用に他ならない。この方法による行動の統制は，集団の成員同士による私的な相互監視から，警察や司法といった公的制度まで幅広く用いられている。ただしこの方法には，**二次的ジレンマ**等の問題があることも指摘されている。

■　■　■

❶▶ 一般的信頼 (general trust)

社会にいる大抵の人は，意図的に他者を騙したり裏切ったりはしないという期待。山岸俊男の信頼の理論によれば，新しい相手との関係を形成しようとするかどうかは，その個人の一般的信頼の高さに左右される。それゆえ，人々の一般的信頼の高さは，その社会の一般的な対人関係が，既存の継続的関係にとどまり新たな関係の形成を避ける傾向にあるのか，新しい相手と積極的に関係を形成しようとする傾向にあるのかの指標となる。

❷▶ 裏切り者検知 (cheater detection)

ここでいう裏切り者とは，他人の利益を

損なう非協力行動をとる者のことである。進化心理学者のコスミデスとトゥービーは、社会生活を送る人間にとって、他者に裏切られたり騙されたりすることは重大問題となると指摘し、それゆえに裏切り者を検知する認知システムを進化の過程で獲得したと主張している。山岸俊男は、一般的信頼が高く新しい関係へと飛び出す者は、この裏切り者検知において敏感であると指摘している。

❸ ▶ 応報戦略 (tit for tat strategy)

同じ相手と繰り返し囚人のジレンマを行う場合に有効な戦略。最初は協力し、その後は相手が前回協力していれば協力を、非協力であれば非協力を返すというもの。しっぺ返し戦略とも呼ばれる。この戦略を採用すると、相手は一方的に非協力をとり続けることができないため、自己利益を追求する相手にも相互協力を目指すようにさせることができる。

❹ ▶ 互恵的規範 (reciprocity norm)

他者から好意や援助を与えられたら、その他者に同程度に価値のあるお返しをしなければならないという規範。人類学者のグールドナーは、この互恵的規範がほとんどの文化で普遍的に存在することを指摘している。

❺ ▶ 最後通牒ゲーム (ultimatum game)

社会的相互作用状況での分配行動と、その反応を測定する実験状況。分配者と被分配者の二人のプレイヤーがおり、まず分配者が実験報酬を自分と被分配者の間でどのように配分するかを自由に提案する。被分配者はその提案を受け入れるか拒否するかを決定する。受け入れると、提案どおりの報酬が両者に与えられる。拒否すれば両者の報酬が0になる。分配者の行動から公平分配傾向が、被分配者の行動から不公平分配への報復等が測定できる。

❻ ▶ 社会的ジレンマ (social dilemma)

個人と集団又は個人と社会の間に存在する利害構造の一つ。ドウズは次の3点を満たす状況と定義している。①各個人は協力又は非協力を選択できる。②各個人は協力より非協力を選択する方が大きな利益を得られる。③しかし全員が非協力を選択すると、全員が協力を選択する場合より全員の利益が小さくなる。この構造は、共同作業での社会的手抜きから秩序問題、環境問題まで、様々な社会問題の背景に存在する。

❼ ▶ 囚人のジレンマ (prisoner's dilemma)

二者間に次の利害構造がある状況。①両者は相手への協力又は非協力のどちらかを選択できる。②協力を選択すると、非協力を選択した場合よりも各人の自己利益は損なわれるが、その損失以上の利益を相手にもたらすことができる（表2）。これは二者間に社会的ジレンマがある状況であり、二者間の協力関係がいかにして成立するかの分析等に用いられる。「囚人の〜」という名称は、状況を説明するために用いられた例え話に由来する。

表2 囚人のジレンマ構造の例

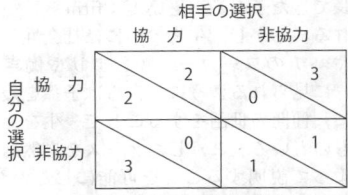

	相手の選択 協力	相手の選択 非協力
自分の選択 協力	2 / 2	3 / 0
自分の選択 非協力	0 / 3	1 / 1

自分の選択と相手の選択の交差したセルに、その選択の組み合わせの場合における、各々の利得を数字で示したもの。数字が大きいほど利得が大きい。各セル左下が自分の利得、右上が相手の利得である。

❽ ▶ 二次的ジレンマ (second-order dilemma)

社会的ジレンマを解決するためにサンクショニング・システムを導入しても、それを実行・維持するコストを各個人が払おうとしないという問題。このコスト負担の問題が新たな社会的ジレンマに他ならないことから、二次的ジレンマと呼ばれる。

〔神　信人〕

08-10 ▶ 配偶者選択と進化心理学

進化心理学は，人間も進化の産物である生物界の一員としての「ヒト」であるという認識のもと，進化により形作られた心理メカニズムや行動を明らかにしようとする。

自然淘汰（あるいは，**自然選択**）による進化を成立させるのに必要な要件は，①同じ種に属する個体間の変異，②生存や繁殖に影響を及ぼす変異に対する淘汰，③そうした変異が親から子へと遺伝すること，の3点である。生存や繁殖に有利な形質（特徴）は身体的なものに限らず，脳機能ひいては心理や行動のメカニズムに関しても，選択を受けて子孫に受け継がれていくものがあるだろう。ある形質がその生物の置かれた生態環境にどれだけ適応しているかは，その形質をもった生物個体がその生涯で生んだ次世代の子のうち，繁殖年齢まで成長できた子の数（**適応度**：fitness）で測られる。しかし，生物の中には社会性のアリやハチのワーカー（働きアリや働きバチ）に見られるように，自らは子孫を残さずに，仲間の世話をすることで一生を終えるものもいる。こうしたケースを自然淘汰によって説明することを可能にしたのが，ハミルトンによる**包括適応度**の概念であり，**群淘汰説**の不備を指摘し，自然淘汰の対象は遺伝子を単位として考えるべきであるとの再認識につながった。これにより，生物の社会行動を進化の枠組みを用いて検討するための理論の精緻化が行われ，それまで見逃されてきた様々な行動生態の発見も導かれた。

進化心理学で扱われるトピックの中でも成功を収めてきたのが，性差や配偶行動に関する研究である。生物の中にはオスとメスとで，生殖器官以外の身体や行動の形質（**第二次性徴**）に雌雄差が見られるものがある。こうした特徴は，配偶相手を獲得し子孫を残すための競争に，オスとメスとでは差があるために選択されたと考えられる。繁殖の成功度と密接に関連する形質を形作ってきた淘汰を，自然淘汰の中でも特に**性淘汰**という。

身体的な魅力や異性に好まれる行動の特徴も，進化心理学による配偶者選択理論で検討・予測をすることができる。例えば，魅力的と判断される女性の容姿には，ふっくらとした唇や，女性的でメリハリのある脂肪がついた身体つきといった特徴があるが，これらは若さと健康さを示す手掛かりである。こうした特徴をもつ女性に性的な魅力を感じやすい男性は，相手の容姿に全く無頓着な男性よりも効率よく子孫を残してきたはずである。異性にとって魅力的な特徴は，性ホルモンの働きの強さなど，生殖能力の高さと対応する**生理的基盤**を示すシグナルであると考えられるものが多い。

女性らしい顔や身体は様々な文化で男性にも女性にも魅力的と判断されるが，男性の魅力に関してはそれほど単純ではなく，男性の顔はやや中性的な方が好まれると多くの調査で報告されている。男性性の強さは身体の頑健さや男性間の競争で有利なことを示唆するものの，長期的なパートナーとして，あるいは子の養育に対する投資者として信頼が置けないという印象を与えるのである。女性は**短期的配偶戦略**を指向する際には男性性の強い男性を，**長期的配偶戦略**を指向する際にはやや女性的な特徴を示す男性を好む傾向があり，男性における配偶相手としての資質間の選択にはトレードオフの関係があることを反映している。

進化心理学では，ヒトの正常な性行動のレパートリーとして，男性・女性いずれに

も短期的配偶戦略と長期的配偶戦略の両方があることを認めている。短期的な配偶関係が珍しくないとはいえども**乱婚ではなく，一夫一妻の傾向が強いことは嫉妬**の存在からも見て取れる。男性は生まれてくる子が自分の子であることを確実にすること，女性はパートナーの投資が他の女性に振り向けられることを防ぐために嫉妬感情をもつと考えられ，それに応じてパートナーのどのような不貞に気持ちを乱されやすいか，またその際に脳のどの部位が活動するかに性差があると報告されている。

■　■　■

❶▶群淘汰 (group selection)

個体の行動や性質が，「種」等，所属する集団を存続させるために進化したとする考え方。1960年代までは，生物の社会行動の由来は群淘汰で説明されることが多かった。その後，理論的・実証的検討が進められ，群淘汰の現象は全くあり得ないとはいえないが，成立する条件は極めて限られることが示された。「種の保存のため」に何らかの形質が進化してきたという言い方は誤りであると，現在は認識されている。

❷▶シグナル (signal)

生物の身体や行動の形質のうち，特定の情報を他個体に伝達する役割を果たし，かつそのために進化してきたと考えられるものをシグナル（信号）という。しかし，問題となる形質が本当に情報伝達機能のために進化してきたのか，また，どういう特徴をもつ情報をシグナルとして定義づけるべきなのかについては，研究者間でも議論が多い。

❸▶嫉妬 (jealousy)

本項については，09-12-❺「嫉妬」を参照のこと。

❹▶性淘汰 (sexual selection)

本項については，23-01-❺「性淘汰」を参照のこと。

❺▶生理的基盤 (physiological basis)

身体や行動の形質が進化によって選択されてきたものならば，その形質に対応する生理的基盤が存在するはずである。女性ホルモンの働きの強さを示す特徴はメスの，男性ホルモンの働きの強さを示す特徴はオスの繁殖能力の高さを反映することが多いと考えられる。ほかに，配偶者選択と密接な関連をもつものに，病原体等，異物の侵入を認識し，身体を防御する役割を担う主要組織適合遺伝子複合体（MHC）があり，体臭の違いや肌の健康さに現れることで，他者による判別の手がかりになるとされている。

❻▶短期的配偶戦略／長期的配偶戦略 (short-term mating strategy/long-term mating strategy)

数時間，数週間，数カ月と期間の程度は様々ではあるが，ヒトが長期的に続かない性的関係を結ぶ際の意思決定方略を，短期的配偶戦略と呼ぶ。行為者がその帰結を意識しているといないとにかかわらず，生物学的に質の高い子をつくるのに有利となるような性行動が取られる傾向がある。これに対し，結婚のような長期的な配偶関係にまつわる意思決定方略を，長期的配偶戦略と呼んでいる。子をつくるのみならず，共同して子を育てるのに適したパートナーが好まれる。

❼▶包括適応度 (inclusive fitness)

周りにいる他個体の繁殖を助けて，その適応度を b（benefit）上げる行動を取らせるまれな突然変異遺伝子を考える。この利他行動により自分の適応度は c（cost）下がる。助けた個体と助けられた個体が，利他行動をもたらすこのまれな遺伝子を共有する確率を r（血縁度：relatedness），利他行動をしない状態でもともともっている個体適応度を w とすると，包括適応度は，$w+br-c$ のように表される。$br-c>0$ な

助けた個体の包括適応度

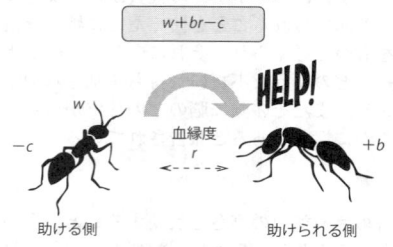

$$w+br-c$$

図1 包括適応度

ならば，利他行動によって包括適応度がもとの個体適応度よりも上昇するため，利他行動を生じさせる遺伝子は集団内に広まる（ハミルトン則：図1）。

❽▶乱婚 (promiscuity)

一度の繁殖期もしくは性周期の間に，オス・メスそれぞれが複数の異性と交尾する配偶システムを乱婚という。乱婚性の生物としてショウジョウバエ，ラット，イヌ，ニホンザル，チンパンジー等が知られる。

〔坂口菊恵〕

08-11 ▶ コミュニケーション

コミュニケーション（communication）とは，人と人との情報の相互作用を意味する，最も重要な人間の社会的行動の一つである。コミュニケーションの語源は，ラテン語で「共有する」という意味をもつcommunicareである。すなわち，コミュニケーションの本質は，社会的相互作用を通じて複数の行為主体（送り手と受け手）が意味を共有することであるといえよう。

コミュニケーションを送り手と受け手の間で交わされる記号の種類で分類すると，**言語コミュニケーション**と**非言語コミュニケーション**に分けられる。コミュニケーションという言葉は，言語による相互作用を連想させることが多いが，実際の日常的な会話の際には，むしろ非言語的な記号の方がより多くやり取りされているという。更に，コミュニケーションには，送り手が意図した情報伝達，意図しない情報伝達の双方が含まれる。

また，社会的コミュニケーションは，**パーソナル（対人）・コミュニケーション**，**グループ・コミュニケーション**，**マス・コミュニケーション**に分類される。パーソナル・コミュニケーションは対面・非対面を問わず，個人対個人のコミュニケーションを指す。グループ・コミュニケーションは様々な組織や地域内，共通の関心に基づく集団の中で行われるもので，マスメディアを介して少数の送り手から不特定多数の受け手に大量情報が一方向的に送られるのが，マス・コミュニケーションである。

三つのカテゴリーの社会的コミュニケーションは，それぞれ別の分野として研究が行われることが多い。特にマス・コミュニケーション研究は，20世紀以降，社会におけるマスメディアの存在や役割の重要性が増し，盛んに行われるようになった。その影響に焦点を当てた研究系譜は，主に三つの時期に分けて論じられることが多い。一つ目は**強力効果論**の時期（1930～40年代）であり，マスメディアの影響力は直接的で即効性をもつという考え方が主流であった。二つ目は，**限定効果論**の時期（1940～60年代）で，マスメディアは受け手の態度変容にあまり大きな影響を与えず，むしろ受け手の個人的選好やパーソナル・コミュニケーションの影響力の方が大きいという研究成果や議論が主流であった。そして三つ目は，1970年代以降，現在まで続く**新強力効果論**の時期であるが，この時期には受け手の態度変容ではなく，認知過程に与える影響に注目した多くの研

究が行われている。

新強力効果論の時期の代表的な理論には，**沈黙の螺旋理論，議題設定効果，培養理論，知識ギャップ仮説，第三者効果**等がある。なかでも，沈黙の螺旋理論や議題設定効果の研究においては，政治に関する**世論や選挙キャンペーン，投票行動**等が主なテーマとして取り上げられている。また，投票行動への影響としては，**バンドワゴン効果**もその具体的な例として挙げられる。

これまで行われた多くのマス・コミュニケーション研究が，送り手から受け手に与える影響に焦点を当ててきたのに対し，1940年代から始まった**利用と満足研究**は，受け手の能動性に注目し，初期の頃は主に面接法等の質的分析により研究が行われた。また，現在コミュニケーション研究において用いられる質的な研究手法としては，日常会話からメディアに現れるトークまで，様々なコミュニケーション内容を記述的に分析し，受け手がどのようにその内容の意味を構成するかを明らかにする**会話分析**が挙げられる。

メディア・コミュニケーションは，マス・コミュニケーションのみならず，インターネットを用いたコミュニケーションすなわちCMC，また携帯電話を用いたコミュニケーション等，あらゆるメディアを介したコミュニケーションを含む包括的な概念である。2000年代以降，通信技術の更なる進歩や普及によって，既存のメディアでは簡単に行えなかった個人から社会への情報発信が容易になり，インターネット上での知識の共同関与が盛んに行われるようになった。そして，社会におけるインターネットの普及とともに，マスメディアの影響力，その役割や機能にも変化が生じている。

コミュニケーションは，人間にとって不可欠な行動であり，今後もメディアの形態が変容し，様々な形の新たなコミュニケーションが誕生しても，その本質は変わらないと考えられる。また研究のアプローチの仕方は変わっても，人間行動を考える上で心理学分野の重要概念の一つであり続けるだろう。

■　■　■

❶▶会話分析（discourse analysis）

日常会話の内容からテレビニュースや新聞等での語りまで，一般的なコミュニケーションのやり取り全てを，人と人との微妙に調整された記号の交換行為として捉え，その意味を記述的に分析する研究法。

❷▶議題設定効果（agenda-setting effect）

マスメディアが強調して報道した議題ほど，受け手が重要であると認識するというマスメディアの認知的影響を指す。特に，政治的争点に関して，マスメディアにおける優先順位が公衆のその議題に対する認知の優先順位に影響する，というのが基本的な仮説である。受け手の情報追求欲求等，様々な媒介変数も取り入れた研究が行われている。マコームズとショウにより提唱された。

❸▶第三者効果（third-person effect）

人は，自分自身と比べ他者の方が，マスメディアからより大きな影響を受けていると認知しがちであるという。特にマスメディアによるネガティブな影響の場合にその傾向が見られるが，これを第三者効果と呼ぶ。デイビソンにより提唱された。

❹▶知識ギャップ仮説（knowledge-gap hypothesis）

マスメディアは情報伝達の役割をもつが，高い社会経済的地位の層の人々は低い層の人々に比べより速く情報を獲得するため，メディアへの接触によって，それぞれの層の人々の知識量の差が拡大していくという仮説。インターネットの普及による同

様の影響は、「デジタル・ディバイド」と呼ばれる。

❺ ▶ 知識の共同関与（knowledge collaboration）

インターネット上で個人が主体となり知識の共同関与を行うサービスはCGMと呼ばれ、ブログ、動画配信、ツイッター等のコンテンツ提供型、口コミやニュースサイトへのコメント等でメッセージの交換を行うコミュニケーション型、個人が共同構築により制作を行うWikipediaや「はてな」（Q＆Aコミュニティ）等のコラボレーション型の、三つに分類される。これらのコミュニケーションはその信頼性やコンテンツの著作権に関する課題も多いが、これまでのメディアをより有効に補完する可能性も高い。

❻ ▶ 沈黙の螺旋理論（spiral of silence）

人は自分の意見が世の中の大多数の他者と同意見と認識すれば、より声高にその意見を公的に表明するが、もし反対の意見であれば孤立を恐れて沈黙してしまう。そのため、結果的に多数派の意見の表明が螺旋状に増大し、世論となっていく現象について論じる理論。ノエル=ノイマンによって提唱された。

❼ ▶ 培養理論（cultivation theory）

ガーブナーらにより提唱された、テレビの長期的・累積的な影響を論じる理論。カルティベーション、涵養理論、教化理論とも訳される。ドラマ番組等のフィクション的な内容に長時間・長期間接触する人ほど、テレビの中で描かれた世界に近い現実認識をもつようになるとされ、その影響をカルティベーション効果と呼ぶ。テレビで描かれる犯罪や暴力等の影響を取り上げているほか、社会の現状維持機能等テレビのもつ社会的機能についても論じている。

❽ ▶ バンドワゴン効果（bandwagon effect）

選挙予測や流行等についてマスメディアで情報が伝えられることで、優勢と伝えられる候補者への支持率が高まったり、流行が更に多くの人に取り入れられるメディアの影響を指す。情報を得た人々が、世の中の多くの人の選択を選ぶ、つまり勝ち馬に乗ろうとすることから生じる現象。

❾ ▶ 非言語コミュニケーション（nonverbal communication）

記号として言語を用いず行われるコミュニケーション。身体の一部あるいは全体を使った動作、発話の特徴、対人距離や空間の使い方、時間の使い方、衣服や物品等人工物、物理的環境等、様々な方法によって、人は情報の発信及び受信を行っている。

❿ ▶ メディア・コミュニケーション（media communication）

様々なメディアを介して行われるコミュニケーションのこと。その機能には情報の伝達のみならず、保存、蓄積や処理等も含まれる。社会心理学においては、マスメディアを介したマス・コミュニケーションと、コンピュータを介したパーソナル・コミュニケーションに関する研究が多く行われている。

⓫ ▶ 世論（public opinion）

政治を主とする社会的な問題に関する公共的な意見を指す。民主主義社会において、マスメディアは世論形成に影響を与えるとされるが、世論は元来、公衆が行う公的コミュニケーションの結果生まれるものであり、また社会的統制機能をもつと考えられている。

⓬ ▶ 利用と満足研究（uses and gratification）

個人の欲求やメディアの利用動機、期待といった、受け手側の視点からメディアの機能に注目した研究。受け手の能動性に焦点を当て、人が自分の欲求充足のためにメディアをどのように役立てているかを分析する。初期の頃は面接法を用いた質的分析が中心だったが、1970年代以降、量的な実証的手法も併用されている。

〔川端美樹〕

08-12 ▶ ネットワーク理論

　ネットワークは，点で表される複数の個体（多くの場合，個体は個人なので，以下，それを前提とする）と，線で表されるその間にある関係からなっている。また，関係には種類と強度がある。その点と線からなるパターンを**ネットワーク構造**という。それぞれのネットワーク構造が，その中に埋め込まれている個人の行動や思考や，そのネットワーク全体に相当する集団や社会の在り方に影響を与える。ネットワークは，ただ眺めていてもその性質が理解できないことが多いため，特定の観点に従って分析した指標値を算出することによって，その構造を理解しようとするのが，**社会ネットワーク分析**である。そして，その指標値と，その中に埋め込まれている人々の行動や，集団ないし社会の在り方との関係性が検討される。

　ネットワークの構造は無数に近いほど種類があるため，その構造を大局的に分類して理論化することも多い。その際，対象となるネットワークが，規模の大きなものか小さなものか，強い紐帯の多い閉鎖的なネットワークか，**弱い紐帯の多い開放的なネットワーク**か，といった点に注目されることが多い。ここで紐帯の強弱は，共有時間，親密さなどによって測定される。また，そのようなネットワークからもたらされる結果は，個人レベル，全体レベル，メゾレベルのものがある。例えば，個人レベルのものとしては，ネットワークに埋め込まれている個人間の協力行動・情報伝播や個人的な地位達成がある。全体レベルのものとしては，集団全体のパフォーマンスや民主主義の達成がある。メゾレベルのものとしては，集団や社会に存在しているサブグループや中間組織の在り方がある。このようなネットワークの性質と結果の組み合わせによって理論化がなされている。

　社会関係資本論は，コミュニティや社会全体等，比較的大規模なネットワークを対象としている。パットナムによると，全体レベルでは，当該社会のネットワークが，強い紐帯の多い閉鎖的な性質をもっているよりも，弱い紐帯の多い開放的な性質をもっている方が，民主主義の達成度が高くなるとされる。リンによると，個人レベルでは，人々が自らの周囲に，上位の社会的地位の人まで幅広く含まれるネットワークをもっている方が，本人の達成地位が高いなどとされる。

　普及過程の個人的な側面としては，人々がどのような情報に価値を見出すか，その情報をもとに革新（イノベーション）を採用するか，その情報を誰に伝えるかなどが重要である。一方，ネットワークに関わる側面としては，小集団や社会全体において，どのようなネットワーク構造があると，情報がより早くより広く伝播し，革新が採用されるかなどが重要である。一般には，ネットワークが弱い紐帯からなる開放的なネットワークの方が，情報は拡散する傾向がある。しかし，革新の採用にあたっては，身近な人々がそれを採用しているかどうかも重要である。

　社会レベルの大規模なネットワークにおいて，紐帯の強さにかかわらず，わずかであってもランダムな関係が存在することの機能も重要である。わずかなランダムな関係によって，その社会の任意の人々の間の距離が大変近くなるからである。旅先等でふと出会った人と話していると，共通の友人がいることに気づいて驚くといった**スモールワールド現象**は，意外にも多くの人々が経験しているが，それはこのようなわず

かにランダムな関係が存在するネットワーク構造によって説明できるとされる。また、そのようなネットワーク構造が、スモールワールド・ネットワーク構造である。

近年は、インターネットに関わる技術が発展したり、情報通信のためのインフラ整備が行われたりする中で、**ソーシャル・ネットワーキング・サービス**（SNS）が利用されるようになった。個々人がアカウントをもち、彼らが友達を紹介したり、友達やその友達を検索したりすることによって、インターネット（オンライン）上で自らのネットワークを構築し、それらの人々とコミュニケーションを取ることができる。SNSには、インターネット外部にある既存の関係がもち込まれることもあるし、SNS上で新たな友人・知人を見つけることもある。インターネットやSNSの普及により、リアル（オフライン）だけでなく、SNSや他のオンライン上の関係を含めたネットワーク全体が、ネットワーク研究の対象となってきている。

■　■　■

❶▶社会関係資本（social capital）

社会関係資本は、人々が織りなすネットワークと、その中に育まれた信頼、互酬性の規範からなっており、それが個人ないし社会の効率性を生み出すと考えられている。また、ブルデューは、経済資本や文化資本と並ぶ資本の一つと考えている。

❷▶弱い紐帯（weak ties）

集団間には弱い紐帯が存在する。その弱い紐帯の存在によって集団間に情報が流れ、社会がバラバラにならず統合される。グラノヴェターは、このような重要な機能があるという点で、弱い紐帯は強いと述べた。これが「弱い紐帯の強さ」説である。

〔辻　竜平〕

08-13 ▶ 社会問題の社会心理学

社会心理学の重要な系譜の一つに、グループ・ダイナミックスの創始者であるレヴィンが重視したアクション・リサーチがある。アクション・リサーチとは、現場の当事者と研究者が共に事をなすこと（共同的実践）を通して、様々な社会問題の解決に資する共同知を生み出すことを目指した活動である。

日本社会を含む現代社会では、すなわち、ガルブレイスのいう「ゆたかな社会」以降の社会では、少数のイデオロギーを巡る社会問題ではなく、多種多様なイシューが相互に関連しながら並立している。こうした諸問題に、正面から、かつ、きめ細かに取り組むアクション・リサーチ（社会問題の社会心理学）に対する時代の要請は、今、非常に大きいといえる。

社会問題の分析と解決に向けて社会心理学が果たすべき役割が大きな転換点を迎えた年として、日本社会では、1995年を挙げることができる。後に、バブル経済崩壊に伴う「失われた10年」と称される時期のただ中にあたるこの年の1月、阪神・淡路大震災が起きた。それまで、どちらかといえば、群集行動、流言、パニック等、緊急時に見出される一時的な**災害行動**に焦点を当てていた災害心理学は、この大震災が提起した問題を受けて、大きく転換することになる。具体的には、被災者が長期にわたって生活する**避難所問題**や、それを支援するボランティアの活動に関わる問題、被害を受けたコミュニティの再建、更には被災者の心の回復に関する課題が、大きくク

その上，同年3月には，地下鉄サリン事件が発生した。オウム真理教（当時）による組織的関与が，**カルト問題**として大きな社会問題となった。カルトは，反社会的な宗教団体を指すのが一般的であるが，この語の定義は曖昧な部分が多い。社会心理学的には，フェスティンガーによる古典的研究を嚆矢として，説得や態度変容の問題，認知的不協和等コミットメントの問題との接点が検討されてきた。オウム真理教を巡っても，「マインド・コントロール」等，社会心理学の観点からも重要な分析が提示された。

その後も，日本社会の経済的停滞は続き，それが社会不安のベースとなって，多くの社会問題を共通して，生活上の「リスク」として人々に意識させることになった。例えば，**貧困と経済困窮，消費者問題**等である。これらの問題は，社会心理学の視点からは，富の社会的分配とその公正に関する研究，格差社会，社会階層の固定化や再生産を巡る研究，風評被害を含む商品や環境に対するリスク認知に関する研究等を通じてアプローチされ，解決の方向性が探られている。

次の転換点は，2011年である。東日本大震災の直接的な引き金は，巨大な地震と津波であった。特に津波は多くの人命を奪ったが，被災地でのボランティア活動等，阪神・淡路大震災を契機とした前述の研究・実践の成果が活かされたところも一部には見られた。しかし，東京電力福島第1原子力発電所の事故がもたらした社会問題は，まさに未曾有のものであった。

特に，発電所を襲った津波や地震動に関する想定が適切なものであったのかについては，多くの批判が集まり，電力業界，日本政府，原子力関連の学界等が集合的に形成してきた，いわゆる「原子力ムラ」が引き起こした「組織事故」の側面が問題視されている。この点については，**組織の不祥事と責任問題**に関する研究，すなわち，官僚的組織における意思決定が抱える落とし穴や，その解決方法に関する研究が深く関連している。

また，原子力発電は，その建設に関して最も激しい**市民運動と異議申し立て**が展開されてきた社会問題でもある。社会の行く末を左右する重大な社会問題に関する政策決定において，どのような市民参加が求められるのか，適切な世論形成の在り方はどのようなものか。このような課題について，今，社会心理学の貢献がいっそう求められている。

■ ■ ■

❶▶アクション・リサーチ (action research)

現場の当事者と研究者が共に事をなすことを通して，正確には，もともとの当事者と研究者が共になす事を通じて形成する包括的な当事者性のもとで，共同知を生み出すことを目指した研究活動である。問題解決を志向した実践研究と称されることもある。しかし，アクション・リサーチの鍵は，問題解決への関与の有無自体ではなく，問題解決にあたって当事者と研究者とが形成する独特の関係性の方にある。よって，アクション・リサーチを，アンケート調査，参与観察といった個別の調査手法と同列に議論することは，適当ではない。

❷▶コミュニティ (community)

「共同体」や「地域社会」とも称される。かつては，同じ地域に住み，政治・経済・文化の各側面において深く結びついている地域社会を指すことが多かった。しかし，近年では，共通の趣味，政治的信条等を基盤に，インターネット等を媒介として結びついた，空間的には分散している人々の集

❸ ▶ 市民運動と異議申し立て (citizen's movement and protest)

一般の市民が，自らの価値観に照らして望ましい社会を構築するために行う活動のことである。かつては住民運動とほぼ同じ意味で用いられた。これは，運動の対象となる課題が，例えば居住地周辺の生活環境の改善等，局所的なものだったからであり，同時に市民の共同を保障する機縁もまた地縁が主だったからである。しかし，インターネットなど，広域的な市民の連帯を担保するメディアが登場した今日では，市民運動の対象も，例えばDVなど，家庭を舞台とするものから，国際協力，地球環境問題等グローバルなものまで，多様化している。

❹ ▶ 消費者問題 (consumer issue)

市場での商品消費を巡って，一般の消費者が直面する課題を総称する用語として用いられることが多い。社会心理学の分野では，悪徳商法や商品広告に関わる課題が，主に説得や態度変容の研究と関連づけられたり，食品等，商品の安全性に関する課題が，リスク認知の視点から論じられたりしている。あるいは，東日本大震災でも顕在化した，商品やサービスを巡る風評被害の問題が，リスク・コミュニケーション及び，流言やデマなど，集合行動と結びつけて分析されている。

❺ ▶ ボランティア (volunteer)

ボランティア活動，及び，それに携わる人の両方を意味する。自主性，無償性，利他性（公共性）が，ボランティアを支える古典的3本柱として設定されてきた。阪神・淡路大震災が発生し，後に「ボランティア元年」と称された1995年以降，その大衆化，多様化が一気に加速した。今日では，既存の社会体制，支配的な社会的価値観に対するチャレンジ性や代替選択肢の提示能力を，ボランティアの根幹として指摘する見解も登場している。学校現場でのボランティア教育，企業でのボランティア休暇等，既存の社会活動との接点で生じる課題も重要である。

〔矢守克也〕

08-14 ▶ 社会心理学の方法

社会心理学では，「社会的要因が人の心的処理にどのような影響を与えるのか」を検討し，複雑な社会生活における人の行動を解明することを目指す。こうした目的を達成するため，社会心理学の**実験**では，統制された実験室状況に社会的要因や他者の存在を取り込むための様々な工夫がなされてきた。特に社会心理学でしばしば見られる手法として，**ディセプション**や**カバーストーリー**，**実験遂行協力者（サクラ）**が挙げられる。そして，これらの手法の特性上，社会心理学の実験では，**デブリーフィング**が極めて重要な役割を果たす。

また，社会的要因の影響を検討する際には，条件の厳密な統制が困難なことも多い。例えば，配偶者の有無やパーソナリティといった要因の影響を検討する場合には，実験参加者の無作為割付は困難であろう。また，フィールド実験のように，現実社会の自然な状況での心的処理の様相を検討しようとする際にも，無作為割付が難しいことが多い。こうした状況では，**準実験デザイン**も用いられる。

更に，産業・政治・文化といった現実の社会現象においては，様々な要因が複雑に相互作用していると考えられる。したがって，統制された実験室で得られた結果が，現実の社会現象にそのまま適用できる保証がない。そこで，**調査**により変数間の相関

関係を検討することもある。

一般に、時間的・経済的コストの観点から、各参加者から1回ずつ回答を集める**横断的調査**が用いられることが多い。しかし、横断的調査では、独立変数と共変する交絡要因が多く、研究の**内的妥当性**は低い。更に、**個人差に基づく共変関係**しか検討できず、個人内のプロセスにアプローチすることができない。

一方、同一参加者の時間的変化を調べる**縦断的調査**の場合には、交絡要因の統制が比較的容易になり、研究の内的妥当性が高くなる。また、個人差に基づく共変関係のみならず、**個人内の共変関係**を検討することも可能となる。更に、社会心理学では、日記法や**経験サンプリング法**が用いられることも多い。これらの手法を利用すると、同一参加者から複数の縦断データが得られるだけでなく、日常生活における心的処理や行動をリアルタイムで測定することができる。そのため、忘却や記憶の歪みによるバイアスも抑えることができる。

【社会的行動や認知の指標】

実験や調査で得られる指標にも、様々な種類がある。第一に、参加者の行動を観察することで得られるデータが挙げられる（例として、他者の怒り顔を見た際の眼球運動や、会話中のジェスチャー）。社会心理学が「現実社会の人間行動を理解すること」を目的としていることを考えると、**観察データ**はこうした目的に最も近いものといえるかもしれない。しかし、観察や評定に主観的解釈が混入する余地があり、観察者の訓練が不十分な場合には、結果の信頼性に疑問が生じる。

第二に、**自己報告**データが挙げられる。自己報告とは、感情、態度、信念といった心的構成概念に関して、質問紙や面接を通して、参加者本人に直接質問し、報告させる手法である。社会心理学では、数多くの尺度が確立されており、こうした尺度を利用することで比較的容易に、信頼性や妥当性の高い測定を行うことができる。ただし、参加者が正確に自分の状態を報告している保証はない。例えば、社会的に好ましい方向に、参加者が回答を歪めてしまうかもしれない（**社会的望ましさによるバイアス**）。また、参加者自身が自覚していない態度や信念の測定にも困難が伴う。そこで近年、こうしたバイアスを受けにくい**潜在指標**を用いる研究も増えている。

最後に、生理指標や神経指標が挙げられる。人の心的処理は、生理的活動や神経的活動と密接に関わり合っている。例えば、感情は時に、発汗、ストレス・ホルモンの上昇等の生理的変化も伴う。また、記憶や判断といった心的処理の背後には、固有の神経活動が存在する可能性もある。こうした生理・神経基盤を明らかにするため、近年、社会心理学や行動経済学、神経科学、生理心理学の融合が進み、**社会生理心理学**や**社会神経科学**が発展してきた。これらの学際的な領域では、行動指標（例えば、観察データ、自己報告データ）に加えて、**皮膚電気活動**や**心拍数**のような生理指標、内分泌系の反応を示す**ホルモン指標**、更に**事象関連電位**や**磁気共鳴画像法**による神経指標等、様々な指標が併用されている。こうした融合的なアプローチにより、人の社会的行動のメカニズムを多面的に理解することが可能になると期待される。

■　■　■

❶▶**機能的磁気共鳴画像法** (fMRI：functional Magnetic Resonance Imaging)

本項については、04-14-❷「機能的磁気共鳴画像法/BOLD信号」を参照のこと。

❷▶**経験サンプリング法** (event sampling)

日常生活における感情・認知・行動をリ

アルタイムで報告させる手法。毎日決まった時間に報告させる場合もあれば、特定の出来事が起きた時に報告させる場合もある。更に、参加者に通信デバイス（例えば携帯電話）を与え、毎日ランダムな時刻に連絡し、回答を求めることもある。

❸ ▶ 事象関連電位 (event-related potential)

本項については、02-11-❷「事象関連電位」、04-14-❼「脳波／事象関連電位」を参照のこと。

❹ ▶ 実験 (experiment)

独立変数と従属変数の因果関係を確立するための、最も効果的な研究手法。独立変数以外の要因は、できるだけ一定の値に固定される。また、参加者や実験刺激は、各条件に無作為に割り当てられる。そのため、条件間で従属変数に差が得られた際には、その差が全て実験操作に還元できることになり、独立変数と従属変数の因果関係を確立することが可能となる。

❺ ▶ 実験遂行協力者（サクラ）(confederate)

ディセプションの一つ。実験遂行協力者は実験参加者ではないが、他の実験参加者の前では、自らも参加者であるかのように振る舞う。更に、実験遂行協力者の行動は、あらかじめ研究者によって決められている。

❻ ▶ 準実験 (quasi-experiment)

参加者の無作為割付が難しい際にも、内的妥当性をできるだけ高く維持するよう工夫された研究デザイン。現実社会の要因をそのまま取り込んだり、フィールド実験を行ったりする際に有用である。

❼ ▶ 潜在指標／顕在指標 (implicit measures/explicit measures)

態度や信念といった心的構成概念に関して、参加者本人に直接尋ねることなく、間接的に測定する手法を総称して「潜在指標」と呼ぶ。活性化拡散やプライミングの原理に基づき、反応時間を利用したものが多い。自己報告に比べて、社会的望ましさや評価懸念のバイアスを受けにくく、参加者自身が無自覚な態度や信念も測定できると考えられている。なお、潜在指標と対比して、自己報告データを「顕在指標」と呼ぶことがある。

❽ ▶ 調査 (survey)

研究者が独立変数を操作するのではなく、現実社会における独立変数の変動が従属変数の変動にどのような影響を与えるかを検討する手法。研究者の参加者への関与が小さく、自然な状況での行動（例：購買行動）や心的処理（例：主観的幸福感）を検討できる。また、実験での検討が難しいマクロな要因（例：国の経済水準）の効果を検討する際にも有用である。

❾ ▶ ディセプション (deception)

社会心理学の目的は、現実社会で生じる自然な認知的処理や行動を理解することである。しかし、参加者に研究の目的を伝えると、評価懸念や要求特性によって、回答が歪められる恐れがある。また、日常生活における行動や心的処理には無自覚なものも多い。こうした無自覚な処理は、研究目的を伝え意識させると、抑制されてしまう可能性もある。そこで社会心理学では、研究の本来の目的を隠したり偽りの目的を参加者に伝えたりして、実験を行うことが多い。こうした手法をディセプションという。この時、偽りの目的として参加者に伝えられる目的を、カバーストーリーという。

❿ ▶ デブリーフィング (debriefing)

調査や実験終了後、参加者に研究の目的や課題の趣旨を説明すること。人を対象とする心理学の研究では不可欠とされるが、ディセプションを用いた研究では、倫理的観点から特に重要な意味をもつ。

⓫ ▶ 皮膚電気活動 (electro-dermal activity)

自律神経の変化に伴い、覚醒レベルが上がると、発汗が促進され、皮膚の電気抵抗が変化する。こうした変動を皮膚電気活動

といい，覚醒レベルの指標とされる。

⑫ ▶ ホルモン (hormone)

体内で合成され，血液を通して循環し，標的器官の働きを調整する生理物質。ホルモンの受容体は，身体臓器だけでなく，脳内にも存在しており，生理周期やストレスの有無によってホルモン・レベルが変動すると，行動や心的処理も影響を受ける。こうしたホルモンの影響は，血液や唾液中のホルモンを測定したり，参加者にホルモンを短期的に投与したりすることで検討されている。

〔榊 美知子〕

08-15 ▶ 社会心理学の質的アプローチ

社会心理学の領域において，従来は**定量的研究（量的アプローチ）**が伝統的であったが，近年では**定性的研究（質的アプローチ**：qualitative approach）も少しずつ増えてきている。例えば，一昔前までは実験や質問紙で収集した数量的データの統計的分析が，研究論文には必須であるかのように考えられていた節があるが，近年では録音データや録画データといった数値に換算されないデータを扱う研究論文や，統計的分析を行わない研究論文も，心理学の学会誌に掲載されるようになってきている。そうした研究論文に出てくる方法論の代表的なものとして，インタビュー，フィールドワーク，テキストマイニング，GTA，M-GTA，KJ法，TEM，解釈学的アプローチ等が挙げられる。

質的アプローチが増えてきた背景は二つあると考えられる。一つは，認識論の転回や理論・方法論の整備である。1990年頃にナラティヴ・ターン（物語的転回）と呼ばれる認識論や方法論の転回があり，それ以降ライフストーリー研究やインタビュー研究が盛んになってきた。それに伴い，方法論の拡充も進んできた。言語データの分析手法については，従来の統計的分析とは異なる新しい手法が探索的に開発され，研究の蓄積が重ねられてきている。

もう一つの背景としては，科学技術の急速な発展，具体的にはコンピュータやインターネットの爆発的な普及を挙げることができる。これは研究対象としてのデータが1990年代以降，飛躍的に増えたということを意味すると同時に，コンピュータの発達によって扱える（すなわち分析可能な）質的データの量が飛躍的に増えたということも意味している。また，ビデオ動画の解析ソフトや文章データの解析ソフトといった質的研究ツールの開発も進んでいる。

質的アプローチとは，簡単にいってしまえば，数量的ではないデータを扱う研究手法，あるいは，数量的ではない形でデータの分析結果を表現しようとする研究手法のことである。関係性や相互行為や対話を重視し，それらが生起するプロセス（文脈や状況）に着目するところに特徴がある。具体的な代表例としては，インタビューで得られた語りデータの分析，ビデオ観察で得られた行動データの分析，フィールドワークで得られた記録（フィールド・ノーツ）をもとにした分析，質問紙調査で得られた自由記述データの分析や，電子掲示板等から得られたインターネット上の書き込みの分析などが挙げられる。

しばしば誤解されるが，質的アプローチを採用する研究の多くは，そもそも問いの立て方が仮説検証型の研究とは異なる。量的アプローチと質的アプローチは相補的な関係にあり，どちらが優れているというものではなく，目的に応じて使い分けるべきものである。量的アプローチが現象の一般

化（普遍的な法則の定立），仮説の検証に適した手法であるのに対し，質的アプローチは現象の深い理解（事例の詳しい記述），新たな仮説の生成に適した手法である。

質的アプローチ（質的研究）は，社会学や文化人類学からの影響が大きい。質的研究手法に関する文献を調べてみると，特に洋書においては，心理学以外の学問分野で多くの文献が見つかる。実際に質的研究に関する入門書を手にとってみると，その中に登場する古典や提唱者の多くが，心理学者ではないことに気づくだろう。質的研究は，幅広い学問領域の中で発展してきた。本項のタイトルは「社会心理学の質的アプローチ」であるが，ここで紹介する様々な質的アプローチは，社会心理学だけに限定されたアプローチではない。

質的アプローチ（質的研究）について詳しく学びたい場合は，関連学会に参加するとよい。国内では 2004 年に日本質的心理学会が創立され，毎年日本全国各地で年次大会が開催されている。学会名称に「心理」とついているが，実際は心理学以外の学問領域の会員も少なくない。学会サイトには，質的研究に関する参考文献や国際学会情報も掲載されている。国外では International Association of Qualitative Inquiry（国際質的研究学会）が主催する，International Congress of Qualitative Inquiry（国際質的研究会議）が，2005 年から毎年アメリカのイリノイ大学アーバナ・シャンペーン校で開催されている。

■　■　■

❶ ▶ インタビュー (interview)

インタビューとは，面接のこと。面接には臨床面接と調査面接があるが，ここでは後者を指す。決められたことのみを口頭で確認する構造化面接，全く自由に問う非構造化面接，その中間である半構造化面接があり，研究調査には半構造化面接（semi-structured interview）が最もよく使われる。面接する人（研究者，聴き手）をインタビュアー（interviewer），面接される人（研究協力者，調査対象者，語り手）をインタビュイー（interviewee）という。

❷ ▶ M-GTA (Modified Grounded Theory Approach)

修正版グラウンデッド・セオリー・アプローチの略語で，読み方は「エム・ジーティーエー」。木下康仁が開発した分析ワークシートを用いる，より実践的な GTA。インタビュー等で収集した語りのデータから，分析ワークシート（概念，定義，バリエーション，理論的ノート）を用いて概念を生成し，概念間の関係性からより抽象度の高いカテゴリーを生成し，更にはコア概念を生成するという技法である。

❸ ▶ 解釈学的アプローチ (hermeneutic approach)

対象の行動や現象を「説明」し，「予測」することを目標とする実証主義的アプローチに対して，対象の行動や現象を「解釈」し，「理解」することを目標とするのが解釈学的アプローチである。言語やテキストが多義的であり，また，研究者が無色透明で中立的な視点をもち得ないことを認めて出発するところに特徴がある。理論的前提から離れ，人々の日常生活世界や実際的理解を通して，人間の行為や物語の深い理解を目指す研究等がある。

❹ ▶ KJ法 (KJ method)

川喜田二郎が考案した発想法の一つで，読み方は「ケージェーホウ」。KJ は開発者である川喜田二郎の頭文字である。インタビューの逐語録といったテキストデータを意味あるまとまりごとにカード化し，一面に広げて眺めながら，似ているものをグルーピングしていくという作業を行う。その後，図解化したり文章化したりする。現場の事実や声に密着することを重視し，カー

ドをグループ編成した後に、単語や記号ではなく文章（1行見出し）でまとめるところに特徴がある。

❺ ▶ GTA（Grounded Theory Approach）

グラウンデッド・セオリー・アプローチの略語で、読み方は「ジーティーエー」。1960年代にアメリカの社会学者グレイザーとストラウスが提唱。グラウンデッド（grounded）とは「データに根差した」という意味であり、当時のトップダウン的な研究に対して、ボトムアップ的な質的研究法として提案された。方法論としてのGTAは、データの読み込み、切片化、コーディング、理論的比較と理論的サンプリング、理論的飽和、アブダクションを通して理論構築へと至る。

❻ ▶ テキストマイニング（text mining）

明確で統一的な定義は存在しないが、「大量の文書（テキスト）に記述されている内容の相関や傾向（パターン）を分析する技術」等と定義される。マイニング（mining）とは「発掘」という意味であるが、コンピュータ・サイエンスの分野における情報検索や情報抽出、コーパスに基づく計算言語学の理論や手法等が応用されており、大量のテキストデータを扱うのに適した手法である。頻出語の同定、テキストの分類、コレスポンデンス分析、クラスタリング等、様々な分析手法がある。

❼ ▶ TEM（Trajectory Equifinality Model）

複線径路・等至性モデルの略語で、読み方は「テム」。発達の多重線形性や等至性という概念をもとにした質的研究法であり、時間とプロセスを扱うことに優れた手法である。人間と環境を一種のオープン・システムとして捉え、個人の経験の多様性や複雑性を描き出そうとするところに特徴がある。インタビューで得られた語りデータをTEM図で表現することで、人生における経路の複線性を示す研究等がある。

❽ ▶ フィールドワーク（field work）

フィールドワークとは、調査対象となる現場（フィールド）まで実際に足を運んで、現地での交流や情報交換、調査活動を通じて研究を深めていくという方法論である。現地で観察、面接、質問紙、資料収集、実験等、多くの調査が行われることもある。フィールドワークの際に記録されたメモをフィールド・ノーツと呼ぶが、これはエスノグラフィーを書くための基礎資料になるので、「頻繁かつ正確に」記録することが重要である。

〔家島明彦〕

感情

〔総説〕

　今から遡ることおよそ2千4百年前，プラトンは，人の魂が理性と熱情という全く異種なる2頭の馬車馬によって引かれる様を思い描いていた。彼の想念の中では，あくまでも，理性は魂を正しき方向へと導く端正美麗な賢馬であり，他方，熱情は魂を悪しき方向へと導く胡乱醜悪な悍馬であったのである。実のところ，こうした喩えは，多少形を変えながらも，古今東西，多くの社会文化において，暗黙裡に共有されてきたものといえる。ヒトを人間たらしめるのは，あくまでも理性，すなわち人の心の認知的機能であり，熱情，すなわち人の心の感情的側面は，人間本来の崇高なる精神生活をかき乱す，無秩序で非合理的なものという扱いを受けてきたのである。そして，こうした感情に関する見方は，心理学の歴史の中でもほぼ同じであったといえる。確かに心理学における感情に対する刮目は，心理学の祖ともされるジェームズの中に既にあったわけであるが，その後，とりわけ行動主義が心理学を席巻する中，感情は徐々に心理学の中心的課題から除外されるに至る。人間の感情的側面が取り上げられることがあっても，それはどちらかといえば，不適応や狂気等との関連で問題にされることが多かったのである。

　しかし，近年，こうした非合理性を前提視する感情観は大幅に揺らいできている。感情は理性あるいは認知と対立するものではなく，むしろ，それらと協調的に結びつき，人の種々の適応を支えるものと考えられるようになってきているのである。それは一つには，生物学的機能という視点から，感情が，ヒトという生物種においても今なお，個体の生き残りや繁殖を高度に保障する役割を果たしていると考える向きが大勢を占めるようになってきたからであり，もう一つには，社会的機能という視点からも，顔や声を通して発せられる種々の感情が人と人との間をつなぎ調節し，また社会やその価値観及び制度を維持する上で，必要不可欠な働きをなしているという認識が一般化してきているからにほかならない。感情が，ここに来て，生物学的にも社会的にも，ある緻密な法則性の内にあり，様々な場面で人を合理的な行動へと導きうると考えられるようになってきているのである。

　それでは，こうした理論上の大きな転換は，どのような知見に支えられて生じてきたのだろうか。本領域では，近年，とみに進展著しい感情研究の先端的知見に基づきながら，主観的情感のみならず，神経・生理，表情・行為傾向と，多側面にわたる人の感情の性質と機序，またそれに密接に関連するストレスや感情的知性等のトピックについて概説を行う。

【本領域（感情）の構成】

　本領域は内容的に，大きく五つのセクションからなっている。

　第1群では，感情研究の最も基礎的な部分，すなわち感情とは何か，どのような性質と機能を有しているか，心理学の中でそれはどのように研究されうるかを扱っている。09-01では，感情と総称されるものが，情動（emotion）を中核として，気分（mood），情感（feeling）等，幾つかのカテゴリーに分けて把捉されうることを示した上で，それらに通底して在るものは何かに

ついて解説する。09-02では，感情が基本的に，情感，表情，生理的変化等，複数の構成素からなるものであり，そのため，その研究法も多岐にわたることを記す。09-03では，感情の働きが個人「内」機能と個人「間」機能に大別されうること，そして感情の本質が，正負両面の両刃性にあることを概説する。

第2群は，感情の成り立ちに関わる二つの対立する理論的立場を取り上げたものである。09-04では，ダーウィン以来の，感情を進化の産物と見なし，少なくともある特定の感情は，ヒトに生得普遍に備わったものであるとする感情の進化的見方について触れる。それに対して09-05では，感情の文化相対性を前提視し，種々の感情が社会文化的に構成されるのだとする感情の文化的見方について解説を行う。

第3群は，感情を構成するそれぞれの構成素に関する各論になっている。09-06では，ジェームズとキャノンの論争という形で，心理学の中で最も早くから研究が行われた感情の身体・生理的側面に関して，その要点を記す。09-07では，感情の発動及び各種感情の分岐に先行する認知的機序として，精力的に研究が展開されている認知的評価(appraisal)を取り上げ，その基本的な理論モデルの概要を示そう。一方，09-08では，いったん生起した感情が今度は，記憶や思考といった後続の認知的活動にいかに影響するか，また感情が音楽や絵画といった芸術活動にどのような働きをなしうるかなどについて，そのあらましを記す。09-09では，感情の表出的側面，ことに顔の表情に焦点化し，それが他の個体に対して，どのような機序でいかなる意味を発するのか，また表情が翻って主観的情感に対してどのように影響しうるかなどに関して解説を行う。

第4群は，感情の様々な種類に関する各論となっている。09-10は，多くの場合，ヒトが進化の過程で獲得したものとされ，その発動機序も最もシンプルなものとされる，いわゆる喜怒哀楽，すなわち基本情動を取り上げる。09-11では，恥や罪悪感，誇りといった，自己意識を基盤として生じる，より高次で複雑な感情たる，自己意識的感情に関してその概略を示す。09-12では，自己意識的感情とも重なるが，人が他者との関係性の中で経験する，妬みや嫉妬，あるいは公正感や感謝といった，種々の社会的感情を取り上げ，それが社会的比較等，いかなる社会的認知の下で生じうるか，また，それが対人関係にどのような意味を有しうるかについて説明を行う。

第5群では，感情を巡る心理学の中の主要トピックを扱っている。09-13では，感情が，ことに集団状況で，どのような社会的行動と結びつき，何を引き起こしうるかについて，流言，扇動，パニック等との関連も含めて，解説を行う。09-14では，感情とストレスの密接な関連性を前提とした上で，ストレスがいかなる機序で生じ，時に心身症等の重篤な問題を招来しうるかなどについて，感情労働の問題等にも言及しながら，要点の整理を行う。09-15では，近年，ポピュラー・サイコロジー等においても議論のかまびすしい，感情的知性を取り上げ，現行の様々な理論モデルにも触れながら，感情・表情の理解や制御の側面も含め，それがどのように概念規定されうるか，また実践的にいかに応用されうるかなどについて説明する。最後に09-16では，感情の発達に関して焦点を当て，乳児期からその後の発達過程において，基本情動や自己意識的感情がいかに萌芽し，発達するのか，また感情の理解や制御の能力が，どのような要因との関わりの中で，子どもの内に徐々に準備されてくるのかなどについて，これまでの基本的な知見をまとめておくことにしよう。

〔遠藤利彦〕

09-01 ▶ 感情の定義と性質

　和語としての感情は、英語における"feeling"も"emotion"も"mood"も"affect"等をも全て包含する広義の概念といいうる。したがって、ここでは感情に関わる英語圏の代表的な術語に従って、その意味するところを示すこととする。

　一般的に、"feeling"（**主観的情感**）はまさに何かを感じること、すなわち、晴れやかな気持ちやホッとした気持ちといった、主に我々が自ら主観的に感じ取る心の動きのことを指していう（研究者によっては、我々の内部で密かに進行する中枢神経、自律神経、神経化学物質等の諸活動を直接的に意識の上でモニターした鮮明な質感、すなわちクオリアなるものと、そこに喜怒哀楽といった何らかの情動概念によるラベリングがもち込まれ経験される心的状態を、区別してみる向きもある）。しかし、こうした主観的状態のただ中にある時、我々は少なからず、背筋が寒くなったり、頭に血が上って熱くなったりといった、特異な生理的変化を経験することがある。また、顔の表情や声の調子を多少とも変化させ、更に逃げる、闘うなどといった、ある特定の**行為傾向**を示すようなこともあろう。こうした主観的な心の動き、生理、表出、行為傾向といった様々な側面が密接に絡み合いながら発動される経験のことを、特に英語では"emotion"（**情動**）という術語で呼ぶ。一般的に明確な表情や生理的変化を伴う、喜び、怒り、悲しみ、恐れ、嫌悪、驚きといったものが、この"emotion"に相当すると考えられる。こうした"emotion"が強く一過性の反応であるのに対し、一般的に"mood"（気分）といわれるものは、何となく憂うつとか、いらいらして落ち着かないといった、比較的微弱で長く持続するような心的状態を指していう。"mood"は"emotion"ほどにその先行事象が明確ではなく、自覚されないような微弱なストレスの蓄積や、微妙に体調がすぐれないなどのやや漠とした理由で生じうるところにも、特徴があるといえる。また、空腹感や渇き、あるいは痛みや甘さ、場合によっては疲れといったある種の感覚経験も、感情の中に含めて考える場合がある。ある一群の研究者は、こうした快不快のいずれかを伴う感覚経験に対して"affect"（アフェクト）という言葉を充てている（もっとも研究者によっては、この術語をまさに日本語でいうところの感情、すなわち全ての感情的な現象を総称するものとして用いる向きもある）。

　このほかに、我々日本人が日常的に用いる感情という言葉には"emotional attitude"（**情動的態度**）のようなものも含まれると考えられる。これは、一般的に、いわゆる好き・嫌い、憎悪・敬愛・思慕といった、個人がある特定の対象あるいは他者に対して一貫して取る感情的なスタンスを指していう。また、広義には"temperament"（**気質**）や"emotional trait"（**情動的特性**）、あるいはまた躁や鬱といった"emotional disorder"（**情動的障害**）等も、感情という概念の下位に位置づけてみる見方がある。

　以上のように、日本語の感情には多様な心理的・生理的状態が含まれて在るといいうるわけであるが、総じてそれらにほぼ通底するといえるのは、基本的に我々個人の、ある事象・対象あるいは状態一般に対する何らかの**評価**（appraisal）（私にとってそれはどんな意味をもつのか、良いのか悪いのかといったことなど）が絡むということである。そして、驚きや興味等のごく

一部の例外を除き，ニュートラルであるということはまずなく，程度の差こそあれ，快か不快いずれかの**感情価**（affective valence）を必ず伴うということである。驚きや興味にしても，そこには**新奇性**のような事象に対する特異な評価が，密接に関係しているものと考えられる。少なくともここでは，感情を正負いずれかの，あるいはほぼ中立であっても，何らかの意味をもった評価的な反応のことであると考えておくことにしたい。そして，その快・不快等の独特の質感及び程度にしたがって，多かれ少なかれ，その後の我々の種々の振る舞いを方向づけるものと理解しておくことにしよう。

■　■　■

❶ ▶ 気質 (temperament)

一般的には発達の文脈で頻繁に用いられる術語であり，通常は遺伝的基盤を伴って在る個人の生得的個性あるいは発達早期に現出する，個人特有の一貫した行動特徴を指していう。怖がりやすさ，むずかりやすさ，機嫌の良さ，社交性（対他的なポジティブ感情の表出傾向）等，種々の情動との強い関連が想定されるため，しばしば感情概念の下位に位置づけられることもある。

❷ ▶ 行為傾向 (action tendency)

ある特定の情動に結びついて生じる，ある特定の行為発動に向けた心身の準備状態を指していう。例えば，恐れであれば逃げる，怒りであれば闘う，恥であれば身を隠す，罪であれば修復するといった，それぞれの情動に特異な行為への動機づけと，その行為を可能ならしめる身体・生理的な状態が，これに相当する。日常生活においては，多くの場合，抑制やカムフラージュといった情動制御（emotion regulation）が介在するため，これがそのまま情動的行為に至ることは相対的に少ないといえる（例えば，恐れの情動によって逃走の準備状態が生じても，現実的にその場から逃げ出すとは限らない）。ちなみに，フライダ（1986）はこれを，情動の定義的特性に据えて考えている。

❸ ▶ 情動 (emotion)

大項目内で言及したように，一般的に，喜び，怒り，恐れ，悲しみなどの一過性の反応が情動ということになるが，それを，認知的要素（刺激評価）から始動し，情感的要素（モニタリング）と動機づけ・身体的要素（行為発動のための心身の準備状態）の活性化を経て，運動的要素（行為・表出）の具現化へと至る一連のプロセスとみる見方もある。

❹ ▶ 情動的特性 (emotional trait)

仮に，我々一般が経験し表出しうる情動のレパートリーが潜在的にほぼ同様であるにしても，日常生活の中で，いかなる情動を経験あるいは表出しやすいか，逆にいかなる情動を経験あるいは表出しにくいかといった側面には，広汎な個人差が存在すると考えられる。こうした情動の経験・表出頻度に現れる個人的特性を特に，情動的特性という術語で呼ぶことがある。いわゆるパーソナリティの5因子モデルとの関連でいえば，外向性は喜び・快情動と，神経症傾向（情緒不安定性）は恐れと，敵対性・不従順（協調性の欠落）は怒りと，経験への開放性（動機づけの高さ及び創造性等）は興味と，それぞれ緊密な関連性を有しているという指摘がある（勤勉性については，特定の情動との特異的な関連性はないものの，ネガティブな情動経験一般に対する防衛的対処という性質を，強く帯びている可能性があるとされている）（Magai 1995）。

情動的障害：→ 12-10「気分障害」

新奇性：→ 09-07-❸「コンポーネント・プロセスモデル」

評価：→ 09-07「感情と評価」

〔遠藤利彦〕

09-02 ▶感情心理学の方法

感情心理学研究の方法について，まず測定法を中心に述べていく。感情には幾つかの側面があるため，理想的にはそれらを一括して測定する必要がある（Scherer 2005）。しかし，現在そのような包括的な方法はなく，研究者たちは目的に応じて，いずれかの側面に焦点を当てた測定を行うことになる。その手法は，主観的情感を中心に取り扱うもの，感情表出パターンを対象にするもの，生理的覚醒・喚起を扱うものに大まかに分けられる。

主観的情感を測定するには，調査協力者本人からの自己報告に頼らざるを得ない。この手法としては**日誌法**，**面接法**，質問紙法が挙げられるが，一般的には**質問紙法**が使用されやすい。質問紙法の多くは調査協力者が自身の情感，感情に関わる認知，行動等を記述するものである。感情研究以外の自己報告式質問紙法と同様，簡便で収集が容易だが，各自が質問文を読み回答をすることによって，協力者各々の基準や解釈に依存した回答になってしまう，また乳幼児や言語が理解できない人，ヒト以外の動物に対しては実施できないという難点や，協力者が自身の感情経験を正しく把握できているとは限らないという限界も含んでいる。ただし，個人の主観的情感に関する情報は，自己報告式の測定以外では得られない点で，重要といえるだろう。

感情の表出パターンを捉える測定では，顔や声の表出，逃走，攻撃等といった観察可能な動作が，客観的な立場の観察者が評定する**観察法**が最善といえる。なかでも，感情表出を顕著に表している顔の表情を対象にした**表情測定**を行うことが多いが，研究の方向性としては，何らかの感情状態にある協力者の表情がいかなるものか研究者が観察によって詳らかにするものと，あらかじめ設定しておいた他者の表情刺激からどのような感情状態が推測されるか，協力者に判断させて，表情認知傾向を探るものとに分かれる。後者の，協力者に表情を評定させる手法を用いた**文化人類学的方法**の諸研究からは，感情の表情表出及びその読み取りに関する通文化性が主張されてきた（Ekman & Friesen 1971 等）。

生理的覚醒・喚起を扱う測定は，感情が賦活している間に起きる血圧，心拍，呼吸，発汗，瞳孔の直径等の変動を測定する**生理的測定**によって行われる。これらの変動には自律神経系の活性化が関わっているが，その他の身体活動をコントロールするものとして，脳活動やホルモン分泌の変化を測定することがある。特に近年技術革新が進み，**脳機能画像的アプローチ**によって，協力者が行動している最中の脳活動を測定することが可能となり，情動体験中の脳の活動や，情動経験過程の産出に関わる脳の部位についての研究がなされている。このアプローチでは，脳波や脳内血液中の酸素レベル等を測定する。生理的測定は様々な装置を必要とするため，測定自体が煩わしく協力者に負担をかけてしまう欠点があるが，生理的側面は本人が容易に操作することができないため，協力者の社会的望ましさに対する懸念や，情動についての言語表現等の解釈に左右されることが少ない。

また，感情の諸側面を測定する以外の方法について，協力者の感情をその場で実際に生起させる**実験法**が採られることもしばしばある。協力者の感情的気分を特定の方

向へ導く手法は**気分誘導・気分操作法**と呼ばれ，生起した感情が認知や行動へ及ぼす影響を検討する認知心理学実験において行われてきた。感情を喚起するための刺激は様々で，感情的な内容を含む写真や短い映像，音楽，匂い（悪臭や良い香り）などのほか，実験協力者自身に日常生活の中で特定の感情を経験した時のことを思い出してもらい，その経験について語らせたり，記述させたりするなどがある。この方法は，研究者が焦点を当てたい特定の感情状態を対象にできる点で有用であるが，感情が実際に喚起されるとはいうものの，過去の感情経験の記憶や，刺激による想像で起きている感情は現実場面で瞬間的に起きる実際の情動より弱かったり，異なったりすることを忘れてはならない。実験法の中には特に社会心理学的実験において，巧妙に状況を操作し，協力者を騙してその場で実際に感情的環境を作る方法が使用されることもあるが，これは**生態学的妥当性**が高くなる一方で，その状況をどのように解釈するかは各々の協力者によって異なることから，その後喚起される感情に個人差が生じやすくなり，特定の感情を対象にしづらくなるという難点もある。いずれの方法にせよ，実験室で強い情動を引き起こさせることは，倫理上からも不可能である。したがって，実験室場面での感情は，現実生活での情動を反映しているにすぎないことに留意する必要がある。

■　■　■

❶ ▶ 日誌法 (dairy recording method)

調査協力者に，日常生活の中で実際に起きた出来事に対して抱いた感情を，記録するよう求める手法のこと。設定した調査期間中に生起した経験を対象とするため，過去を振り返って自由にエピソードを想起させるエピソード想起法とは異なり，出来事の事実としての信憑性がより高められるとされている（神谷 2002）。

❷ ▶ 文化人類学的方法 (anthropological approach)

感情が通文化的なものかを検討する際に，複数の文化圏の人を対象に同じ調査を行い，結果を比較する形でしばしば用いられる。例えばエクマンらは，様々な文化圏で同一の表情写真刺激を用いた実験を行い，多くの文化圏の人々（当時大多数の人が西洋文化と接触がなかった，パプアニューギニアの南部フォレ〈Fore〉族を含む）が共通の表情認識の枠組みを有していることを明らかにした (Ekman & Friesen 1971)。

❸ ▶ 面接法 (interview technique)

感情研究における面接法は，主に家族の感情表出研究で実施されている。例えばCFIは，統合失調症の再発に関わる家族要因の影響を検討するために開発された (Brown et al. 1972)。CFIは半構造化面接で行われ，患者の家族の感情表出の度合いを評価するものである。所要時間は約1時間半で，評価者は公式のトレーニングを受ける必要がある。

〔石井佑可子〕

09-03 ▶ 感情の機能

プラトンからデカルトに至る西欧哲学の伝統の中で，感情は，多くの場合，理性の対極に位置づけられ，もっぱら，破壊・混沌・非合理の象徴とされてきた。しかし近年，感情には理性にはない独自の合理性，

|09-03| 感情の機能

時に**生態学的合理性**あるいは**進化論的合理性**といわれるものが潜んでおり、それが我々人の日常生活における種々の適応を高度に支えているという見方が、むしろ一般的になってきている。そして、その合理性は通常、個人レベルでの**個人内機能**と、対人関係レベルでの**個人間機能**の大きく分けて二つに把捉しうるものと考えられる。

個人内機能としてまず想定されるものに、**応急措置的デフォルト処理機能**がある。これは、我々の適応に深く関わる種々の難題に遭遇した時に、それまでにいかなる活動に従事していたとしても、いったん、強引にそれを中断させ、新たに生じたその遭遇事象への迅速な対処に、個人の意識や動機づけを向かわせ、更には応急措置として、その場を凌ぐのに必要な心身の準備態勢あるいは行為傾向（状況の認知処理及び特定の行為を発動させるための生理的状態等）を、デフォルトで作らせるという働きである。例えば、生命を脅かすような危機に遭遇した際に発動される恐れは、そこから逃走するための準備態勢を、また、危機がこれから生じることが予期された際に発動される不安は、予防的にそれを回避するための準備態勢を瞬時に個人にもたすのである。個人内機能のもう一つの側面はこれと表裏一体の形で進行するものであり、その適応に深く絡む重要事象及びその際に個人がとった行為やその帰結等に関する学習を、その時々の独特の身体感覚の記憶形成（ソマティック・マーカー仮説）を含めて効率的に可能ならしめるということである（**学習促進機能**）。そして、強い情動を伴う体験はたとえ一回きりでも深く記憶に根づき、その後、類似の状況に遭遇した際には、その状況に対する適切な評価・意思決定及び行為のプランニングや現実の対処を、直感的に導くことになるのである（応急措置的デフォルト処理を効果的に支える）。

個人間機能としてまず想定されるのは、個人と個人の関係性を構築・維持したり、時に破壊したりするという**コミュニケーション機能**、あるいは一種の「普遍言語」としての役割である。種々の感情の表出が、周囲の他者に感情の表出者の心的状態や置かれている状況等に関する情報を付与し、またその他者にもある感情状態を引き起こし、更には特定の行為を取らせることにつながるのである。ダーウィン以来、人の感情表出、特に顔の表情及びその認識には、ヒトという種に共通・普遍の生物学的基盤があることが仮定され、更に、その妥当性がエクマンやイザードらによる表情認識実験によってある程度示されてきている。

個人間機能のもう一つの側面は、ある意味、先に触れた個人内機能を通してもたらされる**社会的調整機能**といいうるものである。それは、人の少なくともある一群の感情が、結果的に、他者との互恵性や利害バランスの調整、あるいは社会的秩序の安定等に高度に寄与するということを意味する。我々には、時に自らのあまりにも自己本位的で搾取的な利益追求を恥じ入り、また他者に対して罪悪感を覚え、更なる利益追求を思いとどまったり、あるいは感謝の情に駆られて自身の利益をすり減らしてでも他者にお返しをしたりするものであるが、こうした感情の働きは、純粋に経済学的合理性という視座から見ると、少なくとも短期的には明らかに自らに損害をもたらすものである（**コミットメントとしての感情**）。しかし、これらの感情は、長期的な意味では、他者との互恵的な関係性や集団内の協力体制等を安定して維持させることを通じて、結果的に個人の社会的及び生物学的な適応を、高度に支えうる可能性が高いといえるのである（27「行動経済」参照）。

もっとも、感情には前述したような機能性・合理性のみならず、反機能的・非合理

的側面があることも否めないところであり，その意味では，感情の本質は，その両刃性にこそあると考えるのが妥当なのかもしれない。

■　■　■

❶▶感情の両刃性 (emotion as double-edge sword)

感情の両刃性という術語は，一つには感情には機能的に働く場合がある一方で，時に反機能的な帰結をもたらす場合もあるという意味で用いられる。例えば，感情は本来，緊急反応としてあり，生体のホメオスタシス（恒常性）を崩すものであるため，それが短時間で終結する場合には適応的であるが，それがあまりに長く持続したり，頻繁に発動されたりする場合には，心臓血管系等も含め，身体に大きな負荷をかけ，結果的に心身のバランスを不安定なものにしうる。また，ネガティブな情動の表出は，適度であれば他者との関係性の調整に寄与するが，それが過度になると，むしろ他者との関係性に破綻をもたらし，結果的に個人の社会的適応性を脅かすものにも転じうる。両刃性のもう一つの意味は，機能的である側面が同時に見方を換えれば反機能的な側面とも言いうるということであり，例えば，迅速なデフォルト処理とは，いってみれば状況へのジャストフィットな対処ではないことを含意しているし，恐れや不安は危機を回避する上では確かに必要かつ機能的ではあるが，そうした状態のただ中にあること自体，そもそも個人の主観的幸福感（well-being）が脅かされていることを暗に意味しているのである。

❷▶コミットメントとしての感情 (emotion as commitment)

元来，コミットメントとは経済学の術語であり，責任を伴う関与・約束・誓約等を意味するが，フランク（1988）は，罪悪感，憤り，愛情，嫉妬，恥といったある種の感情が，自己利益の追求から個人の注意や関心を逸らし，時には自己犠牲的な行為も含め，他者との協力関係や互恵性等の遵守に強力にコミットさせる働きを有することを強調した。

❸▶進化論的合理性 (evolutionary rationality)

生態学的合理性と意味は近似しているが，特にヒトあるいは生物個体が起こす行動が，その適応度（fitness），すなわち個体の遺伝子の維持・拡散にどれだけ寄与しうるかという視座から判断される合理性を指していう。

❹▶生態学的合理性 (ecological rationality)

明確な規範原理や論理規則に適っているか否かという観点から判断される合理性ではなく，人がその日常世界あるいは生態学的環境に適応する上で，現実的にそれに資するか否かという視座から判断される合理性を指していう。

〔遠藤利彦〕

09-04 ▶感情と進化

生物の様々な器質的特徴が進化の過程で獲得されたとする立場に立てば，脳を基盤とするヒトの様々な心的システムは進化の産物である。その一つ，感情システムも例外ではない。ダーウィンが指摘した感情（表出）の種間近似性や種内共通性は，その傍証とされる。

「感情が進化した」とは，感情をもつことが進化の過程のある時点で適応度が高く，自然選択によって感情システムが集団中に広まったということである。例えば，

危険な捕食者や環境に対して恐怖や不安を感じることは，その対象に近づかないようにしたり，逃避できるような準備状態を作り出すことによって，生存に有利に働く。ヘビやクモに対する恐怖，高所恐怖，広場恐怖等はヒトに広く認められるが，同様の機能をもっている。

配偶者間の愛情は，その結びつきを強め，未熟な状態で生まれるヒトの子の養育に両親が関わるように促すことで，繁殖に有利に働く。また，自分の配偶者が他の異性と接触することへの嫉妬は，配偶者防衛の機能をもち繁殖に有利に働く。配偶者の産んだ子が自分の子であるという確信がもてない男性が，配偶者の身体の不貞に強い嫉妬心を抱くという報告はこれを示唆する。

縄張り，所有物，配偶者が奪われそうになる時の怒りとそれに続く報復的攻撃は，生存と繁殖に有利に働く。更に兄弟姉妹，孫，甥姪等の血縁関係にある家族成員に向けられる愛情は，援助やサポートを動機づけ，**包括適応度**を高める。

ヒトの感情の進化を理解する際，考慮すべき**進化的適応環境**（EEA）は自然環境だけではない。集団生活をしていたヒトの祖先では，社会的環境に適応すべく社会的感情が進化したとされる。例えば，捕食者からの防衛や，狩りによる食料獲得等で協力し合うことにより生存の確率が高まるため，**互恵的利他性**を支える様々な感情が進化した。

感謝や同情は，以前助けてくれた相手や将来助けてくれるかもしれない相手への援助を動機づける。道徳性と関連する公正感や，道義に反した相手に対する義憤は，援助を搾取しようとする相手の行動を変えさせるよう動機づける。逆に罪悪感は，自分が相手からの援助を搾取して，怒りを買ったり周囲から排除されないよう，それを補償する行動を動機づける。特定の相手に対する好き嫌いの感情自体が互恵的利他性に基づくという主張もある。

また，集団生活では社会的な地位の違いが生じ，地位の高い者が多くの資源を手に入れることができる。ヒトの社会的地位は**資源保持能力**に相当するが，そのもととなるのは仲間からの評判や名声である。このため，評判や名声を高める行動には誇りや自尊感情の高揚が伴い，逆に低める行動には対人不安，恥，自尊感情の低下が伴うことによって，社会的地位を高めたり維持する行動を動機づけている。

個々の感情が，ヒトの適応課題を解決するために内的状態を準備し，行動を動機づけるように進化的に獲得された適応プログラムであるという考え方は，**アージ理論**を提唱した戸田正直や，進化心理学の名付け親とされるコスミデスとトゥービーの主張に共通する。ヒトの各種の感情は，進化の過程で祖先に繰り返しふりかかった適応上の問題（例えば捕食者からの逃走，配偶関係の確立等）に迅速に対処するために，最も成功確率の高いプランやストラテジーが，その状況での主観的経験，生物学的反応，動機づけ状態を一つのパッケージとして，遺伝的基盤を伴って定着したものと考えられる。ただし，特定の感情が引き起こす反応は固定しておらず，具体的な行動は状況の認知に応じて柔軟に調整されると仮定される。

感情が今日でも適応の機能を有しているかについては見解が分かれている。現在ヒトが暮らす環境は，進化的適応環境とは異なるため，感情はもはや有用ではなく，むしろ有害であり理性により統制すべきものという考え方は根強い。**最後通牒ゲーム**による実験研究等では，感情に基づく選択がしばしば合理性から逸脱することが指摘される。その一方で，感情は合理的な判断では選択できないような適応的な行動を促しているとして，感情の適応性に再考を求める主張もなされている。

❶ ▶ アージ理論 (urge theory)

感情が，特定の行動を強力に動機づけるシステムとして機能していることを主張した戸田正直の理論のこと。アージ (urge) は，限られた時間の中で，「今ここ」での問題（例えば捕食されるという危険）の解決のために，注意や記憶等の認知資源を総動員して，意識的な情報処理や意思決定プロセスを媒介せずに行動を引き起こす，強力な力である。野生環境で生き残る可能性を高めるような，ヒトが進化的に獲得した心的ソフトウェアの総体を，アージ・システムと呼んだ。また今日のヒトの感情がしばしば非合理性をもつことを，文明環境と野生環境の違いに起因すると説明した。

❷ ▶ 互恵的利他性と感情 (reciprocal altruism and emotion)

血縁関係にある個体への援助は包括適応度の上昇として説明できるが，血縁関係にない個体への援助は，自分の資源（時間や労力）を損失するだけで適応度を低めるため，進化し得ないはずである。しかし，援助した相手が将来自分に「お返し」として援助してくれるなら，長期的には適応度を高めるだろう。互恵的利他性では，援助行動をこのように互いに助け合う関係性の発露として説明する。トリヴァースによれば，ヒトの社会的感情の中には，互恵的利他性を導いたり維持するのに寄与するものがあるという。

❸ ▶ 最後通牒ゲーム (ultimatum game)

2人のプレーヤーに一定の金銭（例えば1,000円）を分け合うように求める。第1プレーヤーは自分と相手の分配金額を決めて提案し，第2プレーヤーはその提案を受諾するか拒絶するかを決める。受諾すれば最初の提案通り分配されるが，拒絶した場合には両者とも何も受け取ることはできない。1円以上が分配される提案なら，もらわないより得なので，第2プレーヤーにとって利益を最大にする合理的な選択は「受諾」である。しかし現実の選択では，自分の分配額が相手より極端に少ない提案（例えば自分が100円，相手が900円）に公正感に基づいて怒りを感じ，拒絶することが多い。

❹ ▶ 資源保持能力 (resourceholding potential)

動物における闘争能力や強靱さの相対的な評価のこと。資源を巡る闘争が生じた時，互いの能力を査定することで実際の闘争を避け，そのコスト（労力，時間，ケガ等）を最小限にして優劣を決定する。

❺ ▶ (感情の) 種間近似性 (系統発生) (interspecific similarity of emotion; phylogeny of emotion)

例えば，チンパンジーの感情表出はヒトと非常に似ており，人間の感情カテゴリーを使って感情を記述したり了解できる。このような傾向は系統発生的にヒトに近い動物において顕著であり，感情システムが進化的に獲得されたことの証拠とされる。

❻ ▶ (感情の) 種内共通性 (intraspecific commonality of emotion)

文化的あるいは環境的要因の違いを超えて，感情とその表出の対応関係が普遍的に認められるならば，感情システムが進化的に獲得され，種に遺伝的に組み込まれていることを示唆する。基本情動派の表情の比較文化的研究や，アイブル=アイベスフェルトの先天的盲聾児の表情の発達的研究がその証拠とされる。

❼ ▶ 進化／自然選択 (evolution/natural selection)

進化は，集団中の特定の遺伝子頻度が時間とともに変化することと定義できる。進化には偶然による変動と自然選択があり，環境への適応を説明するのは後者である。自然選択では，突然変異や有性生殖による遺伝子の新たな組み合わせにより個体の変

異（個体差）が生じ、その変異が生活環境の中で他個体に比べて生存や繁殖に有利に働くと、その個体は自分の遺伝子を次世代に多く残すことができるため、集団中にその変異が広まっていくと説明される。

❽ ▶ 進化的適応環境 (EEA: Environment of Evolutionary Adaptedness)

現在のヒトの諸特徴の大部分が進化した時に生活していた環境のこと。これらの特徴の適応的機能ないし進化的起源を推測する上で重要となる。更新世の中のおよそ100〜10万年前の時代であり、この環境における適応課題を解決できるような心理メカニズムが、大脳新皮質の拡大に伴い獲得されたとされる。当時のヒトは、血縁関係を中心とする150人程度の集団を構成し、戦争や交易等で他の集団とも関係があった。狩猟採集の生活の中で男女の分業も見られ、シンボル操作能力も有していたと考えられる。

❾ ▶ ダーウィンの表情論 (Darwin's theory of facial expression)

ダーウィンは『人及び動物の表情について』の中で、ヒトと他の動物の表情の類似性を指摘し、他の生物種との連続性の証拠とした。また、感情表出は自分の感情状態を他個体に伝達するために進化したのではなく、顔面筋には特定の感覚を解放したり欲望を満足させるという有用な用途が存在し、同じ感情状態のもとで同じ運動が実行される「有用な連合性習慣」が、表情を作り出したと主張した。その一方で、この表情は、現在のヒトや他の動物には有用であるとはいえないとも述べている。

❿ ▶ 適応度 (fitness)

ある個体の形質（に関与する遺伝子）が世代を越えて受け継がれる程度を表し、一般に"生存率×繁殖率"で計算される。ある形質（遺伝子）をもつ個体が子孫を残す程度（直接適応度）と、その遺伝子を共有する血縁関係にある個体が子孫を残す程度（間接適応度）を合わせて、包括適応度と呼ぶ。

〔伊藤忠弘〕

09-05 ▶ 感情と文化

表情表出 (facial expression) は、ダーウィン (1872) やエクマン (1972) が指摘しているように、生得的な要因による共通性も多く見られる。それは、感情表出が社会的な場面での重要な情報の伝達役割を担うため、進化の過程で獲得されてきたと考えられているからである。エクマンらの「基本情動理論」の知見によると、様々な場面での表情の表出のされ方（顔面筋の動かし方）、更には表情の認知は、いずれの文化でも共通した基盤があるという (Ekman & Friesen 1971)。

しかし一方で、それぞれの文化の社会的環境や価値観を反映した文化差があるという知見もある。例えば、欧米文化圏の人々は強い感情表現をするのに対し、日本文化では感情表現を制御することが適応的とされている (Matsumoto et al. 1988)。このように、社会・文化の中には「感情表出ルール（社会的表示規則）」が存在する。この表出ルールがあるため、同じ文化内にいる人の表情の読み取りの方が、より正確に行えるという知見も見られる。

更には、感情の社会構成主義理論 (Mesquita & Leu 2007) によると、感情表出ルールという意識的操作だけの問題ではなく、感情経験そのものについての理解、あるいは感情を感じる場面の文化差もあるとされている。これは、そもそも感情は、

状況や原因の認知評価により生起するものであるという、感情の認知的評価理論と関わっている（Lazarus 1993）。つまり、認知的状況評価には個人差、文化差があるために、感情経験にも文化差が生じるということになる。

どのような場面で感情が表出されやすいかについて、オリンピック選手のスタジオインタビューをもとに分析を行った研究によると（Uchida et al. 2009）インタビュアーの質問が感情に関するものであった場合には、アメリカ人選手も日本人選手も同じ程度自分の感情を表現していた。しかし、インタビュアーの質問がコーチや家族等「他者」についてのものであった場合には、アメリカ人選手では自分の感情を表す言葉が回答の中に表出されることはなかったが、日本選手は他者について尋ねられている場合でも、自分の感情について直接質問された時と同程度に、自分の感情を表す言葉が答えの中に表現されていた。つまり日本においては、他者の存在を思い出すことが自分の感情を表出する手がかりとなっていた。同様に、チェントソヴァ＝ダットンの実験では、ある群の実験参加者たちには「自分について考えて記述する」課題（自分条件）を行ってもらい、また別の群の人たちには「家族について考えて記述する」課題（家族条件）を行ってもらった。その後どちらの人たちにも、お笑い番組のビデオを見てもらった。そのビデオを見ている間の表情を分析したところ、ヨーロッパ系アメリカ人の学生では、笑顔等の感情表現は自分条件で家族条件よりもより強く見られた。逆に、アジア系の学生では、家族条件の方でより感情表現が強かった。これらの知見から、ヨーロッパ系アメリカ人の文化においては、自分自身に焦点が当たっている時に感情的になりやすいのに対して、アジア系の文化においては、他者の存在や、自分と他者との関係に焦点が当たっている時に感情的になりやすいことが示されているといえる。

また、どのような感情を望ましいと考えるかという感情評価にも文化差がある。ツァイらのグループによると、日本や中国、韓国等の東アジア文化圏では、「興奮した状態での喜び」よりも「落ち着いた喜び」の表出・経験の方がより肯定的に捉えられているのに対して、ヨーロッパ系アメリカの文化圏では、逆に興奮したような喜びの表出・経験に価値が置かれていることが示されている。

このように文化は、感情の表出と経験の双方に関わっているといえる。

■　■　■

❶▶ エクマンの表情の神経文化モデル（Ekman's neuro-cultual model of facial expression）

エクマンは、人間には喜び、恐れ、怒り、軽蔑、驚き、悲しみ、嫌悪等の基本情動があり、それらが喚起された時には特有の表情が表出されるとし、そのメカニズムは生物学的に決定されるため、文化を通じて一定であるとしている。例えば、嬉しい時には口の両端を上げて笑顔を作ることは、文化共通の現象とされている。

❷▶ 感情と自己観（culture and self-construal）

北山ら（Kitayama et al. 2006）は、誇りや自信など他者と独立した状態で感じる感情を「対人脱関与的感情」、親しみなど自己が周囲と結びつき何らかの協調性が確立したという認識から生じる感情を「対人関与的感情」とし、これらのいずれがより感じられやすいのかは、文化的自己観に対応していることを見出している。研究では、良い出来事が起こった場合、アメリカ人は誇りや自尊心等の脱関与的快感情をよ

り強く感じ，日本人は，親しみなどの関与的感情をより強く感じることが示されている。

❸ ▶ 感情の両極性と文化 (bipolarity of positive and negative affect across cultures)

中国や日本，韓国等の東アジアにおいては，物事には良い面・悪い面の両面が存在するという「陰陽思考」が見られる。このことは，感情の感じられ方にも影響を与えている。アメリカでは，「幸せ」はとても望ましいものであるという感覚が一般的であるが，日本で幸せには，「幸せなことが続くと，かえって不安になる」などの幸せの負の側面についての認識が見られる（Uchida et al. 2004）。また，アメリカでは人は快感情を感じている時には不快感情は感じないのに対し，中国や韓国では二つの感情が同時に感じられることがあることが示されている（Bagozzi et al. 1999）。

❹ ▶ 感情表出と読み取りの関連 (emotion expression and inference)

北米文化ではより明確に感情を表現することが重要になり，また，相手の感情の読み取り場面においても，コントロールされた感情表現（＝増幅されやすい部分）を重視して情報処理が行われると考えられる。つまり，相手の「口元」に注目し，笑っているかどうかを確認する，ということが行われる。これに対して日本文化では，むしろ感情を抑制して表出することが重視されるため，相手の感情を読み取る際にも，むしろ「隠しきれない」（＝コントロールの難しい）部分，つまり「目元」に注目して情報処理を行うとされている（Yuki et al. 2007）。

❺ ▶ 文化固有の感情 (culture-specific emotion)

感情は普遍的なものではなく，価値観や言語によって構築されている。それゆえに，文化特有の感情があるという議論が，主に人類学の立場から提示されている。例えば，ルッツ（1988）が指摘している南洋のイファルックという民族での愛・同情・悲しみが混ざったファーゴ（fago）という感情，日本では土居（1971）が指摘している「甘え」が，それぞれ特有の感情経験・感情表現であるとされている。

❻ ▶ 名誉の文化 (culture of honor)

アメリカ南部における名誉を重んじる傾向（名誉の文化）と，人々の感情経験との関わりが指摘されている（Nisbett & Cohen 1996）。例えば，相手に侮辱された場合の怒りは，北部出身のアメリカ人よりも南部出身のアメリカ人でより強く見られる。アメリカ南部ではかつて牧畜が基本的な生業であったため，自らの経済活動に関わる所有物（例えば牛）を守ることが，生存競争のためには必須であった。そのため，相手からの侮辱の攻撃（牛を盗む）に対して怒りでもって対処していくことが適応的となる。このようなことから，「侮辱されたら怒る」という感情傾向が文化的に形成されていったと考えられている。

基本情動理論：→ 09-10「基本情動」

〔内田由紀子〕

09-06 ▶ 感情と身体・生理

哲学では，感情（emotion）における身体（body）の生理的状態（physiology）や反応を重視する立場が古くから存在した。例えば，17世紀オランダの哲学者スピノザは，主著『エチカ』で，感情とは身体の状態変化とその変化の観念であると述べている。

心理学では，1880年代にジェームズとランゲの二人によって独立に，刺激による身体反応が脳に伝えられ，それが意識されたものが感情であると主張する**感情の末梢**

起源説が提唱された。この説は長い間有力であったが，1920年代になるとキャノンとバードが，身体の生理的反応は感情ごとにほぼ共通である，刺激の知覚から身体の生理的反応が起こるまでの時間は，感情の源泉となるには長すぎる，身体と脳の神経連絡が絶たれても感情は生じるなどの知見により，末梢起源説を批判し，刺激を知覚した脳の感情中枢により，感情体験と身体反応が同時に惹起されると主張した。これを**感情の中枢起源説**と呼ぶ。1960年代には，シャクターとシンガーにより**感情の二要因説**が提唱された。この説では，身体の**生理的覚醒**は刺激が異なっても共通であるが（非特異性），覚醒をもたらす刺激の存在を知らせる働きがあり，認知的過程によってその刺激に関する原因の推測やラベルづけが行われることによって，感情が生じると主張されている。1990年代になって神経学者のダマジオが，ある刺激とそれに接した際の身体反応が，「良い」「悪い」という価値と連合され，その刺激に「近づく」「避ける」などの意思決定を促進すると主張する，**ソマティック・マーカー（身体信号）仮説**を提唱した。ダマジオは，身体信号により影響を受けた脳活動の一部が意識化されたものが感情体験であるとも主張し，彼の仮説は現代の末梢起源説ともいわれている。

近年では**感情の脳内基盤**に関する研究が進んでいる。**大脳辺縁系**に位置する**扁桃体**は，視覚や聴覚を通じて知覚される外的刺激や，記憶の想起等によりもたらされる内的刺激の重要性や，快-不快の程度である**感情価**を評価する。**前頭前皮質腹内側部**は，連合学習の仕組みによって刺激が置かれた状況や文脈を符号化する機能があり，それに基づいて扁桃体の働きを抑制的に制御している。これらの脳部位の働きは，多くの**感情に関わる神経化学物質**により調整されている。扁桃体を中心とする神経ネットワークにより，一連の感情反応が起動される。特に扁桃体の中心核は，**視床下部**，中脳水道灰白質，橋等の身体反応の中枢への直接的な神経投射によって，感情関連**行動**（闘争・逃走，すくみ，表情等），**自律神経系反応**（血圧や心拍の変化，発汗等），**内分泌系反応**（アドレナリンやコルチゾール等のストレスホルモンの分泌等），**免疫系反応**（末梢循環中のリンパ球の増加や活性上昇，サイトカインの分泌等）のような身体反応を生じさせる。こうして感情に伴って生じた身体反応は，幾つかの経路で脳にフィードバックされ，脳の機能に影響する。まず，筋や内臓の反応は求心性の迷走神経により，孤束核や視床を介して頭頂葉の体性感覚領域と，前部帯状皮質や島に伝えられる。クレイグは，特に島の前部に，身体反応の感情的成分が表象されると主張している。また，コルチゾールのような一部のホルモンは脳血管関門を突破することで直接的に，サイトカインのような炎症性物質は迷走神経を介することで間接的に，脳の機能に影響を与える。これらのメカニズムにより，末梢起源説が主張した身体反応による感情の意識的体験や行動への影響が，実際に生じうると考えられている。

■　■　■

❶▶感情の中枢起源説（キャノン-バード説）(central theory of emotion)

刺激を知覚した脳により，感情体験と身体反応が同時に惹起されると主張する説のこと。キャノンとバードは，緊急事態においては，状況が異なっても交感神経系の働きによって同じ身体反応が生じることを観測し，異なる身体反応が異なる感情体験をもたらすというジェームズの末梢起源説を批判するに至った。また，キャノンらは脳

中に感情を作り出す中枢があると考え，それは視床だと主張したが，現在ではこれは誤りであることが分かっている。

❷▶感情の末梢起源説（ジェームズ-ランゲ説）(peripheral theory of emotion)

刺激によってまず自動的・無意識的に身体反応が惹起され，それが脳に伝達されることで感情の体験が生じると主張する説。ジェームズは脳中に感情の中枢が存在することを否定し，感覚皮質と運動皮質のみから，感情を含む全ての精神活動が生じると考えた。そのために，感情を経験する感覚皮質が知覚する対象として身体，特に内臓の反応を考えたとされる。一方ランゲは，血管の拡張や収縮を精妙に支配する交感神経系の働きを，感情の源泉と考えた。

❸▶視床下部 (hypothalamus)

間脳に位置し，交感・副交感神経系の機能や，内分泌機能を総合的に調節する脳部位のこと。体温や下垂体ホルモン等の調節等，生命維持のための中枢が存在するほか，摂食行動，飲水行動，性行動，睡眠等の中枢でもある。

❹▶自律神経系（交感・副交感神経系）(autonomic nervous system：sympathetic, parasympathetic nervous systems)

循環，呼吸，消化，体温調節，生殖等，生命維持の機能を不意図的に制御する神経系のこと。運動に適した身体の興奮状態を導く交感神経系と，休息や代謝に適した鎮静状態を導く副交感神経系からなる。両者は一般には拮抗的に働く。

❺▶（感情に関わる）神経化学物質 (neurochemicals related to emotion)

脳中で神経細胞間が連結するシナプスにおいて情報伝達を担う化学物質として，グルタミン酸やγ-アミノ酪酸（GABA）等の神経伝達物質がある。一方，シナプスでの神経伝達物質による情報伝達の強さや効率を調整する神経修飾物質があり，これらが感情に影響する。報酬や動機づけに関連するドーパミン，安静的な覚醒状態に関連するセロトニン，ストレスに反応する興奮性のノルアドレナリン等が知られている。

❻▶生理的覚醒 (physiological arousal)

心拍や血圧の上昇等の身体の興奮状態のこと。感情に伴う交感神経系活動により生じ，感情の種類を通じて共通であるとされる（非特異性）。実際には，交感神経系と副交感神経系の活動の組み合わせにより複雑な身体反応が生じうるので，生理的覚醒とは，様々な身体反応を鎮静-興奮という次元で評価した心理学的概念であると解すべきである。

❼▶前頭前皮質腹内側部 (ventromedial prefrontal cortex)

前頭葉のうち，運動関連の領域を除いた部分が前頭前皮質だが，ブロードマンの11野，10野，32野の一部を含む中心線付近下方の部分を，その腹内側部と呼ぶ。扁桃体等の大脳辺縁系と双方向的な神経連絡を持ち，感情を，価値，文脈，目標に応じて調整する機能がある。そのため意図的な感情制御にも重要な役割を果たしており，事故でこの部分を損傷した後に粗暴な性格に変容したフィニアス・ゲージの症例が有名である。

❽▶ソマティック・マーカー（身体信号）仮説 (somatic marker hypothesis)

扁桃体によって惹起されたある刺激に対する身体反応が，求心性の神経経路により脳，特に島に伝えられ，それが更に，「良い」「悪い」という価値とともに前頭前皮質腹内側部で連合形成された結果，その刺激に「近づく」「避ける」などの意思決定を導くと主張する説である。特に不確実で複雑な状況で，熟慮的・合理的な思考のみでは意思決定が難しい時，身体信号は速やかな意思決定を可能にすることで適応に貢献すると主張されている。

❾▶大脳辺縁系 (limbic system)

脳の皮質下に存在し，感情，意欲，記憶，

自律神経系や内分泌系の活動に関与する複数の部位の総称。扁桃体，視床下部，海馬，帯状皮質，前頭眼窩皮質等が含まれるが，どこまでを辺縁系とするかは議論が分かれる。

⓾ ▶ 扁桃体 (amygdala)

本項については，14-10-⓾「扁桃体」を参照のこと。

〔大平英樹〕

09-07 ▶ 感情と評価

我々が経験する感情の性質は，感情を生起させる環境内の出来事や他者等の対象を，どのように**評価** (appraisal) するかで変化する。出来事や対象の評価により，経験する感情の性質が決まることに着目し，それに関わる評価次元や，評価と感情との関係を論じた理論やモデルは，感情の**認知的評価理論** (cognitive appraisal theories) と呼ばれている。認知的評価理論は，評価次元の組み合わせにより，我々のもつ多様な感情経験が生み出されることを主張するとともに，評価そのものは個々人の主観により構成されるとする点で，主観的な環境の解釈を重視する。評価次元の組み合わせによって，我々のもつ感情の多様性を説明したり，認知評価が変化するに従い，連続的に感情が変化する現象を扱うことが可能である。また文化差についても，各文化に固有な価値観や社会構造によって，その文化に特有な状況の評価を生起させるという点から説明する。

評価次元と日常経験する多様な感情との関係を論じた代表的なモデルとしては，シェラーの**コンポーネント・プロセスモデル**，ローズマンのモデル，オートニーらの **OCC 理論**等がある。これらのモデルは，我々のもつ主要な感情を広くその対象として，感情の性質の決定に関わる**認知評価次元** (cognitive appraisal dimensions) を同定し，主要次元と感情との関係について議論している。また，ストレス対処に関わる評価と感情との関係を論じたラザルスのモデルや，原因帰属と感情との関係に焦点を当てた**ワイナーのモデル**，現実自己と理想又はあるべき自己（当為自己）との比較から生じる感情に焦点を当てた，ヒギンスの**セルフ・ディスクレパンシー理論**もある。

認知的評価理論も，多くの感情理論と同様，感情が，環境に対する適応システムの一つとして進化の過程で形成されてきたという考え方をとる。したがって，認知的な評価は，自己や他者，社会に対する知識に影響されるが，適応に関わる環境の評価であるという点で，知識からは区別される。自分が置かれた環境の評価と感情との関係についても，その感情が評価した環境特性のもとで，適応的と見なされる行動を動機づけるという側面に着目した議論がなされる。例えば，怒りは，他者が故意に自分に対してネガティブな結果をもたらした場合に経験する感情であり，一般に攻撃的な行動を動機づけるが，怒りから攻撃へとつながることは，他者のネガティブな行動を抑制するという点では適応的である。更に，感情は，自分に有害な，又は利益をもたらすような要素が環境内に存在することのシグナルとして機能することでも，適応に寄与する。このような観点から，ラザルスは，認知評価次元ではなく，感情を生起させる典型的な状況や状態をまとめたものとしての**中核関連テーマ** (core relational theme) を提唱している。これは，例えば不安は，自分を脅かす何だかよく分からない脅威に直面した時に経験する感情だというように，主要な感情を生み出す状況評価

の核となる意味づけを，関連する脅威や利益に焦点を当てつつ記述したものである。

ところで，評価が感情生起の前提となることについては，**単純接触効果**のような現象の存在もあり，**ラザルス-ザイアンス論争**に見られるように，感情研究の歴史の中で大きな議論を巻き起こしてきた。実際，**恐れモジュール**のように，認知的評価理論が想定するような入念な環境の評価によらず，自動的に環境内の刺激により活性化されると考えられる感情生起過程も提起されている。感情と評価の関係については，評価という概念の幅の広さや，感情の生起過程に評価がどう関与するかが明確に示されていないという問題点を克服した上で，評価の継時的な変化と感情の推移との関連や，認知と感情の調節過程との関連等の興味深い研究課題へと，議論を展開していくことが求められる。

■　■　■

❶ ▶ OCC 理論 (OCC theory)

認知評価次元の間に階層的構造を想定した理論であり，最初に焦点づけられた認知評価が感情の基礎を形成し，その後の評価で更に分化すると考える。「出来事の結果」への焦点は嬉しさの有無につながり，その後「望ましさ」と「結果の対象（他者か自分か）」の評価により分化する。「行為の主体」への焦点は賛同，又は非賛同という反応を生じさせ，その後「賞賛の程度」と「主体」の評価により分化する。また，「対象の属性」への焦点は「魅力の程度」の評価につながるとしている。

❷ ▶ 恐れモジュール (fear module)

恐れに関連した刺激，特に，進化の過程で脅威として存在していたような刺激により，自動的に活性化し，恐れを引き起こすモジュールのこと。その神経基盤の中心は扁桃体にあり，いったん活性化されると，意識的な認知過程により統制することは困難であるとされている。

❸ ▶ コンポーネント・プロセスモデル (component process model)

出来事に対する評価が，特定の順序で生起することで，感情経験の分化がもたらされると考える。刺激評価チェックと呼ばれる主要な評価として，「出来事の新奇性」「快適性」「目標重要性」「適応可能性」，そして，自分の行動が規範や理想に一致する程度の評価である「規範・自己両立性」が挙げられる。

❹ ▶ セルフ・ディスクレパンシー理論 (self-discrepancy theory)

現在の自己と，自分や他者が保持する理想自己・当為自己との差異の認知により生じる感情を論じたもの。自分が考える理想自己との差異は落胆を，当為自己との差異は不満や罪悪感をもたらす一方，他者が考える理想自己との差異は恥ずかしさを，当為自己との差異は不安や脅威をもたらす。

❺ ▶ 単純接触効果 (mere exposure effect)

ある刺激を繰り返し提示されると，そうでない刺激よりも好意を抱くようになる現象のこと。繰り返し提示されることにより，その刺激に対する知覚的流暢性が増し，それがポジティブな感情を生み出すと考えられている。

❻ ▶ ラザルス-ザイアンス論争 (Lazarus-Zajonc debates)

認知が感情に先行するか否かを巡って，ラザルスとザイアンスの間で交わされた論争のこと。ラザルスは，環境の認知的な評価が感情生起に不可欠であると主張し，ザイアンスは，感情が詳細な知覚や認知過程を経ずとも生起すると主張した。現在，この論争は両者の「認知」や「感情」という言葉の定義の齟齬に由来するとされている。

❼ ▶ラザルスのモデル（Lazarus' cognitive appraisal theory）

ストレスを個人と環境の相互作用だと捉え，状況が自分にもたらした結果の評価である一次評価と，その状況に対処する自分の資源や能力の評価である二次評価がストレス反応や対処（coping）を決めること，また，対処により状況が変化すれば，それに対して再評価がなされることを論じた。

❽ ▶ローズマンのモデル（Roseman's theory of appraisal）

我々の動機は，何かを望んだり欲求する状態，又は嫌がったり避けたりする状態のどちらかを取りうる。ローズマンは，これら両状態の区別が基本だとした上で，状況と動機・目標との一貫性の評価である「状況の状態」「確実性」「統制可能性」「問題の所在」，出来事を生起させたのは誰であるかを評価する「主体」の各次元上での評価の組み合わせによって，感情経験の質が決定すると主張した。

❾ ▶ワイナーのモデル（Weiner's attribution theory of motivation and emotion）

原因帰属がもたらす感情を帰属の三次元（原因の所在，安定性，統制可能性）との関係から分析し，原因帰属が感情を生み，それが後続の達成行動や対人行動を動機づける過程を提起した。自己に向けられる感情は，主として達成場面に関するもので，原因の所在はプライド，安定性は希望・絶望，統制可能性は恥ずかしさ・罪悪感と連合している。また，他者に向けられる感情としては，統制可能性が怒り・哀れみと関連している。

〔唐沢かおり〕

09-08 ▶感情と認知

経験的にも理解できるように，感情は様々な形で我々の認知（判断や記憶等）に影響を及ぼしている。感情と認知の研究では，その影響を大きく二つに分けて，**感情プライミング**等の**感情による認知的促進**と，**感情ストループ**等の**感情による認知的抑制**の2側面からアプローチが行われている。このうち，感情プライミングの代表的なものが，**気分一致効果**と呼ばれる現象である。例えば今，初夏のさわやかな陽気のもと，海に出かけたとしよう。このような場合，楽しい気分を感じるのが一般的であろう。すると，海で出会った人たちが皆楽しそうに見えるだろうし，そこで出会った人たちと「山」の話になった場合，この気分の感情価と一致したポジティブなエピソード（「恋人と山にハイキングに行った」など）が思い出されるかもしれない。このように，気分と同じ方向に認知がバイアスを受けることが気分一致効果である（狭い意味での感情による認知的促進）。この場合，気分に一致しないネガティブなエピソード（「友人が山で行方不明になった」など）は想起されにくい（狭い意味での感情による認知的抑制）。

この気分一致効果だけではなく，**気分状態依存効果**等も説明するために考え出されたのが，バウアーによって提唱された**感情ネットワークモデル**である（図1）。このモデルでは，我々の記憶や知識を構成する要素（概念ノードと呼ばれる）が，ネットワークの形で結合し合っていて，それらが「楽しい」「悲しい」などの感情（気分）ノードにも結びついていると仮定されている。そのため，特定の感情（気分）ノードに注意が向いて活性化されると，その活性化がネットワークを介して，まるで池に小石を投げると波紋が広がるように，次々と付近の概念ノードに自動的に拡散していく

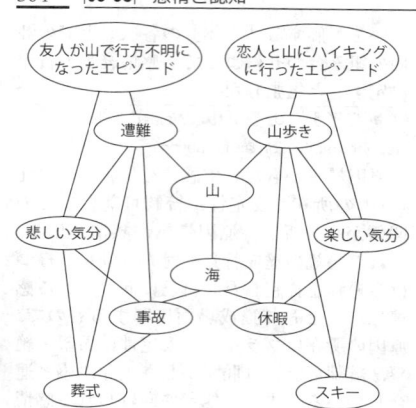

図1 感情ネットワークモデル

とされる。こうしてそれらの概念ノードの活性化のレベルが高くなり、判断や記憶等の処理が促進されるというのである。このモデルでは、我々の認知処理はどちらかといえば、感情の影響をダイレクトかつ受動的に受け取るものとして考えられている。

これに対して、フォーガスによって提唱された**感情混入モデル**は、目の前の課題や状況の特性、現在の目標に応じて、我々が4種類の処理のいずれかを能動的に選択すると考えている。まず、感情の混入（影響）の少ない処理として、既に確立されている信念をそのまま利用する直接アクセス処理、今の目標や動機づけに沿った動機充足処理の二つがある。これに対して、感情の混入（影響）を大きく受ける処理には、（ポジティブ感情の場合は）既存のスキーマ等を活用した最小限の処理であるヒューリスティック処理、（ネガティブ感情の場合は）刺激を広範に精査するような実質的処理の二つが仮定されている。このヒューリスティック処理と実質的処理の二つは、**感情情報機能説**の考え方と共通した部分が多い。感情混入モデルは、我々の意図的な処理の関与も考えている点で、感情ネットワークモデルをより精緻化したものと位置づけることができる。

これまで、ポジティブ感情とネガティブ感情は、その感情価が反対であるだけで、基本的には同じように認知的促進と認知的抑制が起こると考えられてきた。しかし、ネガティブ感情の一種である**抑うつと認知処理の関係**は、それほど単純ではない。例えば、ポジティブ気分の際には、頑健に気分一致効果が見出されるが、抑うつ等のネガティブ気分の際には、必ずしも**気分一致効果**が得られていない。また、抑うつ者や、実験的に抑うつ感情（気分）に誘導された者は、そもそも何らかの認知処理を自発的に行うことが少ないことも明らかにされてきている。したがって、意図的な処理の関与を重視する感情混入モデルでは、このような抑うつに関する知見を十分に説明できないという問題点も残されている。

近年では、単純に認知と感情を分けて考えるのではなく、音楽や美術といった芸術作品の鑑賞の際に喚起される感情の働きについても注目されるようになり、これら**芸術と感情**との関わり合いについても研究されている。

■　■　■

❶▶感情情報機能説 (affect as information model/feeling as information model)

我々の感じる感情そのものが、我々の適応に対して有益な情報となり、認知処理を方向づけると考える説である。すなわち、我々がポジティブな感情を感じるとすれば、それは今の状態に何の問題もないことを示し、ネガティブな感情を感じるならば、適応的ではない（ないしは脅威的な）状態であることを示している。したがって、ポジティブな感情の場合は、今のままの処理を維持すればよく、ネガティブな感

情の場合は，その状態を抜け出すための処理が要求されることになる。

❷▶感情ストループ（affective stroop）

ストループによって見出されたストループ効果とは，文字の色と読みが一致しない場合に（「赤色」で書かれた「青（あお）」という文字等），文字の色名呼称等の慣れない処理（この場合，「青」と書かれているのに，文字の色の「あか」を言うこと）が，母語の読みなどの極めて自動化された処理（この場合，「あお」と読むこと）によって，妨害（抑制）を受けることである。感情ストループ効果は，使う文字が色名ではなく，ネガティブな情動語を使った場合の抑制効果を指す。例えば，クモ恐怖症の参加者は，クモに関連した情動語（「這う」など）の色名呼称の際に，ニュートラルな単語の色名呼称よりも，より長い時間がかかってしまうことが知られている。

❸▶感情プライミング（affective priming）

プライミング効果とは，（プライム刺激と呼ばれる）先行刺激の処理を意識的，無意識的に行っておくことにより，（ターゲット刺激と呼ばれる）後続刺激の処理が促進され，判断時間が速くなったり記憶が良くなることをいう。一般に，プライミング効果の研究で使われる刺激は感情価が除外されているが，感情プライミングでは，表情や情動語等の感情価の伴った刺激が使われる。判断や記憶における気分一致効果は，このような感情プライミング効果の一種としても考えられる。

❹▶気分状態依存効果（mood state dependent effect）

昔住んでいた場所を訪ねると，当時の記憶が思い出されるように，刺激を覚える際の状況（場所等）と，それを想起する際の状況は，異なる場合よりも同じ場合の方が記憶は良い。これと同様に，覚える際の気分と思い出す際の気分が同じ状態の方が記憶が良いというのが，気分状態依存効果である。ただし，刺激そのものの感情価に焦点を当てている気分一致効果とは異なり，例えば，楽しい気分の時に見た悲劇映画を楽しい気分の時に思い出すというように，刺激の感情価とは必ずしも関係しない。

❺▶芸術と感情（art and affect）

音楽や絵画等の芸術作品は，大きな個人差があるとはいえ，好悪，美醜といった感情や感動を引き起こすことが一般的である。音楽に関しては，プラトン以来，そのテンポや強さによって我々の感情を直接に喚起することが知られてきた。そのため，認知と感情の研究では，実験的に感情を誘導する技法としても使われている。絵画においては，感覚・認知から感情までを含む広い概念である感性という新たな切り口のもとに，研究が行われるようになってきている。

〔高橋雅延〕

09-09 ▶感情と表情

人の感情表出，特に顔の表情に初めて科学的なメスを入れたのは，進化論の祖であるダーウィン（1872）に他ならない。実のところ，彼の表情論は，彼に先行する表情研究者ベル（1806）の言説，すなわちヒトの顔筋の一部は，他者にその内的状態を伝えるべく，ヒトという種に唯一特権的に与えられたものであるという考えを，否定しようという意図から出発したものであることが知られている。ダーウィンは，多くの哺乳類の感情表出（姿勢や表情）が，基本的に三つの原理，すなわち，**①有用な連合性習慣の原理**（特定の内的状態の下では，それと特異的に結びついた動作や顔つきの変化が生じ，それが習慣として固定され

る), ②**相反の原理**（攻撃と服従のように相反する状態では, 表出動作も逆になる), ③**意思・習慣から独立した神経系による動作の原理**（赤面や発汗のように, 自律神経系の作用が直接的に身体に現れる) から成り立っていると仮定した上で, ヒトの感情表出も, そうした他生物種の表出上の特徴を進化的に引き継ぐ形で存在していると主張したのである。

感情や表情が進化の産物であるということは, つまり, それらの基礎には明確な生得的・遺伝的メカニズムが存在し, 基本的に, 人間一人一人の経験や学習にはあまり左右されない性質を有しているということを意味する。ダーウィン自身はこれに関連して, ヒトという生物種において, 以下の二つのことが成り立っているはずだと考えた。①感情と表情の間には密接な対応関係が存在し, ある感情状態にある時, 通常, 人は皆等しく同じような表情を作る。そしてまた, ②同じ表情に接した時, 通常, 人は誰でも等しく, その背後にある感情状態を認識することができる。すなわち, どんな地域・文化圏の人でも, 基本的には同じ法則性に従って感情を経験し, またそれを表情として示し, 更にはその表情を読み取ることができるということである。この問題に興味をもったエクマンやイザードといった複数の研究者が, 世界中の様々な地域・文化圏に住まう人々に同一の表情写真を用いて, その認識に文化によらない共通性があるのかを確かめようとした（ちなみにエクマンやイザードは, それぞれ独自の客観的な**顔の表情符号化システム**を開発したことも知られている)。そして, その結果は概ね, どの社会文化の人でもかなりの確率で, 写真に写った人物の表情を正確に言い当てることができるというものであった。エクマンらは, こうした一連の結果から, 少なくとも, 喜び, 怒り, 悲しみ, 恐れ, 嫌悪, 驚きの六つに関しては, それらが, ヒトに共通・普遍の感情, 言い換えるならば生物学的に基本的な情動であると結論づけている。

なお, このエクマンらの実験は, 表情の種類の特定に関わるものといえるが, 同じく表情認識の問題でも, 特にその素早さを取り上げたような研究もある。もし感情の読み取りが, 人と人との関係における何らかの適応に深く関わるのであれば, 自身の危機に関係するような, より脅威的な他者の表情に対して, 我々がより敏感にまた素早く反応しうるという可能性は考えられないだろうか。ハンセンとハンセン（1988）は, 喜びの表情を浮かべる大勢の人の中に一人だけ怒りの表情を浮かべている人が写った写真と, 逆に大勢の怒った人の中に喜んでいる人がたった一人だけいるという写真を実験参加者に提示し, その一人だけ違った表情の人をできるだけ早く見つけ出すよう求めた（フェース・イン・ザ・クラウド・パラダイム)。結果は歴然としたもので, 一人だけ怒りの表情を浮かべている人を見つけ出す方が, 一人だけ喜びの表情を浮かべている場合よりも, はるかにその検出時間が短くて済んだのである。この結果は, 攻撃を予示する怒りのような表情に対して, 我々ヒトが, 恐れの感情を直ちに喚起され, より迅速かつ敏感に反応しうるよう, あらかじめ生物学的にプログラムされているということを示唆している。もっとも, その一方で, 対面している他者の表情の変化に関しては, 無表情や他表情から喜びへの変化が最も素早く検出されることも知られており（ハッピー・フェース・アドバンテージ・エフェクト), ヒトの表情認識のメカニズムが極めて複雑・精妙なものであることがうかがわれよう。

基本的に, 前述したような研究知見は, 顔の表情が（意図的に制御が加えられることがあるにせよ）感情の一種の漏れ出しであることを前提視するものである（**表情の**

感情起源説)。しかし，研究者の中には，顔の表情が，周囲に他者が存在しない一人状況では概して（潜在的に感情が経験されていても）極めて希少・希薄であること，日常生活の中で自然生起する顔の表情の認識を求めた時に，一般的にその正答率は低水準にとどまることなどから，ヒトの表情が，そもそも他者への意識的な意図伝達を行うべく仕組まれていると主張するような向きもある（**表情のコミュニケーション起源説**）。

また，顔の表情が，感情を何らかの形で映し出すものであるとしても，顔の表情の全体的なパターンがいわばゲシュタルトとして，喜び，怒り，恐れ，悲しみ，嫌悪，驚きといった一つの感情カテゴリーに関する情報を発するというエクマンやイザードらの仮定に異を唱える向きもある。その一つの立場はラッセルに代表される**次元論**であり，それによれば，顔の表情は，感情価（快-不快）と覚醒度という二次元の情報を発するにすぎず，基本的に我々は，それらと文脈的な手がかりを組み合わせて，表情の背後に存在する感情を推測しているのだというう。もう一つの立場はシェーラーに代表される**構成要素的アプローチ**であり，それによれば，顔の各部位はそれぞれ特異的な意味を発するように元来，仕組まれており，人は，顔の様々な部位が多重に発してくる情報の組み合わせから，他者の表情の意味を知ることになるのだという（例えば，眉の引き上げは状況の新奇性を，口角の引き下げは不快を，眉間の皺は目標や期待との食い違いを，口を真一文字に結ぶ様は状況に対する対処可能性を，それぞれ表す）。

ちなみに，ここまで述べてきたことは，基本的に主観的情感も含め何らかの内的状態が先にあって，それが表情に現れるという因果関係を想定したものといえるが，研究者の中には，（機械的に様々な顔筋を動かすことを求められるなどして）表情の構成が先にあって，それが主観的情感に変化をもたらすというプロセスも存在している可能性を示唆する者もある。その代表的な理論としては，エクマンやイザードらの**顔面フィードバック理論**や，ザイアンスの**顔面血流理論**がよく知られている。

■　■　■

❶▶顔の表情符号化システム (facial expression coding system)

顔の表情がどのような感情を示すものであるかを，あらかじめ特定されている各種顔筋の動きなどに基づいて，客観的に符号化し測定するシステムを指していう。代表的なものに，エクマンらが開発したFACSやイザードらが開発したMAX等がある。

❷▶顔面血流理論 (facial efference theory)

鼻孔内に吸い込まれた空気の量によって，脳血温が変化し，それによって主観的情感が影響を受ける（高温は不快を，低温は快を生み出す）という機序を仮定する考え方を指していう。例えば，（当初の主観的情感は必ずしも快的なものではなくとも）ただ他者に合わせて哄笑するふりをするだけでも，それで空気が鼻孔内に大量に吸い込まれ脳血温が下がれば，そこにポジティブな感情が生み出されるというようなことである。

❸▶顔面フィードバック理論 (facial feedback theory)

末梢における顔筋の動きに関わる神経情報が，中枢である脳にフィードバックされて，そこに主観的情感が生み出されるという機序を仮定する考え方を指していう。ストラックらによる，実験参加者の口でのペンのくわえ方を微妙に操作し，その上でコミックを読ませ，そのおもしろさを評定さ

せるといった実験等を通して，一部，その妥当性が検証されている。

❹▶ハッピー・フェース・アドバンテージ・エフェクト（happy face adavantage effect）

集団の中の特定顔の検出ではなく，個別に提示された顔の表情の認識に関しては，怒りなどのネガティブな情動が表出されている場合よりも，喜びなどのポジティブな情動が表出されている場合の方が，むしろその同定やカテゴリー化が素早くかつ，すぐれる傾向があるという現象を指していう。この知見は，一見，集団の中の怒り顔検出の素早さと矛盾するようであるが，これについては，脅威刺激が粗い（gross）評価による最小限の情報処理をもって，極めて迅速に注意を捕捉するものの，その後に続く，その意味を詳細に特定する二次評価の段階になると，むしろ，それが誰に対するどのような脅威性であるかの認識も含め，より長い時間を要するからではないかという説明が付されている。一方，既に一対一での相互作用が自明なものとして在る対面状況においては，他者の自身に対する友好性の認識及び，他者との友好的な関係の確立に対する関心が優位化するため，ポジティブ情動の識別が相対的に早くなされると考えられている。

❺▶フェース・イン・ザ・クラウド・パラダイム（face in the crowd paradigm）

多くの図式的な顔（時に実際の人の顔）の中に，他とは異なる表情の図式顔を一つ潜ませておき，実験参加者がいかに迅速かつ的確にそれを検知できるかを解明しようとする実験手続きのことを指していう。それによれば，どのような図式顔の中にあっても，怒り顔が（他のネガティブな表情顔や中立顔から形態的に大きく逸脱した刺激と比較しても）圧倒的に素早く正しく発見されるという。オーマンらによれば，他者の怒り顔は，知覚者側にすれば脅威刺激＝恐れの対象であり，この結果は，脅威に対するほんの瞬時の接触でも，恐れモジュールが発動されることの一つの証左と見なしうるとされる。

エクマンの表情認識実験：→ 09-10-❷「エクマンの表情認識実験」

恐れモジュール：→ 09-07-❷「恐れモジュール」

〔遠藤利彦〕

09-10 ▶基本情動

情動とは，生体が危険を回避したり危機を克服したりするために必要な，生理的な準備態勢を整える上で必要な適応システムである。ある種の基本的な情動（**基本情動**：basic emotion）は，人間が生存していく上で必要であるため，進化の過程を経て淘汰され，長い進化のプロセスを経てヒトに生得的に備わっていると考えられている。この，幾つか決まった数の情動を生得普遍なものと見なし，それぞれが進化の過程で準備された生物学的適応の単位であるとする考え方を，**基本情動理論**（basic emotion theory）あるいは**分離情動理論**（differential emotion theory）という。

基本情動は刺激に対し急速に，生体が意識する前に生じ，通常は極めて短時間（数秒以内）に終結するものを指す。更に，他の情動と明確に区別できる特異的な生理反応や表出のパターンを備えているとされる。基本情動により生じる表出及びその認知は，各民族，各文化を超えて普遍であると考えられている。どのような情動を基本情動とするかについては，研究者によって様々であり，一貫性はないが，**喜び，恐れ，驚き，嫌悪，怒り，悲しみ**，の6情動は一

基本情動理論は，古くはダーウィンの進化論の考えに基づく。トムキンスは，情動は生物学的生存又は社会的生存に関係する様々な課題を解決し，個体の生存と集団生活の維持・促進に役立つとする情動有用説を説いた。彼は情動は進化のある時点において，我々の祖先が生き延び，子孫を残すのに役立ったために現在も存在すると考え，幾つかの基本情動を生じさせる生得的なプログラムが，脳神経系に遺伝的に組み込まれていると仮定した。この独自の理論をエクマンとイザードにそれぞれ伝え，その理論を検証するよう促した。基本情動理論は彼らを先導者とし，現在の情動研究の中で最も有力な理論として支持されている。エクマンは顔の表情運動と中枢神経及び末梢神経系の関係に関し多くの知見を生み出し，イザードは感情と認知の相互作用の発達心理学的研究を行うことにより，分化情動理論を構築した。これらの研究者のほかに，**プルチック**，コスミデスとトゥービー，戸田正直らが進化論的立場に立つ基本情動論者として知られる。

エクマンは，情動には少なくとも六つの基本情動があり，それぞれ特定の刺激事象で起こり，個別の表情と生理的反応のパターンが生じると主張した。エクマンとその共同研究者たちは，基本情動にはその情動特有の表情が存在するという立場から，各情動に特有の表情の動きを，44のアクションユニットで不符号化するためのシステムであるFACSを開発した。そしてFACSに基づき，各アクションユニットを動かす訓練を行った表出者が各情動を表出した写真集 *Picture of Affects* (Ekman & Friesen 1976)を作成した。エクマンは，様々な民族にこの写真にある表情を提示し，民族間で表情表出の認知に一致があることを示し，表情認識の種内普遍性を主張した（**エクマンの表情認識実験**）。

イザードは基本情動の基準として，①生得的な神経回路の独自のパターン，②表情及び情動表出のための神経・筋肉パターン，③主観的もしくは現象学的に識別可能な特徴があること，の三つを挙げ，基本情動は社会的・文化的な違いにより，表出され，意識される強度等に違いはあるが，その普遍的な共通性は経験的に確認できると主張した。

基本情動の種内普遍性については疑問の声もある。各研究者が提唱する基本情動には，その数においても，種類においても一致しないものが数多く存在する。文化間で提示された表情の表出や解読に対する正答率が高いことは，基本情動の存在を示す主要な根拠であるが，実験の多くは，情動表出を幾つかのカテゴリーに分類して評価を求めるという，強制選択法によって行われている。少ない選択肢の中から正解を選ぶというこの方法では，おのずと正答率が高まってしまう。我々は，最大表出された表情のみでなく，身体的特徴，言語的表現，音声表現，状況等を結び合わせ，様々な文脈の変化から他者の情動を読み取っている。基本情動は，情動を考える際に我々が抱く日常的イメージに最も近いものであるが，情動について考える際は，個別要素のみでなく全体的なシステムとしてそれを捉える見方も必要である。

■　■　■

❶▶ 怒り (anger)

自分自身の気持ちや身体を，物理的，社会的に攻撃されたり，侵害されたと感じたことによって生じるフラストレーションから起こる，ネガティブな情動のこと。怒りを認知する際には，眼窩前頭皮質，前帯状皮質が活動することが報告されている。

❷ ▶ エクマンの表情認識実験 (P. Ekman's research on facial expression of emotion)

エクマンは，共同研究者のフリーセンと共に，長く文明から隔絶され，異文化との交流のない孤立した民族（ニューギニア・フォレ族）を対象に実験を行った。エクマンらは，彼らに西欧人の情動表出写真を提示し，表情が何であるかを尋ね，彼らがかなり正確に情動表出を識別できることを示した。また，逆にフォレ族が示した各種情動表出の写真をアメリカ人大学生に提示し，アメリカ人もそれらの表出に対し（驚きと恐れを除いて）高い正答率を示したことを併せて報告した（図2）。

図2 エクマンの表情認識実験

❸ ▶ 恐れ／不安 (fear/anxiety)

不安は，未知の危険に対する気がかりな予感，また災いに付随して生じる緊張等の身体の兆候を指す。一方，恐れは不安を生じさせる特定の対象に突然遭遇する場合に起こる情動とされる。不安は前刺激的（脅威刺激の予期），恐れは後刺激的（特定の脅威刺激から得られる）という点が異なる。恐れ・不安を認知したり感じる場合には，左扁桃体の活動が高まる。

❹ ▶ 驚き (surprise)

予期せぬ出来事や，予期に反した出来事から生ずる，時間的に最も短い情動のこと。驚きは新奇な刺激に反応することを助ける。驚きを表す表情は，眉毛が引き上げられ，新しい光景に関する情報を可能な限り多く取り入れるために両目は大きく見開き，顎が下方へ下がり，口唇は引き離される。身体はとっさに向きを変えるよう備える。

❺ ▶ 悲しみ (sadness)

悲しみは，人生において取り返しのつかない喪失や損失を体験する時に生じる情動である。悲しみは，失われたものを取り戻す望みがないことを知り，その喪失自体を受け入れた上で，物思いに沈む状態で体験される。一方，悲しみの過程にありながら，その原因となる喪失を生み出す理由によって起こる幾つかの情動（怒り・不安等）の混合によって生じる情動が，「抑うつ」とされる。悲しみ認知時には，主に左扁桃体と右側頭葉の活動が報告されている。

❻ ▶ 嫌悪 (disgust)

嫌悪は元来，腐った食べ物や排泄物が伝染性の細菌の温床となっているような場合に，生体にそのようなものを払い除くよう仕向けることによって，細菌に毒されたり感染したりすることがないように機能すべく進化してきたと考えられる。もっとも，我々ヒトにおいては，そうした純然たる身体反応を超えて機能拡張が生じ，社会的規範や道徳性への違反等にもそれが及ぶようになっている。嫌悪認知時には基底核，島の左後部腹側の活動が報告されている。

❼ ▶ プルチックの混合情動仮説 (R. Pultchik's matrix of emotion)

アインシュタイン医科大学の臨床心理学者であるプルチックは，進化論に基づいた考えをもとに，マンセルの色彩立体，精神分析学を取り入れ，心理進化説を提唱した。プルチックは，三原色が混合することで他の色が生成される色の性質になぞらえ，基本情動の種類と強弱の組み合わせによって多様な混合情動が生じると考えた。彼は，基本情動は色相が円環に配置されるのと同様に円環（circumflex）構造をもち，類似した情動は隣接した位置に布置されるとした。

❽ ▶ 喜び (joy)

肉体的,精神的に感じられる快感を指す。怒りや恐れなどのネガティブ情動によって生じた身体に対する負担を軽減し,生体の恒常性を回復させる働きを担っている。このほか,喜びなどのポジティブ情動については,恒常性の回復機能以外にも快い主観的情感が伝達されることにより,他者との社会的関係を良好に保つという働きもあると考えられる。両側扁桃体,辺縁系と前頭前野を含む報酬系が神経基盤とされる。

〔光藤崇子〕

09-11 ▶ 自己意識的感情

自己意識的感情(self-conscious emotions:自己意識的情動とも訳される)とは,価値観や道徳規範を参照して自己を評価した時に生じる様々な感情のことであり,他者との相互作用や関係性を制御し,対人関係の維持や拡張するという機能をもつ。自己意識的感情は,文化的・道徳的規範から逸脱しているか評価して生じるため**道徳的感情**(moral emotions)と呼ばれたり,対人関係の中で生じるため**社会的感情**(social emotions)と呼ばれることもある。自己意識的感情には多くの種類が存在する。その中でも,**照れ・はにかみ・羞恥,恥,屈辱感,罪悪感,対人的負債感,誇り,思い上がり**は,他者からの評価をもとに自己評価を行った結果生じるため**自己評価的感情**(self-evaluative emotions),嫉妬や妬みは他者との比較をした結果生じるため**社会的比較感情**(social comparison emotions)と区別される。本項では,特に前者の自己評価的感情について述べる。

自己意識的感情が生じる過程は,以下のように説明される。生活をしている中で様々な刺激に遭遇するが,それが自己に関するものであれば,自己表象が活性化され,アイデンティティ目標(理想とする自己)と現実の自己との違いについて評価がなされる。その時,出来事の原因が自分自身にあれば自己意識的感情を経験し,自分自身になければ基本的感情を経験する(例えば,トラブルがあった時,他者が原因と考えて怒る,自分が原因と考えて恥じる)。また,自己のどの側面に原因があるかによって経験する自己意識的感情が異なってくる。例えば,否定的な出来事の原因を,自分の能力や性格のような様々な状況を通じて影響を与える原因に帰属(**全体的帰属**)すると,恥を経験するが,努力や行動のような一時的な原因に帰属(**特異的帰属**)すると,罪悪感を経験する。照れ・はにかみ・羞恥は,全体的,特異的帰属とは無関係に,公的な自己が否定的に評価された(他者からの否定的評価がある)時に喚起される。自己意識的感情の喚起には,自己覚知(self-awareness)と,過去,現在,未来という時間軸の中で自己を反省し,他者の視点から自分自身を評価する(繰り返し自己が他者からどう評価されているか考える)過程を経ることが必要である。このように複雑かつ意識的な認知過程が必要とされるため,自己意識的感情は基本的感情よりも後(18〜24カ月以降)に発達する。自己覚知,自己再帰的(反省的)思考によって生じる感情を**自己再帰的感情**と呼び,その中に自己意識的感情を位置づける考え方もある。

自己意識的感情には,文化的に共通して認識される表情表出がないという指摘がある。伏し目や顔を覆うといった恥の表情表出の正認識率は50%以下であり,罪悪感を認識できる表情は見つかっていない。こ

のことは、自己意識的感情は言語的表出が多く、表情に出すこと自体が不適応な場合があるためだと考えられている。しかし、近年では誇りについて文化的に共通して認識される非言語的表出が見出されている。また、自己意識的感情の感じやすさや種類も文化によって異なると考えられており、恥の文化、相互協調の文化といわれる我が国では、私恥、負い目などが文化的に特異な感情とされる。

自己意識的感情は、ビッグ・ファイブといった**パーソナリティ特性**と関連し、他者の評価を気にしやすい傾向（公的自己意識）等の自己に関連したパーソナリティ特性とも関連を示す。罪悪感、恥、思い上がりなどは、ネガティブなパーソナリティ特性と関連しており、そこから気分障害（うつ病）、不安障害、パーソナリティ障害等の**精神病理**につながる場合がある。また、パーソナリティ特性としての自己意識的感情（例えば罪悪感を感じやすい特性）は、気質的要因、養育態度、性役割、完全主義等の要因によって形成される。例えば、行動抑制の気質をもつ子どもは羞恥の傾向を強めること、他者への思いやりを示しやすく依存的といった女性性の傾向が高いと罪悪感、恥の傾向が高くなることを示す研究例がある。

■　■　■

❶▶ 罪悪感 (guilt)

道徳的な規範から逸脱した行為をした時に、その行為が良くなかったと評価した場合に生じる否定的感情のこと。罪悪感は、言語的な謝罪をしたり、自らの行為を修正したり、傷ついた他者に対して何らかの償いをするといった適応的行動を喚起する。その他の表出には赤面もあり、恥と同様に適応的に機能する。

❷▶ 自己再帰的（反省的）感情 (self-reflective emotions)

リアリィによれば、自己意識的感情の喚起には他者からの反応を想像して、そこから自己評価をするという自己再帰的思考が必要である。この考えは、過去や未来における自己を想起する過程や、自己がルールや基準に合っているかという評価の過程だけでなく、自己と他者の感情を理解するという過程を重視しており、自己評価や原因帰属を重視したタンネイやトレーシーらの考えとは異なっている。

❸▶ 精神病理（と自己意識的感情）(psychopathology and self-conscious emotions)

恥、罪悪感には適応的な機能があるが、慢性的に経験する場合は精神病理につながる。具体的には、気分障害（うつ病）、心的外傷後ストレス障害、社交不安障害、強迫性障害、自己愛性人格障害、摂食障害等と関連する。

❹▶ 全体的帰属／特異的帰属 (global attribution/specific attribution)

ルイスは、基準、ルール、目標に自分の行動が見合っているか（成功しているか、失敗しているか）を考え、その原因が全体的なものか特異的なものかによって自己意識的感情の種類が変化するという考えを示した。こうした自己の過程は、幼児期から児童期にかけて発達し、厳しい躾や虐待を受けると恥特性が高まるなど、養育態度によって自己意識的感情の傾向が影響を受けることが分かっている。

❺▶ 対人的負債感 (interpersonal indebtedness)

援助を受けた時の「お返しをしなければならない」などの認知的側面と、申し訳ない、すまない、落ち着かないといった感情状態のことを対人的負債感という。ベネディクトは、日本人はもらった以上に返報をしようとする義理と恩の考えが強く、負い目を感じやすいことを指摘した。

❻ ▶ 照れ／はにかみ／羞恥 (embarrassment)

肯定的な評価にせよ，否定的評価にせよ，普段と異なる評価が他者から得られた時，これまでの自己評価を維持するために喚起される否定的感情のこと。照れ・はにかみ・羞恥を経験すると，伏し目にして頭をかいて微笑むなどの表出をして，いつもの自分とは違う姿であることを伝えようとする。また，羞恥の場合は，人前で何かする時に恥ずかしがるという内気やコミュニケーション不安を含む。

❼ ▶ 恥 (shame)

他者から否定的評価を受けた時に，自分の能力や性格等，安定的・全体的原因に帰属し，自己像が傷ついた時に生じる否定的感情のこと。自己像を修正するのが困難な場合，自尊心が低下し，抑うつ等の病理につながりやすい。恥の表出には，目を合わせない，うつむく，顔を覆う，赤面等がある。その中でも赤面は，「ルール違反をしたことを自覚して反省している」ことを他者に伝え，印象を改善する効果がある。

❽ ▶ パーソナリティ特性（と自己意識的感情）(personality traits and self-conscious emotions)

自己意識的感情は，自己（自己意識，自己愛等）や否定的感情の感じやすさ（情緒不安定性等），対人行動（外向性，向社会的行動等）に関連したパーソナリティ特性と関連が認められる。例えば，誇り特性が高い人は，自尊心，自己愛，外向性，誠実性が高く，情緒不安定性が低い。また，自己意識的感情の傾向を測定する尺度もTOSCA等，多数開発されている。

❾ ▶ 誇り (pride)

自分が成功した理由を，努力等，一時的（特異的）なものに帰属をすると誇り，能力の高さなど，安定的・全体的なものに帰属すると思い上がりを経験する。腕を上げ，胸を張り，微笑むという非言語的表出は，文化間で共通して認識されることが明らかになっている。誇りを表出することで，社会的地位の向上が伝わってチャンスを得ることができ，高まった評価を維持するためにボランティア活動等の社会的貢献が動機づけられる。

〔有光興記〕

09-12 ▶ 社会的感情

我々は，時として他者と自分を比べたり，他者の状態を見聞きして敵意を向けたり悲しみに暮れたりする。こうした対人的な状況下で生じる感情は，社会的感情 (social emotions) と呼ばれる。自己評価を前提として生じる自己意識的感情と類似した概念であるが，本項では，他者を意識，もしくは他者に向けられた結果として生じる感情について述べる。

社会的感情は，その名のとおり個人間で生じるものであるが，その影響力は集団や社会システム全体にまで及ぶ。とりわけ，社会的感情の機能として特筆すべき点は，社会的利害の調整や検知に深く関与していることにある。例えば，自分よりも有利な状態にある他者を見た時，我々は不快な感情として妬みを経験する。しかし，当該の他者が何らかの不幸に見舞われたならば，先行する妬みは不幸に対する喜びの呼び水として，すなわち，シャーデンフロイデを引き起こす素地となりうる。こうした感情経験のコントラストは，集団における不正を即座に察知する機能を社会的感情が有している証左といえる。

社会的感情は，様々な種類が存在する。例えば，基本感情である怒りも，特定の他者に長期間向けられることとなれば，恨み

|09-12| 社会的感情

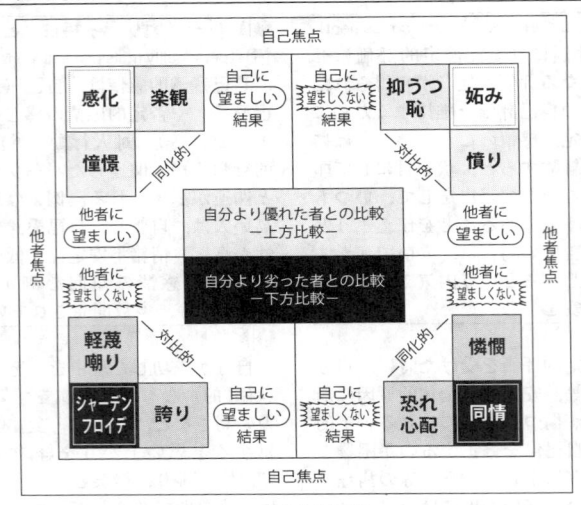

図3 社会的比較感情

や憤りという社会的感情となる。これらは，侮辱されたり不利益を被ったりしたという経験に基づいており，その後，仕返しを引き起こすという点では，集団内の利益バランスの調整をもたらす感情と見なせる。これは，**公正感**に基づく不正者に対する戒めや**報復**という範疇からも理解可能である。また，恋愛における嫉妬が生じると，パートナーの価値や信頼の減少という形で，長期的な視野に立った再計算が行われる。こうした一連の感情の機能は，**再計算感情プログラム**（recalibrational emotion programs）という。**感謝**や悲嘆のような社会的感情についても，自己利益のための短期的な行動というよりは，社会というシステム全体の利益に適う行動を導くと考えられている。

何らかの点で他者と自分とを比べることを**社会的比較**という。スミスは，社会的比較感情（social comparison based emotions）を，社会的比較の対象となった他者の感情と同化的か対比的かで大別し，更に，自他の結果のいずれに注意するかによって，12のカテゴリーに整理した（図3）。例えば，他者の優れた面のみに注目された場合（上方比較・他者に望ましい結果に焦点化），対比的感情として憤りが，同化的感情として憧憬がそれぞれ経験される。なお，自己と他者の両方に焦点化された場合（二重焦点）には，四つの社会的感情（妬み，シャーデンフロイデ，感化，同情）が経験されるという。

■　■　■

❶▶感謝（gratitude）

他者から直接的支援や利益の提供を受けたことによって生じるポジティブ感情のこと。ワイナーによれば，感謝は二つのステップを通じて経験されるという。まず，我々はポジティブな結果を得たことで幸せを感じる。続いて，その幸せが他者の意図的行為に由来すると帰属し，当該の幸せを

感謝とラベルづけられる。感謝しやすい人物は, 共感, 調和性, 外向性が高く, 妬み, 神経症傾向は低い。

❷▶ 共感的苦痛 (empathic distress)

デイヴィスによれば, 共感とは, 何らかの感情を経験している他者を観察する側の反応と関連した一連の構成概念であり, 視点取得, 空想性, 共感的配慮, 個人的苦痛から理解できる。共感的苦痛は, 不幸な他者に対して憐れみや同情とも言い換えることができる。苦しんでいる他者に共感して疲弊することを共感疲労 (compassion fatigue) という。これは二次的外傷性ストレスの一種で, 教師や看護師等, 対人的な援助職に多く見られる。

❸▶ 共感的喜び (empathic joy)

他者が経験しているとおぼしきポジティブ感情が共有された状態。援助場面では共感満足 (compassion satisfaction) とも呼ばれる。共感的な人が利他的な行動を選択しやすい利通を説明するものに, 共感的喜び仮説 (empathic joy hypothesis) がある。これは, 利他的な行動が生じる背景として, 他者の窮状を救うことに伴って生じる共感的喜びが報酬として想定されている。一方, 共感・利他性仮説 (empathy-altruism hypothesis) では, 共感的喜びは, あくまで他者の状況が改善された結果としてもたらされるのであり, 利他的な行動が開始される主たる目的ではないと考えられている。

❹▶ 公正感 (feeling of justice/fairness)

我々は, 良い行いをしている者は正しく評価され, 好ましくない行いをする者は罰を受けるべきだと信じている。この公正世界信念 (belief in a just world) を有するがゆえ, 我々は公正でない出来事に直面すると, この信念が脅かされて不快な感情を経験する。公正感とは, こうした信念どおりに事が進んだ時に感じられるもので, 不公正感はその逆である。公正感は非協力者に対する制裁や, 因果応報的な推論と関連している。不正者の存在を素早く検出して, コストを払ってでも罰する行動は利他的罰と呼ばれ, 集団内の協力関係の維持・回復に寄与する機構と考えられている。

❺▶ 嫉妬 (jealousy)

既存の価値ある関係が失われる危険を察知した時に生じ, 不安や恐怖によって特徴づけられる感情のこと。妬みと混同されるが, 妬みは自分にないものを求めるのに対し, 嫉妬は自分が有する関係性の喪失を中核とする点で区別される。ハートは, 生後半年足らずの乳児であっても, 母親が注意を向ける自分と類似した社会的対象とそれ以外を弁別して, 嫉妬に類する反応を生じることを明らかにした。こうした気質の一種に近い嫉妬が, 親に対する抗議や, 独占的な関係をシェアする他者 (きょうだい等) との間に生じる競争心等を経て, 恋愛嫉妬に至る嫉妬の発達モデルが提唱されている。

❻▶ シャーデンフロイデ (schadenfreude)

他者の不幸を喜ぶ気持ちを意味するドイツ語であり, 日本語の「いい気味」や, 俗にいう「他人の不幸は蜜の味」に相当する感情のこと。シャーデンフロイデを生じさせる状況要因には, 相応性や責任性, 先行する感情には, 妬みを代表とするネガティブな社会的感情がある。ヴァン・ダイクは, 異性ではなく同性に対する妬みが, その後のシャーデンフロイデを促進する効果が大きいことを明らかにしている。一方, 集団間で生じるシャーデンフロイデについては, 内集団の劣等性やそれに基づく怒りによってもたらされるとの知見もある。

❼▶ 道徳的感情 (moral emotions)

正邪善悪に関わる社会的な規範に対する個人的な関わり方を道徳的判断と呼ぶが, こうした判断や, それに基づく行動の可否と関連した感情を指す。代表的なものに, 自己意識的な感情でもある罪悪感, 恥, 共感,

8 ▶ 妬み (envy)

望ましいものを所有する他者や集団との比較によって生じる，不快な感情の複合体のこと。妬みには二つのタイプがある。それは，敵意を帯び，時に破壊的な行動をもたらす悪性妬み (malicious envy) と，敵意が含まれず，自己向上の動機づけにもなるとされる良性妬み (benign envy) である。両者のいずれが経験されるかを左右する要因として，相応性 (deservingness) が注目されている。ヴァン・デ・ヴェンは，他者の幸福が相応しいと判断されれば良性妬みが，逆に相応しくないと見なされれば悪性妬みが生じることを示した。また，良性妬みは，悪性妬みに比して後続の作業に対する動機づけや成績を上げるという報告もある。

9 ▶ 復讐心／報復・懲罰感情 (vengeance/retributive/punitive emotions)

特定の他者に対する維持された怒りは，時として恨みないしは復讐心と称される。復讐心は，即時的な仕返しと異なり，計画性をもって実行される仕返しを支える感情である。正義に反していたり社会的規範から逸脱した者に対する仕返しを，制裁ないし報復という。報復・懲罰的感情とは，こうした行為の背景にあるもので，応報感情とも呼ばれる。同害報復という言葉が示すように，我々は悪事の重大性に釣り合う形で罰の厳しさを決定しようとする。

〔澤田匡人〕

09-13 ▶ 感情と社会的行動

かつては，感情は，冷静さを欠いた逸脱反応を人間に引き起こさせる心的状態，との理解が通念的に行われていた。災害等の緊急事態が生じた場合，人は強い恐怖感情等を経験することによってパニックになり，統制を欠いた騒然たる状況が現れるものだと考えられていた。このようなイメージは，理性的反応を人間の重要な価値ある能力と見なす西欧的な宗教観・哲学観に基づいて形成されてきたものであったが，災害への反応は日本においても1995年の阪神・淡路大震災，2011年の東日本大震災の事例を参照しても，当てはまらないことが多い。人々は協力行動を行い，各々の判断のもとに結果的には幸不幸の生じた行動はあるものの，選択的判断のもと，自己を導き，その中で人には素早い判断能力が備わっていることが浮き彫りになった。池田謙一が指摘するとおり，現代ではパニックが生じるというのはむしろ神話であり，人々は状況に合った**緊急時の情報処理**に携わるのである。避難行動においては，むしろ目の前で強い恐怖を喚起させないような予告的な状況において（この後，津波が来るなど），日常性バイアスが働き，致命的な事態が生じないものと楽観的予測を行うことに基づく被害が甚大である。

このような中で人の**社会的判断**の仕方には，二通りあることが指摘されるようになり，時間をかけてよく考えるような熟慮的，体系的な思考方略と，手間を省いた簡易的なヒューリスティック方略／自動的方略とが対置された。体系的方略がとられるには，当該の問題を考えようという動機づけと，そのための認知資源の両方が必要である。強い不安，恐怖等の強い感情反応（情動反応）は認知資源を消費するので，簡易的な判断や反応が生じやすい。自動的行動として，デパート火災等の時に「来た道を戻ろうとする」避難行動が生じ，それ自体必ずしも常に不適切というわけではな

いが，混雑に遭遇したり，被害が大きな場所に遭遇したりしてしまうケースが生じる。自動的な行動が適応的に行われるよう，「からだで覚えるように」繰り返し避難訓練がなされることが有効であるのもそのためである。

洗脳や煽動も，社会的不安が強い状況で群衆が感情的にも高揚・激高している時に影響されやすいのは，認知資源が減退しているからである。電話による振り込みあるいは支払いを促す詐欺も，聞き手の恐怖をあおるような話を強調するのである。**説得**に対する感情的影響としては，中程度の恐怖を喚起することで説得効果を高める恐怖喚起コミュニケーションのほか，好意をもたれる魅力的な人物からの説得が効果をもちやすいこと，食事を供するなど，快適環境を提供することが説得効果を高めることなどが知られている。その一方，弱い気分の効果では，ポジティブ気分よりもネガティブ気分時の方が熟慮を行うので，説得力の高いメッセージの影響はネガティブ気分時に高まる。

集団の一体感を高めるにも感情的な要素が重要であり，成員相互の好意等の感情的結びつきは集団の凝集性を高め，集団が一致して遂行を行うような集団生産性を高める。感情の要素は集団で働く動機づけ，**集団的士気**と関わるので，動機づけを高める効果をもたらす場合，集団にとって利益が生じる。集団においての不満や動機づけを阻害するような心情を配慮して，高い動機づけを維持するようなリーダーシップ機能はメンテナンス機能（M機能）と呼ばれ，集団生産性との関係が指摘されている。

紛争において集団間情動は重大な問題であり，強い敵意により紛争・戦争は激化する。人は自己が所属する**内集団**の者に対して，自己が所属しない**外集団**の成員よりも好意感情を抱きやすい傾向をもち，また相対的な集団地位いかんにより，上位地位に対しては，嫉妬，妬み，敵対心，下位地位に対しては，憐憫，軽蔑感情を抱きやすいとされる。相補的ステレオタイプ理論では，高能力の集団成員に対して，温かさ次元で低評価（冷たい等）を与える（敵対的差別）一方，能力的に軽蔑する集団成員に対しては，温かさ次元で高評価を行う（温情的差別）ことによりバランスを図り，このようなメカニズムが現在の社会的システムが維持される基盤を成すものと考えられている。

いずれも元来の社会状況では，おおよその適応的行動を導くようにプログラミングされているデフォルト的反応を，感情が促進する役割を果たしていることが進化的な観点からは指摘されている。それが現代的な状況に合わない場合，より慎重な判断がなされなければならない場合にもかかわらず，不適切な反応（偏見的感情等）を導く結果につながることがある点が問題となっている。

司法関連の感情では，ストレス下において目撃した場合，注意が限定的であり，犯人の服装等，証言に十分信頼がもてないことを示す研究が多くあり，証言を重ねることによって，確信度だけが高まる問題が指摘されている。また，犯した罪に対して，客観的に適合する刑罰を下す判断を行うことが望まれるのか，被害者や被害遺族の感情をどのように勘案すべきなのか重要な議論になっており，裁判員により，被害感情に基づく代理的報復感情に導かれた量刑判断が行われる可能性等が実験によって示されているほか，道徳感情や嫌悪感の影響等も指摘されており，今後更に司法と感情との関わりについては，検討が求められている。

■　■　■

❶▶（感情と）司法（〈affect and〉judicial system）

内集団の成員においても，逸脱行動を示した場合には処罰を行う必要が感じられ，外集団成員以上に否定的感情が向けられる場合があるが（黒い羊効果），司法における裁判員制度では，集団への再適応のための矯正を目標とするのか，社会感情としての制裁，処罰を求めるのか，その目標，動機づけ（報復等）によって量刑判断が影響を受けることが指摘されている。犯罪行動に対する怒りが攻撃的な代理的報復感情に関与したり，加害者視点をとるか被害者視点をとるかによって，自己の将来遭遇しうる結果を防衛しようとする感情や同情心等が量刑判断に関与したりするなど，重要な社会的制度の問題と絡め，今後更なる詳細な解明が求められている。

❷▶（感情と）社会的判断（〈affect and〉social judgment）

気分一致判断効果の知見によれば，ポジティブ気分下では好意的・肯定的な評価・判断がなされ，ネガティブ気分時には，否定的で不寛容な評価・判断が導かれやすいという。感情情報機能説ではこのような社会的判断の基盤として，自己の感情状態が用いられるという。

❸▶集団（と感情）（group〈and affect〉）

フィスクらは，能力・地位に基づく次元と，競争・協力に関連する温かさ-冷たさ次元の2次元で，ステレオタイプの内容を捉えるステレオタイプ内容モデルを提起した。高能力で温かい者には尊敬，賞賛感情，高能力で冷たい者には妬み，敵対心，低能力で温かい者には同情や憐憫の感情，低能力で冷たい者には忌避，嫌悪の感情が生じるという。

❹▶（感情と）説得（〈affect and〉persuasion）

説得過程には，説得したい本題に絡むメッセージ内容を処理する中心ルートと，唱道者の魅力や合意性等，周辺手がかりに基づく周辺ルートによる説得の2種がある。ネガティブ気分時には中心ルートによる説得，ポジティブ気分時あるいは処理資源の減退を伴う強い情動下では，周辺ルートによる説得の影響が大きくなるとされている。ネガティブ気分時には，より警戒的に慎重な分析的処理がとられやすく，ポジティブ気分時にはそのような状況対処の必要性がないため，情報処理の仕方が異なるとされる。

❺▶流言（と感情）（rumor〈and affect〉）

社会的に重大な影響があるうわさを流言と呼ぶ。金融機関の倒産の流言に基づく取り付け騒ぎや，商品の品薄についての流言がもたらす過剰な購買行動等は，自己の生活が脅かされるように感じる社会的不安状況において生じやすい。

社会的判断：→ 09-08「感情と認知」

〔北村英哉〕

09-14 ▶感情とストレス

ストレスは，内外の環境刺激である**ストレッサー**と，個人の反応である**ストレス反応**に分けられる。**ストレスの認知的評価理論**によれば，ストレス反応の強さは，ストレス反応を惹起する可能性のある環境刺激（潜在的ストレッサー）に対する個人の捉え方（認知的評価）の影響を受けるとされている。認知的評価は，**一次的評価**，及び**二次的評価**の2種類のプロセスから構成されており，潜在的ストレッサーは，自分にとってどの程度重要であるかに関する関係性次元の評価，どの程度有害であるかに関する有害性次元の評価（一次的評価），及びどの程度乗り越えることができるかに関するコントロール可能性次元の評価（二次

的評価）がなされる。認知的評価の結果，潜在的ストレッサーの関係性及び有害性が高く，コントロール可能性が低く評価されると，潜在的ストレッサーはストレッサーとなり，ストレス反応が惹起する。この二次的評価に従って，ストレス反応を低減するための認知的・行動的対処（**コーピング**）がなされる。

ストレス反応は，感情的反応や行動的反応として現れるとともに，身体の側面においても変化が見られる。生体がストレッサーに曝露されると，視床下部-下垂体-副腎皮質系（**HPA系**），及び視床下部-交感神経-副腎髄質系（**SAM系**）が活性化する。その結果，それぞれの系の最終生成物質であるコルチゾール，及びアドレナリン，ノルアドレナリンの合成，分泌が促進される。それらのホルモンは血中のグルコース濃度の上昇や炎症反応の抑制によって，「**闘争か逃走か**（fight or flight）」反応を引き起こしたり，ホメオスタシス（恒常性維持機能）を維持したりすることから，ストレッサーに対して適応的な機能をもつ。しかしながら，ストレッサーに対する効果的な対処ができず，強いストレス反応が慢性化すると，疾患の準備状態が形成され，**心身症**等のストレス関連疾患に至ると想定されている。ストレスに関連する身体疾患の危険因子となるパーソナリティとして，**タイプAパーソナリティ**，**タイプCパーソナリティ**や**アレキシサイミア**等が指摘されている。タイプAパーソナリティは虚血性心疾患，タイプCパーソナリティはがんに関連することが想定されている。また，アレキシサイミアは，心身症患者が一般に感情の表出が限定されているという特徴を有することから，心身症に関連すると想定されたパーソナリティである。これらの特徴的なパーソナリティをもつ者はいずれも，ストレッサーに対する不適応的な対処行動を使用し続ける傾向があるため，ストレス反応が持続し，ストレス関連疾患に発展しやすいと想定されている。慢性ストレッサーへの曝露によって生起するその他のストレス反応の様態に，極度の身体の疲労と感情の枯渇を示す症候群である**バーンアウト**がある。バーンアウトは，対人援助職の従事者に多く見られる症状として報告されている。対人援助職は自分自身が実際に感じている感情とは異なる場合においても，特定の感情を表出すること（**感情不協和**）を職務上要求される**感情労働**であり，感情不協和がバーンアウトを引き起こす要因の一つであると考えられている。

対人関係はその在り方によって，ストレッサーにもストレス緩衝要因にもなりうる。潜在的ストレッサーに直面した時に，他者が援助してくれるという信念をもつことによって，潜在的ストレッサーを脅威的に評価しなかったり，**ソーシャルサポート**がコーピング資源となったりすることによって，ストレス反応の惹起を予防したり，緩和したりすると想定されている。ソーシャルサポートはその機能によって，道具的サポートと情緒的サポート等に分けられ，実行されたサポートの機能がストレッサーの要請と一致する時に，ソーシャルサポートはストレス反応を低減する効果を有することになる。

■ ■ ■

❶ ▶ アレキシサイミア（alexithymia）

アレキシサイミアとは，シフネオスによって指摘された心身症患者に特徴的であると想定されたパーソナリティであり，①想像力や空想力が乏しいこと，②自分の感情や葛藤状態に対する言語化が困難であること，③事実関係について話をすることはできるが，それに感情の表現が伴わないこ

と，④対人関係が一般に貧困であることを特徴とする。その後の研究によって，アレキシサイミアは，様々な精神疾患や身体疾患に見られる感情制御の障害として位置づけられている。

❷▶HPA系 (HPA axis)

ストレッサーに直面すると，視床下部の活動が活性化し，副腎皮質刺激ホルモン放出ホルモン（CRH）の分泌が促進する。CRH は下垂体からの副腎皮質刺激ホルモン（ACTH）の分泌を促進し，最終的に，ACTH が副腎皮質からのコルチゾールの分泌を促進する。HPA 系はネガティブ・フィードバック・ループをもち，コルチゾールは視床下部，及び下垂体に作用し，CRH，及び ACTH の分泌を抑制するため，血中のコルチゾール濃度は一定の範囲に保たれている。

❸▶感情労働 (emotional labour)

他者に特定の感情を喚起するために，表情や態度で特定の感情を表出することを職務上要求され，それに対価が生じる労働を感情労働という。ホックシールドが，航空会社の客室乗務員を対象としたフィールドワークを通して提唱するに至った。感情の表出の仕方は，外的な振る舞いを作ることによって，特定の感情を抱いているように見せる表層演技（surface acting）と，特定の感情を自己誘発し，その感情を自発的に表出する深層演技（deep acting）に分けられている。

❹▶心身症 (psychosomatic disease)

心身症とは，ストレスのような心理社会的要因が発症及び経過に影響を及ぼしている身体疾患であり，消化性潰瘍等の器質的障害や過敏性腸症候群等の機能の障害が含まれる。ストレスは，内分泌系，自律神経系，免疫系等に影響を及ぼす。これらの活動は，生体の生命維持に適応的な機能を有する一方で，慢性ストレス状況では，これらの身体的ストレス反応が心身症の発症要因になると想定されている。

❺▶ストレスの認知的評価理論 (cognitive appraisal theory in the field of stress)

ラザルスらは，ストレスを環境からもたらされる要求から解決に至る全体的相互作用の過程（トランスアクショナル）として捉え，客観的事実よりも，個人の認知的評価を中心に据えるストレスの理論（ストレスの認知的評価理論）を提唱した。認知的評価理論は，ストレッサーに対する個人の捉え方である認知的評価と，ストレス反応を低減するためになされるコーピングを要素とし，それらの相互作用によって，ストレス反応の表出の強さが規定されると想定されている。

❻▶ソーシャルサポート (social support)

ソーシャルサポートとは，ストレッサーに直面している者に対して他者から提供される社会的資源，又は，必ずしも援助を意図しないが，ストレス反応に影響を及ぼす可能性のある社会的相互作用のことである。ソーシャルサポートは，ストレッサーの解決に寄与する具体的な資源や情報を提供する道具的サポートと，共感的に話を聞くことなどのように情緒に働きかける情緒的サポート等に分けられている。

❼▶タイプAパーソナリティ (type A personality)

フリードマンとローゼンマンによって提唱されたタイプAパーソナリティとは，競争的，野心的な性格で，常に時間に追われた行動パターンを示し，虚血性心疾患に罹患しやすいパーソナリティであると想定された。しかしながら，後続の研究によって，その中核の要素である怒りと敵意が，虚血性心疾患と関連する直接的な危険因子であることが示されている。タイプAパーソナリティと反対に，非競争的で，落ち着きや自信を特徴とするパーソナリティを，タイプBパーソナリティという。

8 ▶ バーンアウト (burnout)

対人援助職の従事者に多く見られる心身の症状であり，フロイデンバーガーによって最初に提唱された。マスラック・バーンアウト・インベントリー（MBI）では，バーンアウトは，情緒的に疲れ果てた状態である「情緒的消耗感」，サービスの受け手に対して思いやりのない対応を取ってしまう「脱人格化」，職務の成果の低下に伴う自己の有能感と達成感の低下である「個人的達成の低下」の三つの症状によって特徴づけられている。

〔嶋田洋徳〕

09-15 ▶ 情動知能（感情的知性）

ゴールマンは，ベストセラーとなった著作 Emotional Intelligence において，知能（IQ）よりも感情的知性（**EI**）が，社会での成功や職場での適応を予測できることを強調した。これがきっかけになり，EI に関する研究が盛んに行われた。ゴールマンは，EI を以下の五つの感情的コンピテンスで捉えた。①自己認識：自分の情動に関する影響を知り，自分の長所や短所を評価して，自分の能力，価値観，目標に自信をもつこと。要約すれば，自分を客観的に認識することである。②自己統制：自分の気分を統制し，肯定的な行動からストレスを抑制し，冷静に考え，衝動をうまく処理すること。要約すれば，自分の情動をうまくコントロールすることである。③動機づけ：挑戦や刺激を楽しみ，達成意欲と自我関与をもち，自発的に行動し，楽観的に考え，自分の優先順位に従って目標を決めること。すなわち，自分の意欲を喚起することである。以上，三つが個人的コンピテンスである。次に，社会的コンピテンスとして以下の二つがある。④共感：他人の視点に立つことができ，人の多様性を認識し，集団の方向性を認識すること。要するに，他人の視点に立つことである。⑤社会的スキル：他人を説得したり，やる気を喚起したりするなどの技能，集団としての感情に対処する技能等を指す。要するに，対人関係を円滑にするためのスキルである。その後，彼は，自己規制と動機づけを合わせて自己管理とし，共感を社会性に変えて，四つの要素にしている。このように，EI がどのような構成要素からなっているかに関しては，研究者によって多少の違いは存在する。しかし，現時点では①自分の情動の認識，②他人の情動の理解，及び③自分の情動の制御という三つの主要な構成要素から捉えられている。

ただし，EI が知能と同じように能力だけで構成されていると考える立場と，能力以外の特性が含まれていると考える立場がある。**能力モデル**は，EI を複数の下位能力から構成されていると捉える立場であり，その代表的なモデルが**四枝（4-branch）モデル**である。一方，EI を，能力だけでなく，パーソナリティや動機づけなどの特性を合わせて捉える立場が，**混合（mixed）モデル**である。先のゴールマンの考えは，この混合モデルに入る。EI を構成する特性を EI 特性（trait emotional intelligence）と呼ぶが，これらが従来研究されてきたパーソナリティと区分できるものであるかどうかという議論も含みながら，パーソナリティと EI との関係は数多く検討されている。最近では，EI に含まれる人間関係の関わりに関する能力を重視した，**社会的知性（SI）**という概念が提唱されてきている。

では，EI を測定するためにはどのような方法があるのか。EI の測定法にはパフ

ォーマンス法と自己評定（self-report）法がある。いずれの測定であっても、測定されたEIの水準は、**職場適応やリーダーシップ**と関連することが指摘されている。また、児童・生徒に対する研究でも、EIの水準が**学校適応**や学業成績と関連すること が明らかになっている。したがって、学校教育においては、このEIを育成することが重要な課題になってきている。そのための取り組みとして、**社会性と情動の学習（SEL）**がある。

■　　■　　■

❶ ▶ EIと適応 (EI and adaptation)

EIが注目されるようになったのは、EIが職場での成功や適応を予言することが指摘されたからである。職場で成功する者と成功しない者の違いは、その仕事の専門的な知識や技能にあるのではなく、感情・情動を処理する能力、動機づけ、共感というようなEI特性にあったのである。学校においても、EIの高い児童・生徒は学校適応の良いことが明らかにされている。ただし、最近では、EIの高さが否定的な結果を導く場合も報告されており、EIがいつも有効に機能するわけではない。

❷ ▶ 感情的知性（EI）の測定法 (methods for measuring EI)

パフォーマンス法は、情動の処理に関する課題を課してその成績を評価し、EIの水準を測定するものである。一方、自己評定法は、性格検査の質問紙法のように、項目に記述された内容に自分が当てはまる程度を評定するものである。前者は測定に時間がかかり、実施も難しいが、被測定者の反応バイアスは少なく、そこで測定されているものは個人の能力に近いものといえる。一方、後者は実施が容易であるが、そこで測定されているものは日常的な個人の性格に近いものであり、反応バイアスも大きい。パフォーマンス法の得点化においては、何を正答とするかが重要であるが、現時点では三つの得点化（採点法）が考案されている。コンセンサス（consensus）法は、個々の課題において選択した者の多かった回答を正答にして採点する方法である。例えば、ある人の表情の写真を提示されて、幾つかの感情（例えば怒り、幸福感）がその表情に現れている程度を5段階（1：全く現れていない〜5：非常によく現れている）評定させる課題がある。この場合、5と評定した者が60％であったとすると、ある人が5と評定した場合には、この人の得点は0.6点ということになる。これに対して、専門家の選択・評定した回答を正答とする方法がエキスパート（expert）法である。この方法では、専門家（パフォーマンス・テストの作成者の場合が多い）が評定した値を正答とする。したがって、上記の課題の場合、専門家が5と評定した場合には、5と評定した人の得点は1点となり、それ以外の評定をした人の得点は0点となる。このほかにターゲット・スコアリングという方法がある。この方法は課題が限定されるが、例えば、音楽を聴かせてその音楽から感じる感情を評定させる課題がある。そこでは、あらかじめ、作曲家にその曲に関する感情を回答してもらう。そして、ターゲットである作曲家が回答した感情と一致する場合に1点、一致しない場合に0点を与えるという方法であり、第2のエキスパート法である。

❸ ▶ 混合モデル (mixed model)

EIを能力だけであるとする能力モデルに対して、能力だけでなく、性格に近い特性や態度や動機づけなどの特性も含めた捉え方が混合モデルである。能力モデルの基礎にあるEIの概念では、共感等の対人関係における情動処理があまり強調されてい

ないが，混合モデルではそれを強調している。

❹ ▶ 四枝モデル (4-branch model)

EI 研究の先駆的研究者であるメイヤーとサロヴェイは，四つのスキルが階層的に配列された EI のモデルを考えている。最も下層に位置されるのが，情動の認識 (perceiving emotions) 能力であり，例えば，人の表情を見てその人の情動を認識する能力等が含まれる。第2水準は情動の同化 (assimilating emotion) であり，共感や感情による感じ方の歪みに現れるように，情動を認知過程に取り込む能力である。第3の水準は情動の理解 (understanding emotions) 能力であり，情動の性質についてもっている知識が反映される。そして最上水準には情動の制御 (managing emotions) があり，自分の情動をコントロールする力ということになる。ただし，この四つのスキルを想定して作成された MEIS (多次元自我同一性尺度) では，12 の課題得点を因子分析した結果，情動の同化と情動の理解は一つにまとまることが示されている。

❺ ▶ 社会性と情動の学習 (SEL: Social and Emotional Learning)

「自己の捉え方と他者との関わり方を基礎とした社会性（対人関係）に関するスキル，態度，価値観を身につける学習」と定義されており，このような学習を促すプログラムの総称が SEL である。アメリカで盛んな SEL の実践において目標とされる五つの基礎的社会能力は，要約すると，①自己への気づき（自分の感情を客観的に理解する能力），②他者への気づき（他者の感情を理解する能力），③自己のコントロール（自己の情動を制御できる能力），④対人関係（対人関係を円滑にするスキル），⑤責任ある意思決定（周囲の状況を考慮した判断をする能力）である。そして，これら五つの基礎的社会的能力に加えて，三つの応用的社会的能力が目標とされている。

❻ ▶ 社会的知性 (SI: Social Intelligence)

SI には，社会的意識（他人の感情を察知し，感情や思考を理解し，複雑な社会的状況を捉えるといった広範囲な人間関係の認識を含んでいる）及び社会的才覚（社会的意識を前提として，豊かな人間関係を築くために必要な能力を含んでいる）から構成されている。EI と SI の区分についての議論は現在もあるが，情動が喚起される場面は，その多くが社会的場面であるので，この両者の区分は難しい。SI を強調する立場は，EI では見過ごされやすい人間相互の関わりの能力の重要性を強調するのである。

❼ ▶ 能力モデル (ability model)

メイヤーらは，EI を知能と同じような能力であると捉えるモデルを提唱した。四枝モデルでは，四つの EI の下位能力を測定するために用意された課題の成績が，EI の水準を決めることになる。この能力モデルに基づいて，MEIS や MSCEIT 等のパフォーマンス法のテストが考案され，特定の下位能力に関する研究も多く行われている。

❽ ▶ パーソナリティと EI (personality and EI)

混合モデルにおいて，パーソナリティと EI 特性との区別は議論されるが，従来の性格には含まれていない情動に関わる特性が，EI 特性として存在している。ただし，EI 特性は幾つかのパーソナリティと関係しているのも事実である。ビッグ・ファイブ尺度で測定される外向性，情緒不安定性，経験の開放性，及び自尊感情との関係も指摘されている。これらの指摘を総合すると，EI の高い人は明るく，情緒が安定しており，独創性があり，自信をもっているということになる。

〔豊田弘司〕

09-16 ▶ 感情の発達

言葉をまだもたない乳児がどのような感情状態にあるのかは，乳児の表情や発声，姿勢等の表出から推測するしかない。ルイスが考えたように，乳児が置かれている状況と対応のある表出が見られた場合に，その感情が乳児に生じていると見なすなら，子どもは誕生した時に既に，苦痛，充足，興味といった感情を備えている。

そして感情を，事象に対する評価システムであると捉えるならば，その後，子どもの**認知能力**が高まっていくことにより，子どもが抱く感情は変化していくと考えられる。例えば，生後数カ月の間に，目的と手段の関係を認識できるようになるといった認知能力の発達が背後にあって，自らの動きが拘束された時などに，怒りが明確に示されるようになってくる。また，**身体運動能力**等の発達に伴って，子どもが出会う事象自体が多様化することによっても，子どもが抱く感情は変化していく。例えば，ハイハイが可能になって転倒を経験し，斜面等へ警戒心を抱くようになる。それらの感情は，**原初的感情**と呼ばれる。

更に，自己意識の発達とともに，**二次的な感情**が現れてくる。ルイスは，1歳半前後に自己意識の発達の大きな転換点があると考えており，子どもは他者から見た自己を意識するようになって，照れ，共感，羨望といった**自己意識的感情**を抱くようになるとしている。生後3年目には更に，社会的な基準やルールを内在化し，それに沿って自己を評価することができるようになって，成功すれば誇りを，失敗すれば罪や恥等の**自己評価的感情**を抱くようになると仮定している。その時期までに，おおまかには大人とほぼ同様の，感情の基本的なレパートリーが出揃うと考えられている。

以上は，子ども自身の感情に焦点を絞って，その発達を説明したものであるが，実際には，子どもは生後間もなくから人々と感情のやりとりを行っていて，その中で感情が育まれていく。子どもは他者の感情への敏感さを備えて生まれてきて，周りの人々の感情に様々な反応を示し，他者の側も様々な感情を子どもに示していくのである。

それを**他者の感情理解**という側面から見ていくならば，生後10週には，養育者の喜び，悲しみ，怒りの各表情に対して，弁別し対応のある振る舞いを示すことが見られる。1歳過ぎには，養育者の表情を読み取って，自己の**行動調整**に生かすことも見られる（**社会的参照**と呼ばれる）。あるいは，他者の悲しみに対する慰め行動や，相手を困らせるために嫌がることをするといった行動が，1歳半前後から見られる。**他者の感情に対する直感的な理解**は，乳児期から始まっているのである。

一方，行動からではなく，ある仮想的状況について人は一般にどのような感情を抱くかについて，言語によって報告してもらう方法を使って，**内省的な理解**が検討されている。そこでは，幼児期から青年期前期にわたる，感情理解の発達が検討されており，その発達は，状況に基づいた定型的な理解から始まり，それに欲求・信念・意図等を重視する理解が加わり，その上に更に状況を異なる視点や規準から捉えて**複雑な感情**をもちうることの理解が加わっていく経路が示されている。

自他の感情理解が進むに応じて，人々との感情のやりとりにおいて，子どもは自らの感情表出を制御する必要に迫られるようになる。他者の感情を理解し，それに応じた表出の調節をしている例として，3，4歳の女児たちが，好きではないものをもら

っても，贈り主のいる前ではがっかりした表情を見せなかった研究がある。これは，贈り主の感情を配慮したものと考えられ，**他者志向的感情制御**の典型的な例である。他方，自己の感情について理解し調節するという側面は，**自己志向的感情制御**と呼ばれる。いずれの感情制御も，最初期は養育者が慰撫したり環境の調整を行ったりすることで子どもの感情を調節することを援助するが，年齢が上がるとともに，より間接的な援助へとシフトしていき，同時に子どもは仲間をはじめとする多様な対人関係の中で，感情制御の経験を積んでいき，次第に子どもが自ら感情制御に取り組むようになっていく。感情制御は感情理解とともに，**感情コンピテンス**と呼ばれ，社会的な発達を支える重要な過程であり，生涯にわたって発達していくものである。

■　■　■

❶▶感情表出の制御 (regulation of emotion expression)

生後1年目の終わり頃から，例えば，養育者が近くに来ると，泣き声をいっそう大きくするといった表出の量の調節が可能となる。その後，次第に感情表出の質をも調節するようになり，幼児期には，ポーカーフェイスのように中性化することができる。ネガティブな感情状態にあるのに，うれしい表情を作るといった，感情表出の質を完全に変えることが可能となるのは，児童期に入ってからである。

❷▶原初的感情 (primary emotions)

ルイスは，生後3カ月頃までに，充足から分岐する形で喜びが，苦痛から悲しみと嫌悪が現出するとしている。生後4～6カ月頃になると，興味から分岐する形で驚きが，苦痛から分岐する形で怒り，そして恐れが現出するとし，これらの九つの感情を原初的感情と呼ぶ。

❸▶自己志向的感情制御 (self-oriented emotion regulation)

自身の内的情感を正確に覚知し，それをその時々の状況に応じて適切な強度及び性質に調節する能力のこと。また，感情の自己破壊的な性質に対して，事後的あるいは予防的に対処する能力でもある。

❹▶身体運動と感情発達 (motor development and emotional development)

子どもは，移動できない段階では環境を受動的に受け容れるだけであったが，ハイハイ等で移動できるようになると，能動的に探索できるようになる。その結果，興味や喜びが増すとともに，思いどおりにならないフラストレーションも増し，怒り・恐れもより多く経験するようになる。養育者も移動できるようになった子どもに対しては，より強い喜びとともに，危険を察知して制止しようとして，より強い怒り・恐れを表出するようになり，子どもは養育者との間で，より強い各種の感情をやりとりするようになる。

❺▶他者感情の直感的な理解 (intuitive understanding of other's emotions)

家庭での家族等とのやりとりといった日常生活場面で示される，他者の感情についての実践的な把握のこと。養育者に依頼し，苦痛を示す他者を見た時に子どもがどのように振る舞ったかを記録してもらったところ，2歳前後の頃から，玩具等の物を持っていったり，「大丈夫？」と同情を示すような言葉をかけたりし始めた。あるいは，兄姉といさかいをしている時に，相手の苦手な物（例えば，クモの玩具）をわざと持ってきたり，相手の大事にしている物を壊したりするなどの行動が観察されている。

❻▶他者感情の内省的な理解 (reflective understanding of other's emotions)

ハリスによると，幼児期には，典型的な

状況から引き起こされる定型的な感情（例えば，怪獣に追いかけられている人の感情）を理解できるが，それに加えて児童期には，欲求に基づいた感情（同一の状況だが正反対の欲求をもっている二人の感情等）や，信念に基づいた感情（危険が迫っているとは知らず，好物を食べている人の感情等），感情を隠すことが可能であること（他児にからかわれている子が，苦痛を隠そうとして微笑んでいる場合の感情等）を理解できるようになる。更に児童期後半には，状況を異なる視点や規準から捉えて，複雑な感情を感じるということを理解でき，感情を制御すること（悲しい気持ちを止めたいと思っている人が，「ほかのことを考える」といった方略をとることなど）を理解できるようになることが示されている。

❼▶他者志向的感情制御（other-oriented emotion regulation）

他者の感情状態を，その表出や状況の手がかりから正確に読み取り，また自身の感情状態も覚知した上で，状況や関係あるいは他者の状態に応じて自身の感情表出を調節する能力のこと。場合によっては，他者の感情状態・表出に適切な変化をもたらす能力ともいう。また，感情の関係破壊的性質に対して，事後的あるいは予防的に対処する能力でもある。

❽▶複雑な感情（の理解）（understanding of multiple emotions）

典型例として，入り混じった感情の理解（ある出来事について，肯定的な感情と否定的な感情の両方を感じていることの理解）がある。6歳児にはそれの理解の兆しがある。例えば，「明日から夏休みになります。うれしい気持ちもするし悲しい気持ちもします。どうしてかな？」と尋ねると，6歳児ではほとんどの子どもが両方の気持ちの理由を答えられた。しかし，「うれしい気持ちと悲しい気持ちの，両方ともいっぺんにしたことはありますか？」とだけ言われて，該当する経験を報告することは，困難であった。それに対して，11, 12歳になると，相反する感情が同時に生じる状況を自分から想定したり，自分自身の経験を報告したりすることができるようになっていく。

〔久保ゆかり〕

性格

〔総説〕

　一般通念として，性格とは個人の内部に常駐し，行動に特定の一貫性を与えることで，その人らしさを作り出す心の働きと考えられてきた。したがって，性格を知ることができれば，人の行動を理解したり，予測したりすることができ，他者との関係をコントロールする上で役に立つ。また，自分とは何かというアイデンティティへの普遍的な問いに答える，一つのアプローチでもある。そのため，性格の概念は心理学という学問が成立する以前から，人々の生活の中で日常的に用いられ，ギリシャ哲学の議論から飲み屋の会話に至るまで，性格を巡る様々な談義が行われてきた。性格はどう記述すべきなのか，性格はどのように形成されるのか，性格から人の行動をどう予測できるのか，そして，そもそも性格とは一体何なのか。性格心理学は，こうした性格を巡る人々の素朴な議論や知識を，学術的な視点から精緻化しようとする試みであると考えられる。

　性格心理学の歴史は百年に満たないが，そのプロセスの中で，性格の捉え方を巡る多様な論争が繰り広げられてきた。普段，何気なく用いている「性格」という言葉であるが，様々な立場から学問的に突き詰めていくと，実は複雑な問題を含んでいることに研究者たちは気づくことになった。性格は遺伝によって決まるという考え方は，経験や学習によって人の行動パターンはいかようにでも変化させられるという理論と対立した。人の行動に一貫性があるのは性格という心の働きが実在するためという素朴な考え方は，状況への反応が人の行動であり，一貫性があるように見えるのは，それを引き出す状況の側がルーチン化しているか，あるいは，見る側が，他人の振る舞いに一貫性を見出そうとしているにすぎないという考え方と対峙した。これらの論争は最終的な決着をみたとはいえないが，少なくとも，素朴な性格の概念が，実はいかに曖昧なものであったかを明確化させ，性格に関する理論や方法論をより精密化してきたといえる。

【本領域（性格）の構成】

　本領域では，性格の研究を大きく三つに分けて整理した。「性格の記述」「性格の理論」「性格と適応」である。「性格の記述」では，多様な性格をどう効率的に記述すべきかについて扱っている（10-01, 03, 05）。性格は人によって多種多様であり，また，表現する言葉もいろいろである。性格を研究の土俵に乗せるためには，まず，こうした性格のレパートリーを整理し，より効率的に把握するための構造を探る必要がある。その方法として，性格を幾つかの典型的なタイプに分類し，個人をそれらのいずれかに当てはめる類型論的方法や，性格を構成する幾つかの次元を明確化させ，それらの次元上の位置として個人差を把握しようとする特性論等が提案されている。近年では，後者のアプローチが主流化しているが，なかでも性格が五つの基本的な特性に集約できるとする5因子説が注目されている。更には，バイオサイエンスの発展を受け，幾つかの遺伝子多型（遺伝子配列の個人差）と神経伝達物質の働きとの関連から，気質的な特性を位置づけようとする立場も台頭してきており，性格をどう効率的に記述するのかという問題に関して活発な

議論が進められている。

また、性格を記述し、研究や応用に活かすためには、性格を測定するツールの開発が欠かせない。上記で述べた理論的立場に則り、多様な性格検査が提供されている。自己認知に基づいて回答する質問紙法のほか、意図性、作為性を排除した作業検査法、意識化されていない潜在的な性格傾向を把握するための投影法等、用途によって測定方法も多様化している。ただ、性格検査があくまで測定用具である限り、信頼性や妥当性に関して十分な統計学的吟味は不可欠で、その手続きを踏んでいない一般の大衆メディアの心理テストとは一線を画することを、十分理解する必要がある。

本領域の二つ目は、「性格の理論」である。ここでは性格とは何なのか、その正体に関する幾つかの異なった考え方を紹介した（10-01, 02, 04, 09）。性格とは遺伝によって生得的に決まるのか、あるいは環境によって後天的に形成されるのかといった遺伝-環境論争は、人間観、社会観とも相まって古くから活発であった。現代においては、その両方が重要であるとの見方が支配的だが、遺伝要因あるいは気質の要因と、生育環境とがどう影響し合うのかといった点についても、多様な理論的モデルが提起されている。また、個人の行動は性格によって作られるのか、状況によって生み出されるのかという人-状況論争も、人と状況の相互作用論という新しい考え方を生み出したが、その内容に関してはまだ多くの議論が行われている。更に、性格を個人の認知的過程の特徴としてモデル化しようとする試みも多い。例えば、自己をどう認知し、どう評価するかという点には個人差が大きいが、その自己認知の仕方、あるいはその内容の個人差がその人の一貫した行動パターンを生み出すと考えられる。そこで、環境や自己に関するその人独自の認知のスタイルを理論化し、測定することで、行動の予測につなげようとする研究も行われている。

三つ目は「性格と適応」である。個人の適応や健康に影響を及ぼす要因として、性格をどう位置づけるかという問題である（10-06, 07, 08, 10）。一般に、個人が不適応に陥る原因は、劣悪な生活環境や生育環境にあると考えられるが、その影響をどの程度強く受けるかには性格的な個人差がある。状況要因だけでなく性格要因をも考慮に入れることで、より効果的に不適応のリスクを軽減することが可能となる。例えば、個人が何らかのストレス状況にさらされる場合、そのストレスへの耐性を高めることができれば不適応を予防できるし、また、ストレスに弱い性格を有する個人は、ストレスフルな状況の回避を優先させることで健康を保つことができる。更に、児童が将来的に問題行動につながりやすい気質をもっていたとしても、その発現を抑える生育環境を特定して適切な養育を行うことができれば、健常な発達を促すことが可能となる。性格による行動予測の研究は、ともすれば差別等の倫理的問題も含まれ、慎重な対応が求められるが、性格要因が個人の適応や幸福にとって有用な予測要因として想定される限り、その影響を研究することには社会的メリットがあるものと考えられる。

〔菅原健介〕

10-01 ▶ 性格研究の歴史

　性格（personality）は心理学の専門用語ではない。一般の人々が，過去から使い続けてきた人間理解のための道具といえる。同じような状況に置かれていても，人によって行動の仕方に差異があることは，古代ギリシャの哲学者テオプラストスの『人さまざま』という著書においても指摘されており，その豊富なバリエーションが論じられている。そうした行動上の差異をもたらす要因として，いつの頃からか人々は「性格」という概念を創成し，日常生活の中で使用してきた。特定の人物の性格を理解することで行動を予測し，また，うまく接することでその人物をコントロールすることが可能となる。このような性格に関連した一連の処世術は，素人なりの心理学（naive psychology）の典型であるともいえる。

　性格に関する研究は，これら素人の知見を専門的に精緻化しようとする試みであり，心理学の成立する以前からも様々な提案がなされてきた。人の性格をどう把握するのかという人格の「記述」の問題もその一つであるが，歴史的には個人の身体的，生理的な特徴と性格とを関連づけるという発想に依拠するものが多かった。心の源は身体にあるという**心身一元論**に基づくもので，古代ギリシャ時代におけるヒポクラテスの**体液理論**や19世紀のガルの**骨相学**は，その代表と見なされる。更に，20世紀に入ってからのクレッチマーやシェルドンの性格の**類型論**は，体格をベースとして性格を三つのプロトタイプに分類するものであった。日本文化においてしばしば話題となる血液型性格関連説も，身体的特徴と性格とを結びつけるという点では，同様の背景をもつと考えられる。

　クレッチマーらが展開した性格の分類学（類型論）は，性格理解の方法として分かりやすく，個人の人格を総合的に把握できるという利点がある一方で，本来，多様で複雑な性格を少数の枠に押し込めるという難点もある。これに対して，性格の**特性論**は幾つかの基本次元を設定し，その程度の総体として性格を把握しようとするもので，主にアメリカにおいて発展してきた。そこで問題なのは，性格特性の次元をどう決めるかという問題であった。20世紀初頭のオルポートに代表される辞書研究が発端となり，その後，因子分析法を活用した性格の次元探しが始まることになる。近年，性格は五つの特性に集約できるという**5因子モデル**が定着してきている。その利点の一つは，多くの性格研究がこれらの特性次元を共通に取り上げることで知見が集約されつつある点である。最近は神経伝達物質や遺伝子との関連等，かつての類型論で語られたような身体との関連性についても議論が進んでいる。

　性格研究において議論されてきたもう一つの大きなテーマは，「性格は何によって作られるのか」という問題であった。20世紀初頭，アメリカの心理学者ゴダードはカリカック家の家系研究から，人間の精神的機能は遺伝によって決まると主張し，当時の優生学的な政策の後押しとなった。一方，行動主義心理学においては，個人の性格は環境によってどうにでも変えられるとの主張がなされ，その後，**遺伝-環境論争**が活性化した。近年はその両方が影響を与えていると考える相互作用論が一般的であるが，影響のプロセスや影響力の大きさについて，なお多くの課題が残されている。従来，性格の規定因を巡る実証的研究として，一卵性双生児と二卵性双生児の類似度

から遺伝要因の影響を探る方法が用いられてきたが，21世紀に入ってから構造方程式モデルを用いた解析法が進歩し，行動遺伝学として研究が進められている．更には，個人の遺伝子多型（遺伝配列の個人差）を直接測定することが可能となり，その特徴と性格との複雑な関連性を解析するプロジェクトも進行している．**性格の生物学的基礎**が解き明かされる日は近いかもしれない．

■　■　■

❶▶ 遺伝-環境論争 (nature versus nurture)

性格が遺伝によって先天的に規定されるのか，あるいは育った環境によって形作られるのか，という「氏か育ちか (nature or nurture)」の議論は古くて新しい論争である．カリカック家の家系研究に代表される遺伝決定論に対し，ワトソンは「アルバート坊やの実験」で語られるように，行動主義の立場から環境決定論を展開した．その後，「環境も遺伝も」という考え方が主流になり，相互作用論，輻輳論，環境閾値説等が唱えられたが，最近は行動遺伝学の領域で研究が蓄積されている．

❷▶ 5因子モデル (five factors model)

ゴールドバーグらの精力的な研究によって，今日，性格が五つの基本因子で構成されるという見方が有力視されている．五つの因子は研究者によって若干異なるが，「外向性」「調和性」「誠実性」「神経症傾向」「開放性」が区別できるとされている．こうした知見をもとに，NEO-PI-R や NEO-FFI といった尺度が開発されており，多くの研究が蓄積されている．

❸▶ 骨相学 (phrenology)

19世紀に活躍したドイツの医師，生理学者ガルの説が有名．人間の脳は精神活動に関連した27の器官の集合体であるとされる．それぞれの精神活動の優位性は対応する部位の大きさによって影響され，更に，部位の大きさは頭蓋骨の形状に反映すると考えた．それゆえ，顔かたちから，その人の基本的な性格を判定できるとされた．現在，この学説は否定されているが，現代の脳機能の局在論の原型と位置づけられることもある．

❹▶ 性格の生物学的基礎 (biological basis of personality)

クロニンジャーの神経伝達物質と気質との関連性の指摘に代表されるように，近年，性格の違いを生物学的な要因によって説明しようとする研究が行われている．更に，伝達物質の調整を司る遺伝子多型（遺伝子配列の個人差）も見出されており，特定の遺伝子多型を有する個人は，ストレス環境下において問題行動や抑うつ傾向等を形成しやすいことなどが示されている．ただし，現在のところ，行動パターンに対する遺伝子多型の直接的な説明力は小さく，更に精密で複雑な分析が必要とされている．

❺▶ 体液理論 (humoral theory)

古代ギリシャの医師，ヒポクラテスは，四大元素説に基づき，人間には血液，粘液，黒胆汁，黄胆汁の四つの体液があると考えた．ローマ帝国時代のギリシャの医師，ガレノスはこの理論を受け，体液の量の個人差によって気質が決まるとした．それが，多血質，胆汁質，憂鬱質，粘液質である．多血質は楽天的，胆汁質は短気で決断力があり，黒胆質は抑うつ的，粘液質は重厚で機敏さの欠如等と説明されている．

❻▶ 特性論 (trait theory)

性格は基本となる複数の特性に集約できるという考え方をベースに，個人がそれぞれの特性をどの程度強くもつかによって性格を記述する方法．特性論は，オルポートが性格記述に用いられる用語を辞典（『ウェブスター』）から収集分類し，性格特性

について検討したことが発端とされる。その研究をもとに，キャッテルは因子分析の手法を用いて，16の性格特性を見出している。YG性格検査（矢田部=ギルフォード性格検査）は特性論に基づく尺度である。

❼ ▶ 類型論 (typology)

幾つかの典型的なタイプに分類することで，個人の性格を記述する方法。例えば，クレッチマーは，当時考えられていた三大精神病である統合失調，躁うつ，てんかんの患者にはそれぞれ特有の性格傾向が存在するとともに，その性格と体型にも関連性があることに言及した。更に，こうした傾向は一般人にも当てはまると考え，独特の体型性格論を展開した。これが，分裂気質，循環気質，粘着気質である。また，シェルドンはこの理論をもとに，体型と性格との関連性を分析し，内臓緊張型，頭脳緊張型，身体緊張型の三つを区別している。

〔菅原健介〕

10-02 ▶ 性格の理論

広い意味での性格の理論を大きく分類すると，個人の性格を捉えて記述するための枠組みを提供する理論と，性格が形成されたり変化したりするシステムを理解するための理論の，2種類がある。類型論や特性論，性格特性の5因子モデルや性格測定の理論等は，性格を記述する枠組みを提供する理論にあたる。

一方，性格が形成されたり変化したりするシステムを理解するための理論を，狭い意味での性格の理論と呼ぶことができる。こうした理論は，人間とその心理過程をどのように捉えるかという心理学の大きな枠組みや立場と深く結びついている。そのため，性格理論のほとんどは，それと関係する心理学上の学派や思想によって分類できる。**遺伝論**と**環境論**もその一つであって，性格理論にも，遺伝を重視する立場の理論と環境を重視する立場の理論とがある。

遺伝を重視する立場の性格理論は，古い時代には宿命論や遺伝決定論の性質をとりやすかったが，1980年代頃から現代遺伝学に基づいた**行動遺伝学**が，遺伝と環境の相互作用の分析によって性格に遺伝が与える影響を切り分けることで，多くの成果を挙げている。また**進化心理学**は，性格があ る程度生得的であることを前提に，人類の進化の過程でなぜ性格が生み出されたのか，性格が存在するということにどのような適応上の意味があるのかについて，分析を進めている。

一方，環境を重視する立場の性格理論は，**行動主義**や学習理論の影響を強く受けている。性格を形成する環境要因のうち，対人関係等の社会的環境を重視し，モデリング等の社会的学習による性格の形成や変化について考えるのが**社会的学習理論**である。性格の一貫性を否定して性格心理学に大きな影響を与えたミシェルの立場も，社会的学習理論に基づいたものである。

また，個人が環境を認知する枠組みに個人差があり，それが性格を生み出すと考えるのが認知論的な性格理論で，様々な**認知スタイル**についての理論，ケリーのパーソナル・コンストラクト理論等がこれにあたる。

フロイトの精神分析学の影響を受けて，性格の形成や変化と無意識の心の働きとの関係を重視するのが，**精神力動論**の性格理論である。精神力動論では無意識の欲求と適応との関係を重視し，性格についても幼児期以降の様々な欲求がどのように充足され，あるいは満たされずにきたかと性格と

の関係を考える。**防衛機制**の考え方もその一つである。

これまで述べたような人間を客観的・分析的に見る性格理論に対して、人生の目的や生きる意味、**自己実現**等、個人が「望ましい状態」へと向かう心の働きから性格を見ようとするのが、**人間性アプローチ**の性格理論である。こうした考え方は実存主義の哲学の影響を受けて臨床心理学や精神医学の領域で発展し、ロジャーズの**カウンセ**リングの理論にもつながった。

性格に関する様々な理論が激しく対立した20世紀と異なり、最近の心理学者は特定の理論的立場にはあまりこだわらず、折衷的な見方をすることが多くなった。人の性格は著しく多面的なものであるから、それぞれの面を理解するのにふさわしい理論がそれぞれ個別に存在してもかまわないだろう。

■　■　■

❶ ▶ 行動遺伝学 (behavioral genetics)

人や動物の行動の遺伝について分析する研究分野で、心理学、精神医学、遺伝学、動物行動学等の融合領域として発展している。心理学と関係する領域では、主に知能と性格の個人差のうちどの程度が遺伝の影響によるものかを分析することで、同時にそれらへの環境の影響がどの程度であるのかも明らかにしてきた。

❷ ▶ 社会的学習理論 (social learning theory)

本項については、03-13-❶「社会的学習理論」を参照のこと。

❸ ▶ 進化心理学 (evolutionary psychology)

突然変異と自然選択による環境への適応というネオダーウィニズム的な進化論に基づいて、人間の行動や心がどのように進化してきたかを分析しようとする研究分野で、最近発展がめざましい。性格に関係する分野では、性格の個人差がどのように生まれ、それが人類の適応と進化にどのように影響してきたかについて理論的な検討が進んでいる。

❹ ▶ 精神力動論 (psychodynamics)

フロイトの精神分析学に基づいて、主に無意識の心理的な力のぶつかり合い（ダイナミクス）から、人間の行動や心理を理解しようとする考え方の総称。性格の理論においては性欲の発達やその固着（幼児期の欲求にとどまること）、防衛機制の働き、自我とアイデンティティ等から性格の形成や変化を捉えようとする。

❺ ▶ 人間性アプローチ (humanistic approach)

人間を客観的・科学的に捉えるよりも、個人のかけがえのない人生を肯定的に捉えようとする心理学的志向を、人間性アプローチと呼ぶ。実存主義の哲学やフランクルの実存分析等の影響を受けてアメリカで発展した。なかでもマズローの自己実現の考え方はロジャーズの来談者中心療法に影響を与え、現在のカウンセリングの基礎を作った。

❻ ▶ 認知スタイル (cognitive styles)

自分の周りの環境を認知する働きに個人差があるというニュールック心理学の考え方に基づいて、認知のスタイルから性格を見ようとする考え方である。例えばウィトキンの場依存型/場独立型は、何かを認知する時に周りの他の情報（場）に影響されやすいかどうかから認知スタイルを分類しようとするものであるし、他にも熟慮型/衝動型等が提唱された。

❼ ▶ パーソナル・コンストラクト理論 (personal construct theory)

認知スタイルの理論の中でケリーが提唱した特異な理論で、自分や周囲の人の性格を認知する時にどのような性格表現用語を用い、それらの用語がどのような構造をなすか（パーソナル・コンストラクト）から

性格を捉えようとするものである。パーソナル・コンストラクトの測定のために考案されたレプ・グリッド・テストは，その後様々な認知構造の測定に広く用いられるようになっている。

遺伝論と環境論：→ 10-01-❶「遺伝-環境論争」
カウンセリング：→ 11-06「カウンセリング」
行動遺伝学：→ 10-08「社会的適応と性格」, 24-03「人間の行動遺伝学」
行動主義：→ 01-06「20世紀初頭における心理学の拡大」
進化心理学：→ 23「進化」
性格測定の理論：→ 10-03「性格の測定」
性格特性の5因子モデル：→ 10-01-❷「5因子モデル」, 10-05「5因子モデル」
精神分析学：→ 12-02「異常心理学の原因論」
防衛機制：→ 11-08-❼「防衛機制」
ミシェルの立場（状況と性格）：→ 10-04「状況と性格」
類型論と特性論：→ 10-01-❻「特性論」, 10-01-❼「類型論」

〔渡邊芳之〕

10-03 ▶ 性格の測定

性格を測定するために，様々な方法が用いられている。それらの測定方法は，大きく三つに分類される。それは，**テスト法**，**観察法**，**面接法**である。そして，テスト法は更に，**質問紙法**，**投影法**，**作業検査法**の三つに分類される。ここでは主に，質問紙法についての説明を行う。

質問紙法とは，基本的には紙やPCを用い言語を媒介として，人の意識や行動に関するデータを，回答者の報告により組織的に収集する方法である。例えば，「他者の目を気にすることが多い」などといった質問項目について，「そう思う」や「そう思わない」などの幾つかの選択肢から，最も回答者にとって該当すると思われるものを選び回答するといった方法である。個人単位でも集団単位でも実施可能という特徴がある。なお，病理の**スクリーニング**等に用いられることもあるが，性格の測定に用いられることが多い。

心理学，特に性格の測定という文脈においては，質問項目群によって構成された**心理尺度**が質問紙に組み込まれて用いられることが多い。心理尺度は，特定の性格を測定するために準備された項目群から構成された測度である。測定したい構成概念（ここでは性格）を仮定し，その構成概念を複数の項目によって測定することにより，その構成概念を扱うという考え方をする。心理尺度には高い**信頼性**と**妥当性**が求められる。信頼性は，偶然による誤差の程度を，妥当性は，適切に対象を測定できているかという程度を問題としている。

質問紙の幾つかは，性格理論に基づき作成され，用いられてきた。例えば，アイゼンクは，「内向性-外向性」及び「神経症傾向-安定性」の2軸を性格の基礎次元とし，それを測定するためにMPI（モーズレイ性格検査［人格目録］）を作成した。その後，改良を重ね，**EPQ-R**や**EPP**等を開発している。また，コスタとマクレーは，五つの基本次元が普遍的に見られるという**5因子モデル**に基づき，**NEO-PI-R**や**NEO-FFI**を作成している。このほかにも，性格を多面的に測定しようとして多くの心理尺度が作成されてきた。例えば，**MMPI**や**YG性格検査**，**TEG**や**EPPS**等がある。

また，特定の性格を測定することに焦点を当てた心理尺度が無数に作成されている。例えば，完全主義，シャイネス，承認欲求や自己愛傾向など，その扱われている構成概念の内容は様々である。そのような特定の性格を測定するとされている心理尺度には，**M-F テスト**等がある。なお，心理尺度には信頼性と妥当性に疑問がもたれるものも少なくはない。そのため，使用の際には注意する必要がある。

質問紙法を行う場合は，その長所と短所を把握した上で用いる必要がある。長所としては，一度にたくさんのデータを集めることができる，コストがあまりかからない，匿名性を高めることができる，などが挙げられる。短所としては，回答が意識的・無意識的に歪められてしまうなどが挙げられる。

ところで，前述で紹介した方法は，基本的には，本人の意識的な回答が得られる方法といえる。しかし，近年は，無意識レベルでの測定も試みられている。その一つが，**潜在的連合テスト（IAT）**である。この方法により測定されているものが何であるかについての議論はあるが，これまでとは異なる方法であり，様々な可能性が考えられている。

なお，前述のように，テスト法には投影法や作業検査法もある。投影法は比較的あいまいな刺激素材を呈示し，自由な反応を引き出し，そこから個人の性格を測定しようとする方法である。**ロールシャッハ・テスト**や**P-F スタディ**，**SCT**等，多くの種類がある。作業検査法は，一定の具体的な作業を与えて，そこでの実際の行動及び作業経過やその結果から，性格を測定しようとする方法である。主なものに，**内田クレペリン精神検査**がある。それぞれ特徴があるため，目的に応じ適切に選択して使用する必要がある。

■　■　■

❶ ▶ 内田クレペリン精神検査 (Uchida-Kraepelin Psychodiagnostic Test)

クレペリンが考案したものをもとに，内田勇三郎が発展させたものである。一桁の数字の足し算を30分行い，計算量の変化のパターン（作業曲線から判断）などから人の特徴を知ろうとするものである。運動適性等が反映されやすいとされている。

❷ ▶ MMPI／ミネソタ多面人格目録 (Minnesota Multiphasic Personality Inventory)

ミネソタ大学のハサウェイとマッキンレーが作成した尺度であり，550項目という多くの項目からなる。基本的には病理の診断が目的とされており，作成過程でも，健常群と病理群の比較から項目が精選されている。心気症やパラノイア等の尺度のほかに，回答の妥当性を測定するための尺度（K 尺度等）も含まれている。なお，MMPIから派生した尺度（例えば，健在不安尺度〈MAS〉）もある。海外では，改訂版である MMPI-2-RF が作成されている。

❸ ▶ MPI／モーズレイ性格検査［人格目録］(Maudsley Personality Inventory)

アイゼンクが自身の性格理論に基づき作成した尺度である。彼が性格の基本軸と見なしていた内向性-外向性，及び神経症傾向-安定性の2軸を測定する尺度，それに加えて，虚偽尺度（L スケール）という虚偽的な回答を判断するための尺度が含まれている。なお，モーズレイとはアイゼンクが所属していた病院の名称である。

❹ ▶ 潜在連合テスト (IAT：Implicit Association Test)

本項については，08-02-❶「IAT」を参照のこと。

❺ ▶ NEO-PI-R（Revised NEO Personality Inventory）

コスタとマクレーが，五つの基本次元が普遍的に見られるという5因子モデルに基づき作成した尺度である。N：神経症傾向，E：外向性，O：開放性，A：調和性，C：誠実性の五つの下位尺度からなる。これらは更に，ファセットという下位次元の項目群に分類される。例えば，神経症傾向の場合は，不安，敵意，抑うつ，自意識，衝動性，傷つきやすさの六つのファセットからなる。海外では，改訂版のNEO-PI-3が開発されている。

❻ ▶ YG性格検査／矢田部ギルフォード性格検査（Yatabe-Guilford Personality Inventory）

知能検査で有名なギルフォードの性格理論を参考に，矢田部達郎によって作成された心理尺度である。12の下位尺度からなり，全体で120問の質問項目から構成されている。個々の下位尺度の特徴について解釈するのみならず，そこからプロフィールを作成し，そのプロフィールのパターンから性格を解釈するという特徴を有しているとされている。

5因子モデル：→ 10-01-❷「5因子モデル」, 10-05「5因子モデル」
信頼性：→ 16-11「信頼性」
妥当性：→ 16-12「妥当性」
投影法：→ 11-04-❼「投影法」

〔鈴木公啓〕

10-04 ▶ 状況と性格

我々の行動は，性格要因によって規定されるとともに，周囲の状況によっても様々に変化する。こうした性格と状況及び行動の関連については，古くから研究者の関心を集めてきた。例えば，レヴィンに代表される**古典的相互作用論**では，行動を人と状況の関数（B=f (P, E)）として捉えることの重要性が強調された。全般に社会心理学者は，ジンバルドーによる**スタンフォード囚人実験**に代表されるように，実験的な研究を通じ「状況の力」の重要性を強調する傾向が強かった。一方で，特性論的な研究の進展に伴い，性格研究者には，状況を越えた行動の一貫性を重視し，状況要因の重要性を軽視する傾向が見られた。こうした動向に警鐘を発したのが，ミシェルの性格研究批判であった。ミシェル（1968）は『パーソナリティと評価（*Personality and assessment*）』において，当時の性格研究の動向に対し，状況変数の軽視を中心に，行動の通状況的一貫性や特性の内的実在性への疑問，特性評定による行動予測の有用性への疑問等を骨子とする批判を行った。

この批判を契機として生じた論争を**人-状況論争**と呼ぶ。この論争では，行動の原因として人の性格等，内的要因が重要か外的な状況要因が重要かをテーマとして長期にわたる議論が行われた。論争は明確な結論を得ないまま収束に向かったが，その中で折衷的立場として注目されたのが，**新相互作用論**と呼ばれる考え方である。新相互作用論は，エンドラーとマグヌセンにより提唱されたアプローチで，人間行動の説明に，人の内的要因と状況要因の複合的な影響を重視する立場であった。エンドラーは不安研究，マグヌセンは発達的縦断研究を中心に，こうした主張の有効性を実証しようとしたが，その試みは必ずしも成功せず，具体的な方法論を欠くとして批判の対象になった。しかし，一方で新相互作用論は，従来からある相互作用的観点を統合的に体系化しようとする研究パラダイムとしての理論的な重要性が認められ，論争の中

10-04 状況と性格

で一定の役割を果たしてきた。

一方，論争のきっかけを作ったミシェルも，人か状況かというゼロサム的な問いかけに疑問を投げかけた。そして，それぞれに相違をもつ個人やタイプにとって，どのような状況が心理学的に意味をもつのか，またそうした状況はどのような心的表象として捉えられ，社会行動の表出や，基盤となるパーソナリティ・システムの体制化や活性化を機能させるのか，を研究課題とすべきと論じた。また個人差は，if…then…という状況と行動の安定した結びつきの中に示されると主張した。こうしたパターンは**行動指紋**と名付けられている。行動指紋には**コヒアランス**（首尾一貫性）と呼ばれるパターンとしての安定性があることも指摘されている。

ミシェルらは，長期にわたる行動観察研究を通じ，コヒアランスの存在や，それが個々人の性格理解につながることを示してきた。更にミシェルとショウダ（Shoda 1995）は，状況の解釈の相違が，それに伴って生じる社会-認知変数の活性化・抑制経路の相違を生み出し，それが行動の相違につながるというモデルを提唱している。このモデルは，**認知-感情システムモデル（CAPS model）**と名付けられ，様々な研究に応用されつつあるが，方法論的な困難さもあって，幅広く定着するには至っていない現状にある。

相互作用論の考え方や，人-状況論争に対しては，実りのない時間の浪費であったとする見方も存在するが，性格研究に与えた影響は大きいとする評価が一般的である。また，状況の把握の仕方等，合意を得ないまま論議が継承されている問題も存在する。最近でも，例えばQソート技法を用いて性格，状況，行動のそれぞれについてより詳細なデータを収集し，それらの間の相互作用を検証していくべきとする，ファンダーの「パーソナリティの三位相」に関する主張や，フリーソンによる一貫性の種別に関する提案等を巡り，活発な論議が続けられている。

■　■　■

❶ ▶ 行動指紋／コヒアランス (behavioral signature/coherence)

例えば，ある人は，Xという状況ならAのように行動し，Yという状況ならBのように行動する。行動指紋とは，個人に特有なこうした行動パターンを意味する。それは，人がそれぞれの状況をどう解釈しどう反応するかについて，心理的に意味のある一貫した個人差を有すること（パターンの一貫性＝コヒアランス），更にそうした個人差は状況的要因を考慮することにより初めて明らかになる，とする含意をもつ。

❷ ▶ 古典的相互作用論 (classical interactionism)

レヴィンやエンジェルらに代表される，行動の原因を人と状況の双方に求め，生活空間（life space）や生活領域（biosphere）の中で，両者の関連性をホリスティックに理解しようとする力動的な説明を特徴とする考え方。

❸ ▶ 新相互作用論 (modern interactionism)

新相互作用論の特質は以下の4点にあるとされる。①現実の行動は，個人と個人が出会う状況との力動的・連続的・双方向的な相互作用過程として示される，②個人はこうした相互作用過程における意図的・能動的なエージェントである，③相互作用を個人の側から見れば，認知的・感情的要因が行動の重要な規定因となる，④相互作用を状況の側から見れば，状況が個人にとってもつ心理学的な意味が重要な規定因となる。

❹▶認知-感情システムモデル (CAPS model : Cognitive-Affective Processing System Model)

ある状況に遭遇すると，状況的手がかりをもとに一連の処理プロセスが，パソコン上で様々なウィンドウが開いていくように次々と展開し，行動を決定するという考え方。処理プロセスを構成する社会-認知変数としては，評価，期待・信念，感情，目標，行動スクリプト等が想定され，これらの認知-感情ユニット（CAUs）が相互に促進的・抑制的に働き，行動方略を決定するとされる。

❺▶人-状況論争 (person situation debate)

主として特性論を支持する性格研究者と，ミシェルの依拠する社会的学習論に基づく考え方を支持する性格研究者及び社会心理学者との間に生じた論争。複数の状況や時間を通じた行動の一貫性は存在するか，一貫性をもたらすパーソナリティ特性を実在するものと考えるか観察者の保有する概念と捉えるか，一貫性の存在を示すための研究方法としてどのような技法が考えられるか，などといった論議が繰り返された。

スタンフォード囚人実験：→ 08-01-❻「服従実験／スタンフォード囚人実験」

〔堀毛一也〕

10-05 ▶5因子モデル

人の性格は様々である。明るい人，慎重な人，物静かな人，攻撃的な人など，表現の仕方もいろいろである。しかし，一見，複雑多様に見える性格だが，それはただ混沌としているのではなく，一定の構造の上に成り立っているという見方もできる。**特性論**という立場では，性格には幾つかの基本特性があり，個人がそれらをどの程度有しているかによって，個性を的確に記述できると考える。例えば，アイゼンクは人の性格が外向性と神経症的傾向の二つの特性によって構成されているとし，それぞれの特性の強さが個々人の性格を作り出していると考えた。この理論は**モーズレイ性格検査〔人格目録〕(MPI)**として，性格テストとしても活用されている。性格特性を確定できれば，個人の性格を測定する尺度を作成することができるし，それを用いた研究や応用につなげていくことも可能となる。

こうしたことから，性格を構成する基本的な特性を見出そうとする試みは，性格心理学の中心的課題の一つであった。基本特性を明らかにするためには，性格傾向を網羅するリストが必要である。これを何らかの方法で適切に整理，集約していくことで性格特性が浮かび上がってくることが期待できる。20世紀初頭，オルポートらは人の性格が日常の言葉に反映されていると考え，ウェブスター辞典から性格を表現する17,953語を抽出し分類する研究を行った。その後，分類の方法として因子分析という統計学的手法が用いられ，性格特性に関する研究が進められてきた。そして，1980年代に入り，ゴールドバーグの指摘をきっかけに，1990年代頃から，最終的に性格は五つの基本特性（因子）に集約できるという点で研究者間のコンセンサスが形成されてきた。これを5因子モデルと呼ぶ。五つの因子の名称は研究者によってやや異なるものの，**外向性，調和性，誠実性，神経症傾向，開放性**が代表的である。

この五つの因子に関しては，扱う性格用語や項目が異なっても認められ，また，自分の性格を評定した場合でも，他人の性格を評定した場合でも，同じ5因子が見出されることが報告されている。更に，日本人

を対象とした日本語による性格用語を用いて検討しても同様の5特性が見出されるなど、英語圏以外にも共通した普遍性も認められている。こうした多様な条件下でも変化しない性質、すなわち、構造的な頑健性が5因子モデルの大きなメリットである。なお、この5因子モデルをもとにした性格検査として、コスタとマクレーが開発した**NEO-PI-R**が最も用いられている。

こうした構造の頑健性は、性格特性が個人の中で固定化し変化が見られないということを意味しない。確かに、個人間の性格の違いは、これら五つの次元上の違いとして把握することができる。しかし、個人の中でも性格は変化する可能性があり、その場合も、この五つの特性次元上を移動するものと考えられる。実際、加齢に伴い五つの特性がどう変化するかをみた研究は多いが、加齢とともに調和性や誠実性が高まり、神経症傾向は低下することが知られている。構造の頑健性は、多様な文化、人々の性格が共通の（頑健な）土俵の上で、それぞれの性格を形成していることを示すものである。

5因子モデルに関する批判的な指摘もある。一つは、性格に五つの基本特性があるとしても、それ以外の6番目や7番目の特性は存在しないのかという問題である。幾つかの研究は実際に新たな因子を見出しているが、現在のところ、研究者間でのコンセンサスは得られていない。また、より根本的な批判として、見出された五つの因子は実際の性格を反映したものではないという主張がある。性格表現用語を因子分析するという手法は、単に言語の意味構造をまとめているにすぎないという指摘や、明らかになったのは性格そのものではなく、人が他者の性格を認知する際の基準でしかないという見解である。更に、5因子が性格特性を反映したものであるとしても、それは単に性格を記述したにすぎず、それぞれの特性がどのような心の働きの反映であるかを明らかにしなければ、少なくとも行動の説明理論としては使えないという指摘もある。つまり、このような特性をもつ個人は、こうした行動をするだろうという予測は可能であるが、なぜ、そうした行動をしたのかについての説明を用いる場合には、注意が必要となる。例えば、「外向的な特性をもつので話好きだ」といった言い方は、同語反復（tautology）にすぎないことになる。

こうした批判への一つの対応として、5因子モデルの生物学的基礎に関する研究が挙げられる。例えば、神経伝達物質の働きに対応した気質的特性が見出されているが、この尺度と5因子モデルとの相関関係を検討することで、五つの特性が単なる言語構造や認知者側のフレームワークではなく、何らかの心理的、生理的過程を反映した要因として位置づけられることができる。いずれにせよ、従来、研究者によってまちまちであった性格特性について、五つの因子を基準とした合意が成立したことは、今後、様々な研究やデータをこの枠組みの下で蓄積し、比較検討できることを意味する。そうした点で、今後の性格研究の発展の大きな契機となることは確かである。

■　■　■

❶▶ 外向性 (extraversion)

外向性が高い個人は次のような特徴がある。他者に対して温かく、人との接触機会が多い。決断力があり、人間関係の場で支配的に振る舞う。また、活動的でペースが速く、刺激を求めて危険を冒す傾向がある。また、たいてい機嫌が良く、喜びを感じやすい。更に、職場や学校への適応が良

いことも報告されている。反対に外向性が低い個人は、孤独で慎重に振る舞い、感情的にも穏やかである。

❷ ▶ 開放性（openness）

開放性が高い個人は次のような特徴がある。新奇なものや審美的なものに興味をもち、論理よりも感情を大切にする。他者に対して寛容ではあるが、自身をも縛らず、自由に発想やアイディアを膨らませることができる。一方、開放性が低い個人は、現実的、保守的であり、習慣や規範を大切にして行動のパターンを変えない。対人関係でも場の雰囲気を読むのが苦手で、共感性に欠ける部分がある。柔軟な発想や芸術等に理解を示しにくい。

❸ ▶ 神経症傾向（neuroticism）

神経症傾向が高い個人は次のような特徴がある。日常生活の中での不安や抑うつ感が強く、ストレスに対してフラストレーションや怒りを感じやすい。また、自意識が強く他者との関係の中で羞恥感や劣等感を覚え、混乱してパニックに陥りやすい。反対に、神経症傾向が低い個人は、気分が安定し穏やかであり、他者に対しては自信があり、友好的に振る舞える。また、ストレスへの耐性が高く、冷静に対処して自己コントロールを失わない。

❹ ▶ 誠実性（conscientiousness）

誠実性が高い個人は次のような特徴がある。倫理的で規則を順守する。自己の目標を明確化し、順序立てて物事を進める。職場等においては勤勉で、仕事への動機を継続する能力を有する。一方、誠実性が低い個人は、物事の段取りが不得手で、集中力に乏しく、ハードワークには耐えられない。自身の目標をもたず、自己コントロールができず、衝動的、倫理的でない行動に走るケースもある。

❺ ▶ 調和性（agreeableness）

調和性が高い個人は次のような特徴がある。他者を信じやすく誠実である。利他的行動が多く、他者に対して寛容で攻撃的でない。社会的場面では自分を抑え、対人関係の安定や調和を大切にする。逆に調和性が低い個人は、懐疑的で他者と一定の距離を取り、自己の利益を優先し対立も辞さない。

特性論：→ 10-01-❻「特性論」

〔菅原健介〕

10-06 ▶ ストレスと性格

学校や職場の対人関係、就職や進学等、生活の変化、未曾有の大地震。我々は、日々の生活の中で、大小取り混ぜ様々な"ストレス（stress）"を経験している。そして日常の経験から、これらの"ストレス"が心身の健康に影響を与えていること、同じ状況が必ずしも個人間で同じ結果とならないことを知っている。

ストレスは、もともと物理学の用語で「歪み」を意味している。日常生活で経験する大小の出来事は、心身の状態に圧力をかけ、一時的な「歪み」をもたらす。心理学では、「歪み」を引き起こす出来事や刺激を**ストレッサー**、心身に何らかの歪みが出た状態、つまり反応のことを**ストレス反応**と呼んでいる。このようなストレス反応の例には、抑うつ状態や不安が高まるなどの心理面の変化のみならず、免疫系や循環器系への影響等、身体面の変化がある。ストレッサーが心身の健康状態に及ぼすメカニズムの詳細については、領域 19-02「ストレスと健康」を参照されたい。

ところで、同じストレス状況にさらされても、その反応は必ずしも一様ではない。強いストレス反応を示す者がいる一方、そ

10-06 ストレスと性格

れほど顕著なストレス反応に至らずにいる者もいる。このようなストレス反応の現れ方の違いの背景に、ストレッサーの解釈や評価に関連する個人の性格(パーソナリティ)の要因があると考えられている。

ストレッサーが心身の健康にもたらす影響に、性格がどのような影響を及ぼすかについては様々な説明がなされてきた。ストレッサーの発生とその解釈が、コーピングやストレス反応に影響を及ぼす経路は、ラザルスとフォルクマン(1984)のストレスモデルによって説明されてきた。また、ウィーブとフォーンテンベリー(2006)は、性格と心身の健康の関連について、複数のモデルによって説明している。一つは、性格がストレッサーの評価やコーピングの在り方を介して、疾病の発生に影響を及ぼすストレス仲介をするというモデルである。もう一つは、性格がストレッサーの評価や健康関連行動に影響を及ぼし、結果的に疾病の発生につながるというものである。

具体的には、どのような性格特徴がストレス反応を決定するのだろうか。ストレス反応に個人差をもたらす要因は、**ストレス耐性**や**ストレス緩衝要因**と呼ばれている。近年、人間の強さに着目しようとする**ポジティブ心理学**の考え方が広がり、ストレス状況にある個人が、身体的、心理的、社会的側面で過剰にネガティブな反応を起こさずに耐えうるかという個人差を示す概念や、関連する性格特性への関心が高まっている。ストレス耐性に関連する特性に、**コヒアレンス感覚**、**ハーディネス**、**レジリエンシー**がある。対照的に、ストレス状況の影響の受けやすさを示す概念に**ブルネラビリティ**がある。

また、ストレス緩衝要因の検討において、ストレス反応及び精神的健康における楽観性の役割にも関心が集まっている。一般的な意味での楽観性は、物事を良い方に考え心配しないこと、気楽に考える傾向を意味する。テイラーとブラウン(1988)は、自己の能力や将来について現実を歪めて捉えるポジティブなバイアスが精神的健康に重要であると考え、**非現実的な楽観主義**等の概念を紹介した。

ストレス緩衝要因には、性格という個人内の特性のみならず外的な要因もある。ストレッサーに直面した人が、周囲から得られる支援、すなわち**ソーシャルサポート**がこれにあたる。ソーシャルサポートには、心理的な励ましやなぐさめといった**情緒的サポート**、問題解決のための助言や手段の提供といった**道具的サポート**がある。ストレッサーの評価と同様、ソーシャルサポートに対する受けとめ方や、ソーシャルサポートの得られやすさにも、性格が関連していると考えられる。

■ ■ ■

❶ ▶ コヒアレンス感覚 (sense of coherence)

本項については、19-04-❹「首尾一貫感覚」を参照のこと。

❷ ▶ ハーディネス (hardiness)

ストレッサーへの頑健性、すなわち強いストレス状況でも健康を維持できる人が有するパーソナリティ特徴として、コバサによって提唱された概念である。コバサは、ハーディネスを構成する側面として、コントロール、コミットメント、チャレンジの三つを想定した。コントロールは、出来事の統制に対する自信、コミットメントは様々な出来事に対する関与、チャレンジは困難な状況に対しての積極的な挑戦を意味している。ハーディネスは、ストレス緩衝要因の一つとして捉えられている。

❸ ▶ 非現実的な楽観主義 (unrealistic optimism)

自己の能力や将来について楽観的に捉えるような、現実をポジティブに歪めて捉える持続的な傾向を、ポジティブ・イリュー

ジョンと呼ぶ。ポジティブ・イリュージョンが精神的健康に密接に関連することが指摘されている。非現実的な楽観主義はその一側面であり、自分自身はポジティブな出来事（例えば、良い仕事や高収入を得る、長生きをする）を多く経験し、ネガティブな出来事（例えば、心身の病気や離婚）は経験しないと見積もる傾向を意味する。非現実的な楽観主義が強いとネガティブな出来事に備えることができず、疾病予防等適切な行動につながらない可能性が高くなることも意味している。

❹ ▶ ブルネラビリティ (vulnerability)

脆弱性と訳され、素因（diathesis）と同義で用いられることも多い。ストレッサーの影響の受けやすさに関する個人的特徴を表す。ズービンとスプリング（1977）は、個人の脆弱性とストレッサーとの関連から統合失調症の発症を説明した。発症に関連する素因を意味するブルネラビリティをもつ者が、閾値を超えるストレッサーにさらされた時に統合失調症を発症しやすくなるというものである。同様に、素因ストレスモデルでは、ブルネラビリティが、強いストレス状態の経験と心身の健康の関連性を規定すると考える。ブルネラビリティは、比較的安定的な特性と捉えられているが、心理教育的な介入や経験により変化するものであり、不変ではないと考えるのが適切とされている。

❺ ▶ ポジティブ心理学 (positive psychology)

従来の臨床心理学が、精神障害の危険因子の特定等、人間の弱さに注目してきたことの反省に基づき、人間の強さを研究し従来の心理学を見直そうとする動きを指す。アメリカ心理学会長であったセリグマンは、1998年の年次大会に際して広報誌 *Monitor* に、Building human strength：Psychology's forgotten mission と題した記事を掲載している。記事の中でセリグマンは、心理学の理論の多くが人間のポジティブな機能を過小評価してきたと述べた。そして、心理学が人間の強さやレジリエンシーの役割を明らかにすることが、人間のポテンシャルを高め、人々をより強く生産的にしていくことにつながることを主張した。

❻ ▶ レジリエンシー (resiliency)

英語の resiliency は、弾力性、回復力を意味する。心理学の領域では、ストレスフルな経験や脅威的な状況に置かれているにもかかわらず、精神的健康や適応的な行動を維持できる能力や特性を意味する。マスンによれば、レジリエンシーには、楽観性、意欲的活動性、関係志向性の側面がある。ハーディネスがストレッサーに対する頑健性を意味する一方、レジリエンシーは、ストレッサーの影響を受けるが、認知の変容やコーピング方略により回復する力を意味するという違いがある。レジリエンスとも呼ばれる。

〔大森美香〕

10-07 ▶ 対人行動と性格

対人関係は、一般の人々が「性格」という概念を最も多用する場面の一つといえる。初対面の人物と関わる時、その人が優しい人なのか、厳しい人なのかで対応の仕方も変化する。他者の「理解」と「予測」と「コントロール」のために、人々は他者の「性格」を見抜こうとする。更に、他者との良好な関係を築くためには、どのような性格が有利なのかといった点にも、多くの人々が興味を抱いてきた。円滑な関係の形成や維持に資する個人の性格や能力が分

かれば，それを培うことで有利な立場を獲得できる。複雑な対人関係に適応するため，多くの人々にとって性格に関する知識は，社会適応のための道具的な意味をもつといえる。

このような一般の関心を背景に，心理学の分野でも，対人関係と関連のある性格について研究が行われてきた。ここで扱われる概念は多様である。一つは行動特性である。ある個人が特定の状況において繰り返しとった行動は，同様の状況で再び生起しやすい。個人の中にこうした法則性（首尾一貫性）を見出し，何らかの性格概念を当てはめておけば，行動の予測の役に立つはずである。**依存性**や**攻撃性**，**親和性**といった社会的行動に関する個人差の概念は，こうした視点から見出されたものといえるが，これらの背景には対応する動機，すなわち，依存動機，攻撃動機，親和動機等の社会的動機が想定される。

対人関係の形成，維持に資する能力という視点から概念化された特性もある。対人関係をうまく展開するためには，ピアノの演奏や自動車の運転にたとえられるような対人関係の技術の獲得が必要であるとされるが，こうした能力は**ソーシャルスキル**と呼ばれる。また，他者の感情状態を理解する**共感性**は，他者と協調する上でのソーシャルスキルの一つとして注目されている。逆に，円滑なコミュニケーションを阻害する要因としても多様な特性が見出されている。例えば，**シャイネス**の傾向が強い個人は，他者との関係形成に消極的であるが，その効果が蓄積することで社会的なハンディキャップを負うとされている。個人は単に社会に参加するだけでなく，その中で自己の役割を見出し，他者から評価されることで利益の配分を受ける。集団の中にいても**孤独感**を感じるのは，そのためである。

情報を処理する際の認知的傾向に関して，個人差を想定することがある。情報処理の仕方が異なれば，状況が同じでも対応の仕方に個人差が生じると考えられる。**自己意識特性**は自己に向ける注意の程度を表すが，これが高いほど，他者からの評価に対して敏感に反応しやすく，不安を示しやすいことなどが示されている。更に，個人の価値観や態度の差異を，個人特性として概念化する場合も多い。例えば，**性役割観**は男女の性別に基づく役割期待の個人差であるし，**権威主義的性格**は社会的な上位者に対する個人の態度の違いを反映した特性である。このように，対人関係に関しては多種多様な性格や個人差特性が概念化され，研究されている。各々の特性概念には，限定的な社会現象や対人行動を説明するために適した「ミニ理論」が対応しており，個人の性格や心の特徴を，一人の人として総合的に理解しようとする研究とは立場を異にしている。

心理学の研究において，こうした性格特性はいろいろな形で使われている。第一は，行動予測の精度向上である。ある行動の生起を予想する際，その要因として特定の性格特性を独立変数として導入することで，精度（説明力）を高めることができる。例えば，いじめ行動の生起は教員の指導力だけでなく，いじめを行う生徒の道徳性の高さを考慮することで，より予測しやすくなる。

第二は，誤差要因の統制である。状況要因の心的影響を検討する際，個人差はその誤差要因と見なされる。例えば，対人関係のトラブルの有無が抑うつ感に及ぼす影響を検証する場合，個々人のストレスに対する感受性は，状況要因の効果を撹乱する誤差要因と見なすこともできる。そこで，対人トラブルの有無と同時に，ストレス耐性度を測定しておくことで統計的にその影響を除去し，状況要因の純粋な影響力を計算することが可能となる。

第三は，**調整変数**としての性格特性であ

る。特定の独立変数と従属変数との関係について，ある性格特性が顕著な人ほど，両者の関連性が強いといった結果が導かれることがある。これは，従属変数に対して独立変数のもつ影響力の大きさを，性格特性が調整していると考えることができる。例えば，体罰に反対の意見をもつ人は，実際の躾でも体罰を避ける傾向にあるが，特に私的自己意識という特性の高い人ほど，その関連性が強いことが知られている。この場合，私的自己意識は，体罰への態度と行動との関係の調整変数ということになる。

第四は，特定の社会現象に関する理論的説明である。ある性格特性の背景には，何らかの心の働きの個人差が想定されることが多い。例えば，**セルフ・モニタリング**は場の空気を察知して行動を制御する心の働きを測定するが，恋愛経験の多い人ほどこの傾向が高いとすれば，異性の人気獲得にはこうした心理的メカニズムが関与していると考えることができる。

■　■　■

❶▶依存性 (dependency)
他者に頼ることで自己の欲求を満たそうとする傾向。金銭や労働力等，他者のもつ資源に基づいて目的を達成しようとする道具的依存と，他者と共にいることや励まし，慰めなどにより安心感を得ようとする情緒的依存とに大別される。

❷▶共感性 (empathy)
他者の感情状態を認知し，それと同じ感情を体験できる能力。他者との親密な関係の形成や援助行動を促す要因でもあり，個人の適応を担保するための社会的スキルの重要な要件でもある。一方，共感性の欠如は他者を道具的に扱うなどの行為につながり，社会的適応を阻害する要因ともなりうる。

❸▶権威主義的性格 (authoritarian personality)
無批判に権威の主張や意見を受け入れ，その勢力の代弁者となり，反対派や少数派に対して優位性を示そうとする態度。弱者が自己の社会的優位性，安定性を獲得するためのストラテジーの一種と位置づけることもできる。歴史的にはファシズムに関する戦後の研究によって注目された概念であり，アドルノのFスケール（ファシズム尺度）によって測定される。

❹▶攻撃性 (aggressiveness)
攻撃とは，身体的，精神的に損害を与えることを目的とした行為一般を指すが，そうした行為を行いやすい傾向を攻撃性と呼ぶ。攻撃性を高める要因として，フラストレーションや攻撃行動の観察等が指摘されており，近年は暴力映像の発達の影響等について研究が行われてきた。

❺▶孤独感 (loneliness)
他者との望ましい相互作用が欠如した状況で生じる不快感であり，コミュニケーション行動への動機づけともなる一方で，持続すれば抑うつや無気力の状態にも陥る。物理的な他者との隔絶状態において生じるだけでなく，自己の価値や存在意義が他者に認められない状態でも高まる。

❻▶シャイネス (shyness)
他者とのコミュニケーション事態における強い不安とともに，他者との会話や接触が抑制される傾向を指す。発達の比較的早期に性格的特徴として顕在化し，友人関係や学校等で自己の長所を活かす機会を逃しやすい。その累積が，人生全般における人間関係面や経済活動面等の不利益につながることも示唆されている。また，文化的な偏在性も指摘されており，特に，日本人は他の文化圏に比してこの傾向が強いといわれている。

❼▶親和性 (affiliation)
他者との間に友好的な関係を成立させ，

維持しようとする傾向。好意や愛情は，特定の人物との関係形成を動機づける場合に用いられるのに対し，親和動機は，誰かと共にいたいといった不特定の人物が対象となる場合に使われるケースが多い。マレーは承認動機，支配動機等とともに社会的動機として位置づけている。

〔菅原健介〕

10-08 ▶ 社会的適応と性格

性格は生涯にわたって個人の社会的適応（social adjustment）と深く関わる。1970年代以降，発達心理学の領域では，新生児や乳児の情緒や行動にも一定期間持続する個人差が見られることが広く注目されるようになり，それらは**気質**（temperament）として概念化された。トマスとチェスは，気質を「生得的基盤をもち，出生後まもなくから出現し，環境の影響によって変化しうる子どもの現象的な行動スタイル（behavioral style）である」と定義し，九つの特性次元（活動水準，接近/回避，周期性，順応性，反応閾値，反応の強度，気分の質，気の散りやすさ，注意の範囲と持続性）と，三つの気質類型（扱いにくい子どもたち，扱いやすい子どもたち，エンジンがかかりにくい子どもたち）による**気質理論**を提唱した。ロスバートらはパヴロフに端を発する成人の気質理論を継承して，子どもの気質を「反応性と自己制御性における生物学的基盤をもつ個人差である」と定義し，三つの因子（闊達さ，ネガティブな情緒性，〈乳児期〉定位性/制御性又は〈幼児期・児童期〉エフォートフル・コントロール）によって測定する尺度を開発している。そのほか様々な気質理論が提唱されてきているが，共通した気質次元は情緒性（emotion），自己統制性（self-regulation），活動水準（activity level）の三つに集約される。

幼少期の気質に関する多くの追跡研究の中で，養育者との安定的な愛着形成や，保育所・幼稚園，学校等での集団適応，ソーシャルスキルや社会的規範の獲得等の社会的な発達に肯定的に作用することが多い"扱いやすい気質のプロフィール（easy temperament）"と，否定的に作用することが多い"扱いにくい気質のプロフィール（difficult temperament）"が概念化されてきている。それらは，成人期の性格や社会的適応も部分的に予測する。気質の扱いやすさ・扱いにくさを形成する中核的な特性次元は，情緒性と自己統制性であるといわれている。ポジティブな気分が優勢であること（機嫌が良いことが多い）や，自己統制性が高く適応的な行動を維持しやすいことが気質の扱いやすさを形成し，一方，ネガティブな強い情緒表出が多く，衝動の自己制御が脆弱であることが気質の扱いにくさを特徴づける。扱いにくい気質は，攻撃性や反社会的行為等の**外在化型の問題行動**の発達のリスク要因となることも知られている。

成人期の社会的適応については，友人や配偶者との関係，子どもの養育等の対人関係領域や，教育や職業上の課題達成，健康の維持促進等との関連について，広く研究が行われている。対人関係領域の適応については，**ビッグファイブ理論**の情緒不安定性（neuroticism）と調和性（agreeableness）や，**向社会性**等が強い関連を示している。また，課題達成領域では誠実性（conscientiousness）が，健康領域では肯定的な情緒性（positive emotionality）と誠実性が長寿や健康維持に関連する一方，非調和性（怒りや敵意）が心疾患のリスクを高めることなどが明らかにされている。重度の

社会的不適応を伴う性格の病理的形態については、パーソナリティ障害として精神障害の一つのカテゴリーを形成している。

トマスとチェスらは、個人の社会的適応と性格との関連は、その個人が置かれた環境との適合度（goodness of fit）が調整するという人-環境適合理論を提唱している。幼少期に扱いにくい気質であったとしても、周囲の環境の耐性や理解度が高く支持的であれば、より適応的な発達を遂げることが可能になり、反対に扱いやすい気質であっても、虐待等の過度に不適切な環境にあれば問題行動の発現に至ることもある。また、性格と環境との適合度は発達に沿って変動するものでもあり、同一親子間においても乳幼児期の適合度が児童期や青年期にそのまま持ち越されるとは限らない。一般に、性格と環境との適合が良く、良好な社会的適応が継続するとその性格は安定化し、適合が悪く、不良な社会的適応が連続すると、性格はより変化しやすくなるものと考えられる。

■　■　■

❶▶エフォートフル・コントロール（effortful control）

ロスバートらが提唱している児童期以降の子どもや成人の気質因子の一つであり、課題を遂行する時の自発的な注意の焦点化や間違えないようにする態度、計画に沿って行動を制御する能力における個人差であると定義されている。自己統制性の下位概念である。

❷▶外在化型の問題行動（externalizing problem behavior）

衝動が強く自己制御が脆弱なために、多動や攻撃、不服従や反抗・挑発、強奪や破壊等の違法行為を含む反社会的な問題として結実するタイプの問題行動で、統制不全型の問題行動（under-controlled problem behavior）ともいう。関連する精神障害としては、素行障害、反抗挑戦性障害、反社会性パーソナリティ障害等が該当する。対になる概念として、内在化型の問題行動（internalizing problem behavior）があり、衝動の強弱に関係なく統制が過剰なために（over-controlled）、抑うつや不安、過食や拒食等、個人の内面に問題が結実する。

❸▶気質理論（temperament theory）

気質はパーソナリティの基礎を構成する情緒や行動の個人差であり、生物学的基盤をもち、人生早期から出現する。最古の気質理論は古代ギリシャのヒポクラテスとガレノスの4体液説で、血液、粘液、黄胆汁、黒胆汁のそれぞれの体液の多寡で気質が決まると考えた。20世紀には、ドイツの精神医学者クレッチマーの三つの気質類型論（分裂気質・躁う つ気質・粘着気質）が現れる。ロシアの生理学者パヴロフは、興奮と抑制に関する神経生理学的な気質理論を提唱しており、アイゼンクやグレイの神経科学的気質理論に継承されている。精神医学者のクロニンジャーも、神経科学的な四つの気質因子と三つの性格因子による7因子理論を提唱している。

❹▶向社会性（prosociability）

他者の気持ちに共感する、高齢者に座席を譲る、貧困者や弱者に同情的な関心を寄せる、ボランティア活動に参加するなど、自己の利益よりも他者への思いやりを優先する心理・行動傾向。愛他性（altruism）の概念と類似している。

❺▶人-環境適合理論（person-enviroment goodness-of-fit）

気質は環境との適合の良さ（goodness-of-fit）によって、個人の性格形成や社会的適応に影響する。例えば、アタッチメントはストレスに対する反応性や耐性、恐れの強さ、鎮静性（なだめられやすさ）等の乳児自身の気質的特徴と、養育者の乳児に

10-09 ▶ 自己と性格

人は、自分自身に意識を向けることができる。そして、自分自身がどのような由来をもち、どのような行動をし、どのような人間であるかという**自己概念**をもつことができる。19世紀末にジェームズは、自己（self）には知る側である主体としての自己（I）と、知られる側である客体としての自己（me）の二つの側面があることを論じた。更にジェームズは、客体としての自己に、物質的自己、社会的自己、精神的自己という三つの構成要素があることを示した。フロイト以降の精神分析学においても、自我や自己という概念は、理論の中心を占める概念として用いられてきている。更に、近年の社会心理学においても、自己を認識し、評価する過程について盛んに研究が重ねられている。

性格（personality）は一種の構成概念であり、直接的に観察可能な実体をもつものではない。ジェームズの三つの構成要素でいえば、性格は精神的自己として意識されるものに相当するだろう。質問紙法による性格の測定とは、意識された自己の内容に基づいた質問への回答から、回答者の性格を推定することに相当する。しかし、性格は常に意識されるとは限らない。例えば、自分自身で認識している自分の性格と、周囲の人々が認識する性格との間に違いが生じることは、多くの人が経験する。

1980年代にヒギンズは、実際に所有している自分の姿である現実自己、そうありたい自分自身の姿である理想自己、そうあるべき姿である義務自己のズレが適応に関わるという、**自己不一致理論**を提唱した。この理論によれば、理想自己と現実自己のズレは失望や不満を、義務自己と現実自己のズレは罪悪感を生じさせるという。

このような自己に関連する機能の個人差に注目すると、性格に類似した心理学的な個人差概念として扱うことができるようになる。例えば、理想自己と現実自己のズレの程度も、義務自己と現実自己のズレの程度も、個人によって異なる。自己概念間のズレが大きい人も小さい人も存在しており、感情や行動面、適応状態の差をもたらすことになる。

自己に対する肯定的な態度である**自尊心**は、自己に関連する概念の中でも、これまでに最も盛んに研究されてきたものの一つである。理想自己と現実自己のズレが小さいほど、自尊心が高くなることが知られている。自尊心は心理的な適応度の指標としても用いられることから、自尊心を高めるための教育的方策や臨床心理学的な介入方法等も盛んに研究されている。

その一方で、自尊心が高いことが必ずしも適応そのものを意味するわけではないという議論もなされている。グリーンワルドらによれば、自尊心の中には本人が自覚できる**顕在的自尊心**と、自覚することができない**潜在的自尊心**が存在するという。そして、顕在的自尊心が高い者の中には潜在的自尊心が高い安定した高自尊心者と、潜在的自尊心が低い防衛的な高自尊心者が存在するという議論がなされている。

高い自尊心をもつにもかかわらず，必ずしも適応的ではないという特徴をもつ代表的な性格傾向として，**自己愛**を挙げることができる。自己愛は一種の性格傾向であるが，自己概念や自己概念に対する評価，またその評価をいかに維持するかという様々な機能を含む概念である。

また，自己へ向ける注意の程度である**自己意識特性**にも，性格と同じように個人差が存在する。内面的な自己に注意を向ける私的自意識は，更に自己への脅威に基づく反すうと，自己への好奇心に基づく省察という要素に分けることができる。一方で，外面的な自己に注意を向ける公的自意識が強い者には，他者からの肯定的評価を求めようとする賞賛獲得欲求と，他者の否定的評価を回避しようとする拒否回避欲求という二つの欲求が生じる。

自己に注意を向け，内容を認識するだけでなく，それを他者に伝えることもある。これを**自己開示**と呼び，一般的には両親や同性の友人等が，自己開示の対象となりやすい。更に自己開示の個人差である**自己開示特性**は自尊心にも関連し，自己開示を行う者ほど自尊心が高い傾向にある。

自己を認識することは性格の把握に不可欠であり，自己に関連する機能の個人差も，性格に類する概念や性格そのものとして取り扱われる。このように，自己と性格は密接な関わりをもつ。

■ ■ ■

❶ ▶ 自己愛 (narcissism)

自己愛はもともとフロイトに代表される精神分析学において，精神病理を解釈するために導入された概念である。自己に対する誇大な感覚，すなわち自己を過度に肯定的に捉える傾向と，その感覚を維持しようとする欲求によって特徴づけられる。しかし近年の理論家の中には，自己愛を誇大型と過敏型に分けようとする者もいる。過敏型の自己愛とは，他者の反応に敏感で抑制的であり，批判されないように常に周囲に注意を向けるような特徴をもつ。誇大型も過敏型も，ともに自己に対する誇大な感覚を維持しようとする機能には，共通点があるとされる。

❷ ▶ 自己意識特性 (self-consciousness)

注意の焦点を自分自身に向ける状態を総じて，自己意識と呼ぶ。フェニグスタインらは，自己意識が高まりやすい個人差を意味する自己意識特性を測定するための尺度を開発した。自己意識は大きく私的自意識と公的自意識に分けることができる。私的自意識は，思考や概念，感情等，他者から直接観察されない自己の側面に注意が向かうことであり，自己理解を促す一方で精神的な疾患にも関連する。公的自意識は服装や髪型等，他者から観察される自己の側面に注意が向かうことであり，他者から影響されやすい傾向に関連する。

❸ ▶ 自己開示特性 (self-disclosure)

他者に対し，自分自身がどのような人間であるかという個人的な情報を言語で伝えることを自己開示という。自己開示を考える際には，自己開示の対象が誰であるのか，また開示される自己がどのような内容であるのかを考慮する必要がある。ジュラードらは，自己開示を行う傾向の個人差である，自己開示特性を測定する尺度を開発した。自己開示量が多いほど精神的に健康であることや，女性が男性よりも自己開示が多いこと，また女性の方が内面的な自己開示を行う傾向にあることなどが知られている。

❹ ▶ 自己概念 (self-concept)

自分自身がどのような人間であるか，どのような身体的特徴，性格，能力，感情，行動等をもっているかという信念全体のことである。また自分自身についてもつ信念

の内容のことを，自己像ということもある。1970年代にシェイベルソンは，全体的自己概念の下に下位の自己概念が位置する，自己概念の階層的モデルを提唱しており，1990年代以降マーシュらによって，自己概念の階層的モデルに統計的な裏づけを与える研究が行われている。

❺ ▶ 自尊心（self-esteem）

self-esteemの訳語として，自尊感情と共によく用いられる語である。ローゼンバーグは自尊心を，自己に対する肯定的又は否定的な態度であるとした。自尊心の高さは，自己に対する肯定的な態度の程度であるといえる。ただしその中には，他者との比較によって生じる「とても良い」という感覚と，自己を受け入れることによって生じる「十分に良い」という感覚が含まれる。一般に自尊心は，後者の感覚を指すとされる。

〔小塩真司〕

10-10 ▶ 性格の発達と成熟

性格は年齢を重ねても変わらないのだろうか，あるいは変化するのだろうか。性格研究のパイオニアであるオルポートは，成熟した性格の指標として，自己感の拡大，他者との温かい関係，情緒的安定と自己受容，現実的な認知，問題解決のスキル，自己客観化（洞察とユーモア），統一した人生観を挙げた。その後，主に1990年代以降になされた研究によって，性格の生涯にわたる**安定性と変化**の双方が明らかにされた。すなわち，性格は生涯を通じて安定した傾向をもつが，**成人期**に入ると自信や責任感，温かさや冷静さが増すなど，一定の成熟が認められる。

ロバーツらによる縦断研究は，性格が生涯にわたって安定しているばかりでなく，年を取るごとにその安定性を増すことを示している。一方，**5因子モデル**を扱った北米の大規模な横断研究によれば，誠実性と調和性が男女共30〜60代にかけて一貫して上昇する一方，開放性は男女共ゆるやかに下降し，情緒不安定性は女性のみ下降する（男性はもともと低く，変化しない）。外向性に関しては大きな変動は見られないものの，女性は若干下降し，男性は若干上昇する。同様の結果はドイツやイギリスの調査でも確認されており，また縦断研究においても類似した結果が見出されていることから，**性格の生涯発達**は概ねポジティブな方向において生じるといえるだろう。

こうした性格の成熟には，成人期の発達課題が関連している。どの発達段階よりも長いこの時期に，人は職業を定め，結婚をし，子どもを産み育て，職場や家庭や地域で様々な経験を積み，社会的影響力を行使する。その過程では自らの限界を感じ，**中年期危機**と呼ばれる体験をすることもある。これらの課題を乗り越えていくなかで，調和性や誠実性，情緒の安定性といった性格の諸側面の成熟が促されると考えられる。

しかし，成人期にどのような経験をするかには個人差もあり，なかには性格との相互作用によってもたらされるものもある。例えば，成人期初期に社会的に成熟している人は，そうでない人よりもその後の仕事や人間関係が安定しており，より長く健康的な人生を送る傾向がある。一方，成人期初期のポジティブな経験（仕事への満足感や安定した人間関係）は，情緒の安定性や誠実性の増加と結びついているのに対し，ネガティブな経験（職場での問題行動や薬物・アルコール乱用）は，調和性や情緒の安定性の減少と結びついている。これらの研究は，性格と経験の間には双方向的な関

前述した研究は量的データに基づくものであるが、近年では自己や人生についての語り（ナラティブやライフ・ストーリー）などの質的データに基づいて、性格の変化を捉える研究も盛んになってきている。1980年代からこの分野をリードしてきたマクアダムスは、性格は複数のレベルで捉えうるとし、その一つにライフ・ストーリーもしくはナラティブ・アイデンティティを置いた。アメリカ人成人を対象としたインタビュー研究からは、悪い出来事があってもそれにポジティブな意味を見出すことのできる人は、高い次世代育成性や主観的幸福感を併せもつことが示されている。ほかにも、困難な人生体験を精緻に語ることのできる成人には、性格の成熟が認められるなど、語りを通して経験を意味づけるプロセスが、洞察や知恵、成熟をもたらすことを示した研究は少なくない。人生における転機となる出来事、とりわけ困難な出来事に出会った時、人はライフ・ストーリーを語り直すことによって新たな事態への適応を図り、その過程において性格が発達するのであろう。

個人の語るライフ・ストーリーは、それぞれの体験や考えを反映した個人特有のものである一方、聞き手に、広くは社会に対して受け入れられる形で語られる。後者の側面は二つの点で重要な意味をもつ。一つは、語る相手と語る場の存在、すなわち文脈が語りの質を左右するということである。もう一つは、語られる物語の形式や順序、内容には文化固有の傾向（**文化的スクリプト**）があるということである。ライフ・ストーリーは、個人が生み出すというよりは、所属する文化圏で流布している種々の物語の影響を受けつつ、社会的に構築されるものといえるだろう。

■　■　■

❶▶ 安定性と変化 (continuity and change)

ライフコースにおける性格の安定性と変化を見る指標として、順位の一貫性（rank-order consistency）や平均レベルの変化（mean-level change）が用いられる。順位の一貫性は、ある性格特性において、個人が集団内に占める相対的な位置が、時を経て安定しているかどうかを相関係数によって表す。平均レベルの変化は、性格特性の集団平均が、時間や年齢によって変化するかどうかを見るものである。

❷▶ 次世代育成性 (generativity)

エリクソンがライフサイクル論で提唱した成人期（中年期）の発達課題。世代性や生殖性ともいう。子育てや教育、後進の指導等を通して直接次世代を育成したり、次世代の幸福を目的として、ボランティアや政治、芸術等何らかの生産的な活動に携わることを指す。その過程では、不妊や子育ての悩み、若い世代との葛藤、仕事上の行き詰まりなど、様々な停滞（stagnation）を経験する。

❸▶ 中年期危機 (midlife crisis)

中年期に入ると、体力の衰えや仕事上の限界、家庭での役割変化、病や老いへの不安等、自己の有限性を意識する機会が増え、アイデンティティの危機を迎える。例えば、子育てに専念してきた女性は、子どもが進学や就職、結婚等で巣立つと、親役割を喪失し、虚しさや寂しさ、抑うつや無気力に陥ることがある（空の巣症候群）。男女共、これまでの人生を振り返り、将来に向けて軌道修正をすることで、アイデンティティの再体制化が図られる。

❹▶ ナラティブ (narrative)

言語によって語る行為と語られたものを指す。ブルーナーによれば、人の認識モードには論理・科学（パラダイム）モードと

物語（ナラティブ）モードがあり，前者は因果関係や真実を探求する上で，後者は自他の行為や人生の意味を理解する上で，それぞれ重要な役割を果たしているという。1990年代以降，心理学や社会学，保育・教育学，医療や看護，福祉等，人の支援に関わる領域においてよく取り上げられている。

❺ ▶ 文化的スクリプト (cultural script)

一つの文化圏には，出来事や人生について何をどのように語るかについての暗黙のルールがあり，それらはしばしば既存の文化的テキストの影響を受けている。ブラマーによれば，西欧近代小説に含まれる5大要素（安住の地の確保等）は，米英の同性愛者や性犯罪被害者の語りの中にも見られるという。マクアダムスも，ピューリタン神話やアメリカ文学に見られるテーマやプロットが，アメリカの次世代育成性の高い成人の語りに見られることを示している。

❻ ▶ ライフ・ストーリー (life story)

インタビューや日記，伝記等を通して，特定の人物の人生や生活について述べたもの。時間軸に沿って，様々な出来事が意味を成すように選ばれ，結びつけられ，語られる。多くの場合，語り手は自分自身であるが，他者（伝記作家等）によって語られる場合もある。前者の場合，語りを通して自らのアイデンティティが構築されることから，ナラティブ・アイデンティティと呼ばれることもある。

〔向田久美子〕

臨床

〔総説〕

臨床心理学は，起源の異なる様々な活動が寄り集まって形成された。そのため，当初は，心理療法の学派の集合体という意味合いが強かった。しかし，近年に至り，統合の段階に入ってきている。臨床心理学の統合に向けての動きが促進された背景には，臨床心理学が社会的な専門活動として期待されるようになり，統一された学問としての説明責任を求められるようになったことがある。

臨床心理学の活動が統合的な学問として最初に社会的に認められたのは，第二次世界大戦後のアメリカにおいて，多数の帰還兵に生じた戦争神経症（外傷後ストレス障害：PTSD）への対応のために臨床心理学の専門職が必要となったからである。そのための法制度，教育・訓練システム，倫理等が整えられ，臨床心理学の活動が正式な専門活動として社会制度の中で機能するようになった。

【臨床心理学の定義】

アメリカ心理学会（APA）では，臨床心理学を「科学，理論，実践を統合して，人間行動の適応調整や人格的成長を促進し，更には不適応，障害，苦悩の成り立ちを研究し，問題を予測し，そして問題を軽減，解消することを目指す学問である」と，包括的に定義している。つまり，臨床心理学の特徴として，人間行動がどのように維持発展するかについての科学的探求に関わること，及び人間の苦悩を生み出す状況を改善し，問題を解決していく専門的援助実践に関わることが挙げられる。

このようにアメリカでは，臨床心理学が科学的探求と専門的援助実践を二つの大きな柱とする学問であることが重視され，科学者であることと実践者であることの両者を兼ね備える科学者-実践者モデルが臨床心理学教育の基本モデルになっている。

【臨床心理学の構造】

臨床心理学の歴史の浅い日本では，いまだに心理療法やカウンセリングの学派の理論に基づいて臨床心理学を考える傾向が強く残っている。しかし，臨床心理学が社会の要請に応えていくためには，学派の枠組みを超えて統合的な学問として，科学者-実践者モデルに基づいて発展していくことが重要な課題となっている。

臨床心理学を統合的構造として考えるならば，まず基本には現実に介入していく実践活動（practice）がある。実践活動は，アセスメントと介入から構成されている。

しかし，臨床心理学が発展するためには，実践活動だけでは，十分ではない。アメリカ心理学会が指摘するように，科学的な研究活動（research）も重要である。特に，社会に対して臨床心理学の実践活動の有効性を実証的に示していくためには，研究活動の発展は必須である。

更に，臨床心理学が実証性を重視するエビデンスベイスト・アプローチに基づく公的な学問としての体系をもち，社会的な責任を果たす制度を備えていることを説明するために専門活動（profession）も発展させていかなければならない。専門活動では，専門組織，教育と訓練，研究成果の公表，規約と法律，倫理等の制度を整備することがテーマとなる。

実践活動によって臨床的専門性を，研究活動によって学問的専門性を，専門活動に

11-00 臨床〔総説〕

よって社会的専門性をもたらすことで，臨床心理学の専門性を確立するとともに，社会的な専門職としての位置づけを得ることが可能となる。

【本領域（臨床）の構成】

本領域は，内容的に三つに大別し，臨床心理学の全体から部分にテーマを絞って解説をしていく形式とした。読者が読み進めるにしたがってより細部の詳しい情報を学べるように，項目を配置した。

全体構成の概略を述べるならば，最初の3項目で臨床心理学の全体を概説し，次の3項目で実践活動の中心となるアセスメントと心理療法及びカウンセリングを概説した。残る10項目で個々の心理療法について解説した。なお，最後の1項目は，臨床心理学の実践で知っておくべき知識となっている薬物療法を解説するものとした。

以下，本領域の構成の具体的内容を説明する。最初の3項目では，実践活動，研究活動，専門活動から構成される，臨床心理学の全体構造を学ぶための項目を配置した。臨床心理学の実践活動は，当初は心理療法の各学派の集合体であったが，次第に統一性をもった活動に発展してきている。そこで，実践活動の全貌を明らかにするためには，その発展史を知る必要があるので，最初に「臨床心理学の歴史」（11-01）を示した。次に研究活動の概要を学ぶために「臨床心理学研究法」（11-02），そして専門活動の要点を学ぶために「臨床心理学の倫理」（11-03）を示した。

次の3項目では，実践活動の概要を学ぶための項目を配置した。実践活動を行うためには，まず"問題は何か"を明らかにするアセスメントを実施する。アセスメントでは，面接法だけでなく，観察法や検査法を用いて問題に関するデータを収集する。そして得られたデータを分析することで，問題の成り立ちについての臨床的見解（見立て，すなわちケース・フォーミュレーション）を，仮説としてまとめる。次に，その臨床的見解に基づき，心理療法，カウンセリング，更にはコミュニティ心理学の手法等を用いて介入を行い，問題解決を目指す。

そこで，まず「アセスメント」（11-04）を解説し，次に「心理療法の歴史・発展・統合」（11-05）及び「カウンセリング」（11-06）を概説した。特に心理療法は，統合に向けて歴史的に発展してきた経緯があるので，発展史を記述解説する形式とした。カウンセリングは，様々な領域で発展してきているので，その多様な形態を紹介することに重点を置いた。

その後の10項目では，心理療法の様々なモデルを比較的詳しく解説する。最初に，主に個人を介入対象とする心理療法各種を解説する。次に集団，組織，地域等の社会システムを対象とする介入法を解説し，最後にその他の心理療法を紹介する。

心理療法のモデルとして，まず日本の臨床心理学において発展初期の段階で導入された心理療法である「クライエント中心法」（11-07）「精神分析療法」（11-08）「分析心理学」（11-09）を解説した。次に，現代臨床心理学の中心となっている「行動療法」（11-10）「認知療法」（11-11）を解説し，それらが統合された経緯を含めて「認知行動療法」（11-12）を解説した。そして，社会システムに介入する「家族療法」（11-13）「コミュニティ心理学」（11-14）を解説した。最後に，上述の方法に漏れた「その他の心理療法」（11-15）及び「日本の心理療法」（11-16）を解説した上で，参照項目という意味を込めて「薬物療法」（11-17）の紹介を行った。

〔下山晴彦〕

11-01 ▶ 臨床心理学の歴史

　臨床心理学（clinical psychology）は、心理的問題のアセスメントや介入に関する様々な活動が集まって形成された学問である。1896年にペンシルバニア大学のウィットマーが最初に「臨床心理学」という名称を用いたことが、**臨床心理学の誕生**といわれる。しかし、ウィットマーは、様々な活動を統合する枠組みを示す概念として「臨床心理学」という名称を用いたわけではなかった。

　臨床心理学が名実ともに統一的な学問となったのは、第二次世界大戦後のアメリカにおいてであった。多数の帰還兵に生じた戦争神経症への対応のために、治療のできる心理士が必要となった結果、**ボルダー会議**が開かれ、臨床心理学の活動が社会制度の中に位置づけられ、法制度、教育訓練システム、倫理等が整えられて資格制度が確立した。

　それを契機として、英米圏の国々を中心に統一的な**専門活動**として臨床心理学が発展した。専門活動として機能するためには、臨床心理学が公的な学問として統一的な体系を備えており、しかも有効な実践活動を提供できることを社会に実証的に示す説明責任を果たさなければならないからである。**イギリスの臨床心理学**も1990年代に**専門職化**が進んだ。それに対して日本では、いまだに心理療法やカウンセリングの学派の集合体として臨床心理学を捉えているために、統合的な学問となっており、今後の発展が期待される。

　ウィットマーが臨床心理学という名称を用いたのと同じ頃、フロイトは、フランスの精神病理学者シャルコーの催眠術研究に影響を受け、1900年に『夢判断』を著して無意識の心理学を発展させた。臨床心理学の発展には、この精神分析学の発展が大きく関わってきた。1909年にフロイトは、アメリカの心理学者ホールに招かれてクラーク大学で講演をしている。その後、精神分析学は、アメリカの臨床心理学に取り入れられ、投影法の開発にもつながり、アセスメントの領域にも大きな影響を与えた。

　精神分析学の影響力に対して、臨床心理学は精神分析学からの影響を排して客観性や科学性に重点を置くべきだと主張したのが、行動療法であった。1920年にワトソンは、ロシアのパヴロフが見出したレスポンデント条件づけの原理を行動異常に適用した例を報告し、これが行動療法の起源となった。1950年代初期に、オペラント条件づけの原理を適用して精神病者の行動変容を目指していたスキナーによって行動療法の定義がなされ、それが発展の契機となった。

　また、1940年代にロジャーズのクライエント中心療法が新たな介入法として注目された。1940～1970年代の終わりまでに家族療法、コミュニティ心理学、認知療法等、様々な介入方法が提案された。更に、1980年代に入ると、アメリカの精神障害診断分類の第3版であるDSM Ⅲが登場し、治療の有効性について証拠（エビデンス）に基づく実証的議論が必要との認識が高まった。それに関連して新たなアセスメントの方法が提案されて、アセスメント領域での発展が活発化した。その結果、1990年代には認知行動療法を中心として生物-心理-社会モデルによる臨床心理学の統合が進行した。

　このように実践活動の理論モデルの広がりとともに、心理療法の有効性を検証する研究活動も発展した。アイゼンクは、多数の文献をレビューして発表した1952年の

11-01 臨床心理学の歴史

論文で，心理療法による神経症の回復率（精神分析で45%，他の心理療法で64%）は自然治癒率（72%）を下回るとして，心理療法の効果に疑問を呈し，心理療法の効果に関する論争が起きた。これが契機となり，エビデンスベイスト・アプローチが発展することになった。

1970年代後半には，スミスらによって，多数の効果研究の結果を統合し，介入群と統制群の差異を標準化して効果サイズとして示す統計的手法として，メタ分析が提唱された。このような**エビデンスベイスト・アプローチ**の導入によって，心理療法の学派の対立を超えて，「どのような問題（症状）には，どのような介入法が有効か」という基準によって臨床心理学の再構築がなされた。

効果研究の結果，多くの精神症状や心理的問題に対して認知行動療法の有効性が確認された。1980年代以降，英米圏の国々では認知行動療法を軸として心理療法の序列化がなされ，臨床心理学の統合と体系化が進んだ。このように臨床心理研究の歴史が，臨床心理学の再構築と統合を進める原動力となった。

【臨床心理研究の歴史】

臨床心理学研究の歴史には三つの系譜がある。第一は，心理学そのものの起源ともなっている**実験法**の系譜である。これは，パヴロフの古典的条件づけの原理を行動異常の形成に適用したワトソンらの実験研究を起源とする。その後，オペラント条件づけやモデリング等が加わり，更に近年では認知心理学等の成果も加え，認知学習の原理を臨床に適用することによって，認知行動療法の技法を開発する研究として発展してきている。また，近年では介入技法の効果を実験的に評価する一事例実験法等の効果研究としても発展してきている。

第二は，キャッテルやビネの個人差の測定研究を起源とする**調査法**の系譜である。相関法の開発と，その適用としての知能検査や人格検査（特に質問紙法）の開発を中心として発展してきた。最近では認知心理学の成果を取り入れ，認知の偏りを測定するアセスメント技法や，神経心理学の成果を取り入れた検査法の開発等，新たな発展を遂げつつある。

第三は，フロイトの治療実践に基づく臨床研究を起源とする**臨床法**の系譜である。個別の事例に対する臨床実践を具体的に記述し，精神分析やクライエント中心療法といった心理療法の理論モデルを提案する事例研究として発展した。現在では，質的研究法の発展によって，会話分析，ナラティブ研究，ライフヒストリー研究，フィールドワークといった方法論との関連で，新たな展開を見せつつある。

【日本の臨床心理学】

日本には，井上円了の心理療法，森田正馬の森田療法，吉本伊信の内観療法といった，日本の風土に根ざした心理療法が存在する。しかし，日本の臨床心理学は，基本的には欧米からの移入によって成立し，発展した。第二次世界大戦の敗戦後，カウンセリングが導入され，アメリカの臨床心理学の専門職化をモデルとして，臨床心理技術者の国家資格化が目指された。1964年には日本臨床心理学会が発足して資格化を議論したが，学会員から資格認定の反対論が出て学会は事実上解体に追い込まれた。その後，精神分析学やユング心理学等の深層心理学を基本とする日本心理臨床学会が1982年に成立した。1988年に日本臨床心理士資格認定協会が発足し，臨床心理士の認定を始めた。1990年代には学校におけるいじめ問題の深刻化に伴って，学校場面にスクールカウンセラーを置く動きが起こり，その主な担い手として臨床心理士が採用され，2001年から全国の全ての公立中学校へのスクールカウンセラーが導入されることになった。

❶ ▶ イギリスの臨床心理学の専門職化 (professionalization of clinical psychology in UK)

イギリスでは，1995年にイギリス心理学会によって認定された心理職がNHS（国民保健サービス）に採用され，広く国民のメンタルヘルスを担う専門職として活動している。

❷ ▶ 専門活動 (profession)

臨床心理学が社会活動として認められるために必須となるのが専門活動である。専門活動としては，教育訓練プログラム，倫理，規約と法律，運営組織を形成することが課題となる。専門活動が充実することで，臨床心理学の活動を社会システムの中に位置づけることが可能となり，臨床心理学を実践する専門職を社会的資格として制度化する条件が整うことになる。

❸ ▶ ボルダー会議 (Boulder Meeting)

1945年には心理学に関する最初の法律がコネチカット州で制定され，1946年には退役軍人会と国立精神保健研究所が，臨床心理学の教育訓練プログラム確立のための助成金を出した。1949年にはアメリカ心理学会が中心となって，コロラド州ボルダーで大学院の教育訓練プログラムに関する会議を開催し，そこで科学者-実践者モデルの採用を決定した。これは，心理学の博士号（Ph.D）と1年間のインターンを，臨床心理士の資格取得の前提条件とするものであった。1953年にはアメリカ心理学会は，倫理基準を設定した。このように第二次世界大戦の終了から10年の間にアメリカでは，臨床心理学を専門活動として社会制度の中に組み入れる基本的枠組みを確立し，臨床心理学が専門活動として発展する基礎を確立した。

❹ ▶ 臨床心理学の誕生 (birth of clinical psychology)

ウィットマーは，1896年にペンシルバニア大学に心理クリニックを開設するとともに，アメリカ心理学会（APA）の年次総会で初めて"臨床心理学"という語を用いた講演を行った。ウィットマーの心理クリニックは，実験心理学や差異心理学で得られた"心"に関する科学的知見を，知的障害や学習困難な児童の診断と矯正教育に応用するものであった。

〔下山晴彦〕

11-02 ▶ 臨床心理学研究法

臨床心理学においては，実践と研究は密接に結びついている。例えば，効果研究の結果を参照しながらその時点で最も効果の期待される介入法を選んだり，実践の中から研究課題を見出すといったことである。研究論文として発表することを目的としない場合も，クライエントの状態に関する見立てをし，介入を行い，結果をアセスメントしながら介入法を修正するという実践の過程は，仮説の設定-データの収集-仮説の修正という研究の過程と同じものである。

実践と研究の関連の深さを示す概念として，歴史的には，**科学者-実践者モデル**が有名である。より新しい概念として，**エビデンスベイスト・アプローチ**がある。これは，実践と研究の双方において実証的なデータを重視することである。

臨床心理学研究の代表的なものの一つは，**効果研究**である。専門家は，**ランダム化比較試験（RCT）**等の結果を参照しながら実践をすることができる。これが可能になるためには，効果研究が積極的になされることと同時に，その成果を適切に集約・

配信することが必要になる。例えば，多数の研究を概観したレビュー論文が活躍する。特に，**メタ分析**は多数の効果研究の結果を数量的に集約することができる。このように，多数例を対象とした研究は多くの知見をもたらす。一方で，臨床心理学の対象はあくまで個々の事例であるため，**事例研究**と多数例の研究は車の両輪である。**一事例実験デザイン**は，実験計画法の発想に立った事例研究である。

RCTも一事例実験デザインも実験計画法の一種であるため，介入法の効果を明確化するためにそれ以外の要因は統制する。しかし，現実の臨床実践は社会的文脈に埋め込まれている。例えば，一定の政策のもとで予算の配分を受け，組織や社会の中で介入を行うといった場合がある（例えばスクールカウンセラー制度）。このような政策のレベルや経済的影響等も含めた，よりマクロな視点での**プログラム評価研究**も重要となる。この場合は，関わる主体が多くなるために統制が難しくなる。しかし，これは多くの専門家・非専門家の共同で援助が行われるという現実の反映である。例えば，法的な要請や対象者の要望のために，介入を行わない統制群に対象者を割り当てることができない場合もある。臨床心理学には，社会の現実という制約の中で効果を挙げると同時に，社会に対する提言も積極的に行うことが求められる。

エビデンスベイスト・アプローチで強調される「実証性」という概念の源流は，**論理実証主義**に求められることが多い。しかし，20世紀を通じて，経験的なデータも理論に影響されるという考え方が一般的になった。クーンは，特定の科学者集団に共有される認識の枠組み（パラダイム）があり，それが転換することで科学が発展すると考えた（科学革命）。更に，ファイヤアーベントは，データも理論に染まったものであると唱え，科学の歴史は，多様な理論（伝統的な文化や信仰も含む）のせめぎ合いであるという相対主義を展開した。

これは**社会構成主義**にも通じる思想である。ガーゲンは，社会構成主義は，研究も含めた，あらゆる人間の活動が文化や価値観等に根差したものであると考える。研究の目的としては，普遍性よりも実践性を重視する。例えば，行動を変化させるには，因果関係を明確にするよりは，相互の対話の中から何が生まれるかを考える方が有益である。また，社会的な正義を実現するには，経済・政治等，多様なシステムの相互作用の中で人を捉えることが重要である。社会構成主義の立場から見ると，事例研究の在り方も変わってくる。一事例実験デザインが実験計画法の発想に基づいたものであるのに対して，社会構成主義の立場からは**ナラティブ・アプローチ**が登場した。人々の語り（ナラティブ）に内側から耳を傾けることで，対象者への温かいまなざしが生まれる。ただし，ハイエクは，社会，文化，歴史といった「全体」は直接観察できるものではないため，あくまで理論的に構成された概念と考えるべきであり，それが観察可能な個人の行動の基盤にあると考えるのは逆転である，としている。

■　■　■

❶▶一事例実験デザイン (single-case design)

多くの場合，実験法では複数の対象者のデータを合計（平均）する。しかし，対象者が1名であっても，独立変数（介入）を系統的に操作して，従属変数（症状）の変化を検討することができる。介入を行わずに観察だけを行うベースラインに続いて介入を行い，症状が変化するかどうかを見るABデザイン，介入後に再び観察期間を設けるABAデザインもある。Bの期間に自

然な変動とは考えられない（Aの期間には見られないような）症状の低下が見られたら、介入の効果である可能性が高い。

❷ ▶ エビデンスベイスト・アプローチ (evidence-based approach)

本項については、11-11-❶「エビデンスベイスト・アプローチ」を参照のこと。

❸ ▶ 科学者−実践者モデル (scientist-practitioner model)

1949年にコロラド州ボルダーで行われた会議で採択された、臨床心理学の大学院教育に関するモデル。専門家が科学的な研究と臨床実践を両立させること、更にその両者を統合することを重視する。このモデルは半世紀以上にわたって、アメリカの多くの大学院の教育プログラムで、目標として掲げられている。しかし、現状では理念にとどまっているという批判もあり、専門家が効果研究に積極的に関わること、信頼性・妥当性が示されたアセスメントを用いること、などの形で具体化していくことが求められている。

❹ ▶ 実験計画法 (experimental design)

一事例実験デザインやランダム化比較試験を広く包摂する概念である。関心のある変数（要因）の効果を明確に見出し、逆に無関連な要因の影響（ノイズ）が極力少なくなるように条件を統制することを重視する。更に、そのように得られたデータを解析する分散分析等の統計手法も含む。

❺ ▶ 社会構成主義 (social constructionism)

研究という活動も含めて、あらゆる人間の活動が文化や価値観等に根差したものであると考える。研究の目的としては、普遍性よりも実践性を重視する。

❻ ▶ 事例研究 (case study)

病院や相談所等の機関内で行われる検討会も、事例研究と呼ばれることがある。研究論文としての事例研究では、理論的な背景から導出された仮説を検証したり、逆に、臨床的観察から理論モデルを構成するといったことが求められる。一事例のみで論文化する場合もあるが、複数の事例についてデータを平均することなく提示する、事例シリーズという方法もある。事例シリーズは、個々の事例の特異性と共通性の双方を示すことができる（データを平均すると特異性は見えにくくなる）。

❼ ▶ ナラティブ・アプローチ (narrative approach)

社会構成主義に基づいて、研究に参加してくれる人々との関係を重視しながら、その語りの中から意味を見出そうとするアプローチである。研究者に対して語ること自体が研究参加者にとっても満足感をもたらす場合もあることが知られており、データ収集の方法にとどまらず、実践的な志向性の強い研究といえる。

❽ ▶ メタ分析 (meta-analysis)

ある介入法に関する複数の効果研究について、介入群と統制群との症状等の平均値の差異を標準化して効果サイズ（effect size）を算出し、それを集約する方法である。医学文献の検索エンジンであるPubMedでは、メタ分析を行った論文のみを表示させることも可能である。

❾ ▶ ランダム化比較試験 (RCT: Randomized Controlled Trial)

ある介入を行う群と対照群とにランダムに対象者を割り付けて、介入後の違いを検討する。対照群は介入を行わない群である場合もあれば、既存の介入と比較することもある。介入法以外の条件は統制する。例えば、介入法Aは大学病院で、介入法Bは学生相談所で行うといった差異は最小にする。ランダムな割り付けをすることで、特定の介入法を研究参加者自身が選択（希望）したことに由来する動機づけの違いなどの影響も出にくくなる。これによって、効果の違いは介入法によるという確信（内的妥当性）が高まる。

⑩ ▶ 論理実証主義 (logical positivism)

20世紀初頭にウィーンに集まった哲学者・科学者の集団（ウィーン学団）の提唱した，形而上学を排除し，経験によって検証可能な命題のみが考察に値すると考える思潮。

〔杉浦義典〕

11-03 ▶ 臨床心理学の倫理

臨床心理学は，科学者-実践者モデルがその教育の基本モデルになっているように，人間行動の維持発展に関わる科学的探究，すなわち研究活動と，現実に悩み苦しんでいる人々の問題状況の改善に関わる専門的援助実践，すなわち実践活動からなる。したがって，臨床心理学の倫理（ethics of clinical psychology）の大きな特徴として，実践と研究双方の，幅広い問題領域が含まれることが挙げられる。

臨床心理学に携わる者は，自身の活動が対象者（実践活動における来談者，研究活動における研究協力者，教育・訓練における学生・訓練生，スーパービジョンにおけるスーパーバイジー等）やその関係者，ひいては社会全体に多大な影響を及ぼしうる責任を自覚し，**専門職としての倫理**，すなわち職業倫理を遵守することが義務づけられている。**職業倫理**（professional ethics：**専門職倫理**とも訳される）とは，ある専門職集団が，その成員の行動の善悪を判断する基準として自らに課す行動規範である。職業倫理をもつことは，構成員が行う活動の一定の水準を自律的に保つ，社会に対して専門活動の質を保証するという二つの意味があり，それによってその職業集団は専門職として承認される。心理専門職だけでなく，医師，看護師等の医療専門職，弁護士，企業，近年では技術者も，職業倫理をもつ専門職として考えられるようになっている。

職業倫理は倫理理論に裏づけされた応用倫理の一つであるが，規範の内容は職業によって異なり，その職業の目標（goal）と職務内容から導かれる倫理原則をもとに，具体的な**倫理綱領**やガイドラインを制定する。人間に関する最古の倫理綱領としては，紀元前400年頃に古代ギリシャで書かれた「ヒポクラテスの誓い」があるが，心理専門職は職業としては比較的新しく，職業倫理に関する議論が行われるようになったのは，1950年代のアメリカが最初である。日本では若干遅れて1980年代から倫理に関する議論や意識調査が行われ，1990年代後半から，多くの臨床心理学系学会，職能団体で倫理規程，倫理綱領が制定されるようになっている。

こうした倫理綱領に共通して掲げられる**心理専門職の倫理原則**には，次のようなものがある。専門家としての責任を自覚し，対象者の基本的人権を守り，相手を傷つけるような行いをしない。**秘密保持**，すなわち対象者やその関係者の個人的な情報は，定められた特別の場合を除いて相手の承諾なしに漏らしてはならない。**多重関係**は可能な限り回避し，対象者を個人的利益や欲求のために利用しない。対象者の自律性と自己決定権を尊重し，**インフォームド・コンセント**を得る。専門的資質を維持，向上させるよう研鑽に努め，十分な訓練を受けた行動の範囲内で業務を行う。公平性と公正さを保ち，業務の過程において不正行為を行わない。

個々の専門家は，これらの倫理原則と所属する団体の倫理綱領を指針として，日々の実践及び研究活動に従事する。しかし，複雑で可変性に富み，対象者や関係者，協

働する援助者など，多くの人々の思いが絡み合う現実場面では，時には倫理綱領の文言に単純に従うだけでは適切に対処できない**倫理的ジレンマ**が起こり，専門家たちを悩ませることになる。また，倫理的問題は，臨床心理学の学問としての発展や心理専門職を取り巻く社会情勢によって変化するため，既存の倫理綱領では対応できない事態も生じうる。そのような状況での判断の助けとして，より具体的で拘束力のゆるやかなガイドラインが作成されたり，専門家のための意思決定プロセスのモデルが示されている。とはいえ，最終的な行動の決定と責任は個々の専門家に任されており，各々が日頃から職業倫理に対する感受性を高め，倫理綱領や各種のガイドラインに精通し，より高次の倫理原則や，専門職が職業倫理をもつことの意味を本質的に理解することが求められる。

■　■　■

❶▶ インフォームド・コンセント (informed consent)

「説明に基づく合意」を意味する。主に医療の領域で患者の権利として発展してきた概念だが，臨床心理業務においても重要とされる。面接や心理検査，研究等の業務を始める際は，その目的や時間，料金システム，心理専門職の技法や資格について十分な説明を行い，対象者の自己決定のもとに契約を行う。また，インフォームド・コンセントは1回の出来事ではなく，心理援助の開始から終結に至るまで，必要に応じて確認と変更がなされるものであり，心理専門職と対象者が対話と意思決定の共同作業を積み重ね，信頼関係を構築していくプロセスでもある。

❷▶ 専門職 (professional)

ある特定の分野における高い専門知識や技能をもつ職業を指す。学問に裏打ちされた高度の専門性，その職業に就くためには一定以上の訓練期間と審査を必要とすること，倫理綱領があること，それゆえ業務遂行上の自律性が承認されていることを特徴とする。専門職には個人の利益追求ではなく，社会全体の利益を守り，向上させることも求められており，そのような意味でも一般の職種よりも重い倫理的義務を課される。

❸▶ 多重関係 (multiple relationship)

二重関係 (dual relationship) ともいわれ，対象者と専門的契約関係以外の関係をもつことを指す。対象者と個人的に交友関係をもつ，商取引や勧誘を行うといったことは，対象者への「搾取」になる場合があり，介入や心理援助に悪影響を及ぼすことがあるため，避けるのが望ましいというのが，心理専門職にとって重要な倫理原則の一つである。特に，対象者と性愛的関係をもつことは，対象者にしばしば精神医学的な問題を引き起こすことが知られており，禁じられている。ただし，例えば援助資源の少ない地域のように，多重関係を避けることが難しいケースもあり，その場合はメリット・デメリットの十分な吟味と説明の上で，対象者の意思が尊重される。

❹▶ 秘密保持 (confidentiality)

心理専門職にとって重要な倫理原則の一つであり，業務上知り得た対象者や関係者の個人情報，相談内容は，自他に危害を加える恐れがある場合又は法による定めがある場合を除き，対象者の同意なしに開示してはならないというものである。対象者と信頼関係を築く上で不可欠な原則であると同時に，前記のように「限定つき秘密保持 (qualified confidentiality)」でもあり，倫理的ジレンマを生じやすい代表的な職業倫理的問題の一つでもある。しばしば問題と

なるのが,自傷他害や虐待のように,誰かの身体に深刻な害が生じる可能性が推測されるケース等だが,個々の状況に応じて慎重なリスク・アセスメントと,情報を伝えるべき相手の的確な見極めが必要とされる。

❺ ▶ 倫理綱領 (code of ethics)

専門職集団が自ら定め明文化した行動規範であり,その構成員の責任や,しなければならない,あるいはしてはならない行動が含まれている。集団に所属する以上,これを遵守することが義務づけられ,違反した場合は定められた罰則が科されることもある。日本でも,臨床心理学に携わる多くの学会,職能団体において,それぞれ倫理綱領が定められている。心理専門職に限らず,弁護士,医師,看護師,企業や技術者等,高度な専門性と対象者や社会への大きな影響力をもつ職業は,倫理綱領をもつことを必要とされるが,その内容は職業によって異なる。

❻ ▶ 倫理的ジレンマ (ethical dilemma)

倫理的な行動を選択することに,困難を生じる場合のことを指す。一つの行為について,ある原則から倫理的であるという根拠と別の原則から倫理的でないという根拠とがあり,どちらの根拠がより説得力があるか決めがたいという場合や,倫理的に正しいと思われる行動が複数あり,どれが最善であるかを判断できないという場合がある。倫理的問題の多くは,こういった白黒のはっきりしない複雑な状況であり,心理専門職は個々の事例に応じて,状況の吟味,倫理綱領の参照,複数の選択肢の案出と結果の予想,コンサルテーション等のプロセスを経て,より倫理的な行動を選択することが望まれる。

〔慶野遥香〕

11-04 ▶ アセスメント

臨床心理学的援助を必要とする事例について,その人格,状況,規定因に関する情報を系統的に収集し,分析し,その結果を総合して事例への介入方針を決定するための作業仮説を生成する過程。

アセスメントの目的は第一に,クライエントを全体として理解する上で役立つ視点を提供することである。第二に,問題を引き起こし,更に維持させる要因を分析することである。第三に,その後の介入を適切なものにするための基盤を提供し,**行動分析**,**ケース・フォーミュレーション**につなげることである。

通常,初回を含む序盤の面接がアセスメントに充てられる。アセスメントにおける情報収集の方法には,面接法,観察法,検査法がある。**初回面接**では面接法により,クライエントの主訴,来談の契機,来談経路が聴き取られる。更に必要に応じて,検査法や観察法を用いて情報の収集と分析が進められる。問題を明確化すること,その後の方針の検討を行うことはもちろんであるが,同時にクライエントとの協働関係の形成が必須である。アセスメントの段階で協働関係を築けるか,クライエントの問題の理解が深まるかは,その後の面接の成否に大きな影響を与える。その点において,アセスメントの過程は重要な意味をもつ。

【面接法】

言語的・音声的なコミュニケーションを通じて,対象者から情報を収集する方法。構造化された質問をすることで情報収集を効率的に行うことに重点が置かれる**調査面接法**と,情報収集しつつも共感的に傾聴する態度に重点が置かれる**臨床面接法**がある。一対一で行われる個人面接,親子同席で行われる母(父)子面接,夫婦同席で行

われる夫婦面接，家族一堂に会して行われる家族面接等，様々な形態がある。また，親面接と子面接を別々に実施することを母（父）子並行面接と呼ぶ。

【観察法】

クライエントの行動観察を通じて，情報を収集する方法。日常場面を観察する**自然観察法**には，自然な状態が把握できる利点がある。しかし諸々の制約から実施は難しく，家族による日常場面の観察で代用される。実際の臨床場面では，クライエントに関わりながら援助者が観察を行うことになる。これをサリヴァンは文化人類学の手法になぞらえ重視し，**参与観察**の概念を提唱した。観察法は，多くの情報から必要な部分を抽出するのに労力がかかり，観察者の経験と力量に依拠する面が多い。しかし，子どもや高齢者等，言語的コミュニケーションに制約のある対象者にも適用できるという利点がある。

【検査法】

構造化された課題を対象者に課し，遂行成績・内容を分析し，情報を得る方法。**知能検査**，神経心理学的検査，性格検査，発達検査等がある。知能検査は知能の測定を目的とし，ウェクスラー式知能検査が代表的である。神経心理学的検査は認知機能を測定するための検査で，認知障害のアセスメントに用いられる。発達検査は子どもの発達度合いの測定を目的とする検査である。性格検査は個人の性格を測定するが，下位分類として作業検査法，**投影法**，質問紙法がある。**作業検査法**は作業遂行のパターンから性格を分析するもので，内田クレペリン検査等がある。**質問紙法**は構造化された一群の質問への回答を集計して性格傾向を分析する。YG性格検査，MMPI，エゴグラム等がある。投影法は刺激に対する反応に投影された対象者の性格を分析する方法で，代表的な投影法検査としては，ロールシャッハ・テスト，TAT（主題統覚検査），SCT（文章完成法），バウム・テスト（**描画法**の一種）等がある。

アセスメントは認知行動療法の中核的作業であり，抽象的な理論とクライエントの具体的経験とをつなぐように機能する。問題の構造について認識を共有するため，クライエントとセラピストとが協働的に行う。両者が十分に納得し合意できるケース・フォーミュレーションを実行するためには，精確なアセスメントが必要とされる。

■　　■　　■

❶ ▶ ウェクスラー式知能検査 (Wechsler Intelligence Scale)

アメリカの心理学者ウェクスラーにより開発された知能検査。「知能は，目的的に行動し，合理的に思考し，効率的に環境を処理する個人の総体的能力である」との知能の定義に基づく。児童用（WISC），成人用（WAIS），幼児用（WPPSI）が開発されている。我が国で最も普及している知能検査である。

❷ ▶ ケース・フォーミュレーション (case formulation)

本項については，11-12-❷「ケース・フォーミュレーション」を参照のこと。

❸ ▶ 行動分析 (behavior analysis)

ヒトや動物の行動を，状況との相互作用の中で捉え，その行動が生起あるいは消失する原因を分析する学問。スキナーの実験的行動分析，応用行動分析，理論行動分析に始まる。現在では医療，教育，福祉等の分野で援助技法の中に応用されている。

❹ ▶ 初回面接 (initial interview)

クライエントに対する臨床心理援助の最初のセッション。当該機関で相談を受け付けるかどうかを判断する受理面接とは区別され，相談の担当者が決定した後の最初の

セッションを指すことが多い。

❺ ▶ 知能検査 (intelligence test)

知能の測定を目的に開発された検査。知能検査の歴史は、フランスのビネが考案した知能測定尺度に遡ることができる。その開発目的は、発達に遅れのある子どもを鑑別して、個別に適切な教育を受けさせることであった。この検査は各国で再標準化され、アメリカでのスタンフォード・ビネー知能測定尺度、我が国での鈴木・ビネー検査法、田中・ビネー検査法等、各国で発展を見せている。

❻ ▶ TAT (Thematic Apperception Test)

マレーを中心に考案された投影法性格検査。主題統覚検査と訳される。何枚かの絵を1枚ずつ被検者に見せ、それぞれの絵に対して物語を作るよう教示し、得られた反応を分析の対象とする。考案者のマレー自身は、欲求-圧力分析という解釈法を示している。以降、内外を問わず多くの分析法・解釈法が提唱されているが、施行法（図版の内容、枚数）自体も決定版といえるものがなく、今なお、検査として未確立な部分を残している。

❼ ▶ 投影法 (projective method)

検査の意図、目的、反応の仕方が十分には明示されない非構造的状況に被検者が置かれ、自由度が大きい中で示された反応を分析対象とすることを特徴とする性格検査の方法。検査場面で与えられる非構造的刺激に対する反応には、被検査者の感情・欲求・知性・対人関係・衝動性等の心理的な性質が映し出される、という仮説に基づいている。

❽ ▶ 描画法 (drawing test)

被検査者に何らかの絵を描くよう教示し、描画の内容・表現プロセスなど、得られた反応を分析の対象とする検査。描画法は、不安・緊張・自我の強さなどを理解するための投影法性格検査として用いられる場合と、子どもの発達段階・知的水準を理解するために発達・知能検査として用いられる場合がある。代表的な検査として、バウム・テスト (Baumtest)、HTPテスト (家-樹木-人物描写テスト)、グッドイナフ人物画知能検査等がある。

❾ ▶ ロールシャッハ・テスト (Rorschach test)

スイスの精神科医、ロールシャッハによって考案された心理検査。投影法性格検査の一つとして位置づけられる。「インクのしみ」が印刷された10枚の図版が「何に見えるか」を被検者に問い掛け、そこから得られる反応を分析の対象とする。クロッファーによる解釈法が我が国でも取り入れられ、そこから片口法、阪大法等の解釈法が発展した。現在では、エクスナーによる解釈法（包括システム）が広がりを見せている。

〔松澤広和〕

11-05 ▶ 心理療法の歴史・発展・統合

心理療法は、援助者であるセラピストと被援助者のクライエントの対人関係を基礎とした、援助の一形態である。心理学の理論、原理、研究知見をもとに、セラピストがクライエントの感情、思考、行動の変化を促進し、クライエントの苦しみを緩和し、生活に肯定的な変化を引き起こし、ウェルビーイングを高める。心理療法には様々な介入法、介入形態があり、個人から夫婦、家族、小集団を対象にすることもある。心理療法の多くは対話を通して行われるが、音楽、描画、ドラマ等の表現法を用いることもある。また、数回の接触で終結する短期療法から、数年にわたり行われる長期療法もある。

心理療法では、セラピストとクライエントの**治療契約**に基づいた特徴的な治療関係が作られる。クライエントが自分の悩みを安心して話せるようにセラピストには**守秘義務**が課され、心理療法という場以外でクライエントと接触すること（**多重関係**）を制限される不均衡な関係である。セラピストは、クライエントが尊重され、安全だと感じられる心理的風土を作る。

【心理療法の歴史】

心理療法の起源は、特別な力をもつとされるシャーマン、予言者、霊媒、呪師等が、神や精霊と交流する儀式によって、心身の病を患う個人の心理的な悩みや苦しみを和らげる土着的な信仰にある。このような信仰は、中世ではより明確に宗教とつながり、心と身体の健康は信仰に逆らうことと関係づけられ、恐れられるようになった。近代の心理療法は、ヒステリーの治療から起こった**精神分析**に求められる。その後、科学的研究を基盤とした**行動療法**が台頭し、続いて人間性を重視する**ヒューマニスティック・アプローチ**が広まった。近年の発展は、多様化によって特徴づけられる。社会的な変化に伴い新たな心理的問題への対処を迫られたことや、医療から教育や健康促進等、社会における心理療法の役割が広がったことにより、新たなアプローチが次々と開発されていった。1960年代には60程度だったアプローチ数は増え続け、1980年代には400を超えている。

心理療法は、精神障害等、心理的な問題だけではなく、ライフサイクルと関わる葛藤やつまずき、または将来に関する意思決定や対人スキルの向上まで幅広い課題を対象とする。また、個人の内面や意識されない心理葛藤に焦点を当て、それらの意味を理解する**探索的アプローチ**から、特定のスキルや知識の習得を目標とした心理教育的な作業を中心とする**問題解決アプローチ**がある。心理療法の基本的な治療目的は、①士気の低下を克服し希望を取り戻すこと、②統制感と自己効力感を高めること、③回避を克服すること、④自身の誤った考えに気づくこと、⑤人生の現実を受け入れること、⑥洞察を得ること、である。

【心理療法統合】

近年では、異なる心理療法アプローチの理論や技法を組み合わせ、これらを包括的に扱うアプローチが増えつつある。このような試みを**心理療法統合**と呼ぶ。その目的は治療効果、効率、応用の幅を広げ、対立や無関心が目立った学派間に開かれた対話を作り出すことにある。現在、約半数の臨床家が、何らかの形の統合又は折衷アプローチを実践している。また、心理的側面のみでなく、生物学的側面や社会文化的要因を検討する必要が訴えられ、この三つの側面を包括的に扱う**生物-心理-社会アプローチ**も強くなっている。

心理療法実践には、精神科医、臨床心理士、精神科看護師、ソーシャルワーカー、家族療法士等の専門職が携わる。その資格や訓練は各国によってばらつきがあるが、学会によって資格化されるにとどまる。多くは、大学院における教育訓練と実習経験、そして**スーパービジョン**を受けることが必要とされる。

心理療法の効果研究のメタ分析は、心理療法を受ける約70%のクライエントの問題や症状が改善すると示してきた。心理療法の効果と関連している要因で最も大きい割合を占めるのは、クライエントと関わる要因（問題の重篤度、動機づけ、社会経済指標等）であり、効果の40%を占める。次に、セラピストとクライエントの治療関係の質が30%を占める。**プラシーボ効果**と理論アプローチの違いは、それぞれ15%程度と示されている。そのため、心理療法には理論アプローチの異なる心理療法に**共通因子**が働いているとの見解が強い。

❶ ▶ ウェルビーイング (well-being)

十分に満ちた創造的な人生を送る能力又はその状態であり，生活に起こる回避しがたい様々な挑戦にも柔軟に対処できることを指す。人生に対する主観的な満足感だけでなく，他者と肯定的な関係を築き維持できること，成長感，目標意識，生き甲斐をもてること，自己受容，自立性，統制感等の次元があることも示されてきた。

❷ ▶ 共通因子 (common factor)

異なる心理療法アプローチに共通して働く治療的な要因であり，各理論によって異なる概念で表されている。共通因子とされているのは，信頼に基づく受容的で協力的な治療関係を築くこと，問題とその原因について説明し，クライエントの理解を促進すること，感情の放出（カタルシス），好ましい行動を強化すること，問題や恐れている対象に漸次的に接近すること，情報を与えること，様々な心理スキルの練習をすること，などである。クライエントの属性や特徴（動機づけ，期待，問題の重篤度等），セラピストの特徴（人格特徴）を共通因子と考える場合もある。

❸ ▶ 士気の低下 (demoralization)

精神医学者のジェローム・フランクによって提起された概念である。心理療法に来談するクライエントは，自身の問題に対処することができず，無力感，孤立，絶望感等を抱き，自己評価が損なわれ，期待に応えられないために他者に拒絶されていると感じている。この状態を士気の低下という。心理療法は，感情的なつながりを基礎とした治療関係を築き，異なる手法を用いて士気を回復させる試み（re-moralization）であるとフランクは考えた。

❹ ▶ 心理療法統合 (psychotherapy integration)

心理療法統合の目的は，異なる人間観，治療方法の違いと類似性の両方を大切にして，それぞれの貢献に対してよりオープンな姿勢をとり，お互いから学ぶことにある。これまで，クライエントの心理的問題や特性に適した技法を実証データに基づき選択する技法折衷アプローチ，異なるアプローチに共通する治療的要因を同定し，それらを最大限に活かす心理療法を目指す共通因子アプローチ，二つ以上のアプローチの要素を合成し，それらが整合性をもって機能するような新たな理論的枠組みを与える理論統合，一つの理論的枠組みを受け皿として使い，他の技法や概念を取り入れる同化型統合の4形態が同定されている。

❺ ▶ スーパービジョン (supervision)

スーパービジョンを受ける者（スーパーバイジー）が，並行して進行するケースに関して指導的立場にある臨床家（スーパーバイザー）と話し合うことを通して，臨床家としてのコンピタンスを向上・発達させる学習作業で，個人又は集団で行われる。スーパーバイザーとスーパーバイジーのオープンで受容的な関係によって支えられる。スーパービジョンでは，理論概念学習を含め，面接技法等の臨床スキル修得，クライエント言動の意味を理論的に識別する認知スキル修得，自身の体験や世界観を見直す自己への気づきと内省力の向上，倫理的であり臨床家としてふさわしい専門家としての行動と職業的アイデンティティの発達，という四つの領域に関して学習が促進される。

❻ ▶ 生物-心理-社会アプローチ (bio-psycho-social approach)

心理的援助の領域だけでなく，医学においても広く認知される包括的な治療的枠組みであり，生物学的要因（遺伝，脳・神経科学，生理学），心理的要因（人格特性，発達，対人関係），社会的要因（文化，価値観，経済的要因）を，個人の問題をアセ

スメントし，治療する上で考慮することが重要だと認める立場である。

❼ ▶ 探索的アプローチ (exploratory approach)

治療関係を重視し，クライエントが自身の感情や意識されにくい心理葛藤を安心して見直し，それらを追体験し，感情的理解を促進することを中心作業とする。治療的目標は，心理療法の進展とともに変化し，より根深い問題に焦点が移っていく。精神力動アプローチやヒューマニスティック・アプローチがこれにあたる。

❽ ▶ 治療契約 (treatment contract)

治療契約は，心理療法を効果的に進め，クライエントのプライバシーを守るためにクライエントとセラピストの間に取り交わされる。料金，時間，接触頻度，面接回数等から，話し合う内容や治療目的，二人の対人的な関わりの在り方，守秘義務とその限界について示される。

❾ ▶ プラシーボ効果 (placebo effect)

プラシーボに含まれるのは，心理療法が問題を解決するのに有効であるという期待や，自身の症状は改善するという希望である。クライエントが心理療法について否定的な見方や，極端に非現実的な希望や期待をもっていることは，心理療法の効果を阻害することにもなる。

❿ ▶ 問題解決アプローチ (problem-solving approach)

特定の問題や症状に焦点を当て，その改善のために積極的に働きかけ，変容を促進する短期アプローチであり，面接は構造化され，技法中心的である。クライエントの問題の原因を探ることには焦点を当てず，むしろクライエントが問題を解決するために使うことができる自身の強みに焦点を当て，それを高めていく。

〔岩壁　茂〕

11-06 ▶ カウンセリング

カウンセリング (counseling) とは，言語的及び非言語的コミュニケーションを通して，比較的健康度の高いクライエントを対象に，問題解決や人間的成長及び健康の促進を目的に行われる心理的援助活動を指す。カウンセリングの語源はラテン語の consilium，古代フランス語の counseiller であり，いずれも相談するという意味をもつ。そのため，カウンセリングは一般用語としては広く相談活動を指すが，狭義には専門家による心理的援助活動の総称として用いられている（以下では，「カウンセリング」を狭義の意味で用いる）。

カウンセリングでは，カウンセリングを行う人をカウンセラーといい，カウンセリングを受ける人をクライエントという（カウンセリーということもある）。カウンセリングに似た概念として心理療法や精神療法があるが，これらは特定の理論や技法に基づいた学派を基底とした心理的援助活動であり，カウンセリングに比してより病理性の高い人を対象とするという点で，専門的には区別される。ただし，現代の日本社会においては，これらは一般に混同して用いられることも多い。

カウンセリングは20世紀初頭，社会運動や自然科学の発展等，近代化の中で生まれた。カウンセリングという言葉が最初に使われたのは20世紀初頭にアメリカのパーソンズが著した『職業の選択』(1909)においてであったが，この時のカウンセリングは職業指導運動における職業カウンセリングであった。この職業指導運動と心理測定運動，精神衛生運動の三つの社会運動が近代カウンセリングの起源とされている。

心理療法の世界では，19世紀初頭フロイトの精神分析が開発され，1930年代に

はウィリアムソンの指示的カウンセリングが提唱された。これに対して、クライエントを中心に据える**非指示的カウンセリング**を打ち出したのがロジャーズであった。ロジャーズは、1942年に『カウンセリングと心理療法』を著し、カウンセリングを社会に広めた。その後、1946年には、アメリカ心理学会に「カウンセリングとガイダンス部会」が設置され、1953年には「カウンセリング心理学部会」と改称された。カウンセリング心理学は教育課程の中では教育学部に設置され、心理学部に属する臨床心理学（clinical psychology）とは学術的に区別されるものとして発展してきた。

海外で発展したカウンセリングが日本に輸入されたのは、1960年代頃のことであった。当時、日本ではロジャーズのクライエント中心療法が急速に浸透し、クライエント中心療法の人間性重視の考え方がカウンセリングの基本的理念となった。援助技法においても、クライエント中心療法において重視される傾聴を用いた共感的な理解が多用され、傾聴による支持的な関わりによってクライエントの自己理解が深まり、それによって自己実現や人間的成長が促されるとされた。ただし、これらの援助技法は、対人コミュニケーションの基本的な技法でもあり、学派や流派の違いを超えて多くの心理的援助活動で用いられている。

第二次世界大戦以降、クライエント中心療法以外にも様々な心理療法が開発され、次第にそれらに通底する訓練技法も開発されるようになった。カーカフは既存の理論や技法をまとめてヘルピングという概念を打ち出し、アイビイは既存の理論や技法を使い分けるマイクロ・カウンセリングを提唱した。また、イーガンやコーリィらも、カウンセリングの基礎的なスキルの習得のための体系的な訓練プログラムを開発している。

前述のように、カウンセリングの担い手はカウンセラーと称されるが、カウンセラーは名称独占でも業務独占でもなく、様々な認定カウンセラーが乱立している。公益財団法人日本臨床心理士資格認定協会が認定する臨床心理士は、指定大学院や専門職大学院等において高度な養成カリキュラムを課しているが、2013年時点では、心理援助職の国家資格は存在しない。このほかにも学術団体や公益法人等が、心理士、カウンセラー、セラピスト等、様々な名称で心理援助職の専門家の認定を行っているが、玉石混淆の様相を呈している。

現在、カウンセリングは様々な領域で行われ、領域ごとのカウンセリングが発展している。教育現場では心理援助職が行う**スクールカウンセリング**や、教師が生徒の心理的な相談を行う**教育相談**のほか、**進路相談**、**学生相談**等も行われている。働く人の支援を行う産業領域では**産業カウンセリング**や、就労支援やキャリア支援を行う**キャリア・カウンセリング**が行われている。更に、留学生や外国人、あるいは海外に転出、移住する日本人等を対象とする留学生相談や、**異文化間カウンセリング**もある。

一方、生活に密着した相談活動としては、育児相談、法律相談、健康相談等がある。これらの相談では、心理的援助の専門性としてのカウンセリング・スキルの習得が絶対条件となっているわけではないが、カウンセリング・スキルを活用しうる裾野は極めて広い。

■　■　■

❶ ▶ 異文化間カウンセリング（cross-cultural counseling）

別の文化的背景をもつ個人・集団・社会の間で行われるカウンセリング。欧米では、異文化間カウンセリング（cross-cultural）よりも多文化間カウンセリング

(multi-cultural) と表現されることが多い。留学生や移民等の外国人を対象とするカウンセリングだけでなく、海外駐在員や帰国子女が体験するカルチャーショックによる不適応への対応も含まれる。更に、移動者個人の問題としてだけでなく、社会の理解と受容の問題として捉える視点が必要である。

❷▶学生相談 (student counseling)

大学生を対象としたカウンセリング。現在では、多くの大学に学生相談所や学生相談室が設置され、学内の学生保健サービスの一環としてカウンセリングが行われている。学校への不適応や精神疾患等、健康や生活面への対応のほか、留年、休学、退学等の学業面の問題、進学・就職といった進路問題、恋愛、研究、自己の性格や生き方、対人関係の悩みなど、アイデンティティや生き方に関する問題等、扱うテーマは幅広い。そのため、個人面談によるカウンセリングのほかにも、情報提供や他の専門家との連携、予防的な研修の実施等、様々な形でのサポートが求められる。

❸▶キャリア・カウンセリング (career counseling)

個人のキャリア形成とキャリア発達を促すカウンセリング。個人と仕事のマッチングといった職業指導的な要素だけでなく、職業や進路等のキャリア選択に際して必要な自己理解を促進するための相談も行う。なお、働き方は個人の生き方や価値観を投影するものでもあり、キャリアの問題は個人の心理的な問題に関係していることも多いため、キャリア・カウンセリングに個人的な心理的問題を解決するための心理的援助を含む立場もある。

❹▶教育相談 (educational counseling)

広義には学校以外の教育相談センターや民間の相談機関、児童相談所や家庭裁判所等で行われる相談活動も含まれるが、狭義には学校内で教師によって行われる学校教育相談を指す。日本に浸透したカウンセリングは教育現場にも導入され、教師には児童生徒に対してカウンセリング・マインドをもった関わりが求められるようになった。学校における教育相談は全ての教師が全ての児童・生徒を対象として行われるものであり、児童・生徒の不適応や問題行動への対応だけでなく、人としての成長・発達を促進するための予防的・開発的な関わりも求められる。

❺▶産業カウンセリング (occupational counseling)

カウンセリングの知識や技法を産業界に適用し、産業組織で働く人や、その人が所属する組織が健康かつ健全に成長することを支援する。それによって、産業社会自体が発展することも視野に入れている。働く人の人間的な成長を促すとともに、働くことにまつわるストレスや問題の理解と対処を援助する。産業カウンセリングでは、個人を対象とする個別相談だけでなく、教育や環境調整等、組織を対象とする活動も積極的に行う。

❻▶進路相談 (career guidance)

職業選択や進路選択を行うキャリア・カウンセリングとほぼ同義であるが、進路相談は中学校や高等学校等、教育機関内で実施されるキャリアに関するカウンセリングを指す。進路相談では、生徒がもつ就職や進学についての悩みや問題により良く対処するための援助を行う。具体的には、職業決定、進路選択にまつわる悩みなどの心理社会的な問題についての相談のほか、情報提供やガイダンスも含めた相談を行い、本人がより望ましい進路選択を行えるよう支援する。

❼▶スクールカウンセリング (school counseling)

1995年、当時の文部省（現文部科学省）によってスクールカウンセリング事業が実施され、学校現場にスクールカウンセラー

11-07 ▶ クライエント中心療法

ロジャーズによって創始された心理療法理論であり、**パーソンセンタード・セラピー**とも呼ばれる。人間は自己実現へと向かう傾向をもつ存在であると見なし、自己決定と個人の固有性を重視する人間観が基礎にある。セラピストが、**共感的理解、無条件の肯定的配慮、自己一致**という関係的条件を与えることによって、クライエントは自分自身を受け入れ、生得的に備わっている成長傾向を発揮できると考える。セラピストは、クライエントが進むべき道を知っている権威者ではなく、クライエントのことを真に大切に思い、クライエントが自身の目的を設定し、答えを求めることができる一人の人間として接する。

【発展と変遷】

クライエント中心療法は、1930年代にアメリカにおいて主流だった診断、解釈、助言を中心とした権威主義的な心理治療の在り方への反論として起こった。その発展は大きく4期に分けられる。第1期は、**非指示的療法**としての出発であり、セラピストは、概念的理解よりも、クライエントが表す気持ちに注目し、許容的・受容的な姿勢をとることの重要性が示された。

第2期の発展は、変容プロセスが明確に打ち出されたことである。**治療的変化の必要十分条件**として、①クライエントとセラピストが心理的接触をしている、②クライエントは自己不一致の状態にある、③セラピストは自己一致の状態にある、④セラピストはクライエントに無条件の肯定的配慮を感じる、⑤セラピストはクライエントに共感を感じる、⑥クライエントは、セラピストの自己一致、無条件の肯定的配慮、共感を感じる、の六つが示された。

第3期の発展は、パーソンセンタード・セラピーという名称に変更され、心理療法の枠を超えて教育、産業、対人関係の調整等に応用されたことである。ロジャーズは、セラピストがより自発的に自身の感情を表す方が効果的だと考え、セラピストの**純粋性**を強調した。**エンカウンター・グループ**とプレイセラピー等にも応用された。

第4期の発展は、世界平和と紛争解決等、地球規模の問題解決への取り組みと、ロジャーズの理論に基づくカウンセリング訓練モデルの普及である。**フォーカシングや感情焦点化療法**等、クライエント中心療法を基礎とする新たなアプローチも展開している。

【人格の発達理論】

ロジャーズは、子どもが自己価値を感じ、自己実現の基礎を作るために、他者から愛され、受け入れられ、尊重される肯定的配慮が必要であると考えた。もう一方で、ある条件を満たした時のみ自己価値を認めてもらうと、本当の自己と関わる内的な体験よりも、養育者を喜ばせ、期待に応えることを優先し、自己概念を維持しようとする。それは、子どもにとって養育者からの肯定的配慮が必要だからである。自己概念と体験の間にずれが起こると、子ども

は不安を覚え，防衛が起こる。自己不一致の感覚と不安を下げる代表的な防衛は，知覚の歪曲と体験の否認である。ロジャーズは，人は無条件の肯定的配慮を与えられ，自身の体験を受け入れられる時，体験に対する開放度が高まり，少しずつ自身の体験を信頼し始めると考えた。

【心理療法の実践】

クライエント中心療法は特定の技法ではなく，治療関係におけるセラピストの姿勢を重視する。セラピストは，クライエントの主観的世界をクライエントの視点から理解し，受容しようとする。また，心理障害を診断したり，解釈を伝えたりしない。これらはクライエントが自ら問題を解決し，自己決定するのを阻害する権威的姿勢の表れと捉えられるからである。クライエントは，治療関係の条件を体験すると，体験に対する防衛を緩め，自分に起こりつつある感情に注意を向け，それが何を意味するのか感じ取り，自分の行動の方向を定める指針として使うようになる。

【現状と課題】

クライエント中心療法は，その効果とプロセスの実証的検討に積極的であった。面接を録音し，そのやりとりを客観的な尺度を用いて測定・分類し，治療的効果との関係を調べた。現在では，共感的理解，肯定，自己一致と治療的効果との関連が示されている。個人の潜在能力を引き出し，役割を超えて，一人の人間として他者との対話を重視する人間観は，教育，子育てをはじめ，幅広く応用されている。もう一方で，人間重視の立場を貫き，制度化を嫌ったため，1980年代以降，主流から外れているが，臨床訓練においてクライエント中心療法の治療関係の条件を学ぶことは，理論アプローチにかかわらず常に重視されている。

■　■　■

❶▶ エンカウンター・グループ (encounter group)

グループセラピーの一つであり，1940年代にレヴィンによって始められ，1960年代に広く普及した。エンカウンター・グループという用語は，ロジャーズによってつけられたが，より一般的には，Tグループ（Tは，training for human relations を意味する）と呼ばれ，健常な人たちがグループメンバーとのオープンな交流を通して，自己理解と対人関係のもち方を深めることを目的とする。10〜15人ほどのメンバーが参加し，週末に全日セッションを続けることが多い。カウンセラーの訓練から企業における研修等にも幅広く応用されている。

❷▶ 感情焦点化療法（エモーション・フォーカスト・セラピー）(EFT：Emotion-Focused Therapy)

グリーンバーグによって開発されたヒューマニスティック・アプローチに基礎を置く統合的アプローチ。クライエント中心療法の感情機能に関する仮説を，情動神経科学，アタッチメント理論，発達心理学の知見と照らし合わせて検証し，実証的基盤を与える。クライエント中心療法の治療関係を基盤とし，ゲシュタルト療法の技法を組み込むことによって感情的変容を促進する。うつ，対人葛藤や傷つき，複雑性トラウマに対する効果が示されている。その介入プロセスは，課題分析というプロセス研究の手法によって検証され，具体的に示されてきた。

❸▶ 共感的理解 (empathic understanding)

ロジャーズは共感的理解を，クライエントの個人的な世界を，あたかもセラピスト自身のものであるかのように感じ取るが，「あたかも」という質を常に失わない，と定義する。共感は，もう一人の人間の準拠枠を受容し，それを尊重する姿勢からきて

いる。共感は，クライエント中心療法において中心的な役割をもっており，クライエントの主観的体験を理解し，それを伝え，クライエントが共感されたと体験するまでの一連のプロセスであり，それ自体治療的効果をもつ要因と考えられている。

❹ ▶ 自己一致 (cogruence)

自己一致とは，セラピストが治療関係において自身に起こる体験に対して開かれ，それに気づいており，深い水準で自分自身になっており，セラピストの外側に見られる行動は，内側の体験と「一致」していることを指す。後に純粋性 (genuineness) という概念によって表されるようになった。リエターは，自己一致には，①自身の体験に気づく能力，②今起こっている内的体験を他者へと伝える意欲又は透明性，の二つの側面があると考えた。自己一致とは，無差別にセラピストが感じていることを，クライエントへと自己開示することではない。それは，クライエントに対する深い尊重と温かさ，そしてクライエントの成長を促進することを願う基本的な姿勢に支えられていなければならない。

❺ ▶ フォーカシング (focusing)

クライエント中心療法を確立したロジャーズの共同研究者であるジェンドリンによって示され，人間の体験過程とその象徴化を促す技法として発展してきた。クライエントが自身の身体に起こるまだ言葉にならない意味の感覚（フェルトセンス）に注意を向け，それをぴったりと捉えるハンドル（言葉）を見つけることによって，体験の変化（フェルトシフト）を喚起することを目的とする。フォーカシングは一技法にとどまらず，フォーカシング指向心理療法として体系化されている。

❻ ▶ 無条件の肯定的配慮 (unconditional positive regard)

ロジャーズは，セラピストが一貫して温かで肯定的にクライエントに接することが，クライエントの成長を促進すると考えた。無条件の肯定的配慮の明確な定義は難しい。真に自発的に起こる賞賛，やさしさ，思いやり，相手を所有しようとしない愛又は温かさ，とも言及されている。クライエントの何らかの言動に対する条件づけの肯定は，治療的ではないが，これを完全に排除することは難しいとロジャーズも認めている。

〔岩壁　茂〕

11-08 ▶ 精神分析療法

精神分析療法 (psychoanalytic psychotherapy) のプロセスは，己が己として存在することの原罪，生きることの喜びと悲しさ，心の痛みに惑う苦しさを癒し，目を背けたくなる戦くべき醜悪さ，一個の人間としての孤独に徹底して向き合う場，でもある。精神分析を創始したフロイト自身が，激動の人生の中で己を探索し省みることで古典的な理論を唱えていったことに，その学問的な運命が付与されているといえよう。

19世紀，当時神経科医のフロイトは，オーストリアから神経病学者のメッカであったフランスのサルペトリエールに留学。シャルコーのもとで学ぶうちに，ヒステリー（神経症）が心因性のものであることを確信した。そして神経学者であったブロイアーとヒステリー治療の共同研究を始めた。最初フロイトは，ブロイアーと同じく催眠術や電気療法をヒステリーの症例に試みていた。やがて催眠暗示から，**催眠浄化法**（催眠状態において過去の外傷体験を想起させる方法）へと移行したが，最終的には1896年，**自由連想法**を適用し，完全に

催眠を放棄した。それは、ブロイアーによるアンナ・O嬢の治療において強烈な恋愛性転移が生じたことによる危険性を察知したためでもあり、彼自身の治療経験上でも、催眠の限界に気づいたからである。以後、彼は精神分析の幾つかの基本概念を確立した。それらは、神経症の症状は**無意識**的な意味をもつこと、抵抗と抑圧の存在、力動的な葛藤の着目、幼児期における外傷体験の重視、性的要素の重視である。精神分析理論では、無意識的な精神的過程が存在することが基本前提になっている。神経症症状や夢、錯誤行為には無意識的な心の過程があり、それを抑圧する作用が働いてこそ生じるものと述べた（例えば、借金を返すのを忘れたのは、無意識では返したくないからかもしれない）。また夢の解釈を「無意識の王道」と名付け、自由連想でもクライエントの夢の内容を取り扱う。無意識の願望とそれを抑圧せしめんとする力が加わることを**力動**というが、最終的には、心の三つの構造である**自我**、エス、超自我の、経済論的な力関係のバランスから人格を説明している。**幼児期における外傷体験の重視**とは、幼児期における養育者との関係性と、心的外傷体験や無意識的な願望が神経症の症状と関連することを意味する。**性的要素の重視**は、小児性欲論（リビドー理論）に基づいた**精神-性的発達段階**を提唱したことや、性的外傷体験を扱っているからである。ちなみに神経症の症状は、幼児期早期の性的ないし心的外傷体験によって引き起こされるが、その外傷体験が存在した発達の時期と症状選択とが結びついていると考える。例えば、強迫神経症は肛門期、ヒステリーは男根期という対応関係である。

神経症の症状の理解については防衛機制概念を適用する。**防衛機制**は現実の脅威やエスの衝迫により、自我・超自我・エスの力動バランスが崩れた時の処理道具として、自我が発動するものである。防衛機制が非合理的で過剰に作動すると、神経症の症状となる。精神分析療法の自由連想法の流れの中で取り扱われるべきものの一つに、**転移・逆転移**の問題がある。当初逆転移はクライエントに対する抵抗であり、分析者は鏡のように振る舞うべきで、転移と同様に治療の妨げになると考えられていた。

フロイト亡き後、精神分析学派はアメリカを中心とした**自我心理学派**、イギリスを中心とした**クライン学派**と**中間学派**（インディペンデント・グループ）、フランスの**ラカン派**等に分かれ、フロイトの理念を継承している。フロイトは亡命先のイギリスで亡くなったが、フロイトが渡英する以前に、アブラハム、フェアバーンの影響を受けたクラインが、フロイトの晩年に述べた死の本能と生の本能の考え方を強く支持し、イギリスで新しい理論を展開していた。これが**対象関係論学派**の源泉である。現在、対象関係論学派とはクライン学派以外の中間学派等、無意識的空想（phantasy）と投影同一視（projective identification）や、内的世界と外的世界を区別する観点をもつグループに所属する人々を指す。日本では、我が国の精神分析の礎を築いた古澤平作が、1954年に「罪悪意識の二種——**阿闍世コンプレックス**」を発表し、日本人におけるエディプス・コンプレックスは、父親に対する激しいライバル意識や敵対心といった形ではなくて、母性的な世界からいかに分離独立し、父親を愛する母親をいかに赦すか、といった日本的エディプス心性があることを述べた。その他、日本人特有の心理として土居健郎の「甘え」理論もよく知られている。

■　　■　　■

❶▶阿闍世コンプレックス (Ajase complex)

仏典に登場する阿闍世王子は出生にまつわる秘密を知り，母親の殺害を企て，父親を殺害して王位を乗っ取ったが，父王を殺した罪の意識から全身に悪瘡を生じて苦しんだ。その苦痛の最中，母親の看病と，殺害した父親の「お前が不憫だ，早く仏陀に救いを求めなさい」という声を聞いたことで罪責感を抱き，仏陀から救いを得たという物語を題材としている。エディプス・コンプレックスは，母親に対する愛のために父親を殺害するが，阿闍世王の場合は，母親を愛するがゆえに母親を殺害しようとしたと考察。だが，結合両親像 (combined parent figure) への破壊であり，占い師に振り回され，殺人と引き換えに身ごもり，我が子を高所から落として指を折らせた母親の虐待的行為への，阿闍世の殺人的な怒りがテーマとも考えられ，新たな議論がなされている。

❷▶自我 (ego)

ドイツ語の原典では Ich と表記されており，「私」なるもの。自我は，エスからエネルギーを得ており，現実を吟味し観察し，欲求と行動との間に思考をもたらす。エスは自我を経由してしか外界と交渉することができない。自我には無意識的な部分が存在し，防衛機制も無意識的に発動される。

❸▶自由連想法 (free association)

自由連想法の発見は 1892〜1895 年にかけて展開された。エリザベート嬢の治療を通して，心に思い浮かぶものについて自由に話をするスタイルを使用することになった。現在も正式な精神分析は，寝椅子を用いた背面法による自由連想法を指す。

❹▶精神-性的発達段階 (psychosexual development)

リビドーとは，人間の性衝動，性的エネルギーのことであるが，リビドーの源泉となる身体部位は口，肛門，性器であり，これらの部位への関心やその満足には一定の発達の順序があるため，性的発達段階を適用した。口唇期（約 0〜1 歳半），肛門期（2〜4 歳），男根期（5〜6 歳），潜伏期（6・7〜12・13 歳），思春期（13 歳以降）に分けている。

❺▶対象関係論 (object-relations theory)

リビドーの放出と快感原則とを強調したフロイトの考えよりも，人間は本来対象希求的であると見なす精神分析の理論モデルの一つ。死の本能と生の本能の弁証法的対立を，臨床的概念として使用する。苦痛や怒りを伴っていてもその人を理解しようとし，関係しようとする同胞愛に裏打ちされた力と，異質であると考える他者を排除，駆逐し，破壊しようとする力との相克の中で展開される，無意識的空想を取り扱う。心の内面を意味する内的世界に存在する多数の内的対象と外的現実との交流によって引き起こされる歪曲した認識や，その人の過去の経験に影響された認識について，第三の視座から客観的な自己理解を試みる。

❻▶転移／逆転移 (transference/counter-transference)

当初，転移は分析状況の中で抵抗と関連し，治療を脅かす爆薬のようなものとして捉えられていた。しかし，クライン (1952) は，転移の起源について「最早期の段階において，対象関係を決定づけていた過程と同じ過程の中で生まれる。そして情緒，防衛，対象関係と同様に，全体状況 (total situation) を分析のプロセスで考察することが大切で重要」であるとした。逆転移も，フロイトによって提唱された本来の意味は，クライエントに対する治療者側からの神経症的な無意識的葛藤の転移であった。しかしハイマンは，逆転移には 2 種類があり，重大な障害となる逆転移と，クライエントの無意識的なコミュニケーションに治療者の無意識が反応した治療者の感情状態であると述べている。後者は分析の妨

げになるというよりも，むしろクライエントを理解するための必須の道具であると現在では考えられている。

❼ ▶ 防衛機制 (defense mechanisms)

1884年にフロイトが初めて導入した概念で，抑圧だけでなく，分離や取り消しも防衛機制の一つであり，ある型の防衛と特定の疾患との間には密接な関係が存在すると考えた。例えば，ヒステリー症状は抑圧と転換，強迫神経症は分離と取り消し，恐怖症と置き換え等である。その後，フロイトの考えは娘のアンナ・フロイトに踏襲され，世代間伝達に見られる攻撃者への同一化や，利他主義における同一化について，新しく考察された。これに対して，クライン学派は原始的防衛機制を提唱し，抑圧を中心とする自我心理学派の見解とは異なる新たな解釈をしている。原始的防衛機制は，生後1年までの乳幼児の破滅不安，迫害不安に対する投影同一視，理想化，抑うつ不安，躁的防衛，分裂，否認，脱価値化を意味する。

❽ ▶ 無意識 (unconscious)

フロイトは，「ヒステリー研究」のエミー・フォン・N嬢の症例報告で，ヒステリー特有の健忘症の背後には，無意識的な心があると認識するようになった。フロイトは，潜在的であるが意識しようとすれば意識されうる前意識，抑圧されてそのままでは意識されない無意識，そして意識の三つのレベルに区別した。ちなみに，フロイトは意識的な空想 (fantasy) と，完全に無意識的な空想 (phantasy) とを区別している。アイザックスは，無意識的空想は無意識の根本に位置しており，無意識的空想の協力と支持を抜きにしては，現実的作動はできないと述べている。

〔田中志帆〕

11-09 ▶ 分析心理学

分析心理学はスイスの精神科医，ユングが提唱した理論と実践の総称である。1875年にスイスのバーゼルに牧師の子として生まれたユングは，バーゼル大学で医学を専攻した後，ブロイアーが教授を務めていたブルグヘルツリ精神病院の助手となる。精神分裂病（統合失調症）者の治療を通して，ユングは一見不可解な患者の妄想・幻覚の背後に隠された「意味」があることを治療経験から見出し，**コンプレックス**という概念を着想する。コンプレックスとは無意識内に在って，ある情動価によって結合している心的内容を指しており，それは意識的な統制には属さない位相から意識的統制を乱し，影響を与える。妄想・幻覚もこのようなコンプレックスの外化した病理的な現れと見なされる。また，同時期に言語連想法を用いた研究から，コンプレックスの存在を経験実証的に示した。この研究は『診断学的連想研究』としてまとめられ，ユングの名を広く知らしめる書物となった。ユングはこの著作を，当時『夢判断』を著して世界的に有名になっていたフロイトに送り，1907年から両者の親密な交友が始まる。3年後に国際精神分析学会が創設された際には，会長としてユングが任命されており，精神分析の発展に貢献した。

しかし，当初からあった二人の無意識という概念を巡っての考え方の違いは徐々に亀裂を広げ，1912年にユングが『変容の象徴』を著したことで，その対立は修復不能なまでに決定的となった。フロイトと決別してからのユングは深刻な精神的危機に見舞われるが，そのような状態の中で夢や描画，アクティブ・イマジネーション等の手段を通して自身の無意識内容と対決することで危機を脱出し，その体験を踏まえて

独自の分析心理学（analytical psychology）を確立していった。

フロイトの提唱した無意識は，個人が一度体験し意識された内容が，抑圧されたり忘却されたものによって構成されている。コンプレックスはこの層に属する心的内容である。しかし，ユングによれば，そのような無意識は個人的無意識と呼ばれるべきものであり，その更に下層に，個人の体験を超えて人類に共通するイメージを産出する，より深い無意識の層が仮定される。この層は**普遍的無意識**と呼ばれ，このように無意識の層を二つに区別するところは分析心理学の大きな特徴となっている。

先に述べた人類に共通するイメージは元型的イメージと呼ばれるが，これは**元型**そのものとは区別される。元型は表象可能性として存在するもので，それが意識に上がった際にはじめて，ヌミノース的な感情を喚起させる表象（元型的イメージ）として現れる。元型には，例えば，**影**や自己等がある。自己とは自我を含めた心全体の中心を指す概念であり，意識に対する無意識の補償的な機能や，対立する心的内容の結合・統合に関わるものとして重要視される。このような普遍的無意識の内容，すなわち自身の根底にどのような元型がどのように布置されているのかをできうる限り意識化していく作業は，分析心理学にとって重要な課題と見なされており，**自己実現（個性化）**の過程と呼ばれる。この作業は，無意識から生じてくるイメージを神話，昔話，宗教的儀式等に見られるイメージと類比的に検討していくことで進展していく。無意識から生じるイメージの形態は様々であるが，なかでも夢イメージを対象とする**夢分析**は，分析心理学の中で中核的な位置を占めている。

分析心理学はチューリッヒのユング研究所を拠点として世界各国に広がっているが，日本では河合隼雄が，1965年に日本人として初めてユング派分析家資格を取得して帰国した後に活発な研究・実践がなされ，その理解の深まりとともに臨床心理学領域にとどまらず他領域へも広く影響を与えるものとなっている。河合はチューリッヒに留学中に**箱庭療法**を学んだ際，日本の伝統文化からもこれは日本人に適していると考え，日本に導入した。現在，日本における箱庭療法は大きな発展を見せ，国際箱庭療法学会の中でも中心的な役割を担っている。

■　■　■

❶▶影（shadow）

自我によって生きられなかったものの総称。人格の否定的側面，自身にとって無価値なものや受け入れられないものなどがこれにあたる。端的には「そうなりたいという願望を抱くことのないもの」が影であり，意識的な関与がなくなればなくなるほど，それは無意識に沈下し意識に強力な影響を及ぼすようになる。個人的無意識レベルの影はほぼコンプレックスと同義であるが，それが元型レベルの影に影響された場合には，自我は圧倒的な支配を受け巻き込まれる。この支配力から脱するためには影を意識化することが重要であり，分析心理学における分析の大きな目的の一つと見なされている。

❷▶元型（archetype）

普遍的無意識に含まれる内容。元型は潜在的な型，傾向性であり，それらが具象化した元型的イメージとは区別される。例えば，人智・人力を超えた力によって困難な状況に解決をもたらす神話的表象は，様々な文化において見られる。その形象はある文化ではイエス像として，また別の文化では仏陀像という具合に異なるイメージとして現れるが，超越的な力をもって人間を救

済するという意味の枠組み・型（カテゴリー）としては同一である。この枠組みが元型であり，この例の場合は救済者元型と呼ぶことができよう。このような元型のカテゴリーの代表的なものとして，影，アニマ，アニムス，ペルソナ，老賢者，グレートマザー，自己等が挙げられる。

❸▶ 箱庭療法 (sandplay technique)

ローエンフェルドが創作した世界技法を，カルフがユングの理論を取り入れて発展させた技法。内側が水色に塗られた（砂を掘ることで水が表現される）57 cm×72 cm×7 cm の箱に砂が入っており，選んだミニチュアを箱の中に自由に置いてイメージが表現される。箱庭療法の実践と解釈理論は基本的に夢分析のそれに従っているが，あらかじめ用意されているミニチュアという既製品を使用すること，砂やミニチュアに触れるという触覚性，現存するセラピストとの関係性の中でイメージが表現されること，イメージ表現をする際にある程度の自我のコントロールを働かせることなどが夢とは異なり，独自の治療的意義をもった技法となっている。

❹▶ 普遍的無意識 (collective unconscious)

普遍的無意識は，個人的無意識とは異なり，個人としての主体が経験・意識化したことのない内容を含む。その内容とは，個人という「個」を越えた，民族ひいては人類という「種」や「類」に共通する普遍的なイメージを産出する型（元型）である。ユングがこのような特徴をもつ無意識を着想するに至ったのは，精神病者への治療の関わりの中で，彼らの幻覚妄想内容と神話や昔話における象徴との間に共通性があることを見出したという背景がある。個人的無意識の内容は主にコンプレックスであるが，普遍的無意識はそのコンプレックスを布置する，その意味でいわばコンプレックスに対してメタレベルに位置する元型をその主な内容としている。

❺▶ 夢分析 (dream analysis)

ユングは夢が補償機能をもっていると考えた。補償機能とは，意識の態度があまりに偏った場合に，心の全体性を回復させるためのイメージが無意識から意識に送り込まれることをいう。この時に，それまでの意識体系内では明確に把握することができないながらも，その存在が示され，その形象以外の方法では示され得ない直観的観念である「未知の事実」が，夢を媒介にして意識にもたらされる。この「未知の事実」こそが象徴にほかならず，ユングはこれを夢の本質と考えた。無意識が意識に象徴をもたらす機能は，超越機能と呼ばれる。

〔川嵜克哲〕

11-10 ▶ 行動療法

行動療法（BT）は，心理的問題に対する新たな援助法・介入法として1950年代末からスキナー，ウォルピ，アイゼンクらによって体系化された心理療法の一つである。行動療法は1959年にアイゼンクによって「学習理論に基づき，実験によって基礎づけられた全ての行動変容法」と定義されたが，その後も介入対象の拡大とそれに伴う臨床技術の開発や修正が盛んに行われた結果，現在では「行動科学から引き出された知識を系統的に利用して，人間の問題の把握と変容に応用する技術の総体」として包括的に定義がなされている。近年では，認知療法との統合を強調した形として，**認知行動療法**と呼ばれる場合も多い。

行動療法では，クライエントの抱える問題を，**学習された行動**（もしくは刺激-反応の連鎖の結果として維持されている状態）として捉える。また，新たな学習によ

り，問題（維持に寄与している）行動を変容させることができれば，問題を解消できる（もしくは問題に伴う苦痛を軽減できる）という想定に立脚する。そのため，行動療法のセラピストは，問題（維持に寄与する）行動を減らしたり，それと置き換わる適応的な行動をクライエントが学習できるように，様々な臨床技術を用いてクライエントを援助する。

行動療法で用いる主な臨床技術は，**レスポンデント条件づけ，オペラント条件づけ，観察学習**といった，エビデンスを有する学習理論を背景にもつ技術である。レスポンデント条件づけの臨床応用例には**系統的脱感作**，オペラント条件づけの臨床応用例には**オペラント条件づけ法**，観察学習の臨床応用例にはモデリングを用いた**行動リハーサル**等がある。行動療法の実践では，こうした様々な技術を目的に応じて臨床的な関わりの端々で組み合わせて用いて，クライエントの問題状況を把握しながら，クライエントの行動変容に必要な関わりを提供していく。

行動療法は**エビデンスベイスト・アプローチ**を基盤にもつ心理療法であるが，個におけるエビデンスと，問題（疾患）単位におけるエビデンス，の双方を尊重するアプローチといえる。個のエビデンスを重視する観点からは，**一事例実験デザイン**に依拠する介入を用いる。主な手順としては，クライエントが主訴として語る問題行動のアセスメントを行い，そのクライエントがどのような問題を抱えているのか，どのようなことにどのように困っているのかを行動及び行動の連鎖として把握する。具体的には，介入の前に綿密な観察や面接，検査等の心理アセスメントを通して問題行動を明細化する。また，クライエントが主訴として語る問題行動について，刺激-反応図式に基づく**機能分析**を用いて，その行動の形成過程や維持要因について仮説を構築する。そして，問題解決のためにクライエントが減らしたいと思う行動，又は新たに形成したいと思う行動を，クライエントとともに具体的に同定し，クライエントと協働・連携しながら目標行動の除去や形成に必要な技法を選択し，実行する。こうした介入をスモール・ステップで試みながら，その効果を検証していくことを繰り返すことを通じて，クライエントが自分で適切な行動を獲得できるよう援助する。

一方，問題（疾患）単位でのエビデンスを重視する観点からは，うつ病に対する**問題解決療法**や**行動活性化**，**自己主張訓練**等，不安障害に対する**リラクセーション**や**エクスポージャー**等，統合失調症に対する**社会的技能訓練**等，といった各種の心理的問題（精神障害）に対して有効性の支持された技術（もしくは技術の組み合わせ）を開発し，臨床現場において有用な実践基準の整備にも貢献しており，クライエントの理解と介入法の選択において役立つ参照枠として利用することが可能である。

また，行動療法のその他の特徴として，問題行動を維持する現時点の要因にまず着目すること，介入法をセラピストが独善的に選択するのではなく，介入目標・アセスメント・介入の手続き等について，セラピストがどのような意図で行おうとしているのかをクライエントに明示的に共有し，同意を得ながら進めていくこと，セラピストはアクティブに関わり，クライエントも積極的にセラピーに参加しながら協働していくこと，面接場面に限定せず実生活場面での変化を大切にすること，などが挙げられる。

■　■　■

❶ ▶ 一事例実験デザイン (single-case experimental design)

本項については，11-02-❶「一事例実験デザイン」を参照のこと。

❷ ▶ オペラント条件づけ法 (operant conditioning method)

オペラント条件づけ技術は，その役割と適用場面に応じて，強化法，消去法，シェイピング，プロンプティング，フェイディング，トークン・エコノミー法，刺激制御法，自己学習等の様々な名称が用いられる。一般的には，クライエントが望む特定の自発的行動を増加させるために，先行刺激を調整するとともに正・負の強化を用いる。望まない特定の行動を減少させるためには，先行刺激を調整するとともに正・負の弱化を用いる方法である。

❸ ▶ 学習された行動 (learned behaviors)

行動療法における学習とは，経験に基づく行動の比較的永続的な変容を指す。そして，行動療法における行動とは，単なる顕現化している行為のことだけではなく，生体と環境との相互作用で生じる「反応」全てを指す概念である。そのため，顕在化する行為はもちろん，思考や感情等の内潜化している過程も，環境との相互作用の中で生じた「反応」である場合には，それらも行動に含む。

❹ ▶ 機能分析 (functional analysis)

機能分析は，クライエントが提示する心理的問題を引き起こす要因となっている変数を特定する技術である。問題行動を引き起こす先行刺激，刺激に対するクライエントの反応（刺激によって引き起こされる不適切な行動），その反応から引き起こされる後続刺激（結果）の三つに着目し，どういった先行刺激と後続刺激が問題行動を持続させているのかという三項随伴性を分析する。この分析によって，問題の維持要因や，維持する役割を果たしている環境との相互作用について仮説を生成，検証を行う。また，その効果は問題行動の維持要因の把握だけにとどまらず，行動変容を促す技術にもなる。

❺ ▶ 系統的脱感作 (systematic desensitization)

不安や恐怖反応を引き起こしている状態に対して，それらと両立しない反応（弛緩反応）を同時に引き起こすこと（脱感作）によって，それらの反応を段階的（系統的）に消去していく方法である。

❻ ▶ 行動活性化 (behavior activation)

うつ病に対して有効性が支持された介入法の一つ。行動をしても良いことがないと感じるクライエントは，行動をしなくなり，そのことで更に強化の随伴が低下し，活動性がいっそう低下するという悪循環に陥ることで，うつ病の症状が維持されやすくなる。こうした活動性の低下が織り成す悪循環から抜けるために，楽しい行動や充実感がもてるように行動スケジュールを作成し，セルフ・モニタリングしながら，ターゲットとなる行動を増やしていくことで，うつ症状を改善させる方法。

❼ ▶ 行動リハーサル (behavior rehearsal)

実際の状況を想定しながら具体的な行動を疑似的に実行し，練習する方法。これにより，問題行動を改善し，適切な行動の獲得を促す。また，対人場面の社会的スキル獲得のために，クライエントとセラピストの間で交互に特定の役割を演じることで，同様の場面でクライエントが効果的な対処ができるように練習を行う行動リハーサルを，ロールプレイと呼ぶ。

❽ ▶ 自己主張訓練 (assertiveness training)

対人関係において，自分の考えや感情の率直で正直で明瞭な表現であり，社会において認められる適切なもので，相手の感情や幸福にも配慮したコミュニケーション行動の習得を目指す練習法。不安を抱くことなく自分を自由に表現し，問題状況に対処できる行動を身に付けることを目標とする。アサーション・トレーニングとも呼ば

❾ ▶ 社会的技能訓練（SST：Social Skills Training）

本項については，19-03-❻「ソーシャルスキル・トレーニング」を参照のこと。

❿ ▶ 問題解決療法（problem-solving therapy）

問題への有効な対処法を段階的に模索し，多くの解決法の中から最適な解決を見出し，その解決法を実行するスキルを獲得する技法であり，うつ病をはじめ，どのような問題にも用いることができる。

⓫ ▶ リラクセーション（relaxation）

本項については，19-02-❻「リラクセーション」を参照のこと。

〔林　潤一郎〕

11-11 ▶ 認知療法

認知療法（CT）は，ベックの臨床経験及び精神病理学的研究に基づき発展した心理療法である。当初，認知療法はうつ病を対象としていたが，今日では日常生活において経験される感情や対人関係にまつわる問題から精神障害に至るまで，様々な心理的問題に対して用いられる。**エビデンスベイスト・アプローチ**を基盤にもつ心理療法であるため，様々な精神障害に対して効果の支持された介入指針（マニュアル）を有するとともに，クライエントの個別性に即したテーラーメイドな援助も重視する。認知療法は現在，行動療法と融合・統合し，**認知行動療法**と呼ばれる統合的な心理療法として発展している。

認知療法は認知モデルを理論的根拠とする療法である。認知モデルによれば，ある状況においてその人の感情や行動に影響を及ぼすのは，出来事そのものではなく，出来事をどのように捉えるかという認知である。認知療法では，様々な心理的問題を理解する際にも，この認知モデルを適用する。すなわち，心理的問題は，出来事に対する非機能的な認知とそれに影響された行動及び感情が，対人関係等の環境的要因と相まって，発展・維持されてきた結果として理解する。

そのため，認知療法では，**自動思考・推論の誤り・スキーマ**等の各側面から非機能的な認知に焦点を当て，心理的問題の維持に寄与している認知を，クライエント自身が変化させていくことができるように援助する。具体的には，クライエントの置かれた環境や心境をアセスメントし，**認知的概念化**を用いることでクライエントの問題を把握する。その際，まずは主訴にまつわる現時点の環境や心境に焦点が当てられるが，過去の経験やセラピストとの「今ここ」の面接でのやりとり等からも情報収集がなされる。そして，各問題におけるエビデンスや認知モデルを参照枠にしながら，クライエントごとに問題の維持に寄与していると思われる認知についての仮説を立て，その仮説をクライエントと共有し，認知の適切性について適時検討する。更に，**セルフ・モニタリング**を用いて，クライエントが自らの認知の特徴を振り返る機会を提供したり，**心理教育**や**認知再構成法**，**ソクラテス式対話**，**行動実験**を用いることで，クライエントが自分の非機能的な認知に気づき，より適切な考え方ができるように面接内で支援する。その上で，**ホームワーク**を用いて，面接内で得られた経験を日常生活に般化するよう援助する。こうした一連の関わりを通して，クライエントは自分自身を苦しめる非機能的な認知に気づくことができるようになり，自分で自分の考え方を適切なものへと変化させることができるようになる。

このように認知療法では，クライエントが自らの非機能的な認知を和らげたり，認知と適切な距離を置くようになることを重視するとともに，現実の問題への対処方法の学習，スキルの向上，自己効力感の増大，苦痛の低減を目標にして，セラピストが合目的的に，積極的に，指示的に，教育的に関わり，クライエントの問題解決力を促進しながら，最終的にはクライエントが自分自身のセラピストとして機能できるようになることを目指すところが特徴といえる。また，クライエントとの信頼関係及び協働関係の構築や共感的理解にも重点が置かれる点も，認知療法の忘れてはならない特徴の一つである。クライエントの体験世界を共感的に理解するように努めることにより，信頼関係や協働関係が構築され，それによってはじめて十分なアセスメントができ，各クライエントに即した効果的な援助を提供することが可能となる。

■ ■ ■

❶▶ エビデンスベイスト・アプローチ (evidence based approach)

根拠（エビデンス）に基づいて心理的援助を行おうとするアプローチである。臨床実践において判断材料に利用できる代表的なエビデンスとして，効果研究に基づく介入法の効果に関するエビデンス，実験や調査に基づく様々な心理状態の理論（見立て）に関するエビデンス，プロセス研究等に基づく面接技術や面接過程に関するエビデンス等がある。エビデンスベイスト・アプローチの台頭により，個人的な勘や経験，各自が依拠する学派の考え方のみに頼ることなく，クライエントへの効果的な援助を提供するための指針を知ることができるようになっただけでなく，社会的な説明責任を果たすことが可能となった。

❷▶ 行動実験 (behavioural experiments)

行動実験は，クライエントにおける特定の認知の妥当性検証や変容を目的として計画される行動的な介入法である。認知療法においてクライエントの認知的変化を促す重要な技法の一つとされ，各クライエントの認知的概念化に基づいて計画される。行動実験とその検証を通して，クライエントは自らの認知の偏りや不適応さに気づいたり，新たな考え方を獲得する機会を得たり，より適応的な認知に対する確信度を高めることが可能となる。

❸▶ 自動思考 (automatic thought)

ある出来事が起きた時に瞬間的に頭に浮かぶ内言語（やイメージ）とされ，自動的に頭に浮かぶ特徴から自動思考と呼ばれる。共通の出来事を経験しても，人によって生じる自動思考は異なるが，非機能的・非現実的・一面的・非合理的な自動思考が生じた場合には，その出来事に適さないほどの悲しみ，落胆，怒り，不安，いらだちといった不快な感情が過度に強まり，更に不適応的な行動の維持と発展に寄与する可能性がある。

❹▶ 推論の誤り (think error)

推論の誤りとは，非機能的な解釈の仕方や情報処理の過程を示す概念である。特定の刺激や出来事やその記憶に対する選択的注意の偏り，記憶想起の偏り，あるいは解釈の偏りとされる。その内容分類は研究者によって様々であるが，恣意的推論，選択的抽出，過度の一般化，過大視と微小視，自己関連づけ，絶対的・二者択一の思考等が代表例である。

❺▶ スキーマ (schema)

スキーマとは，これまでの経験によって形成された自己，他者，世間，未来に対する信念・態度・世界観である。人は，自らのスキーマを通して，外部情報を把握しており，スキーマがあることによって効率的な情報処理が行えている反面，特定の状況

下で非機能的なスキーマが活性化することにより，推論の誤りを経て，非機能的な自動思考が生じると考えられている。

❻ ▶ ソクラテス式対話 (Socratic dialogue)

ソクラテス式対話は，誘導による発見とも呼ばれる。セラピストによる一連の質問とそれに対する答えを通して，セラピストとともに，クライエントが自らの自動思考に気づき，その自動思考に関する仮説を引き出し，それに関わる理屈や証拠を検証していくことができるように導く，相互発見のためのコミュニケーション技法である。質問形式を用いることによって，クライエント自身の発見を促し，抵抗を克服し，自律性を生み出し，治療場面から離れても，クライエントが自分自身を支える上で使える思考や行動に対する気づきを促すことが可能となる。

❼ ▶ 認知再構成法 (cognitive restructuring)

自らの認知を書き出すことを通して，非機能的な認知に気づき，それに替わる機能的な認知を見つけることを目的とする方法。代表的な手続きとして，5カラムで構成される思考記録表がある。この方法では特定の状況下における気分，非機能的な思考，機能的な思考（新しい，視野を広げた考え方，多面的な見方），結果（気分の変化））を書き出し，整理し，検討を行うことで，本人を苦しめる感情を和らげたり，問題解決力を促す。

❽ ▶ 認知的概念化 (cognitive conceptualization)

認知療法で用いられるケース・フォーミュレーションの一つ。認知的概念化は，心理的問題に対して，クライエントの自動思考やその背景にある信念や推論の誤りがどのように影響を及ぼしているのかをクライエントとともに整理し，そのクライエントの問題を形成している思考・行動・感情の悪循環を把握するための手続きである。なお，この手続きのために様々なワークシートが提案されており，実践の際には利用することができる。

❾ ▶ ホームワーク (homework)

ホームワークは，面接内で得られた成果を実生活でも適用し，検証する機会を提供する方法である。これにより，面接内で検討した機能的な認知や行動を，面接外に広げていく機会になるだけでなく，そうした変化を自分の努力の結果として意識しやすくなるため，セラピストへの不適切な依存を避けることにも役立つ。また，認知療法の効果を高め，問題解決に要する面接期間の短縮や再発の予防にも有用であることが示されている。

〔林 潤一郎〕

11-12 ▶ 認知行動療法

認知行動療法（**CBT**）は，**行動療法**（CBT の立場からは第1世代の CBT と呼ばれる）に基づく行動的アプローチと，**認知療法**（CBT の立場からは第2世代の CBT と呼ばれる）に基づく認知的アプローチを，対象となる問題の状態に合わせて適宜組み合わせて介入を行う心理療法である。行動療法と認知療法の両者を含む統合的な概念として用いられる。行動的アプローチには，1950年代にウォルピが古典的条件づけを拡張して開発した，系統的脱感作法に基づく恐怖・不安と回避行動を変容する方法と，オペラント条件づけを臨床応用した応用行動分析を基本とする，随伴性介入による習慣変容の方法がある。前者の代表的技法としては**曝露法（エクスポージャー）**がある。後者の技法としては強化法や消去法，刺激統制法があり，その応用としてトークン・エコノミー法や SST 等が

ある。

認知的アプローチは，1970年代に認知の概念化と認知変容の方法として発展した。エリスは，感情と行動は認知の在り方によって変化するとし，認知に働きかける**論理情動療法**を提唱した。ベックは，自己，世界，将来（認知の3要素）に関する偏った認知が，うつ病等の不適切な感情や行動をもたらすとし，非合理な信念やスキーマ等の非機能的認知を同定し，そこで生じている認知の偏りを適切な認知に変化させる**認知再構成法**を提唱した。

前記の行動的アプローチと認知的アプローチをつなぐものとして，1960年代後半にバンデューラが提唱した社会学習理論がある。彼は，学習は他者を観察することによっても成立する観察学習を発見し，認知プロセスが学習の媒介体となっているとして，そこから**モデリング**や**セルフ・モニタリング**による**セルフ・コントロール**の方法に発展した。また，マイケンバウムは，行動の多くは思考や内言（internal speech）といった認知機能によってコントロールされている点に注目し，思考や内言に関連する自己教示を変化させることで適切なセルフ・コントロールを高める**自己教示訓練法**を開発した。

更に1990年代以降，マインドフルネスやアクセプタンス＆コミットメントと呼ばれる新たなアプローチが，第3世代認知行動療法として発展してきている。認知療法がうつ病に対して有効な介入法であることが示されたが，うつ病は再発しやすく，その要因として考え込み（rumination）が指摘され，それとの関連で自らの考え方から距離をとり，脱中心化することに注目する**マインドフルネス認知療法**が発展した。アクセプタンス＆コミットメント・セラピーは，問題は行動の柔軟性と効率性の欠如によるものと見なし，クライエントが固定した認知や感情に邪魔されたとしても，有用な行動を選択できるように支援することを介入目標とする。これらのアプローチは，文脈や機能という特性の重要性が主張されるようになっており，東洋的な瞑想法，禅の思想や森田療法等，日本の文化や思想とも通じる面をもっている。

介入では，日常生活で生じている問題行動を引き起こし，それを維持させている悪循環を見出し，認知的アプローチや行動的アプローチ等を組み合わせて，その悪循環を改善し，患者にとって役立つ行動を形成し，問題解決を図ることが目的となる。また，介入にあたっては，患者自身が問題解決に積極的に関わっていることが目指される。代表的な介入手続きは，次のようになる。アセスメント段階で，患者やその関係者等から得られたデータに基づき問題が発現し，維持されている悪循環を明らかにし，それを**ケース・フォーミュレーション**として患者に伝える。次に介入の準備段階として，認知的アプローチを用いて患者が自己の思考，感情，行動をモニタリングできるように**心理教育**を施した後に認知の偏りを同定し，その改善を行う準備を整える。介入段階では新しい認知スキルを発展させ，行動的アプローチを用いて不安や不快感情に対処する新たな行動の学習を支援する。具体的目標を設定し，そのための行動を宿題として日常場面で実践する課題を出し，適切な行動ができた場合には正の強化を与えて，適応的行動を形成していく。

CBTでは，**エビデンスベイスト・アプローチ**に基づき，単なる臨床的逸話ではなく，理論や介入の有効性が効果研究によって実証的に認められた方法を採用することが前提となる。CBTは積極的に効果研究を行い，多くの精神障害においてその有効性が検証されており，臨床心理学の中心的アプローチとなっている。

11-12 認知行動療法

❶▶アクセプタンス＆コミットメント・セラピー（ACT：Acceptance & Commitment Therapy）

問題を心理的な柔軟性欠如と経験回避の反映と見なす関係フレーム理論に基づき，アクセプタンスとマインドフルネスの過程及びコミットメントと行動変化の過程を通して，心理的柔軟性と状況に応じて選択した価値に従う行動をとることが目指される。

❷▶ケース・フォーミュレーション（case formulation）

アセスメントで得られた情報に基づいて，介入対象となる問題がなぜ生じたのか，問題はどのように発展してきたのか，問題が消失せずに続いているのはなぜか，問題を改善するためにはどのような介入かといった仮説を立て，介入に反映させることである。介入段階でこの仮説としてのケース・フォーミュレーションの妥当性が検証される。実行手続きとしては，第一段階で問題を明確化し，第二段階でその問題に関する情報を収集し，第三段階で問題全体と介入に関する仮説を形成し，クライエントと妥当性を検討する。事例定式化とも呼ばれる。

❸▶自己教示訓練法（self-instructional training）

自己に適切な教示を与えることで適応行動を実行する方法。適切な自己教示を行う対象のモデリング過程，自己教示を通して問題解決を行う行動リハーサル過程，スモール・ステップによる段階的練習過程，適切な行動への社会的強化過程を経て進む。

❹▶心理教育（psychoeducation）

問題解決に向けての準備を行うために，問題となっている事柄（疾患等）と，それに関する支援や介入の方法に関する情報を，問題の当事者（患者等）やその関係者（家族等）と共有すること。精神障害等の受容しにくい問題や困難に対して理解を深め，対処法を深めてもらうことが目的となる。当事者が自ら抱えている問題について正確に知ることで，支援を選択する可能性が広がるという利点もある。当事者や家族が問題についての知識をもち，対処技能を増やすことによって，再発率を減じることにつながるとの報告も見られる。心理教育は，個人対個人だけでなく，集団形式で行われることもある。

❺▶セルフ・コントロール（self control）

自己の思考や感情，行動，更に自律神経系の諸活動等も含めた生理・身体的活動について，自己の意志によって随意的に制御すること。そのような自己の行動の制御をするための技法を自己コントロール法と呼ぶ。

❻▶セルフ・モニタリング（self monitoring）

行動アセスメントの一つの方法。これによって個人が自らの行動，思考，あるいは感情の側面を観察し，報告する手続き。また，この手続きができるようになることで，自己コントロールの能力が高まることになる。

❼▶媒介体（mediator）

観察可能な刺激と反応の間に介在する仮想状態。刺激によって活性化され，反応を引き起こす。思考，動因，情動，信念等がそれにあたる。構成概念とも呼ばれる。

❽▶曝露法（エクスポージャー）（exposure）

行動療法の系統的脱感作法から発展してきた技法である。不安を感じる状況に，想像上あるいは実際に曝すことによって，その状況に慣れていき，不安を感じないようにすることを目指す。介入手続きとしては，まずクライエントがどのような刺激によって不安反応が引き起こされるのかをアセスメントする。その不安の強さの程度を測定し，不安階層表を作成する。比較的不安の高いものに集中的に曝露する持続集中

曝露と，不安の比較的低いものから高いものに進む段階的曝露がある。現在では，不安障害に対して高い治療効果をもっていることが，実証的に明らかになっている。

❾▶マインドフルネス認知療法（mindful cognitive therapy）

認知療法の要素と，マインドフルネス・トレーニングの方法である治療的瞑想の要素を組み合わせたもの。不適切な思考の変化を強調せず，非判断的で，受容的な注意の配り方を習得できるように援助する。クライエントが自らの考え方，感情，身体の経験に対する自由なメタ認知を獲得し，それらを新たな仕方で関連づけるように支援することで，習慣的となって凝り固まっていた不適切な認知から，クライエントが自由になることが目指される。

❿▶モデリング（modeling）

本項については，03-13-❺「モデリング」を参照のこと。

〔下山晴彦〕

11-13 ▶ 家族療法

家族療法は，家族を個人の単なる総和と見るのではなく，互いに影響を与え合うひとまとまりの単位と見なして，心理療法の対象とするアプローチである。理論的な出発点は，ベイトソンのダブルバインド理論と考えることができ，そうした欧米の家族研究の発展により，世界各地で同時的に家族を対象とした心理療法が創始されていった。そのような複数の開拓者による様々な学派の集合体が，家族療法である。多理論からなる家族療法であるが，**システム論**を共通の背景として発展した。例えば，要素同士が円環的に影響を与え合うという認識論（**円環的因果律**）に基づいて事象を捉えること，問題行動や症状を呈している人物をIP（患者と見なされる人）と呼び，IPが示す問題行動や症状は個人だけでなく家族のSOSであると見なすこと，治療目標を家族内にある問題解決能力の促進や，家族としての健康さの回復に置くこと，といった共通項がある。また，複数の家族メンバーとの同席面接をすることで，互いの関係をアセスメントし介入できるような工夫を，各アプローチが重ねてきている。

多世代派は，ボーエンやナージらによるアプローチである。問題把握と変化への手掛かりを探るために数世代の家族の歴史を重視し，ジェノグラムをしばしば利用する。ボーエンは自己分化という概念を重んじ，個人の中での理性的機能と情緒的機能との分化，個人と家族との分化の度合いを見て，それが低ければ他者と融合しやすく，融合した人間関係が伝達されると症状が形成されると考えている。治療目標はそれぞれの家族メンバーが自己分化度を高めることである。ナージは，多世代にわたる情緒的連鎖が作る"文脈"という概念を重視している。例えば，過去の不公平さを感じるような経験から，他者に対して破壊的に振る舞ってもいいという意識をもつことを破壊的権利付与といい，こういった概念を理解の手掛かりとし，家族の話を丹念に聞きながら互いがつながるように援助する。

構造派は，家族の関係性を構造的側面から理解しようとし，生態学的視点をもつアプローチである。ミニューチンが代表的であり，家族のサブシステムにある"境界"や，家族メンバーの結びつきの在り方である"連合"や，家族内の力関係である"権力"という鍵概念を使って家族を捉え，治療目標としての健康的な家族関係が存在しているという特徴をもつ。実践においては，サブシステムの境界に働きかけ，家族

の構造を変化させることで，IPの回復を促す。ワンウェイ・ミラーやインターフォンを用いて面接時に介入する方法や，関係づくりのための技法であるジョイニングは，この流派の発想である。

コミュニケーション派は，MRIグループを軸として発展したもので，「いま・ここ」でのコミュニケーションの視点をもち，家族のパターンを変化させることを主眼とする。家族の中で生じている悪循環を断つことが目指され，逆説処方等の技法をもつ。この流派に戦略派やミラノ派も含めて，戦略的家族療法と呼ぶこともある。戦略派は，ヘイリーらによって発展した，家族システム内での悪循環に対し，効果的かつ効率的に介入することに主眼が置かれたアプローチである。治療期間はおおむね短く，ブリーフセラピーと呼ばれることもある。家族に固有の解決能力を利用する，例外探しやミラクル・クエスチョン等の技法を有する。

1990年代になると，必ずしもシステム論に立脚しない家族療法も発達し始めた。例えば，**ナラティブ・セラピー**は社会構成主義に基づき，ホワイトらによって創始された新たな潮流である。ナラティブ・セラピーにおいては，個人が現実と思っているものは，実は社会的に構築されたものであるという捉え方をする。それまで家族を支配していたストーリーを，代替的なストーリーに書き換えることが目指され，技法としては，家族内に内在化されている問題を客体化させる，問題の外在化といったものがある。その他，行動療法や精神分析等，他の心理療法の原理を用いた家族療法も存在し，近年はそれまでの考え方を統合する動きも盛んである。また，初期の家族療法は家族全員を呼んでいたが，近年は来談できる数名や，一人に対しても行うなど，さまざまな形態がある。

■　■　■

❶▶ジェノグラム（genogram）

3世代以上の情報を含む家族の歴史の図解で，家系図や家族図と呼ばれることもある。書き方としては，IPは2重に囲み，上から下へと世代が移り変わり，同胞は左から右へ年齢が低くなる。左に父方，右に母方家系，男性が四角，女性が丸で，中に年齢を書き込む。死亡した場合は×印，同居家族は線で囲む，といった表記法がある。関係性を示す線（親密は二重線，葛藤はギザギザ線等）を書き込む場合もある（図1）。

ジェノグラムを描くことにより，家族の関係や世代間で繰り返されるパターンが見え，問題を整理したり，介入方針を立てるにあたって有効である。アセスメントのために使われることが多いが，ジェノグラムを作成するためのインタビュー自体が家族にとって話し合いのきっかけとなったり，

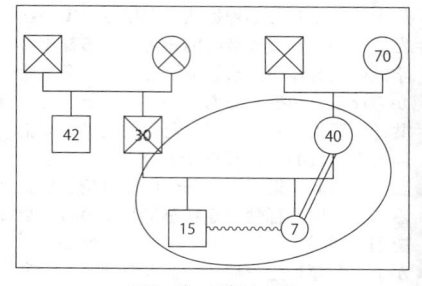

図1　ジェノグラムの例

事象に対する解釈の不一致や，おのおのの思いの共有に至ることもあり，治療効果を上げられる場合もある。

❷▶システム論（family systems theory）

理論生物学者であるベルタランフィの一般システム論がその基礎となった考えであり，人と人との相互作用を捉える認識論である。家族システム論ともいう。家族を一

つのまとまりをもった複合的なシステムとして捉え，そのシステムが抱える心理的問題を IP が表現していると見なす。システムの下位概念としてサブシステムがあり，家族においては，夫婦や同胞等がそれぞれサブシステムを形成している。各サブシステムは相互に独特の結びつきや関係をもっており，全体としては絶えず変化しながらもある一定の均衡を保っていると考えられる。システム論は年代によって変遷し，その内容は世代により重なりつつも異なる要素を含んでいる。初期のシステム理論では，問題を抱えた家族の病理的側面やそのメカニズムの解明に重きが置かれた。1970年代にはシステム論は大きく展開し，1980年代以降はフェミニズムや多文化主義，社会構成主義等の影響を受けて変化を遂げてきた。後期のシステム理論では，家族システムがもつ自己治癒力や自己組織化の観点が強調されるようになってきている。

❸ ▶ ダブルバインド (double bind)

二重拘束ともいう。ベイトソンらが統合失調症の家族のコミュニケーション研究を行い，1956年に発表した理論である。ベイトソンはダブルバインドが成立する条件を次のように示す。二人あるいはそれ以上の人間がいて，相矛盾するメッセージが発せられる。受け手はこの状況を繰り返し体験し，かつそこから逃げることを禁じられているというものである。相矛盾するメッセージとは，例えば，母親が子どもに対し，言葉では「抱きついてよい」と言いながら，身体では抱きつくことを制止するような素振りをする場合である。このような体験を重ねると，受け手は相手の気持ちを識別することが困難となり，また自分自身の気持ちの認識もできなくなるため，統合失調症的な反応パターンが形成されやすいとされた。もとは病因論的な発想であったが，治療に用いられる肯定的ダブルバインドも存在する。

〔吉村麻奈美〕

11-14 ▶ コミュニティ心理学

コミュニティ心理学 (community psychology) は，生態学的な視点から，人を社会的文脈の中の存在として捉える人間観をもつ。個人の問題の理解や援助に際しても，個人の内面だけでなく，個人を取り巻く環境を重視し，「人と環境の適合 (person-environment fit)」という視点から理解するという点が大きな特徴である。一般に，コミュニティは地域社会や共同体と訳されるが，コミュニティ心理学におけるコミュニティは，近隣社会や地域という静態的・構造的なコミュニティだけでなく，価値観や信念，関心を共有する人々の関係性からなる動的・機能的なコミュニティも意味する。

コミュニティ心理学は，個人や集団のウェルビーイングや生活の質を高めるため，個人に対する心理的援助だけでなく，予防システムの構築や当事者との協働，地域社会の資源の活用等の，環境へのアプローチも含めた援助を行うための理論と技法を体系化した学問といえる。臨床心理学におけるコミュニティ心理学の独自性は，発達・成長モデルに基づき，協働による共生を目指す点にある。援助に際しては，強さやコンピテンス，多様性が重視され，個人や集団に対しては**エンパワメント**，**コンサルテーション**，**コラボレーション**，**危機介入**等の援助技法が用いられ，社会に対しては予防システムの構築，**ソーシャルサポート・ネットワーク**の構築，社会変革といった社

会的活動が行われる。

コミュニティ心理学という言葉が初めて使用されたのは、1965年、アメリカで行われたボストン会議であった。当時、臨床心理学の世界では個別密室型の心理的援助が広く行われており、個人の心理的問題はパーソナリティや個人の内的な問題として捉えられ、援助においても個人が対象とされた。しかし、現実の問題は個人の内的な問題だけでなく、環境、あるいは環境と個人の関係性にあることも少なくなく、個人を対象とするアプローチには限界があった。このような伝統的な個別密室型の心理的援助に異議を唱えたのが、地域精神保健の問題に取り組んでいた臨床心理学の専門家であった。彼らは個人が抱える問題の重要な要因の一つとして環境を重視し、そのアプローチにおいても、問題を改善、軽減、予防するための環境作りや、より広くは社会環境そのものを変革していく必要性を唱えた。同時期には、個人の問題をシステムという視点から捉える家族療法が台頭しており、このような環境や地域社会等のシステムを視野に入れた援助モデルは、伝統的な個人援助モデルからの大きなパラダイム・シフトであったといえる。

その背景には、1960年代のアメリカにおける様々な社会的、学問的な動きがあった。一つは、精神医学分野における地域精神衛生 (community mental hygine) から地域精神保健 (community mental health) への転換である。精神障害者を社会から隔離してきた人道の問題に加え、精神分析等によって精神障害に対する心理的・精神的なアプローチの可能性が拓けたこと、更には向精神薬等の薬物療法の開発等、治療・援助手法が発達したことを背景として、1963年、地域精神保健センター法が施行された。精神障害者が一市民としてコミュニティの中で生きる道が開けた時に必要とされたのが、地域における共生を支援する**地域精神医学**とコミュニティ心理学であった。もう一つの社会的な流れとして、1960年代に全米各地で巻き起こった、公民権運動が挙げられる。アメリカ社会の貧困問題や人権問題は、平等や社会正義の議論を巻き起こし、アドボカシーといった運動に発展した。多様な地域住民の生活福祉の改善を求めて社会変革を推進するコミュニティ心理学は、このような時代の流れにも後押しされた。一方、学術的な流れとしては、社会構成主義の台頭が挙げられる。**社会構成主義**は、現実は社会的に構成されているとする考え方であり、既存の社会環境をアプリオリな常識として捉えることに疑念を呈する。地域社会の行政に対して積極的に働きかけ、市民が社会を変革していく志向性をもつコミュニティ心理学は、この思潮に乗った学問でもあった。

心理的援助の具体的なアプローチ方法としては、以下の三つが挙げられる。第一は、個人に対する援助の中で、個人の対処能力を上げるように働きかけることによって、環境への適合を図る**社会適応型**のアプローチである。第二は、個人ではなく環境そのものに働きかける援助であり、環境の機能や構造を変えることで問題解決を図る**環境調整型**のアプローチである。第三は、より広い視点から、個人と環境の関係性に対する新しい見方を提示するものであり、それに基づいた相互関係を行うことで個人と社会の適合性を高める**社会的再構成型**のアプローチである。

■　　■　　■

❶▶エンパワメント (empowerment)
個人や組織、コミュニティが環境とより適切な関係を築くために、環境に積極的に働きかけ、環境の変化を求める力を獲得す

るための援助活動。問題解決のために必要な援助を，環境から引き出す力を獲得できるように当事者自身が変化することで，自らの権利を回復し，自力で権利を行使できるようになることが期待される。社会的スキルの獲得，環境の整備，情報提供等が具体的な支援となる。エンパワメントには，個人，組織，コミュニティの三つの次元があり，これら三つの次元が相互に関連し合っていると考える。

❷ ▶ **危機介入** (crisis intervention)

危機状態にある人や集団に対して，崩れたバランスをできるだけ早く回復し，より良い状態での平衡状態を保つことを支援するための介入をいう。まずは問題発生状況の的確なアセスメントを行い，それに基づいた効果的な介入を迅速かつ集中的に行うことで，個人や集団が自分の力で対処できるようになるまでの短期的な介入を行う。健康モデルに則り，個人の強みや資源を同定し，それを活かせるように働きかける問題解決型アプローチが基本となる。

❸ ▶ **コラボレーション** (collaboration)

個人や集団が抱える問題に対して，専門家や非専門家が，問題解決という共通の目標を達成するために，相互交流や相互対話，社会資源の共有をしながら行う援助活動。コラボレーションにおいては，専門家同士は互いに対等な関係であり，上下関係は成立しないという点が特徴的である。

❹ ▶ **コンサルテーション** (consultation)

コンサルテーションとは，一方をコンサルタント，他方をコンサルティと呼ぶ，異なる領域の専門家間の援助を行うための介入技法。コンサルテーションではコンサルティ個人の内的な問題を扱うのではなく，コンサルティの専門性や価値観を尊重し，それを活かす形で問題解決するための助言・援助を行う。コンサルテーションによって，コンサルティの問題に対する対処能力が高まるために，問題の悪化や再発に対する予防にもなる。

❺ ▶ **ソーシャルサポート・ネットワーク** (social support network)

クライエントを取り巻くコミュニティの専門家及び非専門家から得られるフォーマル，インフォーマルなサポート資源間の連携のことであり，個人の問題解決を援助する際に活用される。ソーシャルサポート資源同士が連携，協働することで，地域社会の社会資源を引き出し，より効果的な援助を行うことができる。援助の仕方には，既存のネットワークからサポートを引き出す，新しいサポート資源を紹介する，新しいサポート資源を造る，サポート・ネットワークを調整するといった四つのアプローチがある。

〔高橋美保**〕

11-15 ▶ その他の心理療法

心理療法は 1960 年代以降，特にアメリカにおいて大きな発展を見せた。**ヒューマニスティック・アプローチ**の心理療法は，心理的健康を高め，潜在能力を発揮することも射程に入れたため，実践の場は医療現場から解放され，教育をはじめ社会の様々な場へ広がった。また，心理療法の効果研究が増え続け，その効果を客観的に示すことで心理療法の重要性が社会的に認識されていった。心理的問題に対する社会的偏見が弱まり，様々な身体疾患の治療でも心理的要因が重要であると認識されるにしたがって，利用する人たちの数も増えていった。これらの要因により心理療法実践が発展し，様々なアプローチが増えていった。

精神力動アプローチ，ヒューマニスティック・アプローチ，認知行動アプローチと

いう主要三学派にも極めて多様なモデルが発展している。**精神力動アプローチ**には，自我心理学，対象関係論，自己心理学の理論的視点があり，更に数多くの理論モデルがある。**ヒューマニスティック・アプローチ**では，クライエント中心療法，**実存分析**，**ゲシュタルト療法**等，古典的なアプローチが根強く実践されている。**認知行動アプローチ**にも，構成主義的認知行動療法，**第三世代行動療法**と呼ばれる統合的なアプローチも増えつつある。

近年のアプローチの発展の特徴は，①文化社会の問題に注目するアプローチ，②特定の心理障害に対するアプローチ，③短期療法，④トラウマに関わる心理療法，⑤インターネットやメール等テクノロジーを仲介とするカウンセリング，に整理される。

フェミニスト・セラピー，**ナラティブ・セラピー**，**多文化・異文化カウンセリング・心理療法**は，従来の心理療法が，文化・社会的問題から起こる個人の苦悩をその個人の人格の問題へと帰してしまう反省から起こった。社会・文化的な問題がどのように個人の意思決定プロセスに影響を与えるのか，そして心理療法におけるセラピストとクライエントの治療関係が社会の縮図としてクライエントに対する圧迫となっていないか，というように社会的権力や不公平に注目する。そして，心理障害や病理の診断に関して慎重な姿勢をとり，クライエントの問題を治癒することよりもクライエントの**エンパワメント**，つまり自立性を高め，社会において自らの意志によって決断をしていけるようになることを目的とする。

近年では，心理療法が特定の問題へと特化される傾向が強い。不安障害等に対しては，比較的短期の症状に焦点を当てた介入で効果が上がる一方，パーソナリティ障害等はより長期的な関わりが必要であるため，一方では様々な短期アプローチが開発され，もう一方では，慢性的問題に対する長期的アプローチにも注目が集まっている。特定の心理障害に対する介入の発展は，効果研究によってその効果が支持された心理治療をリストアップする制度（ESTs）にも後押しされている。短期療法には，家族療法の領域から発展したブリーフセラピーや，精神力動理論を基礎とした**短期力動療法**等がある。

自然災害，犯罪被害といった偶発的な状況によるトラウマから，アタッチメント関係をもつ人から加えられる複雑性トラウマまで，**心理的トラウマ**に関する心理療法も発展している。現在の心理機能を狭める過去の心理的傷つき全般を含むように，トラウマの定義も広くなり，トラウマが一つの理論的視点ともなりつつある。

インターネットやメールを介した相談活動は，急速に広まりつつある。地理的な制限を克服できること，引きこもりや身体的な理由により来談が困難な人たちにも利用可能であることが利点である。チャット機能を利用し対面相談に近い形を維持したもの，メールによる文章のやりとりのみに限定した相談，認知行動療法の考え方に基づき課題に取り組み，その進捗度のフィードバックを受けることができるインターアクティブなプログラムを使うものもある。

新たな心理療法が増え，実践の場も心理療法を使った心理サービスも多様化し，それらを実践する臨床家の資格や訓練も一定の基準がないため，どのアプローチが効果的なのかということが見えにくくなっている。その中で，心理療法の効果を明確にしかも客観的なやり方で示す効果研究の役割が大きくなり，一本化された訓練システムや資格制度の確立を求める声も多い。

■　■　■

❶ ▶ ゲシュタルト療法 (gestalt therapy)

パールズは，ドイツに生まれ，妻のローラ・グッドマンと共にアメリカでゲシュタルト療法を広めた。その基礎には，実存哲学，ゲシュタルト心理学，感情を重視するライヒの精神分析理論がある。ゲシュタルト療法では，椅子のワーク，イメージ技法，夢の劇化等，クライエントが自身の欲求，そしてそれを満たすための環境要因に対する今ここでの気づきを高め，自身の欲求を実際に行動として表現することを促進する様々な技法が発展している。しかし，技法に先立ち，セラピストとクライエントの「我-汝」関係，セラピストの現前性，尊重，対話へのコミットメントがその関係的基盤として必要である。

❷ ▶ 実存分析 (existential analysis)

実存分析は，ヨーロッパの精神医学において発展し，人間の本質に関する実存哲学を現象学的方法と統合し，より人間存在に即した心理療法を求める。人は生きる意味を求め，自由であるとともにそれを行使する責任をもつこと，死は生の一部であり，避けることはできない，という人間存在の本質を重視し，孤独感，疎外感，空虚感という実存的な問題から心理的機能の問題が起こると考えた。実存分析は，ビンスワンガー，ボスらによって始められ，北米ではブーゲンタル，メイ，ヤーロムらが発展させた。セラピストとクライエントとの真なる出会いを重視するため，技法や介入法よりも，治療関係の在り方を強調する傾向が強い。

❸ ▶ 第三世代認知行動療法 (third wave cognitive behavior therapies)

行動療法の変容を起こす介入に，禅仏教の要素を取り入れ，受容と変化の両方を促進する統合的なアプローチである。境界性パーソナリティ障害のための弁証法的行動療法は，クライエントの感情調整力を高めることを目的とした認証理論を発展させている。スキーマ療法は，認知・行動・感情・対人関係の四つの側面を包括的に扱い，パーソナリティ障害の問題を扱う。アクセプタンス＆コミットメント・セラピー（ACT）やマインドフルネス認知療法も，第三世代認知行動療法と位置づけられる。

❹ ▶ 短期力動療法 (short-term dynamic psychology)

精神分析の力動理論を利用し，特定の力動的問題に焦点を当て，より明確で具体的な介入プロセスを示している。面接における感情体験を促進し，転移関係の発展を早めることによって，短期的に防衛機制と人格的変容を目指すマラン，ダーバンルー，シフニオスらのアプローチは，面接のビデオの分析によって開発された。ワイズ，ルボルスキーやストラップによるアプローチは，クライエントの対人関係パターンに焦点を当て，その実証研究が発展してきた。

❺ ▶ ナラティブ・セラピー (narrative therapy)

ナラティブ・セラピーは，社会構成主義の世界観に基づいており，人は自分の体験を語り，意味を与えることから自己感を作り出すと捉える。その目的は，個人が自己を狭く限定的に捉えて語ることに気づきを促し，そのような語りから距離をとって見直し，過去の体験をより良く統合し，将来の可能性が広がるような新たな自己の語りを作ることにある。セラピストは，クライエントがごく当たり前として受け入れている社会文化的構造や価値観が，個人の体験にどのように影響を与えるのかということにも注目する。

❻ ▶ フェミニスト・セラピー (feminist therapy)

フェミニスト・セラピーでは，女性に対する社会的な差別や偏見を扱うことから起こったが，より広く人種，階級，ジェンダー等に基づいた社会的差別を問題視し，個人としての尊重を回復させるとともに，クライエント自身がより主体的に社会に関わ

りをもつよう促す。その基盤には、クライエントとセラピストの平等関係があり、二者の力関係の不均衡について積極的に扱う。また、セラピストは、常に自分が社会政治的な存在であることに注意を向ける。クライエントの弱点を修正することよりも、それを受け入れ、強みを強調する。

❼ ▶ ブリーフセラピー (brief therapy)

ブリーフセラピーは、ミルトン・エリクソンやベイトソン、ヘイリーによる短期介入や理論をもとに発展した。過去に遡って問題の原因を理解するよりも、より望ましい未来像に目を向け、問題解決のための行動を積極的に喚起する。そして、問題を強化する行動や相互作用のパターンを遮断し、個人が新たな行動の仕方を確立するのを助ける。ブリーフセラピーには、現状をポジティブに捉え直し、心理的資源や強みを見出すリフレイミング、問題の影響を受けていない肯定的な側面を同定する例外探し、未来の肯定的な状況を描くよう促すミラクル・クエスチョン等の技法が発展している。

〔岩壁　茂〕

11-16 ▶ 日本の心理療法

日本において、心理療法やカウンセリングが海外から本格的に導入されたのは1960年代以降であるが、日本にはそれ以前から、日本古来の文化や思想を背景とする日本固有の心理療法の流れがあった。日本で最初に心理学的研究を行ったのは、後に東洋大学を創設した井上円了とされている。明治20年頃から精力的な研究を進めてきた井上は、日本で初めて東洋心理学を説き、明治37年には『心理療法』という本を出版した。井上が『心理療法』の中で提示した自然的自観法、すなわち「自然に任せれば、自然の力で治癒する」という考え方は、**森田療法**を創設する森田正馬にも影響を与えた。

森田療法は、1920年代、精神科医の森田正馬が、森田神経症といわれる様々な神経症（現代の対人恐怖症、不安神経症、強迫性障害、パニック障害等）の治療のために開発した精神療法である。森田療法では、不安な自己をあるがままに受け入れ、不安にとらわれることなく、自らの本来の生の欲望に則って必要な行動ができるように促される。症状や問題をあるがままに受容するアプローチには、禅的な思想が反映されている。一方、**内観療法**は、1950年代に、民間人の吉本伊信によって開発された心理療法である。吉本は浄土真宗の一派に伝わる見調べという修行法から宗教色を払拭し、重要な他者との関係における自己を、事実という視点から集中的に見つめ直す一連の修養法を開発し、それを内観（内観法）と称した。内観療法は、この内観（内観法）という方法論を心理療法として用いたものである。内観療法は、健康な人の自己修練ともなるが、神経症や心身症等の様々な精神疾患の治療や矯正領域においても、その有効性が示されている。

森田療法、内観療法はともに東洋人間観、特に仏教や禅的な思想がその背景にあるという点で、日本発生の心理臨床の特異性を際立たせている。このような思想や文化を背景とする両療法は、欧米の心理療法のように症状や問題の消失や軽減を直接的に志向せず、症状や問題をあるがままに受け入れ、不安や症状をもったまま必要な生活や活動に取り組む中で、結果的に症状や問題が消失するという治療機序をもつ。また両療法は、原法では、いずれも宿泊を伴う集中的な治療が行われることから、その厳しい治療構造に注目されることが多い。

しかし，治療理論や治療機序については，認知療法や行動療法，精神分析等，他の心理療法との共通性も多く指摘されている。

1960年代以降，海外から輸入された心理療法の隆盛の中で，日本固有の心理療法は日本の臨床現場では影をひそめ，むしろ海外で展開されるようになった。カナダでカウンセリングの教鞭をとる石山一舟は，森田療法をもとに**アクティブ・カウンセリング**を提唱した（石山・我妻 2004）。また，アメリカのレイノルズは，森田療法と内観療法を統合した**コンストラクティブ・リビング**（constructive living）を打ち立てた。近年では，認知行動療法の第3世代といわれるマインドフルネス（mindfulness）やアクセプタンス＆コミットメント・セラピー（ACT）等が，仏教心理学や日本の禅思想を汲んだ心理療法として注目されつつあり，森田療法との類似性も指摘されている。症状をコントロールして問題解決を迫る欧米の心理療法のアプローチの限界や課題が，症状をあるがままに受け入れる中で問題解決を図る日本の心理療法のコンセプトを，新奇なものとして求めつつあるといえよう。

一方，これらの心理療法とは別の動きの中で，日本でオリジナルに発生した心理療法に**動作法**がある。動作法は，1960年代，海外の心理療法が積極的に取り入れられていた頃に，成瀬悟策を中心に開発された心理療法である。もともとは脳性麻痺児の肢体不自由の改善を目的に動作訓練として開発されたものであったが，1970年代には他の障害児や障害者に，更に1980年代には統合失調症や神経症等にも適用されるようになり，動作法（臨床動作法）として広がった。動作法は，体の動作と心の関係を想定しており，動作を良いものにしようと努力することで，心の改善が図られると考える。したがって，動作法は体を動かすことに意味があるのではなく，具体的な動作を課題として与え，自分の意図通りに身体表現を実現しようと努力する心理的な過程を重視する。特定の動作を制御する過程で感じる意識やイメージ等の自己に焦点化することで，自己制御感を高め，より望ましい生活へと変化していくと考える。

動作法は，森田療法や内観療法とは違った系譜の心理療法であり，両療法のようにその起源に日本的文化性が強くあるというわけではない。しかし，心身一体論に基づき，身体から心を理解する点は東洋的な人間観があるとも考えられる。また，いずれの療法も，欧米の心理療法のように言語的，認知的なやりとりに終始せず，身体や行動や生活といった別のアプローチを用いる点に日本の心理療法の特徴があるといえよう。

■ ■ ■

❶▶動作法（Dohsa-hou）

1960年代に，日本で成瀬悟策によって開発された心理療法。当初は肢体不自由の改善を目的に動作訓練として開発されたが，その後，臨床的な適用範囲を広げて臨床場面で動作法，臨床動作法（動作療法）として広く用いられるようになった。動作法は，動作を使った心理療法であり，その理論的背景は動作学にある。身体的な動作能力だけでなく，「意図－努力－身体運動」といった心理的活動の過程を重視し，その過程の中で自己制御能力や主体性を獲得することで，日常生活における体験が変化し，活動が安定化，活性化，能動化される。

❷▶内観療法（Naikan therapy）

1950年代に民間人の吉本伊信が，浄土真宗の身調べという修行法をもとに開発した心理療法。内観療法は，内観（内観法）という自己修練の方法論を心理療法に適用したものであり，1960年代以降は矯正，

教育，心理学，精神医学，実業界等で関心を集めるようになった。内観療法には集中内観と日常内観があるが，集中内観では約1週間かけて「してもらったこと」「して返したこと」「迷惑をかけたこと」の3項目について，様々な重要な他者との関係における自己を見つめ直す。この体験の中で罪悪感だけでなく被愛感を得ることで，自他の理解と受容が進展し，全人的な気づきを得ることで症状が改善するという治療機序をもつ。

❸▶ 森田療法 (Morita therapy)

1920年代に精神科医の森田正馬が，自らの神経症的な経験をもとに開発した心理療法。伝統的な森田療法は入院治療を原則とし，4期（絶対臥褥期，軽作業期，重作業期，生活適応期）に分かれた治療プロセスを踏むが，現在は外来でも実施されている。治療には日記療法，生活療法の要素も含まれる。認知療法的なアプローチによりとらわれやこだわりから解放され，あるがままを受け入れるとともに，気分本意ではなく目的本位にやるべきことをやるという行動療法的なアプローチにより，本来の生の欲望に沿った生き方をすることが促される。

〔高橋美保**〕

11-17 ▶ 薬物療法

精神・心理状態の不調により助けを求める患者に対する数ある治療法の一つとして，薬物療法がある。精神活動を司っている脳の中枢神経系に働きかけ，精神・心理状態に作用する薬物を，一般的に**向精神薬**（psychotropic drugs）という。治療に用いられる**精神治療薬**（psychotherapeutic drugs）と，違法薬物と認定されることの多い催幻覚薬（hallucinogenic drugs）に分けられる。

精神治療薬は，脳神経細胞に関わる神経伝達物質や受容体，トランスポーターの機能異常を本来の正常な機能へと回復する過程を助ける作用があるとされているが，正確な機序にはいまだ不明な点もある。一般的な薬剤と同様，効果の出方に個人差があることと，副作用（adverse effects）として肝臓や腎臓や心臓等への影響を考慮する必要がある。その主な適応対象の精神障害によって，以下に挙げる幾つかのカテゴリーに分けられており，同じカテゴリーの中に属していてもそれぞれに特色がある。

【抗不安薬・睡眠薬（anxiolytic and hypnotic drugs）】

主に四つの作用（①不安・緊張の緩和，②鎮静・催眠作用，③筋弛緩作用，④抗痙攣作用）が共通の特徴である。抗不安薬は不安障害（神経症）や身体表現性障害（心身症）を中心に，様々な精神疾患に広く用いられる。それぞれの薬の効果の特徴（作用の強さと持続時間）を，おおまかに知っておく必要がある。睡眠薬はそれをもとにして睡眠障害の種類（入眠困難・中途覚醒・早朝覚醒）に対応させて用いる。いずれも効果に比較的即効性があるため，特に短期作用型・高力価の薬剤を中心に「**依存**」に注意する必要がある。長期連続投与で次第に「**耐性**」が形成され，同じ効果を得るのに多くの量が必要となる。また，急に服薬を中止すると「**離脱**」（不安，動悸，冷や汗等）が生じやすいので漸減が必要である。日中の眠気や脱力感・ふらつきなど，特に高齢者では転倒・骨折につながることがある。

【抗うつ薬（antidepressant drugs）】

うつ状態の改善に役立つが，最近では不安障害の治療でも第一選択薬となってい

る。一般的に抗うつ剤の効果は発現まで時間がかかる（2～12週間）。中止には，症状が改善してから約6カ月をかけて漸減すると，再燃が少ないとされる。口渇や便秘等の副作用が多いが，1990年代から使用されたSSRI等は，消化器症状（悪心・嘔気）・頭痛を除いて副作用が比較的少ないとされるが，若者（20代前半以下）への投与は，**自殺や攻撃性の増加**が報告されており投与は慎重にする。また，急激な中断後1～10日以内に，インフルエンザ様症状（頭痛，発汗，筋肉痛等），不安焦燥，異常知覚（しびれやショック様）等の症状を出す**中断後症候群**（discontinuation syndrome）があり，漸減が必要である。

【抗精神病薬（antipsychotic drugs）】

主に統合失調症や躁病に起こる幻覚・妄想等の異常体験や精神運動興奮の改善に用いるが，強い不安・不眠にも用いる。なかでも定型抗精神病薬に比して，過剰な鎮静感や，錐体外路症状（パーキンソン病症状）や，抗コリン作用等の副作用が少ないことで，非定型抗精神病薬が第一選択薬となりつつあるが，糖や脂質の代謝異常を引き起こすことがあるため，定期的な血液検査を要する。

【気分安定薬（mood stabilizer）】

抗躁効果や躁うつ病相の予防効果が期待される薬剤である。他の向精神薬との併用療法（相乗効果）として，躁うつ病（双極性障害）の薬物療法に加えて，様々な感情制御に障害のある病態への応用も試みられている。

いまだに，どの薬がどのような人により効果があるのか，もしくは，どのような人には副作用を起こしやすいかを予測するまでには至っていないため，薬物療法には試行錯誤の部分が残っている。現在，**個別に対応した薬物治療**を目指した研究が進められている。

■　■　■

❶▶依存（dependence）

薬物の乱用を繰り返すと依存に発展する。依存には精神依存と身体依存の大きく二つに分かれる。前者は依存には必須で，快楽を求め，あるいは不快を避けるために求める精神的な衝動を指す。後者は薬物が持続的に存在している状態で，生体が生理的平衡を保っていることを指す。その生理的平衡が乱れると離脱症状が起こる。繰り返すことで薬物の効果が減弱してくることを耐性というが，耐性が形成されると薬物量が増えるので，離脱症状が生じやすくなるという悪循環を引き起こしやすい。これらは薬物の種類によって形成されやすさが異なる。

❷▶個別に対応した薬物治療（personalized drug therapy）

精神疾患の多くは慢性疾患としての性格があるため，急性期の症状が改善した後は，維持療法として少量の服薬が行われる。維持療法としての服薬の中断が再発の原因となることも多い。維持療法の薬物療法としては，副作用が少なく，患者のQOLを損なわないという視点で選択することが重要である。将来的には，あらかじめ検査したデータに基づいて，効果があり副作用の少ない薬物が個別に選択できるようになることが目指されている。

❸▶自殺（suicide）

我が国の自殺者数は警察庁統計（2012年）では27,858人（自殺率21.8〈対10万〉）であり，自殺率は世界第6位（世界保健機関〈WHO〉統計）と非常に高い水準にある。1998年以降，10年以上「年間自殺者3万人」時代が続いている。日本には切腹等の歴史があり，自死という言葉には「自らの理性的な判断でなされた」というニュアンスが含まれる。しかし，実際に

は自殺のプロセスの大部分にライフ・イベントだけでなく，精神疾患が関与していることが複数の調査で判明している。そのため，2006年自殺対策基本法が施行，2007年自殺総合対策大綱が公表され，自殺行動に至らせない方策が必要として，治療の対象とすべきと考えられている。

〔滝沢 龍〕

障害

〔総説〕

障害は、身体障害、知的障害、精神障害に大別される。心理学においては、その中でも主として知的障害、精神障害を扱う。臨床心理学では、障害に関連する問題の解決の方法を主要なテーマとするのに対して、障害の心理学では、どのような心理機能の障害が生じているのかが主要テーマとなる。なお、心理学の分野名称としては、心理機能の障害をテーマとする場合、異常心理学と呼ばれる。

【障害概念の変遷】

障害については、世界保健機関（WHO）が1980年に提案した障害概念がある。そこでは、障害は、器質障害、能力低下、社会的不利といった三つのレベルで制約を受けるものとされた。器質障害は形態面での損傷や生理的な異常、能力低下は実生活上の行動遂行の不全、社会的不利は障害特性への無理解や配慮不足からその人が受ける不利と定義される。原因として器質障害があり、その結果として能力低下が起き、社会的不利を被るという図式が、障害理解の前提となっていた。器質障害を問題理解の前提とした場合、障害の制約を固定的なものと見なし、問題の改善の余地が非常に限定されていた。このような限定を超えるものとして、世界保健機関では2001年に『国際生活機能分類――国際障害分類改訂版』を出し、生活機能の観点に基づく新たな障害概念を提案した。そこでは、生活機能と障害を「心身機能・身体構造」「活動」「（社会）参加」「健康状態（疾病/変調）」「背景因子（環境因子と個人因子）」から構成されるものと見なした。その結果、生活機能と障害は、健康状態と環境因子及び個人因子の相互作用によって成立するものと、理解されるようになった。「心身機能・身体構造」は生理的・解剖学的な面での変異や喪失による障害を意味し、「個人的・社会的活動」は活動面での障害であり、個人的活動の障害（活動制限）と社会的参加の障害（参加制約）に分けられる（図1）。

この障害概念では、障害を正常と区別するのではなく、生活機能という連続線上で障害を理解する視点が重視されるようになった。また、心身機能・身体構造に何らかの障害があっても、環境がバリアフリーに改善され、社会参加の制限が少なくなれば、その人はより活動的となり、生活機能が上昇することが前提となった。その結果、「心身機能・身体構造」の障害は固定的な限界ではなくなり、一つの個性と見なすことが可能となった。そのような個性を抱えつつ、どのように生活するのかがテーマとなった。このような発想の転換は、患者の生活の質（quality of life）の重視につながり、患者の権利擁護やインフォームド・コンセントの活動につながった。

【異常心理学と精神病理学】

心理機能の障害を含めた異常行動の判断基準や原因を研究テーマとするのが、異常心理学である。近年では、異常行動を基準一つだけで定義するのは不十分であり、通

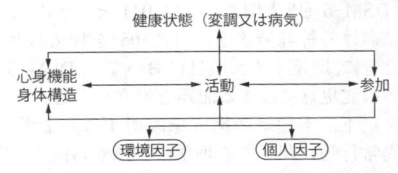

図1 国際生活機能分類の図式

12-00 障害〔総説〕

常は複数の基準を参考にして判断されるようになっている。異常行動の原因に関しては、二つの学問的系譜がある。クレペリンは、医学的観点から、身体因論に基づいて異常行動を分類する精神病理学に発展させ、精神医学の学問的基礎を築いた。もう一つは、異常行動を心的機能の不全によるとする心因論に基づく異常心理学である。これまで、精神分析療法、分析心理学、クライエント中心療法、行動療法、認知療法、家族療法等、心理療法の各学派はそれぞれ心因論モデルを提案してきた。しかし、現在では、身体因論と心因論を区別するのではなく、障害を生じやすい体質である素因と、人を悩ます環境ストレスの相互作用によって異常行動が引き起こされるとする素因-ストレスモデルや、生物的要因、心理的要因、社会的要因が相互に影響して異常行動が成立するとする生物-心理-社会モデルが主流となっている。

【本領域（障害）の構成】

本領域は、大きく三つに分かれる。最初に①異常行動の原因と分類に関する学問として、異常心理学と精神医学を解説する。次に②精神障害の中核となる障害分類を解説する。ここでは、異常行動の違いによって精神障害を五つの下位分類に分けて解説する。最後に③精神障害と重なりつつも周辺に位置づけられる障害を解説する。

障害分類については、アメリカの精神障害の分類基準である『精神障害の分類と診断の手引き（DSM）』が基準として採用されることが多い。本書の校正時点でDSM-5が出版されたので、大項目として「DSM-5（成人関連）」(12-04) と「DSM-5における神経発達症群」(12-05) を加えるとともに、関連する大項目においても、DSM-5への変更点に関する記述を適宜加えた。

以下、本領域の構成を説明する。まず、異常行動に関して心理学の観点から研究する学問として「異常心理学」(12-01) の概要を解説した上で、「異常心理の原因論」(12-02) を説明する。次に、医学の立場から異常行動の分類と原因の研究を行う学問である「精神医学」(12-03) について解説する。精神医学は、生物学的原因を重視する点が特徴である。

核となる精神障害については六つに分けて解説する。まず不安が強く意識される不安障害を2項目に分けて解説する。「不安障害(1)」(12-06) には急性ストレス障害、PTSD、パニック症/障害、恐怖症が含まれ、「不安障害(2)」(12-07) には強迫症/強迫性障害、全般不安症/全般性不安障害、社交不安症/障害が含まれる。次に、不安が身体や行動の問題として表れる精神障害を解説する。これには「解離性障害と身体症状障害」(12-08)、そして「摂食障害と性障害」(12-09) の2項目が含まれる。摂食障害は、下位分類として神経性やせ症/神経性無食欲症と神経性過食症/神経性大食症がある。最後に、精神病とも呼ばれ、生活に相当の支障をきたす「気分障害」(12-10) と「統合失調症」(12-11)。気分障害には、下位分類として抑うつ障害群と、いわゆる躁うつ病である双極性障害がある。統合失調症には陽性症状と陰性症状があり、陽性症状として幻覚や妄想がある。

比較的周辺にある精神障害として、「パーソナリティ障害」(12-12)、「発達障害」(12-13)、「子どもの心理的障害」(12-14)、「知的能力障害（知的発達症/障害）」(12-15)、「認知障害」(12-16) を取り上げる。比較的早期に見出される発達障害については二つに分けて解説する。「発達障害」(12-13) では学習障害、自閉スペクトラム症/自閉症スペクトラム障害、AD/HDを扱い、「子どもの心理的障害」(12-14) ではそれ以外の障害を扱う。日本で多い「不登校と引きこもり」(12-17) については1項目を設けて解説する。

〔下山晴彦〕

12-01 ▶ 異常心理学

　異常心理学（abnormal psychology）は，臨床心理学と深い関連をもち，心理的異常とは何かを明らかにするとともに，その原因探求を主要テーマとする学問である。臨床心理学の実践活動においては，対象となる異常行動や異常心理についてアセスメントを行い，問題の成り立ちを明らかにした上で，問題の解決に向けて介入の方法を決定する手続きをとる。異常心理学は，このアセスメントの作業を有効に行うための参照枠を提供する学問体系である。

　心理的異常をどのように定義するのかについては，様々な見解がある。第一は「出現頻度の低さ」で，出現頻度の分布を示す正規曲線の両端部に位置し，全体の平均から逸脱している状態を異常と見なす。第二は「規範の侵害」で，社会規範を侵害しているか，もしくは人々を脅かし不安にさせている場合を異常と見なす。第三は「本人の苦悩」で，何らかの状態を経験している人が多大な苦悩や心的苦痛を感じている場合，それを異常と見なす。第四は「能力低下と機能不全」で，生活の場で期待される行動や役割を果たせなくなっている状態を異常と見なす。第五は「予測不可能性」で，環境からの刺激に対して，通常は予想がつかない反応をする場合に異常と見なす。このように，異常の定義については様々な見解がある。そこで，現代の異常心理学では，正常と異常の判別に関しては，下記に示すように複数の基準による多元的な概念として理解するようになっている。

【行動の正常と異常の判別基準】

　適応的基準，理念的基準，標準的基準，病理的基準にまとめることができる。適応的基準は，社会的に適応できているかどうかを基準としてその行動が正常か異常かを判断するものであり，第三者の立場から見て当事者の適応状態を社会的に判断する場合と，当事者が自らの適応状態を主観的に判断する場合がある。理念的基準は何らかの規範に合致しているのか否かを基準にして判断するものであり，法律や理論に基づく論理的な判断と，社会通念や道徳観に基づく生活的な判断をする場合がある。標準的基準は，集団の中で平均に近い標準状態にあるものを正常とし，平均から偏差の度合いが強い状態を異常とする。病理的基準は，病理学に基づく医学的判断により健康と判断された場合が正常であり，疾病と判断された場合を異常とする。

　このような多元的な基準により，心理的問題のアセスメント技法や研究法，異常行動の形成に関する理論モデルの構築をすることが，異常心理学の目的となる。なお，異常心理学に類似した学問として，精神病理学がある。両者の違いは，前者が異常を多様な基準で理解するのに対して，後者は上記の病理的基準に特化し，心理的異常を疾病の症状として判断するところにある。精神病理学では，異常行動形成の原因を考える際に主に生物学モデルに準拠することも異常心理学と異なる特徴である。

【異常心理学の歴史】

　異常行動や異常心理をどのように考えるかについては，人類の歴史とともに始まったといえる。古代では異常行動は，悪魔のような邪悪な存在が人間を支配しているという**悪霊学**が信じられていた。それに対してギリシャのヒポクラテスは，狂気を躁病，うつ病，精神錯乱に分類し，それを脳の異常と見なす**身体因論**を提唱した。しかし，ヨーロッパ中世の暗黒時代では，**ヒポクラテスの身体因論**は消滅し，再び悪霊学が広まり，魔女狩り等も行われた。15，16

世紀には、精神障害者の多くは収容施設（asylums）に監禁され、見世物にされていた。フランスの医師ピネルは、人道主義の立場からビセートル収容病院に監禁されていた精神障害者を解放した。近代に至り、異常行動に関する二つの大きな学問的系譜が形成された。

一つは、身体因論から発展した精神医学である。クレペリンは身体因論に基づき、精神病理学を創始した。この**クレペリンの精神病理学**は精神障害の診断分類体系として発展し、現在用いられている「国際疾病分類（ICD-10）第5章 精神及び行動の障害」や「精神障害の診断・統計マニュアル第五版（DSM-5）」となっている。

もう一つは、異常行動を心的機能の不全によるとする心因論（psychogenesis）であり、それが後に臨床心理学や異常心理学として発展した。心因論は、フロイトが、悪霊学の系譜に連なる催眠術の影響を受けて精神分析理論を提唱したことに始まり、その後、行動療法、クライエント中心療法、認知療法、家族療法、コミュニティ心理学等が、それぞれの立場から異常行動や異常心理の原因論を提案している。

現在では、身体因や心因を分けるのではなく、生理的要因、心理的要因、環境的要因が相互に関連し合って異常行動が形成されるという、生物-心理-社会モデルが主要モデルとなっている。また、それと関連して2001年には世界保健機関（WHO）から『国際生活機能分類―国際障害分類改訂版』（ICF）が出された。そこでは、生活機能の観点に基づき、異常行動を疾病（disease）と見なすのではなく、障害（disorder）と見なし、心理的要因や環境要因を改善し、生活上の障壁を取り除くことで、障害を克服するための新たな概念が提唱された。

【次元的（dimensional）分類と区分的（categorical）分類】

異常行動や異常心理の分類にあたっては、正常と異常の連続性の捉え方によって、次元的分類と区分的分類の2種類に分かれることになる。次元的分類では、分類の対象は一つの量的次元上に位置づけられるとの前提に立つ。したがって、正常と異常はある変数の連続線上にあり、両者は単なる量的程度の違いであり、どこを**区分点**（cutoff point）にするのかによって決まるとされる。それに対して区分的分類は、個別に区分けされた診断的実体を想定しており、正常と異常は不連続であり、互いに異質なものと見なされる。精神病理学における精神疾患は、区分的分類を前提とする概念である。なお、DSM-5では、自閉症スペクトラムの概念に見られるように「スペクトラム」の考え方が導入されている。これは、次元的分類に基づく考え方である。

■　■　■

❶▶悪霊学（demonology）

異常行動の原因が悪霊による支配と考えられていたため、治療法として悪魔祓い（exorcism）が用いられた。それは、儀式的な詠唱や拷問を用いて悪霊を追い出すために行われた。

❷▶クレペリンの精神病理学（psychopathology of Kraepelin）

ドイツの医学者クレペリンは、狂気を精神疾患と見なし、身体疾患と同様に一定の原因、症状、経過、解剖所見（特に脳の病変）をもつ疾患単位と仮定した。精神疾患を、身体因が明らかな外因性、明白な証拠はないが遺伝素因等が想定される内因性、心理的原因による心因性に分類し、体系的な診断分類体系を提案し、精神医学と精神病理学の基礎を築いた。

異常心理学の原因論 |12-02| 399

❸ ▶ 国際生活機能分類（ICF : International Classification of Functioning, Disability and Health）

障害を,「心身機能・身体構造」「活動」「(社会)参加」「健康状態（疾病/変調)」「背景因子（環境因子と個人因子)」から構成されるものと見なす。1980年のWHOの障害概念では, 生物的要因の欠陥（器質障害）によって能力低下が生じ, 社会的不利になるとされていた。それに対して2001年に出された本分類では, 生理的・解剖学的な面での変異や喪失による「心身機能・身体構造」の障害があったとしても, 環境因子や個人因子を変化させることで社会的参加は可能となり, 個人的活動の制限は改善され, 生活機能としての障害ではなくなるとする, バリアフリーの発想が取り入れられた。したがって,「心身機能・身体構造」の障害を固定的限界ではなく, むしろ個性と見なし, その個性を抱えつつ生活機能を高めるように支援する方法と理論を構築することが, 異常心理学や臨床心理学の目標となる。

❹ ▶ ヒポクラテスの身体因論（Hippocrates somatogenesis）

脳を人間の知情意を司る器官と見なし, 思考や行動の異常は脳の病理によるとした。4種の体液（血液, 粘液, 黄胆液, 黒胆液）のバランスによって脳機能が影響を受けると見なし, 精神障害を躁病, うつ病, 精神錯乱・脳炎の三つに分類し, 治療を医師の手に委ねるものとした。

〔下山晴彦〕

12-02 ▶ 異常心理学の原因論

心理的異常の原因論（etiology）については, 生理的要因を想定する身体因論や, 心理的要因を想定する**心因論**がある。歴史的には, 精神医学や精神病理学が身体因論に基づいて発展したのに対して, 異常心理学や臨床心理学は心因論を主とした異常行動形成の理論モデルを中心に発展してきた。

異常心理学の歴史の中で心因論を最初に提唱したのは, 精神分析学を創始したフロイトである。**精神分析学**では, 自我が無意識の願望, 超自我, 外界との間の調整を適切に行えない場合に, 不安が生じるとする。そして, 不安を解消して自我の安定化を図る**防衛機制**が適切に機能しなくなった場合に, 心理的異常が生じると仮定した。精神分析学の理論モデルでは, 乳幼児期の体験で意識に統合されなかった性的衝動に関連する事柄が無意識に抑圧された結果, 心的葛藤が生じるという, 抑圧理論や性的な本能論がその前提となっていた。抑圧理論や性的本能論を巡ってフロイトから離反したユングが創始した分析心理学では, 外的社会に示す自我の側面にすぎないペルソナを, 心の全体と見なし, ペルソナとは逆の性質をもち, 無意識にあって意識されにくいシャドー（影）を抑圧した場合に心の相補性が崩れ, 心理的異常が発生すると仮定した。

観察不可能な無意識を想定する精神分析学を批判し, 科学的観点を重視した**行動療法**では, レスポンデント（古典的）条件づけ, オペラント条件づけ, モデリング等の学習の原理によって不適切な行動が学習され, その不適応行動を強化, 維持する状況が形成されてしまった場合に, 心理的異常が生じると仮定した。これは, 観察可能な行動のみを「刺激-反応」図式から理解する, 行動主義及び学習理論に基づく原因論であった。

人間の異常行動の要因として無意識の本能的衝動を想定する精神分析学や, 不適応行動の強化による学習を想定する行動療法の理論モデルに対して, 主体的存在として

の人間性の観点から，独自の現象学に基づく心因論を提唱したのがロジャーズである。彼は，自己概念が経験の照合枠となっているため，自己概念と経験の不一致が続いた場合に，自己概念と矛盾する経験が意識に取り入れられず，経験が非常に限定されたものとなり心理的異常が生じると仮定した。

精神分析学から発展し，新たに認知過程に注目する認知療法を提唱したのが，ベックやエリスである。**認知療法**では不合理な信念や自動思考等の認知変数が認知過程に介在することで，環境からの刺激に対して歪んだ認知パターンや認知スタイルに基づく不適切な情報処理が行われ，その結果として心理的異常が生じるとする原因論が提案された。このように認知療法の原因論は，情報処理モデルに基づくものであった。

以上，解説した理論モデルは，個人の意識，無意識，行動の観点から異常行動や異常心理の形成を想定する原因論であった。それに対して家族療法やコミュニティ心理学は，システム論や生態学的アプローチの観点から社会的観点を組み入れた心因論を提唱した。**家族療法**では，家族間のコミュニケーションや家族システムにおける関係の歪みの中に個人が置かれ，その状況が維持された場合に，その関係の歪みが個人の心理的問題として現れると仮定した。**コミュニティ心理学**では，個人が生活しているコミュニティの経済状況，生活様式，ソーシャル・ネットワーク，社会制度，物理的条件といった社会的物理的環境要因と，個人的要因の相互作用によって，心理的問題が形成されると仮定した。

このように，異常行動や異常心理の原因論については，身体因論，心因論，更には社会的要因論に基づく理論モデルが提唱されてきた。しかし，現在では，身体因論，心因論，社会要因論を区別するのではなく，生理的要因，心理的要因，環境的要因が相互に関連し合って異常行動が成立するとする，**素因-ストレスモデル**の原因論が提唱されるようになっている。これは，問題や障害を生じやすい体質である素因と，人を悩ます環境ストレスの相互作用によって，異常行動が引き起こされるとの前提に立つものである。近年では，素因-ストレスモデルに基づく**認知行動論**の原因論の立場から，様々な異常行動の原因モデルが具体的に提案されている。

また，生理的要因，心理的要因，環境的要因の相互作用を重視する立場から，**生物-心理-社会モデル**の原因論も提唱されている。かつては，病気や障害を生物医学モデルのみで理解する傾向が強かったが，現代では，生物的要因のみによって成立するものとしてではなく，生物的要因，心理的要因，社会的要因が重なり合って成立するものとして理解し，患者の生活全体の中に位置づけるようになった。心理的要因や社会的要因が組み込まれることで，患者の主体性や社会生活の重要性が重視されるようになるとともに，病気や障害の治療についても，医療職だけでなく，心理職，福祉職，行政職等の多職種協働が重要なテーマとなった。このような発想の転換は，患者の生活の質（QOL）の重視につながるとともに，患者の権利擁護やインフォームド・コンセントの活動にもつながってきた。

■　■　■

❶▶生物-心理-社会モデルの原因論（etiology of bio-psycho-social model）

生物-心理-社会モデルでは，多様な要因が絡み合って病気や不健康といった問題が成立していると仮定する。生物的要因として，神経，細胞，遺伝子，細菌やウィルス等が挙げられ，生物学，生理学，生化学，神経・脳科学等から得られた医学的知見に

基づき，医療職による手術や薬物治療等の生物医学的アプローチが採用される。心理的要因については，認知，信念，感情，ストレス，対人関係，対処行動等が挙げられ，心理職による心理療法や心理教育によって，自己の病気や環境に適切に対処できるように認知や行動の仕方を改善していく認知行動的アプローチが採用される。社会的要因については，家族や地域の人々のソーシャル・ネットワーク，生活環境，貧困や雇用等の経済状況，人種や文化，教育等が含まれ，患者を取り巻く家族のサポート，活用できる福祉サービス，経済的なものも含めての環境調整等，社会福祉職による行政的アプローチが採用される。

❷ ▶ 素因-ストレスモデルの原因論 (etiology of diathesis-stress model)

素因とは，先天的であれ後天的であれ，一定の仕方で反応しやすい傾向を意味する。異常心理学においては，ストレス耐性を低下させ，不適応状態を引き起こす因子と見なされる。ある特定の異常行動を示す者は，ストレスによって特に影響を受けやすく，その結果として問題行動が起きると仮定する理論モデルである。

❸ ▶ 認知行動論の原因論 (etiology of cognitive-behavioural theory)

事実に基づかない誤った認知と不適応的行動パターンが組み合わされ，問題を維持する悪循環の回路が形成されることによって異常行動や異常心理が発生し，悪化，継続するとする。様々な精神障害に特有な悪循環の回路が特定されており，認知療法由来の認知技法や行動療法由来の行動技法を用いてその悪循環に介入し，改善する方法が提案されている。例えば，強迫性障害では，何らかの刺激状況に置かれた場合，誤った「認知」として強迫観念（例：家が汚染されている）が意識され，強い不安が生じ，その不安感を打ち消すための「行動」として強迫行為（例：洗浄を繰り返す）を行う。しかし，それは，不安感を一時的に回避しているにすぎないため，不安の克服はできず，刺激状況に触れるたびに強迫行為による回避行動を繰り返す悪循環が成立し，強迫症状は維持，悪化すると想定される。このように，「認知」と「行動」が組み合わさって問題維持の悪循環が形成されるとする理論である。

〔下山晴彦〕

12-03 ▶ 精神医学

精神医学とは，精神の病的状態に対して，その原因，症状，経過，予後，治療等を研究し，治療と予防を実践する医学の分野である。

【精神医学の歴史】

古代はヒポクラテスの時代から，今日の精神疾患と思われる記述を認めることができる。精神医学の歴史は大きく三つに分けることができる。①精神障害が病気と見なされず，医学の対象と考えられていなかったギリシャ時代から中世まで（例えば，体液や気の異常，悪霊にとりつかれた者，魔女狩り），②精神疾患が病気と見なされるようになったが，有効な治療法が存在しなかったルネサンス以後1930年頃まで（例えば，医療よりも監禁・収容を主目的とする施設），③特に薬物療法等，各種の医学的治療法が発達した現在（例えば，医学的治療を目的とした外来や入院，患者の人権尊重）である。

【精神科症状学】

疾病（illness）とは平均からかけ離れ，しかも生存に不都合，不利な状態である。精神医学の実際面では，本人の社会生活に不利であるという価値基準が併用される点

が特徴である。社会的価値基準は個人の主観やイデオロギーに左右されやすいので，価値基準が多様化している社会では，正常・異常の判定を巡って問題が生じやすい。そのため，社会的な機能（例えば，家事・学業・就業）に障害があるか否かが重要な観点となる。

そうした精神の病的な現象についての心理的な側面を探求する学問の総称を，**精神病理学**と呼ぶ（生物学的側面を探求する生物学的精神医学と対比されることが多い）。精神症状には「行動」として表出された客観症状と，患者の「体験」として，患者の言葉による記述を通して間接的に知りうる主観症状がある。そうした症状には，意識，知能，記憶，知覚，思考，感情・情動・気分，意欲・行動，巣症状（失語・失認等）の異常等があり，それぞれの障害を正確に把握し記述する**精神科症状学**として発展した。精神症状は上記のような機能障害が個々に出現することもあるが，関連のある症状が幾つか一定の様式で組み合わされた症候群として認めることが多い。こうした症状又は症候群として形成される全体像は，「状態像」として把握される。例えば，幻覚妄想状態，躁状態，うつ状態，神経衰弱状態，錯乱状態等である。

【精神科診断学】

精神医学的診断のためには，患者の既往歴，家族歴，生活史（生育歴，学歴，婚姻歴，職歴），病前性格及び現病歴の聴取による情報の収集に加えて，現症としての精神医学の面接所見，神経学的所見，各種の心理テスト等を合わせて，総合的に行う。

例えば，高血圧や糖尿病のように，病因論を基礎に置いた診断体系は客観的で信頼性が高い。しかし，精神障害では病因が不明なものが多いため，症状，環境因子，重症度，経過等を組み合わせた臨床類型に基づいた分類体系が用いられている。

従来の精神医学で用いられてきた**診断基準**は，記述的で診断者の主観的判断が入り込む余地が大きく，信頼性（診断の一致率）が高くないことが国際比較研究によって指摘されてきた。その要因には，経過の中で患者自身の症状に変化がある場合や，患者や家族からの情報の量や質に差異がある場合，同様の情報を得ても医師側の観察眼に差異がある場合や，医師ごとに診断基準に差異がある場合などがある。

そのため，各精神障害のカテゴリーが重複しない基準を用いて，誰が診断しても一定の診断に至る操作的診断基準が作られた。アメリカ精神医学会による**DSM**（精神障害の診断と統計マニュアル）と，WHO（世界保健機関）によるICD（疾病及び関連保健問題の国際統計分類）等がある。これらの操作的診断基準を正確に適用するために，質問の仕方等を統一的に規定した**構造化面接法**（structured interview）が用いられる。

【治療法】

精神科治療には，他の身体科治療とは異なる幾つかの特徴がある。まず，社会的存在としての人間全体を対象とする。次に，他の身体疾患に比べて精神的要因の関与が大きく，精神療法的な配慮が不可欠となる。三つ目に，客観的な治療効果の判定が困難である。四つ目には，社会的生活を当面の目標とする社会的寛解を目指す。

身体療法には，薬物療法や**電気けいれん療法**等があり，心理社会的療法には，**精神療法**，行動療法，作業療法，精神科リハビリテーション等がある。

■　■　■

❶▶診断基準（diagnostic criteria）

国際的にも1970年代に操作的診断基準が導入されるまでは，体系的な診断基準は検討されてこなかった。精神疾患の診断の

信頼性を低くしていた原因は，①情報の分散（いかなる情報に着目するかに関する不揃い）と，②観察の分散（情報のどの側面に着目するかに関する不揃い），③評価基準の分散（得られた情報から診断に導く基準に関する不揃い）にあるとされた。国際的比較研究によって精神疾患診断不一致が明らかとなり，操作的な診断基準の導入がなされた。最近では，実証的検討によって積み重ねられた最新の研究知見に基づいて，数年から十数年ごとに改訂更新を繰り返すというレールが敷かれている。そして2013年，DSM-5が出版されている。

❷ ▶ 精神療法（psychotherapy）

精神療法が何たるかを定義することは難しい。精神療法の起源はシャーマンが病人を前にして唱える言表行為にあると，高名な宗教学者エリアーデは指摘する。ヤスパースは「心を通して行う手段によって，心か身体に働く治療法の全て」と定義している。このように，精神療法という言葉には含みがあり，時代とともにその指すものが異なってきた。このように精神療法全体を簡潔に説明することはできなくとも，どのような設定で行われるかについて明らかにすることはできる。精神療法は，情報を得ること，患者が安心できる関係を結ぶこと，治療的に働きかけることの三つの設定を同時に目指している。更には，精神療法と呼ばれるものに共通している特徴は，目的・見通し・現実への回復の設定が治療者・患者の双方の間に存在していることであり，これらが存在していれば，精神療法的介入と呼んでよいことになる。

❸ ▶ 電気けいれん療法（ECT : Electric Convulsive Therapy）

電気けいれん療法（ECT）は，けいれん療法の一つとして，1938年にハンガリーの神経病理学者メドゥナによって開発された。てんかん患者の脳にはグリア細胞の増殖が認められるのに対して，統合失調症患者の脳にはグリア細胞がほとんど認められない所見等に基づき，人工的にけいれん発作を起こせば統合失調症が改善するとの仮説を立て，けいれん療法を試み成功した。その後，安全性を重視した方法（麻酔薬や筋弛緩薬を用いる修正型ECT等）に修正されながら発展し，うつ病を中心とする気分障害にも著効することが判明した。特に，薬物治療抵抗例に対する治療法として各国のガイドラインには必ず取り上げられている。しかし，残念ながらECTの正確な作用機序はいまだ解明されていない。最近は，脳由来の神経栄養因子の増加や，海馬の神経新生の促進等の報告が注目されている。

❹ ▶ 魔女（witch）

中世，魔女とされて迫害された人々の中には，てんかん等の神経疾患や統合失調症等の精神疾患にかかっていた人たちも多かったとの見解がある。精神医学史の研究家であるジルボークは，16世紀オランダの医師ワイヤーが「魔女は，心を病む病人である」と指摘したことから，「最初の精神科医であろう」と指摘している。ただし，ワイヤーが一部の幻覚や妄想の原因を「悪魔の仕業」としている点で，宗教的モデルとの訣別という観点からすれば，まだ医学の一部としての精神医学の出発点としては早過ぎることになる。その後，精神疾患を病気として認めるようになった時代を待つことになる。

〔滝沢 龍〕

12-04 ▶ DSM-5（成人関連）

2013年5月に，アメリカ精神医学会から新しい操作的診断基準として，DSM（精神障害の診断と統計マニュアル）第五版（DSM-5）が出版された。1994年に第四版（DSM-Ⅳ）が出版されてから約20年の月日が経っての大改訂であった。

全体的なこととしては，これまでの多軸システム（第Ⅰ軸：臨床疾患，第Ⅱ軸：人格障害・精神遅滞，第Ⅲ軸：一般身体疾患，第Ⅳ軸：心理社会的および環境的問題，第Ⅴ軸：機能の全体的評定）を廃止し，統廃合して組み替えた診断カテゴリー（category）による診断（セクションⅡ）に加えて，脆弱性や重症度の連続性が強調されるディメンション（次元 dimension）評価の併用を行う試みが随所に行われている。セクションⅢの尺度ツール（cross-cutting symptoms measures）を用いて疾患横断的に，つまり疾患にかかわらず治療経過に沿って全ての患者に，以下の13の症状によるディメンション評価を行うことを推奨している（Ⅰ．抑うつ，Ⅱ．怒り，Ⅲ．躁，Ⅳ．不安，Ⅴ．身体症状，Ⅵ．希死念慮，Ⅶ．精神病症状，Ⅷ．睡眠問題，Ⅸ．記憶，Ⅹ．反復思考・行動，Ⅺ．解離症状，Ⅻ．人格機能，XⅢ．物質使用）。

臨床単位としての，章（chapter）の枠組み自体に大きな変化があった代表的なものを以下に挙げる。

DSM-Ⅳにあった「通常，幼児期，小児期または青年期に初めて診断される障害」は廃止され，成人にも診断適応を可能にする組み替えが行われた。その大部分は「**神経発達症群/障害群**」という新しい章にまとめられ，ここに知的能力障害群（intellectual disabilities）（精神遅滞〈mental retardation〉という用語は廃止），コミュニケーション症群/障害群（communication disorders），自閉スペクトラム症/自閉症スペクトラム障害（autism spectrum disorder），注意欠如・多動症/性障害（attention-deficit/hyperactivity disorder）等が含まれることとなった。

「**統合失調症スペクトラム障害および他の精神病性障害群**」では枠組み自体に大きな変更がなかった一方，気分障害（mood disorders）では「**双極性障害および関連障害群**」と「**抑うつ障害群**」という二つの章に分割された。

「**不安症群/障害群**」から，研究成果に基づき二つの章が独立した臨床単位としてDSM-5で新設された。一つは，「**強迫および関連症群/強迫性障害および関連障害群**」という章で，ためこみ症（hoarding disorder），皮膚むしり症（excoriation disorder/skin-picking disorder），抜毛症（trichotillomania/hair-pulling disorder）等が，新しい障害としてこの章に含められた。二つ目は，「**心的外傷およびストレス因関連障害群**」という章で，急性ストレス障害（acute stress disorder），DSM-Ⅳでは独立した章だった適応障害（adjustment disorders），心的外傷後ストレス障害（posttraumatic stress disorder）等が含まれる。

「**身体症状症および関連障害群**」は，DSM-Ⅳにおける身体表現性障害から組み替えられた。

「**食行動障害および摂食障害群**」は，DSM-Ⅳの摂食障害と小児期の哺育障害（発症年齢の制限はDSM-5で削除）を統合する形で設けられた。

「**睡眠・覚醒障害群**」「**物質関連障害および嗜癖性障害群**」「**人格障害**」では，枠組みとしての大きな変更はなかった。

一方で，DSM-Ⅳの「性障害および性同一性障害」の章から，「**性機能不全群**」「**性別違和**（gender dysphoria）」「**パラフィリア障害群**」の三つの独立した章となった。

また，DSM-Ⅳにあった「他のどこにも分類されない衝動制御の障害」と，一部の小児期の関連診断は，感情と行動の自己制御（self-control）の障害に特徴づけられる「**秩序破壊的・衝動制御・素行症群**（disruptive, impulse-control, and conduct disorders）」の章にまとめられた。

認知症や健忘の関連障害は，「**神経認知障害群**」という新たな名称の章にまとめられた。

それぞれの診断カテゴリー内における重要な内容変更は小項目に記載する。

改訂当初の目標として，2000年代に入って急速に発展を遂げている遺伝研究や神経科学研究の成果を踏まえ，生物学的指標に基づいた診断基準に大幅に組み替えることが宣言されていた。結果的には，そこまでの大規模な改訂は行われなかったといえる。しかし，各診断間の相互関連性や生涯発達の視点の導入で，臨床場面での使いやすさはより向上すると考えられる。

■　■　■

❶▶強迫症および関連症群／強迫性障害および関連障害群（obsessive-compulsive and related disorders）

DSM-5のこの章では，特定用語として，DSM-Ⅳで「洞察に乏しいもの（with poor insight）」だけだった特定用語が，「病識が十分または概ね十分（with good or fair insight）」「病識が不十分（with poor insight）」「病識が欠如した・妄想的な信念を伴う（with absent insight/delusional beliefs）」という三つに改良された。この特定用語によって，精神病性障害とは異なるが，洞察の欠如した（妄想的な）信念の存在を明確に強調できることになった。更に「チック関連（tic-related）」という特定用語によって，先行研究を踏まえたチック障害との合併や既往を明確にすることを目的としている。

❷▶食行動障害および摂食障害群（feeding and eating disorders）

DSM-5のこの章では，過食性障害（binge-eating disorder）が新たに独立した病型となった。また，神経性やせ症/神経性無食欲症では，診断基準の必須項目から無月経という条件がなくなり，基準Bに体重増加への恐怖だけでなく，体重増加に対する持続的行動が追記された。神経性過食症/神経性大食症では，下位病型（排出型・非排出型）が削除され，むちゃ食い及び不適切な代償行動の頻度が，「3カ月にわたり週に2回」から「週に1回」と頻度閾値が下げられている。

❸▶神経認知障害群（neurocognitive disorders）

DSM-5のこの章では，これまでの認知症（痴呆〈dementia〉）という用語を廃止し，日本での認知症にあたる認知症（DSM-5）（major neurocognitive disorder）とし，日常生活は自立できている軽度認知障害（DSM-5）（mild neurocognitive disorder）を新たに分類した。いずれの障害も，認知領域（cognitive domains）ごとに重症度をディメンション評価することを求めている（各領域は，注意/実行機能/学習と記憶/言語/知覚運動/社会認知）。

❹▶神経発達症群／障害群（neurodevelopmental disorders）

DSM-5のこの章では，DSM-Ⅳで広汎性発達障害（pervasive development disorder）という診断名が，その下位カテゴリー（アスペルガー障害等）とともに廃止され，社会性の障害と常同性をともに満た

す場合のみ，「自閉スペクトラム症/障害 (autism spectrum disorder)」として一つの診断にまとめられた。

❺▶身体症状症および関連障害群 (somatic symptom and related disorders)

DSM-5のこの章では，重複や使いにくさを反映して身体化障害，鑑別不能型身体表現性障害等の診断は削除され，身体症状症 (somatic symptom disorder) として新たに統合された。

❻▶心的外傷およびストレス因関連障害群 (trauma-and stressor-related disorders)

DSM-5のこの章では，急性ストレス障害，外傷後ストレス障害の診断基準で，主観的な反応（基準A-(2)）の部分は削除され，ストレス要因の基準Aの内容がより明確に提示された。またDSM-Ⅳでは，いずれの診断基準も明確に満たさないが，臨床的な苦悩を抱えた患者に対して診断していた適応障害 (adjustment disorders) を，3カ月以内に起こった出来事のストレス反応として明確に定義し直した。

❼▶睡眠・覚醒障害群 (sleep-wake disorders)

DSM-5のこの章では，重複診断を減らす目的で，DSM-Ⅳにあった他の精神疾患や身体疾患に関連する（原発性以外の）睡眠障害は，全て削除されている。DSM-Ⅳの「特定されない (not other specified)」診断をなるべく用いないで済むようにするため，研究成果をもとに新たな診断名を導入して組み替えが行われた。

❽▶性機能不全群 (sexual dysfunctions)

DSM-5のこの章では過剰診断を防ぐため，最低6カ月の継続という明確な重症度の基準をそれぞれに設けている。

❾▶双極性障害および関連障害群 (bipolar and related disorders)

DSM-5のこの章では，躁と軽躁のエピソードの基準Aにおいて，気分高揚だけでなく「活動性とエネルギーの変化」が強調されて追記された。また，双極Ⅰ型障害の混合性エピソードにおいて，DSM-Ⅳでは躁病エピソードと大うつ病エピソードを完全に満たす厳しい要件は削除され，その代わりに，大うつ病エピソード基準を完全には満たさないうつ症状が同時に伴っていた場合に使用する，「混合性の特徴を伴う (with mixed features)」という新しい特定用語を追加した。

❿▶統合失調症スペクトラム障害および他の精神病性障害群 (schizophrenia spectrum and other psychotic disorders)

DSM-5のこの章では，統合失調症の診断において，DSM-Ⅳから二つの変更がある。一つ目は，基準Aの特徴的症状は，DSM-Ⅳでは，例外的に奇異な妄想とシュナイダー一級症状の幻聴（例えば，二人以上の声が互いに会話している）の場合，どちらか一つの症状を満たすだけで基準Aを満たすとしていたが，研究成果からこの例外条件は廃止された。二つ目は，基準Aの妄想，幻覚，解体した会話のうち一つが必須，と中核的な陽性症状が統合失調症の診断に必須要件と変更した。DSM-Ⅳでは，妄想型，解体型，緊張型，鑑別不能型，残遺型といった病型の定義があったが削除された。その代わり，異種性を捉えるために，症状ごとに重症度を評価するディメンション尺度をセクションⅢに取り入れた。緊張病 (catatonia) は臨床亜型から特定用語となり，いかなる診断であっても呈しうる状態像となった。

⓫▶パーソナリティ障害群 (personality disorders)

DSM-5のこの章では，セクションⅡにおける基準自体に大きな変更はないが，セクションⅢにおける診断アプローチが異なっている。それぞれのパーソナリティ障害の診断には，セクションⅢの人格機能 (personality functioning) の基準で中程度以上の障害と，病的な人格特性 (pathological personality traits) の存在が一貫し

て認められる場合のみ採用することで，客観性を高め診断信頼性の向上を図っている。

⑫▶パラフィリア障害群 (paraphilic disorders)

DSM-5のこの章では，自身の苦悩や生活の障害を引き起こすか，他人に危害を加える可能性のある性嗜好異常（paraphilia パラフィリア）として，厳格に定義し直された。つまり，性嗜好異常それ自体は精神障害ではないとしたものであり，この観点はこの章の全ての障害に適応され変更されている。

⑬▶不安症群／障害群 (anxiety disorders)

DSM-5のこの章では，多くの障害で過剰診断を防ぐ目的で，症状の6カ月以上の持続を要件とすることに変更された。また，パニック発作を不安障害に限ったものとせず疾患横断的な症状として，DSM-5の全ての障害に特定項目として追記できるものとした。更にDSM-Ⅳの「広場恐怖を伴わないパニック障害」「広場恐怖を伴うパニック障害」「パニック障害の既往歴のない広場恐怖」という三つの障害は，「パニック症／障害」と「広場恐怖症」の二つの障害に独立し，併存する場合は二つとも診断をすることになった。これは広場恐怖をもつ多くの人がパニック症状を経験しない知見を踏まえたものである。

⑭▶物質関連障害および嗜癖性障害群 (substance-related and addictive disorders)

DSM-5のこの章では，ギャンブルは脳報酬系を刺激する点で物質乱用と似ているという研究成果から，ギャンブル障害（gambling disorder）の診断がこの章に加えられた。更に，DSM-Ⅳのように乱用（abuse）と依存（dependence）を分けずに，物質使用障害（substance use disorder）としてリストを一括化し，重症度で診断することになり，DSM-Ⅳでは一つ以上だった症状基準が，二つ以上の症状が必要と厳格化された。

⑮▶抑うつ障害群 (depressive disorders)

DSM-5のこの章では，双極性障害の変更に呼応して，完全な大うつ病性エピソードに，基準を完全には満たさない躁症状が伴っていた場合，「混合性の特徴を伴う（with mixed features）」という特定用語を用いて診断できることとなった。DSM-Ⅳでは，愛する者の死から2カ月以内のうつ症状は大うつ病性エピソードに含めないという，死別反応の除外基準があったが，DSM-5ではこれが削除された。理由としては，死別反応は1〜2年続くことが多く，また，死別自体が心理社会的ストレス要因として認識されるようになったからである。更に，小児の双極性障害の過剰診断・治療を防ぐため，10歳より前から始まり1年以上続く子どものイライラや癇癪を，重篤気分調節症（disruptive mood dysregulation disorder）としてこの章に追加した。特定用語として「不安性の苦痛を伴うもの（with anxious distress）」を追加することで，双極性障害やうつ病障害の診断基準にない，不安症状の重症度を評価する機会を設けている。

〔滝沢　龍〕

12-05 ▶ DSM-5における神経発達症群

2013年5月にアメリカ精神医学会が発表したDSM-5では，DSM-Ⅳの「通常，幼児期，小児期または青年期に初めて診断される障害」の章が解体され，各精神障害は「神経発達症群」の章のほか，複数の章に編入された（表1）。その理由はDSM-5では生涯発達の視点から各障害群の章を再

12-05 DSM-5における神経発達症群

表1 小児期・青年期精神障害の分類—DSM-IVとDSM-5の対照表

DSM-IV	DSM-5
	<u>神経発達症群 Neurodevelopmental Disorders</u>
知的障害	**知的能力障害（知的発達症）**
コミュニケーション障害	**コミュニケーション症群**
広汎性発達障害	**自閉スペクトラム症**
注意欠陥・多動性障害	**注意欠如・多動症**
特異的学習障害	**限局性学習症**
運動能力障害	**運動症群**
発達性協調運動障害	発達性協調運動症
常同運動障害	常同運動症
チック障害	チック症
	<u>抑うつ障害群 Depressive Disorders</u>
	重篤気分調整症
	<u>不安症群 Anxiety Disorders</u>
分離不安障害	分離不安症
選択性緘黙	選択性緘黙
	<u>心的外傷およびストレス因関連障害群 Trauma- and Stressor-Related Disorders</u>
反応性愛着障害	反応性愛着障害
	脱抑制型対人交流障害
哺育・摂食障害	<u>食行動障害および摂食障害群 Feeding and Eating Disorders</u>
異食症	異食症
反芻性障害	反芻性障害
幼児期または小児期早期の哺育障害	回避・制限性食物摂取障害
排泄障害	<u>排泄症群 Elimination Disorders</u>
遺糞症	遺糞
遺尿症	遺尿
	<u>秩序破壊的・衝動制御・素行症群 Disruptive, Impulse Control, and Conduct Disorders</u>
素行障害	素行症
反抗挑戦性障害	反抗挑発症
特定不能の破壊的行動障害	特定不能の秩序破壊的・衝動制御・素行症
	<u>臨床的関与の対象となることのある他の状態 Other Conditions That May Be a Focus of Clinical Attention</u>
	関係性問題
	家族の養育に関連する問題
	虐待とネグレクト

注　・DSM-IVの「通常，幼児期，小児期または青年期に初めて診断される障害」章の各障害が属するDSM-5の章（下線部）を示す。
　　・DSM-5の訳語は，日本精神経学会・精神科病名検討連絡会作成の「DSM-5病名・用語翻訳ガイドライン（案）」に従った。
　　・表内の太ゴシック箇所は小項目にて解説されているものを示している。

DSM-5における神経発達症群 12-05

構成したためで，成人期以降に発症する障害と密接に関連する障害は，それぞれ適切な章に含まれ，発症年齢に関する診断基準にも改訂が加えられた。そのうち，「神経発達症／障害」とは，発達早期に出現する障害で，多くは学童期以前に見られ，限局的な学習能力や認知機能の問題からソーシャルスキルや知能の広範な障害まで，様々な発達上の機能障害を呈する。その症状は，発達段階におけるマイルストーンが欠如する場合もあれば，過剰に表出される場合もある（例えば，自閉スペクトラム症／自閉症スペクトラム障害）。また，各神経発達症は互いに併発しやすい（例えば，自閉スペクトラム症／自閉症スペクトラム障害の児童は，知的能力障害を伴っていることが多い）。以下に，神経発達症群に含まれる各障害の診断基準について，DSM-Ⅳとの相違について示すとともに，神経発達症群以外で，DSM-5に新たに登場した小児期精神障害を紹介する。

■ ■ ■

❶▶運動症群／障害群 (motor disorders)

DSM-Ⅳにもあった発達性協調運動症，常同運動症，及びチック症群／障害群（トゥレット症／障害，持続性［慢性］運動または音声チック症／障害，暫定的チック症／障害，他に特定されるチック症／障害，特定不能のチック症／障害等）をまとめたカテゴリーである。チックの診断基準は，この章の全ての障害にわたって標準的に使用される。常同運動症／障害は，強迫症および関連症群／強迫性障害および関連障害群の身体集中反復行動症／障害（body focused repetitive behavior disorder）とは，明らかに区別される。

❷▶限局性学習症／障害 (specific learning disorder)

DSM-Ⅳの読字障害，算数障害，書字表出障害，特定不能の学習障害を包括したものであるが，読字，書字表出，算数の各領域における学習の困難がそれぞれ特定用語（specifiers）により，「～の機能障害を伴う（with impairment in～）」というように表現されるようになった。失読症（dyslexia）や失計算症（dyscalculia）のように，様々な国際的な記載法も認めている。

❸▶コミュニケーション症群／障害群 (communication disorders)

DSM-Ⅳの音韻障害や吃音症が新たに命名されたもので，言語症／障害（language disorder：従来の表出性言語障害と受容-表出性言語障害を包括したもの），語音症／障害（speech sound disorder：従来の音韻障害），及び小児期発症流暢症／障害（吃音）（childhood-onset fluency disorder：従来の吃音症）が含まれる。さらに社会的（語用論的）コミュニケーション症／障害（social〈pragmatic〉communication disorder）が新たに加わった。これは，言語性，非言語性コミュニケーションの社会的場面における使用に，常に困難のある病態をいう。

❹▶自閉スペクトラム症／自閉症スペクトラム障害 (autism spectrum disorder)

DSM-Ⅳでは広汎性発達障害に，自閉症性障害（自閉症），小児期崩壊性障害，レット障害，アスペルガー障害，及び特定不能の広汎性発達障害が含まれたが，DSM-5では下位分類をなくし，一つにまとめられた。自閉スペクトラム症／自閉症スペクトラム障害は，社会的コミュニケーションと相互交流の欠如，及び行動，関心，活動における限局的・反復的なパターンという二つ組の症状を特徴としている（前者の症状

のみの場合は、社会的コミュニケーション症/障害と診断される)。なお、レット障害（MeCP2遺伝子変異が主な病因となる）と小児崩壊性障害は、神経疾患と見なし、DSM-5では扱わない。

❺▶重篤気分調整症 (disruptive mood dysregulation disorder)

小児の双極性障害の診断と治療が過剰になされているという懸念に対処するために、抑うつ障害群の章に新たに加わった小児期精神障害である。持続するいら立ちと著しい行動制御の困難なエピソード（かんしゃく発作）を頻繁に示す。発症年齢が10歳以前の小児が対象である。この障害が双極性障害群ではなく、抑うつ障害群の章に入れられたのは、この障害を有する児童は、成長するに伴い、青年期以降に双極性障害よりも単極性うつ病、又は不安障害を発症することが多いという知見に基づいている。

❻▶脱抑制型対人交流障害 (disinhibited social engagement disorder)

DSM-Ⅳの小児の反応性愛着障害の診断基準には、抑制型と脱抑制型の二つのサブタイプがあった。DSM-5では、これらが異なる障害として定義され、「心的外傷およびストレス因関連障害群」に含められた。すなわち、抑制型が反応性アタッチメント障害/反応性愛着障害であり、脱抑制型が本障害である。この障害はいずれも不適切な養育が行動障害の原因と考えられるものであり、小児の発達年齢は少なくとも9カ月である。しかし、本障害は注意欠如・多動症/性障害によく似ており、必ずしも愛着障害を伴わない。

❼▶知的能力障害（知的発達症／障害）(intellectual disability〈intellectual developmental disorder〉)

DSM-Ⅳでは知的障害 (mental retardation) という用語が使われていたが、近年、アメリカ社会で広く使用されている用語に変更したものである。診断基準では、認知的能力（IQ）と適応機能の双方を評価することに力点を置いている。重症度は、IQ値よりも適応機能によって決定される。

❽▶注意欠如・多動症／性障害 (AD/HD : attention deficit/hyperactivity disorder)

DSM-5の開発段階では、AD/HDを外在性障害 (externalizing disorder) として、「秩序破壊的・衝動制御・素行症群」の章に含めることも検討されたが、最終的に神経発達症群の章にとどまった。ただし、成人期以降も診断が可能となるような改訂が加えられた。まず、発症年齢がDSM-Ⅳでは7歳以前であったが、DSM-5では「不注意、または多動-衝動性の症状の幾つかが12歳以前に存在していた」へ変更となった。診断閾値も変更になり、若年者では不注意と多動-衝動の双方に6症状以上を必要とするが、青年期以降（17歳以上）のカットオフは5症状となった。また、DSM-Ⅳのサブタイプ（不注意優勢型、多動-衝動性優勢型、混合型）は、特定用語の表現に変更された。さらに、自閉スペクトラム症/自閉症スペクトラム障害の合併診断が容認された。

〔黒木俊秀〕

12-06 ▶不安障害(1)

不安障害は、様々な精神疾患の中でも、最も高率に見られ、臨床・研究の双方で非常に重要な領域である。アメリカのNational Comorbidity Surveyによれば、年間有病率が17.7%、生涯有病率は男性で19.2%、女性で30.5%である。不安障害は、遺伝的な素因と、ストレス等の生活上

の経験との相互作用によって生じると考えられている。フロイトによって**不安神経症**という用語が作られたが、その後、20世紀後半にアメリカ精神医学会や世界保健機関によって精神医学の診断分類が整備されていくにしたがい、不安障害という概念がこれを引き継いだ。

不安とは、不快で落ち着かない感覚であり、**動悸**、**息切れ**、**胸部や胃の不快感**、**震え**、手や顔等の**発汗**、**頭痛**、歩き回る等の身体症状を伴う。不安は、不安障害をもつ人だけでなく、あらゆる人が体験するものであるが、生活や人間関係に重大な支障が出ていたり、本人の苦痛が著しい場合には不安障害とされる。

不安は不快であり克服すべき対象のように考えられているが、進化的にはもともとポジティブな意味があったと考えられている。つまり、危機的な状況や自分の生存を脅かすような状況に対して不安を感じ、逃げたり戦ったりするという対応が取れるように覚醒水準を上げることは、生き残っていくのに有利だったということである。死亡率が下がった現代においても、不安がポジティブに働く場面はたくさんある。夜道を一人で行く時は周囲によく注意を払いながら歩いたり、大勢の人の前でスピーチをする時には恥をかかないように入念に準備をして気を配って話すようにしたり、道端に落とした食べ物は汚いと感じて食べないことを選択し、結果的に感染症にかかるのを防いだりといったことである。しかし、進化のプロセスは人の人生と比べるとはるかに長い時間がかかるため、適応的な意味をもっていたはずの不安が不必要に強く出てしまったり、不適応的に働いてしまったりすることがある。このように、不安によって適応的な行動が取れなくなって生活に支障が出たり、本人に強い苦しみをもたらしている状態が不安障害である。

行動理論や学習理論から見ると、不安は条件づけから説明することができる。ある状況でひどく不快な体験をした時に、それが結びつけられ、本当は危険ではないにもかかわらず、不安を感じるようになってしまう。また、社会的学習理論では、親等の周りの人の不安反応を見て模倣することで、不安を学習する可能性があるとされる。また、不安の強い人は、リスクに対して注意を集中して過大評価し、安全であるという情報にはあまり注意を向けなかったり過小評価するという認知的傾向があるとの説明もできる。

不安障害の不安は、様々な事柄に対して現れるが、本項目では下記について触れる。**トラウマ**的なひどく強烈なストレス体験や、その記憶に対して強い不安と恐怖を感じるのが、**心的外傷後ストレス障害（PTSD）**と**急性ストレス障害（ASD）**である。前者はトラウマから1カ月後以降に、後者はトラウマから1カ月以内の状態に用いられる。動悸、発汗、震え、息苦しさ、胸痛、吐き気、めまい等の症状が強く現れ、不安が急激に高まる状態（パニック発作）を経験し、それが起こりそうな状況を恐れて避けるような状態がパニック症/障害と呼ばれる。高所、閉所、昆虫等ある特定の対象や状況に対して過剰な不安を感じる状態が**特定の恐怖症**である。

【介入法】

薬物療法としては、抗うつ薬や抗不安薬が使用されている。心理社会的介入としては、認知行動療法がよく効果を発揮する。急性ストレス障害に対しては、自然回復を待つこともできる。PTSDに対しては、トラウマ記憶を集中的に思い出す想像曝露と、回避している場所や状況に立ち向かう現実曝露とを組み合わせた持続エクスポージャー法（PE）の効果が知られている。また、眼球運動による脱感作と再処理法（EMDR）も、PEほどではないが効果をもつとされる。パニック症/障害、広場恐

怖，特定の恐怖症に対しても，不安・恐怖の対象について不安階層表を作り，システマティックに立ち向かっていくエクスポージャー法が効果を上げている。

■ ■ ■

❶ ▶ 回避行動 (avoidance behavior)

不安の対象に触れたり接近したりすると，不安が高まっていく。これは本人にとって非常に不快なことなので，不安を下げるために回避行動を取る。その場所に行かない，その対象に近づかない，例えば電車に乗らない，エレベーターに乗らない，トラウマ記憶が思い出されてきたら思い出さないように押し込める，といった行動である。このような行動をとると，その場では少し不安が下がる。しかし，これを続けていると，その対象が本当は安全であるということが実感できないため，長期的視点で見れば不安の根本的解消にならず，回避行動が継続されてしまうことになる。回避行動は安全確保行動とも呼ばれる。

❷ ▶ 急性ストレス障害 (ASD : Acute Stress Disorder)

急性ストレス障害は，PTSDと似ているが，トラウマから1カ月以内の期間に付けられる診断名と考えてよい。トラウマの基準はPTSDと全く同一である。症状の内容もPTSDと似ているが，ASDでは，麻痺，ぼうっとした感じ，健忘等，解離症状も重視されている。トラウマから4週間以内にこのような症状が始まり，2日から4週間続く場合にASDとされる。ASDはその後，自然回復することが多いが，1カ月以上経っても症状が軽快しない場合は，PTSDに移行することになる。なお，自閉症スペクトラム障害もASDと略されるので注意が必要である。

❸ ▶ 心的外傷後ストレス障害 (PTSD : Post-Traumatic Stress Disorder)

心的外傷後ストレス障害は，トラウマ体験後によく見られる正常な不安症状が，長期にわたって回復しない状態である。トラウマとは，危うく死にそうになったり，重症を負ったり，身体の保全に迫る危険を体験したり，目撃したりといったものでなければならない。PTSDの症状は3種類あり，再体験症状（思い出したくないのに思い出してしまう，フラッシュバック等），回避・麻痺症状（記憶の回避，関連する物や場所の回避，感情体験の縮小等），覚醒亢進症状（不眠，イライラ，集中困難等）である。これらの症状が1カ月以上続き，著しい苦痛があったり，仕事等の生活がうまくいかなくなっている状態を，PTSDと呼ぶ。DSM-5では，急性ストレス障害とともに一つの章として独立した。

❹ ▶ 特定の恐怖症 (specific phobia)

飛行機，高所，動物，昆虫，注射，血液等，ある特定の対象や状況に対する強く持続的で過剰な恐怖がある状態を，特定の恐怖症と呼ぶ。このような恐怖の対象にさらされると，パニック発作を起こす場合もある。このような恐怖の対象について，本人は回避しているか，苦痛を耐え忍んでおり，仕事等の生活や人間関係がうまくいかなくなったりする。動物型，自然環境型（高所，嵐，水等），血液・注射・外傷型，状況型（飛行機，エレベーター，閉ざされた場所等），その他の型（窒息，嘔吐，重病，騒音等）の病型がある。

❺ ▶ パニック症／障害 (panic disorder)

動悸，発汗，震え，息苦しさ，胸痛，吐き気，めまい，現実感消失，頭がおかしくなる恐怖，死の恐怖，異常感覚，冷感，熱感等の不安症状が急激に高まって，10分以内に頂点に達するような状態を，パニック発作と呼ぶ。このようなパニック発作が

繰り返し起こり、また発作が起きるのではないかという心配が継続している状態を、パニック障害と呼ぶ。

❻ ▶ 広場恐怖 (agoraphobia)

人ごみ、バスや電車の中、外に一人でいる時など、すぐに逃げられないような状況にいて、パニック発作のような症状が起きてしまうのではないかと不安に感じることを、広場恐怖と呼ぶ。その場合、不安な状況を回避するために、旅行や通勤ができなかったり、誰かと一緒にいる必要があったりすることがある。

〔石丸径一郎〕

12-07 ▶ 不安障害(2)

本項目では、まず前項目で触れなかった不安障害について述べる。**社交不安症/障害 (SAD)** では、不安の対象は人や人との関係である。他人と接する場面や、他人から見られる場面に対して不安を感じる。**強迫症/強迫性障害 (OCD)** では、心配な考えやイメージ（強迫観念）が過剰に繰り返し浮かんできて、行き過ぎた対応行動（強迫行為）に大量の時間とエネルギーを費やしてしまう。**全般不安症/全般性不安障害 (GAD)** は、不安の対象が多岐にわたり、生活の中のあらゆることが心配になってしまう状態である。

【介入法】

次に、不安障害への介入について述べる。薬物療法としては、不安障害の症状に対して、ベンゾジアゼピン系**抗不安薬**がよく効く。ただし、長期的な使用による依存には注意が必要である。また、三環系、四環系**抗うつ薬**や、選択的セロトニン再取り込み阻害薬 (**SSRI**) の効果も実証されている。

心理社会的介入には、**認知行動療法**（行動療法、認知療法、リラクセーション、呼吸訓練等）の効果が高いとされる。認知行動療法は、従来の来談者中心療法、力動的心理療法に比べて改善率の高さ、再発率の低さの点で優れている。

全般不安症/全般性不安障害以外の不安障害に対しては、**エクスポージャー法**（曝露療法）の効果が最もよく検証されている。エクスポージャー法は、不安を感じる対象に対して、回避することをやめ、立ち向かい直面し、不安の感情を十分に味わい、何もしなくても徐々に低減していくことを実感してもらう方法である。不安刺激に対して集中的に曝露する必要があるため、生活のあらゆる事柄が不安になってしまう全般不安症/全般性不安障害に対しては実施しにくい。エクスポージャー法は、**古典的条件づけ**の**消去学習**に基づいた方法である。不安な状況の詳細についてよく話し合い、クライエントと共に**不安階層表**を作成する（表2）。不安な状況は、同じ対象であっても、現実/想像、時間帯、一人/誰かと一緒、対象までの距離等によって、細かく段階をつけることが可能である。いきなり難し過ぎる課題に取り組むのは避け、しかし易し過ぎる課題では効果がないので、程良い不安刺激をシステマティックに選んでいく。現実の不安の対象に対して直面する方法を**現実エクスポージャー** (in vivo exposure)、頭の中の記憶やイメージに対して直面する方法を**想像エクスポージャー** (imaginal exposure) と呼んでいる。

認知療法では、クライエントがもつ認知的特徴に注目し、認知の修正を目標とする。不安障害をもつ人は、不安な感覚や不安の身体症状を敏感に感じ取り、非常に重大で危険な兆候であると認知する傾向がある。このような認知的偏りは、更に不安症

表2 閉所恐怖のあるクライエントの不安階層表の例

項目	SUDS (開始前)	SUDS (終了後)
1. 地下鉄のホームに座って電車を見ている	25	
2. 夫と二人で自宅マンションのエレベーターに乗る	40	
3. 一人で自宅マンションのエレベーターに乗る	45	
4. 高層ビルのエレベーターに乗る	50	
5. 映画館で映画を観る	60	
6. 各停の電車に30分間乗る	60	
7. 昼間のすいている急行電車に30分間乗る	65	
8. 朝のラッシュの時間帯に急行電車に30分間乗る	75	
9. 夫と二人で新幹線に乗る	75	
10. 一人で新幹線に乗る	80	
11. 飛行機に乗る	90	

注 SUDS：Subjective Units of Discomfort Scale。主観的な苦痛を100点満点で表した点数。エクスポージャー法が終了したら，「終了後」の欄にSUDSを記入する。

状を悪化させる。不安になったクライエントは，「自分はひどい病気になってしまうのではないか」「おかしくなってしまうのではないか」「家に泥棒が入って財産を全て奪われるのではないか」など，不適切な**自動思考**をもっていることがある。このような否定的な言葉を，よりバランスの取れた陳述に置き換えたり，実際にそのようなひどいことが起きる確率を証拠に基づいて評価したりすることで，徐々に認知の偏りを修正していく。

このような大きな二つの介入技法に，リラクセーション技法や呼吸訓練を組み合わせることも多い。不安や緊張と，リラックスやゆっくりした呼吸は，同時に行うことができない。したがって，すぐにリラックスした状態や，ゆっくりした呼吸に入っていけるように練習を重ねておくと，不安に襲われた時に自分で自分を落ち着かせることができる。

OCDに対する曝露法は，エクスポージャーと反応制止法（ERP）である。Y-BOCS等の構造化面接尺度によって，強迫の種類と重症度を十分にアセスメントする。そして，クライエントと共に不安階層表を作成し，適切な課題を選んでエクスポージャーを実行する。その際に，回避行動・安全確保行動である強迫行為を，一切行わないで我慢してもらう。SADに対しても，同様にエクスポージャーを実施することができる。ただし，SADの場合は不安対象が人間であるため，安定した不安刺激を作成することには工夫が必要である。GADの不安対象は非常に多岐にわたるため，エクスポージャーを実施しにくいといわれている。認知的アプローチやリラクセーション等を採用するとよい。

■　■　■

解離性障害と身体症状障害　|12-08|　415

❶▶強迫症/強迫性障害（OCD：Obsessive Compulsive Disorder）

強迫症/強迫性障害では，強迫観念と強迫行為が過剰に見られる。強迫観念とは，反復的持続的な思考，衝動，イメージであり，本人はこれを他の思考や行為によって中和しようとする。例えば，玄関の鍵を閉め忘れたのではないか，汚い（と思う）ものに触って病気になってしまうのではないかといった観念である。強迫行為とは，強迫観念による苦痛を緩和するための，反復的な行動（確認，手洗い，きれいに並べる）や，心の中での行為（数を数える，言葉を繰り返す）などであり，本人のルールに従って行う儀式的な行為である。このような強迫観念と強迫行為によって強い苦痛があったり，1日に1時間以上等，多くの時間を浪費したりする。これによって，仕事や学業等の生活や人間関係に支障が出ている状態である。DSM-5では，一つの章として不安障害から独立した。

❷▶自動思考（automatic thought）

自動思考とは，何かの状況や刺激に出会った時に，自分でも気づかないうちに瞬時に頭の中にポップアップしてくる考えやイメージのことである。例えば，「世の中は危険に満ちていて，絶えず気をつけて生活しなければならない」という根深い信念をもっている人の場合には，サングラスをかけている人を見ると「顔を隠しているから犯罪者かもしれない」，映画を見る時にも，「災害が起きるかもしれないから出口に近い席に座らなければ」などの自動思考が浮かんできて，それによって不安を感じたり行動したりする。認知療法的アプローチでは，この自動思考を，より中立的で適切なものに置き換えることの習慣化を目指す。

❸▶社交不安症/障害（SAD：Social Anxiety Disorder）

社交不安症/障害は社交恐怖（social phobia）とも呼ばれる。以前は，社会不安障害とも呼ばれた。他人の注目を浴びるかもしれない状況や，恥をかくかもしれない状況に対して，顕著で持続的な恐怖を感じる。例えば，他人と会話したり，人前で話す，食べる，飲む，書くといったことである。恐怖・不安の対象は回避されているか，又は本人は強い苦痛に耐え忍んでいる。このため，例えば人と会話したり，飲み会に参加したり，デートしたりするのを避けることがある。このような不安や回避行動のために，仕事や生活がうまくいかなくなっていたりなど，著しい苦痛を感じている状態である。

❹▶全般不安症/全般性不安障害（GAD：Generalized Anxiety Disorder）

全般不安症/全般性不安障害では，他の不安障害と違って，恐怖や不安の対象が生活のあらゆることに及んでいる。多数の出来事についての過剰な不安が6カ月以上続いている状態であり，本人はこれを自分でコントロールできないと感じている。更に，落ち着きのなさ，疲れやすさ，集中困難，イライラ，筋緊張，睡眠障害等を伴う。このような症状によって，本人が著しい苦痛を感じていたり，仕事や人間関係がうまくいかなくなっていたりする時に，全般不安症/全般性不安障害と呼ぶ。

〔石丸径一郎〕

12-08 ▶ 解離性障害と身体症状障害

解離（dissociation）とは，苦痛で脅威的な体験や出来事を意識に上らせることから切り離す人間の心理機能のことであり，19世紀にジャネが初めて用いた用語である。例えば，人間は強烈なストレス下に置

かれたり，激しい暴行を受けるなど心的外傷を負うと，時に苦痛を感知しなかったり，事後的な体験想起が不可能になることがある。これらは知覚や記憶の断裂である。このように，通常は一貫性，連続性をもって機能しているはずの人間の記憶や情動，知覚，アイデンティティが，一時的にまとまりを逸してしまう状態を解離現象と呼ぶ。

解離現象は，健常な人間が会議中に空想を膨らませ現実から離れてしまうような一時的な一般心性の状態から，人格が複数に分割され多重人格となる状態まで，正常から異常への切れ間のない連続体様相の現象と見なされている。

解離は，心的外傷のために自我が崩壊したり，心身が失調をきたすような危機的状態から人間を守るための防衛戦略であるとも考えられる。しかし他方，解離を慢性的に用いなければならない状況が反復継続されると，ついには解離性障害（dissociative disorder）の発症へとつながる。

病的な解離の結果として出現する心因性の様々な意識変容，精神症状を解離性障害という。DSM-5では，主な解離性障害として，離人感・現実感消失症/障害，**解離性健忘**，**解離性同一症/性障害**，の三つの型を認めている。

解離性障害の発症因として，外傷体験あるいは外傷性のストレスが潜在する可能性は高い。なかでも幼少期からの長期にわたる反復的な虐待に由来する慢性の心的外傷後ストレス障害（PTSD）と，解離性障害との関連の高さは，多くの研究で示唆されている。また，近年注目を浴びている発達障害では，感覚過敏の特性ゆえに慢性的に外傷を負っている状態にあることから，解離症状を呈しやすいともいわれている。

身体症状障害とは，痛みや吐き気，痺れ等，身体にまつわる苦痛，違和感，麻痺，機能不全の自覚的な訴えがあり，かつ認知のゆがみがある病像の総称である。DSM-IV-TRまでは身体表現性障害とされていた診断カテゴリーが，DSM-5の改訂に伴い身体症状障害に修正された。従来の身体表現性障害では，医学的説明不能な症状であることが重要視されていたが，身体症状障害では考慮されない。DSM-5では，身体症状症および関連症群として主に，身体症状症，病気不安症，変換症/転換性障害，他の医学的疾患に影響する心理的要因，作為症/虚偽性障害を認めている。

解離性障害と身体症状障害の概念は時代により変遷を経ている。20世紀初頭まで，生理学的異常の認められない運動・感覚麻痺，痙攣，健忘等，複雑で多様な現象は全てヒステリーという概念の範疇でくくられていた。ヒステリーが悪魔憑依や詐病ではなくれっきとした精神疾患であると位置づけたのはシャルコーである。その後，ジャネはヒステリーの中でも交代意識を示す症例に焦点化し，人格の解離という考えを用いて説明した。フロイトは麻痺や失声の症例に着目し，それらは抑圧された心理的葛藤が身体症状に**転換**（conversion）したものとして症状の説明を試みた。このような19世紀の研究を経て，ヒステリー概念は解離モデルと転換モデルに分類される視点へと展開していく。DSM分類では，第II版までヒステリー神経症という診断名のもとに，その下位分類として解離型ヒステリーの解離性障害，転換型ヒステリーの転換性障害が記述されていた。その後ヒステリー概念が診断的に整理されるにあたり，転換性障害は症状の表現形が身体症状の形を取ることから，旧ヒステリーの概念枠から外され，身体表現性障害に組み込まれるに至る。1980年のDSM III以降は，解離型ヒステリーは解離症状が優勢な解離性障害として，転換型ヒステリーは身体症状が優勢な身体表現性障害（現DSM-5では身体症状障害）へと二分されている。しかし

ながら，表現形こそ異なれ解離と転換の発生メカニズムは，正常な統制機能の障害として同一のものであるとの見解もある。ICD-10では転換性障害は解離性障害の一部に内包されていることから，転換性障害の概念に関しては今後も検討の余地を残しているといえる。

解離性障害の介入では，背景に他の精神疾患が存在しなければ，薬物療法よりも心理的アプローチや環境調整の方が優先順位は高いと考えられている。解離性健忘は，時間の経過に伴い自然に回復する場合が多い。重症型の解離性同一性障害においては，広義の力動的心理療法，支持的心理療法によって，分裂した感情状態，交代人格間の交流を取り戻し折り合いをつけること，あるいは現実生活上の適応や改善を促すための援助を行うことを目標としながら，柔軟に進めることが求められる。解離の背景に外傷体験が想定される場合，認知行動療法の持続的曝露反応妨害法やEMDRの技法を用いて，外傷記憶の統合を目指す場合もある。しかし，積極的介入が再外傷体験を誘引することもあり，導入には慎重であるべきである。いずれの介入技法を用いるにしても，安全な環境の確立，障害と予後に関する適切な心理教育の実施は共通して重要なことである。解離性障害では，生育過程で過酷な外傷体験を有していることも多い。不安定で無秩序な環境を生き抜いてきた人に対して心理援助を行うにあたっては，信用と秩序を保証しうる安全な援助構造の提供が必要である。

身体症状障害の介入では，現在のところ薬物療法としては抗うつ薬また，「症状の完璧な消失よりも，症状との共生とコントロールを目指す」ことを課題とした認知行動療法による介入の有効性が認められている。アクセプタンス＆コミットメントセラピーは慢性疼痛への効果が示されている。また，森田療法は「とらわれ」を基盤とした軽症の身体症状障害に適用される。

■　■　■

❶ ▶ 解離性健忘 (dissociative amnesia)

重要な個人的情報を突然喪失してしまう状態。通常はストレス強度の強い外傷的記憶の想起が不可能となる。記憶喪失部分は広範囲にわたるため物忘れというレベルでは説明できない。記憶を失うのみでなく出奔し，突然予期せぬ放浪に出てしまう解離性とん走 (dissociative fugue) を伴う場合もある。

❷ ▶ 解離性同一症／性障害 (DID : Dissociative Identity Disorder)

多重人格性障害 (multiple personality disorder) ともいう。一人の人間に，少なくとも二つ以上の分離した人格，同一性が存在する状態。それら人格は相互に独立し，一つの人格が出現している時は，その人格が態度，行動，自意識を支配し，他の人格は姿を潜めている。

❸ ▶ 作為症／虚偽性障害 (factitious disorder)

身体疾患，あるいは精神疾患の症状を作り出し，病歴や病状を偽って病人のように振る舞う虚偽のパターンが認められる状態。金銭目的等，利益を得るための詐病とは区別される。

❹ ▶ 身体症状障害 (somatic symptom disorder)

何らかの身体症状があり，かつ身体症状に関連した認知のゆがみ，過度な思考，感情，行動を伴う状態である。例えば，症状に関して不適切な関心をもち続けたり，非常に強い健康不安を感じ続けたり，不必要に検査や通院を繰り返すなどの行動を示す。これらの症状が少なくとも6カ月以上継続している。従来身体化障害，心気症，疼痛性障害として診断されていたものが含まれる。

❺▶他の医学的疾患に影響する心理的要因 (psychological factors affecting other medical condition)

身体疾患,身体症状において,その発症や経過に心理的要因が密接に関連する単一器官系の疾患。例えば,気管支喘息,高血圧症,偏頭痛等である。心身症とも呼ばれる。

❻▶病気不安症 (illness anxiety disorder)

自覚する身体症状がほとんどないにもかかわらず,健康不安が過剰に強く,ドクターショッピングを繰り返す状態。従来は心気症と診断されていた。

❼▶変換症／転換性障害／機能性神経学的障害 (conversion disorder/functional neurological symptom disorder)

身体的器質や神経系の異常が認められないにもかかわらず,失立,失歩,失声等の運動障害,意識消失等の意識障害,視野狭窄,無感覚症等の感覚障害が出現する状態。診断プロセスで従来求められていた心因との関係性はDSM-5では除外される。

❽▶離人感・現実感喪失症／障害 (depersonalization/derealization disorder)

離人とは,感覚や体験が混乱し,自己や自分の身体から遊離したように感じる状態。自分がまるでロボットであるかのように機械的な感覚をもったりする。現実感喪失とは,周囲外界を非現実的に,夢のように体験する持続的反復的な状態のこと。離人及び現実感喪失の間,現実検討は保たれている。

アクセプタンス＆コミットメント・セラピー：→11-12-❶「アクセプタンス＆コミットメント・セラピー」

心的外傷後ストレス障害（PTSD）：→12-06-❸「心的外傷後ストレス障害」

認知行動療法：→11-12「認知行動療法」

森田療法：→11-16-❸「森田療法」

〔榎本眞理子〕

12-09 ▶摂食障害と性障害

摂食障害は,食行動の重篤な障害である。極端に食べなかったり,極端に多い量を食べたり,更に**自己誘発性嘔吐**や**下剤使用**等の排出行動が見られることも多い。体重増加や肥満への極度の恐怖が見られ,このため治療介入に対する動機づけが低いことも珍しくない。主なものとして,**神経性やせ症／神経性無食欲症（AN）**と**神経性過食症／神経性大食症（BN）**との2種類に分けられる。DSM-5ではこのほかに,異食症,回避・制限性食物摂取障害,反芻症／性障害,過食性障害という診断名も挙げられている。思春期・青年期の若い女性に圧倒的に多いが,男性にも存在する。男性より女性の方が,10～20倍起こりやすいとされる。

ANでは,65%がうつ病,34%が社交不安障害,26%が強迫性障害を併存している。自分ではあまり食べないものの,調理法,カロリー計算,手の込んだ料理・お菓子作り等に情熱を傾けることもある。死亡率は5～18%に上るとされ,むちゃ食い／排出型よりも制限型の方が改善しにくいとされている。低体重が著しい場合には入院治療が行われるが,本人が治療や入院に抵抗することが多い。食事や行動の管理とともに,抗うつ薬等の薬物療法も行われる。心理療法としては,認知行動療法や家族療法が行われている。

BNはANよりも数が多く,若い女性の1～3%に見られると推定されている。むちゃ食いの後の排出行動として,のどに指を入れて嘔吐したり,指を使わずに自分の意志で嘔吐したりする（自己誘発性嘔吐）。BNのある人の多くは,標準体重の範囲内

である。嘔吐による胃酸の影響で，食道や歯に問題が起きていることもある。治療介入としては，ANと違い，多くの場合入院の必要はない。BNのための認知行動療法プログラム（CBT-BN，16～20セッション）が第一選択とされる。

なお，単純な肥満は，ICDでは一般身体疾患として含まれているが，精神や行動の障害として捉えられるかどうか分かっていないので，DSMには含まれていない。

次に性障害について述べる。性障害には，**性機能不全，パラフィリア障害，性別違和/性同一性障害**の三つのカテゴリーがある。性機能不全は，性反応の障害又は疼痛によって，性行為がうまくいかない状態である。人間の性反応には，欲求相，興奮相（男性の勃起，女性の腟潤滑化等），オルガズム相（男性では射精を伴い，その後しばらくの無反応期がある）の3相があり，性行為の中で順番に進んでいく。しかし，この3相のいずれかが障害されると性行為がうまくいかなくなり，カップル間の関係に問題が生じたり，子どもをもうけたい希望が叶えられなかったりする。治療としては，勃起障害や早漏に対しては薬物も使用できるものの，基本的には行動療法等の心理社会的介入を行う。

性嗜好異常は，典型的な性行為以外の対象や状況に対して，非常に強い性的興奮を覚える状態である。様々な下位分類があるが，DSM-5では，その行為自体が性犯罪，性暴力，性虐待となるものは，本人としては問題を感じていなくても，行動に移した時点で診断することになっている。基本的には認知行動療法での介入が行われるが，改善が見られない場合は，薬物によって男性ホルモンレベルを下げ，性欲自体を低下させる治療も行われる。

性同一性障害は，心の性別（性同一性）と身体の性別とが食い違っている状態である。特に，身体への嫌悪感，性役割への不適切感は強烈であり，本人に絶大な苦しみをもたらす。成人で，性同一性がしっかりと確立されており，身体への嫌悪感が十分に強い場合には，性同一性を変更する試みは困難であるとされ，身体の性別を変更する治療が行われる。具体的には，性ホルモン療法，乳房切除術，性別適合手術（性器の手術）が行われる。日本では，2003年にいわゆる性同一性障害者特例法が成立し，2004年から戸籍の性別を変更することができるようになっている。

❶▶神経性過食症／神経性大食症（BN：Bulimia Nervosa）

短時間で大量の食べ物を食べ，その時には食べるのをコントロールできない感覚を伴うのが，むちゃ食いエピソードと呼ばれる。神経性大食症では，むちゃ食いエピソードを繰り返し，体重増加を防ぐために代償行動として，自己誘発性嘔吐，下剤を使用する。これらが平均週1回以上起き，3カ月以上続いていること，体型や体重が本人の自己評価に大きな影響を与えていることが，特徴である。

❷▶神経性やせ症／神経性無食欲症（AN：Anorexia Nervosa）

神経性無食欲症は，標準的な体重を維持することを拒否し，体重増加や肥満に対する強い恐怖をもっている状態である。BMIでは，17.5以下が一つの目安とされている。自分の体重やボディ・イメージの捉え方が偏っている。食事の制限や過剰な運動によってのみ低体重を維持している制限型，短時間で大量に食べ，その後で自己誘発性嘔吐，下剤等を使って排出するむちゃ食い/排出型の2病型がある。

❸ ▶ 性機能不全 (sexual dysfunctions)

性的欲求低下障害は，性欲の持続的・反復的な不足・欠如の状態である。どの程度の性欲が「不足」であるかを判断するのは難しいが，年齢，生活状況，文化等を加味して行う。性嫌悪障害は，パートナーとの性的接触のほとんど全てを，持続的・反復的に，極端に嫌悪，回避している状態である。性的興奮の障害は，女性では，腟の潤滑化や膨張反応が不十分で，性行為の完了まで維持できない状態である。男性では，勃起障害と呼ばれ，勃起を性行為の完了まで十分に維持できない状態である。オルガズム障害は，男女共に，性的興奮に続くオルガズムが起きない，又は非常に遅い状態である。また，男性では，逆にオルガズムが早過ぎる早漏の診断もある。いずれの障害も，持続的，反復的に起こり，これによって著しい苦痛か対人関係の困難が生じている時にのみ診断する。

❹ ▶ 性同一性障害／性別違和 (GID：Gender Identity Disorder/gender dysphoria〈DSM-5〉)

①身体とは反対の性別に対する，強く持続的な同一感，②自分の身体的性別に対する持続的な不快感，性役割に対する不適切感，③身体的に，半陰陽や性分化疾患を伴わないこと，④それによって本人に著しい苦痛があるか，仕事等の生活がうまくいかなくなっていること，という四つの基準を満たす場合に，性同一性障害とされる。男性/女性と表すと混乱を招くため，身体的には男性として生まれたが女性として生活したい者をMTF (Male To Female)，身体的には女性として生まれたが男性として生活したい者をFTM (Female To Male)と呼ぶ。

❺ ▶ パラフィリア障害 (paraphilic disorders)

フェティシズムは，生命のない対象物（女性の下着等）に対して強烈な性的興奮が起きる状態である。性的マゾヒズムは，辱められる，打たれる，縛られるなど，苦痛を受ける行為に対する強烈な性的興奮が起きる状態である。服装倒錯的フェティシズムは，異性愛の男性において，女装をすることに対し強烈な性的興奮が起きる状態である。以上三つは，性暴力や虐待にあたるものではないので，これによって著しい苦痛か生活がうまくいかなくなっている時にのみ診断する。露出症は，見知らぬ人に自分の性器を露出することに対して，強烈な性的興奮が起きる状態である。窃触症は，同意していない人に触ったり体をこすりつけたりすることで，強烈な性的興奮が起きる状態である。小児性愛は，16歳以上の人が，思春期前の小児（本人より5歳以上年下）との性行為に対して，強烈な性的興奮が起きる状態である。性的サディズムは，心理的・身体的苦痛や辱めを与えることで強烈な性的興奮が起きる状態である。窃視症は，裸，着替え，性行為を覗くことに対して強烈な性的興奮が起きる状態である。トイレ覗きやスカートの中の盗撮も含まれる。以上五つは，性暴力や虐待にあたることであるため，実際に行動に移している時点で（性的サディズムについては，同意のない相手に対して行動に移している時点で）診断をつける。

〔石丸径一郎〕

12-10 ▶ 気分障害

気分障害は精神障害の一つで，感情が正常に機能しなくなった状態であり，具体的にはうつ状態や躁状態が現れる。**うつ状態**の症状には，抑うつ気分（悲しい，寂しい，ゆううつ等），興味・喜びの喪失（喪失の対象は趣味等も含む），食欲の異常（食欲不振に伴う体重減少，あるいは，食欲過剰

に伴う体重増加)，睡眠の異常(寝つきが悪い，眠りが浅い，朝早く目覚めるなど，あるいは極端に長い睡眠)，焦燥又は制止(イライラして落ち着かない，頭の中の働きや身体の動作が遅い)，易疲労性や気力の減退(活動していなくても疲れを感じ，何をするのも面倒)，無価値感や罪責感(自分に生きる価値がないように感じる，何かにつけて自分を責める)，思考力や集中力の減退や決断困難(考えがまとまらず，集中力に欠け，ささいなことも判断できない)，自殺念慮(死について，時には具体的な方法も含めて繰り返し考える)がある。

一方，躁状態の症状には，気分の高揚(極端な高揚感，怒りっぽい等)，自尊心の肥大(自分に特別な能力があるように感じる)，睡眠欲求の減少(寝なくても平気)，多弁(よく喋る，早口)，観念奔逸(アイデアが次々に沸き起こる)，注意散漫(気が散りやすい)，目標志向性の活動の増加や焦燥(仕事や勉強や人づきあい等が増加，じっとしていられない)，快楽的活動への熱中(買い漁り，性的に無分別な行動の増加等)がある。

DSM-5では，気分障害は，「抑うつ障害群」と「双極性障害および関連障害群」に分割して記述されている。前者ではうつ状態だけが現れ，後者では躁状態のみ，又は躁状態とうつ状態の両方が現れる。両者は，うつ状態が現れた際の病相は似ているが，発症傾向(性差や発症年齢等)の違いなどから，異なる疾患と考えられている。更に，抑うつ障害群はうつ病(DSM-5)/大うつ病性障害や持続性抑うつ障害等に分類され，双極性障害および関連障害群は双極Ⅰ型障害，双極Ⅱ型障害，気分循環性障害等に分類される。これらの分類は，うつ状態の症状と躁状態の症状の発現度合いや持続期間等によって定義される，3種類のエピソード(抑うつエピソード(DSM-5)，躁病エピソード，軽躁病エピソード)の存否に基づいて行われる。

【介入法】

抑うつ障害群(以下，うつ病)の介入においては，クライエントの病状の回復具合に応じて，極力休養を取らせる，がんばれという励ましはしない，重大な決定は延期させる，自殺に至らないよう気をつける，などの配慮を行っていくことがまず求められる。具体的な介入法については，近年の実証研究によれば，**認知療法**，あるいは認知療法の技法と行動療法の技法を組み合わせた認知行動療法が，うつ病に対して他の心理療法と比較しても同等ないし，それ以上の介入効果を有することが報告されている。認知療法の理論によれば，うつ病のクライエントにおいては，児童期青年期における喪失や拒絶や批判等の経験を通して形成された否定的なスキーマ(世界を否定的に見る傾向)が機能しやすく，しかもそのスキーマは，彼らに特徴的な「認知の歪み(例えば，一つの事実を見ただけで世の中全てがそうなっていると考えてしまう傾向)」によって堅固なものとなっている。それゆえ，彼らは常に，物事はうまくいかず自分は無能であるという結論に陥りやすく，このことがうつ病の原因となる。したがって介入では，クライエントに認知の歪みに気づかせ，クライエントの考え方を肯定的な方向へ変えていくことを目指す。なお，**精神分析**では，口唇期への固着から他者に対する過度の依存が生じると，大人になってから，愛する人を喪失した時の無意識的な同一視が生じやすく，愛する人に対して向けられるはずの「自分は見捨てられた」という怒りが自分自身へと向かってしまい，このことがうつ病の要因になると考える。したがって介入では，愛する人への怒りが抑圧されていることを気づかせ，クライエント自身に向けられていた怒りが発散されるように促す。また，**対人関係療法**

では，うつ病の患者に特徴的な対人行動（極端にゆっくりとした語り口，アイ・コンタクトの欠如，安心を強く求める態度等）が他者からの拒絶を引き出してしまっており，このような対人行動は，うつ病の結果であると同時にうつ病の原因ともなっていると考える。したがって介入では，対人関係に問題があることを気づかせ，過去よりも現在の生活に焦点を当てながら，コミュニケーションの改善等について話し合う。一方，双極性障害および関連障害群の介入においては，クライエントの気分の変動に伴って生じる不適切な思考や対人行動に焦点を当てることや，クライエントとその家族に対して，生活環境の整備や服薬の習慣化を促すための教育を施すことが有効であるといわれている。

生物学的治療としては，うつ病については，抗うつ薬等を用いた薬物療法が中心だが，重症のうつ病に対しては，電気けいれん療法（患者の脳に電流を流す方法）が用いられることもある。一方，双極性障害および関連障害群については，気分安定薬等を用いた薬物療法が中心となっている。

■ ■ ■

❶▶うつ病（DSM-5）／大うつ病性障害（major depressive disorder）

うつ病（DSM-5）／大うつ病性障害は，DSM-5 に記されている「うつ状態」の九つの症状のうちの五つ以上の症状（ただし，その五つ以上の症状の中には，「抑うつ気分」又は「興味・喜びの喪失」が含まれている必要がある）が，2週間以上にわたりほぼ毎日続く場合が該当する。気分障害の下位分類の中で最も有病率が高く，生涯有病率は女性 10～25％，男性 5～12％で，女性が男性の約2倍の有病率であるという報告がある。年齢的には，若年者から高齢者まで発症の可能性がある。不安障害や物質関連障害群は，うつ病（DSM-5）／大うつ病性障害と併存しやすいといわれている。なお，うつ状態は，統合失調症等の他の精神障害でも認められることは多い。また，脳血管障害や内分泌疾患等の一般身体疾患，あるいは，インターフェロンや副腎皮質ホルモン等の薬剤によって，うつ状態を呈することもある。

❷▶気分循環性障害（cyclothymic disorder）

双極性障害および関連障害群の中でも，軽躁状態と軽うつ状態の循環的な発現が慢性的なもの（2年以上）を，気分循環性障害と呼ぶ。生涯有病率は 0.7％ という報告がある。気分循環性障害は，長い経過の中で，双極Ⅰ型障害や双極Ⅱ型障害に移行しやすいといわれる。また，軽躁状態の時期に生じる問題行動は，DSM-5 の B 群パーソナリティ障害の病像と取り違えられやすいことが指摘されている。

❸▶自殺（suicide）

WHO（世界保健機関）によれば，自殺した人の 80～100％ が生前に精神障害に罹患している。自殺者には，気分障害のほかにも，統合失調症，物質関連障害群（特にアルコール関連障害群）などの精神障害が認められることが多い。自殺は残された人間に長期にわたって苦悩をもたらすといわれ，また，自殺を阻止された経験をもつ人の多くは，その後，自殺を防いでくれたことに感謝するといわれている。自殺の実行可能性が高い場合，心理の専門家は，守秘義務の例外として，関係者と連絡を取るなどの対応を検討する必要がある。

❹▶持続性抑うつ障害（persistent depressive disorder）

抑うつ障害群の中でも，軽症で慢性的なもの（2年以上）を持続性抑うつ障害と呼ぶ。軽症で慢性的なうつ病は，伝統的な従来診断においては，抑うつ神経症，心因性うつ病等と呼ばれ，内因性うつ病と区別さ

れていた。更に，軽症で慢性的なうつ病では，うつ病（DSM-5）/大うつ病性障害，不安障害群，物質関連障害群，パーソナリティ障害群等が併存することも多く，抗うつ薬が効きにくい場合もあるため，治療に関しては，薬物療法に心理学的介入を組み合わせたアプローチが重要といわれている。

❺▶双極性障害および関連障害群 (bipolar and related disorders)

双極性障害および関連障害群の生涯有病率は1～3%程度で，有病率の性差は認められないといわれている。発症年齢は抑うつ障害群に比べて低く，10代後半から20代に発症することが多いといわれる。一卵性双生児を対象とした研究等から，双極性障害および関連障害群には遺伝的基盤が関与すると考えられている。双極性障害および関連障害群の中でも，躁病エピソードの存在を中核とするものを双極Ⅰ型障害，軽躁病エピソードと大うつ病エピソードの両方の存在を中核とするものを双極Ⅱ型障害と呼ぶ。更に，双極Ⅰ型障害と双極Ⅱ型障害の中でも，過去12ヵ月間に4回以上の躁病，軽躁病，又は抑うつエピソードの基準を満たすエピソードが認められる場合を「急速交代型」と呼ぶ。

〔森田慎一郎〕

12-11 ▶ 統合失調症

内因性精神病の一つであり，妄想や幻覚，奇妙な行動といった**陽性症状**，感情の平板化や思考の貧困，意欲の欠如といった**陰性症状**，職業的な役割や自己管理能力等の機能面の障害を主症状とする。特に発病初期については，何か不調であるという病感はあるものの，病識には欠ける。思春期から30歳くらいまでの間に発症することが多いが，40代以降に発症する場合が一定割合ある。100～120人に1人の割合で発症するとされており，性差や文化差はないものの，最頻値で見ると，男性よりも女性の方が発症が遅いとされる。当初日本ではschizophreniaの訳語に「精神分裂病」という名称を充てていたが，2002年からは「統合失調症」に変更された。

統合失調症の中核の症状に関する議論は今でも続いているが，現在でいう統合失調症は，思春期・青年期に発病した後慢性に経過し，外界へ無関心となり，最後には人格荒廃に至るという患者群を，19世紀末にドイツの精神医学者クレペリンが「早発性痴呆」として概念化したことが始まりとされる。しかし，必ずしも若くして発症するわけではないこと，実際には最終的に人格荒廃に至るような経過をたどらない場合があることから，20世紀初頭にスイスの精神科医ブロイラーが，schizophreniaという名称を提出し，精神症状を基本症状（連合弛緩，自閉，感情障害，両価性）と，副症状（幻覚や妄想，関係念慮等の必ず現れるわけではない症状）とに分類整理した。また，20世紀半ばにはドイツの精神科医シュナイダーが，統合失調症において頻繁に見られる重要な症状を，**一級症状**（考想化声，対話性の幻聴，批判性の幻聴，身体的な被影響体験，考想奪取，考想伝播，妄想知覚，作為体験等）と名付け，これらの症状が確実に見られ，身体的基礎疾患が見出せない時には統合失調症と診断できるとした。加えて，近年では，認知機能障害を統合失調症の中心的な問題として捉える見方もあり，脳機能画像等の神経心理学的な手法によって様々な領域の機能障害が報告されており，社会機能や精神症状との関連で議論がされている。統合失調症が多様な症状を含む疾患名であり，どのような症

状をもつかは個人差も大きいことから，クレペリンの時代からその症状や経過によって三つの下位タイプ（破瓜型，**緊張型**，**妄想型**）に分類されて説明がされてきた。DSM-Ⅳ-TR においては，妄想型，**解体型**，緊張型，鑑別不能型，**残遺型**といった病型の分類がされていたが，DSM-5 においてはこれらが廃止され，ディメンジョンによって症状ごとに評価がされるようになった。統合失調症以外の他の精神病性障害としては，**統合失調症様障害，統合失調感情障害，妄想性障害**等が挙げられる。

発症の原因についてはいまだ詳しく分かっていないが，発病機序に関する幾つかの仮説が提案されている。例えば，遺伝的な素因としての脆弱性に社会的なストレスが加わることによって発症が引き起こされるという，「**ストレス-脆弱性モデル**」が提唱されている。また，「**神経発達障害仮説**」においては，胎児期や周産期の発達過程上に生じた様々な問題によって微細な脳の障害が起こり，神経発達に異常が生じることが脆弱性につながる可能性があるとの指摘がされている。加えて，様々な神経伝達物質の関与が考えられており，特に「ドパミン仮説」においては，ドパミンの過剰と統合失調症との関連が示唆されている。

経過については様々であるが，寛解する患者も重篤な障害が残遺する患者も，それぞれ約 25% 程度であると考えられてきた。しかし現在では，半数以上の患者がある程度自立した生活を送れるようになるとの報告がされるなど，統合失調症の症状についての軽症化がいわれている。近年は，発症後から薬物療法開始までの未治療期間が長いことが，再発率に影響を与える可能性が指摘されており，早期発見，早期治療の必要性が提唱されるとともに，前駆期の症状とその後の経過に関する知見が報告されている。

【介入法】

生物-心理-社会モデルに基づく理解が有用であり，介入の際にもこれらに沿った多職種による複合的な支援が必要である。急性期には入院治療が行われることも多く，陽性症状の消失を目的とした薬物療法が中心となる。以前は，クロルプロマジンやハロペリドール等の定型抗精神病薬が用いられていたが，近年はリスペリドンやオランザピンといった，副作用が比較的軽度な非定型抗精神病薬が第一選択薬となることが多い。また，薬物療法の効果が十分に得られない場合には，電気けいれん療法が適応となることもある。回復期には，薬物療法に加えて，ソーシャルスキル・トレーニング（SST）や心理教育といった認知行動療法的アプローチ，作業療法等の精神科リハビリテーション，患者の家族を対象とした家族心理教育等が有効であり，再発防止と社会機能の回復が目指される。また，特に慢性期や，症状が落ち着いた患者を対象に，自立支援給付や地域生活支援事業等の自立支援サービスが地域の施設で展開されており，デイケアや生活訓練施設等がある。精神療法としては，支持的精神療法によって，服薬の問題等の日常生活上の不安を軽減することは有効である。介入に際しては，精神症状への対処，社会機能の回復に加えて，QOL の向上も重要な目標と考えられている。

■　　■　　■

❶▶陰性症状 (negative symptoms)

感情の平板化，無関心，思考の貧困，意欲の欠如等，通常期待されるものから不足していると説明される，正常な機能が低下した症状をいう。回復期や慢性期に顕在化することが多く，心理社会的な介入が重要である。

❷ ▶ 解体型 (disorganized type)

クレペリンが破瓜型と呼んだ，統合失調症の病型の一つである。まとまりのない会話や行動，平板化した又は不適切な感情が顕著に見られ，緊張型の基準を満たさないことが基準とされる。思春期に発症し，その後慢性に経過することが多く，予後が最も悪いとされる。陰性症状に加えて，感情面や認知機能についても困難があるため，日常生活を送る能力においても混乱を示すことが多い。

❸ ▶ 緊張型 (catatonic type)

統合失調症の病型の一つで，カタレプシー，過剰な運動活動性，極度の拒絶症，無言症，奇妙な随意運動，反響言語等を含む，著しい精神運動性の障害を示す。20歳前後に急激に発病することが多く，緊張病性興奮と緊張病性昏迷が交替して出現する。その他の型と比較して寛解しやすいものの，再発も生じやすいが，顕著な残遺状態に至ることは少ないとされる。

❹ ▶ 残遺型 (residual type)

統合失調症の病型の一つで，統合失調症のエピソードが少なくとも一つ以上存在したが，現在の臨床像には顕著な陽性症状がない場合に用いられるとされる。妄想型，解体型，緊張型にかかわらず，病気の痕跡が持続しているものの，慢性期に入って，陽性症状よりも陰性症状が前面に出てきた場合に残遺型と分類される。

❺ ▶ 統合失調感情障害 (schizoaffective disorder)

統合失調症の特徴的症状に加えて，大うつ病エピソード，躁病エピソード，混合性エピソードのいずれかを示すものであり，双極型と抑うつ型の病型がある。統合失調症や気分障害との鑑別は困難であり，長期的な評価が必要になる。

❻ ▶ 統合失調症様障害 (schizophreniform disorder)

基本的には統合失調症と同様の診断基準であるが，病期の持続期間が1カ月以上6カ月未満の際に適用される。すなわち，既に回復した状態であるが以前に6カ月未満の持続期間があったか，現在の症状が6カ月を満たしていない暫定の診断の状態を指す。

❼ ▶ 妄想型 (paranoid type)

統合失調症の病型の一つで，妄想又は頻繁に起こる幻聴にとらわれていることに加えて，まとまりのない会話や行動，緊張病性の行動，平板化した不適切な感情のどれも顕著ではないことが基準とされる。発病が遅く，20歳代後半以降に発症することが多い。被害的，誇大的な体系化された妄想や，妄想の主題と関連した幻覚，幻聴があるが，認知機能や感情については比較的保たれている。そのため，その他の病型と比べると，予後が良い傾向があるとされる。

❽ ▶ 妄想性障害 (delusional disorder)

統合失調症の診断基準を満たすような経験がなく，妄想が1カ月以上存在する場合に適用される。社会的な機能は保たれるが，妄想との関連において社会生活上の問題が生じる場合がある。

❾ ▶ 陽性症状 (positive symptoms)

幻覚や妄想，まとまりのない会話や行動等，通常期待されるものよりも過剰なものとして説明される病的な症状をいう。特に急性期に出現し，抗精神病薬が効きやすい症状である。

〔中坪太久郎〕

12-12 ▶ パーソナリティ障害

いうまでもなく、人はそれぞれ個性的であり、生来性の特徴である気質に、生育環境の影響が加わって、その人らしさ、すなわち**パーソナリティ**が形成されている。しかし、なかには、認知・感情・対人関係・衝動制御等のパターンが、その人の属する文化で期待される平均的な姿から大きく逸脱し、社会生活や職業生活に支障をきたしている場合がある。このように、パーソナリティ機能の偏りによって障害（問題）が生じた状態は、日常生活場面でいうところの性格の善し悪しとは全く別の問題であり、精神疾患の一つであるパーソナリティ障害（personality disorder）として概念化され、医学的治療や心理学的介入の対象とされている。

DSM-5 では診断にあたって次のような基準を設けている。すなわち、偏った内的体験や行動が容易に変化せず、青年期頃から長期間にわたって持続していること、精神障害や物質使用等の生理学的作用では説明できないこと、しかも、そうした状態が当人あるいは周囲の人々に苦痛を生じさせていること、といった条件を満たす時にパーソナリティ障害の診断がなされる。

パーソナリティ障害には幾つかの種類があり、**DSM-5** の診断基準では 10 種、**ICD-10** の診断基準では 8 種が挙げられ、そのほかに身体疾患による人格変化、他で特定されるパーソナリティ障害、特定不能のパーソナリティ障害が定義されている。DSM-5 では 10 種のパーソナリティ障害が、次の三つに大別されている。

まず、A 群（奇異な/普通でない行動を示す群）には、**シゾイド/スキゾイドパーソナリティ障害**と、以下の二つの障害が含まれる。**猜疑性/妄想性パーソナリティ障害**は不信感や猜疑心の強さが特徴的である。**統合失調型パーソナリティ障害**は独特の信念もしくは魔術的思考を有し、奇異な行動や外見を示しやすいという特徴がある。A 群の状態像は、統合失調症の軽度の症状と類似性があり、妄想を抱いたり自閉的になったりしがちであることが、当人の苦痛や社会生活上の困難につながっている。

次に、B 群（派手な/突飛な行動を示す群）には、**境界性パーソナリティ障害**、**自己愛性パーソナリティ障害**、**反社会性パーソナリティ障害**のほか、他者の注目を集める派手な外見や演技的行動が特徴的である**演技性パーソナリティ障害**が含まれる。B 群の障害に該当する人々は、対人場面で周囲とあつれきを生じがちであり、時には自傷・他害行為に及ぶなど、目立った行動を示しやすいことが知られている。

最後に、C 群（不安/恐怖に関連する行動を示す群）には、**回避性パーソナリティ障害**と、以下の二つの障害が含まれる。**依存性パーソナリティ障害**は、意思決定にあたって他者に依存し過ぎる傾向があり、孤独に耐えられないという特徴を有する。**強迫性パーソナリティ障害**は、融通の利かなさ、完全主義、秩序を保つことへのこだわりの強さが特徴的である。C 群の状態像は、社会生活からの引きこもりや、周囲の人々と折り合いをつけられずに当人や周囲の人々が疲弊してしまうといった問題につながりやすい。

冒頭でも述べたとおり、パーソナリティ障害は平均からの逸脱として概念化されているため、文化的、時代的な背景が変化し、「平均的」とされる人々の有り様が変われば、前述した特徴が「障害」とは見なされなくなる可能性がある。また、アメリカの研究では、人口の 10% 以上が何らかのパ

ーソナリティ障害を有しているとの報告があるが，そのうち，医学的治療や心理学的介入につながる例はごく一部であるといわれている。

実際のところ，パーソナリティ障害が治療や介入の対象とされるのは，他の精神障害と合併し，より複雑な問題を生じているような場合である。そうした際にパーソナリティ障害を診断することの意義は，パーソナリティ機能の偏りを適切に把握することにより，問題の更なる悪化を防いだり，精神障害の治療・介入に際し，より効果の上がりやすい方法を選択したりするための指針を得られるところにある。なお，かつては長期間にわたって変化しないものと見なされがちであったパーソナリティ障害も，最近では，適切な治療・介入を行うことによって回復が期待できるという見方をされるようになり，介入法に注目が集まっている。以下に，幾つかのパーソナリティ障害に関する解説を付すが，それらはDSM-5の内容を踏まえた状態像の記述である。厳密な診断基準については，原典を参照されたい。

【介入法】

当人の主観的苦痛や訴えに即した形で，思考・感情・行動のパターンが問題を生じさせているメカニズムについて心理教育を行い，安定した治療関係を築くことが，介入の第一歩となる。そして，生活を営む上で支障となっている特徴を和らげ，パーソナリティ機能の障害を，より適応的な状態へと変化させることが，介入の中心的な目標となる。介入方法としては，力動的精神療法や認知行動療法，夫婦療法や家族療法，集団療法，薬物療法等，様々な方法が知られている。それらの選択に際しては，個々の事例の問題点や，活用可能な内的・外的資源を吟味し，介入方法を適切に組み合わせていくことが重要である。

■ ■ ■

❶▶回避性パーソナリティ障害（avoidant personality disorder）

批判，否認，拒絶を恐れるあまりに，他者との関わりを回避しやすいことを特徴とするパーソナリティ障害である。好かれていると確信できなければ対人関係をもちたいとは思わず，恥をかいたり馬鹿にされたりすることを恐れて，親しい間柄でも遠慮しがちである。また，劣等感があり，恥ずかしい思いをするまいとして，何か新しい活動に取りかかろうとしても，過度に引っ込み思案になってしまう。そのため，親密な人間関係や職業等の社会的活動において，困難を生じやすい。

❷▶境界性パーソナリティ障害（borderline personality disorder）

自己の感覚が不安定で，慢性的な空虚感があり，見捨てられることを避けようとしてなりふりかまわぬ努力をしたり，不安定で激しい対人関係様式を示したりするといった特徴を有するパーソナリティ障害である。対人関係では，ある時は相手を理想化し，別の時には相手をこき下ろすといった両極端な反応を示しやすい。情緒が不安定であり，特に，怒りを制御することが難しい。また，浪費や性行為を含む衝動的な行動を示したり，自殺行為，自殺の素振り，自傷行為を繰り返したりする。ストレス関連性の妄想様観念又は解離性症状を示すこともある。なお，ICD-10では，情緒不安定性パーソナリティ障害の境界型と呼ばれている。

❸▶自己愛性パーソナリティ障害（narcissistic personality disorder）

自己の重要性を過度に大きく捉え，成功，才気，美しさにとらわれており，過剰な賞賛を求めたり，他者に嫉妬したりすることを特徴とするパーソナリティ障害であ

る。共感性に乏しく、時には他者を不当に利用することもある。当人が悩むというよりも、むしろ対人関係の中でトラブルを生じやすいことが知られている。なお、ICD-10では、パーソナリティ障害の一類型として採用されていない。

❹▶シゾイド/スキゾイドパーソナリティ障害（schizoid personality disorder）

感情が平板であり、家族の一員であることを含めて、親密な関係をもちたいと思わず、また、それを楽しく感じないといった特徴を有するパーソナリティ障害である。非社交的で、他者からの賞賛や批判に関心を示さず、孤独を何よりも優先する。また、性行為にほとんど関心がなく、性行為をしてもほとんど快楽を感じないために、親密な対人関係に直面すると問題を生じやすい。

❺▶反社会性パーソナリティ障害（antisocial personality disorder）

違法行為を反復し、人を騙したり、嘘をついたり、衝動的であったりすることを特徴とするパーソナリティ障害である。DSM-5では、15歳以前に素行障害が認められ、18歳に達していることを条件に診断される。自分又は他人の安全を考えず、向こう見ずな行動を取りやすい。また、仕事が続けられず、経済的義務を果たさないなど、無責任であったり、良心が欠如していたりする場合もある。なお、ICD-10では、非社会性パーソナリティ障害と呼ばれている。

〔原田杏子〕

12-13 ▶発達障害

発達障害（developmental disorders）とは、乳幼児期から思春期の発達経過の中で明らかとなる障害で、種々の原因による脳の機能障害により、認知、言語、社会性及び運動機能の発達に遅れや偏りが生じ、そのために生活上の困難が長期にわたって続くと予測される状態である。発達障害に含まれる代表的な障害としては、**知的能力障害（知的発達症/障害）**、自閉症、注意欠如・多動症/性障害、学習障害等が挙げられる。また、発達性協調運動症やチック症/障害、トゥレット症/障害等の運動障害もこれに含まれる。DSM-5では「**神経発達症群/障害群（ND）**」が発達障害にほぼ相応する障害群である。

自閉症（autism）は、「社会的なコミュニケーションと相互交流における質的な障害」と、「限定された反復的でパターン的な行動、興味、活動」の二つの領域からなる症状で特徴づけられる症候群である。1943年にアメリカの児童精神科医カナーが発表した症例報告が、端緒となっている。**自閉症スペクトラム**（ASD）は自閉症とほぼ同義であるが、年齢や発達の個人差によって異なる自閉症の症状の程度を、一連の連続体として捉えた包括的な概念である。DSM-5では、ASD（DSM-5の日本語訳は自閉スペクトラム症/自閉症スペクトラム障害）の用語が採用され、**アスペルガー障害**等の下位分類はなくなった。また、感覚の偏り（音、味、匂い、肌触り、痛み、光、疲労等の知覚・身体感覚の過敏さや鈍感さ）に関する項目が上記2領域のうち後者に含まれた。なお、症状が前者のみの場合は、**社会的（語用論的）コミュニケーション症/障害**（social〈pragmatic〉communication disorder）と診断される。知的発達に遅れのない（概ねIQ70以上）自閉症を、高機能自閉症と呼ぶことがある。ASDの認知機能の特徴として、他者の心の状態を推論する能力である「心の理

論 (theory of mind)」や「心理化 (mentalizing)」の障害, 認知的柔軟性や行為のモニタリングに関わる実行機能の障害, 弱い中枢性統合等が指摘されている。

注意欠如・多動症/性障害 (AD/HD) は, 発達水準に不相応な著しい不注意 (注意力障害) と多動性 (過活動), 衝動性を特徴とする行動の障害で, これらが複数の生活場面で存在することで診断される。これらの症状の現れ方により「混合状態」「不注意優勢状態」「多動性/衝動性優勢状態」として特定される。AD/HD の行動症状の背景には, 行動抑制の弱さ (poor behavioral inhibition) による自己制御 (self-control) の困難さがあり, 抑制機能に関わる実行機能の障害として説明することができる。AD/HD には, しばしば学習障害, 不安症/障害, 抑うつ障害, チック症/障害, 不器用さ等が併存する。AD/HD の行動特徴は, 社会的適応に積極的に発揮される場合もあるが, 衝動性や自己制御の困難さから環境との軋轢が生じやすく, 自尊感情の低下につながることも少なくない。また, 周囲の無理解や不適切な対応が続くことで, 大人に対する激しい反発や反抗的態度を中心とした**反抗挑発症/反抗挑戦性障害** (ODD) や, 反社会的, 攻撃的な行動様式が持続化する**素行症/障害** (CD) に発展する事例が一部あることが指摘されている。近年, 虐待を受けた子どもの中に, AD/HD と似たような症状を示すことがあることが注目されている。

学習障害 (LD) は, 全般的な知的発達に遅れはないが, 学習に必要な特定の能力の習得と使用に著しい困難があり, 学業や日常生活に支障をきたしている状態である。医学領域では LD の概念を, 学習に必要な基本的技能に限定しており, 学習困難の領域により, 読字 (読みの正確さと理解力) の障害, 書字表出 (書字能力) の障害, 算数 (計算又は推論) の障害に特定される。LD は, 他の発達障害にしばしば併存する。

発達障害のある子どもへの支援に際しては, 子どもの状態像を把握するために, 多側面からのアセスメントが必要である。子どもに対する支援は, 治療教育的関わりが中心となり, 子どもの年齢, 発達特性に応じた学習指導や, ソーシャルスキル・トレーニング (社会的技能訓練) 等が行われる。生活に支障をきたすほどの多動や衝動性, 強いこだわりや併存する精神医学的症状に対しては, 薬物治療が有効な場合も多い。家族に対しては, 子育てをサポートするための心理教育的アプローチが基本であり, 近年では子どもの障害特性を考慮したペアレント・トレーニングも導入されている。子どもの適応状態は, 子どもを取り巻く環境との相互作用によって変化するため, 環境調整も重要である。また, 発達障害の基本特性は, 生涯持続するものなので, ライフステージに即したニーズに応じられるような心理, 教育, 医療, 福祉, 労働領域等の, 多様な機関や関係者との有機的な連携が必要である。

■　　■　　■

❶▶アスペルガー障害 (AD : Asperger's Disorder, ICD-10 では AS : Asperger's Syndrome)

オーストリアの小児科医アスペルガーが 1944 年に報告した「子どもの自閉的精神病質」を, イギリスの児童精神科医ウィングが 1981 年に再評価し, アスペルガー症候群 (AS) としてまとめた概念である。ウィングは, AS は知的能力の遅れはないが, 社会的相互交流, コミュニケーション, 想像力 (眼前にないものに対するイメージを他者と共有すること) の「三つ組」において, 自閉症と類似の特徴を有し, 自閉症と同様の支援が必要であるとし, 自閉症スペクトラム概念提唱の契機となった。AS

には，しばしば発達性協調運動症/障害，不注意・衝動性，感覚の偏り，抑うつ等の症状が併存する。

❷▶中枢性統合 (central coherence)

ASDの人の，細部に注意が行き過ぎて全体を捉えられないという情報処理過程の特性を説明するために構築された，仮説的概念である。イギリスの発達心理学者フリスは，定型発達の人には，様々な情報を意味のある一つの全体に統合して理解しようとする傾向が備わっているとし，これを中枢性統合（全体的統合）と呼んだ。ASDの人は，中枢性統合の弱さ（WCC）のために，「木を見て森を見ない」状態に陥りやすい。WCCは，一つの認知スタイルであり，ASDの人の固執傾向や文脈の読み取りにくさといった弱点だけでなく，独創性や突出した能力といった強みも説明できる概念として有用である。

❸▶発達性協調運動症/障害（DCD：Developmental Coordination Disorder）

生活年齢や知的発達に比し，協調運動が著しく不器用で，学業や日常生活に支障をきたしている状態である。脳性まひ等の運動機能の疾患によるものではない。協調運動とは，複数の身体部位を協調させて動かし一連のまとまった動作をすることで，全身を動かす粗大運動と，手先の操作である微細運動とがある。体育が苦手，動作がぎこちない，書字が下手，物を落としたりぶつかったりしやすいなどの傾向が見られる。AD/HD，LD，ASDにしばしば併存する。DCDの子どもは，同年齢集団の中で劣等感を抱きやすく，いじめの対象にもなりやすい。苦手な運動技能のみに焦点を当てて指導するのではなく，併存する他の認知や情緒の障害にも注意を払い，子どもが意欲を発揮できるような環境づくりが大切である。なお，DCDは，DSM-5ではNDの中の運動症群/障害群（motor disorders）のカテゴリーに含まれている。

❹▶ペアレント・トレーニング（parent training）

ペアレント・トレーニングとは，子どもの行動上の問題に対して，親（養育者）が行動変容理論等の学習理論に基づいた態度や技法で関わることを学ぶための，グループトレーニングである。親が子どもの問題行動を客観的に理解し，適切な関わり方を習得することで，子どもの適応行動が増え，親の育児ストレスの緩和や肯定的な親子関係を促進することが期待できる。ペアレント・トレーニングの導入にあたっては，子どもの障害，年齢，発達や行動の特性及び親の特性を十分に考慮して，グループ構成やプログラム内容を検討することが重要である。

心の理論：→ 06-10「心の理解の発達」
チック症/障害：→ 12-14「子どもの心理的障害」
知的能力障害（知的発達症/障害）：→ 12-15「知的能力障害（知的発達症/障害）」
トゥレット症/障害：→ 12-14-❸「トゥレット症/障害」

〔松永しのぶ〕

12-14 ▶子どもの心理的障害

ここでは，発達期にしばしば見られる症状や状態像のうち，**習癖異常**と**愛着行動**に関するものを取り上げる。これらの症状や状態像の原因として，かつては，親子関係や子どもの心理的葛藤等の心理・社会的要因が強調されてきたが，近年では，中枢神経系の発達の偏りといった生物学的要因の関与も大きいことが明らかになっている。一方で，成長発達の途上にある子どもは，

環境からの影響を受けやすく, 心理・社会的要因がこれらの症状の誘発や持続要因として働くことも十分に考慮すべきである。また, これらの状態像は, 子どもが発達経過の中で示す一過性のものであったり, ストレスに対する健康な反応であることも少なくない。したがって, 対応も一律ではないが, 養育者の不安を軽減し, 環境を調整することが大切である。また, 子どもの苦痛や生活への支障が大きい場合には, 薬物療法や認知行動療法の導入が検討される。背景に**発達障害や強迫症/強迫性障害**等の障害がある場合には, それらへの対応が重要となる。

習癖とは, 繰り返されることで身についた習慣的な行動のことである。一般には「くせ」といわれているものだが, 生活に支障が生じる程度に目立つ場合に習癖異常 (habit disorders) と呼ばれる。医学的にまとまった診断概念ではない。習癖異常は, 狭義には「習慣的に身体をいじること」であり, 指しゃぶり, 爪かみ, 鼻ほじり, 性器いじり, **抜毛症**等がある。これらの動作は, 意識することなく行っていることが多く, 心理的な緊張時だけでなくリラックス時にも見られる。このような「くせ」の好発年齢は幼児期から学童期であるが, 成人期以降も持続する場合がある。習癖異常には, 狭義の習癖異常に加えて, チック等の身体の動きを伴う習癖や, 日常生活習慣に関する習癖として, 食事 (偏食, 異食等), 睡眠 (夜驚症, 夢中遊行等), 排泄 (遺尿症, 遺糞症等), 言葉 (**吃音, 選択性緘黙**等) に関する症状まで, 広く含まれることがある。

チックとは, 突発的で急速かつリズミカルでなく反復される常同的な運動 (瞬き, 首ふり等) 又は発声 (咳払い, 鼻を鳴らす等) のことを指す。チックは, 抵抗できない不随意なものと感じられるが, 一定の時間であれば制御できるのが特徴的である。チックを主症状とする症候群は, DSM-5では**チック症群/障害群** (tic disorders) として「**神経発達症群/障害群** (neurodevelopmental disorders)」の中の運動症群 (motor disorders) のカテゴリーに含まれた。重症なチック症群は**トゥレット症/障害**と診断される。チックの症状は子どもの心理状態によって変化するが, くつろいでいる時や楽しいと感じている時に増加したり, 適度な緊張感を感じている時に減少することもあり, 心理的ストレスとの相関は必ずしも明らかではない。

遺尿症 (enuresis), **遺糞症** (encopresis) は, DSM-5では「**排泄症群** (elimination disorders)」に分類されている。4, 5歳を過ぎても期待される排泄行動ができず, 布団や衣服の中に繰り返し排尿するのが遺尿症, 不適切な場所に排便するのが遺糞症である。遺尿症の多くは夜間遺尿 (夜尿症, おねしょ) である。中枢神経系, 膀胱尿路系の機能の未成熟や, 慢性的な便秘, 下痢といった生理的な要因の関与が大きいが, 緊張や不安, ストレス等の心理的な要因が症状を誘発したり悪化させることもある。自閉スペクトラム症/自閉症スペクトラム障害やAD/HD, 知的能力障害 (知的発達症/障害) 等の発達障害がある場合, 症状が増強, 持続しやすい。

愛着行動に関連する障害としては, 分離不安症/障害と反応性アタッチメント障害/反応性愛着障害がある。**分離不安症/障害** (separation anxiety disorder) は, 子どもの発達年齢に比し, 家や愛着をもつ人物からの分離に対して過剰な不安を示す状態のことをいう。小学校低学年では不登校の契機となりやすいが, 多くは軽症で, 自然経過の中で家族外の環境への適応とともに解消していく。DSM-5では, 分離不安症/障害は「不安症群/障害群 (anxiety disorders)」に含められている。

反応性アタッチメント障害/反応性愛着

障害 (reactive attachment disorder) は，過度に不適切な養育環境で育った子どもにしばしば見られる対人関係の障害で，愛着行動の形成不全から生じると考えられている。人に対して過度に警戒的で，近づきつつも避けるといった両価的で抑制的な態度を示す。

DSM-5では，反応性アタッチメント障害/反応性愛着障害と無分別に誰にでも接近していく**脱抑制型対人交流障害** (disinhibited social engagement disorder) が「心的外傷およびストレス因関連障害群 (trauma-and-stressor-related disorders)」に含められた。両者とも過度に不適切な養育が行動障害の要因として考えられており，**被虐待児の心理的障害**として，最も多い。

■　■　■

❶▶吃音 (stuttering)

発達年齢に比し，なめらかな発話がうまくできない状態を指す。具体的には，言葉の初めの部分を繰り返したり，引き伸ばしたり，途中でつまるなどが目立つ。対人相互のコミュニケーション場面で生じやすくなり，独り言や歌唱，動物や赤ん坊に話しかけるといった一方向性の発話場面では生じにくい。幼児期からの発生が多く，一過性や自然治癒の例も多い。遺伝生物学的な要因の関与が推測されており，チック症/障害，トゥレット症/障害との関連が検討されている。DSM-5では，「神経発達症群/障害群」の中のコミュニケーション症群/障害群 (communication disorders) の小児期発症流暢症/障害 (吃音) (child-onset fluency disorder 〈stuttering〉) として分類されている。

❷▶選択性緘黙 (selective mutism, ICD-10 では elective mutism)

家庭等では普通に話しているにもかかわらず，学校等の特定の社会的場面では話せないことが持続する状態を指す。場面緘黙ともいわれる。生来的な性格として，恥ずかしがり，引っ込み思案，緊張や不安が高いといった傾向が認められることが多い。また，背景に軽度の知的能力障害（知的発達症/障害）や言語発達の遅れがある場合，コミュニケーション場面での葛藤が高まりやすいことも推測される。自閉スペクトラム症/自閉症スペクトラム障害の可能性についても，慎重に考慮する必要がある。いずれにしても話すことにこだわり過ぎず，子どもの不安を軽減するような働きかけが大切である。DSM-5では，「不安症群/障害群」に分類されている。

❸▶トゥレット症/障害 (TD：Tourette's Disorder/ICD-10 では de la Tourette's Syndrome)

多彩な運動チックと，一つ以上の音声チックが1年以上持続する，慢性のチック障害である。6歳頃に発症し，症状は発達の経過とともに変化する。脳機能の特異性がかなり強く推測されることからも，発達障害といえる。1885年にフランスの精神科医トゥレットが最初に報告した9症例は，汚言症（コプロラリア：社会的に不適切な，しばしば卑猥な言葉を口にする）を伴っていたが，実際には，汚言症は，トゥレット症/障害の少数にしか認められず，現在の診断には必須ではない。トゥレット症/障害には，強迫症/強迫性障害，AD/HDが高い割合で併発する。

❹▶抜毛症 (hair-pulling disorder 〈Trichotillomania〉)

繰り返し体毛を抜くことで，部分的な体毛喪失が目立つようになる状態のことである。円形脱毛症とは区別される。抜毛部位は頭髪が多いが，眉毛，睫毛，腋毛等その他の部位が対象となることもある。幼児期から見られるが，好発年齢は学童期後半から青年期前期である。他の習癖と併発することも多い。軽症の場合は「くせ」として

の色彩が濃いが，他の障害との併存も多いことが指摘されており，特に衝動制御の障害として，強迫症/強迫性障害との関連が議論されている。DSM-5では，「強迫症および関連症群/強迫性障害および関連障害群（obsessive-compulsive and related disorders）」に含まれた。また，自閉スペクトラム症/自閉症スペクトラム障害や知的能力障害（知的発達症/障害）がある場合には，常同行動や欲求不満表現としての行為として習慣化しやすい。

❺ ▶被虐待児の心理的障害（behavioral and emotional disorders in maltreated children）

虐待は，子どもの人権の深刻な侵害であり，心身の発育を阻害する。被虐待児は，否定的な自己像，他者への不信感を抱きやすく，虐待的環境にさらされることは社会適応を困難にする。虐待を受けた子どもは，発達障害と類似の臨床像を呈することがあり，特に反応性アタッチメント障害/反応性愛着障害の脱抑制型対人交流障害はAD/HDとの，反応性アタッチメント障害/反応性愛着障害は自閉スペクトラム症/自閉症スペクトラム障害との見極めが難しい。また，子どもに発達障害がある場合には，子育ての難しさから虐待のリスクが高まりやすい。虐待には，予防的な対応，積極的な早期介入と子どもと養育者双方への支援を視野に入れた様々な社会資源，他職種間の連携が重要である。

愛着行動：→ 06-07「アタッチメント」
強迫症/強迫性障害：→ 12-07-❶「強迫症/強迫性障害」

〔松永しのぶ〕

12-15 ▶知的能力障害（知的発達症/障害）

知的能力障害（知的発達症/障害）（ID〈IDD〉）とは，全般的な知的発達の明らかな遅れと適応行動の障害が，18歳以前から見られることで定義される。知的発達の明らかな遅れとは，個別施行による標準化された知能検査で，**知能指数（IQ）**が平均よりも2標準偏差以上低い場合（概ねIQ70未満）のことをいう。**適応行動**（adaptive behavior）は，**アメリカ知的・発達障害協会（AAIDD）**の「知的障害：定義，分類および支援体系第11版」（2010）では，日常生活において機能するために人々が学習した，概念的，社会的及び実用的なスキルの集合と定義されている。概念的スキルとは言語，読み書き，計算，自己管理等，社会的スキルとは対人関係，責任，自尊心，規則を守る等，実用的スキルとは日常生活行動，職業スキル，安全な環境の維持等である。適応行動の障害とは，これらの行動やスキルに明らかな制約がある状態を指すが，その個人に期待される適応行動の様態は，年齢や属している社会，文化的状況によって異なることに留意する必要がある。

DSM-Ⅳ，ICD-10では従来，知的機能障害の程度をIQにより分類していたが，AAIDDでは，1992年の第9版からIQによる分類をやめ，知的能力障害（知的発達症/障害）のある人が必要とする支援のタイプと強さに基づく多次元的な体系分類を提案している。このような方針は，その後の版においても踏襲されている。そこには，知的能力障害（知的発達症/障害）を固定した状態像ではなく，生活環境や社会からの適切な支援によって変わりうる状態像として捉えようとする考え方が反映されている。DSMにおいても知的能力障害（知的発達症/障害）は，知的能力と適応機能双方の領域での障害が基準になっているが，DSM-5からはIQの程度による分類はなくなり，重症度は概念的・社会的・実

12-15 知的能力障害（知的発達症／障害）

用的の3領域で評価されることになった。

知的能力障害（知的発達症／障害）は、中枢神経系の発達が何らかの要因により影響を受けて生じた一つの状態像であり、知的能力障害（知的発達症／障害）を引き起こす要因は様々である。発生時期別に見ると、出生前では、**染色体異常**、単一遺伝子異常（結節性硬化症等）、先天代謝異常（フェニールケトン尿症等）、多因子遺伝による発達不全、ウィルス感染、アルコールやニコチン、薬物等の化学物質の過剰摂取、放射線被曝等、周産期では、低出生体重や分娩障害等、出生後では、髄膜脳炎、頭部外傷、栄養障害等のほか、虐待等の心理社会的要因が挙げられる。これらの要因は、複数が重なり合って相互作用的に影響を及ぼすと考えられる。しかし、それぞれの要因が必ずしも知的能力障害（知的発達症／障害）を引き起こすわけではなく、実際には、原因が特定できない知的能力障害（知的発達症／障害）の方が多い。また、知的能力障害（知的発達症／障害）には、**自閉スペクトラム症／自閉症スペクトラム障害**等の他の**発達障害**や、脳性まひ、筋ジストロフィー症等の運動機能の障害、てんかん等の中枢神経疾患が合併していることが少なくない。重度の知的能力障害（知的発達症／障害）と重度の運動機能障害とが合併した時、**重症心身障害（児）** と呼ばれる。

知的能力障害（知的発達症／障害）児・者は、知的発達以外に言語、運動、社会性等の各領域に発達の遅れや不均衡さを有していることが多く、発達の様相や経過の特徴は、合併する他の障害の種類や個人の年齢、発達水準によって相当に異なる。知的能力障害（知的発達症／障害）児・者の中には、発達の過程で発達水準に釣り合わないほどの逸脱行動を呈する人たちがおり、本人の健康や社会参加を著しく阻害するほどの行動上の問題を、処遇上の観点から**強度行動障害**と呼ぶことがある。

知的能力障害（知的発達症／障害）のある人たちへの支援は、併存・合併症も含めた障害の的確な診断と発達、行動面のアセスメントが重要であり、QOL（生活の質）の向上を図るために、早期から生涯にわたる切れ目のない支援が必要とされる。併存・合併している身体疾患や精神医学的症状に対する医療をはじめ、心理、教育、福祉、労働等の関連領域の有機的な連携と総合的な支援が重要である。

■　■　■

❶ ▶ アメリカ知的・発達障害協会（AAIDD：American Association on Intellectual and Developmental Disabilities）

2007年1月にアメリカ精神遅滞協会（AAMR）から改称された。1876年にアメリカのペンシルバニア州で設立された、知的能力障害（知的発達症／障害）の研究、支援に携わる専門家や市民からなる学際的な組織である。初代会長は、知的能力障害（知的発達症／障害）児治療教育の先駆者であるセガンが務めた。AAIDDは、知的能力障害（知的発達症／障害）に関する研究、定義や分類に関するマニュアルの作成、啓発活動、関連施策の推進等の活動を行っている。特に1921年の初版以来、約10年ごとに改訂されている知的能力障害（知的発達症／障害）の定義と分類体系に関するマニュアル（2002年に第10版、AAMR-10が発行）は、アメリカ精神医学会のDSMやWHOのICF、ICD体系とそれぞれ相互に影響を及ぼし合っている。

❷ ▶ 強度行動障害（severe behavioral problems）

生活環境への著しい不適応行動で、自傷、他傷、多動、異食、拒食、睡眠の乱れ、固執等の行動が、通常考えられない頻度と強さで出現し、相当の養育努力があっても

その養育環境では著しく対応困難な状態をいう。医学的診断名ではなく、特別に配慮された支援内容を検討する必要性から成立した、福祉行政上の概念である。強度行動障害を呈する人の多くは、重度知的能力障害（知的発達症/障害）と自閉スペクトラム症/自閉症スペクトラム障害であり、トゥレット症、強迫性障害、てんかん等の合併症が行動障害の複雑化の要因になることも指摘されている。また、本人に対する不適切な対応が積み重なると、二次的障害として症状が増幅される可能性もあるため、総合的、長期的な視点に立った早期からの適切で一貫した支援が重要である。

❸ ▶ 重症心身障害（児）〈〈children with〉SMID：Severe Motor and Intellectual Disabilities〉

重症心身障害とは、子どもの時期から生じる重度の知的能力障害（知的発達症/障害）と、重度の肢体不自由が重複している状態をいう。医学的診断名ではなく、福祉行政上の概念である。重度の知的能力障害（知的発達症/障害）とはIQ35以下、運動機能障害の程度は、寝たきり、もしくは座れる程度であり、日常生活で常に介助を要する状態である。その障害は成人期以降も継続するため重症心身障害児（者）と呼ばれており、生涯にわたる一貫した支援が重要である。多くの合併症を伴うために医療的ケアが必要であり、リハビリテーションや教育、心理的支援を行う際にも高度な専門性が求められる。

❹ ▶ 染色体異常（chromosomal abnormality）

染色体は細胞の核内にあり、遺伝情報を伝えるデオキシリボ核酸（DNA）とタンパク質からできている。ヒトの染色体は、通常22対（44本）の常染色体と、1対の性染色体（女性ではXX、男性ではXY）の合計23対（46本）から成っており、染色体異常には、数と形態の異常がある。数の異常には、同じ番号の染色体が3本あるトリソミー（trisomy）、1本だけのモノソミー（monosomy）等がある。形態の異常には、染色体の一部が切れて消失した欠失や、切れた一部が別の染色体に結合した転座等がある。染色体異常が疾患の原因になることも多く、知的能力障害（知的発達症/障害）を伴うものも多い。染色体異常で最も多いダウン症候群のほとんどは、21番染色体のトリソミーである。脆弱X症候群は、性染色体に脆弱部位があるもので、知的能力障害（知的発達症/障害）や自閉スペクトラム症/自閉症スペクトラム障害と似た症状が認められることがある。

知能指数（IQ）：→ 06-11-❹「知能指数」

〔松永しのぶ〕

12-16 ▶ 認知障害

人が後天的に外界との相互作用の中で獲得する心的機能の知的側面（認知）が、何らかの原因で、損傷又は十分に機能せず、日常生活や社会的・職業的生活に支障をきたすこと。認知障害（cognitive disorder）には、**記憶障害**、**注意障害**、**失語症**、視空間性障害、思考障害、見当識障害等、様々な機能低下が含まれる。個々の認知機能の障害は、日常生活場面で課題や問題を適切に解決する能力（遂行機能）の妨げとなる。すなわち、人が、目標に向かって計画を立て、継時的あるいは同時並行的に柔軟に作業を進めつつ、長期的な展望をもって行動することを困難にする。

認知障害は、幼少期以降の発達障害、青年期・成人期の精神障害、事故等による中途障害、老年期の脳血管疾患、アルツハイマー病等、ライフサイクルの各段階で生じる疾患・障害で見られる。認知障害に対す

る心理的援助の方法は，対象者の病態により様々であるが，支持的・共感的な関わりを基盤として実施される。認知障害に焦点化するアプローチとしては，**認知リハビリテーション**，心理教育，行動療法等がある。

一方，認知障害に起因する意欲の低下，不安，対人関係の不和等の二次的な問題へのアプローチとして，支持的心理療法，遊戯療法，集団心理療法等が実施される場合もある。

■　■　■

❶ ▶ 記憶障害 (memory disorder)

記憶とは，人間が過去に経験したことを一定の時間的経過後の行動の中で保持し，また，再現する精神活動を指す。記憶は，記銘（覚える）・保持（貯蔵する）・想起（取り出す）の3過程からなる。記憶障害では，この過程のどこかに問題が生じる結果，何かを新たに覚えることが困難になる，過去の経験について記憶を喪失するなどの状態に至る。記憶障害の心理アセスメントとして用いられる検査には，改訂ウェクスラー記憶検査（WMS-R），三宅式記銘力検査，リバーミード行動記憶検査等がある。また，記憶障害の原因となる疾患・障害には，代表的な認知症疾患であるアルツハイマー病のほか，頭部外傷，コルサコフ症候群等の健忘性障害等がある。

❷ ▶ 健忘性障害 (amnestic disorder)

通常の物忘れとは明らかに異なる程度に記憶を失い，日常生活や社会的・職業的生活に支障をきたす状態である。原因としては，頭部外傷，単純ヘルペス脳炎といった疾患による場合と，アルコールをはじめとする物質中毒による場合がある。発症以降に新たな情報の記憶が困難になることを前向性健忘，発症以前の記憶の想起が困難になることを逆行性健忘という。また，健忘性障害に併発しやすい症状として，現実にない体験を追想し事実であるかのように述べる「作話」，誤った記憶を想起する「記憶錯誤」がある。両者とも，本人が意図せず生じるという点で，単なる嘘とは区別され，また，強い確信に裏打ちされていないという点で，妄想とも区別される。

❸ ▶ 失語症 (aphasia)

失語症とは，感覚器官や発声器官に問題がないにもかかわらず，脳の言語中枢が損傷を受けることにより，言語機能に障害が生じた状態である。舌や口唇等の運動機能障害に由来する発音の困難は構音障害と呼ばれ，失語症とは区別される。失語症で障害される言語の側面は，発話・理解・呼称・復唱の四つに分けることができる。失語症のアセスメントとして用いられる検査には，標準失語症検査（SLTA），WAB失語症検査等がある。失語症の原因となる疾患・障害には，大脳左半球の言語中枢を病巣に含む脳血管疾患，脳炎，アルツハイマー病等がある。

❹ ▶ せん妄 (delirium)

意識障害の一種で，意識混濁による認知障害と，意識の変容を伴う症候群である。意識と注意の障害，認知の全体的障害，精神運動性障害，睡眠-覚醒周期の障害が併存する。急激に発病し，症状の日内変動が見られる。どの年齢でも起こりうるが，高齢者に多く見られる。夜間に激しい症状を示す場合，夜間せん妄と呼ばれる。せん妄は多くの場合，複数の要因によって引き起こされる。せん妄を直接的に引き起こす要因としては，薬物中毒，ウェルニッケ脳症，低酸素脳症，低血糖，髄膜炎，硬膜下血腫，てんかん等がある。入院による環境変化，集中治療室への隔離，身体拘束，強い不安，痛み等は睡眠と覚醒の周期を障害し，せん妄を誘発・促進する。明確な要因が見当たらない場合でも，アルツハイマー型認知症や脳血管性認知症は，せん妄を併発しやす

い，あるいは，それらに先行してせん妄が生じやすいと考えられている。

❺▶注意障害 (attention deficit disorder)

注意とは，外的・内的な事象への意識の集中，持続，分割，移動の過程を指す。注意障害ではこの過程が適切に処理されないことから，集中・持続の困難，注意分割の困難，転導性の亢進，セットの転換 (set-

表3 認知症のアセスメントで利用されるツールの一例

```
スクリーニング検査・全体的な状態把握のための検査
 ・改訂長谷川式簡易知能評価スケール（HDS-R）
 ・Mini-Mental State Examination（MMSE）
 ・時計描画テスト（CDT）
 ・Alzheimer's Disease Assessment Scale（ADAS）
 ・COGNISTAT（コグニスタット）
記憶領域についての検査
 ・改訂ウェクスラー式記憶検査（WMS-R）
 ・リバーミード行動記憶検査
 ・三宅式記銘力検査
言語領域についての検査
 ・標準失語症検査（SLTA）
 ・WAB 失語症検査
観察式の尺度
 ・Clinical Dementia Rating（CDR）
 ・N 式老年者用精神状態尺度（NM スケール）
```

日本語版コグニスタット認知機能検査

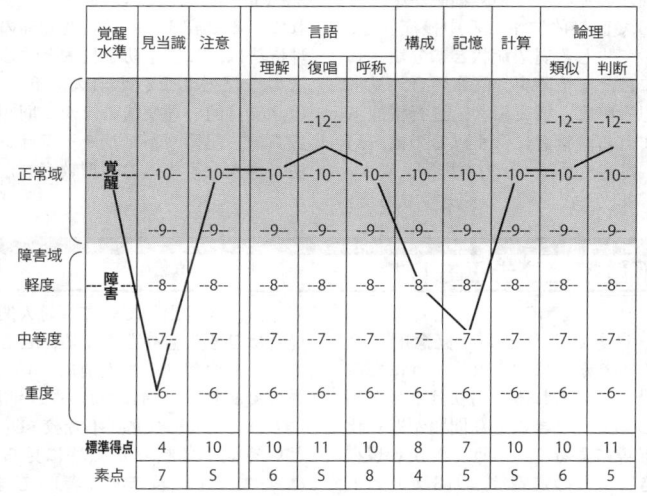

	覚醒水準	見当識	注意	言語			構成	記憶	計算	論理	
				理解	復唱	呼称				類似	判断
正常域	覚醒	--10--	--10--	--10--	--12-- --10--	--10--	--10--	--10--	--10--	--12-- --10--	--12-- --10--
		--9--	--9--	--9--	--9--	--9--	--9--	--9--	--9--	--9--	--9--
障害域 軽度	障害	--8--	--8--	--8--	--8--	--8--	--8--	--8--	--8--	--8--	--8--
中等度		--7--	--7--	--7--	--7--	--7--	--7--	--7--	--7--	--7--	--7--
重度		--6--	--6--	--6--	--6--	--6--	--6--	--6--	--6--	--6--	--6--
標準得点	4	10	10	11	10	8	7	10	10	11	
素点	7	S	6	S	8	4	5	5	6	5	

図2 初期アルツハイマー病と診断された 90 歳代女性の事例

shifting）困難等が生じる。注意障害の心理アセスメントとして用いられる検査には，ウィスコンシン・カード分類課題（WCST），トレイルメイキングテスト（TMT），ストループ検査等がある。また，注意障害を伴う疾患・障害には，自閉スペクトラム症/障害（PDD），注意欠如・多動症/性障害（AD/HD），せん妄，脳血管疾患，統合失調症等がある。

❻▶認知症（dementia）

いったん獲得した知的機能が，脳の器質性障害等の要因によって持続的に低下し，日常生活や社会生活が営めなくなっている状態をいう。一度は成人としての知的機能（記憶力・言語能力・思考力等）を獲得したものの，アルツハイマー病や脳血管疾患等によって知的機能が損なわれてしまった状態を指し，その症状は幅広く多様である。人間の成長途上において知能，社会性，コミュニケーション能力等に問題を示す知的障害や発達障害とは区別される。我が国では 2004 年末まで痴呆（症）と呼ばれた。認知症の症状は，神経細胞が壊れることによって直接的に生じる中核症状と，それに伴って生じる周辺症状とに分類される。前者には，記憶障害，注意障害，見当識障害，思考障害，構成障害，遂行機能障害等が含まれる。後者に含まれるのは，幻覚，妄想，興奮，暴言，暴力，徘徊，異食，不潔行為，抑うつ，不眠，不安等である。

周辺症状は，行動心理徴候（BPSD）と呼ばれることもある。ひと口に認知症といっても，原因となる疾患は多様で，認知症の病態も様々である。アルツハイマー病を原疾患とするアルツハイマー型認知症，脳血管性疾患を原因とする脳血管性認知症が比較的多く見られる認知症で，ここにレビー小体型認知症と前頭側頭型認知症を加えて，四大認知症と称されることがある。その他，認知症の原因として，脳腫瘍，正常圧水頭症，AIDS，アルコール症，低栄養等が挙げられる。発症からの経過も，数カ月から1年で急速に進行することもあれば，十数年をかけて緩徐進行する場合もある。初期・軽度の認知症では意思疎通に問題がなく，記憶障害も部分的である。しかし，中等度から重度へと進行するにつれ，記憶障害は重度化し，状況認識が曖昧になり，意思疎通が困難になり，身体機能も低下する。認知症の心理アセスメントのための検査・尺度は，改訂長谷川式簡易知能評価スケール（HDS-R），MMSE，COGNISTAT，WMS-R，CDR 等，数多く開発されている（表3，図2）。認知症の人への心理療法は，二次予防を目的とする非薬物療法の一環として行われる。介入法としては，支持的心理療法のほか，回想法，見当識訓練，記憶リハビリテーション，芸術療法，本人・家族への心理教育等がある。

〔松澤広和〕

12-17▶不登校とひきこもり

不登校・ひきこもりという概念的括りは，ひきこもりが世に知られるようになる初期の段階から見られる。当初はポスト不登校問題として，ひきこもり問題が顕在化してきた経緯によるであろう。しかし現在では，ひきこもりの定義は，①6カ月以上社会参加していない，②非精神病性の現象である，③外出していても対人関係がない場合はひきこもりと考える，とされる。つまり，社会参加や対人関係の有無が定義の中核であり，年齢に関わらない現象がひきこもりである。実際「不登校・ひきこもり」という概念的括りが頻繁に見られた後には，「ニート（若年無業者）・ひきこもり」という括りや，「高齢ひきこもり」など，

学校に通う年齢を過ぎた段階のひきこもりが社会問題化し，現在ではひきこもりはライフステージ全体を通じて見られる問題であり，その中の学齢期から思春期に特有の在り方が，不登校であると捉えられる。

現在，ひきこもり支援の中心は若者支援であり，根拠法となる「**子ども・若者育成支援推進法**」を所管する内閣府の調査によれば，広義のひきこもりは15～39歳までで69.6万人と推計されている。前述のようにひきこもりを，ライフステージ全体を通じて見られる現象と定義するならば，小中学校の不登校児童・生徒のうち，自宅を中心とした生活を送っている者や，40歳以上の高齢ひきこもりも含まれることとなり，ひきこもりの規模はもっと大きなものとなる。

年代を追っていけば，児童虐待や他の家庭の問題等により，幼少期から自宅を中心に生活する者がごく一部見られるが，概ねひきこもりが最初の社会問題として捉えられるのは，「不登校」という形である。不登校は，①年度間に連続又は断続して30日以上欠席した児童生徒で，②何らかの心理的，情緒的，身体的，あるいは社会的要因・背景により登校しない，あるいはしたくともできない状況にある者である，③ただし病気や経済的理由による者を除く，と定義される。不登校児童・生徒は，平成23年度では小学校で22,622名（全児童の0.22%），中学校で94,836名（全生徒の2.64%），高等学校で56,292名（全生徒の1.68%）である（文部科学省 2012）。なお，内閣府の調査ではひきこもり状態にある者のうち，不登校経験者は23.7%となっている。また，高等学校は不登校だけでなく，**高校中退**も大きな問題とされており，同じく平成23年度で53,937名（全生徒の1.6%）となっている。

不登校については，その背景として学校の要因，家庭の要因，個人の要因と様々な背景要因が存在し，またそれらは相互に関連している。また今日では，**子どもの貧困**と関連づけて語られることもある。そのため，不登校児童・生徒の支援には個人の状態の理解だけでなく，家庭や学校といった環境要因にも目を向け，かつ関係者と連携しながらの支援が求められる。

ひきこもりの原因も様々で，不登校と同様に家庭や教育の問題と関係しながらも，更に，**医療**（特に**精神科医療**），福祉，労働等様々な分野の背景が絡み合った総体として社会参加していない状態や，対人関係から孤立した状態になっている。近年では若者問題の中心的な課題の一つとなり，社会的孤立という観点から**若年ホームレス**等，生活困窮の問題や社会保障の問題とも関連づけて語られることがある。

不登校支援はひきこもりに先行して，**スクールカウンセラー**の配置や**適応指導教室**，教育相談での取り組みなど，様々な支援が学校・地域において行われてきた。ひきこもりについても，既に一定の理解と支援の成果が出ており，内閣府が2011年に，「ひきこもり支援者読本」や支援活動の事例集等をまとめている。全国どこでも**アウトリーチ**から就労支援までひきこもり支援が可能となるよう，ノウハウの公表と支援にかかる人材育成が行われている。いずれの支援も，様々な形態やノウハウがあるが，まず大切なのは本人の心を理解し，寄り添う姿勢である。そのため，心理専門職は本人と向き合い理解すると同時に，本人を支えるネットワークの中で，当事者の代弁者としてコーディネートする役割を果たすことが期待される。

■　　■　　■

12-17 不登校とひきこもり

❶ ▶ アウトリーチ (outreach/home visiting service)

不登校・ひきこもりの支援では、従来のような来所を待つ支援ではなく、対象者を把握し、積極的に支援者が出向くアウトリーチ（訪問支援）が重要であり、また有用である。しかし、極めて侵襲性の高い支援であるため、当事者の自己決定や関係性の築き方などに十分に注意を払うことのできる、高い支援スキルが求められる。

❷ ▶ 高校中退者 (high school dropouts)

高等学校は義務教育ではないため、欠席が続けば進級ができなくなる。そのため、不登校から中途退学という形に移行しやすい。内閣府の調査によれば、高校中退理由の第1位は「欠席や欠時がたまって進級できそうにもなかったから」である。高校中退者については、相対的貧困率の高いひとり親の世帯の生徒が割合として高いこと、将来の正社員就職の困難が調査から明らかにされており、生涯にわたる社会的不利とその背景にある貧困の連鎖が指摘される。

❸ ▶ 高齢ひきこもり (aging hikikomori)

主として40歳代以降のひきこもりを指す。30代までのひきこもりの抱える課題に加え、ひきこもりが若者支援の枠組みで行われるため地域支援の対象外となりやすいこと、両親も高齢化することで親亡き後の経済的不安等が大きく浮上することが特徴である。

❹ ▶ 子どもの貧困 (child poverty)

貧困世帯の子どもが不利な立場に置かれ、成人後もその不利益を一生被ることで貧困が連鎖することが示されている。貧困世帯に育つことで、家庭環境のみならず、虐待、学力不振、健康、非行、対人関係、社会からの疎外感に至るまで、様々な形で不利な立場に置かれる。

❺ ▶ 子ども・若者育成支援推進法 (Act on Promotion of Development and Support for Children and Young People)

ニート、ひきこもり、不登校、あるいはその背景の一つとされる発達障害等の精神疾患等、子ども・若者の抱える問題の深刻化と、従来の分野・専門縦割りの子ども・若者支援の限界を受けて、子ども・若者育成支援施策の総合的推進のための枠組みや、社会生活を円滑に営む上での困難を有する子ども・若者を支援するためのネットワーク整備を定めた法律である。平成22年4月1日施行された。ネットワーク整備として関係機関等では、対象者の把握、アウトリーチ（訪問支援）から、本人・家族への相談・助言・指導、修学・就業知識技能の習得等の支援、医療、療養、生活環境改善等に取り組む。また、地方公共団体には、地域協議会、国には調査研究、人材の養成、情報の提供及び助言等の支援が求められる。

❻ ▶ 若年ホームレス（若者ホームレス） (young homeless people)

リーマンショック以降の雇用情勢悪化による、若年ホームレスの増加の中で、路上や簡易宿泊所やネットカフェ等で、対人関係から孤立し「ひきこもり」状態になっている若者の存在が指摘されている。ひきこもりとホームレスをともに、「社会的排除」という視点から捉える見方もある。

❼ ▶ ニート（若年無業者）(NEET：Not in Education/Employment or Training)

日本においては教育、雇用、職業訓練のいずれにも属さず、失業者（仕事があればすぐ就くことができ、かつ求職活動している）でもなく、家事を主にしているのでもない15〜34歳までの若者を指す。平成23年調査で全国で約60万人とされる。平成16年に指摘されるようになり、ニート支援施策として平成17年に若者自立塾（平成22年3月終了）、平成18年に地域若者

❽ ▶ 不登校・ひきこもりと医療 (psychiatric disorder and school refusal/hikikomori)

不登校やひきこもりに至った背景や，二次的に生ずるものとして，ひきこもりと精神科医療との関連は深い。一つには，特性として自閉スペクトラム症/自閉症スペクトラム障害やAD/HD等，発達障害や軽度の知的能力障害（知的発達症/障害）の存在が多く指摘される。特に，成人の発達障害者への医療や障害福祉は多くの地域で不足しており，発達障害者の就労受け入れも進まないことから，支援現場でも困難事例として特別な取り組みが要請されることが多い。また，社交不安症/障害や強迫症/強迫性障害等，不安症/障害，気分障害，適応障害等，投薬治療によってある程度症状の緩和が期待される精神疾患については症状の軽快に合わせて，社会参加を段階的に進めていく地域支援が並行していく。

〔鈴木晶子〕

13-00 神経

〔総説〕

　神経心理学とは，精神機能と中枢神経，特に脳との関係について研究する諸学問の一つである。関連する学問領域である神経生理学や神経化学と比較した場合，特に，脳の巨視的な解剖学的区分と心理機能との関係を研究する点が，神経心理学の特徴である。

　脳と心が関連するという考えは，源流をたどれば紀元前5世紀のヒポクラテスにまで遡る。そして，脳のそれぞれの解剖学的領域が，個別の心的機能に対応するという考えは，18世紀末にガルによって骨相学としてまとめられることになる。しかし，実証的証拠を伴って脳の解剖学的領域と心理機能の関連が次々に報告されるのは，19世紀後半に入ってからである。1861年にブローカが報告した失語症例によって，言語機能にとっての左大脳半球の優位性が示されたのがその発端である。

　ブローカの報告以降の神経心理学の歴史は，特定の心理機能が特定の脳領域を基盤とするか否かという争点において，局在論者（あるいは連合論者）と全体論者の論争として繰り広げられてきた。局在論（連合論）を代表するのが，1870～1880年代にウェルニッケ及びリヒトハイムによって展開された，失語症の諸類型がそれぞれ特定の言語中枢の損傷あるいは中枢間の特定の結合の損傷によって生じるとの仮説である（ウェルニッケ・リヒトハイムの失語図式）。他方，全体論は第一次世界大戦後に勢いを増すが，代表的な研究者としてはウェルニッケ流の還元主義的見解を批判したヘッドらが挙げられる。神経心理学における全体論の考えは，同時代に勢いをもっていたゲシュタルト心理学とも呼応するものであった。

　このような論争の時代を経て，脳損傷例を対象とした症例研究の蓄積に基づき，20世紀後半から今日に至る神経心理学は，脳構造と心理機能・行動の間には一定の関連があることを認めるに至っている。その際，研究の進歩に大きく貢献したのが，1970年代以降に実用化された脳構造の断層撮影技術である。ブローカの報告以来の研究は，約100年の間，脳損傷部位の確認を病理解剖に頼らなければならず，結果として，その進歩は緩徐なものにとどまった。しかし，CTスキャン・MRI等の神経画像技術の進歩によって，脳構造と心理機能・行動の関連についての理解は，飛躍的にその速度を増すことになったのである。加えて，20世紀後半には，記憶，言語，視覚，注意等の心理学的諸概念を扱う概念枠組みが，認知心理学の発展により様変わりしたが，このことも神経心理学の発展に大きく寄与した。認知心理学による精緻な情報処理モデルを取り入れた神経心理学は，今日，認知神経心理学と呼称されることもある。

　狭義の神経心理学は，脳損傷例を対象として，脳構造と心理機能・行動の関係を探ることをその方法論とする。その一方で，脳損傷をもたない被験者を対象に，特定の心理課題を遂行する際の神経活動を計測する機能的神経画像の技術が，急速に進歩してきた。このような機能的神経画像研究と対比する際，狭義の神経心理学は損傷研究と呼ばれる。そして，機能的神経画像研究と損傷研究は，相互補完的な研究手法として用いられる。これらヒトを対象とした研

究に加えて，実験動物で得られた成果も含めた神経科学諸学問の成果が総合的に解釈されることによって，脳領域と心理機能の関連を示す詳細な機能地図が明らかにされつつある。

前記のような歴史的文脈での神経心理学研究は，脳損傷例を通じてのヒトの脳機能の理解を目指している。ただしこれは，神経心理学という学問が担う二つの役割のうちの一方を捉えているにすぎない。神経心理学が担うもう一つの重要な役割は，様々な神経疾患によって脳損傷を負った人々の心理・行動についての理解と，そのリハビリテーション技法の開発と実践，治療法の探究である。神経心理学がもつこのような医学的側面を指して，特に臨床神経心理学と呼ぶ場合もある。

脳血管障害，外傷性脳損傷，脳腫瘍等，脳に損傷を与える諸疾患は，麻痺や感覚障害等の後遺症をもたらすが，加えて，言語，記憶，注意等，様々な心理機能に障害をもたらす。これらは，失語症，健忘症候群，半側空間無視等の症状名で呼ばれる医学的症候である。このような障害をもつ当事者あるいは家族に，その病態の起こる機序を説明し，またその病態理解に基づいた合理的なリハビリテーションを提供することは，医学の重要な使命の一つである。

本領域では，臨床場面において問題となる主要な神経心理学的症状について，その概略の解説を示した（13-01）。これらの諸症状のうち，ブローカ以来の神経心理学の歴史の中で最も深く研究されてきた失語症については，臨床医学における重要性も考え，大項目として取り上げた（13-03）。また，記憶障害についても大項目として取り上げ（13-04），代表的な病態である健忘症候群を中心に解説し，その他の記憶障害についても健忘症候群との対比において解説した（13-05）。また，神経心理学の検査法についても大項目を設けたが，特に臨床現場で広く用いられている検査を中心に紹介した（13-02）。最後に，これら神経心理学的症状の原因となる医学的疾患についても，代表的なものを中心に解説した（13-01）。

〔村井俊哉〕

13-01 ▶ 神経心理学

　神経心理学（neuropsychology）とは，言語，行為，対象の認知，記憶，注意，遂行機能をはじめとする認知機能と脳との関係を探求する学問である。局在性脳損傷によって起こる様々な症候（巣症状）を分析し，病巣との関連から脳の働きを研究する**臨床神経心理学**が基本となって発展してきた。また，健常人やサルを対象とした実験やコンピュータによる脳機能シミュレーション等を取り込んだ**実験神経心理学**もある。近年は，ポジトロン断層撮像法（**PET**）や機能的磁気共鳴画像法（**fMRI**）等の機能画像の進歩により，認知課題遂行時の脳活動を見ることができるようになった。また，脳外科手術中に脳表を電気刺激して機能を調べることは現在も行われているが，**経頭蓋磁気刺激**によって非侵襲的に脳機能の検討を行うことが可能となった。病巣研究と健常脳の研究とが接近し，更に，MRI拡散テンソル・トラクトグラフィも加わって，様々な脳機能の神経ネットワークが分かってきた。

　左右の大脳半球には機能分化（**側性化**）があり，右利き者の大半では左半球が言語性優位半球である。左半球の言語野が損傷されると，脳が言語をうまく操れない**失語症**が起こる。また，行為の障害である**失行**も左半球損傷で起こる。一方，右半球は空間性注意機能において優位であり，右半球損傷では左側の空間を無視する**半側空間無視**が起こる。左半身の運動麻痺を無視又は否認する**病態失認**も右半球の症状である。

　左右の大脳半球は脳梁という神経線維の太い束で結ばれており，両半球が共同して機能している。逆にいえば，一側半球の機能のみを検討することは，通常の状態では難しい。難治性てんかんに対して脳梁離断術が行われた脳を**分離脳**という。分離脳では，例えば，左視野に物体を提示すると右後頭葉に入力されるが，その情報は言語性に優位な左半球に伝わらず，物体の名称を言えない。このようにして一側大脳半球の機能が検討されるが，症状として現れたものを**離断症候群**という。

　脳の側性化は常に考慮すべきであるが，両側大脳半球が関わっている機能も少なくない。失認は，一つの特定の感覚モダリティを通して対象を認知できなくなる症状である。物体の視覚性認知が障害されたものが**視覚失認**であるが，カテゴリー特異的に熟知相貌に対する相貌失認や，風景に対する街並失認もある。病巣は腹側側頭-後頭葉にあり，視覚失認は左半球，相貌失認と街並失認は右半球の病巣で起こりやすいが，いずれも両側病巣例で症状が重い。意味のある音を聞いてその聴覚性認知が障害されたものが**聴覚失認**であり，両側側頭葉病巣が代表的である。

　エピソード記憶の障害が**健忘**であり，他のことを体験すると少し前のことを忘れてしまう前向性健忘は，長期記憶のうち短い時間経過の障害である。前向性健忘は，海馬-脳弓-乳頭体-視床前核-（帯状束）-海馬というパペッツの回路のいずれかの部位の障害で起こる。左半球の障害では言語性記憶が，右半球の障害では視覚性記憶が障害されやすい。一方，脳に病理学的変化が生じる以前のエピソードまで遡って忘れるのが逆向性健忘である。パペッツの回路より広い範囲の病巣が関与する。

　特定の外的・内的事象に意識を集中し，必要に応じて焦点を移動させる注意機能があってはじめて，これまでに述べたような機能を意識に上る形で有効に処理できる。**注意障害**は，全般性注意障害，持続性注意

障害，選択的注意障害等に分けられる。一方，言語，行為，対象の認知，記憶等の機能を制御し統合する機能として遂行機能があり，その障害が**遂行機能障害**である。

臨床神経心理学で扱う幅広い症候は，医学的な意味での高次脳機能障害と呼ばれる。外傷性脳損傷では，病巣が散在性・びまん性であるか，言語野等から離れた部位に生じることが少なくない。そのため，一見すると普通に見えるが，就労等の社会生活が困難となる病態が起こる。行政用語としての**高次脳機能障害**は，記憶障害，注意障害，遂行機能障害，社会的行動障害等の認知障害があり，日常生活及び社会生活への適応に困難を示す一群の病態を指す。従来の障害認定に該当しなかった障害者の行政的支援の目的で，診断基準とともに用いられるようになった用語である。

認知症は，複数の認知面と行動面の障害が生じ，以前よりも認知・行動の機能が低下し，普通に行えていた活動が困難となった状態である。これまで述べた神経心理学的症候が複合して現れ，行動の障害も加わった病態といえる。

■　■　■

❶▶経頭蓋磁気刺激（transcranial magnetic stimulation）

本項については，04-14-❸「経頭蓋磁気刺激」，14-14-❹「経頭蓋磁気刺激法」を参照のこと。

❷▶視覚失認（visual agnosia）

視覚性に提示された物品の認知障害であり，他の感覚モダリティ（例えば触覚）を通じての認知は，はるかに良好に保たれている。物品の認知に十分な視力・視野が保たれているにもかかわらず，物品を見て何であるかが分からない状態であり，呼称することも，口頭や身振りで使用法を説明することもできない。物品の形態の知覚が障害された統覚型視覚失認と，物品の絵の模写が可能であるが意味が分からない連合型視覚失認に大別される。

❸▶失行（apraxia）

失行とは，学習された意図的行為を遂行する能力の障害であり，右利き者では通常左半球損傷によって起こる。今日では，上肢を用いて一つの姿勢を生成する，あるいは，健常人ならば数秒で完結する特徴的動作パタンを実行する行為の障害を失行（limb apraxia）として扱い，古典的には観念運動失行がこれにあたる。「さようなら」の動作や歯ブラシを持って歯を磨くパントマイムなどがうまくできなくなる。

❹▶遂行機能障害（disorders of executive function）

認知的柔軟性，概念形成，セットの転換，フィードバックの利用，抽象的思考，プランニング，情報や行動の組織化，習慣的行為・認知の適切な抑制等からなる遂行機能の障害をいう。目標を定め，計画性をもち，方略を適宜用い，並行処理を行い，環境と折り合いをつけ，臨機応変に対応し，長期的展望で，持続性をもって行動することが難しい。遂行機能には，前頭葉に加えて基底核，視床等の皮質下構造を含む神経回路が関与している。

❺▶注意障害（attentional disorders）

重度の注意障害の代表はせん妄であり，簡単な会話や状況理解にも集中できない注意障害に，軽い意識障害が加わった状態をいう。通常，急性発症し，症状は変動性である。一方，注意の諸側面の障害として，持続性注意又はヴィジランス，標的を識別する選択的注意，一般的な反応傾向を抑制しつつ難しい処理を持続する遂行機能的な選択的注意，注意の分配ないしはワーキングメモリの障害も含まれる。

❻▶聴覚失認（auditory agnosia）

言語音の認知障害である語聾を伴う広義

の聴覚失認もあるが，ここでは狭義の聴覚失認（環境音失認）について解説する。環境音とは，道具や乗り物等，人工的物体が発する音，鳴き声等動物が発する音，自然現象が発する音等をいうが，これらを聞いてその音源が何であるかが分からない。純音聴力はこれらの音を聞き取るのに十分なだけ保たれている。両側側頭葉病巣が多いが，一側病巣で起こることもある。

❼▶認知症（dementia）

本項については，12-16-❻「認知症」を参照のこと。

❽▶半側空間無視（unilateral spatial neglect）

半側空間無視とは，大脳半球病巣と反対側の刺激に対して，発見して報告したり，反応したり，その方向を向いたりすることが障害される病態である。急性期を除けば右半球損傷後に生じる左無視がほとんどである。食事で左側の品物に手を付けず，移動場面では左側の物にぶつかる。検査としては，紙面の多数の標的を探す抹消試験，花の絵等を描き写す模写試験，水平な線の真ん中に印をつける線分二等分試験等が用いられる。

❾▶病態失認（anosognosia for hemiplegia）

大脳半球病巣と対側半身の運動麻痺である片麻痺の存在を，無視又は否認する症状をいう。通常は，右半球の脳卒中急性期に左片麻痺に対する病態失認として起こる。慢性期には消失するが，言語性に麻痺を認めても，それを軽視する病態無関心に移行する。

❿▶離断症候群（disconnection syndrome）

脳梁離断術後，又は，前大脳動脈領域の脳梗塞等で脳梁が広範に損傷された場合に，左右の大脳半球が共同して機能を発揮できずに起こる症状を一括して離断症候群という。一般的な側性化の場合には，右半球の言語関連機能の乏しさを反映して，左手の失書・失行・触覚性呼称障害，左視野の失読・物品呼称障害が起こる。左半球-右手の症状は一定しないが，構成障害と半側空間無視が見られることがある。

〔石合純夫〕

13-02 ▶臨床神経心理学的検査法

臨床神経心理学的検査法（clinical neuropsychological assessment）の目的は，心理学的機能や精神活動の障害の記述と同定を行い，これらの結果と脳機能・脳構造等の生物学的指標との関連を決定したり，リハビリテーションや種々の治療の計画に役立てるための資料を提供することである。神経心理学的検査は臨床神経心理学検査法で使用される道具である。臨床的には様々な検査を組み合わせて使用する場合が多いが，神経心理学的検査の組み合わせのことを**検査バッテリー**という。

臨床神経心理学的検査の方法としては，定性的アプローチと定量的アプローチがある。**定性的アプローチ**とは，観察して神経心理学的症状や反応様式等の特徴を捉えるという定性的な方法である。**定量的アプローチ**とは検査バッテリーを作り，定量的に検討する方法である。すなわち，脳損傷患者や健常者の多くのデータに基づいて標準化された検査方法やバッテリーが用いられ，結果はスコアとして定量的に得られる。得られたデータは統計的，経験的に決められた基準と比較して評価される。定性的アプローチでは，臨床経験や心理学的メカニズムを深く見ていく姿勢がより重要となる。定量的アプローチでは客観的な評価が可能となり，適切な検査道具が開発されれば，大変有用な方法と考えられる。

総合的な臨床神経心理学的検査法として，ハルステッド・レイタン・バッテリー

(HRB)，ルリア・ネブラスカ神経心理学的検査バッテリー（LNNB）及び神経心理学的検査法のボストン・プロセス・アプローチ（BPA）は，長い歴史をもつものである。この三つの検査法は定量的か定性的かの重きは異なるが（HRBはより定量的，LNNBはより定性的，BPAは定量的と定性的の中庸），様々な検査法が含まれており，その後に開発されてきた検査法の中にはこれらに含まれている下位検査を参考にしてきているものもある。いずれも総合的な検査法ゆえに，実施には数時間（6～10時間）を要するものであり，日本ではそれほど普及はしていない。我が国の臨床領域で利用されている神経心理学的検査は英語圏の検査と比して多くはないが，徐々に洗練された検査法が開発されてきている。

　神経心理学的検査を実施する際，対象者が有する背景，特に検査結果に影響を与えると考えられる重要な要因を，検査前に確認することは大切である。すなわち，発症前の情報（職業歴，教育水準，家庭環境，病前性格，既往歴，投薬歴等）や，脳機能の非対称性に影響が考えられる**利き手の情報**である。また，神経心理学的検査の導入の直前には，意識水準の確認は重要である。意識水準は，覚醒から昏睡に至る幾つかの段階で評価されるが，意識障害がある場合，通常，神経心理学的検査の実施は困難となる。

　スクリーニング的神経心理学的検査として，**精神状態短時間検査（MMSE）や改訂長谷川式簡易知能評価スケール（HDS-R）**があり，認知症の補助診断等で用いられることが多い。知的機能とは，知覚，言語，記憶，思考，推理等の因子から構成される複合的な心理概念であるが，その障害は神経心理学的検査の結果に重大な影響を及ぼすことになる。一方で，知的機能を見るために構成された検査法を導入することにより，神経心理過程の様々な機能単位の障害を適確に把握することにもつながる。その代表例は**ウェクスラー式知能検査（WAIS, WISC等）**である。また，**日本版成人読解検査（JART）**は，簡便に元来の知能を推定するのに有用とされている。記憶機能の検査法として包括的なものは，**ウェクスラー記憶検査（WMS-R）やリバーミード行動記憶検査**である。その他，視覚記憶に特化したベントン視覚記銘検査等がある。前頭葉機能に関連した検査では，**ウィスコンシンカード分類検査（WCST）や遂行機能障害症候群の行動評価（BADS）**が比較的よく用いられる。前頭葉機能は様々な種類があり，遂行機能以外の検査の開発も望まれる。言語機能の障害の評価としては失語症検査がある。我が国では，**WAB失語症検査**や日本標準失語症検査がよく用いられる。その他，注意に関する検査，知覚に関する検査，行為に関する検査等が神経心理学的検査として開発されてきている。なお，現実の臨床では，一つの検査をフルで固定して行うということ（fixed battery）はありうるが，必要に応じて検査の下位尺度を取り出して組み合わせた検査バッテリー（flexible battery）を行うこともある。

■　■　■

❶▶ウィスコンシンカード分類検査
(WCST : Wisconsin Card Sorting Test)

　WCSTはトランプのようなカードを用い，色と形と数の分類基準でカテゴリーの変換を行って，概念ないしセットの転換障害の有無を見る検査である。128枚を用いるのが原法であるが，48枚を用いるネルソン（1976）の修正法や，鹿島晴雄ら（1985）の新修正法（Keio版）がある。また，64枚の原法の短縮版も出されている

(Kongs et al. 2000)。最近は，このWCSTは遂行機能を測る検査であるともいわれている。遂行機能とは環境に適切に反応し，適応するための認知過程であり，行為の準備と実行，開始と活動水準の調整，目的的活動への行動の統合，覚醒水準の維持が含まれる。

❷▶ウェクスラー記憶検査（WMS-R：Wechsler Memory Scale Revised）

記憶には短期記憶と長期記憶，言語性記憶と非言語性記憶，即時記憶と遅延記憶等いろいろな側面がある。WMS-Rは記憶のこれらの側面を総合的に測定する検査法である。13の下位検査より構成され，これらの結果から，一般的記憶指数，視覚性記憶指数，言語性記憶指数，注意・集中力指数及び遅延記憶指数を算出できる。記憶機能について問題が想定される患者，及び記憶機能の保持の有無をチェックしたい場合に用いる。

❸▶ウェクスラー式知能検査（児童版）（WISC：Wechsler Intelligence Scale for Children）

子どもを対象としたWISCもあり，最新版は第4版で，5歳0カ月～16歳11カ月まで適用できる。これは全15の下位検査（基本検査：10，補助検査：5）で構成されており，全検査IQと四つの指標得点を出すことができる。WISC-IVでは，言語性IQと動作性IQの概念が取り払われ，指標得点をより重視していることが特徴である。

❹▶ウェクスラー式知能検査（成人版）（WAIS：Wechsler Adult Intelligence Scale）

最もよく用いられてきた知的機能の検査で，言語性と動作性検査からなりIQが算出される。下位検査のプロフィールから，知的構造の特徴がある程度分かる。最新版のWAIS-IIIは16～89歳まで適用できる。また，最新版では因子分析の結果をもとにして作られた言語理解，知覚統合，ワーキングメモリ及び処理速度の四つの群指数を出すことができ，それぞれの指標を比較検討することができる。

❺▶WAB失語症検査（Western Aphasia Battery）

言語の様式別に，総合的に言語症状を把握するための検査である。自発話，話し言葉の理解，復唱，呼称，読み，書字，行為という八つの大項目からなり，その下に38の下位項目がある。流暢性，話し言葉の理解，復唱，呼称の項目の得点配分によって，全失語，ブローカ失語，ウェルニッケ失語，健忘失語等のタイプに失語症を分類することができる。

❻▶改訂長谷川式簡易知能評価スケール（HDS-R：Hasegawa's Dementia Scale-Revised）

我が国で開発され，主として認知症の補助診断のために用いられている簡易認知機能検査である。自己の見当識（年齢），時の見当識，場所の見当識，言葉の記銘，計算，数字の逆唱，言葉の想起，物品の記銘，言語の流暢性の九つの下位テストから構成されており，短時間で評価できるものである。

❼▶利き手（dominant hand）

利き手は言語の優位半球を知る重要な指標である。通常右利きの人は左半球に言語中枢が存在するとされ，左利きの人においても70～80％程度の人が同様に左半球に言語中枢が存在するとされている。こうしたことから，左右いずれの利き手かを知ることは，言語中枢がどちらの半球にある可能性があるかを知る手がかりとなる。利き手質問紙によって右利き，左利き，及び両利きが判定される。幾つかの代表的な利き手質問紙が存在するが，一次性の（生来の）利き手と二次性の（矯正による）利き手を識別可能にする質問紙もある。

❽▶遂行機能障害症候群の行動評価（BADS：Behavioral Assessment of the Dysexecutive System）

前頭葉損傷の日常生活上の問題点を検出

しうる，生態学的妥当性を有する検査法とされる。規則変換カード検査，行為計画検査，鍵探し検査，時間判断検査，動物園地図検査，修正6要素検査という6種類の下位検査と，遂行機能障害質問紙から構成されている。

❾▶精神状態短時間検査（MMSE：Mini Mental State Examination）

国際的に頻繁に使用されている簡易認知機能検査であり，時の見当識，場所の見当識，記銘，注意と計算，再生，呼称，復唱，理解，読字，書字，図形模写の11の下位テストによって，認知機能を多面的に短時間で評価できるように作成されている。

❿▶日本版成人読解検査（JART：Japanese Adult Reading Test）

多数の漢字の読解力から病前推定IQを算出することができる検査であるが，これは10分程度で施行可能な検査であるので，ウェクスラー知能検査（WAIS）と併用することにより，現在の知的水準が元来のものか否かを考察する参考になる。

⓫▶リバーミード行動記憶検査（RBMT：Rivermead Behavioral Memory Test）

日常生活における障害を予測するために，普段の生活で記憶に加えられる負荷を想定して作られた検査である。内容は人名の記銘と遅延再生，未知相貌と日用物品の記銘と再認，道順の記銘と遅延再生，展望記憶等，日常生活で要求される能力の評価を目的とした課題から成り立っている。

〔松井三枝〕

13-03 ▶失語症

失語症（aphasia）は，①言語が一応完成された成人における後天性の，②脳の器質性損傷に起因する言語の障害であり，③話す・聞く・書く・読むの四つの言語様態の全てを包含する言語システム全体の障害であり，④その言語障害を，要素的な運動・感覚障害のような神経障害でも，知性・意識・人格のようなより高次の（あるいは全体的な）精神障害でも，また他の失認・失行等の神経心理学的障害でも説明できない，という4点によって定義される。したがって，原則として先天性又は発達性の言語障害は失語ではない。この事情は，一応完成された知性の後天的な解体を認知症（dementia）と，知性が完成に至らなかった状態を知的障害と呼ぶ区別と同様である。ただし，小児の器質性脳損傷による後天性の小児失語は，失語の一種と考える。また，脳損傷を伴わない心因性・転換性（ヒステリー性）の言語障害も失語ではない。更に，話す・聞く・書く・読むのうちの一つの言語様態だけの障害（純粋語唖・純粋語聾・純粋失書・純粋失読）も，基本的に失語ではない。

大脳皮質には言語機能を営む特別な領域が存在し，これを言語野（又は言語中枢）という。右利き者の場合には言語野は左半球にある。これを**言語の半球優位性**といい，左半球を優位半球，右半球を劣位半球ということもある。このように，脳が左右等価でないことを一般に脳の**側性化**（lateralization）という。言語野として有名なのは，ブローカ野（下前頭回脚部）とウェルニッケ野（上側頭回後部）である。前者は運動性言語中枢として言語の発話面の機能を営み，後者は感覚性言語中枢として言語の理解面の機能を営むとされている。ブローカ野は最初にブローカ（1861）によって発見されたが，その後これを完全に否定する反論が出され，激しい論争が行われた。現在でもブローカ野の存在と機能，あ

るいは失語学的な意味については未解決である。ウェルニッケ野についてはこのような論争はない。失語はこれらの言語野そのものの病変により，あるいは言語野に関連する皮質・皮質下の領域の病変によって生ずる。

言語の営みの前提は発声と構音である。発声は声帯の振動であり，この障害には嗄声や失声（aphonia）がある。構音（調音ともいう）は，口蓋・舌・歯茎・口唇等の構音器官の運動により音素（phoneme）や音節（syllable）を産生する行為であり，この障害は一般に**構音障害**（dysarthria）と呼ばれる。これらの障害は，失語に合併することがあるが，原則として失語ではない。また，言語は一つのまとまった機能であり，これを使用する主体・精神・知性というようなレベルのものと区別されねばならない。このような意味で言語は「道具」であり，失語は一つの「道具障害」と考えられる。こうして失語は，定義の④に触れたように，狭義の「言語」の障害である。

したがって，失語は言語学の対象となりうる。失語は複雑な症状群の形を取って出現し，個々の言語症状の多くは言語学的に記述可能である。例えば，音韻論・意味論・統辞論等の水準において，それぞれの領域の概念や用語に従った障害の理解や記述がなされる。このような意味で，失語は言語学的な障害であり，発声・構音の障害は非言語学的な障害と考えられる。失語の研究は**失語学**（aphasiology）と総称され，脳神経の解剖学・生理学・病理学，臨床医学としての神経学・精神医学・リハビリテーション医学，あるいは種々の言語学や心理学，更に情報理論や神経画像関連工学等をも含めた，多くの専門が出会う学際的領域を形成している。

■　■　■

❶ ▶ アナルトリー（anarthria）

非流暢性失語（運動失語）に随伴する構音障害のこと。したがって，左半球（特に前頭葉）のみの一側性病変によって起こる構音障害である。非流暢性失語を構成する重要な症状ではあるが，言語学的にいえば音声学的な水準での解体現象であり，厳密な意味では言語学的症状に含まれない。口唇・舌・咽喉等の構音器官は両側半球の運動支配を受けており，麻痺性構音障害は基本的に両側半球の損傷によって起こる（仮性球麻痺）。アナルトリーは左半球病変のみによって起こる構音障害として特異な位置を占めている。古典的には，皮質下性運動失語として失語の一種とする解釈もあった。基本症状は一貫しない構音の歪みであるとされるが，場合によっては，ある音素が別の音素に置き換わったように聞こえ，音素の置換である音韻性錯語と区別できないことがある。我が国では，一部に，これを発語失行という習慣があるが，これは同義語である。

❷ ▶ ウェルニッケ失語（Wernicke's aphasia）

失語症状群の一型。発話は流暢性で，構音障害，失文法，プロソディ障害（メロディ，イントネーションが単調になる）のいずれも認めない。言語の理解に障害が見られ，時に重篤で語音の把握が困難な時，これを**語聾**（word deafness）という。意味性及び音韻性錯語の出現も多く，語新作が見られることもある。発話内容が他者（聞き手）に理解不能な時，これをジャルゴン（jargon）という。復唱障害があり，読み書きの障害も認められる。右片麻痺の合併はなく，右感覚障害や右半盲が合併することが多い。古典的には皮質性感覚失語と呼ばれ，感覚性言語中枢，すなわちウェルニッケ野の損傷によって生ずるとされている。

❸ ▶ 交差性失語 (crossed aphasia)

右利き者が右半球病変により失語をきたした状態を交差性失語という。右利き者は原則として左半球に言語中枢（言語野）がある。交差性失語はこの原則における例外である。ただし本人が右利きであっても，血縁に左利き者がいる場合には，言語中枢が右半球にある確率が高い。したがって厳密な意味での交差性失語とは，左利き素因のない右利き者の右半球病変による失語の出現を指す。左利き者の左半球病変による失語も交差性失語とする立場もないわけではないが，臨床的にはあまり意味がなく，現在ではほとんど問題にされない。

❹ ▶ 錯語 (paraphasia)

失語患者の発話に見られる言い誤りを錯語と総称する。目標語に対して音の誤りを示すものを音韻性（音素性）錯語（phonemic paraphasia，例，時計→トメイ），意味上の誤りを意味性錯語（semantic paraphasia，鉛筆→ボールペン），目標語を推定できない非実在語への誤りを語新作（neologism，めがね→コーゴキ）という。失語を言語学的に理解する時に特に重要な特徴であり，例えば，音韻性錯語は言語の音韻論的な解体の表現であると考えられる。このほかにも，たくさんの種類の錯語がある。

❺ ▶ 失語図式 (schema of aphasia)

失語を理解するために考案された，図式的に表現された仮説のこと。特にウェルニッケ-リヒトハイムの図式（1885）が有名である（図1）。これは二つの言語中枢（聴覚性・運動性言語中枢〔A・M〕，それぞれウェルニッケ野とブローカ野に比定される）と仮定された概念中枢（B）の間，ならびにこれらと聴覚性・運動性末梢（a・m）との間に結合経路を想定し，これらの損傷部位に応じて失語症状の出現の様相を，図式的に理解しようという仮説である。すなわち，両中枢の損傷により皮質性運動失語

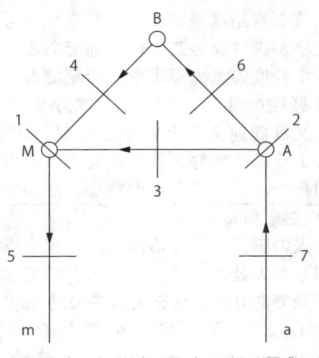

図1 ウェルニッケ-リヒトハイムの図式
(Lichtheim 1885)

(1) と皮質性感覚失語 (2) が，両中枢の連合路の損傷により伝導失語 (3) が，末梢との間の損傷により皮質下性運動・感覚失語 (5・7) が，概念中枢との間の損傷により超皮質性運動・感覚失語 (4・6) の諸型が起こると説明する。19世紀連合心理学として最も成功した理論といわれ，現在の失語分類にも大きな影響を与えた。

❻ ▶ 失書 (agraphia)

成人の脳損傷による後天的な書字障害を総称して失書という。失語において失書は必発であり，これを失語性失書（aphasic agraphia）という。口頭言語（聞く・話す）障害が軽微で，書字言語（読む・書く）障害のみを呈する「失書を伴う失読（alexia with agraphia）」の場合，この失読も失書も失語性である。視空間障害による失書を空間性失書（spacial agraphia），構成障害による失書を構成失書（constructive agraphia），更に書字行為における失行と見なされる失行性失書（apraxic agraphia）が記載されている。また，失語も失読もない失書は純粋失書（pure agraphia）又は孤立性失書（isolated agraphia）と呼ばれ，しばしば症例報告されるが，それらの多くは疑問を払拭し得ない。そもそも書字は最

も困難な言語様態であり，健常者でも読める文字が書けないことは普通である。したがって軽度の意識障害や認知症でも，あるいは軽度の注意障害でも，書字ができない，又は間違えるということがありうる。このように，純粋・孤立性失書はその性質を明らかにすることが困難なことが多い。

❼▶失読 (alexia)

成人の脳損傷による後天的な読字障害を総称して失読という。失語においては失読は必発であり，これを失語性失読 (aphasic alexia) という。「失書を伴わない失読 (alexia without agraphia)」は純粋失読 (pure alexia) と呼ばれ，左後大脳動脈閉塞による左後頭葉内側面と脳梁膨大部の病変時に見られる。このような患者には右同名半盲があり，残存する左視野から右後頭葉へ入力した文字情報が，脳梁経由で左側頭葉の言語野へ到達できずに失読が生じると説明される。書字は可能であり，患者は自己の書いたものを後になって読むことができない。これに対して「失書を伴う失読 (alexia with agraphia)」は，基本的に口頭言語（聞く・話す）症状の極めて軽微な失語であり，失語性失読の一種と考えられる。このほかにも，空間失認等の視空間障害に由来する失読を空間性失読 (spacial alexia) ということがある。

❽▶失文法 (agrammatism)

失語患者の発話する文において，助詞や助動詞のような文法的機能語が脱落する現象。この時，文はその骨格だけに縮小してしまい，あたかも電報の文であるかのようになるので，これを電文体という。ブローカ失語あるいは非流暢性失語の代表的な発話症状である。これに対し，文法的機能語の誤用は錯文法 (paragrammatism) といい，理論的にウェルニッケ失語（又は流暢性失語）の発話症状と見なされるが，実際に日本語ではそれと確認しがたいことが多い。これらは失語における統辞論的解体を示す現象である。

❾▶超皮質性感覚失語 (transcortical sensory aphasia)

失語症状群の一型。発話は流暢であるが意味内容が希薄であり，しばしば意味性錯語を発する。言語の聴覚的理解に障害があるが，これは意味内容の理解障害であり，語音の把握は良好である。復唱は良好に保たれており，しばしば反響言語を発する。言語学的にいえば意味論的機能が障害され，音韻論的機能が保存されている状態に相当する。左半球の頭頂葉や側頭葉等の損傷によって起こるが，時に前頭葉損傷でも出現する。アルツハイマー型認知症等の変性疾患においても，その初期に見られることがある。

❿▶伝導失語 (conduction aphasia)

失語症状群の一型。発話は流暢であるがしばしば音韻性錯語を発する。言語の聴覚的理解は比較的保たれているが，復唱が障害されている。自発話，呼称，復唱の全ての発話場面で音韻性錯語が出現し，患者はしばしばこれを自己訂正する。書字・読字においても，音韻性錯書や音韻性錯読を見る。このように言語の音韻論的機能が障害され，意味論的な機能はよく保たれている。復唱障害と錯語のどちらをこの失語症候群の本質と見るかで，古くより論争がある。復唱障害を重視する立場は，これを短期記憶障害の一種と解釈し（言おうとする言葉をすぐ忘れる），錯語を重視する立場では，これを音韻論的障害として言語学的に説明しようとする。

⓫▶ブローカ失語 (Broca's aphasia)

失語症状群の一型。発話は渋滞し，構音障害（アナルトリー），失文法，プロソディ障害（メロディ，イントネーションが単調になる）があり，非流暢性発話を呈する。言語の理解は比較的良好である。復唱障害も，読み書きの障害も認められる。右片麻痺の合併が多く，身体障害と言語障害の重

複障害の患者が多い。古典的には皮質性運動失語と呼ばれ、運動性言語中枢、すなわちブローカ野の損傷によって生ずるとされている。しかしブローカ失語がブローカ野損傷によって生じるという議論には賛否両論の長い論争の歴史があり、いまもって未解決である。臨床的には、ブローカ野を含む更に広い皮質及び皮質下の領域を病変とする症例が多い。

〔波多野和夫〕

13-04 ▶ 記憶障害

人の記憶は、短期記憶と長期記憶への区分、宣言的記憶と手続き記憶の区分等、幾つかの観点から下位分類される。脳損傷後にはその損傷部位に応じて、このような記憶の下位分類に一定の対応関係を有する形で、記憶機能の部分的側面が比較的選択的に障害され、臨床医学における幾つかの症候群を形成する。記憶機能の特異的な側面が、人の脳損傷後に選択的に障害されるという事実は、人の記憶を支える脳内機構が、単一ではなく複数のコンポーネントから成立していることを示す強力な証拠となっている。

人の脳損傷後に見られる記憶障害(memory disorders)の中で最も代表的な症候群は、**健忘症候群**である。この症候群は、**前向健忘及び逆向健忘**からなり、加えて**失見当識や作話**を伴うこともある。

記憶の下位分類との関連における健忘症候群の特徴は、短期記憶ではなく長期記憶、手続き記憶ではなく宣言的記憶、意味記憶ではなく**エピソード記憶**が、比較的選択的に障害される点である。したがって、健忘症候群の診断には障害されている機能だけでなく、温存されている機能の評価も重要となる。短期記憶を評価する代表的検査である**数唱検査**では、正常範囲の成績を示す。楽器の演奏や運転等のいったん獲得された技能は温存され、また新規に技能を獲得することも可能であるなど、**手続き記憶障害**が見られない。更には宣言的記憶の中でも、出来事に関する記憶(エピソード記憶)の障害に比べて、一般知識に該当する記憶(意味記憶)は比較的温存される。これらの温存されている記憶機能の活用は、リハビリテーション現場においても重要となる。

健忘症候群を生じる損傷部位の代表は両側**海馬**及びその周辺領域であり、内側側頭葉性健忘と呼ばれる。原因疾患の代表は、低酸素脳症やヘルペス脳炎後遺症等である。また、アルツハイマー病の初期にも、同領域の萎縮を伴って健忘症候群が病像の中心となることも多い。その他、健忘症候群を生じさせる脳領域として**視床**、**前脳基底部**が知られ、それぞれの脳領域の損傷で生じる健忘症候群は、視床性健忘、前脳基底部健忘と呼ばれる。前脳基底部の選択的損傷は、前交通動脈瘤の破裂後に見られることが多い。

顕著な健忘症候群は両側性の損傷に伴って生じる。一側性の損傷の場合には、左一側の損傷の場合の方が比較的健忘症状の重症度は高く、その場合には、言語性記憶課題が、非言語性記憶課題に比してその障害の程度が大きいという特徴がある。

健忘症候群と対照的な臨床神経心理学的病態として、エピソード記憶は温存されながら、意味記憶に比較的選択的な障害が生じる、選択的意味記憶障害と呼ばれる病態がある。前頭側頭型認知症の一類型である意味性認知症は、この病態を示す代表的疾患であるが、側頭葉前下部の新皮質の萎縮で始まることを特徴とする。

前述の脳領域に加え前頭葉、特に背外側

前頭前皮質の損傷は，**ワーキングメモリの障害**との関連で注目されている。ワーキングメモリは，情報を一時的に貯蔵するという点では短期記憶と同様であるが，保持された情報を操作する機能も包括した概念である。ワーキングメモリと背外側前頭皮質の関連は，動物実験や人の機能的神経画像研究を通じて，今日確立した知見となっている。しかし，人の前頭葉損傷後にワーキングメモリ課題成績が低下するかというと，その結果は必ずしも一貫せず，前述した健忘症候群や選択的意味記憶障害のように，損傷部位との対応関係が明確な臨床症候群としては確立していない。

■ ■ ■

❶▶ 意味記憶障害 (sematic memory impairment)

「昨日の朝，大きな地震があった」など，出来事に関する記憶はエピソード記憶に相当するが，「地震」とはそもそもどういう事象のことかなど，概念についての記憶を意味記憶と呼ぶ。その障害である意味記憶障害は，エピソード記憶の神経基盤とは異なる脳領域の損傷後に生じる。

❷▶ 逆向健忘 (retrograde amnesia)

記憶障害の原因となる脳損傷の時点を基準として，それより過去の情報の記憶障害のことを指す。健忘症候群における逆向健忘の特徴は，それがしばしば時間的勾配を示すことであり，脳損傷時点に近い記憶がより障害され，脳損傷時点から時間的に遠ざかる過去の記憶の方が温存されているという傾向が見られる。

❸▶ 健忘症候群 (amnestic syndrome)

アルコール依存症例に多く見られ，ビタミン B₁ 欠乏を原因として生じるコルサコフ症候群は，健忘症候群の代表例であり，19世紀からその症候学的特徴は記載されてきた。ただし，コルサコフ症候群では，狭義の健忘症候群の特徴に加え，より広い精神症状を含むため，前向健忘及び逆向健忘にその障害が局限した内側側頭葉性健忘を，純粋健忘症候群と呼ぶこともある。

❹▶ 作話 (confabulation)

現実には存在しない内容の発話である。健忘症候群においては，質問に対して記憶の欠損を埋め合わせるかのように，その場限りの発話が目立つことが多く，このような場合は，特に当惑作話と呼ばれる。一方，もう少しまとまった内容が自発的に話される場合もあり，その場合は空想作話と呼ばれる。

❺▶ 失見当識 (disorientation)

自らが現在いる時間空間的文脈に位置づける能力である。現在の年月日や時刻を同定する能力を時の見当識と呼び，自らのいる住所や建物を場所の見当識と呼ぶ。それらが失われた状態を失見当識と呼ぶ。健忘症候群に伴うことが多いが，それ以外の認知障害に伴って生じることもある。臨床神経心理学的評価では必須の評価項目であり，各種スクリーニング検査にも採用されている。

❻▶ 前向健忘 (anterograde amnesia)

記憶障害の原因となる脳損傷の時点を基準として，それより新しい情報の記憶障害のことを指す。前向健忘が検査時点にまで及ぶ場合は，記銘力を評価する検査でその障害を確認できる。その際，刺激提示と再生・再認の間に干渉課題を挟むと，成績が大きく低下する。

❼▶ 手続き記憶障害 (procedural memory impairment)

健忘症候群では，ピアノを習っていたという事実は忘れているのに，実際にピアノを弾くことができる，などの解離が見られる。後者のような実際に習得した技能のことを手続き記憶と呼び，その障害を手続き記憶障害と呼ぶ。

❽ ▶ ワーキングメモリの障害 (working memory impairment)

ワーキングメモリは，主として健康被験者を対象とした認知心理学研究の中で精緻化されてきた概念である。そのこともあって，その障害は局在脳損傷後の臨床症候群としてまとまった形では現れない。しかしワーキングメモリは，それ以外の様々な認知機能，更には一般知性の基礎を成す機能として注目され，統合失調症や注意欠陥・多動性障害等，多様な精神神経疾患において，基本的病態に関わる可能性が検討されている。

〔村井俊哉〕

13-05 ▶ 病態

病態とは，病的な状態になった機序や原因のことである。脳損傷の原因としては，脳血管障害，変性疾患，頭部外傷，感染性疾患，低酸素脳症，脳腫瘍等がある。

脳血管障害は，脳梗塞と脳出血に大別される。脳組織は，脳血流によって酸素やグルコースを供給され活動している。脳梗塞は脳血管の狭窄や閉塞，あるいは血圧低下等により代謝需要を満たすだけの血液を脳組織に供給できなくなるために，組織が不可逆的に障害される状態である。脳血管の狭窄，閉塞の原因としては，血栓と塞栓とがある。血栓性梗塞は，加齢性の変化である動脈のアテローム硬化により起こる。塞栓性梗塞の主たる原因は，心房細動，弁膜症等のために血栓が心臓内にでき，それが剥離して脳血管を閉塞することである。脳出血は高血圧症等のために血管が破れて，必要な血液を組織に送れなくなったり，出血により局所に貯留した血液によって脳組織が圧迫されたりして組織が障害される状態である。高血圧性脳出血の好発部位は，視床と被殻である。脳血管障害の多くは急性発症，非進行性である。

変性疾患は，脳の神経細胞が変性脱落していく病態で，代表的な疾患としては**アルツハイマー病，レヴィー小体型認知症，前頭側頭型認知症**がある。これらの疾患で，神経細胞死がどのようにして起こるのかは，いまだ明らかになっていない。変性疾患の確定診断は**神経病理学的**検査によりなされる。近年，アルツハイマー病と症候学的には類似しているが，病理学的にはアルツハイマー病と異なる，**嗜銀顆粒性認知症**と**神経原線維変化型老年期認知症**の存在が明らかになった。これらの疾患を生前にアルツハイマー病と鑑別するためには，**アミロイド PET 検査**が有用であると考えられている。

外傷性脳損傷とは，頭部外傷による脳実質の損傷の総称で，代表的な病態としては脳挫傷とびまん性軸索損傷とがある。脳挫傷では，まず頭部に衝撃を受けた瞬間，頭蓋骨は脳よりも速く移動するため，衝撃を受けた側の頭蓋骨と脳が衝突し直撃損傷 (coup injury) が生じる。次いで，衝撃を受けた部位と反対側の頭蓋骨と脳の間に陰圧が生じて，対側損傷 (contrecoup injury) が生じる。びまん性軸索損傷は剪断損傷 (＝回転損傷) で，頭部が速い回転加速度を受け，脳の表層部と深層部にずれが生じ，神経線維が切断されることにより生じる。好発部位は脳挫傷が前頭葉，側頭葉の前方部の脳表面，びまん性軸索損傷が脳梁，脳幹，深部白質等，深部の軸索である。

感染性疾患の代表的疾患は脳炎である。原因となる病原体は，細菌，ウイルス，梅毒，真菌等，様々である。大人の脳炎の原因として頻度が高い，単純ヘルペスウイルスが中枢神経系に移行する経路としては，上気道感染から嗅神経を介してのルート，

血行性ルート，感染した神経節からのルートの三通りが考えられている。病原体の種類によって好発部位があり，単純ヘルペス脳炎では乳頭体，帯状回，海馬等を中心とする大脳辺縁系に，強い出血や壊死を起こす。

低酸素脳症とは，窒息等による呼吸不全やショック，心停止等による循環不全によって，脳組織に酸素が供給できなくなり，脳に障害を生じた状態である。脳はもともと低酸素状態に対して脆弱であり，特に大脳皮質の錐体細胞，海馬の錐体細胞，小脳のプルキンエ細胞，大脳基底核が障害されやすい。

脳腫瘍とは，頭蓋骨内の脳組織の中にできる腫瘍の総称である。脳内に初発する原発性脳腫瘍と，乳がん，肺がん等，脳以外の部位に発生し脳に転移する転移性脳腫瘍とに分類される。更に，原発性脳腫瘍はどのような細胞で腫瘍ができているかによって，髄膜腫，神経膠腫，下垂体腺腫，神経鞘腫等というように分類される。脳腫瘍の症状は，頭蓋内という閉じられた空間に新たな腫瘍ができることによる，周囲組織への直接的な圧迫，頭蓋内全体の脳圧亢進，圧迫に伴う血管の狭窄や閉塞（腫瘍周辺だけでなく離れた血管でも起こりうる）等によって生じる。緩徐に増殖する腫瘍の場合，臨床症状が顕在化しにくいことがある。

■ ■ ■

❶▶アミロイドPET検査 (PET：Positron Emission Tomography)

脳内のアミロイドをPET（ポジトロン断層撮像法）で画像化する検査である。プローブとしては[^{11}C]PIBが世界的に最もよく用いられている。アルツハイマー病と非アルツハイマー病との鑑別診断や，治療薬の効果判定への利用が期待されている。2013年11月現在，認知症に対しての保険適応はない。

❷▶アルツハイマー病 (AD：Alzheimer's Disease)

最も多い変性性認知症。老人斑と神経原線維変化が特徴的な病理学的異常所見で，それぞれアミロイドβ，タウ蛋白が構成成分である。これに加え神経細胞脱落が生じる。神経原線維変化と神経細胞脱落は側頭葉内側部から，老人斑は海馬領域には少なく側頭葉下面から起こる。そして全ての異常所見は疾患の進行に伴い，脳の広い範囲へと広がっていく。初発症状は記憶障害で，その後，視空間認知障害，言語障害，遂行機能障害等，多彩な症状を呈するようになる。本疾患では特にアセチルコリン作動性神経系の顕著な障害が生じる。このため，コリンエステラーゼ阻害薬が治療薬として使用されている。

❸▶嗜銀顆粒性認知症 (AGD：Argyrophilic Grain Dementia)

嗜銀顆粒病とも呼ばれる。アルツハイマー病と同様に側頭葉内側部から病変が始まり，ここに異常なタウ蛋白で構成される嗜銀性顆粒が蓄積する。しかし，アルツハイマー病で認められるアミロイドβの蓄積はない。症候学的には，記憶障害を主徴として他の認知機能が比較的保たれているという特徴がある。

❹▶神経原線維変化型老年期認知症 (SD-NFT：Senile Dementia of the Neurofibrillary Tangle Type)

アルツハイマー病と同様に，異常なタウ蛋白で構成される神経原線維変化が海馬傍回，海馬を中心に大量に蓄積するが，アミロイドβの沈着をほとんど認めない病態である。また，新皮質における神経原線維変化も，アルツハイマー病と比較すると少ない。初発症状，中心となる症状は記憶障害で，他の認知機能は比較的保たれる。

❺ ▶ 神経病理学 (neuropathology)

病理学の中でも脳,脊髄,末梢神経,筋肉とその関連器官を扱う領域である。認知症の分野においては通常,死後脳を解剖して肉眼的に観察したり,様々な染色法を用いて病理標本を作り,顕微鏡で観察したりして病理診断を行う。この病理診断が,変性性認知症性疾患の確定診断となることがほとんどである。また,病気の原因や発生機序の解明にも神経病理学は重要である。脳腫瘍の病理学的診断も臨床的に重要で,これは手術中の生検によることが多い。

❻ ▶ 前頭側頭型認知症 (FID：Frontotemporal Dementia)

前頭葉と側頭葉に萎縮中心を有する変性疾患の総称で,病理学的には均一の疾患ではなく多様である。脱抑制行動,アパシー,共感の欠如等の社会機能低下や人格変化が目立つ behavioural-variant FTD (bvFTD) と,言語機能障害が目立つ FTD とに2分し,更に後者を意味認知症 (SD) と非流暢性進行性失語症 (PNFA) に分ける。SD では側頭葉前方部を中心にした萎縮を呈し,意味記憶の障害を有するが,左半球優位であれば語義失語が,右半球優位であれば熟知視覚情報の意味記憶障害が目立つ。

❼ ▶ レヴィー小体型認知症 (DLB：Dementia with Lewy Bodies)

アルツハイマー病に次いで多い変性性認知症。大脳皮質の神経細胞内に,レヴィー小体という封入体がびまん性に出現することが病理学的特徴である。このレヴィー小体の主たる構成成分は α-シヌクレインである。繰り返し出現する幻視,認知機能の変動,パーキンソニズムの3徴が特徴的な症状で,これらが認知症に先行することもある。また本疾患では,視覚認知障害,視空間認知障害を認め,これが幻視の出現の一因と考えられている。診断には,脳血流 SPECT 検査 (後頭葉の血流低下),MIBG 心筋シンチグラフィ (取り込み低下) が役に立つ。

〔数井裕光〕

生理

〔総説〕

　生理心理学は，心理現象と生理機能との関連を解明する心理学の一分野であり，生理機能としては，神経系，特にその中枢である脳の機能を対象とすることがほとんどである。神経系を研究の対象とする生理学である「神経生理学」においても，心理現象と神経機能との関連を研究の対象とすることがあるが，生理心理学と神経生理学の境界はあいまいで区別が難しく，同様の研究でも，研究を行った学者が医学や生物学の基礎教育を受けている場合には神経生理学，心理学の基礎教育を受けている場合には，生理心理学と分類されることが多い。さらに，後述する融合科学としての「神経科学」の成立後は，いずれの分野も神経科学に包含されるものとして，あえて区別をしなくなってきている。また，現在では，「脳科学」ということばもよく使われるが，これは神経科学とほぼ同義であり，より通俗的な名称といえる。

　生理心理学の起源は，医学・生理学を学んだ後，世界で最初の実験心理学の研究室をライプチッヒに創立したヴント（1874）が著した『生理学的心理学通論（*Grundzüge der Physiologischen Psychologie*)』とされている。その後，ソ連の生理学者パヴロフの条件反射学，スイスの生理学者ヘスによる脳の電気刺激，アメリカの心理学者ラシュレーによる脳の破壊実験等，心理機能の起源を脳神経系に求める研究が，いっそう活発になった。初期の脳研究では，脳のどの部分がどのような機能をもっているかを調べる局在論がその興味の中心であり，実験的研究では，脳の電気刺激や破壊が多く行われるとともに，臨床研究では，脳損傷患者の心理症状を調べる神経心理学が発展した。例えば，アメリカ出身のカナダの脳外科医ペンフィールドは電気刺激によってヒトの運動野の体部位局在を明らかにし，アメリカの心理学者オールズはラットの脳内自己刺激によって脳内報酬系の存在を明らかにした。また，イギリス出身の神経心理学者ミルナーは，海馬を切除された患者の記憶障害について調べる研究を行い，アメリカの神経心理学者ミシュキンやスクワイアは，記憶課題を訓練したサルの脳の破壊を行って，海馬やその周辺領域の記憶への関わりを調べた。その一方で，単一ニューロン活動記録法を使った情報論的アプローチによる研究も発展し，アメリカの生理学者ヒューベルとウィーゼルがネコやサルの大脳皮質の初期視覚野における情報処理の詳細を明らかにし，アメリカの心理学者グロスらは，サルの側頭葉に手や顔を認識するために特異的な働きをしているニューロンを発見した。単一ニューロン活動記録法は，アメリカの生理学者エバーツが行動中のサルから記録する方法を確立し，知覚・運動機能から，記憶・認知に至るまで，行動に対応した脳内表現の詳細を明らかにしていく道筋を作った。

　1970年代に入ると，生理学，解剖学，発生学等，脳神経系に関する様々な学問領域を融合した，「神経科学」という新しい学問分野が作られた。それから20年ほどの間に，高次脳機能の研究においては，サルを使ったニューロン活動の記録と，化学トレーサーやウィルストレーサーを使った領域間神経回路の解析が進み，脳の領域間の情報の流れをもとに脳機能を理解する，

脳のシステム論が展開されるようになった。1980年代以降は，急速に発展しつつあった分子生物学との融合が進み，齧歯類や，ショウジョウバエ・ゼブラフィッシュ等のモデル動物を使って，特定の遺伝子と脳神経機能との関係が調べられるようになるとともに，機能的磁気共鳴画像法（fMRI）をはじめとする非侵襲脳イメージングの発達により，ヒトの高度な精神活動と脳活動との関係が調べられるようになった。神経科学は現在では，分子レベルから，細胞，組織，システム，更に行動・社会レベルに至るまでを対象として，様々な手法を駆使しながら研究する，巨大な学問領域に成長している。脳の研究がその他の生物学と異なるのは，脳の構造と機能の複雑さゆえに，脳内の神経回路の構成の解析や，電気活動，物質動態，遺伝子発現等の，脳内現象の計測結果だけに基づいて，何らかの意味のある解釈に至るのは至難の業であり，それらに基づいて発現する心理機能との対応づけを行うことによって，はじめてその動作原理を明らかにすることができるという点である。したがって，脳研究における心理学は，その方法論的な基盤として必要不可欠なものであるということができる。生理心理学は，神経科学と心理学の境界にあって，神経科学の研究に心理学的基盤を提供するという，極めて重要な役割を果たしているのである。

今日では，神経科学における最終目標は，神経回路の構成と働きによって心を理解することだという認識が広まっているが，これを最初に体系的に論じ，神経科学の基本理念の形成に大きく貢献したのは，カナダ・マッギル大学の心理学者ヘッブが著した『行動の機構（*The organization of behavior : A neuropsychological theory*）』である。ヘッブは，シナプスの伝達効率の変化による，神経回路の情報の流れの変化が，学習の神経基盤であるという仮説を提唱した。前述したように，これまでの神経科学の発展によって，脳と心の関係について非常に多くのことが明らかになってきているが，ヘッブが理想としたように，神経回路の働きに基づいて明確な説明ができる心理機能は，ヒトをはじめとする哺乳類の脳では，残念ながら脊髄や脳幹における反射のレベルである。科学の発展は，計測・実験技術の進歩に依存するところが多いが，最近になって，ヘッブの掲げた目標を，複雑な精神機能についても実現できる可能性を開く新たな技術が出現している。光感受性のイオンチャンネルを特定のニューロンに発現させて，その活動を光で操作する光遺伝学はその代表格であるが，本領域12-14にあるように，神経回路構成の詳細な分析技術や，ニューロンや神経経路に特異的な活動操作技術等の発展が著しい。今後，神経科学領域全体の発展とともに，生理心理学もダイナミックな発展を遂げていくものと期待される。

〔筒井健一郎〕

14-01 ▶ 神経系の構造と機能 (1)

我々ヒトの脳には，約1千億個のニューロン（神経細胞）と，その働きを助ける更に多くのグリア（膠細胞）が存在する。ニューロンは，**樹状突起**（dendrite），**細胞体**（soma），**軸索**（axon）から構成され，他のニューロンとの間にシナプスを形成して情報を伝達する。シナプスで情報を伝える側と伝えられる側を，それぞれシナプス前（presynaptic）ニューロンと，シナプス後（postsynaptic）ニューロンと呼ぶ。樹状突起や細胞体には多数のシナプスが分布し，シナプス入力で生じた**シナプス後電位**（postsynaptic potential）をアナログ的に統合する。シナプス統合の結果，**活動電位**が軸索の起始部で発生し（発火），軸索表面を終末のシナプスまで**伝導**（conduction）する。軸索終末のシナプスでは，活動電位が到達するたびに**神経伝達物質**を放出して，次のニューロンに情報を伝達する。シナプス後ニューロンの発火活動を増強又は減弱させるシナプス前ニューロンをそれぞれ，興奮性（excitatory）細胞，抑制性（inhibitory）細胞と呼ぶ。例えば，大脳皮質や海馬の錐体細胞は，グルタミン酸を神経伝達物質として放出する興奮性細胞であり，その特徴的な樹状突起の形から顕微鏡下で容易に同定される。

ニューロンの細胞膜には，ある条件下で特定のイオンだけを通過させる，様々な種類の**イオンチャンネル**が発現している。ナトリウムイオン（Na^+）はニューロンの外側に多く，逆にカリウムイオン（K^+）は内側に多い。ニューロンにシナプス入力がなく，活動電位も発生していない状態では，K^+チャンネルが圧倒的に多く開口しK透過性が高いために，ニューロンの外側に対する内側の電位差（膜電位）は，カリウムの逆転電位に近い−70 mV程度の値を示す（これを**静止膜電位**という）。膜電位が0 mV側に変化することを**脱分極**（depolarization）といい，マイナス側に変化することを**過分極**（hyperpolarization）という。

ニューロンが脱分極してひとたび閾値を超えると，軸索起始部で活動電位が発生する。電位依存性Na^+チャンネルが一過性に開口して更に脱分極に向かい，少し遅れて電位依存性K^+チャンネルが開口して過分極に向かうことで，一定の振幅（約100 mV）と時間経過（約1ミリ秒）の活動電位が，「**全か無の法則**（all-or-none law）」に従ってデジタル的に発生する。両チャンネルとも軸索の表面に密に分布しており，活動電位は軸索を終末のシナプスまで減衰せずに伝導していく（不減衰伝導）。なお，錐体細胞では，活動電位は軸索のみならず樹状突起にも逆行性に伝播して，シナプス可塑性に寄与する。

活動電位が軸索の終末まで到達すると，次のニューロンへ神経伝達物質を放出する**シナプス伝達**（synaptic transmission）が行われる（化学的シナプス）。シナプス前ニューロンの軸索終末では，活動電位の到達により電位依存性Ca^{2+}チャンネルが開口してカルシウムイオン（Ca^{2+}）が流入し，細胞内Ca^{2+}濃度が上昇する。すると，その細胞に特異的な神経伝達物質が充填された**シナプス小胞**（synaptic vesicle）が，シナプス前膜の肥厚部に融合し，小胞内面をシナプス間隙に向けて神経伝達物質を放出する（**開口放出**）。放出された神経伝達物質は，拡散によってシナプス後ニューロンの**神経伝達物質受容体**に結合して，受容体を活性化する。活性化された受容体は，直接的（イオン透過型受容体）又は間接的

（代謝型受容体）に，興奮性又は抑制性のシナプス後電位（それぞれ EPSP, IPSP と呼ぶ）を，シナプス後ニューロンに生じさせる。通常，一つの神経伝達物質に対して複数の受容体サブタイプが存在し，作用機序や発現細胞が異なることも多い。受容体を活性化又は阻害する化合物は，脳疾患の治療薬や実験用試薬に多用される。また，シナプスの伝達効率がシナプスの活動状況に依存して長らく変化する現象を，**シナプス可塑性**（synaptic plasticity）といい，脳の発達や記憶・学習の基礎であるとされる。

■　■　■

❶ ▶ イオンチャンネル（ion channel）

特定の種類のイオンを，濃度勾配に依存して，選択的に細胞内外に通過させる膜タンパク分子のこと。細胞膜を貫く複数のサブユニットから構成される。イオン選択性や電位依存性，開口時間等が異なる多数のサブタイプが存在する。イオンチャンネルを内蔵する神経伝達物質受容体も存在する（イオン透過型受容体）。

❷ ▶ 開口放出（exocytosis）

シナプス前ニューロンのシナプス前膜には，神経伝達物質を充填した多数のシナプス小胞が待機する。活動電位が伝わると，電位依存性 Ca^{2+} チャンネルを介して細胞内に Ca^{2+} イオンが流入し，シナプス小胞がシナプス前膜と融合して小胞内の神経伝達物質をシナプス間隙に放出することを開口放出という。

❸ ▶ 活動電位（action potential）

ニューロンの膜電位が閾値を超えて脱分極すると，電位依存性 Na^+ チャンネルの一過性の開口により，0 mV よりもプラス側に達し（オーバーシュート），少し遅れて電位依存性 K^+ チャンネルの開口で過分極する。この膜電位変化が活動電位（スパイク，発火とも呼ぶ）であり，同じ振幅と時間経過を示す「全か無の法則」に従う。細胞外の記録電極からも微弱な電位変化（ユニット）として検出される。活動電位は軸索を減衰せずに伝導する（不減衰伝導）。軸索がミエリン鞘で分節状に絶縁された有髄線維では，伝導速度が格段に速くなる（跳躍伝導）。

❹ ▶ 逆転電位（reversal potential）

細胞内外で濃度勾配があるイオンについて，流入と流出が釣り合って総移動量が0となる膜電位を，逆転電位又は平衡電位と呼ぶ（ネルンストの式で表せる）。通常，ナトリウムイオン（Na^+）の逆転電位は約 50 mV，カリウムイオン（K^+）は約 -80 mV，塩化物イオン（Cl^-）は約 -70 mV である。複数のイオンが関与する実際の膜電位は，それぞれの濃度勾配と選択的透過性に基づいて決定される（ゴールドマン・ホジキン・カッツの式）。

❺ ▶ グリア（glia）

脳内には主に3種類のグリアが存在する。アストロサイトは，毛細血管とニューロンを取り囲んで保護し，細胞外液の化学組成を調節し，ニューロンへ栄養物質を補給し，ニューロンと情報伝達も行う。オリゴデンドロサイトは，ニューロンの軸索を分節状に絶縁するミエリン鞘を形成する。ミクログリアは免疫系細胞の一種であり，異物や死細胞を貪食する。

❻ ▶ シナプス（synapse）

シナプスは，化学的又は電気的に情報伝達を担うニューロン間の接合部である（図1）。化学的シナプスでは，シナプス前ニューロンの終末に活動電位が到達すると，神経伝達物質がシナプス間隙へ放出され，それがシナプス後ニューロンの神経伝達物質受容体に結合すると，受容体の種類に応じて興奮性又は抑制性のシナプス後電位が生

図1 シナプス（化学的シナプス）

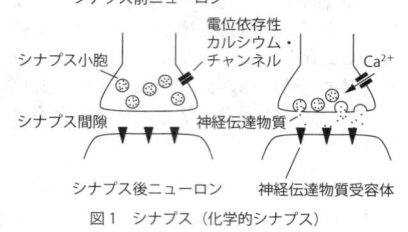

じる。電気的シナプスは，2細胞をギャップ結合で電気的につないだ構造であり，細胞間の同期的発火に重要とされる。

❼▶ 神経伝達物質 (neurotransmitter)

神経伝達物質はシナプス前ニューロンから放出され，主にシナプス後ニューロンの受容体に結合して作用する。中枢神経系の主要な興奮性神経伝達物質はグルタミン酸であり，抑制性神経伝達物質はγアミノ酪酸（GABA）である。そのほかにも，アセチルコリン，モノアミン類（ドーパミン，ノルアドレナリン，アドレナリン，セロトニン），アミノ酸（グリシン），ペプチド（オキシトシン，エンケファリン）など，多くの神経伝達物質又は神経調節物質が脳内に存在する。

❽▶ 神経伝達物質受容体 (neurotransmitter receptor)

特定の神経伝達物質が結合すると，興奮性又は抑制性のシナプス後電位を生じさせる膜タンパク分子のこと。神経伝達物質が結合すると受容体内のイオンチャンネルを開くものをイオン透過型受容体と呼び，Gタンパクを介して他のイオンチャンネルやセカンドメッセンジャー合成酵素等に間接的に作用するものを代謝型受容体と呼ぶ。

❾▶ 静止膜電位 (resting membrane potential)

シナプス入力や活動電位のない静止状態での膜電位（細胞外に対する細胞内の電位差）を，静止膜電位と呼ぶ。一般に，細胞外はNa濃度が高く，細胞内はK濃度が高い。静止状態のニューロンはKイオン透過性の方が高いため，静止膜電位は約−70 mVの値を示す。

❿▶ ニューロン (neuron)

ニューロンは，樹状突起，細胞体，軸索から構成される，神経系の情報処理の素子である（図2）。主に樹状突起や細胞体に分布するシナプスで入力を受け，軸索の起始部で生じた活動電位が軸索終末のシナプスに到達して出力する。特定の神経伝達物質を有し，次のニューロンの発火活動をシナプス伝達で増加させるか減少させるかによって，興奮性細胞と抑制性細胞に分類される。成熟脳では，神経幹細胞が存在する一部の領域を除いて，ニューロンが新生することはない。

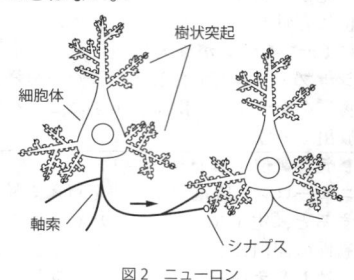

図2 ニューロン

〔礒村宜和〕

14-02 ▶ 神経系の構造と機能 (2)

神経系（nervous system）は，動物の身体の器官系の一つに分類される。脊椎動物の神経系は，大きく中枢神経系と末梢神経系に分けられる。**中枢神経系**は，更に大きく脳と**脊髄**に分けられる。脳は更に，大脳（終脳），間脳，中脳，橋，小脳，延髄に分かれており，脊髄は延髄の下につなが

っている。中枢神経系の組織としての構成要素は，情報処理を担うニューロンとその働きをサポートするグリア，血管から構成される。**末梢神経**は中枢神経系から枝分かれするように身体に分布し，神経線維が集まる神経線維束や，局所的に神経細胞体が集まって存在する神経節等から構成される。末梢神経系は，解剖的及び機能的にそれぞれの観点から二つに分類できる。すなわち解剖学的には末梢神経は更に，脳神経という脳につながる末梢神経と，脊髄神経という脊髄とつながる末梢神経とに分類される。機能的には主に感覚受容器から外界の知覚情報を受容し，運動指令を伝達して筋骨格系を動かし，外部環境と作用することに関わる**体性神経系**と，体内の内部環境の状態のモニターと調整（心拍，呼吸，分泌の調節等）に関わる**自律神経系**に分けられる。脳神経のうち嗅神経と視神経は末梢神経ではあるが，組織学的に見れば中枢神経である。

大脳は頭蓋骨の直下に位置し，ヒトでは非常に発達している。大脳は更に大脳新皮質，古い皮質である辺縁皮質，嗅脳，基底核から成り立っている。大脳皮質の脳表層で神経細胞の集まった灰白質と，**大脳皮質**の下にある神経線維の束である白質，更に大脳中心部で間脳の周囲を囲むように存在する神経細胞の集まりである**大脳基底核**や，**辺縁系**である扁桃体に分けられる。辺縁系に属する皮質には海馬，海馬傍回以外にも，帯状回，眼窩前頭皮質等も側頭葉極部を含む場合がある。

間脳は大脳半球と中脳の間に位置する。間脳は**視床**と**視床下部**から構成される。視床は広義の**脳幹**の最吻側部にあたり，視床下部の背側に位置する。視床は感覚情報を大脳新皮質へ中継する役割や基底核，小脳等の情報を皮質へ中継するなど，皮質への情報の中継と同時に皮質からも入力を受けて，皮質-視床回路を形成する。また，皮質間の連携にも関わり，協調機能を果たすと考えられる。視床下部は視床の前下方で第三脳室下側壁に位置し，自律機能の調節を行う中枢である。

中脳は，その腹側面は大脳脚と呼ばれ，皮質脊髄路の錐体路が形成する線維から成り立っている。大脳脚のすぐ背側には黒質と呼ばれるメラニンの多い層になっていて，基底核系の一部を構成する。中脳背側面には四丘体と呼ばれる2対の隆起があり，上丘，下丘と呼ばれ，視覚，聴覚にそれぞれ関わる。中脳ほぼ正中には中脳水道があり，中脳水道周囲灰白質と動眼神経核，対光反射等に関わるエディンガー・ウェストファル核（動眼神経副核）がある。

橋は脳幹の一部で，前後を中脳と延髄とに挟まれる。三叉神経，外転神経，顔面神経，聴神経といった脳神経が出る部位にあたる。大脳皮質からの出力を小脳へ伝える橋核を含む。脳幹を経由する多くの伝導路が通過する。

延髄は脊髄の続きであり，頭蓋骨と頚椎に覆われている。腹側面正中には左右の錐体と呼ばれる肥厚部がある。錐体は錐体路をなす運動線維が集まった部分で，左右の皮質脊髄路の線維が左右交差し，反対側の体部位を支配するが，一部は同側を下行する。錐体のすぐ背側にはオリーブと呼ばれる隆起があり，小脳へ向かう下オリーブ核がある。延髄から出る脳神経は外転神経，顔面神経，内耳神経，舌咽神経，迷走神経，副神経，舌下神経である。延髄の深い部分には疑核と網様体がある。**網様体**には呼吸・心拍数・血圧を調節する中枢があり，生命維持に不可欠であるため，網様体が傷つくことは直ちに命に関わる。網様体は視床を介して覚醒と睡眠の調節に関わり，網様体からの上行賦活系は，大脳，特に新皮質系の全般的活動水準を維持し，覚醒水準の調節に重要な役割を果たす（図3）。

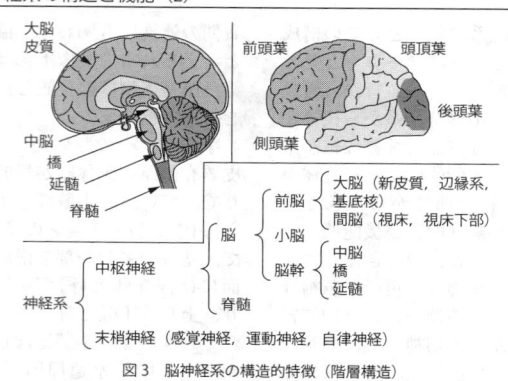

図3 脳神経系の構造的特徴（階層構造）

❶▶ 視床（thalamus）

様々な核から構成され，それぞれが特有のパターンで大脳皮質へ投射して，皮質下の情報を皮質に中継あるいは，皮質間の中継を行い，皮質の機能を調整する役割を果たす．後腹側核は，体性感覚情報を大脳皮質の体性感覚野へと中継している．外側腹側核は小脳核からの入力を受け，主に運動性の大脳皮質へと投射している．前腹側核は大脳基底核の出力部である黒質網様部や淡蒼球内節からの入力を強く受け，主に運動性の大脳皮質へと投射している．外側膝状体は網膜からの視覚情報を受け取り，後頭葉の一次視覚野へ中継する．内側膝状体は聴覚情報を側頭葉の聴覚野へ中継する．後外側核と視床枕は，主として皮質間の中継を行う．背内側核は主として前頭葉の皮質に投射している．髄板内核は網様体からの入力を受けて広く大脳皮質に投射し，上行賦活系としての覚醒度を調節する役割を担っている．通常の特殊核が特定の大脳皮質の4層を主にターゲットとすることが多いのに対して，視床髄板内核群等の非特殊核は，大脳皮質の広い範囲でしかも1層をターゲットとすることが多く，機能的にも領域間の協調等に関わるのではないかといわれている．

❷▶ 視床下部（hypothalamus）

視床下部は間脳に位置し，自律機能の調節を行う総合中枢である．中脳以下の自律機能を司る中枢が，それぞれ呼吸運動や血管運動等の個々の自律機能を調節するのに対して，視床下部は交感神経・副交感神経機能及び内分泌機能の様々な機能に関わる核が密集しており，様々な核が全体として総合的に調節している．例えば視床下部には，体温調節中枢，下垂体ホルモンの調節中枢，浸透圧受容器等がある．また，視床下部は摂食行動や飲水行動，性行動，睡眠等の本能行動の中枢，及び怒りや不安等の情動行動の中枢でもある．構造的には，下垂体前葉ホルモン調節因子を分泌する漏斗核（弓状核，隆起核），視床下部の前部でオキシトシンを産生する室傍核，視索の上に位置しバゾプレッシンを産生する視索上核，内側核群にある性腺刺激ホルモン放出ホルモンを分泌する視索前核，摂食中枢（空腹中枢）を含む背内側視床下部核（背内側核），満腹中枢を含む腹内側視床下部核（腹内側核），交感神経と連絡する後核，

大脳辺縁系と連絡し，感情形成に関与し，嗅覚と自律神経と関係する乳頭体核，外側核群にある交感神経と連絡する外側核，そのほかに視床下部の後外部にある視床下核がある。

❸ ▶ 自律神経系 (automomic nervous system)

自律神経系は，末梢神経系のうち内部環境のモニターと調整を行う神経系で，種々の生理的パラメータを調節し，ホメオスタシス（恒常性）の維持に関わる。内臓諸臓器の機能を調節する中枢から末梢へ向かう遠心性神経と，内臓からの情報を中枢神経系に伝える求心性神経からなる。

自律神経系の構造：自律神経系は，交感神経系と副交感神経系という機能的に異なる二つの神経系で構成されている。交感神経系は胸髄及び腰髄の側角細胞から発しており，副交感神経系は中脳，橋，延髄の脳神経核及び仙髄から発する。自律神経系は意志とは関係なく働き，それぞれの臓器に対して交感と副交感の神経繊維が支配する（二重支配）。これら2系統の神経系は，多くの臓器に対して相反する作用（拮抗支配）をもつ。自律神経は末梢の効果器に達するまでに，神経節で一度ニューロンを換える。中枢から神経節までの繊維を節前線維，神経節から効果器までのニューロンを節後線維という。交感神経は神経節が起始部に近く位置するので，節後線維の長さが節前線維より長く，副交感神経は神経節が効果器近くでニューロンを換えるので，節後線維の方が短い。神経伝達物質としては，交感神経系ではノルアドレナリンが神経終末から放出され，更に支配している副腎髄質からアドレナリンとともに分泌される。一方，副交感神経系はアセチルコリンを放出することから，コリン作用性神経と呼ばれる。

交感神経系：交感神経系は，自律神経系の一つである。「闘争と逃走の神経」などとも呼ばれるように，動物が敵から身を守る，あるいは獲物を捕食する必要に迫られる，などといった状態で活性化する。その時には，交感神経支配を受けている副腎髄質からのカテコールアミン分泌の効果も加わる。末梢の交感神経線維は，胸髄・腰髄の側角細胞に始まる。ここから出た神経線維は交感神経幹神経節に至り，ここで次のニューロンに交代して末梢の効果器に分布している。このように交感神経は二つの神経線維の連絡から成り立っており，神経節までの線維を節前線維といい，交代した神経節から先の線維を節後線維という。なお，一つの節前線維に複数の節後線維が接続していることも多く，多様な効果が同時に引き起こされる。

副交感神経系：副交感神経は遠心性の自律神経であり，臓器近傍あるいは臓器内に存在する神経節を隔てて大きく節前線維と節後線維に分けられる。節前線維・節後線維ともに末端部から神経伝達物質としてアセチルコリンを放出することからコリン作用性神経と呼ばれる。

交感神経系と副交感神経系の拮抗支配：拮抗支配の例としては，眼では瞳孔→散大（交感）に対して縮瞳（副交感）の拮抗支配。心臓では血圧上昇，心拍数上昇，心収縮力上昇，電気的興奮性上昇（交感）に対して血圧低下，心拍数低下，心収縮力低下，電気的興奮性低下（副交感）の拮抗支配。冠状動脈→拡張（交感）に対して収縮（副交感）の拮抗支配。血管（骨格筋内）→拡張（循環アドレナリンの作用），血管（骨格筋内）→収縮（副交感）の拮抗支配。気道・肺では気管支平滑筋→弛緩（交感）に対して収縮（副交感）の拮抗支配。肝臓ではグリコーゲン分解（交感）に対してグリコーゲン合成（副交感）の拮抗支配。胃腸管では胃→胃活動上昇，胃蠕動運動低下，胃液分泌低下（交感）に対して胃→胃活動低下，蠕動運動上昇，胃液分泌上昇（副交感）の拮抗支配。膵臓（T6〜T10）→膵液

|14-02| 神経系の構造と機能 (2)

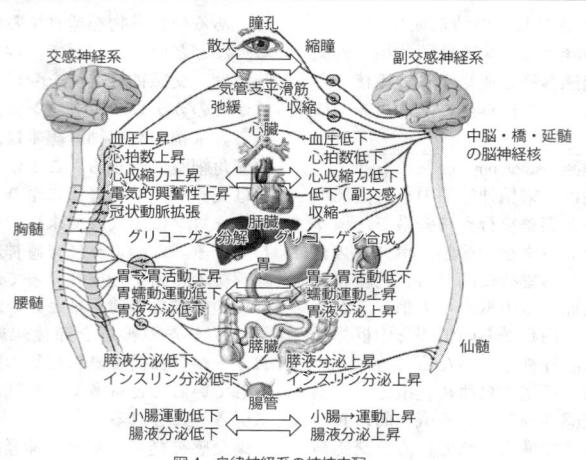

図4 自律神経系の拮抗支配

分泌低下，インスリン分泌低下（交感）に対して膵液分泌上昇，インスリン分泌上昇（副交感）の拮抗支配。腸では小腸→運動低下，腸液分泌低下（交感）に対して小腸→運動上昇，括約筋弛緩，腸液分泌上昇（副交感）の拮抗支配等が挙げられる（図4）。

❹ ▶ 脊髄 (spinal cord)

脊椎動物のもつ神経幹で，中枢神経系を構成する脳と脊髄の一方である。脊髄の断面は，縦走する神経線維で構成される周囲の白質と，中央に位置する神経細胞体の集まりである灰白質とから構成される構造となっている。脊髄前面から出る前根と，脊髄後面から出る後根の二つの根が，神経の束となっている。前根は主に骨格筋を支配する運動線維，後根は主に皮膚等の知覚を伝える感覚線維が入る。脊椎の中を通って脳に続き延髄とともに中枢神経系を構成する長い器官である。脊髄から直接出ている神経は神経根と呼ばれ，神経根が脊髄腔から出る高位によって，頸髄8対，胸髄12対，腰髄5対，仙髄5対，尾髄1対の合計31対に分けられる。灰白質は，前角，後角，そして腰髄・胸髄だけに側角があり，ここには交感神経の神経細胞がある。前角には遠心性神経の細胞体があり，脳から下行してきた運動に関わる神経は，脊髄前角で下位運動ニューロンにシナプスを作って連絡する。後角には末梢から入る求心性神経がシナプスを形成する神経細胞がある。

❺ ▶ 大脳基底核 (basal ganglia)

大脳基底核は，大脳皮質と視床，脳幹を結びつけている神経核の集まりで，大脳皮質との間で一部回路が開いたループ回路を形成している。また脳幹へも出力があり，皮質下の機能調整にも関わる。「大脳皮質→大脳基底核→視床→大脳皮質」というループは，その入力と出力により多数形成されている。運動野から始まって運動野に戻るループを運動系ループと呼び，運動調節に関わる。また前頭前野・前頭眼野・辺縁皮質等を起点としたループも存在し，それぞれ前頭前野系ループ・眼球運動系ループ・辺縁系ループと呼ばれる。このような入出力関係から，哺乳類の大脳基底核は運動調節，認知機能，感情，動機づけや学習等，様々な機能を担っている。

直接路と間接路：線条体の投射ニューロ

ンには直接路に関わるものと間接路のそれがあるが、ドーパミンの働きがそれぞれの回路で違っており、直接路のニューロンはドーパミンD1受容体を、間接路のニューロンはドーパミンD2受容体をもっていることが、その機能的バランスにとって重要である。黒質緻密部からのドーパミン作動性ニューロンによる投射は、直接路ニューロンにはD1受容体を介して興奮性に、間接路ニューロンにはD2受容体を介して抑制性に働くとされるが、ドーパミンの作用は複雑であり、現在でも盛んに研究されている。直接路は、大脳新皮質（グルタミン酸）→線条体（GABA）→淡蒼球内節/黒質網様部（GABA）→視床核（グルタミン酸）→大脳皮質領野として2回GABA抑制系を介するので、最終的に促進作用をもつ回路である。一方で間接路は、大脳新皮質（グルタミン酸）→線条体（GABA）→淡蒼球外節（GABA）→視床下核（グルタミン酸）→淡蒼球内節/黒質網様部（GABA）→視床核（グルタミン酸）→大脳皮質領野となっている。抑制性のGABAが3回介在するので、合計の効果は抑制作用をもつ回路である。

ハイパー直接路：これ以外にも、大脳新皮質から視床下核へ直接の興奮性投射が存在することが知られ、皮質刺激を行った際に、基底核の出力核への影響が最初に見られることから、直接路より速いという意味で、ハイパー直接路と呼ばれる回路もある。これは大脳新皮質（グルタミン酸）→視床下核（グルタミン酸）→淡蒼球内節/黒質網様部（GABA）→運動性視床核（グルタミン酸）→運動性大脳新皮質領野となり、抑制性が1カ所だけなので、最終的な効果は抑制性でしかも早く作用する回路である。直接路と間接路のバランスはドーパミンの働きで可塑的に調節される。ハイパー直接路が更に加わることで、時間的にも比較的に早い調節も可能である。

❻ ▶ 大脳皮質 (cerebral cortex)

大脳皮質の分類には、少なくとも三つの異なる視点からの分類がある。

肉眼解剖学的分類：一つは、マクロな肉眼解剖学的な分類で脳溝、脳回等の肉眼で確認できる構造を基準にしている。例えば、中心前回等の回と溝の名称等である。また、大きくまとまった分類としては前頭葉、頭頂葉、側頭葉、後頭葉、また島皮質が、側頭葉と頭頂葉下部を分ける外側溝の中に位置している。前頭葉は、中心溝で頭頂葉と区切られ前側に位置する。また、側頭葉とは外側溝で区切られその上前方に位置する。

細胞構築学的分類：二つ目には顕微鏡や染色技術等でミクロな構造、細胞構築学的な分類でブロードマン分類がある。中心前回は4野ともいわれる。

機能的分類：また三つ目に、各部位が果たしている機能に着目した分類がある。視覚野、体性感覚野、聴覚野、運動野、言語野連合野等がよく知られるが、機能に関する研究とともにそれぞれの領野は更に細分化される。例えば、中心前回、4野は一次運動野ともいわれる。各領域に関して同様に複数の名称があるので、注意が必要となる。

層構造：大脳皮質の基本構造は層構造であり神経細胞は規則正しい6層構造を成して整然と並んでいる。層は外側から順に分子層、外顆粒層、外錐体細胞層、内顆粒層、内錐体細胞層、（神経細胞層）、多型細胞層と呼ばれる。

解剖学的・機能的細分化：各部位は更に細分化される。例えば前頭葉は、前頭前野と運動野から構成される。前頭前野は、外側、内側、眼窩部の大きく三つの領域に分かれ、それぞれは更に細分化される。運動野は、腹側運動前野、背側運動前野、内側には補足運動野、前補足運動野、帯状皮質運動野等に細分化されている。前頭葉の最

後方には一次運動野が存在する。それぞれの領域は特定の視床の核と解剖的に機能的に密に結びついている。

頭頂葉は中心溝の後部に接していて、頭頂葉の最前部となる領域は中心後回で、一次体性感覚皮質領域である。この領域と後頭頂皮質を分けているのは中心後溝である。後頭頂皮質は更に、上頭頂小葉と下頭頂小葉に頭頂間溝によって分けられる。頭頂間溝の内外の皮質は細胞構築学と機能に関する違いにより、内側頭頂間野、外側頭頂間野、腹側頭頂間野、前頭頂間野に分けられる。現在の知見ではブロードマンの分類より細かく分かれている部分も多く、複数の領野の定義を組み合わせて使うことが多い。

❼ ▶ 脳幹 (brain stem)

広義の脳幹は、中枢神経系のうち延髄、橋、中脳と間脳を合わせたものをこう呼ぶ。狭義の脳幹では、間脳すなわち視床及び視床下部を除外する。脳幹は多種多様な神経核から構成されており、多数の生命維持機能を含む神経核が存在する。特に、呼吸、循環を含む自律神経機能中枢が存在し、体内の環境のホメオスタシス（恒常性）の維持に関わる。また、脳幹の網様体からの上行性賦活路は、大脳皮質等の活動度を調節することで意識と覚醒に関わる。脊髄から視床へ上行する感覚神経路が存在し、身体からの各種情報の中継のみならず、情報のゲートや情報処理に関わり、痛みなどの情報の修飾をする下行路が存在する。上位中枢から脊髄に下降する運動神経路が存在し、脳幹からも下行路が存在しており、意識に上らないまでも、中間位の中枢として感覚と行動の比較的下位の中枢的な役割を担う。姿勢反射の中枢であり、前庭脊髄反射や、前庭動眼反射等の多くの反射中枢が位置する。姿勢反射は脳幹を中脳と延髄の間で切断した延髄動物、延髄と脊髄の間で切断した脊髄動物（低位除脳動物）でも見られる。中脳までを残した中脳動物（高位除脳動物）においては立ち直り反射が存在し、直立姿勢を保持できる。

❽ ▶ 辺縁系 (limbic system)

大脳辺縁系は比較的古い皮質と皮質下構造から成り立ち、特に辺縁系のうち重要かつ機能の解明されてきている特異な構造として扁桃体と海馬体が挙げられる。扁桃体は恐怖、攻撃性等の情動に関わり、海馬体は記憶特にエピソード記憶、宣言的記憶、空間記憶等に関わる。帯状回は自律神経機能のほか、認知や注意のプロセスにも関与している。辺縁系周辺で関与する脳部位として新皮質の一部、眼窩前頭皮質や側頭葉極部も辺縁系と密接に関わり、辺縁系の一部とすることもある。また、自律神経調節の中枢である視床下部も辺縁系と深く関わり、辺縁系が視床下部の上位中枢と見なされる。更に乳頭体も海馬等と密接に関わり記憶形成に関与する。側坐核は辺縁系の一部と位置づけることも腹側線条体の一部として、側坐核は皮質-線条体-視床-皮質回路の一部として見なされることもある。腹側被蓋野からのドーパミン性入力は側坐核の神経活動を調節し、嗜癖性の高い薬物は側坐核においてドーパミンを増加させることで嗜癖作用を有するとされる。そのため側坐核は脳内報酬系や快楽に関わり、その特性から薬物依存等に関与していることが判明している。

〔虫明 元〕

14-03 ▶ 神経伝達物質

ニューロンとニューロンは直接接合しているわけではなく、その間にはシナプスという約20nm程度の間隙があり、このシナ

プス間隙での前ニューロンから後ニューロンへと情報伝達を行う物質を，神経伝達物質と呼んでいる。神経伝達物質は大別して3群に分けられ，**アセチルコリン・ノルアドレナリン・ドーパミン・セロトニン等のモノアミン類**と，**グルタミン酸・γアミノ酪酸（GABA）等のアミノ酸**と，**オキシトシン**等のアミノ酸残基がペプチド結合してできる神経ペプチドに分類される。

神経伝達物質はシナプス前ニューロンの神経終末部で合成され，シナプス小胞に取り込まれて保存され，Ca^{2+}チャンネルを介した細胞内へのCa^{2+}のシナプス前ニューロンへの流入によって，ニューロンの外部であるシナプス間隙に放出される（**開口放出**）。

前シナプス部から放出された神経伝達物質は，シナプス後ニューロンの細胞膜にある**受容体（レセプター）**に結合することで，情報を伝達している。後シナプス部にある受容体には大きく分けて二つのタイプがあり，一つは神経伝達物質が受容体に結合すると，後シナプス部細胞膜にあるチャンネルが開口して，シナプス間隙から細胞内へとCa^{2+}等のイオンを流入させる受容体（伝達物質作動性イオンチャンネル）である。他方は後シナプス部受容体に結合すると，受容体の細胞膜部位にGタンパク質が結合して，細胞内の酵素系を活性化あるいは不活性化するタイプの受容体（Gタンパク質共役型受容体あるいは代謝調節型受容体）である。モノアミン類やGABAは後シナプス部受容体にのみ結合するのではなく，前シナプス部細胞膜にある前シナプス部受容体（自己受容体）にも結合して，抑制性の情報を送って前シナプス部からの神経伝達物質の放出を抑制する（ネガティブ・フィードバック機能）。

分子構造以外にモノアミン類とペプチドの神経伝達物質としての違いは，シナプス間隙に放出された後の代謝の違いにも関連する。モノアミン類は，前シナプス終末部の細胞膜にあるトランスポーターと呼ばれる輸送体タンパク質によって，細胞膜からくびれたシナプス小胞に取り込まれ（エンドサイトーシス）再利用されるか，ミトコンドリア外膜にあるモノアミン酸化酵素（MAO）によって分解される。このような前シナプス部に取り込まれる機構を，**再取り込み**と称している。なお，アミノ酸類は前シナプス部のみでなく，グリア細胞にも取り込まれ，細胞内の分解酵素によって不活化される。これに対してペプチドはアミン類のような，再取り込み機構をもたない。

神経伝達物質の特徴をまとめると，①シナプス前ニューロンで，合成・貯蔵される，②細胞刺激に応じて，シナプス間隙に放出される，③実験的に外部から投与した場合に，シナプス後ニューロンは前シナプス部からの放出時と類似の反応を示す，のようになる。

■　　■　　■

❶▶アセチルコリン（ACh：acetylcholine）

アセチルコリンは，アセチルCoAとコリンからコリンアセチル転移酵素によって合成され，アセチルコリンエステラーゼによってコリンと酢酸に分解される。代表的な中枢機能は記憶や学習の形成であり，記憶を司るアセチルコリン神経経路の細胞体は前脳基底部複合体（内側中隔核とマイネルト基底核）にあり，内側中隔核から出たコリン作動性神経経路は主に海馬に，マイネルト基底核から出た経路は主に大脳皮質に投射する。

❷▶オキシトシン（oxytocin）

オキシトシンは視床下部や視索上核で合成され，下垂体後葉から血管中に分泌されるペプチドホルモンであり，末梢での作用

としては子宮筋等，平滑筋の収縮に関与している。中枢では視床下部の室傍核や視索上核から分泌され，ハタネズミを用いた行動実験から，生殖行動や子育てに関与していることが分かっている。近年ヒトでも，交友関係等，社会機能に関与している報告があり，自閉症治療薬として期待されている。

❸ ▶ γアミノ酪酸（GABA）

GABA はグルタミン酸からグルタミン酸脱炭酸酵素によって合成され，GABA アミン変換酵素によって代謝される。GABA は脳の広範な部位での抑制性の介在ニューロンやニューロンに存在し，GABA 受容体の活性化は，けいれんや不安の抑制及び睡眠に密接に関与している。

❹ ▶ グルタミン酸（Glu：glutamate）

グルタミン酸は脳-血管関門を通過せず，脳内でグルコース・グルタミン等から合成され，グリア細胞膜に存在するトランスポーターによってグリア細胞内に取り込まれ，グルタミンに変換される。グルタミン酸神経系は脳内全般に投射しており，網膜-外側膝状体経路・視床皮質経路・大脳皮質-大脳基底核や扁桃体及び海馬に投射している。中枢機能として記憶・学習の形成に関与し，GABA と拮抗して不安を導く機能がある。

❺ ▶ セロトニン（5-HT：serotonin）

セロトニンは 5-ヒドロキシトリプタミンの別称であり，5-ヒドロキシトリプトファンから 5-ヒドロキシトリプトファン脱炭酸酵素によって合成される。脳内のセロトニン作動性細胞群は，脳幹部の背側縫線核にあり，縫線核の細胞体から出たセロトニン作動性神経線維は，大脳皮質・海馬・扁桃体等，広範に脳内に投射している。代表的な中枢機能として，不安・気分・食欲等，多くの機能に関与している。

❻ ▶ ドーパミン（DA：dopamine）

チロシンがチロシン水酸化酵素によってL-ドーパに変換され，それが更にドーパ脱炭酸酵素によってドーパミンに変換されることにより合成される。脳内のドーパミン作動性ニューロン群は，中脳や視床下部等に存在する。黒質緻密部からは線条体に（中脳線条体系），腹側被蓋野からは大脳皮質・側座核（中脳皮質・側座核）に，それぞれドーパミン作動性ニューロンが投射している。ドーパミン作動性ニューロンの投射先はいわゆる報酬系を構成する脳領域が多く，ドーパミンは一般に，意欲や学習機能に関係すると考えられている。それに加えて，線条体においては運動の調節に，前頭連合野においてはワーキングメモリ等の認知的な行動の制御にも関わっている。

❼ ▶ ノルアドレナリン（NA：noradrenaline／NE：norepinephrine）

ノルアドレナリンはドーパミンからドーパミン β-水酸化酵素によって合成され，フェントラミン N-メチルトランスフェラーゼによってアドレナリンに変換される。中枢ノルアドレナリン作動性細胞群は脳幹部の青斑核にあり，脊髄へ向かう下行路と大脳皮質をはじめ，広範な脳部位に向かう上行路がある。下行路の機能は自律神経系の調節であり，上行路の機能は不安・気分・睡眠-覚醒サイクル等，多くの機能の調節に関与している。

〔森信 繁〕

14-04 ▶ 視覚系

我々はよく「眼でものを見る」と言うが，眼球があれば見えるわけではなく，脳がないと見えない。例えば，大脳皮質後頭葉にある**一次視覚野（V1）**に損傷を受けたら見えなくなる。逆に，眼球の奥にある**網膜**

の光受容器（視細胞）に欠損があっても，見えないことに気がつかない。また，多くの錯視が視細胞の活動パターンでは説明できないことは，眼球に入ってくる光の時空間パターンそのものが知覚されているのではないことを物語っている。外界の物体に当たって反射した光は，様々な波長からなり，様々な強度で眼球に入ってくる。眼球に入ってくる光の時空間パターンをもとに，外界を再構成し，知覚するのが脳の視覚系の役割である。

物体を見るには光が眼球に入らなければならない。光源から発した光は物体表面で反射するが，多方向に散乱する拡散反射成分と，入射角と同じ角度で跳ね返ってくる鏡面反射成分とに分けられる。金属面等では鏡面反射成分が多く，画像上ではハイライトに見える。

眼球に入ってくる光は角膜・前眼房・水晶体・硝子体を通り，眼球の裏側の薄い層である網膜に投影される。網膜には視細胞が存在し，眼球に入ってきた光の強度を検出する。視細胞には錐体と杆体の2種類が存在し，**錐体**は明るいところで働き，**杆体**は薄暗い中で少量の光を検出する。視野の中心部分（黄斑）には錐体が多く，杆体は中心から20度くらい離れた場所に多く存在する。錐体にはL・M・Sの3種類あり，それぞれ長波長（単波長では赤）・中波長（緑）・短波長（青）によく反応する。各錐体は広範囲の波長に反応するため，一つの錐体の反応のみから色を識別できないが，3種類の錐体の相対反応からどの色を見ているのかが分かる。視神経が眼球から出ていく部分には視細胞は存在せず，この部分に当たる光は検出されない。この網膜部位に対応する視野上の位置が盲点である。視細胞で得られた反応は双極細胞を介して神経節細胞へと伝えられ，神経節細胞の軸索は視神経として眼球から出ていく。

網膜を出た視神経は，視床にある**外側膝状体**に投射する。この際，両眼の網膜の内側部位から出ている視神経は視交叉を通り，反対側の外側膝状体に投射する。これは，各眼の外側（耳側）の視野表現が反対側の半球に移行することを意味し，その結果，視交叉以降では各半球で反対側の視野が表現される。外側膝状体ニューロンはV1に投射する。両眼からの情報は外側膝状体では収束せず，V1で初めて統合される。網膜からV1までの処理過程で，光の検出，時空間周波数帯域ごとのコントラスト強調，輪郭検出が進んでいく。

V1の情報は大まかに二つの経路で解析される。**腹側視覚経路（物体視経路）**では物体が何かが解析され，**背側視覚経路（空間視経路）**では物体がどこにあるかが解析される。腹側視覚経路はV1→二次視覚野（V2）→四次視覚野（V4）→下側頭葉皮質，背側視覚経路はV1→MT→MST→頭頂間溝である。V1→三次視覚野（V3/V3A）→頭頂間溝という経路もある。腹側視覚経路の主な機能は，色知覚，形態認知であるのに対し，背側視覚経路の主な機能は，運動視，立体視であり，機能が局在している。

最後に，見たものが何であるかを決定する知覚判断のプロセスは，複数の選択肢のうちの一つに落ち着くための審議だと考えられる。判断を形成しなければならない場合，複数の行動選択肢の脳内表現が形成される。呈示された感覚情報のうち，判断形成の証拠となりそうな情報をもとに，それぞれの選択肢のもっともらしさが更新される。最終的に一つの選択肢のもっともらしさが明らかに高くなった時点で判断の決定が起き，見たものが何であるかが決定する。

❶ ▶ 一次視覚野 (V1：primary visual cortex/striate cortex)

入力層の4層は単眼性で、左右眼からの入力が交互に配列する眼優位性コラムが見られる。網膜神経節細胞、外側膝状体の細胞同様、ON・OFF領域があるが、それぞれが楕円状に伸びているため方位選択性を示し、輪郭を検出できる。単純型細胞はON・OFF領域が分離しているが、複雑型細胞は単純型細胞の情報を集めた結果、ON・OFF領域が重なる。この結果、V1は外界を時空間周波数・方位等の特徴を位置不変的に表現できる検出器として機能できるようになる。このような性質を説明するにはエネルギーモデルが有力である。2・3層にはブロブ構造があり、ブロブ内は色に特化し、ブロブ外は方位等に特化している。

❷ ▶ MT／MST野 (MT/MST)

MT野には動きの方向に選択性のあるニューロン、例えば、物体が右上に動くと反応が強いが、左下に動いた時には反応がほとんど出ないようなニューロンが存在する。このように、物体がどの方向にどれくらいの速さで動いたかを表現するニューロンによって、運動視が担われている。その他、MT野細胞には両眼視差選択性、運動視差選択性もある。MST野細胞には拡大/縮小、回転選択性をもつものがある。また、MT野は網膜座標系であるのに対し、MST野は眼球運動に不変な座標系をもつ。MT/MST野と考えられる領域に障害をもつ患者は、動きが見えず、全てがコマ送りの映画のように見えると報告されている。

❸ ▶ 外側膝状体 (lateral geniculate body)

反対視野を表現し、単眼性であり、6層から構成される。同側眼は2・3・5層に、対側眼は1・4・6層に情報を送る。大細胞 (magnocellular：M) 層、小細胞 (parvocellular：P) 層、顆粒細胞 (koniocellular：K) 層がある。1～2層はM層、3～6層はP層、各層の間がK層に対応する。M層では±(L+M+S)、P層ではL−M又はM−L、K層ではS−(L+M)又は(L+M)−Sの錐体入力を受ける結果、M層は白黒、P層は赤緑、K層は青黄の対比を表現できる。外側膝状体の受容野は神経節細胞と同様、同心円状である。

❹ ▶ 下側頭葉皮質 (inferior temporal cortex)

下側頭葉皮質の細胞は、物体の部分特徴に反応する。直線や曲線のみには反応せず、さりとて、物体そのものに反応せず、物体の要素に反応する。下側頭葉皮質細胞を反応させる最適図形は、突起のついた円等の中程度に複雑な図形特徴である。このような選択性はおそらく、V4にある曲率に反応する細胞の情報が統合されてできていると考えられている。中程度に複雑な図形特徴に反応するニューロンの活動の組み合わせから、物体か何かが判定されていると考えられているが、そのメカニズムの全貌は明らかにされていない。顔に特異的に反応する顔ニューロンも存在する。

❺ ▶ 眼球 (eyeball/balbus oculi)

物体表面を反射した光は角膜・前眼房・水晶体・硝子体を通過する際に屈折し、網膜の一点に結像する結果、像がぼやけずピントが合う。ヒトは水晶体の厚さを調節することで遠近調節を行う。水晶体が薄いと屈折が弱く、遠い物体にピントが合い、水晶体が厚いと屈折が強く、近い物体にピントが合う。未調節時、水晶体は毛様体小体に牽引され扁平なため、遠い物体像が網膜に結像する。毛様体筋 (主に輪状線維) の収縮により毛様体小体が緩み、水晶体が弾性で球形に膨らむと、近い物体にピントが合う。

❻ ▶ 三次視覚野 (V3/V3A)

V1、V2から入力を受け、頭頂葉に投射をする。運動方向選択性はもたないが、両眼視差選択性が強い。機能的な役割が不明

な部分が多い。

❼ ▶ 頭頂間溝 (intraparietal sulcus)

眼球運動（LIP野），腕の到達運動（MIP野），把持運動（AIP野）等の行動に必要な視覚表象が存在する。眼球運動や到達運動では，視線や腕の到達目標位置の表現と，運動に伴う活動成分とがある。AIP野は把持物体の形態を表現するうえ，他人の行動を見ても自身が行動をしても反応するいわゆるミラーニューロンが存在する。後部のCIP野には面の傾きに反応する細胞が存在する。

❽ ▶ 二次視覚野 (V2)

解剖学的構造として，太い縞（thick stripe），細い縞（thin stripe），淡い縞（pale interstripe）をもち，それぞれ動きと両眼視差，方位，色に選択性をもつニューロンを多くもつ。形態認知の初期段階として，二つの線分の角度あるいは曲率を表現できるようになっていると考えられている。

❾ ▶ 網膜 (retina)

視細胞は網膜の外側に存在し，神経節細胞が内側にあるため，光は眼球の内側から神経節細胞等を通過し，一番奥にある視細胞へ到達する。視覚系の神経細胞は視線に対して特定の場所に物体がある場合にのみ反応し，その視野上の空間を受容野と呼ぶ。視細胞の受容野は円形であり，光を提示した時に過分極，消去した時に脱分極する。神経節細胞には，光を呈示した時に反応を示すON領域が中心にあり，消した時に反応を示すOFF領域が周辺にあるON中心-OFF周辺細胞と，中心がOFF領域で周辺がON領域のOFF中心-ON周辺細胞とがある。このような同心円状の受容野構造があるため，明暗の差（コントラスト）を強調できる。

❿ ▶ 四次視覚野 (V4)

主にV2の細い縞，淡い縞から入力を受け，下側頭葉皮質に投射する。色の恒常性に寄与しているという考え方が古くから存在するが，色の分析に特化しているわけではない。両眼視差情報や曲率表現ももつことが知られているため，三次元形態認知に必要な要素を表現できるようになっていると考えられている。

〔宇賀貴紀〕

14-05 ▶ 聴覚・前庭系

聴覚（audition）と平衡感覚（balance）はともに耳の奥にある**内耳**で受容され，脳に伝えられる。

音は秒速約340メートルで伝播する空気の振動で，ヒトの**可聴域**は約20 Hz〜20 kHzである。検知できる最小の音圧（MAP）は約20 μPa（パスカル）であり，これは約50億分の1気圧に相当する。音の大きさはこれを基準とした**音圧レベル**（db SPL）で表し，ヒトが音として感じる最大の音圧は約200 Paで，140 db SPL（$=20 \log_{10} \langle 音圧/MAP \rangle$）である。また，主観的な音の大きさは**ホーン**（phone）で表す。

音はまず**耳介**，**外耳道**を通り，**鼓膜**（tympanic membrane）を振動させる。鼓膜は**外耳**と**中耳**を隔てる膜で，中耳側には**耳小骨**が付着している。鼓膜の振動はまずツチ骨に伝わり，次いでキヌタ骨，アブミ骨に伝えられる。アブミ骨の底部は内耳の入り口である**卵円窓**（又は前庭窓）に付着しており，ここから内耳の外リンパ液に振動が伝わる。このように，音は外耳，中耳，内耳を経て，気体，固体，液体を順に振動させる。中耳までの異常による難聴を**伝音性難聴**，それ以降の異常によるものを**感音性難聴**と呼び，前者では骨伝導が保たれて

内耳は側頭骨の骨迷路の中にあり，袋状の複雑な構造で，中はリンパ液で満たされている。大きく，**蝸牛**（cochlea）と**半規管**（semicircular canal）に分けられる（図5）。前者が音の受容に関わり，後者は後述の平衡感覚に関与している。蝸牛はその名のとおり巻貝のような形をしており，内部は前庭膜と基底膜によって前庭階，中心階，鼓室階と呼ばれる三つの部屋に分かれている。卵円窓から伝えられた音の振動は進行波となって，蝸牛底部の前庭階から蝸牛頂部に向かって伝えられ，鼓室階を経て**正円窓**（又は蝸牛窓）に抜ける。中心階と鼓室階を隔てる基底膜上には，音の受容器である**コルチ器**（Corti's organ）が載っており，ここにある**有毛細胞**（hair cell）によって，基底膜やリンパ液の振動が受容器電位（マイクロフォン電位）に変換され，蝸牛神経（内耳神経の一部）で神経活動となり，脳（延髄）に伝えられる。

前述のように，音は基底膜上の有毛細胞を興奮させるが，基底膜は蝸牛の基底部から頂部にかけて幅と硬さが段階的に異なり，音の周波数によって強く振動する部分が違っていて，基底膜に近いほど高音に，頂部に近いほど低音によく反応する。このように，蝸牛では音の周波数を活動する細胞の位置に変換しているが，こうした**周波数特異性**（tonotopy）は，その後も大脳に至るまで聴覚処理の各段階で保たれている。なお，年齢を経るにつれ高音が聴きづらくなるが，これは有毛細胞が基底部側から順に脱落していくためで，携帯電話の着信音等に利用されている「モスキート音」は約15kHz以上の高音で，中高年者には聞こえない。

蝸牛神経は延髄の上部にある蝸牛神経核で二次ニューロンに接続し，聴覚情報は更に上オリーブ核（橋），下丘（中脳），内側膝状体（視床）等を経て側頭葉上部にある**一次聴覚野**（A1）に至る。聴覚野では約9割の細胞が両耳，その他が反対側の耳からの音に応答し，前方が高音，後方が低音といった周波数特異性地図が存在している。両側の一次聴覚野が障害されると音が聞こえないと訴えるが，大きな音に対する驚愕反応や定位反応は保たれる（**皮質聾**）。一次聴覚野周囲の二次聴覚野は感覚性言語野のウェルニッケ野（22野）等を含み，自然界にあふれている複雑な音の意味処理やカテゴリー化をしていると考えられ，その障害によって**聴覚失認**等が生じる。

平衡感覚は体の動きや重力方向の変化に対する感覚で，内耳の半規管と**耳石器**（otolith organ）によって受容される。半規管は頭部の回転加速度を検出する器官で，あらゆる回転軸に対応できるように前，後，水平の三つがあり，三半規管とも呼ばれる。耳石器は直線加速度を検出する器官で，卵形嚢と球形嚢の二つがあり，体を移動させる時に重要になる。平衡感覚はいずれも聴覚と同様に有毛細胞によって感知され，前庭神経（内耳神経の一部）を経て延髄の前庭神経核に伝えられる。他の感覚に比べると平衡感覚は意識されることが少ないが，前庭神経核からは脊髄，脳幹，小脳，視床等，様々な脳部位に直接の線維連絡があり，種々の姿勢反射（前庭頸反射，緊張性迷路反射，**前庭動眼反射**等），運動学習，空間認知，運動制御，更には自律神経系を介した乗り物酔い等にも関与している。

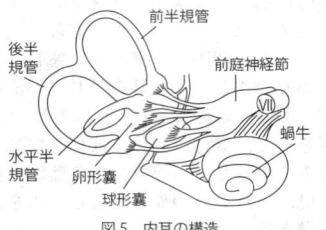

図5 内耳の構造

❶ ▶ 一次聴覚野 (A1：primary auditory cortex)

ヒトでは，上側頭回の内側にあるブロードマンの41野（狭義のA1）と42野を合わせて，一次聴覚領域（A1領域）と呼ぶ。サルでは，一次聴覚野を含むコア領域と，その周囲のベルト領域，更にその周囲のパラベルト領域に分けられている。それぞれの領域には複数の周波数特異性マップが存在しており，各々が別個の機能をもっていると考えられるが，詳細は明らかでない。

❷ ▶ 蝸牛 (cochlea)

内耳にある音の受容器官で，2と3/4回転したらせん状の管，外リンパを入れる前庭階，鼓室階とやや粘性の内リンパを入れる中心階（蝸牛管ともいう）の三つの部屋に分かれており，後2者の間にある基底膜上にコルチ器があり，受容器である有毛細胞を含んでいる。内リンパは高カリウム，高電位に保たれており，有毛細胞の感覚毛が一定方向に変位すると，細胞内に多量のカリウムイオンが流入して電位を発生させる。

❸ ▶ 耳石器 (otolith organ)

耳石器は半規管のつけ根にある，直線加速度の検出器である。水平面の動き（車が動き出す時など）を検知する卵形嚢と，垂直方向の動き（飛び降りる時など）を検知する球形嚢がある。卵形嚢，球形嚢内部の平衡斑にある有毛細胞の感覚毛は，ゼラチン様の耳石膜に被われ，その上に炭酸カルシウムの結晶（平衡砂又は耳石〈otolith〉）が載っている。重力の方向が変化すると，耳石の重みで有毛細胞が刺激される。魚類等では大きな耳石をもつものがいる。

❹ ▶ 前庭動眼反射 (VOR：Vestibulo-Ocular Reflex)

頭部の動きに対する反射性の眼球運動で，広義には耳石器入力によるもの（translational VOR）と，半規管入力によるもの（rotational VOR）があるが，通常は後者を指すことが多い。視覚は時間特性が低く，頭を動かした際に網膜像を安定させるためにVORが発達したと考えられ，頭と反対側に代償性に眼が動く。視覚入力のない暗闇でも生じ，そのゲイン（眼球速度と頭部速度の比）は0.9〜1.0程度であるが，メガネを長時間かけるなどして視覚入力を操作すると変化する。その神経機構は小脳学習のモデルとして，詳細に調べられている。

❺ ▶ 半規管 (semicircular canal)

半規管は内耳にある，回転加速度の検出器である。頭が動いた時，慣性によって半規管の内部を満たしている内リンパに流れが生じると，半規管基部の膨大部にある有毛細胞が刺激される。有毛細胞は線毛を内腔に伸ばしており，クプラと呼ばれるゼラチン様の物質に覆われている。クプラは膨大部の天井まで伸びており，リンパ流で変位する。

❻ ▶ 有毛細胞 (hair cell)

聴覚及び平衡感覚の受容器細胞のこと。蝸牛には内有毛細胞と外有毛細胞があり，それぞれ主として求心性（感覚性），遠心性（運動性）の神経支配を受けている。外有毛細胞は刺激を受けると収縮し，この動きによって基底膜の振動を増大させている。有毛細胞は中心階の内リンパ中に線毛（感覚毛）を伸ばしており，これがリンパ流や基底膜，蓋膜，クプラ，平衡砂等の動きに応じて変位すると，イオンチャンネルが開口して受容器電位が発生し，基底部から神経伝達物質の放出が促進される。このように有毛細胞は機械受容器（mechanoceptor）であるため，高い時間特性をもっている。

〔田中真樹〕

14-06 ▶ 体性感覚系

体性感覚は触覚，温度感覚，痛覚の**皮膚感覚**と，筋や腱，関節等に起こる深部感覚からなり，内臓感覚は含まない。**深部感覚**とは，皮膚表面の感覚に対する身体内部の感覚を意味し，固有感覚又は自己受容感覚と呼ばれる。筋受容器からの伸縮の情報により，身体部位の位置感覚が得られる。ウェーバーによる触覚の空間分解能や圧（重さ）の研究以降，心理学における体性感覚研究が発展した。

体性感覚の末梢神経は後根から脊髄に入り中枢神経系の伝導路に接続する。伝導路には，**後索-内側毛帯路**，**脊髄視床路**，三叉神経視床路，脊髄網様体路，脊髄小脳路等がある。大脳皮質には**第一体性感覚野（SI）**と**第二体性感覚野（SII）**があり，それぞれ頭頂葉の中心後回と頭頂弁蓋部に位置する。

SIはブロードマン3，1，2野であり，3野は更に3a野と3b野に分かれる。3aは深部感覚を，3b野は触覚，皮膚感覚の入力を主に受け，3bから1野，更に2野へと情報の処理が進む階層性がある（図6）。1野と2野は，前方の運動野と後方の頭頂連合野へ投射する。3b野は投射皮質としての性格が強く，1，2野は連合野的性格をもつ。3野のニューロンの受容野が最も小さく，1野，2野へ進むと大きく複雑になっていることから，3野が体性感覚のコア領域といえるが，3，1，2野は再現される体部位の割合が同様（口や手指の領域が大きい等）で，独立していない一つの体部位再現がある領域として扱われている。

1野の損傷は粗さの識別を障害し，2野の損傷は形の識別を障害する。3b野の損傷は粗さ，形のどちらの識別も障害する。また，SI損傷で手が不器用になる症状が引き起こされる。3b野では手指1本の指先に限定された受容野をもつニューロンがあるが，1，2野では複数の指節，2本以上の指，手掌全体等の大きな受容野のニューロンが多い。

SIIは島皮質後部の外側，頭頂弁蓋部にあり，その腹側には前庭皮質と考えられる部位があって，聴覚野とも隣接している。SIとは異なる体部位再現がある。SIは基本的に対側性であるが，SIIは両側性の反応を示すことが多く，受容野も全身に及ぶほど大きなものがある。同側性・両側性はSIにおいてもあるが（2野），SIIの特徴といえる。SIからだけではなく，視床からも直接の入力を受ける。SIIの損傷は触覚弁別に障害を与えることが報告されてい

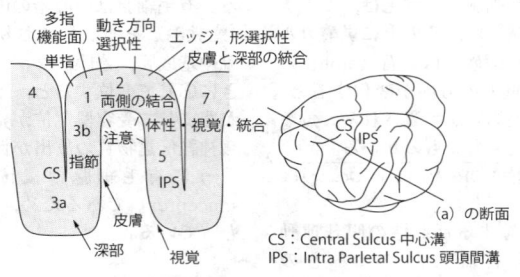

CS : Central Sulcus 中心溝
IPS : Intra Parletal Sulcus 頭頂間溝

図6　中心後回で行われる情報処理の内容と階層性（Iwamura 1998）

るが，両側性の影響等で顕著な障害が確認されにくい。

中心後回の後部に上頭頂小葉があり，前方に5野，後下方に7野がある。5野は体性感覚連合野と呼ばれることもあり，2野からの投射を受け，視覚と体性感覚の統合，特に到達運動等との関わりが大きい。

7野は視覚が主であるが，聴覚，体性感覚，前庭感覚の連合野であり，空間知覚に関わる。

島皮質は痛覚の処理に関わっており，特に島前部が痛みの情動的側面，後部が感覚的処理に関わっていると考えられている。

■　■　■

❶▶ 後索-内側毛帯路 (dorsal column-lemniscal system)

深部感覚器と機械受容器の信号は，脊髄の後索から内側毛帯を通り視床腹側後外側核に達する。腹側後外側核の尾部では，体部位の局在的再現がある。

❷▶ 触覚受容器 (tactoreceptor)

触覚受容器は，外部との接触又は自己の運動や姿勢の変化によって起こる，圧迫・伸展等の組織の変化を検出する。マイスナー小体は，皮膚の表面近い真皮に存在し，受容野が狭く，順応が早い（RAI）。接触した対象の細部を検出し，体表面の限局した部分の触覚情報を処理する。メルケル盤は表皮の最深部にあり，受容野は狭いが，順応が遅い（SAI）。パチニ小体は表皮の深部にあり，受容野が広く境界が不鮮明であり，順応が早い（RAII）。ルフィニ終末も表皮の深部にあり，受容野が広いが順応が遅い（SAII）。広い受容野をもつ受容器は，例えば，掌への機械刺激と手の甲への機械刺激を区別しない。上述は無毛部の受容器であり，有毛部では体毛が1本ごとに複数の毛包受容器に支配されている。

❸▶ 侵害受容器 (nociceptor)

侵害受容器は，末梢神経の自由終末であり，組織の侵害・損傷により遊離した発痛物質に反応する。痛みはAδ線維とC線維によって伝えられ，前者は触覚受容器でもあり，後者は機械刺激に加え，化学的刺激，熱刺激にも反応する。Aδ線維は温感，C線維は冷感も伝える。痛みには馴化がない。島皮質後部が痛みの中枢と見なされている。かゆみは痛覚と共通する点が多く，化学刺激（ヒスタミン）等で引き起こされる。

❹▶ 脊髄視床路 (spinothalamic tract)

温度・侵害及び一部の触覚受容器からの信号は，脊髄後角から脊髄網様体路及び脊髄視床路を通り，視床腹側後外側核や視床髄板内核群等に到達する。髄板内核群には侵害受容ニューロンが多く存在し，SIや帯状回，島皮質等へ投射される。

❺▶ 脊髄分節 (spinal segment)

脊髄の分節によって支配される皮膚領域も，31節に分けられる。ただし，各皮膚

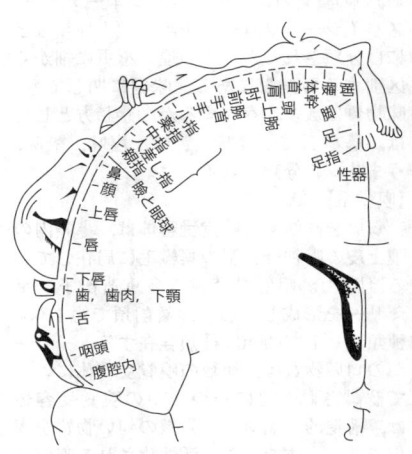

図7　第一体性感覚野の体部位再現地図
(Penfield & Rasmussen 1950)

領域は2, 3髄節から神経を受けているので, 節の境界は明確ではない。髄節の背側から感覚神経が末梢に出ている。

⑥▶ 体部位局在 (somatotopy)

脳の機能局在が身体部に対してもあり, 脳の局所と各身体部位に点対点の対応関係がある。体性感覚と運動の体部位局在がある。よく使われる体部位ほど, 対応する脳の局所も広くなるとされる。ホムンクルスと呼ばれるヒトの体部位再現地図（図7）においては, 顔や手指の領域が広い。身体部位の切断等により体部位再現の再構築が起き, 異なる身体部位へ感覚が失った身体部位への感覚を生じさせるのが幻肢である。

⑦▶ 二点弁別閾 (two-point threshold)

同時に刺激された体表上の二点が, 別個の二点として知覚できる最小距離を, 二点弁別閾という。触覚受容器の密度に比例し, 指先や唇で小さく, 背中等では大きくなる。触覚受容器が加齢により減少することで, 二点弁別閾も低下（拡大）する。二点弁別が優れている身体部位が, 必ずしも圧感受性に優れているわけではない。

〔橋本照男・入來篤史〕

14-07 ▶ 嗅覚系・味覚系

嗅覚を刺激する物質は匂い物質やフェロモン, 味覚を刺激する物質は味物質である。匂い物質は, 分子量約300以下の揮発性の低分子有機化合物である。生物が匂いと感じる物質は, 数十万種類にも上ると予測されている。ヒトにとって, 匂いの香調（匂いの質）は, シトラス, フルーティー, スパイシー, フローラル等, 数十種類ほどには分類されるが, その違いを更に細かく区別すると無限にある。味覚に関しても, 味物質は数多く存在するが, 感じ方としては, **基本五味**（甘味, 苦味, 塩味, 酸味, うま味）に分類される。

【嗅覚系】

匂いを感知する**嗅覚受容体**は, 鼻腔内の**嗅上皮**の嗅神経細胞の嗅繊毛に局在している（図8）。嗅覚受容体は多重遺伝子ファミリーを形成しており, 齧歯類で約1,000種類, ヒトで約400種類存在する。一つ一つの匂い物質は, 複数の嗅覚受容体によって認識され, 逆に一つ一つの嗅覚受容体は, 構造的に類似した複数の匂い物質を認識できる。すなわち, 活性化される嗅覚受容体の組み合わせは匂いによって異なるので, 我々は様々な匂いを区別・識別できる。

マウス主嗅覚系では, 嗅上皮での入力信号は, 嗅覚一次中枢である**嗅球**へと伝えられる。一つの嗅神経細胞は単一の嗅覚受容体のみを発現し, 同じ嗅覚受容体を発現する神経の軸索は, 特定の**糸球体**へ収束されるという神経回路となっているので, 匂い-受容体の組み合わせはそのまま嗅球へと伝わる。受容体の組み合わせは, 糸球体の発火パターンとなり, 匂いそれぞれによって異なるので,「**匂い地図**」と呼ばれる。

嗅球の糸球体で, シナプスを介して活性化された嗅覚二次神経の僧帽・房飾細胞は, 軸索を梨状皮質, 前嗅核, 嗅結節, 扁桃体, 内嗅野等の脳領域全体に伸ばす（図8）。最終的には眼窩前頭野, 海馬, 視床下部等に信号が伝達され, 匂いのイメージ,

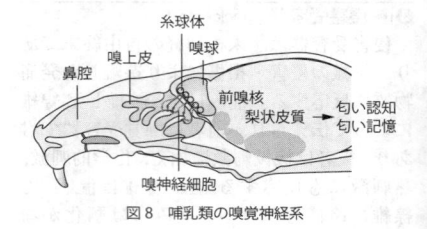

図8 哺乳類の嗅覚神経系

記憶，本能・情動等のアウトプットとして匂いの感覚が表出する。

【味覚系】

味物質は，舌の表面にある有郭乳頭，葉状乳頭，茸状乳頭，糸状乳頭の4種類の突起の内部に存在する**味蕾**（図9）で感知される。味蕾は50〜100個の味細胞から成っており，味細胞には基本五味を感じる**味覚受容体**が発現している。甘味，うま味，そして苦味の受容体はGタンパク質共役型受容体で，酸味と塩味を感知する受容体はチャンネル型であり，それぞれの味覚受容体は異なる味細胞に発現している。

味物質によって活性化された味細胞は，シナプスを介して味神経に信号を伝達する。味神経は，味蕾中の味細胞に投射する末梢感覚神経であり，浅在性大錐体神経，鼓索神経，舌咽神経，喉頭神経が含まれる。味神経は**延髄弧束核**に軸索を投射する。その後，橋の結合腕傍核，視床の後内側腹側核を経由して，島皮質という領域にある大脳皮質**一次味覚野**へと伝達される。

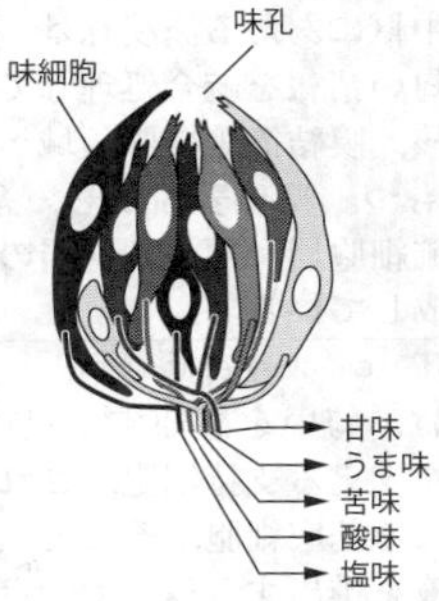

図9 哺乳類の味蕾の構造

味覚情報のコーディングのメカニズムは諸説あるが，味質の受容から認知・識別に至る経路には，味細胞種ごとに特異的な神経回路が存在するというlabeled-line modelが主流となっている。また，甘味，苦味，うま味，塩味はそれぞれ大脳味覚野の異なる場所で認知されており，嗅球で匂い地図ができている嗅覚と違って，味覚は高次脳で「**味の地図**」ができていることが報告されている。

■ ■ ■

❶▶ **一次味覚野** (primary gustatory cortex)

味覚情報の認知に関わる中枢で，島皮質と呼ばれる領域にある大脳皮質味覚野である。背側から腹側にかけて，顆粒性島皮質，不全顆粒性島皮質，無顆粒性島皮質の3領域に分けられ，味によって活性化される領域が異なる。味覚情報は，島皮質から更に二次味覚野である眼窩前頭皮質へと伝達される。

❷▶ **延髄弧束核** (solitary tract nucleus)

延髄は，脊髄の前隣に位置する中枢神経の一領域であり，中脳，橋と合わせて下位脳幹とも呼ばれる。延髄は，味覚や内臓感覚情報を中継する神経核（弧束核），運動神経核，網様体等を内包する。つまり，延髄弧束核は，延髄に含まれる神経核の一つであり，末梢感覚神経からの味覚，内臓感覚，一般体性感覚情報を上位中枢へと媒介する。

❸▶ **嗅覚受容体** (olfactory receptor)

哺乳類の嗅覚受容体は，7回膜貫通型Gタンパク質共役型受容体であり，様々な生物で数百から千種類ほど存在する。嗅覚受容体は，匂い物質の大きさ，形，官能基，電荷等を認識する。嗅覚受容体は匂いと結合すると，Gタンパク質を活性化する。その結果，セカンドメッセンジャーを介して膜チャンネルが開口し，嗅神経細胞が脱分極して，匂いの化学信号が電気信号に変換される。昆虫の嗅覚受容体は，リガンド作動性のチャンネルである。

❹▶ **嗅球** (olfactory bulb)

大脳前部に位置し，マウスで長さ2〜3mm程度の大きさの球状の組織であり，嗅

覚の一次中枢にあたる。嗅球は，嗅神経細胞からの匂い情報を統合処理して，梨状皮質，前嗅核，嗅結節等の脳領域へと伝達する役割をもつ。嗅球表面から，糸球体層，僧帽・房飾細胞層，顆粒細胞層の順に，層状構造を成している。

❺ ▶ 嗅上皮 (olfactory epithelium)

嗅上皮は，匂いを感知する嗅神経細胞，上皮構造を支える支持細胞，これらの細胞のもととなる基底細胞，そして上皮の表面を覆う粘液を排出する鼻腺や，ボウマン腺等の外分泌腺からなる組織である。嗅覚受容体を発現する嗅神経細胞は，生涯にわたって数週間から数カ月でターンオーバーする。

❻ ▶ 糸球体 (glomerulus)

嗅球の表層を取り巻くように存在する直径約 100 μm の球形の構造体であり，マウスでは約 2,000 個存在する。糸球体内部で，嗅神経細胞の軸索末端が，嗅覚二次神経である僧帽・房飾細胞の樹状突起とシナプスを形成し，末梢からの匂い信号を脳に伝える。

❼ ▶ 味覚受容体 (taste receptor)

甘味，うま味を感じる味覚受容体 T1R は，N 末端が長いクラス C タイプの G タンパク質共役型受容体で，ヘテロ複合体を形成している。ヒトや齧歯類等の哺乳類では，甘味受容体は T1R2/T1R3 の組み合わせ，うま味受容体は T1R1/T1R3 の組み合わせである。苦味受容体 T2R は，嗅覚受容体と同様のロドプシンタイプの G タンパク質共役型受容体で，哺乳類で 20〜40 種類存在する。酸味と塩味を感知するのはチャンネル型の受容体であり，数種類程度と考えられている。

❽ ▶ 味蕾 (taste buds)

口腔，咽頭，喉頭蓋領域の上皮層に分布する袋状の味覚器であり，舌上皮層では乳頭構造中に存在する。味蕾は 50〜100 個の味細胞からなる。一つ一つの味細胞には，それぞれ違う味質を感知する味覚受容体が発現している。味細胞は上皮細胞の一種であるので軸索をもたず，神経伝達物質を放出することによって，味細胞とシナプスを作っている味神経が興奮する。

❾ ▶ 梨状皮質 (piriform cortex)

嗅球を出た僧帽細胞が，外側嗅索を経て到達する部位の一つで，脳の下部腹側で前後に長い西洋梨の形をしている。梨状皮質で，僧帽細胞の軸索は錐体細胞とシナプスを形成し，伝達された信号は様々な領域を経て，最終的に大脳皮質（前頭葉眼窩回）に達する。

〔東原和成〕

14-08 ▶ 脊髄による運動制御

脊髄は，中枢神経系の最尾側部に位置し，ヒトでは頸髄 8 髄節，胸髄 12 髄節，腰髄 5 髄節，仙髄 5 髄節と尾骨神経 1 髄節の，合計 31 髄節からなる。系統発生学的には，脊椎動物の中枢神経系では最も古い部分に属し，種を越えて比較的よく保存された構造と考えられている。各髄節には，後根を介して末梢からの入力が入り，前根から運動や自律神経系を制御する出力が，末梢に向けて出力される。また，水平断面で見ると，中央の灰白質には細胞体があり，それを取り囲む白質には上行性，下行性の線維の軸索が通過する。灰白質はレクセドの分類によって，細胞構築学的に I〜X の 10 層に分けられている。そのうち背側にある I〜V 層を後角，VI〜VII 及び X 層を中間帯，VIII-IX 層は前角と呼ばれ，特に IX 層には**骨格筋**を支配する α 運動ニューロンが位置している。身体の運動は骨格

筋の収縮によって起きる。骨格筋は，横紋筋の一つであり，外見上，規則正しい横紋が見られるためにそう呼ばれる。α運動ニューロンの軸索が，骨格筋に接続する神経筋接合部においてアセチルコリンを放出し，骨格筋細胞に**終板電位**が発生する。そして，それによって生じる筋細胞へ流入したカルシウムが**トロポニン**に結合して，**アクチンとミオシン**の結合の阻害がはずれ，筋収縮が起きる。単一の運動ニューロンは複数の筋線維を支配しており，それらは**運動単位**として同期した収縮を起こす。個々の関節に作用する骨格筋群は，ある特定の運動に直接的に関わる主働筋，協働して関節を同じ方向に動かす**協働筋**群と，それらに抗して反対側への関節の動きを起こす**拮抗筋**群に分けられる。脊髄の前角に存在する運動ニューロンは，支配する筋群ごとに集まって**運動ニューロンプール**を形成しているが，協働筋の運動ニューロンプール同士は近接して存在するのに対し，拮抗筋の運動ニューロンプール同士は脊髄の同じ髄節内でも離れて分布していたり，異なる髄節に分かれて分布している。

脊髄の運動制御における役割の中で最も重要な機能の一つは，**反射**の生成である。反射とは，外来の刺激に対して短い反応時間で誘発される合目的的な運動パターンのことで，脊髄を脳幹から切り離した脊髄動物や，中脳レベルで上位中枢から切り離された除脳動物においても観察されるものである。その中の代表的なものに，**伸張反射**がある（図10）。筋が引き伸ばされると，**筋紡錘**由来のIa線維の活動が亢進し，同名筋のα運動ニューロンを直接興奮させることによって，伸張された筋に張力が発生して収縮が起きる。このように，伸張反

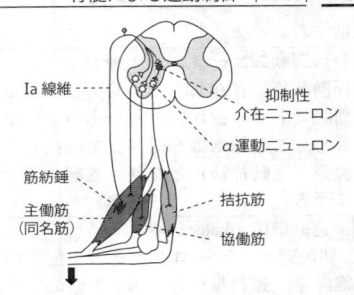

肘関節伸展時に生じる伸張反射を構成する骨格筋，受容器（紡錘筒），及び反射中枢。
図10 脊髄による運動制御

射は中枢でのシナプスを1個だけ介する反射であり，単シナプス性反射と呼ばれている。伸張反射の際，協働筋は同名筋より弱くではあるが，共に興奮性入力を受けて収縮し，拮抗筋は脊髄内で1個の抑制性ニューロンを介して抑制を受ける。伸張反射は筋の長さを一定に保つサーボ機構として機能しているとされてきたが，一方で筋紡錘の錘内筋線維はγ運動ニューロンによって支配されており，伸張反射の利得はγ運動ニューロンの活動によって状況依存的に調節されている。このように，伸張反射の機能はそれほど単純ではない。他の重要な反射に**逆伸張反射**がある。これは，筋と腱の移行部にある**ゴルジ腱器官**由来の求心性線維の活動によって，刺激を受けた筋が弛緩する反射である。更に，侵害刺激から手足を屈曲して回避する**屈曲反射**は，危険を回避して身体の安全を確保するために重要な反射で，筋ないしは皮膚の高閾値の侵害受容器由来の求心性線維が，多シナプス性に屈筋運動ニューロンを興奮させることによって起きる反射である。

■　■　■

❶▶アクチン（actin）
筋原線維を作るタンパク質である。アクチンフィラメントを形成し，ミオシンフィラメントと互いに滑り合うことで骨格筋が

14-08 脊髄による運動制御

収縮する。

❷ ▶ α運動ニューロン (α motor neuron)

脊髄前角に存在し、骨格筋を支配する神経細胞である。樹状突起と一本の太い軸索をもち、この軸索は脊髄前根を経由して末梢神経（運動神経）となり、支配する骨格筋に至る。

❸ ▶ 運動単位 (motor unit)

1個の運動ニューロンとその支配下の筋線維群を、運動単位という。1個の運動ニューロンの興奮は、支配下全ての筋線維群の収縮を確実に引き起こすことから、運動の機能単位と見なされる。

❹ ▶ 運動ニューロンプール (motor neuron pool)

一つの骨格筋を支配する運動ニューロンの集団を、運動ニューロンプールという。それぞれの筋を支配する運動ニューロンプールは、脳幹又は脊髄の特定の部位に集まって存在する。

❺ ▶ 横紋筋 (striated muscle)

横紋筋は脊椎動物の筋肉の一種で、外見上、規則正しい横紋が見られるためにこう呼ばれる。この横紋は、筋線維を構成するアクチンとミオシンが規則正しく並んでいるために見られる。

❻ ▶ γ運動ニューロン (γ motor neuron)

錘内筋線維に指令を送ってその両側端を収縮させ、感覚神経終末が終始する中央部分を伸張させる。したがって、γ運動ニューロンによる錘内筋線維の収縮が起こることで、感覚神経が応答しやすくなり、筋紡錘の感度が上がる。

❼ ▶ 拮抗筋 (antagonistic muscle)

拮抗筋とは、ある特定の運動に直接関わる主働筋と反対の働きをする筋肉を指す。主働筋が活動している時、拮抗筋が弛緩することによって、主働筋の活動を補助する役割をもつ。

❽ ▶ 逆伸張反射 (inverse stretch reflex)

筋収縮や受動的伸展により、刺激を受けた筋が弛緩する反射である。受容器はゴルジ腱器官であり、Ib群線維を経由し複数個の介在ニューロンを経て、運動ニューロンを抑制する。

❾ ▶ 協働筋 (synergistic muscle)

協働筋とは、主働筋が働く際にそれを補助するように働く筋肉を指す。例えば、肘関節を屈曲させる場合、主働筋は上腕二頭筋、協働筋は上腕筋と腕橈骨筋、拮抗筋は上腕三頭筋となる。

❿ ▶ 筋紡錘 (muscle spindle)

錘内筋線維、感覚神経及びγ運動ニューロンの軸索と終末から構成される。筋線維に平行に並び、筋伸長に伴い引き伸ばされると、感覚神経終末が刺激されインパルスを生じる。

⓫ ▶ 屈曲反射 ((nociceptive) flexion reflex)

皮膚に侵害刺激を加えると、刺激を受けた肢全体を屈曲して引っ込め、刺激から遠ざかろうとする反射が生じる。この反射を屈曲反射という。

⓬ ▶ ゴルジ腱器官 (Golgi tendon organ)

筋と腱の移行部分に存在する受容器で、感覚神経が終始し、腱の張力の増大に応答するインパルスを中枢神経系に伝播する。

⓭ ▶ 終板電位 (end plate potential)

運動ニューロンで生じた活動電位が運動神経末端に到着すると、伝達物質であるアセチルコリンを放出し、運動神経が支配する筋の終板に脱分極を引き起こす。この終板で生じる興奮性シナプス後電位を、終板電位と呼ぶ。

⓮ ▶ 伸張反射 (stretch reflex)

筋を引き伸ばすと、伸張された筋に張力が発生して収縮が起きる。この反射を伸張反射という。主として筋紡錘一次終末に接続されるIa群線維が、運動ニューロンに直接結合して生じる単シナプス反射である。

⓯ ▶ トロポニン (troponin)

江橋節郎によって発見された3タンパク

質の複合体である。トロポニンにカルシウムが結合すると，アクチンとミオシンの結合を阻害するトロポミオシンに作用し，この阻害を止め，筋収縮が始まる。

⓰▶ミオシン（myosin）
　筋原線維を作るタンパク質であり，ミオシンフィラメントを形成する。ATP加水分解酵素活性があり，加水分解エネルギーでアクチンフィラメントとの相対的位置を変化させる。

⓱▶Ⅰa線維（Ⅰa fiber）
　感覚神経の一つで，錘内筋線維に終末し，錘内筋線維からの信号を中枢神経系に伝える。末梢端は錘内筋線維の中央部分に終止し，筋紡錘の伸長の際によく応答する。

〔伊佐　正〕

14-09 ▶ 脳による運動制御

　運動制御において，脳と脊髄が主要な役割を担っている。脳においては前頭葉にある複数の運動関連領野と，皮質下にある**小脳**と**大脳基底核**が中心となって機能している（図11）。

　前頭葉は中心溝より前方を占める幅広い皮質部位を指す。そのうち，前頭葉の後部に複数の運動関連領野がある。最も後方部には**一次運動野**があり，これは，ブロードマン4野に相当する。更に，4野の前方には，外側面から内側面にわたって6野が広がっており，外側面には**運動前野**が，内側面には**補足運動野**と**前補足運動野**がある（図12）。各々の領野が運動制御において特異的な役割を果たしている。

　運動前野は，視覚情報に基づいて動作を構築する過程において，中心的な役割を果たす。背側部と腹側部に大別される。視覚物体情報が指示する内容に従って異なる動作を選択する運動（例えば，赤信号を見てブレーキを踏む）は，条件つき視覚運動変

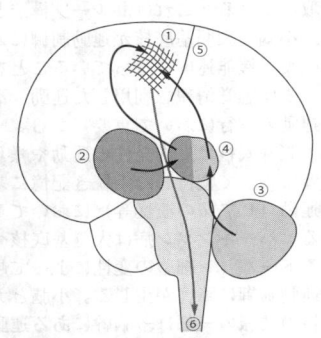

前頭葉の運動関連領野，大脳基底核，小脳の模式図。左側が前方部。
①運動関連領野，②大脳基底核，③小脳，④視床，⑤中心溝，⑥脳幹とそれを通る運動情報（↓）。
大脳皮質等から情報を受け取る②大脳基底核と③小脳は，④視床の異なる部位を介して運動関連領野へ投射する。

図11　大脳小脳基底核

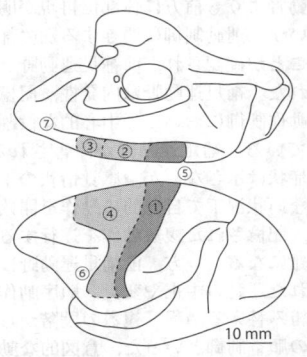

大脳皮質の外側面（下図）と内側面（上図）。内側面の図は上下逆に示してある。左側が前方部。脳表の実線は脳溝を，点線は領野の境界を示す。
①一次運動野，②補足運動野，③前補足運動野，④運動前野，⑤中心溝，⑥弓状溝，⑦帯状溝

図12　サルの運動関連領野

換と呼ばれる。こうした運動において、背側部は、動作選択の場として重要な役割を果たす。一方、腹側部は、手や口で物体をつかむ過程、すなわち、物体の形、大きさ、傾きに応じて、手や口の形状を変化させる過程に関与する。腹側部にはリゾラティーらによって、ミラーニューロンが報告されている。ミラーニューロンは自分自身でつかむ動作を行う際に活動するだけでなく、他者がつかむ動作を行うのを見る際にも同様な活動を示す。ある物体をつかむという特定の動作内容を、自己と他者を超えて抽象的に表現している可能性が示唆される。こうした特徴をより広く解釈して、他者の意図や情動の理解、並びに、自閉症との関連性が議論されている。

ペンフィールドとウェルチは、前頭葉の内側面を微小電気刺激することによって運動が誘発されること、誘発された動作は複数の関節にまたがる複雑なものであること、後方から前方へ向かって、後肢、前肢、顔の動作が誘発されることを見出し、この部位を補足運動野と名付けた。その後、補足運動野よりも前方に体部位再現が明瞭ではないが、運動制御に関与する別の部位があることが確認され、前補足運動野と名付けられた。補足運動野は内発性、記憶誘導性の動作制御において、中心的な役割を果たしている。補足運動野が障害されると、麻痺症状は示さないが、感覚情報の手がかりがない状況下で自発的に動作を開始すること、記憶された複数動作を遂行することが困難になる。一方、前補足運動野は、企画された運動の中止や変更、順序動作を新しく組み替える過程、複数の段階からなる動作の順番制御といった、意図的な動作制御に関わっている。

シェリントンは、チンパンジーの脳を対象として研究を行い、一次運動野に微弱な電流を流すことにより、外側面から内側面にかけて、顔や咽喉部、手指、手首、肘、肩、体幹、下肢の動きが誘発されることを示した。これは、一次運動野には全身の体部位再現があることを示しているが、その特徴として、精緻な動きが必要となる口唇領域と手指領域が、極めて大きいことが挙げられる。これを模式的に示すと、手と口唇が異様に大きい小人を描くことができ、**ホムンクルス**と呼ばれる。一次運動野から脊髄への出力線維は、延髄の下端（錐体）で大部分の線維の左右が交叉するため、右側の一次運動野は左側の体の動きを、左側の一次運動野は右側の体の動きを司っている。したがって、一次運動野は主に体の対側の動きを支配している。一次運動野は、運動前野と補足運動野等から直接情報を受け取るため、様々な脳部位で作られた動作情報を集めて、最終的な運動情報を生成する場であると見なされる。

運動関連領野の各々が小脳と大脳基底核に投射し、視床を介してこれらから入力を受け取っている。これは、ループ構造と呼ばれ、小脳と大脳基底核が運動制御において前頭葉と機能連関を行っていることを示す。小脳は感覚情報を利用した運動、滑らかな運動の実行において重要である。一方で、大脳基底核は、内発性の運動や繰り返し学習によって獲得した手続き記憶に基づいた運動（ピアノの演奏等）において重要である。パーキンソン病は大脳基底核へ投射するドーパミン細胞の変性によって起こり、運動制御に障害が生じる。小脳と大脳基底核の情報の一部は、脳幹にある運動制御関連部位へ直接投射しており、歩行やバランス制御等にも関与している。

■　■　■

❶ ▶ 一次運動野 (primary motor cortex)

中心溝の前方にあり,ブロードマン4野に相当する。第5層に存在する巨大錐体細胞によって特徴づけられる。出力線維は,他の皮質領野,大脳基底核,橋核をはじめとする脳幹にある神経核等,様々な部位へ送られる。その中に,皮質脊髄路を通って脊髄へ投射する一群があり,巨大錐体細胞はその主要な一員である。大脳の運動制御において最終的な出力拠点であり,障害されると体部位再現に対応して,対側の体部位に強い麻痺が生じる。

❷ ▶ 運動前野 (premotor cortex)

一次運動野の前方にあり,ブロードマン6野の外側部に相当する。背側部と腹側部に大別でき,各々,頭頂間溝の内側部と外側部から,豊富な視覚情報を受け取っている。こうした頭頂連合野からの視覚情報に基づいて,運動を構成する過程において中心的な役割を果たす。前頭前野からも入力を受けており,認知的な運動制御への関与も示唆される。特に,条件つき視覚運動変換の獲得においては,前頭前野との密接な関連が示唆されている。

❸ ▶ 小脳 (cerebellum)

脳幹の背側面にある。大脳基底核や大脳皮質の運動関連領野が,体の反対側の動きを制御するのに対して,小脳は同側支配である。橋核と下オリーブ核を主に介して大脳皮質や脊髄等から入力を受け取り,小脳核から主な出力を送り出す。ヒトで発達した小脳皮質の外側部分が,大脳皮質とより密接な情報交換を行っており,小脳核が反対側の視床に投射することによって,反対側の大脳皮質の活動を制御する。

❹ ▶ 前補足運動野 (pre-supplementary motor cortex)

ブロードマン6野の内側部,補足運動野の前方にある。前頭前野から入力を受けている一方で,一次運動野とは結合がない。これは,補足運動野とは正反対のパターンであり,名前は似ているが全く別の領野である。皮質入力に着目すると,前頭葉内から入力がほとんどを占めており,頭頂葉等からの感覚入力は極めて少ない。したがって,感覚情報に頼らない,意図に基づいた認知的運動制御における重要な役割が示唆される。

❺ ▶ 大脳基底核 (basal ganglia)

大脳の白質内にある複数の核で構成されている。線条体(尾状核,被殻)が入力部として働き,大脳皮質を中心とする幅広い脳部位から興奮性入力を,黒質緻密部からはドーパミン入力を受け取る。大脳皮質から入力を受ける視床下核は,線条体を介さずに淡蒼球へ直接投射している。大脳基底核で処理された情報は,出力部(淡蒼球内節,黒質網様部)に集められ,大脳皮質へは視床を介して投射する。

❻ ▶ 補足運動野 (supplementary motor cortex)

ブロードマン6野の内側部に相当する。一次運動野とは別の体部位再現があるため,補足的な役割を果たしていると考えられたが,実際は,動作制御においてより高次な機能を営んでいる。大脳基底核や辺縁系領域から強い入力を受けていることによって特徴づけられ,運動前野とは対照的に,感覚情報に頼らない内発性の動作発現において主要な役割を果たす。動作をイメージしただけで活動が上昇することは,これを端的に示す。

〔星 英司〕

14-10 ▶ 本能行動・情動行動

摂食・飲水行動，性行動，体温調節行動，概日リズム，睡眠等，個体及び種として生存するために生得的にプログラムされた行動を**本能行動**（instinctive behavior）といい，視床下部を中心とする神経回路網で調節されている。本能行動の結果として生理的欲求が満たされたり，あるいは逆に満たされなかった時に表出する行動を**情動行動**（emotional behavior）といい，**帯状回**や**扁桃体**等の大脳辺縁系で主として調節されている。実際には生得的な基盤の上に，経験や学習が作用し，状況に応じた多彩な行動様式を示し，大脳皮質から脳幹・脊髄に至る中枢神経系全域が末梢組織と情報ネットワークを形成し，本能行動及び情動行動を発現させている。

代表的本能行動である摂食行動は，摂食中枢として視床下部外側野で促進的に調節されている。この部位には，ブドウ糖で活動が抑制されるブドウ糖感受性ニューロンが見出されており，空腹で増加する遊離脂肪酸で興奮し，脂肪細胞が分泌するレプチンや，満腹で増加するグルカゴンやカルシトニンで活動が抑制される。空腹時の求餌行動の開始前に高い発火活動を示し，求餌行動中や摂食中に活動が低下する。味覚及び嗅覚刺激に対しても高い応答性を示し，内・外界の化学情報を統合している。一方，外界情報はブドウ糖非感受性ニューロンで処理され，それらが統合されることにより，行動時の運動及び内臓調節が行われている。満腹中枢は視床下部腹内側核にあり，破壊で過食と肥満が起こり，刺激で摂食行動が抑制される。この部位にはブドウ糖で興奮するブドウ糖受容ニューロンが存在し，様々な満腹物質に興奮し，空腹物質で抑制される。弓状核や室傍核も摂食行動に深く関わっており，ニューロペプチドYやコルチコトロピン放出ホルモン等の視床下部ペプチドが，調節分子として働いている。

オスの性中枢は視索前野に存在し，**性ホルモン感受性ニューロン**や，ゴナドトロピン放出ホルモン（GnRH）ニューロン等が重要な役割を果たしている。この部位には性的二型核と呼ばれている領域があり，オスの方が数倍大きい。内側視索前野ニューロンは，性的覚醒レベルの高い発情期に発火頻度が増加し，交尾が始まると活動は低下し，射精後は更に著明に低下する。メスの性中枢は，満腹中枢でもある視床下部腹内側核に存在し，その活動が増えるとメスの性行動が促進する。摂食と生殖は機能的にもリンクしており，エストロゲンはメスの発情に際して起こる様々な遺伝子発現の起点となるほか，多彩な生理作用があり，グルコース輸送やカルシウム代謝，循環調節にも重要な役割を果たしている。

視索前野は体温調節や睡眠調節にも重要な役割を果たしており，温度感受性ニューロンが存在している。本能行動は**視交叉上核**による概日リズムの影響下にもあり，この部位の生物時計の不調は摂食行動やエネルギー代謝の異常並びに睡眠障害や情動障害を起こしやすくする。

情動行動は，大脳辺縁系で主として調節されている。大脳辺縁系は帯状回，中隔，海馬，海馬傍回，扁桃体等から構成されている。帯状回は心拍数や血圧のような自律神経機能のほか，認知や注意のプロセスにも関与している。扁桃体は攻撃性や恐怖に関与している。側坐核は脳内報酬系の主要部分として，快楽，そして薬物依存等に関与している。

情動の発生には末梢説として**ジェームズ-**

ランゲ説，中枢説としてキャノン-バード説があり，情動回路としてパペッツの回路が知られているが，現在では各情動反応の発生経路の同定が進んでいる。快情動を引き起こす報酬刺激は正の強化因子として作用し，生物は接近し，獲得しようとする。不快情動を引き起こす罰刺激は負の強化因子となり，生物は回避し，遠ざかろうとする。報酬が予想される場合，期待感，高揚感を感じ，獲得するとその程度に応じて喜び，歓喜，恍惚感を感じる。苦痛や罰刺激に対して，対象が漠然としている時は不安を感じ，対象が明確になると恐怖感が生じる。苦痛・罰刺激が消失すると安心感，安堵感が生じ，報酬が消失すると，欲求不満が発生する。更に能動的な怒りや，受動的な悲しみやうつとなる。

恐怖反応ではすくみ，逃避あるいは闘争等が，状況に応じて生存確率を高めるよう発現する。すくむ場合は心拍や血圧の低下が付随し，闘争あるいは逃走反応に際しては逆に心拍や血圧の上昇が付随する。不安は，抗不安薬に対する脳内受容体の分布や破壊実験の結果から，海馬や中隔がその発生に関わっていると考えられている。

■　■　■

❶▶キャノン-バード説 (Cannon–Bard theory)

本項については，09-06-❶「感情の中枢起源説（キャノン-バード説）」を参照のこと。

❷▶ジェームズ-ランゲ説 (James-Lange theory)

本項については，09-06-❷「感情の末梢起源説（ジェームズ-ランゲ説）」を参照のこと。

❸▶視交叉上核 (suprachiasmatic nucleus)

視交叉の上方に位置する神経核で，概日リズムの制御をしている。この部位に生物時計が存在していると考えられており，神経細胞は時計遺伝子ネットワークを発現し，神経活動も概日リズムを有している。この部位を破壊すると，行動や生理機能の概日リズムが消失する。

❹▶視索前野 (preoptic area)

視床下部の最吻側に位置し，オスの性中枢や体温調節中枢が存在する。内側視索前野には，オスの方が体積の大きい性的二型核があり，ゴナドトロピン放出ホルモン産生細胞が正中隆起部にかけて散在している。温度感受性ニューロンも見出されており，この部位を刺激すると放熱反応が起こる。外側部には睡眠覚醒を調節する機能もある。

❺▶視床下部 (hypothalamus)

本項については，14-02-❷「視床下部」を参照のこと。

❻▶睡眠 (sleep)

睡眠には，脳波で徐派を示す徐波睡眠（non-REM 睡眠）と REM 睡眠に分類され，徐波睡眠は更に第1～4期に分類できる。各種の徐波が出現することが特徴である。REM 睡眠は覚醒時と類似の脳波が観察され（脱同期波），低振幅・速波が特徴である。

❼▶性ホルモン (sex hormone)

精巣から分泌されるテストステロン，卵巣から分泌されるエストロゲン及びプロゲステロンを性ホルモンという。コレステロールから合成される脂溶性ホルモンで，核内受容体に結合し，転写因子として様々な遺伝子発現を制御している。性分化，性成熟，発情を促進する。生殖器だけでなく，脳も含めた様々な臓器が受容体を発現しており，発達，成長，成熟，老化の全ての過程で重要な働きをしている。

❽▶帯状回 (cingulate gyrus)

大脳皮質の内側にあり，大脳辺縁系として情動性運動出力に関与している。前帯状

回には痛覚情報も入力している。前帯状皮質が損傷されると、エラー検出の困難さや、情緒不安定、不注意、無動無言症等を示す。また、統合失調症の患者において、前帯状皮質の損傷が見つかっている。

⑨ ▶ パペッツの回路 (Papez circuit)

乳頭体→視床前核→帯状回→海馬傍回→海馬→脳弓→乳頭体という閉回路を、パペッツ (1937) の情動回路と呼び、外界入力に関する「情動的」信号処理が行われるという考えである。臨床データをもとに提案されたもので、扁桃体が含まれてなかったり、この回路の順序で情動の情報処理がなされているわけではないが、情動回路モデルとして初めて導入された点で、その後の情動研究に大きな影響を与えた。

⑩ ▶ 扁桃体 (amygdala)

側頭葉内側部に位置し、大脳辺縁系の尾側終端にあるアーモンドの外形に似た神経核のこと。情動、特に恐怖情動の発現に中心的な役割を果たしている。記憶学習や自律神経・内分泌・免疫系、内臓諸機能の調節にも関与している。幾つかの亜核に分かれており、外側核は視覚や聴覚、内側核は嗅覚やフェロモン情報を受け取っている。味覚や内臓からの信号は、中心核に入力している。基底外側核や基底内側核は、外側核や内側核から中心核への情報を中継している。中心核は視床下部、脳幹に出力し、ストレス応答や恐怖反応等の情動反応を引き起こしている。

⑪ ▶ 網様体賦活系 (reticular activating system)

散在性のニューロンと網目状の神経線維からなる脳幹領域で、刺激で覚醒反応が起こり、破壊で嗜眠を誘発する領域のこと。視床非特殊核群及び大脳皮質に広く投射し、中枢全体の覚醒レベルの調節をしている。青斑核ノルアドレナリン系や縫線核セロトニン系が、この中に含まれている。

⑫ ▶ レプチン (leptin)

脂肪細胞が産生するタンパク質で摂食を抑制し、エネルギー消費を促進する。生殖機能の維持や骨代謝の調節にも、深く関わっている。摂食後増加するインスリン等の作用により分泌が促される。グルココルチコイドやエストロゲンも、レプチンの産生を促す。血液中に分泌されたレプチンは脈絡叢や脳室周囲器官を介して脳内に入り、視床下部に作用する。

⑬ ▶ REM／non-REM 睡眠 (REM sleep/non-REM sleep)

睡眠中にもかかわらず覚醒時に近い脳波活動を示し、急速な眼球運動と四肢筋肉の脱力を伴う睡眠を REM 睡眠といい、約90分周期で出現する。睡眠中にもかかわらず覚醒時と変わらない脳波を示すことから、逆説睡眠ともいう。一方、入眠期から周波数が次第に低くなり、3〜4Hz まで下がる睡眠を non-REM 睡眠、徐波睡眠と呼ぶ。

〔粟生修司〕

14-11 ▶ 学習

動物は、種に固有の生得的な反射や本能行動によって、環境からの様々な刺激に対応し、環境に適応しているが、それに加え、経験に基づいて、刺激に対する反応や、行動のパターンを変容させることも積極的に行っている。一般に学習とは、後者の、経験の結果として獲得された行動の変化を指すものであって、記憶の分類における**手続き記憶**とほぼ同義である。学習は、その基本過程の違いによって、**非連合学習** (non-associative learning) と**連合学習** (associative learning) に大別される。非連合学習は、**馴化**と**鋭敏化（感作）**の過程

であり，連合学習は**古典的条件づけ**及び**道具的条件づけ**の過程である。ヘッブ(1949)は，学習の生物学的背景として，神経活動に依存した神経回路のシナプス結合の変化があるという仮説（ヘッブ則）を提唱したが，現在では，実際に，学習に伴って脳内の神経回路に様々な可塑的変化が生じることが明らかになっている。

カンデルらは，アメフラシの鰓引き込み反射（サイフォンに水を吹きかけると鰓を引っ込める反射）に関係する神経活動を電気生理学的に測定し，その馴化と鋭敏化が，いずれも受容器の感受性や効果器の興奮性の変化によるものではなく，感覚ニューロンと運動ニューロンのシナプス部で起こっている変化によるものであることを示した。今日では一般に，シナプス伝達の変化は，シナプス前ニューロンからの神経伝達物質の放出量が長期的に変化すること，あるいは，シナプス後ニューロンにおける神経伝達物質への感受性が長期的に変化することに起因することが知られている。長期的にシナプスの伝達効率が高くなることを**長期増強**，低くなることを**長期抑圧**という。

哺乳類の脳において連合学習（古典的条件づけや道具的条件づけ）に関与していると考えられている**大脳基底核**においては，**線条体**の中型有棘ニューロン（medium spiny neuron）と大脳皮質からの投射線維が形成するシナプスにおいて，高い可塑性があることが知られている。中型有棘ニューロンには，大脳皮質からの投射線維のほかに，中脳の**ドーパミン作動性ニューロン**の投射線維も，シナプスを形成している。レイノルズらのスライス標本を使った研究では，皮質-線条体シナプスにおいて，細胞外**ドーパミン**濃度が高い時に，大脳皮質からの入力があった時には長期増強が，逆に，細胞外ドーパミン濃度が低い時に，大脳皮質からの入力があった時には長期抑圧が生じることが明らかになっている。さらに，シュルツらの研究によって，ドーパミンを放出するドーパミン作動性ニューロンは，予期しない報酬を得た時（正の**報酬予測誤差**が生じた時）に，活動が上昇することが明らかになっている。強化学習モデルにおいては，報酬予測誤差は学習の強化シグナルとされているが，上記の知見は，多岐にわたる感覚・運動情報が伝えられている皮質-線条体シナプスにおいて，報酬予測誤差を引き起こした情報がドーパミンの作用によって増幅され，その効果がシナプス伝達効率の変化として長期的に蓄積されていることを示唆している。最近の脳機能イメージング研究では，様々な種類の一次報酬及び二次報酬や，その写真を呈示した時に，線条体が賦活することが多く報告されている。

■　■　■

❶▶ 線条体（striatum）

大脳基底核回路の入力部の脳領域をいう。領域内の大多数のニューロンは，GABA作動性の中型有棘ニューロンである。中型有棘ニューロンは，大脳皮質グルタミン酸作動性ニューロン及び，中脳ドーパミン作動性ニューロンからの入力を受けている。大脳基底核回路には，直接路及び間接路があることが知られているが，直接路に属する中型有棘ニューロンは，淡蒼球内節及び黒質網様部に，間接路に属するものは，淡蒼球外節に投射している。線条体からの投射が大脳皮質に至るまでに，直接路では抑制性のシナプスを二つ，間接路では三つ介しているので，直接路の中型有棘ニューロンの活動は，大脳皮質に対する興奮性入力につながる一方，間接路の中型有棘ニューロンの活動は，抑制性入力につながる。

❷ ▶ 長期増強 (LTP：Long-Term Potentiation)

神経経路に高頻度反復刺激を与えると，刺激後には刺激前と比較して，その神経経路から入力を受ける部位の反応性が増大する。一般的に，この反応性増大が1時間以上持続する場合を長期増強と呼ぶ。長期増強の発現・維持には，シナプス部の細胞膜の電気生理学的特性，神経伝達物質の放出量や神経伝達物質に対する受容体数の変化等の機能的変化や，樹状突起棘の数の増加（発芽）や，形態変化（全体的な肥大，シナプス頸部径の増大，シナプス後膜肥厚部の拡大や分裂）など，構造的変化が関わる。

❸ ▶ 長期抑圧 (LTD：Long-Term Depression)

神経経路に低頻度反復刺激を与えると，刺激後には刺激前と比較して，その神経経路から入力を受ける部位の反応性が減少する。一般的に，この反応性減少が1時間以上持続する場合を長期抑圧と呼ぶ。また，長期抑圧に類似した現象として脱増強があるが，これは事前に長期増強を起こしたシナプスに低頻度刺激等を与えると，増強分が元に戻ることを指す。

❹ ▶ ドーパミン作動性ニューロン (dopaminergic neurons)

単に，ドーパミンニューロンとも呼ばれる。ドーパミンを合成し，神経伝達物質として放出するニューロンで，中脳の黒質や腹側被蓋野に多く存在する。筋固縮，振戦，無動等の運動症状を主症状とするパーキンソン病は，これらドーパミン作動性ニューロンが減少することによって起こる。また，シュルツらの研究では，ドーパミン作動性ニューロンは，報酬予測誤差が生じた時に活動することが示されており，ドーパミンが運動調節だけでなく，学習においても重要な役割をもっていることが示唆されている。

❺ ▶ ヘッブ則 (Hebbian rule)

ヘッブ則は，ヘッブによって提唱されたシナプス可塑性に関する仮説であり，「ある細胞Aの軸索が別の細胞Bを興奮させるのに十分近くにあり（＝シナプスを形成し），繰り返し継続して細胞Bに発火を引き起こすと，ある種の成長プロセス又は代謝的変化が，片方又は両方の細胞に生じ，細胞Bを発火させるための細胞Aの効率を増加させる」としている。

❻ ▶ 報酬予測誤差 (reward prediction error)

期待された報酬と実際に与えられた報酬の差分のこと。期待を上回る報酬を得た場合には，正の報酬予測誤差，期待を下回る報酬を得た場合には，負の報酬予測誤差が生じる。強化学習モデルにおいては，学習の強化シグナルとして扱われている。

鋭敏化（感作）→ 03-02-❷「鋭敏化」
古典的条件づけ→ 03-03「古典的条件づけの基礎」
馴化→ 03-02「単一刺激の学習と初期経験」
大脳基底核→ 14-02-❺「大脳基底核」
手続き記憶→ 04-08「長期記憶」，14-12「記憶」
道具的条件づけ→ 03-04「オペラント条件づけの基礎」
ドーパミン→ 14-03-❻「ドーパミン」
連合学習→ 03-02「単一刺激の学習と初期経験」

〔筒井健一郎・田村了以〕

14-12 ▶ 記憶

記憶（memory）とは，過去に経験したことを保持し思い出す機能であり，記銘，保持及び想起の過程からなる。記銘は入力情報を符号化する記憶の形成（獲得）過程，保持は符号化した情報の貯蔵過程，想起は貯蔵されている多くの情報の中から目的の情報を検索し読み出す（思い出す）過程で

ある。想起には，手がかり情報により過去の体験を思い出す再生と，情報の既知・未知を判定する再認がある。また，記憶が思い出されなくなることが忘却であり，保持していた情報の喪失，干渉，抑圧等により起こる。

記憶は保持される時間的側面から，感覚記憶，短期記憶及び長期記憶に分類される。**感覚記憶**は，感覚入力が終了した直後に残る感覚体験の持続であり，例えば視覚系（アイコニックメモリ）では0.5秒程度，聴覚系（エコイックメモリ）では5秒程度持続するとされ，その記憶容量は比較的大きい。**短期記憶**は，事物や事象を体験した直後で，その情報を意識的に頭の中で繰り返し復唱（リハーサル）している限りは保持されるが，復唱をやめてしまうと数秒から数十秒内に消失してしまうような記憶である。短期記憶の容量は小さく，一般的に7 ± 2チャンクといわれる。短期記憶とほぼ同義であるが，情報の操作的側面を強調した**ワーキングメモリ**という言葉も使われる。**長期記憶**は，短期記憶のように意識的にリハーサルしていなくても想起される記憶であり，その記憶容量は大きい。長期記憶は，数分から1日程度持続する近時記憶と，それ以上（年単位でも）持続する遠隔記憶に分けられる。アトキンソンとシフリンによる記憶の二**重貯蔵モデル**では，感覚器から入力された情報は短期的・一時的に短期貯蔵庫に保存され，その情報の一部がリハーサルや符号化により長期貯蔵庫に転送されるとしている。この短期記憶から長期記憶への変化の過程を，**記憶固定**と呼ぶ。また，安定的に貯蔵されている長期記憶も，想起により一時的に不安定化し，その後再度安定化することが知られており，この過程を記憶再固定と呼ぶ。

記憶はその表象内容の側面から，言語的な情報が記憶される**宣言的記憶**，及び，無意識的な行動や思考の手続きが記憶される**手続き記憶**に分類される。これらは，明確な想起意識の随伴性の側面から，顕在記憶及び潜在記憶とも呼ばれる。更に宣言的記憶は，**エピソード記憶**と意味記憶，手続き的記憶は，習慣や技能，**プライミング**，古典的条件づけに分かれる。

記憶はいずれのタイプでも，脳内にある種の変化（記憶痕跡）が生じ，それが貯蔵され，読み出されるという点では共通している。前述の記憶分類に相当する機能を担う脳領域を，明確に特定することは困難であるが，感覚記憶には，刺激呈示により直接活性化される感覚器から大脳皮質感覚野に至るまでの領域，短期記憶には，呈示刺激の認知に関わる感覚連合野や同時に活性化される他の脳領域，長期記憶には，種々の大脳皮質連合野及び連合野と皮質下領域との相互作用が中心的な役割を果たすと考えられている。**海馬**を含む側頭葉内側部はエピソード記憶に，側頭葉前外側部の大脳皮質連合野は意味記憶に，また，**前頭連合野**はリハーサルや意識的な想起を含む宣言的記憶の操作に，重要な役割を果たしていることが報告されている。一方，扁桃体，大脳基底核，視床下部等の皮質下領域や小脳が，手続き記憶に関与していることも知られている。記憶痕跡の形成や保持のメカニズムとしては，反響回路，短期シナプス可塑性（対パルス促通，対パルス抑圧，増幅，テタヌス刺激後増強）や長期シナプス可塑性（**長期増強，長期抑圧，ヘッブ則，スパイクタイミング依存的可塑性**），成体神経新生等が想定されている。

■　■　■

❶▶ 意味記憶 (semantic memory)

意味記憶とは，世間一般の知識に関する記憶であり，事実，概念，語彙等，組織化された情報を表象している。意味記憶の内

容は明確に想起されるが，エピソード記憶とは異なり，時間的空間的文脈と結びついている必要は必ずしもない。

❷▶ **エピソード記憶**（episodic memory）

エピソード記憶とは，個人の生涯で体験した出来事（エピソード）に関する記憶である。これは，出来事に結びついた時間的・空間的文脈（いつ，どこで）を想起できる記憶で，その個人の自伝に相当する。

❸▶ **海馬**（hippocampus）

海馬は，ヒトを含む霊長類では側頭葉内側部に位置する細長い構造体であり，その形状がギリシャ神話の海馬の尾に似ていることからこの名前がつけられた。海馬の長軸に対して垂直な断面には，この長軸に沿ったどの位置でも類似した内部構造が見られ，歯状回，固有海馬（CA3領域～CA1領域），海馬支脚等からなる。ヒトで海馬の損傷により，前向健忘と受傷時点に近いほど，重篤かつ受傷前数年に及ぶ逆向健忘が起こる。海馬は長期増強が最初に見つけられた脳部位であり，また，成体でも神経細胞が新生されているなど，成熟した脳の中で最も可塑性の高い領域の一つである。

❹▶ **記憶固定**（memory consolidation）

記憶固定とは，記憶形成後にその記憶が安定化していく過程であり，短期記憶から長期記憶への変換時に起こる。記憶固定には記憶事象の体験後，数分から数時間の間に全てのタイプの記憶で生じうるシナプスレベルの固定と，数年の間に主としてエピソード記憶の想起が海馬非依存的となるシステムレベルの固定とがある。

❺▶ **スパイクタイミング依存的可塑性**
（STDP：Spike-Timing Dependent Plasticity）

シナプス前細胞と後細胞に，それぞれ1発ずつ活動電位を発生させるような刺激を対にして反復して与えると，活動電位の発生タイミングに依存して長期シナプス可塑性を誘導でき，これをスパイクタイミング依存的可塑性と呼ぶ。シナプス後細胞の興奮が，前細胞の興奮後50ミリ秒ほどの間に発生すると長期増強，このタイミングが逆になると長期抑圧が起こる。

❻▶ **前頭連合野**（frontal association cortex）

前頭連合野は，前頭葉で運動皮質（ブロードマンの4野と6野）よりも前方の皮質領域である。前頭連合野は，行動計画に必要な情報を他の感覚連合野等から受け取り，その情報を一時的に保持しながら操作し，推論等により複雑な行動計画を組み立て，その実行や意思決定を行う。ヒトで前頭連合野の損傷により，時間の順序の記憶やワーキングメモリが障害される。

❼▶ **側頭葉内側部**（medial temporal lobe）

側頭葉内側部は，海馬，内嗅皮質，嗅周囲皮質及び海馬傍回等からなる。内嗅皮質は，海馬と他の皮質領域とのインターフェースと位置づけられる領域，嗅周囲皮質は，側頭葉の高次視覚連合野と内嗅皮質との間で，海馬傍回の前方に位置する領域である。両側の側頭葉内側部に広範な損傷のある患者では，両側海馬の単独損傷よりも重篤な健忘症を呈する。

❽▶ **長期増強**（LTP：Long-Term Potentiation）

本項については，14-11-❷「長期増強」を参照のこと。

❾▶ **長期抑圧**（LTD：Long-Term Depression）

本項については，14-11-❸「長期抑圧」を参照のこと。

❿▶ **プライミング**（priming）

プライミングとは，前もって刺激を呈示しておくことによって，その刺激の処理が促進される現象のことである。例えば，単語をテスト課題の前に経験させておくと，テスト課題（単語を形成する文字の一部を手がかり刺激として呈示し，最初に頭に浮かんだ単語を答えさせる課題等）の成績が向上する。

⓫▶ **ヘッブ則**（Hebbian rule）

本項については，14-11-❺「ヘッブ則」を参照のこと。

⑫ ▶ ワーキングメモリ (working memory)

本項については，06-09-⑬「ワーキングメモリ」を参照のこと。

〔田村了以〕

14-13 ▶ 社会認知，意思決定，意識

神経生理学的機能の中には，ヒトにおいて特に高度に発達しており，そのため，一般に高次の機能と見なされている機能が幾つか存在する。

そのような能力の代表が，**社会認知**（social cognition）である。ヒトは社会的動物であるといわれるが，社会の中で同種個体との協調関係・競争関係の中でバランスをとりながら行動していく際には，そのような環境の要請に応えるような認知能力が必要と考えられている。社会認知とはそのような能力の総称である。社会認知は，広範な脳領域の働きによって実現されるが，社会認知にとって特に中心的役割を果たす脳領域も存在し，それらは**社会脳**として総称される。

社会認知の一例が，他者の表す表情，声等の手がかりから，その感情を認識する能力である。これは**情動認知**と呼ばれる。この情動認知に中心の役割を果たすのが扁桃体，島皮質，眼窩前頭皮質等の脳領域である。社会認知の別の例としては，他者を自分とは異なる信念や意図をもった行為者として捉え，その信念や意図を推し量る能力が挙げられる。この能力は**心の理論**と呼ばれるが，内側前頭前皮質，側頭頭頂接合部，上側頭回，側頭極等が，その神経基盤として重要であることが知られている。

一方，サルの単一神経細胞記録から，ある個体が，ある特定の行為を自ら行う時に活動するニューロンが，別の個体が同じ行為を行っているのを観察する時にも活動することが報告された。このような特性をもつ神経細胞は，**ミラーニューロン**と呼ばれる。このような神経細胞は，ヒトにおいても存在することが予測されている。例えば，機能的磁気共鳴画像法（fMRI）を用いた研究において，他者の行動を観察している際に，視覚領域のみならず，頭頂葉下部や腹側運動前野，下前頭回尾部等の領域が活動することが示されており，これらの部位は，動作の目的をコードする，ヒトにおけるミラーニューロン領域と考えられている。

複雑な社会関係の中で生活するヒトは，その**意思決定**（decision making）の機構も非常に複雑である。ヒトの意思決定において特記すべきことは，報酬や利潤を最大化するといった意味で，すなわち古典経済学が仮定するような意味では，必ずしも合理的ではないことである。ヒトが示す**利他性**はその代表である。

ヒトを対象とした研究では，その行動を第三者的に観察できるだけでなく，その主観体験を言語的に知ることができる。ヒトは，知覚された情報を処理し行動するが，加えてヒトは，そのような情報処理に対して意識的である場合と，無意識的である場合がある。このような観点から**意識の神経機構**（consciousness）についての研究が，機能的神経画像法等を用いて進められている。一部の脳損傷例に見られる**アウェアネスの喪失**という現象も，意識の神経基盤を知る上での重要な手がかりを提供している。

14-13 社会認知, 意思決定, 意識

❶ ▶ アウェアネス (awareness)

日本語では「気づき」「意識性」等の訳語が用いられ、知覚する対象や出来事等に気づき、意識していることを指す。脳損傷後による片麻痺が生じていながら、その障害に対して本人が気づいていないという状態は、病態失認という症候名で知られている。自己に対する気づき（セルフ・アウェアネス）は、ヒトの精神活動を総合的に理解する上で非常に重要な概念で、これをあらゆる精神活動の最高次の機能と考える研究者もいる。

❷ ▶ 意識 (consciousness)

主観体験であるため、扱いが困難と考えられてきた「意識」の神経機構が注目を集めている。ヒトが行う知覚や記憶等に関わる情報処理は、無意識的に行われる場合と意識的に行われる場合で、異なった神経回路が関与することが様々な研究から示されている。例えば、脳損傷例にまれに見られる盲視と呼ばれる状態では、視覚刺激に対して、それが見えているという主観体験が伴わないのに、その刺激に何らかの反応が可能となる。

❸ ▶ 意思決定 (decision making)

ある目標に向けてある一つの行為を選択する一連の認知的プロセスを指し、そこには、行為の目標の定式化、必要な情報の収集、行為のそれぞれのオプションの定式化、それぞれのオプションの長所・短所の分析、実際の選択、行為、行為の結果のフィードバック、が含まれる。これら一連の過程は意識的に行われるとは限らず、むしろその多くの部分が無意識的に行われる。

❹ ▶ 心の理論 (theory of mind)

自分とは異なる信念や意図をもった行為者として他者を捉え、他者の信念や意図を類推する能力のことを指す。このような能力を、チンパンジーがヒトと同じように所有しているかどうかという議論の中で、この用語が登場した。ある事実を自分は知っているが、その事実を知らない他者はどのように考えるかを問う検査（誤信念課題）が、心の理論の検査法の代表である。

❺ ▶ 社会脳 (social brain)

「社会脳」の用語は、異なる二つの文脈で用いられる。ヒトのもつ高度な知的能力とそれを支える脳は、複雑な社会環境への適応としての進化の産物であるという考えが「社会脳仮説」である。一方で、社会認知に中心的役割を果たす脳構造を総称して社会脳と呼ぶこともある。眼窩前頭皮質をはじめとする前頭前皮質、頭頂葉下部、側頭・頭頂接合部、前部帯状皮質、扁桃体、島皮質等がそこに含まれる。

❻ ▶ 情動認知 (emotion recognition)

他者の表す表情、声、動作等から、そのヒトの感情を認識する能力を指す。最も詳しく検討されているのが、表情からの情動認知である。脳損傷被験者を対象とした研究や機能的神経画像研究から、恐怖情動等、幾つかの基本情動の認知に扁桃体が重要であることが示されるなど、その神経基盤が明らかにされつつある。

❼ ▶ ミラーニューロン (mirror neuron)

ミラーニューロンとは、もともとはマカクザルの脳の腹側運動前野（F5領域）において発見されたものであり、自らが動作を行っている時も、他者が行う同様の動作を観察している時にも活動する神経細胞のことである。ミラーニューロンは、下頭頂小葉内の一部の領域にもその存在が発見されているが、これらの領域間の結合によって、ミラーニューロン・システムは、独自のネットワークを形成すると考えられている。

❽ ▶ 利他性 (altruism)

他者の利益・幸福のためにヒトが動機づけられている状態のことを指す。利己性の対になる概念である。一見、利他的に見える行為であっても、実はそれは利己的な動機に基づく場合も多いことから、ヒトに純

14-14 ▶ 神経科学的研究法 (1)：一般

ここでは，神経科学 (neuroscience) において用いられる様々な方法の中で，特に行動と脳との関係を調べるために用いられるものを取り上げて解説することとする。まず，行動と脳の関係を調べる研究は，物理的な破壊，電気刺激，薬物の微量注入等によって，脳神経系の機能に積極的に働きかけを行ってその影響を調べる**介入法**と，脳神経系の活動を計測する**測定法**に大別される。介入・測定の操作を行っている間，研究の対象であるヒトあるいは動物に，行動課題を課すことも多い（行動課題の詳細については，02-10「動物実験法」の項を参照）。介入法・測定法のいずれにも，研究対象の生体に傷をつける**侵襲的** (invasive) 方法と，傷をつけない**非侵襲的** (non-invasive) 方法がある。ヒト健常被験者に適用できるのは，もちろん非侵襲的方法のみである。

介入法としては，動物実験では古くから**破壊法**と**電気刺激法**が用いられてきた。最近では，**薬物微量注入法**もよく用いられるようになった。特に，ガラス電極内の薬物を電気的エネルギーによって脳に注入する方法は，イオントフォレシス法 (iontophoresis) と呼ばれている。また，非侵襲的であるためヒト健常被験者にも適用できる**経頭蓋磁気刺激法**も，有用な介入法として注目されている。

記録法としては，動物実験では脳内に微小電極を刺入しての**局所電場電位の記録**や，**細胞外ニューロン活動記録**が行われている。また，細胞外の物質濃度を計測するために，**微小透析法**が用いられている。更に，近年では**光学的イメージング法**が新たな手法として発展している。全脳レベルの活動を記録する方法は，ヒトでの利用が先行している。**脳波の測定**が従来から用いられているほか，近年では，**ポジトロン断層撮像法**や**機能的磁気共鳴画像法**等の**脳機能画像法** (functional brain imaging) が用いられるようになり，ヒトの精神活動に伴う脳の賦活の研究が飛躍的に進んだ。

前述の方法に加えて，分子生物学的手法の導入により，神経科学の方法論は急速に発展しつつある。**遺伝子改変動物** (genetically modified animal) の作製は，脳の機能への新たな介入法といえる。マウスの受精卵を操作して，特定の遺伝子を欠損させた**ノックアウト・マウス**や，外来遺伝子を導入した**トランスジェニック・マウス**を作製することにより，特定の遺伝子やそれと関係した物質が，脳内でどのように機能しているかを調べることができる。近年では，更に大型の哺乳類であるラットやマーモセットモンキーでも，遺伝子改変動物が作出されている。

一方で，成体の一部の細胞に外来遺伝子を導入する方法として，**ウィルスベクター**を用いる方法があり，マウス，ラットをはじめ，アカゲザル，ニホンザルにも使われている。更に，トランスジェニック技術やウィルスベクターを用いて，特定神経細胞の遺伝子を改変することにより，光の照射によって神経細胞の活動を制御する**光遺伝学**，あるいは，テトラサイクリンの誘導体であるドキシサイクリンの投与により神経細胞の活動を制御する，**テトラサイクリン遺伝子発現調節**のシステムを動物内に実現

14-14 神経科学的研究法 (1)：一般

し，特定の神経細胞あるいは神経系の機能を光照射や薬剤投与によって制御しながら，行動との関係を調べることが可能になった。

■　■　■

❶ ▶ ウィルスベクター (virus vector)

ウィルスの細胞感染性は保持しながら病原性を除いて，標的細胞に外来遺伝子を導入するための「運搬係」として機能させたもの。ノックアウト，トランスジェニック等の手法は，ライフサイクルが短く，多産の動物種にしか効果的に適用できないが，ウィルスベクターを使った遺伝子導入は，アカゲザルやニホンザルでも有用な方法であり，また，ヒトの臨床利用についても研究が進んでいる。

❷ ▶ 機能的磁気共鳴画像法 (fMRI：functional Magnetic Resonance Imaging)

本項については，14-15-❸「機能的磁気共鳴画像法」を参照のこと。

❸ ▶ 局所電場電位 (local field potential)

脳内に比較的抵抗値の低い微小電極を刺入することにより記録される電位変化で，電極周囲のニューロン群におけるシナプス電流を主な起源とする。

❹ ▶ 経頭蓋磁気刺激法 (TMS：Transcranial Magnetic Stimulation)

頭皮上に置いた刺激コイル内に電流を流して，その周囲に磁場を形成させることで，脳の特定の部位に電流を発生させる方法である。一次運動野に対する単発刺激では，骨格筋に一過性の収縮が起こる。反復経頭蓋磁気刺激 (rTMS) では，高周波刺激で刺激部位の神経活動の促進，低周波刺激で抑制が起こるとされ，刺激部位の促進・抑制を自在にコントロールできる介入法として有用性が高いと考えられているが，その作用機序の詳細についてはまだ不明な点も多い。

❺ ▶ 光学的イメージング法 (optical imaging)

高速度カメラで脳の組織を撮影し，神経活動を可視化する方法である。神経活動に伴う神経細胞内の内因性の光シグナルを検出する方法，膜電位感受性蛍光色素を使って神経細胞の膜電位の変化を検出する方法，カルシウムイオンと結合して蛍光が変化する色素を使い，神経細胞内カルシウム濃度の変化を検出する方法等がある。

❻ ▶ 細胞外ニューロン活動記録 (extracellular unit recording)

脳内に比較的抵抗値の高い微小電極を刺入し，電極近傍の単一あるいは複数の神経細胞において発生した活動電位を記録する方法である。単一のニューロンからの活動電位を記録する方法を単一ニューロン記録法 (single unit recording)，複数のニューロンから記録する方法をマルチニューロン記録法 (multiple unit recording) という。

❼ ▶ テトラサイクリン遺伝子発現調節 (tetracycline-controlled transcriptional activation)

Tet on/off システム，とも呼ばれる。大腸菌のもつ Tet リプレッサー，及び Tet オペレーターを利用し，抗生物質テトラサイクリン誘導体であるドキシサイクリンを投与することで，細胞あるいは動物個体において可逆的に目的遺伝子の発現を調節できる実験系である。ドキシサイクリン存在下で目的遺伝子を発現するものを Tet-on システム，逆にドキシサイクリン非存在下で目的遺伝子が発現し，ドキシサイクリン存在下では発現が抑制されるものを Tet-off システムと呼ぶ。このシステムを特定神経細胞の細胞内伝達系に組み込むことによって，ドキシサイクリンを投与している間だけそれらの細胞を機能させたり，機能させなくしたりすることができる。光遺伝学はミリ秒単位の制御が可能であるが，Tet on/off システムは，ドキシサイクリンの血中濃度に依存するので，ほぼ日単

⑧ ▶ 電気刺激法 (electrical stimulation)

脳内に刺激電極を刺入して微弱な電流を流し、脳を局所的に刺激する方法である。視床下部・辺縁系や、運動関連領域の同定に使われ、大きな成果が得られている。ヒトの臨床では、パーキンソン病の治療のために、患者の大脳基底核に刺激電極を留置し、定常的な電気刺激を与える方法が用いられている。

⑨ ▶ トランスジェニック・マウス (transgenic mouse)

外来遺伝子を導入されたマウスのこと。受精卵の前核に、導入したい遺伝子配列を含む DNA を注入し、それらの受精卵を、偽妊娠マウスの卵管に移植することにより作出する。

⑩ ▶ 脳波 (EEG: Electroencephalogram)

頭皮上に配置した電極から記録される律動性の電位変化で、電極近傍あるいは遠隔部の神経細胞集団の電気活動の総和を観察したもの。1929年にドイツのハンス・ベルガーがヒトの脳波を初めて記録した。これにより、睡眠の研究や、異常脳波による脳疾患の診断等の研究が急速に進み、現在ではヒト臨床で一般的に使用されている。視覚や聴覚等の外部刺激によって誘発された微弱な脳波成分を誘発電位 (evoked potential) という。誘発電位は、通常、平均加算を行わないとはっきりと判別できない。

⑪ ▶ ノックアウト・マウス (knock-out mouse)

特定の遺伝子を破壊して機能させなくしたマウス。胚幹細胞 (ES 細胞) と呼ばれる特殊な性質をもつ細胞に、破壊したい遺伝子を導入し、相同組み換えを起こした細胞を単離する。これを正常発生しているマウスの胚盤胞に注入し、発生させることによって、体全体の一部の細胞に標的組み換え遺伝子をもつキメラマウスが誕生する。生殖細胞にも標的組み換え遺伝子をもつものがあるので、キメラマウスと正常マウスを掛け合わせて誕生したマウスの一部は、対立遺伝子の片方を破壊されたヘテロ欠失マウスとなる。

⑫ ▶ 破壊法 (lesioning)

脳の組織を吸引あるいは切截することにより破壊して、その前後の行動課題の成績を比較するなどして、その行動への影響を調べる方法である。近年では、イボテン酸等の神経毒を注入して、脳組織を破壊する方法も用いられる。破壊法におけるコントロールとしては、手術をして開頭するが、脳の組織には傷をつけない疑似手術 (sham operation) が行われる。

⑬ ▶ 光遺伝学 (optogenetics)

トランスジェニックの手法やウィルスベクターを用いて、特定の神経細胞に光感受性タンパク質をコードする遺伝子を導入する。それらの神経細胞に光ファイバー等を使って光を照射することにより、活動を外部から操作することができる。光感受性タンパク質の中で、チャンネルロドプシン2は光を照射されると陽イオンを細胞内に流入させ、神経興奮を引き起こす。一方、ハロロドプシンは光を照射されると塩素イオンを細胞内に流入させるので、神経興奮を抑制する。チャンネルロドプシン2は青色光、ハロロドプシンは黄色光と、それぞれ異なる波長の光に感受性をもっているので、それらを同じ細胞に発現させ、異なる波長の光を照射することにより、細胞を興奮させたり、興奮を抑制したりすることができる。

⑭ ▶ 微小透析法 (microdialysis)

微小透析プローブの半透膜を介して細胞外液を連続的に採取し、高速液体クロマトグラフィーによって分析する方法である。グルタミン酸や GABA 等をはじめとするアミノ酸、ドーパミンをはじめとするモノアミン等が検出できる。

⓯ ▶ ポジトロン断層撮像法 (PET : Positron Emission Tomography)

まず、放射性同位元素でラベルしたトレーサーを静脈注射し、体内の血管系を循環させる。トレーサーの一部は体の組織に取り込まれるが、そこから放出された陽電子は、近傍の分子中の電子と衝突して消滅し、ガンマ線を生じる。頭部の周囲の検出器でガンマ線を検出することによって、脳内のトレーサー分布の経時変化を計測することができるので、そこから局所脳血流量を推定することができる。脳血流量の測定には、^{15}O でラベルした H_2O 等をトレーサーとして用いる。

⓰ ▶ 薬物微量注入法 (drug microinjection)

神経系に作用する薬剤を、脳に刺入したカニューレを通して微量注入する方法である。代謝・分解される薬物を用いると、薬物注入による影響は一時的・可逆的なものとすることができるので、破壊法よりも侵襲性が低く、同じ動物の同じ脳部位で、繰り返して実験を行うことが可能である。可逆的な機能抑制には、$GABA_A$ 受容体の作動薬であるムシモールがしばしば用いられる。

〔筒井健一郎〕

14-15 ▶ 神経科学的研究法 (2)：神経画像法

神経画像法には幾つかの方法があるが、最もよく使用されている方法は**機能的磁気共鳴画像法 (fMRI)** 法である。fMRI による脳機能測定では、脳内の神経活動に伴う局所脳血流量の増加、すなわち neurovascular coupling を検出することで、脳のどの部位が活動しているのかを可視化することができる。特定の脳部位の神経活動に伴って局所脳血流量が増加すると、その部位における**酸化ヘモグロビン**は相対的に増加し、**還元ヘモグロビン**は相対的に減少する。酸化ヘモグロビンと還元ヘモグロビンとでは磁性が異なっているため、局所脳血流量の変化によって磁性も変化することとなる。このような変化は BOLD 効果と呼ばれ、fMRI ではこの BOLD 効果を反映する信号を捉えている。

fMRI 撮像では、磁気共鳴画像 (MRI) 装置を用いて、**EPI 法**と呼ばれる撮影方法を用いることで、秒単位で変化する神経活動の空間パターンを同定することができる。fMRI による実験デザインとしては、主に二つの方法が用いられている。一つは従来から使われていたブロック・デザインと、もう一つは近年使われるようになった**事象関連デザイン**である。前者は課題の遂行に関連する脳の活動状態を捉えるものであり、後者は特定の事象に関連した脳活動の変化を捉えるものである。どちらのデザインにも利点と欠点があるため、研究の目的によってどちらのデザインを用いるのが適切かを注意する必要がある。また、これら二つのデザインを複合的に用いる**ハイブリッド・デザイン**も考案されている。

特定の認知過程を反映する**賦活画像**を得るためには、単にその認知過程が含まれる**実験課題**を遂行している際の神経活動を測定するだけでは不十分であり、適切な**統制課題**を用いなくてはならない。fMRI 解析ではこの実験課題と統制課題を行っている際の神経活動の差を、**サブトラクション法**を用いることで検出する方法が一般的である。近年では、脳領域間のネットワークを、様々な統計手法を応用した**機能的結合性解析**から明らかにする試みも行われている。

fMRI 以外の神経画像法としては、MRI の拡散テンソル・トラクトグラフィを用いた解剖学的な**白質線維連絡**の可視化法や、脳活動に伴う微細な磁界の変化を捉える脳

磁図（MEG）法，^{15}O や ^{18}F 等の放射性同位元素をトレーサーとして静注し，酸素代謝やグルコース代謝を捉える**ポジトロン断層撮像（PET）法**がある。更に最近では，PET 等を用いることで，生体分子の動態を観察できる**分子イメージング法**も行われるようになってきている。

■　■　■

❶ ▶ 拡散テンソル・トラクトグラフィ（diffusion tensor imaging）

拡散強調画像をもとに，拡散の三次元的な方向性を定量的に表したもの。拡散強調画像（diffusion imaging）は MRI の撮像法の一種で，水分子の拡散運動を画像化したものである。この方法を用いることで，脳の解剖学的な白質線維連絡のパターンを画像化することが可能である。

❷ ▶ 機能的結合性解析（functional connectivity analysis）

ヒトの認知機能は，脳の一つの領域だけで担われているのではなく，異なった役割をもつ複数の領域の組み合わせで実現されていると考えられる。そのような異なった脳領域間の「機能的な関係性」を，多変量解析の統計的手法を応用することで検出する方法である。1 対 1 の単純な相関解析や，複数の脳領域間の関係性のモデルの妥当性を検証する DCM 法等がある。

❸ ▶ 機能的磁気共鳴画像法（fMRI：functional Magnetic Resonance Imaging）

機能的 MRI，fMRI とも呼ばれる。MRI の原理を基盤として，特定の脳部位の神経活動に伴って変化する局所脳血流量の変化を，磁場の変化を媒介として捉え，その活動している脳部位を様々な統計的手法を用いて可視化する神経画像法である。

❹ ▶ サブトラクション法（subtraction method）

実験課題に関連する脳活動と，統制課題に関連する脳活動を統計的に比較することで，実験課題に特異的に関連する脳活動のパターンを抽出する方法である。ある認知機能に特異的に関与する脳領域を同定したい場合，その認知機能を含む実験課題を遂行している際の脳活動を測定するが，その際には運動や視覚処理等の，特定の認知機能以外のサブの過程を反映した神経活動も捉えてしまう。そこでサブの過程のみを含む統制課題を行ってもらい，その際の神経活動を実験課題遂行中の脳活動から「引く」ことで，特定の認知機能だけを反映する脳活動を可視化する。

❺ ▶ 磁気共鳴画像（MRI：Magnetic Resonance Imaging）

生体を構成する水素元子は，原子核に由来する小さな磁石をもっている。通常，これらの原子核磁石の方向はバラバラで，全体としての磁石の性質は現れない。しかし，強力な磁場の中に置くと，バラバラだった各水素の原子核磁石は方向が揃い，生体内に全体として磁石の性質が発生する。ここでラジオ波を当てると，生体内での磁石の方向が変化する。ラジオ波を切ると，各生体内磁石は最初に生体を取り巻く強い磁場によって揃えられた方向に戻り，それに伴ってラジオ波を返すが，その強さは各組織間や病変部で異なる。MRI ではこのような原理を用いて画像を作っている。

❻ ▶ 事象関連デザイン（event-related design）

特定の事象に関連した脳活動を捉えることができる。通常は，特定の事象を数秒から十数秒ごとに行い，個々の事象に関連した脳活動を抽出する。それにより，弁別課題等の場合に，正解と不正解の試行を区別して異なった脳活動のパターンを同定するなどが可能である。しかし，ブロックデザインと比較してデータのばらつきが大きく，有意差が出にくいため，試行数を増やす，多くの実験参加者を測定するなどの工

夫が必要である。

❼▶ neuro-vascular coupling

特定の脳領域における神経活動と、それに伴う局所脳血流量の変化の関係を指す。神経活動と局所脳血流量との関係は、ニューロン、グリア、血管細胞等を介した処理によって担われている。fMRIを代表とする血流量の変化を媒体とした脳機能イメージング法は、この神経活動の変化と血流量の変化との関係を捉えている。

❽▶ 脳磁図 (MEG: Magnetoencephalography)

神経活動によって生じる脳の微細な磁界の変化を、多量のセンサーを通して検出することで、神経活動が起きた場所を推定することができる。時間分解能が高く、皮質における神経活動の場所の推定も、比較的精度を高く行うことができる。一方、皮質下の活動を捉えることには問題もあるなどのデメリットもある。

❾▶ ブロック・デザイン (block design)

課題遂行に関連する脳の活動の状態を捉えることができる。通常は、実験課題と統制課題を約30〜60秒ごとに交互に連続的に行い、それぞれの課題遂行に関連する平均の脳活動が、賦活画像として抽出される。このブロック内に幾つかの異なった事象（正解と不正解の試行等）が生じたとしても、その違いは考慮されない。しかし、比較的少ない被験者でも、安定した信頼性の高いデータを得ることができる。

❿▶ 分子イメージング (molecular neuroimaging)

生体における分子の動態を画像化する方法の総称である。特定の放射性薬剤（分子プローブ）を用いた神経受容体の可視化に、PET等の核医学撮像技術が用いられている。最近では、新規の造影剤を利用することで、MRIを用いた方法も開発されている。

⓫▶ ポジトロン断層撮像法 (PET: Positron Emission Tomography)

本項については、04-14-❽「ポジトロン断層撮像法」、14-14-⓯「ポジトロン断層撮像法」を参照のこと。

⓬▶ BOLD (Blood Oxygen Level Dependent)

神経活動に伴って局所血流量が増加すると、その血液中に含まれる酸化ヘモグロビンの相対的増加と、還元ヘモグロビンの相対的減少が起こる。酸素と結合した酸化ヘモグロビンは反磁性体であるのに対し、還元ヘモグロビンは常磁性体である。そのため、局所的な酸化・還元ヘモグロビンの濃度の相対的変化は、同時に磁場強度の変化も生じさせる。この効果がBOLD効果と呼ばれ、1990年代初頭に小川誠二によって初めてfMRI研究への応用可能性が報告された。

〔月浦　崇〕

15-00

統計

〔総説〕

　心理学の多くの領域においては，実験・調査・観察・面接によって得られたデータをもとに，あらかじめ考えた理論や法則を確認するという実証的な研究方法が採られる。そのため，データから研究に必要な情報を引き出すことが必要となる。そこで利用されるのが統計である。統計は心理学の研究を進めるための重要なツールである。心理学では様々な統計（統計的方法）が利用されているが，大きく分けると記述統計，推測統計，多変量解析からなる。

【記述統計】

　記述統計はデータの整理・要約を目的としている。具体的には，図表による方法と数値による方法がある。

　図表による方法としては，度数分布（15-01）がある。量的変数（比尺度・間隔尺度）の場合は階級と呼ばれる範囲，質的変数（順序尺度・名義尺度）の場合はカテゴリーに含まれるデータ数を度数として整理するものである。表として整理されたものが度数分布表であり，図として整理されたものがヒストグラム（量的変数）や棒グラフ・円グラフ（質的変数）である。図による方法において実用的な方法として，幹葉表示や箱ひげ図がある。

　数値による方法としては，代表値と散布度（15-02）がある。代表値はデータの中心的な位置を一つの数字で表現する指標で，量的変数の場合は平均がよく利用される。散布度はデータのばらつきを表す指標で，量的変数の場合，分散や標準偏差がよく利用される。データの特徴を表す指標としては通常，代表値と散布度で十分であるが，分布の歪みや尖りを表す歪度や尖度が利用されることもある。

　これまで紹介した記述統計は1変量（1変数）を対象とした方法であったが，2変量を同時に扱い，両者の相互関係を記述する方法もある。それが相関（15-03）である。

　相関も図表による方法と数値による方法がある。2変量の分布の様子を同時に表として表現したものが相関表で，図で表現したものが相関図（散布図）である。

　図表による方法でも2変量間の相関を直感的に捉えることは可能であるが，その程度を正確に捉えることは難しい。そこで，数値によって2変量間の相関を捉えたものが相関係数である。相関係数で最もよく利用されるのが，量的変数間の相関を表すピアソンの積率相関係数である。質的変数間の場合は，クロス集計表やファイ係数が利用される。

【推測統計】

　記述統計は得られたデータの特徴を記述するにすぎない。心理学が目指す心理的現象の理論や法則の確立のためには，得られたデータの結果の一般化が必要となる。そこで利用されるのが推測統計である。

　研究で想定している全対象に対して実験や調査を実施することは，コスト面を考慮すると現実的ではない。限られた対象による情報から全対象の情報を得るために，推測統計では確率（15-04）や，それに基づく確率分布や標本分布（15-05）の概念を導入している。

　推測統計では全対象のことを母集団と呼び，そこから無作為に選ばれ，実際に実験や調査を受けた対象のことを標本と呼ぶ。標本から得られた平均や分散に関する情報

をもとに，本来研究で知りたい全対象の平均や分散について，推定又は仮説検定を行う。

推測統計でよく利用される方法は，推定(15-06)に関しては母集団の平均や分散に関する点推定や区間推定があり，仮説検定(15-07)に関しては2標本の平均の差の検定（t検定）や等分散性の検定がある。また，標本数が3以上であったり，独立変数が複数であったりする場合は，平均の違いを明らかにするために分散分析（15-08）が利用される。

推測統計の多くの方法は，確率分布と呼ばれる理論的な分布を仮定しているが，そのような仮定を取ることが難しい質的変数の場合は，ノンパラメトリック検定（15-13）が利用される。

【多変量解析】

心理学研究においては，個人や個体に関して複数の測定値（観測値）が得られる場合がある。代表的なものとしては，質問紙によって得られたデータである。このデータは複数の変量によって構成されていることから，多変量データと呼ばれている。この多変量データを統計的に分析する方法が，多変量解析（15-12）（多変量データ解析）である。多変量データは見かけ上，表形式でどれも似ているが，変数のもつ性質（質的変数か量的変数・外的基準の有無）によって適用できる多変量解析法が決まる。

心理学研究において伝統的によく利用される多変量解析法は，重回帰分析と因子分析である。重回帰分析（15-09）は，原因に相当する複数の説明変数から結果に相当する一つの基準変数の値を予測する方法で，かつては因果分析のパス解析の代替法としてよく利用されてきた。因子分析(15-10)は質問紙による心理尺度の開発に不可欠な方法である。そこでは構成概念を潜在変数である因子として扱い，観測変数から因子を測定するモデルを利用して心理尺度の項目を選択するのに利用される。

前記以外の方法では，正準相関分析，対数線型モデル，多変量分散分析，判別分析，ロジスティック回帰分析，クラスター分析，主成分分析，多次元尺度法等がある。それぞれ適用可能なデータが異なり，もたらされる情報も異なることから手法の特徴を理解した上で活用することが望ましい。

前記の多変量解析は，モデルが固定されており，多変量データの記述的な側面が強い。それに対して，構造方程式モデリング（15-11）では，分析者がモデルを構築し，データとの適合度から提案したモデルを検証することができる。いわゆる多変量データに関して推測統計のように仮説検証型の分析が可能となる。そのため，質問紙によって測定された複数の変数間の複雑な因果関係を分析するために利用されている。

【先端的統計手法】

多変量解析も含め，統計的方法は日々発展しているが，特に近年のコンピュータの発展に伴って，高度な方法を身近に利用することが可能となってきている。

データ収集を行うと，本来測定すべきデータの一部が欠測することがある。このような状況を考慮した方法として欠測データ解析がある。近年利用されている方法として傾向スコア解析がある。また，潜在変数を欠損データとして考え，質的な場合の混合分布モデルも存在する。更に，学校-クラス-個人といったデータの階層性を考慮したマルチレベル分析も，近年積極的に利用される傾向にある。

前記のような先端的統計手法（15-14）を利用することで，データにとって適切な分析ができるだけでなく，これまでの分析法では明らかにできなかったような知見をもたらしてくれる可能性がある。

〔中村知靖〕

15-01 ▶ 度数分布

　調査・実験・観察等により得られたデータを分析するその第一歩は，図表を用いてデータの様子を分かりやすく表現することである。図表によりデータの様子を表現する場合，まずはデータの分布を考えることになる。例えば，心理学専攻の大学生41人の心理統計のテスト得点のデータが得られた場合，何点の学生が何人いるか，一番得点の低い学生は何点で，一番得点の高い学生は何点か，何点付近に多くの学生の得点が集まっているか，といったことを図表を用いて表現するのである。

【表による表現】

　データの取る値と，その値を取ったデータの個数を対応させたものが，**度数分布**（frequency distribution）である。データの取る値に対応するデータの個数のことを**度数**と呼ぶ。度数分布では，通常の度数のほかに，**相対度数**や**累積度数**を用いることがある。度数分布を表にしたものが**度数分布表**，度数分布をグラフで表現したものが**棒グラフ**，あるいは**ヒストグラム**である。

　連続変数の度数分布表を作成する場合，心理統計のテスト得点の例では，実際に学生が取った得点を一つ一つ全て挙げて，その得点に対応する人数を数えていくのは煩雑である。このため，30点以上35点未満といった範囲を定めて，その範囲に対応する度数を数える方が一般的である。この時，30点以上35点未満という範囲のことを**階級**という。また，階級の中央値のことを**階級値**といい，階級を区切る値（30点以上35点未満という階級と，35点以上40点未満という階級があった場合は，35点のこと）を**境界値**という。階級の数によって，度数分布表の見た目の印象がずいぶんと変わることがある。そこで，階級を幾つ用意するかということに関して，**スタージェスの方法**を用いることができる。

【図による表現】

　図による表現には様々なものがある。**離散変数**（例えば，5段階評定の項目への回答データ），又は**質的変数**（例えば，男性が何人，女性が何人という性別のデータ）の度数分布をグラフにする場合は，棒グラフを用いる。連続変数の度数分布をグラフにする場合は，ヒストグラムを用いる（図1）。

　複数のヒストグラムを比較する場合は，**度数多角形**が便利である（図1）。**幹葉表示**は，ヒストグラムと同等の情報を，数値そのものを用いて表現することができる（図2）。

　箱ひげ図は，データの順位情報に基づく統計量により，分布の様子を表現する（図3）。最小値と最大値がひげの両端を，ヒンジが箱の両端を，それぞれ表す。箱の中の太い線が**中央値**である。データに**外れ値**が含まれる場合，箱の幅の長さであるヒンジ散布度を用いて**内境界点**を計算し，内境界点の内側でそれに最も近い値をひげの両端とすることもある。上下のヒンジから，ヒンジ散布度の3倍離れた点を外境界点と呼ぶ。外境界点の外側にある値を局外値（far out value）と呼ぶ。箱ひげ図のひげの外側の値や極外値を，外れ値とする方法がある。

　更に同じデータをグラフ化する場合にも，棒グラフ，**円グラフ**，**折れ線グラフ**といった様々な表現方法を用いることができる。それぞれのグラフは得意な表現があるので，データの特徴によって使い分けるとよい。

15-01 度数分布

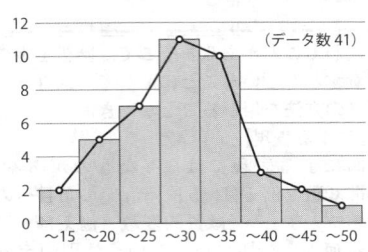

図1 あるテスト得点のヒストグラムと度数多角形

```
1 | 12
1 | 57789          (データ数 41)
2 | 0122344
2 | 56677888889
3 | 0012223334
3 | 789
4 | 13
4 | 7
```

図2 あるテスト得点の幹葉表示

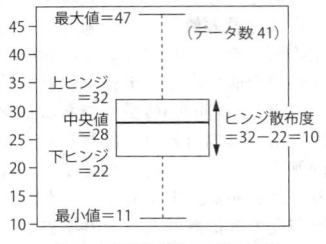

図3 あるテスト得点の箱ひげ図
(最大値=47、上ヒンジ=32、中央値=28、下ヒンジ=22、最小値=11、ヒンジ散布度=32−22=10)

❶ ▶ 円グラフ (circle graph)

一つの円を幾つかの扇形に分ける。相対度数の大きさに対応するように、扇形の大きさを決定する。あるカテゴリの相対度数が大きい場合に、円グラフを用いるとそのカテゴリを強調することができる。逆に、カテゴリの相対度数に差が無いと、円グラフでは違いが分かりにくく、その場合は棒グラフの方が微妙な差異を検出しやすい。

❷ ▶ 折れ線グラフ (line graph)

度数多角形と同様、データの個々の値を線で結んだグラフ。時間経過による変化や推移を見たい時に有効で、時系列データをグラフにする場合によく利用される。横軸に時間を、縦軸に変化を見たいデータの値をとる。

❸ ▶ 階級 (class)

連続変数を対象とした度数分布を作成する場合、一つ一つの値に対して度数を対応させるのではなく、値の範囲に対して度数を対応させる。この時のデータの値の範囲のことを階級と呼ぶ。

❹ ▶ スタージェスの方法 (Sturges rule)

ヒストグラムは階級数が異なると、分布の見た目がかなり変わることがある。階級数を決定するための経験的な方法として、以下のスタージェスの方法がある。

階級数 = [1+$\log_2$ データ数]

この式で、[ ] はガウス記号といい、[ ] 内の実数を超えない最大の整数値を意味する(例えば、[5.43]=5)。もし、データ数が41個の場合、階級数=[1+$\log_2$ 41]=[1+5.38]=[6.38]=6 となる。このほかに、階級の幅を決めるやり方として、以下のスコットの方法がある。

$$\text{階級の幅} = \frac{3.5 \times \text{標本標準偏差}}{\text{データ数}^{\frac{1}{3}}}$$

❺ ▶ 相対度数 (relative frequency)

度数を全体の度数で割ったものを相対度数という。ある階級の相対度数は、全体の度数におけるその階級の度数の割合を意味する。相対度数を用いることで、データ数(全体の度数)の異なるデータを比較しやすくなる。

❻ ▶ 度数 (frequency)

ある階級に属するデータの個数のことを度数という。性別のような質的変数では、

男が50人，女が150人のように，変数の取りうる値（この場合，男か女）に対する数を数え上げることになり，これが度数となる。

❼▶度数多角形（frequency polygon）
ヒストグラムは階級に含まれる度数を棒で表現する。度数多角形は，棒ではなく折れ線で表現したグラフである。ヒストグラムの棒の中央（階級値）を結ぶ折れ線グラフを描く。度数多角形は，複数のヒストグラムを一つのグラフ上で表現して分布の様子を比較するのに便利である。

❽▶度数分布表（frequency table）
データの取る値（あるいは階級）と，その度数を対応させて表にしたものが，度数分布表である。度数分布表は，階級ごとの度数の分布状況を把握するのに便利である。

❾▶内境界点（inner fence）
内境界点は，ヒンジ±1.5×ヒンジ散布度で計算される。図3では，22－1.5×10＝7と32＋1.5×10＝47となる。最大値47は内境界点と一致し，最小値11は内境界点7より大きいので，ひげは47と11となる。

❿▶箱ひげ図（boxplot/box and whisker plot）
データの分布を最小値，下ヒンジ，中央値，上ヒンジ，最大値の五つの値で表現する。最小値と最大値がひげの両端を，下ヒンジと上ヒンジが箱の両端を，それぞれ表す。箱ひげ図を用いることで，中央値の位置や，箱あるいはひげのバランスを見ることができる（図3）。

⓫▶ヒストグラム（histogram）
連続変数の度数分布をグラフで表したもの。棒グラフとの違いは，ヒストグラムは連続変数を幾つかの階級に区分して図示するため，棒と棒の間隔を空けずに表現する。また，棒の面積が度数を表し，棒の幅を等しくして階級を等間隔に設定したり，逆に，階級の幅に合わせて棒の幅を変えたりして表現することができる（図1）。

⓬▶ヒンジ（hinge）
データの最小値と中央値の中間の値（最小値から中央値までのデータの中での中央値）を下ヒンジ，中央値から最大値までのデータの中での中央値を上ヒンジと呼ぶ。下ヒンジは第1四分位数，上ヒンジは第3四分位数とだいたい同じ値になる。しかし，ヒンジと四分位数は算出方法が異なるため，必ずしも一致しない。上ヒンジと下ヒンジの差をヒンジ散布度と呼ぶ。箱ひげ図における箱の幅の長さがこれにあたる。図3では，ヒンジ散布度＝32－22＝10となる。

⓭▶棒グラフ（bar graph）
離散変数や質的変数の度数分布を表現するのに用いられる。棒の長さで度数を表す。

⓮▶幹葉表示（stem and leaf display）
数学のテスト得点が0～100の値を取るデータだったとする。この得点の分布を表現する際，まず十の位を縦に並べて書き（これが幹にあたる），その十の位の横に一の位を書いていく表現方法がある。これは幹葉表示（stem and leaf display）と呼ばれる。幹葉表示は数値そのものを用いながら，分布の様相を視覚的に捉えることができるものである（図2）。

⓯▶累積度数（cumulative frequency）
ある階級の度数に，その階級より小さい階級の度数を足し加えたものを，累積度数という。当該の階級までの度数の和を求めることになる。

観察：→ 02-04「観察法」
実験：→ 02-02「実験法」
中央値：→ 15-02-❸「中央値」
調査：→ 02-03「調査法」
外れ値：→ 15-02-❹「外れ値」

〔山田剛史*〕

15-02 ▶ 1変量の記述統計

自然科学の領域であれ，人文・社会科学の領域であれ，何らかの仮説を設定し，その仮説を検証するために，実験や調査を通じてデータを収集することが行われる。データが得られた時，それらを漫然と眺めるだけでも，何がしかの印象は得られるだろう。しかし，印象は，眺める人によって変わり，得られる情報は限定的かつ偏ったものとなるに違いない。データを効率的に，かつ正しく読むためには，それなりの方法論が求められる。実験や調査の対象となった各個体について，観測して得られたデータを整理・要約するための方法論が，記述統計である。

実験や調査によって観測値が得られた時，初めに行うべきことは，**度数分布表**や度数分布のグラフ（棒グラフやヒストグラム等）を作成することである。こうした表や図による表現については，「度数分布」（15-01）で扱われる。本項では，変数の分布について，その重要な特徴を数的な指標によって記述する方法を解説する。分布の特徴を示すために，集められたデータ値を要約して求められる指標は，**要約統計量**と呼ばれる。適切な要約統計量を用いることにより，分布についての情報を客観的に伝達することが可能になる。また，要約統計量に基づいて，更に計算が進められることもある。

【順位情報に基づく要約値】

順位情報に基づく要約値は，分布中に少数の極端な値が存在しても，その影響を受けにくいだけでなく，算出が容易，意味的にも理解しやすいなどの長所をもつ。データ値を小さい方から大きい方へ並べ替えて，データ値（観測値）の個数によってそれらを100等分した時に，小さい方からr番目に位置する値を，rパーセンタイル又はr百分位数と呼ぶ。分布を特徴づける値として用いられることが特に多いのは，25パーセンタイル，50パーセンタイル，75パーセンタイルである。これらは，それぞれ第1四分位数，**中央値**，第3四分位数と呼ばれることもある。これら三つの値に最大値と最小値を加えた五つの数値による分布の要約を，**5数要約**と呼ぶ。

【代表値】

分布の中心的あるいは典型的な位置を示すために使われる要約統計量は，代表値と呼ばれる。**平均**（算術平均），中央値，最頻値等，様々な指標が代表値として用いられる。これらの指標それぞれの性質を理解した上で，適切に指標を使い分けることが重要である。例えば，平均は外れ値の影響を受けやすいが，大きさの順に並べ替えた時のデータ値の大きい方と小さい方のデータ値を，同じ個数ずつ除いてから平均を求めるという調整平均を用いることで，外れ値の影響を小さくすることができる。

【散布度】

変数の値の変動，分布の広がりの程度を示す要約統計量は，散布度と総称される。散布度が大きい時には値の散らばりが大きく，散布度が小さい時には値が一つの値の周りに集中していると判断できる。範囲，四分位範囲，**四分位偏差**，**分散**，標準偏差，平均偏差あるいは**変動係数**等，様々な散布度が提案されている。代表値と散布度は，分布の特徴を示す指標として，特に重要である。

【その他の指標】

分布の対称性に注目する指標として，**歪度**がある。分布の左右どちらか一方の裾が長く伸びて分布が非対称になる時，分布は歪んでいるといわれる。歪度は対称な分布

で0，右裾が長い右に歪んだ分布で正，左裾が長い左に歪んだ分布で負になる。

尖度は，分布の中央付近の尖り方を表す。統計的推論では，母集団分布のモデルとして**正規分布**を仮定することが多い。正規分布では歪度＝0，尖度＝3になることから，度数分布の歪度と尖度をこれらの値と比べることで，データの正規性を評価することがある。なお，平均，分散，歪度，尖度は，いずれもモーメントの一種である。

■　■　■

❶ ▶ 四分位偏差 (quartile deviation)

分布の左端から全体の度数の1/4（25%）に位置する値を，第1四分位数 Q_1，同じく全体の度数の3/4（75%）に位置する値を，第3四分位数 Q_3 と呼ぶ。四分位偏差は，中央値 M から第3四分位数 Q_3 までの偏差（$|Q_3-M|$）と中央値から第1四分位数 Q_1 までの偏差 $|Q_1-M|$）を平均したもので，$\frac{1}{2}(Q_3-Q_1)$ で求められる。Q_3-Q_1 は四分位範囲と呼ばれるが，四分位偏差はちょうどその半分になる。

❷ ▶ 尖度 (kurtosis)

単峰性の分布の尖り具合が，正規分布から逸脱する程度を示す指標。平均の周りの4次のモーメントを標準偏差で規準化したもの。尖度は正規分布において3になり，分布の中心付近の尖りが強く裾が広がった分布で3より大きく，裾が広がらず肩の張った分布で3より小さくなる。正規分布に対して0になるように，3を引いたものを尖度として定義することもある。

❸ ▶ 中央値 (median)

メディアンあるいは中位数とも呼ばれる。分布全体の度数を2等分する値。データ値を大きさの順に並べ替えた時に，ちょうど中央に位置する値を求めればよい。データ値の個数が偶数である時には中央二つのデータ値の平均を中央値とする。分布が左右対称である時には中央値は平均と一致するが，分布が正に歪む（右に裾が伸びる）時には平均よりも小さく，分布が負に歪む（左に裾が伸びる）時には平均よりも大きくなる。中央値は順位情報に基づくため，間隔の情報も用いる平均と比べて，歪みや外れ値による影響を受けにくい。

❹ ▶ 外れ値 (outlier)

調査や実験で得られたデータ値のうち，他の大多数のデータ値と比べて明らかにかけ離れた値のこと。外れ値の検出法の一例として，正規母集団を仮定できる場合に，外れ値であることが疑われる最大値又は最小値と平均との差を，標準偏差で割った統計量に注目する，スミルノフ・グラブス検定がある。外れ値は，平均や相関係数等の値に大きく影響することがあり注意が必要だが，何らかの意味が隠れている可能性もあり，安易に削除することは避けるべきである。

❺ ▶ パーセンタイル (percentile)

n 個のデータ値を大きさの順に並べ替えてから，全体を100等分した時，その値以下のデータ数が p% になる値を p パーセンタイルと呼ぶ。中央値は50パーセンタイル，第1四分位数と第3四分位数はそれぞれ25パーセンタイル，75パーセンタイルと表現することができる。

❻ ▶ 標準偏差 (standard deviation)

分散の正の平方根。SD と表記されることも多い。分散と違い，標準偏差の単位はデータ値の単位と一致しており，散布度として使いやすい。正規分布では，平均±1標準偏差の範囲内に約68%，平均±2標準偏差の範囲内に約95%，平均±3標準偏差の範囲内に99%超が含まれる。標準偏差は，相関係数，標準誤差等の統計量や，z

❼ ▶ 分散 (variance)

分布の散布度（広がりの指標）の一つ。個々のデータ値と平均との偏差を2乗したものを合計し、データ値の個数で割ったもの、すなわち、n個のデータ値を$X_1, X_2, \cdots, X_n$とすると、$S^2 = \dfrac{1}{n} \sum_{i=1}^{n} (X_i - \overline{X})^2$で定義される。偏差を2乗しているため、もとのデータと単位が変わってしまうこと、実際のバラツキの違い以上に分散の違いが強調されてしまうことなどから、散布度としては分散よりも、その正の平方根である標準偏差が好まれる。また、上の式で定義される分散は、母集団分散の推定量として偏りをもつため、$\hat{\sigma}^2 \dfrac{1}{n-1} \sum_{i=1}^{n} (X_i - \overline{X})^2$で定義される不偏分散が使われることも多い。

❽ ▶ 平均 (mean)

観測されたデータ値の合計を、データ値の個数で割ることにより求められる。幾何平均や調和平均等と区別するために、算術平均と呼ばれることもある。変数xの平均は、$\overline{X}$（エックスバー）と表記されることが多い。個々のデータ値と平均との偏差の合計$\sum_{i=1}^{n} (X_i - \overline{X})$が0になることから分かるように、平均は分布の重心に位置する。量的データの代表値として、平均は最もよく用いられる指標であるが、歪みや外れ値によって影響されやすい（歪みあるいは外れ値の方向に大きく引っ張られる）ことに注意が必要である。

❾ ▶ 変動係数 (coefficient variance)

標準偏差を平均で割ったもの。100を乗じて%で表現することもある。変動の絶対的な大きさを比べるのではなく、相対的な大きさを比べたい時に用いられる。中心位置が大きく異なる分布の広がりを比較するのに便利である。

❿ ▶ モーメント (moment)

定数cからの偏差のr乗、すなわち$(X-c)^r$の平均をcの周りのr次のモーメントと呼ぶ（rは正の整数）。積率ともいう。モーメントは、分布の特徴を表すために使われる。例えば、原点の周りの1次のモーメントは平均、平均の周りの2次のモーメントは分散である。また、平均の周りの3次のモーメントは歪度、4次のモーメントは尖度に使われている。

⓫ ▶ 歪度 (skewness)

分布が歪んでいる（対称性から離れている）程度を示す指標。平均の周りの3次のモーメントを標準偏差で規準化したもの。分布が左右対称である時、歪度は0、裾が右方向に伸びる分布では歪度は正、左方向に伸びる分布では歪度は負になる。ただし、歪度が0であることは、分布が左右対称であることを必ずしも意味しない。

〔孫　媛〕

15-03 ▶ 2変量の記述統計

2変量の記述統計は、二つの変量の間の関係（関連）性について、データから統計的に記述するものである。二つの変量間の関係を分析する方法は、各変量が**量的変量**か**質的変量**（カテゴリ変数、順位を表す変数）かによって異なる。例えば、「適性検査と学力検査との関係」を分析する際、「適性検査の得点と学力検査の得点との関係」（二つの量的変量間の関係）か、「適性検査の合否と学力検査の得点との関連」（質的変量と量的変量との関連）か、「適性検査の順位と学力検査の順位との関連」（2変量がともに順位を表す質的変量間の関連）か、「適性検査の合否と学力検査の合否との関連」（二つのカテゴリ変数である質的

変量間の関連）かによって方法が異なる。なお，量的な2変量間では「関係」「相関」というが，質的変量間の場合，「関連」や「連関」という言葉を使用することが多い。

二つの量的変量間の関係であれば，**散布図**によって視覚的に関係を表し，**共分散**や**積率相関係数**（以下，「相関係数」と略す）の値によってその関係の強さを表すことができる。相関係数の値は r で表し，-1〜$+1$ の範囲の値をとる。2変量 X，Y の全ての対が完全に右上がりの1直線上に並ぶ時，$r=1$ となり，X と Y との間に完全な正の相関があるという。X と Y の全ての対が完全に右下がりの1直線上に並ぶ時，$r=-1$ となり，X と Y との間に完全な負の相関があるという。相関係数の大きさを機械的に評価することは避けるべきだが，目安として，0.00〜± 0.20 の時「ほとんど相関はない」，± 0.20〜± 0.40 の時「弱い相関がある」，± 0.40〜± 0.70 の時「中程度の相関がある」，± 0.70〜± 1.00 の時「強い相関がある」といった区分をする。図4は，架空の101人の適性検査得点（X）と学力検査得点（Y）との散布図である。101人の相関係数 r は 0.397 で弱い相関があるといえるが，適性検査 X が 98 点，学力検査 Y が 20 点の▲に位置する人を除いた100人では相関係数 r が 0.528 となり，中程度の相関がある。図4では全体的に直線的な関係が見られても，▲のような外れ値の影響を受けて相関係数が低い値に抑えられることがある。

また，X と Y の全ての対が2次曲線上に並び，曲線的な関係が明らかであっても，直線的な関係がなければ，相関係数は 0 に近い値となる。相関係数は直線相関を示す指標であって，曲線相関を示す指標ではない。曲線相関等の非線形関係の強さを

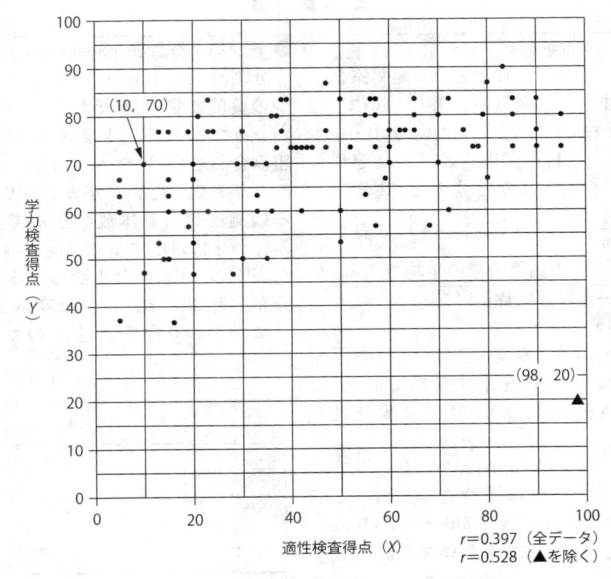

図4 散布図

示すには、**相関比**が利用できる。相関比は、一方の変量を群に分けるなど質的変量と他方の量的変量との関連を分析する。

二つの変量がともに順位を表す質的変量の場合は、2変量間の関連の強さをスピアマンの順位相関係数、ケンドールの順位相関係数等の順位相関係数によって表す。2変量がともに質的変量であれば、2変量間の関連を**クロス集計表**に整理し、**クラメールの連関係数**を算出し、その値によって2変量間の関連の強さを表すことができる。特に、質的変量が、合・否のような分類カテゴリ二つの2値データであれば、**ファイ係数**（四分点相関係数）によって関連の強さを表すことができる。スピアマンの順位相関係数、ケンドールの順位相関係数、クラメールの連関係数、ファイ係数等、質的変量間や順序づけられた質的変量間の関連性の程度を表す指標を総称して、**属性相関**と呼ぶことがある。

2変量とも2値データではあるが、その背後に2変量正規分布が仮定される場合には、**四分相関係数**（四分点相関係数とは異なる）によって関連の強さを表すことができる。

以上のような指標によって2変量間の関係性や関連性を示すことができるが、その関係性や関連性が、一方の変量が他方の変量の動きを決める原因であるといった因果関係の存在を示すものではないことに注意を要する。

また、2変量 X と Y との相関が、第三の変量 Z の影響による見かけ上の相関（擬似相関）であって、X と Y との直接的な関係性を示していないことがある。三つの変量が量的変量の場合、X と Y からそれぞれ Z の影響を除いた関係性を示す**偏相関係数**を求めることができる。

■　■　■

❶ ▶ 共分散 (covariance)

共分散は、二つの量的変量の共変関係を示す指標である。2変量 X, Y について、n 対のデータ $(X_1, Y_1), (X_2, Y_2), \cdots, (X_i, Y_i), \cdots, (X_n, Y_n)$ が得られ、それぞれの平均が $\overline{X}, \overline{Y}$ であったとすると、共分散 S_{xy} は、$S_{xy} = \frac{1}{n} \sum_{i=1}^{n} (X_i - \overline{X})(Y_i - \overline{Y})$ で表される。各平均からの偏差の積の平均である。

❷ ▶ クラメールの連関係数 (Cramér's measure of association)

クラメールの連関係数 V は、二つの質的変量 A, B の関連性を示す指標であり、$0 \leq V \leq 1$ の値を取り、$a \times b$ クロス集計表において、$V = \sqrt{\dfrac{\chi^2}{N[\min(a,b)-1]}}$ で表される。ここで、N は観測総数であり、$\min(a, b)$ はカテゴリ数 a, b のうち小さい方の数を表し、χ^2 は $a \times b$ クロス集計表から算出されたカイ二乗の値を示す。

❸ ▶ クロス集計表 (cross table)

分割表 (contingency table) ともいう。二つの質的変量 A, B それぞれのカテゴリ数が a, b である時、変量 A, B のカテゴリの組み合わせ数は $a \times b$ である。変量 A がカテゴリ i で、変量 B がカテゴリ j に該当する観測度数（個体数）を n_{ij} で表し、各組み合わせに対応する観測度数の分布を表した表1の $a \times b$ のセルからなる部分を同時分布と呼ぶ。また、n_i は変量 B のカテゴリにかかわりなく変量 A のカテゴリ i に

表1　a×bクロス集計表

変量A＼変量B	B_1	$\cdots$	B_j	$\cdots$	B_b	計
A_1	n_{11}		n_{1j}		n_{1b}	$n_1.$
$\vdots$						
A_i	n_{i1}		n_{ij}		n_{ib}	$n_i.$
$\vdots$						
A_a	n_{a1}		n_{aj}		n_{ab}	$n_a.$
計	$n_{.1}$		$n_{.j}$		$n_{.b}$	N

当てはまる観測度数を表し，$n_{\cdot j}$は変量Aのカテゴリに関わりなく変量Bのカテゴリjに該当する観測度数を表し，これらを周辺度数と呼び，1変量ごとの周辺度数の分布を周辺分布と呼ぶ。Nは観測総数。表1を$a \times b$クロス集計表，$a \times b$分割表と呼ぶ。

❹ ▶ 散布図 (scatter diagram/scattergram)

二つの量的変数の関係性を視覚的に表したもので，相関図ともいう。2変量X, Yの散布図は，互いに直交するXとYの数直線（軸）を描き（通常，Xが横軸，Yが縦軸），全てのデータ対(X_i, Y_i)をその平面上にプロットしたものである。例えば，図4の，$X=10, Y=70$のデータ対は，$X=10$の位置からY軸と平行に直線を伸ばし，$Y=70$の位置からX軸と平行に直線を伸ばし，両者の交点，すなわち座標$(10, 70)$に対応するところにプロットされる。

❺ ▶ 四分相関係数 (tetrachoric correlation coefficient)

二つの量的変数X, Yが2変量正規分布に従うが，X, Yそれぞれ分割点h, kで区切られていて，実際には2×2のクロス集計表の形でしかデータが得られていない場合がある。そのような時に，2変量正規分布の仮定と，2×2クロス集計表の値を用いて推定された2変量X, Yの相関係数が，四分相関係数r_{tet}である。実際の計算は複雑だが，手計算のための近似式の一つとして，$r_{tet} = \sin\left[\dfrac{\pi}{2N}(n_{11} + n_{22} - n_{12} - n_{21})\right]$が利用できる。

❻ ▶ 順位相関係数 (rank correlation coefficient)

N個の対象が二つの属性（あるいは二人の評定者）U, Vによって順位づけられていて，対象iの二つの属性についての順位を(U_i, V_i)で表すとする。このような二つの順位間の関連性を示す指標が，順位相関係数である。スピアマンの順位相関係数 (Spearman's rank correlation coefficient) r_sは，各対象の順位の差を$d_i = U_i - V_i$とすると，$r_s = 1 - \dfrac{6\sum_{i=1}^{N} d_i^2}{N(N^2-1)}$で表される。順位データのままで求めたピアソンの積率相関係数は，スピアマンの順位相関係数と一致する。ケンドールの順位相関係数 (Kendall's rank correlation coefficient) r_kを求めるには，まず，二つの対象i, jの組み合わせ（対）について，Uの順位の高低がVの順位の高低と一致する場合（$U_i > U_j$なら$V_i > V_j$）と，異なる場合（$U_i > U_j$なら$V_i < V_j$）に分ける。全ての組み合わせ（$\{N \times (N-1)/2\}$対の組み合わせ）のうち，高低が一致する組み合わせ数をP，異なる組み合わせ数をQとした時，ケンドールの順位相関係数r_kは，$r_k = \dfrac{(P-Q)}{(P+Q)} = \dfrac{2(P-Q)}{N(N-1)}$で求められる。

❼ ▶ 積率相関係数 (product moment correlation coefficient)

「ピアソンの積率相関係数」ともいう。通常，単に「相関係数」と呼び，その値はrで表す。二つの量的変数の直線的な関係の強さを示す。2変量X, Yのそれぞれの標準偏差をS_x, S_yとし，両者の共分散をs_{xy}とすると，積率相関係数rは$S_{xy}/(S_x S_y)$で表され，その値は常に，$-1 \leq r \leq 1$の範囲にある。分子の共分散S_{xy}の範囲は，$-S_x S_y \leq s_{xy} \leq S_x S_y$となり，各変量の測定単位や標準偏差の大きさの影響を受けることが分かるが，積率相関係数rはそのような影響を受けない。

❽ ▶ 相関比 (correlation ratio)

相関比は2変量の一方が質的変量で，他方が量的変量の時の両者の関連性を示す指標の一つである。質的変量Xのカテゴリ数をkとし，各カテゴリX_i ($i=1, \cdots, k$)に対応するYの値をY_{ij} ($j=1, \cdots, n_i$)とすると，相関比の2乗η^2_{yx}は次式で表される。

$$\eta^2_{yx} = \frac{\sum_{i=1}^{k} n_i(\overline{Y}_{i.} - \overline{Y}_{..})^2}{\sum_{i=1}^{k}\sum_{j=1}^{n_i}(Y_{ij} - \overline{Y}_{..})^2}$$

ここで，$\overline{Y}_{i.}$はカテゴリ X_i に属する n_i 個の Y の平均を表し，$\overline{Y}_{..}$ は全ての Y の平均を表す。η^2_{yx} の正の平方根を Y の X に対する相関比といい，相関比は $0 \leq \eta_{yx} \leq 1$ の間の値をとる。相関比は線形関係に限定しない，非線形関係の強さを示すことができる。

❾▶ファイ係数 (phi coefficient)

ファイ係数 ϕ は，二つの質的変量のカテゴリ数がともに二つしかない2×2クロス集計表における，2変量の関連性を示す指標である。四分点相関係数，点相関係数とも呼ばれる。ファイ係数 ϕ は，$\phi = \frac{n_{11}n_{22} - n_{12}n_{21}}{\sqrt{n_{1.}n_{2.}n_{.1}n_{.2}}}$ で表される（式中の各記号は本項❸「クロス集計表」を参照）。ファイ係数は，各変量の二つのカテゴリに異なる数値，例えば1と0を割り当てた時の積率相関係数の値に等しい。また，ファイ係数の絶対値は，クラメールの連関係数に一致する。

❿▶偏相関係数 (partial correlation coefficient)

二つの量的変量 X, Y の相関係数 r_{xy} が，第三の変量 Z によって高められたり低められたりしていると考えられる場合に，X と Y のそれぞれから Z の影響を取り除いた時の相関係数。X と Z との相関係数を r_{xz}，Y と Z との相関係数を r_{yz} とすると，偏相関係数 $r_{xy\cdot z}$ は，次の式で表される。

$$r_{xy\cdot z} = \frac{r_{xy} - r_{xz}r_{yz}}{\sqrt{1-r^2_{xz}}\sqrt{1-r^2_{yz}}}$$

これに類似した指標として部分相関係数 (partial correlation coefficient) がある。部分相関係数 $r_{y(x|z)}$ は，第三の変量 Z の影響を，一方の変量 X のみから取り除いたものと Y との相関係数であり，

$$r_{y(x|z)} = \frac{r_{xy} - r_{xz}r_{yz}}{\sqrt{1-r^2_{xz}}}$$ で表される。

〔喜岡恵子〕

15-04 ▶確率と確率分布

【確率】

ある試行において，異なる複数の事象（結果）が起こりうる時，各事象が生起する可能性（確からしさ）を0〜1の数値で表したものを**確率**という。事象 A が起こる確率を $P(A)$ とすると，事象 A が確実に起きる時 $P(A)=1$，確実に起きない時 $P(A)=0$，事象 A が起きるかどうか確実にはいえない時 $0 < P(A) < 1$ とする。

事象 A 又は事象 B が生起する確率 $P(A \cup B)$ は，$P(A) + P(B) - P(A \cap B)$ で与えられる（図5参照）。$P(A \cap B)$ は，事象 A と事象 B が同時に生起する**同時確率**である。事象 A と事象 B が同時には起こらない，つまり，$P(A \cap B) = 0$ の時，事象 A と事象 B は互いに**排反**といい，$P(A \cup B) = P(A) + P(B)$ となる。これを**確率の加法性**という。

事象 A が起きたもとで事象 B が生起する確率 $P(B|A)$ を**条件つき確率**といい，事象 A が生起する確率に対する，事象 A と事象 B の同時確率の比 $\frac{P(A \cap B)}{P(A)}$ で与えられる。同様に，事象 B が起きたもとで事象 A が生起する確率 $P(A|B)$ は $\frac{P(A \cap B)}{P(B)}$ で与えられる。これら二つの条件つき確率を表す式から，事前確率を事後確率に更新する公式，すなわちベイズの定理が導かれる。

事象 A と事象 B の同時確率 $P(A \cap B)$

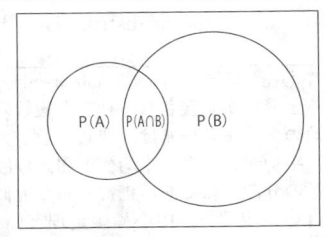

図5 P(A), P(B), P(A∩B) の関係

が、各事象が生起する確率の積 $P(A)P(B)$ で表される時、事象 A と事象 B は**独立**であるといわれる。事象 A と事象 B が独立ならば、$P(A \cap B) = P(A)P(B)$ が成立するから、事象 A の条件つき確率 $P(A|B)$ は $P(A)$ に等しく、また、事象 B の条件つき確率 $P(B|A)$ は $P(B)$ に等しくなる。

コインの表が出たら $X=1$、裏が出たら $X=2$ のように、事象に実数値を対応させる変数 X を確率変数という。コインが公平で、1回のコイン投げで表、裏が出る確率がともに 1/2 である時、$f(1)=1/2$、$f(2)=1/2$ のように、離散型確率変数の各値にその値が生起する確率を対応させる関数 $f(X)$ を、**確率関数**という。確率変数が連続型の場合は、確率変数の各値に、確率ではなく確率密度を対応させる**確率密度関数**が定義される。確率変数がある値以下になる確率を表す関数を**分布関数**という。コインが公平な場合、分布関数 $F(X)$ は、$F(1)=1/2$、$F(2)=1$ となる。

確率変数の各値に、その値が生起する確率（又は確率密度）を掛けて合計（積分）した値を、確率変数の**期待値**という。コインが公平で $f(1)=1/2$、$f(2)=1/2$ の時、確率変数 X の期待値は $1 \times 1/2 + 2 \times 1/2 = 0.5 + 1.0 = 1.5$、コインが公平でなく $f(1)=9/10$、$f(2)=1/10$ のような場合は、期待値は $1 \times 9/10 + 2 \times 1/10 = 0.9 + 0.2 = 1.1$ となる。

【確率分布】

確率変数と確率の対応関係を表すものを**確率分布**（probability distribution）という。離散型確率変数の場合は確率関数、連続型確率変数の場合は確率密度関数が確率分布を表す。

離散型確率分布には、全試行の中で特定のある事象が何回起きるかを表す**二項分布**、まれにしか起こらない事象が多数試行中に何回起きるかを表す**ポアソン分布**等がある。連続型確率分布には、正規偏差値（T 得点）や知能指数（偏差 IQ）の算出のもととなる**正規分布**、生存時間や反応時間の分布を表す**指数分布**等がある。

二項分布において全試行数が大きい場合や、ポアソン分布において期待値がある程度以上大きい場合、これらの確率分布は**中心極限定理**により、元の平均と分散の値をもった正規分布で近似することができる。

■　■　■

❶ ▶ 確率 (probability)

ある試行によって得られる可能な全ての結果からなる集合を、標本空間という。標本空間 Ω の事象 A に対し、$P(A)$ が次の条件を満たす時、$P(A)$ を事象 A の確率という。(i) $P(A) \geq 0$、(ii) $P(\Omega)=1$、(iii) $A_1, A_2, A_3, \cdots$ が互いに排反事象の時、$P(A_1 \cup A_2 \cup A_3 \cup \cdots) = P(A_1) + P(A_2) + P(A_3) + \cdots$。

❷ ▶ 確率変数 (random variable)

ある試行において起こりうる複数の異なる事象に対して、異なる実数値を対応させる変数 X を、確率変数という。コイン投げのように確率変数が離散型の場合は離散型確率変数、生存時間等、確率変数が連続型の場合は連続型確率変数となる。

❸ ▶ 確率密度関数 (probability density function)

連続型確率変数に対して、確率変数の各

値にその確率密度を対応させた関数を，確率密度関数という。確率密度関数 $f(X)$ は次の性質を満たす。(i) $f(X)$ は 0 以上である，(ii) $f(X)$ を実数全体にわたって積分した値は 1 である。

❹▶ 期待値 (expectation/expected value)

確率変数 X の関数 $g(X)$ と，確率分布 $f(X)$ の積和（離散型の場合は全ての X についての $g(X)f(X)$ の合計，連続型の場合は $g(X)f(X)$ の X による積分）を，$g(X)$ の期待値といい，$E[g(X)]$ 等と表す。$g(X) = X$ の期待値は平均 (μ)，$g(X) = (X-\mu)^2$ の期待値は分散 (σ^2) である。

❺▶ 指数分布 (exponential distribution)

確率密度関数 $f(X) = ae^{-aX}$ ($X \geq 0$, $a > 0$) で表される確率分布を，指数分布という。平均は $1/a$，分散は $1/a^2$ である。指数分布は反応時間の分布等に用いられる。

❻▶ 正規分布 (normal distribution)

確率密度関数 $f(X) = \dfrac{1}{\sqrt{(2\pi)}\sigma} \times \exp\left[\dfrac{-(X-\mu)^2}{2\sigma^2}\right]$ ($X \in R$, $\mu \in R$, $0 < \sigma < \infty$) で表される確率分布を，正規分布（ガウス分布）という（図6参照）。平均は μ，分散は σ^2 である。正規分布は誤差（偶然な散らばり）の分布を表すのによく用いられる。平均 0，分散 1 の正規分布を標準正規分布 (standard normal distribution) と呼ぶ。

❼▶ 中心極限定理 (central limit theorem)

平均と分散が定義される独立な複数の確率変数の合計値の分布は，変数の数が大きい時，平均が各変数の平均値の和，分散が各変数の分散の和である正規分布で近似されるという定理を，中心極限定理という。各変数が独立に平均 μ，分散 σ^2 の同一分布に従う確率変数の場合，平均 $\overline{X}$ の分布は，平均 μ，分散 σ^2/n の正規分布で近似される。

❽▶ 二項分布 (binomial distribution)

確率関数 $f(X) = {}_nC_X p^X (1-p)^{n-X}$ ($X = 0, 1, 2, \cdots, n$, $0 < p < 1$) で表される確率分布を，二項分布という。平均は np，分散は $np(1-p)$ である。二項分布は，生起確率が p である事象について，独立な n 回の試行中にその事象が何回生起するかを表す確率分布である。

❾▶ 分布関数 (distribution function)

確率変数がある値以下になる確率を表す関数を，分布関数あるいは累積分布関数 (cumulative distribution function) という。離散型分布の場合は，その値までの確率関数の和，連続型分布の場合は，その値までの確率密度関数の積分で与えられる。分布関数 $F(X)$ は広義単調増加関数で，

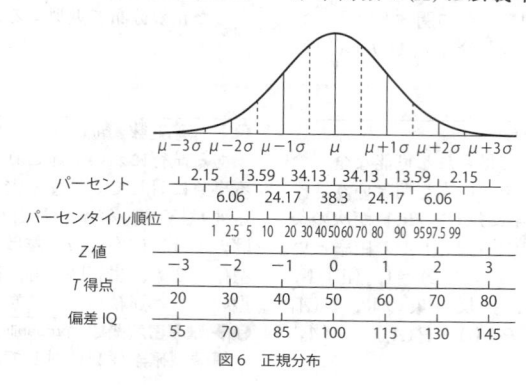

	$\mu-3\sigma$	$\mu-2\sigma$	$\mu-1\sigma$	μ	$\mu+1\sigma$	$\mu+2\sigma$	$\mu+3\sigma$
パーセント	2.15	13.59	34.13	34.13	13.59	2.15
	6.06	24.17	38.3	24.17	6.06
パーセンタイル順位	1 2.5 5	10 20 30 40	50 60 70 80	90 95 97.5 99
Z値	−3	−2	−1	0	1	2	3
T得点	20	30	40	50	60	70	80
偏差 IQ	55	70	85	100	115	130	145

図6　正規分布

標本分布 |15-05| 515

$F(-\infty)=0$, $F(+\infty)=1$ である。

⑩ ▶ ベイズの定理 (Bayes' theorem)

$P(A \cap B) = P(A)P(B|A) = P(B)P(A|B)$ から、$P(B|A) = \dfrac{P(B)P(A|B)}{P(A)}$ という式を得る。これは、事象 B が生起する確率に関して、事象 A が生起する前と後の関係を示す公式であり、ベイズの定理といわれる。ベイズの定理において $P(B)$ は事象 B の事前確率、$P(B|A)$ は事象 B の事後確率と呼ばれる。

⑪ ▶ ポアソン分布 (Poisson distribution)

確率関数 $f(X) = \dfrac{\lambda^X e^{-\lambda}}{X!}$ ($X=0, 1, 2, \cdots$, $\lambda > 0$) で表される確率分布を、ポアソン分布という。平均は λ、分散も λ である。ポアソン分布は、生起確率 p が小さく、試行数 n が大きい二項分布の近似分布 ($\lambda = np$) となる。

分散：→ 15-02-❼「分散」
平均：→ 15-02-❽「平均」

〔石井秀宗〕

15-05 ▶ 標本分布

母集団に含まれる全対象の値の分布を母集団分布という。母集団分布は、全日本人の身長分布のような具体性をもつ場合もあれば、各実験結果を生み出す概念上のモデルの場合もある。母集団の全対象の値から計算される値、あるいは母集団分布の形状を決める値を母数という。母集団分布の平均や分散である母平均や母分散は、いずれも母数の例である。

調査や実験の目的は、母数の値を知ることである。**全数調査**（悉皆調査）によって母集団全体から観測値を得れば、目的とする母数は直ちに計算できる。しかし母集団が非常に大きい時や、無限母集団の時には、母集団の一部を標本として抽出し、標本の観測値に基づいて母数を推定する**標本調査**が行われる。

標本抽出法には、**確率抽出法（無作為抽出法）** と非確率抽出法がある。確率抽出法は、母集団の各対象にそれが標本として選ばれる確率を与え、その既知の確率に従って標本を抽出する方法である。非確率抽出法では、各対象が標本として選ばれる確率が未知のままである。確率抽出法による標本（**無作為標本**）は、**不偏推定量**を構成できる、推定量の誤差を評価できるなど、統計的に好ましい性質をもつ。そのため標本抽出法としては確率抽出法が推奨される。なお、母集団分布が概念上のモデルの場合には、実現値としての標本は母集団から単純無作為抽出されたものと見なされる。

標本の観測値を用いて計算される量 θ を**統計量**という。標本平均や標本分散、標本割合はいずれも統計量である。母数の**推定量**も標本の観測値から計算されるため、統計量の一種である。統計量の値は、その時得られたある一つの標本から計算されるものであり、別の標本が抽出されれば統計量の値も異なる。そこで仮に標本抽出を繰り返せば、統計量の値がどのように分布するかを考える。これを**標本分布** (sampling distribution) という（図7）。つまり標本分布とは、標本抽出と統計量の計算を繰り返した時の統計量の概念上の分布であり、ある一つの標本における観測値の具体的な分布ではない。特に統計量が母数の推定量である時には、標本分布の平均（**期待値**）と真の母数との差を推定量の**偏り**といい、標本分布の標準偏差を推定量の**標準誤差**という。

標本分布は、母数に関する**推定**や**仮説検定**のために利用される。例えば、平均 μ、分散 σ^2 の無限母集団から、大きさ n の標

|15-05| 標本分布

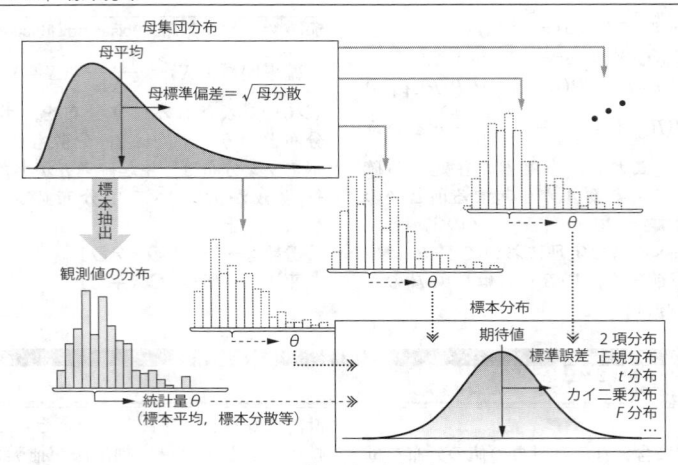

図7 母集団分布と標本分布

本を単純無作為抽出すれば，標本平均$\bar{X}$の標本分布は母集団分布の形によらず，平均μ，分散σ^2/nとなることが知られている．このことは，母平均μを偏りなく推定するには標本平均$\bar{X}$を用いればよいことを意味するとともに，得られた標本平均$\bar{X}$はnが大きいほど母平均μに近く，誤差が小さい可能性が高いことを意味する．

標本平均については，母集団分布の形によらず，nが大きいと中心極限定理によって標本分布は正規分布で近似できる．しかし他の統計量については，一般に標本分布の形は母集団分布に依存する．そこで母集団分布として，しばしばベルヌーイ分布や正規分布を仮定し，大きさnの標本を無作為抽出したと仮定する．二項分布やt分布，カイ二乗分布やF分布は，その場合の代表的な標本分布の例である．例えば，標本平均$\bar{X}$と**不偏分散**$\hat{\sigma}^2$から計算される統計量$t=\dfrac{(\bar{X}-\mu)}{\sqrt{\hat{\sigma}^2/n}}$の標本分布は，$t$分布となる．$t$分布は母平均に関する推定や検定等に用いられ，その形状は**自由度**によって決まる．母分散に関する推定や検定等に用いられるのは，カイ二乗分布である．更に，F分布は二つの母分散の同等性検討等に用いられる．

■　■　■

❶ ▶ F分布 (F distribution)

$\hat{\sigma}_2^2$を平均μ_1，分散σ_1^2の正規分布からの大きさn_1の標本の不偏分散とし，$\hat{\sigma}_2^2$を平均μ_2，分散σ_2^2の正規分布からの大きさn_2の標本の不偏分散とする時，統計量$F=\dfrac{\hat{\sigma}_2^2}{\sigma_1^2}\bigg/\dfrac{\hat{\sigma}_2^2}{\sigma_2^2}$の標本分布は，自由度$\nu_1=n_1-1$と$\nu_2=n_2-1$の$F$分布となる（図8）．

図8 F分布

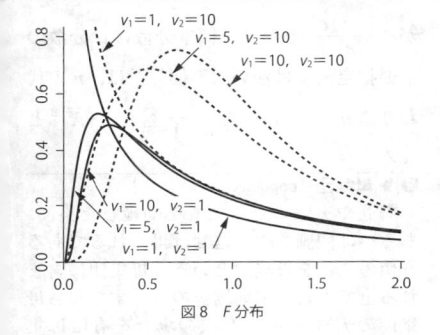

❷ ▶ カイ二乗分布 (chi-squared distribution)

平均 μ, 分散 σ^2 の正規分布からの大きさ n の標本がある時,統計量 $\sum_{i=1}^{n} \frac{(X_i-\mu)^2}{\sigma^2}$ の標本分布は自由度 $\nu=n$ のカイ二乗分布となり,統計量 $\chi^2 = \sum_{i=1}^{n} \frac{(X_i-\overline{X})^2}{\sigma^2}$ の標本分布は自由度 $\nu=n-1$ のカイ二乗分布となる(図9)。なお自由度 ν のカイ二乗分布の平均は ν であり,分散は 2ν である。

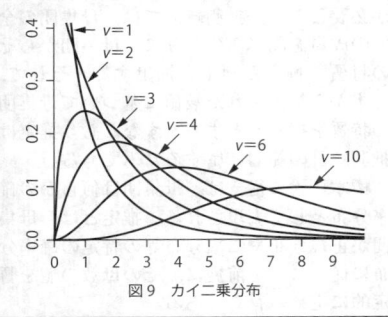

図9 カイ二乗分布

❸ ▶ 自由度 (degrees of freedom)

カイ二乗分布や t 分布, F 分布の形状を決める値のこと。これらの分布は,互いに独立に正規分布に従う複数個の確率変数を合成することで導かれるが,この時合成する確率変数の個数が自由度となる。

❹ ▶ t 分布 (t distribution)

平均 μ, 分散 σ^2 の正規分布からの大きさ n の標本がある時,不偏分散を $\hat{\sigma}^2$ とすると,統計量 $t = \frac{(\overline{X}-\mu)}{\sqrt{\hat{\sigma}^2/n}}$ の標本分布は自由度 $\nu=n-1$ の t 分布となる(図10)。自由度 ν が大きくなるにつれて t 分布は正規分布に近づき, $\nu \to \infty$ の時,正規分布となる。

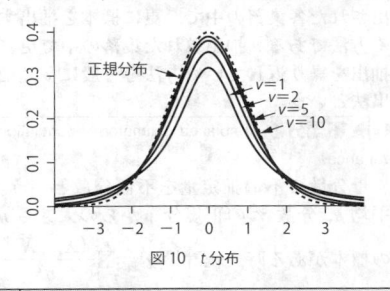

図10 t 分布

❺ ▶ 標準誤差 (standard error)

推定量の標本分布の標準偏差,あるいはその推定値のこと。例えば,平均 μ, 分散 σ^2 の正規分布からの大きさ n の標本がある時,母平均の推定量としての標本平均 $\overline{X}$ の標準誤差は $\sqrt{\frac{\sigma^2}{n}}$ であり,母分散の推定量としての不偏分散 $\hat{\sigma}^2$ の標準誤差は $\sqrt{\frac{2}{n-1}}\sigma^2$ である。

❻ ▶ 標本 (sample)

実際に調査や実験を行うために母集団から取り出された対象,あるいは母集団分布に従う確率変数の実現値を標本という。標本とは抽出された n 個の対象全体や, n 個の実現値全体を指す用語であり,個々の対象や実現値を指す用語ではない。そのため n は標本の数ではなく,標本の大きさという。

❼ ▶ 標本抽出法 (sampling design)

単純無作為抽出法は,大きさ n の全ての可能な標本の中から一つを等確率で選ぶ方法である。系統抽出法では最初に一つの対象を抽出し,そこから等間隔おきにリスト上の対象を抽出していく。層化抽出法で

は母集団をグループに分割し（これを層という），各層において標本を抽出する。集落抽出法は母集団をグループに分割し（これを集落という），標本となる集落を抽出する方法である。抽出された集落に含まれる対象は全て標本となる。二段抽出法は抽出された各集落の中で，更に標本を抽出する方法である。抽出された集落の中で更に抽出を繰り返していく方法を一般に多段抽出法という。

❽ ▶ 不偏分散 (unbiased estimator of population variance)

母分散の不偏推定量を不偏分散という。平均μ，分散σ^2の正規分布からの大きさnの標本がある時，統計量$\chi^2 = \sum_{i=1}^{n} \frac{(X_i - \overline{X})^2}{\sigma^2}$の標本分布は平均が$n-1$である自由度$\nu = n-1$のカイ二乗分布となる。そのため標本分散$\frac{1}{n}\sum_{i=1}^{n}(X_i - \overline{X})^2$の標本分布は平均が$\frac{(n-1)\sigma^2}{n}$となり，標本分散は母分散の不偏推定量ではない。不偏分散は，nの代わりに$n-1$で除した$\frac{1}{n-1}\sum_{i=1}^{n}(X_i - \overline{X})^2$となる。

❾ ▶ 母集団 (population)

調査や実験の対象全てを網羅した集団，あるいは観測を繰り返せば得られるであろう値の全体を母集団という。母集団に含まれる全ての対象や観測値の数，すなわち母集団の大きさNが有限の場合を有限母集団，無限の場合を無限母集団という。ある時点で日本に住む全ての人を母集団とすれば，Nは有限である。同一条件で実験を繰り返す時には，理屈上は何回でも実験を繰り返せるためNは無限である。

〔土屋隆裕〕

15-06 ▶ 推定

日常用語の「推定」という言葉は，幅広い文脈の中で用いられる。「明白な証拠がない状況下で，おおよその見当をつけて，暫定的に決定する」といったニュアンスを示す。それに対して，統計学的な推定 (estimation) には，明確な前提が存在する。それは，「手元にある統計的な数値の背後には本来の関心の対象である母集団が存在しており，計算して得られた数値は知りたい事実そのものではない」という図式である。

統計学は**記述統計**と**推測統計**に大別される。記述統計では，得られたデータの表す集団の性質を集約して，何らかの意味を見出すことを目的とする。すなわち，得られたデータから算出された数値自体が知りたい事実である。一方，対象について**全数調査**ができない場合には，推測統計の考え方が必要となる。推測統計では，母集団の全ての成員を調べる代わりに，母集団からその特質を備えた標本を抽出する。そして，標本から算出された数値に基づいて母集団の特質を探ろうとする。すなわち，推定は推測統計の範疇に属する営みである。

標本理論に従えば，母集団は何らかの確率分布として表現される。推定とは，母集団が正規分布や二項分布等の特定の確率分布に従うことを前提に，その母数の値を暫定的に定める行為である。

推定する**母数**をθと表現する。母数θを推定するために，標本として得られた個々の**観測値**の関数が用いられる。その関数$\hat{\theta} = f(X)$を，母数θの**推定量** (estimator) という。標本の性質を代表する関数は**統計量** (statistic) と呼ばれる。実際に標本から得られた統計量の**実現値**が，母数θの**推定値** (estimate) となる。

例えば、母集団の平均を μ として、そこから母集団を代表する大きさ n の標本 $(X:X_1, X_2, \cdots, X_n)$ が得られたとする。μ の**点推定**を行う場合、X の算術平均である**標本平均** $\bar{X}$ という統計量を算出して、μ の推定値を $\hat{\mu}=\bar{X}$ とするのが通常の手続きである。中心極限定理により、母集団に平均 μ と分散 σ^2 が存在する限り、$\bar{X}$ は母集団分布によらずに平均 μ、分散 σ^2/n の正規分布に従う。$\bar{X}$ の期待値は μ に一致するので、$\bar{X}$ は μ の**不偏推定量**といえる。$\bar{X}$ が不偏推定量であることから、$\bar{X}$ の分散は母集団の平均 μ の推定精度の指標と考えることができる。すなわち、$\bar{X}$ の分散が大きいほど、推定値はあてにならないことになる。$\bar{X}$ の分散の式からは、標本の大きさ n に比例して推定精度が高くなることが読み取れる。$\bar{X}$ は、不偏推定量の中で最も精度が高い、**最小分散不偏推定量**である。

尤度原理を用いて点推定を行う考え方もある。**最尤法**、ないしは**最尤推定法**と呼ばれる。最尤法では、実現値を所与として、尤度が最大になる値を母数の推定値とする。例えば、標本平均 $\bar{X}$ は μ の不偏推定量であり、最尤推定量でもある。一方、標本 X の分散である**標本分散** S^2 は、母集団の分散 σ^2 の不偏推定量ではないが、最尤推定量であり、**一致推定量**である。なお、母数 θ 自体が確率変数であると考えて尤度に事前分布を掛け合わせ、ベイズの定理を用いて母数 θ の事後分布を求める方法もある。**ベイズ推定**と呼ばれている。

点推定に対して、推定する母数が含まれる確率がある一定の数値となるような範囲を求めるのが、区間推定である。確率 P で母数を含むように定められた区間が、**信頼係数 P の信頼区間**と呼ばれる。信頼区間の上端は**上側信頼限界**、下端が**下側信頼限界**と呼ばれる。

例えば、母集団の平均 μ を確率 95% で含む信頼区間を求める場合、標本平均 $\bar{X}$ を標準化して、$Z=\dfrac{\bar{X}-\mu}{\sqrt{\sigma^2/n}}$ という統計量を作る。Z は標準正規分布に従うので、標準正規分布の分布関数から、$\bar{X}-1.96\sqrt{\sigma^2/n}$ と $\bar{X}+1.96\sqrt{\sigma^2/n}$ に挟まれる区間が、「μ に関する 95% 信頼区間」となることが分かる。この場合の信頼区間の解釈は、母集団の平均に関する仮説検定を行う場合の有意水準と全く同一である。つまり、「このような手続きで作られた信頼区間が母数を含む」という判断が正しい確率が 95% という意味である。なお、「有意水準を α として母集団の平均に関する両側検定を行う」ことと、「信頼係数 $1-\alpha$ の信頼区間を求める」こととは同値である。すなわち、信頼係数 $1-\alpha$ の信頼区間は、有意水準 α の両側検定において設定される帰無仮説の採択域そのものであり、検定統計量が信頼区間に含まれない場合に帰無仮説が棄却される。

■ ■ ■

❶▶ 一致推定量 (consistent estimator)

標本の大きさが大きくなるほど母数 θ に近づく性質を有した推定量。標本の大きさ n を無限大に近づけると、確率的に母数 θ と等しくなっていく。例えば、標本分散 S^2 は期待値が母集団の分散と一致しないので不偏推定量ではないが、n を限りなく大きくすることで、偏りを示す $\dfrac{n}{n-1}$ が 1 に近づくことが分かる。

❷▶ 観測値 (observed value)

オブザベーション (observation) ともいう。X, Y 等と表現される変数という概念が、統計的処理の対象となっている特定

の属性を表す数値の集まりを意味するのに対し，標本に含まれる特定の成員から得られた実現値の集まりをいう。例えば，Xが「身長」，Yが「体重」を表す変数として，s_1という成員から得られた実現値が$x_1=50$，$y_1=3000$だとすれば，「$x_1=50$，$y_1=3000$」という数値の組み合わせが一つの観測値である。なお，「標本の大きさn」とは，「n個の観測値からなる標本」であることを意味する。

❸▶ 全数調査 (complete survey)

悉皆調査ともいう。母集団に属する全成員の値が得られる場合，例えば，集合住宅の適正な駐車場使用料に関する住民の意見の平均値を知りたい場合，全住民の回答から算出された平均の値は，母集団の平均そのものである。例えば，我が国で5年に一度行われる国勢調査は，極めて大規模な全数調査である。一方，母集団から標本抽出の手続きに従って，母集団の一部から標本を取り出して行う調査は，標本調査と呼ばれる。

❹▶ 点推定 (point estimation)

標本から得られた統計量に基づき，母数をただ一つの推定値として示す推定法である。例えば，母数pのベルヌーイ分布をする母集団から得られた大きさnの標本の点推定値$\hat{p}$は，$X=1$となった試行数をnで割った値として求められる。標本の大きさ$n=5$として，$(X:1,1,0,1,1)$という観測値をもつ標本が得られた場合，母数pの点推定値は，$\hat{p}=4/5=.8$となる。

❺▶ 標準化 (standerdization)

変数を変換し，平均や標準偏差を特定の値に揃えること。例えば，テストの得点を平均50，標準偏差10に揃えた指標は，通常，偏差値と呼ばれている。また，正規分布に従う確率変数を平均0，標準偏差が1となるように変換した確率分布が，標準正規分布である。

❻▶ 標本理論 (sampling theory)

原理的に母集団から繰り返し無作為標本の抽出が可能と考える統計理論。母集団の確率分布が特定されるならば，そこから無作為抽出される標本分布が確率論的に導かれる。複数の標本から得られる推定値は同一の値にはならず，確率分布に従って毎回揺らぐことになる。シミュレーションを行えば繰り返しの標本抽出が実現できるが，通常，一度の実験や調査で得られる複数の観測値を含む標本は，一つと数える。

❼▶ 不偏推定量 (unbiased estimator)

母数θの推定量$\hat{\theta}$の期待値$E(\hat{\theta})$がθに一致する，すなわち$\theta=E(\hat{\theta})$となる推定量を不偏推定量と呼ぶ。標本から算出された分散S^2の期待値は，$\sigma^2=\dfrac{n}{n-1}E(s^2)$であるため，母集団の分散$\sigma^2$の不偏推定量とはならない。そこで推定の偏りを補正した$\dfrac{n}{n-1}s^2$が不偏分散と呼ばれるのである。

❽▶ 母数 (parameter)

確率分布の特質を集約する値。特定の確率分布を所与として，その値を定めれば，当該の分布の形状が定まる。つまり，母数が定まれば，確率変数の値が特定の範囲に含まれる確率が分かる。例えば，正規分布では，μとσ^2が母数である。X_1が$\mu=0$，$\sigma^2=1$（$\sigma=1$）の正規分布に従う時，X_1が1.645以上の値を取る確率は5%である。X_2が$\mu=50$，$\sigma^2=100$（$\sigma=100$）の正規分布に従う時，X_2が66.45以上の値を取る確率が5%となる。

❾▶ 尤度 (likelihood)

標本から算出された実現値を固定し，連続型の確率変数ならば確率密度，離散型ならば確率を母数の関数として表したもの。尤度は母数の定義域では負にならない点で確率分布と同じだが，確率分布とは異なり，全体の面積が1とはならない。

〔倉元直樹〕

15-07 ▶ 仮説検定

　仮説検定 (hypothesis testing) は，標本のデータがどのような母集団分布（あるいは確率モデル）から発生したものであるか，ということに関してあらかじめ定めた仮説の採否を確率論に基づいて判断する統計的推測の手法である。なお，仮説検定において，ある仮説が誤りであると判断することを仮説の棄却，正しいと判断することを採択という。

　仮説検定は，1920 年代に農業試験の領域においてフィッシャーが考案した有意性検定を，1930 年代に品質管理の領域からネイマンとピアソンが再構成し，統計的仮説検定理論として数学的に定式化することで発展した。フィッシャーの有意性検定は，**帰無仮説**と実際に得られたデータとの乖離を，帰無仮説のもとでそのようなデータが得られる確率である**有意確率**の小ささによって評価し，帰無仮説を棄却するか，棄却できない場合は判断を保留するというものである。ネイマン-ピアソンの統計的仮説検定理論は，対立仮説，第 1 種の誤り及び第 2 種の誤り，**検定力**等の概念を導入し，検定力分析によって標本の大きさを事前に決定した上で，帰無仮説と対立仮説のどちらを採択するかを決定するという手続きを取る。フィッシャーの理論とネイマン-ピアソンの理論は，背景にある考え方の違いから論争が続けられてきたが，心理学分野における研究では，ネイマン-ピアソン流の概念のもとでフィッシャー流の手続きを取るという折衷的な実践が行われているのが現状である。

　仮説検定で扱うことのできる仮説には様々なものがある。心理学分野における研究でよく用いられる仮説検定の例として，母平均がある特定の値であるか否か，ある いは二つ以上の群や条件間で母平均が等しいか否かを検定する t 検定や分散分析，母相関係数が 0 か否かを検定する無相関検定，**フィッシャーの Z 変換**を利用した母相関係数の差に関する検定，回帰分析における母集団の（偏）回帰係数が 0 か否かの検定，クロス集計表において母集団で質的変数間に連関があるか否かを検定する独立性の検定，順位等に基づいた各種のノンパラメトリック検定等が挙げられる。

　仮説検定は基本的に以下のような手順で行われる。まず，帰無仮説を設定する。帰無仮説が定まると，それに応じて標本のデータからどのような**検定統計量**の値を算出するかがほぼ自動的に決まる。検定統計量と標本の大きさが決まると，帰無仮説のもとで（帰無仮説が正しい時）の検定統計量の標本分布を理論的に求めることができ，これを帰無分布と呼ぶ。この帰無分布を参照することで，あらかじめ定めた**有意水準**に基づいて**棄却域**を定めることができる。ただし，検定手法によっては，**両側検定**と片側検定を区別して棄却域を定める必要がある。最後に，標本のデータから検定統計量の実現値を求め，その値が棄却域に入れば帰無仮説を棄却する。

　帰無仮説が棄却された時，標本で見られる平均値差や相関等の効果が「統計的に有意である」という言い方をすることもある。ある効果が統計的に有意であるということは，帰無仮説が正しいとしたら得られにくい結果が得られたということであるが，これは必ずしも実質的に大きな効果があったということを意味しない。そこで近年では，検定の結果と併せて標本における**効果量**の値についても報告することが推奨されている。

　仮説検定のロジックは，ある命題 P を

証明するために，まず P の否定が正しいと仮定し，その仮定のもとで導かれる結論が現実と矛盾する時に P は正しいとする背理法と似ている。すなわち，命題 P の否定が帰無仮説，帰無仮説から導かれる結論と矛盾するものが棄却域に相当し，現実として得られたデータと帰無仮説との整合性を検討する。しかし，数学における背理法と異なり，棄却域は帰無仮説のもとで完全に矛盾するものではなく，あくまで得られる確率が小さい結果の集合にすぎない。

したがって，帰無仮説が棄却されたとしても，帰無仮説が誤りであることが証明されたわけではなく，誤った結論が導かれる可能性があることに注意する必要がある。検定において，帰無仮説が正しい時に帰無仮説を棄却してしまう誤りを第1種の誤り，帰無仮説が誤っている時に帰無仮説を棄却できない誤りを第2種の誤りという。仮説検定は，これらの誤りを犯す確率を理論的に制御するための手法であるということもできる。

■ ■ ■

❶▶ 棄却域 (critical region)

帰無仮説を棄却することになる検定統計量の値の範囲。帰無分布において，検定統計量がその範囲に入る確率が有意水準よりも小さく，かつ，検定力が最大となるような範囲を設定する。棄却域とそうでない領域の境界となる点を，限界値又は臨界値という。

❷▶ 帰無仮説 (null hypothesis)

「母集団の相関係数が0である」「母集団において群（条件）間の平均値差が0である」など，母集団においてある効果（変数間の関係，平均値の差など）がないことを主張した仮説。H_0 という記号で表されることが多い。一般的な研究では，帰無仮説は棄却されることが望まれる。帰無仮説を否定した仮説は対立仮説と呼ばれ，H_1 で表されることが多い。

❸▶ 検定統計量 (test statistic)

仮説検定において，帰無仮説を棄却するかどうかの判断に用いるために，標本のデータから計算される標本統計量。どのような仮説を検定するかに応じて，用いる検定統計量を決定する。通常，標本における効果量と標本の大きさそれぞれの単調増加関数の積によって構成される。例えば，独立な2群の平均値差に関する t 検定で用いられる検定統計量は，$t = \dfrac{\overline{X}_1 - \overline{X}_2}{\sqrt{\dfrac{n_1 S_1{}^2 + n_2 S_2{}^2}{n_1 + n_2 - 2}}} \times \sqrt{\dfrac{n_1 n_2}{n_1 + n_2}}$ と表され，積の前半部分はコーエンの d と呼ばれる効果量の指標，後半部分は2群の標本の大きさに関する単調増加関数となっている。

❹▶ 検定力 (power)

帰無仮説が誤っている（対立仮説が正しい）時に，検定によって帰無仮説を棄却できる確率。検出力とも呼ばれる。これは，第2種の誤りを犯さない確率と言い換えることもでき，第2種の誤りを犯す確率を β と表すと，検定力は $1-\beta$ となる。検定力の値は，有意水準，母集団における効果量，標本の大きさの三つの要素によって規定され，これらの値が大きくなるほど検定力も大きくなる。

❺▶ 効果量 (effect size)

群間の平均値差の検定における平均値差の大きさ，相関係数の検定における相関係数の大きさ（絶対値）などのように，帰無仮説によって記述される状態との乖離の程度を示す統計的指標。通常はコーエンの d など，測定単位の影響を受けないように標準化された指標が用いられる。帰無仮説は母集団における効果量が0である仮説と考

❻ ▶ t 検定 (t-test)

広義には帰無分布が t 分布である仮説検定の総称で，分散が未知の母集団における平均値の検定や，二つの平均値の差の検定，相関係数や回帰係数の検定等がある。ただし，単に「t 検定」という場合には，独立な（対応のない）2 群の平均値差に関する検定を指すことが多い。後者の（狭義の）t 検定では，2 群の母集団分布がそれぞれ分散の等しい正規分布であることが仮定されるが，等分散の仮定ができない場合は，検定統計量と帰無分布の自由度を修正したウェルチの検定が用いられることもある。また，事前事後データのように全てのデータについて 2 群（条件）間でペアを作れる場合，各ペアにおける差の値に着目した，対応のある t 検定が用いられる。

❼ ▶ フィッシャーの Z 変換 (Fisher's Z-transformation)

相関係数 r を，逆双曲線正接関数，$z = \tanh^{-1} r = \frac{1}{2} \ln \frac{1+r}{1-r}$ によって変換を行うこと。二変量正規母集団からの無作為標本の場合，母集団相関係数を ρ と表すと，変換後の z は近似的に，正規分布 $N\left(\frac{1}{2} \ln \frac{1+\rho}{1-\rho}, \frac{1}{n-3}\right)$ に従う。母相関係数の差の検定等で利用される。

❽ ▶ 有意確率 (significance probability)

帰無仮説のもとで，標本から算出された検定統計量の実現値よりも，絶対値の大きな値が得られる確率。有意水準を変えるとそれに応じて棄却の限界値が変化するが，検定統計量の実現値が棄却の限界値となるような有意水準の値が，有意確率であるという見方もできる。有意確率が有意水準よりも小さければ帰無仮説を棄却する。有意確率は p 値とも呼ばれる。

❾ ▶ 有意水準 (significance level)

「帰無仮説のもとで通常は起こらない」ということを，具体的な確率の値で示した基準。記号 α で表し，慣習的に 5% もしくは 1% という値が採用される。有意水準を大きくすると棄却域の範囲が広くなり，帰無仮説はその真偽にかかわらず棄却されやすくなる。また，有意水準は第 1 種の誤りを犯す確率となり，検定において第 1 種の誤りをどれくらい許容してよいかという観点から設定することができる。

❿ ▶ 両側検定 (two tailed test)

効果の方向性を特定せずに，棄却域が「ある値より小さい」範囲と，「ある値より大きい」範囲の 2 箇所に分かれる検定。例えば，母相関係数に関する $\rho = 0$ という帰無仮説が誤りである状態として，$\rho = 0$ に対して正の側（$\rho > 0$）と負の側（$\rho < 0$）の二つの方向性が考えられる。この時，両側検定は対立仮説として母相関係数が正でも負でもよい $\rho \neq 0$ を考えて，帰無分布において上側確率，下側確率がそれぞれ $\alpha/2$ となる範囲を棄却域とする。それに対して，$\rho > 0$ 又は $\rho < 0$ のいずれかのみを対立仮説とし，それに対応する側にのみ棄却域を設定するものを片側検定という。

〔杉澤武俊〕

15-08 ▶ 分散分析

分散分析（**ANOVA**）は，フィッシャーが実験配置法とともに導入した，量的変数の値を複数の条件で測定した時の，平均値差の検定である。条件にあたる質的変数を要因といい，要因の値のことを水準という。例えば，性別という要因には男と女という水準がある。分散分析の要因は質的変

数であるが，要因が量的変数ならば回帰分析，量的変数と質的変数が混在すれば**共分散分析**となる。これらは一般線形モデルとして，統一的に説明される。

分散分析モデルは，量的変数を要因の効果と測定誤差の和で表現する。この時，要因の効果を未知の定数とするモデルを**母数モデル**又は**固定効果モデル**といい，確率変数とするモデルを**変量モデル**又は**変量効果モデル**という。実験条件を実験者が決定する場合は母数モデルを適用し，要因の水準が何らかの母集団の無作為標本である場合は変量モデルを適用する。

母数モデルで，要因の効果の有無を検定するとき，帰無仮説は，要因の全水準で量的変数の母平均が等しい，である。その検定統計量を計算するために，量的変数のばらつきを，要因の水準の違いによるばらつきと誤差によるばらつきに分解する。分解されたばらつきは平方和という形で表されるため，この分解を**平方和分解**という。平方和には自由度という数値が対応し，平方和を自由度で割ったものを平均平方という。要因の効果の平均平方を誤差の平均平方で割った値を F 値という。F 値は，帰無仮説が正しければ，第1自由度が要因の効果の自由度，第2自由度が誤差の自由度である F 分布に従う。このことを利用して，要因の効果の有無を判定する。変量モデルの場合，帰無仮説は，効果の確率変数の分散が 0，である。検定には F 分布を用いるが，F 値の計算に用いる平均平方が母数モデルと異なる場合がある。

要因の水準に実験参加者を割り付ける方法によって，誤差平均平方の計算方法が異なる。異なる水準に異なる実験参加者を割り付ける要因を**実験参加者間要因**といい，全ての実験参加者が全ての水準に参加する要因を**実験参加者内要因**という。実験参加者間要因は，全水準で母分散が等しいことを前提としている。その確認のためにバートレットの検定，ハートレイの検定，ルビーンの検定等の等分散性の検定を行うことがある。一方，実験参加者内要因は，同じ実験参加者に対して複数の水準で従属変数を測定（反復測定）するため，水準間の差得点が計算でき，その差得点の母分散が全ての組み合わせで等しいことを前提としている。この前提を**球面性の仮定**という。球面性を確認する検定にモークリーの球面性検定がある。

要因が複数ある場合，各要因の単独の効果だけでなく，要因の組み合わせによる効果の有無も判定できる。前者を要因の**主効果**，後者を**交互作用効果**という。ただし，交互作用効果の検定では，要因を組み合わせたとき，各水準の測定値（繰り返し）が2以上であることが必要である。平方和分解も，各要因の主効果の平方和と交互作用効果の平方和に分解される。このとき，各要因の水準に実験参加者の割り付けが比例配分されていない場合，平方和分解の方法が複数存在し，それぞれタイプ1～4までの名前が付けられている。

分散分析は，しばしば事後に他の検定を併用する。そのような**事後検定**には，統計的に有意な主効果があった後に行う**多重比較**，有意な交互作用効果があった後に行う**単純主効果**の検定等がある。多重比較法には，シェッフェ法，テューキー法，ボンフェロニ法，ライアン法等，様々な手法がある。

■　■　■

❶▶ 共分散分析 (ANCOVA: Analysis of Covariance)

狭義には，ある量的変数（これを従属変数とする）に，別の量的変数（これを共変量とする）と質的変数が影響している時に，共変量の影響を除去して，質的変数が

従属変数に与える影響を調べる方法である。広義には、要因に質的変数と量的変数がある場合の分散分析をいう。

❷ ▶ 繰り返し (repetition)

同じ条件下での異なる測定値の数。例えば、実験参加者間要因で一つの水準につき5人ずつが参加している場合、「繰り返し数が5である」という。実験参加者内要因で、実験参加者一人あたり一水準につき一度しか測定しない場合、実験要因（通常は固定効果要因）と「実験参加者」という変量効果要因でクロス表を作ると、一つのセルに一つの測定値しか存在しない。これを「繰り返しがない」あるいは「繰り返し数が1である」という。「反復測定」されたデータに用いる分析が「繰り返しのない2要因の分散分析」であることに注意する。

❸ ▶ 交互作用効果 (interaction effect)

複数の要因の組み合わせが平均に与える影響である。例えば、生徒の性格と教授法という2要因がテスト得点に及ぼす影響を調べる際、性格が消極的ならば教授法が講義形式の場合にテストの平均点が高く、性格が積極的ならば教授法が実習形式の場合に平均点が高ければ、性格と教授法の交互作用効果があるという。性格にかかわらず実習形式の場合に平均点が同じくらい高ければ、交互作用効果はないという。

❹ ▶ シェッフェ法 (Scheffe method)

多重比較法の一種。一対ずつの水準間の平均値差だけでなく、対比の検定もできる。例えば、出身地という要因に東京、名古屋、大阪、北京、上海という5水準がある時、各都市間の比較だけでなく、（東京＋名古屋＋大阪）/3－（北京＋上海）/2という対比を作り、日本と中国の比較が可能である。一対ずつの比較では他の多重比較法に比べ検定力が低いという欠点がある。

❺ ▶ 主効果 (main effect)

要因が単独で平均値に与える影響を、交互作用効果に対し主効果と呼ぶ。

❻ ▶ 多重比較 (multiple comparison)

平均値差の検定で行われる事後検定。分散分析で帰無仮説が棄却された場合、少なくとも一対の水準間に統計的に有意な平均値差があるとしかいえない。多重比較は、どの水準間に有意な差があるか確かめるために行われる。

❼ ▶ 単純主効果 (simple main effect)

複数の要因がある時、一つの要因の水準別に見た他の要因の主効果。例えば、性格と教授法の2要因の分散分析で有意な交互作用効果がある時、しばしば、性格が消極的な場合の教授法の単純主効果と、積極的な場合の教授法の単純主効果の検定をそれぞれ行う。一方の要因の水準の数だけ単純主効果がある。「単なる主効果」のことではない。

❽ ▶ テューキー法 (Tukey method)

多重比較法の一種。全水準の母平均が等しい時、最大の平均値差が有意となる確率が有意水準となるように棄却域を定めることにより、少なくとも一対の水準間の平均値差が誤って有意になる確率を、分散分析に合わせる。分散分析で有意な主効果があってもテューキー法で有意な平均値差が全くないことや、逆にテューキー法で有意な平均値差があっても分散分析で有意な主効果がないこともある。

❾ ▶ 反復測定 (repeated measure)

一人の実験参加者の量的変数の値を、複数の異なる条件で測定すること。この場合、実験要因は実験参加者内要因となる。

❿ ▶ ボンフェロニ法 (Bonferroni method)

多重比較法の一種。全水準の母平均が等しい時、少なくとも一対の水準間の平均値差が有意となる確率は、有意水準を水準の組み合わせ数で割った確率以下となるという、ボンフェロニの不等式を利用したもの。計算が単純、検定の独立性が問題とならないなどの利点がある一方、水準数が多くなると保守的になるという欠点がある。

⓫ ▶ 要因 (factor)

量的変数の平均に影響を及ぼすと考えられる質的変数のこと。この変数の値のことを水準と呼ぶ。要因が母数効果要因か変量効果要因か，実験参加者間要因か実験参加者内要因かによって，用いる分散分析モデルが異なる。

⓬ ▶ ライアン法 (Ryan method)

多重比較法の一種。ボンフェロニ法やテューキー法では，平均値差が最大の水準間も最小の水準間も同じ基準で検定する。ライアン法ではこれを修正し，平均差が有意な水準同士の間にある小さな平均差を，リベラルな基準で検定する。最大の平均値についてはもとの多重比較法と同じであるため，もとの多重比較法で有意な平均値が全くなければ，ライアン法でも有意にはならない。

〔橋本貴充〕

15-09 ▶ 回帰分析

回帰分析 (regression analysis) とは，従属変数の値を独立変数の組み合わせによって予測・説明する手法である。独立変数がある値をとる時，従属変数の値は平均的に何になるか，という条件つき平均が，独立変数を組み合わせたモデルで表現される。その一般的な形は，$Y=f(X_1, X_2, \cdots, X_p)+\varepsilon$ で表される。ここで $f(X_1, X_2, \cdots, X_p)$ は，独立変数の組み合わせで表される Y の予測値 $\hat{Y}$ である。ε は予測しきれなかった残差で，誤差とも呼ばれる。Y は従属変数のほか，基準変数，結果変数と呼ばれ，X は独立変数のほか，説明変数，予測変数等と呼ばれる。回帰分析には，従属変数や独立変数の測定水準，独立変数の数，関数 f の形によって様々な下位モデルが存在する。

回帰分析を行う目的は，従属変数の値の予測あるいは説明である。予測を目的とする場合，独立変数がある値を取る時，従属変数の値はどうなるかが主題となる。従属変数の値をできるだけ良く予測することが追求され，探索的にステップワイズ法で変数選択をして効率良く予測モデルを探すこともある。一方，説明が目的の場合は，従属変数の値の高低がどのような変数と関連しているかがモデル式で表現される。この場合，独立変数は心理学の理論的な根拠をもって位置づけられていることが重要で，基本的に確認的な研究アプローチになる。

回帰分析のうち，X と Y がともに量的変数で，モデルが $Y=\alpha+\beta X+\varepsilon$ で表されるものを単回帰分析という。切片 α は $X=0$ の時の Y の予測値を表し，回帰係数 β は X が1変化すると Y はどれだけ変化するかを表す。独立変数が複数ある場合，モデル式は，$Y=\alpha+\beta_1 X_1+\beta_2 X_2+\cdots+\beta_p X_p+\varepsilon$ となり，重回帰分析と呼ばれる。切片 α は，独立変数の値が全て0の時の Y の予測値を表す。β_j は偏回帰係数と呼ばれ，当該 X_j 独自の貢献を表す。モデル中の全変数が標準化されている時の偏回帰係数を標準偏回帰係数，もしくはベータ係数という。独立変数間で測定単位が異なる，あるいは心理尺度のように現実世界に根差した測定単位が存在しないような場合によく用いられる。

Y の予測値 $\hat{Y}$ ($=\alpha+\beta_1 X_1+\beta_2 X_2+\cdots+\beta_p X_p$) と，$Y$ との相関係数を，重相関係数 R という。Y の値をできるだけ予測するように偏回帰係数を定めた時の，$\hat{Y}$ と Y との相関係数にあたる。重相関係数の2乗 R^2 は重決定係数といい，独立変数群によって Y の分散がどの程度予測・説明できたかの割合を表す。単回帰分析では，X

とYとの相関係数の2乗が**決定係数**r^2になる。

多重共線性がある時，偏回帰係数の解釈は複雑になる。多重共線性がなければ，偏回帰係数はその他の独立変数の影響を受けないので，その独立変数単体の効果として解釈できる。一方，多重共線性があると，偏回帰係数は，変数単体の効果ではなく，他の変数と重なる成分を取り除いた残りの効果を表すことになる。その独立変数丸ごとの効果として解釈できないので注意が必要である。

一方，独立変数間に相関があることを積極的に利用したものとして，**抑制変数，統計的コントロール，階層的回帰分析**等が挙げられる。

回帰分析を行ったからといって因果的に解釈できるとは限らない。例えば，原因側の変数を従属変数に，結果側の変数を独立変数に置いても，回帰モデルは何らかの偏回帰係数をはじき出す。因果の方向性は，統計モデルの外側で心理学的に議論して裏づける必要がある。

偏回帰係数の大きさは，その変数の研究上の重要性に直結しない点にも注意が必要である。回帰モデルに独立変数を追加・削除した時，変数間の相関の在り方によって，偏回帰係数の大小や統計的有意性は様々に変化する。ある回帰モデルにおける偏回帰係数の値は，その独立変数のセットだから得られた値である。解釈にあたっては，他にどのような独立変数が入っているかを常に考慮する必要がある。

偏回帰係数の値が0に近くても，その変数が無意味とは限らない。例えば，独立変数を追加したら，それまで有意だった偏回帰係数が有意でなくなったとする。この場合，初めの関係が疑似相関（追加した独立変数が第三の要因）であれば，有意でなくなった変数は意味的に不要で，追加された変数が本質的な意味をもつ。一方，背後に因果の連鎖があり，追加した変数が媒介変数である場合も，偏回帰係数は同じような動きをする。この時，有意でなくなった変数は因果の始点になるため，研究上は重要な意味をもつ。

このように偏回帰係数の大きさや有意性検定の結果は，研究上の重要性や意味，因果性と一対一に対応しない。十分な標本サイズがなかったり，強い多重共線性があったり，独立変数の数が多過ぎる場合は，偏回帰係数の推定が不安定になるので，余計に注意が必要である。偏回帰係数の解釈にあたっては，十分に心理学的議論で裏づける必要がある。

■　■　■

❶▶ 回帰係数 (regression coefficient)

単回帰分析 $Y=\alpha+\beta X+\varepsilon$ において，独立変数 X にかかる係数 β を回帰係数という。X が値にして1だけ変化した時，Y の予測値がどれだけ変化するかを表す。XとYとの関連の強さの指標でもある。

❷▶ 階層的回帰分析 (hierarchical regression analysis)

あらかじめ研究仮説に基づいて独立変数の投入順序が決められ，それに従って回帰モデルに独立変数を追加していくアプローチのこと。例えば，属性や背景要因をまず投入し，これらの影響をコントロールした上で，関心下の変数を入れ，次に媒介変数と思われる変数を入れるという場合がそれにあたる。追加した時の R^2 の変化量やその有意性によって，投入した変数の効果が判断される。一連の回帰モデル間の比較によって研究仮説を検証しようとする確認的なアプローチであり，仮説が存在しないステップワイズ法とは区別される。

❸ ▶ 決定係数 (coefficient of determination)

単回帰分析において，従属変数 Y の分散のうち，独立変数 X によって予測・説明された分散の割合を決定係数 r^2 という。独立変数によって完全に説明できたときに 1.0，独立変数が全く説明できないときは 0.0 になる。

❹ ▶ 重決定係数 (squared multiple correlation/R-squared)

重回帰分析において，従属変数 Y の分散のうち，独立変数群全体によって予測・説明された割合を重決定係数 R^2 という。決定係数 r^2 と同様に 0.0〜1.0 の値をとる。重決定係数には，独立変数を追加するにつれて大きくなり，母集団における重決定係数の値を過大推定するという性質がある。母集団における重決定係数の推定には，そのバイアスを調整した自由度調整済み重決定係数の方が適切である。

❺ ▶ ステップワイズ法 (stepwise methods)

統計的アルゴリズムによって，独立変数を一つずつ増減させながら"最適"なモデルを見つけていく方法。切片だけのモデルから独立変数を一つずつ増やしていく方法を前進選択法，独立変数が全て入ったモデルから一つずつ減らしていく方法を後退選択法，その組み合わせで途中変数を出し入れしながら進む方法をステップワイズ選択法という。狭義には，最後の方法をステップワイズ法と呼ぶ。ステップワイズ法には批判が多く，偏回帰係数の有意性検定しか見ない，三通りの方法が同じモデルに到達するとは限らない，同じ独立変数の数で R^2 がより高い組み合わせが存在しうる，研究者が変数の意味を何も考えていない，などが指摘されている。説明が目的の場合は望ましくないといえる。

❻ ▶ 多重共線性 (multicollinearity)

独立変数間に線形的な高い相関があること。2 変数間の相関係数だけでは見つからないこともあるので，VIF やトレランス等の指標でチェックする。多重共線性があると偏回帰係数の推定が不安定になり，別の標本では結果が大きく異なる可能性がある。また，偏回帰係数の符号が直感的な方向と逆になったり，従属変数と関連があるはずなのに値が 0 になったりすることもある。偏回帰係数を解釈する時には，変数間の相関係数を総合的に考慮すべきである。多重共線性がある時，説明を目的とする分析を行うことは，一般に望ましくない。

❼ ▶ 統計的コントロール (statistical control)

統計的な方法で交絡変数の影響を統制すること。関心下の従属変数-独立変数の関係に他の変数が剰余的な影響を混入させている時，従属変数や関心下の独立変数の分散からその交絡変数で説明される部分を取り除くことをいう。重回帰分析や共分散分析等の中でしばしば用いられる。

❽ ▶ 偏回帰係数 (partial regression coefficient)

重回帰分析 $Y = \alpha + \beta_1 X_1 + \beta_2 X_2 + \cdots + \beta_p X_p + \varepsilon$ において，各独立変数 X にかかる重み β_j を偏回帰係数という。他の独立変数の値はそのままで，当該の X_j だけ値が 1 変化した時の Y の予測値の変化であり，その X_j と他の独立変数とで共有される変動は，除外した時の残差が 1 変化した時 Y が幾ら変化するかを表す。例えば，体重 $= \alpha + \beta_1$，摂取カロリー $+ \beta_2$，身長 $+ \varepsilon$ というモデルを立てた時，β_1 は「その身長から期待される摂取カロリーの"相場"に対し 1 カロリー多く摂ると，体重の予測値が幾ら変わるか」を表し，"身長に対して摂りすぎ・少なすぎ"た量の効果を意味することになる。

❾ ▶ 抑制変数 (suppressor variable)

従属変数との相関はないが，回帰モデルに入れることで全体の予測力を上げる働きをする変数のこと。古典的な例として，パイロットの操縦能力を適性検査で予測する場合における言語能力テストがある。筆記試験で適性検査を行った時，その得点には

操縦能力と無関係な言語能力も混入する。この時，回帰モデルに言語能力テストを追加すると，それによって適性検査に含まれる言語能力成分が取り除かれ（＝"抑制"），より純粋に操縦能力に関係する成分が残って，全体として回帰モデルの予測力が上がる。統計的コントロールの一種といえる。

共分散分析：→ 15-08-❶「共分散分析」

〔平井洋子〕

15-10 ▶ 因子分析

因子分析（factor analysis）は，学力，知能，性格等，構成概念を測定するために利用される統計的方法で，質問紙によって心理尺度を作成する際に利用されることが多い。因子分析では，観測変数（顕在変数）の背後に共通の原因となる共通因子（**潜在変数**）を仮定し，観測変数間の相関係数を用いて，観測変数が各共通因子からどのような影響を受けているのかを探る。

因子分析モデルでは，観測変数に対して共通に関係する**共通因子**と，共通因子では説明できない観測変数独自の成分からなる**独自因子**を仮定し，観測変数＝因子負荷量×共通因子＋独自因子というモデルを考える。**因子負荷量**は，共通因子が観測変数にどのような影響を与えるのかを表す重みであり，共通因子は単に因子と呼ばれることが多い。また，モデルにおいて独自因子を加えることで，因子という潜在変数を扱うことが可能となっている。この点が，観測変数（顕在変数）の合成得点を求める**主成分分析**との大きな違いである。

因子分析では，モデルで説明したように共通因子と独自因子を扱うことになるが，観測変数の分散のうち，共通因子の分散並びに独自因子の分散で説明できる割合が，指標として考えられている。共通因子では**共通性**，独自因子では**独自性**と呼ばれる。また，独自性＝1－共通性という関係がある。共通因子の分散については，因子ごとにその大きさを求めることができ，**因子寄与**と呼ばれる。因子寄与を見ることで，その因子で説明できる大きさを判断することができる。

因子分析の主な目的は，因子負荷量を求めることである。しかしながらモデルの制約上，観測変数間の相関行列から因子負荷量だけでなく，同時に共通性も求めなければならない。この因子負荷量と共通性を第一段階で求めることを，因子抽出（推定）という。この段階では，データとモデルが最もよく適合するように，因子負荷量や共通性の推定値を得る。かつては**主因子法**が利用されたが，現在では**最小二乗法**と**最尤法**が利用されている。統計的には最尤法が望ましいが，データによって解が得られにくい場合があるため，最小二乗法も利用されている。いずれの方法においても SMC 等を共通性の初期値として設定し，その後，因子負荷量と共通性を交互に推定し，共通性の値が安定するまで反復計算が行われる。そのためデータによっては，計算過程において共通性が1以上となる，**ヘイウッドケース**と呼ばれる**不適解**が生じることがあるので注意しなければならない。

因子分析では共通因子の数を決めることも重要である。よく利用される基準としては，相関行列から計算された**固有値**の値が1以上となる数を因子数とする**カイザー・ガットマン基準**，固有値を大きさの順にプロットし，変化が緩やかになる一つ手前までを因子数とする**スクリーテスト**，更に**適合度指標**，**平行分析**もある。また実際には，上記の方法を組み合わせ，更に解釈可能性も考慮される。

因子抽出の段階では数値計算上，求めやすい解をもとにしているため，解釈しにくい解が得られる場合が多い。因子分析モデルには回転の不定性という性質があるため，相関行列が与えられても因子は一意に決まらない。つまり，データが与えられても，モデルとの適合の程度が同じでも，複数の解が存在することになる。そこで第二段階として，解釈しやすい解を求めるため，**単純構造**を基準として推定で求められた因子負荷量行列を回転する。回転には大きく分けて，因子間相関が無相関の場合の**直交回転**と，相関がある場合の**斜交回転**がある。直交回転では**バリマックス回転**，斜交回転では**プロマックス回転**がよく利用されている。

因子分析では，通常，因子負荷量から観測変数と因子との関係を見出すことが関心の中心であるが，個人の因子に対する傾向，つまり共通因子の値を個人ごとに求めることができる。これが**因子得点**である。この得点を利用することで，例えば性格の外向性因子の個人傾向を知ることが可能となる。

因子分析には，前記の方法以外に確認的因子分析（確証的因子分析）と呼ばれる方法がある。これは，分析者がどの因子がどの観測変数に影響を与えるかという仮説構造をモデル化し，データとモデルとの当てはまりの程度を検証する方法である。この方法は，構造方程式モデリングの測定方程式として捉えることができる。

■　■　■

❶ ▶ 因子負荷量 (factor loading)

因子パターン (factor pattern) とも呼ばれ，観測変数と因子との関係を表す重み係数である。直交回転の場合は，観測変数と因子との相関係数に一致する。この指標の大きさをもとに因子名をつけるなどの解釈が行われる。因子負荷量の大きさの基準として，0.35 や 0.4 がよく利用される。斜交回転では因子間に相関があるため，重みである因子パターンと，観測変数と因子との相関係数である因子構造という二つの指標が計算される。斜交回転でも解釈は因子パターンに基づけばよいが，因子寄与の計算の際には因子構造の値を利用する必要がある。

❷ ▶ SMC (Squared Multiple Correlation)

重相関係数の二乗のことで共通性の下限とされ，共通性の初期値としてよく用いられる。ある観測変数の SMC は当該変数を基準変数とし，残りの観測変数を説明変数とした時の重回帰分析の重決定係数によって，得ることができる。

❸ ▶ 固有値 (eigenvalue)

固有方程式の根で，相関行列や分散共分散行列において，独立した次元や因子の数に関する情報をもっている。そのため，因子分析では，因子数の決定や重回帰分析の多重共線性の診断に利用されている。

❹ ▶ 最小二乗法 (least squares method)

モデルとデータの差の二乗を目的関数とし，目的関数が最小となるようなパラメータを求める方法。回帰分析では基準変数と予測値との残差，因子分析では観測変数の分散共分散行列と，モデルから再現される分散共分散行列の差を最小にするパラメータを求める。差の評価の際に観測変数の測定の単位，すなわち分散を考慮したものが重み付け最小二乗法で，考慮しない方法が重みなし最小二乗法である。

❺ ▶ 最尤法 (maximum likelihood method)

データが与えられた時，モデルの仮定のもとでパラメータを変数として扱ったものが尤度関数であり，この尤度関数の値が最大となる時のパラメータを解とする方法のこと。データとモデルの適合度に関する検

定が可能となる。統計学の観点からすると、推定法としては適切な方法である。

❻ ▶ 主因子法 (principal factor method)

第1因子から順に、因子寄与が最大になるように因子を抽出する方法である。共通性の初期値を利用して因子負荷量を求める。計算機が未発達な時代の方法である。また、共通性と因子負荷量を交互に反復して推定する反復主因子法もあり、反復が収束した場合、重みなし最小二乗法の推定値と一致する。現在では反復主因子法を用いず、収束が速い重みなし最小二乗法を利用する。

❼ ▶ 潜在変数 (latent variable)

本項については、02-01-❹「潜在変数」を参照のこと。

❽ ▶ 単純構造 (simple structure)

回転後の因子負荷量行列が解釈しやすい条件を示したものである。本来の定義は分かりにくい面があるので、ある観測変数は一つの因子のみ大きな負荷量を取り、それ以外は0に近い値を取る独立クラスター解として捉える方が分かりやすい。単純構造であれば、特定の質問項目が特定の因子のみと関連することになり、心理テストの下位尺度を構成しやすい。

❾ ▶ 適合度指標 (fit index)

観測変数の分散共分散行列と、モデルから再現される分散共分散行列との適合の程度を表す指標で、分析者が扱っているモデルが適切であるかどうかを検討することができる。因子分析では、SBC、RMSEAが利用され、これら指標が最小となる時の解を因子数をする。

❿ ▶ バリマックス回転 (varimax rotation)

因子ごとに因子負荷量の2乗の分散を計算し、その和が最大になるように回転する方法である。回転では最もよく利用されている方法である。また、共通性の大きさを補正した方法が、基準化バリマックス回転である。バリマックス回転は、直交回転としてはよく用いられる方法であるが、直交回転を包括した基準としてオーソマックス基準と呼ばれるものがある。この基準にある重み係数の値を変えることで様々な回転が可能である。直交回転としてはバリマックス回転以外に、エカマックス回転、パーシマックス回転等も用いられる。

⓫ ▶ プロマックス回転 (promax rotation)

バリマックス回転等、予備回転された結果を3乗あるいは4乗することで因子の構造を強調した仮説行列を作成し、その仮説行列に適合するように因子の抽出で得られた因子負荷行列を回転する方法である。予備回転をせずに分析者が仮説行列を作成して回転する方法もあり、プロクラステス回転と呼ばれる。

⓬ ▶ 平行分析 (parallel analysis)

正規乱数から得られた相関行列の固有値より、実際に観測されたデータから得られた固有値が大きい固有値の数を因子数とする方法。

観測変数：→ 02-01-❷「観測変数」
構造方程式モデリング：→ 15-11「構造方程式モデリング」
質問紙：→ 02-03「調査法」、15-14「先端的統計手法」
相関係数：→ 15-03「2変量の記述統計」

〔中村知靖〕

15-11 ▶ 構造方程式モデリング

構造方程式モデリング (structural equation modeling) は、観測変数や因子の相関関係もしくは**因果推論**を統計的に行うデータ解析技法の一つである。因子とは、観測変数の相関関係を説明するために仮定さ

れる潜在変数を指す。この解析法の特徴は，研究者が立てた研究仮説に応じてモデルを柔軟に組めること，また，重回帰分析，**多変量回帰分析**，パス解析，因子分析等を下位モデルとして統一的に表現できることにある。

構造方程式モデリングは従来の因子分析とパス解析を一つのモデルによって実行できるので，歴史的には，前者に力点を置くなら，因子分析モデルを開発したスピアマン，後者に力点を置くなら，パス解析を開発したライトによって研究が始まったといえる。しかし，今日のように柔軟なモデル表現が可能となったのは，1970年代初頭のヨレスコグ，キースリング，ウィリーの研究，1980年代に入ってからのベントラーとウィークスの研究，更に，マカードルとマクダヌルドの研究に負うところが大きい。

構造方程式モデリングの最も汎用的なモデルを，図11のパス図に示す。パス図とは研究仮説を図によって表現したものであり，四角が観測変数，楕円もしくは円が因子（潜在変数）を表す。そして，単方向の矢印が2変数間の因果関係，また，双方向の矢印が2変数間の相関関係を表す。図11のパス図は，観測変数と因子との関係を表現する**測定方程式**モデルと，因子間の因果関係を表現する**構造方程式**モデルによって構成される。前者のみのモデルも作ることができ，**確認的因子分析**と呼ばれる。確認的因子分析は，研究仮説に基づいて任意の因子負荷量をゼロへ固定することができる。また，一つの因子に一つの観測変数のみを対応させ，観測変数のみの因果関係を表現した構造方程式モデルが，パス解析にあたる。

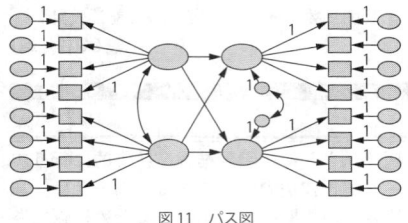

構造方程式モデリングでは，観測変数と因子数を指定するだけでは確認的因子分析を行うことはできず，説明変数と基準変数を指定するだけではパス解析を行うことはできない。利用者は，変数間の相関関係と因果関係の有無によって研究仮説を正確に表現することが第一に必要となる。研究仮説において，他の変数から影響を受ける変数を**内生変数**，その他の変数を**外生変数**と呼ぶ。内生変数の分散共分散はパス係数と外生変数の分散共分散によって表現され，**共分散構造**と呼ばれる。モデルの**識別性**が満たされない時は，パス係数と外生変数の分散共分散を推定することができないので，識別性を満たすように共分散構造を修正する。逆にモデルが識別されていても，モデルとデータとを照合した時，必要なパスと共分散がモデルから欠けていることがある。この時は**修正指標**を参考にして，**不適解**を避けた上でパスと共分散を共分散構造へ追加して，モデルを修正することもできる。

観測変数の分散共分散は，その共分散構造と，それを表現するパス係数及び外生変数の分散共分散の推定値によって再生され，再生値とデータから算出した分散共分散との乖離が大きいモデルは，現実を適切に表現していないことを意味する。そのため，構造方程式モデリングでは，モデルとデータとの**適合度指標**によって研究仮説の正当性を評価することが重要となる。適合度指標は研究仮説とデータとの間の乖離に着目して定義され，個々のモデルの適合度を絶対的に評価するものと，複数のモデルの適合度を相対的に評価するものとがある。複数のモデルを立てた時，前者の指標

図11 パス図

によって適合度の高さが確認されたモデルを残し, 後者の指標によって最適なモデルを選択する。

構造方程式モデリングの発展モデルとして, 複数の母集団の間でパス係数や外生変数の分散共分散を比較する**多母集団分析**がある。また, **縦断的データ**を解析するモデルとして考案された**成長曲線モデル**は, **平均構造**を伴う構造方程式モデリングによって表現することができる。更に, 3次, 4次の**積率**を利用するモデルが開発されている。

■　■　■

❶ ▶ 因果推論（causal inference）

変数間の因果関係の有り様を探ることを因果推論という。構造方程式モデルは因果推論を行うデータ解析技法であるが, パス係数が有意となっても, 因果関係を証明したことにはならないことに留意すべきである。

❷ ▶ 共分散構造（covariance structure）

内生変数の分散共分散は, 内生変数へ影響を与える外生変数の分散共分散とパス係数によって表現され, これを共分散構造と呼ぶ。観測変数の共分散構造に基づいて, 外生変数の分散共分散とパス係数を推定する。

❸ ▶ 構造方程式（パス解析）（structural equation〈path analysis〉）

研究仮説において関心の対象となる2変数間の因果関係, もしくは3変数以上の間の因果連鎖を記述した方程式である。観測変数間もしくは因子間のパス係数の大きさに着目して因果関係を推測する。

❹ ▶ 識別性（identification）

観測変数の分散共分散と平均を用いて外生変数の分散共分散, パス係数, 平均, 切片を推定する時, 推定値が一意に定まるかどうかを識別性と呼ぶ。研究仮説は識別性を満たすモデルを構築する必要がある。

❺ ▶ 修正指標（modification index）

当初のモデルへ, パスもしくは外生変数の共分散を追加した時に期待されるカイ二乗値の減少量を, 修正指標という。修正指標のみに依拠してモデルを修正すべきではない。

❻ ▶ 測定方程式（確認的因子分析）（measurement equation〈confirmatory factor analysis〉）

観測変数の相関関係を説明する因子を仮定した上で, 観測変数と因子との関係を検証する。観測変数と因子との対応関係の正当性や因子数を確認するので, 確認的因子分析と呼ぶ。

❼ ▶ 多母集団分析（multipopulation analysis）

男性と女性, あるいは1年生と2年生と3年生のように, 複数の母集団の間で因子負荷量, パス係数, 分散共分散, 平均, 切片等を比較する分析を多母集団分析という。

❽ ▶ 適合度指標（fit index）

観測変数の共分散構造から再生された分散共分散と, 観測値から算出した分散共分散との相違を表す数値である。モデルを絶対的に評価する指標としてカイ二乗値, GFI, AGFI, RMSEA, CFI, NFI 等, また, モデルを相対的に評価する AIC, CAIC, BCC, SBC 等の情報量基準が提案されている。

❾ ▶ 不適解（improper solution）

分散は負の値を取ることはないが, 推定値は負の値を取ることがある。これを不適解という。サンプリング誤差による不適解は許容できることもあるが, 通常は不適解を生じないモデルへ改善する。

❿ ▶ 平均構造（mean structure）

内生変数の平均は外生変数の平均とパス係数の関数によって決まり, これを平均構造という。平均構造は, 多母集団分析と縦断的データを解析する成長曲線モデルにお

因子負荷量：→ 15-10-❶「因子負荷量」
因子分析：→ 15-10「因子分析」
共分散：→ 15-03-❶「共分散」

重回帰分析：→ 15-09「回帰分析」
不適解：→ 15-10「不適解」
分散：→ 15-02-❼「分散」

〔服部 環〕

15-12 ▶ 多変量解析

多変量解析（multivariate analysis）とは，**多変量データを扱う分析法の総称**である。多変量データとは，測定単位となる個体ごとに，複数の変数に関する測定値を集めたデータのまとまりのことである。心理学研究においては各個体が単一の変数で特徴づけられることは少ない。また，関心のある変数は一つでも，その変数と他の複数の変数との関係性を明らかにすることが目的である場合も多い。このような意味で，程度の差こそあれ，ほとんどの心理学研究では多変量データを扱っているといえる。

多変量データはベクトルや行列の形で表されることが多い。ある変数 j についての n 個体分のデータをベクトル $x_j = [x_{1j} x_{2j} \cdots x_{nj}]'$ と表せば（「'」は転置記号），p 個の観測変数を集めた多変量データ行列は，行を個体，列を変数の並びとした $n \times p$ の行列 $X = [x_1 x_2 \cdots x_p]$ と表すことができる。ここから例えば，多くの分析で扱われる観測変数の共分散行列は，X の各列の平均が 0 に標準化されていれば，$S = \dfrac{X'X}{n}$ と簡潔に表記できる。多くの多変量解析モデルは線形モデルをベースにしており，こうした表記によってそれぞれの統計モデルや関連する統計量，計算アルゴリズム等を行列やベクトルの演算である線形代数を用いて簡潔に記述できる。また，モデルを幾何学的に理解する助けにもなる。

一口に多変量解析といっても，そこに含まれる統計モデルや分析法は多岐にわたり，各々が提案・発展してきた分野や背景も様々である。複数の観点からの分類が可能であるが，外的基準の有無によって区別するのが一般的である。更にそれぞれのカテゴリの中で，扱う観測変数の型（量的又はカテゴリ）や，分析の目的（予測や説明，変数や個体の分類や整理，変数間の構造の記述把握等）や，仮説の有無（探索的，確認的）によって更に細かく区別することができる。

外的基準のある分析法は，一つ又は複数の**従属変数**（外的基準）を，主に複数の独立変数によって説明・予測することに関心がある場合に用いられる。最も単純な例としては，**重回帰分析**及び一般線形モデルが挙げられるが，その拡張としてカテゴリや頻度を表す変数を従属変数とする**一般化線形モデル**（対数線形モデルやロジスティック回帰分析）や，既知の群への個体の分類を目的とする**判別分析**も含めることができる。また，同時に複数の従属変数を扱う分析法としては**多変量分散分析**，二つの観測変数の組の間の関係を調べるための**正準相関分析**も，このカテゴリに含まれる。

外的基準のない分析法は，主に**観測変数**間の関係を説明することに関心がある場合に用いられる。これらの分析法の特徴として，観測変数の背後にそれらを説明する少数の**潜在変数**，あるいは観測変数よりも次元数を落とした座標系を仮定することによって，多数の観測変数間の複雑な関係を簡潔に説明するということが挙げられるが，これを情報の縮約という。代表的なものとして，既に触れた**因子分析**や**構造方程式モデリング**があるが，これ以外にも本項で取

り上げるものとして，データのばらつきを最もよく説明する合成変数を求める**主成分分析**，個体を未知のクラスターに分類する**クラスター分析**，多次元空間上での個体の布置を求める**多次元尺度構成法（MDS）**や**多重対応分析**（及び数量化法）といった分析法が含まれる。

本項では，多変量解析に分類される手法のうち，他の項で詳説されている重回帰分析，分散分析，因子分析，構造方程式モデル以外の主な方法について解説する。

■　■　■

❶▶ クラスター分析 (cluster analysis)

多変量データに基づく類似度や距離の指標を用いて，各個体をグループ（クラスター）に分類する方法である。階層的のクラスター分析では，類似度の高い個体やクラスターを逐次まとめていくことにより，分類のための樹形図（デンドログラム）を描く。K平均法等の非階層的クラスター分析では，分析者がクラスター数をあらかじめ指定し，各クラスターの中心と各個体の分類を逐次更新しながら最適なクラスターを求める。

❷▶ 主成分分析 (principal component analysis)

与えられたデータにおける個体を最もよく識別できるように，観測変数の重み付き合計得点（主成分）を求める方法である。最大で観測変数の数と同数の主成分を求めることができ，第1主成分の重みはその分散が最大となるように，第2主成分の重みは第1主成分と無相関でかつ分散が最大となるように，と順次定まる。相関行列又は共分散行列の固有値を大きい順に並べると，第1主成分から順番に，固有値が主成分の分散に，固有ベクトルが重みに対応する。固有値の大きい少数の主成分をもってデータの縮約が行われる。

❸▶ 正準相関分析 (canonical correlation analysis)

同じ個体群についての2組の多変量データ間の関係を調べるための方法で，2組の変数間の相関係数を最大にするような重み付き合計得点をそれぞれの組について求める。この時の重み付き合計得点を正準変数，正準変数間の相関係数を正準相関係数と呼び，最大で2組のうち少ない方の変数の数だけ，正準変数及び正準相関を求めることができる。一方から他方の組の予測力を冗長性係数により，正準相関係数の有意性をウィルクスのΛにより評価することができる。

❹▶ 対数線形モデル (log-linear model)

クロス集計表におけるカテゴリ変数間の連関を調べるための方法である。従属変数を各セルの頻度，独立変数をクロス表を構成するカテゴリ変数とした一種の回帰モデルであり，各セルの期待頻度の対数をカテゴリの主効果及び交互作用の和とした一般化線形モデルとして表せる。カテゴリ変数間の連関は交互作用として表され，特定のセルにおけるその方向や大きさを推定・検定できることから，独立性のカイ二乗検定よりも詳細な分析が可能である。

❺▶ 多次元尺度構成法 (MDS：multidimensional scaling)

量的多変量データに基づく個体間の非類似度や距離の指標（距離的データ）を用いて，多次元空間における各個体の布置を求める方法である。通常は，求めたい多次元空間における個体間の距離関係が，データとして与えられた距離関係をできるだけ反映するように各個体の布置が定められる。距離的データが順序尺度である場合の非計量MDS，距離的データの行と列が異なる変数（個体）を表す場合の多次元展開法等のバリエーションがある。

❻ ▶ 多重対応分析 (multiple correspondence analysis)

多変量カテゴリデータの分析法の一つで，多次元空間における各カテゴリ及び個体の布置を求める方法である。各カテゴリ及び個体が多次元空間上で固有の座標をもつと仮定し，一定の制約のもとで各個体とその個体が選択しているカテゴリ同士ができるだけ近くなるように布置を求める。多次元空間上で距離の近い個体やカテゴリは，類似した性質をもつと解釈できる。2変数（クロス集計データ）の場合は，特に対応分析と呼ばれる。

❼ ▶ 多変量分散分析 (MANOVA：multivariate analysis of variance)

複数の従属変数に対する要因の効果を総合的に検定するための方法である。従属変数の共分散行列の行列式の値（個々の変数の分散に加えて相関関係まで含めた総合的なばらつきを表す）が，各要因によってどの程度説明されるかということに基づいて，従属変数の平均値ベクトルに対する各要因の効果の検定を行う。その際に用いられる説明率の指標に，ウィルクスの Λ がある。

❽ ▶ 判別分析 (discriminant analysis)

多変量データに基づいて，幾つかの群に分かれた個体群をできるだけよく判別するような独立変数の合成変数（判別関数）を求める方法である。一般的には，各群の多変量データの分布が多変量正規分布であると仮定し，各個体を群平均までのマハラノビスの汎距離の最も短い群に分類する。各群の共分散行列が等しいと仮定できる場合は，判別関数は線形となる。交差妥当化による誤判定率を調べることによって，判別精度の評価を行う。

❾ ▶ ロジスティック回帰分析 (logistic regression analysis)

従属変数が 0 又は 1 の 2 値で与えられる（ダミー変数）場合の，重回帰分析に相当する方法である。一般化線形モデルとして，事象の生起確率のオッズ比の対数（ロジット）に対する，一つ又は複数の独立変数による回帰モデルとして表すことができる。各独立変数に対応する回帰係数を推定・検定することによって，事象の生起確率への影響を調べることができるほか，事象の発生確率の予測にも用いられる。

因子分析：→ 15-10「因子分析」
カイ二乗検定：→ 15-13-❷「カイ二乗検定」
観測変数：→ 02-01-❷「観測変数」
クロス集計表：→ 15-03-❸「クロス集計表」
交互作用：→ 15-08-❸「交互作用効果」
構造方程式モデリング：→ 15-11「構造方程式モデリング」
固有値：→ 15-10-❸「固有値」
重回帰分析：→ 15-09「回帰分析」
潜在変数：→ 02-01-❹「潜在変数」
分散分析：→ 15-08「分散分析」

〔加藤健太郎〕

15-13 ▶ ノンパラメトリック検定

統計的仮説検定の中には，検定統計量の導出にあたり，標本の抽出元となる母集団の分布について，その形状を仮定するものがある。例えば，t 検定や分散分析は，母集団分布が正規分布であることを仮定している。しかし，現実のデータは必ずしもモデルの前提を満たしているとは限らない。母集団分布の形状が正規分布であることを確認できない，あるいは，母集団分布に正規分布を仮定できないとはっきり分かることがある。このような時，幾つかの対処法

が考えられるが，母集団分布の形を特定しないで，無理のない最低限の仮定だけに依拠して検定を行うというのも一つの選択肢である。母集団分布の形状を仮定しない検定は，**分布によらない検定**（distribution-free test）あるいはノンパラメトリック検定（nonparametric test）と総称される。母数（parameter）とは，確率変数の分布を特定する定数のこと（正規分布の場合であれば，平均 μ と標準偏差 σ が母数）であり，統計的仮説の中に母数への言明を含まない検定だけをノンパラメトリック検定と呼び，分布によらない検定と区別することもある。しかし，一般的には二つの言葉は同義に用いられることが多い。

ここまでの説明に従うならば，ノンパラメトリック検定は，母集団分布の形状がモデルに合わない時の代替手段であるかのような印象を与えるかもしれない。たしかに，独立な2群の平均を比較する際に t 検定の代わりにマン-ホイットニー検定，対応のある2群の t 検定の代わりにウィルコクソンの符号付き順位検定，独立な3群以上の平均を比べるために一元配置分散分析ではなくクラスカル-ウォリス検定を使うというような例もある。しかし，ノンパラメトリック検定の範疇に含まれる検定法は非常に多様である。適合度の検定（コルモゴロフ-スミルノフ検定等）やランダム性の検定（ラン検定等）のように，該当するパラメトリックな方法が存在せず，ノンパラメトリック検定だけを利用できるという場合も多い。

間隔尺度以上のデータに適用されるノンパラメトリック検定法の多くでは，データを小さい方から並べ替えた順位（rank）の情報を用いて検定統計量が求められる。順位に基づく方法は，当然，順序尺度データにも用いることができる。分割表にまとめられた度数情報に基づいて検定統計量が計算される**カイ二乗検定**や，**フィッシャーの直接確率検定**，**マクネマー検定**のように，名義尺度のデータ（分類データ）に適用される検定法も多種多様である。また，特定の事象の生起数に注目する**二項検定**も適用範囲が広い。

ノンパラメトリック検定の最大の長所は，母集団分布にモデルを想定しなくてよいことである。そのため，ノンパラメトリック検定は，高度な数理統計的知識を必要としないものが多く，直感的に分かりやすいだけでなく，適用範囲も広くなる。一方で，ノンパラメトリック検定の短所としてよく指摘されるのは，**検定力**が低いということである。実際に，正規分布の仮定が満たされる時には，t 検定や分散分析等，母集団分布を仮定した検定を用いる時に検定力が高い。しかし，仮定が成立しないデータについては，母集団分布を仮定する方法よりも，ノンパラメトリック検定を適用する時に検定力が高くなることも少なくない。例えば，母集団分布が指数分布形であるような場合には，正規分布を仮定する検定よりも，順位に基づくノンパラメトリック検定の方が高い検定力が得られる。また，外れ値が存在するデータについても，ノンパラメトリック検定の検定力が高くなることが多い。

■　■　■

❶▶ ウィルコクソンの符号付き順位検定
(Wilcoxon signed rank test)

対応のある2群のデータに基づいて，二つの母集団の差を検定するための方法である。対ごとに差を求め，それらの絶対値を小さい方から順に並べて順位をつける。そして，差の符号が正であったものだけを取り出して順位和を計算し，これを検定統計量とする。差の順位の情報を用いているため，差の正負の情報だけを用いる符号検定

15-13 ノンパラメトリック検定

よりも検定力が高くなる。

❷ ▶ カイ二乗検定 (chi-square test)

カイ二乗分布を用いる検定法の総称。二つの質的変数の独立性の検定，独立な2群の比率差の検定，質的変数の適合度の検定等に幅広く用いられる。独立性の検定の場合，二つの質的変数の一方を行変数，他方を列変数としてまとめた連関表の各セルについて，仮説のもとでの期待度数を計算し，観測度数とのズレの二乗をもとにカイ二乗統計量の値を計算する。仮説のもとで，カイ二乗統計量が近似的に自由度 $(r-1)\times(c-1)$ のカイ二乗分布に従うことを利用して，検定を行う（r, c はそれぞれ行変数，列変数のカテゴリ数）。

❸ ▶ クラスカル-ウォリス検定 (Kruskal-Wallis test)

独立な k 個の群（$k>2$）から得られたデータに基づいて，母集団分布の同一性を検定するための方法。全群のデータを込みにして小さい順に並べ替えて順位づけをした後，群ごとに求めた順位和から検定統計量を計算する。仮説のもとで，検定統計量が近似的に自由度 $k-1$ のカイ二乗分布に従うことを利用して検定を行う。$k=2$ の場合は，ウィルコクソンの順位和検定になる。

❹ ▶ コルモゴロフ-スミルノフ検定 (Kolmogorov-Smirov test)

データが，ある特定の母集団からの標本であるという仮説を検定するための方法。仮説の分布の分布関数と標本データの累積相対度数分布の間の差の中で，絶対値が最大のものを検定統計量とする。2群の標本データに基づいて，二つの母集団分布の同一性についての仮説を検定するために使われることもある。

❺ ▶ 二項検定 (binomical test)

2値の事象が n 回独立に繰り返されることで得られたデータに基づいて，特定の事象の生起確率に関する仮説を検定するための方法である。事象の生起確率についての仮説のもとで，特定の事象の生起数が二項分布に従うことを利用して検定を行う。

❻ ▶ フィッシャーの直接確率検定 (Fisher's exact test)

2群の2値データに基づいて，二つの母集団分布が等しいという仮説を検定するための方法である。連関表の周辺度数を固定すれば，仮説のもとで同時度数の各組み合わせが得られる確率は，超幾何分布を用いて計算できる。フィッシャーの直接確率検定では，仮説のもとで，現に得られている同時度数よりも得られにくい方向の同時度数の組み合わせについて，確率を計算する。そして，それらの確率の合計が有意水準よりも小さければ，仮説を棄却すればよい。この方法は，二つの2値変数の独立性の検定にも用いられる。

❼ ▶ マクネマー検定 (McNemar test)

対応のある2値データに基づいて，母集団比率の差について検定するための方法。処遇を与える前後における比率の差の検定に用いられることが多い。2値の一方を1，他方を0と表す時，処遇の前後で「ともに1」「ともに0」「1から0」「0から1」の四通りに度数を整理することができる。マクネマー検定では，1と0が入れ替わる（「1から0」あるいは「0から1」）度数だけに注目し，処遇による差がないという仮説のもとで，処遇後に0から1に転じる度数の割合が，$\pi=1/2$ の2項分布に従うことを利用して検定を行う。

❽ ▶ マン-ホイットニー検定 (Mann-Whitney test)

独立な2群のデータに基づいて，母集団分布の同一性を検定するための方法。2群のサンプルサイズを n_1, n_2 とすると，両群から一つずつデータ値を抜き出すことで，全部で $n_1 n_2$ 通りの組み合わせができる。それらの組み合わせのうち，第1群からのデータ値の方が小さくなるものの個数を求

め，これを検定統計量とする。仮説のもとで，検定統計量の値は$\frac{n_1 n_2}{2}$になると期待される。同等の検定としてウィルコクソンの順位和検定がある。この検定では，両群を込みにして順位づけをしたのち，第1群のデータに与えられた順位を合計し，その順位和から検定統計量を計算する。同じデータに対しては，どちらの検定を使っても同じp値が得られる。

❾ ▶ ラン検定（runs test）

観測値の系列中で，ある同じ値の1個以上の連続をラン（run）という。例えば，AABABBBAという系列には5個のランがある。ラン検定とはランの個数に注目した検定の総称である。例えば，2値データの系列が得られている時，系列中のランの個数を検定統計量として，系列のランダム性について検定することができる。

〔井上俊哉〕

15-14 ▶ 先端的統計手法

行動経済学や実験政治学，社会疫学等，経済学や政治学，社会学，疫学等の分野において心理学研究の方法論を利用した研究，あるいは心理学以外の方法論を用いながら心理メカニズムを取り入れた研究が，近年非常に盛んである。このような傾向から，心理学研究の方法論的な動向と，これらの研究分野での方法論が互いに影響を与え合うようになっている。これらの分野では解析や，その前段階としてのデータ収集の段階で「標本の選択バイアス」「データの階層性」を考慮することが求められており，その潮流が心理学にも波及している。

前者について二つ例を挙げよう。発達心理についての縦断調査研究を行う場合に，1回目の調査で子どもが「正常」であることが分かった親が，2回目以降わざわざ調査や実験に子どもを参加させることを拒否するような場合には，2回目以降の参加児童と1回目だけの参加児童は様々な点で異なる可能性が高い。同様に個人差がかなり存在する場合，例えば大学生だけを被験者として知能と社会性の関連を調べる場合には，大学生の知能の分散は本来の母集団（ヒト一般）より小さいはずであり，相関が低く推定される可能性が高い。このように，特定の対象者しか測定できないことによって生じる結果の歪みを，**選択バイアス**と呼ぶ。

選択バイアスは，統計学では「本来測定するべきデータの一部が欠測している」と考える**欠測データ解析**として統一的に議論が行われており，様々な方法が開発されている。特に「無作為割り当てを伴う実験ができないような状況で，無作為割り当てを行った場合に得られる独立変数の（因果）効果」や，「もし全員が回答した場合の平均値や分散」等を推定する方法として，近年よく利用されているのが**傾向スコア解析**である。

心理学でよく利用される潜在変数は欠測値であり，潜在変数がカテゴリカルな場合は**混合分布モデル**（潜在クラス分析），連続値の場合は因子分析モデルや項目反応理論，構造方程式モデリングとなることから，欠測データ解析は心理学研究の統計的方法論の統一的な枠組みを提供しているといえる。

ほかにも，測定変数から原因の確率推論を行うベイジアンネットワークも近年注目を集めているが，これも「原因」変数が観測されない潜在変数（＝欠測データ）として考えることができる。

後者については個人-反復測定（あるいは時点），あるいは学校-クラス-個人のよ

うに，測定データは階層構造を有するのが通常であり，これを適切に解析する分析方法が**マルチレベル分析**である．特に，個人の発達変化の速さやパターンの違いを理解するための**成長曲線モデル**はマルチレベル分析の一種であり，個人間のパターンの違いを説明する変数と各時点の測定に影響を与える変数の効果を分離して推定することを可能にする．マルチレベル分析を用いることで，学校やクラスといった集団ごとに関する効果と個人ごとの要因の効果を分離することも可能である．

近年の数値解析法の目覚ましい進展も，心理学研究における統計的方法論に大きな影響を与えつつある．**EMアルゴリズム**は欠測値のあるデータでの最尤法を容易にするため，因子分析や項目反応理論，構造方程式モデル，マルチレベル分析等において重要である．また，**ブートストラップ法**によってサンプルサイズが小さい場合（サンプルサイズが大きい時に利用される統計的漸近理論が利用できない場合）でも，統計量の標本分布や検定統計量の帰無分布を数値解析によって求めることが可能になった．**マルコフ連鎖モンテカルロ法（MCMC法）**の発展によりベイズ統計学に基づく複雑なモデルの解析が可能になり，特にカテゴリカルデータに対する因子分析，構造方程式モデリングやマルチレベル分析等は，MCMC法を用いたベイズ推定法が利用される．

また最尤法の最適化についても，**遺伝的アルゴリズム**等のヒューリスティックなアルゴリズムの登場により，短い時間で複雑なモデルの解析が可能になりつつある．

近年の心理・行動データ取得方法の変化や研究の学融合の流れ，更には質的研究への関心から，調査研究や観察研究，行動データからの情報取得・解析は重要となっている．インタビューやインターネットの書き込みなどのテキストデータから情報を抽出するテキストマイニングや，発達心理や障害心理等で活用されつつあるモーションキャプチャーからのデータ，モバイル端末から得られるセンサーデータ等の大規模かつ多時点の複雑なデータに対して，頻出パターンや連関のルールの抽出，グループ分類を行う**データマイニング**が仮説発見に有用として利用されつつある．

■　■　■

❶▶ EMアルゴリズム (EM algorithm)

モデルに潜在変数（因子や欠測値）がある場合，E (Expectation) ステップでその潜在変数について期待値を取った場合の尤度を計算し，M (Maximization) ステップでその尤度の最大化を行う．これを繰り返すことで最尤法を行うアルゴリズムのことである．

❷▶ 遺伝的アルゴリズム (genetic algorithm)

ある最適化を行う際に，生物の遺伝的変動と淘汰の仕組みを模倣することで，最適解に近い値を近似的に求める方法である．具体的には解の候補をランダムに発生させ，それらを融合（交配）させたり突然変異を起こさせることで様々な解の候補を作成し，更には淘汰を行うことで最適化を達成する．ほかに優れた方法がない場合には有用だが，局所解にたどり着く可能性が高いことが指摘されている．

❸▶ 傾向スコア (propensity score)

その研究対象が「どのような独立変数を有するか（具体的にはグループAかBか，など）」「回答を拒否するかどうか」を説明するような変数（共変量・交絡要因）を見つけ，それらを傾向スコアという一次元の値に集約して，その影響を除去する方法である．傾向スコアを用いたマッチングや層別解析，傾向スコアの逆数を重みとした重

み付け推定がよく利用される。共変量が多い場合には，共分散分析よりも頑健な方法であることが知られている。

❹ ▶ 混合分布モデル (mixture model)

心理学では，同じ認知課題について異なる実験参加者は幾つかの認知方略のどれかを利用して回答していると考えるなど，研究対象には本来様々なタイプが混合していると考える場合も多い。ここで，研究対象がどのタイプに分類されるかの情報が欠測していると考えるのが混合分布モデルであり，これも欠測データ解析の枠組みで議論できる。

❺ ▶ ブートストラップ法 (bootstrapping)

自分が得ている標本から無作為復元抽出を行うことで統計量の分布を推定する方法である。30人のデータの場合，30の値を復元抽出し，平均を計算する。これを数万回繰り返せば，正規分布等といった仮定を置かずに，標本平均の標本分布を近似的に求めることができる。サンプルサイズが小さく，分布の仮定を置くことが難しい場合などには特に有用である。これにより，多時点の反復測定で時点間の相関が等しくない場合の検定等，心理学研究において現実的な設定下での解析が現在では可能になっている。これ以外に統計モデルを利用したパラメトリック・ブートストラップ等も利用されている。

❻ ▶ ベイジアンネットワーク (Bayesian network)

確率変数間の関係をグラフ構造として表したグラフィカルモデルの中で，特に「有向（変数間の関係の方向性を示す矢印がある）」「非循環（矢印をたどっても元の変数には戻らない）」なグラフで表されるモデルで，かつ「ある変数がある値を取るという条件を与えた時に，別の変数がどの値を取るかの確率（＝事後確率）」を，ベイズの定理を利用して計算するためのネットワークモデルを，ベイジアンネットワークと呼ぶ。

❼ ▶ マルコフ連鎖モンテカルロ法（MCMC法）(Markov Chain Monte Carlo Method)

数値積分を行うためのモンテカルロ法の一種で，マルコフ連鎖（次の値が現時点の値にのみ依存する）に従う発生方法で繰り返し値を発生させていくために，この名前が付いている。ベイズ統計学では，自分の関心のある母数の事後分布を求めることで解析を行うが，複雑なモデルでは必要な積分計算ができないためほとんど利用されなかった。1980年代後半からMCMC法で数値積分を行うことができるようになったことで，非常に複雑なモデルであってもベイズ統計学による解析ができるようになった。

因子分析：→ 15-10「因子分析」
共分散分析：→ 15-08-❶「共分散分析」
構造方程式モデリング：→ 15-11「構造方程式モデリング」
最尤法：→ 15-06「推定」, 15-10-❺「最尤法」

〔星野崇宏〕

測定・評価

〔総説〕

　心理学の領域では，研究の対象となる人間の心理過程等は，直接観測されるものではなく，それらを間接的に表現するための測定手法，評価手法が開発されてきている。

　測定 (measurement) は，ある心理学的特性に対して，一定の基準に基づいて数量を対応させることである。それに対して，評価 (evaluation) は，測定のみならず，その対象に関わる幾つかの情報を総合して価値判断を行うプロセスが含まれる。

　しばしば，テスト等によって測定された値そのものが，合否といった価値を反映する場合も少なくなく，測定と評価は混同されて利用されることも少なくない。しかし，価値判断は必ずしも単一の指標で量的に表現したりすることが適切とはいえない場合もあり，評価はその目的や方法，評価に利用される情報の種類等によって，存外多様である。そこで，本領域では，評価にどのような種類のものがあるか，測定・評価に関してどのような点に留意する必要があるのかといった点に関して，主要な部分を取り上げて概説する。

【評　価】

　評価は，対象に関する価値判断を行うことであるが，何に価値を求めるかということは，その評価を含む活動を行う目的や，その背景・文脈によって異なる。したがって，時代や社会によっても，また，評価を行う目的によっても，評価の在り方は様々なものがありうる。そこで，まず評価・測定に関して，歴史的にどのような変遷をたどってきているのかについて，その概略を押さえておく (16-01)。特に，測定運動が起こる 20 世紀初頭の，評価と測定がほぼ同義と見なされていた時代から，教育という領域において，それらが分離されていく 20 世紀中盤の評価の考え方の変化，更に，20 世紀後半から現在に至る，教育等のプロセスに埋め込む形で捉える評価観の広がりといった変化を，それぞれの時代背景や科学的理論の発展等との対応関係を探りながら整理できるとよいだろう。

　評価は，このように教育の領域において特に意識されてきていることでもあり，その文脈において，評価の目的が異なることによって，より適切な評価が違ってくることが知られている。また，教育場面では，教師と生徒や，生徒同士といった，人と人との関係のもとに評価が行われるものであり，その関係性の在り方によって，同じ評価結果であっても機能の仕方は異なってくる (16-02)。評価はその目的や評価者と被評価者との関係性 (16-03) 等によって，多様な形態がありうる。それらを分類・整理し，それぞれの状況において適切な評価手法を適用することが望まれるのである。

　評価結果の表現に関しては，数量的に表す量的評価と，それ以外の質的評価に大きく分けてそれぞれの特徴を把握しておくことが有用である。量的評価は，対象に関してある基準に基づいて数値化する測定とほぼ同義に考えてよく，評価というとまず連想される試験や検査等の評価手法を含むものである (16-04)。質的評価は，それに対して，教育のプロセスの中に評価を埋め込む評価の考え方の普及に即して広がりを見せてきている。対象の質的部分をいかに量的に表現するかということは，評価や測定

の一つの課題となるが,必ずしもいつも量的に表現できるとは限らないこともあり,文章等で表現する評価は,今後の心理学研究の中でも重要な位置を占めていく可能性があり,その点についても目を向けておくことが肝要である(16-05)。

教育の領域や幾つかの心理学的特性に関しては,比較的大規模な代表的なサンプルに基づいて標準的な尺度が構成されている。それらを標準検査と呼ぶが,その幾つかを紹介することを通して,心理特性をどのような形で評価しようとしているのか,その具体的なイメージをもつ手がかりをつかんでおくとよいだろう(16-06)。

近年,組織を評価することが社会的に求められるようになり,例えば,行政評価,大学評価といった評価が,社会の中で当たり前に位置づけられるようになってきている。組織評価に関しても,評価における個と全体の関係,組織向上のための評価の在り方,アカウンタビリティの示し方等,評価の諸側面の研究課題が山積しているところである(16-07)。

教育評価や組織評価等も含めて,実際に利用された評価が適切であるかどうかを評価することを,メタ評価と呼ぶ。測定に関する妥当性,信頼性等の観点とも併せて,評価を検討する視点の幅を広げておくことが望まれる(16-08)。

評価は,その目的を超えて様々なインパクトを,評価対象者のみならずそれを取り巻く周辺各所に及ぼす。例えば,入学試験等,社会的に体系的に行われ,かつ,被評価者にとって人生の岐路となるような重要度の大きな評価機会は,被評価者(受験生)自身に,合否という結果のみならず,評価自体に対する心理的な影響を及ぼすことになる。その結果,被評価者を取り巻く,例えば,学校教育の在り方等が影響を受けることになる。評価の影響の在り方をまとめることを通して,評価の適切な利用の在り方について考えてみる端緒とできればと思う(16-09)。

【測　定】

測定は,ある対象に対して,ある基準に基づいた数値化を試みることであるが,その数値の割り当て規則のことを尺度と呼ぶ。ここでは,尺度には,その数値化の在り方によって様々な水準があるということ,また,尺度の構成手法のうち代表的なものを幾つか示しておくことにする(16-10)。

測定値に関しては,何度測定しても同様の測定値が安定的に得られやすい程度を表す信頼性という概念(16-11)と,測定値が測定したものを的確に反映している程度を表す妥当性という概念(16-12)が,尺度,測定値の適切性を判断する観点として取り上げられることが多い。尺度や測定値に関わる基本的なメタ評価観点といえるものであり,自らが利用する尺度や測定値について,それらの観点から検討ができるようになるとよい。

信頼性という概念は,古典的テスト理論と呼ばれる測定理論のもとで定式化され,幾つかの方法で信頼性の高さを表す信頼性係数と呼ばれる指標を推定する方法が開発されている。しかし,その推定がサンプルとなる集団に依存する点,測定対象となる特性の水準によって尺度の精度が異なる場合があることなど,幾つかの問題点もある。それに対して,項目反応理論と呼ばれる測定理論(16-13)では,特性の水準ごとに尺度の識別力が異なること,それに応じて,測定値から得られる情報量が変化することなども反映され,それに基づいて,適応型テストと呼ばれるようなコンピュータを利用した新たなテスト手法も開発されてきている。更に本領域の最後に,比較的多く見かけられる質問紙調査を利用した尺度構成の基本的手続きをまとめておくことにする(16-14)。

〔大塚雄作〕

16-01 ▶ 測定・評価の歴史

　測定・評価の歴史を巡っては，まず中国の**科挙**が世界史において大きな位置を占めている。科挙は606〜1905年まで中国で実施されていた高級官吏資格試験である。官吏の世襲や私物化を排し，門地・身分・年齢に関係なく，万人の中から客観的に実力のある者を選び出すための手段として厳格な筆記試験が行われたわけだが，これが能力測定の典型事例として世界に知られた。

　心理学の中で測定・評価の理論が本格的に検討されるようになったのは，1900年頃からアメリカで起こった**教育測定運動**においてである。19世紀にアメリカの公教育において，伝統的な口頭試験から筆記試験への移行が図られたが，その中で用いられるようになっていた論文テストの採点結果が，採点者によって大きく異なることが問題となっていた。そこで，誰が採点しても同じような採点結果が得られる客観テストの開発が進められ，測定理論が急速に発展した。なかでも，「全て存在するものは，何らかの量として存在する。もしそれが量として存在するなら，それは測定できる」というソーンダイクの言葉は特に有名で，能力を数値化するための尺度の開発や，知能検査の標準化も進んだ。当時，評価の客観性は，集団における個人の相対的位置に求められ，相対評価に向けた動きが加速した。

　1930年代に入って，進歩主義教育運動が台頭してくると，客観テストで陥りがちな要素的な評価に批判の矛先が向けられ，学習経験全体を評価しようとする動きが出てくる。そこでは，子どもたち一人一人の成長に即して，学習の結果だけでなく過程を評価することが強調された。

　また，進歩主義教育の効果を実証するために，進歩主義教育協会が1933〜1941年にかけて行った「**8年研究**」は，測定から評価への転換を促すものとなった。8年研究では，30の進歩主義教育実験校が選定され，その卒業生には在来の大学入試を免除するとともに，大学入学後その生徒が大学教育の場でいかに成長・発達するか，通常コースで入学してきた生徒との比較研究が目指された。この中で，タイラー主導のもと，多様な評価の理論と方法が生み出された。この動きの中では，評価の規準は教育目標に求められ，生徒に期待される行動（高次の精神活動を含む）で記述された教育目標に準拠して評価するとともに，それをカリキュラムや授業実践の改善につなげることが主張された。ここで確立した理論と方法は後に「**タイラー原理**」として定式化され，カリキュラム研究にも大きな影響を与えた。

　タイラー原理は，1950年代中頃からブルームらが提起した「**教育目標の分類学**」によって更に前進した。教育目標の分類学（通称ブルーム・タキソノミー）は，教育の目標（objectives）となる領域を，認知的領域，情意的領域，精神運動的領域の三つに分け，それぞれの領域についてレベル分けを行うことで，教育目標の体系を示そうとした試みである。それは，行動目標に基づいた評価の新たな基盤ともなった。ブルームらはまた，到達目標として設定される学力の保障を確実なものにすることを目指す**マスタリー・ラーニング（完全習得学習）**の理論も提起しており，この中で，診断的評価，形成的評価，総括的評価といった評価の機能もより明確なものとなった。

　ただし，当時の実践では客観テストが使われることが多く，評価されるものが低次の知識・技能にとどまり，高次の思考を必

要とする学習活動が保障されにくいという状況があった。そこで,1980年代後半頃から,標準化されたペーパーテストに依存する体制を批判する中で,**パフォーマンス評価やポートフォリオ評価**といった新たな評価法に注目が集まるようになった。それらは,従来の標準テストの代替(オルターナティヴ)となるという点で「**オルターナティヴ・アセスメント**」と呼ばれたり,本物に近い文脈で評価が行われるという点で「**オーセンティック・アセスメント(真正の評価)**」と呼ばれたりしている。

❶▶オルターナティヴ・アセスメント (alternative assessment)

標準化されたペーパーテストに依存する体制を批判する中で,そのテストの代替となる評価の在り方を示す言葉をいう。具体的な評価方法としてはパフォーマンス評価やポートフォリオ評価が用いられ,「オーセンティック・アセスメント(真正の評価)」と呼ばれることもある。

❷▶科挙

606~1905年まで中国で実施されていた高級官吏資格試験をいう。官吏の世襲や私物化を排し,門地・身分・年齢に関係なく,万人の中から客観的に実力のある者を選び出すための手段として,厳格な筆記試験が行われた。

❸▶教育測定運動 (measurement movement)

教師による評価が主観的で信頼性の低いものであるとして,各種テストの開発と併せて,評価方法の客観化・科学化を目指した動きをいう。能力は測定可能であるとし,数値化するための尺度の開発が進められた。

❹▶教育目標の分類学 (taxonomy of educational objectives)

ブルームらが教育の目標(objectives)となる領域を,認知的領域,情意的領域,精神運動的領域の三つに分け,それぞれの領域についてレベル分けを行うことで,教育目標の体系を示そうとした試みをいう。例えば,認知的領域については,知識,理解,応用,分析,統合,評価の六つのレベルが設定されている。

❺▶8年研究 (The Eight-Year Study)

アメリカで進歩主義教育の効果を実証するために,進歩主義教育協会が1933~1941年までの8年間にわたって実施した研究プロジェクトをいう。30の進歩主義教育実験校を選定し,その卒業生には在来の大学入試を免除するとともに,大学入学後その生徒が大学教育の場でいかに成長・発達するか,通常コースで入学してきた生徒との比較研究が目指された。この中で,タイラー主導のもと,多様な評価の理論と方法が生み出された。

相対評価:→16-04「量的評価の方法」
知能検査:→11-04-❺「知能検査」,16-06-❺「知能検査」
パフォーマンス評価:→16-05-❸「パフォーマンス評価」
ポートフォリオ評価:→16-05-❹「ポートフォリオ評価」

〔遠藤貴広〕

16-02 ▶評価の目的と機能

評価とは,文字どおりいえば,価値を評することである。しかし,何のためにそれを行うのか,その目的によって主体も対象も方法も変わるため,評価という言葉の意味するところも多義的なものとなる。ま

た，同じ目的のもとで実施される評価でも，それが活動全体の中でどのような役割を果たしているかで，取り組み方は変わる。それは評価の機能の違いとして把握されるものである。

例えば学校教育における評価では，評価の目的として，指導目的，学習目的，管理目的，研究目的といった区分けが知られている。指導目的は，生徒一人一人にとって効果的な教育活動になっているかどうかを問うもので，教師が自身の教育活動を検討することに主眼がある。学習目的は，生徒が自分の学習活動を点検・確認し，後の学習活動を改善・修正することを目指したもので，この目的のもとでは生徒による**自己評価**や**相互評価**が中心となる。管理目的は，学級編成や学校行事の決定，成績確認，学校の設備点検等，学校運営に関わる取り組みを改善・修正することを目指したもので，学校では主に管理職がこの目的のために評価活動を行うことが多い。研究目的は，新しい教育課程，教育内容，教材・教具，指導法，評価法の開発を目指したもので，この目的で学力調査が行われることもある。

評価の機能としては，証明機能と改善機能といった区分けが考えられる。例えば同じ「学習評価」といっても，学習の成果をより正確に示すことに主眼が置かれる「**学習の評価**（assessment of learning）」と，後の学習をより良く改善することに主眼が置かれる「**学習のための評価**（assessment for learning）」がある。前者が証明機能を，後者が改善機能を果たす評価として位置づけられる。

評価の機能による別の区分としては，活動前に活動計画立案のための情報を得る「**診断的評価**」，活動途中で後の活動の改善のための情報を得る「**形成的評価**」，活動後にそれまで取り組んできたことの成果を総括的に把握する「**総括的評価**」といったものも知られている。この三者は，評価する時期（事前・途中・事後）で区別されることもあるが，本来はその評価が活動に対してどのような役割を果たすかという機能によって区別されるものである。

このような機能を果たす評価は，活動の目標を確実に達成するために実施されることが多いが，場合によっては，目標自体が不適切なことがある。そこで，活動前に設定されていた目標にとらわれずに，実際に起こった出来事に即して，その取り組みの意味を問う「**ゴールフリー評価（目標にとらわれない評価）**」により，目標自体を問い直すことも，目的にかなう活動を実現する上では不可欠となる。

最近の行政・制度・経営の分野では，様々な取り組みに対して，投入した資金に見合う成果が出されているか，取り組まれたことが外部に合理的に説明可能な状態になっているかどうかが，「**アカウンタビリティ**」という言葉で問われるようになっている。そして，確実な目標達成を実現するために，計画（Plan）→実行（Do）→点検（Check）→改善（Action）を繰り返す「**PDCAサイクル**」により，継続的に業務の改善を図ることが求められている。この図式の中でも評価は重要な位置を占めており，実施されている評価活動がアカウンタビリティに資する証明機能を有しているか，確実にPDCAサイクルを回していける改善機能を有しているかといったことが，社会で強く問われている。

他方で，PDCAサイクルを回し，アカウンタビリティを示すこと自体が目的となってしまって，評価の意味が矮小化され，活動や実践が窮屈になってしまうという問題状況も指摘されている。活動や実践をより豊かなものにするために，目標そして評価方法自体を問い直す回路をどう確保しておくかも，より良い実践を進める上で重要になる。

❶ ▶ アカウンタビリティ (accountability)

個人や組織によって取り組まれたことが，関係者や部外者に合理的に説明可能（accountable）な状態になっているかどうかを問う概念で，「説明責任」とも呼ばれる。元々は accounting（会計）と responsibility（責任）の合成語で，経営者が出資者に対して資金の用途を説明し，投入した資金に見合う成果が出されているかどうかを問う「会計責任」を意味していた。

❷ ▶ 形成的評価 (formative assessment)

活動途中で，後の活動への改善のための情報を得ることをいう。改善を目的にしているという点で，活動後に行われる総括的評価とは機能面で対比される。

❸ ▶ ゴールフリー評価 (goal-free evaluation)

活動前に設定されていた目標やねらいにとらわれずに，実際に起こった出来事に即して，その取り組みの意味を問うこと。「目標に基づいた goal-based 評価」との対比で，「目標にとらわれない評価」と訳されることもある。

❹ ▶ 診断的評価 (diagnostic assessment)

活動前に，活動計画立案・調整のための情報を得ること。活動後に行われる総括的評価や，活動途中に行われる形成的評価と機能面でも対比される。

❺ ▶ 総括的評価 (summative assessment)

活動後，それまで取り組んできたことの成果を総括的に把握することで，例えば学校教育では成績評定にその情報が用いられる。

❻ ▶ PDCA サイクル (PDCA cycle)

計画（Plan）→実行（Do）→点検（Check）→改善（Action）を繰り返すことで，継続的に業務の改善を図る管理手法の一つ。第二次世界大戦後，シューハートやデミングらが生産品質管理システムを構築しようとする中で提起された。

自己評価：→ 16-03-❶「自己評価」
相互評価：→ 16-03「評価に関わる人的要素」

〔遠藤貴広〕

16-03 ▶ 評価に関わる人的要素

人に関わる評価は，ある人の活動や特性を対象として，他者が何らかの基準に即して価値判断するという形で行われる。そこには，評価を行う評価者と，評価される被評価者が含まれることになる。その両者の人的関係によって，評価者が他者の場合を**他者評価**，評価者と被評価者がその立場を相互に入れ替えて評価し合う場合を**相互評価**，評価者を被評価者自身が兼ねる場合を**自己評価**等と分類される。

近年は，大学評価等，組織や公的取り組みに関わる評価が社会的に行われるようになっているが，同様に，評価者と被評価者が含まれることから，大学自身が行う評価を自己評価，また，その一環として，学外の評価委員による評価を行う場合を外部評価，認証評価機関等の第三者の機関による評価を第三者評価等と分類している。

評価は，評価者，被評価者の関係性によって，また，その評価を取り巻く**評価利用者（ステークホルダー）**の立場やタイプによっても，その機能が異なったり，活動そのものへの影響の仕方が異なったりすることが知られている。

例えば，産業領域において提唱されたマグレガーの **X 理論**，Y 理論と呼ばれるものがある。X 理論は，単純労働等を中心

とする労働者に対しては，いわゆるアメとムチの成果主義的な報酬体系が適しており，一方**Y理論**は，自ら課題を見出してその解決に取り組む知的労働者に対しては，自ら目標を立てさせその達成度で評価することが適しているというものである。これは，被評価者のタイプによって適している評価の在り方が違うことを示している。

一方，ある被評価者に対して，様々な評価者から同様の評価情報が提供されたとしても，評価者が誰かによって効果は違ってくる。例えば，評価内容に関わる知識や経験を多くもっていると思われる教師からの評価が必ずしも効果的ではなく，自分と同じレベルであるはずの信頼できる友人からの評価情報が，自己効力感の増進や自らの行動を変えるために有効に働くということも少なくない。

評価における人的関係は，**実践共同体**という視点から整理することも可能である。信頼関係があるとか，同レベルの友人からの評価が有効であるということは，言い換えれば，同様の目標を共有しているある種の実践共同体の成員同士間の評価情報の交換が有効である，と見なすことができる。このように，実践共同体における目標追求活動に関わる評価は，他者からの評価であっても，自らの活動の改善・向上のための**形成的評価**として位置づけられやすい。

実践共同体においてその目標追求活動に関わる評価基準が明確に共有されている場合には，例えば，あるスポーツに関わるコミュニティがそうであるように，数量で表現される量的評価がその活動のレベル向上に有用となる。一方，スポーツ等であっても，その技能を高度なレベルで改善させていくというような場合は，必ずしも量的な評価基準が設定可能であるとは限らない。むしろ，同じ状態が，ある点では良いが別の点からすると問題でもあるというような**鑑識眼**が，その実践共同体における成員同士の相互作用を通して養われていくことがある。鑑識眼と呼ばれるような評価の場合，量的な評価基準等に参照することは困難であり，質的評価が行われることになる。

また，開発援助等の文脈の中では，評価者と被評価者が協力して，参加協調型評価と呼ばれる評価が行われることがある。援助する側は，当初は援助される側の実践共同体の一員として援助を進めるが，早晩その共同体から退くことになる。援助される側は，独自にその実践共同体を維持・発展させていく（持続可能性）ために，自己評価力を向上させることが求められ，それを見据えた評価の方法として位置づけられている。

■　■　■

❶▶ 自己評価 (self-evaluation)

自らを自らが評価すること。自己評価は，自身の様々な状況に関わる情報が利用できるメリットがあるが，バイアスが入り込みやすかったり，外からの見えに関する情報が得にくいなどの欠点もある。その点で，他者からの評価情報を利用することで補ったり，バイアスを補正する方法を身に付けていくことが望まれる。そのようなことで，的確な自己評価が可能であれば，個人や組織の成長につながることが期待される。大学評価等における第三者評価において，自己評価の報告書に基づいて評価が行われる理由はその点にある。

❷▶ 第三者評価 (third-party evaluation)

大学評価では，認証評価機関と呼ばれる，大学に直接関わらない第三者機関による評価が行われ，これを第三者評価と呼んでいる。大学全般に関わる認証評価機関は，大学評価・学位授与機構，大学基準協会，日本高等教育評価機構等がある。大学が，学外の評価委員を選んで行う外部評価

は，自己評価の一環と捉えられ，第三者評価とは区別する。大学基準協会では，協会のメンバーとして認められるかどうかを会員相互が評価し合って決定していくことから，相互評価の方法と呼ばれることがある。

❸ ▶ 他者評価 (external evaluation)

評価者と被評価者が異なる場合，その評価を他者評価と呼ぶ。他者評価は，評価者が適切に訓練を受けていれば，被評価者である活動主体に関わる客観的な評価結果を導き出せることから，通常，評価というと，他者評価が想起されることが多い。しかし，他者からの見えも，評価者の視点によって異なるなど，バイアスが混入する場合も少なくなく，様々な測定ツールを利用するなど，的確な評価のための準備が必要とされる。

❹ ▶ 評価利用者 (stakeholder)

評価は，それを取り巻く多くの立場の人に利用される。その評価利用者（ステークホルダー）が誰かによって，評価は影響を受ける。例えば，学校において教師が生徒を評価した結果は，生徒の父母をはじめとして，内申書として上級学校の入試等にも利用されたり，あるいは，教育政策を講じるために利用されることもある。入試等で利用される場合には，そこに供される評価の重みが増大するといった影響が及ぶことになる。

鑑識眼：→ 16-05-❷「鑑識眼」
形成的評価：→ 16-02-❷「形成的評価」
自己効力感：→ 07-01-❷「自己効力」, 19-06-❺「自己効力感」
持続可能性：→ 16-08-❹「持続可能性」
質的評価：→ 16-05「質的評価の方法」
量的評価：→ 16-04「量的評価の方法」

〔大塚雄作〕

16-04 ▶ 量的評価の方法

テスト得点に代表されるように，人の何らかの特性について数値を付与し，量的評価を行うことがある。学力テストでは，学力という目に見えないものについて，テスト得点という数値を対応づけるわけであるが，当然のことながら，学力の高い人に低いテスト得点を付与するようなことは望ましくない。そこで，いかに正確な数値を付与するか，という点が重要になってくる。例えば算数のテストにおいて，ある特定の領域のみを問うテストであれば，その偏りゆえ，対象者の算数の力を測定することに問題が生じるだろう。このように，測りたいことを確実に測っているのかという側面を**妥当性**という（前記の例は特に**内容的妥当性**に該当する）。一方，例えば同一人物に，短い期間をおいて2回実施した職業適性の検査得点が著しく異なっていては，その検査に信頼が置けないだろう。このような一貫性（この場合は時間的な一貫性）に関する側面を**信頼性**という。これは，テスト得点に誤差がどの程度占めるのか，という問題である。以上のような考えの背景には，テストの作成について理論的根拠を与える**テスト理論**が存在する。

学力テストの結果，各受験者に付与された数値は，多くの場合，平均を算出するといったように統計解析にかけられる。量的評価のメリットの一つは，統計解析になじむということにある。

学力の評価と聞いてまず思いつくのは偏差値かもしれない。偏差値の説明に先立ち，標準得点について説明する。**標準得点**とは「（データの値−平均）÷標準偏差」で計算される値である。ここで算出された標

準得点は平均0，標準偏差1になっているが，このように平均0，標準偏差1になるように標準化した標準得点を **z得点** という。したがって，以上に「標準得点」とあるのは，「z得点」と読み替えても問題ない。更に，「z得点×10+50」と変換したものが **偏差値** である。偏差値も標準得点の一種であり，平均50，標準偏差10になっている。そのほかに，**パーセンタイル順位** も知られている。

以上の偏差値，標準得点，パーセンタイル順位は，「他の人と比べてどうなのか」という **相対評価** に関する指標である。こうした指標は，他の人，つまり集団の中での位置づけを明確化し評価を下すものであり，**集団準拠評価** という。相対評価に対置される語として **絶対評価** があるが，個人個人の評価において，ある教育目標と照らし合わせると，以前できなかったことができるようになったというように，何らかの目標を評価基準とする評価を **目標準拠評価** という。文脈によっては **到達度評価** ともいわれる。

前記では，主に学力テストを想定した解説を行ってきたが，心理学において量的評価を用いるのは学力に限らない。実際にはむしろ，学力よりも，性格などといった何らかの心的特性についての評価が多いといえる。心理尺度を用いた質問紙調査研究がその代表である。上記に述べた標準得点，偏差値については，性格の量的評価においても同様に適用することが可能である。一般には学力の文脈で語られることの多い偏差値であるが，数量的データであれば，どんなものであっても算出可能ということである。

性格について量的評価を行う手法として，質問紙法と検査法を挙げる。学力テストは，学力検査という語があることからも分かるように，検査法である。検査法には，「何を測るか」という測定対象を考えると，学力検査のほかに，性格検査，知能検査，発達検査等がある。一方，「何を用いて測るか」という測定道具を考えると，質問紙法検査，**投影法検査**，作業検査等がある。性格について評価する質問紙法検査では，多くの場合，**評定法（評定尺度法）** が用いられるが，自己回答形式であり，性格の表層的な把握にとどまるという批判がある。そこで，投影法検査を用いることもあり，その多くでは量的評価よりも質的評価が重視される。

以上，量的評価を支える考え方として，信頼性，妥当性を，続いて，得られた数値の統計解析に関する指標として，標準得点，偏差値を，最後に，数値を得るための道具として質問紙法，検査法について述べてきた。なかでも重要なのは道具である。道具が脆弱なものであれば，そこから導かれる量的評価もまた脆弱なものとなるからである。量的評価は多くの場面で実施されるが，もちろん，それのみである心的特性の妥当な評価ができるわけではない。質的評価と組み合わせるなどの工夫も必要となる。

■　　■　　■

❶ ▶ 誤差 (error)

例えば，あるテストにおいて，全般的に問題文が回りくどく理解しにくい，設定したテスト時間が短すぎる，などの要因があったとしたら，それは質の悪いテストということになる。この場合の誤差は，問題文の不備，不適切なテスト時間の設定，という系統的に発生する誤差であり，これを系統誤差という。一方，その時の体調等ランダムな誤差を，非系統誤差（偶然誤差，ランダム誤差）という。得点から誤差を引いた残りの部分が真値である。真値とは，対

象者に無限回数測定をした場合の平均（正確には期待値）である。

❷▶作業検査 (performance test)

被検査者に簡単な作業を行ってもらい，そのパフォーマンスの検討を通して，能力や性格等を把握する検査である。内田クレペリン精神検査が最もよく知られている。

❸▶テスト理論 (test theory)

古典的テスト理論では，テスト得点を真値と誤差からなると考え，テスト得点に占める真値の割合を信頼性とする。テストの一般的なイメージとしては，例えば1問5点のテストを実施し，5点×正答数＝テスト得点として，受験者にその得点を成績として付与する，というような方式があるだろう。このようにして算出されたある受験者のテスト得点が高かったとしても，それは，問題が易しかったからなのか，それともその受験者の学力が高かったからなのか，不明確である。この両者を分離し，また，正答数の加算としてのテスト得点ではなく，各受験者の能力を推定するアプローチがあるが，これが項目反応理論と呼ばれるものである。英語運用能力テストとしてよく知られた TOEFL は，項目反応理論をベースに作成されているが，日本ではまだまだこうしたタイプの量的評価については普及していないのが実情である。

❹▶投影法検査 (projective test)

曖昧，多義的な図形等を呈示し，それに対する被検査者の反応をもとに，深層的な心的特性に迫ろうとする手法。紙筆式，自己回答形式の質問紙法検査に比べて，心のより深い層にアプローチを加えるものであり，ロールシャッハ検査等が知られている。ロールシャッハ検査については，客観データの蓄積があり，量的評価を含んでいるといえる。

❺▶内容的妥当性 (content validity)

例えば，算数の偏った領域についてのみ出題しているという状況を考える。このような，出題の代表性に関する妥当性の側面を内容的妥当性という。測るべき領域を満遍なくカバーして問うているかということである。妥当性は，伝統的に，この内容的妥当性のほかに，基準連関妥当性，構成概念妥当性を加えた3種類を柱としていたが，近年は，全ての妥当性を構成概念妥当性に収斂させる考え方が主流となっている。構成概念妥当性とは，その意味内容に歴史的変遷はあるものの，その尺度が当該の心的特性（＝構成概念）を測っていると解釈することの適切さ，である。つまりは，結局のところ，妥当性概念そのものということになる。

❻▶パーセンタイル順位 (percentile rank)

ある得点以下に全体の何パーセントが存在するか，ということを示す値である。ある得点のパーセンタイル順位が50であれば，その得点の上に半分，下に半分が存在するということを意味する。つまり，これも相対的指標である。

❼▶標準化 (standardization)

標準得点の式のように，「平均を引いて標準偏差で割る」ことを標準化という。つまりは，標準化によって算出された値が標準得点ということになる。標準化とは，平均・標準偏差を何らかの値になるように変換することであり，z 得点は平均0，標準偏差1に，偏差値は平均50，標準偏差10に，それぞれ変換しているということになる。

❽▶標準得点 (standard score)

例えば，100点満点の学力テストで60点を取った受験者がいたとする（こうした「もともとの得点」のことを素点という）。そのテストは平均55，標準偏差10だったとすると，標準得点は，$(60-55) \div 10 = 0.5$ となる。このように，偏差値とは異なり，一般には0近辺に値が集中する。

❾▶評定法（評定尺度法） (rating method)

例えば，性格に関するある質問項目につ

いて，自分自身の性格と照らし合わせつつ「5. とても当てはまる」「4. やや当てはまる」「3. どちらともいえない」「2. あまり当てはまらない」「1. まったく当てはまらない」の五つの選択肢の中から一つを選択させ，その得点を全項目分合計するといった方法である。性格領域でいえば，いわゆるビッグ・ファイブに関する NEO-PI-R 人格目録等，多くの検査が開発されてきた。

検査法：→ 16-06「標準心理検査の種類」
項目反応理論：→ 16-13「項目反応理論」
質問紙法：→ 02-03「調査法」，16-14「質問紙調査による尺度開発」
信頼性：→ 16-11「信頼性」，16-08-❻「信頼性」
心理尺度：→ 16-14「質問紙調査による尺度開発」
妥当性：→ 16-12「妥当性」，16-08-❼「妥当性」
標準偏差：→ 15-02-❻「標準偏差」
平均：→ 15-02-❽「平均」

〔村井潤一郎〕

16-05 ▶ 質的評価の方法

質的評価（qualitative assessment）とは，評価データ，評価基準，評価対象，評価結果の表現等において，数量より質が重視される評価の総称である。文字，絵・図，映像，音声，身体表現等の形式で質的データが収集・記述され，それらを用いて質的な評価基準のもとで生徒の学習や教育活動等の質が評価され，更に，その評価結果が文章等によって質的に表現される（数値によって表現されることもある）。質的評価は質的研究と重なる部分が少なくないが，**質的研究**が仮説・理論の形成を目的とするのに対し，質的評価は評価対象についての価値判断を目的とする点で，両者は区別される。

質的評価は普通，質的データの収集・記述→評価基準の作成→データの解釈・評価→評価結果の表現，というプロセスをたどる。ただし，このプロセスは直線的ではなく行きつ戻りつを含み，また，一部のステップが省略されたり同時に行われたりすることもある。

質的データの収集・記述の方法には，**観察法**や**面接法**，実技テスト，筆記テスト，パフォーマンス課題等がある。観察や面接は，教育場面における質的評価では，学習活動の観察や授業中のインタラクション等の，自然な状況の中に埋め込まれた形で行われることが少なくない。一方，身体的技能の実演や口頭試問等の実技テストでは，人為的に場面を設定して観察や面接が行われる。筆記テストとしては，客観テスト式の問題（多肢選択問題，正誤問題等）ではなく，自由記述式の問題（論述問題，概念地図法等）が用いられる。パフォーマンス課題は，パフォーマンス評価を行うために設定される課題であり，大別すると，実演（演奏，演技，実技，プレゼンテーション等）と，作品（レポート・小論文，ポスター，詩・小説，絵画等）に分けられる。筆記様式も含み，より複合的である点で，単純な実技テストとは区別される。

質的評価で用いられる評価基準は，**集団基準**（norm）ではなく，**目標基準**（criterion）であることが多い。集団基準は，平均値のように，量的データ（得点）を用いて集団の中での相対的位置を示すために使われる基準であり，測定を実施した後に事後的に設定される。これに対し，目標基準は，測定を実施する前に設定した目標の達成度を評価基準とする。パフォーマンス評

価やポートフォリオ評価等で用いられるルーブリックは，目標基準の代表例であり，被評価者（生徒等）にも開示して自己評価を促すことが奨励されている。一方，質的評価の評価基準は，明文化されないこともある。実演や作品の質を価値判断する専門家の眼，すなわち鑑識眼によってなされる評価はその例である。

こうした明示的あるいは暗黙的な評価基準に基づいて，データの解釈・評価が実施される。質的評価では往々にして，データの収集・記述において既に解釈が含まれているが（例えば，何を観察し，それをどう記述するかには必ず解釈が伴う），この段階では，より意識的に解釈がなされ，更に評価が行われる。パフォーマンス評価やポートフォリオ評価では，実演や作品の特徴をルーブリックの記述語と突き合わせながら，被評価者のパフォーマンスの質を評価する。なお，質的評価は必ず主観的要素を伴うので，測定・評価の信頼性をいかに確保するかが問題になる。パフォーマンス評価では，信頼性確保のために，ルーブリック等の評価基準の明示化・共有化，複数の評価者間でのモデレーション（評価過程や評価結果の調整作業），評価事例の蓄積・提供，評価者のトレーニングといった方法がとられる。

質的評価では全体的に質の把握が追求されているが，評価結果の表現においては，質的・量的それぞれの表現形式が用いられる。例えば，鑑識眼によって捉えた学習・教育活動の質を，文学の文体で教育批評として表現するというものもあれば，大規模な教育アセスメントとして実施されるパフォーマンス評価のように，ルーブリックを介して質を数値化し，最終的に得点として表現するというものもある。

ここに見られるように，質的評価の中にも，量的評価とは異なる質的評価の独自性を強調する立場と，量的評価に近づけようとする立場とがある。この対比は，質的研究における芸術的アプローチと科学的アプローチ，あるいはカリキュラム研究における羅生門的アプローチと工学的アプローチの対比と通底している。

■　■　■

❶ ▶ 観察法 (observation method)

人間の活動や行為を注意深く見ることによって理解しようとする方法をいう。観察場面の人為性によって，自然的観察法（自然な状況下で観察）と，実験的観察法（意図的に統制した状況下で観察）に大別され，前者は更に，組織的観察（観察の焦点を時間・場面・事象等で絞って観察）と，日常的観察（観察の焦点を定めずに遭遇した特徴的な出来事を記録する観察）に区別される。また，観察しているフィールドへの関わり方によっても，完全な参加者（フィールドの一員としての役割を担いながら観察）から，完全な観察者（フィールドの外から観察）まで，様々な観察の仕方がある。

❷ ▶ 鑑識眼 (connoisseurship)

ある分野の専門家（目利き）のもつ，対象を分類・同定し，その価値を判断する能力。心理学や認知科学では対象の分類・同定の能力のみを指すこともあるが，評価論では価値判断まで含んで用いられる。アイズナーは，教育活動の質を教育的鑑識眼によって捉え，それを芸術批評になぞらえた教育批評によって表現するという質的評価の在り方を理論化した。鑑識眼による評価は主観的に見えるが，歴史的・社会的に作られたその分野の実践共同体内での間主観的な合意を反映したものである。

❸ ▶ パフォーマンス評価 (performance assessment)

何らかの課題や活動を，実際にパフォー

マンスさせることを通じて行われる評価をいう。より厳密には，「ある特定の文脈のもとで，様々な知識や技能等を用いて行われる人の振る舞いや作品を，直接的に評価する方法」と定義できる。真正の評価が評価の文脈の「真正性」を重視するのに対して，パフォーマンス評価はある文脈での「遂行」に重きを置くという点で，両者は概念的に区別されるが，実態は重なることが多い。

❹ ▶ ポートフォリオ評価 (portfolio assessment)

ポートフォリオとは，もともと画家や建築家等が自分の作品を綴じ込む「紙ばさみ」のことであり，評価論においては，学習者が一定の期間にわたって自分の作品（学びの証拠資料）を収集・整理したものを指す。ポートフォリオ評価とは，ポートフォリオに収められた資料に基づいて，学習者が活動を振り返り，自己の成長を評価する方法のことである。なお，近年では，教える側のポートフォリオ（ティーチング・ポートフォリオ）や，デジタル形式のポートフォリオ（eポートフォリオ）も作成・活用されている。

❺ ▶ 面接法 (interview method)

聞き取りによって相手から情報を得たり，相手を理解したりしようとする方法をいう。面接場面での即興性を認める程度によって，構造化面接（あらかじめ準備した質問項目に沿って面接），半構造化面接（質問項目は準備しておくが，話の流れに応じて柔軟に変更しながら面接），非構造化面接（質問項目を細かく設定せずに面接）に分けられる。相手が自己の物語を語るよう援助するナラティブ・インタビューは非構造化面接の一つである。調査者-被調査者という役割が固定されたサーベイ・インタビューを批判して，双方のインタラクションによるアクティブ・インタビューも提案されている。

❻ ▶ 羅生門的アプローチ (rashomon approach)

カリキュラム開発には二つの対照的なアプローチが存在する。工学的アプローチが，行動目標とそれに準拠した評価を特徴とするのに対し，羅生門的アプローチでは，一般的目標のもとで創造的な教授・学習活動を展開し，それを多様な立場・視点から記述し，目標にとらわれない評価を行うことが重視される。名称は，ある男の死を巡る複数の異なる語りによって構成されている，黒澤明の映画『羅生門』に由来する。なお，同様のやり方で現実を重層的に描き出すエスノグラフィーの手法も，「羅生門的手法」として定式化されている。

❼ ▶ ルーブリック (rubric)

パフォーマンスの質を段階的に評価するための評価基準をいう。成功の度合いを示す数値的な尺度と，それぞれの尺度に見られる認識や行為の特徴を示した記述語（descriptor）からなる。ルーブリックには，「一般的」（ある領域で一般的に使える）か，「課題特殊的」（その課題だけで使える）か，「全体的」（観点に分けずに評価する）か，「分析的」（観点ごとに評価する）かで，四つのタイプがある。ルーブリックは質を数値化するツールとしての機能をもつ。

〔松下佳代〕

16-06 ▶ 標準心理検査の種類

テレビや雑誌等で，簡単な質問に答えることで性格等を判定する心理テストをやってみたことがある人は多いだろう。しかし，これらの多くは心理学で用いられる「標準心理検査」と違って，興味本位で作

られたものであるため、遊びとして楽しむ分にとどめるべきである。それでは、両者の違いはどこにあるのであろうか。

標準心理検査とは、「**標準化**」の手続きを経て作成された検査であり、「**信頼性**」(安定して測定できているか)と、「**妥当性**」(調べようとしていることを正確に測定できているか)に、十分な配慮がなされているものを指す。ここで標準化とは、厳密な規格を設定する手続きを指す。具体的には、問題項目の提示や、解答方法の指示、回答時間といった実施の方法や、各項目に対する回答の採点方法を厳密に規定し、あらかじめ多くの予備調査を経て作成された得点分布に基づく集団基準に照らして、結果が解釈できるようになっている。一般には、①テストの原案を作成し、②予備テストを実施し、③統計的処理により、問題や質問の難易度や判別力を検討した上で原案を修正し、④標準化のためのテストを実施し、⑤統計的処理により基準を定め、⑥テストの吟味を行い、「検査の手引き」(マニュアル)を作成する、というステップを踏む。大変手間とコストがかかるが、それゆえに客観性が増し、検査結果が信頼できるのである。興味本位で作られた心理テストは、この標準化の過程がないため、科学的根拠がなく、結果も恣意的に解釈できてしまうという問題がある。

心理検査は、「最大パフォーマンス(能力)」を見る検査と、「典型的なパフォーマンス(特徴)」を見る検査に大別される。前者には、知的能力を調べる「**知能検査**」、発達の程度を調べる「**発達検査**」、学力の程度を調べる「**学力検査**」といった多様な検査が存在する。特に、知能検査は長い歴史と多様性(と問題点)をもっているし、学力検査も「**学力テストの種類**」が多様である。後者は、性格を調べる「**性格検査**」が代表的であり、方法により更に「**質問紙法**」「**作業検査法**」「**投影法**」に分かれる。

質問紙法は、多数の質問項目が印刷された用紙を渡し、各質問が自分にどの程度当てはまるかを判断して回答してもらうものである。多様なことを調べることができることから、落ち込みの程度等を調べる「**抑うつ尺度**」等も存在する。集団で実施でき、分析も統計的かつ客観的に結果が得られる利点があるが、目的が明快なため、回答に意識的な歪みが入りやすいという欠点もある。作業検査法は、簡単な作業を被検者に実施し、その作業結果や態度から、性格や行動を把握する検査である。こうした**精神作業検査**は、被検者には何が目的の検査かが分かりにくく、意識的な操作が入りにくいという利点や、機械的な判定ができるという利点があるが、全体的傾向を捉えにくいという欠点もある。投影法は、あいまいな刺激に対する反応のパターンから、特徴を把握する検査である。被検者は自分の反応のもつ意味が分かりにくく、無意識的な部分を把握することができるという利点がある。それゆえ、臨床心理の場面で頻繁に使われている。逆に、結果の解釈は難しく、かなりの技術と熟練が必要であるほか、主観が入りやすいという欠点もある。

一つの心理検査で、個人の能力やパーソナリティの全てを把握するのは不可能である。そこで、幾つかの心理検査を組み合わせて実施することを「**テスト・バッテリー**」という。実際には、能力を測定するもの(例えば、知能検査)と、特徴を測定するもの(例えば、性格検査)を組むことが多い。標準心理検査は、実施に際して習熟し、標準化された手続きに従って正確に実施することが重要であるが、限界や誤用といった点にも注意することで、アセスメントの際に効果を高めることができるだろう。また、標準心理検査は、どのような分野に向いているかを判断する「**適性検査**」に代表されるように、教育や臨床場面で使えるものであると広く認められているがゆ

えに，乱用されないように倫理面にも十分配慮が必要である。

■　■　■

❶▶学力検査 (achievement test)

教育を受けた結果として獲得された「学力」を測定するものである。アメリカでは，19世紀末からソーンダイクを中心に，客観的に学力を測定することが重要視され，多くの学力検査が生み出された。

❷▶学力テストの種類 (types of achievement test)

学力テストの種類は多様である。作成者の違いからは，「標準学力検査」（本人の学力を全国的な同一年齢集団の中で位置づけるもの）や，「教師作成検査」（担当教師自身が作成するもの）に分けられる。回答方法の違いからは，「客観テスト」「論文体テスト」等に分類できる。

❸▶性格検査 (personality test)

個人の気質，性格を診断するために標準化された検査である。調べる内容も方法も様々なタイプのものがあり，質問紙法としては，「YG性格検査（矢田部ギルフォード性格検査）」が最もよく用いられてきたほか，「TEG（東大式エゴグラム）」「MMPI（ミネソタ多面人格目録）」等がよく知られている。投影法では，「ロールシャッハ・テスト」「風景構成法」「P-Fスタディ（絵画欲求不満テスト）」といったものがよく知られている。

❹▶精神作業検査 (performance test)

「内田クレペリン精神検査」が有名である。これは隣り合う1桁の数字を加算する作業を続け，各行の加算作業の最終到達点を結んだ作業曲線から，意志緊張・興奮・慣れ・練習・疲労という5因子を踏まえて解釈される。会社や官庁の採用試験や，学校現場のクラス編成，刑務所や鑑別所等での収容者の分類の参考としても使われている。

❺▶知能検査 (intelligence test)

知能を科学的・客観的に測定するために生み出された検査である。知能とは，広く「環境に適応する能力」と考えられ，一般社会では何らかの「賢さ」を指すものと解釈される。知能検査は，ビネに始まり，ターマンによって，知能指数（IQ）の概念が導入された「スタンフォード・ビネー知能検査」が広まった。実施方法によって，個別検査と集団検査に分かれる。日本では，「田中ビネー知能検査」や，成人に言語性と動作性に分ける「ウェクスラー成人知能検査」(WAIS)がよく知られている。後者には，児童向けのWISCや幼児向けのWPPSIもある。

❻▶適性検査 (aptitude test)

個人がある分野に進んだ時に行う可能性がある能力や特性を調べる標準化された検査を指す。広い範囲に対応できる「一般的適性」と，ある特定分野に対応する「特殊的適性」がある。

❼▶発達検査 (developmental test)

子どもの心身の発達状態や程度を測定したり，診断するために標準化された検査である。例えば，「新版K式発達検査」では，姿勢・運動領域，認知・適応領域，言語・社会的領域の3領域で構成されていることから，全体的な発達のみならず，領域ごとの発達も調べることができる。発達年齢や発達指数（DQ）を算出することで，標準的な発達と比較して，その個人の発達が早いか遅いかを判断することが可能である。

❽▶抑うつ尺度 (depression scale)

「ベック抑うつ尺度」（BDI）が有名で，よく使われている自己記入式尺度である。失敗感や満足感の欠如等，21の主要な抑うつ状態から構成され，抑うつ症状の重症

度を短時間で評価することができる。

〔林 創〕

16-07 ▶ 組織等を対象とする評価

組織といっても, 企業や官公庁, 病院, 各種学校等, 様々存在するが, ここでは近年高い関心を集めている高等教育機関を対象とした評価を中心に取り上げる。

高等教育におけるグローバル化とユニバーサル化への対応は, 日本国内のみならず世界共通の喫緊の課題となっている。とりわけ 20 世紀終盤から, 高等教育の**質保証**に関する枠組みの策定が国レベル, 地域レベルで急速に進められている。質保証は, UNESCO-CEPES によると, **内部質保証**と**外部質保証**に区分され, 前者は「機関(プログラム)の一連の活動に関する質の監視と向上に用いられる, 大学内部の仕組み」, 後者は「機関(プログラム)の質の審査・維持・向上のための, 機関間又は機関より上位にある制度」と定義される(大場 2009)。

特に, 各機関における内部質保証システムの構築は焦眉の課題となっており, これまで行われてきている**自己点検・評価**の実質化や, **PDCA サイクル**等の経営管理手法に基づく**大学評価**を中核とした, 認証評価・法人評価制度が導入・実施されている。

大学評価の制度化が急速に進むなか, 組織的活動の評価を含む自己点検・評価の妥当性・実効性を高める有効な手段の一つとして, **インスティテューショナル・リサーチ (IR)** に注目が集まってきている。「機関調査」と訳されることが多いが, 定訳はなく, そのままインスティテューショナル・リサーチと表記されることも多い。IR の定義としては, 「機関の計画立案, 政策形成, 意思決定を支援するための情報を提供する目的で, 高等教育機関の内部で行われる調査・研究」(Saupe 1990)が多く用いられている。

IR は, 1920 年代以降アメリカの大学で誕生し, 1960 年代以降急速に発展してきた。現在, 北米, ヨーロッパ, アフリカ, オーストラリア諸国の多くの大学に, 担当部署が設置されている。また, **IR の学会・専門職団体**も発展してきている。

IR 担当部署は, 機関内部の調査・研究部門として, 予算・財源配分や教職員の人事統計, 入学者・卒業生の動向等に関するデータ分析, 年次報告書の作成や**第三者評価への対応**等, 極めて多様な役割を担っている。同時に, IR 活動には学術研究と事業企画の要素が含まれていることから, IR 担当者には高度な専門性が求められている。

また, 近年では, 教員の採用・昇任や, 各種ランキング等による大学評価が決定される上で重要な役割を担っている**研究評価**に加え, **授業評価**や**カリキュラム評価**を含む組織を対象とした**教育評価**の重要性が指摘されている。教育評価には様々な活動が含まれるが, 特に各国で強い関心を集めているのが, 学生の**学習成果(ラーニング・アウトカム)**測定であり, その手段の一つとしての学生調査の開発・実施である。例えば, 国際的な学習成果測定の取り組みが, OECD(経済協力開発機構)による AHELO フィージビリティ・スタディ(試行試験 2008-2010)として始まっており, 日本も工学分野で参加している。

現在, 各機関・部局では, **学位授与方針(ディプロマ・ポリシー)**に基づいてカリキュラムや授業を(再)構築することが求められている。そうした教育・学習環境を通じて, 学生の学習成果が様々な指標(授業評価や成績評価, 進路選択状況等)によ

って測定され，組織や個人にフィードバックされる。その一連の取り組みが，機関独自の内部質保証システムの構築，自己点検・評価の実質化，ひいては大学組織の適切な評価，行政評価へとつながっていく。

■ ■ ■

❶▶IRの学会・専門職団体（Association of Institutional Research）

1965年にアメリカでAIRが設立され，学術雑誌の刊行や年次大会，IR担当者（インスティテューショナル・リサーチャー，IRer）養成のための各種ワークショップの開催等，様々な活動を展開している。現在，各国にAIRの姉妹団体が設立され，IR推進の中心的役割を担っている。

❷▶AHELO（Assessment of Higher Education Learning Outcomes）

高等教育における学習成果の評価の略称を指す。OECDでは，学習成果を「一般的技能（批判的思考力等）」「専門領域技能（工学，経済学）」「背景情報（学生の学習環境等）」「付加価値」の4分野で捉えようとしている。

❸▶外部質保証（external quality assurance）

日本では，①自己点検・評価，②大学設置基準，③設置認可・届出制度，④認証評価制度の四つが存在する。2011年4月からは，学校教育法施行規則等の一部改正により，社会に対する説明責任（アカウンタビリティ）と教育の質向上の観点から，「教育情報の公表」が義務づけられることとなった。

❹▶学習成果（ラーニング・アウトカム）（learning outcome）

「学習者が学習期間終了時に知り，理解し，できるようになることが期待されること」（Moon 2002）を指す。日本でも「学士力」（中央教育審議会 2008）や，「分野別の教育課程編成上の参照基準」（日本学術会議 2010）等，当該組織を卒業する学生が最低限身に付けておくべき能力の参考指針が提起されている。同時に，学習成果を測定するための様々な学生調査（機関横断型の標準調査や，機関内部の文脈に基づく独自型の調査等）が開発・実施されている。

❺▶カリキュラム（教育課程）評価（curriculum evaluation）

法令等で定められた規定を遵守しているか，当該機関が掲げる教育理念・目標と整合性が取れているか，目標達成のために最適かつ効果的な授業内容・方法が選択・実施されているか，といった点から行われる評価。そのためにも，教育・人材育成目標の設定と共有，適切な組織体制・人員配置，学生の学習状況・実態の把握（適切なアセスメントの選択・実施）が求められる。

❻▶行政評価（policy evaluation）

行政機関が所管の行政施策（特に予算関係）の執行状況を評価するもの。2004年より独立行政法人化された国立大学が受審することを義務づけられている法人評価（中期目標・計画に基づく評価）も，行政評価の一つである。

❼▶自己点検・評価（self study）

教育機関が自らの組織的活動の改善・向上を目的として，自主的に教育・研究等の活動全般を点検・評価し，社会に公表する営み。大学設置基準の大綱化を契機に，1991年に努力義務化，1999年から義務化された。

❽▶授業評価（course evaluation）

ファカルティ・ディベロップメント（FD）の代表的活動の一つで，現在ほぼ全ての大学で行われている。個々の教員が行う授業の内容・方法，学習状況（理解度や到達度），感想・提案（自由記述）といった10～20個程度の質問で構成される。

❾ ▶ 認証評価 (cerffied evaluation and accreditation)

国の規制緩和政策に対応した事後チェックを行うために，2004年に導入・義務化されたもので，全ての大学・短大は7年に一度，国が認定した認証評価機関による評価（ピア・レビューを基本とした第三者評価）を受審することになっている。

❿ ▶ PDCA サイクル (PDCA cycle)

組織を経営機能の循環システムとして捉え，目標・計画（Plan），実施（Do），点検・評価（Check），改善（Action）の一連の過程からなる目標管理手法を指す。同様の考え方として，計画（Plan），実施（Do），評価（See）も用いられるが，評価が必ずしも次の改善に活かされていないという実態も踏まえ，PDCAがマネジメント・サイクルの一般型として用いられることが多い。

学習成果：→ 16-01-❹「教育目標の分類学」
カリキュラム評価：→ 16-02-❺「総括的評価」，16-02-❷「形成的評価」
自己点検・評価：→ 16-03-❶「自己評価」
説明責任：→ 16-02-❶「アカウンタビリティ」
認証評価：→ 16-03-❷「第三者評価」，16-03-❸「他者評価」

〔山田剛史**〕

16-08 ▶ メタ評価

評価をより高次の視点から評価することをメタ評価と呼ぶ。

評価とは特定の事柄や活動等の価値づけを行うことであり，事柄や活動自体の改善，もしくはその利害関係者への情報提供といった目的のために行われる。評価に目的がある以上，評価を目的達成のための活動と見なし，当初の目的が達成されたか否かを中心とした評価活動自体の評価（メタ評価）を行うことが可能である。メタ評価の対象は，目的達成以外にも，評価の結果と公表，評価の**効率性**，評価のインパクト，評価の法や倫理面での正当性等，多岐にわたり，評価結果が重大な事柄に影響したり，評価に多くの資源を費やしたりしたときには特に，メタ評価の必要性が生ずる。

評価はその根拠となる情報と密接に関連しているため，メタ評価ではまず，収集・測定された情報自体について評価を行うことが必要であり，評価に用いる情報の**信頼性，妥当性，公平性，客観性**等が評価されるべきとされる。測定や調査に基づく数値等の量的情報に関しては統計的なアプローチが有効であるが，インタビューや記述に基づく質的情報へのアプローチは困難である。しかしながら，サンプリングを用いるなど，情報源の偏りを極力排除しているか，情報収集の際に複数の方法を用いているか（トライアンギュレーション）など，情報収集の方法に関する正当性の確認から，それを代替指標として質的情報の信頼性や妥当性の検討を行うことができる。また，どのように情報を収集・測定したかという手続きを記録しておくことは，科学的に評価結果の再現性を担保する上でも重要である。

評価結果は，言い換えれば情報に基づく価値判断の結果であるが，価値づけを行うという評価の性質から，メタ評価を行う際の要素として最も重要な項目と見なされる。情報と評価結果との関連性について，特に評価結果に評価者の主観的判断の余地が多く含まれる場合には，評価結果の信頼性，妥当性，公平性，客観性等がメタ評価の指標となる。また，評価が意思決定者へ

の情報提供という性格が強い場合には，評価結果の公表の形式やタイミング等も評価対象となる。すなわち，評価結果と，その公表が評価の目的に照らして総合的に適切であることが重要である。

なお，評価者の主観を排除し，評価結果の客観性を重視することをねらって，特定の評価結果に対応する測定値の範囲を定めたり（測定値が90以上はA評価等），特定の質的情報を決定したり（ある活動を行っていればB評価等）というように定式化をし，得られた情報から機械的に評価結果を導こうとする場合が多く見られる。しかし，このような変換は，評価の信頼性や公平性を担保するものの，評価結果の妥当性は必ずしも担保されない。測定指標や活動の選択には必ず評価設計者の意思が介在しており，必ずしも評価結果から全ての主観を排除することはできない。

これらに加えて，一般には評価が様々な関係者の利害に直結し，資源を用いる活動であることから，評価が大規模な活動となる場合には一つの事業と見なすことができ，**実行可能性**，効率性，成果，そして持続可能性までもが，政策・施策の観点からメタ評価の対象となる。

例を挙げる。**教育評価**の目的は教育（学習）結果の価値づけをし，かつフィードバック情報として次の教育（学習）に活かすことである。2000年12月の教育課程審議会答申では評価の在り方について取り上げ，指導と評価の一体化，そして評価方法の工夫改善等が示された。教育評価のメタ評価とは，教育の結果を適切に測定し，評価できているか，教育活動が目的に照らして適切であったか否か，更にはその評価が次の教育への示唆や，教育課程としての改善に結びついているかというように，教育評価の活動自体を評価するものである。このメタ評価の評価結果が，次の教育評価活動に向けての工夫と改善とにつながる。更に大きな範囲を対象とした教育機関のメタ評価となると，加えてそれらの評価が組織全体としての教育の質的向上や説明責任の遂行に寄与しているか，更には投入資源や効率，運営体制等が適正かどうかも一つの事業として評価対象となる。

より高次の視点から評価するという意味においては，個人の学習活動に対するメタ認知とそれに基づく自己調整学習や，複数の前提条件の異なる研究結果を集約してより信頼性の高い研究結果を得るメタ分析等のように，他の領域との共通性が認められる。

■　　■　　■

❶ ▶ 客観性 (objectivity)

個々の主観による恣意を排して評価結果が導かれていること。

❷ ▶ 公平性 (fairness)

評価対象に関する特徴が，評価結果に影響を与えないこと。尺度や方法に関する公平性に加え，評価には価値判断が含まれるために，評価者の判断の公平性も含まれる。妥当性と強く関連するが，測定のバイアスや評価対象の属性はもちろんのこと，評価とは関係のない特徴が評価結果に与える影響について特に配慮する必要がある。

❸ ▶ 効率性 (efficiency)

評価活動に投入される人的，物的，金銭的，時間的資源と，評価活動によって得られる効果との関係をいう。投入資源が少ないほど，また評価によって得られる効果が大きいほど，効率性は高くなる。

❹ ▶ 持続可能性 (sustainability)

実行可能性と同様に，あらゆる資源を利活用する評価活動が，継続的に無理なく適正に実施される程度をいう。また，評価が達成しようとする目的が持続する程度のこと。

❺ ▶ 実行可能性 (feasibility)

人的，物的，金銭的，時間的資源を利活用する評価活動が，無理なく適正に実施される程度をいう。評価は価値判断を伴う活動であるため，各種資源の質と量のみならず，利害関係者からの影響についても配慮する必要がある。

❻ ▶ 信頼性 (reliability)

評価結果が評価基準等から見て一貫性があることを示す概念をいう。測定の場合には，測定誤差等が主たる問題となるが，評価の場合は，評価者の主観によって変動するおそれがあるために，むしろ評価者の判断の信頼性が問われることが多い。

❼ ▶ 妥当性 (validity)

評価しようとする内容が評価できていることを示す概念をいう。評価の尺度や方法に加え，評価結果が他者によって使用される場合には，評価結果の示し方も重要な要素となる。

信頼性：→ 16-11「信頼性」
妥当性：→ 16-12「妥当性」

〔齊藤貴浩〕

16-09 ▶ 評価の影響

心理学において評価（測定）といった場合，テストであれ，質問紙であれ，その対象は人間（もしくは動物）である。机の大きさを物差しで測定する時に，机は何もリアクションを返さないが，人間は評価に対して常に受動的なわけではない。評価のプロセスやその結果によって様々な影響を受け，その行動を変化させる。

古くは社会学者のクーリーが指摘したように，そもそも人間は他者からの評価を通して「自分とは何か」という自己概念を形成し，それをもとに行動する。例えば，数学の学力テストひとつを取っても，そこで良い評価を得ることは「自分は数学ができる」という**学業的自己概念**を形成することにつながり，その後の数学への**動機づけ**等に影響を与えることは容易に想像がつくだろう。逆に，評価というものがなければ自分を知ることができないし，自己を変容させることもできない。自分を知ることができなければ，どのように行動すればいいのかも分からない。つまり，他者・外部からの評価フィードバックは人間行動の究極的な原因だと考えることすらもできる。

評価が人間に与える影響には，幾つかの特筆すべき点がある。第一に，ネガティブな評価がもつ影響力の二面性である。サイバネティクス等の考えに基づけば，評価フィードバックで最も重要なのは，ネガティブなフィードバックである。ネガティブな評価は，自分の行動のどこが良くないのかを示すシグナルになり，行動修正の指針になるからである。しかし，人間はロボットとは違いネガティブなフィードバックを素直に受け止められるわけではない。ネガティブな評価は場合によっては**自尊感情**の低下を招いたり，無力感に陥ったりすることによって，逆に適切な行動修正の妨げになることがある。このようにネガティブな評価は，人間に対してなされた場合，情報的価値をもつと同時に，受け手の動機づけを低下させてしまうという両面的な影響力をもっている。

第二に，評価に対する戦略的な反応である。人間は評価を受けるとき，その評価基準を敏感に感じ取り，自らの行動を評価基準に合わせて変更させることがある。例えば**テスト期待効果**の研究では，テストの受験者はどのようなテスト形式で評価されるかによって，テストに対する学習方法を変えることが明らかになっている。また，人

はたとえテスト問題の答えが分からなかったとしても，**テストワイズネス**と呼ばれるテスト特有のスキルによって，できるだけ高い点数を上げるよう努力することも指摘されている。質問紙調査の場合にも，こうした意図的な反応の歪曲は存在する。例えば，何らかの態度等を尋ねる項目が入っていた場合，回答者は**社会的望ましさ**が高いような回答を意図的にするかもしれない。評価する側が客観的に測定したいと思っていても，評価される側は必ずしも自然な形で反応してくれるとは限らないのである。

第三に，評価の学習や行動の促進機能である。人間は評価に敏感なため，評価された情報は精緻に処理される傾向にある。その結果，評価を受けた人間は，評価された情報を学習しやすくなる。例えば，テストを受けると，そのテストで出題された内容は（同じ時間をかけて勉強するよりも）記憶に残りやすいことが，**テスト効果**の研究で示されている。また，質問紙である行動の意図を尋ねると，その行動が回答者の中で心的に活性化するため，本人の気づかないうちにそうした行動を実際に取り易くなるということも指摘されている（**自己生成妥当性**）。

こうした評価の影響を理解することは，人間を理解する上でも，また心理測定学の考え方に異なった視点を与えるという意味でも，大きな意義がある。例えば，一般に心理測定学においては，正答率が50％くらいのテストが能力の診断には最適であるが，ネガティブな評価が動機づけに与える影響等を考えると，文脈によってはそういったテストが必ずしも良いとは限らないかもしれない。また，ある時点で妥当性の高い能力テストを作成できたとしても，社会の中で実施されることによって，テストへの準備量に個人差ができてしまうことが考えられる。すると，テスト得点に測定したい能力以外の要因（例えば「どういったパターンの問題が出題されるかに関する知識」）が混入してしまい，測定したい能力が測定できなくなってしまう可能性もある。このようなことを踏まえ，測定の妥当性は評価の与える影響を考慮した上でなされるべきだという**結果妥当性**といった考え方もある。

■　■　■

❶▶学業的自己概念（academic self-concept）

広義には，学業に関する自己イメージ・認知のこと。実際は「自分は勉強ができる（できない）」といった，自分の学業能力の高低に関する自己認知を指すことが多い。学業的自己概念は，客観的な成績が高いほど高くなるというわけではない。例えば，成績の良い学校に所属している人間の場合，周りの成績の良い人間と比較されることによって，学業的自己概念が実際の客観的な成績から期待されるよりも低くなることが明らかになっている（井の中の蛙効果）。

❷▶結果妥当性（consequential validity）

メシックは，テストを実施した時に，そのテストが意図した結果をもたらしているかどうかといったような，テストの影響までも含めて妥当性に含めるべきだと主張した。これを結果妥当性と呼ぶ。結果妥当性を妥当性の定義に含めるかどうかに関しては，研究者の間で意見が分かれている。

❸▶自己生成妥当性（self-generated validity）

ある行動の意図を尋ねる質問紙と，実際の行動との相関係数を，質問紙への回答が行動を予測するという意味で妥当性係数と呼ぶことがある。ここで，意図を尋ねる質問をすることで回答者の行動に影響を与え，その結果妥当性係数が増大することがある。これを自己生成妥当性と呼び，特に購買行動に関する研究で明らかになってい

❹ ▶ 社会的望ましさによるバイアス (social desirability bias)

特に質問紙等において，回答者が社会的に望ましい方向に回答を歪めることをいう。回答において，真の反応とは無関係の系統的なバイアスのことを反応バイアスと呼ぶが，社会的望ましさによるバイアスはその一種である。

❺ ▶ テスト期待効果 (test expectancy effect)

「あの先生は穴埋めのテストしか出題しないから，暗記だけしておこう」といったように，人は出題されるテスト形式によって，学習方法を変えることがある。すなわち，テスト形式は，学習の方向性に影響を与える。これをテスト期待効果と呼び，もともとは認知心理学の記憶実験で発見された現象である。一般に，多肢選択法・完成法のような客観テストは，暗記中心型の学習を方向づけ，論文体テストは意味理解中心の学習を方向づけることが明らかになっている。

❻ ▶ テスト効果 (testing effect)

テストを受ける時，人はテストで問われている情報を記憶から検索しようとする。このような記憶の検索を行うと，同じ情報を同じ時間学習した場合よりも，その情報に対する記憶が（特に遅延テストで）高くなることが明らかになっている。これをテスト効果と呼ぶ。テスト効果自体は1910年代頃から発見されていた現象であるが，2000年代になって，ローディガーがこの現象の意義を再発見し，多くの研究が行われるようになった。

❼ ▶ テストワイズネス (test-wiseness)

学力テストの多肢選択問題等で，正答が分からなくても，問題文や選択肢にある手がかりをもとに正答する可能性を高めるようなスキルのこと。例えば，四肢選択問題があった時，最初の三つの選択肢が同じような内容を示しているなら，それらのうち一つだけが正答である可能性が低く，残り一つが正答の可能性が高いだろう。こうした知識をもとに正答を推量していくのが，テストワイズネスである。

〔村山　航〕

16-10 ▶ 尺度

心理学では理論や法則の正しさを確認するために，資料や証拠となるデータを取ることがある。データは実験，調査（質問紙），観察，面接等，研究法を利用することで得られる。データは数字だけとは限らず，文字，音声，静止画，動画等，様々な形態を取る。このデータに関し，一定の規則に従って，対象や事象の性質に対して数字を割り当てることがある。物理量の例では，テーブルの長さを測るために，巻き尺に書かれた長さの目盛りをもとに，1メートルといった数字を割り当てる。この数字を割り当てる過程のことを測定と呼び，測定の際に利用される規則のことを尺度と呼ぶ。

測定において重要なことは，数字を割り当てるための規則すなわち尺度である。先ほどの物理量（物質の物理的な性質・状態を表現する量）の測定では，例えば長さなら，1メートルは1秒の299792458分の1の時間に光が真空中を伝わる行程の長さという定義がある。この定義が規則であり，広い意味で「物差し」ということになる。物理的な物を測る場合は，長さならば巻き尺，重さなら体重計等，測定の規則となる道具が用意されている。我々は，このような道具を利用すれば簡単に測定することが

できる。

　測定された値は数字で表現されるが，数字で表現されているからといって，全ての測定値（データの値）に対して同じような数的操作（測定値間の四則演算や測定値の変換）ができるわけではない。スティーヴンスは，測定された値がもつ性質によって尺度を4種類（**名義尺度，順序尺度，間隔尺度，比尺度**）の水準に分けた。名義尺度は性質や状態を排他的なクラスに分類し数字を割り当てたもので，性別に対して数字を割り当てる場合である。順序尺度は分類に利用するクラス間に大小（順序）関係があるもので，成績の順位がこの尺度に該当する。間隔尺度はクラス間の大小関係だけでなく，割り当てられた数字の間隔も意味をもつもので，摂氏温度がこの尺度に該当する。心理学で扱うデータは間隔尺度であることが多く，測定値に関して絶対的な意味がないため，データ全体における相対的な位置を表すために**標準得点**が利用されることがある。比尺度は，間隔尺度の性質に加えて絶対原点をもつもので，測定値間の比を取ることも意味をもつ。長さ，重さ，絶対温度がこの尺度に該当する。

　これまで見てきたように，各尺度水準はそれぞれ特徴をもち，許容される数的操作が異なる。したがって，適用可能な統計的方法も尺度水準によって異なる。特に心理学をはじめ，多くの行動科学あるいは社会科学の場合，測定方法によって様々な尺度水準のデータを扱うことになるので，データがどのような尺度水準をもつのか，また，その水準にふさわしい解析方法は何かを常に考える必要がある。

　研究によって得られたデータをもとに「物差し」となる心理尺度を作成することを**尺度構成法**という。この尺度構成法には直接法と間接法がある。直接法は，刺激のもつ心理的な尺度値を実験参加者に直接推定させ尺度を構成する方法で，マグニチュード推定法がこれにあたる。それに対して間接法は，大小判断やカテゴリー判断といった構成する尺度値とは直接関連のない反応を実験参加者に求め，その結果に対してモデルと呼ばれる原理や仮定を適用することによって間接的に尺度を構成するものである。この間接法による尺度構成法は刺激に関する物理量を必要としないために，社会心理学等，心理学の幅広い領域で利用されている。間接法による一次元による尺度構成法として有名なものとしては，**ガットマン尺度，サーストンの比較判断の法則，リッカート尺度**がある。特にリッカート尺度は質問紙法でよく利用されている。

■　■　■

❶▶ ガットマン尺度 (Guttman scale)

　ガットマン尺度は，順序尺度のデータから一次元の心理尺度を構成する方法である。学力テストであれば，各項目に正答した人数と，各受検者が正答した項目数それぞれの大きさの順に，データの表の行と列を入れ替える。そうすると，受検者はある一定以上の難しさの項目には正答しないことが分かる。これをガットマンは完全尺度と呼んだ。ただし，現実には完全尺度になることは少なく，完全尺度の仮定から外れた反応数をもとに一次元尺度化可能性を表す指標として，再現性係数が利用される。

❷▶ 間隔尺度 (interval scale)

　測定値間の順序だけでなく，その差の大きさにも意味がある尺度である。ただし，比尺度で述べられる絶対原点は存在しない。間隔尺度の例としては，摂氏温度がある。間隔尺度では，差の大きさの関係が維持される線形変換が認められる。例えば，摂氏温度から華氏温度への変換である。ただし，気をつけなければならないのは，間

隔尺度の場合，あくまでも測定値間の数字の差に意味があるので，摂氏温度の場合，40℃は20℃と比べて20℃暑いと表現できるが，2倍暑いとはいえない。すなわち，間隔尺度においては，測定値間の比の関係は意味をなさないのである。

❸▶ サーストンの比較判断の法則 (Thurstone's law of comparative judgement)

人が判断を行う際に利用する心理学的連続体に，確率分布を導入した尺度構成法である。この方法で利用されるデータは，実験協力者に二つの刺激を対にして呈示し，大小判断や好き嫌い判断を求めるといった，一対比較データである。比較判断の法則では，刺激に対する人間の弁別あるいは反応は心理尺度上で正規分布すると仮定し，実験参加者が二つの刺激に関して一方を大きいあるいは好きと判断した比率を測定値として利用し，各刺激における尺度値を正規分布関数の逆関数から求める。比較判断の法則をカテゴリーに拡張した，カテゴリー判断の法則もある。ただし，前記の二つの方法は，態度の測定で利用されているサーストンの等現間隔法とは異なるので注意が必要である。

❹▶ 順序尺度 (ordinal scale)

対象のもつ属性に関して順序づけが行われる場合に用いられる尺度で，数字の大小関係のみが意味をもつ。順序尺度では，大小関係が維持されれば，既に割り当てられた数値を変換することも可能である。順序尺度の例としては，成績の順位や実験において，実験参加者が刺激等を順序づけた場合などが考えられる。

❺▶ 比尺度 (ratio scale)

間隔尺度の条件に加え，絶対原点が存在する尺度である。比尺度の例としては，長さ，重さ，絶対温度等がある。絶対原点とは，長さや重さが無い状態であり，絶対温度の場合は，絶対零度で分子運動が停止し，それ以下の温度は存在しない。比尺度においては，測定値間において四則演算を行うことができる。また，比尺度で許される変換は，比の関係が保たれる正の定数を乗じる変換である。

❻▶ 標準得点 (standard score)

データは同じ方法で測定したとしても，対象によって平均と標準偏差が異なる。ここで平均が0，標準偏差が1となるような変換を行うと，分布の位置と広がりの幅を揃えることができ，相対的な位置を捉えるのに便利である。個人iの標準得点z_iは，素点をX_i，平均を$\bar{X}$，標準偏差をSとすると，次の式で求めることができる。

$$z_i = \frac{X_i - \bar{X}}{S}$$

この式から分かるように，標準得点は標準偏差の倍数に基づく得点で，素点が平均に比べて標準偏差の何倍大きいか，あるいは平均からどの程度離れているかを示している。

❼▶ 名義尺度 (nominal scale)

異なる対象を互いに区別するために用いられる尺度で，大小関係等，量的関係はもたない。名義尺度は分類が目的なので，数字の割り当て方は，他のクラスと重複しないように，同一クラスならば同じ数字が割り当てられるようにする。例えば，性別なら女性に1，男性に2を割り当てることである。また名義尺度では，女性を1から3へ，男性を2から8へ変換するといった1対1変換が許される。ただし，数字であっても量的な関係がないため，四則演算を行うことはできない。

❽▶ リッカート尺度 (Likert scale)

回答者に短文からなる複数の質問項目を呈示し，それに対する態度を5段階（「非常にそう思う」から「全くそう思わない」）で評定してもらい，「非常にそう思う」を5点，「全くそう思わない」を1点とし，各項目への反応を合計することで，その個人の態度を測定する方法である。段階は5段階以外にも7段階も利用される。評定加

算法とも呼ばれる。リッカート尺度で利用されるカテゴリーについては等間隔が仮定されており、得られた得点は間隔尺度として扱う。質問紙法による心理尺度作成においてよく利用されている方法である。

観察：→ 02-04「観察法」，16-05-❶「観察法」

研究法：→ 02「研究法」

実験：→ 02-02「実験法」

質問紙法：→ 02-03「調査法」，16-14「質問紙調査による尺度開発」

調査：→ 02-03「調査法」

マグニチュード推定法：→ 05-01「知覚研究法」

〔中村知靖〕

16-11 ▶ 信頼性

調査や検査、実験等において得られる、ある心理学的特性に関する測定値には、必ず**誤差**が含まれる。測定値に誤差の含まれる程度が小さい測定を、信頼性（reliability）が高いと呼ぶ。信頼性が高い測定は、何度測定を繰り返しても、ほぼ同様の値が安定して得られることになる。

信頼性がどの程度であるかを表現するためには、測定値から誤差の成分を分離して取り出すことができないので、誤差の含まれる程度を推定する必要がある。物理的な測定では、同じと見なせる対象に同じ測定を何度も実施できる場合もあり、その際には、それらの測定値の分散によって誤差の程度を推定することが可能である。一方、心理に関わる測定においては、特性が目に見えるものではなく、一定の理論的モデルを背景とする間接測定となり、また、同じ測定を繰り返すことで、測定対象の状態が変化しやすい場合も少なくないことから、誤差の含まれる程度を推定するために、測定値に関するモデルに基づいた統計的な推定が行われることになる。

例えば、最も基本的な**測定モデル**（古典的測定モデル）では、ある被検者の測定値 X は、測定したい特性の**真値** T と誤差 E の和、$X=T+E$ という式で表される。これに基づけば、誤差の含まれる程度が小さいということは、測定値に真値の含まれる程度が大きいと言い換えることができる。そこで、信頼性の大きさを反映する指標として、被検者の母集団における測定値の分散 σ_X^2 に対する、真値の分散 σ_T^2 の比 $\rho_X = \sigma_T^2/\sigma_X^2$ を充てる。この ρ_X を**信頼性係数**と呼び、信頼性が高いほど1に近い値を示し、信頼性が低いほど0に近い値となる。

実際には、測定モデルに関わる幾つかの仮定に即して、ある集団において、測定値や対となる測定値が収集され、それらに基づく統計量によって信頼性係数の推定がされることになる。その推定方法、推定値として、**再検査法、平行検査法、折半法、α 係数**等がある。

これらの信頼性係数の推定値は、それぞれの方法に付随する誤差要因に基づくものであり、誤差を生み出す要因は様々であることから、状況に応じて幾つかの指標によって信頼性の検討をしておくことが望まれる。例えば、論述式や実技等の評定は、採点者の基準が異なることによって生じる誤差を問題にすべきであり、その場合には、複数の採点者の評定の一致率等によって、**採点者信頼性**と呼ばれる指標を示すべき場合もある。更に、測定値に影響を及ぼす幾つかの要因に関する実験計画に即して測定値を収集し、分散分析の考え方に基づいて信頼性の検討を行う**一般化可能性理論**と呼ばれる理論も開発されている。

測定の信頼性を高めるためには、基本的

には,誤差を相殺するために同様の測定を繰り返して,そこで得られた測定値の平均等を最終的な対象の測定値とすることが考えられる。同様の測定を繰り返して合計した時の信頼性は,**スピアマン-ブラウンの公式**を利用して推定できるが,項目数が増えるほど信頼性は高くなることが知られている。アンケート調査等で,類似の複数の項目の合計点や平均値を尺度得点とする発想は,この考え方に沿ったものである。逆に,差得点の場合,両者の真値が相殺される可能性も大きくなり,信頼性を確保することが難しい。

なお,信頼性係数の推定値は,必ずしも高ければいいというものではない。例えば,α係数を高めるために,過度に似た表現の項目を集めることで,それらの項目でねらっている抽象的な構成概念の一部しかカバーできなくなるということも,往々にして見られることである。つまり,信頼性を高くしようとすることで,妥当性が犠牲になる可能性もあるということである。ある程度の信頼性の高さがないと,高い妥当性は保証されないが,比較的抽象的な概念を尺度化することが試みられる際に,信頼性と妥当性のバランスに留意することが肝要である。

■ ■ ■

❶ ▶ α係数 (Cronbach's coefficient alpha)

幾つかの項目の合計点(あるいは平均値)を尺度得点とする場合,それらの項目がどの程度一貫して同じ特性を測定しているかを反映する指標であり,信頼性係数の推定値として利用される。クロンバックによって開発された。α係数は,ある特性に関して,幾つかの項目がそれをどの程度一貫して測定しているかを示す指標と見なすことができることから,内的一貫性,あるいは,内的整合性の指標と呼ばれることがある。ただし,項目数にも依存する指標であり,項目数が多い場合には,α係数が大きい値であっても内的整合性はそれほど高くないこともある。

❷ ▶ 一般化可能性理論 (generalizability theory)

得点の散らばりに影響を及ぼす要因が幾つか取り上げられ,それらの要因に関する分散分析モデルを通して,どの要因に関わる誤差が大きいかといったことを検討する方法のこと。例えば,何問かの論述式の問題で,ある学力を測定しようという場合,受検者,評定者,項目といった要因を取り上げることができるが,一般化可能性理論によって,そのどの要因の誤差が大きいかをそれぞれの要因に関わる分散成分を推定することで検討したり,その誤差を減ずるために,評定者を増やしたり訓練したりする方がいいのか,あるいは,問題項目を増やしたり精錬した方がいいのかといった検討が可能になる。

❸ ▶ 誤差 (error)

測定に際して,測定しようとしている特性と独立な要因によって,偶然的に生み出される測定値に含まれるゆらぎ。通常,何度も測定することができたとすれば,測定値に含まれる誤差の平均は0に近づき,誤差の分布は正規分布に近づくとモデル化される。その分散を誤差分散と呼び,それによって,誤差の大きさの指標とする場合もある。

❹ ▶ 再検査法 (test-retest reliability)

同じ測定をある集団で二度繰り返し,それらの測定値の相関係数をもって信頼性係数の推定値とする方法。心理的な測定は,対象の状況の変化や練習効果等もあり,再検査の繰り返しの期間をどう定めるかが難しく,二度測定を実施する大変さもあるが,尺度開発等の際にはしばしば利用される方法である。

❺▶ 真値 (true score)

古典的測定モデルで仮定される，測定しようとしている特性等の真の値。測定値に含まれる偶然による誤差を除いた値であり，測定は真値を推定する試みと捉えることができる。ただし，真値には，特性に無関係に常に入り込む要素も分離できずに混入している。偶然誤差の含まれる程度に関する観点が信頼性であり，分離できない無関係要素の含まれる程度を反映する観点が妥当性と見なすことができる。

❻▶ (差得点の) 信頼性係数 (reliability coefficient for difference score)

事前テストから事後テストへの伸び，あるいは，幾つかの尺度のプロフィール等を問題にする場合，二つの得点の差得点を利用することになるが，その信頼性係数は，二つの得点の信頼性が高ければ高い値となるが，逆に，二つの得点の相関が高いほど低くなる。相関の高い指標の差を取り上げる際には，その信頼性について注意する必要がある。幾つかの尺度得点のプロフィールの個人内差を問題にしたい場合などは，それらの尺度得点間の相関は低くなるように設定した方がよい場合もある。

❼▶ スピアマン-ブラウンの公式 (Spearman-Brown prediction formula)

スピアマンとブラウンが独立に導き出した複数の測定値を合計した，全体の測定値に関する信頼性の推定式のこと。同じものを測定すると見なされる測定や，項目の個々の信頼性係数をrとし，それをk個合計した全体の測定値の信頼性係数をρとする時，$\rho=\dfrac{kr}{1+(k-1)r}$で表される。この式によれば，項目数が多いほど，また，個々の信頼性係数が高いほど，全体の信頼性係数は高くなることが分かる。なお，折半法の場合は，二つの部分の相関係数でそれぞれの信頼性係数rの推定値とし，二つの部分を合計した全体の信頼性係数を，$\rho=\dfrac{2r}{1+r}$で推定することになる。

❽▶ 折半法 (split-half reliability)

一つの質問紙や検査を二つの部分（前半・後半，偶数番・奇数番等）に分けて，それぞれの部分得点を平行検査の得点と見なし，その相関係数に基づいて，全体の尺度得点の信頼性係数を，スピアマン-ブラウンの公式によって推定する方法。α係数は，折半の仕方が異なる全ての折半法による信頼性係数の平均に相当する。最近では，統計パッケージ等で簡単にα係数が求められるようになり，折半法の利用はあまり見かけられなくなっている。

❾▶ 平行検査法 (parallel test reliability)

同じ特性を測ることが意図された同様の測定（平行測定）をある集団で繰り返し，それらの測定値の相関係数を信頼性係数の推定値とする方法のこと。平行検査を作成するのは必ずしも容易ではなく，また，測定を二度繰り返す大変さもあり，折半法等の簡便な方法が利用されることが多くなっている。

間接測定：→ 08-02「非意識過程と潜在測定」
尺度得点：→ 02-06「量的研究」
正規分布：→ 15-04-❻「正規分布」
相関係数：→ 15-03「2変量の記述統計」
測定値：→ 16-00「総説」
妥当性：→ 16-12「妥当性」，16-08-❼「妥当性」
分散：→ 15-02-❼「分散」
分散分析：→ 15-08「分散分析」

〔大塚雄作〕

16-12 ▶ 妥当性

妥当性（validity）とは，「観測された得点はこういう意味に解釈・使用できる」と想定することに対し，理論的・実証的な裏づけがどの程度あるかを指す。得点が測定していると想定する特性を正しく反映しなければ，その得点を用いた分析や解釈，判断を行う意味はない。その意味で妥当性は，測定において最も重要な性質といえる。

小学2年生に四則演算テストを実施し，「得点が高いほど計算力がある」と想定して解釈を行うとする。もしテストが過度に複雑な計算を要求したり，加算のみで構成されていたり，読解力を要する文章題が多かったり，適切な制限時間や実施環境が与えられなかったりすれば，得点は正しく小学2年生の計算力を反映しなくなる。こうした問題がなくても，得点が将来的な数学能力を表していると解釈することは適切ではない。また，このテストを中学生に実施しても，得点が解答者の計算力を正しく反映するとは期待できない。このように，テストや尺度が実際に反映する内容と得点に付与した意味づけとの間，及び観測された得点の値と想定する特性における個人の位置づけとの間に正しい対応関係がないとき，その測定は妥当性が低いという。逆にそうした不整合がなく，得点やその解釈が想定する特性の強弱を忠実に反映していれば，その測定の妥当性は高いといえる。

妥当性は，テストや尺度単体で決まる固定した属性ではない。テストや尺度のほか，対象者，実施状況，得点の解釈等からなる測定場面の総体における，得点の解釈・使用の適切さについての評価である。その一部に変更が生じれば，改めて妥当性を評価する必要が出てくる。例えば，多くの項目から一部を抜き出して使用する場合，外国の尺度を翻訳して日本で用いる場合，高校生を対象とした人格尺度を高齢者に用いる場合，質問紙用の質問項目を面接で尋ねる場合，アチーブメント・テストを将来の学業達成予測に用いる場合などでは，得点の意味や統計的な性質が変わる可能性があるため，改めてその測定場面に合わせた妥当性の評価が求められる。

妥当性の概念は時代により様々に定義され，その意味づけや分類も変化してきた。はじめ，テストが採用・配置や適性試験に用いられることが多かった時代背景もあり，妥当性は基準変数との相関の高さで評価された。だがこの考えでは，テストや尺度が実際に何を測っているのかは不問であるし，アチーブメント・テストのように，そもそも適切な基準変数が存在しない場合もある。そこで，テストや尺度の内容面も考慮されるようになった。20世紀中頃には，心理的特性等，構成概念の測定も妥当性の議論に含まれるようになり，1960年代には，妥当性は**基準関連妥当性，内容的妥当性，構成概念妥当性**の3カテゴリーで説明されるようになった。これらは妥当性の"種類"と位置づけられたり，"異なる側面"と位置づけられたりしながら，1980年頃までの主流の考え方となった。しかし，何に対する測定であれ，測りたい特性における個人の位置づけを得点が正しく反映し，その得点を正しく解釈できていることは必須である。その意味で妥当性の本質は構成概念妥当性であり，種類に分けられるものではないと考えられるようになった。現在では，妥当性は統合された一つの概念とされ，特に下位カテゴリーに分けないことが一般的である。

妥当性の検証（validation）とは，得点はこのように解釈・使用できるという根拠

16-12 妥当性

を，理論的，実証的に示すことである。妥当性の検証は，テストや尺度の開発手続き，対象者との整合性，実施と得点化の手続き，実施の状況，得点の統計的な性質（得点分布や信頼性係数等），他の変数との関連性，心理学理論による説明可能性，得点解釈の仕方等，テストの開発から使用にわたるプロセスの全域が対象となる。その一部でも不具合，飛躍，不整合等があれば，実際に得点が反映する内容と目指した測定とがずれてしまい，意図した解釈が成り立たなくなるからである。

妥当性の検証で内容面の証拠を示す時は，測りたい構成概念をバランスよく反映できているか（**構成概念の代表性**）と，不必要な測定成分が混入していないか（**構成概念外の分散成分**）に着目するとよい。他の変数との関連性を見る時は，「想定する特性が測られているなら，他の変数との相関の高さや群間の差の在り方はこうなるはず」という予測を立てて検証するとよい。このとき，**収束的妥当性**の証拠と，**弁別的妥当性**の証拠を同時に示すことが重要である。その方法の一つに**多特性多方法行列**がある。なお信頼性係数は，測定される成分にランダムな誤差が多く含まれないという意味で，妥当性の証拠となる。その意味で信頼性は妥当性の一部といえる。

■　■　■

❶▶ 基準関連妥当性（criterion validity）

テストや尺度を将来のパフォーマンスの予測や，既存の尺度の代用に用いる場合，それらの外的基準との間に高い相関が認められることをいう。外的基準が将来生じるときは予測的妥当性，同じ時点で存在するときは並存的妥当性と呼ばれる。現在では妥当性の証拠を分類する概念に変容し，「基準関連の妥当性の証拠」「予測的な妥当性の証拠」「並存的な妥当性の証拠」等の表現で用いられる。収束的な妥当性の証拠の一種といえる。

❷▶ 構成概念妥当性（construct validity）

得点やその解釈が，測定したい特性（構成概念）の強弱を正しく反映している程度を指す。心理学では，仮説的な構成概念を用いて理論が構築され，その理論がデータによって実証的に検討される。構成概念は直接観測できないため，観測可能な変数で間接的に捕捉する必要がある。つまり構成概念妥当性は，心理尺度に限らず，構成概念を捕捉しようとする測定全てにおいて必須のものといえる。過去には妥当性の1カテゴリーとされていたが，現在では妥当性の中核をなすものとして，統一的な妥当性の概念に包含されている。

❸▶ 収束的妥当性（convergent validity）

理論上高い相関になるべき相手との相関が実際にも高いことをもって，想定する特性が測られていると考えること。妥当性の種類ではなく，妥当性検証のアプローチ法，あるいは妥当性の証拠の一種を指す。収束的な妥当性の証拠としては，同じ特性を他の方法で測定した得点との相関や，その特性とよく似た，あるいは密接な関係にある他の特性を測る変数との間の相関が用いられる。この証拠が多いほど，想定する特性が測られているという主張のもっともらしさが高くなる。収束的な妥当性の証拠は，弁別的な妥当性の証拠と並び，妥当性検証において中心的な役割を果たす。

❹▶ 多特性多方法行列（MTMM：multitrait-multimethod matrix）

複数の特性を複数の共通する方法で測定し，各得点間の相関係数を行列の形にまとめたものをいう。特性が四つ，方法が二つの場合は，観測変数が八つになり，それらの間の相関係数を表にする。同特性・同方法，すなわち自分自身との相関の箇所には，信頼性係数の推定値を入れる。同特

性・異方法の箇所は高い相関になるべきであるが，信頼性係数よりは低いと予想される。その差は，測定方法によるアーティファクト的な共変変動（方法因子）の影響と考えられる。異特性・同方法の箇所は基本的に低い相関が，異特性・異方法の箇所は更に低い相関が予想される。同特性・異方法の箇所は収束的な妥当性の証拠にあたり，異特性・同方法と異特性・異方法の箇所は，弁別的な妥当性の証拠にあたる。多特性多方法行列では，個々の相関係数の大きさだけでなく，理論的に予想される相関係数の大小パターンが成り立っているかどうかも吟味される。

❺ ▶ 内容的妥当性 (content validity)

測定したい特性の定義領域に対し，テストや尺度の内容がその領域をどの程度正しく代表しているかを指す。過去には妥当性の1カテゴリーとされていたが，現在では妥当性の証拠を分類する概念に変容し，「内容的な妥当性の証拠」等の表現で用いられる。テストや尺度を構成する項目の内容的な過不足やバランスの評価だけでなく，開発・実施の手続きや実施状況の適切さなども，内容的な妥当性の証拠に含められることがある。実際に得点がどう機能するかを示す実証的な証拠ではないため，妥当性の証拠としては弱いとされる。

❻ ▶ 弁別的妥当性 (discriminant validity)

理論上低い，あるいは無相関になるべき相手との相関が実際にもそのように観測されることをもって，消去法的にテストや尺度は他の特性を測っているのではないと考えること。収束的妥当性と同様に，妥当性検証のアプローチ法，あるいは妥当性の証拠の一種を指す。例えば規範意識を測定したいとき，社会的望ましさによるバイアスが得点に影響する懸念がある。そこで社会的望ましさで回答する傾向を別に測り，その得点との相関がごく低いことを示せば，得点が反映する特性は少なくとも社会的望ましさではないといえる。弁別的な妥当性の証拠は，妥当性検証において，他の解釈可能性を排除するために重要な役割を果たす。

信頼性：→ 16-11「信頼性」, 16-08-❻「信頼性」

〔平井洋子〕

16-13 ▶ 項目反応理論

能力や性格，態度等，何らかの特性を測定するためのテストや質問紙は，複数の項目から構成されるのが普通である。テストを構成するそれらの項目はいずれも，テストが測ろうとする特性と正の相関をもつはずであり，テストの受検者の特性値が高くなるほど，項目への正答率（肯定的な反応率）は上がっていくと考えられる。項目反応理論 (IRT) は，項目に正答する（肯定的な反応をする）確率を特性値 θ の関数として表現するモデルを与える。特性値の関数としての項目正答確率は**項目特性関数** (item characteristic function) と呼ばれ，この関数を数学的にどのように表現するのかにより，様々な項目反応モデルが存在する。正規累積モデル，ロジスティック・モデル，ラッシュ・モデル等，2値反応データ（正答か誤答か）を適用対象とするモデルが多いが，多段階反応データに適用される**段階反応モデル**や**部分反応モデル**，連続データを対象とする連続反応モデル等も提案されている。

項目への正答確率は，受検者の特性値だけで決まるのではなく，項目の難しさ（肯定的選択肢の選ばれやすさ）あるいは項目と特性の相関の程度等，項目の特徴によっても変わると考えられる。項目反応理論で

16-13 項目反応理論

は，こうした項目の特徴を**項目パラメタ**又は**項目母数**（item parameter）と呼ぶ。ロジスティック・モデルでは，**項目困難度**だけをモデルに組み込んだ1パラメタ・モデル，困難度に加えて**項目識別力**を含む2パラメタ・モデル，擬似的な偶然正答率も考慮に入れた3パラメタ・モデル等が区別される。ここでは，2パラメタ・ロジスティック・モデルを例にとることにしよう。2パラメタ・ロジスティック・モデルの項目特性関数は，特性値 θ の受検者が項目 j に正答する確率を $P_j(\theta)$ とする時，$P_j(\theta) = \dfrac{1}{1+\exp(-1.7a_j(\theta-b_j))}$ で表される。ここで，$\exp(\ )$ は指数関数を表し，a_j と b_j はそれぞれ項目 j の識別力と困難度を表すパラメタである。二つの項目について，項目特性関数を図示したものが図1である。項目特性関数を曲線で表したものは，**項目特性曲線**（ICC）と呼ばれる。b_j が大きい項目ほど特性曲線は特性値 θ が大きい方向（右）に位置し，a_j が大きい項目ほど $\theta=b_j$ における特性曲線の勾配が大きくなる。

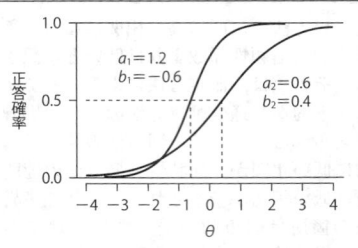

図1　二つの項目の特性曲線の例

正答数得点に基づいて受検者の能力を測る従来のテストでは，受検者の得点はテストを構成する項目に依存するため，異なる項目で構成されたテストの得点を比較できない。これに対して，項目反応理論を適用すれば，解答した項目とは独立に，受検者の能力（特性値）を定義することができる。特性値尺度の原点と単位は任意であるため，異なる受検者集団に基づいて推定される項目パラメタ値は異なる尺度上で表されるが，**等化**の手続きを経ることで両者を共通の尺度に揃えることができる。共通尺度上でのパラメタ値が分かっている項目で**項目プール**を作り，受検者の解答の正誤に応じて提示する項目を変えるという**適応型テスト**を実施することが可能である。特性値の関数である**項目情報関数**によって，特性値の水準ごとに推定の精度を評価できることも，項目反応理論の特長の一つである。テスト得点の精度（テスト情報関数）は，テストを構成する項目の情報関数の和として求められる。したがって，特性値の各水準で必要な精度をもつテストを設計する際に，項目情報関数は非常に有用である。

日本においては，実用的な試験へのIRTの適用の歴史は比較的浅いが，欧米諸国では早くから実用化が試みられてきた。TOFELやPISAといった大規模テストで適用されているほか，適応型テストやe-Testing，認知診断テスト等に広く応用されている。また，IRTは項目バイアス研究から派生した**差異項目機能**の探索にも活用されている。

項目反応理論を適用することで，古典テスト理論では得られない種々の利点が得られる。しかし，項目反応理論のモデルは，適用の対象となる項目反応データについて，幾つかの仮定・前提条件を置いている。データがこれらの仮定を満たさない時に項目反応理論を適用しても，期待した利点は得られないことに注意しなければならない。

■　■　■

❶▶ 項目困難度（item difficulty）

項目の難しさを表す項目パラメタ。特性値尺度上で項目の正答確率が50%になる位置が，その項目の困難度である。項目 j

の困難度は b_j のように表記される。b の値が大きい項目ほど特性値 (θ) の値が大きくならなければ正答確率が50%に到達せず, 難しい項目であることを表す。複数の項目の特性曲線を比べると, 困難度の高い項目の特性曲線ほど右方向に位置することになる。

❷▶ 項目識別力 (item discrimination)

受検者の特性値 (能力) の違いを項目が弁別する度合いをいう。特性値尺度上で $\theta = b_j$ となる位置における項目特性曲線の傾き a_j が, 項目 j の識別力として使われる。したがって, a の値が大きい項目は, その項目の困難度と近い水準の特性値 (θ) をもつ受検者を弁別する力が大きく, 項目困難度から離れた水準における弁別力は必ずしも大きくない。識別力の値は理論的には $(-\infty, +\infty)$ であるが, 識別力が負の項目は, 能力の高い受検者ほど正答確率が低くなることを意味しており, テスト開発の段階で除かれるのが普通である。また, 識別力が2.0を超えることも稀であり, 通常は $(0, 2)$ の範囲になる。

❸▶ 項目情報関数 (item information function)

項目反応理論では, 特性値の水準ごとに測定の精度が変わる。項目の推定の精度は, $I(\theta) = \dfrac{\{P'_j(\theta)\}^2}{P_j(\theta)\{1-P_j(\theta)\}}$ で定義される項目情報関数で表される。ただし, $P'_j(\theta)$ は項目特性関数 $P_j(\theta)$ の導関数を表す。項目の情報は, $\theta = b_j$ となる θ において最大となる。また, その最大値は識別力 a が大きい項目ほど大きくなる。テストを構成する各項目の情報関数の和は, そのテストの情報関数となる。したがって, 特定の θ について推定の精度の高いテストを作成するには, 困難度がその θ に近く, 識別力が大きい項目を選べばよい。

❹▶ 項目特性曲線 (ICC : item characteristic curve)

受検者がある項目に正答する確率は, 能力特性値の単調増加関数になると考えられる。この関数を, 項目特性関数あるいは項目特性曲線と呼ぶ。どのような関数によって項目特性曲線を表現するかにより, 正規累積モデル, ロジスティック・モデル等が区別される。

❺▶ 項目プール (item pool)

パラメタ値を共通の尺度上で推定済みの項目を多数集めたもの。同一の項目プールから選んであれば, 異なる項目によって構成されたテストを受けた受検者であっても, 同一の特性尺度上で比較することができる。また, 項目プールから項目を選ぶ際に, 項目情報関数を利用すれば, 想定される受検者の能力水準に応じた精度をもつテストを構成することができる。

❻▶ 差異項目機能 (DIF : Differential Item Functioning)

テストで測ろうとしている特性値 (能力等) が等しく揃えてあっても, 受検者の所属集団により特定の項目への正答率に差が見られるとき, その項目は差異項目機能 (DIF) をもつという。DIF 研究の始まりは, 文化的要因等のために, 男性に対して女性, 白人に対して黒人やヒスパニック等が不利になるバイアス項目の探索であった。その後, 原因の如何によらず統計的に集団差が見られる時に DIF と呼び, バイアス研究とは別に様々の応用研究で使われるようになった。DIF は, 集団ごとに求められた項目特性曲線の間のズレとして表現できる。

❼▶ 段階反応モデル (graded response model)

ロジスティック・モデル等多くの項目反応モデルは, 項目に対する受検者の反応が, 正誤のような2値であることを前提としている。これに対して段階反応モデルは, 順序性をもつ2値以上のカテゴリ反応を許容する。順序性をもつ段階的な多肢選択式の質問紙データ, 正答と誤答だけでなく中間的な得点を認める能力検査データ等

❽ ▶ 適応型テスト (adaptive testing)

テストを受ける個人ごとに最適な項目を選んでテストを構成し，解答を求めるテスト方式のこと。テストの実施中に解答済みの項目の正誤に基づいて，受検者の能力（特性値）を暫定的に判断し，その能力付近で精度の高い項目を選んで解答を求めることにより，少数の項目で精度の高い測定が可能になる。初期には冊子体の適応型テストが作られたこともあるが，現在は項目の選択・提示や回答入力，特性値の推定等，テスト全体をコンピュータで遂行するコンピュータ適応型テスト (CAT) が普通である。CAT では，受検者が項目に解答すると瞬時に特性値を推定し，項目情報関数に基づいて次に提示する項目が，項目プールから選ばれる。

❾ ▶ 等化 (equating)

項目反応理論に基づいて作成された複数のテストが独立に実施され，項目パラメタが推定されたとき，それらのテストに含まれる項目のパラメタを，共通の原点と単位をもつ尺度上で表すように変換すること。難易度に大きな違いがない版の等化を水平的等化，難易度に大きな差がある版の等化を垂直的等化と呼んで区別することもある。別々に求められた二つの尺度を等化するには，両方の尺度値が既知の受検者が存在（共通受検者デザイン）するか，二つの尺度の両方で，パラメタ値が既知の項目が存在（共通項目デザイン）しなければならない。

❿ ▶ ロジスティック・モデル (logistic model)

項目特性関数として，ロジスティック分布の分布関数，$\frac{1}{1+\exp(-x)}$ を利用したモデルのこと。x の部分を $1.7(\theta-b)$ とする時，項目の特徴について困難度 b だけをモデル化した1パラメタ・ロジスティック・モデル，$1.7a(\theta-b)$ とすると，困難度 b と識別力 a とをパラメタとしてもつ，2パラメタ・ロジスティック・モデルになる（定数 1.7 は，ロジスティック・モデルと正規累積モデルの項目特性関数を近似させるための調整係数である）。困難度と識別力に加えて，偶然正答確率 c をパラメタとして含む3パラメタ・ロジスティック・モデル，更に4パラメタ・ロジスティック・モデルも提案されている。

〔孫 媛〕

16-14 ▶ 質問紙調査による尺度開発

心理学では，**質問紙調査**によって，研究対象となる心的特性を測定することが多い。例えば，「人は睡眠時間が短いほど怒りっぽいのか」について検討するのであれば，質問紙にて，睡眠時間と怒りっぽさの双方を測る必要がある。この時，睡眠時間についてはそのまま平均睡眠時間等を記入してもらえばよいが，怒りっぽさという心的特性については，**心理尺度**（あるいは単に**尺度**）を用いて測定することが多い。心理尺度とは，心の物差しである。「怒りっぽさ尺度」であれば，「私は腹を立てることが多い」「私は何かにつけていらいらしている」などといった複数の質問項目を研究参加者に呈示し，**評定法（評定尺度法）**を用いて，目に見えない心的特性（すなわち構成概念）である「怒りっぽさ」を数量化するのである。こうした尺度をいかに開発するのか，その過程について以下説明していく（図2）。

第一に，測定対象となる心的特性の概念定義をすることが必要となる。先行研究の理論等を参考に，他の類似概念との差異を

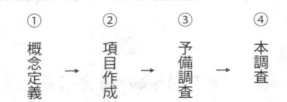

① 概念定義 → ② 項目作成 → ③ 予備調査 → ④ 本調査

図2 質問紙調査による尺度開発の流れ

考慮しつつ、定義を明確化していく。

第二に、上記の定義のもと、それに見合う質問項目を案出していく。質問項目作成にあたっては、幾つかの方法がある。予備的な質問紙調査でその概念についての自由記述を求め、それらをカテゴリーに分類していく方法、研究者同士で専門的知見を参考に質問項目を考えていく方法、一般の研究参加者からなる何人かのグループを構成し、**フォーカス・グループ・インタビュー**を行い、そこで出た発言を拾っていく方法、個別面接を行ってインタビュイーの発言を拾っていく方法、などである。既に英語版がある尺度についてそれを**翻訳**する場合には（尺度の日本語版の作成）、このような項目収集の作業は原則としてなく、翻訳を的確にする作業を行う。そのために、**バックトランスレーション**を行うことが一般的である。翻訳の場合に限らず、質問項目作成の際には、言葉遣いが評定に影響を及ぼすので、**ワーディング**には細心の注意を払いつつ、次の予備調査のため質問項目群を精選する。

第三に、予備調査にてデータ収集を行う。上記第二段階で案出した項目群を質問紙に記載し、実際にデータを収集するわけだが、その後、可能であれば、実際に回答した研究参加者のうち何人かに面接をし、回答した際に気づいたことなど、**内省報告**を得ることが望ましい。

収集したデータについては、統計的分析を適用する。まず、項目ごとに平均・標準偏差等の基本統計量を算出し、得点分布を確認、**天井効果**、**床効果**等を検討していく。こうした分析を通し、全項目の挙動をつぶさに見ていくわけであるが、こうした作業を**項目分析**という。個々の項目についての分析を踏まえ、尺度全体として、つまり全項目を対象に、尺度得点の基本統計量を算出、得点分布の確認をしていく。その後、質問項目群は一貫しているか、という点についての尺度の良さである**信頼性**の検討、尺度が測りたいものを測っているか、という点についての尺度の良さである**妥当性**の検討を行い、尺度全体としての良さを確認していく。具体的には、**信頼性係数**と**妥当性係数**を検討することが多いが、特に妥当性検証が尺度開発の根幹になる。なお、その他として、**因子分析**を行う場合も多い。以上のような様々な検討を通して、次の本調査で用いる項目を抽出することになる。

第四に、本調査を実施する。本調査においても、収集したデータについて、基本的には上述の予備調査と同じ統計的分析を行う。本調査においてもなお、難ある項目が見出されれば再度検討し、更なる尺度の洗練を図っていくことになる。

以上の過程を経て作成される尺度であるが、非常に多くのものが作成され、尺度の乱立とでもいうべき状況が発生しているのが実情である。後続の研究でしばしば利用される尺度もあれば、ほとんど利用されることのない尺度もある。尺度の質について玉石混淆というのが現実であるから、利用する側は、尺度を利用する前に当該尺度を開発した原論文にあたり、その尺度の質を見極めてから使用することが必須である。また、研究ごとに項目内容の変更、項目の削除等をしてしまうと、研究間で尺度得点の比較ができなくなってしまうため、質問項目は原則的には元のまま用いる。とりわけ、これまでの研究を通して相応の確立を見た尺度については、この原則は守る必要があろう。

❶ ▶ 因子分析 (factor analysis)

複数項目間の相関係数をもとに，そうした相関を生み出している「源泉」を統計的に探る手法のこと。この源泉のことを因子という。心理尺度を因子分析した結果，複数の因子が見出される，つまり一つの尺度内に下位尺度が見出される場合も多いが，この時，下位尺度得点と他の関連尺度との相関がしかるべき値を示す場合，因子的妥当性があると表現される場合もある。

❷ ▶ 質問紙調査 (questionnaire research)

質問紙を用いた調査のこと。心理学における質問紙調査では，研究参加者に対して，性別，年齢等の基本的属性（これをフェイスシート項目という）を問うことに加え，何らかの心的特性について測定することが多い。その測定のための物差しが，心理尺度である。

❸ ▶ 信頼性係数 (reliability coefficient)

信頼性係数の指標としてはクロンバックの α 係数が知られており，尺度を用いた心理学研究においては，信頼性係数の中でも使用頻度が突出して高い。α 係数の値等をもとに，その尺度を構成する項目間の相関が高いと判断される場合，内的一貫性（内部一貫性）が高い，という表現をする。

❹ ▶ 妥当性係数 (validity coefficient)

妥当性検証としては，他の関連尺度，関連指標との相関をとることが多いが，この場合の相関係数のことを妥当性係数という。特に，ある尺度で測定される心的特性が，将来の何らかの指標の予測に用いられる場合には，これを予測的妥当性と呼ぶ。

❺ ▶ 天井効果／床効果 (ceiling effect/floor effect)

5件法であれば，収集したデータに4，5という高い評定が多く，項目平均値を見た場合，例えば4.9等というように，最大値の5という「天井」につかえている状態を指す。項目困難度が低い場合に起こる。一方，床効果とは，逆に，最小値の1という「床」につかえている状態を指す。天井効果，床効果については，「平均±SDを計算し，それが1〜5の範囲を超えた場合（5件法の場合）その項目を削除する」という考えが流布しているが，これは必ずしも正しくない。この方針に機械的に従うと，良い項目を削除することになりかねない。

❻ ▶ 内省報告 (introspective report)

調査や実験後に，研究参加者に対して個別面接等を行い，調査や実験に参加した際の意識過程について問うこと。内省報告を得ることで，研究者の側で気づかなかった点が明らかになることも多い。面接でなくとも，質問紙の最後の部分にて，気づいた点について自由記述を求める場合もあるが，実際には，相当程度協力的な研究参加者からでないと，十分な記述は得られないものである。

❼ ▶ バックトランスレーション (back translation)

元々の尺度（A）をまず日本語訳する（B），それを更に原語に訳す（C）。ここにおいて，AとCの一致度を確認することを指す。AとCに内容的に何らかのずれがあるにもかかわらず，それを是正せずに比較文化調査を実施した場合などには，両言語を用いた尺度で得られた各尺度得点の違いが，文化差ゆえのことなのか，それとも項目自体に原因があるのか判別できなくなってしまい，文化間の比較可能性が弱まってしまう。

❽ ▶ 評定法（評定尺度法）(rating method)

本項については，16-04-❾「評定法（評定尺度法）」を参照のこと。

❾ ▶ フォーカス・グループ・インタビュー (focus group interview)

インタビュー（面接）には，個別面接と

集団面接があるが，後者の中でも，特に，あるテーマをもとに集中的に討論してもらう面接のことを指す。司会者が同席し，研究参加者は自由に討論に参加していく。尺度開発のための項目収集が目的であれば，当然のことながら，尺度の測定対象となる心的特性に関連するテーマを設定することになる。

❿ ▶ ワーディング (wording)

項目の言葉遣い，言い回しのことを指す。質問文の分かりやすさ，研究者の側で測定したいことを研究参加者に誤解なく伝えるための工夫，といったことである。幾つかの留意点があるが，よく知られていることとして，ダブルバーレル質問を挙げておく。ダブルバーレル質問とは，一つの質問項目に二つ以上の意味内容が含まれる項目のことである。研究参加者の側では，質問項目のどの内容について評定すべきなのか，混乱することになってしまう。

因子分析：→ 15-10「因子分析」

クロンバックの α 係数：→ 16-11-❶「α 係数」

尺度：→ 16-10「尺度」

信頼性：→ 16-11「信頼性」，16-08-❻「信頼性」

相関，相関係数：→ 15-03「2 変量の記述統計」

妥当性：→ 16-12「妥当性」，16-08-❼「妥当性」

標準偏差：→ 15-02-❻「標準偏差」

平均：→ 15-02-❽「平均」

〔村井潤一郎〕

産業

〔総説〕

産業心理学は，産業現場で働く人々の心理や行動の特性を明らかにしながら，その知見を応用して，より健全で生産性の高い産業活動の推進を目指して発展してきた。産業の現場は，18世紀の産業革命以降，大量生産が主流となり，組織によって運営されることが多くなったこともあり，産業心理学は組織心理学と密接に連携してきた。一般的には，両者を統合して産業・組織心理学(industrial and organizational psychology)として，一つのまとまりある心理学領域と見なすことが多い。ただ，取り扱うテーマが多岐にわたるため，本辞典では，産業領域と組織領域の二つに分けて編成した。

産業・組織心理学は，大きく四つの下位領域に分類される。すなわち，「組織行動論」「人的資源管理論」「働く人々の安全・衛生管理論」，そして「消費者行動論」の四つである。本辞典では，産業領域（本領域）では，「働く人々の安全・衛生管理論」及び「消費者行動論」に該当するテーマを中心に構成し，組織領域（次領域）では，「組織行動論」及び「人的資源管理論」に該当するテーマを中心に構成してある。

産業心理学は，産業現場における問題解決への取り組みと連動して活発に研究がなされ，長きにわたり豊かな成果を挙げてきた歴史をもっている。特に，働く人々の心理や行動の特性への関心は，20世紀に大きく高まりを見せ，心理学の重要性への認識につながった。かつては，組織で働く人々は機械の歯車と同様の位置づけで，まるで心のない存在のような捉え方しかされていなかった。しかし，ホーソン研究を契機に，誇りや連帯感を大切にして，働く意欲につなげる人間性が注目され，人間関係に配慮したマネジメントの重要性と効果性が認識されるようになった。この転換期において，産業心理学が果たした貢献は大きい (17-01)。

今も昔も，産業現場における最も基本的な課題は，働く人々が安全に，生産的に仕事を遂行するための条件を整備することにある。人間工学やアーゴノミクスの研究成果を取り入れながら，能率心理学が発展するとともに，心身両面への作業負荷が疲労に及ぼす影響を明らかにして，負担過重に伴う安全性や生産性への悪影響を検討するアプローチへとつながった。生産性を高める視点に立ったアプローチは，製品の品質管理はもちろんのこと，それを生み出す仕事の品質を高度なものにしていこうとする取り組みを推進した。トヨタ・システムやセル生産システム等の研究が行われると同時に，KAIZEN活動やQCサークル活動のプログラム開発と実践活動は，より高品質の職務活動の実現を目指す今日の取り組みの基盤を構築してきた (17-02, 06)。

また，産業現場における事故防止に向けて，ヒューマンエラーやユーザー・インターフェースに関する研究が活発に行われ，ヒューマンファクターを考慮した取り組みが活性化した。安全マネジメントという概念が生まれ，個人に働きかけるだけでなく，組織全体，地域全体で安全を指向する安全文化の構築の重要性も指摘され，具体的な取り組みが検討されるようになっている (17-03)。

安全性や生産性，能率性を高めることと

並んで，産業現場で重要な課題となっているのが，働く人々のメンタルヘルスの維持と向上である。職務ストレッサーを明らかにしながら，働く人々が認知するストレスの性質と強さを的確に測定し，それへの適切な対応(コーピング)方略を検討する取り組みが盛んに行われ，産業現場に応用されている。疲労の問題のみならず，過労死や燃え尽き症候群等の症状が報告され，職場におけるソーシャルサポートの在り方を検討するなど，トータル・ヘルスプロモーションの推進につながっている (17-04)。

メンタルヘルスへの関心は，働く環境の改善に向けた取り組みにも大きな影響を与えている。近年，重要課題として注目を集めているのがワーク・ライフ・バランスである。仕事に没頭するあまり，家庭生活や個人生活を軽んじることで生じる種々の問題の解決を目指す観点に立って，ワーク・ファミリー・コンフリクトの問題，働く女性・母親が直面する困難の実態を明らかにして，それを改善する方法について検討が進められている。また，セクシャル・ハラスメントやパワー・ハラスメント等，職場における多様な嫌がらせの存在が明らかになるにつれ，働く人々の人権及び心身の健康を守るための職場改善の在り方が研究されるようになってきている。働く人々の幸福で充実した職務生活の在り方を検討する取り組みは，キャリアデザインの研究となって大きな潮流を生み出している。自分に適した職業を選択するためのキャリア・アンカーやマッチングの検討に続き，失業や転職の増加傾向に対応して，相談に乗ったり，職業訓練をしたりするキャリア・カウンセリングを，より効果的なものにしていくための検討が進められている (17-05, 07)。

働く人々の職務生活を安全で生産的，かつ幸福度の高いものにしていくことを目指す取り組みと並んで，産業心理学の重要テーマに，消費者行動やマーケティングに関するものがある。消費者の購買行動，商品選択に見られる特性を心理学的アプローチによって検討するとともに，心理的財布理論や価格判断問題等，購買意欲を刺激する変数や，商品選択の意思決定過程の特徴が明らかにされてきた。衝動買いなど，人間の非合理的な意思決定特性に関する解明は，この領域の研究成果の貢献が大きい (17-08)。

宣伝や広告が消費者行動に及ぼす影響に関する研究も多数なされている。新聞やラジオ，テレビをはじめ，近年はインターネットも重要なメディアに成長してきた。そうしたメディアの違いによる宣伝効果の特性を明らかにすることをはじめ，反復効果あるいは恐怖アピール効果について実証的に検討するなど，実践的な知の構築がなされてきた (17-09)。マーケティングにおいても，単純で合理的な意思決定を行う人間観を脱却して，商品選択や購買行動に関する人間心理の特徴を踏まえた取り組みが活発になってきている。ブランドへの信頼，流行やファッションの生起過程を検討してその特性を明らかにし，いかにしてそれらを作り上げるか，効果的な方略が検討されてきた。更には，マクロな視点から消費者文化の生成とその影響も研究されている。近年，この領域では，サービス・サイエンスの概念が提示され，より高品質のサービスの実現を目指して行動観察等の手法を活かした取り組みが成果を挙げつつある (17-10)。産業の活性化に向けて，克服すべき課題は次々と姿を変えて現れてくる。産業心理学の取り組みは，今後も更に拡大することが予測される。

〔山口裕幸〕

17-01 ▶ 産業心理学の歴史

産業心理学の発祥は，20世紀初頭のアメリカに遡る。ドイツで学位を取得しアメリカに渡った**ミュンスターバーグ**は，ハーバード大学教授として教鞭をとりながら，労働者の個人差や適性に関する心理学的研究を重ねた。

ミュンスターバーグの目指すところは，経済生活（生産生活）の中で生じる諸問題の解決への，心理学の応用にあった。彼は，人（最適な人材の選抜〈best possible man〉），仕事（最良の仕事方法〈best possible work〉），そして両者を結びつける効果（最高の効果発揮〈best possible effect〉）という三つの領域を構想し，心理学の応用を図った。これらの領域は，現代の産業組織や経営分野での諸問題につながる源流である。その著書『心理学と経済生活（*Psychologie und Wirtschaftsleben*）』が刊行された1912年は，産業心理学の学問体系が本格的に始動した年ともいえ，ミュンスターバーグ自身もその功績から，産業心理学の父とも呼ばれる。同時期に活躍した心理学者に，広告心理学の父と呼ばれる**スコット**がいる。

黎明期の産業心理学に大きな影響を及ぼした一人にテイラーがいる。フィラデルフィアの製鋼会社技師であったテイラーは，労働者の作業能率増進について実証的な研究を進め，無理，無駄，ムラを極力省いた生産管理方式を提唱した。その中心となる考え方は，作業の単純化，専門化，標準化であり，そのための方法として，**時間分析**と**動作研究**が用いられた。彼の唱えた管理方式は1911年『科学的管理法（*Principles of scientific management*）』として刊行され，その思想は**テイラー主義**と呼ばれて，当時の産業界に広く行き渡った。

1920年代に入り，アメリカのウェスタン・エレクトリック社ホーソン工場において，**科学的管理法**に基づく大規模な実験的研究が開始された。1924年から8年間にわたって行われた研究では，当初予想されていた，照明や休憩時間等，物理的環境の変化が生産性に及ぼす影響は実証されず，仲間との良好な関係の維持や，仲間内での規範といった，非公式集団（informal group）のもつ力が，従業員の行動や生産性に強く影響していることが見出された。**ホーソン研究**は，産業能率の増進を目的とする科学的管理法では関心の外に置かれていた，従業員の感情や人間関係といった，社会心理学的な視点の重要性を気づかせる契機となり，**人間関係論運動**の隆盛を導いた。科学的管理法の背景が経済的な刺激に支配される人間観であったのに対して，人間関係論運動は，従業員は社会的な欲求の充足を目指す存在であるという考え方，すなわち**社会的人間観**に支えられるものであった。

実践場面への心理学の応用という点では，二度の世界大戦が大きな役割を担った。兵員選抜用に開発された集団式知能検査は，やがて工場従業員の選抜や適性配置，職業訓練等にも活用されるようになった。第二次世界大戦における兵器性能の飛躍的向上は，人間と機械との親和性を図る必要を生み，**人間工学**等，新しい分野の発展につながった。

こうした技術的進歩は，戦後社会の急速な工業化を招いたが，自動化による仕事単調感や人間疎外感等，新しい問題も生み出されるようになった。その解決には，従業員の組織内での行動や人間関係，リーダーシップ，動機づけなどの理解が重要であり，社会心理学的な方法論も採り入れて，

組織に生きる人々の視点からその行動を理解しようとする，組織心理学（organizational psychology）のアプローチが生まれた。産業心理学と組織心理学とは重なり合うところも多く，厳密に区別することはできない。現在は両者を融合した**産業・組織心理学**の名称が一般的である。

我が国では，1910年代には既にミュンスターバーグやテイラーの著作が邦訳され，科学的管理法の影響下で能率増進運動が進められた。1920年代には**倉敷労働科学研究所**が開設され，疲労や産業災害に関する研究も始まった。戦時中には，兵員の適性や訓練等の分野で多くの心理学者が研究に従事した。これらの研究は戦後民間に移転され，我が国の産業心理学の発展を促した。1985年には産業・組織心理学会が発足し，現在は人事，組織行動，作業，消費者行動の4部門に分かれて活動している。日本応用心理学会，経営行動科学学会等にも，実践領域での応用的な研究に従事する研究が多い。

■ ■ ■

❶▶倉敷労働科学研究所（Kurashiki Institute for Science of Labour）

大原孫三郎が設立した大原社会問題研究所を母体に，1921年開設された。当時日本における唯一の産業心理学研究機関であり，疲労や作業速度，産業災害等の研究が行われた。1924年創刊の機関誌は現在も続いている。

❷▶産業・組織心理学の展開（development of Industrial and organizational psychology）

伝統的な産業心理学の基底は，人の適切な管理を通じての組織効率向上にあったが，組織と人との心理的な関係性への認識が高まり，組織における個人の行動や人間関係の理解を通じての意欲向上，仕事生活の充実等に研究が広がった。こうした流れを受け，アメリカ心理学会は1970年に，産業心理学部門の名称を産業・組織心理学（industrial and organizational psychology）に変更し，現在に至っている。

❸▶時間分析（time analysis）

作業をそこに含まれる要素に分割し，要素ごとの基本動作にかかる時間を測定して，これをもとに作業に要する標準時間を求める方式のこと。標準時間と1日の生産量を設定し，クリアした場合は高い賃率が適用される。

❹▶社会的人間観（hypothesis of "social man"）

人が感情をもつ社会的存在であるという認識は，職場の仲間やリーダーとの関係の重要性を示すものであり，この人間観から，小集団研究，リーダーシップ，職務満足，動機づけ等，多くの研究テーマが生まれた。

❺▶スコット（Scott, Walter Dill 1869～1955）

ミュンスターバーグと同じくヴントの下で学位を取得したスコットは，広告の効果や従業員の選抜・配置等の研究に心理学の応用を図った。現代の消費者行動研究の先駆けといえる。

❻▶テイラー主義への批判（criticism of the Taylorism）

テイラー主義の基本は，科学的管理の実践が生産効率を高め，それによって労使双方に経済的利益がもたらされるとする考えであった。しかしこの管理方式では，労働者は指示された作業行動に忠実に従わねばならず，自らの創意工夫は許されない。労働者の存在は，いわば機械の一部にすぎない。ホーソン研究で社会的存在としての人間観が注目されるようになると，テイラー主義への批判が強まった。

❼▶動作研究（motion study）

作業を分解して無駄な動作を除き，合理的な動作の組み合わせを探る方式のこと。

ギルブレス夫妻は作業を 18 の基本要素に分け,これをサーブリッグと名付けた。

❽ ▶ 人間関係論 (human relations movement)

人間関係論の隆盛は,組織の問題を全て人間関係に帰し,金銭要因や技術要因をことさらに軽視することにもなった。また,人間関係改善が全て高業績を導くとは限らず,1960 年代に入り衰退していった。

❾ ▶ 人間工学 (human engineering/human factors/ergonomics)

機械の性能に見合うよう人を訓練するのではなく,人と機械の適合を目指す考え方から生まれた。分野は,工学,心理学,生理学,医学等,広く融合している。安全快適な作業環境,疲労や事故の防止等,研究分野は広い。

❿ ▶ ミュンスターバーグ (Münsterberg, Hugo 1863〜1916)

ライプツィヒ大学のヴントの下で実験心理学の学位を取得し,1892 年招かれてアメリカに渡った。1897 年にはアメリカに帰化した。後にアメリカ心理学会の会長を務め,心理学の応用的研究に寄与した。

科学的管理法：→ 18-01-❷「科学的管理法」
ホーソン研究：→ 18-01-❹「ホーソン研究」

〔角山 剛〕

17-02 ▶ 仕事の能率

【能率心理学】

能率心理学とはミュンスターバーグが体系化した産業心理学の主要な分野で,産業現場における作業能率を主な研究対象とする。作業能率を高めるためには,作業者自身の動作,作業のための道具や設備,作業に必要な資材の供給,温度・照明に代表される作業環境等が,効率的に設計・配置されていなければならない。これらの効果的な設計を目指して,能率心理学における研究においてはまず作業分析が必要になる。

作業分析の方法は,テイラーに代表される**時間研究**と,ギルブレス夫妻によって開発された**動作研究**に大別される。時間研究は,作業を要素に分けて観察し,個々の要素の遂行時間を測定する方法である。測定された要素ごとの時間を分析することで,作業の最適条件を求め,標準的な作業方法が策定される。

一方,動作研究は作業者の動作を要素に分けて観察する方法で,目視動作分析法,フィルム分析法,**PTS 法（限界時間法）** に分けられる。動作研究においては,簡便な記録のために,**サーブリッグ記号**と呼ばれる 18 種の記号が開発された。一連の研究によって,熟練作業者の作業は比較的少ない要素動作によって構成されていることなどが明らかとなった。

時間研究も動作研究も,互いに排他的な研究法ではなく,これらを作業の実態に応じて適切に組み合わせることが求められる。その後,これらの研究手法を用いた多くの研究が行われ,**動作経済の原則**としてまとめられていくことになる。例えば,時間研究と動作研究を集大成したバーンズは,ⓐ身体の使用に関すること（9 項目）,ⓑ作業場の配置に関すること（8 項目）,ⓒ道具や設備に関すること（5 項目）の 3 側面で,22 項目の原則を提唱している。

これらの能率心理学は,学問としては後に発展する**アーゴノミクス**を支え,産業現場においては **KAIZEN（カイゼン）** の原動力となっていく。

【産業疲労】

産業疲労とは,労働の現場において作業者に生じる疲労のことである。ISO に基づいた JIS Z 8501 では,「精神的又は身体的,

局所又は全身の病的でない過度の負担による兆候であり，休息すれば完全に回復できるもの」と定義する．疲労の測定は，作業遂行成績の変化，生理的・心理的機能の変化，自覚的疲労感の 3 側面で捉えられることが多い．

産業疲労の発生プロセスは，**肉体的作業負荷**と**精神的作業負荷**からなる**作業負荷**（外的要因）に対して，作業者個人の反応としての**作業負担**（内的反応）の結果として生じるものと考えられる．回復に要する時間に基づいて疲労を分類すると，**急性疲労**，**亜急性疲労**，**日周性疲労**，**慢性疲労**となり，この順に回復時間が長くなる．これらのうち，慢性疲労は回復に数日から数カ月の休養・保養期間を要するため，労働現場においては慢性疲労に陥らないように作業を管理しなければならない．そのためには，作業分析等に基づいたリスク評価が重要となる．

また，疲労の慢性化リスクの要因の一つに，超過勤務の常態化等による**過重労働**が挙げられる．産業の全体的傾向として労働時間は短縮されているものの，医療業界に代表されるように，長時間労働が必然となるような産業構造をもつ業界・業種も少なくない．このような構造的な問題が背景にある場合，ある業界や業種だけの取り組みには限界があり，社会全体における問題意識の共有と解決の模索が必要となる．

過重労働による慢性疲労の蓄積は，その結果として過労死の危険性も指摘されるし，例えば産業安全への影響も小さくない．したがって，単に疲労の問題にとどまらない広範な影響をもつ問題として捉えねばならない．

■ ■ ■

❶ ▶ アーゴノミクス（ergonomics）

ギリシャ語の ergon（作業），nomos（法則），ics（学問）からなる語．人間工学と訳されることが多いが，作業者個人に焦点を当て，快適で負担が少ない作業環境を作り出すことを目的とする．社会と人間の関わりに焦点を当てた人間工学は，ヒューマンファクター（human factors）と称されることが多い．

❷ ▶ KAIZEN（カイゼン）

本項については，17-06-❶「KAIZEN」を参照のこと．

❸ ▶ 過重労働（overwork）

過重労働の定義は明確ではない．一般に超過勤務時間の長さが注目されるが，就労態様の諸要因（勤務の不規則性，長時間拘束，出張の多さ，精神的緊張の程度等）も含めて，総合的に評価されなければならない．

❹ ▶ 限界時間法／PTS 法（Predetermined Time Standards System）

動作研究において，作業を標準化するためには，各作業の正確な標準時間の算定が求められる．PTS 法は，この標準時間算定の方法の一つである．WF 法と MTM 法等のサブカテゴリをもつ．

❺ ▶ サーブリッグ記号（Therbligs）

動作研究において作業者の基本的な要素動作を簡便に記録するために，ギルブレスによって考案された記号．名称はギルブレス（Gilbreth）の逆綴り（therblig）に由来する．当初は 17 種類だったが，現在では 18 種類が定義されている．

❻ ▶ 動作経済の原則（priciples of motion economy）

作業者の動作の無理や無駄を減らし，作業を効率的に実施するための原則のこと．本文で紹介したバーンズの 3 原則のほかに，津村豊治らの 4 原則（動作を楽にする，基本動作の数を最小にする，両手を常に同

❼ ▶ 肉体的作業負荷／精神的作業負荷
(physical workload/mental workload)

肉体的作業負荷は，肉体的作業によって筋肉への過重負担を生じさせるものであって，その代表例は重量物の運搬等の運動による疲労である。近年では，機械化等によって肉体的作業が減ってきているが，コンピュータ入力作業における頸肩腕障害等への配慮が必要である。一方，精神的作業負荷は，プラントの運転等に代表されるような計器の継続的監視作業等によって，精神的緊張状態を強いられる労働場面に典型的に生じる作業負荷である。

時間研究：→ 17-01-❸「時間分析」
動作研究：→ 17-01-❼「動作研究」

〔大橋智樹〕

17-03 ▶ 安全マネジメント

安全マネジメントの目的は，事故や災害をもたらす危険を排除し，これらの発生を未然に防止することである。かつての事故や災害は機械・設備の故障により生じることが多かったが，技術の高度化と信頼性の向上が進み，近年の重大な事故や災害の多くには人間の失敗が関与していることが知られている。そのため，安全マネジメントでは，心理学，人間工学，システム工学等の研究知見を活用した**ヒューマンファクター**の観点から，人間の不安全行動とその背後要因を分析し，安全なシステムの構築と対策立案が目指されている。

人間の不安全行動には，作業規則や手順書からの逸脱である違反と，操作ミスや判断ミス等の**ヒューマンエラー**がある。このうちヒューマンエラーは，人間の認知的特性に由来する失敗であり，不適切な目標を行う意図を形成するミステイクと，目標は正しいがその実行を誤る**スリップ**に大別される。ミステイクは「思い込み」や「判断ミス」にあたり，行為者は不適切な目標をそのとおりに実行してしまうため，間違いに自ら気づくことは難しい。他方，スリップは，意図は正しいがそれをし損なってしまう「うっかりミス」であり，行為者は自分の行為が意図どおりではないため，間違いに即座に気づくことができる。スリップの発生には，**活性化トリガースキーマ・システム**が示すように，経験に基づく行動の習慣化・自動化が深く関与している。

多くの産業では，機械・設備とそれを操作する人間との組み合わせにより，複雑なシステムを運用している。エラーを誘発する条件が機械・設備の側にあることも多いため，使いやすさ（ユーザビリティ）に配慮した**ユーザー・インターフェース**の設計が求められる。こうしたユーザビリティの向上のために，心理学的知見に基づく**ヒューリスティックス**が活用されている。また，仮にエラーが生じても，それを事故や災害につなげないために，**フェイル・セーフ**や**フール・プルーフ**等の機構を機械・設備側に導入する工夫もなされている。

事故防止のためには，人間の不安全行動だけでなく，上記の機械・設備側の問題を含め，事故の背後要因への着目が不可欠である。重大事故が発生する背景には数多くの不安全な状態が存在することは，**ハインリッヒの法則**として知られている。重大事故の事例分析に基づき提案された**スイスチーズ・モデル**や**スノーボール・モデル**は，事故が発生するまでの過程に技術的，人的，組織的な対策の不備が存在することを示唆している。各産業では，事故の背後要因までも視野に入れた広範な対策が講じられている。作業時のエラー防止のための指

差呼称による確認手順，安全上の注意事項を周知する危険予知活動やツールボックス・ミーティングは，多くの作業現場で実施されている。また，事故の未然防止のために，ヒヤリ・ハット（インシデント）報告やリスク・アセスメントを活用し，作業現場の問題の特定と継続的な改善を図る，労働安全衛生マネジメント・システムの導入も進んでいる。

こうした安全対策を効果的に進めるには，安全を重視する価値観を組織の従業員全体に浸透・定着させ，組織内の各制度に反映を図る必要がある。近年の重大事故では，利潤追求や効率を優先するあまり，安全を軽視する組織の文化や風土の問題が指摘されることが多い。そのため，**安全文化**の醸成は，安全マネジメントの理念に位置づけられる。また，製造業では **PL 法**により，安全マネジメントが企業の社会的責任として明確化されている。製品の取扱説明や注意事項の適切な明記や，不良製品や製品の欠陥による被害の発生・拡大を防止するための，社会に向けたリスク・コミュニケーションも重要な課題になっている。

■　■　■

❶ ▶ 安全文化 (safety culture)

1986 年のチェルノブイリ原発事故を契機に提唱された概念をいう。国際原子力機関（IAEA）は，「安全確保に，その重要性にふさわしい注意が最優先で払われるように組織や個人が備えるべき特質」と定義している。リーズンは安全文化の要素として，失敗を積極的に報告し共有する「報告の文化」，安全規則違反を毅然として罰する「正義の文化」，過去の教訓を踏まえて必要な改革を行う「学習の文化」，緊急時に権限の配分や指揮命令系統を変えることのできる「柔軟な文化」を挙げている。

❷ ▶ 活性化トリガースキーマ・システム (activation-trigger-schema system)

人間の行動を，意図の形成，スキーマの選択と活性化，外的条件によるスキーマのトリガリングの三つの段階で説明する理論。スキーマとは，過去の経験で獲得された一連の行動系列に関する知識の枠組みであり，日常の習慣化された行動を特に意識せずに行うことを可能にしている。この理論では，スリップがいずれの段階で生じたのかに基づき，その発生機序を明確化している。

❸ ▶ スイスチーズ・モデル (swiss cheese model)

リーズンの提案した事故発生に関するモデルのこと。潜在的な危険が事故につながるのを防ぐため，技術的，人的，組織的な対策による防護が幾重にも設けられている。一つ一つの防護には，時として脆弱な部分や欠陥の穴が生じ，それらが重なってしまうと事故が生じる。穴のあいた防護がスイスチーズにたとえられることから，この名称で呼ばれている。

❹ ▶ スノーボール・モデル (snow ball model)

山内桂子らの提案する医療事故の発生に関するモデルのこと。患者への処置や治療行為は，複数のスタッフが業務を引き継いで実施されている。業務の引き継ぎ過程において，前段階のスタッフの失敗を，次の段階のスタッフが発見できなかったり，新たに失敗をしてしまい，医療事故が生じる。患者への直接的な行為の実施に近い段階になるほど，引き継がれた失敗による危険が増幅されることを，雪玉が転がり落ちる様子にたとえて説明する。

❺ ▶ PL 法（製造物責任法）(Product Liability Act)

1995 年 7 月に施行された，製品の欠陥や故障で生じる危険や不利益から，消費者

を保護することを目的とする法律のこと。消費者に損害が生じた場合に，過失の有無にかかわらず，企業の側が損害賠償責任を負うことを定めている。

❻▶ヒューマンエラー（human errors）

ヒューマンエラーの定義は研究分野によって異なるが，認知過程に着目する心理学では，リーズンの「計画された一連の心理的・身体的活動が，意図した結果に至らなかった場合を指す用語」という定義が一般的である。人間をシステムの構成要素と捉える人間工学やシステム工学では，スウェインらが「システムに定義された許容限界を超える一連の人間行動」と定義している。

❼▶ヒューリスティックス（heuristics）

機械のユーザビリティを評価するための指針のこと。この指針に従って，経験を積んだ評価者がユーザビリティを評価することにより，問題点を効果的に発見することができる。使用者の認知的負担を軽減するために講じるべき工夫として，ノーマンは7個，ニールセンは10個のヒューリスティックスを提案している。

❽▶フェイル・セーフ（fail safe）

誤操作により機械の故障や異常が生じても，危険を進行させないようにする機構のこと。例えば鉄道の自動列車停止装置（ATS）は，運転士が停止を指示する赤信号に気づかずに列車を進行させると，自動的にブレーキをかけて停止させる。

❾▶フール・プルーフ（fool proof）

誤操作をしても，それを機械・設備の側で受けつけず，危険が生じないようにしておく機構のこと。例えば電子レンジは，ドアを閉めなければ加熱できない仕組みになっている。

❿▶ユーザー・インターフェース（user interface）

人間と機械が協同して目的を達成するシステムにおいて，両者が触れ合う接面のこと。ヒューマン・マシン・インターフェースとも呼ばれるが，ユーザー・インターフェースは，機械を操作する人間側への配慮を重視した用語である。人間が機械に意思を伝達する操作器（スイッチ，ボタン等），機械が人間に情報を与える表示器（計器，ランプ表示等）の二つの接面があり，それぞれにおいて人間の認知や動作の特性に合わせた設計が求められる。

〔三沢　良〕

17-04 ▶職場のメンタルヘルス

職場のメンタルヘルス対策には，職場のストレス対策と，精神障害対策とが含まれる。職場のストレス対策には，①仕事の量的・質的負荷や長時間労働等のワークロードや，時間的切迫や過密労働等のタイムプレッシャー等といった**職務ストレッサー**を軽減したり，労働者相互の**ソーシャルサポート**を高めたりするなどの取り組みを行い，快適な職場環境を形成すること，②好ましい**コーピングスキル**を学習させ，ストレスに対する耐性を高めることなどを通して，労働者の健康を増進させること，③職務ストレッサーや不適切なコーピングを実行した結果として引き起こされる**ストレインや疲労，職業病，作業関連疾患**等の発生を早期に発見し，労働者の健康を管理することが含まれる。また，精神障害対策には，うつ病等の精神障害の早期発見・早期治療，職場復帰，自殺予防等が含まれる。

旧来の職場のメンタルヘルス対策の対象は，うつ病等の精神障害者に限定される傾向が強かったが，現在では，精神障害者だけではなく，広く一般の健康な労働者もそ

の範囲に含むものに移行している。職場のメンタルヘルス対策の対象が全ての労働者であることを示した端緒は、1988年に旧労働省より公示された「事業場における労働者の健康保持増進のための指針(トータル・ヘルスプロモーション・プラン：THP)」に認めることができる。本指針は、1988年の労働安全衛生法の改正により、事業者による労働者の健康保持増進措置、及び、労働者自身の健康保持増進が努力義務化されたことを受け、策定されたものである。THPでは、対象となる労働者の範囲を限定せず、労働者に対する具体的な健康保持増進のための方針を明示したため、職場のメンタルヘルス対策の対象が、精神障害者だけではなく、全ての労働者であるという印象を残した。更に、1992年には、「事業者が講ずべき快適な職場環境の形成のための措置に関する指針」が公示され、作業管理や作業環境管理等による快適職場づくりの推進が宣言された。

現在の職場のメンタルヘルス対策は、労働安全衛生法に基づく指針として2006年に公示された、「労働者の心の健康の保持増進のための指針」をもとに展開されている。本指針では、安全衛生委員会等により策定された事業場ごとの**心の健康づくり計画**に基づき、セルフケア、ラインによるケア、事業場内産業保健スタッフ等によるケア、事業場外資源によるケアの**四つのケア**を総合的に推進することを求めている。セルフケアは、労働者自身が自分の健康状態に気づき、適切な対処を行うこと、ラインによるケアは、管理監督者が部下の相談に乗ったり、職場環境を改善したりすることなどが含まれる。事業場内産業保健スタッフ等によるケアは、産業医や保健師、心理職等によって行われるもので、セルフケアやラインによるケアの支援や、心の健康づくり計画策定の支援、事業場外資源との連携等が含まれる。事業場外資源によるケアとして、近年では、公的機関である独立行政法人労働者健康福祉機構によるメンタルヘルス対策支援センターや、独立行政法人高齢・障害・求職者雇用支援機構による職場復帰支援（リワーク支援）等が活用されている。また、医療法人や民間企業等が運営する**EAP（従業員支援プログラム）**等も活用されている。日本EAP協会によれば、EAPは、①職場組織が生産性に関連する問題を提議すること、②社員であるクライエントが健康、結婚、家族、家計、アルコール、ドラッグ、法律、情緒、ストレス等の、仕事上のパフォーマンスに影響を与えうる個人的問題を見つけ、解決することの2点を援助するために作られた、職場を基盤としたプログラムであると定義されている。

■　■　■

❶ ▶ コーピング（coping）

ストレスフルな状況に対して発動される個人のストレス対処方法のこと。ストレスフルな状況そのものに焦点を当てる問題焦点型コーピングや、ストレスフルな状況に伴って生起した不快な情動を解消するために発動される情動焦点型コーピング等、様々な分類方法が提案されている。コーピングの捉え方には、時間や状況にかかわらず比較的安定したものと捉える特性論的立場と、個人と環境との関係を能動的に変化させるものと捉えるプロセス論的立場とがある。1957年より開始されたラザルスらによるバークリー・ストレス・コーピング・プロジェクトでは、コーピングをプロセス論的に捉えた場合の方が、様々な結果をより良く予測できることが示されている。

❷ ▶ 作業関連疾患（work-related disease）

循環器疾患、脳血管疾患、精神疾患等、

一般にも認められる疾患のうち、職業性因子が発病原因や憎悪因子の一つとして認められるものの総称を指す。近年ではホワイトカラー労働者や生活習慣病罹患者等が増加し、職業病対策だけではなく、広く様々な疾患をもつ労働者も、職場における健康管理の対象とすることが必要になってきている。作業関連疾患のうち、過重労働による過労死や、強い心理的負荷による精神疾患（自殺）については、労災認定の基準が策定されている。

❸ ▶職業病 (occupational disease)

暑熱環境、化学物質、粉じん等、職場内に存在する有害因子により発生する疾患の総称を指す。鉛中毒、じん肺、職業がん等、通常の生活を送っていれば罹患することはなかったものの、その職業に従事したことで発病したことが認められるものをいう。

❹ ▶職務ストレッサー (job stressor)

ワークロード、タイムプレッシャー、仕事のコントロール度等の職務に関連したストレッサーを指し示す総称である。代表的な職業性ストレスの理論モデルである仕事の要求度-コントロールモデル、努力-報酬不均衡モデル、NIOSH職業性ストレスモデル等では、様々な職務ストレッサーが不健康を引き起こす原因として取り上げられている。

❺ ▶ストレイン (strain)

もともとは物理学の分野におけるフックの弾性の法則において使用された用語である。外部から加えられた力（ロード）と、力が作用している領域（ストレス）との相互作用により、物体にひずみが生じている状態をストレインと呼ぶ。このとき、ストレインを元に戻そうとする復元力が発生するが、弾性限界を超えた力が加えられた場合には、物体が元の状態に回復することはできなくなる。ベルナールらを端緒とする生物学的ストレス研究の分野では、このひずみが回復できない結果生じる人間の状態を、生命の消耗 (wear and tear)、神経衰弱 (neurasthenia)、神経の摩耗 (nervous exhaustion) と定義した。

❻ ▶ソーシャルサポート (social supports)

他者から得られる有形・無形の援助のことをソーシャルサポートと呼ぶ。実際に受け手が享受したサポートを実行されたサポート、受け手が享受したと認識したサポートを知覚されたサポートと呼ぶ。職場のメンタルヘルス対策では、職場内のサポート源として上司・同僚、職場外のサポート源として家族を取り上げ、知覚されたサポートを測定の対象とすることが多い。

❼ ▶トータル・ヘルスプロモーション・プラン (THP：Total Health Promotion Plan)

労働者の心と体の健康を保持増進するために、労働者及び事業者が計画的に取り組む活動のこと。この活動の根拠は、「事業場における労働者の健康保持増進のための指針」にある。労働者は、産業医による健康測定の結果に基づき、運動指導、保健指導、メンタルヘルスケア、栄養指導等を受ける。メンタルヘルスケアは、中央労働災害防止協会が開催する研修を修了した心理相談担当者が担当するが、THPのメンタルヘルスケアとは、積極的な健康づくりを目指す労働者を対象としたものであり、その内容は、ストレスに対する気づきへの援助、リラクセーションの指導等に限定されている。

❽ ▶疲労 (fatigue)

旧来は、個人の現代生活への不適応のサインとして疲労が用いられていた。産業の近代化に伴い、個人の作業効率を低下させないように、疲労をできるだけ低減させることが重視されてきた。産業疲労は、急性疲労、慢性疲労、全身疲労、精神疲労等に分類される。厚生労働省による「過重労働による健康障害防止のための総合対策」では、労働者に疲労の蓄積を生じさせないようにするため、労働者の健康管理にかかる

措置を適切に実施することを求めている。疲労の評価には，自律神経系や内分泌系等の測定も欠かすことはできないが，最近では簡便な評価方法として，自覚症状を測定する「労働者の疲労蓄積度自己診断チェックリスト」がよく用いられている。

〔大塚泰正〕

17-05 ▶ クオリティ・オブ・ワークライフ（QWL）

クオリティ・オブ・ワークライフ（QWL）とは，労働者の職業生活の質を示す概念である。近代以降，産業の発展のために生産性や効率性の向上が目指されたが，その弊害として労働者の職務満足や健康状態の低下が問題視されるようになった。そこで，産業の効率性と労働者の生活との両立を実現させるためにQWLが重視され，1972年の国際労働機関による指摘をはじめとして，他の国際機関や先進国政府，企業等の取り組みによって展開されてきた。

心理学研究における動向を見てみると，初期にはQWLに基づいた組織的介入（QCサークル，チームビルディング等）が組織の生産性を高めるものと考えられ，この検討が進められてきた。その後QWLは，組織環境や作業プロセスの在り方そのものの改善を目指して議論されるようになり，QWLを表す指標も，仕事に加えて家庭での満足が含まれ，また身体的健康と精神的健康の両方が扱われるようになった。今日ではQWLはより広い領域で検討されるようになっており，職場環境や職務経験に関連して起こる労働者の様々な反応として，満足感や健康のほかにも，仕事のコントロール，仕事関与・家庭関与，組織コミットメント，ワーク・ライフ・バランス，ウェルビーイング等が含まれている。このうち，近年のQWLの大きな動向の一つは**ワーク・ライフ・バランス**の研究である。

ワーク・ライフ・バランスとは，仕事と家庭，余暇，地域活動等の生活との調和を保つことを意味する。従来の"男は仕事，女は家庭"という**性別役割分業**から，現在では性別にかかわらず"仕事にも家庭にも"関わろうとする意識が増加しており，それは女性の労働力率や男性の育児参加意識，共働き世帯の増加等に表れている。その一方で，職場や家庭，地域においては性別役割分業に基づいた規定や風土が残存しており，それが個人の葛藤（**ワーク・ファミリー・コンフリクト**）や，**労働力の二極化**（正規労働者の過労，非正規労働者の増加），非婚化，少子化といった社会的な問題にもつながると指摘されている。

では，職場でワーク・ライフ・バランスを実現困難にする要因としては，何が挙げられるだろうか。一つ目は，労働者を実際に職場にいる**フェイスタイム**の長さによって評価しようとする在り方である。これによって，家庭や私生活の都合があっても仕事を調整しづらくなったり，私生活を犠牲にして長時間労働に従事する傾向につながったりする。二つ目は，労働者を男性の**ジェンダー・ステレオタイプ**の枠組みで評価しようとする在り方である。職場で一般に望ましいとされる，論理性，決断力，競争的といった特性は，ステレオタイプ化された男性性と重なるものである。これにより，女性の労働が評価されにくいという問題が起こる。

次に，ワーク・ライフ・バランスを実現するために職場が実行できる代表的な施策を見てみると，**ポジティブ・アクション**が挙げられる。ポジティブ・アクションとは，男女間に格差がある場合，不利な方に

機会を積極的に提供することによって，男女共同参画を目指そうとする措置のことである。

ポジティブ・アクションが適用される場面としては，まず女性の雇用や昇進の機会が挙げられる。現状では，女性はより補助的な職務として雇用されやすいこと，組織での管理職の男女比では女性が圧倒的に低いこと，出産・育児によって女性が就労を継続できずに退職する割合が高いことなどが見られ，これらは，雇用や研修，仕事内容の機会において，女性に不利な状況があ ることを示している。したがって，このような現状への対策として，**男女雇用機会均等**や**女性の就業支援**が目指されるものと指摘できる。

ポジティブ・アクションの具体的領域として次に，労働環境の是正が挙げられる。性別や立場による差別である**セクシュアル・ハラスメント**や**パワー・ハラスメント**に対して，その発生を抑制する環境整備，労働者の意識改革を行うとともに，ハラスメントの申し立てに対する適切な対応が必要とされる。

■　■　■

❶▶ジェンダー・ステレオタイプ（gender stereotype）

男性又は女性の性格特性，能力，社会的役割，身体的特性，性的行動等について人々が共有してもつ，構造化された社会的信念や思い込みのことである。男性のジェンダー・ステレオタイプの中核的特性は作動性（agency）であり，行動力，競争的，自己主張的といったイメージからなる。一方，女性のジェンダー・ステレオタイプは，共同性（communion）を中核として情緒性，協調性，受け身的といったイメージが含まれる。

❷▶**女性の就業支援**（employment support for women）

女性の労働環境に関する問題への支援としては，国や地方公共団体が設置する労働相談窓口や，女性による女性を対象としたユニオン（組合）等が挙げられる。また，子育て中の女性の就業支援としては，国が設置するマザーズハローワーク，マザーズサロン，マザーズコーナーにおいて，就労相談や情報提供等，総合的な就職支援が行われている。

❸▶**セクシュアル・ハラスメント**（sexual harassment）

本人の意図にかかわらず，相手の意に反 した性的な言動を行うことを指す。職務上の地位を利用し，また何らかの雇用上の利益の対価として性的要求が行われる対価型と，性的な言動を繰り返して不快にさせることによって職務の円滑な遂行を妨げる環境型に分けられる。

❹▶**男女雇用機会均等**（equal employment opportunity）

雇用における男女の均等な機会と待遇の確保は，男女雇用機会均等法で制定されており，事業主が労働者を，募集・採用，配置・昇進・降格・教育訓練，福利厚生，職種・雇用形態の変更，退職の勧奨・定年・解雇・労働契約の更新において，性別を理由に差別することは禁止されている。

❺▶**パワー・ハラスメント**（power harassment）

職務上の地位が上位の者が，その意図にかかわらず，地位及び職務上の権限を背景にして，下位の者の人権を侵害する言動を行うことを指す。これによって下位の者が不快や精神的な苦痛を感じると，対処すべき問題と見なされる。

❻▶**フェイスタイム**（face time）

労働者が職場にいて仕事をする時間のことであり，これを重視することで労働形態が固定化される問題をもつ。フェイスタイ

ムに規定されない働き方としては，情報通信機器等を活用して，時間や場所の制約を受けずに柔軟に働くテレワークが挙げられる。

❼ ▶ ポジティブ・アクション (positive action)

男女共同参画社会基本法（1999年）において「積極的改善措置」という用語で制定された概念であり，「男女が，社会の対等な構成員として，自らの意思によって社会のあらゆる分野における活動に参画する機会が確保され」るために，「機会に係る男女間の格差を改善するため必要な範囲内において，男女のいずれか一方に対し，当該機会を積極的に提供すること」を指す。日本の現状では，女性が不利な立場に置かれることが多いことから，女性の活動推進や積極的活用を意味することが多い。

❽ ▶ ワーク・ファミリー・コンフリクト (WFC: Work-Family Conflict)

役割間葛藤の一形態であり，仕事役割からの圧力が家庭役割からの圧力と矛盾するときに生じる葛藤と定義される。仕事役割が家庭役割を阻害する方向での葛藤（仕事→家庭葛藤，WFC）と，その逆の方向での葛藤（家庭→仕事葛藤，FWC）があり，また葛藤が発生する基底要因として，時間不足，ストレイン（ストレス反応），行動スタイル（行動規範）があると分類されている。

❾ ▶ ワーク・ライフ・バランス (work life balance)

仕事と生活（家庭，余暇，地域活動等）との調和が保たれている状態を意味する。この実現によって，個人は性別や年齢によらず多様な生き方を選択でき，組織・企業は多様な労働力によって生産性を上げ，社会は地域活性や経済活性を果たすことが望まれる。先行する概念としてワーク・ファミリー・バランスがあったが，家庭以外の生活領域を含めるために，ファミリーがライフに置き換わった。その後バランスが50：50の釣り合いを意味することから，これに限らず生活全体の統合状態を示すため，ワーク・ライフ・インテグレーションという概念が提示された。現在ではそれらはほぼ同義として扱われており，日本では国の施策としても提言されているワーク・ライフ・バランスが，最もよく使用されている。

〔加藤容子〕

17-06 ▶ 仕事の品質管理

20世紀以降の主な生産システムでは，生産性向上や原価低減のみならず，一定の品質水準を担保する仕組みが内蔵されている。例えば，**テイラー・システム**における作業の標準化，**フォード・システム**における作業速度の固定化，**トヨタ・システム**における自働化，**セル生産システム**における作業の自己完結化等は，その典型である。他方，このようなシステム性能としての品質水準の更なる引き上げを図ろうとする試みも，継続的になされてきた。そのような試みは，一般的に**品質管理**（quality control/quality management）と呼ばれる。ここで留意すべき点は，品質管理の目的は「製品（サービスを含む）の品質」を高めることであるが，その手段は「業務プロセス（仕事そのもの）の品質」を高めることにあるという点である。つまり，製品を生み出す業務の改善を通して製品の品質向上を図るわけである。これは，**プロセス・アプローチ**と呼ばれ，品質管理概念の中核を成すものである。

我が国において最初に紹介された品質管理体系は，**統計的品質管理**（SQC）である。1950年代にデミングらによってもたらさ

れたSQCは，統計的手法を用いて生産工程全体の最適化を図ろうとする，技術者中心の品質管理手法であった。続いて，1960年代になると，ファイゲンバウムによる**総合的品質管理**（TQC）の概念が紹介された。TQCは，統一的な品質目標を設定し，その達成に向けて実施される全部門のあらゆる業務を総合的に調整することの重要性を強調するものであった。TQCにおいて特筆すべき点は，品質管理の概念をシステム論的に設定し，経営管理が担うべき調整機能について言及したことである。

日本では製造業を中心としてSQCとTQCが積極的に取り入れられたが，その双方が忠実に反映されたわけではなかった。例えば，TQCにおける品質管理のシステム論的視点等は，ほとんど反映されなかった。しかし，我が国の品質管理活動は実践の過程において新たな色彩が付与され，独自の品質管理活動として発展した。それは，**全社的品質管理**（CWQC）と呼ばれるもので，ボトムアップ方式で全員参加型の品質管理活動であった。CWQCの際立った特徴として，小集団活動の積極的活用による**継続的改善**（continuous improvement）が挙げられる。1962年に石川馨によって考案された**QCサークル活動**は，現場作業者が自主的に品質管理を実施するための小集団活動であった。そこでは，生産工程上の不具合等に関する集団討議が行われ，現場中心の絶え間ない改善が実施された。その後，QCサークルの基本方式は品質管理以外のテーマにも適用可能なことが示されるにつれて，様々な小集団活動が生み出されるようになった。1974年に住友金属工業において考案された，作業安全のための小集団活動である**危険予知活動**等は，その一例である。そのほかにも，生産性向上，原価低減，納期短縮，省エネ等，多様なテーマが取り扱われ，その適用は直接部門のみならず間接部門にも拡張されるようになり，現在ではサービス業等の非製造業にまで広く浸透するに至っている。一方，海外においても，日本製品の国際競争力の源泉がこのようなボトムアップ方式の継続的改善にあるとの見方が広がり，1980年代以降は**KAIZEN**（カイゼン）として広く知られるようになった。

近年，品質管理の考え方が大きな変貌を遂げている。それは，従来の"quality control"から"quality management"への変貌である。1980年代にアメリカにおいて誕生した総合的品質管理（TQM）が，その火付け役となった。TQMでは，品質管理を経営管理の仕事として捉え，経営品質に目を向けることの重要性が強調された。その特徴としては，経営戦略としての品質管理，システム論的視点，トップダウン型の意思決定方式，学習型組織の構築，顧客志向，プロセス・アプローチ，継続的改善，非製造業にも適用，などが挙げられる。TQMは，1990年代のアメリカ企業復活に大いに貢献したと考えられており，また，そのフレームワークは，経営管理機能を重視する「**品質マネジメントシステム**」（ISO9001）や「**リスクマネジメント**」（ISO31000）等の国際規格と共通する部分も多い。

■　■　■

❶▶ KAIZEN（カイゼン）

従来から製造業の生産現場を中心に実施されてきた，ボトムアップ方式の継続的職場改善のことを指す。一般的な「改善」の意味と区別するために，「カイゼン」と表記されることもある。1980年代にアメリカで行われた日本の製造業を対象とした研究等を通して，海外においても「KAIZEN」として通用する用語となった。

❷ ▶ 危険予知活動 (KY〈Kiken-Yochi〉activites)

危険性の高い職場での安全確保を目的として考案された小集団活動である。この活動は、中央労働災害防止協会が推進する、ゼロ災害全員参加運動（通称、ゼロ災運動）の基本理念3原則である、①ゼロの原則（あらゆる災害を根絶する）、②先取りの原則（行動する前に潜在的な危険を発見・把握・解決する）、③参加の原則（自主的に全員参加で実践する）を実現するための手段として位置づけられている。

❸ ▶ QCサークル活動 (QC〈Quality Control〉Circle activities)

製品・サービス・仕事等の品質改善を自主的に行うことを目的として考案された小集団活動である。当初は製造業の生産現場を中心に実施されていたが、その後、間接部門や非製造業においても実施されるようになった。活動の基本理念は、①人間の能力を発揮し、無限の可能性を引き出す、②人間性を尊重して、生きがいのある明るい職場を作る、③企業の体質改善・発展に寄与する、の三つである。

❹ ▶ 小集団活動 (small group activities)

社内で複数の小集団を形成し、それぞれの小集団の創意工夫によって自らの職場改善や能力開発を行うことを目的とする活動である。我が国の産業界で独自に考案され発展したものが多く、またその活動テーマも多種多様である。

❺ ▶ セル生産システム (Cell manufacturing system)

山田日登志によって考案された生産システムである。その特徴は、①セルの構築と分散（製品の生産工程ユニットとしてのセルを、製品ごとに分散させることにより、多品種少量生産、変種変量生産、受注生産への対応能力が向上する）、②作業の自己完結化（各セルで、一人の作業者に複数工程もしくは全工程を担当させて自己完結性を高めることにより、作業者のコントロール感やモチベーションが向上し、生産性向上と品質向上が実現する）の2点に集約される。

❻ ▶ テイラー・システム (Taylor system)

テイラーによって提唱された生産システムである。その特徴は、①作業の標準化（単位作業への分解と時間計測に基づいて設定された標準作業により、生産性向上と品質向上が実現する）、②機能別職長制度（職長の業務を計画業務と監督業務の二つに分割することによって、作業計画と作業実行との間のズレが低減し、生産性向上と品質向上が実現する）の2点に集約される。

❼ ▶ トヨタ・システム (Toyota system)

大野耐一らによって体系化された生産システムである。その特徴は、①ジャスト・イン・タイム（必要なものを、必要な時に、必要な量だけ生産・運搬する仕組みにより、生産性向上と原価低減が実現する）、②自働化（異常が発生した場合にそれを認識して自動停止する仕組みにより、原価低減と品質向上が実現する）の2点に集約される。

❽ ▶ フォード・システム (Ford system)

フォードによって提唱された生産システムである。その特徴は、①互換性部品の開発と標準化（専用機を用いて精度の高い互換性部品を製作することにより、部品研磨に伴う作業ロスの低減と、部品の原価低減が実現する）、②ベルトコンベア（ベルトコンベアを利用することにより作業速度が固定化され、生産性向上と品質向上が実現する）の2点に集約される。

❾ ▶ リスクマネジメント (risk management)

企業組織の内外に顕在ないしは潜在するリスクを効果的にコントロールすることを目的とした、経営管理手法の体系である。ISO31000におけるリスクマネジメントの基本プロセスは、「組織状況の確定→リスク・アセスメント（リスクの特定→リスク

17-07 ▶ キャリアデザイン（キャリア設計）

人生には進学，就職，結婚等，様々に選択し決定しなければならない機会が多くあるが，そういった場面において，積極的，能動的に選択決定を行うことを**キャリアデザイン**（career design）という。ここで，**キャリア**とは，その語源は cart, chariot（荷車や戦車），あるいは，cararia（荷車や戦車が通過する道，わだち）といわれているが，日本語訳としては，経歴，生涯，生き方等とされる。最近ではキャリアと原語で使われることが多い。これまで日本では，公務員のキャリア／ノンキャリア組といった使い方のように，昇進や昇格によって職業上の地位が上昇することや，キャリアウーマンという使い方のように，医師，法律家，教授，聖職者等の伝統的に評価されてきた専門的職業を指す場合が多かったが，90年代後半以降の経済状況低迷のなか，日本型経営の特徴である終身雇用制や年功序列制賃金体系の見直しにより，企業と個人の関係の見直しや個人のキャリアの見直しが図られ，その結果，ある人が経験した仕事（職業）の系列や，職業に限らず，生涯を通じてのあらゆる役割や地位ないし身分の系列という，原語の本来の意味合いでキャリアという用語が使われてきている。金井篤子は，キャリアは個々の職業や経験を指すのではなくその連なりを指し（系列性），その連なりは一生涯にわたり（生涯性），個々の職業や経験の連なりは個人によって，過去・現在・未来の時間軸上で意味づけられており（因果と意味性），たとえ同じ職業，同じ系列を体験していても，その意味合いは個人により異なり，個々人に独自であり（独自性），キャリアは特別な人だけのものではなく，誰もが所有し，普遍的である（普遍性）と述べている。このようにキャリアは人生全体を意味し，ライフキャリアとも呼ばれるが，狭義では職業についてのキャリアのみを指すことも多い。以下では，特に職業キャリアについて述べる。

いかにキャリアが発達，展開するかについては多くの**キャリア発達論**が展開されてきたが，その中核を占めているのは発達段階説である。例えば，スーパーは，①成長期（受胎～14歳），②探索期（15～25歳），③確立期（25～45歳），④維持期（65歳まで），⑤衰退期（65歳以降）の5段階を示し，シャインは，①成長・空想・探求（0～21歳），②仕事世界へのエントリー（16～25歳），③基本訓練（16～25歳），④キャリア初期の正社員資格（17～30歳），⑤正社員資格，キャリア中期（25歳以降），⑥キャリア中期危機（35～45歳），⑦キャリア後期（40歳～引退まで），⑧衰え及び離脱（40歳～引退まで），⑨引退の9段階を示した。スーパーの発達段階を模式化したものが，**ライフキャリアの虹**である。また，シャインは13年間にわたる追跡調査の結果から，個人のキャリアの中核である**キャリア・アンカー**という概念を提唱した。また，各発達段階の境界を移行することを**キャリア・トランジッション**という。

また，いかにキャリアをデザインし，**キャリア意思決定**するかは，時として非常に難しい問題となることがあり，これを支援するのが，**進路指導**（キャリアガイダンス）や，**キャリア・カウンセリング**である。キ

ャリア選択時には個人の欲求と社会・企業の欲求の**マッチング**が非常に重要であるが、近年の若年層の就職難の背景には、若者のやりたい仕事と社会・企業が期待する仕事の間にミスマッチがあることが原因の一つと考えられている。就業継続の阻害要因としては、職場のストレスが挙げられる。金井篤子は、キャリアの発達やキャリアの展開において生じるストレスを、一般的な職務ストレスと区別して、**キャリアストレス**と名付けている。近年の停滞する経済状況においては、**失業、離職、転職**をどのように乗り越えるかは非常に大きな問題である。企業側の事情で解雇する場合は、**アウトプレースメント**等により、解雇者を支援することが必要である。

■　■　■

❶ ▶ アウトプレースメント (outplacement)

再就職支援、転職斡旋。人員整理の対象となった社員に対し、企業がキャリア・カウンセリングや再就職先の紹介等、再就職へ向けての支援を行うこと。

❷ ▶ キャリア・アンカー (career anchor)

シャインが提唱した概念。キャリアに関して、個人がどうしても犠牲にしたくない、その人らしさを象徴するようなコンピタンス(成果を生み出す能力)や動機、価値観が複合的に組み合わさった概念のこと。働き始めて10年ぐらいで明確になってくるとされる。

❸ ▶ キャリア意思決定 (career decision making)

職業の選択や離転職の決定等、個人のキャリアに関する意思決定を指す。近年では意思決定ができない、未決定の問題が大きくなっているが、キャリアの意思決定を促進する要因としては、社会要因や家族要因等のほかに個人要因としてキャリア自己効力感が挙げられる。このキャリア自己効力感を高める要因としては、自己決定経験、キャリアモデル、キャリア・パースペクティブ、学業成績(特に数学)等が検討されている。

❹ ▶ キャリア・カウンセリング (career counseling)

キャリアに関するカウンセリングを指す。キャリアとは、広義には人生そのものを指し、狭義には職業の選択や遂行、能力開発等、職業にかかわるキャリアを指す。キャリア・カウンセリングは、この職業的キャリアの場面場面での意思決定を支援するカウンセリングである。しかし、職業の問題はすなわち人生の問題であり、カウンセリングの場では職業を人生の問題として認識することが期待される。

❺ ▶ キャリアストレス (career stress)

過重労働や職場の人間関係等の一般的な職務ストレスに対し、自分に合った仕事ではない、自分の適性が活かせない、昇進の可能性がないなど、個人のキャリア形成に関するストレスを指す。一般的な職務ストレスよりも個人にとってより重要であり、離転職の原因となることが多い。

❻ ▶ キャリア・トランジッション (career transition)

キャリア・トランジッションはキャリア発達段階のある段階からある段階への移行を指すが、この移行が自己概念の大きな転換にも結びつくことが経験的に知られているため、これを転機と訳すこともある。就職、昇進、配置転換、転勤、新しいプロジェクト、転職等、様々なキャリアイベントはそれぞれある段階からある段階への移行であり、いずれも転機となりうると考えられる。

❼ ▶ 失業／離職／転職 (unemployment/turnover/job changing)

1991年のバブル経済の崩壊を契機として、日本型経営の特徴としての終身雇用制と年功序列型賃金体系が見直され、失業率

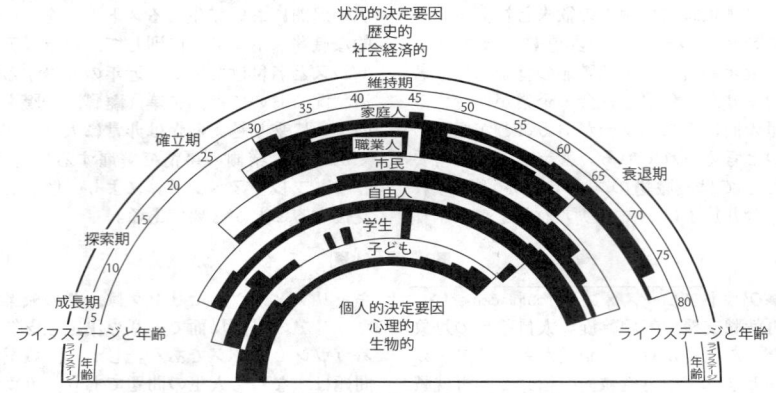

図1 ライフキャリアの虹 (Super 1990, p.212)

が上昇した。現在ではやや回復の兆しも見えているが、高止まりの感はぬぐえない。また、このような雇用状況下、自己都合による離職や転職はやや低下しているものの、3年以内に退職する新卒の割合は約3割と高い。この定着率の低さに関しては、個人要因と企業要因の両方の視点からの検討が必要である。

❽ ▶ 進路指導／キャリアガイダンス (career guidance)

進路指導は学校教育において、児童・生徒を対象に、進学や就職について指導・助言することである。進路指導においては、どうしても次の学校段階にのみ目が向きがちであるが、近年では、フリーターやニートに代表される若年者の職業意識やキャリア意識の希薄化の問題を背景に、学校教育と職業生活の円滑な接続を図ることを目的としたキャリア教育が導入され、人生全体を視野に入れた教育・指導・助言の重要性が認識されつつある。

❾ ▶ マッチング (matching)

職業選択理論において、個人と職業のマッチング（適合：P-V Fit）の重要性はパーソンズ、ホランドらによって主張されてきており、現在でもキャリアガイダンスやキャリア教育の場面では論拠とされている。これに対し、社会的学習理論の立場に立つクランボルツは、生得的な資質とのマッチングを重視しすぎるよりも、人間が学習し、成長変化する存在であることに着目すべきとしている。

❿ ▶ ライフキャリアの虹 (life-career rainbow)

スーパーが提唱したモデル。キャリアを労働者としての役割のほかに、子ども、学生、余暇享受者、市民、家庭人の役割を含めて総合的に捉えて模式化したもの。人生を虹にたとえ、各役割が同時に存在していることを示している（図1）。

〔金井篤子〕

17-08 ▶ 消費者心理

消費者とは、「商品やサービスを消費する人」を意味する。人は毎日の生活において、様々な場面で商品・サービスを購入し、

消費している。例えば，百貨店で洋服を購入し，それを着てコンサートに出かけて鑑賞し，帰りに外食をしたりする。これらの一連の消費活動にまつわる人の心の動きを**消費者心理**と呼び，それを研究する学問を**消費者心理学，消費者行動論**と呼ぶ。

消費者心理の研究の初期（1950～60年代）には，「なぜ人は物やサービスを買うのか」という疑問に答えることを目的として，**購買動機調査（モチベーション・リサーチ）**が盛んに行われた。

その後，消費者の潜在的動機のような目に見えないものよりも，購買履歴データ等の観察可能なデータを用いて購買行動を予測しようとする研究が主流となり，様々な**ブランド選択モデル**が提唱された。これらのモデルにおいては，広告や商品に関する情報を「刺激（stimulus）」，消費者のブランド選択や購買行動を「刺激」に対する「反応（response）」であると捉え，どのような刺激でどのような反応が導けるかを正確に予測することが試みられた（これらは「**S-R（刺激-反応）型モデル**」と呼ばれる）。

しかし，S-R型モデルには，刺激（S）と反応（R）の間で何が生じているのかが不明（ブラックボックス）のまま残されるという問題があり，なぜその刺激でその反応が生じるのかを解明するために，「生体（organism）」という概念を含んだ**S-O-R（刺激-生体-反応）型モデル**が提唱された。その代表例としては，**ハワード＝シェス・モデル**や，**ブラックウェル＝ミニアード＝エンゲル・モデル**があり，購買意思決定における**状況要因や製品関与**等の影響が指摘された。

ここまでの研究では，消費者は受動的に得た情報（刺激）を十分に精査して購買意思決定を行う存在と見なされているという特徴があった。これに対し，ベットマンは1979年に**情報処理モデル**を提唱し，人は自らの問題解決を目指して能動的に情報を収集・統合して購買意思決定を行っていることや，人の情報処理能力には限界があるため入手した情報を全て吟味して意思決定をするのは実質的に不可能であり，**選択ヒューリスティックス**を用いていることなどを指摘した。

消費者の情報処理能力には限界があり，市場のあらゆる商品・サービスの情報を入手・精査して，完全に合理的な購買意思決定をすることは不可能であるという考え方を，**限定合理性**と呼ぶ。トヴァスキーとカーネマンはプロスペクト理論を提唱し，人が**完全合理性**ではなく，限定合理性に基づいて判断を行っていることを証明した。消費者の**価格判断**やリスク知覚においても，実際の数値の意味するところと，消費者の感じ方の間に大きな隔たりがあることが知られるが，これらの現象もプロスペクト理論によって説明できる。

消費者の行動が合理性や理性的判断のみに基づいているわけではないことは，そのほかにも様々な研究で指摘されている。**心理的財布**のような現象や，**衝動買い**はその一例である。また，**消費者の感情**状態によっても，購買行動が様々な影響を受けることも分かっている。例えば，広告に好きなタレントが出ているのを見て嬉しい気持ちになると，その広告の商品にも好感をもち，肯定的な商品イメージを抱くようになる（感情の誤帰属）。また，ポジティブな感情状態（例えば，幸せな，わくわくした）の消費者は，ネガティブな感情状態（例えば，不快な，落ち込んだ）の消費者よりも，選択ヒューリスティックスの中でも簡便な方略を用いることが多く，時間をかけずに購買意思決定を行うことが分かっている。

∎ ∎ ∎

17-08 消費者心理

❶ ▶ 価格判断 (price evaluation)

価格についての消費者の主観的評価のこと。消費者の価格判断は絶対的なものではなく、消費者自身がもつ価格評価の基準（参照価格）によって、高いと感じるか安いと感じるかが変化する。値引きキャンペーン終了後、商品の売れ行きがキャンペーン前よりも下がるのは、参照価格が低く設定されてしまったために、通常価格が普段よりも高額に感じられるからである。

❷ ▶ 購買動機調査 (motivation research)

人を購買行動へ駆り立てる動機づけ（motivation）を探ることを目的として行われる調査のこと。質問紙に回答させる一般的な調査方法では、消費者の建て前上の動機づけしか明らかにできないという限界があるため、精神分析学や質的調査の手法を用いて消費者の潜在意識にアプローチしようとする特徴がある。

❸ ▶ 状況要因 (situational factor)

購買意思決定場面において、消費者を取り巻く環境のこと。具体的には、店舗内の装飾や照明、同伴者や店員の存在の有無、季節や気温、時間的に切迫しているかどうかなどをいう。

❹ ▶ 衝動買い (impulse purchasing)

非計画購買（店舗等を訪れる前には購入を予定していなかった商品を買うこと）の一種で、その場で衝動的に購買意思決定を行うこと。

❺ ▶ 商品イメージ (product image)

商品に対して消費者が抱いている印象のこと。例えば、「品質が優れている」「おしゃれな」「安っぽい」「親しみやすい」など、様々な側面から測定される。

❻ ▶ 心理的財布 (psychological purse)

同じ金額を支払っても、購入した対象によって支出の「痛み」が異なって感じられること。例えば、同じ3000円を支払ったとしても、購入したのが教科書だと非常に高額に感じるが、好きなアーティストのCDならば安く感じる、などをいう。

❼ ▶ 製品関与 (product involvement)

製品カテゴリーに対する消費者の関心や、重要視している程度のこと。個人差はあるが、一般的には、自動車や携帯端末等の高額商品は高関与、ペットボトル飲料や歯ブラシ等の低額商品は低関与であるとされる。

❽ ▶ 選択ヒューリスティックス (choice heuristics)

複数の商品やブランドの中から購入するものを絞り込む際、消費者が用いる購買意思決定方略のこと。辞書編纂型（商品の属性の重要度を順位づけ、重要度が高い属性において優れた商品を選択する）、連結型（一つでも自分の設けた基準を満たさない属性があれば、その商品を候補から切り捨て残ったものを選択する）、分離型（一つでも自分の設けた基準を満たす属性があれば、他の属性においていかに劣っていたとしてもそれを選択する）、感情参照型（与えられた情報を吟味せずに、自らの経験や好みで選択する）など、たくさんの種類がある。

❾ ▶ ハワード＝シェス・モデル／ブラックウェル＝ミニアード＝エンゲル・モデル (Howard-Sheth model/Blackwell-Miniard-Engel model)

消費者の購買に至るまでの心理プロセスを包括的に示した代表的モデル（図2、図3）。

❿ ▶ ブランド選択モデル (brand choice model)

消費者のブランド選択や購買行動を予測することを目的として提唱されたモデルの総称。どのような情報（刺激）が与えられた時にどのブランドが選択されやすいのかを、正確に予測することを主目的としたS-R（刺激-反応）型モデルと、刺激（S）と反応（R）の間に想定される消費者の内的プロセスに着目したS-O-R（刺激-生体-反応）型モデルがある。

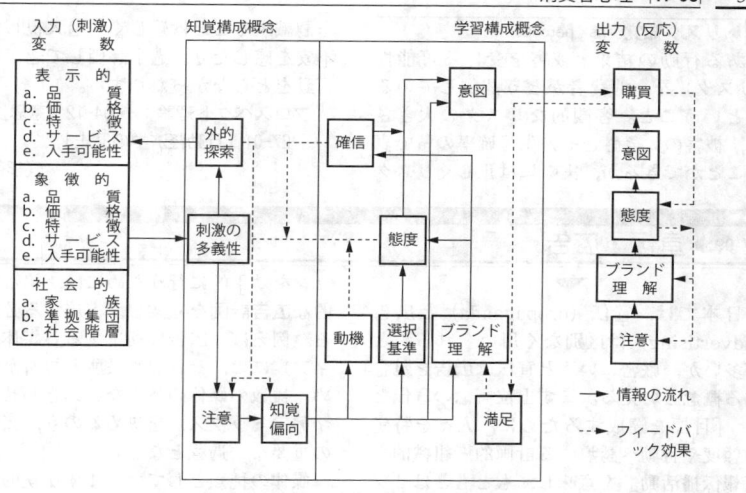

図2 ハワード＝シェス・モデル (Howard & Sheth 1969)

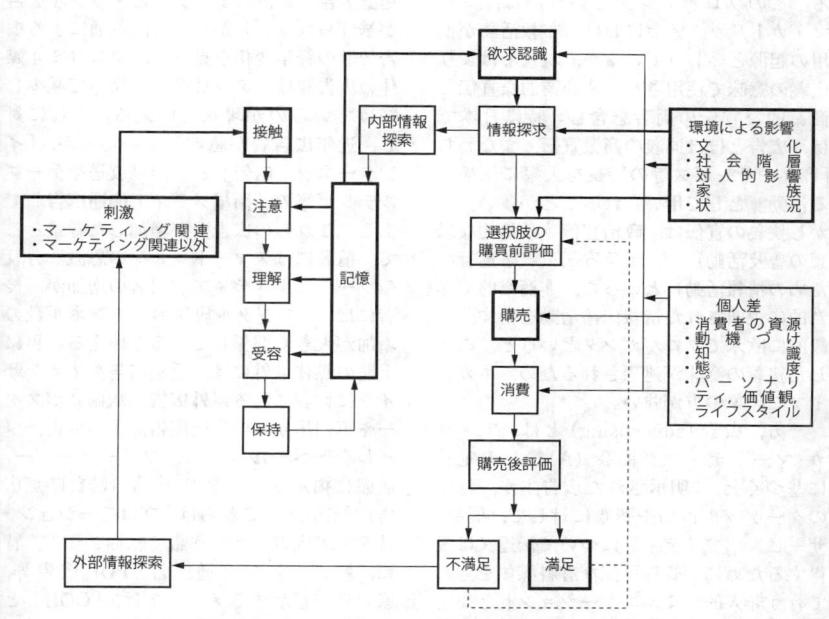

図3 ブラックウェル＝ミニアード＝エンゲル・モデル (Blackwell et al. 2006)

⓫ ▶リスク知覚 (risk perception)

ある行動の結果,被害を受ける可能性(リスク)を,消費者がどう認識しているかということ。客観的なリスクの大きさは,被害の大きさとその生起確率の積で表すことができるが,実際には正しくリスクを認識することは難しく,過大視して強い不安を感じたり,過小評価して適切な対処行動をとらなかったりする。

プロスペクト理論:→ 04-12「意思決定」, 27-01「行動経済学の歴史」

〔杉谷陽子〕

17-09 ▶宣伝・広告

日本では,宣伝(propaganda)と広告(advertising)は区別なく用いられることが多いが,厳密にいうと宣伝は広告を包含する概念といえる。まず上位概念の宣伝とは,「目標を達成するために,人々を特定の態度や行動へ誘導する計画的・組織的な情報伝播活動」を意味し,もともとは「**プロパガンダ (propaganda)**」の訳語にあたる。このプロパガンダという語は,ローマ・カトリック教会における布教活動が使用の起源といわれているが,現代ではより広義の意味で使用され,非商業的な宣伝と商業的な宣伝の両者を含む。特に日本では,広告とほぼ同義の**商業宣伝**,すなわち「商品やサービス等の特長を大衆に伝播する活動」として用いられることが多い。しかし狭義の宣伝は,政治宣伝(政治的な思想の普及活動)や,戦争宣伝(戦争遂行のための情報活動)といった,非商業的で作為的に歪曲された情報伝播活動を指す。一般的に欧米でプロパガンダというと,こうした狭義の意味が連想されるため,ネガティブな印象の方が強い。

一方,広告(advertising)とは,アメリカ・マーケティング協会(AMA)の定義に基づくと,「明示された広告主が,特定のターゲット市場や聴衆に対して,製品,サービス,アイディアについて伝達又は説得するために,管理可能な有料媒体を通して行う非人的コミュニケーション」と規定される。こうした商業的なコミュニケーションを効果的に行うためには,綿密で具体的な**広告計画**を立案し,実施する必要がある。例えば,広告に利用する各媒体(メディア)には,それぞれ長所と短所があるため,複数の媒体の最適な組み合わせ(メディア・ミックス)を決めるのも,広告計画の重要な一過程となる。

媒体の種類としては,まず伝統的なマスコミ4媒体,すなわち印刷物による**新聞・雑誌広告**,電波による**テレビ・ラジオ広告**が挙げられる。しかし,(株)電通による広告統計の経年変化を見ると,マスコミ4媒体の広告費は,テレビ広告を除いて減少し続けているのが現状といえる。それに対し,近年広告費が急増しているのが,「**インターネット広告**」と,衛星放送やケーブルテレビ等の「**衛星メディア関連広告**」である。これらの広告費が増加した背景として,前者にはスマートフォンの急激な普及やソーシャルメディア利用者の増加が,後者にはBSデジタル放送のチャンネル数の増加が大きく関係しているといえる。更に上記の媒体以外には,看板広告やネオンサインに代表される**屋外広告**,駅貼りポスターや車内吊り等の**交通広告**,折込広告,ダイレクトメール(DM),フリーペーパー,店頭に掲示される**POP広告**(購買時点広告)等があり,これらは「**プロモーション・メディア広告**」という語で総称される。特に,屋外広告や交通広告,POP広告等,家の外で接触するメディアは,「OOH」と呼ばれ,屋外で情報に接触するため,受け

手の来店や購買を促進させやすいことが特徴とされている。

なお、これらの広告は、前記の定義にもあるように一種の説得的コミュニケーションといえる。それゆえ、より効果的な表現手法やメッセージの内容を策定するために、社会心理学の説得研究における知見が数多く応用されている。例えば、**恐怖アピール効果**やメッセージの**反復効果**、特定の対象に見られる**両面提示効果**等の知見は、広告制作の現場においても非常に大きな影響を与えている。しかし影響力という点では、むしろ説得意図をもたずに消費者間で自然発生する**口コミ（WOM）**の方が大きく、特にインターネットの登場後は、個人の対面的なネットワークを超えた不特定多数の人々との情報交換が可能となっている。そのため近年では、「**バイラル・マーケティング（viral marketing）**」とも呼ばれる、インターネット上の口コミを意図的に利用したプロモーション戦略に注目している企業も多い。しかしその一方で、口コミと広告（宣伝）の境界線が曖昧になるといった新たな問題も浮上していることから、ネット上の口コミを正しく活用するために、企業側にはモラルや倫理が、消費者側には情報リテラシーが求められる時代となっている。

■　■　■

❶▶インターネット広告（internet advertising）

インターネット上のウェブサイトに掲載される広告や、電子メールで配信される広告の総称であり、携帯電話等の移動端末向けのモバイル広告も含まれる。特にウェブサイト型としては、バナー広告（特定ページにリンクを貼った画像広告）や、テキスト広告（リンクを貼った文字情報による広告）等がよく用いられている。能動的に接触されることが多いため、深いコミュニケーションが可能であり、広告内容やタイミングによっては高い広告効果が見込まれる。

❷▶看板広告（signboard advertising）

日本最古の広告手段であり、媒体分類では屋外広告とも呼ばれる。常時又は一定期間、継続して屋外で公衆に表示される広告であり、通常は一箇所に固定されているため、同一の受け手が通勤・通学の途中等に反復接触する可能性が高い。しかし、公共の空間を利用することから、屋外広告物法や建築基準法、地方自治体の条例等によって細かく規制されているため、設置の際は関連法規に十分な注意を払う必要がある。

❸▶恐怖アピール効果（fear appeal effect）

恐怖アピールとは、恐怖感情や危険認識を喚起することにより、特定の態度や行動を誘発する手法である。特に病気や事故等の身体に関わる恐怖訴求には有効的であるが、広告主の信頼性が低い場合や、恐怖の程度が強すぎても効果が減じることなどが知られている。

❹▶口コミ（WOM：Word-of-Mouth Communication）

商品やサービスについて、消費者間でなされる人的コミュニケーション。通常は商業的に動機づけられていないため、信頼性が高く、影響力も大きい。特に負の口コミは正の口コミよりも、迅速かつ広範に伝播する傾向にある。口コミといえば、かつては親しい間柄で交わされる対面的な情報交換に限定されていたが、インターネットが普及した現代では、不特定多数の消費者間での情報交換が主流となり、その影響力はより甚大なものとなっている。

❺▶広告計画（advertising planning）

広告活動を行う際の指針となる計画で、広告の企画、実行、検証に関わる手順やプロセスを示したもの。具体的には、①広告

主やブランドを巡る状況分析,②広告目標,予算,ターゲットの設定,③広告物の制作(広告コンセプトや表現方法の決定),④媒体の選択や出稿スケジュールの決定,⑤媒体への出稿,⑥広告効果測定といったステップからなる。

❻▶新聞・雑誌広告 (newspaper/magazine advertising)

共に印刷物による広告であるため,接触に時間的・空間的な拘束がなく,保存性も高いので,反復して閲覧されやすい。また,電波媒体に比べて意識的,自発的に接触されることが多く,スペースによっては多くの情報を伝えることが可能であり,記憶にも残りやすい。その他新聞広告は,媒体自体の信頼性が高く,掲載までの時間が短いので速報性に優れており,また雑誌広告はターゲットが明確なので,訴求効果が高いといった特徴がある。

❼▶ダイレクトメール (DM:Direct Mail)

DMと略して表記されることが多い。郵便,宅配,電子メール,FAX等の手段により,広告情報をターゲットに直接送付する広告手法で,形態としては,ハガキ,封書,小冊子,カタログ等,様々なものがある。対象が絞りやすいため見込み客に効率的に訴求でき,広告効果が測定しやすいといった特徴がある。

❽▶テレビ・ラジオ広告 (television/radio advertising)

共に電波媒体による広告であるため,映像や音声を用いた豊かな広告表現が可能となる。特に,テレビ広告は視聴覚に訴えるため,強いインパクトを与えることができ,またラジオ広告は,個人聴取者が多いことからパーソナルな訴求が可能という点で優れている。しかし,一般的に媒体への関与度は低く,受動的に接触されることが多い。

❾▶反復効果 (repetition effect)

同じ広告を繰り返し露出するだけで,広告や商品に対する受け手の好意度を増大させうる効果のことをいう。この現象は,社会心理学の単純接触効果の原理に基づくが,接触経験の有無や接触頻度に関して受け手の自覚がなくても,効果が生じることが示されている。

❿▶両面提示効果 (two-sided presentation effect)

両面提示とは,商品について長所だけでなく欠点も含めて提示する方法であり,説得方向に反対の態度をもつ人や教育水準の高い人には,特に有効であるとされる。それに対し,長所だけを主張する方法は一面提示と呼ばれ,もともとの態度が説得方向と同じ人や教育水準の低い人,更には菓子類やトイレタリー用品等の低関与商品の広告には,効果的であることが示されている。

〔池内裕美〕

17-10 ▶ マーケティング心理学

広義には,企業が消費者を念頭に置いて「商品やサービスが売れる仕組み」を作ることがマーケティング(marketing)であると考えられ,このような視点からマッカーシはマーケティングの構成要素として,「製品(Product)」「価格(Price)」「流通経路(Place)」「販売促進(Promotion)」の四つの要素(4Pといわれる)を指摘している。ここでの製品とは,物理的対象だけではなく購買対象としてのサービスや,それらの評価に強い影響力をもつ「ブランド」を含んでおり,企業が実施すべきブランド構築等の施策も包括している。また販

売促進は，店頭での陳列や店員が行う顧客への働きかけなど，狭義の販売促進活動（いわゆる**セールス・プロモーション**）だけではなく，それらを含めたマス媒体による広告宣伝活動やキャンペーン等を総称した意味をもつ。

4Pを組み合わせて効果的なマーケティング戦略を進めていくことを**マーケティング・ミックス**というが，その構成要素のいずれについても消費者に対する心理学的理解が役立つ。すなわち，「製品」についてはマズローの欲求階層理論等，人間の基本的欲求を考慮した上で消費者のニーズ（欲求）を把握することが可能である。「価格」については，「安さ」の感じ方への工夫（端数価格の設定や割引価格の表示方法等）や，品質イメージに与える「高価格」の心理的影響について，また「流通経路」に関しては，購入利便性の認知や小売店のイメージ知覚についての理解を促進する。「販売促進」については，効果的な広告メッセージの伝達方法を社会心理学的研究（説得や社会的影響過程）を基礎として立案することが可能となる。飲食業等サービスを提供する業態においては，4PにPeople（従業員の雇用や訓練，動機づけなど），Physical evidence（施設や備品等の物的環境要素），Process（顧客に対するサービスの手順等含めた提供過程）を含めた，7Pという考え方等もある。

マーケティングの遂行においては，**製品差別化**（product differentiation）や**市場細分化**（market segmentation）等の戦略がとられる。前者は自社製品に新機能や付加価値を備え付け，包装やデザイン，サービス等に特徴をもたせて他社製品との差別化を図り，市場での自社製品の優位性を獲得する方策である。このために「製品コンセプト」を明確にし，他社製品を含めた既存商品の中での位置づけ（製品ポジショニング）を確立することで，新奇性や独自性をもたせることが重要である。また，既存製品との差異を消費者に対して明確に訴求するための広告表現手法も重要である。後者は市場（消費者の集まり）を比較的同質の需要区分に分割し，それぞれの小市場のニーズに合った製品を開発し，それに合ったプロモーション方法を立案する戦略である。消費者を分割する手法としては，性別，年齢等の人口統計学的指標に基づくデモグラフィック・セグメンテーションが，伝統的に用いられてきた。例えば，衣服は性別や年齢によって体型や嗜好が異なるので，それらに対応した衣服がデザインされ生産されている。その一方で，同一の性別・年齢集団内での価値観・嗜好の多様化が進み，消費傾向の差違を識別する他の指標が必要になり，**ライフスタイル尺度**等によって測定された特性により消費者を分類する，ライフスタイル・セグメンテーションが出現した。

今日的なマーケティングの定義は，2007年にアメリカ・マーケティング協会（AMA）が「マーケティングとは，顧客，依頼人，パートナー，社会全体にとって価値のある提供物を創造・伝達・配達・交換するための活動であり，一連の制度，そしてプロセスである」としている。この定義では，マーケティングを行う主体が企業だけではなく，政府や自治体等の「非営利組織」を含んでおり，その内容も営利活動に限定されない幅広い活動を含み，社会全体の相互利益を最終目標にしていることが特徴である。特に，既存のマーケティング技術を行政機関の運営や社会変革に活用したり，企業が自社の利益だけを考えずに社会全体の利益や福祉を意識して活動するという考え方を，**ソーシャル・マーケティング**（social marketing）という。

以上の流れを受けて，近年のマーケティング活動は消費者利益に重点を置いた上で，企業と消費者との長期的・継続的な信

頼関係の中で進められる必要性が強調される。この視点から，商品購買と使用の過程で付随するサービスを含めて消費者が獲得する顧客満足（customer satisfaction）が，最も重要と考えられている。このような心理的指標をできる限り客観的に測定する必要があり，実証科学としての心理学は，**マーケティング・リサーチ**において利用される方法論（調査，面接，**行動観察**等のデータ収集及び分析の手法）の提供において，重要な役割を果たしている。特に，最近ではサービスに対する顧客満足を科学的に捉えることを目的とした，**サービス・サイエンス**等の分野も成立している。心理学を中心として構築された消費者行動研究は，特に消費者個人のパーソナリティ，認知・判断過程や感情等に焦点を当てたものといえるが，その一方で消費者をより大きな社会・集団的視点から捉えることも必要であり，**流行・ファッションに関する理論や消費者文化理論**等の社会学的なアプローチも重要である。

■ ■ ■

❶ ▶ 行動観察 (behavior observation)

一定の場面において人間がとる行動の内容を客観的に観察し，その行動場面での生活者の潜在意識を，人間工学，環境心理学，社会心理学等の視点により客観的分析を行うことで，商品やサービスへのニーズ・利便性や作業現場での生産性・安全性を向上させる技術である。インタビューやアンケート等では分からない潜在的なニーズや，言語化しにくい知識を共有化する手法として注目されている。特に次項目のサービス・サイエンスにおいて，重要な手法として利用されている。

❷ ▶ サービス・サイエンス (services science/management and engineering)

サービスにおける「生産性の向上（企業側のメリット）」と「質の向上（消費者側のメリット）」を目的として，心理学や経営工学，社会工学，システム科学，生産管理，マーケティング・サイエンス，法律学，経営戦略等の様々な学術分野が融合し，商品の提供過程を含めたサービスについての研究を行う，応用的・学際的領域の学問である。ここではサービスの品質を正確性，迅速性，安心感といった次元に基づいて評価する。

❸ ▶ 消費者文化理論 (consumer culture theory)

1980年代以降になると，これまでの学習心理学や認知心理学を基礎とする消費者行動研究が，合理的，分析的側面に関心をもちすぎているという批判から，自己内省法によるデータ等を利用し，感情等の非合理的側面や文化に規定される消費することの意味の解釈に重点を置くことが強調された。アーノルドとトンプソンは，このような研究の流れを「消費者文化理論」として体系化している。

❹ ▶ ブランド構築 (brand-building)

アーカーによるブランド・エクイティ理論では，ブランドの評価要因として，①知名度（どれだけ知られているのか），②ブランド・ロイヤリティ（どれぐらい買い続けているかということ），③知覚品質（主観的な品質の良さ），④ブランド連想（商品分野からブランド名が連想される程度），⑤イメージ（親しみを感じる，一流だと思うなどのイメージ）を挙げており，品質の向上や消費者へのコミュニケーション活動を通してこれらの水準を高めるための一連の作業を，ブランド構築ということができる。

❺ ▶ マーケティング・リサーチ (marketing research)

製品開発等，マーケティング戦略に必要な情報を組織的に収集するための活動である。一般的には消費者を対象としており，

「問題の明確化→目的の決定→計画の決定→計画の実行→結果の報告」という段階で実施され，人間の行動を客観的に測定するために心理学的方法論が多く利用される。調査的技法（質問紙調査，電話調査，郵送調査，インターネット調査等）や，観察法（街頭や店舗内での行動観察），面接法（グループ・インタビューや個人を対象にした面接等）が多用される。

❻▶ライフスタイル尺度 (life-style scale)

ライフスタイルは「生活課題の解決及び充足の仕方である」と定義され，消費者行動の差異を根本で規定し，その個人差を説明する上で重要な概念とされている。消費者のライフスタイル特性を，A (Activity：活動性)，I (Interest：関心)，そして O (Opinion：意見) という三つの次元で捉えようとする AIO アプローチや，アメリカで開発された VALS 等が代表的なものとされる。

❼▶流行／ファッション (fashion)

流行は衣服や装飾品等の消費に関して様々な規模や形態で出現し，消費者の行動に強い影響力をもつ。同調性欲求（他者と同じ行動をとりたいという気持ち）と，差別化欲求（自分を他者と区別したいという気持ち），新奇性欲求（目新しいものに触れて刺激を求める気持ち）等により成立するとされる。流行の採用に関する個人差を説明するものとして，ロジャースは革新性 (innovation) に着目して，「流行の採用者カテゴリー」に関する理論を提唱した。

欲求階層理論：→ 18-03-❿「欲求階層説」

〔永野光朗〕

18-00 組織 〔総説〕

組織心理学は、組織の中で生活し、職務遂行する個人の心理と行動を明らかにしながら、優れた成果を上げる組織を作り上げるための方略を検討する組織行動論が、大きな基盤となっている。更には、組織行動論の知見を生かしつつ、組織における効果的な人材配置の在り方を検討したり、的確な人事評価手法を検討して開発したり、人材を選抜し育成する、適切で効果的な方法論を検討したりする人的資源管理論も、重要な領域である。

組織の中で働く人々の心理や行動の特性を検討するに際して、そもそも組織とは人間にとってどのような環境であるのかを把握しておく必要がある。組織の中で働く個人の行動は、その個人の能力や人格等の内的要因と、働く組織環境の特性との相互作用の結果表れてくるものであり、レヴィンが提唱したグループ・ダイナミックス研究の多くの成果は、組織行動研究の基盤となっている（18-01）。

組織活動の現場では、生産性や効率性（18-02）を高めることは基本的命題である。組織成員が他者と一緒になって集団で働くことが、生産性や効率性にどのような影響があるのかを検討する過程で、社会的促進や社会的手抜き、プロセス・ロスといった重要な心理現象が明らかにされてきた。多数の成員が一緒に働くことで生まれる、これらの現象によるマイナスの影響を克服する手立てを検討する取り組みは、個人ごとの成果を明確に測定しフィードバックする方法の効果検証にとどまらず、チームワークや共有メンタルモデルを構築して暗黙の協調を実現する、低コストで効果的なコミュニケーションが生成されるメカニズム解明へと発展している。

組織心理学が扱うテーマは多岐にわたるが、最も関心を集め、盛んに検討されてきたのが、職務動機づけ（18-03）の問題である。必ずしも楽しく面白いことばかりではない仕事に対して、強い動機づけをもって臨んでもらうには、いかなる働きかけが有効なのか、検討が続けられてきた。人間のもつ欲求や動因、動機にはどのような種類のものがあるのか検討した内容理論と、その欲求や動機を活性化して行動に向かわせるには、どのような刺激が効果をもつのかを検討した過程理論の二つを両輪としながら、職務動機づけの研究は、期待理論や目標設定理論の発展をもたらした。また、併せて、職務満足感やコミットメント等、職務動機づけに影響を及ぼす心理的変数に関する研究の活性化にもつながった。

職務動機づけに影響を及ぼす組織変数は多様に存在するが、なかでも人事評価及び測定（18-04）の在り方は、非常に重要なものとして注目され、多くの研究が行われてきた。評価システムや人事測定の方法は、組織における報酬分配の公正性に重要な影響を及ぼし、働く人々の職務満足感やコミットメントに強く影響する。日本では伝統的に採用され効果を発揮してきた年功序列の人事制度と、近年積極的に導入されながら、その効果に関して多様な議論を引き起こした成果主義的人事制度の、それぞれのもつ利点と限界が整理され、更に効果的な人事評価の在り方が検討されつつある。

人事評価及び測定とともに、人材の採用や育成も、組織の人的資源管理の重要課題

である。かつては労務や人事と称されてきた領域であるが，近年では戦略的人的資源管理論（18-05）として更に発展している。EQやコンピテンシーといった多様な観点から，効果的に適性を測定する取り組みが広がるとともに，人材の採用選考の各種方法の利点と限界の把握，そしてメンタリングやコーチングに代表される能力開発等，実践的な研究が進んでいる。

組織心理学の研究課題は，前述してきたような個人の動機づけやパフォーマンスを高める条件の解明のみならず，職場やチーム，あるいは組織全体のパフォーマンスや仕事の品質を高める条件を明らかにするところにもある。そうした視点に立つとき，リーダーシップ（18-06）の問題は，組織心理学の中核を成すテーマとなる。世界が，ヒットラーを代表とするファシストたちの恐るべきリーダーシップによって過酷な第二次世界大戦を経験するに至った経緯もあって，活発な研究が行われ，膨大な研究知見が蓄積されてきている。優れたリーダーシップを示した実在の人物の，人格や素養の特性を検討する特性論に始まり，一般の人でもいかに振る舞えば効果的なリーダーシップを発揮できるかを検討した行動アプローチ，集団の特性や取り巻く環境の特性に応じて行動を調整するコンティンジェンシー・アプローチ，フォロワーが保持するリーダーシップ・プロトタイプの重要性を知らしめた認知的アプローチ等，多様で豊かな研究知見がもたらされている。

また，組織全体の健全な発展を志向するとき，円滑な組織コミュニケーション（18-07）の実現は重要課題の一つである。近年，電子コミュニケーション技術が急速に発展し，組織における情報伝達過程に大きな変化をもたらしている。そうした変化による影響について，実証的検討が進められている。時代の変化とともに，かつては組織管理の対象は「ひと，モノ，カネ」とされていたのが，そこに「情報」が加わるようになり，ナレッジ・マネジメントの概念が普及してきた。暗黙知を形式知に置き換え，成員で共有するプロセスの解明は，学習する組織論の台頭と併せて重要な研究課題になっている。

組織におけるコミュニケーションの在り方と密接に関連し，組織全体の効率的な経営に影響を与える要素として，職場の人間関係（18-08）は重大な関心をもって研究されてきた。組織における役割に規定される公式関係と，好悪感情に基づいて構築される非公式関係等の対人関係構造が，職務活動や組織の生産性に及ぼす影響が検討されてきた。また，必然的に生じる対人的な葛藤への適切な対処方略を明らかにする取り組みも盛んに行われ，問題直視の重要性や，統合的合意に至るための方略の検討等が，多くの関心を集めてきた。

組織とその中で働く個人との健全な関係の在り方は，組織心理学の重要な関心テーマである。組織規範（18-09）の生成と，それが暗黙のルールとなって個人の行動に様々な圧力を加える問題は，近年，組織不祥事の発生過程で重要な影響を及ぼしている要因として，その重要性が再認識されている。同様に，組織文化のもつ影響についても，多くの関心が寄せられている。組織文化への適応は，組織による社会化の働きかけの効果の問題と相まって，組織で働くことの意味を考えさせることにつながる。ビジネスのみならず行政や教育，医療や福祉等，多様な社会活動が組織によって運営される現実の中で，組織活動が効果的に健全に遂行される条件を検討する組織心理学の重要性は高まっている。

〔山口裕幸〕

18-01 ▶ 組織観の変遷

　組織心理学の研究が開始された19世紀末の頃の組織観（pictures of organizations）は，組織は精緻にデザインされた機械であり，そこで働く人々は機械の歯車や部品としてイメージするものであったといえる。18世紀の終わりにイギリスで起こった産業革命によって，組織で生産を行う工場での大量生産が，産業の中核を成すようになった。工場の生産性と効率性を高める条件を明らかにする取り組みは，組織心理学の出発点に位置づけられる。

　組織を機械のイメージで捉える組織観は，当時の代表的な組織論であるテイラーの**科学的管理法**や，ウェーバーの官僚組織論に色濃く反映されている。組織の経営理論の黎明期において，科学的管理法は経営者にとって合理的で効果的な手法ではあったが，より多くの報酬が労働者のより多くの生産性をもたらすという安直な考え方を経営者に広め，組織の現場で人間心理の影響は軽視される状態につながっていった。

　組織＝機械組織観を転換に導いたのが，メイヨーやレスリスバーガー，ディクスンらによって行われた**ホーソン研究**である。シカゴ郊外のホーソンにあったウェスタン・エレクトリック社の工場で行われた現場実験で分かったのは，働く人々は，賃金や照明，休憩等，労働環境を良くしてもらう（油を差す）ことだけではなく，誇りや責任感・連帯感という人間らしい感情の高まりによって，より一生懸命に働き，生産性を高めるのだということであった。

　ホーソン研究については，方法論やデータ解析を巡って様々な問題点も指摘されている。しかし，労働者の**人間性**を考慮した組織管理の重要性を実証的データに基づいて指摘し，心をもたない機械のイメージで組織を捉える組織観から，人間性を重視した組織経営へと視点の転換をもたらし，その後の組織経営論に大きなインパクトを与えた。例えば，労働者の**職務動機づけ**を高める条件について，人間心理を重視して検討する取り組みが推進されるようになり，そこでは心理学が重要な役割を担うようになっていった。

　その後，組織経営の在り方を巡って盛んな議論が展開されていったが，その中で，カッツとカーンが提唱した**オープンシステム・アプローチ**は，組織は社会や環境の変化に適応して発達する，一つのまとまりをもつ生命体のようなものだ，という新たな組織観の転換をもたらした。組織も人間と同じように環境に開かれた存在であり，それに適応していかなければ組織の存続は難しいという視点は，形成直後の成長期から，発展期，成熟期を経て，老年期を迎えるとする組織の**ライフサイクル理論**の視点にもつながった。そして，生物ならば死は不可避であるが，組織の場合には，**創造的な変革**を適切な時期に取り入れることで，再成長・再発展へのサイクルに進むことができるという**組織変革**の理論の発展へと結びついていった。

　これらの組織観のほかにも，幾つかの有力な組織観が生まれている。その一つが，組織を**脳のイメージ**で捉えようとする組織観である。1970年代に入ると，人工知能の開発研究とともに認知科学・認知心理学が急速に発展した。これに伴って，マーチとサイモンに代表されるような，組織を**集合的情報処理**を行うもの（＝脳）として捉えるアプローチが台頭した。組織が環境の変化に適応し成長するには，外部からもたらされる情報を正確に処理して，的確な判断を下すことが大切である。この組織観

は，組織に入ってくる情報をいかに効率よく処理して活かすかを検討する，**ナレッジ・マネジメント**研究の活性化をもたらした。更には，単に情報を的確に処理するのみならず，そこから組織として知識や知恵を学習していくメカニズムに注目する**学習する組織**の研究，そして複雑系科学の視点で組織を検討する**自己組織性**研究へとつながりを見せている。

また，もう一つの視点として，組織を**権力闘争の場**（パワー・ダイナミックス）として捉える視点も，数多くの組織研究を生み出してきた。実際の組織の中では，組織の意思決定の行方を巡って，主義・主張の衝突や権力争いが起こることはよくあることであり，**権力構造**は変動性に富んでいる。組織の権力構造が，経営戦略の行方に重要な影響を及ぼすことは避けられない。フェッファーやロウラー等，優れた**組織決定**の在り方を検討する研究者たちにとって，この組織観は必要不可欠なものであった。組織を権力闘争の場として捉える視点は，組織内の葛藤をいかに調整することが，組織の発展につながるかを検討する**コンフリクト・マネジメント**の研究の活性化につながっている。

■　■　■

❶▶ オープンシステム・アプローチ (open system approch)

カッツとカーン（1966）が提示した組織経営理論のこと。組織が目標を達成するプロセスを，エネルギーの「インプット（導入・注入量）」→「スループット（処理量・効率）」→「アウトプット（生産量）」の3段階の連なりとして捉える。そして，組織全体がシステムとして維持されるためには，五つのサブ・システム（①生産や技術のシステム〈スループットを左右する〉，②支持システム〈インプットの調達やアウトプットの処分等，外的環境との調整を行う〉，③維持的システム〈メンバーに役割を与え，引き留める〉，④適応システム〈組織の変化を現実に適応したものにする〉，⑤管理システム〈他の全てのメンバーを指導し，裁定する〉）が必要に応じて機能すると論じた。

❷▶ 科学的管理法 (scientific management)

テイラー（1911）が，工学の方法論を，仕事や管理の仕方に応用することを提唱した生産管理法のこと。熟練作業者の仕事量を調査して，一日の標準的な仕事量を割り出し，決められた時間内にその標準的仕事量を達成した労働者には高い賃金を支払い，達成できなかった労働者には低い賃金を支払うシステムを提唱した。このほか，労働者の生産性にとって効果的な休憩時間の長さや，照明の明るさなどを，調査や実験を行って科学的に検討したり，職務トレーニングの方法についても検討した。経営者と労働者が対立しないで効率的な生産方法を見つけ出す方法として，組織経営に大きな影響をもたらした。

❸▶ 集合的情報処理 (collective information processing)

サイモンやマーチが提示した，意思決定主体として組織を捉えた時の，組織観の中核を成す概念のこと。サイモンは，組織管理の理論の中心的関心は，人間の社会的行動の合理的な側面と非合理的な側面の境界にあると指摘した。彼は，人間の非合理性のために徹底した合理性が追求できないことを，制約された合理性と呼び，生産性や効率性を「最大化」することよりも，得られた成果で満足しようとする，「満足化」する存在として人間を捉える「経営人」の概念を，導入することが大事だと主張した。

❹▶ ホーソン研究 (Hawthorne studies)

メイヨーらが，ウェスタン・エレクトリ

ック社のホーソン工場で行った一連の研究の総称のこと。照明の明るさや賃金の高さ,休憩回数の多さなどの物理的環境が,労働者の生産量に及ぼす影響を検討した。その結果,労働者個人の職務遂行態度や生産性・効率性は,物理的環境だけでなく,連帯感や忠誠心等の情緒的な要素や,職位や職場の人間関係,生産技術の進歩等,社会的要素が相互作用しながら影響を与えることを明らかにした。ホーソン研究は,職場の人間関係に由来する人間らしい情緒的要素が,作業の能率や生産性に及ぼす影響に注目することの大切さを知らしめ,それまでの組織＝機械のイメージに転換をもたらした。

学習する組織：→ 18-02-❷「学習する組織」

〔山口裕幸〕

18-02 ▶ 組織の生産性と効率性

単なる人々の集まりや友達集団と異なり,組織には,①メンバー全員で共有する**組織目標**が明確に存在し,②各メンバーが職務を分担する**水平方向の分業**と,③全体を統括するために**職位**よって**職務権限**に違いを持たせる**垂直方向の分業**が取り入れられているところに特徴がある。水平,垂直両方向の分業は,あくまでも組織の生産性を高め,組織目標を効率的に達成するために取り入れられるのであるが,それだけで高い生産性と効率性が保証されるわけではない。

組織における職務遂行は,集団状況でなされることが多い。集団状況におけるパフォーマンスに関しては,古くから,個人単独で課題遂行するよりも高いパフォーマンスが得られるとする**社会的促進**の効果を支持する知見と,それとは逆の**社会的抑制**,あるいは**社会的手抜き**の効果を支持する知見とが混在してきた。これらの研究知見が示唆しているのは,職務遂行者の**課題習熟度**や取り組む課題の性質,更には周囲の人々の態度（支援的か評価的か）等の変数の影響を受けて,集団メンバーの生産性は複雑に変動することである。

これらの知見を踏まえた上で,スタイナーは,集団全体のパフォーマンスについて検討し,集団規模が大きくなるほど**プロセス・ロス**が大きくなり,個人の潜在能力の総和である集団生産性の期待値よりも,実際の生産性は低くなる場合が多いと指摘している。プロセス・ロスの影響は,**集団意思決定**における創造的アイディアの生成に関しても,一貫して見出されている。1950年代以降,創造的なアイディアの生成を期待して,オズボーンが提唱した**ブレーン・ストーミング技法**が,広く多くの組織現場で活用されてきた。しかしながら,実証的検討の結果は,集団で**合議**しながら発案しても,メンバー一人あたりに換算すれば,個人単独で発案した時のアイディア生成数には及ばないことを,一貫して示している。集団の生産性と効率性を高めるには,プロセス・ロスの影響を克服することが重要な課題になる。

メンバー同士のコミュニケーションを円滑に行いながら,分担する職務間で連携をとり,集団全体の職務遂行を効率的に進める機能を持つ集団の特性として,**チームワーク**が挙げられる。チームワークは,集団で職務遂行していく過程で生じる**創発特性**であり,メンバー個々の心理や行動の特性に還元できない,集団の全体的な特性として捉えられるものも含んでいる。チームワークが構築され,発達することで,メンバー間の**共有メンタルモデル**が拡充され,小さなコストで的確なコミュニケーションを

行う**暗黙の協調**を可能にして，集団の生産性と効率性を高める機能を果たすことになる。

また，チームワークを高めながら，組織目標を達成するように働きかける集団内の影響力として，**リーダーシップ**の重要性が注目され，数多くの研究が行われてきた。近年では，組織を取り巻く経営環境の変動性と，**組織発達**のレベルを勘案しながら，環境に**適応**しつつ，将来にわたって成長するために，自律的に**組織変革**に取り組むことの重要性が指摘されている。組織も，その形成から時間を経るにしたがって，様々な硬直化現象に陥ることを避けられない。ただ，硬直化してから取り組む受動的な組織変革に終始するのではなく，あらかじめ将来を見越して，硬直化に陥ることなく成長を続けるための**プロアクティブ**な組織変革が，組織経営の課題となっている。

そして，組織がその形成から経験して獲得した情報を，メンバーが交替して新たなメンバーが加わっても活かしていく**学習する組織**の構築が注目されてきている。組織の生産性と効率性を考えるときに，メンバーが入れ替わるごとに，それまで獲得した情報がこぼれ落ちるのではロスが大きい。プロセス・ロスとともに，組織発達に伴うロスの克服も，組織の生産性と効率性を高めるための重要課題といえる。

■　■　■

❶▶暗黙の協調 (implicit coordination)

言語による明瞭なコミュニケーションを交わさなくても，互いの思考や意思を推察し合って，的確な協調行動がとられる現象を指す概念。長期にわたる相互作用関係によって，メンタルモデルが共有され，自ずと協調行動が生まれるようになると考えられている。

❷▶学習する組織 (learning organization)

センゲ（1990）が提唱した組織論のこと。彼は，①組織の各メンバーがビジョン（究極の目標）を明瞭にして，それに近づくために学ぶ能力である自己マスタリー，②心の中で固定化されてしまった概念やイメージであるメンタルモデルの克服，③達成すべきビジョンを他者と共有する，共有ビジョンの共有，そして④チームで意見交換し議論しながら学ぶチーム学習の四つの原則を軸としながら，組織全体を視野に入れて統合的に考えるシステム思考を身につけることで，組織は自律的に組織化し，強化していく存在になることを主張する。

❸▶共有メンタルモデル (shared mental model)

組織やチームのメンバーが，特定の場面に直面した時に同様のイメージを思い浮かべることを，共有メンタルモデルが形成されているという。職務遂行時にある場面に直面して，これはどんなことを意味しているのか，次はどのように対処すべきかなどについて，各メンバーで思い浮かべる事柄には多様性があるが，一緒に職務遂行を経験していくことによって，思い浮かべるメンタルモデルには共通要素が増えてくる。共有メンタルモデルの構築は，円滑なチーム活動の基盤として重要である。

❹▶社会的促進／社会的抑制 (social facilitation/social inhibition)

他者の存在によって個人の課題遂行に影響が及ぶ現象は，社会的促進と総称される。ただし，他者存在は常にパフォーマンスを高めるわけではなく，逆に低下させてしまう抑制効果（＝社会的抑制）ももつことが明らかになっている。こうした影響は，他者存在が，課題遂行者の動因水準を高めることや，自己に注意を向けさせ，自己の遂行水準と目標とのズレを認知させること，更には自己をより良く見せようとする印象操作の観点から説明されている。

❺ ▶ 社会的手抜き (social loafing)

周囲に他者が存在することで責任感が分散し，個人のパフォーマンスが最善のものよりも低いレベルにとどまる現象をいう。ラタネによって指摘された。意図的に意業するフリーライディング（ただ乗り）行為とは異なり，他者の存在に依存して，知らず知らずのうちにパフォーマンスが低下するところに特徴がある。

❻ ▶ 水平方向の分業／垂直方向の分業 (horizontal division of labor/vertical division of labor)

水平方向の分業とは，組織目標の達成に必要な業務を，生産や営業，企画，経理，庶務等に分類して分担することを指す。他方，組織内の指示命令の伝達や各種情報の交換を円滑に行うとともに，葛藤発生時にはそれを調整できる権限を上位の者がもてるように，職階を設けてそれぞれの地位を分担することが，垂直方向の分業である。

❼ ▶ 組織の硬直化現象 (organizational rigidification)

形成から長い時間が経つことによって，組織メンバーの柔軟な発想や対応が減少し，かわりにそれまでの経緯にこだわった堅苦しい言動が見られるようになる現象。具体的には，前例や慣習に拘泥して，新奇な取り組みを避けようとしたり，組織内のゴシップに関心が集中して外部の情報には関心を示さなくなったり，盛んに議論はするが実践はためらったりすることが挙げられる。何も手を打たなければ，いかなる組織も避けることはできないが，小さなことから不断に組織変革に取り組むことで陥らずにすむ現象である。

❽ ▶ チームワーク (teamwork)

チーム内の情報共有や活動の相互調整のために，メンバーが行う対人行動全般を指す概念。具体的には，仕事をしながら気づいたことを他のメンバーにフィードバックしたり，進捗の遅れているメンバーを支援したり，そのために生じる互いの仕事の進め具合を調整したりする行動が挙げられる。行動に加えて，チーム全員で仕事に取り組む意欲や，目標達成のために促進的な影響を及ぼし合うなどの心理的要素までを含めて，チームワークと呼ぶことが多い。また，職務遂行に取り組む際のチームの雰囲気や，指向性等の全体的な特性も，チームワークに含めて検討されることが多い。

❾ ▶ ブレーン・ストーミング技法 (brainstorming technique)

集団でアイディア生成を行う際の手法のこと。各メンバーは，思いつくままにアイディアを他のメンバーに提示していき，それに対する否定や疑問等のネガティブなフィードバックは互いに行わない。他者のアイディアが刺激となって，創造的なアイディアの生成を促進すると主張され，現在でも多様な組織現場で用いられている。ただ，実証研究の結果，個人単独による発案のパフォーマンスを超えるような促進効果は見られないことが，一貫して示されている。

❿ ▶ プロセス・ロス (process loss)

各メンバーの潜在的生産性の総和よりも，集団のパフォーマンスは低いものになってしまうことを説明する概念。集団での課題遂行に際しては，メンバー間でコミュニケーションをとるために労力を消耗することや，社会的手抜きの影響もあって，プロセス・ロスが発生すると説明される。

〔山口裕幸〕

18-03 ▶ 職務動機づけ

組織にとって目標を達成することは，最優先の課題である。そのためには，メンバーに一生懸命働いてもらわなければならな

い。では、どうすればメンバーは一生懸命働いてくれるのだろうか。心理学をはじめとする諸領域で熱心に研究されてきたテーマである。こういった職務動機づけの研究は、大きく二つに分類される。一つは、人が何に動機づけられるのかについて検討する内容理論であり、もう一つは、人がどのように動機づけられるのかについて検討する過程理論である。

【内容理論】

内容理論のうち、階層理論としてマズロー（1954）の**欲求階層説**、アルダファ（1972）の **ERG 理論**がある。いずれも低次から高次へと至る欲求が仮定され、低次の欲求が満たされることで高次の欲求が活性化されると考える。欲求階層説は感覚的に受け入れやすい面があるが、その妥当性については明確に結論づけることはできず、「どうすれば組織のメンバーは一生懸命働いてくれるのか」という問いに対する答えをそこに見出すことは難しい。

ハーズバーグ（1966）の**動機づけ-衛生理論**は 2 要因理論とも呼ばれ、満足をもたらす要因（＝動機づけ要因）と、不満足をもたらす要因（＝衛生要因）は異なることを指摘している。ハーズバーグは、人に満足をもたらすのは仕事の中身そのものであると考えた。このような主張と共通点をもつものとして、マレー（1964）や、デシ（1975）らによる**内発的動機づけ理論**がある。趣味や遊びに没頭するといった、行動それ自体のためになされるような行動は、内発的動機づけに基づいていると考えられる。仕事においてこのような動機づけが作用すれば、仕事を行うことそれ自体が目標となり、そこには積極性や創造性が期待できる。また、困難で価値ある目標を達成しようとする行動に注目した理論として、マクレランド（1961）の**達成動機理論**がある。

【過程理論】

さて、以上のような内容理論では、「どのように行動が引き起こされるのか」については説明がなされない。この点について説明しようとするのが過程理論である。

過程理論の代表的なものとして、**期待理論**、**目標設定理論**がある。初期の期待理論としてヴルーム（1964）は、ある行動への動機づけは、行動がある結果をもたらすであろう主観的確率（＝期待）と、その結果の誘意性（＝価値）の積の和で決まるとした。その後、ポーターとローラー（1968）らによって精緻化が試みられている。また、ロックとレイサム（1990）が提唱した目標設定理論では、仕事への意欲はその人が設定した目標のレベルに影響されるとし、「明確で困難な目標」を設定することの有効性が主張される。

【職務動機づけへの影響要因】

職務動機づけについては、様々な影響要因が検討されてきた。ここでは**職務満足感**、**組織コミットメント**、**組織公平性**を取り上げる。職務満足感が高まれば職務動機づけも高まると予想しやすいが、このような考えはペットミルク仮説と呼ばれ、必ずしも正しいものとは考えられていない。情緒的な組織コミットメントと職務動機づけの関連については、マシューとザジャック（1990）のメタ分析において、全体的な動機づけで .563、内発的な動機づけで .668 の平均相関が報告されており、強い正の関連を認めることができる。ただ、両者の間に因果関係を特定することは難しく、マシューらも関連要因に位置づけている。組織公平性として、主として分配的公平、手続き公平が扱われてきた。いずれも職務動機づけとは正の関連が予想されるが、分配的公平は実際には直接確認できないことが多く、手続き公平の重要性が指摘されている。

❶ ▶ ERG 理論 (ERG theory)

アルダファはマズローの説に修正を加え，欲求を，①生存(Existence)欲求，②関係(Relatedness)欲求，③成長(Growth)欲求の三つとする ERG 理論を提唱した。ERG とは各欲求の頭文字を取ったものである。その考え方はマズローと似ているが，複数の欲求が同時に生じる場合もあると考えるなど，異なる点もある。

❷ ▶ 期待理論 (expectancy theory)

ヴルームの考えを修正したポーターとローラーでは，ヴルームのいう期待を，努力が業績をもたらすことについての主観的確率である期待と，その業績がある結果をもたらすことについての主観的確率である期待に分けて把握している。ただ，人間を過度に合理的な存在と見過ぎている，検証が困難であるなど，期待理論に対しては批判もある。

❸ ▶ 職務満足感 (job satisfaction)

仕事を通じてもたらされる肯定的な感情のことである。測定尺度も様々に開発されており，全般的な職務満足感を測定するものや，給与，同僚等の諸側面に対する満足感を測定するものもある。職務満足感は報酬，職場の人間関係等，様々なものから影響を受ける。職務動機づけと直接結びつくとは限らないのは，そのためである。

❹ ▶ 組織公平性 (organizational justice)

公正さは，分配的公平，手続き的公平，そして，他者からどのように扱われたかという相互作用的公平を加えて，三つの次元で把握されることが多い。分配的公平には，衡平(equity)，平等(equality)，必要度(need)等の原理がある。手続き的公平には，一貫性，判断の不偏向，正確さ，訂正可能性，代表性，倫理性の六つの次元が想定される。相互作用的公平は，情報的公平と対人的公平に分類されることもある。

❺ ▶ 組織コミットメント (organizational commitment)

従来は組織への愛着として捉えられてきた概念であるが，近年，多次元的に把握されることが多い。アレンとメイヤーの，感情的(affective)，存続的(continuance)，規範的(normative)の3要素説や，存続的要素を選択肢の少なさ，コストの知覚の2要素に分け，計4要素で把握する考えなどが見られる。最近は再び，愛着のみで捉えようという考えも出てきており，定義についての議論が絶えない概念である。

❻ ▶ 達成動機 (achievement motive)

マクレランドは，人は金銭的報酬や地位のためだけに働いているわけではなく，良好な人間関係をもちたいという親和動機，他者に影響を及ぼしたいという支配動機，仕事で達成や成功を手に入れたいという達成動機が，職務動機づけに影響を及ぼしていると考えた。そして達成動機の強い人は，自分の努力によって成功失敗が左右されるような課題，成功失敗が自分の評価につながるような課題を好むとされる。

❼ ▶ 動機づけ-衛生理論 (motivation-hygiene theory)

ハーズバーグは，技師，会計士等を対象に面接調査を行った。そこでは，職務上「例外的に良く感じたこと」と「例外的に悪く感じたこと」を尋ねた。その結果，「例外的に良く感じたこと」として，達成，承認，責任といった仕事そのものに関わっている要因（＝動機づけ要因）が多く挙げられ，「例外的に悪く感じたこと」としては，会社の政策と経営，監督，上役関係といった仕事を取り巻く要因（＝衛生要因）が多く挙げられた。この結果に基づいてハーズバーグは，人が満足を感じるのは仕事そのものに対してであり，仕事を取り巻く要因には満足を高めるような効果は期待しにく

⓼ ▶ 内発的動機づけ (intrinsic motivation)

ある行動が，報酬等を得るためではなく，それを行うこと自体のためになされているとき，そこには内発的動機づけが想定される。デシの研究では，内発的に動機づけられている時に金銭の報酬を与えることで，内発的動機づけが低下するというアンダーマイニング現象が見られた。これは，行動自体のためになされていた行動が，金銭的報酬のためになされる行動にすり替わってしまうためであると考えられる。

⓽ ▶ 目標設定理論 (goal setting theory)

目標設定理論では，「明確で困難な目標」を設定することの有効性が主張される。目標が明確であることで人は予定を立て，目標が困難であることで人はやり方を工夫する，といったことが予想される。「精一杯やってきなさい」といった曖昧な目標や，容易に達成できるような簡単な目標では，職務動機づけを高めることは難しい。また，目標の効果を高めるために，フィードバック，目標へのコミットメント，自己効力の重要性が指摘されている。

⓾ ▶ 欲求階層説 (Maslow's hierarchy of needs)

マズローは人間の欲求を，①生理的欲求，②安全と安定の欲求，③所属と愛の欲求，④承認の欲求，⑤自己実現の欲求の五つに分け，低次から高次への階層構造を成していると考えた。そして，低次の欲求が満たされると高次の欲求が顕在化するとされる。五つの欲求のうち①〜④は充足されると強度や重要性が低下する欠乏動機であり，⑤は充足されても低下しない成長動機である。

〔高木浩人〕

18-04 ▶ 人事評価・測定

経営目標の達成のためには，効果的な評価システムの運用によって従業員（人的資源）の能力や個性を把握し，それを活かすことが重要である。

評価システムの中核である人事評価(performance appraisal/assessment)では，評価期間中の従業員の態度や行動，遂行結果を上司が評価する。上司評価に加えて，自らがそれらを評価する自己評価が求められることも多い。自己評価によって，自身の長所や短所に対する洞察が促され，上司との評価面談がより建設的なものになることが分かっている。

日本における人事評価の内容は，仕事の量や質，目標達成度を評価する「成績（業績，成果）評価」，企画力，判断力，指導力等，等級レベルに応じた職務遂行能力の獲得の程度を評価する能力評価，協調性，積極性，規律性等，仕事に対する意欲や仕事を進める態度，行動を評価する「態度（情意）評価」として分類されることが多い。また，特定の職務で高い業績を生み出す能力を指すコンピテンシーを評価する企業も見られる。人事評価は，絶対評価もしくは相対評価のいずれかで行われる。従業員の直属の上司が評価する一次評価は絶対評価で行われ，その上司の上司が評価する二次評価は相対評価で行われることが多い。人事評価の結果は，昇給・賞与，昇進・昇格，配置・異動の決定，あるいは教育訓練・能力開発のために用いられる。

人事評価は，評価者が評価対象者に関わる情報を収集し，それを記憶し，記憶した情報を想起して評価を下すという情報処理の過程である。この過程は，評価者の内的要因と，評価者を取り巻く外的要因の影響を受けている。内的要因には，評価者がもつ評価基準や職務に関わるスキーマ，あるいは評価対象者への感情等が含まれる。一

方，外的要因には，企業から示される評価の基準や視点，職場のメンバーたちの能力レベル，評価対象者を観察できる時間的，空間的制約等がある。これらの要因により，評価者が収集する情報やその解釈等に偏りが生じるために，人事評価にはしばしば**評価バイアス**が生じる。このバイアスの低減のためには，適切な人事評価の手続きの整備や，管理者に対する評価者訓練が必要である。それ以外に，360度多面評価を導入することも，一定の効果がある。

人事評価以外に従業員を評価する**人事測定の方法**としては，適性検査，性格検査，知能検査，筆記試験，**アセスメント・センター・メソッド**等がある。

1990年代半ばから，日本の企業の**報酬システム**，特に従業員が受け取る様々な**報酬の形態**の中の現金に関する報酬や処遇の決定方法が大きく変化し，これに伴い人事評価や人事測定が更に重視されるようになった。これは，この頃に，日本的経営の特徴の一つであった**年功序列**的人事制度から，人事評価や人事測定によって測られる成果や能力をもとにした**成果主義**的人事制度へと移行させる企業が増えたためである。

成果主義は，同一職務に従事する従業員の間で，獲得できる報酬の格差を広げることにつながるため，従業員間の葛藤を引き起こす可能性がある。無用な葛藤や不満を生み出さないためには，成果に対する評価を的確に行い，従業員による**分配の公正性**の認知を確保することが重要となる。

成果主義のもとでは，人事評価で評価の対象となる職務の遂行成果を高めることのみに従業員が労力を払い，**組織市民行動**をとらなくなることが懸念される。ただし，管理者は，組織市民行動を行う従業員を人事評価でも高く評価することが分かっている。また，後輩への教育やサポート，チームへの貢献，作業プロセスの改善等，職場やチーム全体の利益となる行動も成果と位置づけ，これを評価の対象とする企業も見られる。

■ ■ ■

❶▶アセスメント・センター・メソッド（assessment center method）

職務に関連する複数の演習課題に取り組む評価対象者の行動を，訓練を受けた複数のアセッサーが評価次元ごとに評価し，その評価結果を，面接や心理検査等の結果とともにアセッサーの間で討議し，総合的な評価を下す方法のこと。

❷▶360度多面評価（360-degree performance appraisal/360-degree feedback）

上司だけでなく，同じ部門や部署の同僚，後輩，そして顧客等が従業員に対して評価を行う方法のこと。上司が知り得ない情報や多様な見方からも評価が行われるので，評価の対象者の長所や短所を多側面から明らかにすることができる。

❸▶昇進／昇格（promotion）

従業員の序列を決める等級制度には，職能資格制度と職務等級制度がある。従業員の能力をもとに等級を決める職能資格制度のもとでは，等級（資格）の上昇は昇格，職位の上昇（例えば，係長→課長→部長）は昇進と呼ばれる。職務の困難度や責任度をもとに等級を決める職務等級制度のもとでは，等級の上昇は昇進と呼ばれる。

❹▶人事測定の方法（assessment techniques）

職務遂行に関わる人の諸側面を測定する方法のこと。この方法に人事評価を含める場合もある。人事評価を含めない場合は，主観が入る人事評価に対して，標準化された手続きで，一定の訓練を受けた専門家が，測定の実施や結果の解釈を行う科学的，客観的な測定であるという立場がとら

れる。また、従業員の過去の職務態度，行動，成果を評価する人事評価に対して，将来の成果を予測することに重きが置かれる。したがって，昇格・昇進の決定の際の判断材料として用いられることが多い。採用選考や能力開発においても利用される方法である。

❺▶ 成果主義 (merit system)

現金に関わる報酬や処遇に，従業員の職務遂行によって収めた短期的な成果が反映されること。賃金に関しては，成果だけで賃金が決定されるというよりも，年功で決まる割合が減少し，成果によって決まる割合が増える賃金体系となる状態を成果主義と見なす場合が多い。

❻▶ 絶対評価／相対評価 (absolute appraisal/relative appraisal)

絶対評価は，企業で示された基準によって従業員を評価する方法である。これには，図式評定尺度法，行動アンカー評定尺度法，行動観察尺度法等がある。相対評価は，複数の評価対象者同士を比較することによって，優劣を評価する方法である。この方法には，順位法，一対比較法，強制分布法等がある。

❼▶ 組織市民行動 (organizational citizenship behavior)

課題が遂行される社会的，心理的環境をサポートする行動のこと。他者を助けること，組織の様々な活動に積極的に参加すること，勤勉に働くこと，組織に対する不平や不満を述べないことなどが含まれる。類似した概念に，文脈パフォーマンスや役割外行動がある。

❽▶ 年功序列 (seniority-based compensation systems)

年齢や勤続年数によって，従業員の序列を決めること。序列が高くなるほど，高い賃金が支払われる。年齢や勤続年数が高いほど，組織への貢献度も高くなるような仕事の場合には，年功序列は有効性をもつ。

❾▶ 評価システム (performance appraisal system)

職務遂行に関わる従業員の顕在化した行動や成果，潜在的特性や能力を評価し，それを報酬分配や能力開発等，従業員の人事上の様々な決定や人事戦略の策定に利用する仕組み。評価システムが有効に機能するためには，評価の目的や評価する側面に照らして，公正で透明な手続きで進めることや，信頼性と妥当性の高い人事測定の方法を選択することが必要である。

❿▶ 評価バイアス (rating biases/rating errors)

正確な評価が行われないこと。これには，評価尺度の高い部分に評価が集まる寛大化傾向，逆に低い部分に評価が集まる厳格化傾向，評価尺度の中心部分に評価が集まる中心化傾向，部下の特定の特性や全体的な印象が，複数の評価項目の評価に影響してしまうハロー効果等がある。

⓫▶ 分配の公正性 (distributive justice)

分配された報酬に対する公正さ。報酬分配の基準には，平等に分配する「平等分配」，必要性に応じて分配を変える「必要性分配」，貢献度に応じて分配する「衡平分配」がある。報酬の内容（福利厚生，学習の機会，賃金等）によって，どの基準による分配が公正と認知されるのかは異なる。

⓬▶ 報酬システム (reward system)

労働の対価として従業員が受け取る報酬を分配する仕組みのこと。報酬システムは，従業員の生活の維持に関わるだけでなく，職務モチベーション，自尊心，企業へのコミットメント等，従業員の心理的側面にも大きく影響する。企業は，人事や会計に関わる経営戦略，職務分析の結果，従業員の公正感，労働組合の要求等を考慮して，報酬システムの構築，運用，改変を行う。

⓭▶ 報酬の形態 (types of reward)

従業員が受け取る報酬は，個人の内面か

ら生まれる内的報酬（やりがい，達成感，満足感等）と，他者から与えられる外的報酬に分けられる。外的報酬は金銭的なもの（給与，賞与，有給休暇等）と，非金銭的なもの（賞賛，承認等）とがある。

〔柳澤さおり〕

18-05 ▶ 戦略的人的資源管理

組織は個人から構成されている。それにもかかわらず，あたかも動物や有機体のように，ある目的に向かって意志をもって活動していくためには，組織に戦略が必要である。利潤の追求や公共の福祉の確保，メンバーの満足感の向上等，組織の目標を統一された意識のもとで追求しようとすれば，財務・生産・販売・人事・情報技術等の各分野で，組織の方向性や計画を体現する具体的な戦略を策定する必要がある。チャンドラーは「組織は戦略に従う」と述べて，戦略の優位性を指摘した。

組織が戦略をもてば，人材調達の役割を担う人的資源管理の施策は，組織戦略と一致するのがよい。**戦略的人的資源管理**（SHRM）とは，組織目標の達成のために，人材の採用や配置，育成，退職等を，戦略に沿った形で実践していくことを意味している。組織の戦略は人材要件とは直接関わらないものだろうが，戦略遂行上で必要となる知識・技能・能力・職業適性・コンピテンシー等に落とし込むことによって，戦略と整合する人材調達が可能となる。

組織における人材調達の役割は，採用と能力開発に分けることができる。組織の戦略に照らして必要となる知識・技能・能力・適性・コンピテンシーをもった人材を，外部から募集採用することで調達でき，また，組織の内部で能力開発を行うことによっても達成される。

採用選考（selection/screening）のプロセスでは，筆記試験，適性検査，履歴書，エントリーシート，面接，資格，職業経歴，人事情報等，多くの情報と方法を使って最適な人材を選抜する。とりわけ多用されるのが**採用面接**である。人材の採用のために実施される面接であり，カウンセリングや相談のための面談とは区別される。

採用面接では，口頭でのやりとりに基づいて評価するという表面上の特徴は同じでも，様々なバリエーションがあり，質問内容や評価ポイントにも大きな差がある。一括りに捉えられることも多いが，応募者と面接官の組み合わせから，**個人面接**と**集団面接**に分けたり，質問内容や評価基準の作り方から，**自由面接**と**構造化面接**に分けて考えることができる。

筆記試験や適性検査等では捉えきれない人物特性を把握するために，また，仕事の実績や能力というよりは，人物本位での採用を考える時に，面接は欠かせない。しかし，面接の評価結果は一致しにくいばかりでなく，ステレオタイプや第一印象等の評価の誤差が入り込んでしまうことがある。また，様々な**採用者心理**と**被採用者心理**が働くため，面接だけに依存した採用選考を行うのは，注意が必要である。

人材を採用選考することを目的として，能力，性格，職業適性等を測定するテストや検査を総称して，**適性検査**（aptitude testing）と呼んでいる。紙筆式検査（いわゆるペーパーテストや筆記試験）を代表とするものの，多くの形式があり，また測られる特性や個人差も様々であり，その全体像を決まりきった形で捉えることはできない。ただし，検査の中身によって，**能力適性検査**，職業適性検査，知識検査，**性格適性検査**等に分けると分かりやすいだろう。また，性格適性や能力適性に代わるも

のとして，EQ やコンピテンシーといった特性が測定されることもある。

人的資源を戦略的に確保するためには，従業員の能力開発も欠かせない。将来に向けての戦略を実現するための人材は，なかなか外部から調達できないことも多いので，いきおい能力開発に力が入る。

能力開発（training and development）とは，個人やチーム，組織の効果性を向上させるために実践される，従業員の学習と発達に関する組織的・体系的な取り組みである。教育訓練や研修等とも呼ばれている。職場における能力開発は，**OJT** と **Off-JT** に分けて考えられることが多い。

また，OJT の一環として，**コーチング**や**メンタリング**等を通して，対人的に学習を促していくこともある。自学自習で行う場合には，**自己啓発**とも呼ばれている。

近年では，学習メディアも技術的に進歩しており，インターネットを活用し，テキスト・映像・音響等を使って学習を行うマルチメディア教育や，ウェブとパーソナル・コンピュータを併用して学習や試験を実施する E ラーニング等も活用されている。動画やプログラム内容が臨場感と忠実性を増すようになったため，Off-JT が OJT の効果を凌駕するようにもなっている。

■ ■ ■

❶▶ EQ（Emotional Intelligence）

情動的知性あるいは社会的知性と呼ばれる資質である。自分の感情を内観でき，他者の感情や情動を知ることができる知性面と，一時の情動の波や感情を自分でコントロールできる技術面を含んでいる。自己記入の質問紙法や，周囲の人からの行動観察法等で測定される。

❷▶ OJT／Off-JT（On-the-Job Training/Off-the-Job Training）

実際に仕事をやりながら，必要な技能や能力，知識を体験的に習得することを OJT と呼ぶ。仕事をやりながら仕事を覚えるインフォーマルなものから，上司が計画的にフォローアップするものまで，実施の形態は様々である。一方，職場を離れて実施される研修や訓練を Off-JT と呼ぶ。講義，グループ討議，ケーススタディ，ロールプレイ，E ラーニング，シミュレーション，MBA 留学等，多彩な形式を取る。

❸▶ 個人面接／集団面接（individual interviews/group interviews）

応募者が一人で面接を受ける場合を個人面接という。一対一の面接を思い浮かべるのが分かりやすい。一方，集団面接には，複数の面接官が一堂に会してパネルを作り，一人の応募者を全員で面接するパネル面接，一人もしくは複数の面接官によって，複数の応募者を一度に面接するグループ面接や，グループを組んだ応募者が共通の課題について討議し，そのプロセスを面接官が評価し，質疑応答するグループ討議等がある。

❹▶ コーチング（coaching）

外部コーチとの相談を通じて，自分なりの仕事のやり方を身につけたり，経験のある先輩から職務上で教えを請うことを指す。専門書を頼りに自らに問いかけ，自分でコーチするケースもある。コーチとの対話や質疑応答によって，目標達成に必要な知識，スキル，ものの考え方を自ら導き出す。上位者や講師から一方的に教えられるのではなく，対話や質疑応答をきっかけとして，自分で策を見出すことがコーチングの大事な要素である。

❺▶ コンピテンシー（competencies）

職務上の高い成果や業績と直接に結びつき，行動として顕在化する，職務遂行能力に似た概念である。行動に主眼が置かれているために，その評価測定にあたっては，

上司や職場仲間等の行動観察評価がもっぱら使われている。

❻ ▶ 採用者心理／被採用者心理 (interviewer psychology/interviewee psychology)

採用者側は、面接についての信頼感が強いため、優れた人材や職場に合った人材を選考できているという自信をもちやすい。しかし、面接官の判断が、第一印象や服装といった、仕事の能力とは関係しない要素の影響を受けていることがある。一方、被採用者側は、質問に答えるという一方向のコミュニケーションのもとで防衛的になりがちであり、圧迫的に感じやすい。また、質問内容が一貫しなければ、面接に対する不信感をもつ。

❼ ▶ 採用面接 (employment interviews)

面接官の質問に対する口頭のやりとりから、応募者の能力や特性を主観的に判断する選考方法である。実施形態や質問内容や評価要素の点で、多くのバリエーションをもつ。適性検査や筆記試験で測られる客観的特性ではなく、本人の人物面を主観的に評価するために用いられることが多い。

❽ ▶ 自己啓発 (self-development)

就業時間中や仕事外で、自分の能力開発に必要な知識、スキル、能力を、自助努力で学習していくことを指す。独力で自己を研鑽する活動であるため、自学自習のOff-JTと似た形式を取ることが多い。

❾ ▶ 自由面接／構造化面接 (unstructured interviews/structured interviews)

質問内容や評価基準、採否のポイント、面接時間等を、面接官の裁量に委ねるものを自由面接という。応募者の人物本位で評価がなされ、自由度は高いが、質問事項や着眼点が面接官によって変わってしまうことがある。一方、質問事項や評価ポイントをあらかじめ設定しておき、決められた質問に対する受け答えの優劣を、共通の評価基準で評価していく面接を、構造化面接という。

❿ ▶ 職業適性 (aptitudes)

ある仕事をうまく遂行し、高い成果を出すために必要な知識や技能、能力を指す。そもそも職業適性は、職業ごとに固有なことが多い。そのため、職業ごとに求められる資格の有無から職業適性を判断することがある。一方、一般的な職業適性を捉えるために、言語面や数理面での知的能力に焦点を当てることがある。また、職業興味や職業指向を適性の一部とすることもある。

⓫ ▶ 性格適性検査 (personality tests)

外向性、情緒安定性、責任感、協調性、開放性等の個人の行動傾向やものの見方を、客観的に測定していく検査を指す。性格に関わる短い質問に自己回答する質問紙法、単純作業を連続して実施し、その作業量の推移から性格を診断する作業検査法、あいまいな図柄や不完全な情報を与え、自由連想した内容から性格を診断する投影法等がある。

⓬ ▶ 能力適性検査 (ability tests)

言語の理解力、加減乗除等の数的能力、地図や図面等の空間を把握する能力、図形の並び方や数列の展開から先を予測する能力、記憶力等の知的側面を、客観的に測定していく検査を指す。教育現場で知能指数 (IQ) として親しまれてきたものとも共通点が多い。

⓭ ▶ メンタリング (mentoring)

知識や経験の豊かな人（メンター）と未熟な若年者（プロテジェ）とが、緊密な上下関係や師弟関係を結び、キャリア面や心理面で、有形無形のサポートを提供することをいう。模範となる人から直接薫陶を受けたり、匠の技を模倣するような対人的学習である。

〔髙橋　潔〕

18-06 ▶リーダーシップ

　集団の目標を達成するためには、メンバーの役割を明確化し、意欲づけ、そして集団をまとめ上げる必要がある。こうした、集団目標の達成に向けてなされる集団の諸活動に影響を与えるリーダーの働きかけや影響力のことを、リーダーシップ（leadership）と呼ぶ。

　リーダーシップへの最初の関心は、優れたリーダーはどのような特性を備えているかを明らかにする**特性アプローチ**であった。このアプローチではまず、歴史上の偉大なリーダーには独自の人格特性や資質が備わっていると考える**偉人論**に関心が寄せられた。更には、実証的なアプローチに基づき、リーダーに選出されやすい人の特性や、効果的なリーダーの特性を明らかにする**人格論**も展開された。

　当時は明確で一貫性のある特性が十分に明らかにされなかったため、特性アプローチの研究は衰退し、次第に**行動アプローチ**と呼ばれる観察可能なリーダーの行動に関心が集まるようになった。その先駆けが、レヴィンを中心とする**民主的アプローチ**の研究である。このアプローチは、リーダーシップ・スタイルの効果を初めて実験的に明らかにしたことで、その後のリーダーシップ研究に大きな影響を与えた。更に、様々な研究グループがリーダー行動の観察を試みたところ、いずれも共通して課題志向的行動と人間関係志向的行動のリーダー行動（スタイル）に集約できるとする**2要因論**が定着した。

　行動アプローチは、効果的なリーダー行動を明確にしたことでリーダーシップ訓練の発展に大きな貢献を果たした。しかし、二つのリーダー行動とパフォーマンスとの関係が必ずしも一貫した結果が得られなかったことから、リーダーシップの効果性を左右する状況要因を組み込んだ**コンティンジェンシー・アプローチ**が主流となった。この先駆けが、フィードラーの**LPCモデル**である。このモデルは、リーダーシップ・スタイルと集団状況の有利性との組み合わせによって、リーダーシップの効果性を明らかにするものである。ほかにも、リーダーシップの本質は、メンバーが目標（ゴール）を達成することができるよう道筋（パス）を示すことであるという考えに基づいた**パス-ゴール理論**や、フォロワーの成熟度に注目した**ライフサイクル理論**、更には、組織内の様々な環境要因がリーダーシップの機能の代わりを果たすと考える**リーダーシップ代替論**等が展開されている。

　心理学で大きな影響を与えた「認知革命」は、リーダーシップ研究でも**認知論的アプローチ**という新たな視点を引き出した。これまでは、リーダーからフォロワーへの一方向的な視点が中心であったが、メンバーから見たリーダーシップ評価のメカニズムが明らかにされるようになった。例えば、一般的に組織業績の向上や低下の原因を十分に吟味せずに、リーダーシップに過剰に帰属する傾向がある。マインドルはこうした傾向をリーダーシップの**幻想論**と呼んでいる。また、同じ集団でもメンバーによってリーダーシップの評価が異なる。これは、各メンバーが**暗黙のリーダーシップ論**と呼ばれる理想的なリーダーの特徴や行動に関する信念をもっているからである。

　1980年後半以降になると、アメリカを中心に組織変革の必要性が叫ばれるようになる。この動向に呼応して、組織を変革することを目指した**変革型リーダーシップ**が

求められるようになった。しかし、組織を変革することは並大抵なことではない。それゆえ、変革に向けてメンバーを動機づけ、そして全幅の信頼を得るリーダーの**カリスマ性**が注目された。更に、アボリオは、組織を変革するために変化の導入や革新の創出に志向した変革型リーダーシップだけでなく、メンバーとの相互交流を通じて、組織の目標や課題を確実に遂行することを目指した交流型リーダーシップの両方が重要であるとし、最も効果的なリーダー行動のモデルとして**フルレンジ・リーダーシップ**を提唱している。

■ ■ ■

❶ ▶ 暗黙のリーダーシップ論 (implicit leadership theory)

メンバーは、理想的なリーダーはある特性や条件を備えているという暗黙の信念を保持しており、これがリーダーシップの評価に影響を与えると考える理論のこと。

❷ ▶ 偉人論 (great man theory)

歴史上の偉大なリーダーに注目しながら、彼らは生まれつき何らかの特性を保有しているがゆえに、偉大なリーダーになったと考える理論のこと。

❸ ▶ LPC モデル (LPC model)

フィードラーによる理論のことを指す。これは、最も一緒に仕事をしたくない同僚(LPC)への評価に基づいて算出されるLPC得点から、関係志向的か課題志向的かのリーダーシップ・スタイルに分類される。次に、集団状況としてリーダー-メンバーの関係性の良さ、課題が構造化されている程度、そしてリーダーに与えられた権限の強さの三つの組み合わせから導かれる集団状況の有利性と、先のリーダーシップ・スタイルとの組み合わせによって、リーダーシップの効果性が明らかにされている。

❹ ▶ カリスマ性 (charisma)

カリスマという言葉を初めて用いたのは、社会学者のウェーバーである。彼はカリスマとは、特別な人間が備えた資質であると考えた。その後、ハウスは、カリスマ性を備えたリーダーに見られる特徴として、異常に高い支配、自信、影響力の要求、自己の価値の信念があることを示している。

❺ ▶ 人格論 (trait theory)

リーダーとメンバー(フォロワー)、あるいは効果的なリーダーと非効果的なリーダーとを分けるのは、リーダーが生まれつき備えた特性によると考える理論のこと。

❻ ▶ 2 要因論 (two-factors theory)

課題志向的行動と人間関係志向的行動のリーダー行動のどちらが効果的かではなく、両方を兼備することを重視する立場を2要因論という。代表的な理論が、PM理論とマネジリアル・グリッド理論である。

❼ ▶ パス-ゴール理論 (path-goal theory)

パス-ゴール理論は、リーダーがメンバーの仕事への動機づけや満足感を高めることを強調し、そのためには、リーダーがフォロワーの欲求を理解し、その欲求と組織の目標を関連づけ、リーダーが指示や指導等を行うことで、目標に到達するための道筋(パス)を明らかにする必要があるという理論のこと。

❽ ▶ フルレンジ・リーダーシップ (full-range leadership theory)

このモデルでは、図1に示すように、リーダーシップを変革型リーダーシップ(4I's)、交流型リーダーシップ(CR、MBE-A、MBE-P)、そして放任型リーダーシップ(LF)の五つに分類し、これらを効果的-非効果的と積極的-消極的、そして頻度の三次元上で表している。そして、最適なリーダーシップとは、座標軸の右上

図1 フルレンジ・リーダーシップ (Avolio 1999)

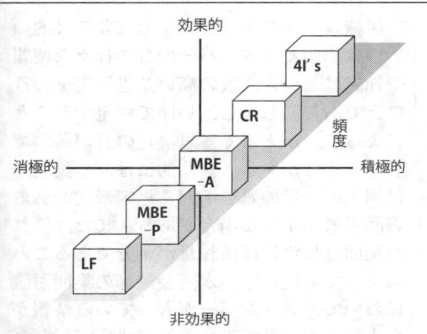

〔変革型リーダーシップ〕
4I's 四つのI'sからなる変革型リーダーシップ
・理想的影響
・モチベーションの鼓舞
・知的刺激
・個別的配慮

〔交流型リーダーシップ〕
CR パフォーマンスに即応した報酬行動
MBE-A 能動的な例外時罰行動
MBE-P 受動的な例外時罰行動

〔非リーダーシップ〕
LF 放任的行動

にある（効果的で積極的）リーダー行動を発揮している頻度が多い順に，変革型リーダーシップ，そしてCR（交流型リーダーシップ）の順で望ましいとされている。

❾▶民主的アプローチ (democratic leadership approach)

レヴィンらが行った，民主的リーダーシップの効果性を明らかにしたアプローチのこと。彼らは，専制型，民主型，放任型のリーダーシップ・スタイルを設定し，それぞれ効果を実験的に検証したところ，民主的リーダーシップがパフォーマンスの質と量だけでなく，メンバーのモチベーションや雰囲気にも最も効果的であったことを明らかにしている。

❿▶ライフサイクル理論 (life-cycle theory of leadership)

効果的なリーダーシップは，メンバーの成熟度によって異なると考える理論のこと。メンバーの成熟度（意欲や能力）が低いほど，指示的行動を中心としたリーダーシップが効果的であるのに対し，成熟度が高くなるにつれて，メンバーの自主性や自律性を尊重したリーダーシップが有効であるとしている。

⓫▶リーダーシップ代替論 (substitutes for leadership theory)

組織内の様々な環境要因の中でも，リーダーシップの代わりの機能を果たす代替要因と，リーダーシップの効果を阻害，抑制する中和要因を明らかにした概念のこと。

⓬▶リーダーシップの幻想論 (romance of leadership)

リーダーが集団や集団のパフォーマンスに与える影響力を過大評価する傾向のこと。

〔池田 浩〕

18-07 ▶ 組織コミュニケーション

組織で行われるコミュニケーションは，大きく分けて二つの側面から理解できる。一つは，情報を伝達し意思決定する情報処理システムとしての側面であり，もう一つは，動機づけや人間関係を促進する情緒的・社会的な側面である。本項目の「組織コミュニケーション」という用語で狭義に表現するときは，主に前者の側面について，組織全体や下位集団というレベルを対象とすることが多い。一方，後者の側面は，個人又は対人レベルの現象に焦点が当てられることが多い。なお，このような2側面の区別は，小集団で行われるコミュニケーションを分析するIPA（相互作用過程分析）の分析枠組みにも表れている。

コミュニケーションの最小単位である二者間の対人コミュニケーションは，以下の

ようなプロセスを経る。まず，送り手がもつ情報や意図がメッセージとして符号化され，それが特定のチャネル（五感やメディア）によって伝達される。そのメッセージが受け手に符号解読され，その解読に基づく効果が受け手に生じ，受け手の反応が送り手にフィードバックされる。**組織コミュニケーションのプロセス**は，上述の基本プロセスに組織特有のプロセスや要因が加わり，複雑性を増したものとして捉えることができる。

コミュニケーションによる情報伝達は，様々な要因によって影響され，阻害される。状況や文脈等のコンテクストが符号化や符号解読に影響し，プロセスの各段階で本来の意味の伝達を妨げるノイズが生じることで，コミュニケーション・ギャップが起こる。情報伝達において生じやすい障害としては，送り手による符号化にフィルターがかかる可能性を示す**マム効果**等があり，組織における情報伝達の難しさが示唆される。また，情報伝達が効果的に行われるかどうかは，コミュニケーションに関わるメンバーのつながり方の形態，すなわち，**コミュニケーション・ネットワーク構造**にも依存する。なお，組織コミュニケーションのプロセスや構造は，情報技術の発達に影響される。例えば，EメールやSNSに代表される**電子コミュニケーション**は，大きな変化をもたらした。

組織コミュニケーションの重要な目的の一つは，個々のメンバーのもつ様々な情報や知識に基づき，質の高い意思決定を行うことである。しかし，集団で決定することによって，かえって意思決定の質が落ちてしまうことがある。具体的には，小集団では個人の決定の質を下回る思考形式である**集団思考**が生じる場合がある。また，優れた集団意思決定は情報量が十分であることによって可能になるが，会議等の集団討議において，各メンバーがもっている情報があまり共有されずに議論及び決定が行われる傾向があり，この現象は**隠されたプロファイル**と名付けられている。更に，小集団において行った決定が，もともとの個人の意見の平均よりも極端になるという**集団極性化**が起こることもあり，集団意思決定にはバイアスがかかる可能性がある。

組織が効果的な情報伝達や意思決定をするためには，何らかの仕組み作りが必要である。その一例であるナレッジ・マネジメントは，知識の共有化や可視化を重視する考え方で，企業における情報技術の活用に関連して議論が行われることが多い。ナレッジ・マネジメントの目標は，単なる情報管理ではなく，新たな知識の創造である。そのような知識創造は，知識の二つのタイプである**形式知**と**暗黙知**が相互に変換される中で行われるとされ，この相互変換のプロセスは **SECI モデル**と呼ばれている。

■　■　■

❶▶IPA／相互作用過程分析（IPA：Interaction Process Analysis）

ベールズが提唱した，小集団のコミュニケーションにおいて，課題関連機能と社会情緒的機能を分析するためのコーディング・スキーマのこと。課題関連機能は「助言を与える-求める」「意見を与える-求める」「方向づけを与える-求める」の三次元，社会情緒的機能は「連帯を示す-対立を示す」「緊張解消を示す-緊張を示す」「同意する-同意しない」の三次元で分類される。

❷▶隠されたプロファイル（hidden profile）

集団の意思決定において，各個人のもつ情報が共有されないことによって，共有されれば決まるはずの「真の決定」に至らないこと。ステイサーらにより一連の研究が行われ，議論は共有情報に集中する傾向があるという情報サンプリング・モデルで説

明されている。

❸ ▶ 形式知／暗黙知 (explicit knowledge/tacit knowledge)

知識には，言葉や数字で表すことができ，伝達や共有が容易な形式的・体系的な知識である「形式知」と，形式化しにくく，伝達や共有が難しい主観的・直観的知識である「暗黙知」がある。形式知には，データやマニュアル等が含まれ，暗黙知は個人的な体験に基づく洞察や勘，ノウハウ等が含まれる。

❹ ▶ コミュニケーション・ネットワーク構造 (communication network structure)

コミュニケーションを行うネットワークの形態のパターンのこと。個別のメンバーを示すノードと，それらのつながりを示すタイによって構造が表現されることが多い。例えば，中心性の高い構造は中心人物にタイが集中し，密度の高い構造は組織内のノード間が多くのタイでつながる。また，開放性の高い構造は，組織の外部のノードとのタイが多い。これらの構造の違いは，コミュニケーションの仕方を決定し，課題遂行や満足度に影響を与える。

❺ ▶ 集団極性化 (group polarization)

集団で議論することにより，決定した意見がもともとメンバーがもっていた意見の平均より極端になることをいう。議論の中で新たな論拠に接することで意見が強まるという情報的影響や，集団の中で優勢な意見が明らかになり，それが規範となるという規範的影響によって，極性化が生じる。集団での決定が，メンバーのもとの意見を平均したレベルよりも危険性が高くなるリスキー・シフトと，より慎重で保守的になるコーシャス・シフトがある。

❻ ▶ 集団思考 (groupthink)

集団による意思決定が，かえって不適切な決定となることをいう。ジャニスが提唱した概念で，集団浅慮とも訳される。集団の凝集性が高い場合にメンバーが陥る思考様式であり，意見を一致させようという動機づけが，他の選択肢を現実的に評価する動機づけを上回ることで生じる。集団思考の兆候としては，集団の特長や斉一性に対して過大評価をすること，意見の自己検閲が行われ反対派に圧力がかかること，外集団に対する蔑視や外部からの情報の遮断等の閉鎖的な傾向をもつことが挙げられる。

❼ ▶ SECI モデル (SECI model)

暗黙知と形式知は双方向的に変換されるものであり，知識変換のプロセスは，共同化（socialization：個人の暗黙知からグループの暗黙知を創造する），表出化（Externalization：暗黙知から形式知を創造する），連結化（combination：個別の形式知から体系的な形式知を創造する），内面化（internalization：形式知から暗黙知を創造する）の四つからなるとするモデル。野中郁次郎と竹内弘高が提唱したモデルで，これらのプロセスが螺旋状に繰り返されることで，組織の知識レベルが向上する。

❽ ▶ 組織コミュニケーションのプロセス (organizational communication process)

組織コミュニケーションのプロセスは，対人コミュニケーションの基本プロセスに組織特有の特徴が加わったものとして捉えられる。メンバーが各個人としてコミュニケーションを行うプロセスに加え，組織や下位集団の代表としてコミュニケーションを行うプロセスがあり，また，組織内外のそれぞれにおけるプロセスもあるため，より複雑な様相となる。これらのプロセスに，組織の目標に向けられた動機づけや，組織から割り当てられた役割等が加わる。更に，コンテクストとしての組織特性や組織文化等が影響し，コミュニケーションの前提を構築する。

❾ ▶ 電子コミュニケーション (electronic communication)

E メールや SNS に代表されるコンピュ

ーターを介したコミュニケーションのこと。メッセージ伝達の迅速性や非同時性という特徴により時間による制約に縛られず、また、地理的に離れた人の参加を可能にするため距離の制約もない。更に、コミュニケーション内容が記録・保存・検索可能であることも特徴的である。情報の共有化や参加の平等化を促進しうるが、非言語コミュニケーションが不足することによる弊害もある。

⑩ ▶ マム効果（MUM effect）

受け手にとって望ましくない情報を伝達することを躊躇し、沈黙する傾向のこと。ローゼンとテッサーが提唱し、送り手が罪悪感をもったり不快な気分になったりするというコスト、受け手からの強い感情的反応を受けることへの恐れ、望ましくない情報の伝達に関する社会的規範の曖昧さにより生じるとされる。

〔繁桝江里〕

18-08 ▶ 職場の人間関係

職場（workplace）とは、複数の人々が同一の目標達成に向かって協同し、職務を遂行する集団である。職場は、仕事の分業化、地位や役割の分化、権限の階層化等、組織としての構造を有している。

このような職場における**対人関係構造**の特徴を整理すると、まずは組織の公的規範に基づく客観的階層構造による**公式的人間関係**と、公的規範とは無関係に、成員間の心理的結びつきによって自然発生的に作られた**非公式的人間関係**とがある。通常、職場では、公的に規定された公式的人間関係の中に、複数の非公式的人間関係が存在することが多いといわれている。公式的人間関係に基づき、組織としての目標を掲げた場合でも、非公式的人間関係の集団規範が優先される場合があることが知られている。例えば、カッチとフレンチは、公式に定められた作業量とは別個に、非公式的集団が暗黙裡に定めた低い作業量が存在することで、目標の作業量への到達を阻む影響力が働くことを示している。また一方で、非公式的人間関係は、その強い凝集性により、公式的人間関係以上にコミュニケーションが円滑になされ、作業の効率化を促進するというケースもある。このように、職場内の非公式的人間関係が強大化した場合には、公式的人間関係の機能を抑制もしくは促進することがある。更に、職場組織での対人関係構造として、分業によって形成される**垂直関係**、**水平関係**がある。垂直方向の分業によって、上司-部下関係等に代表される垂直方向の関係性が生じ、水平方向の分業によって、同僚関係等に代表される個人間や部門間の水平方向の関係性が生じる。

このように、職場組織は、目標達成のために構造化された人間関係によって成り立つものであり、本来は共通の目標に向かって協同することが前提である。しかしながら、効率化を目指して分業化を進めた結果、役割・立場や価値観等の相違によって、下位集団間又は個人間に対立・競争関係が生じることがある。このような対立・競争状態のことを**葛藤**と呼ぶ。葛藤は、その調整によって破壊的方向にも建設的方向にも作用するといわれており、対処次第では、職場の活性化と変革をもたらす重要な契機となることが指摘されている。適切な葛藤調整を目的として、その類型化と対処方略の同定に関する研究が数多く行われてきている。葛藤の類型としてよく知られるものには、**関係葛藤**と**課題葛藤**がある。一般的に、課題葛藤はその解決を目指すことで組織にとって有益な結果をもたらし、関係葛

藤は意思決定や所属集団への感情的コミットメントに負の影響をもたらすとされているが，両者の厳密な区別は難しいという指摘もある。また，葛藤の対処方略は，古くはシュミットやトーマスが，対処方略を自己主張性（assertiveness）と協調性（cooperativeness）という二次元で捉え，競争（competition），協働（collaboration），回避（avoidance），譲歩（accommodation），妥協（compromise）の5類型に分類している。その後も複数の研究により対処方略の分類方法が示されているが，葛藤関係にある当事者同士での解決が難しい場合には，**第三者仲介**が功を奏することがある。第三者が仲介することで，当事者同士のコミュニケーションを増加させ，協調的な問題解決を促進することが知られている。

葛藤関係にある相手に対して交渉を進める際，相手との競争を志向する状態と，協同を志向する状態の二つの動機づけが同時に働く場合がある。このような**競争と協同の混合動機的状況**においては，交渉当事者双方の利益の最大化を目指す**統合的合意**に至ることが望ましい。統合的合意を促進させるためには，まずは具体的な問題直視が重要である。相手の争点を把握し，その実現がどの程度双方に利害をもたらすかについて理解した上で，新たな合意案を探る必要がある。トヴァスキーとカーネマンは，交渉時の枠組みとして，フレーミングに着目した。「どれだけ得をするか」というポジティブ・フレーミングで利益の最大化を目指して交渉を行う場合，確実な利益を得ようとしてリスク回避を図り，現在の交渉を成立させるために譲歩が促進され，より統合的合意に至りやすいといわれている。一方，「どれだけ損をせずに済むか」というネガティブ・フレーミングで損失の最小化を目指して交渉を行う場合には，現状の維持を図って譲歩が抑制され，合意が難しくなることが知られている。

■　■　■

❶▶葛藤とその調整（conflict and conflict management）

心理学において，葛藤（conflict）という用語は，大きく分類して二つの意味で使用される。一つは，個人内に相互排他的な複数の要求が存在する状態のことを指し，内的葛藤もしくは個人的葛藤等と表現される。もう一つは，個人もしくは集団が相反する利益を得ようとするために起こる，競合や対立の状態を指し，内的葛藤もしくは個人的葛藤と区別するために，社会的葛藤と呼ぶこともある。ここでいう葛藤とは，後者の社会的葛藤を指している。葛藤の調整にあたっては，適切な対処がなされることにより，職場の活性化と変革をもたらすことができるといわれており，葛藤を建設的に活用できるよう，葛藤に対する組織のマネジメントが重視されている。

❷▶関係葛藤／課題葛藤（relationship conflict/task conflict）

関係葛藤とは，パーソナリティや価値観が異なることで知覚される葛藤を指す。一方，課題葛藤とは，課題に対しての意見やアイディアが異なることで知覚される葛藤を指す。

❸▶競争と協同の混合動機的状況（in a mixed-motive situation of competition and cooperation）

葛藤関係にある相手との交渉時において，相手の利益を考慮せずに自己利益のみの最大化を目指して対立状態を強める競争的動機と，相手との協調を成立させることで利益を得ようとする協同的動機とが同時に働く状態のことを指す。

❹▶公式的人間関係（formal group）

客観的組織の存在によって成立する人間関係のことを指し，その関係性は組織図に

よって明確に表すことができる。客観的な階層構造と一定の明文化された手続き体系をもつことにより,成員の職務・責任・権限等が規定されている。公式的人間関係の具体例としては,上司-部下関係や同僚関係等がある。

❺ ▶ 垂直関係（上司-部下関係）(vertical relationships)

組織内の階層化（序列化）によって生じる関係性を指す。上司は,部下の管理義務及び指示命令の権限をもち,部下は,上司の指示命令の遂行,報告,連絡,相談の義務をもつ。水平関係によって生じた各職能の分業化を,全体組織の目標に向かって統合していく働きがある。

❻ ▶ 水平関係（同僚関係）(horizontal relationship)

組織内の職務分担化によって生じる関係性を指す。具体的には部門間や同僚間等の横のつながりである。例えば,営業部門,製造部門,財務部門,もしくは同部門内の同僚等が,相互にコミュニケーションを取り,協力して仕事を遂行する。その過程においては,部門間又は同僚間の目的や利害が対立し,調整が必要となることもある。

❼ ▶ 第三者仲介 (third party intervention)

当事者たちの間で葛藤解決が難しくなったときに,当事者とは別の第三者が介入して解決を試みること。

❽ ▶ 対人関係構造 (structure of interpersonal relations)

対人関係の構造は幾つかの側面から整理することができる。例えば,ドイッチュは,「協同-競争」「対等-非対等」「課題志向-社会感情的」「公式-非公式」の4側面から,16種類の対人関係の構造を示している。また,ウィッシュらは,「協力的-競争的」「対等-非対等」「表面的-緊密」「公式-非公式」の4側面があることを指摘している。職場の対人関係の特徴としてよく知られる区分には,客観的な組織の構造に基づく公式的人間関係と,心理的結びつきによって形成される非公式的人間関係,更に,上司-部下等の序列に基づく垂直関係,職能の分担による水平関係等がある。これらの対人関係は,ドイッチュやウィッシュらの示した構造のいずれかに分類することができるが,その構造は固定的なものではなく,組織内の力関係や人事制度の変遷等に伴い,流動的に変化してゆくものである。

❾ ▶ 統合的合意 (integrative consensus)

葛藤関係にある当事者双方の満足する合意のこと。

❿ ▶ 非公式的人間関係 (informal group)

公式的人間関係の枠組みとは無関係に,自然発生的に作られ,成員間の心理的結びつきによって成立する人間関係のことを指す。形式的な規制や役割分担,階層構造をもたない。いわゆる仲間集団や派閥等である。公式的人間関係とは異なる規則や目標を独自にもち,時にはそれが公式的人間関係の枠組み以上の影響力をもつ。非公式人間関係は更に,利害が一致することで形成される利害集団と,親密性を求めることで形成される友好集団とに分けられる。

⓫ ▶ 問題直視 (confrontation)

競争・対立している原因はどこにあるのかを的確に直視して,解決方策を検討しようとする態度を指す。

〔鈴木綾子〕

18-09 ▶ 組織の規範と文化

メンバーたちは,所属する組織の中で時空間を共にし,目標達成に向かって活動すると,その多くが適切と考える社会的なもの（ソーシャル・リアリティ）を作り出すようになる。その組織で創造され,メンバ

組織の規範と文化

ーたちに共有されるようになった価値や判断，行動の準拠枠のことは，組織（集団）規範と呼ばれる。

二人以上のメンバーが目標達成に向かって活動する組織においては，内部での意識的な**統合**が必要である。規範は，この内部統合に関連して極めて自然発生的に，組織の人たちが一定の基準に同調するように互いに働きかけ合うことで形成される。この働きかけを**斉一化圧力**という。メンバーたちがこの圧力に同調するのは，直面した状況下で，組織の一員としてより適切な判断や振る舞いをしたいと思い，自分の意見や価値が周囲と同じであることを示すことで好意を獲得し，排斥を避けたいという欲求を満たそうとするからである。このような欲求をもつメンバー同士で相互作用を繰り返す中で，組織が前提とする**認知と行動パターンの共有**が進む。

こうして，規範は**暗黙のルール**として形成され，直接目には見えず，普段は意識されることもない。しかし，このルールや組織の特徴をメンバーたちがどのように捉え知覚しているかによって，その組織の意味や機能は異なる。すなわち，暗黙のルールが，目標達成とその活動を促進する方向に機能することもあれば，逆に，組織の公式なルールと異なる方向に機能して，目標達成を阻害することもありうるのである。この現象は，ホーソン研究で見出されている。メンバーが共有している規範の特性を把握するために，J. M. ジャクソン（1960）はリターン・ポテンシャル・モデルを考案した。

組織に対するメンバーたちの知覚の分散（当然と見なされる幅）が小さくなるほど，他の組織との境界は明確であり，組織のまとまりの良さ（凝集性の高さ）や成果をもたらす。ピーターズとウォーターマンは，収益率や成長率等，業績の高い組織の共通点は，規範や価値観が組織の隅々まで浸透していることであると結論づけている。

時間経過とともに**潜在化**と**不可視化**を深めて組織内に浸透した規範から，前例や慣習，言語や特有の技術，組織デザインのための戦略や各種のシステム，あるいは組織構造等の可視的なものまでを含み，その組織内部で輻輳的に構成されているのが，組織文化である。組織文化は，規範と密接に関連しているものであるが，これよりもより深い層で，組織が直面する問題を解決する時に，組織のメンバーたちの判断や行動を方向づけ，経験に共通の意味を与えるものである。この方向づけと意味づけによって，組織内部での統合や調整が比較的容易に行えるようになり，変化する外部環境への組織適応（adaptation）の活動を推進できる。

このように，組織文化は，**組織の環境適応のための学習**とともに発達する。また，組織のメンバー（特に新参者）が，組織が提示する価値観や行動パターンに順応し，**社会化**することで，文化は時間を超えて継承されていく。**組織のライフサイクル**を長期にわたって持続可能にするためには，リーダーの存在が重要な意味をもつ。シャインは，リーダーシップの決定的な機能は，組織文化の創造であり，文化の管理，必要であれば文化の破壊であるとしている。

■　■　■

❶▶暗黙のルール (unwritten rules)

「……であるべきだ」「……してはいけない」について共有された信念である規範には，規則として明文化されたもののほかに，非公式的で暗黙裡に定められている掟が含まれる。カートライトとザンダー（1968）によれば，規範が個人の認知や行動を拘束する強度は，その個人にとって組

織が重要である程度，組織目標の達成に対する意欲，集団凝集性の高さ，制裁の明確さ，自信の程度によるという。

❷▶社会化／順応 (socialization)

組織が持続可能性を高めるには，時間を超えて中核となる価値観が，メンバーに獲得されて伝承されていくことが重要である。社会化とは，文化的伝承の役割を担っており，組織固有の文化に順応し，その組織の人らしくなることをいう。組織の一員として社会化される中には，仕事に含まれる課題，人間関係の構築，組織内の権力構造，組織特有の言語，目標，組織の歴史的な背景に関することを学び理解することが含まれる。

❸▶斉一化圧力 (pressure for uniformity)

斉一化圧力とは，組織で生み出された一定基準にメンバーを同調させ，同質化しようと働きかける集団圧力のことである。規範が形成・維持される現象については，自動光点移動現象を用いたシェリフの実験で示された。また，規範から逸脱した者に対する周囲の反応（コミュニケーション量を増やして圧力をかけ，その後減少し排斥に至る）は，シャクターの実験で明らかにされた。斉一化圧力が強く作用するのは，相互依存度の高い課題，帰属意識や凝集性が高い組織，必要な情報が入手困難な状況，緊急を要する意思決定場面などである。

❹▶組織の環境適応 (environmental adaptation of organization)

組織が，複雑化する問題を解決して，変化する環境に対応することをいう。これは，社会で受容される価値を取り入れながら，組織を変革し，新たな組織文化を醸成することを意味する。組織では，変更が必要な部分を的確に見極め，柔軟かつ迅速に対応することが不可欠である。

❺▶組織のライフサイクル (organizational life cycle)

人が時間とともに成長するのと同じように，組織も発達する。組織の誕生及び初期成長-中年期-成熟，停滞と衰退のプロセスは，大小様々な変革，及び安定・維持を繰り返しながら進む。ただし，組織が老齢化すると，変化を避けて安定志向の傾向を強め，外部環境に対する関心が薄れ，異質なものを受け入れる心理的余裕が失われやすい。強力な文化は，この段階では変革を妨害する方向で機能し，組織の衰退を促すことになる。

❻▶ソーシャル・リアリティ (social reality)

人は，組織がどのような状態にあるのか，社会・組織の中で自分の意見や行動が正しいかどうかなど，できるだけ客観的に判断したいと考える。この時，他者の意見や行動を拠り所として認識される社会が作り出される。この社会は，客観的事実と必ずしも一致するとは限らないが，次第に多くの人に認識された社会的な現実である。フェスティンガーは，この現実のことをソーシャル・リアリティ（社会的現実，実在）と呼んだ。

❼▶統合 (integration)

統合とは，複雑化する問題を解決する能力の確保，人間関係の調整や連帯感の創出に関わる組織内部で展開するプロセス，又はその方法のことである。これらは，基本的にコミュニケーションを通じて行われ，変化する外部環境に対して組織が適応 (adaptation) し，効率的に活動し続ける上で不可欠である。具体的には，共通言語（業界用語等）の発達や，組織に内包されている期待や価値を体現した人への報奨（昇給，昇進等）の付与等がある。

❽▶認知と行動パターンの共有 (shared perception and behavioral pattern)

組織が形成されると，斉一化圧力によって多数のメンバーの認知や態度，行動は次第に似通ってくる。個々のメンバーの考え方や行動の分散が小さくなれば，明瞭で強い組織文化として醸成される。例えば，官

僚制化は，標準化された手続きや方法のもとで，安定して合理的に業務が遂行されるようになることである。ただし，過剰なパターン化は，発想の柔軟性を失わせ，慣れ親しんだ行動に固執させる。これらは，いわゆる組織文化の逆機能と呼ばれる現象である。

❾ ▶ リターン・ポテンシャル・モデル (return potential curve)

組織規範に同調すれば周囲に受容され，周囲に逆らった振る舞いをすれば，逸脱者として排斥される。リターン・ポテンシャル・モデルは，メンバー行動に対する受容-拒否の範囲と程度の観点で，構造的に組織の特徴を把握する方法もしくは曲線のことをいう。この曲線には，組織から是認されるメンバー行動の許容範囲，最も受容される行動（最大リターン点），その受容あるいは拒否の強さが示される。

〔山浦一保〕

19-00 健康〔総説〕

健康心理学は、人間の健康を取り巻く諸問題を総合的に取り扱うことを目的とした心理学の応用領域である。健康心理学は、精神的健康だけでなく身体的健康も対象とする点、病気の治療よりもむしろその予防、更には心身の健康状態の維持・増進を心理学の視点から探究する点に、その特徴がある。健康心理学の基盤には、心理学の他領域（学習心理学、認知心理学、生理心理学、臨床心理学、発達心理学、社会心理学等）や、健康に関わる他の学問領域（心身医学、行動医学、公衆衛生学、医療経済学、医療社会学等）がある。健康心理学の発展には、疾病や不健康な状態の成立において、生物的要因、心理的要因、社会的要因等、様々な要因が絡み合っていることを説明した「生物-心理-社会モデル」の提唱が、大きな影響を与えている（19-01）。

健康心理学では、心身の健康を説明するための概念として、ストレスに注目することが多い。ストレスの基本的な考え方として、入力型アプローチであるライフイベント、出力型アプローチである汎適応症候群、そして、ストレスを個人と環境との相互関係の視点で捉える心理学的ストレスモデル等がある。特に、心理学的ストレスモデルは、生活環境がいかなるプロセスを経て心身の健康に影響を及ぼすのか、そのメカニズムを説明する上で重要である。心理学的ストレスモデルの中核となるコーピングは、生活環境と健康とをつなぐ鍵概念であり、心身の健康の向上を目的とした介入の、主要なターゲットの一つである（19-02）。

生活環境と健康との関連においては、そのメカニズムだけでなく、個人差要因に注目することも重要である。同じような生活環境に置かれても、ある人は健康を維持しているのに対して、別の人は健康を損なうことがある。その個人差要因の一つとして、対人関係の在り方が挙げられる。なかでも、個人が社会的な関係から提供される援助（ソーシャルサポート）や、援助を受けるための技能（ソーシャルスキル）は、その機能や介入方法に関して、多くの研究成果が蓄積されている（19-03）。

心身の健康には、生活上の環境要因だけでなく、パーソナリティや生活習慣といった個人要因も影響を及ぼす。パーソナリティに関しては、虚血性心疾患との関連が指摘されているタイプA行動パターン、怒り・敵意と関わるタイプDパーソナリティのほか、心身症患者に比較的よく見られるアレキシサイミアがある。その他、健康を促進するポジティブな要因として、首尾一貫感覚がある（19-04）。

一方、生活習慣に関しては、喫煙、飲酒、食行動、運動や身体活動、睡眠等が、健康に影響を及ぼす要因として注目されている。これらの生活習慣が健康に及ぼす影響については、公衆衛生学もその研究対象としている。しかしながら、公衆衛生学では生活習慣と健康との間の直接的な関連に注目するのに対して、健康心理学ではこれらの生活習慣の形成及び維持過程、すなわちどのようなプロセスで適切あるいは不適切な生活習慣が形成され、それらが維持されているのかにも注目する点に、その違いがある（19-05）。

生活習慣の形成及び維持過程を説明する

際には，健康行動に関する各種の理論モデルを理解することが有用である。これまでに，計画的行動理論，健康信念モデル，自己効力感，トランスセオレティカル・モデルと変容のステージ等が提案されている。これらの理論モデルは，いずれも心理学の概念を応用したものであり，生活習慣の形成・維持過程を理解する際だけでなく，健康教育を計画する際にも役立てることができる。更に，健康教育に関しては，ストレスを適切に管理するために必要な知識と技術の獲得を目的としたストレスマネジメントも含まれる（19-06）。

健康を考える際，個人を取り巻く生活空間の軸と時間軸とを機軸にしながら捉えることも有用である。生活空間の軸をもとに健康を考える学問領域として社会疫学がある。これは，文化，社会システム，経済をはじめとする社会構造要因が，集団あるいは個人の健康に与える影響を明らかにし，そのメカニズムを解明することを目的としており，健康心理学の近接領域といえる。健康心理学と社会疫学との違いは，それぞれが注目する生活空間の大きさにある。健康心理学が，個人を取り巻くより身近な生活環境に注目しているのに対して，社会疫学はよりマクロな生活環境に注目している点に，その特徴がある（19-07）。

一方，時間軸をもとに健康を考える際には，ライフサイクルにおける様々なライフステージの特徴を考慮することが重要である。各ライフステージにおける心理的特徴については発達心理学の主要な研究テーマであるが，各ライフステージで経験するストレスについては，健康心理学の研究テーマとなる。青年期では主に学校生活が，成人期では職業生活，育児，家事，介護，ワーク・ライフ・バランス等が，老年期では生活上の様々な喪失体験等が，ストレスの特徴に影響を及ぼす（19-08）。

我々は，人生のうち多くの時間を職業生活に費やしている。そのため，職業生活におけるストレス（職業性ストレス）については，多くの研究が蓄積されてきた。これまでに，NIOSH職業性ストレスモデル，仕事の要求度-コントロールモデル，努力-報酬不均衡モデル等の理論モデルが提唱され，心身の健康への影響が検討されてきた。一方，職業性ストレスの予防や低減を目的とした対策も行われるようになっており，労働者一人一人のストレス対処能力の向上を目的とした個人志向アプローチと，職場環境の改善を目的とした組織志向アプローチのそれぞれについて，実践的な試みとその効果を定量的に評価した研究が蓄積されつつある（19-09）。

心理学の中でも新しい流れであるポジティブ心理学も，健康心理学の研究に影響を及ぼしている。従来の健康心理学では，疾病や不適切な生活習慣等，人間のネガティブな側面に注目していたのに対して，ポジティブ心理学では人間の強みや成長等，ポジティブな側面に注目している。健康心理学との関連では，フロー，幸福感，ワーク・エンゲイジメント，満足感等の心理状態や，これらの状態を導くと考えられる認知や態度（楽観性，希望等）が取り上げられ，健康との関連が検討されている（19-10）。

健康心理学はこれまでに，どのような行動や生活習慣が，心身の健康や疾病の予防と治療に影響を与えるかを明らかにすることに貢献してきた。また，疾病に関連する危険因子を見つけ，良い生活習慣を特定することで，人々の健康に関する世論形成に重要な役割を果たしてきた。今後は，人々の強みや成長等のポジティブな側面も視野に入れながら，人々の健康を維持・増進するために，身体，精神，社会のそれぞれに，より積極的に働きかけていくことが望まれる。

〔島津明人〕

19-01 ▶ 健康心理学とは

健康心理学は、人間の健康を取り巻く諸問題を総合的に取り扱うことを目的とした、心理学の中でも新しい領域である。健康心理学は、精神的健康だけでなく身体的健康も対象とする点、病気の治療よりもむしろその予防、更には心身の健康状態の維持・増進を心理学の視点から探究する点に、その特徴がある。健康心理学は、心理学の中でも比較的新しく生まれた領域であるが、その背景として、**疾病観（疾病に関する考え方）の変化**を挙げることができる。

西洋医学による伝統的な疾病観では、**生物医学モデル**が採用され、特定の病因（病原菌、遺伝子、化学物質等）が特定の症状や疾病を引き起こすことが仮定されていた。その背景には、デカルト学派の**心身二元論**の影響があった。ところが、セリエによって**汎適応症候群**が提唱され、いかなる原因（**ストレッサー**）を経験しても、非特異的な身体症状（副腎皮質の肥大、胸腺の萎縮、胃・十二指腸潰瘍）が生じることが明らかになった。また、主な死亡原因が感染症から**生活習慣病**に移行し、疾病が外的要因によってのみ発症するという考え方を見直す必要が出てきた。つまり、疾病は病原菌や化学物質等の外的要因だけでなく、睡眠、食事、運動等の生活習慣によっても発症したり増悪することが明らかになったのである。このような理由から、疾病や不健康な状態の成立には多様な要因が絡み合っているという、**生物-心理-社会モデル**が提唱されるようになった。

このような疾病観の変化に伴い、**健康観（健康に関する考え方）**も変化してきた。生物医学モデルでは、健康は病気のない状態とされ、病気と健康とは質的に異なった相対する状態にあると考えられていた。これに対して、生物-心理-社会モデルでは、健康と病気とが質的に異なる状態としては考えず、健康を、「病気」→「病気でない状態」→「身体的・精神的・社会的に良好な状態」と連続線上に位置づけて考えている。その代表例が、**世界保健機関（WHO）**による健康の定義、「単に病気でないとか、身体が虚弱でないというだけでなく、身体的、精神的、社会的に完全に良好な状態（well-being）にあること」といえる。

こうした疾病観と健康感の変遷に伴い、**心理学と健康**との関わりも、より密接になってきた。特に、①健康の維持と増進、②疾病の予防と治療、③健康や疾病の原因の診断、④ヘルスケア・システムや健康政策の分析と改善、においては、健康心理学の理論や知見が広く応用されている。

健康心理学はこれまでに、どのような行動や生活習慣が心身の健康や疾病の予防と治療に影響を与えるかを明らかにすることに貢献してきた。また、疾病に関連する危険因子を見つけ、良い生活習慣を特定することで、人々の健康に関する世論形成に重要な役割を果たしてきた。このように、健康心理学は、心理学の他領域（学習心理学、認知心理学、生理心理学、臨床心理学、発達心理学、社会心理学等）や、健康に関わる他の学問領域（心身医学、行動医学、公衆衛生学、医療経済学、医療社会学等）の成果を基盤としながら、人々の健康を維持・増進するために、身体、精神、社会のそれぞれに働きかけていく応用的な学問領域といえる。

健康心理学の新しい流れとして、人間のネガティブな側面に注目するのではなく、強みや成長等、ポジティブな側面に注目した視点が取り入れられつつある。その背景

の一つには，セリグマンらによって提唱されている**ポジティブ心理学**の影響がある。今後の健康心理学は，従来の疾病生成論によるアプローチだけでなく，**健康生成論**によるアプローチも視野に入れながら展開されることが望まれる。

■　■　■

❶ ▶ 健康生成論 (salutogenesis)

アントノフスキーが提唱した疾病生成論の対となる考え方である。健康生成論では，疾病の原因となりうる危険因子が存在していても健康であることができる集団に着目し，かつその要因を健康要因として捉え，この健康要因を活性化することで健康を保持増進させようとする点に特徴がある。

❷ ▶ 疾病生成論 (pathogenesis)

アントノフスキーが提唱した健康生成論の対となる考え方である。疾病生成論では，疾病の原因を追究し，その原因を除去することによって疾病を治そうという視点に立つ。

❸ ▶ 心身二元論 (mind-body dualism)

フランスの哲学者であるデカルトが唱えた，身体と精神との関係についての考え方である。身体と精神とは別個に機能し，両者は独立したものと捉える。ここでは，身体は物質的な世界の法則に支配された機械のように考え，その働きを，歯車のような部品の働きの組み合わせとして理解する。

❹ ▶ 心理学と健康 (psychology and health)

健康観や疾病観の変化に伴い，心理学の理論や知見が疾患の治療や予防，更には健康の維持・増進に応用されることが多くなってきた。例えば，生活習慣病の予防や治療では，健康な人たちを対象とした健康維持・促進行動の習慣化，発症リスクが高い人たちを対象とした不適切なライフスタイルの修正，既に疾病をもっている人たちを対象とした疾病維持・増悪行動の修正等が行われている。

❺ ▶ 生活習慣病 (lifestyle-related disease)

発症に個人のライフスタイル（生活習慣）が深く関わっている疾病である。悪性新生物（がん），心臓病，脳血管疾患等がある。生活習慣病と関連の強いライフスタイルとしては，喫煙，過度のアルコール摂取（飲酒），運動不足，偏った食習慣（栄養バランスの偏り）等が指摘されている。これらのライフスタイルは，生活習慣病の原因となる行動上のリスク要因として，予防と治療の主要なターゲットとなる。生活習慣病は，いったん発症すると長期間の治療が必要になる慢性疾患である。そのため，年々増加する生活習慣病患者に対応するには，多大な医療費やコストが必要となる。

❻ ▶ 生物医学モデル (biomedical model)

特定の病因（病原菌，遺伝子，化学物質等）が，特定の症状や疾病を引き起こすと仮定する考え方である。このモデルでは，①疾病は外部の特定の病因によって生起すること，②疾病の処置は，身体状態の変化を目的として化学療法，予防接種，外科手術等で行われること，③治療の責任は医療専門家にあること，などが強調される。このモデルへの批判として，①疾病の説明を病原菌や遺伝子，あるいは化学物質等に求め，より広範な社会的・経済的要因を考慮していないこと，②不調の原因を多数の要因が関与したものとは考えず，身体にあると考えていること，③心の問題を棚上げし身体に重きを置き過ぎていること，などがある。

❼ ▶ 生物-心理-社会モデル (bio-psycho-social model)

疾病や不健康な状態の成立において，生物的要因，心理的要因，社会的要因等，様々な要因が絡み合っていることを説明し

たモデルである。生物的要因では，神経，細胞，遺伝子，細菌，ウイルス等が挙げられる。心理的要因では，認知，信念，感情，ストレス，対人関係，対処行動等が挙げられる。社会的要因では，ソーシャル・ネットワーク，生活環境，経済状況，人種や文化，教育等が挙げられる。このモデルでは，①疾病は複合的な要因から生起すること，②治療の対象は人間全体であること，③全ての人は自分の健康や疾病に責任をもつこと，が強調される。

❽▶世界保健機関（WHO：World Health Organization）

国際連合の専門機関であり，1948年に設立された。本部はスイスのジュネーブにある。「すべての人々が可能な最高の健康水準に到達すること」（憲章第1条）を目的として，保健衛生の分野における問題に対し，広範な政策的支援や技術協力の実施，必要な援助等を行う。また，伝染病や風土病の撲滅，国際保健に関する条約・協定・規則の提案・勧告・研究促進等も行うほか，食品，生物製剤，医薬品等に関する国際基準も策定している。

ストレッサー：→ 19-02「ストレスと健康」
汎適応症候群：→ 19-02「ストレスと健康」
ポジティブ心理学：→ 10-06-❺「ポジティブ心理学」

〔島津明人〕

19-02 ▶ストレスと健康

ストレスは心身の健康に影響を及ぼす要因として，20世紀以降に注目され始めた比較的新しい概念である。ストレスは医学，生理学，心理学等の様々な領域で研究され，定義も多様であるが，大きくは次の三つのアプローチで定義することができる。

第一は，入力型アプローチであり，ストレスを刺激によって定義する。このアプローチでは，**ライフイベント（生活出来事）**等の生活上の変化をストレスと定義している。第二は，出力型アプローチであり，ストレスを反応として定義する。このアプローチの代表例がセリエの提唱した**汎適応症候群**であり，**生体の恒常性（ホメオスタシス）**を脅かす物理的・化学的・心理社会的な刺激が生体に加えられた際，その刺激の種類とは無関係に生じる一連の反応（副腎皮質の肥大，胸腺の萎縮，胃・十二指腸潰瘍）をストレスと呼ぶ。第三は，ストレスを個人と環境との相互関係の視点で捉えるアプローチであり，ラザルスとフォルクマンが提唱した**心理学的ストレスモデル**がその代表である。このモデルでは，個体がストレスフルと認知した刺激を，心理的ストレスと呼ぶ。

ストレス研究では，日常生活における様々な刺激を**ストレッサー**と呼び，ストレッサーによって引き起こされた心身の反応を**ストレス反応**として分けて扱うことが多い。ストレッサーは，物理的ストレッサー（暑さ，寒さ，騒音，混雑等），化学的ストレッサー（公害物質，薬物，酸素欠乏・過剰，一酸化炭素等），**心理社会的ストレッサー**（人間関係，仕事上の問題，家庭内の問題等）に分けることができる。また，ストレス反応は，生理的ストレス反応，心理的ストレス反応，認知・行動的ストレス反応に分けることができる。

生理的ストレス反応として代表的なものに**汎適応症候群**があり，ストレッサーへの曝露時間の経過とともに，警告反応期，抵抗期，疲憊期と進行する。心理的ストレス反応としては，不安，抑うつ，イライラ・怒りなどがある。特に，イライラや怒りに

ついては，欲求に基づく行動が何らかの妨害要因によって阻止されている状態，すなわち**フラストレーション（欲求不満）**が表出されたものと考えることもできる。フラストレーションは，欲求充足の遅延，欲求充足の阻止，コンフリクト（葛藤）状況等で生じるといわれる。認知・行動的ストレス反応としては，課題遂行量や正確さの低下，創造的行動の減少，引きこもりのような社会的活動量の低下が挙げられる。

ストレス反応が改善されずに慢性化すると，やがて様々な**ストレス関連疾患**（いわゆる心身症）に至る。ストレス関連疾患は，気管支喘息，高血圧症，過敏性腸症候群，アトピー性皮膚炎等，多岐にわたるが，これらの疾患の原因が全てストレスによるわけではない点に留意が必要である。例えば，同じ高血圧でも，ストレスによる場合とそうでない場合とがある。両者の違いは，疾患の発症や経過にストレスが関係しているかどうか，という点にある。もし，これらの疾患にストレスが関係していると判断される場合には，身体の治療とともに，ストレス状態の改善についても考慮する必要がある。

ストレス反応に影響を及ぼす要因については，環境側の要因と個体側の要因とに分けられる。環境側の要因としては，ストレッサーに関する，①持続期間（慢性的か急性的か），②**予測可能性**（ストレッサーの生起が予測可能か否か），③**コントロール可能性**（ストレッサーの制御が可能か否か）がある。ストレッサーの持続時間については，ホルムズとレイが急性的ストレッサーとしてのライフイベントの重要性を指摘しているのに対して，ラザルスらは慢性型ストレッサーとしての**日常苛立ち事（デイリー・ハッスルズ）**の重要性を指摘している。その他，個体の周囲にある社会的支援も，ストレス反応の内容やその程度に影響を及ぼすことが知られている。他方，個体側の要因としては，①ストレッサーに関する先行経験，②コーピング，③パーソナリティ，などが挙げられる。

ストレス反応を軽減するための手法の一つに，**ストレスマネジメント**がある。ストレスマネジメントでは，問題解決技法，ストレス免疫訓練，アサーション等の認知行動療法の各種技法や，リラクセーションの各種技法（自律訓練法，呼吸法，漸進的筋弛緩法，瞑想等）が用いられることが多い。

■　■　■

❶ ▶ コーピング (coping)

心理的ストレスを引き起こしている状況（ストレッサー）を処理し改善することを目的として，意識的に行われる行動的・認知的努力である。コーピングには様々な種類が存在し，その分類方法や分類基準も多岐にわたる。最もよく用いられる分類方法は，「焦点」による分類と「方法」による分類である。焦点による分類では，体験している刺激状況の直接的解決を目的とした問題焦点型対処と，刺激によって生起した情動の調整を目的とした情動焦点型対処がある。方法による分類では，刺激状況に対する意味づけ（認知的評定）を変化させる認知的対処と，具体的な行動によって刺激状況に働きかける行動的対処がある。その他，刺激状況の体験によって生起した情動面，生理面の過剰な賦活状態を鎮めるためのリラクセーションを，情動・生理的対処としてコーピングに含める場合もある。

❷ ▶ コンフリクト（葛藤） (conflict)

欲求を満たす目標（誘因）が複数ある時に，なかなか行動に踏み出すことができない状態のことをいう。コンフリクトは，①接近-接近コンフリクト（二つの目標がほぼ同じ魅力をもち，どちらにも決めかねる

状態)，②回避-回避コンフリクト（逃れたい目標が二つあり，どちらからも簡単には逃れられない状態），③接近-回避コンフリクト（一つの目標に魅力的な面と魅力的でない面の両方があり，行動が開始できない状態）などに分類できる。

❸ ▶ 心理学的ストレスモデル (psychological stress model)

ラザルスとフォルクマンが提唱したストレスモデルで，刺激の意味（認知的評定）と刺激への対処（コーピング）が鍵概念となる。ある刺激が認知的評定の過程で「ストレスフル」と評定されると，この刺激は心理的ストレスとなって，不安，怒り等の急性ストレス反応を引き起こす。その後，急性ストレス反応やこれを引き起こした刺激に対処するためにコーピングが発動され，刺激や急性ストレス反応が適切に処理されたかどうかについての評定が随時行われる（認知的再評定）。うまく処理されたと評定されればコーピングの過程は終了するが，うまく処理されなかったと評定されれば，コーピングは継続される。このような認知的評定→急性ストレス反応→コーピング→認知的（再）評定というサイクルが長期化した結果，心理面・身体面・行動面に生じた様々な悪影響のことを，慢性的ストレス反応という。

❹ ▶ 日常苛立ち事／デイリー・ハッスルズ (daily hassles)

ホルムズらのライフイベント研究への批判として，ラザルスらが提唱した概念である。精神的健康に大きな影響を及ぼすのは，まれにしか体験しないライフイベントではなく，日常生活の些事により，常に長期間繰り返され，かつ意識されないうちに経験されるストレスであることを主張したものである。

❺ ▶ ライフイベント／生活出来事 (life event)

個人の生活に変化を起こさせる様々な出来事のことをいう。ホルムズとレイは，ライフイベントの体験と疾病の発症との関連について検討するために，社会再適応評価尺度（SRRS）と呼ばれるチェックリストを作成した。このチェックリストでは，疾病と関連のあると考えられる生活上の出来事を抽出し，各出来事を体験した際の再適応に必要な努力量を数値として与えている。

❻ ▶ リラクセーション (relaxation)

刺激状況の体験によって生起した情動面，生理面の過剰な賦活状態を鎮静化することを目的として行われる技法のことをいう。自律訓練法，呼吸法，漸進的筋弛緩法，瞑想等，様々な技法がある。

ストレスマネジメント：→ 19-06-❻「ストレスマネジメント」
認知行動療法：→ 11-12「認知行動療法」
パーソナリティ：→ 10-06「ストレスと性格」

〔島津明人〕

19-03 ▶ 対人関係と健康

社会的関係や対人関係（interpersonal relationship）の量や内容は，身体疾患や精神疾患の罹患率，疾患からの回復，死亡率等，健康に関わる様々な指標と関連があることが指摘されている。

ここでいう社会的関係や対人関係は，大まかに分けると次の2側面から測定・評価されてきた。一つは，ソーシャル・ネットワークや社会的統合の側面である。これは個人の社会的関係の構造や社会参加の程度を示す。もう一つは，そのようなネットワークや社会的関係から提供される援助である。これはソーシャルサポートとして概念

化されてきた。

一般的には，ソーシャル・ネットワークや社会的関係は健康に対して**直接効果**があり，ソーシャルサポートはストレス・プロセスにおいて，ストレッサーがもたらす悪影響を低減する**緩衝効果**があると考えられている。

ソーシャル・ネットワークや社会的関係は，次のような作用によって心理的・身体的健康に影響すると考えられている。①ソーシャルサポートの提供：ネットワークや社会的関係からサポートが提供され，健康に影響する。ここには健康に関わる情報やサービスの提供も含めることができる。②**社会的影響**：健康行動に関する規範を守らせようとするネットワーク成員間における圧力や制約であり，これが健康増進行動を促進する。例えば，家族が家人の喫煙を厳しく制限することが該当する。③社会参加と連帯：ネットワークは社会参加を促進し，社会的な連帯に関わらせ，社会的役割を明確にし，所属感や自負心をもたらす。一方，孤立が疎外感，否定的感情を強め，コントロール感を低下させ，健康を悪化させるという研究もある。

一方，ソーシャルサポートは，次のような作用によってストレッサーがもたらす悪影響を低減すると考えられている。他者からのソーシャルサポートの提供を期待できることにより，①ストレッサーを脅威とする**認知的評価**が減少する。②ストレッサーに対する情緒的・生理的反応が減少する。③ストレッサーによる不適応行動の抑制・変容が生じる。緩衝作用の研究では，ストレッサーに対して適切な内容のサポートが提供された場合にのみ，健康に効果が現れるという**マッチング仮説**が注目されている。これは例えば，失職時には金銭や助力等の道具的サポートが有効だが，家族の死に対しては情緒的サポートや仲間がいることが有効であり，逆の組み合わせは効果的でないという仮説である。

以上のように，理論的にはこのような仮定がなされているが，実際の研究結果は必ずしも一貫しておらず，現状では，社会的関係と健康との関係は複雑で，様々な作用が複合的に作用していると考えられている。更に，ソーシャル・ネットワークが葛藤，ストレス等，健康に有害な影響を与える原因になることも指摘されている。

このように理論的研究が進む一方，臨床的には**ソーシャルサポート介入**として，新しい結びつきを作ったり，自然発生的ネットワーク内での介入を行ったり，**サポート・グループやセルフヘルプ・グループ**等を提供したりするなどの方法が試みられている。

また，ソーシャルサポートを受けるための個人資源として**ソーシャルスキル**が注目されている。高い水準のソーシャルスキルを有していることは他者からの協力・支援を受けることにつながる。つまり，ストレス・プロセスにおいて，ソーシャルスキルはソーシャルサポートを媒介要因として間接的に健康に良い影響を与えると考えられている。このようなソーシャルスキルを学習させるトレーニングとして**ソーシャルスキル・トレーニング**という方法が開発され，現在では，統合失調症等の精神障害，自閉症や知的障害等の発達障害，児童の怒りや不適切な行動のコントロール等，幅広い対象や問題に対して行われている。

■　　■　　■

❶▶ストレス緩衝効果 (stress buffering effect)

ストレッサーからの健康への悪影響を緩衝する効果のこと。具体的には，「❹ソーシャルサポートの直接効果と緩衝効果」の項を参照。緩衝要因 (buffering factor) のほか，類似の要因として調整要因

(moderating factor), 修飾要因 (modifying factor), 媒介要因 (mediating factor) がある. 調整要因・修飾要因は健康への悪影響を緩和するものだけではなく, 増悪させるものも含む. 媒介要因は A → B → C のように, A が B の, B が C の直接要因となっている場合の B に該当し, A と C の因果関係を媒介する要因とされる.

❷▶ ソーシャルサポート (social support)

一般的には, 対人関係において他者から得られる種々の援助を指す. サポートの内容分類には情緒的 (励ましや愛情), 道具的 (金銭や助力), 情報的 (情報やアドバイス), 評価的 (フィードバックや評価) 等がある. ソーシャル・ネットワークや社会的統合をソーシャルサポートに含む研究者も多く, サポートは, 社会の関係が健康を促進する過程を包括的に示す概念と考えられている.

❸▶ ソーシャルサポートの測定と評価
(measurement and assessment of social support)

ソーシャルサポートは多側面から測定される. ①社会的統合: 家族や友人との交流, 社会活動への参加, 労働等の社会的役割の程度を測定する. ②ソーシャル・ネットワーク: 後述の小項目❼を参照. ③期待されたサポート: 将来必要となった場合に利用可能であると判断されたサポートを測定する. ④受容されたサポート: 実際に他者から実行されたサポートを測定する. ③と④は当事者の主観的判断を測定するが, 質問形式が異なる.

❹▶ ソーシャルサポートの直接効果と緩衝効果 (main effect and buffering effect)

ソーシャルサポートには, 当事者の精神的・身体的健康に直接良い影響を与えるという直接効果と, ストレッサーから健康状態の悪化に至るプロセスにおいて, サポートが作用するという緩衝効果があるとされている (図1, 図2). 直接効果がある場合, ストレッサーの有無にかかわらずサポートは健康に良い影響を与える. 一方, 緩衝効果がある場合, ストレッサーにさらされている者のみにサポートは良い影響を与えると考えられている.

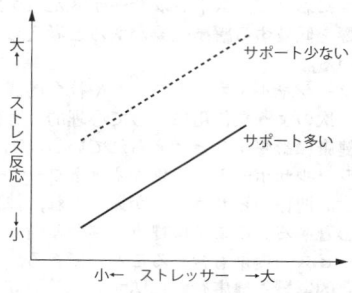

図1 ソーシャルサポートの直接効果モデル

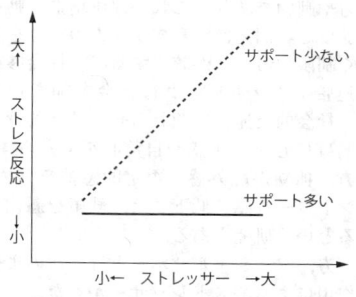

図2 ソーシャルサポートの緩衝効果モデル

❺▶ ソーシャルスキル (social skills)

「対人場面において, 個人が相手の反応を解読し, それに応じて対人目標と対人反応を決定し, 感情を統制した上で対人反応を実行するまでの循環的な過程」と定義される (相川 2000). ソーシャルスキルは, 対人場面における行動とその背景にある個人の能力を含み, 対人相互作用場面での一連の過程を指す包括的な概念である.

❻▶ ソーシャルスキル・トレーニング
(SST : Social Skills Training)

対人不適応の原因をソーシャルスキルの未学習によるものと考え, スキルの向上や

不適切な行動の修正を図り，対人不適応の解消や予防を目指すトレーニング法をいう。1950～60年代に行われたオペラント条件づけ理論や社会的学習理論による行動修正を源流とするため，行動リハーサル，モデリング，強化，般化，問題解決技法等，行動療法や認知行動療法の技法が応用されている。

❼▶ソーシャル・ネットワーク (social network)

特定の個人や要素をつないでいる結びつきのことである。ネットワークには，個人を中心としたつながりであるパーソナル・ネットワーク又はエゴセントリック・ネットワークと，集合的・全体的ネットワークがある。ネットワークは範囲，密度，次数等の指標により測定される。

〔種市康太郎〕

19-04 ▶ パーソナリティ，感情と健康

パーソナリティや感情等の心理学的な要因が健康に与える影響は古代ギリシャの時代から報告されているが，心理学的な要因が健康に与える影響が科学的に示されたのは比較的最近のことである。1959年にフリードマンとローゼンマンは，競争心，性急さ，敵対的行動等の虚血性心疾患の患者に特有な行動パターン（**タイプA行動パターン**）を見出し，この行動パターンを示すものは虚血性心疾患の発症率が高いことを，8年に及ぶコホート調査で示した。彼らの研究は，生物学的な要因（例えば，喫煙，高血圧）と同様に，心理学的な要因も虚血性心疾患の発症に関わっていることを科学的に示したという点で，非常に影響力が大きかった。タイプA行動パターンは，構造化面接によって評価する方法と，自記式の質問紙（JAS等）によって評価する方法がある。

ところが1980年代に入り，タイプA行動パターンに関しては，評価法やその概念の複雑さもあり，虚血性心疾患との関連を否定する研究も多く報告されるようになった。そして，タイプA行動パターンの中でも，**怒りや敵意**といった要因に注目が集まるようになった。怒りや敵意に関しても多くのコホート調査が行われ，虚血性心疾患との関連が示されている。怒りや敵意に関しては，概念の複雑さは伴うものの，現在では虚血性心疾患の心理社会的危険因子の一つとして認識されている。

また，うつや抑うつ症状と虚血性心疾患の関連も，1990年代より多く示されている。一般健常人や虚血性心疾患患者を対象としたコホート研究において，抑うつ症状の高い者は，将来的に虚血性心疾患を発症する確率や再発症する確率が高いことが報告されている。それ以外にも，**ソーシャルサポート**，**職業性ストレス**，**タイプDパーソナリティ**に関しても，虚血性心疾患と関連をもつことが報告されている。虚血性心疾患に関しては，こういった一連の知見に基づき，介入研究も行われるようになっている。メタ分析を行った最近の研究では，心理教育やリラクセーション等の心理的介入を行うことによって，死亡率や虚血性心疾患の再発率が低下することが報告されている。

がんにおいては，1985年にテモショックが，がん親和性パーソナリティとして**タイプCパーソナリティ**を提唱している。また，アイゼンクらは，健康との関連を意識して，六つのパーソナリティ・タイプを提起し，がん発症との関連をコホート調査によって検討している。それ以外にも，外向性傾向，神経症傾向，絶望感，抑うつとがんの関連について，健常人やがん患者を

対象とした研究が進められている。しかしながら，心理学的要因とがん発症の関連を支持する研究もあれば，逆に支持しない研究もあり，また研究の方法論上の難しさも加わり，これらの間に必ずしも明確な関連性は認められていない。

そのほかに健康や疾病に関わる心理学的な要因としては，心身症患者に比較的よく見られる**アレキシサイミア**や，健康を促進するポジティブな要因としての**首尾一貫感覚**を挙げることができる。

日本においては，がんや虚血性心疾患について，欧米の知見をもとに幾つかの研究が進められている。しかしながら，研究は少数であり，結果は必ずしも欧米の結果を支持していない。特に，心理学的な要因には文化的な要因の影響も大きいことが予想される。例えば，タイプA行動パターンはアメリカと日本では違うことが報告されており，怒りや敵意についても文化差が大きいことが考えられる。こういった点も加味した研究が今後は必要である。

■ ■ ■

❶ ▶ アレキシサイミア (alexithymia)

1972年にアメリカの精神科医であるシフネオスにより提唱された概念であり，アレキシサイミアは，ギリシャ語のa（欠如），lexis（言葉），thymos（情動）に由来する造語である。具体的には，自身の感情を同定できない，自身の感情を適切に言語化できない，内面よりは外的な事実へ関心が向かう，などの特徴を表す。彼はこういった心理的特徴が心身症患者の身体症状の発現に関与していると考え，このような心身相関を考慮した治療が必要であると考えた。アレキシサイミアの傾向は，Toronto Alexithymia Scaleによって測定される。

❷ ▶ 怒り／敵意 (anger/hostility)

虚血性心疾患の文脈で関連が指摘されているものとしては，短気，特性怒り，怒りの表出，怒りの抑制，猜疑心，シニカルな（冷笑的な）敵意，敵対的行動等がある。この分野では，これらの概念を包括的にhostility（敵意性）と表現することもある。評価には，バスらの敵意・攻撃性の尺度，クック-メドレー敵意尺度，スピルバーガーの怒り尺度，構造化面接等が使われている。タイプAの研究と同様に，怒りや敵意が高い者は，ストレス時に血圧の反応性の高いことや，喫煙等の不健康な生活習慣を有することが報告されている。

❸ ▶ JAS (JAS：Jenkins Activity Survey)

タイプA行動パターンは構造化面接をもとに評価されるが，その簡便化を図り，ジェンキンスは約60項目のJASを考案した。JASと構造化面接との一致率は70～80%といわれている。衝動性・競争性 (hard driving and competitive behavior)，仕事への熱心さ (job involvement)，じれったさ (speed and impatience) の3因子の構造が報告されている。しかしながら，虚血性心疾患の予測率は必ずしも高くないことも報告されている。

❹ ▶ 首尾一貫感覚 (SOC：Sense of Coherence)

アントノフスキーが健康生成論の中で取り上げたものである。彼は，逆境や強烈なストレッサーにさらされながらもなお健康でいられる人々に着眼し，健康の保持増進要因の一つとして首尾一貫感覚（SOC）を考えた。ストレス対処能力の発展的な概念であり，生活の中の様々な事象を意味があると感じる（有意味感），それを把握することができる（把握可能感），適切に処理することができる（処理可能感）という感覚を表す。SOCが高い人では，ストレス状況下でも健康が損なわれにくいと考えられている。SOCの尺度としては，アントノフスキーが提案した29項目のものがあり，これは日本でも邦訳版が作られてい

❺ ▶ タイプA行動パターン (Type A Behavior Pattern)

フリードマンとローゼンマンが虚血性心疾患の患者に特有な行動パターンとして提唱したもので，高い野心，競争心，性急さ，攻撃的，敵対的行動，時間切迫感等の行動パターンを表す。彼らは8年に及ぶ3千人のコホート調査（西部共同グループ研究）を実施し，このタイプA行動パターンを示す者は，タイプA行動パターンを示さない者（タイプB行動パターン）と比べて，2倍の虚血性心疾患の発症率を示すことを報告した。また，心筋梗塞の生存者を対象に，タイプA行動パターンの修正プログラムを行った研究（心臓病再発防止プロジェクト）では，介入群では心筋梗塞の再発率がコントロール群と比較して約半分であったことが報告されている。タイプAの者はストレス状況（例えば競争事態）において交感神経系の反応が高いことや，喫煙や不健康な食生活を有することが報告されており，それが虚血性心疾患発症のメカニズムとなっているのではないかといわれている。

❻ ▶ タイプCパーソナリティ (Type C Personality)

1985年にテモショックが，がん親和性パーソナリティとして提唱したものである。「C」とはcancerの頭文字である。彼女は，がんの予後の良くない患者には，怒りなどのネガティブな感情を表出しない人，自己犠牲的な人，他人のことを気にし，自己主張が少ない人が多いことを報告している。またグロサース=マティチェクやアイゼンクらの10年間に及ぶコホート調査では，従順で非攻撃的な傾向や，合理的に考え，非情緒的に考える傾向ががんの発症に関与していたことが報告されている。彼らの研究は，タイプA行動パターン等とはどちらかといえば対照的なパーソナリティががん発症に関わっていることを示し，非常に注目を集めた。

❼ ▶ タイプDパーソナリティ (Type D Personality)

デノレットが心疾患患者の観察を通して提唱した概念である。日常生活の中でネガティブ感情（不安，怒り，緊張）を経験しやすい傾向と，対人関係において緊張しやすく，引っ込み思案で，感情を表出しない傾向（社会的抑制）の二つの概念があり，その両者が高い時にタイプDと定義される。「D」はdistressedの頭文字である。タイプDの者は心疾患の再発率が高いことが，1990年代後半から一連の研究で報告されている。

〔井澤修平〕

19-05 ▶ 生活習慣と健康

生活習慣（lifestyle）には様々な要素が含まれる。代表的には，食事，運動（身体活動），飲酒，喫煙，休養等が挙げられる。生活習慣が健康に大きな意味をもつのは，それが長年にわたるものだからである。望ましい習慣であれば健康は高まるけれども，そうでなければ健康は妨げられる。その結果，労働能力や生活の質は低下し，欠勤，治療費，退職等のコストも甚大となる。

心臓病，高血圧，糖尿病，脳卒中，脂質異常症，肥満，そしてがんは，いわゆる生活習慣病と見なされている。これらの発症や悪化には，遺伝的素因や労働環境・条件等，他の要因も当然関わるが，不適切な生活習慣による影響が広く認められている。例えば，喫煙と発がんとの関連は理解しやすいし，栄養バランスの偏った食事や運動

不足は肥満を招きやすい。

健康を保つ上で，休養の重要性を否定する人はいない。それにもかかわらず，休養の中核になるはずの**睡眠**については，どういうわけか十分に注意が払われていない。その理由の一つは，どの世代にとっても，睡眠があまりに身近な活動であるせいかもしれない。もう一つは，食事，運動，飲酒等は昼間の活動であるため，目につきやすいし，対策を考案しやすいことによるとも考えられる。

睡眠と健康に関する研究は近年，めざましい発展を遂げている。なかでも，睡眠時間と健康障害についての疫学研究からは，特筆すべき成果が得られている。数万人から，最大で百万人を対象にした追跡研究のいずれにおいても，睡眠時間が短くなるにつれて，心臓病，高血圧，糖尿病，肥満，更に死亡の危険性の高まることが示されている。このメカニズムはヒトや動物の実験から，ある程度は解明されている。睡眠中には自律神経系，内分泌系，免疫系等における重要な作用の過程が進む。睡眠時間が短くなると，その過程が途中で終わるため，健康の維持に必要な処理が不完全になる。こうした状態が慢性的に続くと，各種の健康障害が顕在化し始める。最近の研究によれば，身体的な疾患のみならず，うつや認知機能の低下等，精神面での障害も睡眠量の不足と関連することが明らかになっている。

睡眠時間の短縮は生活の夜型化と密接に関わる。夜型化によって就寝時刻は遅れ続けているのに対して，起床時刻はそれほど遅くはできない。その結果，睡眠時間が削られている。夜型化は同時に，夜間に光への曝露を増やすことにもなる。夜間の光は体内時計を乱す働きがある。**体内時計**は起きている時，眠っている時，それぞれに最適な体内環境を整える司令塔であり，およそ一日を周期とする心身のリズム（**概日リズム**）を管理している。最近の時間生物学的研究，特に体内時計の調節に関わる遺伝子（時計遺伝子）の研究では，体内時計の不調が睡眠の問題や病気，また各種の健康障害の源になりうることが確かめられている。

充分に眠りたくても眠れない状況がますます広がっているのは，我が国だけの問題ではなく，他の国でも同様である。とはいえ，その受け止め方には我が国との間にかなりの差があるように見える。アメリカには「Healthy People 2020」という健康政策がある。この政策では，国民の健康を向上させるための優先課題が複数定められている。その一つとして，睡眠の健康（sleep health）が新たに加えられている。睡眠に関連した病気や交通事故の減少に加えて，睡眠時間の確保が強調されているのは画期的である。実際，充分な睡眠時間を，中高生では8時間以上，成人では7時間以上としている。一方，我が国の場合，「健康日本21」に睡眠に関する課題は定められているが（睡眠によって休養が十分にとれていない人の割合の減少，眠りを助けるために睡眠補助品〈睡眠薬・精神安定剤〉やアルコールを使うことのある人の割合の減少），望ましい睡眠時間の値は明示されていない。

睡眠時間には個人間でも，個人内でも大きな差があるのは事実で，必要な睡眠時間を一律に決めるのは容易ではない。しかし，睡眠について人為的に操作できるのはそのタイミング（就寝・起床時刻）だけである。睡眠時間の短縮による健康への悪影響が明らかであれば，睡眠の量の確保に焦点を絞るのは妥当と考えられる。今後，睡眠を充分にとることによって健康障害の軽減や予防につながるかを検証する介入研究が必要である。

❶ ▶ 飲酒 (alcohol drinking)

飲酒習慣のある者（週3日以上，1日1合以上）の割合は我が国において，男性で35.4%，女性で6.9%である（平成23年国民健康・栄養調査）。いわゆる寝酒として，就寝前の飲酒が睡眠に良い効果をもたらすかのような認識はまだ残っている。実際には，寝入った後に目覚めやすくなったり，レム睡眠が減少したりする。最近の研究では，深夜以降に飲酒をしてから就寝すると，途中で目覚める時間が大幅に増えることが確かめられている。また，睡眠中に呼吸が頻回に止まる疾患である睡眠時無呼吸症候群では，飲酒によって無呼吸が増加するため，節酒しなければならない。

❷ ▶ 運動と身体活動 (exercise and physical activity)

運動を習慣的に行っている者（1回30分以上，週2日以上，1年以上継続）の割合は我が国において，男性で35.0%，女性で29.2%である（平成23年国民健康・栄養調査）。短時間の歩行等が健康向上に有益であるとされながらも，実施されにくい。各人に応じた必要身体活動量は決めにくいし，その維持をどのように支援するかも大きな課題となっている。

❸ ▶ 栄養と食行動 (nutrition and eating behavior)

我が国における肥満者（body mass index≧25）の割合は男性で31.4%，女性で22.2%である（平成23年国民健康・栄養調査）。肥満には様々な原因があるが，栄養バランスの偏りと食行動の不適切さによる影響は大きい。これらは，近年の社会格差によって，より深刻化していると見込まれている。また，食行動には心理的背景がよく反映されるため，食行動の適正化にはこの点を考慮した行動科学的な支援が望まれる。

❹ ▶ 喫煙 (smoking)

我が国における喫煙者の割合は男性で32.4%，女性で9.7%である（平成23年国民健康・栄養調査）。長期的に見れば，男性の喫煙者の割合は減少しているのに対して，女性では若年層でやや増えている。喫煙及び受動喫煙による健康障害は深刻である。たばこの高価格化，パッケージ上の明確な警告，広告の制限，禁煙の薬物療法等の対応策はとられているが，禁煙に向けたよりいっそうの努力が求められている。

❺ ▶ 睡眠 (sleep)

睡眠時間はどの国でも年々短くなっている。睡眠の質については測定する尺度が同一国内でもまちまちであるため，経年的な比較は一概にはできない。とはいえ，幾つかの報告によれば，睡眠で悩む人の割合は年々増えていると想定されている。睡眠障害という用語はよく使われるが，寝つきが悪いなどの不眠症状から，国際的な診断分類に従って病気として定義されるものまで，多様な状態を含んでいる。そこで，後者は睡眠関連疾患と区別して称した方がよい。

❻ ▶ 生活習慣病 (lifestyle-related disease)

生活習慣病というのは我が国独自の用語である。諸外国では慢性疾患（chronic diseases）として定義されるのが通例である。健康障害に不適切な生活習慣が関わるという視点は大切である。ただし，それ以外の要因（例えば，職業要因や社会経済的要因）も併せて，充分に考慮するべきことは強調できる。

〔高橋正也〕

19-06 ▶ 健康行動理論と健康教育

　行動科学（behavioral science）はアメリカで提唱された，行動の予測と制御に関わる諸科学を包括的に指す用語である。行動の予測と制御を関心の中心とする心理学は，行動科学を構成する主要学問分野の一つである。行動科学を健康に適用し，健康に関連する生活習慣行動（健康行動）をターゲットとして，その予測と制御を考えるための理論が健康行動理論である。1970年代，主要死因のかなりの割合が不健康な生活習慣に起因していることが報告されたことを期に，アメリカで生活習慣改善を目的とした「Healthy People」政策が実施され，行動科学によるヘルスプロモーションの研究・実践を後押しした（同様の政策は日本の「健康日本21」でも展開されている）。なお，ヘルス・プロモーション（health promotion：健康増進と訳されることもある）は，WHO（世界保健機関）によって「人々が自らの健康とその要因をコントロールし，改善することができるようにするプロセス」と定義されており，「全ての人があらゆるライフステージで健康を享受することのできる公正な社会の創造」を，健康作り戦略の目標としている。目標実現のための活動として，①健康な公共政策作り，②健康を支援する環境作り，③地域活動の強化，④個人技術の開発，⑤ヘルスサービスの方向転換が，また活動を成功させるためのプロセスとして，①アドボケート，②投資，③能力形成，④規制と法制定，⑤パートナーが挙げられている。このうち個人技術の開発や能力形成を行い，疾病予防や健康維持・増進に役立つ個人能力を向上させるための教育は，包括的に「**健康教育**」と呼ばれる。

　健康行動理論では，健康を維持するための行動（例えば，禁煙，身体活動の実施，適切な食物選択，ストレスマネジメント等）をターゲットとし，その行動を獲得するまで，あるいは獲得後その行動を習慣として維持するために関連する諸概念が，モデルとして構成されている。健康行動理論には，信念や感情，**自己効力感**等，心理学で発展した概念が多く含まれているのはもちろん，実際の健康行動で影響する様々な要因，例えば政治の影響や社会経済的状況，環境要因等も含まれている。したがって健康行動理論について考える際には，心理学だけでなく，**公衆衛生**学や予防医学，行動医学等，多領域の知識が必要となる。健康行動理論の研究は第二次世界大戦後行われるようになり，心理学者が開発に関わった代表的な理論には，結核検診の受診行動を説明するために誕生した**健康信念モデル**，個人の特性が行動の遂行に与える影響の心理学的研究から始まった**計画的行動理論**，様々な心理療法の特徴を抽出し，クライエントの状態に合わせて適用させるための研究を応用した**トランスセオレティカル・モデル**等が挙げられる。

　健康行動理論の中で，心理学は主に個人レベルの要因の検討に貢献している。心理学的要因を重視している健康行動理論では，行動実施に対する意図（行動を実施しようという気持ち）をアウトカムとし，態度や信念，自己効力感等の心理学的変数の影響が検討されることが多い。心理学的変数のみによって，実際の健康行動を全て説明することは困難であるが，注目すべき心理学的変数が明らかになることによって，健康行動を増進する支援で強調すべき内容や，プログラム参加者の個人差を考慮することができる点で，心理学に基づく健康行動理論は有用である。

健康行動理論が基礎研究から介入研究や実践活動まで幅広く適用され、効果が実証されているのは、喫煙行動である。健康行動理論に関心のある読者は、まず喫煙行動（禁煙支援）に関して学ぶことを勧める。この領域ではまず、喫煙行動と疾患の因果関係に関する科学的エビデンスが蓄積され、次いで、行動科学に基づいた介入研究、及び、研究知見を踏まえた各種の実践活動が多く行われてきた。更に、環境整備としてニコチン代替療法として処方箋薬が使用可能となるなど、禁煙を支援するような社会環境も整備されつつある。

■ ■ ■

❶▶計画的行動理論（TPB：Theory of Planned Behavior）

フィッシュバインとエイゼンが、1970年代に合理的行動理論（TRA）を提唱した。計画的行動理論（TPB）は、エイゼンが、TRA に行動の主観的統制感の概念を追加し、発展させた理論である（図3）。TPB では、行動意図が強いほど、行動を遂行する可能性が高いと仮定され、行動意図は、行動への態度、主観的規範、及び主観的統制感が決定すると考えられている。

❷▶健康（health）

健康とは、WHO によって「単に病気や障害がないということではなく、身体的・精神的・そして社会的に完全に良い状態であることであって、単に病気あるいは虚弱でないことではない」と定義されている。1990年代終わりから、これらに spiritual health（霊的健康）を加える必要性について議論が交わされている。

❸▶健康信念モデル（HBM：Health Belief Model）

健康信念モデル（HBM）は、1950年代にホックバウムやローゼンストックらが、結核検診の受診行動モデルとして提唱し、その後、ベッカーら多くの研究者が様々な保健行動に適応し、発展させた。HBM には、予防健康行動の実行可能性を規定する要因として、疾病の脅威認知（疾病への易

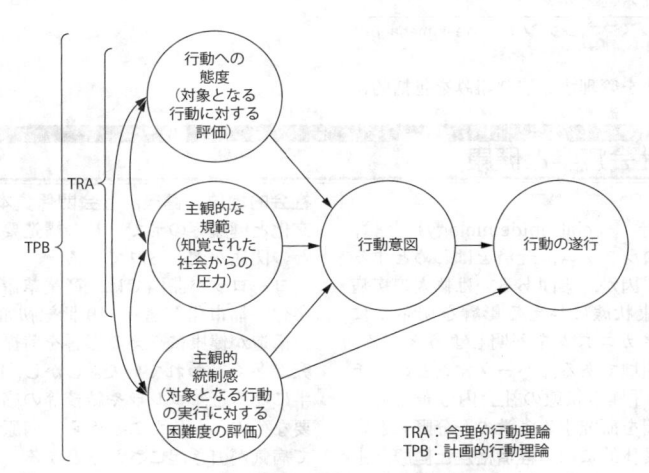

図3　計画的行動理論（Ajzen 1991 をもとに作成）

罹患性の認知と，疾病の重大さの認知）と，実行に伴う利益と損失の損益計算の二つを中心とし，属性（年齢・性・教育等）や契機（情報等）が含まれている。

❹ ▶ 公衆衛生 (public health)

集団を対象にして，疾病や傷害を予防し，健康を増進し，寿命を伸展するために，コミュニティにおいて活動を行うこと。研究・実践の領域としては，古くは感染症予防のための原因探索と環境整備から始まり，現在では生活習慣が関連する課題も多く含まれている。学問分野名としては公衆衛生学と呼ばれ，疫学，医学統計，産業保健，環境保健，予防医学，地域保健等の専門家が研究を行っている。

❺ ▶ 自己効力感 (self-efficacy)

バンデューラは，オペラント学習に基づく行動理論に認知要素（効力予期，結果予期）を導入し，社会的学習理論を提唱した。中心となる認知的要素が自己効力感である。健康行動理論の中で自己効力感は，ターゲットの行動によって測定方法が異なるが，効力予期（その行動ができる見込み）が測定されることが多い。

❻ ▶ ストレスマネジメント (stress management)

ストレスを管理する取り組みを包括的に指す用語である。ストレスマネジメントの研究や実践を行う際には，①どこで，②誰を対象に，③何をターゲットとして（例：日常ストレス，災害ストレス等），④どのような方法で実施するのか明らかにする必要がある。ストレスマネジメントを，心の健康増進の点から考えた場合は，健康行動理論を適用し，健康行動の一つとして研究・実践を行うことも可能である。

❼ ▶ トランスセオレティカル・モデルと変容のステージ (TTM：Transtheoretical Model, stages of change)

プロチャスカらは，健康行動の獲得過程を，非獲得・獲得済みの二分法でなく，行動実施の意図や実施の程度により，五つの変容ステージ（無関心期，関心期，準備期，実行期，維持期）で表現した。健康行動の獲得（変容ステージの移行）に際しては，心理的な変容プロセス（認知的な6要因と行動的な4要因）が認められ，維持期に向かうほど，行動実施に対する利益と損失の評価（意思決定バランス）が変化し，自己効力感が増加することが認められている。

〔中村菜々子〕

19-07 ▶ 社会疫学と健康

社会疫学（social epidemiology）とは，文化，社会システム，経済をはじめとする社会構造要因が，集団あるいは個人の疾病罹患や健康状態に与える影響を明らかにし，そのメカニズムを解明しようとする，疫学の一領域である。バークマンとカワチによって，「健康状態の社会内分布と社会的決定要因を研究する疫学の一分野」と定義され，具体的には，**経済格差と健康，生活史（小児期の経験，学歴）と健康，職業，社会的地位と健康，社会関係資本と健康，文化と健康**等の形で，社会構造要因と健康との関連が調べられている。

ヨーロッパ諸国では，産業革命による工業化・都市化が進み，19世紀初頭から，社会構造が健康に与える影響を前提とした研究が多く行われていた。しかし，19世紀後半になると，コレラや結核等の感染症が主要な死因となったことから，病原体によって病気が引き起こされるとする，**微生物病原説**（germ theory）が疫学理論の主流と

なり，社会構造が健康に影響を及ぼすという考えは，いったん衰退した。その後，20世紀に入り，先進国の主要な死因が，感染症から生活習慣病をはじめとする慢性疾患に変化したことから，個人の複数の危険因子によって病気が引き起こされるとする，**多因子性疾患モデル**（multifactorial model of disease）が疫学理論の主流となった。更に20世紀後半に入ると，個人要因だけでなく，社会構造要因と健康との関連に着目した研究が再び行われるようになり，現在の社会疫学が確立したのは1990年代頃であると考えられている。

前述のように，社会疫学は，疫学の一領域であることから，疫学の理論・手法から逸脱することはないが，幾つかの大きな特徴をもっている。その一つとして挙げられるのが，**生物-心理-社会モデル**（biopsychosocial model）を重視している点である。本モデルでは，集団（社会）を単に個人の集合として捉えるのではなく，それぞれの集団（社会）が特徴（文化や歴史）をもち，その特徴が集団内の人々の健康に影響を及ぼすと考えている。社会疫学では，このような社会的要因も疾病のリスクになりうるものと捉え，心理学的・生物学的要因と互いに影響し合いながら，集団や個人の健康の決定要因になると仮定している。また，社会疫学は，予防医学の一つである

ポピュレーション・アプローチ（population approach），すなわち，集団の特徴を変化させることで，集団におけるリスク要因の分布を減少方向にシフトさせ，集団全体への予防を促す方法と深く結びついている点も特徴的である。疾病発生のメカニズムを個人要因のみによって説明するのではなく，「なぜ疾病リスクの分布が集団によって異なっているのか」という集団を見る視点は，社会疫学にとって重要な概念の一つといえよう。更に，社会疫学では，社会構造と個人の健康に関する複雑な関係を解釈するため，構成概念の理論的背景を精緻化し，社会学，心理学，経済学等の他の学問領域の理論やモデルを積極的に取り入れるのも特徴である。多様な学問領域の理論やモデルを取り入れることは，様々な社会構造要因が，どのようなメカニズムで個人の健康に影響を及ぼすかについて考察する際に，重要な意味をもつ。

このように，社会疫学は，集団（社会）と個人の特性が及ぼす複合的な健康影響を科学的に実証しようとする疫学研究であり，個人の行動や心理，生物学的メカニズムのみならず，社会環境との関連を多層的に捉える視点が不可欠である。今後，実証・理論研究で得られた結果を，保健政策や公衆衛生活動等の実践に応用していくことが課題である。

■　　■　　■

❶▶経済格差と健康（economic disparity and health）

貧困が不健康状態と関連することは古くから知られており，これまでの国際比較研究によって，国民総生産（GDP）が高い国ほど，平均寿命が長いことが明らかになっている。一方，経済格差と健康との関連は，比較的新しい研究領域である。アメリカでは，全50州の州内の所得格差を指標化し，所得格差の大きい州ほど年齢調整死亡率が高いことが報告されている。一方で，アメリカ以外の国では，この結果と相反する結果も報告されており，経済格差と健康との関連については，更なる検討が必要である。

❷▶社会関係資本と健康（social capital and health）

社会関係資本（ソーシャル・キャピタル）とは，社会の相互信頼，相互扶助の規範，ネットワーク等の社会組織の重要性を説く

概念である。アメリカでは，社会関係資本の高い州ほど主観的健康感が高く，死亡率が低いことが報告されている。また，近年では，職場における社会関係資本も注目されるようになってきており，フィンランドでは，職場における社会関係資本が高いと感じている人ほど，主観的健康感や禁煙率が高く，うつ病の発症率が低いことが報告されている。日本においても，ごく少数ではあるが，フィンランドの知見と同様の傾向が認められている。ただし，社会関係資本の定義や測定方法等，理論の検討が十分とはいえないのが現状であり，概念を整理した上で，健康影響についての更なる検討が必要である。

❸ ▶ 職業，社会的地位と健康 (occupation, social status, and health)

職業，社会的地位と健康との関連について，イギリスでは，職業階層・社会的地位の低い人は，職業階層・社会的地位の高い人に比べ，死亡率が高いことが報告されている。特に，社会的地位と健康との関連については，世界的に多くの研究が行われており，一般的に，先進国，発展途上国に関係なく，イギリスの知見と同様の傾向が認められている。職業，社会的地位が健康に与える影響についてのメカニズムについても，様々な研究が行われているが，一般的に，職業階層や社会的地位の低い人たちの方が，仕事のコントロール（裁量権）や報酬といった資源の得られにくい業務や，より有害な業務に従事しやすいことが，そのメカニズムとして考えられている。

❹ ▶ 生活史（小児期の経験，学歴）と健康 (life history and health)

生活史と健康との関連について，アメリカでは，虐待や両親の離婚等，小児期における逆境体験が多いと，成人後の死亡率が高くなることが報告されている。また，世界21カ国の国民を対象とした面接調査においても，小児期における逆境体験が多いと，その後の自殺未遂のリスクが高くなることが報告されており，特に，身体的虐待と性的虐待による自殺未遂への影響が大きいことが報告されている。一方，学歴と健康との関連について，ノルウェーでは，低学歴（中学卒業程度）の者は高学歴（短大・専門学校・大学卒業程度）の者に比べ死亡率が高く，その格差が年々拡大していることが報告されている。日本においても，低学歴の者は高学歴の者に比べ，死亡率が高いことが報告されている。

❺ ▶ 文化と健康 (culture and health)

個人は皆，単一の文化に属しているわけではなく，民族，地域，職場，家族等，大小様々な複数の文化に属して生活している。そのため，文化が健康に与える影響について，一言で述べることは困難である。基本的には，個人の所属する様々な文化が複雑に絡み合うことで，個人の信念，価値，行動・生活様式を規定し，健康に影響を及ぼすと考えられている。

〔井上彰臣〕

19-08 ▶ ライフサイクルとストレス

ライフサイクル（life cycle）とは，人の一生の過程に見られる，誕生，成長・成熟，老化という時間軸に伴う変化や段階のことを指す。生活周期や生活環ともいわれる。

歴史的に，ライフサイクルは主に発達心理学の領域で研究が進められてきた。従来の発達心理学は，主に出生から青年期に至るまでの段階に焦点があり，生物学的にそれ以上の上昇の変化は認められないと考えられる時期までを指して「発達」と呼ぶ考え方が主流であった。しかしながら，人間

は生涯にわたって発達する存在であるという考えのもと，生涯発達の普遍的なモデルが数多く提唱されるようになった。これらのモデルは，主に人間の心理的特徴が**ライフステージ**によって変容していくことを示している。エリクソンは，精神分析学的観点から，社会と個人とが相互に関連し合いながら発達課題を乗り越えていく心理社会的モデルを提案した。エリクソンによれば，全生涯にわたる八つのライフステージ（①乳児期，②幼児期，③児童期，④学童期，⑤青年期，⑥成人期，⑦壮年期，⑧老年期）においては，達成すべき課題があり，その課題を達成することによって，自我が形成されていくとしている。レヴィンソンらは，主に労働者を対象とした聴き取り調査から帰納的にライフステージを探索し，生活構造に基づく発達段階説を提唱した。スーパーは，職業生活に焦点を当て，ライフステージとキャリア発達を関連づけ，五つのライフステージを提唱した。同様に，シャインは，ライフサイクルを，従来の個人の誕生から老化までの過程を指す生物学的・社会的サイクルに加え，仕事・キャリアのサイクル，更には家庭のサイクルの三つからなるとしている。これらのサイクルをもとに，シャインは**ライフ/キャリア/家族サイクル相互作用モデル**を提唱した（図4）。このモデルは，三つのサイクルを時間軸で同時進行させ，年齢ごとに迎える課題とそれにかかるストレス（stress）量の目安を示したものである。

現在の生涯発達心理学は，人間の発達を，ライフステージにおける発達課題や危機の把握という視点からだけでなく，社会文化的文脈において，**心理社会的ストレス**への対処とそれによる自己実現を目指す過程として捉える動向がある。前述のとおり，ライフステージに伴い，個を取り巻く環境は変容していく。そのため，各ライフステージで経験するストレス（**育児ストレス**，**介護ストレス**等）には特徴があり，ライフステージごとにストレスを検討することは，健康心理学においても重要なテーマとなっている。

青年期では，主に学校生活がストレスと健康の特徴に大きな影響を及ぼす。学校に入学し，生活環境が変化することや，集団への不適応によって生じる問題には，不登校，いじめ等がある。また，職業選択を目

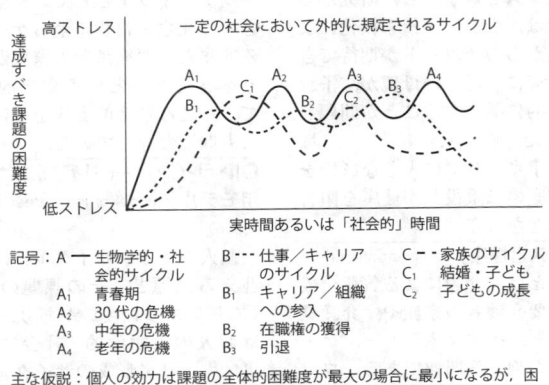

記号：
A ── 生物学的・社会的サイクル
B ･･･ 仕事／キャリアのサイクル
C ─ ─ 家族のサイクル

A₁ 青春期
A₂ 30代の危機
A₃ 中年の危機
A₄ 老年の危機

B₁ キャリア／組織への参入
B₂ 在職権の獲得
B₃ 引退

C₁ 結婚・子ども
C₂ 子どもの成長

主な仮説：個人の効力は課題の全体的困難度が最大の場合に最小になるが，困難度が大きいほど，急速に成長するための大きな機会も生まれる。

図4 ライフ／キャリア／家族サイクル相互モデル（Schein 1978）

前にした時期には，社会不適応による引きこもり等が問題となっている。その一方で，経済的不景気による就職率の低下や不安定な雇用形態の増加等も，若者にとってのストレス要因となっている。

成人期では職業生活，家庭生活等がストレスに関連する主な要因となる。特に，成人期初期では，就職，結婚，育児といったライフイベントを経験するようになり，仕事と家庭の両立が課題となる。職業生活では，学生生活から社会へ進出し，適応を迫られることになる。家庭生活では，家事，育児への参加が求められ，社会人としてだけでなく，家庭人としての役割も併せもつことになる。近年では，少子高齢化による労働力の減少や，国際社会の取り組みとしての男女格差解消のため，女性の労働力としての社会進出と，育児をしながらの社会参加が促進されつつある。女性の参加が増大する社会の中で，企業組織は従来の組織の仕組みを多様な労働力の特徴に合わせて変容させる時期を迎えている。更には，**ワーク・ファミリー・コンフリクト**や疲労蓄積，過労死，過労自殺等の原因とされる長時間労働への対応も重視されている。このような中で，成人期の**ワーク・ライフ・バランス**は，社会変化に伴う新たなトピックとして浮上している。壮年期では，職業上は地位の上昇に伴う責任が増大し，家庭生活では子どもの親離れが進み，親の介護問題が生じるようになる。

老年期では，**三大喪失体験**と呼ばれる，身体的機能の低下，社会的・経済的喪失体験，精神的老化が認められるようになる。近年の高齢化社会に伴い，老人性認知症も増加しており，社会的課題となっている。

■　■　■

❶▶育児ストレスと健康 (parenting stress)

育児ストレスとは，育児による負荷全般を指す。欧米では，ハイリスク児（未熟児，障害児，病児等）の母親や，社会的リスク（若年，低所得，障害，移民等）の高い母親が抱えるストレスを対象とした研究が多いが，我が国では，少子化・核家族化により，両親・親族からのサポートが期待できず，地域との交流にも乏しい母親が，子育てにおいて社会的に孤立することが問題となっている。また，働く女性にとっては，出産・育児が仕事キャリアに大きな影響を与え，仕事と家庭の二重役割が健康を阻害する要因の一つとなっている。

❷▶介護ストレスと健康 (caregiver stress)

介護ストレスとは，介護による負荷全般を指し，主に，要介護者の家族や，介護職従事者（ヘルパー，ケアマネジャー，ケースワーカー等）が抱える問題である。フロイデンバーガーは，介護を含む対人サービス従事者におけるバーンアウト（燃え尽き症候群）を指摘している。我が国では，少子高齢化により，老年期の子どもが老年期の親を介護する，いわゆる老老介護が増えつつある。介護者である子ども自身の老齢化問題によって，社会との隔絶が進み，セーフティネットとしての社会保障を利用できずに死亡・自殺に至るケースが増えている。また，要介護者の家族が介護全般を担うべきであるという文化的な背景によって，適切な社会的支援を受けられにくいことも問題となっている。

❸▶ライフ/キャリア/家族サイクル相互作用モデル (model of life/career/family cycle interaction)

個人のライフサイクルには，年齢ごとに迎える課題と，その課題の困難度の目安（ストレスの程度）があり，それらの課題は個人の生物学的・社会的サイクル，仕事・キャリア形成のサイクル，家族のサイクルの三つが同時進行し，相互に影響し合うことで成り立っていることを示したモデ

ル（図4）のこと。シャインが提唱した。生物学的・社会的サイクルは，年齢に関連する生物学的段階と，年齢によって直面する社会的段階及びその課題を示す。仕事・キャリア形成のサイクルは，組織で働く個人のキャリア形成の段階と課題を示す。家族のサイクルは，伝統的な家族の状態，段階及びその課題を示す。

❹▶老年期の喪失体験 (loss experience in old age)

老年期の喪失体験は，大きく分けて身体的機能の低下，精神的老化，社会的・経済的喪失体験の三つがある。身体の機能の低下とは，感覚器及び運動機能の減退等，器質的老化によって生じる機能低下を指す。精神的老化は，脳の老化に伴う器質的変化によって，記憶機能，活動性，学習能力等の精神的活動が低下することを指す。社会的・経済的喪失体験とは，職業からの引退や家庭での中心的役割からの撤退によって生じる，社会的地位の喪失，対人関係の縮小化，経済的自立の低下等をいう。更に，配偶者や近親者，親しい人との死別，子どもや孫の自立による離別等の対象喪失体験等がある。これらの喪失体験により，老年期に起こりやすい精神症状としてよく知られるものに，4D＋1A症状（認知症〈dementia〉，うつ病〈depression〉，せん妄〈delirium〉，妄想〈delusion〉，不安〈anxiety〉）がある。

❺▶ワーク・ファミリー・コンフリクト
（WFC：Work-Family Conflict）

仕事生活における役割要請と，家庭生活における役割要請とが両立せずに生じる役割間葛藤のこと。カーンらが提唱した。グリーンハウスとビューテルは，ワーク・ファミリー・コンフリクトを「仕事から家庭への葛藤」「家庭から仕事への葛藤」の二つの方向に分類した上で，「時間」「ストレス反応」「行動」の三つの要因で構成されるものと定義した。カールソンらは，これらの六つの構成概念を測定するワーク・ファミリー・コンフリクト尺度を開発している。

〔鈴木綾子〕

19-09▶職業性ストレスと健康

職業性ストレス（occupational stress）とは，労働環境の要求が，従業員の対応能力や管理（コントロール）能力を超えた場合に経験されるものである。例えば，適度な刺激や要求下では，課題や目標を乗り越えたり，達成するなどの経験につながり，満足感や充足感を感じることができる。一方で，自身の対応能力を超えた刺激や要求に直面した際には，心理面・身体面・行動面等でのストレス反応に発展し，更に慢性化した場合には，**ストレス関連疾患**に発展する場合も考えられる。

職業性ストレスの健康影響については，疫学・心理学の分野で数多くの研究が行われ，特に，作業特性として，仕事の要求度が高く，仕事のコントロール度が低い高ストレス状況では，虚血性心疾患等のリスクに加えて，抑うつ感をはじめとする心理面での症状の自覚のリスクも高いことが示されている。また，自覚する職業性ストレスの種類・程度や，**職業性ストレスの健康影響については，性別，年代別にも特徴的な傾向が見られる**ことから，職業性ストレスの研究に際しては，このような性別・年代別の特徴を踏まえた上で行うことが望ましい。

疫学において，疾患発症のリスクファクターの検討を目的に行われ始めた職業性ストレスについての研究は，1960年代頃は，

19-09 職業性ストレスと健康

個人要因
- 年齢，性別
- 婚姻状態
- 勤続年数
- 職位
- タイプA行動パターン
- 自尊心

職場ストレッサー
- 物理的環境
- 役割葛藤
- 役割不明瞭
- 対人葛藤
- 仕事の将来の不確かさ
- 仕事のコントロール
- 雇用の機会
- 量的な労働負荷
- 労働負荷の変動
- 人々への責任
- 技能の低活用
- 認知的要求
- 交代制勤務

急性ストレス反応
- 心理的
  - 職務不満足
  - 抑うつ
- 生理的
  - 身体愁訴
- 行動的
  - 事故
  - アルコール・薬物使用
  - 疾病休業

疾病
- 作業関連疾患
- 医師により診断された健康問題

仕事外の要因
- 家庭／家族からの要求

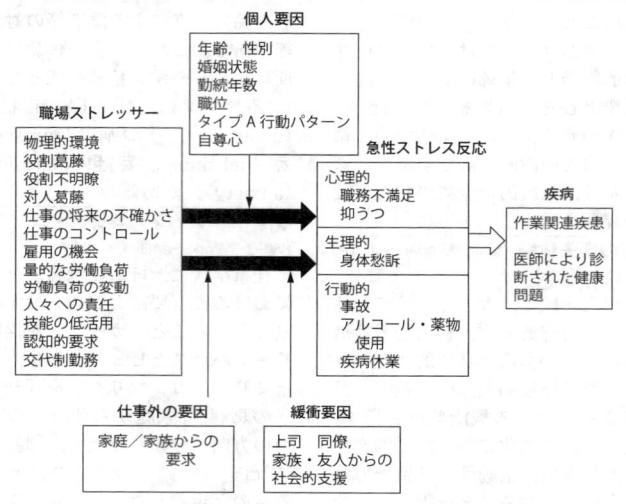

緩衝要因
- 上司　同僚，家族・友人からの社会的支援

図5　NIOSH職業性ストレスモデル（Hurrell & McLaney 1988）

特定のストレッサーと疾病との間の単純な因果関係に関する検討が行われた。その後，1970年代頃からは，ストレッサーと疾病との間に媒介変数が想定されるようになり，**仕事の要求度-コントロールモデルや努力-報酬不均衡モデル等に代表されるような職業性ストレスの理論モデルが提唱**されるようになった。

1988年にアメリカ国立労働安全衛生研究所（NIOSH）により提唱された「NIOSH職業性ストレスモデル」は，これまでの職業性ストレス研究及び理論を統合した，包括的な職業性ストレスの理論モデルといえる（図5）。このモデルでは，職場ストレッサーが急性ストレス反応に影響を与え，更に，急性ストレス反応の持続がストレス関連疾患等の疾病を導くというプロセスが想定されている。更に，ストレッサー・ストレス反応間の関連を修飾する調整変数として，年齢・婚姻の有無等の個人要因，家庭での要求等の仕事外の要因，社会的支援（ソーシャルサポート）等の緩衝要因が想定されている。

更に，近年では，ワーク・ライフ・バランスと健康についての研究も数多く行われるようになった。ワーク・ライフ・バランスが良好な人は，抑うつや不安障害等の心理的ストレス反応が低く自覚されやすいことや，バーンアウトの指標が低くなるなどが示唆されている。NIOSH職業性ストレスモデルでは，家庭での要求等は，仕事外の要因として調整変数として扱われていたが，近年では，仕事外要因が単独で扱われるだけでなく，仕事と家庭生活との調和・バランスがいかにとれているかという視点でも，健康への影響が議論されるようになってきている。

一方，産業現場における職場の健康支援活動に際しては，個々人を対象とした健康支援にとどまらず，職場集団や組織を対象とした支援を行うことが重要である。**職場の健康支援活動**は通常，一次予防から三次

予防の3段階に分けて考えられる。そのうち，三次予防では，傷病により体調を崩した従業員の職場復帰支援等の職場復帰に向けた支援を行う。二次予防では早期発見・早期対応に主眼を置き，体調を崩した従業員に早期に気づき対応できるための支援を行う。そして，一次予防においては，広報・啓発活動や研修等を行うことでメンタルヘルスの予防活動を行うだけでなく，職場環境や組織にも焦点を当て，健康な組織作り支援に向けた**職場におけるストレス対策**等を行う。ここでは，具体的には主に調査票等のツールを活用し，グループワーク等を通して職場環境等の改善を行う。近年では，職業性ストレスの理論モデルに基づき，仕事の量的負担や裁量権のなさなどのストレッサーの改善を検討するだけでなく，社会的支援を増やしたり，職場での満足度を上げていくなどのポジティブな側面にも注目し，このような要因を増加させるための対策を検討することが多い。

■　■　■

❶▶仕事の要求度-コントロールモデル
(job-demands control model)

カラセックにより1979年に提唱されたモデルのこと。ここでは，職場でのストレッサーを，仕事の要求度（job-demands）とコントロール（control）との互いに独立した2側面により捉えた上で，これら2要因によりストレス反応及び疾患等の結果変数を予測する。更に，作業特性が，仕事の要求度とコントロールとの高低により4群に分類され（図6），要求度が高くコントロールの低い「高ストレイン群」では，抑うつ感をはじめとするストレス反応が最も高くなる一方で，仕事の要求度が高くコントロールが高い「アクティブ群」では，活動水準が極めて高くなることが仮定されている。

❷▶職業性ストレスの健康影響（health effects of stress occupational）

仕事での量的負担や質的負担，裁量権のなさや対人関係等のストレッサーの増大は，不安・抑うつ感等の心理面に加え，身体面や，事故・病欠等の行動面等に，急性ストレス反応として表れるといわれている。更に，このような状態が継続した場合には，虚血性心疾患等のストレス関連疾患の発症につながる可能性もあるといわれている。

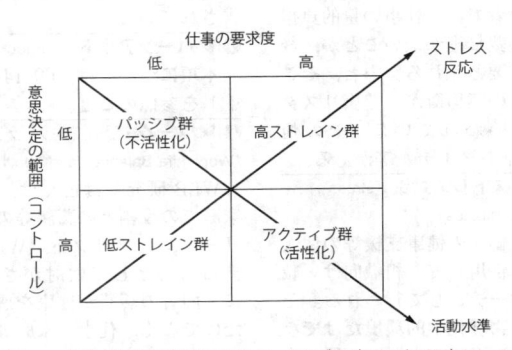

図6　仕事の要求度-コントロールモデル（Karasek 1979）

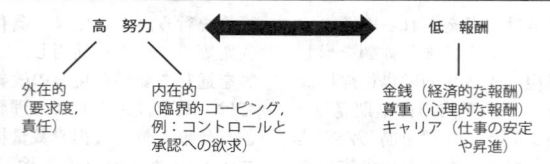

```
                    高 努力         ←——————→         低 報酬

           外在的        内在的                    金銭（経済的な報酬）
           （要求度,     （臨界的コーピング,          尊重（心理的な報酬）
           責任）        例：コントロールと          キャリア（仕事の安定
                        承認への欲求）              や昇進）
```

図7　職場における「努力-報酬不均衡」モデル (Siegrist 1996)

❸▶職業性ストレスの性別，年代別特徴
(gender and age differences of stress occupational)

年代別では，若年層では，担当業務のあいまいさや裁量権のなさなどの業務の質的な負荷が高い一方で，中高年層では，裁量権は増えるものの責任も増え，要求される量も増えるなど，量的な負担が高くなる傾向がある。性別では，女性がより，上司・同僚からの支援等の社会的支援を高く自覚しやすい一方で，対人関係のストレスの自覚も高いなどの傾向が認められることも多い。このような職業性ストレスの性別・年代別の特徴は，役割や立場・担当等，様々な背景によるものと考えられる。

❹▶職業性ストレスの理論モデル (occupational stress model)

疫学において，疾患発症のリスクファクターの検討を目的に行われ始めた。代表的なものには，カラセックによる「仕事の要求度-コントロールモデル」や，シーグリストによる「努力-報酬不均衡モデル」等が挙げられる。前者では，仕事の量的負担が多く，仕事での裁量権が低いことが，後者では，職場で必要とされる努力と，そこで得られる報酬との不均衡が，健康リスクと関連をもつといわれている。その他NIOSH職業性ストレスモデル等がある。

❺▶職場におけるストレス対策 (stress management in the workplace)

産業場面では，個人の健康支援等の個人向けアプローチと併用して，組織向け・職場集団向けアプローチとして行われる。その多くは，職場の物理化学的な環境だけでなく，労働時間や勤務形態，人間関係等，広い意味での職場環境等の改善を目的とする。特に，専門家の助言を得ながら，上司あるいは従業員が参加することが効果的であるといわれている。

❻▶努力-報酬不均衡モデル (effort-reward imbalance model)

ドイツの社会学者シーグリストにより1996年に提唱されたモデルのこと。ここでは，「努力 (effort)」と「報酬 (reward)」との2軸により職業性ストレスを把握し，"費やされた努力と，得られた報酬とのバランスの欠如"が，ストレス反応及び交感神経系の緊張状態を導くことが仮定された（図7）。更に，「努力」には，仕事の要求度や負担等の外的要因 (extrinsic：外的努力) に加え，個人の行動特性から生じる内的要因 (intrinsic：オーバーコミットメント)，の計2要因が含まれている。このモデルに基づいた実証研究からは，努力・報酬不均衡比と循環器疾患との関連に加え，身体症状や睡眠障害，QOLとの関連も報告されている。

❼▶バーンアウト (burnout)

本項については，09-14-❽「バーンアウト」を参照のこと。

❽▶ワーク・ライフ・バランスと健康 (WLB ⟨Work-Life Balance⟩ and health)

WLB研究では古くは，仕事での役割と家庭での役割との葛藤等のワーク・ファミリー・コンフリクト (WFC) が健康に与える影響として検討がされてきた。次第に，両者の葛藤が健康を悪化させる可能性だけでなく，仕事や家庭等複数の役割をもつことの相乗効果が，健康に良い影響を与

19-10 ▶ ポジティブ心理学と健康

える可能性について検討されると，仕事と家庭の調和が，抑うつ感や不安の軽減等の精神的健康への影響が示唆されるようになった。

〔島津美由紀〕

セリグマンとチクセントミハイによって「ポジティブ心理学（positive psychology）」と題する特集号が，2000年に『アメリカン・サイコロジスト（*American Psychologist*）』に掲載されて以来，ポジティブ心理学が心理学の一領域として広く認知されるようになった。ポジティブ心理学の歴史は意外にも古く，ロペスによれば，ポジティブ心理学の提唱はマズローの1954年の著書にまで遡るという。ポジティブ心理学は，20世紀の心理学がどちらかというと人間のネガティブな面の理解や改善に重点を置いてきたことに対するアンチテーゼとして提唱されたといえる。ポジティブ心理学は，人間の強みや長所等のポジティブな面に焦点を当て，これらの概念や機能を解明し，開発することを通して，**ウェルビーイング**の状態に至ることを目指す科学的学問である。

ポジティブ心理学には，**ポジティブ感情，幸福感，満足感**等のポジティブな感情に焦点を当てるアプローチ，**フロー，楽観性，ワーク・エンゲイジメント**等のポジティブな認知に焦点を当てるアプローチ，感謝（gratitude），利他主義（altruism）等のポジティブな行動に焦点を当てるアプローチ等がある。ラザルスは，環境からの要請に対する認知的評価の一種として，それを乗り越えれば成長や発達の機会になるという挑戦（challenge），及び，後にポジティブな感情が発生するという利得（benefit）を取り上げている。これらは，害・損失，脅威という認知的評価と同様に感情を喚起し，認知的・行動的**コーピング**を発動させる役割を果たすが，挑戦や利得という認知的評価が行われた場合には，ポジティブな感情が喚起され，それがコーピングの原動力となる。

それぞれの感情には，関連の深い認知や行動が存在する。例えば，ネガティブな感情である不安は認知的活動を妨害し，回避行動を引き起こすことが知られている。一方，ポジティブな感情である幸福感は，目標の実現に向けて，物事の良い面に注目しようとする認知や，前向きな行動を引き起こす。従来の心理学的研究によって，各々のネガティブな感情と認知や行動との関連はかなり明らかにされているものの，各々のポジティブな感情と認知や行動との関連についてはまだあまり明らかにされていない。

また，ポジティブ心理学には，健康との関連だけではなく，**リジリエンス**の獲得や幸せな老い（successful aging）などに関する発達心理学的アプローチ，脳画像研究や栄養との関連等に関する生理学的・神経科学的アプローチ，固有の文化や宗教等との関連を検討する文化人類学的アプローチ，収入やGDP等との関連に関する社会学的・経済学的アプローチ等がある。

ポジティブな感情，認知，行動を高めるための介入を，**ポジティブ心理学的介入**（positive psychology interventions）と呼ぶ。その具体的な手法には，感謝の手紙を書くこと，楽観的な思考法を学習すること，ポジティブな経験を反芻すること，他人と交流すること，マインドフルネス等がある。シンとリュボマースキーは，ポジティブ心理学的介入研究をレビューし，この

種の介入が平均してウェルビーイングの増大に .29、抑うつの低減に .31 の効果量（r）を示すことを明らかにした。また、ポジティブ心理学的介入を行う際の留意点として、介入終了後も自主的に課題を続けると効果が高いこと、いろいろな方法を組み合わせると効果が高いこと、抑うつの高い人にはあまり効果が出ないこと、若い人は介入にあまり乗ってこないこと、個人主義でない社会では個人の強みに気づくなどの介入効果は概して小さいことなどが指摘されている。

■ ■ ■

❶ ▶ ウェルビーイング (well-being)

「良い」状態を表す言葉。ディーナーは、個人が自分の人生を認知面や感情面から見てどの程度良い状態かを評価する科学的用語として、主観的ウェルビーイング（subjective well-being）を提唱している。世界保健機関（WHO）によれば、身体的（physical）、心理的（mental）、精神的（spiritual）、社会的（social）にウェルビーイングである状態を、健康を特徴づける重要な要素として取り上げている。

❷ ▶ 活力 (vigor)

仕事中の高い水準のエネルギーや心理的な回復力、仕事に費やす努力をいとわない気持ち、困難な状況に直面した時の粘り強さなどがある状態。

❸ ▶ 幸福感 (happiness)

主観的ウェルビーイングのうち、特に感情面に焦点を当てた指標のこと。リュボマースキーは、自分の人生が良いもので、意味があり、価値があるという感覚とともに生じる喜び、満足、あるいはポジティブなウェルビーイングにある状態を説明する用語として、幸福感を用いた。セリグマンは、幸福感の構成要素として、意味、喜び、エンゲイジメントを取り上げている。

❹ ▶ 熱意 (dedication)

仕事に強く関与し、仕事に意味を見出し、熱中し、誇りをもち、挑戦しようという意欲を感じている状態のこと。

❺ ▶ フロー (flow)

チクセントミハイは、内発的動機づけにより特定の活動に没頭することで得られる喜びや楽しさなどの感覚を、フローと呼んだ。フローの体験は、個人がその活動を達成することができるかという能力と、達成すべき課題の難易度（挑戦）とのバランスから生じる。能力と挑戦のバランスから、フローを含めた八つの状態を表現する模式図（図 8）も提唱されている。

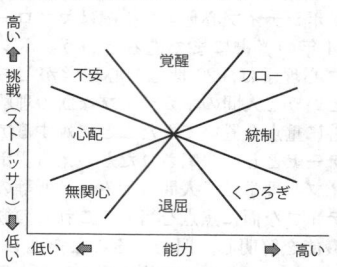

図8 フローを含む八つの状態の図
（Csikszentmihalyi 1997 と今村・浅川 2003 をもとに作成）

❻ ▶ ポジティブ感情 (positive affect/positive emotion)

ポジティブ感情には、興奮、喜びなどの覚醒度が高いものと、落ち着き、平静等の覚醒度が低いもの、満足、幸福等の覚醒度が中程度のものが含まれる。ポジティブ感情には、接近行動を誘発したり、活動性や創造性を高めたりするなどの働きがあることが知られている。また、ポジティブ感情は、運動等のポジティブなライフイベントの経験頻度を増加させ、その経験によって更にポジティブ感情を高めるとともに、楽観性や自己効力感（self-efficacy）等の個人資源の形成にも役立つといわれている。

❼ ▶ 没頭 (absorption)

仕事にのめり込んでいる時の幸福感，時間が早く経つ感覚，仕事から頭を切り離すのが難しい感覚等がある状態のこと。

❽ ▶ 満足感 (satisfaction)

ある対象に対してどの程度満足を感じているかということ。職務に対する満足感を職務満足感，学校生活に対する満足感を学校生活満足感等と呼ぶ。ディーナーは，5項目からなる人生に対する満足感尺度（Satisfaction with Life Scale）を開発している。

❾ ▶ 楽観性 (optimism)

楽観性は，未来に対するポジティブな認知，感情，動機に関する構えである。ピーターソンとセリグマンは，個人の強みの一つとして，楽観性（希望，未来志向）を取り上げている。島井哲志は，楽観性の三つの側面として，①全ての人間がもっている楽観的傾向，②個人差を説明するための性格としての楽観性，③経験によって学習したり身につけたりするものとしての楽観性を取り上げている。セリグマンは，楽観性を学習によって獲得可能なものと捉え，ある場面での成功体験が，般化のメカニズムによって，他の場面に対する前向きな認知や行動の生起頻度を高めるとした。

❿ ▶ ワーク・エンゲイジメント (work engagement)

シャウフェリは，ワーク・エンゲイジメントを，仕事に関するポジティブで充実した心理状態であり，活力，熱意，没頭によって特徴づけられると定義している。ワーク・エンゲイジメントは特定の対象，出来事，行動等によって向けられた一時的な状態ではなく，仕事に向けられた，持続的かつ全体的な感情と認知である。すなわち，活力，熱意，没頭の発生源は仕事そのものにあり，それに伴って生じる前向きな感情と認知も仕事から発生するもので，しかも長期間持続するものであるといえる。

〔大塚泰正〕

福祉

〔総説〕

古くから，医学には医療機関，教育学には学校，社会福祉学には福祉施設といったように，それぞれの学問体系と結びついた固有のサービス提供機関があった。それに対して心理学は，それらの隣接科学として必要とされてきたが，サービス提供機関として必要性が認められるようになったのは，1988年，日本臨床心理士資格認定協会による指定大学院として大学附設の臨床心理相談機関の設置が義務づけられてからのことである。臨床心理士の養成機関と同時にサービスの提供機関という二面性をもちつつ，医療，教育，保健，福祉等の領域における実践を介しての臨床心理学の体系化ないしは再体系化がなされ始めてきているといえる。

福祉の領域にあっては，福祉心理学や福祉臨床心理学がそれにあたるが，学問としての体系化はむしろこれからである。

詳細は後述するが，社会福祉という用語は「幸せな生活」を意味し，それには身体面（健康），物質面（繁栄），心の福祉（幸福）等，必要条件全ての充足が必要不可欠である。社会福祉は，広義には教育・医療・保健とともに社会制度として全ての成員に，「幸せな生活」を保障する仕組みを指す。このように広義の社会福祉に対応する心理学として福祉心理学を位置づけることはあまりに広範過ぎて，実体の伴わない観念的な検討に終始しかねない危険性がある。それゆえ，現段階では，広義の社会福祉に対応する心理学領域としては，国民一般の福祉に関する心理学的側面を研究主題として設定しうる社会心理学を基礎とし，国民一般の精神的健康の維持・向上を実践課題とする健康心理学を，その応用として位置づけることがより賢明と考えられる。

一方，狭義の社会福祉は，要保護状態，失業，疾病，障害，老齢等の様々な事由によって社会生活に困難をきたした人々に必要なサービスを提供し，その解決を図ることを指している。これは，国や地方公共団体が法令や財源に基づいて制度として行う制度的支援と，個々の利用者の実状に即した社会資源を効果的に活用する臨床的支援に分けられる。これらは実体概念としての社会福祉であり，生活保護法，児童福祉法，知的障害者福祉法，身体障害者福祉法，母子及び寡婦福祉法，並びに老人福祉法の福祉六法をはじめとする福祉法制度によって規定されたサービスの提供が制度的支援であり，それらを個々の利用者の実状に合致した社会資源を効果的に活用することによって，その個人の社会生活機能の改善を図る対人援助が臨床的支援である。これらに関わる理念・制度・分野・方法を包括する広範な学問体系が実体としての社会福祉学であり，その中の臨床的支援の方法論が社会福祉援助技術（ソーシャルワーク）である。

この狭義の社会福祉に対応する福祉サービスの利用者の方々の心理学的理解や，心の福祉の成立条件の解明，並びにそれらの人々の心理的メカニズムに即して環境の変更や社会的相互作用の仕方を効果的に活用し，満足度の高い効果的な援助を行う福祉のための心理学が，実体としての福祉心理学であり，その心理臨床的支援の方法論を福祉臨床心理学として位置づけるのが賢明と考えられる。

換言すれば，福祉心理学には，多くの心理学や関連学問の諸知見に則って福祉サービスの利用者を正しく理解する「認識の科学」としての一面が必要であり，福祉臨床心理学には，その臨床的応用を図る「実践の科学」としての一面が強調されることになると考えられる。これらの双方向的な展開の中で，両者を含む新たな対人援助科学として，福祉心理学が確立されていくと考えられる。

【本領域（福祉）の構成】

本領域では，他の心理学領域との重複を避け，かつ福祉心理学の更なる発展を期するため，福祉心理学にとって必要な社会福祉の基本的知識について概説する。構成としては，福祉の基本理念と法制度，福祉サービスの内容，並びに援助方法の三つの柱になる。一つは，日本の社会福祉法制度とその羅針盤的な役割を担う社会福祉の基本理念についてである。20-01 では，社会福祉の定義，社会福祉の基本法，福祉ニーズや法的根拠から提供可能な福祉サービスの分野，サービスの供給内容，サービスが適正になされるための仕組み，措置制度と契約制度，経費の負担制度等について概観する。20-02 では，基本理念を取り上げ，福祉サービスを必要とする人々の QOL の維持・向上，種々の差別的待遇による不利益の撤廃策としてのアファーマティブ・アクションのような構造的な優遇措置の考え方，またノーマライゼーションやそれを実現させるための製品や環境設計等に用いられるユニバーサルデザイン，教育への普及としてメイン・ストリーミングやインクルージョン，障害者の権利擁護（アドヴォカシー）から更に発展した障害者自身によるセルフ・アドヴォカシー等の内容と動向について概観する。

二つ目の柱として，20-03～09 では，福祉ニーズに対応した提供可能なサービスについて概観する。20-03 では，生活困窮に陥った時の生活保護制度の基本原理，実施原則，申請手続き，関連機関，並びに就労に向けての自立支援プログラム等について概観する。20-04 では，母子健康手帳や乳幼児健康診査，子育て環境の充実を図る子育て支援事業や特別保育事業，障害をもつ子どものための児童デイサービス事業や地域早期療育システム，虐待から子どもを守る制度や特別養子縁組制度等について概観する。20-05 では，家庭で生活できない子どもの入所施設として母子生活支援施設，乳児院，児童養護施設，不良行為や虞犯行為をする子どもの入所施設として児童自立支援施設，そして障害と社会経済的事由等により家庭での養育が困難な子どもの入所施設として情緒障害児短期治療施設，知的障害児施設，盲ろうあ児施設，肢体不自由児施設，自閉症児施設，重症心身障害児施設等の設置目的や最近の動向について概観する。20-06 では，障害をもつ人々の自立の促進を中心とした法制度を含む環境整備の動向，中途障害や障害者手帳の問題，欠格条項の現状，障害者支援施設と居宅介護，並びに障害者自立支援法とそれに続く障害者総合支援法の内容について概観する。20-07 では，障害者の生活面での福祉サービスとして，情報保障の重要性，地域生活支援事業の外出介護，身体障害者補助犬，障害をもつ人同士による悩み相談であるピア・カウンセリング等について概観する。また，障害者の雇用促進については，障害者自立支援法に基づく就労継続支援，障害者の雇用の促進等に関する法律の内容と職業リハビリテーションの支援方法等について概観する。20-08 では，高齢者の福祉として，介護保険制度の内容，被保険者の認定方法，ケアプランとそれに基づく契約可能なサービスの種類等について概観する。20-09 では，高齢者の福祉として，老人福祉法に規定された養護老人ホームや特別養護老人ホーム，介護保険法に規定され

た介護保険施設等の内容,入所施設における認知症高齢者や寝たきり高齢者の問題,心理社会的な各種臨床技法,終末に関わるターミナルケアや死別に関わるグリーフワーク等について概観する。

三つ目の柱として,20-10では,直接援助技術,間接援助技術,関連援助技術からなる社会福祉援助技術(ソーシャルワーク),施設福祉におけるレジデンシャル・ソーシャルワーク,並びにそれらに関連するケアマネジメントやケアワークの内容について概観する。併せて,臨床心理学理論を基調としたソーシャルワーク理論の展開過程と最近の動向,個別援助技術を例にした臨床的支援の展開過程等について概観する。

福祉ニーズには「人間の尊厳」の問題が深く関わってくるだけ,その解決には実利性が必要不可欠であり,効果の立証されたサービスを提供する「証拠に基づくソーシャルワーク」による知見の蓄積と体系化が必要である。福祉サービスの利用者は不利益を被りやすく,また措置制度から契約制度の進展に伴う利用者の権利意識の高まりも相まって,多様なリスクの存在が明らかになってきており,それらに対応したリスクマネジメントの体系化が急がれる。

〔内田一成〕

20-01 ▶ 日本の社会福祉法制度

社会福祉（social welfare）という用語は，日本国憲法第25条（国民の生存権，国の保障義務）において，「国は，すべての生活部面について，社会福祉，社会保障及び公衆衛生の向上及び増進に努めなければならない」と使われたのが最初である。これはsocial welfare（well〈幸せな〉fare〈生活〉）の訳語で，「福」も「祉」も「幸い」を意味する。「幸せな生活」には，身体面（健康），物質面（繁栄），心の福祉（幸福）等，必要条件全ての充足が必要不可欠である。

社会福祉は，広義には社会保障をはじめ関連法制度の総称で，「幸せな生活」を社会制度として全ての成員に保障する仕組みを指す。狭義の社会福祉は，要保護状態，失業，疾病，障害，高齢等によって社会生活に困難を来した人々に必要なサービスを提供し，その解決を図ることを指している。これは，国や地方公共団体が法令や財源に基づいて必要なサービスを提供することから**制度的支援**ということができる。制度的支援では，同じ条件下にある人は同じサービスを公平に利用できることが重視されるが，基準の画一性のため個人の実情にそぐわない難点がある。これを補完し，個人の実情に即した総合的サービスを提供するのが**臨床的支援**であり，その方法論がソーシャルワーク（社会福祉援助技術）である。制度的支援と臨床的支援は福祉サービスの両輪で，心理学はそれらの基礎科学に位置づけられる。

社会福祉事業の基本法である**社会福祉法**（昭和26年法律第45号，平成12年に社会福祉事業法から法名改正）では，「福祉サービスは，個人の尊厳の保持を旨とし，その内容は，福祉サービスの利用者が心身ともに健やかに育成され，またはその有する能力に応じ自立した日常生活を営むことができるように支援するものとして，良質かつ適切なものでなければならない」の理念の下，提供可能なサービスが規定されている。福祉制度には，ニーズや法的根拠から，公的扶助（**生活保護法**），児童福祉（**児童福祉法**），母子・寡婦福祉（**母子及び寡婦福祉法**），障害者福祉（**知的障害者福祉法**，**身体障害者福祉法**，**精神保健及び精神障害者福祉に関する法律**，**障害者自立支援法**），高齢者福祉（**老人福祉法**，**介護保険法**），婦人福祉（**売春防止法**，**配偶者からの暴力の防止及び被害者の保護に関する法律**，**男女雇用機会均等法**）等がある。

供給内容には，**給付型**（現物給付：生活財や医療や介護等での給付，金銭給付：金銭の支給や貸与），**利用型**，**入所型**サービスがある。供給場所から**在宅福祉**と**施設福祉**にも分けられる。これらの事業が適正に行われるように，社会福祉法では**第一種社会福祉事業**と**第二種社会福祉事業**に分けられている。

平成12年の社会福祉基礎構造改革や介護保険制度の施行以降，障害者自立支援法（平成17年法律第123号）もあり，障害児者施設の利用法が**措置制度から契約制度へ**移行し，費用も利用者の払える範囲で負担が請求される**応能負担**から，**介護保険**のように受けたサービス費用の定率負担（現行1割）が請求される**応益負担**へ移行している。しかしこの加重負担のため，「障害者自立支援法」は平成22年に廃止され，平成25年8月までには応能負担を核とする障害者総合支援法が制定されることになっている（平成25年4月施行）。他方，救護・更生・授産・宿所提供施設（生活保護法），養護老人ホーム（老人福祉法），乳児院・児童養護施設・情緒障害児短期治療施

設・児童自立支援施設（児童福祉法），婦人保護施設（売春防止法）は，措置制度のままである。なお，特別養護老人ホームは介護保険の契約制度の適用になっている。

■ ■ ■

❶▶介護保険法（Long-Term Care Insurance Law）

疾病等により要介護状態になった人（原則 65 歳以上）への保健医療や福祉サービスを提供する介護保険制度の給付等に関する法律（平成 9 年法律第 123 号）で，65 歳未満でも 40 歳以上で特定疾病（末期がん，関節リウマチ，筋萎縮性側索硬化症，認知症，パーキンソン病等の 16 種類）がある場合には適用になる。

❷▶児童福祉法（Child Welfare Law）

児童の福祉全般を定めた法律（昭和 22 年法律第 164 号）で，乳幼児，少年（18 歳まで）の福祉を担当する公的機関，各施設，事業の基本原則等を定めている。社会福祉六法の一つである。

❸▶身体障害者福祉法（Law for the Welfare of Physically Disabled Persons）

18 歳以上の身体障害者の福祉の増進を図るための法律（昭和 24 年法律第 283 号）で，視覚障害，聴覚・平衡機能の障害，音声・言語機能・そしゃく機能障害，肢体不自由，内部障害（心臓，呼吸器，じん臓，膀胱又は直腸，小腸，免疫，肝臓の機能の障害）が含まれる。社会福祉六法の一つである。身体障害者手帳は障害程度 1 級～6 級に交付される。

❹▶生活保護法（Public Assistance Law）

日本国憲法における国民の生存権の保障を定めた法律（昭和 25 年法律第 144 号）で，国が生活困窮の全ての国民に最低限度の生活の保障と自立の促進を図るための事業の基本原則等を定めている。社会福祉六法の一つである。

❺▶精神保健及び精神障害者福祉に関する法律（Mental Health and Welfare Law）

通称，精神保健福祉法（昭和 25 年法律第 123 号）。精神障害者の医療・福祉，社会復帰，社会経済活動への参加等の増進を図るための法律で，統合失調症，躁うつ病，非定型精神病，てんかん，中毒精神病，器質精神病等が対象となる。

❻▶措置制度から契約制度へ（the shift from a measure-taking system to a contract system）

障害者施設は平成 15 年から，障害児施設は平成 18 年から，国や地方公共団体の権限でサービス内容が決定される措置制度から，利用者が事業者との契約でサービス内容を受け取ることができる契約制度への移行がなされている。

❼▶第一種社会福祉事業／第二種社会福祉事業（class I and II social welfare services）

前者は，利用者への影響や公共性の高さから国・地方公共団体や社会福祉法人が経営主体であり，入所型福祉のほか授産施設や共同募金が含まれる。後者は利用者への影響の少なさから経営主体に制限がなく，利用型福祉が中心となる。

❽▶知的障害者福祉法（Law for the Welfare of People with Mental Retardation）

18 歳以上の知的障害者の福祉を図るための法律（昭和 35 年法律第 37 号）で，知的障害者への必要な援助と保護を行い，彼らの自立と社会経済活動への参加を促進することを目的として制定された。社会福祉六法の一つである。

❾▶母子及び寡婦福祉法（Law for the Welfare of Mothers with Dependents and Widows）

母子家庭等（父子家庭を含む）及び寡婦に対し，その生活の安定と向上のために必要な措置を講じ，もって母子家庭等及び寡婦の福祉を図ることを目的として制定された法律（昭和 39 年法律第 129 号）である。社会福祉六法の一つである。

⑩ ▶ 老人福祉法 (Welfare Law for the Aged)

高齢者（原則 65 歳以上）に対して心身の健康の保持及び生活の安定のために必要な措置を講じ，高齢者の福祉を図ることを目的として制定された法律（昭和 38 年法律 133 号）で，社会福祉六法の一つである。

〔内田一成〕

20-02 ▶ 社会福祉の基本理念

社会福祉とは，社会的弱者（障害者，高齢者，乳幼児，女性，低所得者等）の QOL の維持・向上のために提供すべきサービスや施策を示す。また，日本国内では人種や民族に関する社会福祉上の問題が取り上げられることは少ないが，諸外国においてはエスノセントリズムから生じる差別的待遇，またアファーマティブ・アクションのような優遇措置も重要な問題となる。近年の社会福祉の理念の発展は，このように大多数を占める集団が少数派を排除・冷遇することへの反発から生じたともいえる。

ノーマライゼーション（normalization）とは，こうした少数派の排除という因襲に対抗する流れにおいて，障害者福祉領域で生まれた理念である。この語は，障害者と健常者が区別されることなく，共通の場において同じように生活を送ることが望ましいとする思想，又はそれを実現するために行われる運動，施策等を意味する。バンク＝ミケルセンが 1950 年代に提唱し，その後ニィリエやウォルフェンスベルガーが発展させた。それぞれの主張は，「障害者にできるだけノーマルな生活を提供する（ミケルセン）」「知的障害者の日常生活の様式や条件を，できるだけ社会の主流の基準や様式に近づける（ニィリエ）」「可能な限り文化的に通常とされる者の行動や外見を確立したり維持するために，可能な限り通例となっている手段を利用すること（ウォルフェンスベルガー）」のように述べられている。

ノーマライゼーションを実現させるための取り組みとして，製品開発や環境整備，情報伝達の設計等，広く用いられる考えに**ユニバーサルデザイン**がある。日本では**バリアフリー**という語を同じような意味で用いることが多いが，バリアフリーは「障害者の生活における様々な障壁を取り除く」という意味が含まれ，ユニバーサルデザインは障害の有無について特化せず，あらゆる人々が使いやすいよう設計（デザイン）するという考えである。ユニバーサルデザインに必要な特徴として，①誰にでも使用でき入手できること，②柔軟に使えること，③使い方が容易に分かること，④使い手に必要な情報が容易に分かること，⑤間違えても重大な結果にならないこと，⑥効率よく快適に使えること，⑦アプローチや使用に適切な大きさ・広さであること，という七つの原則によって特徴づけられる。また，製品やサービスの利用しやすさを示す語として**アクセシビリティ**があるが，諸外国においてはこの語やユニバーサルデザインの方が，バリアフリーよりも一般的に用いられる。

教育領域におけるノーマライゼーションに関する動きも近年活発であるが，最初に広まったものが，障害児が健常児と同じ場で学習を受け生活を共にするという**メインストリーミング**である。一方で，メインストリーミングが障害児をただ健常児のいる環境に置くことにのみ主眼を置き，対応が十分ではないという批判も生じ，更に考えを発展させて生まれたものが**インクルージョン**である。本来，インクルージョンとは，障害者等，社会的弱者を排除するので

はなく，同じ社会に属する一員として社会全体が支え合うとする理念であるが，学校教育においては，障害の有無にかかわらず様々な児童が同じ学校・学級に在籍するのを前提とし，各児童の違いを個性として捉え，それぞれのニーズに合った教育を実施するような取り組みを示す。すなわち，メインストリーミングでは，「障害児と健常児」が同じ場で教育を行うことを表しているが，インクルージョンでは，障害と正常の境界は曖昧であるため，障害の有無や程度を主幹に据えていない点に違いがある。

前述したような社会全体が障害者を支援する取り組みのほかに，「ピア」と呼ばれる同じ障害をもつ者同士で構成された自助グループによる支援（ピア・カウンセリング等）も広まっている。更に，ピープル・ファーストに代表されるような，障害者が自身の権利を擁護するために，障害者自ら発言するという活動（**セルフ・アドヴォカシー**〈self-advocacy〉）を行う団体も徐々に増加している。

❶ ▶ **アクセシビリティ**（accessibility）
サービスを受けたり製品を利用したりする際の，利用のしやすさを示す用語のこと。障害者はコミュニケーションの取りにくさ，情報の受信・発信等に困難が生じやすいが，特に近年では自然災害等，緊急時における情報の獲得・発信が重要視されており，障害者の情報伝達手段に関するアクセシビリティへの関心が高まっている。

❷ ▶ **アファーマティブ・アクション**（affirmative action）
ある弱者集団が進学，就業等に際し，不利益を被るような状況を撤廃するための措置をいう。イギリスにおいてはポジティブ・アクションと呼ばれる。具体的には，入学試験や雇用において，その集団に対して人員を確保する特別枠の設置や，入学・採用試験における点数の割り増しなどが挙げられる。

❸ ▶ **インクルージョン**（〈social〉 inclusion）
インクルーシブ教育とも呼ばれ，教育領域においては障害の有無や障害種別で子どもを分けるのではなく，児童一人一人のニーズに対応するような教育を実施することを示す。この考えをもとにして，平成9年4月に学校教育法が改正され，特別支援教育が施行されるようになった。

❹ ▶ **エスノセントリズム**（ethnocentrism）
サムナーによる造語であり，自分の所属する集団（種族・国民等）が最も優れていると見なし，その風習や文化を基準にして他の集団の価値を不当に低く評価し，時に敵意や軽蔑を伴って接しようとする思想をいう。自民族中心主義。

❺ ▶ **QOL**（Quality of Life）
「生活の質」と訳され，各個人もしくはある社会に属する人々の生活の質的な内容を意味する。対象となるのが個人もしくは集団によって，また置かれている環境や状況によって，生活の満足感を捉える指標は様々であり，絶対的な基準は設定しにくく，一口に QOL といってもその内容は多様である。また，医療や福祉領域では，末期医療患者や脳死状態にある患者，障害児・者の自己決定，自己選択の問題と関連して述べられることが多い。

❻ ▶ **バリアフリー**（barrier free）
障害者の社会参加に対する様々な障壁を取り除く取り組みをいう。障壁タイプにより，物理的バリアフリー，心理的バリアフリー，情報バリアフリー等，更に区別される。物理的な障壁として，高齢者や車いす利用者等の歩行・移動の妨げとなる段差や急勾配の傾斜等が挙げられ，狭義のバリアフリーとしてはこのことを意味する。

❼ ▶ ピープル・ファースト (People First)

セルフ・アドヴォカシーを行っている団体の一つである。団体名は，1970年代に北米において行われた知的障害者の集会において，参加者が発した「（知的障害者としてではなく）まず人間として扱われたい」という発言がもとになっている。当初は知的障害者による団体が大多数を占めていたが，徐々に他の障害種における活動・団体も見られる。

❽ ▶ メインストリーミング (mainstreaming)

通常学級に在籍しながら，特別な配慮が必要な科目は別の学級で学ぶなど，児童の特性に合わせた教育プログラムを受けることを示す。なお，日本ではメインストリーミングと同じ意味として，「インテグレーション（統合教育）」を用いることが多い。

❾ ▶ ユニバーサルデザイン (universal design)

メイスが提唱した考えで，老若男女，文化，言語，能力等の違いにとらわれず，あらゆる人が利用できるように工夫した製品・施設・環境・情報等の設計（デザイン）をいう。また，障害児が通常学級において教育を受ける機会が増えていることから，「授業作りにおけるユニバーサルデザイン」として，障害児にも健常児にも分かりやすい教材・教具の開発や指導法の検討にも考え方が反映されている。

〔小林優子〕

20-03 ▶ 生活と福祉

様々な生活上の困難に対応して，社会保障・社会福祉制度が整備されているが，制度の谷間にあったり，制度が不十分だったりして，経済的な困窮状態に陥った時，生活保護制度は最後のセーフティネットとして，独自の重要な役割を果たしている。

生活保護法の目的は，日本国憲法第25条の理念に基づき，生活に困窮する全ての国民に対して，国の責任で最低限度の生活を保障するとともに，自立を助長（＝自立支援）することである。この二つの目的を達成するために，法の解釈・運用は**生活保護の基本原理**に基づいて行われる。

したがって，全ての国民は，生活困窮状態に陥った時，その原因にかかわらず生活保護を受けることができる。ただし，保護を受ける前提として，資産，能力その他あらゆるものを活用して生活の維持を図る自助努力が求められる。更に，親族による扶養，他の法律や制度の適用が保護に優先される。生活保護制度が，最後のセーフティネットとして位置づけられているためである。

保護の実施は，**生活保護の四原則**に基づいて行われる。

生活保護の申請手続きでは，生活困窮の事実と生活維持のための自助努力を確認するために，資力調査（ミーンズテスト）が行われる。土地・家屋，預貯金等の資産，稼働能力，収入の有無等が調査の対象となる。また，親族扶養の照会等も行われる。保護の要否，程度は，**生活保護基準**を用いて算定される世帯の最低生活費と，世帯の収入を比較して判定される。世帯の収入が最低生活費よりも低い場合に，差額の不足分を補う程度で保護が実施されることになる。ちなみに，保護基準による最低生活水準は，被保護世帯の消費水準が一般勤労世帯のおおむね7割程度である。都区部等（1級地―1）に居住する標準3人世帯（33歳，29歳，4歳）の生活扶助の基準額は，月額171,130円（平成24年度）である。保護の支給は，世帯の生活需要に応じて，**生活保護の種類**のうち，1種類の扶助の単給又は複数の扶助の併給として行われる。

保護については居宅保護が原則であるが，それが困難な場合又は被保護者が希望する場合は，**保護施設**への入所という方法も採られる。

最低生活の保障を目的とする以上のような保護の実施に加えて，生活困窮者の自立を組織的に支援するために，平成17年度から**自立支援プログラム**が導入されている。自立支援プログラムが導入された背景には，近年の保護の動向がある。被保護人員の増加傾向が継続し，特に失業や倒産等，稼働収入の減少を理由とした保護の開始が急増している。また，被保護世帯の抱える問題が，傷病・障害，精神疾患等による社会的入院，DV，虐待，多重債務，元ホームレス，地域社会からの孤立等，多様化し，保護の受給期間が長期にわたり，自立困難となっているにもかかわらず，実施機関が行う自立支援は担当者個人の努力や経験に依存し，組織的な取り組みが不十分という状況があった。自立支援プログラムの導入は，このような状況を踏まえ，最低生活保障中心の生活保護制度から，実施機関が組織的に自立を支援する制度に転換することを目的として行われた。自立支援プログラムは，被保護者の抱える多様な課題に対応できるように，就労による経済的自立支援や，日常生活自立支援，社会生活自立支援を内容とする。ハローワークや関係機関等，地域の様々な社会資源を活用した自立支援プログラムの整備及び被保護者への提供が，生活保護の実施機関で組織的に取り組まれている。

生活保護の実施機関は，**福祉事務所**を設置する地方自治体の長であるが，実施権限は福祉事務所長に委任される場合が多い。権限の委任を受けた福祉事務所長が，保護の実施機関となる。地域の**民生委員・児童委員**は，福祉事務所が実施する生活保護の業務に協力する。

このほか，新たに，多領域にわたる生活問題を抱えながら孤立状態の生活困窮者に，寄り添いながら包括的に支援する**パーソナル・サポート・サービス（モデル事業）**の導入が閣議決定された。制度化に向けて，モデル事業（第一次5事業，第二次19事業）が実施されている。

■　■　■

❶▶ 生活保護基準 (standard amount for public assistance)

生活保護法に基づいて国が保障する，ナショナル・ミニマムの水準を示す。健康で文化的な最低生活水準を具体的に示す基準であり，保護の要否，程度を判定する尺度でもある。基準は，8種類の扶助別に構成され，年齢別，世帯構成別，地域別に設定されている。厚生労働大臣が定め，原則として年に1回改定される。

❷▶ 生活保護の基本原理 (fundamental principle of the Public Assistance Law)

生活保護法の解釈・運用の基本となる四原理のこと。①生存権保障・国家責任の原理。②無差別平等保障の原理：要件を満たす限り無差別平等に保護を受けることができる。③最低生活保障の原理：保障される最低限度の生活は，健康で文化的な生活水準である。④補足性の原理：保護は，資産・能力等の活用を要件とし，扶養義務者による扶養・他法他施策の適用を優先する。

❸▶ 生活保護の種類 (types of public assistance)

生活需要の態様，性質に応じて8種類の扶助に区分される。①生活扶助：衣食費，光熱水費等，日常生活に必要な費用，②住宅扶助：地代・家賃，補修費等，③教育扶助：義務教育に必要な費用，④医療扶助：指定医療機関による医療，⑤介護扶助：指定介護機関による介護，⑥出産扶助，⑦生

業扶助：仕事に必要な費用，高校就学費等，⑧葬祭扶助。支給の方法は，医療扶助と介護扶助が現物給付，その他の扶助が金銭給付である。

❹▶生活保護の申請手続き (application procedures of public assistance)

生活保護の申請は，居住地（居住地不明の場合は現在地）を管轄する福祉事務所で行う。申請が受理された後，保護の要件を確認するために資力調査（ミーンズテスト）が行われる。保護の決定は，申請日から14日（特別の理由がある場合は30日）以内に書面で通知される。決定に不服がある場合，都道府県知事に対して審査請求することができる。

❺▶生活保護の四原則 (four principles of public assistance)

保護を実施する際の四原則。①申請保護の原則：保護は申請に基づいて開始される。急迫の場合は職権で開始される。②基準及び程度の原則：保護は，保護基準で定められた最低生活水準に満たない不足分を補う程度で行われる。③必要即応の原則：保護は，実際の生活上の必要の違いを考慮して行われる。④世帯単位原則：保護の要否・程度は，原則として世帯を単位として決定される。

❻▶パーソナル・サポート・サービス（モデル事業） (personal support services model project)

多領域にわたる要因が複雑に絡む生活困難に直面しながら，社会的なつながりが希薄で孤立状態の者を支援するサービスのこと。従来の対象別，制度別の支援サービスと異なり，当事者にサポーターが寄り添い，個別的，継続的，制度横断的に支援し，地域にも働きかけるサービスである。このモデル事業は，「新成長戦略」（平成22年6月18日閣議決定）で導入が決定され，平成24年度には全国27自治体で実施され，内閣官房の「パーソナル・サポート・サービス検討委員会」において，その実績や課題が評価・分析される。平成25年度以降は，平成25年1月25日に取りまとめられた「社会保障審議会生活困窮者の生活支援の在り方に関する特別部会報告書」に基づき，厚生労働省において新たな生活困窮者支援制度の構築に向けて検討が進められることとなる。新たな制度は，本事業を直接に引き継ぐものではないが，その検討にあたっては，本事業で得られた知見が活用されることが望まれるとされている。

❼▶福祉事務所 (welfare office)

社会福祉法に基づく社会福祉専門の行政機関であり，地域住民に直接対応する現業機関でもある。都道府県及び市は義務設置，町村は任意設置。全国に約1,250カ所ある。所長，指導監督を行う所員，現業員，事務員が置かれる。指導監督を行う所員（スーパーバイザー），現業員（ケースワーカー）は，社会福祉主事任用資格を必要とし，家庭訪問，面接，調査，保護その他の措置，生活指導等の事務を担当する。

❽▶保護施設 (public assistance facilities)

5種類の保護施設がある。①救護施設：著しい障害があるため日常生活が困難な者に生活扶助を行う。②更生施設：身体上・精神上の理由により養護及び生活指導を必要とする者に生活扶助を行う。③医療保護施設：医療扶助を行う。④授産施設：就労又は技能習得の機会と便宜を提供する。⑤宿所提供施設：住居のない世帯に住宅扶助を行う。

❾▶民生委員／児童委員 (commissioned welfare volunteer/commissioned child welfare volunteer)

民生委員は民生委員法に，児童委員は児童福祉法に規定され，民生委員は児童委員を兼ねる。区域を担当し，常に住民の立場に立って相談，援助を行い，地域社会の福祉の増進のために職務を行う。厚生労働大臣により委嘱され，任期は3年。全国に約212,300人。

〔山口春子〕

20-04 ▶ 子どもの健全育成と児童福祉

　1951年5月5日の子どもの日に制定された**児童憲章**では，日本国憲法の精神に従い，児童を人として尊び，社会の一員として重んじ，良い環境で育てることが謳われ，全ての児童は心身ともに健やかに生まれ，育てられ，十分な教育機会が担保され，人類の平和と文化に貢献するよう導かれることが宣言されている。全ての子どもの幸福を図るため，この憲章から半世紀の経過のなか，子どもの健全育成と児童福祉の在り方は何度も再考され，その時代の課題に合わせた法律の制定や改正，福祉事業の整備がなされてきた。

　日本では，明治から大正期にかけて乳幼児死亡率も非常に高く，この減少を目標とした施策が整備されるようになった。第二次世界大戦前には富国強兵施策の下で，妊産婦の健康診査を促し，妊産婦登録制度や，現在の**母子健康手帳**の基礎となる妊産婦手帳制度が創設された。1947年には，戦後で浮浪児となった子どもや，生活に困窮し非行を行う子どもを保護，救済する必要性と，更に，次代を担う子どもの健全な育成と妊産婦の健康保持増進を図るため**児童福祉法**が制定された。そのなかで，妊産婦手帳は母子手帳という名称になり，乳幼児の健康状態や予防接種の記録が付け加えられた。その後，入院分娩施設の増加や戦後の復興等に伴い，乳幼児，妊産婦の死亡率は低下したものの，児童福祉法では妊産婦の保護が十分でないことなどから，子どもの健全育成の基礎である母子保健の向上を目的として1965年に**母子保健法**が制定された。この法律の中では，母子保健の向上のための措置としては，母子健康手帳の交付や，**乳幼児健康診査**の実施，未熟児の訪問指導や養育医療の給付等が定められており，妊産婦，乳幼児の健康の保持増進に寄与している。

　子どもの健康に関する仕組みが整備されていくことと並行して，時代は高度経済成長期を迎えており，経済的にも豊かになったことから乳幼児，妊産婦の死亡率も大幅に減少した。その一方で，子どもの健全育成に関しては新たな問題が生じるようになってきた。社会の24時間化，核家族化や女性の社会進出が盛んになったことに伴い，出産や育児に対する不安や**ワーク・ライフ・バランス**を保つことが困難になった。そのようななか，家庭だけでなく社会全体で子育てにかかる様々な負担を軽減し，子育てができる環境を充実させていく**子育て支援事業**や**特別保育事業**が推進されている。

　子育て環境が様々な形で充実してきたものの，身体に障害のある児童や知的障害児を育てている家庭では，早期療育等の特別な支援事業が必要である。以前から児童福祉法では，障害児施設支援等が規定されており，通所型の児童福祉施設が整備されている。ほかにも，**児童デイサービス（Ⅰ型，Ⅱ型）**事業が早期療育を担いながら，障害児をもつ家庭を支えている。また，発達障害の児童に関しては，長い間，児童福祉法の障害児の定義に含まれておらず，支援を受けにくかったが，2004年に**発達障害者支援法**が成立し，その早期発見と発達支援が講じられることとなった。このように，障害児の早期発見，早期療育を実現していくことが重要であるが，個々の法律に基づいた分割的な支援の提供では，系統的に一貫した長い目での支援が困難である。そこで最近では，地域で行われている様々な支援を有機的に統合した**地域早期療育システム**が，様々な地域で構築されてきている。

また前述の通り，子育て環境が様々な形で充実してきているものの，地域社会と疎遠な家庭も依然多く，様々な問題が生じている．特に**児童虐待**に関しては，全国の児童相談所での対応件数が1990年度では1,101件であったが，年々増加しており2012年度では，66,807件と約60倍になっている．2000年には**児童虐待の防止等に関する法律**が制定されたが，対応件数は依然として増加している．このような児童虐待から子どもを守る制度として**特別養子縁組制度**があるが，年間の成立件数は400件強で，横ばいで推移している．

子どもを取り巻く環境が時代とともに変化していくなかで，子どもの健全育成と児童福祉の在り方について，全ての子どもの幸福を，という児童憲章の理念に何度も立ち返り，再考していくことが重要ではないだろうか．

■ ■ ■

❶▶子育て支援事業 (support service for child-rearing)

子育て支援事業とは，行政や民間団体，NPO等により行われる，子どもを産み育てるための資源の提供を継続的に行う事業であり，国は1994年の「今後の子育て支援のための施策の基本方向について」(エンゼルプラン) に端を発し，様々な施策が進められている．厚生労働省では，地域子育て支援拠点事業や乳児家庭全戸訪問事業，養育支援訪問事業，放課後児童健全育成事業等の施策が進められている．

❷▶児童虐待 (child abuse)

児童虐待とは，保護者がその監護する児童に対して行う行為で，身体的虐待(身体に外傷を生じさせる又はその恐れのある暴行)，性的虐待(児童にわいせつな行為をしたりさせたりすること)，ネグレクト(発達を妨げるような減食や放置，その他保護者としての監護を著しく怠ること)，心理的虐待(児童に対する著しい暴言や拒絶的対応，配偶者への暴力等の心理的外傷を与える言動)がある．

❸▶児童虐待の防止等に関する法律 (Child Abuse Prevention Law)

児童虐待が児童の人権を侵害し，その心身の成長及び人格の形成に影響を与えることから，児童虐待の禁止，予防及び早期発見等の国及び地方公共団体の責務や，虐待を受けた児童の保護と自立支援の措置を定めることで児童の権利利益を擁護するために，2000年に成立した法律である．児童虐待の早期発見のための通告義務や立ち入り調査等に関する措置が定められている．

❹▶児童デイサービス (I型,II型) (day service for children type I/II)

児童デイサービスとは，障害児の日常生活における基本的な動作の指導及び集団生活への適応訓練を目的とした通所型サービスである．2005年に障害者自立支援法が公布されて以降，乳幼児の療育を中心とする児童デイサービスI型，放課後等に通所し，放課後の生活保障と交流促進を中心とする児童デイサービスII型に区分された．2010年に障害者自立支援法が改正されたことにより，児童デイサービスは，障害児通所支援として児童福祉法による規定となり，I型に対応する支援は児童発達支援，II型に対応する支援は放課後等デイサービスに再編され，2012年4月1日より施行された．

❺▶地域早期療育システム (community based early intervention system)

地域早期療育システムとは，障害児の早期発見，早期療育の実現，維持のために，健康診査の実施主体である市町村や地域の医療機関，療育機関，保育所，幼稚園等が有機的に協力，連携する体制である．これ

により，各機関の対応を一貫させ，系統立った継続性のある支援を実現することが目的となっている。

❻▶特別保育事業（special childcare service）

厚生省（現，厚生労働省）の通達「特別保育事業の実施について」に基づき，ワーク・ライフ・バランスを保ちながら子育てができる環境整備をするため，市町村が実施主体となり延長保育や一時保育，休日保育，乳児保育，障害児保育の実施や家庭保育の支援の充実により，子どもの健全育成と福祉の向上を目的として行われる事業である。

❼▶特別養子縁組制度（special adoption system）

特別養子縁組制度とは，実親による監護が著しく困難又は不適当であること，その他の特別な事情がある場合において，子（原則として6歳未満）の利益のために必要があると判断される場合には，家庭裁判所の審判を経て成立される縁組制度であり，1987年に新設された。普通縁組と異なり，実親及びその親族との法律上の関係（相続等）が消滅し，戸籍上養父母の実子として扱われる。しかし，同制度では出自を知る権利や近親婚防止に配慮し，裁判に基づく入籍であることは記載される。

❽▶乳幼児健康診査（infant health checkup）

乳幼児健康診査とは，母子保健法により定められている市町村が乳児及び幼児に対して行う健康診査である。特に1歳6カ月健診，3歳児健診に関しては実施義務が定められており，身体の発育状態や栄養状況，疾病，障害の有無，精神発達状況，予防接種の実施状況や育児上問題となる事項に関する診査が行われる。

❾▶発達障害者支援法（Act on Support for Persons with Development Disabilities）

発達障害者支援法とは，発達障害（自閉症，アスペルガー症候群，その他の広汎性発達障害，学習障害，注意欠陥多動性障害その他これに類する脳機能の障害であって，その症状が通常低年齢において発現するもの）を有するために，日常生活又は社会生活に制限を受ける者の適正な発達と円滑な社会生活の促進のために，早期発見，早期からの支援を図る目的で2004年に成立した法律である。

❿▶母子健康手帳（mathernal and child health handbook）

母子健康手帳とは，母子保健法により，児童及び妊産婦の健康の保持増進，児童の疾病障害に対する指導療育の一環として，妊娠の届出をした者に対して交付が定められているもので，妊娠中の記録や新産児の状態，予防接種を記録する手帳である。以前は，医学的な記載が多く重要な健康問題の予防，早期対応という性質が強かったが，近年では，妊産婦が自身と子の健康の保持増進に努めるという母子保健法の精神に則り，母子の健康記録という性格が強くなっている。

〔山本隆一郎〕

20-05 ▶児童福祉施設

児童福祉施設（child welfare institution）とは，**児童福祉法**第7条に規定された，助産施設，乳児院，母子生活支援施設，保育所，児童厚生施設，児童養護施設，知的障害児施設，知的障害児通園施設，盲ろうあ児施設，肢体不自由児施設，重症心身障害児施設，情緒障害児短期治療施設，児童自立支援施設，児童家庭支援センターを指す。知的障害児施設には，自閉症を主な症状とする児童を入所させる自閉症児施設が含まれる。また，肢体不自由児施設には，

肢体不自由児通園施設，肢体不自由児療護施設が含まれる。これらの施設は，**児童福祉施設最低基準**に基づいて設置，運営されている。

日本では，保護者のいない子どもや，何らかの事情により家庭で生活できない子どもの約9割が乳児院や児童養護施設に入所しており，他国に比べて施設養護への依存性が高い。ここ十年の施設入所率は，児童養護施設が9割前後，乳児院が8割前後，母子生活支援施設や情緒障害児短期治療施設が7割から8割の間，児童自立支援施設が4割前後で推移している。現在は，より家庭的な環境での養護を推進するため，施設の小規模化，**里親**制度の強化，**ファミリーホーム**の拡充が図られている。

乳児院や児童養護施設，情緒障害児短期治療施設，児童自立支援施設の入所理由の上位に挙がるのが，**児童虐待**である。例えば，児童養護施設の入所理由のうち，「父母の虐待・酷使」「父母の放任・怠惰」で全体の3割近くを占める。これに，「父母の精神疾患等」「父母の就労」「破産等の経済的理由」が続く。このように，施設に入所する子どもの多くは親がいるものの，家庭環境等に問題があって施設に保護されている。入所児の家庭復帰をいかに実現していくかは施設養護の課題の一つであるため，乳児院や児童養護施設，情緒障害児短期治療施設，児童自立支援施設には**家庭支援専門相談員（ファミリーソーシャルワーカー）**が配置されている。

厚生労働省が2008年に行った調査によれば，情緒障害児短期治療施設の入所児の72%，児童自立支援施設の入所児の66%，児童養護施設の入所児の53%，母子生活支援施設の入所児の41%，乳児院の入所児の32%が，虐待を受けた経験をもっている。また，例えば児童養護施設においては，子どもの2割強に何らかの障害があることが厚生労働省の調査によって明らかになっている。障害種別に見ると，近年は知的障害児の増加率が高い。加えて，発達障害の診断がつく子どもが増えている。

2008年に厚生労働省が行った児童養護施設でのタイムスタディ調査によると，情緒や行動上の問題の多い子どもや不適切な養育を受けた子ども等，専門的なケアを必要とする子ども一人あたりのケアにかける時間は，いずれも大幅に増加している。児童福祉施設最低基準には，その施設において心理的ケアを必要とする子どもあるいはその保護者10人以上（障害施設においては5人以上）に対して心理療法を行う場合に，**心理療法担当職員**を置くことと定められている。また，ケアの質の向上を図るため，施設において心理療法担当職員や被虐待児個別対応職員等を加配する場合には，国からの措置費の加算がある。更に，2012年4月から，直接養育や支援にあたる職員の配置基準が引き上げられることになっている。

障害児施設（知的障害児施設，知的障害児通園施設，盲ろうあ児施設，肢体不自由児施設，重症心身障害児施設）への入所理由は，親の死別や離婚，入院，障害，経済的な困難等があること，虐待等があること，住宅事情や近隣の事情等により地域生活が難しいこと，地域に就学すべき学校がないことなどである。

障害児施設の数は障害種によってばらつきがある。例えば入所型の施設のうち，知的障害児施設は200カ所を超えるが，盲ろうあ児施設はそれぞれ10カ所ほどしかない。そのため，場合によっては障害児が家族から遠く離れて暮らさざるを得ないか，施設の利用をあきらめなくてはならない。このような現行の課題を解決するため児童福祉法が改正され，2012年4月からは，住む地域によって利用できる施設に差が生じないように，一施設において複数の障害種を受け入れ，一元的に支援を行う形に変

わった。

❶ ▶ 肢体不自由児施設 (institution for orthopedically impaired children)

肢体不自由のある子どもが入所し，治療を受けるとともに，独立自活に必要な知識技能の習得を目指す施設である。肢体不自由とは上肢，下肢又は体幹の機能の障害を指す。入所している子どもは主に，脳性まひ児（脳からの信号がうまく身体に伝わらないために，手足等を思い通りに動かせない状態にある子ども）である。入所児の状態は重度・重複（肢体不自由のみならず，知的障害やてんかん等，他の障害がある状態）化の傾向にある。

❷ ▶ 児童自立支援施設 (children's self-reliance support facility)

不良行為をする，又はする恐れのある児童や，環境上の理由により生活指導等を要する児童を入所させるか，保護者のもとから通わせて，個の状況に応じた指導を行い，その自立を支援する施設である。入所理由として，家出や浮浪，徘徊，性非行，不良交友，窃盗，暴行や恐喝等が挙げられる。入所児は中学生が多い。2011年10月時点で国内に58カ所ある。

❸ ▶ 児童養護施設 (foster home)

保護者のない児童（安定した生活環境の確保その他の理由により，特に必要のある場合には1歳未満の乳児を含む），虐待されている児童その他，環境上養護を要する児童を保護して養育する施設である。2011年10月時点で国内に585カ所ある。

❹ ▶ 自閉症児施設 (institution for autistic children)

知的障害児施設に含まれる施設である。自閉症が主な症状である子どもが入所し，治療を受けるとともに，独立自活に必要な知識技能の習得を目指す施設である。病院に入る必要のある子どもは第一種自閉症児施設（医療型）に，病院に入る必要のない子どもは第二種自閉症児施設（福祉型）に入所する。

❺ ▶ 重症心身障害児施設 (institution for severely ratarded children)

重度の知的障害と重度の肢体不自由が重複している児童を保護し，治療と日常生活の指導を行う施設である。その入所率は他の入所型の障害児施設に比べて高く，9割を超える。これは，この施設に18歳を超えて入所し続ける者が多くいるためである。結果として，重症心身障害児施設は子どもの施設でありながら，18歳以上の者の占める割合が非常に高い。

❻ ▶ 情緒障害児短期治療施設 (short-term therapeutic institution for emotionally disturbed children)

軽度の情緒障害のある児童を短期間入所させるか，保護者のもとから通わせて，治療を行う施設である。入所児の平均年齢は高まり，在所年数は長期化する傾向にある。これには虐待を受けた子どもの入所の増加が関連しており，子どもの受ける情緒障害の重さや，家族のもとへ帰りにくいといった状況がある。2011年10月時点で国内に37カ所ある。

❼ ▶ 知的障害児（通園）施設 (〈day care〉 institution for mentally retarded children)

知的障害のある児童を入所させるか，保護者のもとから通わせて，治療を行うとともに，独立自活に必要な知識技能の習得を目指す施設である。入所施設においては，18歳以上の者が占める割合が高くなっている。また，障害の程度が最重度や重度の子どもが多く入所している。

❽ ▶ 乳児院 (infant home)

乳児を保護して養育する施設である。ここでいう乳児とは1歳未満の子どもを指す

が，保健上，安定した生活環境の確保その他の理由により，特に必要のある場合には幼児を入所させてよいことになっている。2011年10月時点で国内に129カ所ある。

❾ ▶ 母子生活支援施設 (maternal and child living support facility)

配偶者のない女子又はこれに準ずる事情にある女子とその子どもを入所させて，自立の促進を図るためにその生活を支援する施設である。2011年10月時点で国内に261カ所ある。以前は生活困窮者が多かったが，最近では夫からの暴力を理由にした入所が多い。2008年の厚生労働省による調査では，配偶者からの暴力を理由にした入所が約4割，経済的理由が2割強，住宅事情が1割強となっている。

❿ ▶ 盲ろうあ児施設 (institution for blind or deaf children)

盲児施設とろうあ児施設に分かれる。強度の弱視を含む「目の見えない子ども（法律用語では〈盲児〉）」と，強度の難聴を含む「耳の聞こえない子ども（法律用語では〈ろうあ児〉）」を保護し，独立自活に必要な指導や援助をすることを目的とする施設である。

児童虐待：→ 20-04-❷「児童虐待」
児童福祉法：→ 20-01-❷「児童福祉法」

〔西館有沙〕

20-06 ▶ 障害者福祉

障害者の社会参加と自立を促進するために，各種の法律が制定されている。1990年代に福祉分野から提起された「自立」は，「介護を受けながらも自らの意志で生活をする」といった，精神的な自律が重視された。この自立観は，アメリカの自立生活運動の影響を受けており，我が国では身体障害者を中心に運動が展開された。そして，福祉分野だけでなく，今日では教育分野においても新しい自立概念の下で，「主体的生活」が重視されるようになった。

このような自立概念は，障害者の定義にも反映された。2001年5月，世界保健機関（WHO）総会において人間の生活機能と障害の分類法として，**国際生活機能分類-国際障害分類**が採択され，個人因子と環境因子の相互作用が強調され，自立を促進するためには社会環境を整備する必要があるとされた。

自立をキーワードに，障害者福祉サービスの充実が求められている。障害者福祉サービスは，原則，**障害者手帳**を持っている人を対象にしている。しかし，発達障害者の中には障害者手帳を得られにくい状況があり，問題になっている。また，**中途障害の障害受容の段階**として，初期には障害受容が困難な場合があり，障害者手帳を受けようとしないことがある。

障害者福祉（Welfare for Persons with Disabilities）サービスには，施設福祉サービスと在宅福祉サービスとがある。前者には，**障害者支援施設**，後者には**居宅介護**があり，いずれも自立を支援するために福祉サービスの充実が謳われている。だが，円滑な地域生活を送るためには在宅福祉サービスが不十分であり，ノーマライゼーション社会（共生社会）の実現に向けて課題になっている。

ノーマライゼーション社会の実現に向けて，**障害者基本法**（Disabled Person's Fundamental Law）が1993年に制定された。同法は，心身障害者対策基本法（1970年）を前身に，障害者の社会参加と自立を目指すために，国及び自治体が福祉，教育，医療分野等で計画的な障害者施策を行うことが定められ，実効性のある法律として注目された。同法に基づき，1995年に「障害

者プラン〜ノーマライゼーション7か年戦略」が出された。その中で，**欠格条項**は制度的バリアフリーとして障害者の自立を妨げるものとされ，徐々に条項が削減され，制限が緩和されるようになった。また，2006年12月13日の第61回国連総会における**障害者権利条約**（Convention on the Rights of Persons with Disabilities）の採択を受けて2011年に障害者基本法が改正され，2013年に障害者差別解消法が公布された。そして同条約の批准が当事者等から求められていたが，実現したのは2014年1月20日であった。今後は，福祉，教育，医療，労働といった様々な分野において「合理的配慮」の提供が行われ，障害者の権利の実現に向けて障害者法体系や障害者施策を改善・充実する必要がある。

障害者自立支援法（Services and Supports for Persons with Disabilities Act）は障害者基本法の理念に則り，2006年に施行され，障害福祉サービスの給付等の支援を行い，自立が目指された。**自立支援給付**や**地域生活支援事業**，**ピア・サポート強化事業**等が実施された。だが，所得に応じた応能負担から，サービスに応じた応益負担になったことで，利用者の負担が増加し，施設や居宅での自立生活が困難になり，同法の廃止を求める動きが当事者や保護者，関係機関から起こった。これを受けて，政府は同法を廃止する方針を打ち出し，2011年に障がい者制度改革推進会議総合福祉部会が「障害者総合福祉法」（仮称）の骨格案を示し，その後，「障害者総合支援法」として2012年6月に公布され，2013年4月から施行された。だが，自立支援医療の応益負担が継続されるなど，障害者権利条約の批准に向けた新法にほど遠いといった批判が関係団体等から起こっている。

■　■　■

❶▶居宅介護（home help service）

障害者自立支援法から障害者総合支援法に改正，規定された。生活上又は療養上必要な介護を行う「介護給付」（1割自己負担）として，入浴，排せつ及び食事等の介護，調理，洗濯及び掃除等の家事並びに生活等に関する相談及び助言等，生活全般の援助を行う。市町村に申請し，決定後は事業者に利用料を支払うが，負担増が改善されていないと批判されている。

❷▶欠格条項（reasons for disqualification）

障害を理由に資格や免許を与えないこと。障害者施策推進本部はバリアフリーの観点から，1999年8月「障害者に係る欠格条項の見直しについて」を決定した。これにより，厚生労働省関連では栄養士，薬剤師，医師，理学療法士・作業療法士，視能訓練士，言語聴覚士等，32制度が見直され免許の取得が可能になった。

❸▶国際生活機能分類／国際障害分類（ICF：International Classification of Functioning, Disability and Health/ICIDH：International Classification of Impairments, Disabilities, and Handicaps）

2001年5月，世界保健機関（WHO）総会で，生活機能と障害の分類法（心身機能，身体構造，活動と参加，環境因子の構成）として採択された。障害のマイナス面が強調された国際障害分類（ICIDH）に対して生活機能のプラス面に視点が転換され，障害を個人の問題ではなく，環境との関係で捉えた。「児童青年期版：ICF-CY」もある。

❹▶障害者支援施設（support facilities for persons with disabilities）

障害者自立支援法から障害者総合支援法に改正，規定された。生活上又は療養上必要な介護を行う「介護給付費」（1割自己負担）として，施設入所支援を行う。障害

者支援施設入所者に，生活介護，自立訓練（機能訓練・生活訓練），就労移行支援等，利用者の意向，適性，障害の特性等を踏まえた計画（個別支援計画）を作成し，施設障害福祉サービスを提供する。

❺▶障害者手帳（certificate for people with disabilities）

障害者福祉関係サービスの利用資格を示す証票のこと。身体障害者手帳（1級～6級），療育手帳（知的障害対象。A：重度，B＝その他：中度や軽度），精神障害者保健福祉手帳（1級～3級）があり，市町村に申請する。療育手帳は法律がなく，各自治体が判定している。高機能自閉症等，知的障害がない場合，精神障害者保健福祉手帳障害等級判定基準上，「その他の精神疾患」で交付されることが多い。

❻▶自立支援給付（payment for services and supports for persons with disabilities）

障害者自立支援法から障害者総合支援法に改正，規定された。給付内容は，生活上又は療養上必要な介護を行う「介護給付費」，自立や就労につながる支援を行う「訓練等給付費」，心身の障害を除去・軽減するための医療について，医療費の自己負担額を軽減する「自立支援医療費」（原則1割の自己負担），補装具の購入や修理の費用を支給する「補装具の支給」等である。

❼▶地域生活支援事業（community life support service）

障害者自立支援法から障害者総合支援法に改正，規定された。障害者及び障害児が自立した日常生活又は社会生活を営むことができるよう，地域の特性や利用者の状況に応じた支援を行う。障害者に対する理解を深めるための研修・啓発等（市区町村事業），意思疎通支援を行う者のうち，特に専門性の高い者の養成又は派遣等（都道府県事業）が追加された。

❽▶中途障害の障害受容の段階（stage model of accepting acquired disabilities）

中途障害（事故や病気等により，人生の途中で起きた障害）は，急性期（急に病気が起こり，症状の進行が早い）と，慢性期（経過が長引き，症状が持続している）とに分かれる。怒り，焦燥，抑鬱等の混乱と苦悩の時期を経て，ピア・カウンセリング等により，身体的・心理的・社会的受容（回復期）に移行する。

❾▶ピア・サポート強化事業（peer support reinforcement service）

障害者自立支援法から障害者総合支援法に改正，規定された。地域生活支援事業の一つとして，地域交流や自己啓発等の社会参加に資する事業（障害当事者が障害者の活動をサポートする形態）を実施する場合に，市町村が必要な設備整備等を支援する。障害をもつ者同士がお互いに励まし合い共感し（ピア・カウンセリング），心の負担を軽減して自立を目指す。

〔八幡ゆかり〕

20-07 ▶障害者の生活と雇用

障害者の生活面では，肢体不自由者には，職業的自立に関わる生活上の困難を改善するために，**移動介護従業者（ガイドヘルパー）**や**身体障害者補助犬**といった新たな支援がなされるようになった。また，聴覚障害者に関しては，聾学校において残存聴力を伸ばす教育だけではなく，手話や筆談等**トータル・コミュニケーション**が指導されるようになり，職場における**情報保障**がなされるようになってきている。

更に様々な悩みに関しては，同じような障害を抱える者同士の**ピア・カウンセリング**がお互いの気持ちを共感でき，有効だと

いわれている。

障害者の雇用に関しては，1960年に制定された「障害者雇用促進法」に基づいて様々な就労支援がなされている。現在は「障害者の雇用の促進等に関する法律」と変わり，就労だけではなく，就労後の定着も含めて支援していくことが示唆されている。

障害のある人の就労支援では，大きく分けると，企業向けと対障害者向けとに分けられる。企業向けでは，**障害者雇用率制度**と**障害者助成金制度**がある。雇用率制度とは，企業はある一定以上の率で障害者を雇用しなければならないというもので，2013年度の段階では2.0%となっている。すなわち，1,000人の従業員がいる企業では，20人以上の障害者を雇用しなければならないという法律である。この法律を達成していない企業に対しては，1人につき月額50,000円を納付しなければならない。逆に雇用率を超えて雇用した企業に対しては，企業規模によって異なるが助成金が支払われる。

一方，障害者向けのサービスとして，**職業リハビリテーション**がある。職業リハビリテーション・サービスとは，言い換えると障害のある人に対する就労支援サービスである。職業リハビリテーション・サービスは，ハローワークの障害者コーナー，**障害者職業センター**，就業・生活支援センター，障害者職業能力開発校，就労移行支援事業所，**就労継続支援**事業所（A型，B型）等で実施されている。支援内容は，職業相談，職業評価，職業訓練，職業紹介，職場内指導（ジョブコーチ支援），職場適応（定着）指導等がある。また，実際の就労形態においても，3カ月間という期限が定められたトライアル雇用や，精神障害者を中心とした短時間から徐々に就労時間を延ばしていくステップアップ雇用，知的障害者を1年以内の期間を単位として各自治体の非常勤職員として雇用する**チャレンジ雇用**等，様々な施策が実施されている。

1960年にこの法律が制定された時には，身体障害者が中心であったが，その後，知的障害，精神障害も含まれるようになり，2011年には障害者基本法で発達障害者が精神障害者に含まれるようになったため，雇用率に対応する障害者の範囲が増加した。しかしながら，高次脳機能障害や難病についてはいまだ雇用率には含まれない。

■　■　■

❶▶移動介護従事者／ガイドヘルパー (guide helper)

移動支援従事者とも呼ばれる。市町村の「地域生活支援事業」の中の移動支援事業において，視覚障害者，全身性障害者，知的障害者等の外出の援助を行う者のことをいう。具体的には買い物や旅行，映画やコンサート等の外出における移動の援助を行う。

❷▶就労継続支援（A型，B型）(support for continuous employment type A/B)

障害者自立支援法に基づく就労継続支援の形態であり，A型は企業と障害者が雇用契約を結ぶ従来の福祉工場である。よって，最低賃金をクリアしている事業所が多い。一方，B型は雇用契約がなく，主に訓練を目的とするものであり，従来の通所授産施設が移行したものである。

❸▶障害者職業センター (Vocational Center for Persons with Disabilities)

「障害者の雇用の促進等に関する法律」において専門的な職業リハビリテーションを実施するとともに，地域の関係機関に対して，職業リハビリテーションに関する助言・援助等を行う機関として位置づけられた機関であり，障害者職業総合センター，

広域障害者職業センター，地域障害者職業センターの三つがある。地域障害者職業センター（47センター5支所）では，地域における就労支援機関の整備状況等を踏まえ，どの地域においても適切な職業リハビリテーションを均等・公平に受けられるようにした上で，具体的には，障害者に対して，職業評価，職業指導，職業準備訓練及び職場適応援助等の各種の職業リハビリテーションを，個々の障害者の状況に応じて実施するとともに，事業主に対して，雇用管理上の課題を分析し，雇用管理に関する助言その他の支援を実施している。

❹▶**障害者の雇用の促進等に関する法律**（Act for Employment Promotion etc. of Persons with Disabilities）

この法律の基本理念は「障害者である労働者が，職業生活において，能力発揮の機会が与えられることと，職業人として自立するよう努めること」となっている。具体的には，常用労働者数が50人以上の企業では最低1人以上の障害者を雇わなければならないという雇用率制度や，就職した障害者に対して職場で支援を行う職場適応援助者（ジョブコーチ）制度等のことが明記されている。

❺▶**情報保障**（information support）

情報保障とは，人間の「知る権利」を保障するものであり，一般には音声による情報を得ることが困難な聴覚障害者等に対して，手話通訳，字幕，パソコンや手書きによる要約筆記等の代替手段を用いて情報の提供を行うことをいう。また，視覚障害者等，視覚による情報取得が困難な場合は，テープレコーダー等の聴覚情報携帯が代替手段として使用される。

❻▶**職業リハビリテーション（ジョブコーチを含む）**（vocational rehabilitations〈including job coach〉）

4大リハビリテーション（医学リハビリテーション，教育リハビリテーション，社会リハビリテーション，職業リハビリテーション）の一つで，主に障害のある人の就労支援に使用されており，職業相談，職業評価，職業紹介，職場内訓練，職場定着指導等，就労支援の一環として用いられている。

❼▶**身体障害者補助犬**（assistance dogs for physically disabled persons）

身体障害者補助犬法で規定された犬のことでアシスタント・ドッグとも呼ばれる。視覚障害者の手助けをする盲導犬，聴覚障害者の手助けをする聴導犬，運動機能障害者の手助けをする介助犬等，障害者の日常生活における動作の補助を行う犬のことをいう。

❽▶**チャレンジ雇用**（challenge employment）

主に知的障害者に対し，1年以内の期間を単位として，各府省・各自治体において非常勤職員として雇用し，1～3年の事務的補助等の業務の経験を踏まえ，ハローワーク等を通じて一般企業等への就職につなげる制度である。

❾▶**トータル・コミュニケーション**（total communication）

一般に口話によるコミュニケーションが困難な聴覚障害者に対して行われるコミュニケーションで，全ての（total）方法を活かして行うコミュニケーションのことを意味する。具体的には，口の動きから話を読み取る口話法，手や指の形で意味を伝える手話や指文字，口話と手話を合わせたキュード・スピーチ，筆談，空書等の方法を，時や場所，相手によって選択し行う。

❿▶**ピア・カウンセリング**（peer counseling）

ピア（peer）とは，本来地位や年齢，能力等が同等の人のことを意味し，それが転じて仲間，友達として使われている。現在同じような悩みをもつ仲間が対等な立場で悩みを相談し，解決に導くカウンセリングとして使用されている。

〔梅永雄二〕

20-08 ▶ 高齢者の福祉(1)：介護保険

介護保険制度(long-term care insurance system)は，高齢者の増加，核家族化等で深刻化する家族の介護負担を減らすために2000年4月より実施された制度である。現在，この制度は老後の生活を支える重要な仕組みとして定着している。

介護保険の被保険者は，第2号被保険者(65歳以上)と第1号被保険者(40～64歳)に分けられている。両者では保険料の算定方法が違っており，本人の負担額も異なっている。通常，介護サービスを利用できるのは，年齢が65歳以上(第1号被保険者)で，**要介護認定**を受けた要介護，要支援の状態にある者である。このうち，要介護状態とは，身体上又は精神上の障害があるために，入浴，排泄，食事等の日常生活における基本動作の一部あるいは全てについて，常時介護が必要であると判断された状態を指している。これに対し，要支援状態とは，要介護ほどではないが日常生活上で支援を必要とする状態であり，それを軽減するため，あるいは常時介護を必要とする段階にならないために支援を要すると判断された状態を指している。要介護，要支援の状態は，介護の程度に応じて幾つかの段階に区分されている。介護サービスは，これらの段階により，利用限度額，利用可能なサービスが定められている。

一方，40～64歳(第2号被保険者)では，介護が必要となった原因が特定の疾病によるものでなければ介護保険の利用は認められない。これ以外の場合には，現行制度では，障害者自立支援法等に基づきサービスが行われることになる。

介護サービスを受けるまでの手順，すなわち**ケアマネジメント**の過程としては，まず利用者(あるいは代理者)が市区町村の介護保険課担当窓口等で申請を行う必要がある。申請後，市区町村の職員等が本人の自宅等を訪問し，心身の状況等について調査を行う。この訪問調査結果や主治医が作成した意見書の内容をもとに要介護認定が行われ，申請者の状態は「要介護」「要支援」「非該当」のいずれかに区分される。

サービスの種類は，要介護，要支援の各段階によって異なっている。例えば，要介護の段階と判定された利用者が**在宅(居宅)サービス**を受けたい場合には，介護保険課担当窓口の案内等をもとに，まず居宅介護支援事業者に連絡する。連絡を受けた居宅介護支援事業者は，利用者の**ケアマネジメント**を行う，とりわけケアプラン作成のために担当ケアマネジャーを自宅等に派遣させる。そして，そのケアプランに基づき，利用者が実際にサービスを提供してくれる業者と契約をすれば，介護保険サービスの利用が始まる。居宅介護のサービスには，ホームヘルパー，医師，看護師，リハビリの専門家に自宅を訪問してもらい介護や指導を受けるもの，施設に通うもの(**デイサービス**)，短期間施設に泊まるもの(**短期入所介護**)，あるいは**ケア付き住宅**等で介護や機能訓練を受けるものがある。

これに対し，介護施設への入所を希望する場合には，介護保険課担当窓口の案内等をもとに，基本的には利用者が希望する介護保険施設に直接申し込みをする。施設の種類には，生活介護が中心の**介護老人ホーム(特別養護老人ホーム)**，介護に加えリハビリテーションに重点を置いた**介護老人保健施設**，医療が中心の**介護療養型医療施設**がある。ケアプランは各施設において作成される。

要介護認定で要支援と判定された場合は，介護予防サービスを利用することがで

きる。このサービスを利用するためには、**地域包括支援センター**に申請を行う。そこで作成されたケアプランに基づき、利用者が業者を選び契約を結ぶと介護予防サービスが開始される。介護予防サービスの種類には、要介護の段階の居宅サービスと同様に、訪問、通所、短期入所等のサービスがある。しかし、要支援の場合のサービスでは、状態の改善と悪化の予防を目的としている点で要介護の段階のものと異なる。

これらとは別に、介護保険制度では、住み慣れた地域でその人らしく暮らし続けることを目的とした地域密着型サービスがある。このサービスの対象の中心は認知症の人々であり、その種類には、**認知症対応型通所介護、認知症対応型共同生活介護（グループホーム）、小規模多機能型居宅介護**（小規模な住居型の施設で通所を中心に、訪問、短期間の宿泊を組み合わせたサービス）、**夜間対応型訪問介護**（夜間に定期的に巡回して介護を行う、あるいは緊急時にヘルパーが対応する）等がある。サービスを受けることができる要介護、要支援の段階はサービスによって異なり注意が必要である。

また、非該当の場合であっても、地域包括支援センターが中心となり実施されている、要介護、要支援の状態を予防するための地域支援事業に参加することができる。そのような事業には、運動機能や口腔機能向上、栄養改善、閉じこもりやうつの予防、あるいは認知症や認知症の前駆状態とされる、**軽度認知障害と加齢関連認知低下**の予防を目的としているものがある。こうした事業は、**ハイリスク・アプローチとポピュレーション・アプローチ**の二つの方法により実施されている。

■ ■ ■

❶▶ケア付き住宅 (care house)

日常的にケアを必要とする人が地域で自立した生活ができるように、設備や構造等にバリアフリーの配慮がなされており、緊急時の対応やホームヘルパーの派遣等による一定の介護サービスも確保された住宅である。シルバーハウジングやケアハウス等が挙げられる。

❷▶ケアマネジメント (care management)

介護保険制度において、介護支援専門員（ケアマネジャー）が中心となり、本人の介護上の問題（ニーズ）を明らかにし、地域の様々な社会資源を利用し、計画的に問題を解決すること。自立支援あるいは生活の質の維持・向上を目指すものとされる。

❸▶ケアマネジメントの過程 (process of care management)

一般的に、①要介護者の「発見」、②支援の必要性や緊急性の「スクリーニング」、③状況及び課題の「アセスメント」、④具体的なケア計画の「プランニング」と、それに基づく⑤「ケア計画の実施」、⑥実施されているサービスの「モニタリング」、⑦新たな問題への「再アセスメント」という過程を繰り返しながら進める。

❹▶軽度認知障害／加齢関連認知低下
(MCI：Mild Cognitive Impairment／AACD：Aging-Associate Cognitive Decline)

軽度認知障害と加齢関連認知低下とは、どちらも高齢医療において使用されることが多く、ともに認知機能の低下あるいは障害を示す概念である。このうち、軽度認知障害とは、認知機能の低下の背景に病的な問題を仮定し、正常と認知症の境界状態を指している。これに対し、加齢関連認知低下とは、正常老化の延長として考えられた認知機能低下の概念である。

❺▶在宅（居宅）サービス (in-home services)

介護保険制度において、在宅の利用者に対して提供されるサービス。訪問介護、訪

問入浴介護，訪問看護，訪問リハビリテーション，居宅療養管理指導，通所介護，通所リハビリテーション，短期入所生活介護，短期入所療養介護，特定施設入居者生活介護，福祉用具貸与及び特定福祉用具販売がある。

❻ ▶ 短期入所介護 (short stay/ respite care)

一般に，ショートステイとも呼ばれる居宅サービスの一つで，短期入所生活介護と短期入所療養介護がある。短期入所生活介護は，在宅の要介護者・要支援者に老人短期入居施設に短期間入所してもらい，入浴・排泄・食事等の介護その他の日常生活上の世話や機能訓練を行うサービスである。短期入所療養介護は，介護老人保健施設，介護療養型医療施設等に短期間入所してもらい，看護や医学的管理下における介護，機能訓練等の必要な医療，日常生活上の世話を行うサービスである。

❼ ▶ 地域包括支援センター (community general support center)

地域包括支援センターとは，2005年の介護保険法改正に基づき，地域住民の保健・福祉・医療の向上，虐待防止，介護予防マネジメント等を総合的に行うために区市町村に設置された機関（外部委託可）のことである。

❽ ▶ デイサービス (day service)

正式名称を通所介護という。在宅の要支援・要介護者を対象として，老人デイサービスセンターに通ってもらい，入浴，排せつ，食事等の介護その他の日常生活上の世話や機能訓練を行うこと。利用者の社会的孤立感の解消，心身の機能の維持及び，介護者の体力的・精神的負担の軽減を図るサービスである。

❾ ▶ ポピュレーション・アプローチ (population approach)

病気が発症する，あるいは要介護の状態になるリスクをもった人に限定し，介入していく「ハイリスク・アプローチ」に対して，対象を限定せず介入することで，地域住民全体のリスクを下げることを目的とした方法を「ポピュレーション・アプローチ」という。地域全体の一般高齢者を対象として行われている介護予防事業がよい例といえる。

❿ ▶ 要介護認定 (certification of needed long-term care)

介護保険制度において，被保険者からの申請に対し，訪問調査の結果と主治医の意見書等を参考に，要介護等の状態にあるかどうか，また要介護状態区分のいずれかに該当する状態にあるかどうかを，保険者である市町村等に設置された介護認定審査会が下す審査・判定のことをいう。

〔山中克夫〕

20-09 ▶ 高齢者の福祉(2)：施設福祉

近年公表された，国立社会保障・人口問題研究所及び厚生労働省の推計によると，75歳以上の高齢者（後期高齢者）の全人口に占める割合は，今後も増加傾向にある。医療・介護のニーズが高い後期高齢者人口の増加は，介護保険制度における要介護（支援）認定率の上昇に関連すると予想されており，当然のことながら，重度の要介護状態にある認知症高齢者や寝たきり高齢者の増加につながるものと考えられる。また，世帯主が65歳以上の高齢者世帯のうち，単独世帯及び夫婦のみ世帯の占める割合は6割を超えており，今後，要介護状態に陥りやすい後期高齢者の単独世帯の増加が見込まれている。

このような状況を踏まえて，2006年度より改正介護保険制度が施行された。この

改正により, 介護予防と在宅支援を重視したシステムへの転換がなされ, **地域密着型サービス**が新たに創設された。更に, 国は**地域包括ケアシステム**を提唱し, 現在, その基盤の整備と強化を進めている。近年の高齢者介護を巡る一連の制度改正とその方向性は, 従来のような在宅か施設かの二者択一的なものではなく, 住み慣れた地域において在宅サービスと施設サービスを継続的かつ包括的なものとして再編し, 要介護(支援)高齢者の医療・介護ニーズに応じて, 多様なサービスを組み合わせて提供できるシステムを目指している。

1963年, 老人福祉法の制定により, 我が国の高齢者に対する施設サービスは体系化された。老人福祉法に規定された入所施設は, **特別養護老人ホーム, 養護老人ホーム**及び軽費老人ホームである。2000年, 介護保険法が施行されると, 施設サービスを担う介護保険施設として, 指定介護老人福祉施設(介護保険のもとで, 特別養護老人ホームを指す名称), 介護老人保健施設及び指定介護療養型医療施設の3施設が位置づけられた。続いて, 2002年には, 小規模生活単位型特別養護老人ホーム(新型特養)の整備が始まった。2006年, 介護保険法の改正に伴い, **地域密着型サービス**として地域密着型介護老人福祉施設入所者生活介護(地域密着型介護老人福祉施設)等が新たに創設された。

要介護(支援)高齢者と家族介護者の**QOL**の充実と自己実現のためには, 尊厳の保持と個別性の尊重を基本とし, より質の高いケアプランと家族介護者への支援サービスの立案, 実践及びサービス評価事業(自己評価, 利用者評価, **第三者評価**)が, 一連のサイクルとして継続的に展開されることが重要である。

入所施設においては, 重度の要介護状態にある認知症高齢者や寝たきり高齢者の身体介護, 医療ケア及び生活支援等を総合的に担うことが多い。近年, 認知症の根本的な治療に関する医学的な進展とともに, 介護の現場では, 施設における**コンタクト・パーソン**の配置, バリデーション療法や回想法等の, 様々なコミュニケーション・対応技法の導入が成果を挙げている。また, 地域密着型サービスの創設と相まって, 住み慣れた地域の施設で最期を迎えようとする高齢者に対する看取りや**ターミナルケア**, 家族介護者に対する**グリーフワーク**の試みが進められている。

ケアプランの質とともにもう一つの重要な観点は, 施設の生活環境である。新型特養は全室個室と**ユニットケア**(unit care)を特徴としており, 地域密着型介護老人福祉施設は定員29名以下の小規模なものである。ユニットケアは, 施設をその人らしく, 安心して暮らせる居住空間へ変えようとするものである。具体的には施設を小さな居住空間に区切り, 生活単位を10名程度の小グループに構成して, 施設内でグループホームのようなケアを行っている。更には, このユニットケアをそのまま地域に出すという発想で, 市町村と特別養護老人ホームの連携とバックアップのもと, 訪問や宿泊機能を備えた小規模・多機能なサービス拠点(サテライト)を地域に展開し, より居住性を重視した**サテライトケア**(satellite care)が広がりを見せている。

■　■　■

❶▶ 回想法 (reminiscence/life review)

回想法は, 1963年, アメリカの精神科医であるバトラーの提言したライフレビューの概念から発展・普及したものである。回想法は, 一般的回想法とライフレビューに大別されるが, 実際の臨床場面では対象者に応じて, 融合して用いられることが多い。特に, 認知症高齢者を対象とした回想

法では，懐かしい場面や楽しかった経験の回想を通して，症状の改善を図ることを目指している。

❷ ▶ グリーフワーク (grief work)

グリーフワークは，死別によって生じた悲嘆や喪失と向かい合い，自分の中で受容し，新たな現実生活へ適応していこうとする心理状態に変わっていくプロセスであり，そのための作業のことである。

❸ ▶ コンタクト・パーソン (contact person)

コンタクト・パーソンは，スウェーデンで始められた制度で，高齢者や障害者を対象にマンツーマンで，友人と援助者という両方の立場で支援を行う人や活動を意味している。この活動方式においては，コンタクト・パーソンと当事者の双方の権利や意志，相性を大切にしている。

❹ ▶ 第三者評価（第三者評価事業）(third party quality endorsement system)

福祉サービスの第三者評価事業は，社会福祉法第78条に，サービスの質の向上を図るための措置として位置づけられている。具体的には，社会福祉法人等の提供するサービスの質を，事業者及び利用者以外の公正・中立な第三者機関が，専門的かつ客観的な立場から評価を行うことを意味している。

❺ ▶ ターミナルケア (terminal care)

ターミナルケアは，回復が困難な疾患末期における身体的・心理的・社会的・スピリチュアルな側面を包括した，全人的ケアを意味している。延命のための治療よりも，身体的苦痛や死への恐怖を和らげ，その人の意志や希望を大切にすることでQOLの向上を目指している。

❻ ▶ 地域包括ケアシステム (comprehensively community care system)

地域包括ケアシステムは，高齢者が医療や介護が必要な状態になっても，これまでの生活が継続できるよう，日常生活圏域（概ね30分以内に駆けつけられる圏域を指し，具体的には中学校区を基本としている）において，医療，介護，予防，住まい，生活支援サービスを切れ目なく提供する体制を意味している。

❼ ▶ 地域密着型サービス (community-based care services)

地域密着型サービスは，今後も増加傾向にある認知症や単独世帯の高齢者等を，可能な限り地域において支援することを目的に，2006年度より施行された改正介護保険制度において新たに創設されたものである。これまで，介護保険におけるサービス事業者の指定（許可）は都道府県知事が行ってきたが，地域密着型サービスについては，地域の特性に応じてサービスを柔軟に展開できるよう，事業者の指定や指導・監督も市町村が行うことになった。

❽ ▶ 特別養護老人ホーム (special nursing home for elderly)

特別養護老人ホームは老人福祉法に基づく呼称で，介護保険法では介護老人福祉施設という。対象者は心身上に著しい障害があり，常時介護を必要とするが，居宅での介護が困難な65歳以上の高齢者である。介護保険制度における要介護1～5の認定を受けた人が利用可能である。

❾ ▶ 認知症 (dementia)

認知症は，脳の後天的な器質的障害により，いったん正常に発達した知能が低下した状態である。現在，認知症は，アルツハイマー型認知症，脳血管性認知症及びレビー小体を伴う認知症に大別され，この三つで全認知症の約8割が該当する。一般に認知症の進行は，記憶や見当識に代表される認知機能の低下に始まり，行動・心理症状（BPSD）や日常生活動作（ADL）の低下を随伴する。ターミナルの段階に至っては，摂食・嚥下障害，低栄養，誤嚥性肺炎等への対応も必要となる。

❿ ▶ 寝たきり高齢者 (bedridden elderly)

寝たきり高齢者とは，年齢が65歳以上

で，何らかの疾患により心身上の著しい障害があるために，日常生活における移動や食事等に常時介護が必要であり，かつ一日中ベッドの上で起きられない状態にある人を指している。

⓫▶バリデーション療法（validation therapy）

バリデーション療法は，認知症高齢者を対象としたコミュニケーション技法の一つである。1980年代，アメリカのソーシャルワーカーであるフェイルが確立した。認知症高齢者は，現状の認識に混乱が生じることで，不安や怒りの感情，引きこもりが起こることもある。バリデーションでは，特に感情面に焦点を当て，尊敬と共感をもって関わることで，より深く適切なコミュニケーションを図ろうとするものである。

⓬▶養護老人ホーム（nursing home for the elderly）

養護老人ホームは，老人福祉法第20条の4に規定された老人福祉施設で，利用にあたっては市町村等による措置決定が必要となる。対象者は65歳以上であり，心身上の障害がある，また環境上の理由や経済的な理由から居宅での生活が困難な高齢者である。これまで，養護老人ホームは介護保険施設ではないため，原則的には身の回りのことが自立した高齢者を対象としてきた。2006年4月からは，養護老人ホームの多くの入所者が要介護状態であることも踏まえて，一定の条件を満たせば介護保険サービスも利用可能となった。

〔中村貴志〕

20-10 ▶社会福祉援助技術

福祉サービスの両輪である**制度的支援**と**臨床的支援**のうち，後者は一人一人の利用者の実情を理解し，公共のないしはフォーマルな社会資源（各種法制度や公共機関等）や，非公共のないしはインフォーマルな社会資源（家族，知人，地域住民，自助団体等）の活用によって，個人の福祉ニーズに合致した柔軟で総合的なサービスを提供することが重要になる。そのための方法が**社会福祉援助技術**（social work techniques），**ケアマネジメント**（介護支援方法），**ケアワーク**（介護福祉援助技術）であり，これには**臨床心理学**が深く関与している。

社会福祉援助技術には，**直接援助技術**，**間接援助技術**，関連援助技術がある。対人援助の基本は個別援助技術に求められ，**バイステックの7原則**はその際の重要な要件である。ソーシャルワーカーには，治療的機能，仲介的機能，調停的機能，代弁的機能，側面的援助機能，教育的機能，協同的機能等が要求され，資格として社会福祉士や精神保健福祉士が相当する。また，日本の社会福祉は施設福祉中心に発展してきたため，レジデンシャル・ソーシャルワークには**直接処遇職員**と**間接処遇職員**が関わり，職員配置は施設の最低基準によって法的に定められている。

ソーシャルワーク理論の発展は，現在，大きく4期に分けられる。第1期は，疾病・病理モデルを重視する診断主義アプローチ（精神分析学），意志・成長を重視する機能主義アプローチ（意志心理学・実存心理学），問題解決や対処能力を重視する問題解決アプローチ（診断主義と機能主義の折衷）の時期である。第2期は，家族療法アプローチ（家族でニーズの解決を図る），学習モデルに立脚する行動変容アプローチ（社会生活上の問題の維持要因を特定・操作することによってニーズの解決を図る），課題中心アプローチ（利用者の訴える問題を利用者と共に課題を設定・遂行する短期の計画的援助方法）の時期であ

る。第3期は,理論の統合化に向けてのジェネラリスト・アプローチ,生態学的アプローチ(利用者を取り巻く家族,近隣,職場,地域等との相互関係をもとに援助する),**ケースマネジメント/ケアマネジメント**,ソーシャルサポート・ネットワーク(身近な人々や集団の連携による支援体制を介しての援助)の時期である。第4期はエンパワーメント・アプローチ(利用者の有する力を積極的に利用する援助)とナラティブ・アプローチ(利用者の現実を支配している物語を通しての援助)が挙げられる。また最近では,臨床医学や臨床心理学の動向と同様に,効力不明の理論中心,経験中心,権威中心の実践から,効果の立証された実践を行う「**証拠に基づくソーシャルワーク**」(EBS)が強調されてきている。

個別援助技術の展開過程には,「インテーク→社会調査→社会診断→社会的処遇」と捉える診断派や,「初期→中期→終結」と時間的経過に区分する機能派等があるが,近年では,生活モデルの観点から「インテーク(問題の明確化)→アセスメント(事前評価)→プランニング(援助計画の策定)→インターベンション(介入)→モニタリング(経過の確認)→ターミネーション(事後評価と終結)」の展開を通して,利用者のニーズの解決を図るのが主流になっている。このような実践を通して,利用者の**ワーカビリティ**の向上や,その不足を補い必要なサービスを確実に提供する**アウトリーチ**のやり方等が提唱されたり,個別援助から組織的援助までの様々な危機を回避し,安全なサービス提供を目指す**リスクマネジメント**が求められたりもするなかで,より質の高い福祉援助が提供可能になっていくといえる。

■　■　■

❶ ▶ アウトリーチ (outreach)

英語で手を伸ばすことを意味し,社会福祉領域では,医療・福祉関係者が直接出向いて心理的なケアとともに必要な支援に取り組む訪問支援のこと。

❷ ▶ 間接援助技術 (indirect practical techniques)

直接援助を効果的にするための環境整備方法の総称で,地域の問題を地域の力で解決する地域援助技術(コミュニティワーク),社会福祉のための調査法である社会福祉調査法(ソーシャルワーク・リサーチ),組織・機関等の円滑な運営管理を図る社会福祉運営管理法(ソーシャルウェルフェア・アドミニストレーション),福祉計画を立案する社会福祉計画法(ソーシャルウェルフェア・プランニング),社会的働き掛けによって法制度や運営管理等の改善を図る社会活動法(ソーシャル・アクション)がある。

❸ ▶ 関連援助技術 (other related practical techniques)

効果的援助の支援網であるネットワーク,ニーズの充足に社会資源を結びつけるケアマネジメント,援助者の質の向上のための指導・援助であるスーパービジョン,利用者の問題や悩みの相談援助であるカウンセリング,関連領域の専門家の意見を援助に役立てるコンサルテーションがある。

❹ ▶ ケースマネジメント (case management)

利用者を支援するために公共的・非公共的資源を結びつけて,周囲に必要な環境を調整・提供する援助技術のことで,個人ではなくケアの体制を管理するという意味から,ケアマネジメントともいわれる。

❺ ▶ ジェネラリスト・アプローチ (generalist approach)

ジェネラル・ソーシャルワークともいわれ,ソーシャルワークの統合化の動きを踏まえて出されてきた,ソーシャルワークの

焦点を人と環境との相互作用に当てた総合的なアプローチのこと。

❻▶直接援助技術(direct practical techniques)

利用者（申請者）に対面し、直接的にニーズの解決を図る方法で、個人への個別援助技術（ケースワーク）と、問題解決に集団の相互作用を活用する集団援助技術（グループワーク）がある。

❼▶直接処遇職員／間接処遇職員(direct care staff/indirect care staff)

直接処遇職員は、利用者に直接ケアや看護サービスを提供する職員を指し、生活支援員、介護スタッフ、看護師等が含まれる。間接処遇職員は事務員、栄養士、調理員等、ケアに間接的に関わる職員のこと。

❽▶バイステックの7原則(Biestek's seven principles)

アメリカのバイステック（1957）によって提唱された、ケースワーカーに必要な態度要件の7原則のこと。個別化、受容、意図的な感情表出、統制された情緒的関与、非審判的態度、利用者の自己決定、秘密保持が含まれている。

❾▶リスクマネジメント(risk management)

契約制度の進展に伴う利用者の権利意識も相まって、福祉サービスにおける多様なリスクの存在が明らかとなり、その予防や事故が発生した場合の対応策等について、組織を指導・管理する活動のことである。事故を未然に防ぐため、それ以前の「ヒヤリ」としたり、「ハット」したりする、ヒヤリハット（小さな出来事）の段階でのデータを蓄積するとともに、ヒヤリハットを環境的・設備的要因（サービス環境、職場環境、用具・機器類等）、管理的要因（業務のルール、職員の教育等）、人的要因（職員の知識・技術、利用者の状態等）の観点から検討し、事故防止対策を講じたり、マニュアル作成、初期教育プログラムを検討する基礎データとして利用したりする。

❿▶ワーカビリティ(workability)

利用者がワーカーの働きかけに応じられる知的、情緒的、身体的能力のことで、問題解決に取り組む意欲（動機づけ）、能力、条件（機会）の三つの要素がある。

〔内田一成〕

犯罪・司法

〔総説〕

　犯罪という概念や，何が犯罪とされ何が犯罪とされないのかは，歴史や社会・文化に大きく規定されており，また，それらの犯罪を裁く裁判プロセスやその後の矯正・更生保護のプロセスも，まさに国家の政策によって大きく規定されているものであるので，犯罪の研究は学際的なものとならざるを得ない。そのため，法律学，行政学，社会学，心理学，社会福祉学等の様々な研究分野の研究者が，それぞれのアプローチからこの問題について研究を行っているのが現状である。

　この中で心理学的アプローチで犯罪を分析していく学問分野は，犯罪心理学といわれている。犯罪心理学というと，発生した犯罪を事後的に心理学的な用語を使用して解釈していくものであると誤解されることが多いが，実際には本領域で扱われるように犯罪の原因から捜査支援，裁判過程の分析，矯正等，様々な研究対象がある（21-01）。犯罪心理学の中で最も歴史が古く，多くの研究者・実務家を有している分野は，矯正・更生保護の分野と非行に関する研究分野である。本辞典では本領域及び22「非行」の領域で詳しく論じられている。本領域は，比較的新しい分野である捜査心理学の分野，及び，法と心理学分野を中心にまとめられている。

【犯罪捜査における心理学の応用】

　犯罪捜査の心理学は，主に警察活動の領域において使われるもので，事件の捜査と犯人検挙に心理学の知識を応用していく分野である。この分野は，警察におけるポリグラフ検査（21-04）の導入とともに発達してきたといっても過言ではない。ポリグラフ検査とは生理学的な反応を測定しながら容疑者に質問を行い，容疑者の事件に関する認識を確認していく手法である。俗に嘘発見器といわれているものである。事件の犯人は，警察での取調べに際して，嘘をつくことがある。もし，容疑者が話している内容が嘘か本当かを客観的に判断することができれば，非常に効果的な捜査支援手法になるため，古くから多くの研究が行われてきた。ポリグラフ検査の研究はアメリカで始まり，また，その犯罪捜査への応用もアメリカで最も盛んに行われたが，日本の警察は，比較的早期にその手法を導入し，緊張最高点質問法（POT）を中心として独自の進歩を遂げた。現在では，ポリグラフ検査の実務と犯人の識別能力では，日本の技術は世界トップクラスのものとなっている。

　このようにポリグラフ検査中心に行われてきた捜査心理学であったのだが，1990年代から新たな分野が登場してきた。それはプロファイリング（21-05）といわれる分野である。プロファイリングは，犯罪現場の特徴や，犯行における犯罪者の行動パターン等の情報から，犯人の属性（年齢や職業，精神疾患の有無等）を推定したり，犯行現場等の地理的な情報から，犯人の居住地や次の犯行地点を推定していく研究分野である。今まで熟練した刑事が経験やカンによって行っていた犯人の推定を，科学的で客観的な方法で行っていく方法だと考えてよいだろう。この分野が，日本の警察に導入されたのは海外の警察に比べてそれほど早かったわけではないが，科学警察研究所や各県の科学捜査研究所のスタッフに

よって，多くの優れた研究が行われ，現在では実際の事件解決にも有効に使用され，また取調べや交渉（21-10）への応用も含めて，世界に誇れる水準にまでなっている。

【各種犯罪者の行動パターンに関する研究】

従来，犯罪心理学の研究は「犯罪者」というカテゴリーか「非行少年」という大きなカテゴリーについて行われてきて，罪種ごとの犯人の行動パターンについて注意が払われることはあまり多くなかった。しかしながら，もちろん，窃盗犯人と連続殺人犯人では，その人格特性も行動パターンも大きく異なっているのは明らかである。このような罪種ごとの犯人や犯行の特徴について詳細な分析や分類が行われるようになったのは，プロファイリングの研究が一つの大きなきっかけとなっている。プロファイリングでは各種の犯罪について，幾つかの典型的なサブタイプを設定し，各事件をそれに当てはめることが中心になってくるからである。

そのため，殺人（21-06），連続殺人，大量殺人，性犯罪（21-08），テロリズム（21-07）等のプロファイリングの対象となるような犯罪を中心として，犯人の行動を明らかにするための研究が行われるようになっている。また，近年では，ストーキングやドメスティック・バイオレンス（21-09）等の犯罪に関しても，この種の研究が盛んに行われるようになってきており，危険性の推定や矯正にも応用されるようになってきている。

【「法と心理学」と裁判過程に関する研究】

近年の犯罪心理学の大きなトピックの一つは，「法と心理学」といわれる法学と心理学の境界領域の研究が急激な進展を見せていることである。法と心理学は主に，裁判過程（21-11）を含む司法システムにおける心理学的な問題について検討するものである。日本においては，この分野は，目撃証言（21-02）の信頼性についての研究と，裁判における目撃証言の鑑定から始まった。その後，虚偽自白や冤罪の問題，子ども目撃証言（21-03），精神障害者や発達障害者からの供述聴取の問題，法廷戦術や公判でのプレゼンテーションの問題等，様々な問題にその研究領域を広げてきている。当初は刑事司法に関連する分野の研究が多かったが，現在では民事司法等に関わる研究も行われている。

特にこの分野の発展の重要な契機となったのは，2009年から日本で始まった裁判員制度である。素人の裁判員が適切な判断を下す制度を作り出すためには，様々な心理学的な過程を考慮する必要があったからである。また，この制度の施行をきっかけに，一般市民の法律や裁判への興味や関心も大きく高まったことも，この分野の発展を後押しした。

〔越智啓太〕

21-01 ▶ 犯罪心理学の研究領域

犯罪心理学は，犯罪に関連する人間の行動について，科学的に研究する心理学の一分野である。ただし，犯罪といってもそれに関わる人間の活動は多様なので，実際には様々な研究分野が存在する。

まず，**犯罪原因論**がある。これは犯罪の原因について研究する分野である。犯罪原因論には，ホルモンや神経伝達物質，脳の機能，遺伝子等と犯罪の関連について研究する生物学的なアプローチ，人間関係，社会的な環境，経済的な状況，社会階層等と犯罪の関連について研究する社会学的なアプローチ，パーソナリティ，家庭環境，教育，メディア等と犯罪の関連を研究する心理学的なアプローチが存在する。

捜査心理学は，心理学の知見を応用して犯罪捜査を支援していく研究分野である。具体的には，犯行状況から犯人の属性を推定する**犯罪者プロファイリング**，犯行の地理的な分布等から，犯人の居住地や次の犯行場所を推定する**地理的プロファイリング**，末梢神経系，中枢神経系の生理的な指標を用いての嘘の発見（**ポリグラフ検査**），効果的な取調手法の開発や，人質立てこもり犯との交渉方法に関する研究等が行われている。

裁判心理学は，裁判の過程における心理学的な側面の研究であり，陪審員や裁判官による意思決定プロセスの解明や，目撃証言の信頼性の査定，心理学的な鑑定等についての研究が行われている。この分野は，日本では**法と心理学**という分野で研究されていることが多い。また，**精神鑑定**は，事件の犯人に責任能力があるかどうかを，主に精神医学的な観点から検討し鑑定していく分野である。これは裁判心理学と密接に関連している分野であるが，心理学というよりもむしろ精神医学の一分野である**犯罪精神医学**に属している。

矯正・更生保護の心理学は，犯罪者や非行少年を更生させていくための方法について研究し，実践する心理学の分野である。矯正とは一般には少年院や刑務所等の施設内の処遇について指し，更生保護は保護観察等の社会内処遇のことを指す。具体的には，非行少年や犯罪者の**アセスメント**や**カウンセリング**等の研究や実践が行われる。最近では**性犯罪者**や**覚醒剤中毒者**等に特化した様々なプログラムが実施されている。日本犯罪心理学会に属している犯罪心理学者の多くは法務省管轄の矯正施設の心理技官であり，日本の犯罪心理学の中心はこの分野である。

防犯心理学は，犯罪を防ぐための方法について心理学の観点から研究する分野である。防犯心理学の中で最も歴史のある分野は，住居や施設の設計や建築，都市計画を通して犯罪を減らしていこうと試みるアプローチである。最近では防犯教育についての研究も盛んに行われている。

被害者心理学は，犯罪の被害者に対するカウンセリングを行う分野である。犯罪の加害者に対しては，矯正・更生保護の心理学が古くからその更生のための手助けを行ってきたが，その一方で犯罪の被害者については，何も手段が講じられていなかった。これに対して近年ようやく目が向けられて，被害者の負う心理的な障害（PTSD等）に対する支援を行うための研究分野が発展してきた。

犯罪は心理学的な問題であるだけでなく社会システムや法律との関係も深いため，その方向からも研究の対象となっている。刑法や刑事訴訟法等の刑事法学は，規範的な立場から犯罪を扱い，それに対する法を

犯罪心理学の研究領域

構築し運用していく学問である。**刑事政策（刑事学）**といわれる分野は，法律や実務，犯罪者の特質等を踏まえた上で，より具体的に，犯罪を予防したり犯罪者を更生させる社会システムをどのように構築していくのかを考えていく学問である。また，社会学の中にも，主に犯罪現象を扱い，犯罪と社会との関係について実証的，理論的に研究していく分野として**犯罪学**や**犯罪社会学**がある。

■ ■ ■

❶▶矯正・更生保護の心理学 (correctional psychology)

非行少年や犯罪者を更生させるための心理的な援助を行う心理学の一分野である。主に少年院や刑務所等の施設内での処遇についての研究と実践を矯正心理学，社会内での更生についての研究と実践を更生保護の心理学という。具体的には非行少年や犯罪者のアセスメントや，それに基づいた処遇計画の立案，カウンセリング等についての研究が行われている。最近では，性犯罪や薬物中毒等に特化した治療プログラムも開発され，実施されている。

❷▶刑事政策（刑事学）(Kriminalpolitik〈独〉)

犯罪現象のメカニズムを明らかにし，それを防止すること，及び，検挙された犯罪者に対して適切な刑罰効果を生じさせるための方法を考え，社会システムとして実装していくことを目的とする，国家・地方公共団体等の活動及びそれについての研究のこと。主に法学部で講義される。

❸▶裁判心理学 (psychology in court)

公判に関連する心理学的な問題を研究する心理学の一分野である。特に公判プロセスに影響を及ぼす様々な要因を研究して，より公平で公正な判決が得られるように実証的な方法論で研究する。日本では裁判心理学という言葉はあまり使用されず，このテーマの研究は，法と心理学という研究分野の中で扱われることが多い。

❹▶捜査心理学 (investigative psychology)

心理学の知見を利用して犯罪捜査を支援していくことを目的とする，犯罪心理学の一分野である。犯罪者プロファイリング，地理的プロファイリング，ポリグラフ検査，取調べ等の研究が行われている。

❺▶犯罪学 (criminology)

犯罪についての社会科学的な実証研究を行っていく研究分野である。研究領域や方法論は犯罪心理学と近く，また重なっている部分も多いが，パーソナリティ要因等の個人の心理的な側面よりもむしろ，人間関係や社会システムとの関連等，社会学的な側面から犯罪を解明していこうという側面が強い。特に非行の原因論について，多くの優れた理論を生み出している。

❻▶犯罪原因論 (causes of crime)

犯罪の原因について，科学的に検討していく犯罪心理学の一分野である。生物学的な原因を追求する生物学的アプローチと，社会的な要因を重視する社会学的アプローチ，パーソナリティや家庭環境等の心理的な要因を重視する心理学的なアプローチが存在する。心理学的なアプローチの中には更に，犯罪者に対する詳細なアセスメントによって犯罪の原因を明らかにしようとする臨床心理学的な方法論と，統制のとれた調査データをもとにしたデータ分析によってそれを明らかにしようとする実証的方法論がある。

❼▶犯罪社会学 (criminal sociology)

社会学的な方法論を用いて，犯罪の原因や犯罪と社会との関わりについて研究していく実証的な学問分野である。

❽▶犯罪精神医学 (criminal psychiatry)

犯罪者の精神医学的な側面を研究する医学の一分野である。犯行行為時の責任能力，公判時の訴訟能力，刑執行時の刑罰能

❾ ▶ 被害者心理学 (victim psychology)

犯罪被害者の実態とその状況を調査し，被害者に対してカウンセリングや危機対応等の臨床心理学的な介入を行う。また，被害者支援のための社会システム構築を心理学的側面から検討する。

❿ ▶ 法と心理学 (law and psychology)

法・司法システムの運用に関係する問題を，心理学的な実証的な方法論を用いて研究していく学際的な研究分野である。日本では，今まで法律学にあまり実証的な方法論が取り入れられることはなかったが，裁判員制度の導入をきっかけとして，このような方法論が大幅に取り入れられることになった。具体的には，陪審員や裁判員の任命や裁判の進め方が判決に及ぼす効果の問題や，取調べにおける心理的強制，目撃者や被害者の証言の信頼性の査定や鑑定等の研究が行われている。

⓫ ▶ 防犯心理学 (psychology of crime prevention)

犯罪心理学の研究領域の一つで，犯罪者の行動等の研究をもとにして，どのようにすれば犯罪を防ぐことができるのかを研究する。建築や都市計画をもとにして犯罪に対して強い家造り，街造りを行ったり，犯罪に巻き込まれないように子どもに防犯教育を行う方法を研究し，実践する。

〔越智啓太〕

21-02 ▶ 目撃証言

目撃証言 (eyewitness testimony) とは，遭遇した事件やそれに関連する事柄について，見たものや聞いたものの情報を話すことである。目撃証言は，犯人逮捕や有罪の判断材料として用いられることもあり，捜査や裁判で強い影響力をもつ。

事件の目撃は，目の前で犯罪が起きた危険な状態であり，時には銃や刃物等の凶器にさらされ，不安や恐怖といった情動が喚起される。したがって，**目撃と情動**は切り離せない問題といえる。

目撃者から証言を得るには，そもそも目撃者が目撃した事件の内容をどの程度記憶できるのかが問題となる。情動喚起下では，全ての情報が平等に処理されるわけではなく，記憶されやすい部分とされにくい部分がある。情動が喚起されると注意集中効果が起こり，視覚的に中心に存在した情報に注意が集まりよく記憶されるが，周辺に存在した情報には注意が払われなくなり記憶されにくくなる。また，凶器が存在する場合にも同じような現象が見られ，**凶器注目効果**と呼ばれている。これらの現象が起こる理由は，情動が喚起されると**有効視野**が狭まるためと考えられている。更に，記憶の偏りは時間的にも起こり，情動喚起前後に起きた出来事は記憶されにくい。情動喚起前に起こった出来事が記憶されにくいことを逆向抑制，情動喚起後に起こった出来事が記憶されにくいことを順向抑制という。

情動的な記憶は，一度記憶されると長期に記憶され，忘却されにくい。しかし，記憶の想起までの時間が長いと**事後情報効果**の問題が生じ，正確性が失われやすくなる。事後情報には，テレビ等のマスコミ情報や他の目撃者の証言に加え，警察官とのやりとりも含まれる。そのため，証言の聴き出し方によっては誘導尋問となってしまい，証言を歪める可能性もある。

目撃者から多くの情報を正確に聴き出すために提案された面接法が，**認知インタビュー**である。認知インタビューは，記憶の想起を促すために，四つの想起方法を取り入れている。一つは，事件の状況を頭の中

でイメージ化させる文脈復元方略，二つ目は，情報の重要度を吟味することなく，思い出したもの全てを報告させる悉皆報告方略，三つ目は，犯人や他者等，自分以外の視点に立って状況を報告させる視点転換方略，四つ目は，時間軸にとらわれず多様な順序で思い出させる様々な時間順序方略である。認知インタビューは，その後の改訂により，ラポールの形成や話の聴き方といった基礎的な面接技法も組み込まれ，総合的な捜査面接のガイドラインとなっている。このような方法は，一般的な構造化面接よりも同等以上の正確性で，より多くの情報を想起させることができると報告されている。

目撃証言において，犯人逮捕へつながる重要な情報は人物の顔である。記憶を査定する方法には再生法と再認法があるが，**再生法**を用いて顔の記憶の証言を得る方法が**似顔絵やモンタージュ写真の作成**，**再認法**を用いるものが**面割りや面通し**である。似顔絵やモンタージュ写真で作成された顔は実在の人物ではないため，それが特定の人物に結びつくとは限らない。高い精度で作成された顔は有効な手がかりとなるが，その反面，作成された顔にとらわれすぎて人物照合の基準が厳しくなり，該当人物を見逃してしまう弊害が起こることもある。一方，面割りや面通しは，実在の人物の中から識別させるため，犯人逮捕につながる重要な証言となる。ただし正確な証言を得るには，実施に用いる人物の構成基準や人物の提示方法を公正に行う必要がある。

面割りや面通しは，再認判断とともにそれに対する確信度が問われる。一般に，確信をもって証言すると，その証言の正確性は高いと人は考えやすいが，必ずしもそのような関係は示されていない（**確信度と正確性相関**の問題）。証言の確信度は，情報の検索容易性や他者との一致性等に影響を受けるため，自己の記憶の鮮明さを必ずしも反映しているとは限らないことがその一因である。

事件の目撃には，事件を目の前で見た場合だけではなく，事件のニュースをテレビや他者から聞いたことによる間接的な目撃もある。その場合の目撃記憶の内容は，事件そのものではなく，事件を聞いた瞬間の自分やその状況の記憶が該当する。このような間接的な目撃記憶の現象として**フラッシュバルブ・メモリー**がある。フラッシュバルブ・メモリーは，ケネディ大統領暗殺事件を取り上げた研究以降，様々な事件を題材に研究が進められている。

■　■　■

❶▶確信度と正確性相関（correlation between confidence and accuracy）

証言に対する目撃者自身の確信度と，その正確性の対応関係のことである。両者の関係は，相関係数をもとに議論されることが多い。相関係数はデータの分布（ばらつき）によって値が影響を受けるため，研究手法や母集団の特性によって，対応関係の有無が左右される問題がある。

❷▶凶器注目効果（weapon focus effect）

目撃場面に銃や刃物等の凶器が存在すると，凶器に注意が奪われ凶器自体の記憶は促進されるが，犯人の顔や服装等の周辺情報には注意が向けられず，記憶が低下する現象である。凶器は，生命に危機を与える脅威性をもつことや，日常場面に対して新奇性があることが，注意を引きつける要因として挙げられている。また，凶器の種類や形状も，現象の生起に関わっていると考えられている。

❸▶事後情報効果（postevent information）

事件の記憶が目撃後に接触した情報によって変容することである。誤情報効果，誤誘導効果とも呼ばれる。事後情報効果が生

起するメカニズムには議論がある。オリジナルの記憶が事後情報によって置き換わる（置き換え仮説），オリジナルの記憶と事後情報は共存し，アクセスしやすさのために証言が歪む（共存仮説），情報源のソース・モニタリングができなくなる（情報源の混同）が挙げられている。

❹ ▶ フラッシュバルブ・メモリー（flashbulb memory）

衝撃的な事件のニュースを聞いた時の自分の状況に関して，鮮明に長期にわたって覚えている現象である。その記憶形成メカニズムとして，情動が喚起されると，その場を焼き付けるように働く記憶の神経メカニズム（ナウプリント仮説）が考えられた。しかし長期にわたって記憶されるのは，記憶のリハーサルの効果であることや，記憶されている内容の信憑性が低いことが指摘され，情動喚起による特殊な記憶メカニズムは疑問視されている。

❺ ▶ 面通し（lineup）

被疑者が特定されている場合，事件とは明らかに無関係の人物と被疑者を交ぜ，その中から目撃人物を選別する手続きである。ラインナップとも呼ばれ，ワンウェイミラーを介して人物を観察する場合や，ビデオや写真を用いて行われることもある。また，被疑者のみを提示し，目撃人物かを判断させる方法を単独面通し（showup）という。

❻ ▶ 面割り（mug shot）

目撃者が見た人物と，それと類似した特徴をもつ人物を交ぜ，その中から目撃人物を選別する手続きである。マグショットとも呼ばれ，一般的に写真が用いられる。事件の被疑者が特定されていない時点で行われ，似顔絵やモンタージュ写真と同様，言語的な顔情報を補足する視覚的な資料となる。

❼ ▶ モンタージュ写真（composite image, facial composite）

顔のパーツを組み合わせ再構成された顔写真のことである。当初は作成キットを使用し，あらかじめ用意された顔のパーツを組み合わせて構成していた。現在では，コンピュータによって作成されている。これによって，選択できるパーツの種類も増え，更に，各パーツの大きさや位置等も容易に調整できるようになり，より現実的な顔を作成することができるようになった。

❽ ▶ 有効視野（functional field of view）

明確に認知できる視覚的な範囲のことである。有効視野は，疲労や中心視における課題の負荷が大きくなることによっても狭くなる。有効視野から外れた周辺情報は，中心課題の負荷量によって可能な処理水準が異なると考えられている。中心課題の負荷量が少なければ，刺激の検出といった比較的浅い処理は可能であるが，困難度が増加すると検出も妨害され，知覚できなくなる。

再生法：→ 04-08-❸「再生」
再認法：→ 04-08-❹「再認」
ラポール：→ 02-05-❹「ラポール」

〔野畑友恵〕

21-03 ▶ 子どもの証言

▼

法廷において言葉によって伝えられる証拠を証言という。子どもに証言能力はあるのか，証言能力はあったとしてもその証言に信頼性（信用性）はあるのかという問題は，古くから論じられてきた。一般的には出来事を知覚し，記憶し，伝達できるならば証言能力はあるとされる。アメリカのフィーラー事件のように，嘘と本当の区別ができるかどうかが議論された例もあるが，

日本では通常の認知発達を遂げている幼児であれば，証言能力はあるとされることが多い。実際，3歳児が証言した例もある。

しかし，証言能力はあるとされながら，証言の信頼性が否定された事案は多い。それは，証言が曖昧であったり変遷が生じたりするためであり，その背後には，子どもの**被暗示性**，すなわち他者から与えられた情報を受け入れてしまいやすいという問題がある。

被暗示性は，他者が提示した情報を受け入れること（アセント又はイールドという）や，応答を変えてしまうこと（シフト）によりカウントされる。例えば，「青い車だったか」と尋ねられ，覚えていないのに「はい」と答えるなどはアセントであり，最初は「黒だった」と述べているのに，「本当にそうか」と尋ねられると，「青だったかもしれない」と答えを変えるなどはシフトである。また，実際にはあったものをなかったとするオミッション・エラー，なかったことをあったとするコミッション・エラー，実際にはなかったことについて詳細情報を作り出す作話（コンファビュレーション）等も，幼児において生じやすい。

グドジョンソンによれば，被暗示性には認知的な問題と対人的圧力が関わっている。子どもにおける認知的な問題としては，特に，エピソード記憶が十分に成立していないということが挙げられる。子ども，特に幼児は，出来事や体験が自己の知覚や体験に由来するという意識（オートノエティックな意識）が十分でないために，他者から提供された情報と，本人の知覚・体験に由来する情報とを混同しやすい（ソースモニタリングの失敗）。スクワイアは子どもに見られる被暗示性を，前頭前野の未成熟によるものだとしている。

子どもはまた，常日頃大人の庇護・指導のもとで生活しているので，大人の意見を取り入れようとする傾向が強い。そのため重大化（「話さないと大変なことになるよ」）や，補強証拠（「他の人もそう言っている」）などの圧力のみならず，クローズド質問（選択式の質問）を行うことや，質問を繰り返すことによっても影響を受ける。また，シーガルは，子どもは学校での体験により，「質問には常に答えがある」「大人は答えを知っている」「大人が同じことを尋ねるのは，前の答えが違っているからだ」「質問に『分からない』と答えると，非協力的だと思われる」などの，語用論的知識を獲得していると考察している。実際，シシらの多くの研究者が，誘導的な面接の繰り返しにより，子どもが実際にはなかった出来事をあったかのように報告するようになることを示している。

では，子どもの証言（child eyewitness testimony）は全く信頼できないのか，というとそうではない。前記の問題を踏まえるならば，記憶が減衰することのないように，できるだけ初期に，誘導のかからない中立的な方法を用いて**自由報告**を求めれば，より正確な情報を得ることができる。近年では，子どもから証拠的価値の高い情報を得るための面接法（**司法面接**）が開発され，用いられるようになった。英国のガイドラインである「**最良の証拠を得るために**」や，ラムらが開発した「**NICHDプロトコル**」等は広く用いられ，その効果の検証や，得られた供述に対する**供述分析**等もなされている。冤罪を出すことなく子どもを適切に保護するために，証言を正確に聴き取る努力は重要である。

❶ ▶ 嘘と本当の区別 (distinction between the truth and lie)

アメリカのフィーラー事件（1885年）では，5歳児の証言能力が争われた。嘘と本当の区別に関し，最高裁判所は，子どもが裁判官の質問に答える中で，嘘と真実の違いを知っていること，嘘をつくと罰を受けることなどの理解を示したとし，この幼児の証言能力を認めた下級審の判断を維持した。

❷ ▶ NICHDプロトコル (NICHD protocol)

アメリカのNICHD（国立子ども健康人間発達研究所）で，ラムらが開発した構造化された司法面接法の一種である。グラウンドルール，ラポール，エピソード記憶の練習，オープン質問の種類等が明示され，広くアメリカ，オセアニア，イスラエル，北欧等で用いられている。実証的な評価研究が多数行われている。

❸ ▶ 供述分析 (statement analysis)

供述の正確さを査定する方法。ウンドウィッチやトランケルによる供述現実分析 (statement reality analysis) や，ケーンケンとステラーによる基準に基づく内容分析 (criteria based content analysis) や供述信用性分析 (statement validity analysis) 等がある。いずれも，供述に知覚・感覚情報が含まれているか，文脈情報が含まれているか，などの基準に照らして供述の信用性を査定する。これらの分析は，子どもによる自発的な語り（自由報告）がある場合にのみ有効である。

❹ ▶ 「最良の証拠を得るために」 (Achieving Best Evidence)

イギリス内務省・保健省が2002年に公刊した司法面接のガイドラインである。同省が1992年に公刊した子どもの証人のための録画面接ガイドライン「良き実践のためのメモ (*Memorandum of Good Practice*)」（訳書『子どもの司法面接――ビデオ録画面接のためのガイドライン』）を拡張し，子どものみならず，知的障害，身体障害，精神障害等をもつ大人の供述弱者にも録画面接を用いることを推奨している。

❺ ▶ 司法面接 (forensic interview)

司法面接は，子どもからより正確な情報を，より多く引き出すことを目指している。面接を繰り返すことで精神的な二次被害を与えることのないよう，原則として一度だけ行い，録画・録音する。面接の手続きは構造化されており，①グラウンドルール（「本当のことを話してください」「質問が分からなければ分からないと言ってください」などの，面接での約束事を理解してもらう），②ラポール（話しやすい関係性を築く），③エピソード記憶の練習（「朝，家を出てからここに来るまでにあったことを話してください」などと，出来事を自発的に検索し，話す練習を行う），④自由報告（「お話ししてください」などの誘いかけにより，子どもの自由報告を引き出す），⑤質問（オープン質問を主体とし，クローズド質問は控える），⑥クロージング（子どもに感謝し，終了する）などの要素を含む。面接室では面接者と子どもが一対一で面接を行うが，別室（モニター室）で，処遇に関して意思決定を行う他者（バックスタッフ）がオンラインで面接をモニターし，必要に応じて助言を与える。

❻ ▶ 自由報告 (free narrative)

自由ナラティブともいう。「お話ししてください」「そして？」「それから？」などのオープン質問や促しにより，子どもに自分の言葉で出来事について語ってもらうことをいう。子どもの言葉で語られるため，誘導の影響が生じにくいとされる。また，自由報告を行うと，その後誘導にかかりにくくなるとする知見もある。

❼ ▶ 被暗示性 (suggestibility)

グドジョンソンは，被暗示性を測定するための尺度として，グドジョンソン被暗示性尺度（GSS）を作成した。この尺度では

被検者に物語を示し，質問を行う。そして，物語に含まれていない項目に関する質問への，その項目があったとするかのような回答（イールド）と，「あなたの回答は正確ではない」として再度回答させることで生じる変遷（シフト）をカウントし，その総合スコアにより被暗示性の度合いを測定する。

〔仲　真紀子〕

21-04 ▶ポリグラフ検査

犯罪捜査における「嘘発見」は，正式にはポリグラフ検査（polygraph test）と呼ばれている。生理反応を測定する**ポリグラフ装置**を使用して犯罪に関する質問を行い，被検査者の供述の真偽を明らかにする方法である。犯罪捜査場面で測定する生理反応は，**末梢神経系**の呼吸，皮膚電気活動，心拍，脈波等である。これらの生理指標は，質問に対する有意味性の定位反応や情動変化と関係が深く，末梢神経系の中でも主に自律神経系の支配を受けているため，随意統制が困難であるという特徴をもつ。日本では1953年に犯罪捜査に導入され，現在では年間約5千件の検査が実施されている。

ポリグラフ検査は，各都道府県の科学捜査研究所に研究員として採用され，警察庁科学警察研究所附属の法科学研究所で3カ月の研修を受けた者が実施する。日本では心理学の専門的知識を有する，科学捜査研究所の研究員のみがポリグラフ検査を実施し，取調べにあたる警察官は検査を実施することができない。諸外国では取調官がポリグラフ検査を実施する場合が多いのに対し，日本では検査と捜査の担当者が分離しているのが特徴である。なお，ポリグラフ検査の件数が最も多いアメリカでは，公務員等の雇用時のスクリーニング，スパイ活動の防止，離婚訴訟での素行調査等，広範にポリグラフ検査が使用されているが，日本では犯罪捜査のみに使用しているのが特徴である。

ポリグラフ検査の質問法は，被検査者自身が犯罪行為を実行したか否かを問う**直接的質問法**と，被検査者が犯罪に関する事実を認識しているか否かを問う**間接的質問法**の二つがある。直接的質問法の代表は**対照質問法**，間接的質問法の代表は**隠匿情報検査**である。対照質問法は北米を中心とした世界各国で実施されているのに対し，日本では隠匿情報検査のみで検査を実施している。隠匿情報検査は，検査の時点で捜査側が把握している事実を問う裁決質問法と，検査時に捜査側も事実を把握できていない事実を問う探索質問法がある。隠匿情報検査は，**有罪知識検査**，緊張最高点質問法と呼ばれることもある。隠匿情報検査は，約30秒間隔で検査者が口頭で質問をする。質問は裁決質問の呈示位置を変えて，複数回質問をする。裁決質問が1問，非裁決質問が4問の5問構成であれば，裁決質問が呈示順序の1～5番目に一度は来るように配置して，5回繰り返すのを基本とする。隠匿情報検査は，無実の被検査者には裁決質問が弁別できないため，どれだけ緊張していても裁決質問に**特異反応**を生起させることがなく，無実の人を犯人とする誤り（false positive error）の可能性が少ないという利点をもつ。

ポリグラフ検査の実施手順を簡単に示す。まず，事件が発生すると検査者はできるだけ事件現場へ赴き，管轄の警察署員から情報を収集して質問作成を行う。例えば，侵入窃盗事件ならば，犯行時刻，犯行場所，侵入方法，被害品の種類，被害品の

保管場所，逃走手段等を対象とする。被疑者が浮上すると，取調べに先行してポリグラフ検査を実施する。検査に際しては，被検査者に検査装置，検査方法について説明し，ポリグラフ検査承諾書を取得する。承諾が得られた被検査者にポリグラフ検査のセンサーを装着した後，検査前面接で知っていると答えた事実を除き，4～7種類の質問で検査を実施する。検査開始から検査終了までの時間は，2～2時間半程度である。検査終了後，検査者は視察と判定支援システムを利用して判定を行い，後日，ポリグラフ鑑定書として，嘱託を受けた警察署長宛に書面で回答する。

なお，現在のポリグラフ検査は，末梢神経系指標を測定して判定に使用している。しかし，ポリグラフ検査は，犯行時の記銘と質問時の検索・想起という記憶に基づく検査である。したがって，脳の情報処理過程を反映する中枢神経系指標が，新たな指標として注目されている。特に，**事象関連電位（ERP）** と **機能的磁気共鳴画像法（fMRI）** は，実用化に向けての実験や理論的研究が多く報告されている。

■　■　■

❶▶機能的磁気共鳴画像法（fMRI）によるポリグラフ検査 (polygraph test using functional magnetic resonance imaging〈fMRI〉)

fMRIは，非侵襲的で空間分解能（数mm）が優れているため，裁決質問に対する脳内賦活部位を同定する研究が盛んである。裁決質問の呈示や嘘の反応を求める課題に対し，ほぼ一貫して前頭前野（内側前頭前野，背外側前頭前野，腹外側前頭前野，前部帯状回）が賦活することが明らかにされている。

❷▶事象関連電位（ERP）によるポリグラフ検査 (polygraph test using event-related potential〈ERP〉)

一過性の刺激に対する脳電位活動を反映するERPは，裁決質問と非裁決質問に対する被検査者の情報処理過程の違いを判定することが可能である。ERPは時系列に沿ってミリ秒単位で連続的に捉えることができるため，鑑定の高度化に貢献すると考えられる。特に，P300と呼ばれる陽性電位は，有意味でまれに呈示される刺激に対して増大するため，CITの指標として最も有効である。

❸▶対照質問法（CQT：Control Question Test）

犯罪への関与を直接質問する関係質問（例えば，「7月19日，あなたは○○さんの家から指輪を盗みましたか？」）と，過去に行った行為に関する対照質問（例えば，「今までに，あなたは他人の物を盗ったことがありますか？」）に対する生理反応を比較検討する。被検査者が対照質問よりも関係質問に対して特異な生理反応を示せば，検査結果は有罪となる。しかしながら，CQTは無実の者でも判定対象が関係質問であることが分かるため，関係質問に生理反応が生起しやすくなる危険性をもっている。

❹▶特異反応 (discriminative response)

裁決質問に対する生理反応が，非裁決質問と比べて一貫して特異な反応であれば，被検査者が犯罪に関係した知識を有すると判定する。裁決質問に対する特異反応は，呼吸振幅の抑制，呼吸速度の減少，呼吸の停止，皮膚電気活動の振幅増大，規準化脈波容積の減少，心拍の減少等である。一般に，ポリグラフ検査中の自律神経系の活動は亢進しているが，裁決質問に対する一過性の活動は，皮膚電気活動が促進，呼吸，脈波，心拍が抑制方向へ変化する。

❺▶隠匿情報検査（CIT：Concealed Information Test）

CITは犯罪事実である裁決質問と，裁決質問と同じカテゴリーで犯罪事実とは無

関係な複数の非裁決質問で構成する。事件が室内の殺人で，絞殺道具がネクタイであった場合，ネクタイのほかに室内で絞殺道具となりうるものを組み合わせて，下記のように作成する。

「ネクタイで首を絞めましたか？」
（裁決質問）
「ストッキングで首を絞めましたか？」
（非裁決質問）
「タオルで首を絞めましたか？」
（非裁決質問）
「ベルトで首を絞めましたか？」
（非裁決質問）
「スカーフで首を絞めましたか？」
（非裁決質問）

❻▶ポリグラフ鑑定書（polygraph document by examiner）

1968年2月8日，最高裁判所がポリグラフ検査結果回答書（ポリグラフ鑑定書）の証拠能力を認めたことから，ポリグラフ鑑定書は捜査段階での令状請求や公判における証拠として提出することができる。証拠能力の要件は，①使用機器の性能，操作技術等から見て検査結果に信頼性が認められること，②検査者が検査に必要な技術と経験を有する適格者であること，③被検査者が検査を受けることに同意したこと，④鑑定書は自ら実施した検査の経過・結果を忠実に記載して作成したものであること，⑤被検査者の心身の状態が正常であることである。

❼▶ポリグラフ装置（polygraph device）

多くの（poly）生理反応を同時に記録（graph）するのが，ポリグラフ装置である。2003年度からは科学警察研究所が主体となって開発した，携帯型デジタルポリグラフ装置を使用している。測定する生理指標は，呼吸，皮膚伝導度水準，皮膚伝導度反応，規準化脈波容積，心拍である。質問呈示時点をトリガーとして，指標ごとに自動的に計測されるデータ解析プログラムを搭載し，検査結果の判定支援システムとして活用している。

❽▶有罪知識検査（GKT：Guilty Knowledge Test）

GKTはリッケンが1959年に提唱した名称である。CIT，あるいはキーラーが1920年代に提唱した緊張最高点質問法（POT）と，ほぼ同義である。これらの質問法は，犯人しか知り得ない隠された情報を検出する目的で一致している。リッケン以降，GKTの名称が主流であったが，現在では医療現場での詐病（malingering）検出や，筋萎縮性側索硬化症患者とのコミュニケーション手段に用いられることから，CITの呼び方が主流となっている。

事象関連電位：→ 02-11-❷「事象関連電位」
自律神経系：→ 14-02-❸「自律神経系」
中枢神経系：→ 14-02「神経系の構造と機能(2)」
皮膚電気活動：→ 02-11-❽「皮膚電気活動」
末梢神経系：→ 14-02「神経系の構造と機能(2)」
P300：→ 02-11-❷「事象関連電位」

〔平　伸二〕

21-05 ▶ プロファイリング

犯罪者プロファイリングは，行動科学を捜査に応用する技術の一つであり，単にプロファイリングと略して呼ばれることも多い（以下，プロファイリング）。一般的にプロファイリングは，「犯罪現場における犯人の行動特徴から，犯人像を推定すること」として定義される。これは，初期の頃に多く行われていた，主に臨床心理学的・精神医学的なアプローチに基づく犯人像推

定を指す，狭義のプロファイリングの定義である。現在は，捜査側からのニーズや分析の流れに合わせた定義がされている。日本でプロファイリングと呼ぶ場合には，以下の定義が用いられている。「犯行現場の状況，犯行の手段，被害者等に関する情報や資料を，統計データや心理学的手法等を用いて分析・評価することにより，犯行の連続性，犯人の年齢層，生活様式，職業，前歴，居住地等の推定や次回の犯行の予測を行うものである」（『警察白書』）。これはプロファイリングに関する広義の定義であり，より実証的なアプローチに基づくプロファイリングである。欧米では，狭義の臨床的プロファイリングに基づく捜査への介入が裁判で批判され，そこで広がった悪いイメージの影響を避けるため，広義のプロファイリングの意味するところや関連する領域を，捜査心理学（investigative psychology）やBIA等，別の呼称を用いている。

プロファイリングの起源は，1888年にイギリスで起きた連続殺人事件（ホワイトチャペル事件）における，トーマス・ボンド博士による分析であるといわれている。1940～60年代にかけては，主に精神医学者等がその専門的知識を背景に分析を行っていたが，1970年代になると，FBI行動科学課による組織的な研究が開始された。FBIの行動科学課の取り組みにより確立していった，臨床心理学的・精神医学的な知識を基盤とした方法を，**FBI方式**と呼ぶ。性的殺人犯に関する秩序型，無秩序型の類型は，その一連の研究の中で見出された類型である。1980年代に入ると，イギリスの心理学者カンターが，より科学的な手法を目指し，**ファセット理論**を基盤に置き，**多次元尺度構成法**の一手法であるSSAによる統計分析を中核とした社会心理学的なアプローチを確立していく。カンターは，その後リバプール大学に移り，捜査心理学という新しい学問領域を創設したため，この方法を**リバプール方式**と呼ぶ。FBI方式は分析の再現性が低いが，特異な行動を示した事件や，過去に類似事件の少ないまれなタイプの事件でも分析が可能である。リバプール方式は，分析の再現性は高いが，典型例を示すにすぎないという批判もある。また，過去に類似事件がなければ分析ができず，類似事件のデータに質の高さが要求される。このように，二つの方式にはそれぞれ利点と欠点が存在する。日本では，より実証的なリバプール方式を基盤に置き，FBI方式の事例の個別性を重視した分析の方法を組み合わせて結果を導き出す方法を，標準的な方法としている。

広義のプロファイリングは，一つの分析手法ではなく複数の分析手法から構成されており，導き出そうとする情報によって異なる分析の方法を用いる。分析の目的には，①**事件リンク分析**（一連の事件が同一犯人による事件か否かについて判定を行う），②**犯人像推定**（犯人の行動特徴から，犯人の年齢層，生活様式，職業，前歴の有無，動機等の推定を行う），③**地理的プロファイリング**（発生地点の分布の特徴及び推定された犯人像から，事件を行った犯人の拠点や次の犯行場所を推定する）がある。これら三つの分析ごとに，統計的な手法に関する研究知見の蓄積が行われている。地理的プロファイリングで用いる最も単純な仮説にカンターが検証した円仮説があり，犯罪者の地理的な移動特徴として，**拠点犯行型**と**通勤犯行型**があることを示している。

広義のプロファイリングは，各国においてそれぞれの事情に合わせた手法として発展し，実務に応用されてきているが，いまだ十分な研究知見が蓄積されているとはいえない。妥当性，信頼性の高い手法とするためにも，統計的な手法等に関する研究知見の更なる蓄積が望まれるところである。

しかしながら、同時に、犯人の行動面に着目し、行動科学の知識に基づいて捜査を支援することのニーズは幅広く、広義のプロファイリングのアプローチは、**危険性判定**や説得交渉、心理学的検視・変死分析等、様々なトピックスに適用されており、カンターは捜査心理学の領域は急速に拡大していると指摘している。

❶▶ FBI 方式のプロファイリング（FBI method of offender profiling）

FBI の行動科学課によって提唱された手法のこと。主に臨床心理学的、精神医学的なアプローチにより、犯行動機や犯人の心理を詳細に分析した結果に基づく事件の類型、その事件の類型ごとの犯人特徴や犯行特徴に関する知見を、分析中の事件に適用し、犯行の再構成を行い、犯人の人物像について推定を行う。臨床的プロファイリング、行動科学的事例分析等とも呼ばれる。事例の個別性を重視するが、行動科学の知識をもった経験豊富な捜査員が行い、推定方法が経験的、事例理解的、職人芸的であることから、追試がしがたく科学的でないという批判がある。

❷▶ 危険性判定（threat assessment）

危険性判定は、特定のターゲットに脅威を与えうる人物を特定し、評価、管理するための技術であり、実務上の必要性から発展してきた技術である。脅威評価とも呼ばれる。主にシークレットサービスにより研究と実践がなされてきたものであり、脅威となる人物の人口統計学的特徴や心理的な特徴ではなく、その人物が攻撃行動に至るまでの行動や考えのつながりを基準として、今後に攻撃行動が行われる危険性を評価する。共通する枠組みをもつものとして、脅迫が実際の暴力に発展する危険性を評価する分析、DV やストーカー等について検討されている。

❸▶ 拠点犯行型／通勤犯行型（marauder/commuter）

複数ある犯行地点のうち、最遠の2点を結ぶ線を直径とした円内に、全ての犯行地点と犯人の拠点が含まれるとする「円仮説」に基づく分類が、拠点犯行型と通勤犯行型である。「円仮説」で示される円内は、犯人の犯行領域であり、犯人の意識空間であると考える。拠点犯行型とは、犯人の拠点が円仮説の円内にある場合を指す。犯人は、犯行を行うために拠点から周辺を探索する。一方、通勤犯行型とは、円仮説が成立しない場合、つまり犯人の拠点は円仮説の円外にある場合を指す。犯人は、犯行を行うために犯行領域外にある拠点から犯行領域まで通うことを繰り返す。件数が多くなると、通勤犯行型の多くは拠点犯行型に移行する。

❹▶（プロファイリングにおける）多次元尺度構成法（MDS：Multi Dimensional Scaling）

犯罪者プロファイリングの特徴は、警察が捜査のために収集した資料を対象に、二次分析を行うことにある。二次分析の方法は、社会科学で用いられる非影響的な測定法を応用したものであり、研究以外の目的で収集した情報の量的分析の際には、変数の尺度水準を低く考えざるを得ないため、2値変数の情報を作成し、分析する。変数間の類似度又は距離を順位として扱い、多次元解の極小値を求める多次元尺度構成法（MDS）を用いることにより、犯行行動の構造における犯行主題に関する仮説検証的な分析を行う。

❺▶ 秩序型／無秩序型（organized/disorganized）

FBI の行動科学課は、性的殺人犯36人（25人は連続殺人犯）について公的記録調査及び本人との面接調査を実施した結果から、犯行形態及び犯人特徴が異なる秩序型

(organized murderer) と，無秩序型 (disorganized murderer) の類型を見出した。秩序型では，自制心をもった犯人があらかじめ犯行を計画し，自分の好みに合った面識のない被害者を選び，被害者を巧みに支配して殺害し，証拠にも配慮する，という秩序立った犯行が特徴である。これに対して無秩序型では，社会性の低い犯人が，近隣あるいは顔見知りを対象に衝動的に犯行を行い，混乱した犯行現場に凶器や証拠を残していく，という犯行の乱雑さが特徴である。

❻ ▶ 地理的プロファイリング (geographic profiling)

連続して発生する事件について，犯行地点や犯行に関連する場所の特徴やその分布から，犯人の拠点推定や次回犯行地予測をすることによって，犯罪捜査を支援する手法のこと。犯行地点分布に基づく拠点推定モデルとして，比較的単純な仮説である円仮説や重心仮説のほか，バッファ付き距離低減関数をもとにした地理的犯罪者探索 (CGT) モデル等がある。地理的プロファイリングという名称を初めて用いたロスモは，CGT を実装した Rigel を開発したほか，リバプール方式を提唱したカンターが，距離低減関数をもとにした Dragnet を開発しており，空間統計ソフトウエアの CrimeStat にも犯行行程分析用のモジュールがある。

❼ ▶ (プロファイリングにおける) ファセット理論 (facet theory)

リバプール方式の提唱者であるカンターは，犯罪者が犯行中に示す行動の構造を理解するために，ガットマンによって提唱されたファセット理論を用いた。犯罪者の行動に関する変数は SSA の領域で modulating facet を形成し（ファセットは共通の原点の周りに幾つかの同心円を描いて空間を分割し，各要素間には何らかの順序が存在することが想定される），各行動の変数は一般性（出現頻度の高さ）が異なることから，円の中心近くに存在する犯罪者の間で一般的に認められる一般的特性から，行動パターン，犯罪手口，署名的行動までの各段階（円の中心から離れるに従って一般性が低くなり，個性的な犯罪スタイルとなっていく）が存在すると考える。観察可能な行動の構造を視覚的，構造的に捉えることができるのが利点である。

❽ ▶ リバプール方式のプロファイリング (Liverpool method of offender profiling)

イギリスのリバプール大学（当初はサリー大学）のカンターによって提唱された手法のこと。FBI 方式に対する批判に基づき，客観性と再現性を重視した，より科学的な手法である。多変量解析を用いて過去の類似事件における犯人の行動の構造を実証的な知見として見出し（犯行主題分析と呼ぶ），それに基づく犯行主題の分類ごとの犯人特徴に関する知見を，分析中の事件に適用し，犯人の人物像の推定を行う。統計的プロファイリング，類似事件の統計分析とも呼ばれる。行動科学の専門家あるいは行動科学の専門家と捜査員とが協同で行い，推定方法は系統的，行動科学的であり，追試が可能である。

〔渡邉和美〕

21-06 ▶ 殺人

殺人とは，狭義では，刑法の第 199 条「人を殺した者は，死刑又は無期若しくは五年以上の懲役に処する」に示されるものを指す。広義では，これに第 201 条の殺人予備と，第 202 条の自殺関与を含めた総称が殺人と呼ばれる。殺人の研究においては，研究者によって様々な定義が用いられ

ており，人を死に至らしめたものとして殺人に傷害致死を含めて検討する場合や，未遂を除いて既遂のもののみを検討する場合もある。

日本における殺人の発生率（人口10万人あたり）は1.0程度であり，既遂率は4割程度，検挙率は95%前後で推移している。他の暴力犯罪と同様に，殺人の多くは男性（8割程度）によって行われている。殺人は他者に対する暴力の究極の形ではあるが，必ずしも犯罪性の高い者だけが行う犯罪ではなく，犯罪統計は過去に前科前歴を有する殺人犯は5割程度であることを示している。加害者と被害者とが既知の関係にあったものが9割程度を占め，被害者と全く関係のない加害者が被害者を殺害する例は1割程度でしかない。この**被害者-加害者関係**は，殺人の動機や形態を左右する重要な要因である。殺害の動機は，犯罪統計によれば，憤怒が4割程度で最も多く，爆発的な怒りの感情に駆られて衝動的に行われた殺人が比較的多くを占めている。

殺人事件は，その形態や対象によって分類することができ，その分類ごとに異なる特徴がある。形態による分類では，被害者の数，犯行場所の数，犯行時間（一連のものかどうか），事件間の感情の冷却期間の有無（複数の事件が一つのエピソードとして行われたものか）が考慮される。まず被害者の人数によって，**単数殺人**（single victim murder）と**複数殺人**（multiple-victim murder）が分類され，更に犯行場所の数，犯行時間，感情の冷却期間の有無によって，複数殺人が**大量殺人**，**スプリー殺人**，**連続殺人**の三つに分類される。これら形態による分類をもとに，それぞれの中で，更に動機を考慮した分類等，詳細な検討が行われている。

連続殺人に関する最も有名な分類は，ホームズによる連続殺人類型（**快楽型**，**任務遂行型**，**力と支配型**，**幻覚型**）である。連続殺人犯は病的だと思われがちだが，重大精神病に罹患しているのはごく一部の幻覚型と呼ばれるタイプのみであり，これに該当する者は少ない。多くの場合，病的でない人が個人の利得や心理的な満足のために殺人を繰り返している。日本では性的な動機に基づく連続殺人犯はまれで，利得目的を動機とする者が多くを占めている。ホームズらは，**女性の連続殺人犯**についてもその類型を検討し，類型を提唱している。女性殺人犯の場合，男性殺人犯に比較して，親族や交際相手等身近な相手を殺害する場合が多く，連続殺人の場合でもその傾向は変わらない。

性的殺人は，殺害行為と性的快楽が結びついたものだけでなく，性的行為を目的とした犯行の中で殺害が行われたものを含む。殺害行為と性的快楽が結びつく場合には，性的快楽を求めて殺人を繰り返す傾向があることが指摘されている。性的殺人犯を対象とした動機と犯行形態に基づく分類には，秩序型，無秩序型があるが，少数例から導き出された知見であり，この2分類に適合しない例が存在するほか，分類基準の妥当性に疑問を示す研究もある。

バラバラ殺人は，猟奇的であると思われがちだが，死体の切断が合理的な判断に基づく行為である場合がほとんどを占めている。被害者の性別と年齢層の組み合わせによって事件特徴が異なっており，20代以上の女性が被害者の場合には，親族や交際相手等，親密な関係にあった加害者が多くを占めるが，10代以下の被害者であれば面識のない者による性目的の犯行が多くを占め，20代以上の男性が被害者の場合には，親密な関係にない知人の加害者が多くを占める。

❶ ▶ 快楽型（ホームズによる連続殺人類型）(hedonistic)

暴力と性的快楽が結びついており，殺害行為に喜びを見出している。この下位類型である快楽殺人犯やスリル殺人犯では，殺害過程そのものに意味があるため，解体，死体性愛，拷問，切り裂き，支配といった行動が行われる。安楽殺人犯では，性的満足が第一の動機ではなく，自身が快適に過ごすための利得を得ることを動機として，配偶者や知人を殺害して金品を得るために連続殺人を行っている。

❷ ▶ 幻覚型（ホームズによる連続殺人類型）(visionary)

このタイプの連続殺人犯は，幻聴や幻覚によって殺害を動機づけられる。悪魔や神の声を聞き，（多くの場合）面識のない人を殺害する。偽装工作をすることはない。重大精神病を発症しているとされる。

❸ ▶ 女性による連続殺人 (female serial murderer)

女性の連続殺人犯は連続殺人犯全体の数%～1割台を占めるにすぎない。動機と犯行パターンに基づく女性の連続殺人犯の類型では，①幻覚型（visionary），②満足志向型（comfort-oriented），③快楽型（hedonistic），④力追求型（power-seeking），⑤信奉者型（disciple：カリスマ性をもつ人からの指示で殺害する）の五つに分類している。女性による連続殺人犯の代表的な例として，④力追求型に該当する「死の天使」と呼ばれるタイプと，②満足志向型に該当する「黒い未亡人」と呼ばれるタイプがある。死の天使（death angels）とは，看護師等，ケアを提供する立場にある者が，看護対象者の病状を故意に悪化させて，自ら治療したり，献身的に介護する行動を示す。自分には人間の生死をコントロールすることができる力があるということを感じるために犯行を行うとされる。一方，黒い未亡人（black widow）とは，婚姻を繰り返すが，そのたびに，婚姻関係にある男性を殺害して財産や保険金を得ることを繰り返す。自分が快適に過ごすための金品を得るために犯行を行うとされる。

❹ ▶ スプリー殺人 (spree murder)

スプリー殺人とは，異なる場所で（ただし，一連の領域となる場合が多い），異なる時間（一連の時間となる場合が多い）に，感情の冷却期間を置かない一つのエピソードとして，複数の被害者を殺害するものである。いわゆる秋葉原の通り魔事件（2008年）や附属池田小事件（2001年），下関の通り魔事件（1999年），池袋の通り魔事件（1999年）等が，このスプリー殺人に該当する。一つのエピソードが数日間にわたる場合もあるが，エピソードの連続性を客観的に判断することは難しく，便宜的に24時間以内に連続して行われた場合をスプリー殺人と定義することが多い。犯行を実行するまでのことは綿密に計画を立てるが，実行後のことをほとんど考慮しない。また，最終的に自殺を図るつもりで犯行を行う者も多い。

❺ ▶ 性的殺人 (sexual homicide)

性的殺人とは，殺害に至る一連の出来事に性的な要素が認められるものと定義される。死体の発見時に見出された性的行為や性的な要素を示す痕跡は，殺害行為の前，殺害中，殺害後のいずれの段階で残されたものであってもかまわない。性的殺人には二つの下位分類があり，その一つが快楽殺人（lust murder：快楽殺人を性嗜好異常の一つとして捉える場合には erotophonophilia と呼ぶ）である。快楽殺人は，加害者が自分の性的な快楽や満足を得るために，被害者に対してサディスティックで残忍な殺害行為を行うものをいう。もう一つは，レイプして証拠隠滅のために被害者を殺害するなどの強姦殺人や，置き換えられた怒り（displaced anger）による殺人を含むものである。

❻ ▶ 大量殺人 (mass murder)

大量殺人は，大体同じ場所で，概ね同じ時間帯に，一つのエピソードで複数の被害者が殺害されたものと定義される。大量殺人の定義において必要とされる被害者の人数は，研究者によって異なるが，3人以上と定義されることが多い。日本においては3人以上の被害者が殺害される事件の発生は殺人・致死事件全体の0.5%程度であり，日本では2人以上の被害者を殺害した場合（殺人・致死事件の2.5%程度）を大量殺人と定義して検討する場合が多い。大量殺人では，加害者の自殺による死亡率が高い（4割近く）のが特徴であり，家族を対象とした拡大自殺の形態を示す者が多く含まれる。

❼ ▶ 力と支配型 (ホームズによる連続殺人類型) (power-control)

被害者に対する圧倒的な優位性が性的快楽と結びついており，人間の生死をコントロールすることが究極の力の行使であると考えている。殺害行為の過程から心理的な満足感を得ることが動機であり，被害者の首を手で絞める傾向がある。

❽ ▶ 任務遂行型 (ホームズによる連続殺人類型) (mission)

ある特定の階層の人たち（例えば，売春婦，カソリック，ユダヤ人，若い黒人等）を世界から排除することは遂行すべき任務であると考えており，その任務に身を投じることが連続殺人の動機となっている。

❾ ▶ バラバラ殺人 (mutilation murder)

「バラバラ殺人」という言葉は俗語であるが，他殺死体発見時の遺体状況を基礎に，その身体の体幹や体肢部に何らかの切断行為が加えられていた事件と定義して研究が行われている。この定義には，殺害自体が目的となる頸部のみの切断や，解体が試みられたが途中で解体をあきらめた状態にあるものを含むが，性器のみの切除は含まれない。日本におけるバラバラ殺人の9割以上が証拠隠滅や運搬易化を目的として切断を行っており，性的快楽や興味関心からの切断行為はまれである。

❿ ▶ 被害者-加害者関係 (victim-offender relationship)

被害者-加害者関係は，殺害された，あるいは殺害されそうになった被害者から見た加害者との関係を指す。性別の組み合わせや，面識関係の組み合わせなどで記述されることが多い。例えば，性別の組み合わせでは，主たる加害者と主たる被害者との組み合わせで「男-男，男-女，女-男，女-女」の4分類が用いられている。また，面識関係の組み合わせでは，親族（kinship），知人（acquaintance），面識なし（stranger）の3分類が最もよく用いられるが，更に詳細な関係（例えば，親，配偶者，子，交際相手，職場上司，職場同僚，学校の友人等）を軸として事件を抽出し，それぞれの形態や予防策について多くの検討が行われている。

⓫ ▶ ホームズによる連続殺人類型 (Holmes and Holmes serial murder typology)

ホームズによる連続殺人の類型（Holmes & De Bruger 1985）は，事例研究や法廷記録，臨床記録等の各種書類調査，収監中の連続殺人犯との面接調査を実施し，110人の連続殺人犯の犯行パターンに関する分析を行った結果導き出された，動機，行動パターン，意思決定過程を元にして作成された。①幻覚型，②任務遂行型，③快楽型，④力と支配型の4分類であり，③快楽型には，快楽殺人犯（lust killer），スリル殺人犯（thrill killer），安楽殺人犯（comfort killer）の三つの下位分類がある。

⓬ ▶ 連続殺人 (serial murder/serial homicide)

連続殺人とは，殺人と殺人の間に感情的冷却期間がある状態で，異なる場所で，異なる時間に，複数の被害者を殺害するものである。感情の冷却期間は主観的なもので数日から数週か，数カ月になることもあ

る。その感情の冷却期間中に次の殺人について空想するため、連続殺人は計画性が高い犯行となる。連続殺人の定義における被害者の人数は研究によって異なっており、3人以上とする研究者が多いが、4人以上とする場合や、2人以上とする場合がある。

〔渡邉和美〕

21-07 ▶ テロリズム

　テロリズム（terrorism）とは、強制的で非合法な手段を用いて人々を恐怖に陥れ、それを利用して自らの政治的な目的を実現しようとする行動のことをいう。具体的には、殺人、誘拐、放火、爆破、**ハイジャック**、**人質立てこもり**、器物損壊、脅迫、恐喝、毒ガス散布、生物兵器散布等の行為が行われる。また、テロを行うための資金調達のために行われる窃盗、強盗等も一つのテロ行為である。一般の犯罪が恨みや妬み、経済的欲求等の個人的な動機によって行われるのに対して、テロは実現すべき社会的な大義（それが社会に許容されたり、正しいものであるかは別として）が存在し、それを実現するために行われることが特徴である。

　テロリズムの語源はフランス革命後に行われた恐怖政治にまで遡ることができる。ここでは、革命政府が反革命勢力に対して暴力的な手段で自らの正当性を確保しようと考えた。したがって、語源的には国家権力側の暴力行為のことを指していたのであるが、現在では、国家権力をもたない側が国家権力に対して暴力的な手段を用いて行う行動を指すことがほとんどである。

　テロリズムはその定義からして政治的な要求の実現を最終的な目的としているが、その形態から更に幾つかのタイプに分けることができる。まず、大きく分けて、**政治テロリズム**と**宗教テロリズム**、単一論点型のテロに分けることができる。政治テロは、テロリズムの代表的なものである。政治テロの中には**左翼テロリズム**、**右翼テロ**リズム、民族主義テロリズム等がある。

　左翼テロはマルクス、レーニン、トロツキー、毛沢東らの社会主義、共産主義的な思想に基づき、資本主義体制を崩壊させることを目的にテロを行う。左翼テロは議会や警察、国家機関そのものを構成するものや、資本主義を体現している巨大企業、神社や天皇家等の伝統文化の象徴等に対して行われる。日本の左翼テロ集団はセクトと呼ばれる幾つかのグループに分かれており、その活動方向の違いなどからお互いの構成メンバーを殺し合う**内ゲバ**を引き起こしており、これも一種のテロである。

　右翼テロは、ナショナリズムと伝統文化志向に基づいたテロであり、他民族排斥や人種差別的な政策の実現を目的とする。アメリカでは、白人至上主義やネオナチによって行われる破壊活動も右翼テロである。日本の右翼テロはかつては、右翼的な思想に基づく国家を成立させるために、国家機関自体をターゲットにした実力行使として行われたこともあったが、現在では反左翼的な活動が中心であり、日教組、朝日新聞等の左翼系の組織を対象にしたり、親共産主義的なジャーナリストや議員等を対象にして行うことが多い。

　民族主義テロは自らの民族や集団等を独立させるために支配国家に対して行われるテロ活動のことである。チェチェンのテロやIRA（アイルランド共和軍）等が代表例である。

　宗教テロは、自らの宗教的な信念を政治的に実現するため、他のグループからの宗教的な迫害、弾圧等に対抗するために行わ

れるテロ活動のことである。特に，強固で排他的な強い宗教的な信念をもっている団体がテロ活動と関連しやすい。したがって，原理主義的な立場の宗教団体の中の先鋭的な一部が，宗教テロの中心となる。例えば，イスラム原理主義やキリスト教原理主義である。近年はオウム真理教等の新興宗教がテロを引き起こすことがあるが，新興宗教のテロは政治的な目的を実現するというよりも，教祖の個人的動機や団体の勢力拡大のために行われることが多い。

単一論点型テロは，捕鯨反対，動物実験反対，環境破壊反対，中絶反対，銃規制反対等，国家全体の在り方についてでなく，個別的な政治論点の実現を目的として行われるテロのことである。特に，環境問題に関するテロをエコテロリズムという。もちろん，政治テロ，宗教テロ，そして単一論点テロは完全に分離して分類できるわけではなく，実際には政治的宗教的な動機や目的が絡み合って混在していることが多い。

テロリストは，テロを実際に行う個人のことを指す概念であるが，基本的には自分の属する思想やグループの行動規範と能力によってその行動が規定されているため，彼らの行動を予測する場合には，彼らのパーソナリティ要因よりも彼らがどのような立場の集団に所属しているのかを把握することが重要になってくる。テロリストは，社会的な弱者や下層階級の者であるよりもむしろ，その集団の中では恵まれた地位にいるものの**相対的剥奪感**をもっている者が多い。近年のテロの動向として，民族テロの減少と宗教テロの増加，イスラム過激派による**自爆テロリズム**の多発，単一論点型テロの増加，インターネットを活用した活動の増加，集団に属さない個人テロリストの増加等がある。

■　■　■

❶▶右翼テロリズム (right-wing terrorism)

ナショナリズムに基づいた国家を実現するために行われるテロリズムのことである。海外では，ネオナチ等の白人至上主義テロ等がこの種のテロである。日本では，主に天皇制に基づく伝統文化を尊重する国家を実現することを目的に行われるテロである。かつては国家自体が右翼テロの対象とされたこともあったが，現在では反左翼的なテロが中心となっており，左翼的な組織やジャーナリスト等が対象とされることが多い。

❷▶エコテロリズム (eco-terrorism)

環境破壊，動物実験，捕鯨等に反対するために，それらの活動を行っている集団や組織に対して破壊，放火，暴力等のテロ活動を行うこと。表向きの目的が環境保護や動物愛護等のいわゆるエコロジー活動であることから，FBI（アメリカ連邦捜査局）によって，エコテロリズムと名付けられた。動物実験反対活動を行っている動物解放戦線（ALF）や，捕鯨反対目的の妨害活動を行っているシーシェパードが代表的な組織である。

❸▶左翼テロリズム (left-wing terrorism)

マルクス，レーニン，トロツキー，毛沢東らの社会主義，共産主義的な社会を実現するために行われるテロリズムのこと。資本主義社会を構成している国家組織，大企業，資本家階級，天皇家や寺社等の伝統文化への象徴等を対象にして行われ，これらの対象を攻撃し，破壊したり殺害したりする。このようなテロ活動によって大衆が，資本主義社会の矛盾に気づき，テロの主体となった組織を支持し，革命的な勢力となって決起するきっかけになると考えて行われているが，実際には大衆の支持は得られないことが多い。

❹▶自爆テロリズム (suicide bombing)

自爆テロリズムとは，テロを行う人物自

身が死亡することを前提として行われるテロ活動のことであり，最も典型的なのは，自らの体に爆弾を結びつけてターゲットに近づき，爆破するというものである。自爆テロは様々な団体によって行われてきたが，最近ではイスラム原理主義のテロで使用されることが多い。

❺ ▶ 宗教テロリズム (religious terrorism)

宗教的な信念を政治的に実現しようとする場合に行われるテロのこと。イスラム原理主義テロ等が一例である。また新興宗教団体も様々なテロを行うが，彼らのテロは何らかの政治的な目的を実現しようというものよりも，教祖の個人的な動機に基づいたものや，教徒とのトラブルを強引に解決しようとするもの，教団の力を拡大しようとするためのものであり，むしろ犯罪に近いものが多い。

❻ ▶ 政治テロリズム (political terrorism)

政治テロリズムは，自らの政治的な信念を実現するために破壊，暴力等の非合法な活動を行うことである。実現しようとする政治的な目的によって，右翼テロと左翼テロに分けることができる。

❼ ▶ 相対的剥奪 (relative deprivation)

人々が抱く不満は，その人の置かれる境遇の絶対的な劣悪さによるのではなく，主観的な期待と現実的な達成との格差によるという考え方を相対的剥奪という。テロリストの多くは，国家権力をもっていない集団から生まれるが，彼らはその小集団の中では決して，虐げられた下層階級の者ではなく，むしろその集団の中では高学歴で高収入の者が多い。ただし，彼らは国家権力によって相対的に差別されており，この矛盾の認知がテロの動機づけとなると考えられている。

❽ ▶ テロリスト (terrorist)

テロリズムを実行する主体である人物をテロリストという。テロリストの行動はそのテロリストがどのような集団に所属しているのかに大きく依存する。ほとんどのテロリストは精神疾患や偏ったパーソナリティを持っているわけではなく，彼らが置かれた文脈によってテロリストとなる。

〔越智啓太〕

21-08 ▶ 性犯罪

性犯罪は，犯行対象，犯行目的，犯罪者と被害者との相互作用の有無及びその行為内容によって，多岐に分類される犯罪である。我が国では，強盗強姦罪，強姦罪，強制わいせつ罪，公然わいせつ罪，児童福祉法，各都道府県の青少年育成条例，迷惑防止条例等，刑法，特別法，条例によって罰せられる罪である。

我が国のレイプ（警察統計の強盗強姦及び強姦を指す）は，年間約2,000件認知されている。レイプ事件の被害女性は，9割以上が13～39歳である。午後8時から翌午前6時までの間に7割以上が発生し，被害者宅への侵入を伴う事件は強盗強姦で4割強，強姦で2割となる。また，レイプ事件の犯人特徴は，9割近くが単独犯であり，強盗強姦は20～40代が9割，強姦は10～40代で9割となる。精神障害や物質乱用者による犯行は2%程度である。犯人と被害者との対人関係は，強盗強姦では面識なしが9割以上であるのに対し，強姦では4割弱が面識のある間柄であり，うち半数は知人・友人の関係であった。再犯者（性犯罪の再犯とは限らない）は強盗強姦で6割強，強姦で5割強である。法執行，矯正，医療分野等の専門領域では，レイプ犯への理解と適切な対応のために，レイプ犯の行動パターンに基づく類型を開発している。有名なものの一つが，マサチューセッツ治

療センターによるMTC強姦犯類型であり，**怒り報復型，補償型，サディズム型，衝動型**の4タイプに分類されている。

性犯罪のうち，13歳未満が被害に遭う**子どもに対する性犯罪**は，我が国では年間約1,400件認知され，そのほとんどは強制わいせつである。この種の性犯罪は，被害者との接触が最も期待できる午後3〜6時までの間に集中し，マンション，公園，道路等で，第三者から目撃されにくい場所で発生する。昔から，子どもに対する性犯罪者は，薄汚れた中年・老年の男性というイメージがあるが，実際には，10〜30代までの若年層が多く，犯人のうち8割は被害者と面識がない。この種の性犯罪者が性犯罪を再犯する割合は，他のタイプの性犯罪者に比べて最も多く，3割弱存在する。特に，精神医学の分野（DSM-5）では，13歳未満を性的対象とする性嗜好異常を**小児性愛障害**と呼ぶ。マサチューセッツ治療センター（MTC）では，**MTC子どもに対するわいせつ犯類型**も開発しており，**固執型，退行型，搾取型，サディズム型**の4類型に分類している。

また，**露出犯**は，自己の性器を他人に見せることで性的快楽を得る性犯罪者を指す。我が国では，その行為は公然わいせつ罪，軽犯罪法が適用される犯罪であり，DSM-5では露出障害に分類される。犯行は朝，午後から夕方にかけての明るい時間帯に集中し，被害者は6歳から30代までが多い。犯人はほぼ男性で，20〜50代までが多く，精神障害及び物質乱用者の割合は3％程度である。露出も再犯性が高い性犯罪の一つである。**痴漢**も，我が国の法律では強制わいせつ罪，迷惑防止条例違反等に該当する犯罪であり，DSM-5では窃触障害に分類される。この種の性犯罪者は，同意を得ずに他者の体に触れたり，体をこすりつけたりすることで性的快楽を得るため，被害者への接近もやむを得ないと解釈されやすい。電車やバス等の混雑した場所を利用して犯行に及ぶことが多い。

なお，性嗜好異常は性的な衝動，空想，行動の逸脱に関する障害であるが，その行動化は，結果的に何らかの法律に触れる可能性がある。この障害の原因は不明であるが，生物学的素因，小児期の虐待が強化要因との指摘があり，学習理論では小児期における性的興奮の条件づけによって説明される。性嗜好異常には，前記のほかに，フェティシズム障害，性的マゾヒズム障害，性的サディズム障害，異性装障害，窃視障害，電話わいせつ，死体愛，部分性愛，糞便愛，尿愛，浣腸愛，獣姦等がある。また，DSM-5の改訂に際し，複数人（3人以上）に対し，相手の同意を得ずに性的行為に及んだ者を，パラフィリア性強制障害として加える検討もなされた。

性犯罪と性的ファンタジーの関連性では，性犯罪者の対象選択と行為選択が，性的嗜好や接触する性情報に影響を受けることが示唆されている。特に，子ども対象の場合，子どもとの性行為嗜好，少女・漫画アニメへの接触が多く，男児対象の場合には，更に同性への性行為嗜好者が多いと指摘されている。強姦では，嫌がる女性との性行為嗜好，成人ものや出会い系サイトとの接触が多く，犯行で緊縛する場合，女性を緊縛する性行為嗜好，成人レイプものへの接触が多いことが示唆されている。また，再犯者は初犯者に比べて，「女性をいたぶりながらの性行為」「13歳未満の子どもに対する性行為」への嗜好が多かった。

性犯罪の再犯性は，特に，露出，住居侵入を伴う犯行で，同種犯罪経歴者の割合が高い。再犯時と犯罪経歴の犯行形態は，罪種ではなく，対人志向，身体接触，侵入，暴力といった行動特徴が類似する傾向がある。特に，子どもに対する性犯罪の再犯リスク要因として，性犯罪での有罪判決が2回以上もしくは性犯罪の逮捕歴が3回以上

有する者が示唆されている。これらの特徴を有する者は、他の者に比べて、再犯リスクが4倍高く、該当者の半数は性犯罪の再犯者であった。

■ ■ ■

❶ ▶ 怒り報復型（MTC 強姦犯類型）(anger-retaliatory 〈MTC Sex Offender Typologies〉)

性犯罪者のうち、暴力的かつ攻撃的であり、性的感情はほとんどなく、被害者を負傷させ、自尊心を傷つけ、品位を落とすために犯行に及ぶタイプを指す。攻撃性置換型とも呼ばれる。

❷ ▶ MTC 強姦犯類型 (MTC Sex Offender Typologies)

マサチューセッツ治療センターの研究者たちは、レイプが性的特徴及び攻撃特徴と関係していることを認め、これらの要素を取り込んだ行動に基づく類型を開発した。怒り報復型、補償型、サディズム型、衝動型の基本類型があり、その後の研究によって、更に九つの下位類型が設けられた。類型の利用分野は、基本的に収容者のリスクを管理及び有効な治療方法の決定に関わる矯正、医療機関であるが、犯罪捜査の支援にも利用できると仮定されている。

❸ ▶ MTC 子どもに対するわいせつ犯類型 (MTC Child Molester Typologies)

マサチューセッツ治療センターによる分類のうち、子どもに対する性犯罪者の分類を指す。犯行の性質、被害者特徴、犯人の行動に基づき、固執型、退行型、搾取型、サディズム型の4類型が開発された。特に、退行型はストレス対処の適切な方法を学習させることで、再犯リスクを低減できると期待されている。一方、固執型、搾取型、サディズム型は治療が難しく、再犯性が高いとされている。

❹ ▶ 固執型（未熟型）（MTC 子どもに対するわいせつ犯類型）(fixated 〈immature〉〈MTC Child Molester Typologies〉)

子どもに対する性犯罪者のうち、成人との対人スキルが低く、社会的に未熟、依存的、臆病なタイプである。子どもを友人と見なし、女児のみならず男児も犯行対象となる。性交及び身体的危害に及ぶことはまれである。

❺ ▶ 搾取型（MTC 子どもに対するわいせつ犯類型）(exploitative 〈MTC Child Molester Typologies〉)

子どもに対する性犯罪者のうち、反社会的なパーソナリティで、円滑な対人スキルに乏しく、犯罪経歴と関連の深いタイプである。誘拐、監禁等を伴い、子どもの人格に理解を示すこともなく、子どもは欲求を満たすための対象としか扱われない。

❻ ▶ サディズム型（MTC 強姦犯類型）(sadistic 〈MTC Sex Offender Typologies〉)

暴力と苦痛から強い性的満足感を得る性犯罪者である。女性は男性に支配されたいものだと思い込んでいる。行動統制及びフラストレーション耐性が弱い。性的攻撃型とも呼ばれる。

❼ ▶ サディズム型（MTC 子どもに対するわいせつ犯類型）(sadistic 〈MTC Child Molester Typologies〉)

反社会的なパーソナリティで、サディスティックな動機によって、子どもに対して性犯罪に及ぶ類型である。誘拐、監禁を伴い、暴力性の高い性的行為に及ぶため、被害者の死亡率も高い。非常にまれであるが、最も危険なタイプである。

❽ ▶ 衝動型（MTC 強姦犯類型）(impulsive rapist 〈MTC Sex Offender Typologies〉)

性犯罪者のうち、強盗や窃盗の際に偶然犯行に及ぶタイプであり、いわゆる機会犯である。暴力も最小限で、性的色彩も薄く、性犯罪以外の犯罪経歴が多い。搾取型とも呼ばれる。

❾▶退行型（MTC 子どもに対するわいせつ犯類型）(regressed〈MTC Child Molester Typologies〉)

何らかの失敗や自信喪失がきっかけとなって，子どもに対して性犯罪に及ぶ類型を指す。一見して，社会的に問題を抱えているように見えず，既婚者であることがある。女児を主な犯行対象とし，性交を試みる。

❿▶補償型（MTC 強姦犯類型）(compensatory〈MTC Child Molester Typologies〉)

自分の能力を証明するために性犯罪に及ぶタイプである。日頃は消極的で，内気であり，社会的な適性はない。パワー確認型とも呼ばれる。

〔岩見広一〕

21-09 ▶ ストーキングと DV

ストーキング (stalking) と DV（ドメスティック・バイオレンス）は，圧倒的に女性が被害に遭いやすく，その割合は9割以上にも上る。またどちらも夫婦間や交際相手との内輪のトラブルと見られやすく，最近までは民事事案として扱われていた。このため警察の介入が難しく，被害が放置されてきたことも共通している。

ストーキングとは，特定の他者に対する執拗なつきまとい行為や，悪質な嫌がらせ行為のことをいう。例えば，相手の行動を常に監視したり，自宅や職場へ押しかけたり，繰り返し電話をかけることなどがストーキング行為にあたる。これらの行為は，傷害や殺人にまでエスカレートする場合があるため（例，桶川ストーカー殺人事件や三鷹市ストーカー殺人事件），警察による早期の介入が求められる。

一口にストーカーといっても，様々なタイプが存在する。ストーカーのタイプを分類・整理しておくことは，犯行行動の予測や，ストーカーに対する診断・治療等を行う際に役立つ。ストーカーの分類については，精神病理学的観点からの分類や，被害者との関係性からの分類等が提案されている。その中でも，有効なものとしてミューレンの**ストーキング分類**が知られている。ミューレンは，犯行動機，またストーカーと被害者との関係性等を基準に，ストーカーのタイプを，拒絶型，憎悪型，親密希求型，無資格型及び略奪型の5タイプに分類している。このうち，拒絶型と憎悪型は，憎しみや強い復讐心に基づいてストーキング行為を行うタイプである。過度なクレームを行う**クレーマー**は，憎悪型ストーカーである場合が多い。親密希求型と無資格型は，恋愛感情によりストーキング行為を行うタイプである。これらのタイプは好意的感情が動因であるため，暴力的なストーキング行為は少なく，待ち伏せや手紙・贈り物を贈ることなどが多い。芸能人やスポーツ選手等の著名人をつけ狙う**スター・ストーカー**は，これらのタイプである場合が多い。

我が国では，2000年に**ストーカー規制法**（「ストーカー行為等の規制等に関する法律」）が施行された。この法律等は，第一段階として，まずストーカー犯に対し警告（警察本部長又は警察署長）が行われ，その警告に従わなかった場合，第二段階として禁止命令（公安委員会）が発せられる。禁止命令に違反した場合に初めて罰則が科せられることになる。

一方，**DV** とは，配偶者や恋人から受ける暴力のことをいう。DVの暴力には，殴る，蹴る，物を投げつけるなどの身体的暴力ばかりではなく，心理的暴力及び性的暴力も含まれる。心理的暴力とは，相手を無視する，友人との付き合いを制限する，メ

ールや電話を細かくチェックするなどの行為である。また性的暴力とは，性行為を強要したり，ポルノビデオや雑誌を強制的に見せるなどの行為であり，特に恋人間における性行為の強要は**デートレイプ**（date rape）と呼ばれている。デートレイプは性犯罪として認識されにくいことから，実際には多くの暗数があると推定され，性犯罪の総件数は，見知らぬ他人からの被害よりもむしろデートレイプによる被害の方が多いと見られている。

DV の被害者は，自分が置かれている暴力的環境から抜け出せないことが多い。これには複数の要因が関係している。例えば，逃げ場のない家庭内において暴力が繰り返されることから，被害者は**学習性無力感**（learned helplessness）にとらわれてしまう。その結果，現在の環境から逃げ出すことや問題を解決する気力を失ってしまう。また，たとえ逃げ出すにしても，新たな住居や就職先，子育てなどの生活基盤の確立に目処をつけることが難しく，実際には踏み切れないことも現実的問題として存在する。今述べた理由のほかに，**ドメスティック・バイオレンスの周期**も関係している。DV は三つの時期を順に繰り返しており，周期によっては加害者が優しく振る舞う時期もある。これも，加害者の元から被害者が逃げ出すことを難しくしている一因である。更に，これに関連する被害者の心理特性として，**共依存**の問題が取り上げられることも多い。被害者と加害者の間に共依存の関係が成立する場合，DV の解決がより困難になる。

我が国における DV 対策として，2001年に「DV 防止法（配偶者からの暴力の防止及び被害者の保護に関する法律）」が施行された。この法律の大きな柱は，裁判所からの保護命令である。これは被害者を配偶者の DV から隔離し，保護することを目的としたものであり，被害者への接近禁止命令や，同居している場合に家から出て行くことを命じる退去命令等がある。同法については，適用の対象が配偶者からの DV に限定され，交際相手からの DV は含まれていないことや，濫用を防ぐ観点から手続きがやや複雑であり，迅速な救済が難しいなどの批判があるものの，2008 年には保護命令制度が拡充され，これまでの身体的暴力に加え，脅迫も保護命令の対象となり，また被害者に対する電話・電子メールの禁止，被害者の親族への接近も禁止されるなど，より実効性が高いものとなった。

■　■　■

❶ ▶ 共依存（co-dependency）

共依存とは，我が身を顧みず他人に尽くし，相手に依存されることにより，自己の存在価値を確かめようとする特性のことをいう。したがって，共依存性が高い者は，自分を頼ってくる相手に対し世話を焼くことに自分自身の存在価値を見出すことになる。DV の加害者にはパートナーに対し過剰な執着心をもつ者が多く，被害者と加害者との間に共依存の関係が成り立ちやすい。

❷ ▶ スター・ストーカー（star stalker）

よく知られているスター・ストーカーの事例として，アメリカの人気歌手マドンナがホームレスの男に付け狙われた事件がある。マドンナと結婚していると思い込んだこの男は彼女の自宅外壁をよじ登り，たびたび侵入を試みた。いずれもボディガードに阻止され失敗しているが，二度目に侵入を試みた際には，ボディガードに対し「自分と結婚しなければマドンナの喉を耳元まで切り裂く」と脅迫した。結局，三度目に侵入しようとした際にボディガードに発砲

され，逮捕されている。また，アメリカの映画女優ジョディ・フォスターに対するストーカー事例も広く知られている。ジョディ・フォスターに対し，彼女の自宅に手紙を残したり，電話を繰り返しかけるなどして執拗につきまとっていた男が，彼女の気をひくために，レーガン大統領（当時）を銃撃する事件まで引き起こした。この際，レーガン大統領は胸部（肺）を銃撃され負傷したものの一命は取り留めた。

❸ ▶ ストーカー規制法 (Stalker Regulation Law)

ストーカー規制法とは「ストーカー行為等の規制等に関する法律」の通称である。この法律では，ストーキング行為として以下の八つ，すなわち①つきまとい・待ち伏せ・押しかけ，②被害者の行動を監視していると告げること，③面会や交際の要求，④著しく粗野又は乱暴な言動，⑤無言電話・連続した電話，ファックス送信，電子メールの送信，⑥汚物，動物の死体等の送付，⑦被害者の名誉を毀損する事項の告知等，⑧性的羞恥心を侵害する物品等の送付を定めている。これらの行為が反復して行われた場合に規制の対象となる。しかしながら，現行では全てのストーカー事案には対応できない。なぜならば，①恋愛感情，②その他の好意の感情（親愛感や憧れ），③恋愛感情が満たされない場合の怨恨の感情を満たすための行為に限定されているからである。したがって，近隣者とのトラブルが原因となるストーキング行為等には適用されない。

❹ ▶ ドメスティック・バイオレンスの周期 (cycle of domestic violence)

ウォーカーによると，ドメスティック・バイオレンスの周期には3段階ある。第一段階は緊張形成期と呼ばれる。この時期は，日常的なストレスが加害者に蓄積していく段階である。加害者は苛立ちを募らせ，被害者は加害者を怒らせないように顔色をうかがい，緊張した状態が続く。第二段階は爆発期と呼ばれる。この時期は，加害者が不満や苛立ちなどの感情を抑制することができなくなり，パートナーに対し暴力を加える。第三段階は安定期（ハネムーン期）と呼ばれる時期である。加害者は暴力によりストレスを解消したことにより，被害者に自分の暴力について謝罪し許しを請うとともに，優しく接する時期である。ハネムーン期におけるこうした加害者の振る舞いが，被害者に希望や期待をもたせてしまい，加害者の元から逃げ出すことを困難なものにしている。

❺ ▶ ミューレンのストーキング分類 (Mullen et al's typology of stalkers)

オーストラリアの精神医学者ミューレンらによるストーカー犯の分類のこと。ストーキングの動機を基準にし，拒絶型，憎悪型，親密希求型，無資格型及び略奪型の5タイプに分類している。拒絶型ストーカーは，結婚や交際の破綻後，元配偶者や元交際相手に復讐するためにストーキングを行う。強い怒りや憎しみが動因であることから，長期間にわたりあらゆるストーキングが繰り返される。また被害者の生活パターンや友人関係等も熟知しており，危険性が最も高く殺人事件にまで発展しやすい。憎悪型ストーカーは，無礼な振る舞いや侮辱的な言動を行った相手に対し仕返しをするために脅迫や嫌がらせを行う。被害者との間に面識がないことも多く，日常的ストレスの解消が動因である場合が多い。親密希求型ストーカーは，精神疾患である場合が多く，極めて自己中心的な思考パターンにより被害者の言動を都合良く解釈する。デートの誘いや贈り物，待ち伏せなどのつきまとい行為が多い。しかしながら被害者からの拒絶がフラストレーションを高め，脅迫や暴力行為まで行うこともある。無資格型ストーカーは，発達障害や人格障害等により相手の好みや気持ちなどを理解できず，自分には被害者と付き合う権利がある

と信じている。被害者が自分のアプローチを受け入れてくれないのは，被害者の親や交際相手が妨害していると考え，第三者に攻撃を向ける場合がある。最後に略奪型ストーカーは被害者への性的行為が目的であり，その目的を達成する手段としてストーキングを行い，被害者を追跡・監視する。

〔大上　渉〕

21-10 ▶ 取調べと交渉

被疑者・容疑者の**取調べ**（interrogation）には，被疑者を有罪と推定し，**自白**獲得を目指すアプローチと，有罪推定を前提とせず，被疑者から最大限の情報を得ることを重視する**情報収集アプローチ**がある。これまで多くの国において前者のアプローチが取られてきたが，自白を得ることを重視した圧力的な取調べにより**虚偽自白**が発生する危険性があり，誤判・冤罪を防止するために，近年では心理学的知見を生かしたより適切な手法として，情報収集アプローチが諸外国で導入されつつある。自白獲得を目指すアプローチと区別するため，情報収集アプローチでは，取調べではなく**被疑者面接**（suspect interview）という用語を用いることが多い。

心理学的な観点からの取調べ研究では，被疑者の自白や否認に影響する諸要因や，虚偽自白の発生に影響する諸要因についての研究が行われている。自白や否認に影響する要因として，個人差，罪種，状況の要因がある。個人差要因では，年齢，罪の意識，犯罪歴の有無が自白と関連しているという報告がある。例えば，被疑者が21歳以下の若年者である，良心の呵責や罪悪感がある，過去に犯罪歴がない，といった場合に自白しやすい傾向にある。罪種の要因では，暴力犯罪や性犯罪，重大な犯罪では自白しにくいとする研究がある。文脈要因として証拠の強さや法的助言へのアクセスがあり，十分な証拠があると被疑者が認識しているほど，また弁護士等から法的助言が受けやすい状況にあるほど，自白が得られにくいとの報告がある。このほかにも，自白の妨害要因として，刑罰への恐れ，コミュニティにおける評判低下への懸念，心理的幸福や自尊心の低下を回避したいという欲求，家族や友人に知られたくないという欲求，報復の恐れなどが挙げられる。

取調べを巡る重要な問題の一つに，虚偽自白がある。心理学的観点から，虚偽自白は，自発型，強制-追従型，強制-内面化型という三つのタイプに分類される。自発型は，外部から圧力をかけられることなく，個人的理由から虚偽の自白をするタイプである。個人的理由には，有名になりたいという病的欲求，空想と事実の区別ができないため，真犯人を守るため，より重大な犯罪や事実を隠すためなどがある。強制-追従型は取調べを受ける者が短期的利益（例えば釈放）を，起訴や投獄といった長期的コストより重視した場合に，事実でないと明確に分かっていることを自白するタイプである。強制-内面化型は，無実だが他者からの影響を受けやすい者が取調べの過程で，犯行の記憶がないにもかかわらず，自分が犯人であると信じ込むようになり，誤った記憶を作話することがあるタイプである。何らかの理由で自分の記憶に不信を抱き，取調官等の外的な情報源に頼るようになる。

虚偽自白であっても，その自白内容は具体的で詳細であることが多い。我が国では浜田寿美男が独自の虚偽自白論を展開しており，具体性や詳細さを備えた虚偽自白を理解するためには，犯罪事実を認めるようになる「自白への転落過程」と，その犯罪

の筋書きを具体的に語る「自白内容の展開過程」の心理メカニズムを区別し，後者で得られた供述を被疑者と取調官の共同想起として捉える必要性を指摘している。

取調べは，警察機関と被疑者が直接的なコミュニケーションを行う代表的な状況の一つである。このほかに両者が直接的なコミュニケーションを行う代表的な場面として，**人質交渉**が挙げられる。人質事件では，人質の安全救出，警察官の無傷，犯人の安全確保等，事件関係者の安全を確保した上での事件解決が望まれるため，警察の強行制圧よりも，交渉（negotiation）による犯人投降で解決することが望まれる。人質犯との交渉において重要なことは，①良好な関係を築き犯人の精神状態を安定させること，②犯人との会話により，情報収集と時間稼ぎをすることである。そのため交渉では，犯人の話を傾聴する，言い争いをしない，すぐに妥協しない，といった対処法が求められる。人質交渉では，人質の特異な心理状態である**ストックホルム症候群**や，犯人の特異な心理状態である**リマ症候群**等を考慮する必要がある。人質がストックホルム症候群を示す場合，犯人が人質に危害を加える可能性が低くなるという利点がある半面，人質が警察機関に対して反感を抱き，説得交渉が妨げられるという問題が生じる場合がある。

■　■　■

❶ ▶ 冤罪 (false accusation)

明確な定義がなされた法的概念ではなく，無実の者が捜査機関や裁判所の誤認によって，逮捕，拘留，起訴され，有罪判決を受けることを意味することが多い。誤った有罪判決を受けていなくとも，無実の者が当該事件の犯人として扱われること自体を冤罪と呼ぶ場合もある。近代の刑事裁判には，誤判・冤罪防止のために，「疑わしきは被告人の利益に」という原則がある。

❷ ▶ 虚偽自白 (false confession)

取調べの対象となっている者が，自分が犯していない犯罪行為の全部又は重要な部分を認めたり，その犯罪行為について詳細に供述したりすることをいう。無実の罪で収監されたと主張する有罪確定者を調査するアメリカのイノセンス・プロジェクトでは，DNA鑑定により最終的に無罪が証明された事例が報告されている。そうした事例のうち最初の130件を分析した結果，約26.9％の事例で虚偽自白が含まれており，虚偽自白は誤判をもたらす重要な要因の一つとなっている。

❸ ▶ 自白 (confession)

自分が関わったとされる犯罪事実の，全部又は重要な部分を認める被疑者・被告人の供述のことをいう。自白は「証拠の王」もしくは「証拠の女王」と表現されることがあり，捜査や裁判で証拠価値が高いものとして扱われる傾向にある。自白を得るために取調官が利用する手法の中に，最大化や最小化と呼ばれるものがある。最大化は罪の深刻さや責任を誇張し，被疑者に脅威を感じさせる手法である。一方，最小化は罪の重さや責任を過小評価し，同情を示したり，面子を保つ弁解を与える手法である。経験的な技法を体系化した尋問技法のマニュアルではこれらの手法が推奨される場合があるが，心理学の観点からは虚偽自白の原因となるとの指摘もある。

❹ ▶ ストックホルム症候群 (Stockholm syndrome)

誘拐や監禁事件の被害者が，犯人に対して愛情や好意，共感，魅力等の肯定的感情を抱き，場合によっては犯人に協力的な行動をとることもある逆説的な現象のこと。名称は，1973年にスウェーデンのストッ

クホルムで発生した銀行強盗人質立てこもり事件に由来している。症候群と名付けられているが，DSMやICD等，精神疾患の診断マニュアルに診断基準が掲載されているわけではなく，通称である。人質事件で必ず発生するものではなく，まれな現象とされる。肯定感情を抱く原因として精神分析の観点から，極度のストレスに対処し，自己生存の可能性を高めるための防衛機制の現れであるという説や，情動の二要因説の観点からの説明がある。

❺ ▶ 取調べ (interrogation)

刑事事件の捜査において，警察や検察等の捜査機関が被疑者や参考人に対して，犯罪に関する事情を聴取し，その説明を調書として証拠化する過程をいう。分野によって用語の意味が異なることがあり，特に被疑者に対して供述を求める場合に「取調べ」，それ以外の第三者に供述を求める場合に「事情聴取」という用語が用いられることもある。イギリス等では自白強要の防止等を目的に，取調べの録音・録画制度が導入されている。我が国でも裁判員制度の導入に伴い，裁判員制度対象事件において，取調べの一部録音・録画制度が試行されている。

❻ ▶ 人質交渉 (hostage negotiation)

人質交渉は一種の説得的コミュニケーションであり，人質交渉の技法として，傾聴，ラポール形成，犯人への共感，相手を批判せず会話内容を要約して返すこと，ゆっくり落ち着いた口調で話すペーシング，相手の要求を低く誘導する要求の低下，相手が「ノー」と言う質問はせず，「イエス」と回答する質問をする「イエス」セット等が挙げられる。

❼ ▶ リマ症候群 (Lima syndrome)

ストックホルム症候群とは反対に，「犯人が人質に感化され，同一化を望む過程で犯人が人質の文化を取り入れ，学習し，その結果として，犯人の人質に対する攻撃的態度が緩和される」現象である。犯人がグループの場合，全員に等しく起きるわけではない。犯人グループの内部構造を微妙に変化させ，その結束の危機を招くことがあるとされる。1996年12月にペルーの首都リマにある在ペルー日本国大使公邸で発生した人質事件に由来し，この事件の際にペルーに派遣された，精神医学の専門家及び犯罪心理学を専門とする科学警察研究所の職員のチームが指摘したのが最初である。

〔丹藤克也〕

21-11 ▶ 裁判過程

裁判過程とは，実際に生じた事件を巡って対立する当事者同士がそれぞれ主張・立証し，**裁判官**等の判断者がどのような結論が採用されるべきかを判断して宣言し，宣言された内容が国家権力によって当事者に強制される過程のことである。

裁判過程は大別して民事と刑事の二つに分けられるが，心理学がこれまで研究対象としてきたのは主に**刑事裁判**である。

刑事裁判は，犯罪を行ったとされる人（**被告人**）が，本当に犯罪を行ったといえるのかについての裁判である。刑事裁判は，**検察官**が裁判を求めて起訴することで開始される。被告人を弁護するのが**弁護人**であり，通常は弁護士である。

裁判所が**起訴状**を受け取ると，その内容が被告人に知らされる。刑事裁判において関係者が法廷に集まって審理を行うことを**公判**というが，第一回目の公判の前に，公判前整理手続が行われることがある。公判が始まると，**人定質問**，起訴状朗読，**罪状認否**，冒頭陳述，証拠調べ，検察官の**論告**及び**求刑**，弁護人の**最終弁論**，裁判官から

の被告人質問の順に進んで結審し，判断者が法廷外で話し合い（**評議**し），判決が言い渡される。

裁判過程は公判前整理手続も含めて，当事者間の対面でのコミュニケーションそのものである。そのコミュニケーションはどのように行うのが効果的だろうか。検察官・被告人・弁護人の身体的特徴や，一度形成された印象に判断者は影響されないだろうか。検察官や弁護人は，主張や証拠をどのように呈示するのが判断者を説得する上で効果的だろうか。判断者は，法廷に示された証拠から得られた情報を，どのように統合して判断しているのだろうか。このように少し考えてみただけで，裁判過程には社会心理学的，認知心理学的研究テーマが豊富に含まれていることが分かる。

ほかにも，証拠調べの「証拠」には物的証拠だけでなく，**証人**も含まれる。証人は記憶に基づいて証言するが，どのような場合に正しく記憶に基づいた証言ができるのだろうか。証言の間違いは裁判の間違いの大きな原因であり，それにより人生を曲げられた人が多くいる。そのため，目撃証言は重要な問題である。証人は検察官や弁護人の質問に答える形で証言を行うが，どのような形の質問文で，どのような順序で聞くのが記憶を呼び起こすのによいのだろうか。証人が子どもの場合はどうだろうか。このような問題について，心理学の研究によって，単なる経験則以上の有益な知見がもたらされている。

双方の主張と証拠調べが尽きると，判断者が判断を行う。小さな事件では裁判官が一人で判断する。重大な事件では複数の裁判官が評議して結論を出す。裁判制度によっては，市民が判断に加わることがある。

陪審制度では，その犯罪を行ったのは被告人なのか，行ったとするとその中身は何なのか，という事実認定を陪審が行う。犯罪事実の認定を行い，その結果，有罪なのか無罪なのかの結論を下す。日本では**裁判員制度**が採用されており，事実認定と量刑判断をともに裁判官と市民が行う。

このように，**集団意思決定**によって結論が出されている裁判は多い。そのため，裁判過程の心理学的研究において，集団意思決定研究は重要である。例えば，**リスキーシフト**と同じ現象が量刑判断で起これば，それぞれの裁判官や裁判員は少しだけ厳罰志向をもっていただけであるのに，それを集約した結果，非常に厳しい結論が下されるかもしれない。

以上のような課題について研究しているのが**法と心理学**である。法と心理学が対象としてきたのは主に刑事裁判の過程であるが，現在は裁判過程の前や後，そして**民事裁判**へと広がっている。民事裁判は書面のやりとりが中心になるが，当事者の主張や証人尋問は刑事事件と同じである。応用される心理学の分野も，認知心理学，発達心理学，社会心理学だけでなく，臨床心理学等へと広がり，研究の厚みが増している。

近年，心理学の社会への貢献についてかまびすしくいわれているが，裁判過程への心理学研究の応用は，現に社会で紛争を抱える人々や裁判制度を運営している人々に役立つ知見を提供でき，社会貢献の直接性が高い分野の一つである。それだけでなく，我々が犯罪行為を非難するのはなぜか，事件の公正な解決とは何か，といった普遍的テーマにも直結する研究が，裁判過程の研究を通じて可能である。

■　■　■

❶▶起訴状（indictment）
　検察官が刑事裁判の開始を求めるために裁判所に提出する書類のこと。内容は，裁判にかけてほしい事件の概要と，それに適

❷▶ 最終弁論 (closing argument)

検察官の論告及び求刑の後で，弁護人の側から見たこの事件の概要について述べること。場合により，弁護人が被告人にふさわしい刑罰についての意見を述べることがある。

❸▶ 罪状認否 (arraignment)

起訴状に書かれた犯罪を行ったかどうかを裁判官が被告人に尋ね，被告人がそれに答えること。「していない」と回答することを「否認する」という。

❹▶ 裁判員制度 (Saiban-In System/lay-assessor system)

日本独自の制度で，裁判官3名と一般市民6名（又は裁判官1名と一般市民4名）が，重大な刑事事件の裁判を行う制度である。有罪の場合，被告人が受ける刑も決定する。この一般市民は「裁判員」と呼ばれ，衆議院議員の選挙人名簿からランダムに選ばれ，裁判所での選任手続を経て任命される。この制度は，司法の国民的基盤を強化するために2004年5月に導入され，2009年5月からこの制度による裁判が始まった。

❺▶ 証拠調べ (taking of evidence/examination of evidence)

事件の証拠を，裁判官や裁判員が法廷で見たり聞いたりすること。物証なら実物が法廷で示され，説明がなされる。証人がいる場合には，証人に対して検察官・弁護人・裁判官・裁判員が質問して回答を聞く。

❻▶ 人定質問 (establishing the identity of the accused)

被告人として裁判所に来た人が誰かを確かめるための質問のこと。裁判での人違いを避けるため，裁判の最初に行われる。

❼▶ 陪審制度 (jury system)

裁判の判断のうち重要な部分を，裁判官でない市民（陪審員）の集団（陪審）が行う制度である。陪審員は，ある事件を裁くためにランダムに選ばれた上で裁判所の選任手続を経て任命され，その事件限りで任を解かれる。陪審には，被告人を裁判にかけるかを決める大陪審と，裁判の事実認定・有罪無罪の判断を行う小陪審がある。陪審制度は主としてイギリス，アメリカ，カナダ，オーストラリア，ニュージーランド等の英米法系の国で採用されている。

❽▶ 冒頭陳述 (opening statement)

証拠調べの前に，検察官や弁護人が，その事件がどういうものであったか，事件の概要を述べること。検察官は起訴状よりも詳しく事件の経過についての意見を述べる。弁護人は，被告人の側から見てどのような事件であったかの意見を述べる。

❾▶ 法と心理学 (law and psychology)

心理学の一応用分野であり，主として裁判の過程や裁判の前後の過程で，問題になる人間の行動について研究する分野である。例えば，目撃証言やその記憶の特性等について研究されている。海外の学会では30年近い活動実績があるものもあるが，日本で広く知られるようになったのは2000年の「法と心理学会」の設立以降である。しかし，研究自体は19世紀から行われており，日本でも20世紀前半には心理学者と刑法学者によって行われていた。

❿▶ リスキーシフト (risky shift)

集団意思決定において，集団成員がもともともっていた意見よりも，集団の決定の方がよりリスクの大きいものになる現象である。リスキーシフトが起きるのは，少しだけリスクを好む個人の意見を，多数決等の一定のルールのもとで集約していくと，集約した結果がリスクの高い方に振れることなどが原因と考えられている。これと反対の現象として，「コーシャスシフト」が

あり，リスキーシフトと合わせて「集団極性化現象」という。

⓫ ▶ 量刑判断 (judgment on sentencing)

刑事裁判において被告人が受ける刑を，裁判官や裁判員が決めることをいう。日本の刑法の特徴として，犯罪類型（構成要件）が大括りで，その分，構成要件に対応する刑罰の幅が広いことが挙げられる。例えば，殺人罪は故殺や謀殺等に分かれておらず，殺人罪で科されうる刑には，死刑から懲役3年までの幅がある。そのため，裁判官や裁判員の裁量の余地が大きい。

⓬ ▶ 論告及び求刑 (prosecutor's closing argument and demand for punishment)

全ての証拠が出た後で，検察官がどのような事件であったか振り返ってまとめの話をすること。求刑は，検察官や弁護人がその事件を起こした被告人にふさわしい刑罰についての意見を述べること。

〔藤田政博〕

22-00 非行〔総説〕

【犯罪学と犯罪心理学】

犯罪は，社会における個人の行動であり，様々な学問領域が関わる学際的領域である。犯罪を研究対象とする学問としては，「犯罪学」があり，犯罪にどのように対処することが，国家の治安維持と国民の安心・安全な生活の促進に資するのかという課題に取り組む法律学・刑事政策学的アプローチや，犯罪を生み出す社会の構造や機能を研究する犯罪社会学のアプローチ，すなわち社会の側から個人の行動を見るアプローチから多くの知見が生み出されている。それに対して犯罪心理学は，社会から犯罪あるいは反社会的と見なされ，露見すれば処罰される可能性のある行動とそうした行動をとる人々，加えて，犯罪行動に対する社会の統制システムに関わる個人の行動に焦点を当て，ひいては反社会的行動を変化させ，社会の中で生きる個人の力を最大限に引き出すことに関心を寄せる。

【犯罪心理学の下位分野】

犯罪心理学は，実践的課題として犯罪行動の社会的統制システムの運用に資することを目的として発展してきた経緯があるため，捜査・裁判と矯正（施設内処遇）・保護（社会内処遇）と呼ばれる刑事司法行政の分野に応じた下位領域に分けられることもある。本辞典でも，前領域（21「犯罪・司法」）において，主として捜査・裁判にかかる事項が扱われ，本領域では，主として矯正・保護に関する事項が扱われている。

また，主として成人を対象とする犯罪心理学と，未成年を対象とする非行心理学という分け方をすることもある。本辞典の領域は，この分類に拠っている。もちろんある年齢を境に，犯罪と非行とがくっきり区分できるわけではなく，未成年といえども，他の権利を侵害する行動に対しては社会的統制が必要であるし，成人といえども犯罪行動変化のための働きかけと機会が提供される必要がある。

いずれにせよ，犯罪心理学の分野は，独立した学問分野として確立しているとは言い難く，犯罪・非行行動を研究するために，心理学の知見や手法を主として用いる応用的学問分野であるといえよう。特に，用語の使用や定義が法律の規定に影響されることが多々あり，対象を研究する際には，心理学としての語法や定義を明確にすることが肝要である。一例を挙げれば，「窃盗」は罪名による分類であるが，心理学的には多様な行動や心理的機能が混在していることに注意を要する（22-10 参照）。

【本領域（非行）の構成】

本領域は三つの柱から構成されている。一つは，非行・犯罪の心理学を学ぶ上で理解しておくべき，犯罪学や社会制度の基本的知識や知見である。項目でいえば，22-01～03 にあたる。まず，非行・犯罪の定義と研究方法を押さえた上で，これまでの非行・犯罪理論を概観する。従前は，刑事政策学，犯罪社会学，犯罪心理学，犯罪精神医学といった各研究領域からの理論が提唱されてきたが，現在では，非行・犯罪の原因は多要因複合的なものと認められており，実証データを用いた統合的理論の登場が待たれているところである。非行・犯罪の総合的理解のためにも，これまでの犯罪学の取り組みを反映する基本となる理論を

理解しておく必要がある。最後に，現実問題として，犯罪・非行への対応は国家をはじめとする公的・制度的対応の占める位置が大きく，非行少年・犯罪者の処遇に焦点を当てて，関係機関の役割と機能，そして日本の処遇制度の原則について説明している。非行・犯罪の心理学を理解するには，法律学，社会学といった近接領域の知識と理解も必要となる。

二つ目の柱は，非行・犯罪行動を，反社会的行動を学習したもの，あるいは社会的行動を学習しそびれていることと捉え，発達や教育の視点から理解することである。それが，次の柱である非行への対応の基盤となる（22-04〜06）。まずは，個人に焦点を当て，非行を発現しやすいとされている個人の特性等に関する知見を概観する。次いで，個人の発達を支える家族に視点を移し，非行からの回復を助けるための家族支援の方法について理解を深める。最後に，学校や職場，地域社会等，家族以外の関係性と非行との関係，コミュニティの非行への対応について述べる。ここでは，発達心理学，教育心理学，家族心理学やコミュニティ心理学といった領域から学ぶべきことが多い。

最後の柱は，実際に非行のある少年少女や犯罪行動を行った人々に対応する際に知っておくべき，基本的知識やスキルに関する学習である。22-07〜10にあたる。まず，非行・犯罪領域で必要なアセスメントに関わる理解を深めた上で，現在，再犯率の低下や非行・犯罪行動の変化，あるいは個人の成長に基づく非行・犯罪からの離脱に一定の効果があると認められている幾つかの方法と，その要点について解説する。矯正・保護とも呼ばれる分野であるが，刑事司法の分野のみならず，人間の反社会的行動の生成の理解と変化への介入を目指す，より広い分野である。また，矯正も保護もいずれも国家の側からの呼称であるので，矯正・保護という名称ではカバーしきれない，犯罪への心理学的アプローチが最も貢献できる領域の一つである。ここ30年間ほどで大きく進展しつつある領域であり，日進月歩でもあるので，新しい研究に目を配り続ける必要がある。

犯罪被害（者）に関する理解は，非行・犯罪の心理学を実践する者にとって不可欠である。犯罪行動変化のための犯罪心理学は，突き詰めていえば，犯罪被害を低減させることによって，被害者と被害者及び加害者の家族，社会の人々，そして加害者も安心・安全な暮らしの中で，自己のもてる潜在的能力を最大限に伸ばすことを支援することにその目的があるといっても過言ではない。他の心理学の分野以上に，倫理や価値を抜きにしては成立しない。犯罪被害（者）に関する制度，被害のもたらす衝撃，そして回復のための支援方法について十分理解することが望まれる。

最後に，各種犯罪の特徴を，心理面を中心に概説した。ある人々がなぜ一定の罪を犯すのかという疑問については，心理的な側面からだけでは説明不能であるが，それでも犯罪行動の態様には一定の心理的特徴が見られ，一定の対応が想定されることもある。非行・犯罪の心理学では，性格や家族歴等を見る前に，どのような犯行を行ったのかをまず見ることによって，当該人物のその後の行動をある程度予想できるとさえいわれている。また，犯罪行動ゆえに司法制度の注目を集めることになったわけであるから，それ自体が重要な情報源となる。

〔藤岡淳子〕

22-01 ▶ 非行・犯罪の定義と研究法

非行・犯罪の定義は，国や文化，時代等によって異なりうる。「非行・犯罪」には，殺人，傷害等，比較的普遍的に犯罪化されやすいものから，経済犯罪，薬物乱用，一部の性犯罪等，社会の価値観を反映して犯罪化/非犯罪化の判断が変動しやすいものまで，様々な行為が含まれるためである。混乱を避けるためには，語の使用者がその目的に最もかなった定義を明確化した上で，「非行・犯罪」の語を用いることが望まれる。読み手は，用いられている定義が明瞭でない場合には，定義に曖昧さが含まれていることを認識した上で，その情報を用いることが必要である。例えば，犯罪研究の国際比較等を行う場合などは，特に留意すべきであろう。

アンドリュースとボンタ（1998）は，一般的に**犯罪**は，法律的，道徳的，社会学的，心理学的と各々異なる四つの視点から定義されるとしている。犯罪を定義する戒律ともいうべきものと，犯罪を行った者を罰する主体がそれぞれ異なっており，まとめると表1のようになる。

四つの視点のうち，心理学的定義が他と異なるのは，「戒律」と「罰する主体」を認識する「個人」という視点がもち込まれている点である。法律や各種規範は，本来（ある程度）客観的なものであるが，心理学的定義では，これらの客観的な情報を「個人」がいかに認識し，主観的に意味づけるかは異なるという点を許容している。非行・犯罪の心理学は，そうした個人による犯罪の意味づけの過程をも学問の対象に含むことで，より動的な非行・犯罪像，あるいは犯罪者・非行少年像を扱おうとしているといえる。

非行・犯罪研究は，様々な目的で行われているが，共通する課題として「非行・犯罪を効果的に防止あるいは抑止する方法を探る」ことが挙げられる。そのための第一歩は，非行・犯罪の正確な実態把握である。どのような非行・犯罪が，どのような状況で，どのような加害者によって，どのような被害者に対して，どのように行われたのか，あるいは行われかねなかったところ防がれたのか，その詳細が正確に把握されれば，更なる非行・犯罪を抑止するために取りうる効果的な介入方法も導かれやすい。とはいえ，実務上は，非行・犯罪の全体像を詳細に把握することは，それほど簡単ではない。実態に近い情報を得るため，①被害者等から申し出のあった犯罪をまとめたもの（**公的統計**），②一般群を対象に，犯罪の被害状況について調査するもの（**犯罪被害実態調査法**），③同じく加害状況を調査するもの（**自己申告法**），の3種の方法が活用されており，各方法の欠点を認識した上で，得られた情報を統合的に活用することが現在取りうる最善策である。

なお，これらの調査等によって把握されない非行・犯罪を一般的に**暗数**と呼ぶが，

表1 犯罪を定義する4種の視点

	戒律	罰する主体
法律的定義	法律	国家
道徳的定義	道徳的・宗教的規範	超越的存在（神，先祖等）
社会学的定義	慣習・社会規範	共同体
心理学的定義	個人により異なりうる	個人により異なりうる

暗数の比率は全犯罪に一律ではなく，犯罪の内容（例：自動車盗は報告されやすく，性犯罪は報告されにくい）や，加害者と被害者の関係（近いほど報告されにくい）などによって異なるとされている。偏った情報に基づく施策の効果には限界があることから，犯罪被害を正確に認識するための情報を提供することや，犯罪被害の報告に伴って想定される被害者の不安や，各種不利益を最小化することなどを通じて，暗数を減らすためのあらゆる努力が望まれる。

■ ■ ■

❶▶暗数 (dark figure of crime)

公的統計や各種調査等によって把握されない非行・犯罪を，一般的に暗数と呼ぶ。罪種等によって，実際の発生数と暗数の比率は異なるとされている。特定の犯罪の暗数が多いことは，実際には資源を割くべきところに十分な資源がもたらされないなどの問題につながる。暗数が減少すると，公的統計上の犯罪認知件数は増加し，一見「犯罪の増加＝社会の混乱」を意味するかのように捉えられるが，実際には，公的機関への信頼の向上や，補償制度の充実，社会の成熟等，肯定的な意味を反映している可能性がある。近年，暗数の減少を一因として認知件数が増加したと考えられる例に，児童虐待及びドメスティック・バイオレンス（DV）がある。

❷▶（犯罪の）公的統計 (official statistics)

公的統計は，公的機関の把握した犯罪について取りまとめたものである。日本では，「警察白書」「犯罪白書」等の形で毎年公表されている。犯罪被害の報告率は，①被害の大きさ，②被害者-加害者の関係，③加害者に対する罰の正確さ，大きさの想定，④加害者からの仕返し等のおそれ，⑤法執行機関の反応の想定，⑥社会的反応，家族・友人等の反応の想定，⑦保険会社や犯罪被害者等基本法等による補償の想定等によって左右される。

❸▶（犯罪加害の）自己申告法 (self report)

犯罪加害の自己申告法は，一般群又は犯罪群から抽出したサンプルを対象に，過去に自らが行った非行・犯罪について調査するものである。調査結果は，犯罪行為を申告した場合に想定される不利益（逮捕，非難を受ける等）がないことを保証してもなお，①加害者が自らの非行・犯罪を最小化する傾向，②非行・犯罪を行ったことを忘れていること，③行った行為が違法か否かの判断を誤ること，の三つの要因の影響を受ける。公的機関が定期的に行っている例は限られているが，未遂犯罪等の実態把握には特に効果的な方法である。

❹▶犯罪被害実態調査法 (crime victims survey)

犯罪被害実態調査は，一般群から抽出したサンプルを対象に，過去の特定の期間内に遭った犯罪被害について調査するものである。日本では，2000年から国連機関（国連地域間犯罪司法研究所〈UNICRI〉及び国連薬物犯罪事務所〈UNODC〉）主導で，4年に1回の頻度で行われている国際犯罪被害実態調査（ICVS）に参加する形でこの調査を実施しており，調査実施年には，「犯罪白書」（平成12年版，16年版，20年版及び24年版）で結果を公表している。被害実態調査による被害報告数も，公的機関に対する被害報告率を左右するものと同様の要因の影響を受けるが，調査の信頼性と匿名性をより高くすることで，少なくとも本人が認識している被害については，より把握しやすくなるとされている。

❺▶非行・犯罪の定義 (definition of delinquency/crime)

日本における犯罪の法的定義は，「現在日本において定められている法律に違反す

る行為」である。一見明快であるが，ここに公的機関に発覚していないものを含むかどうか，議論が分かれる。また，非行の法的定義は，①14歳以上の少年による犯罪行為，②14歳未満の少年による触法行為，③保護者の正当な監督に服しない性癖，不良交遊等の事由（少年法第3条1項3号）があり，少年の性格又は環境に照らして，将来，犯罪行為又は触法行為をするおそれがあると認められる行状（虞犯）を併せたもの，ということができる。このうち，③の虞犯については，何をもって虞犯性を認定すべきか議論の余地が大きく，近年「虞犯」の罪名により家庭裁判所に係属される数は減少傾向にある。

〔朝比奈牧子〕

22-02 ▶ 非行・犯罪研究の基礎理論

非行・犯罪は，これを行う個人にかかる要因，状況にかかる要因，背景や文脈にかかる要因等が複合的に組み合わさって行われるものである。そのため，全ての非行・犯罪を説明する理論など存在し得ない。しかし，たとえ不完全であっても，非行・犯罪の仕組みを何とか解明し，非行・犯罪を減らすための手がかりを得なければならないという社会のニーズを反映して，その説明を試みる基礎理論は多数存在する。これらは，主に焦点を当てる対象の違い，当該理論を活用した介入策の性質の違い，提唱者のバックグラウンドの違いなどから，**刑事政策的犯罪理論**，**社会学的犯罪理論**，**生物学的犯罪理論**，**心理学的犯罪理論**の4種に大別できる。このうち心理学的犯罪理論は，主として加害者本人にかかる要因に注目し，加害の機制等の理解（原因論），加害者のリスク・ニーズの査定（アセスメント）及び再加害抑止のための介入（処遇）の基礎となる理論で，心理学者によって提唱されたものと定義することができる。

心理学的犯罪理論の基礎となる理論は，**精神力動論**，**人格理論**，**学習理論**，**認知行動理論**の4種に大別できる。精神力動に基づく犯罪理論は，4種のうち最も古く，フロイトから派生した**欲求不満-攻撃仮説**に続き，母子関係や**愛着**の問題と犯罪行為の関係，加害者の**自己概念**や**自己評価**と犯罪行為の関係等が議論された。これらの理論は，犯罪の機制等の理解を促進したが，一方で，効果的な犯罪抑止のための介入には結びつきにくいとも位置づけられている。

続く人格理論に基づく犯罪理論は，人は犯罪を含む各種行動を行いやすい傾向（人格）をあらかじめもっているという発想に基づいており，アイゼンクによる人格の三次元（外向性，内向性，神経症傾向）の理論や，クレックリーやヘアによるサイコパシー論は，ある種の加害者の特性について理解を促進した。また，コールバーグは，道徳的推論（moral reasoning）の発達段階の枠組みを提唱し，ここから派生したクリックらの社会的情報処理モデルは，現在も発展している。

学習理論に基づく犯罪理論には，スキナーの**オペラント学習理論**（罰と強化）による犯罪行為の学習過程の説明，サザランドの**分化的接触理論**による犯罪行為の学習過程の説明，バンデューラの**社会的学習理論**による**モデリング**と**自己強化**の犯罪行為への影響の説明が含まれる。これらは，次に続く認知行動理論への基礎となった。

認知行動理論に基づく犯罪理論は，主として犯罪者群と非犯罪者群の認知機能等の差異，という観点からの研究が盛んに行われて発展した。例えば，自己統制の機制，合理化の機制，問題解決法，対人関係のも

ち方などに見られる特徴が特定され，これらをターゲットに含んだ各種処遇プログラムが発案された。また，これらのプログラムは，実証研究の対象となり，犯罪抑止効果の多寡という観点から検討され，従来の哲学的論争からの脱却を促したという点でも意味が大きい。アンドリュースとボンタは，これらの心理学的犯罪理論における発見を「**人格と認知社会的学習の一般理論**」として統合し，特に処遇への活用という観点からのまとめ直しを試みている。このように，心理学的犯罪理論は，原因論の解明に始まり，現在では，具体的な再加害抑止のための介入にどの程度寄与するかという観点から，その有用性が検討されている段階にあるといえる。

■　■　■

❶▶ 刑事政策的犯罪理論 (theories of criminal justice)

主として犯罪を効果的に防ぐ司法制度に焦点を当て，司法制度や刑事政策に基づく介入に結びつく理論で，犯罪学者，法学者等によって提唱されたもの。逮捕から裁判までの司法手続をどのように行うべきか，どのような犯罪に対して，どのような刑罰を加えることが最も効果的に犯罪を抑止するか，といった視点から議論される。18世紀半ばにベッカリーアによって提案された罪刑法定原則（刑罰は，あらかじめ法に定め，法に従って執行しなければならないこと），適正手続きの原則（司法手続は，法に従って適正に行わなければならないこと），罪刑均衡の原則（刑罰は，犯罪の重さに比例したものにしなければならないこと）は，効果的に犯罪を防ぐ司法制度に不可欠なものと見なされ，現行司法制度にも引き継がれている理念であり，本カテゴリーの理論の代表格といえる。

❷▶ 社会学的犯罪理論 (sociological theories of crime)

主として犯罪が起こる社会の仕組みと，これに反応する個人に焦点を当てた犯罪理論をいう。犯罪を「個人を取り巻く社会的環境，家族，学校，仲間，職場，コミュニティ等，社会の様々な要因の相互作用の結果生じるもの」と見る。犯罪に結びつく代表的な要因として，「経済的成功等の人生目標が一部の人にしか果たしにくい社会構造（例：マートンの緊張理論）」「問題解決能力の低いコミュニティ（例：ショウとマッケイの社会解体論）」「犯罪を許容する人々との親しい交流（例：サザランドの分化的接触理論）」「犯罪を抑止する機能を持つ他者等との絆の不足（例：ハーシの社会的統制理論）」などが取り上げられ，1960年代以降，実証的な裏付けとともに提唱されている。

❸▶ 人格と認知社会的学習の一般理論 (GPCSL: General Personality and Cognitive Social Learning theory)

アンドリュースとボンタ (1994, 2006) の提唱する心理学的犯罪理論の一つ。特定の主張に基づく理論というよりは，各種人格理論や認知社会的心理学に基づいた非行・犯罪理解の枠組みである。日常生活において行動に影響を与える個人内要因，対人的要因，環境的要因のうち，非行・犯罪行為のリスク要因，ニーズ要因となるものに焦点を当て，統合的に活用しようとする試み。また，加害者に対する効果的な介入の原則として同人らが掲げている，リスク・ニーズ・反応性の原則（RNRの原則）も，この理論に裏打ちされるものと位置づけられる。

❹▶ 生物学的犯罪理論 (biological theories of crime)

主として犯罪を行ったか，これから行う可能性の高い個人の，生物学的特徴に焦点を当てた犯罪理論をいう。初期の生物学的

理論は，生物学的特徴と犯罪とを直接結びつけようとするものであり，やがてその多くが否定された。しかし，近年は，人の遺伝的特徴と後天的な事象による影響とに幅広く着目し，これらの特徴が神経系や脳機能に及ぼす影響までを含めて検討対象とする形で再び発展している。つまり，ある生物学的特徴が個人の学習スタイル等に影響したり，刺激反応性や衝撃希求性，衝動性等の特徴を増加させるか否かなどを検討し，これらの変数が非行・犯罪傾向を媒介する可能性を探るのである．その可能性が示唆され，現在も引き続き研究が続けられている生物学的要因に，神経伝達物質（例：セロトニン，ノルエピネフリン）の多寡，ホルモン（例：テストステロン，コルチゾール）レベルの高低，脳機能（例：前頭葉機能，側頭葉機能）の障害の有無，精神生物学的要因（例：皮膚電位反応，心拍）の特徴のほか，頭部外傷の有無，低血糖，カルボヒドラーゼ値の高さなどがある。

〔朝比奈牧子〕

22-03 ▶ 犯罪者（成人の被疑者・被告人）及び非行少年（触法・犯罪・虞犯少年）の処遇の流れ

捜査は，警察への被害届提出や通報等を端緒に，**捜査機関**（警察及び検察官）により開始される。捜査では，事件を犯したと思料される**被疑者**や，事件を知る被害者・目撃者に対する**取調べ**，被疑者宅等の**捜索**，証拠物の**押収**（差押や任意提出後の領置），犯行現場や犯行再現状況等を写真撮影するなど，五感の作用を使って対象の状態や性質を認識する**実況見分**（任意処分）又は**検証**（強制処分），DNA鑑定等専門知識や経験を有する者による検査結果等の報告を求める**鑑定嘱託**等により，**証拠収集**がなされる。なお，住居不定あるいは逃亡や証拠隠滅のおそれがある被疑者については，代用監獄（警察署の留置場）などに**逮捕・勾留**（身体拘束）した上で捜査が進められる。逮捕は72時間以内，勾留は原則10日で，事案複雑等の場合は更に最大10日（内乱罪等は15日）の**勾留延長**と法定されている。これらの期間は事件単位で算定されており，別件で再逮捕されれば再び勾留や勾留延長は可能である。また，逮捕・勾留・差押等の強制処分は，人権侵害防止のため，原則として事前に裁判官による審査に付される。以上の捜査手続は成人犯罪者でも非行少年でも同じである。

捜査終了後は，成人の被疑者については，検察官が，年齢，犯罪の軽重，犯行後の情状等諸般の事情を考慮して裁判に付する（**起訴する**）か，**不処分**（嫌疑なし，嫌疑不十分，嫌疑はあるが裁判に付すことなく事件を終了させる**起訴猶予**を含む）にするかを決定する（**起訴猶予主義**，刑事訴訟法第248条）。他方，20歳未満の被疑者については，全ての事件が捜査機関から**家庭裁判所へ送致される**（**全件送致**主義。例外として警察の事情聴取だけで事件を終了する**微罪処分**がある）。もっとも，**触法少年**（刑罰法令に定める犯罪該当行為をした14歳未満の少年）及び14歳未満の**虞犯少年**については，当該少年を**要保護児童**（監護不適又は監護のない児童。児童福祉法第6条の3第8項）として**児童相談所**に，14歳以上の虞犯少年については，家庭裁判所か児童相談所のいずれかに**通告しなければならない**（同法第25条ただし書）。通告を受けた児童相談所は，家庭環境，生活歴や発達，性格，行動等を総合的に調査，診断，判定し，少年及び保護者を在宅指導し，児童福祉施設等へ入所させ，あるいは家庭裁判所へ事件送致する。

犯罪者（成人の被疑者・被告人）及び非行少年（触法・犯罪・虞犯少年）の処遇の流れ　|22-03|

起訴後，被疑者は**被告人**と呼ばれ，**略式裁判**により即日罰金刑や科料を課され，又は**正式裁判**に付されて公開法廷での審議を経て判決言渡しを受ける。不服があれば上級裁判所に控訴や上告ができる（三審制）。

他方，家庭裁判所へ事件送致された非行少年は，直ちにあるいは文書照会や呼出し指導等を経て，**審判不開始又は不処分**として終了するほか，**少年鑑別所**に平均4週間弱の観護措置及び観護措置延長（観護措置は原則2週間，2週間ごとに延長，最大8週間）に付され，**資質鑑別**（鑑別技官による知能・心理テスト等，**法務教官**による行動観察等）や，**家庭裁判所調査官**による**社会調査**（事件関係者との面接，学校・被害者等への照会，環境調査，各種検査，事件記録・日記等の記録調査，行動観察等）を経て**審判**に付される。審判は原則非公開で，家庭裁判所は，（資質）鑑別結果通知書，（社会）調査報告書，捜査記録等の記録とともに，審判時の少年や保護者の話，付添人（弁護士等）の意見を踏まえ，非行事実や要保護性（非行の人格的・環境的要因）を判断して処分を決める。具体的には，保護司や保護観察所による面談指導や就労援助等を受けるなどの遵守事項を定める**保護観察処分，少年院送致，児童自立支援施設**又は児童養護施設送致，あるいは4〜6カ月程度自宅や補導委託先での生活・就労状況等を調査官が観察した上で，終局処分を判断する試験観察処分（中間処分）がなされる。なお，一定の重大事件については，審判により刑事処分相当（保護不能又は保護不適）と判断されると，成人と同じ正式裁判に付される（**逆送**，少年法第20条）。正式裁判では，5年以上10年以下の懲役といった**不定期刑**か，保護処分相当として家庭裁判所への**再移送**（少年法第55条）が言い渡される。

【関係機関の役割と連携】

非行少年の多くは，虐待，貧困，複雑かつ劣悪な家庭環境等の環境面や，発達障害等の発達面での課題を抱えており，要保護児童にも該当する。その意味で，児童相談所は，18歳未満の全ての要保護児童たる非行少年に対し，福祉的な観点から，家庭を補完又は代替して健全育成する責務を負っている（児童福祉法第2条）。もっとも，非行が行動化し，児童相談所による指導や施設入所措置等だけでは健全育成が図れない場合がある。このような場合には，非行少年として，司法を担う家庭裁判所により保護処分に付される。保護処分に付された少年に対し矯正教育を行う責務を負うのが，少年院，児童自立支援施設及び保護観察所である。

他方，成人犯罪者は，司法を担う裁判所により，応報刑として懲役や罰金等を課される。もっとも，高い再犯率が社会問題となる中で，少年時代に背負わされた課題が未解決であるがゆえに生きにくさを抱える者が少なくなく，社会復帰が極めて困難である実情等が知られるようになり，ようやく最近になって，縦割り行政の弊害が指摘されてきた刑務所と保護観察所の連携強化や民間活用が進み始め，刑務所内での矯正教育や社会復帰支援の充実等が具体的施策として実施されるようになってきた。

■　■　■

❶▶虞犯少年（status offender）

家出，暴力団関係者との交際等，保護者の正当な監督に服しない性癖等の事由があり，性格又は環境に照らして，将来刑罰法令に反する行為をなすおそれのある20歳未満の少年。少年法第3条1項3号参照。

❷▶児童自立支援施設（children's self-reliance support facilities）

非行傾向，不登校等家庭環境その他の環境上の理由により生活指導等を要する児童

22-04 ▶ 非行と発達

ヒトが社会の中で自立・自律した個人として生活できるようになるまで，感情と認知，自己と関係性の発達を成し遂げる必要がある（図1）。感情と関係性の発達は愛着と対人関係によって，認知と社会性は脳神経系と言語の発達によって，相互に絡まり合いながら内的作業モデルとメタ認知の獲得を通して発達する。**非行**は，この発達過程における，不安定な愛着や対等な関係性の獲得の失敗，あるいは他者視点や問題解決力の習得の不全から生じる，向社会的行動の学習の失敗あるいは反社会的行動の学習として理解できる。

ヒトに様々な欲求があることは自然であるが，社会の中で生活していくには，社会的に認められる方法で欲求充足できるようになる必要がある。非行が最もよく発現するのは，児童期から思春期であるが，この時期は成人になるために，依存から自律，上下から対等な関係性へと移行するべき時期でもある。養育者からの**虐待**や，学校でのいじめ，あるいは犯罪被害等の体験が多くなると，自律的な自己や対等な関係性の確立につまずきが生じる可能性がある。同様に，何らかの認知の発達に関わる困難がある場合も，その発達促進のために適切に支援する必要が生じてこよう。非行に関する**発達的リスク要因**も認められており，非行への介入を行う際には，情緒性・社会性の発達，特に自己と対人関係の発達への視点が不可欠となる。

特に**愛着**の発達は，その後の感情や衝動統制力の発達に大きな影響を与え，ひいて

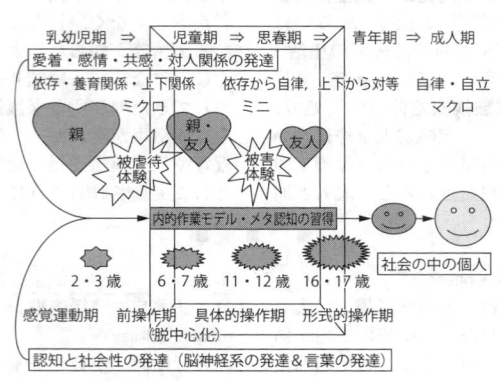

図1 感情と認知・自己と関係性の発達（相互作用的）

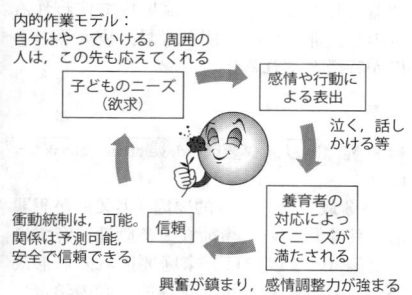

図2 安定した愛着のサイクル

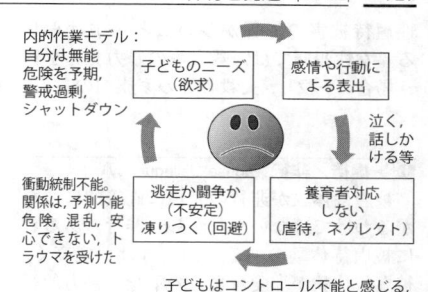

図3 不安定な愛着のサイクル

は自他への信頼感や関係性を左右する。図2は、安定した愛着のサイクルである。感情表出には、自身の状態を人に伝えるという機能がある。「空腹」等の欲求（ニーズ）が生じた場合、子どもは、泣く、話しかけるなどの感情表出や行動を示す。養育者がそのニーズを理解し、適切に対応すれば、子どものニーズは満たされ、生理的な興奮や不快感は低減されて、安心し、例えばすやすやと眠りにつく。こうした体験を繰り返すことによって衝動統制は可能で、人は信頼でき、他から大切にされる自分という内的作業モデルが日々の暮らしの中で形成されていく。

他方、図3は、不安定な愛着のサイクルを示している。欲求が生じて、それを表出するところまでは同様であるが、養育者が対応しなかったり、不適切に対応すると、子どもはいつまでも不快な興奮状態が続き、事態や衝動は統制不能である体験をすることになる。自分は無能で、事態や衝動を統制できないし、周囲の人々は予測不能で危険なので、関わりを避けるか（回避型）、あるいは闘うか逃げなければならない（不安型）。そうした内的作業モデルをもつようになると、欲求や感情を素直に伝えることが難しくなり、それが他との関係を損ない、更には悪循環で、他を信頼する

ことが難しくなる。愛着不全は、情動を伝えたり、他の情動のシグナルを受け取る能力を阻害し、ひいては、自身の感情や欲求に気づきにくくなったり、ましてやそれを、言葉等を用いて適切に他に伝えることの困難を生じさせることがある。このことは、対人関係を阻害するし、自身の感情・欲求状態を合理化するための反社会的思考にもつながりうるし、結果として非行の発現にも影響を及ぼす。

公的統計によれば、非行・犯罪は、文化や時代を超えて男性に多く、女性に少ない。このこと自体が研究の対象となるが、ヒトが男性・女性へと育っていくなかで、生理的要因、心理的要因、社会的要因が絡まり合って影響していることを反映していよう。少女非行では、窃盗、薬物乱用、売春等の受動的性非行が問題の中心となる。非行の発生機制は男女共通面もあるが、異なる面もありうる。再犯予測のリスク要因は、成人男性のデータに基づいており、少女の非行のリスク要因はかなり異なることが予想され、リスク要因が異なれば効果的介入も異なるが、現時点では研究結果は発表されていない。非行のある少女の特徴としては、非行のピークが早く、家族あるいは知人への攻撃が多く、精神病理的合併症がより多く見られ、家族・友人の影響及び

性虐待被害の影響が多いことが挙げられる。女性犯罪では, 殺人等の暴力犯罪を行う場合, 子殺し, 夫殺し等の家族内の殺人, 凶器としては, 包丁等, 家庭内で使われるものや, 非力でも可能な毒殺, 放火等の手口が特徴とされる。

■　■　■

❶▶虐待／非行 (abuse/delinquency)

被虐待体験が非行の発現に直接的につながるわけではない。しかし, 非行のある者に被虐待体験のある者の割合は一定高く, 被虐待体験が, 愛着形成の不全, 暴力的行動の学習等を介して, 非行の発現に間接的に影響する。非行への介入には, 直接被虐待体験を扱うより, 信頼関係の体験や成績向上等, 現在の適応改善を目指す方が効果的である。ただし, トラウマの後遺症が認められる場合は, それを改善する必要がある。

❷▶発達的リスク要因 (developmental risk factors)

0〜3歳では, 生得的要因 (実父母が犯罪者, 注意障がい, 衝動性・多動性, 育てにくさ)。0〜7歳では, 家庭要因 (愛着形成不全, 躾と監督不足, 攻撃的行動の学習)。2〜7歳では, 知能的要因 (言語スキルの乏しさ, 自己中心的思考, 道徳的理由づけの遅れ, 対人認知スキルの乏しさ)。5歳〜思春期では, 学校要因 (学校へのコミットメント不足, 成績不良, 怠学・退学)。思春期では, 反社会的仲間 (反社会的行動への支持, 反社会的態度・言い訳の学習)。

〔藤岡淳子〕

22-05 ▶非行と家族

家族は, 多くの人がそこで人格の形成を始め, 基礎を作られ, 社会化されていく場であり, 非行の発現の有無にも大きな影響があると考えられる。従前は非行の原因としての親 (家庭) が着目され, どのような家族構造や家族機能が非行を生じさせやすいのかといった観点から研究される傾向があったが, 家庭のリスク要因として実証されているのは, 愛着形成不全, 躾と監督不足, 攻撃的行動の学習であり, 貧困や家族成員欠損といった, 非行の原因と見なされることもあるその他の要因については, 一貫した結果や結論は出ていない。また, 現代の日本では, いわゆる「普通の家庭の普通の子」の非行が大半を占めるといわれ, 非行のある子とない子の家庭の状況の違いが見えにくくなっている。現在では, 非行研究全般の流れと同様に, 非行の原因としての親よりも, 回復 (リカバリー) の資源としての親が注目されるようになっている。

非行行動変化のための介入方法として効果を実証している**認知行動療法**は, 成人男性を基準に発展してきた経緯があり, それを少年にも応用していくことが行われているが, 認知行動療法は, 年齢 (認知発達段階) によって効果に限界がある。すなわち, 十全の効果を上げるには, 形式的操作段階 (16〜17歳) にまで達している必要がある。他方, **ペアレント・マネジメント療法** (保護者に親としての機能を向上させるための教育的介入を行う方法の総称) は, 子どもの年齢が思春期までは効果的であり, 非行少年への介入は, 同時に保護者にも親教育を実施することが有効であると認められつつある。子どもの非行に保護者もショックを受けることにより, 子どもや

周囲の人々あるいは支援者との関係が悪化すると、子どもの適切な養育が更に損なわれる危険性もあり、親の安定を支援することによって、子どもの安定と回復を支えることが有効である。保護者がより適切に子どもをサポートし、暴力を用いない生き方のモデルを示し、適切な関わりをすることで、子どもは回復する。

保護者支援で重要なことは、**親をクライエント扱いしないこと**である。支援者にとって、保護者はあくまで子どもの支援の協働者である。子どもの非行やそれに対する周囲の人々の反応や公的対応に直面した保護者は、当初は、混乱や否認の中にあり、子どもや社会に対して自らが被害者であるといった感じをもつこともあるが、それが自然な反応であることを伝える。親に子どもの育て方等を指導するというよりは、親がもっている子どもへの愛情や関心、そして子育ての力や子どもと関わる力を引き出し、子どもに関わる判断や決定、そして行動の責任を親に返していくことが鍵となる。その上で、親子のコミュニケーションのもち方、**境界線（バウンダリー）**、子どもの躾や監督のスキル、**対抗性反応**、そして暴力を用いずに欲求を充足していく生き方のモデルを子どもたちに示せるよう、情報やスキルの提示及び習得を促す。

家族支援を行うには、父、母、子どもといった個々の成員を見る以上に、家族全体の力動や関係性を見る必要がある。一人の成員の変化は家族全体に影響を及ぼし、逆に夫婦、きょうだい等、家族全員とその関係性の変化がもたらされたとき、非行のある少年の変化も後戻りしない、持続的なものとなる。**家族療法**の知見や介入のスキルをもつことが有益であることも多い。施設内での治療教育は、親への直接的介入が困難であるが、社会内での治療教育は、親子両方に働きかけ、直接その関係やコミュニケーションを改善することが可能であるという利点がある。

非行のある少年の回復を支援するために家族の力を活用する方法として定式化されたものとして、**ファミリー・グループ・カンファレンス（家族集団会議）**がある。これは、家族のエンパワメントを目標として、コーディネーターが、子ども、保護者、親類、本件被害者、警察官、弁護士、関係機関の職員等を招集し、専門家を交えて情報の共有を行った後で、家族だけの話し合いの時間を設け、再び関係者も加わって今後の対応について合意を形成する、**修復的司法**の理念の具体化の一方法と見なされる会議である。この方法では、家族が決定に参加できること、家族の関係性が保たれること、各家庭の文化が尊重されること、正義と責任が重視されること、被害者の利益が尊重されること、そして少年が社会内処遇を受ける可能性が高くなることなどから好ましいとされ、裁判による司法手続きの代替措置として行われることが多い。

■　■　■

❶▶エンパワメント（empowerment）

個人や集団が自らの生活を統制できるようにしていくこと。被抑圧者の教育学を表したブラジルのフレイレが提唱し、アメリカで、公民権運動や女性運動において、「社会的地位の向上」という意味で使われ、更に障がい者の権利獲得運動に広がった。社会的制約によって発揮を妨げられている、人間の潜在力を発揮させるために、平等で公平な社会の実現を目指すことが背景にある。自助グループやストレングス・モデルの理念となっている。

❷▶回復（リカバリー）（recovery）

精神保健福祉や依存症治療の分野で、精神疾患や依存症を持つ人が、単に精神疾患や依存症の医学的治癒を目指すというより

は，自身の困難と折り合い，自己の生を充実させることを目標に取り組む過程のこと。非行・犯罪の場合，被害と加害によってもたらされた悪影響を乗り越えて成長し，人生に新たな意味や目的を見出すこと。社会の中で一定の責任を果たし，他の権利を侵害することなく，自分の可能性を伸ばすこと。

❸ ▶家族療法 (family therapy)

個人に表れた問題も，原因は個人にではなく，家族という成員が相互に影響し合うシステムに生じた悪循環にあると考え，家族全体のシステムの在り方を調整することによって，問題解決を求めていこうとする方法の総称である。

❹ ▶境界線（バウンダリー）と家族 (boundary and family)

個人や集団にある主体性や自由・権利の領域を，境界線と呼ぶ。家族といえども，個人の，あるいは親と子といった下位集団の境界線が認められる。境界線の尊重を家族内で学ぶことは，子どもの自律・自立につながる。犯罪は，他者の境界線を侵害することを含むからである。境界線の侵害には，物理的・身体的，心理的，社会的の3種類がある。非行・犯罪からの離脱には，境界線に関する限界設定を学ぶことが不可欠である。

❺ ▶修復的司法（正義）(restorative justice)

犯罪や紛争・葛藤の解決に関する理念，ないしは制度を意味する。犯罪を「法を犯したことを，国家に対して責任を負い，処罰を受ける」ものから，「被害者やコミュニティの人々やその関係性に対する侵害行為として，やったことを認め，説明し，謝罪と償いの行動をとり，将来に向けて再犯を防ぐ責任を負う」ことを重視する。具体的な手段として，調停者を交えた当事者による話し合いや，社会奉仕活動等がある。

❻ ▶対抗性反応 (counter response)

親が子どもの攻撃的・反抗的な言動に対し，対抗して反応してしまうこと。対抗性攻撃と対抗性過保護がある。前者は，子どもの攻撃的言動に対し，子どもを理解しようとせず，言動の変化を求めて攻撃的言動をとることを意味し，後者は，子どもを理解しようとするばかりで，不適切な言動の変化を求めず，過保護になることを指す。いずれも子どもの成長を妨げる。子どもを理解することと，変化を求めることのバランスが大切である。

❼ ▶非行少年の親 (parents of delinquents)

非行少年の親に対しては，その原因として非難が集まることも多い。親の対応は様々であるが，大きなストレスに対処しなければならない状況である。親は，愛着とコミュニケーションの側面，及び躾と非行への態度の側面において，子どもの非行に影響を与える。親支援に際しては，親がストレス状況に対処し，子どもの自律・自立を促す関係性を維持し，その養育・監護力を発揮できる状態を作り出すのを支援することが重要である。

❽ ▶ファミリー・グループ・カンファレンス（家族集団会議）(family group conference)

虐待や非行等，家族の影響が大きい問題に対して，公権力が一方的に介入するのではなく，両親や拡大家族，本人や被害者等，当事者たちの話し合いによって，より効果的・実現可能な対応策を探る，修復の司法の方法の一つとされる。専門家は，当事者たちに連絡をとり，日程を調整し，事案に関する情報を伝えるなどの役割を果たすが，判断や決定は，（拡大）家族が行う。1989年にニュージーランドで始まった。

〔藤岡淳子〕

22-06 ▶ 非行・犯罪と学校・職場・地域社会

心理学の立場から見ると，非行・犯罪行動は，個人的要因が大きいように考えられがちであるが，実際には，個人の行動は社会的環境の中で生じるものであり，生活の場としての学校・職場・地域社会の影響は大きい。**学校・職場・地域社会**は，**非行・犯罪**の発生現場や発生要因として，また再犯防止や社会復帰の促進又は抑制要因として，主に社会学的アプローチによって研究されてきた。例えば，急激な都市化・社会的移動による地域住民の文化摩擦や**貧困・差別**の拡大等の地域解体（community disorganization）を，非行・犯罪の要因とする**社会解体論**（social disorganization theory）がある。それに対して，非行・犯罪を含む地域の問題を社会課題として地域住民が解決しようとする過程である。コミュニティ・オーガニゼーションという概念も，社会福祉分野で注目されている。非行・犯罪行動は，社会の中の個人の行動として，生物・心理・社会の各面から多重的に見ることが不可欠である。更に，非行・犯罪行動からの離脱や回復を考える際も，こうした環境的要因，調整可能な要因として，また本人の行動変化を支える資源として，重要な役割を果たすと期待される。非行・犯罪心理臨床を実践する際には，社会への視点とネットワーク作りが欠かせないといえよう。学校・職場（仕事）・地域社会は，非行・犯罪の原因のうち，環境的要因であり，経済のグローバル化や雇用の不安定化，家族の在り方や地域社会のつながりの希薄化等に見られる社会構造の変化の影響を受けるため，現状を踏まえた研究を進めることが期待される。

近年，刑務所出所者における満期釈放者の割合が増え，そのうち適当な帰住先がない人も多い。最終学歴が高校中退までが7割近くを占め，基礎学力の欠如が仕事の確保や職場定着をいっそう難しくさせている。このような現状も踏まえ，社会生活上困難な事情を抱える刑務所出所者や少年院出院者等が，地域社会において安定的な住居と就労先を確保できるよう支援体制を強化する流れにある。また，施設内処遇から地域社会内への移行支援を充実させるべく，施設内と社会内処遇の一体化や，司法，福祉，教育機関，更に公的，民間等の領域を超えた連携への関心が高まり，少しずつ取り組みが進められている。

■ ■ ■

❶ ▶ 学校と非行（schools and delinquency）

学齢期以降に発現し，学校で問題となる非行は，集団を組むもの，あるいは集団からはずれてしまうことに関わるものが多い。校内暴力や学級崩壊，不良集団への帰属，更に，いじめ・不登校・学業不振等，学校不適応との関連も挙げられる。校内暴力は，学校内における教師に対する暴力事件，生徒間の暴力事件，学校施設・備品等に対する損壊事件である。校内暴力の背景や動機は多様であるが，暴力への肯定的態度や，集を頼んでの威勢の顕示といった動機が特徴的である。『犯罪白書（平成24年版）』によると，校内暴力の事件数は1983年をピークとしてその後減少したが，近年はおおむね増加傾向にある。教育課程に属する少年の非行件数や内容は，『犯罪白書』や警察庁によって公表されているが，警察に検挙・補導されていないケース，いじめや性加害・被害等，実態把握が困難なケー

スがあることに注意を要する。非行によってとられた措置を，本人の将来のためにどう活かせるかが問われている。少年院等を出た少年が学校生活を再開し，卒業するには多くの困難があり，学校の理解と支援は不可欠である。しかし，少年の行動範囲や交友関係は校内にとどまらず，学校だけで対応するには限界がある。スクールソーシャルワーカーの導入により関係機関による連携・調整は進みつつあるが，少年の社会復帰や再犯防止に有効とされる地域社会を巻き込んだ国内外の取り組みなども参考に，今後の展開が期待される。

❷▶ 仕事と犯罪 (employment and crime)

ハーシ (1969) の社会的統制理論によると，社会との絆の柱となる学校や仕事からの離脱は非行に影響を与え，マートン (1938) のアノミー理論によると，社会的に承認された目標達成手段である雇用の喪失は，逸脱的な方法を選択しやすい状況を生み出す。つまり，中退・失業者の増加は，非行・犯罪の発生を促進する危険性がある。実際，第二次世界大戦直後を除けば，日本で刑務所人口が増加に転じたのは1995年頃からであり，バブル崩壊による雇用環境の悪化の影響が考えられる。一方，ホワイトカラー犯罪と呼ばれるものは，企業の役職や自らの職位を利用して行う経済犯罪の一種であり，贈収賄罪や脱税等がこれにあたる。犯罪学者サザランドにより1930年代に提唱された。組織の中で信頼や地位を得るだけの社会性をもちながらも，ギャンブル等何らかの秘密裏に大金が必要な事情が生じ，犯行に至ることが多いとされている。住居と就労の有無は，非行・犯罪の発生や再犯に大きな影響をもつため，矯正施設や保護観察所は，住居や就労確保のための取り組みを進めてきた。犯罪や非行歴のために就職が困難な場合，また，就職しても職場での理解を得にくいなどの問題がある。法務省や厚生労働省は，矯正施設や保護観察所がハローワークや協力雇用主（2012年時点で全国に約9,300）等と連携して，職業訓練から出院・出所後の就労先の調整・確保を試みているが，安定就労や職場定着の課題は大きい。

❸▶ 非行・犯罪とコミュニティ・オーガニゼーション (delinquency, crime and community organization)

コミュニティ・オーガニゼーションは主に，個人の抱える問題への個別的・直接的な介入や支援だけでは解決できない問題を社会課題として着目し，当事者を含む地域住民が主体となって取り組むことを促す社会運動の一形態である。社会福祉分野では，地域住民が取り組めるように，住民の組織化を支援者が側面支援することも含まれる。19世紀後半のイギリスで貧困地域（スラム）対策として展開されたセツルメント運動の影響を受け，日本でも隣保館と呼ばれるコミュニティ・センターが地域住民の生活環境改善に貢献してきた。近年，コミュニティの在り方が多様化し，従来の血縁・地縁を軸とした地域共同体としてのつながりとは異なる新たなつながり，居場所の創出が試みられている。非行・犯罪との関連では，アルコールや薬物依存症者や少年院出院者，刑務所出所者による当事者グループが世界各地で展開されている。一方，刑務所等や出所者の就業支援センター等の建設時には，地域住民による反対運動等，葛藤が生まれることもある。

❹▶ 非行・犯罪と地域社会 (delinquency, crime and the local community)

地域社会（コミュニティ）は，犯罪学や刑事政策等の諸分野においてキーワードとなっている。これまで公的機関が担ってきた刑事司法制度（警察，検察，裁判，矯正，保護）の各プロセスに，地域住民が何らかの形で関与する方向にある。例えば，欧米諸国における修復的司法実践では，被害者と加害者と共に，地域住民も当事者として

問題解決を担う一員となる。日本では，保護司が，矯正施設等出所者の地域生活支援を保護観察官と共に担ってきた歴史がある。近年は，裁判員制度の導入による刑事司法手続への市民参加や，官民協働運営のPFI刑務所における官と民の連携・協働も進んでいる。犯罪予防・再犯防止対策との関連では，厳罰化の流れとともに，犯罪発生を事前に阻止する体制を重視する環境犯罪学が注目されている。具体的な予防策としては，地域ボランティアによるパトロール活動や防犯カメラの設置，犯罪予防マップの作成等がある。その他，割れた窓を放置すると犯罪が発生する環境になりやすく，軽微な犯罪も取り締まることで犯罪を抑止できるとする割れ窓理論がある。犯罪は地域の中で起き，人々に多大な悪影響を及ぼす。その予防と解決に対して地域社会が自ら対応する力をつけることは，地域社会の力を強化することにつながる。地域社会における多様な居場所や相談機能の確保等，複合的な困難を抱えた人々の社会参加を可能にするコミュニティ作りへの関心も，高まりつつある。

❺ ▶ 貧困・差別と非行・犯罪 (delinquency and crime in relation to poverty and discrimination)

貧困は，時代や社会情勢の変化とともに定義，整理されてきた概念であり，現代社会の貧困は多様化・複雑化している。終戦直後の日本において貧困は，食糧や医療等，生存に必要不可欠な最小限のニーズが満たされない状態であり，戦後は住居や教育，雇用等，基本的ニーズの視点が加わり，更に近年は，人とのつながりなど，社会関係資本の喪失状態へと貧困の概念が広がりつつある。2009年に政府が日本の貧困率を公表するなど，貧困問題は日本における社会課題の一つとして認識されている。貧困と非行・犯罪の関連については，永山則夫の連続射殺事件等，以前から注目を集めてきたテーマである。法務総合研究所の近年の指摘によると，満期出所の高齢受刑者の約7割が刑務所に再入所しており，高齢累犯者の罪名には窃盗が多く，再犯の背景に経済的不安定があることなどが推察される。このような状況から，刑務所が最後のセーフティネットになっているとの指摘も見られる。貧困に加え差別も同様に，社会からの排除，希望・期待の喪失を招き，個人の自己選択や人間関係，社会参加の機会に影響を及ぼしてきた。ゴッフマン(1963)によるとスティグマは，二つの側面から社会関係を制限する要因となる。社会からの偏見による排除（機会の喪失）と，自分自身による機会の制限である。差別の結果としての貧困や，教育，雇用，その他の社会的機会や資源からの疎外が，非行・犯罪といかに結びつくのか，具体的には検証されていない。今後，貧困並びに差別そのものの概念や現状の整理も踏まえた上で，非行・犯罪との関連について更なる検証が期待される。

修復的司法：→ 22-05-❺「修復的司法（正義）」

〔坂東 希〕

22-07 ▶ 非行少年・犯罪者のアセスメント

非行・犯罪関連のアセスメントは，刑事司法機関のみならず医療，福祉，教育等の領域でも行われることがあり，その付託理由や担当者の役割等に応じ，内容や焦点も異なる。ここでは，対象者が非行や犯罪に至った諸事情を解明し，彼らの立ち直りや再非行・再犯の防止に有効な処遇を，計画・実施・評価する目的で行われるアセスメントの特徴等について概説する。

【非行・犯罪のアセスメントの特徴】

非行・犯罪関連のアセスメントは，事件化が関与の端緒となるなど，対象者の非自発的関与が一般的である。対象者は，逮捕や処分への当惑や不安等から，非協力的・防衛的な態度を示したり，問題克服に向けた動機づけが低い状態にあることも少なくなく，**動機づけ面接**を用いた動機づけの増進，信頼関係構築，必要な情報の入手等に配慮を要する。一方，アセスメント担当者は，対象者の立ち直りを支援する役割とともに，再非行・再犯の防止や地域社会等の安全の増進に向けた責務も担っている。アセスメントの結果は，自由の制約を伴う各種処分や処罰等の処遇選択や，関係機関等の意思決定の判断材料の一つとされ，臨床場面における秘密保持の原則も，自傷他害のおそれのある時など，法令上の通報義務や各種事故防止の要請から一定の制約が伴う。更に，保護処分等の各種処分や刑罰は，刑事司法関係法令上の規定や実務の枠組みに従い，利用可能な資源や定められた期間等の制約条件の下で行われる。このため，対象者の更生を促進し，再犯を有効に防止する観点から，対象者の**リスク・ニーズ・反応性の原則**（RNRモデル）を処遇計画策定の基盤とするなどして，対象者に応じ最適な処遇を優先づけて計画・実施する視点も必要とされる。

【アセスメントの次元と手法】

非行や犯罪には，器質的障害等の生物学的問題，認知，態度，価値観等の心理的問題，個人を取り巻く社会環境上の問題等，次元を異にする要因が複合的に関与しており，**生物・心理・社会の各次元からのアセスメント**情報に基づき，複眼的に仮説を設定しケース理解を進め，必要な処遇を計画する必要がある。

生物学的な基盤をもつ心身の疾病や障害は，責任能力や受刑能力の認定，医学的治療の要否等，処分や処遇内容にも大きく影響するので，この種の問題の関与がうかがえるケースでは，医学的な精査により診断や治療指針を得ておく必要がある。心理社会的な次元では，面接，心理テスト，行動観察，家庭や地域社会の生活環境や資源に関する社会調査等が主な調査手法とされ，対象者の人格特徴，心身の状況，家族歴，発達歴，生活歴，非行・犯罪の促進・抑止にまつわる諸要因，必要な介入方策等の分析が行われる。この種の多面的な情報収集・分析では，同一機関内又は関係機関間の異職種スタッフが，チームとなって協働的に調査方針策定やケース検討を行い，アセスメント作業を進めることが必要である。その結果は，各機関が定めるケース記録の一部として綴られ，処遇機関で利用される。処遇期間中に，定期・不定期になされる再アセスメントの結果は，処遇の進捗状況や介入効果の検証につながるだけでなく，問題の再発時のアセスメントにも貴重な資料となる。

【リスク・アセスメント】

非行や犯罪の生起に関わる**再犯リスク要因**や**保護要因**の実証的知見をもとに，北米や西欧の非行・犯罪の処遇実務では，**リスク・ニーズ・アセスメント・ツール**の開発・利用が定着しており，我が国も性犯罪者再犯防止指導分野や少年矯正分野における法務省式ケース・アセスメント・ツール（MJCA）導入等，この種の客観的評価ツール利用が広がりつつある。同ツールには，一般的な非行性や犯罪性に関わるリスクやニーズを査定するもの（例 YLS/CMI，OASys），性犯罪等特定領域の査定用のもの（例 Static99）等がある。これらのツールによる評価は，リスク水準に応じた介入密度の決定や，処遇期間中のプロセス評価，処遇完了後のアウトカム評価の効果検証等にも利用され，ケース・システム双方のマネジメントを支援するとともに，科学的根拠に基づく実務（EBP）を進める実証

的な評価研究にも，貴重な知見を与えている。

■ ■ ■

❶▶ OASys（Offender Assessment System）

イギリスの成人犯罪者の処遇領域で用いられているリスク・ニーズ・アセスメント・ツールのこと。判決前調査の段階から処分確定後の施設内処遇・社会内処遇を通じ，ケースマネジメントを行う際に継続的に使用され，多機関連携型の処遇を支援している。同国では，少年には，ASSETと呼ばれるツールが別途使用されている。

❷▶ 再犯リスク要因（criminogenic risk factors）

再犯の生起を高める方向に関連性をもつ諸要因をいい，非行・犯罪歴等のような静的（履歴的）リスク要因と，教育や治療を通じ変容可能な動的リスク要因に大別される。更に，動的リスク要因には，比較的持続性が見られる安定的リスク要因（例：暴力肯定的態度）と，非行や犯罪の引き金として作用する状況的・急性的なリスク要因（例，怒り）がある。

❸▶ Static99（static99）

カナダにおいて開発された性犯罪の再犯リスク評価ツールのこと。このツールは，静的リスク要因のみの評定により性犯罪再犯リスクを大まかに見積もり，介入密度の選択等の参考とする。各国の性犯罪者処遇分野においても，Static99に倣ったツールが使用されている。

❹▶ 動機づけ面接（MI：Motivational Interviewing）

動機づけ増進のための面接技法の一つである。変化に向けてのレディネスは対象者ごとに異なるが，MIでは，対象者が抱える両価性を面接の中で協働的に探索・解決していきながら，変化に向けた動機づけを内発的・自律的に促進・強化・維持することに力点が置かれる。

❺▶ 保護要因（protective factors）

非行・犯罪の発生や再発を抑止・脱却させる方向に関連性をもつ諸要因（例：家族の絆の強さ，学校・就労生活への打ち込み）のこと。対象者の立ち直りのための指導や支援のための対策策定では，リスク要因を減らす働きかけとともに，非行や犯罪から対象者を守り，より良い生活に導く保護要因やストレングスを同定し，増やす努力も欠かせない。

❻▶ リスク・ニーズ・アセスメント・ツール（risk〈needs〉assessment tool）

対象者の再非行や再犯に関連するリスク要因や，処遇のターゲットとなるニーズを構造的に評定するために用いられる各種のツールのこと。ツールの多くは，リスク・ニーズ領域ごとの評価項目を，一定の評価基準に従いチェック・評点化し，大まかなリスク水準や重点的ニーズ領域を明らかにし，処遇計画策定やケースマネジメントのために用いられている。

❼▶ リスク・ニーズ・反応性の原則（RNRモデル）（RNR：Risk-Need-Responsivity Principle〈Model〉）

対象者の再犯リスク水準の高低に応じた介入密度により，彼らの犯罪や非行に関連性が高い変容可能な（動的）リスク・ニーズに焦点づけて，対象者固有の学習スタイル等の特性（処遇に対する反応性）を踏まえ介入を計画することが，最も処遇効果が高いという実証的知見に基づく原則のこと。

❽▶ YLS/CMI（Youth Level of Service/Case Management Inventory）

カナダで開発された少年用のリスク・ニーズ・アセスメント・ツールのこと。各種リスク領域の評価に加え，ストレングス（長所）についても評価し，監督指導水準やケースマネジメント・プランの策定に利用している。成人用にはLS/CMIがある。

〔寺村堅志〕

22-08 ▶ 非行・犯罪行動変化のための治療教育の歴史的展開

非行・犯罪行動変化のための治療教育は，アメリカにおいて，1950年代から発展してきた。当初は，キリスト教的な改善更生主義と，犯罪行動には原因があり，それを見つけて治療すれば再犯率は低下するという感染症医学モデルに拠り，職業訓練や心理的治療等様々な介入が行われた。しかし，1974年に発表されたマーティンソンの「どの介入も再犯率を低下させたという証拠はない（Nothing Work）」とする研究結果を契機として，アメリカ社会の保守化もあり，法的手続きと「罪に見合った罰（Just Desert）」を重視する流れへと変化した。

いったん衰退したかのように見えた改善更生主義は，個々の効果評価研究を標本とするメタ分析によって**処遇効果評価**を重ねた結果，1990年代になると，再犯率低下効果が実証されるプログラムが現れるようになり，「一定の対象者に一定のプログラムを実施すれば，一定の再犯率低下効果を得ることができる（Something Work）」として，各国に広がりつつある。再犯率低下効果が認められている方法としては，性犯罪や薬物依存に対する**認知行動療法**を基盤とするプログラム，社会内での非行少年少女に対する**マルチ・システミック療法**，薬物依存や暴力犯罪に対する**治療共同体**等がある。

犯罪行動変化のための認知行動療法は，**リスク・ニーズ・反応性の原則**に基づいて，犯行に至る思考-感情-行動の連鎖（犯行サイクル）とその前提となる日常生活での無責任な行動のパターン（維持サイクル），特にサイクルを推進する犯罪を合理化する反社会的思考（思考の誤り）を見つけて修正し，悪循環に陥らないための介入プランを立てる，及び再犯リスクを管理する（リスクマネジメント）ことに要諦がある。その人自身を「犯罪者」として見るのではなく，変化可能な犯罪行動を変化させ，自身で衝動や犯罪行動を統制する力をもてるように支援することが目標となる。すなわち，自己統制モデルである。そこに，**変化への動機づけと変化の段階に応じた介入方法の選択**，**再発防止モデル**，**グッド・ライブズ・モデル**等を組み込むことによって発展してきた。

マルチ・システミック療法は，システム論の影響を受け，非行を行っている少年，その家族，学校，地域社会等の多様なシステムに対して同時に介入していくことに眼目がある。

いずれも心理・精神医学・社会学等の専門家が，個人と環境に働きかけることによって，非行・犯罪行動を変化させようとする仕組みである。初期の医学モデルと異なり，個人内要因にのみ原因を求めることなく，リスク要因を管理しながら，非行・犯罪行動を統制していくことに眼目が置かれている（**予防医学モデル**）。

他方，当事者の自助グループ，特にアルコール依存からの回復を目指す**アルコホーリクス・アノニマス（AA）**から発展した治療共同体も有意な再犯率低下の効果を示している。治療共同体は，生活を共にし，双方向的なグループ・ミーティングを重ねること，生活の中での役割や責任を果たすことを中心に，24時間を回復のための相互の学びの場とする。当事者同士の回復への希望や道のりの共有，語り・聞くこと，及び共同体内での役割と責任を果たすことにより，過去の物語を手離し，新たなアイデンティティを獲得していくことが可能になる。欠点を治療するというより困難と折

り合いつつ新たな生き方，回復を目指すこうした方法を**リカバリーモデル**と呼ぶ。

もう一つの潮流が**社会モデル**と呼ばれるもので，犯罪原因として，個人要因よりも社会的要因を重視し，社会的環境を整えることに重点を置く。その一つである**修復的アプローチ**は，刑事政策の改革から生じ，犯罪や葛藤の解決を法律の専門家から取り戻し，犯罪によって生じた損害を加害者と地域社会とが修復することに重点を置く。その方法として，社会奉仕活動や対話による葛藤解決等がある。社会モデルでは，犯罪者個人に欠陥があることを前提としない。

現在では，予防医学モデル，リカバリーモデル，社会モデルの三つが互いに影響を及ぼし合いながら，犯罪・非行の原因を多要因と捉え，原因を探ること以上に，犯罪による悪影響を低減することに重点を置くようになっている。どのモデルにおいても施設内での介入から社会生活に移行する際の支援が再犯率を低下させるために重要であるという知見は共通しており，今後**社会移行支援**の充実が再犯率低下の鍵となろう。

■　■　■

❶ ▶ アルコホーリクス・アノニマス (AA: Alcoholics Anonymous)

無名のアルコール依存症者たちが，12ステップを用いた「言いっ放し，聞きっ放し」のミーティングによりアルコール問題からの回復を支え合う自助グループの一つ。日本では，日本AAと断酒会が活動している。

❷ ▶ グッド・ライブズ・モデル (good lives model)

犯行サイクルを進行させないための介入プランは，刺激の回避になりがちであるが，回避は生活そのものを細らせてしまう。本人が重視する価値を知り，その実現に向けて，積極的に生活する方向づけが組み込まれている。

❸ ▶ 再発防止モデル (relapse prevention model)

一旦行動が変化しても，パターンは残っているので，維持段階において，放置すると再犯につながってしまう徴候に気づき，別の対処をとってサイクルの進行を止める。認知行動療法の終わりに組み込まれていることが多い。

❹ ▶ 社会移行支援 (reentering support)

刑務所出所者の再入率は，施設内のみ，あるいは社会内のみのプログラムでは低下しないが，両方のプログラムを受講することによって有意に低下する。施設内では動的安定的リスクの変化に向けて集中的に働きかけ，社会内では新たな状況への適応と動的急性的リスクへの対応がなされる。障害のある受刑者や高齢受刑者に対する就労支援等の社会移行支援は始まってはいるが，全体としては不十分であり，今後の大きな課題である。

❺ ▶ 変化の段階 (the stages of change)

行動の変化は，段階に応じて固有の課題を伴う過程であり，段階に応じて適切な介入を行い，変化の過程を促進することが大切である。①前考慮段階：変化への動機づけが重要。②考慮段階：変化を考え始め，問題に関する情報を集め始めるので，適切な情報を提供する。③準備段階：変化のための行動に焦点を移し，コミットメントと自己開示を促す。④実行段階：変化のための行動を実践する。⑤維持段階：達成した変化を維持する。

❻ ▶ 変化への動機づけ (motivating for changes)

犯罪行動は，本人にとっては，何らかの欲求充足機能を果たしているため，手放すことに葛藤がありうる。その葛藤を意識化させ，別の向社会的行動をとることによっ

てより良い結果を得られるという見込みと希望を抱けた時，自ら変化しようとする動機づけがなされる。この変化への動機づけが，治療教育への何より重要な入口となる。動機づけ面接等のスキルもあるが，何より信頼と協働の関係を構築することが鍵となる。

❼ ▶ マルチ・システミック療法 (multi systemic therapy)

在宅での少年少女の非行終息に対して効果が実証されている。個々のシステムの介入方法は，個人には認知行動療法を，家族には家族療法等，効果的と考える手法を活用する。対象者からの治療に対する評価がコーディネーターにフィードバックされる仕組みがあることも特徴である。対象を社会内に限定しており，6カ月間で効果が出なければ施設入所による介入等を勧めている。

❽ ▶ リスク・ニーズ・反応性の原則 (risk-need-responsivity)

本項については，22-07-❽「リスク・ニーズ・反応性の原則（RNRモデル）」を参照のこと。

❾ ▶ リスクマネジメント (risk management)

再犯リスクは，過去の犯罪歴等，変化しない静的リスク，性格等の比較的安定しているが変化可能な動的安定的リスク，短時間で変化するが，犯行サイクルを回す契機となりやすい動的急性のリスク，に分けられる。再犯防止は，これらリスクを管理し，犯罪から遠ざける保護因子を強化することにより達成できる。治療教育は，主として動的安定的リスクの変化を目指すものであり，モニタリングは動的急性的リスクを管理するものである。

〔藤岡淳子〕

22-09 ▶ 犯罪被害者

犯罪被害者は，犯罪に巻き込まれたことで身体的，精神的，経済的，社会的な苦痛をもたらされる。加害者の一方的な犯罪行為によって，被害者は安全・安心・信頼といった生きる上での基盤が揺るがされる。更に周囲の無理解や偏見等の二次被害を受けやすく，犯罪被害者は社会の中で孤立しやすい。また，DV（ドメスティック・バイオレンス）や虐待等，家庭内で起こる犯罪や性犯罪は，被害者が声を上げにくい状況でなされる上，事情聴取や裁判等の精神的負担が大きいことから潜在化しやすく，立件されるケースは氷山の一角であるといわれている。

日本において犯罪被害者の権利及びその支援が議論されるようになったのは，1995年以降である。1974年の三菱重工ビル爆破事件を契機として制定された犯罪被害者等給付金支給法が，1980年に施行されていたものの，犯罪被害の経済的な補償ではなく限定的なものであった。1995年の地下鉄サリン事件の翌年に，警察庁が被害者対策要綱を策定し，被害者対策室が設置された。1998年に全国被害者支援ネットワークが発足し，翌99年に「犯罪被害者の権利宣言」が発表された。2000年には犯罪被害に対する法整備が進み，同年に「ストーカー行為等の規制等に関する法律」と「児童虐待の防止等に関する法律」が，2001年には「配偶者からの暴力の防止及び被害者の保護に関する法律」が制定された。

刑事手続に関しても，被害者保護の視点から「刑事訴訟法及び検察審査会法の一部を改正する法律」及び「犯罪被害者等の保護を図るための刑事手続に付随する措置に関する法律」が2000年に制定された。事

件の処分結果等を通知する「被害者通知制度」や，加害者の出所情報の開示も認められた。

こうした流れの中で，被害者遺族の発言がきっかけとなって，2004年に「**犯罪被害者等基本法**」が成立した。犯罪被害者等基本法は，犯罪被害者等の視点に立った施策を講じ，その権利利益の保護が図られる社会の実現を目指すものであり，犯罪被害者の権利について明確に述べられている点が特徴である。前文では，「犯罪等による被害について第一義的責任を負うのは，加害者である」と明記した上で，あらゆる人が「犯罪等を抑止し，安全で安心して暮らせる社会の実現を図る責務を有する」とし，「国，地方公共団体及びその他の関係機関並びに民間の団体等の連携の下，犯罪被害者等のための施策を総合的かつ計画的に推進する」ことが記されている。

更に，2008年から，犯罪被害者が直接刑事裁判に参加できる**司法参加**の道が開かれた。

心的外傷体験（トラウマ）としての犯罪被害の影響は深刻であり，PTSDをはじめとする精神障害等を発症したり，慢性的な身体的，精神的不調が生じて社会機能全般が低下したりする。犯罪により生命や身体の危機にさらされたり，悲惨な現場を目撃したり，大切な存在を突然喪失することは，心的外傷体験となりうる。時間の経過と共に症状は軽減するが，数年後でも精神的な苦痛を感じている被害者は少なくない。恐怖や怒り，敵意や恨み，自責感，自尊感情の低下，絶望，喪失感等を抱える被害者は多く，遺族は複雑性悲嘆が生じやすい。被害者が子どもの場合，心的外傷体験が発達に影響を及ぼし，思春期以降に不適応や非行等の問題行動として表れることもある。こうした派生的な問題を予防するためにも，早期の適切なケアが重要である。

犯罪被害者支援では，被害者の置かれた状況や心身への影響を考慮し，精神的支援を始め，法的手続きに関する情報提供や，警察や裁判への同行支援，裁判の代理傍聴といった直接的支援が提供される。被害による経済的損失への補償や，家事や託児等の生活支援の需要も高いが，現在は十分に提供されていない。法的・経済的な制度や生活支援等の包括的なサポートが求められるが，それらのサポートを活用するにはある程度の精神面の安定や回復が不可欠であるため，被害者支援においては精神的支援が重要な役割を果たす。

また，犯罪の中でも少年や精神障害者による事件や，加害者が自殺したり未解決に終わった事件等は，被害者の心情がより複雑なものになりやすい。法整備に伴い犯罪被害者が裁判に関与できる道が開かれたとはいえ，被害者の回復を妨げる状況が数多く残されている。犯罪被害者のニーズに応じた多面的な支援を行うために，多機関との連携の中で，PTSD等，重度のストレス障害への専門的な治療が提供できる体制も必要とされている。

■　　■　　■

❶▶心的外傷体験（トラウマ）としての犯罪被害（crime victim as traumatic experience）

心的外傷とはトラウマ（trauma）の邦訳であり，アメリカ精神医学会の診断統計マニュアル（DSM-5）では，実際に危うく死にそうな出来事や重篤なけが，性的暴行といった，本来もっている個人の力では対処できないような外的な出来事を体験した時のストレスを指す。これらを直接体験した場合だけでなく，他の人の同様の体験を目撃したり，身近な親族や友人が同様の体験をしたと知った場合にも，トラウマ体験となりうる。このような体験によって，フラッシュバックや悪夢の形でトラウマ記

憶がよみがえり，精神的な苦痛や様々な身体症状が引き起こされる侵入症状や，トラウマ記憶を思い出すような人や場所，機会等を避け，そのことを考えないようにする回避症状，トラウマ体験を思い出せなかったり，長く自分や他者を責め続けたり，楽しみや興味を失ってしまう認知や気分の異常，些細なことでびくびくと過剰に警戒し，不眠や自暴自棄になる覚醒や反応性の異常といった症状が表れる。これらの症状が被害後1カ月以上持続し，生活機能に支障を来している場合，心的外傷後ストレス障害（PTSD）と診断されうる。子どもの場合は，漠然とした不安や退行現象，身体化等によって表されることが多い。犯罪被害は，被害当事者や遺族にとって心的外傷となりうる体験であり，PTSDは，犯罪被害後に起こる精神障害としてよく見られるものである。心的外傷体験は，生活の基盤となる安全感や信頼感を喪失させ，被害者の自責感を高める。そのため，PTSDのほかにもうつ病や解離性障害等，様々な精神疾患を併発したり，生活全般の質（QOL）が低下することによる問題も深刻化しやすい。

❷ ▶ **犯罪被害者支援**（crime victim support）

犯罪被害者のニーズに対応する包括的な支援を指す。犯罪被害によって生じた心身の不調，生活の問題，周囲の人の無理解や偏見による二次被害，加害者からの更なる被害，捜査や裁判に関わる様々な負担等に対して，それらの軽減を図り，被害からの回復を支えることを目的とする。犯罪被害者支援では，被害者の話を聴き，思いを受け止め，批判したり急かしたりすることなく被害者のそばに寄り添う姿勢が求められる。初期対応においては，被害者の安全を保障する介入や必要な情報提供，アセスメント，心理教育等が有効である。医療機関や警察，裁判所等への付き添いや，現場検証の際の立会い，経済的補償，家事や事務手続きの代行，犯罪被害によって生じた障害に関する診断書や鑑定書等を必要とする被害者もいる。支援においては被害者を尊重し，被害者自身のエンパワメントを重視する。被害者が主体的に自己決定をしながら進めていく過程そのものが，被害からの回復の力になりうる。

❸ ▶ **犯罪被害者等基本法**（Basic Act on Crime Victims）

2004年12月に成立し，2005年4月に施行された法律である。「犯罪被害者等（犯罪やこれに準ずる心身に有害な影響を及ぼす行為の被害者及びその家族又は遺族）のための施策を総合的かつ計画的に推進することによって，犯罪被害者等の権利利益の保護を図ることを目的としており，その基本理念として，犯罪被害者等は，個人の尊厳が重んぜられ，その尊厳にふさわしい処遇を保障される権利を有することなどが定められて」いる。同法では，重点課題として次の五つ，①損害回復・経済的支援等への取組み，②精神的・身体的被害の回復・防止への取組み，③刑事手続への関与拡充への取組み，④支援等のための体制整備への取組み，⑤国民の理解の増進と配慮・協力の確保への取組みが挙げられている。更に2005年12月に同法に基づき犯罪被害者等基本計画が決定され，施策の内容が総合的，体系的に示された。

〔野坂祐子〕

22-10 ▶ 各種犯罪の特徴

罪種は法的に定義されているが，背景となる心理機制は様々である。ここでは，各種犯罪の心理的特徴及び治療教育に関わる

際の留意点を中心に述べる。どのような犯罪をどのように行ったかを詳しく知ることは，その人の価値観，生き方，人生で手に入れたいもの，他者に見せたい自分，そしてどの年代にどんな人生の転機があったかなどを伝える重要な情報であり，犯罪事実を精査することが大切である。犯罪行為は「選択」であり，選択には理由があり，犯罪行為を入口に選択の理由を探ることで，介入の入口も見えてくるからである。

主たる罪種を，大きく分けると，暴力犯罪，財産犯罪，薬物犯罪に分けることができる。**女性犯罪**も特徴を有する。

暴力犯罪は，行為そのものによって欲求不満状態を解消しようとするものであり，同時にその行為によって，葛藤状態といった不快な状況から逃避する行為であることが多い。殺人・傷害をはじめとする，人に対して身体的攻撃を向ける場合と，放火や器物損壊のように，物に対して攻撃を向けるものとがある。いずれも対象に直接攻撃を向ける場合もあれば，八つ当たり的に，より弱い対象に向ける場合もある。熱い暴力と冷たい暴力という分類は，前者は，衝動統制が効かずに暴力をふるうものであるが，後者は，人や状況を支配するために自己統制して暴力をふるうものである。行動は類似であるが，行動変化のための介入のポイントは異なる。前者は，アンガーマネジメント等，統制力を強化する介入が有効であるが，後者は，それは逆効果となりうる。いずれにせよ，背景には，葛藤を暴力で解決する対人関係の中に長期間いたことで，暴力を使うことが肯定的に捉えられている態度や価値観の問題がある。**性犯罪**は，性を通じた暴力として理解する必要がある。性的欲求は自然であるが，性暴力は，同意性と対等性を欠いた，個人の身体的境界線と性的自由権の侵害である。のぞきや下着盗等，非接触型の性犯罪，直接攻撃としての強制わいせつや強姦があり，身体暴力の高さにより，侵襲性の度合いが変わってくる。

財産犯罪の主なものには，窃盗と詐欺・横領とがある。**窃盗**は最もありふれた犯罪で，経済的・社会的要因も大きいが，社会適応の困難さを反映する場合や，間接的な攻撃性を秘めた心理的要因が大きい場合もある。また比較的低年齢から，種々の犯罪の始まりとして現れることも多い。万引き・置き引きといった比較的単純なものから，自動車盗，空巣，すり，ひったくり，更には身体暴力も伴う強盗，強盗殺人まで手口や態様は様々であるが，手口によって，攻撃性・反社会性の高さを査定できる。また，窃盗行為そのものに依存していく**窃盗癖（クレプトマニア）**というものもある。いずれにせよ，背景には対人不信や間接的攻撃性がありうる。**詐欺・横領**は，無銭飲食や自転車盗（占有離脱物横領）といった，比較的単純な手口で，基盤となる生活の破たんを予期させるものから，結婚詐欺や振り込め詐欺，組織における立場を悪用した社会的信用が前提となるものまで，心理的背景は様々である。彼らは，身体的暴力よりも，言語や社会的象徴によって人を欺き，操作・支配することに長けている。

薬物犯罪は，使用と密輸・密売に分けられる。後者は，心理的には財産犯に近い。使用者の特徴としては，対人葛藤や傷つきなど，否定的な感情体験を否認する方法として薬理効果を利用する。背景には依存の問題がありうる。心的外傷体験への自己治療や，適切な社会性・情緒性の成長を支えられなかった家族機能の障害があることも珍しくない。犯罪の背景として，違法ではないアルコール，買い物，ニコチン，ギャンブル，性等の，物質依存・プロセス依存が隠れていることも多い。

22-10 各種犯罪の特徴

❶ ▶ 詐欺／横領 (fraud/embezzlement)

詐欺には, 無銭飲食から, 借用詐欺, 結婚詐欺, 振り込め詐欺等, 様々な種類があり, 被害者が親しい相手か否か, 長期間かけてだましているか, 被害額等が問題の深刻さを表す。横領には, 放置自転車を盗った占有離脱物横領から, 背任罪を伴うような業務上の横領等, 種類が分かれる。両者共に, 他者の信頼を欺きながら行動し続けることに特徴があり, 対人関係の問題や依存症, 組織や社会に対する強い怒りを抱えていたりする。

❷ ▶ 殺人／傷害 (murder/assault)

いわゆる粗暴犯には, 傷害・暴行・脅迫・凶器準備集合・暴力行為等処罰に関する法律違反が含まれる。殺人・強盗は暴力的犯罪の中でも別に統計が取られており, 心理学的にも他の粗暴犯罪と比べ, 攻撃性の高さは特徴的である。強盗に関しては, 万引きをとがめられて逃げようとして店員を怪我させたものなど, 窃盗の延長上のものから, 計画的に多額の金額を盗むものとで, その種類は分かれる。

❸ ▶ 女性犯罪 (women's crime)

女性犯罪は, どこの国, どの時代においても男性の犯罪より少ない。女性犯罪が少ない理由については, 生理的, 心理的, 社会的に様々な説明が試みられていて, 犯罪学の課題の一つである。窃盗, 薬物, 売春が多く見られ, 嬰児殺しや放火も女性に特徴的とされる。殺人の場合, 家族や伴侶等を対象とすることが多く, 手口としては, 毒殺や放火等, 非力でも行えるものから, 包丁等の家庭内で入手しやすい武器を使うことが特徴とされる。

❹ ▶ 性犯罪 (sex crime)

強姦・強制わいせつ等の接触型と, 性器露出, 窃視等の非接触型に分けられる。いずれも, 親密性や他者との同意に基づく対等な関係性に課題を抱えている。性犯罪は, 露見しない暗数が多く, 特に家族内, 知人間等の場合, 表に出にくいといわれている。性犯罪は, 他者の性的自由を侵害する行為で, 性を通じた暴力であり, 必ずしも性的欲求によるものではなく, 支配欲求, 依存欲求等, 様々な欲求から生じることに注意を要する。

❺ ▶ 窃盗 (larceny)

刑法犯の認知件数の中で最も多い罪名であり, 刑務所に入る罪名としても男性では1位, 女性では2位に入る。自転車やバイクなどの乗り物盗, 万引きや車上狙い等の非侵入窃盗, 空き巣や事務所荒らし等の侵入窃盗に分かれる。道具なしでもできる犯罪であることから, 子どもから老人, 女性にも幅広く見られ, 犯罪の入口となることも多い。一過性に終わるものから窃盗癖等病的に繰り返すものまで, 深刻さも多岐にわたる。

❻ ▶ 窃盗癖／クレプトマニア (kleptomania)

行動への嗜癖の一つである。万引き等の比較的単純な手口で, 本人には必要のないものを, 処罰され, やめようとするにもかかわらず, 繰り返し盗む。比較的女性に多い。背景には他の嗜癖行動と同様に, 依存と関係性の問題がある。

❼ ▶ 放火 (arson)

複数犯で, 集団力動により火をつけてしまう場合と, 単独で不満解消や破壊のために火をつける場合とで, その深刻さは変わる。特に単独犯は, 社会性が乏しい者や, 率直に攻撃性を発散できない弱者が実行する場合が多く, 万引きと同様に女性比も高い。人が住んでいる場所かどうかによっても, 罪の重さや問題性は異なる。自殺・自傷行為の代償として実行する場合もある。

❽ ▶ 薬物犯罪 (drug-related crime)

覚せい剤・大麻・シンナー・MDMA・

LSD・コカイン・ヘロイン等，様々な種類と使用法がある。興奮系の薬物（覚せい剤・コカイン・MDMA 等）と，抑制系（シンナー・大麻・ヘロイン等），それとは異なる幻覚剤（LSD 等）に分かれ，使用目的から好みは分かれる。シンナーや大麻，処方薬の乱用から，より強い薬物に移行するパターンが多い。刑務所に入る罪名として覚せい剤取締法違反は，男性で2位，女性で1位である。

暗数：→ 22-01-❶「暗数」
女性犯罪：→ 22-04「非行と発達」
身体的境界線：22-05-❹「境界線（バウンダリー）と家族」
性犯罪：→ 21-08「性犯罪」

〔毛利真弓〕

23-00 進化〔総説〕

心理学が対象とする「心」を研究する方略は，言うまでもなく多岐にわたっている。それは，心をどのようなレベルで理解しようとするのか，どのような問いかけによって理解しようとするのか，が多様だからである。個々が世界を認識する時の心の働きはどうなっているのか，あるいは，集団として振る舞っている時の心の働きはどうだろうか。更には，そのような心の働きは生涯の中でどのように変化していくのか，どのように障害されるのか，心の機能には文化差があるのか，等々。このような多岐にわたる問いの一つとして，「進化」の問題を挙げることができるだろう。今ここで実際に機能している我々の心。それは，ヒト（ホモ・サピエンス）が進化史の中で出現した時に，突然備わったものなのだろうか。そんなことはないだろう。我々を形作る，体や脳といった身体器官がそうであるように，我々の心も，進化という悠久の時間の中で形作られてきたのだ。「心はいかに進化してきたのか」。この問いに答えることは，心理学における究極のミッションであるといってもよいだろう。

しかしながら，心は，骨や歯などと違って，化石に残るわけではない。したがって，過去に存在したであろう祖先種たちの心が遺物として残ることは極めてまれである。考古学的遺跡の中から見つかる人工物をもとに，それを制作した者たちの心を推し量ることぐらいである（認知考古学はそのような学問である）。したがって，心理学者に残された唯一の手立ては，例えば，ヒトとの系統関係が明確になっている現生種を対象に，彼らの認知機能を調べ上げ，それを種間で比較し，共通特性と，それぞれの種にユニークな特性を切り分けていく。このような作業から，特定の認知機能が進化の中でいかにして育まれていったかを，再構成することができるかもしれない。このような目標を標榜するのが，「比較認知科学」と呼ばれる研究領域である。

ここまでの解説では，常に，我々ヒトを念頭に置いて議論をしてきた。しかしながら，心の進化の研究は，ヒトの心の進化的起源を探ることのみに特化しているわけではない。逆に，ヒトの心を進化という俎上に載せることで，ヒトの心を「相対化」し，ヒトという種を広く生物界の中の一つの種として扱い，そのことにより，人間中心主義や擬人主義を打破する可能性を大いに秘めている。「心」というものは，生物が環境と関わっていく上で，必要欠くべからざるものであり，したがって，生物界に普遍的に存在する。当然そこには程度の差こそあるものの，それぞれの種はそれぞれの生息環境に適応しているのであるから，そこに，「より優れた心」「より劣った心」といった格付けは存在しない。比較認知科学は，このような「心の多様性」にも大いなる関心を向け，その全容を明らかにし，なぜこのような多様性が生まれてきたのか，というメカニズムの理解をも視野に入れて研究が進展しつつある。

心の理解のために，進化という時間軸を導入することによって，どのような地平が開けるのかを本領域では解説していく。

【本領域（進化）の構成】

本領域では，まず心の進化を研究するにあたり，心理学と密接に関連するであろう

研究領域の紹介から始まっている。進化生物学（23-01）は，進化の過程とメカニズムを明らかにしようとする学問である。そこで述べられているように，心の研究の一端が生物学と切り離せない以上，心という「現象も，進化を考えに入れない限り意味をもたない」といえるだろう。また，心の機能の発現の一つである行動を研究する動物行動学（23-02）の発想は，心理学にも多大な影響を及ぼしている。心の進化を研究する上で，ヒト以外の動物を対象とした研究は，科学的な心理学研究が起こって以来，常に心理学において中心的な役割を担ってきた。それらの中でも，「比較」や「進化」というものをより強く念頭に置いた研究が，比較心理学や比較認知科学の名のもとに進められている（23-03）。更に，近年になって，ダーウィン的な自然淘汰理論と心理学の研究手法をより積極的に統合して，ヒトの心の進化的基盤を明らかにしようとする進化心理学（23-04）が認知されるようになり，社会心理学や文化心理学とも連携しつつ，多くの興味深い知見を生み出しつつある。更に，発達と進化という二つの時間軸を統合し，「心の発達」そのものが進化の中でいかに変化してきたかを探る，比較発達（23-05）という研究領域についても紹介する。

これらの研究領域の紹介に続いて，人類の進化（23-06）と脳の進化（23-07）の項目を配した。前段で述べたように，心の進化の研究はヒトの心にのみ向けられたものではないが，現時点で明らかとなっている，我々人類の進化の足跡を知っておくことは，心の進化を理解する上でも重要であることは言うまでもない。また，脳や神経については本辞典の別領域で詳細に紹介されてはいるが，その進化について知ることこそが，心の進化の理解には必要である。

残りの部分については，心の進化の研究の中で，特に研究が進んでいる領域についてピックアップした。近年，心は「なぜ」進化したのか，という問いに対して一つの答えとなりうる重要な仮説が提唱されている。「心は，集団生活がもたらす，様々な諸問題を解決していく中で進化してきた」という，社会的知性（マキャベリ的知性）仮説だ（23-08）。この仮説が1980年代に提唱されて以降，社会的知性の研究は，比較認知科学，発達心理学，脳科学，社会心理学，発達障害学，ロボティクス等を巻き込んで，爆発的に「進化」してきた。その一方で，その対抗仮説としての物理的知性や技術的知性（23-09）の研究も進展してきたのである。そして，最後に，自己認識（23-10）の問題を取り上げた。この問題は意識の進化の問題へと連なるものであり，心の進化に関する研究の現時点での最先端の到達点を指し示している。

〔友永雅己〕

23-01 ▶ 進化生物学

進化生物学 (evolutionary biology) は、**進化**の過程とメカニズムを研究する生物学の一分野である。あらゆる生物は進化の結果として現在のような特徴をもっており、ドブジャンスキーが論文の題名にしたように、「生物学のどんな現象も、進化を考えに入れない限り意味をもたない」。ゆえに進化生物学は非常に学際的な分野であり、様々な生物を対象とする研究者が、それぞれの知見を持ち寄って進化の一般的な問題を検討している。一般には「進化論」という言葉が用いられることが多いが、進化という現象自体は広く認められているため、現在では単なる「論」ではなく、総合的な学問分野となっている。

生物の構造の基本単位である細胞の中には**デオキシリボ核酸 (DNA)** という物質があり、これが遺伝子として機能している。遺伝子を構成する塩基配列には、**突然変異**という偶然の変化が起こることがある。この突然変異の蓄積が、進化の主な要因となる。これにより、個体は遺伝的変異をもつが、その中には、ある環境のもとで次世代に残せる遺伝子の数が他の個体よりも多い個体がいることがある。そのような個体の遺伝子が集団に広がっていった結果として、個体の特徴は、ある環境のもとで、より多くの遺伝子を残せるような機能的なものに変化していく。これが**適応**であり、このメカニズムを**自然淘汰**という。ある個体にとっては同種や他種の他個体も環境要因であり、その頻度によって適応の度合いが決まることもある。これを**頻度依存淘汰**という。自然淘汰理論はダーウィンが提唱したもので、その著書『種の起源』(1859年) によって一般に広まった。ダーウィンは遺伝学については何も知らなかったため、彼の自然淘汰理論は純粋に表現型のみについて述べられたものだった。しかし、1930年代の初めにフィッシャー、ホールデン、ライトの3人が、表現型の変異をどのようにして遺伝学によって説明できるかということを示し、**集団遺伝学**の基礎を築いた。これとドブジャンスキーやマイアの実証研究とが結びつき、ネオダーウィニズム、あるいは現代的総合と呼ばれる理論体系が生み出された。

現在地球上に多様な種が存在するのは、一つには、自然淘汰によって多様なニッチに適応する形で分化してきた結果である。自然淘汰以外に、**遺伝的浮動**によっても、特定の遺伝子が選択されることがある。**中立説**では、分子レベルの進化のほとんどは、淘汰の影響を受けない突然変異と遺伝的浮動によって起こっているとされている。また生物の中でも有性生殖をする種においては、個体の生存や繁殖に役に立たないような特徴が、**性淘汰**によって進化することがある。地球上における生物進化の過程はただ一度限りのものなので、**系統**はただ一つしかないが、再現性のないものであり、表現型や遺伝子型に見られる**ホモロジー**と**アナロジー**から推定するしかない。ゆえに、進化生物学は科学であると同時に歴史学としての側面もあるといえる。

生物の心理や行動にも遺伝的な基盤があるので、進化生物学の対象となる。生物一般の行動を進化的な観点から研究するのが、**行動生態学 (社会生物学)** である。人間を対象とする場合には、適応度を直接測定することが困難であるため、主に心理メカニズムの適応による機能に着目する**進化心理学**の手法がとられることが多い。

❶ ▶ 遺伝的浮動 (genetic drift)

生物個体群において，個体数の一時的な減少（ボトルネック効果）や，個体群の隔離（創始者効果）によって，遺伝子頻度が変化すること。これらの状況においては，特定の遺伝子が集団内から偶然に消失してしまうことがあり，それが遺伝子頻度の変化，すなわち進化に影響を及ぼす。

❷ ▶ 行動生態学 (behavioral ecology)

動物の行動について，主にその機能と進化，すなわち究極要因に着目して研究する生物学の一分野である。機能は自然淘汰による適応によって生じるので，ある行動は環境への適応であるという観点から，動物の行動についてのモデルを構築し，実証的な研究によってそれを検証することが，一般的な手法である。これにより，利他行動を説明する血縁淘汰理論，頻度依存淘汰から社会行動を説明するESS理論，それまでは病的な行動とされていた子殺しについての理論的説明，親子や異性間の利害対立の概念といった，様々な成果がもたらされてきた。社会生物学（sociobiology）もほぼ同義である。

❸ ▶ 集団遺伝学 (population genetics)

遺伝学の一分野であり，主に確率論や統計学を用いて，生物集団内の遺伝子プールにおける各遺伝子の比率の変化を研究する。集団遺伝学の手法は，動植物の育種等に応用されている。また，ヒト等の交配実験ができない種について，遺伝子頻度の変化を推測するためにも有効な手段である。

❹ ▶ 進化 (evolution)

生物の祖先から子孫への系列において，遺伝情報が累積的に変化すること。具体的にはDNAの塩基配列に起こる偶然の変化の蓄積であり，方向性がない。一般的に「進化」という言葉は「進歩」と同義で使われることが多いが，生物の進化は必ずしも進歩を意味しない。

❺ ▶ 性淘汰 (sexual selection)

有性生殖をする多くの種は，大きさや性質が異なる異型配偶子をもっており，相対的に小さな配偶子を生産するのがオス，大きな配偶子を生産するのがメスと定義される。この配偶子の大きさの違いから，オス間にはメスとの配偶を巡る競争が生じ，オス間競争に勝てるような性質が進化する。一方，メスの間にはオスを選択するという行動が進化し，メスに選ばれるような性質がオスに進化する。これらのメカニズムにより様々な性的二型が生じる。

❻ ▶ デオキシリボ核酸 (DNA：Deoxyribonucleic Acid)

高分子生体物質で，地球上のほぼ全ての生物の遺伝情報を担っている。4種類の塩基（アデニン，チミン，シトシン，グアニン）とリン酸，デオキシリボースから構成されており，アデニンとチミン，シトシンとグアニンが水素結合した二重らせん構造をとる。DNAを構成する塩基配列の一部が，生体を構成するタンパク質のアミノ酸配列と対応することにより，遺伝子として機能している。連続する三つの塩基配列により，一つのアミノ酸がコードされる。

❼ ▶ 突然変異 (mutation)

ある集団において，大多数の形質と異なる形質をもつようになること。DNAやRNAの塩基配列が変化する遺伝子突然変異と，染色体の数や構造に変化が起こる染色体突然変異がある。

❽ ▶ ニッチ (niche)

生態的地位ともいう。場所や食物等，生物が利用する様々な環境要因の組み合わせのこと。元の意味は，像や装飾品を飾るために壁面に設けた窪み（壁龕）のことを指す。

❾ ▶ ホモロジー／アナロジー（homology/analogy）

生物のもつある表現型や遺伝子型が，共通の祖先から生じていることをホモロジー（相同性）といい，種間で機能的，形態的に似通った表現型や遺伝子型が，それぞれ別の構造に由来して発達していることをアナロジー（相似性）という。アナロジーは系統上の類縁性を反映していないので，系統関係推定の根拠とすることはできない。

〔小田　亮〕

23-02 ▶ 動物行動学

動物の示す様々な行動を生物学的に解明しようとする学問であり，この学問を体系づけ，多大な貢献をしたローレンツ，ティンバーゲン，及びフリッシュの3名は，1973年のノーベル医学生理学賞を受賞した。ユクスキュルは，それぞれの動物によって知覚される世界は均質ではないと主張し，ある動物にとって意味のある存在で構成された世界を**環世界**と呼び，この環世界の中における知覚と作用の結果が，動物の行動であるとした。ローレンツらはこの概念を下地とし，動物の行動は，遺伝的に決められた特定の因子（**リリーサー**）に含まれる**解発刺激（鍵刺激）**によって，その動物特有の生得的行動パターンが解発され生じるとした。この行動メカニズムを**生得的解発機構**と呼び，それまでは学習や反射の積み重ねであるとされてきた動物行動が，遺伝的メカニズムによって現れる表現型と見なすことができる，つまりダーウィンの進化論でも扱うことのできる近代生物学的題材であることを，世に知らしめるきっかけとなった。**ティンバーゲンの四つの問い**で知られる動物行動学（ethology）の研究アプローチ，つまり行動の至近要因，究極要因，発達要因，進化要因の研究が，動物行動学の研究の柱であり，他分野や様々な理論を取り込みつつ多様化と変容を遂げ，特に至近要因の観点での研究は神経行動学，究極要因の観点での研究は行動生態学と呼ばれ，発展してきた。近年のゲノム研究の発展により，これら四つの概念の統合理解が図られるようになってきている。

神経行動学（neuroethology）の範疇である至近要因，つまり行動がどのような内的メカニズムによって起こるのか，についての研究は，前述した生得的解発機構等の研究から始まり，個体の内部でどのようなメカニズムによって，どのような化学的・神経的変化が起こり，どのような行動が発現するのかを問う。近年の脳・神経科学研究の発展とともに，行動の神経学的基盤が明らかになり，至近要因の解明のみならず究極要因や発達，進化要因の研究にも大きな影響を与えている。

行動生態学（behavioral ecology）は，行動の機能（究極要因），つまりある特定の行動が，いかにその動物の生存や繁殖成功を高めるかに焦点を当てる。動物の行動も自然選択により自らの適応度を高めるように進化してきたと考えられるが，他個体を助け，自身の適応度が下がる行動（**利他行動**）が見られることがある。**血縁淘汰**の考えでは，自分自身の適応度そのものだけではなく，血縁者の適応度も，自分自身の間接的な適応度として見なした**包括適応度**を最大化するように，自然選択が働いてきたとし，血縁者による利他行動の進化を説明できる。しかし，非血縁間で行われる互恵的利他行動は前記だけでは説明できず，経済学から取り入れた**進化ゲーム理論**が用いられる。互恵性が維持されるのは，相手と何度も出会い，関係性を維持する必要が

ある動物であり，常に利益のみを得て相手を裏切る**戦略**が抑えられ，お互い利他的に振る舞うことが進化的に安定な戦略（ESS）となり進化すると考えられ，こうした**生活史**上の特性が互恵性を生むと説明される。

動物行動学の研究の第一段階は，実験室の統制された条件下での動物の反応を計測する心理学的手法とは異なり，動物が自然条件下で行う様々な行動を詳細に記録した，**行動目録（エソグラム）**を作成することから始めるため，野外での観察が主となる。各行動間の関係性（行動連鎖），行動割合の日周変化，季節変化，生活史の中の位置づけ，動物を取り巻く他個体や環境との関わりといった観察・記録を行い，仮説を立てた後，仮説に基づいた**野外実験**等を行うことで，この仮説を検証するのが一般的な流れである。仮説の検証には野外実験のほか，一時的な動物の捕獲による半野生的条件下での実験，実験室での実験等も必要となる。野外実験は，自然条件下での動物の行動を知る上で最も重要であるが，野外に存在する多様な変動要因による影響を排除する必要がある場合には，統制された実験室での研究が必要な場合もある。仮説を立て検証する際には，前述したティンバーゲンの四つの問いの指針に基づき実験計画を立てることが重要である。

■　■　■

❶▶解発刺激／鍵刺激 (releasing stimulus/sign [key] stimulus)

動物が生得的に備わった行動を起こすきっかけとなる，外部からの刺激のこと。トゲウオの腹の赤さが，その後のオスの求愛行動を引き起こす刺激（鍵刺激）となっていることを示した，ティンバーゲンによる実験が有名な例。

❷▶環世界 (Umwelt)

全ての動物にとって，周りの環境は同一のものとして認識されているのではなく，それぞれの動物にとって意味のあるもので構成される「環世界」として，動物ごとに異なるとした概念のこと。ユクスキュルによって体系的に説明された。

❸▶血縁淘汰 (kin selection)

血縁個体を助けることにより自身の適応度は下がるが，助けた血縁個体が多くの子孫を残し，利他行動をしない場合の適応度よりも包括適応度が高くなる場合，こうした血縁個体への利他行動が進化する。このように，子孫以外の血縁個体の適応度を高める行動が進化する過程を，メイナード＝スミスによって血縁淘汰と名付けられた。

❹▶互恵的利他行動 (reciprocal altruism)

ある利他行動を互いに行う個体同士の適応度が，その行動を行わなかった時の適応度よりも増加することがあり，この場合の利他的な相互作用を，互恵的利他行動と呼ぶ。しばしば非血縁個体同士でもこの行動が見られるが，進化ゲーム理論の囚人のジレンマモデルによる分析により，互恵的利他行動が進化する条件として，同じ個体同士が再度出会う確率が高いこと，そして相手を個体識別でき，相手の前回の振る舞いを記憶していられること，が示されている。

❺▶進化ゲーム理論 (evolutionary game theory)

社会行動等，他個体の行動に応じた行動を行わなければならない場合，自身の最適な行動は一義的には決まらず，集団内の戦略の頻度等に応じて変動する。この状況を分析するための手法として，メイナード＝スミスが経済学から導入した理論。その変動が安定した時に残る戦略を，進化的に安定な戦略（ESS）と呼ぶ。

❻▶生活史 (life history)

生物が生まれ，成長し，繁殖し，死に至

る過程をいう。生物がもつ生活史の特徴，例えば生涯に残す子どもの数や成長速度，生存期間等に様々な変異とパターンが見られるのは，それぞれの生物における自然選択による進化の産物であり，こうした多様なパターンを読み解く努力が，主に動物生態学の分野で続けられている。

❼ ▶ 戦略 (strategy)

ある動物が自身の（包括）適応度を高めるために，複数の取りうる選択肢のうち，どれを採用するかを決めるための，各個体に遺伝的に備わったプログラムのこと。戦術 (tactic) は，戦略を構成する要素そのもののことをいう。

❽ ▶ ティンバーゲンの四つの問い (Tinbergen's four questions)

ある動物の行動を理解する上で，その行動がどのような内的メカニズムで起こるのか（至近要因），個体の生存や繁殖にその行動がどう影響するのか（究極要因），その行動がどのように発達するのか（発達要因），その行動がどのように進化してきたのか（進化要因），の四つの側面からの問いかけに答える必要があるとした，ティンバーゲンの研究指針のこと。

❾ ▶ 包括適応度 (inclusive fitness)

繁殖年齢まで生存できる子孫をどれだけ残せるかを尺度とする適応度 (fitness) の範疇を拡張し，ある個体がもつ遺伝子と同じ遺伝子が，次代にどれだけ存在するかを尺度とするものであり，ハミルトンが提唱した。血縁個体に対する利他行動の進化，つまり血縁淘汰はこの考えによって説明できる。

❿ ▶ 野外実験 (field experiment)

ある信号が動物にある行動を起こさせるといった，野外での観察によって得られた仮説を検証するために，自然条件下で信号を提示して，その反応の一貫性を研究することなどをいう。信号にはしばしば人工的な刺激を用いるが，実験者の存在が影響しないようにすることが大切である。

包括適応度：→ 08-10-❼「包括適応度」

〔森阪匡通〕

23-03 ▶ 比較認知科学

比較心理学は，複数の動物種の行動を実験的に調べ比較し，行動の法則性や因果関係を明らかにする研究領域である。進化論の礎を築いたダーウィンは，ヒト以外の動物（以下，単に動物）における情動状態と表情表出の関係を調べてヒトと比較し，形態上の特徴だけでなく，ヒトの行動や内的過程もまた動物と連続性をもっていると主張したが，これが比較心理学の始まりと考えられる。ただし，ダーウィンの追従者たちの**擬人主義**的な観点と**逸話法**を用いた研究はモーガンらの批判を受け，その後は組織的に収集されたデータをもとに研究が行われるようになった。

1912年にワトソンが**行動主義**宣言を行うと，北米の心理学者は，言語による**内観**報告を排除し，客観的な行動指標のみに基づく研究を行うようになった。言語が介在する余地のない動物の行動が，ヒトの行動のモデルとして用いられる中で，1920年以降，もっぱらラット等少数種の動物を用い，**学習**の種に普遍的な一般理論の構築を目指す研究が，比較心理学の中心となった。1930年代後半には，スキナーが動物の**オペラント行動**に関する包括的な体系を確立することに成功したが，少数種による学習研究の隆盛は，スキナーによって**実験的行動分析**が完成する1950年代後半まで続いた。この時期には，**学習セット**の形成を複数種のサル，ネコ，ネズミ，リスといった哺乳類で比較した研究が行われたが，

このような広範囲な種間比較は比較心理学の主流にはならず，ビーチらはその弊害を指摘し批判した。

行動主義下の心理学の成功に大きく貢献した比較心理学は，20世紀後半に転換期を迎えた。計算機（コンピュータ）の発達に伴い，1940～50年代にかけて計算機科学が発展すると，1960年代以降，内的過程を計算機のような情報処理過程と見なし，その過程を解明しようとする**認知科学**が発達した。認知科学は，行動主義以前の心理学のように内観報告に頼るようなものではなく，行動主義同様，客観的な行動指標に基づいて内的過程を推測するものであった。認知科学の勃興を受けて，1970年代には**記憶の種間比較や空間認知の種間比較，視覚的注意の種間比較**等，**比較認知**（comparative cognition）研究が始まった。

1960年代以降，**本能による漂流やガルシア効果における準備性**等，学習の普遍性を脅かす反例が報告されるようになると，動物種が各々の環境に適応して進化させてきた，生得的・種特異的な行動パターンに対する興味が高まった。ちょうどこの時期，ヨーロッパでは，ダーウィンの動物行動研究の流れを汲む**動物行動学（エソロジー）**が確立され，その立役者の一人であるティンバーゲンは，動物の行動の**機構，発達，進化，機能**（＝**生存価**）を解明すること（**四つの問い**）を，研究目標に据えることを提唱した。1980年代後半以降，カミルやシェトルワースによって比較認知研究にこの動物行動学の視点が導入され，動物の認知の発生を，その機構，発達過程，学習等，**至近要因**の観点から追究するだけではなく，進化や生存価等，**究極要因**の観点からも探究する総合的アプローチが始まった。日本においても同じ時期に，動物の認知に対する総合的アプローチが始まった。独立した思想と方法論をもつ「〇〇学」（例えば物理学）とは違い，新しい総合的アプローチは，比較心理学，**認知心理学**，遺伝学，情報学，生物学等，様々な研究領域からの方法論を利用する複合領域であることから，日本では**比較認知科学**（comparative cognitive science）という名称が，1990年代半ば以降に用いられるようになった（日本語では，生命科学や数理科学のように，複合領域に「〇〇科学」が用いられる）。

行動やその基盤にある認知過程の進化や生存価を調べるためには，ある認知過程を調べる同一の手続きを用いて，2種以上の動物を調べなければならない。片方の種に当該の認知過程が確認され，もう一方の種では確認できなかった場合，その認知過程は，前者の種に特有の生態学的条件への適応として進化してきた可能性が示される。ただし，比較する2種の系統発生上の距離が遠く，生態学的条件が多くの面で異なっている場合には，どの条件が違いを生み出したのか特定することが難しくなる。また，同一の手続きにおいて共通の認知過程が確認された場合には，その認知過程の起源が2種に共通の先祖にまで遡れるのか，それとも共通の生態学的条件によって同様の認知過程をもつように**収斂**したのかは，より広範の種を調べなければ特定できない。**表情の進化や色覚の進化**に関する知見は，認知過程の進化を調べる方法論について示唆的である。

総合的アプローチの比較認知科学は，これまで**視覚的体制化の進化，計数行動の進化，推論の進化，学習の進化，シンボル使用の進化**をはじめとして，多くの認知過程の進化に関して調べてきた。これからも広範な種を用いた種間比較によって，**言語の発生**等，ヒト独自の認知過程の進化についても多くのことが明らかにされるであろう。

❶ ▶ 学習の進化 (evolution of learning)

ある個体が生きている間に学習した内容そのものは，次世代に受け継がれず，進化に貢献しない。しかし，特定の刺激同士の連合されやすさといった生得的な特性は，その生存価が高ければ次世代に遺伝し，最終的に生態学的条件の違いによる種間の違い（学習の準備性）を生み出すと考えられる。学習研究が種に普遍的な一般法則をもっぱら追究する傾向にあることから，学習の進化に関する知見は少ないが，今後様々な学習法則がどのように進化してきたか，種間比較によって明らかになると期待される。

❷ ▶ 記憶の種間比較 (species comparison of memory)

多くの種でヒト同様の忘却曲線が確認され，また初頭効果や新近効果等，系列位置効果も見られている。更にハトが800枚を超える視覚刺激を記憶できることが分かっており，基本的な記憶能力が動物に広く共有されている可能性が高い。これに加え，貯食性のトリは非貯食性のトリよりも，空間記憶課題に特化して高い成績を示すことから，種ごとの生態学的条件に対する記憶システムの適応が示唆される。近年は，多くの種で，自分の記憶に関する記憶（メタ記憶）の比較研究が盛んに行われている。

❸ ▶ 空間認知の種間比較 (species comparison of spatial cognition)

多くの動物種は，身の周りの空間を正しく認識することで，天敵から逃れ，効率よく採餌できるが，環境が異なれば利用できる空間手がかりにも差異が生じるため，空間認知様式は種ごとの生態学的条件の違いを反映する。例えば，夜行性で砂漠等に生息するアレチネズミは，自らの歩いてきた方向と距離をもっぱら利用して帰巣するが，昼行性で視覚手がかりの多い所を移動するハトは，ゴールとランドマークの位置関係を利用できることが分かっている。

❹ ▶ 計数行動の進化 (evolution of counting behavior)

計数行動は，対象の数を認識する行動であり，野生下での動物の自発的な計数は，限られた報告しか得られていない。実験場面では広範囲の種で数量を認識していることが知られており，簡単な加算や減算の証拠も得られている。しかし，離散的な数は多くの場合，連続的な量と相関があり，動物が計数しているのか，それとも量を見積もっているだけなのか区別は難しい。量ではなく数の認識が利益をもたらすのは，闘争における敵・味方の個体数等，限られた場面のみであり，計数行動がどのような適応によって進化したのか，今後の検討が必要である。

❺ ▶ 言語の発生 (evolutionary emergence of language)

ヒト以外の動物に言語使用は見られないため，単純な比較研究では，進化の過程でどのように言語が発生したかを明らかにすることはできないが，言語使用をシンボル使用や文生成（統語能力）といった下位過程に分解すれば，それぞれの能力の進化を検討することができる。大型類人猿やイルカ，ヨウム等，社会性の高い動物では訓練によってシンボル使用が可能だが，シンボルを組み合わせて文を生成した事例は少数である。鳴禽には文法に似た複雑かつ規則的なさえずりパターンを示す種もいるが，ヒトの統語能力がどのような進化を経て形成されたかは，今後解明されるべき課題である。

❻ ▶ 視覚的体制化の進化 (evolution of visual organization)

アモーダル補間等，視覚風景に含まれる断片的な情報を統合する過程を，視覚的体

制化と呼ぶ。ヒトに近いサル類では彼らがアモーダル補間をする証拠が示されているものの、ハトでは特殊な知覚訓練なしに補間している証拠は得られない。複数運動の体制化等、別の体制化についてはハトでも肯定的な結果が得られていることから、視覚的体制化の様式は、その種の生態学的条件に最適化されていると考えられる。

❼▶ 視覚的注意の種間比較 (species comparison of visual attention)

初期の比較研究では、複数次元で構成される複合刺激の弁別を訓練した時、どの刺激次元が反応を制御するようになるか調べ、それを動物の当該の刺激次元への注意として言い表してきた。ヒトの認知研究では、注意は、限られた認知資源の中で、重要な刺激を優先処理するために重要でない刺激をふるい落とす、ダイナミックな心的機能であると考えられているが、近年では動物を対象に視覚探索やプライミング等の課題が用いられ、ヒトの認知研究と共通の理解に立った比較研究も進んでいる。

❽▶ 色覚の進化 (evolution of color perception)

異なる波長域に吸収量のピークをもつ3種類以上の錐体を網膜にもつことにより、色の完全な識別が可能になるが、2種類の錐体では不完全である。脊椎動物は古くから4種類の錐体をもっていたが、多くの哺乳類は夜行性に適応し、このうち2種類の錐体を失って色の識別ができなくなったと考えられている。ヒトを含む一部の霊長類が3種類の錐体をもつようになったのは、これらの種が昼行性に戻ることにより、再び色識別が適応的となったためであると考えられる。

❾▶ シンボル使用の進化 (evolution of symbol use)

アイコンやインデックスとは違い、シンボルは、伝えられる内容との間に類似性がなく恣意的である。チンパンジーやボノボ等、大型類人猿が、訓練によってシンボルによるコミュニケーションが可能になったことから、ヒトの言語に必須の、シンボル使用を可能にする認知機能は、チンパンジー・ボノボとヒトの共通先祖まで遡ることができる。しかし、イルカやヨウムといったより進化的に遠い種においても、訓練によるシンボル使用が見られており、これらの種で独立に進化したのか、それともシンボルの使用を可能にする認知機能がより古い起源をもつものかまだ分かっていない。

❿▶ 推論の進化 (evolution of inference)

比較研究では古くから推移的推論が有名である。条件性弁別を用いた推移的推論課題では、多くの種が推論を示唆する行動を示すが、価値転移等より単純な説明が可能であり、推論の確証は得られていない。しかし、同じ推移的推論課題でも、単独性のアメリカカケスと社会性のマツカケスとで種差が見られる。また、チンパンジーの複数個体を使って餌の競合場面を設定し、他個体の行動から餌の存在を推論させる実験等、社会性と推論の関係に注目が集まっている。

⓫▶ 表情の進化 (evolution of facial expression)

ファンホーフは、30種以上のサルの表情とそれらが表出される文脈を調べ、劣位個体が優位個体に恐怖を感じて服従の姿勢を示す時に表出されるグリマス (grimace) と、ヒトのほほえみの類似を指摘した。ほほえみとグリマスが進化的に相同であり、ほほえみの起源がグリマスにあるかどうかは更なる検証が必要だが、認知過程の進化研究においても、現在見られる認知過程が本来、別の機能を有していた可能性について留意する必要がある。また逆に、2種間で見られるよく似た認知過程が、別の起源を有する相似の関係である可能性にも、留意が必要である。

〔牛谷智一〕

23-04 ▶ 進化心理学

　進化心理学（evolutionary psychology）は，心のデザインは自然淘汰による進化の産物であるという視点から心理学研究を行う，心理学への一つのアプローチ法である。広義には，進化心理学の対象はヒトの心に限定されるものではないが，実際にはヒトの心についての研究を指すことが多く，本項目でもこれに倣う。

　進化心理学では，ダーウィン的な自然淘汰理論と心理学の研究手法を用いて，心のデザインの**リバース・エンジニアリング（逆行工学）**を行う。「心」がどのような機能・目的のためにデザインされているのか進化理論から仮説を立て，心理学の研究手法により検証する。逆に，心理学により明らかとなった心のデザインについて，進化理論による解釈を試みることによって，新たな仮説構築を導くこともある。

　進化心理学では，ヒトの**進化的適応環境（EEA）**を考えることの重要性が強調される。進化の過程でヒトの祖先が経験してきた環境と，現代日本のような産業化社会は，大幅に異なる面をもつため，現代では不適応な行動が，EEAでは適応的であった可能性がある。ヒトの心の基本的な部分は，農耕牧畜社会や都市環境が生じる前の，約200万年にわたる**狩猟採集生活**への適応として進化した可能性が高いというのが，進化心理学における一つの見方である。この議論は，進化の速度が約1万年前の**農耕**開始以後の変化に適応するには遅すぎるという前提に立っているが，それへの疑義が呈されることもある。

　生存や繁殖を巡る適応上の問題には，全てに共通する解決法があるとは限らない。そのため進化心理学では，心は個々の適応問題に特化した，領域特殊な**ダーウィン的アルゴリズム**の束として構成されると考える。ここでいう「領域」は，適応上の機能によって分類される。**領域特殊性**の主張は**心のモジュール性**の主張へとつながるが，モジュール間の独立性の程度については，進化心理学者の間でも議論が分かれる。例えば，元来は別の機能をもっていた形質が，進化の過程で新たな機能を獲得することがある。その場合，一つの形質が複数の適応問題にまたがって機能することになる（例えば，目は捕食回避と採餌のために進化した器官と考えられるが，それが配偶にも用いられるようになった）。

　進化心理学は心の生得性を必然的に強調することになるが，それは心が遺伝的に決定されているという主張ではない。環境情報の入力から，適応的な行動を出力する情報処理システム（ダーウィン的アルゴリズム）が進化したという主張であり，環境の違いによって人々が異なった行動をとることや，個々人の違い（例えば体のサイズ）によって人々が異なった行動をとることは，進化心理学と矛盾しない。それゆえ進化心理学では，同じ現象が普遍的に見られるという**ヒューマン・ユニバーサル**だけではなく，多様性を生む普遍的な仕組みが検討される。こうした立場は，経験や環境によりヒトはどのようにも変化しうるとする**標準社会科学モデル（SSSM）**と対比される。

　進化心理学の最近接領域として，**人間行動生態学**がある。前者が認知科学の産物であるのに対し，後者は情報処理プロセスの特定を行わない点で，行動主義に近いともいえる。適応的行動が観察されるだけでは，それがダーウィン的アルゴリズムの産物なのか，学習の産物なのかは明らかでない。その点で，人間行動生態学の方がより

慎重なアプローチといえる。一方で、ヒトの非適応的な行動を説明するためには、ダーウィン的アルゴリズムの誤動作という視点からの分析が有効な場合もある。その他の近接領域としては、考古資料から当時のヒトの心の再構築を目指す認知考古学、ヒト以外の動物を含めた認知研究を行う比較認知科学等が挙げられる。

進化理論は、形質のコストと利得を計算し、適応度を最適化する方略を分析する点で、経済学との整合性が高い。実際、ゲーム理論等、両者で多くの概念が共有されている。特に、人間行動に見られる非合理性・非適応性を扱い、いわゆる古典的な合理的経済人を否定する点で、進化心理学は行動経済学と、理論的・方法論的に親和性が高い。一方で、マクロな視点で見たとき、ヒトは概ね適応的に行動する。適応度と効用が交換可能であれば、人間行動生態学の知見は、合理的経済人の行動としても描写することができる。今後、進化心理学や人間行動生態学を媒介として、生物学から心理学を介して経済学につながる学融合が期待される。

■　■　■

❶▶ 行動経済学 (behavior economics)

実際にヒトが合理的経済人として振る舞うかを実験により検討する領域であり、経済学と心理学の融合領域といえる。ヒトの認知には単に処理能力に限界があるだけでなく、システマティックな偏りがあること、また公平感といった金銭的価値とは異なるものによってヒトの選択が影響されることを明らかにした。

❷▶ 合理的経済人 (homo economicus)

古典的経済学において前提とされた、期待効用度を最大化するよう振る舞うという人間像のこと。最も極端な例では、全ての選択肢の生起確率と主観効用から期待効用を計算できる、無限の認知能力をもった存在として描かれる。その後、行動経済学の発展により修正が加えられることとなった。

❸▶ 狩猟採集生活 (hunter-gatherer society)

食料獲得を野生動物の狩猟（又は漁撈）と、野生植物の採集に依存する生活形態のこと。ヒトの進化の歴史の大半を占めていたと考えられている。そのため、現代の狩猟採集社会が、進化的適応環境（EEA）を知るための手がかりとして注目される。

❹▶ 進化的適応環境 (EEA：Environment of Evolutionary Adaptedness)

ホモ属が地球上に現れた約200万年前から、農耕牧畜が始まる約1万年前までの更新性の環境を指すことが一般的である。細部については議論があるが、複数の成人男女が含まれる比較的少人数の親族集団を形成していたこと、狩猟採集生活を送っていたこと、石器等、道具を使用したことなど、合意の得られている特徴もある。

❺▶ ダーウィン的アルゴリズム (Darwinian algorithm)

マーの計算理論におけるアルゴリズム・レベルに対応した、進化心理学で用いられる概念のこと。マーの計算的レベルが適応上の機能となり、実装レベルは脳神経メカニズムの問題となる。ティンバーゲンの四つの問いでは、アルゴリズム・レベルと実装レベルはともに至近要因となるが、進化心理学ではその中での区別をしていることになる。

❻▶ 人間行動生態学 (human behavioral ecology)

ダーウィン的アルゴリズムを想定せず、ヒトが進化理論から予測される通りに適応的に行動するかに絞って、人間行動を研究するアプローチのこと。人類学や社会学デ

❼ ▶ 認知考古学 (cognitive archaeology)

遺跡や化石証拠から，その当時のヒトの心の有り様を再構築することを試みる考古学の領域のこと。文化や社会変化をもたらす要因としてのヒトの意志や認知構造を扱うほか，石器や土器製作に関わる認知能力の検討，更には考古学者の認知を研究することも含まれる。

❽ ▶ ヒューマン・ユニバーサル (human universals)

ヒトという種に普遍的に見られる特性のこと。同じ現象が普遍的に見られるということだけでなく，文化や個人による多様性をもたらす，普遍的な人間特性という意味もある。例えば，言語は社会により多様に異なるが，その背後には，そもそも言語という容易に変化しやすいコミュニケーション手段を用いるというヒトの普遍特性が存在する。

❾ ▶ 標準社会科学モデル (SSSM : Standard Social Science Models)

ヒトの心の複雑な部分は，経験や環境によって形作られるものであり，進化的に準備されているのは，経験を取り込むための基盤となる，汎用の学習機能等に限定されるという立場（いわゆるタブラ・ラサ〈blank slate〉の議論）を批判する際に，進化心理学者が用いる用語である。

❿ ▶ リバース・エンジニアリング／逆行工学 (reverse engineering)

もともとは，工業製品等を分解・分析することで，その仕組みや機能，製造方法等を明らかにする手法のことである。目的に合うよう製品を作るエンジニアリングを反転させることから，このように呼ばれる。

⓫ ▶ 領域特殊性 (domain specificity)

心が様々な問題領域に特化した情報処理システムから構成されるとする見方のこと。進化心理学では，進化的視点から問題領域の区分が行われる点が特殊である。例えば，「採餌」「恋愛・配偶」「子育て」「血縁者への利他行動」「非血縁者への利他行動」等は全て，別個の領域として扱われる。そして，それぞれの領域における知覚，記憶，思考が検討されることになる。

〔平石 界〕

23-05 ▶ 比較発達

比較発達 (comparative development) とは，発達の過程について，ヒトとヒト以外の生物種を比較することで，ヒトの発達の生物学的・進化的な基盤を明らかにする研究分野のことである。個体が誕生してから成長していく過程を比較することにより，ヒトに特有な発達の特徴をより良く理解することができる。例えば，進化的に最もヒトに近いチンパンジーとヒトの発達を比較することで，両種の共通祖先が有していた特徴に由来すると考えられる類似点と，ヒトにのみ見られる**ヒト化**を促進したと考えられる相違点が分かる。ヒトでは急速に獲得されるために看過されてきたことが，チンパンジーでは**幼児期**以降に時間をかけて獲得されるために，発達の要点として再認識される可能性もある。

身体的な発達を指標とするだけでなく，ヒト乳幼児の発達検査で用いられる手法を応用した認知発達研究も行われる。霊長類の比較発達研究から，発達の時期は種によって異なるものの，発達の順序は共通していることが示唆されている。**新生児期**には，ヒトとヒト以外の霊長類に共通する反射等の行動が見られたり，運動能力が未熟なことで視覚刺激への注視行動を指標としたりといった研究も可能である。

非言語性の**対象操作**を指標として，ヒトとヒト以外の生物（特に手による巧緻な操作が可能な霊長類）の認知発達を測ることも，有効な手法の一つである。チンパンジーを対象とした対面場面では，K式発達検査の課題等，ヒトの発達検査課題をほぼそのままの形で応用することもできる。タッチパネル・モニターを用いて視覚刺激を提示し，画面に触れて答えるという場面で，見本合わせ課題等を学習させることで，より厳密に統制した条件下でヒトとそれ以外の種を比較する手法もとられる。

従来の比較発達研究では，扱いやすさなどの理由から，チンパンジーをヒトが母親代わりになって育ててその発達を調べていた。ただし，この方法では発達を支える適切な**母子関係**が成立していないため，ヒトの環境に合わせて発揮されるチンパンジーの知性の柔軟性を測っているにすぎないという危険性もあった。最近では，生物学的な母親に育てられている子どもの自然な発達の姿を，ヒトの発達と比較する方法が妥当であると考えられるようになった。飼育下のチンパンジーでは，約半数の割合で育児困難や育児拒否の事例が報告されており，個体の来歴や他個体からの**社会的学習**の重要性が指摘されている。育児困難の事例では，信頼関係を築いたヒトが育児介助を行うことで，適切な育児行動が促進できる可能性も示唆されている。野生霊長類では，育児困難等は見られず，母親に育てられて更に他個体の子育てを観察することで，適切な育児行動が学習され，発達の基盤となる良好な母子関係を築くことができるようである。

ヒトの特徴の一つとして，母親以外が育児に積極的に協力することが挙げられる。チンパンジーでは**乱婚型**の社会のため，実の父親が誰であるかは分からない。ヒトでは，社会集団の中に**家族**という単位をもつことで父性を確かにし，父親が育児に協力する。更にヒトでは**閉経**後の期間が長く，祖母が孫の育児に協力することも多い。子どもと血縁関係のない場合でも，育児協力が成立する。チンパンジーでも非血縁個体が子どもの世話をすることは多く，まれにではあるが，条件がそろえば祖母による育児協力も見られることが分かった。発達の基盤となる社会関係に注目して発達との連関を調べる研究はまだ少なく，今後の発展が期待される。

■　■　■

❶▶ 対象操作（object manipulation）

対象物をどのように操作するかを調べることで，種を超えて認知発達を調べることが可能となる。手で物を把握して操作できることは，霊長類に共通する特徴の一つである。そのため，霊長類では特に対象操作を指標として，手指の運動の巧緻性と，複雑な操作の基盤となる認知能力の発達を捉えることができる。物を単体として操作するだけでなく，他の物と関係づけて行う操作のことを定位操作（combinatory manipulation）と呼び，道具使用の基盤となる操作として注目される。定位操作は，ヒトで生後10カ月頃から見られるようになる。チンパンジーでも同時期から定位操作が見られるものの，早くから獲得される操作パターンはヒトと異なり，生態学的妥当性をもつ，物を穴に入れるという操作が早期に発達した。

❷▶ 母子関係（mother-infant relationship）

多くの生物において，遺伝的に組み込まれておらず，生後の学習が必要な行動の発現を支える上で重要な基盤となるのが，母子関係である。特に，ヒトを含む哺乳類では，母親が母乳を与えて子育てを行うので，母子の関係性が強い。更に霊長類の多

くは，子どもが母親にしがみつき，母親が子どもを抱くということで，発達初期では母子が常に身体的に接触している。比較発達から明らかになったヒトの特徴の一つが，あお向けという姿勢の重要性である。ヒトの赤ちゃんはあお向けの姿勢で安定し，母親が声がけや対面の表情によるコミュニケーション等の形で関わる。また，ヒト以外の霊長類と異なり，母親にしがみつくことから解放された両手で，玩具を操作する能力の発達も促進される。

〔林　美里〕

23-06 ▶ 人類の進化

　現生人類であるホモ・サピエンス・サピエンス（*Homo sapiens sapiens*）は，霊長目ヒト科ヒト族に分類される。現在知られている最古の人類は，2002年にチャドで発掘された**サヘラントロプス・チャデンシス**（*Sahelanthropus tchadensis*）である。この種が存在していたのは700〜600万年前と考えられており，**分子時計**のデータからは，この時期にヒト族がチンパンジーの系統から分かれたとされている。サヘラントロプスは，解剖学的証拠から直立二足歩行をしていたと考えられているが，脳の大きさは320〜350 ccであり，チンパンジー（約400 cc）と変わらない。次に古い人類種は，ケニアで発掘された**オロリン・トゥーゲネンシス**（*Orrorin tugenensis*）であり，年代は600万年前と推定されている。更に580〜520万年前には**アルディピテクス・カダバ**（*Ardipithecus kadabba*），440万年前には**アルディピテクス・ラミダス**（*Ardipithecus ramidus*）がいたことが，エチオピアでの発掘から明らかになっている。

　400万年前からヒト族の系統は多様になり，それ以降の200万年の間にアウストラロピテクス属，パラントロプス属，ケニアントロプス属，そして初期のヒト属が時期を重複しながら存在していた。これらを総称して**アウストラロピテクス類**ということもあるが，共通した特徴として，地上では**二足性**だったが，おそらく木にも登っていたこと，脳が現生類人猿程度の大きさだったこと，しかし犬歯と切歯は小さかったことがある。これらの種の特徴には多くの**ホモロジー**と**アナロジー**があるため，その系統関係を推定することは容易ではない。また初期人類の社会構造や生活については，**霊長類学**的な手段から推測するというのが有効な手段である。

　約200万年前のアフリカに，それまでの種よりも大きな脳と小さな顎をもつ種が現れる。これら**ホモ・ハビリス**（*Homo habilis*）と**ホモ・ルドルフェンシス**（*Homo rudolfensis*）は，ヒト属（ホモ属）に分類されている。更に約180万年前に現れた**ホモ・エルガスター**（*Homo ergaster*）は，下肢が長く上肢が比較的短いという現代人的なプロポーションをしており，地上での生活に十分適応していた。彼らはおそらく火を使用し，大型動物の**狩猟**を行っていた。また，作成された**石器**も，それまでより精巧なものであった。それまでの人類はアフリカで起源し，アフリカという限られた地域に適応していた動物だった。しかし，180〜120万年前にはアフリカを出て，ユーラシア大陸のコーカサス山脈まで分布を広げていたことが明らかになっている。ヒト属はやがて東アジアに到達し，**ホモ・エレクタス**（*Homo erectus*）となった。80〜50万年前に，高く丸い頭蓋と大きな脳をもつ**ホモ・ハイデルベルゲンシス**（*Homo heidelbergensis*）が現れる。更に，13〜12万年前には，ヨーロッパに**ホモ・**

ネアンデルターレンシス（*Homo neanderthalensis*）が存在していた。一方，約19万年前にアフリカに現れた種が，やがてネアンデルターレンシスを駆逐していく。これがホモ・サピエンス（*Homo sapiens*）である。

ヒト属の**アフリカからの拡散**は繰り返し行われたが，ミトコンドリア DNA の遺伝子系統樹から，アフリカの外にいる現生人類は，約6万年前に東アフリカから拡散していった小集団の子孫であると考えられている。現生人類が世界中に広がっていけた理由の一つに，高度な文化と，それを伝達できる言語をもつということがある。文化には遺伝的な基盤があるが，一方で文化が遺伝子頻度の変化に影響を与えることもある。このような**遺伝子と文化の共進化**は，通常の進化生物学によっては予測されないような進化的な結果を引き起こすことがあり，人類の進化（human evolution）に大きな影響を及ぼしてきたと考えられている。

■ ■ ■

❶ ▶ アウストラロピテクス類（Australopithecine）

アウストラロピテクス属には，アナメンシス，アファレンシス，アフリカヌス，そしてガルヒが含まれる。パラントロプス属はエチオピクス，ロバスタス，ボイセイの3種を含む。これらは首から下の特徴ではアウストラロピテクス属に似ているが，頑丈な顎と，それを動かす巨大な咀嚼筋の付着のために適した頭蓋骨をもつ，という点で異なっている。ケニアントロプス属はプラティオプスの1種だけであり，平坦な顔面をもつのが特徴である。

❷ ▶ 遺伝子と文化の共進化（gene-culture coevolution）

文化は遺伝子と同様に，世代から世代へと伝達される。ただし伝達が学習によること，親から子へ（垂直伝達）のみならず，同世代間（水平伝達）や上世代の他の個体から（斜行伝達）も伝達されるという点が異なっている。学習には遺伝的な基盤があり，また文化は遺伝子が適応すべき環境を変化させることがあるので，遺伝子と文化は必ずしも独立に情報を伝えているわけではなく，互いに影響し合いながら進化していると考えられる。

❸ ▶ ヒト族（hominin）

族は，科と属の間に位置する分類単位である。ヒト族の最大の特徴は直立二足歩行，つまり脚と脊椎を垂直に立てて二足で歩行するという移動様式をとることであり，他の特徴としては犬歯の退縮がある。化石種も含めたヒト族に含まれる種を，人類と総称している。

❹ ▶ 分子時計（molecular clock）

DNA の塩基配列に起こる突然変異の頻度が時間あたり一定であると仮定すると，分岐後のそれぞれの系統では独自に突然変異が蓄積していくので，現在の塩基配列の違いを比較することで，その違いが生じるのに必要な時間が計算でき，いつ分岐が起こったのか推測することができる。異なる種同士や，同種内の集団同士が分岐した年代を推測するためには有効な方法である。ただ，種ごとに塩基の置換速度が異なることには注意しなければならない。

❺ ▶ ミトコンドリア DNA（mitochondrial DNA）

細胞内小器官であるミトコンドリアがもつ DNA のこと。精子のミトコンドリアは受精の際に何らかの形で排除されるので，卵子のもつミトコンドリアしか子どもには伝わらず，母系遺伝するという特徴をもっている。このため，ミトコンドリアの系統は母系のみに限られ，世界中の人々のミトコンドリアの由来をたどっていくと，理論的には最終的に一人の女性に行き着くこと

⑥ ▶ 類人猿 (ape)

霊長類の中で，ヒト上科に属する種の総称のこと。正式な分類名称ではない。現生類人猿は小型類人猿（テナガザル類）と，大型類人猿（オランウータン，ゴリラ，チンパンジー，ボノボ）に分けられる。

⑦ ▶ 霊長目 (primates)

サル目とも呼ばれ，脊椎動物亜門哺乳綱の1目である。現生の霊長目は約200種いる。哺乳類の中では，立体視ができたり色覚があったりするなど視覚が発達している，母指対向性があるなど手が器用である，大脳が発達しているといった特徴をもつ。分布はほとんどが熱帯に集中しているが，一部は温帯域にも広がっている。

⑧ ▶ 霊長類学 (primatology)

現生種及び化石種の霊長類を対象とする研究分野である。対象によって定義される分野であるため，研究方法には遺伝学，生理学，形態学，生態学，行動学といった様々なものが含まれる。再現性のない人類進化の過程について推測する際には，他の霊長類種との比較が有効であり，霊長類学の成果は多くの知見をもたらしてくれる。

〔小田 亮〕

23-07 ▶ 脳の進化

脊椎動物の脳は，初期胚発生における外胚葉由来の細胞群が形成する器官である。吻部から尾部へ，**大脳，間脳，中脳，後脳（小脳，橋），脊髄**という構造からなる。これらの構造は脊椎動物で共通しており，原始脊椎動物が出現した約5億年前に完成されたと考えられている。したがって，脊椎動物の脳の外形的な違いは，新たな部位の獲得によるものではなく，各構造の大きさや部位間の神経連絡の違いによるものである。

しかしながら，エディンガーをはじめとする20世紀前半の**神経解剖学**では，脳の進化は新たな構造の獲得によるものであると考えられていた。**三位一体説**は，アリストテレス的進化観によって脳の進化を説明した。つまり，ヒトの脳は，最下層の爬虫類脳，中間層の原始哺乳類脳，表層の新哺乳類脳という3層からなり，古い脳を新たな脳が次々と纏うことで進化した，とする説である。前述したように，その後の神経解剖学の発展により，脳の進化において新たな構造は生じていないことが解明され，三位一体説は誤りであることが示されているが，脳の進化について，今なお残る大きな誤解の一つである。

この誤解は，脳と認知機能の比較研究を困難にしてきた。鳥類の脳が好例である。哺乳類の**大脳皮質**の特徴は6層（又は5層）の**層構造**にあるが，鳥類の大脳には層構造がなく，細胞が充填された**核構造**からなる。哺乳類の大脳における核構造は，基底部の線条体に見られるため，長い間，鳥類大脳は大きな線条体であり，大脳皮質は未発達と考えられてきた。しかし，1980年代以降の分子生物学研究の発展により，鳥類の大脳背側部の細胞群は，哺乳類の大脳皮質の細胞群と共通の発生学的由来をもつことが解明され，鳥類の大脳背側部（**外套**と呼ばれる）と哺乳類の大脳皮質は，**相同器官**であることが判明した。このように，外形上は異なる脳の相同性が明らかになることで，哺乳類だけが大脳皮質を大型化させ進化したグループではなく，鳥類も独自の"大脳皮質"を大型化させ進化したグループであることが明らかになった。

脊椎動物における脳の多様性は，部位の大きさの違いに見ることができるが，進化における脳の量的変化を調べる上で**アロメ**

トリーは有効な手法である。ジェリソン(1973)は、脳解剖研究にアロメトリーを先駆的に導入し、脊椎動物の脳重と体重の間に対数比例関係があることを発見した。ある分類グループについて得られる体重-脳重関係をもとに、グループ内の様々な種の実脳重が、体重から予測される平均脳重からどれほど逸脱しているかを定量比較する方法を示し、進化における脳の量的な変化を初めて明らかにした。脊椎動物の進化において、哺乳類と鳥類に**大脳化**が生じたことを示したのは、まさにアロメトリーによるところが大きい。また、アロメトリーを脳内鋳型の残る化石標本に対して適用し、古生物種がいずれの現生分類群に属するかの推定も試みられている。例えば、始祖鳥は、脳重-体重関係において、爬虫類ではなく鳥類に含まれる。

哺乳類の中でも、霊長類は大脳化の傾向が強い。とりわけヒトの脳は**新皮質比**が高く、前頭葉・頭頂葉連合野の発達が著しい。霊長類の進化において、大脳化をもたらした生態要因として**社会的複雑性**が指摘されている。ダンバー(1992)は、アロメトリーを脳サイズと社会生態因子に適用し、新皮質の大きさと社会生態の複雑さとの間に正の相関があることを発見した。この発見は、ヒトの脳が社会的な問題解決という生態因に駆動され進化したと説明する、**ソーシャルブレイン仮説**として知られている。この仮説は、ヒトの知性の進化を説明する**社会的（マキャベリ的）知性仮説**を、脳の側面から説明したものであり、両仮説は同義的に使われることも多い。しかし、進化において大脳化をもたらした生態要因として、**道具使用**を含む採餌技術との関係も指摘されている。

進化において脳には、生態因による大きさの変化が生じるが、その情報処理過程には系統発生上の制約が存在する。霊長類と鳥類はともに視覚に優れ、視覚に関わる大きな脳部位を進化させた分類群であるが、視覚情報は異なる神経回路によって処理されている。網膜からの視覚入力は、霊長類では**毛帯系視床路**、鳥類では**丘体系視床路**という、異なる系を経由して大脳視覚野に送られる。これらの処理経路の違いは、霊長類が走る・静止するという状態で視覚を利用し、一方鳥類は高速飛行移動しながら視覚を利用するという行動上の違いがもたらした脳の情報処理戦略によって、独立に進化したと考えられている。

■　■　■

❶▶ アロメトリー (allometry)

生物の形態・生理形質を定量比較する研究法のこと。器官の大きさや代謝量等の形質が、互いに対数比例関係（$Y=aX^b$あるいは$\log Y = \log a + b \log X$、$X$と$Y$は形質量）をもつという生物スケーリングの原理に基づく。例えば、ある分類グループに属する生物種の体重と脳重を両対数軸上に表記すれば、その平均分布は一次直線式として記述される。関係式を用いれば、ある生物種の実脳重が、体重から予測される平均脳重からどれほど逸脱しているか定量化ができるため、進化における脳の量的変化の比較に広く用いられる。

❷▶ 三位一体説 (triune brain)

ヒトの脳は、古い爬虫類脳に、新たな構造が加わり進化したとする説。マクリーン(1970)は、ヒトの脳は「爬虫類脳-旧哺乳類脳-新哺乳類脳」の3層からなる、と提唱した。この説は、アリストテレスの自然の階梯的な、ヒトを頂点とする単線的進化観と一致するゆえに広く受け入れられてきた。しかし、分子生物学的研究の発展により、脊椎動物の脳構造は共通しており、脳の進化は、各構造の大きさ・神経連絡の違いによることが解明され、現在では同説は

誤りであることが判明している。

❸ ▶ 新皮質比(cortical size〈or volume〉ratio)

哺乳類脳における，新皮質（梨状皮質等，海馬及び扁桃体近傍皮質を除く大脳皮質）が脳全体に占める割合のこと。「新皮質の体積」÷「脳全体から新皮質を除いた体積」によって算出される。霊長類の群れサイズやグルーミング頻度等の，社会的複雑さの指標と相関があることが報告されており，ヒトの脳の進化研究にしばしば用いられる。

❹ ▶ 層構造と核構造の(哺乳類型脳と鳥類型脳)相同(homology of laminar and nuclei structure〈homology of mammalian cortex and avian pallium〉)

相同とは，共通の系統発生学的起源をもつ形質のことである。層構造をもつ哺乳類の大脳皮質と，細胞が充填された核構造をもつ鳥類の大脳背側部は，いずれも発生胚脳形成部の外套層由来の細胞から形成される。両者は，細胞の配列構造は異なるが，発生学的由来が共通するため，相同器官といえる。cortex（皮質）はラテン語で「皮・層」の意であるから，大脳皮質とは構造特徴を含意する解剖用語である。したがって，層構造をもたない鳥類の大脳背側部は大脳皮質とは呼べないが，発生学的には大脳皮質に相当する器官である。

❺ ▶ ソーシャルブレイン(social brain)

ヒトの脳が，社会的な問題解決やそれに伴う行動調節を行う情報処理器官として進化したという仮説に因んだ，ヒトの脳の呼称である。生理学領域では，前頭葉腹内側の諸部位，島皮質，帯状回皮質や扁桃体等の，社会的情報処理に関わる神経回路のことを指す。

❻ ▶ 大脳化(encephalization)

アロメトリーをもとに，体サイズから予測されるよりも脳（特に大脳）が大型化する進化のこと。哺乳類ではヒトを含む大型類人猿やイルカ，シャチ，鳥類ではカラスやオウムが該当する。

❼ ▶ 毛帯系視床路／丘体系視床路(thalamofugal pathway/techtofugal pathway)

脊椎動物の脳における視覚情報処理には，毛帯系視床路と丘体系視床路二つの経路がある。前者は哺乳類で発達しており，網膜からの情報が，間脳にある視床の外側膝状体を介し，大脳皮質の初期視覚野に送られる。後者は，鳥類で発達しており，網膜からの情報が，中脳の視蓋（哺乳類中脳の上丘）に入力された後，間脳の円形核を介して大脳背側部の内外套へ送られる。哺乳類，鳥類とも両経路をもつが，主たる処理経路の点で異なる。この違いは，移動空間・速度の異なる生態への，脳の情報処理適応の結果と考えられている。

社会的（マキャベリ的）知性仮説：→ 23-08-❺「マキャベリ的知性仮説」

物理的知性（道具使用）：→ 23-09「物理的知性・技術的知性」

〔伊澤栄一〕

23-08 ▶ 社会的知性

社会を作りその中で暮らす様々な動物（ヒトを含む）が，社会生活を行う上で発揮する多様な認知能力の総称を，社会的知性と呼ぶ。この能力は近年，心の進化を考える上で極めて重要なキーワードとして着目されるようになってきた。その最大の理由の一つは，1980年代に提唱されたマキャベリ的知性仮説とその実証研究の興隆である。この仮説の提唱後，ヒトを含む多様な種，子どもから大人までの多様な発達段階，そして様々な発達障害を有する人を対象として，社会的知性に関する多様な研究が進展してきた。特に，同時期に発達心理

学において注目を浴びるようになってきた**心の理論**等の**他者理解**の研究や，**自閉症研究**ともリンクして，多様な研究が展開されるようになった。

社会的問題を解決するために社会的知性が進化してきた，といっても，それを検証するのは容易ではない。検証の一つとして，ヒト同様の複雑な社会を構成している動物種を対象に，彼らのもつ**共同注意**，**欺き**，**協力**，**利他行動**，**共感**，**模倣**といった社会的知性に関わる能力の比較研究，比較発達研究が考えられる。ヒトを含む霊長類（霊長目）の中での比較研究だけでなく，比較的長寿で大きな脳をもち，複雑な社会に暮らしているという条件を満たしていれば，社会的知性が進化しうるという可能性（収斂）は大きい。例えば，イルカ等の小型鯨類の仲間やゾウ等の哺乳類，あるいはカケスやカラスといった**カラス科**（Corvidae）に属する鳥類等が，このような種の候補として挙げられるだろう。今後，これらの種での社会的知性に関する知見の蓄積が期待される。更には，ヒトによって選択的に**家畜化**されてきた**イヌ**における社会的知性の研究は，ヒトの社会やヒトの認知能力にさらされるという人為的な進化の適応環境が，いかに社会的知性を生み出してきたかを考える上で，極めて重要であるといえるだろう。

ヒトを含む霊長類や，これらの種を対象に社会的知性の進化について調べる場合，この仮説を検証可能な問いとして発することができなくてはならない。社会的知性という領域固有的な知性が特殊化しているのであれば，生態学的な領域や物理的知性の領域における問題よりも，それらと論理的に同等な構造をもつ社会的な場面における問題の方が，解決が容易であるということが考えられる。この典型例は，進化心理学においてよく知られている**4枚カード問題**の「社会契約」バージョンであろう。また，社会生活がもたらす複雑さが社会的知性の進化の要因であったのだとすると，その複雑さは他の領域における問題よりも複雑であった可能性も考えられる。このような質的に異なるであろう複雑さをいかにして評価するか，ということに関しては，近年，動物の社会（及び社会生活）の複雑さを客観的に評価する試みが進展しつつある。更に，社会的知性が発揮される場面としては，出しぬきや欺きといった競合的な社会的操作と，手助けや協力といった利他的あるいは相利的な操作が想定できる。マキャベリ的知性という言葉からは前者への比重の大きさが思い浮かぶが，どちらがより重要だったのかという検証可能な問いを発することができる。実際に様々な動物において，両場面での社会的知性の研究が進んでおり，例えば，チンパンジーでは競合的な場面の方が得意であったり，イヌでは逆に，協力的な課題の方が得意であるという結果が得られている。更に，社会的知性仮説は，心の進化の問題であると同時に脳の進化の問題でもある。この点に関しては，認知神経科学におけるソーシャルブレイン研究との接点も強く，かつ，先にも述べたように動物での比較研究が自閉症等の発達障害の研究とも視点を一にしているといえるだろう。

∎ ∎ ∎

❶▶ 欺き (deception)

個体の行動レパートリーに含まれる行為を利用して，それが実際に高い頻度で生起する状況とは異なる文脈で用いることによって，他個体の誤った応答を引き出し，自らの利益を得ることを指す。このような欺きは比較的短期的かつ柔軟に生じるため，ある種の擬態等とは区別される。その意味

でこのような欺きを「戦術的欺き (tactical deception)」とも呼ぶ。戦術的欺きが成立するためには, 必然的に, そのような行動の生起頻度が, 正しい行動の生起頻度よりも低くなくてはならない。また, 他個体を欺くためには, その行動や心的状態を予測する必要がある。そのため, 戦術的欺きは心の理論の成立とも密接に関連する。

❷ ▶ 共感 (empathy)

共感とは, 他個体の情動状態あるいは感情を様々なレベルで共有すること, あるいはそのようなことを可能にする能力のことを指す。ヒト以外の動物においても共感を示唆する行動は観察され, それが, 系統関係と対応するという議論もある。例えば, あくびの伝染や泣きの伝染は原初的なレベルでの共感の一種であり, 近年チンパンジー等の大型類人猿やイヌ等でも, その存在が報告されている。また, ケンカ等の後に観察される他個体に対するいたわりや慰め, 更には, 困っている個体に対する援助行動の出現等も, 共感との関連が指摘されている。このように, 我々人間がもつ共感は階層的な構造をもち, それぞれがヒトの進化の諸段階において獲得されてきたと考えるのが妥当であろう。

❸ ▶ 共同注意 (joint attention)

指さしや視線等を介して, 養育者等, 他の個体が外界に向けている注意や興味の対象を共有すること, 又はそれを可能とする能力のこと。逆に, この能力を介して, 自らの注意の対象に他個体の注意を向けさせるということもある。このような「わたし-あなた-もの」という三項関係が社会的交渉の中で確立することで, 心の理論等の他者理解の能力が発達していくと考えられている。更に, このような能力の進化的起源についても近年, 精力的に検討がなされるようになってきた。他個体との視線のやりとりを, 見つめ合いとその回避, 他個体の視線の移動に応答する視線追従を経て, 共同注意に至る様々な様相から比較検討がなされている。ヒト以外の霊長類だけでなく, イルカ, 鳥類等での研究も進みつつある。チンパンジー等の大型類人猿では, ヒトの共同注意に匹敵する能力の可能性が示唆されている。

❹ ▶ 心の理論 (theory of mind)

自分以外の他個体にも心的状態があると想定し, それを使って他個体の行動を予測したり, その行動の背後にある心的過程を説明するために必要な能力を, プレマックはチンパンジーでの実験研究から, 1978年に心の理論と名付けた。その後, 人間を対象とした発達心理学や発達障害研究において, 心の理論研究は爆発的に進歩したが, 比較認知科学的な観点に立って行われた研究では, 特に, チンパンジーが人間がもつような心の理論をもつのか否かについて, 現在も論争が続いている。

❺ ▶ マキャベリ的知性仮説 (Machiavellian intelligence hypothesis)

社会的知性仮説ともいう。1988年にバーンとホワイトゥンが, 知性の起源に関して, ハンフリーらが70年代までに霊長類学の領域において提唱していた幾つかの仮説を, 取りまとめる形で発表した仮説。「我々ヒトがもつ複雑な認知能力は, 社会生活とそれがもたらす複雑な問題を解決するために進化してきた」という仮説を提示した。つまり, 採食等の生態学的な挑戦に対処するための生態学的, 物理的・技術的知性, あるいは一般問題解決能力としての知性ではなく, 社会的問題解決に特化した能力を起源として我々の心は進化してきた, というのがこの仮説である。

❻ ▶ 模倣 (imitation)

ヒトを含む様々な動物は, 他個体の行動から何らかの形で影響を受ける。特に, 他個体の行動と同じような行動をすることを広く模倣と呼ぶ。しかしながら, その背後にあるメカニズムから, ここでいう模倣は

更に細かく分類することが可能である。単に他者の運動パターンをコピーするという真の模倣だけではなく、他個体のあくびが移るといった社会的伝染、多くの個体が場を共有して同一の行動を行うような社会的促進、他個体が行っている行動に注意が向けられることによって、そこで用いられている物体や、その場所での自らの行動の生起頻度が増加する刺激強調/局所強調、などが挙げられる。更には、他個体の行動の目標や結果を自らの行動（同型の行動である必要はない）で再現しようとする結果模倣（goal emulation）も、霊長類における観察学習の主要な形態として認識されるようになってきた。ヒトでは、モデルとなる他者の置かれた状況に応じて、真の模倣と結果模倣を適切に使い分けることができ、このような模倣形態を合理的模倣（rational imitation）と呼ぶこともある。

〔友永雅己〕

23-09 ▶ 物理的知性・技術的知性

ヒトを含む様々な動物が、環境との間で相互作用を行う上で発揮する多様な認知能力のうち、環境の物理的側面に対応するものを物理的知性と呼ぶ。また、大型類人猿を含む各種霊長類、一部の**イルカ類**や**鳥類**において見られる、**道具使用**行動の際の基盤となる認知能力については、特に技術的知性と呼ばれることもある。ヒトの知性を特徴づけるものとして、かつては**道具の製作**が挙げられていた。このような観点からも、技術的知性がヒトの知性の起源であると考える研究者は、現在も少なからずいる。ただし、近年、知性の進化に関する有力な仮説として、知性の社会的起源を重視するマキャベリ的知性仮説が提唱され、多くの比較認知研究が進められ、その重要性が認識されつつある。その一方で、前述のようにこれまでは霊長類、特に大型類人猿に限定されていた野生下での道具使用の報告が、イルカやカラス等でもなされるようになり、物理的環境の仕組みを認識し、それに対して働きかける物理的知性・技術的知性の比較研究は、今後とも重要性を増していくだろう。

物理的な環境に対する認識として、比較認知科学の領域では、例えば**物理的因果の理解**の問題が挙げられる。手に持っている物を離すと落下する。我々にとっては当たり前の事象ではあるが、このような因果理解も発達過程の中で形成されることが報告されている。物体を手から離しても、その物体がチューブ等の中を移動する場合には、鉛直方向に移動しないことは明らかである。しかし、2歳未満のヒトの子どもでは、物体は鉛直方向に"落下"したと考える。このような現象は、チンパンジー等の大型類人猿や他の霊長類等でも報告されている。日常経験の中から重力方向への強い**バイアス**が獲得され、それに違反するが物理的には正しい事象には対応できないという認知的な段階が、少なくとも霊長類全般には存在する可能性がある。このほかにも、支持する基盤がなければ、物体は落下ないしは転倒するという支持関係の理解、衝突事象の理解等が、ヒト以外の動物を対象に研究が進められている。

また、道具の使用は、技術的知性の最も特徴的な発現といってよいだろう。飼育下の霊長類では、棒を使用して天井から吊るされた食物を取るという、ケーラーによるチンパンジーでの実験からも明らかなように、霊長類、特に大型類人猿が道具を使用することができることが20世紀前半から分かっていた。しかしながら、野生下のチンパンジーが自発的に道具使用を行ってい

るのが「発見」されたのは，1960年代に入って野生チンパンジーの調査が本格化してからであった。タンザニアのゴンベストリーム国立公園において野生チンパンジーの観察を行っていたグドールが，アリ塚の穴に小枝を挿入してシロアリを釣り上げたのを観察したのが，初めての事例報告であった。その後，野生チンパンジーにおける道具使用は，様々な調査地で報告されるようになった。現在では，各地域集団において道具使用のレパートリーが明らかにされ，地域差が明瞭になりつつある。この地域差はそれぞれの生態学的な環境の差異では説明がつかないため，遺伝によらない形で道具使用に関する技術・知識が，世代間で**伝播**していることを強く示唆している。その点で，このような道具使用の地域間変異を**文化**と呼ぶこともある。

チンパンジー以外にも，オランウータン，ゴリラ等の大型類人猿，更には南米に暮らすオマキザルにおいても，道具使用行動が近年数多く報告され，それらが世代間で伝播していることが知られている。また，霊長類以外ではニューカレドニアガラス等の鳥類や，ハンドウイルカ等において道具使用が報告されている。

道具使用等に見られる技術的知性は，動物においても世代間で観察学習等により伝播する可能性が強く示唆されている。他個体との関わりの中で技能を習得するという観点からすると，技術的知性と社会的知性はどちらかが排他的に知性の進化に影響を及ぼしたというのではなく，領域固有的な知性の進化の可能性を示唆してもいる。

■　■　■

❶▶道具使用（特に動物における）（tool use）

環境から切り離された物体を使用して目的を達成する行動を，道具使用と呼ぶ。野生下では，その大半が採食場面に関連して観察される。道具使用が可能となるためには，単に物体を操作する能力（対象操作）だけではなく，その物体を環境にある基盤（例えば地面等）に接触させたり，物体と物体を関連づけたりする定位操作能力が要求される。ほとんど全ての道具使用が，道具で環境側の基盤や食物等の他の物体に働きかけるという行為を含むからである。最も頻繁に観察され報告されるのは，霊長類，特に大型類人猿である。霊長類以外では，ニューカレドニアガラスによる木の幹の中などに隠れている幼虫を釣り上げるための小枝の利用や，ハンドウイルカによる砂地の海底での採食の際に，口吻部が傷つかないよう保護するためにカイメンをくわえる行動等が有名である。動物における道具使用は，そのほとんどが採食場面で観察されることも特徴の一つである。

❷▶（動物の）文化（culture in nonhuman animals）

霊長類の研究においてはその黎明期から，"文化"的行動の存在が報告されてきた。特に有名なのは，宮崎県幸島のニホンザルにおけるイモ洗い行動である。更に，近年ではチンパンジーやオランウータンを中心に，野生群での道具使用が数多く報告されるようになった。その多くは，それぞれの個体群が暮らす環境の要因のみでは説明ができず，また，発達過程を通して他個体の道具使用行動を観察して自らも試すという，社会的な学習過程を通じて獲得されることなどから，技術・知識の世代間の伝播という意味で「文化」と呼ばれるようになってきた。ただし，ヒトの文化と比して大きく異なるのは明らかである。その差異の一例として，ある世代が獲得した革新的な技術を土台として次の世代が新たな技術を生み出していくという累積的な文化が，

23-10 ▶ 自己の認識

外界の様々な物体が認識の対象となるのと同様に，自己自身も認識の対象となりうる。自己認識 (self-recognition) と関連して，自己意識 (self-consciousness)，自己概念 (self-concept)，自己覚知 (self-awareness)，自己知識 (self-knowledge) 等，幾つかの用語が存在する。これらは，意識や内省といった過程と関連し，本人の言語報告に基づいて検討されることが主であるため，発話が可能なヒト幼児期以降において問題にされるのが一般的である。それに対して，自己認識という用語は，ヒト以外の動物の研究や，乳幼児の発達研究において用いられることが多い。この場合，鏡やビデオ，写真に映し出された自己像の認識を指すのが典型例である。

ナイサーは異なるレベルからなる**自己の階層性**を考えた。自己の認識は，発達的にも，進化的にも，一足飛びに成立するものではなく，一定の段階を経て獲得されるものである。例えば，成人のように高度で複雑な自己認識を行わない乳児においても，自己身体を他者や環境から区別して認識していることが示される。他者の指が口の横に触れると口唇探索反射が生じるのに対して，自己の指が口の横に触れてもこの口唇探索反射は生じない。また，対象物に自分の手が届くかどうかを事前に認識して，手が届くと認識した場合にのみ，手を伸ばす行動を行う。これらの事例は，乳児が自己の体やその位置関係を把握していることを示すものであり，ナイサーの分類においては生態学的自己に相当する。同等のレベルの自己認識はヒトに限られたものではない。

〔友永雅己〕

健常なヒトであれば，2歳前後に**自己鏡映像認知**が可能となる。つまり，鏡に映った自己の姿を正しく自己と認識することができる。ギャラップは，ヒトに最も近縁な類人猿種であるチンパンジーにおいても自己鏡映像認知が可能であることを示した。その後の研究において，ボノボやオランウータンといった他の類人猿種でも自己鏡映像認知が確認されている。その一方，ニホンザルやフサオマキザル等は自己鏡映像認知ができない。自己鏡映像認知の能力が，霊長類の進化の過程で類人猿において獲得されたことが示唆される。ただし，同じ類人猿でもゴリラでは肯定的結果が乏しく，また，ゾウやイルカ等，霊長類以外の種において肯定的結果が出ているなど，自己認識能力の進化的基盤については不確定の部分もある。

自己鏡映像認知は，自己の身体や行動の認識と言い換えることができるが，これと並んで，自己の心的状態の認識も自己の認識を構成する重要な側面である。例えば，自分自身の知識，記憶，感情等，心の内部で生じている事象について認識する**メタ認知**は，心に関する自己認識であり，**意識**や**内省**といった過程の少なくとも一部として捉えることができる。メタ認知の一種である**メタ記憶**は，自己の記憶状態，つまり，何かについて覚えている，あるいは覚えていないという心的状態を認識したり，あるいは効率的に記憶するためにメモを取るなど，行動的制御を行ったりすることを指す。メタ記憶は，ヒトにおいては幼児期に発達し，またアカゲザルやフサオマキザル等，ヒト以外の動物においても見られることが示されている。このほか，確信度の認

識，情報希求行動等に関する実験的研究から，メタ認知の様々な側面がヒト以外の動物に見られることが示唆されている。

狭義のメタ認知と並んで，**エピソード記憶**も自己の心的状態の認識と考えることができる。エピソード記憶は，自己の神経系内部に保持されている記憶情報を意識的に取り出すことにより想起されるものであり，自己の心的内部状態への能動的アクセスを伴う高度な認知処理である。従来，ヒト以外の動物にエピソード記憶は不可能であるとされてきた。しかし，その性質の少なくとも一部を備えた記憶をヒト以外の動物でももつことが，フロリダカケスを対象とした研究等で示唆されている。エピソード記憶は，**心的時間旅行**を伴うという点でも重要性をもつ。つまり，心的に時間を超越して過去に遡るのがエピソード記憶であり，同様のプロセスは未来に対しても適用可能である。アメリカカケスやオランウータンにおいて，将来の事象に対して準備行動を行うという実験研究の結果が報告されている。エピソード記憶及び心的時間旅行は，自己に対する**回帰的**な心的プロセスとして，自己認識と関連の深い一様相である。

■　■　■

❶ ▶ エピソード記憶 (episodic memory)

本項については，04-08-❷「エピソード記憶」，14-12-❷「エピソード記憶」を参照のこと。

❷ ▶ 自己鏡映像認知 (mirror self-recognition)

鏡に映った自己の姿を自己であると理解すること。鏡映像に対する自発的行動をもとに検討することも可能であるが，これを客観的に調べる方法として，マークテスト，あるいはルージュテストと呼ばれるテストがある。このテストではまず，本人の気づかないうちに，自分の目では直接見えない身体部位にマークを付ける。その後，本人に鏡を呈示してその像を見せる。鏡に映った像を自己だと理解すれば，自分の身体にマークが付いているのを理解するはずであり，マークが付いた自分の身体部位に触ってそれを取ろうとする行動が見られると予想される。こうした自己指向的行動を指標として自己鏡映像認知が検討される。

❸ ▶ 自己の階層性 (hierarchy of self)

ナイサーは，自己に関して生態的自己，対人的自己，概念的自己，時間的拡大自己，私的自己という五つのレベルを考えた。生態学的自己は，物理的環境の中で，自分の体やその位置関係を把握することである。対人的自己は，他者との社会交渉の中で知覚される自己である。概念的自己は，社会文化的経験に基づいて，概念的に理解する自己である。時間的拡大自己は，経験の記憶や将来の予測等，過去と未来の時間軸が含まれる自己である。私的自己は，自分の経験は自分だけのものであり，他人のものとは違うということに気づいた時に成立する自己である。

❹ ▶ 心的時間旅行 (mental time travel)

心の中で時間を超越することであり，過去の記憶を思い起こしたり，将来の出来事を想像したりする心的作用を指す。過去の記憶は事実であり，将来の出来事の想像は虚構であるという点で異なっているが，それらが共に心的に時間を超える特徴をもつという点で共通のシステムを用いていることが，発達研究や脳研究等からも示唆されている。例えば，過去の個人的体験を思い出す能力と，将来の出来事を予測する能力とが，ヒト幼児期に重なって出現する。また，脳損傷によって過去の個人的体験を思い出すことができなくなった患者が，将来の個人的体験を想像することにも障害をもつことがある。

❺ ▶ メタ認知 (meta-cognition)

端的には,認知についての認知である。自己の認知状態について認知していることと言い換えることもできる。自己の記憶の有無を認知するメタ記憶,ある事柄についての自己の知識の有無の認識,ある推測についての確信の程度の認識等を指す。例えばある単語に関する知識がないというメタ認知をしていれば,つまり自分は単語の意味を知らないということを自覚していれば,その単語の意味を調べるために辞書を調べるなど,必要に応じた適切な行動も導き出すことができる。こうした行動調整もメタ認知が指し示す過程の範疇に含まれる。

〔平田 聡〕

24-00 遺伝 〔総説〕

「遺伝」は「進化」と並んで、生命を科学的に理解し説明する上で、最も本質な事柄である。しかしながら、これらが心理学辞典の中で「学習」「認知」「発達」等と並んで、それぞれ独立に領域立てられて取り上げられたことはかつてなかった。その意味で、本辞典の領域区分は画期的であるといえる。それはこれらの領域が、近年、心理学的なリサーチ・クエスチョンと方法論を取り入れ、数多くの知見を蓄積してきているからに他ならない。それが行動遺伝学と呼ばれる領域である。

【遺伝学の現状】

遺伝学の進展はめざましい。特に分子遺伝学の世界では、20世紀末の1990年代にはまだヒトのDNAの塩基配列はほとんど未知数であり、行動と具体的な遺伝子との対応等射程に入っていなかった。ところが21世紀との境目が近づくにつれ、DNAを解読する技術の発展とともに、具体的な名称をもつ実体として遺伝子が扱われるようになり、特定の心理形質の遺伝子探しが盛んになってきた。そして2003年にヒトゲノムプロジェクトの完了によって、ヒトの遺伝情報の全てが手中に入り、それに続く遺伝子解析技術の発展により、解析にかかる時間、解読可能な情報量、そしてコストの幾何級数的な進歩とともに、新たな知見と技術が文字どおり生き馬の目を抜くような勢いで見出され、開発されていく時代に突入した。人間の遺伝子は、数年前までは心理学者の扱える対象ではなかった。しかし今日では、毛髪や唾液を検査会社に送れば特定の遺伝子のタイピングを比較的廉価で行ってくれる時代となった。遺伝情報も、文科系の扱うありきたりな変数の一つになる時代はすぐそこまできている。その意味で心理学者も遺伝学の知見は必須である。一方で、かつて遺伝学の黄金律だったメンデルの法則ですら、今日では高校の教科書で扱われなくなるような時代に移行しつつある。辞典という形で、この先少なくとも10年、いや5年ですら、絶対に古ぼけることのない知見だけを選んで取り上げることはほとんど不可能であるといっても過言ではない。そのような状況を自覚しながら編集したこの「遺伝」という領域は、したがって、やはりそれが執筆された時の状況をあくまでも反映していることは否めない。

【本領域（遺伝）の構成】

本領域全体は、遺伝の一般論を論じた二つの大項目（24-01、24-02）に続き、人間の行動遺伝学と、人間以外の動物の行動遺伝学について、それぞれ各論として4項目ずつが割かれ、最後に24-11が扱われる。

遺伝学は生命全体を通じての普遍的な知見であり、心理学に用いられる知見も、その基本的な遺伝学の理論によってもたらされるものである。24-01では古典的なメンデルの遺伝学の、また24-02では今日の分子遺伝学の基本が、特に心理現象を理解する上で必要なものに焦点を当てて説明される。

続く各論部である24-03〜10までで、人間と人間以外の遺伝に関する内容が対等の分量で扱われるのは、遺伝研究の最先端がここで取り上げられる様々な実験動物によって進められているからにほかならない。線虫、ショウジョウバエ、マウスをはじめ、

遺伝学の発展に大きく寄与してくれている代表的な実験動物たちは，複雑な神経基盤の働きとして生ずる行動や心理現象の遺伝的基盤を，標的となる遺伝子を破壊(ノックアウト)する逆遺伝学的方法等によって突き止められ，遺伝情報の発現過程までが解明されようとしている。しかし，そうした実験的操作が倫理的に許されないヒトの場合，双生児法等の統計的な方法によって，間接的な形で遺伝の影響を突き止めていく。したがって，ヒトと人間以外の動物の行動遺伝学は，その様相が大きく異なることが，本領域を通して見るとよく分かるであろう。

人間の複雑で高次で社会的な要因の影響も受ける，心理的・行動的現象に及ぼす遺伝の影響を明らかにする手法の主流は，今のところ，集団遺伝学と量的遺伝学の理論に心理学の方法論を融合させた行動遺伝学である。24-03 と 24-04 の 2 項目では，行動遺伝学の枠組みの理論的基盤と，遺伝と環境が相互作用する心的現象の複雑な様相を捉える方法論が紹介され，今日の遺伝環境問題が単なる「遺伝か環境か」「遺伝の影響は何パーセントか」といった静的なものでもなければ，ましてや遺伝決定論や優生思想にくみするものではないことが理解されるであろう。人間の行動遺伝学では，動物研究では取り入れにくい社会的要因も研究の対象となり，行動への独立変数としても，またそれ自体が遺伝要因からの従属変数としても扱われることになるからである。また 24-05 と 24-06 は，数多くの人間行動遺伝学の知見の中の代表的な成果を紹介している。

人間を対象としては扱うことのできない行動の神経基盤とその遺伝基盤を明らかにする上で，単純な構造ながら神経メカニズムを備えて学習・記憶，さらには求愛行動や攻撃行動といった高次の神経活動を示す実験動物の知見は極めて有益である。24-07 の線虫 (*C. elegans*)，24-08 のショウジョウバエ，そして 24-09 のマウスは，それぞれ代表的なモデル動物として多くの研究の蓄積がある。それ以外にもアメフラシ，昆虫類，ゼブラフィッシュやメダカ等の魚類，鳴禽類等の鳥類，ハタネズミ等に新しい知見が出始めており，古くから家畜としてその遺伝形質に関心をもたれていたイヌ，そしてヒトに最も近い動物である霊長類等が，24-10 で取り上げられる。

遺伝情報は，個人を特定し生涯変わらないばかりでなく，それが身体的・病理的な形質の原因として機能し，家系を超えて伝わるものであるから，究極の個人情報といわれる。今日，個人の遺伝情報を解読し様々なサービスに利用しようとするビジネスも生まれつつあり，いわゆる「パーソナルゲノム」の時代に突入しようとしている。こうした時代に，24-11 で取り上げられた事柄は，最低限の知識として心理学研究者も認識しなければならない。

心理学の諸分野の中には，遺伝研究と親和性の強い領域がある一方で，それがかつて優生学として差別や人間の尊厳への脅威としての役目を果たしてきたことへの反省から，遺伝研究に対して忌避的，批判的な傾向を残す領域も依然としてある。遺伝学自体は価値中立的であっても，それが社会的文脈に組み込まれたとき，様々な問題を引き起こす可能性は，遺伝学の発展と応用可能性の大きさから鑑みて，むしろ以前より大きくなったといえよう。その意味でも，親和的・批判的のいずれの立場からも，心理学者は遺伝に関する知見に触れて考えておく必要があるだろう。

〔安藤寿康〕

24-01 ▶ 遺伝の仕組み

　生物の特徴が親世代から子世代へと受け継がれる現象を一般に「遺伝」という。その仕組みを初めて解明したのはメンデルであった。彼が着目したのはエンドウのマメの形や色，背の高さといった形態的形質の遺伝であり，それは「丸」対「しわ」，「黄色」対「緑」のような離散的形質だった。メンデルの卓見は，それら目に見える**表現型**を決定する因子として，単一ではなく二つで一組となった要素，今日，**アレル（対立遺伝子）**と呼ばれる**遺伝子**の組み合わせから統計的に説明した点にある。マメの形が「丸」あるいは「しわ」しか生まれない系統（これを純系という）を親として，それらを掛け合わせた雑種第1代の表現型は全て「丸」になり，「しわ」の特徴は見えなくなる。これを純系の親世代において［丸/丸］［しわ/しわ］という対立遺伝子からなる**遺伝型（遺伝子型）**から生まれたものと考え，それが**配偶子**，すなわち卵と精子によって子どもに受け継がれるとき，アレルが分離して一方のみが伝達されて，新たな組み合わせ［丸/しわ］となる。このプロセスが「**分離の法則**」である。ここで，アレルの一方の特徴（この場合［丸］）が他方（［しわ］）に対して優位に働くことを「**優性の法則**」という。このように考えると雑種第1世代同士を掛け合わせてできた雑種第2代で，改めて「しわ」が表れ，「丸」と「しわ」が3：1の分離比になることが合理的に説明できる。更にマメの形，色，背の高さ等，別々の形質は，それぞれ独立に伝達する（「**独立の法則**」）。これら3法則が**メンデルの法則**と呼ばれる。

　メンデルの遺伝の法則は，今日でもその基本は揺るいでいない。しかしその後，幾つかの点で重要な拡張がなされた。20世紀の初頭以降，遺伝子は細胞内の核内にある**染色体**の上に，一定の位置を占めながら列を成していることが示され，配偶子形成の際に減数分裂と染色体の交叉による遺伝子組み換えによって，子どもに伝わることが分かった。これが分離の法則を説明するが，遺伝子が染色体上の近い位置にある場合は，独立の法則は適用されず，むしろ連鎖が起こる。そして，特に体の大きさや作物の収量等の量的形質も，メンデルの法則に従う数多くの遺伝子，すなわちポリジーンの相加的，非相加的効果として説明されうることが示され，**量的遺伝学**として確立された。また，アレル同士が表現型にもたらす効果には，メンデルが見出した優性の効果にとどまらない多様な非相加的パターンがあることが分かり，量的遺伝学では遺伝子の相加的効果で説明できない程度を，**優性の効果**と一般化して考える。

　遺伝学の最も革命的な出来事は，1963年にワトソンとクリックによって，遺伝子の担い手である**DNA**（デオキシリボ核酸）の分子構造が特定されたことである。アデニン（A），チミン（T），グアニン（G），シトシン（C）という4種類の塩基の配列の二重らせんからなるDNAは，AがTと，またGがCと結びつく分子構造をもち，その二重らせんをほどいて，配偶子形成や細胞分裂に際して遺伝情報を正確に伝えるメカニズムのみならず，必要な情報を**RNA**に転写して形質を発現するメカニズムを説明し，遺伝子が単に形質の担い手としてだけでなく，あらゆる生命現象の情報の源として機能するという新しい遺伝子観を導いたのである。今日，ヒトの**ゲノム**は，23対46本の染色体の上の30億対の塩基配列からなるDNAの中に埋め込まれた，2万1千個ほどの遺伝子からなると考

遺伝の仕組み |24-01| 775

えられている。

■ ■ ■

❶▶アレル／アリル／対立遺伝子（allele）

父親由来と母親由来の遺伝子が対になったもの。同じ型が対になっている場合はホモ接合、異なる型が対になっている場合ヘテロ接合という。一般に両方の遺伝子が相互に働き合って機能するが、対立遺伝子のどちらか一方が不活性である場合もある。このことは、アレルのいずれが父親由来で、いずれが母親由来かが識別されていることを意味し、ゲノムインプリンティング（刷り込み）と呼ばれる。プラダー・ウィル症候群と呼ばれる遺伝疾患では、父親由来のみが発現し、そこに疾患があると発症する。

❷▶遺伝型（遺伝子型）／表現型（genotype/phenotype）

遺伝子は原則として、それぞれ染色体上の特定の位置を占める。これを座位（loci）と呼ぶ。同じ座位を占める遺伝子にはしばしば複数の異なるタイプがある。それは塩基の置換、挿入、欠失等から生ずる突然変異によるものであるが、それが有害なものとして淘汰されることなく、集団中に1%以上の頻度があれば、これを遺伝子多型（genetic polymorphism）という。それぞれの座位における父親由来と母親由来の遺伝子の組み合わせを遺伝型という。この遺伝情報が、環境の影響も受けながら発現して表れたものを表現型という。分かりやすい例として、ABO式の血液型に関わる遺伝子にはA, B, Oの3種類の遺伝子多型があり、これらが組み合わさって［AA］［AO］［AB］…等の遺伝型を作る。このうち［AA］［AO］の遺伝型の表現型がA型になる。ポリジーンの場合、複数の座位の遺伝型の総体が表現型を形成する。

❸▶遺伝子（gene）

遺伝情報の担い手であり、DNAの塩基配列からなる。タンパク質をコードする構造遺伝子と、遺伝子発現を調節する調節遺伝子があり、ヒトでは2万3千個ほどの構造遺伝子が数えられている。この数は線虫の1万9千個と大差なく、イネの3万2千個と比べはるかに少ないが、それはとりもなおさず、一つの遺伝子が複雑な調節機構によって多様な機能をもつメカニズムをもつからである。

❹▶形質（character）

生物のもつあらゆる特徴をいう。生物の体を特徴づける形、大きさ、色等の形態形質だけでなく、心理学の扱う心理的形質や行動的形質もまた、生命現象として形質として扱うことができる。この中でも特に遺伝子との関連が見出されるのが遺伝形質と呼ばれ、心理的、行動的形質の多くも遺伝形質である。

❺▶ゲノム（genome）

生物一個体を作り上げるのに必要な遺伝情報の総体のこと。ヒトの場合、23対46本の染色体上にある、30億塩基対からなる遺伝情報がそれにあたる。この塩基配列の全てを読み解くヒトゲノムプロジェクトは1990年から始まり、2003年に完了が宣言された。

❻▶染色体（chromosome）

一次元配列を成すDNAはヒストンに巻き取られて立体になり、それが更に高次の三次元の構造体となって細胞の核の中に納まっている。この遺伝子をコンパクトにまとめているものを染色体といい、もともと顕微鏡で観察する時に細胞を色で染めるとよく着色する部分であったことから、この名が付けられた。ヒトでは22対44本の性差のない常染色体と、X, Yと名付けられた性染色体の計23対からなる。アルファベットのXに似た形をしており、二つの

染色体が接合するセントロメアを中心に，短腕側を p，長腕側を q と呼ぶ。

❼ ▶ DNA／RNA（核酸）(deoxyribo nucleic acid/ribo nucleic acid)

約 40 億年前，アデニン（A），ウラシル（U），グアニン（G），シトシン（C）の 4 塩基が 1 本鎖で連なった高次化合物であるリボ核酸 RNA が，地球上に誕生した。RNA は複製される物質で，それが 35 億年前，ウラシルがチミン（T）に置き換わって二重らせん状になり，デオキシリボ核酸（DNA）がより安定した複製物質となり，情報を次世代に伝達して生命の源となった。DNA 上の塩基の必要な部分がメッセンジャー RNA に転写され，3 文字（トリプレット）からなるコドンを単位にアミノ酸に読み解かれ，特定のタンパク質へと翻訳される。このプロセスが遺伝子発現である。

❽ ▶ 配偶子 (zygote)

親世代から子世代に遺伝子を伝達する精子と卵を配偶子という。遺伝情報は全ゲノムの半分である。両者が受精し，受精卵となる。配偶子を作る生殖細胞は，発生のごく初期に体細胞から分化し，遺伝情報を伝達するので，生命が後天的に獲得し変化した形質が遺伝すること（獲得形質の遺伝）はない。

❾ ▶ ポリジーン (polygene)

多数の遺伝子に支配される遺伝様式のこと。かつて離散形質を説明するメンデル式の粒子説と，量的形質を説明する液体の混ぜ合わせのような融合説が対立していたが，一つ一つの効果量が小さく，原則としてある量的形質に対して同義的に効く多数の遺伝子を想定すると，両者は矛盾なく融合できることが示された。なお，あまり数が多くない複数の遺伝子による支配を想定できる場合，オリゴジーンと呼ぶ。

❿ ▶ メンデル（グレゴール・ヨハン）(Mendel, Gregor Johann 1822~1884)

現チェコのモラヴィア（当時はオーストリア帝国）の修道士であり，遺伝学の祖でもある。1866 年にエンドウマメの交配実験によって見出した遺伝の法則を発表したが，1900 年にド・フリースらの「再発見」まで，あまり知られていなかった。ちなみにメンデルの報告した「実測値」は，確率的に「あり得ないほど」理論値に一致していることから，何らかの作為がなされていた可能性が指摘されている。しかしそれは，メンデルの法則の妥当性をいささかも疑うものではない。

⓫ ▶ メンデルの法則 (Mendel's laws)

日本では優性，分離，独立の 3 法則を「メンデルの法則」と呼ぶが，メンデル自身が法則としてまとめたのは，このうち分離の法則（第一法則）と独立の法則（第二法則）だけであり，欧米ではこの二つをメンデルの法則と呼ぶことが多いようである。この法則に従う単一の遺伝子に支配される形質は，「メンデル形質」と呼ばれる。

〔安藤寿康〕

24-02 ▶ 分子遺伝学

分子遺伝学は，生物の遺伝現象を分子レベルで解明する学問分野である。遺伝情報を担う遺伝因子の本体が DNA であること，DNA の二重らせん構造の解明を契機として分子生物学が急激に発展し，微生物を用いた華々しい研究成果や様々な遺伝子操作技術の開発を経て，生物学のみならず，医学，農学，工学等のあらゆる分野に強烈な影響を与え，生命現象の基礎が遺伝子の塩基配列レベルで理解されるようになった。特に，ヒトを対象とした医学的生物

学的研究の発展はめざましく、今世紀初頭に完了した**ヒトゲノムプロジェクト**に見られるように、この分野における分子遺伝学の重要性が飛躍的に増大し最先端を形成しており、疾患の診断・治療・予防への大きな鍵を握っている。

ヒトの遺伝性の疾患や形質に関する知識の集積と、遺伝子組み換え技術や塩基配列決定法・PCR に代表される遺伝子解析法の進歩を背景に、目標の一つである約30億のヒトゲノム全塩基配列決定を目指し、ヒトゲノムプロジェクトは計画された。

まず、ヒトゲノム全体の詳細な地図、すなわち、**マイクロサテライト**等の多数のDNA多型マーカーを集めた、組み換え頻度に基づく遺伝地図と、ゲノム全域をカバーするコンティグ（整列させたクローン）上の制限酵素によるDNA断片長等、物理的な長さに基づく物理地図が作成され、ゲノム解読の基礎となった。その一方で、ヒトの形質、特に原因不明の単一遺伝子疾患と遺伝子の関係を解明するための、ゲノム地図を利用した**ポジショナル・クローニング**と呼ばれる方法が確立され、**連鎖解析**により原因領域を特定し突然変異を突き止めることで、難病といわれて手がかりさえつかめなかった遺伝性疾患の原因遺伝子が次々と数多く同定された。その間にも、遺伝子解析技術の改良、開発が進んだ。

ヒトゲノム塩基配列の解読により、ゲノム上には膨大な数の SNP をはじめとする DNA 多型が存在し、ヒトゲノムに多様性があることが判明した。また、国際 HapMap 計画によりたくさんの SNP が収集され、ハプロタイプが解析された。更に、開発が進められていた**マイクロアレイ**技術により、近年では百万カ所もの SNP を一度にタイピングできるようになり、体系的網羅的な多型解析が可能となった。単一遺伝子疾患から、精神疾患、糖尿病、高血圧、癌等、複数の遺伝子と環境要因から影響を受けている多因子疾患に解析のターゲットが移り、それらの疾患感受性遺伝子の同定へ向けた、SNPを用いた大規模なゲノムワイド**関連解析（GWAS）**が盛んに行われている。また、薬理ゲノム学（PGx）という新しい分野では、オーダーメイド医療を目指し、薬剤の効果や副作用についてのGWASも行われている。

また、**次世代シークエンサー**と呼ばれる、高速に大量に低コストで塩基配列を読む技術が開発され、更にその技術が改良され進歩している。これまで未知であった単一遺伝子疾患の遺伝子変異同定や、多因子疾患の感受性遺伝子の同定、1000ゲノムプロジェクトによるヒトの遺伝的多様性の調査、様々な生物種のゲノム塩基配列解読等が猛烈な勢いで行われている。

ヒトゲノム塩基配列解読により、約2万3千個の遺伝子があると推定されたが、それぞれの機能や相互関係等については大半が未知である。遺伝子は**エクソン**と**イントロン**からなり、RNAに転写されてタンパク質に翻訳される。この**遺伝子発現**は、ジャンク DNA と呼ばれる領域にある調節領域や**エピジェネティクス**により、調節制御されている。また、マイクロアレイを用いることで、たくさんの遺伝子の遺伝子発現量の測定が一度の実験で可能となり、ゲノム上の全遺伝子についての体系的網羅的な発現解析が行われている。例えば、正常組織とその病変、薬剤投与前後等の遺伝子発現変化を経時的に測定することで、その疾患の原因となっている遺伝子や遺伝子のつながり、薬剤の効果等が解明されて、創薬やオーダーメイド医療が目指されている。

これらの塩基配列データや遺伝子発現データ等の莫大な情報を解析する、**バイオインフォマティックス（生物情報科学）**の分野も並行して大きく発展しており、またそのデータはインターネットで公開されているものも数多くある。

❶ ▶ 遺伝子発現 (gene expression)

遺伝子がその情報を細胞や生物に伝える過程のこと。DNA 上の遺伝子が調節を受けながら塩基配列が RNA に転写され、スプライシング等のプロセシングを受けて成熟した RNA から塩基配列が読み取られてタンパク質に翻訳される、あるいは DNA 上の遺伝子から機能をもつ RNA に転写される。遺伝子発現は DNA 上のプロモーター、エンハンサー、サイレンサー等の調節領域や、DNA メチル化、ヒストン修飾、RNAi 等のエピジェネティクスにより制御されている。

❷ ▶ エクソン／イントロン (exon/intron)

遺伝子の構造として、DNA を鋳型として mRNA 前駆体へ転写された後に、スプライシングという機構により、切り取られて除去される部分と、つなぎ合わされ成熟 mRNA になる部分が交互に存在する。前者をイントロン、後者をエクソンと呼ぶ。成熟 mRNA からタンパク質へ翻訳される。組織特異的・時期特異的にスプライシングパターンが変化して（選択的スプライシング）、複数種のタンパク質へ翻訳されるものも数多く存在する。

❸ ▶ エピジェネティクス (epigenetics)

DNA 塩基配列の変化を伴わずに、細胞分裂後も継承されうる遺伝子の発現制御と情報記憶のメカニズムのこと。受精卵から個体へ発生する間、細胞は分裂増殖し、様々な組織や細胞に分化する。この過程において、塩基配列は、免疫システム等の例外を除きどの細胞も変化せず同じであるが、それぞれの細胞は、周りの環境に合わせて遺伝子の発現が調節制御されることで形質を獲得し、肝細胞が分裂しても肝細胞であるように、その形質は細胞世代を超えて維持される。分子機構としては DNA メチル化やヒストン修飾、RNAi 等がある。

❹ ▶ 関連解析 (association study)

マイクロサテライトや SNP 等の DNA 多型、その組み合わせであるハプロタイプを目印として、形質発現群と対照群でのアレルの頻度の差を調べるケースコントロール研究のこと。両群間に統計学的に有意な差異があれば、形質に関連する遺伝子がその目印の周囲に存在していることを意味する。糖尿病や心疾患、精神疾患のような、複数の遺伝子と環境が発症に寄与する多因子疾患が対象となる。ヒトゲノム全体にわたる多数の DNA 多型についての関連解析を、ゲノムワイド関連解析 (GWAS) と呼び、SNP が目印としてよく使われる。

❺ ▶ ジャンク DNA (junk DNA)

約 30 億塩基対のヒトゲノムのうち、タンパク質をコードしている部分は約 2% で、残りの 98% は意味のない配列として、大野乾の言葉をとり、こう呼ばれている。しかしその中には、プロモーター、エンハンサー、サイレンサー等の遺伝子発現制御に関わる配列、tRNA、rRNA、microRNA を含む非翻訳 RNA として発現する配列、セントロメア、テロメア、DNA 複製開始点等の配列が存在する。2012 年、国際 ENCODE プロジェクトにより、ヒトゲノムの 80% は、転写されたり遺伝子発現制御するなど、生体機能に関わっていることが示唆された。

❻ ▶ SNP (Single Nucleotide Polymorphism)

一塩基多型の略称のこと。スニップと読む。ゲノム中の、個人によって異なる配列（多型）の一種で、1 塩基が違う。ヒトゲノム中に約一千万カ所あると考えられている。ほとんどの SNP は健康や発達に影響を与えないが、なかにはそのものが直接病気の危険因子であったり、薬剤の応答性・副作用に関係する SNP もあり、病気のリスク診断、薬剤の使い分け診断等、オーダ

ーメイド医療に利用できると期待されている。また，病気に関係する遺伝子を探索するための目印（DNA 多型マーカー）としても用いられる。

❼ ▶ ハプロタイプ（haplotype）

複数の遺伝子座におけるアレルの，単一の染色体上の組み合わせのこと。例えば SNP の場合，減数分裂時の組み換えの際に，近くにある SNP 同士は一連の組み合わせのハプロタイプで遺伝する。このまとまりをハプロタイプブロックと呼び，ハプロタイプブロックを代表する少数の SNP（タグ SNP）を解析するだけで，同じブロック内の他の SNP のタイプも判別できる。ヒトゲノムのハプロタイプ地図は，国際 HapMap 計画により 2005 年に完成された。

❽ ▶ PCR（Polymerase Chain Reaction）

ポリメラーゼ連鎖反応の略称のこと。特定の短い DNA 箇所を複製し増幅する反応で，約百万倍にも増幅することで，電気泳動等で目的 DNA が目で見えるようになる。増幅する箇所の両端の配列に相当する約 20 塩基の合成オリゴヌクレオチドをプライマーとし，DNA の変性（加熱して 2 本鎖を 1 本鎖にする），プライマーのアニーリング（温度を下げてプライマーを 1 本鎖 DNA に結合させる），DNA の伸長（耐熱性 DNA ポリメラーゼによる DNA 合成）を繰り返す。

❾ ▶ ヒトゲノムプロジェクト（human genome project）

ヒトゲノムの全塩基配列を解読する国際的な計画のこと。1990 年にアメリカのエネルギー省と国立衛生研究所によって，15 年間での完了計画で発足した。途中，国際的協力の拡大，塩基配列解読技術・コンピュータ関連技術の進歩，セレラ・ジェノミクス社の競争的参入によりプロジェクトが加速し，概要版（ドラフト配列）解読完了が前倒しで 2000 年 6 月に，当時のクリントン・アメリカ大統領とブレア・イギリス首相によって宣言された。更に高精度の配列の完成に向けて作業が継続され，2003 年 4 月にヒトゲノム完成版が公表された。

❿ ▶ マイクロアレイ（microarray）

基板上に多数の検査対象物を高密度に並べて固定化したもの。一度の実験で体系的網羅的に対象物について調べることができる。DNA マイクロアレイは 1990 年代に開発されたもので，数万から数百万もの DNA 断片を基盤に固定化し，全ての遺伝子の発現量の測定や，ゲノムワイドの SNP のタイピング，染色体微細構造変化の検出等を一度に行う，ポストゲノム時代の代表的な遺伝子解析ツールである。

⓫ ▶ マイクロサテライト（microsatellite）

2～4 塩基の塩基配列を単位として数回から数十回程度繰り返している反復配列で，その反復回数が個人によって異なる DNA 多型のこと。ゲノム上に広く分布しており，数万カ所あるといわれている。PCR 法を用いて簡単に検出することができ，病気に関係する遺伝子の探索や，親子鑑定，科学捜査等にも利用されている。

⓬ ▶ 連鎖解析（linkage analysis）

減数分裂の際，各染色体は相同染色体間で交差し，組み換えが起こる。染色体上のマイクロサテライトや SNP 等の DNA 多型を目印として，そのアレルが家系内で形質と一緒に次世代へ伝わる頻度を調べる。その頻度が高い目印は，形質と連鎖（一緒に遺伝）しており，形質に関わる遺伝子との距離が近接していることを意味する。この連鎖を利用し，形質に関わる遺伝子の染色体上の位置を決める解析法のこと。

〔小林千浩〕

24-03 ▶ 人間の行動遺伝学

人間（ヒト）は高度な社会性と学習性をもち，ヒト以外の「本能と単純な学習のままに生きる」動物と異なって，その行動は遺伝子とはほとんど無関係であるという偏見が，特に20世紀後半の社会科学では根強くあり続けた。それはヒトラー以降，行動への遺伝子の影響を認めることが，**優生思想**のような偏見や差別を導く危険性につながるという倫理的な懸念を払拭できないまま，今日に至っているからといえる。そのため，ヒトの行動に遺伝の影響があることを踏まえた社会科学の理論や研究への認識は，まだ十分とはいえない。

しかしながら，ヒトも生物の一員として遺伝子の産物であることは疑いのない事実であり，生命活動の一側面である心理的，行動的現象に遺伝子の影響が表れるのは当然のことである。このことを示す科学的アプローチとして，主に種としての普遍的な側面については進化心理学や人間行動生態学が，そして個人差に及ぼす遺伝の影響については行動遺伝学（behavioral genetics）がある。進化心理学の起源は進化理論の祖であるダーウィンに遡るが，1980年代から，また行動遺伝学の起源は優生学の祖である**ゴールトン**に遡るが，1970年代から，それぞれ固有の学問的領域として体系的な発展が始まり，21世紀に入って生命科学の隆盛とともに，心理学の新しい重要な領域として徐々にその意義が認識されるようになりつつある。

行動の個体差に及ぼす遺伝子の影響は，線虫，ショウジョウバエ，マウス，ゼブラフィッシュ等，遺伝子そのものの分子レベルでの改変の可能な，数々の動物の行動遺伝学研究から明らかにされている。しかし，倫理的に遺伝的実験が許されないヒトにおいて，遺伝子の行動に及ぼす影響を知る数少ない古典的な方法が**双生児法**である。これは単なる**家系研究法**では明らかにしにくいポリジーンの影響を推定でき，また協力者を得るのが難しい**養子研究法**の欠点を克服できている。

行動遺伝学の基本モデルは**量的遺伝学**のモデルに従い，P(表現型値)$=G$(遺伝型値)$+E$(環境の効果)と表現できる。特に双生児法では，遺伝型値として**相加的遺伝効果**（a）と非相加的遺伝効果（d），環境の効果として共有環境（c），**非共有環境**（e）を推定することができる（$P=(a+d)+(c+e)$）。特に全分散に占める遺伝分散の割合を**遺伝率**という。

今日これら遺伝と環境の構造は，**構造方程式モデリング**を用いて推定するのが一般的である。構造方程式を用いれば，遺伝と環境の相対的な比率だけでなく，絶対分散や信頼性区間を算出することができる。更に，様々な表現型の相関関係を生み出す遺伝と環境の因果関係に関する，複数の対立する複雑なモデル間の適合度を比較し，最適モデルを選択するモデル適合分析を行うことによって，モデルの検証が可能になる。

こうして行動遺伝学は，単なる遺伝の影響の有無やそれが何パーセントか知るだけの静的な研究から，遺伝と環境が「いかに」表現型の形成に関わっているかを明らかにする動的な研究になっている。

■　■　■

人間の行動遺伝学 |24-03| 781

❶ ▶ 遺伝率 (heritability)

表現型の全分散に占める遺伝分散の相対的割合を，遺伝率と呼ぶ。このうち相加的遺伝効果の分散比を狭義の遺伝率といい，親から実質的に伝達する割合を意味する。それに対して，相加的と非相加的の両遺伝効果を合わせたものが広義の遺伝率である。

❷ ▶ 家系研究法 (family study)

血縁者の系譜の中に共通する特徴がどのように表れるかを調べることによって，その特徴が遺伝子の影響をどのように受けるかを明らかにする方法である。遺伝様式が，単一遺伝子に支配されるメンデル形質の場合は発見されやすい。しかし，この方法では遺伝の影響が共有環境の影響と共変するために，両者の影響を厳密に分離することができない。

❸ ▶ 共有環境／非共有環境 (shared environment/ nonshared environment)

個人差に関わる非遺伝的な要因のうち，家族の成員を類似させることに寄与する環境の効果の総体を共有環境 (C)，家族を類似させないように働く環境の効果の総体を非共有環境 (E：この E は環境の効果全体を表した大項目中の式の E とは異なる) という (C, E は比率)。双生児相関では，相加的遺伝効果で説明できない双生児きょうだい間の類似性を説明する割合が共有環境にあたり，$C=rMZ-A$（rMZ は一卵性双生児の相関，A は遺伝の比率を表し，後述❼で説明）。また，非共有環境は遺伝要因と共有環境を等しくする一卵性双生児でも完全な類似性である 1 に至らない部分，$E=1-rMA$ として推定できる。

❹ ▶ 構造方程式モデリング (SEM：Structural Equation Modeling)

多変量解析の手法の一つである。共分散構造分析とも呼ぶ。多変数の実測値から得られる分散共分散行列を説明するモデルをアプリオリに設定し，そのモデルのもとで推定されたパラメータの値と実測値のそれとのズレを比較することで，モデルの適合度の評価が可能である。行動遺伝学では，ある変数に相加的遺伝 (A)，共有環境 (C)，非共有環境 (E) の全てが寄与することを仮定した ACE モデルと，AE モデル，CE モデルを比較することで，遺伝要因や家庭環境要因の影響の有無とその相対的寄与率，信頼性区間等が得られる。この手法は更に複雑なモデルを仮定し，その妥当性を評価できることから，行動遺伝学的解析のスタンダードとなっている。

❺ ▶ ゴールトン（フランシス）(Francis Galton 1822~1911)

本項については，01-05-❷「ゴールトン」を参照のこと。

❻ ▶ 相加的遺伝効果／非相加的遺伝効果 (additional genetic effect/ nonadditional genetic effect)

ある座位のアレルに [A] と [a] しかない場合，例えば [a] に対して [A] が一定の効果量を表現型に与え，[aa] → [Aa] → [AA] と遺伝子 [A] の数が増えるに比例して，表現型の大きさも一定量増加させる効果を相加的遺伝効果，遺伝型が [Aa] のとき相加的効果では説明できない残差成分を，非相加的遺伝効果と操作的に定義する。双生児相関では，一卵性の相関と二卵性の相関の差の2倍が相加的遺伝効果の相対的比率であり，狭義の遺伝率にあたる。非相加的遺伝効果が寄与する場合は，一卵性双生児の相関が二卵性の2倍よりも大きい場合と考えられる。

❼ ▶ 双生児法 (twin method)

遺伝情報の全く等しい一卵性双生児 (MZ) と，遺伝子の共有度の期待値が 50% の二卵性双生児 (DZ) の表現型の類似性を比較することによって，遺伝の影響の有無を検出する最も基本的で古典的な行動遺伝学の方法である。一卵性双生児の相関 rMZ は，相加的遺伝効果による類似性 (A) と共有環境による類似性 (C) からな

るのに対し，二卵性双生児の相関 rDZ は，相加的遺伝効果による類似性が一卵性の半分となるから，

$$rMZ = A + C \quad \cdots ①$$
$$rDZ = 1/2A + C \quad \cdots ②$$

これら①②の連立方程式から A（狭義の遺伝率）と C を推定することができる。

❽▶優生思想 (eugenics)

有害な遺伝子を排除し優れた遺伝子を残すために意図的，計画的，政策的に生殖をコントロールしようとする考え方であり，ゴールトンが19世紀末に唱えた。この思想の科学的基盤である優生学の名のもとに，20世紀前半から半ばまで，優生政策が欧米の政治的・文化的指導者によって進められた。ヒトラー率いるナチスが数百万人のユダヤ人を虐殺した理論的根拠でもあった。我が国にこれを紹介したのは福澤諭吉であり，1948年に施行された強制断種の条項を含む優生保護法は，1996に母体保護法になるまで続いた。

❾▶養子研究法 (adoption method)

養い親と血縁のない子どもとの相関は純粋な家庭環境，すなわち共有環境の影響が推定でき，また成育環境を共有しない実親の情報が得られていれば，その相関（の2倍）には共有環境が含まれない純粋な遺伝の影響の推定値となる。ただし，養い親を実親と類似した属性（学歴，社会経済的地位等）になるように斡旋する，選択的斡旋 (selective placement) がないことが前提である。

❿▶量的遺伝学 (quantitative genetics)

量的形質の遺伝的伝達に関する遺伝学のこと。メンデル遺伝学の応用。育種学の理論的基盤でもある。分子遺伝学のように個々の具体的な遺伝子を想定せず，数多くの同義的な遺伝子からなるポリジーンの効果の総体を仮定する。量的形質に関わる座位を QTL（量的形質座位）と呼ぶ。

〔安藤寿康〕

24-04 ▶遺伝と環境の相互作用

遺伝と環境は，幾つかの意味で相互作用している。まず，個人差ではなく，ヒトに普遍的な発達を考える場合，遺伝と環境は常に相互作用している。例えば，ヒトは一般に言語を話す。このことは，ヒトに言語を習得するための遺伝的メカニズムが備わっていることと，出生後一定の年齢までに適当な量の言語に接触することの両方があって初めて成立する。このような場合，「ヒトが言語を話すのは遺伝と環境のどちらの影響か」「ヒトが言語を話すことの遺伝率は幾らか」と問うことには意味がない。したがって，遺伝と環境の影響を分離し，その相対的大きさを評価できるのは個人差についての問いに限られる。例えば，「ヒトの言語能力の差異は，遺伝的差異と生育環境の差異のどちらによってより良く説明されるか」という問いは，人間行動遺伝学の方法によって検討することができる。

一方，個人差について考える場合にも，遺伝と環境の相互作用は重要な現象である。**遺伝子・環境交互作用**は，遺伝子の影響の在り方が環境条件によって異なること，又は環境の影響の在り方が本人の遺伝的特徴によって異なることをいう。例えば，ローズらの双生児研究は，居住地域が都市部か田舎かによって，青年期の飲酒量の個人差に与える遺伝の影響の強さが異なることを報告している。具体的には，都市部において飲酒量の個人差に与える遺伝の影響がより強く，共有環境の影響が弱い。田舎では家庭や地域の規範等のために，本

遺伝と環境の相互作用

来個人がもっている遺伝的特徴を発揮しにくいのに対し，都市においてはそのような制約が少ないためであると考えられる。また，分子遺伝学的手法により直接遺伝子多型の効果を検討したカスピらは，男性の反社会的な行動の発達において，子ども時代の虐待経験とMAOAの活性の高さに関わる遺伝型とは交互作用し，子ども時代の虐待経験はMAOAの活性の低い遺伝型をもつ個人において，より反社会的行動を発達させやすくすることを明らかにしている。

個人差に関するもう一つの重要な遺伝と環境の相互作用に，**遺伝子・環境相関**がある。これは，特定の遺伝的特徴をもった個人が，特定の環境を経験しやすいことをいう。例えば，通常，発達心理学において「環境要因」と考えられている，親から受ける養育行動には，ある程度遺伝の影響が見られる（例えば，生物学的きょうだいの類似度は，養子きょうだいの類似度よりも高い）。これは，親からの特定の養育行動や働きかけを，子の遺伝的特徴が引き出していることを意味している。同様に，ライフイベントの経験しやすさ（事故，結婚，離婚等），友人の特徴やソーシャルサポートの量等，様々な「環境要因」に少なからず遺伝の影響が見られる。

この遺伝子・環境相関と紛らわしいのが**遺伝相関**，**環境相関**と呼ばれる概念である。二つの変数の間に表現型レベルの相関関係が観察される場合，これはある遺伝子群が両方に同時に影響を与えている結果かもしれないし，何らかの環境要因が両方に同時に影響を与えている結果かもしれない，あるいはその両方が生じている結果かもしれない。この時，遺伝の影響が二つの変数で共通である程度を遺伝相関，環境の影響が共通である程度を環境相関と呼ぶ。例えば，パーソナリティを2時点で縦断的に測定した場合，一般に遺伝相関は高く環境相関は低い。これは，遺伝の影響はパーソナリティの継時的安定性をよく説明する一方，環境の影響は各時点に特異的であり，安定性よりも変化をよく説明することを意味している（ただし，遺伝の影響は安定性だけでなく，変化も説明しうる。これを**遺伝的革新**と呼ぶ）。一方，同一時点におけるパーソナリティ等の個人特性と，ライフイベントの経験等の環境変数との間に遺伝相関が見られた場合，その個人特性と環境変数の間に遺伝子・環境相関が生じていることが示唆される。

人間行動遺伝学の主要な関心は，様々な個人差について遺伝と環境の相対的影響がどの程度か，という静的な分析（遺伝率の推定）から，遺伝と環境は具体的にどのように相互作用しているのか，というより動的な分析へと移っている。

■　■　■

❶▶遺伝子・環境交互作用 (gene-environment interaction)

遺伝の影響が環境条件によって異なること，又は環境の影響が本人の遺伝的特徴によって異なること。双生児法においては，標本を環境条件の違いによって群分けし，それぞれについて遺伝率を推定するのが最も単純な方法である。近年では，環境条件が連続変数である場合にも，マルチレベル・モデルを適用することで検討することができる。養子研究法においては，養親の特徴や提供する環境の効果が，生物的両親の特徴（本人の遺伝的特徴の近似と見なされる）によって異なるか検討する。分子遺伝学的方法においては，個々の具体的な遺伝子多型と環境変数の交互作用を検討する。

通常の双生児法において遺伝率を推定する際，きょうだいが揃って経験したりしなかったりする環境要因と遺伝型との交互作

用は，明示的にモデル化されない限り遺伝の影響に寄与することになる。一方，きょうだいが個々に経験したりしなかったりする環境要因と遺伝型との交互作用は，同一の遺伝型をもつ一卵性双生児であっても非類似性を高めるため，明示的にモデル化されない限り，非共有環境の影響に寄与することになる。

❷ ▶ 遺伝子・環境相関（gene-environment correlation）

遺伝子・環境相関には受動的，誘発的，能動的の三つの種類がある。受動的な相関は，子が親から遺伝的特徴を受け継ぐと同時に，親の遺伝的特徴を反映した家庭環境をも経験することをいう。例えば，音楽的才能がある程度遺伝する場合，子は親から音楽的才能に影響を与える遺伝子を部分的に受け継ぐと同時に，親の音楽的才能を反映した様々な環境（家庭における楽器の有無や音楽についての会話等）を経験する。受動的相関は，養子研究法により，養子と非養子家庭における環境変数と子の特徴の相関の程度を比較することで検出することができる。また，一卵性双生児とその子どもを対象とする調査デザイン（children of twin design）によって，遺伝子と環境の両方を共有する親子と，遺伝子のみを共有する叔父/叔母と甥/姪の相関を比較することで検出することができる。一卵性と二卵性のきょうだいの類似度を比較する通常の双生児法においては，受動的遺伝環境相関は共有環境相関と区別ができない。

誘発的相関は，個人が自身の遺伝的特徴に基づいて他者からの反応を引き出すことをいう。音楽的才能の例ならば，才能に恵まれた子は親や教師の目に留まり，特別な教育機会を経験することなどがありうる。一方，能動的相関は，個人が自身の遺伝的特徴に基づいて自ら環境を選択したり調節したりすることをいう。音楽的才能の例ならば，才能に恵まれた子は自ら長い時間音楽を聴いたり，音楽を好む友人を積極的に選んだりすることがありうる。誘発的・能動的相関は，通常の双生児法において，個人特性と環境変数の間の遺伝相関の有無を検討したり，養子研究法において，生物学的親の特徴（子の遺伝的特徴の近似）と養子先の家庭環境の相関の有無を検討したりすることで，検出することができる。誘発的・能動的に経験した環境が本人の特性に因果的効果を与える場合，この環境を変数として明示的にモデル化しない限り，この効果は通常遺伝の効果に含まれることに注意が必要である。

❸ ▶ 遺伝相関／環境相関（genetic correlation/environmental correlation）

遺伝又は環境の影響が，二つの特性で共有されている程度のこと。通常の相関係数同様 $-1.0 \sim 1.0$ で表され，1.0（又は -1.0）の場合には，二つの変数に影響を与えている遺伝子又は環境要因が完全に同一であり，両変数の間に正（又は負）の表現型相関を生じさせるよう働いていることを意味する。0の場合には，二つの変数に影響を与えている遺伝子又は環境要因が，完全に独立であることを意味する。遺伝率を推定する場合と同様，相加的遺伝，非相加的遺伝，共有環境，非共有環境のそれぞれの効果について相関係数を計算しうる。

❹ ▶ 遺伝的革新（genetic innovation）

年齢や発達段階に特異的に生じる遺伝の影響のこと。遺伝の影響は，ゲノムが生涯を通じて不変であることから，発達を通じて変化しないと誤解されやすい。しかし，第二次性徴や老化の個人差を考えれば分かるように，遺伝の影響の中には特定の年齢や発達段階になって初めて顕在化するものがある。特に乳幼児期から児童期においては遺伝的革新が頻繁に生じるため，子どもの表現型の変化は一概に環境の変化に帰属することはできない。

〔山形伸二〕

24-05 ▶ 認知能力とパーソナリティの遺伝

知能検査によって測定される **IQ** に寄与する遺伝率は，児童期には 30% 程度であるが，成人期までに 50% を超え，中年期以降には 70% 以上となり，発達とともに増加することが知られている。児童期から青年期に移行するにつれ，共有環境の影響が消失するために相対的に遺伝の影響が大きくなること，加齢とともに遺伝的革新が生じること，個人が自分の遺伝に応じた環境を選択していくため，遺伝子・環境相関の程度が高まっていくことなどが理由として考えられる。IQ として指標化される認知能力は，個人内変動の比較的小さい安定した心理特性であるが，この認知能力の安定性は，個人内の同一の遺伝要因が，年齢を超えて影響するためであることが，行動遺伝学の縦断的研究から明らかにされている。

認知能力とは，複数の独立した能力の集合ではなく，各種能力の背後に，遺伝的に単一の実体である**一般知能**が基盤として潜在するという見方がある。しかし，個々の能力には，一般知能の遺伝とは独立した遺伝要因も同時に見出されることが多く，認知能力の遺伝（genetics of cognitive ability）には，一般知能の遺伝要因と並び，各種能力に特殊な遺伝要因も寄与していることが考えられる。

学力についても，学齢期初期からの**学業成績**や，**SAT** 得点，あるいは**学歴**に，相加的遺伝効果があることが一貫して報告されており，その遺伝要因が，認知能力の遺伝要因と部分的に共通することが知られている。

近年，高次な表現型である一般知能と，様々な**中間表現型**との関連が調べられ，ワーキングメモリ，反応潜時等の**情報処理機能**や，脳構造・脳機能との相関が報告されている。遺伝子型から表現型へ至る経路から，認知のプロセスを生成する神経生理的基盤を解明するアプローチとして注目されている。

あらゆる心理学的変数の中でも，最も高い遺伝率を示す認知能力の遺伝であるが，パーソナリティの遺伝は異なる様相を示す。パーソナリティの 5 因子モデル（big five）の各ドメインやファセットの遺伝率はいずれも 30〜50% 程度であり，残りは非共有環境の影響である。この推定値は，質問紙の回答が自己評定であっても，親や教師，仲間の評定であっても，ほぼ一貫している。年齢による系統的な変化は報告されていない。**クロニンジャーのモデル**の遺伝についても同様であり，生理学的基盤に関連づけられる気質次元のみならず，後天的に自己学習していくとされる性格次元にも，ほぼ同等の遺伝率が得られている。

行動遺伝学の縦断的研究では，個人内のパーソナリティの安定に寄与する要因は概して遺伝要因であるが，変化に寄与するのは，環境要因であることを明らかにしている。パーソナリティの遺伝（genetics of personality）には，しばしば相加的の遺伝効果に加えて，非相加的遺伝効果が検出され，認知能力の遺伝との相違点として指摘されることがある。しかしながら，**同類配偶**の可能性を考慮すれば，認知能力にも非相加的遺伝効果が寄与している可能性があるという見方もある。

また，例えば親の養育行動という家庭環境の測度や，ライフイベントの経験という環境測度に遺伝の影響を顕在させる，遺伝子・環境相関を媒介する要因として，パーソナリティの遺伝が指摘されており，子どもの遺伝的なパーソナリティに反応した子

育てや，遺伝的なパーソナリティに応じたライフイベントの経験のしやすさが示唆されている。

信頼，共感性，利他性等の**社会性**や自尊心にもパーソナリティ同様，30〜50%程度の遺伝の影響が見られるが，これらは，パーソナリティの遺伝で説明できるという報告がある。保守主義や権威主義，伝統主義等の**社会的態度**の遺伝率の，同類配偶の効果を考慮した推定値は40〜60%であり，共有環境の効果はほとんどの研究において報告されていない。

近年になり，投票行動や，政党集会への参加，支持政党という政治学的変数にも遺伝率が示されている。更に，時間選好や，公共財実験や最後通牒ゲーム，独裁者ゲームにおける獲得得点等，行動経済学的変数に対する遺伝の影響も明らかにされてきている。遺伝率は，認知能力やパーソナリティに比べれば低く，40%以下であることが多いが，神経経済学の進展と相まって，遺伝子型同定への試みも着手されている。

双生児法や養子研究法は，認知能力やパーソナリティ，社会性にも，十分な遺伝率を推定しているが，分子遺伝学の方法を用いた明確な**候補遺伝子**の同定は難航している。このことは，これら高次の表現型に寄与する遺伝子の効果が，一つ一つの効果は小さい多数の遺伝子群のポリジーンの効果であることに加え，一つの遺伝子が複数の表現型に同時に効果をもつという，遺伝子の**多面発現**が生じていることにもよる。

■　■　■

❶ ▶ 一般知能（の遺伝）(general intelligence)

一般知能とは，統計学的には，複数の知能検査スコアに主成分分析を施した際に計算される，第一主成分得点である。一般知能を頂点とした知能の階層構造は，なぜ言語，空間，数，記憶，推論等，領域の異なる種々の分野において個人の成績が相関するのかを説明する。行動遺伝学研究は，これらの成績の表現型相関の値に比べ，遺伝相関の値がさらに大きく，環境相関の値が小さいことを見出しており，知能構造の一元論に対する遺伝学的根拠を与えている。

❷ ▶ クロニンジャーのモデル (Cloninger's model)

人間のパーソナリティを，経験に対する自動的な情緒的反応であり，神経伝達物質の代謝に規定される「気質」と，人を主体的にするものであり，個人的な目標と価値を反映する「性格」から説明するモデルである。TCIでは，気質を「新奇性追求」「損害回避」「報酬依存」「固執」の四次元で，性格を「自己志向」「協調」「自己超越」の三次元で測定する。

❸ ▶ 社会的態度 (social attitude)

態度とは対象あるいは価値に対する，賛成あるいは反対の感情の程度であり，当面する対象が社会的事象であれば，それは社会的態度である。例えば，「社会保障制度」や「消費税」という特定の争点に対する意見をいうこともあれば，「保守的か革新的か」「集団主義的か個人主義的か」というより幅広い社会的な価値観の軸をいうこともある。

❹ ▶ 中間表現型 (endophenotype)

心理，行動的形質である表現型について，遺伝子型との間に想定される，より直接的に遺伝によって規定され，長期にわたり安定し，量的に観察可能な生物学的因子（例えば脳波，脳画像データ，内分泌や神経伝達物質等）である。遺伝子から行動へ至る経路は非常に複雑であるため，中間表現型を介在させることにより，まず表現型を規定している生物学的所見を見出し，そこから遺伝子多型との関連を検討するというアプローチである。統合失調症やAD/HDに関連する生理学的指標等，精神

疾患発症のリスクに関わる中間表現型の候補が挙げられている。

❺ ▶ 同類配偶 (assortative mating)

配偶関係にある個体同士の間に，生物学的関係（血縁）がないにもかかわらず，ある形質について，ランダムに抽出した2個体とは異なる関係性があるとき，その形質について選択的配偶が起きているという。配偶者間で性別以外に，表現型が負の相関関係にあるという報告はなく，選択的配偶とは，実際には似たもの同士が配偶する同類配偶を指す。同類配偶の可能性の検討は，行動遺伝学研究において二つの意味で重要である。同類配偶を繰り返せば，遺伝子のヘテロ接合体（例えば［Aa］）の割合が減少し，ホモ接合体（例えば［AA］，［aa］）の割合が増加し，形質の遺伝分散が拡大する可能性がある。更に，子どもが両親から，その形質を規定する遺伝子をより多く受け取る可能性が高い同類配偶は，その形質を，第一度近親である二卵性双生児や，きょうだい，親子の間で，より遺伝的により類似させうる。このことは，共有環境の効果を過大評価させることになりかねない。認知能力の同類配偶は$r=0.4$程度，社会的態度についても，$r=0.4 \sim 0.6$台が報告されているが，パーソナリティは，$r=0.2$と程度は無視できるほど小さい。成人の認知能力に共有環境の効果が検出されないのは，遺伝的な同類配偶の効果（双生児法でいえば，二卵性双生児の相関をつり上げる）が，非相関的遺伝効果（二卵性双生児の相関が，一卵性双生児の相関の半分以下となる）を相殺しているからという可能性が指摘されている。

❻ ▶ 脳構造／脳機能 (brain structure/brain function)

脳画像の行動遺伝学研究は，脳の多くの部位のボリュームが相加的遺伝効果と非共有環境の効果によって規定されていることを明らかにしている。また，定常脳波や認知課題遂行時の事象関連電位にも，相加的遺伝効果が観測されている。これに対し，機能的磁気共鳴画像法（fMRI）や，ポジトロン断層撮像法（PET）を用いた行動遺伝学研究が報告する，認知課題のパフォーマンスの個人差を説明する脳機能の遺伝率は比較的小さい。方法論の改善や装置の開発等，今後の研究の発展が求められている。

〔敷島千鶴〕

24-06 ▶ 精神疾患と発達障害の遺伝

精神疾患や発達障害の発症には，遺伝的な影響の関与が示唆されるものの，その影響の在り方には，ポリジーン性（多因子性）と**多面発現性**という二つの特徴があり，発症に至るメカニズムには複数の遺伝子の影響が複雑に関わっている。遺伝の影響がより明確な**単一遺伝子疾患**の機序に関する解明が進む一方で，統合失調症，気分障害（抑うつ障害群・双極性障害および関連障害群），注意欠如・多動症／注意欠如・多動性障害（AD/HD），自閉スペクトラム症／自閉症スペクトラム障害，物質使用・依存，反社会的行動（素行症／素行障害やサイコパシー）等，複雑な精神疾患・発達障害の個人差を十分に説明する遺伝子は見つかっていない。一般的に，複雑遺伝疾患である精神疾患・発達障害の場合，統計学上の検出力が低く，疾患脆弱遺伝子の同定は困難である。ただし，これまでに数多くの候補遺伝子が報告されてきた。その一例を挙げると，統合失調症についてはDRD2/Cys311やMTHFR等，抑うつ障害群（以下，うつ病）についてはBDNFや

NR3C1等である。候補遺伝子は前記の例以外にも数多く報告されているが、それらが疾患の発症に影響を与えているかどうかは更なる知見の蓄積を待ち、メタ分析の結果が統計的に有意な関連を示すことを確認する必要がある。また、近年では、一つ一つの遺伝子を調べる手法から、ゲノムワイド関連解析（GWAS）や、全ゲノム複雑特性解析（GCTA）を行う時代へと移行し、関連する一塩基多型（SNP）の存在も少しずつ明らかになりつつあるが、一つのものがもつ影響力の小ささという問題点はいまだに改善されていない。更に、精神疾患の診断基準には、生理・生物学的な客観的指標は含まれないため、実際の診断と遺伝的・生物学的基盤が対応しないことがある。精神疾患と関連する客観的な指標として、事象関連電位や眼球運動等の中間表現型が注目されているが、中間表現型の遺伝率は疾患の遺伝率に比して低い上に、疾患特異的な中間表現型の報告も少なく、疾患に関連する遺伝子の探索に効果を上げているとは言い難いのが現状である。

　心の問題について診断を行う際に大きく分けて二つの方法がある。一つは、障害があるかないかでカテゴリ化する方法で、DSMやICDは基本的にはこの考え方に準拠して分類と診断を行っている。もう一方は、問題の程度を次元的に扱う方法である。後者の次元モデル（ディメンション・モデル）は、疾患をもつか否かだけではなく、その集団の個人差も考慮に入れる。例えば、落ち込みやすさはうつ病と、シャイネスは社交不安障害と、慎重さや生真面目さは強迫性障害と連続的に一軸上にあると考える。分布の端の方に位置することは、罹患していることを示し、分布のより極端な端の方に位置することは、疾患がより重症であることを意味する。量的遺伝学の考え方に基づく行動遺伝学は、後者の次元モデルを採用して、遺伝率の推定を行う。これにより、例えば、健常群における落ち込みやすさと、うつ病者に見られる極端な落ち込みやすさは、共通の遺伝的易罹患性をもつかどうかを明らかにすることができる。

　更に、一つの連続する次元だけに限定することなく、複数の次元を組み合わせて検討を行うことも可能である。例えば、うつ病と全般性不安障害は、かなりの部分共通する遺伝要因が存在することが繰り返し実証されてきた。しかしこれは、決してうつと不安が同じであるということを意味するわけではなく、行動遺伝学研究は、不安を引き起こす環境要因とうつ病の引き金となる環境要因は、それぞれ異なるということも同時に示してきた。同様に、統合失調症と双極性障害はこれまで全く異なる遺伝メカニズムが想定されてきたが、遺伝的な影響の重なりが大きいことが示されている。また、注意欠如・多動症/注意欠如・多動性障害（AD/HD）と読字障害についても同様の結果が得られている。しかし、これら二つの疾患は全く同じ遺伝的な影響を有するというわけではなく、ある側面においては共通性があり、別の側面では特異性を有することを示しており、これらの結果は遺伝・環境交互作用の存在を示唆するものである。行動遺伝学研究の示す遺伝・環境交互作用とは、精神疾患等の行動形質に関わる遺伝的・環境的影響が、どのような環境下で強まったり弱まったりするのか検討を行うものである。ストレスフルで制約の大きい高リスクな環境下で遺伝的な素質が表出しやすい素因ストレスモデル型や、高リスクな環境下では環境的な影響が表出しやすい生物生態学モデル型の交互作用を実証的に示し、環境的なリスクを減らす具体的な介入的示唆を得ることができるため有用である。

精神疾患と発達障害の遺伝

❶ ▶ 気分障害 ［の遺伝］（mood disorder）

子どもの時期のうつ病の遺伝率は約10～70％、成人期のうつ病の遺伝率は約30～60％で、症状に応じて遺伝率の高低は様々である。また、単極性のうつ病の極端な状態である双極性障害の遺伝率はそれに比して高く、約60～70％である。縦断研究によると、うつ病の安定性は共通の遺伝要因によって説明される部分が多いこと、そして時間を経て新たな遺伝要因によって説明される遺伝的革新が起こりうることが報告されている。

❷ ▶ 自閉スペクトラム症／自閉症スペクトラム障害 ［の遺伝］（autistic spectrum disorder）

自閉スペクトラム症／自閉症スペクトラム障害の双生児研究において、きょうだい間の一致率を確認した研究によると、一卵性双生児における一致率は60％以上であるのに対して、二卵性双生児は10％以下であり、これは自閉症の易罹患性に遺伝的な影響があることを示している。また、自閉症様傾向に関する大規模な双生児研究によると、社会的相互作用、言語的コミュニケーションの問題、常同・反復行動の三つの下位次元の遺伝率は、それぞれ約60～80％であったが、それらの間の遺伝相関は低く、遺伝的異質性が高いので、下位次元ごとに異なる発症のメカニズムが示唆されている。

❸ ▶ 多面発現性（pleiotropy）

多面発現とは、一つの遺伝子は一つの行動形質に対して限定的に影響を与えているわけではなく、複数の行動形質に対して小さな影響を同時に与えていることを意味する。また、一つの複雑な行動形質は、複数の遺伝子から影響を受けることによって成り立っている。一方、ポリジーン性（多因子性）とは、一つの複雑な行動形質は複数の遺伝子の影響を受けていることを意味し、更に、それぞれの遺伝的な影響は小さなもので、それらが累積的な効果をもつことを意味する。

❹ ▶ 単一遺伝子疾患（single-gene disease）

単一遺伝子疾患は、1種類の遺伝子の異常によって生じる疾患で、常染色体優性・常染色体劣性・X染色体連鎖性の三つの遺伝形式がある。アレルの一方に変異があると発病するものを常染色体優性といい、ハンチントン病等がこれにあたる。アレルの一方の変異のみでは発症せず、両方のアレルにともに変異がある場合に発症するものを常染色体劣性と呼び、フェニルケトン尿症等がこれにあたる。性染色体に関する遺伝病は多くの場合X染色体劣性の疾患で、脆弱X症候群等がこれにあたる。例えば、脆弱X症候群は、前述のとおりX染色体の異常に起因する遺伝性疾患で、X染色体中のFMR1遺伝子の一部の繰り返し配列数が多いことが原因で、タンパク質が正常に合成されず、脳の発達が非定型となる。

❺ ▶ 注意欠如・多動症／注意欠如・多動性障害（AD/HD） ［の遺伝］（attention-deficit/hyperactivity disorder）

AD/HDに関する研究は、とりわけ5～15歳くらいの子どもの時期を対象としたものが多く、遺伝率の報告は約30～80％と幅広い。また、縦断研究によると、症状の安定性には遺伝的な影響があるものの、その影響は同じ遺伝要因から説明されるものではない。成人期のAD/HDに関する双生児研究は数は多くないが、20歳前後のAD/HDの遺伝率は約40％と、子どもの時期に比べると少し低い。これが年齢の効果によるものなのか、ただ単に回答形式の違い（子どもの時期のAD/HDは保護者か教員による回答が多いが、成人期のAD/HDは自己記入式の回答となる）を反

❻ ▶ 統合失調症 ［の遺伝］ (schizophrenia)

統合失調症に関して家系・家族研究を行うと，一卵性双生児もしくは両親共に統合失調症である子どものリスクが非常に高い。また，遺伝率も約80%と高く，性別に特有の遺伝的な影響は報告されていない。また，疾患の診断に関連する統合失調症の一級症状（幻聴や妄想，思考伝播，作為体験等）の遺伝率も，約70%と高い数字を示す。

❼ ▶ 反社会的行動（素行症／素行障害，サイコパシー）［の遺伝］ (antisocial behavior〈conduct disorder/psychopathy〉)

反社会的行動に関するメタ分析によると，遺伝率は約30〜40%で，共有環境の影響も約15%ある。素行症／素行障害とAD/HDの遺伝要因はかなりの部分において重なりがあり，また，AD/HD・反抗挑発症／反抗挑戦性障害・素行症／素行障害の三つには共通する共有環境要因が寄与しているという報告もある。サイコパシーに関するメタ分析によると，遺伝率は約50%であり，青年期のサイコパシーにおいてもその遺伝率の大きさは変わらず約40〜60%である。

❽ ▶ 物質使用・依存 ［の遺伝］ (substance use/abuse)

物質使用・依存の遺伝率は約40〜60%で，性差はほとんどない。未成年の飲酒に関する遺伝率は約30〜50%で，約20〜40%の共有環境効果がある。アルコール・ニコチンといった合法的な物質使用と，コカイン・大麻といった非合法の物質使用には異なる独立の遺伝的な要因があるものの，遺伝相関は約0.80と高く，これは物質使用一般に通底するメカニズムの存在を示唆する。また，物質使用・依存の傾向は，うつ病や統合失調症等その他の精神疾患の個人差との遺伝的な重なりも大きい。

〔高橋雄介〕

24-07 ▶ 線虫の行動遺伝学

線虫（C. elegans）は，わずか959個の体細胞からなり，うち302個が神経細胞（ニューロン）である。電子顕微鏡による連続切片解析により，ニューロン間での，**化学シナプス及びギャップ結合**の全ての結合様式が明らかにされている。**緑色蛍光タンパク質（GFP）**等の蛍光タンパク質で，個々のニューロンやシナプス等を可視化することが比較的容易である。また全ゲノム情報が，ヒトに先立ち明らかにされ，神経発生，神経機能に関与する遺伝子の多くが，ヒトのものと共通であることが示されている。ヒトと同様に，アセチルコリン，グルタミン酸，ドーパミン，ギャバ（GABA），セロトニン，ニューロペプチドといった**神経伝達物質**が利用されている。

線虫は，匂い，味，温度，フェロモン，機械刺激といった外界からの刺激に対して応答行動を示す。これらの刺激は，特定の感覚ニューロンで受容され，介在ニューロン，運動ニューロン，筋肉を介して，実際の行動に反映される。運動制御，産卵行動，摂食行動，交尾行動といった多彩な行動も精力的に研究されており，これらの研究は薬物中毒，うつ病等の精神疾患，パーキンソン病等の神経疾患のメカニズム解明に有用である。

線虫は，学習・記憶といった高次の神経活動も示す。学習は，連合学習と非連合学習という二つに分類され，線虫にはこの二つの学習体系いずれも存在する。非連合学習とは，個体が1種類の外部刺激にさらされた時，その刺激に対する行動を変化させ

る現象で、「慣れ」や「感作」等が該当する。線虫が飼育されているプレートを軽く叩くと、個体は後退するが、続けて刺激すると応答が弱まるタップ応答順化や、匂い物質に一定時間さらすと、その匂い物質に対する誘引が弱まる順応等が解析されている。

連合学習とは、ある刺激や行動を別の刺激と組み合わせて覚える現象で、「古典的条件づけ」等が含まれる。線虫を餌である大腸菌の存在下で数時間飼育した後、温度勾配が形成された餌がない寒天平面上に置かれると、飼育温度付近へ移動する。逆に、餌の非存在下で飼育し飢餓を体験させた後では、温度勾配上を分散し、飼育温度から避けるかのような行動を示す。この行動は温度走性と呼ばれ、線虫は餌情報と温度とを連合学習していると考えられる。また、塩化ナトリウム（NaCl）は線虫にとって誘引物質の一つであるが、餌の非存在下でNaClを与えて数時間飼育させると、NaClに誘引される個体が大幅に減少する。この現象も、餌情報とNaClとの連合学習と考えられる。また、忌避物質である銅イオンやアルカリと、匂い物質との間で成立する連合学習等が解析されている。

記憶には、少なくとも二つの過程、すなわち転写が関与していない、秒、分単位の短期記憶と、転写が関与している、時、日、年単位の長期記憶が存在することが知られている。線虫の学習の実験系において、長期記憶と短期記憶の分類は必ずしも明確ではないが、長くても数時間の記憶のほかにも、数日にわたる長期の記憶が知られている。例えば、幼虫期に特定の匂いを与えて育てると、成虫期にその匂いに対して強い走性を示す嗅覚刷り込みや、幼虫期に個体間の衝突が生じる混雑した条件で育てると、機械刺激に対する応答性が増す現象が知られている。

順遺伝学、逆遺伝学的アプローチにより、学習に関与する分子機構、神経動態制御が解析されつつある。モノアミン、インスリン、ニューロペプチドの情報伝達系や**転写因子CREB**が学習に関与することが示されている。また、哺乳類の神経系に発現は認められるものの、その機能が不明な新規分子が学習に関与することが明らかにされている。

■　■　■

❶▶化学シナプス (chemical synapse)

化学シナプスとは、ニューロン間あるいはニューロンと筋肉の間に形成される情報伝達を担う構造体である。ニューロンの軸索の先端が、他の細胞（ニューロンや筋線維）とシナプス間隙と呼ばれる20nm程度の隙間を経て、シナプス接着分子によって隣接している。情報を与える側をプレシナプス、情報を受ける側をポストシナプスと呼ぶ。神経興奮がプレシナプスに達するとシナプス小胞が細胞膜に融合し、シナプス間隙に神経伝達物質が放出される。そして、ポストシナプスに存在する受容体に結合することで、情報が伝達される。

❷▶ギャップ結合 (gap junction)

ギャップ結合は、イオンや水溶性の小分子を通過させるチャネルの機能を担う細胞間結合のこと。脊椎動物では、コネキシンと呼ばれるタンパク質を単位にギャップ結合が形成される。無脊椎動物では、主にイネキシンと呼ばれるタンパク質を単位にギャップ結合が形成される。ギャップ結合により、イオンや水溶性小分子が隣接細胞の細胞質間を移動し情報伝達が行われる。

❸▶順遺伝学／逆遺伝学 (forward genetics/reverse genetics)

従来の遺伝学は、ある生命現象に異常を示す突然変異体を分離し、原因遺伝子を特定し解析することで生命現象を解明する学

間であった。しかしながら，ゲノム情報の進歩とともに，生体内での役割が不明な遺伝子の機能を，遺伝子がゲノム上から除去された突然変異体を作製し，表現型を解析することで解明する遺伝学が誕生した。従来の遺伝学は順遺伝学，新たな遺伝学は逆遺伝学と呼ばれている。

❹▶神経伝達物質（neurotransmitter）

神経伝達物質とは，シナプスで情報伝達を行う物質である。プレシナプス側の細胞に神経伝達物質の合成系があり，ポストシナプス側の細胞膜上に神経伝達物質の受容体がある。神経伝達物質が受容体に結合すると通常イオンチャネルの開口が起こり，イオンが細胞に流入し情報伝達が起こる。グルタミン酸，ギャバ（GABA），グリシン等のアミノ酸及びその誘導体，ドーパミン，セロトニン，アドレナリン，ノルアドレナリン等のモノアミン，アセチルコリンが神経伝達物質として知られている。ニューロペプチド，ホルモン等も神経伝達物質に含まれる。

❺▶刷り込み（imprinting）

動物の発達段階のある時期に，特定の事柄がごく短時間で覚え込まれ，それが長期間持続する現象で，先天的，遺伝的に備わった本能行動の一つと考えられている。ローレンツによるハイイロガンが孵化後，最初に見た動いたものを親と認識する研究が有名である。サケが生まれた川に回帰する現象に，嗅覚刷り込みが関与していると考えられている。

❻▶線虫（*Caenorhabditis elegans*）

分子生物学の創始者の一人であるブレナーが，動物の発生及び神経系の機能の解明を目指して，モデル生物として研究を開始した。線虫は，体長が約1 mmで，体が透明な，線形動物門に属する非寄生性の土壌自活性線虫である。自然界では土壌中の細菌類を主に餌とする。2002年に「器官発生とプログラム細胞死の遺伝制御」に関する発見により，ブレナー，サルストン，ホロビッツの3人に，ノーベル生理学・医学賞が授与された。

❼▶転写因子 CREB（cAMP Response Element Binding Protein）

CREBは，cAMPが遺伝子の転写調節をする際に必須なDNA配列に結合するタンパク質として発見された。神経系においては，CREBは，ニューロン間の可塑性を制御する一群のタンパク質を転写制御する因子であることが見出された。この分子を阻害すると，タンパク質合成や新たなシナプスの形成が妨げられ，記憶の形成が阻害される。

❽▶緑色蛍光タンパク質（GFP：Green Fluorescent Protein）

オワンクラゲから分離された蛍光タンパク質のこと。オワンクラゲの生体内では，発光タンパク質イクオリンと複合体を形成している。下村脩によって発見，分離精製，解析された。励起光に対して，GFPは単体で光を放ち他の因子を必要としない。その性質を利用してチャルフィーは，大腸菌と線虫感覚ニューロンに*gfp*遺伝子を発現させ，レポーター遺伝子として有用であることを示した。2008年に「緑色蛍光タンパク質（GFP）の発見とその応用」により，下村脩，チャルフィー，チエンの3人に，ノーベル化学賞が授与された。

〔森　郁恵〕

24-08 ▶ショウジョウバエの行動遺伝学

キイロショウジョウバエ（*Drosophila melanogaster*）の遺伝学の歴史は，1910年，眼の色が赤から白に変わった*w*突然

変異体をモーガンが発見したことに始まる。その弟子，スターテヴァントは，体色の黄変する *y* 突然変異体に性行動の遺伝的異常があることを，1915年に報じた。これが，特定の"遺伝子"と行動との関連を示した最初の業績である。この頃から，**選抜**によって行動に差のある系統も作出されていった。およそ半世紀の後，**人為的変異誘発**によって行動の変化した**単一遺伝子突然変異体**を作出するアプローチが，ベンザーによって開始された。1967年の**走光性突然変異体**の系統的分離の報告を皮切りに，**体内時計，記憶，求愛行動，攻撃性**に変化の生じた突然変異体が，次々に分離されていった。また，温度感受性麻痺突然変異体がD. スズキにより分離され，日本の菊池は，味・匂いの感覚受容に異常をきたした人為誘発突然変異体を精力的に作出した。一方，ソコロウスキは自然集団の幼虫が示す摂食行動の違いが，単一遺伝子多型に根差すことを明らかにした。こうして突然変異体の蓄積が進んだ1980年代，それぞれの原因遺伝子が次々と**クローニング**され，分子と行動の関連性が明らかになっていった。そして2000年には，キイロショウジョウバエのゲノムが解読され，多くの"新規遺伝子"が姿を現した。突然変異体表現型から原因遺伝子へと向かう順遺伝学的アプローチとは逆に，機能不明の遺伝子を改変・破壊して何が起こるかを見る逆遺伝学を基本として，これらの新規遺伝子の表現型への効果が解明されていった。また，遺伝子発現アレイを用いて，走性や本能行動（攻撃性等）に差のある系統間で遺伝子発現の網羅的比較を行う実験や，量的形質座位（QTL）解析による集団間比較も盛んである。ゲノム全域にわたってクロマチン状態を記載するプロジェクトが進展しているので，行動のエピゲノム制御についても今後解明が進むと期待される。更に最近では，遺伝型の異なる個体の混合集団を用いて，各個体の行動が他個体との接触によってどのように変容するかという，**社会と遺伝子の相互作用**解明が試みられている。

一群の遺伝子が行動を左右するのは，それらの遺伝子の産物（タンパク質・RNA）が脳神経系の発生や機能を制御しており，行動を生成する神経細胞・回路の特性を規定するからである。したがって，行動遺伝学は行動関連遺伝子の特定にとどまらず，それらの脳神経系での役割，更に行動を制御する**フォーカス**（体内座）を解明することをも目指すことになる。ショウジョウバエでは，行動のフォーカスを決定する際に**モザイク個体**がよく用いられる。例えば，性染色体の構成がXXの雌において，発生初期に一部の細胞でX染色体が1本失われXOとなる場合がある。XOは雄となるため，一つの個体に雌の部分と雄の部分が混在する性モザイクが生ずる。こうした個体を用いて，例えば雄型の求愛行動をある個体がとるには，脳のキノコ体に近い背外側部の部位が，少なくとも片側雄の組織から成っていることが必要であることが，1980年頃明らかにされた。一方，雌の性行動（雄を受け入れる行動）が生じるためには，脳の背側前面の一部位が両側，雌の組織である必要がある。その解析精度は新たな**研究法**の登場によって年々向上し，今ではP1ニューロンと命名された20個の**雄特異的ニューロン**からなる細胞群が，雄の求愛行動を開始させる意思決定細胞であることが明らかになっている。

❶ ▶ 味・匂いの感覚受容 (taste and odorant reception)

約70存在するGRタンパク質群が味覚を，約60のORタンパク質群が嗅覚を媒介する主たる受容体である．いずれも7回膜貫通タンパク質であるが，脊椎動物の受容体とは異なり，Gタンパク質共役型ではないと思われる．嗅受容体の場合，二つのORサブユニットが複合体を形成して，それ自身がチャンネルとなり，匂い分子の結合を受けてイオンを透過させることで，受容細胞を興奮させる．この細胞は軸索を有し，脳触角葉の特定の糸球体に投射する．

❷ ▶ 雄特異的ニューロン (male-specific neurons)

脳内に約2千個ある*fru*発現ニューロンの中には，雄にしかないもの，雌雄で形態や数の異なるものなど，性差を示す細胞が存在する．雌特異的ニューロンも存在すると予想される．これらが行動の性差を担っている．

❸ ▶ 記憶 (memory)

匂いと電気ショックの連合学習が成立しない突然変異体，*dunce* (*dnc*) が，1976年に分離された．更に同様のパラダイムを用い，急速に忘却する記憶障害突然変異体，*amnisiac* (*amn*) 等，数十の学習・記憶障害突然変異体が続々と分離された．原因遺伝子の多くはcAMPシグナル経路を担うタンパク質をコードし，CREBのリン酸化を通じてシナプス伝達の増強を引き起こすことにより，学習と記憶に寄与する．

❹ ▶ 求愛行動 (courtship behavior)

雄が同性間求愛を示す*fruitless* (*fru*) 変異体の解析によって，求愛行動を生み出す機構が解明されつつある．*fru*遺伝子は転写因子をコードし，雄の脳神経系でのみFruタンパク質を生成する．Fruタンパク質の有無によって脳内に作られる細胞の形態等が雌雄で異なることとなり，回路に性差が生じて雄型の行動，雌型の行動がそれぞれに生み出される．ヒトの*fru*相同遺伝子は第6染色体にあるが，機能は未知である．

❺ ▶ 研究法 (research methods)

トランスポゾン（動く遺伝因子）を改造してベクターを作製し，それを生殖細胞のゲノムに挿入する形質転換技術を土台に，突然変異の誘発，遺伝子導入，遺伝子のノックアウトが行われる．こうして作製されたショウジョウバエ系統の多くは，ストックセンターから自由に入手できる．体細胞染色体組み換えを利用し，脳の任意のニューロンを1個だけ標識して，それを興奮させたり抑制したりすることが可能となり，行動のリモート・コントロールが実現した．

❻ ▶ 攻撃性 (aggression)

昆虫ではノルアドレナリンに代わり，オクトパミンが神経伝達・修飾物質となっており，食道下神経節の数個のオクトパミン作動性ニューロンを失活させるだけで，攻撃性が損なわれる．一方，隔離飼育は攻撃性を亢進させる．

❼ ▶ 社会と遺伝子の相互作用 (interaction between society and genes)

*per*遺伝子が機能せず，サーカディアンリズムを失った*per⁰*突然変異体の個体（ゲスト）と，野生型の個体（ホスト）とを1：4の割合で混ぜ，全暗条件で自由継続リズム（環境の影響を除外した内在性リズム）を調べたところ，リズムのないゲストの影響で，野生型のホストの活動周期が著しく不規則になっていた．嗅覚性フェロモンがこの社会的影響を引き起こしている．社会生活による攻撃性の低下にも，嗅覚性のフェロモン交信が寄与する．

❽ ▶ 摂食行動 (feeding behavior)

餌に遭遇するとすぐに定着し集合して摂食を続けるsitter系統と，繰り返し探索し分散して摂食するRover系統の存在が知られ，この二つは，cGMP依存性タンパク質キナーゼをコードする*foraging*遺伝

子の自然集団中の2アリル（それぞれsとR）に対応していた。栄養状態が悪化すると，集団中で少数派のアリルの適応度が多数派よりも高くなる平衡淘汰が働き，集団中に二つのアリルが共に失われることなく保持される。

❾ ▶ 走光性突然変異体 (phototactic mutants)

ショウジョウバエの成虫には，光源に向かって進む走光性がある。EMSによって変異誘発した集団から走光性異常の変異体系統が多数分離され，その原因遺伝子クローニングによって光受容に関与する様々なタンパク質が同定された。

❿ ▶ 体内時計 (biological clock)

1971年，サーカディアンリズムが異常になった *period* (*per*) 突然変異体が分離された。その原因遺伝子の正常産物，Perタンパク質は，その後発見されたClockという名の転写因子に結合し，後者の転写機能を阻害する。Clockによって転写が活性化される遺伝子には *per* 自体も含まれており，そのためPerの量が周期的に振動する。この振動の周期がおよそ24時間であるため，サーカディアンリズムが発生する。

〔山元大輔〕

24-09 ▶ マウスの行動遺伝学

マウスは哺乳綱に属するモデル生物として，最も広範にわたって研究されている動物である。分類的には齧歯目に属し，種名は *Mus musculus* であり，その亜種として少なくとも domesticus, castaneus, musculus の3亜種グループに細分類される。研究に広く用いられる実験用系統は，domesticus 亜種グループに属する。実験用系統は，愛玩用のマウスストックから作出された。代表的な**近交系統**として C57BL/6 や DBA 系統が知られている。マウスの行動に遺伝的要因が関与していることは，こうした**系統間の比較**を行うことで示されてきた。同一環境で飼育されているマウスにおいて，系統内での行動のばらつきよりも系統間の行動の違いが大きい時に，その違いは遺伝的要因により生じていると考えられる。現在では domesticus 以外の亜種グループに属する野生由来系統も樹立され，より多様性のある系統比較が行えるようになってきた。

選択交配はマウスの行動遺伝学 (genetics of mouse behavior) において，行動形質に遺伝的要因が関与していることを示す上で重要な役割を果たした。デフリーズは，遺伝的に多様な集団を用いて，オープンフィールドでの活動性に違いを示す高活動群と低活動群を選択した。その結果，活動性は30世代にわたり継続して選択した方向に変化した。このように，突然変異として得られる以外の一般的な行動形質は，多数の遺伝的要因により影響を受ける複雑な**量的形質**であることが示された。こうした量的形質に関わる多数の遺伝的要因について，ゲノム全体を対象にして網羅的に解析する統計遺伝学的手法は，**QTL解析**と呼ばれている。現在様々なQTL解析法を駆使して，行動に関わる遺伝的要因の探索が進められている。

マウス行動に特定の遺伝子が関与していることは，遺伝子の変異体を用いた解析から示される。マウス行動の**古典的変異体**としては，その表現型が観察により顕著なことから，旋回運動を示すマウスが複数知られている。*waltzer* (*v*) は江戸時代に飼育されていた日本産の愛玩用マウスに見られ，それが欧米にわたり実験用系統の中に受け継がれた。*shaker-1* (*sh-1*) は自然発症した変異体であり，*shaker-2* (*sh-2*)

は放射線照射により誘発された突然変異体である。いずれも聴覚異常を示すが、同時に内耳の平衡機能異常により旋回運動を示すようになる。これらの変異の原因遺伝子が同定されたのは、遺伝子のポジショナル・クローニング技術が確立した1990年代以降である。

単一の遺伝子が行動に影響を与えることを、より直接的に研究する実験系は、**ノックアウト・マウス**を用いた行動研究である。特定の遺伝子をノックアウトされたマウスで行動の異常を示すことで、より直接的、また計画的に、遺伝子と行動との関連を示すことが可能となる。ノックアウト・マウスを行動研究に用いた最初の例として、*aCamKII*遺伝子をノックアウトしたマウスで空間記憶に障害を示すことが示された。この手法は、行動に関わる**神経回路**を研究する上で有効なアプローチとなっている。例えば、オスマウスの涙に分泌されるフェロモン物質であるESP1に対する受容体は、鋤鼻器官内の鋤鼻神経で発現し、この神経は脳内の他の領域に投射し、神経回路を形成している。このESP1による神経回路の活性化が雌の**性行動**の促進に重要であることが、受容体ノックアウトの解析から明らかになっている。現在、約2万個近くあるといわれる遺伝子全てをノックアウトし、その基礎的な行動を解析するプロジェクトも進められている。

ここに述べてきたように、一般的な行動形質については、ゲノム科学を基盤とするQTL解析法を用いた手法により、多数の遺伝子座が網羅的に解析されつつある。一方、特定の遺伝子の機能については、突然変異体や遺伝子ノックアウト技術を用いて詳細に研究されてきている。こうした手法を組み合わせることで、行動の遺伝的基盤の理解がより進むことが期待される。

■ ■ ■

❶▶ QTL解析（量的形質座位） (quantitative trait loci)

様々な方法があるが、代表的な例として、有意に異なる形質を示す2系統を交配して得られる雑種2世代目（F2集団）や、戻し交配集団（N2集団）を用いたQTL解析がある。これらの集団内の各個体について、表現型とゲノム上の多数の座位の遺伝型を解析し、形質に関わる座位の同定を進めるものである。近年では、アウトブレッド系統やコンソミック系統等、他のリソースを用いたQTL解析も進められている。

❷▶ 近交系統 (inbred strain)

同腹の兄妹個体同士の交配を20世代以上継続することにより、その系統内での遺伝的ばらつきをなくした系統のこと。1909年に近交系統として初めてDBA系統が樹立されてから、今日までに400を超える近交系統が報告されている。

❸▶ 系統間比較 (strain comparison)

マウスにおける近交系統は遺伝的に均一となった集団であり、系統内の集団を調べることは、同一個体を繰り返し解析することと同じ意味をもち、系統間で比較することは、遺伝的に異なる個体間を比較することと同義である。したがって、行動遺伝学の第一歩として、系統間比較を行うことで行動に遺伝的要因が関わることが示されてきた。

❹▶ 古典的変異体 (classical mutant)

遺伝学の初期に得られた変異体を総じて古典的変異体と呼ぶ。変異体につけられた名前には略称も与えられるが、特に初期のものは、*waltzer* (*v*) のように、アルファベット1文字で表される（それ以降の変異体は、3文字以上のアルファベット又は数字で表記するようになっている）。行動に

関する古典的変異体 *waltzer* は，旋回運動をする様子に日本でも古くから人気があり，江戸時代から愛玩用マウスのコマネズミとして親しまれていた。

❺ ▶ 神経回路 (neural circuit)

中枢神経系においては，神経細胞が軸索を伸ばし，他の離れた場所の神経細胞とシナプス接合することで，複雑なネットワークを形成している。こうしたネットワークを通じた神経活動が，行動の制御に重要な役割を果たしており，特定の行動にどのネットワークが関わっているか明らかにすることで，行動の神経基盤を理解することにつながる。

❻ ▶ 性行動 (sexual behavior)

性的に交尾可能なオスとメスのマウスが出会うと，メスは飛び回ったり耳を動かしたり周囲を見渡したりする。オスは頻繁に超音波発声をし，相手のグルーミングや生殖器のにおい嗅ぎ等を行う。オスがメスにマウンティングすると，性的に受け入れ可能なメスは，ロードシスと呼ばれる背中をそり返し後肢を伸ばした体勢をとる。オスはメスの脇腹を前肢でつかみ，腰を頻繁に動かし，生殖器の挿入と射精を行う。ロードシスは交尾行動において重要な要素であり，しばしばその回数を定量することでメスの交配行動の指標とされる。

❼ ▶ 選択交配 (selective breeding)

遺伝的に多様性のある集団から，毎世代特定の形質に関して個体を選択し，遺伝的多様性を維持するように交配を続ける。多くの場合，選択交配による形質の変化が急激でなく，多くの世代を通じてなだらかに変化していくことから，少数ではなく多数の遺伝的要因が，選択した形質に関与していることが予想されている。

❽ ▶ ノックアウト・マウス (knock-out mouse)

遺伝子ノックアウト技術により，特定の遺伝子を欠失させたノックアウト・マウス個体は，以下のように作製する。マウスの初期胚に由来する多分化能を維持した細胞（ES 細胞）を用いて，培養下で特定の遺伝子を相同組み換えにより改変・破壊し，そうして得られた ES 細胞を初期胚に戻すことにより，初期胚と ES 細胞が混ざったキメラ個体を作製する。このキメラ個体の生殖細胞には ES 細胞由来のものが含まれることがあるので，交配により次世代，更にはその次の世代を得ることで，特定の遺伝子が破壊された個体を得ることができる。

❾ ▶ フェロモン (pheromone)

動物の体内で生産された物質が体外に分泌・放出され，それを受容した同種他個体に特有の行動を起こさせる場合，その生理活性物質をフェロモンと呼ぶ。マウスにおけるフェロモンの主要な受容組織として，鋤鼻器官が知られている。フェロモンはその性質から，同種での個体間の情報交換の機能をもつため，社会行動，特に生殖行動に重要な役割を果たしている。

❿ ▶ 量的形質 (quantitative trait)

身長・体重・血圧・血糖値・活動性・知能等のように集団内における形質の分布が連続的であり，定量して表すことのできる形質を，量的形質という。こうした形質には，多数の遺伝的要因が関与していることから，このような連続的な集団内分布になると考えられる。これに対する形質は質的形質と呼ばれ，例として ABO 式血液型が挙げられる。

〔小出　剛〕

24-10 ▶ その他の動物の行動遺伝学

遺伝学では"モデル生物"の地位を得ていないものの、他の研究分野で長年にわたり中心的な役割を果たしている生物は各種存在する。ここでは、行動の理解に貢献しているそうした動物を、他項で取り上げなかった行動遺伝学のモデル動物とともに取り上げる。行動を生み出す神経系の仕組みを解明するには、関与する一連の神経細胞をすべからく特定して、それらの間の接続関係を解剖学的並びに生理学的に明らかにすることが極めて重要である。この当然すぎる要求を現実的に満たしてくれる実験材料は、実は極めて限られている。

哺乳類の脳ではニューロンの数が数百億個ともいわれ、一つ一つの細胞を同定することは多くの場合不可能である。これに対して、無脊椎動物の脳や神経節に含まれる細胞の数ははるかに少ない。なかでも神経節あたり2千個程度の細胞しかもたない*Aplysia*（アメフラシ類）等の軟体動物は、ニューロンを個別に同定可能である。しかも一つ一つのニューロンが巨大で、細胞体の直径が0.5 mm以上のものもある。そのため、ガラス微小電極を刺し込むことが容易であり、行動に伴うニューロン活動を**細胞内記録**することができる。あらかじめガラス電極に色素を充填しておき、電気活動の記録後、色素を注入してどの細胞から記録したのかを特定する。こうして、行動を作り出すために神経回路で行われている統合（演算）を目の当たりに観察できる。より複雑な神経系をもち、行動も複雑な節足動物（特に甲殻類と**昆虫類**）についても、この解析手法を適用可能である。

脊椎動物で前記に類似したアプローチが試みられているのは、小型魚類である。なかでも**ゼブラフィッシュとメダカ**は、遺伝解析が可能なモデル生物として重用されている。ゼブラフィッシュの稚魚は透明度が非常に高く、外から細胞の様子をつぶさに観察できる上、卵膜が柔らかいのでガラス針による遺伝子導入等が容易である。一方、メダカはゲノムサイズがゼブラフィッシュの半分程度（800 Mb）と小さく、遺伝的に均一な近交系が存在するなど、遺伝学的解析に有利である。いずれも、ヒトを含む哺乳類と脳の構造の対応づけが可能であるため、行動の神経基盤解明のモデルとしての期待は高い。

脊椎動物の中でひときわユニークな集団は鳥類である。古典行動学では、ローレンツがハイイロガン等の**刷り込み**を盛んに研究して、本能と学習の関連を問う舞台となった。本能と学習の接点として注目されるもう一つの特性は、鳴禽類の雄による"さえずり"の習得である。さえずりパターンは種特異的である一方、幼鳥のうちに同種雄成鳥のお手本の歌を聞いておかないと、一生習得できなくなる。この点ヒトの言語と共通性があり、遺伝学的手法の開発が待たれる。

下等哺乳類の脳と行動の研究では長年ラットが主たる研究材料であったが、遺伝解析を重視して次第にマウスへの"鞍替え"が進んでいる。このほか、モルモット、ウサギ、ネコが神経生理学を支えてきたが、雌雄のつがい形成の研究により、野生の**ハタネズミ**の人気が近年高まりを見せている。コンパニオン動物のうち、**イヌ**は多様な品種を擁しており、その行動特性が犬種によって著しく異なるので、その遺伝的背景を探る研究が増加しつつある。また、一部の**家畜動物**でも、特定の遺伝子の変異によって、品種や系統間の行動の違いが生ずることが報告されている。

ヒトの行動の理解という観点からすれば，霊長類を研究対象とすることが理想であろう。実際，**認知機能**の解明を目指す大脳生理学では，アカゲザルが実験材料として大きな地位を占めている。我が国には近縁のニホンザルが多数生息し，単一神経細胞の活動を行動中の個体から記録し解析するという日本のお家芸を支えてきた。またチンパンジーは言語，知能研究の貴重な題材を提供する。霊長類では遺伝解析ができない点が大きな障害であるが，最近，マーモセットで GFP 遺伝子導入**形質転換体**作出の成功が報じられ，逆遺伝学的アプローチへの期待が高まっている。

■ ■ ■

❶ ▶ *Aplysia*（アメフラシ類）

アメフラシの尾を叩くと鰓引っ込め反射が起こる。水管刺激はこの反射を起こさない。尾を叩く（無条件刺激）前に必ず水管を触っていると，水管刺激（条件刺激）だけで反射が起きるようになる（連合学習）。無条件刺激を伝える介在ニューロンから，セロトニンが水管感覚神経末端に向け放出され，条件刺激により後者に生ずる Ca^{2+} 上昇と重畳すると，cAMP 合成が激増して鰓運動ニューロンへの伝達物質放出が亢進，伝達の長期増強を誘導し記憶が形成される。

❷ ▶ イヌ（dogs）

盲導犬は気質評価を訓練時に行う。そのデータを活用して個体ごとの気質の違いと遺伝子多型との相関分析が行われた結果，グリア細胞で働くグルタミン酸トランスポーター遺伝子中の特定の塩基置換が，活動性に関与することが示唆された。ドーベルマンとラブラドールでは，興奮するとナルコレプシー様の脱力発作を起こす系統があり，両者ともオレキシン受容体遺伝子の変異がその原因であることが示されている。なお，ヒトのナルコレプシー患者ではオレキシンが減少している。

❸ ▶ 家畜動物（livestock）

ニワトリでは，他の個体との間でつつき合いが起こり，生産性の低下が起こるという問題が知られている。つつかれやすさは，羽毛の色を支配する *PMEL17* 遺伝子の塩基挿入の多型によって決まる。このつつき行動は，「つついているのを見てそのまねをする社会的な行動の伝達」によって増強されて，顕在化する。サラブレッドのインプレッシヴに由来する血統の優れた走りは，骨格筋 Na^+ チャンネル α サブユニット遺伝子 *SCN4A* に生じた点突然変異によるとされる。この変異により Na^+ チャンネルは不活性化しにくくなり，筋は過剰興奮によって著しく発達している。

❹ ▶ 昆虫類（insects）

機構解析はバッタやコオロギを中心に進んできた。この綱にはミツバチのような真社会性昆虫が含まれ，カースト等による行動分化の機構解明といった興味ある課題を提供している。

❺ ▶ ゼブラフィッシュ／メダカ（Zebrafish〈*Danio rerio*〉/medaka fish）

1938 年，フリッシュは集団を作っているハヤの皮膚が捕食者によって傷つけられると，彼が Schreckstoff と呼んだ警報フェロモンが放出されて，仲間に逃避行動をとらせることを見出した。これはゼブラフィッシュでも再現でき，導入遺伝子を用いたニューロンの特異的な標識，活性化，不活性化，そして Ca^{2+} イメージングによる神経活動記録によって，その神経機構が解明されつつある。

❻ ▶ ハタネズミ（*Microtus*〈prairie vole；American vole〉）

プレイリーハタネズミ（P）とアメリカハタネズミ（A）は非常によく似ているが，P は雌雄が長期的なつがいを形成し協力し

て子育てをするのに対し，Aの雄は移動しながら異なる雌と交尾し，雌は単独で子育てをする。両種の脳の腹側淡蒼球を比較すると，Aではヴァソプレッシン受容体が非常に少なかった。ウィルスベクターにPのヴァソプレッシン受容体遺伝子を乗せてAの脳に導入した結果，Aの雄は雌と強固なつがいを形成した。

❼▶鳴禽類（songbirds）

鳴禽類の多くは，羽毛の色彩，模様，形等の形態的性差も顕著である。そのため，まれに生じる雌雄モザイク個体も容易に識別される。外見上ほぼ正中線に沿って羽毛の性差が生じているキンカチョウの雌雄モザイク個体を用いて脳を調べると，雌部分と雄部分は互いに接し，明確な境界を形成していた。性差を示す「さえずり運動回路」は片側のみ雄型となっており，正常なさえずりを引き起こした。細胞自律的な脳の性分化を暗示する結果である。

❽▶霊長類（primates）

ヒトの言語障害の家系分析から原因遺伝子として浮上した*FoxP2*遺伝子では，チンパンジーと分岐後，アミノ酸置換をもたらす変異がヒト特異的に急速に起こっていた。ヒトの属性の進化的基盤の解明が期待される。

〔山元大輔〕

24-11 ▶遺伝研究の倫理

人間を対象とした研究の実施に際しては，適切な倫理的配慮が求められる。1947年，ナチス・ドイツの人体実験の反省から**ニュルンベルク綱領**が，更に1964年，人間を対象とする医学研究の倫理的原則として**ヘルシンキ宣言**が提示され，研究の対象となる人々の健康，生命，尊厳やプライバシーを尊重することや，本人の自由意思による**インフォームド・コンセント**の重要性，研究計画書とその倫理審査の在り方等が述べられた。ヘルシンキ宣言は，現在，人を対象とする研究倫理原則の基盤となっている。

こうした背景の下，欧米では，研究の対象となる人の権利を守り不利益を最小限とするための被験者保護法が制定されるようになった。一方，日本では，被験者保護法は存在しないが，各省から**倫理指針**が出されており，「臨床研究に関する倫理指針」（厚生労働省，2003年，その後改正あり），「疫学研究に関する倫理指針」（厚生労働省，2002年，その後改正あり）等が知られている。この二つの指針に先立って出されたのが，「**ヒトゲノム・遺伝子解析研究に関する倫理指針**」（文部科学省・厚生労働省・経済産業省，以下3省指針と略，2001年，その後改正あり）である。

3省指針は，遺伝子配列等，人の遺伝情報には，一生不変，指紋等と同じように個別性が高く，登録データがあれば個人の識別に用いることができる，血縁者間で一部共有している，などの特徴があるため，人のゲノムや遺伝子の解析研究の実施時には，より綿密な倫理的配慮が必要と考えられたことから定められたものである。診療を除いた人間のゲノム及び遺伝子解析研究に携わる研究者が遵守すべきこととして，個人情報の保護，インフォームド・コンセント，試料の取り扱い，研究者及び研究を行う機関の長，倫理審査委員会の責務，**遺伝カウンセリング**等についてまとめられている。

人を対象とした研究において得られたデータや試料を収集，解析，保存する際は，研究に協力した人々のプライバシーを守るため，データや試料には名前等，個人を識別することができる情報を記さずに符号や

番号等に置き換えることが多い。この手続きを**匿名化**という。匿名化の手続きが人を対象とした研究の指針において明示されるようになったきっかけは，3省指針である。3省指針では，匿名化した遺伝情報や試料に記された符号や番号と個人を結びつける対応表を残して別途保管している場合を**連結可能匿名化**，対応表を残さず符号や番号に置き換えた後は個人情報と結びつけることができなくなる形で匿名化した場合を**連結不可能匿名化**とし，連結不可能匿名化された情報は個人情報に該当しないとするなど，それぞれの匿名化の状態に応じてデータや試料の研究上の取り扱い方針を提示しており，その後出された指針もこれにならって匿名化の考え方を示している。

遺伝学，ゲノム学における倫理的諸問題を扱う際に，**ELSI**という語がしばしば用いられる。1990年にアメリカ国立衛生研究所にてヒトゲノムプロジェクトが始まった際に，ヒトゲノム解析に伴って生じうる倫理的，法的，社会的諸問題の研究にも，国の予算を投じて推進すべきという方針が提示され，頭文字をとってELSIという言葉が作られた。アメリカでは，このELSI研究プログラムの成果として，遺伝学やゲノム学研究における生命倫理学的，法学的，社会学的な事項の理解が進んだとされている。現在では，当初のELSI研究プログラムの範囲を超えて，様々な場面で倫理的，法的，社会的諸問題を論じる際に，ELSIという語が用いられている。

■　■　■

❶▶遺伝カウンセリング (genetic counseling)

遺伝研究においては，研究がきっかけで対象者が自身や家族の遺伝学的問題について心配になったり，情報が欲しいと感じたりする場合があるため，研究機関では希望に応じて自機関内もしくは他機関に紹介して遺伝カウンセリングを提供できる体制を整備すべきと，3省指針に述べられている。アメリカ遺伝カウンセラー学会は，「遺伝カウンセリングは，疾患の遺伝学的関与のもたらす医学的，心理的，家族的影響に関して，人々がそれを理解し適応していくことを助けるプロセスである。このプロセスには，①疾患の発生及び再発の可能性を算定評価するための家族歴及び病歴の解釈，②遺伝現象，検査，マネージメント，予防，資源，研究についての教育，③インフォームド・チョイス（情報を得た上で選択肢を自律的選択）と，リスクや疾患状況に対する適応を促進するためのカウンセリングが含まれる，と定義している。日本では，遺伝カウンセリングを主に担当する者として，日本人類遺伝学会及び日本遺伝カウンセリング学会の合同認定による臨床遺伝専門医制度，及び非医師向けの認定遺伝カウンセラー制度がある。

❷▶インフォームド・コンセント (informed consent)

人々が研究に協力するにあたり，事前に研究に関する十分な説明を受け，その研究の意義，目的，方法，予測される結果や不利益等を理解し，自由意思に基づいて調査への協力や試料の提供，及び得られた情報や試料の取り扱いに関して同意を与えるプロセスのこと。3省指針が適応される範囲のヒトゲノム・遺伝子解析研究においては，文書によるインフォームド・コンセントが求められる。また，3省指針では，ヒトゲノム・遺伝子解析研究にあたり，試料提供者が認知症等により有効なインフォームド・コンセントを与えることができないと客観的に判断される場合や，未成年の場合又は死者の場合に，代諾者等からインフォームド・コンセントを受ける際の在り方についても定めている。

❸ ▶ ニュルンベルク綱領 (Nurenberg code)

第二次世界大戦後に行われた国際軍事裁判であるニュルンベルク裁判を経て，ナチス・ドイツにおける人体実験等に対する反省から提唱された10カ条からなる綱領のこと。被験者の自発的な同意の必要性や，他の実験で置き換えられる場合は人での試験を行わないこと，不必要な身体的，精神的な苦痛や傷害を避けること，などが提唱されている。

❹ ▶ ヘルシンキ宣言 (declaration of Helsinki)

1964年，フィンランドのヘルシンキで開かれた第18回世界医師会にて，人間を対象とする医学研究の倫理的原則として採択され，その後も随時修正されてきた。ヘルシンキ宣言は，主として医師を対象として表明されたものであるが，世界医師会は，人間を対象とする医学研究に関与する医師以外の人々に対しても，これらの原則の採用を推奨している。ヘルシンキ宣言の原文及び和訳は，日本医師会のウェブサイトに掲載されている。

〔田村智英子〕

25-00 環境

〔総説〕

環境心理学とは，人間と現実の環境の関わり合いを研究する学問領域である（25-01）。環境心理学の研究テーマを分類する場合には，人間と環境の関係の過程と，環境の種類で分類することができるだろう。

関係の過程で分類した場合には，①環境の知覚と認知，②環境評価，③環境査定，④態度・意思決定と行動，⑤対人・社会環境（空間行動），などの研究領域に分けられる。

環境の知覚と認知（25-02）とは，環境の中から情報を選択・処理し，利用する過程についての研究である。そこでは，情報を処理し利用する人間のメカニズムと，情報の元となる環境の特性の，両方の特性が重要である。知覚や認知における環境の特性の役割については，従来の心理学では注目されることが少なかった側面であり，特に人工・構築環境，例えば，都市や道路・通路に関しての知覚や認知を扱うことは，環境心理学の特色の一つである。環境の知覚と認知には，認知距離や認知地図の研究が含まれる。また，ブルンスウィックのレンズモデルや，ギブソンのアフォーダンス等といった主流の心理学の理論にも，環境の知覚や認知と関係が深いものがある。環境の視覚的特性から，その背後にある状況や意味について推論する過程の研究等も含まれる。

環境評価（25-03）では，刺激としての環境がどのような情動・情緒的な反応を引き起こすかを研究する。景観や建物の外観の美的評価を行うことが多かったことから，環境美学と呼ばれることもある。しかし，情動的反応としては，美，あるいは快・好ましさだけではなく，選好，覚醒，興味，不安のような反応も重要な変数である。また，特定の環境に対する情動の反応の関係を明らかにするだけではなく，その過程に存在する反応を生み出すメカニズムの解明を行う研究も多く行われており，刺激－反応理論的なものだけではなく，認知的あるいは進化心理学的モデル等，多くのモデルが提唱されている。

環境査定（25-03）とは，環境のもつ性能評価のことである。環境評価と重なるところもあるが，環境評価が人間の主観的な情動的反応を扱うことに対して，環境査定では，個人の主観を超えた，多くの人に受け入れられる客観的な環境の性能の評価を目指す。この環境の性能とは，その環境が利用者の要求を満たしている程度を意味し，そうした要求には，安全・衛生，機能，快適・満足等の様々な次元の違う要求が含まれる。環境査定の結果は，新しい環境デザインとして反映されることも多く，環境心理学の中でも，工学・建築学に最も近接している領域の一つである。

環境に関する態度・意思決定と行動の研究には，経路の選択のような基礎的研究も含まれる。しかし，それ以外に，特定の問題解決の指向をもった環境における人間の意思決定の研究が含まれる。例えば，いわゆる「地球にやさしい行動」といわれる環境（配慮）行動の研究や，犯罪者の空間行動の決定，犯罪者の空間行動の結果として生じる犯罪発生の時空間パターンの研究等がその例である。環境行動の研究（25-09）では，なぜ環境を破壊する行動が生じてし

まうのか，環境行動を促進するための条件や方法等が，理論的調査・研究と実践的活動の両面から行われている。犯罪者の空間行動の研究（25-10）としては，犯罪多発地域の地図化による可視化や，犯行地点・パターンの説明・予測の研究に加え，犯罪が起こりやすい環境の特徴を検討することから，犯罪に対して強い環境を作り出す防犯環境設計等の研究も進んでいる。

対人・社会環境（25-04）とは，対人環境と社会プロセスを対象とした領域である。多くの心理学の領域で「環境」といえば，対人・社会環境を指すことが多いが，環境心理学においても，物理的環境と同様に，重要な研究対象となっている。社会心理学と近接した研究テーマが扱われることが多いが，環境心理学では，対人的・社会的な過程をコントロールする道具としての環境の利用や，空間行動等の研究が重視されることが多い。対人間の距離を決定するパーソナルスペースや，プライバシーをコントロールするために使用されるテリトリーの研究が，対人・社会環境の研究領域の例である。

次に，環境心理学を研究対象となる環境の種類で分類した場合には，①住環境・コミュニティ環境，②施設環境（教育環境，医療環境等），③労働・産業環境，④自然環境，などの研究が多く行われている。また，数は少ないが，宇宙・深海，超高・低温環境等の特殊環境における重要な研究も存在する。

住環境に関する研究（25-05）では，住宅・近隣の機能・性能評価の研究や，場所への愛着・場所アイデンティティ・原風景等の住居と住人の心理的関わりに関する研究が行われている。また，超高層住宅等の特徴のある住環境に関する研究も行われている。コミュニティ環境の研究（25-05）では，伝統的に騒音や大気汚染，スラム等の都市環境の問題点と，無関心や社会的関係の希薄さなどの都市生活者の問題点が研究される傾向があったが，近年はコミュニティが提供する多様な機会や，ソーシャルキャピタル等のコミュニティの価値に関する研究が増加している。

施設環境の研究では，教育環境に関する研究（25-06）が多く行われている。特に学級風土の研究，及び異なる教室レイアウト間の比較研究が多く行われており，後者では教室の敷居をなくした，オープンスペースといわれる教室レイアウトに関する注目が高い。医療環境に関しては，高齢者の施設に関する研究において多くの蓄積があるが，一般的な医療施設である病院に関する研究は比較的少なく，今後発展が期待される領域になっている。

労働・産業環境に関する研究（25-07）では，空調，照明・採光，室温，内装の色彩等の環境変数と作業の効率の関係の研究が多く行われている。また個室・小部屋型やオープンプラン・オフィス等の，異なるオフィス・レイアウトにおける効率や満足度等の比較に関しても，多くの研究が蓄積されている。また近年，ビジネスモデルの変化や情報通信技術（ICT）環境の整備に伴い，従業員に特定の机を割り当てない，フリーアドレスといわれる新しいオフィス・レイアウトが注目されている。

自然環境の研究（25-08）では，自然の景観の環境評価の研究が多く行われており，特に人工景観と比較した場合に，自然景観が強く好まれるメカニズムに関しての多くの研究がある。また，自然の心身回復効果に関する研究が，近年盛んに行われるようになっている。

特殊環境に関する研究は時代の要請により対象が変化する傾向があり，かつては原子力潜水艦内や極地における研究が盛んであったが，近年は宇宙空間における研究が多く行われている。

〔羽生和紀〕

25-01 ▶ 環境心理学の歴史と特徴

心理学において**環境**は、例えば、レヴィンの**場の理論**や、発達研究における**生まれか育ちか議論**のように、研究や理論における重要な要素とされてきた。しかし、こうした従来の研究や理論では、環境はあくまでも背景として扱われ、主要な研究の対象は人間及び生活体である。一方、環境心理学においては、環境は背景や脇役ではない。環境は、人間と同様に、主な研究の対象となる。

また、多くの心理学研究における「環境」とは、家族関係や対人関係、あるいは制度・慣習等の抽象的な**社会環境**を意味することが多いが、環境心理学における環境とは社会環境だけではなく、物理的な環境も重視される。そして、**物理環境**の中でも、実験室に代表される現実感のない統制された環境ではなく、人間が現実に行動、生活する、統制されていない、具体的な建築物や都市のような複雑な環境を研究対象とすることも、環境心理学の特色である。

まとめると、環境心理学とは、現実における特定の環境と、そこで行動する人間の双方を重視し、その関係を研究する学問領域である。

そして、環境心理学では、人間と環境をお互いに影響を及ぼし合う関係と見なし、その**相互関係**を一つのシステムと考える。これまでに多くの学者が**環境心理学の定義**を行っているが、多くの定義はこの人間と環境の相互関係というものを重視している。

最初、環境心理学は 1960 年代に、アメリカとイギリスを中心とした欧米に成立した。**欧米の環境心理学の設立の契機**は、環境悪化というような実務的・外的なものと、心理学における生態学的視点の認識等の内的なものの両方があった。

その後もしばらくは、環境心理学は主に欧米を中心として発展していくが、**欧米の環境心理学の発展**の特徴は、特にアメリカにおいては心理学の一領域というよりも、周辺の実務的領域を含む諸領域との学際的研究であったことである。最初の**欧米の環境心理学の学会と学術誌**は、まずアメリカにおいて 1960 年代終わりに成立、創刊されており、その後、1980 年代にイギリスが続いた。

日本の環境心理学の歴史は 1970 年代からと考えられ、欧米からの研究の紹介や導入が少数の研究者により少しずつなされていた。しかし、研究が盛んになり、領域としての一般的な認知が始まったのは 1980 年代に入ってからであり、また心理学における独立した研究領域として成立したのは、1990 年代以降と考えられる。

狭義には、環境心理学は現実の環境における人間の心理を研究する心理学の一領域であるが、広義には、人間と環境のあらゆる関係を研究する学際領域である。広義の環境心理学は地理学、建築学、都市計画、都市工学、造園学、環境社会学、環境犯罪学等と研究対象を共有しており、**環境行動学**や**環境デザイン学**と呼ばれるような領域とも重なる部分が大きい。日本においてはこの広義の環境心理学的学際領域の成立が早く、また現在でも活発である。広義の環境心理学的学際領域では、特定の環境における具体的な問題解決を目指すことが多いことが特徴である。

一方、こうした多くの近接領域の中での心理学としての環境心理学の特色は、環境と人間の関係において、心理メカニズムを特に重視し、その理解や解明を目指す点にある。つまり、環境が人間の反応や行動

に，直接的に決定的な影響を与えると考える**環境決定論**的な考えをとらず，環境と人間の関係において，必ずその間に，認知・情動・意味・価値観のような様々な人間の心理過程が媒介すると考える。

また，狭義の環境心理学は，応用心理学の一領域と見なされることが多いが，応用という言葉を，基礎研究で得られた知見や法則を，特定の問題の解決のために適用するという意味で使うならば，環境心理学の研究の中には，応用研究だけではなく，人間と環境の関係の一般的法則の解明や理論化を目的とする基礎研究も多く存在する。このことは，他の応用心理学でも同様であり，応用心理学が基礎研究をしないというのは誤解であり，実際には応用心理学とは**問題解決志向**をもつ心理学を意味する。

そして環境心理学においては，**基礎研究と応用研究**は補司的な関係にある。環境心理学においては，基礎研究は応用研究に対して一方的に知識を提供するという関係にはない。実際には，応用研究の過程や成果の中から，基礎研究のための新しい知見やアイデアが得られるということも多い。また，基礎研究の成果を応用，実践する過程を通じて，基礎研究で得られた仮説や理論の妥当性を検討していくことも環境心理学の研究活動の特徴である。

また，環境心理学では環境を表す用語として，**空間，場所，場面**等の用語を用いる。こうした用語は，代替可能な場合も多いが，研究者や理論ごとに異なる意味が込められていることもある。

■ ■ ■

❶▶ 欧米の環境心理学の学会と学術誌 (European and American societies and journals of environmental psychology)

アメリカにおける最初の環境心理学系の学会は，1969年に設立されたEDRAである。その後，1981年にヨーロッパを中心とするIAPSが設立された。環境心理学系の専門誌としては，1969年に *Environment and Behavior* がアメリカで創刊され，1981年には *Journal of Environmental Psychology* がイギリスで創刊された。

❷▶ 欧米の環境心理学の設立の契機 (reasons for the establishment of environmental psychology in Europe and America)

欧米の環境心理学の成立においては，1960年代後半の，大気汚染や騒音等の地球・都市環境問題の顕在化や，住環境や学校病院等の施設環境における機能から質への価値観の変換が，一つの契機になっている。同時に，心理学の中における生態学的研究や生態学的妥当性の認識の高まりも，成立の一つの力になっている。このように，英米を中心に成立した環境心理学は，現在では南米，北欧，西欧，東欧，そして日本を含む東アジアでも，盛んに研究されるようになっている。

❸▶ 欧米の環境心理学の発展 (the development of environmental psychology in Europe and USA)

初期に主導的であったアメリカの環境心理学は，心理学だけではなく，地理学，建築学，都市計画学等，多様な学問的背景をもつ学者がそれぞれの立場や方法論で行った研究の集まりであったが，学会の創立や専門誌の創刊，あるいは大学・大学院における専攻科・専攻プログラムの設立等を通じて，徐々に領域としての固有の性格と方法論を整えてきた。初期には，都市や街の認知や建築評価等の人工環境・構築環境の研究が主流であったが，現在では自然環境や地球環境に対する研究の増加が顕著である。

❹▶ 環境決定論 (environmental determinism)

環境が直接，人間の反応や行動を決定す

るという考えのこと。環境心理学ではこの考えをとらず，環境と人間の関係には人間の心理的過程が媒介すると考える。環境決定論は，その単純な考えや人間の尊厳・自由に対する冒涜と批判されることがある。しかし，人間と環境の関係が完全な自由や柔軟性をもつわけではない。そこには一定の傾向と範囲をもつ関係がある。その関係を研究することが環境心理学の目指すことである。

❺ ▶ 環境心理学の定義 (A definition of environmental psychology)

ラッセルとワードは，「人間と環境の間の関係の体系的説明を行うことに関する，心理学の部門である」と定義している。また，カンターと乾正雄は「環境と人間の心との相互作用を扱う学際領域」と定義している。

❻ ▶ 空間 (space)

比較的広い環境を意味する場合もあるが，環境心理学の専門用語として使われる場合には，人間とは独立した，人間が行動する背景として存在する環境を意味することが多い。

❼ ▶ 日本の環境心理学の歴史 (A history of environmental psychology in Japan)

日本における環境心理学は，1970年代後半より欧米からの導入が進んだが，それ以前から建築学を中心とした，学際的な環境心理学的な研究は多く存在していたことも指摘されている。こうした研究は環境の研究，特に建築の研究におけるヒューマンファクターの研究である。そのため，日本における初期の環境心理学は，建築心理学の色彩が強かった。建築学と心理学を中心とする学際的な学会である人間・環境学会（MERA）の成立は，1982年である。この学会の発行する専門誌である『MERAジャーナル』は，1993年に創刊されている。また，2008年には日本環境心理学会が設立された。

❽ ▶ 場所 (place)

比較的狭い環境を意味することもあるが，専門用語としては，人間の意識や経験に基づく，意味づけをされた環境を意味することが多い。したがって，場所は特定の人間との関係性の中で特定される。例えば，我が家や我が街が場所である。

❾ ▶ 場面 (setting)

行動場面 (behavioral setting) ともいわれる。単に物理的な環境だけではなく，そこで行動する人間と，その行動の目的の遂行機能を含んだシステムの総体を意味する。例えば，教室は物理の環境であるが，授業は，教室という施設，受講する生徒，授業を行う教師，教育の遂行を含む場面である。

〔羽生和紀〕

25-02 ▶ 環境の知覚と認知

赤ん坊から高齢者まで，個人差こそあれ，微視的・巨視的な環境の知覚と認知を日々反復している。そのため，環境は相対的に固定的に持続する性質をもち，日常では特別な意識が向けられない限り何もないかのように思われがちである。しかしながら，実際は活動に応じて変化し，行動に不可欠な情報を提供している。人間が知覚・認知している環境は，静的（客体的）環境ではなく，動的（主体的）環境であり，感受された情報により瞬時に構築される性質をもつと指摘できる。**アフォーダンス理論**で知られるギブソンは，視覚的環境を**視覚世界**と**視覚野**に区別し，前者には日常的・行動的態度が，後者には遠近法的・分析的態度が作用するとした。

環境の知覚と認知を扱った初期の研究と

しては、移動行動に深く関係する表象とされる**認知距離**や**認知地図**という用語を提唱したトールマン（1948）がある。彼の実験では、ラットに迷路を学習させた後、放射状に経路を配置した装置（異なる環境）に移す手続きをとり、迷路で体験したスタートとゴールの位置関係に準じた方角の経路が選択される結果を得た。それを受け、ラットが単なる経路選択の連続ではなく、位置関係を認知したと結論した。なおその後、身体の方向転換のような、系統的な自己中心的反応もまた、場所の代わりに記憶される（Barnes et al. 1980）といった指摘を受けて、モリス・メイズを用いた研究が進められた。

ラットを対象とする研究が先行したせいか、人間を対象とする研究も厳密に統制された環境下、主に実験室で行われる傾向が強かった。しかしながら、日常的な体験に基礎を置く検討の重要性が認められるにつれて、多様かつ現存するままの環境を対象とする研究が見られるようになった。初期の先行研究としては、住民を対象とするインタビュー調査に基づいて都市の**イメージアビリティ**を検討し、都市を構成する五つの要素を抽出したリンチ（1960）や、認知地図について**ルートマップ型表象**と**サーベイマップ型表象**を見出し、前者から後者への発達プロセスを指摘したシェミャーキン（1962）がある。

空間表象の生成には、感覚器官に対応した刺激情報だけでなく、自分の存在した地点が後方に遠ざかっていくといった位置情報等が影響する。ソーンダイクとヘイズロス（1982）は、直接的な体験（移動行動等）からはルートマップ型表象（手続き的知識）が、直接的な体験（地図等）からはサーベイマップ型表象（配置的知識）が、それぞれ獲得されやすいとした。また、環境情報の獲得プロセスも、その後に生成される空間表象の形態に関係するとされる。プレソンとヘイゼリッグ（1984）は、目隠しされた条件での歩行もしくは、経路形状を観察する条件にて、実験経路を体験させた後に自己定位課題を与え、前者は不正確なものの柔軟性に富んだ表象を、後者は逆の性質の表象を生成する傾向を指摘した。同様な結果はエバンスとペデク（1980）にも見られ、臨機応変かつ即時的な判断の連続を伴う移動に際しては、実際の移動を通じて生成された空間表象がより有効に機能するとされる。生成のプロセスについては、環境の空間構造を単純化する傾向、複雑な幾何パターンを処理しやすい直線のマトリクスに整えてしまう傾向、親近性が高い空間的広がりや重要と認識している地域を強調する傾向等、ゲシュタルト性を帯びる点が指摘されている。

主体の**発達段階**に着目した研究も少なくない。例えば、ハートとムーア（1973）はピアジェの発達段階に沿って、空間認知の枠組みである**参照系**を3段階で示した。また、シーゲルとホワイト（1975）は、点から線、線から面へ変化する地理的知識について、移動経験との関係における微視発生的な発達段階を検証した。関連する知見としては、ゴレッジ（1978）による**アンカーポイント理論**があり、学際的に研究が進められている。

■　■　■

❶▶アフォーダンス理論（affordance theory）

アフォード（afford：与える、提供する）を名詞化した、ギブソンによるオリジナルな用語であり、「環境が、その中で生きる動物に与えてくれる行為の機会」である。生態心理学では、動物は環境内に点在する情報（アフォーダンス）を知覚し、それによって個々の行動を調整していると考えて

いる。また，その知覚レベルは動物の種により異なるため，同じ環境にあっても同一の行動が生じないと理解される。

❷ ▶ アンカーポイント理論 (anchor point theory)

都市の生活に必須の自宅・通勤先・買物先が第一の結節点となり，それらを結びつける交通路へと認知空間が拡大する。そして，これらをアンカーポイントとして，生活のための必要度に応じて，第二次・第三次の結節点と経路が分岐し，結果的に点→線→面という順序で認知空間が広がっていく（若林 1995）。

❸ ▶ イメージアビリティ (imageability)

都市の地理的構造を理解し，移動に不便が生じないようなイメージを生成する手続きの容易さを意味し，これが高いほど分かりやすく明瞭な地理的構造をもつ都市とされる。重要な構成要素とされる要素は五つあり，点として存在するランドマーク（目印）及びノード（結節点），線として存在するパス（経路）及びエッジ（境界），広がりとして存在するディストリクト（地域）である。

❹ ▶ サーベイマップ型表象 (survey-map types of representation)

「配置型（空間内に存在する複数の地点・諸対象の位置が相互に関係づけられた）知識」によって構成され，イメージマップ全体との関係を一時に参照できる準拠枠を一つ以上もつという意味で，全体的・同時的な表象であるといえる。認知地図の個体発生的発達図式については，サーベイマップ型表象は，ルートマップ型表象が統合されることによって獲得される性質をもつと考えられている。

❺ ▶ 参照系 (systems of reference)

自らの身体を基準とする「自己中心的参照系」，環境内に固定的に存在する複数の環境構成要素を基準とする「固定的参照系」，緯度経度や東西南北（絶対的な軸）に環境構成要素を整理統合し，概念的に理解する「相互協応的参照系」の順に段階的に発達する。

❻ ▶ 視覚世界 (visual world)

現実に知覚される環境であり，境界をもたず観察者の周囲に球のように広がっている。したがって，大きさ・カタチ・位置・方向等に関する知覚の恒常性が見られ，観察者の移動や身体の動きにかかわらず，その対象の知覚は安定する傾向が保たれる性質を有する。

❼ ▶ 視覚野 (visual field)

1点を注視した差異に見られる遠近法による絵画的な空間であり，上下150°ほど，左右180°の楕円形な境界をもち，三次元世界を二次元像へ投影する性質をもつ。また，知覚の恒常性はなく，眼の動き，身体の移動等に伴って，暗い空間において懐中電灯の光が投射されている面のような変化が見られる。

❽ ▶ 認知距離 (cognitive distance)

人間に内在する距離と定義され，①端点が離れていて，見ることができない区間の距離，②原則として，広がりのある環境内を移動することによって獲得される距離であり，研究ではそれに関して記憶・貯蔵された印象・判断・確信等，諸々を含めた抽象的な事象を問題としている。したがって，認知距離は感覚・知覚を基礎としながらも，事象を意味的・概念的に捉える「ある種の情報統合」により構成され，知覚距離とは異なる。測定方法には，言葉による評価法・目盛りづけ法・比率評価法・描画法がある。

❾ ▶ 認知地図 (cognitive map)

主に環境の体験を通じて獲得され，移動に際して参照される地図に準じた機能をもつ心的表象である。外在化にあたって描画される内容は一般的な地図とは異なる点が多く，例えば，空間的に非連続な性質を有する事例が見られる。また，現実世界との比較検討によって，環境と人間との相互作

用，人間（主体）がその環境とどのような関係にあるのかの理解を深めることができるとされる。

❿ ▶モリス・メイズ (Morris maze)

本項については，03-11-❻「モリス水迷路」を参照のこと。

⓫ ▶ルートマップ型表象 (route-map types of representation)

実際の移動ルートをたどることによって構成される系列的な表象であり，ランドマークを主要素とする構造を有する。したがって，発達に際しては，ルートの表象系列が並存する未分化な状態から，分岐ルートの派生やルートの交錯の増加により分化した構造に移行すると考えられる。

〔柳瀬亮太〕

25-03 ▶環境の評価と査定

環境心理学では，環境の評価といった場合に，大きく二つに分けることができる。一つは，個人の環境に対する情動的成分を中心とする反応であり，もう一つは，環境の性能評価である。個人の環境に対する反応は主観的なものであり，多くの個人差がある。環境の性能評価は客観的で，多くの人が納得できるものであることが必要になる。前者の個人の環境への反応を**環境評価** (environmental appraisal)，後者の環境性能の評価を**環境査定** (environmental assessment) として呼び分ける場合がある。

環境評価と環境査定は，どちらも人間と環境の関係の中から，環境に対する評価を行うという点では同様であるが，環境評価においては，刺激としての環境に対する人間の反応の傾向や，反応の心理メカニズムの解明が重視される傾向があるのに対し，環境査定では，人間の反応を測度とし，環境，及び環境のもつ特徴の良し悪しを判断し，環境デザインを改善しようとする傾向がある。そのため，環境評価では心理学的な基礎研究の色彩が強くなり，環境査定では，工学・建築学的な応用研究・調査実務の色彩が強くなることが多い。また，環境の評価においては，主観性・客観性の程度だけではなく，研究パラダイム（方法論）の違いに応じて，ズービは，景観評価研究には，①専門家パラダイム，②心理物理的パラダイム，③認知的パラダイム，④経験パラダイムの四つのパラダイムがあるとしている。これらは，環境評価研究一般にも当てはまる。

情動的な成分が多くを占める個人の反応である環境評価の基本的な次元として，ラッセルとワードは**快・好ましさ** (pleasant) と**覚醒** (arousal) の次元を提唱している。更に，彼らによれば，この二つの次元は独立であり，二つの次元のそれぞれの正負の組み合わせから，**エキサイティング**（快・好ましさ，正＋覚醒，正），**リラックス**（正＋負），**ストレス**（負＋正），退屈（負＋負）の四つの代表的な環境の状態を作り出す。

また，興奮の次元にほぼ対応するものの，生理的な興奮を伴わない**興味** (interest) も，環境評価の別な基本的な次元と考えることもある。より主観性が大きい反応として，**選好** (preference) を快とは別の基本的な次元とすることもある。更に，ストレスの一種であるが，犯罪に対する限定な反応を適切に評価するために，**恐怖・不安** (fear) を基本的な次元として使用することもある。

個人の環境評価の特徴は主観的であり，個人差が大きいということに加え，個人の状況により大きく変化することにもある。

例えば，対比の特性と覚醒モデルでは，環境の特性がもつ対比の特性といわれる知覚的特性が引き起こす覚醒の程度が，環境に対する美的評価に影響を与えるとし，最適な覚醒の時に，最大の評価が生じるとされる。しかし，この最適な覚醒の状態は個人により異なり，また，同じ個人でも疲労の程度や退屈の程度等により変化する。したがって，同じ環境の知覚的特性が，同じ個人に常に同じ評価を生み出すわけではない。環境に対する評価は，時間の経過につれて変化することも特徴である。

また，文化やエスニシティによる環境評価への影響も報告されている。例えば，カプランとタルボットは，アフリカ系アメリカ人とヨーロッパ系アメリカ人の自然環境に対する評価を比較し，アフリカ系アメリカ人はよく整えられ，ベンチや舗装された道路等も備えられた公園のような自然環境を特に好むが，ヨーロッパ系アメリカ人は，人間の影響が少ない，ありのままの野生状態に近い自然環境をより好むことを明らかにしている。

環境評価に関する理論としては，他にバイオフィリア仮説や見晴らし・隠れ家理論等の進化論的な視点による理論や，認知的処理に注目した評価対象が含まれるカテゴリーのプロトタイプが，選好に影響を与えるとするモデル等が提唱されている。

環境査定としては，POEと呼ばれる環境の性能評価が，初期の環境心理学から今日まで多く行われている。POEでは建物等の人工・構築環境の評価を主に行うが，特に利用者の立場からの環境評価を行うことに特徴がある。

環境査定では，特定の環境における問題を明らかにするだけでなく，その結果から同様の環境をデザインするための標準設計やガイドラインを作り出すことも目的とすることが多い。

■　■　■

❶ ▶ 経験パラダイム (experimental paradigm)

環境評価の経験パラダイムでは，個人の固有の評価に焦点を当て，特定の環境における個人の経験から生じる，意味や価値，あるいは愛着等の環境との関わりによって環境評価を対象とする。現象学的なアプローチといわれることもある。

❷ ▶ 心理物理的パラダイム (psycho-physical paradigm)

環境評価の心理物理的パラダイムとは，環境の特性に対する評価者の反応を評価とする。つまり，環境の刺激としての特性を環境の価値と見なす。環境の特性と人間の反応に一定の関係があると見なすことから，環境決定論に近い立場である。

❸ ▶ 専門家パラダイム (expert paradigm)

環境評価の専門家パラダイムとは，専門家や訓練を受けた評価者による評価である。環境には客観的に測定可能な価値や質というものがあり，それを専門家は正確に測定できると見なす。環境査定に近い立場である。

❹ ▶ 対比の特性 (collative property)

対比の特性と，覚醒モデルにおける対比の特性といわれる覚醒に関係する環境の視覚的特性として，不調和，新奇性，驚き（驚愕），複雑性がある。これらの視覚的特性は見る者の注意をひき，構造的な，あるいは記憶や期待との比較を促す。不調和とは刺激（環境）を構成している要素を対比し，そのまとまっていない程度である。新奇性とは，目にしている刺激と記憶・経験の対比によるもので，これまで経験していない場合に生じる。驚きとは目にしている刺激と期待の対比によるもので，期待とのずれを反映する。複雑性は刺激を構成している要素の豊富さに対応する。

❺ ▶ 対比の特性と覚醒モデル (collative-arousal model)

バーラインの提唱した環境美学のモデルである。環境美学とは環境に対する情動的反応の研究を示す。このモデルでは，環境が生み出す覚醒の水準が環境に対する美的判断に関係していると見なし，高すぎず低すぎない適切な覚醒水準を生じさせる環境が，最も美的であると評価されるとされる。

❻ ▶ 認知的パラダイム (cognitive paradigm)

環境評価の認知的パラダイムでは，環境評価を環境の中から情報を選択し，それを処理し，意味や価値を見出していく過程を重視する。環境の評価が評定者とは独立に存在するのではなく，評価者との関係性の中で決定されると見なす。

❼ ▶ バイオフィリア仮説 (biophilia hypothesis)

社会生物学者のウィルソンが提唱した仮説で，人類は進化の過程で，生存や繁殖に利益をもたらしてくれた自然の特徴や動植物に対して，肯定的な感情や反応が起こるようなメカニズムを獲得しており，そうした特定の自然や生物に対する反応は現代人にも残っているとする。サミットとソマーは樹木の形態に対する選好を実験的に検討し，幹の高さに対して大きな樹冠をもつ形態が最も好まれることを示している。傍証的ではあるが，こうした形態の樹木は，人類の祖先や初期の人類が暮らしていたサバンナの草原を構成する樹木に類似するといわれる。

❽ ▶ POE (Post-Occupancy Evaluation)

入居後評価等と訳される。評価法としてはインタビュー，観察，質問紙等が用いられることが多く，建て替えや改装の前後における評価を比較したり，同じ機能をもつ複数の建物の評価を比較するなどの準実験的方法論がとられることも多い。POE（入居後評価）の入居後という言葉には，建築物は設計前には入念な設計計画が立てられるが，建築後に，実際の利用に対する評価が行われることが少ないということへの警鐘が込められている。

❾ ▶ プロトタイプ（と環境評価）(prototype)

例えば校舎の評価において，典型的な校舎（プロトタイプ）との類似性が影響するとする仮説が提唱されている。しかし，典型に近いほど評価が高くなった結果と，多少の差異がある方が高くなった結果があり，結論は出ていないが，後者の結果は前述したバーラインの対比の特性と覚醒モデルと一致する。

❿ ▶ 利用者の立場 (the user's point of view)

POEでは，安全や衛生といった利用者の生存・健康に関する建築基準的な要素だけではなく，利用者の心理や行動の視点を含んだ環境の評価・査定を行う。このような，利用者にとっての建物の性能を，ビルディング・パフォーマンスという。POEで評価する利用者の心理や行動的要素としては，バリアフリーやユニバーサルデザインを含む人間工学的要素，移動動線の構成や収納の量や柔軟性の効率，オフィスのレイアウトの仕事のしやすさ，建物の外観，内装の美しさやそれに対する満足度等が含まれる。

〔羽生和紀〕

25-04 ▶ 対人・社会環境（空間行動）

人や動物には一定の空間を確保しようとする**空間欲求**があるが，その基本的機能は，他個体による攻撃や侵入から自身や家族，仲間を防御するための空間の確保である。しかし人の場合，更に発展して，他者との交流の過程で空間や物理的環境を利用するようになる。そして，そこで行われる

様々な行動を**空間行動**（spatial behavior）と言う（小西 2007）。この空間行動に関連する概念のうち代表的なものが，**テリトリアリティ**と**パーソナル・スペース**である。

テリトリアリティは通常，個人や集団が個や種の維持のために，特定の物理的・地理的空間（時にアイデア等も含む）を占有する行動や，占有に関する認知をいうが，そのような行動に基礎づけられた個体関係（又は体制：なわばり「制」）を指す場合もある。訳語としては，動物学，比較行動学，心理学では**なわばり性（なわばり行動）**の語が，建築学や住居学では**領域性**の語が用いられることが多い。そして，この占有された空間や場所が**テリトリー**である。テリトリーの分類としては，テリトリーを排他性の強弱，所有期間等により，一次的テリトリー（家や個室），二次的テリトリー（学校やオフィスの個人の席），公共的テリトリー（電車の座席，公園のベンチ）に分ける，アルトマンの分類がよく知られている。また，所有者によって，個人領域（個室），一次領域（家族の領域），二次領域（社会集団の領域），三次領域（都市，国家の領域）への分類もなされている（小林 1992）。

動物のテリトリーはマーキング（においづけ）によって占有が宣言されるが，それと類似した行為として人では**パーソナライゼーション**がある。これは，所有者が自分の属する文化，自分の社会的地位，性格や趣味等の個人的特性を空間によって表現する行為で，単なる占有の宣言以上の機能をもつ。

テリトリーに類似した概念に**行動圏**があるが，これは個体や集団が日常的に利用する空間，地域である。テリトリーとの違いは，占有者による防御，排他行動が強くない点である。

一方，パーソナル・スペースも，空間への他者の侵入の拒否という機能をもち，その意味では，テリトリーに類似した概念である。しかし，テリトリーが特定の場所として固定しているのに対して，パーソナル・スペースは，所有者の身体の周りに広がる空間であり，所有者の移動に伴って移動するという特徴をもつ（Sommer 1969）。また，テリトリーよりも境界が不明確であり，他者の侵入に対してテリトリーでは排除が起きるのに対して，パーソナル・スペースでは引き下がり（withdrawal）が多く生じるなどといった違いも指摘されている（Hayduk 1983）。パーソナル・スペースは相手との距離を調整することで対人関係を調整するが，その距離は相手との関係や所有者の発達段階によって伸縮するといわれている。また，家具等，物に対するパーソナル・スペースは考えられず，あくまで他者に対する空間であることから，**対人距離**と同義であるという捉え方もある（Bell et al. 2001）。その意味では，動物学の**個体間距離**とも類似している。このほか類似した概念に，ホールが提唱した**プロクセミックス**（proxemics：近接学）における非公式空間がある。

空間行動に関連する概念にはほかにも**プライバシー**，**居場所**，**ホーム・アドバンテージ**等があるが，いずれもテリトリアリティに近い内容の概念である。例えば，プライバシーは他者の侵入の拒否という点で，居場所は特定の場所の存在を前提とする点で，また，ホーム・アドバンテージは占有者の優位性という点において，テリトリアリティと共通する。

このように，人には基本的欲求として空間欲求があるが，常にそれが充足できるわけではない。物理的空間が個人の空間欲求を充足できない状況を**密集**というが，密集は他個体との対面確率を操作する**社会的密集**と，単位面積当たりの個体数を操作する**空間的密集**に分けられる。そして，こうした密集に対する心理的反応が**クラウディン**

グ（混み合い）である。

いずれにしろ、空間には動物や人間にとり、様々な心理的意味（機能）があることを認識することは、行動理解において重要であろう。

■ ■ ■

❶ ▶ 居場所 (ibasho)

居場所とは、個人（特に子ども）が安心でき、落ち着くことができると実感できる場所をいう。ある場所が居場所となるためには、そこで他者からの受容や肯定的評価が与えられることが必要である。その意味では、居場所はテリトリーに社会関係の要素を加えた概念ともいえる。居場所の有無は子どもの人格や社会行動の発達に影響するといわれるように、居場所研究は発達、家族関係、非行等の問題行動、精神病理等、様々な問題と密接に関わっている。

❷ ▶ クラウディング／混み合い (crowding)

混み合い（感）は、密集に対する個人の主観的な評価（望ましくないという評価）であるが、密集環境を混み合っていると感じるかどうかは、密集に対する対処規制の有無が関係する。この対処規制には、空間の画定性等の物理的条件、空間利用に関する規則等の社会文化的条件、場面の制御可能性がある。また、密集は、住居内部の密集（内部密集）と、近隣・コミュニティでの密集（外部密集）の二つのレベルで捉えることができる。したがって、混み合いについてもこの二つのレベルに区分する必要があろう。

❸ ▶ テリトリアリティ (territoriality)

テリトリアリティは人と動物で若干異なる。動物では、テリトリーに侵入した他個体に対して攻撃行動が常に生じるが、人では、テリトリーに他個体を導き入れる場面（接客）もあるように、必ずしも攻撃行動が生じるとは限らない。また、人が複数のテリトリーを同時に所有することも、動物と異なる点である。テリトリアリティの機能としては、安全が確保されること、身体的、心理的回復が得られること、行動が円滑に遂行できること、などがいわれている。人のテリトリアリティは発達の早い段階から見られ、3歳児頃から自分専用の空間に対する欲求が現れるという報告もある。

❹ ▶ パーソナライゼーション (personalization)

空間による自己表出という意味で、自己表出性、個人化等と訳される。具体的には、表札を出す、趣味の植木を飾る、柱の色を役職によって塗り分ける、自分の好みに部屋をアレンジする、家族等の写真を部屋に飾る、などの行為をいう。パーソナライゼーションによって、社会的交流の促進、新しい環境への適応の促進、自己同一性の確立、空間への愛着（場所愛着）の形成と強化、空間や場所に対する肯定的評価の形成等がもたらされるといわれている。

❺ ▶ パーソナル・スペース (personal space)

パーソナル・スペース（以下、PS）は身体の周囲に広がる空間であるが、様々な要因の影響を受けて伸縮する。例えば、一般に男性は女性よりもPSが広く、攻撃的な性格の人で広いといわれている。また、相手が見知らぬ人の場合、親しい人よりも広くなる。更に、発達段階では、思春期でPSが最も広くなる。文化差に関しては、日本人のPSはアメリカ人やアラブ人のPSよりも広いといわれている。PSの測定法には2種類がある。一つは、人形を用いたシミュレーションで測定したり、図に書かせたりする投影法（projective measures）である。もう一つは、刺激人物を実際に接近させ、それ以上近づくことを拒否した距離を測定する現実法（real-life measures）である。

❻ ▶ プライバシー (privacy)

プライバシーには、個人（集団）が、他者による自分自身に関する情報への接近を制御する情報管理の側面と、個人（集団）が自身に対する他者の空間的接近を制御する社会的交流の管理の、二つの側面がある。そして、プライバシーの維持には、物理的な方法（壁を作る、個室を保有するなど）と行動的な方法（言語による伝達や習慣、規則等）がある。なお、プライバシーは、当人が望む水準と、現実的制約との調整の結果として獲得された水準の二つで捉えることができる。

❼ ▶ プロクセミックス (proxemics)

プロクセミックスは人による空間利用に関する観察と理論であり、空間は固定相空間（家や都市の構造）、半固定相空間（可動性のある家具等）、非公式空間（他者との距離）に分けられる。非公式空間は、相手との関係や場面によって更に、密接距離（ごく親しい相手との距離か闘争場面での距離）、個体距離（親しい相手との距離）、社会距離（互いに相手を隔離する距離）、公衆距離（話し手と聴衆の距離）の順に距離が大きくなる。

❽ ▶ ホーム・アドバンテージ (home advantage)

スポーツではチームの勝率が、アウェイの場合よりもホームの方が高いことがしばしばある。このように、自分（たち）のホームで相手に対して優位に立つことをホーム・アドバンテージという。これは、テリトリー内では占有者の攻撃の衝動が恐怖よりも強いため、占有者が侵入者に対して優位に立つが、テリトリーの外では逆に恐怖が強まるという、動物のテリトリアリティと対応する。しかし、人の場合には、その場所の地理的知識や、支持者からの声援の量等も関係する。

〔小俣謙二〕

25-05 ▶ 住環境・コミュニティ環境

住環境 (dwelling/residential environments) は文字どおり住まう環境のことを指し、一般的には住居そのもの又は住居周辺の環境のことをいう。環境心理学では、個々人と生活の拠点としての住環境との関わりに、行動・態度・知覚・認知・感情等の面から注目してきた。

住環境は人々が日常生活で利用する環境であり、様々な空間レベルが存在する。規模という観点からでは、部屋単位、集合住宅等の建築物単位、近隣周辺単位、まち単位等が研究上では対象となっている。**コミュニティ環境** (community environments) の多くは、近隣や市町村といった行政単位を指している。行政単位としては、市町村レベルでのまちづくりを、「コミュニティ計画」という名で応用的に使用されることもある。また、概念としては、物理的環境である空間として扱う場合と、機能や意味づけが加えられ心理的環境である場所として扱う場合があり、住居を指す際には、前者を**ハウス**、後者を**ホーム**という呼び分けも行われる。物理的存在としての住環境である居住施設が、「住まう」場としての「住まい」になるという点では、ハウスがホームになることが重要とされる。

住環境は人間の生活の中心となるため、より良い住環境をデザインしようと、**住環境評価**も多々行われる。部屋や家や建物といった単位の住環境であれば、個々人の欲求やニーズ、好みを把握し、実在環境もしくは仮想環境との比較を行うことで、環境評価や環境デザインもある程度は可能であるが、まちや市町村、コミュニティといっ

25-05 住環境・コミュニティ環境

た単位では，多くの人々が共同で利用するものであり，評価も分かれるのが一般的である（評価に関わる個人的要因は 25-03「**四つのパラダイム**」参照）。

また，住環境は概して，居住歴によって個々人との関わり方が異なってくる。一般的な傾向として，時間軸とともに**場所への愛着**が強まり，好ましいと捉えられるようになる。反面，移転や再開発，災害時にそれまでの住環境と個人的のつながりが断たれた時，場所への愛着が強い個人ほど，心理的なダメージを強く受ける傾向もある。同様に**場所アイデンティティ**も，個々人でその有り様は様々だが，概して居住年数が長いほど，自己アイデンティティの中に大きく占められることが示されている。

更に，これらの場所への愛着や場所アイデンティティは，住環境においてどのようなコミュニティ行動を行うかということと関連することを示す研究も多い。

前述 25-03-❶の経験パラダイムにあたるのが，原風景であるといえる。しかしながら，極めて個人的体験に基づき想起される事象だとされる原風景も，同地域を共有する人々によって共同のアイデンティティと関連して捉え，コミュニティ再生の手がかりとする提案，更には，まちづくりの実践に活かす試みも行われている。

近年の日本では住環境が高層化しつつあり，**高層住宅**と住民の行動や心理との関連に焦点を当てた研究も見られる。また，コミュニティも物理的地域にかかわらず，現在では情報環境の中で共通意識や連帯感が作られ，空間的な近接性に限られないことも現代社会での一つの特徴である。

■ ■ ■

❶ ▶ 原風景 (original-scape/psychological landscape/primary landscape)

個々人にとって自己の発達に大きく寄与し，経験とともに様々に回顧される，生まれ育った場所の風景のことである。原風景は必ず過去と現在の時間軸をもち，多くの研究で幼少期・青年期の空間体験が取り上げられている。原風景を想起する際，人はポジティブな感情が喚起される。時に造形力の源泉，自らを力づけてくれる風景，心のふるさとと表現され，日本の文学，人類学，心理学，地理学，建築学・造園学等の領域で扱われている。

❷ ▶ 高層住宅 (high-rise apartment building)

一般に 6 階建て以上の住宅を高層住宅，60 m（20 階程度）以上を超高層住宅という。高層集合住宅に関する調査では，空間の制約，不安，密集生活でのトラブル等が報告されている。また，住棟階数や住戸数，アクセス条件，住戸条件と住環境ストレスとの関連も見られる。ただし，相反する結果も見られ，望んで入居している居住者層であるか否かによると考えられる。また，アメリカでは住環境高層化と犯罪発生率が問題となり，対策として「守りやすい空間」のデザインが提案された。

❸ ▶ 住環境評価 (evaluation/appraisals of residential environment)

様々な側面から住環境評価を行うことができる。評価対象として，例えば視環境，音環境，熱環境等，感覚器官ごとでの評価，また，人間が環境に望む基本的用件と性能面との視点から安全性，保健性，利便性，快適性の評価等がある（25-03「環境の評価と査定」参照）。住環境評価では，目的はより良い生活となり，主体は住人となることが多い。調査手法は，評価対象を何に設定するかで異なってくる。

❹ ▶ ハウス／ホーム (house/home)

同じ「家」でも，物理的環境としての住居施設を指す場合と，住まう生活もしくは心理的なよりどころとしての意味合いを含

む心理的環境を指す場合がある。一般的に前者を空間施設としてハウスと呼び，設計・建築の対象となる概念として扱い，後者を生活における機能的・心理的拠点としてホームと呼び，認知・情動的概念として環境心理学や人文地理学が扱ってきた。日本語においては，「住宅」と「我が家」の語で使い分けられることもある。

❺▶場所アイデンティティ (place identity)

自己アイデンティティのうち，物理的な場所と関連づけられた，自己の一部のこと。自分にとって重要な場所での体験は，自己アイデンティティを発達させ，アイデンティティの構成要素となり，アイデンティティ・プロセスを保つ機能として働いていると考えられる。肯定的な重なりだけではなく，場所への否定的なイメージが，自己アイデンティティの否定的部分の一部を構成する場合なども含める点も，場所への愛着と異なる。

❻▶場所への愛着 (place attachment)

「個人と場所との間の感情的な絆」の定義が最もよく用いられる。多くの研究でその絆は肯定的な結びつきであり，場所への愛着感情を体験することで，人は心地良さや安心感を感じる。一方，対象となる場所との関係が不適切なものとなると，人は苦痛状態となることが指摘されている。一般に，居住歴が長いほど住環境への愛着は強い傾向が見られ，住環境への愛着の程度により環境態度，地域活動，強制退去や災害時での悲哀反応が異なることが示されている。

〔園田美保〕

25-06 ▶教育環境

教育環境 (learning environment) の研究は，第二次世界大戦後のアメリカで重視されるようになり発展した。当時アメリカの学校を取り巻いていた，公民権運動の高揚，公立学校での黒人隔離制度撤廃，出生率や教育予算の変動等の社会的要因が，子どもの教育効果にどのように影響したかを検証するため，サラサンとクラバーは，学校という社会的実体の研究の必要性を指摘した。特に，教育行政の地方分権主義，学区制度によって地域差・学校差の生じやすいアメリカ教育の多様性を背景に，**学校環境**と，その風土・文化特質である**エトス** (ethos) の研究が重視された。

心理学領域における教育環境研究は，学びの場に対する教育者と学習者の捉え方を重視する立場（認知学派）と，その物理的，社会的，生態的側面を重視する立場（生態学派）に大別できる。

認知学派の研究は，社会心理学者によるグループ・ダイナミックスの「集団の雰囲気」研究とは独立の起源をもち，やがて，レヴィンの定理 $B=f(P, E)$ を根底に，マレーの**欲求-圧力モデル**を基盤とする社会的風土（雰囲気）の研究として発展を遂げた。欲求-圧力モデルでは，個人の欲求と外的刺激又は**環境圧力**を相似と捉えて，人間行動を人間の欲求と環境圧力の結合として理解する。これを根拠に，集団内の欲求の集積を測定することで，その環境に現存する圧力，すなわち社会的風土（雰囲気）を測定できるとして，**質問紙法**による種々の測定指標が考案された。モースは，環境圧力の理論を基盤に，人間の基本的な環境を「人間関係」「個人発達と目標志向」「組織維持と変化」の三次元であると提唱して，一連の**社会的環境尺度**を考案した。この三次元に基づき，学校環境尺度 (classroom environment scale)，**学級風土**尺度 (classroom climate scale) 等が作成され，1960年代中盤以降，世界各国で質問紙を

用いた教育環境測定尺度が盛んに開発された。これらの尺度には，幾つかのフォームが考案されており，**現実環境**（actual environment）に加えて，子どもたちが好ましいと捉える**選好環境**（preferred environment）の測定等も可能なことから，学校現場の教師の学級運営支援ツールとしても普及した。

生態学派の研究では，1970年代中盤以降，家庭環境や生育歴，個人の特性にかかわらず，**学校建築や教室のレイアウト**，座席位置等の学校環境そのもの，あるいは**教室のシノモルフィ**（学校環境と学習活動の適合状態）が，成績不振や**不登校**等，子どもの問題行動に及ぼす効果が検討されはじめた。ラッターは，学校の財源，物理的設備，組織構造，教育方針，エトス等の学校環境の要因が，教育効果に及ぼす影響を具体的に検証した。学校環境の成分について，ガンプは，①学校建築・設備等から構成される物理的周囲，②教職員及び児童生徒等から構成される人的要因，③授業等の**カリキュラム**及び制度から構成されるプログラム，の3成分に体系的分類を行った。

生態学的心理学研究の初期，バーカーとライトが展開した**行動場面**（behavioral setting）の概念，理論，方法は，心理学のみならず，行動科学や自然観察の諸領域に広く寄与した。行動場面は，時間と空間の一定の境界内に存在するヒトとモノによって営まれる。学校であれば，教科の授業，ホームルーム，運動競技会等の活動を，一つの行動場面として抽出できる。行動場面の数は，規模より機能において類似する。すなわち，学校という機能において生じる行動場面はある程度共通しているため，大規模校では一つの行動場面に参加する生徒数が多くなり，中心的役割のない生徒たちは**孤立**や見物の立場にまわる。小規模校では一つの行動場面を構成する生徒数が少なく，ほとんどの生徒が義務や責任を伴う中心的役割を経験する。学校の生態的側面は，子どもの**ドロップアウト**や学校生活の質に大きく影響することから，生態学派は，学校は少なくとも生徒全員が必要とされるほどに小規模であるべきであると結論づけた。**学校規模**の基準については，約500人を超えるのを境に行事への参加率が低下するという報告もある。

認知学派の教育環境研究（LER）を牽引してきたフレイザー，フィッシャーらは，質問紙法による認知調査に，経済性，特定の日時・授業に限定されない，行動決定変数が特定しやすいなど，多くの利点を見出してきた。しかし同時に，この手法は**高度な推理を要する尺度**（high-inference measure）とも呼ばれ，尺度の構成概念の汎用性が高くなるにつれて，測定結果を個別の学校環境の具体的改善に直接反映させ難くなる。一方，生態学派の研究手法は，質問紙法による測定指標のように実施が簡易ではないものの，個別の環境要因や状況に特化した測度（low-inference measure）を用いるため，環境改善に直結する客観的なフィードバックが期待できる。

教育行政においては，学校建築，生徒数，カリキュラム等が，教育効果とは異なる根拠によって決定されることが多い。理想的には，**定量的・定性的**な種々の調査研究が複合的に行われ，教育環境と教育効果の関連が科学的に検証されるべきである。教育の成果も，学力達成度のみならず，出席率，学習態度，学級行動，社会的スキル，更には進学・就業状況や社会適応等の縦断的な社会調査等，多面的な指標の活用が望ましい。

■　■　■

❶ ▶ 教室／学級風土 (classroom climate/environment)

学校環境，学級環境，教室/学級風土等の用語について，厳密な区別は困難であるが，フレイザーによれば，学校環境は主に高等教育の管理・経営等の事業組織の調査研究に，教室・学級環境は初等・中等教育における教育効果の測定研究に用いられてきた経緯がある。モースらの学級環境尺度では，学級環境の構成要因は，関与，友好，教師の支援，目標志向性，競争，規律と組織化，規則の明確さ，教師の管理，革新性，の九つの下位次元に分類されている。

❷ ▶ 教室のシノモルフィ (synomorphy)

学級・教室で行われる学習活動は，その活動を維持するために必要な物理的な場面と，一定の行動パターンから成立している。学校建築，教室のレイアウト等は，そこで展開される学習活動に適切である場合に教育効果に貢献する。したがって，学習活動の内容に応じて，座席配置や仕切りなどの修正が必要となる。このように人間行動と物理的環境が互いにふさわしく適合している状態を，バーカーはシノモルフィ（形態の類似性）と呼んだ。

❸ ▶ 教室のレイアウト (classroom design)

学校建築の歴史では，明治の学制施行後，寺子屋や塾に代わり，校舎の標準設計化が進んだ。一列に並ぶ4間×5間の長方形教室を，北片側の廊下でつないだ配置は，卵箱 (egg-carton) 構造と呼ばれる。一方，アメリカでは1960年代後半，日本では1980年代中頃，壁や廊下のないオープンスペースが普及した。オープンスペースは柔軟な学習活動を可能にする一方，視覚刺激・騒音を遮断する壁がないため，子どもの注意散漫が問題化しやすい（図1）。

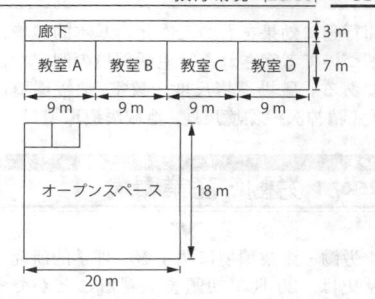

図1 同じ面積をもつ片廊下型校舎とオープンスクールの例（佐古・小西 2007, p.139）

❹ ▶ 現実環境／選好環境 (actual/real environment/preferred/ideal environment)

環境圧力理論をもとに開発された環境測定指標において，選好環境は，現実環境と同一の質問紙を用いて，教示文「次の文章は，あなたの学級にどの程度当てはまりますか」を，「どの程度当てはまっていたら望ましいと思いますか」などに代えることで測定される。学級要因の過不足を調整して，現実と選好の学級環境を一致（適合 fit）させることで，教育効果が高まることが報告されており，人間-環境適合理論（Hunt 1975）で説明される。

❺ ▶ 座席位置と成績 (classroom seating position and achievement)

教室の座席位置では，前方かつ左右中央の座席に着席した学生の成績・学習意欲の高さ，授業態度の良さなどが，国内外で報告されてきた。これらは，環境決定論（有利/不利な座席条件が学習効果に影響する）や，自己選択説（学習者の能力や意欲の高さ/低さが，座席の選択行動に影響する），パーソナル・スペースの概念等で説明されているが，座席領域の分割等，方法論上の課題もあり，座席行動の効果とメカニズム解明には，更なる実証研究と理論構築が期待されている。

❻ ▶ 社会的環境尺度 (social climate scale)

社会的環境尺度は，モースが提唱した人

間行動に効果をもつ三次元の基本的環境に基づいて考案された,生活環境の測定指標である。職場環境尺度,教室/学級環境尺度,精神医療環境尺度,地域医療環境尺度,大学住宅環境尺度,矯正施設環境尺度,家庭環境尺度,集団環境尺度,軍事訓練環境目録等が開発されている。

〔平田乃美〕

25-07 ▶ 労働・産業環境

労働・産業環境に関する心理学的研究の歴史は,20世紀初頭まで遡ることができる。例えば,最も初期に行われた研究の一つとしては,バーノンが行った,イギリスのメッキ工場での研究を挙げることができる。バーノンは,6年にわたってメッキ工場の月別生産高と戸外の気温を比較し,気温の上昇につれて生産高は低下すると結論し,間接的に作業条件の改善を導いたと考えられている。

当時の人と環境の関係についての考え方は,機械論的決定論的なものであった。つまり,環境が人に影響を及ぼすのであり,その効果は誰にも一様であると考えられていた。また,環境変数の影響を単独に取り上げて研究することもできると考えられていた。そのため,光環境や音環境といった物理的環境が作業効率に及ぼす影響に関する様々な実験が行われていた。

このような環境決定論的な見方を修正する必要性を多くの人に認識させたのが,ホーソン研究である。ホーソン研究とは,工場の物理的作業環境に関して大きな影響を及ぼした研究プロジェクトであり,1924年からウェスタン・エレクトリック社のホーソン工場で,10年以上にわたって行われた研究のことを指している。

ホーソン工場で行われた最初の実験は,「生産効率と照明の質と量の関係」に関するものであった。最初の実験は,「従業員の生産高は明るさの変化と対応して変化するだろう」との予想のもとに行われた。しかし結果は,予想とは異なるものであった。照明設備と従業員の生産高に関する諸実験からは,従業員の生産高に及ぼす照明の効果を発見することができず,従業員の照明に関する知覚は,従業員の労働環境に関する知覚や認知に影響されており,必ずしも客観的条件と対応しないことが分かった。

工場環境の物理的変化が,労働者の生産性に直接効果を及ぼすと考えた初期の**ホーソン工場の実験**は,以上のように失敗に終わり,**環境決定論の限界**が明らかとなった。その後の産業心理学の焦点は,従業員の態度や対人関係,職務満足度へと拡大されることとなった。

ホーソン研究以後の労働・産業環境に関する研究は,物理的作業環境を,組織内の相互に関係する多数の構成要素の一つと考える,システム論的な概念を用いた産業・組織心理学や,人間とその設備を,各要素が相互に影響し合うシステムとして見なす,人間-機械システムというモデルを採用した人間工学心理学,環境と社会行動に関する理論である社会心理学的モデルや生態学的モデルを採用した環境心理学等の方法や概念を用いて行われており,個人レベルの分析だけでなく,対人的なレベルと組織的なレベルの分析も行われている。近年では,環境の様々な側面を同時に取り扱うオフィスの包括的な研究や,オープンプラン・オフィスの研究も行われている。

オフィス環境のレイアウトの変遷は,物理的な技術の進歩と組織の在り方という2側面からたどることができる。オフィス・レイアウトの変化に最も大きな影響を及ぼ

した物理的な技術の進歩の一例としては，1880年代に導入された建物の鋼鉄枠構造を挙げることができる。鋼鉄枠構造はオープンオフィスの建築を可能とし，機械式換気システムの都合や，労働者の作業効率の向上，団結心の向上，監督のしやすさといった組織面からの必要性も相まって，このオフィス環境のレイアウトが支持され普及していった。

オープンオフィスは，1970年代には欧米のオフィスで一般的に見られるものとなった，ビューロランドシャフト（「全体を見通せるオフィス」）へと変化した。ビューロランドシャフトとは，後に**オープンプラン・オフィス**と呼ばれるようになったものの一つのバリエーションである。

近年の日本においては，シンクライアントやIP電話といったICT（情報通信技術）の進歩と，経営効率の向上や知的生産性向上，多様化する就業形態といった現代の企業が抱える課題に対応するために，**フリーアドレス**も再び注目されるようになった。

■　■　■

❶▶ 音環境 (sound environment)

オフィスや工場において騒音は長い間，問題視されてきた。騒音の心理的影響に関する研究を複雑にしている問題として，①騒音は単なる物理的な問題ではなく，聞く側にとってそれがどのような意味をもつかによって受け取られ方が異なるということ，②騒音の定義や騒音に対する反応が人によって異なる，という点を挙げることができる。オープンプラン・オフィスにおいて，騒音は特に大きな問題として取り上げられている。同僚の会話や電話のベルがうるさいことは，オープンプラン・オフィスで働く人々の作業効率を低下させかねない問題である。特に，大きすぎる騒音や不規則な騒音は，従業員に苛立たしさや不満足，そして仕事が妨害されたという感じを与えるであろう。防音天井や絨毯，布はりパネル，遮蔽音を発する電子システム等，騒音を制御する方法は数多くあるが，防音効果の適応は周辺環境の多くの性質を十分考慮する必要があり，周辺環境とのバランスの問題として考える必要のある困難な課題である。

❷▶ オフィス環境のレイアウトの変遷 (A change of office layout)

オフィス・レイアウトは，組織変革のペースの範囲内で，組織目標に役立つ新技術が採用されると生じると考えられている。最も初期の近代的オフィス・レイアウトは，テイラー主義と呼ばれるオフィス机を一つのスペースに並べた教室型レイアウトで，同時に上司に個室を設けるという習慣もここから生まれている。その後，鋼鉄枠構造により少数の細い支持柱だけで他にほとんど遮るもののないオープンオフィス建築が可能となった。その後オープンオフィスは進化を続け，広々とした内部の眺望があるビューロランドシャフト，アクションオフィス・システム，パーティション式オフィス，フリーアドレス等，様々なオフィス・レイアウトが誕生している。

❸▶ オープンプラン・オフィス (open-plan office)

オープンプラン・オフィスは，オフィスの隣人同士の会話を刺激し，そのことで組織全体のコミュニケーションを増大させようと誕生したものである。このレイアウトを導入することにより，組織の変化が生じることが期待されていた。オープンプラン・オフィスには，レイアウトを迅速かつ低コストで変更でき，スペースを節約して多くの人を収容でき，経費節減に貢献できるという大きなメリットがある。一方，自分の地位を示すプライベート・オフィスが無いことや，同僚の会話がうるさいという

騒音問題，プライバシーの無さや他の人の動きが気になるなどの，様々な問題点があることも知られている。これらの問題点の一部は，天井まで届かない高さの間仕切り，135 cm 程度のパーティションを導入することで改善されている。

❹ ▶ 光環境 (light environment)

1880 年代に電灯が現れるまで，工場やオフィスの照明には主に日光が用いられていた。アメリカの工場に電気照明が普及したのは，1900 年代初頭である。オフィスよりも 30 年近く早く普及した理由の一つとしては，電気照明を取り付けると作業効率が劇的に上昇した，ということを挙げることができる。工場の電気照明は，生産性の向上のみならず，従業員のモラールの向上ももたらすことが当時知られており，経営者は競って工場に電気照明を普及させていった。アメリカで電気照明がオフィスで普通に使われるようになったのは，1930 年代に入ってからである。ガラス張りの高層ビルがオフィスタワーとして誕生し一般的になったのは，オフィスで電灯が使われるようになってからである。

オフィスでは，仕事の細部を照らすのに十分で，コントラストがあり，それでいてまぶしくない光が求められている。現代のオフィスの光環境において特に問題となっているのは，グレアと呼ばれるコンピュータ・ディスプレイへの光源の映り込みによる不快なまぶしさである。これらの問題に対しては，光源の位置を配慮し，ルーバーを工夫し，直接照明以外に間接照明や部分照明もうまく利用するなどを行い，より好ましい光環境を実現する必要がある。

❺ ▶ フリーアドレス (free address)

オフィスにおいて，個人専用の机や椅子をなくし，全ての机・椅子を従業員全員で共有するというスタイルのレイアウトのことを指す。フリーアドレスという発想自体は，オフィスの賃貸料や光熱費といった経費削減が目的で，1980 年代に日本で生まれた考えである。営業職等，社内の在席時間が短い従業員の座席を有効利用することにより，省スペース・省エネによる経費削減を図ることができた。また，フリーアドレスを導入すると，オフィス内に個人が保管することができる資料の量が制限されることが多いため，オフィスにおける情報のデジタル化が急速に進んだ。しかし，同時に居場所の喪失感や帰属意識の希薄化等が見られることがあり，導入初期にはあまり広がらなかったのが現実である。近年，再びフリーアドレスが，オフィス・レイアウトの一形態として取り入れられることが多くなった。その理由としては，より利便性や安全性の高い ICT 環境の普及（シンクライアントや，イントラブログと文章管理による情報の共有化，座席ナビゲーション等）や，課題ごとにチームを構築して仕事を行うという組織の在り方の変化を挙げることができる。

〔高橋　直〕

25-08 ▶ 自然環境

カプランらやアルリッチによって，自然環境 (natural environment) によるストレス低減や疲労回復効果が報告されて以降，自然環境を対象とした心理学研究が盛んに行われるようになった。それらは主に，自然環境や自然景観に対する好みの研究，自然環境によるストレス回復効果の研究，自然環境に関する態度・信念の研究の 3 種に大別することができる。

自然豊かな景観が人々に好まれるということは，様々な研究において繰り返し示さ

れている。では、なぜ人が自然豊かな景観を好むのかということについては、様々な説明が試みられてはいるものの、統一した見解は得られていない。社会生物学者のウィルソンは、人間には自然との接触を保とうとする生得的傾向があり、こうした傾向は進化の過程において形成されてきたとする**バイオフィリア仮説**を主張しているが、人の自然景観に対する選好性を説明する理論には、このような生物進化を基盤とした何らかの生得的過程を仮定するものが多い。

例えば、オリアンズとヘアワーゲンは、人類の起源とされるアフリカのサバンナに似た景観が生得的に好まれるとする、**サバンナ仮説**を提唱している。また、アップルトンは、自身の生存にとって有利な特徴をもつ環境が好まれるとし、素早く危険を察知するために周りを見渡すことができ、かつ自分の身を隠すことができるような環境やその景観が好まれるという、**見晴らし・隠れ家理論**を主張している。カプランらも同様に、進化の過程において危険の有無等の状況把握が容易で、かつ新しい資源や情報の存在を示唆するような環境が好まれるようになったとして、**複雑性、読解性、神秘性、一貫性**の4要素からなる**選好行列**を提唱している。カプランらの考えでは、自然豊かな景観が好まれるのは、特に自然景観に含まれる神秘性が関係しているとされる。

なお、上述のように、自然景観に対する好みには何らかの生得的基盤が想定されてはいるものの、**自然環境への好みの文化差・個人差**も無視することはできない。景観の好みは、**個人の経験や文化的背景**による影響も大きいことが指摘されている。

自然環境は単に多くの人に好まれるというだけではない。1980年代以降、自然環境に触れることで、ストレス低減や疲労回復促進等の**心理的回復効果**が得られるという報告が数多くなされるようになり、自然環境の回復環境としての側面も注目されるようになった。自然環境による回復効果を説明する代表的な考えとしては、自然環境に含まれる要素によって注意の疲労回復が促進されるとする、カプランらの**注意回復理論**と、自然環境に対する感情反応がストレスを低減させるとする、アルリッチの**心理進化論モデル**の二つがある。この二つはいずれも人類進化の過程をその基盤とするものの、注意回復理論が情報処理的側面を強調するのに対し、心理進化論は自然に対する感情反応を強調するという点で異なっている。

更に、近年では環境保護に対する意識の高まりから、自然と人間との関係についての考え方も変化しつつある。例えばダンラップらは、人間を自然界における例外的な存在としてではなく、生態系の一部として捉え直そうとする**新環境パラダイム（NEP）**を提唱している。また、環境に対する価値観だけでなく、**自然との心理的結びつきの強さ**と、環境保護的態度の強さや、自然環境による回復効果の大きさとの関連についても関心が高まりつつある。

■　　■　　■

❶▶ 回復環境 (restorative environment)

ストレス低減や精神疲労の回復促進等、心理的な回復効果をもつ環境を回復環境という。自然豊かな環境は、代表的な回復環境の一つである。

❷▶ カプランの選好行列 (preference matrix)

人間は、環境に対して理解と探索という二つの基本的欲求をもつ。また、環境についての情報は、その場で即時的に入手可能なものもあれば、予測や推測を必要とするものもある。そこでカプランらは、環境か

	理解 (understanding)	探索 (exploration)
即時的 (immidiate)	一貫性 (coherence)	複雑性 (complexity)
推測的 (inferred)	読解性 (legibility)	神秘性 (mystery)

図2 カプランの選好行列

らの情報を，欲求の次元（理解・探索）と情報の入手性の次元（即時的・推測的）とで構成される，図2のような選好行列として記述した。カプランらの考えでは，より好まれる環境には，これらの要素が豊富に含まれている。

❸▶ サバンナ仮説 (savannah hypothesis)

サバンナの見晴らしの良さは，捕食者を素早く検知する上で適しており，まばらに生えた樹冠の広い木々は，日除けや捕食者から身を守るのに適しており，平坦な地面は移動に適している。人類が進化の過程で長期間にわたって過ごしてきたとされるアフリカのサバンナにおけるこうした特徴は，人類の生存にとって有効に作用してきたと考えられる。そのため，人間はサバンナ的環境に対して，生得的な選好性をもつという説である。

❹▶ 自然環境への好みの文化差・個人差 (cultural and individual differences in preferences on natural environments)

これまでに，ヨーロッパ系アメリカ人はアフリカ系アメリカ人よりも，自然要素が多く人工要素の少ない公園を好むこと，農村部に住む人々は都市部に住む人々に比べて，手入れされた自然風景をより好ましく感じる傾向にあること，子どもではサバンナ的な風景が最も好まれるのに対し，大人では広葉樹林や針葉樹林の風景が好まれることなどが報告されている。このことから，自然環境やその景観に対する評価には，民族・文化的な影響や生活環境，年齢等，様々な要因が影響していると考えられる。

❺▶ 自然との心理的結びつき (connectedness to nature)

新環境パラダイム（NEP）が，自然環境と人間との関係に対する価値観や信念であるのに対し，自然との心理的結びつきは，自然環境との感情的なつながりの強さや，経験的な結びつきの強さを表す概念である。

❻▶ 新環境パラダイム (NEP：New Environmental Paradigm)

人間も自然の生態系の一部であり，人間社会は自然の生態系に依存したものであるという考え方のこと。新生態学的パラダイム（NEP）とも呼ばれる。これとは対照的に，人間は他の動物にはない言語や文化をもち，自然界においては一種の特例的な存在であるとする考え方は，人間特例主義パラダイムあるいは人間例外主義パラダイムと呼ばれる。新環境パラダイム的価値観測定のためにダンラップらが作成したNEP尺度は，1978年の初版以降，数回の改訂を経て現在に至っている。なお，初版は「新環境パラダイム尺度」という名称であったが，2000年の改訂版では「新生態学的パラダイム尺度」となっており，その後，2008年版で再び「新環境パラダイム尺度」という名称が使われている。

❼▶ 心理進化論モデル (psycho-evolutionary theory)

アルリッチの心理進化論では，進化の過程において利益をもたらしてきたある種の自然環境に対し，人間は好み（preference）という快感情を生起させるようになったと仮定する。自然環境による心理的回復効果は，この自然環境に対する快感情がストレスを低減させることによって生じると説明される。この理論では，自然環境に対する快感情の生起は進化の過程で獲得されてきた反応であり，近代的な都市環境に対しては生じない。このため，近代的な都市環境よりも，自然豊かな環境の方が高

い回復効果をもつ。

❽▶注意回復理論（ART：Attention Restoration Theory）

注意回復理論では，人の注意システムには，仕事や勉強で用いられる意図的集中の必要な注意と，美しいものに魅了された場合などに働く意図的集中を必要としない注意の2種類があるとする。意図的集中の必要な注意は長時間の使用によって疲労するが，この疲労は意図的集中を必要としない注意が働いている間に回復する。自然環境に心理的回復効果があるのは，自然が意図的集中を必要としない注意をひきつける特徴（魅了：fascination）を多くもつためと説明される。注意回復理論では，魅了のほかに疲労の原因から離れていられること（逃避：being away），時空間的な広がり（extent）をもつこと，環境の特徴と目的とする行動に適合性（compatibility）があることを，回復環境に必要な条件として挙げている。

❾▶見晴らし・隠れ家理論（prospect-refuge theory）

草原のように見晴らしが良く，開けた場所は，捕食者や獲物を遠くからでも発見できるという利点がある。また，茂みなどの身を隠すことのできる場所は，捕食者からの隠れ家として有効に機能する。このため，見晴らしと隠れ家の両方の機能を兼ね備えた環境は，進化の過程で人類の生存にとって有利な環境であったと考えられ，人間は進化の過程において，そうした環境に対する好みを形成してきたとする考え。

バイオフィリア仮説：→ 25-03-❼「バイオフィリア仮説」

〔芝田征司〕

25-09 ▶環境行動

資源エネルギー問題や循環型社会形成等，社会問題としての環境問題を扱おうとするとき，**社会的ジレンマ**，**公共財問題**，**共有地の悲劇**の問題を考慮しなければならない。つまり，環境問題は，一人一人が行動することの重要性が唱えられる一方で，その一人の行動の影響は見えにくい。例えば，一人くらい省エネをしてもしなくても，世界全体でのエネルギー消費にはほとんど影響がない。だが，それが積もり積もってくると深刻な問題に発展する。こうした問題は，地球規模の温暖化問題から日常生活のごみ問題まで幅広く当てはまる。社会的ジレンマと類似の概念に**社会的陥穽**があり，短期的な目先のことでなく長期的な視点で捉えることが不可欠である。

このような問題に直面した時に，"Think Globally, Act Locally"の言葉に象徴されるように，身近にできることを実践していくことが求められる。そして，もし行動に移して実践できないとしたら，なぜできないか，できるようにするためにはどのような働きかけをすればよいかを考え，社会の仕組みとして実装していく必要がある。こうしたことを手助けするのが環境行動研究である。どのような働きかけが，なぜ，どのように有効なのか，また有効でないのかを検討するため，**計画的行動理論**，**規範喚起モデル**，**二段階モデル**，**二重過程モデル**等，多くの**環境配慮行動モデル**が提唱されている。ここでは，利己的人間像も**社会規範**に敏感な人間像も全て含めた，生身の人間を想定している。

環境行動研究の射程は，個人の行動に直接働きかけるだけでなく，行動をとりやすくできるような制度設計も視野に含まれる。ここでいう制度（institution）とは，必ずしも法律や条令，条約等明示的な成文法や，市場等の経済システム等に限定せ

ず，慣習，規範，モラル等，多くの人が従う暗黙のルールも含まれる。むしろ，社会的ジレンマ研究等の知見を総動員しながら，自分が協力すれば皆も協力するだろうという相互協力の期待を形成し，社会全体に求められる共通のゴールは何かということを明確化し，社会を構成する人々の間で，その共通目標を共有化していく過程を分析の俎上に載せていく作業だと置き換えてもよい。

具体例としては，市民参加による計画作りや地域コミュニティにおける環境活動と，その支援体制作り等が挙げられる。更に，環境行動研究の実践的適用範囲は，ボランティアやNPO活動，環境教育，企業の社会的責任（CSR），行政の環境計画策定等，多方面に拡がっている。ボランティア活動については**集合行為論**の知見が取り入れられていたり，環境教育には成果の評価に環境配慮行動モデルが使われたりしている。これらの実践的な取り組みに際しては，現場の人々と共に問題を発見し解決するという**アクション・リサーチ**が有効である。加えて，そこに生活基盤を置く人々の当事者性や当該問題への関わりの濃淡等についても理解する必要があり，（ある前提に基づく）"人一般"という抽象的な理解だけでは，現場の問題解決を妨げてしまう場合もある。同時に，**手続き的公正**や**リスク・コミュニケーション**，**信頼**等の知見をよく咀嚼した上で用いなければ逆効果になることもあるので，十分に留意しながら取り組んでいく必要がある。また，現場では，例えば，自治体レベルでの計画策定からコミュニティレベルでの実践に至るまで，一連の流れとして連続的に捉えなければ，各部分では成功しても全体として失敗するおそれもある。このように，ある題材の範囲をどの規模で扱えるのか，また異なる規模に変換する時に何が起こるのかについての研究の蓄積も求められる。

古典的な環境心理学は，環境からの影響を一方的に受ける個体という研究法が主であったが，現代の環境心理学は，個々人の相互作用の結果として自分たち自身で社会環境を作り上げるという，マイクロからマクロへの視点も同時に取り込むことを要請する。環境行動の研究はこれらを総動員して取り組まれている。

■　　■　　■

❶▶アクション・リサーチ (action research)

アクション・リサーチとは，研究者や行政，NPO等が主体となり，現場における個人や集団の行動を左右する要因を理解した上で，その場で利用可能な資源による働きかけの方法を考案し，自ら態度や行動を改める意思決定のプロセスを明らかにすることである。アクション・リサーチは，はじめに現場の問題ありきであって，質的か量的かなど，方法論はじめにありきの考え方はなじまない。方法論は現場で利用可能な資源に応じて決めることであり，通常は，観察，面接，量的研究等，複数の手法を組み合わせて用いる。

❷▶環境配慮行動モデル (models of pro-environmental behavior)

環境にやさしくとの態度形成や，その態度と行動との不一致を説明し，ひいては環境配慮行動の促進を念頭に置いたモデルのこと。合理的選択理論を出発点にした計画的行動理論，援助行動研究から派生し規範に重点を置く規範喚起モデル等が主流で，これらを統合した二段階モデル等がある。近年は，習慣等意図によらない状況（場面）特定的な行動を説明しようとする，二重過程モデル等が提唱されてきている。

❸▶規範喚起モデル (norm activation model)

第一に注意が喚起されることで問題に気

づき，第二に自分も責任があるという責任帰属の認知により個人的規範が喚起され，第三に負担感や周囲の他者がやっていないという記述的規範等の阻害要因を取り除くことで，対象となる行動をとれるようになるというモデルのこと。

❹ ▶ 共有地の悲劇（The Tragedy of the Commons）

ある牧草地で牧夫たちは自由に羊を増やせる。羊を増やすほど儲かるという状況では，皆が自己利益を追求して共有牧草地に羊を増やすと，草が枯渇してしまい，結局は羊を育てられなくなり，皆が損をするというメタファーのこと。

❺ ▶ 計画的行動理論（theory of planned behavior）

個人にとって重要度の高いものからなる態度，重要な他者からの期待である主観的規範，状況の制約による行動の難易度評価である行動統制感（perceived behavioral control）が，行動意図を形成し，行動意図が行動を規定するというモデルのこと。

❻ ▶ 社会規範（social norm）

社会規範は内面化された個人的規範（personal norm）と区別され，他者や環境からの影響要因と位置づけられる。社会規範は，社会や文化内で支持や賛同が得られるかという指示的規範（injunctive norm），多くの人がどうしているかという記述的規範（descriptive norm）に大別される。また，主観的規範（subjective norm）とは，自分にとって重要な他者からの期待である。主観的規範は指示の規範に含まれるという立場もある。

❼ ▶ 社会的陥穽（social trap）

社会的ジレンマのように私益と共益が相容れない場合も，短期的利益と長期的不利益の関係も含む広い概念のこと。個人だけを取り出して，短期的な利益を追求すると長期的な損失をもたらすような場合も，社会的陥穽に含まれる。

❽ ▶ 集合行為論（collective action）

一人の影響力は弱いが，まとまると影響力が生じる時，その集合行為に参加するにはコストがかかり，皆が参加してくれれば，自分は参加しないでその恩恵だけを受けた方がいいという，フリーライダーの問題が生じる。その解決策の一つとして，集合行為への参加によるエンパワーメントの獲得が重要とされる。

❾ ▶ 手続き的公正（procedural justice）

ある結果や内容が公正であったかどうかという分配的公正に対して，その決定に至る過程が公正であるかどうかについて，様々な公準・基準に照らし合わせて考慮するための議論の枠組みのこと。初期にはアメリカにおける裁判が発端の一つだったが，現在では様々な場面に適用されている。市民参加による計画作りでは，参加者の代表性，発言の機会や意見の反映，行政（authority）の誠実さ，偏りのなさが重要である。

❿ ▶ 二重過程モデル（dual process model）

認知的制御下にある行動意図と，状況の手がかりに熟考せず自動的に反応する行動受容（実行意図の欠如）の二過程が，行動を規程するというモデルのこと。習慣のように容易に変更しにくい行動や，好ましくない帰結を理解しても制御できない行動に適用される。

⓫ ▶ 二段階モデル（two step model）

行動と結びつきにくいが態度形成に関わる目標意図と，行動と結びつきやすい評価要因からなる行動意図の二段階に分け，態度と行動の乖離を埋めながら，環境配慮行動の促進方略を検討しようとするモデルのこと。

⓬ ▶ リスク・コミュニケーション（risk communication）

アメリカ学術研究会議（National Research Council）は「個人，機関，集団間での情報や意見のやりとりの相互作用的過程」と定義している。リスクは被害の重大さとその生起確率で客観的に定義される

が，主観的に感じるリスク認知との間にズレがあり，また個人によってもその受け止め方に違いが大きく，更には情報格差もある。そこで，立場や利害の異なる様々な主体や個人の間で，円滑な双方向的なコミュニケーションと信頼関係形成が求められる。

合理的選択理論：→ 25-10-❹「合理的選択理論」
社会的ジレンマ：→ 08-09-❻「社会的ジレンマ」
信頼：→ 08-09-❶「一般的信頼」
場面：→ 25-01-❾「場面」

〔大沼 進〕

25-10 ▶ 環境と犯罪

犯罪を理解し，予防するためのアプローチは，人間の発達段階での非行化リスク要因に着目する**犯罪原因論**と，犯罪発生状況や潜在的犯罪者の意思決定過程に着目する**犯罪機会論**とに大別できる。その両者に環境は重要な役割を果たしており，その影響はマクロ・メソ・ミクロにわたる。

環境-犯罪研究の起源は，19世紀前半に，フランスの県単位の犯罪発生率の差異を見出した**地図学派**に遡る。20世紀に入ると，アメリカ・**シカゴ学派**の研究者らが非行少年の居住地や，犯罪発生地点の空間的集中から，同心円理論や社会解体論を提起した。これらは，マクロからメソスケールの社会環境に着目した犯罪原因論といえる。

第二次世界大戦後，欧米諸国は，犯罪原因論に基づき，刑務所での犯罪者処遇や，低所得者向けの公共住宅の整備等の社会政策に注力した。これらは一定の成果は挙げたものの，治安が悪化するとともに，公衆の**犯罪不安**が顕著になり，犯罪原因論に対する悲観論が広がった。これを受け，1970年代には，**環境デザインによる犯罪予防 (CPTED)**，**守ることのできる空間**といった実践的な犯罪予防手法が提案された。これらは，メソからミクロスケールの構築環境に着目した犯罪機会論といえる。

また，この時期には，**領域性**や**監視性**といった環境心理学の概念が犯罪の文脈で理解されるとともに，**合理的選択理論**，**日常活動理論**，**犯罪パターン理論**等の犯罪行動の説明モデルが整備された。これらは，犯罪者は，非犯罪者と同様の日常生活を送る中で，犯罪に適した状態に遭遇した場合に犯罪が発生すると考える。更に，**荒廃理論**や**割れ窓理論**等，環境が，公衆や犯罪者の環境認知を媒介して，犯罪不安や犯罪行動を喚起するというモデルも提出された。

これら人間の環境認知や空間行動を重視した犯罪現象の説明モデル群と，犯罪機会論に基づく実践的な犯罪統制手法は，**環境犯罪学** (environmental criminology) と総称されるようになった。

1990年代以降，**GIS (地理情報システム)** の発展とも相まって，環境犯罪学の考え方は犯罪対策に広く活用されるようになった。**犯罪多発地点**での集中取り締まりや街頭防犯カメラの設置等，場所に基づく犯罪予防は，犯罪の**転移**，**利益の拡散**の相反する結果が発生しうるが，入念な計画により，転移を防ぎながら効率的に犯罪に対処することができる。一方，ゼロ・トレランス（軽微な犯罪への非寛容）や，地域の環境整備・落書き消し等，割れ窓理論に派生する施策は各国で人気を集めているが，その効果はいまだ議論のさなかにある。

2000年代以降の環境-犯罪研究では，近隣やコミュニティといったメソレベルでの社会環境が再度注目されるようになった。例えば，第2世代CPTEDは，構築環境の役割を重視しすぎた第1世代CPTED

の反省に立ち，**場所愛着**や住民の結束力といった方策を取り入れた。また，新シカゴ学派の旗手サンプソンらは，社会調査と公式統計を組み合わせた研究により，近隣住民の相互信頼である**集合的効力感**が，犯罪の加害と被害の双方を抑制することを見出した。

このように，社会が適切に犯罪非行問題に対処するためには，犯罪原因論と犯罪機会論の両者を調和させることが必要であり，人間と環境との相互作用を総合的に理解しようとする環境心理学の視座が特に求められる。

■ ■ ■

❶ ▶ 環境デザインによる犯罪予防 (CPTED: Crime Prevention Through Environmental Design)

メソからミクロスケールの構築環境を適切にデザインし，効果的に利用することで犯罪と犯罪不安を削減し，生活の質を向上させようとする考え方のこと。その分類には国内外で様々なバリエーションがあるが，日本の実務では，①監視性の確保，②領域性の強化，③接近の制御，④被害対象の強化・回避の4点がよく用いられる。

❷ ▶ 監視性 (surveillance)

犯罪者が合理的に犯行決断するならば，監視により，犯行が露見するリスク認知を高めることで，犯罪を抑止できると考えられる。監視手段は，防犯カメラのような機械監視と，住民が生活の中で自然に目配りをする自然監視に大別できる。

❸ ▶ 荒廃理論 (incivility thesis)

落書きやゴミの散乱等の物理的荒廃や，公共の場での飲酒や騒音等の社会的荒廃は，それ自体は犯罪ではないが，犯罪に関連するシンボルとして犯罪統制機能の低下を連想させるため，犯罪不安を喚起するという考え方。アメリカの心理学者ハンターとテイラーが発展させた。

❹ ▶ 合理的選択理論 (rational choice theory)

非犯罪者の日常的な行為と同様に，犯罪者も，自己に便益をもたらすための意図的な行動として，犯罪を実行するという考え方のこと。ただし，犯罪者の決断は完全合理性ではなく，限定合理性に基づくと考えられている。イギリスの犯罪学者クラークとコーニッシュが唱えた。

❺ ▶ 転移（犯罪の）(displacement)

犯罪多発場所や多発時間帯に着目して犯罪対策を行うと，対策を実施した場所や時間帯の犯罪は減少しても，周辺場所や前後時間帯の犯罪が増加することがある。転移は，潜在的犯罪者が，犯罪対策の影響を受け，従来と異なる場所や時間帯を選択したために発生する。転移には，犯行場所を移す地理的転移，犯行時刻を変化させる時間的転移のほか，犯行対象の転移，戦術の転移，犯罪類型の転移がある。

❻ ▶ 日常活動理論 (routine activity theory)

犯罪は，動機づけられた犯罪者，ふさわしい犯行対象，有能な守り手の不在という3条件が，同じ時間・空間に収束した場合に発生するという考え方のこと。アメリカの犯罪学者，コーエンとフェルソンは，第二次世界大戦後のアメリカ社会が豊かになったにもかかわらず財産犯罪が増加したことから，犯罪発生は貧困等の社会経済要因ではなく，持ち運びしやすい製品の増加や，空き家世帯の増加等の犯罪機会に起因すると考えた。

❼ ▶ 犯罪多発地点 (crime hot spot)

同じ都市内の他の地点に比べて，相対的に犯罪件数が多い，地理的に限定される空間のこと。繁華街や駅等多数の人間が集まる「犯罪を生み出す場所」，ATMや薬物取引場所等の犯罪機会を提供する「犯罪誘因場所」，監視性が乏しい駐車場等の「犯罪を可能にする場所」といった下位区分が

ある。犯罪多発地点を抽出するためには、カーネル密度推定法や、ローカルな空間的自己相関分析等の空間統計学的な手法が用いられる。

❽ ▶ 犯罪パターン理論 (crime pattern theory)

潜在的犯罪者の活動空間は、住居、仕事場や学校、店舗や遊び場等のノード（結節点）と、それを結ぶパス（経路）から成っており、その活動空間と犯罪機会とが重なった場所で、犯罪が発生するという考え方のこと。日常活動理論に比べ、人間の空間認知や空間行動との親和性が高く、空間的な位置関係を重視している。カナダの犯罪学者ブランティンガム夫妻が唱えた。

❾ ▶ 犯罪不安 (fear of crime)

犯罪や、犯罪に関連づけるシンボルに対する恐れ又は不安といった、感情的反応のこと。犯罪不安は、環境刺激や犯罪の直接・間接経験に対する反応としての側面と、近隣の犯罪統制能力や刑事司法への信頼といった態度としての側面とが存在し、場所愛着や領域性とも密接に関連する。

❿ ▶ 守ることのできる空間 (defensible space)

アメリカの都市計画家ニューマンが提唱した、防犯性の高い住宅地や住宅団地のデザインの方法のこと。具体的には、領域性の確保、自然監視の確保、イメージの向上、安全な場所への立地の4点からなっている。ニューマンは、セントルイスに建設された低所得者向けの公共住宅プルイット・アイゴーが、建築デザイン的には優れていたにもかかわらず、住民の犯罪統制機能の確保に失敗したために、荒廃したことからこの着想を得た。

⓫ ▶ 利益の拡散 (diffusion of benefit)

犯罪多発場所や多発時間帯に着目して対策を行った場合に、対策が実施された場所や時間帯以外のみならず、その周辺地区や前後の時間帯の犯罪が減少すること。潜在的犯罪者にとっては、対策実施地区や時間帯が正確に分からないため、犯行そのものを休止した場合に発生するとされる。

⓬ ▶ 割れ窓理論 (broken windows theory)

地域内で軽微な犯罪や秩序違反を放置しておくと、潜在的犯罪者に対しては、地域の犯罪統制機能の低下を示す手がかりとなり、住民に対してはその地域からの逸走を招くこととなり、より重篤な犯罪を助長するという考え方のこと。アメリカの政治学者ウィルソンと犯罪学者ケリングは、社会心理学者ジンバルドーの自動車放置実験の知見から、1枚の窓を割れたまま放置すると、やがては別の窓が割られるという比喩を用いた。

〔島田貴仁〕

26-00 文化

〔総説〕

近年，心理学研究において，文化的背景の重要性が再認識され，「文化」心理学への関心が高まってきた。人間の心は，長い進化を経て形成された種としての"ヒト"の心であると同時に，現在生きている文化への適応を経て形成された社会的産物としての"人"の心でもある。したがって，心を理解するためには，心の中に存在する神経・生理・生物的プログラムといった個体内プロセスを理解するのみでなく，心が文化と相互的に生成されるプログラムを探求することが必須である。

しかしながら，魚が水の存在を発見することが困難なように，心理学研究における文化的アプローチの意義を見出すまでの道のりは長かった（26-01）。西欧近代思想を背景とした心理学は，心性単一性を前提に，人間の心の普遍的法則を追い求め，行動主義から認知心理学へと展開していた。文化とパーソナリティ，言語相対性仮説等，文化差の問題は近接領域で取り上げられてきたものの，異なった文化に住む人はやがてその文化が発展すれば，欧米白色人種社会と同レベルに到達するといった考えが主流であった。文化差は未熟と成熟の違いとされ，差別を生むと解釈されることもあった。1970年代からのアジア圏の経済・社会的発展，フェミニズムの台頭，普遍論への懐疑を追い風とし，文化的要因との相互的プロセスが着目されるようになった。心理プロセスは，個人内で完結する純粋な心的機制ではないと考えられるようになったのである。グローバリゼーション，人や物の国際交流が進む中で心理学と文化人類学の学際分野として「文化心理学」が再提出された。

文化的視点に立った研究には，大きく二つの着目点がある。一つは人間がどのように文化を獲得するかに関する研究である（26-03, 26-04）。もう一つは，異なる人間観をもつ人々の心的機能の比較を行う研究である（26-05, 26-06）。人間の発達を文化・社会的文脈に関連させて検討する第一の立場は，発達心理学や比較教育の中で主に成熟した。発達における可塑性は人間の文化的学習プロセスを明らかにし，養育態度の文化的多様性が子どもの認知発達に異なる結果をもたらすことが示され，愛着スタイルや心の理論の文化差は，欧米の理論を単純に異なる文化の子どもの発達に適用することが困難であることを示した。学校教育場面に見られる教師のもつ潜在的カリキュラムの相違や，文化の中で期待される能力や特性の発達が異なることを示してきた。また，絵本や教科書，メディアといった文化的産物に見る文化的スクリプト，道徳の暗黙の文化的規範とその獲得過程についての研究が展開されてきた。これらはまさに文化化のプロセスの探求といえよう。それらの理論的背景として文化にある活動を基本単位とした活動理論や，社会的相互作用の中での信念体系(belief system)といった文化モデル(cultural model)，フォーク理論(folk theory)といった文化の認知論が展開されてきた。現代における異文化適応や生涯発達における文化価値の維持と変容，社会・文化要因の複層にある社会的移動性や社会階層といった新たな課題が生じてきている。

これに対して，第二の立場では，文化的

価値観,自己の性質と心理プロセスとの関連を表してきている(26-05)。文化的自己観が異なれば自己認識のバイアスや自己記述が異なり,集団主義・個人主義といった文化的価値が社会的対人的行動の相違をもたらす。社会心理学の中で推し進められてきた研究は,人間が文化に生きる中で,無意識的・自動的情報処理を行う心理プロセスを扱うことになる。

この見方は,対人的プロセスだけでなく,長い間個体内プロセスとして扱われてきた認知的枠組みにも広められていった(26-06)。認知,動機づけ,感情といった心的機能は個体内に存在するという理論に対して,認知や動機づけ,感情が,社会的文化的文脈の中でどのように異なるかが研究されるようになったのである。東西の歴史的文化的思考様式の相違として,分析的思考と包括的思考が明らかにされ,指摘された。関係性志向に基づく文脈注意と個人志向に基づく事物注意,更には,他者との関係に基づく動機づけや一次的二次的コントロール観の文化差,努力志向に基づく内発的動機づけの文化的意味等が研究されてきている。ヴントは心理学の始まりにおいて,高次機能の文化的要因を検討する重要性を指摘したが,実験心理学のレベルとして扱われてきた低次機能においても,文化差が"発掘"されたのである。

心への文化的アプローチは,統制不可能な"文化"を扱うことになる(26-02)。このことは文化比較研究の弱点でもあり,また強みでもある。文化間で刺激の意味が等価であることに,ある一定の保証を与える手段として,バックトランスレーションがしばしば用いられる。この方法は刺激を等価にして結果を検討しようとする伝統的実験科学の手法に準じたものであるが,刺激の非等価性こそを研究対象とする状況サンプリング法や交差文化的方法等,文化比較の弱点を越えるため,それまでの伝統的枠組みにとらわれない新たな方法も考案されてきている(26-02)。統制された条件下での実験だけでなく,文化人類学的エスノグラフィカルな手法から,質問紙調査といった量的分析的手法に至る多彩な方法が用いられてきているのである。近年は,脳科学や遺伝子の発現,更には人工学のレベルでの遺伝子研究等の知見を踏まえた文化脳神経科学が確立されている。文化に生きることにより脳がどのように可塑的に変化するのか,更にはその背後には遺伝的要因も絡んでいるのかといった問題を追究する新たな学際的分野の誕生である。

アメリカで出版された諸々のpsychologyのhandbookでは,心理学の新しい展開として進化心理学とともに,文化心理学の章が組まれてきている。日本の心理学辞典においても,本領域のように文化の項目が独立して設定されるようになった。こうした動きから,文化的アプローチは,心理学に新たな展開をもたらしてきていると理解できる。単なる比較を超えて,現代の心理学が科学的実証方法により見失ってしまった心の在り方,日常生活での心をとらえるパラダイムに変換する契機を文化的アプローチが形成したかどうかは,今後,心理学史の中で検証されていくことになろう。

〔唐澤真弓〕

26-01 ▶ 文化心理学の成り立ち

　心理学の新たな分野として着目されている文化心理学であるが，その起源は心理学の創世期にまで遡ることができる。実験心理学の祖であるヴントは，人の心を探究するにあたり，心理機能を低次と高次の二つに分け，高次の心理プロセスとして，心の社会文化的構造を示唆し，10巻からなる**民族心理学**を残した。実験社会心理学を提唱したレヴィンは，ドイツとアメリカを比較したエスノグラフィ研究を行っており，ロシアの心理学者ヴィゴツキー，ルリヤは，心は社会・歴史的産物であるとしていた。心理学において，社会・文化的アプローチが重要であることは，その始まりから既に言及されていたことになる。しかしながら，理論の実証的研究に着手されるまでには1世紀近くの時間を要した。心理学は，西欧近代思想における合理主義への信頼や啓蒙思想における普遍論，個人主義を背景として，**心性単一性**を前提に，心の普遍的法則を追求していた。

　もちろん，その間，文化と心の関わりの研究が皆無であったわけではない。1940～50年代には文化人類学において，文化にある人間に着目した「**文化とパーソナリティ**」学派が台頭し，心理的変数であるパーソナリティが文化の縮小した形であると主張した。この学派はベネディクトの『菊と刀』に代表されるように，第二次世界大戦中の政治的必然から国民性研究へと展開され，やがて批判されることにもなった。**言語相対性仮説**においては，言語と思考の相互関係が示された。

　心理学における文化の問題は，**比較文化心理学**として展開され，トリアンディス，ボンド，ベリー，シュワーツらを中心に多くの文化差が見出されてきた。親の子育てや学校教育と子どもの認知発達といった発達心理学における比較文化的研究では，それまで欧米で認められてきた理論を適応することが，文化的同位にある日本で困難であることが指摘されていた。また，文化独自性を求めた**固有文化心理学**も盛んになった。

　1990年代に入り，心への文化的アプローチは新たな展開を始めた。発達心理学者であるブルーナーは，*Acts of Meaning*（『意味の復権』）の中で，人は自らの生きる世界から意味を紡ぎ出し，行動する主体的存在であることを指摘した。ヴィゴツキーらの影響を受けたコールは**活動理論**を展開した。またトマセロは，意味を解した学習過程の前提として**心の理論**（26-03-❷）という生得的資質の重要性と**文化的学習**を説いた。心理文化人類学者のシュウィーダーは『文化心理学』の中で，"Culutre and Psyche make each other up"と表し，文化を心理学的視点から研究する意義を端的に表現した。91年に出版された社会心理学者マーカスとキタヤマの**文化的自己観**の論文は，認知や感情，動機づけといった心理プロセスを各文化にある暗黙の自己観から説明し，文化と自己の相互構成過程を表したものである。アメリカ心理学会でも有数の引用数を記録するこの論文は，その後の文化心理学における多くの実証研究を導くこととなった。近接領域での人間の認識の社会・文化的性質の研究や，各文化に根ざした土着心理学や民俗心理学，社会・発達・認知心理学における比較文化的実証研究の蓄積を経て，今日，多くの実証研究が掲載されて「古くて新しい」文化心理学は「再発見」されるに至った。

❶ ▶ 活動理論 (action theory)

レオンチェフの流れを強く受けた学派の提唱した理論である。コールは『文化と思考』を著し、認知心理学の機械論的アプローチに対して、実際の生活に人間が参加することを通して、意味を作り上げていくと表した。更にこの理論では、心のより生成的、創造的側面が強調される。文化を人工物（アーティファクツ）や実践からなるものとして捉え、文化の記述や分析を重要とし、現場参与的・実践的研究が中心となって展開された。

❷ ▶ 言語相対性仮説 (principle of linguistic relativity)

言語の形式が思考の形式を決定するとした主張のこと。言語による世界の切り取り方や概念の生成が異なってくる、つまり人間の思考は言語によって異なるとする仮説である。発展させた研究者の名前をとって、サピア・ウォーフ仮説とも呼ばれる。例えば、雪に囲まれた北極で暮らすイヌイットが用いる言語では雪に関して複雑な区別があり、単語も複数ある。ところが雪という一般概念はない。つまり、思考様式は、当該の人間が生きる言語的環境による制約を受けていることになる。西欧の論理が普遍的に優位であり、それに見合わない文化は劣位であることのアンチテーゼでもある。

❸ ▶ 固有文化心理学 (Indengious psychology)

文化に固有な心理プロセスを検討する立場のこと。例えば、「甘え」のように英語で同等の概念を示す言葉がないと、文化固有の概念が失われてしまう。文化普遍性を主張する立場と対面し、文化的意味や状況を重視する点で文化心理学と共通するが、文化固有概念を分析、重視する点で異なる。文化を超えた一般性は、文化固有の心の働きの法則を同定した後に、検討する。

❹ ▶ 心性単一性 (psychic unity)

ヒトの心はヒトに固有であり、いかなる時代でも場所でも基本的に同じものであり、また人の意図を超えた永遠のルールに基づくとする仮定のこと。心性普遍性ともいわれる。西欧近代思想、個人主義を背景とする近代心理学の大前提であり、文化の単純な優劣を内包した進化的理論に対し、心の斉一性を強調した立場でもある。

❺ ▶ 相互構成過程 (mutual constitution)

全ての人は、一連の慣習と意味構造から

文化と心の相互構成過程

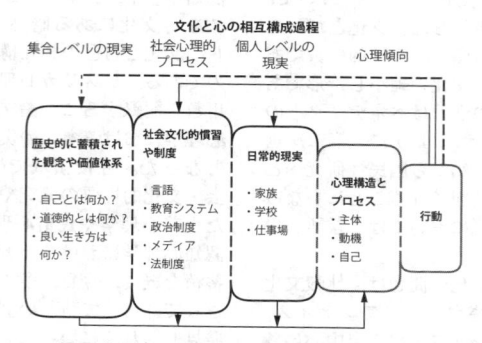

集合レベルの現実	社会心理的プロセス	個人レベルの現実	心理傾向
歴史的に蓄積された観念や価値体系 ・自己とは何か？ ・道徳的とは何か？ ・良い生き方は何か？	社会文化的慣習や制度 ・言語 ・教育システム ・政治制度 ・メディア ・法制度	日常的現実 ・家族 ・学校 ・仕事場	心理構造とプロセス ・主体 ・動機 ・自己 → 行動

図1　心理プロセスの文化的形成（Kitayama & Markus 1994 をもとに作成）

なるいずれかの文化の中に生まれ落ちる。その自らの生まれ落ちた社会において、文化的パターンを有する関係性や慣習に加わり、成熟した一人前の成人となるために、人は自らの文化に特有の慣習・関係性・制度や人工物について、考え、感じ、行動するようになる必要がある。同時にまた、文化は歴史的に人間が創造し伝えて、維持し、作り変えてきたものでもある。したがって、文化と心の関係は因果的一方的ではなく、相互構成的であるとされる（図1）。

❻▶比較文化心理学 (cross-cultural psychology)

文化間比較によって、人間の普遍的心理プロセスの現れ方が異なるかを検討する学問分野。文化間比較をする点において文化心理学と類似しているが、比較文化心理学者が、心性の普遍性を前提に議論を進めるのに対し、文化心理学者は心性そのものも文化により形成されるとして議論することが多い。しかし、近年は、このような理論的違いを克服する試みも広く見られる。

❼▶文化的学習 (cultural learning)

乳児は共同注意、社会的参照、模倣学習を次第に行うようになり、9カ月頃、他者が心をもつ存在であることを理解し始め、4歳頃には人の行為の背後に意図と知識があると理解するようになる。やがて、学齢期前までには他者の心には自らが表象されていると直感的に理解できるようになり、自分の行為を第三者的視点から理解することができるように成長する。このような理解に基づいた学習をトマセロは、文化的学習と呼んだ。

❽▶文化的認知論 (cultural cognition)

ブルーナーは、文化は意味のシステムであり、心理システムは、文化の中で活動することを通じて、形作られて、独自の特性を獲得していくものであるとした。つまり、心は文化にある習慣や常識の性質と連動して、その一部となるように体制化されていくものだと主張した。活動理論派が経験の形態である活動を重視するのに対し、この立場は経験の内面化である意味を重視している。当該の文化に参加することにより、文化にある習慣や常識、準拠枠と連動して、無意識的・自動的情報処理システムを形成することとなる。

❾▶文化とパーソナリティ学派 (culture and personality)

1920〜50年代にかけてあった、文化人類学の一派のこと。社会・文化レベルの独自性を追求する文化人類学の立場と対峙して、社会・文化と人間の関係を重要だと考える立場をいう。欧米で顕著なパーソナリティの理論が欧米以外の国で見出されなかったことから、各文化特有の特性があると主張した。基盤となる理論は、個人の幼児期の経験の効果を強調したフロイトの精神分析論や、強化や条件づけを基盤にした学習理論で、代表的研究者としては、母系社会ではオイディプス・コンプレックスが認められないと主張したマリノフスキーや、文化独自のパーソナリティが形成されると考えたミードらが挙げられる。

共同注意→ 06-04-❸「共同注意」, 23-08-❸「共同注意」
社会的参照→ 09-16「感情の発達」, 06-04-❺「社会的参照」
パーソナリティ→ 10-04「状況と性格」
模倣→ 03-13「観察学習」, 23-08-❻「模倣」

〔唐澤真弓〕

26-02 ▶文化心理学の方法とその展開

文化心理学の考え方によると、人の心は、普遍的かつ生得的要素をもとにして、それらを取り巻く文化の日常的な現実によ

って構成されている。その研究方法を考える上で、**エティック/イーミック**の概念は有用である。例えば、他者に何かを要求する際、その他者の地位が高い時やその他者との関係が遠い時、更にはその要求内容が大きい時には、文化にかかわらず、一般的にその要求表現はより丁寧なものになる（エティックの概念）。しかし、他者との関係性を重んじ、関係性維持が主なコミュニケーションの機能である文化においては、他者の地位や他者との関係性がより重要な変数になるのに対し、自己表現を重んじ、情報伝達が主なコミュニケーションの機能である文化においては、要求内容の大きさが重要な変数となる（イーミックの概念）。

この文化心理学的な考え方を所与とすると、**交差（比較）文化的方法**は不可欠である。その一方で、比較を含まない研究手法もある。ある文化における参与観察やインフォーマントへの聞き取り調査を通じ、その文化と人々の心性を記述する**民族誌学的研究**や、心と行動パターンは実践の中に埋め込まれたものとし、その実践を記述していくエスノメソドロジーによる研究がその代表例である。

交差（比較）文化的方法において最も考慮されるべきことは、その方法の**比較文化的妥当性**である。例えば、「私は、自分の意見はどんな時でも直接的に言う」という仮想項目があり、もしもそれに対し同じ回答をした人がいた場合、そこで念頭に置かれた行動内容が文化間で等価である時に、この項目は比較文化的に妥当だといえる。このことを確保するには、何よりもこの項目が指す内容が文化間で等価でなければならない。通常、**バックトランスレーション**によってこの点は注意深く統制される。二つ以上の言語を用いてそれらを比較する研究においては、通常、まず質問紙や教示等のマテリアルを言語Aで開発し、次にそれを言語Bで翻訳し、更にその言語Bで翻訳されたものを別のバイリンガルが言語Aで翻訳、つまりバックトランスレーションする。最後に、元のマテリアルとバックトランスレーションされたマテリアルを比較し、言語間で差異がなくなるように調整する。しかしながら、先の仮想項目への同意度を評定するといった参加者本人の内省に基づく判断の妥当性は、一般的には疑わしい。「自分の意見」や「直接的に」といった概念に文化間で共通の基準が存在するとは考えづらいからである。また判断の多く、特に人物についての特性判断はほとんどの場合、特定の母集団の分布と相対的になされる。したがって判断対象と判断の基準（つまり、当該の母集団の性質）とを切り離すことが非常に難しい。そのため、**内省判断**よりも**行動指標**に基づく研究の方が比較文化的妥当性は高い。

最初の要求表現の例に戻ると、要求表現の文化差は、文化によって関係性を重んじるのか、それとも自己表現を重んじるのかが異なるという原因に基づいている。このような因果を明らかにしていくことは、文化と心との関わりを理解していく上で極めて重要である。**文化的自己観測定尺度**や**文化プライミング**は、その代表的な方法である。いずれも人の内面にその因果関係を想定したものである。しかしながら、実際のところこの前提は単純すぎる。**状況サンプリング法**による研究が示しているとおり、関係性ないし自己表現の重視は文化的な人の特性として捉えられるのみならず、状況の性質そのものがそれらを重視するように誘発しているからである。

我々が文化を生きるということは、周囲の他者との相互作用や慣習の実践を通じて、その文化で共有されている価値や信念を会得することにほかならない。その結果として、我々の心の性質は、その文化環境に大きく依存する。近年、心の性質の社会・文化依存性がどの程度「深い」ものな

のか，そして社会・文化による影響が情報処理のどの段階で，かつどのような様相で見られるのかなどの問題に対する関心が高まり，脳内基盤の文化差に注目した**文化神経科学**という領域が生まれつつある。例えば，他者の特性に対してよりも自己の特性の判断の時に，内側前頭前皮質が賦活しやすいことが知られているが，ハンらの研究によれば，母親のように親しい他者に対する判断の際，自己に対する判断と同様の賦活パターンが中国人では生じたのに対し，西洋人では生じなかった。このことは，相互協調的自己観が優勢であると考えられる中国においては，自己に関する表象と自己にとって親しい他者（母親）との表象が結び合っているのに対し，相互独立的自己観が優勢であると考えられる西洋の人々では，たとえ親しい他者でもその表象は自己の表象と切り離されていることを示唆する。更に文化神経科学では，**文化と遺伝子**の相互作用の結果として脳及び人間の行動を理解しようとする研究も進められつつある。こうした研究は，生物学的基盤を前提としながらも，文化がどう人を作り上げ，更にその人たちが寄り集まってどう文化を作り上げたかという根本的な問いの解明に寄与することが期待される。

■　■　■

❶▶エティック／イーミック (etic/emic)

エティックは，全てでないにしろ，多くの文化において確認される概念を指し，一方イーミックは，ある文化において特異的な概念を指す。phon*etics*（音声学）とphon*emics*（音素論）の差異に着想を得て，パイクが1967年の論文でこの二つの概念を分けたといわれている。

❷▶交差（比較）文化的方法 (cross-cultural method)

二つ以上の文化を比較すること。この方法の前提となっているのは，条件間比較によって仮説検証するという，実験の基本的な考え方である。一般的には，文化を独立変数，人々の心理特性を従属変数とし，他の条件は一定にした上で，独立変数における文化間の差異の結果として従属変数にも違いが見られるのかを検討する。

❸▶社会認知的アプローチ／文化プライミング (social-cognitive approach/cultural priming)

同じ要求表現の例を用いると，関係性に関連する概念又は自己表現に関連する概念を，何らかの先行課題や刺激によって（つまりプライミングによって）活性化させ，その概念に対応するような要求表現の仕方が見られるのかを調べる時，社会認知的アプローチを援用しているといえる。文化的な特性を実験の変数として操作することが，このアプローチの特徴である。ガードナーらが用いたI/weプライミング（課題とは無関係の文章を見せ，そこに出てくるI/my/meに印をつけさせることで「私」の概念を活性化させるのか，ないしはwe/our/usに印をつけさせることで「我々」の概念を活性化させるのかを操作するもの）が有名である。

❹▶文化神経科学 (cultural neuroscience)

この新しい研究領域では，遺伝子，脳内機構，そして心理プロセスにおける文化差に注目し，①文化的な価値や信念が，どのように遺伝子や脳内機構に影響を与えているのか，②遺伝子や脳内機構の特徴が，どのように文化的な価値や信念の産出や維持に寄与しているのかを明らかにしていくことを目的としている。更に，後述の文化と遺伝子の共進化の考え方を援用するならば，文化心理学，神経科学，そして神経遺伝学の理論と手法を用い，それらが互いに影響し合ってどのように脳内機構を形作るのかを明らかにしていくこともその研究目

❺ ▶ 文化的自己観測定尺度 (self-construal scale)

前述の要求表現の例を用いると、関係性を重んじるのか（集団主義的な傾向）、又は自己表現を重んじるのか（個人主義的な傾向）が、どの程度個々人に内面化されているのかを測定し、この個人差が要求表現の文化差を説明するのかを調べる時、個人差からのアプローチを援用しているといえる。このような文化的な特性の個人差には、明示的な指標（例えば、シンゲリスによる相互独立的・協調的自己観尺度）や、暗黙的な指標（例えば、北山忍らが開発した独立・協調を反映した感情経験の強度の測定）が用いられる。

❻ ▶ 文化と遺伝子 (culture and gene)

文化と遺伝子の共進化を理解するための一つの例は、生業とラクトース耐性との関わりである。ラクトース耐性のレベルは、牧畜をする地域の方がしない地域よりも高いが、その理由として、ラクトース耐性、つまり乳糖を消化できる能力がある方が牧畜をする地域では適応的であり、結果的にそれに対応した遺伝子が選択されてきた可能性が考えられる。文化と遺伝子の相互作用は、特定の遺伝子多型における遺伝子型の割合が地域によって異なる点に関して論じられることもある。例えば、ドーパミンD4受容体遺伝子には長短による多型があり、アジアでは長いタイプの人の割合が非常に低いのに対し、南米では、むしろ短いタイプよりも長いタイプの人の割合が高い。また、歴史上、移住経験のある民族集団では長いタイプの人の割合が高く、その移動距離が長いほどその傾向が顕著であることから、DRD4の長いタイプは未知の環境において適応的であった可能性が示唆されている。

〔石井敬子〕

26-03 ▶ 文化の獲得

未熟な状態で生まれるヒトは、外的世界から学習し、心を作り上げ、文化への適応を果たしていく。なかでも最も身近な親子関係は、子どもの発達を方向づける重要な要因となる。乳幼児期の養育環境の文化比較研究は、こうした子どもの文化の獲得過程を明らかにしてきた。

1960年代に、コーディルとウェインシュタインは3カ月児の行動とその母親の養育態度を検討した結果、日米の母親の養育態度は対照的であることを見出した。日本人の母親はあやしたり抱っこしたりして子どもがおとなしくするように関わり、アメリカ人の母親は話しかけ、遊び相手になり、子どもが活動的で快活であるように関わっていた。また、乳児が眠っている時にも母親がそばにいることが日本の母親に特徴的であった。更に、コーディルとプラースは就寝形態の研究から、アメリカでは乳幼児期の子どもとの別室就寝が一般的であるが、日本では同室就寝が一般的であることを明らかにした。こうした**養育態度の文化的多様性**や文化的慣習の相違が、子どもの**愛着スタイルの文化差**を促したといえよう。

子どもの発達の文化差は、認知発達においても見出されている。東洋らは日米の親子を対象に、親の養育態度に関するインタビュー、質問紙と実際の母子相互交渉場面の調査、子どもの文字テスト・数テストに加え、認知発達課題及び記憶テストを実施した。**認知スタイル**を見るMFFテストの結果では、反応が早く誤答が多い衝動型よりも、反応は長いが誤答が少ない熟慮型が日本では多くなっていた。更に、小学校5,

6年生での学業成績との相関を見ると，MFFテストの成績との相関が日本では高く，アメリカでは図形探しテストとの相関が高くなっていた。この結果からは，個々の親の養育態度の差異だけでなく，子どもや親の日常生活を構成する文化的価値が，子どもの認知スタイルに影響を与えていると考えられよう。"きちんとし，間違えない"ことは日本の中で重視されている能力であり，日本の子どもはアメリカの子どもより早くこのスタイルを身につける。更に，こうした能力をもつことが日本の学校での適応度を高くしていることを示しているといえよう。また，欧米の子どもに比べて日本の子どもは，誤信念課題の通過率が遅いことが，**心の理論のメタ分析**より明らかになっている。文化の価値態度が子どもへの発達期待，親からの言葉がけに反映され，心の理論の発達に影響することを示していることになる。ウェルマンらは**心の理論に文化差がある**ことを指摘している。

乳幼児期の親子関係だけではなく，児童期の子どもの学校教育においては，**潜在的カリキュラムの文化的バイアス**が見出されている。例えば，恒吉僚子は日本の小学校では給食・掃除等の学科外活動を通して，児童の協調的な集団行動を形成していると指摘した。また，日本の教師は日直・係・委員等の「役割」を子どもに与え，学級を間接的に統治し，子どもに自発的な文化構成者としての参加を促す。その際に，集団の一員としての自覚を促し，集団行動が協調的になる上で，日本では他者への感情移入が「膠(にかわ)」のように触媒として働く。人の気持ちを重視する文化ならではの学級経営である。このような相互協調的な対人行動は，子ども同士だけでなく，教師と生徒，大人と子どもの関係性にも表れている。日米の小学校の比較から，授業中，日本の子どもの授業中の会話がアメリカと比べてそれほど強く規制されないこと，アメリカでは教師の質問に対する答えや討論の意見を述べることに限定されることは，それぞれの国の文化価値を内包しているといえよう。

以上のような親や教師による子どもへの直接的な働きかけに加え，家庭や保育所・幼稚園で使用される絵本や，学校で使用される教科書やメディアも子どもの文化獲得を支える「文化の担い手」である。これらは文化価値を媒介する，**文化的産物**であるといえる。欧米と日本の絵本に見られる子ども観の違いを抽出した内田由紀子らの研究では，親と子どもの隔離・分離が成長に不可欠な過程と見なされ，子どもの自立を促すアメリカの親と，子どもの生活が中心に据えられ，子どもと親の時間と空間の共有をよしとする日本の，対照的な価値態度が示された。日本とアメリカ，あるいはイギリスとの教科書の比較研究からは，日本の教科書の登場人物は相互協調的自己を形成し，「思いやり」や「協調性」を発揮するが，アメリカやイギリスの教科書の登場人物は，相互独立的自己観に基づく「自信」「自主性」「独立」「自己主張」を志向することが明らかにされている。それぞれの大人の発達期待に基づいた「いい子像」が提示され，また，ストーリーの中で子どもが経験する疑似的対人葛藤は，子どもたちが現実に経験する対人葛藤の問題解決の在り方を方向づけていく。人は自分の行動に意味づけをする存在であるといわれるが，対人関係における望ましい振る舞いや逸脱行動をどう判断するかにおいて，文化による違いが明確に表れるのである。

文化的産物に見られる差異は，自己や他者の認識だけでなく，対処行動においても見出されている。日英比較研究では，イギリスの教科書ではプライマリー・コントロールに対応する対処行動が優勢で，日本の教科書では**セカンダリー・コントロール**に対処する行動が優勢であることが報告され

た。他者との間で意見や行動が食い違った場合は、相手のやり方を変えようとするプライマリー・コントロールは欧米で優勢であり、自分自身のやり方を変えようとするセカンダリー・コントロールは日本や東アジアで優勢である。絵本や教科書に描かれた対人行動の対処法は子どもに内面化され、親やきょうだい、友人との関係性にも投影されると考えられる。

更に、社会的認知においても、研究が進められてきている善悪の判断をもたらす、**道徳発達の文化的要因**が検討されてきた。コールバーグの道徳発達の段階説をもとに、山岸明子、東洋らは追実験を行い、日本人は人と人との関係性を重視し、人の気持ちを傷つけないことに道徳的価値の基軸を置くことを見出した。アメリカ人が、法や社会的ルールと個人の行為との関係をもとに判断することとは対照的である。更に、道徳判断に含まれるスクリプトを比較し、日本では、行為の過程での心事や出来事に注目することが明らかになった。道徳的判断をする際のスクリプトは、ひとつの文化の成員の間で共有される人の生き方、出来事の帰結に基づいている。

このように、人は日常生活を生きることによって、文化にある多様なチャンネルで主体的に情報を得て、文化を獲得していくことになる。

■ ■ ■

❶▶愛着スタイルの文化差 (cultural differences of attachment styles)

愛着スタイルをストレンジ・シチュエーション実験を用いて検討した国際比較のデータからは、日本の子どもに、母親への愛着はあるが分離不安から回復できないCタイプが少なくないことが明らかになった。その背景には、母子同室就寝や母親ができるだけ子どものそばにいる養育態度が関わっていると考察される。また、母子の身体的隔たりを調べた日英比較研究からは、親が子どもの「そばにいる」ことは保護性を高め、子どもの自律性を低下させることが指摘されている。

❷▶心の理論の文化差 (cultural differences of theory of mind)

欧米の子どもに比べて日本の子どもは、誤信念課題の通過率が課題により4〜11カ月も遅いことが複数の研究から見出されている。また、アメリカの子どもが自他の異なる欲求、信念、知識、感情の順で理解が進むのに対し、中国の子どもは、自他の異なる知識の理解の後に信念の理解ができるという、逆の通過順序が見られた。その理由として、両国の子どもの言語環境に違いがあり、中国では「知る」という表現がより早期に使われるが、「考える」はほとんど使用されないことによると解釈されている。日本の子どもの心の理論課題を正答する年齢の遅れについても、心的状態語が、あまり日常会話の中で使われないことが指摘されている。

❸▶潜在的カリキュラムの文化的バイアス (cultural bias in latent curriculum)

学校教育において「国語」「算数」等の公式のカリキュラムのほかに、子どもが人間関係等を通して自ら学ぶ潜在的カリキュラムがある。明文化されないカリキュラムであるため、文化的バイアスが見出されることになる。例えば日本の小学校では、給食・朝礼・放課後の掃除等、学科外活動を通して生徒に協調的行動をうながしたり、子どもの逸脱行動への対処方略が異なることが指摘されている。

❹▶道徳発達の文化的要因 (cultural factor to moral development)

コールバーグは、道徳性の発達段階を理論化した。ギリガンは、コールバーグの理

論化した「公正さ」に基づく道徳的判断とは異なる，「配慮」に基づく女性特有の道徳的判断の在り方を提示した。また，山岸明子は日本人が「対人関係志向」の段階に到達するのが早く，より長くそこにとどまることを見出した。しかしながら，これは日本人の道徳的発達が不十分であるより，男女の性だけでなく文化によっても，人が何に基づいて道徳判断の正しさを決めるのか異なることが明らかになった。

❺▶養育態度の文化的多様性（cross-cultural variations in child-rearing attitude）

養育態度は，広い意味では「親による子どもへの関わり方」であるが，文化心理学では親子の就寝形態，母親行動，母子の身体的隔たり，育児道具の使用といった具体的な子育ての方法や，子どもへのしつけ方略等が観察の指標となってきた。また質問紙調査では，子育ての目標，子ども像，文化によって異なることも明らかになっている。

心の理論の文化差→ 14-13-❹「心の理論」，23-08-❹「心の理論」
潜在的カリキュラムの文化的バイアス→ 07-08-❿「潜在的カリキュラム／顕在的カリキュラム」
道徳性の発達段階→ 06-12「社会性の発達」
〔佐藤淑子〕

26-04 ▶ 多様な文化への適応

人は成長の過程で，生物学的存在から文化的存在になる。このように，生まれ落ちた文化圏で社会化されることを**文化化**（enculturation）という。文化化された後，異なる文化圏に長期間滞在すると，人はしばしば**カルチャーショック**を経験する。異文化への接触は概ね，蜜月期，カルチャーショック期，適応期，復帰ショック・再適応期という段階をたどる。最初の数カ月は見るもの聞くもの全てがめずらしく，興奮状態で過ごすが（蜜月期），やがて種々の困難にぶつかり，違和感や疎外感，焦りやホームシック，苛立ちや疲れやすさ，不眠や食欲不振等，心身に様々な不調が現れる（カルチャーショック期）。この段階を超えると，次第に言語力も向上し，現地社会の仕組みが分かり，日常生活を支障なく送れるようになる（適応期）。ところが，母文化に復帰する段になると，予期に反してなかなか元の生活になじめず，再適応に時間がかかる（復帰ショック・再適応期）。このプロセスは，**Uカーブ**や**Wカーブ**として表現されることもある。

母文化への復帰に時間がかかるのは，個人の中で**文化変容**（acculturation）が生じたためである。文化変容とは，異文化への接触を通して，個人もしくは集団のもっていた文化的パターンが変化することを指す。ベリーによれば，人は文化変容にあたって，統合（integration），同化（assimilation），分離（separation），周辺化（marginalization）のいずれかの方略をとるという。統合は母文化を維持しつつ異文化を取り入れていくもので，同化は母文化を捨てて異文化に適応しようとする方略である。分離は母文化を固守し，異文化には馴染もうとしない。周辺化は母文化にも異文化にも距離を置くという方略である。

異文化への適応度がウェルビーイングを予測することからも，どのような文化変容方略をとるのかは，その後の人生に大きな影響を与えることになる。

文化変容の過程では，個人のアイデンティティ，とりわけ**エスニック・アイデンティティ**が大きく揺らぐ。異文化に触れることによって，それまで漠としていたエスニック・アイデンティティが意識化され，自

分が何者であるのかについて葛藤や戸惑いを経験する。

異文化体験に関する研究の多くは，留学生や駐在員，移民等の青年や成人を対象としているが，文化化の途上にある子どもを対象とした研究や文化間移動をした研究もある。箕浦康子は日本からアメリカへ渡った子どもとその家族へのインタビューを通して，文化に固有の意味体系を体得する敏感期が9〜15歳であることを見出した。異文化体験には認知と行動，情緒の三側面があり，異文化に参入する年齢が高いほど，認知や行動レベルでは対応できても，情緒レベルでは違和感が残るとされている。

このような傾向が確認されているとはいえ，異文化は決して一様に経験されるものではない。個人の性格や言語能力，家族や地域とのつながり，経済状態に加え，どの立場で経験するか（一時的な在住か定住か），どの文化からどの文化への移行を経験するのか，両文化はどの程度類似しているのかなど，様々な要因によって実際の適応の在り方は異なる。文化のもつ要因として，近年では職業や教育歴，居住地の特性といった**下位文化**による分析や，文化から文化への移動の指標となる**流動性**についての分析も進められてきている。多文化共生の中で，文化適応プロセスは心理学にとっても大きな課題となっているといえよう。

■　■　■

❶ ▶ エスニック・アイデンティティ (ethnic identity)

自分があるエスニック集団に所属している所属感と，それに伴う評価や感情である。フィニーは，多文化社会に生きる青少年のエスニック・アイデンティティについて，次のような発達モデルを提出している。幼い頃は親をはじめとする身近な他者への同一視を通して，受動的にエスニック・アイデンティティが形成される。やがて，能動的に自らのアイデンティティを探る青年期を経て，最終的に明確で安定したエスニック・アイデンティティが形成されるという。エスニック・アイデンティティの代わりに，文化的アイデンティティという言葉が用いられることもある。

❷ ▶ 下位文化 (subculture)

社会にある伝統的で主流な文化に対置した文化をいう。ある集団の特有の価値基準によって形成され，多様な在り方を示す。具体的にはジェンダーや地域差，職業や収入といった差異等がある。これまでの研究で，北米居住地域による幸福感の種類の差異や，教育歴と人生満足感との関連，更にアジア内での幸福感の差異等が見出されてきている。

❸ ▶ カルチャーショック (culture shock)

1957年に文化人類学者のビールズとハンフリーが初めて用い，その後オバーグが使用して普及するようになった用語である。研究者によって定義の仕方は異なるが，概ね，異文化に出会い，それまで培ってきた考え方や振る舞い方が通用しない時に生じる，様々な心身の不適応状態を指す。

❹ ▶ U カーブ／W カーブ (U-curve/W-curve)

異文化接触のプロセスとして，個人の適応の度合いを縦軸に，時間を横軸にとった時，当初は，蜜月期→カルチャーショック期→適応期までのUカーブを描くと考えられていた。その後，復帰ショック・再適応期までも含むようになり，Wカーブとして修正された。しかしまた，実際には個人差やホスト社会による差も大きいようである。例えば，日本に来た外国人の異文化体験を調べた研究では，その多くがUカーブに至らず，Lカーブ（蜜月期→カルチャーショック期）で終わることが示されている。

❺ ▶ 流動性 (mobility)

心や行動に影響する社会生態学的要因の一つである。物理的移動となる居住地の変更（redidential mobility）や，所属集団・社会関係の選択や移動に関する関係流動性（relational mobility）などがある。居住地の移動の多さと幸福感のネガティブな関連や，関係流動性の高さと幸福追求のポジティブな関連等が明らかにされている。

〔向田久美子〕

26-05 ▶ 文化と自己

かつて多くの社会心理学研究は，自己（self）は人々に普遍的な心理機能と捉え，その理論の多くを欧米での実証研究に基づいて構築し，文化による違いを検討してこなかった。しかしその後，自己にはシステマティックな文化差があることが理論的，実証的に論じられることとなった。

自己と文化の関係についての主たる説明次元は，個人と社会関係のいずれを重視するか，という議論である。その一つが**個人主義，集団主義**であった。例えば個人主義的価値をもつ文化に生きる個人は，個人の価値や権利を重視する傾向をより強く身につけるという。これは社会に存在する文化的な価値観が，自己の在り方に影響することを示したものである。しかし，文化的な「～主義」といったものがまず存在し，それに個人が受動的に影響を受けるという考え方には批判も生まれ，より双方向的な文化と自己の関係が想定されるようになっていった。例えば人々の心理傾向が，新たに文化を再生産するというプロセスである（Shweder 1995）。更には，自己の成り立ちは，様々な文化的資源をもとにした人々の経験（例えば，対人関係の作り方等）に根ざして構成されていく，という議論が生まれてきた。そのような中で注目を集めるようになったのがマーカスとキタヤマ（1991）による**文化的自己観**という考え方である。文化的自己観とは，自分を含め，人とはどういった存在であるのかについて，文化的に共有されている理解のモデルである。

マーカスと北山忍は，北米のヨーロッパ系アメリカ人の文化と，日本文化の中にある対人関係の成り立ちと主体性の比較から，北米での文化的自己観は「相互独立性」が優勢であり，日本での文化的自己観は「相互協調性」が優勢であるとした。**相互独立的自己観**では，①自己とは，他者や周囲の状況から区別された「内的な特性」によって出来上がっていると考えられ，②その行為の原動力は個人の意図，能力等であり，③自らが周囲に影響を与えるような対人関係を構築する，とされる。一方，**相互協調的自己観**においては，①自己とは他者や周囲の状況等と結びついた社会関係の一部であり，②その行為の原動力は個人の内部だけではなく，周囲の他者や状況にも存在し，③自らを周囲に合わせるような対人関係を構築する，とされる。

このような自己観に対応し，例えば，**自己記述**にも一定の文化差が見られることが示されている。また，自分を他者より良い存在として認識しようとする傾向である**自己高揚的傾向**は北米で一般的に確認されており，概して北米での自尊心は高いが，日本ではあまりこのような傾向は見られず，むしろ自分が周囲や社会からの期待と比べてまだ足りないところがあると考えるような**自己批判的傾向**が見られることがあるとされている。

文化と自己に関する理論的知見は，自己評価に関わる領域のみならず，感情経験や社会的認知，基礎的認知等，多岐にわたる

❶ ▶ 個人主義／集団主義 (individualism/collectivism)

個人主義とは，個人的な達成，動機づけ，選択，感情を集団のそれよりも重視し，個人の目標に対して集団の目標よりも優先させて取り組む傾向を示す。これに対して集団主義とは，集団内の協調性や調和，集団全体としての達成，動機づけ，選択，感情を個人のそれよりも重視し，集団の目標を優先させる傾向を示す (Hofstede 1991; Triandis 1995)。ホーフステッドが国レベルでの文化的価値の個人主義，集団主義を論じているのに対し，トリアンディスは個人レベルの個人主義，集団主義を検討している。

❷ ▶ 自己記述の文化差 (self-description across cultures)

「私は……」で始まる 20 の文章を作ってもらうと，アメリカの参加者は，自分の性格や特徴等，状況には左右されないものとして自己を捉え，記述する（「私は社交的だ」等）という自己一貫性を示すのに対し，日本の参加者は，社会的なアイデンティティ（「私は○○大学の学生だ」等）をより多く記述したり，状況によって変化する自己についての記述（「私は家ではおとなしい」等）を行いがちであることが見出されている (Cousins 1989)。

❸ ▶ 自己高揚的傾向／自己批判的傾向 (self-enhancement/self-affacement)

自己評価を実際以上に高めて知覚する傾向を自己高揚バイアスという。自分は周りの人よりも優れていると考える「人並み以上効果」，自分の将来が周囲の人よりも良いものだと考える「ポジティブ幻想」，自分の成功は自分の能力の表れであり，失敗は環境等，自分以外の要因によると考える「自己奉仕バイアス」等がこれにあたる。これに対し日本では謙遜する習慣があるだけではなく，実際に自己批判の認知があるとされている。それは自分の足りないところに目を向けて努力しようとする「自己向上」の動機づけと連動していることが一因であると考えられている。

❹ ▶ 文化的自己観 (cultural construal of the self)

文化的習慣と価値観によって生成される自己や人間一般についてのモデルのこと。各文化にある日常的現実を歴史的に構成している。マーカスと北山が心理プロセスの文化的多様性を検証するために提示した概念。文化によって様々な自己観があり，代表的なものとしては欧米で優勢では相互独

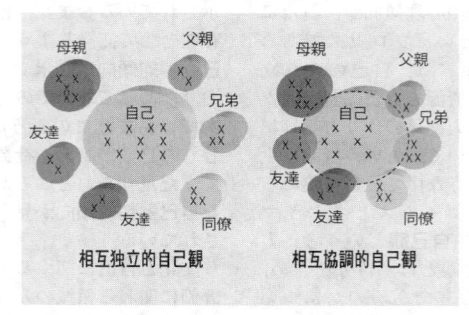

図 2 文化的自己観モデル（北山＆唐澤 1995）

立的自己観，またアジアで優勢な相互協調的自己相互観がある（図2）。

〔内田由紀子〕

26-06 ▶ 文化と認知

人々は社会的環境や文化の影響を受けており，近年，様々な研究領域において，異なる文化の間では異なる心理プロセスが見られることが示されてきた。本項では，動機づけ，感情，認知の領域において，異なる文化間の比較を行った研究について概観する。

【動機づけ】

文化によって，動機づけが高まる要因や**動機づけのシステム**が異なることが，近年明らかになってきている。自己決定理論に代表されるように，従来の心理学においては，人は自らの行動を自らで決定することで**内発的動機づけ**が高まるとされてきた。しかしながら，自己決定の重要性は，自己を独立した存在として捉える自己観に根ざしている可能性が示唆されている。比較文化的実験研究によれば，ヨーロッパ系アメリカ人の子どもは，自分で課題を選んだ時に内発的動機づけを高めるのに対して，アジア系アメリカ人の子どもは，母親や同じクラスの仲間といった彼らにとって重要な他者が，彼らのために課題を選んだ時に内発的動機づけが高まっている（Iyengar & Lepper 1999）。自己決定に基づく動機づけは自己の独立性を確立するのに対して，他者の決定に基づく動機づけは，自己の関係性への結びつきを強めるのであろう。

こうした自己決定の有無が行動の動機づけに与える影響の違いは，異なる文化間だけでなく，アメリカ国内の**社会階層**間においても示されている。例えば，中産階級においては，自分の選択した物に対する好意が増し，選択しなかった物への好意が減じる傾向が見られるが，労働者階級においては，そのような傾向が弱い（Snibbe & Markus 2005）。こうした違いは，中産階級の文化・社会的環境においては，自らの選択に基づいて環境に影響を与えることが重視されているのに対して，選択の余地が少ない労働者階級の文化・社会的環境においては，むしろ自らを環境に合わせ，自己の高潔さ（integrity）を守ることが重視されているためだと考えられる。

【感情】

喜び，**怒り**，**嫌悪感**といった基礎的感情と，それに対応する表情は，人々の間で文化普遍的に認識されることが示されている。その一方で，感情についての素朴な信念や，**理想とされる感情**の種類，更には経験される感情の種類といった点については，文化的な差異があることが明らかになっている。例えば，東洋においては，幸福と不幸といったような一見矛盾するものが共存していると考える**弁証法的思考**の影響を受けて，快感情と不快感情が相反するものとして捉えられておらず，人々の中に同時に混在している場合が多いことが示されている。具体的には，アメリカ人と比べて日本人は，幸福のもたらす良い側面のみならず，悪い側面にも注意を向けており（Uchida & Kitayama 2009），良い出来事が起こった際にも，快感情と不快感情が入り混じった混合感情（mixed emotion）を感じる傾向にある（Miyamoto et al. 2010）。

更に，自己が独立した存在として捉えられているアメリカでは，他者との関係性から個人を独立させる，脱関与的感情（誇りや怒り）が感じられやすいのに対して，自己が関係性に根ざした存在として捉えられ

ている日本では、他者との関係性を強める関与的感情（親しみや恥）が感じられやすい（Kitayama et al. 2006）。

【認知】
　異なる社会的環境や文化の影響を受け、基礎的な認知の在り方にも文化的な差異があることが最近の研究において示されてきた。ニスベットら（2001）の研究によると、個人の自立や自由を重んじる西洋社会においては、物事を考える上でも背景や文脈にとらわれずに最も重要な対象物に注目する、**分析的な（analytic）認知様式**が人々の間で伝統的に育まれてきたのに対して、個人と社会との調和を重んじる東洋社会においては、物事を考える上でも背景や文脈との兼ね合いの中で対象物を捉える、**包括的な（holistic）認知様式**が伝統的に育まれてきた。このような認知様式の違いは、視覚的注意、カテゴリー化、原因帰属の文化差、推論等、多岐の領域にわたっている。

　とりわけ近年、特に新たな知見が積み上げられているのが、視覚的注意の領域である。中心的物体とその背景（例えば、水槽の中に泳ぐ魚）を提示された際に、アメリカ人は中心的物体に主に注意を向けるのに対して、日本人は中心的物体と背景の関係や、全体像にも注意を向ける（Masuda & Nisbett 2001）。このような視覚的注意における文化差は、周囲の視覚的環境によっても引き起こされており、例えば、日本の町並みはアメリカの町並みと比べて、複雑性・曖昧性が高く、そのような日本の視覚的環境に接した後は包括的な注意傾向が促進される（Miyamoto et al. 2006）。また、こうした分析的・包括的認知様式は、洋の東西のみならず、宗教と認知様式や社会階層等の文化・社会的環境によっても異なっていることが示唆されている。

■　■　■

❶▶怒りと文化 (anger in cultural contexts)

　アメリカ南部における名誉（honor）の文化を研究したコーエンとニスベットは、行動指標や生理指標等を用いて、アメリカ北部出身者に比べてアメリカ南部出身者は、侮辱を受けた際に怒りを強く感じることを示した。このような「名誉」を重視する文化は、アメリカ南部が歴史的に牧畜を主たる産業としてきたことに由来すると考えられる。牧畜においては、家畜を奪われると全財産を失うが、必ずしも政府が守ってくれるわけではないので、自らの財産を自分で守る覚悟があることを周囲に示す必要がある。そのため、名誉を汚される可能性がある時に怒りの感情を強く示すのであろう。

❷▶原因帰属の文化差 (cultural differences in causal attribution)

　行動の原因を推論する際に、欧米ではその原因を行為者の性格や特性といった内的属性に帰属させる傾向があるのに対して、東洋では行為者を取り巻く状況要因に帰属させる傾向がある（例えば、Morris & Peng 1994）。このため、外的要因を軽視して内的要因の影響を多く見積もる傾向である根本的帰属のエラーは、欧米において強く見られるが、東洋においてはそのような傾向は弱まるか、場合によっては逆転する。

❸▶嫌悪感 (disgust)

　嫌悪感（disgust）は、不快な食べ物との接触に対する拒絶反応を起源とする基礎的感情である。ローゼンによれば、嫌悪感の意味は他の領域にも拡大されており、排泄物等の人間の動物的性質との接触に対する拒絶反応（動物的領域）や、他集団や見知らぬ他人との接触への拒絶反応（対人的領域）、不浄なモノとの接触によって魂が汚されることへの拒絶反応（道徳的領域）等でも嫌悪感が存在する。どの領域で嫌悪

感が存在しているかは文化によって異なっている。例えば，ヒンドゥー教の影響の強いインドにおいては，嫌悪感が主に対人的・道徳的領域で生じるのに対して，現代のアメリカにおいては，主に動物的領域に限定されている。

❹▶ 宗教と認知様式 (religion and modes of cognition)

宗教によって人々の認知様式に違いが見られることが，これまでの研究によって示されている。例えば，行動の原因を推論する際に，プロテスタント信者はカソリック信者よりも内的要因に帰属する傾向がある (Li et al. 2012)。これは，プロテスタントにおいては，個々人にとって内的な属性である魂（soul）の存在とその永続性が信じられているからだと示唆されている。そのような宗教的信念をもつことで，内的な属性を重視する傾向が促進されていると考えられる。

❺▶ 動機づけのシステム (motivational systems)

文化間の違いは，成功と失敗の経験が行動の動機に与える影響においても見られる。北米人は課題に成功した後，つまり自己の長所を更に伸ばす機会がある場合に，類似の課題にチャレンジするという動機を高めるのに対して，日本人は課題に失敗した後，つまり自己の足りない点を向上させる機会がある場合に，課題に取り組む動機を高める (Heine et al. 2001)。こうした結果からは，北米人は成功がやる気につながり，長所を更に伸ばそうとしている（自己高揚的動機づけのシステム）のに対して，日本人はむしろ失敗こそがやる気につながり，短所を克服しようとしている傾向にある（自己向上的動機づけのシステム）ことがうかがえる。

❻▶ 弁証法的思考 (dialectical thinking)

東洋には伝統的に，現実は常に変化しており，矛盾を含んでいると考える弁証法的（dialectical）な思考法がある (Peng & Nisbett 1999)。例えば，中国人はアメリカ人よりも，「敵よりも友に用心せよ」といった矛盾を含むことわざを好み，社会的対立の解決方法としてどちらか片方の立場を正しいとするよりも，中庸をとることを好む。また，経済指標の動向等を予測する際に，現在の傾向が更に続くと考えるアメリカ人に比べて，中国人は傾向は変化するものであると予測する (Ji et al. 2001)。

❼▶ 理想感情 (ideal affect)

ツァイは，人が実際に感じている現実感情（actual affect）と，人が理想的に感じたいと思っている理想感情（ideal affect）とを区別し，特に後者において文化的差異が見られることを示唆した。具体的には，他者に影響を与えることを重視するヨーロッパ系アメリカ人は，興奮や高揚といった覚醒水準の高い快感情を理想感情とする傾向があるのに対して，他者に自分を合わせることを重視する中国人は，平穏や平和といった覚醒水準の低い快感情を理想感情とする傾向がある。

基礎的感情→ 09-10「基本情動」
内発的動機づけ→ 07-01-❽「内発的動機づけ／外発的動機づけ」

〔宮本百合〕

27-00 行動経済 〔総説〕

行動経済学は，人間の経済活動を記述することを目指した学問であり，特に経済状況における人間の判断や意思決定を，実験や調査による測定を中心に解明しようとしている。これまでの行動経済学の知見は，人間の判断や意思決定が，必ずしも合理的なものではないことを見出しており，その心理的要因や環境要因，それに関わるプロセスを明らかにしてきている。人間の判断や意思決定が合理的でないということは，世間の常識とは一致していて，その知見は何ら新規性がないように思う読者もいるかもしれない。しかし，これまでの伝統的経済学は，人間が合理的な経済人であり，常に最善な選択肢を採択するという暗黙の仮定に立つことにより，理論を構築しており，また，それらの理論によって経済政策を考えることが多かったのである。その意味で，行動経済学の知見は，伝統的な経済学の理論やそれに基づく経済政策の修正を迫る部分もあり，そのインパクトは大きかったといえる。それゆえ，行動経済学に関連する研究業績で，サイモン，カーネマン，スミスが，ノーベル経済学賞（アルフレッド・ノーベル記念経済学スウェーデン国立銀行賞）を受賞していると考えられる。実際の人間の判断や意思決定の特徴を考慮に入れた経済理論が考えられるようになったのは，比較的最近のことであり，現在もその試みが進行中である。

行動経済学は，近年，経済学の一分野として位置づけられてはいるが，心理学者でもあるサイモンやカーネマンらによって研究されていることからも分かるように，心理学と密接な関連性をもっている。特に，判断や意思決定のバイアス研究では認知心理学との関連が深く（04「認知」参照），また，選択行動に関しては行動分析学や学習理論との関連性が深い（03「学習」参照）。更に，消費者行動や消費者意思決定等の点に関しては，産業心理学との関連性が深い（18「産業」参照）。行動経済学は，経営学，ファイナンス，政治学，法学，工学等の隣接領域とも関連をもち，方法論に関しては，数理工学や統計学とも関連をもっている。また，27-10 で指摘するように，近年の行動経済学には，意思決定における神経活動についても検討する動きがあり，神経科学や生理学とも関連性が深くなっている。行動経済学は，このように，他の心理学の領域と密接な関係をもつだけでなく，自然科学，社会科学，工学とも接点を有し，更には実際の社会政策にも影響を与えつつある学問となっている。

【本領域（行動経済）の構成】

本領域は，三つの柱から構成されている。一つは，行動経済学を学ぶ上で理解しておくべき基本的理論や方法論である。項目でいうと，27-01〜03 にあたる。まず，27-01 では，行動経済学がどのような経緯で発展し，どのような中心的理論があるのか，経済学との関連性や心理学との関連性について概観する。次に，27-02 では，人間の判断や意思決定の結果の測定について概説する。人々の判断や意思決定は，必ずしも数量的なものではなく定性的なものが多いために，この定性的な関係から，数量化を保証するような理論と測定の考えが必要である。そのために，数理心理学における公理的測定理論に基づく表現的測定と，

応用的計量心理学的測定が開発されており，このような測定理論に基づく種々の測定方法について，この項目で解説を行う。27-03 では，行動経済学における中心的な意思決定理論について概説を行う。意思決定理論には，大きく分けて三つがある。まず，いかに人々が意思決定をしているかを説明する記述的意思決定理論であり，次は，どうしたら望ましい意思決定ができるかを説く規範的意思決定理論であり，最後は，望ましい意思決定を考えるが，必ずしも合理的な意思決定を良い意思決定と考えずに，処方的に意思決定をしていくことを推奨する処方的意思決定理論である。この項目では，特に記述的意思決定理論として中心的となる意思決定理論を概説する。

二つ目の柱は，行動経済学における個人の意思決定についての知見について概説を行う。項目でいうと，27-04～07 である。27-04 では，人間の行動が規範的意思決定理論からの乖離を示すような幾つかの現象について概説する。例えば，代表的な意思決定理論である期待効用理論からの乖離を示すような，アレのパラドックスやエルスバーグのパラドックスのような諸現象や，それを示すような人間の決定の仕方についてのヒューリスティックスという概念について概説を行う。27-05 では，人々が金銭的な意思決定問題を心的に処理するための様式に関する，意思決定現象について概説する。この心的会計は，意思決定のバイアスとしての側面をもってはいるが，消費者行動，信用取引，貯蓄と借財等の現象とも深く関係しており，マーケティングや経営の実務とも深い関係がある。例えば，客観的には同じ商品でも，心的な枠組み（決定フレーム）の在り方を操作することによって，購買意思決定や購買行動が変化するような現象を導くことができるのである。27-06 では，将来の財の消費と現在の財の消費に関する選好に関する現象と，それに関する理論についての概説を行う。財の消費を，現在と将来のある時期に配分する場合，将来の消費の価値が現在価値に比して一般に減衰する。価値が時間とともにどのように減衰するかについては，行動経済学だけでなく，学習理論や行動分析学でも研究されており，本項ではそれらの代表的な現象や理論について概説する。27-07 では，マッチング法則と呼ばれる選択現象に関する定量的法則や，それに関連する現象や理論について概説する。これらの現象は，動物の選択行動を研究する行動分析学で盛んに研究されているが，近年では行動経済学の分野でも研究が行われている。

最後の三つ目の柱は，行動経済学の先端的領域である。27-08 では，個人の相互作用を記述するゲーム理論による概念をもとに，人々の相互作用を概説する。行動経済学は，個人の意思決定行動を分析することが中心になっているが，ゲーム理論を用いながら，個人間の相互作用分析も行っている。更に，27-09 では，より現実的な状況での人々の意思決定行動や，よりマクロな状況での意思決定を論じる。最後に，27-10 では，特に近年，神経科学者との連携を通じて発展してきた神経経済学について概説を行う。神経経済学は，機能的磁気共鳴画像法（fMRI）を中心とした非侵襲的脳イメージングの技術の発展とともに進展しており，意思決定に関与する脳部位の同定やその機序の解明が試みられている。このように，神経経済学をはじめとして，行動経済学の先端的領域が生まれてきている。

〔竹村和久〕

27-01 ▶ 行動経済学の歴史

【行動経済学の成立前史】

心理学も経済学も，①様々な選択行動，②選択行動を支えたり決定的な影響を与えたりする諸変数（特に報酬や強化），③対象についての価値，の三つについて共通の関心をもっている。そこで経済的活動とそれを巡る諸変数，そして商品やサービスといった経済的な財の価値は，この二つの学問領域の共通のテーマとなってきた。心理学が哲学から分かれ，19世紀後半の科学の強い影響の下で新たに実験心理学として誕生した頃，経済学では18世紀後半のスミスからリカード，マルサス，ミルに連なるイギリス古典派経済学の基礎が形成されつつあった。その後のミクロ経済学の概念の基礎となる限界の概念等に，フェヒナーの法則をはじめとした当時の古典的心理学の影響を見ることができる。

ほぼ半世紀後の1951年に，カトーナによって著された『経済行動の心理学的分析』では，経済学における心理学の必要性から始まって，消費者の計画や動機，収入，資産，支出への態度，消費や貯蓄，企業行動の動機，価格決定，投資決定，インフレや景気循環への態度や行動，経済政策等の問題が取り上げられている。この時点で，「純粋な経済理論は非現実的な心理学的仮定を利用してきたようだ」(p.3)と指摘している点からして，経済学への影響力はほとんどなかったものの，彼の提唱した**経済心理学**は，行動経済学の先駆的な位置を占めるものであったといえよう。

一方，サイモン（1956）による**限定合理性**の概念は，経済学から心理学へと向かう新たな関心を生み出した。ここで考え出された満足化基準やヒューリスティックスといったアイデアは，経済学の仮定する非現実的な**ホモ・エコノミクス（経済人）**の弱点を見事に突いたものであったが，心理学における意思決定研究にも大きな影響を与えるものであった。しかし彼の貢献も，まだ経済学の中に新しい潮流を生み出すまでには至らなかった。

【行動経済学の成立】

行動経済学にとっての決定的な出来事は，1979年のカーネマンとトヴァスキーによる，国際的な経済学誌 *Econometrica* での**プロスペクト理論**の発表であろう。彼らは既に，不確実状況下での判断で使われるヒューリスティックスとバイアスに関する論文をはじめとして，この学の基礎となる研究を多数発表していたが，これまでに指摘されてきた，期待効用理論の公理に対する様々な侵犯（アノマリー）の多くを，系統立って説明可能としたものがこのプロスペクト理論であった。これを機に，経済的行為のより高い予測精度や説明性を求めて，心理学的知見や実験的方法を取り入れた行動経済学が注目を浴びるに至った。

この理論の背景には，心理学において長年培ってきた**意思決定研究**の存在がある。心理学サイドから見た場合，その対象は経済的な行動や財に限定される必要はないので，選択，報酬（強化），価値の三つに照準を合わせた研究を展開することになり，これらに関わる心理学の学際的な意思決定研究の領域は，現在では行動的意思決定研究と呼ばれるようになっている。

一方，この三つに焦点を当てていた心理学の研究に，経済的な理論が導入され，その分析概念や測定指標が利用されるという前向きの現象もある。ヒトを含む個体の行動の予測と制御を実験的に分析している行動分析学では，1970年代からミクロ経済学や行動生態学の概念が行動の分析に導入

され，その領域は同じ行動経済学の名称が冠されてきた。現在そこでは，強化効果の測定，時間選好や自己制御の分析，依存症の治療への応用等の研究が進められている。

【行動経済学の将来】

現時点の行動経済学では，例えば，不確実状況下での選択，時間選好，複雑な選択場面でのヒューリスティックス，**行動ゲーム理論**，脳神経科学と意思決定（神経経済学），**行動ファイナンス**，**健康経済学**，社会的公正と政策等，多数のトピックスに研究の焦点が置かれており，その幾つかは神経経済学のように独立した分野を形成しつつある。

こうした様々な行動経済学の発展の土壌を生成していたものとして忘れてはならないのは，ゲーム理論とこれを実験の論理の中核に置いて成果を上げてきた**実験経済学**の存在である。行動経済学と実験経済学では，前者の方が心理学的な仮説を取り入れることに重きがあるとされているが，いずれも実験的方法を経済学に取り入れるという点では共通しており，例えば行動ゲーム理論等の接点を通して，今後とも両者間の研究交流は進められるであろう。

■　■　■

❶▶ 経済心理学 (economic psychology)

人間の経済的行動を対象とする心理学のこと。提唱者であるカトーナ以降の経済心理学は，その後アメリカよりもヨーロッパにおいて定着し，1982年には国際学会であるIAREPも誕生し，*Journal of Economic Psychology* が発刊されている。なお，この学術雑誌には *Journal of Economic Behavior & Organization* と同様，行動経済学関係の論文が多数掲載されている。

❷▶ 健康経済学 (health economics)

アルコール，ニコチン，睡眠薬，麻薬や覚せい剤等への精神的・身体的依存が経済や社会に及ぼす影響，肥満や運動不足等が起因となった生活習慣病がもたらす医療関連費用の増大等は，現在，先進国において社会的な問題となっており，これを制御することは国家的な課題となっている。このことから，健康の問題は経済学において重要なテーマとなっており，健康経済学はこうした健康全般に関わる経済的諸問題を取り扱う分野である。そして現在，そこに個人の意思決定過程を重視する行動経済学的アプローチが適用され，行動健康経済学という領域が形成されつつある。複数の対象に同時に嗜癖が見られるクロス・アディクション，喫煙・肥満・病的ギャンブル等と時間選好や価値割引の関係，診断や患者の認知における医療ヒューリスティックス等の様々なトピックスが，そこでは取り上げられている。

❸▶ 限定合理性 (bounded rationality)

伝統的な経済学の合理性が求める意思決定における最適化は，現実場面では時間，情報，認知の制約から達成されることが難しい。このような状況では，人々は満足化基準によって意思決定を行っていると考えられ，そうした限定された状況下での合理性の在り方をサイモンは，限定合理性と呼んだ。

❹▶ 行動ゲーム理論 (behavioral game theory)

フォン・ノイマンとモルゲンシュテルンによって提示され，その後ナッシュ，ゼルテン，ハーサニらが発展させた，複数のプレーヤーによる合理的な選択行動を表現する数学モデルであるゲーム理論は，今や伝統的な経済学理論のほとんどを，その概念によって形式的に書き換えるに至っている。行動ゲーム理論では，考案された特定のゲームの形式を，実験手続きとしてゲーム事態で実現した上で，人間の実際の選択や学習過程を観察し，得られた結果をゲー

ム理論からの理論的予測と比較しつつ，元となった合理性の検討や新しい概念の導入を考察する。ロス，ケーゲル，キャメラーらが代表的な研究者である。〔川西 諭〕

❺▶行動ファイナンス（behavioral finance）

経営財務，証券投資，金融サービス等の伝統的なファイナンス理論の対象に対して，行動経済学的な考え方に立脚して株式・外国為替等の金融市場における個人もしくは企業の行動を理解しようとする研究領域のこと。その成立に大きな影響を与えたものには，プロスペクト理論のほかに，セイラーによる「心の会計」理論がある。〔川西 諭〕

❻▶実験経済学（experimental economics）

これまでの経済学の概念や，そこから導かれる経済的行為の予測を，実験室実験の手法を導入することで検討する，経済学の領域のこと。需要と供給についての実験的市場，オークション研究，ゲーム事態を用いた選択行動の実験的検討，効率的な市場形成のための制度設計等が，トピックスとして取り上げられてきた。同様に実験的手法を用いる行動経済学との違いについては，これまでもいろいろと議論されてきたが，現時点で明確な見解はない。例えば，経済学において何らかの実験的手法を用いる分野を実験経済学，経済的行為を説明するのに心理学的仮説を用いるものは，実験の有無を問わず，行動経済学と定義する研究者たちもいる。実験経済学の代表的な研究者としては，2002年にカーネマンとノーベル経済学賞を同時受賞したスミスがいる。

❼▶ホモ・エコノミクス（経済人）（homo economicus）

本項については，23-04-❷「合理的経済人」，27-09-❷「合理的経済人」を参照のこと。

〔坂上貴之〕

27-02 ▶行動経済学の方法論

行動経済学（behavioral economics）は，人間の経済活動を記述することを目指した学問であり，特に経済状況における人間の判断や意思決定を，実験や調査による測定を中心に解明しようとしている。したがって，この目的のためには，まず，判断や意思決定の結果の**測定**（measurement）というものが，理論的に保証されている必要がある。人々の判断や意思決定は，必ずしも数量的なものではなく，定性的なものが多いために，この定性的な関係から，数量化を保証するような理論と測定の考えが必要である。測定の理論に関しては様々なものがあるが，大別すると，数理心理学における公理的測定理論に基づく**表現的測定**（representational measurement）と，**計量心理学的測定**（psychometric measurement）とに分けられる。

前者のタイプの測定法は，経験的関係系を数量的関係系によって表現する公理系をもとに，基本的には順序尺度の判断から比例尺度や間隔尺度を構成しようとするものである。このアプローチの代表的なものが**公理的測定理論**である。公理的測定理論によると，測定とは，**経験的関係系**（empirical relational system）を，**特定の数量的関係系**（numerical relational system）に対応づけるということになる。まず，経験的関係というのは，経験的に観測された対象間の関係のことである。例えば，ある意思決定者が選択肢AよりBを選好するという選好関係は，経験的関係である。この公理的測定理論に基づくアプローチは，選好関係を実数の大小関係で表現した**効用**（utility）の公理的理論と，数理的には同

じである。このアプローチでは，多属性意思決定を表現する**コンジョイント測定**（conjoint measurement）や，その考えに基づくコンジョイント分析がある。

他方，後者のタイプの測定法は，伝統的な計量心理学の手法を拡張したもので，効用の計量可能性を前提としているものであり，特に行動経済学では，効用が確率的誤差項をもつという**ランダム効用**（random utility）の考えなどが代表的である。このランダム効用理論は，**離散選択モデル**と呼ばれることが多い。また，後者のタイプの方法には，一般の心理学における心理物理学的測定や，評定尺度に基づく計量的手法も含まれる。また，**評価実験**で用いられる支払意思額の回答をする**WTP法**等も，計量心理学的測定に含めることができる。

更に，行動経済学では，判断や意思決定の結果だけではなく，その微視的過程も測定することが必要になる。意思決定の過程を追跡する方法は，**過程追跡技法**（process tracing method）と呼ばれており，**言語プロトコル法**や**情報モニタリング法**と呼ばれる方法がある。

過程追跡技法には，眼球運動測定や皮膚電気活動の測定のような生理心理学的測定技法も含まれるが，最近では**脳機能画像**（functional brain imaging）を用いる方法も現れている。人間の意思決定行動の神経科学的基盤を明らかにしようとすると，**神経経済学**（neuroeconomics）が発展したこともあって，**機能的磁気共鳴画像法**（fMRI）や**ポジトロン断層撮像法**（PET）等の，脳内の血流から脳機能に関する画像法非侵襲的脳活動計測法が発展し，心理学者，経済学者が行動実験のみで扱ってきた知見を，神経科学者と協同で明らかにできる体制が整っている。

また，行動経済学が対象とする意思決定や行動現象は，当初は個人の分析を中心になされてきたが，現状では，これらの個人的分析に加えて，個人間の相互作用の分析，集団での意思決定，組織での意思決定，社会的意思決定，群衆の行動等，これまで社会心理学が対象としてきた研究領域とも重なっている。その意味で，**ゲーム理論**（game theory）に基づいて，実験状況で様々なゲームを行う**実験ゲーム**（experimental game）の手法を用いて，人間の相互作用下における意思決定行動を記述する**行動ゲーム理論**（behavioral game theory）と呼ばれる分野も現れている。

■　■　■

❶ ▶ 言語プロトコル法（verbal protocol method）

意思決定過程における発話や言語報告を記録して，意思決定における決定の仕方や方略を同定する方法である。意思決定の過程だけでなく，意思決定後に言語報告を行う場合がある。

❷ ▶ 公理的測定理論（axiomatic measurement theory）

公理（axiom）とは，他の命題を導き出すための前提となる基本的仮定であり，公理的測定理論では，人間の判断や意思決定の性質を幾つかの公理で示し，その公理の集まりである公理系（axiomatic system）の全ての公理を経験的関係として満たしているならば，それらの関係を，実数の数量的関係で表現することができることを示す理論である。順序尺度，間隔尺度，比例尺度に応じた測定の公理系が存在する。順序尺度の公理系は，序数効用の公理系に対応し，間隔尺度の公理系は，基数効用の公理系に対応する。

❸ ▶ コンジョイント分析（conjoint measurement）

コンジョイント分析とは，多属性の意思決定において，各属性の効用の和で，選択

肢間の選好関係を表現できる加法コンジョイント系という公理系を満たしている場合の，効用測定の計量的心理学的手法である。コンジョイント分析のためには，選好関係が加法コンジョイント系の公理系を満たしていないと，効用推定の意味をなさないが，しばしば，この公理系を満たしているという先験的仮定から計量分析が行われることがある。マーケティング・リサーチで用いられることが多い。

❹▶情報モニタリング法 (method of monitoring information acquisition)

意思決定問題を意思決定者に提示して，意思決定過程における情報の検索過程を記録して，その検索過程から意思決定の仕方や方略を同定する方法である。眼球運動測定装置を用いた方法もある。

❺▶非集計行動モデル (disaggregate behavioral model)

非集計行動モデルは，集団の集計データではなく，個々人の選択結果からそのパラメータを推定する方法であり，離散選択モデルの別名として用いられることがある。

❻▶離散選択モデル (discrete choice model)

離散選択モデルは，選択肢の効用が，その選択肢への確定的効用と，ある特定の確率分布を仮定した確率項の和で表される意思決定の計量モデルである。離散選択モデルは，ランダム効用モデルと呼ばれることもある。確率項に正規分布を仮定したモデルをプロビットモデルと呼び，ガンベル分布を仮定したものをロジットモデルと呼んでいる。選択肢数が2の場合のロジットモデルを2項ロジットモデル，3以上のものを多項ロジットモデルという。

〔竹村和久〕

27-03 ▶意思決定理論

意思決定理論 (decision theory) には，大きく分けて三つがある。まず，いかに人々が意思決定をしているかを説明する**記述的意思決定理論** (descriptive decision theory) である。次は，どうしたら望ましい意思決定ができるかを説く**規範的意思決定理論** (normative decision theory) である。最後は，望ましい意思決定を考えるが，必ずしも合理的な意思決定を良い意思決定と考えずに処方的に意思決定をしていくことを推奨する**処方的意思決定理論** (prescriptive decision theory) である。行動経済学や行動意思決定論 (behavioral decision theory) は，どちらかというと記述的意思決定論の範疇に入る。

意思決定理論には，また，結果が確実に生じる状態での**確実性下の意思決定** (decision making under certainty)，結果の確率分布が分かっている状態での意思決定である**リスク下の意思決定** (decision making under risk)，結果の確率分布が分からない状態での**不確実性下の意思決定** (decision making under uncertainty) を説明する理論がある。

リスク下の意思決定を説明する意思決定理論には，期待効用理論がある。効用とは，選択肢を採択した結果に対する主観的価値として解釈されることもあるが，選好関係を表現する実数値である。また，効用は，結果の集合を変数と見なせる場合，結果の集合から実数値への関数と考えることができるので，**効用関数** (utility function) と呼ばれることがある。効用関数の形状からリスク態度が分かる。なお，選好 (preference) の順序のみを保存するような効用のことを**序数効用** (ordinal utility) と呼ぶ。序数効用は，単調増大変換（例えば

対数関数）を施してもその本質的な意味を失わず，心理測定法で使われる順序尺度に相当する。他方，心理測定法で使われる間隔尺度，すなわち正の線形変換（定数倍して定数を加える一次変換）によっても本質的な意味を失わないような効用も考えられる。このような効用は，**基数効用**（cardinal utility）と呼ばれる。

リスク下の意思決定において，効用の期待値の大小関係で人々の選好関係を表現できるとする理論を期待効用理論と呼んでおり，特に，確率に主観的確率を仮定しているものを**主観的期待効用理論**（subjective expected utility theory）と呼んでいる。

期待効用理論では説明できないようなリスク下の意思決定現象や，不確実性下の意思決定をも説明できるような意思決定理論には，カーネマンとトヴァスキーによって提唱された**プロスペクト理論**のような理論もある。また，このような理論を総称して，**非線形効用理論**ということもある。また，非線形効用理論のように，結果の評価を実数の一点で表現できると考えるのではなく，曖昧な境界をもったファジィ集合で効用を表現することによって種々の意思決定現象を説明する**ファジィ意思決定理論**（fuzzy decision theory）もある。

以上の意思決定理論では，特に複数以上の属性を考えていなかったが，複数の属性をもつ意思決定の理論もある。これは，**多属性意思決定理論**（multi-attribute decision theory）あるいは**多目標意思決定理論**と呼ばれることがある。

また，意思決定理論では，その意思決定の微視的過程を説明しようとする理論が幾つかある。このような意思決定理論には，サイモンが提唱する**満足化原理**（satisficing principle）による意思決定理論のように，人々が効用の最大化を求めず，すなわち，ベストな選択肢を必ずしも求めず，ほどほどの水準で満足する選択肢を求めていくというような意思決定方略を仮定するものがある。より複雑な意思決定過程の理論としては，モントゴメリーによって提唱された**優越構造探索理論**（dominance structuring theory），スベンソンによって提唱された**ディファレンシエーション＝コンソリデーション理論**（differentiation-consolidation theory），バスマイヤーとタウンゼントによって提唱された**決定場理論**（decision field theory）がある。決定場理論は，新しい修正版も提案されて，意思決定過程の様々な現象を数理モデルや計算機シミュレーション等を用いて説明しようとしている。いずれの理論も，意思決定過程における認知の変化を取り扱おうとしている。このような意思決定過程の理論も，他の意思決定理論と同じように，実験や調査によって実証的に検討されてきている。

■　■　■

❶ ▶ 期待効用理論（expected utility theory）

期待効用理論とは，効用の期待値の大小関係によって，選好関係を表現し，記述できるとする理論である。期待効用理論は，ベルヌイによって18世紀に発展させられ，20世紀になってからフォン・ノイマンとモルゲンシュテルンらによって公理的理論としても展開した。フォン・ノイマンとモルゲンシュテルン，そして，サヴェジは，少数の公理を受け入れるならば，人々の選好が，それぞれ，期待効用，主観的期待効用が最大となる選択肢を選ぶことに等しいことを明らかにした。

❷ ▶ 多目標意思決定理論（multi-object decision theory）

価格や品質等，複数の属性に関して検討して決定を行うことは，多属性意思決定と呼ばれており，また，その効用理論は，多

属性効用理論もしくは，多目標意思決定理論と呼ばれている。多属性効用を各属性の部分効用の足し算（加法形）で表現できると，意思決定の予測や説明や，更に，意思決定の支援にとっても便利である。これまでの多属性意思決定の公理論的研究によると，属性が相互選好独立であれば，多属性の順序効用関数は，加法形で表現可能であることが分かっている。

❸▶非線形効用理論 (nonlinear utility theory)

期待効用理論に仮定されている確率の加法性の条件を満たす測度を考えるのではなく，加法性を満たさない測度（非加法的集合関数）を考えることによって，様々なリスク下の意思決定や，不確実性下の意思決定現象を説明しようとする効用理論である。

❹▶プロスペクト理論 (prospect theory)

カーネマンとトヴァスキーによって，当初はリスク下の意思決定を説明するために考案されたが，後に，不確実性下の意思決定を説明するために提唱された理論である。プロスペクト理論では，意思決定においては，結果の評価が心理的原点である参照点 (reference point) を基準として損失と利得に分けられ，損失に関する評価関数（価値関数）の傾きがより急であり，損失のインパクトが大きい損失忌避 (loss aversion) が仮定される（図1）。また，確率の意思決定に及ぼす加重関数 (weighting function) は，期待効用理論とは異なり，非線形な関数（図2）が仮定される。

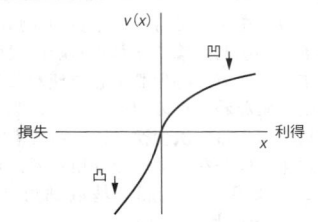

図1　プロスペクト理論の価値関数
（Kahneman & Tversky 1979 をもとに作成）

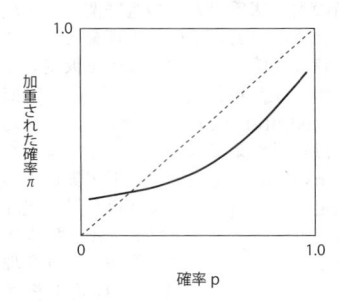

図2　プロスペクト理論の確率加重関数
（Kahneman & Tversky 1979 をもとに作成）

❺▶リスク態度 (risk attitude)

リスク態度とは，リスクに対する志向性を意味している。一般に，効用関数の傾きが徐々に減少するような凹型の効用関数（下に凹な関数）は，リスク回避的 (risk aversive) な意思決定を導き，逆に効用関数の傾きが徐々に増加するような凸型の効用関数（下に凸な関数）は，リスク志向的 (risk seeking) な意思決定を導く。

〔竹村和久〕

27-04 ▶ 意思決定のバイアス

人間の意思決定を研究する際，まず，何らかの規範理論に基づいてあるべき決定が理論的に導かれ，そうした規範解と実際に人々が下す決定が比較されることが多い。合理的な人間が下すべき規範解と実際の決定の間に乖離が生じた時，**意思決定のパラドックスや意思決定のバイアス**が生じたとされる。**セントペテルスブルグのパラドックス**はその古典的な例である。かつて17世紀には，ギャンブル等，リスク下の意思決定では期待値に基づく選択が規範解であ

ると見なされていた。だが，期待値最大化の原理からは，時として人々の直感に反する選択が「あるべき決定」として導かれる。この問題は18世紀に入ってベルヌイによって解決された。彼は，人々がギャンブルから得られる客観的金銭価値を主観効用に変換した上で評価すると見なせば，セントペテルスブルグのパラドックスにおける人々の選択は，規範解に合致した合理的な行動として理解できると考えた。この議論から明らかなように，人間の意思決定がパラドックスを引き起こすか否かは，研究者が何を合理的/規範的な行動であると見なすかに依存する。そして，パラドックスやバイアスの発見は新たな理論誕生の原動力となる。

現代の意思決定研究は，期待効用理論を規範理論であると見なすところから出発し，人々の下す意思決定の非合理性を明らかにしてきた。アレのパラドックス，エルスバーグのパラドックスはその代表例である。また，期待効用理論からの逸脱以外にも，人々の意思決定や判断が様々な規範的な基準から逸脱することも知られている。**損失忌避**とは，資源を得ることよりも失うことの方が大きく感じられるバイアスであり，**授かり効果**や**サンクコスト効果**と呼ばれる現象を引き起こす。**連言錯誤**と呼ばれる現象も知られている。一般的な確率論に従えば，xという事象が生起する確率$p(x)$は，「xかつy」という事象が生起する確率$p(x \cap y)$より大きくなければならないが，人々は後者の確率を大きく見積もる。また，人々の選択が無関係なはずの対象に影響を受けることも知られている。AとBという選択肢の二つしかない時にAを選択する人がいると考えよう。この人物はAとBの両方より望ましさが劣る別の選択肢Cが存在していたとしても，二つしか選択肢がない時と同様に，Aを好ましいと判断することが合理的となるはずである。だが，人々の選択は，無関係なはずの選択肢Cの存在に大きく左右される。**デコイ効果**と呼ばれる現象である。**アンカリング効果**もよく知られた非合理性の例である。

期待効用理論からの逸脱が見出されるにつれ，それらを説明するための試みも数多く生まれてきた。最も有名なのが**プロスペクト理論**である。この理論は，**フレーミング効果**と呼ばれる，期待効用理論の枠組みでは本質的に説明不可能な意思決定バイアスをも説明できることなどから，1979年に発表されて以来，行動意思決定研究に大きな影響を及ぼしてきた。

しばしば誤解されがちであるが，期待効用理論やプロスペクト理論は，人間の意思決定のプロセスに関するモデルではない。いずれの理論も，人々は得られる結果や事象が生起する確率等の客観的な数量的情報を，主観確率や効用といった変量に変換した上で，複雑な数値計算を施して意思決定を下すことが想定されている。だが，現実の人々がこうしたプロセスに従って意思決定を下す必要はない。人々の行動が理論によって矛盾なく一貫して記述される限り，これらは良い理論であると判断される。一方，人々が外界から得た情報を処理し，最終的な意思決定に至る心理的プロセスを詳細にモデル化しようとする試みは，主に心理学における意思決定研究で展開されてきた。その中で生まれた重要な概念が，**ヒューリスティックス**である。ヒューリスティックスとは，アルゴリズミックな意思決定ルールであり，実際に人々が下す意思決定のプロセスを記述する概念である。意思決定バイアスの多くは，人々が様々なヒューリスティックスを用いて意思決定を下すことから生じると考えられている。例えば，リスク下の意思決定における様々なバイアスやパラドックスの多くは，人々がプライオリティ・ヒューリスティックスを用いる

ために生じることが知られている。

人々は様々なヒューリスティックスを用いるが、その多くが単純な構造をもつ簡便なルールであると同時に、意思決定を下すためにあまり多くの情報を必要としない倹約的なルールでもある。より良い意思決定を下すためには、可能な限り多くの情報を入手して利用することが望ましいと考える人も多いだろう。だが、最近の研究によれば、簡便で倹約的なヒューリスティックは、より多くの情報を利用するアルゴリズムや統計モデルよりも正確な判断や決定を生み出すことが、理論的に明らかにされつつある。例えば再認ヒューリスティックスは、対象となる物体を見知っているか否かというだけの情報を用いる意思決定ルールであるにもかかわらず、適切な環境構造の下で用いられれば、非常に正確な判断を生み出す。人間の意思決定の研究は、パラドックスとバイアスという規範理論からの逸脱を見出すことから始まった。だが、そうした逸脱がなぜ生じるかが探求されることにより、人間の心は限られた情報をうまく利用して、効率的な判断や決定を下す適応的なシステムであるという視座が生まれつつある。

■　■　■

❶▶アレのパラドックス（Allais paradox）

期待効用理論における独立性の公理と矛盾した選択を人々が示すことの例をいう。不確実性を抱える選択肢より、確実な選択肢を高く評価する確実性効果の反映である。

❷▶アンカリング効果（anchoring effect）

様々な数量を推測する際、何らかの基準となる数値が与えられると、それがアンカーとなって推測される数量が影響を受ける現象である。

❸▶エルスバーグのパラドックス（Ellsberg paradox）

人々の意思決定が期待効用理論の独立性の公理から逸脱することの例をいう。結果の得られる確率が不明な選択肢を忌避する曖昧性忌避から生じる。

❹▶再認ヒューリスティックス（recognition heuristic）

数量比較に用いられるヒューリスティックスであり、再認できる対象は再認できない対象よりも多くの量をもつとの判断を生み出す。例えば、「サン・アントニオとサン・ディエゴはどちらが人口が多いか」という問いに対し、後者だけを聞いたことがある人はサン・ディエゴを選ぶ。人口が多い都市ほどマスメディアで取り上げられやすく、都市名の再認率が高まる場合、正確な判断が生み出される。

❺▶サンクコスト効果（sunk cost effect）

事業に対する投資のように、将来得られる利益を期待してコストを投入してきた時、その投資から得られる見返りが期待できなくなったとしても、過去に投入したコストが多いほど、その対象に対して今後も積極的に投資を続けようとする現象をいう。

❻▶セントペテルスブルグのパラドックス（St. Petersburg paradox）

次のような賭けを考える。「表と裏が出る確率がそれぞれ0.5であるコインを、表が出るまで投げ続ける。もしn回目に表が出たら2^nドルがもらえる」。この賭けの期待値は無限大となるため、人々が期待値に基づいて意思決定を下すならば、このゲームをプレイするためにどれほど莫大な参加費を支払っても惜しくないと考えるはずであるが、実際の人間はそう考えない。ゆえにパラドックスと呼ばれる。

❼▶バレンス効果（valence effect）

特に根拠がないにもかかわらず、良い出来事は悪い出来事よりも生起しやすいと判

断する意思決定バイアスの一つである。

❽ ▶ プライオリティ・ヒューリスティックス (priority heuristic)

リスク下の意思決定において人々が用いる，意思決定ルールである。このヒューリスティックスによれば，複数の選択肢の中からどれか一つを選ぶ際，人はそれぞれの選択肢から得られうる全ての可能な結果や，結果が生じる確率等の情報を統合して決定するのではなく，一度に一つの情報のみに基づいて決定する。実際の人々が下す意思決定を，プロスペクト理論よりも高い精度で予測することが知られている。

❾ ▶ フレーミング効果 (framing effect)

客観的には同一の構造をもつ問題であるにもかかわらず，言語表現が異なるだけで人々の選択が変化する現象を指す。アジアの病気課題では「病気が蔓延した結果，何も手を打たなければ600人が死に至る」と教示された上で，人々は二つの選択肢のうちどちらか一つを選ぶよう指示される。「Aを選ぶと200人の命が助かる。Bを選ぶと600人が助かる確率は1/3で，誰も助からない確率は2/3である」。この二つの選択肢を提示された場合，多くの人々は確実な選択肢Aを選ぶ。だが，同じ問題を次のように言い換えると，人々は不確実な選択肢B'を選ぶようになる。「A'を選ぶと400人が亡くなる。B'を選ぶと誰も亡くならない確率は1/3で600人が亡くなる確率は2/3である」。

❿ ▶ 利用可能性 (availability heuristic)

ある事物の生起頻度を見積もる際，その事物の想起しやすさが影響を与える現象をいう。

〔竹澤正哲〕

27-05 ▶ 心的会計（メンタル・アカウンティング）

金銭に関係する意思決定において，トヴァスキーとカーネマンは，**心的会計**という概念を用いて説明している。心的会計というのは，人々が金銭的な意思決定問題を心的に処理するための様式を指している。心的会計は，消費者行動，**信用取引**，**貯蓄と借財**等の現象とも関係している。

トヴァスキーとカーネマンは，次のような質問を実験参加者に尋ねた。「あなたは，ある映画を見に行くことに決め，代金10ドルのチケットを購入した後，映画館に行きます。映画館に入る時になって，あなたはそのチケットをなくしたことに気づきました。あなたは，チケットをもう一度買い直しますか？」このように尋ねると大半はチケットを買わないと答えたのに対して，チケットではなく現金を10ドルなくしたことにした条件にすると，ほとんどの実験参加者はチケットを買うと答えた，という結果が見出されている。ここで注目する必要があるのは，どちらの条件でも，10ドル相当の損失をして，10ドル相当のチケットを買うかどうかの意思決定を求められているということである。トヴァスキーとカーネマンは，チケット紛失条件では，チケット支出のアカウント（一種の心理的財布）からもう1回チケットを買わなければいけないのに対して，現金紛失条件では，現金とチケットの支出が別のアカウントになっているために二重にチケットを買うという痛みにならなくて，チケットの購入意向が高くなったと解釈した。また，小嶋外弘は，トヴァスキーとカーネマンの研究に先立って**心理的財布**という概念を用いて，同様の現象を説明している。小嶋は，消費者が異なる複数の財布をあたかも所有しているように行動し，購入商品やサービスの種類や，それらを買う時の状況に応じて別々の心理的な財布から支払うと考えた。

プロスペクト理論によると，意思決定問題の心的構成（フレーミング）の在り方によって参照点が変わり，異なる判断や意思決定がなされることが予測される。フレーミングの仕方によって意思決定の結果が異なる現象を**フレーミング効果**（framing effect）というが，このフレーミング効果が心的会計に関与している。図1（27-03-❹）に示されているように，利得の領域より損失の領域の方が価値関数の傾きが一般に大きい。このことは，意思決定者が損失を忌避することを示している。

セイラーは，心的会計の在り方は，総合評価値が高くなるように，意思決定問題の種々の要素を統合したり分離したりする**快楽追求的フレーミング**（hedonic framing）の原理でなされるとしている。彼は，二つの要素 x, y を考え，$x \bigcirc y$ を x と y との結合であるとすると，快楽追求的フレーミングは次のルールでなされるとしている。$v(x \bigcirc y) = \mathrm{Max}(v(x+y), v(x)+v(y))$ 彼は，プロスペクト理論の価値関数の仮定から，快楽追求的フレーミングについて，以下のような特徴があると指摘している。すなわち，利得はトピックごとに分離してフレーミングされ（利得の価値関数は下に凹なので，分離する方が総合評価値は高くなる），損失は種々のトピックを統合してフレーミングされる（損失の価値関数は下に凸なので，統合する方が総合評価値は高くなる）。セイラーの快楽追求的フレーミングの原理によると，割引等の消費者にとっての利得は分離されてフレーミングされやすいことになる。

〔竹村和久〕

■　■　■

❶▶ 参照価格（reference price）

参照価格というのは，製品の価格を消費者が評価する際の，相対的な心理的基準である。価格判断において，消費者は価格を絶対的に評価するわけではなく，むしろ相対的に判断しているといえるが，この参照価格には，消費者が知覚して記憶する内的参照価格と，店舗等で情報刺激として外的に提示される外的参照価格とがある。

❷▶ 心的会計／心理的財布（mental accounting/psychological purse）

人々が金銭的な意思決定問題を心的に処理するための様式である心的会計の概念は，心理的財布の概念と非常に類似している。心的会計は，プロスペクト理論との関係で扱われるが，心理的財布は，特にプロスペクト理論との対応はない。心理的財布の概念は，消費者が異なる複数の財布をあたかも所有しているように行動することを仮定している。

❸▶ 信用取引（credit transaction）

商品取引における支払い方法の一種であり，商品の引渡し時には代金支払いを行わず，決められた期日までに後日支払いを行うことである。消費者の決済としては，クレジットカードによる支払いが代表的である。クレジットカードは，現金による支払いではなく，これ自体が異なる心理的な会計口座として機能しうる。

〔秋山　学〕

❹▶ 貯蓄と借財（savings and loans）

多額の貯金等の資産を有しているにもかかわらず，同時に，貯蓄金利よりも高い，入金利が適用される借財を抱える人は多い。心的会計では，統合して考えれば，借入金利に支払う資産を減額できるにもかかわらず，貯蓄と借財を同時に保有することを異なる心理的会計口座が設定されたためと考えている。

〔秋山　学〕

❺▶賦存効果 (endowment effect)

賦存効果は，ある財を与えられて保有している場合のその財の売値が，その財を与えられずにいた場合の買値よりも高くなる現象である。初期保有していた財を手放しにくくなってしまう現象であり，現状維持バイアス (status quo bias) を表していると解釈されることもある。

〔竹村和久〕

27-06 ▶時間選好

時間選好 (time preference) とは，経済学において財の消費を現在と未来の二つの時期に配分する場合，未来の消費の価値が現在価値に比べて減衰することを指している。一方，心理学では，遅延報酬の価値が即時報酬より減衰することを**遅延報酬の価値割引** (temporal discounting) と呼んでいる。このような時間軸上の異なる時点における選択問題は，一般に，**異時点間選択**と呼ばれている。経済学では，合理的意思決定者であると仮定された経済主体が行う，財の消費の現在と未来における配分を扱うのに対し，心理学では，ヒトや動物が行う即時報酬と遅延報酬の選択を扱うという相違はあるが，経済学の時間選好研究と心理学の価値割引研究は，ともに**価値割引**という同じ現象を扱っているといえる。

心理学の価値割引研究は，オペラント条件づけ研究の中から1960年代に開始された「選択行動研究」において見出された，**選好逆転** (preference reversal) という事実が出発点となっている。選好逆転を説明するために，選択肢の価値が時間とともに減衰する価値割引の過程が想定されたのである。例えば，即時小報酬と遅延大報酬間の選択（自己制御選択）において，前者を選ぶことを**衝動性**，後者を選ぶことを**自己制御**というが，自己制御選択場面の実験から，ハトは，即時に得られる2秒間の餌（即時小報酬）と4秒後に得られる4秒間の餌（遅延大報酬）の選択場面では，ほとんど即時小報酬選択肢を選び，衝動性を示すが，これらの選択肢に等しい遅延時間（例えば16秒）を加えると，遅延大報酬選択肢を選ぶようになり，自己制御を示すことができた。この事実を，選好逆転という (Rachlin & Green 1972)。

選好逆転は，ハトの二つの選択肢への選好が，価値割引の過程により時間とともに変化することを示している。選好逆転を価値割引の観点から説明するためには，二つの選択肢の割引過程を記述する関数に交点が必要になる。図3は，価値の割引過程を表す関数として**双曲線関数** (hyperbolic function) を示している。この双曲線関数に基づく価値割引過程は，最初は概念的なものであったが，1980年代の終わり頃にハトの価値割引過程について見出され，更に1990年代に入って，ヒトの価値割引過程についても実証されたのである。その後，双曲線関数的割引過程は，学童期（小学生）から，中学生から高校生にわたる青年期，大学生，高齢者において確認されている。

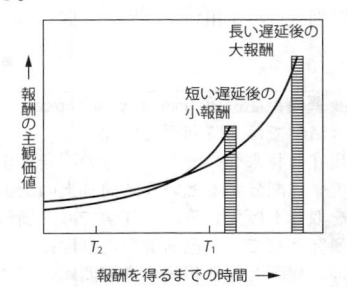

図3 主観的価値の割引過程（伊藤 2005）

双曲線関数は，実際のデータによく当てはまり，また選好逆転の現象も記述できるという点で，経済学で用いられる**指数関数**（exponential function）よりも妥当性があると考えられる。しかし，報酬量により割引率が異なる**報酬量効果**があるとすると，指数関数でも選好逆転を記述することができる。価値割引過程を記述する数理モデルの妥当性は，数理モデルのデータへの当てはまりの程度を表す**決定係数**（r^2）により評価される。

経済学では，財（強化子や報酬）の消費から得られる満足を**効用**（utility）というが，効用は2種類の財の消費量の組み合わせを用い，等しい効用となる財の様々な組み合わせは**無差別曲線**（indifference curve）により表現される。同様に，時間選好研究では，単一の財について，現在の消費量（c_1）と未来の消費量（c_2）の組み合わせについて，無差別曲線分析を行うことになる。この無差別曲線分析から導出される時間選好率により，現在価値と将来価値を表すのである。時間選好率が正の値を取る場合は，未来の消費より現在の消費の方が重視（**正の時間選好**又は**不忍耐**）され，負の値を取る場合は，逆に，現在の消費よりも未来の消費の方が重視（**負の時間選好**）されることを表している。このように，時間選好率とは，言い換えれば**割引率**のことである。

時間選好率を用いて，異時点間におけるある財の効用（価値）を表現すると，指数関数となる。指数関数モデルは，遅延時間のどの時点でも割引率が一定であるという点で，先に述べた双曲線関数モデルの割引過程とは異なっている。異時点間における財の消費配分の問題について，このような指数関数モデルに基づく無差別曲線分析を1930年代に提案したのはサミュエルソンであり，これ以降，経済学では，指数関数モデルに基づく公理的アプローチが取られてきた。1990年代以降は，規範的モデルの予測から逸脱する，選好逆転や報酬量効果等を考慮した割引モデルの修正の試みも幾つか行われている。例えば，ソゾウは，指数関数を前提としたモデルに，遅延の間に報酬獲得を妨げる事象が起きるリスク要因（ハザード率）を導入することで，ハザード率の分布によっては価値割引が双曲線関数的過程となることを，理論的に明らかにしている。

価値割引研究は，基礎的な研究だけではなく，応用分野への適用も試みられている。例えば，心理学では，薬物依存症患者や非行少年の割引率の推定等，自己制御と衝動性の問題への適用や，経済学では健康という資本に対する最適投資の問題を扱う**健康経済学**（health economics）や，医療プログラムの評価を分析する臨床経済学（clinical economics）等，新たな分野への適用が試みられている。

■　■　■

❶▶ 異時点間選択 (intertemporal choice)

経済学では，時間選好研究として，投資の現在と将来への配分や，財の消費を現在と将来に配分するという時間軸上の選択問題を取り上げている。心理学でも，価値割引研究として，自己制御や衝動性に関連する即時報酬と遅延報酬の選択問題が取り上げられている。このような時間軸上の異なる時点における選択問題は，異時点間選択と呼ばれている。遅延報酬（財の将来の消費）については，即時報酬よりも価値が減衰する価値割引が生じることが知られている。異時点間選択は，選択を行う異なる時点における選択肢を構成する遅延時間や，労力等のコスト要因と報酬要因とのトレードオフにより決まると考えられる。

❷▶ 価値割引 (discounting)

遅延される報酬は，即時報酬に比べて価値が減衰する。この現象を価値割引という。価値割引研究では，価値割引の過程を記述する数理モデル（双曲線関数又は指数関数）の同定や，価値割引に影響する報酬量，収入水準，年齢等の要因を明らかにしてきた。遅延報酬の価値割引は時間割引とも呼ばれ，時間割引の程度（時間割引率）は，自己制御や衝動性を定量的に表すものと考えられている。このような価値割引は，報酬の遅延時間だけではなく，報酬の不確実性や他者との報酬の共有という要因によっても生じ，不確実性による割引過程は確率割引，共有による割引過程は社会割引と呼ばれる。これらは，それぞれリスクに対する態度や利己性（利他性）を反映していると考えられる。

❸▶ 価値割引関数 (discounting function)

価値割引の過程を記述する関数について，心理学の価値割引研究では双曲線関数，経済学の時間選好研究では指数関数が用いられているが，データへの当てはまりの程度や，選好逆転，報酬量効果を考慮して妥当な価値割引関数を決める必要がある。図4は，双曲線関数と指数関数に基づいて，遅延時間の関数として報酬の価値割引過程の理論曲線を示している。左図は双曲線関数，右図は指数関数を示している。図中には，割引率 (k) の値による割引過程の変化が示されているが，二つの理論曲線は，遅延時間が短いところでは大きな差はないが，遅延時間が長いところでは逆に，差が大きくなることが分かる。

図中の式において，v は割り引かれた報酬の価値，A は報酬量，D は遅延時間，k は割引率をそれぞれ表す。e は自然対数の底である。

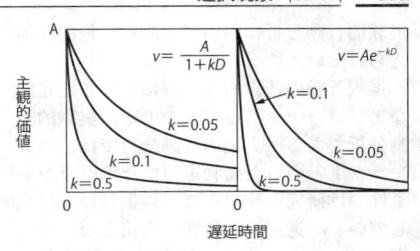

v：割引かれた報酬の価値　A：報酬量　D：遅延時間
k：割引率　e：自然対数の底

図4　双曲線関数と指数関数の理論曲線（伊藤 2005）

$$v = \frac{A}{1+kD} \qquad v = Ae^{-kD}$$

❹▶ 報酬量効果 (reward amount effect)

報酬量が，例えば，千ドルと1万ドルの時，これらの金額を受け取るまでの遅延時間に伴う主観的価値の変化を調べると，千ドルの方が1万ドルよりも割引率が大きくなることが見出されている。この報酬量が小さいほど割引率が大きいという事実を，報酬量効果という。この報酬量効果は，ヒトの仮想の報酬だけでなく，実際の報酬の場合にも認められているが，動物の場合には，必ずしも明瞭な報酬量効果は報告されていない。

〔伊藤正人〕

27-07 ▶ 選択現象

今日のランチで何を食べるのかなど，我々は日常生活の様々な場面で選択にさらされている。明示的に複数の選択肢が提示されていない場合でも，傘を持っていくかどうかという問いのように，ある行動をするもしないも選択と考えれば，全ての行動は選択に関わっているといっても過言ではない。このように選択行動は行動の基本的な側面を扱っているため，様々な学問領域で研究が行われる学際的分野として発展を遂げてきた。心理学では特に行動経済学や

27-07 選択現象

実験的行動分析において，詳細に検討が加えられている。

選択行動の基礎的な過程に関する記述的なアプローチを担ってきたのが，実験的行動分析である。実験的行動分析では，ハトやラットといった動物を用いた**オペラント条件づけ**研究の枠組みで，選択行動を研究している。選択行動研究の端緒となったのが，ハーンシュタインによって1961年に行われた研究である。彼は，二つの反応キイが設置された実験箱で，ハトの選択行動を体系的に測定したところ，一方の選択肢に対する反応の割合が，その選択肢で提示される強化子の割合に一致することを見出した。この現象は**マッチング法則**と名付けられ，その後この法則の成立に影響する様々な要因について多くの研究が積み重ねられることとなった。マッチング法則は，今日では選択行動の基本的な法則として認められるに至っている。

マッチング法則に関して，特に研究者間で多様な論争が繰り広げられてきたのが，なぜマッチング法則が見られるのかという法則の成立要因に関する研究である。これまで数多くの理論が提案されているが，代表的なものとしては，①セッション全体での強化子の最大化を考える**巨視的最大化理論**，②時々刻々の短い時間枠での強化子の最大化を考える**微視的最大化理論**，③強化子を得るためのコストを選択肢間で調整した結果，マッチング法則が得られるとする**逐次改良理論**が挙げられる。いずれの理論も，それぞれの理論が想定する過程の副産物としてマッチング法則が得られると考える点では共通している。また，マッチング法則それ自体が選択行動の説明理論であり，個体はそもそもマッチング法則を満たすように行動すると考える立場もある。

マッチング法則を基礎として，選択に関わる様々な現象が報告されている。例えば，強化子提示までの遅延が変動する場合（長いものも短いものもある）と一定の場合では，平均遅延時間が同じでも，遅延が変動する選択肢が選好される。ほかにも，選択肢数といった選択肢の利用可能性が選好に及ぼす影響については，**自由選択と強制選択場面間の選択**として検討が加えられている。更に短い遅延で得られる小さな報酬と，長い遅延の後に得られる大きな報酬間の選択行動については，**セルフ・コントロール研究**として研究領域が形成されており，そこではセルフ・コントロールを促進する技法や，選択する時点が異なる場合に選好が逆転する**選好逆転現象**等について研究が行われている。

ほかにも，生物学の一分野である行動生態学で扱われてきた採餌行動を，選択行動として位置づけ，オペラント条件づけの手法を用いた実験シミュレーションによって検討する試みも行われている。例えば，平均採餌効率を最大化するように動物は行動することを仮定する**最適採餌理論**からは，どの餌を選択するかについての**最適メニューモデル**や，どの餌場でどのように餌をとるのかについての**最適餌場利用モデル**について実験室研究が行われている。また，動物は自分が置かれた状況に依存してリスク-リスクレス選択肢を切り替える**リスク感応型採餌**について，実験室研究が行われている。

また選択はすぐになされるわけではなく，進路や就職先の決定のように迷いやためらいも当然あるだろう。このような葛藤場面での選択は，**選択における逡巡**として検討が加えられている。動物における逡巡の事例として，ラットが電撃と餌の両方が提示される事態で走路を行き来する行動や，ハトが見本合わせ課題で両方の選択肢を交互に確認する行動が報告されている。また逡巡の過程を取り入れた選択モデルを構築する試みも行われており，例えば，モントゴメリーの優越構造探索モデルは，優

越選択肢を探すあるいはそれを積極的に作り出すことによって，葛藤を回避するプロセスをモデル化している。ほかにも椎名乾平によるREGALモデルは，トヴァスキーのEBAモデルを拡張し，選択肢の絞り込みを再帰的に繰り返すことで逡巡を表現している点に特色がある。

❶▶巨視的最大化理論 (molar maximizing theory)

セッション全体といった，比較的長い時間枠での強化子を最大にするように反応した結果，マッチング法則が得られるとする。生物学や経済学で広く浸透している最適化の原理を用いた理解しやすい理論であるが，動物はそれほど長い時間枠で物事を判断できないという批判があることや，巨視的最大化理論の予測を支持しない実験例が多数報告されている。

❷▶最適餌場利用モデル (optimal patch use model)

行動生態学の最適採餌理論で提案されている採餌モデルの一つで，環境内に複数存在する餌場をどのように利用するかについて焦点を当てたもの。動物は，ある餌場での滞在時間や，ある餌場から次の餌場へ移動のタイミングを調整することで，採餌効率を最大化しようとする。このモデルによれば，現在採餌している餌場の採餌効率が，その環境全体での平均採餌効率まで低下した時に次の餌場に移動することで，平均採餌効率が最大化されると予想する。

❸▶最適メニューモデル (optimal diet model)

行動生態学の最適採餌理論で提案されている採餌モデルの一つで，環境内に複数の餌が存在している場合にどの餌を選択するかについて焦点を当てたもの。動物は，餌の密度や餌から得られるエネルギー，探索時間，処理時間といった餌に関する諸変数との関係で適切な餌を選択することで，採餌効率を最大化しようとする。平均採餌効率を最大化する条件として，①ある餌をとる確率は0か1である，②採餌効率の高いものから順にメニューに含まれる，③ある餌がメニューに含まれるかどうかはその餌の密度とは無関係である，が導き出されている。

❹▶自由選択／強制選択 (free choice/forced choice)

選択肢が一つしか用意されない強制選択場面と，同じ結果をもたらす複数の選択肢が用意された自由選択場面間の選択についての研究。一般に，動物も人間も強制選択場面よりも自由選択場面を選好する。しかし，異なる結果をもたらす選択肢の多さの効果を調べた研究では（例えば，数種類の商品と十数種類の商品），選択肢が多いことは選択に関わる意思決定を鈍らせたり，選択肢についての評価を低めることが分かっている。

❺▶選好逆転 (preference reversal)

セルフ・コントロール研究において異なった時点で選択が求められた場合に，選好が逆転する現象をいう。即時小報酬を選ぶことを衝動性，遅延大報酬を選択することをセルフ・コントロールと呼ぶ。夜就寝する時点では目覚まし時計をセットして，早起きすることを選択しているが，朝起きた時点ではもう少しの睡眠を選択してしまう事例等は，セルフ・コントロールから衝動性への選好逆転である。また，動物は一般に衝動性を示すことが知られているが，両選択肢の前に更に一定時間の遅延を加えた場合，セルフ・コントロールへと選好が逆転することが知られている。選好逆転のメカニズムについては，遅延時間中の強化子の価値割引が双曲線関数に従う場合，両選択肢の価値が遅延期間中に交差するためで

あると説明される。また，ある対象の選択と評価・判断間で傾向が逆転する現象（例えば，賞金額と確率が異なる二つの賭けにおいて，どちらの賭けに参加するかという選択と，それぞれの賭けの評価額の大小が逆転する現象）も選好逆転と呼ばれており，推移律の侵犯事例として行動経済学で研究されている。

❻▶逐次改良理論 (melioration theory)

各選択肢で費やした時間や労力に対する獲得強化子として定義される局所強化率が選択肢間で等しくなるように個体は反応配分を調整し，その結果としてマッチング法則が得られるとする。マッチング関係に至る過程を説明することで，記述的法則に過ぎないと批判されたマッチング法則を補強する役割をもっている。

❼▶微視的最大化理論 (momentary maximizing theory)

反応がなされた瞬間といった時々刻々の短い時間枠での強化子を最大にするように反応した結果，マッチング法則が得られるとする。様々な実験事態での選択行動を広範にわたって説明できる点で優れているが，微視的最大化理論が予測する行動パターンが，実験的に見出されないという研究も報告されている。

❽▶リスク感応型採餌 (risk sensitive foraging)

行動生態学の分野で進展した，餌が確率的に提示される場面での採餌選択を扱ったモデルのこと。餌によって獲得されたエネルギーから諸活動によって消費されたエネルギーを差し引いた収支を考え，エネルギー収支が正の場合，動物はリスクレス選択肢（少量であるが餌の提示確率が1の選択肢）を選好し，エネルギー収支が負の場合は，リスク選択肢（多量であるが餌の提示確率が不確実な選択肢）を選好することが知られている。リスクレス選択肢を選好することを嫌リスク行動，リスク選択肢を選好することを好リスク行動と呼ぶ。

〔井垣竹晴〕

27-08 ▶相互作用

人間の行動は，それが社会の中で行われる以上，直接的あるいは間接的に相互に影響を及ぼし合っている。ある個人の行動は他者の行動に影響を及ぼし，同様に，他者の行動はその個人の行動に影響を及ぼす。こうした社会的な相互作用 (interaction) を数理的に分析する理論として，ゲーム理論がある。ゲーム理論は，ノイマンとモルゲンシュテルンの『ゲームの理論と経済行動』が発表されて以降，経済学を中心に発展が遂げられた。近年では，政治学，心理学，経営学，社会学，生物学，工学等，多様な学問分野において，様々な研究が盛んに進められている。

最もシンプルなゲームの一つとしてジャンケンを考えよう。各参加者(**プレイヤー**)は相手に勝つことを目的として，自分の行動（グー，チョキ，パー）を決めるが，その行動の計画を**戦略** (strategy) と呼ぶ。例えば，「最初にグーを出し，次にパーを出して……」などの計画が戦略である。全てのプレイヤーがそれぞれの戦略に従って行動した結果，各プレイヤーはその結果に応じて**利得** (payoff) を得る。ジャンケンでも，通常，その勝ち負けに応じて何かしら損得が決まる。ゲーム理論では，一般に，プレイヤーの**合理性**が仮定され，プレイヤーは，他のプレイヤーの行動を可能な限り推論し，自分の利得の最大化を目指して戦略を決定することが想定される。こうした想定の下，プレイヤーがどのような行動を選択するかは**ゲームの解**として規定される。

ゲーム理論は，**協力ゲーム**の理論と**非協力ゲーム**の理論に大別される。協力ゲームの理論は，プレイヤー間の協力を前提とし，プレイヤーの間でどのような提携や利得配分が実現されるかを分析する。これまで提携形成や利得配分に関する数多くの解概念が提案され，その存在と性質を解明する研究が行われてきた。一方，非協力ゲームの理論は，プレイヤー間の協力を前提とせず，個々のプレイヤーの行動や意思決定を分析する。この理論では，プレイヤーのどのような戦略の組み合わせが戦略的に安定的であるか，あるいは合理的であるかが検討される。ナッシュは，非協力ゲームの解として**ナッシュ均衡**を提示し，その存在を証明しており，この研究によって非協力ゲームの基礎が確立された。これまで，社会における様々な相互作用がゲーム理論を用いて分析されてきた。その中でも，**囚人のジレンマゲーム**（図5）は，経済学者，社会心理学者，政治学者をはじめ，多くの研究者の注目を集めてきた。囚人のジレンマゲームでは，人々がどのようにして協力するかが検討される。政治学者アクセルロッドが行った有名な実験は，囚人のジレンマを繰り返し行う状況では，**応報戦略**が長期的に見て最も高い利得を挙げることを報告している。この結果は，**互恵性の原理**に基づいて協力関係の起源を説明できることを示しており，進化心理学や生物学の分野にも大きな影響を及ぼした。アクセルロッドの研究以降も，進化ゲーム理論やコンピュータ・シミュレーションを用いて，社会における協力行動の進化のメカニズムを探求する研究が盛んに行われている。

ヴァーノン＝スミスらが実験経済学の基礎を築いて以降，ゲーム理論の分野においても，**実験ゲーム**（experimental game）を用いた研究が盛んに行われている。このアプローチでは，実験参加者の選好等の要因を統制し，そこで参加者がどのように行動するかを観察することにより，ゲーム理論の仮説が実験的に検証される。そして，理論的予想と異なる実験結果が得られた場合，その差異を生み出した原因を解き明かし，経験的基礎づけを伴った，より現実的（realistic）で一般性（generality）の高い理論の構築が目指される。これまで，**最後通牒ゲーム**や**公共財供給ゲーム**等を用いて，利己的で合理的なプレイヤーを想定する伝統的なゲーム理論の予測とは異なる実験結果が数多く得られており，ゲーム理論の新しい展開が期待される。

■ ■ ■

❶▶ 応報戦略（tit-for-tat strategy）

囚人のジレンマゲームを繰り返し行う状況において，①最初は協力行動をとる，②それ以降は，相手が協力行動をとれば自分も協力行動をとり，相手が裏切り行動をとれば，自分も裏切り行動をとる，という戦略のこと。アクセルロッドは，世界中の数学者やゲーム理論家等に対して囚人のジレンマを繰り返し行い，その中で最も高い利益を得ることができる戦略を募集し，これらの戦略を互いにトーナメント形式で繰り返し競い合わせた。その結果，最も高い利得を挙げた戦略が応報戦略であった。

❷▶ 協力ゲーム（cooperative game）

プレイヤー間で拘束力のある合意が可能であるゲームのこと。プレイヤーが提携，結託，共謀等の協力関係を形成することが前提とされる。協力ゲームの表現方法として，交渉ゲームや提携形成ゲーム等がある。協力ゲームの理論では，多くの解概念が提案されており，代表的なものとして，安定集合，交渉集合，コア，カーネル，仁，シャープレイ値等が挙げられる。ナッシュ・プログラムのように，協力の問題を非

協力ゲームによって基礎づける試みも進められている。

❸ ▶ 公共財供給ゲーム (public good provision game)

誰か一人が公共財に資金を拠出したら、他の誰もが資金を拠出することなく、公共財を利用することができる一方、誰も資金を拠出しなければ、誰も公共財を利用できないようなゲームのこと。通常のゲーム理論では、どのプレイヤーも資金を拠出しない結果が予想されるが、このゲームを用いた実験では、少なからぬ実験参加者が、公共財に一定額を拠出するという結果が確認されている。

❹ ▶ 最後通牒ゲーム (ultimatum game)

一方のプレイヤー（提案者）が実行可能な配分から一つを提案し、もう一方のプレイヤー（受け手）がそれを受け入れれば提案通りの配分が実現し、拒絶すれば両者共に何も与えられない、というゲーム。通常のゲーム理論の予測では、提案者が限りなくゼロに近い配分を受け手に対して提案し、受け手は、それがゼロでない限りその提案を受け入れる。しかし、このゲームを用いた多くの実験では、実験参加者が互いにほぼ半分ずつの配分を分け合う行動が観察されている。

❺ ▶ 囚人のジレンマ (prisoner's dilemma)

二人の囚人がある犯罪の共犯者として収監されており、検事の取調べを受けている。ここで、双方とも黙秘すれば、双方とも懲役1年の刑で済み、双方とも自白すれば、双方とも懲役10年の刑を受ける。一方、片方が自白し、もう片方が黙秘すれば、自白した方は不起訴処分となるが、黙秘した方は無期懲役となる。二人の囚人の間では、黙秘が協力行動、自白が裏切り行動を表している。このように、黙秘（協力）と自白（裏切り）のいずれかを選択しなければならない状況を、一般に囚人のジレンマと呼ぶ（図5）。囚人のジレンマは、人々

がなぜ、いかにして協力するのかという問題を扱っている。

		囚人Bの選択肢	
		黙秘（協力）	自白（非協力）
囚人Aの選択肢	黙秘（協力）	1年 / 1年	不起訴 / 無期
	自白（非協力）	無期 / 不起訴	10年 / 10年

左下が囚人Aにとっての結果、右上が囚人Bにとっての結果を表す。

図5 囚人のジレンマゲーム

❻ ▶ 進化ゲーム理論 (evolutionary game theory)

多数のプレイヤーからなる集団内において、通常はランダム・マッチングによって、ゲームのプレイが繰り返し行われる状況を想定し、進化的淘汰のプロセスを通じて、集団内の戦略の分布がどのように変化し、安定するかを分析するための理論のこと。通常のゲーム理論と異なり、プレイヤーの限定合理性が仮定され、プレイヤーは自分の戦略をあたかも遺伝的にプログラム化されているかのように行動することが想定されている。

❼ ▶ ナッシュ均衡 (Nash equilibrium)

各プレイヤーの戦略が、他のプレイヤーの戦略を所与として、自らの利得を最大化する最適な反応となっているような戦略の組み合わせをいう。ナッシュ均衡においては、各プレイヤーは自分の戦略を変更しても高い利得を得ることはできない。そのため、ナッシュ均衡では、全てのプレイヤーが自分の戦略を変更する誘因をもたず、自己拘束的で、安定的な状態が実現する。

❽ ▶ 非協力ゲーム (noncooperative game)

プレイヤー間で拘束力のある合意が可能でないゲームのこと。プレイヤーはそれぞれ独立に戦略を決定できることが前提とされる。非協力ゲームの表現方法として、戦略型ゲームや展開型ゲーム等がある。非協

力ゲームの解概念としてナッシュ均衡が代表的であるが，1960年中期以降，ゼルテンやハルサニを中心に，展開型ゲームにおけるナッシュ均衡の問題が検討され，部分ゲーム完全均衡，完全均衡，逐次均衡等の概念が提案されており，ナッシュ均衡の精緻化が進められている。

〔羽鳥剛史〕

27-09 ▶ 経済現象

行動経済学は，経済現象（economic phenomenon）を解明し，経済政策への示唆を行うことも，その目標としている。伝統的経済学は，有限にしかない資源からいかに生産を行い，分配をするかについて研究する学問であり，経済現象の解明を意図し，理論的分析及び実証的分析から経済現象の解明を行ってきていた。しかし，伝統的経済学では，いわゆる「合理的経済人」の仮定のもとに，人々の合理性を仮定した経済現象の解明を行っていることが多かった。近年では，こうした反省のもとに，心理学のように実験を行うことによって経済現象に関する理論的仮説を検討する**実験経済学**（experimental economics）という分野ができ，また，心理学者のカーネマンが2002年にノーベル経済学賞を受賞してから，**行動経済学**という用語も広まっている。他方，**マーケティング**や**消費者心理学**（consumer psychology）等の経営科学的志向の強い学問において，**消費者行動**（consumer behavior）に関する経済現象が実証的に検討されており，行動経済学の研究と統合されつつある。

経済現象の解明の基礎概念として伝統的経済学でもよく用いられる，効用（utility）概念についても，これまでの実証的研究はその背後にある合理性の仮定に疑問を投げかけている。例えば，序数効用の表現に必要十分な基本的性質として，**比較可能性**（comparability）と**推移性**（transibility）とがあるが，これらについても，多くの人々の意思決定は満たしていないという知見もある。比較可能性というのは，選択肢の選好に関して比較が可能だという性質であり，推移性とは，二つの選択肢間の関係であり，例えば，選択肢AよりBが選好し，BよりCを選好するなら，CよりAを選好するというような一貫した選好関係の性質のことである。比較可能性もしくは推移性を人々が満たさないということは，効用値の最大な選択肢を選ぶという**効用最大化**（utility maximization）を人々が行っていないことに等しい。

人々の意思決定には，**選好逆転**（preference reversal）といって，選好表明の手続きによって選好が逆転することはないという**手続不変性**（procedural invariance）を逸脱する現象もあり，この現象は伝統的な効用理論の考えでは説明できない。選好逆転現象が生じるということは，実社会で用いられている**WTP**の手法等に矛盾が生じることを示唆している。また，選好逆転現象が生じるということは，経済現象を説明する場合に，合理的な意思決定者を仮定することはできず，経済現象の背後にある心理的側面を考慮しなければならないことを示唆している。

これまでの行動経済学の実験研究では，プロスペクト理論に基づく研究等に示されるように，人々が，損失を受けるとリスク志向的になり，利得を得るとリスク回避的になるという**反射効果**（reflection effect）が見出されている。株式市場で，このような反射効果を示すと解釈される現象が観察されている。利益が出ている時の株の保有期間が，損失が出ている時の保有期間の中

央値よりも短いという知見があり，投資家が，利益が出ているとリスク回避的になり株を早く売却し，損失が出ているとリスク志向的になり株を長く保有する傾向があることを示している。このような投資行動のパターンは，ファイナンスの分野では，**処分効果**（disposition effect）として知られている。この処分効果は，ファイナンスの分野だけでなく，住宅市場においても見出されている。すなわち，住宅の所有者が住宅価格の下降に伴って損をしている時は，家を売却しないで保有する期間が長くなってしまうという現象が報告されており，この現象は処分効果から説明されているのである。

■　■　■

❶ ▶ ギャンブラーの誤謬 (gambler's fallacy)

ギャンブラーの誤謬は，歪みのないコインを続けて投げる場合のように，互いに独立な確率事象が繰り返される状況で起こる。歪みのないコインを投げて過去に10回続けて表が出たとしても，過去の事象とこれからの事象は独立なので，裏が出る確率は1/2である。しかし，我々はしばしば「そろそろ裏が出るはずだ」という錯覚を覚える。これがギャンブラーの誤謬である。〔川西　諭〕

❷ ▶ 合理的経済人 (economic man/homo economicus)

古典派等の伝統的経済学において，仮定されている人間像であり，自己利益を最大化しようと選択，行動する人間である。しばしば，この合理的経済人の概念は，行動経済学による人間行動の観察結果と異なると指摘されている。〔川西　諭〕

❸ ▶ 店舗内消費者行動 (instore consumer behavior)

店舗内消費者行動とは，店頭や店内での消費者行動のことであるが，この研究は，1935年に始まるデュポン社の消費者購買習慣研究（consumer buying habits study）にまで遡ることができる。デュポン社の調査で代表的なものは非計画購買に関する研究であり，かなりの割合の消費者が，あらかじめどのような商品を購入するかを決定しておらず，店舗内で意思決定をしていることを見出している。どのような店舗内消費者行動をするかは，マーケティング活動にとって重要である。

❹ ▶ 投資家の判断バイアス

投資は現在の資源を犠牲にすることで，将来の資源を獲得しようとする行為，すなわち異時点間の意思決定であるため，投資家の判断にはバイアスが生じやすい。

過去の株価の動きから将来の株価変動を予測することは困難であるにもかかわらず，それが可能だと過信してしまう自信過剰傾向。新しい企業情報に対して企業評価を瞬時に変更できない過小反応傾向。長期的に良い（又は悪い）パフォーマンスが継続すると，極端な企業評価をしてしまう過剰反応傾向。購入した株式の価格が買値よりも下がると株を売却できなくなったり，買い増してしまったり（この行為は難平買いと呼ばれる）して，サンクコストの誤謬と呼ばれる典型的な不合理行動をしてしまう傾向。その他，自分の勤めている会社の株や知っている会社の株にしか投資しない不完全な分散化や，過度にリスク投資を恐れる傾向などが知られている。

〔川西　諭〕

❺ ▶ バンドワゴン効果 (bandwagon effect)

バンドワゴン効果とは，ある出来事や商品等の選択肢が，多数者に選ばれている，あるいは流行しているという情報が流れることによって，その選択肢への支持がよりいっそう強固になる現象のことである。消費者の流行現象，有権者の投票行動等の説

❻ ▶ 4P戦略 (4P strategy)

マーケティングでは，①製品 (product)，②価格 (price)，③流通 (place/distribution)，④プロモーション (promotion) の四つの要因を組み合わせて，具体的な戦略を立てることが一般的である。これらの四つの側面が，英語の頭文字をとって4Pと呼ばれているのである。マーケティングの実務家は，これらの4Pの要因等を組み合わせたマーケティング・ミックス (marketing mix) を行って，マーケティング活動をしている。

❼ ▶ マーケティング (marketing)

マーケティングとは，アメリカ・マーケティング協会の2007年の定義によると，「顧客，クライアント，パートナー，社会全体にとって，価値のある提供物を，創造，伝達，配達，交換するための活動であり，一連の制度，及びプロセスである」とされる。この定義はかなり広範囲な活動を指しているが，実際には，企業や公共組織が行う4P戦略に基づく活動やそれに関する学問体系を指すことが多い。

〔竹村和久〕

27-10 ▶ 神経経済学

古典的な経済学では，意思決定者は個人の利得を最大限になるように"合理的"に振る舞うと想定してきており，経済政策や社会政策もこの伝統的な考え方を中心に考えられてきた。しかし，実際の人間の行動は，必ずしも"合理的"ではなく，時に宝くじを購入したり，寄付や協力行為を行ったりする。このように血の通った人間においては情動・同情・モラル・公平感・使命感等も意思決定に重要な役割を担っているということは，古くから賢人より指摘されてきた。実際の人間においては非合理あるいは限定的に合理的な意思決定がしばしばなされることを実証的に示してきたのが，行動経済学・実験経済学である。その後，**機能的磁気共鳴画像法** (fMRI) を中心とした非侵襲的脳イメージングの流布や，実験パラダイムの精緻化により，神経科学者以外の研究者が，神経科学の分野に参入し，神経科学と経済学とが融合し，神経経済学が興隆し，非合理あるいは限定的に合理的な意思決定の神経基盤が明らかになりつつある。

古典的な経済理論が想定するような合理的な意思決定というのは，熟慮的な思考や判断ともいえる。このような熟慮的な思考や判断は，主に前頭葉を中心とした大脳皮質が重要な役割を担っている。一方，非合理あるいは限定的に合理的な意思決定に影響を及ぼす情動・同情・モラル・公平感といった精神活動には，大脳皮質より深部の皮質下の脳構造が重要な役割を担っていることが分かってきた。fMRIが広く流布する以前からも人間の意思決定に関連する脳活動を測定する研究はなされていたが，主に脳波による測定であった。脳波は空間解像度が高くない上，頭皮の表面から遠い大脳皮質下の脳構造の活動測定には適さない。一方，fMRIは，空間解像度は脳波に優り，大脳皮質下の脳構造の活動測定にも向いている。このような理由で，fMRIを用いた神経経済学は，非合理あるいは限定的に合理的な意思決定をテーマとするものが多い。いうまでもなく，熟慮的な思考や判断も意思決定に重要であり，研究の目的によっては，脳波が神経経済学研究の領域で有用であることも多い。

神経経済学と脳部位を考えた時に，様々な経済的あるいは社会的意思決定の神経経

済学研究において最も報告されているのが，報酬系と呼ばれるネットワークである。**動物の報酬系と選択に関する先行の神経生理学的研究から神経伝達物質の一つであるドーパミン**が，報酬に関連した信号をコードしているらしいという事実が知られていた。ドーパミン神経は中脳から脳全体に投射するが，そのなかでも線条体が最も投射を豊かに受けている。動物実験で確認されていた食べ物等の一次報酬に加え，金銭報酬，更には社会的な報酬に対しても報酬系と呼ばれるネットワークが共通に中心的な役割を担っていることが分かってきた。ゲーム理論等を応用し，社会的，対人的状況における意思決定を検討する**相互作用の神経経済学**は，人間の社会行動を検討する社会神経科学の重要な一領域である。

ドーパミンに次いで，神経経済学において比較的研究されている神経伝達物質としては**セロトニン**が挙げられ，時間割引や衝動性等，**時間選好の神経経済学**と呼ばれる領域を中心に研究が進められている。今後，fMRIで得られる脳局所の活動の情報だけでなく，ドーパミンやセロトニンといった神経伝達物質をポジトロン断層撮像法（PET）等の分子イメージングの技術を利用して定量し，意思決定における脳局所の神経伝達物質の役割を検討する研究や，精神・神経疾患において認められる意思決定障害の客観的な評価や薬物治療に応用されると期待される。

■　■　■

❶▶時間選好の神経経済学 (neuroeconomics of intertemporal choice)

経済学やファイナンスにおいても，利子といったように時間のファクターが意思決定や選好形成に影響を与えるため，時間選好は古くから研究されているテーマである。一方，行動学，生物学では，動物に対して，目の前の食べ物や報酬に飛びつくか，少し待ってより大きな報酬を得るかといった選択課題を利用した研究が行われてきた。目の前の食べ物や報酬に飛びつく傾向をより心理学的に表現すれば，衝動性ともいえる。経済学では時間割引といった用語が使用される。経済学，行動学それぞれで検討されていた対象を，神経科学をハブとして時間選好の神経経済学として発展してきた。衝動をコントロールしたり，将来のことを見据える能力には，前頭前野が重要と考えられる。また，神経伝達物質としては，セロトニンが衝動性や時間選好に深く関わっているという仮説を支持する動物，人間を対象とした神経経済学的研究が報告されてきている。

❷▶神経経済学と脳部位 (neuroeconomics and brain regions)

ドーパミン神経系は報酬系（図6）とも呼ばれ，神経経済学においては中心的なネットワークである。ドーパミン神経は中脳に起始核が存在し，中脳の中でも特に腹側被蓋野と呼ばれる部位から線条体や大脳皮質へ投射する系が，報酬系として重要である。線条体の中では腹側線条体，大脳皮質の中では腹側内側前頭前野が，刺激の価値判断に重要な役割を担っていると考えられている。また，モラルや不公平性といった意思決定に影響を及ぼす要素には情動の関与が指摘され，恐怖や嫌悪といった陰性の感情の脳内過程で重要な役割を担う扁桃体や島皮質といった脳部位も，神経経済学研究でしばしば目にする脳部位である。背側前頭前野は，熟慮的で合目的的な判断をする際に重要である。物質的な痛み（罰）と社会的な痛み（罰）（共感する痛みも含む）の脳内処理過程には，共通する面も多いことが分かってきており，前部帯状回や前部島皮質も神経経済学でしばしば報告される

脳部位である。

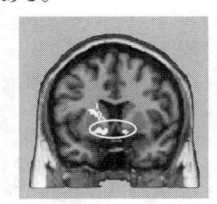

白丸の中が腹側線条体である。
図6 報酬系の構造

❸ ▶ 相互作用の神経経済学 (neuroeconomics of interaction)

利他行為，協力行為，報復行為，妨害行為，寄付，共感といった人間の非合理な意思決定は，特に社会的な状況でしばしば観察される。ゲーム理論や対人的な経済ゲームを用いた神経経済学的研究は，社会的な状況での意思決定（社会的意思決定）の脳内過程を検討するには有用であり，人間の社会行動を検討する社会神経科学の重要な一領域である。特に，利他行為，協力行為等個人的にはコストを支払う行為でも，報酬系の活動が高まることが報告され，心理的に心地良いこのような行為の神経基盤が明らかになってきた。従来は，コンピュータ・モニター上の仮想の対人相手にゲームを対戦する，一人の被験者の脳活動を計測する fMRI がほとんどであったが，今後は2台の MRI を通信でつなぎ，対戦する二人の脳活動を同時に計測する研究や，三人以上のプレーヤーが登場するゲーム等より，現実的，あるいは複雑な社会状況下の意思決定に関する神経経済学が発展していくものと考えられる。

❹ ▶ 動物の報酬系と選択 (reward system in animal and choice)

fMRI の登場により，人間を対象に非侵襲的に脳活動を測定できるようになる以前から，動物を対象にした報酬や意思決定に関わる行動学的，薬理学的，神経生理学的研究の膨大な蓄積があった。動物時間から得られた知見や理論を人間で検証した形の研究も少なくない。その中でも特にシュルツらが，サルの実験で中脳のドーパミンニューロンの電気活動を記録し，ドーパミンニューロンが報酬予測誤差信号をコードしている可能性を示して以来，人間においてもドーパミンが強化学習に極めて重要な役割を担っていることを示す神経経済学的研究が報告されている。

〔高橋英彦〕

人名篇

アイゼンク[Eysenck, Hans Jürgen, 1916~97] イギリスの心理学者。第二次世界大戦中は、ミル・ヒルの救急病院で心理学者として働き1955年にはロンドン大学心理学教授に任命され、同大学のモーズレイ及びロイヤル・ベツレヘム病院の精神医学部心理学研究室の主宰者となり、多くの研究者を率いてぼう大な研究業績を次々に発表。彼の研究領域の中心は、パーソナリティの実験的研究にあるが、初期の研究にはパーソナリティの因子分析(内向-外向、情緒不安定性ないし神経質傾向)のほか、社会的態度の因子分析(軟心-硬心、保守-革新)や政治心理学があり、1950年代後半以後は、実験心理学的手法による異常心理、臨床心理の研究、精神分析に対する痛烈な批判と、条件づけの学習理論に基づいた行動療法の推進等に、もっぱら力を注いだ。MPI(モーズレイ性格検査)は彼の作製したものである。
【著書】*Dimension of personality*, 1949. *Behaviour therapy and the neuroses*, (ed.) 1960. *Eysenck personality inventory*, 1964.

アイヒホルン[Aichhorn, August, 1878~49] ウィーンに生まれる。精神分析学を非行少年や犯罪者の教育・矯正に応用する道を開き、精神分析的教育学の創設者となった。第二次世界大戦後はフロイトの後を継いで、ウィーン精神分析学協会の第二代目の会長になった。
【著書】*Verwahrloste Jugend: Die Psychoanalyse in der Fürsorge-erziehung*, 1920.

アイブル=アイベスフェルト[Eibl-Eibesfeldt, Irenäus, 1928~] ウィーンに生まれる。オーストリアの動物行動学者。ウィーン大学で動物学を学ぶ。ミュンヘン大学にて動物学の教授。動物行動学の泰斗、ローレンツに師事し、当初は脊椎動物、特に哺乳類に関してのコミュニケーション行動や個体発生の研究を行った。後にヒトを対象にした研究を行うことになり、その意味でヒューマンエソロジーの創始者であるともいえる。ヒトの育児の研究を行い、母親と子どもの間に交わされる情緒的なコミュニケーション(基本的信頼の関係)が、子どもが後に人間相互の連帯や愛のきずなを築く際の、生物学的な素地になっていると指摘した。更に聴覚又は視覚障害をもって生まれた人の表現行動や、文化交流に関する行動の研究を行った。
【著書】*Grundriss der Vergleichenden Verhaltensforschung Ethologie*, 1975. (邦訳『比較行動学』1978-79).

アーガイル[Argyle, Michael, 1925~2002] イギリスの社会心理学者。社会心理学の様々な分野の研究に従事しているが、特に社会的相互作用の実験的研究と、その現実の社会的問題への適用に深い関心を示していた。なかでも、コミュニケーション過程における目と目の接触と視線の方向に関する実験的研究と、モーター・スキルの機制と類比させて効果的な社会的相互作用を社会的スキルとして捉える考想は、独創的な寄与といえよう。幸福や社会階層に関する研究も行った。
【著書】*The psychology of interpersonal behaviour*, 1967, 1978[3]. *The psychology of happiness*, 1987.

アスペルガー[Asperger, Hans, 1906~80] オーストリアの小児科医。農家に生まれ、幼少時代は語学に優れた才能を発揮したものの、スポーツの才能はなく、また同年輩の仲間たちからは距離をとっていた。ウィーン大学医学部卒後、ウィーン大学病院小児科・治療教育部門の運営を任される。1938年に彼は、異常だとされる子どもは決して劣っているわけではないという趣旨の講演を行い、それを「心的異常児」として発表した。この中に自閉症スペクトラムの子どもたちについても記述がある。その後、1944年に「子

どもの自閉性精神病質」というタイトルの論文を発表した。彼によれば，「自閉性精神病質」は生物学的要因の関与が大きいものの，精神病の範疇に入るというよりは性格の偏りである。彼の考えは長く埋もれていたままで，彼の死後，1981年にウィングによって"再発見"されることでアスペルガーの業績の見直しが進み，自閉症の理解が進んだ。
【著書】Das psychisch abnorme Kind, *Wiener klinische Wochenschrift*, 49, 1-12 (The mentally abnormal child, *Viennese Clinical Weekly*, 49.), 1938. Die Autistischen Psychopathen im Kindesalter, *Archiv fur Psychiatrie und Nervenkrankheiten*, 117, 76-136, 1944.

アッシュ [Asch, Solomon Eliot, 1907~96] ポーランドのワルシャワに生まれ，13歳の時アメリカに渡る。ウェルトハイマー，ケーラーのゲシュタルト理論の影響を強く受けた社会心理学者。他人についての印象形成の研究は，人の知覚の研究の端緒を作り，暗示を認知的再構造化の問題として捉え，また多数の意見の影響力に関する実験的研究は，全て社会心理学の実験的方法を開拓したものとして有名である。 
【著書】*Social psychology*, 1952.

アッハ [Ach, Narziss Kasper, 1871~1946] ドイツの心理学者。意志の実験的研究を行い，ヴュルツブルク学派の立て看板ともいうべき組織的実験的内観法を完成し，それによって，思考の決定要素である無心像的な意識性 (Bewusstheit) の概念や，態度の概念の先駆となった決定傾向 (determinierende Tendenz) の考えを提唱した。
【著書】*Über die Determinationspsychologie*, 1993.

アトキンソン [Atkinson, John William, 1923~2003] イリノイに生まれる。1950年に投影法による達成動機の研究で学位を得る。1950年代には，主としてレヴィンの要求水準に基づいたモチベーションの理論が展開されるが，グッゲンハイムの研究員になった時，カートライトを知るようになり，モチベーションを活動の変化として捉えるようになった。1960年代にはバーチとの共同研究によって，活動の変化，その時間的過程を数学的に処理するモチベーションの理論を再構築した。
【著書】*A theory of achievement motivation*, (eds. with N. T. Feather) 1966. *On personality, motivation, and achievement*, (with J. O. Raynor) 1978.

アトキンソン [Atkinson, Richard Chatham, 1929~] イリノイに生まれる。主として信号検出や弁別学習等の研究を行う。1961年にスタンフォード大学から准教授として迎えられ，前後してエステズ，サッピスらもスタンフォードに集まり，そこで学習や知覚の数学的モデルの研究が行われた。他方，児童の教育に関心をもち，コンピュータを利用し，学習の最適化の問題に取り組む。1967年にはヒルガードの『心理学入門』の共著者となり，心理学の全般にわたり，他の科学との関連をも考えるようになる。 
【著書】*Introduction to psychology*, 4th ed. (with E. R. Hilgard) 1967.

アドラー [Adler, Alfred, 1870~1937] 精神分析学者。ウィーン生まれ。病気がちの子ども時代を過ごす。また，長兄との間に激しい競争関係があった。こういう経験

が彼のその後の人間観に大きく影響している。フロイトの仲間に加わり，1902～11 年までウィーン精神分析学協会の仕事に携わるが，その間フロイトとの間に根本的な意見の相違が生じた。性欲説を批判し，その他の点でも精神分析的立場から離れたので，自身で「個人心理学」の仲間による集まりを作ることになった。第一次世界大戦後，児童のガイダンスに興味をもつようになり，ウィーンの学校制度として児童ガイダンスの診療所を作った。1935 年ナチスの脅威を感じてアメリカに移る。アドラーは生涯を通じて社交性に富んだ人柄であり，いつも周囲の人々を魅了した。今日でも，世界各国で個人心理学は活発に展開しており，教育界等にはその支持者が少なくない。
【著書】*Praxis und Theorie der Individual-Psychologie*, 1918.

アドルノ [Adorno, Theodor Wiesengrund, 1903~69] ドイツの哲学者，社会学者。哲学と音楽を専攻し，1933 年にナチスに追われるまで，音楽雑誌の編集者や作曲家として活躍し，また母校のフランクフルト大学で哲学の講師を務め，音楽史学に新境地を開いた。第二次世界大戦中にアメリカに渡り，カリフォルニア大学で，ブランズウィク，レヴィンソン，サンフォードらと共に，有名な権威主義的性格の研究を行った。戦後はドイツに復帰，1950 年にはフランクフルト大学教授となり，イデオロギー論や音楽史の分野で健筆を振るった。
【著書】*The authoritarian personality*, (with E. Frenkel-Brunswik, D. J. Levinson, & R. N. Sanford) 1950.

アナスタシー [Anastasi, Anne, 1908~2001] ニューヨークに生まれる。高校を 2 カ月で退学し，大学入学資格をとって，1924 年バーナード・カレッジに入学。小学校の時から得意であった数学を専攻するが，ホリングワースの発達心理学を聴講し，スピアマンの論文を読むようになり，心理学に関心をもつ。1946 年フォーダム大学の教授となる。心理学的検査の原理と用法について検討を重ねた。
【著書】*Differential psychology*, 1937, 1958[3]. *Psychological testing*, 1954, 1990[6].

アブラハム [Abraham, Karl, 1877~1925] 先駆的な精神分析学者の一人。ブレーメンに生まれる。チューリッヒ大学の精神科の助手としてブロイラーのもとで働き，ブロイラー，ユングを通してフロイトの研究を知る。以後，フロイトの協力者として精神分析の発展に尽くした。研究は多方面にわたるが，性格の発達に関する研究が多い。
【著書】*Clinical papers and essays on psychoanalysis*, 1955.

アリストテレス [Aristotle ; Aristoteles ; Aristote, B.C. 384~322] ギリシャの哲学者。マケドニアに生まれる。プラトンに学び (B.C. 366～47)，アレキサンダー大王の教師となり (B.C. 343～36)，B.C. 335 にはアテネ郊外にペリパトス派（逍遙学派）を立てた。その頃までの知識を一つの体系に集大成した，極めて包括的な思想家である。彼の心理学（精神論）は心の問題を最初に取り上げたものだといえる。心は身体の生命原理であり，栄養と生産を営む植物相，更に知覚と努力（快と不快に支配される）と運動とを加えた動物相，それに理性を加えた人間の相とが区別される。精神の発達は，感覚，知覚，空想，記憶，回想，経験，認識の順に進むが，これは質料から形相への歩みでもあり，白紙の心から創造的精神への発展でもある。

アレン［Allen, Frederick H., 1890~1964］1925年フィラデルフィア児童ガイダンス・クリニックの所長になり、ペンシルベニア大学精神医学教授等の職につく。ランクの影響を受け、人は独立を求め、自己を表現し、主張しようとするものと考え、クライエントに解釈や忠告を与えず、クライエントの自発的な活動を奨励する心理療法を試みた。
【著書】*Psychotherapy with children*, 1942.

アンダーウッド［Underwood, Benton J., 1915~94］アイオワに生まれる。1946年ノースウェスタン大学に職を得る。その頃ハント、リンズレイもノースウェスタンに来る。実験的研究の方法論、学習における干渉の問題等について多くの研究が試みられている。
【著書】*Experimental psychology*, 1949, 1966^2.

アンダーソン［Anderson, John Robert, 1947~ ］アメリカの心理学者、計算機科学者。カナダのバンクーバーに生まれる。ブリティッシュコロンビア大学で芸術と科学を学び卒業。カーネギーメロン大学教授。コンピュータをモデルとした人間の認知システムの理論（認知アーキテクチャ）の開発を行う。バウアーとHAM理論を開発した。これを拡張する中で、宣言的記憶のみでなく手続き記憶について扱い、それらの相互作用を組み込んだACT理論を提唱した。1990年代には、ACTの曖昧さを改善したACT-R理論を開発した。
【著書】*Human associative memory*, (with G. H. Bower) 1973. *Rules of mind*, 1993.

アンナ・O［Anna O. 1859~1936, 本名：Bertha Pappenheim（パッペンハイム）］ウィーンに生まれる。神経症患者として、ブロイアーの元でヒステリー症状の治療を受け、フロイトの精神分析の着想の元となった症例として有名。後に、本名が分かり、社会活動家・フェミニストとして活躍したことが明らかになった。ユダヤ人少女孤児院の院長を長く務め、ユダヤ婦人連盟の設立者でもあった。

イエルムスレウ［Hjelmslev, Lowis, 1899~1965］コペンハーゲンに生まれる。その学風はソシュールの言語学の影響を強く受け、新ソシュール主義ともいわれる。今日の構造主義言語学の意味での構造という概念を明確にした。第二次世界大戦中は数学的抽象化に関し、機械翻訳に関係した新しい研究分野を開拓した。
【著書】*La Catégorie des cas*, Ⅰ, Ⅱ, 1935. *Prolegomena to a theory of language*, (原著1943) 1953. *Essais linguistiques*, 1959. *Language: An introduction*, (原著1957) 1970.

イェンシュ［Jaensch, Erick Rudolf, 1883~1940］ドイツの心理学者。ミュラーのもとで空間知覚の実験現象学的研究を行った。その意味でゲシュタルト心理学者の先駆者の一人といわれるが、直観像に注目した性格の類型論でも有名。彼は、心理学の目的は性格及び集団の多様性を探究し、整理することにあるとし、民族学、人類学への関心をも示した。
【著書】*Die Eidetik und die typologische Forshungsmethode*, 1925.

イザード［Izard, Carroll Ellis, 1924~ ］アメリカの感情心理学者、発達心理学者。シラキュース大学で博士号を得る。デラウェア大学教授。感情とは人類が適応課題に対処するために進化させたものであるという立場から、感情と認知の相互作用を重視した発達的な心理学研究を展開している。最近は、感情的な側面を重視することで子どもの問題行動に対する予防的介入を行うための研究も行っている。
【著書】*Human emotions*, 1977.

ヴァーノン［Vernon, Magdalen D., 1901~91］イギリスの心理学者。ケンブリッジ大学において産業心理学の研究に従事した。
【著書】*Visual perception*, 1937.

ヴァルシナー［Valsiner, Jaan, 1951~　］エストニアに生まれ、アメリカとデンマークで活躍する文化心理学者。旧ソ連支配下のエストニアのタータ大学で博士号を得る。同大学助教となるが、活躍の地を求めて亡命し、ドイツで一時助教をした後、アメリカに移動。ノースカロライナ大学、クラーク大学を経てデンマークのオールボー大学教授。エストニアは歴史的に、デンマーク、ドイツ、ソ連の支配下にあったことがあり、多言語に習熟している。アメリカに移住後、ロシアの心理学者ヴィゴツキーの紹介に大きな力を発揮した。*Culture and Psychology* 誌（Sage 社）を創刊した。オールボー大学では、ニールス=ボーア記念・文化心理学講座教授として、世界の文化心理学者のネットワークの中心にいる。
【著書】*Comparative study of human cultural development*, 2001. *Culture in minds and societies*, 2007.

ヴィゴツキー［Vygotsky, Lev Semenovich, 1896~1934］ロシアの心理学者。モスクワ大学で学び、わずかの間に社会科学、哲学、心理学、言語学、文学、美術等について百科辞典的な該博な知識を獲得した。心理学の研究に力を注ぐようになったのは28歳の頃からであり、38歳で肺結核で倒れるまで、わずか10年に足らない歳月であったが、その間に残した未刊の論文は80篇を超すといわれるが、そのうち刊行されているものはわずかである。彼が心理学の研究で意図していたことは、意識の発達を歴史的・文化的に明らかにすることであった。当時の心理学が、一方では心理学を生理学に還元し、感覚的知覚や単純な記憶の実験に終始し、他方では現象論的な意識の記述に終わっていることに見切りをつけ、こうした研究法からは人間を理解することはできないとして、人間の高級な知的働き、意識の科学的研究（現象論的記述でなく）の必要を強調した。こうした主張から児童の精神発達に注目し、特に、知的働きが言語発達と深い関係にあることから、その発達的研究を行った。その知見は児童の教育や統合失調症の理解にも応用された。彼が研究の出発点に選んだ材料は、シュテルンやピアジェの初期の言語発達の研究であるが、ゲシュタルト理論が言語を取り上げなかったことからヴュルツブルク学派の限界を批判しているところに彼の研究方針をうかがうことができるであろう。更に芸術に関する研究では美的象徴を構造論的に分析したり、演劇における同一視の過程等の研究を試みた。1980年代以降、英米圏を中心に見直しが進み、ヴィゴツキー・ルネッサンスとも呼ばれる。
【著書】*Thought and language*, 1962. *The psychology of art*, 1970. *Selected papers of L. S. Vygotsky*, 1978.

ウィトキン［Witkin, Herman A., 1916~79］アメリカの心理学者。ニューヨーク大学に学び、1939年学位を取得。パーソナリティ特性と知覚との関係の研究を行い、知覚対象の垂直性の知覚に及ぼす枠組みの影響に見られる個人差を測定するテスト（RFT）を考案した。場依存性-場独立性の概念を基盤として、個人差を明らかにした。
【著書】*Field dependence revisited*, (with D. R. Goodenough) 1976.

ヴィトゲンシュタイン［Wittgenstein, Ludwig Josef Johann, 1889~1951］ウィーンの上流階級の家庭に生まれる。家庭教師によって教育を受け、文化的に恵まれた家庭環境に育つ。4人の兄がいるが、3人は自殺し、もう一人の兄は有名なピアニストであり、妹

はフロイトがイギリスに亡命するときにマリー・ボナパルトに協力するほどの進歩的な女性であった。1906年にシャルロッテンブルクの工科大学に進み，1908年にはイギリスに渡り，マンチェスター大学の工学部で航空工学を学んだ。次第に関心は数学や論理学に移り，フレーゲの助言で1912年ケンブリッジのトリニティ・カレッジに入学し，ラッセルに師事する。一年足らずでノルウェーの寒村に移り住むが，第一次世界大戦が始まると志願して参戦した。戦争中から捕虜の時期にかけて『論理哲学論考』が執筆される。戦後に小学校の教員となるが，1927年に辞職し，修道院の園丁になったりした。1921年に『論理哲学論考』が公刊されると学会に大きな影響を与え，ウィーン学団の設立のきっかけを作った。しかし，これは『論理哲学論考』がウィーン学団の論理実証主義を意図したものでなく，ウィーン学団が『論理哲学論考』を都合よく利用したものと見なされている。1929年からトリニティ・カレッジの研究員になるが，1936年には再びノルウェーの寒村に引きこもり，『哲学探究』の著述を始める。1938年にはケンブリッジ大学の教授として呼び返された。第二次世界大戦にも参加するが，病院で運搬者の仕事をした。1947年に教授を辞し，アイルランドに移り，著述にふけった。『哲学探究』は外見的には『論理哲学論考』と全く異なる内容をもつものであるが，本質的には連続したものと見なされる。それぞれが論理実証主義や日常言語派に与えた影響は大きい。

【著書】*Tractatus Logico-Philosophicus*, 1961. *Philosophische Bemerkungen*, 1964. *Bemerkungen über die Grundlagen der Mathematik*, 1967. *Philosophische Grammatik*, 1969. *Philosophische Untersuchungen*, 1967. *The blue and brown books*, 1969.

ウィーナー [Wiener, Norbert, 1894~1964] アメリカの数学者。通信と制御の問題に関する統合的科学としてのサイバネティックス理論を構築した。これはフィードバックを中心原理とした自動制御系の考え方によって，計算機等の機械から生物や人間，社会等に至る種々のレベルの領域の問題を理解しようとするものである。

【著書】*The human use of human beings: Cybernetics and society*, 1950.

ウィニコット [Winnicott, Donald Woods, 1896~1971] イギリスのプリマスに生まれる。1930年代の初めに小児科医になるもののそれだけには飽き足らず，ストレッチィの教育分析を受け，更にリヴィアーの教育分析を受け，小児医学と精神分析を橋渡ししようと企てる，様々な治療面接の技法を工夫した。移行対象についての研究は有名である。

【著書】*The maturational processes and the facilitating environment*, 1965. *Therapeutic consultations in child psychiatry*, 1971. *Playing and reality*, 1971.

ウィリアムソン [Williamson, Edmund Griffith, 1900~79] アメリカの心理学者。イリノイ大学を卒業，ミネソタ大学で博士号を得る。ミネソタ大学教授。職業相談として始まったカウンセリングを，より広範な心理学的な実践として発展させる礎を築いた。科学的な手法による診断と治療を重視したカウンセリングを行い，それを臨床的カウンセリングと名付けたが，ロジャーズとの論争により，ウィリアムソンの立場は指示的カウンセリングと呼ばれるようになった。大学の学生部長等の職を通して，カウンセラー自身の価値観や生き方がカウンセリングに反映されるという立場をとったため，指示的カウンセリングと呼ばれるが，決して独断的強圧的指示を意味するものではない。第二次アメリカ教育使節団の長として1951年に来日した。

【著書】*How to counsel students*, 1939.

ウェクスラー［Wechsler, David, 1896~1981］　アメリカの心理学者。ニューヨーク大学教授，同大学付属ベルヴュー病院の心理診断部長。1939年，成人用の個別知能検査ウェクスラー–ベルヴュー知能検査を作る。その特徴は，言語テストと作業テストの双方を含む点にあり，各テストの成績だけでなく，全体の成績をも求めることができる。知能の構造を知るだけでなく，人格の特性を診断するのにも役立つとされる。
【著書】*The measurement of adult intelligence*, 1944. *Wechsler intelligence scale for children*, 1949.

ウェーバー［Weber, Ernst Heinrich, 1795~1878］　ドイツの生理学者。1818年，ライプツィヒ大学の解剖学，後に生理学の教授となる。ウェーバーの研究の主対象は皮膚感覚であった。彼は，皮膚感覚に関する実験的研究によって数多くの発見をした。また，例えば触二点閾のごとき現象の説明に関し仮説を立てた。歴史的観点から見て，価値があると思われるのは，丁度可知差異（jnd）の研究である。ウェーバーのjndの研究は触覚にとどまらず，温度感覚，視覚，聴覚にも及んでいる。これらの実験事実の積み重ねに基づき，ΔAR/R＝Cというウェーバーの法則を樹立し，フェヒナーの精神物理学に基礎を提供した。
【著書】*Die Lehre von Tastsinn und Gemeingefühl*, 1851.

ウェーバー［Weber, Max, 1864~1920］　マルクスと対比されるドイツの社会学者，経済学者。ハイデルベルク，ベルリン，ゲッチンゲンの各大学で学び，法律・歴史・経済・哲学と幅広く研鑽を積んだ。ベルリン大学やその他の大学で教職についていたが，病弱のため1903年からは概して在野にあって，研究と著作に専念した。彼は，社会科学も自然科学と同じく価値を離れた普遍妥当性のある法則を追求すべきであると考えたが，人間の営みである社会現象を対象とする社会科学では，普遍的な意義を有する個体の追求が重要で，人間の個性的な行為における動機の意味の解明によって，目的論的連関の因果連関への組み替えが可能になると主張した。彼の研究の中心は，プロテスタンティズムが近代資本主義の成立に及ぼした影響の問題であり，更に世界宗教の経済倫理の考察にまで発展した。マクレランドの，社会の経済的繁栄と達成動機との関連性の研究は，ウェーバーの思想に負うところが大きい。
【著書】*Die protestanische Ethik und der Geist des Kapitalismus*, 1904-05. *Die Objektivität sozialwissenschaftlicher und sozialpolitischer Erkenntnis*, 1904. *Wissenschaft als Beruf*, 1919. *Wirtschaft und Gesellschaft*, 1921-22.

ウェルダー［Waelder, Robert, 1900~67］　ウィーンに生まれる。1930年には信念についての心理学的研究でゲーテ賞を受けた。この頃からフロイトの私的セミナーに参加することが許されるようになった。また雑誌『イマゴ』の編集にあたった。1961年以後ジェファーソン医科大学で精神医学の教授を務めた。イド，自我，超自我の考え方は架空のものとして退け，人間を生きている存在として研究することを強調した。アンナ・フロイトによれば，フロイトを最もよく理解していた人とされている。
【著書】*Progress and revolution*, 1967.

ウェルトハイマー［Wertheimer, Max, 1880~1943］　ドイツの心理学者。ゲシュタル

ト心理学の建設者の一人。プラハのギムナジウムを卒業後，2年間法律を学んだ。しかし，哲学に興味をもち，法律を捨て，プラハ，ベルリン，ヴュルツブルクの各大学で哲学を専攻した。キュルペのもとで学位を取った後，フランクフルト，ベルリンの両大学で心理学の私講師を務めた。1922年ベルリン大学の員外教授。次いで，シューマンの後任としてフランクフルト大学に赴いた。1933年ナチスの迫害を避けて渡米し，ニューヨーク市の社会調査新学校（New School for Social Research）の研究員となった。ウェルトハイマーは，いつも何かに向かって探究を進めているといった努力家であった。ゲシュタルト心理学の発足の機縁となった運動視の研究も，その学究的な態度の表れであり，1910年の夏休みにウィーンからラインランドへの旅行の列車の中でその糸口が見出されたほどであった。思考の領域にも興味をもち，従来の連合主義や要素観に基づく探究方法から，ゲシュタルト流の生産的思考の研究へと視点の転換が行われ，新しい事実が発掘された。研究に対する旺盛な欲求とは異なって，彼は，詩を作り，音楽を愛好するという物静かでロマンチックな面もあわせもっていた。

【著書】*Experimentelle Studien über das Sehen von Bewegung*, 1912. *Untersuchungen zur Lehre von der Gestalt*, 1921, 1923. *Gestaltpsychologische Forschung*, 1926. *Productive thinking*, 1945, 1959².

ウェルナー［Werner, Heinz, 1890~1964］ウィーンに生まれる。はじめ工業高等学校に入学したが，作曲家を志し，ウィーン大学で音楽史等を専攻した。しかし，次第に哲学や心理学に関心をもつようになり，心理学を専攻し，1914年に学位を得る。そのタイトルは「審美的享受の心理学」であったが，この傾向は生涯を通じて示されている。ウィーン大学卒業後生理学の教室で助手を務め，兵役に服した後，ミュンヘン大学に移るが，ウィーンに通勤して児童の研究を行った。1917年ハンブルク大学に移り，1921年講師となった。ハンブルクに12年間滞在し，この間カッシラー，ユクスキュル，シュテルンらの知己を得た。当時のハンブルクはシュテルンによって指導されていたが，ハイダー，シェーラーら，多士済々であった。ウィーンでの経験を生かしクレッチマーに勧められて書いた著作が『発達心理学序説』であった。この著書はハンブルク時代の交友の影響が最もよく示されたものであった。1933年ナチスに追われ，オランダを経てアメリカに渡った。ミシガン大学，ハーバード大学の客員教授を経て，再びミシガンに帰る。この間に奥行き知覚や輪郭線効果（マスキング）等の実験を行ったが，知的障害の研究に大きな力を注いだ。その後ブルックリン大学を経て，クラーク大学に招かれ，表出的・言語的・発達的な多くの研究を手がけた。ウェルナーの研究課題は形式的には美学的・発達心理学的であり，理論的には構造論的な有機体論であった。

【著書】*Symbol formation*, (with B. Kaplan) 1963. *The body percept*, (with S. Wapner) 1965.

ウェルニッケ［Wernicke, Carl ⟨Karl⟩, 1848~1905］ドイツの神経病理学者。ブレスラウ大学で医学を学ぶ。ブレスラウ大学精神病院の員外教授，同大学教授を経て，ハレ大学教授となるも不慮の事故で死亡した。脳機能局在論に影響されて研究を進める中で，左脳の側頭葉に意味理解を司る「ウェルニッケ言語野」を見出した。この領域が障害されるウェルニッケ失語は言語の理解が難しいため，長く複雑な文章を産出することは可能でも，その文章は無意味であることが多

く，感覚性失語と呼ばれる。
【著書】*Lehrbuch der Gehirnkrankheiten für Ärzte und Studirende*, 1881.

ウェレック [Wellek, Albert, 1904~72] ドイツの心理学者。1946年よりマインツ大学教授。クリューガーの全体心理学及び構造心理学を受け継ぎ，それを出発点として「具体的」な性格学を発展させた。
【著書】*Die Polarität im Aufbau des Charakters*, 1964.

ウォーフ [Whorf, Benjamin Lee, 1897~1941] 化学技術者，実業家としてすぐれた才能を発揮するかたわら，1924年頃から言語学や人類学に興味を示した。サピアの門下として言語学における人類学的思想の発展に少なからぬ影響を与えた。アメリカ・インディアンの言語の研究を通して，人間の心理的・知的世界は言語構造と密接に関係していることを強調した。これはサピア-ウォーフ仮説（言語相対性仮説）と呼ばれているものである。文化が言語に影響することは一般に認められているが，言語が文化や認識を規定していることは，当時あまり賛成されなかった。
【著書】*Language, thought and reality*, 1956.

ウォルピ [Wolpe, Joseph, 1915~97] 南アフリカのヨハネスブルクに生まれる。卒業後軍医とし服務。ハルの『行動の原理』に興味をもったことから，1948年ウィトウォルターズランド大学を卒業し，神経症と条件反射の論文で学位を受けた。この間，出身大学の講師をするかたわら開業していたが，1956~57年スタンフォードの高等行動科学センターで研究をまとめた。1959年からヴァージニア大学を経て，テンプル大学教授。彼の行動療法は神経症的行動に限られ，神経症的行動は学習されたものであるから，有効な学習解除（unlearning）の方法によって除去することができると考えた。その方法はハルの条件づけの理論をモデルにして考案されていた。
【著書】*The practice of behavior therapy*, 1969, 1974^2.

ヴォルフ [Wolff, Christian, 1679~1754] ドイツの哲学者。能力心理学の主唱者。ライプニッツの弟子。心理学（Psychologia）という言葉を著書の書名に最初に使った人である。彼によると，心は実体であり，絶えず自己の状態を変化させようとする力をもっている。この力を彼は表象力と呼んでいるが，表象力は種々の心的過程を生起させる可能性をもっているものと考え，この可能性を能力（facultates）と呼んだ。
【著書】*Psychologia rationalis*, 1734.

内田勇三郎 [ウチダ ユウザブロウ, 1894~1966] 日本の心理学者，心理検査開発者。銀座に生まれる。東京帝国大学で学士号を得たのち東京府立松沢病院嘱託として働き，クレペリンの連続加算による作業心理の実験的研究を知る。熊本の第五高等学校教授となるも東京に戻る。早稲田大学講師，東京府学務部職業課勤務等を経て，戦後は日本・精神技術研究所を設立し，内田クレペリン精神検査を開発し，職業適性検査としての地位を確立した。1930年代にロールシャッハ・テストに興味をもち，日本に紹介し研究を行った。
【著書】『新適性検査法：内田クレペリン精神検査』1957.

ウッドワース [Woodworth, Robert Sessions, 1869~1962] アメリカの機能主義心理学者。コロンビア学派として一つの体系をはっきり示したといわれる。彼によると，心理

学は個体の活動に関する科学であり、心的現象を単に記述し、分類するにとどまるものでなく、その力動的関係を明らかにすべきであると説いた。
【著書】*Dynamic psychology*, 1918.

ヴント［Wundt, Wilhelm, 1832~1920］近代心理学の創始者。南ドイツのバーデンの牧師の家に生まれる。チュービンゲン、ハイデルベルク、ベルリンの各大学で医学を修めた。ことにベルリン大学でヨハネス・ミュラーにつき実験生理学を学んだことは、彼の心理学に大きな影響をもたらしたといわれる。1856年には生理学の講師としてハイデルベルク大学に赴任した。1874年にチューリッヒ大学の哲学教授となり、1875年にライプツィヒ大学の哲学の教授となった。1879年、彼の心理学実験室が大学に公式に認められ、ここから彼自身及び弟子たちの感覚の心理生理学、反応時間、精神物理学、連想等の実験的研究が生み出された。1881年にはこの研究室の成果を公にするため『哲学研究』が発刊された。ヴントは近代の自然科学の強い影響を受け、心理学を哲学から分離し科学として樹立しようとした。彼によると、心理学は直接経験の学であり、経験は主観に対する関係から二つに分けられる。光や音は経験者の側から見る時は感覚の一種であり、主観的な過程である。他方、経験者を離れてみれば、客観的に存在する自然現象の一種と見られる。自然科学は主観に対する関係を度外視して対象を捉えようとする態度をとるものであり、心理学は一切の経験を経験者との直接の関係において捉えようとするものである。心理学的認識はその意味で直接的であり、自然科学的認識は間接的なのである。直接経験は意識の事実であり、意識過程の連続が心であり、それ以外に心は存在しない、意識過程は絶えず変化し、活動的現実過程である。これがヴントのいう精神現実説（die geistige Aktualitätstheorie）である。心理学の目的は、複雑な意識過程を分析して要素を見出すこと、要素の結合を明らかにし、それを支配する法則を明らかにすることである。意識過程を分析する方法として、要素分析と因果分析とを考えた。前者は複雑な現象を要素に分析するものであり、後者は要素間の関係を説明するためのものである。心理学で要素に分析するというのは、要素を実際に分離するわけでなく、心理的に抽象することを意味するにすぎない。意識過程の分析の結果、得られた究極的要素として純粋感覚と単一感情を挙げ、これを心的要素（die psychische Elemente）と呼んだ。これらの要素の最も単純な結合を心的複合体といい、心的複合体が更に結合していっそう複雑な意識過程が形成されるとした。意識過程を分析する手続きとして、彼は従来の自己観察の欠陥を補うものとして実験を採用した。自己の意識過程を内部的に観察することの重要性は忘れられていなかったが、従来の自己観察と区別して内部知覚と呼んだ。実験は内部知覚を正確にするものといえる。心的要素の結合は統覚（Apperzeption）によって可能であるという。統覚とは意識内容を明瞭にし統一する働きである。統覚は連想心理学の残した意識内容の統一のための説明概念となるものである。心的要素の結合の結果生じた心的複合体には、要素に含まれない新しい性質が現れる。あらゆる心的結合はこのような特色をもっている。これを創造的総合の原理（Prinzip der schöpferischen Synthese）といった。ヴントによれば、意識は常に心的要素の結合からできているから、この原理は一切の意識現象を説明する根本原理となり、ここに後世の批判も集中することになる。ヴントの偉大な業績として、民族心理学における寄与を忘れることはできない。人間の簡単な精神作用は生理的心

理学により研究されるが，民族精神のような高等精神作用は人の社会生活を考慮しなければならないとした。民族精神は民族の言語，神話，宗教，芸術，習慣等に表現されるものであるから，これらの精神的所産を研究の手段にすべきであると考えた。1900年以後の20年間は民族心理学の研究に没頭した。
【著書】*Beiträge zur Theorie der Sinneswahrnehmung*, 1862. *Vorlesungen über die Menschen-und Thierseele*, 1863. *Grundzüge der physiologischen Psychologie*, 1873-74. *Logik*, 2Bde., 1880-83. *Ethik*, 3 Bde., 1886. *Grundriss der Psychologie*, 1896. *Völkerpsychologie*, 10Bde., 1900-20. *Einleitung in die Philosophie*, 1901. *Einführung in die Psychologie*, 1911.

エイドリアン［Adrian, Edgar, Douglas, 1889~1977］イギリスの神経生理学者。ノーベル賞受賞者。感覚についてすぐれた研究が多い。ことに，神経興奮の伝導の仕方を明らかにしたのは偉大な功績である。すなわち，神経興奮はインパルスによって伝達され，刺激の強さとインパルスの頻度との関係は刺激の強さが中等度のところでは，フェヒナーの法則に従うことを明らかにした。またベルガーによって見出された脳波について，その概念を確立した。
【著書】*The basis of sensation*, 1928. *The mechanism of nervous action*, 1932. *The physical basis of perception*, 1947.

エインズワース［Ainsworth, Mary, 1913~99］アメリカの発達心理学者。ヴァージニア大学教授。幼時にカナダに移住しトロント大学で博士号を得る。結婚してロンドンに移住，タビストック・クリニックでボウルビィの研究助手を務めたことから愛着研究に関心を持つ。ウガンダで母子関係の研究を行う機会を得る。ストレンジ・シチュエーションの実験観察法を標準化。幼児の愛着スタイルを不安-回避（A），安全（B），不安-抵抗（C）の三つのタイプに分類する手法を開発した。
【著書】*Patterns of attachment: A psychological study of the strange situation*,（with others), 1978.

エクマン［Ekman, Paul, 1934~ ］アメリカの感情心理学者。カリフォルニア大学サンフランシスコ校教授（ラングレー・ポーター精神医学研究所）。15歳の時にシカゴ大学に入学。当時は精神分析に興味をもっていた。その後，非言語的行動と表情についての関連に興味を持つようになった。情動とその顔面による表現が文化的影響を強く受けるとする説に対抗し，生得的な側面が強いと主張した。基本的情動として，悲しみ，幸せ，怒り，恐れ，嫌悪，驚きの六種類があるという仮説（基本情動仮説）を，ウォーレス・フリーセンと共に提出した。また，顔の筋肉の動きから表情を分析するシステムFACSを開発した。2004年にカリフォルニア大学を退職した後は，それまでの研究知見を情動や表情研究に活かすための活動に従事するため，Paul Ekman Groupという活動集団を立ち上げた。
【著書】*Unmasking the face*, 1975.（『表情分析入門』1987).*An argument for basic emotions*, 1992. *What the face reveals: Basic and applied studies of spontaneous expression using the facial action coding system*,（with E. L. Rosenberg）1998.

エクルズ［Eccles, John Carew, 1903~97］オーストラリアの神経生理学者。1925年メルボルン大学医学部卒業後，オックスフォード大学で研究した後，ニュージーランドのオタゴ大学教授，オーストラリアの国立大学院大学教授を経て，1967年よりアメリカのニューヨーク州立大学教授。その後はスイスで活躍。ネコの脊髄を用い，神経伝達における興

奮制止のメカニズムを研究した。抑制性線維末端から抑制性伝達物質が放出され，それを受けたニューロンが過分極状態になり興奮しにくくなるという抑制性シナプス後電位の現象や，反射の上行路を比較的高頻度である期間電気刺激を与えると，シナプス前ニューロンの連続興奮によって前ニューロン末端の膜電位が増加し，伝達物質の分泌量が増すことによりしばらくは反射量が増強される強縮後増強の現象等を発見し，脊髄における条件づけの可能性に関し一つの示唆を与えた。一連の業績によって，1963年度のノーベル生理医学賞を受けた。

【著書】*Physiology of nerve cells*, 1947. *Physiology of synapses*, 1964. *The cerebellum as a neuronal machine*, 1967. *Facing reality: Philosophical adventures by a brain scientist*, 1970.

エステズ [Estes, Willam Kaye, 1919~2011] ミネソタに生まれる。1943年ミネソタ大学で学位を取得。ハサウェイのもとでMMPI，スキナーのもとで行動分析の仕事に協力した。一時空軍での研究に参加したが，1946年にインディアナ大学の講師に，1947年に助教，1950年に准教授，1955年に教授となった。1962年にスタンフォード大学に移る。学習理論に確率論的方法を適用して，刺激抽出理論を作り上げ，数理的学習理論の中心となる。更に数理的方法を認知過程にも適用している。

【著書】*Handbook of learning and cognitive processes*, Vol. 1-8 (ed.) 1975-1978.

エドワーズ [Edwards, Allen Louis, 1914~94] 1940年ノースウェスタン大学で学位を取得。陸軍省，戦時情報局等を経て1948年よりワシントン大学教授。態度やパーソナリティの測定の問題に関して業績がある。テストとしてはEPPSがある。質問紙法で回答者が社会的に望ましいと考える応答をしやすいこと，すなわち社会的望ましさを問題にした。

【著書】*The social desirability variable in personality assessment and research*, 1957.

エビングハウス [Ebbinghaus, Hermann, 1850~1909] ドイツの心理学者。普仏戦争に従軍の後，ボンに帰り，1880年にはベルリン大学の講師，1894年にはブレスラウ大学の教授，1905年にはハルレの教授となった。エビングハウスはフェヒナーの『精神物理学要論』に感銘し，感覚以外の高等精神作用においてもフェヒナーの方法が用いられると考えた。彼の研究の中心が記憶にあったことはあまりにも有名であるが，彼は考察の中心を連合の形成過程に置いた。この研究のためには，当然，経験効果を抑える必要があり，無意味綴りが初めて用いられた。その結果，記憶の保持が時間の関数であることを見出した。現在においてもなお用いられている完全学習法，節約法等はこの時エビングハウスによって創始された方法である。エビングハウスの貢献は，記憶のごとき複雑な現象に初めて数量的な測定を可能にした点にある。しかも，この実験的研究は科学的心理学の歴史において，厳密な連合の原則を適用した第一歩である。その著『記憶について』の副題に「実験心理学的研究」とあるように，彼は哲学から心理学の独立を図った。この著のはじめに「最も古い問題から，最も新しい科学が生まれる」といっているのも，また『心理学要論』の冒頭において，「心理学は長い過去をもっているが，歴史は短い」と述べているのも，この意味からであろう。

【著書】*Über das Gedächtnis*, 1885. *Grundzüge der Psychologie*, 2Bds., 1897, 1908. *Abriss der Psychologie*, 1908, 1932[9].

エリクソン [Erikson, Erik Homburger, 1902~94] フランクフルトに生まれる。出生

前に両親は既に離婚し、母親は父親について子どもに話さなかった。母親は再婚し継父がホンブルガーである。彼の初期の論文は、このためホンブルガーの姓を使っている。1939年アメリカに帰化して以来、エリクソンの姓を名乗った。正規の教育は、ほとんど受けていなかった。ウィーンの精神分析研究所で分析の教育を受けただけである。1933年アメリカに渡り、ハーバード、エール大学で職を得、児童の発達、インディアンの保護地区等で人類学的研究を行った。1939～44年、カリフォルニア大学で児童ガイダンスの長期にわたる研究を通して、遊びや葛藤、更に文化人類学的な発達の研究を続行した。彼は自分の研究は全てフロイトの学説の敷衍であるというが、豊かな詩的洞察力と文化人類学的知識を背景にして、発達を文化的・歴史的に捉え、フロイトの性心理的発達を展開し、自我心理学の研究領域を発展させた。この点で、精神分析の正統派を代表する自我心理学の代表者として、アンナ・フロイト、ハルトマンらと同一の系列に属するものと見なされている。彼の名声を高めたのは『児童と社会』であるが、それ以後ルターやガンジーらの歴史的・心理学的研究を試みたり、ホワイトハウス・カンファレンスで正常で健康な人格の発達等で重要な発言を試みた。心理社会的発達論の立場から、発達段階の理論を唱え、それぞれの発達課題と危機からなる八つの段階を提案した。青年期の課題である同一性（identity）に関する彼の考え方は流行語となるほど有名である。

【著書】*Childhood and society*, 1950, 1963². *Young man Luther*, 1958. *Identity and the life cycle*, 1959. *Insight and responsibility*, 1964. *Identity: Youth and crisis*, 1968. *Life history and the historical moment*, 1975. *Toys and reasons: Stages in the ritualization of experience*, 1977.

エリクソン［Erickson, Milton Hyland, 1901~80］催眠療法家として知られるアメリカの精神医学者。17歳の時ポリオに罹患し瀕死の状態となり、1年間ほど全身麻痺のため動けなかったが、その際に自分や人を観察する術を身につけ、ノンバーバル・コミュニケーションの重要性に気づいたという。ウィスコンシン大学で精神医学と催眠を学び、1928年に心理学修士と医学博士を取得。1930年よりマサチューセッツ州ウースター州立病院に勤務。彼の催眠療法は、会話から催眠誘導を行うなど、それまでの催眠とは異なる手法を開発している。彼は心理療法において問題解決を重視する立場であり、カウンセラーとクライエントの人間関係等よりも、クライエントが解決を望む問題を素早く解決することが重要だと考えた。そのため彼は、心理療法における短期療法（ブリーフ・サイコセラピー）の原点をなす一人であるとされている。ベイトソンを通じて家族療法への影響も大きい。1957年に臨床催眠学会が設立されるとその初代会長になった。

【著書】*Collected papers on hypnosis*, 1-4 Vols., 1980.

エリス［Ellis, Albert, 1913~2007］アメリカのピッツバーグに生まれる。コロンビア大学で臨床心理学の博士号を得た。1960年代までは、その著書によってアメリカ・セックス革命の旗手の一人として知られた。1950年代からは論理療法（rational therapy）を開発した。これは後に論理情動行動療法（rational emotive behavior therapy）に発展し、認知行動療法の原型の一つとして知られる。また、APAの46部門（メディア心理学）では、「セラピーソング」と称する替え歌を披露していた。

【著書】*Sex without guilt*, 1958. *Reason and emotion in psychotherapy*, 1994.（邦訳『理性感情行動療法』1999）。

エリス［Ellis, Henry Havelock, 1859~1939］イギリスに生まれるが，16歳の時家出をしてオーストラリアに行く。愛情の表現ができず深く悩み，神秘的経験をもってから，性の研究に一生を捧げようと決心した。イギリスに帰り1889年に医師の免許をとるが，医師の仕事はせず，著作に専念した。オートエロティシズム，ナルシシズム等は彼の用語である。
【著書】*Studies in psychology of sex*, 7 vols., 1892-1928.

エーレンフェルス［Ehrenfels, Christian von, 1859~1932］オーストリアの心理学者，哲学者。プラハ大学教授。ブレンターノ，マイノングの影響を受けた。1890年には有名な「ゲシュタルト質について」の論文を発表した。彼によれば，図形，メロディー等の表象はそれを構成している要素の総和ではないという。要素の総和であるとすれば，要素が異なれば表象も異なり，要素が同一ならば，表象も似てこなければならない。しかし，事実はそうではない。例えば，調子を変えても同じ歌は歌われ，共通の音を全てなくしても，直ちに同一のメロディーであることが分かる。表象には要素の総和以上にゲシュタルト質（Gestaltqualität）がなければならないとした。ゲシュタルト質の存在になくてはならない表象複合をゲシュタルト質の基礎と名付け，ゲシュタルト質とその基礎は等しく基本的なものとした。エーレンフェルスのこの考え方は実験的な基礎によったものではなく，知覚の論理的な分析に基づいたものであった。エーレンフェルスの所説の特徴は，ゲシュタルト質を生み出す働きが心的作用であるという点にある。彼の考えはゲシュタルト心理学の先駆となった点において意味をもつものであるが，彼の考えも要素の集合を基礎とする従来の考え方からは十分に脱し切れないことを示すもののようである。
【著書】*Über Gestaltqualitäten*, 1890. *Grundbegriff der Ethik*, 1907.

エンジェル［Angell, James Rowland, 1869~1949］アメリカの心理学者。祖父はブラウン大学総長，父はバーモント及びミシガン大学総長，エンジェル自身はエール大学総長を務めた。シカゴ大学の門下から児童心理学のウーレー，ワトソン，カーらを輩出している。彼の機能主義心理学の特色は構成心理学と対比させながら次のように要約することができる。構成心理学は意識内容の分析的記述に終始したが（what-psychology），機能主義心理学は現実的な生活条件下における意識活動の状態を記述し様相を明らかにする。しかも，この活動を意識状態として見るよりも心的機能として取り扱う。したがって意識過程がどのようになっているか，何ゆえそのようになっているかを明らかにする（how and why psychology）。機能主義心理学は進化論の影響を受けて，有機体の機能や体制がいかによく環境に適応することができるかによって現在のような特質をもったものと考える。すなわち，心的作用が有機体の全活動に対して，その促進にどのように役立つかを見ようとする。したがって，心的過程をより包括的な生物活動の一部として見る。この考え方によれば，意識は新しい環境に対する調整作用と見ることができる。機能主義心理学は心身の関係を明らかにするため精神物理的心理学であろうとし，この点は，構成心理学の意識内容分析中心の立場と対照をなすものである。
【著書】*Psychology or introductory study of the structure and function of human consciousness*, 1904. *Introduction to psychology*, 1918.

オスグッド［Osgood, Charles Egerton, 1916~91］アメリカの心理学者。刺激と反応の間に挿入される象徴媒介過程（representational mediation）の理論モデルに基づい

て，意味の性質と測定の研究に進み，いわゆる意味微分法（SD法）を創案し，概念の内包的意味の測定・分析を組織的に展開した。また，SD法による態度変容の研究から，認知的均衡理論の一種ともいうべき適合性の原理を提出した。このほかオスグッドは，社会的には国際間の平和問題を論じ，積極的な施策を提案している心理学者として有名である。
【著書】*The measurement of meaning*, (with P. H. Tannenbaum & G. J. Suci) 1957. *Focus on meaning: Explorations in semantic space*, 1976.

オーズベル [Ausubel, David Paul, 1918~2008] アメリカの心理学者。発達心理学，実験精神病理学，認知構造，動機づけ理論等の領域において活動した。
【著書】*Maori youth: A psychoethological study of cultural deprivation*, 1965.

オールズ [Olds, James, 1922~76] シカゴに生まれる。ヘッブのもとで神経心理学の研究をした。その時，ネズミの脳の特定部分を電気的に刺激すると，餌を与えると同じような効果が起きることを発見した。研究は主として脳に電気的・化学的な刺激を与える時の道具的反応，あるいは情動的反応を確かめようとするものであり，いわゆる動機づけと呼ばれる問題の解明に手がかりを与えるものである。 
【著書】*The growth and structure of motives*, 1956.

オルポート [Allport, Floyd Henry, 1890~1978] アメリカの心理学者。刺激反応の枠内で，最初の組織的な社会心理学の記述をした人といわれる。同時に彼は，自己の社会心理学の体系に精神分析の成果を取り入れることに努力を払った。社会心理学における集団心理の考え方を集団錯誤として排し，社会心理学は個人心理学の一部であり，個人心理学と対立するものではないと主張した。社会心理学の領域における具体的な研究として，社会的態度，同調行動等を取り扱ったものがある。ゴードン・オルポートの兄にあたる。 
【著書】*Social psychology*, 1924.

オルポート [Allport, Gordon Willard, 1897~1967] アメリカの心理学者。第二次世界大戦中は，市民の戦意や流言等の問題について活発な研究を行った。彼はその著書や論文を通してパーソナリティの研究に尽力し，人間を一つのまとまった存在たらしめる原理としての「自己」に中心的な位置を与え，また，学習された動機の重要性を論じた。人間を刺激反応の関係で見ることを拒み，人間が動物であったり，統計量になったりするのは，我々がそういう見方を選択した結果に他ならないことを教えたのは彼であった。しかし一方では，兄F.H. オルポートとの協力による Allport A-S reaction study や P. E. ヴァーノンらとの協力による Allport-Vernon-Lindzey study of values を開発して，パーソナリティ特性の量的研究の方面にも努力した。 
【著書】*Personality: A psychological interpretation*, 1937. *Becoming: Basic considerations for psychology of personality*, 1955.

カー [Carr, Harvey A., 1873~1954] アメリカの心理学者。シカゴ大学で，デューイ，エンジェル，ワトソンにつき指導を受けた。エンジェルの後継者といわれる。カーによれば，心理学は心的活動の学であり，心的活動

とは生物の適応行動であるという。
【著書】*Psychology*, 1925.

ガイゼルマン［Geiselman, R. Edward, 1949~ ］アメリカの認知心理学者であり法心理学的研究も行う。パデュー大学にて実験心理学の学士号，オハイオ大学で博士号を得る。カリフォルニア大学ロサンゼルス校教授。事件の目撃者から偏りのないより正確な情報を引き出すために，認知インタビューという面接手法を 1984 年に開発した。目撃証言・司法面接の専門家として，アメリカの連邦や各州の裁判に対して助言も行っている。
【著書】*Memoryenhancing techniques for investigative interviewing: The cognitive interview*, (with R. P. Fisher) 1992.

ガーゲン［Gergen, Kenneth Jay, 1934~ ］アメリカの社会心理学者。社会構成主義を唱える。デューク大学で博士号を得る。ハーバード大学助教等を経てスワスモア大学准教授，教授。実験社会心理学者として社会的交換や自己に関する研究を行っていたが，論理実証主義を心理学（特に社会行動を対象とする心理学〈＝社会心理学〉）に適用することは困難であると考えるに至る。1973 年に発表した論文で，社会心理学の歴史を懐疑的に捉える視点を明確にし，社会構成主義を唱え始めた。妻メアリー（ペンシルベニア州立大学名誉教授）は，社会構成主義的な臨床心理学を専門にしている。
【著書】*Realities and relationships: Soundings in social construction*, 1994.（邦訳『社会構成主義の理論と実践』2004）. *An invitation to social construction*, 1999.（邦訳『あなたへの社会構成主義』2004）.

ガスリー［Guthrie, Edwin Ray, 1886~1959］アメリカの新行動主義の心理学者。学習は刺激と反応が時空間的に接近して生起すれば一試行で成立するという接近説を唱えた。
【著書】*Psychology of learning*, 1935, 1952^2.

カッシラー［Cassirer, Ernst, 1874~1945］ドイツの哲学者。新カント派に属するマールブルク学派の立場から出発して，哲学と科学における認識の問題を考察し，更に進んで独得な象徴的形成の哲学を作り上げた。彼によれば，動物がシグナルとしての記号しかもっていないのに対して，人間だけがシンボルとしての記号をもち，これを操作する動物であるという。
【著書】*Philosophie der symbolischen Formen*, 3Bde., 1923-29.

カッツ［Katz, David, 1884~1953］ドイツの心理学者。20 世紀の代表的な実験現象学者といわれる。彼はゲシュタルト心理学に興味をもち，同調者ではあったが，自己の立場とは一線を画していた。彼の心理学を通じて一貫して見られる態度は，現象の忠実な観察とその記述であった。例えば，触の現象とは，観察者が触れたり，操作したりする材料から得られる印象であり，その要素である温・冷・圧・痛等は取り扱わず，単純に，素朴に「それがどのように感ぜられるか」を述べるように観察者に求めることによって得られるものである。このような現象は，要素の分析やその総合に限られるべきではないといっている。まさにこの意味において，彼は組織的に一貫して現象学的方法を心理学の問題に向けた最初の実験学者であった。
【著書】*Die Erscheinungsweisen der Farben*, 1911. *Gestalt psychology*, 1943.

ガットマン［Guttman, Louis, 1916~87］アメリカの社会心理学者。態度測定における「ガットマン尺度分析法」やスケーログラム

の創始者として有名。その他，質的データの構造を研究するための技法，ファセット理論(facet theory)，データ分析の非測定的アプローチ等，社会調査・心理測定・態度測定等の分野に貢献した。

カーディナー［**Kardiner, Abram**, 1891~1981］アメリカの精神分析学者。育児法の比較文化的研究を行い，パーソナリティの発達に及ぼす文化的要因の結果を重視し，神経症は文化に特有なコンフリクトの産物であるという立場をとる。育児の仕方，躾，家族の構造等，パーソナリティの形成に重要な役割を果たす幼児期の環境を第一次制度と名付けた。この第一次制度が社会成員に共通な「基礎的パーソナリティ構造」を作り上げ，それがもとになって，宗教や風俗習慣，思考形式等の二次の制度が作られているという。
【著書】*The psychodynamics of primitive social organization*, 1939. *The concept of basic personality: Structure as an operational tool in the social sciences*, 1945.

カトーナ［**Katona, George**, 1901~81］ハンガリーのブタペストに生まれる。ミュラーのもとで心理学を専攻するが，インフレーションのため研究生活を放棄し，銀行の研究部員とし勤務した。インフレーションを集団ヒステリーと見なす論文を書き有名になり，経済的問題に関心をもつようになった。アメリカに移住後は，ニューヨークで経済雑誌の創刊者と協力して投資家のための相談をした。ニューヨークにウェルトハイマーが亡命して来ているのを知り，その隣に住居を移し，亡命者による社会調査新学校（The University in Exile of the New School for Social Research）を設立する一人になった。ウェルトハイマーの新学校での講義を英訳したりした。新学校の最初の聴講生9名のうちにはアッシュ，マズローらがいた。
【著書】*Psychologie der Relationserfassung und des Vergleichens*, 1924. *Psychological economics*, 1975.

ガードナー［**Gardner, Howard**, 1943~　］アメリカの心理学者。ドイツから移住したユダヤ系家族の子どもとして生まれる。ハーバード大学で博士号を得る。ボストン大学を経てハーバード大学教授。ハーバード・プロジェクト・ゼロという芸術教育プログラムの運営にあたる。このプロジェクトでは哲学者であるグッドマンが提唱した「構成主義」に基づいて，芸術的能力育成のプログラムの開発に取り組んでいた。その後チクセントミハイらと「グッドワーク」プロジェクトを行う。1983年に著書 *Frames of Mind* で，多重知能(multiple intelligence)理論を提唱した。この理論は芸術的知能も視野に入れており，教育界に大きな影響を与えた。妻のエレン（E. Winner）は小学校教員を経てボストン大学教授。プロジェクト・ゼロを共に支えてきた。
【著書】*Frames of mind*, 1983. *Good work: When ethics and excellence meet*, (with others) 2001.

カートライト［**Cartwright, Dorwin Philip**, 1915~2008］アメリカの社会心理学者。第二次世界大戦中は，戦時貯蓄公債のキャンペーンに関する研究に従事し，戦後はレヴィンの創設したグループ・ダイナミックス研究センターを継承し，グループ・ダイナミックス，場の理論の発達に寄与した。また，レヴィンの遺著を公刊したり，1969年には来日し各地で講演を行った。
【著書】*Group dynamics*, (ed.) 1953, 1968^3.

カナー［**Kanner, Leo**, 1894~1981］オーストリアに生まれ，アメリカで活躍した精神医学者。父親は交際下手でひきこもりがちであり，無意味な知識の獲得に没頭するような人物であった。ベルリン大学で医学を学び，1924年アメリカへ移住。ジョンズ・ホプキンス大学においてアドルフ・マイヤーに師事す

る。同大学病院において児童精神医学部門の創設者として活動を始め，児童精神医学担当の准教授となった。1943年に発表した「感情的コンタクトの自閉的障害」は，その後の自閉症理解や研究の大きな先駆けとなった。カナーは，それまでは精神遅滞として見られていた子どもたちについて，感情的接触における自閉的障害をその主要な特徴として捉えることを提唱した。こうした症例は，早期小児自閉症と呼ばれることになった。
【著書】*Child psychiatry*, 1935.

カニッツァ［Kanizsa, Gaetano, 1913~93］イタリアの心理学者。パドバ大学で学んだ後，トリエステ大学教授。主観的輪郭に関する論文によって有名となった。また，画家としても活動した。
【著書】*Organization in vision: Essays on gestalt perception*, 1979.（邦訳『視覚の文法』1985）．

カーネマン［Kahneman, Daniel, 1934~ ］イスラエルのテルアビブに生まれる。アメリカの心理学者，行動経済学者。幼少期はフランスで過ごす。エルサレム大学を卒業。1961年カリフォルニア大学バークレー校に心理学の博士号を得る。2002年にノーベル経済学賞を受賞。ブリティッシュコロンビア大学，プリンストン大学教授などを経て同大学名誉教授。不確実性下における人間の判断と意思決定についての心理学的研究に携わっており，同じイスラエル出身の心理学者トヴァスキーと共に経済学に心理学の手法を導入し，人間の非合理的な意思決定を理論化したプロスペクト（予測）理論を提唱。ほかにヒューリスティック（迅速で簡易だが確度の低い推論）や，認知バイアスの研究にも従事している。妻は認知心理学者のトリースマンである。
【著書】Prospect theory: An analysis of decision under risk, *Econometrica*, 47, 263, (with A. Tversky) 1979. *Judgment under uncertainty: Heuristics and biases*, (with others) 1982.

カバットジン［Kabat-Zinn, Jon, 1944~ ］マサチューセッツ大学医学部名誉教授。分子生物学の領域で博士号を得たが，禅・ヨガに関心をもち実践していた。ヴィパッサナー瞑想を経験したことから，マインドフルネス瞑想を医療や心理療法として導入する着想を得た。なお，Mindfulnessはパーリ語の動詞sarati（思い出す）の名詞形であるsatiの英訳である。satiとは「念」等と日本語で訳されたり「気づき」と訳されたりする。マインドフルネス瞑想を元に開発されたマインドフルネス認知療法は認知行動療法の第三世代と呼ばれている。
【著書】*Wherever you go, there you are: Mindfulness meditation in everyday life*, 1994.（邦訳『マインドフルネスを始めたいあなたへ』2012）．

ガーフィンケル［Garfinkel, Harold, 1917~2011］アメリカの社会学者。エスノメソドロジーの創始者。経営会計について学んだ後，ハーバード大学にて博士号を取得した。カリフォルニア大学ロサンゼルス校教授。社会学者パーソンズに師事し，また現象学的社会学者シュッツのもとでも学んだ。社会成員がどのようにして「社会秩序の存立を可能にしているか」という問いに取り組み，人々の方法の学としてのエスノメソドロジーを創始した。社会の人々に自明と思われることを「違背実験」等によって解明しようとする立場である。
【著書】*Studies in ethnomethodology*, 1967.

ガル［Gall, Franz Joseph, 1758~1828］ウィーンの医者。ティーフェンブルンに生まれ，パリ近くのモントルージュで死去。ストラスブール大

学，ウィーン大学で医学を学び，1785年に卒業。脳の解剖に努め，その結果，精神機能の所在を大脳皮質に求め，それが頭骨の隆起と陥没になって外部に現れると考え，骨相学を創始した。1802年ドイツでは骨相学が禁止されたので，その後はパリで活動した。
【著書】*Physiologie du cerveau*, 1808.

ガルシア［**Garcia, John,** 1917～2012］アメリカの行動心理学者。スペインからの移民の子として生まれる。UCバークレー校で博士号を得る。UCLA教授，名誉教授。1966年，ある食べ物を食べた後に，腹痛，吐き気（更には嘔吐）等の不快な経験をしてその食べ物を嫌いになった場合，味覚嫌悪学習が成立することを発見した。これは，一度きりの経験でも学習が成立すること，USとCSの間隔が長くても成立すること（長時間遅延学習），CSとして機能する刺激は感覚ごとに成立に違いが見られる（選択的連合）こと，など古典的条件づけの特徴とは異なる性質があるとガルシアは考えた（ただし，現在では古典的条件づけと考えるのが普通である）。学習の法則に生物学的制約を考慮すべきであるという考え方の一つの端緒となった。
【著書】Conditioned aversion to saccharin resulting from exposure to gamma radiation, *Science*, 122 (3160), 157-8, (with others) 1955.

カルフ［**Kalff, Dora,** 1904～90］箱庭療法を開発したスイスの心理療法家。オランダの銀行家と結婚するも早くに夫を亡くし，シングルマザーとしてスイスの山村で二人の息子を育てる。近くの別荘に滞在していたユング夫妻の知己を得て，心理学・精神分析を学ぶことになる。ユング研究所で学んだのち，ロンドンのタビストック研究所に留学した。ローエンフェルドが発表した世界技法を参考にして，独自の砂遊び療法（Sandspiel Therapie）を思いつき，ユング心理学の基礎を取り入れて発展させた。なお，この技法を箱庭療法と翻案したのは河合隼雄である。
【著書】*Sandspiel*, 1966.（邦訳『カルフ箱庭療法』1972）.

河合隼雄［**カワイ　ハヤオ,** 1928～2007］日本の臨床心理学者。京都大学理学部卒業後，奈良育英高校教諭となるとともに大学院で心理学を学ぶ。フルブライト留学生としてアメリカのカリフォルニア大学大学院に留学。天理大学准教授となる。スイスのユング研究所に留学し，日本人初のユング派分析家資格を取得した。京都大学教授，同大学名誉教授。国際日本文化研究センター所長。2002～07年まで文化庁長官を務め在任中に死去。ユング派心理学に加え箱庭療法を日本へ紹介した。臨床心理学の資格や研究制度の基盤整備に尽力し，日本心理臨床学会の設立や，臨床心理士制度の設立と拡充を行った。また，スクールカウンセラー制度を確立した。日本文学や神話等にも興味をもち，広く日本文化について研究した。
【著書】『昔話と日本人の心』1982．『明恵　夢を生きる』1987．『心を蘇らせる』1995．

川喜田二郎［**カワキタ　ジロウ,** 1920～2009］日本の地理学者，文化人類学者。三重県生まれ。京都帝国大学文学部地理学科卒業。大阪市立大学，東京工業大学で研究，教育を行った。筑波大学教授。東京工業大学名誉教授。京都大学の今西錦司の影響を受け，生態学的な人文地理学を志向する。主な研究フィールドはネパールである。膨大なフィールド調査のデータをまとめあげるための手法としてKJ法を開発，発表して，大きな反響を得た。
【著書】『発想法：創造性開発のために』1966．

『続発想法：KJ法の展開と応用』1970.

カンター［Canter, David, 1944~　］イギリスの犯罪学者，犯罪心理学者。サリー大学，リバプール大学，ハダースフィールド大学の教授を歴任。環境心理学的観点から，火災等の緊急時の人間の反応等の研究を行う。地理的プロファイリングにおいてサークル仮説を提唱。警察による犯罪捜査に多く協力し，鑑定書の執筆を行った。また，リバプール大学に捜査心理学の修士課程を設立した。
【著書】*Geographical offender profiling: Using insights from practical applications to enhance theoretical explorations*, 2013.

カンター［Kantor, Jacob Robert, 1888~1984］アメリカの心理学者。心理学の科学としての論理性を追究した。彼は自身の体系を「形式的論理的体系」と呼んでいるが，この体系の中心的な考え方は，相互行動の場（interbehavioral field）という概念である。相互行動の場は，有機体の反応機能と環境の刺激機能との交互作用によって成立する。したがって，当然，一方では生物学的要因が，他方では環境的な要因が考えられなければならないとする。雑誌 *Psychological Record* の編集者として心理学の発展に寄与した。
【著書】*Psychology and logic*, 2 vols., 1945, 1950. *Problems of physiological psychology*, 1947.

カント［Kant, Immanuel, 1724~1804］旧東プロシアのケーニヒスベルクに生まれる。たびたび教授になれる機会がありながら恵まれず，1770年になって初めてケーニヒスベルク大学の教授となり，生涯ケーニヒスベルクにとどまり，学長の職も務めた。近代における最も偉大な，最も影響力のある哲学者であり，心理学に及ぼした影響も大きい。特に1781年に出版された『純粋理性批判』においてはイギリスの経験論を取り入れながら理性論的な先験的認識論を明らかにし，客観的な認識の可能性の根拠を見出そうとした。その基本的な考えは，感覚的に与えられた経験そのものは統一のないものであるが，それを統一した認識に導くものが超越論的統覚であると考えるところにあり，これを可能にするのが時間と空間の直観形式あるいは先験的カテゴリー論である。また彼は心理学は科学にならないと考えていた。
【著書】*Kritik der reinen Vernunft*, 1781. *Kritik der praktischen Vernunft*, 1788. *Kritik der Urteilskraft*, 1790. *Gesammelte Schriften*, 1902.

カーンバーグ［Kernberg, Otto Friedmann, 1928~　］オーストリアのウィーンに生まれ，アメリカで活躍した精神医学者。家族に連れられチリへ亡命。チリで成長し医学を修めた。チリでは精神分析の指導的立場としても活躍したが，ジョンズ・ホプキンス大学留学を経てアメリカへ移住。メンニンガー記念病院で勤務，コロンビア大学，コーネル大学教授。1930~40年代にかけて英国精神分析協会を二分した，アンナ・フロイトとメラニー・クラインによる児童分析と自我構造の発生に関する論争にあたってはどちらにも与せず，独立学派を構成した。後に，国際精神分析協会会長を務めた。正統派精神分析（自我心理学）をベースとしながらも対象関係論の要素を取り込んだ折衷的見地から，境界性パーソナリティ障害の病理学的理解を推進した。1960年代に境界例と見なされていた患者たちが，精神病でも神経症でもない特有のパーソナリティ構造を有することを指摘し，それを境界性パーソナリティ機構と呼んだ。彼がこうした研究に取り組む

1950年代までは，精神病と神経症の境界線上の症例は，あくまで精神病の一種として理解されていたのであるが，パーソナリティ障害という理解が進むことになった。
【著書】*Object relations theory and clinical psychoanalysis*, 1976. （邦訳『対象関係論とその臨床』1983）.

ギーゼ［Giese, Fritz, 1890~1935］ドイツの応用心理学者。いわゆる「心理工学」の発展に尽くした。また，多くの心理工学的検査法を開発した。1925年より『労働科学』誌の編集者。1920年『ドイツ心理学辞典』を編集した。
【著書】*Handbuch psychotechnischer Eignungsprüfungen*, 1921. *Psychotechnisches Praktikum*, 1923.

ギブソン［Gibson, Eleanor Jack, 1910~2002］アメリカの心理学者。1963年からコーネル大学行動科学高等研究センター所員。学習・知覚学習等の領域において精力的な研究活動を行った。知覚学習について，視覚の断崖（visual cliff）の装置を作り，乳幼児・動物を用いて奥行き知覚の成立の機制を探究した。
【著書】*Principles of perceptual learning and development*, 1969.

ギブソン［Gibson, James Jerome, 1904~79］アメリカの心理学者。1928~49年，スミス・カレッジで准教授，教授を務め，この間，コフカによって，ゲシュタルト心理学の考え方の洗礼を受けた。第二次世界大戦中はアメリカ空軍の航空心理研究部の長としてパイロットの訓練，テスト，航空における視知覚の問題の研究に従事した。1949年以降はコーネル大学教授を務めた。視知覚を中心とし，学習理論，個人の社会化の機制等が専門分野である。彼の名をとったギブソン効果は，図形残効の先駆的な研究となった。視空間の構造について，視世界と視野の区別を立ててその特性の解明に資したことは衆人の知るところであり，三次元の視空間の構造の説明にあたって，きめの密度の勾配説を唱えたことも有名である。
【著書】*The perception of the visual world*, 1950. *The ecological approach to visual perception*, 1979.

キャッテル［Cattell, James McKeen, 1860~1944］アメリカの心理学者。ラファイエット・カレッジを卒業，ドイツに渡る。ゲッチンゲンのロッツェ，ライプツィヒのヴントに学ぶ。その後，いったんアメリカに戻り，1883年再びライプツィヒのヴントの研究室に入って助手となり，反応時間の研究に没頭する。1888年招かれてペンシルベニア大学の教授となり，心理学の実験室を作り，1891~1917年はコロンビア大学の教授として，26年間心理学の研究と教育に従事した。その間1894年にはボールドウィンと共に『心理学評論』を発刊した。1917年アメリカが第一次世界大戦に参加すると，彼はこれに反対して教授の職を退いた。その後は心理学関係の著書の出版をしたり，心理学の応用を企業化するための団体をニューヨークに設立したりした。個人差の研究はペンシルベニア大学の頃から行っていたが，コロンビア大学の新入生に行った彼のメンタル・テストの研究法は，ヴントの研究室で学んだ精神物理的測定法を新しい意味で発展させ，精神測定学ともいわれるべきものである。

キャッテル［Cattell, Raymond Bernard, 1905~98］イギリスのスタフォードシャーに生まれる。1960年に Society for Multivariate Experimental Psychology を設立した。

彼の研究法はスピアマンやサーストンの因子分析による研究法を利用し，人格，社会心理学の分野に適用したものである。理論的にはマクドゥーガルの影響を強く受けているが，精神分析的な関心も強かった。

【著書】*The culture free test of intelligence*, 1944. *Description and measurement of personality*, 1946. *Personality: A systematic, theoretical, and factual study*, 1950. *Factor analysis: An introduction and manual for psychologist and social scientist*, 1952.

キャノン [Cannon, Walter Bradford, 1871~1945] アメリカの生理学者。生きて活動している胃の消化運動の研究のため，X線を用い，医学にそれを用いた最初の人といわれている。研究を進めているうちに，消化活動は情緒と深い関係があることに気づき，内分泌と情緒の関係の研究に進み，1923年情緒に関する視床説を主唱した。これは有名な情緒に関するジェームズ＝ランゲの末梢起源説に反対したもので，末梢器官と脳の結合を切断しても，情動的行動に変化はあまり見られないが，視床が除去されると，情動が消失するなどの実験的事実に基づいたものであった。研究は更に，生体に加えられる刺激に対して体内の調節機構がいかに働くかという問題に進み，血液とリンパの働きを通して，血液の成分が常に一定の量と質を保つように働くこと，すなわち，ホメオスタシスの微妙な働きと自律神経系の仕組みとを解明した。生体の恒常状態の保持機能は，サイバネティックスにおけるフィードバックの機構の問題と関連し，重要視されている。

【著書】*Bodily changes in pain, hunger, fear and rage*, 1915. *Hunger and Thirst*, 1934.

ギャラップ [Gallup, George Horace, 1901~84] アメリカのジャーナリスト，統計学者。1935年に初めてニュージャージーのプリンストンに「米国世論調査研究所」を作り，いわゆるギャラップ世論調査を始めた。

【著書】*A guide to public opinion polls*, 1948^2.

キャントリル [Cantril, Albert Hadley, 1906~69] アメリカの社会心理学者。政治的・国際的問題に関心をもつ。大統領の専門顧問をしたこともある。視知覚や集団心理とラジオの研究等も有名である。

【著書】*The psychology of social movement*, 1941. *Gauging public opinion*, 1944.

キャンベル [Campbell, Donald Thomas, 1916~96] ワイオミングに生まれる。学位取得後オハイオ大学の准教授となり，社会心理学を担当するが，人類学，社会学，哲学の協力を得，1950年シカゴ大学に移ってからは社会学者との協力を一層深め，生物的進化とともに社会的進化の理論を展開した。

【著書】*Cross-cultural study of perception*, (with M. H. Segall) 1969. *Quasi-experiments and true experiments in field setting*, (with T. D. Cook) 1976.

キュルペ [Külpe, Oswald, 1862~1915] ヴュルツブルク学派の指導者。1902年，ブライアンと共に行った抽象作用に関する実験において，感覚印象の全ての属性が同時に意識に存在するかどうかの問題を提起した。この研究により後年ティチナーは，彼の感覚と属性に関する考え方を訂正せざるを得なかった。キュルペはヴントの研究室において思考の研究が行われなかったことについて不満を感じていた。1912年頃には思考の実験的研究に成功し，意識現象に対して新しい見方を獲得するに至った。これを可能にしたのはヴント流の自然科学的実験法ではなく，弟子のアッハに見られるように実験の組織的内観法によったためであった。

【著書】*Grundriss der Psychologie*, 1893. *Einleitung in die Philosophie*, 1895.

キーラー［Keeler, Leonarde, 1903~49］アメリカの心理学者。カルフォルニア大学バークレー校で学ぶ。ポリグラフを開発した。高校時代から虚偽検出並びにその手法としてのポリグラフ検査に興味をもち，ポリグラフ開発者のラーソンの研究に参加して基礎研究を行っていた。ノースウェスタン大学科学犯罪捜査研究所（後のシカゴ警察犯罪科学研究所）で実践と研究を行い，数万例に及ぶ事例を集めた。1932 年に現在のポリグラフの原型となるキーラー型ポリグラフを開発した。また，ポリグラフ検査時に行う質問方法にも工夫をこらし，Hidden Key Question を考案した。キーラー研究所を設立し後進の育成にあたるも，45 歳の若さで死去。 
【著書】A method for detection deception, *The American Journal of Police Science*, 1 (1), 38-51, 1930.

ギリガン［Gilligan, Carol, 1936~ ］アメリカの心理学者，作家。ニューヨークに生まれる。スワスモア大学で文学の学士号，ラドクリフ大学で臨床心理学の修士号，ハーバード大学で博士号を得る。ハーバード大学教授。エリクソンやコールバーグと共に仕事をしていたギリガンは，彼らの人生が彼らの理論と密接な関係をもっていることに興味をもった。そして彼女自身も，その生き方や関心を心理学的な研究・理論に反映させようと考えた。正義・公正性こそが倫理の基本だとする従来の考え方に対して，「配慮と責任」を中心とするケア倫理を提唱するに至る。1982 年に『もうひとつの声』を出版，2008 年には小説『キラ』を発表した。 
【著書】*In a different voice: Psychological theory and women's development*, 1982.（邦訳『もうひとつの声：男女の道徳観のちがいと女性のアイデンティティ』1986）.

ギルフォード［Guilford, Joy Paul, 1897~1983］ネブラスカに生まれる。1938 年精神測定協会長，1950 年アメリカ心理学会長を務めた。精神測定法の研究で知られ，因子分析等の数学的モデルを用いて，知能，興味，適性，人格等の研究を行った。特に，知能の構造の研究に力を注ぎ，知的操作，知的素材，知的所産の三次元を細分して 120 の構成因子を推定した知能構造のモデルを発表した。
【著書】*Psychometric methods*, 1936, 1954^2.

ギルブレス［Gilbreth, Frank Bunker, 1868~1924］アメリカの労働科学者。テイラーと知り合い，テイラー主義の「科学的管理法」の理論を研究し，その普及発達にも協力した。テイラーが主として作業の時間研究に専念しているのに対して，彼は作業の空間的研究（動作研究）を発展させた。
【著書】*Motion study*, 1911.

キンゼイ［Kinsey, Adolf Charles, 1894~1956］ニューヨークに生まれる。動物学者。およそ 2 万人に上るアメリカの男性及び女性との面接により，人間の性行動について広範な調査を行ったことで名前が知られた。 
【著書】*Sexual behavior in the human male*, 1948. *Sexual behavior in the human female*, 1953.

クライン［Klein, Melanie, 1882~1960］イギリスの精神分析学界で指導的役割を演じた児童精神分析学者。既に 1920 年頃から児童の精神分析に手をつけ，アンナ・フロイトら

の正統派精神分析の手法による児童分析とは異なり、ごっこ遊び、描画、切抜き細工、水いたずら等の子どもの遊戯を利用する方法を創案し、2歳くらいの幼児でも精神分析が可能であると主張した。クラインによれば、乳幼児期の精神発達は、自分にとって「悪い」対象と「良い」対象からなる空想的・情動的な内的世界の形成である。この「良い」対象や「悪い」対象と自己との関係は、外的実在との現実的な関係から次第に逸脱し、しかも子どもや成人してからの外的実在に対する認知や行動に大きな影響を及ぼす。これが、神経症の本質であり、心的構造の内容でもあるという。人は、パーソナリティの基盤を構成し、あらゆる型の空想の中に示現される内的精神世界と外的物質世界との二つの世界に同時に生きており、これら二つの世界の双方に自我-対象関係が存在し、更にこれらの間に相互作用が認められるというのが彼女の立場であり、英国における対象関係理論の先ぶれをなすものであった。

【著書】*The psycho-analysis of children*, 1932. *Envy and gratitude*, 1957. *Narratives of a child analysis*, 1961.

クラインバーグ［Klineberg, Otto, 1899~1992］カナダのケベックに生まれる。心理学、人類学の知識を駆使して人種間の差別をなくし、国際緊張緩和のための著書を多く公刊する。ユネスコに協力する小冊子も多い。

クラインマン［Kleinman, Arthur, 1941~ ］アメリカの精神医学者、医療人類学者。スタンフォード大学で医学博士号を得た後、ハーバード大学で社会人類学の修士号を得た。ハーバード大学教授。同大学アジアセンター長。精神科医として訓練を受けたが、台湾や中国本土における精神医療の研究を通じて、文化と精神医療について関心をもつようになる。後には、その関心を医療と文化に広げ、医療人類学という新しい領域の騎手となった。主著『病いの語り』において、医療者は疾患（disease）として扱う事象を、患者は病い（illness）として生きるという見方を提唱した。つまり、同じ事態に対してそれぞれが異なる物語をもっているということ、それらのいずれもが医療にとって重要であり、後者、病いとして生きる患者のナラティブを重視する姿勢を示したことになる。

【著書】*Patients and healers in the context of culture*, 1980.（邦訳『臨床人類学』1992）．*The illness narratives: Suffering, healing, and the human condition*, 1988.（邦訳『病いの語り』1996）．

クラーゲス［Klages, Ludwig, 1872~1956］ハノーバーに生まれる。筆跡学の研究で知られる。彼の筆跡学の基礎にある性格論は、当時の科学的なそれと対照的である。当時はヴントの心理学が最高潮に達した頃であったが、その科学的方法によっては心的なものの本質をつかむことができないと考えた。

【著書】*Die Probleme der Graphologie*, 1910.

クラックホーン［Kluckhohn, Clyde Kay Maben, 1905~60］アメリカの文化人類学者。彼は長年にわたってナヴァホ（Navaho）インディアン部族の社会に入り込み、参加観察法によってナヴァホ族についての徹底的な実証的研究を行った。

【著書】*The Navaho*, (with D. Leighton) 1946.

クラパレード［Clapariéde, Edouard, 1873~1940］スイスの心理学者。彼によると心理学は生活体の機能を問題にすべきであり、その機能は生活体の要求と興味を満足させるものであるという。彼はまた、伝統的な初等教育の方法を改善するために、教師は児童から学ばねばならないという見地から、ジュネーヴにルソー教育研究所を作り、初代所長となり、教育方法の研究を行った。

【著書】*Psychologie de l'enfant et pédagogie expérimentale*, 1909.

クーリー［Cooley, Charles Horton, 1864~1929］アメリカの社会学者。彼は，ボールドウィンの児童における自我形成理論に基づいて，社会と個人の関係を考察した。クーリーは，人間性形成の基盤として家族，遊戯集団，近隣集団等の成員が不断の直接的接触を遂げ，緊密な結合と協力を行う集団が重視され，これらを一次的集団と呼んだ。また，個人が他者との関わり合いの中で自我を形成することに注目し，個人が他者の自分に対する反応の仕方から受ける印象と，他者が話す自分についての意見に映し出される自己を，鏡に映る自己（looking-glass self）と名付けた。
【著書】*Social process*, 1918. *Sociological theory and social research*, 1930.

クリース［Kries, Johannes von, 1853~1929］ドイツの生理学者。生理学者として心理学に多大な影響を及ぼした。有名なのは彼の網膜の機能に関する二重作用説である。すなわち，網膜の桿体細胞が薄明視，錐体細胞が白昼視を司るというものである。
【著書】*Allgemeine Sinnesphysiologie*, 1923.

クリューガー［Krüger, Felix Emil, 1874~1948］ドイツの心理学者。ライプツィヒ大学教授，全体性心理学の主唱者。ヴントの後継者であり，当時盛んであったベルリン大学を中心とするゲシュタルト心理学に対し，ライプツィヒ学派を成した。彼が全体性心理学を唱えたのは当時の全体主義思潮の影響が大きかったためではないかといわれる。彼によれば，心的なものと物的なものとは統一的全体として研究されねばならない。個人の発達が十分に理解されるためには，更に社会的条件や文化的要因までも考慮に入れなければならず，そのためには，心理学者は社会科学にも目を向けなければならないとした。
【著書】*Der Begriff des absoluten Weltwollens als Grundbegriff der Moralphilosophie*, 1898.

グリュック［Glueck, Sheldon, 1896~1980］ポーランド生まれでアメリカに帰化した犯罪学者。青少年非行の問題を研究し，早期非行予測表の考案をはじめ，数多くの論文・著書を発表した。
【著書】*Predicting delinquency and crime*, 1959.

グレアム［Graham, Clarence Henry, 1906~71］アメリカの心理学者。客観的心理学における感覚・知覚の位置づけと研究方法を明らかにし，視覚研究の分野で多くの業績を挙げ，特にハートラインと共同で行った明度曲線の研究は有名。オペラント条件づけにも関心をもち，ガニエと共同で行ったシロネズミを用いた走路走行における潜時の研究でも有名である。戦後まもない 1952 年にロックフェラー基金による京都大学のアメリカ研究プログラムの一員として日本を訪れ，若手研究者を対象としたセミナーを行う。8 年後の九州から北海道までの諸大学の歴訪と合わせて，日本の心理学者，特に知覚の研究者と親交を温めた。
【著書】*Vision and visual perception*, (ed.) 1965.

グレイザー［Glaser, Barney, 1930~ ］アメリカの社会学者。スタンフォード大学で学士号。その後，パリ大学で文学を専攻する。ストラウスと共にホスピスの現場観察の研究を行い，社会学における誇大理論による現象の説明とは別の方向，つまり現場の現象に立脚した理論生成のための手法が必要だと考え，グラウンデッド・セオリー・アプローチ（GTA）を開発した。数量的研究法に親和的な立場から GTA を発展させる道を選び，ストラウスとコービンによる GTA 改変の方針とは対立した。
【著書】*Awareness of dying* (with others) 1965. *The discovery of grounded theory: Strategies for qualitative research*, (with A. L. Strauss) 1967. *Basics of grounded theory analysis*, 1992.

グレコ [Gréco, Pierre, 1927~88] マルセイユに生まれる。ピアジェの協力者として，ピアジェの概念の明確化に努め，構造分析による発達の研究の可能性を論じている。

クレッチマー [Kretschmer, Ernst, 1888~1964] ドイツの精神病理学者。ハイルブロン市近郊に生まれる。チュービンゲン，ミュンヘン大学で医学を学ぶ。1913年学位を取った。1926年マールブルク大学教授。1946年以後，チュービンゲン大学の精神医学及び神経医学の教授を務めた。現代の精神病理学の発展に貢献した。彼は体質生物学的な考えを中心とする精神病理学的構想を展開し，認識論，倫理学，民族学の観点と合わせ，幅広い人間観を形成した。臨床精神医学に基づく体格と性格に関する実証的類型論は有名である。その他，天才，犯罪者，精神遅滞，妄想に関する研究等がある。
【著書】*Körperbau und Charakter*, 1921. *Medizinische Psychologie*, 1922. *Hysterie*, 1923

クレペリン [Kraepelin, Emil, 1856~1926] ドイツの精神病理学者。1886年ドルバート大学，1890年ハイデルベルク，1903年ミュンヘン大学教授，その後ドイツの精神病研究所長となった。彼の目的は，精神病学を他の医学の部門と同様に医学の一部とすることであった。彼はクライエントの示す徴候と経過に従って精神病を早発性痴呆（統合失調症），躁うつ病，てんかんとに三大別した。ただし，後にてんかんは脳の器質性疾患とされ，除外された。すなわち，精神病の系統的分類を試みたのであった。彼は診断のみならず処置についても大いに関心をもっていた。彼は，生活体の細胞における何らかの欠陥の結果として病気が現れるという見方に対して，精神病を，新陳代謝の障害，内分泌異常，遺伝に基づく欠陥等から生ずる大脳の病的状態にもっぱら依存すると考えた。クレペリンはヴントの弟子でもあり，ライプツィヒの研究室において研究生活を送り，ヴントを尊敬はしていたが，精神病の病因を心理的な要因に帰着させて考えるといったことは全くしなかった。彼はまた，精神病者の示す性格特徴の分析から進んで，作業検査タイプの人格テストを考案したことはあまりにも有名である。我が国で内田クレペリン精神検査と呼ばれるものである。クレペリンによって精神病学は飛躍的な発展を遂げたといわれる。
【著書】*Lehrbuch der Psychiatrie*, 1883.

クロッファー [Klopfer, Bruno, 1900~71] ドイツに生まれる。チューリヒで約1年ほどユングの精神分析を受ける。分析的面接を通してロールシャッハ・テストに関心をもち，テストの解釈について大いに会得するところがあった。その後アメリカに移住し『ロールシャッハ研究情報』を発刊した。後にこれは投影法研究の機関誌に発展する。1937年にはベックと時を同じくして検査法の解説書を刊行した。ニューヨーク市立大学を経て，1946年ロサンゼルスのカリフォルニア大学の教授となる。評定記録法はベックのものと異なり，形態水準の分類や予後評定尺度法等が特長となっている。
【著書】*The Rorschach technique*, (with D. M. Kelly) 1942. *Developments in the Rorschach technique*: Vol. 1 *Technique and theory*, (with M. D. Ainsworth et al.) 1954; Vol. 2. *Fields of application*, (with others) 1956.

クロニンジャー [Cloninger, Claude Robert, 1944~] アメリカの精神科医，遺伝学者。ワシントン大学医学部教授。1980年代から，ヒトの脳内にある神経伝達物質，ドーパミン，セロトニン，ノルエピネフリンとヒトの行動特徴に関連性があるという理論

を発表。その後，性格と遺伝子の関連を考慮に入れたパーソナリティ理論を発表した。気質4因子（新奇性追求，損害回避，報酬依存，固着）と性格3因子（自己志向，協調，自己超越）からなる7次元のモデルであり，その測定方法として TCI を開発した。
【著書】*Personality and psychopathology*, 1999.

クロンバック［Cronbach, Lee J., 1916~2001］アメリカの心理学者。シカゴ大学で教育心理学を専攻し，1946年にシカゴ大学准教授，1948年にイリノイ大学准教授，教授を経て，1964年にスタンフォード大学教授。1947年，連合国軍最高司令官総司令部（GHQ/SCAP）の教育コンサルタントとして来日，1967~68年にはフルブライトの教授として東京大学で講義した。教育心理学及び測定・評価の専門家。特に意思決定のための理論や新しいテストの妥当性の研究は，行動的測定評価に新機軸を開いた。
【著書】*Essentials of psychological testing*, 1949, 1970^3. *Educational psychology*, 1954, 1963^2. *Psychological tests and personnel decisions*, 1957, 1965^2.

ケイガン［Kagan, Jerome, 1929~ ］アメリカの発達心理学者。ラトガーズ大学卒。イェール大学で博士号を得る。オハイオ州立大学などを経て，ハーバード大学教授，名誉教授。朝鮮戦争（1950-53年）終了後に陸軍病院で働いたのち，ハーバード大学で子どもの気質に関する経時的研究を行う。認知的課題の処理のやり方の個人差（認知スタイルの個人差）を研究し，少しずつ形の異なる複数の図形の中から特定の図形を探し出すという課題（MFFT：同画探索課題）によって，判断は遅いけれども誤りが少ないタイプと，反応は速いけれども誤りが多いタイプが異なることを見出し，前者を熟慮型，後者を衝動型とした。環境よりも生理的要因を重視する立場をとる。
【著書】*Personal development*, 1971. *Growth of the child*, 1978.

ゲゼル［Gesell, Arnold Lucius, 1880~1961］アメリカの心理学者，小児科医。クラーク大学でホールに師事。1915年エール大学教授，児童発達臨床研究所を創設し，所長を兼任した。幼児の発達の観察，映画記録等によって精密な行動記述を行った。一卵性双生児による学習と成熟の研究，発達診断テスト等が有名である。
【著書】*The first five years of life*, 1940. *Developmental diagnosis: Normal and abnormal child development*, (with C. S. Amatruda) 1941, 1947^2.

ゲープザッテル［Gebsattel, Victor-Emil von, 1883~1976］ドイツの精神医学者。キリスト教のカトリック的見地から，実存分析的心理療法と精神教育的方法との統合を図った。フロイトの伝記も執筆した。
【著書】*Christentum und Humanismus: Wege des menschlichen Selbstverständnisses*, 1947.

ケーラー［Köhler, Wolfgang, 1887~1967］ドイツの心理学者。エストニアのリヴァルに生まれる。1909年ベルリン大学のシュトゥンプのもとで学位を得た。その後は，類人猿の知能研究をカナリア諸島のテネリフェ島で行い，問題解決が試行錯誤的になされるという考え方に対して，動物の問題解決行動は洞察（insight）によって行われるという考え方を示した。1920年には『物理的形態』を出版。この書はゲシュタルト理論に広い展望をもたらしたものであり，物理的事象と心理的事象の間の同型を主張したもので

ある。具体的には，ゲーテの「内なるものは外にあり」によって示されるように，現象的過程と大脳生理的過程との同型を説いたものである。ケーラーは物理学者プランクの弟子でもあるので，彼の所論は物理学や電磁場理論がその基礎づけとなっているところが多く，彼が物理主義といわれるのもこの点に理由があろう。1922年にはシュトゥンプの後任として，ベルリン大学の心理学の主任教授となった。翌年には時間錯誤に関する実験的研究を公にしたが，これはラウェンシュタインの研究と相まって，彼の精神物理学的構想に対し大きな実証的寄与となった。1925〜26年には渡米し，クラーク及びハーバード大学で講演した。1929年にはゲシュタルト心理学一般を系統的に明らかにした一書を物した。1934年ベルリンを去り，アメリカに永住した。1935年スワスモア・カレッジの教授となり，引退するまでその職にあった。アメリカにあっても，彼は精力的に実験と著述を続けた。この間，神経生理学の新しい発展を期待し，知覚過程と中枢過程の間の関係を明らかにすることに努めた。ワラックと共同で行った図形残効の研究等はその一つである。1940年には『心理学の力学説』を刊行。心理学におけるゲシュタルト理論の成長と成功は，ケーラーに負うところが極めて大きい。彼は実験学者としても理論学者としても極めて大きな足跡を残した。

【著書】*Intelligenzprüfungen an Menschenaffen*, 1917. *The task of gestalt psychology*, 1969.

ケリー［**Kelley, Harold Harding**, 1921~2003］アメリカの社会心理学者。はじめはレヴィンの門下として小集団内コミュニケーションの実験的研究を行い，エール大学ではホブランドに協力し，コミュニケーション研究計画に参加した。チボーと共同で集団の問題解決について諸論文を書いていたが，根本的な集団についての考え方はチボーとの共著の『集団社会心理学』に示され，経済学や社会学から諸概念を借用し，決定論風な理論を展開している。また，帰属理論の議論についても，独自の実在理論を発表した。更に，1978年のチボーとの共著では，前共著の発展として，集団内相互依存に関する新しい理論を提唱した。

【著書】*Communication and persuasion*, (with C. Hovland) 1953. *The social psychology of groups*, (with J. W. Thibaut) 1959. *Interpersonal relations: A theory of interdependence*, (with J. W. Thibaut) 1978.

ケリー［**Kelly, George Alexander**, 1905~67］臨床心理学に関心をもち，認知論的人格論を提唱した。彼は個々人が特有な概念的世界を作っていることに注目し，これらの概念は科学者の仮説と同じような意味をもつものと考えた。科学者が仮説に基づいて実験を試み，仮説を検証したり，修正したりするように，個々人は概念によって行動し，吟味，修正し，概念を変化している。彼によれば，人は環境によって支配されるというより，より積極的・創造的に環境を認知的に把握していこうとしているものと考える。彼はこうした個人の概念的世界を診断的・治療的には人間関係における役割として捉えようとした。これがRepテスト（Repertory Test）である。このテストの要旨は，被験者に直接に関係をもっている人（役割）を列挙させ，相互が，どのくらい類似し，どのくらい差異をもっているかを明らかにすることから概念形成の特殊性を明確にし，治療的に応用しようとするものである。

【著書】*The psychology of personal constructs:* Vol. 1. *A theory of personality;* Vol. 2. *Clinical diagnosis and psychotherapy*, 1965.

古澤平作［**コサワ ヘイサク**, 1897~1968］日本の精神医学者。東北帝国大学医学部卒。

同大学で丸井清泰教授のもと精神病学講座で助教授となるが、丸井の精神分析理解に疑問を持つようになり、辞職の上、1932年ウィーン精神分析研究所に留学した。フロイトに「罪悪感の二種」(ドイツ語論文)を提出した。阿闍世コンプレックスを提唱。阿闍世(アジャータシャトル)は、父王を殺して王位についた紀元前5世紀頃のインドの王であり、古澤は阿闍世の物語をモチーフにして、出生以前に母親に抱く怨みをもつコンプレックスを提唱したのである。帰国後の1934年には、精神分析に基づく精神科診療所を開業した。1955年日本精神分析学会を創設し、初代会長となった。大学教授職にはつかず著作もほとんどなかったが、多くの精神分析学者を育成するのに力を尽くした。

【著書】『精神分析学理解のために』1958.

コスミデス [Cosmides, Leda, 1957~] アメリカの生物学者、進化心理学者。ハーバード大学で生物学の学士号を得たのち、認知心理学の博士号を得る。スタンフォード大学を経て現在はカリフォルニア大学サンタバーバラ校の教授。人類学者で夫のJ.トービィとUCSB進化心理学センターを設立し、共同代表を務める。進化心理学を基盤にして人間の心と脳の関係を捉える立場から、認知科学、神経科学、進化生物学等を統合的に研究している。ウェイソンの4枚カード問題について、生得的なアルゴリズムによって推論が行われる「社会契約理論」を提唱した。人類が狩猟採集生活を営んでいた時代において、対価を払わずに利益を得る裏切り者を検知することも重要だと考えるなら、社会的契約の場面では裏切り者検出モジュールが活性化する生得的なアルゴリズムが組み込まれたのではないかと主張し、その結果として特定の推論形式が行われやすいのだと考える。

【著書】*The adapted mind: Evolutionary psychology and the generation of culture*, (eds. with J. Barkow & J. Tooby) 1992.

ゴセット (スチューデント) [Gosset, William Sealy, 1876~1937] イギリスの統計学者。オックスフォード大学で化学と数学を学ぶ。1889年ギネス社に入社。研究休暇を取ってユニバーシティ・カレッジのカール・ピアソンのもとで研究を行った。最終的にはロンドン醸造所の所長となった。所属するギネス社が社員の研究発表を快く思っていなかったため、「スチューデント」というペンネームを用いて研究論文を多数執筆した。酵母菌を算定盤で計測する時の誤差に関する論文や、t分布及びt検定の考え方を初めて示した論文等である。後者の論文は発表後10数年ほど忘れられていたものの、フィッシャーが推測統計学の中心の一つにおいたことで、今に至る影響力をもつようになった。ギネス社は、スチューデントがゴセットの筆名であることを、彼の死後まで分からなかったという。

【著書】Student: The probable error of a mean, *Biometrika*, 6, 1-25, 1908.

コフカ [Koffka, Kurt, 1886~1941] ドイツの心理学者。1908年ベルリン大学でシュトゥンプのもとに出した論文によって学位を得た。第一次世界大戦中は、ギーセンにおいて、戦傷による大脳障害者や失語症患者の研究を行った。1924年渡米、コーネル、ウィスコンシン両大学の客員教授。1927年スミス・カレッジの教授となり、もっぱら視知覚の研究を行った。1932年中央アジアの住民の調査研究の遠征隊に加わったが、この

成果は公表されなかった。彼が最初に公にしたのは1921年に出版した発達心理学に関する研究である。1922年にはアメリカの心理学者にゲシュタルト心理学を紹介する論文を発表した。しかし，彼の最も重要な仕事は1935年出版の『ゲシュタルト心理学原理』である。この本はゲシュタルト心理学に関する包括的かつ体系的な著書であり，彼の博識をうかがい知るものでもあった。彼の学問的興味は主として，知覚，記憶等に関する実験的研究にあったが，美術，音楽，文学等の芸術にも深い関心を寄せていた。比較的短い彼の生涯に対する大方の評として，コフカはゲシュタルト心理学の組織家といわれる。

【著書】*Die Grundlagen der psychischen Entwicklung, Eine Einführung in die Kinderpsychologie,* 1921. *The growth of mind,* 1924. *Principles of gestalt psychology,* 1935.

ゴッフマン［Goffman, Erving, 1922~82］カナダに生まれる。トロント大学を卒業し，1946年シカゴ大学で修士課程修了後，エディンバラ大学の社会人類学の教室に属し，フィールド・リサーチを行う。その研究をもとにして1953年シカゴ大学で学位を得た。エリザベス病院に参与観察者として入り，環境衛生の研究を試みた。1958年カリフォルニア大学に職を得，1962年教授となる。1968年ペンシルベニア大学人類学，社会学の教授。方法論的厳密さや立論の周密性にこだわらず，小説，自叙伝，新聞雑誌の記事を自由に駆使し，社会的な役割行動と演劇における役割とを対照しながら，独特な役割理論を展開した。

【著書】*Asylums: Essays on the social situation of mental patients and other inmates,* 1961. *Stigma: Notes on the management of spoiled identity,* 1963.

コフート［Kohut, Heinz, 1913~81］オーストリアに生まれる。アメリカの精神科医，精神分析学者。ウィーン大学卒業。フロイトにあこがれ，彼がイギリスに亡命した際にはウィーン西駅に見送りに行ったほどである。すぐに彼自身もアメリカに亡命した。シカゴ大学准教授。シカゴ精神分析研究所では後進を育てる役割も担った。正統派精神分析の理論や技法に忠実であり，自我心理学派の中心人物であった。その後，自己愛性パーソナリティ障害の精神分析的治療へと進む。理想化転移，鏡転移，双子転移，共感等の概念を治療技法に取り入れることにより，従来は不可能とされていた自己愛性障害の精神分析療法に新機軸を導入した。

【著書】*Analysis of the self,* 1975

コリンズ［Collins, Allan M, 1937~ ］アメリカの記憶心理学者。ノースウェスタン大学教授，名誉教授。意味記憶に焦点を当てた。意味記憶とは言葉の意味についての記憶である。M. R. キリアンと共に，人がもっている概念は階層的に構造化されているとする階層的ネットワークを提唱し，その実証的な実験研究を行った。その後，意味記憶の構造をネットワーク的なものとして考えるようになり，ロフタスと共に意味ネットワークモデルの提唱も行った。1979年，D. ノーマンらと共に認知科学会を設立，初代会長となる。

【著書】Retrieval time from semantic memory, *Journal of Verbal Learning and Verbal Behavior,* 8, 240-247,（with M. R. Quillian）1969.

コール［Cole, Michael, 1938~ ］アメリカの心理学者。ロサンゼルスに生まれる。インディアナ大学にてソ連地域研究で博士号を得る。旧ソ連に留学。カリフォル

ニア大学アーバイン校，ロックフェラー大学等を経てカリフォルニア大学サンディエゴ校教授。ロシアの心理学者ヴィゴツキーの著作をアメリカに紹介してブームを引き起こす。アフリカやメキシコにおいて認識の発達の在り方について研究を行い，西洋的な論理や思考が普遍的とは限らないことへ注意を促した。1970年代に，スクリブナーと共にアフリカのリテラシー研究を行い，読み書きなどの基本的リテラシーを獲得することの知的側面への効果は普遍的なものではなく，実践の文脈に埋め込まれた形で解釈されるべきとした。行動や思考の普遍的特徴ではなく，文化の影響を考える文化心理学を提唱した。

【著書】*Cultural psychology: A once and future discipline,* 1996.（邦訳『文化心理学：発達・認知・活動への文化・歴史的アプローチ』2002）．

ゴールドシュタイン [Goldstein, Kurt, 1878~1965]

ドイツ出身で晩年の30年間をアメリカで過ごした神経学・精神病学者。精神医学・神経学から心理学に入り，生物学に基礎を置いた有機体的全体観に立って，独自の研究と理論を展開した。研究領域の中心は，脳損傷者，特に失語症の問題であるが，理論的にはゲシュタルト学派に近い。しかし，知覚的場の体制よりは生活体の全体的反応を強調した。

【著書】*Human nature in the light of psychopathology,* 1946.

ゴールトン [Galton, Sir Francis, 1822~1911]

バーミンガムに生まれる。キングス・カレッジ及びトリニティ・カレッジに学ぶ。心理学に統計的方法を取り入れた一人であり，新しい統計的概念や方法を発展させた。回帰の概念とか相関の考え方がこれである。ダーウィンのいとこにあたり，進化論の影響を受けて，遺伝の研究に力を注ぎ，天才の研究等を行った。それらに基づいて，人種の改善を主張した。その他，色覚障害，色彩連想，数型等に関する研究も行っている。指紋が個人によって異なることも示した。

【著書】*Hereditary genius,* 1869. *Inquires into human faculty and its development,* 1884. *Record of family faculties,* 1884. *Noteworthy families,* 1906. *Essays on eugenics,* 1909.

コルニロフ [Kornilov, Konstantin Nikolaevich, 1879~1957]

ロシアの心理学者。1923年モスクワの国立実験心理学研究所の所長になる。ベヒテレフの反射学等に反対し，マルクス主義に基づく弁証法的心理学を確立した。その心理学は反応学（reactology）と呼ばれた。1920年代には彼の名声は非常に高まったが，1931年彼の心理学はマルクス・レーニン主義に一致せず，弁証法的でないとして見捨てられた。しかし，彼の門下からヴィゴツキー，ルリヤらのすぐれた心理学者が輩出した。

【著書】*Textbook of psychology from the standpoint of dialectical materialism,* 1926.

コールバーグ [Kohlberg, Lawrence, 1927~87]

アメリカの心理学者。ニューヨークに生まれる。シカゴ大学卒，同大学で博士号を得る。イェール大学などを経てハーバード大学教授。道徳教育センター所長に在任中，うつ病治療中に死去。ピアジェの影響を受けながら，道徳の認知発達の理論を構築した。道徳の発達は，3水準6段階からなるものであるとされる。また，特定の個人が道徳発達においてどのような段階にあるのかを知るための検査手法も提案した。これは様々なジレンマ事態を提示した上で，それをどのように解決するかを尋ねる手法である。「ハインツのジレンマ」という課題では，病気の妻

を治療するための薬を買うことができない夫（ハインツ）のジレンマを自分だったらどのように解決するかを尋ねられ，その回答（薬を盗む，薬をあきらめる，など）と理由づけによって，道徳性の段階を判断することになる。
【著書】*Moral stages: A current formulation and a response to critics*, (with others) 1983.

コンディヤック [Condillac, Etienne Bonnot de, 1714~80]

フランスの感覚主義の哲学者。ロックの哲学をフランスに紹介した。哲学史の上では感覚主義あるいは経験主義などと呼ばれる。彼はデカルトの本有観念，マルブランシュの能力，ライプニッツの単子等の主観的な色彩の強い考え方を排除した。彼は，あらゆる心的生活は感覚から生ずるものとして考えた。 
【著書】*Traité des sensations*, 1754.

コント [Comte, Auguste, 1798~1857]

フランスの哲学者。学問論として実証主義を創唱した。社会運動家サン=シモンに師事した。1830年には『実証哲学』の第1巻を出し，1842年までに6巻を完成した。「実証哲学」の目的は「予見するために知ること」であるとしている。この主張は，実行に関係のない学問知識に反対する知行合一の立場である。客観的な資料によって学問を形成することを主張した。これを彼自ら実証主義と呼んだのである。すなわち，客観的に観察しうる事実のみが科学の知識として妥当なものであり，個人の意識に基づく内観は，妥当な知識を与えるものではないという。心理学はかかる事実を発掘し，事実間の関係を確定し，法則を樹立するためにあるとした。コントの考え方は，心理学の客観化への方向に対して力を及ぼした。 
【著書】*Cours de philosophie positive*, 6 vols., 1830-42.

ザイアンス [Zajonc, Robert, B., 1923~2008]

ポーランドのウッジに生まれる。文化的・歴史的な違いに関係なく，人間や動物にも等しく適用しうるような基本的な社会形式を見出そうと努力した。社会的に与えられる情報の不確実さから起きる認知的葛藤，それに伴う社会的態度の研究，あるいは他人の存在によって起こる社会的促進の問題研究，知的発達に及ぼす環境，特に家庭の影響等の研究がある。この最後の研究は，マーカスの協力によって合流モデル（confluence model）として形式化された。 
【著書】*Social psychology: An experimental approach*, 1966. *Animal social psychology*, 1969. *Animal social behavior*, 1972.

サイモン [Simon, Herbert Alexander, 1916~2001]

ウィスコンシンに生まれる。カーネギー・メロン大学でコンピュータ科学と心理学の教授を務めた。同僚にゲッツコウやニューエルらがおり，その研究範囲は非常に広範囲にわたっている。しかし，それらの諸問題の根底には，社会的影響過程の問題と人の自発的な選択過程を取り上げている。 
【著書】*Administrative behavior*, 1947, 1976³. *Models of man*, 1957. *The sciences of the artificial*, 1969. *Human problem solving*, (with A. Newell) 1972.

相良守次 [サガラ モリジ, 1903~86]

日本

の心理学者。山形県鶴岡市に生まれる。東京帝国大学卒。東京大学，東京女子大学，文教大学の教授を歴任。東京大学文学部心理学科教授，名誉教授。ゲシュタルト心理学に傾倒し，東京帝国大学心理学研究室にて若手心理学者らと共に心理学読書会「木曜会」を作り，同人誌『木曜』を発行した。1952年に「遡向抑制の心理学的研究」で博士号取得。日本心理学会会長，第20回国際心理学会議の会長を務めた。
【著書】『記憶とは何か』1950.

サーストン［Thurstone, Louis Leon, 1887~1955］アメリカの心理学者。知能の因子分析的研究により，数，空間，言語，知覚，記憶，帰納，語の流暢さの七つの因子を抽出し，これを基本的精神能力とした。態度測定に関しては等現間隔法を考案し，態度尺度に客観性をもたせることに努力した。精神物理的研究としては，比較判断の成立過程を統計数理的に考えて，公式を考案し，比較判断の法則を提案した。
【著書】*Vector of the mind*, 1935. *Multiple factor analysis*, 1947.

ザゾ［Zazzo, René, 1910~95］パリに生まれる。ワロンの創立した高等研究院の児童心理生物学実験室に勤め，1950年に師のあとを継いで同室の室長となる。知能や心理の測定法，精神薄弱の研究のほかに，長く双生児法の研究を行った。
【著書】*Nouvelle échelle metvique de l'intelligence*, (avec M. Gilly et autre) 1966.

サピア［Sapir, Edward, 1884~1939］ドイツのラウェンベルクに生まれる。インディアンの言語や文化に関心をもち，インディアンの言語の類型論的研究は有名である。人は誰でも頭の中に自分の言語組織の基本的図式をもっていると考えた。サピア-ウォーフの仮説（言語相対性仮説）として言語と文化の関係が引用されることが多い。
【著書】*Language: An introduction to the study of speech*, 1921.

サービン［Sarbin, Theodore Roy, 1911~2005］アメリカの心理学者。役割概念の理論的考察に基づいて，行動病理，パーソナリティと文化，知覚的防衛，催眠，自我と社会的同一性等幅広い研究を行った。
【著書】*Clinical inference and cognitive theory*, (with R. R. Taft & D. E. Bailey) 1960.

サリヴァン［Sullivan, Harry Stack, 1892~1949］アメリカの精神医学者，精神分析学者。ニューヨークのノーヴィッチに生まれ，脳卒中のためパリで急死した。シカゴ医学校卒業。1917年に学位を取る。アイルランド系のカトリックの家で育ち，子ども時代は人間関係を避けて，動物を相手に過ごした。1920年代の後半に，シェパード・プラット病院に勤めていた頃，統合失調症患者に対する理解を深め，その処置に成功して有名になった臨床家。人間関係を重視した点で，フロム，ホーナイらと共に新フロイト派に属するものとされているが，フロイトの影響は比較的少なく，彼の先達は，むしろ，ジェームズ，クーリー，G. H. ミードらをつなぐアメリカ心理学の伝統と，古い伝統をもつアメリカ精神医学の流れであるといわれる。第一次世界大戦中は米国軍隊の軍属として働き，1922年にはワシントンのセント・エリザベス病院で退役軍人の世話をしたが，この病院は精神医学の一中心であったので，W. A. ホワイトらの影響を受けて，精神病学の領域に入っていった。1920年代には，シェパード・プラット病院に移り，マイヤー，トンプソンらと知り合い，統合失調症患者を人間として理解しうる可能性を信じるようになった。その後，ベネディクト，ラスウェル，サピアらの社会科学者に接近し

て，共同研究をした時期もある。1936年ワシントン精神医学校の教授。1936年より精神医学雑誌の編集にあたる。精神衛生世界連盟の創立に努力し，ユネスコのコンサルタントとして，戦争の原因となる緊張の問題の研究に参加した。彼の立場は，本来，心理療法の理論を述べようとするもので，これを体系的に要約して述べることは難しい。その上，まとまった著書が少なく，しかも，新造語や難解な専門語が多いために，簡潔な理解を一層困難にしている。彼の理論によると，子どもは生まれるとすぐにその文化に接触し始めるが，文化は母親を通して子どもに影響するから，最初の接触は母子関係を通して行われる。母子関係の基本的特徴は同情（共感）であるが，同情は一種の情緒的感染あるいは交信であり，子どもは母親を通して，不安と安心，緊張と弛緩，快と不快等の重要な対立を知る。だから，いつも敵意をもち続けている母親や心配性の母親は，何をやっても結局子どもを不安におとしいれることになる。また，自我の体制と矛盾したり，相互に葛藤したりして不安を引き起こすおそれのある経験を，選択的に無視したり，その意味を故意に曲解したりする自我防衛的な働きを「選択的不注意」または「非連合」と呼び，このような不安には注意の範囲を狭める効果があるという。
【著書】*Conceptions of modern psychiatry*, 1947. *The interpersonal theory of psychiatry*, 1953. *Schizophrenia as a human process*, 1962. *The fusion of psychiatry and social science*, 1964.

サルトル [Sartre, Jean-Paul, 1905~80] フランスの思想家，文学者。パリで生まれる。2歳の時父と死別し，その後はドイツ語の教師である祖父に育てられた。エコール・ノルマールでは哲学を専攻。同級に，メルロ=ポンティ，ボーヴォワールらがいた。卒業後は各地のリセで哲学を教えながら哲学，文学等の作品を発表した。第二次世界大戦で1939年に応召，1940年ドイツ軍の捕虜となる。1941年収容所を脱走，パリに帰って文筆活動を続けた。1943年に発表した『存在と無』は哲学界の評判となった。1945年，実存主義の雑誌『現代』を創刊して主宰する。1950年，朝鮮戦争を契機に共産主義に接近して，実存主義の立場から政治参加の必要を主張し，そのため親友のカミュとも別れた。インドシナ戦争，アルジェリア戦争についても，植民地の独立を援助し，フランス政府の植民地政策を批判した。1964年ノーベル賞を与えられたが，これを拒否した。彼の思想的発展は，1960年の『弁証法的理性批判』に詳しい。彼は，ヘーゲル，マルクス，フッサール，フロイト，ハイデッガーらの影響を受けている。人間を，自己創造的な，状況との間に相互作用をもち，賭けをする存在，すなわち実存的存在と規定した。弁証法的意識過程の中で，自我の反措定として非我を立てるが，そこに，ヘーゲルが客観的精神と名付けた全体性が成立するという。サルトルのいわゆる実存的精神分析学あるいは実存的心理学は，幼児の結合の動機，性的衝動力の動機，解放されることのない罪悪感の動機等を扱っている。なお，彼の伴侶ボーヴォワールは，心理的・社会的な広い立場から女性問題を扱った『第二の性』の著者として知られている。
【著書】*L'imagination*, 1936. *Esquisse d'une théorie des émotions*, 1939. *L'être et le néant*, 1943. *Situations*, 3 vols., 1947. *Critique de la raison dialectique*, 1960.

ザンダー [Sander, Friedrich, 1889~1971] ドイツの心理学者。グライツで生まれる。クリューガーの弟子で，全体主義心理学の伝統を継ぐ一人。彼によると，現実の発生は，系統発生と個体発生との双方の産物であり，それが実際の心的ゲシュタルトの形成であるという。精神構造にはゲシュタルトを創造する力学があることを強調する。パーソナリティは一定の持続的方向の中で成長しながら成層構造を発達させていくものと見る。

【著書】*Experimentelle Ergebnisse der Gestaltpsychologie*, 1928. *Kindespsychologie und Jugendpsychologie als genetische Ganzheitpsychologie*, 1933. *Ganzheitspsychologie*, 1962.

シアーズ [Sears, Robert Richardson, 1908~89]

カリフォルニアに生まれる。父はスタンフォード大学の教育学教授。スタンフォード大学で英文学を専攻するが、1928年にポーリンと婚約すると、彼女が心理学を専攻しようとしていたために心理学に関心をもつようになった。行動主義者のファンズワースの指導を受ける。ターマンの勧めでイェール大学で大学院を送り、ハルのもとで研究をした。当時ハルは催眠の研究をしていたのでその研究をするが、1932年金魚を使った視覚的条件反射に及ぼす視葉の除去の効果の研究で学位を得た。イリノイ大学で講師の職につき、ポーリンと結婚するが、新婚旅行はスタンフォード大学でレヴィンの場理論の聴講で終わる。ポーリンは臨床心理学専攻で精神分析に習熟した。そこでハルの理論と精神分析を結びつけようと試みたり、精神分析的概念を実験的に明らかにしようとした。1936年准教授としてエール大学に移り、ダラードの示唆で攻撃の研究に参加した。1942年にアイオワ大学の児童福祉研究部に管理職として移った。戦時中は飛行機の射撃手の訓練法等の研究をするが、養育と人格発達の関係を明らかにする研究を始めるようになった。1949年にアイオワ大学での管理職に飽きて、ハーバードの教授になり、ホワイティングやポーリンと共に人間発達の研究室を作った。1953年には故郷のスタンフォード大学に帰る。1975年の退職後は、マーク=トウェインの心理的伝記研究で英文学と心理学を融合させようとした。

【著書】*Frustration and aggression*, (with others) 1939. *Survey of objective studies of psychoanalytic concepts*, 1943. *Identification and child rearing*, (with L. Rau & R. Alpert) 1965. *Privacy and behavioral research*, (with others) 1967. *The seven ages of man*, (eds. with S. S. Feldman) 1973.

ジェームズ [James, William, 1842~1910]

アメリカの哲学者、心理学者。ニューヨークの宗教家の家に生まれる。ハーバード大学で、化学、比較解剖学、生理学を学んだ。途中23歳の時、生物学者アガッシのブラジル探険隊に参加のため、学業を中断した。帰国後ハーバード大学で医学を修め、更に実験生理学研究のため渡独した。1872年から、ハーバード大学の生理学の講師、助教を務め、1880年に哲学の准教授となる。1885年には哲学の教授となり、心理学の研究に没頭し、1889年には心理学の教授となった。1897～1907年再び哲学の教授となった。この間、アメリカ心理学会の会長を務めた。ジェームズは心理学を自然科学として捉えようとしたが、構成心理学流の研究方法とは異なり、問題を具体的な人間生活において捉えようとした点に特色がある。彼は生命の有機的関連を説明する概念を要求し、これを説明しない概念は衒学的なものとして排除した。彼が心理学を自然科学的に研究しようとした意味は、現象としての意識状態を、その条件としての身体に関係づけて考察するという意味である。心理学の目的は、意識状態の記述、説明である。説明は意識状態の原因、条件、結果等につき、身体的過程との関係を明らかにすることであり、神経系統、ことに大脳をその必須条件とするのである。彼によれば、意識は比較的まとまって他と区別される部分と絶えず流動している部分からなる流れである。この意識の流れは、人格的なものとして所持され、絶えず変化するものとして存在

し，連続したものとして感ぜられ，意識から独立した対象に関係し，選択するものとして現れているという。ジェームズの特殊な貢献としては，1884年に発表した情緒説があり，これはランゲと共に情緒を生理的に説明しようとした経験的な学説として有名である。
【著書】*Principles of psychology*, 2 vols., 1890. *Psychology, briefer course*, 1892. *A text-book of psychology*, 1892. *The varieties of religious experience*, 1901~02. *A pluralistic universe*, 1908. *The meaning of truth*, 1909. *Essays in radical empiricism*, 1912.

シェーラー [Scheler, Max, 1874~1928] ミュンヘンに生まれる。リップスを指導者とするミュンヘン現象学派の同僚を通じて現象学的方法へ接近し，現象学的方法を新しい分野，特に宗教と倫理学に適用した。カントの倫理学とニーチェの道徳論を結合した大著といわれる『倫理学における形式主義と実質的価値倫理学』[第一部 1913, 第二部 1916] を生み出した。1910年には大学を辞し，ベルリンに移り，自由評論家となり，清新な論調により実際的運動家として活躍した。その後，認識と人間関係において情緒を強調することにより，フッサールから離れていった。彼の哲学は現象学と存在論の橋渡しをするものといわれている。
【著書】*Zur Phänomenologie und Theorie der Sympathiegefühle*, 1913. *Der Formalismus in der Ethik und die material Wertethik*, 1913, 1954[4].

シェリフ [Sherif, Muzafer, 1906~88] トルコに生まれる。彼が1935年に発表した，自動運動に対する集団状況の効果の研究は，社会的行動の実験的研究として草分け的なものの一つである。その後も多くの実験的研究や著書によって，態度，準拠集団，集団間の行動等の面で大きな影響を与えている。また，自然の状態に近い条件で実験を行うという，社会心理学にとっては困難であるが重要な仕事に特に注目した一人である。
【著書】*Groups in harmony and tension*, 1953. *Intergroup conflict and cooperation*, 1961.

シェリントン [Sherrington, Sir Charles Scott, 1857~1952] イギリスの生理学者。神経の構造や連関についての研究があり，1932年には，エイドリアンと共にノーベル賞（生理・医学賞）を受けた。専門は神経生理学及び反射学。
【著書】*The integrative action of the nervous system*, 1906.

シェルドン [Sheldon, William Herbert, 1898~1977] アメリカの心理学者。体格及び気質に関する類型論的研究は有名である。前者について内胚葉型・中胚葉型・外胚葉型を，後者について内臓緊張・身体緊張・頭脳緊張の3型を分けた。クレッチマーの影響を受けているが，彼の場合は正常人の測定値の統計的処理に基礎を置き，体格や気質の要素の個人差を量的に示そうとするところに特色がある。
【著書】*The varieties of temperament*, 1942.

ジェンドリン [Gendlin, Eugene T., 1926~] アメリカの哲学者，臨床心理学者。シカゴ大学で哲学の博士号を取得し，1961年にロジャーズのもとでウィスコンシン大学精神医学研究所の所員。シカゴ大学教授。ロジャーズが取り組んでいたカウンセリングにおけるプロセスの研究において，「体験過程」の概念を提唱した。カウンセリングに来談するクライエントのうち，自身の体験に注目してそのことを語ることができるクライエントが改善しやすいということに彼は着目した。このことは，体験過程（感じられる体

験の流れ）の推進と進展によってクライエントに変化が生じることを意味する。一方で、体験過程の水準が深まらないクライエントがいることも事実であり、カウンセリングの効果が生じにくい。そこで、そうしたクライエントの変容を促すために、体験過程で感じられる意味（フェルトセンス）に焦点を当てる、フォーカシングという技法を開発した。
【著書】*The function of experiencing in symbolization*, 1958. *Focusing*, 1978.

シェーンフェルト［Schoenfeld, William N., 1915~96］ニューヨークに生まれる。専門は、行動理論、条件づけ、社会心理学、知覚等で、初期に出された心理学概論書は、強化理論に基づく最初の教科書として、そのユニークさが高く評価されている。広範多岐にわたってきた強化スケジュールを、全て時間軸上の特定の時間幅内の特定反応を選択強化するという基本的構想から、体系的に統合しようと試みた最初の人としても注目された。
【著書】*Principles of psychology*, (with F. S. Keller) 1950.

シドマン［Sidman, Murray, 1940~ ］アメリカの行動心理学者。コロンビ大学で博士号を得る。スキナーの行動分析をベースにしたケーラーとシェーンフェルトの行動心理学に影響を受け、コロンビア大学の集中講義に訪れたハル派のスペンスにも影響を受けた。弁別型回避学習を発見した。また、刺激等価性という考え方を提示した。
【著書】*Tactics of scientific research*, 1960.

シフネオス［Sifneos, Peter Emanuel, 1920~2008］ギリシャに生まれる。アメリカの精神科医。アテネの大学を卒業後、フランスのソルボンヌ大学で化学の学位を取得。アメリカに移住し医学を修める。アメリカ陸軍に精神科医として勤務。その後はボストンで医師として務める。オスロ大学の客員教授（精神医学）。アテネ大学名誉博士号を得る。心身症の発症要因として、失感情症や失感情言語症と訳される「アレキシサイミア」を指摘した。自らの感情状態への気づきやその言語化がうまくいかない場合に、心身症になりやすい傾向をもつという仮説である。なお、彼はもともと精神分析の訓練を受けていたが、治療が長期化することに批判的になっていき、不安を積極的に喚起することで患者との相互作用を活用しながら短期に終結を目指す、「短期不安喚起精神療法（Short Term Anxiety Provoking Psychotherapy）」を創始した。
【著書】*The prevalence of alexithymic characteristics in psychosomatic patients*, 1973.

ジャクソン［Jackson, John Hughlings, 1835~1911］イギリスの神経学者。国立神経病院に勤めるが、後にロンドン病院の医長になる。ダーウィンの『種の起源』が公刊される以前に進化論の構想をもっていたスペンサーの考え方を神経学に応用した。下等な神経組織（脊髄）は進化的に最も古く、単純な動作を司る。中等な神経では脳幹が進化的に次に古く、高等な神経組織（脳）が進化的に最も新しいものと考え、新しいものはより古いものを統制し、新しいものほど破壊されやすいと考えたのである。こうした考えは、フランスの精神医学に大きな影響を与えた。
【著書】*Selected writings of J. H. Jackson*, 2 vols., 1931.

シャクター［Schachter, Stanley, 1922~97］ニューヨークに生まれる。はじめフェスティンガーらと小集団内逸脱者やコミュニケーションの研究、集合住宅団地を対象とした社会的圧力の研究を行い、ミネソタ大

学では人間の社会生活の基礎としての対人親和傾向の実験的研究を試み，「不安→親和」仮説を提唱，副産物として出生順位と不安及び親和傾性との間に密接な相関を見出した。その後シャクター自身の関心は，情動の認知的・社会的・心理的規定因の問題に向かい，巧みな実験条件の設定によって興味ある研究を行い，新しい情動の理論仮説を提出した。また，これを発展させて肥満体と摂食行動，犯罪常習者や喫煙行動の問題等の研究も行った。
【著書】 *The psychology of affiliation*, 1959.

シャコウ［Shakow, David, 1901~81］ニューヨークの東部地区に生まれる。12歳頃からセツルメント活動に参加し，デューイやジェームズを愛読し，心理療法に関心をもつ。ハーバード大学ではF. オルポートやラングフェルトらの指導を受ける。その間，ウォーチェスター国立病院で病院経験をもつ。再びハーバード大学に帰り，1946年に統合失調症についての論文で学位を得る。ウォーチェスター病院では，デンボー，ハンフマン，リカース=オヴシアンキーナ，ロウ，ローゼンツヴァイクらが研究員としており，統合失調症の心理的諸検査を試みるかたわら，レヴィンに倣った実験を試みる。生涯にわたって統合失調症の研究に携わったが，その理論は『断片的構えの理論』に要約されている。彼は，臨床心理士の資格や訓練の整備に努めたことでも有名である。 
【著書】 *Adaptation in schizophrenia: The theory of segmental set*, 1979.

ジャネ［Janet, Pierre, 1859~1947］フランスの精神病学者，異常心理学者。彼の研究において有名なのは，ヒステリーに関するものと解離性同一症／解離性同一性障害に関するものである。彼は自己独自の心理学及び精神病理学の体系を発展させた。彼は，精神病学を通じて心理学を，心理学を通じて精神病学を実り豊かなものにしようとし，心理療法に健全な心理学的基礎を与えようと努力した臨床心理学者の最初の一人であるといわれる。
【著書】 *L'automatisme psychologique*, 1889. *La médicine psychologique*, 1923.

シャルコー［Charcot, Jean Martin, 1825~93］フランスの神経学者。パリに生まれ，ニエーブルで死去。パリのサルペトリエール病院の医師となり，1872年その教授，1882年新設の精神科病院の院長。神経の研究のみならずヒステリー及び催眠術に関する講義によって世界的に知られた。精神病理学，心理療法，精神分析等に大きな影響を与えた。彼の門下には，ビネ，フロイト，ジャネら，すぐれた精神科医や心理学者が多い。 
【著書】 *Leçons sur les maladies du système nerveux*, 1873. *Localisations dans les maladies du cerveau*, 1876-80.

シュウィーダー［Shweder, Richad A., 1945~ ］アメリカの文化人類学者，心理人類学者，文化心理学者。ニューヨークに生まれる。ピッツバーグ大学卒。ハーバード大学で博士号取得。ナイロビで一年間勤務したのちシカゴ大学に転じる。インド東海岸にあるヒンズー寺院の門前町にてフィールドワークを行い，広い意味での道徳的推論の在り方について検討を行った。AA地域から北米やヨーロッパ社会へ来た移民が経験する，多文化の葛藤と共存の問題にも関心をもっている。アメリカ人類学会の下部組織である，心理人類学学会の会長を務めたこともある。

【著書】*Thinking through cultures: Expeditions in cultural psychology*, 1991.

シュテルン [Stern, William, 1871~1938] ドイツの心理学者。ベルリン大学でエビングハウスに学ぶ。ブレスラウ大学，ハンブルク大学の教授を歴任し，後にナチスの迫害を逃れ渡米し，デューク大学の教授。彼の野心は哲学を発展させて，人間の要求と原子論的科学とを調和させ，人格主義心理学を発展させることにあった。シュテルンによると，人（Person）という概念は統一のある価値や目的をもったものであり，人は多くの部分をもちながら，調和のとれた全体（unitas multiplex）であると考えた。人は全体として目的・価値といった言葉で取り扱う時のみ真に理解できると考えた。また，刑法学者リストと共に，法心理学研究を行った。差異心理学に関心をもち，知能検査の結果の表現法として知能指数を提案した。
【著書】*Differentielle Psychologie*, 1911. *Allgemeine Psychologie auf personalistischer Grundlage*, 1935.

シュトゥンプ [Stumpf, Carl, 1848~1936] ドイツの心理学者，哲学者。1873年に『空間表象の心的起源について』を公刊した。音響心理学にも関心をもった。
【著書】*Über den psychologschen Ursprung der Ranmvorstellung, 1873. Bieträge zur Akustik und Musikwissenschaft*, 1898.

シュプランガー [Spranger, Eduard, 1882~1963] ドイツの哲学者，教育学者。ディルタイの影響を受けて了解心理学を発展させた。実験室的方法よりも直観的方法を用いて，彼は個人を生活状況，もっている目標，価値において捉えようと努めた。シュプランガーは自身の心理学を構造心理学（Strukturpsychologie）と呼んだ。人の基本的な生活領域として，理論，経済，審美，社会，政治，宗教等の6種を考え，これらのどの領域に価値を置き，興味をもって生活しているかによって生活形式による類型を考えた。
【著書】*Lebensformen: Geisteswissenschaftliche Psychologie und Ethik der Persönlichkeit*, 1919. *Psychologie des Jugendalters*, 1924.

ジョーンズ [Jones, Edward Ellsworth, 1926~93] ニューヨークのバッファローに生まれる。1947年ハーバード大学に入るが，ブルーナーの講演を聴き，社会的知覚の研究を試みた。他方，臨床心理学の課程をとり，精神分析にも関心を示す。対人知覚と対人行動の研究で学位取得。この研究でチボーと知り合い，大きな影響を受けた。チボーを介してハイダー，マサチューセッツ工科大学やミシガン大学のレヴィン一派の人々と知り合いになった。印象形成に及ぼす権威主義の研究をはじめとして多くの実験を試みるが，競争と協力，他人から魅力あるものとして見られようとする迎合行動の研究は有名である。これらの研究は次第に帰因理論に接近したものとなる。1977年プリンストン大学に移った。
【著書】*Ingratiation: An attributional approach*, 1973.

ジョーンズ [Jones, Ernest, 1879~1958] イギリスの精神分析学者。1920～40年までイギリス精神分析学会長，ロンドン精神分析診療所の創立者。国際精神分析学会長（1920～24，1932～49）。同終身名誉会長。ヒトラーの迫害に対して亡命しようとするドイツ，オーストリア系の精神分析学者を助けて，ロンドンに避難させた人数は50名以上に上るという。1937年にフロイトが英国に亡命した時，主にその世話をしたのも彼である。英文の『国際精神分析学雑誌』の創始者。多くの弟子たちがフロイトを離れていく中で，彼は最も忠誠な信奉者だった。
【著書】*Papers on psycho-analysis*, 1912. *The*

ジルボーグ [Zilboorg, Gregory〈Григорiй Зільбург〉, 1890~1959] ウクライナ生まれのアメリカの精神医学者, 精神医学史家。ニューヨーク州立大学准教授。キエフの医学校で医師の免許を得てロシア軍の軍医となる。1917 年, ロシア革命が始まると「二月革命」に参加。その後ドイツ軍の進駐によりアメリカへ亡命。コロンビア大学医学部で再び医学を修める。卒業後はブルーミングデイル病院で精神分析的治療に携わるとともに, 精神医学の歴史の研究を蓄積した。精神医学, 精神分析学, 精神医学史のほか, 犯罪学, 司法精神医学にも関心をもっていた。
【著書】*A history of medical psychology*, 1941.

ジンバルドー [Zimbardo, Philip George, 1933~　] アメリカの社会心理学者。イタリア系移民の家に生れる。イェール大学で修士号, 博士号を得る。コロンビア大学, スタンフォード大学教授。2003 年度にはアメリカ心理学会の会長に選出された。スタンフォード大学教授として海軍の資金により, いわゆる「監獄実験」を行う。この実験においては, 看守役・受刑者役の実験参加者が, 日に日に役割に忠実になっていき過剰適応とも呼べるほどであった。受刑者役の参加者たちは（実験中止を申し入れるのではなく）模擬監獄からの脱走を企てるに至った。この時, 実験者であるジンバルドー自身が「実験遂行者」の役割に入り込み, 脱走を鎮圧するような態度を取り, 実験全体が異常な事態になっていることに気づかず, あくまで予定どおり実験を2 週間継続しようとしていた。この実験の異様さに気づいて 6 日目で中止することを可能にしたのは, 当時のガールフレンドで後に妻となるクリスチナ・マスラックの進言だった。ちなみに, このマスラックはバーンアウトの研究者である。ジンバルドーの研究活動は, 不安の研究を行ったり, 心理学のテキストを執筆するなど多岐にわたっている。2004 年に発覚したイラクのアブ・グレイブ刑務所におけるアメリカ軍兵士によるイラク戦争の捕虜虐待事件においては, 被告となった兵士の弁護にも立った。また, 普通の人が状況によって悪人になりうるという「ルシファー効果」を提唱した。
【著書】*Stanford prison experiment: A simulation study of the psychology of imprisonment*, 1972.

ジンメル [Simmel, Georg, 1858~1918] ドイツの社会学者。ベルリンに生まれる。ベルリン大学に入り, 哲学, 心理学, 歴史学を学んだ。1881 年学位取得。85 年ベルリン大学私講師, 1900 年員外教授。哲学, 倫理学, 美学, 社会心理学, 社会学を講じた。1914 年ストラスブルク大学の正教授となったが, 第一次世界大戦のため, 大学生活は休止状態となった。1918 年精神的にも物質的にも恵まれるところなく, この世を去った。彼は文明を愛し, 文明を破壊する排他主義をきらい, 戦争に反対した。ユダヤ人特有のすぐれた英知と直観で事物を観察し考察した。彼は社会を歴史的現実の社会と純社会的な結社形式とに分け, 心的相互作用による結社形式をもって社会学に特有な研究対象とした。そのため, 彼の社会学説は相互作用説といわれる。心的相互作用のみから社会の存立を考える立場には, もちろん種々批判もあるが, なお現代の社会学や社会心理学に多大な影響を与えている。
【著書】*Über soziale Differenzierung: Soziologische und psychologische Untersuchungen*, 1890. *Die Probleme der Geschichtsphilosophie: Eine erkenntnistheoretische Studie*, 1892. *Philosophie des Geldes*, 1900. *Soziologie, Untersuchungen über die Formen der Vergesellschaftung*, 1908. *Grundfragen der Soziologie: Individuum und Gesellschaft*, 1917.

スキナー [Skinner, Burrhus Frederick, 1904~90]

アメリカの心理学者。彼はネズミ、ハトを用いて学習の実験を組織的に行い、スキナー箱といわれる実験装置はこの目的のために彼が大学院生の頃に考案したものである。この装置の中でテコ押しを学習するネズミの行動は、パヴロフの条件反射におけるイヌの行動とは区別され、オペラント行動と名付けられた。オペラント行動生起の割合は、報酬に基づく強化と関係することを見出した。スキナーはこの種の研究を通じて刺激と反応との間の因果的連続性や仲介変数を認めず、単に相関関係を認めたのみであった。彼は心理学的にしろ生理学的にしろ媒介過程を無視した。興味のあったのは有機体の外部に存在する直接環境であり、環境の歴史であった。行動が依存している環境条件が決定されれば、この行動を有効に統制し、形成することができる。このことを行うために、研究者は生理的過程を知る必要はない。仮に知ったとしても環境を操作できるほどに生理的過程を操作することはできない。オペラント行動の研究は人間の行動の解明に役立つと同時に、動物の訓練にも一役買った。薬品業界は薬の効果測定における動物実験に利用した。また、オペラント行動の研究が教育にも利用しうることに着目し、ティーチングマシンによる教育や育児方法に用いた。スキナーの考え方には当然批判もある。その中心点は、理論構成を軽視し、行動の生理的基底を無視したこと、データの統計的分析を軽んじたこと、知覚、情緒、動機づけの問題を考慮しなかったことなどである。彼が行った行動の研究法はかなり限定されたものであったが、行動療法や行動形成を通じて臨床心理学への影響も大きい。

【著書】*Walden two*, 1948. *Science and human behavior*, 1953. *Beyond freedom and dignity*, 1971.

スターン [Stern, Daniel N., 1934~2012]

ニューヨークに生まれ、アメリカとスイスで活動した乳幼児精神医学者、精神分析家。ハーバード大学を卒業後、アルバート・アインシュタイン医学校卒業。ジュネーブ大学名誉教授。母子間の関係を臨床観察するだけでなく、録画装置を用いて客観的に観察する方法を用いることにより、乳幼児における心的機能の成り立ちを解明した。すなわち、乳児の主観的世界を「自己感」の発達として理論化した。生後2年間くらいまでの自己感の発達推移として、発生的自己感 (sense of an emergent self)、中核自己感 (sense of a core self)、主観的自己感 (sense of a subjective self)、言語自己感 (sense of a verbal self) の四つの自己感を提唱した。彼は、これらの四つの自己はそれぞれが生涯的に併存しつつ機能すると考えている。また、生後8~11カ月の子どもとその母親を対象として、各母子の自由遊び場面を15分ほどビデオ録画し、その再生テープを母親と見ながらいろいろな質問をする、という手続きによって情動調律に関する研究を行った。

【著書】*The interpersonal world of the infant*, 1985.

スティーヴンス [Stevens, Stanley Smith, 1906~73]

アメリカの実験心理学者。感覚尺度構成の理論における彼の業績は高く評価されている。すなわち、精神物理学の領域を再吟味し、感覚尺度の研究において、フェヒナーの法則を経験的事実に適合するように現代化した。精神物理学は感覚知覚の研究においては不可欠のものであるが、スティーヴンスは、「精神物理学は、数学に似て、応用方面においてはいうに及ばず、産業、政治

の分野においても有用な方法となるであろう」と自信のほどを述べている。また、心理学において用いられる多種多様な尺度を整理し、それぞれの尺度における数量的取り扱いの範囲を明確化したのも、ブリッジマンの操作主義の考え方を取り入れ、心理学的概念の客観化を図ったのも、スティーヴンスである。彼の研究の基底に見られる考え方は、心理学を厳密科学として樹立しようとした点にある。

【著書】*Handbook of experimental psychology*, (ed.) 1951. *Psychophysics: Introduction to its perceptual, neural, and social prospects*, 1975.

ストラウス [Strauss, Anselm L., 1916~96] アメリカの社会学者。ヴァージニア大学で学士号、シカゴ大学で博士号を得る。ブルーマーに師事し、シンボリック相互作用論学派の第2世代と目される。シカゴ大学等を経て、1960年にカリフォルニア大学サンフランシスコ校に社会行動科学部門を設立。医療現場（ターミナルケア現場）を対象としたフィールドワークを行う。グレイザーと共に、現場の現象に立脚した理論生成のための質的調査法である、グラウンデッド・セオリー・アプローチ（GTA）を開発した。シンボリック相互作用論に則り、意味の生成過程を重視する立場からGTAの修正を目指したため、グレイザーとの対立が決定的になった。

【著書】*Awareness of dying*, (with others) 1965. *The discovery of grounded theory: Strategies for qualitative research*, (with B. Glaser) 1967.

ストループ [Stroop, John Ridley, 1897~1973] アメリカの認知心理学者。ピーボディー大学にて修士号、博士号を得る。David Lipscomb Collegeで心理学と聖書を教え続けた。心理学においては認知心理学を主に研究領域とし、1935年にストループ効果を発表した。文字の色と文字の意味のように、同時に目にする二つの情報がお互いに干渉し合うような現象である。赤色で書かれた「あお」という文字は、青色で書かれた「あお」という文字よりも干渉が起きやすく、文字の色名を答えるときに反応が遅くなるのである。なお、ストループは敬虔なキリスト教信者であり、聖書学に関する業績もある。

【著書】Studies of interference in serial verbal reactions, *Journal of Experimental Psychology*, 18(6), 643-662, 1935.

スーパー [Super, Donald E., 1910~94] アメリカの発達心理学者、社会心理学者。ハワイに生まれる。ポーランドに移住し、オックスフォード大学卒業。コロンビア大学教授。大学時代は大恐慌時期にあたり、就職問題に関心を向け、ギンズバーグの職業選択理論やハヴィガーストの生涯発達理論職業を取り入れながら、職業の選択指導ではなく人生の径路支援としてのキャリア心理学を構築した。キャリア発達の特徴として、非可逆性、段階性/予測可能性、個人-環境の相互作用性/プロセス性、という三つの特徴を挙げた。また、ライフスペース・ライフスパン・アプローチを唱え、ライフスペースとライフスパンの二次元によってライフキャリアの虹を描くことで、キャリア発達を考えることが重要だとした。

【著書】*The psychology of careers: An introduction to vocational development*, 1957.

スピアマン [Spearman, Charles Edward, 1863~1945] イギリスの心理学者。スピアマンの心理学の特徴は、人間全体を理解しようと努力した点にある。彼が、哲学、生理学、思想史等に深い興味をもったことは、彼の心理学の幅を広くし、理論を深めるのに役立った。彼の、人間の能力、知能の性質、統計等に関する特別の寄与は有名であり、順位相関係数、スピアマン-ブラウンの公式等

は，心理学を学ぶ者にとって親しみ深いものである。相関研究は因子分析に対する基礎となっている。1904年には学童の知能検査を行い，その結果の分析に基づいて有名な知能の二因子説を述べた。この理論は知能検査の歴史において一転換点となるもので，その後数十年にわたり論議の中心となった。

【著書】*General intelligence, objectively measured and determined*, 1904. *The abilities of man: Their nature and measurement*, 1927.

スピッツ［Spitz, René A., 1887~1974］ウィーンに生まれる。第一次世界大戦中は東部戦線でオーストリア軍の軍医として勤務。戦後ウィーン，パリの精神分析の機関に所属するが，1938年から引退までニューヨークの精神分析学会に属し，指導的役割を果たした。幼児期について臨床的研究だけでなく，実験的観察による発達研究を試みた。

【著書】*No and yes: On the genesis of human communication*, 1957.

スペンサー［Spencer, Herbert, 1820~1903］イギリスの進化論的連合心理学者。ダービーに生まれる。正規の学校教育はほとんど受けていない。彼によると，心は内観によって，質的に異なる二つの構成分子に分けられるという。一つは感じ（feeling）であり，他は関係（relation）である。感じは意識の中で，一つにまとまったものとしての位置をもち，関係は感じの間の関係である。感じは中枢的に引き起こされる情緒と末梢的に引き起こされる感覚とに分けられる。関係とは，ある状態から，次の状態に移行する感じである。心は，このような構成分子から成り，各部分の様相が違っているという。連合は感じと関係とを結びつけるものである。連合の法則として類同を考えた。しかし，接近の要因を全く放棄したわけではない。スペンサーの考え方において重要であり斬新なのは，進化論的な考え方である。連合は，反復されると累積され，やがて遺伝的傾向になる。本能もこのようにして，進化の過程において累積されたものと考えた。彼の心理学に関する最初の著書である『心理学の原理』の第2版［1870］は，進化論的色彩が濃厚であるがゆえに評判になった。

【著書】*The principles of psychology*, 1855.

スペンス［Spence, Kenneth W., 1907~67］アメリカの心理学者。研究の初期には，ゲシュタルト心理学の主張の有力な根拠の一つとなっていた移調実験における相対反応の現象を，強化説の立場から，強化-消去の般化の原理を用いて，巧みな説明を与えた。彼の立場はハルの理論を補足修正することを目指したと見ることができ，今日ではハル-スペンス理論と呼ばれることがある。理論構成の仕方は，ハルの数学的演繹よりも経験的帰納の色彩が強く，数量的仲介変数を重視した。論理的構成概念として要請された仲介変数の妥当性を立証するため，不十分な実験を引用したり，生理学の概念を導入したりすることを避け，あくまで実験的操作的に体系化を試みた。

【著書】*Behavior theory and conditioning*, 1956.

セチェノフ［Sechenov, Ivan Michailovich, 1829~1905］ロシアの生理学者。セチェノフは感覚生理学や生物学特に進化論，連合主義における唯物論的傾向，反射の研究等に基づいて客観的心理学を主唱した。彼の心理学は，1860~70年代に誕生したドイツの科学的心理学を精密科学たらしめ

るため，生理学的基礎を与えようとしたものといってもよい。彼によれば，客観的心理学の特徴は，唯物論的，反射学的，連合的，環境的，還元的という形に集約することができる。彼の影響は，西欧，特にフランスに対しては著しいものがあり，リボー，デュマ，ピエロンらの賞讃を浴びたが，言語のためか，アメリカではさほどではなかった。国内に対しては，ヨーロッパの学者が内観を通じて意識に関わっている間に，行動の分析を行い，決定論的な研究を促進するのに大きな役割を演じ，教え子でもあるパヴロフ，ベヒテレフの反射学に対し道を開き，その他の生理学者に対しては高等精神作用の研究及び生理心理学的研究に対し突破口を開いた。

【著書】*Reflexes of the brain*, 1863. *Who must investigate the problems of psychology and how*, 1873. *The elements of thought*, 1878.

セリエ [Selye, Hans 〈Selye, János (ハンガリー語)〉, 1907~82] ハンガリー系カナダの内分泌学者。オーストリア＝ハンガリー帝国時代のウィーンに生まれる。プラハ大学で医学と化学の博士号を得る。マッギル大学等で勤務したのち，1945年にモントリオール大学実験医学研究所を創設して所長となる。ストレス研究の先駆者。1936年に「種々の有害作用から生ずる一症候群」という論文を『ネイチャー』に発表。ストレスはその当時において物理工学の専門用語であり，「外力が物体に加わった場合の歪み・不均衡」という意味をもっていたが，セリエのこの論文以降，有害要因に対する生物の反応を示す用語として認められるようになっていった。のちにストレスの汎適応症候群（GAS）理論を確立した。これは，どのような有害状況，有害要因であっても生体の側の反応は，①副腎皮質の肥大，②胸腺・全身のリンパ節の萎縮，③胃・十二指腸の出血や潰瘍，という三つの症状からなるという理論である。

【著書】*The stress of life*, 1956. *Stress without distress*, 1974.

セリグマン [Seligman, Martin E. P., 1942~] アメリカの心理学者。プリンストン大学卒，ペンシルベニア大学で博士号を得る。コーネル大学などを経てペンシルベニア大学教授。イヌを被験体として用いた実験研究を通じて，うつ病の行動学的モデルを提唱した。抑うつ的な状態は学習されるとして「学習性無力感（learned helplessness)」という概念を提案した。このモデルによれば，抑うつ的な状態は消去されることも意味するから，認知行動療法等によるうつ病治療への道を開いたものであるともいえる。セリグマンはうつ病への介入を楽観主義的行動の学習と捉え，1995年に『楽観的な子ども』を出版。1998年にはアメリカ心理学会の会長講演において，ポジティブ心理学（個人の人生や社会をより良くしていこうとする心理学の一分野）を提唱，その主唱者の一人となっている。ペンシルベニア大学にポジティブ心理学センターを開設。

【著書】*Helplessness*, 1975. *Learned optimism*, 1991.

ソシュール [Saussure, Ferdinand de, 1857~1913] ジュネーブに生まれる。19歳の頃パリ言語学会の会員になり，ライプツィヒ大学で言語学を修める。当時の青年文法学派と交わった。1878年には「インド・ヨーロッパ語における原初の母音体系についての覚書き」を公刊。学位論文はサンスクリット語に関するものである。1880年以後およそ10年ほどの間パリに滞在し，1881年には高等学術研究学院で，ゲルマン語，比較文法の講座を担当した。1907~11年にわたって講義された一般言語学の講義は後年になって『一般言

語学講義』として公刊された。構造主義言語学の重要な概念となっている、ラング (langue)、パロール (parole)、共時態、通時態、能記、所記等は全てソシュールの用語であり、天分を認められながらもドイツでもパリでもあまり高く評価されたとはいえない。むしろ、モスクワの言語サークルに大きな影響を与え、トルベツコイ、ヤコブソンらによって、その言語学的思潮が作り出されることになった。我が国では早くから小林英夫によって紹介され、影響を与えた。
【著書】*Cours de linguistique générale*, 1916.

ソーンダイク [Thorndike, Edward Lee, 1874~1949] アメリカの心理学者。コロンビアのキャッテルのもとで、有名な問題箱の実験を行った。1898年「動物の知能——動物における連合過程の実験的研究」により学位を得た。この研究は心理学における動物実験の最初のものといわれる。彼はベインの考え方を出発点とし、連合主義と機能主義を結びつけようとした。ジェームズの弟子でもあるソーンダイクにとっては、生活体の活動は適応を意味し、適応は学習を通じてなされると考えた。学習を心理学の中心問題と考え、パヴロフ、ワトソンに先立って、行動理論を発展させた。彼は学習を試行錯誤と考え、後には、学習の過程を選択、結合の過程と考えるようになった。学習の原理として、効果の法則、練習の法則、準備の法則を挙げた。彼の学習説はかなり徹底した機械的決定論である。学習の転移に対する考え方としては同一要素説を唱え、要素主義的色彩が濃い。その他、教育的事象の客観的な測定に心を向け、教育測定運動の父ともいわれ、アメリカにおける教育心理学の創始者ともいわれる。
【著書】*Animal intelligence*, 1898. *Educational psychology*, 3 vols., 1913-14. *Measurements of intelligence*, 1926.

ダーウィン [Darwin, Charles, 1809~82] イギリスの博物学者。進化論の新しい説明を提唱して世界的に有名になった。一族には祖父のE. ダーウィン、いとこのゴールトンら、極めて優秀な人物が多い。エディンバラ大学及びケンブリッジ大学で医学、神学を学んだ。ケンブリッジでは、植物学者J. S. ヘンズロウの影響を受け、その世話で、博物学者として海軍の測量船ビーグル号の世界一周の調査に参加した (1831~36)。その時の観察研究の結果は『ビーグル号の訪れた諸国における地理学的、博物学的研究の記録』として1839年に出版され、自然選択（生存の闘争においては最適の者が生き残るということ）による進化論の土台となった。その後の進化論に関する彼の幾つかの著作は、比較心理学の発達に大きな影響を与え、動物及び人間の心理的過程の起源や発達に進化論的見地を採用させるに至った。1859年に『種の起源』を公刊してその立場を明確にした。
【著書】*On the origin of species by means of natural selection*, 1859. *The descent of man and on selection in relation to sex*, 1871.

タジゥーリ [Tagiuri, Renato, 1919~2011] アメリカの心理学者。マッギル大学からハーバード大学に進み、1951年学位を取得。引き続き同大学にとどまりビジネス・スクール教授。対人知覚、対人関係の認知に関する業績が多く、ソシオメトリック・テストの手法に基づく彼の関係分析も有名である。
【著書】*Person perception and interpersonal behavior*, (ed.) 1958.

タジフェル [Tajfel, Henri, 1919~82] ポーランドに生まれる。社会心理学があまりにアメリカナイズされ、社会、歴史、文化を無視

していることに不満を抱き，ヨーロッパの社会心理学の伝統を作り上げようとしてヨーロッパの社会心理学会を設立する。社会心理学の最も重要な課題は，集団間の関係を研究することにあると考えた。
【著書】*The context of social psychology: A critical assessment*, (eds. With J. Israel) 1972. *Differentiation between social groups*, (ed.) 1978.

ダマジオ [Dámasio, António Rosa, 1944～　] ポルトガルに生まれる。アメリカの神経科学者。リスボン大学医学部を卒業し，同大学で博士号を得る。アイオワ大学を経て南カリフォルニア大学教授。非理性的で受け入れがたいもの存在として科学から遠ざけられがちであった情動について，理性的判断との関係等を研究している。情動が意思決定の中核をなすという「ソマティック・マーカー仮説」を提唱した。前頭前野や扁桃体等の脳領域を損傷した患者が，判断の欠如や不適切な社会的行動を招くことを見出した彼は，こうした患者においては，情動が適切なガイドを担っていないからだと考えた。例えば，損傷をしているある患者は，何に対しても恐れを感じず，危険を感知することができず，その危険源から遠ざかることができないということを明らかにした。
【著書】*The somatic marker hypothesis and the possible functions of the prefrontal cortex*, 1996.

ターマン [Terman, Lewis Madison, 1877～1956] アメリカの心理学者。1916年スタンフォード大学教授。知能の測定に関心をもち，ビネ-シモン知能検査のアメリカ版として，スタンフォード-ビネ改訂版知能検査を作製した。シュテルンの提案したIQを実際に用いたのは彼が最初である。また，自らの作った検査により天才児を抽出して，その追跡的研究を行った『天才児の研究』は著名である。性と性格の研究を行い，性度検査の尺度を作り，結婚の幸福度の尺度を作るなど，アメリカのメンタルテスト運動の開拓者といえる。
【著書】*The Stanford Revision of the Binet-Simon Intelligence Scale*, 1916. *Measuring intelligence*, 1937.

ダラード [Dollard, John, 1900～80] ウィスコンシンに生まれる。シカゴ大学で1931年社会学の学位を得る。1932～52年イェール大学の人間関係研究所にあり，以後エール大学心理学教授。最初アメリカ南部の人種差別の問題を研究，文化とパーソナリティの問題を取り上げたが，それ以後は，人間関係研究所の同僚N. E. ミラーと共同で精神分析の概念を行動理論によって検討したものが多い。これは，研究所の所長がハルであったためである。
【著書】*Personality and psychotherapy*, (with N. E. Miller) 1950.

タルド [Tarde, Jean Galbriel, 1843～1904] フランスの社会学者，犯罪学者。予審判事として仕事をしながら1890年には『模倣の法則』を著し，社会の単純で純粋な形式は，個人間の模倣に基づくという説を展開した。彼の社会学説は，デュルケムの個人に対して社会的実在の支配を説く立場とは対立するものであり，フランスの社会学界では孤立していたが，ロスらを通じてアメリカの社会学には大きな影響を与えた。またタルドは，ル・ボンが危惧した来るべき「群集の時代」に対して，各自の部屋に個々人が静坐し，新聞その他の間接的な接触から選択的に暗示を受け，また模倣することのできる「公衆」を信頼し，民主主義に明るい希望をもった。彼

の社会学は，個人の心理や個人を超越した社会的実在にその基礎を求めるのではなく，個人間の模倣に焦点を当てたものであった。なお，晩年の 1900 年にはコレージュ・ド・フランスの近代哲学教授に任命された。
【著書】*Les lois de l'imitation: Étude sociologique*, 1890 (3e éd. 1900).

タルヴィング［Tulving, Endel, 1927~ ］
エストニア生れ，カナダの心理学者。17 歳の時，エストニアがソ連支配下に入る前にドイツに移り，その後カナダに移住した。トロント大学卒。ハーバード大学で博士号を得る。トロント大学教授，名誉教授。博士号は視知覚の研究で得たが，資金の欠如から視知覚の研究をあきらめ，ペンと紙だけで十分な記憶研究へと興味を移した。彼の研究は，反応時間の測定等を行わないものに依拠していたため，当初は学界から評価されにくかった。その当時，既に長期記憶と短期記憶の区別は理論的になされていたが，タルヴィングは長期記憶が単一のものとは考えず，意味記憶とエピソード記憶に分類する理論を提唱した。トロント大学で記憶に関する研究会を主宰し，トロント学派と呼ばれる記憶研究集団を育てた。 
【著書】*Organization of memory*, 1972 (邦訳『タルヴィングの記憶理論』1985).

チャルディーニ［Cialdini, Robert, B. 1945~ ］アメリカの社会心理学者。ノースカロライナ大学で博士号を得る。アリゾナ州立大学名誉教授（心理学とマーケティング）。社会的影響過程の研究で著名。自らがセールスマンに説得された経験やフィールド研究をもとにして，特に人間行動を導く原理として六つの原理を挙げた（返報性，一貫性，社会的証明，好意，権威，希少性）。つまり，これらの原理を巧みに用いて人の行動を操ろうとする人物がいるということになる。 
【著書】*Influence: Science and practic*[2], 1985 (邦訳『影響力の武器』2007).

チョムスキー［Chomsky, Noam, 1928~ ］
アメリカの言語学者。彼の言語理論は，一般に生成理論（generative theory），変形理論（transformational theory）と呼ばれたり，あるいは簡単に文法的理論とも呼ばれる。従来の言語学が言語の要素を取り出し，その要素の結合によって言語が組み立てられていると考えるのに対して，チョムスキーでは文章の文法を研究することが重視される。この文法は普遍的な特質をもち，そのプランによって無限に新しい文章が作られていく。この間の事情は，ヴントの心理学に対するゲシュタルト心理学の批判と類似している。事実，生成理論は学習理論的な連合，あるいは媒介過程等によって文章が作られるものではないことを主張する。文章は文法のプランによって作られるものであり，この普遍的文法は生得的なものであると考える。これはゲシュタルトが生得的であるが，経験を無視したものではないという意味と同様な意味である。彼は言語学の領域にとどまらず政治的諸問題についても活発な発言をしている。 
【著書】*Syntactic structures*, 1957. *Current issues in linguistic theory*, 1964. *Studies on semantic in generative grammar*, 1972. *For reasons of state*, 1973.

陳大斉［チン ダイサイ, 1886~1983］清末期の中国の浙江省に生まれる。1903 年来日，第二高等学校を経て，1912 年に『心ノ本質ニ就キテ』という卒業論文を書いて東京帝国大学を卒業した。辛亥革命後の中華民国で北京

大学教授として心理学実験室の設立に務めた後年は哲学，特に論理学に関心を移した。中国大陸における国共内戦後は台湾に移り，国立政治大学の学長も務めた。

ツィーエン［Ziehen, Theodor, 1862~1950］フランクフルトに生まれる。哲学を好み，長年精神医学者としての訓練を受け，それを職とした。イエナにおいて，彼は『生理学的心理学入門』を公刊した。これは生理学的心理学の教科書であり，明快で簡潔な記述のゆえをもって12版を重ねた。1915年には『心理学の基礎』を著した。この本は心理学の認識論的基礎を論じたものである。心理学者として，彼は生理学的心理学の普及に努めたが，ヴントの流れを汲んだものではなかった。むしろ，連合心理学者と呼んだ方がふさわしいといわれる。
【著書】*Leitfaden der physiologischen Psychologie*, 1891, 1924^{12}. *Psychiatrie*, 1894, 1911^4. *Das Gedächtnis*, 1908. *Die Grundlagen der Psychologie*, 1915.

デイ［Day, Ross Henry, 1927~ ］オーストラリアに生まれる。オーストラリア心理学会の設立に力を注ぎ，1966~67年同会長に就任。彼は一貫して知覚の研究に専念した。初期には，協応，追跡作業に関連した研究を行っているが，その後，空間定位に関する残効，図形残効，プリズム順応，視覚及び触覚的錯覚等に関する実験的研究を行っている。更には，誘導運動，乳幼児における恒常視の発達過程の研究に力を注いでいる。
【著書】*Perception*, 1966. *Human perception*, 1969.

ティチナー［Titchener, Edward Bradford, 1867~1927］イギリス生まれのアメリカ人心理学者。1890年，オックスフォード大学を卒業すると，ライプツィヒのヴントの研究室に入った。ここで反応時間の研究をした。イギリスに一時戻るもコーネル大学に招かれる。初期には新しい実験心理学の樹立に力を注ぎ，実験室を開設し，他方，ヴントやキュルペの著書を英訳して，ヨーロッパの考え方をアメリカに取り入れようとした。彼の心理学は，その体系及び実験のいずれにおいても師のヴントの心理学を簡単化し，厳密化したものといわれる。彼の心理学は自らが称したように構成心理学であり，その主要問題は，意識内容を分析し，要素を見出し，その属性を明らかにし，次いで要素の合成の仕方を明らかにする法則を見つけ，その生理的条件を求め，また合成されたものの特色を見ることであった。ティチナーによると，全ての経験は，感覚，心像，感情の要素から成り立っているという。このうち心像は二次的感覚と見なされた。ヴントの統覚の概念は廃棄され，注意が感覚や心像に明晰性を与えるものとして取って代わった。ティチナーの興味は，正常成人を対象とするものであり，一般法則の樹立が主目的であった。当時アメリカ心理学の中心問題であった人間の能力，個人差の問題には全く関心がなかった。それゆえか，彼の影響を受けた人は多いにもかかわらず，彼の没後，アメリカにおいて，彼の考えを純粋な形で受け継いだものはほとんど見当たらない。
【著書】*An outline of psychology*, 1896. *A primer of psychology*, 1898. *Experimental psychology*, 4 vols., 1901-05. *Systematic psychology: Prolegomena*, 1929.

テイラー［Taylor, Frederick Winslow, 1856~1915］技術者，経営管理の研究者。はじめ，機械工場で技術者として働き，次第に経営管理の仕事に従事する。テイラーは，テイラー・システムといわれる科学的な方法を経営管理の業務に初めて適用した。時間研究，作業条件の研究によって標準作業量の設定，作業能率の向上，適性配置，機能的職長制度等の導入によって，生産管理の技術的向上に貢献した。
【著書】*The principle of scientific manage-*

ment, 1911.

ディルタイ [Dilthey, Wilhelm, 1833~1911] ドイツの哲学者。彼は，自然科学的心理学に対して，精神科学的心理学の樹立を提唱した。それによると，心理学の対象は生きた関連として与えられるものであるから，この関連を体験のままに記述しなければならない。そのために仮説を設けて関連を作る必要はない。このような方法は分析的であり，直接，体験に与えられた全体関連から出発し，それを精密に記述し，分析して構造を明らかにすればよい。心理学における仮説は記述分析の最後に解釈として現れるものである。ディルタイの心理学における重要な概念は構造と了解である。構造とは彼によって初めて心理学に取り入れられたものである。全体はその中に相互に関連をもった部分を含む統一体である。これが構造であり，変化し，発達するものである。構造の発達の過程は，個人の独自性を含みながら類似性をもつものである。了解は説明に対立する概念である。自然科学は説明科学であるが，精神科学は了解する学問である。精神科学においては，与えられるものは，はじめから全体関連をもった実在である。したがって，与えられたままに把握する必要がある。これが了解である。自己の心的関連は体験によって了解され，他人の心的関連は心的なものの表現，すなわち言語，表情，行動等によって了解されるのである。了解が普遍妥当性をもちうるのは，各人が個性においては異なり，それぞれ特殊性を表しているが，その間に各人に共通な一般的な人間性が存するからであるというのである。ディルタイの考え方は弟子のシュプランガーにより継承され，発展していった。 
【著書】*Einleitung in dei Geisteswissenschaften*, 1883. *Ideen über eine beschreibende und zergliedernde Psychologie*, 1894.

ティンバーゲン [Tinbergen, Nikolaas, 1907~88] オランダのハーグに生まれる。研究対象は主として昆虫，魚，カモメのような海鳥。理論的背景はローレンツよりも，より生理学的である。人間の心理生理学，精神医学等にも関心を示し，人間生活における環境問題についても発言した。1973年にはローレンツ，フリッシュと一緒にノーベル賞を受けた。 
【著書】*Kleew* 1948. *The study of instinct*, 1951. *The Herring Gull's world*, 1953. *Social behaviour in animals, with special reference to vertebrates*, 1953. *The tale of John Stickle*, 1954. *Curious naturalist*, 1958. *Animal behavior*, 1965. *Signals for survival*, (with H. Falkus & E. A. R. Ennion) 1970.

デカルト [Descartes, René ⟨Renatus Cartesius⟩, 1596~1650] フランスの哲学者，数学者，自然科学者。フランス中部のツーレーヌに生まれる。貴族の出身。1606年より，ラフレーシのジェスイット学校及びポアティエールの大学で学ぶ。一時軍隊に入り，従軍するが，1628年オランダに引退して研究と思索に専心した。1649年スウェーデンのクリスチナ女王に招かれたが，間もなくストックホルムで死去。数学者としては解析幾何学の創始者であり，自然科学者としては光の反射や屈折についての研究等で知られている。哲学者としての彼は，スコラ哲学を退け，理性的な方法による近代的な形而上学を創始して，その後のヨーロッパ思想の発展にとって，長期的な影響力となった。彼の哲学の方法は，一般的な懐疑であり，今までの信念は全て放棄して，自己の存在を唯一の確実な土台とする新しい認識法による出発を図っ

た。「私は疑う，だから私は考える。私は考える，だから私は存在する」というのが彼のモットーであった（この場合，考えるというのは意識的活動の全部を指す）。このような直覚と演繹とが，自己の存在を証明する方法であった。時に神の存在を証明する方法でもあった。自然科学者としての彼は唯物論者であり，哲学者としての彼は観念論者であったから，彼はいわゆる二元論者である。動物を含めて物質は外部観察の対象であるが，心を対象とする心理学は内観によって意識の分析を行う。心は意識の状態に他ならないからである。また，心には，知的な認識と意欲と感覚との三つの機能が区別されている。

【著書】*Discours de la méthode*, 1637. *Principia philosophiae*, 1644. *Les passions de l'âme*, 1649.

デシ [**Deci, Edward L.**, 1942~] アメリカの社会心理学者。カーネギーメロン大学にて博士号を得る。ローチェスター大学教授。実験社会心理学の立場から内発的動機づけと報酬との関係について研究を行い，金銭的報酬が必ずしも内発的動機づけを高めないことを示した。更に，その説明理論として認知的評価理論を提唱した。この論によれば，内発的動機づけを高める重要な要因として，コンピテンスと自己決定性の二つの要因が挙げられる。

【著書】*Intrinsic motivation*, 1975. *Why we do what we do: Understanding self-motivation*, 1996. *Handbook of self-determination research*, 2002.

テッサー [**Tesser, Abraham**, 1941~] アメリカの社会心理学者。1967年パデュー大学で社会心理学の博士号を取得。ジョージア大学名誉教授。自己評価の維持に関するダイナミクスに関する研究の中で，社会的行動に焦点を当てた自己評価維持モデル（SEM：self-evaluation maintenance）を提唱した。重要な交友関係や結婚等の親密な関係性における特定のダイナミクスを理解するための理論であり，人は自己評価を維持したり高めたりする，他者との関係が自己評価に影響する，という前提をとる。

【著書】*The self and social relationships*, 2007.

テニエス [**Tönnies, Ferdinand**, 1855~1936] ドイツの社会学者。1887年には若くして『ゲマインシャフトとゲゼルシャフト』を著し，社会科学の諸分野に広く影響を与えた。この二つの用語は，社会の基本的な類型を指す言葉として現在も継承されている。彼は「意志」を，実在的・自然的な「本質意志」と，観念的・作為的な「形成意志」に分け，この二つに対応してゲマインシャフトとゲゼルシャフトという社会形態を区分した。また，生命，個人，社会集団の発展過程に共通した，植物的（有機的）・動物的・人間的（精神的）の3段階を考え，ゲマインシャフトもゲゼルシャフトも，それぞれ同様な3段階をとって発展し，大きくはゲマインシャフトからゲゼルシャフトへと社会は発展すると主張した。

【著書】*Gemeinschaft und Gesellschaft: Begriffe der reine Soziologie*, 1877（8. Aufl. 1935）. *Einfühlung in die Soziologie*, 1931.

デューイ [**Dewey, John**, 1859~1952] アメリカの哲学者，教育学者，心理学者。バーモント及びジョンズ・ホプキンス大学に学ぶ。1894年までミシガン大学で哲学を講じていたが，その年からシカゴ大学に移り10年間を過ごした。1904年にはシカゴ大学

を去り，コロンビア大学に転じたが，この頃彼の興味は教育学に移った。しかし，彼はシカゴ大学においてますます盛んになった機能主義心理学に対して大きな足跡を残した。デューイの論文でシカゴ学派の考え方に大きな影響を与えたものは，1896年に出した「心理学における反射弧の概念」である。反射弧の概念は，感覚刺激，中枢，運動解発の三つが結びついて，刺激が与えられると感覚が生じ，それに観念や運動が続くと考えられてきたが，実は，反射弧は三つの要素が外面的に結びついているわけではなく，全体が一つの統一体を成しており，感覚と運動とはその中における一部分として相互規定をしているのである。反応は刺激に対して反応するのではなく，刺激の中に反応するのであり，運動反応によって刺激は刺激となり，刺激の受容はその中に運動を含むものとして成立する。刺激と反応はこの意味において協応している。感覚や反応などと区別されてはいるが，決して固定した存在としての区別ではなく，融通のきく機能の区別である。感覚運動弧における感覚と運動とは二つの存在ではなく，全体が一つの作用であり，ある時は感覚の機能となり，またある時は運動の機能となる。その区別はどんな目的に役立つかの差による。この考え方は，意識の力動的な見地を強調し，構成心理学における心的要素を解体して，心的機能を重要視しなければならないことを説いたものであり，機能主義の心理学の発端をなすものと見られる。しかし，デューイの考え方の中には，後の機能主義心理学の主張するような生物学的見地はまだそれほど分明ではない。

【著書】 *Human nature and conduct: An introduction to social psychology*, 1922. *Experience and nature*, 1925. *Problems of men*, 1946.

デュマ [**Dumas, Georges,** 1866~1946] リボーの門弟。1896年医学の学位を取り，1897年パリ大学医学部で実験心理学研究所長となる。1900年文学の学位を取得，文学部の実験心理学を担当する。感情，情緒に関する研究が多い。1930年以降，新心理学全書（Nouveau traité de psychologie）の刊行を主宰し，フランス心理学の体系化を試みた。

デュルケム [**Durkheim, Émile,** 1858~1917] フランスの社会学者。近代社会学の創設者。北フランスのエピナールに生まれ，パリで死去。1882年エコール・ノルマール卒業，ドイツで社会学，民族心理学等を学ぶ。1887年ボルドー大学教授，1902年ソルボンヌ大学教授。教育学，社会学等を教えた。彼はフランス社会学派の中心であり，その機関誌が『社会学年報』である。従来の主観的な心理主義を排して，実証的研究法の土台の上に，実践から独立した客観的科学としての社会学を立て，その独立性を確立しようとした。

【著書】 *De la division du travail social*, 1893. *Les règles de la méthode sociologique*, 1895. *Le suicide*, 1897. *Les forms élémentaires de la vie religieuse*, 1912.

土居健郎 [**ドイ タケオ,** 1920~2009] 日本の精神科医，精神分析家。東京に生まれる。東京帝国大学医学部卒業。「日本語の概念による精神病理学的研究」にて東京大学で医学博士号を得た。東京大学医学部精神科教授。1950年代にアメリカ留学時に受けたカルチャーショック体験をもとに，日本なるものを把握しようと試みた。「甘え」に該当する言葉が他言語にないことから，日本人の心理や日本社会の構造を理解するためのキーワードとして「甘え」に着目。自分とは異なる存在の他者に対して，好かれつつ依存的な人間関係を構築し，相手との一体化を目指すことが「甘え」の本質であるとした。人類共通の感情でありながら，日本にしかない言葉を通して精神分析の概念を分かりやすく解

説した。
【著書】『「甘え」の構造』1971.

ドイッチュ [Deutsch, Morton, 1920~]
アメリカの社会心理学者。初期において「協同と競争についての実験的研究」を行っているが、この方面の先駆的業績として評価されている。その後の研究は、信頼と疑惑、取り引きやゲーム行動の問題に発展し、数多くの論文を発表。
【著書】*The resolution of conflict: Constructive and destructive processes*, 1973.

トヴァスキー [Tversky, Amos, 1937~96]
イスラエル生まれのアメリカの心理学者。行動経済学の創始者の一人。ヘブライ大学で学士号、ニューヨーク州立大学で博士号を得る。スタンフォード大学教授在任中に死去。ダニエル・カーネマンと共に認知的ヒューリスティックの研究を行った。後に、プロスペクト（予期）理論や心的会計を唱え、行動経済学の確立へとつなげた。プロスペクト理論とは、リスクを伴う意思決定を行う際には、利得よりも損失の方を重大に捉える傾向があることを示した理論である。なお、カーネマンは2002年にノーベル経済学賞を受賞したが、もし生きていればトヴァスキーも受賞したはずである（ノーベル賞は生存者にのみ与えられるルールである）。
【著書】Prospect theory: an analysis of decision under risk. *Econometrica*, 47, 313-327, (with D. Kahneman) 1979.

ドゥンカー [Duncker, Karl, 1903~40] ドイツの心理学者。1930年以後ケーラーの助手を務めた。その後、ケーラーと共に渡米し、スワスモワ・カレッジに移った。ゲシュタルト心理学の立場から思考の実験的研究を行った。いわゆる機能の固着（functional fixedness）の分析を行った。
【著書】*Zur Psyhologie des produktiven Denkens*, 1935.

ドクロリ [Decroly, Ovide, 1871~1932] ベルギーの児童心理学者。1901年に異常児のための研究所を設立し、1907年には「生活による生活のための学校」を設立。1920年ブリュッセル大学の教育学教授。ドクロリ法と呼ばれる教科教育法の創始者。治療教育の問題から出発して、知能、興味等の研究で貢献した。
【著書】*Examen mental des enfants délinquants*, 1912.

トーマス（タマス） [Thomas, William Isaac, 1863~1947] アメリカの社会学者。シカゴ大学にアメリカで最初に開設された社会学部に、大学院生として入学した。1895年には同大学の講師となり、同翌96年には学位を取得、次いで助教、准教授、教授を歴任したが、中傷によるスキャンダル事件で1918年に解任された。その間に、アメリカとポーランドを往復し、ズナニエッキーの協力を得て、ポーランド移民についてのすぐれた実証的研究を行った。また、民族誌学的・人類学的な実地調査による研究法のほか、手紙その他の文書による「生活史法」を開発し、上記の研究でも、754の手紙やポーランドの新聞からの8千の文書を活用した。
【著書】*The polish peasant in Europe and America: Monograph of an immigrant group*, 5 vols., (with F. W. Znanieki) 1918-20 (2nd ed. 2 vols., 1927).

トマセロ [Tomasello, Michael, 1950~]
アメリカの認知心理学者。ジョージア大学にて博士号を得る。エモリー大学勤務（1980～98年）の後、ドイツ・ライプツィヒのマックス・プランク進化人類学研究所に移り、同研究所共同研究所長を務める。言語・コミュニケーションの研究を行う。特に意図

の共有という問題について，比較心理学的視点から研究を行っている。発達心理学，霊長類学，比較文化研究等の観点を必然的に内包する志向をもつものである。子どもは9カ月頃までに，他者を意図をもった存在と考えうるようになり，共同注意（joint attention）を成立させることができるようになると考えた。この時期のことを「9カ月革命」と呼ぶ場合もある。1995年以降，チョムスキー（学派）による生成文法の生得説に対する批判を精力的に行っている。

【著書】*Primate cognition*, 1997.（邦訳『心とことばの起源を探る』2006）．*The cultural origins of human cognition*, 1999.（邦訳『ことばをつくる』2008）．

ドリーシュ [Driesch, Hans, 1867~1941] ドイツの哲学者，動物学者。生物学における新生気論（Neovitalismus）の主張者の一人。ドリーシュはイエナ大学において進化論の研究をしていたが，生命の進化を機械論的に説くことに不満を感じ，力動的生物学（dynamische Biologie）を考えた。力動的生物学は，生物の合目的的存在性を考慮する点において一種の目的論と見られる。彼がウニの卵の発生的研究から，生活体が物理化学的存在とは全く異なった特殊の生命力であるエンテレキーをもつものと仮定した。彼のいう新生気論も生活体の全体性を考慮する点において全体論の一種と見なすことができよう。

【著書】*Der Vitalismus als Geschichte und als Lehre*, 1905.

トリースマン [Treisman, Anne Marie, 1935~] イギリスのヨークシャーに生まれる。プリンストン大学教授。オックスフォード大学で聴覚研究を行い「選択的注意と言語知覚」の論文により博士号を得るが，その後視覚研究に転じた。多数の刺激の中から自然と浮き上がって見えるような刺激（ポップアウト刺激）を用いた視覚的探索研究で有名。視覚プロセスにおいて対象を認知するためには，注意メカニズムが必要だとする特徴統合理論を提唱した。ノーベル経済学賞受賞者のカーネマンの妻である。

トルベツコイ [Trubetzkoi, Nikolai Sergeievich, 1890~1938] ロシアの言語学者。ウィーン滞在中，ヤコブソンを知り，プラハ言語サークルの設立に参加した。音韻論の創始者であり，音素の概念，その音韻的対立を明らかにした。これらの研究はソシュールの共時的体系の考え方に一致するものであるが，音韻変化については通時的に考え，ソシュールの考え方とは異なる，一種の目的論や均衡論に近い考え方が示されている。

【著書】*Grundzüge der Phonologie*, 1939.

トールマン [Tolman, Edward Chace, 1886~1959] アメリカの心理学者。彼によると，生活体の行動は全体的に見ると，常に目的をもち，目標に向かっている。生活体は環境を認知し，目標とそれに導く手段との関係を見て行動しているという。トールマンは行動の解析にあたって環境の認知，目標とそれに導く手段との関係の認知といったものを仲介変数として重要視した。学習は，刺激と反応との結合ではなく，認知の成立，すなわち，いかなる信号がいかなる意味をもつかが把握されることであると理解され，サイン・ゲシュタルト説が唱えられた。彼の説は目的的行動主義といわれ，レヴィンの影響が強く，根底には力動的な考え方が見られる。しばしば，トールマンとハルの考え方の差異が対比されるが，前者は行動の解明にあたり，認知的要因を重んずる認知説の立場にあるのに対し，ハルは反応関係の仲介概念を強調する強化説の立場をとるものといえよう。

【著書】*Purposive behavior in animals and men*, 1932.

ナイサー[Neisser, Ulric, 1928~　]ドイツのキールに生まれ，アメリカで活躍した心理学者。家族に連れられてアメリカに移住。ハーバード大学で博士号を得る。コーネル大学等を経てエモリー大学教授。スワスモア大学でゲシュタルト心理学者ケーラーの教えを受け修士号を得た。1967年に出版した『認知心理学（Cognitive Psychology）』によって，認知心理学という領域の体系化を成し，心理学の分野として確立する役割を果たした。しかしその後は，実験室実験パラダイムに批判的な立場をとり，（ブルンスウィクが提唱した概念である）生態学的妥当性を重視する立場を展開した。また，アメリカでベストセラーになった，知能には生得的な人種差があるという主張をもつハーンシュタインらの著書『ベル・カーブ』に対する批判でも知られる。
【著書】*Cognitive psychology*, 1967. *Memory observed*, 1982. *The remembering self*, 1994.

ニスベット[Nisbett, Richard E., 1941~　]アメリカの社会心理学者。タフツ大学卒，コロンビア大学にて博士号を得る。ミシガン大学教授。どの文化においてもそこでの気候，環境，生業等，生態学的な構成要因のパターンをきっかけにして，その文化の代表的といえる思考様式（文化的思考様式）が発展すると考える。アメリカ南部の"名誉の文化"に関する研究を過去に行っている。また，西洋的な分析的思考様式と東洋的な包括的思考様式の異同に関する検討も行っている。前者はものごとを名詞的に捉え分割していく思考であるのに対して，後者はものごとを動詞的に捉え関係づけていく思考だとする説である。
【著書】*The geography of thought: Why we think the way we do*, 2003.

ニーチェ[Nietzsche, Friedrich Wilhelm, 1844~1900]ドイツの哲学者，詩人。早熟の天才で，まだ大学を卒業しない25歳の若さで（1869年），スイスのバーゼル大学の古代哲学の教授となった。1870年，普仏戦争に志願の看護兵として参加し，赤痢とジフテリアにかかって帰還。1871年以降は常に健康がすぐれず，激しい眼痛や吐き気，子ども時代からの偏頭痛等に悩まされ，1879年にはついに大学を退職。大学から支給されるわずかの年金によって，スイス，イタリア，南フランス等の安宿を孤独のうちに漂泊しながら，病苦の中で思索と著述に過ごした。1889年イタリアのトリノの街頭で進行麻痺の症状を示し，その後の晩年の12年間は，精神錯乱のうちに母及び妹の看護を受けた。1880年頃からの思想や文化の中には，精神病理学的な影響の所見が見られるという。彼の思想を理解するためには，音楽家リヒャルト・ワーグナー，哲学者ショーペンハウアーの影響を無視することができない。処女作『悲劇の誕生――音楽の精神からの』は，ギリシャ悲劇の歴史的研究の中で，アポロ型の静観的，秩序的，理知的文化（造型美術や叙事詩に示される）に対して，ディオニソス的な激情的，衝動的，情動的文化（音楽や舞踊に示される）の創造的な動力を発掘し，ワーグナーの楽劇による新しいドイツ文化の興隆を期待したものである。また，『ツァラトゥストラ』『善悪の彼岸』『権力への意志』等では，根元の力として盲目的な生きようとする意志を考えるショーペンハウアーの意志哲学とダーウィンの適者生存の原理とに影響されて「超人」の思想を展開した。伝統的なキリスト教の道徳を奴隷の掟であると決めつけ，権力を求めようとする意志によって生きる主人（支配者）の道徳の優位を主張した。人間の意志が創造する超人は善悪を超えた存在であり，その力によってデモクラシーの退廃を破壊するであろうという。彼の作品には詩的な

情熱があり，異常な感受性が秘められており，多くの読者を集めているが，彼に対する解釈は多様である。そのため，時には生の哲学から，またナチズムの権力の哲学から，そして現在は実存主義の立場からも迎えられている。
【著書】*Die Geburt der Tragödie*, 1872. *Also sprach Zarathustra*, 1883-85. *Jenseits von Gut und Böse*, 1886. *Zur Genealogie der Moral*, 1887.

ニューカム [Newcomb, Theodore Mead, 1903~84] オハイオに生まれる。1934年にベニントン大学で，初めて教壇に立つ。大学生250名についての4年間にわたる態度変化の研究を始める。25年後にこの研究はフォローアップされ，卒業時の態度が変化していないことを見出した。1941年にミシガン大学に移り，1946年に教授となる。戦時中に軍関係の調査あるいは研究機関に所属した。社会心理学の著書を公刊した頃からハイダーやフェスティンガーの研究に興味をもつようになった。8年間にわたって，未知の人が親しくなっていく経過を研究するが，これらの研究は全て大学という環境の中における大学生の態度変化に属するものであった。
【著書】*The acquaintance process*, 1961. *Persistence and change: Bennington college and its students after 25 years*, 1967.

ハイダー [Heider, Fritz, 1896~1988] ドイツで学び，アメリカで活躍した社会心理学者。1921年よりベルリン大学で，ケーラー，ウェルトハイマー，レヴィンらの影響を受けた。彼の社会心理学における立場はこういった背景によって支えられている。1927年ハンブルク大学で，シュテルンの助手となった。1930年渡米。主な研究領域は，社会的知覚における認知過程（対人認知）の力学的研究であり，彼のバランス理論と帰属理論は多くの社会心理学者にとって研究上の指針となっていた。
【著書】*The psychology of interpersonal relations*, 1958.

バウアー [Bower, Gordon Howard, 1932~] オハイオに生まれる。少年の頃から野球の選手になろうとし，運動に熱中し，学校の成績はかんばしくなかった。高校の頃，教師に刺激され精神科医になろうとしてフロイトやユングを読んだこともあるが，ウェスタンリザーブ大学では投手であり，セミプロのチームにも加わっていた。大学では最初ホールの指導を受け，精神分析を学んだが，ハルのもとで学位を取ったばかりのポーターにハルの学習理論を学び，形式的・数学的科学にひかれるようになる。1954年に大学を卒業し，奨学金を得てミネソタ大学でミールらのもとで科学哲学，数学的心理学の研究にふける。1957年にはスタンフォード大学の多くの数学的心理学者と知り合うようになり，エステズとの交際を深め，ローガンとの動物学習の共同研究を行う。1959年に学位を取り，スタンフォード大学に職を得る。当時はオペラント学習に熱中し，オール・オア・ナン学習の理論モデルを作る。その後短期記憶の数学的モデルを作ったり，記憶術の研究等をもとにして，アンダーソンとの共同で人間の連想記憶（HAM）の研究を行う。これは新しい連想研究として高く評価されたものによる。更に催眠や行動療法等にも関心を示しているが，夫人が行動療法家であることにもよる。
【著書】*An introduction to mathematical learning theory*, (eds. With R. C. Atkinson & E. J. Crothers) 1965. *General three state Markov learning models*, 1965. *Theories of learning*, (with E. R. Hilgard) 1966[3], 1981[5].

Attention in learning, (with T. Trabasso) 1968. *Human associative memory*, (with J. Anderson) 1973, 1980^2.

パヴロフ [Pavlov, Ivan Petrovitch, 1849~1936]

ロシアの生理学者。1902年からは，条件反射の方法により，中枢神経系の機能に関する研究に集中し，1904年には消化腺の機能に関する研究によってノーベル賞を授与された。消化腺の分泌の測定中に，動物は食物を期待するだけで唾液を分泌させることに気づき，これを精神分泌と呼んだ。後にはこれを条件反射と名付けた。彼は条件反射に関する幾多の事実，すなわち消去，強化，自然的回復，般化，弁別，あるいは高次の条件づけ等の研究から，条件反射はいわゆる反射とは異なり，その機制が中枢神経系にあることを明らかにした。またパヴロフは，イヌを用いて中枢過程の興奮と抑制を研究している時，中枢の興奮を生ずる条件刺激と類似した抑制を生ずる条件刺激を呈示すると，イヌは非常に混乱した反応を示すことに気がつき，これを実験神経症と呼んだ。この種の研究を進めて，条件反射を精神病学にまで適用させた。1902～36年にはおよそ次の三つの側面の研究を行っている。①生活体の行動の基礎としての特殊な無条件反射及び基底神経節の研究，②中枢の活動，③基底神経節と中枢との相互作用及び結合の方法等である。1917年の革命にもかかわらず，彼は心理生理学の研究を続け，ややもすれば研究の中に持ち込まれようとする政治的なイデオロギーを拒み続けた。彼の研究は心理学的に意義のあるものであったが，彼自身は自己の研究は大脳の生理学的研究であるとして，この評価に抗議した。ことに初期にあっては心理学を独立の科学としては認めなかった。晩年においてもなお心理学に対する生理学の優先性，重要性を主張した。彼の業績は，1950年頃まではロシアにおいては高く評価されなかったが，アメリカではこれに反し早くから注目され，1929年ニューヘブンの第9回国際心理学会に出席しているほどであり，ワトソンらの行動主義者によってその客観的方法は高く買われた。行動の生起，変容，消去に関して条件反射がその基本的原理を与えるものとされた。パヴロフの研究は，多くはイヌについて行われたが，その知見は人間の行動にも適用され，第二信号系としての言語刺激に基づく条件反射の体系の生起が言語活動の発達に密接に関連することを見出したことは，大いなる寄与といえる。

【著書】*Conditioned reflexes: An investigation of the physiological activity of the cerebral cortex*, 1927. *Lectures on conditioned reflex: Twenty-five years of objective study of higher nervous activity (behavior) of animals*, 1928.

バーカー [Barker, Roger Garlock, 1903~90]

1947年以来カンザス大学心理学教授。1963年，SPSSIのクルト・レヴィン賞を受けた。初期の研究にはレヴィンの指導のもとに行った児童におけるフラストレーションの退行の実験がある。1950年頃から彼はライトと協力してレヴィンの心理学的生態学の構想を発展させ，カンザスの一小都市（Midwest）とその子どもたちを対象として，組織的・継続的研究を始めて以来，多方面にわたって心理生態学の研究を試みた。

【著書】*Frustration and regression*, (with T. Dembo & K. Lewin). *Ecological psychology: Concepts and methods, for studying the environment of human behavior*, 1968. *Qualities of community life: Measurement of environment and behavior in an American and an English town*, 1973.

バークレー [Berkeley, George, 1685~1753]

イギリスの観念論の哲学者。連合心理学の先駆者の一人。徹底した観念論者であり，このことは，「存在することは知られてい

ることである（Esse est percipi）」という言葉によって知られるとおりである。彼は人間の精神内容を感覚的観念と想像的観念に分け，前者は後者より強く，生き生きとしており，明瞭であるとした。想像的観念は弱く漠然としたものであるとした。感覚の継起は神の力により決定されるが，想像の観念は多くの習慣的共在に基づき，感覚又は想像的観念について生起するものである。同時的結合も同様であり，視空間における奥行き知覚も，ただ習慣により直接に視覚に与えられるものに，運動感覚等が結びついた結果である。ロックが感覚について述べた第一次性質と第二次性質との区別を批判した。すなわち，堅さ，大きさ等は第一次性質で物体の中にあり，これに対して，味，におい等の第二次性質は心の中にあるという考え方は無意味であり，いずれも心の中にあるとした。

【著書】*A treatise concerning the principles of human knowledge*, 1710.

ハサウェイ［Hathaway, Starke Rosecrans, 1903~84］ミシガンに生まれる。オハイオ大学で電気工学を学ぶが，1927年数学で学士号，1928年統計学で修士号を得る。心理学のセミナーに出席するようになって，電気工学の知識を活かして測定器具を改良した。心理学の講師を務めるかたわら生理学をも指導した。1929年准教授になるが奨学金を得てミネソタ大学に移る。当時ミネソタではラシュレーの研究が始められた頃であった。1932年マッキンレーのもとで学位を取得し，神経生理学的な研究をし，スキナーと論争をした。1936年心理学から神経医学に移り，臨床心理学者としての任務を自覚するようになった。MMPI（ミネソタ多面人格目録）を作るようになったのは臨床心理学者の仕事を明確にするためであった。1970年に引退。

【著書】*Minnesota Multiphasic Personality Inventory*, (with J. C. McKinley) 1942.

パース［Peirce, Charles Sanders, 1839~1914］マサチューセッツのケンブリッジに生まれる。ハーバードの天文台に勤めたり，ジェームズの推挙によってジョンズ・ホプキンス大学で論理学の講師を務めたりするが，定職らしいものはなく，大学卒業以来1891年まで主として沿岸測量部に属し，大学の教授職につくことなく不遇な生涯を送った。かなりの奇人であったらしい。ジェームズとは家族的に親しい間柄であり，ジェームズはパースの影響を受けた。1878年に公表した *How to make our ideas clear* は，プラグマティズムを明らかにしたものである。カントの認識論を超えて科学的に実在論を論じたものであった。パースによって創案されたプラグマティズムは，ジェームズによって流布され，デューイに引き継がれていく。帰納（reduction）演繹（deduction）とは異なる推論の形式としてアブダクション（abduction）を提起した。記号論の父ともいわれる。

【著書】*Collected papers of C. S. Peirce*, (ed. C. Hartshorne & P. Weiss), Vol. 1, *Principles of philosophy*; Vol. 2, *Elements of logic*; Vol. 3, *Exact logic*; Vol. 4, *Simplest mathematics*, Vol. 5, *Pragmatism and pragmaticism*; Vol. 6, *Scientific metaphysics*; Vol. 7, *Science and philosophy* (ed. A. W. Burks); Vol. 8, *Review, correspondence and bibliography* (ed. A. W. Burks), 1958.

バス［Buss, Arnold H., 1924~　］アメリカの社会心理学者。1952年インディアナ大学で博士号を取得。1957~65年にはアイオワ大学，ピッツバーグ大学等で教える。インディアナ大学名誉教授。攻撃性の研究では，身体的-言語的次元，能動的-受動的次元，直接的-間接的次元という三つの

次元の組み合わせによって、攻撃行動を八つのタイプに分ける理論を提唱した。また、自己に対する二つの次元、すなわち公的自己意識、私的自己意識のうち、どちらにどのような注意を向けるかということについて個人差が存在すると考え、自己意識のモデルと測定尺度を開発した。
【著書】*The psychology of aggression*, 1961.

パーソンズ [Parsons, Talcott, 1902~79] アメリカの代表的な理論社会学者。アメリカ社会学の経験主義の行き過ぎを批判して、ヨーロッパの諸学説を歴史的に考察した。更に社会学、文化人類学、心理学の研究成果に基づいて、社会・文化・個人を一貫して包括的に捉える行為の一般理論の構成を目指した。この立場から、アメリカの家族における社会化と相互作用過程を論じた。
【著書】*The structure of social action*, 1937. *The family: Socialization and interaction process*, (with R. F. Bales) 1955. *Social structure and personality*, 1964.

バッデリー [Baddeley, Alan David, 1934~] イギリスの認知心理学者。ロンドン大学卒。ケンブリッジ大学で博士号を得る。ブリストル大学などを経て、英ヨーク大学教授。記憶理論における短期記憶-長期記憶の二分法を打ち破る新しい記憶のモデルとして、G. J. ヒッチと共にワーキングメモリの多重コンポーネントモデルを提唱した。ワーキングメモリとは、認知処理のための一時的保持プロセスのことである。実際の場所があるわけではなく、情報処理プロセスを説明するための構成概念である。最近のモデルでは、ワーキングメモリは中央実行系のもと、視空間スケッチパッド、エピソードバッファ、音韻ループというコンポーネントからなるとされている。
【著書】*Your memory*, 1982. *Working memory, thought and action*, 2007.

バート [Burt, Cyril Lodowic, 1883~1971] イギリスの心理学者。ロンドンの医師の子として生まれ、オックスフォード大学のマクドゥーガルのもとで心理学を学んだ。早くから父親の影響を受けて、ゴールトンの個人差の統計的研究に関心を抱いており「セントロイド法」として広く使われている因子分析法を考案し、それを用いてゴールトン流の知能の二要因説（知能の一般因子と多数の特殊性能の群因子）を検証した。1913年にはロンドン地区委員会から世界最初の「教育心理学者」に任命された。彼はその任務として管下の学童の定期的な心理学的調査、学業遅滞児と優秀児や非行児の個別的な検査、その時々に生じる特殊な教育上の問題の心理学的側面に関する研究等を行い、やがて彼の事務所はイギリス最初の公的な児童指導センターとなった。1931年にはロンドン大学の University College の心理学教授となり、1950年の退職まで多くのイギリスの著名な心理学者を育てるかたわら、それまでに集積したぼう大なデータの分類・分析に専心するとともに、教育心理・職業心理の実際問題からより理論的な問題へ進み、精神遺伝の研究や心的能力と情緒的特性の階層構造の理論仮説等を発表した。彼の没後、その業績について疑念が指摘され、その是非を巡って議論が交わされた。
【著書】*Mental and scholastic test*, 1921. *The young delinquent*, 1925. *The subnormal mind*, 1935. *The backward child*, 1937.

ハートレイ [Hartley, David, 1705~57] イギリスの連合心理学の建設者の一人。オックスフォードに生まれる。ケンブリッジ大学卒業、医学を修め、医師として開業した。1749年『人間の観察』を出版した。ニュートン、ロックの影響を受け、哲学から心理学を分離させようとした。哲学的には極めて素朴に身体と精神とを分け、身体は外部の物質世界に

属し，精神は全ての精神作用の帰属する実体であるとした。経験は感覚と観念とに分けられ，感覚は身体の部分が刺激された時，神経物質の中に生ずる振動に相当するものであるとした。振動は脳の中に更に小さな振動を生ずる傾向があり，この傾向に相当するものが感覚的観念であるとした。複雑な観念は全て感覚的観念の複合である。彼は連合心理学者として，初めて明確な連合の法則を樹立した。それによると，感覚A，B，Cが相互に連合すると，それに応ずる観念a，b，cに対して影響力をもち，感覚Aが単独に生じた時，観念a，b，cが生ずるようになる。連合は単に感覚，観念にとどまらず，筋肉運動を含むものである。このことから理解できるように，彼は連合の基礎をもっぱら時間的接近に置き，類似の法則は無視した。しかし，接近のみでなく，反復をも条件として加えたことは注目すべきことである。

【著書】*Observations on man, his frame, his duty and his expectations*, 1749.

バートレット [Bartlett, Frederic Charles, 1886~1969] イギリスの心理学者。彼は第一次世界大戦頃は記憶の研究に集中したが，これは，エビングハウス流の厳密な実験室的研究というよりは，むしろ，日常場面における記憶の解析であった。彼の研究は記憶を過去経験の貯蔵庫として考えるものではなく，再生に現れる変容を質的に解明するところに焦点があった。特に再生を繰り返すことによって内容が次第に社会的文化的影響を受けることを明らかにした。また，知覚の研究にも力を注いだ。彼の知覚の研究は刺激条件よりも主体的条件の分析に中心が向けられた。いわば，社会的知覚の研究の先駆ともいうべきものである。更に，思考に関する研究も発表した。記憶，知覚，思考のいずれの面を取り扱うにしろ，彼はいわゆる実験心理学的観点によるよりは，むしろ社会心理学的視点に立っているところにその特徴が見られる。

【著書】*Remembering: A study in experimental and social psychology*, 1932.

バーライン [Berlyne, Daniel Ellis, 1924~76] イギリスの心理学者。1947年頃から情報理論や脳幹網様体の神経生理学的な研究に刺激され，行動理論を神経生理学的に書き換えようとしたり，ピアジェの研究と行動理論を結びつけようと試みた。好奇心や探索行動，認識，象徴過程，笑い，ユーモア等の研究課題が，彼の意図を実現する研究テーマとして扱われた。

【著書】*Conflict, arousal, and curiosity*, 1960. *Théorie du comportement et opérations*, (with J. Piaget) 1960.

原口（旧姓新井）鶴子 [ハラグチ ツルコ, 1886~1915] 日本の教育心理学者。日本女性の人文社会系で最初のPh.D.取得者。群馬県の豪農，新井家に生まれる。本名はつる。群馬県立高等女学校を卒業後，日本女子大学校予科を経て英文科に入学。戦前の日本には女子が入学を許される大学は制度的に存在しなかったが，同校は「大学校」という名称を許されていた。心理学を教えにきていた松本亦太郎の影響により，明治40（1907）年にアメリカのコロンビア大学に留学する。同校では博士課程への入学を許されたため，ソーンダイクらの指導を受け心理学を本格的に研究し，1912年に博士号（Ph.D.）を得る。学位を得た同じ日に，在米留学生である原口竹次郎と結婚した。帰国後，2児の母となる。結核と闘いながら著書『心的作業及び疲労の研究』（1914）を執筆するも夭逝した。

【著書】『楽しき思ひ出』1915.

バリント［Balint, Michael, 1896~1970］ハンガリー出身の精神分析学者。ナチスに追われイギリス移住した後は対象関係論に取り組んだ。
【著書】*Psychotherapeutic techniques in medicine*, 1961.

ハル［Hull, Clark Leonard, 1884~1952］アメリカの新行動主義の心理学者。ミシガン大学に入り，心理学を修めた。1918年「概念進化の量的側面」という論文で学位を得た。統計法，適性検査の研究に従事した。1929年エンジェルに招かれ，イェール大学の人間関係研究所の教授となった。催眠術，被暗示性の研究を行った。パヴロフの条件反射の研究に興味をもち，その実験的検討を行った。学習の成立には，まず動物に要求が生じなければならず，次にその要求が満足されることに基づいて要求の低減（need reduction）が生じることが必要であるとした。要求の低減を伴うように条件づけることを，強化と呼んでいる。彼の説が強化説といわれるゆえんである。彼は動物の学習実験を通じて行動の定量的な体系化に努力し，演繹的に諸種の仲介変数を導出し，諸変数間の関係を数量化し，行動の予測を可能にしようとした。これは後の数理的学習研究に大きな影響を与えた。更に，個人差の問題や社会行動にまでその考え方を展開しようという抱負をもったが，自分では果たせず，弟子や同調者に委ねた。 
【著書】*Mathematico-deductive theory of rote learning*, 1940. *Principles of behavior*, 1943. *Essentials of behavior*, 1951.

パールズ［Perls, Frederick Salomon, 1893~1970］本名はフレデリックだが，愛称のフリッツが広く知られている。ドイツ系ユダヤ人の精神科医，精神分析家であり，ゲシュタルト療法の創始者。ベルリンで生まれる。医学を専攻し，第一次世界大戦中はドイツ軍に短期間従軍した。結婚して南アフリカへ移住，精神分析の研究所を設立。しかし精神分析に幻滅し，また妻のローラがダンスセラピーに興味をもっていたこともあり，精神分析から距離をとるようになる。ゲシュタルト心理学の概念である「ゲシュタルト（全体性・形態性）」「図と地」「終わらない状況」に触発され，患者の「今・ここで」の体験と関係の全体性に焦点を置く心理療法である，ゲシュタルト療法を創始した。亡くなる一年前にカナダに移り住んだ。 
【著書】*Gestalt therapy verbatim*, 1969.

バルテス［Baltes, Paul, 1939~2006］ドイツに生まれ，アメリカとドイツで活躍した発達心理学者。ドイツのザールランド大学を卒業し，同大学で博士号を得る。アメリカのウェスト・ヴァージニア大学等に勤務した後にドイツに帰国。マックス・プランク人間発達研究所の生涯心理学センター長を務める。1968年に着任したウェスト・ヴァージニア大学において，生涯発達心理学に関する会議を主宰。これが生涯発達心理学の分野の始まりでの一つである。ベルリン加齢研究やマックス・プランク加齢研究国際ネットワーク等の研究プロジェクトを主導して，生涯にわたる発達過程を描こうと試みた。加齢とともに衰えるとされていた知的能力について，細分化して見直しを図り，「人生にかかわる重要だが不確定な事柄に対して良い判断をする」ことを可能にするものとしての知恵（Wisdom）は加齢によって衰えないとした。1980年代は60，70歳代に焦点を当てた研究を行っていたが，1990年代以降は，80歳代以

降の発達にも関心を寄せた。
【著書】*Life-span development and behavior*, 1978. *Lifespan development and the brain*, 2006.

ハルトマン[Hartmann, Heinz, 1894~1970] ウィーンに生まれる。ウィーン大学に学ぶ。1938年ウィーンが占領されたためパリに逃れ，1941年ニューヨークに移る。1933年以来，『国際精神分析雑誌』を編集していたが，1945年から『年報児童精神分析』の創刊者の一人になる。精神分析学会の様々な要職につき，国際精神分析学会の会長を務めた。ハルトマンが正統派の精神分析学者としての位置を決定的にしたのは，1937年にウィーンの精神分析学会で講演された「自我心理学と適応の問題」である。これは同名の書名で1939年に公刊された。アンナ・フロイトの自我と防衛に関する著書が自我心理学の展開の第一歩とすれば，ハルトマンの『自我心理学と適応の問題』によって，精神分析は深層心理学から自我心理学に大きく回転し，発展を遂げたといえる。従来の精神分析においては自我はややもするとエスと超自我の調停者の役割を果たすものとされていた。このような内面的葛藤の処理にあたるのが自我の機能でなく，自我はもっと積極的に外界と接触し，知覚し，考え，判断し，環境の変化に応じた適応的機能を果たすものと考えようとした。これが彼の，葛藤とは関係のない自律的な自我（konfliktfreie Ich-Sphäre）の考え方である。この考え方は調停者としての自我の考え方と矛盾しないところにハルトマンが正統派であるゆえんもある。
【著書】*Ich-psychologie und Anpassungsprobleme*, 1939. *Psychoanalysis and moral values*, 1960.

ハーロウ[Harlow, Harry Frederick, 1905~81] アイオワに生まれる。1930年スタンフォード大学でストーンの指導のもとで迷路を使ったネズミの実験で学位を取得。直ちにウィスコンシン大学に職を得，以後ウィスコンシンにとどまった。その間カーネギー財団の基金でコロンビア大学で研究したり，陸軍の研究部に2年ほど勤めた。動物園のサルを使って遅延反応時間の研究を試みるが，それをきっかけにして大学にサルを使った研究所を作る。はじめはサルの学習能力の研究に関心をもち，大脳の特定部位の損傷と学習能力の関係を調べていたが，サルの生後の経験を標準化しようとすることから，子ザルを親から離して養育した。親から離されたサルがスピッツやボウルビィが人間の幼児で観察したのと同様の事実を示すことを見出し，様々な代理母親を作り，社会的接触，探索的行動，役割学習等について多くの研究をし，愛情について，あるいはサルの心理療法に及ぶ広範な実験を試みた。
【著書】*Biological and biochemical bases of behavior*, (with C. N. Woolsey) 1958. *Learning to love*, 1971. *The human model: Primate perspectives*, (with C. E. Mears) 1979.

ハーンシュタイン[Herrnstein, Richard J., 1930~94] アメリカの行動心理学者。ハーバード大学で博士号を得る。ウォルターリード陸軍医学センターに勤務。ハーバード大学教授。スキナーと共にハーバード大学で動物の学習研究を行った。彼は，複数の選択肢から一つの選択を選ぶというオペラント活動においては，それぞれの選択肢を選ぶ割合と，各選択肢を選んだ時に得た報酬の割合が一致する，という法則を見出した。この割合は一般にマッチング法則と呼ばれる。後に政治学者C. マレーと共に，『ベル・カーブ』によって極端な遺伝主義的な見解を発表し，遺伝-環境論争に波紋を起こした。
【著書】*The bell curve: Intelligence and class structure in American life*, 1994.

ハンター [Hunter, Walter S., 1889~1954]

アメリカの行動主義心理学者。シカゴ大学でエンジェル，カーのもとで1912年学位を取得。テキサス，カンザス，クラークの諸大学を経て，ブラウン大学の心理学教授を務めた。彼は理論より実験に興味をもち，遅延反応，時間迷路等，学習の分野で幾多の業績を残した。ハンターによれば，心理学で意識と呼んでいるものは，本，机，花というように環境の意識であり，意識を通じて人間を研究することは間接的であり，これに対して直接観察及び実験によって人間の行動を研究するのが心理学であり，これを人理学（anthroponomy）と呼んだ。

【著書】 *General psychology*, 1919, 1923². *Human behavior*, 1928.

バンデューラ [Bandura, Albert, 1925~]

カナダのアルバータに生まれる。1964年以後スタンフォード大学教授。ウォルターズと協力して，行動主義的学習理論を社会化とパーソナリティ発達の問題に適用し，児童・青年を対象として，日常生活場面，実験室，臨床場面等における研究を重ね，攻撃等の社会的行動の学習が，単なるモデルの観察による模倣によって容易に形成されることを見出した。また，強化の事実を経験したり観察したりすることは，新しい反応の獲得には主要な役割を果たさないが，いろいろな行動傾向を強めたり保持したりするのには，強化のパターンが中心的役割を演じることを強調する。これらの点からバンデューラは，子どもに攻撃に成功したモデルを見せ，子どもの攻撃的な行動を部分強化するだけで，攻撃的な子どもを作り出せるとし，攻撃的行動の不可避的な先行条件としてフラストレーションを重視する，フラストレーション-攻撃仮説を批判した。

【著書】 *Aggression: A social learning analysis*, 1973.

ピアジェ [Piaget, Jean, 1896~1980]

スイスのヌーシャテルに生まれる。生物学に関心をもち，10歳の時，『ヌーシャテル博物雑誌』に論文を投稿している。ヌーシャテル大学（1915～18）では生物学を専攻し，学位を取得。1911～25年に発表した論文は全て生物学に関係するものであった。彼の心理学研究の第一期は，子どもの知能や思考の発達に関するもので，思考と言語，推理，物理的世界像，道徳的判断，物理的因果関係等の研究が行われた。これら5種類の研究は子どもに具体的な事物を示さず，ただ言語的な質問でテストされたものであったので，方法論的には欠陥をもち，問題を提出したというべきものが多い。第二期の研究は，1936年以降のもので，彼の3人の子どもの発達を毎日詳細に観察したものである。これをもとに公刊された著書が『子どもの知能の源泉』『子どもの現実性の構成』『子どもの遊びと夢の模倣』である。これらの研究では，知能や思考が感覚運動的行為に基づいて発達することが述べられている。特に対象の存在，時間，空間，因果関係等の概念が知覚的経験によって形成されるのでなく，子ども自身がこうした概念を作る知的構造をもっていることを明らかにしようとした。こうした研究を土台にして，シェミンスカやインヘルダーらの協力者に恵まれ，知能の構造に関する理論が展開される。知的操作の基礎的なものとして，結合すること，系列化すること，同等に扱うこと，対応させることなどが研究された。これらを形式的に論じたものが，ピアジェの群論と呼ばれるものである。彼の知能の構造論は，生物的な同化と調節によって形成される図式によって展開されるが，ゲシュタルト心理学の構造が現象論的であるのに対して，発生的・論理的である点で異なっている。彼

は，更に知覚の発達と認識論の研究にも多くの論文を発表している。
【著書】*La Naissance de l'intelligence chez l'enfant*, 1936. (邦訳『知能の誕生』1978). *Introduction à l'épistémologie génétique*, I~III, 1949~50. (邦訳『発生的認識論序説』1975~80).

ピアソン [Pearson, Karl, 1857~1936] イギリスの生物学者，数学者。1882年ロンドン大学幾何学教授。1885年応用数学教授。1901年生物学及び心理学における数学的研究法の開発のため，Biometrika誌を創刊。同年，ロンドン大学に彼の主宰する生物測定学の研究室が創設された。1911年にゴールトンの遺言によってできた優生学講座の教授となり，人類の遺伝に関し統計的研究を行った。彼は生物測定学の建設に努めるとともに，数理統計学の発展にも大きな足跡を残した。偏差積率相関係数はピアソンの r として有名である。
【著書】*The chances of death, and other studies in evolution*, 1899.

ピエロン [Piéron, Henri, 1881~1964] フランスの心理学者。彼の研究分野は，実験心理学，動物心理学，生理心理学の領域にわたり，ことに感覚の生理心理学的研究は50年以上も続けられた。フランスにおける応用心理学を推進させた一人でもある。ピエロンの心理学の目的は，理論体系の樹立よりも，事実の集積にあった。彼はフランスにおける行動心理学 (psychologie du comportement) の創始者といわれている。
【著書】*L'attention, l'habitude et la mémoire*, 1934.

ビオン [Bion, Wilfred Ruprecht, 1897~1979] インドに生まれる。ロンドン大学で1930年医師の免許を得る。この頃から精神分析に関心をもつようになった。1933年タビストック・クリニックに移り，リックマンと知り合い教育分析を受けるが，第二次世界大戦の勃発により中断された。1940年から陸軍病院に勤務。ノースフィールド病院でリックマンと共同で傷病兵の士気高揚の方法として集団療法の技術を展開した。戦後この技術はコミュニティ療法の発展に大きな影響を与え，ノースフィールド実験と呼ばれることがある。ただし集団過程についての関心は次第に薄れ，精神病の治療に移っていった。1968年にアメリカに移った。
【著書】*Experience in groups*, 1961. *Learning from experiences*, 1962. *Elements of psychoanalysis*, 1963.

ビーチ [Beach, Frank Ambrose, 1911~88] アメリカの心理学者。1942年ニューヨークの科学博物館の動物部門の部長となる。1946年エール大学の心理学教授となり，1958年バークレーのカリフォルニア大学に移った。性行動を中心にして生物的要因と環境的要因の関係を明らかにした。
【著書】*Patterns of sexual behavior*, (with C. S. Ford) 1951.

ビネ [Binet, Alfred, 1857~1911] フランスの心理学者。ボニー (1830~1921) と協力して，ソルボンヌ大学に心理学の実験室を作った。推論過程や被暗示性の研究を行う。20世紀の初め，パリの教育当局が知的障害者の教育のために，選別基準を作る委員に彼を任命した。ここで作られたテストが，今日，ビネの知能検査法といわれるものの原型である (1905)。その改訂版において精神年齢という概念を導入した (1908)。
【著書】*La Suqgestibilité*, 1900.

ヒポクラテス［Hippocrates, B.C.460~377頃］ギリシャの医者。彼の健康論（正常状態を乱された有機体はそれを回復する傾向をもつ）と, 医者の倫理についての考え（ヒポクラテスの誓いといわれる）は, 今日でも妥当する根本原則である。彼は実際に臨床的観察を行うことによって, また身体とその機能を合理的に研究することによって, 医学に科学的基礎を与えたので,「医学の父」といわれる。ただし解剖学的知識に欠けていた。4種の体液と気質との関係についての説は, 彼の提唱だとされている。

ヒューム［Hume, David, 1711~76］イギリスの徹底した経験主義の哲学者。連合心理学の先駆者の一人。学歴は明らかでない。彼は当時発達しつつあった自然科学の方法を取り入れ, 人間の理解に役立てようとした。先入観なく観察される現象のみを対象として人間を研究しようとした。経験を構成する要素として印象（impression）と観念（idea）とを挙げた。前者は感覚, 知覚, 情緒のように力強く意識に上るものであり, 後者はこれらの印象から生じた弱い心像のことである。観念は一定の法則に従って機械的に結合される。連合は自然界における引力のように観念相互間に働いて, それらを結合する力である。しかし, この力がなければ, 二つの観念が結合しないわけでもなく, また, その力が働けば分離できないというものでもない。いわば, 静かな力（gentle force）であり, 連合は傾向のようなものである。観念の連合は心の作用によるのではなく, 連合する観念の性質に依存すると考えた点においても, 主体的要素を認めない徹底した経験主義が見られる。連合の法則としてヒュームの挙げたものは, 時空的接近, 類似, 因果である。
【著書】*An enquiry concerning the human understanding*, 1748.

ビューラー［Bühler, Charlotte, 1893~1974］ベルリンに生まれる。1929年ウィーン大学教授。児童青年の心理学的発達の研究をした。ヘッツァーと共同で幼児発達検査を作った。1938年ロンドンに移住。1940年アメリカに移住し, ロサンゼルスの南カリフォルニア大学教授。臨床心理学的研究を行った。カール・ビューラーの夫人。
【著書】*Value problems in psychotherapy*, 1961.

ビューラー［Bühler, Karl, 1879~1963］ドイツに生まれる。ヴュルツブルク学派の創設者であるキュルペのもとで思考過程を研究するようになる。1922年にウィーンに移った。ヴュルツブルク時代の研究はヴントやミュラーを批判する全体論的なものであるが, ゲシュタルト理論にも近い。最も生産的な研究が行われたのはウィーン大学で言語研究が行われた時代で, 1920年トルベツコイらのプラハ・サークルに参加する。言語をオルガノンと見なす点ではフンボルト, カッシラーの伝統とは異なる。1938年にはナチスに追われてオスロに亡命し, 更に1940年にはミネソタ, 1945年にロサンゼルスに移る。この時夫人も南カリフォルニア大学の精神医学の教授としてロサンゼルスに移った。
【著書】*Sprachtheorie*, 1934, 1965^2.

ピリシン［Pylyshyn, Zenon W, 1937~ ］カナダの認知科学者。ウェスタン・オンタリオ大学を経てラトガース大学教授。1970年代のイメージ論争において命題派の立場にたち, コスリンの画像派と論争を行った。また, 視覚が対象を把握するメカニズムに関する視覚的指標理論（FINST理論）を提唱した。
【著書】*Computation and cognition: Toward a foundation for cognitive science*, 1984.

ヒルガード [Hilgard, Ernest Ropiequet, 1904~2001] イリノイに生まれる。1930年代初頭エール大学の講師を務めるかたわら，条件反射の技術をヒステリー患者に適用することを試みた。この間マーキスの協力を得て条件づけの多くの研究が行われた。1933年スタンフォード大学に移り，学習，記憶，生理心理学にまで手をのばす。更に暗示についての研究を手がけた。第二次世界大戦中はワシントンで社会心理学者と協力し，心理学の応用的問題を扱った。入門書は定評があり，多くの国の言語で読まれた。
【著書】*Introduction to psychology*, 1953, 1962^3 (with R. C. Atkinson), 1967^4, 1979^7.

ビンスワンガー [Binswanger, Ludwig, 1881~1966] スイスに生まれる。ハイデルベルク大学に学び，チューリヒ大学で1907年に学位を取得。ブロイラーのもとで精神医学を学ぶ。祖父以来の病院を継ぎ，その経営にあたった。フロイトの影響を受けると同時にハイデッガーやブーバーらの影響を受け，精神分析にあきたらず現存在分析を提唱した。
【著書】*Melancholie und Manie: Phänomenologische Studien*, 1960.

フィスク [Fiske, Susan, 1952~] アメリカの社会心理学者。ハーバード大学で博士号取得。カーネーギーメロン大学等を経てプリンストン大学教授。社会的認知に関する研究を行い，ステレオタイプ内容モデルを提唱した。このモデルは，ほとんどのステレオタイプには，ポジティブなものとネガティブなものの両方の特性を包摂しているというものである。近年では神経科学的手法も活用して，ステレオタイプの研究を行っている。 
【著書】*Social cognition, from brains to culture*, (with S. Taylor) 2008.

フィッシャー [Fisher, Ronald Aylmer, 1890~1962] イギリスの統計学者。ロンドンに生まれる。1933年にユニヴァーシティ・カレッジ・ロンドンの優生学教授（カール・ピアソンの後任）となったが，この学科はやがて解体された。ケンブリッジ大学遺伝学教授。1919年にロザムステッド農事試験場に招かれ，農事試験領域で研究を重ねる。収穫に影響する農業手法の効果について検討するために，小標本に基づく統計手法を洗練させた。実験計画法，分散分析，小標本に関する統計理論を体系化する業績を上げた。更に，有意性検定論を確立させることにより，農業実践家と統計専門家が統計を用いた判断を共有する道を開いた。 
【著書】*The arrangement of field experiments*, 1926. *The Design of experiments*, 1935.（邦訳『実験計画法』1954）.

フェスティンガー [Festinger, Leon, 1919~1989] ニューヨークに生まれる。1942年アイオワ大学でレヴィンの指導のもとで学位を取得。1945年には，レヴィンがマサチューセッツ工科大学に創設したグループ・ダイナミックス研究センターの准教授に就任した。レヴィンの死後センターのミシガン大学移管とともに，彼もミシガン大学に移り活躍。1951年同大学教授となり，1955年スタンフォード大学に転じ，更にコロンビア大学に移った。1960年の3～7月にかけては，日本を訪れ，東京大学で社会心理学を講義し，また各地の大学で講演を行った。グループ・ダイナミックス研究センター在職中は，大学における学生のための集合住宅を調査対象とした対人関係，態度形成の研究，小集団におけるコミュニケーションと態度変容に関する

実験的研究等を行った。その後，集団内コミュニケーションの発現機制として「社会的比較過程の理論」を提出したが，彼を有名にしたのは，認知的不協和の理論であった。1960年代の前半，この理論に基づく多くの研究を発表した。時を同じくして発表されたハイダーのバランス理論等と一脈相通ずるものをもっている。彼はこの認知論を学習理論にも適用することを試みた。晩年は偏光プリズムによる視知覚と触運動過程の相互作用やミュラー＝リヤー錯視等の知覚の研究に関心を移した。

【著書】*A theory of cognitive dissonance*, 1957.

フェヒナー［Fechner, Gustav Theodor, 1801~87］ドイツの物理学者，哲学者，心理学者。ライプツィヒ大学で医学を学び，1822年学位を取得。彼は宗教心に篤く，精神世界を愛した。同時に科学者として，自然の物質的な側面を理解した。彼は実在が同時に精神的な面と物質的な面をもっていることを強調し，両者の橋渡しを考えた。精神的な世界は感覚器官を通じては直接には近づきがたく，ただ物質的世界を通じてのみ理解される。この考え方に立って，彼は精神物理学を建設したのである。そしてウェーバーの研究を出発点とし，ウェーバーの所説に精神界と物質界の関係の完全なる理解への第一歩を見出した。1860年公刊の『精神物理学』は，科学的心理学の実際上の基点をなすものと見られる。有名なフェヒナーの法則は彼の念願であった心身の関係を具体的に表したものの一つと見られ，哲学から心理学を引き離す役割を果たし，心理学に独自の科学としての地歩を与えたものといえる。精神物理学的測定法としては，極小変化法（極限法），当否法（恒常刺激法），平均誤差法（調整法）等の方法を確立した。その他の研究分野として，1834~40年には補色，主観的色彩，残像等の研究を行い，1865~76年には実験美学的研究を行った。

【著書】*Elemente der Psychophysik*, 1860.

フェレンツィ［Ferenczi, Sándor, 1873~1933］ハンガリーで生まれる。ウィーンで医学の教育を受け，催眠等に興味をもつ。1894年に学位を取得。ブダペスト市立病院に勤務，売春婦の治療等を契機に性の問題に関心をもつ。1908年に初めてフロイトと会い，それ以後，親交を保ち，精神分析の発展に寄与した。国際精神分析学会やその機関誌を企画したのは彼である。1919年にはブダペスト大学から精神分析の教授として招かれた。精神分析の教授は彼が初めてである。主要な研究は，同性愛に関するもの，子どもの現実感（sense of reality）の発達に関するもの，性の発達理論，治療の技法等である。治療の技法としては，できるだけ短期に治療を終結するために，積極的に解釈を試み，患者を不安な状況に直面させる方法を試みたが，後になってこの技法を行わなくなった。

【著書】*First contributions to psychoanalysis*, 1952.

フォア［Foa, Edna, 1937~ ］イスラエル生まれ。バル＝イラン大学卒業。臨床心理学の修士号と博士号をアメリカで取得。ペンシルベニア大学教授。不安障害及びPTSDの治療に関心をもち実践と研究を行っていた。しかるに，2000年にサバティカルにてイスラエルに滞在した時に第二次インティファーダが起きたことから，本格的に戦争関連のPTSDとその治療に関心をもつことになった。なおインティファーダとは，「イスラエルによるパレスチナ軍事占領に対する民衆蜂起」を意味するものである。フォアが開発した持続エクスポージャー（Prolonged Exposure）療法は，PTSDの原因となった出来事

に関連する事象に自身を曝露していくこと、それを可能にする安定した環境を構築すること、が中心の療法である。そもそもエクスポージャー法は恐怖症などの不安障害に対する治療として開発されてきたものであり、持続エクスポージャー療法は認知行動療法のひとつに位置づけることが可能である。

福来友吉［フクライ　トモキチ, 1869~1952］日本の異常心理学者、超心理学者。岐阜県高山市生まれ。東京帝国大学を卒業し、同大学で博士号を得る。元良勇次郎のもと、東京帝国大学で助教授として催眠心理学並びに異常心理学の研究を行った。催眠術の研究の途上で透視や念写等の「超能力」現象を発見したと考えるに至り、その後次第に透視と念写の研究に傾倒した。彼の研究は当初から批判されていたわけではなく、真剣に検討されたが、結果的に彼の実験は否定されるに至る。東京帝国大学は休職を経て退職となる。その後、真言宗立宣真高等女学校長、高野山大学教授。生涯にわたり透視、念写研究を続けた。 
【著書】『透視と念写』1913.

フッサール［Husserl, Edmund, 1859~1938］ドイツの哲学者。1916年フライブルク大学教授。現象学は哲学の基礎学であり、一切の学問、一切の存在に根拠づけを与えるものであるとする。そのために現象学は、現象学的還元（日常生活や科学的理論の土台となる素朴実在論の立場を一応離れて、これら全ての経験を成立させる、純粋な意識の領域を取り上げて考えること）と、本質的還元（純粋意識の本質を捉えるため、意識の類型構造を解明し、意識の志向性、作用としての意識と内容としての意識の分析——ノエシス・ノエマ——を行うこと）とによって、自我の本態を捉えようとする（自我論的還元という）。自我論的還元から更に相互主観的還元を行うことによって、自己と他人とを共通に包む客観的な領域が捉えられると考える。現象学的還元の前提となる。現存在世界の全体的把握は、世界を全体として捉える存在了解として、実存主義哲学への通路となる。

ブラウン［Brown, Roger William, 1925~97］デトロイトに生まれる。1952年ハーバード大学で、ブルーナーの認知研究プロジェクトに参加し、強く影響を受ける。1957年マサチューセッツ工科大学の社会心理学の准教授となる。チョムスキー、ハレらに啓発され、生成変換文法の研究をする。幼児の言語習得に関心をもつようになり、1962年ハーバード大学の社会心理学教授となると同時に、3人の幼児の母子間の会話を記録し、その分析を行った。 
【著書】*A first language: The early stages*, 1973.

プラトン［Plato; Platon, B.C.427~347］ギリシャの哲学者。アテネの名家の生まれ。アテネで死去。B.C.407年よりソクラテスに学ぶ。B.C.399年ソクラテスの死にあい、危険を感じて、メガラに逃れた。その後、キレネ、エジプト、南イタリア、シチリアを旅行し、南イタリアではピタゴラス学派の影響を受けた。B.C.378年アテネに帰って、アカデミー学園を創設し、その後死ぬまで、弟子たちの教育にあたった。その間、政治的理想実現のため、3回にわたってシチリア旅行をしているが、その政治活動には失敗した。彼の哲学思想は20数編に及ぶ対話篇等によって示されており、その文体の美しさ、思想の広さと深さの点で、世界文学

の中の第一級の傑作とされている。彼の哲学, すなわちプラトニズムによると, あらゆる表面的現象（現象界）の背後にあって, 確実性と永続性をもつ真の実在はイデアの世界であり, 前者の現象界は感覚によって捉えられるが, 後者のイデアの世界は霊魂（プシケ）すなわち理性による認識によってしか捉えられない。理性による普遍的形相の認識があってはじめて, 個々の事物を感覚によって捉えることができると考える。プシケはもとイデアの世界に所属していた自由な存在であったが, 身体と結びつくことによって, 牢獄の中につながれたような, 不自由な状態にある。だから, プシケはイデアの世界に対する思慕（愛）をもち, 忘却していたイデアの世界を思い出すことによって, 理性的認識を得ようとする（認識の想起説）。これは知を愛する哲学の過程でもある。彼はまた, プシケの働きを知情意の三つに分け, それを身体の3部分（頭, 下体, 胸）に配当し, 3者の調和をもって人間の理想的状態と見なしている。同じように, 社会構造についても, 治者と軍人と庶民の3階層を立て, それぞれに対して, 知と勇気と節制の徳を割り当て, 哲学者が支配者となって政治を行う調和的な理想国家を描いている。彼の哲学はアリストテレスのそれとともに, 今日までの哲学史を貫いているギリシャ哲学の源流である。

フランクル [Frankl, Viktor Emil, 1905~97] オーストリアの神経学者。精神病学者。ウィーン大学教授。理性に訴える心理療法ロゴテラピー, 及び実存分析を創始した。人間の努力はできるだけ多くの価値を実現するためであるとし, これを「意味への意志」と呼び, 「快への意志」（フロイトの快原理）及び「権力への意志」（アドラーの個人心理学が主張するもので, 自己の重要性を求める）とに対立させた。人間の意味への意志が阻止された時, 実存的欲求不満が生じ, それが原因で病気になることもあるという。こういう考え方は, 第二次世界大戦中ナチスの強制収容所に抑留されていた時の彼自身の体験によっても支えられている。この経験を著した書は, 日本では『夜と霧』として知られている。世界中で600万部以上出版されている。

【著書】 *Ein Psychologe erlebt das Konzentrationslager*, 1947². (『夜と霧』). *Logos und Existenz*, 1951.

ブリッジマン [Bridgman, Percy W, 1882~1961] アメリカの実験物理学者であり, 数学者。特に高圧物理学研究者として著名。ノーベル賞受賞者。彼の立場は, 物理学の概念は, それを得るために用いられた操作に基づき定義されるべきであると主張するところから, 操作的という言葉で表され, 一般には操作主義という名で知られている。操作主義はスティーヴンスによって心理学に取り入れられ, 現代心理学に大きな影響を与えている。ブリッジマンは後年, 心理学を含めて他の諸科学が必ずしも物理学の後を追う必要のないことを説いた。

【著書】 *The logic of modern physics*, 1927.

フリッシュ [Frisch, Karl von, 1886~1982] ウィーンに生まれる。1905年よりウィーン大学（医学部）, ミュンヘン大学に学び, 1910年ミュンヘン大学動物学研究所の助教, 1912年同講師。この頃からミツバチの研究を始めた。1924年にミツバチの言葉（方向指示等のコミュニケーション）の研究によって一躍有名になった。ノーベル賞受賞者。

プリブラム [Pribram, Karl Harry, 1919~] アメリカの精神医学者。情動と知的過程に関する大脳機能についての研究で有名。

ブルドン [Bourdon, Benjamin, 1860~

1943］フランスにおける実験心理学の開拓者の一人。ドイツに留学してヴントの門弟となる。帰国後レンヌ大学文学部で実験心理学の講義を行い，1892年文学博士号を取得。1895年同大学の哲学教授となり，1896年にフランスで初めて文学部に心理学実験室を作った。
【著書】*La perception visuelle de l'espce*, 1902. *L'intelligence*, 1926.

ブルーナー［Bruner, Jerome Seymour, 1915~ ］アメリカの心理学者。ラシュレーのもとで動物心理学を学んだ後，社会心理学に興味をもち，第二次世界大戦中は連合軍の欧州最高司令部心理作戦部に勤務し，ナチスの宣伝技術の研究を行った。戦後，意見とパーソナリティとの関係についてユニークな見解を示したが，関心は再び知覚に向けられ，主体のもつ要求や価値等の知覚に及ぼす影響を探り，いわゆるニュールック心理学の流行を導いた。その後，ピアジェの刺激を受けて，広く認知過程一般の研究に目を向け，概念達成の方略，認知の発達の研究等で成果を挙げている。他方，認知論的心理学の知見を科学教育や教育の現代化運動の中に活用しようと努めていた。

1980年代以降，意味，文化に関心をもつようになり，人間科学のパラダイム転換を課題として「人間の心理学」を積極的に提示した。その中心概念は意味であり，心理学は意味の構成を主題とすべきだという主張である。日常生活，法，科学における「語ること/語り」を重視する潮流はナラティブ・ターンと称されている。その研究意欲と独創性は21世紀になっても衰えていない。
【著書】*Perception and personality*, (with D. Krech) 1950. *Acts of meaning*, 1990. *Making stories*, 2003. *Actual minds, possible world*, 2009.

ブルームフィールド［Bloomfield, Leonard, 1887~1949］シカゴに生まれる。1914年にオハイオ大学で職を得，比較文法，言語学の講義をした。1940年にはサピアのあとを継ぎ，エール大学の言語学の教授となった。言語教育にも関心を示し，語学の教科書や学習法についての著書もある。
【著書】*Introduction to the study of language*, 1914.

ブルンズウィク［Brunswik, Egon, 1903~55］ハンガリーのブダペストに生まれる。オーストリアのウィーン大学に学び，カール・ビューラーの教えを受け，同大学の私講師となった。ウィーン時代の彼は，視知覚，思考，記憶の領域で多くの実験的研究を行ったが，理論的・方法論的にはゲシュタルト理論のほか，シュリックらのウィーン学団の論理実証主義の影響を強く受けた。当時の彼の研究の中で有名なのは，恒常現象に関するものである。彼は，恒常現象を所与から対象への志向過程の現れと見た。トールマンに招かれて渡米し，晩年の十数年をカリフォルニア大学教授として過ごし，トールマンとの学問的交流によって確率論的機能主義の立場を発展させた。生態学的妥当性という概念を提唱した。
【著書】*Systematic and representative design of psychological experiments*, 1947.

ブレイド［Braid, James, 1795~1860］マンチェスターの外科医。催眠研究の先駆者。メスメルの動物磁気説を非科学的なものとして排斥し，メスメリズムは一種の睡眠状態であり，神経の眠りと解し，neurypnology (neurohypnology を簡略にしたもの) という用語を使った。後に接頭語が略され催眠 (hypnosis) という用語が使われるようになった。
【著書】*Neurypnology, or the rationale of*

nervous sleep: Considered in relation with animal magnetism, 1843.

フレーベル［Fröbel, Friedrich August, 1782~1852］ドイツの教育思想家で，1840年ブランケンブルクに世界最初の幼稚園（キンダーガルテン）を設立した。はじめイエナ大学で自然科学を学んだが，その後ペスタロッチの影響を受け，ゲッチンゲン大学，ベルリン大学で教育思想を勉強した。彼は，人間の神性の円満な発展を教育の目的とし，子どもの内発的自己活動を重視した。また，自然と神を理解させるための系統的教育遊具を考案し，恩物（Gabe）と名付けた。彼の幼児教育ないし児童研究の立場は，神秘的かつ宗教的な児童観を基盤にしていたといえるが，子どもは大人の縮小とは考えない点で，19世紀末から20世紀初頭に台頭した児童研究運動の出発点と見なされる。
【著書】*Ausgewählte pädagogische Schriften*, 1965.

プレマック［Premack, David, 1925~ ］アメリカの行動心理学者。ミネソタ大学を卒業，同大学で博士号を取得。ヤーキース霊長類実験室助手等を経てペンシルベニア大学教授，名誉教授。「低頻度行動が生起したのちに高頻度行動することができるようであれば，結果として，先の低頻度行動の頻度が増加する」，つまり「高い頻度で起こる行動は，低い頻度の行動を強化することができる」という原理を提唱し，これはプレマックの原理と呼ばれている。その後，G. ウッドラッフと共に心の理論を提唱した。心の理論とは，ヒトや類人猿が自分以外の個体（他者）の心を仮定してその動きを類推したり，他者が自分とは違う信念をもっているということを理解したりする機能のことをいう。
【著書】*The mind of an Ape*, 1984. Does the chimpanzee have a theory of mind?, *Bahavioral & Brain Sciences*, 1(4), (with G. Woodruff) 1978. *The principles of learning and behavior* (6th ed.), pp.236-246, (with M. Domjan) 2009.

ブレンターノ［Brentano, Franz, 1838~1917］ドイツの哲学者，心理学者。ヴュルツブルク大学の講師となった。シュトゥンプはこの時の弟子であった。1874年にはウィーン大学の哲学の教授となり，若き日のフロイトはここでブレンターノの哲学の講義を聴き，師のためにJ.S.ミルの著書の独訳を試みている。1894年，最愛の妻の死に遭遇すると，失望のため健康が衰え，教授の職を辞し，スイス，イタリアに転地し，フローレンスに定住したが，眼疾は悪化し，最後はチューリヒに移り，79歳で死去した。ブレンターノの心理学を作用心理学という。作用とは精神の働きを意味するもので内容と相対する概念である。作用心理学の中心思想は心的現象と物的現象の区別，内部知覚，意識の統一の考え方にあると思われる。ブレンターノの弟子として一派を成したものに，マーティ，シュトゥンプ，エーレンフェルス，フッサール，マイノングらがいる。
【著書】*Psychologie vom empirischen Standpunkt*, 1874.

ブロードマン［Brodmann, Korbinian, 1868~1918］ドイツの神経解剖学者。南ドイツに生まれる。医学を学びミュンヘン大学で博士号を得る。同大学付属神経学研究所において大脳の組織学的研究を行い，大脳新皮質の解剖学・細胞構築学的区分であるブロードマンの大脳地図を作成。大脳新皮質を52の領域に区分した。後にテュービンケン大学で医長兼解剖学研究室主任や，ミュンヘン精神医学研究所で脳解剖部門長を務めた。

【著書】*Vergleichende Lokalisationslehre der Großhirnrinde in ihren Prinzipien dargestellt auf Grund des Zellenbaues.* 1909.

フロイト [Freud, Anna, 1895~1982] ウィーンに生まれる。フロイトの末娘。1938年父親と共にロンドンに亡命。精神分析を児童に適用して児童分析を始める。自我と防衛機制の研究は、父親の考想を発展させたものとして有名である。児童の発達の諸問題を扱い、正統派の精神分析を代表し活動した。
【著書】*Normality and pathology in childhood: Assessments of development,* 1966.

フロイト [Freud, Sigmund, 1856~1939] オーストリアのモラビアの小さい町、フライベルクに生まれる。父親は羊毛の商人。長男として生まれる。ウィーン大学で医学を学び、1881年に学位を取得。生理学を専攻しようとしたが、経済的理由のため臨床医となった。シャルコーのもとに留学し、帰国後はブロイアーと共同で催眠によるヒステリーの治療を試みる。フロイトはヒステリーの原因を性の問題に求めようとしたことからブロイアーと意見が一致せず両者は別れる。1900年、『夢の研究』を公刊。これを契機にして彼の名声は高まった。イギリスのジョーンズ、ベルリンのアブラハム、ブダペストのフェレンツィ、ウィーンのアドラー、チューリヒのユング、アメリカのブリルらが集まり、精神分析の創世記の仕事を進める。しかし、フロイトの研究はその後順調な発展の経路をたどったわけではない。彼がユダヤ人であるために人種的差別を受け、迫害されただけでなく、その理論があまりに性を強調し、あえてタブーを犯したという意味でも苦しい試練に耐えなければならないものであった。また、協力者であるかに見えた研究者たちと、絶えず背反、分離の苦渋を味わわなければならなかった。それはいつも破門という激しい衝突を引き起こすものであった。こうした中で、治療法としての精神分析は作られ、その理論はたびたび修正されていった。大きく分ければ、第一次世界大戦を境にして、精神分析は重点の置きどころを変えた。大戦以前においては、性の衝動としてのエスが強調され、いわば汎性欲説等と呼ばれるような考想が基本的であったが、大戦後は、言語的表現としての自由連想が強く反省され、自我の機能に焦点を合わせようとする傾向が強くなってきた。今日、正統派の精神分析が自我心理学を基礎にしているといわれるのもこのためである。フロイトの用語に従えば、これは一次過程と二次過程の違いであり、性は一次過程の問題であり、自我は二次過程の問題である。これはもっと一般的にいえば深層的な下部構造と表層的な上部構造といってよい。すなわち、フロイトは性を無視しようとしたのではなく、性の衝動を明らかにするためには表層的な上部構造を手がかりにする以外に方法のないことを明確にしようとするものであった。晩年はイギリスに亡命した。
【著書】*Arbeiten zur Hysterie,* 1895. *Die Traumdeutung,* 1900. *Zur Psychopathologie des Alltagslebens,* 1901. *Drei Abhandlungen zur Sexualtheorie,* 1904. *Vorlesungen zur Einführung in die Psychoanalyse,* 1917. *Das Ich und das Es,* 1923. *Neue Folge der Vorlesungen zur Einführung in die Psychoanalyse,* 1932. *Gesammelte Werke,* 18 Bde.

ブロイラー [Bleuler, Eugen, 1857~1939] スイスの精神医学者。早くからフロイトの精神分析学に関心をもち、その門下からはユング、アブラハムらの精神分析学者を出した。統合失調症の研究、情緒の心理学、深層心理学に対して大きな影響を与えた。
【著書】*Lehrbuch der Psychiatrie,* 1960.

ブロードベント [Broadbent, Donald Eric, 1926~93] イギリスのバーミンガムに生

まれる。18歳でイギリス空軍に入隊。アメリカで航空訓練を受け，心理学が広く研究されていることを知る。戦後パイロットが不要になってから空軍の適性検査部に勤めた。ケンブリッジ大学でバートレットのもとで心理学を専攻した（1947～49）。APUの指導者クレイクのサイバネティックの考え方に魅せられ，これを心理学に応用しようとする機運が当時高まっていた。1949年修士号を得て空軍に戻り，ノイズが行動に及ぼす影響について研究を始め，それ以後1958年までAPUで勤務した。この間の研究がノイズの研究である。ノイズの効果を測定するためにマックワースの考案したヴィジランス課題を利用するが，時間がかかり過ぎるために話し言葉の課題を使った測定を試みた。この結果は1958年に公刊された著書に示されているもので，これは人間を情報処理過程の体系として扱った最初のものである。
【著書】*Perception and communication*, 1958.

フロム［Fromm, Erich, 1900~80］フランクフルトに生まれる。1922年ドイツハイデルベルク大学で学位を取得。ベルリンで精神分析の教育を受ける。1933年アメリカに移住し，幾つかの大学で講義をする。その後メキシコ大学に籍を置き著作に専念し，晩年はスイスに移った。ナチスの支配下にあるドイツの情況について『自由からの逃走』で考察した（1941）。いわゆる新フロイト派に数えられる。彼によれば，人間は自然の脅威から解放され，独立したかに見えるが，同胞からは孤立し安定感を失ったと考える。子どもは大人になることによって独立するが，親との関係を失い不安定になる。人間は自由を求めるが，更により大きな安定を得ようとする衝動の方が強いという。こうした葛藤を解決する方法としてヒューマニスティック社会主義を主張した。禅にも関心をもっていた。
【著書】*Escape from freedom*, 1941.

ブロンデル［Blondel, Charles, 1876~1939］リヨンに生まれる。1919年にストラスブール大学文学部教授になる。デュルケムの個人の精神構造の集団的側面に着想を得て，社会的な枠が正常な意識を作ると見る「社会学者的」仮説を立てて，正常と異常の意識の比較を行った。この立場で，発達心理，集団心理における原始心性を研究した。ブロンデルは，言葉が正常な意識を保つのであり，これを失うと統合失調症になると考え，ラカン派と異なる言語的心理病理学をこの当時既に作っていた。
【著書】*Introduction à la psychologie collective*, 1928.

ブロンフェンブレンナー［Bronfenbrenner, Urie, 1917~2005］アメリカの心理学者。子どもの社会化，親子関係とパーソナリティ形成の問題を，広く歴史的・文化的・社会的文派において研究し，理論的にも実証的にもすぐれた業績を数多く発表した。心理学者の視察団の一員として，旧ソビエトを訪問した経験に基づく幾つかの論文もある。
【著書】*Two worlds of childhood: U.S. and U. S. S. R.*, 1970. *Influences on human development*, 1975. *The ecology of human development*, 1979.

ペイヴィオ［Paivio, Allan, 1925~ ］カナダの心理学者。マッギル大学で博士号を得る。ウェスタン・オンタリオ大学教授，名誉教授。認知心理学の分野で，情報は言語に関する記憶表象システムと，非言語的な情報に関する記憶表象システムに分けて処理され，長期記憶に保存されるとする，二重符号化理論（dual coding theory）を唱えた。前者は音声や文字等の言語情報を扱うシステムであり，後者は物体の見え等の感覚情報を扱うシステムである。学部生時代にはボディビルデ

ィングに熱中し，1948年には"MR. CANADA"というコンテストで優勝した。
【著書】*Imagery and verbal processes*, 1971.

ヘイズ [Hayes, Steven C., 1948~] アメリカの行動心理学者。ウェストバージニア大学で博士号を得る。ネバダ大学教授。スキナーの行動分析の言語観に立ち，関係フレーム理論を提唱。まず，不安の対象が際限なく拡大していくことを認知的フュージョンとして概念化し，それは言語がもつ負の機能であるとした。機能的文脈主義の立場に依拠しながら認知的フュージョンの生起メカニズムを解き明かし，それを克服するための技法を提供するのが関係フレーム理論である。その応用としてアクセプタンス＆コミットメント・セラピーを開発した。行動療法の第三ウェーブ（スキナーの第一波，エリスとベックの第二波に続く）の中心人物である。 
【著書】*Relational frame theory: A post-skinnerian account of human language and cognition*, (with others) 2001.

ベイズ [Bayes, Thomas, 1702~61] イギリスの数学者。エディンバラ大学で論理学と神学を学ぶ。キリスト教プロテスタントの教派である長老派教会の牧師となった。得られたデータ（行列）Xから母数θに関する推論を行う際に，θの事後分布 p(θ|X) から推論を行う方法をベイズ統計学と呼ぶが，この考え方を提唱した人物である。ベイズ統計学はデータ収集を繰り返して統計的推論を行う必要がないという利点があるものの，計算が複雑になることもあり，250年以上にわたり評価されなかったといわれる。近年では，コンピュータ等計算手法の発達によって再評価がなされている。 
【著書】*An essay towards solving a problem in the doctrine of chances*, 1763.

ベイトソン [Bateson, Gregory, 1904~80] イギリスに生まれる。アメリカの文化人類学者。ケンブリッジ大学にて動物学と生物学を修める。ニューギニアのフィールドワークで，マーガレット＝ミードと知り合い結婚し，1940年にアメリカに渡った。その後，カルフォルニア州の退役軍人病院で，統合失調症患者のコミュニケーションに関するフィールドワークを行う。統合失調症となる患者は，家族とのコミュニケーションにおいて二重拘束（ダブルバインド）的な意味を受け取っているのではないかとする仮説を提唱し，家族療法発展の素地を作った。 
【著書】*Steps to an ecology of mind*, 1972.（邦訳『精神の生態学』1986-87）．

ヘイリー [Haley, Jay Douglas, 1923~2007] ブリーフセラピー（短期療法），家族療法の先駆者として知られるアメリカの心理療法家。スタンフォード大学でコミュニケーション理論の修士号を得た。文化人類学者ベイトソンに誘われ，統合失調症者とその家族とのコミュニケーションに関する研究プロジェクトに参加。二重拘束（ダブルバインド）仮説を提唱したことで有名な論文の，共著者の一人にもなっている。ミルトン・エリクソンの影響を受け，構造的家族療法の進展にも大きな成果を上げる。苦行（オーディール）の利用等の技法も生み出した。家族療法研究所をワシントンDCに設立した。
【著書】*Strategies of psychotherapy*, 1963.

ベイン [Bain, Alexander, 1818~1903] スコットランドに生まれる。イギリスの連合心理学を発展させた一人。1860年アバディー

ン大学の論理学と英語の教授となる。彼は厳密な意味における連合心理学からはやや離れている。すなわち、①感覚的経験から知識が作られる第一歩は連合によるのではなく弁別によること、②連合は接近のみでなく、類同、差異、因果、効用等によっても生ずること、③感覚、観念と同様に、運動にも興味をもち、嬰児の運動を観察すると、そこに生得的な「でたらめ運動」や反射運動が幾つか見られる。これらは教育や経験に先行するものであることなどである。連合心理学では、全てのものの由来が経験に帰せられたが、ここにおいて、遺伝の因子がつけ加えられるに至った。このことはベイン以後、進化論が出るに及んでその力を増し、いわゆる進化論的連合主義の方向をとるに至った。

【著書】*The senses and the intellect*, 1855. *The emotions and the will*, 1859.

ヘヴン [Haven, Joseph, 1816~74] アメリカ・マサチューセッツ州に生まれる。アーマスト大学で学んだ後ユニオン神学校等で学び、牧師となる。アーマスト大学の精神哲学・道徳哲学教授となる。1857年に刊行した著書『知情意を含む精神哲学』は、日本で翻訳書が刊行された時(1875/76)に西周によって『心理學』というタイトルになったことで知られている。日本初の心理学書である。

【著書】*Mental philosophy: Including the intellect, sensibilities, and will*, 1857. (『心理學』1878~79).

ベケシー [Békésy, Georg von, 1889~1972] ハンガリーに生まれる。ベルン大学、ブダペスト大学に学び、1923年学位を取得。ブダペスト大学で教職につくと同時に電話の研究を試みた。耳のメカニズムに適切な受話器の研究から、聴覚の研究に移り、新しい聴覚理論として場所説を提唱した。1947年ハンガリーからストックホルムに移り、更にアメリカに移る。ハーバード大学の精神物理学の教授となった。1961年にノーベル賞を受賞した。

【著書】*Experiments in hearing*, 1960. *Sensory inhibition*, 1967.

ベック [Beck, Aaron Temkin, 1921~] アメリカの精神科医、心理学者。イェール大学を卒業後、医学を修め、1946年に博士号を得る。ペンシルベニア大学教授。退任後はベック研究所を開設して、自らの研究拠点としている。医学博士を得た後、フィラデルフィア精神分析研究所にて精神分析家としての訓練を受けたものの、抑うつは自己に対する怒りであるとする当時の精神分析的解釈になじめずに方向を転換した。精神分析にも科学的な効果検証が必要であると主張したところ、「そのような主張をすること自体が精神分析の訓練を受けていない証拠」であるとして、アメリカ精神分析学会への参加を拒まれた。その後の彼は、うつ病者には独自の認知様式(歪み)があることに着目した。具体的には、患者自身、現在の状況、患者の未来、に対してそれぞれ否定的な見方をもっていることに着目したのである。彼はそのアイディアに基づき21項目からなる抑うつ尺度を開発した。また彼は、独自な認知様式の展開を自動思考として捉え、その内容に着目することで、うつ病、不安障害、パニック障害等に区別できると主張した。これが内容特異性仮説である。1963年には、認知の歪みを治療対象とする認知療法を提唱した。

【著書】*Cognitive therapy and the emotional disorders*, 1976. (邦訳『認知療法：精神療法の新しい発展』1990).

ベック [Beck, Samuel Jacob, 1896~1980] コロンビア大学在学中、ニューヨークの児童

相談所で仕事を手伝い，レヴィと出会い，ロールシャッハ・テストに関心をもつ。1934年チューリヒに留学し，ロールシャッハ・テストの研究をし，帰国後シカゴのミカエル・リーズ病院に臨床心理学研究室を作る。1930年にアメリカで初めてロールシャッハ・テストを使って知的障害の診断を試みた論文を発表して以来，多くの研究論文を発表した。クロッファーの研究と共に代表的な診断法を発展させた。

【著書】*Rorschach's test:* Vol.1. *Basic processes*, 1944, 1961³; Vol.2. *A survey of personality pictures*, 1945, 1967²; Vol.3. *Advances in interpretation*, 1952.

ヘッブ［Hebb, Donald Olding, 1904~85］カナダのノバスコシア州チェスターに生まれる。1936年ハーバード大学で「暗室におけるネズミの空間知覚」によって学位取得。その後，数年間フロリダのヤーキズ霊長類研究所で知覚，記憶，学習についての神経学的な基礎的研究を行った。次いでモントリオールのペンフィールドの病院で頭部損傷者の研究，ロボトミーに基づく心理的変化の研究を行った。1947年マッギル大学心理学教授。神経生理学を基礎にし一般心理学的な行動理論を作った。学習は反復経験によって大脳の神経細胞の相互間に循環回路系を成している細胞集成体や，更にそれらが継起して生ずるために位相連鎖が成立し，これに基づき知覚や思考が促進されると考えた。

【著書】*The organization of behavior*, 1949.

ベネディクト［Benedict, Ruth Fulton, 1887~1948］アメリカの文化人類学者。1919年より，コロンビア大学でF.ボアズに学び，またその協同研究者でもある。1927年同大学講師，1930年教授。文化のモチーフ，文化の型，文化とパーソナリティの関係等の研究によって，人類学の新しい面を開拓するのに貢献したが，これは，従来の外面的な文化研究に対して，彼女が女性であるという特徴を生かして，各種社会の女性の生活や宗教等を内面から研究することに成功したからである。ことに，文化とパーソナリティの関係は，心理学にとっても関心の深い領域であり，その意味で相互に影響し合うところが少なくない。日本ではことに『菊と刀』の著者として知られている。

【著書】*The chrysanthemum and the sword: Patterns of Japanese culture*, 1946.

ベヒテレフ［Bechterev, Vladimir Michailovich, 1857~1927］ロシアの精神神経学者。客観的方法による心理学を提唱し，1907年には神経生理研究所を設立した。ベヒテレフは唯物論の立場に立ち，心的過程と物的過程とは同じく物的エネルギーによる現象と考えた。重要なのは彼の考え方ではなく，実験的研究であった。皮膚に与えられる電気刺激は手足を引っ込めるという反射を生ずるが，その刺激に無関係な刺激を結びつけると，本来はその無関係な刺激に対しても同じ反射を引き起こすようになるという。これを連合反射（associate reflex）と呼んでいる。言語や習慣も連合反射によって成立すると考え，反射学（reflexology）を提唱した。彼はパヴロフと同時代に生き，競争者であった。

【著書】*General principles of human reflexology: An introduction to the study of personality*, 1917.

ヘリング［Hering, Karl Ewald Konstantin, 1834~1918］ドイツの心理学的生理学者。ヘリングの研究で著名なのは，色彩に関し，ヘルムホルツの三原色説に対して反対色説を唱えたこと，空間知覚に関して生得的な立場をとったこと，圧覚と温度感覚の区別をした

ことなどである。彼はまた数多くの実験器材を考案した。例えば，混色器，実体鏡，標準色紙等である。

【著書】*Beiträge zur Physiologie*, 5 Bde., 1861～64.

ベルグソン［Bergson, Henri, 1859~1941］フランスの哲学者。22歳で哲学教授の資格をとる。1900年から死去するまで，コレージュ・ド・フランスの教授。ノーベル文学賞を受賞。「生命哲学」の代表者であり，その文化哲学的思索を心理学的現象に結びつけたために，心理学に対しても大きな刺激を与えた。創造的活動としての生命は，根本的に認識の不可能な，非合理的なものと見なされ，概念や思考や知性に対立する。知性の世界と本能の世界は別であって，個人的存在の多様性とその発達の多様性とは，直覚によってしか分からない。彼がエラン・ビタル（élan vital）と呼んだ生命の衝動は，人間の精神生活の原理であるだけでなく，全宇宙のあらゆる現象一般の原理である。彼は力動的な生命力とそれに抵抗する物質との二元論を強調して，当時優勢だった実証主義の思想に反対した。人間は知性によって物質を知るには違いないが，もっと大切なことは，直覚によってエラン・ビタルの働きを知り，純粋持続として経験される時間の本性を知ることだという。

【著書】*Matière et mèmoire*, 1896. *Le rire*, 1900. *L'èvolution crèatrice*, 1907.

ベールズ［Bales, Robert F., 1916~2004］アメリカの社会学者。相互作用分析法（小集団における対人行動を直接観察し，分類するためのカテゴリー・システムとそれに基づく相互作用記録装置）を考案し，これを用いて小集団の課題解決過程とそれに伴う集団構造の力動的変化を実験的に研究した。

【著書】*Personality and interpersonal behavior*, 1969.

ヘルソン［Helson, Harry, 1898~1977］アメリカの心理学者。彼が順応水準について実験的な研究を積み重ねた。その間，第二次世界大戦中は国家国防委員会（NDRC）の一員として，軍事心理学の研究に従事した。

【著書】*Adaptation level theory: An experimental and systematic approach to behavior*, 1964.

ベルナール［Bernard, Claude, 1813~78］フランスの生理学者。実験医学の創始者。内分泌の発見者。生活体の細胞は，体液，血液，リンパ等からなる媒質によって生存が維持されていることを発見し，この媒質を内的環境（milieu intèrieur）と呼んだ。この内的環境は外部の環境の変化のいかんにかかわらず，成分を一定に保っているものと考えた。身体の諸器官や組織は，この内部環境を統制し，一定に保つ機能をもつものと見なした。すなわち，内的環境のバランスがくずれると，バランスを回復するために必要な器官が活動を始めるという。この考えは，後にキャノンによってホメオスタシスの考え方に発展した。

【著書】*Introduction à l'étude de la médecine expérimentale*, 1865.

ヘルパッハ［Hellpach, Willy, 1877~1955］ドイツの医学者。民族心理学と医学的心理学とを武器にして，社会心理学，民族心理学，臨床心理学，宗教心理学，地理心理学，文化心理学等多方面の活動をした。

【著書】*Einführung in die Völkerpsychologie*, 1938.

ヘルバルト［Herbart, Johann Friedrich, 1776~1841］ドイツの哲学者であり同時に教育学の祖ともいわれ，教育の目的を倫理学

に，教育の方法を心理学に求めた。形而上学的心理学の最後の体系は彼によって生み出された。彼の体系は形而上学，経験主義哲学，数学，そして全て思弁に基づいている。彼の形而上学は唯物論的であり，彼は精神を物質世界の分割できない単位と考えた。精神は，全ての物質と同様に，ニュートンの「作用は反作用を呼び，自然は破壊に抵抗する」という法則により説明できると考えた。精神は，彼が表象と呼ぶ反応によって外界の刺激に反応する。表象は自己保持性をもっている。表象の内容は，人間の精神の性質によると同時に刺激に依存する。全ての表象は力をもっており，測定が可能である。この測定に関する数学的体系を発展させたのが，表象力学である。ヘルバルトの学習説は，物理的な力の概念を連合主義に結びつけたものといわれる。彼は新しい表象を受け入れ，これを古いものに同化し，結合する全体的意識を統覚群（apperceptive mass）と呼んだ。すなわち，これは，精神の活動を統制する意識的な表象の全体を指すものである。

【著書】*Allgemeine Pädagogik*, 1806. *Umriss pädagogischer Vorlesungen*, 1835.

ヘルムホルツ [Helmholtz, Hermann Ludwig Ferdinand von, 1821~94] ドイツの物理学者，生理学者。彼の研究分野は広く，解剖学，生化学から物理学，生理学にわたっている。エネルギー保存則の提唱者の一人であり，19世紀の最大の科学者の一人といわれる。彼の二大著述といわれる視覚論と聴覚論は，ケーニヒスベルク時代に始まり，16年以上も続けられ，まとめられたものである。彼の研究，発見，理論は心理学に対して多大の貢献をした。例えば，色彩に関してはヤングの仮説に基づき，三原色説を提唱し，聴覚の領域では内耳におけるコルチの器官の役割を調べ，聴覚説として有名な共鳴説を唱えた。知覚の研究においては，経験と学習とが主要な役割を果たすという意味で経験論者であった。カエルを用いて神経伝導の速度を初めて測定したのも彼であり，人間の神経伝導の速度の測定にまで進んだ。

【著書】*Handbuch der physiologischen Optik*, 3 Bde., 1856~66.

ベンダー [Bender, Lauretta, 1897~1987] 1938年にベンダー-ゲシュタルト・テストを公表した。ゲシュタルト心理学者のウェルトハイマーが知覚の研究で例証のために考案した幾何学的図形を模写するテストで，図形の知覚や再生の過程に見られる誤りから病理，特に器質的脳疾患や統合失調症の病因を明らかにすることができると考えた。ホスピタリズムの研究も行った。

【著書】*A visual motor gestalt test and its clinical use*, 1938. *Child psychiatric techniques*, 1952.

ペンフィールド [Penfield, Wilder Graves, 1891~1976] アメリカ生まれのカナダの大脳生理学者。大脳皮質と間脳を含む脳幹中心部との機能的連関に関する理論や，ジャスパーと共に行ったてんかんの臨床解剖学的分類等で有名である。

【著書】*Speech and brain mechanism*, 1959.

ボアズ [Boas, Franz, 1858~1942] ドイツのミンデンに生まれる。1883年には地理学者としてイヌイットの調査に参加した。帰国後ベルリン王立民族学博物館助手となった。バスチアンのもとで研究を続け，ベルリン大学で地理学の講師を務めた。1886年タイラーの招きでアメリカ・インディアンの調査に参加。アメリカの人類学の父と呼ばれるだけあり，ウイスラー，クローバー，ローウィ，サピア，ベネディクト，ハースコヴィッツ，

ミードらは，その門弟である。
【著書】*The central eskimo*, 1888. *Anthropology and modern life*, 1928. *Race, language, and culture*, 1940.

ホイーラー［Wheeler, Raymond Holder, 1892~1961］アメリカの心理学者。1915～25年はオレゴン大学，1925～47年はカンザス大学で心理学を担当した。ホイーラー時代のカンザス大学は，行動主義と機能主義以外のゲシュタルト心理学的傾向の研究者のオアシスとなった観があった。彼はアメリカ風のゲシュタルト心理学を発展させた一人といわれる。
【著書】*The science of psychology*, 1940.

ホヴランド［Hovland, Carl Iver, 1912~61］アメリカの心理学者。1936年にはエール大学の人間関係研究所の一員となり，四つの問題に取り組んだ。その第一はハルの行動理論構成への参加，第二は数年間にわたる多数の暗記学習に関する研究，第三はフラストレーションと攻撃研究グループへの参加，第四は葛藤に関する小研究グループへの参加であった。1941年には，陸軍省の情報・教育部門の研究に参画する心理学者の一人に選ばれ，軍隊における教育・コミュニケーションに関する大規模な実験的研究を行った。1945年にエール大学に復帰した後も，コミュニケーションによる態度の変容の問題を中心課題とし，多面的なアプローチによるエール・コミュニケーション研究計画を主宰した。晩年は人間行動のモデルとして役立つ電算機プログラムの開発にも協力した。
【著書】*Communication and persuasion*, (with I. Janis & H. Kelley) 1953.

ボウルビィ［Bowlby, John Mostyn, 1907~90］イギリスの児童精神分析学者，精神医学者。第二次世界大戦中海軍の精神医官となり，将校選抜のための研究・訓練センターで働いた。1946年からは，ロンドンのタビストック・クリニックとその妹姉機関であるタビストック人間関係研究所に所属し，クリニックの副所長，同児童・両親部長，研究所運営委員等として活躍した。1950年WHOの精神衛生顧問に任ぜられ，戦災孤児やその他の理由で実の家庭から分離され，里親の家庭や収容施設で養育されている子どもの精神衛生問題の実際及び研究状況を視察するため，欧米諸国を歴訪した。その報告書の中で彼は，乳幼児の人格の正常な発達にとって母性的養育が不可欠であり，ことに生後1年間ないし3, 4歳ぐらいまでの間に母性的な養育の喪失が長く続けば，幼児の性格並びにその将来の生活全体に，ゆゆしきかつ広範囲の悪影響をもたらすことを強調した。この主張は，小児病院，孤児院，養育院等の児童収容施設の児童への処遇法の改善，孤児のための養子ないし里親制度の奨励等，児童保護の実践活動に大きな影響を与えるとともに，母子の接触が子どもの発達に及ぼす効果に関する研究と論議を刺激した。なお，ここでいう「母性」や「母」は生物学上の母を意味するものではない。そのように関わる人物が重要だということである。
【著書】*Attachment and loss*, 3vols., 1969~80.

ボス［Boss, Medard, 1903~90］スイスの精神医学者。現存在分析を主張した。1930年チューリヒ大学に戻りブロイラーのもとでフロイト，ユングらに接する。ハイデッガーの親しい友人でもあり，精神分析の生物学的機械論を排して，存在論的考え方を治療に応用した。チューリッヒ大学の教授を務めたことがある。
【著書】*Psychoanalyse und Daseinanalytik*, 1957.

ポズナー［Posner, Michael I., 1936~ ］アメリカの認知心理学者。ワシントン大学卒，ミシガン大学で博士号を得る。オレゴン大学准教授，教授，名誉教授。選択的注意又は注意の焦点化に関する理論化を行い，予期

せぬ刺激の変化等に注意を喚起する外発的システムと，意図的に注意を向ける内発的システムを仮定した。これらのシステムは相互抑制的であり，選択対象の切り替えを担うものである。また，注意の効果を定量化する方法として，手がかり刺激パラダイムを開発した。ポズナー課題と呼ばれることもある。

【著書】Orienting of attention. *Quarterly Journal of Experimental Psychology*, 32, 3-25, 1980. *Chronometric explorations of mind*, 1978.

ホッブズ [Hobbes, Thomas, 1588~1679] イギリスの経験主義の哲学者。社会契約論の立場をとり『リヴァイアサン』を公刊。連合心理学の先駆者の一人。彼はベーコン（1561~1626）に次ぐイギリス経験主義哲学の創始者である。ホッブズは全ての精神内容を感覚経験に関連させることにより，デカルトのいう本有観念（innate idea）を排除しようとした。全ての経験は脳やその他の身体の部分において行われる運動の特殊な形式であり，運動の強度，広がりの違いから全て説明されると考え，かつ，精神現象の現れる順序は過去の感覚経験の順序に依存すると考えた。これは過去の経験の連合に基づいて，現在の経験を理解しようとした点において，不完全ではあるが，連合の理論に輪郭を与えたものといえる。その意味において，連合心理学の先駆者といえる。

【著書】*Human nature: Or the fundamental elements of policy*, 1650. *Leviathan, or the matter, form and power of a commonwealth, ecclesiastical and civil*, 1651.

ホーナイ [Horney, Karen, 1885~1952] ドイツのハンブルグに生まれる。1914~18年ベルリン大学で精神医学を学ぶ。1918~32年ベルリン精神分析学研究所で教えた。33歳の時に精神分析医として開業した。1932年渡米。1941年ニューヨークにアメリカ精神分析学研究所を作り，その所長となった。パーソナリティ形成の上に果たす社会的・文化的要因の力を重視する立場をとりながら，フロイト的なパーソナリティ理論の普及と修正に努力した。彼女は，フロム，サリヴァンと共に新フロイト派の指導者の一人であり，フロイトの生物主義的なリビドー理論を批判したり，フロイトの女性心理に対する生物学的な偏見を修正した。

【著書】*Neurosis and human growth*, 1950. *Feminine psychology*, 1967.

ホーマンズ [Homans, George, 1910~89] アメリカの社会学者。1950年の著作では人間集団についての5種類のフィールド研究を詳細に検討し，それらの知見を活動（activity），心情（sentiment），相互作用（interaction），規範（norm），価値（value）といった限られた基本的概念を用いて，幾つかの一般的命題ないし仮説にまとめることを試みている。また，社会体系に外的体系と内的体系の二面を区分し，これら二面の力動的相互関係によって社会の発展過程を捉えようとした。

【著書】*The human group*, 1950.

ポリツァー [Politzer, Georges, 1903~42] ハンガリーに生まれる。1929年アドラー，ランクと共に『具体的心理学評論』（*La revue de psychologie concrète*）を創刊した。共産党員であり，フランスへ精神分析の思想を導入した人であったが，マルキシズムと精神分析の学説的統合に反対している。古典的心理学や実験心理学を三人称の心理学として批判し，具体的な個人の体験をドラマとして扱う「一人称の心理学」を提唱した。レジスタン

ス運動の一員として1942年に捕えられ,処刑された。
【著書】*Critique des fondements de la psychologie*, 1928.

ボーリング [Boring, Edwin Garrigues, 1886~1968] フィラデルフィアに生まれる。1922年にハーバード大学教授となる。ボーリングは,ティチナー学派として出発したが,彼自身はいわゆる「時代精神」のもと,ティチナーの二元論に反発して,物理学者ブリッジマンの提起した操作主義を心理学にも導入し,自ら物理主義者と称するようになった。しかし彼の立場は,哲学説としての物理主義の唱道ではなく,事実の観察によって確定しうる問題を基本的に扱う心理学を発展させようとする物理主義の実践であった。また,『実験心理学の歴史』を著しヴントを近代心理学の立役者に位置づけた。
【著書】*A history of experimental psychology*, 1929.

ホール [Hall, Granville Stanley, 1844~1924] アメリカの心理学者。1868~71年,哲学,生理学の研究のため渡欧した。帰国後ハーバード大学のジェームズのもとで「空間知覚における筋肉的手がかり」という論文によって学位を取得。その後ヴントの研究室に入った。アメリカ人として最初の弟子であった。1884年ジョンズ・ホプキンス大学教授となり,留学中の元良勇次郎と共同論文を執筆。1888年クラーク大学総長となり,その後,アメリカ心理学会長に選ばれ,心理学関係の雑誌の発刊に力を貸した。ホールは,常に新しい領域の開拓を目指した。質問紙を児童研究に初めて適用したのも彼である。応用心理学の領域に入り,教育,性,宗教の問題に興味をもった。彼の学問上の特徴を挙げて見ると,①進化論の影響の強いこと,②フロイト,ユングをアメリカに招き精神分析的な考え方を心理学に導入したこと,③児童,青年,老年期研究の開拓者であったこと,④宗教心理学の研究に手を染めたことなどであるが,いずれを見ても,パイオニアとしての精神の躍動が見られる。
【著書】*Adolescence: Its psychology and its relations to physiology, anthropology, sociology, sex, crime and education*, 2vols.,1904. *Senescence: The last half of life*, 1922.

ホルスト [Holst, Erich von, 1908~62] ラトヴィアに生まれる。キール,ウィーンの大学を経て,1932年ベルリン大学で「ミミズの中枢神経系の機能の研究」で学位を取得。この研究で当時の刺激-反応に基づく反射の理論を批判し,再移入の原理を明らかにした。神経系が自己制御のメカニズムを成していることを明らかにする端緒を作った。研究範囲は広く,恒常現象や錯視に及んでいる。1946~49年の間ハイデルベルクの動物学教授。1949年以来マックス・プランク研究所で行動生理学の創設にあたり,1954年以降,ローレンツの協力を得て,その所長を務めた。
【著書】*Zur Verhaltensphysiologie bei Tieren und Menschen*, I. 1969; II. 1970.

ホルト [Holt, Edwin Bissel, 1873~1946] アメリカの行動主義の心理学者。彼の主張はワトソン流の行動主義からは離れているので,正統派でない行動主義(unorthodox behaviorism)といわれる。ホルトはトールマンを刺激して行動主義と認知論を結合させたといわれるが,彼自らは行動主義と精神分析とを統合しようとした。
【著書】*Concept of consciousness*, 1914. *The Freudian wish and its place in ethics*, 1915.

ボールドウィン [Baldwin, James Mark,

1861~1934] アメリカ心理学界の基礎作りに貢献した学者の一人。ジョンズ・ホプキンス大学等で教鞭をとった。また晩年は，フランスに住んだ。彼は，トロント大学，プリンストン大学に心理学実験室を創設し，ジョンズ・ホプキンス大学では，ホール以後使用されていなかった実験室を再建した。更に，雑誌『心理学評論』(*Psychological Review*)，『心理学公報』(*Psychological Bulletin*)，『心理学インデックス』(*Psychological Index*) の編集・創刊にも力を尽くした。
【著書】*Dictionary of psychology and philosophy*, 1901~06. *History of psychology*, 2vols., 1913.

マー [Marr, David Courtnay, 1945~80] イギリスに生まれ，アメリカで活躍した神経科学者。ケンブリッジ大学卒，同大学で博士号を得る。同大学教授。計算論的神経科学を提唱し，小脳の理論により博士号を取得。教授就任を35歳の若さで果たすが，同年に白血病により死去した。マーは，情報処理システムとしての脳を研究するためには，異なる三つのレベルでの理解が必要であると主張した。三つのうち最上位のレベルは抽象的な計算理論のレベル，次いでアルゴリズムと表現というレベル，最後がハードウェアのレベルである。計算論的神経科学とは，抽象的な計算理論のレベルからトップダウンに脳の理解を目指す志向である。
【著書】*Vision*, 1982.

マイノング [Meinong, Alexius, 1853~1920] オーストリアの心理学者，哲学者。ウィーン大学に学ぶ。ブレンターノの影響を強く受ける。グラーツ大学を中心に研究活動を行ったのでグラーツ学派といわれる。彼によると，感覚は刺激に対して適応した性質であるが，表象は刺激に対して不適応な性質であるという。表象の不適応性は主観の作用によって産出されたものであると考えた。これがグラーツ学派のいわゆる産出説（Produktionstheorie）と呼ばれるものである。
【著書】*Untersuchungen zur Gegenstandstheorie und Psychologie*, 1904.

マイヤー [Meyer, Adolf, 1866~1950] チューリヒの近郊で生まれる。チューリヒ大学で医学，ことに神経学を学び，当時イギリスで有名になっていたジャクソンに関心をもつ。1893年に職を求めてアメリカに渡り，イリノイで精神病院に勤務した。当時，患者の生活歴があまりに無視されていたことに注目し，幼児期以後の生育歴の調査の必要を強調し，幼児期の性的発達に注意を向けたりした。マサチューセッツやニューヨークの病院に移り，コーネル大学教授を経て，1910年から1941年退職するまでジョンズ・ホプキンス大学教授。マイヤーは二元論に反対し，人を社会生物的な全体として捉えようとし，精神の疾患は神経生理的障害のみによるものと考えず，環境的・家族的影響を強く受けていると考えた。1902年に彼と結婚した妻は，この点で夫に協力し，今日のソーシャル・ワーカーの役目を果たした。精神衛生，児童のガイダンス等の用語は彼に始まるが，精神衛生運動を始めたのは回復した彼のクライエント（ビアーズ）であった。精神分析の影響を受けたが，彼は精神分析を是認しようとはしなかった。
【著書】*The commonsense psychiatry of Adolf Meyer*, (ed. A. Lief) 1948.

マイヤーズ [Myers, Charles Samuel, 1873~1946] イギリスの心理学者。ケンブリッジ大学で人類学，感覚生理学，実験心理学を学ぶ。1906年にはロンドン大学キングズ・カレッジ大学の実験心理学教授に任ぜられ，更に

1909年にはケンブリッジ大学の実験心理学教授に任ぜられた。ケンブリッジでは，実験室の建設，各方面の研究，バートレット，バートをはじめその後のイギリス心理学界の俊秀の指導等，八面六臂の活躍をした。第一次世界大戦の勃発とともに，陸軍病院関係の仕事に志願し，戦争神経症の治療にあたった。1918年ケンブリッジに帰ったが，心理学の日常生活への応用に熱意を抱き，1921年にはかねて準備中のNIIPをロンドンに開設し，その所長となり，1922年にはケンブリッジ大学を退職し，1938年までその業務に専念した。マイヤーズの産業心理学は，人間的要因を重視するとともに実験的手法を使用するイギリス応用心理学の伝統の基礎を築いたものといえる。

【著書】*Mind and work*, 1921.

マウラー [Mowrer, Orval Hobart, 1907~82] アメリカの心理学者。1937~39年エール大学人間関係研究所の教員兼研究員。その間，新行動主義の理論を，パーソナリティの問題や社会行動の領域に拡張するための研究活動に参加する（ダラード，N.E.ミラー，シアーズらと共に）。1940年ハーバード大学に移り，教育学の助教，1943年准教授。1948年にイリノイ大学の心理学教授となり，理論的研究を続けた。第二次世界大戦中は戦略事務局の職員となった。彼の興味は，生理的心理学，学習理論，言語，パーソナリティ心理学，臨床心理学等多方面にわたり，心理学の基礎的研究に向けられた。

【著書】*Psychotherapy: Theory and research*, 1953.

マーカス [Markus, Hazel Rose, 1940~] アメリカの社会心理学者。ミシガン大学にて博士号を得る。スタンフォード大学教授。社会や文化が，自己の思考や感情にどのように影響し関係しているのかについて検討している。ここで社会や文化とは，西洋-東洋のような大きなものだけでなく，性別，民族性，宗教，社会的階級等も包摂するものである。1991年に北山忍と共に『文化と自己』を著し，日本をはじめとする東アジア文化では相互協調的自己観が優勢であるのに対して，欧米文化圏では相互独立的自己観が優勢であると主張した。

【著書】*Culture and the self: implications for cognition, emotion and motivation*, (with S. Kitayama) 1991.

マギュー [McGeoch, John Alexander, 1897~1942] アメリカの心理学者。アイオワ州立大学教授。専門とする領域は学習，記憶。彼の研究態度は思弁よりも事実を重んじ，実験的研究や資料を尊重する点で一貫している。学習に関する標準的なテキストを公刊した。

【著書】*The psychology of human learning*, 1942.

マクアダムス [McAdams, Dan P, 1954~] アメリカの発達心理学者。ハーバード大学で博士号を得る。シカゴのノースウェスタン大学教授。パーソナリティ心理学，生涯発達研究，質的研究，自伝研究，文化研究等の視点を統合し，現代アメリカ人のライフストーリーに関する継続的研究に従事。2006年には15年間のプロジェクトの成果として，生涯発達的観点からアメリカ人のライフストーリーをもとに「巻き返す自己，克服する自己」の在り方として捉える見方を提唱した。パーソナリティについては，ビッグ5等の諸特性よりもナラティブな自己をより上位の層として重視する。

【著書】*The redemptive self: Stories americans live by*, 2006.

マクドゥーガル［McDougall, William, 1871~1938］イギリスの心理学者。1908年，『社会心理学入門』を出版した。彼の心理学は，目的論的（hormic）であるとともに全体的（holistic）である。目的を目指すことが有機体の特徴であるとすれば，行動の理解のためにはどんな目的が追究されるかが分からなければならない。有機体の行動の動機となるものは，快楽主義者のいう快を求め，苦を避けるというものではなく，より特殊的なものでなければならない。この動機となるものは有機体が生得的にもっている本能であり，人間の行動は単に理性によって動かされるのではなく，究極的には，本能及び本能に起源をもつ愛，憎，興味，競争等によって動かされると説く彼の本能論がここにある。1929年には新設のデューク大学に移り，心霊研究を始めた。
【著書】*An introduction to social psychology*, 1908.

マクレランド［McClelland, David Clarence, 1917~98］アメリカの心理学者。1956年からハーバード大学教授となる。長年にわたって達成動機に関する研究を組織的に展開し，達成動機の測定法を開発。それを用いた達成動機の個人差とその規定因の解明，社会の経済的繁栄と達成動機との関係の比較文化的・歴史的考察等を行い，注目すべき業績を挙げた。
【著書】*Personality*, 1951. *The achievement motive*,（with J. W. Atkinson et al.）1953. *Studies in motivation*,（ed.）1955.

マーシャ［Marcia, James E., 1937~　］カナダの発達心理学者。カナダに生まれ，アメリカのオハイオ州立大学で博士号を得る。カナダのサイモンフレーザー大学教授，名誉教授。エリクソンの理論を基盤に，アイデンティティ・ステイタス（同一性地位）理論を提唱した。すなわちエリクソンの発達課題のうち，青年期の課題である「アイデンティティ確立対アイデンティティ拡散」に注目して，この時期のアイデンティティの状態を同一性地位の在り方から理解することを目指した。臨床インターンで出会った統合失調症（と診断された）青年と接するうちに，この青年をエリクソン理論におけるアイデンティティ拡散として理解するのが適切ではないかと考え研究を行った。アイデンティティ地位面接という面接技法を発展させ，青年たちの自我関与（commitment）と危機（crisis）の有無を変数にして，四つのタイプ分けを提唱した。アイデンティティを確立，拡散，早期完了（foreclosure），モラトリアムという四つの地位である。
【著書】Development and validation of ego identity status, *Journal of Personality & Social Psychology*, 3, 551-558, 1966.

マズロー［Maslow, Abraham H., 1908~70］アメリカの心理学者。ウィスコンシン（1934~35），ブルックリン（1937~51），ブランディス（1951~69）大学教授。アメリカ心理学会の中に人間性心理学の部会を作るために努力するとともに，『人間性心理学雑誌』の創刊に努めた。彼の研究は，異常心理，臨床心理から始まったが，その後は正常な成熟した健康な人間について，動機，自己実現，創造性，精神衛生等を研究したものが多い。彼の動機論や自己実現過程の理論は，心理学の専門以外の人たちからも関心をもたれている。
【著書】*Motivation and personality*, 1954, 1970^2. *Toward a psychology of being*, 1962, 1968^2.

マッハ［Mach, Ernst, 1838~1916］1864年26歳の若さでグラーツ大学の数学の教授となる。1895年にウィーン大学に新設された帰納科学の歴史と理論の講座担当の教授として1901年まで務めた。マッハの学問は物理学，哲学，心理学にまたがっているが，これは彼が19世紀の科学を総括し，20世紀に橋渡しを試みたことによるものと考えられる。形而上学に反対し，科学が終局の基礎として捉えなければならないものとして感覚を考え，実在論と観念論を超えて感覚一元論を明らかにした『感覚の分析』は実証主義を標榜し，科学を生物学的・心理学的に基礎づけようとするものである。マッハの実証主義は，シュリックらによってマッハ協会の設立となり，更にウィーン学団と呼ばれる論理実証主義へと展開していくが，マッハの生物的・心理学的考え方は失われていった。
【著書】*Die Analyse der Empfindungen*, 1886, 1911^6.

松本亦太郎［マツモト　マタタロウ，1865~1943］日本の実験心理学者。明治維新前夜，上野国（群馬県）に生まれる。東京帝国大学卒。私費にてイェール大学に留学し音空間の研究で博士号を取得し，その後官費を受けライプツィヒ大学に留学してヴントの指導を受ける。東京帝国大学で元良勇次郎を助けて心理学の教育と研究にあたり，心理学実験室を設立。更に新設の京都帝国大学文科大学教授として心理学講座の整備にあたる（日本初の心理学講座教授に就任）。元良死後，東京帝国大学文科大学教授となる。日本心理学会が設立されると初代会長に就任した。女子教育と美術界への貢献も知られている。
【著書】『実験心理学十講』1914．『智能心理学』1929．

マートン［Merton, Robert King, 1910~2003］アメリカの社会学者。独自の理論と方法論を打ち立て，アメリカ社会学の理論的発展においてパーソンズと比肩しうるものである。マートンは，パーソンズが一般的包括的理論を目指すのに対して，中範囲の問題領域に適用される「中範囲の理論」(theories of middle range)の必要性を強調した。また，理論又は調査のいずれかのみを偏重する立場を排し，両者の結合を主張した。更に，機能主義の立場から，社会集団の潜在的機能，マス・コミュニケーション理論と知識社会学の対比，「科学の社会学」等について，多くの労作を発表した。
【著書】*Social theory and social structure: Toward condition of theory and research*, 1949 (revised 1957, 1968). *Mass persuasion: The social psychology of a war bond drive*, (with M. Fiske & A. Curtls) 1946.

マーフィ［Murphy, Gardner, 1895~1979］アメリカの心理学者。彼の研究領域は，心理学史，世論，社会心理学，パーソナリティ等，多方面にわたる。彼は様々な心理学の原理を，まとまった枠の中にまとめようとする組織的な折衷主義者であり，発達，動機の力学，社会文化的次元等を重視するが，それを十分な実験的・生理学的土台の上にのせようとした。彼はまた新しい思想について，常に虚心であり，同情的であって，フロイトの精神分析学，モレノのソシオメトリー，シェリフの社会的規範の心理学，レヴィンの場の理論等が多くの人々の抵抗を受けている頃に，早くからその価値を認めていた。
【著書】*Personality: A biosocial approach to its origins and structure*, 1947.

マーラー［Mahler, Margaret Schönberger, 1897~1985］ハンガリー系ユダヤ人の精神科医（精神分析家）。ブダペスト大学

で美術史を専攻するも、医学に転進。ドイツ・イェナ大学に移り医学を修める。ウィーンで精神分析の訓練を受ける。結婚後、ナチスから逃れるべくアメリカ移住した。エリクソンに代表される自我心理学派の流れに連なる。母親と子どもの相互作用の詳細な観察を通して、乳幼児の発達理論を構築し、精神分析と発達心理学を架橋した。正常な自閉期（0～1カ月）、正常な共生期（2～5カ月）の後をうけ、分離-個体化期（separation-individuation phase）は概ね5～36カ月の期間であるとされる。分離個体化期は分化期、練習期、再接近期、再個体化期に分けられる。再個体化期にそれまでの両価的な母親像（良い母親、悪い母親）の統合がうまくいかないと「見捨てられ不安」が生じることになり、それが後の境界例の発症につながると考えた。

【著書】*The psychological birth of the human infant: Symbiosis and individuation*, 1975.

マリノウスキー [Malinowski, Bronislaw Kasper, 1884~1942] ポーランド生まれ、イギリス、アメリカで活躍した社会・文化人類学者。物理学と数学を学んだ後、ヴントやフレーザーの影響を受け人類学に入った。1914年から数年間にわたり、トロブリアンド諸島をはじめ、西太平洋地域の未開民族の調査を行い、機能主義に立つ文化人類学を開発した。1924～39年は、ロンドン大学の社会人類学講師・教授として、学生の教育指導にあたるとともに、アフリカ原住民の文化変容過程を研究し、未開社会の行政施策に対して人類学の立場から寄与した。1939年には渡米してエール大学客員教授となり、機能主義的な文化の科学的理論の展開を試みた。

【著書】*The sexual life of savages in North Western Melanesia*, 1929.

マルベ [Marbe, Karl, 1869~1953] ドイツの心理学者。ヴュルツブルク学派の一人。判断作用の実験的研究を通じて、判断の意識過程の分析的研究を行った。その結果、判断過程には固有の心的内容は認められず、判断はむしろ、被験者の態度や目的（Absicht）といった非直観的なものに関連することを見出した。

【著書】*Experimentelle psychologische Untersuchungen über das Urteil, eine Einleitung in die Logik*, 1901.

マレー [Murray, Henry Alexander, 1893~1988] ニューヨークに生まれる。ハーバード大学でしばらく生理学を教えたが、ニューヨークの病院で外科の病院実習を2年間続け、ロックフェラー医学研究所の助手となった。ケンブリッジ大学で生化学の研究をし、1927年学位を取得。ケンブリッジにいる頃、ユングの『心理学的類型論』を読み、深い感銘を受ける。ユングをチューリヒに訪ね、一日を共に過ごして彼の生涯は決定された。心理学に深い関心をもってアメリカに帰り、しばらくロックフェラー研究所にとどまるが、ハーバード大学から心理学の講師として招かれた。学歴からいえば全く心理学に関係のないマレーがハーバードから招かれることは、異例のことであった。マレーを推奨したのは、ハーバード大学に心理クリニックを設立したモートン・プリンスであった。1928年には心理クリニックの助教になり、クリニック全体の指導にあたるようになった。1937年にハーバード大学の心理学准教授になった。1943年陸軍に籍を置き、特殊任務をもつ軍人の選抜法の研究にあたる。1947年ハーバードに帰り、新設の社会関係学部に籍を置くが、心理クリニック別館を設立し、臨床心理学教授となった。1962年名誉教授。彼の研究はモーガンと共同の空想についての研究に始まるが、これが主題統覚検査（TAT）と呼ばれるものに発展する。心理クリニックでのパーソナリティ研究では、50人の大学生を被験者として諸種の心理検査法が適用される

が，今日投影法と呼ばれる諸検査法が発展するきっかけを作った。パーソナリティの記述では，精神分析やレヴィン派の心理学，そしてマクドゥーガルの影響を受け，要求と圧力の微細にわたる人格変数の記述を試みた。戦後は二者関係の理論，クラックホーンと共同で文化人類学的な研究を試みたり，人格論の修正を試みた。
【著書】*Manual of Thematic Apperception Test*, 1943.

マンハイム［Mannheim, Karl, 1893~1947］社会学者。ハンガリーに生まれる。1918年のハンガリー革命の頃は，革命的知識人として活動し，社会科学への関心を強めていったが，革命の崩壊によってドイツに亡命した。ドイツ自由主義の中心人物の一人として，次第に彼独自の「知識社会学」を完成していった。1933年にはナチスによってドイツを追われ，イギリスに亡命し，ロンドン大学の講師，教授を歴任して，政治社会学，教育社会学の分野で活躍した。また晩年には，ユネスコのヨーロッパ部長として，欧米の学界に寄与した。
【著書】*Ideologie und Utopie*, 1929.

ミシェル［Mischel, Walter, 1930~ ］アメリカのパーソナリティ心理学者。オーストリアのウィーンで生まれる。家族に連れられアメリカに移住。オハイオ州立大学で臨床心理学の博士号を得る。スタンフォード大学等を経て，コロンビア大学教授。20世紀前半の性格心理学が前提とする状況を超えた行動の一貫性に疑問を呈し，「人か状況か論争」を引き起こす。この論争は状況を超えた行動の一貫性があるかないかに焦点が当たっているため，「一貫性論争」とも呼ばれる。ミシェルの立場は「性格は個人の中に存在し，安定していて一貫性をもっている」という考え方に対立するものであり，状況を重視することから性格の状況論と呼ばれることもある。彼は心理的な個人差の存在を否定するものではなく，認知的社会的観点から説明する立場をとる。幼児を対象とする満足遅延，自己制御の実験研究も行った。
【著書】*Personality and assessment*, 1968.（邦訳『パーソナリティの理論』1968）．

ミショット［Michotte, Albert Edouard, 1881~1965］ベルギーの心理学者。1905～63年までルーヴァン大学に勤めた。彼の研究の時期は三つに分けられる。第一期は，1905～14年で，ヴュルツブルク時代であり，もっぱら意志の研究を行った。第二期は1920～39年で，知覚，運動，リズム，学習等の問題に取り組んだ時期であり，第三期の1939年以降は因果の知覚に集中した時期である。この研究は1946年に公刊され，1963年には英訳が刊行された。ミショットによると，因果の知覚は色や音の知覚と同様原本的なものであり，経験の解釈の結果ではない。ファイ現象と同様にゲシュタルト性質をもつものであるとした。ルーヴァンで25年間続けられた因果関係の知覚は，現象学的心理学の発展に貢献するところが大であった。彼はゲシュタルト心理学者とも機能主義心理学者とも交渉があったが，いずれの学派にもくみしなかった。
【著書】*La perception de la causalité*, 1946.

三隅二不二［ミスミ　ジュウジ, 1924~2002］日本の社会心理学者。福岡県に生まれる。九州大学卒。北九州大学准教授を経て九州大学，大阪大学，奈良大学教授を歴任。筑紫女学園大学学長を務める。グループ・ダイナミックス（集団力学）を日本に紹介し，研究を精力的に行い普及に尽力した。実験室的研究及び現場における実践研究を行

うことで，リーダーシップPM理論を提唱した。彼の研究はアメリカのリピットらの研究「民主的・専制的・放任的リーダーシップの比較実験」から派生したものであるが，その後の展開は独自であり，日本で生まれた独創的な理論の一つということができる。1994年にはアジア人で最初となるレヴィン賞を受賞した。
【著書】『リーダーシップ行動の科学』1978.

ミード[Mead, George Herbert, 1863~1931]アメリカの哲学者，社会学者，社会心理学者。ハーバード大学で学んだ後ドイツに留学し，1894年シカゴ大学教授となった。ミードは，ダーウィンの進化論とジェームズ，デューイのプラグマティズムから出発して，社会的行動主義を提唱した。彼は，ワトソン流の行動主義が，人間の行動を単なる刺激と反応の結合として捉え，経験的世界を神経と筋肉の作用に還元するのを批判し，ことに社会的行動の理解に対しては誤りであるとした。ミードは，身振りによる会話から言語シンボルによる会話への進化の過程を考察し，コミュニケーションにおける意味の成立は，自分自身を他人の立場から見る，すなわち他人の役割の取得によることを主張した。他人の役割の取得はまた自我の発達に関係する。ミードは自我の発達に遊びとゲームの2段階を区別した。遊びにおいて，子どもは自分自身のほかに教師，母親，店員といった他者の役割を演じる。このような子どもの経験は，他人が子ども自身に対してとる態度を探求する機会を与え，自分を外部から眺めることを学ぶ。ゲームにおいては，子どもはこれに参加する相手の全ての態度を考慮に入れなければならない。しかもこれらの態度を，関わり合う力動的な構造として，考えていかなければならない。このような過程を通して，子どもは，自分の属する社会の一般化された態度を学習する。個人に自我の統一体を付与する組織化された社会ないし集団を，ミードは「一般化された他者」と名付けた。このような考えは，今日の自我論，役割理論に大きな影響を残している。ミードは，生前一冊の著書も公にしなかった。没後，講義案や未刊行の原稿，学生の講義ノート等が整理編集され，刊行された。
【著書】*The philosophy of the present,* 1932. *Mind, self and society,* 1934.

ミード[Mead, Margaret, 1901~78]アメリカの人類学者。コロンビア大学で心理学と人類学を学ぶ。アメリカ博物館民族学部門の主任。サモア，ニューギニア，バリ島等で実地調査を行い，未開発社会における性役割意識，社会構造，育児態度等に関する多くの研究を行った。心理学的な方法を人類学へ導入し，パーソナリティ形成に及ぼす文化の影響を重要視した立場をとった。未開社会ばかりでなく，文明社会における国民性の研究も行い，両者を比較検討した。
【著書】*Growing up in New Guinea,* 1930. *Male and female,* 1949.

ミュラー[Müller, Georg Elias, 1850~1934]ドイツの心理学者。1881年ゲッチンゲン大学教授。40年近くゲッチンゲン大学の研究室を主宰した。研究方法としては適中法を考案した。フェヒナーの精神物理的測定法を精密化し，視覚についてはヘリングの反対色説を修正発展させた。彼は理論を重んじつつ実験を行った。
【著書】*Abriss der Psychologie,* 1924.

ミュラー[Müller, Johannes, 1801~58]ドイツの生理学者。コブレンツに生まれる。実験生理学の創始者。ここで有名な『生理学提要』を書いた。この分野の最初の

体系的記述である。この本の中に，有名な特殊神経エネルギー説が述べられているが，これは彼の感覚，知覚に対する生得説を反映するものといえる。この説は，後に神経がそれぞれ固有のエネルギーをもつものでなく，その性質は普遍的なものであり，神経過程の性質は個々の神経によって変わるものでなく同一のものであるという考え方によって覆えされた。この本の中にわずか82頁にすぎないが「精神について」という一章を設け，連合，記憶，想像，思考，感情等について論じている。これは当時の生理学書としては注目に価するものであった。彼の弟子で著名なのはヘルムホルツとヴントである。
【著書】*Handbuch der Physiologie des Menschen*, 1833~40.

ミュラー=リヤー [Müller-Lyer, Franz Carl, 1857~1916] ドイツの精神医学者，社会学者。1881年ストラスブール大学精神医学科助手，生理学的実験心理学を研究する。その後，社会学の研究に変更し，人類の発展段階を構想するなど，唯物論的・社会主義的社会学の代表者の一人である。心理学ではミュラー=リヤーの錯視図形でその名を知られている。
【著書】*Soziologie der Leiden*, 1914.

ミュンスターバーグ [Münsterberg, Hugo, 1863~1916] 心理学者。ドイツに生まれる。ライプツィヒでヴントに学び，ハイデルベルクで医学を修めた。1892年ジェームズの招きにより渡米し，ハーバード大学の心理学の教授として実験を担当した。1898年にはアメリカ心理学会の会長となり，コロンビア大学の実験心理学の教授を兼任した。彼は心理学の実生活への応用と応用心理学の基礎づけに専心した。広告，産業効率，心理療法，映画，目撃証言などの幅広い領域の開拓者として大きな足跡を残した人である。
【著書】*Psychology and industrial efficiency*, 1913. *Psychology, general and applied*, 1914.

ミラー [Miller, George Armitage, 1920~2012] アメリカの心理学者。1948年ハーバード大学准教授，1951~55年マサチューセッツ工科大学勤務。後に，ハーバード大学教授。1958年，再びマサチューセッツ工科大学の教授。専門は聴覚，言語認識，コミュニケーション理論等である。チョムスキー教授と共同の言語の計量的モデルの研究や，言語心理学的立場からの言語の機能や伝達に関する基礎研究，情報理論に基づく行動解析等に関する発表論文も多い。1950年はプリンストン大学の高等研究所，1958~59年はスタンフォード大学の行動科学研究所で過ごした。ギャランター，プリブラムらと共に新しい通信理論とコンピュータ理論から人間行動を考え直したのがTOTEシステムであり，これは心理学の側からも新しい認知説として高く評価された。
【著書】*Language and perception*, (with P. N. Johnson-Laird) 1976.

ミラー [Miller, Neal Elgar, 1909~2002] アメリカの心理学者。1935~36年ウィーンの精神分析学研究所の特別研究員として留学。その後，第二次世界大戦まではイェール大学の人間関係研究所に所属。戦争中は陸軍所属空軍の研究プログラムに参加。その後再びイェール大学に帰り，1966年にはロックフェラー大学の教授。ハルの弟子である彼がウィーンの精神分析学研究所に留学したことは，その後の彼の研究に大きな影響を与えた。S-R理論の立場から，二次的動機としての不安の動機を研究したり，葛藤の説明に般化の概念を用いたりしたこともその例であるが，ダラードらとの共著による著作は，いずれもS-R学習理論の立場から，精神分析学

の概念を再構成して，動機や臨床やパーソナリティの研究に大きな貢献をした。
【著書】*Personality and psychotherapy: An analysis in terms of learning, thinking, and culture,* (with others) 1950.

ミル［Mill, James, 1773~1836］イギリスの連合心理学を発展させた一人。スコットランドに生まれる。エディンバラ大学で神学を学び，後に経済学に興味をもち，その基礎として心理学に触れた。1829年には，『人間の精神現象の分析』を出版。彼は基本的要素として感覚と観念を挙げ，観念は過去に与えられた感覚によって生ずるものとした。連合の法則は観念には妥当するが，感覚には当てはまらない。ミルはこれらの要素とその機械的な連合によって全ての心の働きを説明しようとした。
【著書】*Analysis of the phenomena of the human mind,* 1829.

ミル［Mill, John Stuart, 1806~73］イギリスの連合心理学を発展させた一人。正規の学校教育を受けず，もっぱら父のジェームズ・ミルの薫陶を受けた。彼は連合の法則として父の退けた類似を採用し，接近に対立させた。彼の考え方は心的化学（mental chemistry）といわれる。
【著書】*Analysis of the phenomena of the human mind,* 1869.

ミール［Meehl, Paul Everett, 1920~2003］ミネソタのミネアポリスに生まれる。1945年ミネソタ大学でハサウェイの指導のもとで学位を得るが，スキナーの影響を強く受ける。学位取得後，ミネソタで助教，講師，助教授，准教授となり，1952年に心理学教授，医学部の臨床心理学教授となる。研究の関心は広く，学習論，臨床心理学，心理統計から科学哲学に及んだ。心理診断では精神分析的解釈を排し，統計的予見を重視した。
【著書】*Clinical versus statistical prediction: A theoretical analysis and a review of the evidence,* 1954.

ミルグラム［Milgram, Stanley, 1933~84］アメリカの社会心理学者。1967年よりニューヨーク市立大学教授。援助行動，服従等についての実験研究を試みた。特に権威に対する服従は理性を超えたものになり，残虐な行為すら平然と行われることを実験的に明らかにした。ただし，この種の実験のもつ倫理的問題も提出されたことは特筆すべきことである。スモール・ワールド実験等でも有名。
【著書】*Obedience to authority: An experimental view,* 1974.

メイヤー［Maier, Norman Raymond Frederick, 1900~77］ミシガンに生まれる。1931年ミシガン大学に職を得る。1945年教授となる。研究活動は多方面にわたり，ネズミの脳損傷から管理職の研究に及ぶが，その主要テーマは常に課題解決過程であり，それを促進，あるいは阻害する要因の研究に向けられていた。
【著書】*Frustration: The study of behavior without a goal,* 1949.

メイヨー［Mayo, Elton, 1880~1949］アメリカの社会科学者，経営心理学者。1927～32年レスリスバーガーらと共にホーソン研究を行った。はじめは，従来の労働心理学的な問題の立て方をしたが，経営内部の社会構造の問題を，経営の雰囲気や非公式集団といった概念で捉えるようになり，産業心理学あるいは経営心理学に新しい方向を打ち出すことになり，産業社会あるいは組織心理学の隆盛を

もたらした。
【著書】*The human problems of an industrial organization*, 1933.

メスメル [Mesmer, Franz Anton, 1734~1815]
動物磁気による治療法であるメスメリズムの創始者。ドイツのイズナングに生まれ，メールスブルクで死去。はじめ神学を学び，後に，ウィーン大学に入って医学を学んだ。ウィーンで医者となる。星が人間の運命を支配するという占星術の原理を磁石の力によって説明しようとして，磁石を用いて人間の身体をたたいたりなでたりしているうちに，催眠状態を起こすことを発見した。そして，動物や人間にも磁石の働きに似た作用をもつ「動物磁気」があると考えるようになった。しかし，この考え方は反対された。暗示療法の創始者とされることもある。
【著書】*Mémoire sur la déconverte du magnétisme animal*, 1777.

メッツガー [Metzger, Wolfgang, 1899~1979]
ドイツの心理学者。1942年ミュンスター大学教授。ゲシュタルト心理学者。専攻領域は知覚。その立場はゲシュタルト心理学者の中ではむしろ実験現象学に近い。彼は実験心理学の課題を，複雑な高度の心的現象を精細に把握することに置いていた。準拠系（Bezugssystem）の概念は彼の知覚論において重要な位置を占める。
【著書】*Psychologie: Die Entwicklung ihrer Grundannahmen seit der Einführung des Experiments*, 1954.

メーデ [Moede, Walther, 1888~1958]
ドイツの応用心理学者。1935~45年ベルリン大学教授。労働心理学，経営心理学，職業心理学，管理心理学，交通心理学等の創始者，推進者。
【著書】*Lehrbuch der Psychotechnik*, 1930.

メーヌ・ドゥ・ビラン [Maine De Biran, François Pierre-Gontier, 1766~1824]
フランスの哲学者。はじめイギリスの経験主義哲学の影響を受け，コンディヤックの感覚主義に共鳴したが，後これに反対し，むしろ大陸理性派哲学の影響を受け，デカルトの「我思う，故に我在り」にならって，能動的な意志する自我の存在を主張して「我意志す，故に我在り」を提唱した。
【著書】*Essai sur les fondements de la psychologie*, 1813~22.

メルロ＝ポンティ [Merleau-Ponty, Maurice, 1907~61]
フランスの現象学者。最後はコレージュ・ド・フランスで哲学を講じた。この地位はフランス哲学界における最高のものである。彼の哲学は独創的で現象学と心理学とを統合したものといわれる。心理学者にとって興味のあるのは，『行動の構造』と『知覚の現象学』であろう。前者においては，意識と自然との関係の理解に目が向けられている。自然は因果関係によって捉えられる外的な事象であり，意識との間には基本的な差異がある。すなわち，意識は因果律に従わない。彼はこのような考えを諸種の行動の形式の研究によって得た。行動を研究するのに最も適当な方法は，知覚の組織的な現象的な研究である。知覚は人と世界の接触の窓を開くものと考え，人と世界の研究の出発点となると考えた。
【著書】*La phénoménologie de la perception*, 1945.

モーガン [Morgan, Conwy Lloyd, 1852~1936]
イギリスの動物心理学者。1883年ブリストル大学教授。比較心理学の創始者。動物の行動の研究にあたり，従来の

逸話的方法を排し，その解釈にあたっては，擬人的類推の混入を妨ぐために，いわゆるモーガンの公準を提唱した。
【著書】*Introduction to comparative psychology*, 1895.

元良勇次郎［モトラ　ユウジロウ，1858~1912］日本最初の心理学者。江戸末期に現在の兵庫県三田市で士族である杉田家に生まれる。同志社英学校の第一期入学生。結婚後に元良姓となり，アメリカに留学しジョンズ・ホプキンス大学で博士号を得る。スタンレー・ホールに心理学を学ぶ。帰国後，帝国大学（現在の東京大学）講師を経て同大学教授となる。1903年に同大学に心理学実験室を設立するなど，実証的な心理学を導入したことはもちろんのこと，様々な研究方法のノウハウを日本に持ち帰り，日本の心理学の確立に尽力した。研究領域は障害児教育等にまで及んでいた。
【著書】『心理学』1890.『心理学綱要』1907.

森田正馬［モリタ　マサタケ〈ショウマ〉，1874~1938］日本の精神科医，精神療法家。「形外」という雅号をもつ。東京帝国大学医科大学卒。東京慈恵会医院医学専門学校（東京慈恵会医科大学）教授となる。自分自身が幼少期より虚弱で，長じては過度の神経質だったこともあり，その克服経験をもとに新しい独自の精神療法を開発した。ミッチェルの臥褥療法やビンスワンガーの生活正規法を参考に，1919（大正8）年から神経質者の（家庭）入院療法を開始した。彼は患者の自然治癒力を重視する立場をとり，生の欲望を引き出すために「あるがまま」と呼ばれる態度で神経症と向き合うことが重要であると考え，それを実践するための場の設定として入院が必要だとしたのである。デュボアの説得療法やフロイトの精神分析については，否定的な見解を述べていた。戦前期の日本精神神経学会においては，精神分析を標榜する丸井清泰の率いる東北帝国大学一派と激しい論争を行い，学会の名物ともされた。
【著書】『神経質及神経衰弱の療法』1922.『神経衰弱と強迫観念の根治法』1953.

モレノ［Moreno, Jacob Levy，1892~1974］ルーマニアに生まれる。1917年ウィーン大学で医学の学位を取得。精神分析に対しては学生の頃から否定的態度をもっていた。1922年ウィーンに即興劇場を作る。これが今日心理劇と呼ばれるものの初めであった。1928年アメリカに移住し開業した。1934年彼の主著 *Who shall survive?* を公刊し，1937年に雑誌『ソシオメトリー』を創刊した。1942年にニューヨークに心理劇の研究所を作る。1947年に雑誌『ソシアトリー』(*Sociatry*) を創刊した。これは『集団心理療法』と改題された。彼の理論は，自発性の理論，役割理論等と呼ばれるが，具体的には心理劇による集団心理療法の技法，社会集団の分析的方法の創始者として知られている。
【著書】*Who shall survive?*, 1934, 1953^2.

モンテッソーリ［Montessori, Maria，1870~1952］イタリアの教育家。ローマ大学で医学を修め，知的障害児の研究と教育に従事した後，ローマ大学で改めて実験心理学と教育学を研究した。モンテッソーリは，フランスのセガンの知的障害児の教育の理論を実際の教育に応用することを目指し，その原理と方法について，『活動による幼児の教育』という著書を発表した。感官練習のためにはいわゆるモンテッソーリの遊具を考案し，また「子どもの家」には，作業場，食堂，休息室，風呂場，小部屋，庭等が作られ，幼児が自発的に自由に行動するようにした。この方式はモンテッソーリ運動として幼児教育に大きな影

響を与えた。
【著書】*Collected works,* 1975.

ヤーキス [Yerkes, Robert Mearns, 1876~1946] アメリカの心理生物学者。1917年ミネソタ大学教授。1924～44年イェール大学教授。1900年から彼は動物心理学の研究を始め、取り扱った動物は、カニ、カエル、カメ、ネズミ、ハト、サル、類人猿から広く人間に及んでいる。彼の研究業績によってアメリカの比較心理学の位置は高められたといわれる。1921年には、*Journal of comparative psychology* を発刊した。なお、第一次世界大戦中、軍に協力し、彼が委員長となって集団知能検査を作った。
【著書】*The mental life of monkeys and apes,* 1916.

ヤコブソン [Jakobson, Roman, 1896~1982] モスクワに生まれる。1933年マサリク大学教授。1939年ナチスのチェコ占領によりデンマーク、次いでノルウェーに逃れた。ノルウェーが占領され、スウェーデンに、次いでアメリカ（1941年）に逃れた。この間に弁別素性の展開、児童の言語、失語症の研究を発表した。1943年コロンビア大学教授、1948年ハーバード大学教授、1957年マサチューセッツ工科大学教授。ニューヨークではレヴィ=ストロースと知り合う。フランスの構造主義に大きな影響を与えた。ハーバード時代に音韻論を完成する。チョムスキーはハーバード時代の学生であるが、マサチューセッツ工科大学では共同研究者でもある。
【著書】*Selected writings,* Ⅳ. *Slavic epic studies,* 1966.

ヤスパース [Jaspers, Karl, 1883~1969] ドイツの精神医学者、哲学者。1916年ハイデルベルク大学教授。1921年より同大哲学教授。1937年非ナチス的思想家として追放された（表向きはユダヤ系の夫人の離婚の勧告に応じなかったためという）。1945年終戦により復職し、学長代理を務めた。1948年よりバーゼル大学教授。1961年退職。1932年頃から実存哲学的な考え方が始まり、全ての知識を利用しながら、それを超えて考えてみることによって、人間は本当の自分自身になり得ると説く。この実存的認識態度は、自分が歴史的に限定された存在であること（限界状況）を知ることにより、また、人間相互のふれあい（コミュニケーション）を通して強められると考える。この考え方が新しい心理療法に強い影響を与え、現存在分析または実存分析の成立の契機となった。
【著書】*Existenzphilosophie,* 1956.

ヤホダ [Jahoda, Marie, 1907~2001] オーストリア出身の社会心理学者。1949年ニューヨーク大学社会心理学教授、人間関係研究センター所員となった。後にイギリスに渡り、タビストック人間関係研究所、ブルンネル大学等に関係し、1964年からはサセックス大学の社会心理学教授。
【著書】*Studies in the scope and method of "the authoritarian personality",* (with R. Christie) 1954.

ユクスキュル [Uexküll, Jakob Johann von, 1864~1944] バルト海沿岸エストニアに生まれる。ダルマチア地方の島で海洋動物の研究を試み、ダーウィンの進化論に強く感銘を受けた。彼によれば、環境は機能環として閉じられた、主体的で種に固有なものと見なされる。今日の比較行動学の先駆的研究を行った。
【著書】*Umwelt und Innenwelt der Tiere,* 1909.

ユング [Jung, Carl Gustav, 1875~1961] スイスのケスヴィルに生まれ、1907年より1913年までフロイトと密接な関係にあり、第

一回国際精神分析学会会長になる。1914年，フロイトの性欲説，無意識の考え方に反対して，彼独自の分析心理学を提唱し，別派を立てた。彼によると，無意識は意識を創造する母体であり，個体発生的な個人的内容とともに，系統発生的な集合的内容（民族的無意識）とを含んでいる。それゆえ，原型としての民族的無意識を研究することによって，個人の無意識を理解する助けにすることができるという。ユングは近代の神経症理論や心理療法を，人類学，民族学，比較宗教史，比較宗教心理学にまで広げただけでなく，それを深める点でも貢献した。チューリヒには1948年よりユング研究所が設立され，教育及び研究の機関として活動している。

【著書】*Psychologische Typen*, 1921. *Contributions to analytical psychology*, 1928.

ライヒ〔Reich, Wilhelm, 1897~1957〕1922年ウィーン大学を卒業後，ウィーン精神分析研究所に参加。1932年には精神分析とマルクス主義を融合，統一しようとする論文を発表し，問題を惹起した。1936年国際精神分析学会を除名された。アメリカに渡って，神秘的な療法を始め，治療器具販売等に関して投獄された。1957年獄中で死去。

【著書】*Character analysis*, 1932.

ライプニッツ〔Leibniz, Gottfried Wilhelm von, 1646~1716〕ドイツの哲学者，数学者，自然科学者，政治学者，政治家。当時のドイツ文化の包括的な思想家であり，ドイツ哲学の源となった。1666年ライプツィヒ大学卒業，はじめ政治活動をしたが，使節としてパリに滞在中，数学の方面で才能を発揮した（微積分学）。1676年からはハノーバーの宮廷で宮中顧問官，図書館長等を務めた。彼によると，世界は単純な実体である単子（モナド）の集合体であるが，その根本は精神的な統一体であり，基本的活動である表象の完全性の度合いによって，モナドの差が生ずる。最低級のはだかのモナドは，無生物や植物の段階であり，次に動物精神を経て，人間の理性的精神に至るまで，三つの段階が区別される。

【著書】*La monadologie*, 1714.

ラガーシュ〔Lagache, Daniel, 1903~72〕パリに生まれる。1924年高等師範学校に入学。同級生にメルロ=ポンティやサルトルがいた。1937年パリ精神分析学会の会員になる。嫉妬についての研究で学位を取得。分析開業をしながら，ソルボンヌの心理学教授になった。1953年ラカンと共にパリ精神分析学会を脱退した。しかし，必ずしもラカンと同じ見解をもつわけではなかった。

【著書】*La jalousie amoureuse*, 1947.

ラカン〔Lacan, Jacques, 1901~81〕フランスの精神分析学者，思想家。1932年パラノイアの研究で学位を取得。1930年代に古典的な精神医学に関心をもちながら，シュールレアリスムの詩やエッセイを書いた。パラノイア，空想，言語に関心をもっていたことが，当時のシュールレアリスムの運動に共鳴させたものと思われる。1934年にレーヴェンシュタインの教育分析を受け，パリ精神分析学会（La Société psychanalytique de Paris）に加入。1936年には国際精神分析学会で鏡像段階について研究を発表した。1953年にはパリ精神分析学会を脱退。学会は生物学的な色彩の強いものであったが，ラカンは詩的・哲学的傾向をもった考えを強調していた。1963年には国際学会の会員の資格を剥奪されるが，アルチュセールの肝いりで高等師範学校で精神分析のセミナーを続行した。五月革命以後，進歩派の寵児となり，思想界をリードした。言語学のみならず，哲学，数学に

関心を強く示すようになった。ラカンの精神分析は，端的にいえば，精神分析することによって自分が本物になることを強調する。無意識は言語のような構造をもっている，無意識は他者のディスクール（語り）であるなどの警句は有名であるが，フロイトに帰ることを強調し，その初期の研究に注目しているところがあった。

【著書】*Écrits*, 1966. *Le Moi dans théorie de Freud et dans la technique de la psychanalyse*, 1978.

ラザースフェルド［Lazarsfeld, Paul Felix, 1901~76］ウィーンに生まれる。1935～37年ニューヨーク大学准教授，1937～40年プリンストン大学ラジオ調査室長等を歴任，1941年コロンビア大学に移り，同大学社会学教授として応用社会調査研究所長を兼任した。ウィーン時代には，ヤホダらと失業者研究の仕事を残しているが，渡米後はラジオ聴取状況の分析に始まるマス・コミュニケーション過程の研究，投票行動やマス・メディアやその他の社会的影響力の効果の研究，潜在構造分析法の考案に代表される社会調査における数理統計的手法の開発等を行った。

【著書】*Latent structure analysis*, (with N. W. Henry) 1968. *Qualitative analysis: Historical and critical essays*, 1971.

ラザルス［Lazarus, Arnold Allan, 1932~2013］南アフリカ生まれの臨床心理学者。ヨハネスブルグのウィトウォーターストランド大学でウォルピに師事し，1960年に博士号を得た。ウォルピに対して，「条件づけ療法」という語に代えて「行動療法」という語がよいと提言した。また，行動のみを変容させる「狭域行動療法」に対して，行動，生理，認知，人間関係，感覚，イメージ，そして情動，といった多くの側面を考慮することによって行動の変容と維持を達成する「広域認知行動療法」を提唱した。

【著書】*Behavior Therapy and Beyond*, 1971. *Multimodal Behavior Therapy*, 1976.

ラザルス［Lazarus, Richard, 1922~2002］アメリカの心理学者。ニューヨークに生まれる。ピッツバーグ大学で博士号を得る。ロサンゼルス大学バークレー校教授。実験的なストレス研究を行っていたが，1970年代には人間の実生活の研究に関心を移す。ストレス研究において，心理社会的要因を重視する理論を構築。出来事の客観的重大さを重視するドーレンベンドらと論争を行った。ストレスを引き起こす状態や出来事（ストレス刺激＝ストレッサー）に対して，人がどのような認知的評価を行うのかを重視した。ストレスに対する対処についても関心をもち，コーピング尺度も考案。晩年は情動と人生の関係について興味を広げ，ナラティブ的視点も取り入れた。

【著書】*Stress, appraisal and coping*, (with S. Folkman) 1984.（邦訳『ストレスの心理学：認知的評価と対処の研究』1991）. *Stress and emotion*, 2006.（邦訳『ストレスと情動の心理学』2004）.

ラシュレー［Lashley, Karl Spencer, 1890~1958］アメリカの心理学者。1942年ハーバード大学霊長類生物学研究所長。彼は理論より実験を重んじ，行動主義の立場から学習の他の心的機能と大脳との関係を明らかにしようとした。彼がネズミの弁別実験において用いた装置は，ラシュレーの跳躍台として有名である。ラシュレーは後にゲシュタルト心理学の立場に移ったが，これは彼の学習に関する研究結果によるものといわれる。つまり，条件づけによって強化される刺激-反応の結びつきによって全てが解決され

るとは考えられなくなったからである。
【著書】*Brain mechanisms and intelligence*, 1929.

ラタネ [Latané, Bibb, 1937~] アメリカの社会心理学者。ミネソタ大学にて博士号を得る。オハイオ州立大学、ノースカロライナ大学で教授を歴任。1964年にニューヨークで起きたキティ・ジェノヴィーズ嬢殺害事件に興味をもち、「多くの人が気づいたからこそ、誰も行動を起こさなかった」という仮説のもとで、ダーリィと共に援助行動に関する実験を行い、傍観者効果を提唱した。ほかにも社会的手抜きに関する大声実験等を行った。
【著書】*The unresponsive bystander: Why doesn't he help?*, (with J. Darley) 1970.

ラツァラス [Lazarus, Moritz, 1824~1903] 現在のポーランドに生まれる。心理学は（実験ではなく）観察によって研究すべきだとしたヘルバルトの影響を受け、シュタインソールと共に、『民族心理学・言語学雑誌 (*Zeitschrift für Völkerpsychologie und Sprachwissenschaft*)』を創刊した。
【著書】*Das Leben der Seele*, 3 vols., 1883?~1973.

ラドクリフ=ブラウン [Radcliffe-Brown, Alfred Reginald, 1881~1955] イギリスのバーミンガムに生まれる。1921年ケープタウン大学の人類学教授、1925年にシドニー、1931年にシカゴ、1937年にオックスフォード大学に移り、1942年に退職。1947~49年アレクサンドリア大学の教授を務めた。彼の社会人類学はデュルケムの影響を受けたもので、社会構造を比較研究することにより、個々の部分が相互に連関し、機能的に統一のとれた全体構造をもっていることを明らかにし、生活の根底にある一般法則を見つけようとするものであった。構造主義人類学の先駆をなすものと見なされている。
【著書】*Structure and function in primitive society*, 1952, 1965^4.

ラパポート [Rapaport, David, 1911~60] ハンガリーに生まれる。ブダペスト大学で数学と物理学を専攻した後、パレスチナに行き、キブツに参加し2年間を過ごした。1940年にメニンガー・クリニックに職を得、1948年にはオースティン・リッグス・センターに移った。彼は精神分析の臨床的経験はもっていない。彼の研究の目的は、心理学と精神分析を一つの心理学の体系として組織立てることであり、具体的には精神分析によって得た知識をもとにして思考過程を明らかにすることであった。一次的思考様式から二次の思考様式がいかにして発展してくるかを問題にした。
【著書】*The structure of psychoanalytic theory: A systematizing attempt*, 1959.

ラポポート [Rapoport, Anatol, 1911~2007] ロシアに生まれる。1922年アメリカに渡り、1955年ミシガン大学の精神衛生研究所の教授となった。1970年トロント大学教授となり、心理学部と数学部に所属。一般意味論に関心を示し、社会心理学の数理的モデルで多くの研究を発表した。特に二者間のゲーム理論を展開した。
【著書】*Two-person game theory: The essential ideas*, 1966.

ラム [Lamb, Micheal, 1953~] ザンビアに生まれる。イギリスの発達心理学者であり、法心理学的研究も行っている。南アフリカのネイトル大学で学士号を取得しその後渡米。イェール大学で博士号を得る。ケン

ブリッジ大学教授。社会的・感情的発達や、親の行動の適応・不適応の決定要因や持続に関する研究を行っており、初期から父親の役割に注目していた。更に、被害を受けた子どもや事件の目撃者となった子どもから情報を聞き出す必要がある時に、情報量や質を向上させるための繊細なインタビュー手法の開発を行った。
【著書】*Tell me what happened: Structured investigative interviews of child victims and witnesses*, 2008. *The role of the father in child development*, 2010.

ラメルハート [Rumelhart, David Everett, 1942~2011] アメリカの認知心理学者。サウスダコタ大学で心理学と数学の学士号を、スタンフォード大学にて数理心理学の博士号を得る。スタンフォード大学教授。ニューロンにおいてどのように情報が処理されるのかについて研究し、並列分散処理（PDP）モデルという神経プロセスのモデルを提唱した。
【著書】*Parallel-distributed processing: Explorations in the microstructure of cognition*, 1986.

ランク [Rank, Otto, 1884~1939] オーストリアの精神分析学者。1920年代及び30年代にサックス、ホーナイ、フロム、アレキサンダーらと共に、アメリカ精神分析学運動で活動した人の一人。医者でなく分析学者となった最初の人である。エディプス・コンプレックスが神経症の原因というフロイトの考え方を否定して、全ての神経症は出生時の外傷に起因するという理論を提出した。「出産外傷」の本質は母親からの分離であり、これがその後の分離不安の根本的原因であるという。
【著書】*Das Trauma der Geburt*, 1924.

リヴァーズ [Rivers, William Halse Rivers, 1864~1922] イギリスのケントに生まれる。はじめ医学を修めたが、後にロンドンのGuy's Hospitalで実験心理学を講義し、1897年にはサリーと共にロンドンのユニバーシティ・カレッジに心理学実験室を開設した。1897~1907年にはケンブリッジ大学に移り、同大学の実験心理学創設に寄与し、ケンブリッジ最初の専任の生理学的実験心理学講師となり、イギリスにおいて最初にこの領域の授業計画を立案し実現した。次第にその関心が社会学的・民族学的問題に向かい、特に文化伝播について多くの業績を残した。
【著書】*Instinct and unconscious*, 1920, 1922^2.

リースマン [Riesman, David, 1909~2002] アメリカの社会学者。社会科学一般の幅広い知識に基づいて、現代社会、ことにアメリカの社会に対して鋭利な批判を加えた。『孤独な群集』で展開した伝統指向型・内部指向型・他者指向型を歴史的発展として捉える社会性格論は、学界に大きな影響を与えた。
【著書】*Lonely crowd: A study of the changing American character*, 1950.

リッカート [Likert, Rensis, 1903~81] アメリカの社会心理学者。アメリカ農務省、戦略爆撃調査団等の調査部長を歴任した後、1946年からミシガン大学に移り、1949年同大学心理学教授、同社会調査研究所長となった。態度測定におけるリッカート尺度の創案者として有名であるが、世論や人種的偏見に関する研究もあり、後には組織における管理の問題を取り上げた。
【著書】*New patterns of management*, 1961.

リピット [Lippitt, Ronald Otis, 1914~86] アメリカの社会心理学者。レヴィンの指導のもとに、ホワイトと行った集団雰囲気に関する実験的研究は、社会心理学・グループ・ダイナミックスにおける実験的研究の先駆をなすものとして有名である。偏見、集団関係の指導・訓練に関する業績も多数発表した。
【著書】*Autocracy and democracy*, (with R. K.

White) 1960.

リップス [Lipps, Theodor, 1851~1914] ドイツの哲学者。我が国では，心理学者としてよりも，美学者，倫理学者として知られている。ブレンターノの作用心理学のように，内部知覚と外部知覚を区別し，心理学を内部知覚の学として樹立しようとした。客観と主観とを区別し，客観が主観によって体験される限り，客観は意識内容として現れるにすぎないと考えた。客観を意識内容にもたらす作用が，自我の活動としての移入（Einfühlung）であるとした。内部知覚と移入との関係を明らかにすることが，リップスの心理学の根本命題であった。リップスの心理学が，しばしば自我心理学といわれる理由もここにある。
【著書】*Aesthetik*, 2Bde., 1903～06.

リボー [Ribot, Théodule Armande, 1839~1916] 北フランスに生まれる。フランス心理学の建設に最も貢献した人の一人。1885年にはソルボンヌの教授となり，1889年にはコレージュ・ド・フランスの教授となった。病的な異常な現象が，正常の精神現象の理解に役立つという考えから，記憶，意志，人格の異常に関する研究がある。晩年には高等精神作用に興味をもった。
【著書】*Psychologie allemande contemporaine*, 1879. *Les maladies de la personnalité*, 1885.

リントン [Linton, Ralph, 1893~1953] アメリカの文化人類学者。アメリカ・インディアン，ポリネシア，ミクロネシア，マダガスカル等の未開民族を調査した。彼は，未開社会の豊富なデータを使用して文化とパーソナリティ形成の問題を体系的に取り上げ，また精神分析学者カーディナーと共同ゼミナールをもち，カーディナーの理論的考察に協力した。また，社会の要求を重視するフロムの社会的性格を一歩進めた身分的パーソナリティ（status personality）という概念を提示し，文化がパーソナリティ形成に及ぼす影響は，基本的パーソナリティ型を形成する幼児期における育児の影響と，身分的パーソナリティを形成する社会に特徴的な行動型の生涯を通じての影響の2種類からなると考えた。
【著書】*The cultural background of personality*, 1945.

ルビン [Rubin, Edgar John, 1886~1951] デンマークの心理学者。1918年コペンハーゲン大学実験心理学の教授。実験現象学者の一人。彼の寄与は図と地に関する研究である。図はまとまりがあり，程度の差こそあれ形をもっている。地はこれに対して限局されない空間のように見える。図と地の現象は，視覚のみならず，聴覚，触覚にも現れる。図と地の現象はゲシュタルト心理学者たちに喜んで取り入れられ，その体系の一部を成している。
【著書】*Visuelle wahrgenommene Figuren: Studien psychologischer Analyse*, 1921.

ル・ボン [Le Bon, Gustave, 1841~1931] フランスの社会学者，社会心理学者。特に，群集の知的・道徳的劣等性を強調した群集心理の研究で有名である。しかし彼は，元来医学を学んで人類学，東洋考古学，古文書学等にも造詣が深く，晩年には科学的哲学全集の編集にあたるなど，百科全書家的な博識者であった。著書・論文も，数学，物理学，人類学から教育学，社会学，社会心理学にわたる。
【著書】*Psychologie des foules*, 1895.

ルリヤ [Luria, Alexander Romanovich, 1902~77] ロシアの心理学者。モスクワ国立心理学研究所の教授。コルニロフの反応学の方法論で情緒的反応の研究を試みるが，早くから英訳され出版されたので，国外ではよく知られた心理学者の一人である。この研究を基礎にして病理的な心理的メカニズムに関心を示し，診断的・治療的研究を客観的方法で

試みた。この研究は1966年に英訳され出版された。また、発達心理学、特に知的発達における言語の意義を論じたものも英訳されている。この研究はヴィゴツキー、レオンチェフらの研究の系列に属するものである。
【著書】*Restoration of function after brain injury*, 1963. *The mind of a mnemonist*, 1968.

レイヴ [Lave, Jean, 1939~] アメリカの文化人類学者。1968年ハーバード大学で社会人類学の博士号を得る。UCバークレー教授。西アフリカのリベリアにおいて、服の仕立業における徒弟制度を対象に、近代の一斉授業とは異なる形の技術の伝承について研究した。この過程は、指導者をモデルとして繰り返し観察すること（モデリング）、指導者が手取り足取り教えること（コーチング）、指導者が関与を減らすこと（フェーディング）のからなり、単なる精神主義ではなく非体系的なものでもない訓練過程なのだということを指摘した。学習とは、状況に埋め込まれたものであり、学習すべき実践が行われている共同体に参加しながら、必要なことを徐々に獲得していくプロセスであるとして、正統的周辺参加（LPP）という概念を提唱した。
【著書】*Cognition in practice*, 1988. *Situated learning: Legitimate peripheral participation*, (with E. Wenger) 1991.

レイノルズ [Reynolds, K. David, 1940~] アメリカの文化人類学者。1964年に森田療法家である大原健士郎と出会い、日本において森田療法の実践、調査研究を行い、UCLAで文化人類学の博士号を得る。内観療法をも体験して研究を行った。その後、両者を取り入れた新しい教育法「建設的な生き方（Constructive Living）」を提唱している。南カリフォルニア医科大学、ヒューストン大学で教鞭をとる。
【著書】*Morita psychotherapy*, 1976. *Constructive living*, 1984.

レイン [Laing, Ronald D., 1927~89] グラスゴーに生まれる。グラスゴー大学で医学を修め、卒業と同時に1951~53年までイギリス陸軍で精神科医として勤め、それ以後グラスゴー王立精神病院、グラスゴー大学の精神科で働く。1957年にタビストック・クリニックに移り、1962年からランアム・クリニックの医長となる。この間、統合失調症の治療から精神医学を反省し、統合失調症患者を病院から解放して治療しようとする考えをもつようになり、その実験を試みた。1965年以後はホステルを設立し経営し、実存的あるいは家族療法と呼ばれる治療を試みた。
【著書】*Divided self*, 1960.

レヴィ＝ストロース [Levi-Strauss, Claude, 1908~2009] 両親のベルギー滞在中、ブリュッセルで生まれる。1935~38年の間サン・パウロ大学で社会学教授。1941年アメリカに渡り、École Libre des Hautes Étudesでアメリカの文化人類学に接した。ヤコブソンと知り合い、構造主義の言語学に共鳴。1948年パリに帰る。1959年コレージュ・ド・フランスの社会人類学の教授となった。フランスの構造主義の思潮を代表する一人である。難解なことはラカンにひけをとらない。彼自身の言葉によれば、地質学、フロイト、マルクスの影響を強く受けたといわれる。
【著書】*Anthropologie structurale*, 1958.

レヴィ＝ブリュール [Lévy-Bruhl, Lucien, 1857~1939] フランスの民族心理学者、社会哲学者。1899年ソルボンヌ大学教授。はじめは哲学者として出発したが、東洋に来て北京に滞在中、中国の文献に接し、アジア的な感情や思考とヨーロッパ的なそれとの違いに驚き、それ以後はほとんど民族社会学的研究に終始し、その方面で名を知られている。
【著書】*La mentalité primitive*, 1922.

レヴィン [Lewin, Kurt, 1890~1947] ドイ

ツで生まれ，アメリカで活動した心理学者。1921年ベルリン大学私講師（哲学及び心理学）となる。ウェルトハイマー，ケーラー，コフカらによるゲシュタルト心理学の形成期にあい，強くその影響を受けながら，情緒や動機の問題について独自の領域を開拓した。1932年スタンフォード大学より客員教授の招きを受けた。1933年，シベリア経由帰国の途中，日本に立ち寄った。帰国の途中，ヒトラーの総統就任の報を聞き，ユダヤ人の迫害を予想し，帰国後は早速ハイダーを介してアメリカに職を求め，コーネル大学に客員教授の職を得た。渡米の途中，イギリスのケンブリッジに立ち寄るが，これが契機となり，E. トリストを通して，イギリスにトポロジー心理学の影響を与えることになり，また後にタビストック研究所との間に密接な関係をもつことになった。1935年アイオワ大学の児童福祉研究所に定職を得て，児童心理学の教授となった。その後，ベルリン時代の弟子ら，多くの門下を集めて盛んな研究を行い，アイオワ大学をアメリカの心理学研究の一中心ならしめた。この頃レヴィンを中心にできた非公式の集団がいわゆる「アイオワ・トポロジー・グループ」であり，この集まりは常に数十名の優秀な心理学者を集めて，1965年に解散するまで（彼の死後も続き），学者たちの相互作用並びに論文発表，討論の機関として活動した。1943年からはフィールド財団の援助により，マサチューセッツ工科大学でグループ・ダイナミックス研究センター（RCGD）の創設に尽力し，1945年その所長となった。彼の学問的立場は，全体としてはゲシュタルト心理学の伝統の中にあるが，研究の進め方や取り上げる問題の種類は彼の独自性をよく示しており，初期のベルリン時代の研究からはじめて，場の理論，トポロジー心理学，アクション・リサーチ，グループ・ダイナミックス等に現れた特殊な概念は，誘発性，要求水準，時間的展望，認知，構造，飽和，生活空間，集団決定，感受性訓練等，枚挙にいとまがない。彼はこのような耳なれない言葉やなじみのない数学的概念等を使用した点で批判されることが少なくないが，これらはいずれも彼が適切な心理学的記述概念を作り出そうと努力した結果であり，それが成功したことは，パーソナリティや社会心理学の領域で，彼の影響が今なお続いていることによって証明されている。

【著書】*A dynamic theory of personality*, 1935. *Principles of topological psychology*, 1936. *Field theory in social science*, 1951.

レオンチェフ [Leontiev, Alexei Nikolaevitch, 1903〜79] モスクワに生まれる。ヴィゴツキーの指導を受ける。モスクワ大学教授。発達心理学，特に記憶の発達的研究で有名。幼児に刺激語系列を学習させる場合に記憶の補助手段として絵を見せると，かえって刺激語の記憶は妨害されるが，学齢期に達すると，次第に絵は記憶の補助手段として有効になり，絵を呈示しない場合より記憶量は増大するようになる。更に年齢が上がり刺激語の意味連関を把握するようになると，効果的な学習が可能になることを実証した。これらの事実から内的媒介過程の重要性を強調した。

【著書】*Activity, consciousness, and personality*, 1978.

レスコーラ [Rescorla, Robert A., 1940〜] アメリカの行動心理学者，認知心理学者。ペンシルベニア大学で博士号を得る。ペンシルベニア大学教授，名誉教授。連合学習の過程について研究し，1972年にワグナーと共に，レスポンデント条件づけの数理モデルであるレスコーラ・ワグナー理論を提唱した。ある特定の条件づけの前提となる無

条件刺激（US）の効力が一定であると仮定した上で，複数の刺激が条件刺激（CS）として効果をもちうるような状況になったとする。こうした時に，複数のCSのそれぞれの効果は競合し合うという理論である。彼らの理論は，パヴロフに由来する古典的条件づけの原理（接近の法則）を背景に，豊富な実験データをもとに数理式の形で理論を表現したことはもちろん，この理論によってそれまで発見されていなかった現象の予測を行い，それを確かめることができたところにその意義がある。たとえば，過剰予期効果がそれにあたる。

【著書】*Pavlovian second-order conditioning: Studies in associative learning*, 1980.

レッパー［Lepper, Mark R., 1944～ ］アメリカの社会心理学者。スタンフォード大学で学士号，エール大学で博士号を得る。スタンフォード大学教授。動機づけの研究を行う。絵を描くことに関心をもつ子どもに対して，報酬を与えることによる動機づけの変化（減衰）について実験を行った。外的な報酬がかえって学習者の内発的な動機づけを低減することがあるという，アンダーマイニング現象を見出した。外的報酬が自身の行動の理由であるとする解釈を生み出すという意味で，過度の正当化現象とも呼ばれる。内発的動機づけが減衰するため，後の行動が生起しないのである。

【著書】*Undermining children's intrinsic interest with extrinsic reward: A test of the "overjustification" hypothesis*, 1973.

レルシュ［Lersch, Philipp, 1898～1972］ミュンヘンに生まれる。1942～66年までミュンヘン大学教授。彼は従来の性格（Charakter）という概念が狭く，人間存在の基本的様式を意味することができないとし，その代わりに人（Person）という概念を使い，全体的な把握を意図した。知覚，記憶，空想といった狭い部分的領域に研究を限定せず，人を総体的に世界の中に位置づけることが必要であると考えた。これは人格心理学（Persönlichkeitspsychologie）の流れの一つの端緒となったものである。彼は人を成層構造（Schichtenaufbau）的に考える。基底を成している層は定常的情動性をもった内情的基盤（endothymen Grund）であり，その上に知的な上部構造（Oberbau）がある。この上部構造は後になって人格的上部構造と呼ばれるに至ったものである。この上部構造が意識，判断，意欲等の機能を果たすものである。上部構造は内情的基盤の上に成り立ち，相互に密接な関係をもっている。こうした成層的構造は，相互に補足的で，統合的に働き発達するものと考える。

【著書】*Aufbau der Person*, 1938, 1970[11].

ロイブ［Loeb, Jacques, 1859～1924］ドイツの生理学者，生物学者。1891年の渡米以来，研究生活の大部分をアメリカで過ごした。彼は生物行動の擬人的類推を排除し，客観的に研究を行うため動物実験を提唱し，実施した一人である。彼は生理学的方法を下等動物の行動に適用し，定着性の腔腸動物について研究を進め，下等動物の行動が趨性的であることを見出した。ロイブの考え方は，その後ジェニングスによりその機械論的傾向が批判されたが，今日の走性学説（Taxislehre）の基礎を成していることは確かである。

【著書】*Einleitung in die vergleichende Gehirnphysiologie und vergleichende psychologie*, 1899.

ローエンフェルド［Lowenfeld, Margaret, 1890～1973］イギリスの精神分析的心理療法家。ロンドンのブルームズバーの女性のための医学校で医学を修める。子どもクリニック，児童相談所を設けて児童心理療法を行っ

た。SF作家のH.S.ウェルズの「フロア・ゲーム」に着想を得て，「世界技法」を発表した。この「世界技法」という方法は，心理テストと心理療法の両側面をもっていた。後者については，砂のトレイや人形を使うサンドプレイとして，カルフによって箱庭療法へとつながっていく。
【著書】*Pay in childhood*, 1935.

ロジャーズ [Rogers, Carl Ransom, 1902~87] アメリカの心理学者。イリノイに生まれる。12歳の時，家が農村に移り，科学的農業に興味をもつ。ウィスコンシン大学で農学を学ぶが，その後，専攻を史学に変え，1924年同大学卒業。ユニオン神学校に入学，2年間を過ごす。後にコロンビア大学大学院に入り，教育心理学，臨床心理学を学ぶ。1931年同大学で学位を取得。1927~38年児童相談を行い，臨床の経験をもつ。1930~38年ニューヨーク州ロチェスター児童虐待防止協会の児童研究部長，1939年研究部長。1940年オハイオ州立大学に移った。1945年同大学臨床心理学教授。同年カウンセリング・センター創設のため，シカゴ大学に移った。1963年にはカリフォルニアのラ・ホヤにある西部行動科学研究所に参加した。彼の名は，心理療法（非指示的カウンセリング，クライエント中心療法という）によって知られているが，彼によって心理療法は心理学の専門分野の一つとして確立したといえる。彼はまた，自己の構造と機能に関する研究，生活史における自己実現の原理によって，パーソナリティ理論に強い影響を与えた。晩年はエンカウンターグループの実践に力を入れ，北アイルランド紛争解決のために敵対する市民を集めてエンカウンターグループを行ったこともあった。
【著書】*Counseling and psychotherapy*, 1942. *On becoming a person*, 1961. *Carl Rogers on encounter groups*, 1970.

ロス [Ross, Edward Alsworth, 1866~1951] アメリカの社会学者。1908年にそれまでに発表してきた諸論文をまとめて『社会心理学：大要と原典』を著したが，これは，同じ年にマクドゥーガルが著した『社会心理学入門』と並んで，世界最初の社会心理学の教科書・概説書と見なされている。
【著書】*Social psychology: An outline and source book*, 1908.

ローゼンソール [Rosenthal, Robert, 1933~] アメリカの心理学者。1967年からハーバード大学教授。研究領域は対人行動及びコミュニケーションであるが，なかでも実験者効果に関する一連の研究が有名である。この効果は実験室場面に限られたものではなく，日常場面においても観察される。ジェイコブソンとの共同研究では，教師の抱く期待が生徒の学習成績に影響を及ぼすことを明らかにし，この効果はピグマリオン効果と呼ばれる。心理学実験の問題点として，それらの多くが大学生を被験者にしていることから，進んで実験に協力してくる学生の心理学的特性を明らかにしておく必要を強調している。
【著書】*Pygmalion in the classroom*, (with L. Jacobson) 1968.

ローゼンツヴァイク [Rosenzweig, Saul, 1907~2004] 1932年ハーバード大学で学位を取得。はじめレヴィン派の心理学の影響を受け，成功・失敗の経験と記憶や選好の問題を取り扱うが，マレーによって指導されたパーソナリティの実験的及び臨床的研究グループに参加し，記憶を精神分析的な抑圧から研究しようとした。失敗の概念を精神分析的なフラストレーションの概念に置き換え，フラス

トレーションに対する反応型からパーソナリティを類型的に捉えようとした。これが、いわゆる絵画フラストレーション・テストと呼ばれるものである。また、心理療法の効果研究を概観し、異なる心理療法であっても効果をもたらす共通の潜在要因の存在を指摘した。
【著書】*Psychodiagnosis*, (with K. L. Kogan) 1949.

ローゼンマン [Rosenman, Ray H., 1920~2013] アメリカの心臓内科医。ミシガン大学にて医学博士号を得る。ネフローゼ高脂血症のメカニズムを解明したことでも知られる。フリードマンと共にタイプA行動の研究を行った。すなわち、狭心症や心筋梗塞等の虚血性心疾患を起こしやすい行動パターンをもったグループを「A型」、そうでないグループを「B型」に分け、それを弁別する尺度を開発した。
【著書】*Type A behavior and your heart*, (with M. Friedman) 1974.

ロック [Locke, John, 1632~1704] イギリスの経験主義の哲学者。連合心理学の先駆者の一人。オックスフォードに学び、医学を修め、1664年には外交官書記としてドイツに渡り、1666年以後は政治生活に入った。『統治二論』を著し社会契約論の立場を明確にする。晩年は哲学を志し、1690年『人間悟性論』を出版した。彼は全ての知識は経験によって由来することを証明しようとし、そのため経験相互間の関係を詳しく調べ、一つの経験から他の経験がどのように導き出せるかその過程を明らかにしようとした。ロックによると、心は白紙（タブラ・ラサ）であり、心が多くの観念を獲得するのは二つの道によるという。一つは感覚（sensation)、つまり外部知覚であり、もう一つは感覚によって与えられる材料の反省（reflection)、つまり内部知覚によるのである。心は観念に分析され、その結果得られたものが単純観念であり、その他の観念は、単純観念を素材として、心の作用によって合成された複雑な観念であるとした。複雑観念は単純観念の同時的連合の結果であり、その結合・統一性は心の作用によって与えられるのである。継時的連合も同様であり、ただその結合の成立には習慣が重要な役割を果たすとした。
【著書】*Essay concerning human understanding*, 1690.

ロック [Rock, Irvin, 1922~95] アメリカの心理学者。ニューヨーク市立大学に学ぶ。彼の研究は一回試行学習等の学習及び記憶の領域と視知覚に関する領域とに分けられる。後者の中には、空間定位、プリズム順応、月の錯視、仮現運動、恒常視等の研究が含まれる。研究の手法は、綿密な実験の積み重ねと緻密な推論によって特色づけられる。その基本的立場は、視知覚の変数として近刺激よりは現象的認知的変数を重視する点にあると思われる。心理学の安易な神経生理学への還元に反対し、視知覚について、より全体的認知的解釈を強調した論文を多く発表した。
【著書】*The nature of perceptual adaptation*, 1966.

ロッター [Rotter, Julian Bernard, 1916~] アメリカの臨床心理学者。1946年オハイオ州立大学教授となり、同心理診断所長を兼ね、1963年コネチカット大学教授。ロッターは、臨床に際して行動分類のための理論体系が必要であるとし、社会的学習理論を提示した。これには、研究のための基礎レベルと、臨床の実際のための幅広いレベルの二つの分析レベルが提案されている。ロッターI-Eスケール等、各種のテストを考案している。
【著書】*Personality*, (with D. J. Hochreich) 1975.

ロッツェ［Lotze, Rudolph Hermann, 1817~81］ドイツの哲学者。1844年ゲッチンゲン大学哲学教授，1881年ベルリン大学教授。ロッツェは心理学に対する生理学の意義と心理学における実験の意味を説き，心理学に科学的な性格をもたせる努力をした。この意味で彼は，後の指導的な心理学者にとって精神的な支柱になったといわれる。彼は空間知覚における生得説と経験説とを調和しようとして，局所徴証（Lokalzeichen）を考えた。これによると，視覚や触覚は，光や触の感覚のほかに，刺激を受けた局所によって生ずる特別な感覚があり，これが運動経験と結びついて空間知覚が発達するというのである。
【著書】*Grundzüge der Psychologie: Dictate aus den Vorlesungen*, 1881.

ロフタス［Loftus, Elizabeth Fishman, 1944~ ］アメリカの認知心理学者，法心理学者。ロサンゼルスに生まれる。カリフォルニア大学ロサンゼルス校で数学と心理学の学士号（1966年），スタンフォード大学で博士号を得る。ワシントン大学を経てカリフォルニア大学アーバイン校教授。言語学習，意味記憶の研究を行っていたが，1975年にワシントン州で目撃証言に関する専門家証人として証言を行った。目撃記憶に基づく証言が，後の情報によって影響を受けるという事後情報効果の研究を皮切りに，法心理学領域の研究を多数手がけることになる。外傷的体験の証言が必ずしも事実に基づいたものではなく，植えつけられた可能性もありうるとする研究（「ショッピングモールでの迷子経験」実験）も行っている。
【著書】*Eyewitness testimony*, 1979.（『目撃者の証言』1987）. *Witness for the defense: The accused, the eyewitness and the expert who puts the myth of repressed memory*, (with K. Ketcham) 1994.（『抑圧された記憶の神話』2000）.

ロールシャッハ［Rorschach, Hermann, 1884~1922］チューリヒに生まれる。父親は美術の教師。子どもの頃，しみ（Kleck）というニックネームで呼ばれていた。インクのしみのテスト（Kleckstest, inkblot test）の創案者。スイスやドイツで医学教育を受けたが，チューリヒ大学でブロイラーの指導のもとで学位を取得。ユングについて精神分析の教育を受けた。ミュンスターリンゲンの病院に勤めている時，インクのしみを使って実験を試みた。これが今日のいわゆるロールシャッハ・テストと呼ばれるものである。
【著書】*Psychodiagnostik*, 1921.

ローレンツ［Lorenz, Konrad Zacharias, 1903~89］オーストリアの動物学者。1950年以来マックス・プランク行動生理学研究所ローレンツ部の部長。動物のしばしば見せる一見奇妙な行動が種の維持に重要な役割を果たすことを明快に示した。また，相手の動物のもつ遺伝的な行動を引き出す解発因（releaser, Auslöser）としての行動の意味や，カモやガチョウのヒナドリが生後極めて初期の短期間に行うやり直しのきかない学習（imprinting, Einprägung）の研究は，ローレンツに負うところが多い。ティンバーゲンと共に比較行動学の創始者といわれる。1973年ノーベル賞受賞。
【著書】*Evolution and modification of behavior*, 1965.

ロンブローゾ［Lombroso, Cesare, 1836~1910］イタリアの精神病理学者，犯罪心理学者。1876年トリノ大学精神病学，法医学教授。1905年刑事人類学講座の教授となる。天才，精神病者，犯罪者の研究で一般に知られている。犯罪の遺伝説を主張し，生来性犯

罪者という言葉を初めて使用したが、この概念は後に否定された。また、天才と精神病者の関連を論じた天才研究で著名である。1887年には国際犯罪人類学会議をローマで開催した。
【著書】*Genie und Irrsinn*, 1887.

ワイナー［Weiner, Bernard, 1935~　］アメリカの心理学者。シカゴ大学卒業。ミシガン大学で博士号を得る。カリフォルニア大学ロサンゼルス校教授。動機づけの研究、特に帰属理論を発展させた。つまり、成功-失敗の結果を伴うような達成課題に対する原因帰属の理論を作り上げた。ハイダーの影響を受け、能力、努力、課題の難しさ、運の四つが達成帰属の主な原因であるとして、それを二次元で整理した。課題の成功/失敗の原因を個人の内部に求めるか外部に求めるかという「統制の所在」と、その原因が利那的なものか永続的なものかという「時間的な安定性」という二次元である。その後、もう一つの次元として、結果をどの程度意識的に統制できるかという統制可能性の次元を加えた。 
【著書】*Human motivation*, 1980.（邦訳『ヒューマン・モチベーション』1989）.

ワード［Ward, James, 1843~1925］イギリスの心理学者。作用心理学者として、ブレンターノの影響を受けた。彼は客観と、客観に対して作用する主観との関係についての緻密な体系を立てた。40年間の準備期間を置いて、1918年に『心理学原理』を公刊した。この書は論理的に整然としたものであったが、実験的な事実の積み重ねは少ないものであった。
【著書】*Psychological principles*, 1918.

ワトソン［Watson, John Broadus, 1878~1958］アメリカの行動主義心理学の主唱者。デューイにひかれてシカゴ大学に行き、心理学をエンジェル、生理学をドナルドソン、神経学をロイブに学ぶ。「動物の訓練——シロネズミの心的発達」という論文でシカゴ大学において学位を取得、1908年ジョンズ・ホプキンス大学に移った。彼が自分の立場を初めて明らかにしたのは1908年イェール大学においてであったが、結果は不満足に終わった。1912年キャッテルの招きに応じてコロンビア大学において講演し、その内容が『心理学評論』誌上に掲載されるに及んで、彼の行動主義心理学の主張は公にされた。ワトソンによると、心理学は人間の行動を取り扱う自然科学の一分科であり、意識や心的生活といったものは純粋仮定にすぎず、注意するに価しないと考えた。彼の行動主義は二つの面をもっている。刺激を知って反応を予測したり、反応を知って刺激を予想するという面である。刺激と反応という言葉は普通の用法よりもかなり広いものとして捉えられている。彼のいう行動を更に詳細に見ると、①行動は反応という要素から成り立ち、客観的な自然科学的方法で分析される。②反応は腺の分泌と筋肉運動から成り立ち、究極的には生理的過程に帰着される。③全ての効果的な刺激に対して直接の反応が存在する。全ての反応はそれに対応する刺激をもっている。すなわち、行動には厳密な意味において決定的な因果関係が存在する。④意識過程は科学的に研究されるものではない。意識に関する主張は超自然的な傾向を示すものであり、このような前科学的・神学的な面は無視されなければならない。結局、ワトソンの主張はジェームズのプラグマティズム、デューイの機能主義、ヤーキスの動物心理学的方法、パヴロフ

の条件反射を一つの体系に結びつけようとしたものといえる。その特色として，決定論，経験主義，還元主義，極端なる環境主義に基づくものといえよう。彼の説くところは心理学に多大の影響を与えたが，彼の後半生は学界活動から遠ざかった。とはいえ，育児書の出版や広告による行動変容によりアメリカ人の生活に影響を及ぼした。

【著書】*Psychology from the standpoint of behaviorist*, 1919.

ワロン［Wallon, Henri, 1879~1962］フランスの心理学者，精神医学者，教育学者。ソルボンヌ大学医学部卒業後，精神障害児の臨床治療に携わった。障害の要因が，個人的条件にばかり存するのではなく，社会的条件にもよるところが大きいと考え，唯物論的視角から，子どもの発達を捉える試みを行った。この態度は，同じく発達を考える時，内発的要因を重視するピアジェとは対立する側面をもっているが，共にフランス語圏では発達心理学者としての評価は高い。1945年にはヴァン・ワロン委員会を指導し，フランスの教育改革に力を尽くすなど，多方面に活躍した。

【著書】*L'évolution psychologique de l'enfant*, 1932.

欧文略称一覧

	略　称	英語表記	日本語表記
A	A1	primary auditory cortex	一次聴覚野
	AA	Alcoholics Anonymous	アルコホーリクス・アノニマス
	AACD	Aging-Associate Cognitive Decline	加齢関連認知低下
	AAIDD	American Association on Intellectual and Developmental Disabilities	アメリカ知的・発達障害協会
	AAMR	American Association on Mental Retardation	アメリカ精神遅滞協会
	ACE モデル	Additive Genetics, Common Environment, and Unique Environment Model	ACE モデル
	ACh	Acetylcholine	アセチルコリン
	ACT	Adaptive Control of Thought	思考の適応制御
	ACT	Acceptance & Commitment Therapy	アクセプタンス & コミットメント・セラピー
	ACTH	Adrenocorticotropic Hormone	副腎皮質刺激ホルモン
	ACT-R	Adaptive Control of Thought-Rational	思考の適応制御 - 理性
	AD	Alzheimer's Disease	アルツハイマー病
	AD	Asperger's Disorder	アスペルガー障害
	AD/HD	Attention Deficit Hyperactivity Disorder	注意欠如・多動症／注意欠如・多動性障害
	ADL	Activities of Daily Living	日常生活動作
	AE モデル	Additive Genetics and Unique Environment Model	AE モデル
	AGD	Argyrophilic Grain Dementia	嗜銀顆粒性認知症
	AHELO	Assessment of Higher Education Learning Outcomes	AHELO
	AI	Artificial Intelligence	人工知能
	AIDS	Acquired Immune Deficiency Syndrome	エイズ
	AIR	Association of Institutional Research	AIR
	ALF	Animal Liberation Front	動物解放戦線
	ALS	Amyotrophic Lateral Sclerosis	筋萎縮性側索硬化症
	AMA	American Marketing Association	アメリカ・マーケティング協会
	AMP	Affect Misattribution Procedure	感情誤帰属手続き
	AN	Anorexia Nervosa	神経性やせ症／神経性無食欲症
	ANCOVA	Analysis of Covariance	共分散分析

	略 称	英語表記	日本語表記
A	ANOVA	Analysis of Variance	分散分析
	APA	American Psychological Association	アメリカ心理学会
	APU	Applied Psychology Unit	APU
	ART	Attention Restoration Theory	注意回復理論
	AS	Asperger's Syndrome	アスペルガー障害
	ASD	Acute Stress Disorder	急性ストレス障害
	ASD	Autism Spectrum Disorders	自閉スペクトラム症／自閉症スペクトラム障害
	ATI	Aptitude Treatment Interaction	適性処遇交互作用
	ATNR	Asymmetrical Tonic Neck Reflex	非対称性緊張性頚反射
	ATP	Adenosine Triphosphate	アデノシン三リン酸
	ATS	Automatic Train Stop	自動列車停止装置
B	BADS	Behavioral Assessment of the Dysexecutive System	遂行機能障害症候群の行動評価
	BDI	Beck Depression Inventory	ベック抑うつ尺度
	BDNF	Brain-Derived Neurotrophic Factor	脳由来神経栄養因子
	BIA	Behavioral Investigative Advice	BIA
	BMI	Body Math Index	ボディマスインデックス
	BN	Bulimia Nervosa	神経性過食症／神経性大食症
	BOLD	Blood Oxygen Level Dependent	BOLD
	BPA	Boston Process Approach	ボストン・プロセス・アプローチ
	BPSD	Behavioral And Psychological Symptoms of Dementia	行動心理徴候
	BT	Behavioral Therapy	行動療法
C	cAMP	Cyclic Adenosine Monophosphate	環状アデノシーリン酸
	CAPS model	Cognitive-Affective Processing System model	認知‐感情処理システムモデル
	CAT	Computerized Adaptive Testing	コンピュータ適応型テスト
	CAUs	Cognitive-Affective Units	認知‐感情ユニット
	CBT	Cognitive Behavior Therapy	認知行動療法
	CBT-BN	Cognitive Behavioral Therapy for Bulimia Nervosa	BN のための認知行動療法プログラム
	CD	Conduct Disorder	素行症／素行障害
	CDR	Clinical Dementia Rating	臨床認知症評価法
	CE モデル	Common Environment and Unique Environment Model	CE モデル
	CFI	Camberwell Family Interview	キャンバーウェル家族評価尺度
	CGM	Consumer Generated Media	CGM
	cGMP	Cyclic Guanosine Monophosphate	環状グアノシーリン酸

	略称	英語表記	日本語表記
C	CGT	Criminal Geographic Targeting	地理的犯罪者探索
	CIE	Civil Information and Educational Section	民間教育情報局
	CIE	Commission internationale de l'éclairage	国際照明委員会
	CIT	Concealed Information Test	秘匿情報検査
	C_M	Michelson contrast	マイケルソン・コントラスト
	CMC	Computer-Mediated Communication	CMC
	CPTED	Crime Prevention Through Environmental Design	環境デザインによる犯罪予防
	CQT	Control Question Test	対照質問法
	CR	conditioned response	条件反応
	CREB	cAMP Response Element Binding Protein	cAMP 応答配列結合タンパク質
	CRH	Corticotropin-Releasing Hormone	副腎皮質刺激ホルモン放出ホルモン
	CS	conditioned stimulus	条件刺激
	CSCL	Computer Supported Collaborative Learning	コンピュータ支援による協働学習
	CSF	Contrast Sensitivity Function	コントラスト感度
	CSR	Corporate Social Responsibility	企業の社会的責任
	CT	Cognitive Therapy	認知療法
	CT	Computed Tomography	コンピュータ断層撮影（法）
	C_W	Weber contrast	ウェーバー・コントラスト
	CWQC	Company-Wide Quality Control	全社的品質管理
D	DA	dopamine	ドーパミン
	DAF	Delayed Auditory Feedback	聴覚遅延フィードバック
	db SPL	sound pressure level	音圧レベル
	DCD	Developmental Coordination Disorder	発達性協調運動症／発達性強調運動障害
	DID	Dissociative Identity Disorder	解離性同一症／解離性同一性障害
	DIF	differential item functioning	差異項目機能
	DLB	Dementia with Lewy Bodies	レヴィー小体型認知症
	DM	Direct Mail	ダイレクトメール
	DMN	Default-Mode Network	デフォルト・モード・ネットワーク
	DNA	deoxyribo nucleic acid	デオキシリボ核酸
	DOHaD	Developmental Origins of Health and Disease	DOHaD
	DQ	Developmental Quotient	発達指数
	DRD2/Cys311	Dopamine Receptor D2/Cys311	ドパミン D2 受容体 Cys311 型

略称	英語表記	日本語表記
D DSED	Disinhibited Social Engagement Disorder	脱抑制型対人交流障害
DSM	Diagnostic and Statistic Manual of Mental Disorders	精神障害の診断と統計マニュアル
DV	Domestic Violence	ドメスティック・バイオレンス
DZ	dizygotic twin	二卵性双生児
E EAP	Employee Assistance Program	従業員支援プログラム
EAST	Extrinsic Affective Simon Task	外発的感情サイモン課題
EBA	Elimination-By-Aspects	EBA
EBP	Evidence-Based Practice	科学的根拠に基づく実務
EBS	Evidence-Based Social Work	証拠に基づくソーシャルワーク
ECT	Electric Convulsive Therapy	電気けいれん療法
EDRA	Environmental Design Research Association	EDRA
EEA	Environment of Evolutionary Adaptedness	進化的適応環境
EEG	Electroencephalogram	脳波
EI	Emotional Intelligence	情動知能
ELBW	Extremely Low Birth Weight	超低出生体重
ELM	Elaboration Likelihood Model	精緻化見込みモデル、精査可能性モデル
ELSI	Ethical, Legal and Social Implications	倫理的、法的、社会的諸問題
EMDR	Eye Movement Desensitization and Reprocessing	眼球運動による脱感作と再処理法
EMS	Ethyl methanesulfonate	エチルメタンスルホン酸
ENCODE	Encyclopedia of DNA Elements	ENCODE
EPI	Echo Planar Imaging	エコープラナー法
EPP	Eysenck Personality Profiler	EPP
EPPS	Edwards Personal Preference Schedule	EPPS
EPQ-R	Eysenck Personality Questionnaire-Revised	アイゼンク性格検査改訂版
EPSP	Excitatory Postsynaptic Potential	興奮性シナプス後電位
EQ	Emotional Intelligence	情動的知性/社会的知性
ERP	Event Related Potentials	事象関連電位
ERP	Exposure and Response Prevention	エクスポージャーと反応制止法
ESP1	Exocrine Gland-Secreting Peptide 1	ESP1
ESS	Evolutionarily Stable Strategy	進化的に安定な戦略
ESTs	Empirically Supported Treatments	ESTs

欧文略称一覧　987

	略　称	英語表記	日本語表記
E	ES 細胞	Embryonic Stem Cell	胚性幹細胞
F	FACS	Facial Action Coding System	顔面表情評定技法
	FA 型	Fast Adapting	速順応型
	FBI	Federal Bureau of Investigation	アメリカ連邦捜査局
	FD	Faculty Development	ファカルティ・ディベロップメント
	FI	fixed interval	定間隔
	fMRI	functional Magnetic Resonance Imaging	機能的磁気共鳴画像法
	FOAD	Fetal Origins of Adult Disease	成人病胎児期発症（起源）説
	FR	fixed ratio	定比率
	FTD	Frontotemporal Dementia	前頭側頭型認知症
	FTM	Female To Male	FTM
	FWC	Family-Work Conflict	ファミリー・ワーク・コンフリクト
G	GABA	gamma-aminobutyric acid	γアミノ酪酸
	GAD	Generalized Anxiety Disorder	全般性不安症／全般性不安障害
	GAS	General Adaptation Syndrome	汎適応性症候群
	GCTA	Genome-Wide Complex Trait Analysis	全ゲノム複雑特性解析
	GDP	Gross Domestic Product	国民総生産
	GFP	Green Fluorescent Protein	緑色蛍光タンパク質
	GHQ/SCAP	General Headquarters, the Supreme Commander for the Allied Powers	連合国軍最高司令官総司令部
	GID	Gender Identity Disorder	性別違和
	GIS	Geographic Information Systems	地理情報システム
	GKT	Guilty Knowledge Test	有罪知識検査
	Glu	glutamate	グルタミン酸
	GnRH	Gonadotropin Releasing Hormone	ゴナドトロピン放出ホルモン
	GPCSL	General Personality and Cognitive Social Learning Theory	人格と認知社会的学習の一般理論
	GPS	General Problem Solver	一般的問題解決プログラム
	GSR	Skin Conductance Response	皮膚電気反射
	GSS	Gudjonsson Suggestibility Scale	グドジョンソン被暗示性尺度
	GTA	Grounded Theory Approach	グラウンデッド・セオリー・アプローチ
	GWAS	Genome-Wide Association Study	ゲノムワイド関連解析
H	HAM	Human Associative Memory	HAM
	HBM	Health Belief Model	健康信念モデル
	HDS-R	Hasegawa's Dementia Scale-Revised	改訂長谷川式簡易知能評価スケール
	HPA 系	Hypothalamic-Pituitary-Adrenocortical Axis	視床下部 - 下垂体 - 副腎皮質系

	略称	英語表記	日本語表記
H	HRB	Halstead-Reitan Battery	ハルステッド・レイタン・バッテリー
	HSM	Heuristic Systematic Model	ヒューリスティック・システマティック・モデル
	HTPテスト	House-Tree-Person Test	家 - 樹木 - 人物描写テスト
I	IAPS	International Association for People-Environment Studies	IAPS
	IAREP	International Association for Research In Economic Psychology	IAREP
	IAT	Implicit Association Test	潜在連合テスト
	ICC	item characteristic curve	項目特性曲線
	ICD	International Classification of Diseases And Related Health Problems	国際疾病分類
	ICF	International Classification of Functioning, Disability and Health	国際生活機能分類
	ICIDH	International Classification of Impairments, Disabilities and Handicaps	国際障害分類
	ICT	Information and Communication Technology	情報通信技術
	ICVS	International Crime Victims Survey	国際犯罪被害実態調査
	ID	Intellectual Developmental Disorder	知的能力障害（知的発達症/障害）
	IDD	Intellectual Developmental Disorder	知的発達症/知的発達障害
	IDS	Infant-Directed Speech	対乳児発話
	IFEL	Institute for Educational Leadership	教育指導者講習会
	IID	interaural intensity difference	両耳間強度差
	IMP	Inosine Monophosphate	イノシン酸ナトリウム
	IP	Identified Patient	患者と見なされる人
	IP	Internet Protocol	インターネット・プロトコル
	IPA	Interaction Process Analysis	相互作用過程分析
	IPSP	Inhibitory Postsynaptic Potential	抑制性シナプス後電位
	IQ	Intelligence Quotient	知能指数
	IR	Institutional Research	インスティテューショナル・リサーチ
	IRA	Irish Republican Army	アイルランド共和軍
	IRT	Item Response Theory	項目反応理論
	ISO	International Organization for Standardization	国際標準化機構
	ITD	Interaural Time Difference	両耳間時間差
J	JART	Japanese Adult Reading Test	日本版成人読解検査
	JAS	Jenkins Activity Survey	JAS
	JND	Just Noticeable Difference	丁度可知差違

	略称	英語表記	日本語表記
K	KJ法	Kawakita Jiro Method	KJ法
	KP	knowledge of performance	遂行の知識
	KR	knowledge of results	結果の知識
L	LBW	Low Birth Weight	低出生体重
	LD	Learning Disorders	学習障害
	LER	Learning Environment Research	教育環境研究
	LISA	Learning and Inference With Schemas and Analogies	LISA
	LNNB	Luria-Nebraska Neuropsychological Battery	ルリア・ネブラスカ神経心理学的検査バッテリー
	LO	Lateral Occipital Area	側頭後頭領域
	LPC	Least Preferred Co-worker	LPC
	LPFC	Lateral Prefrontal Cortex	外側前頭前野
	LPP	Legitimate Peripheral Participation	正統的周辺参加論
	LSD	Lysergic Acid Diethylamide	LSD
	LTD	Long-Term Depression	長期抑圧
	LTP	Long-Term Potentiation	長期増強
M	MANOVA	multivariate analysis of variance	多変量分散分析
	MAO	Monoamine Oxidases	モノアミン酸化酵素
	MAOA	Monoamine Oxidase A	モノアミン酸化酵素A
	MAP	minimum audible pressure	最小可聴音圧
	MAX	Maximally Discriminative Affect Coding System	MAX
	MBA	Master of Business Administration	経営学修士
	MBI	Maslach Burnout Inventory	マスラック・バーンアウト・インベントリー
	MCI	Mild Cognitive Impairment	軽度認知障害
	MCMC法	Markov Chain Monte Carlo Method	マルコフ連鎖モンテカルロ法
	MDMA	3, 4 - Methylenedioxymethamphetamine	メチレンジオキシメタンフェタミン
	MDS	Multi Dimensional Scaling	多次元尺度構成法
	MEG	Magnetoencephalography	脳磁図
	MEIS	Multidimensional Ego Identity Scale	多次元自我同一性尺度
	MERA	Man-Environment Research Association	人間・環境学会
	M-Fテスト	Masculinity-femininity test	男性－女性傾向尺度
	MFFT	Matching the Familiar Figures Test	同画探索テスト
	M-GTA	Modified Grounded Theory Approach	修正版グラウンデッド・セオリー・アプローチ

	略称	英語表記	日本語表記
M	MHC	Major Histocompatibility Complex	主要組織適合遺伝子複合体
	MI	Motivational Interviewing	動機づけ面接
	MMPI	Minnesota Multiphasic Personality Inventory	ミネソタ多面人格目録
	MMSE	Mini-Mental State Examination	精神状態短時間検査
	MPI	Maudesley Personality Inventory	モーズレイ性格検査［人格目録］
	MRI	Magnetic Resonance Imaging	磁気共鳴画像
	MSCEIT	Mayer-Salovey-Caruso Emotional Intelligence Test	MSCEIT
	MSG	Monosodium Glutamate	グルタミン酸ナトリウム
	MTC	Massachusetts Treatment Center	マサチューセッツ治療センター
	MTF	Male To Female	MTF
	MTHFR	Methylenetetrahydrofolate Reductase	メチレンテトラヒドロ葉酸還元酵素
	MTMM	Multitrait-Multimethod Matrix	多特性多方法行列
	MTM 法	Methods Time Measurement	MTM 法
	MZ	monozygotic twin	一卵性双生児
N	NA	noradrenaline	ノルアドレナリン
	NAF	Natural Auditory Feedback	自然な聴覚フィードバック
	ND	Neurodevelopmental Disorders	神経発達症群/障害群
	NEET	Not in Education/Employment or Training	ニート（若年失業者）
	NEO-FFI	Neo-Five Factor Inventory	NEO-FFI
	NEO-PI-R	Revised Neo Personality Inventory	NEO-PI-R
	NEP	New Environmental Paradigm	新環境パラダイム／新生態学パラダイム
	NHS	National Health Service	英国国民保健サービス
	NICHD	National Institute of Child Health and Human Development	アメリカ国立子ども健康人間発達研究所
	NIIP	National Institute of Industrial Psychology	NIIP
	NIOSH	National Institute for Occupational Safety and Health	アメリカ国立労働安全衛生研究所
	NIRS	Near-Infrared Spectroscopy	近赤外分光法
	NPO	Non-Profit Organization	民間非営利団体
	NR3C1	Nuclear Receptor Subfamily 3, Group C, Member 1	グルココルチコイド受容体
O	OASys	Offender Assessment System	犯罪者査定システム
	OCD	Obsessive Compulsive Disorder	強迫症／強迫性障害
	ODD	Oppositional Defiant Disorder	反抗挑発症/反抗挑戦性障害

	略称	英語表記	日本語表記
O	OECD	Organization of Economic Cooperation and Development	経済協力開発機構
	Off-JT	Off-the-Job Training	オフ・ザ・ジョブ・トレーニング
	OJT	On-the-Job Training	オン・ザ・ジョブ・トレーニング
	OOH	Out of Home	家の外で接触するメディア
P	PCR	Polymerase Chain Reaction	ポリメラーゼ連鎖反応
	PDD	Pervasive Developmental Disorder	広汎性発達障害
	PDP	Parallel Distributed Processing	並列分散処理
	PE	Prolonged Exposure	持続エクスポージャー法
	PEST	Parameter Estimation By Sequential Testing	PEST
	PET	Positron Emission Tomography	ポジトロン断層撮像法
	PFI	Private Finance Initiative	プライベート・ファイナンス・イニシアティブ
	P-F スタディ	Picture-Frustration Study	P-F スタディ
	PGx	Pharmacogenomics	薬理ゲノム学
	PL 法	Product Liability Act	製造物責任法
	PM 理論	Performance and Maintenance Function Theory	PM 理論
	PNFA	Progressive Nonfluent Aphasia	非流暢性進行性失語症
	POE	Post-Occupancy Evaluation	入居後評価
	POP 広告	Point of Purchase Advertising	購買時点広告
	POT	Peak of Tension Test	緊張最高点質問法
	PRS	Perceptual Representaiton System	知覚表象システム
	PS	personal space	パーソナル・スペース
	PSE	Point of Subjective Equality	主観的等価点
	PTSD	Post-Traumatic Stress Disorder	心的外傷後ストレス障害
	PTS 法	Predetermined Time Standards System	限界時間法
	P-V Fit 理論	Person-Vocation Fit Theory	個人と職業の適合理論
Q	QC サークル	Quality Control Circle activities	QC サークル
	QOL	Quality of Life	生活の質
	QTL	Quantitative Trait Loci	量的形質座位
	QUEST	A Bayesian Adaptive Psychometric Method	QUEST
	QWL	Quality of Work Life	クオリティ・オブ・ワークライフ
R	RAD	Reactive Attachment Disorder	反応性アタッチメント障害／反応性愛着障害
	RBMT	Rivermead Behavioral Memory Test	リバーミード行動記憶検査

	略 称	英語表記	日本語表記
R	RCT	Randomized Controlled Trial	ランダム化比較試験
	REM	Rapid Eye Movement	急速眼球運動
	RMS コントラスト	Root Mean Square Contrast	RMS コントラスト
	RNA	Ribo Nucleic Acid	リボ核酸
	RNR 原則	Risk-Need-Responsivity Principle 〈Model〉	リスク・ニーズ・反応性の原則
S	S I	Primary Somatosensory Area	第一体性感覚野
	S II	Secondary Somatosensory Area	第二体性感覚野
	SAD	Social Anxiety Disorder	社交不安症／社交不安障害
	SAT	Scholastic Assessment Test	米国学習能力適性テスト
	SA 型	Slowly Adapting	遅順応型
	SCT	Sentence Completion Test	文章完成法テスト
	SD	Semantic Dementia	意味認知症
	SD	Standard Deviation	標準偏差
	SDNFT	Senile Dementia of the Neurofibrillary Tangle Type	神経原線維変化型老年期認知症
	SEL	Social and Emotional Learning	社会性と情動の学習
	SEM	Self-Evaluation Maintenance Model	自己評価維持モデル
	SEM	Structural Equation Modeling	構造方程式モデリング
	SGA	Small-for-Gestational Age	在胎不当過小
	SHRM	Strategic Human Resource Management	戦略的人的資源管理
	SI	Social Intelligence	社会的知性
	SLTA	Standard Language Test of Aphasia	標準失語症検査
	SMC	Squared Multiple Correlation	SMC
	SMID	Severe Motor and Intellectual Disabilities	重症心身障害
	SNP	Single Nucleotide Polymorphism	一塩基多型
	SNS	Social Networking Service	ソーシャル・ネットワーキング・サービス
	SOC	Selective Optimization with Compensation	補償を伴う選択的最適化
	SOC	Sense of Coherence	首尾一貫感覚
	SOM	Self-Organizing Map	自己組織化マップ
	SOP	Standard Operating Procedure In Memory	SOP 理論
	SPECT	Single Photon Emission Computed Tomography	シングルフォトン ECT
	SQC	Statistical Quality Control	統計的品質管理

	略称	英語表記	日本語表記
S	SQUID	Superconducting Quantum Interference Device	超伝導量子干渉素子
	SRN	Simple Recurrent Network	文法学習モデル
	SRRS	Social Readjustment Rating Scale	社会再適応評価尺度
	SSA	Smallest Space Analysis	最小空間分析
	SSRI	Serotonin Selective Reuptake Inhibitor	選択的セロトニン再取り込み阻害薬
	SSSM	Standard Social Science Model	標準社会科学モデル
	SST	Social Skills Training	社会的技能訓練
	STDP	Spike-Timing Dependent Plasticity	スパイクタイミング依存的可塑性
	STM	Short-Term Memory	短期記憶
T	TAT	Thematic Apperception Test	主題統覚検査
	TCI	Temperament and Character Inventory	気質性格検査
	TD	Tourette'S Disorder	トゥレット症／トゥレット障害
	tDCS	Transcranial Direct Current Stimulation	経頭蓋直流電気刺激
	TEG	Tokyo University Egogram	東大式エゴグラム
	TEM	Trajectory Equifinality Model	複線径路・等至性モデル
	THP	Total Health Promotion Plan	トータル・ヘルスプロモーション・プラン
	TMS	Transcranial Magnetic Stimulation	経頭蓋磁気刺激
	TMT	Trail Making Test	トレイルメイキングテスト
	TOSCA	Test of Self-Conscious Affect	TOSCA
	TPB	Theory of Planned Behavior	計画的行動理論
	TQC	Total Quality Control	総合的品質管理
	TQM	Total Quality Management	総合的品質管理
	TRA	Theory of Reasoned Action	合理的行動理論
	TTM	Transtheoretical Model	トランスセオレティカル・モデル
U	UNESCO	United Nations Educational, Scientific and Cultural Organization	国際連合教育科学文化機関
	UNESCO-CEPES	United Nations Educational, Scientific and Cultural Organization-Centre Européen Pour L'Enseignement Supérieur	ユネスコ・ヨーロッパ高等教育センター
	UNICRI	United Nations Interregional Crime and Justice Research Institute	国連地域間犯罪司法研究所
	UNODC	United Nations Office on Drugs and Crime	国連薬物犯罪事務所
	UR	unconditioned response	無条件反応
	US	unconditioned stimulus	無条件刺激

	略 称	英語表記	日本語表記
V	**V1**	Primary Visual Cortex	一次視覚野
	VAK	Visual, Auditory, and Kinesthetic	VAK
	VALS	Values and Lifestyles System	VALS
	VARK	Visual, Auditory, Read/Write, Kinesthetic	VARK
	VBM	Voxel-Based Morphometry	VBM
	VI	variable interval	変間隔
	VIF	Variance Inflation Factor	分散拡大要因
	VLBW	Very-Low Birth Weight	極低出生体重
	VOR	Vestibulo-Ocular Reflex	前庭動眼反射
	VOT	Voice Onset Time	発声開始時間
	VR	variable ratio	変比率
	VSG	Visitation Set Gravitation	文理解モデル
W	**WAB 失語症検査**	Western Aphasia Battery	WAB 失語症検査
	WAIS	Wechsler Adult Intelligence Scale	成人用ウェクスラー式知能検査
	WCC	Weak Central Coherence	中枢性統合の弱さ
	WCST	Wisconsin Card Sorting Test	ウィスコンシン・カード分類課題
	WFC	Work-Family Conflict	ワーク・ファミリー・コンフリクト
	WF 法	Work Factor Plan	ワークファクター法
	WHO	World Health Organization	世界保健機関
	WISC	Wechsler Intelligence Scale for Children	児童用ウェクスラー式知能検査
	WLB	Work-Life Balance	ワーク・ライフ・バランス
	WMS-R	Wechsler Memory Scale-Revised	改訂ウェクスラー式記憶検査
	WOM	Word-of-Mouth Communication	口コミ
	WPPSI	Wechsler Preschool and Primary Scale of Intelligence	幼児用ウェクスラー式知能検査
	WTP	Willingness To Pay	支払意思額
Y	**YLS/CMI**	Youth Level of Service/Case Management Inventory	YLS/CMI
Z	**ZPD**	Zone of Proximal Development	発達の最近接領域

文献一覧

Adelmann, P. K., Antonucci, T. C., Crohan, S. E., & Coleman, L. M. (1989). Empty nest, cohort, and employment in the well-being of mid-life women. *Sex Roles*, 20, 173-189.

Adelson, E. H. (1995). Checkershadow Illusion. 〈http://persci. mit. edu/gallery/checker-shadow〉

相川 充 (2000). 人づきあいの技術――社会的スキルの心理学. サイエンス社.

Ainsworth, M., Blehar, M., Waters, E., & Wall, S. (1978). *Patterns of Attachment*. Hillsdale, NJ: Erlbaum.

Ajzen, I. (1991). The theory of planned behavior. *Organizational Behavior and Human Decision Process*, 50, 179-211.

Alderfer, C. P. (1972). *Existence, Relatedness, and Growth: Human Needs in Organizational Settings*. NY: Free Press.

Allais, M. (1953). Le Comportement de l'homme rationnel devant le risque: Critique des postulats et axiomes de l'école américaine. *Econometrica*, 21, 503-546.

Allport, F. (1924). *Social Psychology*. NY: Houghton Mifflin

American Association on Mental Retardation (2002). *Mental Retardation: Definition, Classification, and Systems of Support*. 10th ed. Washington, DC: American Association on Mental Retardation. (AAMR 栗田 広・渡辺勧持 (共訳) (2004). 知的障害――定義, 分類および支援体系 第10版 日本知的障害福祉連盟)

American Psychiatric Association (1995). *Diagnostic and Statistical Manual of Mental Disorders*. 4th ed. Washington DC: American Psychiatric Association. (APA 高橋三郎・大野 裕・染谷俊幸 (訳) (1996). DSM-IV 精神疾患の分類と診断の手引. 医学書院)

American Psychiatric Association (2013). *Diagnostic and Statistical Manual of Mental Disorders*. 5th ed. Arlington, VA: American Psychiatric Association.

Anderson, J. R. (1976). *Language, Memory, and Thought*. Hillsdale, NJ: Lawrence Erlbaum Associates.

Anderson, J. R., Bothell, D., Byrne, M. D., Douglass, S., Lebiere, C., & Qin, Y. (2004). An integrated theory of the mind. *Psychological Review*, 111, 1036-1060.

Andrews, D. A., & Bonta, J. (1994). *The Psychology of Criminal Conduct*. Cincinnati, OH: Anderson.

Andrews, D. A., & Bonta, J. (1998). *The Psychology of Criminal Conduct*. 2nd ed. Cincinnati, OH: Anderson.

Andrews, D. A., & Bonta, J. (2006). *The Psychology of Criminal Conduct*. 4th ed. New Providence, NJ: LexisNexis.

Antonovsky, A. (1987). *Unraveling the Mystery of Health: How People Manage Stress and Stay Well*. San Francisco: Jossey-Bass Publishers. (アントノフスキー, A. 山崎喜比古・吉井清子 (訳) (2001). 健康の謎を解く――ストレス対処と健康保持のメカニズム. 有信堂高文社)

Asch, S. E. (1946). Forming impressions of personality. *The Journal of Abnormal and Social Psychology*, 41, 258-290.

Asch, S. E. (1956). Studies of independence and conformity. A minority of one against a unanimous majority. *Psychological Monographs*, 70, 1-70.

Avolio, B. J. (1999). *Full Leadership Development: Building the Vital Forces in Organizations*. Thousand Oaks, CA: Sage Publication.

東 洋 (1994). 日本人のしつけと教育. 東大出版会.

東 洋（2005）．スクリプト比較研究の文化心理学的位置づけ．発達研究, **19**, 1-12.

Baddeley, A. D. (1997). *Human Memory: Theory and Practice*, Revised ed. Hove: Psychology Press.

Baddeley, A. D. (2000). The episodic buffer: A new component of working memory? *Trends in Cognitive Science*, **4**, 417-423.

Bagozzi, R.P., Wong, N., & Yi, Y. (1999). The role of culture and gender in the relationship between positive and negative affect. *Cognition and Emotion*, **13**, 641-672.

Baltes, P. B. (1984). Intelligenz im Alter. *Spektrum der Wissenschaft*, **5**, 46-60.

Bandura, A. (1977a) Self-efficacy: Toward a unifying theory of behavioral change. *Psychological Review*, **84**, 191-215.

Bandura, A. (1977b). *Social Learning Theory*. Englewood Cliffs, NJ: Prentice-Hall. (バンデューラ, A. 原野広太郎（監訳）(1979). 社会的学習理論. 金子書房)

Barbu-Roth, M., Anderson, D. I., Després, A., Provasi, J., & Campos, J. J. (2009). Neonatal stepping in relation to terrestrial optic flow. *Child Development*, **80**, 8-14.

Bard, P. (1928). A diencephalic mechanism for the expression of rage with special reference to the sympathetic nervous system. *American Journal of Physiology*, **84**, 490-516.

Bargh, J. A., & Pietromonaco, P. (1982). Automatic information processing and social perception: The influence of trait information presented outside of conscious awareness on impression formation. *Journal of Personality and Social Psychology*, **43**, 437-449.

Barnes, C. A., Nadel, L., & Honig, W. K. (1980). Spatial memory deficit in senescent rats. *Canadian Journal of Experimantal Psychology*, **34**, 29-39.

Bateson, G., Jackson, D. D., Haley, J., & Weakland, J. H. (1956). Toward a theory of schizophrenia. *Behavioral Science*, **1**, 251-264.

Baum, W. M. (1974). On two types of deviation from the matching law: Bias and undermatching. *Journal of the Experimental Analysis of Behavior*, **22**, 231-242.

Beals, E. L. & Humphrey, N. D. (1957). *No frontier to learning: The Mexican student in the United States*. Minneapolis: University of Minnesota Press.

Bell, C. (1806). *Essays on the Anatomy of Expression in Painting*. London: Longman, Hurst, Rees, and Orme.

Bell, P.A., Greene, T. C., Fisher, J.D. & Baum, A. (2001). *Environmental Psychology*. Fort Worth, TX: Harcourt College Publishers.

Belsky, J. (1984). The determinants of parenting: A process model. *Child Development*, **55**, 83-96.

Benedict, R. (1946). *The Chrysanthemum and the Sword*. Boston: Houghton Mifflin. (ベネディクト, R. 長谷川松治（訳）(1967). 菊と刀. 社会思想社)

Bentler, P. M. & Weeks, D. G. (1980). Linear structural equations with latent variables. *Psychometrika*, **45**, 289-308.

Bentler, P. M. & Weeks, D. G. (1982). Multivariate analysis with latent variables. In P. R. Krishnaiah & L. N. Kanal (Eds.), *Handbook of Statistics*, 2. Amsterdam: North Holland Publishing Company. pp.747-771.

Benzer, S. (1967). Behavioral mutants of Drosophila isorated by countercurrent distribution. *Proceedings of the National Academy of Sciences of the United States of America*, **58**, 1112-1119.

Berger, H. (1929). Über das Elektroenkephalogramm des Menschen. *Archiv fur Psychiatrie und Nervenkrankheiten*, **87**, 527-570.

Berkman, L. F., & Kawachi, I. (2000). A historical framework for social epidemiology. In L. F. Berkman & I. Kawachi (Eds.), *Social

Epidemiology. NY: Oxford university press, pp.3-12.

Bettman, J. R. (1979). *An Information Processing Theory of Consumer Choice*. Reading, MA: Addison-Wesley.

Biederman, I. (1987). Recognition-by-components: A theory of human image understanding. *Psychological Review*, **94**, 115-47

Biestek, F. P. (1957). *The Casework Relationship*. Chicago: Loyola University Press.

Binet, A., & Simon, Th. (1905). Méthode nouvelle pour le diagnostic du niveau intellectuel des anormaux. *L'Année Psychologique*, **11**, 191-244.

Blackwell, R. D., Miniard, P. W., & Engel, J. F. (2006). *Consumer Behavior*. 10th ed. Mason, OH: Thomson/South-Western.

Boring, E. G. (1929). *A History of Experimental Psychology*. NY: Century.

Broca, P. (1861). Remarques sur le siège de la faculté du langage articulé; suivies d'une observation d'aphémie (perte de la parole). *Bulletins de la Société Anatomique de Paris*, **36**, 3303-57.

Bronfenbrenner, U. (1979). *The Ecology of Human Development: Experiments by Nature and Design*. Cambridge, MA : Harvard University Press.

Brown, G. W., Birley, J. L. & Wing, J. K. (1972). Influence of family life on the course of schizophrenic disorders: A replication. *British Journal of Psychiatry*, **121**, 241-258.

Bruner, J. S. (1990). *Acts of Meaning*. Cambridge, MA: Harvard University Press. (ブルーナー, J. S. 岡本夏木・仲渡一美・吉村啓子 (訳) (1999). 意味の復権——フォークサイコロジーに向けて. ミネルヴァ書房)

Bugelski, B. R., & Alampay, D. A. (1961). The role of frequency in developing perceptual sets. *Canadian Journal of Psychology*, **15**, 205-211.

Byrne, R. W., & Whiten, A. (1988). *Machiavellian Intelligence: Social Expertise and the Evolution of Intellect in Monkeys, Apes and Humans*. Oxford: Clarendon Press. (バーン, R. W. ・ホワイトゥン, A. 藤田和生・山下博志・友永雅己 (監訳) (2004). ヒトはなぜ賢くなったか. ナカニシヤ出版)

Cannon, W. B. (1927). The James-Lange theory of emotion: A critical examination and an alternative theory. *The American Journal of Psychology*, **39**, 106-124.

カンター, D.・乾 正雄 (編) (1972). 環境心理とは何か. 彰国社.

Carlson, D. S., Kacmar, K. M., Williams, L. J. (2000). Construction and initial validation of a multidimensional measure of work-family conflict. *Journal of Vocational Behavior*, **56**, 249-276.

Cartwrite, D., & Sander, A. (1960). *Group Dynamics: Research and Theory*. 2nd ed. NY: Row Peterson. (カートライト, D. ・ザンダー, A. 三隅二不二・佐々木薫 (訳編) (1969-70). グループ・ダイナミクス第2版 全2巻. 誠信書房)

Cattell, J. M. (1895). Measurements of the accuracy of recollection. *Science*, **2**, 761-766.

Caudill, W. A., & Plath, D. (1966). Who sleeps by whom? Parent-child involvement in urban Japanese families. *Psychiatry*, **29**, 344-346.

Caudill, W. A., & Weinstein, H. (1969). Maternal care and infant behavior in Japan and America. *Psychiatry*, **32**, 12-43.

Chaiken, S. (1980). Heuristic versus systematic information processing and the use of source versus message cues in persuasion. *Journal of Personality & Social Psychology*, **39**, 752-766.

Chomsky, N. (1965). *Aspects of the Theory of Syntax*. Cambridge: M.I.T. Press.

中央教育審議会 (2008). 学士課程教育の構築に向けて(答申) 文部科学省 2008年12月24日 〈http://www.mext.go.jp/b_menu/shingi/

chukyo/chukyo0/toushin/1217067.htm〉 (2013 年 12 月 31 日)

Cialdini, R. B., Cacioppo, J. T., Bassett, R., & Miller, J. A. (1978). Low-ball procedure for producing compliance: Commitment then cost. *Journal of Personality and Social Psychology*, 36, 463-476.

Cialdini, R. B., Vincent, J. E., Lewis, S. K., Catalan, J., Wheeler, D., & Darby, B. L. (1975). Reciprocal concessions procedure for inducing compliance: The door-in-the-face technique. *Journal of Personality and Social Psychology*, 31, 206-215.

Clayton, N. S., & Dickinson, A. (1998). Episodic-like memory during cache recovery by scrub-jays. *Nature*, 395, 272-274.

Clopton, N. A., Duvall, T., Ellis, B., Musser, M., & Varghese, S. (2000). Investigation of trunk and extremity movement associated with passive head turning in newborns. *Psysical Therapy*, 80, 152-159.

Cole, M., & Scribner, S. (1974). *Culture and Thought: A Psychological Introduction*. NY: John Wiley & Sons. (コール, M.・スクリブナー, S. 若井邦夫 (訳) (1982). 文化と思考──認知心理学的考察. サイエンス社)

Collins, A. M., & Loftus, E. F. (1975). A spreading-activation theory of semantic processing. *Psychological Review*, 82, 407-428.

Collins, A. M., & Quillian, M. R. (1969). Retrieval time from semantic memory. *Journal of Verbal Learning and Verbal Behavior*, 8, 240-247.

Cooley, C. H. (1902). *Human Nature and the Social Order*. NY: Charles Scribner's Sons.

Cornsweet, T. (1970). *Visual Perception*. NY: Academic Press.

Costa, P. T., Jr., & McCrae, R. R. (1988). Personality in adulthood: A six-year longitudinal study of self-reports and spouse ratings on the NEO Personality Inventory. *Journal of Personality and Social Psychology*, 54, 853-863.

Cousins, S. D. (1989). Culture and selfhood in Japan and the U.S. *Journal of Personality and Social Psychology*, 56, 124-131.

Craik, F. I. M., & Lockhart, R. S. (1972). Levels of processing: A framework for memory research. *Journal of Verbal Learning and Verbal behavior*, 11, 671-684.

Craik, F. I. M., & Watkins, M. J. (1973). The role of rehearsal in short-term memory. *Journal of Verbal Learning and Verbal Behavior*, 12, 599-607.

Csikszentmihalyi, M. (1997). *Finding Flow: The psychology of Engagement with Everyday Life*. NY: Basic Books.

Damasio, A. R. (1994). *Decartes' Error: Emotion, Reason, and the Human Brain*. NY: Puntum. (ダマシオ, A. R. 田中三彦 (訳) (2000). 生存する脳──心と脳と身体の神秘. 講談社)

Darwin, C. (1872). *The Expression of the Emotions in Man and Animals*. London: John Murray. (ダーウィン, C. 安東源治郎・岡本愛吉 (共訳) (1921). 人間及動物の表情. 日本評論社)

Darwin, C. (1859). *On the Origin of Species by Means of Natural Selection, or the Preservation of Favoured Races in the Struggle for Life*. London: John Murray. (ダーウィン, C. 八杉龍一 (訳) (1990). 種の起源. 岩波書店)

Darwin, C. (1869). *On the Origin of Species by Means of Natural Selection, or the Preservation of Favoured Races in the Struggle for Life*. 5th ed. London: John Murray.

Deci, E. L. (1975). *Intrinsic Motivation*. NY: Plenum Press. (デシ, E. L. 安藤延男・石田梅男 (訳) (1980). 内発的動機づけ──実験社会心理学的アプローチ. 誠信書房)

Denollet, J., Sys, S. U., Stroobant, N., Rombouts, H., Gillebert, T. C., & Brutsaert, D. L. (1996). Personality as independent predictor of

long-term mortality in patients with coronary heart disease. *Lancet*, 347, 417-421.
De Valois, R. L., Morgan, H., & Snodderly, D. M. (1974). Psychophysical studies of monkey vision. 3. Spatial luminance contrast sensitivity tests of macaque and human observers. *Vision Research*, 14, 75-81.
De Vries, H. (1900). Sur la loi de disjonction des hybrides. *Comptes Rendus de l'Académie des Sciences*, 130, 845-847.
Dewey, J. (1896). The reflex arc concept in psychology. *Psychological Review*, 3, 357-370.
Diener, E. (2000). Subjective well-being: The science of happiness and a proposal for a national index. *American Psychologist*, 55, 34-43.
Diener, E., Emmons, R. A., Larsen, R. J., & Griffin, S. (1985). The satisfaction with life scale. *Journal of Personality Assessment*, 49, 71-75.
土居健郎 (1971). 「甘え」の構造. 弘文堂.
Dunbar, R. I. M. (1992). Neocortex size as a constraint on group size in primates. *Journal of Human Evolution*, 22, 469-493.
Dunlap, R. E. (2008). The new environmental paradigm scale: From marginality to worldwide use. *Journal of Environmental Education*, 40, 3-18.
Dunlap, R. E., & Van Liere, K. D. (1978). The "new environmental paradigm": A proposed measuring instrument and preliminary results. *Journal of Environmental Education*, 9, 10-19.
Dunlap, R. E., Van Liere, k. D., Mertig, A. G., & Jones, R. E. (2000). Measuring endorsement of the new ecological paradigm: A revised NEP scale. *Journal of Social Issues*, 56, 425-442.
Ebbinghaus, H. (1885). *Über das Gedächtnis: Untersuchungen zur experimente Psychologie*. Leipzig: Duncker & Humblot.

Ehrenfels, C. von. (1890). Über Gestaltqualitäten. *Vierteljahrsschrift für wissenschaftliche Philosophie*, 14, 249-292.
Ekman, P. (1972). Universals and cultural differences in facial expression of emotion. In J. Cole (Ed.), *Nebraska Symposium on Motivation, 1971*. Lincoln, NE: University of Nebraska Press. pp. 207-283.
Ekman, P., & Friesen, W. V. (1971). Constants across cultures in the face and emotion. *Journal of Personality and Social Psychology*, 17, 124-129.
Ekman, P., & Friesen, W. V. (1975). *Unmasking the Face: A Guide to Recognizing Emotions from Facial Clues*. Englewood Cliffs, NJ: Prentice-Hall. (エクマン, P.・フリーセン, W. V. 工藤 力 (訳編) (1987). 表情分析入門. 誠信書房)
Ekman P., & Friesen, W. V. (1976). *Pictures of Facial Affect*. Palo Alto, CA: Consulting Psychologists Press.
Ellsberg, D. (1961). Risk, ambiguity, and the savage axioms. *Quarterly Journal of Economics*, 75, 6436-6469.
Elman, J. L. (1990). Finding structure in time. *Cognitive Science*, 14, 179-211.
Emde, R., & Easterbrooks, A. (1985). Assessing emotional availability in early development. In W. Frankenburg, R. Emde, & J. Sullivan (Eds.), *Early Identification of Children at Risk: An International Perspective*. NY: Plenum Press. pp. 79-101.
Evans, G. W., & and Pezdek, K. (1980). Cognitive mapping: Knowledge of real-world distance and location. *Journal of Experimental Psychology: Human Memory and Learning*, 6, 13-24.
Eysenck, H. J. (1952). The effect of psychotherapy: An evaluation. *Journal of Counseling Psychology*, 16, 319-324.
Fantino, E. (1969). Choice and rate of reinforcement. *Journal of the Experimental*

Analysis of Behavior, **12**, 723-730.

Fechner, G. T. (1860). *Elemente der Psychophysik*. Leipzig: Breitkopf und Härtel. 2Bde.

Feil, N. (1982). *V/F Validation: The Feil Method: How to Help Disoriented Old-old*. Cleveland, OH: Edward Feil Productions.

Ferster, C. B., & Skinner, B. F. (1957). *Schedules of Reinforcement*. Acton, MA: Copley Publishing Group.

Festinger, L. (1957). *A Theory of Cognitive Dissonance*. Stanford, CA: Stanford University Press. (フェスティンガー, L. 末永俊郎 (訳) (1965). 認知的不協和の理論——社会心理学序説. 誠信書房)

Fiorentino, M. (1963). *Reflex Testing Methods for Evaluating C.N.S. Development*. Springfield: Thomas.

Fishbein, M., & Ajzen, I. (1975). *Belief, Attitude, Intention, and Behaviour: An Introduction to Theory and Research*. Reading, MA: Addison Wesley.

Fisher, R. A. (1925). *Statistical Methods for Research Workers*. Biological monographs and manuals, 5, Edinburgh, London: Oliver & Boyd.

Fisher, R. A. (1930). *The Genetical Theory of Natural Selection*. Oxford University Press. 2nd revised ed. (1958), NY: Dover Publications.

Fiske, S. T., Cuddy, A. J. C., Glick, P., & Xu, J. (2002). A model of (often mixed) stereotype content: Competence and warmth respectively follow from perceived status and competition. *Journal of Personality and Social Psychology*, **82**, 878-902.

Frank, R. H. (1988). *Personality within Reason*. NY: Norton. (フランク, R. H. 山岸俊男 (監訳) (1995). オデッセウスの鎖——適応プログラムとしての感情. サイエンス社)

Frankl, V. E. (1947). *Ein Psycholog erlebt das Konzentrationslager*. Wien: Jugent und Volk. (フランクル, V. E. 霜山德爾 (訳) (1956). 夜と霧——ドイツ強制収容所の記録. みすず書房)

Fraser, J. (1908). A New Visual Illusion of Direction. *British Journal of Psychology*, **2**, 307-320.

Freedman, J. L. & Fraser, S. C. (1966). Compliance without pressure: The foot-in-the-door technique. *Journal of Personality and Social Psychology*, **4**, 195-202.

French, J. R. P., Jr. & Raven, B. H. (1959). The bases of social power. In D. Cartwright (Ed.), *Studies in Social Power*. MI: Institute for Social Research. pp.150-167. (カートライト, D. 水原泰介 (訳) (1962). 社会的勢力の基盤. 千輪 浩 (監訳) 社会的勢力. 誠信書房 pp. 193-217)

Freud, S. (1900). *Die Traumdeutung*. Leipzig und Wien: Franz Deuticke. (フロイト, S. 高橋義孝 (訳) (1968). 夢判断. フロイト著作集 2. 人文書院)

Friedman, M., & Rosenman, R. H. (1959). Association of specific overt behaviour pattern with blood and cardiovascular findings. *Journal of the American Medical Association*, **169**, 1286-1296.

Frijda, N. H. (1986). *The Emotions*. NY: Cambridge University Press.

Frisch, K. von. (1938). Zur psychologie des Fische-Schwarmes. *Naturwissenschaften*, **26**, 601-606.

福来友吉 (1900). ゼームズ氏心理学. 育成会.

福来友吉 (1902). 心理学精義. 同文館.

福来友吉 (1906). 催眠心理学. 成美堂書店.

福来友吉 (1908). 教育的心理学. 弘道館.

福来友吉 (1913). 透視と念写. 東京宝文館.

Galton, F. (1869). *Hereditary Genius*. London: Macmillan.

Gibson, E. J. (1997). An ecological psychologist's prolegomena for perceptual development: A functional approach. In C. Dent-Read & P. Zukow-Goldring (Eds.),

Evolving Explanations of Development: Ecological Approaches to Organism-environment Systems. Washington, DC: American Psychological Association. pp.23-45.

Gilligan, C. (1982). *In a Different Voice.* Cambridge : Harvard University Press.

Glaser, B. G., & Strauss, A. L. (1967). *The Discovery of Grounded Theory: Strategies for Qualitative Research.* Chicago: Aldine Publishing Company.

Goffman, E. (1963). *Stigma: Notes on the Management of Spoiled Identity.* Englewood Cliffs, NJ: Prentice-Hall.

Goleman, D. (1996). *Emotional Intelligence: Why It Can Matter More Than IQ.* NY: Bantam Books.

Golledge, R. G. (1978). Learning about urban environments. In T. Carlstein, D. Parkes & N. Thrift (Eds.), *Timing Space and Spacing Time,* Volume I: Making Sense of Time. London: Edward Arnold. pp.76-98.

Greenhaus, J. H., & Beutell, N . J. (1985). Sources of conflict between work and family roles. *Academy of Management Review,* 10, 76-88.

Greenwald, A. G., & Banaji, M. R. (1995). Implicit social cognition: Attitudes, self-esteem, and stereotypes. *Psychological Review,* 102, 4-27.

Greenwald, A. G., & Ronis, D. L. (1978). Twenty years of cognitive dissonance: Case study in the evolution of a theory. *Psychological Review,* 85, 53-57.

Greenwald, A. G., McGhee, D. E., & Schwartz, J. K. L. (1998). Measuring individual differences in implicit cognition: The Implicit Association Test. *Journal of Personality and Social Psychology,* 74, 1464-1480.

Haldane, J. B. S. (1932). *The Cause of Evolution.* NY: Harper and Row.

Hall, E. T. (1966). *The Hidden Dimension.* NY: Anchor Books. (ホール, E. T. 日高敏隆・佐藤信行 (訳) (1970). かくれた次元. みすず書房)

Hall, G. S. (1893). *The Contents of Children's Minds on Entering School.* NY: E. L. Kellogg.

Hall, G. S. (1904). *Adolescence: Its Psychology and Its Relations to Physiology, Anthropology, Sociology, Sex, Crime, Religion, and Education.* 2vols. NY: Appleton.

Hall, G. S. (1922). *Senescence: The Last Half of Life.* NY: Appleton.

Haney, C., Banks, W. C., & Zimbardo, P. G. (1973). Study of prisoners and guards in a simulated prison. *Naval Research Reviews,* 9, 1-17. Washington, DC: Office of Naval Research

Hansen C., & Hansen R. (1988). Finding the face-in-the-crowd: An anger superiority effect. *Journal of Personality and Social Psychology,* 54, 917-924.

Harris, J. R. (1995). Where is the child's environment? A group socialization theory of development. *Psychological Review,* 102, 458-489.

Hart, R. A., & Moore, G. T. (1973). The development of spatial cognition: A review. In R. M. Downs and D. Stea (Eds.), *Image and Environment.* London: Arnold. pp. 246-288.

Hayduk, L. A. (1983). Personal space: Where we now stand. *Psychological Bulletin,* 94, 293-335.

Heaton, S. K., Chelune, G. J., Talley, J. L., Kay, G. G., & Curtiss, G. (1993). *Wisconsin Card Sorting Test Manual: Revised and Expanded.* Odessa, FL: Psychological Assessment Resources.

Hebb, D. O. (1949). *The Organization of Behaviour.* John Wiley & Sons. (ヘッブ, D. O. 白井常 (訳) (1957). 行動の機構. 岩波書店)

Heine, S., Kitayama, S., Lehman, D., Takata, T., Ide, E., Leung, C., & Matsumoto, H. (2001). Divergent consequences of success and failure in Japan and North America: An investigation of self-improving motivations and malleable selves. *Journal of Personality and Social Psychology*, **81**, 599-615.

Helmholtz, H. von (1856-1866). *Handbuch der physiologischen Optik*. Leipzig: Voss. 3Bde.

Hermann, L. (1870). Eine Erscheinung simultanen Contrastes. *Pflügers Archiv für die gesamte Physiologie*, **3**, 13-15.

Herrnstein, R. (1961). Relative and absolute strength of response as a function of frequency of reinforcement. *Journal of the Experimental Analysis of Behavior*, **4**, 267-272.

Herrnstein, R. (1970). On the law of effect. *Journal of the Experimental Analysis of Behavior*, **13**, 243-226.

Herzberg, F. (1966). *Work and the nature of man*. Cleveland, OH: World Publishing. (ハーツバーグ, F. 北野利信(訳) (1968). 仕事と人間性. 東洋経済出版社)

Hickok, L. P. (1854). *Empirical Psychology: Or, the Human Mind as Given in Consciousness*. NY: Schenectady.

Higgins, E. T. (1987). Self-discrepancy: A theory relating self and affect. *Psychological Review*, **94**, 319-340.

Higgins, E. T., Rholes, W. S., & Jones, C. R. (1977). Category accessibility and impression formation. *Journal of Experimental Social Psychology*, **13**, 141-154.

Hirschi, T. (1969). *Causes of Deliquency*. Berkeley: University of California Press.

Hofstede, G. (1991). *Cultures and Organizations: Software of the Mind*. London, UK: McGraw-Hill.

Holmes, R., & De Burger, J. (1985). *Serial Murder*. Newbury Park: Sage.

Holmes, T. H., Rahe, R. H. (1967). The social readjustment rating scale. *Journal of Psychosomatic Research*, **11**, 213-218.

Home Office in conjunction with Department of Health. (1992). *Memorandum of Good Practice on Video Recorded Interviews with Child Witnesses for Criminal Proceedings*. London: HMSO. (英国内務省・英国保健省(編) 仲真紀子・田中周子(訳) (2007). 子どもの司法面接――ビデオ録画面接のためのガイドライン. 誠信書房)

Home Office in conjunction with Department of Health. (2002). *Achieving Best Evidence in Criminal Proceedings: Guidance for Vulnerable or Intimidated Witnesses, Including Children*. London: HMSO. 2 vols.

Hopfield, J. J. (1982). Neural networks and physical systems with emergent collective computational abilities. *Proceedings of the National Academy of Sciences of the USA*, **79**, 2554-2558.

法務省法務総合研究所(編) (2004). 犯罪白書 平成16年版. 犯罪者の処遇. 国立印刷局.

法務省法務総合研究所(編) (2008). 犯罪白書 平成20年版. 高齢犯罪者の実態と処遇. 太平印刷社.

法務省法務総合研究所(編) (2012). 犯罪白書 平成24年版. 刑務所出所者等の社会復帰支援. 日経印刷.

Howard, J. A., & Sheth, J. N. (1969). *The Theory of Buyer Behavior*. NY: John Wiley & Sons.

Hunt, D. E. (1975). Person-environment interaction: a challenge found wanting before it was tried. *Review of Educational Research*, **45**, 209-230.

Hurrell, J. J. Jr., & Mclaney, M. (1988) Exposure to job stress: A new psychometric instrument. *Scandinavian Journal of Work, Environment & Health*, **14**, 27-28.

今田 寛 (1996). 学習の心理学. 培風館.

今井芳昭 (2006). 依頼と説得の心理学――人は他者にどう影響を与えるか. サイエンス社.

今井芳昭 (2010). 影響力――その効果と威力. 光文社.

今村浩明・浅川希洋志 (2003). フロー理論の展

開. 世界思想社.

井上円了(1904). 心理療法. 南江堂.

石山一舟・我妻則明 (2004). アクティブカウンセリング入門. 誠信書房.

伊藤正人 (2005). 行動と学習の心理学——日常生活を理解する. 昭和堂.

Iwamura, Y. (1998). Hierarchical somatosensory processing. *Current Opinion in Neurobiology*, 8, 522-528.

Iyengar, S. S., & Lepper, M. R. (1999). Rethinking the value of choice: A cultural perspective on intrinsic motivation. *Journal of Personality and Social Psychology*, **76**, 349-366.

Jackson, J. M. (1960). Structural characteristics of norms. In G. E. Jensen (Ed.), *Dynamics of Instructional Groups*. Chicago: University of Chicago Press. pp.136-163. (ジャクソン, J. M. 末吉悌次・片岡徳雄・森しげる (訳) (1967). 学習集団の力学. 黎明書房)

Jacoby, L. L. (1991). A process dissociation framework: Separating automatic from intentional uses of memory. *Journal of Memory and Language*, 30, 513-541.

James, W. (1884). What is an emotion? *Mind*, 9, 188-205.

James, W. (1890). *The Principles of Psychology*. NY: Holt. 2vols.

James, W. (1899). *Talks to Teachers on Psychology and to Students on Some of Life's Ideals*. NY: Henry Holt.

Janet, P. (1889). *L'Automatisme psychologique*. Paris: Felix Alcan.

Janis, I. L. (1982). *Victims of Groupthink*. 2nd ed. Boston: Houghton-Mifflin.

Jerison, H. J. (1973). *Evolution of Brain and Intelligence*. NY: Academic Press.

Ji, L. J., Nisbett, R. E., & Su, Y. (2001) Culture, change, and prediction. *Psychological Science*, 12, 450-456.

Johnson, K. (2002). Neural Basis of Haptic Perception. In S. Yantis (Ed.), *Stevens' Handbook of Experimental Psychology. Vol 1: Sensation and Perception*. 3rd ed. John Wiley & Sons, pp.537-583.

Jöreskog, K. G. (1973). A general method for estimating a linear structural equation system. In A.S. Goldberger & O. D. Duncan (Eds.), *Structural Equation Models in the Social Sciences*, NY: Academic Press. pp. 85-112.

Jung, C. G. (1906-10). *Diagnostische Assoziationsstudien*. Leipzig: Barth. 2Bde.

Jung, C. G. (1911). Wandlungen und Symbole der Libido I. In: E. Bleuler & S. Freud (Hrsg.). *Jahrbuch fur Psychoanalytische und Psychopathologische Forschungen*. III, 120-227.

Jung, C. G. (1912). Wandlungen und Symbole der Libido II. In: E. Bleuler & S. Freud (Hrsg.). *Jahrbuch fur psychoanalytische und Psychopathologische Forschungen*. IV, 162-464.

Jung, C. G. (1933). *Modern Man in Search of a Soul*. San Diego: Harcourt Brace Jovanovich.

Kahn, R. L., Wolfe, D. M., Quinn, R. P., Snoek, J. D., & Rosenthal, R. A. (1964). *Organizational Stress: Studies in Role Conflict and Ambiguity*. NY: Wiley.

Kahneman, D., & Tversky, A. (1972). Subjective probability: A judgment of representativeness. *Cognitive Psychology*, 3, 430-454.

Kahneman, D., & Tversky, A. (1973). On the psychology of prediction. *Psychological Review*, 80, 237-251.

Kahneman, D., & Tversky, A. (1979). Prospect theory: An analysis of decisions under risk. *Econometrica*, 47, 263-291.

神谷俊次(2002). 感情とエピソード記憶 高橋雅延・谷口高士 (編) 感情と心理学. 北大路書房 pp.100-121.

Kanizsa, G. (1955). Margini quasi-percettivi in campi con stimolazione omogenea. *Rivista di*

Psicologia, **49**, 7-30.

Kaplan, R., & Kaplan, S. (1987). *The Experinece of Nature: A Psychological Perspective*. NY: Cambridge University Press.

Karasek, R. (1979). Job demands, job decision latitude, and mental strain: Implications for job redesign. *Administrative Science Quarterly*, **24**, 285-311.

鹿島晴雄・加藤元一郎・半田貴士 (1985). 慢性分裂病の前頭葉機能に関する神経心理学的検討——Wisconsin Card Sorting Test 新修正法による結果. 臨床精神医学, **14**, 1479-1489.

Katona, G. (1951). *Psychological Analysis of Economic Behavior*. NY: McGraw-Hill. (カトナ, G. 馬場正雄 (訳) (1954). 経済行動の心理学的分析. 経済研究, **5**, 243-245)

Katz, D. & Kahn, R. L. (1966). *The Social Psychology of Organizations*. NY: John Weily.

川喜田二郎 (1967). 発想法——創造性開発のために. 中央公論社.

Keesling, J. W. (1972). Maximum likelihood approaches to causal analysis, Ph.D. thesis, University of Chicago, Chicago.

Kitaoka, A., & Ashida, H. (2003). Phenomenal characteristics of the peripheral drift illusion. *Vision*, **15**, 261-262.

北山 忍・唐澤真弓 (1995). 自己——文化心理学的視座. 実験心理学研究, **35**, 1-31.

Kitayama, S., & Markus, H. R. (Eds.) (1994). *Emotion and culture: Empirical investigations of mutual influences*. American Psychological Association.

Kitayama, S., Mesquita, B., & Karasawa, M. (2006). Cultural affordances and emotional experience: Socially engaging and disengaging emotions in Japan and the United States. *Journal of Personality and Social Psychology*, **91**, 890-903.

小林秀樹 (1992). 集住のなわばり学. 彰国社.

小西啓史 (2007). 空間行動 佐古順彦・小西啓史 (編) 環境心理学. 朝倉書店 pp.66-87.

古澤平作 (1954). 罪悪意識の二種——阿闍世コンプレックス. 精神分析研究, **1**, 5-8.

厚生労働省 平成 23 年国民栄養・健康調査報告 〈http://www.mhlw.go.jp/bunya/kenkou/eiyou/h23-houkoku.html〉(2014 年 1 月 20 日)

Kretschmer, E. (1921). *Körperbau und Charakter: Untersuchungen zum Konstitutionsproblem und zur Lehre von den Temperamenten*. Berlin: Springer. (クレッチマー, E. 相場 均 (訳) (1955). 体格と性格. 文光堂)

Ladd, G. T. (1887). *Elements of Physiological Psychology*. NY: Scrbners.

Lange, C. G. (1885). *Om Sindsbevaegelser: Et psyko-fysiologisk Studie*. Copenhagen: Jacob Lunds.

Lazarus, R. S. (1984). Puzzles in the study of daily hassles. *Journal of Behavioral Medicine*, **7**, 375-389.

Lazarus, R. S. (1993). From psychological stress to the emotions: A history of changing outlook. *Annual Review of Psychology*, **44**, 1-21.

Lazarus, R. S., & Folkman, S. (1984). *Stress, Appraisal, and Coping*. NY: Springer. (ラザルス, R. S.・フォルクマン, S. 本明 寛・春木 豊・織田正美 (訳) (1991). ストレスの心理学——認知的評価と対処の研究. 実務教育出版)

Le Bon, G. (1895). *Psychologie des foules*. Paris: Félix Alcan.

Levinson, D. J. (1978). *The Seasons of Man's Life*. NY: Alfred A. Knopf. (レヴィンソン, D. J. 南 博 (訳) (1980). 人生の四季——中年をいかに生きるか. 講談社)

Lewin, K. (1948). *Resolving Social Conflicts: Selected Papers on Group Dynamics*. NY: Harper.

Li, Y., Johnson, K. A., Cohen, A. B., Williams, M. J., Knowles, E. D., & Chen, Z. (2012). Fundamental (ist) attribution error: Protestants are dispositionally focused. *Journal of*

Personality and Social Psychology, **102**, 281-290.

Lichtheim, L. (1885). On aphasia. *Brain*, **7**, 433-484.

Lindsay, P. H., & Norman, D. A. (1977). *Human Information Processing: An Introduction to Psychology*. 2nd ed. NY: Academic Press. (リンゼイ, P. H.・ノーマン, D. A. 中溝幸夫・箱田裕司・近藤倫明 (訳) (1984). 情報処理心理学入門 II 注意と記憶. サイエンス社)

Locke, E. A., & Latham, G. P. (1990). *A Theory of Goal Setting and Task Performance*. Engelwood Cliff, NJ: Prentice-Hall.

Locke, J. (1690). *An Essay Concerning Human Understanding*. London: Printed for The Buffet, and fold by Edw.Mory at the Sign of the Three Bibles in St. Pauls Church-Yard. 4vols.

Locke, J. (1700). *An Essay Concerning Human Understanding*. 4th ed. London: Printed for Awnsham and John Churchill at the Black Swan, and Samuel Manship at the ship.

Lorenz, K. (1943). Die angeborenen Formen möglicher Erfahrung. *Zeitschrift für Tierpsychologie*, **5**, 94-125.

Lutz, C. (1988). *Unnatural Emotions: Everyday Sentiments on a Micronesian Atoll and Their Challenge to Western Theory*. Chicago: University of Chicago Press.

Lynch, K. (1960). *The Image of the City*. Cambridge, MA: MIT Press. (リンチ, K. 丹下健三・富田玲子 (訳) (1968). 都市のイメージ. 岩波書店)

MacLean, P. D. (1970). The triune brain, emotion and scientific basis. In F. O. Schmitt (Eds.), *The Neurosciences: Second Study Program*. NY: Rockefeller University Press, pp.336-349.

Magai, C. (1995). Personality theory: Birth, death and transfigulation. In R. D. Kavanaugh, B. Zimmerberg & S. Fein (Eds.), *Emotion: Interdisciplinary Perspectives*. NY: Psychology Press. pp.171-201.

Mahler, M., Pine, F., & Bergman, A. (1975). *The Psychological Birth of the Human Infant: Symbiosis and Individuation*. NY: Basic Books. (マーラー, M.・パイン, F.・ベルグマン, A. 高橋雅士・織田正美・浜畑紀 (訳) (1981). 乳幼児の心理的誕生——母子共生と個体化. 黎明書房)

Markus, H. R., & Kitayama, S. (1991). Culture and the self: Implications for cognition, emotion, and motivation. *Psychological Review*, **98**, 224-253.

Marr, D. (1982). *Vision: A Computational Investigation into the Human Representation and Processing of Visual Information*. NY: Freeman.

Martinson, R. (1974). What works? Questions and answers about prison reform. *The Public Interest*, **35**, 22-54.

Maslow, A. H. (1943). A theory of human motivation. *Psychological Review*, **50**, 370-396.

Maslow, A. H. (1954). *Motivation and Personality*. NY: Harper & Row. (マズロー, H. A. 小口忠彦 (監訳) (1971). 人間性の心理学. 産業能率短期大学出版部)

Masuda, T., & Nisbett, R. E. (2001). Attending holistically versus analytically: Comparing the context sensitivity of Japanese and Americans. *Journal of Personality and Social Psychology*, **81**, 922-934.

Mathieu, J. E., & Zajac, D. M. (1990). A review and meta-analysis of the antecedents, correlates, and consequences of organizational commitment. *Psychological Bulletin*, **108**, 171-194.

Matsumoto D., & Ekman, P. (1988). Japanese and caucasian facial expressions of emotion (IACFEE) [Slides]. San Francisco, CA: Intercultural and Emotion Research Laboratory, Department of Psychology, San Francisco State University.

松本亦太郎 (1914). 実験心理学十講. 弘道館.
松本亦太郎 (1914). 精神的動作. 六合館.
松本亦太郎 (1923). 心理学講話. 改造社.
松本亦太郎 (1925). 智能心理学. 改造社.
松本亦太郎 (1926). 絵画鑑賞の心理. 岩波書店.
松本亦太郎 (1937). 心理学史. 改造社.
McArdle, J. J. & McDonald, R. P. (1984). Some algebraic properties of the reticular action model. *British Journal of Mathematical and Statistical Psychology*, 37, 234-251.
McClelland, D. C.(1961). *The Achieving Society*. Princeton, NJ: Van Nostrand. (マクレランド, D. C. 林 保 (監訳) (1971). 達成動機. 産業能率短期大学出版部)
McClelland, J. L.& Rumelhart, D. E. (1981). An interactive activation model of context effects in letter perception: Part 1. An account of basic findings. *Psychological Review*, 88, 375-407.
McDougall, W. (1908). *An Introduction to Social Psychology*. London: Methuen.
McDougall, W. (1920). *The Group Mind*. NY: Putnam.
Meins, E. (1997). *Security of Attachment and the Social Development of Cognition*. Hove, East Sussex: Psychology Press.
Mendel, G. (1866). Versuche über Pflanzen-Hybriden. *Verhandlungen des Naturforschenden Vereines in Brünn*, 4, 3-47.
Merton, R. K. (1938). *Science, Technology and Society in Seventeenth Century England*. Bruges, Belgium: Saint Catherine Press.
Mesquita, B., & Leu, J. (2007). The cultural psychology of emotions. In: S. Kitayama & D. Cohen (Eds.), *Handbook of Cultural Psychology*. NY: Guilford Press. pp.734-759.
Meumann, E. (1900). Entstehung und Ziele der experimentellen Pädagogik. Referat an der zürcherischen Schulsynode vom 24. September 1900 in Thalweil. *Bericht über die Verhandlungen der Zürcherischen Schulsynode*, 70-105.

Milgram, S. (1963). Behavioral study of obedience. *Journal of Abnormal and Social Psychology*, 67, 371-378.
Miller, N. E., & Dollard, J. (1941). *Social Learning and Imitation*. New Haven, CT: Yale University Press. (ミラー, N. E.・ドラード, J. エール大学人間関係研究所 山内光哉・祐宗省三・細田和雅 (訳) (1956). 社会的学習と模倣. 理想社)
Mischell, W. (1968). *Personality and Assessment*. NY: Wiley. (ミシェル, W. 詫摩武俊 (監訳) (1992). パーソナリティの理論――状況主義的アプローチ. 誠信書房)
Mischel, W., & Shoda, Y. (1995). A cognitive-affective system theory of personality: Reconceptualizing situations, dispositions, dynamics, and invariance in personality structure. *Psychological Review*, 102, 246-268.
Miyamoto, Y., Nisbett, R. E., & Masuda, T. (2006). Culture and the physical environment: Holistic versus analytic perceptual affordances. *Psychological Science*, 17, 113-119.
Miyamoto, Y., Uchida, Y., & Ellsworth, P. C. (2010). Culture and mixed emotions: Co-occurrence of positive and negative emotions in Japan and the United States. *Emotion*, 10, 404-415.
Molina M. & Jouen F. (1998). Modulation of the palmar grasp behavior in neonates according to texture property. *Infant Behavior and Development*, 21, 659-666
文部科学省初等中等教育局児童生徒課 (2012). 平成23年度「児童生徒の問題行動等生徒指導上の諸問題に関する調査」について〈http://www.mext.go.jp/b_menu/houdou/24/09/_icsFiles/afieldfile/2012/09/11/1325751_01.pdf〉(2014年1月18日)
Moon, J. (2002). *The Module and Programme Development Handbook: A Practical Guide to Linking Levels, Learning Outcomes and*

Assessment. London: Kogan Page.

Morgan, C. L. (1894). *An Introduction to Comparative Psychology*. London: W. Scott.

Morgan, T. H. (1910). Sex-limited inheritance in Drosophila. *Science*, **32**, 120-122.

森 周司・香田 徹（編）(2011). 音響サイエンスシリーズ3 聴覚モデル. コロナ社.

Morris, M. W., & Peng, K. (1994). Culture and cause: American and Chinese attributions for social and physical events. *Journal of Personality and Social Psychology*, **67**, 949-971.

Morris, R. G. M. (1981). Spatial localisation does not depend on the presence of local cues. *Learning and Motivation*, **12**, 239-260.

元良勇次郎（1890). 心理学. 金港堂.

元良勇次郎（1893). 倫理学. 小野英之助.

元良勇次郎（1897). 心理学十回講義. 富山房.

元良勇次郎（1907). 心理学綱要. 弘道館.

元良勇次郎（1909). 論文集. 弘道館.

元良勇次郎（1915). 心理学概論. 丁未出版社.

Mullen, P. E., Pathé, M., Purcell, R. (2000). *Stalkers and Their Victims*. Cambridge, U.K.: NY: Cambridge University Press.

Müller-Lyer, F. C. (1889). Optische Urteilstauschungen. Archiv für Anatomie und Physiologie. *Physiologische Abteilung*, **2**, 263-270.

Münsterberg, H. (1908). *On the Witness Stand: Essays on Psychology and Crime*. NY: Doubleday,Page.

Münsterberg, H. (1909a). *Psychology and the Teacher*. NY: Appleton.

Münsterberg, H. (1909b). *Psychotherapy*. NY: Moffat Yard.

Münsterberg, H. (1912). *Psychologie und Wirtschaftsleben: Ein Beitrag zur angewandten Experimental-Psychologie*. Leipzig: Barth.

Münsterberg, H. (1913). *Psychology and Industrial Efficiency*. Boston and NY: Houghton Mifflin.

Murray, E. J. (1964). *Motivation and Emotion*. Englewood Cliff, NJ: Prentice-Hall. (マレー, E. J. 八木 冕（訳）(1966). 動機と情緒. 岩波書店)

内閣府（2011). 平成23年版子ども・若者白書 〈http://www8.cao.go.jp/youth/whitepaper/h23honpenhtml/index.html〉（2014年1月18日）

内閣府子ども若者・子育て施策総合推進室（2011). ひきこもり支援者読本（PDF版）〈http://www8.cao.go.jp/youth/kenkyu/hikikomori/handbook/ua_mkj_pdf.html〉（2014年1月18日）

Nelson, H. E. (1976). A modified card sorting test sensitive to frontal lobe defects. *Cortex*, **12**, 313-324.

Neumann, J. von, & Morgenstern, O. (1944). *Theory of Games and Economic Behavior*. Princeton, NJ: Princeton University Press. (フォン・ノイマン, J.・モルゲンシュテルン, O. 銀林浩・橋本和美・宮本敏雄（監訳）(2009). ゲームの理論と経済行動 全3巻. 筑摩書房）

Newcomb, T., Koenig, K. E., Flacks, R., & Warwick, D. P. (1967). *Persistence and Change: Bennington College and Its Students After 25 Years*. NY: Wiley.

Newell, A., & Simon, H. A. (1972). *Human Problem Solving*. Englewood Cliffs, NJ: Prentice-Hall.

Neyman, J. & Pearson, E. S. (1928a). On the use and interpretation of certain test criteria for purpose of statistical inference: Part I. *Biometrika*, **20A**, 175-240.

Neyman, J. & Pearson, E. S. (1928b). On the use and interpretation of certain test criteria for purpose of statistical inference: Part II. *Biometrika*, **20A**, 263-294.

Neyman, J. & Pearson, E. S. (1933a). On the problem of the most efficient test of statistical hypotheses. *Philosophical Transactions of the Royal Society of London*, Series

A, **231**, 289-337.

Neyman, J. & Pearson, E. S. (1933b). The testing of statistical hypotheses in relation to probabilities a priori. *Proceedings of the Cambridge Philosophical Society*, **29**, 492-510.

Neyman, J. & Pearson, E. S. (1936a). Contributions to the theory of testing statistical hypotheses (Part I). *Statistical Research Memoirs*, **1**, 1-37.

Neyman, J. & Pearson, E. S. (1936b). Sufficient statistics and uniformly most powerful tests of statistical hypotheses. *Statistical Research Memoirs*, **1**, 113-137.

Neyman, J. & Pearson, E. S. (1938). Contributions to the theory of testing statistical hypotheses (Part II, III). *Statistical Research Memoirs*, **2**, 25-57.

日本学術会議大学教育の分野別質保証の在り方検討委員会 (2010). 大学教育の分野別の質保証のための教育課程編成上の参照基準について——趣旨の解説と作成の手引き 日本学術会議 大学教育の分野別質保証の在り方について(回答) pp.16-20.

Nisbett, R. E., Peng, K., Choi, I., & Norenzayan, A. (2001). Culture and systems of thought: Holistic versus analytic cognition. *Psychological Review*, **108**, 291-310.

Nisbett, R. E., & Cohen, D. (1996). *Culture of Honor: The Psychology of Violence in the South*. Boulder, CO: Westview Press.

西 周 (1875-76). 心理学 1-3巻. 文部省.

Nonaka, I., & Takeuchi, H. (1995). *The Knowledge Creating Company: How Japanese Companies Create the Dynamics of Innovation*. NY: Oxford University Press.

大場 淳 (2009). フランスにおける高等教育の質保証. 羽田貴史・米澤彰純・杉本和弘 (編) 高等教育質保証の国際比較. 東信堂 pp. 177-195.

Ogawa, S., Lee, T. M., Kay, A. R., & Tank, D. W. (1990). Brain magnetic resonance imaging with contrast dependent on blood oxygenation. *Proceedings of the National Academy of Sciences of the United States of America*, **87**, 9868-9872.

Olton, D. S., & Samuelson, R. J. (1976). Remembrance of places passed: Spatial memory in rats. *Journal of Experimental Psychology: Animal Behavior Processes*, **2**, 97-116.

小澤瀞司・福田康一郎 (総編集) 本間研一・大森治紀・大橋俊夫 (編) (2009). 標準生理学 第7版. 医学書院.

Paivio, A. (1971). *Imagery and Verbal Processes*. NY: Holt, Rinehart and Winston.

Papez, J. W. (1937). A proposed mechanism of emotion. *Archives of Neurology & Psychiatry*, **38**, 725-743.

Pavlov, I. P. (1928). *Lectures on Conditioned Reflex: Twenty Five Years of Objective Study of the Higher Neurons Activity (behavior) of Animals*. NY: International Publishers.

Penfield, W. & Rasmussen, T. (1950). *The Cerebral Cortex of Man: A Clinical Study of Localization of Function*. NY: MacMillan.

Peng, K., & Nisbett, R. E. (1999). Culture, dialectics, and reasoning about contradiction. *American Psychologist*, **54**, 741-754.

Persons, F. (1909). *Choosing a Vocation*, Boston: Houghton Mifflin.

Peterson, C., & Seligman, M. E. P. (2004). *Character Strengths and Virtues*. Oxford: Oxford University Press.

Petty, R. E., & Cacioppo, J. P. (1986). The elaboration likelihood model of persuasion. In L. Berkowitz (Ed.), *Advances in Experimental Social Psychology*, **19**, NY: Academic Press. pp.123-205.

Pike, K. L. (1967). *Language in Relation to a Unified Theory of the Structure of Human Behavior*. The Hague: Mouton.

Pinna, B., Brelstaff, G., & Spillmann, L. (2001). Surface color from boundaries: A new 'watercolor' illusion. *Vision Research*, **41**, 2669-2676.

Ponzo, M. (1912). Paports entre quelques illusions visuelles de contraste angulaire et l'appréciation de grandeur des astres à l'horizon. *Archives Italiennes de Biologie*, **58**, 327-329.

Porter, L. W., & Lawler III, E. E. (1968). *Managerial Attitudes and Performance*. Homewood, IL: Dorsey.

Posner, M. I., Snyder, C. R., & Davidson, B. J. (1980). Attention and the detection of signals. *Journal of Experimental Psychology*, **109**, 160-174.

Presson, C. C., & M. D. Hazelrigg. (1984). Building spatial representations through primary and secondary learning. *Journal of Experimental Psychology: Learning, Memory, and Cognition*, **10**, 716-722.

Prochaska, J. O., Norcross, J. C., & DiClemente, C. C. (1994). *Changing for Good: A Revolutionary Six-stage Program for Overcoming Bad Habits and Moving Your Life Positively Forward*. NY: William Morrow and Company, Inc. (プロチャスカ, J. O.・ノークロス, J. C.・ディクレメンテ, C. C. 中村正和（監訳）(2005). チェンジング・フォー・グッド——ステージ変容理論で上手に行動を変える. 法研)

Pylyshyn, Z. W. (1973). What the mind's eye tells the mind's brain: A critique of mental imagery. *Psychological Bulletin*, **80**, 11-24.

Qin, Y., Bothell, D., & Anderson, J. R. (2007). ACT-R meets fMRI. *Lecture Notes in Computer Science*, **4845**, 205-222.

Rachlin, H., and Green, L. (1972). Commitment, choice, and self-control. *Journal of the Experimental Analysis of Behavior*, **15**, 15-22.

Raven, B. H. (1965). Social influence and power. In I. D. Steiner, & M. Fishbein (Eds.), *Current Studies in Social Psychology*. NY: Holt, Rinehart, Winston. pp.371-382.

Rochat, P. (1987). Mouthing and grasping in neonates: Evidence for the early detection of what hard or soft substance afford for action. *Infant Behavior and Development*, **10**, 435-449.

Rogers, C. R. (1942). *Counseling and Psychotherapy: Newer Concepts in Practice*. Boston: Houghton Mifflin. (ロジャーズ, C. R. 末武康弘・保坂亨・諸富祥彦（共訳）(2005). カウンセリングと心理療法. 岩崎学術出版社)

Romanes, G. J. (1882). *Animal Intelligence*. London: Kegan Paul, Trench.

Romanes, G. J. (1884). *Mental Evolution in Animals*. NY: Appleton.

Rorschach, H. (1921). *Psychodiagnostik: Methodik und Ergebnisse eines wahrnehmungsdiagnostischen Experiments*. Bern: Ernst Bircher, 3Bd.

Ross, E. A. (1908). *Social Psychology: An outline and source book*. NY: Macmillan.

Rothbart, M. K., & Derryberry, D. (1981). Development of individual differences in temperament. In M. E. Lamb & A. L. Brown (Eds.), *Advances in Developmental Psychology*. Hillsdale, NJ: Erlbaum. pp.37-86.

Rubin E. (1915). *Synsoplevede Figurer, Studier i psykologisk Analyse*, 1. Del. Copenhagen: Gyldendalske Boghandel.

Rumelhart, D. E., Hinton, G. E., & Williams, R. J. (1986). Learning internal representations by error propagation. In D. E. Rumelhart, J. L. McClelland, & the PDP Research Group (Eds.), *Paralled Distributed Processing: Explorations in the Microstructure of Cognition*. Vol. 1. Cambridge, MA: The MIT Press, pp.318-362.

Russell, J. A., & Ward, L. M. (1982). Environmental psychology. *Annual Review of Psychology*, **33**, 651-689.

佐古順彦・小西啓史（編）(2007). 環境心理学.

朝倉書店

Saupe, J. L. (1990). *The Functions of Institutional Research*. 2nd ed. Tallahassee, FL: Association for Institutional Research.

Schachter, S., & Singer, J. (1962). Cognitive, social, and physiological determinants of emotional state. *Psychological Review*, **69**, 379-399.

Schaufeli, W.B., & Dijkstra, P. (2010). *Bevlogen aan het werk*. Zaltbommel: Thema.（シャウフェリ, W. B.・ダイクストラ, P. 島津明人・佐藤美奈子（訳）(2012). ワーク・エンゲイジメント入門. 星和書店）

Schein, E. H. (1978). *Career Dynamics: Matching Individual Needs and Organizational Needs*. Reading, MA: Addison-Wesley.（シャイン, E. H. 二村敏子・三善勝代（訳）(1991).キャリア・ダイナミクス. 白桃書房）

Scherer, K. R. (2005). What are emotions? And how can they be measured? *Social Science Information*, **44**, 695-729.

Schmidt, R. A. (1975). A Schema theory of discrete motor skill learning. *Psychological Review*, **82**, 225-260.

Scott, W. D. (1908). *The Psychology of Advertising in Theory and Practice*. Boston: Small, Maynard.

Seligman, M. E. P. (1998). Building human strength: Psychology's forgotten mission. *APA Monitor*, **29**, 2.

Seligman, M. E. P., & Csikszentmihalyi, M. (2000). Positive psychology: An introduction. *American Psychologist*, **55**, 5-14.

Senge, P. M. (1990). *The Fifth Discipline: The Art and Practice of the Learning Organization*. NY: Doubleday.（ゼンゲ, P. M. 守部信之（訳）(1995). 最強組織の法則――新時代のチームワークとは何か. 徳間書店）

Shavelson, R. J., Hubner, J. J., & Stanton, G. C. (1976). Self-concept: Validation of construct interpretations. *Review of Educational Research*, **46**, 407-441.

Shaw, C. R. & McKay, H. D. (1942). *Juvenile Delinquency in Urban Areas*. Chicago: University of Chicago Press.

Shemyakin, F. N. (1962). General problems of orientation in space and space representations. In B. G. Anan'yev (Ed.), *Psychological Science in the USSR*. vol. 1, (NTIS Report No. TT62-11083). Washington, DC: Office of Technical Services. pp.184-225.

Shepard, R. N., & Metzler, J. T. (1971). Mental rotation of three dimensional objects. *Science*, **171**, 701-703.

島井哲志（編）(2006). ポジティブ心理学――21世紀の心理学の可能性. ナカニシヤ出版.

Shweder, R. A. (1990). Cultural psychology: What is it? In J. W. Stigler, R. A. Shweder, & G. Herdt (Eds.), *Cultural Psychology: Essays on Comparative Human Development*. Cambridge: Cambridge University Press. pp. 1-43.

Shweder, R. A. (1995). The confessions of a methodological individualist. *Culture & Psychology*, **1**, 115-122.

Siegel, A. W., & White, S. H. (1975). The development of spatial representations of large-scale environments. In H. W. Reese (Ed.), *Advances in Child Development and Behavior*, 10. NY: Academic Press. pp.9-55.

Siegrist, J. (1996). Adverse health effects of high-effort/low-reward conditions. *Journal of Occupational Health Psychology*, **1**, 27-41.

Sifneos, P. E. (1972). *Short-term Psychotherapy and Emotional Crisis*. Cambridge, MA: Harvard University Press.

Simon, H. A. (1956). Rational choice and the structure of the environment. *Psychological Review*, **63**, 129-138.

Sin, N. L., & Lyubomirsky, S. (2009). Enhancing well-being and alleviating depressive symptoms with positive psychology interventions: A practice-friendly meta-analysis.

Journal of Clinical Psychology. In Session, **65**, 467-487.

Siqueland, E. R., & Lipsitt, L. P. (1966). Conditioned head-turning in human newborns. *Journal of Experimental Child Psychology*, **3**, 356-376.

Smith, M. L., & Glass, G. V. (1977). Meta-analysis of psychotherapy outcome studies. *American Psychologist*, **32**, 752-760.

Smith, R. H. (2000). Assimilative and contrastive emotional reactions to upward and downward social comparison. In J. Suls, & L. Wheeler (Eds.), *Handbook of social comparison: Theory and Research*. NY: Kluwer Academic/Plenum Publishers. pp.173-200.

Snibbe, A. C., & Markus, H. R. (2005). You can't always get what you want: Educational attainment, agency, and choice. *Journal of Personality and Social Psychology*, **88**, 703-720.

Sommer, R. (1969). *Personal Space: the Behavioral Basis of Design*. Englewood Cliffs, NJ: Prentice-Hall.

総務省統計局 (2011) 平成23年労働力調査年報〈http://www.stat.go.jp/data/roudou/report/2011/〉(2014年1月18日)

Spence, K. W. (1937). The differential response in animals to stimuli varying within a single dimension. *Psychological Review*, **44**, 430-444.

Spencer, H. (1855). *The Principle of Psychology*. London: Longman, Brown, Green, & Longmans.

Spencer, H. (1864). *The Principle of Biology*. London: Williams & Norgate.

Spencer, H. (1873). *The Principle of Sociology*. London: Henry S. King.

Spinoza, B. (1677). Ethica ordine geometrico demonstrata. Amsterdam: Jan Rieuwertsz. im Nachdruck von Gebhardt (Hg.) (1924). *Spinoza Opera II, Auftrage der Heiderberger Akademie der Wissenschaften*, Heidelberg: Carl Winter. (スピノザ, B. 畠中尚志 (訳) (1951). エチカ 上/下. 岩波書店)

Srivastava, S., Angelo, K. M., & Vallereux, S. R. (2008). Extraversion and positive affect: A day reconstruction study of person-environment transactions. *Journal of Research in Personality*, **42**, 1613-1618.

Srull, T. K., & Wyer, R. S. (1979). The role of category accessibility in the interpretation of information about persons: Some determinants and implications. *Journal of Personality and Social Psychology*, **37**, 1660-1672.

Stern, D. N. (1985). *The Interpersonal World of the Infant: A View from Psychoanalysis and Developmental Psychology*. NY: Basic Books. (スターン, D. N. 小此木啓吾・丸田俊彦 (監訳) (1989). 乳児の対人世界【理論編】. 岩崎学術出版社)

Stevens, S. S. (1957). On the psychophysical law. *Psychological Review*, **64**, 153-181.

Sturtevant, A. H. (1915). Experiments on sex recognition and the problem of sexual selection in Drosophila. *Journal of Animal Behavior*, **5**, 351-366.

Super, D. E. (1957). *The Psychology of Careers: An Introduction to Vocational Development*. NY: Harper & Brothers. (スーパー, D. E. 日本職業指導学会 (訳) (1960). 職業生活の心理学——職業経歴と職業の発達. 誠信書房)

Super, D. E. (1990). A life-span, life-space approach to career development. In D. Brown & L. Brooks (Eds.), *Career Choice and Development: Applying Contemporary Theories to Practice*. 2nd ed. San Francisco: Jossey-Bass, pp197-261.

Sutherland, E. H. (1939). *Principles of Criminology*. 3rd ed. Philadelphia, PA: Lippincott.

Sutherland, E. H. (1940). The white collar criminal. *American Sociological Review*, **5**, 1-12.

Sutherland, E. H. (1947). *Principles of Criminology*. 4th ed. Philadelphia, PA: Lippincott.

高橋雅延 (1997). 悲しみの認知心理学——気分と記憶の関係 松井 豊(編) 悲嘆の心理. サイエンス社, pp.52-82.

Taylor, F. W. (1911). *The Principles of Scientific Management*. NY and London: Harper & brothers. (テイラー, F. W. 上野陽一(訳) (1969). 科学的管理法. 産業能率大学出版部)

Taylor, S. E., & Brown, J. D. (1988). Illusion and well-being: A social psychological perspective on mental health. *Psychological Bulletin*, **103**, 193-210.

Temoshok, L., Heller, B.W., Sagebiel, R.W., Blois, M.S., Sweet, D.M., DiClemente, R.J. & Gold, M.L. (1985). The relationship of psychosocial factors to prognostic indicators in cutaneous malignant melanoma. *Journal of Psychosomatic Research*, **29**, 139-153.

Thelen, E., Fisher, D. M., & Ridley-JohnsonThe, R. (1984). Relationship between physical growth and a newborn reflex. *Infant Behavior and Development*, **7**, 479-493.

Thomas, A., & Chess, S. (1963). *Behavioral Individuality in Early Childhood*. NY: New York University Press.

Thorndike, E. L. (1898). Animal intelligence: An experimental study of the associative processes in animals. *Psychological Review Monograph Supplement*, **2**, No.8.

Thorndike, E. L. (1903). *Educational Psychology*. NY: Lemcke and Buechner. (ソーンダイク, E. L. 安藤文郎・田原博愛(訳) (1932). 教育心理学. 培風館)

Thorndike, E. L. (1911). *Animal Intelligence: An Experimental Studies*. NY: The Macmillan.

Thorndike, E. L. (1913-1914). *Educational Psychology*. NY: Teachers College, Columbia University. 3vols.

Thorndyke, P. W., & Hayes-Roth, B. (1982). Differences in spatial knowledge acquired from maps and navigation. *Cognitive Psychology*, **14**, 560-589.

Thurstone, L. L. (1928). Attitudes can be measured. *American Journal of Sociology*, **33**, 529-554.

Tolman, E. C. (1948). Cognitive maps in rats and men. *Psychological Review*, **55**, 189-208.

東山 薫(2012). 「心の理論」の再検討. 風間書房.

Treisman, A. (1986). Features and objects in visual processing. *Scientific American*, **255**, 114-125.

Triandis, H. C. (1995). *Individualism and Collectivism*. Boulder, CO: Westview Press.

Triplett, N. (1898). The dynamogenic factors in pacemaking and competition. *American Journal of Psychology*, **9**, 507-533.

恒吉僚子(1992). 人間形成の日米比較. 中公新書.

Tulving, E., Schacter, D. L., & Stark, H. A. (1982). Priming effects in word-fragment completion are independent of recognition memory. *Journal of Experimental Psychology: Learning, Memory, and Cognition*, **8**, 336-342.

Tversky, A., & Kahneman, D. (1973). Availability: A heuristic for judging frequency and probability. *Cognitive Psychology*, **5**, 207-232.

Uchida, Y., & Kitayama, S. (2009). Happiness and unhappiness in east and west: Themes and variations. *Emotion*, **9**, 441-456.

Uchida, Y., Norasakkunkit, V., & Kitayama, S. (2004). Cultural constructions of happiness: Theory and empirical evidence. *Journal of Happiness Studies*, **5**, 223-239.

Uchida, Y., Townsend, S. S. M., Markus, H. R., & Bergsieker, H. B. (2009). Emotions as within or between people? Cultural variation in lay theories of emotion expression and inference. *Personality and Social Psychology Bulletin*, **35**, 1427-1439.

Ullman, S. (2007). Object recognition and

segmentation by a fragment-based hierarchy. *Trend in Cognitive Sciences*, 11, 58-64, p.60.

Vroom, V. H. (1964). *Work and Motivation*. NY: Wiley.(ヴルーム, V. H. 坂下昭宣ほか(共訳)(1982). 仕事とモティベーション. 千倉書房)

若林芳樹 (1995). 環境認知の諸相. 菊池俊夫・若林芳樹・山根拓・島津俊之 人間環境の地理学. 開成出版, pp.109-125.

Walker, L. E. (1979). *The Battered Woman*. NY: Harper and Row.

Walster, E., & Fetsinger, L. (1962). The effectiveness of "overheard" persuasive communication. *Journal of Abnormal and Social Psychology*, 65, 395-402.

Watson, J. B. (1913). Psychology as the behaviorist views it. *Psychological Review*, 20, 158-177.

Wellman, H. M., Cross, D., & Watson, J. (2001). Meta-analysis of theory-of-mind development: The truth about false belief. *Child Development*, 72, 655-684.

Wertheimer, M. (1912). Experimentelle Studien über das Sehen von Bewegung. *Zeitschrift für Psychologie und Physiologie der Sinnesorgane*, 61, 161-265.

Wiebe, D. J., & Fortenberry, K. T. (2006). Mechanisms relating personality and health. In M. Vollrath (Ed.), *Handbook of Personality and Health*. Wiley & Sons. pp.137-156.

Wiley, D. E. (1973). The identification problem for structural equation models with unmeasured variables. In A. S. Goldberger & O. D. Duncan (Eds.), *Structural Equation Models in the Social Sciences*. NY: Academic Press. pp.69-83.

Wilson, E. O. (1975). *Sociobiology: The New Synthesis*. Cambridge, Mass.: Belknap Press of Harvard University Press.(ウィルソン, E. O. 坂上昭一(訳)(1999). 社会生物学. 新思索社)

Wilson, E. O. (1984). *Biophilia*. Cambridge: Harvard University Press.

Winograd, T. (1971). Procedures as a Representation for Data in a Computer Program for Understanding Natural Language. MAC-TR-84, MIT Project MAC.

Woodworth, R. S. (1918). *Dynamic Psychology*. NY: Columbia University Press.

World Health Organization (1992). *The ICD-10 Classification of Mental and Behavioural Guidelines*. Geneva: World Health Organization.(世界保健機構 融 道男(監訳)(1993). ICD-10 精神および行動の障害――臨床記述と診断ガイドライン. 医学書院)

World Health Organization (2001). *International Classification of Functioning, Disability and Health: ICF*. Geneva: World Health Organization.(世界保健機構 障害者福祉研究会(編)(2002). ICF 国際生活機能分類――国際障害分類改定版. 中央法規)

Wright, S. (1931). Evolution in mendelian populations. *Genetics*, 16, 97-159.

Wundt, W. (1874). *Grundzüge der physiologischen Psychologie*. Leipzig: Engelmann.

Wundt, W. (1900-20). *Völkerpsychologie: eine Untersuchung der Entwicklungsgesetze von Sprache, Mythus und Sitte*. Leipzig: Engelmann. 10Bde.

山岸明子(1985). 日本における道徳判断の発達. 永野重史(編)道徳性の発達と教育――コールバーグ理論の展開. 新曜社.

Yuki, M., Maddux, W. W., & Masuda, T. (2007). Are the windows to the soul the same in the East and West? Cultural differences in using the eyes and mouth as cues to recognize emotions in Japan and the United States. *Journal of Experimental Social Psychology*, 43, 303-311.

Zimbardo, P. G. (1971). The power and pathology of imprisonment. *Congressional Record*. (Serial No. 15, October 25, 1971). Hearings before Subcommittee No. 3, of the Committee on the Judiciary, House of

Representatives, Ninety-Second Congress. *First Session on Corrections, Part II, Prisons, Prison Reform and Prisoner's Rights: California.* Washington, DC: U. S. Government Printing Office.

Zöllner, F. (1860). Über eine neue Art von Pseudoskopie und ihre Beziehungen zu den von Plateau und Oppel beschriebenen Bewegungsphänomenen. *Annalen der Physik und Chemie*, **186**, 500-523.

Zube, E. H., Sell, J. L., & Taylor, J. G. (1982). Landscape perception: Research, application and theory. *Landscape Planning*, **9**, 1-33.

Zubin, J., & Spring, B. (1977). Vulnerability: A new view on schizophrenia. *Journal of Abnormal Psychology*, **86**, 103-126.

索 引

索引凡例

1. 索引は，事項索引と人名索引に分け，同順にて掲載する。
2. 事項索引は，基本的に事項篇においてゴシック体，太明朝体で示された項目で構成する。
3. 事項索引の配列は以下の原則による。
    (1) 和文のみ，数字，アルファベット，ギリシャ文字で始まるものに分類し，同順にて配列した。
    (2) 和文は五十音順に配列し，促音，拗音も音順に加え，清音→濁音→半濁音の順とした。ただし，長音（ー），ハイフン（-，=），中黒（・）は無視した。
    (3) 数字は，原則索引語の冒頭に数字を含むものを集めた。
    (4) アルファベット，ギリシャ文字は，いずれもアルファベット順とした。
4. 人名索引の配列は以下の原則による。
    (1) ファミリーネームのアルファベット順に配列した。日本人はヘボン式のローマ字による読み方にて組み込んだ。
    (2) 同姓の場合は，パーソナルネームの順とした。
5. 索引ページの太文字数字（ボールド体）は，事項索引は領域冒頭，大項目及び小項目の在処等を示し，人名索引は人名篇内の在処等を示した。
6. 同一の概念で異なる呼称や訳語があるものについては，該当する頁を一括し，その参照先を「見よ項目」として矢印（→）で示した。ただし和文索引の項目とアルファベットによる略称との対応に関してはこの限りではない。

    例： 愛着　→アタッチメント
    　　　ビッグファイブ理論　→5因子モデル
    　　　恒常性維持　→ホメオスタシス

7. 同一の呼称であっても異なる内容を表すものが複数ある場合，その一方ないし各々の項目の後に（　）で領域や名称等を示すことで区別をした。

    例： 経験主義
    　　　経験主義（教育の）
    　　　ASD（自閉症スペクトラム）
    　　　ASD（急性ストレス障害）

事項索引

あ

愛着 →アタッチメント
愛着行動 →アタッチメント
愛着スタイルの文化差……………………838, **840**
アイデンティティ……………………213, **214**, 889
アイデンティティ拡散…………………**214**, 959
アイデンティティ・ステイタス（マーシャの理論）
　………………………………………………**214**, 959
アウェアネス……………………………493, **494**
アウストラロピテクス類………………760, **761**
アウトプレースメント……………………………**595**
アウトリーチ……………………………439, **440**, 686
アーカイブ……………………………………………**28**
アカウンタビリティ……………………546, **547**
明るさ………………………………………………149
　――の対比………………………………………**150**
亜急性疲労…………………………………………**583**
アクション・リサーチ……40, **47**, 278, **279**, 826, 975
アクセシビリティ………………………………665, **666**
アクセプタンス＆コミットメント・セラピー
　……………………………………381, **382**, 949
アクチン……………………………………………**481**
アクティブ・カウンセリング………………………391
悪霊学……………………………………………397, **398**
アーゴノミクス……………………………582, **583**
欺き…………………………………………………**765**
味……………………………………………………177
　――の地図 →味覚地図
　――・匂いの感覚受容…………………793, **794**
味物質……………………………………………176, **177**
阿闍世コンプレックス……………………371, **372**, 905
アージ理論………………………………………294, **295**
アスペルガー障害………………………………428, **429**
アセスメント……………………224, **239**, 360, 690
　生物・心理・社会の各次元からの――…………736
　非行少年・犯罪者の――…………………………735
アセスメント・センター・メソッド………………**616**
アセチルコリン………………………………………**469**
アタッチメント（愛着）………23, **199**, 430, 728, 887
アタッチメント障害…………………………………**200**

アダルト・アタッチメント・インタビュー 199, **200**
アナルトリー…………………………………………**450**
アナロジー……………………………**130**, 748, **750**, 760
アファーマティブ・アクション……………665, **666**
アフォーダンス理論……………………………807, **808**
アフリカからの拡散………………………………761
アミロイドPET検査……………………………455, **456**
アメフラシ類……………………………………798, **799**
アメリカ社会心理学の黄金期………………………**24**
アメリカ知的・発達障害協会…………………433, **434**
アメリカの影響………………………………………25, **26**
アリル…………………………………………………**775**
アルコホーリクス・アノニマス………………738, **739**
アルツハイマー病………………………………455, **456**
アルディピテクス・カダバ…………………………760
アルディピテクス・ラミダス………………………760
アルバート（坊や）の実験…………………………18, **19**
アレキシサイミア………………………**319**, 642, 913
アレの逆説 →アレのパラドックス
アレのパラドックス………………………**132**, 857, **858**
アレル………………………………………………**774**, **775**
アロメトリー……………………………………762, **763**
アンカー概念………………………………………241
アンカーポイント理論…………………………808, **809**
アンカリング………………………………………149
　――・ヒューリスティックス……………………149
アンカリング効果………………………………857, **858**
暗順応……………………………………………149, **152**
暗所視……………………………………………149, **152**
暗数…………………………………………722, **723**, 744
安全基地……………………………………………199
安全文化……………………………………………**585**
安全マネジメント……………………………………**584**
安定型………………………………………………199
安定性と変化……………………………………348, **349**
アンビヴァレント型…………………………………199
暗黙知……………………………………………624, **625**
暗黙の協調……………………………………………**611**
暗黙のルール…………………………………………**629**

い

イオンチャネル……460, **461**
鋳型照合モデル……109
怒り……308, **309**, 641, **642**, 845, **846**
怒り報復型（MTC 強姦犯類型）……709, **710**
閾……56, 143
閾下効果……250, **251**
閾下刺激……261
息切れ……411
イギリスの臨床心理学の専門職化……353, **355**
育児……216, 759
育児ストレス……**216**, 651
　　——と健康……**652**
育児不安……**216**
意識……**493, 494**, 769
意思決定……**131**, 299, **493, 494**
　　——のバイアス……**856**
　　——のパラドックス……856
　確実性下の——……854
　不確実性下の——……854
　リスク下の——……854
意思決定研究……850
意思決定理論……**854**
意思・習慣から独立した神経系による動作の原理……306
異時点間選択……861, **862**
いじめ……**239**
異常心理学……**397**
　　——の原因論……**399**
維持リハーサル……123
偉人論……621, **622**
依存……392, **393**
依存性……342, **343**
依存性パーソナリティ障害……426
一次運動……159
一次運動野……483, **485**
一次記憶……119
一次強化……75, **76**
一次強化子……75
一次視覚野……470, **472**
一次条件づけ……68
一次資料……**28**
一次聴覚野……474, **475**
一次的評価……318

一次味覚野……**479**
一次リハーサル →維持リハーサル
一事例実験デザイン……**356**, 376, 377
移調……**73**
一貫性……823, 923, 962
一級症状……423
一斉指導……228, **229**
一致推定量……**519**
一対比較法……143
一般化円筒……164, **165**
一般化可能性理論……566, **567**
一般化された運動プログラム……96
一般化線形モデル……534
一般知能……209, **210**, 785
一般知能（の遺伝）……**786**
一般的信頼……270
一般マッチング法則……79, **80**
一夫一妻……273
逸話法……**8**, 752
偽りの記憶……**128**
遺伝……**772**
　　——と環境の相互作用……**782**
　　——の仕組み……**774**
遺伝カウンセリング……800, **801**
遺伝型（遺伝子型）……774, **775**
遺伝−環境論争……329, **330**, 805, 937
遺伝研究の倫理……**800**
遺伝子……774, **775**
　　——・環境交互作用……782, **783**
　　——・環境相関……783, **784**
　　——と文化の共進化……**761**
遺伝子改変動物……495
遺伝子発現……777, **778**
遺伝相関……783, **784**
遺伝的アルゴリズム……**540**
遺伝的革新……783, **784**
遺伝的浮動……748, **749**
遺伝率……780, **781**
遺伝論……331
移動介護従業者……677, **678**
異同概念……92
意図の推論……253, **254**
遺尿症……431
イヌ……765, 798, **799**
居場所……813, **814**

事項索引　1019

異文化間カウンセリング	366
遺糞症	431
意味	46, 945
意味記憶	122, **124**, **491**, 923
意味記憶障害	453, **454**
イーミック	836, **837**
意味的プライミング　→意味プライミング	
意味ネットワーク・モデル	134, **136**, 906
意味プライミング	112, **125**
意味論	113
イメージアビリティ	808, **809**
イメージ・スキーマ	112, **113**
イメージ論争	104, **105**, 940
医療	439
イルカ類	767
色残効	152, **154**
色立体	154, **155**
陰影	155, **156**
因果推論	531, **533**
インクルージョン	665, **666**
因子寄与	529
因子得点	530
因子負荷量	**529**, **530**, 532, 533
因子分析	16, **52**, **529**, 532, 534, 539, 575, **576**, 934
飲酒	643, **645**
印象形成	253, 878, 915
インスティテューショナル・リサーチ	557
陰性症状	423, **424**
インターネット広告	600, **601**
インタビュー	283, **284**, 972
インテーク面接	42, **43**, 360, **361**
隠匿情報検査	697, **698**
イントロン	777, **778**
インパクト・バイアス	**259**
インフォーマル知識	240, **242**
インフォームド・コンセント	49, **50**, 358, **359**, 800, **801**
隠蔽	86, 87, 89

う

ヴァージニア・プラン	243
ヴィゴツキー理論	204
ウィスコンシンカード分類検査	**447**
ウィルコクソンの符号付き順位検定	**537**
ウィルスベクター	495, **496**

ウェクスラー記憶検査	447, **448**
ウェクスラー式知能検査	**361**, 447, 883
ウェクスラー式知能検査（児童版）	**448**
ウェクスラー式知能検査（成人版）	**448**
ウェーバーの法則	9, **10**, 143, 883
ウェーバー比	143, 176
ウェルニッケ失語	113, **114**, **450**, 884
ウェルビーイング	362, **364**, 657, **658**
嘘と本当の区別	694, **696**
歌学習	66
内ゲバ	706
内田クレペリン精神検査	**334**, 885, 902
うつ状態	84, 420
うつ病（DSM-5）／大うつ病性障害	421, **422**
生まれか育ちか議論　→遺伝-環境論争	
右翼テロリズム	706, **707**
裏切り者検知	**270**
上側信頼限界	519
運動	643
——からの構造復元	159
——と身体活動	**645**
運動学習	96
運動検出のモデル	158, **159**
運動残効	158, **160**
運動視差	155, 159
運動症群／運動障害群	**409**
運動スキーマ	96, **97**
運動奥行き効果	159
運動制御	**97**
脊髄による——	**480**
脳による——	**483**
運動前野	483, **485**
運動単位	481, **482**
運動ニューロンプール	481, **482**
運動プログラム	96, **97**
運動捕捉	159
ヴントの心理学	10, 924

え

衛星メディア関連広告	600
エイデルソンの錯視群	145, **146**
鋭敏化	66, **67**, 488
エイムズの部屋	145, **146**
英雄史観	**28**
栄養	643

——と食行動	645
エキサイティング	810
エクスポージャー	376, 380, **382**, 413, 943
エクソン	777, **778**
エクマンの表情認識実験	309, **310**
エクマンの表情の神経文化モデル	**297**
エコテロリズム	**707**
エスニック・アイデンティティ	841, **842**
エスノグラフィ	40
エスノセントリズム	665, **666**
エスノメソドロジー	40, 46, **47**, 233, 894
エソグラム	751
エソロジー	753
エティック	836, **837**
エトス	817
エピジェネティクス	777, **778**
エピソード記憶	89, 123, **124**, 453, 491, **492**, 770, 923
動物の——	90
エピソード記述法	**40**
エピソード・バッファ	120, **121**, 934
エビデンスベイスト・アプローチ	354, 355, 357, 376, 378, **379**, 381
エビングハウスの記憶研究	**10**
エフォートフル・コントロール	344, **345**
エモーション・フォーカスト・セラピー →感情焦点化療法	
エリクソンのライフサイクル論	220, **221**
エルスバーグのパラドックス	857, **858**
遠位手がかり	89
演繹的推論	129, **130**
エンカウンター・グループ	368, **369**, 977
円環的因果律	383
演技性パーソナリティ障害	426
円グラフ	503, **504**
冤罪	714, **715**
演示実験	241
援助行動	269
援助要請	231, **232**
遠心性コピー	115
遠心性信号	115
延髄	463
延髄孤束核	**479**
厭世効果	254
延滞条件づけ	68, **69**
エンパワメント	385, **386**, 388, **731**

お

応益負担	663
応急措置的デフォルト処理機能	292
押収	726
応諾獲得手段	261, **262**
横断的研究　→横断的デザイン	
横断的調査　→横断的デザイン	
横断的デザイン	96, 185, 281
応能負担	663
応報戦略	270, **271**, 867
横紋筋	**482**
応用　→応用研究	
応用研究	25, 806
応用心理学	13
横領	743, **744**
オキシトシン	56, 469
屋外広告	600
雄特異的ニューロン	793, **794**
オーセンティック・アセスメント	545
恐れ	308, **310**
恐れモジュール	**302**, 308
音環境	820, **821**
音の群化	168
驚き	308, **310**
オフィス環境のレイアウトの変遷	820, **821**
オープンシステム・アプローチ	608, **609**
オープンプラン・オフィス	**821**
オペラント学習	144
オペラント学習理論	724
オペラント行動	94, 752, 917
オペラント条件づけ	21, 66, 70, 75, 76, 83, 96, 376, 864
——の基礎	**70**
オペラント条件づけ法	376, **377**
オペラント水準	70, **71**
親	731
——と子の相互交流	**188**
——としての発達	**215**
——になるための準備過程	215, **217**
折れ線グラフ	503, **504**
オルターナティヴ・アセスメント	**545**
オロリン・トゥーゲネンシス	760
音圧レベル　→ラウドネス	
音韻性失読症	109

音韻知覚	170, **171**
音韻的プライミング	112
音韻ループ	120, **121**, 934
音源定位	**169**
音声	170
音声知覚	**170**
音声波	170, **171**
音声発達	192, **193**
音節	170, **172**
音素	170, **172**, 929
音素カテゴリー	192, **193**
音素修復	171
温度感覚	173, **174**
音読課題	109
音波	167
オンライン調査	37, **38**

か

外因的注意	117, **119**
絵画的手がかり	155
回帰係数	526, **527**
回帰的	770
回帰分析	**526**
階級	503, **504**
外見の魅力	264, **265**
介護	219
外向性	337, **338**
開口放出	460, **461**, 469
介護ストレス	651
──と健康	**652**
快・好ましさ	810
介護保険	663, **680**
介護保険法	663, 664
介護療養型医療施設	680
介護老人保健施設	680
介護老人ホーム	680
外在化型の問題行動	344, **345**
カイザー・ガットマン基準	529
外耳	473
カイ二乗検定	535, 537, **538**
カイ二乗分布	516, **517**
カイゼン	582, 583, 592
概日リズム	486, 644
外耳道	473
解釈学的アプローチ	283, **284**
解釈レベル理論	259
外集団	266, 317
外傷性脳損傷	455
外生変数	**33**, 532
解析方法	58, **59**
階層的回帰分析	**527**
回想法	**683**
外側膝状体	471, **472**
解体型	**424, 425**
改訂長谷川式簡易知能評価スケール	447, **448**
外套	762
回答バイアス	37, **38**
ガイドヘルパー	677, **678**
介入法	495
概念	**91**
概念学習	**91**
概念弁別	**91**
海馬	69, **89**, 100, 453, 491, **492**
解発刺激	750, **751**
外発的動機づけ	227, **228**
回避 →回避行動	
回避型	199
回避行動	83, 226, **412**, 913
回避性パーソナリティ障害	426, **427**
回避的コミットメント	264, 266
回復（リカバリー）	730, **731**
回復環境	**823**
外部質保証	557, **558**
外部主義	28, **29**
下位文化	**842**
開放経済環境	80, **81**
開放性	337, **339**
快楽型（ホームズによる連続殺人類型）	703, **704**
快楽追求的フレーミング	**860**
解離	415
解離性健忘	416, **417**
解離性障害と身体症状障害	415
解離性同一症／解離性同一性障害	416, **417**, 914
会話分析	46, **47**, 233, **275**
カウンセリング	26, 224, 332, **365**, 690, 882, 912
顔の表情符号化システム	306, **307**
化学シナプス	790, **791**
科学者-実践者モデル	**24**, 355, 357
価格弾力性	80
科学的管理法	580, 591, 593, 608, **609**, 899, 924

価格判断	597, **598**
鍵刺激 →解発刺激	
蝸牛	168, 474, **475**
科挙	544, **545**
学位授与方針	557
学業成績	785
学業的自己概念	561, **562**
核構造	762
隠されたプロファイル	**624**
拡散テンソル・トラクトグラフィ	58, 498, **499**
確実な避難所	199
学習	**61**, 240, **488**, 752
——された行動	375, **377**
——する組織	609, **611**
——の個性化	**232**
——の生物的基盤	**99**
——のための評価	546
——の転移	96, **98**
——の評価	546
——への社会文化的アプローチ	**236**
学習解除	81
学習観	241
学習曲線	96, **97**
学習指導	228
——の個別化	228
学習者観	240
学習障害	429
学習心理学の歴史と方法	**63**
学習スタイル	**241**
学習成果	557, **558**
学習性無力感	84, 226, **227**, 712, 920
学習セット	**92**, 752
学習相談	**229**
学習促進機能	292
学習方法	**230**
学習方略	231, **232**, 241
学習理論	724
各種犯罪の特徴	**742**
確証バイアス	130, 258
確信度と正確性相関	**693**
覚醒	810
覚醒剤中毒	690
学生相談	366, **367**
覚醒度	117, **118**
カクテル・パーティ効果	117, **118**
確認的因子分析	532, **533**
確率	512, **513**
——と確率分布	**512**
——の加法性	512
条件つき——	512
確率荷重	132
確率関数	513
確立操作 →動因操作	
確率抽出法	515
確率分布	513
確率変数	**513**
確率密度関数	**513**
学力検査	555, **556**
学力テストの種類	555, **556**
学歴	785
影	**374**
家系研究法	780, **781**
仮現運動	18, **19**, 158, **160**
過重労働	**583**, 588
過剰予期効果	86, **87**, 976
数概念	**92**
仮説	44
仮説検証型実験	**63**
仮説検証的なアプローチ	44
仮説検定	44, **45**, 515, **521**
仮説実験授業	**229**
仮説生成的なアプローチ	44
画像遠近法	155, **157**
家族	759
家族的類似性	91, 106, **107**
下側頭葉皮質	471, **472**
家族療法	**383**, 400, 731, **732**, 949, 974
課題葛藤	626, **627**
課題切り替え	**118**
課題習熟度	610
課題分析	71
形の恒常性	145
偏り	515
語り →ナラティブ	
家畜化	765
家畜動物	798, **799**
可聴域	473
価値割引	861, **863**
遅延報酬の——	861
価値割引関数	**863**

学級風土	**239**, 817, **819**
学級編制	**239**
学級崩壊	**239**
学校	733
——と非行	**733**
学校環境	817
学校規模	818
学校建築	818
学校心理学	**238**
学校心理士	239, **240**
学校適応	322
学校文化	243
活性化拡散理論	134, **136**
活性化トリガースキーマ・システム	584, **585**
葛藤　→コンフリクト	
——とその調整	626, **627**
活動性強化子	76
活動電位	460, **461**
活動理論	833, **834**
ガットマン尺度	**564**, 892
活力	**658**
家庭裁判所	726
家庭裁判所調査官	727
家庭支援専門相談員	673
過程追跡技法	853
過程分離手続き	125, **126**
カテゴリ的認知	106
カテゴリー変数	32
ガーデンパス文	113
悲しみ	308, **310**
カプランの選好行列	**823**
過分極	460
構え	130
カラス科	765
空の巣症候群	218, **219**
カリキュラム	**243**, 818
カリキュラム評価	233, **244**, 557, **558**
カリスマ性	**622**
ガルシア効果　→味覚嫌悪学習	
カルチャーショック	841, **842**
カルト問題	279
加齢関連認知低下	681
加齢と生涯発達	**220**
加齢に伴う身体的変化	221, **222**
加齢に伴う心的機能の変化	**222**
加齢のメカニズム	221, **222**
過労　→過重労働	
感音性難聴	473
感覚運動学習	96
感覚運動期	204, **205**
感覚記憶	491
間隔尺度	**564**
感覚性強化子	76, **77**
感覚制限	**66**, **67**
感覚代行	**174**
感覚貯蔵	120, **121**
感覚モダリティ間対応	178, **179**
感覚モダリティ間統合	178
眼球	470, **472**
眼球運動・運動制御	**114**, 143
眼球運動手がかり	155
環境	**70**, **72**, **803**, 805
——と犯罪	**828**
——の評価と査定	**810**
環境圧力	817
環境決定論	**806**
——の限界	820
環境行動	**825**
環境行動学	805
環境査定	810
環境心理学	803
——の定義	805, **807**
——の歴史と特徴	**805**
欧米の——学会と学術誌	805, **806**
欧米の——設立の契機	805, **806**
欧米の——発展	805, **806**
日本の——歴史	26, 805, **807**
環境整備方略	231, **232**
環境相関	783, **784**
環境調整型	386
環境デザイン学	805
環境デザインによる犯罪予防	828, **829**
環境配慮行動モデル	825, **826**
環境犯罪学	828
環境評価	810, 811
環境論	331
関係学習	**91**
関係葛藤	626, **627**
間歇強化	76, 82
還元ヘモグロビン	498

事項索引

観察……………………………185, 281, 503, 563
観察学習………………………………**93**, 376
観察者運動視差……………………………156
観察者間一致率……………………………**41**
観察法………………**39**, 290, 333, 361, 552, **553**
鑑識眼…………………………………548, **553**
監視性………………………………828, **829**
感謝……………………………………210, 314
感情……………………………………**286**, 845
　——と自己観…………………………**297**
　——と社会的行動……………………**316**
　——と進化……………………………**293**
　——と身体・生理……………………**298**
　——とストレス………………………**318**
　——と認知…………………………**303**, 880
　——と評価……………………………**301**
　——と表情……………………………**305**
　——と文化……………………………**296**
　——に関わる神経化学物質……………299
　——による認知的促進…………………303
　——による認知的抑制…………………303
　——の機能……………………………**291**
　——の社会構成主義理論……………**296**
　——の種間近似性………………293, **295**
　——の種内共通性………………293, **295**
　——の中枢起源説……………………**299**, 487
　——の定義と性質……………………**288**
　——の二要因説…………………………299
　——の脳内基盤…………………………299
　——の発達……………………………**324**
　——の末梢起源説…………298, **300**, 486, 487
　——の両刃性…………………………**293**
　——の両極性と文化…………………**298**
感情価………………………………289, 299
緩衝効果……………………………………639
感情混入モデル……………………………304
感情コンピテンス…………………………325
感情焦点化療法………………………368, **369**
感情情報機能説……………………………304
感情心理学の方法…………………………290
感情ストループ………………………303, **305**
感情制御………………………………211, 212
感情的知性………………………………**321**
　——の測定法…………………………**322**
感情ネットワークモデル…………………303

感情表出…………………………………296
　——と読み取りの関連………………**298**
　——の制御……………………………324, **325**
感情表出ルール……………………………296
感情不協和…………………………………319
感情プライミング……………………303, **305**
感情労働………………………………319, **320**
感性予備条件づけ………………………68, **69**
環世界…………………………………750, **751**
間接援助技術…………………………685, **686**
間接処遇職員…………………………685, **687**
間接測定………………………………251, 566
間接的質問法………………………………697
間接プライミング……………………125, **126**
完全合理性…………………………………597
完全習得学習……………………228, **230**, 544
感染性疾患…………………………………455
観測値…………………………………518, **519**
観測変数………………………**33**, 529, 534
桿体……………………………………153, 471
鑑定嘱託……………………………………726
感度…………………………………………143
観念の連合…………………………5, **6**, 63, 940
間脳……………………………………463, 762
看板広告………………………………600, **601**
鑑別技官……………………………………727
冠名現象…………………………………28, **29**
顔面血流理論……………………………**307**
顔面フィードバック理論………………**307**
関与しながらの観察………40, **41**, 236, 361
関連援助技術…………………………685, **686**
関連解析………………………………777, **778**

き

キイロショウジョウバエ…………………792
記憶………………………**490**, 793, **794**, 888
　——の種間比較………………………753, **754**
　——の諸相……………………………**127**
記憶固定………………………………491, **492**
記憶システム…………………………125, **126**
記憶障害………………………………435, **436**, 453
記憶スパン…………………………………120
記憶範囲……………………………………120
記憶方略…………………………………**128**
機械受容器…………………………………173

項目	ページ
機械論	6
危機介入	385, **387**
利き手	447, **448**
棄却	44
棄却域	521, **522**
危険性判定	**701**
危険予知活動	592, **593**
機構	753
記号システム	236
記号処理モデル	**52**
気質	199, 288, **289**, 344
気質理論	344, **345**
技術学習	96
記述規範	**262**
記述的意思決定理論	854
技術的知性	**767**
記述統計	44, **45**, 518
基準関連妥当性	569, **570**
規準喃語	192
基準変数	32, **526**
擬人主義	752
基数効用	855
基礎　→基礎研究	
起訴	726
帰属の3段階モデル	253, **254**
基礎研究	25, 806
起訴状	716, **717**
起訴猶予	726
起訴猶予主義	726
期待違反法	189, **190**
期待効用	131
期待効用理論	854, **855**
議題設定効果	**275**
期待値	513, **514**, 515
期待理論	613, **614**
喫煙	643, **645**
吃音	431, **432**
拮抗筋	481, **482**
拮抗条件づけ	**69**
輝度	149, **151**
機能	753
機能局在	58
機能主義	8, 15, **16**, 885, 890, 927, 960, 961
機能性神経学的障害	**418**
機能的結合性	**138**

項目	ページ
機能的結合性解析	59, 498, **499**
機能的固着	130
機能的磁気共鳴画像法	58, **138**, **281**, 495, 496, 498, **499**, 698, 853, 871
──によるポリグラフ検査	**698**
帰納的推論	129, **130**
機能的脳イメージング	143
機能分析	376, **377**
規範喚起モデル	825, **826**
規範的意思決定理論	854
気分安定薬	393
気分一致効果	303, 304
気分循環性障害	421, **422**
気分障害	**420**, 787
気分障害（うつ病）［の遺伝］	**789**
気分状態依存効果	303, 305
気分操作法	291
気分誘導　→気分操作法	
基本五味	478
基本情動	**308**, 887
基本情動理論	296, 308
基本的人権	49, **50**
基本味	176, **177**
基本レベル	106, **107**
帰無仮説	44, 521, **522**
逆遺伝学	**791**
逆効力	179
逆伸張反射	481, **482**
逆送	727
虐待	216, **217**, 728, **730**
逆転移	**372**
逆転電位	460, **461**
客観性	559, **560**
逆向健忘	453, **454**
逆行工学　→リバース・エンジニアリング	
逆行条件づけ	68
ギャップ結合	790, **791**
キャノン-バード説　→感情の中枢起源説	
キャリア	594, 918
──・アンカー	594, **595**
──・カウンセリング	366, **367**, 594, **595**
──・トランジッション	594, **595**
キャリア意思決定	594, **595**
キャリアガイダンス	594, **596**
キャリアストレス	**595**

キャリアデザイン（キャリア設計）	**594**	共感	765, **766**
キャリア発達論	594	――の喚起	**211**
キャリーオーバー効果	37, **38**	共感覚	178, **179**
ギャンブラーの誤謬	**870**	学習性の――	177
ギャンブリング課題	**133**	共感性	342, **343**
求愛行動	793, **794**	――の発達	**211**
嗅覚	**175**, 188	共感的苦痛	**315**
嗅覚系	478	共感的喜び	**315**
嗅覚受容体	478, **479**	共感的理解	368, **369**
嗅球	175, **177**, 478, **479**	凶器注目効果	692, **693**
究極要因	753	教師期待効果	241, 977
嗅細胞	175	教室	819
嗅上皮	478, **480**	――のシノモルフィ	818, **819**
求心性信号	115	――のレイアウト	818, **819**
急性ストレス障害	411, **412**	教室談話	234, **235**
急性疲労	583	教師と学習者の信念や知識，適性	**240**
丘体系視床路	763, **764**	供述分析	695, **696**
既有知識	240, 241	矯正・更生保護の心理学	690, **691**
給付型	663	強制選択	864, **865**
球面性の仮定	524	行政評価	558
キュルペのヴュルツブルグ学派	10, **11**	競争と協同の混合動機的状況	**627**
橋	762	共通因子	363, **364**, 529
教育	**224**	共通性	529
教育エスノグラフィ	**234**	協働学習	237
教育課程　→カリキュラム		協働筋	481, **482**
教育環境	**817**	共同注意	115, 192, **193**, 207, 765, **766**, 835, 929
教育心理学	13	共同的関係	264, **265**
――の4本柱	25, **26**	強度行動障害	**434**
――の領域	224	強迫症および関連症群/強迫性障害および
教育相談	366, **367**	関連障害群	404, **405**
教育測定運動	544, **545**, 921	強迫症/強迫性障害	413, **415**, 431
教育評価	557, 560	強迫性障害	84
教育目標の分類学	544, **545**	強迫性パーソナリティ障害	426
共依存	**712**	恐怖アピール効果	**601**
鏡映的自己	12, **13**, 213, 901	恐怖・不安	69, 810
強化	70, 75, 917, 919	胸部や胃の不快感	411
境界性パーソナリティ障害	426, **427**, 896	共分散	509, **510**, 532
境界線（バウンダリー）	731	共分散構造	532, **533**
――と家族	**732**	共分散分析	**524**, 528, 541
教科横断	243	興味	810
教科型	243	共有環境	780, **781**
強化随伴性	74	共有地の悲劇	825, **827**
強化スケジュール	54, 75, 76, **77**, 79, 93, 913	共有メンタルモデル	610, **611**
強化と罰	**75**	協力ゲーム	**867**
強化履歴	76	強力効果論	274

事項索引 1027

虚偽自白	714, **715**
極限法	10, 143, **144**, 942
局在論	100
局所電場電位	495, **496**
巨視的最大化理論	864, **865**
居宅介護	675, **676**
拠点犯行型	700, **701**
近位手がかり	89
緊急時の情報処理	316
均衡化	204, **205**
近交系統	795, **796**
近赤外分光法	58, **59**, 143
近接性	264
緊張型	424, **425**
筋紡錘	173, **174**, 481, **482**

く

空間	806, **807**
空間学習	88, **89**
空間行動	813
空間視経路	471
空間手がかり課題	117
空間的密集	813
空間認知の種間比較	753, **754**
空間表象	808
空間分解能	58, **59**
空間欲求	812
クオリティ・オブ・ワークライフ	**589**
区間推定	44
具体的操作期	204, **205**
口コミ	**601**
屈曲反射	481, **482**
グッド・ライブズ・モデル	738, **739**
虞犯少年	726, **727**
クライエント中心療法	**368**, 977
クラーク大学創設20周年記念の大きな会議	20, **21**
クライン学派	371
クラウディング	813, **814**
グラウンデッド・セオリー	→GTA
グラウンデッド・セオリー・アプローチ	→GTA
グラウンデッド・セオリー法	→GTA
倉敷労働科学研究所	**581**
クラスカル-ウォリス検定	537, **538**
クラスター分析	**535**
クラメールの連関係数	**510**
グリア	460, **461**
繰り返し	524, **525**
グリーフワーク	683, **684**
グルタミン酸	469, **470**
グループ・コミュニケーション	274
グループダイナミックス	817, 893, 962, 972, 975
グループホーム	681
クレイク・オブライエン・コーンスウィート錯視	150
クレプトマニア	743, **744**
クレペリンの精神病理学	**398**
クレーマー	711
クロス・カリキュラム	243, **244**
クロス集計表	**510**, 535
クローニング	793
クロニンジャーのモデル	785, **786**
クロンバックのα係数	→α係数
群衆	12, **13**, 248, 922, 973
群淘汰	272, **273**

け

ケア付き住宅	680, **681**
ケアマネジメント	680, **681**, 685
——の過程	680, **681**
ケアマネジャー	680
ケアワーク	685
計画的行動理論	646, **647**, 825, **827**
経験型	243
経験カリキュラム	243, **244**
経験サンプリング法	**281**
経験主義	5, **6**, 908, 940, 955, 966, 978
教育の——	243, **244**
経験説	5, 979
経験的関係系	852
経験パラダイム	810, **811**, 816
傾向スコア	539, **540**
経済格差と健康	648, **649**
経済観念の発達	211, **212**
経済現象	**869**
経済困窮	279
経済人	→合理的経済人
経済心理学	850, **851**
計算論	144
計算論的アプローチ	104, **105**
刑事学	**691**

形式知	624, **625**
形式的操作期	204, **205**
刑事裁判	716
刑事政策	**691**
刑事政策的犯罪理論	724, **725**
形質	774, **775**
形質転換体	799
継時的自己評価理論	256, **257**
継時的比較	256
継時弁別	73, **75**
芸術と感情	304, **305**
計数	92
形成的評価	546, **547**, 548
継続的改善	592
形態失認	161
形態素	109, 111, 112, **114**
系統	748
経頭蓋磁気刺激	**138**, 444, 445, 495, **496**
系統間比較	795, **796**
系統主義	243, **244**
系統的脱感作	376, **377**
系統的反復実験	63
軽度認知障害	**681**
契約制度	663
係留と調整ヒューリスティック	258
計量心理学的測定	852
系列位置曲線	123
系列学習	**93**
下剤	418
ゲシュタルト	161, 903, 904
ゲシュタルト質	18, **19**, 890
ゲシュタルト心理学	17, 25, 104, **105**, 880, 883, 904, 906, 928, 954, 966, 970, 973
——の影響	248, **249**
ゲシュタルト要因	**161**
ゲシュタルト療法	388, **389**, 936
ケース・フォーミュレーション	360, **361**, 381, **382**
ケースマネジメント	**686**
血圧	56, **57**
血縁淘汰	750, **751**
欠格条項	**676**
結果妥当性	**562**
結果の知識	96, **98**
結果変数	526
結合腕傍核	100
結晶性知能	209, **210**, 221
欠測データ解析	539
決定係数	527, **528**, 862
ゲノム	774, **775**
ゲームの解	866
ゲーム理論	853, 866, 971
権威主義的性格	342, **343**, 879
原因帰属	226, 241, 846
——の文化差	**846**
原因帰属理論	226, 980
達成動機づけの——	**227**
嫌悪	308, **310**
嫌悪感	845, **846**
嫌悪条件づけ	69, 72
限界時間法	582, **583**
幻覚型（ホームズによる連続殺人類型）	703, **704**
研究協力者	49, **50**
研究評価	557
研究法	**30**, 563, 793, **794**
研究倫理	**49**
——への関心が発生	23, **24**
限局性学習症/限局性学習障害	**409**
元型	374
健康	**632**, 646, **647**
健康観（健康に関する考え方）	634
健康教育	646
健康経済学	**851**, 862
健康行動理論と健康教育	**646**
健康信念モデル	646, **647**
健康心理学	**634**
健康生成論	**635**
言語獲得	112, **114**
言語コミュニケーション	274
言語相対性仮説	833, **834**, 885, 909
言語の発生	753, **754**
言語の半球優位性	449
言語プロトコル法	**853**
言語連想	**19**
顕在指標	**282**
現在主義	**29**
顕在的カリキュラム	243, **245**
顕在的自尊心	346
検索容易性	258, **259**
検索官	716
検査バッテリー	446

検査法	42, **43**, 361, 550
現実エクスポージャー	413
現実環境	818, **819**
現実の赤ちゃん	216, **217**
原始反射	194
——と運動発達	**194**
——の再考	**195**
原始歩行	**195**
検証	726
原初的感情	324, **325**
現生人類	760
幻想上の赤ちゃん	216, **217**
顕著性マップ	**165**
限定効果論	274
限定合理性	597, 850, **851**
検定統計量	521, **522**
検定力	521, **522**, 537
現場	47
原風景	**816**
減分閾 →弁別閾	
健忘 →健忘症	
健忘症	127, **128**, 444
健忘性障害	**436**
健忘症候群	453, **454**
権力構造	609
権力闘争	609
原理・歴史	**3**

こ

コア・カリキュラム	243, **244**
語意学習バイアス	192, **193**
語彙爆発	192
語彙判断課題	109, **111**
広域カリキュラム	243, **245**
行為傾向	288, **289**
好意の返報性	264, **265**, 923
抗うつ薬	392, 413
構音	171
構音結合	171
構音障害	450
工学的アプローチ	234, **235**
光学的イメージング法	495, **496**
光学的流動	159
効果研究	355
高架式十字迷路	**54**

効果の法則	21
効果の量的法則	79, **80**
効果量	521, **522**
交換的関係	264, **265**
交感・副交感神経系	**300**, 465
合議	610
公共財供給ゲーム	867, **868**
公共財問題	825
攻撃行動	**265**, 269, 934, 938
攻撃性	342, **343**, 793, **794**
高校中退者	439, **440**
広告	261, **600**
広告計画	600, **601**
広告心理学	13
交互作用効果	524, **525**, 535
交差カテゴリー化	268, **269**
後索−内側毛帯路	476, **477**
交差性失語	**451**
交差（比較）文化的方法	836, **837**
公式的人間関係	626, **627**
高次条件づけ	68, **70**
高次脳機能障害	445
向社会性	344, **345**
向社会的行動	211, 264, **265**
公衆衛生	646, **648**
恒常化	**35**
恒常性	142
色——	152, **154**
大きさの——	145, **156**
明度の——	149
恒常性維持 →ホメオスタシス	
恒常法	10, 143, **144**
更新効果	82, 83
口唇探索反射	**195**
構成概念外の分散成分	570
構成概念妥当性	569, **570**
構成概念の代表性	570
公正感	314, **315**
抗精神病薬	393
向精神薬	392
構成要素的アプローチ	307
構造化面接	42, 402, 618, **620**
構造記述	106, **107**
高層住宅	**816**
構造派	383

構造方程式	532, **533**
構造方程式モデリング	45, 530, **531**, 534, 539, 780, **781**
硬直化現象	611
交通広告	600
公的統計	722, **723**
行動	70, 72
行動アプローチ	621
行動遺伝学	331, **332**
動物の――	**798**
人間の――	**780**
行動価格	79
行動活性化	376, **377**
行動観察	**604**
行動経済	**848**
行動経済学	79, **757**, 869
――の方法論	**852**
――の歴史	**850**
行動ゲーム理論	**851**, 853
行動圏	813
行動次元	71
行動システム・アプローチ	99
行動実験	378, **379**
行動指標	**56**, 836
行動指紋	336
行動主義	17, 224, 331, 752, 938, 956, 970, 980
ワトソンの――	63, **65**
行動主義宣言	18
行動生態学	79, **80**, 748, **749**, 750
行動対比	74
行動調整	324
行動場面	818
行動ファイナンス	851, **852**
行動分析	360, **361**
行動分析学	**63**, 70
行動目録	751
行動リハーサル	376, **377**
行動療法	69, 363, **375**, 380, 399, 885, 949, 970
行動レパートリー	71
行動連鎖	71
後脳	762
購買動機調査	597, **598**
荒廃理論	828, **829**
公判	716
抗不安薬	392, 413
幸福感	657, **658**
興奮学習	81
公平性	559, 560
候補遺伝子	786
項目困難度	**572**
項目識別力	572, **573**
項目情報関数	572, **573**
項目特性関数	571
項目特性曲線	572, **573**
項目パラメタ	572
項目反応理論	551, **571**
項目プール	572, **573**
項目分析	575
項目母数	572
効用	852, 862
効用関数	854
効用最大化	869
交絡	34
合理性	559, 866
効率性	560
合理的経済人	**757**, 850, 852, 869, **870**
合理的選択理論	826, 828, **829**
公理的測定理論	852, **853**
勾留	726
勾留延長	726
高齢ひきこもり	438, **440**
誤概念	240, **242**
刻印づけ	→刷り込み
国際障害分類	675, **676**
国際心理学会の開催	26
国際生活機能分類	398, **399**, 675, **676**
互恵性	210, **212**
――の原理	867
互恵的規範	270, **271**
互恵的利他行動	750, **751**
互恵的利他性	294
――と感情	**295**
心の健康づくり計画	587
心のモジュール性	756
心の理解の個人差	**207**
心の理解の発達	**206**
――に関する理論	**207**
心の理論	186, 206, 428, 493, **494**, 765, **766**, 833, 946
――の文化差	839, **840**
――のメタ分析	839

「心の理論」障害仮説	207, **208**
誤差	526, 549, **550**, 566, **567**
固視	**115**
固執型（未熟型）（MTC 子どもに対するわいせつ犯類型）	709, **710**
個人間機能	292
個人差	21, **881**, 897
——に基づく共変関係	281
個人志向的アプローチ	**186**
個人主義	843, **844**
個人情報	49, **50**
個人的アイデンティティ	266
個人内機能	292
個人内の共変関係	281
誤信念課題	206, **208**
個人の経験	**823**
個人面接	618, **619**
個性化	201, **218**
子育て支援事業	670, **671**
個体間距離	**813**
固着	**130**
コーチング	**619**
骨格筋	**480**
骨相学	329, **330**, 895
固定効果モデル	**524**
古典的条件づけ	66, **68**, 85, 95, 489
——の基礎	**68**
——の消去	**413**
——のモデル	**85**
古典的相互作用論	335, **336**
古典的変量体	795, **796**
孤独感	342, **343**
子ども観	**202**
子どもに対する性犯罪	**709**
子どもの健全育成と児童福祉	**670**
子どもの証言	**694**
子どもの心理的障害	**430**
子どもの貧困	439, **440**
子ども・若者育成支援推進法	439, **440**
コネクショニスト・モデル	52, **53**, 135
コヒアランス →行動指紋	
コヒアレンス感覚 →首尾一貫感覚	
コーピング	319, 586, **587**, **637**, 657
個別指導	228, **230**
個別に対応した薬物治療	**393**
コホート	185, **186**
鼓膜	**473**
混み合い →クラウディング	
コミットメントとしての感情	292, **293**
コミュニケーション	**274**
——・ネットワーク構造	624, **625**
コミュニケーション機能	**292**
コミュニケーション症群/コミュニケーション障害群	**409**
コミュニケーション派	**384**
コミュニティ	**278**, 279
——・オーガニゼーション	733, **734**
コミュニティ環境	**815**
コミュニティ行動	**816**
コミュニティ心理学	**385**, 400
固有値	529, **530**, 535
固有文化心理学	833, **834**
語用論	**113**
コラボレーション	385, **387**
孤立	**818**
ゴルジ腱器官	481, **482**
コルチ器	**474**
コルチゾール	**56**
コールバーグの道徳判断の発達段階	211, **212**
ゴールフリー評価	546, **547**
コルモゴロフ-スミルノフ検定	537, **538**
混合分布モデル	539, **541**
混合モデル	321, **322**
コンサルテーション	224, 239, **240**, 385, **387**
コンジョイント測定	**853**
コンジョイント分析	**853**
混色	152, **155**
コンストラクティブ・リビング	**391**
痕跡条件づけ	**68**, 69
コンタクト・パーソン	683, **684**
昆虫類	798, **799**
コンティンジェンシー・アプローチ	**621**
コントラスト閾	150, **151**
コントラスト感度	150, **151**
コントラストの指標	150, **151**
コントロール可能性	**637**
コンパレータ仮説	86, **87**
コンピテンシー	615, 618, **619**
コンフリクト（葛藤）	626, **637**
——・マネジメント	**609**

コンプレックス	18, **19**, 373
コンポーネント・プロセスモデル	301, **302**

さ

座位	197
罪悪感	210, 311, **312**
再移送	727
災害行動	278
再カテゴリー化	268, **269**
猜疑性/妄想性パーソナリティ障害	426
再計算感情プログラム	314
再検査法	566, **567**
差異項目機能	572, **573**
最後通牒ゲーム	270, **271**, 294, **295**, 867, **868**
サイコパシー	787
財産犯罪	743
最終弁論	716, **718**
最小二乗法	529, **530**
最小集団パラダイム	267
罪状認否	716, **718**
最小分散不偏推定量	519
再生	123, **124**
再生法	693
在宅（居宅）サービス	680, **681**
在宅福祉	663
最適餌場利用モデル	864, **865**
最適採餌理論	79, **80**, 864
最適弁別性理論	267, **268**
最適メニューモデル	864, **865**
採点者信頼性	566
彩度	154, **155**
再取り込み	469
再認	56, 123, **124**, 693
再認ヒューリスティックス	**259**, 858
再認法　→再認	
再発防止モデル	738, **739**
裁判員制度	717, **718**
裁判過程	**716**
裁判官	716
裁判心理学	690, **691**
再犯リスク要因	736, **737**
細胞外ニューロン活動記録	495, **496**
細胞体	460
細胞内記録	798
催眠	18, **19**, 25, 889, 914, 943, 945, 966
催眠浄化法	370
最尤推定仮説	179
最尤法	519, 529, **530**, 540
採用者心理	618, **620**
採用選考	618
採用面接	618, **620**
「最良の証拠を得るために」	695, **696**
詐欺	743, **744**
作業関連疾患	586, **587**
作業検査法	333, 334, 361, 550, **551**, 555, 556
作業負荷	583
作業負担	583
作為症/虚偽性障害	416, **417**
錯語	**451**
錯視	6, **145**
搾取型（MTC子どもに対するわいせつ犯類型）	709, **710**
作話	127, **128**, 453, **454**
サーストンの比較判断の法則	564, **565**
座席位置	818
——と成績	**819**
サッカード	115, **116**
サッカード間記憶	115, **116**
サッカード抑制	115, **116**
殺人	**702**, 743, **744**
サッチャー錯視	106, **107**
サディズム型（MTC強姦犯類型）	709, **710**
サディズム型（MTC子どもに対するわいせつ犯類型）	709, **710**
サテライトケア	683
作動記憶　→ワーキングメモリ	
作動的自己概念	256, **257**
里親	673
サバンナ仮説	823, **824**
サービス・サイエンス	**604**
サビタイジング	92
サブトラクション法	498, **499**
サーブリッグ記号	582, **583**
サーベイマップ型表象	808, **809**
差別	733
サヘラントロプス・チャデンシス	760
サポート・グループ	639
左翼テロリズム	706, **707**
サラマンカ宣言	238
残遺型	424, **425**

事項索引

参加観察法 ………………………… 40, **41**
参加者間要因 ………………………… **35**
参加者内要因 ………………………… **35**
酸化ヘモグロビン ………………………… 498
産業 ………………………… **578**
産業カウンセリング ………………… 366, **367**
産業心理学 ………………………… **13**
　——の歴史 ………………………… **580**
産業・組織心理学 ………………………… **581**
　——の展開 ………………………… **581**
産業疲労 ………………………… **582**
サンクコスト効果 ………………… 857, **858**
サンクショニング・システム ………… 270
三原色説 ………………………… 6, 152, **953**
三項随伴性 ………………………… 71
残差 ………………………… 526
三次視覚野 ………………………… 471, **472**
参照価格 ………………………… **860**
参照系 ………………………… 808, **809**
参照点 ………………………… 132
三色性 ………………………… 152
三色説　→三原色説
三大喪失体験　→老年期の喪失体験
散布図 ………………………… 509, **511**
三位一体説 ………………………… 762, **763**
参与観察　→関与しながらの観察

し

子音 ………………………… 170, **172**
シェイピング ………………………… 71, **72**
シェッフェ法 ………………………… 524, **525**
ジェネラリスト・アプローチ ………… **686**
ジェネラル・ムーブメント ………… 196, **198**
ジェノグラム ………………………… 383, **384**
シェパード錯視 ………………………… 145, **146**
シェマ ………………………… 204, **205**
ジェームズ-ランゲ説　→感情の末梢起源説
ジェンダー・ステレオタイプ ……… 589, **590**
ジオン ………………………… 164, **165**
自我 ………………………… 371, **372**
耳介 ………………………… 473
視覚 ………………………… 188
視覚運動による聴覚残効 ………… 178, **179**
視覚系 ………………………… **470**
視覚失認 ………………………… 444, **445**

視覚世界 ………………………… 807, **809**
視覚探索 ………………………… 117, **118**
視覚的断崖 ………………… 181, **182**, 897
視覚的注意の種間比較 ………… 753, **755**
視覚野 ………………………… 807, **809**
視覚優位 ………………………… 179
視覚誘導性自己運動感覚 ………… 159
シカゴ学派 ………………………… 828
自我心理学 ………………… 889, 906, **937**
自我心理学派 ………………………… 371
自我同一性　→アイデンティティ
時間学習 ………………………… **88**
時間研究 ………………………… 582
時間選好 ………………………… **861**
時間の展望 ………………………… 221, **222**
時間的符号化 ………………………… 168
時間的符号化仮説 ………………………… **87**
時間分解能 ………………………… 58, **59**
時間分析 ………………………… 580, **581**
時間見本法 ………………………… 39, **41**
磁気共鳴画像 ………………………… 498, **499**
視機性眼球運動 ………………………… 115, **116**
色相 ………………………… 154, **155**
士気の低下 ………………………… 363, **364**
識別性 ………………………… 532, **533**
糸球体 ………………………… 478, **480**
嗜銀顆粒性認知症 ………………… 455, **456**
至近要因 ………………………… 753
時空間学習 ………………………… **88**
視空間スケッチパッド ……… 120, **121**, 934
シークエンス ………………………… 243, **245**
軸索 ………………………… 460
シグナル ………………………… 272, **273**
刺激閾 ………………………… 56, 143
刺激競合 ………………………… **86**
刺激クラス ………………………… 91
刺激形態化モデル ………………… 86, **87**
刺激項 ………………………… 143
刺激性制御 ………………………… **73**
刺激置換 ………………………… 100
刺激等価性 ………………………… 92, 913
刺激般化 ………………………… 65, 69, 73
資源保持能力 ………………………… 294, **295**
事件リンク分析 ………………………… 700
次元論 ………………………… 307

自己愛	**347**
自己愛性パーソナリティ障害	426, **427**, 906
自己意識	210, 213, 256, **257**
自己意識的感情	**311**, 324
自己意識特性	342, **347**
自己一致	368, **370**
試行錯誤学習	8, 63
視交叉上核	486, **487**
試行集中・分散効果	86
思考・推論と問題解決	**129**
自己開示	264, 347
自己開示特性	**347**
自己改善動機	257
自己概念	213, **214**, 346, **347**, 724
自己確証動機	257
自己覚知	256, **257**
自己拡張理論	264, **265**
自己確認理論	256
自己価値随伴性モデル	256
自己過程	**255**
——への注目	248, **249**
自己カテゴリー化理論	266
自己記述の文化差	843, **844**
自己鏡映像認知	769, **770**
自己強化	724
自己教示訓練法	381, **382**
自己啓発	619, **620**
事後検定	524
自己高揚	260
自己高揚的傾向	843, **844**
自己高揚動機	257
自己効力	226, **227**
自己効力感	548, 646, **648**
自己枯渇	257
自己再帰的感情	311, **312**
自己査定動機	256
自己志向的感情制御	**325**
自己実現	23, 332, 959
——（個性化）の過程	374
自己主張訓練	376, **377**
自己受容感覚	173, **174**
事後情報効果	**128**, 692, **693**, 979
自己申告法	722
犯罪加害の——	**723**
自己スキーマ	255, **257**
自己制御	861
自己制御学習	231, **232**
自己生成妥当性	**562**
自己組織化マップ	135, **136**
自己組織性	609
自己中心性バイアス	258, **260**
自己呈示	256
——の内在化	256
自己点検・評価	557, **558**
仕事	733
——と犯罪	**734**
——の能率	**582**
——の要求度-コントロールモデル	654, **655**
自己とアイデンティティの発達	**213**
自己と性格	**346**
自己内省	240
自己の起源	213
自己の認識	**769**
自己の階層性 　→ナイサーの5種の自己知識	
自己批判的傾向	843, **844**
自己評価	546, 547, **548**, 724
自己評価維持モデル	256, **257**, 926
自己評価的感情	311, 324
自己不一致理論	346
自己報告	281
事故防止	584
自己誘発性嘔吐	418
視索前野	486, **487**
自殺	**393**, 421, **422**
資質鑑別	727
四枝モデル	321, **323**
思春期	213
思春期（第二次性徴）	**215**
視床	453, 463, **464**, 898
視床下部	299, **300**, 463, **464**, 486, 487
事象関連デザイン	498, **499**
事象関連電位	56, **57**, **139**, 281, 282, 698
——によるポリグラフ検査	**698**
耳小骨	473
市場細分化	603
事象見本法	40, **41**
指数関数	862
指数分布	513, **514**
システム正当化理論	267, **268**
システム論	383, **384**

ジスト	164, **166**
姿勢の制御	**197**
姿勢反射	**196**
耳石器	474, **475**
次世代育成性	**349**
次世代シークエンサー	777
施設福祉	663, **682**
自然概念	91
自然回復	66, 81
自然環境	**822**
——への好みの文化差・個人差	823, **824**
自然観察法	361
自然選択	7, 272, 293, **295**, 748
視線手がかり効果	106, **107**
自然的観察法	**39**, 41
自然淘汰　→自然選択	
自然との心理的結びつき	823, **824**
シゾイド／スキゾイドパーソナリティ障害	**426**, **428**
持続可能性	548, **560**
持続性抑うつ障害	421, **422**
持続理論	219
自尊感情	**561**
自尊心	256, 346, **348**
肢体不自由児施設	672, **674**
下側信頼限界	519
失業	**595**
実況見分	726
実験	34, 185, 280, **282**, 503, 563
実験課題	58, **59**, 498
実験群	35
実験計画法	356, **357**, 941
実験経済学	851, **852**, 869
実験ゲーム	853, 867
実験参加者間要因	524
実験参加者内要因	524
実験実習	10
実験者効果	**35**, 977
実験神経症	18, **19**, 84, **85**, 932
実験神経心理学	444
実験遂行協力者（サクラ）	280, **282**
実現値	518
実験的観察法	**39**, 41
実験的行動分析	752
実験的リアリズム	**23**, **24**
実験デザイン	59
失見当識	453, **454**
実験法	**34**, 290, 354
失行	444, **445**
実行可能性	560, **561**
実行機能	120, **121**, 204, 205
失語学	450
失語症	435, **436**, 444, **449**, 968
失語図式	**451**
失書	**451**
実践共同体	548
実存分析	388, **389**, 944, 968
質的アプローチ　→質的研究	
質的研究	**43**, **46**, 283, 552
質的データ	**43**, 46
質的評価	548
——の方法	**552**
質的変数	32, 503
質的変量	508
嫉妬	273, 314, **315**
失読	**452**
失文法	**452**
疾病観（疾病に関する考え方）の変化	634
疾病生成論	**635**
質保証	557
質問紙	37, 185, 529
質問紙調査	574, **576**
——による尺度開発	**574**
質問紙法	10, 290, 333, 361, 550, 555, 564, 817
視点依存性	106, 164, **166**
自伝的記憶	127
児童委員	668, **669**
児童虐待	**671**, 673
——の防止等に関する法律	**671**
児童研究運動	13, 20, **22**
児童憲章	670
自動思考	378, **379**, 414, 415
児童自立支援施設	672, **674**, **727**
児童相談所	726
児童デイサービス（Ⅰ型，Ⅱ型）	670, **671**
自動的特性推論	253, **254**
児童福祉施設	**672**
児童福祉施設最低基準	673
児童福祉法	663, **664**, 670, 672
児童養護施設	672, **674**
シドマン型回避	84, **85**, 913

シナプス……………………………………460, **461**
シナプス可塑性……………………………………461
シナプス後電位……………………………460, 888
シナプス小胞…………………………………………460
シナプス伝達…………………………………………460
死の受容……………………………………221, **222**
自白……………………………………………714, **715**
自爆テロリズム………………………………………**707**
自発運動……………………………………………187
自発的回復……………………………………66, 81
四分位偏差…………………………………506, **507**
四分相関係数………………………………510, **511**
自閉症………………………………………428, 894
自閉症研究……………………………………………765
自閉症児施設………………………………672, **674**
自閉症スペクトラム………………………428, 877
自閉スペクトラム症/自閉症スペクトラム障害
…………………………………**409**, 434, 787
自閉スペクトラム症/自閉症スペクトラム障害
［の遺伝］……………………………………**789**
司法……………………………………………………**688**
　——と感情………………………………**318**, 317
司法参加………………………………………………741
司法面接……………………………695, **696**, 892
シミュレーション研究………………………………**51**
市民運動と異議申し立て…………………279, **280**
シャイエの最も効率的なデザイン………185, **186**
シャイネス…………………………………342, **343**
社会……………………………………………………246
　——と遺伝子の相互作用………………793, **794**
社会移行支援…………………………………………**739**
社会疫学と健康………………………………………**648**
社会化……………………………………201, 629, **630**
社会階層…………………………………………………845
社会解体論……………………………………………733
社会学的犯罪理論…………………………724, **725**
社会環境………………………………………………805
社会関係資本………………………………277, **278**
　——と健康………………………………648, **649**
社会規範……………………………………825, **827**
社会構成主義…………………229, 356, **357**, 386, 892
社会神経科学…………………………………………281
社会心理学……………………………………………12
　——の質的アプローチ…………………………**283**
　——の方法…………………………………………**280**
　——の歴史…………………………………………248
社会性…………………………………………………786
　——と情動の学習………………………322, **323**
　——の発達…………………………………………**210**
社会生物学……………………………………………748
社会生理心理学………………………………………281
社会調査………………………………………………727
社会的アイデンティティ…………………………266
社会的アイデンティティ理論……………………266
社会的影響……………………………261, 639, 923
社会的影響力（社会的勢力）………261, **262**, 970
社会適応型……………………………………………386
社会的学習……………………………………………759
社会的学習理論………94, **95**, 211, 331, 332, 724, 978
社会的環境尺度……………………………817, **819**
社会的感情…………………………………311, **313**
社会的陥穽…………………………………825, **827**
社会的技能訓練　→ソーシャルスキル・トレー
　ニング
社会的構成主義　→社会構成主義
社会的（語用論的）コミュニケーション症/社会
　的（語用論的）コミュニケーション障害… 428
社会的コンボイ………………………………………**219**
社会的再構成型………………………………………386
社会的参照…………………………192, **193**, 324, 835
社会的視点調整能力の発達………………………211
社会的証明……………………………………**262**, 923
社会的ジレンマ……………………………270, **271**, 825
社会的推論……………………………………………**258**
社会的相互作用……………………………269, 877
社会的促進……………23, 261, **262**, 610, **611**, 908
社会的態度……………………………………**786**, 908
社会的地位と健康……………………………………648
社会的知性…………………………………321, **323**, 764
社会的調整機能………………………………………292
社会的適応と性格……………………………………**344**
社会的知性仮説………………………………………763
社会的手抜き………………261, **262**, 610, **612**, 971
社会的な遊び………………………………210, **212**
社会的な感情…………………………………………210
社会的人間観………………………………580, **581**
社会的認知……………………………………………**190**
社会的ネットワーク理論…………………………**202**
社会的望ましさ……………………………562, 888
　——によるバイアス……………………281, **563**

項目	ページ
社会的判断	316
——と感情	**318**
社会的比較	256, 258, 314
社会的比較感情	311
社会的表示規則	296
社会的複雑性	763
社会的プライミング効果	250, **252**
社会的密集	813
社会的抑制	610, **611**
社会認識	211
社会認知	**493**
社会認知神経科学	137
社会認知的アプローチ	**837**
社会ネットワーク分析	277
社会脳	493, **494**
社会福祉援助技術	**685**
社会福祉の基本理念	**665**
社会福祉法	663
社会文化的アプローチ	233
社会モデル	739
社会問題の社会心理学	**278**
尺度	**563**, 574
高度な推理を要する——	818
尺度構成法	564
尺度得点	43, 567
若年ホームレス	439, **440**
若年無業者	**440**
斜交回転	530
社交不安症/社会不安障害	413, **415**
遮断化	71
シャーデンフロイデ	313, **315**
遮蔽手がかり	155
ジャンクDNA	777, **778**
主因子法	529, **531**
自由オペラント	54
重回帰分析	526, 532, 534
住環境・コミュニティ環境	**815**
住環境評価	815, **816**
従業員支援プログラム	587
宗教テロリズム	706, **708**
宗教と認知様式	846, **847**
重決定係数	526, **528**
集合行為論	826, **827**
集合的効力感	829
集合的情報処理	608, **609**
重症心身障害（児）	434, **435**
重症心身障害児施設	672, **674**
囚人のジレンマ	269, **271**, 867, **868**
修正指標	532, **533**
自由選択	864, **865**
自由選択行動	54
収束的妥当性	**570**
従属変数	32, 526, 534
集団	261, **263**
——と感情	317, **318**
集団意思決定	610, 717
集団遺伝学	748, **749**
集団間関係	**266**
集団間情動理論	268, **269**
集団基準	552
集団凝集性	261, **263**
集団極性化	261, 624, **625**
縦断研究	199
集団思考	261, **263**, 624, **625**
集団主義	843, **844**
集団準拠評価	550
集団的士気	317
集団的社会化理論	202, **203**
集団の浅慮 →集団思考	
縦断的調査 →縦断的デザイン	
縦断的デザイン	185, 281
縦断的データ	533
集団分極化現象 →集団極性化	
集団面接	618, **619**
羞恥	311, **313**
集中練習	96, **98**
自由度	516, **517**
重篤気分調整症	**410**
周波数特異性	474
終板電位	481, **482**
修復的アプローチ	739
修復的司法	731, **732**, 734
習癖異常	430
自由報告	695, **696**
自由面接	618, **620**
収斂	753
自由連想法	18, **19**, 370, **372**
就労継続支援（A型，B型）	**678**
主我と客我	213, **215**
主観的期待効用理論	855

主観的規範	264	障害者職業センター	**678**
主観的情感	288	障害者助成金制度	678
主観的等価点	143, **144**	障害者自立支援法	676
授業観	240	障害者手帳	675, **677**
授業研究	**233**	障害者の雇用の促進等に関する法律	678, **679**
授業評価	557, **558**	障害者の生活と雇用	**677**
授業分析	234, **235**	障害者福祉	**675**
熟達化	204, **205**	昇格	**616**
熟知性判断	**126**	小規模多機能型居宅介護	681
熟練者	96	消去	76, 77, **81**
主効果	524, **525**	状況サンプリング法	836
樹状突起	460	商業宣伝	600
手掌把握反射	**196**	状況と性格	335
受精	187	状況要因	597, **598**
主成分分析	529, **535**	消去抵抗	82
主体志向的アプローチ	186	消去手続き	69
主題統覚検査 → TAT		条件刺激	68
手段-目標分析	**130**	条件刺激事前呈示効果	86
出現頻度	109, 111	条件性情動反応	**69**
出力	58	条件性弁別	**74**, 92
受動触	174, **175**	条件づけ	18, **20**
受動的回避学習	83, **85**	条件反射	63, **64**, 932
種特異的防衛反応	99, **100**	条件反応	68
首尾一貫感覚	340, **642**	証拠収集	726
守秘義務	363	証拠調べ	716, **718**
受容体（レセプター）	176, 469	証拠に基づくソーシャルワーク	686
狩猟	760	小集団活動	592, **593**
狩猟採集生活	756, **757**	ショウジョウバエの行動遺伝学	**792**
順位依存性	132	昇進・昇格	615, **616**
順位相関係数	510, **511**, 918	象徴的機能	204, **205**
順遺伝学	**791**	情緒障害児短期治療施設	672, **674**
馴化	65, 144, 488	情緒的サポート	340
——・脱馴化法	181, **182**, 189, **190**	情動	288, **289**
順行条件づけ	68	衝動買い	597, **598**
準実験	34, 280, **282**	衝動型（MTC 強姦犯類型）	709, **710**
順序尺度	564, **565**	情動行動	**486**
純粋性 → 自己一致		衝動性	**80**, 861
順応	176, 629, **630**	情動知能 → 感情的知性	
準備性	99, 753	情動調律	201, **203**
障害	**395**	情動的障害	288
傷害	743, **744**	情動的態度	288
障害者基本法	675	情動の特性	288, **289**
障害者権利条約	676	情動の風土	202, **203**
障害者雇用率制度	678	情動の利用可能性	202, **203**
障害者支援施設	675, **676**	情動認知	493, **494**

小児性愛障害	709
証人	717
少年院	727, **728**
少年鑑別所	727
小脳	100, 483, **485**, 762
消費者行動	869
消費者行動論	869
消費者心理学	**596**, 597, 869
消費者の感情	597
消費者文化理論	**604**
消費者問題	279, **280**
商品イメージ	597, **598**
情報収集アプローチ	714
情報処理アプローチ	204
情報処理機能	785
情報処理モデル	597
情報保障	677, **679**
情報モニタリング法	853, **854**
剰余変数	32, **33**
省略訓練	76, **77**
初回面接　→インテーク面接	
初期学習	66, **67**
初期経験	66, **67**
単一刺激の学習と――	**65**
初期コミュニケーションと言語発達	**191**
職位	610
処遇効果評価	738
職業	648
職業，社会的地位と健康	**650**
職業性ストレス	641
――と健康	**653**
――の健康影響	653, **655**
――の性別，年代別特徴	**656**
――の理論モデル	654, **656**
職業適性	618, **620**
職業病	586, **588**
職業リハビリテーション	678, **679**
職業倫理	358
食行動障害および摂食障害群	404, **405**
食餌条件づけ	**69**
触2点閾	174
職場適応	322
職場におけるストレス対策	655, **656**
職場の健康支援活動	654
職場の人間関係	**626**

職場のメンタルヘルス	**586**
触法少年	726
職務権限	610
職務ストレッサー	586, **588**
職務動機づけ	608, **612**
職務満足感	613, **614**
初心者	**96**
序数効用	854
女性による連続殺人	703, **704**
女性の就業支援	**590**
女性犯罪	743, **744**
所属欲求	258
所属欲求理論	256
触覚	173
――・自己受容感覚	**173**
触覚受容器	**477**
初頭効果	123
処分効果	870
処方的意思決定理論	854
処理資源モデル	**118**
処理水準	123
自立支援給付	676, **677**
自立支援プログラム	668
自律神経系	**300**, 463, **465**, 697
自律神経系反応	299
自律性	199
事例研究	356, **357**
事例研究法	42, **43**
事例モデル	106, **107**
人為的変異誘発	793
心因論	399
進化	293, **295**, **746**, 748, **749**, 753
学習の――	753, **754**
計数行動の――	753, **754**
視覚的体制化の――	753, **754**
色覚の――	753, **755**
シンボル使用の――	753, **755**
人類の――	**760**
推論の――	753, **755**
脳の――	**762**
表情の――	753, **755**
侵害受容器	**477**
人格障害	404
人格と認知社会的学習の一般理論	**725**
人格理論	724

人格論	621, **622**
進化ゲーム理論	750, **751**, 867, **868**
進化心理学	249, 331, **332**, 748, **756**
——の影響	**249**
進化生物学	**748**
進化的適応環境	294, **296**, 756, **757**
進化論	**7, 8**, 921
進化論的合理性	292, **293**
新環境パラダイム	823, **824**
新奇性	289
新強力効果論	274
新近効果	123
親近性判断	125, **126**
神経	**442**
神経解剖学	762
神経回路	796, **797**
神経科学的研究法：一般	**495**
神経科学的研究法：神経画像法	**498**
神経化学物質（感情に関わる）	**300**
神経画像法	58, 290, 495, 498, 853
神経経済学	853, **871**
——と脳部位	871, **872**
時間選好の——	**872**
相互作用の——	**872, 873**
神経系の構造と機能	460, **462**
神経原線維変化型老年期認知症	455, **456**
神経行動学	750
神経症傾向	337, **339**
神経心理学	58, **59**, 137, 143, **444**
神経性過食症/神経性大食症	418, **419**
神経性やせ症/神経性無食欲症	418, **419**
神経生理学	97
神経伝達物質	460, **462, 468**, 790, **792**
神経伝達物質受容体	460, **462**
神経認知障害群	**405**
神経発達症/神経発達障害	409
神経発達症群/神経発達障害群	404, **405**, 428, 431
神経病理学	455, **457**
人工概念	92
信号源推定	**139**, 143
人工知能	**105**
信号追跡	99, **100**
新行動主義	23, 63, **64**, 892, 936, 958
人事測定の方法	**616**
人事評価・測定	**615**
侵襲性	58
侵襲的方法	495
心身一元論	329
心身症	319, **320**, 913
心身二元論	634, **635**
新生児期	758
真正性	234
心性単一性	833, **834**
真正の評価　→オーセンティック・アセスメント	
新相互作用論	335, **336**
身体因論	397
身体運動	324
——と感情発達	**325**
——の初期発達	**196**
身体活動	643
身体障害者福祉法	663, **664**
身体障害者補助犬	677, **679**
身体症状症および関連障害群	404, **406**
身体症状障害	416, **417**
身体信号仮説　→ソマティック・マーカー仮説	
診断基準	**402**
診断的評価	546, **547**
真値	566, **568**
伸張反射	481, **482**
人定質問	716, **718**
心的会計	**859, 860**
心的外傷およびストレス因関連障害群	404, **406**
心的外傷後ストレス障害	411, **412**, 742
心的外傷体験（トラウマ）としての犯罪被害	**741**
心的回転	164, **166**
心的機能の変化	221
心的時間旅行	**770**
心的発話	207, **208**
心的表象	129, 164
心的不応期	**118**
真にランダムな統制	86
信念	240
心拍	56, **57**
心拍変動性	56, **57**
審判	727
審判不開始	727
新皮質比	763, **764**
神秘性	823
深部感覚	476
新聞・雑誌広告	600, **602**

親密な対人関係	264
信用取引	859, **860**
信頼	826
信頼区間	519
信頼係数	519
信頼性	333, 549, 555, 559, **561**, 566, 570, 575
信頼性係数	566, 575, **576**
——差得点の	568
『心理学』（西周訳）	25, **26**
『心理学研究』	**25**
『心理学原理』	7, **12**
心理学実験室	10, **11**, 25, 886
心理学史の方法論	**27**
『心理学的クリニック』	21, **22**
心理学的ストレスモデル	301, **303**, 318, **320**, 636, **638**
心理学的犯罪理論	724
心理学と健康	634, **635**
心理学の広がり	10
心理教育	378, 381, **382**
心理教育的援助サービス	238
『心理研究』	25, **26**
心理言語学	112
心理社会的ストレス	651
心理社会的ストレッサー	636
心理尺度	43, 333, 550, 574
心理進化論モデル	823, **824**
心理専門職の倫理原則	358
心理測定関数	143, **144**
心理的回復効果	823
心理的財布	597, **598**, 859, **860**
心理的トラウマ	388
心理物理学	9, 10, 143, 883, 917, 942
心理物理学的測定法	143
心理物理的パラダイム	810, **811**
心理療法（その他の）	**387**
心理療法（日本の）	**390**
心理療法担当職員	673
心理療法統合	363, **364**
心理療法の歴史・発展・統合	362
進路指導　→キャリアガイダンス	
進路相談	366, **367**
親和性	342, **343**

す

随意運動	114
推移性	92, **869**
遂行機能障害	**445**
遂行機能障害症候群の行動評価	447, **448**
遂行の知識	96, **98**
水彩錯視	145, **147**
スイスチーズ・モデル	584, **585**
推測統計	518
錐体	153, 471
錐体過程	153
錐体反対色過程	154
垂直関係（分業による）	610, **612**, 626
垂直関係（上司-部下関係）	**628**
垂直方向の分業　→垂直関係（分業による）	
垂直網膜像差	156, **157**
推定	515, **518**
推定値	518
推定量	515, 518
随伴性	86, 190, **191**
随伴性空間	86, **88**
随伴性形成行動	**93**
随伴性低下効果	86
随伴性理論	86
水平関係（分業による）	610, **612**, 626
水平関係（同僚関係）	**628**
水平輻輳	156, **157**
水平方向の分業　→水平関係（分業による）	
水平網膜像差	156
睡眠	486, **487**, 644, **645**
——・覚醒障害群	404, **406**
睡眠薬	392
推論	129
——の誤り	378, **379**
推論的推移律	**92**
数唱検査	453
スキナー箱	**54**, 63, **64**, 70
スキーマ	134, **136**, 224, 378, **379**
スキーマ理論	**96**
スキャフォールディング	236, **237**
スクリーテスト	529
スクリーニング	333
スクリプト	134, **136**
スクールカウンセラー	439, 895

スクールカウンセリング	366, **367**
スケーリング問題	150
スコープ	243, **245**
スタージェスの方法	503, **504**
スター・ストーカー	711, **712**
スタンフォード囚人実験	248, 250, 335
図地分化 →図と地	
頭痛	411
スティーヴンスの法則	143
ステークホルダー →評価利用者	
ステップワイズ法	526, **528**
ステレオグラム	156
ステレオタイプ	267, 941
――の形成と維持	253, **254**
ステレオタイプ内容モデル	267
ストーカー規制法	711, **713**
ストーキング	711
――と DV	711
ミューレンの――分類	711, **713**
図と地	161, **162**, 973
ストックホルム症候群	**715**, 716
ストループ効果	109, **111**, 918
ストレイン	586, **588**
ストレス	810, 920, 970
――と健康	**636**
――と性格	**339**
――の認知的評価理論 →心理学的ストレスモデル	
ストレス緩衝効果	**639**
ストレス緩衝要因	340
ストレス関連疾患	637, 653
ストレス-脆弱性モデル →素因-ストレスモデルの原因論	
ストレス耐性	340
ストレス反応	318, 339, 636
ストレスマネジメント	637, 646, 648
ストレッサー	318, 339, 634, 636
ストレンジ・シチュエーション法	39, 199, **200**, 887
スノーボール・モデル	584, **585**
スパイクタイミング依存的可塑性	491, **492**
スパイラル・カリキュラム	243, **245**
スーパービジョン	363, **364**
スピアマン-ブラウンの公式	567, **568**, 918
スプリー殺人	703, **704**
スペクトログラム	171

スポーツ	96
スポットライト効果	259, **260**
スモールワールド	277
刷り込み	66, 99, 775, 791, **792**, 798
スリップ	584

せ

斉一化圧力	629, **630**
正円窓	474
性格	**327**
――の生涯発達	348
――の生物学的基礎	**330**
――の測定	**333**
――の発達と成熟	348
――の理論	**331**
性格研究の歴史	**329**
性格検査	555, **556**
性格適性検査	618, **620**
成果主義	616, **617**
生活史	**751**
――（小児期の経験，学歴）と健康	648, **650**
生活習慣と健康	**643**
生活習慣病	634, **635**, 643, 645
生活出来事	636, **638**
生活と福祉	**667**
生活保護法	663, 664
生活保護基準	667, **668**
生活保護の基本原理	667, **668**
生活保護の種類	667, **668**
生活保護の申請手続き	667, **669**
生活保護の四原則	667, **669**
性機能不全	419, **420**
性機能不全群	405, **406**
正規分布	507, 513, **514**, 567
制御資源	257
制御焦点理論	257
生気論	6
性行動	**796**, **797**, 899, 939
制止学習	81
正式裁判	727
誠実性	337, **339**
政治テロリズム	706, **708**
静止膜電位	460, **462**
正準相関分析	534, **535**
精神医学	**401**

事項索引　1043

精神科医療……………………………………439
精神科症状学…………………………………402
精神科診断学…………………………………402
精神間（個人間）から精神内（個人内）へ……236
精神鑑定………………………………………690
成人期…………………………………………348
精神作業検査　→作業検査法
精神疾患と発達障害の遺伝……………………**787**
精神状態短時間検査…………………… 447, **449**
精神-性的発達段階………………………371, **372**
精神治療薬……………………………………392
精神的作業負荷………………………… 583, **584**
精神哲学………………………………15, **17**, 950
精神動作学………………………………………25
成人病胎児期発症（起源）説…………………**188**
精神病理………………………………………312
　──と自己意識的感情……………………**312**
精神病理学……………………………………402
精神物理学　→心理物理学
　──の導入…………………………………25, **26**
精神分析………………17, **20**, 363, 421, 880,
　　882, 899, 906, 917, 937, 939, 947, 954, 955, 969
精神分析学………………………………331, 399, 909
精神分析療法…………………………………**370**
精神分析理論…………………………………211
精神保健及び精神障害者福祉に関する法律
　………………………………………… 663, **664**
精神力動アプローチ…………………………388
精神力動論………………………………331, **332**, 724
精神療法…………………………………402, **403**
生成文法理論…………………………………104
成績（業績，成果）評価………………………615
製造物責任法…………………………………**585**
生存価…………………………………………753
生態学的合理性………………………… 292, **293**
生態学的システム論…………………… 202, **203**
生態学的妥当性………………………291, 930, 944
生体の恒常性　→ホメオスタシス
精緻化…………………………………… 120, **121**
精緻化方略……………………………… 231, **232**
精緻化見込みモデル（精査可能性モデル）　→ ELM
精緻化リハーサル……………………………123
成長曲線モデル………………………… 533, 540
性的刻印づけ……………………………………66
性的殺人………………………………… 703, **704**

性的要素の重視………………………………371
性淘汰……………………………272, 273, 748, **749**
正統的周辺参加論………………………236, **237**, 974
正答率……………………………………………56
生得説……………………………………5, 979
生得的解発機構………………………………750
生得的模倣……………………………………94, **95**
制度史観…………………………………………28
制度的支援……………………………… 663, 685
正の強化子………………………………………75
正の時間選好…………………………………862
正の罰子…………………………………………75
性犯罪……………………………690, **708**, 743, **744**
　──と性的ファンタジーの関連性………709
　──の再犯性………………………………709
製品関与………………………………… 597, 598
製品差別化……………………………………603
生物医学モデル………………………… 634, **635**
生物学的運動…………………………… 159, **160**
生物学的犯罪理論……………………… 724, **725**
生物情報科学…………………………………777
生物-心理-社会アプローチ……………… 363, **364**
生物-心理-社会モデル………………… 634, **635**, 649
　──の原因論………………………………**400**
生物的制約………………………………………99
性別違和/性同一性障害………………405, 419, **420**
性別役割分業…………………………………589
性ホルモン……………………………… 486, **487**
生理……………………………………………**458**
生理学的心理学…………………………………10, **11**
生理指標…………………………………………56
生理的覚醒…………………264, **266**, 272, 299, **300**
生理的基盤……………………………………**273**
生理的測定……………………………………290
世界保健機関…………………………… 634, **636**
セカンダリー・コントロール………………839
脊髄……………………………………462, **466**, 762
脊髄視床路……………………………… 476, **477**
脊髄分節………………………………………**477**
脊椎動物の脳…………………………………762
積率……………………………………………533
積率相関係数…………………………… 509, **511**
セクシュアル・ハラスメント………………**590**
石器……………………………………………760
接近-回避……………………………………226

接近の法則	68
接近的コミットメント	264, **266**
摂食行動	793, **794**
摂食障害と性障害	**418**
絶対閾	10, 143
絶対評価	550, 615, **617**
窃盗	743, **744**
窃盗癖	743, **744**
説得	317
──と感情	**318**
説得的コミュニケーション	261, **263**
折半法	566, **568**
絶望感理論 →学習性無力感	
説明責任（評価における）	558, 560
説明変数	32, 526
ゼブラフィッシュ	798, **799**
セールス・プロモーション	603
セル生産システム	591, **593**
セルフ・アドヴォカシー	666
セルフ・コントロール	**80**, 381, **382**
──と衝動性	**79**
セルフ・コントロール研究	864
セルフ・ディスクレパンシー理論	301, **302**
セルフ・ハンディキャッピング	256, **257**
セルフヘルプ・グループ	639
セルフ・モニタリング	231, **232**, 343, 378, 381, **382**
セルマンの社会的視点調整能力の発達	**212**
セロトニン	469, **470**, 872
全か無の法則	460
全件送致	726
宣言的記憶	89, 122, 491
選好	810
選好環境	818, **819**
選好逆転	861, 864, **865**, 869
選好行列 →カプランの選好行列	
前向健忘	453, **454**
選好注視法	181, **182**, 189, **191**
選好判断	125, **126**
潜在化と不可視化	629
潜在記憶	**124**
潜在自尊心	251, **252**
潜在指標	281, **282**
潜在的制止	82, 83, **86**
潜在測定	251
潜在的カリキュラム	243, **245**

──の文化的バイアス	839, **840**
潜在的自己中心性	251, **252**
潜在的自尊心	346
潜在変数	**33**, 529, 531, 534
潜在連合テスト	251, **334**
全社的品質管理 →品質管理	
全習法	96, **98**
戦術学習	**96**
線条体	**489**
染色体	774, **775**
染色体異常	434, **435**
全数調査	515, 518, **520**
全体運動	159
全体の帰属	311, **312**
全体の処理	106, **108**
選択現象	**863**
選択行動	**79**
選択交配	795, **797**
選択性緘黙	431, **432**
選択的注意	117, **118**, 954
選択における逡巡	864
選択バイアス	539
選択ヒューリスティックス	597, **598**
先端的統計手法	**539**
線虫	790, **792**
──の行動遺伝学	**790**
前庭器官	174, **175**
前庭動眼反射	115, **116**, 474, **475**
宣伝	261, **600**
先天盲	180, **182**
尖度	**507**
蠕動	196
前頭前皮質	**89**
前頭前皮質腹内側部	299, **300**
前頭側頭型認知症	455, **457**
前頭連合野	491, **492**
セントペテルスブルグのパラドックス	856, **858**
前脳基底部	453
洗脳や煽動	317
選抜	793
全般性不安症/全般性不安障害	413, **415**
前補足運動野	483, **485**
せん妄	**436**
専門活動	353, **355**
専門家パラダイム	810, **811**

専門職	358, **359**
専門職化	353
専門職倫理	358
戦略	751, **752**, 866
戦略的人的資源管理	**618**

そ

素因-ストレスモデルの原因論	**400, 401**, 424
総括的な評価	546, **547**
相加的遺伝効果	780, **781**
相関	576
相関係数	15, 529, 567, 576
相関比	510, **511**
相関分析	**45**
双極性障害	421, 787
――および関連障害群	404, **406**, 423
双曲線関数	861
走光性突然変異体	793, **795**
層構造	762
――と核構造の(哺乳類型脳と鳥類型脳)相同	**764**
総合的な学習の時間	229, **230**, 243
総合的品質管理 →品質管理	
相互活性化モデル	109, **111**
相互関係	805
相互教授法	229, **230**
相互協調的自己観	843, 958
相互構成過程	**834**
相互作用	**866**
相互作用過程分析	623, **624**
相互同期性	191, **193**
相互独立的自己観	843, 958
相互評価	546, 547
相殺効果	177
捜査機関	726
捜索	726
捜査心理学	690, **691**
捜査(探索)モデル	109
早産	187, **189**
喪失	219, **220**
相乗効果	176
躁状態	421
双生児法	780, **781**
早成性 →離巣性	
想像エクスポージャー	413
想像上の赤ちゃん	216, **217**
創造的な変革	608
相対的剥奪	707, **708**
相対度数	503, **504**
相対評価	544, 550, 615, **617**
相同	762
創発特性	610
相反の原理	306
増分閾 →弁別閾	
相貌失認	107, **108**
相補性	264
走路	63, **64**, 82
測光量	149
側性化	444, 449
属性相関	510
測定	566, 852
――・評価	**542**, 638, 903
――の歴史	**544**
測定法	495
測定方程式	532, **533**
測定モデル	566
側頭後頭領域	165
側頭葉内側部	491, **492**
側抑制	150, **151**
ソクラテス式対話	378, **380**
素行症/素行障害	429, 787
阻止	**87**, 89
組織	**606**
――の環境適応	629, **630**
――の規範と文化	**628**
――の硬直化現象	**612**
――の生産性と効率性	**610**
――の不祥事と責任問題	279
――のライフサイクル	629, **630**
組織観の変遷	**608**
組織=機械組織観	608
組織決定	609
組織公平性	613, **614**
組織コミットメント	613, **614**
組織コミュニケーション	**623**
――のプロセス	624, **625**
組織市民行動	616, **617**
組織等を対象とする評価	**557**
組織発達	611
組織変革	608, 611

組織目標	610, **611**
ソーシャルサポート	216, **217**, 219, 264, **266**, 319, **320**, 340, 586, **588**, 638, **640**, 641
——・ネットワーク	385, **387**
——の測定と評価	**640**
——の直接効果と緩衝効果	**640**
ソーシャルサポート介入	639
ソーシャルスキル	342, 639, **640**
——・トレーニング	376, **378**, 639, **640**
ソーシャル・ネットワーキング・サービス	278
ソーシャル・ネットワーク	638, **641**
ソーシャルブレイン	763, **764**
ソーシャル・マーケティング	603
ソーシャル・リアリティ	628, **630**
ソース・モニタリング	127, **128**
措置制度	663
——から契約制度へ	**664**
素朴実在論	259, **260**
素朴生物学	189, **191**
素朴物理学	189, **191**
素朴理論	241, **242**
ソマティック・マーカー仮説	299, **300**, 922
存在脅威管理理論	256, **258**
損失	132, **133**

た

第一次相互主観性	192
第一体性感覚野	476
第一種社会福祉事業	663, **664**
大うつ病性障害	421
体液理論	329, **330**
対応推定理論	253
対応バイアス	253, **254**
大学評価	557
大気遠近法	155, **157**
退行型（MTC 子どもに対するわいせつ犯類型）	709, **711**
対抗式反応	731, **732**
第三者効果	**275**
第三者仲介	627, **628**
第三者評価（第三者評価事業）	547, **548**, 557, 683, **684**
第三勢力	23
第三世代認知行動療法	388, **389**
第三の空間	233, **235**

胎児期における発達	**187**
対象運動視差	156
帯状回	486, **487**
対象関係論	371, **372**
対照質問法	697, **698**
対称性	92
対象操作	**759**
退職	219, **220**
対人関係構造	626, **628**
対人関係と健康	**638**
対人関係療法	421
対人距離	813
対人行動と性格	**341**
対人・社会環境（空間行動）	**812**
対人的影響	261
対人的負債感	311, **312**
対人認知	**253**, 931
対数線形モデル	534, **535**
耐性	392
体制化方略	231, **233**
体性感覚	173
体性感覚系	**476**
体性感覚野	173, **175**
体性神経系	463
代替性	80
代諾者	49, **50**
胎動	187
態度（情意）評価	615
胎内環境	187, **188**
体内時計	644, 793, **795**
ダイナミカル・システム・アプローチ →ダイナミック・システムズ・アプローチ	
ダイナミック・システムズ・アプローチ	97, **98**, **198**
第二次性徴	213, **272**
第二次世界大戦の影響	248, **249**
第二次相互主観性	192
第二種社会福祉事業	663, **664**
第二体性感覚野	476
対乳児発話	191, **193**
大脳	463, 762
大脳化	763, **764**
大脳基底核	89, 463, **466**, 483, **485**, 489
大脳皮質	463, **467**, 762
大脳皮質視覚野	67

大脳辺縁系	299, **300**
対比効果	253, **254**
対比の特性	**811**
——と覚醒モデル	811, **812**
代表値	506
体部位局在	**478**
タイプA行動パターン	641, **643**, 978
タイプAパーソナリティ	319, **320**
タイプCパーソナリティ	641, **643**
タイプDパーソナリティ	641, **643**
逮捕	726
タイラー原理	544
代理強化	94
対立遺伝子	774, **775**
代理的条件づけ	94, **95**
代理罰	94
大量殺人	703, **705**
ダイレクトメール	600, **602**
多因子性疾患モデル	649
多因子説	209
ダーウィン的アルゴリズム	756, **757**
ダーウィンの表情論	**296**
互いに排反	512
多型概念	91
多次元尺度構成法	**535**, 700
——プロファイリングにおける	**701**
他者志向的感情制御	325, **326**
他者の感情理解	324
他者感情の直感的な理解	**325**
他者感情の内省的な理解	324, **325**
他者評価	547, **549**
他者理解	765
多重関係	358, **359**, 363
多重共線性	527, **528**
多重推論モデル	253, **254**
多重対応分析	535, **536**
多重知能	209, **210**, 893
多重比較	524, **525**
多重ボクセルパターン分析	**139**
多世代派	383
多属性意思決定理論	**855**
脱カテゴリー化	268, **269**
脱馴化	66
脱制止	82
達成動機	613, **614**, 959
達成動機づけ	226
——のリスクテイキング・モデル	**227**
達成目標理論	226, **228**
脱分極	460
脱抑制型対人交流障害	**410**, 432
妥当性	333, 549, 555, 559, **561**, 567, **569**, 575, 903
——の検証	569
妥当性係数	575, **576**
多特性多方法行列	**570**
タブラ・ラサ	5, **6**, 758, 978
ダブルバインド	383, **385**, 949
ダブル・バーレル	37, **38**
ダブル・フラッシュ錯覚	179
多変数データ	45
多変量回帰分析	532
多変量解析	**45**, **534**
多変量データ	45, **534**
多変量分散分析	534, **536**
多母集団分析	**533**
ターミナルケア	683, **684**
ダミー変数	32
多面発現	786
多面発現性	787, **789**
多目標意思決定理論	**855**
多様な文化への適応	**841**
単一遺伝子疾患	787, **789**
単一遺伝子突然変異	793
単回帰分析	526
段階反応モデル	571, **573**
短期記憶	**119**, 491
短期の配偶戦略	272, **273**
短期入所介護	680, **682**
短期力動療法	388, **389**
単元	243
単語親密度	109, **111**
単語優位効果	109, **111**
探索的アプローチ	363, **365**
探索的データ解析	44, **45**
単純構造	530, **531**
単純主効果	524, **525**
単純接触効果	264, **302**
男女雇用機会均等	**590**
単数殺人	703

ち

地域社会……733
地域生活支援事業……676, **677**
地域精神医学……386
地域早期療育システム……670, **671**
地域包括ケアシステム……683, **684**
地域包括支援センター……681, **682**
地域密着型サービス……683, **684**
チェイニング　→連鎖化
遅延交替反応課題……54, **55**
遅延低減仮説……79, **81**
遅延反応課題……54, **55**
遅延見本（非見本）合わせ課題……54, **55**
知覚……**141**
　——の学習と発達……**180**
　明るさとコントラストの——……**149**
　色の——……**152**
　運動の——……**158**
　奥行きの——……**155**, 897
　環境の——と認知……**807**
　形態の——……**161**
　胎児の——……187
　乳児の——・認知……**189**
　物体とシーンの——……**164**
知覚運動学習……96
知覚学習……66, **67**
知覚研究法……**143**
知覚的体制化……161
知覚的補完……161, **162**
知覚的矮小化……**181**
知覚能力……189
知覚反対色過程……154
知覚（感覚）モダリティ……**178**
　——の相互作用……**178**
力と支配型（ホームズによる連続殺人類型）
　……703, **705**
痴漢……709
逐次改良理論……864, **866**
知識ギャップ仮説……275
知識の共同関与……275, **276**
地図学派……828
チック症群/チック障害群……428, **431**
秩序型……700, **701**
知的障害児（通園）施設……672, **674**

知的障害者福祉法……663, **664**
知的能力障害（知的発達症/知的発達障害）
　……409, **410**, 428, **433**
知能観……241
知能検査……25, 361, **362**, 544, 555, **556**
知能指数……185, 209, **210**, 433, 915
知能の発達……**208**
知能偏差値……21, **22**
チームワーク……610, 612
着床……187
チャレンジ雇用……678, **679**
チャンキング……120, **121**
注意回復理論……823, **825**
注意欠如・多動症/注意欠如・多動性障害
　……**410**, 429, 787
　——の遺伝……**789**
注意障害……435, **437**, 444, **445**
注意と認知的制御……**117**
注意の分割……117, **118**
注意モデル……86
中央実行系……120, **121**
中央値……503, 505, 506, **507**
中核関連テーマ……301
中間学派……371
中間サイズ問題……**74**
中間表現型……785, **786**
中耳……473
抽象的記憶……96
中心極限定理……513, **514**
中枢神経系……462, 698
中枢性統合……429, **430**
中断後症候群……393
中途障害の障害受容の段階……675, **677**
中年期危機……218, **220**, 348, **349**
中脳……463, 762
中脳辺縁系……100
中立説……748
調音……171
聴覚……**167**, 188
　——・前庭系……**473**
聴覚失認……444, **445**, 474
聴覚遅延フィードバック……171, **172**
長期記憶……**122**, 491, 923
長期増強……489, **490**, 491, 492
長期的配偶戦略……272, **273**

長期抑圧	489, **490**, 491, 492	定間隔	54
超高速カテゴリ判断	164, **166**	デイサービス	680, **682**
調査	280, **282**, 503, 563	低酸素脳症	456
調査法	**37**, 354	低出生体重	187
調査面接法	360	低出生体重児	**189**
超自我	211	ディスコース分析	46, **48**
超条件づけ	86	定性的アプローチ	446
調整 →葛藤とその調整		定性的研究 →質的研究	
調整変数	32, **33**, 342	ディセプション	280, **282**
調整法	10, 143, **145**, 942	ティチナーと要素主義・実験実習	**11**
調節	156, **157**	定比率	54
頂点移動	73	ディファレンシエーション=コンソリデーション理論	855
丁度可知差異	143, **145**, 883		
超皮質性感覚失語	**452**	ディプロマ・ポリシー →学位授与方針	
鳥類	767	テイラー・システム →科学的管理法	
調和性	337, **339**	テイラー主義	580
直接援助技術	685, **687**	──への批判	**581**
直接効果	639	鼎立理論	209, **210**
直接処遇職員	685, **687**	デイリー・ハッスルズ →日常苛立ち事	
直接的質問法	697	定量的アプローチ	446
直接プライミング	125, **126**	定量的研究 →量的研究	
著作権	**50**	ティンバーゲンの四つの問い	750, **752**, 753
貯蓄と借財	859, **860**	デオキシリボ核酸	748, **749**
直観的養育	201	敵意	641, **642**
直交回転	530	適応	611, 748
地理情報システム	828	適応型テスト	572, **574**
地理的プロファイリング	690, 700, **702**, 896	適応行動	433
治療共同体	738	適応指導教室	439
治療契約	363, **365**	適応度	272, 293, **296**
治療的変化の必要十分条件	368	適合度指標	529, **531**, 532, **533**
沈黙の螺旋理論	275, **276**	適者生存	7, 9
		テキストマイニング	283, **285**
つ		適性	241, **242**
追従眼球運動	115, **116**	適性検査	555, **556**, 618
対連合学習課題	54, **55**	適性処遇交互作用	241, **242**
痛覚	173, **175**	テクスチャの分離	**163**
通勤犯行型	700, **701**	デコイ効果	857
通告	726	テスト期待効果	561, **563**
ツェルナー錯視	145, **147**	テスト効果	562, **563**
つかまり立ち	198	テストステロン	56
つたい歩き	198	テスト・バッテリー	555
		テスト法	333
て		テスト理論	549, **551**
定位反応	68	テストワイズネス	562, **563**
低価値化	71, **72**	データの変換	33

事項索引

データマイニング・・・・・・・・・・・・・・・・・・・・・・・・・・・・540
手続き記憶・・・・・・・・・・・・・・・・・・・・・・122, 488, 491
手続き記憶障害・・・・・・・・・・・・・・・・・・・・・453, **454**
手続き的公正・・・・・・・・・・・・・・・・・・・・・・・826, **827**
手続不変性・・・・・・・・・・・・・・・・・・・・・・・・・・・・869
テトラサイクリン遺伝子発現調節・・・・・・・・・495, **496**
デートレイプ・・・・・・・・・・・・・・・・・・・・・・・・・・・・712
デフォルト・モード・ネットワーク・・・・・・・・・・・**139**
デブリーフィング・・・・・・・・・・・・・・・49, 280, **282**
テューキー法・・・・・・・・・・・・・・・・・・・・・・524, **525**
テリトリー・・・・・・・・・・・・・・・・・・・・・・・・・・・・・813
テリトリアリティ・・・・・・・・・・・・・・・・・・・813, **814**
照れ・・・・・・・・・・・・・・・・・・・・・・・・・・・・・・311, **313**
テレビ・ラジオ広告・・・・・・・・・・・・・・・・・・600, **602**
デルタP・・・・・・・・・・・・・・・・・・・・・・・・・・・・・・・86
テロリスト・・・・・・・・・・・・・・・・・・・・・・・・707, **708**
テロリズム・・・・・・・・・・・・・・・・・・・・・・・・・・・**706**
転移・・・・・・・・・・・・・・・・・・・・・・・・265, 371, **372**
　　犯罪の――・・・・・・・・・・・・・・・・・・・・・828, **829**
転移適切性処理・・・・・・・・・・・・・・・・・・・・・125, **126**
伝音性難聴・・・・・・・・・・・・・・・・・・・・・・・・・・・・473
転換・・・・・・・・・・・・・・・・・・・・・・・・・・・・・・・・・416
転換性障害・・・・・・・・・・・・・・・・・・・・・・・・・・・・418
電気けいれん療法・・・・・・・・・・・・・・・・・・・402, **403**
電気刺激法・・・・・・・・・・・・・・・・・・・・・・・・495, **497**
典型性効果・・・・・・・・・・・・・・・・・・・・・・・・106, **108**
点字・・・・・・・・・・・・・・・・・・・・・・・・・・・・・174, **175**
電子コミュニケーション・・・・・・・・・・・・・・・624, **625**
転写因子CREB（クレブ）・・・・・・・・・・・・・・791, **792**
天井効果・・・・・・・・・・・・・・・・・・・・・・・・・・575, **576**
転職・・・・・・・・・・・・・・・・・・・・・・・・・・・・・・・・**595**
点推定・・・・・・・・・・・・・・・・・・・・・・・・・・・・519, **520**
伝導・・・・・・・・・・・・・・・・・・・・・・・・・・・・・・・・・460
伝導失語・・・・・・・・・・・・・・・・・・・・・・・・・・・・・**452**
伝播・・・・・・・・・・・・・・・・・・・・・・・・・・・・・・・・・768
テンプレート・・・・・・・・・・・・・・・・・・・・・・・106, **108**
展望記憶・・・・・・・・・・・・・・・・・・・・・・・・・・127, **128**
店舗内消費者行動・・・・・・・・・・・・・・・・・・・・・・・**870**

と

ドア・イン・ザ・フェイス法・・・・・・・・・・・・261, **263**
同意撤回・・・・・・・・・・・・・・・・・・・・・・・・・・・49, **51**
動因操作・・・・・・・・・・・・・・・・・・・・・・・・・・・71, **72**
動因低減仮説・・・・・・・・・・・・・・・・・・・・・・・・76, **77**
投影法・・・・・・・・・・・・・・・333, 334, 361, **362**, 555, 962
投影法検査・・・・・・・・・・・・・・・・・・・・・21, 550, **551**
等化・・・・・・・・・・・・・・・・・・・・・・・・・・・・・572, **574**
等価関係・・・・・・・・・・・・・・・・・・・・・・・・・・・・・・92
統覚・・・・・・・・・・・・・・・・・・・・・・・・・・10, **11**, 886
同化効果・・・・・・・・・・・・・・・・・・・・・・・・・253, **254**
等価性・・・・・・・・・・・・・・・・・・・・・・・・・・・・・・・・92
同化と調節・・・・・・・・・・・・・・・・・・・・・・・・204, **206**
動悸・・・・・・・・・・・・・・・・・・・・・・・・・・・・・・・・・411
動機づけ・・・・・・・・・・・・・・・・**226**, 241, 561, 891
　　――のシステム・・・・・・・・・・・・・・・・・・・845, **847**
動機づけ–衛生理論・・・・・・・・・・・・・・・・・・・613, **614**
動機づけ面接・・・・・・・・・・・・・・・・・・・・・・736, **737**
動機づけられた推論・・・・・・・・・・・・・・・・・・258, **260**
道具使用・・・・・・・・・・・・・・・・・・・・・・・・・・763, 767
道具使用（動物における）・・・・・・・・・・・・・・・・・**768**
道具的サポート・・・・・・・・・・・・・・・・・・・・・・・・・340
道具的条件づけ・・・・・・・・・・・・・・・・・・・・・・・・・489
道具の製作・・・・・・・・・・・・・・・・・・・・・・・・・・・・767
統計・・・・・・・・・・・・・・・・・・・・・・・・・・・・・・・・**501**
統計的検定・・・・・・・・・・・・・・・・・・・・・・・・・・・・・44
統計的コントロール・・・・・・・・・・・・・・・・・・527, **528**
統計的品質管理　→品質管理
統計的方法・・・・・・・・・・・・・・・・・・・・・・・・・44, 907
統計量・・・・・・・・・・・・・・・・・・・・・・・・・・・・515, 518
統合・・・・・・・・・・・・・・・・・・・・・・・・・・・・・629, **630**
統合失調型パーソナリティ障害・・・・・・・・・・・・・・426
統合失調感情障害・・・・・・・・・・・・・・・・・・・・424, **425**
統合失調症・・・・・・・・・・・・・・・・・・・・**423**, 787, 909
　　――の遺伝・・・・・・・・・・・・・・・・・・・・・・・・・**790**
統合失調症スペクトラム障害および他の精神病性障
　　害群・・・・・・・・・・・・・・・・・・・・・・・・・・404, **406**
統合失調症様障害・・・・・・・・・・・・・・・・・・・・424, **425**
統合的合意・・・・・・・・・・・・・・・・・・・・・・・・627, **628**
動作・・・・・・・・・・・・・・・・・・・・・・・・・・・・・・・・・・96
　　――の再現性・・・・・・・・・・・・・・・・・・・・・・・・・96
動作経済の原則・・・・・・・・・・・・・・・・・・・・・582, **583**
動作研究・・・・・・・・・・・・・・・・・・・・・・580, **581**, 582
洞察・・・・・・・・・・・・・・・・・・・・・・・・・130, **131**, 903
動作分析・・・・・・・・・・・・・・・・・・・・・・・・・・・・・・・96
動作法・・・・・・・・・・・・・・・・・・・・・・・・・・・・・・・**391**
同時確率・・・・・・・・・・・・・・・・・・・・・・・・・・・・・512
投資家の判断バイアス・・・・・・・・・・・・・・・・・・・**870**
同時条件づけ・・・・・・・・・・・・・・・・・・・・・・・・・・・68
透視・念写・・・・・・・・・・・・・・・・・・・・・・・・・・・・・25
同時弁別・・・・・・・・・・・・・・・・・・・・・・・・・・・73, **75**

投資モデル	264	独立変数	32, 526
投射影	155	独立変数化	35, **36**
統制課題	58, **59**, 498	度数	503, **504**
統制群	35	度数多角形	503, **505**
統制群法実験	35	度数分布	**503**
闘争か逃走か	319	度数分布表	503, **505**, 506
到達度評価	550	トータル・コミュニケーション	677, **679**
到達把持運動	115, **116**	トータル・ヘルスプロモーション・プラン	
頭頂間溝	471, **473**		587, 588
頭頂皮質	89	読解性	823
道徳性	211, 840	突然変異	748, **749**
道徳的感情	311, **315**	トノトピー	168
道徳発達の文化的要因	**840**	ドーパミン	469, **470**, 489, 872
道徳判断	211	ドーパミン作動性ニューロン	489, **490**
――の発達段階	211	トポグラフィ	71
逃避	83	ドメスティック・バイオレンスの周期	712, **713**
――・回避学習と異常行動の学習	**83**	友達概念	211
逃避学習	84, **85**	――の発達	**212**
島皮質	477	トヨタ・システム	591, **593**
動物行動学	**750**, 753, 877	トライアンギュレーション	47, **48**
動物実験法	**53**	トラウマ	411
動物心理学	7, 966, 968	トランスクリプト	233
動物の報酬系と選択	872, **873**	トランスジェニック・マウス	495, **497**
透明性の錯覚	259	トランスセオレティカル・モデル	646
盗用	50, **51**	――と変容のステージ	**648**
ドゥーラ	216, **217**	取調べ	714, **716**, 726
倒立効果	106, **108**	――と交渉	**714**
同類配偶	785, **787**	努力-報酬不均衡モデル	654, **656**
トゥレット症/トゥレット障害	428, 431, 432	ドロップアウト	818
特異的帰属	311, **312**	トロポニン	481, **482**
特異反応	697, **698**	ドンダースの減算法	143

な

独因子	529
独自性	529
特性アプローチ	529, 621
特性論	21, **22**, 329, **330**, 337
特徴統合理論	118, **119**
特徴リスト	**108**
特定の恐怖症	411, **412**
特別支援教育	239, **240**
特別保育事業	670, **672**
特別養護老人ホーム	680, 683, **684**
特別養子縁組制度	671, **672**
匿名化	801
独立	513
――の法則	774

内因的注意	117, **119**
内観	752
内観錯覚	258, **260**
内観法	10, **11**, 878, 898
内観療法	390, **391**, 974
内境界点	503, **505**
内言	206, 236, **237**
ナイサーの5種の自己知識	**215**
内耳	473
内集団	317
内集団ひいき	267
内省	769

内制止……………………………………81
内省的思考…………………………130
内省的な理解………………………324
内省判断……………………………836
内生変数…………………………**33**, 532
内省報告………………………575, **576**
内的作業モデル……………199, **200**, 265
内的妥当性…………………………281
内発的動機づけ……227, **228**, 613, **615**, 845, 926, 976
内部質保証…………………………557
内部主義…………………………28, **29**
内分泌系…………………………56, **57**
内分泌系反応………………………299
内容的妥当性………………549, **551**, 569, **571**
ナッシュ均衡………………………867, **868**
ナビゲーション………………………89
ナラティブ………………47, 349, 900, 945
　──・アプローチ　→ナラティブ研究
ナラティブ研究……………47, **48**, 356, **357**
ナラティブ・セラピー………384, 388, **389**
ナレッジ・マネジメント……………609
なわばり行動………………………813
なわばり性…………………………813

に

二因子説……………………………209
匂い地図……………………………478
においの分類………………………176
においの弁別………………………**177**
におい物質………………………175, **177**
肉体的作業負荷……………………583, **584**
二項検定………………………537, **538**
二項分布………………………513, **514**
二次運動……………………………159
二次記憶……………………………119
二次強化………………………………**76**
二次強化子……………………………**76**
二次視覚野…………………………471, **473**
二次条件づけ………………………68, **70**
二次資料…………………………28, **29**
二次的誤信念課題…………………207, **208**
二次的ジレンマ……………………270, **271**
二次的な感情………………………324
二次的評価…………………………318
二次被害……………………………740

二重課題………………………118, **119**
二重過程モデル………………253, **255**, 825, **827**
二重経路モデル……………………109
二重貯蔵モデル……………………491
二重投稿…………………………50, **51**
二重符号化理論……………109, **111**, 948
二次リハーサル　→精緻化リハーサル
二足性………………………………**760**
二段階モデル………………………825, **827**
日常苛立ち事………………………637, **638**
日常活動理論………………………828, **829**
日常記憶……………………………127, **129**
日誌………………………………………40
日誌法………………………………290, **291**
日周性疲労…………………………583
ニッチ……………………………748, **749**
二点弁別閾…………………………**478**
ニート（若年無業者）………………438, **440**
日本心理学会……………………25, **26**
日本の社会福祉法制度……………**663**
日本版成人読解検査………………447, **449**
乳児院………………………………672, **674**
乳児の自己理解……………………190, **191**
乳児の知覚・認知…………………**189**
入所型………………………………663
乳幼児健康診査……………………670, **672**
入力……………………………………58
ニューラル・ネットワーク………52, **53**
ニューラル・ネットワーク・モデル…135
ニュルンベルク綱領………………800, **802**
ニューロン…………………………460, **462**
人間関係論…………………………580, **582**
人間工学……………………………580, **582**
人間行動生態学……………………756, **757**
人間性………………………………608
人間性アプローチ………**332**, 363, 387, 388
認識論的信念………………………241, **242**
認証評価……………………………557, **559**
認知…………………………………**102**
　──と行動パターンの共有……629, **630**
　──のモデル研究…………………**134**
認知インタビュー　→認知面接法
認知科学…………………104, **105**, 753
認知革命の影響……………………249, **250**
認知-感情システムモデル…………336, **337**

認知機能	799
認知距離	808, **809**
認知考古学	757, **758**
認知行動アプローチ	388
認知行動療法	375, 378, **380**, 413, 637, 730, 738, 889, 894
認知行動理論	724, 943
認知行動論の原因論	400, **401**
認知再構成法	378, **380**, 381
認知症	**438**, 445, 446, 682, **684**
認知障害	**435**
認知症対応型共同生活介護	681
認知症対応型通所介護	681
認知神経科学	**137**
認知神経心理学	137
認知心理学	228, 753
――の歴史	104
認知スタイル	331, **332**, 838
認知地図	89, **90**, 808, **809**
認知的概念化	378, **380**
認知的干渉	117
認知的制御	117, **119**
認知的斉合性理論	248
認知的徒弟制	236, **237**
認知的パラダイム	810, **812**
認知的評価	639
認知的評価理論	301, 926
認知的方略	231
認知能力	324
――とパーソナリティの遺伝	785
――の発達	**204**
認知評価次元	301
認知面接法	128, **129**, 692
認知リハビリテーション	436
認知療法	**378**, 380, 400, 421, 950
認知論的アプローチ	621
任務遂行型（ホームズによる連続殺人類型）	703, **705**

ね

音色	**169**
ネグレクト	216, **217**
寝たきり高齢者	682, **684**
妬み	313, **316**
熱意	**658**
ネットワーク構造	277
ネットワーク理論	**277**
年功序列	616, **617**

の

脳幹	100, 463, **468**
脳機能	785, **787**
脳機能イメージング研究	89
脳機能画像 →神経画像法	
脳機能画像的アプローチ →神経画像法	
脳機能画像法 →神経画像法	
脳機能計測	110
脳機能計測技術	**105**
脳血管障害	455
農耕	756
脳構造	785, **787**
脳磁図	58, 138, **139**, 498, **500**
脳腫瘍	456
能動触	174, **175**
能動的な回避学習	83, **85**
能動的な探索	197
脳内報酬系	100
脳のイメージ	608
脳の可塑性	181, **182**
脳波	56, **57**, 58, 59, 138, **139**, 495, **497**, 887
能率心理学	582
能力開発	619
能力適性検査	618, **620**
能力評価	615
能力モデル	321, **323**
ノックアウト・マウス	495, **497**, 796, **797**
ノーマライゼーション	665
ノルアドレナリン	469, **470**
ノンパラメトリック検定	536

は

バイアス	767
バイアス競合モデル	118, **119**
バイオインフォマティクス	777
バイオフィリア仮説	811, **812**, 823
バイオメカニクス	96, 97
媒介体	381, 382
媒介変数	32, **34**
配偶子	774, **776**
配偶者選択	264

——と進化心理学	**272**
ハイジャック	706
陪審制度	717, **718**
バイステックの7原則	685, **687**
排泄症群	431
背側経路　→背側視覚経路	
背側視覚経路	106, 471
ハイブリッド・デザイン	498
培養理論	275, **276**
バイラル・マーケティング	601
ハイリスク・アプローチ	681
配慮と責任	211
ハインリッヒの法則	584
ハウス	815, **816**
破壊法	495, **497**
白質線維連絡	58, 498
薄明視	152
曝露法　→エクスポージャー	
曝露療法　→エクスポージャー	
箱庭療法	374, **375**, 895, 977
箱ひげ図	503, **505**
恥	311, **313**
場所	806, **807**
——への愛着	816, **817**, 829
場所アイデンティティ	816, **817**
場所学習	**90**
場所的な符号化	168
橋渡し法	241
パス解析	**533**
バズ学習	229, **230**
パス-ゴール理論	621, **622**
外れ値	503, 506, **507**
パーセンタイル	506, **507**
パーセンタイル順位	550, **551**
パーソナライゼーション	813, **814**
パーソナリティ	426, 637, 835
——とEI	321, **323**
——と健康	**641**
——の三位相	336
パーソナリティ障害	**426**, 897
パーソナリティ障害群	**406**
パーソナリティ特性	312, 881, 891
——と自己意識的感情	**313**
パーソナル（対人）・コミュニケーション	274
パーソナル・コンストラクト理論	331, **332**
パーソナル・サポート・サービス（モデル事業）	668, **669**
パーソナル・スペース	813, **814**
パーソンセンタード・セラピー	368
ハタネズミ	798, **799**
パタン心理物理学	161
パターン認識	161, **163**
八学会の成立	**26**
罰	70, 75
——の効果的な使用法	**76**, **77**
——の副作用	**76**, **77**
発汗	411
バックトランスレーション	575, **576**, 836
発見学習	229, **230**
罰使用の原則	**76**, **77**
発声開始時間	171
発達	**183**, 753
——の最近接領域	205, 206, 236, **238**
中高年期における——・変化	218
発達検査	555, **556**, 940
発達障害	**428**, 431, 434
発達障害者支援法	670, **672**
発達心理学の方法・研究デザイン	**185**
発達性協調運動症/発達性協調運動障害	428, **430**
発達段階	204, 808
発達的リスク要因	728, **730**
発達認知神経科学	137
ハッピー・フェース・アドバンテージ・エフェクト	306, **308**
抜毛症	431, **432**
発問	234, **235**
ハーディネス	340
はにかみ	311, **313**
パニック症/パニック障害	411, **412**
パニック発作	411
パヌームの融合域	156
場の理論	805, 893, 975
バーバーポール錯視	159
パフォーマンス評価	545, 552, **553**
ハプロタイプ	777, **779**
パペッツの回路	487, **488**
場面	806, **807**, 826
場面見本法	40, **41**
速さ-正確さ背反	56, **57**
バラバラ殺人	703, **705**

事項索引 1055

パラフィリア障害	419, **420**
パラフィリア障害群	405, **407**
バランス化	35, **36**
バリアフリー	665, **666**
バリデーション療法	683, **685**
バリマックス回転	530, **531**
バランス効果	**858**
ハワード=シェス・モデル	597, **598**
パワー・ハラスメント	**590**
バーンアウト	319, **321**, 654, 656
般化	73, 91
般化勾配	**73**
般化模倣	94, **95**
半規管	474, **475**
半構造化面接	**42**
反抗挑発症/反抗挑戦性障害	**429**
犯罪	**688**, 722
犯罪学	**691**
犯罪機会論	**828**
犯罪原因論	690, **691**, 828
犯罪者（成人の被疑者・被告人）及び非行少年（触法・犯罪・虞犯少年）の処遇の流れ	**726**
犯罪社会学	**691**
犯罪者プロファイリング	690, **699**
犯罪心理学の研究領域	**690**
犯罪精神医学	690, **691**
犯罪多発地点	828, **829**
犯罪パターン理論	828, **830**
犯罪被害実態調査法	722, **723**
犯罪被害者	**740**
犯罪被害者支援	741, **742**
犯罪被害者等基本法	741, **742**
犯罪不安	828, **830**
反射	**481**
反射運動	**114**
反社会性パーソナリティ障害	426, **428**
反社会的行動	**787**
——（サイコパシー）の遺伝	**790**
——（素行症/素行障害）の遺伝	**790**
反町効果	**869**
反町行動	**196**
反町的発育	**194**
般性強化	**76**
般性強化子	**76**
反省的実践家	**234**
半側空間無視	444, **446**
反対色性	**152**
反対色説	153, **951**, 963
汎適応症候群	634, **636**, 920
パンデモニアム・モデル	109, **111**
バンドワゴン効果	275, **276**, 870
犯人像推定	**700**
反応学習	**90**
反応形成	71, **72**
反応時間	56, 143
反応性アタッチメント障害/反応性愛着障害	**431**
反応制限仮説	76, **77**
反応制止	**82**
反発誘導効果	178, **179**
反復効果	601, **602**
反復測定	524, **525**
判別分析	534, **536**

ひ

ピア・カウンセリング	666, **677**, **679**
ピアサポート	239, **240**
ピア・サポート強化事業	676, **677**
ピアジェ理論	**204**
被暗示性	695, **696**
非意識過程と潜在測定	**250**
被害者-加害者関係	703, **705**
被害者心理学	690, **692**
比較可能性	**869**
比較心理学	7, 9, **752**, 921, 929, 966, 968
比較認知	**753**
比較認知科学	**752**, 753
比較発達	**758**
比較文化心理学	833, **835**
比較文化的妥当性	**836**
非確率抽出法	**515**
光遺伝学	495, **497**
光環境	820, **822**
被疑者	**726**
被疑者面接	**714**
被虐待児の心理的障害	432, **433**
非共有環境	780, **781**
非協力ゲーム	867, **868**
ピグマリオン効果	→教師期待効果
非言語コミュニケーション	274, **276**

非現実的楽観主義	258, **260**, **340**
非行	**720**, 728, **730**, 901
——と家族	**730**
——と発達	**728**
非公式的人間関係	626, **628**
非行少年の親	**732**
非構造化面接	42
非行・犯罪	**733**
——と学校・職場・地域社会	**733**
——とコミュニティ・オーガニゼーション	**734**
——と地域社会	**734**
——の定義	**722**, **723**
——の定義と研究法	**722**
非行・犯罪研究の基礎理論	**724**
非行・犯罪行動変化のための治療教育の歴史的展開	**738**
被告人	716, 727
微罪処分	726
被採用者心理	618, **620**
非指示的カウンセリング	366, 977
非指示的療法	368
皮質聾	474
微視的最大化理論	864, **866**
比尺度	564, **565**
ビジュアル・ワード・フォーム・エリア	110, **112**
非集計行動モデル	**854**
微小透析法	495, **497**
非侵襲的方法	495
ヒステリー	16, **17**, 880, 914
ヒストグラム	503, **505**
ヒストリオグラフィー	27
微生物病原説	648
非線形効用理論	855, **856**
非相加的遺伝効果	780, **781**
悲嘆	219, **220**
ビッグファイブ理論	→5因子モデル
ピッチ	168, **169**
美的評価	811
ヒト化	758
人-環境適合理論	**345**
ヒトゲノムプロジェクト	777, **779**
人質交渉	715, **716**
人質立てこもり	706
人-状況論争	335, **337**, 962
ヒト族	760, **761**

人への敏感性	210
一人立ち	198
避難所問題	278
ビネ式知能検査	20, **22**, 922, 939
批判的思考	130
皮膚	173
皮膚感覚	173, 476
皮膚電気活動	56, **57**, 143, 281, **282**, 697
ピープル・ファースト	666, **667**
ヒポクラテスの身体因論	397, **399**
秘密保持	358, **359**
ヒューマニスティック・アプローチ　→人間性アプローチ	
ヒューマンエラー	584, **586**
ヒューマンファクター	584
ヒューマン・ユニバーサル	756, **758**
ヒューリスティックス	130, **131**, 224, 258, 584, **586**, 857, 894, 928
ヒューリスティック・システマティック・モデル　→HSM	
評価	288, 301
——に関わる人的要素	**547**
——の影響	**561**
——の目的と機能	**545**
評価結果	559
評価システム	615, **617**
評価実験	853
評価条件づけ	69, **70**
評価バイアス	616, **617**
描画法	361, **362**
評価利用者	547, **549**
評議	717
病気不安症/疾病不安障害	416, **418**
表現型	774, **775**
表現的測定	852
標準化	519, **520**, 550, **551**, 555
標準誤差	515, **517**
標準社会科学モデル	756, **758**
標準心理検査の種類	**554**
標準得点	549, 550, **551**, 564, 565
標準比視感度	149, **151**
標準分光視感効率	149, **151**
標準偏回帰係数	526
標準偏差	506, **507**, 549, 575
表情測定	290

表情の感情起源説	306	フィルター・モデル	117, **119**
表情のコミュニケーション起源説	307	フィールド研究	47, **48**
剽窃	50, **51**	フィールド・ノート	40
表層性失読症	109	フィールドワーク	186, **187**, 283, **285**
病態	**455**	封鎖経済環境	80, **81**
病態失認	444, **446**	夫婦間葛藤	216
評定尺度法	37, **38**, 39, **41**, 550, **551**, 574, 576	──と育児	**217**
評定法	550, **551**, 574, 576	フェイスタイム	589, **590**
標本	44, **45**, 515, **517**	フェイル・セーフ	584, **586**
標本抽出	44, **45**	フェース・イン・ザ・クラウド・パラダイム	
標本抽出法	515, **517**		306, **308**
標本調査	**515**	フェヒナーの法則	10, **11**, 52, 53, 143, 887, 917, 942
標本分散	519	フェミニスト・セラピー	388, **389**
標本分布	515	フェロモン	796, **797**
標本平均	519	フォーカシング	368, **370**, 913
標本理論	518, **520**	フォーカス	793
非連合学習	488	──・グループ・インタビュー	575, **576**
疲労	586, **588**	フォード・システム	591, **593**
広場恐怖	411, **413**	フォーマルな知識	**242**
敏感期	66, **67**	フォルマント	171, **172**
敏感性	199, 201, 202, **203**	不確実性下の判断	**133**, 894
貧困	279, 733	賦活画像	498
貧困・差別と非行・犯罪	**735**	普及過程	277
ヒンジ	503, **505**	復位効果	82, **83**
品質管理	591, 592	複雑性	823
仕事の──	**591**	複雑な感情	324
		──の理解	**326**
ふ		福祉	660
		高齢者の──	**680**, **682**
ファイ係数	510, **512**	福祉事務所	668, **669**
ファジィ意思決定理論	855	服従実験	248, **250**, 965
ファセット理論	700, **702**	復讐心	**316**
ファッション	605	複数殺人	703
ファミリー・グループ・カンファレンス（家族集団会議）	731, **732**	腹側経路 →腹側視覚経路	
ファミリーソーシャルワーカー	673	腹側視覚経路	106, 471
ファミリーホーム	673	腹話術効果	178, **179**
不安	**310**	符合化と検索	120, **122**
不安階層表	413	プシュケ	5, **6**
不安障害	**410**, **413**, 942	不処分	726, 727
不安症群/不安障害群	404, **407**	不随意運動	114
不安神経症	411	賦存効果	**861**
フィッシャーのZ変換	521, **523**	復活効果	82, 83
フィッシャーの直接確率検定	537, **538**	物質関連障害および嗜癖性障害群	404, **407**
フィードバック制御	115	物質使用・依存	787
フィードフォワード制御	115	──の遺伝	**790**

物体・顔の認知……………………………… **106**
物体視経路…………………………………… 471
フット・イン・ザ・ドア法………………… 261, **263**
物理環境……………………………………… 805
物理的因果の理解…………………………… 767
物理的知性………………………………… **767**
不定期刑……………………………………… 727
不適解………………………………… 529, 532, **533**
不適切な養育……………………………… 216, **217**
不登校…………………………… 239, **240**, 818
　──とひきこもり…………………… **438**
　──・ひきこもりと医療…………… **441**
ブートストラップ法……………………… 540, **541**
不忍耐………………………………………… 862
負の強化……………………………………… 83
負の強化子…………………………………… 75
負の時間選好………………………………… 862
負の罰子……………………………………… 75
負のプライミング………………………… 125, **127**
部分強化……………………………………… 82
部分強化効果………………………………… 86
部分強化消去効果…………………………… 82
不偏推定量………………………… 515, 519, **520**
普遍的無意識……………………………… 374, **375**
不偏分散…………………………………… 516, **518**
普遍文法………………………… 113, **114**, 923
プライオリティ・ヒューリスティックス… 857, **859**
プライバシー……………………………… 813, **815**
プライマリー・コントロール…………… 839
プライミング…………………… 124, 491, **492**
プライミング効果………………………… 109, 250
プライミング理論…………………………… **87**
フラグメント……………………………… 164, **166**
プラシーボ効果…………………………… 363, **365**
フラストレーション……………………… 637, 938
ブラックウェル＝ミニアード＝エンゲル・モデル
　………………………………………… 597, **598**
フラッシュバルブ・メモリー…… 128, 693, **694**
フラッシュラグ効果……………………… 159, **160**
プラッド運動………………………………… 159
プラトー……………………………………… 96, **98**
ブランド構築……………………………… 602, **604**
ブランド選択モデル……………………… 597, **598**
プランニング……………………………… 231, **233**
ふり遊び……………………………………… 207

フリーアドレス…………………………… 821, **822**
プリズム順応………………………… 179, **180**, 924
ブリーフセラピー……………… 388, 390, 889, 949
プリポスト・デザイン…………………… **36**
不良定義問題………………………………… 129
震え…………………………………………… 411
プルチックの混合情動仮説……………… **310**
ブルネラビリティ………………………… 340, **341**
フール・プルーフ………………………… 584, **586**
フルレンジ・リーダーシップ…………… **622**
プレイヤー…………………………………… 866
フレーザー錯視…………………………… 145, **147**
プレマックの原理………………………… 76, **78**
フレーミング効果………………… 857, **859**, 860
フレーム…………………………………… 134, **136**
ブレーン・ストーミング技法…………… 610, **612**
フロー……………………………………… 657, **658**
プロアクティブ……………………………… 611
ブローカ失語………………………… 113, 114, **452**
プロクセミックス………………………… 813, **815**
プログラム評価研究………………………… 356
プロスペクト理論……………… 132, 597, 850,
　　　　　　　　　　855, **856**, 857, 894, 928
プロセス・アプローチ……………………… 591
プロセス・ロス…………………………… 610, **612**
プロダクション・システム……………… 134, **136**
ブロッキング　→阻止
ブロック化………………………………… 35, **36**
ブロック・デザイン……………………… 498, **500**
プロトタイプ…………………… 91, 106, **108**, 811
　──と環境評価…………………… **812**
プロトタイプモデル………………………… 106
プロパガンダ………………………………… 600
プロファイリング………………………… **699**
プロマックス回転………………………… 530, **531**
プロモーション・メディア広告…………… 600
文化………………………………………… 768, **831**
　──と遺伝子……………………… 837, **838**
　──と健康………………………… 648, **650**
　──と自己………………………… **843**
　──と認知………………………… **845**
　──とパーソナリティ…………… 833, 973
　──とパーソナリティ学派……… 833, **835**
　──の獲得………………………… **838**
動物の──………………………… **768**

文化化	841
分化強化	73
文化固有の感情	**298**
分化条件づけ	69, **70**
文化神経科学	**837**
文化心理学の成り立ち	**833**
文化心理学の方法とその展開	**835**
文化人類学的方法	290, **291**
文化的学習	833, **835**
文化的産物	839
文化的自己観	833, 843, **844**
文化的自己観測定尺度	836, **838**
文化的スクリプト	349, **350**
分化的接触理論	724
文化的認知論	**835**
文化的背景	823
文化プライミング	836, **837**
文化変容	841
分散	506, **508**, 513, 532, 566
分散的認知	236, **238**
分散分析	**523**, 535, 566, 941
分散分析モデル	524
分散練習	96, **98**
分子遺伝学	**776**
分子イメージング	58, 499, **500**
分子時計	760, **761**
分習法	96, **98**
分析心理学	**373**, 969
分析的な認知様式	846
分配の公正性	616, **617**
分布関数	513, **514**
分布によらない検定	537
文法獲得	192, **193**
文脈	171
分離脳	444
分離の法則	774
分離不安症/分離不安障害	431
分離モデル	253, **255**

へ

ペアレント・トレーニング	429, **430**
ペアレント・マネジメント療法	730
ヘイウッドケース	529
平均	506, **508**, 513, 549, 575
平均以上効果	259, **260**
平均構造	**533**
閉経	759
平行検査法	566, **568**
平行分析	529, **531**
ベイジアンネットワーク	539, **541**
ベイズ推定	519
ベイズの定理	512, **515**
平方和分解	524
並立スケジュール	79
並立連鎖スケジュール	79
並列分散処理	104, **106**, 110, 972
ベータ係数	526
ヘッブ則	489, **490**, 491, 492
蛇の回転	146, **147**
ヘルシンキ宣言	49, **51**, 800, **802**
ヘルマン格子錯視	145, **148**
変異	7
辺縁系	463, **468**
偏回帰係数	526, **528**
変革型リーダーシップ	621
変化の段階	738, **739**
変化の見落とし	164, **167**
変化への動機づけ	738, **739**
変間隔	54
変換症/転換性障害	416, **418**
偏見	267
弁護人	716
偏差値	550
弁証法的思考	845, **847**
変数	**32**
――の変換	33
変数志向的アプローチ	186
偏相関係数	510, **512**
『変態心理』	25, **26**
変動係数	506, **508**
扁桃体	100, 299, 301, 486, **488**
変比率	54
弁別閾	10, 56, 143
弁別学習	91
弁別行動	73
弁別刺激	71, **72**, 73, 94, 95
弁別的妥当性	570, **571**
変量効果模型	524
変量モデル	524

ほ

ポアソン分布··513, **515**
母音··170, **172**
防衛機制··332, 371, **373**, 399
放火··743, **744**
包括的な認知様式···846
包括適応度······················272, **273**, 294, 750, **752**
棒グラフ···503, **505**
放射状迷路···54, **55**, 90
放射量···149
報酬システム··616, **617**
報酬の形態···616, **617**
報酬予測誤差··489, **490**
報酬量効果···862, **863**
冒頭陳述··716, **718**
法と心理学·····························**14**, 690, **692**, 717, **718**
防犯心理学···690, **692**
報復··314
──・懲罰感情··316
方法論的複眼··186, **187**
法務教官···727
暴力犯罪··743
飽和化···71, **72**
補完性···80
母語···171
歩行···197
保護観察··727
保護観察所··727
保護施設··668, **669**
保護要因··736, **737**
誇り··311, **313**
母子及び寡婦福祉法··663, **664**
母子関係··759
母子健康手帳···670, **672**
ポジショナル・クローニング····················777
母子生活支援施設······································672, **675**
ポジティブ・アクション··························589, **591**
ポジティブ感情······························657, **658**
ポジティブ心理学·······················340, **341**, 635, 920
──と健康··**657**
ポジティブ心理学的介入·····················657
ポジトロン断層撮像法（PET）·······58, 138, **139**, 495, **498**, 499, 500, 853
母子保健法··670

母集団··44, **46**, 515, **518**
補償型（MTC 強姦犯類型）·······················709, **711**
補償反応の条件づけ··100
補償を伴う選択的最適化························219, **220**
母数···518, **520**
母数モデル···································524
ポスト・オンリー・デザイン···················**36**
母性的養育······························23
──とアタッチメント·······················**24**
──の剥奪······················199, **201**
補足運動野································483, **485**
ホーソン研究··········580, 581, 608, **609**, 820
ホーソン工場の実験　→ホーソン研究
没頭······································**659**
ポートフォリオ評価·················545, 553, **554**
ポピュレーション・アプローチ········649, 681, **682**
匍匐···197
ホーム··815, **816**
──・アドバンテージ················813, **815**
ホームズによる連続殺人類型··········703, **705**
ホームワーク·······················378, **380**
ホムンクルス·································484
ホメオスタシス············100, 636, 898, 952
ホモ・エコノミクス　→合理的経済人
ホモ・エルガスター································760
ホモ・エレクタス······························760
ホモ・ネアンデルターレンシス·········760
ホモ・ハイデルベルゲンシス·········760
ホモ・ハビリス·····························760
ホモ・ルドルフェンシス·············760
ホモロジー···············748, **750**, 760
ボランティア·························278, **280**
ポリグラフ鑑定書····················698, **699**
ポリグラフ検査············690, **697**, 899
ポリグラフ装置····················697, **699**
ポリジーン·································774, **776**
ボルダー会議·····················**24**, 353, **355**
ホルモン·································281, **283**
ホロプター····························156, **157**
ホーン······································473
ポンゾ錯視·····························145, **148**
本能行動··································**486**
本能的逸脱·······················99, **100**, 753
本能による漂流　→本能的逸脱
ボンフェロニ法·················524, **525**

翻訳	25

ま

マイクロアレイ	777, **779**
マイクロサテライト	777, **779**
マインドフルネス認知療法	381, **383**, 894
マインド・マインデッドネス	201, **203**
マインド・リーディング	253, **254**
マウス	795
──の行動遺伝学	795
マウラーの2要因理論	84, **85**
マガーク効果	178, **180**
マキャベリ的知性仮説	763, 764, **766**
マグニチュード推定法	143, **564**
マクネマー検定	537, **538**
マーケティング	869, **871**
──・ミックス	**603**
──・リサーチ	**604**
マーケティング心理学	**602**
マジカルナンバー7±2	120
魔女	401, **403**
マスキング	168, **169**
マス・コミュニケーション	274, **970**
マスタリー・ラーニング →完全習得学習	
マタニティ・ブルーズ	216, **218**
マッカロー効果	152, **155**
末梢神経	**463**
末梢神経系	**697**
マッチング	595, **596**
マッチング仮説	**639**
マッチング法則	79, **81**, 864, **937**
マッハ・バンド	150, **151**
窓問題	159, **160**
学びの共同体	234, **235**
マム効果	624, **626**
守ることのできる空間	828, **830**
マルコフ連鎖モンテカルロ法	540, **541**
マルチ・システミック療法	738, **740**
マルチレベル分析	**540**
慢性疲労	**583**
満足化原理	**855**
満足感	657, **659**
マン-ホイットニー検定	537, **538**

み

見えベースの表象	164, **167**
ミオシン	481, **483**
味覚	**175**, 176, 188
──と嗅覚の相互作用	177, **178**
味覚系	**478**
味覚嫌悪学習	99, **101**, 753, **895**
味覚受容体	479, **480**
味覚地図	176, **177**, 479
幹葉表示	503, **505**
味細胞	176
見た目と現実の区別課題	207, **208**
密集	813
ミトコンドリアDNA	**761**
ミネソタ多面人格目録	**334**, 933
見晴らし・隠れ家理論	811, 823, **825**
見本合わせ課題	74, 92, **93**
ミュラー＝リヤー錯視	145, **148**, 964
味蕾	176, **178**, 479, 480
ミラーニューロン	484, 493, **494**
──・システム	115, **116**
民事裁判	**717**
民主的アプローチ	621, **623**
民生委員	668, **669**
民族誌学的研究	**836**
民族心理学	12, 833, 886, **974**
『民族心理学・言語学雑誌』	12, **15**, 971

む

無意識	371, **373**
無意味綴り	**63**
無誤学習	**75**
無作為化	35, **36**
無作為抽出法	**515**
無作為標本	**515**
無作為割り当て	**34**
無差別曲線	**862**
無条件刺激	**68**
無条件刺激事前呈示効果	**86**
無条件の肯定的配慮	368, **370**
無条件反応	**68**
無秩序型	700, **701**
無秩序・無方向型	**199**

め

明暗箱……………………………………54, **55**
名義尺度…………………………………564, **565**
鳴禽類……………………………………798, **800**
明順応……………………………………149, **152**
明所視……………………………………149, **152**
迷信行動……………………………………71, **72**
命題………………………………………………113
明度…………………………………149, 154, **155**
名誉の文化………………………………**298**, 930
迷路…………………………………………63, **64**
メインストリーミング…………………665, **667**
メダカ……………………………………798, **799**
メタ記憶………………………………………769
メタ・コントラスト比………………………267
メタ認知………………130, 231, **233**, 769, **771**
メタ認知的方略………………………………231
メタ評価………………………………………**559**
メタ表象能力…………………………………206
メタ分析…………………………………356, **357**
メディア………………………………………600
　　──・コミュニケーション……275, **276**
　　──・ミックス……………………………600
免疫系反応……………………………………299
面接………………………………………………185
面接者バイアス…………………………………43
面接法………………**42**, 290, **291**, 333, 552, **554**
メンタリング……………………………619, **620**
メンタル・アカウンティング　→心的会計
メンタル・モデル………………………129, **131**
メンデルの法則…………………………774, **776**
面通し……………………………………693, **694**
メンバー・チェック………………………47, **48**
面割り……………………………………693, **694**

も

妄想型……………………………………424, **425**
妄想性障害………………………………424, **425**
毛帯系視床路……………………………763, 764
網膜………………………………………470, **473**
網様体……………………………………………463
網様体賦活系…………………………………**488**
盲ろうあ児施設…………………………672, **675**
モーガンの公準……………………**8**, 9, 967

目撃証言………………128, **129**, **692**, 892, 979
目撃と情動……………………………………692
目的変数…………………………………………32
目標基準…………………………………………552
目標志向性………………………………………226
目標準拠評価…………………………………550
目標設定理論……………………………613, **615**
モザイク…………………………………………793
文字・単語の認知……………………………**108**
モーズレイ性格検査［人格目録］……333, **334**, **337**, 877
モチベーション・リサーチ…………………597
モデリング……94, **95**, 262, 376, 381, **383**, 724
模倣…………………………765, **766**, 835, 922
模倣学習…………………………………………**94**
モーメント……………………………………**508**
モーラ……………………………………170, **172**
モラトリアム……………………………214, **215**
モリス水迷路………………54, 55, **90**, 808, 810
モリス・メイズ　→モリス水迷路
森田療法…………………………390, **392**, 974
漏れ聞き効果……………………………262, **263**
問題解決アプローチ……………………363, **365**
問題解決志向…………………………………806
問題解決療法……………………………376, **378**
問題空間…………………………………………130
問題直視…………………………………627, **628**
問題箱……………………………8, 9, 63, **65**, 921
モンタージュ写真………………………693, **694**

や

野外実験…………………………………751, **752**
夜間対応型訪問介護…………………………681
薬物犯罪…………………………………743, **744**
薬物微量注入法…………………………495, **498**
薬物療法………………………………………**392**
矢田部=ギルフォード性格検査……………**335**

ゆ

有意確率…………………………………521, **523**
有意水準……………………………44, 521, **523**
有意味受容学習…………………………229, **230**
優越構造探索理論……………………………855
有効視野…………………………………692, **694**
有罪知識検査……………………………697, **699**

優生思想	780, **782**
優性の効果	774
優性の法則	774
郵送調査法	37, **39**
尤度	519, **520**
誘導運動	158, **161**, 924
有能さ	226
有毛細胞	474, **475**
有用な連合性習慣の原理	305
床効果	575, **576**
ユーザー・インターフェース	584, **586**
ユニーク色	153
ユニットケア	683
ユニバーサルデザイン	665, **667**
ユネスコ	238
指さし（ポインティング）	115
夢	18, **20**
夢分析	374, **375**

よ

養育者等への聴取	185
養育信念	202, **203**
養育態度の文化的多様性	838, **841**
養育と発達	201
要因	32, 523, **526**
要介護認定	680, **682**
養護老人ホーム	683, **685**
幼児期	758
――における外傷体験の重視	371
養子研究法	780, **782**
幼児図式	201, **203**
陽性症状	423, **425**
要素主義	10
要保護児童	726
要約統計量	506
抑うつ尺度	555, **556**
抑うつ障害群	404, **407**, 787
抑うつと認知処理の関係	304
抑制	253, **255**
抑制変数	527, **528**
四次視覚野	471, **473**
予測可能性	637
予測的行為	197
予測変数	32, 526
欲求-圧力モデル	817

欲求階層説	23, 603, 613, **615**
欲求階層理論　→欲求階層説	
欲求不満　→フラストレーション	
欲求不満-攻撃仮説	724
四つのケア	587
四つの問い　→ティンバーゲンの四つの問い	
四つのパラダイム	816
予備調査	37, **39**
予防医学モデル	738
読み取り	296
喜び	308, **311**
世論	275, **276**, 898
弱い紐帯	277, **278**

ら

ライアン法	524, **526**
ライフイベント	636, **638**
ライフ/キャリア/家族サイクル相互作用モデル	651, **652**
ライフキャリアの虹	594, **596**, 918
ライフコース	221, **222**
ライフサイクル	220, **222**
――とストレス	**650**
ライフサイクル理論	608, 621, **623**
ライフスタイル尺度	603, **605**
ライフステージ	651
ライフ・ストーリー	349, **350**
ライフレビュー	221, **223**
ラウドネス	**170**, 473
ラカン派	371
ラザルス-ザイアンス論争	**302**
ラザルスのモデル　→心理学的ストレスモデル	
羅生門的アプローチ	234, **235**, 553, **554**
楽観性	657, **659**
ラーニング・アウトカム　→学習成果	
ラバー・ハンド錯覚	178, **180**
ラポール	42, **43**, 693
卵円窓	473
ラン検定	537, **539**
乱婚	273, **274**
乱婚型	759
ランダム化比較試験	355, **357**
ランダム効用	853
ランダム・ドット・キネマトグラム	159
ランダム・ドット・ステレオグラム	156, **158**

り

リヴォイシング······················234, **235**
利益の拡散······························828, **830**
リカバリーモデル·································739
リカレント・ネットワーク····················135
力動···371
陸軍式知能検査··20, **22**
リサーチ・クエスチョン························47, **48**
離散選択モデル·································853, **854**
離散変数·····································32, **34**, 503
梨状皮質·····································478, **480**
離職···**595**
リジリエンス→レジリエンシー
離人感・現実感消失症/離人感・現実感消失障害
···**418**
リスキーシフト·······························717, **718**
リスク···**133**
リスク感応型採餌······························864, **866**
リスク・コミュニケーション·····················826, **827**
リスク態度·······························854, **856**
リスク知覚·······························597, **600**
リスク・テイキング·································226
リスク・ニーズ・アセスメント・ツール····**737**, 736
リスク・ニーズ・反応性の原則····736, **737**, 738, 740
リスクマネジメント······592, **593**, 686, **687**, 738, **740**
理性主義···5, **7**
理想感情·······························845, **847**
離巣性···99
利他行動···750
リーダーシップ···············263, 611, **621**, 963
───の幻想論······························621, **623**
　暗黙の───論······························621, **622**
リーダーシップ代替論····················621, **623**
利他性·······························493, **494**
離脱···392
離脱理論·······························218, **220**
離断症候群·······························444, **446**
リターン・ポテンシャル・モデル····629, **631**
リーチング·································197
リッカート尺度···············564, **565**, 972
立方体モデル·································253
リーディング・スパン・テスト·········120, **122**
利得·······························132, **133**, 866
リバウンド·······························253, **255**

リハーサル·······························120, **122**, 123
リハーサル方略·······························231, **233**
リバース・エンジニアリング·····················756, **758**
リバプール方式のプロファイリング·········700, **702**
リバーミード行動記憶検査·····················447, **449**
リマ症候群·······························715, **716**
略式裁判···727
流言（と感情）·································**318**
流行···**605**
───・ファッション·································**604**
流産···**189**
流動性·······························842, **843**
流動性知能·······························209, **210**, 221
領域固有性·······························204, **206**
領域性···813
領域特殊性·······························756, **758**
利用型···663
利用可能性···**859**
利用可能性ヒューリスティック·····················258
両側検定·······························521, **523**
両眼間速度差·································156
両眼視差···155
両眼非対応·································156
両眼非対応領域·································**158**
両眼立体視·································156
量刑判断·······························717, **719**
量作用説···100
利用者の立場·······························811, **812**
良定義問題·································129
量的アプローチ　→量的研究
量的遺伝学·······························774, 780, **782**
量的形質·······························795, **797**
量的形質座位·································782
量的研究·······························**43**, 283
量的データ·································43
量的評価···548
───の方法·································**549**
量的変数···32
量的変量···508
利用と満足研究·······························275, **276**
両面提示効果·······························601, **602**
緑色蛍光タンパク質·······························790, **792**
リラクセーション···············376, 378, 637, **638**
リラックス···810
リリーサー···750

事項索引　1065

臨界期	66, **67**, 99
臨床	**351**
臨床神経心理学	**444**
臨床神経心理学的検査法	**446**
臨床心理学	13, 685
——の誕生	353, **355**
——の倫理	**358**
——の歴史	**353**
臨床心理学研究法	**355**
臨床的支援	663, 685
臨床法	**354**
臨床面接法	**360**
倫理綱領	358, **360**
倫理指針	800
ヒトゲノム・遺伝子解析研究に関する——	800
倫理的ジレンマ	359, **360**

る

類型論	21, **22**, 329, **331**, 880, 902, 912
類似性	264, **266**
類人猿	760, **762**
類推　→アナロジー	
累積記録	**65**
累積度数	503, **505**
ルートマップ型表象	808, **810**
ルーブリック	553, **554**
ルール支配行動	**93**

れ

レイアウト	164, **167**
霊長目	760, **762**
霊長類	767, 799, **800**
霊長類学	760, **762**
レイプ	708
レヴィー小体型認知症	455, **457**
レヴィン・グループ	23, **24**
歴史主義	**29**
レジリエンシー	340, **341**, 657
レスコーラ=ワグナー・モデル	83, 86, **88**, 975
レスポンデント条件づけ	376
レセプター　→受容体	
レプチン	486, **488**
連結可能匿名化	801
連結不可能匿名化	801
連合学習	488
連合強度	73
連合主義	15, **17**
連鎖化	71, **72**, 93
連鎖解析	777, **779**
練習	96
連想記憶モデル	135, **136**
連続強化	76, 82
連続殺人	703, **705**
連続体モデル	253, **255**
連続的影響手段	261, **263**
連続変数	32, **34**

ろ

老人福祉法	663, **665**
労働・産業環境	**820**
労働力の二極化	589
老年期	652
——の喪失体験	**653**
ロジスティック回帰分析	534, **536**
ロジスティック・モデル	571, **574**
露出犯	709
ローズマンのモデル	301, **303**
ロー・ボール法	261, **263**
ロミオとジュリエット効果	264, **266**
ロールシャッハ・テスト	334, 361, **362**, 885, 902, 951, 979
論告及び求刑	716, **719**
論理実証主義	46, 356, **358**, 882, 960
論理情動行動療法	**889**
論理情動療法	381

わ

歪度	506, **508**
ワイナーのモデル	301, **303**
ワイブル分布	145
ワーカビリティ	686, **687**
若者ホームレス	440
ワーキングメモリ	120, 204, **206**, 491, 493, 934
——の障害	454, **455**
ワーキングメモリ・スパン	120
ワーク・エンゲイジメント	657, **659**
ワーク・ファミリー・コンフリクト	589, **591**, 652, **653**
ワーク・ライフ・バランス	589, **591**, 652, 670
——と健康	654, **656**

1066　事項索引

項目	ページ
話者認識	170, **173**
ワーディング（言い回し）	37, 575, 577
割引原理	253, **255**
割引率	862
割増原理	253, **255**
割れ窓理論	828, **830**

数字

項目	ページ
Ia 線維	481, **483**
1 変数データ	45
1 変量の記述統計	506
2 変量の記述統計	508
2 要因論	621, **622**
4 枚カード問題	765
4P 戦略	**871**
5 因子モデル	329, **330**, 331, 333, **337**, 344, 348
5 数要約	506
8 年研究	**544**
19 世紀後半〜20 世紀初頭における社会と心理学の接点	**12**
19 世紀後半〜20 世紀初頭における主要国の心理学	15
19 世紀後半における近代心理学の成立	**9**
19 世紀前半までの哲学と生理学の影響	**5**
19 世紀までの進化論の影響	**7**
20 世紀初頭における心理学の拡大	**17**
20 世紀前半における応用・実践領域への展開	**20**
20 世紀前半までの日本の心理学史	**25**
20 世紀中頃における心理学の多様化	**23**
360 度多面評価	**616**

アルファベット

項目	ページ
A1	474, **475**
AA	739
AAIDD	434
ACT	135, **136**, 880
ACT-R	135, **136**, 880
AD/HD	787
AHELO	557, **558**
AMP	251, **252**
AN	418, **419**
ANOVA	523
ANOVA モデル	253
Aplysia	798, **799**
ASD （急性ストレス障害）	411
ASD （自閉症スペクトラム）	428, 430
BADS	447
BN	418, **419**
BOLD	498, **500**
BOLD 信号	**138**
CAPS model	336
CBT	**380**
CPTED	828
CR	68
CS	68
CSCL	237
DNA	748, 774, **776**
DSM	402
DSM-5（成人関連）	**404**
DSM-5 における神経発達症群	**407**
DV	711
EAP	587
EAST	251, **252**
EEA	756
EEG	**139**
EI と適応	**322**
EI の測定法	321
ELM	261, **262**
ELSI	801
EM アルゴリズム	**540**
EPI 法	498
EPP	333
EPPS	333, 888
EPQ-R	333
EQ	**619**
ERG 理論	613, **614**
ERP	56, 57, 139, 281, 282, 698
FBI 方式のプロファイリング	700, **701**
fMRI	58, 138, 143, 281, 444, 499, 698, 853, 871
——によるポリグラフ検査	**698**
F 分布	516
GABA	469, **470**
GAD	413
GFP	790
GIS	828
go/no-go 課題	**54**
GTA	46, **47**, 283, **285**, 901, 918
HDS-R	447
HPA 系	319, **320**
HSM	261, **262**

事項索引

IAT	**251**, 334
ICD-10	426
ICF	676
ICIDH	676
I と me	12, **13**
IPA	623, **624**
IQ	20, **21**, 433, 785
IR	557
I-R-E	233, **234**
IR の学会・専門職団体	557, **558**
JART	447
JAS：Jenkins Activity Survey（ジャス）	641
JAS（ジャス）	**642**
KAIZEN（カイゼン）	582, 583, **592**
KJ 法	46, **48**, 283, **284**, 895
KP	96
KR	96
LD	429
locus of control	226, **228**
LPC モデル	621, **622**
MCMC 法	**541**
MDS	535
MEG	**139**, 143, 499
MEIS	323
M-F テスト	334
M-GTA	283, **284**
MMPI	333, **334**, 933
MMSE	447
MPI	333, **334**, 337, 877
MRI	58, 143, 499
MST 野	471, **472**
MTC 強姦犯類型	709, **710**
MTC 子どもに対するわいせつ犯類型	709, **710**, 711
MT 野	471, **472**
NEO-FFI	333
NEO-PI-R	333, **335**, 338
NEP	823
neuro-vascular coupling	498, **500**
NICHD プロトコル	695, **696**
NIRS	58, 143
non-REM 睡眠	**488**
OASys	736, **737**
OCC 理論	301, **302**
OCD	413
Off-JT	**619**
OJT	**619**
P300	698
PCR	777, **779**
PDCA サイクル	546, **547**, 557, **559**
PET	58, 444, 499
P-F スタディ	334
PL 法	**585**
POE	811, **812**
POP 広告	600
PSE	143
PTSD	411, **412**, 742, 942
PTS 法	582, **583**
QC サークル活動	592, **593**
QOL	665, **666**, 683
QTL 解析	795, **796**
QWL	589
RCT	356
REM 睡眠	**488**
RNA	774, **776**
RNR モデル	736, **737**
SAD	413, **415**
SAM 系	319
SAT	785
SCT	334
SECI モデル	624, **625**
SEL	322
SEM	256, 926
shaker1	795
shaker2	795
SI（社会的知性）	321
SI（第一体性感覚野）	476
SII	476, 530
SMC	529, **530**
SNP	777, **778**
SOP 理論	87
S-O-R（刺激-生体-反応）型モデル	597
S-R（刺激-反応）型モデル	597
S-R 連合	63
S-S 連合	63
SSRI	413
SSSM	756
Static99	736, **737**
t 検定	521, **523**
t 分布	516, **517**
T 字迷路	54, **55**

TAT	361, **362**, 961
TEG	333
TEM	283, **285**
TMS	138, 144, 496
Uカーブ	841, **842**
UR	68
US	68
V1	470, **472**
V2	471, 472
V3/V3A	471, **472**
V4	471
VBM	58, **59**
Wカーブ	841, **842**
WAB失語症検査	447, **448**
waltzer	795
WCST	447
WHO	634
WMS-R	447
WTP	853, 869
X理論	547
Y理論	548
YG性格検査	333, **335**
YLS/CMI	736, **737**
z得点	550

ギリシャ文字

α運動ニューロン	480, **482**
α係数	566, **567**, **576**
クロンバックのα係数　→α係数	
γアミノ酪酸	469, **470**
γ運動ニューロン	481, **482**
ΔP	86

人名索引

ア行

相川充　あいかわ　あつし　640
アイザックス　Issacs, S.　373
アイズナー　Eisner, E. W.　553
アイゼンク　Eysenck, H. J.　333, 334, 337, 345, 353, 375, 641, 643, 724, **877**
アイゼンバーグ　Eisenberg, N.　212
アイビイ　Ivey, A. E.　366
アイヒホルン　Aichhorn, A.　**877**
アイブル=アイベスフェルト　Eibl-Eibesfeldt, I.　295, **877**
アーカー　Aaker, D. A.　604
アーガイル　Argyle, M.　**877**
アガッシ　Agassiz, L.　911
アクセルロッド　Axelrod, R.　270, 867
アスペルガー　Asperger, H.　429, **877**, 878
東洋　あずま　ひろし　838, 840
我妻則明　あづま　のりあき　391
アッシュ　Asch, S. E.　24, 249, 253, **878**, 893
アッハ　Ach, N. K.　**878**, 898
アップルトン　Appleton, J.　823
アトキンソン　Atkinson, J. W.　**878**
アトキンソン　Atkinson, R. C.　103, 491, **878**
アドラー　Adler, A.　**18, 878**, 944, 947, 955
アドルノ　Adorno, T. W.　248, 343, **879**
アナスタシー　Anastasi, A.　**879**
アーノルド　Arnould, E. J.　604
アブラハム　Abraham, K.　371, **879**, 947
アボリオ　Avolio, B.　622
アムゼル　Amsel, A.　82
アリストテレス　Aristotle ; Aristoteles ; Aristote　5, 7, 63, 763, **879**, 944
アルダファ　Alderfer, C. P.　613, 614
アルテュセール　Althusser, L.　969
アルトマン　Altman, I.　813
アルリッチ　Ulrich, R.　822, 823, 824
アレ　Allais, M.　131, 849, 857, 858
アレキサンダー　Alexander, F.　972
アレン　Allen, F. H.　**880**
アレン　Allen, N. J.　614
アロン　Aron, A.　265
アロン, N. E.　265
アンダーウッド　Underwood, B. J.　**880**
アンダーソン　Anderson, J. R.　53, 135, **880**, 931
アンダーソン　Anderson, N. H.　253
アントノフスキー　Antonovsky, A.　635, 642
アンドリュース　Andrews, D. A.　722, 725
アンナ・O　Anna, O.　**18, 880**
イエルムスレウ　Hjelmslev, L.　**880**
イェンシュ　Jaensch, E. R.　**880**
イーガン　Egan, G.　366
池田謙一　いけだ　けんいち　316
イザード　Izard, C. E.　292, 306, 307, 309, **880**
石川馨　いしかわ　かおる　592
石隈利紀　いしくま　としのり　238
石山一舟　いしやま　いっしゅう　391
イースターブルックス　Easterbrooks, A.　203
板倉聖宣　いたくら　きよのぶ　229
市川伸一　いちかわ　しんいち　229
乾正雄　いぬい　まさお　807
井上円了　いのうえ　えんりょう　354, 390
今井芳昭　いまい　よしあき　262, 263
今田寛　いまだ　ひろし　63
インヘルダー　Inhelder, B.　938
ヴァーノン　Vernon, M. D.　**881**, 891
ヴァーノン=スミス　Vernon L. Smith　867
ヴァルシナー　Valsiner, J.　**881**
ヴァン・ダイク　van Dijk, W. W.　315
ヴァン・デ・ヴェン　van de Ven, N.　316
ウィークス　Weeks, D. G.　532
ヴィゴツキー　Vygotsky, L. S.　23, 184, 205, 229, 233, 236, 237, 238, 833, **881**, 907, 974, 975
ウイスラー　Wissler, C.　953
ウィーゼル　Wiesel, T. N.　458
ウィッシュ　Wish, M.　628
ウィットマー　Witmer, L.　13, 21, 22, 353, 355
ウィトキン　Witkin, H. A.　241, 332, **881**
ヴィトゲンシュタイン　Wittgenstein, L. J. J.　91, 107, **881**
ウィーナー　Wiener, N.　**882**
ウィニコット　Winnicott, D. W.　**882**

ウィノグラッド　Winograd, T. ……………… 52
ウィーブ　Wiebe, D. J. ……………………… 340
ウィリー　Wiley, D. E. ……………………… 532
ウィリアムソン　Williamson, E. G. ………… 366, **882**
ウィルクス　Wilks, S. S. ……………………… 536
ウィルソン　Wilson, A. E. ……………………… 256
ウィルソン　Wilson, E. O. ………………… 249, 812, 823
ウィルソン　Wilson, J. Q. ……………………… 830
ウィング　Wing, L. ……………………… 429, 878
ウェインシュタイン　Weinstein, H. …………… 838
ウェクスラー　Wechsler, D. ………… 21, 22, 361, **883**
ウェグナー　Wegner, D. M. …………………… 255
上野陽一　うえの　よういち ……………… 14, 26
ウェーバー　Weber, E. H. …………… 9, 10, 11, 143, 476, **883**, 942
ウェーバー　Weber, M. …………… 608, 622, **883**
ウェーランド　Wayland, F. …………………… 25
ウェルダー　Waelder, R. ……………………… **883**
ウェルチ　Welch, B. L. ……………………… 523
ウェルチ　Welch, K. ……………………… 484
ウェルトハイマー　Wertheimer, M. ………… 18, 19, 161, 249, 878, **883**, 893, 931, 953, 975
ウェルナー　Werner, H. ……………………… **884**
ウェルニッケ　Wernicke, C. ……………… 442, **884**
ウェルマン　Wellman, H. M. …………………… 839
ウェレック　Wellek, A. ……………………… **885**
ウェンガー　Wenger, E. …………………… 236, 237
ウォーカー　Walker, L. E. ……………………… 713
ウォーターマン　Waterman, R. H. …………… 629
ウォーフ　Whorf, B. L. ……………………… **885**
ウォルスター　Walster, E. ……………………… 263
ウォルターズ　Walters, R. H. ………………… 938
ウォルピ　Wolpe, J. ………………… 375, 380, **885**, 970
ヴォルフ　Wolff, C. ……………………… **885**
ウォルフェンスベルガー　Wolfensberger, W. … 665
内田勇三郎　うちだ　ゆうざぶろう ……… 334, **885**
内田由紀子　うちだ　ゆきこ ……………… 297, 298
ウッドラフ　Woodruff, G. ……………………… 946
ウッドワース　Woodworth, R. S. ……………… **885**
ウルマン　Ullman, S. ……………………… 165, 166
ヴルーム　Vroom, V. H. …………………… 613, 614
ウーレー　Woolley, H. T. ……………………… 890
ヴント　Wundt, W. …………………… 3, 4, 5, 7, 8, 10, 11, 12, 15, 16, 17, 21, 248, 458, 581, 582, 832, 833, **886**, 897, 898, 900, 901, 902, 923, 924,
940, 945, 956, 960, 961, 964
エイゼン　Ajzen, I. ……………………… 647
エイデルソン　Adelson, E. H. ……………… 146
エイドリアン　Adrian, E. D. ……………… **887**, 912
エインズワース　Ainsworth, M. … 199, 200, 203, **887**
エクスナー　Exner, J. E. ……………………… 362
エクマン　Ekman, P. …………… 290, 291, 292, 297, 306, 307, 309, 310, **887**
エクルズ　Eccles, J. C. ……………………… **887**
エステズ　Estes, W. K. …………… 878, **888**, 931
エディンガー　Edinger, L. ……………………… 762
エドワーズ　Edwards, A. L. ………………… **888**
江橋節郎　えばし　せつろう ……………… 482
エバーツ　Evarts, E. V. ……………………… 458
エバンス　Evans, G. W. ……………………… 808
エビングハウス　Ebbinghaus, H. …… 10, 63, 120, **888**, 915, 935
エムデ　Emde, R. ……………………… 203
エリアーデ　Eliade, M. ……………………… 403
エリクソン　Erikson, E. H. …………… 184, 213, 214, 215, 220, 221, 223, 349, 651, **888**, 959, 961
エリクソン，ミルトン　Erickson, M. H. ……… 390, **889**, 949
エリス　Ellis, A. ………………… 381, 400, **889**, 949
エリス　Ellis, H. H. ……………………… **890**
エルスバーグ　Ellsberg, D. ……… 131, 849, 857, 858
エルマン　Elman, J. L. ……………………… 53, 135
エーレンフェルス　von Ehrenfels, C. ……… 18, 19, **890**, 946
エンジェル　Angell, J. R. ……………… 20, 336, **890**, 891, 936, 938, 980
エンドラー　Endler, N. S. ……………………… 335
大野耐一　おおの　たいいち ……………… 593
大場淳　おおば　じゅん ……………………… 557
大原孫三郎　おおはら　まごさぶろう ……… 581
大渕憲一　おおぶち　けんいち ……………… 265
小熊虎之助　おぐま　とらのすけ ……………… 26
オスグッド　Osgood, C. E. ……………………… **890**
オーズベル　Ausubel, D. P. ………………… 228, **891**
オズボーン　Osborn, A. F. ……………………… 610
オートニー　Ortony, A. ……………………… 301
オバーグ　Oberg, K. ……………………… 842
オーマン　Ohman, A. ……………………… 308
オリアンズ　Orians, G. H. ……………………… 823
オールズ　Olds, J. ……………………… 458, **891**

人名索引 1071

オルトン	Olton, D. S. ··········· 90
オルポート	Allport, F. H. ······· 13, 23, 248, **891**, 914
オルポート	Allport, G. W. ··············· 21, 22, 329, 330, 337, 348, **891**

カ行

カー	Carr, H. A. ·················· 890, **891**, 938
ガイゼルマン	Geiselman, R. E. ··············· 129, **892**
カーカフ	Carkhuff, R. R. ··················· 366
蛎瀬彦蔵	かきせ ひこぞう ··················· 21
ガーゲン	Gergen, K. J. ··················· 356, **892**
カシオッポ	Cacioppo, J. T. ··················· 262
鹿島晴雄	かしま はるお ··················· 447
カスピ	Caspi, A. ··················· 783
ガスリー	Guthrie, E. R. ··················· 82, **892**
カッシーラー	Cassirer, E. ··················· 884, **892**, 940
カッチ	Coch, L. ··················· 626
カッツ	Katz, Daniel ··················· 608, 609
カッツ	Katz, David ··················· **892**
ガットマン	Guttman, L. ··················· 564, 702, **892**
カーディナー	Kardiner, A. ··················· **893**, 973
カトーナ	Katona, G. ··················· 850, 851, **893**
ガードナー	Gardner, H. ··················· 209, 210, 837, **893**
カートライト	Cartwright, D. P. ····· 24, 629, 878, **893**
カナー	Kanner, L. ··················· **893**
金井篤子	かない あつこ ··················· 594, 595
ガニエ	Gagné, R. M. ··················· 901
カニッツァ	Kanizsa, G. ··················· 162, **894**
カーネマン	Kahneman, D. ··················· 118, 132, 250, 597, 627, 848, 850, 852, 855, 856, 859, 869, **894**, 928, 929
カバットジン	Kabat-Zinn, Jon, ··················· **894**
ガーフィンケル	Garfinkel, H. ··················· 47, **894**
ガーブナー	Gerbner, G. ··················· 276
カプラン	Kaplan, R. ··················· 811, 822, 823, 824
カーペンター	Carpenter, W. B. ··················· 25
神谷俊次	かみや しゅんじ ··················· 291
カミュ	Camus, A. ··················· 910
カミル	Kamil, A.C. ··················· 753
カラセック	Karasek, R. ··················· 655, 656
ガル	Gall, F. J. ··················· 329, 330, 442, **894**
ガルシア	Garcia, J. ··················· 101, **895**
カールソン	Carlson, D. S. ··················· 653
カルフ	Kalff, D. ··················· 375, **895**, 977
ガルブレイス	Galbraith, J. K. ··················· 278

ガレノス	Galenus; Galen ··················· 22, 330, 345
河合隼雄	かわい はやお ··················· 374, **895**
川喜田二郎	かわきた じろう ······ 30, 48, 284, **895**
カワチ	Kawachi, I. ··················· 648
カーン	Kahn, R. L. ··················· 608, 609, 653
ガンジー	Gandhi, M. K. ··················· 889
カンター	Canter, D. ··········· 700, 701, 702, 807, **896**
カンター	Kantor, J. R. ··················· **896**
カンデル	Kandel, E. R. ··················· 489
カント	Kant, I. ··················· 5, 9, 10, **896**, 912, 933
カーンバーグ	Kernberg, O. F. ··················· **896**
ガンプ	Gump, P. V. ··················· 818
菊池洋	きくち よう ··················· 793
キースリング	Keesling J. W. ··················· 532
ギーゼ	Giese, F. ··················· **897**
北岡明佳	きたおか あきよし ··················· 146, 147
北山忍	きたやま しのぶ ··················· 297, 833, 838, 843, 844, 846, 958
木下康仁	きのした やすひと ··················· 284
ギブソン	Gibson, E. J. ··········· 181, 182, 197, **897**
ギブソン	Gibson, J. J. ···· 98, 144, 803, 807, 808, **897**
キャッテル	Cattell, J. M. ··········· 13, **897**, 921, 980
キャッテル	Cattell, R. B. ··········· 209, 331, 354, **897**
キャノン	Cannon, W. B. ··········· 287, 299, **898**, 952
キャメラー	Camerer, C. F. ··················· 852
ギャラップ	Gallup, G. G. ··················· 769, **898**
ギャランター	Galanter, E. H. ··················· 964
キャントリル	Cantril, A. H. ··················· **898**
キャンベル	Campbell, D. T. ··················· **898**
キューブラー=ロス	Kübler-Ross, E. ··········· 221, 222
キュルペ	Külpe, O. ··········· 10, 11, 884, **898**, 924, 940
キーラー	Keeler, L. ··················· 699, **899**
ギリガン	Gilligan, C. ··················· 211, 840, **899**
ギルバート	Gilbert, D. T. ··················· 254
ギルフォード	Guilford, J. P. ··················· 335, **899**
ギルブレス	Gilbreth, F. B. ··················· **899**
ギルブレス夫妻	Gilbreth, F. & L. ········ 14, 582, 583
キンゼイ	Kinsey, A. C. ··················· **899**
鯨岡峻	くじらおか たかし ··················· 40
グッドマン	Goodman, P. ··················· 389
グドジョンソン	Gudjonsson, G. ··················· 695, 696
グドール	Goodall, J. ··················· 768
クーパー	Cooper, J. ··················· 249
久保良英	くぼ よしひで ··················· 26
クライン	Klein, M. ··················· 371, 372, **899**

人名	英名	ページ
クラインバーグ	Klineberg, O.	**900**
クラインマン	Kleinman, A.	**900**
クラーク	Clark, M. S.	264
クラーク	Clark, R.	829
クラーゲス	Klages, L.	**900**
クラックホーン	Kluckhohn, C. K. M.	**900**, 962
グラノヴェター	Granovetter, M.	278
クラバー	Klaber, M.	817
クラパレード	Clapariéde, E.	**900**
クラメール	Cramér, E. M.	510, 512
クランボルツ	Krumboltz, J. D.	596
クーリー	Cooley, C. H.	12, 13, 213, 561, **901**, 909
クリース	von Kries, J.	**901**
クリック	Crick, F. H. C.	774
クリック	Crick, N. R.	724
グリック	Glick, P.	267
クリューガー	Krüger, F. E.	885, **901**, 910
グリュック	Glueck, S.	**901**
グリーンハウス	Greenhaus, J. H.	653
グリーンバーグ	Greenberg, L. S.	369
グリーンワルド	Greenwald, A. G.	249, 251, 346
グールドナー	Gouldner, A. W.	271
グレアム	Graham, C. H.	**901**
グレイ	Gray, J. A.	345
クレイク	Craik, F. I. M.	123
クレイク	Craik, K. J. W.	948
クレイグ	Craig, A. D.	299
グレイザー	Glaser, B.	47, 285, **901**, 918
クレイトン	Clayton, N. S.	90
グレコ	Gréco, P.	**902**
クレックリー	Cleckley, H.	724
クレッチマー	Kretschmer, E.	22, 329, 331, 345, 884, **902**, 912
クレペリン	Kraepelin, E.	334, 396, 398, 423, 424, 425, **902**
クロウ	Crow, L. D.	26
グロサース=マティチェク	Grossarth-Maticek, R.	643
グロス	Gross, C. G.	458
黒田亮	くろだ りょう	25
クロッファー	Klopfer, B.	362, **902**, 951
クロニンジャー	Cloninger, C. R.	330, 345, 785, 786, **902**
クローバー	Kroeber, A. L.	953
クロプトン	Clopton, N. A.	196
クロンバック	Cronbach, L. J.	567, 576, **903**
クーン	Kuhn, T.	356
ケイガン	Kagan, J.	241, **903**
ケイミン	Kamin, L. J.	87
ケーゲル	Kagel, J.	852
ゲゼル	Gesell, A. L.	**903**
ゲツツコウ	Guetzkow, H.	908
ゲーテ	von Goethe, J. W.	904
ゲープザッテル	von Gebsattel, V. E.	**903**
ケーラー	Köhler, W.	18, 249, 767, 878, **903**, 913, 928, 930, 931, 975
ケリー	Kelley, H. H.	253, 254, **904**
ケリー	Kelly, G. A.	253, 331, 332, **904**
ケリング	Kelling, G.	830
ケーンケン	Kohnken, G.	696
ケンドール	Kendall, M.	510, 511
コーエン	Cohen, D.	298, 846
コーエン	Cohen, J.	41, 522
コーエン	Cohen, L. E.	829
古澤平作	こさわ へいさく	371, **904**
小嶋外弘	こじま そとひろ	859
コスタ	Costa, Jr., P. T.	333, 335, 338
コスミデス	Cosmides, L.	271, 294, 309, **905**
コスリン	Kosslyn, S. M.	940
ゴセット（スチューデント）	Gosset, W. S.	**905**
ゴダード	Goddard, H. H.	329
ゴッフマン	Goffman, E.	735, **906**
コッホ	Koch, C.	165
コーディル	Caudill, W. A.	838
小西哲志	こにし ひろし	813
コーニッシュ	Cornish, D. B.	829
コノルスキー	Konorski, J.	82
コバサ	Kobasa, S. C.	340
小林秀樹	こばやし ひでき	813
コフカ	Koffka, K.	18, 897, **905**, 975
コフート	Kohut, H.	**906**
コホネン	Kohonen, T.	136
コーリィ	Corley, M & G.	366
コリンズ	Collins, A. M.	124, 236, **906**
コール	Cole, M.	833, 834, **906**
ゴールドシュタイン	Goldstein, K.	**907**
ゴールドバーグ	Goldberg, L. R.	330, 337
ゴールトン	Galton, F.	14, 15, **16**, 780, 781, 782, **907**, 921, 934, 939
コルニロフ	Kornilov, K. N.	**907**, 973

コールバーグ	Kohlberg, L.	211, 224, 724, 840, 899, **907**
ゴールマン	Goleman, D.	321
ゴレッジ	Golledge, R. G.	808
コンウェイ	Conway, M. A.	127
コングス	Kongs, S. K.	448
コンディヤック	de Condillac, E. B.	**908**, 966
コント	Comte, A.	**908**

サ行

ザイアンス	Zajonc, R. B.	252, 302, 307, **908**
サイモン	Simon, H. A.	134, 608, 609, 848, 850, 851, 855, **908**
サヴェジ	Savage, L. J.	855
相良守次	さがら もりじ	**908**
サザランド	Sutherland, E. H.	724, 725, 734
ザジャック	Zajac, D. M.	613
サーストン	Thurstone, L. L.	16, 143, 248, 564, 565, 898, **909**
ザゾ	Zazzo, R.	**909**
サックス	Sacks, H.	47, 972
サッピス	Suppes, P.	878
佐藤学	さとう まなぶ	235
サピア	Sapir, E.	885, **909**, 945, 953
サービン	Sarbin, T. R.	**909**
サミット	Summit, J.	812
サミュエルソン	Samuelson, P.	90, 862
サムナー	Sumner, W. G.	666
サラサン	Sarason, S. B.	817
サリー	Sully, J.	15, 25, 972
サリヴァン	Sullivan, H. S.	41, 361, **909**, 915
サルストン	Sulston, J.	792
サルトル	Sartre, J. P.	**910**, 969
サロヴェイ	Salovey, P.	323
ザンダー	Sander, F.	**910**
ザンダー	Zander, A.	629
サンフォード	Sanford, R. N.	879
サンプソン	Sampson, R. J.	829
シアーズ	Sears, R. R.	**911**, 958
椎名乾平	しいな けんぺい	865
ジェイコブソン	Jacobson, L.	977
シェイベルソン	Shavelson, R. J.	348
シェス	Sheth, J. N.	597, 598
シェッフェ	Scheffé, H.	143
シェトルワース	Shettleworth, S. J.	753
ジェニングス	Jennings, H. S.	976
シェパード	Shepard, R. N.	105, 146, 166
シェミャーキン	Shemyakin, F. N.	808
シェミンスカ	Szeminska, A.	938
ジェームズ	James, W.	4, 9, 12, 13, 14, 15, 18, 20, 21, 27, 103, 118, 119, 189, 213, 215, 224, 286, 287, 298, 299, 300, 346, **909**, **911**, 914, 921, 933, 956, 963, 964, 980
シェーラー	Scheler, M.	884, **912**
シェラー	Scherer, K. R.	290, 301, 307
ジェリソン	Jerison, H. J.	763
シェリフ	Sherif, M.	249, 630, **912**, 960
シェリントン	Sherrington, C. S.	14, 484, **912**
シェルドン	Sheldon, W. H.	329, 331, **912**
ジェンキンス	Jenkins, C. D.	642
ジェンドリン	Gendlin, E. T.	370, **912**
シェーンフェルト	Schoenfeld, W. N.	**913**
塩田芳久	しおた よしひさ	229
シーガル	Siegal, M.	695
シーグリスト	Siegrist, J.	656
シーゲル	Siegel, A. W.	808
シシ	Ceci, S. J.	695
シドマン	Sidman, M.	85, 92, **913**
シフニオス	Sifneos, P. E.	319, 389, 642, **913**
シフリン	Shiffrin, R. M.	103, 491
島井哲志	しまい さとし	659
下村脩	しもむら おさむ	792
シモン	Simon, T.	209
シャイエ	Schaie, K. W.	185, 186
シャイン	Schein, E. H.	594, 595, 651, 653
シャウフェリ	Schaufeli, W. B.	659
ジャクソン	Jackson, J. H.	**913**, 957
ジャクソン	Jackson, J. M.	629
シャクター	Schachter, S.	24, 299, 630, **913**
シャコウ	Shakow, D.	24, **914**
ジャコビー	Jacoby, L. L.	125, 126
シャーストリ	Shastri, L.	53
ジャスパー	Jasper, H. H.	953
ジャニス	Janis, I. L.	263, 625
ジャネ	Janet, P.	**16**, 17, 20, 416, **914**
シャルコー	Charcot, J-M.	4, **16**, 17, 18, 20, 353, 370, 416, **914**, 947
シュウィーダー	Shweder, R. A.	833, **914**
シュテルン	Stern, W.	13, 20, 21, 22, 881, 884, **915**, 922, 931

氏名カナ	氏名	ページ
シュトゥンプ	Stumpf, C.	16, 903, 904, 905, **915**, 946
シュナイダー	Schneider, K.	423
シューハート	Shewhart, W. A.	547
シュプランガー	Spranger, E.	**915**, 925
シューマン	Schumann, F.	884
シュミット	Schmidt, R. A.	96, 97
シュミット	Schmidt, S. M.	627
ジュラード	Jourard, S. M.	347
シュリック	Schlick, M.	944, 960
シュルツ	Schultz, W.	489, 490
シュワーツ	Schwarts, S. H.	833
ショウ	Shaw, C. R.	725
ショウ	Shaw, D. L.	275
ショウダ	Shoda, Y.	336
ジョスト	Jost, J. T.	267
ショーペンハウアー	Schopenhauer, A.	930
ジョーンズ	Jones, E.	915
ジョーンズ	Jones, E. E.	249, 253, **915**, 947
ジルボーク	Zilboorg, G.	403, **916**
シン	Sin, N. L.	657
シンガー	Singer, J.	24, 299
シンゲリス	Singelis, T. M.	838
ジンバルドー	Zimbardo, P. G.	24, 248, 250, 335, 830, **916**
ジンメル	Simmel, G.	**916**
スウェイン	Swain, A. D.	586
スキナー	Skinner, B. F.	4, 23, 54, 61, 62, 63, 64, 70, 353, 361, 375, 724, 752, 888, 913, **917**, 933, 937, 949, 965
スクワイア	Squire, L. R.	458, 695
スコット	Scott, W. D.	13, 21, 504, 580, **581**
スズキ	Suzuki, D.	793
スタイナー	Steiner, I. D.	610
スタインタール	Steinthal, M.	12, 15
スタージェス	Sturges, H. A.	503, 504
スターテヴァント	Sturtevant, A. H.	793
スターン	Stern, D. N.	203, **917**
スタンバーグ	Sternberg, R. J.	209, 210
スティーヴンス	Stevens, S. S.	143, 564, **917**, 945
ステイサー	Stasser, G.	624
スティール	Steele, C. M.	256
ステラー	Steller, M.	696
ストラウス	Strauss, A. L.	47, 285, 901, **918**
ストラック	Strack, F.	307
ストラップ	Strupp, H.	389
ストループ	Stroop, J. R.	305, **918**
ストレッチィ	Strachey, J.	882
ストーン	Stone, C. P.	937
ズナニエッキー	Znanieki, F. W.	928
スーパー	Super, D. E.	218, 594, 596, 651, **918**
ズービ	Zube, E. H.	810
スピアマン	Spearman, C. E.	210, 510, 511, 532, 568, 879, 898, **918**
スピッツ	Spitz, R. A.	**919**, 937
スピノザ	Spinoza, B.	298
スピルバーガー	Spielberger, C. D.	642
ズービン	Zubin, J.	341
スプリング	Spring, B.	341
スペンサー	Spencer, H.	7, 8, 9, 25, 913, **919**
スペンス	Spence, K. W.	73, 74, 75, 913, **919**
スベンソン	Svenson, O.	855
スミス	Smith, M.	354
スミス	Smith, R. H.	314
スミス	Smith, V. L.	848, 850, 852
スラル	Srull, T. K.	252
セイラー	Thaler, R. H.	852, 860
セガン	Seguin, E.	967
セチェノフ	Sechenov, I. M.	**919**
セリエ	Selye, H.	634, 636, **920**
セリグマン	Seligman, M. E. P.	84, 99, 341, 635, 657, 658, 659, **920**
ゼルテン	Selten, R.	851, 869
セルフリッジ	Selfridge, O.	111
セルマン	Selman, R.	211, 212
センゲ	Senge, P. M.	611
ソクラテス	Socrates	943
ソコロウスキ	Sokolowski, M.	793
ソシュール	de Saussure, F.	880, **920**, 929
ソゾウ	Sozou, P. D.	862
ソープ	Saupe, J. L.	557
ソープ	Thorpe, S. J.	166
ソマー	Sommer, R.	812, 813
ソーンダイク	Thorndike, E. L.	8, 9, 13, 21, 63, 65, 224, 544, 556, **921**, 935
ソーンダイク	Thorndyke, P. W.	808

タ行

氏名カナ	氏名	ページ
タイラー	Tyler, R. W.	544, 545
タイラー	Tylor, E. B.	953

人名索引 1075

ダーウィン　Darwin, C. 3, 7, 8, 9, 15, 16, 18, 20, 204, 287, 292, 293, 296, 305, 306, 309, 748, 750, 752, 753, 780, 907, 913, **921**, 930, 963, 968
タウンゼント　Townsend, J. T. 855
竹内弘高　たけうち　ひろたか 625
タジウーリ　Tagiuri, R. **921**
タジフェル　Tajfel, H. 266, **921**
ターナー　Turner, J. C. 266
タナカ　Tanaka, J. 108
ダーバンルー　Davanloo, H. 389
ダマジオ　Damásio, A. R. 299, **922**
ターマン　Terman, L. M. 20, 556, 911, **922**
ダラード　Dollard, J. 94, 95, 911, **922**, 958, 964
ダーリィ　Darley, J. 971
タルヴィング　Tulving, E. 124, 127, **923**
タルド　Tarde, J. G. **922**
タルボット　Talbot, J. F. 811
ダン　Dunn, R. 241
ダンカン　Duncan, J. 119
タンネイ　Tangney, J. P. 312
ダンバー　Dunbar, R. I. M. 763
ダンラップ　Dunlap, R. E. 823, 824
チェイキン　Chaiken, S. 262
チェス　Chess, S. 344, 345
チェリー　Cherry, C. 118
チェルパノフ　Chelpanov, G. 16
チエン　Tsien, R. 792
チェントソヴァ=ダットン　Chentsova-Dutton, Y.E. 297
チクセントミハイ　Csikszentmihalyi, M. 657, 658, 893
チボー　Thibaut, J. W. 24, 904, 915
チャルディーニ　Cialdini, R. B. 263, **923**
チャルフィー　Chalfie, M. 792
チャンドラー　Chandler, A. D. 618
チョムスキー　Chomsky, N. 112, 113, 114, 192, **923**, 943, 964, 968
陳大斉　ちん　だいさい **923**
ツァイ　Tsai, J. L. 297, 847
ツィーエン　Ziehen, T. **924**
デイ　Day, R. H. **924**
デイヴィス　Davis, M. H. 315
ディクスン　Dickson, W. J. 608
ティチナー　Titchener, E. B. 4, 10, 11, 15, 16, 17, 21, 898, **924**, 956

ディッキンソン　Dickinson, A. 90
ディーナー　Diener, E. 658, 659
テイバー　Tabor, W. 53
デイビソン　Davison, W. P. 275
テイラー　Taylor, F. W. 14, 21, 580, 581, 582, 593, 608, 609, 899, **924**
テイラー　Taylor, R. B. 829
テイラー　Taylor, S. E. 340
ディルタイ　Dilthey, W. 915, **925**
ティンバーゲン　Tinbergen, N. 750, 751, 752, 753, 757, **925**, 979
ティンバーレイク　Timberlake, W. 99
テオプラストス　Thephrastus 329
デカルト　Descartes, R. 5, 7, 291, 635, 908, **925**, 955, 966
デシ　Deci, E. L. 613, 615, **926**
デジモン　Desimone, R. 119
テッサー　Tesser, A. 256, 626, **926**
テニエス　Tönnies, F. **926**
デノレット　Denollet, J. 643
デービス　Davis, K. E. 253
デフリーズ　Defries, J. C. 795
デミング　Deming, W. E. 547, 591
テモショック　Temoshock, L. 641, 643
デューイ　Dewey, J. 16, 891, 914, **926**, 933, 963, 980
デュマ　Dumas, G. 920, **927**
デュルケム　Durkheim, É. 248, 922, **927**, 948, 971
寺田精一　てらだ　せいいち 26
テレン　Thelen, E. 195
デンボー　Dembo, T. 914
土居健郎　どい　たけお 298, 371, **927**
ドイッチュ　Deutsch, M. 628, **928**
トヴァスキー　Tversky, A. 132, 250, 597, 627, 850, 855, 856, 865, 894, **928**
トウェイン　Twain, M. 911
ドウズ　Dawes, R. M. 271
ドゥバイン　Devine, P. G. 255
トゥービー　Tooby, J. 271, 294, 309
トゥレット　Tourette, G. G. 432
ドゥンカー　Duncker, K. **928**
ドクロリ　Decroly, O. **928**
戸田正直　とだ　まさなお 294, 295, 309
ドナルドソン　Donaldson, H. H. 980
ドブジャンスキー　Dobzhansky, T. 748

見出し	名前	ページ
ド・フリース	De Vries, H.	776
トマス	Thomas, A.	344, 345
トーマス	Thomas, K. A.	627
トーマス（タマス）	Thomas, W. I.	**928**
トマセロ	Tomasello, M.	114, 833, 835, **928**
トムキンス	Tomkins, S. S.	309
トランケル	Trankell, A.	696
トリアンディス	Triandis, H.	833, 844
トリヴァース	Trivers, R.	295
ドリーシュ	Driesch, H.	**929**
トリスト	Trist, E. L.	975
トリースマン	Treisman, A.	104, 118, 119, 163, 894, **929**
トリプレット	Triplett, N.	23
トルベツコイ	Trubetzkoi, N. S.	921, **929**, 940
トールマン	Tolman, E. C.	23, 61, 63, 64, 808, **929**, 945, 956
トレーシー	Tracy, J. L.	312
ドンダース	Donders, F. C.	56, 143
トンプソン	Thompson, C. J.	604, 909

ナ行

見出し	名前	ページ
ナイサー	Neisser, U.	118, 129, 215, 769, 770, **930**
中村古峡	なかむら こきょう	26
ナージ	Boszormenyi-Nagy, I.	383
ナッシュ	Nash, J. F.	851, 867
成瀬悟策	なるせ ごさく	391
ニィリエ	Nirje, B.	665
西周	にし あまね	25, 26, 27, 950
ニスベット	Nisbett, R. E.	298, 846, 847, **930**
ニーチェ	Nietzsche, F. W.	912, **930**
ニューエル	Newell, A.	134, 908
ニューカム	Newcomb, T. M.	24, **931**
ニュートン	Newton, I.	934, 953
ニューマン	Newman, O.	830
ニールセン	Nielsen, J.	586
ネイマン	Neyman, J.	521
ネルソン	Nelson, H. E.	447
ノイマン	von Neumann, J.	131, 851, 855, 866
ノエル=ノイマン	Noelle-Neumann, E.	276
ノソフスキー	Nosofsky, R.	108
野中郁次郎	のなか いくじろう	625
ノーマン	Norman, D. A.	586

ハ行

見出し	名前	ページ
ハイエク	Hayek, F. A.	356
パイク	Pike, K. L.	837
バイステック	Biestek, F. P.	685, 687
ハイダー	Heider, F.	227, 248, 884, 915, **931**, 942, 975, 980
ハイデッガー	Heidegger, M.	910, 941, 954
ハイマン	Heimann, P.	372
バウアー	Bower, G. H.	303, 880, **931**
バウアー	Bower, T. G. R.	181
ハウス	House, R. J.	622
バウマイスター	Baumeister, R. F.	257
バウム	Baum, W.	80
バウムガートナー	Baumgartner, G.	148
パヴロフ	Pavlov, I. P.	18, 19, 63, 68, 81, 82, 84, 85, 100, 344, 345, 353, 354, 458, 917, 920, 921, **932**, 936, 951, 976, 980
バーカー	Barker, R. G.	818, 819, **932**
バークマン	Berkman, L. F.	648
バークレー	Berkeley, G.	**932**
バゴッツィ	Bagozzi, R. P.	298
ハサウェイ	Hathaway, S. R.	334, 888, **933**, 965
ハーサニ	Harsanyi, J. C.	851
ハーシ	Hirsch, T.	725, 734
バージ	Bargh, J. A.	251, 252
バス	Buss, A. H.	642, **933**
パース	Peirce, C. S.	**933**
パスカリス	Pascalis, O.	181
ハースコヴィッツ	Herskovits, M. J.	953
バスチアン	Bastian, A.	953
ハーズバーグ	Herzberg, F.	613, 614
バスマイヤー	Busemeyer, J. R.	855
パーソンズ	Parsons, F.	365, 596
パーソンズ	Parsons, T.	**934**, 960
ハーター	Harter, N.	63
バーチ	Birch, D.	878
ハッチンス	Hutchins, E.	236, 238
バッデリー	Baddeley, A. D.	120, **934**
パットナム	Putnam, R. D.	277
パーテン	Parten, M. B.	212
ハート	Hart, R. A.	808
ハート	Hart, S. L.	315
バート	Burt, C. L.	**934**, 958
バード	Bard, P.	299

バトラー　Butler, R.	683
ハートライン　Hartline, H. K.	901
ハートレイ　Hartley, H. D.	524, **934**
バートレット　Bartlett, F. C.	**935**, 948, 958
バートレット　Bartlett, M. S.	524
バナジ　Banaji, M. R.	251
バーノン　Vernon, H. M.	820
バフチン　Bakhtin, M. M.	233
パペッツ　Papez, J. W.	488
浜田寿美男　はまだ　すみお	714
ハミルトン　Hamilton, W. D.	249, 272, 752
ハムル　Hummel, J. E.	53
バーライン　Berlyne, D. E.	812, **935**
原口（旧姓新井）鶴子　はらぐち　つるこ	**935**
ハリス　Harris, J. R.	203
ハリス　Harris, P.	325
バリント　Balint, M.	**936**
ハル　Hull, C. L.	23, 61, 63, 64, 77, 82, 885, 911, 919, 922, 929, 931, **936**, 954, 964
ハルサニ　Harsanyi, J.	869
パールズ　Perls, F. S.	389, **936**
バルテス　Baltes, P.	186, 209, 219, **936**
ハルトマン　Hartmann, H.	889, **937**
バルブルース　Barbu-Rooth, M.	195
ハレ　Halle, M.	943
ハーロウ　Harlow, H. F.	92, **937**
ハワード　Howard, J. A.	597, 598
ハン　Han, S. P.	837
バーン　Byrne, D.	266
バーン　Byrne, R.	766
バンク=ミケルセン　Bank-Mikkelsen, N.	665
ハーンシュタイン　Herrnstein, R. J.	80, 81, 91, 864, 930, **937**
バーンズ　Barnes, R. M.	582, 583
ハンセン　Hansen, C.	306
ハンター　Hunter, A.	829
ハンター　Hunter, W. S.	**938**
バンデューラ　Bandura, A.	94, 95, 381, 648, 724, **938**
ハント　Hunt, W. A.	880
ハンフマン　Hanfmann, H.	914
ハンフリー　Humphery, N. D.	842
ハンフリー　Humphrey, N. K.	766
ピアジェ　Piaget, J.	4, 23, 184, 204, 205, 206, 209, 211, 224, 229, 808, 881, 902, 935, **938**, 945, 981
ビアーズ　Beers, C. W.	957
ピアス　Pearce, J. M.	86
ピアソン　Pearson, E. S.	521
ピアソン　Pearson, K.	16, 45, 511, 521, **939**, 941
ピエロン　Piéron, H.	920, **939**
ビオン　Bion, W. R.	**939**
ヒギンス　Higgins, E. T.	252, 257, 301, 346
ヒコック　Hickok, L. P.	17
ピーターズ　Peters, T. J.	629
ピーターソン　Peterson, C.	659
ビーダーマン　Biederman, I.	165
ビーチ　Beach, F. A.	753, **939**
ヒッチ　Hitch, G. J.	934
ピッツ　Pitts, W.	53
ビネ　Binet, A.	13, 20, 209, 354, 362, 556, 914, **939**
ピネル　Pinel, P.	398
ヒポクラテス　Hippocrates	22, 329, 330, 345, 397, 399, 401, 442, **940**
ビューテル　Beutell, N. J.	653
ヒューベル　Hubel, D. H.	458
ヒューム　Hume, D.	6, **940**
ビューラー　Bühler, C.	**940**
ビューラー　Bühler, K.	**940**, 945
ヒーリー　Healy, W.	21
ピリシン　Pylyshyn, Z. W.	105, **940**
ビリンゲン　Biringen, Z.	203
ヒルガード　Hilgard, E. R.	878, **941**
ビールズ　Beals, R. L.	842
ビンスワンガー　Binswanger, L.	389, **941**, 967
ピンナ　Pinna, B.	145, 147
ファイゲンバウム　Feigenbaum, A. V.	592
ファイヤアーベント　Feyerabend, P. K.	356
ファラー　Farah, M.	108
ファンズワース　Farnsworth, P.	911
ファンダー　Funder, D.	336
ファンツ　Fantz, R. L.	182
ファンティノ　Fantino, E.	81
ファンホーフ　van Hooff, J.A.R.A.M.	755
フィスク　Fiske, S.	255, 267, 318, **941**
フィッシャー　Fisher, D. L.	818
フィッシャー　Fisher, R. A.	129, 521, 523, 538, 748, **941**
フィッシュバイン　Fishbein, M.	647
フィードラー　Fiedler, F.	621, 622

1078　人名索引

フィニー　Phinny, J. S. ……………… 842
フェアバーン　Fairbairn, W. R. D. ………… 371
フェイル　Feil, N. ……………………… 685
フェスティンガー　Festinger, L. ………… 24, 248, 249, 263, 279, 630, 931, **941**
フェッファー　Pfeffer, J. ……………… 609
フェニグスタイン　Fenigstein, A. ………… 347
フェヒナー　Fechner, G. T. ……………… 3, 4, 5, 9, 10, 11, 20, 143, 850, 883, 888, **942**, 963
フェルソン　Felson. M. ………………… 829
フェレンツィ　Ferenczi, S. ………… **942**, 947
フォア　Foa, E. ………………………… **942**
フォーガス　Forgas, J. ………………… 304
フォード　Ford, H. ……………………… 593
フォルクマン　Folkman, S. …… 340, 636, 638
フォーテンベリー　Fortenberry, K. T. ……… 340
福来友吉　ふくらい　ともきち …… 25, 26, **27**, 943
ブーゲンタル　Bugental, J. F. T. ………… 389
フッサール　Husserl, E. ……… 910, 912, **943**, 946
ブーバー　Buber, M. …………………… 941
ブライアン　Bryan, W. L. …………… 63, 898
フライダ　Frijda, N. H. ………………… 289
ブライユ　Braille, L. …………………… 175
ブラウン　Brown, A. …………………… 229
ブラウン　Brown, G. W. ………………… 291
ブラウン　Brown, J. D. ………………… 340
ブラウン　Brown, J. S. ………………… 236
ブラウン　Brown, R. W. ………………… **943**
ブラウン　Brown, W. …………………… 568
プラース　Plath, D. …………………… 838
ブラックウェル　Blackwell, R. D. ……… 597, 598
プラトン　Plato; Platon ……… 286, 291, 879, **943**
プラマー　Plummer, K. ………………… 350
フランク　Frank, J. …………………… 364
フランク　Frank, R. H. ………………… 293
プランク　Plank, M. …………………… 904
フランクル　Frankl, V. E. …………… 23, 332, **944**
ブランティンガム　Brantingham, P. L. ……… 830
フリス　Frith, U. ……………………… 430
フリーセン　Friesen, W. V. ………… 290, 291, 296, 309, 310, 887
ブリッジマン　Bridgman, P. W. ……… 918, **944**, 956
フリッシュ　von Frisch, K. ……… 750, 799, 925, **944**
フリードマン　Freedman, J. L. ………… 263
フリードマン　Freedman, N. ……………… 320

フリードマン　Friedman, M. ……… 641, 643, 978
プリブラム　Pribram, K. H. ……………… **944**, 964
ブリューワー　Brewer, M. B. ………… 255, 268
ブリル　Brill, A. A. ……………………… 947
プリンス　Prince, M. …………………… 961
プルチック　Plutchik, R. ………… 278, 309, 310
ブルドン　Bourdon, B. ………………… **944**
ブルーナー　Bruner, J. S. ……… 48, 229, 236, 349, 833, 835, 915, 943, **945**
ブルーム　Bloom, B. S. …………… 228, 544, 545
ブルームフィールド　Bloomfield, L. ……… **945**
ブルンスウィック　Brunswik, E. … 803, 879, 930, **944**
ブレア　Blair, G. M. ……………………… 26
フレイザー　Fraser, B. J. …………… 818, 819
フレイザー　Fraser, S. C. ……………… 263
ブレイド　Braid, J. …………………… **945**
フレイレ　Freire, P. …………………… 731
フレーゲ　Frege, G. …………………… 882
フレーザー　Frazer, J. G. ……………… 961
プレソン　Presson, C. C. ……………… 808
ブレナー　Brenner, I. ………………… 792
フレーベル　Fröbel, F. A. ………… 224, **946**
プレマック　Premack, D. …… 76, 78, 206, 766, **946**
ブレランド　Breland 夫妻 ……………… 99
ブレンターノ　Brentano, F. ‥ 890, **946**, 957, 973, 980
フレンチ　French, J. R. P. …………… 262, 626
ブロイアー　Breuer, J. ……… 18, 370, 371, 373, 947
フロイデンバーガー　Freudenberger, H. … 321, 652
フロイト, アンナ　Freud, A. ………… 373, 883, 889, 896, 899, 937, **947**
フロイト　Freud, S. ……………… 4, 12, 18, 19, 20, 21, 331, 332, 346, 347, 353, 354, 365, 370, 371, 372, 373, 374, 398, 399, 411, 416, 724, 835, 877, 879, 882, 883, 889, 903, 905, 909, 910, 914, 915, 931, 941, 944, 946, **947**, 954, 955, 956, 960, 968, 970, 972, 974
ブロイラー　Bleuler, E. ‥ 423, 879, 941, **947**, 954, 979
ブローカ　Broca, P. ……………… 442, 443, 449
プロチャスカ　Prochaska, J. O. ………… 648
ブロードベント　Broadbent, D. E. ……… 117, 118, 119, **947**
ブロードマン　Brodmann, K. …… 300, 468, 475, **946**
フロム　Fromm, E. ……… 909, **948**, 955, 972, 973
ブロンデル　Blondel, C. ………………… **948**

ブロンフェンブレンナー Bronfenbrenner, U. ………………………… 202, 203, **948**	ヘルパッハ Hellpach, W. ……………………… **952**
フンボルト von Humboldt, K. W. …………… 940	ヘルバルト Herbart, J. F. ……………… 224, **952**, 971
ヘア Hare, R. D. ………………………………… 724	ヘルムホルツ von Helmholtz, H. L. F. ………… 6, **7**, 117, 951, **953**, 964
ヘアワーゲン Heerwagen, J. ……………………… 823	ベルンシュタイン Bernstein, N. ……………………… 97
ペイヴィオ Paivio, A. ……………… 105, 111, **948**	ベンザー Benzer, S. ……………………………… 793
ヘイズ Hayes, S. C. ……………………………… **949**	ヘンズロウ Henslow, J. S. ……………………… 921
ベイズ Bayes, T. …………………… 512, 519, **949**	ベンダー Bender, L. …………………………… **953**
ヘイズロス Hayes-Roth, B. ……………………… 808	ベントラー Bentler, P. M. ……………………… 532
ヘイゼリッグ Hazelrigg, M. D. ……………………… 808	ペンフィールド Penfield, W. G. ……… 458, 484, **953**
ベイトソン Bateson, G. …… 383, 385, 390, 889, **949**	ボアズ Boas, F. ……………………………… 951, **953**
ヘイリー Haley, J. D. ……………… 384, 390, **949**	ホイーラー Wheeler, R. H. …………………… **954**
ベイン Bain, A. ………………………… 6, 25, **949**, 950	ボーヴォワール de Beauvoir, S. ……………………… 910
ヘヴン Haven, J. ……………………… 25, **27**, 950	ホヴランド Hovland, C. I. ……………………… 249, **954**
ベケシー von Békésy, G. ………………………… 950	ボウルズ Bolles, R. C. …………………………… 99
ヘーゲル Hegel, G. W. F. ………………………… 910	ボウルビィ Bowlby, J. ……………… 23, 24, 199, 201, 887, 937, **954**
ベーコン Bacon, F. ………………………………… 955	
ヘス Hess, W. R. ………………………………… 458	ボーエン Bowen, M. ……………………………… 383
ペスタロッチ Pestalozzi, J. H. ……………… 224, 946	ボス Boss, M. ……………………………… 389, **954**
ベッカー Becker, M. H. ……………………… 647	ポズナー Posner, M. I. …………… 108, 117, **954**
ベッカリーア Beccaria, C. ………………………… 725	ポーター Porter, C. ……………………………… 931
ベック Beck, A. T. ………… 378, 381, 400, 949, **950**	ポーター Porter, L. W. ……………………… 613, 614
ベック Beck, S. J. ……………………… 902, **950**	ホックシールド Hochschild, A. ……………………… 320
ヘッケル Haeckel, E. ……………………………… 183	ホックバウム Hockbaum, G. M. ……………………… 647
ヘッツァー Hetzer, H. …………………………… 940	ホッブズ Hobbes, T. ……………………………… **955**
ヘッド Head, H. ………………………………… 442	ホップフィールド Hopfield, J. J. ……………………… 137
ベットマン Bettman, J. R. …………………………… 597	ホーナイ Horney, K. ……………………… 909, **955**, 972
ヘッブ Hebb, D. O. ……… 459, 489, 490, 891, **951**	ボナパルト Bonaparte, M. …………………………… 882
ペティ Petty, R. E. ……………………………… 262	ボニー Beauni, H. ……………………………… 939
ペデク Pezdek, K. ………………………………… 808	ホーフステッド Hofstede, G. ……………………… 844
ベネディクト Benedict, R. F. ………… 312, 833, 909, **951**, 953	ホフマン Hoffman, M. L. ……………………… 211
	ホーマンズ Homans, G. …………………………… **955**
ベヒテレフ Bechterev, V. M. ………… 907, 920, **951**	ホームズ Holmes, R. ……………………… 703, 704, 705
ベリー Berry, J. W. ……………………… 833, 841	ホランド Holland, J. L. ………………………… 596
ヘリング Hering, K. E. K. ………… 152, 154, **951**, 963	ポリツァー Politzer, G. ………………………… **955**
ベル Bell, C. …………………………………… 305	ホリヨーク Holyoak, K. J. ………………………… 53
ベルガー Berger, H. ……………………… 57, 497, 887	ボーリング Boring, E. G. ………………… 3, 28, **956**
ベルグソン Bergson, H. ……………………………… 952	ホリングワース Hollingworth, H. L. ……………… 879
ベールズ Bales, R. F. ……………………… 624, **952**	ホール Hall, G. S. ……………………… 13, 15, 20, 27, 86, 183, 353, 813, 903, 931, **956**, 957, 967
ベルスキー Belsky, J. ……………………………… 216	
ヘルソン Helson, H. ……………………………… **952**	ホルスト von Holst, E. ………………………… **956**
ベルタランフィ von Bertalanffy, L. ………………… 384	ホールデン Haldane, J. B. S. ………………………… 748
ベルナール Bernard, C. ……………………… 16, 588, **952**	ホルト Holt, E. B. ……………………………… **956**
ベルヌイ Bernoulli, D. ……………… 131, 855, 857	ボールドウィン Baldwin, J. M. ……… 249, 897, 901, **956**
ベルネーム Bernheim, H. …………………………… 17	ホルムズ Holms, T. H. ……………………… 637, 638

ホロビッツ	Horvitz, R.		792
ホワイティング	Whiting, J. W. M.		911
ホワイト	White, M.		384
ホワイト	White, R. K.		972
ホワイト	White, S. H.		808
ホワイト	White, W. A.		909
ホワイトゥン	Whiten, A.		766
ホーン	Horn, J. L.		209
ボンタ	Bonta, J.		722, 725
ボンド	Bond, M.		833
ボンド	Bond, T.		700
ボンフェローニ	Bonferroni, C. E.		525

マ行

マー	Marr, D. C.	104, 105, 144, 165, 757,	**957**
マイア	Mayr, E.		748
マイケンバウム	Meichenbaum, D. H.		381
マイノング	Meinong, A.	890, 946,	**957**
マイヤー	Meyer, A.	893, 909,	**957**
マイヤーズ	Myers, C. S.		**957**
マインズ	Meins, E.		203
マインドル	Meindl, J. R.		621
マウラー	Mowrer, O. H.	84, 85,	**958**
マガイ	Magai, C.		289
マーカス	Markus, G. B.		908
マーカス	Markus, H. R.	257, 833, 843, 844,	**958**
マカードル	McArdle, J. J.		532
マーキス	Marquis, D. G.		941
牧野達郎	まきの たつろう		146
マギュー	McGeoch, J. A.		**958**
マクアダムス	McAdams, D. P.	349, 350,	**958**
マクダヌルド	McDonald, R. P.		532
マクドゥーガル	McDougall, W.	12, 13, **14**, 248, 249, 898, **959**, 962, 977	
マグヌセン	Magnusson, D.		335
マクリーン	MacLean, P. D.		763
マクレー	McCrae, R. R.	333, 335,	338
マグレガー	McGregor, D.		547
マクレランド	McClelland, D. C.	613, 614, 883, **959**	
マクレランド	McClelland, J. L.		111
マコームズ	McCombs, M. E.		275
マーシャ	Marcia, J. E.	214,	**959**
マーシュ	Marsh, H. W.		348
マシュー	Mathieu, J. E.		613
マスラック	Maslach, C.		916
マズロー	Maslow, A. H.	4, 23, 332, 603, 613, 614, 615, 657, 893, **959**	
マスン	Masten, A. S.		341
マーチ	March, S.	608,	609
マッカーシ	MaCarthy, E. J.		602
マッキントッシュ	Mackintosh, N. J.		86
マッキンレー	McKinley, J. C.	334,	933
マックワース	Mackworth, N. H.		948
マッケイ	McKay, H. D.		725
マッハ	Mach, E.		**960**
マツモト	Matsumoto, D.		296
松本亦太郎	まつもと またろう	25, **27**, 935,	**960**
マーティ	Marty, A.		946
マートン	Merton, R. K.	725, 734,	**960**
マーフィ	Murphy, G.		**960**
マーラー	Mahler, M.	198,	**960**
マラン	Malan, D.		389
マリノウスキー	Malinowski, B. K.	835,	**961**
丸井清泰	まるい きよやす	905,	967
マルクス	Marx, K.	883, 910,	974
マルサス	Malthus, T. R.		850
マルブランシュ	de Malebranche, N.		908
マルベ	Marbe, K.		**961**
マレー	Murray, C.		937
マレー	Murray, E. J.		613
マレー	Murray, H. A.	344, 362, 817, **961**,	977
マンセル	Munsell, A. H.		310
マンハイム	Mannheim, K.		**962**
ミシェル	Mischel, W.	331, 335, 336, 337,	**962**
ミシュキン	Mishkin, M.		458
ミショット	Michotte, A. E.		**962**
三隅二不二	みすみ じゅうじ		**962**
ミード	Mead, G. H.	12, 13, 909,	**963**
ミード	Mead, M.	835, 949,	**963**
ミニューチン	Minuchin, S.		383
ミネカ	Mineka, S.		99
ミュラー	Müller, G. E.	14, 880, 893, 940,	**963**
ミュラー	Müller, J.	886,	**963**
ミュラー=リヤー	Müller-Lyer, F. C.		**964**
ミューレン	Mullen, P. E.	711,	713
ミュンスターバーグ	Münsterberg, H.	13, **14**, 21, 580, 581, **582**,	**964**
ミラー	Miller, G. A.	120,	**964**
ミラー	Miller, N. E.	77, 86, 87,	

人名索引

94, 95, 922, 958, **964**
ミール	Meehl, P. E.	931, **965**
ミル	Mill, J. S.	6, 850, 946, **965**
ミルグラム	Milgram, S.	24, 248, 250, **965**
ミルズ	Mills, J. R.	264
ミルナー	Milner, P.	458
ムーア	Moore, G. T.	808
ムーン	Moon, J.	558
メイ	May, R.	389
メイス	Mace, R. L.	667
メイナード=スミス	Maynard Smith, J.	751
メイヤー	Maier, N. R. F.	**965**
メイヤー	Mayer, J. D.	323
メイヤー	Meyer, J. P.	614
メイヨー	Mayo, E.	608, 609, **965**
メイン	Main, M.	200
メシック	Messick, S.	562
メスキタ	Mesquita, B.	296
メスメル	Mesmer, F. A.	945, **966**
メッツガー	Metzger, W.	**966**
メッツラー	Metzler, J.	166
メーデ	Moede, W.	**966**
メドゥナ	Meduna, L. J.	403
メーヌ・ドゥ・ビラン	Maine de Biran, F. P. G.	**966**
メハン	Mehan, H.	234
メルロ=ポンティ	Merleau-Ponty, M.	910, **966**
メンデル	Mendel, G. J.	772, 774, **776**
モイマン	Meumann, E.	224
モエデ	Moede, W.	248
モーガン	Morgan, C. L.	8, 9, 18, 752, 961, **966**
モーガン	Morgan, T. H.	793
モークリー	Mauchly, J. W.	524
モース	Moos, R. H.	817, 819
元良勇次郎	もとら ゆうじろう	4, 25, 26, **27**, 28, 943, 956, 960, **967**
モリス	Morris, R. G.	90
森田正馬	もりた まさたけ	354, 390, 392, **967**
モルゲンシュテルン	Morgenstern, O.	131, 851, 855, 866
モレノ	Moreno, J. L.	960, **967**
モンテッソーリ	Montessori, M.	**967**
モントゴメリー	Montgomery, H.	855, 864

ヤ行

ヤーキス	Yerkes, R. M.	22, **968**, 980
ヤコブソン	Jakobson, R.	921, 929, **968**, 974
ヤスパース	Jaspers, K.	403, **968**
矢田部達郎	やたべ たつろう	335
ヤホダ	Jahoda, M.	**968**, 970
山内桂子	やまうち けいこ	585
山岸明子	やまぎし あきこ	840, 841
山岸俊男	やまぎし としお	270, 271
山田日登志	やまだ ひとし	593
ヤーロム	Yalom, I.	389
ヤング	Young, T.	6, 152, 953
結城雅樹	ゆうき まさき	298
ユクスキュル	von Uexküll, J. J.	750, 751, 884, **968**
ユーニス	Youniss, J.	212
ユレシュ	Julesz, B.	163
ユング	Jung, C. G.	18, 19, **20**, 21, 22, 218, 373, 374, 375, 399, 879, 895, 902, 931, 947, 954, 956, 961, **968**, 979
吉本伊信	よしもと いしん	354, 390, 391
ヨレスコグ	Jöreskog, K. G.	532

ラ行

ライチャー	Reicher, G. M.	111
ライト	Wright, H. F.	818, 932
ライト	Wright, S.	532, 748
ライヒ	Reich, W.	389, **969**
ライプニッツ	von Leibniz, G. W.	7, 885, 908, **969**
ラウエンシュタイン	Lauenstein, O.	904
ラガーシュ	Lagache, D.	**969**
ラカン	Lacan, J.	371, **969**, 974
ラザースフェルド	Lazarsfeld, P. F.	**970**
ラザルス	Lazarus, A. A.	**970**
ラザルス	Lazarus, R.	297, 301, 302, 303, 320, 340, 587, 636, 637, 638, 657, **970**
ラシュレー	Lashley, K. S.	100, 458, 933, 945, **970**
ラスウェル	Lasswell, H. D.	909
ラズバルト	Rusbult, C. E.	264
ラタネ	Latané, B.	612, **971**
ラツァラス	Lazarus, H.	12, 15
ラツァラス	Lazarus, M.	**971**
ラッセル	Russell, J. A.	307, 807, 810
ラッセル	Russell, W. A.	882
ラッター	Rutter, M.	818

読み	名前	ページ
ラッド	Ladd, G. T.	15, 27
ラドクリフ=ブラウン	Radcliffe-Brown, A. R.	**971**
ラパポート	Rapaport, D.	**971**
ラポポート	Rapoport, A.	**971**
ラマルク	Lamarck, J.-B.	7, 8
ラム	Lamb, M.	695, 696, **971**
ラメルハート	Rumelhart, D. E.	53, 111, 135, **972**
ランク	Rank, O.	880, 955, **972**
ラングフェルト	Langfeld, H. S.	914
ランゲ	Lange, C. G.	298, 300, 898, 912
ランド	Land, E.	154
リアリィ	Leary, M.	312
リヴァーズ	Rivers, W. H. R.	14, **972**
リヴィアー	Riviere, J.	882
リエター	Lietaer, G.	370
リエボー	Liébault, A. A.	17
リカース=オヴシアンキーナ	Rickers-Ovsiankina, M.	914
リカード	Ricardo, D.	850
リスト	von Liszt, F.	915
リースマン	Riesman, D.	**972**
リーズン	Reason, J.	585, 586
リゾラティー	Rizzolatti, G.	484
リーダー	Reeder, G. D.	254
リッカート	Likert, R.	**972**
リックマン	Rickman, J.	939
リッケン	Lykken, D. T.	699
リップス	Lipps, T.	912, **973**
リピット	Lippitt, R. O.	963, **972**
リヒトハイム	Lichtheim, L.	442
リボー	Ribot, T. A.	16, 920, 927, **973**
リュボマースキー	Lyubomirsky, S.	657, 658
リン	Lin, N.	277
リンズレイ	Linsley, D. B.	880
リンチ	Lynch, K.	808
リントン	Linton, R.	**973**
ルイス	Lewis, M.	312, 324, 325
ルソー	Rousseau, J-J.	204
ルター	Luther, M.	889
ルッツ	Lutz, C. A.	298
ルビーン	Levene, H.	524
ルビン	Rubin, E. J.	**973**
ルボルスキー	Luborsky, L.	389
ル・ボン	Le Bon, G.	4, 12, 13, 248, 922, **973**
ルリヤ	Luria, A. R.	907, **973**, 833
レイ	Rahe, R. H.	637, 638
レイヴ	Lave, J.	236, 237, **974**
レイヴン	Raven, B. H.	262
レイサム	Latham, G. P.	613
レイノルズ	Reynolds, D. K.	391
レイノルズ	Reynolds, J. N.	489
レイノルズ	Reynolds, K. D.	**974**
レイン	Laing, R. D.	**974**
レウ	Leu, J.	296
レヴィ	Levy, D.	951
レヴィ=ストロース	Lévi-Strauss, C.	968, **974**
レヴィ=ブリュール	Lévy-Bruhl, L.	**974**
レヴィン	Lewin, K.	18, 23, 24, 47, 221, 249, 278, 335, 336, 369, 606, 621, 623, 805, 817, 833, 878, 893, 904, 911, 914, 929, 931, 932, 941, 960, 962, 972, **974**
レヴィンソン	Levinson, D. J.	218, 223, 651, 879
レーヴェンシュタイン	Loewenstein, R.	969
レオンチェフ	Leontiev, A. N.	834, 974, **975**
レスコーラ	Rescorla, R. A.	82, 86, 88, **975**
レスリスバーガー	Roethlisberger, F. J.	608, 965
レッパー	Lepper, M. R.	**976**
レボヴィシ	Levobici, S.	216, 217
レルシュ	Lersch, P.	**976**
レンシンク	Rensink, R.	167
ロイブ	Loeb, J.	**976**, 980
ロウ	Roe, A.	914
ローウィ	Lowie, R. H.	953
ロウラー	Lawler, E. J.	609
ローエンフェルド	Lowenfeld, M.	375, **976**
ローガン	Logan, F.	931
ロシャ	Rochat, P.	191, 196
ロジャース	Rogers, E. M.	605
ロジャーズ	Rogers, C. R.	4, 23, 26, 332, 353, 366, 368, 369, 370, 400, 912, **977**
ロス	Ross, E. A.	12, 248, 922, **977**
ロス	Ross, M.	256
ロス	Roth, A. E.	852
ローズ	Rose, R. J.	782
ロスバート	Rothbart, M. K.	344, 345
ローズマン	Roseman, I. J.	301, 303
ロスモ	Rossmo, D. K.	702
ローゼン	Rosen, S.	626
ローゼン	Rozin, P.	846
ローゼンストック	Rosenstock, I. M.	647

ローゼンソール	Rosenthal, R.	977
ローゼンツヴァイク	Rosenzweig, S.	914, **977**
ローゼンバーグ	Rosenberg, M.	348
ローゼンブラット	Rosenblatt, F.	53
ローゼンマン	Rosenman, R. H.	320, 641, 643, **978**
ロック	Locke, E. A.	613
ロック	Locke, J.	5, 6, 17, 189, 204, 908, 933, 934, **978**
ロック	Rock, I.	**978**
ロックハート	Lockhart, R. S.	123
ロッシュ	Rosch, E.	107
ロッター	Rotter, J. B.	**978**
ロッツェ	Lotze, R. H.	**979**
ローディガー	Roediger, D. R.	563
ロニス	Ronis, D. L.	249
ロバーツ	Roberts, B. W.	348
ロフタス	Loftus, E. F.	124, 128, **979**
ロペス	Lopez, S. J.	657
ロマーニズ	Romanes, G. J.	8, 9, 18
ローラー	Lawler, E. E.	613, 614
ロールシャッハ	Rorschach, H.	21, 362, **979**
ローレンツ	Lorenz, K. Z.	203, 249, 750, 792, 798, 925, 956, **979**
ロンブローゾ	Lombroso, C.	**979**

ワ行

ワイズ	Weiss, J.	389
ワイナー	Weiner, B.	301, 303, 314, **980**
ワイヤー	Weyer, J.	403
ワイヤー	Wyer, R. S.	252
ワーカー	Werker, J. F.	181
ワグナー	Wagner, A. R.	87, 88, 975
ワード	Ward, J.	**980**
ワード	Ward, L. M.	807, 810
ワトキンス	Watkins, M. J.	123
ワトソン	Watson, J. B.	18, 19, **20**, 61, 63, 64, 65, 330, 353, 354, 752, 890, 891, 921, 932, 963, **980**
ワトソン	Watson, J. D.	774
ワラック	Wallach, H.	904
ワロン	Wallon, H.	909, **981**

人名篇クレジット

H. J. アイゼンク *Psychology Today : An Introduction*, CRM Books, 1972² / S. E. アッシュ *Psychology Today: An Introduction*, CRM Books, 1972² / R. C. アトキンソン Richard C. Atkinson / A. アドラー Mary Evans・Sigmund Freud Copyrights・Sulloway / A. アナスタシー Fordham University / アリストテレス Mary Evans Picture Library / B. J. アンダーウッド Northwestern University / J. ヴァルシナー ⟨http://www.clarku.edu/faculty/facultybio.cfm?id=316⟩ / E. G. ウィリアムソン ⟨http://ww2.odu.edu/~eneukrug/therapists/williamson.html⟩ / D. ウェクスラー David Wechsler / E. H. ウェーバー National Library of Medicine / M. ウェルトハイマー IBA / C. ウェルニッケ ⟨http://en.wikipedia.org/wiki/Carl_Wernicke⟩ / 内田勇三郎 ⟨http://www.nsgk.co.jp/sv/kensa/kraepelin/whatis/history.html⟩ / R. S. ウッドワース Archives of the History of American Psychology / J. ウォルピ Joseph Wolpe / W. ヴント National Library of Medicine / P. エクマン Paul Ekman Group LLC ⟨http://www.paulekman.com/⟩ / H. エビングハウス National Library of Medicine / E. H. エリクソン *Psychology Today: An Introduction*, CRM Books, 1972² / C. E. オスグッド Charles Osgood / J. オールズ American Psychologist, Des. 1967 / F. H. オルポート *A History of Psychology in Autobiography* (Vol. 6), Prentice-Hall, 1974 / G. W. オルポート *A History of Psychology in Autobiography* (Vol. 5), Appleton-CenturyCrofts, 1967 /K. ガーゲン ⟨http://www.taosinstitute.net/kenneth-j-gergen-phd⟩ / E. R. ガスリー Archives of the History of American Psychology / F. J. ガル National Library of Medicine / J. ガルシア ⟨https://www.csulb.edu/misc/inside/?p=17741⟩ / 河合隼雄 遺族のご好意により提供 / D. カンター ⟨https://www.hud.ac.uk/ourstaff/profile/index.php?staffuid=shumdc3⟩ / O. F. カーンバーグ ⟨http://en.wikipedia.org/wiki/Otto_F._Kernberg⟩ / J. J. ギブソン *American Psychologist*, Dec. 1961/ J. M. キャッテル The Granger Collection / R. B. キャッテル Raymond B. Cattel / W. B. キャノン National Library of Medicine / L. キーラー ⟨http://en.wikipedia.org/wiki/Leonarde_Keeler⟩ / C. ギリガン ⟨https://its.law.nyu.edu/facultyprofiles/profile.cfm?section=bio&personID=19946⟩ / A. C. キンゼイ Camera Press / E. クレペリン National Library of Medicine / C. R. クロニンジャー ⟨http://en.wikipedia.org/wiki/C._Robert_Cloninger#cite_note-Cloninger_CR._2004-23#cite_note-Cloninger_CR._⟩ / W. ケーラー *Die Psychologie des 20. Jahrhujiderts* (Band l), Kindler, 1976 / G. A. ケリー *Psychology Today : An Introduction*, CRM Books, 1972² / L. コスミデス ⟨https://www.psych.ucsb.edu/people/faculty/cosmides⟩ / W. S. ゴセット Fisher, R. A. (2011) Student. Annals of Eugenics, 9 (1) . ⟨http://onlinelibrary.wiley.com/doi/10.1111/j.1469-1809.1939.tb02192.x/pdf⟩ / K. コフカ *Die Psychologie des 20. Jahrhunderts* (Band 1), Kindler, 1976 / M. コール ⟨http://

communication.ucsd.edu/people/emerita-emeritus/michael-cole.html〉 / K. ゴールドシュタイン *A History of Psychology in Autobiography* (Vol. 5), Ap-pleton-Century-Crofts. 1967 / F. ゴルトン Mary Evans Picture Library / E. B. コンディヤック Mary Evans Picture Library / A. コント Mary Evans Picture Library / H. A. サイモン Herbert A. Simon / R. B. ザイアンス R.B. Zajonc / H. S. サリヴァン *Psychology Today: An Introduction*, CRM Books, 1972[2] / R. R. シアーズ Stanford University / W. ジェームズ Camera Press / C. S. シェリントン Camera Press / E. ジェンドリン 〈http://www.focusing.org/bios/gendlin_bio.html〉 photograph by Nada Lou / M. シドマン 〈http://www.abainternational.org/constituents/bios/murraysidman.aspx〉 / S. シャクター Stanley Schachter / D. シャコウ David Shakow / J. M. シャルコー Mary Evans Picture Library / R. A. シュウィーダー 〈http://www2.coloradocollege.edu/Academics/Anniversary/Participants/Shweder.htm〉 / E. ジョーンズ Mary Evans・Sigmund Freud Copyrights / P. ジンバルド 〈http://news.stanford.edu/news/2007/february28/zimbardo-022807.html〉 pho-tograph by Linda A. Cicero, Stanford News Service / B. F. スキナー Camera Press / S. S. スティーヴンス National Library of Medicine / A. ストラウス 〈http://dne2.ucsf.edu/public/anselmstrauss/photos/4.html〉 / H. スペンサー Camera Press / K. W. スペンス Janet T. Spence / I. M. セチェノフ *Die Psychologie des 20. Jahrhunderts* (Band1), Kindler, 1976 / H. セリエ 〈http://www.archiv.umontreal.ca/exposition/Hans_Selye/index.html〉 / M. セリグマン Positive Psychology Center, University of Pennsylvania / E. L. ソーンダイク Robert Thorndike / C. ダーウィン American Stock Photos / A. ダマジオ 〈http://dornsife.usc.edu/bci/people/〉 photograph by Luiz Carvalho / J. ダラード Joan G. Dollard / E. タルヴィング 〈http://research.baycrest.org/neuroscience-pioneer〉 / R. チャルディーニ 〈http://www.influenceatwork.com/robert-cialdini-phd/biography/〉 / N. チョムスキー Camera Press / W. ディルタイ Bavaria Varlag / N. ティンベルヘン *Psychology Today: An Introduction*, CRM Books, 1972[2] / R. デカルト National Library of Medicine / E. L. デシ 〈http://deci.socialpsychology.org/〉 / A. テッサー 〈http://tesser.socialpsychology.org/〉 / J. デューイ Camera Press / 土居健郎 遺族のご好意により提供 / A. トヴァスキー 〈http://grawemeyer.org/psychology/previous-winners/2003-daniel-kahneman-and-amos-tversky.html〉 / H. ドリーシュ Mary Evans・Society for Psychical Research / R. ニスベット 〈http://www-personal.umich.edu/~nisbett/index.html〉 / F. W. ニーチェ Mary Evans Picture Library / T. M. ニューカム Theodore M. Newcomb / F. ハイダー Fritz Heider / I. P. パヴロフ Camera Press / G. バークレー Mary Evans Picture Library / A. H. バス 〈http://www.utexas.edu/cola/depts/psychology/faculty/bussah〉 / A. バデリー

〈https:// www. york. ac. uk/ psychology/staff/faculty/ab50/〉/ F. C. バートレット *A History of Psychology in Autobiography* (Vol. 3), Clark University Press, 1936 / 原口鶴子 有限会社テス企画 / C. L. ハル Archives of the History of American Psychology / F. パールズ〈http:// en. wikipedia. org/ wiki/Fritz_Perls〉/ P. バルテス〈http://www.virginia.edu/aginginstitute/events/baltes.html〉/ H. F. ハーロウ Hary F. Harlow / A. バンデューラ Albert Bandura / J. ピアジェ Camera Press / F. A. ビーチ Frank A. Beach / A. ビネー The Granger Collection / Mary Evans Picture Library / D. ヒューム A Mary Evans Picture Library / S. フィスク〈http://psych.princeton. edu/ psychology/ research/fiske/〉/ R. A. フィッシャー Courtesy of The University of Adelaide〈http://hdl.handle.net/2440/48292〉/ L. フェスティンガー Leon Festinger / G. T. フェヒナー Mary Evans・Sigmund Freud Copyrights / S. フェレンツィ Mary Evans・Sigmund Freud Copyrights / 福来友吉〈http://www.fukurai.net/〉/ R. W. ブラウン Roger Brown / プラトン Mary Evans Picture Library / V. E. フランクル Viktor Frankl / E. ブランズウィク University of California / J. S. ブルーナー *Readings in Psychology Today*, CRM Books, 1967[2] / F. ブレンターノ Mary Evans・Sigmund Freud Copyrights /S. フロイト Mary Evans・Sigmund Freud Copyrights・W. E. Freud / K. ブロードマン〈http:// theamazingworldofpsychiatry. wordpress. com/ 2013/ 01/ 07/ brodmann-area-51-the-prepiriform-area/〉/ E. フロム Ruth Liepman / S. ヘイズ ご本人より提供 / T. ベイズ〈http:// en. wikipedia. org/ wiki/ Bayes%27_theorem〉/ G. ベイトソン〈http://www.interculturalstudies.org/artwork/Bateson2_Roll.jpg〉photograph by Jeffrey W. Bloom, July, 1975 / G. v. ベケッシー *Meyers Enzyklopadisches Lexikon* (Band 3), 1971 / A. T. ベック〈http:// aaronbeckcenter. org/ about/ staff/ beck/〉/ D.O. ヘッブ American Psychological Association / V. M. ベヒテレフ National Library of Medicine / K. E. K. ヘリング National Library of Medicine / H. ベルグソン Mary Evans・Society for Psychical Rsearch / J. F. ヘルバルト *Psychologie des 20. Jahrhunderts* (Band 1), Kindler, 1976 / H. L. F. v. ヘルムホルツ Mary Evans Picture Library / M. ポズナー〈http://www.neuro. uoregon. edu/ionmain/ htdocs/ faculty/ posner.html〉/ T. ホッブズ Mary Evans Picture Library / E. G. ボーリング Ted Polumbaum / G. S. ホール National Library of Medicine /J. M. ボールドウィン *A History of Psychology in Autobiography* (Vol. 1), Clark University Press, 1930 / D. C. マー photograph as courtesy of Lucia M. Vaina, from Vision: A Computational Investigation into the Human Representation and Processing of Visual Information, by David Marr, published by The MIT Press. / H. A. マレー *Psychology Today: An Introduction*, CRM Books, 1972[2] / O. H. マウラー O. H. Mowrer / D. マクアダムス〈http://www.sesp.northwestern.edu/foley/profile/?

ProfileID=46⟩ / W. マクドゥーガル Archives of the History of American Psychology / A. H. マズロー Ted Polumbaum / 松本亦太郎『同志社女子大学 125 年』⟨http://www.dwc.doshisha.ac.jp/about/records/publication/125_years/index.html⟩ / G. マーフィ Mary Evans・Society for Psychical Research / W. ミシェル ⟨http://www.columbia.edu/cu/psychology/indiv_pages/mischel/Walter_Mischel.html⟩ photograph by Dieter Hoppe / 三隅二不二 集団力学研究所 ⟨http://www.group-dynamics.org/html/history.html⟩ / M. ミード Camera Press / J. ミュラー National Library of Medicine / G. A. ミラー Raimond Borea / N. E. ミラー Neal Miller / J. S. ミル Mary Evans Picture Library / S. ミルグラム A Stanley Milgram / F. A. メスメル Mary Evans Picture Library / 元良勇次郎 ⟨http://ja.wikipedia.org/wiki/%E5%85%83%E8%89%AF%E5%8B%87%E6%AC%A1%E9%83%8E⟩ / C. L. モルガン *A History of Psychology in Autobiography* (Vol.2), Clark University Press, 1932 / J. L. モレノ Moreno Institute / R. M. ヤーキス Archives of the History of American Psychology / C. G. ユング Mary Evans Picture Library / G. W. v. ライプニッツ Mary Evans Picture Library / R. ラザラス ⟨http://senate.universityofcalifornia.edu/inmemoriam/richardlazarus.html⟩ photograph by Saxon Donnelly / K. S. ラシュレー Fogg Art Museum / M. ラム ⟨http://www.psychol.cam.ac.uk/directory/mel37@cam.ac.uk⟩ / K. レヴィン *Die Psychologie des 20. Jahrhunderts* (Band 1), Kindler, 1976 / R. レスコーラ ⟨http://psychology.sas.upenn.edu/people/rescorla⟩ / M. R. レッパー ⟨https://psychology.stanford.edu/mlepper⟩ / C. R. ロジャーズ Carl R. Rogers / R. ローゼンソール Robert Rosenthal / J. ロック Mary Evans Picture Library / E. ロフテス ⟨http://socialecology.uci.edu/faculty/eloftus/⟩ / K. Z. ローレンツ Orion Press / C. ロンブローゾ Mary Evans Picture Library / B. ワイナー ⟨http://www.psych.ucla.edu/faculty/faculty_page?id=90&area=7⟩ / J. B. ワトソン The Granger Collection

せいしん しんり がく じ てん　しんぱん
誠信 心理学辞典 [新版]

2014 年 9 月 5 日　第 1 刷発行
2021 年 7 月 20 日　第 7 刷発行

編集代表　　下　山　晴　彦
発 行 者　　柴　田　敏　樹
装　　丁　　小　泉　　　均

発行所　株式会社　誠 信 書 房
〒112-0012　東京都文京区大塚 3-20-6
電話 03（3946）5666
http://www.seishinshobo.co.jp/

©Seishin Shobo, 2014　　組版印刷・製本／中央印刷 株式会社
検印省略　　落丁・乱丁本はお取り替えいたします
ISBN 978-4-414-30507-4 C3511　　　Printed in Japan

JCOPY ＜出版者著作権管理機構 委託出版物＞

本書の無断複写は著作権法上での例外を除き禁じられています。複写される場合は、そのつど事前に、（社）出版者著作権管理機構（電話 03-5244-5088, FAX 03-5244-5089, e-mail : info@jcopy.or.jp）の許諾を得てください。